# GWYDDONIADUR CYMRU

# Gwyddoniadur Cymru

## Yr Academi Gymreig

CYD-OLYGYDDION

JOHN DAVIES, MENNA BAINES,
NIGEL JENKINS, PEREDUR I. LYNCH

GWASG PRIFYSGOL CYMRU
CAERDYDD
2008

Cyhoeddwyd gan Wasg Prifysgol Cymru
10 Rhodfa Columbus
Maes Brigantîn
Caerdydd CF10 4UP

*www.gwasg-prifysgol-cymru.com*



Cyllidwyd gan Gyngor Celfyddydau Cymru



Clawr caled ISBN 978-0-7083-1954-3
Clawr meddal ISBN 978-0-7083-2155-3

Mae cofnod catalogio'r llyfr hwn ar gael gan y Llyfrgell Brydeinig.

Golygu copi a chywiro proflenni *Gwyddoniadur Cymru*: Menna Baines a Peredur I. Lynch
Rheolwyr cynhyrchu'r project: Dafydd Jones, Nicky Roper a Siân Chapman
Golygydd Gwasg Prifysgol Cymru: Dafydd Jones
Dirprwy olygydd: Elin Lewis
Cysodydd: Eira Fenn Gaunt
Cynorthwywyr cynhyrchu: Hannah Austin a Steven Gordon Goundrey
Gwirio proflenni: Leah Jenkins ac Eleri Hedd James
Mynegeiydd: Janet Davies
Dylunio clawr: Clifford Hayes, gwaith yn seiliedig ar syniad gwreiddiol gan Nicky Roper
Argraffwyd gan Wasg Gutenberg, Tarxien, Malta

# CYNNWYS

# CYNNWYS

# RHAGAIR

Pleser oedd derbyn y gwahoddiad i ysgrifennu rhagair y gwyddoniadur un-gyfrol cyntaf yn hanes Cymru. Yn y gyfrol uchelgeisiol newydd hon, gwelir cofnodau ar y bobl, y lleoedd a'r digwyddiadau sy'n gwneud Cymru'n wlad mor gyfoethog yn ddiwylliannol, yn hanesyddol ac yn ddaearyddol. Roeddwn yn arbennig o falch o droi at y llythyren B a darllen am ardal Betws-y-coed, sef fy nghartref pan fyddaf yn y gogledd. Mae'r gyfrol hefyd yn cyfeirio at Fae Caerdydd ac adeilad gwych y Senedd, sy'n gartref i'r Cynulliad Cenedlaethol. Mae bodolaeth adeilad o'r fath, fel y dywed yr awduron, yn rhoi ystyr ehangach i rôl Caerdydd fel prifddinas Cymru.

Priodol yw cyhoeddi llyfr mor bwysig ar yr adeg hon. Rydym newydd ddathlu dengmlwyddiant datganoli yng Nghymru a chafodd y Cynulliad Cenedlaethol fwy o bwerau a rydd inni'r gallu i ddeddfu ar ran pobl Cymru. Mae'r pwerau newydd hyn yn rhoi cyfle inni wneud pethau'n wahanol yng Nghymru. Rydym yn camu i gyfnod newydd yn hanes datganoli, ac mae ein hyder fel cenedl ar gynnydd. Felly, fel cenedl fodern, priodol yw bod gennym ein gwyddoniadur ein hunain sy'n dwyn i gof ein gorffennol cyfoethog ac yn dathlu'r presennol llewyrchus gan ddangos ein trywydd wrth gamu i'r dyfodol.

Yr Arglwydd Dafydd Elis-Thomas
Y Llywydd
Cynulliad Cenedlaethol Cymru

# GAIR AR RAN YR ACADEMI GYMREIG

Sefydlwyd yr Academi Gymreig yn 1958 ac mae ganddi hanes hir o gyflawni projectau llenyddol ac ysgolheigaidd, gan gynnwys y *Welsh Academy English–Welsh Dictionary* (Geiriadur yr Academi), *Cydymaith i Lenyddiaeth Cymru* a'r *Oxford Companion to the Literature of Wales*. Ynghanol y 1990au, o dan arweiniad M. Wynn Thomas, Sally Roberts Jones a Nesta Wyn Jones, esgorodd trafodaethau ar y syniad o greu Gwyddoniadur a fyddai'n cwmpasu holl hanes, diwylliant a chyflawniadau un o genhedloedd hynaf Ewrop. Wedi sicrhau nawdd sylweddol gan y Loteri trwy Gyngor Celfyddydau Cymru, a chyda chefnogaeth cyfarwyddwr Uned Loteri'r Cyngor, Richard Turner, gosodwyd y sylfeini ar gyfer y cynllun. Yn y pen draw ymestynnodd y cynllun hwnnw dros gyfnod o ddeng mlynedd gan dyfu'n fwyfwy uchelgeisiol, a bu'n rhaid wrth gryn fentergarwch a ffydd wrth ei weinyddu. Llawenydd yw ei weld yn awr wedi dwyn ffrwyth.

Cychwynnodd y project yn 1998, pan ddiwygiwyd yr Academi Gymreig gan ei hehangu a'i throi yn Asiantaeth Genedlaethol er Hyrwyddo Llenyddiaeth a Chymdeithas Llenorion Cymru, a phan gefais innau fy mhenodi'n Brif Weithredwr arni. Penodwyd John Davies, Menna Baines a Nigel Jenkins yn olygyddion, ac yn ddiweddarach ymunodd Peredur I. Lynch â hwy. Daeth Kevin Thomas, cyfarwyddwr adain Saesneg yr hen Academi a'r un a fu'n gyfrifol am y cais gwreiddiol am nawdd, yn rheolwr project. Goruchwyliwyd y tîm gan bwyllgor rheoli'r Gwyddoniadur o dan gadeiryddiaeth Brynley F. Roberts. Wedi i'r rheolwr project a'r pwyllgor gwblhau eu gwaith, bu Tony Bianchi yn arolygu'r cynllun am gyfnod pellach. Oni bai am ymrwymiad a brwdfrydedd pob un o'r unigolion hyn, ni fyddai'r cynllun wedi cael ei wireddu.

Rydym hefyd yn ddiolchgar i nifer o bobl eraill a fu'n ymwneud â'r project: i Peter Tyndall, Prif Weithredwr Cyngor y Celfyddydau, am ei gefnogaeth ar sawl adeg anodd; i Bwyllgor Rheoli'r Academi, o dan ei gydgadeiryddion, Harri Pritchard Jones a John Pikoulis, am ddal i gredu; i staff yr Academi am gadw trefn ar y gwaith, rhwystredig o anodd yn aml, o reoli materion ariannol a gweinyddol y Gwyddoniadur; i Robin Gwyn, o Amgueddfa Cymru, am ei gymorth gydag adain addysg y cynllun; i Susan Jenkins a'i holynydd fel cyfarwyddwr Gwasg Prifysgol Cymru, Ashley Drake, am eu hanogaeth, ac i brifysgolion Abertawe a Bangor am ddarparu adnoddau ar gyfer y golygyddion. Yn bennaf oll, dymunwn ddiolch i'r golygyddion. Gyda thrylwyredd diarbed yn eu gofal dros fanylion, ond gan ddefnyddio'u greddf a'u dychymyg hefyd, y maent wedi dod â llyfr pwysig i fodolaeth.

PETER FINCH
Prif Weithredwr yr Academi Gymreig

PARTNERIAID ACADEMAIDD

Ysgol y Gymraeg

Canolfan Ymchwil i Lên ac Iaith Saesneg Cymru

PRIF NODDWYR

NODDWYR CORFFORAETHOL

*www.icwales.co.uk*

*www.uwic.ac.uk*

# NODYN Y CYHOEDDWR

Mae cyhoeddi *Gwyddoniadur Cymru yr Academi Gymreig* yn garreg filltir i Gymru ac i Wasg Prifysgol Cymru. Yn y gyfrol hon gwelir ffrwyth un o'r projectau mwyaf a phwysicaf yn hanes y Wasg. Wrth iddi weld golau dydd o'r diwedd, hoffwn fanteisio ar y cyfle hwn i fynegi fy ngwerthfawrogiad o'r berthynas waith ragorol sydd wedi datblygu rhyngom ni a'r Academi Gymreig, yn enwedig Prif Weithredwr egnïol a dyfeisgar yr Academi, Peter Finch.

Achubaf ar y cyfle hefyd i nodi'r rhan bwysig a chwaraewyd yn y fenter gan y rhai hynny sy'n goruchwylio Gwasg Prifysgol Cymru. Bu bwrdd llywodraethwyr y wasg yn frwd eu cefnogaeth i'r cynllun o'r dechrau, a diolchaf yn arbennig i'r tri a fu'n cadeirio'r bwrdd yn ystod y degawd diwethaf, sef yr Athro M. Wynn Thomas, Emyr Jenkins a Philip Allan. Bu ymrwymiad ac ymroddiad gweithwyr y wasg hwythau i'r cynllun, a'u brwdfrydedd drosto, yn ddi-ball. Os bu angen prawf erioed o wirionedd y dywediad mai pobl sy'n gwneud sefydliad, dyma'r prawf hwnnw.

Wrth i'r project esblygu, rhoddwyd mwy o bwyslais ar ddiwyg y llyfr. Cynhwyswyd mwy o ddelweddau nag a fwriadwyd yn wreiddiol a phenderfynwyd cyhoeddi cyfran helaeth ohonynt mewn lliw llawn. Yn anochel, roedd pob newid o'r fath yn dwyn cost ac mae pob un o'r sefydliadau a enwir gyferbyn, trwy eu nawdd haelionus, wedi cyfrannu tuag at wireddu'r newidiadau hyn. Mae'r gyfrol a gyflwynir yma yn crisialu ymrwymiad Gwasg Prifysgol Cymru i'r nod o gyhoeddi gwaith o'r ansawdd uchaf, a'i hymrwymiad i Gymru. Hyfrydwch i mi yw cadarnhau bod yr ymrwymiadau hyn mor ganolog i'n gweledigaeth ni heddiw ag yr oeddynt adeg sefydlu'r wasg yn 1922.

Ashley Drake
Cyfarwyddwr Gwasg Prifysgol Cymru

# GWYDDONIADUR CYMRU


CYD-OLYGYDDION
John Davies, Menna Baines, Nigel Jenkins, Peredur I. Lynch

GOLYGYDD CYNORTHWYOL
Janet Davies

CADEIRYDD PWYLLGOR RHEOLI *GWYDDONIADUR CYMRU*
Brynley F. Roberts


## Ymgynghorwyr golygyddol

(Gresynwn wrth nodi bod y rhai yr ymddengys eu henwau mewn teip italig bellach wedi marw.)

Jane Aaron
Douglas A. Bassett
Dave Berry
Kay Byrne
Stuart Cole
Hazel Walford Davies
Janet Davies
Tom Davies
Patrick Dobbs
Hywel Teifi Edwards
Dyfed Elis-Gruffydd
Meredydd Evans
Neville Evans
Trevor Herbert
John B. Hilling
W. Penri James
Dafydd Jenkins
J. Geraint Jenkins
Gareth Elwyn Jones
Emma Lile
Ceridwen Lloyd-Morgan
Hugh McKay
D. Densil Morgan
David Morris
Osi Rhys Osmond
Trefor M. Owen
Dylan Phillips
Glyn O. Phillips
Adam Price
Brynley F. Roberts
J. Beverley Smith
Peter Stead
Terry Stevens
Mared Wyn Sutherland
Arthur Thomas
Phil Thomas
Roy Thomas
Huw Walters
Gareth W. Williams
John Llewelyn Williams
*L. John Williams*
*Phil Williams*

## Cyfranwyr

Jane Aaron
Rufus Adams
Pat Aithie
A. M. Allchin
David Allsobrook
Margaret Ames
Felix Aubel
*Colin Baber*
Menna Baines
John Barnie
Mario Basini
Douglas A. Bassett
Mike G. Bassett
*T. M. Bassett*
David Bateman
Hywel Bebb
Richard Bebb
Deirdre Beddoe
Martin Bell
Tom Bennett
Dave Berry
Gareth A. Bevan
Richard E. Bevins
D. Q. Bowen
Trevor Boyns
Peter Brabham
Mike Bridges
Gillian Bristow
Mariska van den Broek
Ian Brookfield

Duncan Brown
Roger L. Brown
M. Paul Bryant-Quinn
Kay Byrne
Ewen Cameron
Anthony D. Carr
Glenda Carr
Harold Carter
Richard Carter
Jane Cartwright
Nickie Charles
Lesley Cherns
Stuart Cole
Noel Cross
Richard Crowe
John Cule
Menna Cunningham
Dafydd Dafis
Lyn Lewis Dafis
Iestyn Daniel
Richard Daugherty
Rhys David
Aled Lloyd Davies
Brian Davies
Ceri Davies
Charlotte Aull Davies
Gwilym Prys Davies
Hazel Walford Davies
Hywel Davies
J. Reuben Davies
Janet Davies
John Davies
John Davies (Llandysul)
Ken Davies
Lyn Davies
Roy Davies
Tom Davies
David Dixon
Patrick Dobbs
Norman Doe
Ben Dressel
Catherine Duigan
David Dykes
Hywel Teifi Edwards
John Edwards
Nancy Edwards
Tony Edwards
David Egan
Twm Elias
Dyfed Elis-Gruffydd
Osian Ellis
Susan Ellis

Dafydd Huw Evans
Dan Evans
David Evans
Dylan Foster Evans
John Evans
Meredydd Evans
Neil Evans
Neville Evans
R. Alun Evans
Martyn Farr
Martin Fitzpatrick
Hywel Francis
Paddy French
Angela Gaffney
Mike Gash
Walford Gealy
Noel Gibbard
Terence Gilmore-James
Brian Glover
Jon Gower
Graham Greaves
Mike Greenow
William Greenway
Gwilym Griffith
W. P. Griffith
Bruce Griffiths
Matthew Griffiths
Ralph A. Griffiths
Rhidian Griffiths
Rhodri Griffiths
T. Elwyn Griffiths
Russell Grigg
Eirlys Gruffydd
R. Geraint Gruffydd
David Gwyn
Elinor Gwyn
William Haresign
Sally Harper
Tristan Hatton-Ellis
John Hefin
Trevor Herbert
Sarah Hill
John B. Hilling
Rhisiart Hincks
Deian Hopkin
Tony Howard
David Howell
Ray Howell
Brian Howells
Glyn Tegai Hughes
Heather Hughes
Iestyn Hughes

J. Elwyn Hughes
Lynn Hughes
R. Elwyn Hughes
Trystan Hughes
Pat Humphreys
Daniel Huws
Gwilym Huws
Richard Huws
Allan James
E. Wyn James
Penri James
Siân James
Watcyn James
Branwen Jarvis
Angharad Jenkins
Branwen Jenkins
Colin Jenkins
Dafydd Jenkins
Geraint H. Jenkins
Gwyn Jenkins
J. Geraint Jenkins
Nigel Jenkins
Myrddin John
Martin Johnes
Colin Johnson
Howard Johnson
Caroline Joll
Aled Gruffydd Jones
Alun Gwynedd Jones
Barbara Jones
Barrie Jones
Bill Jones
Dafydd Glyn Jones
David Jones
David Ceri Jones
Dot Jones
*Emrys Jones*
Gareth Elwyn Jones
Glyn Saunders Jones
Hefin Jones
Ilid Ann Jones
J. Anthony J. Jones
J. Graham Jones
J. Gwynfor Jones
Meinir Llwyd Jones
R. Merfyn Jones
Nerys Ann Jones
*O. R. Jones*
Peter Jones
Peter Hope Jones
Philip Henry Jones
R. Brinley Jones

Sally Roberts Jones
Tecwyn Vaughan Jones
Tegwyn Jones
Phyllis Kinney
Bernard Knight
David Lambert
Gwyneth Lewis
Lisa Lewis
Emma Lile
William Linnard
Dafydd Llewelyn
Dewi M. Lloyd
Nesta Lloyd
Ceridwen Lloyd-Morgan
Cen Llwyd
Rheinallt Llwyd
Marion Löffler
John Lovering
Roy Lowe
Frances Lynch
Peredur I. Lynch
Hugh Mackay
Gwenan Mared
E. Gwynn Matthews
Hugh Matthews
Danny McCaroll
Alec McKinty
Mandy McMath
Ruth Meadows
Eddie Melen
Pamela Michael
Peter Midmore
Bethan Miles
*Dillwyn Miles*
E. G. Millward
John Minkes
Richard Moore-Colyer
Matt Morden
D. Densil Morgan
Gerald Morgan
John Morgan
Kevin Morgan
Moc Morgan
Prys Morgan
Delyth Morgans
Bernard Morris
Gwyn Morris
Gerallt Nash
Jonathan Neale
Robert Nisbet
Keith Nurse
Paul O'Leary
John Osmond
Osi Rhys Osmond
Arwel Ellis Owen
Buddug Owen
D. Huw Owen
Goronwy P. Owen
Hywel Wyn Owen
Morfydd E. Owen
Trefor M. Owen
Stuart Owen-Jones
Bob Owens
Malcolm Parr
Bryn Parri
Harri Parri
Gwyn Parry
Malcolm Parry
R. Gwynedd Parry
R. Palmer Parry
Matthew Pearson
Jim Perrin
Allen Perry
*Dewi Z. Phillips*
Dylan Phillips
Robert Pope
David Powell
Nia Watkin Powell
W. Eifion Powell
David Pretty
Geraint Price
Richard D. Price
William Price
Huw Pryce
Richard D. Pryce
W. T. Rees Pryce
Barbara Prys-Williams
Glyn Pursglove
Peter Read
Phil Rees
Stephen Rees
Peter Rhind
Rhobert ap Steffan
Martin Rhys
Robert Rhys
Huw Richards
Alun Roberts
Alwyn Roberts
Bob Roberts
Brynley F. Roberts
Geraint Roberts
Glyn Roberts
Hywel E. Roberts
Tom Roberts
Paul Robertshaw
Dilwyn Roberts-Young
Gordon Roderick
Dyfed Rowlands
John Rowlands
Mike Ryan
D. Roy Saer
Austin Savage
Tom Sharpe
John Shorey
Chris Shumack
Michael Siddons
Pwyll ap Siôn
*John Skone*
Roy Sloan
Llinos Smith
Robert Smith
Jill Stallard
Peter Stead
Meic Stephens
Catrin Stevens
Christine Stevens
Terry Stevens
Ann Stone
Mike Sullivan
Mared Wyn Sutherland
Mick Tems
*Alan R. Thomas*
Arthur Thomas
Claire Thomas
Dennis Thomas
Graham C. G. Thomas
Gwyn Thomas
John Thomas
Kevin Thomas
M. Wynn Thomas
Patrick Thomas
Phil Thomas
Roger Thomas
Roy Thomas
Wyn Thomas
Steven Thompson
Geraint Tudur
Bob Turner
Richard Twining
Norman Vetter
Huw Walters
Thomas Glyn Watkin
Andrew Weltch
Eurwyn Wiliam
Mary Wiliam
Cathrin Williams

Chris Williams
*Cyril Williams*
David H. Williams
Gareth W. Williams
Gareth Haulfryn Williams
Gareth Vaughan Williams
George Campbell Williams
*Glanmor Williams*
Gruffydd Aled Williams
Herbert Williams
Huw Williams
Huw Glyn Williams
Ioan Williams
Iolo Williams
Iolo Wyn Williams
J. Gwynn Williams
John Williams
John Llewelyn Williams
*L. John Williams*
Lyndon Williams
Mari Angharad Williams
Mel Williams
Merfyn Williams
*Phil Williams*
William Jones Williams
Jen Wilson
Romilly Witts
Juliette Wood
Alex Woolf
Goronwy Wynne

## Cyfieithwyr

David Bullock
Dawi C. Griffiths
Dyfed Elis-Gruffydd
Nia M. Howells
Iwan Llwyd
Meinir Pierce Jones
Rhian Pierce Jones
Sylvia Prys Jones
Glenys M. Roberts
Haf Roberts
John Rowlands
Robat Trefor

# RHAGYMADRODD A DIOLCHIADAU

Mae ymddangosiad gwyddoniadur sy'n ceisio cwmpasu, rhwng dau glawr, holl hanes a hanfod gwlad yn ddigwyddiad o bwys – a dadleuol weithiau – ym mywyd unrhyw genedl. Wrth i Gymru bleidleisio'n ddigon petrus dros ei dyfodol yn refferendwm datganoli 1997, roedd yr Academi Gymreig yn paratoi i gynhyrchu cyfeirlyfr arloesol – mewn argraffiadau Cymraeg a Saesneg – a fyddai'n sefyll ochr yn ochr â chyfrolau megis *Y Bywgraffiadur Cymreig* (1953), *Y Cydymaith i Lenyddiaeth Cymru* (1986), *Geiriadur Prifysgol Cymru* (1950–2002), *The Welsh Academy English–Welsh Dictionary* (1995) (Geiriadur yr Academi, fel y'i gelwir), a *The Buildings of Wales* (1979–) fel un o gonglfeini cenedl a oedd yn graddol adennill ei llais a'i hunaniaeth. A dyfynnu Gwyn Alf Williams, cwestiwn a ofynnwyd gan lawer o haneswyr Cymru yn ystod rhan helaeth o'r 20g. fu 'Pa bryd y bu Cymru?', ond y dasg a wynebai'r gwyddoniadur hwn ar ddechrau'r 21g. fyddai ateb cwestiwn arall, sef 'Beth yw Cymru?'

Llyfr wedi ei anelu at y cyhoedd yn gyffredinol yw hwn, gan gadw mewn cof y math o ymholiadau a chwestiynau sy'n debygol o godi ymysg y Cymry eu hunain a phobl o wledydd eraill a chanddynt ddiddordeb yng Nghymru. Yn ogystal, mae'n ceisio cadw cydbwysedd rhwng pynciau o ddiddordeb cenedlaethol a rhai sy'n fwy rhanbarthol neu leol eu hapêl. Er ei fod yn cynnwys deunydd nas cyhoeddwyd erioed o'r blaen, crynhoi ysgolheictod sydd eisoes ar gael, yn hytrach na'i ymestyn, a wna'r gwyddoniadur hwn, fel y rhan fwyaf o weithiau cyffelyb. Yn achlysurol, pan fo'r diddordeb mewn pwnc neilltuol yn debygol o fod yn weddol gyfyngedig, neu pan fu'n anodd aralleirio a symleiddio'r deunydd heb lwyr golli'r ystyr, bydd cywair y cofnodau ychydig yn fwy arbenigol. Fodd bynnag, cynlluniwyd y gwyddoniadur hwn yn bennaf ar gyfer darllenwyr sydd eisiau gwybodaeth hwylus am unrhyw agwedd ar fywyd Cymru, ddoe a heddiw. Mae'n ymdrin nid yn unig â phobl a lleoedd y wlad, ond â'i hanes a'i hieithoedd, ei chrefyddau, ei sefydliadau, ei mudiadau cymdeithasol, ei diwydiannau, ei gwleidyddiaeth, ei chwaraeon, ei difyrion amser hamdden a'i thraddodiadau.

Ceir dau fath o wyddoniadur cenedlaethol. Mae'r cynharaf – sy'n dilyn esiampl *Cyclopaedia* (1728) Ephraim Chambers, 'tad gwyddoniaduron modern', y datblygwyd ei waith i raddau sylweddol iawn gan Abraham Rees yn ddiweddarach yn y 18g. – yn perthyn i'r cyfnod rhwng 1850 ac 1930. Cyfnod oedd hwnnw pan gyhoeddid gwyddoniaduron a oedd yn cyflwyno dehongliad gwlad neilltuol o'r byd yn gyffredinol, yn aml fel arwydd o aeddfedrwydd deallusol y wlad honno. Cynhyrchodd Cymru wyddoniadur o'r fath, sef *Y Gwyddoniadur Cymreig* (1854–79); y gwaith hwn, sy'n cynnwys bron 9,000 o dudalennau a hynny mewn deg cyfrol, ac a olygwyd gan Thomas Gee (1815–98) a John Parry (1812–74), yw'r cyhoeddiad hwyaf a ymddangosodd erioed yn Gymraeg. Yn ystod yr un cyfnod golygodd Owen Jones (1806–89) wyddoniadur mewn dwy gyfrol yn dwyn y teitl *Cymru: yn Hanesyddol, Parthedegol a Bywgraphyddol* (1871–5). Roedd hwn yn wyddoniadur cenedlaethol o'r math arall, a ddaeth yn boblogaidd o ddiwedd y 19g. ymlaen ac a ganolbwyntiai'n llwyr ar un wlad neu ranbarth neilltuol.

Arweiniodd y cyfryw ddatblygiadau yn y pen draw at gyhoeddi gwyddoniaduron a oedd wedi eu neilltuo ar gyfer dinasoedd neu drefi unigol. Yr unig enghraifft o'r math hwn o wyddoniadur a gafwyd yng Nghymru hyd yma yw *The Encyclopaedia of Wrexham* (2001) gan W. Alister Williams. Mae llawer o wyddoniaduron sy'n trafod dinasoedd unigol yn sylweddol helaethach na'r gyfrol hon, sydd wedi gorfod cywasgu hanes maith a chymhleth cenedl gyfan i ychydig dros 720,000 o eiriau. Dechreuwyd ar y gwaith yn Ionawr 1999, gyda Nigel Jenkins yn bennaf cyfrifol am olygu'r fersiwn Saesneg a Menna Baines yn ysgwyddo'r prif gyfrifoldeb dros y fersiwn Cymraeg; daeth John Davies, a oedd yn wreiddiol yn ymgynghorydd golygyddol, yn olygydd llawn yn 2002, ac yn 2005 ymunodd Peredur I. Lynch, a oedd wedi gweithredu fel ymgynghorydd o'r dechrau ac wedi cyfrannu'n sylweddol ar sail answyddogol, â'r tîm golygyddol. Y dasg gyntaf oedd rhannu Cymru yn 36 o gategorïau pwnc, pob un gyda'i restr ei hun o gofnodau – amaethyddiaeth, cludiant, bwyd a diod, diwylliant gweledol, cerddoriaeth ac yn y blaen. Cafodd un o'r categorïau pwnc hyn, sef yr amgylchedd dynol, ei israNNu'n 29 rhestr ranbarthol o leoedd. Y cam nesaf oedd pennu'r nifer geiriau ar gyfer pob rhestr. Yna, gyda chymorth ein hymgynghorwyr golygyddol, dechreuasom ar y gwaith manwl a thrafferthus o ddewis a dethol ein cofnodau a phenderfynu, fesul un, faint o eiriau i'w neilltuo iddynt a phwy a allai eu hysgrifennu. Yn achlysurol, er dirfawr lawenydd i'r golygyddion, byddai un cyfrannwr yn fodlon ymgymryd â'r cyfan neu'r rhan fwyaf o'r cofnodau oddi mewn i gategori neilltuol. Yn amlach na pheidio, fodd bynnag, rhannwyd y rhestrau rhwng dwsinau o wahanol gyfranwyr, yn ôl eu harbenigedd, ac o'r herwydd bu'r comisiynu (ynghyd â'r gwaith o fynd ar ôl cyfranwyr mwy hamddenol na'i gilydd) yn broses hirfaith. Yn y pen draw, rhoddwyd cofnodau'r holl restrau hyn ynghyd mewn un rhestr hir yn ôl trefn yr wyddor. Yn anochel, wrth drefnu'r llyfr yn ôl yr wyddor fel hyn, mae rhai pynciau sy'n gysylltiedig â'i gilydd yn cael eu trin mewn gwahanol rannau o'r llyfr gan rwystro'r ymdriniaeth fwy thematig sy'n nodweddu rhai cyfeirlyfrau eraill; eto i gyd, rydym yn gobeithio y bydd gweld rhai cymdogion pur annisgwyl yn rhannu'r un dudalen yn destun syndod a difyrrwch i'r porwr achlysurol ac i'r ymchwilydd dyfal fel ei gilydd. Bwriedir i bob cofnod allu sefyll ar ei ben ei hun heb i'r darllenydd orfod troi at wybodaeth arall, ond mae ein system groesgyfeirio, a eglurir yn y Canllawiau i'r Darllenydd, yn tynnu sylw at bynciau cysylltiedig. Ni ellir osgoi rhyw gymaint o orgyffwrdd mewn gwyddoniadur o'r math hwn, gyda'r un wybodaeth weithiau'n cael ei chyflwyno o safbwyntiau gwahanol. Rydym wedi gwneud pob ymdrech i gyflwyno ffeithiau mewn dull clir a diamwys; serch hynny, wrth gyfeirio at rai rhywogaethau prin neu rai sydd o dan fygythiad, buom yn fwriadol annelwig ynglŷn â'u hunion leoliadau rhag peryglu eu diogelwch. Mater arall yw'r dehongli a geir ar y ffeithiau. Er nad ydym ni, fel golygyddion, o reidrwydd yn cytuno gyda phob safbwynt a fynegir, rydym wedi dewis parchu rhyddid barn ein hawduron yn hytrach na gadael i'r awydd am gysondeb ar draws y llyfr deyrnasu'n rhy haearnaidd dros y cynnwys.

Er bod y gwyddoniadur yn anelu at fod mor gynhwysfawr â phosibl o ran y detholiad o bynciau a'r ymdriniaeth â hwy, rydym yn cydnabod mai tasg amhosibl fu ymdrin yn llawn â phob agwedd arnynt. Ymdriniwyd yn helaeth â rhai pynciau mewn mannau eraill: er enghraifft, ceir toreth o wybodaeth am lenyddiaeth yn *Y Cydymaith i Lenyddiaeth Cymru*, ac mae bywgraffiadau unigolion a theuluoedd nodedig ar gael yn *Y Bywgraffiadur Cymreig* a'i atodiadau ac yn yr *Oxford Dictionary of National Biography* (2004), a hynny'n llawer manylach nag sy'n bosibl yma. Ar y llaw arall, mae pynciau megis gwyddoniaeth, sydd wedi cael eu hesgeuluso'n gyson mewn ymdriniaethau cyffredinol â diwylliant Cymru, yn derbyn, am y tro cyntaf mewn cyhoeddiad o'r math hwn, y sylw sy'n hen ddyledus iddynt. O'n hanfodd rydym yn aml wedi gorfod hepgor cofnodau oherwydd prinder lle. Dim ond mewn achosion prin iawn, fodd bynnag, wrth fynd ar ôl deunydd yn y pynciau mwy astrus, y methwyd â chael hyd i unrhyw un a feddai ar yr arbenigedd angenrheidiol i ddarparu cofnod, gan ein rhwystro, felly, rhag cynnwys eitem a ystyriem yn bwysig.

A ninnau'n ymwybodol o'r anghydbwysedd enbyd rhwng cofnodau ar gyfer dynion a menywod yn y rhan fwyaf o wyddoniaduron – mae'r cofnod ar gyfer 'menyw' yn yr argraffiad cyntaf o *Britannica*, 'WOMAN, the female of man. See HOMO.', yn dwyn i gof gofnod yr un mor ddilornus mewn argraffiad diweddarach o'r gwyddoniadur hwnnw, sef 'For Wales, see England' – rydym wedi gwneud ein gorau i unioni'r cam. Yr un pryd, ceisiwyd gochel rhag ymdrin â menywod mewn modd nawddoglyd ac ar sail meini prawf gwahanol i ddynion. Serch hynny, mae cyfran y cofnodau ar fenywod yn parhau'n druenus o isel, a gwahoddwn awgrymiadau gan y rhai a fydd o'r farn nad ydym wedi gwneud digon o ymdrech i'r cyfeiriad hwn, fel y gall menywod gael eu cynrychioli'n llawnach mewn argraffiad newydd yn y dyfodol.

Dewis a dethol yw problem sylfaenol y gwyddoniadurwr: beth i'w gynnwys, beth i'w hepgor, ymhle a sut i dynnu'r llinell? Amhosibl yw sicrhau gwrthrychedd a chysondeb llwyr wrth ddethol. Fodd bynnag, wrth fynd ati i wneud ein dewisiadau, fe wnaethom bennu rhai meini prawf gan ymdrechu i gadw atynt. Gwnaethom hynny er mwyn ceisio sicrhau cydbwysedd a gwrthrychedd i gymaint graddau â phosibl, ond heb gau'r drws ar ddewisiadau a ddeilliai efallai o ddiddordeb personol un ohonom, a heb lwyr ddiystyru ambell chwiw a mympwy ychwaith. Mae tri phrif ddosbarth o gofnodau: pobl, lleoedd a phynciau.

Gan gofio mai byrhoedlog yw enwogrwydd yn aml, ac y gall 'sêr' heddiw fod yn anghofiedig yfory, cyfyngir cofnodau bywgraffyddol i unigolion sydd bellach wedi marw. Nid yw hynny'n gyfystyr â diystyru cyfraniad unigolion sy'n dal i fod ar dir y byw. Rhyfedd, er enghraifft, fyddai ymdrin â cherddoriaeth boblogaidd heb grybwyll Shirley Bassey, neu drafod datganoli heb sôn am Ron Davies. Felly, er nad oes gofod i grybwyll pob unigolyn sy'n amlwg yn ei faes o bell ffordd, rydym wedi ceisio rhoi sylw cryno i rai unigolion dethol fel rhan o'r ymdriniaethau mwy cyffredinol â'r gwahanol feysydd. Y gobaith, trwy hynny, yw gallu cynnig blas, o leiaf, o'r gweithgarwch cyfoes yn y meysydd dan sylw. O ran y cofnodau bywgraffyddol unigol, dewiswyd unigolion, neu deuluoedd, ar sail tras neu gysylltiad Cymreig. Gan hynny, ystyrir bod Cymro megis Richard Burton, a dreuliodd y rhan fwyaf o'i yrfa y tu allan i'w wlad enedigol, yr un mor deilwng o gofnod â'r peiriannydd rheilffyrdd o Loegr, Isambard Kingdom Brunel, y cafodd ei waith yng Nghymru gymaint o effaith ar fywyd y wlad. O bryd i'w gilydd, crybwyllir wrth fynd heibio unigolion a ddaeth i amlygrwydd mewn cyd-destun cwbl anghymreig, er iddynt gael eu geni yng Nghymru, ac enwogion 'o dras Cymreig', megis y pensaer Americanaidd Frank Lloyd Wright, er mai yn anaml y rhoddir cofnod unigol iddynt. Mewn un maes, sef gwyddoniaeth, cafwyd eithriadau i'r rheol hon. A ninnau'n credu bod cyfraniad sylweddol Cymru i wyddoniaeth a thechnoleg yn un sydd wedi ei esgeuluso i raddau helaeth, a heb gael y sylw haeddiannol, rydym wedi cydio yn y cyfle hwn i geisio unioni rhywfaint ar y cam ac annog gwell gwerthfawrogiad cyffredinol o waith gwyddonwyr o Gymru. Yn achos gwyddonwyr, felly, buom yn barotach nag arfer i neilltuo gofod i unigolion a oedd, neu sydd, o gefndir Cymreig ond a ddaeth i amlygrwydd y tu hwnt i ffiniau'r wlad – polisi sy'n cydnabod natur hanfodol ryngwladol gwyddoniaeth fel maes, a'r ffaith fod rheidrwydd, tan yn gymharol ddiweddar, ar Gymry a oedd â'u bryd ar ddilyn gyrfa ym myd gwyddoniaeth i adael eu gwlad er mwyn gwneud hynny. Gan mor dynn oedd yr amserlen ar gyfer cynhyrchu'r llyfr, ni fu modd ychwanegu at y testun ar ôl canol haf 2007; gresynwn na fu modd inni, felly, ddiweddaru rhai cofnodau penodol na chynnwys cofnodau ar Gymry nodedig a fu farw ar ôl hynny, megis Syr Tasker Watkins (1918–2007), Roland Mathias (1915–2007) a Ray Gravell (1951–2007).

Ymhlith y cofnodau topograffaidd y mae rhai ar y mynyddoedd, yr afonydd, y llynnoedd a'r priffyrdd amlycaf. Rhoddwyd eu cofnodau eu hunain i sefydliadau o bwysigrwydd cenedlaethol fel Prifysgol Cymru neu'r Llyfrgell Genedlaethol ond, at ei gilydd, mae cyfeiriadau at bethau megis cestyll, eglwysi, henebion, tai hanesyddol, pontydd a theatrau i'w cael o fewn y cofnodau ar y dinasoedd, y trefi neu'r cymunedau y'u lleolir ynddynt. Rhoddwyd lle hefyd i ddetholiad bychan o leoedd y tu allan i Gymru, megis yr Hen Ogledd, y gwledydd Celtaidd eraill, Llundain, Gogledd America, Patagonia a Bryniau Casia; lleoedd yw'r rhain y bu iddynt ran amlwg ym mhrofiad y Cymry o'r byd, neu leoedd y mae Cymry wedi chwarae rhan o bwys yn eu datblygiad.

Yn naturiol ddigon, mynnodd llawer o destunau amlwg Gymreig, o'r Eisteddfod i fara brith, le iddynt eu hunain. Nid mor hawdd, fodd bynnag, fu ymdrin â rhai ehangach eu natur. Gyda phynciau fel sosialaeth ac athroniaeth, er enghraifft, ni welem fawr o ddiben mewn mynd ati i gyflwyno'r math o ddiffiniadau hollgynhwysol ohonynt sydd eisoes ar gael mewn cyfeirlyfrau cyffredinol; yn hytrach, ceisiwyd canolbwyntio ar agweddau penodol Gymreig pynciau o'r fath. Gyda'r angen cyson i fod yn ddethol, bu'n rhaid i ni ar brydiau wynebu rhai dewisiadau anodd ac anghyfforddus. Mae damwain angheuol yr un mor drychinebus i'r unigolion a'r teuluoedd yr effeithir arnynt ni waeth faint o bobl sy'n colli eu bywydau, boed un neu gant, ond oherwydd yr angen parhaus mewn gwyddoniadur i 'dynnu'r llinell', yn achos trychinebau glofaol, llongddrylliadau, damweiniau trên a damweiniau hedfan, bu'n rhaid cyfyngu cofnodau unigol i'r rhai 'gwaethaf un', sef y rhai anarferol o'u bath lle bu nifer y marwolaethau yn eithriadol uchel. Tasg hapusach fu pennu meini prawf ar gyfer cynnwys pynciau megis gweithiau creadigol ac artistig. Penderfynwyd cyfeirio fel rheol at lyfrau, darluniau ac adeiladau, er enghraifft, o dan enwau'r sawl a fu'n gyfrifol amdanynt. Wrth benderfynu cynnwys detholiad bychan ond cynrychioliadol o ganeuon, emynau, ffilmiau a rhaglenni radio a theledu, rhoddwyd ystyriaeth i'w poblogrwydd cymharol neu eu harwyddocâd fel enghreifftiau o'u math; barnwyd mai priodol fyddai rhoi cofnodau unigol i'r creadigaethau hyn, yn enwedig o gofio bod llawer ohonynt yn fwy adnabyddus na'u crewyr. Unwaith eto, prin y gallwn honni ein bod wedi llunio meini prawf cwbl resymegol na chwbl gyson ar gyfer cynnwys eitemau, ond wrth i ddefnyddwyr y Gwyddoniadur ymgyfarwyddo â'r llyfr rydym yn gobeithio y byddant yn dod i ymdeimlo ag egwyddorion ei drefn a'i gynllun; dylai troi at y mynegai ddatrys y rhan fwyaf o broblemau.

Mewn gwaith o'r natur hwn, mae'n anochel ein bod fel golygyddion wedi gorfod ailysgrifennu cryn dipyn ar lawer o'r deunydd a gomisiynwyd gennym. Gwnaethom hynny, fel arfer, mewn ymgais i osgoi ailadrodd gormodol neu wrth-ddweud amlwg, ac er mwyn sicrhau eglurder mynegiant. Yn aml, hefyd, roedd angen diweddaru'r wybodaeth a gyflwynid, yn enwedig o gofio bod rhai blynyddoedd wedi mynd heibio rhwng y cyfnod comisiynu a'r adeg y rhoddwyd y siâp terfynol ar y cofnodau. Bu ymdrech hefyd i gysoni o ran arddull, er mai amhosibl fu cael cysondeb arddull cwbl ddi-dor mewn gwaith y cyfrannodd bron 400 o bobl iddo.

Testunau cyfochrog yn eu hanfod yw argraffiadau Cymraeg a Saesneg y Gwyddoniadur hwn. Ymhlith yr ychydig wahaniaethau sydd rhwng y ddau y mae trefn y cofnodau, sydd o reidrwydd yn wahanol oherwydd trefn yr wyddor yn y ddwy iaith. O ran cynnwys, cwyd ambell wahaniaeth bychan o'r angen yn y gyfrol Saesneg i ddarparu cyfieithiadau o ddyfyniadau, termau, teitlau caneuon Cymraeg ac ati. At hyn, eglurwyd ambell beth rywfaint yn llawnach yn y Saesneg nag yn y Gymraeg, yn enwedig wrth drafod traddodiadau hanfodol Gymraeg megis y gynghanedd.

Y mae gennym, fel golygyddion, le i ddiolch i amryw o sefydliadau ac i nifer o unigolion. Ni fyddai'r cynllun wedi dod i fodolaeth heb Philip Gwyn Jones, gynt o HarperCollins; ef, yn wreiddiol, a gyflwynodd y syniad o greu gwyddoniadur Cymreig newydd, ac fe'n calonogwyd yn y fenter gan ei gefnogaeth a'i frwdfrydedd parhaus hyd nes iddo ymadael â HarperCollins, cyn i'r cyfrifoldeb o gyhoeddi'r testun Saesneg gael ei drosglwyddo i Wasg Prifysgol Cymru.

Hoffem ddiolch i'r Academi Gymreig, a fu'n gyfrifol am ysgogi project *Gwyddoniadur Cymru*, am y cyfle i olygu'r llyfr uchelgeisiol hwn, ac i bwyllgor gwaith a staff hynod ddyfal yr Academi am weinyddu'r cynllun yn ariannol. Mae ein dyled yn fawr i'r tîm ewyllysgar o ymgynghorwyr golygyddol a'n cynorthwyodd. Dymunwn hefyd gydnabod ein hawduron, bron 400 ohonynt. Heb eu gwybodaeth a'u harbenigedd hwy ni fyddai'r llyfr hwn wedi bod yn bosibl. Yr un mor bwysig fu cyfraniad Janet Davies, a fu'n olygydd cynorthwyol yn ystod camau olaf y project, ynghyd â Dr Dyfed Elis-Gruffydd, John Gwilym Jones, yr Athro John Rowlands, Dr Margaret Tilsley a Robat Trefor a olygodd adrannau o'r testun Cymraeg yn ystod camau cynharach.

Y mae llawer o unigolion eraill a gyfrannodd mewn ffyrdd llai amlwg ond allweddol serch hynny. Amhosibl fyddai cydnabod pob un ohonynt, ond ni fyddem wedi medru llunio'r gwyddoniadur hwn heb y dwsinau o bobl a fu'n hael gyda'u hamser, eu hawgrymiadau a'u gwybodaeth arbenigol. Rydym yn rhestru'r amlycaf ohonynt isod.

Yr Athro M. Wynn Thomas o'r Ganolfan Ymchwil i Lên ac Iaith Saesneg yng Nghymru, yn yr Adran Saesneg, Prifysgol Cymru Abertawe (Prifysgol Abertawe bellach). Darparodd ef, ynghyd â phenaethiaid yr adran, y diweddar Athro Ian Bell ac, wedi hynny, Robert Penhallurick a Neil Reeve, swyddfa'n ddi-rent i'r Gwyddoniadur yn Abertawe, ynghyd â chymorth sylweddol gyda chostau swyddfa. Mae Nigel Jenkins yn arbennig yn eithriadol ddiolchgar i staff yr Adran Saesneg am eu croeso cynnes; i ysgrifenyddesau'r adran, Gabriella Wasiniak, Ann Evans, Sandra Beynon a Kathryn Richards am eu cefnogaeth gyfeillgar a dibrin; ac i Trevor Evans o Wasanaeth Gwybodaeth y Llyfrgell am ei fedrusrwydd dyfal yn datrys problemau technegol.

Yr Athro Branwen H. Jarvis, gynt o Brifysgol Cymru, Bangor (Prifysgol Bangor bellach), a wnaeth y trefniadau cychwynnol i ddarparu swyddfa'n ddi-rent ar gyfer project y Gwyddoniadur fel rhan o Ysgol y Gymraeg. Mae Menna Baines yn ddiolchgar i ysgrifenyddesau'r Ysgol, Gwyneth Williams a Kirsty Haston. Hoffai hefyd gydnabod staff Canolfan Astudiaethau Cymunedol Cymhwysol yr Ysgol Gwyddorau Cymdeithas, ac yn arbennig gweinyddwyr y Ganolfan, Adrienne Hebenstreit a Lynda Jones, ei chymdogion yn ystod ei harhosiad yn y coleg, am lawer cymwynas. Diolch hefyd i'r Adran Gwasanaethau Gwybodaeth, y cafwyd cymorth gan ei thechnegwyr ar sawl achlysur. Yn ystod blwyddyn academaidd 2006–7 rhyddhawyd Peredur I. Lynch o'i holl ddyletswyddau dysgu a gweinyddu yn Ysgol y Gymraeg er mwyn canolbwyntio ar y project hwn, ac mae'n ddiolchgar i'r Athro Gerwyn Wiliams am hwyluso'r trefniant hwnnw.

Einion W. Thomas, Archifydd a Llyfrgellydd Cymraeg Prifysgol Cymru, Bangor, a roddodd gyngor ac arweiniad parod a diwarafun ynglŷn â chasgliadau cyfoethog Bangor o ddeunydd Cymreig.

Staff academaidd Prifysgol Cymru, Abertawe, a Phrifysgol Cymru, Bangor, a fu'n hael eu cyngor a'u harbenigedd ysgolheigaidd. Staff Llyfrgell Genedlaethol Cymru a Llyfrgell Prifysgol Cymru, Aberystwyth (Prifysgol Aberystwyth erbyn hyn), y mae John Davies yn neilltuol ddyledus iddynt. Darparodd John Davies, a leolwyd yn Aberystwyth i ddechrau ac yna yng Nghaerdydd, ei swyddfa ei hun.

Yr Athro David Crystal, gwyddoniadurwr amlwg a roddodd arweiniad tra gwerthfawr i ni ar faterion methodolegol yn nyddiau cynnar y project.

Roy Morgan o Mertec Evesham Ltd, Abertawe, am ei garedigrwydd yn rhoi benthyg cyfrifiadur pen-glin i'r project.

Dymunwn hefyd gydnabod ein dyled i: Kevin Thomas, rheolwr y project a golygydd lluniau yn y blynyddoedd cynnar; Tony Bianchi, arolygwr y project am gyfnod; a Dr Brynley F. Roberts, cadeirydd pwyllgor rheoli'r gwyddoniadur, ynghyd ag aelodau'r pwyllgor hwnnw. Dymunwn ddiolch i gyfarwyddwyr Gwasg Prifysgol Cymru, Susan Jenkins a'i holynydd Ashley Drake, ac i staff golygyddol y wasg – Matthew Cory dros HarperCollins yn y lle cyntaf ac yna dros Wasg Prifysgol Cymru, Ruth Dennis-Jones, Dr Dafydd Jones, Elin Lewis, Eira Fenn Gaunt, Nicky Roper, Siân Chapman (rheoli cynhyrchu) ymysg eraill – am eu trylwyredd a'u gofal. Rydym yn ddiolchgar yn ogystal i Anna Ratcliffe, o Brifysgol Cymru Abertawe, am lunio'r rhan fwyaf o'r mapiau gwreiddiol sy'n ymddangos yn y gyfrol, i Janet Davies am lunio'r mynegai ac i Margaret Tilsley, Lowri Morgan a Robat Trefor am ddarllen cyfran o'r proflenni. Cafwyd cymorth gwerthfawr hefyd gan Geinor Jones ac Owain Pennar. At hynny, hoffai Menna Baines a Peredur I. Lynch ddiolch i Ifor ac Enid Wyn Baines, Cathrin Williams ac Olwen Jones am gymwynasau ymarferol di-ri.

Rydym yn ddiolchgar i Amgueddfa Cymru (am y tabl Graddfa Amser Ddaearegol), i Wasg Gomer ac ystad Waldo Williams (am ganiatâd i ddyfynnu un o'i englynion), i Emyr Lewis (am ganiatâd i ddyfynnu o'i farddoniaeth) ac i'r Athro Meic Stephens (am ganiatâd i ddyfynnu o farddoniaeth Harri Webb). Cafwyd hefyd gymorth gwerthfawr neu awgrymiadau a chyngor oddi wrth Amanda Bentley (ar ran Weatherbys), Neil ap Jones, Alun Davies (Wrecsam), Dr John Davies (Aberhonddu), John Eirug Davies, Dr Jasmine Donahaye, Andrew Dulley, yr Athro Miranda Aldhouse-Green, Dr Llŷr D. Gruffydd, Clive Hughes, Martyn Jenkins, Trefor Jones (Glasfryn), Emyr Lewis, Evan Lynch, Dr Ian D. McCarthy, John May, Dai Michael, Myrddin ap Dafydd, y Swyddfa Ystadegau Gwladol, Morgan Parry, Pamela Petro, yr Athro Patrick Sims-Williams, Dei Tomos, yr Athro Deri Tomos, Wyn Thomas (Bangor), yr Athro Geraint Vaughan (Manceinion), Dr Daniel Williams, Dr O. Arthur Williams, Rol Williams, Romilly Witts – a chan yr holl unigolion a gysylltodd â ni er mwyn argymell cofnodau. Diolchwn iddynt i gyd.

Bydd unrhyw un sydd wedi bod yn ddigon anffodus i fod mewn cysylltiad agos â gwyddoniadurwr yn gwybod pa mor obsesiynol yw'r creaduriaid rhyfedd hyn, heb unrhyw ddiddordeb i bob golwg mewn dim ond y dasg enfawr sydd ar y gweill: hyd nes y bydd y gwaith wedi'i gwblhau, yr unig bethau sy'n bwysig iddynt yw'r prifair, y croesgyfeiriad a'r cyfrif geiriau, a chaiff popeth arall ei wthio i'r cyrion. Mae ein teuluoedd a'n cyfeillion wedi bod yn eithriadol o oddefgar yn ystod y deng mlynedd a gymerodd i ni gynhyrchu'r llyfr hwn. Dymunwn ddiolch yn gynnes iddynt oll am eu hamynedd a'u dealltwriaeth, sydd wedi ein cynnal a'n calonogi trwy gydol y daith.

Er bod pob un o'r 720,000 neu well o eiriau yn y llyfr hwn wedi cael ei ddarllen a'i ailddarllen gan y tîm golygyddol, mae bron yn anochel y bydd rhai gwallau ynddo. Mae'r golygyddion yn derbyn cyfrifoldeb amdanynt i gyd, ac am unrhyw anghysonderau neu fylchau hefyd. Gofynnant am i unrhyw gywiriadau, neu awgrymiadau ar gyfer argraffiadau pellach, gael eu hanfon atynt i'r Academi Gymreig, Tŷ Mount Stuart, Sgwâr Mount Stuart, Caerdydd CF10 5FQ.

JOHN DAVIES<br>
MENNA BAINES<br>
NIGEL JENKINS<br>
PEREDUR I. LYNCH

# CANLLAWIAU I'R DARLLENYDD

Mae'r cofnodau wedi eu gosod yn nhrefn yr wyddor, gyda thua 3,300 o bynciau'n ymddangos o dan eu prifeiriau eu hunain ym mhrif gorff y llyfr. Dylai mynegai cynhwysfawr a system groesgyfeirio'r Gwyddoniadur alluogi darllenwyr i ganfod pynciau sy'n gysylltiedig â'i gilydd a chael hyd i gyfeiriadau yn y testun at bynciau, pobl neu leoedd na roddwyd cofnod unigol iddynt. Mae'r mynegai'n rhoi cyfeiriad tudalen at unigolion, lleoedd, digwyddiadau a phynciau; rhoddir cyfeiriadau at gofnodau unigol mewn teip trwm. Seiliwyd ein system groesgyfeirio hithau ar y defnydd o deip trwm. Pan gyfeirir o fewn cofnod at bwnc, unigolyn neu le sy'n cael sylw ar wahân ar ei ben ei hun, y tro cyntaf yr enwir y gwrthrych neu'r lle hwnnw rhoddir y gair neu'r enw mewn teip trwm. Lle bo'n anymarferol dangos croesgyfeiriad trwy ddefnyddio teip trwm, er enghraifft lle nad yw'r gair dan sylw yn cyfateb yn ddigon agos i brifair y cofnod y dymunir cyfeirio ato, nodir y croesgyfeiriad perthnasol mewn cromfachau, er enghraifft: 'dulliau amaethu (gw. **Amaethyddiaeth**)' neu 'Deddf 'Uno' 1536 (gw. **Deddfau 'Uno'**)'. Defnyddiwyd teip trwm ar gyfer ffurfiau cysefin ar eiriau a ffurfiau treigledig fel ei gilydd, a dylai'r darllenydd anwybyddu treigladau wrth ddilyn croesgyfeiriadau. Un enw nad yw'n ymddangos mewn teip trwm yw 'Cymru'; er bod cofnod yn y llyfr sy'n dwyn y teitl '**Cymru, Hanes**', teimlwyd mai anymarferol, gan mor aml yr ymddengys yr enw, fyddai ei roi mewn teip trwm bob tro. Ar y cyfan, rydym hefyd wedi osgoi defnyddio teip trwm oddi mewn i deitlau sefydliadau a chymdeithasau.

Fel rheol rhoddir enwau rhywogaethau anifeiliaid a **phlanhigion** yn **Gymraeg** yn unig, oni bai bod dryswch posibl wrth ddefnyddio'r enw brodorol yn galw am nodi'r enw Lladin yn ogystal. Yn yr achosion prin hynny lle na lwyddwyd i ddod o hyd i enw Cymraeg, defnyddir yr enw Lladin neu Saesneg neu'r ddau.

Gydag ystadegau cyfrifiadau cyn 1971, mewn cofnodau fel yr un ar **boblogaeth**, rydym yn dilyn gwaith **L. John Williams** (1929–2004), *Digest of Welsh Historical Statistics* (2 gyfrol, 1985).

## COFNODAU BYWGRAFFYDDOL

Mae'r rhan fwyaf o'r cofnodau bywgraffyddol yn ymwneud ag unigolion neu deuluoedd, ond ceir cofnodau hefyd ar gyfer detholiad bychan o gymeriadau chwedlonol a dychmygol. Mae rhai bywgraffiadau (byrion fel rheol) wedi eu cynnwys gyda'i gilydd – er enghraifft **Brenhinoedd Lloegr a Chymru** (cofnod y dylai darllenwyr droi ato pan fydd arnynt angen gwybodaeth bellach am frenhinoedd ar Loegr a enwir mewn mannau eraill yn y llyfr) – a gellir cael peth gwybodaeth fywgraffyddol, trwy ddilyn y mynegai, mewn cofnodau ar bynciau heblaw pobl. Ym mhenawdau cofnodau bywgraffyddol, fel rheol nodir cyfenw'r gwrthrych yn gyntaf; yna ceir enw(au) cyntaf, ffugenw(au) os yw hynny'n berthnasol, blynyddoedd geni a marw, a galwedigaeth y gwrthrych neu ei brif hynodrwydd. Yn achos enwau patronymaidd megis **Dafydd ap Gwilym** a **Dafydd ap Llywelyn**, fe'u rhestrir o dan lythyren gyntaf yr enw cyntaf. Dilynir yr un egwyddor yn achos enwau priod sy'n cynnwys elfennau disgrifiadol, fel **Llywelyn Bren** ac **Iorwerth Drwyndwn**, a chydag enwau'r holl gymeriadau chwedlonol a dychmygol, megis **Branwen ferch Llŷr** a **Dic Siôn Dafydd**. Mae rhai enwau personol, fel Gruffudd neu Llywelyn, wedi newid dros amser, a chynghorir darllenwyr sy'n cael trafferth i gael hyd, dyweder, i'r Gruffudd y maent yn chwilio amdano i edrych ar sillafiadau amrywiol, megis Gruffydd neu Griffith. Ni ddefnyddir teitlau megis Athro, Arglwydd, Syr, Brigadydd neu Y Fonesig mewn prifeiriau fel rheol, ond fe'u cynhwysir yn achos rhai teuluoedd uchelwrol er mwyn dangos yn union pa deulu sydd o dan sylw, er enghraifft **Stuart, Teulu (ardalyddion Bute)** neu **Herbert, Teulu (ieirll Pembroke)**. Fel y dengys yr enghraifft olaf, yn y gyfrol Gymraeg defnyddir yr enwau lleoedd Saesneg gwreiddiol yn achos teitlau o'r fath. Pan fydd sawl teulu o dirfeddianwyr yn rhannu'r un cyfenw, ychwanegir enw stad y teulu, er enghraifft **Vaughan, Teulu (Llwydiarth)** a **Vaughan, Teulu (Trawsgoed)**.

Ac eithrio pobl amlwg o fyd adloniant, megis **Ivor Novello** (enw bedydd, David Ivor Davies) neu **Ray Milland** (enw bedydd, Reginald Truscott-Jones), a adwaenir yn gyffredinol wrth yr enwau a fabwysiadwyd ganddynt am resymau proffesiynol, defnyddir enwau bedydd ar gyfer prifeiriau beirdd, cerddorion ac eraill sydd, yn unol â'r hen arfer, yn aml yn cael eu hadnabod wrth enwau amgen, ffugenwau neu enwau barddol. Yn ddi-os, mae rhai, megis Iolo Morganwg (**Edward Williams**) neu'r môr-leidr Barti Ddu (**Bartholomew Roberts**), yn fwy adnabyddus wrth eu henwau amgen na'u henwau bedydd, ond mae'n debyg nad yw hynny'n wir yn achos y mwyafrif. Er mwyn cysonder a rhag creu dryswch y penderfynwyd ar bolisi o roi blaenoriaeth i enwau bedydd yn y cyfan o'r prifeiriau ar wahân i'r eithriadau a nodwyd. Bydd y mynegai yn cynorthwyo'r darllenwyr i gael hyd, dyweder, i'r telynor Pencerdd Gwalia o dan **John Thomas** (1826–1913) neu i Arglwyddes Llanover o dan **Augusta Hall**. Yn achos yr enwogion hynny o fyd chwaraeon a adwaenir wrth ffurfiau talfyredig ar eu henwau bedydd, defnyddir y ffurf dalfyredig yn gyntaf yn y prifeiriau, gyda'r ffurf lawn ar ei hôl mewn cromfachau, er enghraifft **Billy Meredith (William Henry Meredith)** neu **Jimmy Murphy (James Patrick Murphy)**.

Rhestrir unigolion sy'n rhannu'r un enw yn union yn nhrefn eu geni. Mewn croesgyfeiriadau, lle bo mwy nag un unigolyn yn rhannu'r un enw byddwn yn gwahaniaethu rhwng un a'r llall trwy gynnwys eu blynyddoedd geni a marw. Dro arall, ychwanegir dyddiadau at enwau sy'n ymddangos mewn teip trwm er mwyn dangos pa gyfnod sydd o dan ystyriaeth.

## COFNODAU AR LEOEDD

Wrth geisio penderfynu pa leoedd a oedd yn teilyngu cofnod, prin fod unrhyw ateb perffaith i'r broblem, ond i'n golwg ni yr ateb mwyaf rhesymegol oedd rhoi cofnod i bob **cymuned** swyddogol yng Nghymru. Yn 2007 ceid 869 ohonynt. (Cafodd **plwyfi** sifil Cymru, sef yr haen isaf o **lywodraeth** leol mewn dyddiau a fu, eu diddymu yn 1974.) Er bod cofnod sy'n ymddangos o dan enw lle yn ymwneud yn y rhan fwyaf o achosion ag un gymuned, dylai darllenwyr gadw mewn cof fod trefi **Pont-y-pŵl** a **Chwmbrân** yn cynnwys clwstwr o gymunedau ac nad yw'r trefi eu hunain yn bodoli fel unedau llywodraeth leol. Felly, mae'r cofnodau ar gyfer y ddau le hynny'n dechrau gydag eglurhad ar y cymunedau sy'n rhan ohonynt. Mabwysiadwyd polisi cyffelyb yn achos y **Rhondda**, sydd, ers ad-drefnu llywodraeth leol yn 1996, yn cynnwys clwstwr o gymunedau o fewn bwrdeistref sirol **Rhondda Cynon Taf**. Ceir cymunedau a elwir yn **Aberafan**, **Baglan**, **Pen-y-bont ar Ogwr**, **Caerffili** a **Phort Talbot**, ond mae'r cofnodau a geir o dan yr enwau hynny'n ymwneud hefyd â chymunedau sydd, yn eu hanfod, yn faestrefi i'r pum canolfan boblogaeth hynny. Ymhellach, er bod **siroedd** a elwir yn **Casnewydd**, **Abertawe** a **Wrecsam**, nid yw dinasoedd Casnewydd ac Abertawe a thref Wrecsam ond yn ffurfio rhan o'r siroedd hynny; felly, mae'r cofnodau sy'n ymddangos o dan y prifeiriau hynny'n ymwneud â'r clwstwr o gymunedau a oedd, mewn gwirionedd, yn ffurfio Casnewydd, Abertawe a Wrecsam fel yr oeddynt cyn ad-drefnu llywodraeth leol yn 1974. Ni cheir cofnodau ar wahân ar gyfer y cymunedau sy'n ffurfio bwrdeistrefi sirol **Caerdydd** a **Merthyr Tudful**, ond rhoddir iddynt isgofnodau o fewn cofnodau Caerdydd a Merthyr Tudful; felly hefyd yn achos yr holl gofnodau eraill sy'n ymwneud â mwy nag un gymuned. Dylid cadw mewn cof y posibilrwydd y gall ffiniau cymunedau a ffiniau siroedd gael eu newid o bryd i'w gilydd. Mae'r **mapiau** sirol yn dangos y siroedd a'u cymunedau fel yr oeddynt yn 2001; ystadegau 2001 a roddir hefyd wrth gofnodi maint arwynebedd pob cymuned a'r nifer o drigolion sy'n byw oddi mewn i'w ffiniau.

Cafodd enwau a ffiniau siroedd Cymru, rhai ohonynt yn dyddio o ddiwedd y 13g. ac eraill wedi dod i fodolaeth yn sgil Deddf 'Uno' 1536, eu newid yn sylweddol pan ad-drefnwyd llywodraeth leol yn 1974, a thrachefn yn 1996. Bu newidiadau cyffelyb yn hanes sefydliadau megis **Prifysgol Cymru** dros y blynyddoedd (ond nid oedd yr amserlen gynhyrchu yn caniatáu inni lawn adlewyrchu'r newidiadau a ddigwyddodd ym Medi 2007). Wrth gyfeirio at leoedd a sefydliadau yng nghyd-destun y presennol byddwn yn defnyddio'r enwau presennol, ond mewn cyd-destun hanesyddol byddwn yn defnyddio'r enwau a arferid yn y cyfnod dan sylw, gan ychwanegu'r enwau modern cyfatebol mewn cromfachau lle bo'r angen. Felly, byddwn yn nodi i

**Richard Price** gael ei eni yn 1723 ym mhlwyf Llangeinwyr yn **Sir Forgannwg**, er bod man ei eni erbyn heddiw'n rhan o gymuned **Cwm Garw** ym mwrdeistref sirol Pen-y-bont ar Ogwr. Yr un modd, bu **Saunders Lewis** yn ddarlithydd yng Ngholeg y Brifysgol, Abertawe, yn y 1920au a'r 1930au, ac nid ym **Mhrifysgol Cymru Abertawe**, fel y daethpwyd i adnabod y sefydliad yn ddiweddarach (ond Prifysgol Abertawe er Medi 2007).

O ran ffurfiau ar **enwau lleoedd**, yn argraffiad Cymraeg y gwyddoniadur hwn rydym wedi dilyn y sillafiadau a geir gan **Elwyn Davies** yn *Rhestr o Enwau Lleoedd* (trydydd argraffiad, 1967). Os nad oedd enw'n cael ei restru yno, trowyd at ffynonellau megis cyfrolau **Melville Richards**, *Welsh Administrative and Territorial Units* (1969) ac *Enwau Tir a Gwlad* (1998), ac amryw o gyfrolau ar enwau lleoedd gan Hywel Wyn Owen ac eraill. Yn achos ffurfiau Cymraeg rhai enwau sy'n fwy cyfarwydd yn Saesneg, a hefyd yn achos rhai enwau ar leoedd y tu allan i Gymru, trowyd at Eiriadur yr Academi ac *Yr Atlas Cymraeg Newydd* (1999). Mewn prifeiriau, lle tybiwyd bod hynny o fudd, nodwyd yr enw Saesneg mewn cromfachau ar ôl yr enw Cymraeg.

## CONFENSIYNAU ARDDULL, DYDDIADAU, MESURIADAU A BYRFODDAU

Wrth greu penawdau, bu'n rhaid weithiau wrth-droi trefn naturiol geiriau er mwyn ei gwneud yn haws i'r darllenydd ddod o hyd i gofnodau arbennig, er enghraifft **Penyberth, Llosgi Ysgol Fomio** neu **Cymerau, Brwydr**. Mabwysiadwyd polisi cyffredinol o anwybyddu treigladau mewn penawdau. Er bod hynny eto'n mynd yn groes i deithi'r iaith, barnwyd y byddai glynu at ffurfiau cysefin yn hwyluso pethau i'r darllenydd; felly daw cofnod y Blaid Ryddfrydol o dan **Plaid Ryddfrydol** a daw cofnod y Wladwriaeth Les o dan **Gwladwriaeth Les**. Unwaith eto, yn achos unrhyw anhawster, anogwn y darllenydd i droi at y mynegai.

Defnyddir teip italig ar gyfer teitlau llyfrau, dramâu, **papurau newydd**, **cyfnodolion**, rhaglenni radio a theledu, llawysgrifau, darluniau a cherfluniau, cyfansoddiadau cerddorol hir ac enwau **llongau**. Rhoddir teitlau caneuon, **emynau** a cherddi (ac eithrio cerddi hir) mewn dyfynodau. Lle teimlwyd bod gwir angen hynny, cynigiwyd cyfieithiad Saesneg o dermau mewn cromfachau, boed hynny mewn prifair neu yng nghorff y testun. Defnyddir y dull dyddio cyfarwydd CC ac OC (yn hytrach na CCC a CC), pan fo'n berthnasol.

Lle bo ansicrwydd ynghylch dyddiad, gosodir marc cwestiwn ar ei ôl (1749?). Defnyddir y byrfodd *c.*, am y Lladin *circa*, o flaen dyddiad (*c.*1749) er mwyn cyfleu'r ystyr 'oddeutu'. Saif 'g.' o flaen dyddiad (g.1749) am 'ganed' a 'm.' am 'marw'. Os yw union flynyddoedd geni a marw unigolyn yn anhysbys, defnyddir y byrfodd *fl.* (am y Lladin *floruit*) o flaen y ddau ddyddiad sy'n cynrychioli dechrau a diwedd y cyfnod y gellir bod yn weddol sicr fod yr unigolyn yn weithgar o'i fewn (*fl.*1747–80). Mae dyddiadau a wahenir gan slaes (800/900, o'i gyferbynnu â'r dull mwy sicr-benodol 1926–2007) yn cynrychioli cyfnod pan gredir i rywbeth ddigwydd er ei bod yn anodd dyddio'r cyfnod yn fanwl.

Rhoddir pellterau, uchderau a mesuriadau yn gyffredinol mewn ffurfiau metrig yn hytrach nag Imperial, ac rydym wedi mabwysiadu'r diffiniad Americanaidd o 'biliwn', hynny yw mil o filiynau. Mae'r ychydig fyrfoddau a ddefnyddir gennym yn rhai safonol a hysbys y gellir canfod eglurhad arnynt mewn unrhyw eiriadur.

## DARLLEN PELLACH

Ystyriwyd ei bod yn anymarferol cynnwys llyfryddiaeth neu droednodiadau llyfryddiaethol ar gyfer cofnodau, a dim ond yn achlysurol y ceir lle yng nghorff y testun i dynnu sylw at lyfr neu erthygl allweddol. Anogir darllenwyr i ymgynghori â'r compendiwm llyfryddiaethol tra gwerthfawr o waith Gwilym Huws a D. Hywel E. Roberts, *Wales* (1991), cyfrol 122 yn y World Bibliographical Series, ac â chatalogau ar-lein megis un **Llyfrgell Genedlaethol Cymru**.

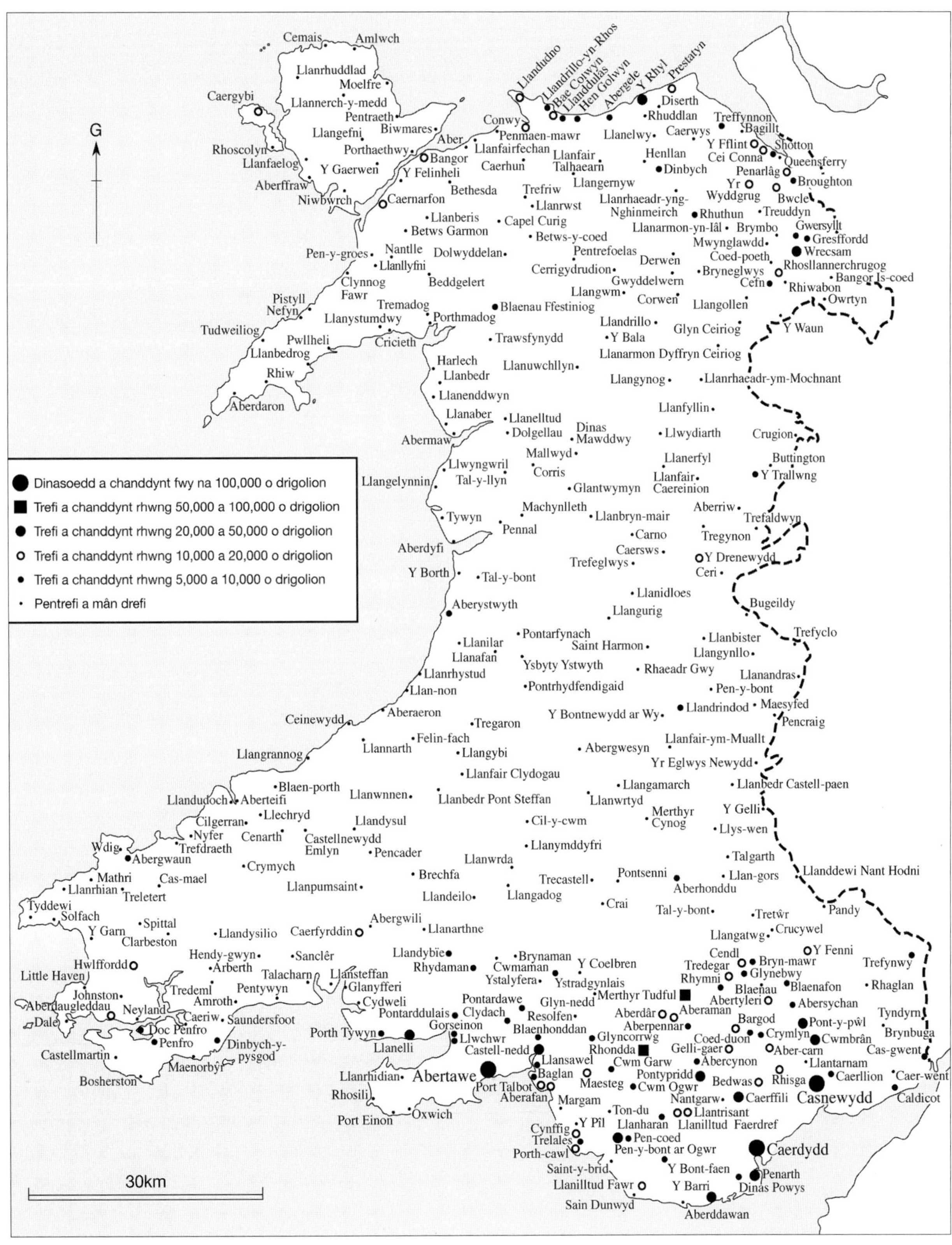

G
Cemais
Amlwch
Llanrhuddlad
Moelfre
Caergybi
Llannerch-y-medd
Pentraeth
Llangefni
Biwmares
Rhoscolyn
Porthaethwy
Aber
Llanfaelog
Bangor
Y Gaerwen
Y Felinheli
Aberffraw
Niwbwrch
Caernarfon
Bethesda
Llandudno
Llandrillo-yn-Rhos
Bae Colwyn
Llanddulas
Hen Golwyn
Abergele
Y Rhyl
Prestatyn
Diserth
Conwy
Penmaen-mawr
Llanfairfechan
Caerhun
Llanfair Talhaearn
Llanelwy
Rhuddlan
Caerwys
Treffynnon
Bagillt
Y Fflint
Shotton
Cei Conna
Queensferry
Henllan
Dinbych
Penarlâg
Broughton
Llangernyw
Trefriw
Llanrwst
Llanrhaeadr-yng-Nghinmeirch
Yr Wyddgrug
Bwcle
Rhuthun
Treuddyn
Llanberis
Betws Garmon
Capel Curig
Betws-y-coed
Llanarmon-yn-Iâl
Brymbo
Gwersyllt
Gresffordd
Mwynglawdd
Wrecsam
Pen-y-groes
Nantlle
Llanllyfni
Dolwyddelan
Pentrefoelas
Cerrigydrudion
Derwen
Coed-poeth
Bryneglwys
Rhosllannerchrugog
Bangor Is-coed
Cefn
Rhiwabon
Clynnog Fawr
Beddgelert
Gwyddelwern
Llangwm
Corwen
Llangollen
Owrtyn
Pistyll
Nefyn
Tremadog
Blaenau Ffestiniog
Llanystumdwy
Porthmadog
Tudweiliog
Pwllheli
Cricieth
Llandrillo
Y Bala
Glyn Ceiriog
Y Waun
Trawsfynydd
Llanbedrog
Harlech
Llanbedr
Llanuwchllyn
Llanarmon Dyffryn Ceiriog
Rhiw
Llangynog
Llanrhaeadr-ym-Mochnant
Llanenddwyn
Aberdaron
Llanfyllin
Llanaber
Llanelltud
Dolgellau
Dinas Mawddwy
Llwydiarth
Crugion
Abermaw
Mallwyd
Llanerfyl
Buttington
Llwyngwril
Tal-y-llyn
Corris
Y Trallwng
Llangelynnin
Llanfair Caereinion
Glantwymyn
Machynlleth
Llanbryn-mair
Aberriw
Trefaldwyn
Tywyn
Pennal
Carno
Tregynon
Aberdyfi
Caersws
Y Drenewydd
Trefeglwys
Ceri
Y Borth
Tal-y-bont
Llanidloes
Bugeildy
Aberystwyth
Llangurig
Pontarfynach
Llanilar
Llanafan
Saint Harmon
Llanbister
Trefyclo
Llangynllo
Ysbyty Ystwyth
Rhaeadr Gwy
Llananrdras
Llanrhystud
Pontrhydfendigaid
Pen-y-bont
Llan-non
Llandrindod
Maesyfed
Aberaeron
Y Bontnewydd ar Wy
Ceinewydd
Pencraig
Tregaron
Felin-fach
Llanfair-ym-Muallt
Llannarth
Llangybi
Abergwesyn
Llangrannog
Yr Eglwys Newydd
Llanfair Clydogau
Blaen-porth
Llangamarch
Llanbedr Castell-paen
Llandudoch
Aberteifi
Llanwnnen
Llanbedr Pont Steffan
Llanwrtyd
Llechryd
Merthyr Cynog
Y Gelli
Cilgerran
Llandysul
Cil-y-cwm
Llys-wen
Nyfer
Cenarth
Castellnewydd Emlyn
Wdig
Trefdraeth
Llanymddyfri
Talgarth
Abergwaun
Pencader
Llanwrda
Crymych
Mathri
Brechfa
Trecastell
Pontsenni
Llan-gors
Llanddewi Nant Hodni
Cas-mael
Llanrhian
Llanpumsaint
Llandeilo
Llangadog
Aberhonddu
Treletert
Crai
Tyddewi
Tal-y-bont
Tretŵr
Pandy
Solfach
Spittal
Abergwili
Llangatwg
Crucywel
Y Garn
Llandysilio
Caerfyrddin
Llanarthne
Clarbeston
Cendl
Y Fenni
Hendy-gwyn
Sanclêr
Llandybïe
Brynaman
Y Coelbren
Tredegar
Bryn-mawr
Trefynwy
Hwlffordd
Arberth
Talacharn
Llansteffan
Rhydaman
Cwmaman
Rhymni
Glynebwy
Little Haven
Ystalyfera
Ystradgynlais
Blaenau
Blaenafon
Rhaglan
Tredemi
Pentywyn
Glanyfferi
Merthyr Tudful
Abertyleri
Johnston
Amroth
Cydweli
Pontardawe
Glyn-nedd
Abersychan
Aberdaugleddau
Neyland
Pontarddulais
Clydach
Aberdâr
Aberaman
Tyndyrn
Caeriw
Saundersfoot
Resolfen
Bargod
Dale
Gorseinon
Aberpennar
Pont-y-pŵl
Doc Penfro
Blaenhonddan
Glyncorrwg
Coed-duon
Crymlyn
Brynbuga
Penfro
Porth Tywyn
Llwchwr
Cwmbrân
Dinbych-y-pysgod
Llanelli
Castell-nedd
Rhondda
Gelli-gaer
Aber-carn
Cas-gwent
Castellmartin
Maenorbŷr
Llansawel
Cwm Garw
Abercynon
Llantarnam
Bosherston
Llanrhidian
Abertawe
Baglan
Pontypridd
Rhisga
Caerllion
Caer-went
Port Talbot
Maesteg
Cwm Ogwr
Bedwas
Rhosili
Aberafan
Margam
Nantgarw
Caerffili
Casnewydd
Caldicot
Port Einon
Oxwich
Ton-du
Llantrisant
Cynffig
Y Pîl
Llanharan
Llanilltud Faerdref
Trelales
Pen-coed
Porth-cawl
Pen-y-bont ar Ogwr
Caerdydd
Saint-y-brid
Y Bont-faen
Penarth
Llanilltud Fawr
Y Barri
Dinas Powys
Sain Dunwyd
Aberddawan
30km
Dinasoedd a chanddynt fwy na 100,000 o drigolion
Trefi a chanddynt rhwng 50,000 a 100,000 o drigolion
Trefi a chanddynt rhwng 20,000 a 50,000 o drigolion
Trefi a chanddynt rhwng 10,000 a 20,000 o drigolion
Trefi a chanddynt rhwng 5,000 a 10,000 o drigolion
Pentrefi a mân drefi

A Oes Heddwch? Cadeirio Myrddin ap Dafydd yn yr Eisteddfod Genedlaethol, 2002

## A OES HEDDWCH?

Cwestiwn a ofynnir deirgwaith i gynulleidfa eisteddfodol yn ystod prif seremonïau'r **Orsedd**, gan gynnwys y cadeirio a'r coroni. Delir cledd rhannol noeth uwchben y bardd neu'r llenor buddugol, ac fe'i gweinir pan geir yr ateb 'Heddwch!' am y trydydd tro (gw. hefyd **Eisteddfod**).

## A470, Yr

Yr A470, sy'n ymestyn am 270km rhwng **Caerdydd** a **Llandudno**, yw'r brif ffordd rhwng gogledd a de Cymru. Rhoddodd dyfodiad y **Cynulliad Cenedlaethol** yn 1999 statws arbennig iddi; fe'i hystyrir yn symbol o undod Cymru neu, efallai, y dyhead am yr undod hwnnw. I'r gogledd o Gaerdydd mae'r A470 yn cysylltu **Merthyr Tudful**, **Aberhonddu**, **Llanfair-ym-Muallt**, **Rhaeadr Gwy**, **Llanidloes**, **Dolgellau**, Blaenau Ffestiniog (gw. **Ffestiniog**) a **Betws-y-coed**. Rhoddwyd rhif i'r ffordd yn 1972, yn dilyn ymgyrch yn y *Western Mail*. Hyd at yr adeg honno roedd holl briffyrdd Cymru yn rhedeg o'r dwyrain i'r gorllewin. Oddi ar 1972 gwnaed gwelliannau graddol i'r A470. Ond â'r daith ar ei hyd yn bedair i bum awr, mae galw cyson am wneud gwelliannau pellach i'r rhannau helaeth hynny o'r ffordd sy'n parhau'n gul a throellog.

## A5, Yr

Rhoddwyd rhifau i briffyrdd **Prydain** yn unol â'r syniad mai breichiau ydynt i olwyn a ganolir ar **Lundain**. Yn unol â chyfeiriad y cloc, mae'r A1 yn arwain i Gaeredin, A2 i Dover, A3 i Portsmouth, A4 i Gaerfaddon, A5 i **Gaergybi** a'r A6 i Gaerliwelydd. Yn wreiddiol roedd yr A5 i bob pwrpas yn dilyn llwybr ffordd y **goets fawr** a grëwyd gan **Thomas Telford** yn gynnar yn y 19g. er mwyn gwella cysylltiadau ag **Iwerddon**. Tystia'r ffordd honno i athrylith Telford; mae'n cynnwys y bont grog wych dros afon **Menai**, ac er ei bod yn rhedeg trwy **Eryri**, nid yw'n fwy serth na 1:22 yn unlle. Yn dilyn cwblhau'r A55 yn 2001 disodlwyd yr A5 fel y brif ffordd ar draws Ynys **Môn**. Mae'r A5 yn 445km o hyd, gyda 136km ohoni yng Nghymru.

## A55, Yr

Mae'r A55, priffordd bwysicaf gogledd Cymru, yn rhan o Ffordd E22 Ewrop sy'n cysylltu Sussnitz ar arfordir Môr y Baltig â **Chaergybi** ac yna, trwy gyfrwng y fferi, ag **Iwerddon**. Ffordd ddeuol gyflym ydyw sy'n ymestyn am 145km o Gaer i Gaergybi, a chwblhawyd y darn olaf, o **Lanfair Pwllgwyngyll** i Gaergybi, yn 2001. Ymhlith ei hynodion peirianyddol y mae twneli Pen y Clip a Phenmaen-bach ac, yn fwyaf arbennig,

Yr harbwr yn Aberaeron

y twnnel o dan aber afon **Conwy** a osodwyd fesul darn concrid anferthol ar wely'r aber, dull arloesol ym **Mhrydain** ar y pryd. Enillodd twnnel Conwy wobr peirianneg sifil Prydain yn 1992. Yn wahanol i'r **A5** wreiddiol, mae'r A55 yn croesi'r **Fenai** dros Bont Britannia yn hytrach na Phont Menai (Pont y Borth).

**AARON, Richard I[thamar] (1901–87)** Athronydd
Brodor o **Flaendulais** a fu'n fyfyriwr yng **Nghaerdydd** a **Rhydychen**. Tra oedd yn ddarlithydd mewn **athroniaeth** yn **Abertawe**, cyhoeddodd *Hanes Athroniaeth: o Descartes i Hegel* (1932), ac yn 32 oed fe'i penodwyd i gadair athroniaeth **Aberystwyth**, cadair y bu ynddi o 1932 hyd 1969. Gyda'i sêl dros hybu athroniaeth trwy gyfrwng y **Gymraeg**, sefydlodd adran athronyddol Urdd Graddedigion **Prifysgol Cymru** yn 1931, a chychwyn y cyfnodolyn *Efrydiau Athronyddol* yn 1938. Ei brif gyhoeddiadau yw *John Locke* (1937) a *The Theory of Universals* (1952). Fel cadeirydd **Cyngor Cymru a Mynwy** yn y 1960au, bu ganddo ran allweddol yn y gwaith o lunio *Adroddiad ar yr Iaith Gymraeg Heddiw* (1963), adroddiad arloesol yn ei bwyslais ar y cysyniad o statws swyddogol i'r iaith. A'i enw yn dechrau gyda dwy 'a', y cofnod arno ef oedd y cyntaf yn *Who's Who* – mater o gryn falchder iddo.

**ABATY CWM-HIR**, Sir Faesyfed, Powys (5,931ha; 246 o drigolion)
Mae'r **gymuned**, a leolir i'r gogledd o **Landrindod**, yn cynnwys cadwyn o fryniau braf sy'n codi dros 300m uwchlaw'r môr. Mynachlog Sistersaidd oedd yr abaty, a gafodd ei sefydlu yn 1143 a'i ailsefydlu gan fynachod o **Hendy-gwyn** yn 1176. Roedd gan eglwys yr abaty, sy'n dyddio o'r 13g., y corff hiraf yng Nghymru (75m); gyda'i 14 bae, gellir ei gymharu â chadeirlan Caergaint. Mae'n bosibl fod maint yr eglwys yn adlewyrchu nawdd haelionus **Llywelyn ap Iorwerth**. Y tu mewn iddi y claddwyd corff di-ben **Llywelyn ap Gruffudd** yn 1282. Adeiladwyd y fynachlog ar gyfer 60 o fynachod, ond dim ond 8 a oedd ynddi erbyn 1381. Ychydig sy'n aros o ysblander gwreiddiol y safle anghysbell a phrydferth hwn. Dinistriwyd yr abaty'n rhannol gan **Owain Glyndŵr** ac fe'i hysbeiliwyd adeg y **Diwygiad Protestannaidd**. Aeth tiroedd yr abaty i feddiant teulu Fowler, y rheswm pennaf am ei safle fel y cyfoethocaf o landlordiaid **Sir Faesyfed**. Ac yntau'n un o gadarnleoedd y Brenhinwyr, bu'r abaty o dan warchae yn ystod y **Rhyfeloedd Cartref**; dymchwelwyd rhannau helaeth ohono rhwng 1822 ac 1837. Yn 1542 ailgodwyd bwâu corff eglwys yr abaty yn Eglwys Sant Idloes, **Llanidloes**. Codwyd Eglwys y Santes Fair yn 1866, a Neuadd Cwm-hir, sydd gerllaw, yn 1867. Mae Llwybr Glyndŵr yn rhedeg trwy'r ardal.

**ABENBURY**, Wrecsam (693ha; 718 o drigolion)
Mae'r **gymuned** hon, sydd i'r dwyrain o **Wrecsam**, yn cynnwys Stad Ddiwydiannol Wrecsam. Datblygwyd y stad ar safle Ffatri Ordnans **Marchwiail** (a sefydlwyd yn ystod yr **Ail Ryfel Byd**). Adeilad cwmni Weddel Pharmaceuticals (1970) yw ei adeilad hynotaf. Fe'i cynlluniwyd gan **Colwyn Foulkes**, ac ef hefyd a oedd yn gyfrifol am stad **dai** ddeniadol Pentre Maelor (1952). Mae Cefn Park a Llwyn Onn yn dai bonedd sylweddol o'r 18g.

**ABER[GWYNGREGYN]**, Gwynedd (2,970ha; 222 o drigolion)
Lleolir y **gymuned** hon rhwng **Bangor** a **Llanfairfechan**, ac mae ei thiriogaeth yn cynnwys basn afon Aber a'i hisafonydd, afon Anafon ac afon Rhaeadr-fawr. Roedd yn lleoliad strategol ar y prif lwybr canoloesol ar draws y gogledd, a oedd yn ymestyn o'r **Berfeddwlad** ar draws afon **Conwy** yn Nhal-y-cafn a thrwy **Gaerhun**, ac yna o Aber ar draws Traeth Lafan i **Fôn**. Gyda llethrau ysgithrog y **Penmaen-mawr** a'r Penmaen-bach yn cynnig amddiffynfa i'r dwyrain, dyma safle un o hoff lysoedd tywysogion **Gwynedd**. Yma y bu farw **Siwan**, gwraig **Llywelyn ap Iorwerth**, yn 1237, a'u mab, **Dafydd ap Llywelyn**, yn 1246. Mae'n debyg mai yn Aber y cyfarfu **Llywelyn ap Gruffudd** â **John Pecham**, archesgob Caergaint, yn Nhachwedd 1282. Honnir bod olion y llys o dan blasty Pen-y-bryn (*c*.1600, *c*.1705) sydd erbyn hyn o dan ofal Ymddiriedolaeth Aber.

Dim ond ar drai yr oedd yn bosibl croesi Traeth Lafan. Roedd hon yn daith o 5km ar draws y tywod, a pharhaodd y fferi i groesi sianel ddofn afon **Menai**, taith o 0.3km, hyd y 19g. Mae rhan helaeth o'r ardal yn eiddo i'r **Ymddiriedolaeth Genedlaethol**. Balm i'r enaid yw'r llwybr sy'n arwain at y Rhaeadr Mawr (35m), rhaeadr arbennig o drawiadol. Ceir nifer o olion cynhanesyddol yn yr ardal, yn garneddau, gweddillion cytiau ac olion caeau.

**ABERAERON**, Ceredigion (159ha; 1,520 o drigolion)

Hyd at 1807 nid oedd Aberaeron yn fawr ddim mwy na'r hyn yr oedd elfennau'r enw yn ei ddynodi, sef aber afon **Aeron**. Yn y flwyddyn honno sicrhaodd y sgweier a'r person, y Parchedig Alban Gwynne o Fonachdy (gw. **Dyffryn Arth**), ddeddf seneddol i greu harbwr newydd. (Cafodd dauganmlwyddiant y ddeddf ei ddathlu'n frwdfrydig yn 2007.) Buan y datblygodd y lle yn ganolfan **adeiladu llongau** a mewnforio calch, **glo** a choed. Honnir yn aml mai **John Nash** a gynlluniodd y dref fach brydferth hon gyda'i thai stwco lliwgar, ond go brin fod hynny'n wir; mae'n fwy tebygol mai dylanwad y pensaer Edward Haycock o Amwythig sydd i'w weld ar ei chynllun. Ar ôl i'r fasnach forwrol edwino o 1870 ymlaen, gwnaed iawn am hynny gyda thwf llywodraeth leol a **thwristiaeth**. Daeth Aberaeron yn ganolfan weinyddol i'r cynghorau dosbarth trefol a gwledig a sefydlwyd yn 1894 a daeth neuadd y dref yn fan cyfarfod i Gyngor **Sir Aberteifi**. Yn sgil ad-drefnu llywodraeth leol yn 1974, daeth Aberaeron yn brif ganolfan weinyddol dosbarth **Ceredigion**, swyddogaeth a ddaeth yn bwysicach fyth ar ôl adfer statws sirol yn 1996. Roedd y rheilffordd i **Lanbedr Pont Steffan** (1911) gyda'r olaf o'r **rheilffyrdd** cyhoeddus i gael eu hadeiladu yng Nghymru; peidiodd â chludo teithwyr yn 1951. Oddi mewn i ffiniau'r **gymuned** ceir un o **winllannoedd** mwyaf gogleddol Cymru.

**ABERAFAN**, Castell-nedd Port Talbot (563ha; 18,118 o drigolion)

Saif tref Aberafan o fewn **cymunedau** Aberafan, Sandfields Dwyreiniol a Sandfields Gorllewinol (gw. isod). Yn ôl yr hanes, sefydlwyd bwrdeistref ar lan orllewinol afon Afan yn gynnar yn y 12g. gan Garadog ap Iestyn, arglwydd **Afan**. Daeth yn un o wyth bwrdeistref seneddol **Sir Forgannwg**, ond ni thyfodd fawr ddim. Cyrhaeddodd y rheilffordd yn 1850, ond ar lan ddwyreiniol yr afon y gwelwyd y datblygiadau diwydiannol mwyaf arwyddocaol. Yn y 1950au diflannodd twyni tywod Traeth Aberafan dan stad Sandfields, a godwyd i ddarparu cartrefi i weithwyr gwaith dur yr Abaty ym **Mhort Talbot** (gw. **Haearn a Dur**). Yn y 1960au dymchwelwyd rhan o ganol y dref i wneud lle i draffordd yr **M4**, ac yn y 1970au chwalwyd llawer o'r gweddill er mwyn codi canolfannau siopa newydd.

*Cymunedau Aberafan*

ABERAFAN (225ha; 5,335 o drigolion)

Ar y llain gul hon i'r de o'r M4 saif yr unig adeilad o sylwedd i oroesi o'r hen Aberafan, sef Eglwys y Santes Fair, a ailadeiladwyd yn 1849; mae bedd Dic Penderyn (**Richard Lewis**) yn y fynwent.

SANDFIELDS DWYREINIOL (168ha; 6,118 o drigolion)

Dyma ran ddwyreiniol stad dai Sandfields, ac yma y saif canolfan gynadledda ac adloniant Afan Lido.

SANDFIELDS GORLLEWINOL (170ha; 6,665 o drigolion)

Rhan orllewinol stad dai Sandfields, sydd hefyd yn cynnwys adeiladau gwasgaredig Ysgol Gyfun Sandfields ac eglwysi arbrofol eu **pensaernïaeth**.

**ABERAMAN**, Rhondda Cynon Taf (1,688ha; 9,833 o drigolion)

Mae'r **gymuned** hon ar lan orllewinol afon Cynon, yn union i'r de o **Aberdâr**, yn cynnwys pentrefi Aberaman, Abercwmboi, Blaen-gwawr, Cwmaman a Godreaman. Mae olion ffwrnais o'r 16g. i'w gweld yng Nghwmaman. Dechreuodd y diwydiannu mawr yn 1845, pan sefydlwyd gwaith **haearn** Aberaman gan Crawshay Bailey (gw. **Bailey, Teulu**). Gan fod perygl llifogydd ar lawr Cwm Cynon, datblygodd Cwmaman ar lawr dyffryn Aman, un o isafonydd afon Cynon. Yn dilyn agor rheilffordd Aberdâr yn 1846, dechreuwyd cloddio am **lo** ar raddfa fawr, ac erbyn y 1860au roedd pum glofa yn y cyffiniau. Yn 1857 gwerthodd Bailey ei byllau glo i Gwmni **Powell Duffryn**, cwmni glo mwyaf Ewrop erbyn degawdau cynnar yr 20g. Roedd gan deulu Davis, a roddodd gychwyn ar ddiwydiannu ardal Ferndale (gw. **Rhondda, Y**), gysylltiad â Blaen-gwawr. Mae gan Bethesda (1864), capel y **Bedyddwyr** yn Abercwmboi, ffasâd clasurol hardd. Cyn y tân a'i dinistriodd yn 1994, adeilad amlycaf y pentref oedd neuadd gyhoeddus ac institiwt Aberaman (1909); mae'r institiwt yn Abercwmboi (1913) yn llai o faint. Wedi tranc y diwydiant glo, prif gyflogwr yr ardal yw stad ddiwydiannol fawr. Ym marn yr *Observer*, y gwaith *phurnacite*, a gaeodd yn 1990, oedd 'ffatri futraf Prydain'.

**ABER-CARN**, Caerffili (1,651ha; 4,793 o drigolion)

Mae **cymuned** Aber-carn ar lawr Cwm **Ebwy**, tua 7km i'r gogledd-orllewin o **Gasnewydd**. Dechreuwyd cynhyrchu **haearn** yn yr ardal yn niwedd yr 16g. Yng Nghwm Gwyddon gwelir y ffwrnais haearn gynharaf ym maes **glo**'r de sydd wedi goroesi'n gyfan. Erbyn diwedd y 19g., fodd bynnag, roedd yr ardal yn ddibynnol ar y diwydiant glo, yn enwedig y gyflogaeth a gynigid gan byllau glo De Celynen a'r Prince of Wales. Tŷ Aber-carn, sydd wedi'i ddymchwel erbyn hyn, oedd man geni Benjamin Hall, Barwn Llanover. Yn 1853 comisiynwyd y gwaith o adeiladu Eglwys Sant Luc gan Arglwydd ac Arglwyddes Llanover (gw. **Augusta Hall**) ar y ddealltwriaeth y byddai'r gwasanaethau yn **Gymraeg**. Yn 1862, oherwydd i esgob Llandaf, yn eu barn hwy, dorri ei air ynglŷn â hyn, cyflwynwyd yr eglwys i'r **Methodistiaid Calfinaidd**. Yn y 1980au, yn dilyn cau'r eglwys blwyf drawiadol (1926), daeth Eglwys Bresbyteraidd Cymru a'r **Eglwys yng Nghymru** i rannu Eglwys Sant Luc. Gorchuddiwyd y bryniau uwchlaw llawr y dyffryn â choed; braf yw gyrru trwy goedwig brydferth Cwm Carn.

**ABERCONWY** Etholaeth a chyn-ddosbarth

Yn dilyn diddymu **Sir Gaernarfon** a **Sir Ddinbych** yn 1974, crëwyd Aberconwy yn ddosbarth oddi mewn i sir newydd **Gwynedd**. Roedd yn cynnwys yr hyn a fu yn fwrdeistref

Aberdâr: parc y dref

**Conwy**, dosbarthau trefol **Betws-y-coed**, **Llandudno**, **Llanfairfechan** a **Phenmaen-mawr** a dosbarth gwledig Nant Conwy, i gyd yn yr hen Sir Gaernarfon, a dosbarth trefol **Llanrwst** a rhan o ddosbarth gwledig Hiraethog yn yr hen Sir Ddinbych. Yn 1996 daeth Aberconwy, ynghyd â'r rhan fwyaf o ddosbarth **Colwyn**, yn fwrdeistref sirol **Conwy**.

Erbyn etholiadau'r **Cynulliad Cenedlaethol** yn 2007, daethpwyd i adnabod rhan orllewinol y fwrdeistref sirol (y rhan fwyaf ohoni wedi cael ei hadnabod fel etholaeth Conwy er 1950), gyda pheth newid yn y ffiniau, fel etholaeth Aberconwy.

## ABERCYNON, Rhondda Cynon Taf (916ha; 6,428 o drigolion)

Mae'r **gymuned** hon, sydd wedi'i lleoli o gwmpas cymer afonydd Cynon a **Thaf**, yn cynnwys pentrefi Abercynon, Ynys-boeth, Carnetown a Tyntetown. (Mae'r ddau le olaf yn coffáu teuluoedd a fu'n dirfeddianwyr yn yr ardal – teulu Carne o **Sain Dunwyd** a theulu Kemeys-Tynte o Gefn Mabli, **Rhydri**.) Un o gynenwau'r pentref gwreiddiol oedd Y Basin, a gyfeiriai at y lanfa a oedd yno ar Gamlas Sir Forgannwg ar gyfer cysylltu â rhwydwaith o dramffyrdd. Yn 1804 daeth locomotif **Richard Trevithick** o Benydarren (gw. **Merthyr Tudful**) i ben ei daith yn Abercynon ar hyd un o'r tramffyrdd hyn. Bellach, tafarndy'r Navigation yw hen swyddfeydd y gamlas. Dechreuodd yr ardal ddatblygu'n gyflym yn 1886 pan suddwyd siafft glofa Dowlais Caerdydd (Abercynon yn ddiweddarach), a gyflogai bron 2,700 o ddynion yn nyddiau ei hanterth. Dewiswyd yr enw Abercynon mewn cyfarfod cyhoeddus yn 1893.

Bellach, saif Canolfan Menter y Cymoedd ar safle'r lofa. Yn 1995 dymchwelwyd Neuadd y Gweithwyr, Abercynon, un o'r adeiladau mwyaf ym maes **glo**'r de. Ganed yr arloeswr ym maes hanes llafar **George Ewart Evans** a'r pencampwr **bocsio** pwysau pryf Dai Dower yn Abercynon. Roedd 9,109 o bobl yn byw yn Abercynon pan gyrhaeddodd y **boblogaeth** ei phenllanw yn 1911.

## ABERCHWILER, Sir Ddinbych (1,059ha; 327 o drigolion)

Mae'r **gymuned** hon, sydd i'r gogledd-ddwyrain o **Ddinbych**, yn ymestyn o lan ddwyreiniol afon **Clwyd** i gopa Moel y Parc (398m) ym **Mryniau Clwyd**. Mae'r capel Presbyteraidd (1822, 1862) sydd yno yn adeilad hardd. Ganed y diwinydd Edward Williams (1750–1813), un o sylfaenwyr Cymdeithas Genhadol Llundain, yn fferm Glan Clwyd.

## ABERDÂR, Rhondda Cynon Taf (2,030ha; 14,457 o drigolion)

Lleolir y **gymuned** hon yn rhan uchaf Cwm Cynon ac mae ei thiriogaeth yn cynnwys tref Aberdâr a'i maestrefi mewnol – Aber-nant, Cwmdâr, y Gadlys, Robertstown a Threcynon. Yn amlach na pheidio sonnir am Aberdâr a Chwm Cynon yn yr un gwynt, a gelwir y cwm yn Gwm Aberdâr yn aml; hyd at 1974 etholaeth Aberdâr oedd enw etholaeth Cwm Cynon.

Diolch i weithgaredd erydol y rhewlif a ledodd ben uchaf Cwm Cynon, gallai Aberdâr ddatblygu'n dref gnewyllol. Yn 1800, fodd bynnag, casgliad ydoedd o gwta ddwsin o dai a safai o amgylch eglwys fechan Sant Ioan (12g. a'r 13g.). Dechreuodd y dref dyfu'n sylweddol pan sefydlwyd tri gwaith **haearn** yn y cyffiniau – **Llwytgoed** (1801), Aber-nant (1801) a'r Gadlys (1827). Yn sgil y diwydiannu agorwyd Camlas Aberdâr yn 1812. Cynyddodd **poblogaeth** plwyf Aberdâr (a oedd yn cynnwys cymunedau diweddarach **Aberaman**, **Cwm-bach**, Llwytgoed a **Phen-y-waun**) o 1,486 yn 1801 i 6,471 yn 1841. Yn y 1840au daeth yr ardal yn brif ganolfan cloddio **glo** ager yng Nghymru, gwaith a hwyluswyd pan gwblhawyd rheilffordd Aberdâr yn 1846. Cynyddodd poblogaeth y plwyf i 14,991 erbyn 1851 ac i

32,247 erbyn 1861. Gan mai Aberdâr oedd y lle mwyaf bywiog yng Nghymru ar y pryd, arferid dweud mai'r 'hyn y mae Aberdâr yn ei feddwl heddiw y bydd Cymru'n ei feddwl yfory'. Roedd yn gartref i ddau o arweinwyr crefyddol amlycaf Cymru – y clerigwr Anglicanaidd John Griffith (1818–85) a'r gweinidog o Fedyddiwr Thomas Price (1820–88). A'r dref yn ganolfan gyhoeddi o bwys, Aberdâr a fu'n bennaf cyfrifol am hybu'r ymgyrch a arweiniodd at ethol **Henry Richard** yn aelod seneddol dros etholaeth **Merthyr Tudful** ac Aberdâr yn 1868.

Yn ystod blynyddoedd ffyniannus y 1850au y cafodd canol tref Aberdâr ei adeiladu. Dyma pryd y codwyd Sgwâr Victoria, Eglwys Sant Elfan gyda'i thŵr pigfain uchel, adeiladau mawr y farchnad ac amryw o'r ugain neu fwy o gapeli sydd yn y dref. Ond byrhoedlog fu goruchafiaeth Aberdâr. Yn y 1870au datblygodd y **Rhondda** yn gyflym iawn gan ddiorseddu'r dref fel prif ganolfan cynhyrchu glo ager Cymru, ac yn ystod yr un degawd daeth y gwaith o gynhyrchu haearn yn Aberdâr i ben. (Mae'r hyn sy'n weddill o waith haearn y Gadlys yn un o safleoedd **archaeoleg** ddiwydiannol pwysicaf Cymru.) Serch hynny, parhaodd y diwydiant glo i ehangu, ond ar raddfa lai nag yn ystod y 1840au a'r 1850au. Cyrhaeddodd poblogaeth y plwyf, a ddaeth yn ddosbarth trefol Aberdâr yn 1894, ei benllanw o 55,007 yn 1921. Yn union fel pob rhan arall o faes glo'r de, dioddefodd Aberdâr yn enbyd yn ystod y **dirwasgiad** rhwng y ddau ryfel byd, ond yn ystod yr **Ail Ryfel Byd** datblygwyd diwydiannau newydd, yn arbennig ffatrïoedd arfau yn Robertstown a **Hirwaun**, gan leddfu'r diweithdra. Wedi'r rhyfel gwnaed ymdrechion pellach i arallgyfeirio'r **economi**, ond ar ddechrau'r 21g. mae Aberdâr yn gartref i rai o deuluoedd tlotaf Cymru.

Roedd Hen Dŷ Cwrdd yr **Undodwyr**, a sefydlwyd yn Nhrecynon yn 1751, yn feithrinfa bwysig i'r **radicaliaeth** a nodweddai Aberdâr. Yn Robertstown gwelir y bont reilffordd haearn gynharaf yn y byd ac arni ddyddiad (1811). Mae parc cyhoeddus Aberdâr, a grëwyd yn y 1860au, yn cynnwys meini'r **Orsedd**, sy'n dwyn i gof ymweliadau'r **Eisteddfod** Genedlaethol â'r dref yn 1861, 1885 ac 1956. Ar dir a anrheithiwyd gan y diwydiant glo sefydlwyd Parc Gwledig Cwmdâr. Saif cerflun **Goscombe John** (1920) o Garadog (**Griffith Rhys Jones**), arweinydd Undeb Corawl De Cymru, yn Sgwâr Victoria. Yn Aberdâr y dechreuodd **Kate Roberts** lenydda; roedd yn athrawes yn ysgol ramadeg y merched rhwng 1917 ac 1928. Mae'r Coliseum yn Nhrecynon (1938) a'r Theatr Fach yn y Gadlys (cwt injans a addaswyd yn ddyfeisgar) yn ganolog i fywyd diwylliannol y cylch. Y Coleg Addysg Bellach (*c*.1955) yw un o'r enghreifftiau mwyaf nodedig yn **Sir Forgannwg** o **bensaernïaeth** fodernaidd y cyfnod wedi'r rhyfel.

## **ABERDARON**, Gwynedd (4,764ha; 1,019 o drigolion)

Mae tiriogaeth y **gymuned** hon yn cynnwys y rhan fwyaf gorllewinol o **Lŷn**, ynghyd ag Ynys Enlli, Ynys Gwylan-fawr ac Ynys Gwylan-bach (gw. **Ynysoedd**). I Eglwys Sant Hywyn, sy'n adeilad gyda dwy eil a godwyd yn y 12g. a'r 13g., y deuai'r pererinion i weddïo cyn cychwyn o Borth Meudwy ar eu taith fer ar draws y môr garw am Ynys Enlli. Ger yr eglwys mae clwstwr o adeiladau atyniadol a gynlluniwyd gan **Clough Williams-Ellis**. Ar y Mynydd Mawr ceir 'cytiau Gwyddelod' o'r Oes Haearn (gw. **Oesau Cynhanesyddol**) ynghyd â golygfa wych o Ynys Enlli a'r Swnt. Mae'r dibyn (162m) o ben creigiau Braich y Pwll i'r môr ymysg y mwyaf ar arfordir Cymru.

Bodwrdda, neu Bodwrda, tŷ cerrig o'r 16g., yw prif blasty'r ardal. Tua 1616 ychwanegwyd adain o frics coch ato, deunydd adeiladu anghyffredin iawn yn **Sir Gaernarfon** bryd hynny. Cymerodd y teulu – roedd y copïydd llawysgrifau Wiliam Bodwrda (1593–1660) yn un ohonynt – enw'r tŷ yn gyfenw. Diflannodd y cyfenw o Gymru, ond goroesodd yng **Ngogledd America** ar y ffurf Bodurda. Mae Plas yn Rhiw, sy'n eiddo i'r **Ymddiriedolaeth Genedlaethol**, yn dŷ o'r 17g. gyda feranda golofnog o'r 19g. ar ei du blaen. Gerllaw mae eglwys ganoloesol Sant Maelrhys. Wrth gerdded ar hyd y traeth ym Mhorthor gellir clywed chwibaniad enwog y tywod a roddodd fod i'r enw Saesneg Whistling Sands. Yn 1921 roedd plwyf Bodferin, sef rhan ogleddol y gymuned bresennol, yn unigryw ymysg **plwyfi** Cymru gan nad oedd neb yno a allai siarad **Saesneg**.

Yn Aberdaron y ganed y crwydryn o ieithmon Dic Aberdaron (**Richard Robert Jones**). Canodd nifer o feirdd Cymru am y lle, yn eu plith Cynan (**Albert Evans-Jones**) a **T. Rowland Hughes**. Bu **Brenda Chamberlain**, yr arlunydd ac awdur *Tide Race* (1962), yn byw am gyfnod ar Ynys Enlli, a bu'r bardd **R. S. Thomas** yn ficer Aberdaron o 1967 hyd 1978.

## **ABERDAUGLEDDAU neu MILFFWRD (Milford Haven)**, Sir Benfro (1,540ha; 13,086 o drigolion)

**Cymuned** ar lannau gogleddol Aberdaugleddau (gw. **Aberdaugleddau, Dyfrffordd**) yw hon ac mae'n cynnwys tref Aberdaugleddau a phentrefi Hakin, Hubberston, Liddeston, Steynton a Thornton. Ceir olion fferm gaerog fawr o'r Oes Haearn (gw. **Oesau Cynhanesyddol**) ger Thornton. Sefydlwyd Priordy Pill *c*.1200, un o ddau briordy a oedd o dan oruchwyliaeth Abaty **Llandudoch**. Ar wahân i fwa uchel cangell yr eglwys, prin yw'r olion sydd wedi goroesi. Hyd at y 1790au prif bentrefi'r ardal oedd Hubberston a Steynton, lle ceir eglwysi canoloesol sydd wedi cael eu hadnewyddu'n helaeth.

Sefydlwyd tref Aberdaugleddau yn 1790, pan roddodd Deddf Seneddol awdurdod i Syr William Hamilton godi 'Quays, Docks, Piers and other erections'. William oedd gŵr Emma, cariad yr Arglwydd Nelson. Y cynllun gwreiddiol, a oruchwyliwyd gan nai Hamilton, Charles Greville, oedd datblygu porthladd morfila o bwys dan ofal helwyr **morfilod** a hanai o Nantucket, Massachusetts. **Crynwyr** oeddynt, ac mae ymweliad â'u mynwent, lle nad oes ond llythrennau blaen yr enwau i'w gweld ar y cerrig beddau, yn brofiad cofiadwy. (Rhyfedd fod pobl mor heddychgar wedi ymwneud â gweithgarwch mor waedlyd.)

Er gwaethaf yr hwb a roddwyd i gynlluniau Hamilton gan ymweliad Horatio Nelson yn 1802, ni wireddwyd y cynllun uchelgeisiol i greu porthladd a allai gystadlu â **Lerpwl**. Yn sgil dyfodiad y rheilffordd yn 1863 cyhoeddwyd cynlluniau mawreddog ar gyfer rheilffordd rhwng Manceinion ac Aberdaugleddau, ond ni wireddwyd y rhain ychwaith. Ffurfiwyd Cwmni Dociau Aberdaugleddau yn 1874 ac addaswyd y dociau (a gwblhawyd yn 1889) ar gyfer y diwydiant pysgota (gw. **Pysgod a Physgota**). Ffynnodd Aberdaugleddau fel porthladd pysgota hyd y 1950au, a daethpwyd â 60,000 tunnell fetrig o bysgod i'r lan yno yn ystod 1946. Yn 2004,

Trychineb Aber-fan, 1966

fodd bynnag, daeth Ocsiwn Bysgod Aberdaugleddau i ben. Mae'n debyg mai gwaith **William Jernegan**, y pensaer o **Abertawe**, yw cynllun sgwarog y dref, gyda'i thair stryd gyfochrog. Mae Eglwys y Santes Katherine (1802–8) yn ymddangos, o'r tu allan, yn adeilad hynod o anniddorol; y tu mewn, fodd bynnag, mae'n enghraifft nodedig o'r arddull Sioraidd Gothig. Ceir cofeb **wenithfaen** i goffáu'r 700 o bysgotwyr o Wlad Belg a gafodd loches yn y dref yn ystod y **Rhyfel Byd Cyntaf**. Hen Dollty'r dref (*c.*1794) – adeilad o waith Jernegan, fwy na thebyg – yw cartref Amgueddfa Aberdaugleddau bellach.

Yn 1960, wrth i'r diwydiant pysgota ddirywio, adeiladodd Esso burfa **olew** i'r gorllewin o'r dref. Yna, dros gyfnod o 13 mlynedd, gwelwyd sefydlu terfynfa a storfa olew BP, a phurfeydd Texaco, Gulf ac Amoco yn y cyffiniau. Bellach, dim ond purfeydd Texaco yn **Hundleton** ac Elf-Murco ar hen safle Amoco yng **Nghastell Gwalchmai** sy'n dal i weithio. Er hynny, Aberdaugleddau yw'r porthladd prysuraf yng Nghymru o hyd a'r chweched, o ran ei brysurdeb, ym **Mhrydain**; trafodwyd 33.8 miliwn tunnell fetrig o nwyddau yno yn 2001. Yn 1991 cynhaliwyd Ras Llongau Hwylio Cutty Sark yn Aberdaugleddau. Theatr y Torch (1970) yw un o'r canolfannau **drama** bywiocaf yng Nghymru.

## ABERDAUGLEDDAU, Dyfrffordd, Sir Benfro

Yn ôl chwedl 'Culhwch ac Olwen' yn y **Mabinogion**, ymwelodd neb llai na'r Brenin **Arthur** ag Aberdaugleddau. Ria neu ddyffryn suddedig yw'r hafan, a chafodd ei ffurfio wrth i lefel y môr raddol godi yn dilyn enciliad llenni iâ'r Oes Iâ ddiweddaraf. Daeth i'w ffurf bresennol tua 7,000 o flynyddoedd yn ôl, wedi i'r môr foddi rhannau isaf **Cleddau** Wen a Chleddau Ddu, sef y rhannau islaw cymer y ddwy afon. O ganlyniad, mae'r llanw yn cyrraedd cyn belled â **Hwlffordd**, 36km o geg yr aber. Yn y foryd mae amrediad y llanw oddeutu 7.5m ac mae rhan orllewinol y sianel dros 18m o ddyfnder.

Ni ddatblygwyd posibiliadau llyngesol a masnachol y ddyfrffordd hyd y 1790au, pan sefydlodd William Hamilton dref **Aberdaugleddau** ar ei glannau. Ar achlysur ei ymweliad yn 1802, roedd Horatio Nelson o'r farn fod yr harbwr ymhlith dyfrffyrdd gorau'r byd ac yn ail i Trincomalee yn Sri Lanka (Ceylon) yn unig. Roedd ei sylw yn hwb i sefydlwyr Dociau Brenhinol **Doc Penfro** yn 1814. Yn y 1860au arweiniodd y pryder parthed ymosodiad posibl o'r môr at adeiladu caerau Aberdaugleddau (gw. **Palmerston, Ffoleddau**). Cynyddodd y defnydd masnachol yn ystod y 1960au pan roddwyd ar waith gynlluniau i ddatblygu Aberdaugleddau yn brif borthladd **olew** Prydain.

## ABERDYFI, Gwynedd (1,128ha; 781 o drigolion)

**Cymuned** ar ochr ogleddol aber afon **Dyfi**. Yma yn 1216, yn ôl ***Brut y Tywysogyon***, y llywyddodd **Llywelyn ap Iorwerth** dros gyfarfod lle rhannwyd cantrefi **Deheubarth** rhwng meibion **Rhys ap Gruffudd** (yr Arglwydd Rhys; m.1197). Yn yr 16g. roedd Aberdyfi'n borthladd pysgota prysur; yn ddiweddarach allforid cynnyrch **gwlân**, **llechi** a **phlwm** a mewnforid halen, **glo**, calch a blawd. Bu mynd mawr ar **adeiladu llongau**, yn arbennig rhwng 1850 ac 1880. Erbyn dechrau'r 20g., wrth i Aberdyfi ddod yn ganolfan wyliau bwysig, roedd **twristiaeth** wedi disodli gweithgaredd y porthladd. Ond cedwir y cysylltiadau â'r môr gan Amgueddfa'r Môr a'r Ysgol Forwrol Awyr Agored a sefydlwyd yn 1941. Mae'r cwrs **golff** (1892) ymysg y gorau yng Nghymru. Yn 1927 ceisiodd un Sabatholwr saethu ar antur at y rhai a ddefnyddiai'r cwrs ar y Sul. Roedd y bardd Ieuan Dyfi (*fl.*1490–1510) yn frodor o Aberdyfi, a daeth y lle yn dra hysbys yn sgil y gân '**Clychau Aberdyfi**'. Bu'r nofelwyr Oliver Onions (1873–1961) a Berta Ruck (1878–1978) – priodasant ei gilydd yn 1909 – yn byw yn Aberdyfi o 1939 ymlaen, ac mae llawer o'u gwaith wedi'i leoli yng Nghymru.

## **ABEREDW**, Sir Faesyfed, Powys (3,055ha; 219 o drigolion)

Mae Aberedw yn **gymuned** sy'n ymestyn dros bellter o 9km i'r dwyrain o afon **Gwy**. Yn ôl y traddodiad, dyma loches olaf **Llywelyn ap Gruffudd**; mae Ogof Llywelyn i'w chanfod yng nghreigiau Aberedw ar y llethrau i'r de o'r pentref. Pan ymwelodd yr awdur **Benjamin Heath Malkin** â'r pentref yn 1803, cafodd syndod o weld y plwyfolion yn dawnsio yn y fynwent wrth ddathlu gŵyl nawddsant eglwys hyfryd Sant Cewydd (14.? ac 16g.). Dinistriwyd llawer o'r castell (*c*.1284) i wneud lle i Reilffordd Canolbarth Cymru. Ceir eglwysi canoloesol bychain yn Llanbadarn Garreg a Rhiwlen.

## **ABER-FAN, Trychineb**

Yn draddodiadol, câi gwastraff o lofeydd ei gludo i'r wyneb a'i osod ar dipiau, a'r rheini weithiau ar gopaon bryniau. Trodd peryglon posibl y fath dipiau i'r rheini a drigai dan eu cysgod yn erchyll o real ar ddydd Gwener, 21 Hydref 1966.

Am oddeutu 9.15 y bore hwnnw, a'r plant newydd gofrestru yn ysgol gynradd Pant-glas, Aber-fan, fry ar y llechweddau uwchlaw dechreuodd y domen lo a ddefnyddid gan lofa Merthyr Vale symud. Llithrodd y gwastraff gwlyb, a ansefydlogwyd gan ddyfroedd ffynnon danddaearol, i lawr llethrau'r cwm ac ymhen ychydig funudau gorchuddiwyd fferm, yr ysgol gynradd gyfan, rhan o ysgol uwchradd gyfagos (nad oedd yn agor ei drysau tan 9.30 a.m.) ac 20 o dai dan wastraff y lofa. O'r 144 o bobl a fu farw, roedd 116 yn blant ysgol, 7 i 10 oed gan mwyaf. Roedd Cymru wedi profi trychinebau diwydiannol a hawliodd fywydau mwy o lawer o bobl, ond roedd rhywbeth unigryw o dorcalonnus yn y ffaith fod cenhedlaeth gyfan bron o blant wedi'i cholli yn nhrychineb Aber-fan.

Darlledwyd a chyhoeddwyd lluniau o'r drychineb ledled y byd, gan ddwyn i sylw pobl na wyddent odid ddim am godi **glo** yr erchyllterau a allai fod yn gysylltiedig â'r diwydiant hwnnw. Yn sgil y gyflafan, newidiodd agwedd yr awdurdodau tuag at y fath dipiau, gan arwain at reolaeth well ac at eu gwaredu a'u gwastatáu yn gyfan gwbl yn aml, pan ddaeth oes y pyllau i ben. Fodd bynnag, cythruddwyd llawer pan wrthododd y **Bwrdd Glo Cenedlaethol** a'r Trysorlys dderbyn cyfrifoldeb ariannol llawn am y drychineb, gan orfodi Cronfa Trychineb Aber-fan – a oedd wedi derbyn £1.75 miliwn – i gyfrannu £150,000 tuag at waredu gweddill y tipiau yn Aber-fan; ni chafodd yr arian hwn ei ad-dalu i'r gronfa hyd 1997. (Am Aber-fan, gw. **Merthyr Tudful**: Ynysowen.)

## **ABERFFRAW**, Ynys Môn (2,955ha; 608 o drigolion)

Mae twyni tywod Aberffraw (Berffro ar lafar) yn amlwg iawn yn y **gymuned** hon ar arfordir de-orllewinol **Môn**. Yn y testunau cyfreithiol disgrifir Aberffraw fel 'eisteddfa arbennig' llinach **Gwynedd**. Er mwyn pwysleisio ei statws unigryw ymhlith rheolwyr Cymru, mabwysiadodd **Llywelyn ap Iorwerth** y teitl Tywysog Aberffraw yn 1230, ac yn 1377 pwysleisiodd cefnogwyr **Owain ap Thomas** (Owain Lawgoch) ei 'fonedd o Aberffraw'. Diau y buasai gan Aberffraw gaer, eglwys, llys a thaeogdref o'r dyddiau cynharaf. Yn ôl pob tebyg, safai'r llys brenhinol ar gopa'r un bryn ag y saif Eglwys Sant Beuno arno hyd heddiw. Mae gan yr eglwys ddrws Romanésg sy'n dyddio, o bosibl, o gyfnod teyrnasiad **Gruffudd ap Cynan**.

Barclodiad y Gawres yw'r enghraifft wychaf yng Nghymru o gromlech adferedig yn nhraddodiad Dyffryn Boyne, **Iwerddon**. Codwyd y siambr gladdu hon *c*.3000 CC; y patrymau cerfiedig ar rai o'i meini yw'r enghreifftiau cynharaf yng Nghymru o waith celf addurnol. Llai trawiadol yw cromlech Din Dryfol. Porth Trecastell (Cable Bay) oedd pen Prydeinig y cebl **telegraff** cyntaf ar draws yr Iwerydd. Dim ond ar drai y gellir cyrraedd Eglwys Sant Cwyfan (12g.). Parheid i gynnal llys y **faenor** yn Aberffraw am ran dda o'r 20g. er mwyn pennu hawliau pori ar y twyni tywod. Ceir trac rasio beiciau modur yn Nhŷ-croes. Roedd **cantref** Aberffraw, a oedd yn cwmpasu'r rhan fwyaf o orllewin Môn, yn cynnwys cymydau **Llifon** a **Malltraeth**.

## **ABERGELE**, Conwy (1,673ha; 10,016 o drigolion)

Bu **clas** neu fynachlog 'Geltaidd' gynt yn Abergele, sydd yng nghanol ardal wyliau arfordir y gogledd. Ar safle'r clas yn ddiweddarach y codwyd Eglwys Sant Mihangel, un o'r eglwysi deugorff Perpendicwlar helaethaf yng Nghymru. Ym mhen de-orllewinol **cymuned** Abergele safai bryngaer Dinorben; fe'i dinistriwyd yn llwyr gan waith cloddio ond canfuwyd tystiolaeth fod pobl wedi byw yno'n ddi-dor o ddiwedd yr Oes Efydd (gw. **Oesau Cynhanesyddol**) hyd at y 7g. (gw. **Bryngaerau**). Cafwyd hefyd dystiolaeth archaeolegol bwysig o Barc y Meirch gerllaw. Adeiladwyd plasty presennol Cinmel ar safle un cynharach a hynny ar gyfer yr Hughesiaid, a ymelwodd ar fwyngloddiau copr **Mynydd Parys**. (Urddwyd W. T. Hughes yn Farwn Dinorben yn 1831.) Nododd Nikolaus Pevsner fod y plasty (1860au), o waith W. E. Nesfield, yn garreg filltir yn hanes **pensaernïaeth**. Roedd ynddo ystafell benodol ar gyfer smwddio **papurau newydd**. Yn 1919 Cinmel oedd lleoliad yr enbytaf ym **Mhrydain** o'r terfysgoedd a ddeilliodd o broblemau rhyddhau milwyr o'r fyddin. Milwyr o Ganada oedd yn y sgarmes; lladdwyd 5 ac anafwyd 21. Yn ystod yr 20g. symudodd yr Hughesiaid i Hendregyda (Maenor Cinmel) ac yna i Goed Bedw (Plas Cinmel). Ceir adeiladau deniadol ym mhentref stad Cinmel, Llan San Siôr (Cegidog gynt), gan gynnwys yr eglwys a beddrodau'r Hughesiaid. Brodor o Abergele oedd y cenedlaetholwr Emrys ap Iwan (**Robert Ambrose Jones**); mae'r ysgol uwchradd leol – yn eironig, un o'r ysgolion Seisnicaf ei hiaith yng Nghymru – wedi'i henwi ar ei ôl. Talwyd am Gapel Mynydd Seion (1868) – enghraifft brin o gapel Gothig Cymraeg – gan David Roberts, adeiladwr o **Lerpwl**. O'i flaen mae cofgolofn i deulu Roberts, yn eu plith yr aelod seneddol John Roberts, a fu'n gyfrifol am lywio deddf **cau'r tafarnau ar y Sul** (1881) yng Nghymru trwy'r Senedd; urddwyd ei fab yn Farwn Clwyd.

## **ABERGELE, Damwain Drên**

Ar 20 Awst 1868 lladdwyd 33 o bobl pan fu gwrthdrawiad rhwng trên post **Caergybi** a wageni a oedd wedi rhedeg yn rhydd; roedd y wageni'n llawn o gasgenni paraffin. Achoswyd y ddamwain, y waethaf yn hanes **rheilffyrdd** Cymru, gan annoethineb gorsaf-feistr **Llanddulas** a geisiodd siyntio'r wageni, ond a'u gyrrodd yn hytrach i lawr y llethr tuag at Abergele. Ceisiodd gweithwyr y rheilffordd ac eraill ddiffodd y danchwa trwy ymffurfio'n gadwyn a llenwi bwcedi â dŵr môr, ond ofer fu eu hymdrechion. Yn sgil y ddamwain mabwysiadwyd rheolau diogelwch llymach ar reilffyrdd.

## 'ABERGELE, Merthyron'

Ar fore seremoni arwisgo Tywysog Cymru yng **Nghaernarfon** ar 1 Gorffennaf 1969, lladdwyd yn Abergele ddau ŵr ifanc, Alwyn Jones (1947–69) a George Taylor (1933–69), a oedd yn gysylltiedig â **Mudiad Amddiffyn Cymru**. Roeddynt ar fin ymosod ar un o adeiladau'r **llywodraeth**, ond ffrwydrodd eu bom yn gynamserol. Honnwyd mai hwy oedd y Cymry cyntaf i farw dros Gymru er **Gwrthryfel Glyndŵr**.

## ABERGWAUN AC WDIG (Fishguard and Goodwick), Sir Benfro (755ha; 5,043 o drigolion)

Mae i'r **gymuned** hon, ar lannau Bae Abergwaun, dair rhan – Cwm Abergwaun, tref Abergwaun ar y penrhyn, ac Wdig, lle ceir harbwr Abergwaun. Y diwydiant pysgota penwaig a roddodd fod i Gwm Abergwaun, y clwstwr atyniadol o dai ar lannau aber afon **Gwaun**. Yno y cafodd drama **Dylan Thomas**, *Under Milk Wood* (1971), ei ffilmio, a dwy funud o *Moby Dick* (1956).

Yr adeilad amlycaf yn y dref ei hun yw Hermon (1776, 1832), capel y **Bedyddwyr**. Ar y sgwâr, gyferbyn â Neuadd y Dref, gwelir tafarn y Royal Oak; yno, yn 1797, y trafodwyd y telerau ildio yn dilyn **glaniad y Ffrancod** (gw. **Pencaer**). Yn Eglwys y Santes Fair (1857) ceir cofeb i Jemima Nicholas (m.1832) y dywedir iddi ddal 14 o filwyr Ffrainc ar ei phen ei hun, gyda phicwarch. Crëwyd tapestri yn 1997 gan 70 o bwythwyr lleol i gofio'r glaniad. Treuliodd yr awdur **D. J. Williams** y rhan fwyaf o'i oes yn Abergwaun, lle ceir cofeb iddo.

Mae i Abergwaun hanes hir fel porthladd (gw. **Porthladdoedd**). Yn 1827 bu trigolion newynog y dref yn gwrthdystio yn erbyn allforio grawn. Esgorodd y cysylltiad â'r rhwydwaith **rheilffyrdd** (1899) ar gynlluniau uchelgeisiol, ac er mwyn creu'r porthladd yn Wdig bu'n rhaid chwythu creigiau'r clogwyn a chodi morglawdd cilometr o hyd. Rhwng 1909 ac 1914 denai'r porthladd **longau** fel y *Mauretania* a'r *Lusitania*, ond ni wireddwyd y freuddwyd y deuai'n borthladd pwysig ar gyfer llongau mawr yr Iwerydd. Yn 1906 disodlwyd fferi **Neyland**–Waterford gan fferi Abergwaun–Rosslare, a daeth Abergwaun yn brif borthladd ar gyfer llongau'n hwylio rhwng **Prydain** a de **Iwerddon**. Ar long Lynx y Stena Line, mae'r fordaith yn cymryd 110 o funudau.

## ABERGWILI, Sir Gaerfyrddin (3,075ha; 1,584 o drigolion)

Mae'r **gymuned** hon, sydd yn union i'r dwyrain o **Gaerfyrddin**, yn cynnwys pentrefi Abergwili, Peniel a'r Felinwen. Roedd Abergwili yn un o faenorau esgob **Tyddewi** ac yn un o breswylfeydd esgobion teithiol yr Oesoedd Canol. Yn 1283 cafodd Eglwys Dewi Sant, Abergwili, statws colegol. Yn y 1540au, ac yntau wedi ildio'i afael ar faenor gyfoethog **Llandyfái** ac yn ystyried bod Tyddewi yn afresymol o anghysbell, darfu i'r Esgob **Barlow** wneud Abergwili yn brif drigfan yr esgob, swyddogaeth sy'n parhau hyd heddiw. Yn Abergwili yn y 1560au y bu'r Esgob **Richard Davies**, **William Salesbury** a **Thomas Huet** yn paratoi'r cyfieithiad Cymraeg o'r Testament Newydd (gw. **Beibl, Y**). Yn 1974, wedi i gartref esgobol newydd gael ei godi, daeth y plas, adeilad o'r 19g. yn bennaf, yn gartref i Amgueddfa Sir Gaerfyrddin ac Ymddiriedolaeth Archaeolegol Dyfed. Dywedir mai ym Mryn Myrddin y mae ogof y dewin **Myrddin**. Mae Canolfan Bryn Myrddin yn coffáu ei gysylltiadau honedig â'r ardal. Treuliodd teulu Von Trapp, a ddaeth yn enwog trwy'r ffilm *Sound of Music*, beth amser ym mhlasty Bryn Myrddin. Yn eglwys anghysbell Llanfihangel Uwch Gwili ceir rhai nodweddion o'r 16g.

## ABERHAFESB, Sir Drefaldwyn, Powys (1,977ha; 438 o drigolion)

Nid oes pentref canolog yn y **gymuned** hon, sydd yn union i'r gogledd-orllewin o'r **Drenewydd**, ond yn hytrach mae'n gasgliad o setliadau gwasgaredig. Ystyr yr enw yw ceg yr afonig sy'n sych yn yr haf. Ailadeiladwyd y rhan helaethaf o Eglwys Sant Gwynnog *c*.1857, ond cadwyd ei tho gwych o ddechrau'r 15g. Cynrychiolir **Anghydffurfiaeth** gan Rydfelin, capel y **Bedyddwyr** (1791), a chapel yr **Annibynwyr** ym Mwlch-y-ffridd (1800). Tŷ brics mawr yw Neuadd Aberhafesb (*c*.1675). Er mwyn gwella'i **Saesneg** treuliodd y pregethwr **William Williams** o'r Wern rai misoedd mewn ysgol yn y plwyf *c*.1802.

## ABERHONDDU (Brecon), Sir Frycheiniog, Powys (1,109ha; 7,901 o drigolion)

Pan sefydlodd **Bernard de Neufmarché** (a goffeir yn enw Stryd Newmarch, Llan-faes) ei hunan yn arglwydd **Brycheiniog**, dewisodd y tir uchel gerllaw cymer afonydd Honddu ac **Wysg** yn gadarnle ei arglwyddiaeth newydd. Adeiladwyd castell mwnt a beili yn 1093 a bu ychwanegiadau diweddarach – Tŵr Ely yn ystod y 12g. a rhagor o amddiffynfeydd yn y 13g. – er nad oes fawr ddim ar ôl bellach. Sefydlodd Bernard briordy Benedictaidd, a'i heglwys wedi'i chysegru i Ioan yr Efengylydd. Dechreuwyd ar y gwaith adeiladu yn negawd olaf yr 11g., ond mae'r eglwys bresennol yn dyddio o'r 13g. a'r 14g., ac i'r 14g. a'r 15g. y perthyn yr hyn sydd wedi goroesi o weddill adeiladau'r priordy. Adeg **diddymu'r mynachlogydd** daeth y priordy yn eiddo i Syr **John Price**. Yn 1923 daeth Eglwys Sant Ioan – yr eglwys wychaf o ddigon yng nghanolbarth Cymru – yn eglwys gadeiriol esgobaeth Anglicanaidd Abertawe ac Aberhonddu.

Datblygodd tref Aberhonddu i'r de o'r castell a'r priordy, ac mae ei chynllun presennol yn dyddio o ail hanner y 13g. Adeilad a godwyd yn wreiddiol yng nghyfnod y **Tuduriaid** yw Buckingham Place, a fu'n ddiweddarach yn gartref i **Gwenllian Morgan**, un o edmygwyr **Henry Vaughan** a maer benywaidd gyntaf Cymru (1910–11). Cafodd muriau'r dref, ynghyd â'r pum porth, eu dymchwel yn ystod y **Rhyfeloedd Cartref**. Yn dilyn y **Deddfau 'Uno'** daeth Aberhonddu yn dref sirol ac roedd ar ei mwyaf ffyniannus yn ystod y 18g. ac ar ddechrau'r 19g. O ganlyniad, mae gan Aberhonddu fwy o adeiladau hardd o'r cyfnod hwnnw nag unrhyw dref arall yng Nghymru. Roedd y dref yn ganolfan weinyddol ardal amaethyddol lewyrchus, ac yma yr arferai **Howel Harris** fynychu cyfarfodydd Cymdeithas Amaethyddol Brycheiniog, y gymdeithas gyntaf o'i bath yng Nghymru (gw. **Cymdeithasau Amaethyddol**). Roedd **Theophilus Jones**, hanesydd **Sir Frycheiniog**, yn byw yn Lion Street, gerllaw man cyfarfod y gymdeithas. Saif Eglwys Goffa Thomas

Coke (1747–1814), yr esgob Wesleaidd, yn Lion Street hefyd. Deuai cwmnïau theatr yn rheolaidd i berfformio yn y dref ac yn ystod un ymweliad o'r fath, yn 1775, ganed **Sarah Siddons** yn nhafarn y Shoulder of Mutton yn y Stryd Fawr. Yn 1823 sefydlodd Carnhuanawc (**Thomas Price**) Gymdeithas Cymreigyddion Aberhonddu (gw. **Cymreigyddion**). Yn 1821 Aberhonddu oedd y seithfed dref yng Nghymru o ran maint ac fe'i gwasanaethid gan yr Hen Fanc, a gyfrannodd gyllid tuag at ddatblygu maes **glo**'r de. Yn 1843 codwyd Neuadd Sirol fawr yn arddull yr adfywiad Groegaidd. Bellach mae'r adeilad yn gartref i Amgueddfa Brycheiniog.

Roedd Aberhonddu yn ganolfan drafnidiaeth o bwys; y Watwn oedd man cychwyn tramffyrdd a Chamlas Aberhonddu a'r Fenni (gw. **Camlesi**). Yn ddiweddarach câi Aberhonddu ei gwasanaethu gan **reilffyrdd** yn ymestyn i bedwar gwahanol gyfeiriad. Mae'r rheilffyrdd wedi hen gau, ond erys y gamlas, ac wrth ymyl ei basn adnewyddedig mae adeilad hardd Theatr Brycheiniog. Mae gan y dref draddodiad milwrol; mae Dering Lines, a fu'n ganolfan y **South Wales Borderers** am gyfnod maith, bellach yn gysylltiedig â **Chatrawd Frenhinol Cymru**.

Bob mis Awst, er 1983, cynhelir yn y dref ŵyl jazz hynod lwyddiannus, y fwyaf ym **Mhrydain** bellach, ac un sy'n cyflwyno sêr rhyngwladol yn ogystal â thalent o Gymru (gw. **Cerddoriaeth**).

Mae Llan-faes, i'r gorllewin o'r dref, a ddisgrifiwyd gan y bardd Ieuan ap Huw Cae Llwyd fel y 'gorau lle in fyw', wedi'i thraflyncu gan Aberhonddu. Yno gwelir adeiladau deniadol Coleg Crist, a sefydlwyd yn 1541 ar safle'r hen frodordy Dominicaidd, a Newton, a adeiladwyd yn 1582 ar gyfer John Games, Uchel Siryf Sir Frycheiniog ac un o ddisgynyddion Syr **Dafydd Gam**. Yn 1975 addaswyd carchar Aberhonddu (1858), a safai yn Llan-faes, yn fflatiau gan y cwmni penseiri enwog **Colwyn Foulkes** a'i Bartneriaid o **Fae Colwyn**.

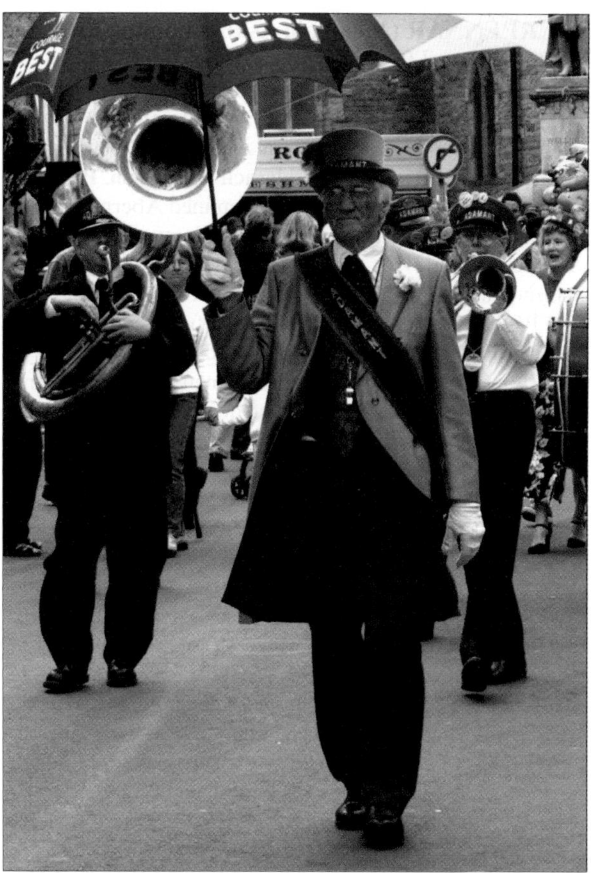

Aberhonddu: gorymdaith yr ŵyl jazz

## ABERMAW neu BERMO, Gwynedd (1,600ha; 2,437 o drigolion)

Mae'r **gymuned** hon, sydd ar ochr ogleddol aber afon **Mawddach**, yn cynnwys tref Abermaw (Bermo ar lafar) a phentref Llanaber. Erbyn diwedd y 18g. Abermaw oedd y brif ganolfan ar gyfer allforio cynnyrch **gwlân** o ganolbarth Cymru ac, yn 1797, cafwyd deddf i helaethu'r harbwr. Erbyn 1813 dywedir bod cant o longau yno, llawer ohonynt wedi'u hadeiladu yn yr iard **adeiladu llongau** leol. Defnyddid yr adeilad crwn ger y cei (1820au) i garcharu morwyr a mwyngloddwyr **aur** a oedd yn cadw reiat. Yn nechrau a chanol y 19g. allforiwyd **llechi**, **plwm**, manganîs a sinc o Abermaw, ond roedd y gweithgaredd hwnnw'n prysur ddod i ben erbyn 1867 pan gyrhaeddodd y rheilffordd. Trodd Abermaw yn dref wyliau glan môr, ac yng nghysgod y clogwyni serth y tu cefn iddi codwyd gwestai Fictoraidd tal ac eglwys fawr Sant Ioan, a agorwyd gan Beatrice, merch y Frenhines Victoria, yn 1889. Mae eglwys gynharach y plwyf, sef Eglwys Bodfan Sant yn Llanaber, yn adeilad clodwiw sy'n dyddio o *c.*1200. Yn y fynwent fawr o'i hamgylch ceir nifer o feddau capteiniaid llong. O fewn yr eglwys mae dwy garreg arysgrifedig yn dyddio o'r 5g. neu'r 6g. Dinas Oleu oedd eiddo cyntaf yr **Ymddiriedolaeth Genedlaethol** (1895). O Lwybr Panorama ar y bryn hwn, ceir golygfeydd godidog, fel y ceir hefyd o'r llwybr ar hyd pont nodedig y rheilffordd sy'n croesi'r aber. Mae Ymddiriedolaeth Ruskin, a sefydlwyd yn 1871, yn coffáu cysylltiad John Ruskin â'r dref. Arhosodd Charles Darwin ym Mhlas Caerdeon pan oedd yn cywiro llawysgrif *On the Origin of Species* (1859). Adeiladwyd Eglwys Sant Philip (1850), Caerdeon, yn benodol ar gyfer darparu gwasanaethau Saesneg, a chafodd ei sylfaenydd ei erlyn gan ficer Llanaber, a honnai fod y **llywodraeth** wedi deddfu y dylai gwasanaethau Anglicanaidd yn y Gymru Gymraeg fod yn **Gymraeg**. O ganlyniad i hyn cafwyd deddf seneddol (1863) yn caniatáu gwasanaethau Saesneg pe bai deg neu fwy o'r plwyfolion yn gwneud cais am hynny.

## ABER-MIWL, Damwain Drên

Ar 26 Ionawr 1921 lladdwyd 17 o bobl pan drawodd dau drên yn erbyn ei gilydd yn Aber-miwl, ar y rheilffordd un llinell rhwng y **Drenewydd** a **Threfaldwyn**. Digwyddodd y gwrthdrawiad ar gyflymder o oddeutu 48kya, ac o ganlyniad gwthiwyd injan un o'r trenau i'r awyr cyn iddi lanio ar ail gerbyd y llall. Dyma'r unig ddamwain angeuol yn hanes **rheilffyrdd** Prydain a ddigwyddodd o ganlyniad i wrthdrawiad ar drac un llinell a ddibynnai ar system ddiogelwch 'tabled trydan'.

## ABER-NANT, Sir Gaerfyrddin (2,204ha; 315 o drigolion)

Mae'r **gymuned** hon, i'r gogledd-orllewin o dref **Caerfyrddin**, yn cynnwys pentrefi Aber-nant a Thalog. Cymerodd ei thrigolion ran flaenllaw yn Nherfysgoedd **Rebeca**. Yn wir, cythrwfl yn Nhalog ar 12 Mehefin 1843 a ddarbwyllodd y **llywodraeth** y byddai'n rhaid anfon milwyr i orllewin Cymru. Mae'r gymuned yn cynnwys darn hyfryd o Gwm Cywyn.

## ABERPENNAR (Mountain Ash), Rhondda Cynon Taf (1,202ha; 7,039 o drigolion)

Mae'r **gymuned** hon yng nghanol Cwm Cynon yn cynnwys tref Aberpennar a phentrefi Cwmpennar, Darran-las, Glenboi a Newtown. Roedd dosbarth trefol Aberpennar (1894–1974) yn cynnwys cymunedau diweddarach **Abercynon**, **Penrhiwceibr** ac **Ynys-y-bŵl** yn ogystal â chymuned Aberpennar, ac roedd yn cyfateb yn fras i hen blwyf Llanwynno. Nid tan 1905, fe ymddengys, y mabwysiadwyd Aberpennar yn enw Cymraeg ar y dref (er bod y ffurf, sy'n cyfeirio at gymer nant Pennar ac afon Cynon, wedi'i chofnodi cyn gynhared â 1570). Enw ar dafarn yn unig oedd Mountain Ash yn wreiddiol (ceid Pont-mynydd-y gerddinen yn yr ardal), ond daeth, yn y man, yn enw ar y dref ddiwydiannol a dyfodd yn ystod ail hanner y 19g.

Mae'n bosibl fod cerdd o'r 16g. sy'n galaru am y torri a fu ar Goed Glyn Cynon yn adlewyrchu'r dicter a deimlid tuag at feistr **haearn** o **Loegr** yr oedd ei alw am siarcol yn gyfrifol, yn ôl pob tebyg, am ysbeilio'r coedwigoedd. Roedd plasty Dyffryn (sydd wedi'i ddymchwel) yn un o gartrefi teulu **Bruce** (Pryce yn wreiddiol), Barwniaid Aberdare. Dechreuwyd datblygu'r ardal o ddifrif yn y 1850au trwy ymdrechion John Nixon, y cyntaf i allforio **glo** ager i Ffrainc. Daeth cwmni Nixon, sef Cwmni Navigation, yn berchennog ar bedwar o byllau mawr yng nghyffiniau Aberpennar. Institiwt y Gweithwyr (1899), a oedd yn dwyn enw Nixon, oedd yr adeilad harddaf yn y dref cyn iddo gael ei ddymchwel. Ceir yn yr ardal gyfoeth o **bensaernïaeth** eglwysig. Mae cylch anarferol yr **Orsedd** yng Nghoed Dyffryn yn dwyn i gof ymweliad yr **Eisteddfod** Genedlaethol ag Aberpennar yn 1905 ac 1946. Bellach, adeilad at ddefnydd diwydiannau yw'r Pafiliwn, awditoriwm mwyaf Cymru ar un adeg a chartref Gŵyl y Tri Chwm yn y 1930au. Yn y stryd fawr, cerflun o'r rhedwr Guto Nyth Brân (**Griffith Morgan**) yw canolbwynt y rasys Nos Galan blynyddol. Ysgrifennwyd yr emyn poblogaidd '**Calon Lân**' yn Aberpennar. Roedd yr awdur arloesol **Joseph Keating** yn frodor o Aberpennar, ac felly hefyd y bardd a'r diwinydd **Pennar Davies**. Mae plac yn y llyfrgell gyhoeddus yn coffáu gwasanaeth **Harri Webb** fel llyfrgellydd (1964–74). Roedd 43,287 o bobl yn byw yn nosbarth trefol Aberpennar pan gyrhaeddodd y **boblogaeth** ei phenllanw yn 1921.

## ABER-PORTH, Ceredigion (1,648ha; 2,485 o drigolion)

Lleolir **cymuned** Aber-porth i'r gogledd-ddwyrain o **Aberteifi**, ac mae'n cynnwys pentrefi Aber-porth, Blaenannerch, Blaen-porth a Pharc-llyn. Y mwnt ym Mlaen-porth oedd un o'r cadarnleoedd a godwyd gan Gilbert de Clare (gw. **Clare, Teulu**) yn sgil goresgyn **Ceredigion** *c.*1110. Bu Aber-porth yn ganolfan **adeiladu llongau**, pysgota a masnachu arfordirol. Seiliodd y cymdeithasegydd David Jenkins (g.1921) ei ddosbarthiad enwog – Buchedd A a Buchedd B – ar ei astudiaeth o'r pentref; dadleuodd fod y dosbarthiad hwn, a oedd yn ymwneud yn ei hanfod â'r rhaniad rhwng capelwyr selog (Buchedd A) a mynychwyr dau dŷ tafarn y pentref (Buchedd B), yn fwy perthnasol i'r pentref na gwahaniaethau **dosbarth** ac incwm. Trawsnewidiwyd rhagolygon yr ardal yn 1939 yn sgil dyfodiad y Sefydliad Awyr Brenhinol, gyda'i faes awyr a'i ganolfan profi taflegrau. Mae gwaith y ganolfan feteorolegol yno yn golygu bod enw Aber-porth yn cael lle yn rhagolygon y tywydd ar gyfer **llongau**. Chwaraeodd Blaenannerch ran flaenllaw yn **niwygiad** 1904–5, ac yno y mae cartref Dic Jones (g.1934), un o feirdd cyfoes mwyaf disglair y **Gymraeg** yn y mesurau caeth.

## ABERRIW (Berriew), Sir Drefaldwyn, Powys (4,722ha; 1,306 o drigolion)

**Cymuned** wedi'i lleoli yn union i'r de-orllewin o'r **Trallwng** yw hon. Fel yr awgryma'i henw, oddi mewn iddi yr ymuna afon Rhiw â **Hafren**. Mae pentref Aberriw yn un prydferth, llawn tai du a gwyn. Cysegrwyd yr eglwys (1804, 1876) i **Feuno**, y dywedir ei fod yn hanu o'r pentref. Trawiadol yw cwt clychau pren yr eglwys. Capel Pentre Llifior (1797) yw un o adeiladau cynharaf y **Wesleaid** yng Nghymru. Melin Llifior oedd cartref **Thomas Jones** (1810–49), arloeswr cenhadaeth y **Methodistiaid Calfinaidd** i **Fryniau Casia**. Dyddiwyd darnau o dderw mewn crug hir o bridd ger yr Helygi (Luggy) Isaf i 3700–3300 CC.

Y Faenor oedd cartref teulu Corbett-Winder, teulu a fu'n gyfrifol am lawer o apêl weledol Aberriw. Tŷ canoloesol ydoedd yn wreiddiol, a thestun cerdd gan **Guto'r Glyn**. Fe'i hailadeiladwyd mewn brics *c.*1650, a chafodd ei ail-lunio'n helaeth yn 1853. Mae gan blasty neo-Roegaidd Glansevern (1807) ardd hyfryd, ac roedd yn gartref i'r gwleidydd a'r addysgwr A. C. Humphreys-Owen (1836–1905). Yr un teulu oedd piau Garthmyl (1762), sydd bellach yn westy.

## ABERSYCHAN, Torfaen (2,477ha; 6,826 o drigolion)

Nid oedd Abersychan, sydd ym mhen uchaf dyffryn afon Lwyd rhwng **Blaenafon** a **Phont-y-pŵl**, yn ddim ond ychydig o ffermydd gwasgaredig hyd nes y daeth y diwydiant **haearn**. O blith y prif gwmnïau, agorodd cwmni Varteg *c.*1803, Pentwyn yn 1825, British yn 1827 a Golynos yn 1839. Erbyn y 1840au roedd dyffryn afon Lwyd, gydag Abersychan yn ei ganol, yn cystadlu'n agos â **Merthyr Tudful** fel y brif ganolfan cynhyrchu haearn yn ne Cymru – ac yn wir yn y byd. Gan na fabwysiadodd yr un o weithfeydd Abersychan y dechnoleg fodern, roedd y diwydiant yn dirywio yno erbyn y 1870au, degawd a welodd y **boblogaeth** (a oedd yn cynnwys Pen Tranch; gw. Pont-y-pŵl) yn gostwng o 14,569 i 13,496. Daeth gwaredigaeth yn sgil datblygiad y pyllau **glo**. Erbyn 1921 roedd 27,087 o drigolion yn y dref (fe'i gwnaethpwyd yn ddosbarth trefol yn 1894; gw. **Dosbarthau Trefol**). Digwyddodd trychineb fawr yn **Llannerch**, un o'r pyllau glo mwyaf, yn 1890, pan laddwyd 176 o lowyr mewn ffrwydrad. Daeth diweithdra sylweddol yn sgil **dirwasgiad** y cyfnod rhwng y ddau ryfel byd a phrin, ar wahân i gyfleoedd i gymudwyr, oedd y cyfleoedd gwaith a ddaeth yn ddiweddarach yn yr 20g. Adlewyrchir hyn gan y gostyngiad ym mhoblogaeth y **gymuned** ynghyd â phoblogaeth Pen Tranch, a oedd erbyn 2001 yn llai na hanner poblogaeth tref Abersychan fel ag yr oedd yn 1921. Mae Abersychan yn gymuned gryno yn ymestyn am 2.5km rhwng y Farteg a Snatchwood, ac yn cynnwys enghreifftiau cynnar o **dai** gweithwyr, olion diwydiannol o bwys a rhai addoldai urddasol. Cafodd y gwleidydd Roy Jenkins (gw. **Arthur Jenkins**) ei eni a'i fagu yn Abersychan, ond nid oedd yn meddu ar acen ddeniadol y fro.

James Harris (yr hynaf), *Hafod Copper Works River Tawy, Swansea*, *c.*1840

**ABERTAWE** Dinas (8,587ha; 158,139 o drigolion)

Ymwneud y mae'r cofnod hwn ag 16 o'r 38 o **gymunedau** sy'n ffurfio Sir Abertawe (gw. **Abertawe, Sir**). O fewn yr 16 cymuned y lleolir ardal adeiledig dinas Abertawe, a hon i bob pwrpas oedd yr ardal a ffurfiai fwrdeistref sirol Abertawe hyd at 1974 (gw. isod).

Mae gwreiddiau Abertawe, ail ddinas fwyaf Cymru, yn mynd yn ôl i'r adeg y cipiwyd **cwmwd** Gŵyr gan Henry de Beaumont, iarll Warwick, *c.*1100, ar anogaeth Harri I. Prin iawn yw'r dystiolaeth am anheddu yno cyn hynny. Mae'n debyg fod fila Rufeinig yn Ystumllwynarth, a chredir yn gyffredin fod yr enw **Saesneg** 'Swansea' yn deillio o'r Hen Norseg *Sveinn* (enw priod) ac *ey* (ynys). Er nad oes prawf archaeolegol fod y **Llychlynwyr** wedi ymsefydlu erioed ar aber afon **Tawe**, mae eu gweithgarwch helaeth ar hyd y môr-lwybrau gorllewinol yn rhoi hygrededd i'r esboniad.

Daeth y castell a godwyd gan de Beaumont ger yr aber yn bencadlys i arglwyddiaeth **Gŵyr**, un o arglwyddiaethau'r **Mers**, a thyfodd anheddiad gerllaw, sef Abertawe. Bu'r safle yn ddewis da; roedd y castell mewn lleoliad amddiffynnol cryf a'r aber yn harbwr cysgodol naturiol. Safai'r castell ar fryncyn cyfleus, ond roedd yr ardal o'i amgylch yn wastad ar y cyfan, a hyn, saith canrif yn ddiweddarach, a'i gwnaeth yn bosibl i'r dref ehangu. Ceid llain lydan o dwyni tywod glaswelltog ar hyd y bae, ac i'r gogledd codai'r tir yn raddol hyd at droed tarren serth a chysgodol Townhill (170m).

Roedd yr anheddiad yn agored i ymosodiadau gan y Cymry a fynnai wrthsefyll y **Normaniaid**. Cafodd ei gipio gan **Lywelyn ap Iorwerth** yn 1217, ei losgi gan **Rys ap Maredudd** yn 1284 a'i fygwth gan **Owain Glyndŵr** yn 1403. Ar ddiwedd y 12g. ailgodwyd y castell â cherrig ac wedi'r ymosodiad yn 1284 fe'i cryfhawyd ymhellach gan deulu de Breos, arglwyddi Gŵyr o 1203 hyd 1326 (gw. **Breos, Teulu**). Serch hynny, teulu **Mowbray**, arglwyddi Gŵyr o 1326 hyd 1480, a fu'n gyfrifol am nodwedd amlycaf y castell – y paraped bwaog a adeiladwyd yn y 1330au yn ôl pob tebyg. Mae ei debygrwydd i arcedau a godwyd yn **Nhyddewi** a **Llandyfái** yn ystod cyfnod **Henry de Gower**, esgob Tyddewi rhwng 1328 ac 1347, yn awgrymu iddo gael ei godi gan adeiladwyr a gyflogwyd gan yr esgob, a sefydlodd Ysbyty'r Bendigaid Ddewi yn Abertawe yn 1332. Mae rhan o adeiladwaith yr ysbyty yn dal i sefyll fel wal gefn tafarn y Cross Keys. Dyma'r unig olion o **bensaernïaeth** eglwysig ganoloesol sydd wedi goroesi yn Abertawe, oherwydd cafodd eglwys y dref – Eglwys y Santes Fair – ac eglwys Urdd Sant Ioan (a safai ar safle eglwys bresennol Sant Mathew ar y Stryd Fawr) eu hailgodi'n llwyr yn ddiweddarach.

Cafodd y fwrdeistref ei siarter gyntaf rywbryd rhwng 1158 ac 1184, a siarter fanylach yn 1306. Erbyn hynny mae'n debyg ei bod wedi'i hamgylchynu gan fur o gerrig a amgaeai hanner cylch yn ymestyn o'r Stryd Fawr i Wind Street. Erbyn hynny, hefyd, roedd iddi bedair prif swyddogaeth – hi oedd canolbwynt gweinyddol Gŵyr; cynhelid marchnadoedd a ffeiriau ynddi; roedd yn ganolfan i bob math o grefftau, ac fel porthladd (gw. **Porthladdoedd**) o bwys roedd yn masnachu mewn gwin, crwyn, **gwlân**, brethyn ac, yn fwyfwy, **glo**. Dim ond ar gyrion gorllewinol maes glo'r de y mae'r gwythiennau glo yn cyrraedd yr arfordir, ffactor hollbwysig mewn cyfnod pan nad oedd yn ymarferol cludo llwyth mor swmpus ond ar y dŵr. Ar hyd yr arfordir hwnnw, afon Tawe oedd yr afon hawsaf i'w mordwyo; er mai am 5km yn unig y gellid teithio arni, roedd hynny'n ddigon i ddod â glo i'r porthladd o leoedd mor bell â Llansamlet. Yn wir, y ffaith fod yno afon fordwyol yn llifo trwy faes glo oedd y ffactor allweddol yn nhwf Abertawe. Ceir y cofnod cynharaf am gloddio am lo yn Abertawe yn 1306. Nid oes dystiolaeth ar gael o fasnach lo y porthladd canoloesol, ond erbyn y 1590au roedd yn allforio 3,000 tunnell fetrig y flwyddyn, ffigur a gododd i 12,000 tunnell fetrig yn y 1630au. Bryd hynny, mae'n debyg mai Abertawe oedd trydydd porthladd glo mwyaf **Prydain**, ar ôl Newcastle a Sunderland.

Erbyn y 1630au roedd Gŵyr wedi peidio â bod yn un o arglwyddiaethau'r Mers ers canrif, er y byddai'r cyn-arglwyddi, teulu **Somerset** (dugiaid Beaufort yn ddiweddarach), yn cadw pwerau maenoraidd sylweddol yn Abertawe a Gŵyr. Yn y gyntaf o'r **Deddfau 'Uno'** yn 1536 dilewyd breintiau'r arglwyddiaeth ac fe'i hunwyd ag arglwyddiaeth **Morgannwg** i greu **Sir Forgannwg**, a **Chaerdydd** yn brif dref iddi. Bu'r diraddio hwn ar Abertawe yn destun dicter yno am gyfnod maith, er mai Caerdydd, am ganrif a rhagor ar ôl 1536, oedd y fwyaf o'r ddwy dref, mae'n debyg; yn 1670 roedd gan Gaerdydd 341 o aelwydydd ac Abertawe 337 ohonynt, sydd o bosibl yn awgrymu bod gan Gaerdydd ryw 1,705 o drigolion ac Abertawe 1,685.

Ni fyddai'r ychydig fantais a oedd gan Gaerdydd yn parhau. Yn y cyfrifiad swyddogol cyntaf (1801) dangoswyd bod gan Gaerdydd boblogaeth o 1,870 o gymharu â 6,099 yn Abertawe. Gan fod ffigur o 7,705 wedi'i gofnodi ar gyfer **Merthyr Tudful**, bernir yn gyffredinol mai ail dref fwyaf Cymru oedd Abertawe yn 1801. Mewn gwirionedd, roedd ffigur poblogaeth Abertawe yn y cyfrifiad yn rhy isel, am mai rhan yn unig o ardal adeiledig y dref a oedd yn y fwrdeistref. 10,117 oedd y gwir ffigur, ac felly yn 1801 Abertawe oedd canolfan drefol fwyaf Cymru mewn gwirionedd. (Disodlwyd Abertawe gan Ferthyr yn 1821, a bu Merthyr ar y blaen hyd 1881. Cadwodd Abertawe ei blaenoriaeth enfawr dros Gaerdydd hyd y 1850au, ond erbyn 1881 roedd y newydd-ddyfodiad wedi ennill y blaen.)

Yr allwedd i'r cynnydd o 500% ym mhoblogaeth Abertawe rhwng 1670 ac 1801 yw datblygiad ei diwydiannau a'i phorthladd. Ceir arwyddion o'r datblygiad hwnnw yn narlun Francis Place yn 1678, y darlun cynharaf o Abertawe y gwyddys amdano. Gwelir ynddo **longau** ar yr afon, gwaith **adeiladu llongau** ar hyd y glannau ac, yng ngweddillion adfeiliedig y castell, gwaith gwneud poteli **gwydr**, enghraifft o'r diwydiannau arloesol a ddenwyd i'r dref.

Cyrhaeddodd diwydiant mwy arwyddocaol o lawer yn 1717 pan agorwyd gwaith smeltio **copr** yng Nglandŵr. Gan mai afon Tawe, o blith afonydd mordwyol y maes glo, oedd yr agosaf i fwyngloddiau copr **Cernyw**, ac am fod angen teirgwaith yn fwy o lo nag o fwyn ar gyfer y broses buro, mynd â'r mwyn at y glo oedd ddoethaf, yn enwedig gan y gallai'r llongau mwyn ddychwelyd i Gernyw yn llawn glo. Erbyn 1724 daethai menter Glandŵr o dan reolaeth Robert Morris o Bishop's Castle, y cyntaf o deulu'r Morrisiaid a fyddai'n amlwg yn hanes Abertawe. Yn 1748 sefydlodd Robert Morris ail waith copr i'r gogledd o Landŵr, lle câi Treforys ei sefydlu maes o law. Yn y 1770au ymsefydlodd y Morrisiaid yn Clasemont, plasty Paladaidd mawr yn edrych dros y gwaith, ond erbyn 1806 roedd y mwg afiach wedi eu gyrru i Barc Sgeti, a godwyd gan **William Jernegan**, y mae ei enw yn amlwg iawn yn hanes pensaernïol Abertawe.

Yn y pen draw, oherwydd y mygdarth a godai o'r gweithfeydd copr, cafodd y diwydiant, a oedd wedi cael troedle yn ymyl y Stryd Fawr yn 1720, ei droi allan o'r fwrdeistref ei hun, am fod y bwrdeisiaid yn gofidio am eu cysur a'u lles eu hunain ac am eu bod yn awyddus hefyd i ddatblygu Abertawe fel cyrchfan wyliau ffasiynol. Ar ddiwedd y 18g. ac yn gynnar yn y 19g., clywid llawer o sôn am 'Weymouth Cymru' a 'Brighton Cymru', a chafodd Abertawe ystafelloedd ymgynnull, **gerddi** cyhoeddus a cherbydau ymdrochi. Agorwyd theatr yn Wind Street yn 1785 ac un arall yn Heol y Deml yn 1807, a'r gobaith oedd y byddai ffynhonnau iachaol Uplands yn cystadlu â dyfroedd Caerfaddon. Fe gafodd Abertawe beth llwyddiant fel cyrchfan wyliau, llwyddiant a hybwyd pan agorwyd Rheilffordd Ystumllwynarth yn 1804 (gw. **Rheilffyrdd**). Fe'i bwriadwyd fel rheilffordd fwynau i fanteisio ar lo Dyffryn Clun a **chalchfaen** y Mwmbwls, ond yn 1807 dechreuwyd cludo teithwyr mewn cerbydau a dynnid gan **geffylau**. Hon felly oedd y rheilffordd gyntaf yn y byd i gludo teithwyr, a bu'n fodd i ymwelwyr fwynhau harddwch Bae Abertawe – harddwch a glodforwyd gan Walter Savage Landor (1775–1864) a syrthiodd mewn cariad â Rose Aylmer ar draeth y bae – ac i archwilio'r arfordir y tu hwnt. (Fe'i caewyd yn 1960 yn wyneb cryn wrthwynebiad, a mawr fu'r hiraeth ar ei hôl.)

Serch hynny, nid **twristiaeth** fyddai'r dyfodol i Abertawe ond diwydiant trwm, ffaith a dderbyniwyd gan y bwrdeisiaid ar y ddealltwriaeth y câi'r diwydiannau eu lleoli i'r dwyrain o'r fwrdeistref i adael i'r prifwyntoedd chwythu'r mygdarth tuag at **Gastell-nedd**. Dilynwyd gweithfeydd Morris gan weithfeydd criw o arianwyr o Fryste a sefydlodd waith copr White Rock o dan Fryn Cilfái yn 1737. Erbyn 1810 roedd wyth gwaith o'r fath yn rhan isaf Cwm Tawe. Sefydlwyd y diweddaraf – yn yr Hafod – yn 1809 gan John Henry (J. H.) Vivian (gw. **Vivian, Teulu**), dyn o Gernyw y byddai ei deulu yn tra-arglwyddiaethu yn y byd cynhyrchu copr, nid yn unig yn Abertawe ond ledled y byd. Ymysg cwsmeriaid gorau'r meistri copr yr oedd y masnachwyr caethweision, a oedd am gael mân dlysau i fasnachu ynddynt yng ngorllewin Affrica, a Morlys Prydain, a ddefnyddiai'r metel i roi'r 'gwaelod copr' i'w llongau pren. Yn 1810 roedd 71% o gopr y byd yn cael ei gynhyrchu ym Mhrydain, ac 85% o hwnnw'n dod o Abertawe. Abertawe, felly, a oedd yn gyfrifol am gynhyrchu 60% o gopr y byd. Roedd 'Copperopolis' yn enw hynod addas arni. Roedd y gwaith cynhyrchu yn gofyn medrusrwydd mawr ac roedd dros chwarter y gweithwyr copr yn perthyn i gategori'r rhai uchel eu crefft – cyfran lawer uwch nag yn y diwydiannau glo, **haearn** a thecstilau. Bernid bod y 'dull Cymreig' o smeltio copr a ddatblygwyd yn Abertawe, sef crasu'r mwyn dro ar ôl tro mewn cyfres o ffwrneisiau adlewyrchol arbennig, 'ymhlith yr enghreifftiau gorau o gelfyddyd y metelegwr'.

Sefydlwyd mentrau eraill yn rhan isaf Cwm Tawe, gan gynnwys cynhyrchu **plwm**, sinc, **arian**, nicel, cobalt ac arsenig. O fewn y fwrdeistref ei hun roedd Crochendy'r Cambrian, a sefydlwyd yn y 1760au, i gynhyrchu llestri pridd amrwd i ddechrau (gw. **Crochenwaith**). Cafodd y cynnyrch ei wella yn y 1790au, ond y porslen gwych a gynhyrchid o 1814 hyd 1817 – menter gwbl aflwyddiannus o safbwynt masnachol – a wnaeth Abertawe yn enwog ym myd cerameg. Hybwyd enw da'r ardal am arloesi diwydiannol eto yn y 1860au pan sefydlwyd gwaith dur ffwrnais dân agored Siemens yng Nglandŵr (gw. **Ffwrnais Dân Agored**). Yn hytrach na bodloni ar deyrnasu dros ddiwydiant copr y byd, aeth Abertawe ymlaen i fod bron yr un mor enwog am gynhyrchu **tunplat**. Erbyn diwedd y 19g. roedd 11 o weithfeydd tunplat yn rhan isaf Cwm Tawe, ac yn 1887 daeth Cyfnewidfa Fetelau Abertawe, yn Wind Street, yn ganolfan ryngwladol ar gyfer y fasnach dunplat, gan etifeddu swyddogaeth Cyfnewidfa **Lerpwl** gynt.

Yn sgil diwydiannau helaeth ac amrywiol Abertawe, cynyddu a wnaeth y galw am lo, yr adnodd a oedd yn sail i'r **economi** ddiwydiannol gyfan. Erbyn canol y 19g. roedd gwythiennau glo rhan isaf Cwm Tawe bron â'u dihysbyddu a symudwyd y glofeydd i'r Cocyd ac wedyn i **Ddynfant** a **Gorseinon**, gyda chwmnïau Glasbrook a Vivian yn gyfrifol am y rhan fwyaf o'r cynhyrchu. Roedd y galw lleol, a'r ffaith fod gwythiennau glo gorllewin Morgannwg yn llai helaeth o lawer na'r rheini yn nwyrain y sir, yn golygu bod allforion glo Abertawe yn llawer llai nag eiddo Caerdydd. Yn y flwyddyn brysuraf, 1913, pan allforiodd Abertawe 4.5 miliwn tunnell fetrig o lo, allforiodd Porthladd Caerdydd (Dociau Bute, y **Barri** a **Phenarth**) bron 25 miliwn tunnell fetrig.

Er gwaethaf y fasnach lo gymharol gyfyngedig, roedd gan Abertawe hanes hir fel canolfan allforio. I ddechrau, roedd y glanfeydd ar hyd rhan fordwyol afon Tawe yn ddigonol, ond o 1798 ymlaen ychwanegwyd Camlas Abertawe, a gysylltai'r harbwr â mentrau cyn belled i'r gogledd ag **Ystradgynlais**, ac a gysylltid â'r gweithfeydd a'r glofeydd unigol trwy rwydwaith cymhleth o dramffyrdd. Ar yr un pryd, cafodd gwely'r afon ei ddyfnhau a chodwyd morgloddiau i grynhoi llif yr afon er mwyn ei rhwystro rhag llenwi â llaid. Yn 1824 sefydlwyd harbwr llanw ym Mhort Tennant fel terfynfa i Gamlas Tennant a oedd yn gyswllt pwysig â diwydiannau Cwm **Nedd**. Aed ati yn 1845 i ddargyfeirio rhan isaf afon Tawe i'r 'Sianel Newydd', ac yn 1852 agorwyd Doc y Gogledd ar gwrs blaenorol yr afon. Ddwy flynedd ynghynt roedd Rheilffordd De Cymru wedi cyrraedd Abertawe, datblygiad a gyd-ddigwyddodd ag agor y bont gerbydau gyntaf dros ran isaf afon Tawe, lle nad oedd ond gwasanaeth fferi ar gael o'r blaen. Yn 1859 agorwyd Doc y De ar y Twyni. Yn ddiweddarach cafwyd dociau mwy uchelgeisiol – Doc Tywysog Cymru (1881), Doc y Brenin (1909) a Doc y Frenhines (1920) – pob un wedi'i adeiladu ar wely'r môr, i'r dwyrain o afon Tawe ym Mae Fabian.

A hithau yn ei hanterth yn ddiwydiannol, adlewyrchid bywiogrwydd Abertawe yn ei bywyd deallusol. Dyma gartref papur newydd wythnosol cyntaf Cymru yn **Saesneg** (*The Cambrian*, 1804), a'i phapur wythnosol cyntaf yn **Gymraeg** (*Seren Gomer*, 1814) (gw. **Papurau Newydd**). Codwyd tai cain megis y rhai yn Prospect Place, yr ystafelloedd ymgynnull deniadol (1821) a neuadd y dref ysblennydd (1848–1852), sef Canolfan Dylan Thomas bellach. Abertawe oedd cefndir gwaith ffotograffig arloesol **Calvert Richard Jones** a **John Dillwyn-Llewelyn**. Yn 1835 sefydlwyd Cymdeithas Athronyddol a Llenyddol Abertawe – Sefydliad Brenhinol De Cymru yn ddiweddarach – a chodwyd adeilad gwych iddo yn null yr Adfywiad Groegaidd (1839–41). Ymysg sylfaenwyr y sefydliad yr oedd **Lewis Weston Dillwyn**, polymath a pherchennog Crochendy'r Cambrian yng nghyfnod y porslen cain, a George Grant Francis, perchennog y gwaith adeiladu cerbydau lleol, a gyhoeddodd lyfrau swmpus ar hanes Abertawe a Gŵyr. Bernid yn gyffredinol mai Abertawe oedd prif ganolfan drefol Cymru; yma yr oedd pencadlys **Annibynwyr** a **Bedyddwyr** Cymru, ac erbyn canol y 19g. ymhyfrydai'r dref fod ganddi boblogaeth o 32,000 o gymharu â dim ond 18,000 yng Nghaerdydd. Erbyn 1881, fodd bynnag, roedd poblogaeth Caerdydd wedi codi i 82,761 o gymharu â 76,430 yn Abertawe, ffactor hollbwysig yn y penderfyniad yn 1883 i leoli coleg prifysgol de Cymru yng Nghaerdydd (gw. **Prifysgol Caerdydd**). Dyma ergyd i hunan-barch Abertawe y cymerodd gryn amser i'w lleddfu; yn wir, o gofio'r elyniaeth barhaus rhwng Abertawe a Chaerdydd, prin ei bod wedi'i lleddfu byth. Fodd bynnag, ystyrid Abertawe yn ddigon mawr i fod yn fwrdeistref sirol, statws a enillodd yn 1889.

Erbyn diwedd y 19g. roedd economi Abertawe, a fu mor fywiog hyd at hynny, yn wynebu anawsterau. Roedd ansawdd y mwyn copr a oedd ar gael yn dirywio, ac roedd canolfannau smeltio mawr yn datblygu yng Nghanada a mewn mannau eraill. Bu **Toll McKinley** yn yr Unol Daleithiau ar fewnforio tunplat (1891) yn ergyd ddifrifol; er bod y gwaith cynhyrchu tunplat wedi'i adfer erbyn 1900, roedd twf dramatig y diwydiant wedi dod i ben. Bu'r **Rhyfel Byd Cyntaf** o beth cymorth i'r economi, yn enwedig i'r diwydiant dur, a bu **dirwasgiad** y cyfnod rhwng y ddau ryfel byd yn llai trawmatig yn Abertawe nag mewn mannau eraill yn y Gymru ddiwydiannol. Yn wir, gellir gweld y 1920au a'r 1930au fel cyfnod o sefydlogrwydd yn hanes Abertawe. Er bod y mwyafrif o drefi Cymru wedi gweld eu poblogaeth yn gostwng yn sylweddol, aros yn sefydlog a wnaeth poblogaeth Abertawe. Cafwyd buddsoddiadau yn nyfodol economaidd y dref, yn enwedig cwblhau Doc y Frenhines yn 1920. Fe'i hadeiladwyd yn bennaf ar gyfer tanceri **olew** – arwydd o awydd Abertawe i ddod yn ganolfan o bwys i'r diwydiant petrocemegion (gw. **Cemegion**).

Yn yr un flwyddyn daeth Abertawe yn gartref i bedwerydd coleg **Prifysgol Cymru** (gw. **Prifysgol Cymru Abertawe**). Yn 1923 daeth yn esgobaeth Anglicanaidd mewn enw, er mai yn **Aberhonddu** y trigai'r esgob. (Ni ddeuai Abertawe yn gartref i esgob hyd 1987 pan ddaeth Eglwys Sant Joseff, yn ymyl Greenhill, hen ganolfan y **Gwyddelod**, yn eglwys gadeiriol pan ad-drefnwyd esgobaeth Gatholig Mynyw.) Yn 1924 daeth y dref yn gartref i un o ganolfannau **darlledu** y BBC, a bu'n fwy arloesol na phrif ganolfan y BBC yng Nghymru yng Nghaerdydd er bod honno'n cael ei chyllido'n well. Canmolwyd yr **Eisteddfod** Genedlaethol a gynhaliwyd yn Abertawe yn 1926 – achlysur pan fanteisiwyd i'r eithaf ar ddoniau'r cerddor adnabyddus o Abertawe, **David Vaughan Thomas** – fel yr eisteddfod orau erioed. Yn 1935 bu tîm **rygbi** Abertawe yn fuddugol yn erbyn **Seland Newydd**, y fuddugoliaeth gyntaf o'i bath i unrhyw glwb ym Mhrydain. Bu corfforaeth y dref yn flaengar, gan ymgymryd â chynlluniau **tai** fel yr un yn Townhill. Arwydd o hyder parhaus y dref oedd cwblhau yn 1936 yr adeilad gwychaf sydd gan Gymru o'r cyfnod rhwng y rhyfeloedd, sef neuadd newydd y fwrdeistref sirol, adeilad gwych **Percy Thomas** mewn dull clasurol moel. Fel ar ddechrau'r 19g., roedd Abertawe yn y 1930au yn gartref i rai o artistiaid a gwŷr llên amlycaf y Gymru Saesneg, yn eu plith y beirdd **Dylan Thomas** a **Vernon Watkins**, y cyfansoddwr **Daniel Jones** a'r arlunydd **Alfred Janes**.

Cafodd canol Abertawe ei ddinistrio gan gyrch bomio dros dair noson ar 19–21 Chwefror 1941, ac aros yn llanastr a wnaeth llawer ohono am ddegawd o leiaf. (Cyfeiriodd y

Amgueddfa Genedlaethol y Glannau, Abertawe

bardd **Waldo Williams** yn gofiadwy at y cyrch yn ei gerdd 'Y Tangnefeddwyr'.) Cwbl ddiddychymyg fu camau cyntaf y gwaith ailadeiladu; yng ngeiriau'r awdur Kingsley Amis (1922–95) – un o drigolion lliwgar Abertawe yn y 1950au – '[a] bunch of architects / Named this the worst town centre they could find'. Ac eto, llwyddodd rhai o adeiladau gorau'r dref i osgoi'r bomiau. Yn eironig ddigon, y rhai yng nghyffiniau'r dociau oedd y rhain, sef yr union ran o Abertawe yr anelwyd bomiau'r Almaenwyr ati. Yn eu plith roedd hen neuadd y dref, y Sefydliad Brenhinol, swyddfeydd ymddiriedolaeth yr harbwr (Morgan's bellach, yr unig westy pum seren yn Abertawe), clwstwr o derasau Sioraidd a banciau enfawr Wind Street, y cafodd pob un ohonynt eu hadfer yn ofalus maes o law. Cafodd Eglwys y Santes Fair, yr eglwys neo-Gothig wych a godwyd yn y 1890au, ei hailadeiladu ar ôl y bomio, ond dymchwelwyd un adeilad hynod a oroesodd y bomio, sef melinau blawd Weaver (1898) – o bosibl yr adeilad cyntaf yn Ewrop i'w godi o goncrit cyfnerthedig.

Er mai dienaid oedd y rhan fwyaf o'r gwaith ailadeiladu yn Abertawe yn union ar ôl y rhyfel, yn ddiweddarach yn yr 20g. codwyd adeiladau mwy diddorol, gan gynnwys y farchnad enfawr a byrlymus (1961), Adeilad British Telecom (1970, 1992), yr estyniad dadleuol i Oriel Gelf Glynn Vivian (1974) a'r adeilad botanegol Plantasia (*c.*1987). Yn 1969 daeth Abertawe yn ddinas, yn gydradd â Chaerdydd. Yn 1974 collodd ei statws fel bwrdeistref sirol; wedi'i chyfuno â dosbarth gwledig Gŵyr, daeth yn un o bedwar dosbarth yn sir newydd **Gorllewin Morgannwg**. Arweiniodd addrefnu pellach yn 1996 at greu Sir Abertawe, yn cynnwys Dosbarth Abertawe a'r rhan fwyaf o Ddosbarth **Dyffryn Lliw**. Dangosodd cyfrifiad 1971, yr olaf cyn diddymu'r hen fwrdeistref sirol, fod gan Abertawe bryd hynny boblogaeth o 173,413.

Yn 1997, yn wahanol i Sir Caerdydd, pleidleisiodd Sir Abertawe o blaid **Cynulliad Cenedlaethol Cymru**, pleidlais a arweiniodd at ymgyrch i roi cartref i'r Cynulliad yn Abertawe. Methu a wnaeth yr ymgyrch ond, yn sgil cyfaddawd â Chaerdydd, cafodd Abertawe adeiladau eraill o bwys – canolfan **nofio** genedlaethol Cymru, a agorodd yn 2003, ac Amgueddfa Genedlaethol y Glannau a agorodd yn 2005.

Mae'r amgueddfa hon yn rhan o gynllun mwyaf dychmygus canol Abertawe, sef ailddatblygu Doc y De. (Mae Doc y Gogledd wedi'i lenwi.) Dechreuodd y gwaith yn 1976 pan aed ati i greu marina hyfryd gyda thai deniadol o'i amgylch. Mae'r marina'n arwain at Gei Ferrara, sy'n drawiadol ôl-Fodernaidd, ac at Borth y Môr, y morglawdd cyntaf ar draws aber yng Nghymru. Heb fod ymhell, ychydig i fyny'r afon, gwelir y Bont Hwylio (2003), pont i gerddwyr ac un hyderus ei phensaernïaeth. I'r gorllewin, bron ar y traeth, saif Neuadd Sir Gorllewin Morgannwg (1984), adeilad amlwg sydd bellach yn gartref i brif swyddfeydd Sir Abertawe ac, er 2007, i'r llyfrgell ganolog.

Project bach oedd yr un i ailddatblygu Doc y De o'i gymharu â'r her a wynebai'r cyngor yn y diffeithle a fu'n gadarnle gynt i'r diwydiant copr. Yno daethai'r cynhyrchu ar raddfa fawr i ben yng nghanol y 1920au, ac roedd mygdarth a nwyon y smeltio wedi lladd y llystyfiant dros lain eang o dir rhwng Llansamlet a St Thomas. Roedd yr hen weithfeydd a'r tomenni gwastraff, rhai ohonynt yn cynnwys deunyddiau gwenwynig iawn, yn ymestyn dros 360ha – y darn tir diffaith mwyaf yn Ewrop. Amheuid a ellid gwneud dim byd i adfer y fan, a oedd yn gorwedd o boptu'r brif reilffordd a'r brif ffordd i mewn i Abertawe. Yn

1961 lansiodd Coleg Prifysgol Abertawe 'Project Cwm Tawe Isaf', astudiaeth uchelgeisiol, amlddisgyblaethol o'r cwm, a oedd yn ymwneud yn benodol â natur wenwynig y deunyddiau a oedd ar ôl yno a'r rhagolygon ar gyfer clirio'r diffeithleoedd a'u hailblannu. Aeth y cyngor lleol ati i brynu'r tir, er mwyn ymgymryd â'r dasg aruthrol o glirio ac adfer a argymhellwyd gan yr astudiaeth. Mae'r canlyniad yn rhyfeddol, gyda'r tir wedi'i weddnewid yn barc modern ar gyfer diwydiant, siopau a gweithgareddau hamdden, a hynny yng nghanol coed trwchus a thir glas helaeth, y cyfan o amgylch llyn hardd. Yn anffodus, er bod rhywfaint o'r gorffennol diwydiannol wedi goroesi, ni wnaed unrhyw ymgais fwriadus yn y cynllun adfer i ddiogelu elfennau arwyddocaol o dirlun diwydiannol cynharaf Cymru.

Ar ddechrau'r 21g. mae Abertawe yn teimlo ei bod allan ohoni braidd, a hithau fwy neu lai ym mhen draw'r **M4**; mae'r trigolion yn cenfigennu at fannau i gyfeiriad y dwyrain yr edrychir arnynt yn fwy ffafriol ac a gaiff fwy o fanteision, yn eu barn hwy. Nid oes yr un o ddatblygiadau'r gorffennol diweddar yn cymharu â llwyddiant diwydiannol aruthrol Abertawe pan oedd y dref yn ei hanterth. Mae hyd yn oed yr ymffrost mai Abertawe yw prifddinas y Gymru Gymraeg – gan fwrw sen ar Gaerdydd Seisnigedig – yn llai argyhoeddiadol bellach, am fod canran y siaradwyr Cymraeg yn y ddwy ddinas yn closio at ei gilydd. Serch hynny, mae hunaniaeth gref Abertawe yn parhau. Mae gwaith adfer gofalus, ynghyd â chynllunio arloesol – er enghraifft, Stadiwm Liberty yng Nglandŵr a gostiodd £30 miliwn, neu'r datblygiad SA1 ar lan y dŵr, o gwmpas Doc Tywysog Cymru a gostiodd £250 miliwn – wedi ychwanegu at atyniadau naturiol y ddinas, gyda'i lleoliad hardd a'i hagosrwydd at ogoniant penrhyn Gŵyr. Mae hanes Abertawe fel porthladd a chanolfan ddiwydiannol – hanes Caerdydd a Merthyr wedi'i gyfuno, mewn ffordd – yn ategu cred ei dinasyddion nad ail ddinas Cymru mo Abertawe, ond ei dinas gyntaf.

*Cymunedau dinas Abertawe*

BIRCHGROVE (906ha; 5,807 o drigolion)
Cymuned wledig yw hon i raddau helaeth, yng nghornel ogledd-ddwyreiniol yr hen fwrdeistref sirol, ac mae'n cynnwys Birchgrove, Lôn-las a rhan o'r Glais – pentrefi a ddatblygwyd i roi cartrefi i weithwyr Cwmni Glofa Birchgrove.

BÔN-Y-MAEN (847ha; 6,304 o drigolion)
Mae Bôn-y-maen, i'r dwyrain o afon Tawe, yn cynnwys safleoedd sawl hen fenter ddiwydiannol o bwys, gan gynnwys gweithfeydd y Middle Bank a'r Upper Bank, Gwaith Hematit Abertawe a Gwaith Tiwbiau Mannesman. Codwyd Grenfelltown, tri theras o dai dosbarth gweithiol, gan deulu Grenfell yn 1803–13. Mae'r gymuned yn ymestyn hyd at warchodfa natur Cors Crymlyn (gw. **Mawn**).

CASTELL, Y (303ha; 11,933 o drigolion)
Mae'r gymuned yn ymestyn o Mount Pleasant i'r marina ac yn cynnwys y rhan fwyaf o ganol Abertawe. Mae tafarn y Swansea Jack ger y carchar yn coffáu Jack, y ci Labrador du a oedd yn byw yn ardal y dociau yn y 1930au ac y credir iddo achub cynifer â 27 o bobl rhag boddi. Y gred boblogaidd yw mai gan y ci y cafodd trigolion y ddinas eu llysenw cyfarwydd, ond mewn gwirionedd daeth yr enw Swansea

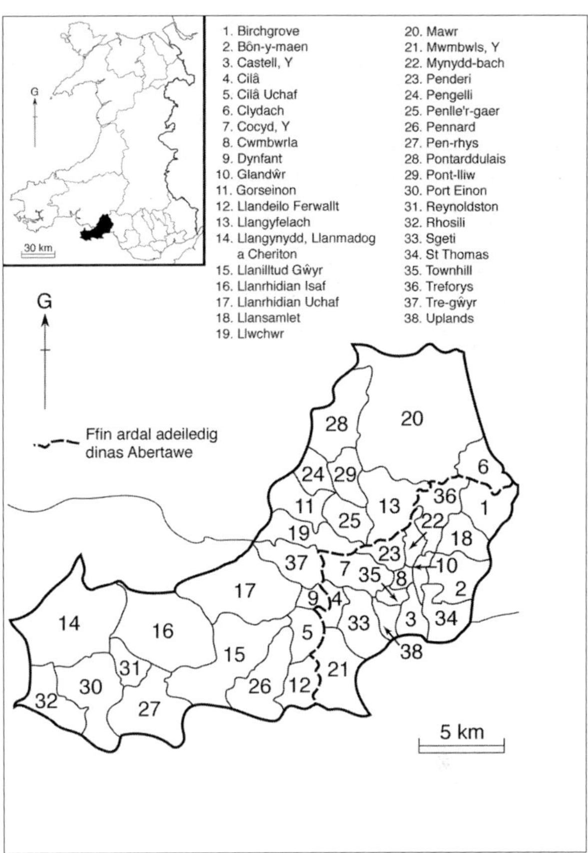


Cymunedau Dinas a Sir Abertawe

Jack cyn y ci, gan fod Jack yn air cyffredin am forwr yn nifer o borthladdoedd Prydain. Felly, o'r 19g. ymlaen, y rhoddwyd yr enw Swansea Jacks ar y morwyr enwog hynny o Abertawe a arferai rowndio'r Horn.

CILÂ (Killay) (324ha; 5,733 o drigolion)
Mae Cilâ, cymuned fwyaf gorllewinol yr hen fwrdeistref sirol, yn cynnwys tai a godwyd yn ail hanner yr 20g. ac sy'n edrych dros y parc gwledig a sefydlwyd yn Nyffryn Clun. Codwyd Hendrefoilan, sydd bellach yn rhan o Brifysgol Cymru Abertawe, yn 1860 ar gyfer y diwydiannwr a'r gwleidydd **Lewis Llewelyn Dillwyn**.

COCYD, Y (Cockett) (858ha; 12,586 o drigolion)
Mae'r gymuned hon, yng nghornel ogledd-orllewinol yr hen fwrdeistref sirol, yn cynnwys y Cocyd, Waunarlwydd, Fforest-fach a Gendros. Yng nghanol y 19g. y Cocyd oedd ardal lofaol fwyaf datblygedig Abertawe. I'r gorllewin o Heol Caerfyrddin gellir gweld gweddillion gardd-bentref y dechreuwyd ei greu yn 1910. Ar ddiwedd y 1940au daeth stad ddiwydiannol Fforest-fach yn ganolbwynt ymdrechion Abertawe i greu cyfleoedd gwaith newydd.

CWMBWRLA (150ha; 8,217 o drigolion)
Mae Cwmbwrla, y leiaf o gymunedau Abertawe, yn rhwydwaith clòs o derasau cymen o amgylch Manselton a Brynhyfryd.

GLANDŴR (Landore) (223ha; 6,121 o drigolion)
Yng Nglandŵr y dechreuodd twf Copperopolis, pan agorwyd gwaith copr cyntaf glannau afon Tawe yn 1717. Yn

ddiweddarach cafwyd gweithfeydd yn y Morfa a'r Hafod ac arweiniodd y drewdod sylffyrig a gynhyrchid yno at y rhigwm Saesneg: 'It came to pass in days of yore / the Devil chanced upon Landore. / Quoth he: "By all this fume and stink / I can't be far from home, I think."' Yn y 1860au daeth Glandŵr yn gartref i ddatblygiad diwydiannol arall o arwyddocâd byd-eang pan berffeithiodd **Wilhelm Siemens** ei system ffwrnais dân agored ar gyfer cynhyrchu dur. Cymaint oedd ei lwyddiant nes bod Glandŵr, erbyn 1873, yn un o'r pedwar gwaith dur mwyaf yn y byd. Mae cytiau injan yn yr Hafod, glanfa a thraphont afon Glandŵr a rhan o waith y Morfa – y bwriedir ei droi'n ganolfan arddangos Cwm Tawe Isaf – wedi goroesi. Gyferbyn, ar lan orllewinol afon Tawe, y mae Stadiwm Liberty sy'n gartref i Glwb Pêl-droed Dinas Abertawe a thîm rygbi rhanbarthol y Gweilch. Cadwyd hefyd ddau dyred, rhan o Gastell Morris, y bloc cyntaf o fflatiau yng Nghymru, a godwyd ar ran John Morris yn 1774 yn gartref i 24 o deuluoedd. Gwelir rhagor o dystiolaeth o godi tai gan ddiwydianwyr yn Nhrevivian, a godwyd gan J. H. Vivian i'w weithwyr yng ngwaith copr yr Hafod; wrth eu codi defnyddiwyd blociau o slag copr, un o'r hoff ddeunyddiau adeiladu yn Abertawe. Mae yng Nglandŵr nifer o eglwysi a chapeli nodedig.

LLANSAMLET (649ha; 6,196 o drigolion)
Cynhwysai'r hen blwyf bron y cyfan o Gilfái – y rhan honno o arglwyddiaeth Gŵyr a orweddai i'r dwyrain o afon Tawe. Yn y 18g. yr ardal hon oedd prif ffynhonnell y glo a gâi ei allforio o Abertawe, a chysylltwyd ei glofeydd â'r porthladd yn 1784 pan adeiladwyd camlas Llansamlet. Roedd mentrau diwydiannol pwysig Llansamlet yn cynnwys gweithfeydd Upper Forest a Lower Forest a gweithfeydd Duffryn a Worcester; mae gweddillion diddorol cytiau injan a rhan o dŷ pwmpio wedi goroesi. Oherwydd y mygdarth o'r gweithfeydd, a'r llygredd a chwythid yno o Landŵr a Threforys, gadawyd Llansamlet yng nghanol y tir gwastraff a grëwyd gan ddiwydiannau Cwm Tawe Isaf. Yn 1981, yn sgil y cynllun adfer (gw. uchod), Llansamlet oedd yr ardal fenter gyntaf ym Mhrydain.

MWMBWLS, Y (1,140ha; 16,774 o drigolion)
Ystyriwyd erioed fod y Mwmbwls yn lle ar wahân. Fel y dywed y pennill Saesneg: 'Mumbles is a funny place, / A church without a steeple, / Houses made of old ships wrecked, /And most peculiar people.' Yma mae'r arfordir yn ymestyn draw i bwynt mwyaf deheuol Bae Abertawe a cheir golygfeydd gwych, yn enwedig oddi ar y pier (1898) a'r goleudy, a godwyd yn 1793 ar y bellaf o ddwy o ynysoedd llanw ar Drwyn y Mwmbwls. Mae arfordir deheuol y gymuned yn cynnwys y tri bae deniadol, Caswell, Langland a Limeslade. Mae'r pentref yn codi'n serth o'r promenâd – man lle ceir cyfres enwog o dafarnau, a elwir yn 'Mumbles Mile' – ac mae iddo naws pentref pysgota; yn wir, roedd ei wystrys yn dra enwog ar un adeg.

Mae Castell Ystumllwynarth yn cynnwys rhannau sy'n dyddio o'r 12g., y 13g. a'r 14g.; y gwaith o'r cyfnod olaf sydd fwyaf trawiadol. Am gyfnod hir, y castell hwn oedd prif gadarnle arglwyddi Gŵyr. Mae darnau o balmant mosäig yn Eglwys yr Holl Saint yn awgrymu ei bod wedi'i chodi ar safle fila Rufeinig. Yn y fynwent ceir bedd Thomas Bowdler (1784–1825), y meddyg o Sais sy'n enwog am iddo 'fowdlereiddio' gwaith **Shakespeare** – hynny yw, cafodd wared â phopeth 'na ellid yn weddus ei ddarllen yn uchel gerbron teulu'; treuliodd Bowdler 15 mlynedd olaf ei oes yn Rhyddings House, Brynmill, Abertawe. Mae'r tai a godwyd yn ddiweddar rhwng Ystumllwynarth a Black Pill wedi cuddio nifer o filâu diddorol o ddechrau'r 19g. Prynwyd Castell Clun, a godwyd yn wreiddiol yn 1791, gan un o deulu Vivian yn 1860, a'i helaethu'n eang. Saif mewn gerddi gwych, ac o 1956 hyd 2003 roedd yn un o neuaddau preswyl Prifysgol Cymru Abertawe; erbyn 2007 roedd wedi'i droi'n fflatiau. Gerllaw ceir gweddillion gwaith copr ac arsenig, yr unig waith o'r fath yn ardal Abertawe lle mae olion yr offer cynhyrchu wedi'u cadw. O fewn ffiniau'r Mwmbwls ceir y Mayals, y fwyaf moethus o faestrefi Abertawe.

MYNYDD-BACH (357ha; 8,756 o drigolion)
Mynydd-bach, rhwng Treforys a **Llangyfelach**, oedd canolfan eglwys gynharaf yr Annibynwyr yn ardal Abertawe. Fe'i sefydlwyd ar ddiwedd yr 17g., a bu'r aelodau'n addoli yn ffermdy Cilfwnwr nes codi tŷ cwrdd yn 1762. Mae'r adeilad presennol yn dyddio o 1866 a dengys y fynwent eang pa mor bwysig fu'r achos. Yn y gymuned hon y ceir amlosgfa Abertawe a swyddfeydd y sefydliad amhoblogaidd hwnnw, Yr Asiantaeth Trwyddedu Gyrwyr a Cherbydau, a gwblhawyd yn 1974. Yr Asiantaeth yw cyflogwr mwyaf Abertawe heblaw'r cyngor sir.

PENDERI (405ha; 10,961 o drigolion)
Mae Penderi, sydd rhwng Glandŵr a'r Cocyd, yn un o gymunedau mwyaf difreintiedig Abertawe, a phrin un o bob pump o deuluoedd sy'n berchen ar eu cartrefi. Hen Ysgol Gyfun Pen-lan yw'r adeilad amlycaf; fe'i codwyd yn 1956 a'i ehangu yn 1994, ac yn 2003 fe'i hailagorwyd fel Ysgol Gyfun Gymraeg Bryn Tawe, ail ysgol uwchradd cyfrwng Cymraeg dinas Abertawe.

ST THOMAS (591ha; 6,373 o drigolion)
Mae'r gymuned hon, i'r dwyrain o afon Tawe, yn ymestyn o Fryn Cilfái at yr arfordir. Fe'i datblygwyd ar ôl creu Port Tennant yn 1824, ac mae'n cynnwys Doc Tywysog Cymru, Doc y Brenin a Doc y Frenhines. Yr adeilad hyfrytaf yma yw'r Eglwys Norwyaidd. Symudwyd yr eglwys o **Gasnewydd** yn 1910 a'i hailgodi wrth y fynedfa i'r dociau. Fe'i tynnwyd i lawr drachefn yn 2003–4 a'i hailgodi, eto fyth, yn ganolbwynt datblygiadau SA1 y lan ddwyreiniol. Adeilad amlycaf y gymuned yw Ysgol Gynradd St Thomas, a godwyd yn 1897 i addysgu 1,200 o blant. Mae llwyfannau o garreg ar gyfer llwytho glo, rhai sy'n dyddio o'r 1780au, i'w gweld o hyd yn Foxhole. St Thomas yw lleoliad Parc Archaeoleg Ddiwydiannol White Rock, safle gwaith copr White Rock, a sefydlwyd yn 1737. St Thomas yw'r fwyaf Seisnigedig o gymunedau Sir Abertawe; yn 2001 roedd 87.07% o drigolion y gymuned heb unrhyw grap ar y Gymraeg.

SGETI (688ha; 13,799 o drigolion)
Gall Sgeti hawlio mai hi yw maestref aruchelaf Abertawe. Fe'i lleolir mewn man deniadol ar Fae Abertawe, a phan oedd gweithfeydd Cwm Tawe ar awr eu hanterth fe'i harbedid rhag eu llygredd gan y prifwyntoedd. Erbyn canol y 19g. roedd Sgeti yn lleoliad i barciau a phlastai'r arglwyddi copr (canghennau o deulu Vivian yn arbennig). Y pennaf

o'r rhain oedd Parc Singleton, sydd bellach yn cynnwys prif barc cyhoeddus Abertawe, Ysbyty Singleton a Phrifysgol Cymru Abertawe. Prynwyd Abaty Singleton, a godwyd yn wreiddiol yn 1784 fel fila wythochrog neo-glasurol, gan deulu Vivian yn 1817; gweddnewidiwyd yr adeilad trwy ei ehangu yn 1818, 1827 ac 1837, ac yn 1920 daeth yn ganolbwynt i'r hyn a elwid bryd hynny yn Goleg y Brifysgol, Abertawe. Mae campws hynod gryno gerllaw, yn cynnwys yn bennaf adeiladau a gynlluniwyd gan gwmni Percy Thomas. Yn Eglwys Sant Paul ceir beddrodau teulu Vivian, ac mae ganddi hefyd feindwr broch deniadol. Ymysg hynodion eraill y faestref y mae Plasty Sgeti (diwedd y 18g.), y belfedir Gothig sy'n weddill o Dŷ Sgeti, ynghyd â sawl fila ddiddorol o ddiwedd y 19g. a dechrau'r 20g. Yma hefyd y mae ysbyty enfawr Cefn Coed (1912–29).

TOWNHILL (181ha; 8,443 o drigolion)
Hyd yr 20g. roedd Townhill bron yn anghyfannedd; bellach, gyda 57 o drigolion i bob ha., dyma'r gymuned ddwysaf ei phoblogaeth yn Abertawe. Dechreuwyd datblygu yn Mayhill yn 1909 a pharhawyd â'r gwaith ar Townhill ei hun yn gynnar yn y 1920au – tystiolaeth o bolisi goleuedig corfforaeth Abertawe ar dai i'r dosbarth gweithiol. Bendithiwyd y rhan fwyaf o'r tai â golygfeydd gwych, ond maent hefyd yn gorfod dioddef melltith y bryniau serth. Fel y dywed John Newman: 'The switchback ascent of Ceiriog Road is positively Alpine'. Un o nodweddion deniadol Mayhill yw'r ysgol gynradd a'i lleoliad trawiadol; y mae'r adeilad ar siâp D i'w weld o'r rhan fwyaf o ganol Abertawe.

TREFORYS (Morriston) (733ha; 16,781 o drigolion)
Mae Treforys yn deillio o gyfnod John Morris, a benderfynodd yn 1768 adeiladu pentref i gartrefu ei weithwyr. Fe'i lluniwyd gan **William Edwards** ar ffurf grid o amgylch Eglwys Sant Ioan, y pentref diwydiannol cyntaf i gael ei gynllunio yng Nghymru. Mae'r adeiladau gwreiddiol wedi'u disodli, ond mae'r cynllun wedi'i gadw. Bwriwyd pensaernïaeth y pentref i'r cysgod yn 1873 pan gwblhawyd Tabernacl, Capel yr Annibynwyr, y cyfeirir ato yn aml fel 'Y Cathedral Anghydffurfiol Cymraeg'. Fe'i cynlluniwyd gan John Humphreys a'i ariannu gan yr entrepreneur tunplat Daniel Edwards, ac mae ynddo le i 1,450 o bobl eistedd. Gyda'i feindwr uchel a'i dri bwa ar wyth o golofnau Corinthaidd, dyma adeilad amlycaf gogledd Abertawe. Mae'r gymuned yn gartref i Gôr Orffews Treforys. Yn 2001 roedd 25.46% o drigolion Treforys â rhywfaint o afael ar y Gymraeg, gyda 10.23% yn gwbl rugl yn yr iaith – y canrannau uchaf o blith holl gymunedau dinas Abertawe.

UPLANDS (232ha; 13,355 o drigolion)
Mae Uplands, rhwng Townhill a'r môr, yn tystio i symudiad cynharaf dosbarth canol Abertawe tua'r gorllewin, ac mae'r atyniadau yno'n cynnwys y cynllunio trefol o amgylch Eglwys Sant Iago a thai trawiadol Heol Ffynhonne – a fu unwaith yn ganolfan i sba Abertawe. Mae'r gymuned yn cynnwys Cwmdonkin Drive; rhif pump yn y stryd honno oedd cartref mebyd Dylan Thomas. Yma hefyd y ceir Sain Helen, lle dechreuodd gemau **criced** yn y 1840au, a lle symudodd tîm rygbi Abertawe (tîm **pêl-droed** yn wreiddiol) yn y 1870au. Gerllaw Sain Helen y mae Pafiliwn Patti (gw. **Adelina Patti**). Hen ardd-dy gaeaf Craig-y-nos (gw. **Tawe Uchaf**) oedd y pafiliwn yn wreiddiol; fe'i hailgodwyd ym Mharc Victoria yn 1920 a chyhoeddwyd cynlluniau yn 2007 i'w droi'n ganolfan adloniant i blant.

**ABERTAWE** Sir (42,123ha; 223,301 o drigolion)
Daeth y sir i fod yn sgil ad-drefnu llywodraeth leol yn 1996. Y rhan honno o hen **Sir Forgannwg** sy'n gorwedd i'r gorllewin o afon **Tawe** (ynghyd â phedair **cymuned** i'r dwyrain ohoni) yw'r sir yn bennaf, ac felly mae'n cyfateb i raddau helaeth i hen gwmwd **Gŵyr**. Ad-drefnu 1996 oedd y cam diweddaraf mewn proses faith o ehangu'r diriogaeth sy'n dwyn enw Abertawe. Plwyf a bwrdeistref fechan oedd yma'n wreiddiol, ond tyfodd tref Abertawe yn raddol nes creu yn 1889 fwrdeistref sirol Abertawe, yn cynnwys 2,105ha. Erbyn 1974 roedd y fwrdeistref yn ymestyn dros 10,114ha ac o ran maint hi oedd y bumed ymhlith bwrdeistrefi sirol **Prydain**. Yn y flwyddyn honno daeth Abertawe, ynghyd â hen ddosbarth gwledig Gŵyr, yn Ddosbarth Abertawe, un o bedwar dosbarth yn sir newydd **Gorllewin Morgannwg**. Yn 1996 daeth y dosbarth hwnnw, ynghyd â **Dyffryn Lliw** (heb gymunedau **Cilybebyll**, **Cwmllynfell**, **Gwauncaegurwen**, **Pontardawe** ac **Ystalyfera**) yn Ddinas a Sir Abertawe (gw. hefyd **Abertawe, Dinas**). Yn 2001 roedd 22.47% o drigolion y sir â rhywfaint o afael ar y **Gymraeg**, gyda 9.38% yn gwbl rugl yn yr iaith. (Gw. hefyd **Mawr** ac Abertawe, Dinas: St Thomas.)

**ABERTEIFI**, Ceredigion (2,048ha; 4,203 o drigolion)
Yr anheddiad cyntaf y cadwyd cofnod ohono ar lan aber afon **Teifi** oedd castell Dingeraint a godwyd gan Roger de Montgomery, iarll Amwythig, yn 1093 (gw. **Montgomery, Teulu**). Yr enw a roddwyd ar gastell diweddarach – o waith Gilbert de Clare *c.*1110 – oedd 'Cardigan', sef llygriad o'r ffurf **Ceredigion** (gw. **Clare, Teulu**). Fel y man isaf ar afon Teifi lle gellid pontio'r afon, tyfodd Aberteifi i fod y dref gyntaf yng Ngheredigion. Cipiwyd y dref gan **Rys ap Gruffudd** (yr Arglwydd Rhys; m.1197) yn 1167, ac yno y cynhaliwyd gŵyl enwog o **gerddoriaeth** a barddoniaeth yn 1176. (Gan yr ystyrir yn draddodiadol mai hon yw'r **eisteddfod** gyntaf y cadwyd cofnod ohoni, dathlwyd wyth canmlwyddiant yr ŵyl trwy gynnal yr Eisteddfod Genedlaethol yn Aberteifi yn 1976.) Yn 1200 gwerthwyd Aberteifi i'r **Saeson** gan Maelgwn, mab Rhys, er digofaint awdur y **Brut**, a ddisgrifiodd y dref fel 'allwedd holl Gymru'. Yn y 1240au y dref a'i chyffiniau oedd cnewyllyn y **Sir Aberteifi** gyntaf, a ehangwyd yn 1277 ac 1284 i gynnwys y cwbl o hen deyrnas Ceredigion (gw. **Ceredigion, Teyrnas**). O'r gyntaf o'r **Deddfau 'Uno'** yn 1536 hyd 1885 roedd Aberteifi yn rhan o etholaeth Bwrdeistrefi Aberteifi. Er ei bod yn cael ei chyfrif yn wreiddiol fel y dref sirol, ildiodd ei holl swyddogaethau ymhen amser i **Aberaeron, Aberystwyth** a **Llanbedr Pont Steffan**.

Sefydlwyd priordy'r Santes Fair gan y **Benedictiaid** *c.*1110, ond dim ond y gangell sy'n weddill o'r eglwys ganoloesol a berthynai iddo. Am ddegawd bu Plas y Priordy (sydd bellach yn ysbyty) yn gartref i'r bardd **Katherine Philipps** (1631–64), 'the matchless Orinda'. Yn groes i'r disgwyl, llwyddodd Ysgol Ramadeg Aberteifi, a sefydlwyd dan y **Ddeddf er Taenu'r Efengyl yng Nghymru** (1653), i oroesi'r Adferiad ac yn 1895 daeth yn Ysgol Sir Aberteifi. Roedd Aberteifi yn ganolfan **adeiladu llongau** o bwys ac yn ganolfan masnach forwrol. Yn un o'r warysau mawr sydd wedi goroesi ar lan

Y promenâd a'r Hen Goleg, Aberystwyth

yr afon ceir canolfan dreftadaeth sy'n darparu gwybodaeth fuddiol. Roedd gweithgarwch y porthladd wedi dirywio erbyn y 1870au, a chyflymwyd ei dranc gan ddyfodiad y rheilffordd (y Cardi bach) yn 1885. Darfu'r gwasanaeth i deithwyr yn 1961. Mae Capel Bethania (**Bedyddwyr**; 1847), gyda lle i 750 o bobl eistedd, ymhlith y mwyaf yng nghefn gwlad Cymru. Cynhelir marchnad dan gronglwyd y neuadd dref neo-Gothig (1860) ac mae canolfan fywiog y Mwldan yn cynnig gweithgareddau celfyddydol. Mae'r castell, a ddirywiodd yn fawr pan oedd mewn dwylo preifat, bellach yn cael ei adfer.

## **ABERTYLERI**, Blaenau Gwent (1,879ha; 11,887 o drigolion)

Saif y **gymuned** hon yn rhan isaf Cwm Ebwy Fach (gw. **Ebwy, Afon**), ardal a ddatblygodd yn ddiwydiannol yn ddiweddarach na'r canolfannau a gysylltir â gweithfeydd **haearn** ymhellach i fyny'r cwm. Hyd *c.*1840 dim ond ychydig o lefelau **glo** a oedd i'w cael ymhlith y ffermdai niferus, y caeau ŷd a'r dolydd caeedig y sylwodd William Coxe arnynt yn 1801. Yng nghanol y 19g. y daeth y newid; sefydlwyd gwaith **tunplat** yn 1846 a dechreuwyd cloddio'n ddwfn am lo yn 1850. Erbyn diwedd y 19g. roedd y **boblogaeth** yn cynyddu'n garlamus, gan godi o 6,003 yn 1891 i 38,805 yn 1921, pan oedd dosbarth trefol Abertyleri hefyd yn cynnwys Llanhiledd. Fel gweddill **Blaenau Gwent**, mae'r ardal bellach yn gorfod dygymod â'r cyfnod ôl-ddiwydiannol. Mae i dref Abertyleri, gyda'i strydoedd yn ymestyn ar hyd llethrau serth y cwm, safle trawiadol uwchlaw cymer afonydd Ebwy Fach a Thyleri. Gwnaeth cwm cul Tyleri, sy'n codi hyd uchelfannau Gwastad (551m), argraff ffafriol ar gyfres o sylwebyddion; yn ôl Coxe roedd yn 'well peopled, richly wooded, and highly cultivated, almost rivalling the fertile counties of England', ac mae John Newman yn cyfeirio at ei fryniau annisgwyl o ir a choediog. Tyfodd pentref Six Bells, ymhellach i lawr y cwm, o amgylch y pwll glo a sefydlwyd gan John Lancaster yn 1890; yn 1960 lladdwyd 45 o ddynion yno yn un o ddamweiniau pwll glo gwaethaf y cyfnod diweddar.

## **ABERYSTWYTH**, Ceredigion (529ha; 11,607 o drigolion)

Hon yw'r ganolfan drefol fwyaf yng nghanolbarth Cymru ac mae'r dref yn synio amdani ei hun fel prifddinas y Gymru Gymraeg. Fodd bynnag, gan fod 53.52% o'i thrigolion yn ddi-Gymraeg, **cymuned** Aberystwyth, ar ôl **Llanbadarn Fawr** (59.78%), yw'r un fwyaf Seisnig o holl gymunedau **Ceredigion**. Darganfuwyd olion o'r cyfnod Mesolithig ar draeth Tan-y-bwlch. Ceir bryngaer helaeth o'r Oes Haearn (gw. **Oesau Cynhanesyddol**) ar gopa Pendinas (gw. hefyd **Bryngaerau**). Mae'r tŵr (1852) oddi mewn iddi yn gofeb i ddug Wellington. Roedd Llanbadarn yn **glas** o bwys yng Nghymru'r cyfnod Cristnogol cynnar, ac yn yr Oesoedd Canol gelwid Aberystwyth weithiau yn Llanbadarn Gaerog.

Castell cylchfur a godwyd *c.*1110 oedd castell cyntaf Aberystwyth ac roedd mewn man a edrychai dros afon **Ystwyth** (gw. **Llanfarian**). Yn sgil goresgyn gogledd **Ceredigion** yn 1277, cododd Edward I gastell newydd, ynghyd â bwrdeistref gaerog, ar safle yn ymyl aber afon **Rheidol**. Cipiwyd y castell gan **Owain Glyndŵr** yn 1404, ond bu'n rhaid iddo ei ildio yn 1408. O 1637 hyd 1643 bu'n safle **bathdy** brenhinol. Yn dilyn gwarchae yn ystod y cyntaf o'r **Rhyfeloedd Cartref**, cafodd ei ffrwydro yn 1647.

Roedd y dref yn gymharol ddibwys hyd nes i wyliau glan môr ddod yn boblogaidd tua diwedd y 18g.; adeiladwyd ystafelloedd cynnull atyniadol yn 1820. Cynyddodd gweithgarwch y porthladd yn raddol o 1700 ymlaen, ond roedd yr harbwr yn annigonol hyd nes codi'r cei cyntaf yn y 1830au; wedi hynny ffynnodd y diwydiant **adeiladu llongau** a masnach forwrol hyd nes y cyrhaeddodd y rheilffordd – o **Fachynlleth** yn 1864 ac o **Gaerfyrddin** yn 1867 (gw. **Rheilffyrdd**). Mewnforid nwyddau traul o **Lundain**, Bryste a **Lerpwl**, a'r prif allforion ar y pryd oedd **plwm** a rhisgl coed derw; ymfudai llawer ar y llongau hefyd. Wrth i'r fasnach forwrol ddirywio, daeth y rheilffyrdd â mwy a mwy o ymwelwyr bob haf i lenwi'r nifer gynyddol o westai. Er bod ambell adeilad o gyfnodau cynharach wedi goroesi – yn enwedig ym Maes Lowri (Laura Place; 1827) – gwedd Fictoraidd sydd i ganol y dref. Adeiladwyd pier (y cwtogwyd arno yn ddiweddarach) yn 1865 a rheilffordd glogwyn Aberystwyth – y rheilffordd halio hiraf ym **Mhrydain** – yn 1896 (gw. **Pierau**).

Yn 1790 cynlluniodd **John Nash** Castle House, a ddaeth yn ganolbwynt i'r gwesty neo-Gothig uchelgeisiol a godwyd gan J. P. Seddon ac a fu'n fethiant. Daeth hwn yn gartref i goleg prifysgol cyntaf Cymru yn 1872. Agorwyd **Llyfrgell Genedlaethol Cymru** ym Maes Lowri yn 1909, a symudodd i adeilad atyniadol S. K. Greenslade ar Fryn Pen-glais yn 1916. (Yn ôl pob tebyg, mae Aberystwyth yn cynnwys mwy o lyfrau y pen o'r **boblogaeth** nag unrhyw dref arall yn y byd.) Cydnabyddid lle canolog Aberystwyth yng Nghymru mor gynnar ag 1823, pan luniwyd cyffes ffydd y **Methodistiaid Calfinaidd** yn y dref. Erbyn dechrau'r 21g. daeth yn gartref i brif swyddfeydd y **Comisiwn Coedwigaeth** yng Nghymru, **Comisiwn Brenhinol Henebion Cymru**, **Urdd Gobaith Cymru**, **Cymdeithas yr Iaith Gymraeg**, **Merched y Wawr**, **Undeb Cenedlaethol Athrawon Cymru**, **Cyngor Llyfrau Cymru** ac Undeb Amaethwyr Cymru (gw. **Undebau'r Amaethwyr**).

Mae'r dref a'i chyffiniau yn gartref i fwy na 7,000 o fyfyrwyr ac yn drwm dan ddylanwad **Prifysgol Cymru, Aberystwyth**. Bellach mae prif gampws y coleg ar Fryn Pen-glais, heb ddim ond yr adrannau gweinyddol ac ambell adran academaidd yn 'y Coleg ger y lli'. Er bod sawl swyddfa sirol yn dal yno, mae Aberystwyth wedi ildio'i statws fel tref sirol Ceredigion i **Aberaeron**. Cynhaliwyd protest gyntaf Cymdeithas yr Iaith Gymraeg yn Aberystwyth yn 1963.

## ABLETT, Noah (1883–1935) Undebwr llafur a damcaniaethwr gwleidyddol

Roedd Ablett yn ddegfed o blith un ar ddeg o blant, ac ymddangosai mai i'r weinidogaeth yr âi, ond yn sgil damwain yn y pwll a deffro'i ymwybyddiaeth o'r cyflogau isel a delid i'r glowyr, trodd yn ymgyrchwr dros y gweithwyr. Derbyniodd ei addysg yng Ngholeg Ruskin, **Rhydychen**, ac yna aeth yn archwiliwr pwyso yn y Maerdy (gw. **Rhondda, Y**). Ei syniadau Marcsaidd a Syndicalaidd ef a ysbrydolodd y streic yng Ngholeg Ruskin, y **Plebs' League** a'r ymgyrch dros isafswm cyflog. Ef oedd un o brif awduron ***The Miners' Next Step***, a'i gyhoeddiadau a'i sylwadau cryptig ef a roddodd fod i'r ffenomen Gymreig honno, **Syndicaliaeth**, a ystyriai ef yn undebaeth lafur 'wyddonol'. Aeth i grafangau alcoholiaeth yn ystod ei flynyddoedd olaf.

## *ABOVE US THE EARTH* (1976) Ffilm

Mae'r ffilm deimladwy hon, y gyntaf o'i waith ei hun iddo'i chyfarwyddo, ymhlith goreuon y Cymro Karl Francis. Ynddi mae Francis yn bwrw golwg ddeifiol ar helyntion y maes **glo** mewn modd sy'n llai amlwg bleidiol nag yn llawer o'i waith diweddarach. Drama ddogfen ydyw, yn canolbwyntio ar hanes cau glofa Ogilvie yng **Nghwm Rhymni**, ac effaith hynny ar löwr claf, sef Windsor Rees (yn ei actio ef ei hun). Mae'r ffilm yn trafod agwedd y glowyr at bolisïau'r **Bwrdd Glo** ac **Undeb Cenedlaethol y Glowyr**, polisïau a gaiff eu portreadu fel rhai sy'n manteisio ar y gweithwyr.

## ABRAHAM, William (Mabon; 1842–1922) Undebwr llafur a gwleidydd

Brodor o **Gwm Afan**, a ddaeth yn drefnydd llawn-amser Undeb Glowyr Dyffryn Rhondda yn 1877. Roedd yn gefnogwr i'r raddfa lithrig wrth benderfynu ar gyflogau glowyr (1875), ac yn 1892 sicrhaodd gytundeb a roddai i'r glowyr wyliau ar y Llun cyntaf ym mhob mis – 'Dydd Mabon'. Yn 1885 fe'i hetholwyd yn aelod seneddol 'Lib-Lab' ar gyfer y **Rhondda**, ond daeth yn aelod seneddol Llafur yn ffurfiol yn 1909; rhwng 1918 ac 1922 cynrychiolai Orllewin y Rhondda. Yn 1898 daeth Mabon yn llywydd cyntaf **Ffederasiwn Glowyr De Cymru**, ac roedd yn ddylanwad o blaid cymodi a chymedroli mewn cysylltiadau diwydiannol. Roedd yn gefnogwr brwd i'r **eisteddfod** a'r iaith **Gymraeg**. Gan i luniau ohono gael eu defnyddio mewn hysbysebion **te**, bu farw yn ŵr pur gyfoethog.

## ACADEMI FRENHINOL GYMREIG, Yr

Bu sawl ymgais yn ystod y 19g. i sefydlu academi i Gymru a fyddai'n cymharu gyda'r rhai yn **Lloegr**, yr **Alban** ac **Iwerddon**. Criw o beintwyr wedi'u geni yn Lloegr gan mwyaf, ac a weithiai'n bennaf yn Nyffryn **Conwy**, dan arweiniad **H. Clarence Whaite**, a sefydlodd Academi'r Cambrian yn **Llandudno** yn 1881, gan ennill nawdd brenhinol yn 1882.

Cynhaliwyd eu harddangosfa gyntaf yn Llandudno, lle'r oedd eisoes nifer o **orielau celf** masnachol yn cwrdd â'r twf cynyddol yn y diwydiant twristaidd. Ond o 1884 ymlaen lleolid yr Academi ym Mhlas Mawr, **Conwy**, lle cynhelid arddangosfeydd yn rheolaidd; yn 1993 symudodd yr Academi i adeilad yn Lôn y Goron, Conwy. Mae cysylltiadau cryf â gogledd-orllewin Lloegr ymhlith y rhai sy'n ymwneud â'r Academi, fel yr oedd ymysg ei sylfaenwyr.

## ACADEMI GYMREIG, Yr

Sefydlwyd yr Academi Gymreig, cymdeithas genedlaethol i lenorion, yn 1959 a hynny gan griw o awduron a oedd yn cynnwys Bobi Jones (g.1929) a **Waldo Williams**. Ffurfiwyd adran Saesneg yn 1968 pan gafodd y gymdeithas nawdd Cyngor y Celfyddydau yng Nghymru (gw. **Cyngor Celfyddydau Cymru**) am y tro cyntaf. Mabwysiadodd gyfansoddiad newydd yn 1998 ac mae bellach yn gweithredu, o dan yr enw 'Academi', fel Asiantaeth Genedlaethol er Hyrwyddo Llenyddiaeth. Cynhyrchwyd tri chyfeirlyfr pwysig o dan nawdd y corff: ***Cydymaith i Lenyddiaeth Cymru*** (1986, 1997), *Geiriadur yr Academi* (sef geiriadur Saesneg–Cymraeg; 1995) a'r Gwyddoniadur hwn.

## ACADEMÏAU ANGHYDFFURFIOL

Sefydliadau addysgol a gychwynnwyd gan yr Anghydffurfwyr (gw. **Anghydffurfiaeth**), yn bennaf i baratoi gwŷr ifainc ar gyfer y weinidogaeth Anghydffurfiol. Gan fod eu daliadau crefyddol yn rhwystro Anghydffurfwyr rhag mynychu **Rhydychen** na graddio yng **Nghaergrawnt**, gwelwyd angen i wneud darpariaeth ar eu cyfer a daeth yr academïau yn ddylanwadol yng Nghymru a **Lloegr** yn yr 17g. a'r 18g.

Yr academi gyntaf yng Nghymru oedd honno a sefydlwyd yng nghartref **Samuel Jones** (1628–97) ym Mrynllywarch,

**Llangynwyd**: sefydlodd hi'n fuan wedi iddo gael ei amddifadu o'i fywoliaeth yn 1662. Buan yr ymddangosodd eraill mewn mannau fel y **Fenni**, Llwyn-llwyd (**Llanigon**), **Caerfyrddin**, **Aberhonddu**, Trosnant (**Pont-y-pŵl**) a **Hwlffordd**. Un o'r rhesymau paham y ceid cynifer o ganolfannau oedd mai'r arferiad oedd symud academi at athro; gyda marwolaeth yr athro, felly, gwelid yr academi yn symud i leoliad newydd. Cynrychiolai'r academïau yr amrywiol draddodiadau enwadol a oedd wedi datblygu yng Nghymru – y **Presbyteriaid**, yr **Annibynwyr** a'r **Bedyddwyr** – a noddid rhai ohonynt gan y Byrddau Presbyteraidd a Chynulleidfaol yn **Llundain**. O ran ysgolheictod, academi orau Cymru oedd honno yng Nghaerfyrddin, a fu'n feithrinfa i Undodiaeth Gymreig (gw. **Undodwyr**). Roedd safon yr **addysg** yn gyffredinol uchel, ac erbyn canol y 19g. roedd rhai o'r academïau wedi datblygu i fod yn golegau diwinyddol i'r enwadau.

## ACLAND, Arthur [Herbert Dyke] (1847–1926)
Gwleidydd a hyrwyddwr addysg

Daeth y gŵr hwn o Ddyfnaint, aelod seneddol Rhyddfrydol Rotherham, yn Gymro mabwysiedig trwy ei gyfeillgarwch â **T. E. Ellis** (mae'n bosibl eu bod yn gariadon). Bu'n byw am gyfnod yng **Nghlynnog** ac fe'i hetholwyd yn gadeirydd y pwyllgor a benodwyd i weithredu **Deddf Addysg Ganolradd Cymru** (1889) yn **Sir Gaernarfon**. Ymgyrchodd dros gyngor **addysg** cenedlaethol i Gymru, ymgyrch fethiannus ar y pryd ond un a baratodd y ffordd at sefydlu **Bwrdd Canol Cymru** yn 1896. Fel is-lywydd y Cyngor Addysg (1892–5), dyrchafodd statws yr iaith **Gymraeg** yn ysgolion elfennol Cymru a hwylusodd hynt y mudiad i ennill siarter i **Brifysgol Cymru**, gan gydweithio'n agos ag Ellis ac **O. M. Edwards**.

## ACHOSION SAESNEG, Yr

Awydd i gael pobl ddi-Gymraeg – mewnfudwyr o **Loegr** yn arbennig – i ddod yn rhan o **Anghydffurfiaeth** Gymreig a oedd y tu ôl i sefydlu, yn y 19g., gapeli **Saesneg** eu cyfrwng mewn trefi lle'r oedd y rhan fwyaf o'r boblogaeth yn siarad **Cymraeg**. Gan nad oedd gan arweinwyr crefyddol megis **Lewis Edwards** ffydd yn nyfodol y Gymraeg, gwelent y symudiad i sefydlu achosion Saesneg fel math o yswiriant ysbrydol yn wyneb dirywiad yr iaith. Gwrthwynebid eu 'twymyn Seisnig' yn danbaid gan Emrys ap Iwan (**Robert Ambrose Jones**).

Bu gan y **Wesleaid** eu cylchdeithiau Saesneg – yn **Sir Benfro**, dwyrain **Sir Frycheiniog** ac ardal **Caerdydd** – er y 18g. Ar ddechrau'r 19g. sefydlodd y **Methodistiaid Calfinaidd** nifer o gapeli bychain Saesneg eu hiaith yn ardaloedd y **ffin**, ac yn 1857 sefydlodd y **Bedyddwyr** Gymanfa Saesneg Mynwy. Lansiwyd ymgyrchoedd dros achosion Saesneg gan yr **Annibynwyr** yn 1853 a chan y Methodistiaid Calfinaidd yn 1869. Erbyn diwedd y ganrif roedd y Methodistiaid Calfinaidd wedi adeiladu 43 o gapeli Saesneg.

## ACHYDDIAETH

Mor gynnar â'r 12g. disgrifiodd **Gerallt Gymro** y Cymry fel pobl a roddai bwys mawr ar eu hachau, ac a oedd yn fwy awyddus i briodi i mewn i deuluoedd uchel eu tras nag i mewn i deuluoedd cyfoethog. Yr oedd i hyn oll oblygiadau ymarferol: fel y dengys y **gyfraith** Gymreig, roedd hawliau a chyfrifoldebau unigolyn yn y gymdeithas yn dibynnu ar ei dras. Tylwythau, nid unigolyn, a oedd yn dal tir, er enghraifft. Ceir yn y testunau cyfreithiol Cymreig enw i ddisgrifio pob perthynas hyd at y seithfed radd. Hyd yn oed pan ddirywiodd grym y gyfraith frodorol a phan gafodd ei diddymu yn 1536, parhaodd y Cymry i roi lle pwysig i'w hachau ac i ymfalchïo mewn tras uchel. Roedd hyn yn destun gwawd i'r **Saeson**, fel y tystia llythyr oddi wrth William o Gaerwrangon at John Paston yn 1457: 'I send a bill of the names indited to my master and you, to see and laugh at their Welsh names descended of old pedigrees.'

Ar lafar y trosglwyddid achau i ddechrau. Roedd adnabod achau'r tywysogion a'r prif deuluoedd eraill yn rhan o ddysg y beirdd, ac wrth gyfarch eu noddwyr clodforent eu tras uchel, weithiau mewn manylder mawr. O'r 15g. ymlaen daeth casgliadau ysgrifenedig o achau teuluoedd bonedd, yn aml ar ffurf rholiau hir, yn gynyddol gyffredin. Penodwyd dau fardd, **Gruffudd Hiraethog** (m.1564) a Lewys Dwnn (*fl.*1568–1616), yn ddirprwy herodron dros Gymru, a buont yn ymweld â **boneddigion** ledled Cymru gan gofnodi eu hachau yn fanwl.

Yn yr 17g. gwnaethpwyd casgliadau helaeth iawn o achau Cymreig, casgliadau a ymdrechai'n ddygn i ddilyn pob llinach a chofnodi pob disgynnydd, beth bynnag ei safle. Gelwir yr olaf o'r casgliadau hyn, sydd wedi'i seilio ar y rhai cynharach, yn 'Llyfr Gelli Aur' (*c.*1765), ac fe'i cedwir yn awr yn Archifdy **Sir Gaerfyrddin**. Prin iawn yw'r dystiolaeth gofnodedig am rannau cynharaf yr achau, ac ni roddodd y beirdd, gydag ychydig eithriadau, ddyddiadau na ffynonellau. Fodd bynnag, yn yr achosion hynny lle mae modd archwilio'r achau traddodiadol a'u cymharu â thystiolaeth gofnodedig, mae'n syndod pa mor gywir ydynt. Deil diddordeb mewn cysylltiadau teuluol yn nodwedd ar y gymdeithas Gymreig.

## ADAMS, David (1845–1923) Diwinydd

Ganed David Adams yn Nhal-y-bont (gw. **Ceulan-a-Maesmor**). Wedi cyfnod fel ysgolfeistr yn **Llanelli** ac **Ystradgynlais**, bu'n weinidog gyda'r **Annibynwyr**. Fe'i cofir fel arloeswr y **ddiwinyddiaeth** ryddfrydol yng Nghymru. Croesawodd y pwyslais neo-Hegelaidd mewn **athroniaeth** a chymhwysodd y ddysgeidiaeth ar esblygiad i'r maes diwinyddol, gan fynnu bod datblygiad y greadigaeth a hunanddatguddiad Duw yn y greadigaeth yn gyfystyr â'i gilydd. Rhoddodd bwyslais ar yr Iesu hanesyddol ac ar agwedd foesegol Cristnogaeth. Credir mai ef oedd y gweinidog a bortreedir yn rhai o straeon Caradoc Evans (gw. **David Evans**).

## ADAR

Mae'r amrediad eang o gynefinoedd yng Nghymru yn cynnal amrywiaeth cyfoethog o adar. Oherwydd mai penrhyn yw Cymru mae'r arfordir a'r **ynysoedd** yn gartref i niferoedd mawr o adar môr, gan gynnwys nythfeydd pwysig o huganod ac adar drycin Manaw. Ceir adar môr lluosog eraill: yr wylan goesddu, y fulfran werdd a'r fulfran (sydd â'r enwau lleol lliwgar 'bilidowcar', 'Wil wal waliog' a 'llanc Llandudno') ac aelodau teulu'r carfil – y pâl, yr wylog a'r llurs. Mae gweundir arforol – lle mae'r llystyfiant yn tyfu'n isel oherwydd effaith gwynt a halen y môr – yn bwysig ar gyfer y frân goesgoch, sydd hefyd yn nythu mewn safleoedd mewndirol. Y fôr-wennol wridog yw un o'r adar môr prinnaf yn Ewrop, ond ceir ychydig barau yn nythu ar Ynys **Môn**, ac yng Ngronant (**Llanasa**, **Sir y Fflint**) mae nythfa o fôr-wenoliaid bychain yn rhannu darn o draeth â llu o ymwelwyr.

Gyda thros 60% o'i thir uwchlaw 150m, mae Cymru'n cynnal nifer fawr o adar yn ei hucheldiroedd, gan gynnwys cigfrain, mwyeilch y mynydd, sy'n ymweld yn yr haf ac sydd ag un o'r caneuon mwyaf swynol, ac adar ysglyfaethus prin megis y barcud, y boda tinwyn a'r cudyll bach. Roedd yr eryr euraid wedi diflannu o **Eryri**, ei gadarnle olaf yng Nghymru, erbyn tua'r 18g., ond mae'r bwncath neu'r boda yn aderyn ysglyfaethus hollbresennol; mae'n cadw gwyliadwriaeth gyson ac mae ei gri fel mewian cath yn un o synau mwyaf gwyllt cefn gwlad Cymru. Dim ond yn gymharol ddiweddar y dechreuodd rhai adar ysglyfaethus gartrefu yma. O'r 1960au ymlaen mae gwalch Marthin wedi nythu mewn planigfeydd pîn lle caiff fwydo ar y brain a'r gwiwerod niferus, a dechreuodd boda'r mêl nythu yn ucheldir Cymru yn 1991. Ceir dau fath o rugieir yma hefyd, sef y goch a'r ddu, ond mae eu niferoedd yn lleihau.

Mae'r coedwigoedd derw yn denu nifer o adar yr haf, gan gynnwys y gwybedog brith (gyda'r gwryw yn edrych fel petai'n gwisgo siaced ginio), ynghyd â'r tingoch a thelor y coed. Rhwng yr ucheldir a'r iseldir ceir y ffridd, cynefin coed gwasgaredig ac eithin, ac yma y cartrefa crec yr eithin a thinwen y garn. Dechreuodd telor Dartford, rhywogaeth sy'n hoff o eithin, nythu yma yn 1998, ac mae'n debyg y bydd rhywogaeth arall o dir mawr Ewrop yn dilyn, sef y crëyr bach sy'n symud tua'r gogledd wrth i'r **hinsawdd** newid.

Yn y gaeaf daw niferoedd lluosog o ddrudwennod o Rwsia a gwledydd y Baltig, gydag ambell haid yn cynnwys cynifer â dwy filiwn o adar, fel honno a ymddangosodd yn gwmwl tywyll a swnllyd uwchben **Maenclochog**, **Sir Benfro**, yn 1979.

Mae'r aberoedd yn cynnal nifer fawr o rydwyr ac adar hela. Ceir rhyw 80,000 ar gyfartaledd ar afon **Hafren**; yno, yng nghyffiniau Collister Pill (**Magwyr a Gwndy**) ac Ynys Stert (ar y lan Seisnig), y mae nythfa fwyaf y coegylfinir (cefnder llai i'r gylfinir) ym **Mhrydain**. Mae dros 110,000 o adar yn defnyddio aber 20km afon **Dyfrdwy** yn y gaeaf, gan gynnwys heidiau mawr o hwyaid llostfain gosgeiddig, sy'n nofio yn agos at y lan ar lanw uchel. Ger Traeth Lafan, **Aber[gwyngregyn]**, mae cynifer â 500 o wyachod mawr copog yn ymgasglu yn yr hydref, lle maent yn bwrw'r plu ysblennydd ar eu pennau – mewn oes fwy cyntefig, fe'u saethid am y plu hynny. Mae gan y Gymdeithas Frenhinol er Gwarchod Adar warchodfa bwysig yn Ynys-hir (**Ysgubor-y-coed**) gerllaw aber afon **Dyfi**.

Mae **afonydd** Cymru, llawer ohonynt yn fyr ac yn llifo'n gyflym, yn gartref i hwyaid danheddog – hwyaid gyda phig danheddog sy'n nythu yn y coed – a gleision y dorlan, sydd yn aml yn ddim mwy na fflach sydyn o lesni wrth iddynt wibio ar hyd glan yr afon. Ond nid yw hedfan cyflym fel hyn yn ddim o'i gymharu â mellten yr hebog tramor, hebog cyflymaf Cymru: wedi iddo ddarganfod ei brae mae'n cau ei adenydd ac yn anelu ato megis taflegryn.

Fel mewn rhannau eraill o Ewrop, bu lleihad aruthrol yn nifer adar fel y wennol ddu a'r wennol, ac yn nifer adar mân a gysylltir â ffermydd, megis yr ehedydd, y fronfraith, y llinos, bras melyn, coch y berllan, y gwybedog brith, golfan y mynydd a bras y cyrs. Bu i newidiadau mewn

Y Barcud Coch

**amaethyddiaeth** hefyd gyfrannu at ddirywiad y gornchwiglen – dirywiad llawer gwaeth yng Nghymru nag yn **Lloegr**.

*Adar o arwyddocâd arbennig i Gymru*

ADERYN DRYCIN MANAW

Mae hanner poblogaeth y byd – dros 200,000 o barau – o'r aderyn môr bychan hwn yn bridio ar ynysoedd Sgogwm, Sgomer, Dewi ac Enlli. Mae aderyn drycin Manaw yn teithio ar draws Môr Iwerydd, ac yn gaeafu hanner y ffordd ar draws y byd, oddi ar arfordir De America: dyma'r unig aderyn Ewropeaidd sy'n mudo yno'n rheolaidd. Mae'n nythu dan ddaear, fel arfer mewn hen dyllau **cwningod**. Dim ond yn ystod y nos y bydd yn mentro i'r tir, gan osgoi adar ysglyfaethus megis gwylanod. Cyn glanio ar y tir, bydd heidiau anferth yn ymgasglu ar y môr, gan ffurfio 'rafftiau'. Mae sgrech adar drycin Manaw yn y nos yn rhyfedd, ac fe'i disgrifiwyd gan **R. M. Lockley** fel 'cân yddfol ceiliog y mae'i ben wedi'i fwyellu bron cyn i'r nodyn hir olaf gychwyn'. Wrth hedfan, mae'r aderyn yn eillio'r dŵr mewn symudiad ymddangosiadol ddiymdrech, a'i adenydd bron yn cyffwrdd y tonnau. Mae'r reddf sy'n ei ddwyn yn ôl i'r un cynefin yn rhyfeddol. Llwyddodd aderyn yr aethpwyd ag ef i Massachusetts i hedfan yn ôl i'w nyth yn Sir Benfro (4,880km) ymhen 12.5 o ddyddiau.

BARCUD COCH

Yn answyddogol, dyma aderyn cenedlaethol Cymru ac mae'r ffaith iddo oroesi i'r 21g. yn llwyddiant cadwraethol o'r radd flaenaf. Mae ei hanes yng Nghymru yn mynd yn ôl

125,000 o flynyddoedd. Mewn oes cyn bod gwaredu effeithiol ar sbwriel, ymborthai ar weddillion a gwastraff, ac roedd yn aderyn cyffredin iawn hyd ddechrau'r 19g. Ar ôl hynny câi'r barcud ei erlid gan giperiaid a châi ei nythod eu hysbeilio gan ladron. Lleihaodd ei niferoedd yn gyflym. Erbyn dechrau'r 20g. dim ond gafael fregus ym mhen uchaf Dyffryn **Tywi** a oedd ganddo. Aed ati i warchod ei nythod rhag casglwyr wyau a thalodd y gofal hwn ar ei ganfed. Erbyn 2003 roedd dros 300 o barau yng Nghymru, ac roedd y barcud i'w weld ym mhob un o **siroedd** Cymru. Gyda'u llygaid lliw lemwn, eu pennau ariannaidd a'u cyrff llwytgoch, y creaduriaid hyn yw adar ysglyfaethus mwyaf gosgeiddig Cymru. Mae ganddynt y gallu i hofran yn llonydd fry uwchben, cyn pladurio trwy'r awyr i gipio'u celanedd. Mae llawer ohonynt i'w cael bellach mewn safleoedd bwydo penodedig megis hwnnw yng Ngigrin, **Nantmel**, **Sir Faesyfed**.

BRÂN GOESGOCH
Dyma frân brinnaf Prydain, ac er ei bod unwaith wedi'i dosbarthu'n eang, y mae bellach wedi'i chyfyngu i rannau mwyaf gorllewinol Cymru, yn ogystal â'r **Alban**, **Ynys Manaw** ac **Iwerddon**. Mae dros 50% o boblogaeth y frân goesgoch ym Mhrydain i'w cael yng Nghymru, yn bennaf ar lannau môr Sir Benfro, **Ceredigion**, **Gwynedd** ac Ynys Môn, gyda niferoedd da hefyd yn Eryri. Er bod niferoedd y frân goesgoch yn dirywio yn gyffredinol, maent ar gynnydd ar arfordir Cymru, gyda pharau yn bridio yn awr yng **Ngŵyr** am y tro cyntaf mewn can mlynedd.

BRONWEN Y DŴR
Un o adar mwyaf arbennig afonydd a nentydd yr ucheldir, gyda'i fron wen amlwg, ei sboncio ymhlith cerrig a'i allu i nofio a cherdded dan y dŵr wrth chwilio am fwyd.

CIGFRAN
Mae crawcian isel, cras y gigfran, aelod mwyaf teulu'r frân, yn nodweddiadol o greigleoedd unig a chynefinoedd **defaid** yr ucheldir. Mae cigfrain yn bridio'n fwy llwyddiannus yng Nghymru nag yn unrhyw un arall o'u tiriogaethau gogleddol. Ceir y glwydfa fwyaf o gigfrain yn gaeafu ym Mhrydain, ac yn ôl pob tebyg yn Ewrop gyfan, ym mhlanigfeydd sbriws Niwbwrch (**Rhosyr**, Môn), lle ceir cynifer â 2,000 o adar. Bydd yr adar hyn sydd mor hoff o ardaloedd gwyllt weithiau'n nythu mewn dinasoedd, ac mae eu pigau mawr a'u cynffonnau siâp diemwnt yn eu gwahaniaethu oddi wrth frain mwy cyffredin. Unwaith y ffurfir pâr, tueddant i aros yn yr un ardal trwy gydol eu bywyd. Yn draddodiadol, cafodd y gigfran ei chysylltu ag anlwc a **marwolaeth**, a hynny mae'n debyg gan ei bod yn bwydo ar gyrff lladdedigion ar faes y gad.

HUGAN
Mae ynys Gwales, 14km oddi ar arfordir Sir Benfro, yn ymddangos fel petai'i hanner yn ddu a'i hanner yn wyn, a'r hanner gwyn yw'r un sydd wedi'i orchuddio gan huganod. Dyma'r nythle huganod ail fwyaf yn y byd, a cheir dros 32,000 o barau ar yr ynys. Wrth iddi hedfan mae'r hugan fel petai ar ffurf sigâr, a'i hadenydd yn ymestyn 1.8m. Ar dir, mae'n rhaid i huganod oddef byw'n agos at ei gilydd, gan osod eu nythod, a wneir o wymon a broc môr, ym mhob twll a chornel sydd ar gael. Gellir gweld huganod yn aml yn pysgota oddi ar yr arfordir: mae'r aderyn yn cau ei adenydd 100m uwchlaw'r tonnau, ac yn disgyn, nes bod ei big siâp dagr yn troi'n bicell wrth iddo blymio trwy'r dŵr.

TYLLUANOD
Mae pum rhywogaeth o dylluanod yn bridio yng Nghymru: y dylluan frech, y dylluan wen, y dylluan fach, y dylluan gorniog a'r dylluan glustiog brin sydd â'i chynefin enwocaf ar Ynys Sgomer. Fel yn y rhan fwyaf o ddiwylliannau eraill, caiff tylluanod – gan amlaf y dylluan wen a'r dylluan frech – le amlwg mewn chwedlau a llên gwerin, o'r stori enwog yn y **Mabinogion** am y dewin **Gwydion** yn troi **Blodeuwedd** hardd yn dylluan, gelyn yr holl adar eraill, i'r cysyniad o'r dylluan fel aderyn yn argoeli drwg neu aderyn corff (gw. **Marwolaeth ac Angladdau**). Arferai tylluanod fyw yn agos i aneddiadau dynol. Roedd nythfa mewn bythynnod yn Sir Benfro yn y 19g. yn cynnwys cynifer â 50 o dylluanod pan yrrwyd hwy allan.

## ADAR RHIANNON

Yn stori '**Branwen ferch Llŷr**', ail gainc y Mabinogi (gw. **Mabinogion**), mae tri aderyn lledrithiol, Adar **Rhiannon**, yn canu uwchben y môr yn **Harlech** i ddiddanu'r seithwyr a oedd wedi dychwelyd o **Iwerddon**. Yn chwedl 'Culhwch ac Olwen' cyfeirir at 'Adar Rhiannon y rhai a ddihun y marw ac a huna y byw'.

## ADEILADU LLONGAU

Hyd ddechrau'r **Rhyfel Byd Cyntaf**, llongau hwyliau pren oedd y rhan fwyaf o'r **llongau** a oedd yn eiddo i berchnogion o Gymry ac yn masnachu o **borthladdoedd** y wlad. Roedd cyfran fawr ohonynt wedi'u hadeiladu yng Nghymru, ar draethau a chilfachau diarffordd yn aml, lle mae'n anodd heddiw ddychmygu unrhyw weithgaredd morwrol o'r fath. Roedd Cei-bach (**Llanllwchaearn** ger **Ceinewydd**), Penmaenpŵl (**Dolgellau**), **Pwllheli** a **Phorthmadog** yn ferw o weithgarwch, ac adeiladwyd nifer sylweddol o longau'r cefnfor yno. Gellid adeiladu llongau lle bynnag yr oedd llain o dir gwastad o fewn cyrraedd dŵr dwfn. Nid yw coed derw (gw. **Planhigion**), y prif fath o bren a ddefnyddid ar gyfer adeiladu llongau, yn tyfu'n dda mewn ardaloedd sy'n agored i wyntoedd o'r môr, ac roedd yn rhaid dod â llawer o'r coed o stadau y tu hwnt i'r arfordiroedd. Wrth i'r cyflenwad o goed derw brodorol ddirwyn i ben, datblygodd masnach fywiog rhwng Cymru a Llychlyn, y Baltig a Chanada. Gyda chymorth pwll llifio ac ambell offeryn syml – llifiau, neddyfau, cynion a morthwylion pren – gallai seiri llongau Cymru gyflawni gwaith medrus iawn. Un saer llongau nodweddiadol o'r cyfnod hwn oedd Thomas Richards (*fl.*1855–80) o **Aberdyfi**, a adeiladodd 14 o longau hwylio rhagorol yn ystod ei 22 mlynedd wrth y gwaith, a phob un ohonynt â'r gallu i hwylio ar draws Môr Iwerydd mewn 17 diwrnod. Wrth i longau hwylio pren ddiflannu, daeth eu perchnogion i ddibynnu ar longau ager **haearn** o iardydd llongau afonydd Clud, Tyne a Wear. Ni wireddwyd gobeithion ddechrau'r 20g. y deuai **Caerdydd** yn ganolfan adeiladu llongau o bwys, trwy wneud defnydd o'r dur llongau arbennig a gynhyrchid yn **East Moors**. Adeiladai un iard yng **Nghasgwent** longau masnach haearn hyd 1920, ac roedd yr iard lyngesol yn **Noc Penfro** yn weithredol hyd 1926; wedi hynny, ac eithrio'r ychydig seiri a adeiladai gychod bach, daeth y diwydiant adeiladu llongau yng Nghymru i ben.

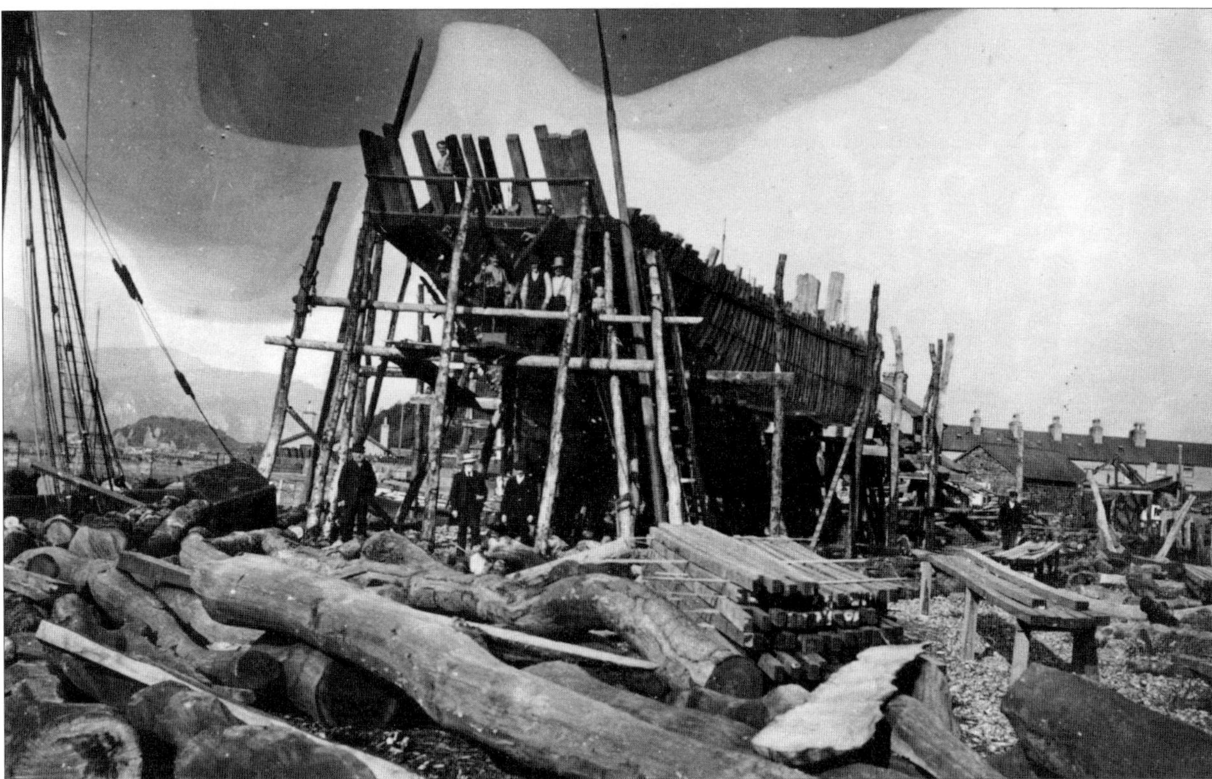

Adeiladu llongau: Porthmadog, *c.*1890

## ADFER

Ymwahanodd Adfer (nad yw'n weithredol bellach) oddi wrth **Gymdeithas yr Iaith Gymraeg** yn 1971. Yr oedd dan ddylanwad Emyr Llywelyn (g.1944) yn bennaf, ac anogai siaradwyr Cymraeg i sicrhau bod y **Gymraeg** yn goroesi trwy droi cefn ar ardaloedd Seisnigedig Cymru ac adeiladu cymunedau Cymraeg cynaliadwy yn y gorllewin.

## ADRAN GYMREIG Y BWRDD ADDYSG

Ffurfiwyd yr Adran yn 1907, ac er ei bod yn brin o'r hyn a oedd wedi'i argymell ym Mesur Addysg 1906, sef Cyngor Addysg Cenedlaethol i Gymru, yr oedd, er hynny, yn fesur arwyddocaol o **ddatganoli**. Prif ysgrifennydd parhaol cyntaf yr Adran oedd Alfred T. Davies, a'r prif arolygwr – swydd a ddiflannodd pan fu farw yn 1920 – oedd **O. M. Edwards**. Parodd ei hyrwyddo ef ar yr hyn a ystyriai'n nodweddion gorau bywyd Cymru – cymwynasgarwch cymunedol, cariad at grefftau, dysg a'r iaith a'r diwylliant **Cymraeg** – wrthdaro â chorff arholi ac arolygu ysgolion canolradd Cymru, **Bwrdd Canol Cymru**. Arweiniodd adroddiad yr Adran yn 1909, a awgrymai fod arholiadau yn creu 'meddwl prennaidd a diddeall', at wrthdaro cyhoeddus rhwng y ddau gorff. Wedi marw O.M. bu'r Adran yn llai blaenllaw.

## ADRAN GYMREIG Y WEINYDDIAETH AMAETH A PHYSGODFEYDD

Yn 1919 ailenwyd y Bwrdd Amaeth yn Weinyddiaeth Amaeth a Physgodfeydd, a sefydlwyd adran ar gyfer Cymru. Roedd anghenion arbennig Cymru eisoes wedi'u cydnabod yn 1912 pan ffurfiwyd y Cyngor Amaethyddol i Gymru gyda **C. Bryner Jones** yn gomisiynydd iddo. Ef, yn 1919, a benodwyd yn ysgrifennydd yr adran newydd a than ei arweiniad daeth yn gorff gweinyddol cryf. Bu ei chyfundrefn ymgynghorol ddylanwadol yn allweddol yn y gwaith o sicrhau mwy o gynnyrch cartref yn ystod yr **Ail Ryfel Byd**. Trosglwyddwyd cyfrifoldebau llawn dros **amaethyddiaeth** i'r **Swyddfa Gymreig** yn 1979, ac oddi yno i'r **Cynulliad Cenedlaethol** yn 1999.

## ADRODDIAD ARGLWYDD ABERDARE

Yn 1880 penododd **llywodraeth** Ryddfrydol **Gladstone** Henry Austin Bruce (y Barwn Aberdare cyntaf; gw. **Bruce, Teulu**) yn gadeirydd pwyllgor i ymchwilio i gyflwr **addysg** ganolradd ac uwch yng Nghymru. Datgelodd adroddiad y pwyllgor yn 1881 mai dim ond 3,827 o fechgyn Cymreig yn eu harddegau a dderbyniai unrhyw fath o addysg ganolradd, a hynny yn bennaf yn y 27 o ysgolion gramadeg a geid yn y wlad (roedd darpariaeth ar gyfer merched yn llai o lawer). Datgelodd hefyd mai un ym mhob 8,200 o bobl Cymru a gâi addysg brifysgol, o gymharu ag un ym mhob 840 yn yr **Alban**. Yr adroddiad hwn, y mwyaf arwyddocaol yn holl hanes addysg yng Nghymru, a arweiniodd at sefydlu colegau prifysgol yng **Nghaerdydd** (1883) a **Bangor** (1884), ac at **Ddeddf Addysg Ganolradd Cymru** (1889). Er i'r hanesydd J. R. Webster ddadlau bod y pwyllgor yn edrych ar broblemau addysgol Cymru trwy lygaid Seisnig yn eu hanfod, dangosodd ei aelodau, **John Rhŷs** yn eu plith, lawer mwy o gydymdeimlad tuag at faterion Cymreig nag awduron adroddiad addysg 1847 (gw. **Brad y Llyfrau Gleision**).

## ADDA O FRYNBUGA (1352?–1430) Clerigwr a chroniclwr

Gyrfa helbulus Adda yw sail ei gronicl *Chronicon Adae de Usk*. Mae'r cronicl yn cynnwys deunydd pwysig ar **Wrthryfel**

Ysgol Ganolog Dowlais, Merthyr Tudful, *c.*1890

**Glyndŵr**. Yr arysgrif sy'n ei goffáu yn Eglwys y Santes Fair, **Brynbuga** (*c.*1430), yw'r coffâd hynaf o'i fath sydd wedi goroesi yn y **Gymraeg**.

## ADDYSG

Y mae i'r gyfundrefn addysg yng Nghymru ei nodweddion unigryw ei hun y llwyddwyd i'w meithrin yn ystod y cyfnod modern hyd yn oed yn niffyg gwladwriaeth Gymreig. Gyda dyfodiad **Cynulliad Cenedlaethol Cymru**, rhoddwyd i'r arwahanrwydd hwn y gydnabyddiaeth weinyddol drylwyraf hyd yma, er mai cyfrifoldeb San Steffan hyd at 2007 oedd deddfwriaethu cynradd ym myd addysg.

### *Yr Oesoedd Canol*

Roedd addysg yng Nghymru yn yr Oesoedd Canol wedi ei chyfyngu i raddau helaeth i'r Eglwys a'r gyfundrefn farddol. Yn y 6g. denai **Llanilltud Fawr** a'i haddysg efrydwyr o'r rhan fwyaf o'r mannau hynny a gysylltid gan fôr-lwybrau'r gorllewin. **Lladin** oedd y cyfrwng, a thra-arglwyddiaethodd yr iaith honno ar addysg glerigol a lleyg am ganrifoedd. Roedd rheolaeth lem iawn ar addysg fanwl y beirdd. Ar wahân i feistroli materion technegol yn ymwneud â'r iaith a'r mesurau, disgwylid i gywion beirdd ymgyfarwyddo â chorff anferthol o ddysg draddodiadol ynghyd ag **achyddiaeth**. Er mai llafar oedd yr hyfforddiant at ei gilydd, lluniwyd sawl gramadeg barddol rhwng y 14g. a'r 16g. Yn ddiweddarach yn y cyfnod canoloesol, byddai'r ychydig Gymry a gâi fynd i brifysgol fel rheol yn mynd yn syth o addysg ar yr aelwyd i **Rydychen** neu ambell dro i **Gaergrawnt**, a hynny cyn ieuenged â 14 oed, ac i Ysbytai'r Frawdlys yn **Llundain**. Mae'n debyg i **Owain Glyndŵr** astudio yn Ysbytai'r Frawdlys ac roedd yn fwriad ganddo sefydlu dwy brifysgol yng Nghymru. Yn y trefi bychain, byddai urddau crefft yn cynnig prentisiaethau, ond mewn cymdeithas a oedd i bob pwrpas yn gwbl wledig, trwy esiampl y dysgid y rhan fwyaf o fedrau.

### *Yr unfed ganrif ar bymtheg hyd y ddeunawfed ganrif*

Yn yr 16g. roedd addysg ffurfiol yn gyfyngedig o hyd i **ddosbarth** breintiedig a oedd bellach yn gynyddol leyg. Sefydlwyd ysgolion gramadeg ar gyfer y dosbarth canol yn nifer o drefi Cymru, fel **Rhuthun** ac **Aberhonddu**. Yn yr 17g. daethant yn ysgolion a ddarparai fwyfwy ar gyfer y dethol rai, gydag ambell un, fel y **Bont-faen**, yn cael ei hymestyn a'i hailadeiladu.

Ar ôl y **Diwygiad Protestannaidd**, arweiniodd twf Piwritaniaeth at bryder ynghylch y diffyg llythrennedd y tybid bod yn rhaid wrtho er mwyn achub eneidiau. Cymhlethdod pellach oedd mai Cymry uniaith oedd trwch y **boblogaeth**. Yn 1588 cyhoeddwyd y **Beibl** yn **Gymraeg** a diogelodd hynny gywair 'safonol' yr iaith. Yn y ganrif a ddilynodd, cynhyrchwyd argraffiadau rhatach, a bu'r Beibl yn werslyfr hanfodol hyd y 19g. o leiaf. O dan y **Werinlywodraeth**, roedd Cymru yn flaenoriaeth genhadol a than y **Ddeddf er Taenu'r Efengyl yng Nghymru** (1650), sefydlwyd tua 60 o ysgolion, er i'r rhan fwyaf gael eu diddymu wedi Adferiad y Stiwartiaid yn 1660.

Er gwaethaf deddfwriaeth yn eu herbyn ar ôl 1660, dal ati i ddysgu a wnaeth gweinidogion a drowyd allan a chynathrawon y Werinlywodraeth, gan fwrw i waith yr **Ymddiriedolaeth Gymreig**, a ffurfiwyd yn 1674 i sefydlu ysgolion a darparu **llenyddiaeth** grefyddol. Byrhoedlog fu'r Ymddiriedolaeth, ond parhaodd yr ymdrech i achub eneidiau trwy gyfrwng addysg yng ngwaith y **Gymdeithas er Taenu Gwybodaeth Gristnogol** (SPCK), mudiad ar gyfer Cymru a **Lloegr**, ac un yr oedd Cymry yn flaengar yn ei weithgareddau. Yng Nghymru, llyffetheiriwyd ei waith gan ddefnydd o'r **Saesneg**. Mwy llwyddiannus fu'r **academïau Anghydffurfiol** ar gyfer myfyrwyr hŷn, y bu rhai ysgolheigion eithriadol yn ymwneud â hwy.

I'r Cymry, yr **ysgolion cylchynol** a gychwynnwyd gan **Griffith Jones** yn y 1730au oedd y mwyaf llwyddiannus a gwreiddiol o'r ysgolion elusennol. Amcangyfrifir i'r ysgolion hyn ddysgu tua 250,000 o unigolion – tua hanner y boblogaeth – i ddarllen; yn ddiau bu'r lefelau llythrennedd rhyfeddol hyn yn fodd i fwydo gwleidyddiaeth radical oes ddiweddarach, gan beri mai'r Gymraeg oedd y fwyaf parod o'r ieithoedd Celtaidd i dderbyn diwylliant y gair printiedig. I blant teuluoedd cefnog, fodd bynnag, golygai addysg hyfforddiant ar yr aelwyd cyn mynychu ysgolion bonedd yn Lloegr a cholegau yn Rhydychen neu Gaergrawnt – colegau a ddaeth, yn y 18g., yn gynyddol fwy cyfyng o ran cefndir cymdeithasol y myfyrwyr a dderbynient.

### *Y bedwaredd ganrif ar bymtheg*

Canlyniadau cymdeithasol y **Chwyldro Diwydiannol**, ynghyd â thwf enfawr yn y boblogaeth, yw'r cefndir i adroddiad addysg enwog y comisiynwyr i gyflwr addysg yng Nghymru a gyhoeddwyd yn 1847 (gw. **Brad y Llyfrau Gleision**). Er ei fod yn rhagfarnllyd ei sylwebaeth gymdeithasol, roedd sail cadarnach i'w sylwadau am ddiffygion y ddarpariaeth addysgol. Yn aml, ysgolion elfennol Anglicanaidd y **Gymdeithas Genedlaethol** a ddarparai'r unig addysg ffurfiol mewn cymunedau yr oedd trwch eu poblogaeth yn Anghydffurfwyr; roedd ysgolion anenwadol y **Gymdeithas Frutanaidd** yn brin yng Nghymru hyd y 1850au. Roedd rhai o'r Anghydffurfwyr mwy radical o blaid **ysgolion gwirfoddol**, ac yn gwrthwynebu unrhyw ymyrraeth gan y wladwriaeth mewn addysg. Câi dysgu effeithiol ar y 'tair R' ei lesteirio gan fater yr iaith, yr addysgu diffygiol a'r adeiladau gwael. Roedd dosbarthiadau **ysgol Sul**, a gynhelid yn Gymraeg ar gyfer plant ac oedolion, yn llwyddo i ddenu llawer mwy o ddisgyblion na'r ysgolion dyddiol. Roedd rhai ysgolion cysylltiedig â gweithfeydd diwydiannol (gw. **Ysgolion Gweithfeydd**), ond prin oedd y gefnogaeth a gafodd addysg i'r **werin** gan dirfeddianwyr na diwydianwyr. Roedd safon ysgolion preifat yn aml yn echrydus.

Anghenion Eglwys Loegr (gw. **Anglicaniaid**) a gafodd y sylw pennaf, gyda sefydlu coleg yn **Llanbedr Pont Steffan** yn 1827 i hyfforddi offeiriaid (gw. **Prifysgol Cymru, Llanbedr Pont Steffan**) ac, yn 1848, **Coleg y Drindod** yng **Nghaerfyrddin** i hyfforddi athrawon. Yn 1858 sefydlodd pleidwyr addysg anenwadol y **Coleg Normal**, **Bangor**, er mwyn hyfforddi athrawon ar gyfer ysgolion y Gymdeithas Frutanaidd.

Pan ddechreuodd y wladwriaeth ymyrryd fwyfwy mewn addysg, yn arbennig ar ôl Deddf Addysg 1870, a ddarparodd ar gyfer sefydlu ysgolion Bwrdd yn y mannau hynny lle'r oedd ysgolion yn annigonol, aeth hanes addysg yng Nghymru yn fwy cymhleth. Roedd y gymdeithas yng Nghymru yn wahanol i'r gymdeithas yn Lloegr. Anghydffurfwyr oedd trwch y boblogaeth, Cymraeg oedd eu hiaith, ac roedd twf economaidd wedi'i gyfyngu i raddau helaeth i'r de-ddwyrain, gyda'i ddiwydiannau trymion. Ond, heb y grym gwleidyddol i drefnu addysg yn unol â delfrydau brodorol, bu'n rhaid i'r Cymry ymgodymu ag ymyrraeth wladwriaethol a oedd yn gwbl Seisnig ei hethos.

Rhwng 1870 ac 1914 gweddnewidiwyd darpariaeth addysgol. Daeth byrddau ysgolion i dra-arglwyddiaethu ar addysg elfennol, gan weithredu yn ôl patrymau cwricwlaidd a bennwyd wedi 1862 gan y system 'tâl yn ôl canlyniadau'. Yn 1872 agorwyd Coleg Prifysgol Cymru yn **Aberystwyth** (gw. **Prifysgol Cymru, Aberystwyth**). Roedd **Adroddiad Arglwydd Aberdare** yn argymell sefydlu dau goleg prifysgol, un yn y de ac un arall yn y gogledd, a gwireddwyd hynny pan agorwyd coleg yng **Nghaerdydd** (1883) ac un ym Mangor (1884). Daeth y tri choleg at ei gilydd yn 1893 i ffurfio **Prifysgol Cymru**. Roedd Adroddiad Aberdare hefyd yn argymell mynd i'r afael â phroblemau addysg ganolradd yng Nghymru. Canlyniad hynny oedd **Deddf Addysg Ganolradd Cymru** (1889), deddf arwyddocaol iawn a arweiniodd at greu 95 o ysgolion uwchradd yng Nghymru erbyn 1902. A hwythau'n cael eu hariannu'n rhannol gan y **llywodraeth**, roedd angen corff arholi ac arolygu ar yr ysgolion canolradd, ac i'r diben hwn y sefydlwyd **Bwrdd Canol Cymru** (1896). Er mai'r bwriad oedd i'r ysgolion canolradd fod yn rhai academaidd a galwedigaethol, buan y cafodd yr agwedd gyntaf o'r ddwy flaenoriaeth. Arhosodd dyrnaid o ysgolion hŷn ac uchel eu bri – rhai preswyl i raddau helaeth – y tu allan i'r gyfundrefn ganolradd, er enghraifft ysgolion Aberhonddu, **Llanymddyfri**, **Trefynwy** a Rhuthun, ynghyd ag ysgolion Howell yn **Ninbych** a Llandaf (gw. **Caerdydd**). Y rhain a ffurfiodd graidd y sector ysgolion uwchradd annibynnol sy'n parhau hyd y dydd heddiw, er mai bychan ydyw.

### *Yr ugeinfed ganrif*

Yn ôl Deddf Addysg 1902, roedd awdurdodau lleol i gymryd lle'r byrddau ysgolion fel gweinyddwyr y gyfundrefn ysgolion. A hwythau'n drwm dan ddylanwad Anghydffurfwyr, gwrthododd sawl un o gynghorau sir Cymru weinyddu'r ddeddf, a ddarparai arian awdurdodau lleol i ysgolion enwadol (gw. '**Gwrthryfel Cymreig**'). Ni fu symud ar y mater tan 1905, pan gafwyd llywodraeth Ryddfrydol, a gyflwynodd fesur hynod arwyddocaol o **ddatganoli** trwy sefydlu **Adran Gymreig y Bwrdd Addysg** (1907), a oedd yn gyfrifol am weinyddu polisi'r llywodraeth ganol ar ysgolion. **O. M. Edwards** oedd ei phrif arolygwr o 1907 hyd 1920.

Yn y blynyddoedd rhwng y ddau ryfel, effeithiwyd yn drwm ar y cwricwlwm, dulliau addysgu, arholiadau ac agweddau at addysg yng Nghymru gan y **Dirwasgiad** enbyd a chan bolisi llywodraeth **Prydain**. Ataliwyd ymdrech yr Adran Gymreig i gyflwyno ysgolion uwchradd dwyochrog neu amlochrog gan y llywodraeth, ac aflwyddiannus fu ymgais awdurdodau lleol Cymru yn yr ardaloedd mwyaf dirwasgedig i herio'r llywodraeth ynghylch y profion modd ar gyfer lleoedd mewn ysgolion uwchradd. Roedd addysg dechnegol wedi'i chyfyngu i bob pwrpas i'r dyrnaid bychan iawn o ysgolion technegol iau, a phrin oedd y cyfleoedd addysg ar gyfer oedolion o'r dosbarth gweithiol ar wahân i'r rhai a gynigid gan **Gymdeithas Addysg y Gweithwyr**, Coleg Ruskin, Rhydychen, y **Coleg Llafur Canolog**, Llundain, a **Choleg Harlech**.

Daeth Deddf Addysg 1944 â diwedd ar y cysyniad o addysg elfennol, a oedd wedi'i seilio ar y dybiaeth y dylai plant o'r dosbarth gweithiol fodloni ar addysg hyd nes oeddynt yn 13 neu'n 14 oed, ac un na fyddai'n eu harwain i unrhyw ysgol uwch. Roedd pwysigrwydd ysgolion cynradd yn greiddiol i'r ddeddf, ac yn ymhlyg yn y pwyslais hwn roedd y syniad mai cam naturiol i ddisgyblion yr ysgolion hynny fyddai mynd rhagddynt i ysgolion uwchradd ac yna i addysg uwch. Dyma bwyslais chwyldroadol o gofio am y rhagfarnau dosbarth a fu, cyn hynny, mor ganolog ym myd addysg. Fodd bynnag, roedd cysgod rhagfarnau o'r fath i'w weld o hyd yn y rhaniad a argymhellai'r ddeddf mewn addysg uwchradd rhwng yr ysgol ramadeg a'r ysgol uwchradd fodern. Brwydrodd awdurdodau lleol **Sir Forgannwg** ac **Abertawe** am gyfundrefnau uwchradd amlochrog, ond **Môn** yn unig a fabwysiadodd drefn gyfun ar y dechrau. Yn y rhan fwyaf o'r wlad, hyd y 1970au o leiaf, byddai plant yn mynychu naill ai ysgol ramadeg neu ysgol uwchradd fodern, rhaniad a sicrhaodd barhad yr arholiad 11+ y bu cymaint o gondemnio arno.

Bu peth datganoli yn y cyfnod hwn, ond oddi mewn i fframwaith deddfwriaethol Cymru a Lloegr. Yn 1964 cafodd Cymru **Ysgrifennydd Gwladol**, ac erbyn 1970 roedd Adran Addysg y **Swyddfa Gymreig** yn gyfrifol am yr holl addysg gynradd ac uwchradd. Olynwyd Bwrdd Canol Cymru gan **Gyd-bwyllgor Addysg Cymru**, a grëwyd yn 1949. Yn 1967 cynhyrchodd Cyngor Ymgynghorol Canolog Cymru Adroddiad Gittins (gw. **Charles Gittins**). Yn y 1970au yn unol â pholisi'r llywodraeth, trowyd ysgolion uwchradd Cymru yn ysgolion cyfun.

Un o lwyddiannau'r cyfnod wedi'r rhyfel fu twf addysg Gymraeg. Yn 1939 roedd ysgol gynradd Gymraeg breifat wedi ei sefydlu yn Aberystwyth. Yn 1947 sefydlodd Cyngor **Sir Gaerfyrddin** ysgol gyfatebol yn **Llanelli** yn cael ei chynnal ag arian cyhoeddus. Yn 1956 agorodd yr ysgol uwchradd ddynodedig ddwyieithog gyntaf, Ysgol Glan Clwyd, yn **Sir y Fflint**. Agorwyd nifer fawr o ysgolion meithrin Cymraeg – eisoes roedd dros 60 ohonynt erbyn i'r **Mudiad Ysgolion Meithrin** gael ei sefydlu yn 1971. Ers hynny, bu newid sylfaenol mewn agweddau at addysg Gymraeg, y daethpwyd i'w hystyried yn fantais yrfaol. Er hynny, ni fu erioed goleg prifysgol Cymraeg, ac mae diffyg datblygu difrifol o hyd ar y ddarpariaeth Gymraeg yn y sector addysg uwch. Ym Mhrifysgol Cymru, er enghraifft, ar ddechrau'r 21g. dim ond tua 100 o'r staff academaidd o 5,000 a oedd yn dysgu trwy gyfrwng y Gymraeg.

Bu ehangu mawr ar bob sector addysg uwch er y 1960au. Methu a wnaeth ymgais yn y 1980au i resymoli addysgu ac ymchwil mewn addysg uwch yng Nghymru trwy roi mwy o rym i Brifysgol Cymru, a chanlyniad hynny fu i'r sefydliadau unigol fagu annibyniaeth gynyddol yn y 1990au. Aeth y Brifysgol yn llawer mwy na'r dyrnaid o golegau a oedd yn rhan ohoni yn y 1920au. Yn 2004, fodd bynnag, ymwahanodd y coleg mwyaf, sef coleg Caerdydd, oddi wrth Brifysgol Cymru a dod yn **Brifysgol Caerdydd**. Yn 2007 bu newid mwy radical fyth wrth i Brifysgol Cymru beidio â bod yn gorff ffederal ac wrth i'w chyswllt â'i sefydliadau cyfansoddol gynt droi'n gonffederaliaeth.

Bu newid mawr arall, a ysgogwyd gan flaenoriaethau Lloegr yn y 1980au, wrth i'r Ddeddf Diwygio Addysg (1988) hyrwyddo rheolaeth leol ar ysgolion ynghyd â chwricwlwm canolog. Arweiniodd y Cwricwlwm Cenedlaethol at raglen ar wahân i ysgolion yng Nghymru, sef y Cwricwlwm Cymreig statudol; fe'i hysgogwyd gan Gyngor Cwricwlwm Cymru, a drowyd wedi hynny yn ACCAC (Awdurdod Cymwysterau, Cwricwlwm ac Asesu Cymru), y rhoddwyd iddo'r cyfrifoldeb am y cwricwlwm ac am asesu (yn 2006 daeth cyfrifoldebau ACCAC yn rhan o waith Cynulliad Cenedlaethol Cymru). Yn sgil y datblygiadau hyn, a'r ffaith mai cyfrifoldeb y Cynulliad yw holl ystod addysg y wlad, priodol ar ddechrau'r 21g. yw sôn am gyfundrefn addysg Gymreig.

## *Y ddarpariaeth bresennol*

Yn 2006, yn y sector a gynhelir gan yr awdurdodau lleol, roedd 33 ysgol feithrin, 1,555 ysgol gynradd, 224 ysgol uwchradd gyfun a 43 ysgol arbennig. Darparai'r sector annibynnol bychan addysg i 9,635 o ddisgyblion mewn 56 o ysgolion; ymhlith y sefydliadau hyn y mae Coleg yr Iwerydd, sefydliad rhyngwladol ac arloesol a sefydlwyd yn **Sain Dunwyd** yn 1962. Yn 2004 roedd cyfanswm o 508,642 o ddisgyblion yng Nghymru yn cael eu dysgu gan 27,378 o athrawon.

Yn 2005–6 roedd 25 o sefydliadau addysg bellach yn cyflogi 14,695 o staff llawn-amser a rhan-amser; cofrestrodd 311,145 o fyfyrwyr ynddynt (roedd 71% o gofrestriadau yn rhai llawn-amser). Roedd y 13 sefydliad addysg uwch yng Nghymru, bryd hynny, yn cynnwys sefydliadau cyfansoddol Prifysgol Cymru, sef y brifysgol fwyaf ond un o ran maint ym Mhrydain (Prifysgol Llundain oedd y fwyaf). Yn 2005–6 cafwyd 137,760 o gofrestriadau ar gyfer cyrsiau addysg uwch (gyda 62,445 ohonynt yn rhai rhan-amser). Roedd 5,720 o staff academaidd llawn-amser yn cael eu cyflogi ym maes addysg uwch ac roedd y gwariant yn £902 miliwn (ariennir y **Brifysgol Agored** yng Nghymru ar wahân). Deuai tua 43% o'r myfyrwyr llawn-amser yn y sefydliadau hyn o'r tu allan i Gymru.

Er Ebrill 2001 bu newid yn nhrefn weinyddu hyfforddiant ac addysg bellach ac uwch. Roedd **Cyngor Cyllido Addysg Uwch Cymru** (HEFCW) yn parhau i rannu cyllid i'r sector hwnnw; roedd **Cyngor Cenedlaethol Cymru dros Addysg a Hyfforddiant** yn ariannu addysg bellach, addysg i oedolion ac addysg barhaus ac, er Ebrill 2002, addysg y chweched dosbarth mewn ysgolion hefyd. Dysgu ac Addysgu Cymru (ELWa; gw. **Cyngor Cenedlaethol Cymru dros Addysg a Hyfforddiant**) oedd y corff ymbarél dros y ddau sefydliad hyn hyd 2003, pan wahanwyd hwy drachefn.

Mae'r Cynulliad Cenedlaethol yn gweithio gyda 22 awdurdod unedol Cymru, sydd yn gynyddol wedi mabwysiadu dull llywodraeth gabinet o weithredu, gydag aelod yn gyfrifol am addysg. Gwasanaethir yr aelodau etholedig gan gyfarwyddwr addysg a staff cynorthwyol. Yn 2006–7 gwariodd yr awdurdodau dros £2.3 biliwn ar addysg, yr elfen fwyaf o ddigon yn eu cyllidebau. Mae pob awdurdod yn derbyn grant bloc gan y Cynulliad ac mae ganddo ei fformwla ei hun ar gyfer rhannu cyllid i ysgolion unigol. Parwyd anesmwythyd yn y sector ysgolion gan benderfyniad y Cynulliad i roi'r gorau i glustnodi cyllidebau addysg cynghorau o fewn y grantiau bloc, a bu'r anghysondeb a ddilynodd rhwng cyllid y pen i bob disgybl o awdurdod i awdurdod ar draws Cymru yn bwnc llosg. Er bod y berthynas rhwng y Cynulliad ac awdurdodau lleol yn agosach na'r un rhwng y llywodraeth ac awdurdodau lleol yn Lloegr, ceir gwrthdaro o bryd i'w gilydd o hyd, yn enwedig ar faterion megis cau ysgolion bach gwledig.

Mae gan awdurdodau lleol bellach lawer llai o reolaeth dros ysgolion unigol, er eu bod yn enwebu cyfran o aelodau cyrff llywodraethu ysgolion. Llywodraethwyr bellach sy'n arfer yr hawl allweddol i benodi ac, os oes angen, i ddisgyblu athrawon, gan gynnwys prifathrawon. Er 2000 bu gan athrawon yng Nghymru eu Cyngor Addysgu Cyffredinol eu hunain. Bydd awdurdodau lleol yn cyflogi ymgynghorwyr sy'n cydweithio'n agos ag ysgolion, er nad oes ganddynt bwerau arolygu ffurfiol. Rheolir arolygiadau ysgolion gan **Arolygiaeth Ei Mawrhydi dros Addysg** a Hyfforddiant yng Nghymru, a adwaenir fel Estyn, ac fe'u cynhelir yn gylchol gan dimau arolygu annibynnol dan arolygydd cofrestredig. Er cymaint y pwysau a achosir gan arolygiadau, maent wedi eu cynnal mewn dull mwy goleuedig ac ystyriol nag yn Lloegr, ac at ei gilydd mae hynny'n wir am ethos y gyfundrefn addysg Gymreig yn gyffredinol. Cafodd y penderfyniad i ddileu profion cyfnod allweddol i blant 7, 11 a 14 oed, ynghyd â'r penderfyniad i ddiddymu tablau cynghrair ysgolion, groeso cyffredinol.

## AERON, Afon (32km)

Mae afon Aeron yn tarddu ar lechweddau dwyreiniol Mynydd Bach (gw. **Llangwyryfon** a **Lledrod**) ac yn dilyn cwrs crwm i **Aberaeron** ar lan Bae Ceredigion. Llyn Eiddwen a Llyn Fanod, y naill a'r llall dan warchodaeth Ymddiriedolaeth Bywyd Gwyllt Gorllewin Cymru, yw dau o'i blaenddyfroedd. Rhwng Blaenpennal (Lledrod) a Thal-sarn (**Nancwnlle**) llifa afon Aeron yn gyfochrog ag afon **Teifi**, y ddwy yn dilyn streic y creigiau Silwraidd sydd wedi'u plygu a'u ffawtio. Unionwyd sianel yr afon rhwng Tal-sarn a Chiliau Aeron, lle mae'r gorlifdir ar ei fwyaf llydan. Datblygodd porthladd bach ar lannau'r foryd yn dilyn sefydlu **Aberaeron** yn 1807. Nid oes gan afon Aeron unrhyw isafonydd sylweddol eu maint.

## AFAN Cwmwd ac arglwyddiaeth

Gorweddai Afan rhwng afonydd Afan a **Nedd**, a pharhaodd hyd y 14g. dan reolaeth disgynyddion **Iestyn ap Gwrgant**, brenin olaf hen deyrnas **Morgannwg**. Mor ddiweddar ag 1365, cofiai Thomas, arglwydd Afan – neu Thomas de Avene fel y'i gelwid – yn chwerw am y modd y dinistriwyd teyrnas ei hynafiaid gan y **Normaniaid**. Erbyn 1375, fodd bynnag, roedd y teulu wedi eu darbwyllo i ildio Afan i Edward Despenser, arglwydd Morgannwg (gw. **Despenser, Teulu** a **Morgannwg (Arglwyddiaeth)**).

## AFANCOD neu LLOSTLYDANOD

Yn ôl y dystiolaeth archaeolegol, roedd yr afanc Ewropeaidd yn bodoli ym **Mhrydain** yn yr Oes Neolithig (gw. **Oesau Cynhanesyddol**), a goroesodd yng Nghymru hyd yr Oesoedd Canol. Yn y testunau **cyfraith** Cymreig y ceir y disgrifiadau dibynadwy cynharaf o afanc ym Mhrydain. Cyfeiriant at hawl y brenin i gael croen afanc, y **bele** a'r carlwm, lle bynnag y'u lleddid, oherwydd o'u crwyn hwy y gwneid ymylon ei wisgoedd; roedd afanc yn werth 120 ceiniog a'r bele yn werth 24 ceiniog, sy'n tystio i'r bri a oedd ynghlwm wrth yr afanc ac efallai i'w brinder erbyn hynny. Roedd yr afanc yn brin iawn erbyn diwedd y 12g.: yn ôl **Gerallt Gymro**, nid oedd i'w gael yn unman yn ne Prydain ar wahân i afon **Teifi**. Roedd bron yn sicr wedi diflannu o Gymru erbyn y 18g. Mae'r pedwar enw lle Cymraeg sydd fel pe baent yn cyfeirio at afanc – llawer llai na'r **enwau lleoedd** sy'n cyfeirio at y blaidd (gw. **Bleiddiaid**) – yn amwys, oherwydd fel yn achos Llyn yr Afanc, enw pwll ar afon **Conwy**, defnyddiant yr enw generig 'afanc', a oedd yn wreiddiol yn cyfeirio at anifeiliaid dŵr amrywiol, gan gynnwys bwystfil chwedlonol.

## AFONYDD

Nodwedda rhwydwaith o nentydd ac afonydd unrhyw ddarn o dir sy'n derbyn mwy o law na'r hyn a gollir wrth iddo gael ei anweddu, ei amsugno gan lystyfiant neu ei gronni mewn creigiau hydraidd. Gan fod craidd ucheldirol y wlad yn esgor ar fwy na 2,000mm y flwyddyn o ddŵr glaw ffo – ddengwaith cyfanswm iseldir **Lloegr** – mae'r rhwydwaith o gyrsiau dŵr yng Nghymru gyda'r mwyaf dwys yn Ewrop. Ac eithrio twyni tywod arfordir y de, nid oes unrhyw ran o'r wlad yn fwy nag ychydig fetrau oddi wrth ddŵr rhedegog, boed hwnnw ar ffurf draen, ffos, nant neu afon. Mae ucheldiroedd Cymru nid yn unig yn darddle holl afonydd y wlad, ond maent hefyd yn darddle **Hafren** a **Gwy**, prif afonydd gorllewin canolbarth Lloegr.

Yng Nghymru mae 24 o ddalgylchoedd ac ynddynt brif afon sydd dros 25km o hyd (gw. enwau'r afonydd unigol). Mae rhai afonydd, megis **Aeron**, **Cleddau** a **Thaf** (**Sir Benfro** a **Sir Gaerfyrddin**), yn tarddu ar ucheldiroedd nad ydynt yn rhan annatod o fynydd-dir canolog y wlad, ond y mynydddir hwnnw yw tarddle'r rhan fwyaf o ddigon ohonynt. Yn eu plith y mae'r afonydd sy'n tarddu yng ngorgorsydd **Pumlumon**; nid yw eu blaenddyfroedd ar ffurf sianeli arwynebol a grëwyd gan erydiad, ond yn hytrach ar ffurf pibellau yn y **mawn** sy'n creu ffynhonnau twnnel y tardd dŵr ohonynt. Ac eithrio **Dyfrdwy**, sy'n llifo i mewn i Fae Lerpwl, mae'r holl afonydd sy'n llifo tua'r dwyrain o'r craidd ucheldirol canolog yn diweddu eu taith ym Môr Hafren. Gan fod mwy o dir i'r dwyrain o'r craidd canolog, mae'r afonydd a lifa tua'r dwyrain yn hwy na'r rheini a lifa tua'r gorllewin ac i mewn i Fae Ceredigion. Mae i'r afonydd yng nghyffiniau'r **Wyddfa** raddiannau mwy serth na'r rheini sy'n tarddu mewn rhannau is o'r ucheldiroedd, a chan fod cyfanswm dŵr ffo'r Wyddfa a'i chriw yn uwch, mae eu llif yn gryfach – priodoledd sy'n nodwedd amlwg o isafonydd gorllewinol afon **Conwy**. Mae'r afonydd sy'n llifo tua'r de o **Fannau Brycheiniog** a'r mynyddoedd i'r gorllewin a'r dwyrain o'r Bannau – Fforest Fawr a'r **Mynydd Du**, a Mynydd **Llangynidr** a **Mynydd Llangatwg** – yn draenio maes **glo**'r de ac mae eu dyffrynnoedd cul wedi dylanwadu'n drwm ar ffurf y trefi a'r pentrefi glofaol.

Mae hanes esblygiad patrwm draeniad Cymru yn gymhleth. Dilyna ambell afon – megis Dysynni i'r deorllewin o Lyn Myngul, Tal-y-llyn – ffawt yng nghramen y ddaear. Llifa afon **Clwyd** ar draws llawr cafn iseldirol neu ddyffryn hollt a grëwyd wrth i floc o dir symud ar i waered rhwng dau ffawt cyfochrog. Dilyna Aeron, **Teifi** a rhan o **Dywi** wendidau adeileddol yn y creigiau sy'n sail i'w dyffrynnoedd. Ar y llaw arall, mae afonydd maes glo'r de yn torri ar draws adeiledd y creigiau, sy'n dynodi bod cyrsiau'r afonydd wedi cael eu sefydlu ar orchudd o greigiau mwy diweddar a orchuddiai'r adeileddau hŷn oddi tanynt. O ran y patrwm draeniad gwreiddiol, fel yr oedd ar ddechrau'r cyfnod Neogen, llifai'r rhan fwyaf o afonydd Cymru tua'r de-ddwyrain; ar y pryd, ymunai rhannau uchaf Conwy â

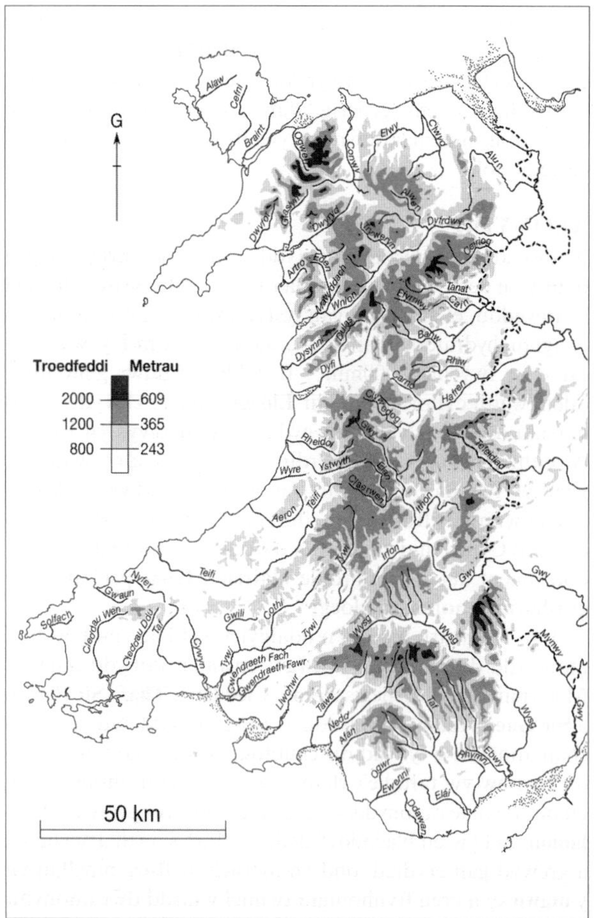


Tirwedd ac afonydd Cymru

Dyfrdwy, a rhannau uchaf Tywi â Chynon ac yna **Taf**. Cafodd y patrwm ei weddnewid o ganlyniad i afonladrad, y broses sy'n achosi i un afon gipio rhan o afon arall, fel sydd wedi digwydd, mae'n debyg, ym **Mhontarfynach**, lle cipiodd **Rheidol** afon Mynach, a arferai fod yn rhan o flaenddyfroedd Teifi. Achoswyd newidiadau hefyd gan weithgaredd rhewlifol yn ystod yr oesoedd iâ. Dargyfeiriad rhewlifol a achosodd i afon Teifi ymadael â hen ddyffryn yr afon mewn sawl man a llifo trwy gyfres o geunentydd creigiog. Rhewlifiant a fu hefyd yn gyfrifol am greu'r dyffrynnoedd ffurf 'U' sy'n nodweddu **Eryri**.

Gellir rhannu dyffrynnoedd y prif afonydd yn dair rhan: blaendir, dyffryndir a gwastatir. Nodweddir y blaendir gan sianel garegog iawn sydd yn aml ar ffurf ceunant ac sydd weithiau'n cynnwys trobyllau, sef tyllau crwn a grëir wrth i gerigos gael eu troelli'n gyflym gan rym y llif, megis y rheini yng ngwely'r afon wrth odre Rhaeadr Mynach. Lle mae blaenddyfroedd yn croesi cyfres o greigiau caled a meddal am yn ail, mae'r proffil yn anwastad iawn a cheir **rhaeadrau**, megis y rheini ar afon Hepste, un o isafonydd **Nedd**. Enghraifft dda o ddyffryndir yw Tywi rhwng **Llandeilo** a **Chaerfyrddin**. Yma mae graddiant proffil yr afon yn llai ac yn fwy gwastad, a rhwng godreon lled serth y dyffryn ymddolenna Tywi ar draws gorlifdir gwastad, cymharol lydan. Prif nodwedd y gwastatir yw gorlifdir eang ac ystumiau amlwg, ac un o'r enghreifftiau gorau yng Nghymru yw rhannau isaf afon Dyfrdwy. Mae newid parhaus yn hanes cwrs afon. Tirffurfiau hunanddinistriol yw rhaeadrau ac wrth ymddolennu ar draws gorlifdiroedd mae afonydd yn bythol greu sianeli newydd. Gall y fath ystumiau fod yn nodweddion diweddar iawn. I'r de o **Holt**, er enghraifft, mae **ffin** Cymru/Lloegr yn dilyn, i raddau helaeth, ystumiau presennol afon Dyfrdwy ond hwnt ac yma dilynnir ambell ystum diflanedig a nodweddai'r afon flynyddoedd maith yn ôl. Dengys **mapiau**'n dyddio o 1847, 1886, 1948 ac 1975 y modd y mae cwrs Hafren gerllaw'r **Drenewydd** wedi newid yn sylweddol dros gyfnod o 128 o flynyddoedd yn unig.

Gall cyfaint y dŵr mewn afonydd amrywio'n fawr. Ym mlynyddoedd olaf yr 20g. amrywiai arllwysiad cymedrig misol Gwy ger **Erwd** rhwng 12 metr ciwbig yr eiliad ym Mehefin a 68 yn Ionawr. Mae codiadau cyflym yn lefel afonydd yn dilyn cyfnodau o law trwm yn ddigwyddiad mor gyffredin nes y codwyd **cronfeydd dŵr** Clywedog a Brianne yn rhannol mewn ymgais i atal llifogydd yn nyffrynnoedd Hafren a Thywi. Gall eira sy'n dadmer yn gyflym hefyd achosi llifogydd, yr hyn a ddigwyddodd yn nyffryn Hafren yn 1947. Mae'n bosibl y bydd cynhesu byd-eang yn achosi llifogydd mwy difrifol yn ystod y gaeaf yn ogystal â hafau sychach, pan ddisgwylir i lif afonydd ostwng cymaint â 25%.

Mae'r rhan fwyaf o afonydd Cymru yn llifo ar draws creigiau ac ynddynt ychydig iawn o fasau niwtralu megis calsiwm, ac o'r herwydd gallant ddioddef asideiddio. Mae rhai, fodd bynnag, yn llifo ar draws **Calchfaen** Carboniferaidd neu drwyddo, yn enwedig ar hyd ymylon meysydd glo'r de a'r gogledd-ddwyrain. Yn y mannau hyn gall dŵr afon hindreulio ac erydu'r calchfaen gan greu sianeli tanddaearol y llifa afonydd drwyddynt. Mae hyn yn nodwedd ar Alun, un o isafonydd Dyfrdwy, a Mellte, un o flaenddyfroedd afon Nedd.

## *Fflora a ffawna afonydd Cymru*

Prin yw'r **planhigion** yn sianeli'r afonydd serthaf gan fod cyflymder y llif yn sgwrio eu gwelyau. Mae rhai o geunentydd cysgodol gorllewin Cymru yn gynefin planhigion prin iawn megis y mwsogl *Cruphaea lamyama* a'r rhedynach teneuwe *Hymenophyllum*. Mewn mannau heulog a llai serth, mae amrywiaeth mawr o blanhigion yn ffynnu, gan gynnwys brigwlydd y dŵr, myrddail, crafanc y dŵr a'r planhigyn prin llyriad-y-dŵr arnofiol. Mae gellesg barfog yn gyffredin ar lannau nifer o afonydd yr iseldiroedd ond mae dosbarthiad berwr y dŵr, sy'n gnwd amaethyddol mewn rhannau o dde Lloegr, yn fwy cyfyngedig yng Nghymru. Mae pyllau tawel sawl afon yng Nghymru yn cynnwys lilïau'r dŵr, sy'n nodedig iawn yn llynnoedd Bosherston (**Stackpole**).

Mae niferoedd rhai o greaduriaid di-asgwrn-cefn afonydd Cymru yn gostwng yn sylweddol. Haint a gyflwynwyd i'r wlad a fu'n gyfrifol am y gostyngiad mawr yn niferoedd cimwch yr afon; dim ond un boblogaeth hyfyw o'r fisglen dŵr croyw sy'n goroesi, ac mae'r defnydd o ddip **defaid** pyrethroid synthetig wedi cael effaith ddifaol. Eto i gyd, ceir yng Nghymru rai rhywogaethau nad ydynt i'w cael yn unman arall ym **Mhrydain**, megis pryf y cerrig *Isogenus nubecula* yn afon Dyfrdwy a chleren Fai *Potomanthus luteus* yn afonydd **Wysg** a Gwy, a chwilod a phryfed prin iawn ar welyau gro agored.

Mae'r rhan fwyaf o **bysgod** dŵr croyw Cymru yn rhywogaethau mudol, megis eog, brithyll, llysywen, crothell a llysywen bendoll yr afon. Poblogaethau'r wangen yn afonydd Gwy, Wysg a Thywi yw'r rhai mwyaf ym Mhrydain, ac yn afon Conwy ceir poblogaeth brin iawn o frwyniaid. Mae rhywogaethau aberol, megis hyrddod a lledod mwd, yn mentro i fyny afonydd yn gyson. Yn afonydd mawr dwyrain Cymru ceir mwy o amrywiaeth o bysgod dŵr croyw, gan gynnwys rhufelliaid megis pysgod rhudd, tybiau'r dail a dars.

Ymhlith **adar** Cymru mae glas y dorlan, yr hwyaden frongoch, yr hwyaden ddanheddog a'r crëyr glas, neu'r crychydd cam, yn bwyta pysgod. Mae i fronwen y dŵr ddosbarthiad eang a defnyddiwyd yr aderyn hwn i astudio effeithiau asideiddio. Cyffredin yw siglennod melyn a gwenoliaid y glennydd, a darpara gwelyau gro Tywi nythfa ar gyfer 5% o boblogaeth Prydain o'r cwtiad torchog bach.

Ymhlith y **mamaliaid** sy'n gysylltiedig ag afonydd Cymru ceir **dyfrgwn**, llygod pengrwn y dŵr ac **ystlumod**. Hawliodd **Gerallt Gymro** mai Teifi oedd yr unig afon yn ne Prydain a oedd yn gartref i'r afanc, er bod ffynonellau eraill yn awgrymu bod poblogaethau o **afancod** i'w cael ar sawl afon, gan gynnwys Ogwen. Yng Nghymru, roeddynt wedi marw o'r tir erbyn y 18g., ond mae rhai yn ymdrechu i'w hailgyflwyno. Ychwanegiad diweddar at famaliaid y dorlan yw'r minc, a ddihangodd o ffermydd cynhyrchu crwyn.

### *Defnydd pobl o afonydd a'i ganlyniadau*

Mae canlyniadau gweithgareddau dynol ar afonydd wedi bod yn amlwg er yr Oes Neolithig (gw. **Oesau Cynhanesyddol**), oherwydd yn sgil yr arfer o ddifa coedwigoedd, a aeth law yn llaw â datblygiad **amaethyddiaeth**, cynyddodd erydiad pridd, llwythi gwaddod a lefelau goleuni. Esgorodd mwyngloddio – gweithgaredd a gofnodwyd gyntaf yn ystod yr Oes Efydd (gw. Oesau Cynhanesyddol) – ar lygru dŵr afon, problem a all ddigwydd yn naturiol, yn enwedig yn Eryri lle gall erydiad creigiau llawn metelau arwain at wenwyno afonydd.

Roedd hwylio afonydd yn ganolog i'r goresgyniad Rhufeinig yng Nghymru, fel y dengys lleoliad **Caerllion** ar lannau afon Wysg. Roedd bod o fewn cyrraedd afonydd mordwyol yn ddylanwad ar leoliad cestyll. Ar orchymyn Edward I camleswyd rhannau isaf afon Clwyd er mwyn caniatáu i **longau** gyrraedd castell brenhinol **Rhuddlan**. Roedd afonydd mordwyol yn allweddol bwysig yn hanes y cysylltiadau masnachol a ddatblygodd o ddiwedd yr Oesoedd Canol ymlaen. Tyfodd y **Trallwng** yn un o drefi mwyaf Cymru oherwydd fod y dref yn sefyll ar derfyn mordwyol uchaf afon Hafren. Wrth i **gamlesi** agor, dirywiodd yr arfer o hwylio afonydd a hoelen olaf yn arch yr arferiad oedd dyfodiad y **rheilffyrdd**. Fodd bynnag, daeth hwylio afonydd yn un o hoff weithgareddau twristiaid, yn enwedig ar afonydd Cleddau, Conwy a Gwy, ac mae gan **Gaerdydd**, bellach, ei bysys dŵr.

Pwysicach fyth oedd morydau mordwyol, y ffactor allweddol a arweiniodd at ddatblygiad **porthladdoedd** Caerfyrddin, **Aberteifi** ac **Abermaw**. Rhannau mordwyol **Tawe**, Taf ac Wysg a roes fod i borthladdoedd **Abertawe**, Caerdydd a **Chasnewydd**. Roedd y darn 5km o hyd o afon Tawe yn bwysig iawn oherwydd ei fod yn ddolen gyswllt rhwng y maes glo a'r môr, a chodwyd ar y glannau hyn weithfeydd metel a alluogai Abertawe i ddatblygu i fod y ganolfan cynhyrchu **copr** fwyaf yn y byd. Roedd yr arfer o ymyrryd â sianeli afonydd, a ddechreuwyd gan Edward I, yn nodwedd ar gyfnodau mwy diweddar hefyd. Yn y 1840au unionwyd cwrs afon Taf yng Nghaerdydd, yn rhannol i alluogi adeiladu rheilffyrdd ac yn rhannol i ddraenio tir gerllaw canol y dref, llain a ddeuai ymhen amser i fod y darn tir enwocaf yng Nghymru, sef Parc yr Arfau a safle Stadiwm y Mileniwm. Ceir enghreifftiau eraill o gamlesu ar afon Dyfrdwy, i'r gorllewin o Gaer, rhannau isaf Aeron ac afon Leri ger y **Borth**.

Yn wreiddiol, câi cyflenwadau dŵr eu pwmpio o gronfeydd dŵr trwy bibellau, ond o'r 1950 ymlaen mabwysiadwyd polisi newydd, sef gollwng dŵr dan reolaeth o gronfeydd dŵr i mewn i afonydd. Er enghraifft, llifa dŵr o Lyn Celyn (gw. **Tryweryn**) i afon Dyfrdwy ac fe'i tynnir o'r afon ger Caer; caiff dŵr o gronfeydd dŵr Cwm Elan ei ollwng i afon Gwy ac fe'i tynnir ohoni gerllaw **Trefynwy**, tref a arferai ddioddef sychder.

Yn sgil y polisi newydd hwn, ynghyd â ffactorau eraill, bu'n rhaid rhoi ystyriaeth i'r holl faterion yn ymwneud â dalgylchoedd afonydd yn eu cyfanrwydd. Arweiniodd hyn at sefydlu'r Awdurdod Afonydd Cenedlaethol yn 1989. Roedd ffiniau rhanbarthau'r Awdurdod wedi'u seilio ar ffiniau dalgylchoedd afonydd; felly, er i Ranbarth Cymru gael ei sefydlu, daeth rhan sylweddol o ganolbarth Cymru yn rhan o Ranbarth Hafren-Trent. Rhoddwyd i'r Awdurdod y cyfrifoldeb dros bob agwedd ar afonydd a dŵr, gan gynnwys rheoli adnoddau, rheoli pysgodfeydd, atal llifogydd, draenio tir a rheoli llygredd. Yn 1996 trosglwyddwyd dyletswyddau'r Awdurdod i Asiantaeth yr Amgylchedd. Roedd llygredd yn fater difrifol; er y **Chwyldro Diwydiannol** cawsai llawer o afonydd Cymru eu llygru'n enbyd. Roedd yr afonydd llygredig yn cynnwys y rhan fwyaf o'r rheini sy'n draenio maes glo'r de, yn ogystal ag Alun a Chlywedog – dwy o isafonydd Dyfrdwy – a Rheidol ac **Ystwyth** a halogwyd â **phlwm**. Mae'r ymgyrch wrthlygredd wedi dwyn ffrwyth; er enghraifft, cynyddodd nifer y sewin mudol a aeth i mewn i **Ogwr** o lai na 100 yn 1957 i oddeutu 650 yn 1999. Eto i gyd, erys llygredd diwydiannol yn broblem; yn 2001 bu farw dros 100,000 o bysgod o ganlyniad i **gemegion** a ollyngwyd i afon Dyfrdwy, ffaith sy'n pwysleisio pa mor fregus yw ecoleg afonydd Cymru.

## AFFRICANIAID

Roedd cymunedau Affricaniaid Cymru, a ddaethai yma gyntaf yn sgil **mordeithio** yn y 19g., yn crynhoi o amgylch y dociau, yn arbennig dociau **Caerdydd**. Ymledu fu eu hanes yn ystod y **Rhyfel Byd Cyntaf** oherwydd y galw am fasnachforwyr. Yn y 1920au a'r 1930au Affricaniaid oedd tua 25% o'r boblogaeth ddu yn Nhre-biwt – tua 600 o ddynion (wedi priodi â merched lleol yn aml). Deuent yn wreiddiol o wahanol rannau o Affrica ac roeddynt yn cynnwys cymuned gref o **Somaliaid** (tua hanner y cyfanswm). Dioddefodd Affricaniaid a **Charibïaid** fel ei gilydd yn nherfysgoedd hiliol Caerdydd ym Mehefin 1919. Roedd sylwadau David Williams, prif gwnstabl Caerdydd, yn nodweddiadol o'r sarhad hiliol a fwrid arnynt. Dywedodd ei fod yn gwaredu bod rhai ohonynt yn gwisgo trowsusau gwlanen gwynion a oedd yn peri i 'ferched ieuainc edmygu'r bwystfilod hyn'. Ymosodiadau o'r fath a arweiniodd at sefydlu cymdeithas gyfeillgar Meibion Affrica yn y 1930au. Dygnodd y gymdeithas arni tan y 1990au, gan hyrwyddo delwedd gadarnhaol o Affrica a'i phobl.

## AGNOSTIGIAID AC ANFFYDDWYR

Er y gall fod yn hwylus trafod agnostigiaeth ac anffyddiaeth gyda'i gilydd, dylid cofio y gall sicrwydd anffyddwyr dogmatig fod lawn mor wrthun i agnostigiaid â sicrwydd credinwyr crefyddol dogmatig.

Am o leiaf 12 canrif wedi ennill Cymru i Gristnogaeth yn union wedi cyfnod y **Rhufeiniaid**, roedd bod yn Gymro neu'n Gymraes i bob pwrpas yn gyfystyr â bod yn Gristion. Y gred gyffredinol yw mai'r Barwn Herbert o Cherbury (**Edward Herbert**) oedd Deist cyntaf **Prydain**. Roedd rhai o hoelion wyth **radicaliaeth** diwedd y 18g., pobl megis **Richard Price** a **David Williams**, yn credu fel yntau mai ar reswm yn hytrach na datguddiad y dibynnai ffydd grefyddol, ond gwrthod y farn honno yn chwyrn a wnâi'r rhan fwyaf o arweinwyr cymdeithas yng Nghymru, a honnai eu bod yn siarad dros y mwyafrif o'u cyd-Gymry. Mae'n debyg eu bod yn iawn yn hynny o beth, oherwydd fel y sylwodd yr hanesydd Scott Latourette, llwyddodd Cristnogaeth yng Nghymru i gadw teyrngarwch gwybodus trwch y boblogaeth i raddau helaethach nag yn unrhyw wlad arall yn Ewrop.

Gwelir peth newid yn ail hanner y 19g., a darganfyddiadau daearegol, damcaniaethau Darwin a datblygiad Uwchfeirniadaeth – sef dadansoddi trwyadl ar destunau Beiblaidd – fel petaent yn tanseilio'r gred yng ngwirionedd llythrennol y **Beibl**. Er hynny, roedd twf sgeptigaeth yng Nghymru yn arafach nag mewn lleoedd eraill, yn rhannol oherwydd fod y **Gymraeg**, yng ngeiriau'r diwinydd Thomas Lewis, 'yn graig gadarn i gadw'r llanw yn ôl'. Dadleuai rhai o'r Sosialwyr cynnar (gw. **Sosialaeth**) fod Cristnogaeth yn cael ei defnyddio mewn ffordd sinigaidd i ddarbwyllo aelodau'r dosbarth gweithiol (gw. **Dosbarth**) i blygu i'r drefn. Ac eto, i lawer o arloeswyr sosialaeth, y neges Gristnogol – a'r Bregeth ar y Mynydd yn arbennig – oedd carreg sylfaen eu ffydd.

Erbyn dechrau'r 20g. roedd **diwinyddiaeth** ryddfrydol neu fodern yn adlewyrchu datblygiadau mewn **gwyddoniaeth** a beirniadaeth. I ffwndamentalwyr crefyddol, cyfaddawd tila oedd hyn; i lawer o sgeptigiaid roedd llwyr ymwrthod â dogma grefyddol yn ymddangos yn ddewis mwy gonest. Wrth i'r ganrif fynd rhagddi, cydnabu llawer o arweinwyr cymdeithas yng Nghymru – yn breifat o leiaf – mai agnostigiaid oeddynt. Roedd rhai – y bardd **T. H. Parry-Williams**, er enghraifft – yn fwy agored ynglŷn â'u sgeptigiaeth.

Erbyn dechrau'r 21g. roedd Cymru yn un o'r gwledydd mwyaf seciwlar yn y byd a phrin fwy na 5% o'i thrigolion yn mynychu addoldy yn rheolaidd. Nid gwrthryfela yn erbyn **crefydd** a wnaeth y Cymry – ni chafwyd dim o'r elyniaeth a'r wrthglerigiaeth a welwyd mewn llawer gwlad Gatholig (gw. **Catholigion Rhufeinig**). Yn hytrach, llithro o'i gafael a wnaethant, yn enwedig wrth i ddifyrion eraill, y gellid eu mwynhau'n hwylus ar y Sul, ennill tir. (Bu lleihad yn y niferoedd a fynychai'r **Ysgol Sul** i'r union raddau y bu cynnydd yn niferoedd ceir preifat.) Mae hyd yn oed yr agnostigiaid Cymreig mwyaf pendant eu barn yn tueddu i feddwl am Gristnogaeth, fel y'i dilynir yng Nghymru, mewn goleuni ffafriol, ac i gredu bod llawer o ddaioni'n perthyn i'r cynulleidfaoedd sy'n weddill – neu o leiaf i deimlo mai anraslon fyddai dangos gelyniaeth tuag at garfan o bobl sydd dan y fath warchae. Ac eto, gyda chymaint yn credu mai crefydd sydd wrth wraidd llawer o'r drygioni a geir yn y byd, ac wrth i agweddau ddod i'r amlwg sy'n dwyn i gof syniadau'r adain dde grefyddol eithafol yn yr Unol Daleithiau, dichon y daw lleisiau agnostigiaid ac anffyddwyr Cymru yn fwy hyglyw.

## ANGHYDFFURFIAETH AC YMNEILLTUAETH

Yn wreiddiol, grwpiau bychain o addolwyr ystyfnig a wrthodai gydymffurfio ag athrawiaethau ac arferion yr Eglwys Sefydledig, sef yr Eglwys Anglicanaidd, oedd Anghydffurfwyr. Roeddynt yn cynnwys **Presbyteriaid**, a oedd â'u bryd ar ddisodli'r **Anglicaniaid** fel yr Eglwys Sefydledig, ac ymwahanwyr, a gredai yn sofraniaeth y gynulleidfa unigol ac a oedd felly'n gwrthod y syniad o Eglwys Sefydledig. Dienyddiwyd **John Penry**, yr ymwahanwr Cymreig cyntaf o bwys, yn 1593. Ni adawodd yr un disgybl yng Nghymru, ond yn gynnar yn yr 17g. roedd grwpiau bychain o **Fedyddwyr** ac **Annibynwyr** yn dechrau ymddangos. Sefydlwyd **Llanfaches** yn **Sir Fynwy** yn fam-eglwys Annibyniaeth yn 1639, ac ymhen deng mlynedd roedd yr eglwys Fedyddiedig gyntaf yng Nghymru wedi'i sefydlu yn **Llanilltud Gŵyr**. Yn y 1650au ymwreiddiodd Presbyteriaeth yng Nghymru, yn enwedig yn **Sir y Fflint**. Roedd y **Werinlywodraeth** yn annog twf y fath fudiadau Piwritanaidd (gw. **Piwritaniaid**), ond achosodd y ddeddfwriaeth a basiwyd yn y 1660au gryn ddioddefaint i Anghydffurfwyr. Ni chawsant yr hawl i godi eu capeli eu hunain nac i **bregethu** eu hathrawiaethau ar goedd cyn pasio Deddf Goddefgarwch 1689. Roedd y ddeddf honno'n golygu nad oedd gwrthod cydymffurfio â'r Eglwys Wladol yn drosedd mwyach, ond ni châi Anghydffurfwyr ddal unrhyw swydd gyhoeddus hyd nes y diddymwyd Deddfau'r Prawf a'r Corfforaethau yn 1828.

Yn y 18g., dan ddylanwad y **Diwygiad Methodistaidd**, gwelwyd arlliw efengylaidd ar lawer o'r capeli Anghydffurfiol mwyaf llwyddiannus. Pan ddaeth y **Methodistiaid Calfinaidd** yn enwad ar wahân yn 1811, cynyddodd nifer yr Anghydffurfwyr Cymreig yn ddirfawr. Erbyn dechrau'r 19g. roedd cydwybod Ymneilltuol gref yn bodoli, a phan gynhaliwyd cyfrifiad crefyddol yn 1851 roedd bron 80% o addolwyr Cymru yn Anghydffurfwyr neu'n Ymneilltuwyr; roedd yr enw cyntaf arnynt yn prysur ennill tir, ac yn cael ei ddefnyddio wrth gyfeirio at y Methodistiaid Calfinaidd a'r **Wesleaid** nad oeddynt yn etifeddion i'r Ymneilltuaeth gynharach. Arweiniodd y cynnydd hwn at alw am **ddatgysylltu Eglwys Loegr yng Nghymru**. Gwireddwyd y nod hwnnw yn 1920. Ar ôl hynny, gan nad oedd Eglwys Sefydledig yn bodoli mwyach i neb ymneilltuo oddi wrthi – nac ychwaith i neb gydymffurfio â hi – collodd yr enwau 'Anghydffurfiwr' ac 'Ymneilltuwr' eu hystyr grefyddol. Daeth yr enwadau a berthynai i'r traddodiad Anghydffurfiol i'w galw eu hunain yn Eglwysi Rhyddion. Bu gostyngiad mawr yn eu haelodaeth yn ystod yr 20g.

## AIL RYFEL BYD, Yr

Yn rhyfel 1939–45 bu dynion a **menywod** o Gymru yn ymladd yn holl brif feysydd y gad, a lladdwyd tua 15,000 ohonynt. Ymladdwyd y rhyfel gartref hefyd, a chollwyd llawer o fywydau o ganlyniad i ymgyrchoedd bomio'r Almaen yn **Abertawe**, **Caerdydd** a **Doc Penfro**. Cyfrannodd y bygythiad y byddai'r Almaenwyr yn goresgyn y wlad, ynghyd â'r angen i ddogni, a gorfodi 'blacowt' yn ystod y nos i lesteirio ymosodiad o'r awyr, at greu ymdeimlad eang ymhlith y **boblogaeth** gyfan eu bod yn rhan o'r frwydr.

Yr Ail Ryfel Byd: faciwîs yn cyrraedd gorsaf y Drenewydd, 1939

Gallai dynion a oedd yn rhy hen neu fethedig i wasanaethu dramor ymuno â'r Gwirfoddolwyr Amddiffyn Lleol (yr 'Home Guard'), ac ar ôl 1943 ymunodd un o bob deg a gafodd eu gwysio'n filwyr yn 18 oed â'r '**Bevin Boys**', gan fynd i weithio yn y pyllau **glo** oherwydd y prinder llafur. Gallai merched ymuno â Byddin y Tir neu â lluoedd gwirfoddol eraill; roedd miloedd lawer yn gweithio yn **Ffatrïoedd Arfau'r Goron** ac mewn gweithfeydd arfau eraill a sefydlwyd ledled Cymru. Roedd y rhyfel yn ateb dros dro i'r diweithdra yr oedd Cymru wedi'i ddioddef yn ystod blynyddoedd y **Dirwasgiad**, a bu hefyd yn fodd i weithwyr fagu sgiliau newydd a fyddai'n allweddol i'r gwaith o ailadeiladu **economi** Cymru wedi'r rhyfel. Ni fu'r ymfyddino gartref heb ei drafferthion: parhaodd helyntion diwydiannol difrifol i flino'r diwydiant glo, er ei fod dan reolaeth y wladwriaeth o 1943 ymlaen; a theimlwyd bod dyfodiad miloedd o faciwîs ac ymfudwyr eraill dros dro o **Loegr** yn fygythiad i'r **Gymraeg** a'i diwylliant.

Yn wleidyddol, roedd Cymru bron yn unedig o blaid 'rhyfel y bobl', ac yn ei gweld fel brwydr dros ddemocratiaeth yn erbyn bygythiad ffasgiaeth. Bychan oedd niferoedd yr heddychwyr (gw. **Heddychiaeth**) ac, er gwaethaf y cymhlethdod yn ymateb swyddogol y **Blaid Gomiwnyddol** i'r rhyfel, daeth arweinwyr Comiwnyddol Cymru yn bleidiol i achos y rhyfel. Dim ond **Plaid [Genedlaethol] Cymru** a ffafriodd niwtraliaeth, gan ddadlau mai 'rhyfel imperialaidd' oedd hwn. Roedd buddugoliaeth ysgubol y **Blaid Lafur** yn etholiad cyffredinol 1945 yn adlewyrchu'r symudiad i'r chwith a hybwyd gan yr ysbryd cydweithredol a ddaeth i'r amlwg adeg y rhyfel, a chryfhaodd hyn hefyd yr awydd a fodolai eisoes i uniaethu â Phrydeindod ar draul yr ymlyniad wrth Gymreictod.

## ALBAN A CHYMRU, Yr

Am y rhan fwyaf o'r mileniwm Cristnogol cyntaf, perthynai trigolion Cymru a deheudir yr Alban i'r un grŵp ethnig ar lawer golwg, gyda'r Frythoneg orllewinol, a'i disgynnydd, y **Gymraeg**, yn cael eu siarad o Fife i Fôr **Hafren**. Beirdd llys teyrnasoedd deheudir yr Alban oedd **Taliesin** ac **Aneirin**, yr amlycaf o'r **Cynfeirdd**. Yn ôl traddodiad, sefydlwyd brenhinlin **Gwynedd** gan **Gunedda**, brodor o **Fanaw Gododdin** yn Nyffryn Forth. Yn ystod 'Oes y Saint' (gw. **Seintiau**), roedd cryn gyfathrach rhwng Cymru a'r Alban, gyda **Chyndeyrn** (Mungo) yn cael ei goffáu yn **Llanelwy** ac yn Glasgow. Bu gan y Cymry ran yn ymgyrchoedd Albanaidd brenhinoedd **Lloegr**, ac roedd gwŷr **bwa hir** o Gymru yn amlwg ym mrwydrau Falkirk (1298) a Bannockburn (1314). Serch hynny, wrth ailsefydlu sofraniaeth yr Alban, gobeithiai Robert Bruce am gymorth o Gymru; yn eu tro, gobeithiai'r Cymry, adeg **Gwrthryfel Glyndŵr**, dderbyn cymorth o'r Alban. Gydag esgyniad James VI i orsedd Lloegr yn 1603, disgwylid yng Nghymru y byddai'r politi Seisnig yn troi yn boliti Prydeinig. Cafodd Ymneilltuwyr Cymru faeth o Bresbyteriaeth yr Albanwyr, a mawr oedd dyled **Methodistiaid Calfinaidd** Cymru i Eglwys Rydd yr Alban. Ddiwedd y 19g. darganfu gwladgarwyr Albanaidd a Chymreig fod ganddynt lawer yn gyffredin, ac yn ail hanner yr 20g. tyfu ar y cyd a wnaeth **Plaid [Genedlaethol] Cymru** a Phlaid Genedlaethol yr Alban. Nid yw'r symudiad tuag at **ddatganoli** yng Nghymru yn llwyr ddealladwy ond yng nghyd-destun datblygiadau cyfochrog yn yr Alban.

## ALBION, Trychineb Glofa'r, Cilfynydd (Pontypridd)

Am 3.50 y prynhawn, ddydd Sadwrn 23 Mehefin 1894, lladdwyd o leiaf 290 o ddynion mewn tanchwa; roedd yr union gyfanswm yn ansicr am nad oedd yn bosibl dweud faint yn union o weithwyr a oedd dan ddaear ar y pryd. O'r 16 y cafodd y timau achub hyd iddynt, dim ond 5 a oroesodd. Priodolwyd y drychineb i ffrwydryn a daniodd lwch **glo**, ac oherwydd nad oedd y dull o waredu llwch yn ddigonol ymledodd y danchwa trwy'r pwll.

Yn Nhŷ'r Cyffredin gwrthodwyd apêl **Keir Hardie**, aelod seneddol West Ham South ar y pryd, a hawliai y dylid estyn cydymdeimlad i deuluoedd y meirwon. Yn lle hynny, pleidleisiwyd o blaid llongyfarch dug a duges York ar enedigaeth eu mab (Edward VIII wedi hynny), gan ennyn truth enwog yn erbyn y frenhiniaeth gan Hardie, a fentrodd broffwydo – yn gwbl gywir – y byddai'r baban yn debyg o geisio priodas forganatig maes o law.

### *ALERT, The*

Llong bost o **Lerpwl** a drawodd graig – Maen y Bugail (**Cylch y Garn**) – oddi ar arfordir **Môn**, ar 26 Mawrth 1823, ac a suddodd yn gyflym gan foddi'r rhan fwyaf a oedd ar ei bwrdd: credir i ryw 130 golli eu bywydau. Bu'r Parchedig James Williams, rheithor Llanfair-yng-Nghornwy, yn dyst i'r digwyddiad, a neilltuodd ef a'i wraig Frances weddill eu hoes i hyrwyddo **badau achub**. Ffurfiwyd yr Anglesey Association for the Preservation of Life from Shipwreck ganddynt, ac yng Nghemlyn, yn 1828, sefydlasant yr orsaf bad achub weithredol gyntaf yn y gogledd.

### ALLCHURCH, Ivor [John] (1929–97) Pêl-droediwr

Ymhlith cenhedlaeth ryfeddol o bêl-droedwyr a aned yn **Abertawe** ar ôl y **Rhyfel Byd Cyntaf**, Ivor Allchurch oedd yr un a gysylltir agosaf â'i dref enedigol ac a anwylir fwyaf ganddi. Roedd yn fewnwr gosgeiddig a gyfunai greadigrwydd â sgorio cyson, ac yn chwaraewr rhyngwladol o fewn blwyddyn i'w ymddangosiad cyntaf dros dîm Abertawe adeg y Nadolig 1949. Chwaraeodd yn gyson dros Gymru hyd ganol y 1960au ac roedd ei gyfanswm o 68 cap a 23 gôl dros ei wlad yn ddiguro ar y pryd. Yng Nghwpan y Byd 1958 sgoriodd gôl foli ryfeddol yn erbyn Hwngari, ac yn ôl Santiago Bernabeu, llywydd Real Madrid, ef oedd 'y mewnwr gorau yn y byd' bryd hynny.

Treuliodd y rhan fwyaf o'i yrfa – yn cynnwys 694 o gemau cynghrair a 251 gôl, dau gyfanswm diguro ar y pryd gan unrhyw Gymro – yn yr adrannau is. Byddai unrhyw drosglwyddo yn y 1950au cynnar wedi torri'r record Brydeinig o ran cost trosglwyddo, ond dewisodd aros gydag Abertawe hyd 1958. Symudodd i Newcastle cyn dychwelyd i chwarae i dîm **Caerdydd**, ac yna i Abertawe eto.

### ALLEN, Norman Percy (1903–72) Metelegydd

Ganed Allen yn **Wrecsam**. Wedi cael ei addysg yn Sheffield, aeth ati i wneud gwaith ymchwil yn **Abertawe** a Birmingham ar fandylledd aloiau **copr**. Yna ymchwiliodd i sut oedd ffurfio aloiau nicel cryfion ar dymereddau uchel. Heb aloiau o'r fath, byddai datblygu peiriant Whittle a thyrbinau nwy eraill wedi bod yn anodd dros ben. Ac yntau yn arolygydd adran fetelegol y Labordy Ffisegol Cenedlaethol, Teddington, roedd yn gweithio ar broblem 'anffurfio' mewn deunyddiau dan bwysau ar dymheredd uchel, a hynny mewn pwerdai yn enwedig. Bu'n ymwneud hefyd â datblygu magnedau tradargludol ac yn ymchwilio i ysigo mewn metelau.

### ALMANACIAU

Cyhoeddwyd almanaciau Cymraeg am y tro cyntaf yn **Llundain** yn 1681 a pharhaodd y galw amdanynt tan ddiwedd y 19g. Fel arfer byddai almanac yn cynnwys gwybodaeth amrywiol, canllawiau seryddol a sêr-ddewiniol, rhagargoelion o'r tywydd, rhestrau o ffeiriau, marchnadoedd a gwyliau, cronoleg o ddigwyddiadau hanesyddol, rhestr o'r tymhorau **cyfraith**, detholiadau o farddoniaeth a **llenyddiaeth**, ac amrywiaeth eang o hysbysebion. Byddai'r almanacwyr mwyaf llwyddiannus fel **Thomas Jones** (1648–1713) o Lundain ac Amwythig yn cyflwyno syniadau a gwybodaeth amrywiol yn gyson er mwyn ceisio apelio at ddarllenwyr newydd, a chan fod almanaciau a **baledi** mor rhad roedd mwy o ddarllen arnynt na dim arall a gyhoeddid. Roedd yr almanaciau nid yn unig yn ddrych i'r ofergoelion a'r arferion dewinol a oedd yn rhan annatod o'r isddiwylliant poblogaidd ond hefyd yn eu cynnal. Yn ogystal, rhoddent hwb i'r traddodiad eisteddfodol (gw. **Eisteddfod**). Fe'u defnyddid gan Thomas Jones a Siôn Rhydderch (y cyntaf i gyhoeddi almanac yng Nghymru) i roi cyhoeddusrwydd i eisteddfodau a gynhelid mewn tafarnau. Llwyddodd eu holynwyr – Evan Davies, John Prys a Cain Jones – i ennill bywoliaeth gyfforddus trwy gyhoeddi almanaciau ac amrywiol bethau, ond almanaciau mwyaf poblogaidd a llwyddiannus y 19g. oedd rhai **Caergybi** a gyhoeddid gan John Roberts a'i fab Robert, dau a oedd yn hen lawiau ar ddosbarthu lleidr-argraffiadau.

### ALUN A GLANNAU DYFRDWY Etholaeth a chyn-ddosbarth

Yn dilyn diddymu **Sir y Fflint** yn 1974, crëwyd Alun a Glannau Dyfrdwy yn ddosbarth oddi mewn i sir newydd **Clwyd**. Roedd yn cynnwys yr hyn a fu yn ddosbarthau trefol **Bwcle** a **Chei Connah** a dosbarth gwledig **Penarlâg**. Yn 1996 daeth y dosbarth yn rhan o sir newydd y Fflint. Mae'r enw wedi parhau fel enw etholaeth.

### ALLTEURYN (Goldcliff), Casnewydd (1,421ha; 339 o drigolion)

Mae tiriogaeth y **gymuned** hon, sydd ar lannau aber afon **Hafren** i'r de o safle hen waith dur **Llan-wern**, yn cynnwys o leiaf ddau ddwsin o bontydd troed sy'n croesi ffosydd **Gwastadeddau Gwent**. Codwyd morglawdd i warchod y gwastadeddau gan y **Rhufeiniaid**, fel y tystia carreg arysgrifenedig a ganfuwyd ar y traeth ac sydd wedi ei chadw yn Amgueddfa Lleng Rufeinig Cymru, **Caerllion**. Gwraidd yr enw Allteuryn yw'r mica melynllwyd yn y clogwyni. Ychydig sy'n weddill o briordy'r **Benedictiaid** a sefydlwyd *c.*1113 a'i adael yn wag *c.*1467. Mae darnau o'r muriau i'w gweld yn Hill Farm. Wedi i ran o'r priordy gael ei difrodi gan lifogydd *c.*1424, codwyd eglwys 2km ymhellach i mewn i'r tir. Mae plac yn y gangell yn coffáu'r 12 o blwyfolion Allteuryn a foddwyd yng ngorlif mawr 1606 (1607 yn ôl y cyfrif modern) a achoswyd, yn ôl un ddamcaniaeth, gan tswnami (gw. **Daeargrynfeydd**). Mae llwybr ar hyd y morglawdd o Allteuryn i **Fagwyr** yn cynnig golygfeydd trawiadol o'r aber.

### AMAETHYDDIAETH

Mae i amaethyddiaeth le cwbl eithriadol ymhlith y gweithgareddau sydd wedi hawlio egnïoedd dynoliaeth. Gan mai **bwyd** yw ei phrif gynnyrch, amaethyddiaeth yw'r unig weithgarwch sy'n cynhyrchu nwydd na all bodau dynol fyw hebddo. Ac felly, dros y miloedd o flynyddoedd pan na allai ymdrechion dynol gynhyrchu fawr ddim ar wahân i angenrheidiau sylfaenol, amaethwyr o raid oedd y mwyafrif o'r **boblogaeth**. Yn achos Cymru, golygai hynny fod y mwyafrif o boblogaeth y wlad, o ddechreuadau amaethyddiaeth 6,000 o flynyddoedd yn ôl hyd ddegawdau cynnar y 19g. o leiaf, yn ymwneud yn uniongyrchol â'r tir. Ac felly, dros y cyfnod maith hwnnw, hanes amaethyddiaeth yw hanes cymdeithasol ac economaidd Cymru yn ei hanfod.

O gymharu â sawl rhan o Ewrop – gwledydd Llychlyn, er enghraifft, neu grastiroedd arfordirol Môr y Canoldir – nid yw amaethyddiaeth Cymru dan anfantais arbennig. Ac eto, gan fod y rhan fwyaf o sylwebyddion ar y pwnc yn tybio mai'r norm yw'r sefyllfa yn iseldiroedd **Lloegr**, mynna'r farn gyffredin fod ffermio yng Nghymru yn hanfodol gyntefig a thlawd, ac mai felly y bu erioed. Oherwydd y glaw trwm (gw. **Hinsawdd**) a'r ffaith fod bron hanner y wlad yn uwch na 200m uwch lefel y môr, mae'n wir mai ychydig o ardaloedd sy'n arbennig o addas ar gyfer cynhyrchu grawn – yr ystyriaeth sylfaenol yn natganiad yr Undeb Ewropeaidd mai dim ond traean o dir amaethyddol Cymru a ddaw i ddosbarth uwch na'r un 'llai ffafriol'. Er hynny, mae llawer o'r tir yn borfa ragorol, a dyna'r prif reswm pam fod ffermio yng Nghymru yn ymwneud â magu anifeiliaid yn hytrach na thyfu cnydau. Ymddengys mai felly yr oedd hefyd yn achos y ffermwyr cynharaf a fagai **wartheg** yn anad dim, er eu bod hefyd yn cadw **geifr**, **defaid** a **moch**, ac yn troi darnau o dir er mwyn plannu ffa ac emer, math o wenith (gw. **Oesau Cynhanesyddol**: Oes Neolithig). Llennyrch yn y coedlannau a oedd wedi gorchuddio Cymru ar ôl terfyn yr Oes Iâ ddiweddaraf oedd eu ffermydd. Oherwydd y boblogaeth brin nid oedd angen sicrhau bod tir yn parhau'n ffrwythlon; pan fyddai maeth y caeau wedi'i ddihysbyddu, gellid creu llennyrch newydd. Daeth y gwaith o glirio caeau yn llawer haws wrth i offer cerrig ildio'u lle i rai metel – efydd ar ôl *c*.2000 CC, a **haearn** ar ôl *c*.500 CC (gw. Oesau Cynhanesyddol: Oes Efydd ac Oes Haearn). Cafwyd cyfanheddu dwysach hefyd yn sgil hinsawdd well y mileniwm ar ôl *c*.2400 CC. Arweiniodd tymheredd uwch at gyfanheddu'r ucheldiroedd, a oedd yn aml yn cynnig amgylchedd mwy ffafriol na llawr y dyffrynnoedd gyda'i goedwigoedd trwchus, ei diroedd dwrlawn a pherygl parhaus y cryd a llyngyr yr iau. Mae astudio paill wedi dangos i rawn gael eu tyfu *c*.2000 CC yn rhan uchaf cwm Brenig (gw. **Cerrigydrudion**), 500m uwch lefel y môr.

Parodd twf mewn poblogaeth, ynghyd â dirywiad yn yr hinsawdd ar ôl *c*.1400 CC, newidiadau mawr yng nghanol a diwedd yr Oes Efydd. Oherwydd y trin cynyddol ar y tir bu'n rhaid i ffermwyr roi heibio dulliau 'torri a llosgi' y cenedlaethau a fu, a meistroli technegau gwrteithio. Daethant felly yn hwsmyn, y cam hanfodol tuag at greu cymunedau amaethyddol sefydlog. Arweiniodd hyn oll at greu'r cysyniad fod gan dir ei berchnogion, ac felly y ganed y cysyniad o diriogaethedd, a ddeuai yn ffactor allweddol yn hanes amaethyddiaeth Cymru. Nid dim ond tir y gellid bod yn berchennog arno; gallai'r sawl a weithiai ar y tir fod yn eiddo i'r perchennog hefyd, ac felly erbyn mileniwm olaf cynhanes, roedd cydraddoldeb tybiedig y Gymru Neolithig wedi datblygu'n gymdeithas ac iddi lawer mwy o haenau. Daeth arfau yn fwyfwy amlwg yn y cofnod archaeolegol. Erbyn canrifoedd olaf ei chynhanes roedd Cymru yn Geltaidd ei hiaith, ac mae'n rhesymol tybio bod disgrifiadau awduron clasurol o gymdeithas Geltaidd tir mawr Ewrop, sy'n sôn am uchelwyr rhyfelgar a oedd yn byw ar y gwarged a gynhyrchid gan y taeogion a ddibynnai arnynt, o leiaf yn rhannol berthnasol i'r sefyllfa yng Nghymru (gw. **Celtiaid**).

Yn ystod y tair canrif a rhagor o dra-arglwyddiaeth Rufeinig, bu newidiadau mawr yn amaethyddiaeth Cymru. Yn y de-ddwyrain, dechreuodd perchnogion filâu ddefnyddio'r aradr drom ac arfer dulliau ffermio cyfalafol. Pwysai'r gaer Rufeinig yng **Nghaerllion,** a thref Rufeinig **Caer-went**, ar y wlad o'u cwmpas am lawer o'u hanghenion, ac aed ati i greu cynlluniau traenio ac amddiffynfeydd rhag y môr. Daeth y **Rhufeiniaid** â chnydau newydd – afalau a **cheirch** efallai, a bron yn sicr foron, erfin, pannas, cennin, ceirios, gwinwydd, cnau Ffrengig a chnau castan.

Ac eto, yn dilyn cwymp yr Ymerodraeth, mae'n debyg fod Cymru drwyddi draw yn fwy amaethyddol nag y bu cyn dyfodiad y llengoedd. Yn ail hanner y mileniwm Cristnogol cyntaf, ni chrëwyd dim i'w gymharu ag aneddiadau lled-drefol y **bryngaerau** mwyaf, a byddai mil o flynyddoedd yn mynd heibio cyn y byddai gan Gymru eto dref o faint Caer-went. Yng nghanrifoedd cynharaf y cyfnod ôl-Rufeinig, roedd canolfannau **seintiau** cenhadol Cymru yn ffactor sylfaenol ym mhatrwm anheddu amaethyddol y wlad. Diau ei bod yn arwyddocaol fod dros hanner enwau **plwyfi** eglwysig Cymru yn dechrau â '**llan**' – gair a olygai fan amgaeedig (cymharer *ydlan* a *perllan*) ond a ddaeth i olygu, yn anad dim, fan caeedig, cysegredig lle byddai Cristnogion yn claddu eu meirw, ac yn codi eu heglwysi maes o law. Roedd cyfnod yr **Eglwys Geltaidd** hefyd yn gyfnod o gyfnerthu yn hanes y teyrnasoedd Cymreig yr oedd eu sylfeini economaidd yn rhai cwbl amaethyddol. Gellir gweld natur eu hadeiledd economaidd yn haenau cynharaf **Cyfraith** Hywel Dda, sy'n dangos yn glir fod hynny o sefydlogrwydd a oedd yn eiddo iddynt yn dibynnu ar draddodiadau yn ymwneud â defnydd o dir a pherchnogaeth arno. Roedd y Gyfraith yn cydnabod dwy brif ffurf ar ddeiliadaeth. Yn gyntaf, deiliadaeth y taeog, a gyfatebai'n fras i'r *villein* yn Lloegr. Roedd y taeog ynghlwm wrth y tir a'i waith oedd cynhyrchu nwyddau amaethyddol i'w well. Yr ail ddeiliadaeth oedd un y bonheddwr – y gŵr rhydd, perchennog rhan o dir ei dylwyth, rhan a gâi ei throsglwyddo, pan fyddai farw, i'w feibion yn gyfrannau cyfartal.

Awgryma'r dystiolaeth gynharaf mai'r taeogion oedd y mwyafrif o drigolion Cymru yn y cyfnod hwn – a hynny o bell ffordd ar dir ffrwythlon. Daeth y **Normaniaid** i oresgyn a sefydlu'r **Mers**, gan gyflwyno yno drefn faenoraidd Lloegr, gyda'i phwyslais ar gynhyrchu grawnfwydydd. Arweiniodd cysylltiadau ag urddau crefyddol tir mawr Ewrop, a feithrinwyd gan y Normaniaid, at sefydlu **mynachlogydd** cyfoethog. Cafodd urdd y **Sistersiaid**, a gâi ei ffafrio gan y tywysogion brodorol, feddiant ar lawer o ucheldir Cymru – porfeydd eu diadellau o ddefaid a ddarparai'r cnuoedd ar gyfer y fasnach **wlân** a oedd ar ei thwf. Meithrinodd y Normaniaid, ac yn ddiweddarach y tywysogion brodorol, ddatblygiad trefi, twf masnach a chylchrediad arian, a bu'r cyfan yn fodd i lacio dibyniaeth lwyr **economi** Cymru ar amaethyddiaeth. Teneuodd terfysgoedd y goresgyn a'r gwrthoresgyn rengoedd y taeogion, gan beri mai gwŷr rhyddion bellach oedd y mwyafrif o bobl Cymru, yn arbennig yn y rhannau hynny o'r wlad a goncrwyd gan Edward I yn niwedd y 13g.

Bu datblygiad economaidd o'r 11g. ymlaen, a hinsawdd well y chwarter mileniwm wedi *c*.1050, yn hwb i dwf yn y boblogaeth. Erbyn 1300, efallai fod yng Nghymru 300,000 o drigolion, ac o leiaf 90% ohonynt yn ymwneud ag amaethyddiaeth. Ehangodd tiroedd neu welyau'r gwŷr rhyddion (gw. **Gwely**); erbyn 1313 roedd 27 o ddisgynyddion gwryw i Iorwerth ap Cadwgan (m.*c*.1230), a chrëwyd aneddiadau newydd ar dir wedi ei glirio o goedwigoedd i'w wneud yn dir âr, gryn bellter o gartref gwreiddiol y tylwyth.

Daeth yr amodau ffafriol i ben yn gynnar yn y 14g. o ganlyniad i ddirywiad yn yr hinsawdd, dihysbyddu nodd y tir ac afiechydon mewn gwartheg. Y drychineb waethaf oedd **Pla Du** 1348–9, a laddodd efallai gymaint â thraean y boblogaeth. Roedd y pla ar ei waethaf yn yr aneddiadau lle'r oedd y boblogaeth ddwysaf o daeogion, carfan o'r gymdeithas a oedd yn mynd yn llai defnyddiol wrth i dirfeddianwyr roi'r gorau i ymwneud yn uniongyrchol â ffermio. Erbyn 1400 roedd poblogaeth Cymru wedi crebachu i ryw 200,000. Roedd yr argyfwng demograffig yn ergyd i'r drefn welyog o rannu tir y gwŷr rhyddion yn gyfartal rhwng eu disgynyddion, a chrëwyd o ganlyniad farchnad dir yng Nghymru, nodwedd y tu allan i gwmpas y drefn welyog. Rhoddwyd y gorau fwyfwy i'r drefn Gymreig o ddal tir a mabwysiadodd y tirfeddianwyr mwyaf – hynafiaid **Owain Glyndŵr** yn eu plith – egwyddor **cyntafanedigaeth**, gan ddechrau rhentu tir am arian a chyfuno'r stribedi tir a oedd yn nodweddiadol o drefn y gwely yn ffermydd cryno.

Erbyn diwedd y 15g. roedd hanfodion yr economi amaethyddol a fyddai'n chwarae rhan mor ganolog ym mywyd Cymru o leiaf am y tair canrif ddilynol eisoes yn amlwg. Roedd y rhan fwyaf o'r stadau mawrion a fyddai, maes o law, yn tra-arglwyddiaethu ar gefn gwlad Cymru eisoes mewn bodolaeth, yn eu babandod o leiaf, a'u perchenogion yn mireinio'r grefft o grynhoi tir, crefft y byddai eu disgynyddion yn gymaint pencampwyr arni. Daeth cyfundrefn **ddosbarth** i fodolaeth, gyda'r **boneddigion** yn ben; oddi tanynt, ceid rhydd-ddeiliaid, tenantiaid bychain a llafurwyr heb dir – a'r olaf yn elwa, dros dro o leiaf, ar y prinder gweithwyr oherwydd y gostyngiad yn y boblogaeth.

Arweiniodd amgylchiadau mwy sefydlog yr 16g. a dechrau'r 17g. at ailddechrau twf demograffig, ac efallai i boblogaeth Cymru godi i oddeutu 360,000 erbyn 1620. Bu asartio dwysach, a chanmolwyd ffermwyr Cymru gan y bardd o Sais, Thomas Churchyard, am aredig 'where sturdy oaks once stood'. Daeth **cau tiroedd** yn ffasiynol; nododd **John Leland**, yr hynafiaethydd o Sais, fod ffermwyr **Môn** yn amgylchynu eu caeau â waliau, a sylwodd **Rhys Meurug** fod gwrychoedd ym mhobman ym **Mro Morgannwg** erbyn ei amser ef. Roedd amaethyddiaeth Cymru yn cynhyrchu mwy a mwy o warged. Roedd y brif fasnach mewn gwartheg – porthmona (gw. **Porthmyn**) oedd y brif ffynhonnell arian parod yng nghefn gwlad – ond roedd cryn werthu ar wlanen yn ogystal, ac roedd llawer o gynnyrch llaeth yn cael ei allforio o ardaloedd ffafriol fel de **Sir Benfro**. Diwydiant cartref oedd cynhyrchu gwlanen yn ei hanfod. Ac felly, gyda phroto-ddiwydiannaeth yn datblygu yn eu plith, daeth llawer o ffermwyr i ddibynnu llawn cymaint ar weithgarwch eilaidd amaethyddiaeth ag ar y gweithgarwch creiddiol, datblygiad a ddaeth yn fwy amlwg yn y canrifoedd dilynol. Nid arweiniodd twf economaidd at ffyniant cyffredinol, oherwydd roedd chwyddiant chwyrn, trychinebau naturiol cyson a gallu tirfeddianwyr i ddwyn y rhan fwyaf o elw eu tenantiaid yn golygu mai o'r braidd y llwyddai'r mwyafrif o'r boblogaeth i ddianc rhag dygn angen a chyni.

Golygai twf canolfannau diwydiannol, fel y gweithfeydd **copr** yng **Nghastell-nedd**, mwyngloddiau plwm **Sir Aberteifi** ac amryfal ddiwydiannau'r gogledd-ddwyrain fod canran gynyddol o'r boblogaeth yn peidio â bod yn uniongyrchol ddibynnol ar amaeth, er na ddylid gorbwysleisio datblygiadau o'r fath, gan eu bod yn digwydd mewn sectorau nad oeddynt, eto, yn ganolog i'r economi. Roedd twf arwyddocaol hefyd mewn trefi, er nad oedd y rhan fwyaf ohonynt yn fawr mwy na chanolfannau masnachu i ffermydd y cylch, a llawer o'u trigolion, a gadwai wartheg mewn beudai yn y strydoedd cefn, eu hunain yn lled-amaethu.

Gwaethygu a wnaeth amodau ffermio yng nghanol a diwedd yr 17g. Bu 'Oes Fechan yr Iâ' yn y 1690au, pan fethodd y cynhaeaf o leiaf bob yn ail flwyddyn, yn achos cyni cyffredinol. Prif nodwedd y cyfnod, fodd bynnag, oedd twf y stadau mawrion. Hyrwyddwyd hyn trwy briodasau tirfeddianwyr llygatgraff ag aeresau tiriog a thrwy fabwysiadu setliad caeth, dyfais a rwystrai ddisgynyddion afrad rhag gwerthu tiroedd teuluol. Erbyn canol y 18g., gyda'r cynnydd yn y boblogaeth yn cyflymu, ehangodd y marchnadoedd ar gyfer cynnyrch amaethyddol Cymru, gan annog tirfeddianwyr i ymgymryd â gwelliannau. Dechreuodd amaethwyr blaengar gylchdroi cnydau, plannu erfin a thatws, magu anifeiliaid yn ddetholus a gwneud mwy o ddefnydd o galch (gw. **Calchfaen**). Cafodd datblygiadau o'r fath eu meithrin gan y **cymdeithasau amaethyddol**, y sefydlwyd y gyntaf ohonynt – cymdeithas **Sir Frycheiniog** – yn 1755. Erbyn 1818 roedd gan bob sir yng Nghymru gymdeithas o'r fath. Ystyrid cau tiroedd yn allwedd i welliannau. Bu creu caeau yng Nghymru er yr Oes Neolithig (gw. Oesau Cynhanesyddol), ond yn 1750 roedd chwarter tir Cymru – porfeydd yr ucheldir yn bennaf – yn dal yn dir comin. 'Inclose, inclose, ye swains!', meddai'r bardd **John Dyer**, '. . . in fields / Promiscuous held, all culture vanishes'. Yng Nghymru dechreuwyd cau tiroedd trwy ddeddf seneddol yn 1733, ac erbyn 1818 roedd dros gan deddf wedi'u pasio yn cau dros 100,000ha o dir, ond ysgogwyd hyn oll yn fwy gan ddyhead i gryfhau hawliau tirfeddianwyr na chan awydd i sicrhau gwelliannau amaethyddol.

Cafodd **Rhyfeloedd y Chwyldro Ffrengig a Rhyfeloedd Napoleon** (1793–1815) effaith ddramatig ar amaethyddiaeth Cymru. Cododd prisiau bwyd i'r entrychion gan arwain at derfysgoedd ŷd a chodiadau mewn rhenti. Chwenychai tirfeddianwyr fwy o reolaeth dros weithgareddau eu tenantiaid, ac felly mabwysiadwyd y denantiaeth flynyddol lle gynt y bu prydlesoedd teiroes neu brydlesoedd canmlwydd namyn blwyddyn. Daeth rhai tirfeddianwyr o Gymry – **Thomas Johnes** o'r Hafod, yn arbennig – yn enwog am wella eu stadau, ond afradwyd llawer o'r cyfoeth a gynhyrchwyd gan ffyniant amaethyddiaeth mewn cyfnod o ryfel.

Ar ôl Rhyfeloedd Napoleon gwelwyd cwymp sydyn ym mhris cynnyrch amaethyddol, er gwaethaf ymdrechion y Senedd, gyda'i mwyafrif o landlordiaid, i gadw prisiau grawnfwydydd yn uchel trwy'r **Deddfau Ŷd**. Roedd y blynyddoedd wedi'r rhyfeloedd yn gyfnod o dlodi enbyd yng nghefn gwlad Cymru. Methodd cynaeafau oherwydd tywydd ofnadwy a daeth methdaliad banciau â chyni. Oherwydd twf demograffig cafodd cefn gwlad ei orboblogi, datblygiad a arweiniodd yn ei dro at feddiannu tir ymylol a thraddodiad y **tai unnos**. Ymatebodd y **llywodraeth** i dlodi a diffyg gwaith trwy greulondeb Deddf Newydd y Tlodion yn 1834 (gw. **Deddf y Tlodion**). Parhaodd y caledi hyd y 1840au a chafodd fynegiant mewn terfysgoedd cau tiroedd, terfysgoedd ŷd,

Diwrnod lladd mochyn, Maes-car, Sir Frycheiniog, *c.*1900

gwrthryfeloedd gweithwyr, ymgyrchoedd yn erbyn Deddf y Tlodion ac, uwchlaw dim, yn Nherfysgoedd **Rebeca** yn 1839–1843.

O ganol y ganrif ymlaen dechreuodd y sefyllfa wella, wrth i'r trefi a'r ardaloedd diwydiannol ehangu ac amsugno gwarged poblogaeth cefn gwlad, ac wrth i'r **rheilffyrdd** hwyluso allforio cynnyrch amaethyddol. Erbyn hynny, nid amaethyddiaeth oedd y brif ffynhonnell waith yng Nghymru. Yn 1811 dim ond 9 o'r 87 **hwndrwd** yng Nghymru a oedd â'r mwyafrif o'u trigolion heb fod yn gweithio mewn amaethyddiaeth. Yn y degawdau dilynol gwelwyd amaethyddiaeth yn colli ei lle fel y brif alwedigaeth, er y dylid cofio bod llawer a restrwyd yn y cyfrifiadau fel chwarelwyr neu lowyr hefyd yn dyddynwyr, a'u tir nid yn unig yn ddifyrrwch iddynt ond yn fodd cynhaliaeth pellach; roedd aneddiadau amaethyddol-ddiwydiannol o'r fath yn arbennig o gyffredin yn **Sir Gaernarfon** ac ar ymylon gogleddol maes **glo**'r de. Erbyn 1851 roedd y ganran o wrywod a oedd yn gweithio mewn amaethyddiaeth yn bennaf wedi gostwng i 35%, a byddai'n disgyn eto i 12% erbyn 1911; yn y flwyddyn honno, fodd bynnag, roeddynt yn dal yn fwyafrif yn **Sir Faesyfed** a **Sir Drefaldwyn**.

Oherwydd twf cyflym poblogaeth a oedd wedi ei hysgaru fwyfwy oddi wrth waith ar y tir, crëwyd marchnadoedd cwbl newydd i gynnyrch y lleiafrif a ddaliai i weithio mewn amaethyddiaeth. Yn nhrydydd chwarter y 19g., gwnaeth ffermwyr a thirfeddianwyr eu gorau i ymateb i'r her. Dyma gyfnod yr 'Uchel Amaethu' a'r buddsoddi trwm mewn adeiladau fferm, pibelli pridd ar gyfer traenio tir, gwrtaith a chyfuno deiliadaethau. Parhaodd y ffyniant hyd ddiwedd y 1870au, pan ddaeth cystadleuaeth gan fewnforion o America ac Awstralasia â chwymp sydyn ym mhris cynnyrch amaethyddol – er bod y gostyngiad yn fwy chwyrn yn ardaloedd cynhyrchu grawn dwyrain Lloegr nag ydoedd yng Nghymru, gyda'i hamaethyddiaeth hanfodol fugeiliol. Arweiniodd y dirwasgiad amaethyddol at ymfudo mawr o'r tir, yn arbennig gan **weision ffermydd** a oedd yn ffoi rhag tlodi ac israddoldeb eu galwedigaeth. Ychydig o ffermwyr a gefnodd ar y tir. Er gwaethaf y dirwasgiad, bu awch am dir yn nodwedd hirhoedlog yng nghymunedau cefn gwlad Cymru, ac arhosodd y nifer o ddeiliadaethau fferm yn y wlad a oedd dros 10ha o faint yn sefydlog oddeutu'r 30,000 o'r 1870au hyd y 1950au.

Yng nghyfnod y dirwasgiad cynyddodd y beirniadu ar landlordiaeth, beirniadaeth a oedd â'i gwreiddiau yn ysgrifennu radicalaidd canol y 19g. Roedd y feirniadaeth yn mynd law yn llaw â'r ymosodiad ar rym gwleidyddol y tirfeddianwyr, a deilliai llawer o'i sêl o'r troi allan yn 1859 ac 1868. Er na fu **Pwnc y Tir** erioed mor ffyrnig angerddol yng Nghymru ag y bu yn **Iwerddon**, rhoddwyd mynegiant unigryw Gymreig iddo trwy Ryfel y **Degwm** yn y 1880au a dadansoddiad yn ei hawl ei hun trwy'r Comisiwn Brenhinol ar Dir yng Nghymru yn y 1890au. Roedd llai o berchentyaeth yng Nghymru nag yn unrhyw ran arall o **Brydain**. Golygai'r awch am dir nad oedd yng Nghymru ffermydd didenant, ac felly nad oedd raid i dirfeddianwyr Cymru ostwng eu rhenti yn sylweddol fel y bu rhaid i'w cymheiriaid yn nwyrain Lloegr lle nad oedd fawr o gystadleuaeth am denantiaethau. Uwchlaw popeth, ystyrid y landlordiaid gan y rhelyw o drigolion cefn gwlad Cymru yn estroniaid, yn anghyfiaith ac yn wahanol eu **crefydd** a'u hymlyniad gwleidyddol i'w tenantiaid. Fe'u hamddifadwyd o'u dylanwad dros **gynrychiolaeth seneddol** a llywodraeth leol Cymru, dylanwad a ysbrydolai lawer o rethreg **David**

Cynhaeaf gwair, Pont-rhyd-y-ceirt, Sir Benfro, *c.*1910

**Lloyd George**. Fe'u hamddifadwyd trwy ddeddfwriaeth o'u rheolaeth ddilyffethair dros eu tenantiaid, ac fe'u disodlwyd gan sefydliadau ymchwil ac adrannau prifysgol fel lledaenwyr technegau amaethyddol newydd. Gan synhwyro gelyniaeth y gymdeithas o'u hamgylch, gwerthodd tirfeddianwyr Cymru eu heiddo ac ymadael ar raddfa na welwyd ei bath yn unman arall ym Mhrydain; o ganlyniad daeth ffermydd yn eiddo i denantiaid yn llawer cynt, ac ar raddfa ehangach, yng Nghymru nag yng ngweddill Prydain.

Roedd arwerthiannau mawr yn nodwedd amlwg iawn ym mlynyddoedd cynnar yr 20g. a thrwy gydol y **Rhyfel Byd Cyntaf**. Cafodd y rhyfel effaith ddofn iawn ar ffermio yng Nghymru a bu codiad o 300% ym mhris cynnyrch amaethyddol rhwng 1914 ac 1920. Mynnodd y pwyllgorau amaeth sirol a sefydlwyd gan y llywodraeth fod gweision ffermydd yn cael cyfranogi o'r ffyniant newydd; cododd eu cyflogau 200% ond ni lwyddasant i ddal i fyny â chwyddiant. Y blynyddoedd yn union wedi'r rhyfel oedd y cyfnod pan oedd **undebaeth lafur** ymhlith gweision yn ei hanterth. Ymateb y llafurwyr i fethiant eu 'chwyldro gwledig' fu gadael y tir; yn 1921 roedd gan Gymru dros 33,400 o weision ffermydd llawn-amser, ond dim ond 2,954 erbyn 2002.

Caniataodd y ffyniant a fwynhawyd gan ffermwyr yn ystod y rhyfel i lawer ohonynt brynu eu deiliadaethau yn yr arwerthiannau mawr a gynhaliwyd gan dirfeddianwyr yn y blynyddoedd yn union wedi'r rhyfel, cyfnod pan fu i gymaint â thraean tir Cymru newid dwylo o bosibl. Ond yn 1921 diddymwyd deddf 1917 a warantai isafswm am rawnfwydydd, a symbylodd hynny ostyngiad mewn prisiau amaethyddol a drodd yn gwymp trychinebus pan ddechreuodd y **Dirwasgiad** byd-eang yn 1929. Cafodd y rhai a oedd wedi talu prisiau chwyddedig yn ystod cyfnod yr arwerthu mawr eu taro'n arbennig o galed, a llethwyd llawer o'r rhydd-ddeiliaid newydd hyn â chymaint o ddyled fel mai mewn enw yn unig yr oeddynt yn berchnogion ar eu heiddo.

Ac eto, nid oedd y cyfnod rhwng y ddau ryfel yn ddu i gyd. Yn 1919 ffurfiwyd Adran Gymreig y Weinyddiaeth Amaeth i gydlynu polisïau'r llywodraeth yng Nghymru. Cymerodd addysg brifysgol amaethyddol gamau breision ymlaen. Roedd adran amaethyddiaeth wedi'i sefydlu ym **Mangor** yn 1889 ac yn **Aberystwyth** yn 1890, a daeth y ddwy adran i wneud mwy a mwy o waith allanol. Bu'r datblygiadau yn Aberystwyth yn arbennig o arwyddocaol, gydag **A. W. Ashby** yn sefydlu economeg amaethyddol fel disgyblaeth academaidd, a **George Stapledon** yn sefydlu'r Fridfa Blanhigion (sef **Sefydliad Ymchwil Tir Glas a'r Amgylchedd** bellach) yn 1919. Nod Stapledon oedd gwella cynhyrchiant ucheldir Cymru trwy wrteithio a chyflwyno gweiriau addas, rhaglen a alluogai'r ucheldir i gynnal diadellau llawer mwy. Roedd ym Mangor hefyd adran goedwigaeth yr oedd mwy a mwy o alw am ei myfyrwyr yn dilyn sefydlu'r **Comisiwn Coedwigaeth** yn 1919; o ganlyniad i waith y Comisiwn y daeth coed yn hytrach na chig dafad a **gwlân** yn brif gynnyrch llawer o ucheldir Cymru. Parodd Deddf Traenio Tir 1930 gychwyn ar gynnydd trawiadol mewn cynlluniau traenio. Cyflwynwyd taliadau diffyg am dda tewion yn 1934 a grantiau i daenu calch a basig slag yn 1937. Yn bennaf oll, ffurfiwyd y Bwrdd Marchnata Llaeth yn 1933, gan adeiladu ar sail mentrau cydweithredol a feithrinwyd gan Gymdeithas Trefnu Gwledig Cymru. Erbyn 1939 roedd bron 20,000 o ffermydd Cymru yn cynhyrchu llaeth i'r Bwrdd, datblygiad a olygai fod gan y mwyafrif o ffermwyr y wlad, am y tro cyntaf, farchnad sicr ac incwm misol cyson.

Prin fod y Bwrdd Marchnata Llaeth wedi cael ei draed dano pan dorrodd yr **Ail Ryfel Byd**. Bu'r rhyfel yn symbyliad enfawr i amaethyddiaeth. Dengys ystadegau swyddogol i incwm net ffermwyr Prydain godi 207% rhwng 1938 ac 1942 ond, gan fod llawer o ffermwyr yn ymhél â'r farchnad ddu, diau nad yw ystadegau o'r fath yn rhoi'r darlun cyflawn. Ailffurfiwyd y pwyllgorau sirol a osododd dargedau aredig i ffermwyr. Bu cynnydd mewn tir âr yng Nghymru o 215,000ha yn 1939 i 500,000 yn 1944, ac yn y flwyddyn honno roedd y ganran o dir y wlad a aeth dan lafn yr aradr yn fwy nag yr oedd yn anterth Uchel Amaethu'r 19g. Creodd y cynnydd chwim mewn tir âr alw am beiriannau. Yn 1938 roedd 1,932 o dractorau ar ffermydd yng Nghymru: erbyn 1946 roedd 13,652. Roedd oes ffermio mecanyddol yn gwawrio.

Yn wahanol i ryfeloedd blaenorol, ni ddilynwyd yr Ail Ryfel Byd gan ddirwasgiad mewn amaethyddiaeth. Un rheswm am hynny oedd bod mwy o brinder bwyd yn 1945 nag a oedd yn 1918. Mwy arwyddocaol, fodd bynnag, oedd Deddf Amaeth 1947 a warantai farchnad a phrisiau sefydlog i'r rhan fwyaf o gynnyrch ffermydd Prydain. Y ddeddf hon oedd man cychwyn y gyfres o daliadau diffyg, grantiau, cymorthdaliadau a chynlluniau gwella a gyfrannodd at chwyldroi amaethyddiaeth Cymru. O hyn allan, byddai ffermio – un o'r galwedigaethau mwyaf hunanddibynnol gynt – bron mor ddibynnol ar benderfyniadau'r llywodraeth ag a oedd y diwydiannau a wladolwyd; nid y tywydd, ond yn hytrach yr Adolygiad Blynyddol o Brisiau, a benderfynai ei ffawd. Yn wir, honnid bod ffermwyr Sir Aberteifi yn mynnu priodi yn **Saesneg**, er mwyn clywed y cyfrin air *grant* yn ystod y seremoni.

Yn y chwyldro amaethyddol hwn, roedd mecaneiddio yn llawn cymaint o ffactor ag ymyrraeth y llywodraeth. Daeth pob ffermwr yn berchennog tractor a llu o beiriannau eraill, datblygiad a barodd leihad pellach yn nifer y gweision ffermydd. Gyda dyfeisiau arbed-gwaith, gallai ffermwyr ffermio mwy o dir, a golygai cost y peiriannau fod yn rhaid iddynt gynyddu eu hincwm. Roedd peiriannau'n mynnu caeau mwy, ac felly rhwygwyd gwrychoedd o'r gwraidd, gan newid golwg y coetiroedd Cymreig traddodiadol. Hanerwyd nifer y ffermydd yng Nghymru rhwng 1951 ac 1991; erbyn 2001 roedd cyfanswm y rhai a weithiai'n llawn-amser ar y tir wedi gostwng i lai na 26,100, a 12.6% yn unig o'r rheini a oedd yn weision cyflog. O'r boblogaeth gyflogedig yng Nghymru, gweithiai 8.2% mewn amaethyddiaeth yn 1951 a 1.07% yn 2002. Roedd y mecaneiddio yn golygu bod y rhan fwyaf o adeiladau fferm traddodiadol yn ddiwerth. Addaswyd llawer ar gyfer ymwelwyr, ac adeiladwyd seilos uchel ac adeiladau unffurf eraill.

Yn sgil y lleihad yn y niferoedd a oedd yn ymwneud yn uniongyrchol â'r tir daeth newid sylfaenol yn natur cymunedau gwledig. Yn draddodiadol roedd tair carfan o bobl yng nghefn gwlad: y boblogaeth wledig gynradd – pobl a weithiai'r tir; y boblogaeth wledig eilaidd – y rhai a ddarparai wasanaethau i'r boblogaeth gynradd; a'r hap drigolion gwledig – y rhai nad oedd ganddynt ran economaidd i'w chwarae yng nghefn gwlad ond a drigai yno o

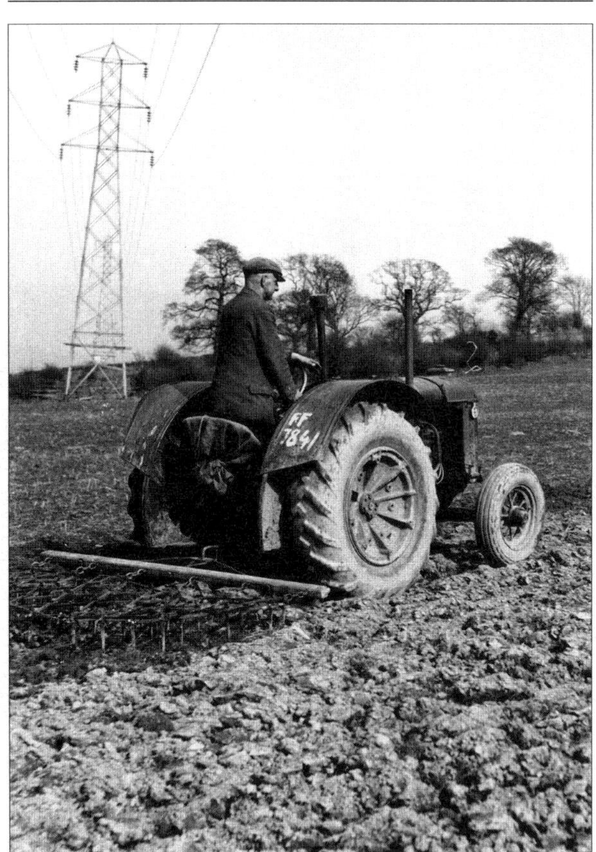

Mecaneiddio ar fferm y Ddwyryd, Corwen, 1956

ddewis. Yn y 19g. roedd y ddwy garfan gyntaf yn fawr a'r drydedd yn fechan iawn. Erbyn yr 21g. roedd y drydedd garfan yn llawer mwy na'r ddwy arall. Wrth i fecaneiddio ac uno ffermydd beri i'r stoc **dai** yng nghefn gwlad fod yn fwy na'r hyn oedd ei angen ar y carfannau cynradd ac eilaidd, ymddangosodd pedwaredd garfan, sef y trigolion gwledig dros dro a brynai'r tai dros ben yn ail gartrefi (gw. **Tai Haf**).

Roedd y lleihad yn y gweithlu amaethyddol yn cydgerdded â chynnydd nodedig mewn cynnyrch amaethyddol. Rhwng 1950 ac 1980 cynyddodd y nifer o ddefaid yng Nghymru o 3.8 i 8.2 miliwn. Yn 1950 prynodd y Bwrdd Marchnata Llaeth gyfanswm o 820 miliwn litr o laeth gan ei 30,000 o gyflenwyr yng Nghymru: yn 1980 dim ond 7,959 o gyflenwyr a oedd ar ôl, ond cynhyrchwyd 1,578 miliwn litr o laeth ganddynt. Yn 1980 nid oedd y nifer o hectarau lle plannwyd grawn ond dwy ran o bump o'r hyn ydoedd yn 1950, ond roedd y nifer o dunelli o rawn a gynaeafwyd wedi codi 43%.

Cafodd cynhyrchiant hwb mawr pan ymunodd Prydain, yn 1972, â Marchnad Gyffredin Ewrop, gyda'i Pholisi Amaethyddol Cyffredin hael. Daeth cost y polisi hwn dan y lach, yn enwedig wrth i'r mynyddoedd o gynnyrch grynhoi. Yn 1984 gorfodwyd cwotâu llym ar gynhyrchwyr llaeth, ergyd lem i ffyniant llawer ardal wledig, yn arbennig yn y de-orllewin. Effeithiwyd ar ffermwyr llaeth hefyd pan ddiddymwyd y Bwrdd Marchnata Llaeth; cwmni cydweithredol gorfodol oedd hwn yn ei hanfod, a'i fodolaeth fel petai'n groes i bwyslais yr Undeb Ewropeaidd ar gystadleuaeth, ac fe'i disodlwyd yn 1994 gan gwmni cydweithredol gwirfoddol, Milk Marque. Cyflwynwyd cyfyngiadau ar yr hawl i dderbyn cymorthdaliadau am ddefaid a gwartheg bîff,

Defaid ger fferm wynt Cefn Croes, Pontarfynach

ynghyd â thaliadau 'gosod o'r neilltu' (neilltir) am adael tir heb ei ddefnyddio. Roedd colledion economaidd oherwydd afiechydon anifeiliaid yn sylweddol: yn y fuches laeth (maint: 267,700 yn 2002) y prif broblemau oedd mastitis, anffrwythlondeb, cloffni ac afiechydon sy'n peri erthylu; yn y ddiadell ddefaid (maint: 10,050,000 yn 2002) y prif broblemau oedd clefyd y crafu, y clafr, clwy'r traed a llyngyr yr iau, ynghyd â chostau cynyddol triniaethau rhag llyngyr a brechiadau. Parodd ffermio dwys, a'i ddefnydd trwm o wrteithiau, plaleiddiaid a chwynleiddiaid, bryder cynyddol i amgylcheddwyr. Roedd yr amodau annaturiol y câi anifeiliaid eu cadw, eu bwydo a'u marchnata ynddynt yn ennyn gwrthdystio – ac roedd fel petai cyfiawnhad dros hynny wrth i stoc fynd yn ysglyfaeth i glefyd y gwartheg gwallgof (BSE), twymyn y moch a chlwy'r traed a'r genau, ac wrth i fwyd gael ei heintio ag e-coli a salmonela. Daeth teimladau gwrthffermwyr i'r amlwg, yn enwedig yn sgil y ddadl ynghylch **hela** llwynogod. Wrth i ffermwyr orfod cydymffurfio â lliaws o reoliadau ynghylch lles anifeiliaid a deddfau gwrthlygru cynyddol gaeth, daeth cadw cofnod o'u gweithgareddau yn fwy a mwy o faich, gyda llenwi ffurflenni yn ymddangos yn bwysicach na chrefft hwsmona. Daeth salwch o ganlyniad i straen yn gyffredin ymhlith ffermwyr, a bu cynnydd enbyd mewn hunanladdiad yn eu plith.

Ar ddechrau'r 21g., llwm i bob golwg oedd y rhagolygon i amaethyddiaeth Cymru. Y pumdegau hwyr oedd oedran cyfartalog ei ffermwyr, a chan fod eu meibion a'u merched yn gyndyn i ddilyn eu rhieni roedd y gymuned amaethyddol fel petai wedi ei thynghedu i grebachu ymhellach. Wrth i lefarwyr ar ran y lobi fwyd ddod fwyfwy o rengoedd rheolwyr yr archfarchnadoedd a bywyd dosbarth canol y trefi (llawer ohonynt yn hiraethu am oes aur yr hwsmyn llon na fu erioed), yn hytrach nag o blith eu cynrychiolwyr hwy, dechreuodd ffermwyr deimlo'n ddi-rym. Gan mai lleiafrif oeddynt, hyd yn oed mewn ardaloedd cwbl wledig, lleihaodd eu dylanwad gwleidyddol, a phrysurwyd hynny pan ddiddymwyd y **dosbarthau gwledig** yn 1974. Dechreuodd ffermwyr eu gweld eu hunain fel pobl dan warchae, yn cael eu cosbi am eu menter a'u dycnwch, a rhoesant fynegiant i'w pryderon trwy fudiadau fel y Gynghrair Cefn Gwlad.

Gan mai bychan yw cyfraniad amaethyddiaeth i'r Cynnyrch Mewnwladol Crynswth yng Nghymru, a chan fod cymorthdaliadau, er eu bod yn llai nag y buont, yn gost sylweddol, dadleua rhai y dylid troi cefn ar ffermio, o leiaf yn yr ardaloedd 'llai ffafriol' – er y byddai'r rhan fwyaf o sylwebyddion yn arswydo rhag yr anfadwaith cymdeithasol a diwylliannol y byddai hynny yn ei achosi.

Dadleua eraill fod dyfodol ffermio yng Nghymru yn dibynnu ar droi'n ôl at ddulliau mwy naturiol – a llafurddwys – o gynhyrchu bwyd. Mae a wnelo dadleuon o'r fath yn bennaf â ffermio organig ac â chynhyrchu bwydydd ar ffermydd i'w mân-werthu, sef y math o ffermio a oedd yn arferol ym mhobman yng Nghymru hyd o leiaf ddiwedd y 19g. Y fferm organig fodern gyntaf yng Nghymru oedd un Dinah Williams, a sefydlwyd yn Nôl-y-bont (**Genau'r-glyn** ger y **Borth**) yn 1948, menter a ddatblygodd yn ddiweddarach yn Rachel's Dairy. Yn 1999 galwodd **Cynulliad Cenedlaethol Cymru** am i 10% o amaethyddiaeth Cymru fod yn organig erbyn 2005, ac yn 2000 sefydlwyd Canolfan Organig Cymru yn Aberystwyth. Ar ddechrau'r 21g. roedd ffermio organig cofrestredig yn digwydd ar 35,000ha o dir Cymru, gwlad sy'n cynnwys 2,076,000ha. Roedd cynhyrchu bwyd ar y fferm i'w fân-werthu – cynnyrch 'gwerth ychwanegol' – wedi cael peth llwyddiant hefyd, gyda bri arbennig ar **gaws** fferm y de-orllewin.

Yn y drafodaeth ar ddyfodol amaethyddiaeth Cymru mae dau safbwynt arall yn amlwg. Honna'r rhai sy'n arddel y safbwynt cyntaf fod ffermwyr, er mai cynhyrchwyr bwyd ydynt, hefyd – a hynny'n bwysicach mewn rhai ardaloedd – yn warcheidwaid harddwch y tirwedd ac amrywiaeth bywyd gwyllt, ac y dylid rhoi cydnabyddiaeth deilwng i'w hymdrechion yn y maes hwnnw. Dylid felly, yn ôl y ddadl hon, ymwrthod â llawer o'r hyn y tybid yn yr 20g. ei fod yn weithgarwch blaengar – traenio gwlyptiroedd, er enghraifft, neu blannu gweiriau mwy cynhyrchiol yn lle glastiroedd naturiol yr ucheldir; yn wir, dylid gwrthdroi'r gweithgarwch hwnnw lle bynnag y bo modd. Dyna'r syniadaeth y tu ôl i gynllun Tir Cymen a'i olynydd, Tir Gofal, a geisiai gyflwyno strategaethau rheoli tir yn lle cymorthdaliadau cynhyrchu a hynny, fe dybid, er lles y gymuned yn gyffredinol.

Crynhoir yr ail safbwynt yn y dewis arall hwnnw y clywir cymaint sôn amdano: arallgyfeirio. Dylai ffermwyr – yn arbennig y rhai sy'n ffermio tiroedd 'llai ffafriol' – beidio â bod yn ffermwyr yn unig; gallent hefyd fod yn athrawon neu'n dele-fythynwyr neu'n gyfrifwyr, gan droi'n ôl at y cymunedau amaethyddol-ddiwydiannol a oedd unwaith yn niferus ar gyrion yr ardaloedd diwydiannol. Dylai ffermydd fod yn fwy na chanolfannau cynhyrchu bwyd yn unig; gallent hefyd gynnig gwely a brecwast, merlota, gwylio **adar**, safleoedd ar gyfer ffermydd gwynt a llu o brojectau eraill. Rhaid aros i weld ai anobaith sydd wrth wraidd awgrymiadau o'r fath – sydd at ei gilydd yn awgrymu mai'r dyfodol i amaethyddiaeth yw dychwelyd at ei gorffennol – neu a ydynt mewn gwirionedd yn cynnig gwir obaith i ddyfodol amaethyddiaeth Cymru.

## AMBROSIUS (Emrys Wledig; *fl.*5g.) Arweinydd gwleidyddol a milwrol

Yn ôl **Gildas**, roedd Emrys Wledig, neu Ambrosius Aurelianus, yn ddisgynnydd i deulu Rhufeinig amlwg. Ef, yn ôl y traddodiad Cymreig, a oedd yn gyfrifol am arwain y gwrthsafiad yn erbyn ymosodiadau'r **Eingl-Sacsoniaid**. Caiff ei gysylltu'n draddodiadol gyda Dinas Emrys (gw. **Beddgelert**).

## AMERIK (Ap Meurig neu A'Meryke), Richard (*fl.*1498) Swyddog tollau

Casglwr tollau cyfoethog ym Mryste a ddeuai o **Forgannwg** yn wreiddiol. Gweithredai Amerik fel cyfryngwr rhwng Harri VII, brenin **Lloegr**, a John Cabot pan oedd hwnnw wrthi'n anturio trwy arfordir dwyreiniol **Gogledd America** yn 1497–8. Mae rhai yn honni mai ar ei ôl ef y cafodd America ei henwi.

## AMFFIBIAID AC YMLUSGIAID

Mae chwe rhywogaeth o amffibiaid sy'n gynhenid i Gymru. Mae'r broga (llyffant melyn), y mwyaf cyffredin a'r un ehangaf ei ddosbarthiad, yn enwog am y clystyrau o grifft y mae'n eu gadael ar ei ôl yn y gwanwyn mewn pyllau, **llynnoedd** ac **afonydd** sy'n llifo'n araf. Mae lliw tywyll yr oedolyn yn ystod tywydd glawog neu'r wawr felen drawiadol sydd iddo yn ystod cyfnodau heulog yn cael ei ystyried yn arwydd tywydd dibynadwy adeg y cynhaeaf. Mae'r llyffant dafadennog, gyda'i groen sych, dafadennog, yn cyplu'n ddiweddarach yn y tymor, gan adael ar ei ôl stribedi hir o rifft mewn dŵr bas. Diflannodd llyffant y twyni – creadur llai, gyda streipen felen amlwg ar hyd ei gefn – o Gymru yn ystod y 1960au, ond ar ddechrau'r 21g. fe'i hailgyflwynwyd yn llwyddiannus i dwyni tywod yn **Sir y Fflint**. Y fadfall ddŵr gyffredin yw'r fadfall ddŵr fwyaf cyffredin yng Nghymru, yn arbennig yn ucheldiroedd y gorllewin. Mae'r fadfall ddŵr balmwyddog a'r fadfall ddŵr gribog yn llawer prinnach ac wedi'u cyfyngu i'r iseldiroedd a'r ardaloedd dwyreiniol.

Mae pum rhywogaeth o ymlusgiaid sy'n gynhenid i Gymru. Neidr y gwair yw'r fwyaf o'r ddau fath o nadroedd a geir yng Nghymru, ac mae'r neidr ddiniwed hon, sydd fel arfer tua 70–150cm o hyd, i'w chael yn eang trwy'r wlad. Mae ei chorff yn wyrdd tywyll gyda bariau fertigol du yn rhedeg ar hyd ei hochrau, ac fel arfer ceir coler felen amlwg o gwmpas ei gwddf. Y wiber yw'r unig neidr wenwynig yng Nghymru. Mae'n llwydfrown gyda marciau duon igamogam ar hyd ei chefn a ffurf 'V' ar ei phen; fel arfer mae'n 50–60cm o hyd, ac fe'i ceir mewn amrywiaeth mawr o gynefinoedd, yn arbennig mewn safleoedd glan môr. Anghyffredin yw i oedolyn iach farw ar ôl cael ei bigo gan wiber, er y gall wneud rhai pobl yn sâl. Mae tair rhywogaeth o fadfall (genaugoeg) yng Nghymru, sef y neidr ddefaid ddigoesau a'r fadfall gyffredin, sydd ill dwy wedi'u dosbarthu'n eang, a madfall y tywod sy'n brin iawn. Diflannodd madfall y tywod o Gymru tua diwedd yr 20g., ond yn 1995 fe'i hailgyflwynwyd yn llwyddiannus i gynefin cyfrinachol mewn twyni tywod yn y gogledd-orllewin.

## AMGOED Cwmwd

**Cwmwd** yn y **Cantref Gwarthaf**; ymddengys ei fod, yn wreiddiol, yn rhan o gwmwd **Peulinog**. Dyma, ymhen amser, fyddai rhan fwyaf gorllewinol **Sir Gaerfyrddin**. Mae'r enw wedi goroesi yn enw Henllan Amgoed (**Henllan Fallteg**).

## AMGUEDDFA [GENEDLAETHOL] CYMRU

Gellir olrhain dechreuadau Amgueddfa Genedlaethol Cymru yn ôl i'r 1880au ac at ymdrechion cymwynaswyr a gwladgarwyr i dynnu sylw'r **llywodraeth** at absenoldeb y fath sefydliad. Bu i'w hymdrechion ddwyn ffrwyth yn 1903 pan dderbyniwyd cynnig yn cymeradwyo creu sefydliad o'r fath gan Dŷ'r Cyffredin. Penderfynodd un o bwyllgorau'r Cyfrin Gyngor y dylid lleoli'r amgueddfa yng **Nghaerdydd**, a chafodd siarter frenhinol yn 1907. Ymatebodd Corfforaeth Caerdydd yn frwd, gan glustnodi safle ym **Mharc Cathays** y drws nesaf i Neuadd y Ddinas, a chyflwyno holl gasgliadau'r amgueddfa ddinesig i'r sefydliad newydd. Gosododd y Gorfforaeth ddimai ychwanegol ar y dreth er mwyn hyrwyddo gwaith yr Amgueddfa.

Bu datblygiad yr amgueddfa yn wahanol mewn sawl ffordd i ddatblygiad amgueddfeydd ac orielau eraill ym **Mhrydain** sy'n derbyn nawdd y wladwriaeth. Mae tri o'r gwahaniaethau hyn i'w priodoli i'r siarter wreiddiol: sef maint a natur wir gynrychioliadol Llys y Llywodraethwyr a'i adain weithredol, Cyngor yr Amgueddfa (o leiaf hyd at y siarter newydd a ddaeth i fod yn 1991); y pwyslais ar gysylltiadau clòs â chyrff addysgol; a'r ffaith fod disgwyl i'r amgueddfa fod yn gyfrifol am gasgliadau mewn amryfal feysydd sy'n cwmpasu'r celfyddydau gweledol, y dyniaethau, y gwyddorau a thechnoleg. Yn 1995 newidiwyd enw cyhoeddus y sefydliad i Amgueddfeydd ac Orielau Cenedlaethol Cymru er mwyn adlewyrchu'r amrywiaeth yn well; fe'i newidiwyd drachefn yn 2005 i Amgueddfa Cymru. Ymhlith y gwahaniaethau eraill y mae'r canghennau arbenigol o'r amgueddfa a sefydlwyd o 1921 ymlaen, y cynllun cyswllt rhwng yr amgueddfa ac amgueddfeydd lleol a ddaeth i fod yn 1923, Gwasanaeth Ysgolion yr Amgueddfa a sefydlwyd yn 1948 – y gwasanaeth cenedlaethol cyntaf o'i fath – a'r modd yr aed ati i raddol fabwysiadu polisi dwyieithog.

Penseiri o **Lundain**, Smith a Brewer, a baratôdd gynllun y prif adeilad ac fe'u dewiswyd o blith 130 o gystadleuwyr. Cafodd yr adeilad gorffenedig ei ddisgrifio fel yr un mwyaf boddhaol o holl adeiladau Parc Cathays ac fel enghraifft unigryw ymhlith amgueddfeydd o bwys o gynllunio deallus. Ymhlith hynodion yr adeilad y mae'r cyntedd mawr, a'r ffaith fod bron iawn cymaint o le wedi'i neilltuo ynddo ar gyfer y casgliadau ag a neilltuwyd ar gyfer yr orielau arddangos. O ganlyniad i broblemau ariannol, effeithiau'r ddau ryfel byd a'r angen i gyllido datblygiadau ar safleoedd eraill, araf fu'r gwaith ar y safle. Llofnodwyd y cytundeb adeiladu cyntaf yn 1911 ond ni chwblhawyd orielau'r clos mewnol hyd 1993. Enw'r brif amgueddfa hon bellach yw Amgueddfa Genedlaethol Caerdydd.

Mae'r adrannau curadurol cyntaf a grëwyd – **archaeoleg**, celfyddyd, botaneg, **daeareg** a swoleg – yn cynrychioli'r disgyblaethau amgueddfaol traddodiadol, ac maent hefyd yn cwmpasu pynciau amgueddfaol eraill megis nwmismateg, palaeobotaneg, mwyneg ac entomoleg. Oherwydd y gwahaniaethau mawr rhwng natur eu casgliadau, am gyfnod maith cafodd yr adrannau hyn eu rhedeg i bob

Amgueddfa Genedlaethol Caerdydd

pwrpas fel pedair amgueddfa ac oriel gelf a oedd ar wahân i'w gilydd. Yn ogystal â chasgliadau'r Amgueddfa, ceir cyfoeth o brintiau a lluniau yn **Llyfrgell Genedlaethol Cymru**.

Y canghennau arbenigol cyntaf oedd Tŷ Turner, **Penarth** – fe'i sefydlwyd gan **J. Pyke Thompson** yn 1888 er mwyn i'r cyhoedd weld ei gasgliad preifat o luniau – a ddaeth i feddiant yr amgueddfa yn 1921, a'r Amgueddfa Hynafiaethau (Amgueddfa Lleng Rufeinig Cymru bellach) ar safle lleng-gaer Isca, yng **Nghaerllion**, a gyflwynwyd i'r amgueddfa gan Gymdeithas Hynafiaethol Sir Fynwy a Chaerllion yn 1930. Yn 1937 daeth yr Amgueddfa Genedlaethol hefyd yn gyfrifol am y casgliadau yn yr amgueddfa fach ar safle caer Segontium, **Caernarfon**. Mewn gwirionedd, yr hyn a barodd yr ymehangu hwn i Gaerllion a Chaernarfon fu gwaith cloddio arloesol **Mortimer Wheeler**, gwaith y rhoed cychwyn arno yn Segontium.

Cynrychiolai'r ddwy adran guradurol nesaf a sefydlwyd ym Mharc Cathays ddisgyblaethau amgueddfaol newydd. Yn 1936 y ffurfiwyd y gyntaf, Diwylliant a Diwydiannau Gwerin – yr adran gyntaf o'i bath ym Mhrydain. Sefydlwyd yr ail adran, Diwydiant, yn 1959 a chwmpasai'r diwydiannau Cymreig arbennig hynny a grybwyllwyd yn y siarter wreiddiol. Bu'r ddwy adran yn gerrig sylfaen pwysig ar gyfer y datblygiadau pellgyrhaeddol yn **Sain Ffagan** (Caerdydd) o 1946 ymlaen, a Doc West Bute (Caerdydd) o 1977 ymlaen.

O'r 1910au ymlaen ystyriwyd cynlluniau i ehangu'r prif adeilad er mwyn cael gofod i bortreadu agweddau ar fywyd Cymru. Yn sgil ymweliadau, o 1909 ymlaen, ag amgueddfeydd gwerin awyr-agored Sgandinafia yr oedd patrwm sicr y gellid ei fabwysiadu. Yn 1946 derbyniodd yr amgueddfa Gastell Sain Ffagan, ynghyd â'i **erddi** a'i dir, yn rhodd gan drydydd iarll Plymouth (gw. **Windsor-Clive, Teulu**), a thrwy brynu'r parcdir cyfagos (32ha) llwyddwyd i ddatblygu amgueddfa werin awyr-agored; roedd y maenordy (16g.) hefyd yn fan addas i ddehongli agweddau ar fywyd tirfeddianwyr Cymru. Agorwyd Amgueddfa Werin Cymru yn 1948 (gw. Sain Ffagan).

Yr adran ddiwydiant a grëwyd yn 1959, ac a leolwyd yn yr adain orllewinol newydd yn 1966, oedd cnewyllyn yr Amgueddfa Diwydiant a Môr a sefydlwyd yn 1977. Bwriad yr amgueddfa oedd portreadu sut y bu i wahanol ddiwydiannau Cymru, dros gyfnod o oddeutu 200 mlynedd, sicrhau pŵer i yrru'r peiriannau a oedd yn angenrheidiol ar gyfer creu cynnyrch. I gychwyn, lleolwyd y datblygiad mewn adeilad brics coch gerllaw'r doc gorllewinol yng Nghaerdydd. Hwn oedd yr adeilad newydd cyntaf mewn ardal a fu'n dirywio

Amgueddfa Lechi Cymru, Llanberis

ers cyn yr **Ail Ryfel Byd**. Yn 1997, wedi i'r safle gael ei glustnodi gan Gorfforaeth Datblygu Bae Caerdydd ar gyfer datblygiad masnachol, fe'i gwerthwyd a defnyddiwyd peth o'r arian i greu canolfan gasgliadau ar gyfer yr amgueddfa ym Mharc Busnes Nantgarw (**Ffynnon Taf**). Mewn partneriaeth â Dinas a Sir **Abertawe** penderfynwyd creu amgueddfa a fyddai'n olynydd i'r hyn a geid yn Nhre-biwt. Ychwanegwyd adeilad newydd at Amgueddfa Diwydiant a Môr Abertawe, ac agorwyd Amgueddfa Genedlaethol y Glannau yn 2005.

Yn y 1970au crëwyd dwy gangen arall: Amgueddfa Chwarelyddol Gogledd Cymru (Amgueddfa Lechi Cymru bellach), a sefydlwyd yn hen weithdai trwsio a chynnal a chadw chwarel enfawr Dinorwig (**Llanddeiniolen**) a gafodd ei chau yn 1969; a'r Amgueddfa Wlân Genedlaethol (gw. **Gwlân**), a sefydlwyd yn adeiladau ffatri Cambrian, Drefach Felindre (**Llangeler**), yn 1976. Portreada'r Amgueddfa Lechi, a sefydlwyd ar y cyd â'r hen Gyngor Sir Gaernarfon, y Bwrdd Henebion (**Cadw** oddi ar 1984) a'r Amgueddfa Genedlaethol, agweddau ar hanes y mwyaf Cymreig o ddiwydiannau Cymru, a hynny yn yr ardal cynhyrchu **llechi** bwysicaf ym Mhrydain. Mae'r Amgueddfa Wlân yn cyflawni swyddogaeth debyg ar gyfer y mwyaf cyffredin o'r hen ddiwydiannau gwledig, ac mewn ardal lle bu'r diwydiant hwnnw gynt o bwys mawr. Er iddynt fod o dan ei hadain am gyfnodau, bellach nid yw'r Amgueddfa yn gyfrifol am y sefydliadau a ganlyn: Oriel Graham Sutherland, Castell Pictwn (**Slebets**) (1976–95); Yr Hen Gapel, Tre'r-ddôl (**Llangynfelin**) (1978–92); ac Oriel Eryri (1981–96; Amgueddfa'r Gogledd yn ddiweddarach), **Llanberis**.

Lleoliad cangen ddiweddaraf yr amgueddfa yw **Blaenafon**, o fewn ffiniau man a ddynodwyd yn un o Safleoedd Treftadaeth y Byd yn 2000. Yn 1981, yn dilyn trafodaethau a gynhaliwyd o 1975 ymlaen rhwng y **Bwrdd Glo Cenedlaethol**, yr Amgueddfa Genedlaethol, Bwrdd Croeso Cymru a rhai awdurdodau lleol, sefydlwyd Amgueddfa Lofaol Pwll Mawr (Big Pit: Amgueddfa Lofaol Cymru bellach). Roedd yr amgueddfa hon, a reolid gan fwrdd o ymddiriedolwyr, yn fenter fasnachol a derbyniodd nawdd sylweddol gan y Bwrdd Glo. Yn Chwefror 2001 trosglwyddwyd y gofal am y fenter i'r Amgueddfa Genedlaethol. Mae'r Pwll Mawr, a gyflogai 250 o ddynion pan gaeodd yn 1980, yn enghraifft nodweddiadol o un o byllau dwfn Cymru, ac mae ei hanes yn ymestyn yn ôl dros gyfnod o 200 mlynedd; yn 1860 y suddodd Cwmni Haearn a Glo Blaenafon siafft ar y safle, a hynny yng nghanol nifer o hen weithfeydd.

Agwedd sylfaenol ar swyddogaeth Amgueddfa Cymru ym mywyd diwylliannol y wlad yw'r gwahanol gasgliadau y mae hi'n eu diogelu er budd y genedl. Y casgliadau yw sylfaen ei chyfraniad i ysgolheictod a'i chyfraniad arbennig i fyd **addysg**, ac maent, wrth reswm, yn ffynhonnell mwynhad a gwybodaeth i'r cyhoedd. Rhoed llawer o'r casgliadau hyn yn rhodd i'r amgueddfa, ac maent wedi amrywio o ran eu maint o'r casgliad anarferol o fawr o oddeutu miliwn o gregyn molysgiaid a gyflwynwyd gan J. R. le B. Tomlin i wrthrychau unigol. Cofnodwyd miloedd o roddion bychain yn adroddiadau blynyddol yr amgueddfa. Mae nifer o'r rhoddion a dderbyniwyd o arwyddocâd rhyngwladol, yn eu plith casgliad Tomlin, gwaith rhai o'r argraffiadwyr Ffrengig o gymynroddion y chwiorydd Gwendoline a Margaret Davies (gw. **Davies, Teulu (Llandinam)**) – rhoddion a newidiodd yn sylweddol statws casgliadau celfyddyd yr amgueddfa – a ffotograffau cynnar iawn (1840–55) casgliad **John Dillwyn-Llewelyn** (gw. **Ffotograffiaeth**). Bu haelioni Cyfeillion yr Amgueddfa o gryn fantais hefyd; dyma gorff a sefydlwyd yn 1954 i godi arian ar gyfer prynu gwrthrychau o ddiddordeb arbennig.

Mae'r cynnydd ym maint ac amrediad y casgliadau, ynghyd â'r datblygiadau niferus yn yr wyth cangen, yn golygu bod Amgueddfa Cymru yn graddol ddatblygu'n ficrocosm o Gymru, gan adlewyrchu'r amrywiaeth sylweddol sy'n bodoli o fewn tiriogaeth gwlad gymharol fach.

Cyfarwyddwr cyntaf yr amgueddfa oedd **W. Evans Hoyle** (1908–24), ac fe'i dilynwyd gan Mortimer Wheeler (1924–6), Syr **Cyril F. Fox** (1926–48), **D. Dilwyn John** (1948–68), **G. O. Jones** (1968–77), Douglas A. Bassett (1977–85), David W. Dykes (1985–9), Alistair Wilson (1989–93), Colin Ford (1993–1998), Anna Southall (1998–2003) a Michael Houlihan (2003–).

Yn 2001–2 gwelwyd cynnydd o 87.8% yng nghyfanswm yr ymwelwyr â holl ganghennau'r Amgueddfa (1,430,428) a hynny yn sgil ailgyflwyno mynediad di-dâl yn Ebrill 2001. Yn 2005–6 cyfanswm yr ymwelwyr oedd 1,343,685.

## AMLWCH, Ynys Môn (1,819ha; 2,628 o drigolion)

Prif nodwedd y **gymuned** hon ar arfordir gogleddol **Môn** yw **Mynydd Parys**, mwynglawdd **copr** ar ffurf cyfres anhygoel o hafnau dwfn. Yn wir, mae'n rhyfeddod fod y darn helaethaf o dir diwydiannol diffaith yng Nghymru i'w gael nid ym maes **glo**'r de, ond yma yng ngogledd eithaf y wlad. Pentref pysgota oedd Amlwch yn wreiddiol ond erbyn 1801 hon oedd y chweched dref fwyaf ei maint yng Nghymru, a dyma pryd yr oedd cyfreithiwr lleol, **Thomas Williams** (1737–1802) o **Lanidan**, yn tra-arglwyddiaethu ar ddiwydiant copr y byd. Yn 1793 dechreuwyd datblygu harbwr a fyddai'n hwyluso allforio'r mwyn copr er mwyn ei fwyndoddi mewn mannau eraill. Ond ar ôl sefydlu gwaith smeltio yn y porthladd, dechreuwyd allforio'r metel ei hun. Wrth i'r gwaith cloddio ehangu datblygodd diwydiannau eraill, yn enwedig bragu, **adeiladu llongau** a phrosesu baco; roedd baco Amlwch yn dal yn boblogaidd ym Môn am ran dda o'r 20g. Ond daeth tro ar fyd. Daeth yn fwyfwy anodd cloddio'r mwyn a chystadlu â mwyn tramor rhatach; erbyn 1839 nid oedd mwynglawdd Mynydd Parys ond cysgod o'r hyn a fu. Aflwyddiannus fu'r ymdrechion diweddarach i adfywio'r diwydiant, ond yn sgil ailddechrau cloddio yn 2005 roedd gobaith y gellid rhoi hwb sylweddol i'r **economi** leol. Profodd Amlwch ffyniant byrhoedlog fel porthladd mewnforio **olew** yn sgil adeiladu Terfynfa Forwrol Shell yn 1973.

Ailadeiladwyd Eglwys Sant Elaeth yn 1800 i ymdopi â'r cynnydd yn y **boblogaeth** leol a oedd yn cynnwys nifer fawr o fwynwyr o **Gernyw**. Mae'r Dinorben Arms yn cadw'r cof am deulu Hughes, Barwniaid Dinorben, prif berchnogion Mynydd Parys (gw. **Abergele**). Cynlluniwyd yr eglwys Gatholig (1930au) ar ffurf cwch wyneb i waered. Mae Porth Llechog yn lle glan môr atyniadol. Yn rhyfedd iawn, enw'r math mwyaf adnabyddus o *Hoheria*, y llwyn hwnnw o **Seland Newydd**, yw 'Glory of Amlwch'.

## AMROTH, Sir Benfro (1,820ha; 1,243 o drigolion)

Mae glannau'r **gymuned** hon, yn union i'r gogledd-ddwyrain o **Saundersfoot**, yn cael eu herydu gan y môr; pan fo'r môr ar drai gellir gweld bonion coedwig suddedig Coetrath. Mae Eglwys Sant Elidyr, y mae ei chorff yn dyddio o'r 13g., yn cynnwys cofebau diddorol. Gerllaw saif Earwear, mwnt Normanaidd. Darparu llety gwyliau, bellach, y mae Castell Amroth, plasty castellog a godwyd *c.*1800. Mae gan Colby Lodge (1803) **erddi** deniadol sydd dan ofal yr **Ymddiriedolaeth Genedlaethol**. Ceir parc **adar** yn Stepaside. Ym mis Awst 1943 roedd **Winston Churchill** yn bresennol ar achlysur cynnal, yn Wiseman's Bridge, ymarfer ar gyfer y glaniad yn Normandi. Mae **Llwybr Arfordir Sir Benfro**, a agorwyd yn 1970, yn dechrau yn Amroth.

## ANDREWS, Elizabeth (1882–1960) Diwygwraig gymdeithasol

O blith y cant o arwyr Cymreig a ddewiswyd trwy bleidlais yn 2004, naw yn unig a oedd yn **fenywod**. Un ohonynt oedd Elizabeth Andrews, merch i löwr o'r **Rhondda**, y trydydd o blith un ar ddeg o blant. Daeth i amlygrwydd gyntaf fel un o'r *Suffragettes*, a gwnaeth enw iddi ei hunan ar gyfrif y dystiolaeth huawdl a roddodd i'r Comisiwn Brenhinol ar Lo (1919). Pwysleisiodd yn arbennig y pwysau a oedd ar fenywod y cymunedau glofaol oherwydd diffyg baddonau pen-pwll. Yn 1918 hi oedd y fenyw gyntaf i gael ei phenodi'n drefnydd ar ran y **Blaid Lafur** yng Nghymru, ac yn y blynyddoedd rhwng y ddau ryfel hi oedd yr ymgyrchwraig amlycaf yng Nghymru dros fuddiannau menywod. Er mai glendid yn y cartref oedd ei phrif flaenoriaeth, roedd hi'n weithgar hefyd mewn materion yn ymwneud â phlant, a hi a agorodd yr ysgol feithrin gyntaf yn y Rhondda yn 1938. Yn 2006 cyhoeddwyd casgliad o'i gwaith newyddiadurol o dan y teitl *A Woman's Work is Never Done*.

## ANDREWS, Solomon (1835–1908) Arloeswr cludiant a datblygwr eiddo

Solomon Andrews oedd un o entrepreneuriaid mwyaf llwyddiannus Cymru ddiwedd y 19g. Dechreuodd trwy bedlera ei felysion cartref ar hyd strydoedd **Caerdydd**, cyn iddo ddod yn arloeswr cludiant ac yn ddatblygwr eiddo. Roedd ei **fysiau** gyda'r cyntaf i deithio strydoedd Caerdydd ac, yn ddiweddarach, sefydlodd wasanaethau mewn mannau eraill, gan gynnwys **Llundain**, Portsmouth a Plymouth. Ceisiodd droi **Pwllheli** yn dref lan môr ffasiynol a budd-soddodd mewn gwelliannau yn **Abermaw**. Gwelir ei enw ar dŵr cloc marchnad Caerdydd.

## ANEIRIN neu NEIRIN (*fl.* ail hanner y 6g.) Bardd

Un o'r **Cynfeirdd** oedd Aneirin, ac fel ei gyfoeswr, **Taliesin**, fe'i lleolir gan awdur ***Historia Brittonum*** (*c.*830) yn yr **Hen**

**Ogledd**. Iddo ef y priodolwyd cyfansoddi '**Y Gododdin**'. Ymddengys fod traddodiadau wedi tyfu amdano yn ystod yr Oesoedd Canol, ond nid oes tystiolaeth eu bod wedi datblygu'n chwedl fel yn achos Taliesin.

## ANGLE, Sir Benfro (1,224ha; 281 o drigolion)

Lleolir y **gymuned** hon ar lan ddeheuol ceg moryd Aberdaugleddau (gw. **Aberdaugleddau, Dyfrffordd**). Ar hyd y ffordd rhwng Bae West Angle a Bae Angle ceir cyfres o fythynnod lliwgar. Cromlech o'r Oes Neolithig (gw. **Oesau Cynhanesyddol**) yw Devil's Quoit. Yn Eglwys y Santes Fair, a adferwyd yn helaeth yn y 1850au, ceir cofebau o'r 17g. a'r 18g., a chapel i bysgotwyr a godwyd yn 1447. Mae'r Hen Reithordy yn enghraifft dda o dŷ caerog canoloesol. Mewn cyfrol a gyhoeddwyd ganddo yn 1984, nododd Dillwyn Miles iddo weld tân cwlwm yn nhafarn Point Inn nad oedd wedi'i ddiffodd ers canrif. Mae'r ddwy gaer o'r 19g. yn enghreifftiau diddorol o Ffoleddau Palmerston (gw. **Palmerston, Ffoleddau**). Trowyd honno ar Ynys Thorn (1852–4) yn westy na ellir ei gyrraedd ond ar gwch y perchennog; er ei fod wedi'i gau, bwriedir ei adnewyddu a'i ailagor yn y dyfodol. Bu Caer Popton (1859–72) yn ganolfan reoli leol BP ac yn ganolfan astudiaethau maes, ond mae'n wag bellach. Ceir hefyd Gaer Chapel Bay (1890), lle defnyddiwyd concrid mewn modd dyfeisgar.

## ANGLICANIAID

Sicrhaodd trefniant crefyddol Elizabeth I yn 1558–62 mai Eglwys Loegr fyddai'r unig ffurf swyddogol-gydnabyddedig ar **grefydd** yn **Lloegr** a Chymru. Yn **Saesneg** dechreuwyd galw aelodau'r Eglwys yn *Anglicans* o'r 17g. ymlaen, ond i'r 20g. y perthyn y ffurf **Gymraeg** gyfatebol. Eglwys esgobol ydyw a'i chyfundrefn yn seiliedig ar y plwyf (gw. **Plwyfi**). Mae'n ymwrthod ag awdurdod y Pab ac yn ymwrthod hefyd ag athrawiaeth y trawsylweddiad. Er bod Anglicaniaeth yn cael ei hystyried yn ffordd ganol rhwng Protestaniaeth ac Eglwys Rufain, un o greadigaethau'r **Diwygiad Protestannaidd** oedd Eglwys Loegr yn sicr.

O'r 16g. hyd ddechrau'r 19g. yr Eglwys Anglicanaidd oedd cartref ysbrydol y mwyafrif helaethaf o Gymry, a'r eglwys, heb unrhyw amheuaeth, oedd y sefydliad pwysicaf yng Nghymru am yn agos i chwarter mileniwm. Erbyn 1676 prin 4% o drigolion y wlad a'u hystyriai eu hunain naill ai'n **Gatholigion Rhufeinig** neu'n Anghydffurfwyr (gw. **Anghydffurfiaeth**), ac er gwaethaf teyrngarwch y **merthyron Catholig** a rhai teuluoedd bonheddig i Rufain, enynnodd Eglwys Loegr – a ystyrid yn gyffredin fel ailymgorfforiad o 'Hen Eglwys' gysefin y Cymry – wir deyrngarwch trwch y boblogaeth. Ymhellach, roedd i lafur rhai o offeiriaid yr Eglwys, **William Morgan** a'i **Feibl**, a **Griffith Jones** a'i **ysgolion cylchynol**, ran arwyddocaol yn hanes y genedl. Er hynny, erbyn canol y 18g. roedd haenau uchaf clerigwyr yr Eglwys ymron oll yn ddi-Gymraeg, ac yn y cyfnod 1714–1870 ni ddyrchafwyd yr un Cymro Cymraeg yn esgob. Rhoes hynny fod i'r syniad mai Eglwys *Loegr* yn wir oedd yr eglwys Anglicanaidd heb iddi wir berthynas â Chymru.

Cafodd yr Anghydffurfwyr rym adnewyddol yn sgil y **Diwygiad Methodistaidd** a chynyddwyd eu rhengoedd yn ddirfawr yn 1811 pan gefnodd y **Methodistiaid Calfinaidd** ar Eglwys Loegr. Erbyn canol y 19g. un o bob pump o'r rhai a fynychai le o addoliad a âi i'r Eglwys. Gyda'r Anglicaniaid bellach yn lleiafrif daeth statws yr Eglwys fel eglwys swyddogol Cymru o dan warchae a thyfodd **datgysylltu** yn bwnc llosg. A hwythau'n arswydo rhag 'Pabyddiaeth', bu'r symudiad oddi mewn i'r Eglwys tuag at Ucheleglwysyddiaeth (gw. **Mudiad Rhydychen**) yn dân pellach ar groen yr Anghydffurfwyr.

Wynebodd yr Eglwys Anglicanaidd her Anghydffurfiaeth gyda phenderfyniad. Codwyd eglwysi newydd a sefydlwyd cannoedd o ysgolion elfennol. Aeth ati hefyd i newid ei threfniadaeth fewnol ac i daflunio delwedd fwy Cymreig ohoni ei hun. Fodd bynnag, yn y frwydr fawr yn erbyn datgysylltu dilynodd ei harweinwyr strategaeth orymosodol. O ganlyniad, surwyd agweddau lawer ar y bywyd Cymreig. Ar ôl datgysylltu'r Eglwys Anglicanaidd yng Nghymru yn 1920 daeth yr **Eglwys yng Nghymru** i fod. Yn hytrach na bod yn bedair esgobaeth oddi mewn i archesgobaeth Caergaint, cafodd Cymru ei harchesgob ei hun a daeth yn dalaith hunanlywodraethol oddi mewn i'r Cymundeb Anglicanaidd (gw. hefyd **Esgobaethau**).

## ANHUNIOG Cwmwd

Ymestynnai Anhuniog, un o'r deg **cwmwd** yng **Ngheredigion**, o **Aeron** isaf i Wyre isaf. Tir Annun (benthyciad o'r Lladin *Antonius*) yw ystyr yr enw, a sillefir weithiau fel Haminiog.

## ANIAN (Einion; m.1306?) Esgob

Ac yntau'n esgob **Bangor** o 1267 ymlaen, cefnogodd Anian Edward I yn ei ryfeloedd â **Llywelyn ap Gruffudd** yn 1277 ac 1282, a daeth stadau a breintiau i'w ran yn wobr. Hyrwyddodd Anian ddiwygiadau eglwysig mewn synod ym Mangor yn 1291.

## ANIAN II (*fl.*1250au–93) Esgob

Roedd Anian II, a elwir felly er mwyn gwahaniaethu rhyngddo ac un o esgobion cynharach **Llanelwy**, yn esgob yno rhwng 1268 ac 1293. Daeth yn un o wrthwynebwyr **Llywelyn ap Gruffudd**, a ymyrrodd â breintiau'r esgob er mwyn codi arian i dalu telerau **Cytundeb Trefaldwyn** (1267). Galwodd Anian synod a chyhoeddi *gravamina* (rhestr o gwynion) yn erbyn y tywysog. Ac yntau eisoes dan bwysau gwleidyddol, bu'n rhaid i Lywelyn ildio. Mae'n bosibl fod Anian wedi bod yn rhan o gynllwyn yn 1282 i ladd Llywelyn. Yn ystod rhyfel 1282–3 dinistriwyd Eglwys Gadeiriol Llanelwy gan filwyr **Lloegr**, a esgymunwyd gan Anian. Am ddwy flynedd, ystyriai Edward I yr esgob yn *persona non grata.* Ymddengys fod Anian yn hyddysg yng **nghyfraith** frodorol Cymru, gan fod ei enw'n ymddangos yn un o lawysgrifau traddodiad Iorwerth (gw. **Iorwerth ap Madog**). Yn ei ewyllys, gadawodd yr esgob eitemau litwrgïaidd a gyr o 300 o **wartheg** i'w eglwys gadeiriol.

## ANNIBYNWYR

Eglwysi Cristnogol sy'n credu eu bod yn gyfrifol gerbron Duw am eu llywodraeth eglwysig eu hunain, heb unrhyw ymyrraeth gan na llywodraeth sifil nac awdurdod eglwysig allanol. Dechreuodd syniadau o'r fath ymddangos yn **Lloegr** yn sgil y **Diwygiad Protestannaidd**, ac ymledu i Gymru yn yr 17g. Er mai **John Penry** a ystyrir fel y Cymro cyntaf i gofleidio egwyddorion Annibyniaeth, ni sefydlwyd eglwys Annibynnol yng Nghymru hyd 1639, a hynny yn **Llanfaches**, gan William Wroth, **William Erbery** a **Walter Cradoc**. Ceisiodd y **Werinlywodraeth** (1649–60) annog ffurfio eglwysi annibynnol, ond yn dilyn Adferiad y Stiwartiaid bu erlid trwm ar yr Annibynwyr. Daeth y Ddeddf Goddefiad (1689) â rhyw gymaint o ryddid i'w rhan. Ar ddechrau'r **Diwygiad Methodistaidd** ceisiodd rhai fel **Edmund Jones, Pont-y-pŵl**, a Henry Davies (1696–1766), **Blaen-gwrach**, lywio peth o'r brwdfrydedd newydd i gyfeiriad eu pobl eu hunain, ond oherwydd nad oedd Annibyniaeth a Methodistiaeth yn rhannu'r un anian, methiant fu'r ymdrech. Erbyn diwedd y 18g., fodd bynnag, roedd yr Annibynwyr yn drwm dan effaith ysbryd y diwygiad, a hyder newydd yn nodweddu eu holl weithgarwch.

Cyfnod o gynnydd fu'r 19g., gyda'r Annibynwyr yn cyfrannu'n helaeth at frwdfrydedd crefyddol, gwleidyddol a chymdeithasol yr oes. Ymhlith eu cewri gellid rhestru **William Williams** o'r Wern (1781–1840), **Samuel Roberts** a'i frodyr, **David Rees** (1801–69), **William Rees** (Gwilym Hiraethog; 1802–83) a **Michael D. Jones** (1822–98). O'u cymharu â'r **Methodistiaid Calfinaidd**, araf oedd y rhain i fynd ati i gyfundrefnu eu heglwysi – pwnc yr oedd gan Michael D. Jones deimladau cryf yn ei gylch. Ffurfiwyd y Congregational Union of England and Wales yn 1832, ond bu'n rhaid disgwyl hyd 1872 i gael corff cyfatebol i Gymru, sef Undeb yr Annibynwyr Cymraeg a sefydlwyd yng **Nghaerfyrddin**. Erbyn hynny, amcangyfrifir fod dros 900 o eglwysi Annibynnol yng Nghymru, a thua 89,000 o aelodau yn perthyn iddynt.

Parhaodd y cynnydd yn negawdau cyntaf yr 20g., gan gyrraedd uchafbwynt o 175,000 yn 1933. Yna, dechreuodd y dirywiad mawr. Er hynny, roedd gan yr Annibynwyr eu cewri o hyd: **Pennar Davies** ac **R. Tudur Jones** ymhlith y diwinyddion, a **Gwynfor Evans** a'r canwr Dafydd Iwan ymhlith yr ymgyrchwyr gwleidyddol.

Ymunodd llawer o'r eglwysi Saesneg â'r Eglwys Ddiwygiedig Unedig pan ffurfiwyd honno yn 1972. Erbyn 2007 roedd llai na 500 o eglwysi yn perthyn i Undeb yr Annibynwyr Cymraeg, a'r aelodaeth wedi disgyn i oddeutu 35,000.

## ANNWFN neu ANNWN

Enw yw Annwfn ar Fyd Arall y **Celtiaid** (synnir am y byd hwn yn ogystal, ar brydiau, fel ynys neu **ynysoedd** rywle tua'r gorllewin: gw. **Ynys Afallon**). Mae dwy elfen i'r gair: *an-* (sydd un ai'n negydd neu'n golygu 'i mewn') a *dwfn* sy'n golygu 'byd'. Gall Annwfn olygu 'na-fyd', lle gwahanol i'r byd hwn, neu 'y byd mewnol' (neu 'danddaearol'). Mae'n anodd iawn ei leoli, ond mae yno, efallai, fodau goruwchnaturiol a meirwon. Mewn gwirionedd, dimensiwn arall, hudol ydyw, ac iddo agwedd ddymunol ac annymunol. Gyda dyfod Cristnogaeth daeth Annwn yn enw am Uffern.

## ANTERLIWT

Daw'r gair 'anterliwt' o'r **Saesneg** *interlude* ac fe'i harferir am fath o ddrama fydryddol a fu'n boblogaidd, yn bennaf yn y gogledd-ddwyrain, rhwng yr 17g. a dechrau'r 19g. Cyflwynid yr anterliwtiau yn yr awyr agored, ar drol neu lwyfan dros dro, gyda'r lleiafswm o adnoddau. Dynion oedd yr actorion i gyd, cwmnïau o lanciau cefn gwlad yn ennill ychydig arian trwy godi ceiniog am weld y ddrama, a gwerthu copïau ohoni hefyd. Cadwyd 44 o anterliwtiau, mewn copïau llawysgrif a phrint.

Mae pob anterliwt yn cynnwys stori am Ffŵl yn twyllo Cybydd, ac ochr yn ochr â honno rhed stori arall, a all fod o darddiad chwedlonol, Beiblaidd neu gyfoes. Ceir mewn rhai anterliwtiau ddychan gwleidyddol neu gymdeithasol, ac weithiau alegori, ac mae bron bob un ohonynt yn cynnwys cynghori moesol a duwiol; ar yr un pryd mae ynddynt ddigrifwch bras.

Twm o'r Nant (**Thomas Edwards**; 1739–1810) a ystyrir yn bencampwr yr anterliwt a hynny ar sail ei ddychan a'i sylwadaeth, ei ddialog byw a'i ganeuon crefftus. Ond mae awduron eraill y talai ailedrych ar eu gwaith. Yn anterliwt *Y Rhyfel Cartref* rhydd **Huw Morys** grynodeb cyflym, bachog a chwbl unochrog o holl hynt y gwrthdaro rhwng y Senedd a'r brenin. Yn *Y Capten Ffactor* a *Histori'r Geiniogwerth Synnwyr* adrodda Huw Jones (m.1782) o **Langwm** (**Sir Ddinbych**) yn effeithiol iawn straeon poblogaidd a geid ym mân lyfrynnau'r dydd. Gyda'i gyfaill Siôn Cadwaladr (*fl.*1760) lluniodd fersiwn gwreiddiol a chreadigol o *Hanes y Brenin Dafydd*. Mentrodd Edward Thomas yr un modd gyda stori Cwymp Dyn. Dychan creulon ar y diwygwyr Methodistaidd cynnar yw *Ffrewyll y Methodistiaid* gan William Roberts (*fl.*1745). Awduron nodedig eraill yw Jonathan Hughes (1721–1805), Richard Parry (m.1746) ac **Elis Roberts** (Elis y Cowper). (Gw. hefyd **Drama**.)

## ANTHONY, Jack (John Randolph Anthony; 1890–1954) Joci a hyfforddwr

Mab fferm o Gilfelgi, Saint Ishel, **Saundersfoot** oedd Anthony a ddechreuodd ei yrfa rasio trwy farchogaeth **ceffylau** ei dad mewn rasys 'o fan i fan' a digwyddiadau lleol eraill. Aeth ymlaen i ennill y Grand National yn 1911, 1915 ac 1920, y flwyddyn y trodd yn broffesiynol. Bu'n bencampwr y jocis yn 1922 ac yn ail ddwywaith yn y Grand National (1925, 1926). Hyfforddodd ddau o enillwyr Cwpan Aur Cheltenham (1929 ac 1930). Roedd ei frodyr hŷn, Ivor (1883–1959) ac Owen (m.1941), hefyd yn jocis a hyfforddwyr llwyddiannus; roedd Ivor yn marchogaeth yn broffesiynol pan ddaeth yn bencampwr y jocis yn 1912.

## ANTIFFONARI PEN-PONT

Llawysgrif o **gerddoriaeth** eglwysig o'r 14g. yw hon. Credir mai dyma'r llawysgrif gynharaf o gerddoriaeth i'w llunio yng Nghymru gan Gymry. Fe'i darganfuwyd ym mhlasty Pen-pont (y **Trallwng, Sir Frycheiniog**).

## ANWYL, Edward (1866–1914) Ysgolhaig

Ac yntau'n ddisgybl i **John Rhŷs** yn **Rhydychen**, penodwyd Edward Anwyl yn Athro'r **Gymraeg** yng Ngholeg Prifysgol Cymru, **Aberystwyth**, yn 1892, ac yn 1905 daeth hefyd yn Athro ieitheg yno. Cyhoeddodd yn helaeth ar waith y Tadau Eglwysig, hanes yr **Eglwys Geltaidd**, **diwinyddiaeth** ac **athroniaeth**, ond i hanes **llenyddiaeth** Gymraeg y gwnaeth ei gyfraniad pennaf. Deil ei waith arloesol, cytbwys ar grefydd y **Celtiaid**, y **Mabinogion** a'r **Gogynfeirdd** yn werth ei ddarllen. Fel gramadegydd, roedd ei ymgais i ddwyn yr iaith lafar a'r iaith ysgrifenedig yn nes at ei gilydd yn gwrthgyferbynnu â safbwynt dogmatig a cheidwadol **John Morris-Jones**. Brodor o Gaer ydoedd, a brawd iddo oedd J. Bodvan Anwyl (gw. **Geiriaduraeth**). Yn 1913 fe'i penodwyd yn brifathro cyntaf Coleg Hyfforddi **Caerllion**, ond bu farw cyn ymgymryd â'r swydd.

## APPERLEY, Charles James (Nimrod; 1779–1843) Gohebydd rasys ceffylau ac awdur

Bu'r gŵr hwn, a aned ym Mhlas Gronow, **Esclusham**, yn

Archaeoleg a hynafiaetheg: caeau canoloesol North Hill, Angle, Sir Benfro

ysgrifennu am flynyddoedd, dan y ffugenw Nimrod, i *The Sporting Magazine*, gan dreblu cylchrediad y cylchgrawn. Cyhoeddodd hefyd ddeg llyfr am **hela** a marchogaeth, gan gynnwys *Nimrod's Hunting Tours* (1835), *The Life of a Sportsman* (1842) a *Hunting Reminiscences* (1843). O 1813 hyd ei farw roedd yn byw yn Llanbeblig (**Caernarfon**).

## 'AR HYD Y NOS' Alaw

Alaw boblogaidd ar gyfer y **delyn**. Fe'i cyhoeddwyd gyntaf gan **Edward Jones** (1752–1824) yn *Musical and Poetical Relicks of the Welsh Bards* (1784), ac fe'i cenir yn aml gyda'r geiriau 'Holl amrantau'r sêr ddywedant' gan **John Ceiriog Hughes**.

## ARAN FAWDDWY ac ARAN BENLLYN Mynyddoedd

Ac eithrio prif fynyddoedd **Eryri**, Aran Fawddwy (907m; **Mawddwy**), yr amlycaf o ddigon o'r copaon ar y wahanfa ddŵr rhwng dyffrynnoedd **Dyfrdwy** a **Dyfi**, yw mynydd uchaf Cymru. I'r gogledd-ddwyrain ohoni saif Aran Benllyn (884m; **Llanuwchllyn**), sy'n edrych draw i gyfeiriad Llyn Tegid. Mae'r naill fynydd a'r llall yn dwyn olion trawiadol erydiad rhewlifol, sef clogwyni talsyth, cribau, a pheirannau ac ynddynt **lynnoedd** bach dwfn, megis Llyn Lliwbran a Chreiglyn Dyfi, ynghyd â nentydd serth, fel Camddwr a Llaethnant. Ar ddiwrnod clir, mae'r olygfa o Aran Fawddwy yn ymestyn o'r **Wyddfa** i **Fannau Brycheiniog**. Yn wir, o'r copa hwn, yn anad unman arall yng Nghymru, caiff cerddwyr yr argraff fod modd gweld y wlad yn ei chyfanrwydd. Y daith i lawr i Gwm Cywarch, gan ddilyn dyfroedd brochus Camddwr, yw un o ogoniannau tirwedd Cymru (gw. **Tirffurfiau, Tirwedd a Thopograffeg**).

## ARBERTH, Sir Benfro (1,286ha; 2,358 o drigolion)

Mae'r **gymuned** hon, tua 16km i'r gogledd o **Ddinbych-y-pysgod**, yn cyffwrdd â ffin **Sir Benfro–Sir Gaerfyrddin**. Crybwyllir Arberth yn ail frawddeg cainc gyntaf y Mabinogi (gw. **Mabinogion**) fel un o brif lysoedd **Pwyll**, arglwydd saith cantref Dyfed (gw. **Cantref** a **Dyfed**). Sonnir gyntaf am Gastell Arberth yn 1116 pan ymosodwyd arno gan **Gruffudd ap Rhys ap Tewdwr**. Pan oedd yn un o arglwyddiaethau'r **Mers**, roedd Arberth yn cynnwys cwmwd **Efelffre** yn ogystal â rhan ddwyreiniol cantref **Penfro**. Yn y 13g. daeth i feddiant teulu **Mortimer**, ac yna fe'i trosglwyddwyd i deulu **York** ac wedyn i'r Goron. Mae gwaith diweddar ar y castell wedi profi ei fod yn adeilad mwy sylweddol nag a dybiwyd gynt. Yn Eglwys Sant Andreas (1881 yn bennaf) mae'r tŵr yn dyddio o'r Oesoedd Canol diweddar. Ceir yn y dref nifer o dai Sioraidd deniadol, sawl capel mawr (yn enwedig y Tabernacl, 1858, a Bethesda, 1889), neuadd y dref hardd (*c.*1835, 1880) a Chanolfan Ymwelwyr y Landsger. Bu Arberth yn enw ar **hwndrwd** yn y cyfnod wedi'r **Deddfau 'Uno'** ac ar ddosbarth gwledig (gw. **Dosbarthau Gwledig**). Bu'r dref yn rhan o etholaeth Bwrdeistref **Hwlffordd** rhwng 1832 ac 1885 ac yn rhan o etholaeth Bwrdeistrefi Penfro o 1885 hyd 1918.

## ARCHAEOLEG A HYNAFIAETHEG

O ***Historia Brittonum*** yn y 9g. hyd at ddychmygion Iolo Morganwg (**Edward Williams**) yn y 18g. ac i'r cyfnod presennol, cafwyd ymdrechion lu i ddehongli henebion Cymru. Ceisiodd hynafiaethwyr eu dehongli yn unol â chronoleg y **Beibl**, a'u cysylltu ag amryfal arwyr lled chwedlonol, fel **Caradog** ac **Arthur**. O'r 16g. ymlaen, rhoed gogwydd mwy gwyddonol i'r diddordeb hwn trwy waith hynafiaethwyr

Cymreig fel **Humphrey Lhuyd** o **Ddinbych**, **George Owen** o Henllys (**Nyfer**) a **Rhys Meurug** o'r Cotrel (**Sain Nicolas**), a hynafiaethwyr Seisnig fel **John Leland**. Roedd gan yr ysgolheigion hyn, yn ogystal, ddiddordeb ysol mewn agweddau eraill ar hanes y wlad, yn arbennig mewn **herodraeth**, **achyddiaeth** a thraddodiadau gwerin.

Tynnodd hynafiaethwyr a thopograffwyr diweddarach ar waith eu rhagflaenwyr. Y blaenaf yn eu plith oedd y polymath **Edward Lhuyd**, un o brif sylfaenwyr y traddodiad o gofnodi mewn gair a llun henebion pwysicaf y wlad, traddodiad a arweiniodd at waith **Thomas Pennant** yn ei gyfrolau ar ei deithiau (1778, 1781). Pennant oedd un o'r rhai cyntaf i gomisiynu peintiadau a chynlluniau o henebion Cymreig gan artistiaid megis **Moses Griffith**. Bras gyfoeswyr i Pennant oedd y topograffwyr hynafiaethol a aeth ati i gofnodi hanes **siroedd** Cymru, yn eu plith **Theophilus Jones** (**Sir Frycheiniog**), Samuel Rush Meyrick (**Sir Aberteifi**), **David Williams** (**Sir Fynwy**), **Benjamin Heath Malkin** (**Sir Forgannwg**) a Jonathan Williams (**Sir Faesyfed**).

Yn ail hanner y 19g. daeth astudiaethau hynafiaethol fwyfwy o dan ddylanwad theorïau yn ymwneud â bywydeg a **daeareg**. Bu theori Darwin ynglŷn ag esblygiad, a damcaniaeth Lyell ynglŷn â dilyniant daearegol, yn hynod ddylanwadol, gan eu bod yn awgrymu bod dyn, a dechreuadau'r ddaear, yn anhraethol hŷn na'r hyn a geir yng nghronoleg y Beibl. Ymhellach, mae'r ddamcaniaeth am ddilyniant stratigraffyddol yr un mor berthnasol i archaeoleg ag ydyw i ddaeareg. Ar sail dadansoddiad o arteffactau, dechreuwyd synio am gynhanes fel tri chyfnod pan roddid blaenoriaeth yn eu tro i'r defnydd o garreg, efydd a **haearn** (gw. hefyd **Oesau Cynhanesyddol**: Oes Balaeolithig, Oes Neolithig, Oes Efydd ac Oes Haearn). Mae'r cyfnodau hyn yn dal yn berthnasol i astudiaethau archaeolegol, er bod modd bod yn llawer iawn mwy pendant, bellach, gyda dyfodiad technegau dyddio absoliwt.

Cyfrannodd gwaith cloddio yng Nghymru at y darlun a oedd yn graddol ymffurfio o gymunedau dynol cynnar, yn enwedig at ddealltwriaeth o'r cyfnod Palaeolithig. Wrth gloddio ym Mhen-y-fai neu Paviland (**Rhosili**, **Gŵyr**) yn 1823, darganfu William Buckland yr hyn a ystyrir gan archaeolegwyr modern yn fedd ogof a berthyn i gyfnod diweddar yr Oes Balaeolithig; dyddir y gweddillion i 24,000 CC. Yn y 1860au bu'r daearegwr **Boyd Dawkins** yn cloddio'n helaeth yn **Sir Ddinbych**, a darganfu safle Palaeolithig pwysig yn ogof Bont Newydd yn Nyffryn Elwy (gw. **Cefn Meiriadog**). Cyfrannodd ei ddehongliadau ef o'i ddarganfyddiadau yn helaeth nid yn unig at y drafodaeth ar israniadau'r cyfnod Palaeolithig, ond hefyd at dderbyniad cyffredinol y gred yn hynafiaeth dynolryw.

Hynod amrwd oedd technegau cloddio'r hynafiaethwyr cynnar. Hyd at ddiwedd y 19g., dim ond y **boneddigion** a oedd â'r modd a'r amser i archwilio'r henebion, a oedd yn aml wedi'u lleoli ar eu stadau hwy eu hunain. Dau a berthynai i'r categori hwn oedd **Richard Fenton** yn **Sir Benfro** a W. O. Stanley (1802–1884) ym **Môn**. Parhaodd yr agwedd anwyddonol hon at gloddio ymhell i'r 20g., fel y dengys gwaith ar safleoedd Rhufeinig megis **Caerhun**, Caer Llugwy (**Capel Curig**), **Gelli-gaer** a **Chaer-went** (gw. hefyd **Rhufeiniaid**).

Eto i gyd, chwaraeodd y traddodiad hynafiaethol ran bwysig yn nechreuadau archaeoleg yng Nghymru. Dau o'r nifer o glerigwyr dysgedig a fu'n weithgar yn y maes oedd **John Williams** (Ab Ithel; 1811–62) a **H. Longueville Jones**. Hwy a aeth ati yn 1847 i sefydlu **Cymdeithas Hynafiaethau Cymru**. Ymgorfforai'r ddau y tensiwn rhwng y gwahanol agweddau a oedd yn eu hamlygu eu hunain, gydag Ab Ithel yn perthyn i'r hen draddodiad o hynafiaethwyr, a'i frwdfrydedd weithiau'n drech na'i wybodaeth, a H. Longueville Jones yn ymagweddu'n fwy gwyddonol at y gwaith. Y meddylfryd a gynrychiolid gan yr olaf a orfu, datblygiad a atgyfnerthwyd gan waith y gymdeithas, wrth iddi drefnu gwaith cloddio a chyhoeddi adroddiadau arnynt yn ei chylchgrawn, *Archaeologia Cambrensis* (1846–). Mae **cylchgronau** eraill, rhai'r **cymdeithasau hanes** sirol yn arbennig, hefyd yn cyhoeddi adroddiadau o'r fath; ymhellach, maent yn cynnal brwdfrydedd haneswyr lleol – yr etifeddion i draddodiad hynafiaethol clodwiw Cymru.

Roedd sefydlu **Amgueddfa [Genedlaethol] Cymru** yn 1907 yn gam pwysig o ran meithrin arbenigedd pellach yn y maes. **Mortimer Wheeler**, ceidwad archaeoleg yr amgueddfa (1920–4), a'i chyfarwyddwr (1924–6), a gyhoeddodd yr arolwg safonol cyntaf o archaeoleg Cymru. Mynnodd fod pob gwaith cloddio yn cwrdd â'r safonau uchaf a bod adroddiadau arnynt yn cael eu cyhoeddi'n ddi-oed. Ef a ddyfeisiodd y dull bocs o gloddio er mwyn sefydlu dilyniant stratigraffyddol y safle – dull a ddefnyddiwyd ganddo yn ei archwiliadau meistrolgar yn Segontium (**Caernarfon**) a **Chaerllion**. Dilynwyd ei ddysgeidiaeth gan ei olynwyr yn yr Amgueddfa Genedlaethol, yn enwedig **W. F. Grimes**, **V. E. Nash-Williams** a **Cyril Fox**.

Mortimer Wheeler oedd y cyntaf i ddarlithio ar archaeoleg ym **Mhrifysgol Cymru**, a hynny yng Ngholeg **Caerdydd**. Sefydlwyd adran archaeoleg yn y coleg, cam a ddilynwyd yn ddiweddarach ym **Mangor** a **Llanbedr Pont Steffan**. Bellach, derbynnir fod archaeoleg nid yn unig yn ddisgyblaeth academaidd yn ei hawl ei hun, ond fod ganddi hefyd gyfraniad pwysig i'w wneud i astudiaethau hanesyddol. Enghraifft ardderchog o'r briodas ffrwythlon rhwng tystiolaeth archaeolegol a thystiolaeth ddogfennol yw'r archwiliadau a gynhaliwyd rhwng 1960 ac 1992 ar gastell Hen Domen (**Trefaldwyn**) gan Philip Barker. Datblygodd archaeoleg i fod yn arf allweddol i'r sawl a fyn astudio cyfnod y **Chwyldro Diwydiannol**. Mae dau safle Cymreig wedi denu sylw rhyngwladol ar sail eu harchaeoleg ddiwydiannol. Y rheini yw **Mynydd Parys** (**Amlwch**) – y mwynglawdd **copr** mwyaf yn y byd ar un adeg – a gwaith haearn **Blaenafon**, man allweddol yn hanes y diwydiant haearn ac un a ddynodwyd yn Safle Treftadaeth y Byd yn 2000.

Datblygiad arwyddocaol arall fu'r camau a gymerodd y wladwriaeth i warchod treftadaeth archaeolegol Cymru. Yn ei restrau cyhoeddedig, mae **Comisiwn Brenhinol Henebion Cymru**, a sefydlwyd yn 1908, yn cofnodi safleoedd fesul sir. Hyd at 1984, y Weinyddiaeth Waith a oedd yn gyfrifol am warchod yr henebion. Oddi ar hynny, **Cadw** fu'n gwneud y gwaith, ar ran y **Swyddfa Gymreig** i ddechrau ac, er 1999, ar ran **Cynulliad Cenedlaethol Cymru**. Er 1961 bu gan y Cyngor Archaeoleg Brydeinig (sefydlwyd 1944) grŵp Cymreig sy'n fforwm ar gyfer archaeolegwyr proffesiynol ac amatur ac sy'n cyhoeddi arolwg blynyddol o weithgaredd archaeolegol yng Nghymru. Ganol y 1970au sefydlwyd pedair ymddiriedolaeth archaeolegol (**Gwynedd**, **Clwyd**–**Powys**, **Dyfed** a Morgannwg–**Gwent**) er mwyn cyflawni gwaith cloddio a chadw cofnod o safleoedd a henebion yn eu priod ranbarthau. Ceir yng Nghymru rai o'r tirweddau pwysicaf o safbwynt archaeolegol, megis y rhai sy'n perthyn i'r cyfnod cynhanesyddol yn ucheldir **Sir Feirionnydd** a Dyffryn **Conwy**, ac i'r cyfnod diwydiannol ym meysydd **glo**'r de a'r gogledd ac yn ardaloedd **llechi** Gwynedd. Felly, mae angen strategaethau i ddiogelu tirweddau cyfan yn ogystal â safleoedd unigol.

Erbyn dechrau'r 21g. roedd archaeoleg wedi hen ennill ei phlwyf fel gwyddor academaidd. Dyfeisir technegau newydd o hyd i ganfod mwy am y modd yr addasodd dyn i'w amgylchfyd a'r modd y cyfaddasodd dyn ei amgylchfyd. Mae'r dull dyddio radiometrig wedi dangos bod rhyw fath o fywyd dynol wedi bodoli yng Nghymru ers o leiaf chwarter miliwn o flynyddoedd. Bydd ymchwil pellach yn dangos a oes cysylltiad rhwng pobl gynharaf Cymru a thrigolion presennol y wlad.

## ARCHDDERWYDD

Prif swyddog **Gorsedd** y Beirdd a'i phen symbolaidd. Cadarnhawyd Clwydfardd (David Griffith; 1800–94), a ystyriai mai ef oedd yr Archdderwydd cyntaf, yn ei swydd yn 1888, a rhwng hynny a 2007 etholwyd 29 o Archdderwyddon. Er 2001 etholir yr Archdderwydd bob tair blynedd trwy bleidlais gan holl aelodau'r Orsedd ac nid gan aelodau Bwrdd yr Orsedd yn unig.

## ARDALOEDD DATBLYGU

Dan Ddeddf Dosbarthu Diwydiant 1945 ailddiffiniwyd ac ailenwyd yr 'Ardaloedd Arbennig' a ddynodwyd cyn y rhyfel, sef ardaloedd ac iddynt anghenion arbennig, yn 'Ardaloedd Datblygu'. Yn y de, ymestynnodd yr Ardal Ddatblygu yr hen Ardal Arbennig i rannau gorllewinol y maes **glo**, gan gynnwys trefi mawr nad oeddynt yn rhan o'r dynodiad gwreiddiol, yn ogystal â rhannau o **Sir Benfro**. Yn 1946 daeth **Wrecsam** yn Ardal Ddatblygu hefyd. Dros y blynyddoedd bu sawl newid yn offerynnau polisi'r **llywodraeth** mewn perthynas ag Ardaloedd Datblygu, a newid hefyd yn ffiniau'r ardaloedd a'r modd y'u diffiniwyd.

## ARDUDWY Cwmwd

Roedd y **cwmwd** hwn, sydd rhwng afon **Mawddach** ac afon **Glaslyn**, yn un o ddau gwmwd cantref **Dunoding**, ynghyd ag **Eifionydd**. Daeth y ddau gwmwd yn bwysicach na Dunoding, a daethpwyd i ystyried Ardudwy ei hun yn **gantref**, wedi'i rannu'n ddau gwmwd, Is ac Uwch Artro. Mae rhai o'r storïau yn y **Mabinogion** wedi eu lleoli yn Ardudwy.

## ARENNIG FAWR ac ARENNIG FACH Mynyddoedd

Mae Arennig Fawr (854m) a chopaon cyfagos Moel Llyfnant (750m) ac Arennig Fach (689m; ill tri yn **Llanycil**) yn codi'u pennau uwchlaw'r gweundiroedd grugog soeglyd, rhwng **Ffestiniog** a'r **Bala**. Rhwng Arennig Fawr ac Arennig Fach mae Cwm Tryweryn, dyffryn a foddwyd i greu Llyn Celyn (gw. **Tryweryn**, **Boddi Cwm**). Yn 1910–11 yr ardal hon a ysbrydolodd gyfres o beintiadau gan **Augustus John** a **J. D. Innes**, a fu'n rhannu Amnodd-wen, bwthyn anghysbell wrth odre Arennig Fawr. Yn ôl y sôn, claddodd Innes lythyron caru yng nghrombil y garnedd ar ben y mynydd, ond yn ôl pob tebyg fe'u dinistriwyd yn 1943 pan gwympodd Flying Fortress, un o awyrennau llu awyr yr Unol Daleithiau, gerllaw'r copa gan ladd yr wyth aelod o'i chriw.

## ARFON Cantref, etholaeth a chyn-ddosbarth

Roedd Arfon yn un o gantrefi teyrnas a thywysogaeth **Gwynedd**, yn gorwedd gyferbyn â **Môn**, fel yr awgryma'r enw (ar Fôn). Fe'i rhennid yn ddau **gwmwd**, sef Is Gwyrfai ac Uwch Gwyrfai (gw. **Gwyrfai**). Gan ei fod yn cynnwys canolfan yr esgob ym **Mangor** a maerdref (canolfan weinyddol) bwysig **Caernarfon**, fe'i hystyrid yn graidd Gwynedd. Yn 1284, pan grëwyd **Sir Gaernarfon**, daeth yn rhan o'r sir honno, Arfon fel y'i gelwir yn fynych. Yn 1885 daeth Arfon (neu Arvon yn hytrach) yn enw ar yr etholaeth seneddol a gynhwysai ran ogleddol y sir, etholaeth a ddiddymwyd yn 1918. Ar ôl diddymu'r sir yn 1974 crëwyd Arfon yn ddosbarth oddi mewn i sir newydd **Gwynedd**. Roedd yn cynnwys yr hyn a fu yn fwrdeistrefi Bangor a Chaernarfon, dosbarth trefol **Bethesda**, dosbarth gwledig Gwyrfai a rhan o un Arfon. Diddymwyd y dosbarth yn 1996. Erbyn etholiadau'r **Cynulliad Cenedlaethol** yn 2007, roedd etholaeth Caernarfon, heb **Dwyfor** ond gyda gweddill hen ddosbarth Arfon wedi'i ychwanegu ati, yn cael ei hadnabod fel etholaeth Arfon.

## ARGOED, Caerffili (1,564ha; 2,515 o drigolion)

Mae'r **gymuned** hon yn ymestyn o boptu cwm Sirhywi i'r de o **Dredegar**. Mae'n cynnwys pentrefi Argoed, Man-moel a Chwmcorrwg, ynghyd â Markham, gardd-bentref sylweddol a dyfodd dan gysgod glofa Markham. Yn ôl yr hanes, adeiladodd **Cadog** eglwys ym Man-moel.

## ARGOED, Sir y Fflint (630ha; 5,888 o drigolion)

Mae'r **gymuned** hon, a adwaenir hefyd fel Mynydd Isa, yn swatio rhwng yr **Wyddgrug** a **Bwcle**. Mae **Clawdd Wat** yn ei chroesi. Dechreuwyd cloddio am **lo** yn ystod yr 17g. Roedd tad a dau frawd **Daniel Owen** ymysg yr ugain a laddwyd yn nhrychineb glofa Argoed yn 1837. Ar ôl cau'r pyllau glo daeth Mynydd Isa yn drigfan boblogaidd ar gyfer rhai a gymudai i'r Wyddgrug a Chaer. Saif tolldy hardd yn dyddio o ddechrau'r 19g. ar fin yr A494.

## ARGRAFFU A CHYHOEDDI

### *Argraffu a chyhoeddi yn Gymraeg*

Y **Gymraeg** oedd yr unig iaith Geltaidd i ymateb yn gadarnhaol i sialens print. Fel y dengys y llyfrau printiedig cynharaf yn Gymraeg, ***Yny lhyvyr hwnn*** (1546) a chyhoeddiadau **William Salesbury** o 1547 ymlaen, y ddau brif ysgogiad i gyhoeddi yn Gymraeg oedd **crefydd** a dysg ddyneiddiol. Cyfunwyd y ddau yng nghyfieithiad **William Morgan** o'r **Beibl** (1588), y pwysicaf o lawer o'r holl lyfrau Cymraeg. Gyda thrai dyneiddiaeth ym mlynyddoedd cynnar yr 17g., daeth crefydd yn brif reswm dros gyhoeddi yn yr iaith. Gallai **Anglicaniaid** argraffu eu llyfrau yn **Llundain** neu **Rydychen**, ond bu'n rhaid i **Gatholigion Rhufeinig** argraffu gweithiau Cymraeg yn yr Eidal neu Ffrainc, neu ddefnyddio gweisg dirgel megis yr un yn ogof Rhiwledyn (**Llandudno**), y 'swyddfa' argraffu gyntaf yng Nghymru, lle cyhoeddwyd rhan o'r ***Drych Cristianogawl*** (1587).

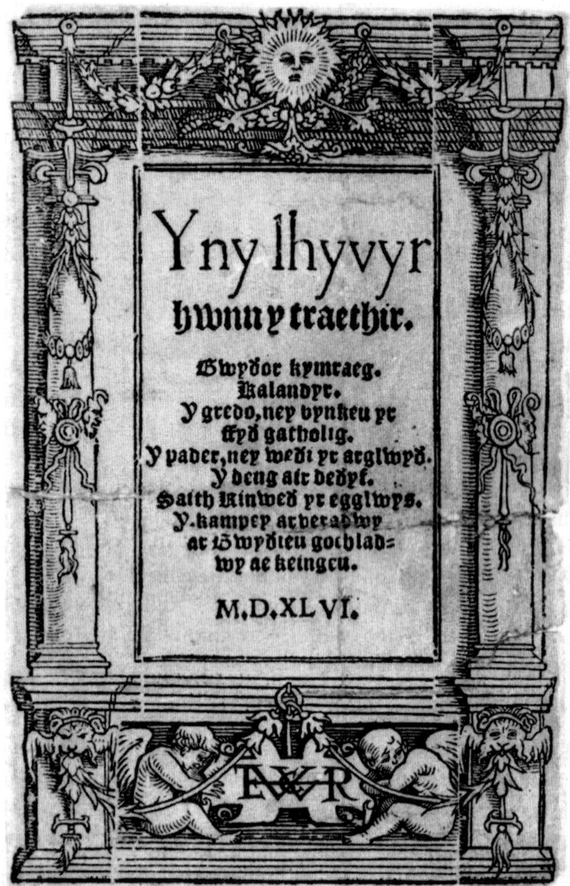
Yny lhyvyr
hwnn y traethir.
Gwydor kymraeg.
Kalandyr.
Y gredo, ney ynkeu yr
ffyd gatholig.
Y pader, ney wedi yr arglwyd.
Y deng air dedyf.
Saith Rinwed yr eglwys.
Y kampey arveradwy
ar Gwydieu gochlad-
wy ae keingeu.
M.D.XLVI.

Wyneb-ddalen *Yny lhyvyr hwnn*, 1546

Rhwng 1546 ac 1660 cyhoeddwyd ar gyfartaledd 15 o lyfrau Cymraeg y degawd (cyfanswm o 173). Dyma nifer pitw o gymharu â'r miloedd a gyhoeddwyd yn y cyfnod hwnnw mewn ieithoedd megis Almaeneg, Eidaleg a **Saesneg**, ond cryn gamp o gymharu â'r 4 a gyhoeddwyd yng Ngaeleg yr Alban a'r 11 a gyhoeddwyd yn yr Wyddeleg. Rhwng 1661 ac 1700 cynyddodd y cyfartaledd i 29 y degawd (cyfanswm o 112), yn bennaf oherwydd gweithgarwch yr **Ymddiriedolaeth Gymreig**, a roddodd nawdd tuag at gyhoeddi llyfrau, megis 8,000 copi o Feibl Cymraeg rhad, a chyfieithiad Cymraeg o *The Pilgrim's Progess*. Yr un mor bwysig oedd dechrau masnachu llwyddiannus ar fân lyfrau, megis yr **almanaciau** a gyhoeddwyd yn Llundain gan **Thomas Jones** (1648–1713) o 1681 ymlaen. Wedi i'r ddeddf a gyfyngai ar leoliad gweisg fynd yn ddi-rym yn 1695, sefydlodd Thomas Jones wasg yn Amwythig, tref a ddaeth yn brif ganolfan cyhoeddi llyfrau Cymraeg yn ystod degawdau cynnar y 18g.

Sefydlwyd y wasg gyfreithlon gyntaf yng Nghymru gan Isaac Carter yn Nhrerhedyn (Atpar, **Llandyfrïog**) yn 1718. Yn 1721 dechreuodd Nicholas Thomas argraffu yng **Nghaerfyrddin**, pencadlys cyhoeddi Cymru am weddill y 18g. Wrth i argraffwyr a oedd wedi bwrw eu prentisiaeth ddisodli amaturiaid hunanddysgedig, gwellodd safonau cynhyrchu. Hybwyd gwaith argraffwyr-gyhoeddwyr prin eu cyfalaf, a gallu darllenwyr tlawd i brynu llyfrau, trwy hel tanysgrifwyr (trefn a ddechreuodd yn y 1720au) a thrwy gyhoeddi mewn rhannau (o'r 1760au ymlaen).

Sefydlwyd gweisg mewn nifer o drefi Cymreig yn ystod y 18g., ond yn fynych nid oedd digon o alw am eu gwaith i'w cynnal. Nid tan y 1780au diweddar yr arweiniodd llythrennedd cynyddol ymhlith y **werin** a **diwygiadau** crefyddol at dwf cyflym yn y galw am ragor o lyfrau Cymraeg mewn argraffiadau helaethach. Ymatebodd argraffwyr yn frwdfrydig i'r cyfleoedd newydd hyn, ac erbyn 1820 roedd dros 50 o swyddfeydd argraffu yng Nghymru, y rhan fwyaf ohonynt yn fusnesau mân argraffu a allai argraffu ambell lyfr i awdur neu gynhyrchu cylchgrawn neu bapur newydd (gw. **Cylchgronau** a **Papurau Newydd**).

Gan fod argraffwyr Cymraeg wedi canolbwyntio ar lyfrau crefyddol ac ymarferol, copïo llawysgrifau oedd yr unig fodd, hyd ddegawdau olaf y 18g., o ledaenu hen destunau llenyddol megis cerddi'r cywyddwyr. Yna, fe ymgymerodd criw o Gymry Llundain â rhaglen uchelgeisiol o gyhoeddi testunau Cymraeg canoloesol, gan ddechrau gyda gweithiau **Dafydd ap Gwilym** yn 1789 a chyrraedd uchafbwynt gyda'r ***Myvyrian Archaiology*** (1801, 1807). Gyda'r twf mewn llythrennedd a ffyniant economaidd cynyddol, roedd canol y 19g. yn gyfnod llewyrchus i lawer o gyhoeddwyr; yn wir, yn y 1860au a'r 1870au elwodd cyhoeddwyr yn yr **Alban** ac yn **Lloegr** ar y galw am lyfrau Cymraeg. Er bod llawer o'r rheini yn dal i gael eu cyhoeddi ar ran eu hawduron mewn swyddfeydd mân argraffu, daeth dyrnaid o argraffwyr-gyhoeddwyr sylweddol i fri, megis **Gee** yn **Ninbych**, Hughes yn **Wrecsam**, Humphreys yng **Nghaernarfon**, Rees yn **Llanymddyfri** a **Spurrell** yng Nghaerfyrddin. Datblygodd dinas **Lerpwl**, gyda'i chymuned helaeth o Gymry, yn ganolfan gyhoeddi Gymraeg o bwys, traddodiad a barhawyd gan Wasg y Brython (sefydlwyd 1897) tan ganol yr 20g. Ond er gwaethaf llwyddiant mentrau uchelgeisiol megis ***Gwyddoniadur Cymreig*** Gee, gwerthiant helaeth nofelau **Daniel Owen** a chyfrolau o waith beirdd megis Ceiriog (**John Ceiriog Hughes**), dewis cymharol gyfyng o ddeunydd darllen a oedd ar gael yn Gymraeg o hyd, gyda llyfrau crefyddol yn cael y lle amlycaf o ddigon. Roedd safon cynhyrchu aml i lyfr Cymraeg ymhell o fod yn foddhaol, a theimlai llawer eu bod yn rhy ddrud. Gwendid pellach oedd gorddibyniaeth cyhoeddwyr ar farchnad o ddarllenwyr uniaith Gymraeg.

Yn sgil twf llythrennedd yn Saesneg ar ôl Deddf Addysg 1870, daeth cyhoeddi Cymraeg o dan gryn bwysau. Oherwydd argyfwng y **Rhyfel Byd Cyntaf** a **dirwasgiad** y cyfnod rhwng y rhyfeloedd, ychydig o deitlau newydd a gyhoeddid yn flynyddol. Gosodwyd seiliau cadarnach i gyhoeddi ysgolheigaidd pan sefydlwyd Gwasg Prifysgol Cymru yn 1922. Rhoddodd adroddiad ***Y Gymraeg mewn Addysg a Bywyd*** (1927) hwb i gyhoeddi deunydd ar gyfer ysgolion, a chan elwa ar hynny mentrodd cwmni Hughes gyhoeddi nifer o lyfrau sylweddol rhwng y ddau ryfel. Cyhoeddodd Gwasg Aberystwyth, a sefydlwyd gan **E. Prosser Rhys** yn 1928, weithiau gan lenorion Cymraeg megis Gwenallt (**David James Jones**) a **T. H. Parry-Williams**. Adeiladodd Prosser Rhys ar ei lwyddiant trwy lansio'r Clwb Llyfrau Cymreig yn 1937. Yn 1945 prynwyd Gwasg Aberystwyth gan Wasg Gomer (**Llandysul**), datblygiad allweddol yn y broses o sicrhau mai Gwasg Gomer, a oedd wedi'i sefydlu fel cwmni argraffu yn 1892, fyddai'r mwyaf cynhyrchiol o weisg Cymru erbyn iddi ddathlu ei chanmlwyddiant yn 1992. Rhwng 1920 ac 1940 bu Gwasg Gregynog, gwasg breifat y chwiorydd Davies (gw. **Davies, Teulu (Llandinam)**) yng

Ngregynog (**Tregynon**), wrthi'n argraffu llyfrau cain, rhai ohonynt yn llyfrau Cymraeg; atgyfodwyd y wasg hon yn 1974 gan **Brifysgol Cymru**.

Arweiniodd yr **Ail Ryfel Byd** at brinder papur ond hefyd at rai datblygiadau cadarnhaol, yn enwedig lansio Llyfrau'r Dryw yn 1940, llyfrau clawr papur ar lun rhai Penguin. Er i amgylchiadau yn ystod y rhyfel roi hwb i ddarllen, daeth yr anawsterau enbyd a fygythiai'r byd cyhoeddi Cymraeg yn fwyfwy amlwg ar ôl 1945. Yn 1952 daeth adroddiad Ready yn sail i gyfundrefn o nawdd gwladwriaethol sydd bellach yn cynnal y diwydiant cyhoeddi Cymraeg. Datblygiad allweddol oedd sefydlu'r Cyngor Llyfrau Cymraeg (gw. **Cyngor Llyfrau Cymru**) yn 1962. Bu deffroad ieithyddol y 1960au a'r 1970au yn ysgogiad i sefydlu nifer o weisg bywiog, megis Y Lolfa (1967), Gwasg Gwynedd (1972) a Gwasg Carreg Gwalch (1980). Cyhoeddwyd nifer o lyfrau yn seiliedig ar raglenni teledu a phrynwyd cwmni Hughes a'i Fab gan **S4C**. Yn ystod y degawdau diweddar, rhoddwyd llawer o bwyslais ar ddarparu llyfrau Cymraeg ar gyfer ysgolion a darllenwyr iau gan gyhoeddwyr megis Cymdeithas Lyfrau Ceredigion (sefydlwyd yn 1954), Gwasg y Dref Wen (sefydlwyd yn 1970) a Dalen (sefydlwyd yn 2005), ond mae darparu deunydd ar gyfer oedolion yn fwy o sialens. Er mai galwedigaeth ran-amser, bron yn ddieithriad, yw ysgrifennu llyfrau yn Gymraeg o hyd, ceir cyflenwad digon boddhaol mewn rhai meysydd megis ffuglen boblogaidd a'r celfyddydau, ond mewn eraill, megis y gwyddorau, ychydig o deitlau Cymraeg a gyhoeddir. Ni wireddwyd eto obeithion y dyneiddwyr Cymraeg o wneud y Gymraeg yn iaith y trafodir ynddi bob cangen o ddysg.

*Argraffu a chyhoeddi yn Saesneg*

Y llyfr printiedig Saesneg cyntaf gan Gymro oedd *Historie of Italie* William Thomas (m.1554), a gyhoeddwyd yn Llundain yn 1550. Y llyfr Saesneg cyntaf i'w argraffu yng Nghymru oedd *Choice Collections: a devotional anthology* (Caerfyrddin, 1726). O'r 18g. ymlaen, tueddwyd yn gynyddol i gyhoeddi llyfrau Cymraeg yng Nghymru ei hun, ond yn Lloegr y cyhoeddwyd trwch y cyfrolau uchelgeisiol Saesneg eu cyfrwng a ysgrifennwyd gan awduron o Gymru, sefyllfa sy'n dal i fodoli heddiw. Ceid rhai eithriadau, er enghraifft Gwasg yr Hafod, gwasg breifat **Thomas Johnes** yng Nghwmystwyth (**Pontarfynach**), a gynhyrchodd nifer o lyfrau cain rhwng 1802 ac 1810, yn enwedig cyfieithiadau Saesneg o groniclau Ffrangeg. Yn ddiweddarach, gwnaed gwaith gwych gan W. J. Rees yn Llanymddyfri, a argraffodd gyfieithiad Charlotte Guest (gw. **Guest, Teulu**) o'r **Mabinogion** (1839–49) a gwaith Maria Jane Williams, *Ancient National Airs of Gwent and Morganwg* (1844). Yn ogystal, mae toreth o ddeunydd Saesneg llai swmpus wedi deillio o weisg Cymru, sy'n argraffu peth wmbredd mwy yn Saesneg nag yn Gymraeg. Ymhellach, mae rhai o'r gweisg sydd, yn draddodiadol, wedi canolbwyntio ar lyfrau Cymraeg – Gwasg Gomer yn eu plith – yn ymwneud fwyfwy â llyfrau yn Saesneg. Saesneg hefyd yw cyfrwng y rhan helaethaf o gynnyrch Gwasg y Brifysgol. Sefydlwyd ambell wasg gyda'r bwriad o ganolbwyntio ar lenyddiaeth Saesneg Cymru; er enghraifft, y Druid Press, a gyhoeddodd gyfrol gyntaf **R. S. Thomas**, *The Stones of the Field* (1946). Llethwyd y wasg honno, ac eraill megis Penmark Press, gan broblemau ariannol. Er hynny, trwy'r gyfundrefn nawdd a sefydlwyd o'r 1960au cynnar ymlaen bu modd i Poetry Wales Press ddatblygu'n Seren Books, sydd bellach yn brif gyhoeddwr **llenyddiaeth** Saesneg Cymru. Erbyn dechrau'r 21g. roedd Parthian Books, a leolid yn **Aberteifi**, yn datblygu'n gyhoeddwr o bwys, gyda chyhoeddiadau fel *The Library of Wales*, cyfres o adargraffiadau o glasuron Saesneg Cymru. Roedd Honno, a arbenigai ar gyfrolau gan **fenywod**, hefyd yn dra chynhyrchiol.

## ARIAETH

Cred a ledwyd gan y clerigwr Arius (*c.*OC 250–*c.*336) yn ninas Alexandria, gŵr a fynnodd na allai Crist fod o'r un sylwedd â Duw'r Tad. Achosodd y syniad hwn ddadlau chwyrn yn y byd Cristnogol, ac fe'i condemniwyd gan Gyngor Caergystennin yn OC 381.

Daeth Ariaeth i'r golwg yng Nghymru erbyn y 18g. a hynny ymhlith yr 'hen' Ymneilltuwyr yn **Sir Aberteifi** a **Sir Forgannwg** (gw. **Anghydffurfiaeth**). Credent hwy na allai Duw, yn rhinwedd ei drosgynnedd, ymyrryd mewn unrhyw fodd yn ei greadigaeth a bod yn rhaid dehongli Crist yn nhermau dyndod yn unig. Esgorodd hyn ymhen dim o dro ar Undodiaeth gyflawn (gw. **Undodwyr**).

## ARIAN BATH A THOCINS

Ni fu gan Gymru erioed ei harian bath ei hun. Yn yr Oesoedd Canol cynnar doedd prin ddim arian bath yn y wlad; roedd yr ychydig ddarnau arian Eingl-Sacsonaidd a ddarganfuwyd yng Nghymru yn gysylltiedig â gweithgareddau masnachu neu reibio'r **Llychlynwyr**, ac mae'n debyg fod ceiniog unigryw gydag enw **Hywel Dda** arni wedi'i bathu er anrhydedd iddo gan Eadred, brenin Wessex. Byr fu oes bathdai a sefydlwyd ar ôl y Goresgyniad Normanaidd yn **Rhuddlan**, **Caerdydd**, **Penfro**, **Tyddewi** (efallai) ac **Abertawe** gyda'r bwriad o gwrdd ag anghenion milwrol y **Normaniaid** a'r Plantagenetiaid. Wrth i **economi** arian frodorol ddatblygu, roedd Cymru yn dibynnu ar arian bath **Lloegr**. Er i fathdy gael ei sefydlu dros dro yn **Aberystwyth**, o dan Charles I, i fathu arian o fwynfeydd **Sir Aberteifi** (gw. hefyd **Plwm ac Arian**), nid oedd bwriad i gylchredeg yr arian yn lleol. Yn 1972 symudwyd y **Bathdy Brenhinol** Prydeinig o **Lundain** i **Lantrisant**. Mae darnau punt yn dwyn arwyddluniau Cymreig.

Yn sgil prinder arian mân yng nghanol yr 17g., diwedd y 18g. a dechrau'r 19g. dechreuodd masnachwyr preifat, awdurdodau tref ac, yn y cyfnod olaf, busnesau diwydiannol a banciau, gyhoeddi tocins arian yn lleol (gw. **Bancio a Banciau**). Bathwyd y tocins hyn yn Llundain yn yr 17g., ac yn Birmingham yn bennaf yn y 18g. a'r 19g. Nid oeddynt felly yn unigryw i Gymru, er mai **Thomas Williams** (1737–1802), un o hoelion wyth y diwydiant **copr** ym **Môn**, a gychwynnodd y gyfres yn y 18g. (gw. **Ceiniogau Môn**).

## ARIANRHOD

Cymeriad chwedlonol y ceir ei hanes yn bennaf ym mhedwaredd gainc y Mabinogi (gw. **Mabinogion**). Hi yw mam **Lleu Llawgyffes** a chwaer **Gwydion**, Gilfaethwy ac eraill, sef plant y dduwies Dôn. Mae Caer Arianrhod, sef creigiau isel mewn dŵr bas oddi ar arfordir **Arfon**, yn dwyn ei henw (gw. **Llandwrog**).

## ARLUNYDD NAÏF ABERYSTWYTH (*fl.*1840–50)

Arlunydd anhysbys heb ei hyfforddi a weithiai'n bennaf yn ardal **Aberystwyth** yn cynhyrchu lluniau bach dyfrlliw o bobl a golygfeydd lleol. Mae manylder yn nodweddu'r

Yr olygfa i gyfeiriad Pendinas gan arlunydd naïf Aberystwyth, *c.*1840

peintiadau, sy'n dadlennu agweddau diddorol ar ddiwylliant bob dydd y **werin** – a phresenoldeb twristiaid. Mae ei ddefnydd hyderus o olau a phersbectif yn dangos ei fod yn gyfarwydd ag arddull ffurfiol, er bod gorwneud maint gwrthrychau mewn perthynas â'i gilydd yn arwydd nad yw'n gyfarwydd â chysyniadau clasurol o ran graddfa pobl a thirlun. Mae sawl enghraifft o waith yr arlunydd yn Amgueddfa Ceredigion, Aberystwyth.

## ARLLECHWEDD Cantref

Roedd y **cantref** hwn yn rhan o deyrnas a thywysogaeth **Gwynedd**, ac roedd yn cynnwys y tri **chwmwd** Arllechwedd Isaf, Arllechwedd Uchaf a Nant Conwy. Ymestynnai o afon **Conwy** hyd afon Ogwen ac roedd yn cynnwys copaon y **Carneddau** a'r ddwy Glyder (gw. **Gluder Fawr, Gluder Fach**). Roedd ei brif lys yn **Aber[gwyngregyn]**; roedd dau lys arall yn **Nhrefriw** a **Dolwyddelan**. Yn 1284 daeth y cantref yn rhan o'r **Sir Gaernarfon** newydd. Yn dilyn y **Deddfau 'Uno'** daeth ei gymydau yn hwndrydau (gw. **Hwndrwd**).

## ARMINIAETH

Y gred oddi mewn i Gristnogaeth Brotestannaidd fod gan unigolion ewyllys rydd ac felly'r gallu i gyfrannu'n ystyriol at eu hiachawdwriaeth eu hunain. Diwinydd o'r Iseldiroedd oedd Jacobus Arminius (1560–1609) a anghytunodd â'r farn Galfinaidd ynghylch sofraniaeth ddiamod Duw (gw. **Calfiniaeth**) a mynnu, yn hytrach, fod etholedigaeth yn dilyn yn hytrach nag yn rhagflaenu gras. Roedd hi'n bosibl i unigolion gwympo oddi wrth ras a thrwy hynny fforffedu eu hiachawdwriaeth.

Poblogeiddiwyd Arminiaeth yn **Lloegr** gan ddiwinyddion Siarlaidd yr Eglwys Anglicanaidd (gw. **Anglicaniaid**) a chan y diwygiwr John Wesley yn eu sgil. Pan ddaeth Wesleaeth (gw. **Wesleaid**) i Gymru, bu Arminiaeth yn gyfrwng i gymedroli'r dylanwadau uchel-Galfinaidd, er bod **Owen Thomas** (1812–91) yn credu 'i ddyfodiad y Wesleyaid i Gymru yrru rhai i eithafion ar yr ochr wrthwynebol'.

## ARNOLD, Matthew (1822–88) Bardd a beirniad

Mae perthnasedd y Sais hwn i fywyd Cymru – bu'n arolygydd ysgolion ac yn Athro barddoniaeth yn **Rhydychen** (1857–67) – yn codi o'r ffaith iddo draddodi cyfres o ddarlithoedd yn Rhydychen ar lenyddiaethau'r gwledydd Celtaidd, darlithoedd a gyhoeddwyd mewn llyfr yn 1867. Er na allai ddarllen yr un o'r ieithoedd Celtaidd, dylanwadodd ei gred mai hud a'r felan oedd prif nodweddion eu llenyddiaethau ar fudiad y **Cyfnos Celtaidd**. Nid oedd gan Arnold rithyn o gydymdeimlad â'r Wyddeleg na'r **Gymraeg** fel ieithoedd byw – pryderai fwy am philistiaeth yn **Lloegr** – ond rhoddodd ei astudiaethau fri academaidd ar astudiaethau Celtaidd a arweiniodd, yn 1877, at sefydlu Cadair Gelteg yng Ngholeg Iesu, Rhydychen, cadair y penodwyd Syr **John Rhŷs** iddi fel yr Athro cyntaf.

## AROLYGIAETH EI MAWRHYDI DROS ADDYSG (HMI)

Penodwyd arolygwyr ysgolion yn wreiddiol yn 1839 er mwyn ymweld ag ysgolion elfennol yng Nghymru a **Lloegr**, a rhoddodd **Deddf Addysg Ganolradd** 1889 yr hawl iddynt arolygu, hefyd, yr ysgolion canolradd a sefydlwyd o ganlyniad iddi. Yn nechrau'r 20g. cymhlethwyd y sefyllfa gan y gwrthdaro rhwng arolygwyr **Bwrdd Canol Cymru** (1896) ac arolygwyr **Adran Gymreig y Bwrdd Addysg** (1907), a bu'n rhaid dod i gyfaddawd yn y man. Erbyn hynny, roedd agweddau'r arolygiaeth tuag at Gymru wedi newid yn sylfaenol. Cyndyn iawn i gydnabod anghenion addysgol arbennig Cymru a fuasai'r rhan fwyaf o arolygwyr Oes Victoria, ac ar wahân i eithriadau prin fel **Harry Longueville Jones** roeddynt yn elyniaethus iawn tuag at yr iaith **Gymraeg**. Ond erbyn ffurfio'r Adran Gymreig, a phenodi **O. M. Edwards** yn brif arolygydd ysgolion Cymru, roedd y meddylfryd yn fwy goleuedig a'r arolygiaeth yn bur gefnogol i ddwyieithrwydd. Pan basiwyd Deddf Addysg 1944, daeth yr arolygwyr yn gyfrifol am weithredu ei gofynion; cynyddodd rhychwant eu gweithgareddau, ac yn y 1960au a'r 1970au roeddynt yn gysylltiedig â nifer o gynlluniau'n ymwneud â'r Gymraeg, ac yn cyhoeddi rhai adroddiadau dylanwadol. Er 1999 mae'r arolygiaeth dros addysg a hyfforddiant yng Nghymru yn gweithredu dan yr enw Estyn.

## ARTISTIAID AR FFO

Yn sgil y chwalfa a'r anhrefn a ddeilliodd o'r **Rhyfel Byd Cyntaf** a'r **Ail Ryfel Byd**, aeth nifer o artistiaid o dir mawr Ewrop ar ffo gan gyrraedd Cymru. Roedd nifer o'r rhai a gyrhaeddodd y wlad yn ystod y Rhyfel Byd Cyntaf yn dod o Wlad Belg, rhai ohonynt dan berswâd y chwiorydd Davies (gw. **Davies, Teulu (Llandinam)**). Wedi hynny – cyn, yn ystod ac ar ôl yr Ail Ryfel Byd – daeth llawer o artistiaid eraill er mwyn osgoi cael eu herlid, gyda nifer o **Iddewon** yn eu plith. Bu Martin Bloch (1883–1954), Fred Uhlman (1901–85) a George Mayer-Marton (1897–1960) yng Nghymru am gyfnodau byr, ac arhosodd eraill am gyfnodau meithach neu ymsefydlu yn y wlad, megis **Josef Herman**, Heinz Koppel (1919–80), Ernest Neuschul (1895–1995) a Freidrich Könekamp (1892–1967). Ar y cyfan roeddynt yn ffafrio'r arddull fynegiadol, a daeth hynny â bywiogrwydd newydd i fyd **peintio** Cymreig. Roedd rhai ohonynt yn athrawon dylanwadol – yn arbennig Koppel yng Nghanolfan Addysgol **Dowlais**. Fel ffoaduriaid gwleidyddol, gallent gydymdeimlo ag ymdrechion y dosbarth gweithiol diwydiannol a gwledig (gw. **Dosbarth**) dros gyfiawnder, ac adlewyrchir hynny'n amlwg yng nghynnwys eu gwaith.

## ARTHOG, Gwynedd (3,776ha; 1,010 o drigolion)

Mae'r **gymuned** hon, sydd i'r de o aber afon **Mawddach**, yn cynnwys pentrefi Arthog, Fairbourne a'r Friog, ac mae'n ymestyn hyd at Lyn y Gadair, islaw copa **Cadair Idris**. Crëwyd Fairbourne fel pentref gwyliau yn 1890, pan adeiladwyd ffordd dramiau (a dynnwyd yn wreiddiol gan **geffylau** cyn troi'r ffordd yn ddiweddarach yn rheilffordd gul). Mae hon yn mynd â thwristiaid i Borth Penrhyn, lle ceir golygfa wych o **Abermaw** a phont rheilffordd afon Mawddach. Mae Llynnau Cregennen yn **llynnoedd** llawn hud. Ceir olion tomen gladdu o'r Oes Efydd (gw. **Oesau Cynhanesyddol**) ym Maes Pant y Llan yn Arthog. Mae hostel ieuenctid Kings mewn lleoliad delfrydol. Yn 2001 nid oedd gan 57.91% o drigolion Arthog unrhyw wybodaeth o'r **Gymraeg**, a hon, o ganlyniad, oedd y gymuned fwyaf Seisnigedig yng **Ngwynedd**.

## ARTHUR

Cysylltir ag enw'r arwr hwn gorff enfawr o lenyddiaeth Ewropeaidd (yn bennaf) o'r 9g. hyd y presennol. Cymeriad hanesyddol yn y 6g. ydoedd yn ôl y cofnodion cynharaf, er nad oes sicrwydd ym mha ran o **Brydain** – yr **Hen Ogledd** neu'r de-orllewin – y gweithredai. Yn ***Historia Brittonum*** (9g.), ef oedd arweinydd byddinoedd brenhinoedd y Brytaniaid yn erbyn ymosodiadau'r **Eingl-Sacsoniaid** a rhestrir 12 brwydr lle bu'n fuddugol. Cyfeiria **Gildas** (*c.*540), heb enwi Arthur, at yr olaf o'r rhain, sef Brwydr Mynydd Baddon, fel buddugoliaeth fawr a ataliodd gynnydd y gelyn. Cyfeirir at fuddugoliaeth Arthur ym mrwydr Baddon yn yr *Annales Cambriae* dan 516 a nodir hefyd Frwydr Camlan yn 537 'lle y cwympodd Arthur a Medrawd'.

Er hynny, anodd dweud dim pendant am yr Arthur 'hanesyddol', fwy nag y gallai fod yn arweinydd milwrol a lwyddodd, cyn ei ladd ym mrwydr Camlan, i ohirio lledaeniad y goresgynwyr. Mae'n debyg mai hyn oedd gwraidd ei apêl fel ffigwr pwysig mewn chwedlau a cherddi diweddarach. Dichon mai cerdd fawl Gymraeg yw sail y rhestr o frwydrau, ac yn *Historia Brittonum* ceir dwy stori draddodiadol, dopograffig am 'Arthur filwr'. Y bwysicaf ohonynt yw hanes Carn Cafall ym **Muellt**, maen ac arno olion traed Cafall, ci Arthur, a wnaed wrth hela *porcum troit*, sef y **Twrch Trwyth** (neu Trwyd), un o episodau canolog chwedl 'Culhwch ac Olwen' (*c.*1100) (gw. **Mabinogion**). Mae'r chwedl hon, nifer o gerddi Cymraeg cynnar, rhai bucheddau saint a **Thrioedd Ynys Prydain**, oll yn tystio i gorff o chwedlau am arweinydd mintai o ymladdwyr rhyfeddol sy'n rhyddhau'r wlad rhag dreigiau, **cewri** a gormesoedd, ac yn ysbeilio'r Byd Arall (**Annwfn**) o'i drysorau wrth ryddhau carcharor oddi yno. Mae 'Preiddiau Annwfn', cerdd o Lyfr **Taliesin** y tybir iddi gael ei chyfansoddi rywbryd rhwng 850 ac 1150, yn adrodd hanes cyrch gan Arthur a'i wŷr ar Annwfn. **Sieffre o Fynwy**, yn ei *Historia Regum Brittaniae* (*c.*1138), a helaethodd ar wedd 'hanesyddol' Arthur a gosod ei lys yng Nghaerllion-ar-Wysg (gw. **Caerllion**) yn hytrach na Chelliwig y traddodiad Cymraeg, ond yn rhamantau Ffrangeg y 12g., a rhai diweddarach, y datblygodd yr Arthur llysaidd a'i farchogion yn safon cwrteisi sifalrïaidd, sef y darlun ohono a welir yn **Gymraeg** yn rhamantau *Peredur*, *Owain* a *Geraint ac Enid* (gw. Mabinogion). Dyma'r darlun a gydiodd yn nychymyg awduron a'u darllenwyr, yn enwedig ar ôl cyhoeddi *Morte d'Arthur* Thomas Malory yn 1485. Ond hyd yn oed yn y testunau cynnar nid oedd Arthur yn gymeriad arwrol diledryw, a gwelir ym mucheddau'r saint (gw. **Seintiau**) gryn feirniadaeth ohono. Cymeriad cymysg o'r arwrol a'r doniol ydoedd, fe ymddengys, a cheir enghraifft gynnar yn Gymraeg o'r dychanu a fu arno yn *Breuddwyd Rhonabwy* (gw. Mabinogion).

Ar gof gwlad yng Nghymru, **Llydaw** a **Chernyw**, fodd bynnag, arhosodd un elfen yn y chwedl yn rymus iawn, sef y gred Fesianaidd na fu farw Arthur ac y byddai'n dychwelyd ryw ddydd i adfer rhyddid ei genedl. Mae awgrym o hyn mewn llinell yn '**Englynion y Beddau**' (10g.): 'Anoeth bit bedd i Arthur' (Rhyfeddod, neu anhawster, y byd yw (fyddai) bedd i Arthur). Ceir tystiolaeth eglur i'r gred, trwy'r Oesoedd Canol ac wedyn, fod y brenin wedi'i gludo i ynys Afallach (**Ynys Afallon**) i wella o'i glwyfau, neu ei fod yn cysgu gyda'i filwyr mewn ogof, yn disgwyl yr alwad i ddychwelyd.

Arthur, y gwaredwr sy'n dychwelyd, 'y brenin a fu ac a fydd', yw'r ffigwr mwyaf arhosol mewn llên gwerin, yn fwy na'r brenin sifalrïaidd llenyddol. Roedd yr honiad yn 1180 fod ei fedd wedi cael ei ddarganfod yn Ynys Wydrin (Glastonbury) yn ymgais i danseilio'r gred y byddai'n dychwelyd. Ar ôl hynny, ceisiwyd ei gyflwyno nid fel gelyn y **Saeson** ond fel un o hynafiaid gwych teulu brenhinol **Lloegr**.

**ARWYSTLI** Cantref

Y **cantref** hwn oedd rhan dde-orllewinol yr hyn a ddeuai'n ddiweddarach yn **Sir Drefaldwyn**, ac roedd wedi'i rannu yn ddau **gwmwd**, sef Is Coed ac Uwch Coed. Er mai rhan o **Bowys** ydoedd yn wreiddiol, daethpwyd i'w gysylltu â **Gwynedd**; yn wir, roedd yn rhan o esgobaeth **Bangor**. Roedd yr ymrafael amdano yn asgwrn cynnen rhwng **Llywelyn ap Gruffudd** a **Gruffudd ap Gwenwynwyn** rhwng 1277 ac 1282. Daeth y cwestiwn o dan ba **gyfraith** y dylid datrys yr anghydfod – y gyfraith Gymreig ynteu cyfraith **Lloegr** – yn ffactor canolog yn nirywiad y berthynas rhwng Llywelyn ac Edward I. Roedd **hwndrwd** Arwystli, a ddaeth i fod yn sgil y **Deddfau 'Uno'**, â ffiniau tebyg i rai'r cantref canoloesol. Arddelir yr enw o hyd; er enghraifft, ceir Canolfan Iechyd Arwystli a Chymdeithas Arwystli, ac enw'r ail uchaf o gopaon **Pumlumon** yw Pen Pumlumon Arwystli (740m).

**ASHBY, A[rthur] W[ilfred] (1886–1953)** Economegydd amaethyddol

Roedd A. W. Ashby yn fab i Joseph Ashby, a oedd yn ymgyrchydd o blaid hawliau **gweision ffermydd**. Wedi mynychu Coleg Ruskin, **Rhydychen**, a gwasanaethu am gyfnod gyda'r Bwrdd Amaeth, cafodd ei benodi'n ddarlithydd mewn economeg amaethyddol yn **Aberystwyth** yn 1924. Ei gadair yn y pwnc hwnnw (1929) oedd y gyntaf mewn prifysgol Brydeinig. Gydag Ifor J. Evans, ysgrifennodd *The Agriculture of Wales and Monmouth* (1943), un o'i astudiaethau niferus o **economi** wledig Cymru. Tra oedd yn Aberystwyth, ysbrydolodd do newydd o ysgolheigion, a bu'n flaenllaw gyda hyfforddiant amaethyddol, cydweithredu ymhlith ffermwyr, amodau gwaith gweision ffermydd a sefydlu'r Bwrdd Marchnata Llaeth.

**ASHLEY, Laura (1925–85)** Cynllunydd ffasiwn ac entrepreneur

Ganed Laura Ashley yn Nowlais, **Merthyr Tudful**. Ni chafodd erioed hyfforddiant ffurfiol fel cynllunydd, a chychwyn cwbl ddistadl a gafodd ei chwmni pan aeth hi a'i gŵr, Bernard, ati yn 1953 i brintio llieiniau sychu llestri a sgarffiau yn eu dull digamsyniol eu hunain yn eu fflat yn **Llundain**. Y penderfyniad, yn 1960, i symud i **Garno** a arweiniodd at agor ffatrïoedd a warysau ac a welodd y cwmni'n dod yn gyflogwr o bwys yn y cylch. Erbyn i'r cwmni gael ei lansio ar y farchnad stoc (yn Nhachwedd 1985), ddeufis ar ôl marwolaeth annhymig Laura Ashley, roedd wedi tyfu i fod yn grŵp rhyngwladol, yn cynhyrchu ac yn gwerthu ei ddillad, ei ddodrefn a'i gynnyrch cysylltiedig ei hun trwy 219 o siopau ledled y byd, y gyntaf ohonynt yn **Llanidloes**. Fodd bynnag, erbyn dechrau'r 1990au, wynebai'r grŵp anawsterau; caewyd ffatrïoedd a chollwyd swyddi, a daeth diwedd i bob pwrpas ar gysylltiadau'r grŵp â Chymru.

**ASHTON, Charles (1848–99)** Llyfryddwr a hanesydd llên

Brodor o Lawr-y-glyn (**Trefeglwys**) oedd Charles Ashton. Aeth i weithio yng ngwaith **plwm** Dylife (**Llanbryn-mair**) yn 12 oed, ond plismon ydoedd o 1869 ymlaen. Treuliodd flynyddoedd olaf ei oes yn Ninas Mawddwy (gw. **Mawddwy**), lle cyflawnodd hunanladdiad. Er mai hunanddysgedig ydoedd, mae i rai o'i gyhoeddiadau werth parhaol, yn enwedig *Hanes Llenyddiaeth Gymraeg o 1651 hyd 1850* (1893).

**ASSER (m.909)** Cynghorwr i Alfred Fawr

Addysgwyd Asser yn **Nhyddewi** a daeth yn esgob yno *c.*873. Fe'i gwahoddwyd, *c.*884, i gynorthwyo Alfred, Brenin Wessex, i ddiwyllio'i deyrnas. Yn 901 fe'i gwnaed yn esgob Sherborne. Priodolir iddo lyfr ar deyrnasiad y brenin Alfred, *Annales rerum gestarum Alfredi Magni*, sy'n cynnwys tystiolaeth werthfawr am gyflwr gwleidyddol Cymru yn y 9g.

**ASSHETON SMITH, Teulu** Tirfeddianwyr a diwydianwyr

Teulu o dirfeddianwyr dylanwadol yng ngogledd-orllewin Cymru a fu, ynghyd â theulu **Pennant**, Penrhyn, yn bennaf cyfrifol am lywio diwydiant **llechi** Cymru. Etifeddodd Thomas Assheton Smith (1752–1828) stad y Faenol (gw. **Pentir**), a dechreuodd gloddio'r llechfeini yn **Llanberis** yn 1787. Sefydlwyd chwarel Dinorwig (**Llanddeiniolen**) yn 1809; erbyn 1826 gweithiai tua 800 o ddynion yn y chwarel, ac Assheton Smith a fu'n gyfrifol am ddatblygu isadeiledd angenrheidiol y fenter, gan gynnwys porthladd yn y **Felinheli**. Rhwng 1774 ac 1780 bu'n aelod seneddol dros **Sir Gaernarfon**. Etifeddwyd y stad a'r chwarel gan ei fab, yr ail Thomas Assheton Smith (1776–1858), a oedd yn adnabyddus am ei hoffter o hela **llwynogod**. Treuliodd y teulu gyfnodau helaeth i ffwrdd o'r Faenol, gan fagu enw fel teulu a oedd yn byw bywyd cymdeithasol lliwgar; llwyfannent berfformiadau theatrig a bu ganddynt sioe anifeiliaid. Mawr oedd y gwahaniaeth rhwng bywyd y teulu a bywydau'r chwarelwyr, ac mae'n arwyddocaol fod **Undeb Chwarelwyr Gogledd Cymru** wedi'i ffurfio yn 1874 yn sgil y cloi allan yn Ninorwig. Erbyn hynny, y perchennog oedd George William Duff (1848–1904), a chymerodd yntau hefyd yr enw Assheton Smith. Yn 1885, pan oedd 2,700 yn gweithio i'r cwmni, bu cloi allan chwerw pellach yn y chwarel. Bu Tywysog a Thywysoges Cymru ym mhlasty'r Faenol yn 1902, a daeth y tŷ a'i **erddi** hyfryd ar lan afon **Menai** yn enwog am ei fywyd cymdeithasol uchelwrol a'i bartïon hyd ddegawdau cynnar yr 20g.

**ASSOCIATION OF WELSH CLERGY IN THE WEST RIDING OF THE COUNTY OF YORK, The**

Cymdeithas a ffurfiwyd yn 1821 gan glerigwyr Cymraeg a wasanaethai yn Swydd Efrog ac a oedd â diddordeb byw ym mhob agwedd ar fywyd eu mamwlad, yn enwedig ei Heglwys. Tystia'r adroddiadau blynyddol a gyhoeddai'r gymdeithas (1852–6) fod gan ei haelodau'r rhyddid i siarad am ffaeleddau Eglwys Loegr yng Nghymru (gw. **Anglicaniaid**) – rhyddid nad oedd ar gael i offeiriaid yng Nghymru. Ymgyrchodd y gymdeithas yn ddygn dros esgobion ac offeiriaid Cymraeg a thros brifysgol i Gymru.

**ASTLEY, Dai (David John Astley; 1909–89)**
Pêl-droediwr
Ganed Dai Astley, mewnwr medrus a wnaeth lawer i gynnal ysbryd **pêl-droed** Cymru yn y 1930au, yn Nowlais, **Merthyr Tudful**. Sgoriodd yn gyson dros Charlton Athletic, Aston Villa a Derby County, ac er mai dim ond 13 gêm ryngwladol a chwaraeodd, sgoriodd 12 gwaith. Yn ddiweddarach bu'n hyfforddi ar dir mawr Ewrop.

**ASTRONOMEG**
Yr astronomegwyr cyntaf yng Nghymru oedd trigolion yr Oes Neolithig (gw. **Oesau Cynhanesyddol**) a godai reseidiau cerrig i nodi cyfeiriad codiad haul ganol haf a chanol gaeaf, megis y rhesaid yn ymyl Llanfair Disgoed (**Caerwent**). Efallai i reseidiau eraill gael eu codi i gofnodi safleoedd eithaf codiad a machlud y lleuad yn ystod cylch 18.6 mlynedd y lleuad.

Drwy gydol hen hanes a hanes yr Oesoedd Canol, nid oedd gwahaniaeth amlwg rhwng astronomeg ac astroleg, fel y dengys y deunydd cyfoethog a'r cyfluniau lliwgar yn llawysgrif Mostyn 88 o waith y bardd **Gutyn Owain**. Yn **John Dee** ceir y Cymro olaf a oedd yn cyfuno'r ddau draddodiad. Mae'n arwyddocaol felly mai yn 1609, lai na blwyddyn wedi marw John Dee, yr aeth dau ŵr o **Sir Gaerfyrddin**, William Lower a John Prydderch, ati i godi arsyllfa yn Nhrefenty (**Sanclêr**). Roedd ganddynt y dechnoleg ddiweddaraf – telesgop optegol – wrth iddynt edrych ar wyneb y lleuad, a hynny yn union yr un flwyddyn ag y defnyddiai Galileo ei delesgop cyntaf yntau i astudio brychau haul a lleuadau'r blaned Iau.

Ychydig dros ganrif yn ddiweddarach, cafodd Joseph Harris (1704–64) o Drefeca (**Talgarth**), brawd **Howel Harris**, ei gyflogi gan Halley i wneud dwy siwrnai ar y môr (1725, 1730–2) i roi prawf ar ddulliau astronomegol o fordwyo. Tua'r un adeg, sefydlodd **John Bevis** o **Ddinbych-y-pysgod** ei arsyllfa yn Stoke Newington a llunio catalog o sêr a oedd yn fwy cyflawn nag unrhyw restr flaenorol. Yn ddiweddarach yn y 18g., sefydlodd Lewis Evans (1755–1827) o **Gaerllion** ei arsyllfa yn Woolwich.

Y cyfraniad mwyaf arwyddocaol a wnaeth Cymru i astronomeg drwy'r byd oedd drwy ffotograffau o wrthrychau astronomegol. Ceir peth tystiolaeth fod ymgais gynnar wedi ei gwneud ym **Mhenlle'r-gaer** ger **Abertawe** (gw. **John Dillwyn-Llewelyn**), ond cafwyd y ffotograff llwyddiannus cyntaf o wrthrych y tu hwnt i'n galaeth ni – Nifwl Andromeda – yn 1888 gan **Isaac Roberts** o **Ddinbych** yn ei arsyllfa yn Sussex. Fe'i cydnabyddir yn gyffredinol bellach fel arloeswr ffotograffiaeth astronomegol. Amatur, yng ngwir ystyr y gair, oedd Isaac Roberts. Bu twf mawr ar astronomeg amaturaidd yn ystod y 19g., gydag unigolion brwd fel John Jones (1818–90), **Bangor**, 'John Jones y sêr', yn chwarae eu rhan.

Yn ystod yr 20g. trodd astronomeg yn fwyfwy proffesiynol, gan symud y tu hwnt i'r arsylliadau optegol traddodiadol drwy ddefnyddio tonnau radio ac isgoch ar amleddau is, a thonnau uwch-fioled a phelydr-X ar amleddau uwch. Dibynnai'r mesuriadau hyn ar delesgopau optegol a radio mawr, a thelesgopau ar longau gofod. Mae astronomegwyr o Gymry wedi gwneud cyfraniadau o bwys yn y meysydd newydd hyn. Adeiladodd **Edward Bowen** y telesgop radio mwyaf yn hemisffer y de. Ar un adeg yn y 1990au, drwy hap, roedd pedwar o delesgopau mwya'r byd yn gwneud arsylliadau dan gyfarwyddyd gwyddonydd o Gymro. Mae **Prifysgol Caerdydd** wedi gwneud cyfraniad pwysig at astronomeg isgoch a than-filimetr, ac at astudio **cemeg** y bydysawd cynnar. Mae **Aberystwyth** yn defnyddio arsylliadau radio ar gwasarau i fesur gwynt yr haul ar bob lledred o'r haul, gwaith y gwnaeth **Phil Williams** gyfraniad allweddol ato. Mae Bangor, ar y llaw arall, yn astudio'r adeileddau cemegol cymhleth a geir yn y gofod rhwng y sêr.

O blith rhestr faith o astronomegwyr o Gymry sy'n dal ar dir y byw, mae un yn arbennig yn haeddu cael ei enwi: Mike Disney (g.1937) o Gaerdydd oedd y cyntaf i gynnig y gallai dosbarth newydd o alaethau sy'n rhy wasgarog i'w mesur gan arsylliadau confensiynol – y galaethau dwysedd isel – wneud cyfraniad arwyddocaol at 'fàs coll' y bydysawd. Mae'n cael ei dderbyn yn gyffredinol bellach fod tua hanner y mater gweladwy yn y bydysawd ar ffurf y galaethau dwysedd isel, yn unol â damcaniaeth Disney.

Athletau a mabolgampau: Lynn Davies

**ATKIN, James Richard (yr Arglwydd Atkin o Aberdyfi; 1867–1944)** Barnwr
Barnwr mwyaf yr 20g., efallai. Ganed Atkin yn Brisbane, **Awstralia**, ond gan iddo gael ei fagu yn **Sir Feirionnydd** a'i addysgu yng Ngholeg Crist, **Aberhonddu**, fe'i hystyriai ei hun yn Gymro. Ef a sefydlodd hanfodion atebolrwydd sifil ynglŷn ag esgeuluster (*Donoghue* v *Stevenson*, 1932), a daeth i fri ac enwogrwydd wrth amddiffyn rhyddid yr unigolyn rhag cael ei arestio ar fympwy, hyd yn oed mewn cyfnod o ryfel (*Liversidge* v *Anderson*, 1942).

**ATHLETAU A MABOLGAMPAU**
Gan fod neidio, taflu a rhedeg ymhlith gweithgareddau sylfaenol dynoliaeth, nid yw'n syndod y gellir olrhain gweithgarwch mabolgampaidd yng Nghymru yn ôl i'r hen oesoedd. Ceir cyfeiriadau yn y 12g. gan **Gerallt Gymro** at ddringo **mynyddoedd** a rhedeg trwy goedwigoedd fel ffordd o ymbaratoi'n gorfforol ar gyfer rhyfel. Mae cyfeiriadau mewn

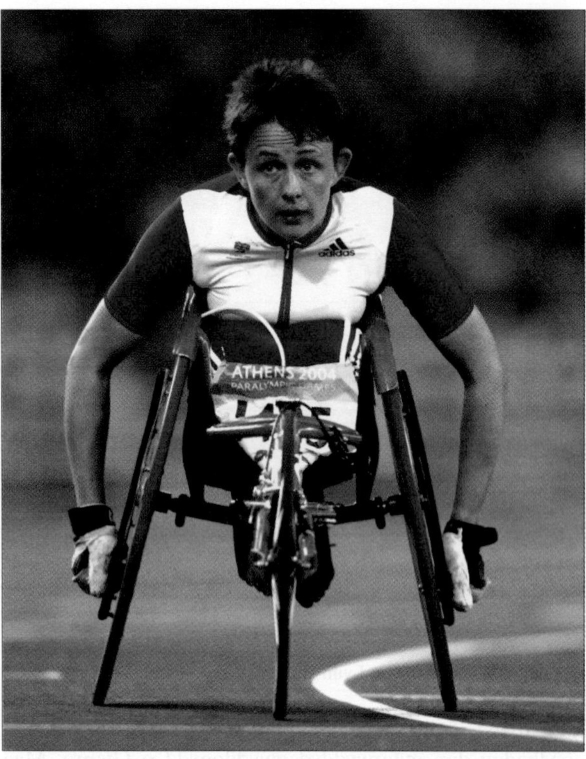

Athletau a mabolgampau: Tanni Grey-Thompson

barddoniaeth ganoloesol sy'n dathlu gallu yn y campau, a rhoddid pwys ar fedrusrwydd corfforol yn y **pedair camp ar hugain** hefyd.

Byddai lle yn y calendr chwaraeon traddodiadol i amryfal sialensau mabolgampaidd, a deuai bri i'r sawl a fyddai'n fuddugol yn y rhain. Y rhedwr gorau yng Nghymru yn y cyfnod cyn-ddiwydiannol oedd yr anhygoel Guto Nyth-brân (**Griffith Morgan**; 1700–37), nad oedd hafal iddo am redeg pellteroedd maith; ymhlith ei orchestion honedig yr oedd dal **ysgyfarnogod** a churo ceffyl mewn ras. Mae pobl yn dal i ymweld â'i fedd yn Llanwynno (**Ynys-y-bŵl**). Gwahanol iawn i'r chwaraeon traddodiadol swnllyd ac anhrefnus braidd oedd y 'bedestriaeth' weddol drefnus a phroffesiynol (cerdded neu redeg cystadleuol dros bellter) a ddatblygodd yn ystod y 19g. ac a baratôdd y ffordd ar gyfer datblygiad mabolgampau modern. Darparai pedestriaeth ar gyfer rhedwyr a cherddwyr ac roedd ei rheolau'n adlewyrchu'r safoni a fu ar gymdeithas Gymreig gynyddol ddiwydiannol o'r 1840au ymlaen. Yn y diwedd, fodd bynnag, oherwydd yr helyntion, y gamblo a'r ymddygiad anonest a oedd yn gysylltiedig â phedestriaeth, fe'i disodlwyd gan fathau mwy parchus o gystadlu athletaidd amatur.

Daeth athletau amatur i Gymru o **Loegr** trwy'r ysgolion bonedd a'r colegau yng nghanol y 19g. gan arwain at sefydlu clybiau mabolgampau, y cynharaf ohonynt yng **Nghasnewydd** yn 1877. Erbyn diwedd y 19g. roedd cystadlaethau trac, cae a thraws-gwlad ffurfiol wedi dechrau: cynhaliwyd y pencampwriaethau amatur cyntaf – y rasys canllath a milltir i ddynion – yn 1893, ac yn 1896 sefydlwyd Cymdeithas Traws-Gwlad Cymru. Cynhaliwyd y pencampwriaethau athletau integredig llawn cyntaf yn Rodney Parade, Casnewydd, yn 1907, ac erbyn diwedd y 1920au roedd timau Cymreig yn cystadlu'n rhyngwladol.

Parc Cwm Taf, **Pontypridd**, oedd cartref rhedeg proffesiynol, ac yno rhwng 1903 a 1934 bu cystadlu brwd ar y Welsh Powderhall, a enwyd ar ôl ras wib broffesiynol enwog Caeredin.

Er i gystadlu ddod i ben dros dro yn ystod yr **Ail Ryfel Byd**, parhau i ddatblygu a wnaeth mabolgampau, ac ymhlith y prif gamau yr oedd cynnal y Pencampwriaethau Ysgolion cenedlaethol cyntaf yn 1947, ffurfio Cymdeithas Athletau Amatur Cymru yn 1948 ac, o 1952 ymlaen, cynnwys **menywod** ym mhencampwriaethau Cymru. Yn 1958 enynnwyd mwy o ddiddordeb mewn mabolgampau yng Nghymru gan **Gemau'r Gymanwlad** a gynhaliwyd yng **Nghaerdydd**; bu'r digwyddiad yn sbardun i gynnal Gemau Cymru am y tro cyntaf flwyddyn yn ddiweddarach, gan ddarparu ar gyfer athletwyr Cymreig a rhyngwladol o'r radd flaenaf. Daeth llwyddiannau athletwyr o Gymru ar lwyfan rhyngwladol, gan gynnwys camp Lynn Davies (g.1942) a enillodd y fedal aur am y naid hir yng Ngemau Olympaidd Tokyo, 1964, â mwy o amlygrwydd eto i athletau. Yn ystod y 1970au crëwyd traciau synthetig, a denodd hyn a gwelliannau eraill yn yr un cyfnod, ynghyd â'r diddordeb mawr mewn loncian yn ystod y degawd dilynol, fwy i gyfranogi ar bob lefel. Yn y cyfnod diweddar mae mabolgampau Cymru wedi ennill mwy o fri trwy gyfrwng buddugoliaethau rhyngwladol unigolion fel y gwib-neidiwr clwydi Colin Jackson (g.1967) a'r athletwraig gadair-olwyn Tanni Grey-Thompson (g.1969), y ddau yn hanu o Gaerdydd. Yn 2004 daeth Tanni Grey-Thompson, y gorau erioed efallai o athletwyr Cymru, yn Baralympiad fwyaf llwyddiannus **Prydain** ar ôl ennill ei hail fedal aur yng Ngemau Paralympaidd Athen – yr unfed ar ddeg o'i holl fedalau aur.

## ATHROFA ADDYSG UWCH ABERTAWE

Mabwysiadodd Athrofa Addysg Uwch Abertawe ei henw presennol yn 1992 pan ddaeth yn goleg ymgorfforedig, annibynnol, yn cael ei gyllido gan **Gyngor Cyllido Addysg Uwch Cymru**. Athrofa Gorllewin Morgannwg ydoedd cyn hynny, sefydliad a grëwyd trwy gyfuno Coleg Addysg Abertawe, a sefydlwyd yn wreiddiol (1872) fel coleg hyfforddi i **fenywod**, Ysgol Gelf Abertawe (1853) a Choleg Technegol Abertawe. Hyd 2004 roedd yr Athrofa yn un o

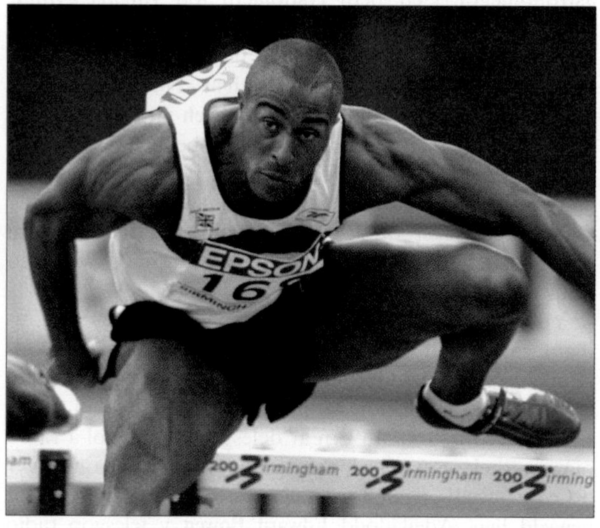

Athletau a mabolgampau: Colin Jackson

sefydliadau cysylltiol **Prifysgol Cymru**, yn dyfarnu graddau'r Brifysgol honno, ond y flwyddyn honno daeth yn aelod cyfansoddol o'r Brifysgol. Mae ganddi ddwy gyfadran – dyniaethau, sy'n cynnwys nifer o ysgolion, a chynllunio a pheirianneg gymhwysol. Mae'r olaf yn cynnwys yr ysgol **gwydr lliw** pensaernïol, sydd ag enw rhyngwladol. Yn 2006/7 roedd gan yr athrofa bron 6,000 o fyfyrwyr.

## ATHROFA ADDYSG UWCH GOGLEDD-DDWYRAIN CYMRU (NEWI), Wrecsam

Ffurfiwyd Athrofa Gogledd-Ddwyrain Cymru, coleg **addysg** bellach ac addysg uwch, yn 1975 trwy gyfuno tri choleg lleol: Coleg Cartrefle, **Wrecsam**, a sefydlwyd yn 1946 fel Coleg Hyfforddi Brys, Coleg Technegol William Aston, Wrecsam, a sefydlwyd yn wreiddiol yn 1927 fel Institiwt Technegol Sir Ddinbych, a Choleg Technoleg Celstryn, **Cei Connah**, a agorwyd yn 1956 fel Coleg Technegol Sir y Fflint. Yn 1993 daeth NEWI yn goleg addysg uwch ymgorfforedig, annibynnol, yn cael ei gyllido gan **Gyngor Cyllido Addysg Uwch Cymru**. Rhoddodd heibio'r swyddogaeth o fod yn goleg addysg bellach (swyddogaeth a gadwyd gan Goleg Celstryn, a ymwahanodd oddi wrth NEWI dan yr enw newydd Coleg Glannau Dyfrdwy) gan gyflwyno rhaglen eang o gyrsiau gradd ac ôl-radd. Hyd 2004 roedd yn un o sefydliadau cysylltiol **Prifysgol Cymru**, ac yn dyfarnu graddau'r Brifysgol, ond yn y flwyddyn honno daeth yn rhan gyfansoddol o'r Brifysgol. Yn 2006/7 roedd cyfanswm myfyrwyr NEWI dros 7,000.

## ATHROFA PRIFYSGOL CYMRU, CAERDYDD (UWIC)

Yn 1996 y daeth yr athrofa hon yn rhan o **Brifysgol Cymru**. Yn gynharach yr un flwyddyn y'i sefydlwyd fel Athrofa Addysg Uwch Caerdydd. Cyn hynny, Athrofa Addysg Uwch De Morgannwg ydoedd, sefydliad a weinyddid gan yr awdurdod **addysg** lleol, ac a oedd wedi deillio o gyfuno Coleg Addysg Caerdydd, Coleg Technoleg Llandaf, Coleg Technoleg a Masnach Bwyd Caerdydd ac Ysgol Gelf Caerdydd yn 1976. Mae'r Athrofa yn arbenigo mewn graddau galwedigaethol ac ymchwil gymhwysol, ac yn enwog am hyfforddi athrawon ac am gyrsiau cysylltiedig â chwaraeon. Yn 2006/7 roedd gan UWIC dros 9,000 o fyfyrwyr.

## ATHRONIAETH

Mae llawer iawn mwy o Gymry wedi gadael eu hôl fel meddylwyr crefyddol nag fel athronwyr. Fodd bynnag, bu perthynas agos iawn rhwng **diwinyddiaeth** ac athroniaeth ar hyd y canrifoedd, gyda'r ddisgyblaeth gyntaf yn cael ei hystyried fel brenhines y gwyddorau a'r ail fel llawforwyn iddi. Roedd athronwyr ymhlith clerigwyr Cymru yn yr Oesoedd Canol ac ymhlith ysgolheigion y **Dadeni**, ond **crefydd** a hawliodd egnïon y rhan fwyaf ohonynt. Athronydd yn bennaf, fodd bynnag, oedd y Barwn Herbert o Cherbury (**Edward Herbert**; 1538–1648). Hawliodd ef yn ei *De Veritate* (1623) fod pob gwirionedd oesol – 'common notions' fel y'u galwodd – gan gynnwys yr haeriad mai un Duw sydd, yn syniadau cynhenid a roddir i bawb gan Dduw ar eu genedigaeth. Dadleuodd mai rôl gyfyngedig, felly, sydd i 'ddatguddiad arbennig'. Arweiniodd hyn at alw Herbert yn dad Deistiaeth ym **Mhrydain**. Un o awduron Piwritanaidd y cyfnod oedd **Morgan Llwyd** (1619–59), a galwyd yntau gan rai yn athronydd. Mae'n wir iddo gyflwyno dadansoddiad o'r hunan, ond o'i safbwynt crefyddol ei hun y gwnaeth hynny ac nid yw'n fetaffisegydd yn yr ystyr athronyddol.

Ar ôl Edward Herbert, yr ail feddyliwr Cymreig i wneud enw iddo'i hun yn rhyngwladol oedd **Richard Price** (1723–91). Cafodd ef ran dda o'i **addysg** yng Nghymru, a hynny mewn dwy o'r **academïau Anghydffurfiol**, lle'r oedd athroniaeth yn rhan hanfodol o'r maes llafur. Gweinidog yr efengyl oedd Richard Price, ond sail ei enwogrwydd yn y byd athronyddol yw ei draethawd ar foeseg, *A Review of the Principal Questions and Difficulties in Morals* (1758). Roedd hwn yn waith gwreiddiol iawn yn ei bwyslais Kantaidd ar le canolog y cysyniad o ddyletswydd yn y dadansoddiad o gywirdeb moesol, a hynny chwarter canrif o flaen Kant. Nid gormodiaith yw honni mai Price oedd y moesegydd pur cyntaf yn hanes athroniaeth. Roedd yn gefnogwr pybyr i'r chwyldroadau yn Ffrainc ac America. Ochrodd gyda'r alwad am hawliau yn y ddwy wlad ac ysgrifennodd yn helaeth ar y materion hyn, fel y gwnaeth cyfoeswr iau o Gymro, sef **David Williams** (1738–1816), er na chyrhaeddodd y pamffledwr hwn yr un safon fel athronydd. Hybwyd yr un delfrydau yn y **Gymraeg** gan bamffledwyr megis Jac Glan-y-gors (**John Jones**; 1766–1821) a **Thomas Roberts** Llwyn'rhudol (1765/6–1841).

Roedd ysgolheigion sylweddol yn dal i ddod o rengoedd yr **Anglicaniaid**, megis Isaac Williams (1802–65) o **Lanrhystud**, diwinydd medrus a ddaeth yn ddeon Coleg y Drindod, **Rhydychen**, ac yn un o hoelion wyth **Mudiad Rhydychen**. Ond yr academïau Anghydffurfiol a gynhyrchai'r **pregethwyr**, ac ynddynt hwy y lluniwyd y toreth o erthyglau ar athronwyr a phynciau athronyddol sy'n britho **cylchgronau** Cymraeg y cyfnod. Un o'r cyfnodolion hynny oedd *Y Traethodydd*, lle ysgrifennodd **Lewis Edwards** (1809–87), a oedd yn drwm dan ddylanwad Kant, yn helaeth ar athroniaeth. Llyfr Lewis Edwards, *Athrawiaeth yr Iawn* (1860), sy'n adleisio llawer o *Cur Deus Homo* Anselm, oedd y mwyaf dylanwadol o weithiau diwinyddol Cymraeg y 19g.

Ond heb brifysgol nid oedd modd i athroniaeth ffynnu fel disgyblaeth annibynnol ar wahân i ddiwinyddiaeth. Yn 1872 sefydlwyd coleg prifysgol cyntaf Cymru yn **Aberystwyth**, gyda **Thomas Charles Edwards** yn brifathro ac yn Athro athroniaeth. Yng Ngholeg Bangor, a sefydlwyd yn 1884, roedd athronydd Cymreig mwy yn dal y gadair o 1884 hyd 1891, sef **Henry Jones**, gŵr a fyddai yn ddiweddarach yn Athro athroniaeth yn Glasgow. Roedd Hegeliaeth mewn bri yn y cyfnod hwn, a math o Idealaeth Absoliwt Hegelaidd a goleddai Syr Henry. Y gred hon yn undod llwyr realiti oedd athroniaeth **David Adams** hefyd, a oedd gyda'r cyntaf i raddio o Aberystwyth. Cofleidiwyd ffurf ddiwygiedig ar Hegeliaeth, a elwir yn Idealaeth Bersonol, gan Andrew Seth Pringle-Pattison, Athro athroniaeth cyntaf **Caerdydd**.

Ar droad yr 20g., fodd bynnag, gwelwyd adfywiad mewn empiriaeth draddodiadol Brydeinig, yn bennaf trwy ddylanwad dau athronydd yng **Nghaergrawnt**, G. E. Moore (1873–1958) a **Bertrand Russell**, a hynny ar draul Idealaeth. Erbyn canol y ganrif, roedd empiryddion yn dal cadeiriau athroniaeth ym **Mhrifysgol Cymru**. Roedd **R. I. Aaron**, Aberystwyth (1932–69), yn un o'r arbenigwyr pennaf ar Locke, ac roedd **Hywel D. Lewis**, Bangor (1947–55) a

Choleg y Brenin, **Llundain**, wedi hynny, yn adnabyddus fel athronydd diwinyddol empiraidd er iddo aros yn driw i ddeuoliaeth Gartesaidd. Empirydd, gyda thuedd tuag at Bositifiaeth Resymegol, oedd **J. R. Jones**, **Abertawe** (1952–70) yn wreiddiol, er iddo symud tuag at safbwynt Wittgensteinaidd yn ddiweddarach.

Yn 1931 sefydlwyd adran athroniaeth Urdd Graddedigion Prifysgol Cymru er mwyn cynnal trafodaeth ar athroniaeth trwy gyfrwng y Gymraeg, trafodaeth sy'n parhau hyd heddiw mewn cynadleddau ac yn y cylchgrawn *Efrydiau Athronyddol* (1938–). Rhwng 1936 ac 1956, cafwyd cyfieithiadau Cymraeg graenus o ddialogau Platon gan **D. Emrys Evans**, prifathro Bangor. Ers hynny cafwyd trosiadau, yn ogystal, o waith Aristoteles – *Barddoneg* gan **J. Gwyn Griffiths**, Abertawe (1978), a *Moeseg Nicomachaidd* gan John Fitzgerald, Aberystwyth (1998).

Yn ystod yr **Ail Ryfel Byd**, roedd Ludwig Wittgenstein yn ymweld yn rheolaidd ag Abertawe er mwyn cynnal trafodaethau gydag un o'i gyn-fyfyrwyr, **Rush Rhees**. Bu Rush Rhees yn ddarlithydd athroniaeth dylanwadol tu hwnt, gan droi'r adran yn Abertawe yn ganolfan bwysig ar gyfer astudiaethau Wittgensteinaidd. Ymhlith yr athronwyr disgleiriaf a gynhyrchwyd gan 'Ysgol Athroniaeth Abertawe', a enillodd gydnabyddiaeth ryngwladol, yr oedd yr Athro **Dewi Z. Phillips**, golygydd y cyfnodolyn *Philosophical Investigations*. Yn 2004 penderfynodd awdurdodau'r Brifysgol gau'r adran athroniaeth, yn wyneb gwrthwynebiad mawr.

Hyd at pan gaewyd hi yn 1988, roedd yr adran athroniaeth yn Aberystwyth yn flaenllaw ym maes athroniaeth wleidyddol. Yno, gwnaed cyfraniad nodedig at astudiaethau o athroniaethau Kant, Hegel a Marx gan yr Athro Howard Williams, cyd-olygydd y *Kantian Review*, a gyhoeddir gan Wasg Prifysgol Cymru (gw. **Prifysgol Cymru**).

## AUBREY, William (*c.*1529–95) Cyfreithiwr sifil ac eglwysig

Roedd Aubrey, a oedd yn ddisgynnydd i hen deulu o **Aberhonddu**, yn athro **cyfraith** sifil yn **Rhydychen** cyn disgleirio fel arbenigwr mewn cyfraith ryngwladol a chyfansoddiadol. 'Fy noethur bychan' ydoedd i Elizabeth I. Roedd yn farnwr mewn llysoedd eglwysig ac yn dadlau dros eu diwygio. Fel cyfreithiwr morwrol roedd a wnelo â cheisio gwastrodi **môr-ladron** Cymru. Bu'n aelod seneddol dros **Gaerfyrddin** (1554) ac Aberhonddu (1558), ac roedd ganddo stadau helaeth yng Nghymru. Roedd yn perthyn i'r Dr **John Dee** ac (o bell) i **John Penry**. Roedd yn gyfrannog yn y penderfyniad i gondemnio Penry i farwolaeth (1593).

## AUDLEY, Teulu Arglwyddi yn y Mers

Dechreuodd cysylltiad y teulu â Chymru pan briododd Nicholas d'Audley (m.1299) â Catherine, wyres ac aeres John Giffard, arglwydd **Llanymddyfri**. Priododd eu mab, Nicholas (m.1316), â Joan, merch ac aeres William Martin, arglwydd **Cemais**. Bu Cemais a Llanymddyfri ym meddiant teulu Audley a'u disgynyddion, teulu Tuchet, hyd nes i James Tuchet, Barwn Audley, ddioddef atendriad yn 1497. Adferwyd Cemais i fab James; gwerthodd hwnnw'r arglwyddiaeth i dad **George Owen** yn 1543. Priododd Hugh (m.1347), aelod o gangen iau o'r teulu, â Margaret, cyd-aeres Gilbert de Clare (m.1314). Ei chyfran hi o etifeddiaeth teulu **Clare** oedd arglwyddiaeth **Gwynllŵg**, trefn a sicrhaodd mai afon **Rhymni** fyddai ffin ddwyreiniol **Morgannwg**. Trwy briodas merch Margaret, aeth Gwynllŵg i feddiant teulu **Stafford**.

## AUR

Bu'r **Rhufeiniaid**, a ddenwyd i **Brydain** yn rhannol gan y sôn am fetelau gwerthfawr, yn cloddio am aur yn Nolaucothi (**Cynwyl Gaeo**), er bod maint eu gweithgareddau wedi cael ei orbwysleisio. Datblygwyd mwynglawdd Dolaucothi, sydd bellach yn gyrchfan ymwelwyr, rhwng y 1880au a'r 1940au, ar safle gweithfeydd y Rhufeiniaid yn ôl pob golwg. Ceir mwyngloddiau aur eraill yn ardal **Dolgellau**. Yn dilyn darganfyddiadau yn nyffryn **Mawddach** yn gynnar yn y 1840au, cafwyd hyd i aur yng Nghaliffornia ac **Awstralia**, ac arweiniodd hyn at ddiddordeb newydd yn aur **Sir Feirionnydd**, ond ni fu rhuthr aur yno. Ychydig o aur a gloddiwyd yn y sir honno rhwng y 1840au a'r 1920au, oherwydd prin oedd y mwyn, er gwaethaf ei ansawdd da. Colli arian a wnaeth y rhan fwyaf o'r mwyngloddiau, er iddynt gyfrannu'n sylweddol at swyddi yn y cylch. Y mwyngloddiau mwyaf llewyrchus oedd Clogau (**Llanelltud**) a Gwynfynydd (y **Ganllwyd**), sef ffynhonnell yr aur a ddefnyddiwyd er y 19g. i wneud modrwyau priodas teulu brenhinol **Lloegr**. Datblygwyd gwaith aur Gwynfynydd gan William Pritchard Morgan, yr aelod seneddol dros **Ferthyr Tudful** (1888–1900), a gafodd ei erlyn am gloddio heb warant frenhinol.

## AWDL

Ffurf mewn barddoniaeth yw awdl. Ymhlith y **Cynfeirdd** a **Beirdd y Tywysogion** ystyr *awdl* (sef yr un gair ag 'odl' yn wreiddiol) oedd cyfres o linellau ar yr un odl, cyfres a gynhwysai fwy nag un mesur weithiau. Erbyn heddiw, cerdd ar fwy nag un o'r pedwar mesur ar hugain traddodiadol sy'n cynnwys **cynghanedd** yw awdl, ac am y ffurf hon y dyfernir y gadair yn **Eisteddfod** Genedlaethol Cymru.

## AWDURDOD DATBLYGU CYMRU

Sefydlwyd Awdurdod Datblygu Cymru (WDA) gan y **llywodraeth** Lafur trwy Ddeddf Awdurdod Datblygu Cymru 1975, a daeth i fod ar 1 Ionawr 1976, gyda bwrdd aelodau a benodwyd gan **ysgrifennydd gwladol Cymru**. Gosodwyd pedwar amcan ar gyfer y WDA: hybu datblygiad economaidd Cymru, hyrwyddo effeithlonrwydd diwydiannol a'r gallu i gystadlu'n rhyngwladol, datblygu swyddi a gwella'r amgylchedd.

Yn wleidyddol, roedd y WDA yn un o atebion y **Blaid Lafur** i dwf ymwybyddiaeth genedlaethol yng Nghymru a'r pwysau cynyddol am **ddatganoli**. Roedd rhesymau economaidd hefyd y tu ôl i agwedd fwy datganoledig a mwy o ymyrraeth mewn datblygu rhanbarthol, am fod y polisi rhanbarthol traddodiadol bellach yn llai effeithiol. Roedd y WDA yn cyfiawnhau ei fodolaeth trwy gyfrannu at greu **economi** fwy modern ac amrywiol a thrwy wella'r amgylchedd. Yn 2006, yng 'nghoelcerth' hirddisgwyliedig y **cwangoau** yn sgil datganoli, diddymwyd y WDA fel cwango a daeth ei swyddogaeth yn rhan o waith **Cynulliad Cenedlaethol Cymru**.

## AWSTRALIA A CHYMRU

Aeth y Cymry i Awstralia naill ai o'u gwirfodd neu yn garcharorion yn nyddiau'r trefedigaethau cosb. Cyrhaeddodd y mwyafrif o'r ymfudwyr a aeth o'u gwirfodd *c.*1840–1920,

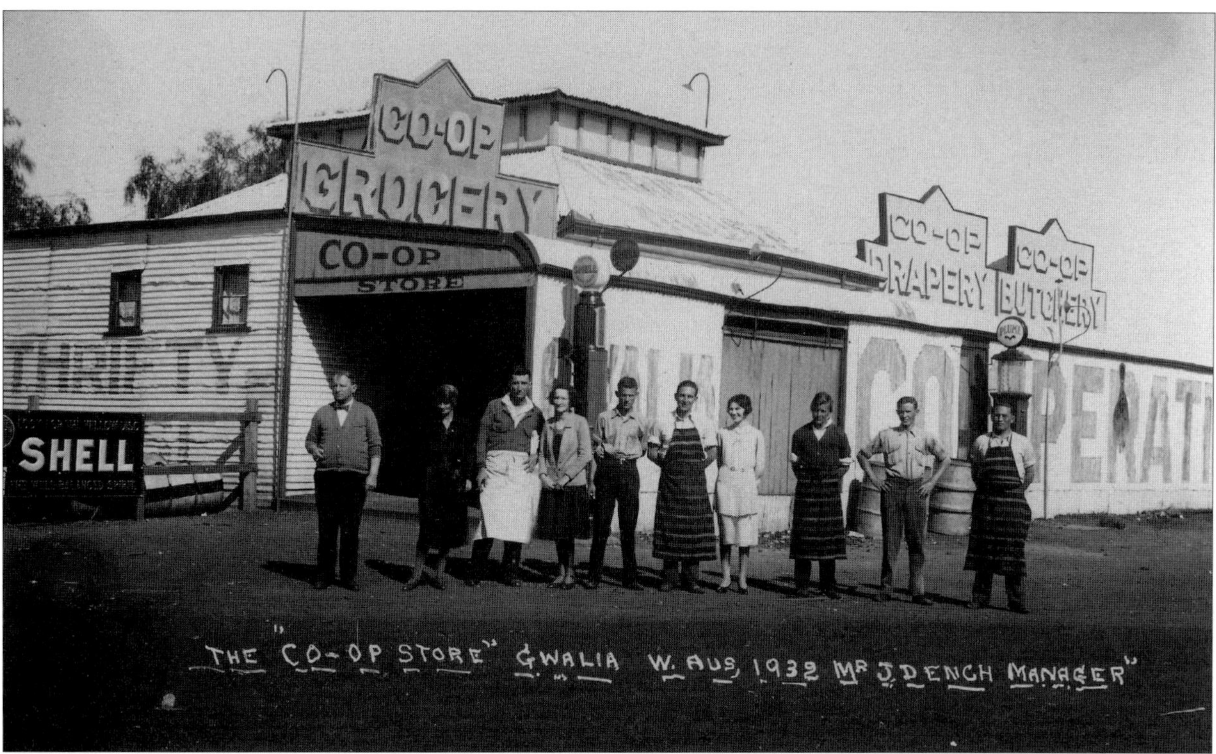


Siop gydweithredol Gwalia, Gorllewin Awstralia, 1932

ac yn arbennig ar ôl 1945. Rhwng 1788 ac 1868 alltudiwyd tua 1900 o ddynion a 300 o ferched dros y môr o Gymru i'r trefedigaethau cosb, gan gynnwys arweinwyr gorymdaith y Siartwyr i **Gasnewydd** yn 1839 (gw. **Siartiaeth**) a rhai a gymerodd ran yn Nherfysgoedd **Rebeca**. Ychydig iawn o Gymry a fanteisiodd ar gynlluniau ymfudo gwirfoddol cynnar, ond o'r 1840au ymlaen ymfudodd llawer mwy o Gymry yn sgil y cyfoeth **copr** y daethpwyd o hyd iddo yn ne Awstralia a'r rhuthr am **aur** yn Victoria a De Cymru Newydd ar ôl 1851, a rhuthr aur 1893 yng ngorllewin Awstralia: Sons of Gwalia yw enw'r cwmni sy'n berchen ar Fathdy Perth. Tyfodd cymunedau Cymreig o gryn faint yn Victoria, yn arbennig yn ardal Ballarat–Sebastopol. Roeddynt yn ddigon niferus i gynnal 21 o gapeli Anghydffurfiol, a sawl **eisteddfod** a chyfnodolyn Cymraeg. O 1870 ymlaen tyfodd cymunedau arwyddocaol o Gymry o amgylch gweithfeydd **glo** Hunter Valley yn Ne Cymru Newydd a Blackstone ger Ipswich, Queensland (**Lewis Thomas** oedd yr arloesydd yno). Ar y cyfan, fodd bynnag, ar wasgar yma ac acw yr ymgartrefai'r Cymry.

Mae Awstraliaid a aned yng Nghymru ac Awstraliaid o dras Cymreig wedi gwneud cyfraniad pwysig i ddatblygu **economi**'r wlad, i'w mudiad llafur, ac i'w bywyd diwylliannol, cerddorol a chrefyddol. Ymysg y cymeriadau amlwg y mae'r Prif Ustus **Samuel Griffith**, William (Billy) Morris Hughes (1862–1952; prif weinidog, 1915–23), Rolf Harris (g.1930) a Kylie Minogue (g.1968). Mae hanes yr eisteddfod o ddiddordeb neilltuol, gan iddi dyfu'n draddodiad Awstralaidd cynyddol bwysig ar ôl datblygu'n achlysur cosmopolitaidd Saesneg ei iaith. Cynhelir ugeiniau o eisteddfodau bob blwyddyn, er nad yw'r mwyafrif o Awstraliaid yn ymwybodol mai yng Nghymru mae gwreiddiau'r sefydliad. Mae gan bob talaith yn Awstralia ei chymdeithas Gymraeg ei hun, gyda Chymdeithas y Cambrian yn Victoria wedi ei sefydlu yn 1872. Mae eglwysi Cymreig hyd heddiw yn Blackstone, Ballarat a Melbourne – lle mae'r eglwys Gymraeg yn un o adeiladau amlycaf y ddinas. Yn 1996 roedd tua 27,488 o frodorion o Gymru yn byw yn Awstralia.

# B  B

Bad achub Moelfre

**BACON, Anthony (1718–86)** Perchennog gweithfeydd haearn

Ganed Bacon yn Cumberland, ac ef oedd un o'r entrepreneuriaid cyntaf i wireddu potensial y diwydiant **haearn** ym **Merthyr Tudful**. Gyda William Brownrigg, agorodd efail yng Nghyfarthfa yn 1765 ac yno addasodd batent **John Wilkinson** ar gyfer tyllu canonau a wnaed o fariau soled. Rhoddodd y marchnadoedd a grëwyd gan Ryfel Annibyniaeth America gryn fantais i Gyfarthfa, yn enwedig ar ôl i Richard Crawshay (gw. **Crawshay, Teulu**) ymuno â'r bartneriaeth yn 1778. Prydlesodd Bacon diroedd a hawliau mwyngloddio hefyd er mwyn sefydlu gweithfeydd haearn Plymouth yn 1777 a **Hirwaun** yn 1780.

**BADAU ACHUB**

Cyn dechrau darparu badau achub o amgylch arfordir Cymru yn gynnar yn y 19g., mater o hap a damwain oedd achub bywydau ar y môr. Yn y 1770au, er enghraifft, rhwyfodd gwraig o'r enw Mrs Williams o **Dyddewi** allan ar ei phen ei hun i achub morwyr o Sweden yr oedd eu llong wedi'i dryllio ar graig anghysbell.

Yn y 1790au yr adeiladwyd y badau achub pwrpasol cyntaf, ac roedd badau achub, y talwyd amdanynt yn rhannol ag arian gan Lloyds, **Llundain**, i'w cael yng **Nghaergybi** yn 1808, **Abermaw** yn 1813 ac **Abergwaun** yn 1822. Arweiniodd dryllio'r ***Alert*** yn 1823, a cholli 145 o fywydau oddi arni, at ffurfio The Anglesey Association for the Preservation of Life from Shipwreck, ac yn dilyn hynny gosodwyd chwe bad achub o amgylch yr ynys (gw. **Cylch y Garn**). Yn 1824 cydnabuwyd yr angen am gorff i gwmpasu holl wledydd **Prydain** pan ffurfiwyd y National Institution for the Preservation of Life from Shipwreck, a newidiodd ei enw yn 1854 i'r Royal National Lifeboat Institution (Sefydliad Cenedlaethol Brenhinol y Badau Achub) (RNLI). Mae'r RNLI yn dibynnu'n llwyr ar gyfraniadau gwirfoddol a gwirfoddolwyr lleol yw criwiau'r badau. Mae 31 o orsafoedd badau achub yng Nghymru.

**BADMINTON**

Enwyd y gêm ar ôl plasty dug Beaufort (gw. **Somerset, Teulu**) yn Badminton, Swydd Gaerloyw, lle credir iddi ddatblygu *c.*1870. Roedd yn cael ei chwarae yng Nghymru erbyn dechrau'r 20g., ac yn 1928 ffurfiwyd Undeb Badminton Cymru a ddaeth yn y man i gynnwys 150 o glybiau oedolion hŷn a 120 o glybiau chwaraewyr iau.

Ymhlith buddugoliaethau nodedig y Cymry y mae medal aur Kelly Morgan o **Lantrisant** yng **Ngemau'r Gymanwlad** yn 1998, a medal efydd Richard Vaughan o **Lanbradach** yng Ngemau'r Gymanwlad yn 2002. Enillodd Vaughan bencampwriaeth ryngwladol (agored) senglau'r dynion yn 1999 a 2000, y Cymro cyntaf i'w hennill mewn blynyddoedd olynol ers i Howard Jennings o **Ben-coed** wneud hynny yn 1968 ac 1969. Enillwyd y bencampwriaeth yn 2001 a 2002 gan Irwansyah a aned yn Indonesia ac a ddaeth yn gymwys i gynrychioli Cymru ar sail preswyliad.

## BAE CINMEL A THYWYN, Conwy (1,040ha; 7,864 o drigolion)

Lleolir y **gymuned** hon, sydd ar draws afon **Clwyd** o'r **Rhyl**, ar **Forfa Rhuddlan**. Cafwyd bod y morglawdd amddiffynnol, a godwyd i gludo rheilffordd Caer–**Caergybi**, yn annigonol yn 1990, pan gafwyd llifogydd difrifol yn yr ardal. Mae'r eglwys, y ficerdy a'r ysgol (cynllun G. E. Street, 1873) yn enghreifftiau rhagorol o ddelfryd Anglicanaidd y 19g. Mae'r ardal yn frith o fyngalos bychain, safleoedd carafannau a pharciau pleser, a adeiladwyd wedi chwalu stad Cinmel yn y 1930au. Un o'r prif atyniadau yw cae rasys trotian Tir Prince (gw. **Rasio Ceffylau**). Yn 2001 roedd 62.97% o'r trigolion heb allu unrhyw **Gymraeg**: dyma gymuned fwyaf Seisnigedig bwrdeistref sirol **Conwy**.

## BAE COLWYN, Conwy (778ha; 9,742 o drigolion)

Hyd y 1860au, ardal denau ei phoblogaeth ar lan y bae rhwng pentrefi Llandrillo a Cholwyn oedd yr ardal lle saif Bae Colwyn heddiw. Wedi cwblhau'r rheilffordd ar hyd arfordir gogledd Cymru yn 1849, sefydlwyd tref wyliau **Llandudno**. Pan brynodd entrepreneuriaid stad Pwllycrochan yn 1865 – stad a oedd yn cynnwys llawer o'r tir ar hyd glan y bae – y gobaith oedd sefydlu tref wyliau arall 12km i'r dwyrain o Landudno. Erbyn 1921 bwrdeistref Bae Colwyn, a oedd yn fwy o lawer na'r **gymuned** bresennol, gyda phoblogaeth o 21,566, oedd bwrdeistref fwyaf Cymru i'r gogledd o **Ferthyr Tudful** (gw. hefyd **Bwrdeistrefi**). Er ei bod yn llai poblog na'r ardal adeiledig yr oedd **Wrecsam** yn ganolbwynt iddi, daethpwyd i edrych ar Fae Colwyn fel 'prifddinas' y gogledd. Ym Mae Colwyn y mae pencadlys Heddlu Gogledd Cymru (gw. **Heddlu**) a lleolir nifer o sefydliadau masnachol ac addysgol pwysig yno. Dyma gartref stiwdio ITV Cymru yn y gogledd ac mae swyddfeydd prif bapur newydd y gogledd – y *Daily Post* – gerllaw yng Nghyffordd Llandudno (gw. **Papurau Newydd**).

Ystyriai Bae Colwyn ei bod yn dref wyliau fwy sidêt na'r **Rhyl**, ac anogwyd codi tai o safon uwch yno, wedi'u hanelu'n arbennig at fewnfudwyr yn ymddeol o Lannau Mersi a chanolbarth **Lloegr**. Y canlyniad oedd maestrefi coediog, rhai ohonynt yn cynnwys tai a gynlluniwyd gan y pensaer lleol nodedig, **Colwyn Foulkes**. Yn wir, mae Bae Colwyn yn unigryw ymhlith holl drefi Cymru yn yr ystyr ei bod, i raddau helaeth, yn dangos ôl llaw pensaer unigol o'r 20g. Er nad oes iddi mwyach gymaint o fri fel tref wyliau – nid yw'r pier (1900) yn ddim o'i gymharu â'r hyn a fu, ac mae'r promenâd dan gysgod ffordd ddeuol yr **A55** – mae dyfodol Bae Colwyn fel lle i fyw ac fel canolfan weinyddol yn edrych yn bur addawol. Gwelir adeiladau wedi'u cynllunio gan Colwyn Foulkes yn Ysgol Rydal, a ffurfiwyd trwy uno ysgol merched Penrhos (1880) ac ysgol bechgyn Rydal (1890) yn 1995.

Ganed **William Davies** (m.1593), offeiriad a merthyr Catholig (gw. **Merthyron Catholig**), yng Nghroes-yn-Eirias, a safai gerllaw'r ganolfan ddinesig sydd yn ymyl Parc Eirias heddiw. Ym mhen deheuol y gymuned y mae Eglwys Crist, Bryn-y-maen, a adeiladwyd yn 1899 a'i chyfoethogi â gwaith coed gwych y pensaer **John Douglas**. Sŵ Fynyddig Bae Colwyn yw'r sŵ fwyaf yng Nghymru. Yn 2001 roedd gan ardal adeiledig Bae Colwyn, sy'n cynnwys cymunedau **Llandrillo-yn-Rhos**, **Mochdre**, **Hen Golwyn**, **Llysfaen** a **Llanddulas** yn ogystal â chymuned Bae Colwyn ei hun, boblogaeth o 30,564, a hi yw'r nawfed o ran maint ymhlith canolfannau trefol Cymru.

## BAEDD GWYLLT, Y

Roedd y baedd gwyllt yn bresennol yng Nghymru mewn rhai cyfnodau rhyngrewlifol, a cheir tystiolaeth archaeolegol o'i bresenoldeb o'r Oes Neolithig (gw. **Oesau Cynhanesyddol**) hyd y cyfnod Rhufeinig, pan fu i gynnydd mewn **moch** dof, a grwydrai'n rhydd, roi cryn bwysau ar y boblogaeth wyllt. Ystyrid y baedd gwyllt yn anifail cysegredig gan y **Celtiaid** ac mae stori hela'r **Twrch Trwyth** – brenin wedi'i drawsnewid yn faedd enfawr – gan **Arthur** yn chwedl 'Culhwch ac Olwen' yn y **Mabinogion** yn cyfleu arwyddocâd y baedd yng Nghymru'r gorffennol pell, ac yn cyfleu gwefr a pherygl yr helfa. Ceir sawl enw afon sy'n cynnwys yr elfennau *twrch*, *banw* a *gwythwch* (neu eu tebyg). Ond dichon mai cyfeirio'n ffigurol at rym llifeiriol y dŵr y mae'r ffurfiau, yn hytrach na dynodi unrhyw gysylltiadau mytholegol.

Yn y cyfreithiau Cymreig (gw. **Cyfraith**), roedd i'r mochyn gwyllt yr un gwerth ag un dof, ac yn wir roedd y ffaith ei fod yn epilio'n dda a bod ei fwyd yn llawn amrywiaeth yn ei wneud yn anifail hawdd ei ddofi. Ni ddiflannodd y baedd gwyllt o **Brydain** tan ddiwedd yr 16g., ond mae'n debyg nad oedd rhywogaeth wyllt yng ngwir ystyr y gair yn bod yng Nghymru ar ôl diwedd y 13g., oherwydd croesfridio gyda moch dof.

## BAGILLT, Sir y Fflint (1,001ha; 3,918 o drigolion)

Saif y **gymuned** hon ar lannau moryd afon **Dyfrdwy** rhwng **Treffynnon** a'r **Fflint**, ac fe'i rhestrir yn Llyfr Domesday dan yr enw *Bachelie*. Mae enw fferm Cefn Coleshill yn dwyn i gof gwmwd **Cwnsyllt**. Cafodd Castell Dinas Basing, a atgyfnerthwyd gan Harri II yn 1157, ei gipio gan **Owain Gwynedd** yn 1166, a'i ddymchwel yn gyfan gwbl yn ystod y 13g. Diwydiannwyd Bagillt yn gynnar, ac o ganlyniad i'r llygredd a achoswyd dymchwelodd **Thomas Pennant** ei blasty, Neuadd Bagillt. Y Gadlys, a sefydlwyd yn 1703, oedd y cyntaf o bum gwaith mwyndoddi **plwm** mawr ym Magillt. Roedd glofa Llysbedydd (Bettisfield) – lle bu'r bardd George Tattum (1870–1941) yn gweithio – yn un o 12 pwll **glo**'r ardal. Mae ei gwt injan a'i ystafell lampau wedi goroesi. O ddechrau'r 18g. hyd ganol y 19g. bu llongau fferi yn hwylio o Ddoc Bagillt i Gilgwri ac i **Lerpwl**. Ym Magillt y ganed Enoch Robert Gibbon Salisbury (1819–90), y llyfrbryf a roddodd ei enw i lyfrgell Gymraeg Coleg y Brifysgol, **Caerdydd** (gw. **Prifysgol Caerdydd**).

## BAGLAN, Castell-nedd Port Talbot (904ha; 6,654 o drigolion)

Saif Baglan o fewn cymunedau Baglan a Bae Baglan (gw. isod). Datblygodd Baglan, ar ochr ddwyreiniol aber afon **Nedd**, yn ardal ddiwydiannol o bwys ar ddechrau'r 19g. Yn ystod y cyfnod hwn câi **glo**, **tunplat** a **chrochenwaith** eu hallforio o Baglan Pill. Rhoddodd dyfodiad y rheilffordd (gw. **Rheilffyrdd**) ergyd farwol i'r fasnach ac yna daeth tawelwch gwledig gwreiddiol yr ardal i deyrnasu drachefn hyd 1963, pan agorwyd gwaith BP Chemicals ym Mae

Baglan. Y gwaith hwn a sbardunodd sefydlu mentrau technoleg uwch Parc Ynni Baglan.

*Cymunedau Baglan*

BAGLAN (576ha; 6,654 o drigolion)
Stad dai enfawr yw'r gymuned hon sy'n cynnwys Eglwys y Santes Gatrin (1878–82), campwaith **John Prichard**. Roedd Baglan House yn un o gartrefi teulu Villiers, ieirll Jersey, cyd-etifeddion stadau teulu **Mansel**. Sefydlodd Griffith Llewelyn o Neuadd Baglan, un o brif dirfeddianwyr y **Rhondda**, gwmni Llewelyn & Cubitt (1874), prif gynhyrchydd offer gwaith glo yng Nghymru. Tŷ bonedd adfeiliedig, a godwyd *c.*1600, yw Blaen Baglan.

BAE BAGLAN (328ha; dim trigolion)
Mentrau diwydiannol yn unig a geir yn y gymuned hon. Nid oes neb yn byw ynddi. Dymchwelwyd tri o'i hadeiladau amlycaf yn 2003 – dau dŵr oeri a simdde pwerdy segur. Yn 2004, ym Mharc Ynni Baglan, agorwyd gorsaf bŵer nwy, y gyntaf o'i bath ym **Mhrydain**; mae'r orsaf, sy'n eiddo i GE Energy, ac y costiodd £300 miliwn i'w chodi, yn cynhyrchu 480MW o drydan – digon ar gyfer 500,000 o breswylfeydd.

**BANGLADESHIAID**
Yn 2001 roedd yng Nghymru 5,436 o bobl o dras Bangladeshaidd, ac roedd 38% ohonynt wedi'u geni yng Nghymru. Mae'r rhan fwyaf ohonynt yn byw yn ardal Bae **Abertawe**, **Casnewydd** a **Chaerdydd**, gydag eraill wedi'u gwasgaru ledled y wlad. Ymfudodd y rhan fwyaf o'r genhedlaeth gyntaf i Gymru o ganol y 1960au ymlaen, a hynny o drefi cynhyrchu tecstilau yn Swydd Gaerhirfryn a Swydd Efrog. Deuent yn bennaf er mwyn gweithio yn y maes arlwyo, gyda'r mwyafrif yn wreiddiol o ardal Sylhet yng ngogledd-ddwyrain Bangladesh, ardal lle bu cenhadaeth gan y **Methodistiaid Calfinaidd** (gw. **Bryniau Casia**). Yn 2001 roedd tua 5,000 o Fangladeshiaid Cymru yn disgrifio'u hunain fel dilynwyr **Islam**. Mae'n gymuned hynod o ifanc, gyda 39% o'i haelodau dan 16. Y mae hefyd yn un o'r cymunedau mwyaf difreintiedig. O blith y rhai hynny sydd o oedran gweithio, dim ond 53% o'i haelodau sy'n economaidd weithredol, y raddfa isaf ymhlith holl gymunedau ethnig Cymru a ffigur sydd yn is o lawer na'r raddfa ar gyfer Cymru gyfan (75%). Mae'n bosibl mai graddfa ddiweithdra anarferol o uchel ymhlith **menywod** (21%) sydd i gyfrif amdano. Mewn gwrthgyferbyniad, mae 83% o wrywod Bangladeshaidd yn economaidd weithredol – ffigur sydd rhyw ychydig yn uwch na'r raddfa ymhlith gwrywod ar gyfer Cymru gyfan (82%). Er hynny, Bangladeshiaid Cymru sydd â'r raddfa isaf o bobl yn byw yn eu tai ar eu pennau eu hunain a'r raddfa uchaf o anheddau a rennir gan fwy nag un teulu; hwy hefyd sy'n fwyaf tebygol o fod yn byw mewn tai gorlawn (26%). Mae 67.7% yn berchen eu tai, ond mae 36% o deuluoedd Bangladeshaidd heb ddefnydd car na fan modur.

**BAILEY, Teulu** Meistri haearn
Ganed y brodyr Joseph (1783–1858) a Crawshay Bailey (1789–1872) yn Swydd Efrog, ac fel eu hewythr, Richard Crawshay, gwnaethant yrfa iddynt eu hunain yn niwydiant **haearn** de Cymru ym mlynyddoedd cynnar y 19g (gw. hefyd

Un o dai crwn Crawshay Bailey yn Nant-y-glo (fe'i hadeiladwyd *c.*1816)

**Crawshay, Teulu**). Erbyn 1820 roeddynt yn gyfrifol am redeg gwaith haearn **Nant-y-glo**, un o'r gweithfeydd mwyaf cynhyrchiol, ac yn 1833 cawsant weithfeydd Beaufort (gw. **Cendl**) ar brydles. Roedd y ddau frawd yn erbyn unrhyw reoleiddio ar y diwydiant gan anwybyddu ymgais Cymdeithas y Meistri Haearn, rhwng 1802 ac 1826, i bennu maint y cynnyrch, y prisiau a'r cyflogau. Roedd Crawshay Bailey, a oedd yn frwd dros ddatblygu **rheilffyrdd** ac yn un o'r rhai cyntaf i sylweddoli potensial enfawr maes **glo**'r de, yn aelod seneddol Bwrdeistrefi **Trefynwy** o 1852 hyd 1868. Daeth yn destun baled adnabyddus. Erbyn adeg ei farwolaeth roedd wedi ymgartrefu ym Maindiff Court (**Llandeilo Bertholau**), canolfan y stad 4,650ha a ddaethai i'w feddiant. Roedd Joseph Bailey, a fu'n aelod seneddol **Sir Frycheiniog** o 1847 hyd ei farw, hyd yn oed yn fwy llwyddiannus wrth grynhoi tir. Erbyn 1873 roedd stad y teulu (Glanusk: gw. **Llangatwg**) yn cynnwys 11,500ha o dir, a phrin fod unrhyw stad arall ym **Mhrydain** y 19g. wedi tyfu'n gyflymach.

Dyrchafwyd ŵyr Joseph Bailey i Dŷ'r Arglwyddi dan y teitl Barwn Glanusk yn 1899.

**BAKER, David (Y Tad Augustine Baker; 1575–1641)** Cyfrinydd
Trodd Baker, a aned yn y **Fenni**, at Gatholigiaeth (gw. **Catholigion Rhufeinig**) yn 1603 ac ymunodd â'r Urdd Fenedictaidd yn 1613 neu 1619. Yn Cambrai (1624–33) ac yn Douai (1633–8) casglodd ddeunydd ar hanes y **Benedictiaid** yn **Lloegr**, ysgrifennodd yn helaeth ar faterion ysbrydol a golygodd waith sawl cyfrinydd o'r Oesoedd Canol. Cyhoeddwyd detholiadau o'i waith dan y teitl *Sancta Sophia* (Douai, 1657). Yn ei hunangofiant honnodd fod y Fenni yn lle mor Gymreigaidd fel ei bod yn amhosibl dysgu **Saesneg** safonol yno.

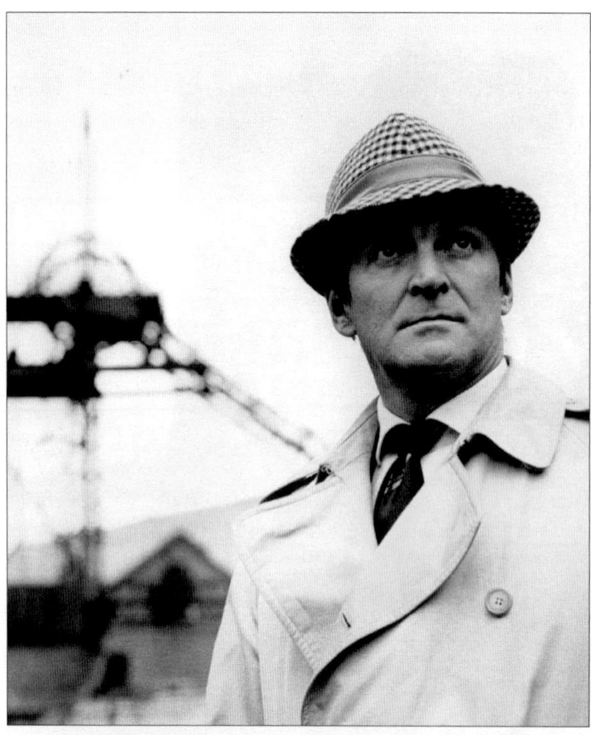

Stanley Baker yn ffilmio *Return to Rhondda* yn 1965

**BAKER, Stanley (1928–76)** Actor

Bu Stanley Baker, yr actor cadarn ei wedd o Ferndale yn y **Rhondda**, yn actio rhannau plismyn a throseddwyr mewn ffilmiau Prydeinig yn y 1950au a'r 1960au, gan ragori yn y ddwy rôl fel ei gilydd. Heddwas lluddedig wedi alaru ar ei fyd ac ar broblemau gartref a bortreadir ganddo yn *Hell is a City* (1960), a bu *Hell Drivers* (1957), lle mae'n chwarae rhan cyn-garcharor yn ceisio'i ddiwygio ei hun, yn fodd i gadarnhau ei ddelwedd fel dyn caled. Creodd argraff yn ogystal yn *The Cruel Sea* (1953) a ffilmiau nodwedd Joseph Losey, *Blind Date* (1959) a *The Criminal* (1960, yn seiliedig ar sgript gan **Alun Owen**), *Eve* (neu *Eva,* 1962) ac *Accident* (1967). Ond cytuna'r mwyafrif mai ei gampwaith mwyaf yw ei berfformiad yn ***Zulu*** (1964), a gyd-gynhyrchwyd ganddo yn ogystal. Gwnaeth argraff fawr hefyd yn *The Squeeze* (1960), drama gan BBC Cymru am y maes **glo**, ond roedd eisoes yn dioddef o ganser pan gyflwynodd ei bortread teimladwy o Gwilym Morgan yn ail fersiwn deledu'r BBC o ***How Green Was My Valley*** (1976).

**BALA, Y,** Gwynedd (263ha; 1,980 o drigolion)

Mae tref y Bala wedi'i lleoli lle mae afon **Dyfrdwy** yn llifo o Lyn Tegid (gw. **Llynnoedd**) ac mae'r enw (sy'n tarddu o'r gair Celtaidd *belago*) yn golygu man lle bydd afon yn llifo o lyn. Y dref, a sefydlwyd gan Roger Mortimer *c.*1310, oedd y fwrdeistref olaf i'w sefydlu yn y Gymru ganoloesol (gw. **Mortimer, Teulu** a **Bwrdeistrefi**). Enwyd Tŷ-tan-domen, yr ysgol ramadeg a sefydlwyd yn 1712, ar ôl tomen gynharach, Tomen y Bala. Yn y 18g. roedd y Bala'n ganolfan bwysig i gynnyrch **gwlân**, a châi hyd at 200,000 o barau o sanau eu gwau bob blwyddyn gan y trigolion. Roedd i'r dref le amlwg hefyd yn adfywiad yr **eisteddfod**, er i'r gweithgaredd hwnnw bylu wrth i'r Bala ddatblygu'n ganolfan Fethodistaidd amlwg. Yn 1783 priododd **Thomas Charles**, brodor o **Sir Gaerfyrddin**, â Sally Jones o'r Bala, gan ymgartrefu yn y dref. Roedd yn offeiriad ordeiniedig, er i'w syniadau efengylaidd ei rwystro rhag ymddyrchafu yn yr Eglwys Anglicanaidd, ac yn 1784 ymunodd â **seiat** y **Methodistiaid Calfinaidd** yn y Bala. Yn sgil ei ddoniau a'r ffaith y gallai weinyddu'r cymun, datblygodd y Bala'n brif ganolfan yn ystod ail gyfnod twf Methodistiaeth Galfinaidd yng Nghymru. Yn wir, gellir honni mai'r Bala yw Genefa Cymru, gyda'i lleoliad ger y llyn a'i chysylltiadau crefyddol. Bu'r rhan a chwaraeodd Charles yn y gwaith o sefydlu **Cymdeithas y Beibl** yn fodd o roi lle amlwg i'r Bala ym mytholeg y mudiad hwnnw – yn arbennig hanes **Mari Jones**, stori sy'n boblogaidd o **Fadagasgar** i **Fryniau Casia**. Yn 1837 sefydlwyd coleg ar gyfer hyfforddi gweinidogion y Methodistiaid Calfinaidd yn y Bala gan **Lewis Edwards** (a briodasai ag wyres i Charles yn 1836). Mae'r coleg bellach yn ganolfan ieuenctid y Presbyteriaid. Yn 1842 daeth y dref hefyd yn gartref i goleg hyfforddi yr **Annibynwyr**. Fe'i sefydlwyd gan Michael Jones (1787–1853) a daeth yn ganolbwynt cryn ddadlau yn ystod prifathrawiaeth ei fab, **Michael D. Jones**. Ar brif stryd lydan y dref mae cerflun o **T. E. Ellis**. Roedd **George Borrow** yn fawr ei ganmoliaeth i frecwast Gwesty'r Llew Gwyn. Bellach, mae'r Bala yn ganolfan ryngwladol ar gyfer chwaraeon dŵr, yn arbennig **hwylio**, canŵio a rafftio dŵr ewynnog.

**BALEDI**

Cerdd yn y mesurau rhydd, gan amlaf yn adrodd stori, ac y gellir ei chanu, yw baled. Goroesodd cerddi Cymraeg o'r fath am ddigwyddiadau yn niwedd yr 16g. a dechrau'r 17g., megis y rhai sy'n sôn am y cynllwyn i ladd Elizabeth I ac am Frad y Powdr Gwn. Ond sefydlu gwasg **argraffu** yn Amwythig yn 1695, ac eraill yng Nghymru ei hun yn fuan wedyn, a arweiniodd at gyfnod mawr y faled yng Nghymru. Ymestynnodd hwnnw o ddechrau'r 18g. hyd farwolaeth yr olaf o'r baledwyr adnabyddus, Abel Jones (Y Bardd Crwst; 1829–1901). Byddai ef a'i ragflaenwyr – er enghraifft **Elis Roberts**, Twm o'r Nant (**Thomas Edwards**; 1739–1810) a Dic Dywyll (Richard Williams; *c.*1805–*c.*1865) – yn crwydro'r wlad gan ganu mewn ffeiriau a marchnadoedd, a chan werthu eu baledi ar ffurf llyfrynnau neu daflenni. Er mai crefyddol a moesol eu naws yw'r mwyafrif o faledi, llwyddant i gwmpasu holl amgylchiadau a phrofiadau bywyd y dydd, gan gynnwys **trychinebau glofaol**, **llongddrylliadau**, llofruddiaethau a streiciau. Tua diwedd y cyfnod, gwelir tuedd gynyddol yn y de i ychwanegu fersiwn Saesneg at y faled Gymraeg. Nid yw baledi llenyddol modern beirdd megis Cynan (**Albert Evans-Jones**) ac **I. D. Hooson** yn perthyn i'r traddodiad hwn, ond yn hytrach maent yn dangos dylanwad beirdd Saesneg megis Keats, Coleridge, ac yn ddiweddarach, Kipling a Masefield.

**BANC CYMRU**

Sefydlwyd Banc Masnachol Cymru yn 1972 gan y benthyciwr arian o **Gaerdydd**, Syr Julian Hodge (1904–2004), i sicrhau gwasanaeth **bancio** lleol ac uniongyrchol i gwmnïau bach a chanolig eu maint. Gwrthododd Cofrestrydd y Cwmnïau a Banc Lloegr roi caniatâd i ddefnyddio'r enw 'Banc Cymru', gan honni y byddai hynny'n awgrymu bod iddo statws swyddogol. Agorwyd prif swyddfa yng Nghaerdydd a changhennau yn **Wrecsam** ac **Abertawe**. Yn

1988 daeth y Banc dan adain Banc yr Alban a boddhawyd yr awydd gwreiddiol i ddefnyddio'r enw 'Banc Cymru'. Trwy ei saith cangen ranbarthol roedd yn darparu gwasanaethau ariannol arbenigol i nifer o gwmnïau masnachol, ac yn 2000 roedd ganddo asedau gwerth dros £460 miliwn. Ond yn 2002 collodd ei hunaniaeth Gymreig pan gafodd ei lyncu'n gyfan gwbl gan Fanc yr Alban.

## BANC GOGLEDD A DE CYMRU

Sefydlwyd 'Banc Cymru', fel y'i gelwid, yn **Lerpwl** yn 1836, a'i fwriad oedd darparu gwasanaeth **bancio** i Gymru gyfan. Er na ddigwyddodd hynny, erbyn 1877 roedd wedi llwyddo i sefydlu canghennau yn y gogledd a'r canolbarth a hynny'n bennaf trwy gymryd banciau lleol drosodd – wyth i gyd. Rhwng 1845 ac 1898, aeth o nerth i nerth dan ddwylo medrus George Rae, un o fancwyr mwyaf blaenllaw oes Victoria, a gredai mewn sicrhau mantolen gadarn a benthyca gofalus. Denai'r Banc gynilion cwsmeriaid yr ardaloedd gwledig ac ymelwai ar fwrlwm masnachol Lerpwl. Yn 1908 llyncwyd 'Banc Cymru' gan Fanc y Midland, sydd wedi'i gymryd drosodd ers hynny gan HSBC.

## BANCIO A BANCIAU

Mae gan fanc dair prif swyddogaeth: cadw'r arian a roddir ynddo yn ddiogel; rhoi benthyciadau; a symud arian allan o'i gyfrifon yn ôl cyfarwyddyd yr adneuyddion. Daeth busnesau unigol a oedd yn ymgymryd â'r tair swyddogaeth i fodolaeth yng Ngwlad Groeg erbyn y 5g. neu'r 4g. CC, ond ymddengys i tua 2,000 o flynyddoedd fynd heibio wedi hynny cyn ailsefydlu banciau yn Ewrop. Ymddangosodd y banciau cyntaf yn **Lloegr** yn yr 17g.

Nid oedd yr un banc yng Nghymru cyn 1750, ond agorwyd 42 ohonynt rhwng 1771 ac 1815; y cyntaf oedd yr un a sefydlwyd gan Landeg, du Buisson & Co. yn **Abertawe**. Ffurfid partneriaethau o'r fath gan dirfeddianwyr, gweithgynhyrchwyr, masnachwyr a chyfreithwyr; ac, er mor awgrymog yw'r enwau 'Banc y Ddafad Ddu' a 'Banc yr Eidion Du', nid oes sail i'r gred boblogaidd mai'r **porthmyn** a sefydlodd y banciau cynnar yng Nghymru. Roedd y mân bartneriaethau bancio hyn yn llwyr ar drugaredd yr hinsawdd fasnachol a helbulon ariannol eu cwsmeriaid: aeth nifer ohonynt i'r wal yn ystod argyfwng ariannol 1825–6, gan sbarduno Banc Lloegr i agor cangen yn Abertawe. Cafodd y 'Banc Cangen' hwn beth llwyddiant wrth geisio sicrhau cylchrediad i'w bapurau punnoedd ei hun yng Nghymru a disodli arian papur y banciau lleol. Bu ganddo ran hefyd mewn dosbarthu darnau **arian bath** a chasglu trethi.

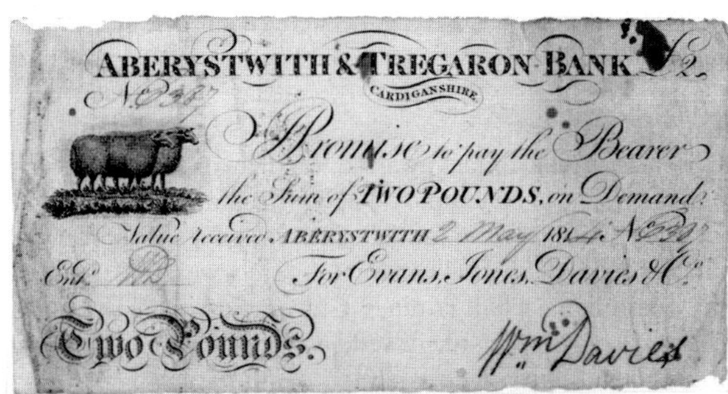


Nodyn addewid a gyflwynwyd gan Fanc Tregaron ac Aberystwyth, 1814

Erbyn 1859, pan gaewyd y 'Banc Cangen', roedd nifer o fanciau cydgyfalaf wedi'u sefydlu – er enghraifft y National Provincial Bank a **Banc Gogledd a De Cymru**. Yna, yn niwedd y 19g. ac yn yr 20g., unwyd cwmnïau o'r fath nes bod bron y cyfan o fusnes bancio Cymru, erbyn yr 21g., yn cael ei gyflawni gan lond dwrn o gwmnïau mawr.

## BANCROFT, W[illiam] J[ohn] (1871–1959)

Chwaraewr rygbi a chricedwr

Billy Bancroft oedd y cyntaf o gefnwyr enwog Cymru. Roedd ganddo gysylltiad agos â maes Sain Helen, **Abertawe**: bu'n byw yno'n blentyn pan oedd ei dad yn dirmon yno, yn chwarae **rygbi** yno i Abertawe, ac ar y maes hwnnw y cyflawnodd lawer o'i gampau fel cefnwr i Gymru a chricedwr proffesiynol i Forgannwg (gw. **Sir Forgannwg**) – cyn dod yn dirmon ei hun. Roedd yn amddiffynnwr medrus, yn ochrgamwr ymosodol ac yn giciwr penigamp, ac yn ystod y 1890au bu'n chwarae'n gyson i dîm Cymru. Roedd ei 33 cap i Gymru yn ddiguro pan ymddeolodd a pharhaodd yn record i gefnwr nes ei guro gan J. P. R. Williams dri chwarter canrif yn ddiweddarach. Yn 1895 daeth yn gricedwr proffesiynol cyntaf Morgannwg, a bu'n hyfforddi'r **Gilbert Parkhouse** ifanc. Fe'i holynwyd fel cefnwr i'w glwb a'i wlad gan ei frawd iau, Jack Bancroft (1879–1942).

## BAND CORY

Band pres o'r Pentre yn y **Rhondda** yw hwn. Fe'i ffurfiwyd yn 1880 fel Band Dirwest Tonpentre, ac yn ddiweddarach, i gydnabod y nawdd a dderbyniodd ganddynt, cymerodd enw teulu **Cory**, y perchnogion pyllau **glo**. Daeth yn fand pres mwyaf llwyddiannus Cymru erbyn yr 20g., er gwaethaf cystadleuaeth ffyrnig gan ei gymydog agos, Band y Parc a'r Dâr o Dreorci. Cafodd fuddugoliaethau nodedig yn y Bencampwriaeth Brydeinig Agored (2000 a 2002) a'r Bencampwriaeth Genedlaethol (1974, 1982, 1983, 1984 a 2000). Yn 2004 ailenwyd y band yn Buy as You View i gydnabod y nawdd a dderbyniai gan gwmni masnachol; ailfabwysiadwyd yr enw gwreiddiol yn 2007. (Gw. hefyd **Bandiau Pres** a **Cerddoriaeth**.)

## BAND CYFARTHFA

Ffurfiwyd y band pres hwn gan Robert Thompson Crawshay o Gastell Cyfarthfa, **Merthyr Tudful**, yn 1838 (gw. hefyd **Crawshay, Teulu**). Bu'n brysur hyd ddechrau'r 20g., ond ei oes aur oedd rhwng *c*.1845 ac 1878. Goroesodd casgliad o'i **gerddoriaeth**, un o'r llawysgrifau pwysicaf o'i fath. Mae'n dangos bod y band yn griw o gerddorion rhyfeddol o ddawnus – efallai, yn wir, mai hwn oedd y band pres *virtuoso* o'r iawn ryw cyntaf yn y byd. (Gw. hefyd **Bandiau Pres** a **Cerddoriaeth**.)

## BANDIAU JAZZ neu BANDIAU GASWCA

Bandiau gorymdeithiol cystadleuol a oedd yn gyffredin yn ardaloedd diwydiannol y de yn hanner cyntaf yr 20g. Roedd y gorymdeithio a chynllun y gwisgoedd yn bwysicach na safon y perfformio. Câi'r alawon eu chwarae i ddechrau ar unrhyw gasgliad o offerynnau chwyth, ond yn ddiweddarach dechreuwyd defnyddio'r casŵ. Roedd gorchest rythmig yr offerynwyr taro hefyd yn nodwedd bwysig ar y chwarae.

Band Cyfarthfa yn y 1850au

## BANDIAU PRES

O ganol y 19g. ymlaen daeth bandiau pres yn nodwedd bwysig ar ddiwylliant cerddorol **Prydain**. Mewn ardaloedd diwydiannol ac ymhlith y dosbarth gweithiol y sefydlwyd y bandiau hyn yn bennaf, ac un o'r prif ffactorau a roddodd gychwyn i'r fath symudiad fu dyfeisio'r falf biston a'i addasu ar gyfer offerynnau pres o'r 1820au ymlaen. Hyrwyddwyd lledaeniad y bandiau pres hefyd gan baternalistiaeth yr oes a'r gred y gallai ymroi i **gerddoriaeth** fod yn weithgaredd buddiol a llesol i 'haenau isaf' cymdeithas.

Ceir honiad mai band pres cynharaf Prydain oedd hwnnw a sefydlwyd yn 1832 ym mhentref 'Pontybederyn' ym **Mlaenau Gwent**, ond gan nad oes tystiolaeth fod lle yn dwyn yr enw hwnnw wedi bodoli erioed, simsan yw seiliau'r honiad. Yn ddiamau, band pres enwocaf Cymru yn y cyfnod cynnar hwn oedd **Band Cyfarthfa** (1838), ac ymddengys mai'r ffotograff a dynnwyd ohono (*c.*1860) yw'r un cynharaf sy'n bodoli o fand pres. Diau mai band cynharaf y gogledd-ddwyrain oedd un **Bwcle**, ac aed ati hefyd o'r 1830au ymlaen i sefydlu bandiau pres yn ardaloedd y chwareli yng **Ngwynedd**. Mae'r honiad fod band pres yn **Llanrug** erbyn 1834 yn ddadleuol, ond mae tystiolaeth bendant fod band yn Neiniolen (Ebenezer gynt; gw. **Llanddeiniolen**) erbyn 1835.

Am gyfnod, anesmwyth fu'r berthynas rhwng y bandiau pres a'r capeli Anghydffurfiol. Roedd diota diarbed ymhlith rhai o'r bandwyr, ac yng ngeiriau'r *Herald Cymraeg* yn 1862, 'nid yw canu offerynnol . . . ond peth i feithrin nwydau pechadurus mewn dynion'. Fodd bynnag, ymhell cyn diwedd y 19g. bu ymbarchuso yn hanes y bandiau a daethant yn fodd o hyrwyddo achos **dirwest**. Yn 1888, er enghraifft, sefydlwyd y Tongwynlais Temperance Silver Band – band sy'n parhau mewn bodolaeth – er mwyn denu'r trigolion o grafangau'r saith tafarn a oedd yn y pentref, a band dirwestol yn wreiddiol oedd **Band Cory** a sefydlwyd yn 1880. Datblygodd cyswllt agos rhwng y bandiau pres a gorymdeithiau'r mudiad Llafur yn ogystal. Uchafbwynt y flwyddyn i fandiau pres Gwynedd fyddai'r Gwyliau Llafur mewn mannau megis **Bethesda**, Blaenau **Ffestiniog** a **Chaernarfon**, ac ni bu golygfa fwy arwyddocaol yn hanes diweddar Cymru na phan orymdeithiodd glowyr pwll y Maerdy (gw. **Rhondda, Y**) yn ôl i'r gwaith ar derfyn streic fawr 1984–5, a hynny y tu ôl i fand y pentref.

Bu'r elfen gystadleuol yn ganolog yn niwylliant y bandiau pres. O'i chychwyniadau yn y 1860au rhoddwyd llwyfan i'r bandiau pres gan yr **Eisteddfod** Genedlaethol. Cafodd Band Cyfarthfa lwyddiant yng nghystadlaethau Crystal Palace (1860–3), ond yn y Bencampwriaeth Brydeinig Agored (1853–) a'r Bencampwriaeth Genedlaethol (1900–) bu'n rhaid i Gymru aros yn hir cyn cael band a fedrai herio goreuon gogledd **Lloegr**. Fodd bynnag, o'r 1970au ymlaen daeth llwyddiant nodedig i ran Band Cory – Band Buy as You View o 2004 hyd 2007 – a ystyrir bellach yn un o fandiau pres gorau'r byd.

## BANDO

Gêm a chwaraeid ar faes gwastad, weithiau ar y traeth, rhwng dau dîm o hyd at 30 yr un. Nid oedd rheolau pendant. Roedd gan bob chwaraewr ei fando, sef pren tebyg i ffon **hoci**, a'r amcan oedd gyrru'r bêl rhwng dau farc a weithredai fel gôl yn y naill ben a'r llall i'r maes. Chwaraeid y gêm ym mhob rhan o Gymru hyd at tua diwedd y 19g. ac roedd yn neilltuol o boblogaidd yn **Sir Forgannwg** lle anfarwolwyd 'Bechgyn Bando Margam' mewn baled facaronig adnabyddus o'r un enw yn gynharach yn yr un ganrif.

Stryd Fawr Bangor, *c.*1908

**BANGOR**, Gwynedd (649ha; 13,725 o drigolion) Ar ddechrau'r 6g. sefydlodd **Deiniol** Sant fynachlog yng nghwm cul Adda, ymhell o olwg yr ysbeilwyr a hwyliai ar hyd afon **Menai**. Ystyr wreiddiol y gair *bangor* oedd plethiad o wiail ar grib ffens, yna llecyn wedi'i amgylchynu gan ffens amddiffynnol. Mae'n enw ar safleoedd eglwysig eraill, gan gynnwys **Bangor Is-coed**, Bangor Teifi (**Llandyfriog**) a Bangor, **Iwerddon**, ond mater o ddadl yw'r awgrym mai i gydnabod Bangor Fawr yn **Arfon** y cawsant hwy'r enw. Wrth lefelu'r tir ar gyfer cyrtiau **tennis** yn y 1890au, daethpwyd o hyd i rannau o sylfeini **clas** Deiniol, a anrheithiwyd yn 634. Er y cyfeirir at Deiniol yn aml fel esgob cyntaf Bangor, nid oes gwir dystiolaeth ynghylch statws esgobol Bangor hyd at yr 11g. Erbyn hynny, roedd yn amlwg fod gan glerigwyr Bangor gysylltiad agos â rheolwyr **Gwynedd**, a thystiolaeth o hyn yw'r ffaith iddynt fynnu claddu **Owain Gwynedd** yn 1170 ger uchel allor yr eglwys gadeiriol, ar waetha'r ffaith fod Owain wedi'i esgymuno gan archesgob Caergaint. Er hynny, gallai'r esgobion a'r tywysogion fod yng ngyddfau'i gilydd; mae'n bosibl fod yr Esgob **Anian** (m.1306?) wedi bod yn rhan o'r cynllwynio yng nghlochdy'r eglwys gadeiriol yn 1282 i ladd **Llywelyn ap Gruffudd**. Mae'r rhannau cynharaf o'r eglwys gadeiriol sydd wedi goroesi yn dyddio o *c.*1130; cafodd ei hehangu o ddechrau'r 13g. ymlaen, ond dinistriwyd rhannau ohoni yng **Ngwrthryfel Glyndŵr**. Cafodd ei hadnewyddu rhwng y 1490au a'r 1530au, a'i hadfer i raddau helaeth yn y 1870au. Mae plas yr esgob (16g. a'r 17g.) gerllaw wedi'i addasu'n swyddfeydd **llywodraeth** leol. Daeth sylwadau Erastaidd Benjamin Hoadley, esgob Bangor 1715–21, yn sail i'r hyn a alwyd yn Ddadl Fangoraidd.

Hyd ddiwedd y 18g. nid oedd fawr o bwysigrwydd yn perthyn i Fangor ac eithrio'i statws fel canolfan esgobaeth Anglicanaidd dlodaidd (gw. **Anglicaniaid** ac **Esgobaethau**). Yn sgil datblygiad chwarel **lechi**'r Penrhyn daeth bywyd newydd i Fangor, yn arbennig ar ôl creu Porth Penrhyn ger ffin ddwyreiniol y ddinas yn y 1790au (gw. **Llandygái**). Wedi cwblhau Ffordd **Caergybi** gan **Thomas Telford** (yr **A5**) yn 1830, a Rheilffordd Gogledd Cymru gan **Robert Stephenson** yn 1850, roedd gan Fangor gysylltiadau **ffyrdd** a **rheilffyrdd** rhagorol.

Wedi agor y pier 407m yn 1896, roedd llawer wedi gobeithio gweld Bangor yn datblygu'n gyrchfan wyliau boblogaidd, ond nid felly y bu. Yn hytrach, datblygodd y ddinas yn ganolfan addysgol o bwys, gan barhau â'r traddodiad a fu er 1557, pan sefydlwyd Ysgol Friars ar safle brodordy'r Dominiciaid a sefydlwyd yn 1251 (gw. hefyd **Brodyr Cardod**). Yn 1858 agorwyd y **Coleg Normal** yn ganolfan ar gyfer hyfforddi athrawon i ddysgu mewn ysgolion anenwadol. Hefyd sefydlwyd canolfannau ar gyfer hyfforddi gweinidogion yr **Annibynwyr** a'r **Bedyddwyr** ym Mangor, a choleg Anglicanaidd y Santes Fair, a sefydlwyd yn wreiddiol yng **Nghaernarfon** yn 1856. Ond y cam pwysicaf fu dewis Bangor fel cartref i Goleg Prifysgol ar gyfer y gogledd. Agorodd yn 1884 gyda 58 myfyriwr, ond erbyn dechrau'r 21g. roedd tua 7,000 o fyfyrwyr yno. Mae'r prif adeilad, a gynlluniwyd gan Henry Hare ac a gwblhawyd yn 1911, mewn safle uchel yn edrych dros y ddinas.

Ar ddechrau'r 20g. daeth Bangor yn gartref i bencadlys BBC Cymru yn y gogledd (gw. **Darlledu**), ac, o 1941 hyd 1944, dyma leoliad adran adloniant y BBC yn ei chyfanrwydd. Yn ogystal â bod yn brif ganolfan fasnachol a thrafnidiaeth i'r gogledd-orllewin, daeth Bangor hefyd yn gartref i brif ysbyty'r ardal (Ysbyty Gwynedd), y brif theatr

(Theatr Gwynedd) a'r brif amgueddfa (Amgueddfa ac Oriel Gwynedd). Mae nifer o nwyddau'n cael eu cynhyrchu ar **stadau diwydiannol** y ddinas, yn cynnwys beiciau, offer electronig a phlastigau. Er hynny, y prif ffactor yn ffyniant y **gymuned** yw Coleg y Brifysgol, a elwir erbyn hyn yn **Brifysgol Cymru, Bangor**.

**BANGOR IS-COED (Bangor Is-y-Coed; Bangor-on-Dee)**, Wrecsam (851ha; 1,266 o drigolion)
Bangor Is-coed, ar lan ddwyreiniol afon **Dyfrdwy**, oedd safle mynachlog y credir iddi gael ei sefydlu gan **Deiniol** *c.*550. Dywed Beda fod yno 2,000 o fynachod a bod yr abad ymhlith y clerigwyr Cymreig amlwg a gyfarfu ag Awstin o Gaergaint *c.*602. Honnai Beda fod 1,200 o fynachod Bangor wedi eu lladd gan fyddin Aethelfrith, brenin Northumbria, yn dilyn Brwydr **Caer** (*c.*615). Mae'n debyg mai safle Eglwys Sant Dunawd (neu Deiniol), adeilad o'r 14g. yn bennaf, oedd safle'r fynachlog ond nid oes unrhyw olion i'w gweld. Mae pont drawiadol o'r 17g. ac iddi bum bwa yn croesi afon Dyfrdwy; honnir iddi gael ei chynllunio gan Inigo Jones. Yn y 1850au dechreuwyd **rasio ceffylau** dros y clwydi ar Gae Rasio Bangor Is-coed; mae rasys yn parhau i gael eu cynnal yno. Gerllaw mae Neuadd Althrey, a godwyd yn y 15g. a'i diweddaru yn yr 17g. Mae i ran helaeth o bentref Bangor Is-coed statws cadwraethol.

**BANKES, Syr John [Eldon] (1854–1946)** Barnwr
Ac yntau o gyff cyfreithwyr disglair – gyda chartref y teulu ym mhlasty Sychdyn, **Llaneurgain** – daeth Bankes yn enwog fel barnwr apêl eithriadol o alluog a chanddo synnwyr cryf o ddyletswydd cyhoeddus. Gyda'r arglwyddi **Sankey** ac **Atkin**, drafftiodd y cyfansoddiad ar gyfer yr **Eglwys yng Nghymru**, cyn y **datgysylltu** (1920). Fe'i hurddwyd yn farchog yn 1910.

**BANNAU BRYCHEINIOG** Mynyddoedd
Bannau Brycheiniog yw **mynyddoedd** uchaf Cymru i'r de o **Gadair Idris**, a chwyd y copa uchaf oll, sef Pen y Fan (**Glyn Tarell/Llanfrynach**), i uchder o 886m. Mae rhannau uchaf dyffrynnoedd dwfn a chyfochrog cymoedd Tarell, Llwch, Sere, Cynwyn ac Oergwm – nentydd ac afonydd sy'n llifo i afon **Wysg** – yn bylchu tarren yr Hen Dywodfaen Coch. Yn y gwlïau ar lechweddau gogleddol y Bannau tyf **planhigion** arctig-alpaidd megis y tormaen porffor a thywodlys y gwanwyn. Ar ymyl yr **A470** ym mhen uchaf Glyn Tarell saif hen chwarel fach Craig-y-fro sy'n nodedig am ei phlanhigion ffosil, gan gynnwys *Cooksonia*, planhigyn tir fasgwlaidd hynaf **Prydain**.

I'r gogledd-orllewin o Ben y Fan ceir enghraifft wych o farian, sy'n cronni dyfroedd Llyn Cwm-llwch. Ar gopa Pen y Fan a chopa cyfagos Corn Du (873m) ceir carneddau sy'n dyddio o'r Oes Efydd (gw. **Oesau Cynhanesyddol**). Mae'r rhwyddaf a'r mwyaf poblogaidd – ond y lleiaf diddorol – o'r llwybrau sy'n arwain i'r ddau gopa uchaf yn cychwyn ger Pont ar Daf (Glyn Tarell), a saif ar ymyl yr A470 i'r gogledd o gronfa ddŵr y Bannau, un o wyth o **gronfeydd dŵr** i'r de o grib y Bannau. Y mynyddoedd hyn, a ddefnyddir yn helaeth ar gyfer ymarferion milwrol, yw craidd Parc Cenedlaethol Bannau Brycheiniog, a ddynodwyd yn 1957 (gw. **Parciau Cenedlaethol**). Mae'r Parc hefyd yn cwmpasu'r **Mynydd Du (Sir Gaerfyrddin** a **Phowys)**, Fforest Fawr, **Mynydd Llangatwg** a'r **Mynydd Du** (**Sir Fynwy** a Phowys). Rhwng 1808 ac 1815 cafodd 15,000ha o dir y Fforest Fawr eu hamgáu (gw. **Cau Tiroedd**). Yn 2005 cafodd y Bannau eu dynodi – dan yr enw Fforest Fawr – yn un o 24 *Geopark* Ewrop, a hynny ar sail eu hynodrwydd daearegol; mae'r dynodiad yn golygu eu bod dan warchodaeth amgylcheddol UNESCO.

**BANW**, Sir Drefaldwyn, Powys (9,188ha; 534 o drigolion)
Mae'r **gymuned** hon ar ffin ogledd-orllewinol **Sir Drefaldwyn** yn ymestyn dros rannau uchaf dyffryn afon Banw. Mae'n cynnwys pentrefi Llangadfan a'r Foel (neu Garthbeibio). Mae gwaith adfer yn ystod y 19g. wedi cuddio elfennau canoloesol Eglwys Sant Cadfan. Fel Eglwys Sant Tydecho, Garthbeibio, saif oddi mewn i fynwent gron. Un o Langadfan oedd un o gymeriadau mwyaf nodedig Cymru'r 18g., sef **William Jones**, Dolhywel (1726–95), bardd, hynafiaethydd, meddyg gwlad, pleidiwr **radicaliaeth** ac edmygydd o Voltaire. Bu'r ardal yn fagwrfa i lawer o feirdd, megis Gruffudd Llwyd (*c.*1380–*c.*1420) a'r **Archdderwydd** John Cadvan Davies (Cadvan; 1846–1923). Yr esboniad ar enw tafarn y Cann Office yn Llangadfan yw mai *can* (hen enw Saesneg ar lestr yfed) oedd arwydd y dafarn gynt. Mae Abernodwydd, tŷ hyfryd o Langadfan ac iddo ffrâm goed, wedi'i ailgodi yn Amgueddfa Werin Cymru (gw. **Sain Ffagan**).

**BARA BRITH**
Torth gyrains a gâi ei pharatoi ar ddiwrnod pobi bara trwy ychwanegu siwgr, ffrwythau sych a sbeis at does. Yn raddol, datblygodd y gymysgedd yn un fwy cyfoethog a daeth y dorth yn deisen amser te ar gyfer achlysuron arbennig mewn cymunedau amaethyddol a diwydiannol. Yng nghymoedd diwydiannol y de-ddwyrain yr enw arni yw teisen dorth.

**BARA LAWR**
Yn y 18g. a'r 19g. byddai **menywod** ar arfordir **Gŵyr**, **Sir Benfro** a **Môn** yn casglu'r gwymon bwytadwy *Porphyra umbilicalis*. Yn Freshwater West (**Angle**, Sir Benfro) câi ei storio mewn cytiau gwymon wedi'u gwneud o estyll broc môr ac wedi'u toi â moresg. Wedi ei olchi, ei ferwi a'i wasgu, gorchuddid y gwymon fel arfer â blawd ceirch a'i ffrio mewn saim cig moch i wneud bara lawr. Byddai teuluoedd yn **Sir Forgannwg**, yn enwedig ym Mhen-clawdd (**Llanrhidian**), yn ei werthu ochr yn ochr â chocos a chregyn gleision ym marchnadoedd y de, yn enwedig **Abertawe**. Heddiw fe'i hystyrir yn ddanteithfwyd a chaiff ei allforio mewn tuniau; caiff ei alw weithiau yn 'gafiâr Cymreig'. Fe'i hadwaenir fel lafwr yn Sir Forgannwg, llafan yn Sir Benfro a menyn y môr ym Môn.

**BARDD COCOS**
Enw ar unrhyw brydydd carbwl yw 'bardd cocos', ac mae 'cocosaidd' yn ddisgrifiad o'r dull o ganu sy'n dibynnu ar odl a dim arall. Enwau eraill ar yr un math o fardd yw 'pastynfardd', 'rhigymwr' a 'bardd talcen slip'. Roedd gan Gymru oes Victoria yn sicr ei siâr o'r fath feirdd, rhai nid annhebyg i'r Albanwr William McGonagall (1825/30–1902). Y bardd cocos gwreiddiol oedd John Evans (1827?–95), casglwr cocos o **Borthaethwy**. Yn ei ddull digymar lluniodd

Llewod carreg Pont Britannia y canodd y bardd cocos John Evans iddynt

gerddi enwog ar destunau fel 'Y Gath', 'Y Great Eastern' a'r 'Royal Charter', a chanodd fel hyn i'r llewod carreg ar Bont Britannia:

Pedwar llew tew
Heb ddim blew,
Dau 'rochor yma
A dau 'rochor drew.

## BARDD GWLAD

Bardd sy'n dathlu bywyd ei fro, gan groniclo digwyddiadau lleol yn bennaf, boed hynny'n dro trwstan, ymddeoliad, genedigaeth, priodas neu **farwolaeth**. Un a dderbyniodd fawr neu ddim addysg uwch ydyw, ond llwyddodd gan amlaf i feistroli'r **gynghanedd**, a gwelir ei waith yng ngholofnau barddol papurau lleol, mewn **papurau bro** neu ar gerrig beddi, ar ffurf englynion coffa (gw. **Englyn**). Enghraifft dda o nythaid o feirdd gwlad yw teulu'r **Cilie** gynt, ac mae Dic Jones (1934–) yn enghraifft ddisglair arall. Mae'r bardd o Benrhyn **Gŵyr**, Cyril Gwynn (1897–1988), awdur *The Gower Yarns of Cyril Gwynn* (1976), yn enghraifft gymharol brin o fardd gwlad a ysgrifennai yn **Saesneg**.

## BARDD TEULU

Yn ôl Cyfraith Hywel (gw. **Cyfraith** a **Hywel Dda**) roedd y Bardd Teulu yn un o swyddogion llys y brenin. Ei ddyletswydd oedd canu i'r brenin ar ôl i'r **Pencerdd** wneud hynny a difyrru'r frenhines yn ei hystafell.

## BARGOD, Caerffili (714ha; 11,864 o drigolion)

Mae'r **gymuned** hon, sy'n gorwedd o boptu afon **Rhymni**, i'r de o'i chymer â Nant Bargod Rhymni, yn uno Bargod, a oedd gynt yn **Sir Forgannwg**, ac Aberbargod, a oedd gynt yn **Sir Fynwy**. Bu datblygu diwydiannol ar raddfa fawr yn y dyffryn yn niwedd y 19g. ac roedd yn un o ddwy ardal (**Aberdâr** oedd y llall) a oedd yn sail i ymerodraeth lofaol enfawr **Powell Duffryn**. Glofa Britannia oedd y gwaith **glo** cyntaf yn y byd i redeg yn gyfan gwbl ar drydan. Roedd tip glo Bargod mor fawr fel bod rhai yn honni y gellid ei weld o'r lleuad. Aberbargod yw craidd hen blwyf sifil **Bedwellte** a ymestynnai dros ran helaeth o orllewin Sir Fynwy ac a oedd unwaith yn enw etholaeth a dosbarth trefol. Mae Eglwys Bedwellte, sy'n cynnwys arcêd yn dyddio o'r 13g., yn un o'r rhai mwyaf yn ne-ddwyrain Cymru.

## BARKER, Teulu Arlunwyr

Daeth Benjamin Barker (1720–90) i **Bont-y-pŵl** i weithio fel arlunydd yn y diwydiant **japanio**. Roedd ei waith addurniadol yn canolbwyntio'n bennaf ar fotiffau o anifeiliaid. Ganed ei fab hynaf, Thomas ('o Gaerfaddon'; 1769–1847), ym Mhont-y-pŵl, ac ar ôl ymsefydlu yng Nghaerfaddon enillodd enw iddo'i hun fel lithograffwr a pheintiwr, gan beintio tirluniau'n bennaf yn arddull Gainsborough. Ganed Benjamin II, ei ail fab (hefyd 'o Gaerfaddon'; 1776–1838), ym Mhont-y-pŵl a daeth yn beintiwr tirluniau. Ganed mab Thomas, sef Thomas Jones Barker (1815–82), yng Nghaerfaddon. Cymraes oedd ei fam. Daeth yn adnabyddus am beintio portreadau, darluniau milwrol a hanesyddol, a lluniau o fyd chwaraeon (gw. **Peintio**).

## BARLOW, William (m.1569) Esgob

Brodor o Essex a addysgwyd yn **Rhydychen** oedd Barlow. Daeth yn brior **Hwlffordd** (1534) a Bisham (1535), ac yna'n esgob **Llanelwy** (1536), **Tyddewi** (1536–48), Caerfaddon a

Wells (1549–59), a Chichester (1559–69). Sefydlodd Goleg Crist, **Aberhonddu**, a symudodd blas yr esgob o Dyddewi i **Abergwili**. Ef oedd esgob Protestannaidd cyntaf Tyddewi ac ymgymerodd â diwygio'i esgobaeth gan ei bod, yn ei farn ef, wedi'i llygru gan 'eilunaddoliaeth baganaidd'. Prynodd ei frodyr, Roger a Thomas, dŷ'r **brodyr** Dominicaidd yn Hwlffordd. Dywedir mai ei fab, William Barlowe (m.1652), a ddyfeisiodd y 'cwmpawd crog' ar gyfer llongwyr.

### **BARNES, Walley (1920–75)** Pêl-droediwr

Roedd Barnes, mab i filwr o Sais a fu'n gwasanaethu yn **Aberhonddu**, yn un o gefnwyr gorau ei gyfnod. Chwaraeodd i Arsenal (1943–55) a chynrychiolodd Gymru 22 o weithiau, yn aml fel capten. Ef oedd rheolwr cyntaf tîm Cymru (1954–6), a bu wedi hynny yn sylwebydd i'r BBC.

### **BARRI, Y**, Bro Morgannwg (1,760ha; 47,863 o drigolion)

Tyfodd tref y Barri yn syfrdanol o gyflym. Yn 1894 gwnaed **plwyfi**'r Barri, Tregatwg, Merthyr Dyfan a rhan o blwyf **Sili** yn ddosbarth trefol y Barri. Fe'i gwnaed yn fwrdeistref yn 1939. Roedd 484 o drigolion yn yr ardal yn 1881; roedd ganddi 13,278 erbyn 1891 a 27,030 erbyn 1901. Achos yr ehangu oedd deddf seneddol 1884 yn awdurdodi adeiladu doc yn y Barri a rheilffordd yn ei gysylltu â'r maes **glo**. Cwblhawyd y doc yn 1889 ac agorwyd doc arall yn 1898 (gw. **Porthladdoedd**). Yn 1922, pan gymerwyd Cwmni Doc a Rheilffordd y Barri drosodd gan Gwmni Rheilffordd y Great Western, roedd y busnes yn cynnwys y ddau ddoc, tri doc sych a bron 105km o reilffordd.

Prif hyrwyddwr cynllun y Barri oedd David Davies, **Llandinam** (m.1890) (gw. **Davies, Teulu (Llandinam)**), y saif ei gerflun y tu allan i Swyddfeydd Dociau'r Barri (1897–1900), adeilad nodedig yn null Wren. Y gred gyffredinol yw bod Davies a'i gydberchnogion glo, wrth ymgyrchu dros greu'r doc, yn ymateb i'r taliadau uchel a'r tagfeydd yn Nociau Bute yng **Nghaerdydd**. Mewn gwirionedd, nid oedd y taliadau yn nociau Caerdydd yn ormodol, a byddai'r tagfeydd yno yn cael eu lliniaru cyn hir gan ddoc newydd a gymeradwywyd yn 1882. Dymuniad y perchnogion glo oedd cael doc a fyddai'n llwyr dan eu rheolaeth hwy, a'r canlyniad fu creu dwy gyfundrefn ddociau enfawr i wasanaethu rhan ganol maes glo'r de. Er mwyn cyfiawnhau'r buddsoddiad bu'n rhaid cynyddu cynnyrch y pyllau glo i lefel na ellid ei chynnal, ac o ganlyniad roedd effeithiau'r **Dirwasgiad**, pan ddaeth, yn llawer gwaeth.

Roedd nifer o fanteision i Ddociau'r Barri. Ni safent ar aber afon ac felly nid oedd cost carthu cyson ar foryd yn faich arnynt. Roedd dyfnder y dŵr gerllaw'r fynedfa'n golygu mai'r Barri oedd yr unig borthladd ar lannau Môr Hafren a fedrai dderbyn **llongau** beth bynnag fyddai cyflwr y llanw. Cynlluniwyd y Barri ar gyfer llongau mwyaf y dydd, ac roedd cwmni'r Barri mewn sefyllfa ariannol fwy manteisiol na chwmni Bute, a oedd yn gorfod talu dyledion a dyfasai wrth adeiladu dociau cynharach nad oedd fawr ddefnydd iddynt bellach. Uwchlaw popeth, roedd cwmni'r Barri yn berchen nid yn unig ar y dociau, ond hefyd ar y **rheilffyrdd** a'u gwasanaethai, sefyllfa gwbl wahanol i un Caerdydd lle'r oedd y dociau a'r rheilffyrdd yn eiddo i gwmnïau gwahanol a oedd yn aml yn elyniaethus iawn tuag at ei gilydd. Daethai'r manteision hyn yn amlwg erbyn 1901 pan ddisodlwyd Caerdydd gan y Barri fel porthladd glo mwyaf y byd. Yn 1913, ei blwyddyn fwyaf llwyddiannus, allforiodd y Barri dros 11 miliwn o dunelli metrig o lo. Dyna'r unig fasnach a oedd gan y Barri i bob pwrpas, fodd bynnag, ac felly roedd yn rhwym o ddioddef yn sgil unrhyw ostyngiad yn y galw am lo.

Ychydig o dystiolaeth sydd am hanes y Barri cyn dyfodiad y doc. Mae'n bosibl i'r **Rhufeiniaid** sefydlu porthladd yma, ac efallai i'r capel ar Ynys y Barri gael ei adeiladu gan Sant Barruc (neu Barwg). Ef a roddodd ei enw i'r lle yn ôl Buchedd **Cadog**; ond ymddengys mai o'r ffurf Gymraeg *bar* (ael bryn) y datblygodd yr enw. Merthyr Dyfan oedd *martyrium* neu gladdfa gysegredig Dyfan. Tybir bod i Dregatwg gysylltiadau â Chadog, ac mae eglwysi yn y ddau le sy'n dyddio'n ôl i'r 13g. o leiaf. Goroesodd olion o gastell teulu de Barri, hynafiaid **Gerallt Gymro**. (Honnai Gerallt mai oddi wrth Ynys y Barri y cafodd ei deulu ei enw.) Nodwedd ganoloesol geinaf y **gymuned** yw'r colomendy o'r 13g. yn Llys Tregatwg, y mwyaf o ddigon o **golomendai** Cymru.

BARRY ISLAND,

GLAMORGANSHIRE,

The future Watering Place of South Wales, situate in the Bristol Channel, possessing naturally-formed Docks, which are much needed in the neighbourhood. Distant from Cardiff about 7 miles, Newport 22 miles, Swansea 35 miles, Ilfracombe 32 miles, Gloucester 50 miles, Bristol 86 miles, Weston-super-mare 15 miles, Birmingham 117 miles, and London 165 miles; also

COLCOT GREAT FARM,

And several Lots of highly valuable FREEHOLD LAND, situate in the Parishes of Merthyr Dovan and Cadoxton.

Catalog arwerthiant rhan o stad Ynys y Barri, 1877

Mapiwyd maenor y Barri yn 1622 pan oedd yn rhan o stad Ffwl-y-mwn (gw. **Rhws, Y**). Erbyn y 19g. roedd yn eiddo i deulu Romilly; y teulu hwn hefyd a fu'n gyfrifol am greu Parc Gwledig Porthceri a chyflwyno Parc Romilly i'r dref.

Roedd y dref a ddatblygodd i wasanaethu'r dociau yn cynnwys rhwydwaith dwys o dai dosbarth gweithiol o gwmpas Heol Holton, a grëwyd bron yn gyfan gwbl yn 1892–3, ac ardal ddosbarth canol ger Parc Romilly. Ychwanegiad diweddarach oedd yr ardd-faestref i'r gorllewin o'r parc a gynlluniwyd gan **T. Alwyn Lloyd** ac a adeiladwyd rhwng 1914 ac 1925. Yn ogystal â Swyddfeydd y Dociau, mae adeiladau cyhoeddus nodedig y dref yn cynnwys Eglwys yr Holl Saint a'i thŵr amlwg, Capel y Drindod Sanctaidd (mewn arddull Gothig), Neuadd y Dref (yn y dull Baróc), rhai ysgolion bwrdd hardd a'r hen Goleg Hyfforddi Athrawon ar ei safle bendigedig, adeilad sydd bellach yn Ganolfan Adnoddau Bro Morgannwg.

Amrywiol fu'r ymateb i'r dref unnos. I **Llewelyn Williams**, unig nod ei thrigolion oedd gwneud arian. Serch hynny, yma y sefydlwyd y gangen gyntaf yng Nghymru o **Cymru Fydd** a dyma fan geni'r gwleidydd **Gwynfor Evans**, cenedlaetholwr mwyaf Cymru yn yr 20g. Bu gan y dref ran ganolog yn ffurfio 'undebaeth newydd' yng Nghymru (gw. **Undebaeth Lafur**); roedd ei dinasyddion yn flaenllaw yn y gwaith o sefydlu **Cymdeithas Addysg y Gweithwyr** a'i gweithwyr rheilffyrdd yn ail i'r glowyr fel arloeswyr y **Blaid Lafur** yn **Sir Forgannwg**. Ac eto, i'r rhan fwyaf o drigolion y sir honno, nid tref ddiwydiannol ydoedd. Roedd y Barri'n gyfystyr â thripiau a gwyliau, hamddena ar draeth hyfryd Bae Whitmore, rhialtwch yn ffair Ynys y Barri neu'r pleser o gerdded traeth y Knap ac ar hyd Bull Cliff. Ym mlynyddoedd cynnar yr 20g., pan oedd tripiau **Ysgol Sul** yn eu hanterth, deuai Sadwrn yn yr haf â degau o filoedd o bobl i'r Barri, ar drenau gorlawn o'r maes glo.

Oherwydd y dirywiad yn y fasnach lo yn y blynyddoedd rhwng y ddau ryfel byd, roedd allforion glo y Barri erbyn diwedd y 1920au yn llai na hanner yr hyn oeddynt yn 1913. Bu adfywiad yn ystod yr **Ail Ryfel Byd** pan chwaraeodd y dociau ran hynod arwyddocaol. Am rai degawdau wedi'r rhyfel, cafodd y Barri beth ffyniant fel canolfan bwysig ar gyfer mewnforio bananas, ond erbyn diwedd y ganrif, roedd Doc Rhif 1 wedi peidio â masnachu ac wedi dod yn ganolbwynt cynllun adfywio mawr a nodweddid gan fflatiau digymeriad ar lan y dŵr; roedd mymryn o fasnach o hyd yn treiglo trwy Ddoc 2. Erbyn hynny, ar wahân i **dwristiaeth**, prif gyflogwr y dref oedd y gweithfeydd cemegol ar weunydd Sili, gweithfeydd a oroesodd wedi'r Ail Ryfel Byd ac sy'n cynnig golygfa drawiadol, yn enwedig gyda'r nos. Goroesodd twristiaeth yn well na'r fasnach lo. Yn wir, yn ystod y 1920au y gwnaed gwelliannau sylweddol yn ardal y Knap. Yn y 1960au sefydlwyd Gwersyll Butlin ar Drwyn Nell ac yn ei ddydd byddai dan ei sang. Mae newid mewn arferion gwyliau, fodd bynnag, wedi arwain at ddymchwel y gwersyll.

Heddiw, tref i gymudwyr yw'r Barri i raddau helaeth, gydag ambell ran ohoni'n bur dlawd ac yn dioddef problemau cymdeithasol enbyd. Wrth i fwy a mwy o bobl fethu â fforddio prisiau Caerdydd, mae stoc sylweddol y Barri o dai da yn golygu bod gan y dref ddyfodol, petai ond fel lle i fyw ar gyfer gweithwyr sy'n cymudo i Gaerdydd. Y Barri yw **cymuned** fwyaf poblog Cymru.

**BARRINGTON, Daines (1727–1800)** Barnwr

Roedd y Sais hwn yn uwch ei barch yng Nghymru nag yn **Lloegr**: yno dywedodd un dychanwr i natur warafun rhoi ymennydd iddo. Fel barnwr yn Llysoedd y Sesiwn Fawr (gw. **Cyfraith**) roedd yn ŵr o bwys yng Nghymru, ac fel noddwr diwylliant anogai ymchwil mewn **archaeoleg**, byd natur a **llenyddiaeth**, gan roi sylw arbennig i waith **Edward Lhuyd** ac Ieuan Fardd (**Evan Evans**; 1731–88). Ar sail cyfeiriad ganddo ef y daethpwyd i ystyried Dolly Pentreath yn siaradwraig frodorol olaf yr iaith Gernyweg (gw. **Cernyw**).

**BATCHELOR, John (1820–83)** Radical dadleuol

Roedd syniadau radicalaidd Batchelor, adeiladwr **llongau** a maer **Caerdydd** yn 1853, yn wrthun i lawer, ac yn arbennig i swyddogion stad Bute (gw. **Stuart, Teulu**). Wedi iddo farw codwyd cerflun i 'Gyfaill Rhyddid' yn yr Ais, Caerdydd, ond cynhyrfwyd cyfreithiwr lleol, Thomas Henry Ensor, gymaint nes iddo ysgrifennu ffug feddargraff hynod ddifenwol yn y *Western Mail*. Daethpwyd ag achos yn erbyn Ensor am enllib troseddol yng Nghaerdydd yn 1887 a'i gael yn ddieuog. Mynnodd y barnwr nad oedd gan y meirw hawliau ac na allent ddioddef cam. Y dyfarniad hwn a sefydlodd yr egwyddor gyfreithiol na ellir enllibio'r meirw.

**BATES, Audrey [Glenys] (1924–2001)** Pencampwraig chwaraeon

Roedd Audrey Bates, a aned yng **Nghaerdydd**, yn rhagori mewn sawl camp. Bu'n chwarae **tennis**, **tennis bwrdd**, **sboncen** a ***lacrosse*** dros ei gwlad, a chafodd gynnig cap **hoci** yn ogystal, er iddi ei wrthod. Chwaraeodd mewn twrnameintiau sengl a dwbl yn Wimbledon, a bu'n aelod cyson o dîm tennis Cymru rhwng 1947 ac 1954; chwaraeodd sboncen dros Gymru rhwng 1947 ac 1965, a thros **Brydain** yng ngêm Cwpan Wolfe-Noël 1950 yn erbyn yr Unol Daleithiau. Bu hefyd yn chwarae tennis bwrdd dros Gymru ym mhencampwriaeth tîm **menywod** y byd yn 1953.

**BATHDY BRENHINOL, Y**

Sefydlwyd y Bathdy gan Alfred, brenin **Lloegr**, yn 886, a Thŵr Llundain oedd ei gartref am 500 mlynedd o ddiwedd y 13g. hyd nes iddo gael ei symud i'r Gwynfryn (Tower Hill) yn 1810. Yn 1968 agorwyd adeilad newydd ar gyfer y Bathdy yn **Llantrisant** mewn paratoad ar gyfer mabwysiadu arian degol yn 1972, ac erbyn 1975 roedd y cwbl o'r bathu yn digwydd yn Llantrisant. Mae'r Bathdy yn cynhyrchu darnau arian i dros gant o wledydd, yn ogystal â medalau swyddogol, **seliau** a darnau coffaol. Er gwaethaf bodolaeth ceiniog **Hywel Dda**, fel y'i gelwir, nid oes unrhyw dystiolaeth fod **brenhinoedd a thywysogion** Cymru yn bathu arian.

**BAUSLEY A CHRUGION**, Sir Drefaldwyn, Powys (1,660ha; 623 o drigolion)

Lleolir y **gymuned** hon yng nghornel ogledd-ddwyreiniol **Sir Drefaldwyn**, ac mae'n cynnwys mân bentrefi Bausley, Crugion a Crew Green (Maes y Crewe yn 1599). Bu pobl yn byw ar fynydd Breiddin (365m) o'r Oes Neolithig (gw. **Oesau Cynhanesyddol**) ymlaen. Canfuwyd olion caeadleoedd mawr o'r Oes Efydd, yn dyddio o'r cyfnod 1000–800 CC, ac ar ben y rheini ceir gweddillion bryngaer o'r Oes Haearn yn cynnwys clystyrau o gytiau crwn (gw. **Bryngaerau** ac Oesau Cynhanesyddol). Difrodwyd y fryngaer gan y **Rhufeiniaid**, ond fe'i hadfeddiannwyd yn y 6g. a'r 7g. Ar y copa gwelir cofgolofn y Llyngesydd Rodney a godwyd i goffáu ei fuddugoliaeth dros lynges o Ffrainc yn Dominica yn 1782, a hynny mewn **llongau** o dderw lleol. Yn Eglwys Crugion (1774) mae'r seddau caeedig wedi goroesi. Mae plasty Crugion yn dŷ diddorol o'r 17g.

**BAXTER, William (1650–1723)** Ysgolhaig
Ganed William Baxter yn Llanllugan (**Dwyriw**), ac roedd yn nai i'r diwinydd o Biwritan, Richard Baxter. Daeth yn ysgolfeistr yn **Llundain**, ond fe'i cofir fel ysgolhaig Celtaidd. Yn 1717 cyhoeddodd lyfr ar hynafiaethau **Prydain**, ac wedi iddo farw, golygodd Moses Williams (gw. **Samuel a Moses Williams**) ei *Reliquiae Baxterianae* (1726), sef geiriadur yn dehongli **enwau lleoedd** cynnar Prydain gan olrhain eu tarddiad Celtaidd.

**BAYLY, Lewis (m.1631)** Esgob ac awdur
Brodor o **Gaerfyrddin** a addysgwyd yn **Rhydychen** oedd Bayly. Cyhoeddodd *The Practice of Piety* (1611) a gyfieithwyd i'r **Gymraeg** gan **Rowland Vaughan** (1630). Fe'i dyrchafwyd yn esgob **Bangor** (1616) a chefnogodd gyhoeddi geiriadur **John Davies** o Fallwyd (*c.*1567–1644) (gw. **Geiriaduraeth**).

**BEALE, Anne (1815–1900)** Nofelydd
Ganed Anne Beale yng Ngwlad yr Haf, yn ferch i deulu o ffermwyr, ond ymsefydlodd fel athrawes yn **Llandeilo** yn nechrau'r 1840au. Yn 1844 cyhoeddodd *The Vale of the Towey; or, Sketches in South Wales*, llyfr ffuglenol a gafodd ei ganmol yng Nghymru ac yn **Lloegr** fel portread dilys o'r bywyd dan sylw, a llyfr dylanwadol yn natblygiad y nofel Saesneg Gymreig (gw. **Llenyddiaeth**). Ar sail y llwyddiant hwn, dechreuodd ar yrfa newydd fel nofelydd poblogaidd, gan gyhoeddi 12 o nofelau, amryw ohonynt wedi'u lleoli yng Nghymru.

**BEASLEY, Trefor (1918–94)** Ymgyrchwr iaith
Bu safiad Trefor Beasley o **Langennech**, ynghyd â'i wraig Eileen (g.1921), yn ysbrydoliaeth i genhedlaeth o ymgyrchwyr dros yr iaith **Gymraeg**. O 1952 ymlaen, gwrthodasant dalu'r dreth i gyngor dosbarth gwledig **Llanelli** oherwydd na chaent anfonebau yn Gymraeg. Fe'u cosbwyd yn llym wrth i'r cyngor gyflogi beilïaid i ddwyn eiddo o'u cartref chwe gwaith, ond daeth buddugoliaeth i'w rhan yn 1960 pan ddarparwyd iddynt ryw lun ar ffurflen Gymraeg. Bu eu hymgyrch yn un o'r ysgogiadau i sefydlu **Cymdeithas yr Iaith Gymraeg**, yn enwedig gan fod **Saunders Lewis**, yn ei ddarlith radio *Tynged yr Iaith*, wedi annog caredigion y Gymraeg i efelychu eu hanufudd-dod sifil.

**BEAUCHAMP, Teulu** Arglwyddi yn y Mers
Bu William Beauchamp, nawfed iarll Warwick (m.1298), yn flaenllaw yn yr ymosodiad ar **Lywelyn ap Gruffudd** yn 1277, ac ef oedd arweinydd y lluoedd buddugol ym Mrwydr **Maes Moydog** (1295). Daeth ei fab, Guy (m.1315), yn arglwydd **Elfael** o ganlyniad i'w briodas ag Alice, aeres Ralph de Tony. Cafodd eu disgynnydd hwy, Richard, y trydydd iarll ar ddeg (m.1439), feddiant ar **Forgannwg** trwy ei briodas ag Isabella, aeres Thomas Despenser (m.1399; gw. **Despenser, Teulu**). (Cyn hynny, trwy briodas gyntaf Isabella, daeth Morgannwg ac Elfael yn eiddo i aelod o gangen arall o deulu Beauchamp, sef Richard, iarll Worcester, arglwydd y **Fenni** (m.1422)). Bu Richard (m.1439) yn flaenllaw yn yr ymgyrchoedd yn erbyn **Gwrthryfel Glyndŵr**, ac ef a lywyddodd dros brawf Jeanne d'Arc. Comisiynodd res o adeiladau ar hyd cysylltfur gorllewinol Castell **Caerdydd**. Wedi ei farw, aeth Morgannwg ac Elfael i feddiant ei fab, Henry (m.1445). Aeth tiroedd Henry i feddiant ei ferch Anne (m.1449) ac yna i chwaer Henry, Anne arall, a'i gŵr, Richard Neville, y 'Kingmaker', arglwydd Morgannwg ac Elfael hyd ei farw yn 1471.

**BEBB, Dewi [Iorwerth Ellis] (1938–96)** Chwaraewr rygbi
Ac yntau wedi'i eni ym **Mangor**, Dewi Bebb oedd un o sêr **rygbi** prin gogledd Cymru. Roedd ei gyflymder a'i fedr ar yr asgell yn amlwg ac enillodd 34 o gapiau dros ei wlad. Fel y gweddai i fab y cenedlaetholwr **Ambrose Bebb**, cadwodd ei funudau glewaf ar gyfer **Lloegr**, gan sgorio chwe chais – camp ddiguro hyd yma yn yr achlysuron hyn – mewn wyth gêm yn eu herbyn. Cynrychiolodd y Llewod ddwywaith a chwaraeai i glwb **Abertawe**.

**BEBB, W[illiam] Ambrose (1894–1955)** Hanesydd, llenor a gwleidydd
Mab fferm o ardal **Tregaron** oedd Ambrose Bebb. Wedi graddio yn **Aberystwyth** cymerodd swydd darlithydd cynorthwyol mewn astudiaethau Celtaidd yn y Sorbonne, Paris. Mewn llyfrau fel *Crwydro'r Cyfandir* (1936) daeth yn ddehonglwr brwd ar Ffrainc, **Llydaw** a bywyd tir mawr Ewrop. Wedi dychwelyd i Gymru yn 1925 treuliodd weddill ei yrfa yn ddarlithydd hanes yn y **Coleg Normal**, **Bangor**. Roedd yn un o sylfaenwyr **Plaid [Genedlaethol] Cymru** a chyfrannodd yn ddiflino iddi fel newyddiadurwr, cynghorydd ac ymgeisydd seneddol. Ef oedd yr unig hanesydd wrth ei swydd yn hanner cyntaf yr 20g. i ochri at safbwynt **cenedlaetholdeb** modern Cymreig, fel y tystia cyfres o bum llyfr a ysgrifennodd ar hanes Cymru. Un o'i feibion oedd **Dewi Bebb**, y chwaraewr **rygbi**.

**BECA**
Grŵp o arlunwyr a ddaeth ag ymwybyddiaeth genedlaethol newydd i fyd celfyddyd Gymreig ar ddiwedd yr 20g. Fe'i ffurfiwyd yn y 1970au gan Paul Davies (1947–93) a aned yn y Mwmbwls. Parhawyd â'r gwaith i'r 21g. gan ei frawd, Peter Davies, ynghyd ag Ivor Davies, Iwan Bala, Peter Finnemore a Tim Davies, ac yng ngoleuni ailasesiadau ôl-fodernaidd cawsant dderbyniad ffafriol. Mae'r grŵp yn defnyddio cymysgedd o gyfryngau celfyddydol gan gynnwys **peintio**, **cerflunio** a pherfformio, ac mae'r gwaith yn adlewyrchu diddordeb yr artistiaid mewn materion yn ymwneud â Chymru a'r **Gymraeg**.

**BEDFORD, Francis (1816–94)** Ffotograffydd a chyhoeddwr
Roedd y ffotograffydd hwn o Sais yn fwyaf adnabyddus am ei olygfeydd stereograffig. Yn ystod y 1860au cynhyrchodd filoedd lawer o olygfeydd ym **Mhrydain**, gan gynnwys cyfresi ar ogledd Cymru, de Cymru, **Sir Fynwy** a gwisgoedd

Cymreig (gw. **Gwisg Gymreig**). Mae ei gyfres o olygfeydd o ogledd Cymru yn unig yn cynnwys dros 400 o luniau.

## BEDWAS, TRETOMAS A MACHEN, Caerffili (1,842ha; 10,428 o drigolion)

Mae'r **gymuned** yn swatio yn nhro Cwm **Rhymni**. Dechreuodd ddatblygu'n ddiwydiannol yn dilyn sefydlu gefail yn yr 16g. Yn gynnar yn y 19g. sefydlwyd gwaith **tunplat** a ffwrnais chwyth, ond erbyn diwedd y 19g. y prif gyflogwr oedd glofa Bedwas. Yn dilyn tranc y diwydiant **glo**, daeth y ffatrïoedd ar lawr y cwm yn asgwrn cefn yr **economi** leol. Ar un adeg roedd **bysiau** hen ddosbarth trefol Bedwas a Machen i'w gweld ym mhobman yn ardaloedd trefol y de-ddwyrain. Ym Machen mae tafarn ac iddi'r enw diddorol Ffwrwm Ishta, sef, yn nhafodiaith y Wenhwyseg, mainc i eistedd arni. (Mae Machen Isaf yng nghymuned Graig, **Casnewydd**.)

## BEDWELLTE Cyn-blwyf sifil, dosbarth trefol, etholaeth ac un o Undebau Deddf y Tlodion

Roedd plwyf sifil Bedwellte yn ymestyn dros ran eang o orllewin **Sir Fynwy**. Yn 1974 cafodd y plwyf ei ddisodli gan gymuned y **Coed-duon** a rhannau helaeth o gymunedau **Argoed** a **Phen-maen**. O 1894 hyd 1974 roedd Bedwellte yn ddosbarth trefol. Yn 1918 daeth yn un o bedair etholaeth maes **glo** Sir Fynwy (y tair arall oedd **Glynebwy**, **Abertyleri** a **Phont-y-pŵl**). O 1950 hyd 1970 aelod seneddol Bedwellte oedd Harold Finch (1898–1976), awdur *Memoirs of a Bedwellty MP* (1972). O 1970 hyd 1995 cynrychiolid yr etholaeth (fe'i hailenwyd yn Islwyn yn 1983) gan Neil Kinnock.

Roedd Bedwellte yn un o **Undebau Deddf y Tlodion** ac erbyn canol y 1920au, yn sgil y **Dirwasgiad**, daeth yn gartref i rai o gymunedau tlotaf **Prydain**. Cyhuddwyd bwrdd gwarcheidwaid Bedwellte o wneud taliadau rhy hael i'r di-waith ac arweiniodd hynny at atal y bwrdd yn 1927; bu gostyngiad sylweddol yn y taliadau wedi i'r bwrdd gael ei ddisodli gan gomisiynwyr a anfonwyd o **Lundain**. (Yr un fu tynged byrddau West Ham a Chester-le-Street.) Roedd y storm o brotest a ddilynodd hynny, gydag **Aneurin Bevan** ymhlith eraill yn llafar eu gwrthwynebiad, yn un o'r ffactorau a arweiniodd at ddiddymu **Deddf y Tlodion** yn 1929.

## BEDWEN HAF

Bedwen a dorrid yn blygeiniol ar fore **Calan Mai** i'w haddurno â dail i ddathlu dechrau'r haf. Cofnodwyd yr arfer mor gynnar â'r 14g. yn **Llanidloes**. Fe'i gwaharddwyd yn ystod y **Werinlywodraeth** ond ailymddangosodd wedi'r Adferiad, yn enwedig yn y gogledd-ddwyrain, ar ffurf defod y Gangen Haf, cangen a gludid o dŷ i dŷ gan ddawnswyr y **Cadi Haf**. Yn y de-ddwyrain cysylltid yr arfer yn bennaf a Gŵyl Ifan a'r **daplas**.

## BEDYDDWYR

Mudiad o Gristnogion Protestannaidd ac efengylaidd sy'n bedyddio'u deiliaid trwy lwyr drochiad mewn dŵr ar gyffes bersonol o ffydd.

Tarddodd y Bedyddwyr o blith ymwahanwyr **Lloegr** yr 17g. a ymneilltuodd oddi wrth Eglwys Loegr (gw. **Anglicaniaid**) am eu bod yn anfodlon â sefydliad eglwysig a oedd, ar y naill law, yn gysylltiedig â'r wladwriaeth ac, ar y llaw arall, yn derbyn pob dinesydd yn ddiwahân i fraint aelodaeth eglwysig. A hwythau wedi ymfudo i'r Iseldiroedd i geisio rhyddid i addoli yn ôl eu cydwybod, argyhoeddwyd cynulleidfa Saesneg Amsterdam mai bedyddio credinwyr ac nid plant a ddylid ac yn 1609 ailymffurfiasant yn eglwys Fedyddiedig.

Arminiaid (gw. **Arminiaeth**) yn hytrach na Chalfiniaid (gw. **Calfiniaeth**) oedd Bedyddwyr cyntaf Cymru, sef dilynwyr Hugh Evans (m.1656), arloeswr yr enwad yn **Sir Faesyfed**, er bod cynulleidfa gynharach wedi ymffurfio yn Olchon yn y rhan o **Swydd Henffordd** lle siaredid y **Gymraeg**. Ond cynrychioli'r safbwynt Calfinaidd a wnâi'r brif ffrwd, a sefydlwyd gan **John Miles** yn **Llanilltud Gŵyr** yn 1649. Rhwng hynny ac adferiad y frenhiniaeth yn 1660, gwreiddiodd y mudiad yn ddwfn yn y triongl rhwng y **Gelli**, **Caerfyrddin** a'r **Fenni**.

Er na lwyddodd erledigaeth yr Adferiad i ddiwreiddio'r mudiad, ni ddechreuodd ddod yn fudiad poblogaidd hyd amser y **Diwygiad Methodistaidd** yn y 18g. Roedd rhai o'i brif arweinwyr, megis Enoch Francis (1688/9–1740) a **Joshua Thomas**, yn rhychwantu'r cyfnod rhwng yr 'Hen Ymneilltuwyr' (gw. **Anghydffurfiaeth**) a'r diwygiad newydd, a'u sêl genhadol hwy a fynnodd fod y Bedyddwyr yn torri tir newydd trwy genhadu ymhellach, yn enwedig tua'r gogledd. Ar ôl cenhadaeth 1776 gwreiddiodd y mudiad ym mhob sir yng Nghymru.

Cyfrwng llwyddiant y mudiad oedd ei **bregethu** torfol. **Christmas Evans** oedd y mwyaf o'r pregethwyr, ond roedd **Titus Lewis**, **Joseph Harris** (Gomer) a John Jenkins (1779–1853) o Hengoed (**Gelli-gaer**) a llu o rai eraill yn enwog trwy'r wlad. Erbyn 1835 roedd y Bedyddwyr, ynghyd â'r **Annibynwyr**, y **Methodistiaid Calfinaidd** a'r **Wesleaid**, wedi troi Cymru 'yn genedl o Ymneilltuwyr'.

Ond prin y llwyddodd y Bedyddwyr i ymgodymu â her moderniaeth, materoliaeth a'r cynnydd mewn darganfyddiadau gwyddonol. Er i'r enwad barhau i fagu pregethwyr ffwndamentalaidd grymus, ysgolheigion mwy rhyddfrydol megis **John Gwili Jenkins** ac arweinwyr ysbrydol a chenedlaethol fel **Lewis Valentine**, lleihau a wnaeth ei ddylanwad fel yr aeth yr 20g. rhagddi. Yn eu hanterth, yn gynnar yn y ganrif, roedd gan y Bedyddwyr Cymreig tua 190,000 o aelodau; erbyn dechrau'r 21g. roedd yr aelodaeth wedi gostwng dan 20,000.

## BEDYDDWYR ALBANAIDD

Nid yn yr **Alban** ond yng ngogledd Cymru, yn **Sir Feirionnydd** ac yn Nyffryn Maelor yn fwyaf arbennig, y tarddodd y dosbarth hwn o grefyddwyr. Ac yntau wedi adweithio'n chwyrn yn erbyn cynnwrf emosiynol y **Diwygiad Methodistaidd**, yn 1798 cyhoeddodd J. R. Jones (1765–1822), gweinidog y **Bedyddwyr** yng Nghapel Ramoth, **Llanfrothen**, ei fod ef a'i ddilynwyr yn ymneilltuo oddi wrth y Bedyddwyr Cymreig ac yn ffurfio rhwydwaith o eglwysi gwrthddiwygiadol. A hwythau'n benderfynol o adfer ffydd seml y Testament Newydd, ymwrthodent â'r weinidogaeth gyflogedig, y cymun misol a chydgyswllt eglwysig mewn cymanfaoedd taleithiol, a hynny yn unol â phatrwm yr Albanwyr John Glas ac Archibald McLean. Ymrannodd yr eglwysi hyn ymhellach yn niwedd y 1830au dan ddylanwad yr Americanwr o dras Albanaidd, Alexander Campbell, a chodwyd achosion Campbelaidd neu 'Ddisgyblion Crist' yn **Rhosllannerchrugog**, **Harlech** a

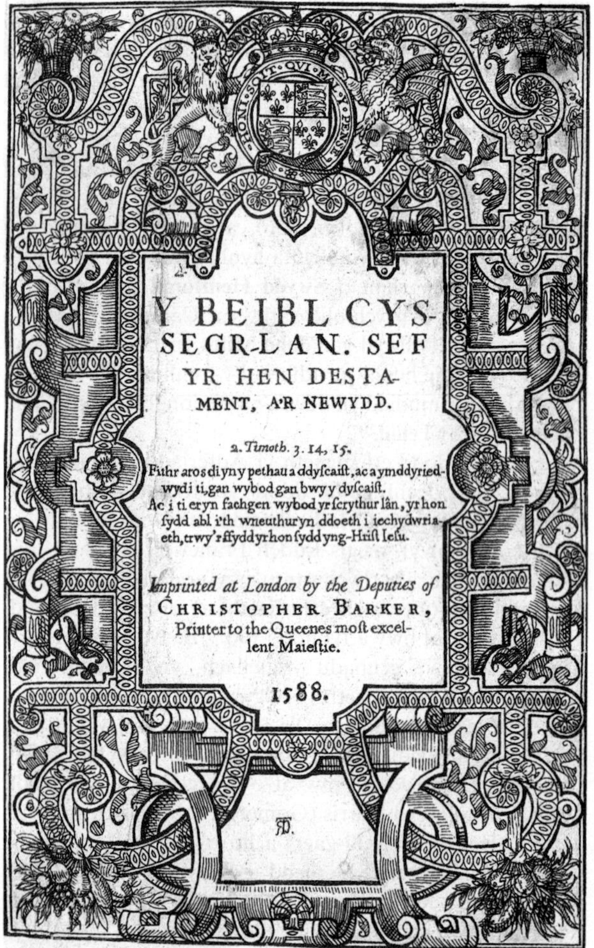

Y BEIBL CYS-
SEGR-LAN. SEF
YR HEN DESTA-
MENT, A'R NEWYDD.

2. Timoth. 3. 14, 15.

Eithr aros di yn y pethau a ddyscaist, ac a ymddyriedwyd i ti, gan wybod gan bwy y dyscaist.
Ac i ti er yn fachgen wybod yr scrythur lân, yr hon sydd abl i'th wneuthur yn ddoeth i iechydwriaeth, trwy'r ffydd yr hon sydd yng-Hrist Iesu.

Imprinted at London by the Deputies of
CHRISTOPHER BARKER,
Printer to the Queenes most excellent Maiestie.

1588.

Wyneb-ddalen Beibl William Morgan, 1588

**Chricieth**, ymhlith lleoedd eraill. Yn achos y 'Disgyblion' ym Merea, Cricieth, y codwyd ac y bedyddiwyd **David Lloyd George**.

## BEDDGELERT, Gwynedd (8,593ha; 617 o drigolion)

Mae'r **gymuned** hon, sy'n ymestyn o gopa'r **Wyddfa** i gyrion **Porthmadog** a **Phenrhyndeudraeth**, yn cynnwys rhan ddwyreiniol yr Wyddfa, y rhan fwyaf o fasn afon **Glaslyn**, a Llyn Dinas, Llyn Gwynant a Llyn Llydaw (gw. **Llynnoedd**). Ni wyddys pwy yw'r *Celert* a goffeir gan yr enw, ond yn ystod y 19g. daethpwyd i gysylltu'r fan â **Gelert**, ci hela **Llywelyn ap Iorwerth**. Hanes ffug yw hwn yn ôl pob tebyg wedi'i greu gan berchennog Gwesty'r Royal Goat *c*.1800. Er hynny, mae'r stori hon yn dal i ddenu twristiaid gan fod miloedd ohonynt yn dod i weld y 'bedd' o hyd. Mae bryngaer Dinas Emrys, sy'n dyddio o'r cyfnod yn union wedi goresgyniad y **Rhufeiniad**, yn cael ei chysylltu yn ôl traddodiad â **Gwrtheyrn** a'r **ddraig goch**. Daeth **clas** Celtaidd Beddgelert a sefydlwyd yn y 6g. yn briordy Awgwstinaidd *c*.1200; fe'i diddymwyd yn 1536 (gw. **Canoniaid Awgwstinaidd**). Mae Eglwys y Santes Fair yn cynnwys rhannau o eglwys y priordy. Roedd y bardd **Dafydd Nanmor** (*fl*.15g.) yn byw yn Nanmor.

Roedd mwynfeydd **plwm** a **chopr** yn yr ardal; mae mwynglawdd copr Sygyn Fawr ar agor i'r cyhoedd. Gellir mwynhau harddwch Bwlch Aberglaslyn trwy fynd ar hyd hen drac adfeiliedig Rheilffordd Ucheldir Cymru (1922). Yn y gymuned hon y mae Llwybr Watcyn i gopa'r Wyddfa; cafodd ei enwi ar ôl yr arloeswr rheilffordd Edward Watkin, ac fe'i hagorwyd gan **W. E. Gladstone** yn 1892 mewn seremoni a gynhaliwyd ar Graig Gladstone uwchlaw Llyn Dinas. Yn y 1930au ffurfiwyd Côr Telyn Eryri ym Meddgelert gan Edith Evans (Telynores Eryri). Ym mhen uchaf Nant Gwynant mae Gwesty Penygwryd, lle arhosodd y mynyddwyr a ddringodd Everest yn 1953 tra buont yn ymarfer ar greigiau'r Wyddfa.

## BEIBL, Y

Bu'r Beibl ar gael yng Nghymru mewn rhyw ffurf neu'i gilydd o'r adeg yr ymddangosodd Cristnogaeth gyntaf yn y wlad (gw. **Crefydd**). Yn yr Oesoedd Canol, yr unig fersiwn hysbys i bob pwrpas oedd yr un **Lladin** a adwaenir fel y Fwlgat ac a baratowyd gan Sant Jerôm yn y 4g. Roedd y ffaith fod y Beibl ar gael yn **Saesneg** o'r 1530au yn ffactor cwbl ganolog yn natblygiad Protestaniaeth yn ardaloedd Seisnig Cymru. Yr un pryd cododd y syniad fod fersiwn **Cymraeg** wedi bodoli ar un adeg. Mae'n debyg mai sail y gred hon oedd y llawysgrif *Y Bibyl Ynghymraec* (*c*.1350–1400), fersiwn Cymraeg o grynodeb o lyfrau hanesyddol y Beibl. **William Salesbury** oedd arloeswr cyfieithu'r Beibl i'r Gymraeg, gyda'i drosiad o'r llithoedd a ddarllenid yng ngwasanaeth y cymun, *Kynniver llith a ban* (1551). Yn dilyn pasio Deddf Cyfieithu'r Beibl i'r Gymraeg (1563), yn gorchymyn cyfieithu'r Beibl a'r ***Llyfr Gweddi Gyffredin*** i'r Gymraeg erbyn 1567, ymunodd Salesbury â **Richard Davies** (1501?–81), esgob **Tyddewi**, a **Thomas Huet**, Cantor Eglwys Gadeiriol Tyddewi, a llwyddasant i gyfieithu'r Testament Newydd a'r Llyfr Gweddi (gan gynnwys y Salmau) erbyn y flwyddyn benodedig. Er bod Salesbury, a fu'n gyfrifol am y rhan fwyaf o'r cyfieithu, yn ysgolhaig Beiblaidd rhagorol, bu'n annoeth yn ei ddefnydd o orgraff, ac amharodd hyn ar y derbyniad a gafodd ei waith.

**William Morgan**, ficer **Llanrhaeadr-ym-Mochnant** ar y pryd, a gwblhaodd waith Salesbury. Yn 1588 ymddangosodd ei *Feibl Cyssegr-lan*, sef ei gyfieithiad ef ei hun o'r Hen Destament (heblaw'r Salmau) a'r Apocryffa, a'i ddiwygiad o Salmau a Thestament Newydd Salesbury, Davies a Huet. Fel Salesbury roedd Morgan yn ysgolhaig Beiblaidd abl ac yn dra hyddysg yn y traddodiad llenyddol Cymraeg, yn enwedig waith y beirdd proffesiynol (a noddai'n hael). Yn wahanol i Salesbury roedd ganddo afael sicr ar yr hyn a oedd yn dderbyniol yn ieithyddol, a chydnabuwyd ei gyfieithiad ar unwaith yn glasur.

Yn 1611 ymddangosodd Fersiwn Awdurdodedig y Beibl Saesneg, a sbardunodd hyn yr Esgob Richard Parry o **Lanelwy** a'i frawd yng nghyfraith, **John Davies** o Fallwyd (*c*.1567–1644), i ddiwygio Beibl Morgan yn unol â darlleniadau Beibl 1611. Ymddangosodd ffrwyth eu llafur yn 1620, a hwn am dros dair canrif a hanner fu 'Fersiwn Awdurdodedig' y Cymry Cymraeg. Nid oedd raid diwygio rhyw lawer ar gyfieithiad Morgan, ond manteisiwyd ar y cyfle i safoni'r ieithwedd a'r orgraff ymhellach, yn unol (yn fras) ag arferion y beirdd.

Y Gymraeg oedd yr unig un o blith ieithoedd diwladwriaeth Ewrop y cyhoeddwyd y Beibl ynddi o fewn canrif i'r **Diwygiad Protestannaidd**, ffaith sy'n allweddol wrth geisio deall y gwahaniaeth rhwng tynged y Gymraeg a thynged ieithoedd diwladwriaeth eraill – yr Wyddeleg a Gaeleg yr Alban yn arbennig.

Yn 1630 cafwyd fersiwn cludadwy o Feibl 1620, a dyma gychwyn yr ymgyrch fawr i ddarparu Beiblau ar gyfer darllenwyr cyffredin Cymru. Dilynodd 4 argraffiad yn yr 17g. (a 3 o'r Testament Newydd ar ei ben ei hun), 12 o leiaf yn y 18g. (a 4 o'r Testament newydd), dros 200 yn y 19g. (a thros 150 o'r Testament Newydd), eithr dim ond rhyw 15 yn yr 20g. (ynghyd â 18 o'r Testament Newydd). Nid hyd 1988, pan ymddangosodd *Y Beibl Cymraeg Newydd*, y daeth teyrnasiad Beibl William Morgan i ben; cyhoeddwyd argraffiad newydd o'r *Beibl Cymraeg Newydd* yn 2004, gyda 6,000 o newidiadau.

Crëwyd y galw am y Beibl gan y ffaith i gyfran helaeth o'r Cymry gofleidio Cristnogaeth Brotestannaidd yn frwdfrydig yn ystod y 18g. a'r 19g. Trwy **bregethu** a chateceisio, trwy'r **ysgolion cylchynol** a'r **Ysgol Sul**, trwythwyd llawer o'r bobl yn y Beibl a chafodd ddylanwad pellgyrhaeddol ar eu ffordd o feddwl a byw. At ddiwedd y 19g. a thrwy gydol yr 20g. heriwyd y dylanwad hwnnw gan ryddfrydiaeth ddiwinyddol a chan seciwlariaeth wyddonol (gw. **Agnostigiaid ac Anffyddwyr**).

Tra oedd y Beibl yn ei fri, bu'n gynhysgaeth dra chyfoethog i lenorion Cymraeg, a elwodd ar ei eirfa, ei batrymau gramadegol a'i gystrawennau. Elwasant yn fwy fyth ar yr amrywiaeth ffurfiau llenyddol a gynigiai, ar ei rythmau ac ar ei ddelweddaeth. Byddai rhyddiaith a barddoniaeth yr 20g. yn llawer tlotach hebddo, ond efallai mai yn emynyddiaeth nodedig y 18g. a'r 19g. y gwelir ei ddylanwad ar ei fwyaf ffrwythlon.

**BEIRDD Y TYWYSOGION**

Dyma'r beirdd a ganai yn llysoedd tywysogion Cymru yn ystod y ddwy ganrif cyn y **Goresgyniad Edwardaidd**. Beirdd proffesiynol oedd y rhan fwyaf ohonynt a'u prif swyddogaeth, i bob golwg, oedd llunio cerddi cywrain a dysgedig o fawl a marwnad i'w noddwyr brenhinol. Arferent hefyd ganu cerddi crefyddol a difyrru'r llys gyda cherddi ysgafn cellweirus. (Gw. hefyd **Gogynfeirdd.**)

**BEIRDD YR UCHELWYR**

Ysgol o feirdd a flodeuodd *c.*1350–1650. Eu prif fesur oedd y **cywydd** ac fe'u hadwaenir yn aml fel 'y cywyddwyr'. **Iolo Goch** a ddefnyddiodd y cywydd gyntaf i ganu mawl traddodiadol i uchelwyr; gellir ei ystyried yn sylfaenydd eu traddodiad. Arferent glera, sef crwydro o lys i lys i gyflwyno eu cerddi. Cerddi mawl a marwnad oedd eu prif gynnyrch; cyfansoddent hefyd gerddi crefyddol, cerddi serch, cerddi gofyn a cherddi dychan. Beirdd proffesiynol a oedd wedi ennill graddau barddol oeddynt gan mwyaf, ond roedd rhai'n amaturiaid o **foneddigion**. Edwinodd eu traddodiad yn yr 16g. a'r 17g.

**BEK neu BECK, Thomas (m.1293)** Esgob

Cyn cael ei wneud yn esgob **Tyddewi** (1280–93), Bek oedd canghellor **Rhydychen** a cheidwad dilladfa'r brenin. Sefydlodd golegau yn **Llanddewibrefi** ac **Abergwili**, a dau ysbyty. Ni chroesawodd ymweliad archesgobol **Pecham** yn 1284.

**BELE'R COED**

Roedd bele'r coed (*pine marten*), sef aelod o deulu'r wenci, i'w weld yn y rhan fwyaf o **Brydain** ar un adeg, ond y mae bellach ar fin diflannu o Gymru. Ceir cyfeiriad llenyddol cynnar at fele'r coed yn yr hwiangerdd 'Pais Dinogad' sydd wedi'i gosod yn '**Y Gododdin**': 'Pais Dinogad fraith fraith / O grwyn balaod ban wraith.' Mae ganddo ffwr brown tywyll gyda chlwt melyn ar ei wddw, cynffon hir, drwchus, a gall dyfu'n 54cm o hyd. Roedd tywysogion yr Oesoedd Canol yn ei werthfawrogi oherwydd ei ffwr (yn ôl y **gyfraith** Gymreig, roedd ei groen yn werth 24 neu 28 ceiniog), ond roedd ciperiaid oes Victoria yn ei ddirmygu ac yn ei ystyried yn bla, a châi ei hela'n ddidrugaredd. Ei brif gynefinoedd yw coedwigoedd conifferaidd sydd wedi'u hen sefydlu ac ardaloedd anghysbell, coediog a chreigiog, yn bennaf yn **Eryri** a'r gogledd-ddwyrain.

**BELL, David (1915–59)** Awdur, curadur ac arlunydd

Ganed David Bell yn **Llundain** ac roedd yn fab i **Idris Bell**. Cafodd ei hyfforddi yn y Coleg Celf Brenhinol a daeth i **Gaerdydd** yn 1946, wedi iddo gael ei benodi'n swyddog celfyddydau rhanbarthol dros Gymru. Daeth yn guradur Oriel Gelf Glynn Vivian, **Abertawe**, yn 1951, a bu ei lyfr *The Artist in Wales* (1957) yn achos cryn ddadlau gan ei fod fel petai'n awgrymu nad oedd gan Gymru unrhyw hanes o ddiwylliant gweledol a oedd yn werth sôn amdano. Sefydlodd Bell y cynllun 'Darluniau i Ysgolion Cymru' er mwyn dod â chelfyddyd gyfoes i sylw'r ifanc, a rhoddodd gefnogaeth sylweddol i arlunwyr ei gyfnod, fel **Ceri Richards**, trwy brynu eu gwaith ar gyfer Oriel Glynn Vivian.

**BELL, [Harold] Idris (1879–1967)** Ysgolhaig a chyfieithydd

Ac yntau wedi dysgu **Cymraeg**, cyhoeddodd Idris Bell, a hanai o Swydd Lincoln, dair cyfrol arloesol o gyfieithiadau **Saesneg** o farddoniaeth Gymraeg, ac er eu bod yn cael eu hystyried yn hen ffasiwn erbyn hyn, y rhain oedd y trosiadau safonol hyd at y 1950au. Cyfieithodd hefyd gyfrol **Thomas Parry**, *Hanes Llenyddiaeth Gymraeg hyd 1900* (1945) o dan y teitl *A History of Welsh Literature* (1955), gan ychwanegu atodiad ar yr 20g. Ymhlith ei astudiaethau beirniadol niferus y mae *The Development of Welsh Poetry* (1936). Yn 1946, ddwy flynedd ar ôl ymddeol o'i swydd fel ceidwad llawysgrifau yr Amgueddfa Brydeinig, ymgartrefodd yn **Aberystwyth**.

**BENDIGEIDFRAN FAB LLŶR neu BRÂN**

Brenin ar Ynys **Brydain** neu Ynys y Cedyrn ac arwr ail gainc y Mabinogi yw'r cawr Bendigeidfran (gw. **Mabinogion**). Wrth arwain cyrch ar **Iwerddon** i achub cam ei chwaer, **Branwen**, fe'i gwelwn yn cerdded drwy'r môr yng nghanol ei longau, ac yna'n gorwedd ar draws afon i wneud pont i'w fyddin gerdded drosodd. Wedi ei glwyfo, mae'n gorchymyn torri ei ben a mynd ag ef i'w gladdu yn y Gwynfryn yn **Llundain**, lle bydd yn ddiogelwch i'r Ynys.

**BENEDICTIAID** Urdd fynachaidd

Cyn i'r **Normaniaid** wladychu de-ddwyrain Cymru yn niwedd yr 11g., nid oedd urdd y Benedictiaid yn bodoli yng Nghymru. Erbyn 1071 roedd **William Fitz Osbern** wedi sefydlu'r priordy Benedictaidd cyntaf, yng **Nghas-gwent**, ac erbyn 1098 roedd Arnulf de Montgomery wedi sefydlu priordy cyn belled i'r gorllewin â **Phenfro**. Roedd 15 priordy neu gell (nid oedd abatai) wedi'u sefydlu erbyn 1141, pob un yn ddibynnol ar dai yn **Lloegr** neu ar dir mawr Ewrop.

Fel rheol câi tai Benedictaidd eu cysylltu â chestyll a bwrdeistrefi Normanaidd, fel **Cydweli**, y **Fenni** a **Threfynwy**, er bod rhai, megis **Ewenni**, ynghanol cefn gwlad. Cafodd eglwysi Cymreig eu meddiannu a'u rhoi i dai Benedictaidd Normanaidd ac Eingl-Normanaidd, a diraddiwyd rhai o'r prif gymunedau eglwysig brodorol – clasau (gw. **Clas**) fel **Llanilltud Fawr** a **Llancarfan** – wrth iddynt ddod yn eiddo i abatai fel Tewkesbury neu Gaerloyw. Ym mlynyddoedd cynnar y 15g. ailsefydlwyd y priordai a oedd wedi goroesi ac a oedd yn ddibynnol ar abatai Ffrengig, naill ai fel priordai annibynnol neu fel rhai dibynnol ar abatai Seisnig. Roedd wyth priordy yn dal i fodoli adeg **Diddymu'r Mynachlogydd**: y Fenni, **Aberhonddu**, **Aberteifi**, Cas-gwent, Ewenni, Cydweli, Trefynwy a Phenfro.

Yn y 19g. dychwelodd y Benedictiaid i Gymru. Yn 1869 sefydlodd **Joseph Lyne** (y Tad Ignatius) fynachlog Fenedictaidd Anglicanaidd (gw. **Anglicaniaid**) yng Nghapel-y-ffin (**Llanigon**). Yn wreiddiol, sefydliad Anglicanaidd hefyd oedd y fynachlog Fenedictaidd ar Ynys Bŷr (gw. **Ynysoedd**), a sefydlwyd yn 1906. Daeth dan adain yr Eglwys Gatholig Rufeinig (gw. **Catholigion Rhufeinig**) yn 1913 a daeth i feddiant y **Sistersiaid** yn 1928. Abaty Benedictaidd Belmont, **Swydd Henffordd**, oedd calon ysbrydol esgobaeth Gatholig **Casnewydd**.

**BENNETT, Anna Maria (*c*.1750–1808)** Nofelydd

Merch i groser o **Ferthyr Tudful** oedd Anna Maria Bennett (née Evans). Gadawodd ei gŵr, barcer o **Aberhonddu**, ac ymsefydlu yn **Llundain** lle bu'n cadw tŷ i'r Llyngesydd Syr Thomas Pye (hi oedd mam dau o'i blant). Bu ei nofel gyntaf *Anna, or Memoirs of a Welch Heiress* (1785), yn ysgubol o lwyddiannus; mae un arall o'i naw nofel, *Ellen, Countess of Castle Howel* (1794), hefyd wedi'i lleoli yng Nghymru.

**BENNETT, Nicholas (1823–99)** Cerddor a hanesydd

Casglodd Nicholas Bennett, a oedd yn frodor o Lanrafon (**Trefeglwys**), dros 700 o alawon gwerin Cymreig, a chyhoeddwyd 500 ohonynt, wedi'u dethol a'u trefnu gan **D. Emlyn Evans**, mewn dwy gyfrol o dan y teitl *Alawon Fy Ngwlad* (1896). Mae'r gwaith hwn, a ddibynnai'n helaeth ar lawysgrifau Llywelyn Alaw, yn sôn am delynorion ac am **ganu penillion**, ac yn cynnwys nodiadau yn esbonio'r grefft.

**BERFEDDWLAD, Y**

A hithau'n cyfateb i'r hyn a fyddai'n ddiweddarach yn **Sir y Fflint** a rhan helaeth o **Sir Ddinbych**, y Berfeddwlad oedd y tir rhwng afon **Conwy** a rhannau isaf afon **Dyfrdwy**. Roedd yn cynnwys pedwar **cantref**, sef **Dyffryn Clwyd**, **Rhos**, **Rhufoniog** a **Thegeingl**, ac enw arall arni oedd y Pedwar Cantref. Roedd tywysogion **Gwynedd** yn ystyried bod y Berfeddwlad yn rhan o'u teyrnas hwy i'r dwyrain o afon Conwy (Gwynedd Is Conwy), er bod yr ardaloedd deheuol, yn wreiddiol, yn rhan fwy naturiol o **Bowys**. Er i'r **Normaniaid** ei goresgyn yn gynnar, daeth yn rhan gadarn o deyrnas Gwynedd yn ystod teyrnasiad **Owain Gwynedd**. Yn dilyn ei farwolaeth yn 1170, roedd ysgaru'r pedwar cantref oddi wrth Wynedd yn rhan ganolog o bolisi Cymreig coron **Lloegr**. Gwireddwyd nod y polisi hwnnw yn derfynol dan amodau **Cytundeb Aberconwy** (1277). Yn dilyn y **Goresgyniad Edwardaidd** daeth Tegeingl yn graidd Sir y Fflint, a rhannwyd gweddill y Berfeddwlad rhwng dwy o arglwyddiaethau newydd y **Mers**, sef **Rhuthun** a **Dinbych**. Daeth Dyffryn Clwyd yn arglwyddiaeth **Rhuthun**, a daeth Rhos a Rhufoniog (ar ôl colli **Creuddyn**, a ddaeth yn rhan o **Sir Gaernarfon**) yn arglwyddiaeth **Dinbych**.

**BERNARD (m.1148)** Esgob

Bernard, cyn-siambrlen y Frenhines Matilda, oedd esgob Normanaidd cyntaf **Tyddewi** (1115–48), a chredir iddo fod yn gyfrifol am ailadeiladu neu ehangu'r Eglwys Gadeiriol yno. Hyrwyddodd gwlt **Dewi** Sant, gan wneud sawl cais aflwyddiannus i gael hyd i'w gorff. Yn ystod ei gyfnod fel esgob, honnir i Ddewi gael ei ganoneiddio'n ffurfiol gan y Pab Calixtus II. Diau mai rhan o'i ymgyrch aflwyddiannus i ennill statws archesgobol i esgobaeth Tyddewi oedd ei waith yn hyrwyddo'r cwlt.

**BERNARD DE NEUFMARCHÉ (m.*c*.1125)** Un o'r arglwyddi yn y Mers

Anturiaethwr Normanaidd a rheolwr cyntaf arglwyddiaeth **Brycheiniog**. Dechreuodd symud i mewn i'r wlad honno ar ôl marwolaeth y brenin Gwilym I. Pan laddwyd **Rhys ap Tewdwr** yn 1093 (ym Mrwydr **Ysgyr**, yn Nyffryn **Wysg**, fwy na thebyg), daeth y rhan fwyaf o'r hen deyrnas honno i'w feddiant. Roedd ei wraig yn wyres i **Gruffudd ap Llywelyn**. Bu ei ddisgynyddion yn arglwyddi Brycheiniog hyd 1521.

**BERRY, Teulu**

Daeth y brodyr Berry, a fagwyd ym **Merthyr Tudful**, yn ffigyrau grymus ym myd diwydiant a **phapurau newydd** yn ystod hanner cyntaf yr 20g. Yn 1916 daeth yr hynaf o'r tri, Henry Seymour Berry (1877–1928), yn gyfrifol am holl fuddiannau **D. A. Thomas** gan gynnwys cwmni **glo**'r Cambrian Combine ynghyd â nifer o bapurau newydd y de, yn eu plith y *Western Mail*. Yn dilyn ei farwolaeth, daeth y papurau'n eiddo i'w ddau frawd iau, William Ewart Berry (1879–1954) a James Gomer Berry (1883–1968) – partneriaeth a oedd wedi mynd o nerth i nerth ers i'r ddau brynu eu papur cyntaf, y *Sunday Times*, yn 1915. Erbyn diwedd y 1920au roedd y brodyr yn rheoli 26 o bapurau dyddiol a phapurau Sul gan gynnwys y *Daily Telegraph*; erbyn 1936 roeddynt yn berchen ar 4 papur a chanddynt gylchrediad ar draws **Prydain** a 49 o bapurau rhanbarthol. Holltwyd yr ymerodraeth rhwng y ddau frawd yn 1937, ac yn 1958 prynwyd Kemsley Newspapers, cwmni a gynhwysai eu holl bapurau Cymreig, gan Roy Thomson. Urddwyd y tri brawd yn arglwyddi: daeth H. S. Berry yn Farwn Buckland o'r Bwlch yn 1926, W. E. Berry yn Farwn Camrose (gw. **Camros**) yn 1929 a J. G. Berry yn Is-iarll Kemsley yn 1936. Bu farw Barwn Buckland ar ôl cael ei daflu oddi ar ei geffyl, a chymaint oedd ei amhoblogrwydd ymhlith aelodau Cyfnewidfa Stoc **Caerdydd** fel eu bod wedi ystyried sefydlu cronfa i godi cofgolofn i'r ceffyl.

**BERRY, R[obert] G[riffith] (1869–1945)** Dramodydd a storïwr

Gweinidog yr **Annibynwyr** yng Ngwaelod-y-garth, **Caerdydd**, oedd R. G. Berry, ac un o ddisgyblion 'hen ysgol rad Llanrwst'. Roedd yn llenor o ddiwylliant eang a dychymyg anghyffredin, fel y tystia ei gyfrol o straeon byrion, *Y Llawr Dyrnu* (1930). Bu mynd mawr ar ei ddramâu, *Ar y Groesffordd* (1914), *Asgre Lân* (1916) a *Yr Hen Anian* (1929) yn y blynyddoedd rhwng y ddau ryfel. Ei ddrama orau yw *Y Ddraenen*

*Wen* (1922), trasiedi am y gwrthdaro rhwng delfrydiaeth a doethineb bydol.

**BERRY, Ron (1920–97)** Nofelydd

Ganed Ron Berry ym Mlaen-cwm yn y **Rhondda**, ac yn y cwm hwnnw y treuliodd y rhan fwyaf o'i oes. Gadawodd yr ysgol yn 14 oed i weithio mewn pyllau **glo** lleol. Cyhoeddodd chwe nofel: *Hunters and Hunted* (1960), *Travelling Loaded* (1963), *The Full-Time Amateur* (1966), *Flame and Slag* (1968), *So Long, Hector Bebb* (1970) a *This Bygone* (1996). Ymddangosodd ei hunangofiant, *History is What You Live*, ar ôl ei farwolaeth yn 1998, a'i *Collected Stories* yn 2000.

**BERS, Gwaith Haearn Y**, Sir Ddinbych (Wrecsam bellach)

Sefydlwyd gwaith **haearn** yn y Bers (**Coed-poeth**) *c.*1670 gan deulu **Lloyd**, Dolobran (**Llangynyw**), ond daeth yn enwog, o 1753 ymlaen, dan oruchwyliaeth teulu Wilkinson. Roedd cysylltiad agos rhwng y gwaith ac Abraham Darby yn Coalbrookdale, a bu gwaith mwyndoddi â golosg yn y Bers mor gynnar â 1721. Roedd y gwaith yn ei anterth wedi i **John Wilkinson** ddyfeisio peiriant, yn 1774, i dyllu canonau o fariau solet. Yn ddiweddarach defnyddiwyd yr un dechnoleg i wneud silindrau ar gyfer peiriannau ager, a bu'r gwaith yn gwerthu ei gynnyrch i Boulton a Watt yn Birmingham. O ddiwedd y 1790au ymlaen, dirywiodd y gwaith yn sgil anghydfod rhwng y brodyr Wilkinson a phenderfyniad John i ddatblygu safle i gystadlu â'r Bers ym **Mrymbo**. Mae adfeilion y gwaith yn safle archaeoleg ddiwydiannol hynod o bwysig.

**BERWYN, Mynyddoedd y**

Y Berwyn yw'r mynydd-dir sy'n gwahanu dalgylchoedd afonydd **Dyfrdwy** a **Hafren**, a chwyd y ddau gopa uchaf, Cadair Berwyn a Moel Sych (**Llandrillo**), i uchder o 827m. O greigiau gwaddod ac igneaidd Ordofigaidd y naddwyd y moelydd hyn, sy'n ymestyn dros bellter o oddeutu 23km rhwng **Llangynog** a **Llangollen**. Ar lechweddau'r **mynyddoedd** y tardda rhai o isafonydd mwyaf Dyfrdwy a Hafren, er enghraifft Ceiriog a Thanad. Ar afon Disgynfa, ychydig i'r de o Foel Sych, lleolir Pistyll Rhaeadr, y rhaeadr dalaf yng Nghymru (gw. **Rhaeadrau**). Gellir priodoli nifer o nodweddion atyniadol y mynyddoedd i weithgaredd rhewlifol, megis Llyn Lluncaws, y llyn peiran wrth droed Moel Sych. A hwythau'n fynyddoedd addfwynach yr olwg nag **Eryri** ac yn derbyn llai o law, maent yn cynnal diadelloedd mawr o **ddefaid** a dyma, hefyd, un o ychydig gynefinoedd y rugiar yng Nghymru. Yn wahanol i Eryri gyda'i rhwydwaith o briffyrdd, awyrgylch anghysbell sydd i'r mynyddoedd hyn; un briffordd yn unig sy'n eu croesi, sef y B4391 o Langynog i'r **Bala**. Ar fynyddoedd y Berwyn y cofnodwyd diweddglo trychinebus rhyfelgyrch Harri II yn 1165, yr ymdrech fwyaf uchelgeisiol ar ran coron **Lloegr** yn y 12g. i oresgyn Cymru. Mae'r moelydd hyn wedi dioddef llai o ymyrraeth ddynol nag unrhyw fynyddoedd eraill yng Nghymru. Ar un adeg, câi **plwm** ei gloddio'n helaeth yng nghyffiniau Llangynog a chynhyrchid **llechi** yn ardal Glyndyfrdwy (gw. **Corwen**), ond ychydig iawn o olion diwydiannol sy'n creithio'r mynyddoedd. Er bod Llyn Efyrnwy (gw. **Llanwddyn**) ar gyrion deheuol yr ardal, nid oes yr un gronfa ddŵr yng nghanol y mynyddoedd. Bach fu dylanwad coedwigaeth a hyd yma ni phlannwyd tyrbinau gwynt ar y copaon (gw. **Melinau Gwynt**). Yn wir, dim ond gweithgareddau beicwyr mynydd a gyrwyr oddi-ar-y-ffordd, a droes ddarnau helaeth o dir yn gorsleoedd, sy'n tarfu ar heddwch y Berwyn.

**BETWS**, Sir Gaerfyrddin (1,116ha; 1,834 o drigolion)

Yn union i'r dwyrain o **Rydaman**, mae'r **gymuned** hon yn cynnwys pentrefi'r Betws a Phantyffynnon. Cynyddodd y **boblogaeth** yn gyflym yn dilyn suddo dau bwll **glo** yn y 1890au. Caeodd yr olaf o lofeydd yr ardal yn 2003. Yn Eglwys Dewi Sant (1872) mae ffenestr **wydr lliw** (1960) a ysbrydolwyd gan emyn **William Williams**, Pantycelyn (1717–91), *Guide Me O Thou Great Jehovah*. Yn y Betws y ganed y gwleidydd **James Griffiths**.

**BETWS CEDEWAIN**, Sir Drefaldwyn, Powys (1,856ha; 425 o drigolion)

Lleolir y **gymuned** hon yn union i'r gogledd o'r **Drenewydd**. Hyd at 1914 roedd y rhan fwyaf o'r ffermydd yn rhan o stad Gregynog (gw. **Tregynon**). Ar fryncyn ym mhentref Betws Cedewain saif Eglwys Sant Beuno, sydd â thŵr o'r 16g. a chorff o'r 19g; mae ynddi blac pres nodedig i John ap Maredudd (1531). Ffermdy du-a-gwyn trawiadol yw Highgate (*c.*1670).

**BETWS GARMON**, Gwynedd (3,900ha; 216 o drigolion)

Mae Betws Garmon wedi'i leoli i'r de-ddwyrain o **Gaernarfon** ac yn cynnwys rhannau uchaf basn afon Gwyrfai, a'r **Wyddfa** (1085m). Mae'r Snowdon Ranger, sydd erbyn hyn yn hostel ieuenctid, wedi gwasanaethu cerddwyr yr Wyddfa ers bron 200 o flynyddoedd, a dyma fan cychwyn y llwybr mwyaf gorllewinol i fyny'r Wyddfa. O Lyn Cwellyn, y dyfnaf a'r llonyddaf o lynnoedd **Eryri**, y caiff tref Caernarfon ei chyflenwad dŵr. Mae'r **gymuned** yn cynnwys pentrefi bychain Betws Garmon a Rhyd-ddu. Yn Rhyd-ddu yr oedd cartref y bardd a'r ysgolhaig **T. H. Parry-Williams**, ac mae ei sonedau, 'Llyn y Gadair', 'Tŷ'r Ysgol' a 'Moelni', a ysbrydolwyd gan fro ei febyd, ymysg cerddi mwyaf poblogaidd yr iaith **Gymraeg**. Cafodd **Gerallt Gymro** ei gyfareddu gan yr ynys o fawn a arnofiai ar Lyn y Dywarchen.

**BETWS GWERFUL GOCH**, Sir Ddinbych (2,250ha; 362 o drigolion)

Lleolir y **gymuned** hon ar lannau afon Alwen i'r de-orllewin o **Ruthun**. Tybir mai ystyr yr enw yw tŷ gweddi (*bead house*) Gwerful bengoch, y credir ei bod yn wyres i **Owain Gwynedd**. Mae paneli cerfiedig o'r Oesoedd Canol i'w gweld yn Eglwys y Santes Fair. Magwyd **J. E. Jones**, ysgrifennydd cyffredinol **Plaid [Genedlaethol] Cymru** (1930–60), ym Melin-y-Wig ac yno y mae wedi'i gladdu.

**BETWS-Y-COED**, Conwy (1,798ha; 534 o drigolion)

Mae **cymuned** Betws-y-coed ar lan orllewinol afon **Conwy** ac yn cynnwys pen isaf dyffryn Llugwy ac ochr chwith dyffryn Lledr. Mae'r ardal yn enwog am ei harddwch. Pont Waterloo (1815, wrth reswm) oedd un o'r pontydd haearn bwrw cynharaf i'w hadeiladu erioed. Mae'n cludo'r ffordd

Aneurin Bevan a'i wraig Jennie Lee

a adeiladodd **Telford** i gysylltu **Caergybi** â **Llundain** (yr **A5**); yn sgil creu'r ffordd hon denwyd llawer o dwristiaid i'r ardal, yn arbennig y rhai a oedd yn chwilio am olygfeydd **pictiwrésg** (gw. hefyd **Twristiaeth**). Yn y 1840au bu ymweliadau rheolaidd **David Cox** yn ysbrydoliaeth i arlunwyr eraill o **Loegr** ddod i'r ardal i **beintio**, a sefydlwyd yr **Academi Frenhinol Gymreig** gan rai ohonynt yn ddiweddarach. Ar wahân i Bont Waterloo, ceir yn y gymuned bontydd deniadol dros afonydd Llugwy a Lledr (y ddwy, mae'n debyg, yn dyddio o'r 17g.) ynghyd â Phont y Pair (1800), sy'n croesi afon Conwy mewn man godidog. Yn Eglwys Sant Mihangel (*c.*1400, 1843), mae corffddelw gain (*c.*1370). Yn y 18g. a'r 19g. bu cloddio mawr yn yr ucheldir am fwyn **copr**. Rhaeadr ddramatig ar afon Llugwy yw Rhaeadr Ewynnol – ansicr yw tarddiad yr enw; yn ei *Tours in Wales* (1778 ac 1781) ceir Rhaeadr y Wennol gan **Thomas Pennant**, a rhoddodd hynny fod i Swallow Falls yn **Saesneg**.

## **BETWS-YN-RHOS**, Conwy (4,875ha; 944 o drigolion)

Mae **cymuned** Betws-yn-Rhos, sy'n ymestyn dros ardal eang yn union i'r de o **Fae Colwyn**, wedi'i henwi ar ôl **cantref** canoloesol y **Rhos**. Ceir eglwysi o'r 19g. ym Metws-yn-Rhos (1839) a Throfarth (1873); yn Eglwys Llaneilian-yn-Rhos gwelir nodweddion canoloesol, yn cynnwys croglen. Tŷ neuadd ac iddo do gwellt a ffrâm nenfforch yw Llan, Llaneilian. Mae Coed Coch, tŷ creadigol ei bensaernïaeth sy'n dyddio o *c.*1800, wedi'i addasu'n ysgol. Ganed yr ysgolhaig a'r bardd **T. Gwynn Jones** yn y Gwyndy Uchaf, Betws-yn-Rhos.

## **BETHESDA**, Gwynedd (389ha; 4,515 o drigolion)

Bethesda oedd yr unig un o ardaloedd y chwareli **llechi** yn **Sir Gaernarfon** i dderbyn statws cyngor dosbarth trefol (1894; gw. **Dosbarthau Trefol**). Prin oedd y tai yn yr ardal cyn i Chwarel y Penrhyn gael ei datblygu o'r 1780au ymlaen (gw. **Llandygái**). Enwyd y pentref ar ôl capel yr **Annibynwyr** a leolwyd yn ei ganol, a cheir sawl pentref yn ardaloedd y chwareli yn dwyn enwau beiblaidd. Cafodd y capel hwn – adeilad neo-glasurol mawr gydag addurniadau stwco – ei ailadeiladu yn 1840; erbyn hyn mae wedi'i droi'n fflatiau. Stribyn hir o bentref yw Bethesda gyda'r rhan fwyaf o'r tai o boptu'r ffordd fawr, sef Ffordd **Caergybi** (yr **A5**), a thyfodd i raddau helaeth ar batrwm tref 'cwmni' o dan ddylanwad teulu **Pennant** o Gastell Penrhyn (gw. Llandygái). Ystyriai teulu Pennant eu hunain yn gyflogwyr hael, ac aethant ati i godi ysbyty ac Eglwys y Santes Ann (1865) yn ogystal ag ysgol y **Gymdeithas Genedlaethol** yn y gobaith y byddai'r gweithwyr yn cefnu ar **Anghydffurfiaeth**. Ond âi'r caredigrwydd hwn law yn llaw ag awtocratiaeth, a'r awtocratiaeth hon a arweiniodd at **Streic y Penrhyn** (1900–3). Bu hon yn ergyd drom i Fethesda; symudodd nifer oddi yno, ac aeth llawer i faes **glo**'r de. Cyrhaeddodd **poblogaeth** Bethesda ei hanterth yn 1901, gyda 5,281 o drigolion. Cyflewyd darlun hynod o'r ardal yn nofel **Caradog Prichard**, *Un Nos Ola Leuad* (1961). Dau arall a hanai o Fethesda oedd **W. J. Parry**, un o brif bleidwyr y chwarelwyr, a'r ysgolhaig **Idris Foster**. Bu'r ardal yn nodedig am ei thraddodiad cerddorol ers cyfnod y streic, pan deithiai corau o chwarelwyr ar hyd a lled y wlad yn codi arian. Mae Côr Meibion y Penrhyn ymysg corau mwyaf blaenllaw Cymru (gw. **Corau Meibion**). Yn fwy diweddar, bu'r **gymuned** yn feithrinfa i grwpiau pop fel Maffia Mr Huws, Tynal Tywyll, Celt a'r Super Furry Animals.

## **BEULAH**, Ceredigion (5,062ha; 1,617 o drigolion)

Mae **cymuned** Beulah yn ymestyn i'r gogledd o afon **Teifi** i'r dwyrain o **Aberteifi**, ac yn cynnwys pentrefi Beulah, Betws Ifan, Bryngwyn, Cwm-cou, Llandygwydd, Pont-hirwaun a'r rhan honno o bentref **Cenarth** a saif ar lan ogleddol afon Teifi. Yn hen blwyf Llandygwydd safai pum plasty o bwys: Blaen-pant, Llwyndyrys, Noyadd Drefawr, Pen-y-lan a Phenywenallt. Mae Pen-y-lan (18g. ac 1830) yn cynnwys cyfoeth o waith cywrain gan grefftwyr o'r Eidal. Penywenallt oedd man geni'r offeiriad a'r hanesydd **Theophilus Evans**.

## **BEUNO (6g./7g.)** Sant

Abad sy'n gysylltiedig â chlwstwr o eglwysi cynnar yn y gogledd-orllewin. Ei brif fynachlog oedd **Clynnog** Fawr. Ceir Buchedd Beuno yn ***Llyfr Ancr Llanddewibrefi***. Adlewyrchir elfennau o **grefydd** gyn-Gristnogol Cymru gan y chwedlau am ei allu i adfer pennau y rhai a ddienyddiwyd. Honnir ei fod yn frodor o **Aberriw** ac mai ef oedd y Cymro cyntaf i glywed **Saesneg** yn cael ei siarad, profiad a barodd iddo ffoi o lannau **Hafren** i **Wynedd**. Cynhelir ei ŵyl ar 21 Ebrill.

## **BEVAN, Aneurin (1897–1960)** Gwleidydd

Yn 13 oed roedd Aneurin Bevan yn gweithio yn y pwll **glo**; roedd yn gadeirydd y gyfrinfa yn 19 oed, ac yn arweinydd cyngor dosbarth trefol **Tredegar** yn 26 oed. Pan oedd yn 32 oed fe'i hetholwyd yn aelod seneddol **Glynebwy**, etholaeth y bu'n ei chynrychioli hyd ei farw. Roedd yn wrthryfelwr asgell chwith yn ystod y 1930au, a chefnogai'r Ffrynt Boblogaidd. Yn sgil hynny cafodd ei ddiarddel o'r **Blaid Lafur** yn 1939. Yn ystod y cyfnod o gonsensws adeg y rhyfel roedd yn benderfynol o warchod rhyddid barn a daeth yn feirniad llym ar **Churchill**, yn bennaf ar dudalennau'r *Tribune*, y bu'n ei olygu yn y cyfnod 1942–5. Roedd yn weinidog iechyd a thai yng nghabinet Attlee 1945–50, ac yn y cyfnod hwnnw, yn dilyn trafodaethau manwl a thanbaid gyda'r meddygon, sefydlodd y Gwasanaeth Iechyd Gwladol, y mae llawer yn ei ystyried yn orchest ddeddfwriaethol fwyaf y Blaid Lafur (gw. **Iechyd**).

Ymddiswyddodd o'r Cabinet yn Ebrill 1950 fel protest yn erbyn cyllideb Gaitskell a godai dâl am bresgripsiwn ond a gynyddodd y gwariant ar ailarfogi. Yng nghyfnod Llafur fel gwrthblaid o 1951 ymlaen, cyfeirid at Bevan a'i gefnogwyr, gan gynnwys ei wraig, Jennie Lee, fel y 'Bevanites' ac roeddynt yn aml yn gwrthdaro'n chwyrn yn erbyn Gaitskell. Daeth cymod pan ddaeth Bevan yn ddirprwy arweinydd yn 1959 a derbyn bod angen i **Brydain** feddu ar arfau niwclear. Pan fu farw yn weddol ifanc o ganser, fe'i cydnabyddid yn un o arweinwyr mwyaf arwyddocaol y Blaid Lafur, ac yn brif ladmerydd **sosialaeth** ddemocrataidd, sef hanfod y blaid ym marn llawer. Marcsydd ydoedd yn wreiddiol, ond ar ôl profiad y **Streic Gyffredinol** yn 1926 a threulio blynyddoedd ym maes **llywodraeth** leol, daeth i goleddu democratiaeth seneddol gan ei gweld fel cyfrwng a roddai i'r Blaid Lafur y grym angenrheidiol i greu cymdeithas newydd.

Llwyddodd Bevan i ddenu cefnogaeth eang oherwydd cynhesrwydd ei gymeriad, ei hoffter o **lenyddiaeth** Ewrop, ei adnabyddiaeth o sosialwyr tir mawr Ewrop, ei ffraethineb a'i allu fel areithiwr a oedd yn gwneud defnydd effeithiol o'i acen a'i atal dweud. Er cymaint ei gyfaredd, dadleuodd John Campbell fod gwendidau i'w wleidyddiaeth, ond mae Michael Foot, Dai Smith a K. O. Morgan i gyd o'r farn mai gyrfa Bevan oedd uchafbwynt gwleidyddiaeth boblogaidd yng Nghymru. Amwys oedd agwedd Bevan tuag at Gymru; ar rai adegau dadleuodd fod dimensiwn gwleidyddol i'r hunaniaeth Gymreig, ond ar adegau eraill mynegai bryder y gallai plygu i gulni 'rhanbarthol' rannu'r dosbarth gweithiol Prydeinig (gw. **Dosbarth**).

**BEVAN, Bridget (Madam Bevan; 1698–1779)**
Noddwraig addysg

Roedd tad Bridget Bevan, sef John Vaughan, Cwrt Derllys (**Llannewydd a Merthyr**, **Sir Gaerfyrddin**) yn frwd dros ledaenu **addysg**, ac mae'n debyg mai trwyddo ef, a'i gyswllt â'r **Gymdeithas er Taenu Gwybodaeth Gristnogol** (SPCK), y daeth i adnabod **Griffith Jones, Llanddowror**. Pan ddechreuodd Griffith Jones sefydlu **ysgolion cylchynol** yn y 1730au, daeth yn brif noddwr iddo, ac wedi ei farw bu hi ei hun yn arweinydd llwyddiannus i'r mudiad. Gadawodd £10,000 at y gwaith yn ei hewyllys, ond heriwyd dilysrwydd honno. Rhyddhawyd yr arian yn 1809, ac aed ati wedyn i sefydlu ysgolion newydd yn enw Madam Bevan; fodd bynnag, roedd yr ymgyrch erbyn hynny wedi colli brwdfrydedd y blynyddoedd cynnar, a chaewyd yr ysgol olaf yn 1854. Roedd rhai rhieni yn credu ei bod yn frenhines a fyddai'n 'hudo plant i deyrnas arall'.

**'BEVIN BOYS'**

Yn 1941 dechreuodd y **llywodraeth**, a oedd yn daer dros gynnal cyflenwadau tanwydd yn ystod yr **Ail Ryfel Byd**, fabwysiadu polisïau i atal y gostyngiad yn nifer y glowyr. Yn gyntaf, cafodd y glowyr ar y pryd eu hatal rhag gadael y diwydiant, ac yna rhoddwyd opsiwn i'r rheini a oedd wedi ymgofrestru ar gyfer Gwasanaeth Cenedlaethol weithio dan ddaear. Pan fethodd y polisi olaf hwn â sicrhau digon o wirfoddolwyr, gorfodwyd 10% o'r rhai a gonsgriptiwyd i'r fyddin i weithio yn y pyllau **glo** o fis Tachwedd 1943 ymlaen. Gelwid y rhai a ddewiswyd yn 'Bevin Boys', ar ôl Ernest Bevin, y gweinidog llafur a gwasanaeth cenedlaethol a oedd yn bennaf cyfrifol am y polisi newydd.

**BEVIS (BEVANS), John (1693–1771)**
Astronomegydd

Un o **Ddinbych-y-pysgod** oedd John Bevis – neu John Bevans – ac aeth i astudio meddygaeth yn **Rhydychen**. Serch hyn, **astronomeg** ac opteg oedd gwir ddiddordebau ei fywyd. Lluniodd yr *Uranographia Astronomicae*, catalog sêr mwyaf cynhwysfawr ei oes, ac estynnodd waith Bradley ar egwyriant mewn gogwydd i ymdrin hefyd ag esgyniad cywir. Daeth o hyd i seren gynffon newydd yn 1744.

**BEYNON, [William John] Granville (1914–96)**
Gwyddonydd radio

Ganed Syr Granville Beynon yn **Nynfant** ger **Abertawe**, ac fe'i hystyrid yn wladweinydd rhyngwladol ym myd **gwyddoniaeth**. Graddiodd mewn ffiseg yn Abertawe, a bu'n gweithio o dan Edward Appleton yn y Labordy Ffisegol Cenedlaethol, Teddington. Yno astudiai'r ïonosffer – rhan ïoneiddiedig yr uwch-atmosffer (gw. **Gwyddorau Ffisegol**). Ei ddarganfyddiad pwysicaf oedd dod o hyd i gyffroadau ïonosfferig symudol, tonnau enfawr yn yr uwch-atmosffer. Yn ei gyfnod yn uwch-ddarlithydd yn Abertawe ac yna'n Athro ffiseg yn **Aberystwyth**, roedd yn arwain grŵp ymchwil o fri. Ef oedd llywydd pwyllgor trefnu Blwyddyn Ryngwladol yr Haul Tawel (1964–5). Pan oedd yn llywydd Undeb Rhyngwladol Gwyddor Radio (1972–5), sefydlodd EISCAT (European Incoherent-Scatter Facility), yr uned radar fwyaf blaengar yn y byd ar gyfer astudio'r uwch-atmosffer, wedi ei lleoli yn Sgandinafia. Ar ddydd Sul, teithiai bob cam o Aberystwyth i Ddynfant i ganu'r organ yng nghapel yr **Annibynwyr** yno.

**BIGOD, Teulu** Arglwyddi yn y Mers

Dechreuodd cysylltiad y teulu â Chymru pan etifeddodd Roger Bigod, iarll Norfolk (m.1270), arglwyddiaeth **Casgwent** neu **Strigoil** oddi wrth ei fam, Maud, cyd-aeres William Marshal (m.1219; gw. **Marshal, Teulu**). Mab Roger, Roger II (m.1306), a gyllidodd yr ailgodi a fu ar eglwys Abaty **Tyndyrn**, yn ogystal â'r gwaith ar furiau trefol Casgwent a gwaith ail-lunio castell yr un dref. Fe'i tlodwyd gan ei weithgareddau, a chymynnodd ei stadau i'r Goron yn gyfnewid am bensiwn.

**BILIARDS A SNWCER**

Mae'n debyg fod biliards wedi datblygu o gêm a chwaraeid ar lawnt, un debyg i *croquet*, a dod yn gêm ben bwrdd rywbryd yn ystod y 15g. Ychydig o dystiolaeth sydd i ddatblygiad cynnar y gêm yng Nghymru, ond cyrhaeddodd Horace Coles a Tom Jones ill dau gêm derfynol pencampwriaeth amatur y byd, y naill yn niwedd y 1920au a'r llall yn nechrau'r 1930au. O'r 1950au hyd at y 1970au roedd Roy Oriel o **Aberpennar** yn chwaraewr o fri; yn ddiweddarach daeth Clive Everton yn enw mwyaf cyfarwydd y tîm cenedlaethol a daeth yn adnabyddus hefyd fel sylwebydd snwcer.

Roedd dyfodiad y teledu lliw yn y 1970au yn ffactor allweddol yn nhwf poblogrwydd snwcer. Daeth y gŵr o **Dredegar**, Ray Reardon, yn enwog wrth iddo ennill pencampwriaeth snwcer y byd chwe gwaith rhwng 1970 ac 1978. Pan ymddangosodd y rhestr ddetholion gyntaf yn 1976, Reardon oedd y prif ddetholyn. Ymhlith cyfoeswyr Reardon yr oedd chwaraewyr fel Gary Owen o'r Tymbl (**Llan-non**),

Biliards a snwcer: Mark Williams

pencampwr amatur y byd yn 1963 ac 1966, a Cliff Wilson, hefyd o Dredegar, pencampwr amatur y byd yn 1978.

Ymddangosodd un arall o bencampwyr snwcer amatur y byd, Terry Griffiths o **Lanelli**, ymysg y chwaraewyr proffesiynol yn 1979, gan ennill pencampwriaeth snwcer y byd ar ei gynnig cyntaf a dod yn arwr cenedlaethol. Ers iddo ymddeol o chwarae snwcer yn niwedd y 1990au bu gan Terry Griffiths ddylanwad aruthrol ar hyfforddi a threfnu'r gêm ar bob lefel.

Yn yr un cyfnod gwnaeth Doug Mountjoy o Dir-y-berth (**Glynebwy**) argraff fawr, gan gyrraedd rownd derfynol pencampwriaeth snwcer y byd yn 1981. Ers hynny ymddangosodd sawl chwaraewr gwych arall o Gymru, gan gynnwys Mark Williams o bentref **Cwm** (ger Glynebwy), pencampwr y byd yn 2000 a 2003, a Matthew Stevens o **Gaerfyrddin**, a ddaeth yn ail i Mark Williams yn 2000 ac yn fuddugol ym mhencampwriaeth snwcer **Prydain** yn 2003.

Gyda dyfarnwyr o safon John Williams ac Eirian Williams yn sicrhau bod awyrgylch Gymreig i nifer o'r prif gystadlaethau, a chwaraewyr ifainc fel Darren John o **Gwm Ogwr** a Jamie Jones a Michael White o **Gastell-nedd** yn dal i ymddangos, mae dyfodol llewyrchus i'r gêm boblogaidd hon yng Nghymru.

## 'BILLY PLAYFAIR'

Yn y fasnach **glo** ager, câi glowyr eu talu yn ôl pwysau'r clapiau mawr o lo a gynhyrchid. Yn wreiddiol, swyddog yn y lofa a fyddai'n amcangyfrif cyfanswm y glo mân a dynnid o bob dram y byddai glöwr yn ei lenwi, cyfundrefn a arweiniodd at anghydfodau ynghylch taliadau. Tua chanol y 19g. cyflwynwyd peiriant, sef y 'Billy Playfair', a allai ddangos yn gywir faint o arian a oedd yn ddyledus ac ymhen amser fe'i defnyddid ym mhobman. Drwy gyfrwng set o fariau gallai'r peiriant ddidoli'r clapiau mawr oddi wrth y glo mân, gan gynnig mesur mwy gwrthrychol. Nid oedd croeso i'r peiriant gan y glowyr ym mhob achos; amheuid cywirdeb y glorian a haerid fod gormod o fwlch rhwng y bariau.

**BIWMARES**, Ynys Môn (856ha; 2,040 o drigolion)
Biwmares, ar ben gogledd-ddwyreiniol afon **Menai**, oedd tref sirol **Môn** hyd 1889 a'i thref frawdlys hyd 1971. Sefydlwyd y fwrdeistref gan Edward I yn 1296 i gyd-fynd â'r castell a godwyd wedi'r **gwrthryfel Cymreig** yn 1294–5. Enwyd y castell a'r dref yn Beau Marais ('cors hardd'). Er ei fod yn anorffenedig, efallai mai Castell Biwmares yw'r enghraifft fwyaf soffistigedig o **bensaernïaeth** filwrol ym **Mhrydain**. Er nad yw'n tra-arglwyddiaethu dros yr ardal o'i gwmpas fel ag y gwna cestyll **Caernarfon**, **Conwy** a **Harlech**, mae ei gymesuredd consentrig ysblennydd yn ei wneud yn adeilad tra nodedig. Biwmares yw'r unig un o gestyll Edward I yng Nghymru sydd â dyfrffos wedi'i chysylltu â glanfa, a oedd yn galluogi **llongau** i ddadlwytho yn syth i mewn i'r castell. Ar adegau cafodd y castell, a gipiwyd yn ystod **Gwrthryfel Glyndŵr**, ei ddefnyddio fel carchar; ymhlith y rhai a garcharwyd yno ar wahanol adegau yr oedd carcharorion rhyfel o'r **Alban**, rhai o'r **Lolardiaid** ac Eleanor Cobham, duges Gloucester, a gafodd ei charcharu am geisio defnyddio dewiniaeth i ladd Harri VI.

Mae **cymuned** Biwmares yn cynnwys Llan-faes a oedd, dan dywysogion Cymru, yn brif ganolfan fasnachol

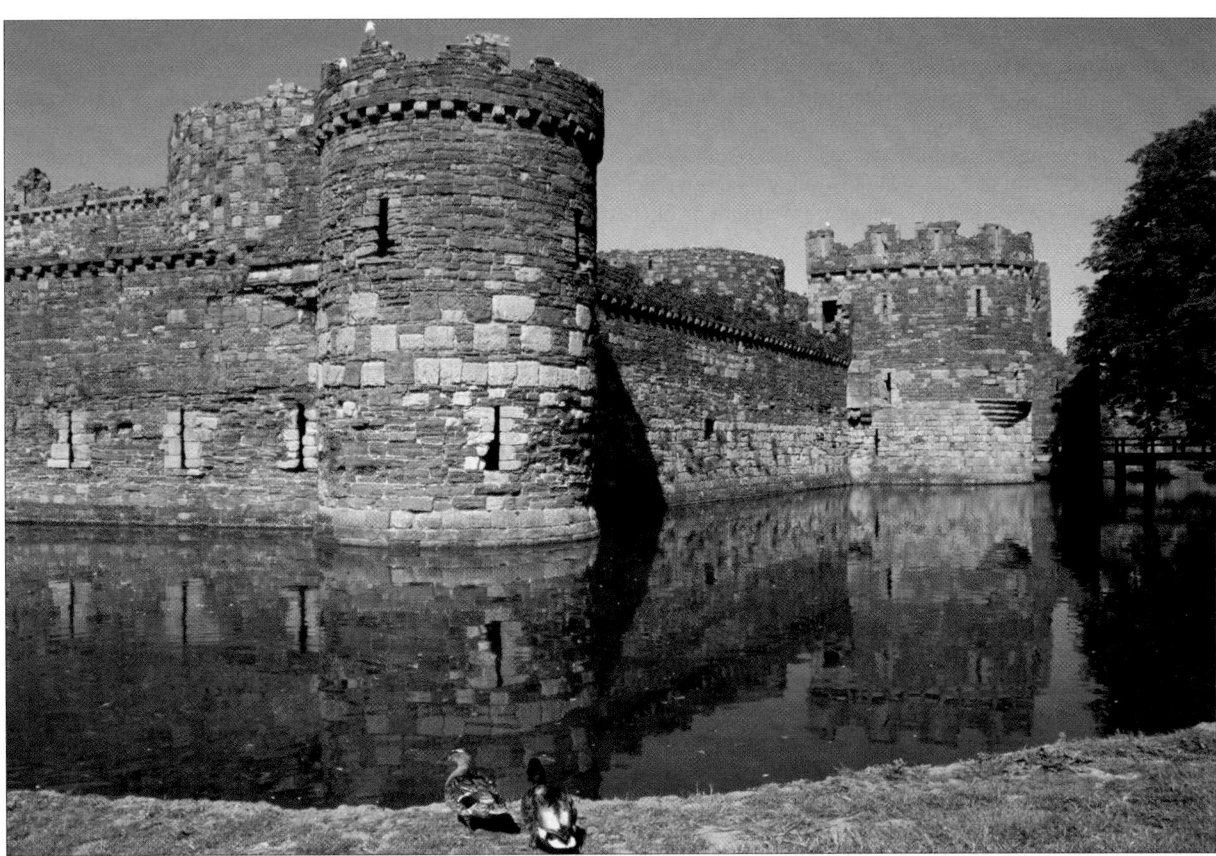

Castell Biwmares

**Gwynedd**. Sefydlwyd brodordy Ffransisgaidd yn Llan-faes yn 1237; roedd yn cynnwys bedd **Siwan** (m.1237), gwraig **Llywelyn ap Iorwerth** (gw. hefyd **Brodyr Cardod**). Wedi i wrthryfel 1294–5 gael ei drechu, gorfodwyd trigolion Llan-faes i symud i Niwbwrch (**Rhosyr**) a meddiannodd Biwmares, y dref newydd, farchnadoedd, ffeiriau a fferi Llan-faes ar draws y Fenai. Goroesodd y brodordy, ond wedi i'r brodyr gefnogi **Owain Glyndŵr** mynnodd Harri IV mai dim ond **Saeson** a gâi fyw yno. Nid oes olion o'r brodordy i'w gweld ar wyneb y tir. Comisiynodd cymwynaswr lleol, David Hughes, gasgliad o elusendai deniadol yn Llan-faes (1613).

Biwmares oedd prif borthladd **tywysogaeth** ganoloesol gogledd Cymru ond, yn wahanol i Gaernarfon a Chonwy, ni chodwyd mur ar ei gyfer yn wreiddiol, er i un gael ei godi yn dilyn Gwrthryfel Glyndŵr; ychydig o'r mur hwnnw sydd wedi goroesi. Yng nghanol y 15g. ymgartrefodd William Bulkeley (gw. **Bulkeley, Teulu**) o Cheadle, **Swydd Gaer**, yn y dref, gan sefydlu'r teulu a fyddai'n tra-arglwyddiaethu dros y dref a'r sir am y pedair canrif nesaf yn eu hanes. Cafodd Henblas, y tŷ a gododd gerllaw'r eglwys, ei ddymchwel yn 1869. Yn 1618 symudodd y teulu i dŷ newydd, Baron Hill, a ailadeiladwyd gan Samuel Wyatt *c*.1800. Roedd Baron Hill yn eiddo i deulu Bulkeley hyd yr **Ail Ryfel Byd** ond wedi hynny dadfeiliodd y tŷ. Saif cofeb i'r teulu ar gopa Twtil, bryncyn i'r gogledd o'r dref.

Roedd Biwmares yn ffynnu trwy gydol yr 16g. a'r 17g. Yn 1603 sefydlodd David Hughes ysgol ramadeg a arhosodd yn y dref hyd 1962, pan sefydlwyd Ysgol David Hughes ym **Mhorthaethwy**. Yn ystod y **Rhyfeloedd Cartref**, roedd i Gastell Biwmares swyddogaeth bwysig yn y gwaith o gludo cefnogwyr y Brenhinwyr o **Iwerddon**. Digwyddodd brwydr olaf y rhyfel ar Allt Goch, i'r gorllewin o'r dref, ar 2 Hydref 1648.

Prysurodd datblygiad Caer ac yna **Lerpwl** ddirywiad porthladd Biwmares. Daeth pwysigrwydd y fordaith fer i Fiwmares a Môn ar draws Traeth Lafan – ffactor pwysig o ran ffyniant y dref – i ben yn dilyn agor pont grog **Telford** (1826). Nid oedd y rheilffordd i **Gaergybi**, a gwblhawyd yn 1849, yn teithio trwy Fiwmares ychwaith. Er mwyn gwneud iawn am hyn, ceisiodd cyngor y dref hybu twf Biwmares fel cyrchfan gwyliau glan môr, datblygiad a hybwyd gan ymweliad y dywysoges ifanc Victoria yn 1832. Yn wahanol i Gaernarfon, a lwyr feddiannwyd gan Gymry Cymraeg, ni lwyddodd Biwmares i gefnu ar ei thras Seisnig. Bwriad Victoria Terrace a godwyd ar gwr y Grin – rhes o dai a gynlluniwyd gan Joseph Hansom, y cysylltir ei enw â chabiau – oedd denu ymwelwyr cefnog. Yn ystod yr 20g. ymelwodd y dref ar boblogrwydd cynyddol **hwylio** ar afon Menai.

Yn Eglwys y Santes Fair (14g.) ceir clawr cerfiedig cain arch Siwan, a ddaeth o Lan-faes, yn ogystal â chofebau teulu Bulkeley. Erbyn hyn, atyniad i dwristiaid a chanolfan addysg yw'r Hen Lys (1614). Mae'r hen garchar (1829; gw. **Carchardai**) yn cynnwys amgueddfa ddiddorol.

**BLACKWELL, John (Alun; 1797–1840)** Bardd

Brodor o Bonterwyl ger yr **Wyddgrug** oedd John Blackwell. Wedi ei brentisio'n grydd, dechreuodd ysgrifennu cerddi a thraethodau, gan ddod i sylw **boneddigion** ac offeiriaid lleol a benderfynodd dalu am **addysg** iddo. Yn y man aeth i Goleg Iesu, **Rhydychen**, cyn cael ei ordeinio'n gurad **Treffynnon** yn 1829 ac yna, yn 1833, yn rheithor **Maenordeifi**. Enillodd Alun wobrau eisteddfodol am gerddi yn y mesurau caeth ond fe'i hadwaenir yn bennaf fel awdur rhai telynegion o naws gynramantaidd fel 'Cathl i'r Eos', 'Cân Gwraig y Pysgotwr' ac 'Abaty Tintern'. Cyhoeddwyd casgliad o'i weithiau ar ôl ei farw, *Ceinion Alun* (1851).

**BLAENAFON**, Torfaen (1,773ha; 5,763 o drigolion)
Lleolir **cymuned** Blaenafon yn agos i flaen dyffryn afon Lwyd ar gyrion gogledd-ddwyreiniol maes **glo**'r de. O'r 1570au ymlaen defnyddiwyd mwyn **haearn** pur hygyrch Blaenafon i gynhyrchu weiar yn **Nhyndyrn** a haearn ym **Mhont-y-pŵl**. Yn 1788 mentrodd gwŷr busnes o Swydd Stafford, dan arweiniad Thomas Hill, gymryd 2,860ha o dir cyfoethog mewn mwyn haearn ar brydles gan iarll Abergavenny (gw. **Nevill, Teulu**) a sefydlu gwaith haearn – y tro cyntaf yn y byd, o bosibl, i waith haearn a ddefnyddiai olosg gynnwys nifer sylweddol o ffwrneisi. Erbyn y 1810au y gweithfeydd hyn, yn ôl pob sôn, oedd y mwyaf cynhyrchiol yng Nghymru, os nad yn y byd. Yn 1861 sefydlwyd gwaith haearn newydd 1km oddi yno yn Forgeside, lle mae gwaith metel yn parhau hyd heddiw. Yno, yn 1879, y darganfu **Sidney Gilchrist Thomas** a'i gefnder, Percy Carlyle Gilchrist, sut i gynhyrchu dur gan ddefnyddio mwynau a oedd yn cynnwys ffosfforws, darganfyddiad a arweiniodd at chwyldro bydeang yn y dull o gynhyrchu dur (gw. **Haearn a Dur**). Yn sgil y datblygiadau yn Forgeside cefnwyd ar y gweithfeydd gwreiddiol.

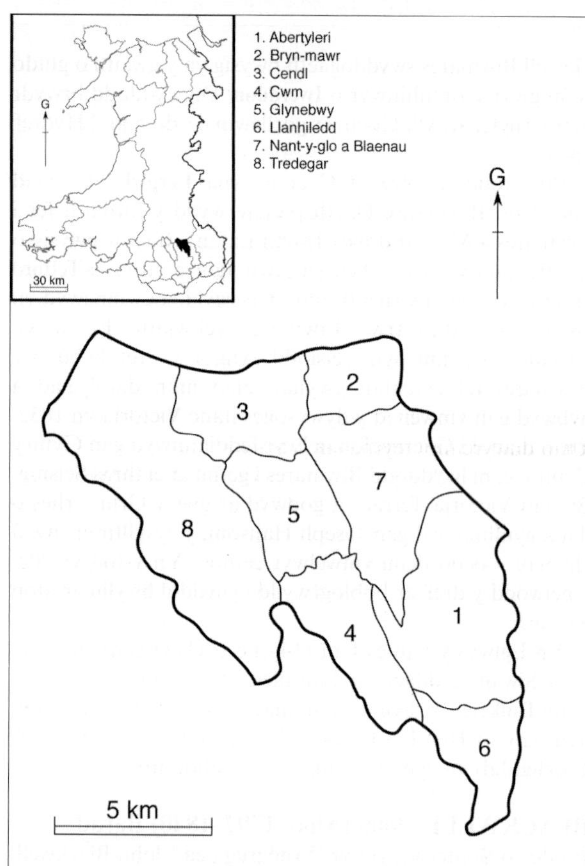


Cymunedau Bwrdeistref Sirol Blaenau Gwent

Dyma'r olion mwyaf cyflawn yn y byd o waith haearn o ddiwedd y 18g., ac maent yn cynnwys ffwrneisi chwyth, tai castio, odynau calchynnu, tŵr cydbwyso dŵr sy'n enghraifft odidog o'i fath ac, yn Sgwâr Stack, enghreifftiau prin o dai diwydiannol o'r 18g. Y twnnel ar gyfer y ffordd dramiau (*c.*1815) yn arwain i Garnddyrys (gw. **Llan-ffwyst Fawr**) oedd yr adeiladwaith hiraf o'r fath yn y byd ar y pryd. Mae'r Pwll Mawr, a suddwyd yn y 1860au ac a oedd yn weithredol hyd 1973, wedi goroesi yn ei gyfanrwydd. Fe'i hagorwyd fel amgueddfa lofaol yn 1983; mae'n rhan o **Amgueddfa [Genedlaethol] Cymru** er 2005. Y flwyddyn honno enillodd wobr Gulbenkian ar gyfer Amgueddfa'r Flwyddyn – gwobr o £100,000, sef gwobr gelfyddydol fwyaf sylweddol **Prydain**.

Datblygodd tref Blaenafon ar gyrion tiroedd y cwmni haearn. Mae llawer o'i nodweddion gwreiddiol wedi'u cadw ac fe'i hystyrir fel yr enghraifft orau yng Nghymru o dref cynhyrchu haearn o ganol oes Victoria. Mae bedyddfaen haearn unigryw yn Eglwys Sant Pedr (1805) a saif yr ysgol ddiwydiannol gyntaf yng Nghymru (1816) gerllaw. Mae adeilad enfawr Sefydliad y Gweithwyr (1894) bellach yn gartref i swyddfeydd y cyngor. Dyfarnwyd statws Treftadaeth y Byd i Flaenafon yn Nhachwedd 2000 ar y sail fod ei thirwedd yn cynnig 'darlun diriaethol tra nodedig o drefn gymdeithasol ac economaidd diwydiant y 19g'. (Ar wahân i Flaenafon, yr unig safleoedd eraill yng Nghymru i gael eu dynodi'n safleoedd Treftadaeth y Byd yw cestyll y gogleddorllewin, er bod ymgyrch ar droed i sicrhau'r statws i Froncysylltau (gw. **Llangollen Wledig**).) Roedd cynlluniau ar droed yn gynnar yn yr 21g. i droi Blaenafon yn 'dref lyfrau' debyg i'r **Gelli**.

**BLAENAU GWENT** Cyn-ddosbarth, etholaeth a bwrdeistref sirol (10,863ha; 70,064 o drigolion)
Yn ôl William Coxe, a ymwelodd â'r ardal yn 1801, Blaenau Gwent oedd 'the extremity of Gwentland . . . seldom traversed by the gentry except for the purpose of grouse-shooting'. Eto i gyd, erbyn 1801 roedd gweithfeydd **haearn** mawr yn rhannau uchaf cymoedd **Ebwy** a Sirhywi, ac roedd cynhyrchu haearn a **glo** yn prysur sicrhau lle blaenllaw i'r ardal yn y **Chwyldro Diwydiannol**. Erbyn diwedd yr 20g. roedd y diwydiannau trymion wedi darfod, gan beri llawer o dlodi. Yn sgil cau'r gweithfeydd hyn, bu dirywiad hefyd yn y **Gymraeg**, a gâi ei siarad yn helaeth ddechrau'r 19g. – roedd angen cyfieithydd ar Coxe – er bod polisïau **addysg** wedi peri peth cynnydd ymhlith y grwpiau iau yn ystod y blynyddoedd diwethaf. Yn 2001 roedd 13.31% o'r trigolion â rhywfaint o afael ar y Gymraeg, gyda'r canrannau yn amrywio o 14.8% ym **Mryn-mawr** i 11.79% yng **Nglynebwy**; roedd 6.56% o drigolion y fwrdeistref sirol yn gwbl rugl yn yr iaith.

Yn dilyn diddymu **Sir Fynwy** a **Sir Frycheiniog** yn 1974, crëwyd Blaenau Gwent yn ddosbarth oddi mewn i sir newydd **Gwent**. Roedd yn cynnwys yr hyn a fu gynt yn ddosbarthau trefol **Abertyleri**, Glynebwy, **Nant-y-glo a Blaenau**, a **Thredegar**, yn Sir Fynwy, a dosbarth trefol Bryn-mawr a chymuned **Llanelli** yn Sir Frycheiniog. Yn 1996 daeth y dosbarth (ac eithrio Llanelli) yn fwrdeistref sirol Blaenau Gwent; mae'n cynnwys y cyfan o ogledd-orllewin yr hen Sir Fynwy ar wahân i hen ddosbarth trefol **Rhymni**. Yn 2001 y fwrdeistref sirol hon oedd â'r gyfran uchaf o Gymry brodorol (92.1%). I bob pwrpas, hen etholaethau Glynebwy ac Abertyleri yw etholaeth Blaenau Gwent.

Cronfa ddŵr Nant-y-moch, Blaenrheidol

**BLAENDULAIS (Seven Sisters)**, Castell-nedd Port Talbot (1,165ha; 2,032 o drigolion)
Mae enw Cymraeg y **gymuned** hon yn cyfeirio at ei lleoliad ym mhen uchaf Cwm Dulais. Mae'r enw Saesneg yn coffáu menter David Bevan a enwodd y pwll **glo**, a suddwyd ganddo yn 1875, ar ôl ei saith merch. Casgliad o waith metel Celtaidd a Rhufeinig o'r ganrif gyntaf OC yw Celc Blaendulais, a ddarganfuwyd yn Nant-y-cafn-isaf yn 1902. Mae'r gymuned yn cynnwys tramffordd a adeiladwyd yn 1834; dyma enghraifft brin o lein sydd hanner ffordd rhwng y dramffordd a ddefnyddiai **geffylau** i dynnu wagenni, a'r rheilffordd y rhedai locomotifau ar hyd ei chledrau.

**BLAEN-GWRACH**, Castell-nedd Port Talbot (1,466ha; 1,148 o drigolion)
Yn y **gymuned** hon ar lan ddwyreiniol afon **Nedd**, i'r gogledd-ddwyrain o **Resolfen**, ceir olion cangen o Gamlas Nedd (gw. **Camlesi**), a adeiladwyd yn 1817 i gludo **glo** o lofeydd Blaen-gwrach. Defnyddiai gwaith **haearn** Penallt, a oedd ar agor rhwng 1839 ac 1854, ddull arloesol o fwyndoddi haearn gan ddefnyddio glo carreg. Sefydlwyd achos Anghydffurfiol ym Mlaen-gwrach yn 1662, a throdd yn achos Undodaidd yn 1772; daeth i ben yn 1878.

**BLAENHONDDAN**, Castell-nedd Port Talbot (2,129ha; 11,114 o drigolion)
Mae rhan ddeheuol y **gymuned** hon, rhwng Bryn-coch a Thregatwg, wedi'i lleoli ar lan ogledd-orllewinol afon **Nedd** ac yn un o faestrefi **Castell-nedd** yn ei hanfod. Mae'n cynnwys olion prin Nidum, caer atodol Rufeinig a ddefnyddiwyd o'r 70au OC hyd *c.*150. Mae tŵr Eglwys Sant Catwg yn dyddio o'r 13g. Darparai Rhaeadr Aberdulais, y gwnaeth **Turner** ac eraill beintiadau ohoni, bŵer dŵr ar gyfer mentrau diwydiannol o bwys; mae'r rhaeadr a'r olion diwydiannol yn eiddo i'r **Ymddiriedolaeth Genedlaethol**. Sefydlodd Ulrich Frosse waith **copr** ger y rhaeadr yn 1584 ac, yn ddiweddarach, gwelwyd sefydlu melin ŷd, gwaith **haearn** ac, o 1830, waith **tunplat**. Gerllaw mae Gwesty Dulais Rock (1659), y gwnaed gwaith adnewyddu mawr arno yn 2004. Cafodd plastai hardd Cadoxton Lodge ac Ynysgerwyn, a godwyd ar ddechrau'r 18g., eu dymchwel. George Tennant o Cadoxton Lodge a adeiladodd Gamlas Tennant (1824), sy'n nodedig am ei thraphont ddŵr a basn adferedig Aberdulais. Ymhlith aelodau o deulu Tennant yr oedd Dorothy, gwraig **H. M. Stanley**, a'i chwaer yng nghyfraith Winifred, sef Mam o Nedd, Rhyddfrydwraig weithgar a chefnogwraig frwd yr **Orsedd** (gw. **Winifred Coombe Tennant**).

**BLAENLLYNFI** Cantref ac arglwyddiaeth
Rhan ddwyreiniol teyrnas **Brycheiniog** oedd y **cantref** hwn, a elwid weithiau yn gantref **Talgarth**. Roedd yn cynnwys tri **chwmwd**, sef Crucywel, Talgarth ac **Ystrad Yw** (Tretŵr). Tua diwedd yr 11g. daeth yn rhan o arglwyddiaeth **Brycheiniog** ond yn 1211, yn ystod ei ymrafael â theulu de Breos (gw. **Breos, Teulu**), rhoddodd y Brenin John Flaenllynfi i Peter Fitz Herbert, mab wyres ieuengaf **Bernard de Neufmarché**. Yn ddiweddarach daeth yn eiddo i deulu **Mortimer**, ac yna i'r Goron. Canolbwynt yr arglwyddiaeth oedd Castell Blaenllynfi (gw. **Llanfihangel Cwm-du**) ac roedd yn cynnwys is-arglwyddiaethau Tretŵr a Chrucywel.

**BLAENRHEIDOL**, Ceredigion (8,948ha; 493 o drigolion)
Lleolir **cymuned** Blaenrheidol yng ngogledd-ddwyrain eithaf **Ceredigion** ac mae'n cynnwys copa **Pumlumon** (752m) a **chronfeydd dŵr** Nant-y-moch a Dinas. Ceir ym Mhonterwyd,

man geni'r ysgolhaig Celtaidd **John Rhŷs**, bont braf dros afon Rheidol sy'n dyddio o'r 18g. Cafodd Gwesty **George Borrow** ei enw newydd yn dilyn arhosiad Borrow yno yn 1854. Saif Eglwys Sant Ioan (1827), Ysbyty Cynfyn, sy'n sefyll o fewn cylch cerrig cynhanesyddol, uwchlaw Pont y Person, pont drawiadol ar draws ceunant afon **Rheidol**. Yn Amgueddfa Llywernog cofnodir hanes cloddio am **blwm ac arian**. Gadawyd Ystumtuen, a oedd unwaith yn bentref ffyniannus i'r gweithwyr plwm, yn gasgliad o furddunod, ond fe'i hailfeddiannwyd wedi hynny gan fewnfudwyr. Codwyd ei gapel Wesleaidd (1822, 1871) yn addoldy ar gyfer 430 o bobl.

### BLAWTA A BLONEGA

Yr arfer o gasglu blawd a braster neu floneg o ddrws i ddrws ar Ddydd Mawrth Ynyd i wneud crempogau. Roedd yn arferol canu pennill, ac mewn rhai ardaloedd gofynnid am grempogau yn hytrach na'r cynhwysion.

### BLEDDYN AP CYNFYN (m.1075) Brenin Gwynedd a Phowys

Daeth Bleddyn yn frenin **Gwynedd** a **Phowys** wedi marwolaeth ei hanner brawd **Gruffudd ap Llywelyn** yn 1063, ac ildiodd i Harold Godwinesson a oedd yn gyfrifol am yr ymgyrch a arweiniodd at ladd Gruffudd. Cefnogodd Bleddyn wrthsafiad **Mersia** yn erbyn y **Normaniaid** a gwrthsafodd y cyrchoedd Normanaidd cyntaf i ogledd Cymru. Fe'i lladdwyd yn 1075 gan wŷr Rhys ab Owain o **Ddeheubarth** yn ystod ymgyrch yn **Ystrad Tywi**. Cofir amdano fel brenin hael, teg a medrus, a honnir iddo ddiwygio **cyfraith** Cymru. Roedd ei epil yn cynrychioli un o saith llwyth brenhinol Cymru. Roedd holl frenhinoedd Powys a'i holynodd yn ddisgynyddion iddo.

### BLEDDYN FARDD (*fl.*1240–90) Bardd

Bleddyn Fardd oedd yr olaf o brifeirdd tywysogion **Gwynedd** (gw. **Beirdd y Tywysogion**). Fe'i hyfforddwyd, yn ôl pob tebyg, gan **Ddafydd Benfras**, ei ragflaenydd yng ngwasanaeth **Llywelyn ap Gruffudd** (m.1282). Cynnyrch ail hanner ei yrfa yn unig sydd ar glawr a phob un ond dwy o'r cerddi yn farwnadau byrion. Nodweddir ei gyfres o farwnadau i Lywelyn ap Gruffudd a'i frawd **Dafydd ap Gruffudd** gan ganu cynnil ond anghyffredin o bersonol, gyda'r angerdd yn dwysáu o gerdd i gerdd wrth i ing y bardd gynyddu.

### BLEGYWRYD (*fl.*930–50) Archddiacon Llandaf

Yn ôl traddodiad, dyma ysgrifennydd y comisiwn a sefydlwyd gan **Hywel Dda** i gyfundrefnu'r **gyfraith** frodorol. Arferid ystyried y llyfr cyfraith a elwir **Llyfr Blegywryd** (13g.) yn gofnod o'r gyfraith a weinyddid yn ne-orllewin Cymru, ond erbyn hyn fe'i hystyrir yn gam yn y canol rhwng ffurf gyntefig Llyfr Cyfnerth (gw. **Cyfnerth ap Morgenau**) ar y cyfreithiau a'r ffurf fwy datblygedig a geir yn Llyfr Iorwerth (gw. **Iorwerth ap Madog**).

### BLEIDDIAID

Mae olion a ddarganfuwyd yn ogof Bont Newydd yn Nyffryn Elwy (**Cefn Meiriadog**) yn profi bod y blaidd yn bresennol yng Nghymru yn ystod cyfnod rhyngrewlifol 225,000 o flynyddoedd yn ôl. Ef yw prif hynafiad y ci dof, ac fe ailymddangosodd yn yr Oes Neolithig (gw. **Oesau Cynhanesyddol**) ar ôl enciliad olaf yr iâ. Parhaodd yn anifail tra hysbys os nad lluosog trwy gydol y cyfnod hanesyddol, fel y tystir gan y **gyfraith** Gymreig, gan **enwau lleoedd** gyda'r elfen *blaidd* ynddynt a chan storïau megis 'Culhwch ac Olwen' yn y **Mabinogion**. Yn 1136 nododd Florence o Gaerwrangon fel y bu i fleiddiaid wledda ar gyrff marchogion Normanaidd a laddwyd yng **Ngŵyr**, ac yn y 15g., mewn englynion chwareus o ddychanol, haerodd Ieuan ap Tudur Penllyn (*fl.*1465–1500) i flaidd fyned ymaith â cheilliau ei dad.

Ceir traddodiad mai yng Nghregrina (gw. **Glasgwm**) y lladdwyd y blaidd olaf yng Nghymru. Fodd bynnag, oherwydd natur anghysbell llawer o dir Cymru, dichon i'r blaidd oroesi yno am beth amser ar ôl ei ddiflaniad yn **Lloegr** ar ddechrau'r 17g.

### BLODEUWEDD

Ym mhedwaredd gainc y Mabinogi, wedi i Arianrhod roi tynged ar ei mab, **Lleu Llawgyffes**, na chaiff byth wraig o blith merched dynion, â'r ddau ddewin **Gwydion** a **Math fab Mathonwy** ati i greu gwraig iddo drwy hud a lledrith (gw. **Mabinogion**). Fe'i gwneir o flodau yr erwain, y deri a'r banadl, a'i henwi'n Blodeuwedd. Ond tyf carwriaeth rhwng Blodeuwedd a Gronw Pebr, a chynllwynia'r ddau farwolaeth Lleu. Yng nghysgod Bryn Cyfergyr ar lan afon Cynfael yn **Ardudwy**, trywenir Lleu gan Gronw â gwaywffon hud, ond gan fethu â'i ladd. Fe'i hadferir drwy ofal Gwydion. Dienyddir Gronw, a chosbi Blodeuwedd drwy ei throi'n dylluan.

### *BLUE SCAR* (1949) Ffilm

Y sosialydd ymroddedig Jill Craigie a gyfarwyddodd y ffilm hon sy'n portreadu pentref glofaol (Abergwynfi, **Glyncorrwg**) wrth i'r trigolion aros i weld gwireddu eu breuddwyd o wladoli'r pyllau **glo** – a sylweddoli nad yw'r freuddwyd yn fêl i gyd. Mae'r ffilm yn canolbwyntio ar löwr (Emrys Jones) sydd am wella'i stad, ynghyd â'i gariad a'i theulu hithau. Ceir archwiliad craff o'r tensiynau oddi mewn i'r prif deulu hwn, gyda phortread da gan **Prysor Williams** o'r penteulu dygn sydd wedi gorfod ildio i'r drefn a **Kenneth Griffith** yn wych o sardonig fel y penboethyn cadairfreichiau asgell chwith. Difethir y ffilm i raddau gan isblot rhamantus nad yw'n argyhoeddi a dychanu di-sbarc ar y byd coeg-artistig yn **Llundain**.

### BOCSIO

Mae'r ysfa mewn dyn i ymladd cyn hyned â dyn ei hun, ac nid yw'r profiad Cymreig yn eithriad. Er mai â chymunedau diwydiannol maes **glo**'r de y cysylltir bocsio, roedd yn ddifyrrwch digon cyffredin yn y Gymru gyn-ddiwydiannol hefyd, ac fe'i noddid bryd hynny, fel mewn cyfnod diweddarach, gan y **boneddigion**. Yn y 18g. daeth dan ddylanwad masnachol, wrth i hyrwyddwyr bonheddig a thafarnwyr drefnu gornestau a ddenai gefnogaeth eang, diota cyson a betio trwm. Taniwyd uchelgais sawl bocsiwr o Gymro gan ymweliad enwog Daniel Mendoza ag **Abertawe** yn y 1790au, a'r gornestau arddangos a lwyfannwyd gan Tom Cribb a Tom Spring yn 1819.

Yn nhrefi a phentrefi diwydiannol Blaenau **Morgannwg** byddai bocsio â'r dyrnau noeth yn denu torfeydd mawrion a mentro arian. Dathlwyd dyfodiad Rheilffordd Cwm Taf (y TVR) ym **Merthyr Tudful** yn 1840 â gornest rhwng dau o'r cewri, 'Shoni Sgubor-fawr' (John Jones) – ymerawdwr 'China', yr ardal fawr ei hanfri honno ym Merthyr – a fu'n ddiweddarach yn un o ymgyrchwyr Terfysgoedd Rebeca (gw. **Rebeca,**

**Terfysgoedd**), a John Nash, pencampwr Cyfarthfa. Cymro o'r enw **J. G. Chambers** a luniodd Reolau Queensberry (1867), fel rhan o broject gwareiddio Fictoraidd i reoli a chyfundrefnu bocsio, a hynny o dan nawdd ardalydd Queensberry; aeth sawl degawd heibio, fodd bynnag, cyn i'r ysfa i ymladd yn gorfforol wyneb yn wyneb ildio'n llwyr i reolau rhyngwladol. Hyd ddechrau'r 20g. roedd gan bob pentref ym maes glo'r de ei fan ymladd ei hun ar lethrau'r mynydd uwchlaw, lle cynhelid gornestau yn y bore bach ymhell o olwg yr awdurdodau ac o flaen torfeydd awchus. Graddolwyd gornestau bocsio yn ôl pwysau'r ymladdwyr, a daeth pencampwriaethau bocsio yn fodd i'r cymunedau dosbarth gweithiol hyn godi arwyr lleol a mynegi eu hunaniaeth. Gwelwyd hyn yn glir yn y cymoedd i'r gogledd o **Bontypridd**, a gynhyrchodd fwy o bencampwyr yn nhraean cyntaf yr 20g. nag unrhyw ardal arall o gyffelyb faint trwy'r byd: roedd Tom Thomas (Pen-y-graig), Percy Jones (y Porth), **Jimmy Wilde** (Tylorstown) – y tri o'r **Rhondda** – a **Freddie Welsh** a'r brodyr Moody o Bontypridd, yn ymladd yn y dull Cymreig, sef gan sefyll yn unionsyth a defnyddio'r ddau ddwrn mewn hyrddiau sydyn o ymosod. Cododd pob un ohonynt trwy'r pyllau glo, bythau ffair 'Black Jack' Scarrott a hyfforddiant athrawon bocsio fel Frank Gess a Harry Cullis, yn bencampwyr Cymru, **Prydain**, Ewrop a hyd yn oed y byd. Ond nid y pwll glo oedd yr unig ffynhonnell; arwr **Caerdydd** a chymuned Wyddelig y ddinas yn arbennig oedd **Jim Driscoll**, 'Peerless Jim' fel y'i galwyd. Roedd bocsio mor ganolog i ddiwylliant y fro ag yr oedd **rygbi** a **phêl-droed**. Fel hwythau, denai'r gamp oherwydd ei chyffro anrhagweladwy, ond at hynny roedd ynddi elfen o berygl, a byddai dilynwyr y dosbarth gweithiol yn gwerthfawrogi'n arbennig y dewrder amrwd, yr herfeiddiwch a'r ystumiau eofn.

Yn union fel y cynhyrchodd maes glo ffyniannus ddyrnaid o bencampwyr hyd at ddechrau'r 1920au, y gwrthwyneb fu effaith y blynyddoedd o wasgfa a'r **Dirwasgiad** a ddilynodd. Parhaodd y traddodiad, er hynny, mor fyw ag erioed, ac fe'i cynhaliwyd yn y 1930au gan ddau o arwyr y pwysau trwm, **Jack Petersen** o Gaerdydd a **Tommy Farr** o Donypandy. Trwy ymladd pob un o'r 15 rownd â Joe Louis yn Efrog Newydd yn 1937 daeth Farr yn symbol o frwydr ei gymuned, yn ddiildio er cernod a chlais, yn arwrol er cael ei orchfygu.

Yn y cyfnod wedi 1945 ymladdodd Ronnie James (**Pontardawe**), Dai Dower (**Abercynon**), Brian Curvis (Abertawe) a Colin Jones (**Gorseinon**) i gyd yn deilwng ond yn aflwyddiannus am deitlau byd. Yn 2006 daeth gobaith fod oes aur arall yn gwawrio wrth i Joe Calzaghe (pwysau uwchganol), y bocsiwr llawchwith athrylithgar o **Drecelyn**, ac Enzo Maccarinelli (pwysau godrwm) o Abertawe ddod yn bencampwyr byd diamheuol gan gipio teitlau unedig. Er na fyddai amgylchiadau materol gwell yn magu ymladdwyr mor awchus, daliodd bocsio i ddenu, yn enwedig yn yr hen ardaloedd diwydiannol hynny lle'r oedd llai o gyfle economaidd. Ddiwedd yr 20g. roedd mwy o focswyr trwyddedig y pen yn **Sir Forgannwg** o hyd nag yn unrhyw ran arall o Brydain. Merthyr Tudful, tref ddiwydiannol gyntaf Cymru, sy'n hawlio traddodiad bocsio cyfoethocaf y wlad, traddodiad a ddethlir mewn rhyddiaith, barddoniaeth a cherfluniaith, ac a bersonolir yng ngyrfaoedd **Eddie Thomas**, **Howard Winstone**, pencampwr pwysau plu y byd, a **Johnny Owen**, y daeth ei yrfa lachar i ben mewn dull mor drasig.

Joe Calzaghe

**BODDINGTON, Lewis (1907–94)** Peiriannydd awyrennau

Roedd Boddington, a hanai o'r Brithdir (**Cwm Darran**) ac a addysgwyd yng **Nghaerdydd**, yn bennaeth adran awyrennau'r Llynges yn Farnborough. Fe'i cofir ef am iddo ddatblygu'r dec hedfan onglog ar longau awyrennau, y cam pwysicaf yng nghynllun llongau awyrennau oddi ar yr **Ail Ryfel Byd**. Llynges yr Unol Daleithiau oedd y gyntaf i ddefnyddio'r dec hedfan onglog, ac yna llynges **Prydain**. Roedd a wnelo Boddington â sawl datblygiad arall ar longau awyrennau, gan gynnwys y catapwlt stêm a'r drychanelydd glanio.

**BODEDERN**, Ynys Môn (1,932ha; 1,074 o drigolion)

Mae'r **gymuned** hon i'r dwyrain o'r **Fali** yn cynnwys beddrod siambr Presaddfed, y cynhelir ei faen capan gan bedwar o feini unionsyth. Gerllaw iddo mae dyfroedd bas Llyn Llywenan. Mae Presaddfed yn blasty hardd (1686, 1821). Priodas **John Elias** â gweddw Syr John Bulkeley o Bresaddfed (gw. **Bulkeley, Teulu**) yw thema drama **Saunders Lewis**, *Dwy Briodas Ann*. Dyddia corff Eglwys Sant Edern o'r 14g. Mae'r ysgol uwchradd Gymraeg i'r de o bentref Bodedern yn gwasanaethu gorllewin **Môn**.

**BODELWYDDAN**, Sir Ddinbych (1,673ha; 2,016 o drigolion)

Prif nodwedd y **gymuned** hon, sydd i'r de-orllewin o'r **Rhyl**, yw meindwr 65m ei heglwys. Cysegrwyd yr 'Eglwys Farmor' (1856–60), fel y'i gelwir, i'r Santes Fargred, a'i chodi gydag arian Margaret, merch John Williams o Gastell Bodelwyddan, fel cofeb i'w gŵr, yr Arglwydd Willoughby de Broke. Dyma'r eglwys stad fwyaf addurnedig yng Nghymru.

Mae'r castell (1800–08) yn ail-luniad neo-glasurol o dŷ cynharach (1600) ar yr un safle; yn y 1830au gwnaed gwaith pellach arno gan ei droi'n debycach i gastell. Fe'i hadferwyd i'w ogoniant Fictoraidd ac mae bellach yn gartref i ran o gasgliad yr Oriel Bortreadau Genedlaethol, **Llundain**. Yn 1978 agorwyd Ysbyty Glan Clwyd, sy'n gwasanaethu canol gogledd Cymru. Tai diddorol o'r 16g. yw Faenol Bach, Faenol Fawr a Phen Isa'r Glascoed. Mae gan Bengwern (*c.*1770) bilastrau Ionig anferth.

**BODFARI**, Sir Ddinbych (602ha; 324 o drigolion)
Nodwedd amlycaf y **gymuned** hon, sydd i'r gogledd-ddwyrain o **Ddinbych**, yw bryngaer Moel y Gaer gyda'i hamddiffynfeydd cadarn (gw. **Bryngaerau**). Ailadeiladwyd rhannau helaeth o'r eglwys yn 1865 ond mae'r tŵr canoloesol wedi goroesi. Cyfeiriodd **Thomas Pennant** at ffermdy Neuadd Pontruffydd, gyda'i ffenestri pigfain a'i chrymdo, fel *ferme ornée*. Treuliodd y diwinydd **J. E. Daniel**, llywydd **Plaid [Genedlaethol] Cymru** (1939–43), flynyddoedd olaf ei fywyd yn Nhŷ Gwyn.

**BODFFORDD**, Ynys Môn (2,530ha; 959 o drigolion)
Prif nodwedd y **gymuned** hon i'r gogledd-orllewin o **Langefni** yw maes awyr Mona a sefydlwyd gan yr Awyrlu yn 1942 ar safle a ddefnyddid gan awyrlongau'r Llynges yn ystod y **Rhyfel Byd Cyntaf**. Gyferbyn â'r maes awyr y cynhelir Primin Môn, sioe amaethyddol yr ynys. Mae'r gymuned yn cynnwys eglwysi Bodwrog (14g.) a Heneglwys (1845); ceir yn Heneglwys ddarn o garreg arysgrifedig o'r 6g. Llyn Cefni, a grëwyd trwy gronni afon Cefni yn 1951, oedd y gronfa ddŵr fawr gyntaf i'w chreu ym **Môn**; mae'n denu amrywiaeth mawr o **adar**.

**BODORGAN**, Ynys Môn (2,607ha; 900 o drigolion)
Nodwedd amlycaf y **gymuned** hon yn ne-orllewin **Môn** yw plasty Bodorgan (ddiwedd y 18g.), cartref teulu Meyrick er dechrau'r 16g. Roedd stad Bodorgan (6,880ha ar ddiwedd y 19g.) gyda'r fwyaf llewyrchus yng Nghymru, diolch yn rhannol i gyfoeth y teulu hwn a sefydlodd dref Bournemouth. Saif pentref Malltraeth ar lannau gogleddol traeth Malltraeth. Gerllaw mae'r cob (1788–1812) a adeiladwyd i ddraenio Cors Ddyga; bu'r amrywiaeth mawr o **adar** a geir yma yn ysbrydoliaeth i'r arlunydd **Charles Tunnicliffe** a oedd yn byw gerllaw. Mae'r arfordir yn llawn cwningaroedd.

Yn Eglwys Sant Cadwaladr (1661) ceir cofadail o'r 7g. i Cadfan, brenin **Gwynedd**, *sapientissimus opinatissimus omnium regum* (y doethaf a'r enwocaf o holl frenhinoedd); roedd y saer maen a fu'n gyfrifol am yr arysgrif yn gyfarwydd â llythrenwaith mwyaf ffasiynol ei gyfnod. Bu Trefdraeth yn destun achos cyfreithiol yn 1766 yn sgil penodi'r Dr Thomas Bowles, clerigwr na fedrai'r **Gymraeg**, i wasanaethu fel ficer mewn plwyf a oedd fwy neu lai yn uniaith Gymraeg.

**BOHUN, Teulu** Arglwyddi yn y Mers
Daeth teulu Bohun i gysylltiad â Chymru gyntaf pan briododd Humphrey Bohun â Margaret (m.1187), aeres **Caldicot**. Priododd eu gororwyr, Humphrey (m.1265), ag Eleanor, cyd-aeres William de Breos (m.1230; gw. **Breos, Teulu**), priodas a sicrhaodd i'r teulu arglwyddiaeth **Brycheiniog**. Ar wahân i'r blynyddoedd 1265–77, pan oedd Brycheiniog yn eiddo i **Lywelyn ap Gruffudd**, bu'r arglwyddiaeth ym meddiant y Bohuniaid nes i Mary, cyd-aeres Humphrey (m.1373), briodi Henry Bolingbroke, Harri IV yn ddiweddarach. Humphrey, arglwydd Brycheiniog o 1298 hyd 1321, a gomisiynodd gyfran helaeth o'r adeilad sydd bellach yn eglwys gadeiriol **Aberhonddu**. Aeth Caldicot i chwaer Mary, Eleanor, gwraig Thomas o Woodstock, iarll Buckingham (gw. **Stafford, Teulu**).

**BONAPARTE, Louis-Lucien (1813–91)** Ieithydd a chasglwr llyfrau
Nai i Napoleon a ymgartrefodd yn **Llundain** oedd y Tywysog Louis-Lucien Bonaparte. Dysgodd amryw o ieithoedd Ewrop, ac roedd yn un o arloeswyr yr astudiaeth o iaith y Basgiaid ac o dafodieitheg. Trwy gydol y 1850au yn yr ieithoedd Celtaidd, y **Gymraeg** yn arbennig, yr oedd ei ddiddordeb pennaf a gwnaeth waith buddiol ar ddosbarthiad y tafodieithoedd ac ar y treigladau. Ef a fu'n bennaf cyfrifol am godi cofeb i Dolly Pentreath, 'siaradreg olaf y Gernyweg'. Ymhlith llyfrau Cymraeg ei lyfrgell nodedig yr oedd *Gramadeg* **Gruffydd Robert** (1567) a'r unig gopi a gadwyd o *Athravaeth Gristnogavl* **Morys Clynnog** (1568). Gwerthwyd y casgliad i Lyfrgell Newberry, Chicago.

**BONCATH**, Sir Benfro (2,348ha; 744 o drigolion)
Prif nodwedd y **gymuned** hon, a leolir o boptu'r heol o **Aberteifi** i **Ddinbych-y-pysgod** (yr A478), 4km i'r de o afon **Teifi**, yw'r Frenni Fawr (395m), calon bro Gymraeg gogledd **Sir Benfro**. Mae rhywfaint o adeilad canoloesol Eglwys Sant Mihangel, Llanfihangel Penbedw, wedi goroesi; ond nid felly yn Eglwys Sant Colman, Capel Colman. Roedd Blaen-ffos yn un o ganolfannau cynnar y **Bedyddwyr**. Bu ffermdy Cilrhiw (17g.), a saif ym mhen draw lôn ffawydd hyfryd, yn gartref ar un adeg i deulu Lloyd, Bronwydd (gw. **Troed-yr-aur**). Cafodd Cilwendeg, a godwyd yn wreiddiol yn ystod y 18g., ei ehangu yn y 19g., pan ychwanegwyd ato ystafelloedd gwydr, groto a dau borthdy, gyda chymorth yr elw a wnaeth y perchennog, Morgan Jones, o'r goleudy ar Ynysoedd y Moelrhoniaid (**Cylch y Garn**). Tyfodd pentref Boncath yn sgil agor y rheilffordd rhwng **Hendy-gwyn** ac Aberteifi yn 1885. Mae'r gymuned yn cynnwys tair eglwys sydd wedi cau.

**BONEDDIGION A LANDLORDIAID**
Yng Nghymru'r Oesoedd Canol cynnar delid tir o dan gyfundrefn y **gwely** (yn achos gwŷr rhydd) a'r daeogdref (yn achos taeogion). Yn ogystal, sefydlwyd maenorau (gw. **Maenor**) yn y broydd hynny a oedd yn drwm o dan ddylanwad y **Normaniaid**. Yn yr Oesoedd Canol diweddar, chwalodd y cyfundrefnau traddodiadol o ganlyniad i dwf rhenti arian, y **Pla Du** a'r cefnu ar ffermio uniongyrchol gan arglwyddi'r **Mers**. Erbyn y 15g., gellir canfod egin-ddosbarth o dirfeddianwyr Cymreig. Roedd rhai ohonynt yn ddisgynyddion i oresgynwyr Normanaidd a Seisnig, ond o blith y bonedd – teuluoedd brodorol a chanddynt dras – y tarddai'r mwyafrif ohonynt. (Mae'r elfen *bôn* yn cyfateb i'r elfen *gens* yn *gentleman.*) Yn sgil rhyngbriodi ac ymwybyddiaeth o fuddiannau cyffelyb, diflannodd y gwahaniaethau hyn o ran tras i bob pwrpas erbyn yr 16g.

Yn wreiddiol, y boneddigion oedd y rhai hynny uwchlaw **dosbarth** y taeogion ac, erbyn yr Oesoedd Canol diweddar,

Boneddigion a landlordiaid: teulu Mr a Mrs Gwynne-Hughes, Tregib ger Llandeilo, 1900

cynrychiolent y rhan fwyaf o **boblogaeth** Cymru. Credai trwch y Cymry eu bod yn fonheddig, testun gwawd ymhlith y **Saeson**. Erbyn yr 17g., fodd bynnag, daeth y gair i olygu'r rhai hynny a oedd â'r modd i fwynhau bywyd esmwyth. Mawrygid y **Tuduriaid** gan foneddigion Cymru, gan eu bod yn hybu eu buddiannau. Yn y 1530au cyflwynwyd Ynadon Heddwch i Gymru ac, o ganlyniad, sicrhaodd y boneddigion reolaeth dros **lywodraeth** leol. Drwy'r **Deddfau 'Uno'**, enillodd y Cymry **gynrychiolaeth seneddol** ac, am bedair canrif, byddai bron y cwbl o aelodau seneddol y wlad yn aelodau o'r dosbarth tiriog Cymreig. Derbyniwyd setliad crefyddol Elizabeth gan drwch teuluoedd bonheddig Cymru, gan beri iddynt gyfranogi o Anglicaniaeth **Lloegr**. Fe'u cymathwyd fwyfwy gan y dosbarth llywodraethol Seisnig. Mabwysiadwyd ganddynt y drefn Seisnig o **gyfenwau** sefydlog ac o gymynnu eu holl eiddo i'w meibion hynaf. Dysgasant yr iaith **Saesneg**, er na chefnodd bonheddwyr Cymru ar yr iaith **Gymraeg** yn llwyr hyd y 18g.

Achubodd y tirfeddianwyr ar bob cyfle i ymddyrchafu. Gwnaent hynny drwy ffafr frenhinol ac ymelwa ar swyddi; trwy fentrau masnachol, **smyglo** a môr-ladrata (gw. **Môr-ladron**); trwy drawsfeddiannu eiddo'r Goron a'r Eglwys; trwy gyfreitha a bygwth; ac, uwchlaw pob dim, trwy briodi ag aeresau o fodd. Ceid amrywiaeth mawr yn eu plith o ran cyfoeth; yn y 1580au roedd yr Herbertiaid, ieirll **Pembroke**, yn werth £5,000 y flwyddyn, sef gymaint ddengwaith cyfoethocach na'r sgweier Cymreig cyffredin (gw. **Herbert, Teulu (ieirll Pembroke)**). Yn yr 16g. prin oedd y tirfeddianwyr Cymreig a chanddynt deitlau, ond lluosogodd y nifer wrth i'r bendefigaeth amlhau.

Yn y **Rhyfeloedd Cartref**, roedd boneddigion Cymru gan mwyaf yn frenhinwyr, ond ni fu buddugoliaeth y Senedd yn brofiad gorniweidiol iddynt. Rhoes Adferiad y Stiwartiaid yn 1660 gychwyn ar eu hoes aur. Mabwysiadwyd setliadau caeth gan drwch y teuluoedd bonheddig, gan sicrhau y byddai'r stad yn mynd yn ei chrynswth o'r tad i'r mab hynaf. Roedd aeresau teuluoedd a oedd yn amddifad o feibion yn wobrau i'w chwennych, a'u priodasau hwy gydag aerion stadau eraill oedd y prif ffactor mewn patrwm o gronni tir yn nwylo nifer gostyngol o deuluoedd, nodwedd amlwg iawn ar hanes teulu **Williams Wynn**. A boneddigion Cymru'n ymgyfoethogi, llygadwyd eu haeresau gan deuluoedd o'r tu allan i'r wlad ac, o'r herwydd, daeth teulu **Stuart** i **Gaerdydd** a theulu **Talbot** i **Fargam**.

Parasitiaid llwyr oedd llawer o deuluoedd tiriog Cymru, ac nid heb sail y darluniodd Twm o'r Nant (**Thomas Edwards**; 1739–1810) y 'bon'ddigion segurllyd' yn troi tua Ffrainc a Lloegr 'i ddysgu ffasiwne a gwario yn fall'. Fodd bynnag, roedd gan rai ddiddordebau dyngarol, a bu eraill yn ymwneud â mudiadau diwylliannol Cymreig. Cyfoethogwyd tirlun Cymru gan blastai, parciau a **gerddi**'r boneddigion. Ymddiddorai'r galluocaf ohonynt mewn gwelliannau amaethyddol, gyda **Thomas Johnes** yn creu stad ysblennydd (gw. **Pontarfynach**), a theulu Yorke, Erddig (**Marchwiail**), yn dysgu gwell hwsmonaeth i'w tenantiaid.

Gyda'r **Chwyldro Diwydiannol**, darganfu'r landlordiaid ffynonellau newydd o gyfoeth – elw mwynau eu stadau, grwndrenti o fod yn berchnogion ar dir mewn ardaloedd trefol a thaliadau cwmnïau **rheilffyrdd** a dociau. Serch hynny, cawsant eu tanseilio yn y pen draw gan y grymoedd a ryddhawyd gan ddiwydiannaeth. Gan eu bod yn dirmygu'r cyfalafwyr newydd, prin oedd cariad y rhai hynny tuag atynt. Wrth i'w tenantiaid cynyddol Anghydffurfiol ddod i goleddu syniadau radicalaidd, nid edrychid arnynt mwyach fel arweinwyr cymdeithas. Aeth eu nawdd a'u gofal am eu cymunedau yn fwyfwy amherthnasol wrth i'r wladwriaeth ddechrau creu system les fwy cyfiawn (gw. **Gwladwriaeth Les**). A phrin fod disgwyl i sosialwyr ddangos parch tuag at rym ac awdurdod a seiliwyd ar stadau etifeddol (gw. **Sosialaeth**).

Eto i gyd, yng nghyfnod eu machlud y cyrhaeddodd boneddigion Cymru eu hanterth o safbwynt maintioli eu stadau. Yn y 1880au roedd 89.8% o dir Cymru ym meddiant tirfeddianwyr a osodai ffermydd ar rent i eraill. Yng **Ngwynedd** roedd 55% o'r tir yn eiddo i 33 o deuluoedd yn unig. Roedd yng Nghymru ugain stad o 8,000ha a mwy, a gallai pymtheg ohonynt olrhain eu dechreuadau yn ôl i'r 15g., neu hyd yn oed yn gynharach na hynny.

Amlygwyd dirywiad grym y landlordiaid yng nghanol y 19g. pan heriwyd eu gafael ar gynrychiolaeth seneddol Cymru. Erbyn 1906 roedd pob sedd seneddol ymron wedi llithro o'u gafael. Mewn llywodraeth leol, ysgubwyd y boneddigion ymaith bron yn llwyr adeg etholiadau cyntaf y cynghorau sir yn 1889. Yn y 1890au dechreuasant werthu ffermydd i'w tenantiaid, a chyflymodd hyn oll yn ddirfawr yn union wedi'r **Rhyfel Byd Cyntaf**. Roedd y parodrwydd hwn i werthu yn deillio'n rhannol o rethreg **David Lloyd George** yn erbyn landlordiaeth ac roedd y cynnydd mewn trethi marwolaeth yn ffactor arall. Ond y rheswm pennaf oedd y sylweddoliad fod tirfeddiannaeth a oedd yn amddifad o rym gwleidyddol yn llai deniadol na mathau eraill o fuddsoddi. Roedd yng Nghymru gryn dipyn mwy o barodrwydd i werthu nag a oedd yn Lloegr a'r **Alban**. Er i dirfeddianwyr eraill ddod i'r amlwg – yr **Ymddiriedolaeth Genedlaethol**, er enghraifft, neu gronfeydd pensiwn – roedd y landlordiaid, fel dosbarth, wedi darfod amdanynt yng Nghymru erbyn diwedd yr 20g.

**BONT-FAEN A LLANFLEIDDAN, Y**, Bro Morgannwg (859ha; 4,182 o drigolion)

Sefydlwyd bwrdeistref y Bont-faen yn 1254 gan Richard de Clare, arglwydd **Morgannwg** (gw. **Clare, Teulu**). Saif yng nghanol **Bro Morgannwg** yn y man lle croesa'r Bwrtwe (sef yr A48 yn ddiweddarach) afon **Ddawan** – lle delfrydol i fwrdeistref fasnachol. Roedd y **Rhufeiniaid** cyn hynny wedi gwerthfawrogi manteision y safle. Mae cloddiadau diweddar wedi datgelu anheddiad Rhufeinig helaeth; yn wir, mae'n bosibl mai'r Bont-faen yw *Bovium* coll Teithlyfr Antwn (disgrifiadau ysgrifenedig o brif **ffyrdd** yr ymerodraeth Rufeinig). Yn wahanol i'r rhan fwyaf o fwrdeistrefi trefedigaethol nid oedd castell yn y Bont-faen – yn Llanfleiddan yr oedd hwnnw, capwt yr arglwyddiaeth yr oedd y fwrdeistref wedi ei sefydlu o'i mewn. Yn gynnar yn ei hanes, amgylchynwyd y Bont-faen â muriau carreg a oedd yn cynnwys tri phorth. Mae'r porth deheuol a darn o un mur wedi goroesi.

Tyfodd y dref yn gyflym, ac mae'n bosibl fod ynddi dros fil o drigolion erbyn dechrau'r 14g. Er mai cynllun hirsgwar a oedd iddi, datblygodd y dref ar ffurf stribed ar hyd y Bwrtwe. Crebachodd yn ddiweddarach yn yr Oesoedd Canol, a thros y canrifoedd a ddilynodd mae'n debyg na thyfodd y **boblogaeth** drachefn i'r hyn ydoedd yn yr Oesoedd Canol – 759 o drigolion a oedd yn y dref yn 1801. Serch hynny, roedd ei bwrdeisiaid o'r farn mai eu bwrdeistref hwy oedd prif dref y Fro a'i bod yn ganolbwynt i'r hyn a ystyrid yn fywyd ffasiynol ymhlith **boneddigion** a masnachwyr Morgannwg. Yn 1536 cafodd ei chydnabod yn un o fwrdeistrefi seneddol Morgannwg, a bu'n lle anodd canfasio ynddo; fel y nodwyd yn 1828, credai'r bwrdeisiaid eu bod mor barchus ac annibynnol fel mai anodd oedd cael unrhyw fath o sgwrs â hwy.

Ddiwedd yr 20g., tyfodd y dref yn sylweddol er mwyn cartrefu gweithwyr a gymudai i **Gaerdydd**. Ehangodd yn arbennig tua'r de, gan beri i'r Bont-faen ymuno bron â Llanfleiddan; er hynny, mae'r patrwm anheddu stribedog yn dal yn amlwg a phatrwm y tiroedd bwrdais i'w weld o hyd yng nghefn adeiladau'r Stryd Fawr. Mae yn y dref o hyd gasgliad o dai, tafarnau a siopau cynnar, a goroesodd nodweddion canoloesol yn y Mason's Arms a'r Bear. Tuedda'r ffasadau i fod yn null y 18g. neu'r 19g. ond yn aml maent yn celu adeiladwaith cynharach.

Capel anwes i Lanfleiddan oedd Eglwys y Grog Sanctaidd yn wreiddiol, ac fe'i hadeiladwyd yn niwedd y 13g., ei hehangu yn y 15g., a'i hadfer gan **John Prichard** yn 1850–2. Mae'n cynnwys cofeb gain i William Carne (1616) a chofeb i'r awdur llyfrau taith, **Benjamin Heath Malkin**. Yma hefyd, ar un adeg, yr oedd bedd **Rhys Meurug**, hanesydd **Sir Forgannwg**. Nodedig, yn ogystal, yw'r Eglwys Rydd Unedig (1828), Neuadd neo-glasurol y Dref (1830) ac adeilad arall o waith Prichard, sef yr Ysgol Ramadeg (1849–52; ond fe'i sefydlwyd yn yr 16g.). Gyferbyn â Neuadd y Dref mae plac yn coffáu cysylltiadau Iolo Morganwg (**Edward Williams**) â'r Bont-faen.

Mae **cymuned** y Bont-faen yn cynnwys Llanfleiddan ac Aberthin yn ogystal â chomin mawr Stalling Down neu Fryn Owen, y man lle cynhaliodd Iolo Morganwg yn 1795 yr **Orsedd** gyntaf i'w chynnal yng Nghymru. Mae yn Eglwys Sant Ioan, Llanfleiddan, gangell o'r 12g. a thŵr cain o'r 15g. Atgyfnerthwyd y castell (Castell St Quintin fel y'i gelwir) gan deulu Clare; mae'r porthdy yn cynnwys gwaith o'r un safon ag a geir yng **Nghaerffili**. Arferai Thomas Carlyle ymweld yn fynych â Llanfleiddan. Ceir plasty hardd o'r enw Tŷ Mawr yn Llanfleiddan ac un arall o'r un enw yn Aberthin. Codwyd yr adeilad a ddefnyddir bellach fel neuadd bentref Aberthin yn wreiddiol yn 1749 fel ail dŷ cwrdd pwrpasol y **Methodistiaid Calfinaidd** yng Nghymru, ond nid oedd yn ail i'r un o ran ei deyrngarwch i Fethodistiaeth. Ymhlith nodweddion eraill yr ardal ceir **bryngaerau** Llancwian a Chaer Dynnaf, y castell a'r anheddiad maenorol yn Llancwian a ffermdy Breach o'r 17g.

**BONTNEWYDD, Y**, Gwynedd (1,005ha; 1,165 o drigolion)

Mae'r **gymuned** hon sydd wedi'i lleoli'n union i'r de o **Gaernarfon** yn cynnwys rhannau isaf basn afon Gwyrfai a phentrefi'r Bontnewydd a Llanfaglan. Mae Dinas Dinoethwy yn fryngaer drawiadol o'r Oes Haearn (gw. **Oesau Cynhanesyddol**); yma hefyd y mae Plas Dinas, a fu ar un adeg yn gartref i deulu Armstrong-Jones. Uwchlaw'r Foryd mae eglwys ganoloesol Sant Baglan, eglwys nad ymyrrwyd â hi gan adnewyddwyr oes Victoria. Mae'r Foryd, aber afon Gwyrfai, sydd ar benllanw'n ffurfio môr mewndirol, yn gyforiog o **adar** môr. Roedd Cartref Bontnewydd ar un adeg yn gartref plant amddifad a gedwid gan Eglwys Bresbyteraidd Cymru. Ar gyrion y pentref mae cartref Bryn Terfel, y canwr opera.

**BOON, Ronnie (Ronald Winston Boon; 1909–98)** Chwaraewr rygbi

Chwaraewr **rygbi** ac athletwr trac a aned yn y **Barri** oedd Boon. Ef a sgoriodd holl bwyntiau Cymru (cais a gôl adlam)

y tro cyntaf erioed iddynt ennill yn Twickenham yn 1933. Enillodd yr asgellwr tri chwarter 12 cap rhwng 1930 ac 1933, a sgoriodd gais i **Gaerdydd** yn erbyn y Springboks yn 1931.

**BORROW, George (1803–81)** Awdur
Enillai George Borrow, a hanai o Norfolk, ei fywoliaeth mewn mân swyddi lle gallai fanteisio ar ei ddawn ieithyddol anghyffredin; honnodd iddo ddysgu **Cymraeg**, un o ryw 30 o ieithoedd yr oedd yn eu medru, gan was stabl o Gymro yn Norwich pan oedd yn fachgen. Mae ei lyfr *Wild Wales* (1862) yn adrodd hanes taith gerdded trwy Gymru yn 1854; dyma'r enwocaf o'r llyfrau taith am Gymru. Rhan bwysig o swyn unigryw'r llyfr yw brwdfrydedd yr awdur – yn wir, ei orfrwdfrydedd doniol weithiau – dros iaith, hynafiaethau a thirwedd Cymru, a'i farn ffraeth a diflewyn-ar-dafod am y bobl a'r lleoedd y daw ar eu traws. Roedd yn weddol rugl yn y Gymraeg ac, er ei fod yn aml yn cael ei gymryd fel gogleddwr yn y de ac fel deheuwr yn y gogledd, mynnai siarad yr iaith ar bob cyfle. Tirlun gwyllt a chysylltiadau llenyddol y gogledd a apeliai fwyaf ato; roedd yn gas ganddo'r de diwydiannol. Roedd yn hoff o'i **gwrw**, yn fawr o gorff ac yn ddigon parod i ddefnyddio'i ddyrnau pan oedd angen hynny. Daeth yr eglwyswr digymrodedd hwn o hyd i lawer i'w ganmol yng nghymeriad y Cymry Anghydffurfiol.

**BORTH, Y**, Ceredigion (750ha; 1,523 o drigolion)
Lleolir **cymuned** y Borth rhwng y môr ac afon Leri yng ngogledd-orllewin eithaf **Ceredigion**. (Y rheswm am ffurf unionsyth Leri yw iddi gael ei throi'n gamlas yn 1863 gan adeiladwyr Rheilffordd y Cambrian.) Hen bentref pysgota oedd y Borth ond daeth yn gyrchfan gwyliau ar gyfrif ei draeth godidog, gan ddibynnu'n bennaf ar garafanwyr. Saif y pentref ar stormdraeth anferth o gerrig crynion, a'r tu ôl iddo ceir **Cors Fochno**, y fawnog fwyaf ar lefel y môr ym **Mhrydain**. Yn aml yn ystod stormydd daw olion coedwig suddedig hynafol i'r golwg ar hyd y traeth. Cyfres o dwyni tywod ar lannau aber afon **Dyfi** yw Ynys-las, sy'n rhan o Warchodfa Natur Genedlaethol Dyfi. Arferai fferi gludo teithwyr oddi yno i **Aberdyfi**; yn llyfrau taith y 1930au cymhellid ymwelwyr i roi bloedd uchel pe mynnent wysio'r cychwr.

**BOSWORTH, Brwydr**
Glaniodd Harri Tudur gyda byddin o tua 4,000 o Ffrancwyr ac alltudion o Lancastriaid yn **Dale** ger Aberdaugleddau (gw. **Aberdaugleddau, Dyfrffordd**) ar 7 Awst 1485 (gw. **Tuduriaid** a **Lancaster, Teulu**). Yn araf deg denodd ragor o gefnogwyr wrth iddo orymdeithio trwy Gymru, gyda **Rhys ap Tomos** a'i fintai o **Ystrad Tywi** yn amlwg yn eu plith. Ar 22 Awst 1485 gorchfygodd Harri – a fabwysiadodd **Ddraig Goch** Cadwaladr yn faner – luoedd Richard III yn Bosworth yn Swydd Gaerlŷr. Amcangyfrifir bod traean o'i filwyr yn Gymry. Coronwyd ef ar faes y gad a chredai llawer fod ei fuddugoliaeth yn gwireddu'r hen broffwydoliaeth y byddai Cymro yn adennill coron **Prydain** (gw. **Darogan**).

**BOTWNNOG**, Gwynedd (3,426ha; 955 o drigolion)
Mae'r **gymuned** hon yn ymestyn dros ran helaeth o orllewin **Llŷn** ac yn cynnwys pentrefi Botwnnog, Bryncroes, Brynmawr, Pen-y-groeslon a Sarn Mellteyrn. Bu ffatri fwyeill ar Fynydd y Rhiw yn yr Oes Neolithig (gw. **Oesau Cynhanesyddol**). Sefydlwyd ysgol ramadeg ym Motwnnog gydag arian a adawyd yn ewyllys Henry Rowlands (1551–1616), esgob **Bangor**, a oedd yn frodor o Fellteyrn. Yn y 1890au daeth yr ysgol yn un o ysgolion canolradd Cymru. Yn 1774 tynnwyd llun o'r ysgoldy gan **Moses Griffith**, darlunydd *Tours* **Thomas Pennant**, a aned yn Nhrygarn ger Bryncroes. Ym mhlasty Nanhoron a adeiladwyd yn gynnar yn y 19g. mae grisiau a neuadd gywrain a welwyd yn ffilm Anthony Hopkins, *August* (1995). Tegan bach o adeilad yw Eglwys Sant Gwynnin (1840) yn Llandygwnning, gyda'i dŵr 'ar ffurf bocs pupur' chwedl Gruffudd Parry. Dim ond rhannau o eglwys neo-Gothig nodedig Sain Pedr ad Vincula (1846), Sarn Mellteyrn, sy'n dal i sefyll; bu'n rhaid dymchwel y gweddill er mwyn diogelwch. Bu'r penderfyniad i gau ysgol gynradd Bryncroes yn destun cryn ddadlau yn y 1960au.

**BOWEN, David [Lloyd] (1928–90)** Chwaraewr a rheolwr pêl-droed
Ganed Dave Bowen yn Nantyffyllon (**Maesteg**) a bu'n chwarae **rygbi** i ysgol ramadeg Maesteg cyn i'r teulu symud i Northampton. Gydol y 1950au bu'n hanerwr grymus i Arsenal. Wedi iddo ddychwelyd i Northampton yn chwaraewr-reolwr, dim ond chwe blynedd a gymerodd iddo fynd â'r tîm hwnnw o'r Bedwaredd Adran i'r Gyntaf. Enillodd 19 o gapiau ac ef oedd capten Cymru yng Nghwpan y Byd 1958; yn ddiweddarach daeth yn rheolwr rhan-amser ar Gymru (1964–74).

**BOWEN, Edward [George] (1911–91)** Gwyddonydd radio
O **Abertawe** y deuai Edward 'Taffy' Bowen, dyfeisydd radar awyren. Dywedir fod ganddo 'ddiddordeb ysol mewn radio' o'r adeg pan oedd yn 12 oed. Wedi graddio yn Abertawe aeth i gwblhau ei ddoethuriaeth yn **Llundain** o dan Edward Appleton, ac yna, o dan Watson Watt, dechreuodd ar ddatblygu radar. Yn 1936 llwyddodd i osod trosglwyddydd a derbynnydd radar ar awyren Handley Page Heyford – hwn oedd y radar awyren cyntaf erioed. Yn 1940 cafodd y cyfrifoldeb o fynd ag un o'r magnetronau atseiniol cyntaf i'r Unol Daleithiau. Dyma'r trosglwyddydd radar bach a oedd i 'ennill y rhyfel yn Ewrop'. Ar ôl y rhyfel roedd yn bennaeth y Cyngor Ymchwil Gwyddoniaeth a Diwydiant yn **Awstralia**, ac yn gyfrifol am adeiladu telesgop radio Parkes – y telesgop radio mwyaf yn hemisffer y de hyd heddiw.

Yn 1930, yn 19 oed, llwyddodd Bowen – a oedd yn aelod o **Blaid [Genedlaethol] Cymru** – i chwalu dadl y BBC ei bod hi'n dechnegol amhosibl darlledu gwasanaeth radio i Gymru a oedd ar wahân i'r donfedd ar gyfer gorllewin **Lloegr**. Arweiniodd hyn yn uniongyrchol at sefydlu Gwasanaeth Cymru (gw. **Darlledu**). Yn archifau'r BBC yn Caversham ceir ffeil ar Bowen, a oedd yn 'ŵr ifanc hunandybus' ym marn John Reith, pennaeth cyntaf y BBC.

**BOWEN, E[mrys] G[eorge] (1900–83)** Daearyddwr
Brodor o **Gaerfyrddin**, a adwaenid yn gyffredinol fel 'EGB'. Graddiodd mewn **daearyddiaeth** yn **Aberystwyth**, a dod yn ddarlithydd yno yn 1929 ac yn Athro Gregynog mewn daearyddiaeth ac anthropoleg yn 1946. Ar anthropoleg gorfforol yr oedd ei waith cynnar, ond troes at astudio

aneddiadau gwledig, yn enwedig y rhai a oedd wedi tyfu o amgylch celloedd **seintiau'r** Celtiaid. Cynrychioliadol hollol o'i waith yw'r tri llyfr *The Settlements of the Celtic Saints in Wales* (1954), *Saints, Seaways and Settlements* (1969) a *Britain and the Western Seaways* (1972). Roedd yn enwog trwy Gymru fel darlithydd tan gamp ac athro ysbrydoledig. Mewn ysgrif goffa iddo yn y *Times* dywedwyd ei fod 'yn Gymro hyd fêr ei esgyrn. Gŵr byr a thywyll ydoedd, wedi'i wisgo mewn du o'i gorun i'w sawdl, ac roedd yn gymeriad cwbl hynod a nodedig.'

## BOWEN, Euros (1904–88) Bardd

Brodor o Dreorci, y **Rhondda**, oedd Euros Bowen, a threuliodd ran helaeth o'i oes yn rheithor **Llangywer** a **Llanuwchllyn**. Enillodd goron yr **Eisteddfod** Genedlaethol am 'O'r Dwyrain' yn 1948 a thrachefn yn 1950 am 'Difodiant', ond nid enillodd y gadair gyda'i awdl 'Genesis' (1963) oherwydd ei hastrusrwydd honedig. O'i gyfrol gyntaf *Cerddi* (1957) ymlaen gwelwyd ei awen yn symud o un arbrawf i'r llall. Arbrofai gyda'r **gynghanedd** a'r mesurau, ac ysgrifennai gerddi penrhydd, cerddi teipograffig a hefyd gerddi rhyddiaith. Ystyriai farddoniaeth fel dull delweddol o gyflwyno yn hytrach nag fel cyfrwng cyfathrebu arferol. Creugarwch yw ei bwnc sylfaenol, boed ym myd natur neu mewn celfyddyd.

## BOWLIO

Mae'n debyg i'r gêm fowlio hon ddod i **Brydain** gyda'r **Rhufeiniaid**; yng nghanol yr 16g. cyflwynwyd cysyniad y bêl 'ogwyddedig', a wyrai ar ei llwybr tuag at ei nod. Yng Ngwesty'r Park, **Caerdydd**, yn 1905 y ffurfiwyd y Bwrdd Bowlio Rhyngwladol. Mae'r gêm fodern yn boblogaidd gan ddynion a **menywod** o bob oed, ac mae iddi amryfal ffurfiau a thua 20,000 o chwaraewyr cofrestredig yng Nghymru.

Mae bowlio lawnt-wastad awyr agored, a reolir gan Gymdeithas Bowlio Lawnt-Wastad Cymru (a sefydlwyd yn 1904), wedi cynhyrchu dau bencampwr byd o Gymru, sef Maldwyn Evans o'r **Rhondda** (1972) a Janet Ackland o **Benarth** (1988). Ffurfiwyd cymdeithas reoli Gymreig ar gyfer bowlio lawnt-wastad dan do yn 1934 a chynhyrchodd y wlad dri phencampwr byd yn y maes hwn: Terry Sullivan o **Abertawe** (1985), John Price o **Aberafan** (1990), a fu'n bencampwr dan do Cymru wyth gwaith, a Robert Weale o **Lanandras** (2000). Mae gan y gymdeithas 10 o **siroedd** cyswllt a 290 o glybiau cyswllt ledled Cymru.

Mae bowlio lawnt gefngrom awyr agored, lle mae'r lawnt yn codi'n gopa 50cm, gan wneud llwybr y bêl yn anos ei ragweld, wedi'i gyfyngu i ogledd Cymru a rhannau o'r canolbarth. Cynhyrchodd Cymru dri phencampwr Prydeinig: Cliff Littlehales o **Wrecsam** (1958), Eric Ashton o **Abergele** (1959) a Jack Hunt o Sychdyn (**Llaneurgain**) (1975).

Hyd at 1961 roedd y diffyg lawntiau o faint llawn yn rhwystr difrifol i ddatblygiad bowlio dan do yng Nghymru; bu'n rhaid i'r gamp gystadlu hefyd â'r cynnydd ym mhoblogrwydd bowlio-deg. Mae pobl yn dal i chwarae bowlio mat byr mewn neuaddau bychain sy'n llai o hyd a lle caiff carpedi eu gosod a'u rhoi o'r neilltu ar ôl y gemau.

## BRACE, William (1865–1947) Undebwr llafur

Roedd Brace, a aned yn **Rhisga**, yn un o ladmeryddion cynnar y syniad o un undeb ar gyfer holl lowyr **Prydain**, a bu dadlau rhyngddo ef a **William Abraham** (Mabon) ar y mater. Yn 1898 ef oedd is-lywydd cyntaf **Ffederasiwn Glowyr De Cymru**, cyn esgyn yn llywydd rhwng 1912 ac 1915. Yn 1906 fe'i hetholwyd yn aelod seneddol Lib-Lab, ac felly y parhaodd i bob pwrpas tra bu'n cynrychioli De **Morgannwg** (1906–18) ac **Abertyleri** (1918–20). Adlewyrchid ei arbenigedd diwydiannol yn ei newyddiaduraeth ac yn ei waith fel is-ysgrifennydd yn y Swyddfa Gartref (1915–19) ac fel y prif ymgynghorydd ar faterion llafur yng Ngweinyddiaeth y Mwyngloddiau (1920).

## BRAD Y CYLLYLL HIRION

Chwedl am ddyfodiad yr **Eingl-Sacsoniaid** i **Brydain** (*c*.440). Sail y chwedl yw awgrym annelwig gan **Gildas** a helaethwyd yn ***Historia Brittonum***, sef bod **Gwrtheyrn**, arweinydd y Brythoniaid, wedi ymserchu ym merch Hengist, arweinydd y Sacsoniaid – cafodd yr enw **Rhonwen** neu Rowena mewn ambell fersiwn – a bod Hengist wedi gwahodd **Gwrtheyrn** a 300 o arweinwyr y Brythoniaid i wledd fawr. O glywed yr alwad '*Nemet eour saxes!*' ('Gafaelwch yn eich cyllyll!'), trywanodd pob Sacson y Brython nesaf ato, gan adael dau yn unig o'r Brythoniaid yn fyw, sef Eidol, pennaeth Caerloyw, a Gwrtheyrn. Gorfodwyd Gwrtheyrn wedyn i ildio i'r Sacsoniaid ddigon o ddeheudir Prydain iddynt ddechrau ymsefydlu yno. Ychwanegodd **Sieffre o Fynwy** gryn dipyn at y chwedl, a daeth ei manylion yn rhan o gyfeiriadaeth chwedlonol beirdd Cymraeg yr Oesoedd Canol. Rhoddwyd bywyd newydd i'r chwedl gan yr hanesydd **Theophilus Evans** yn y 18g. a daeth yn hoff destun i feirdd a llenorion y cyfnod Rhamantaidd (gw. **Rhamantiaeth**), i gymaint graddau fel y gallai **R. J. Derfel**, yn 1854, fynd ati i ddychanu adroddiadau'r llywodraeth ar **addysg** yng Nghymru (1847) mewn drama'n dwyn y teitl '**Brad y Llyfrau Gleision**', gan wybod y byddai'r Cymry yn deall ergyd chwedlonol y dychan i'r dim.

## BRAD Y LLYFRAU GLEISION

Drama gan **R. J. Derfel** oedd *Brad y Llyfrau Gleision*, a gyhoeddwyd yn 1854, yn dychanu Adroddiad y Comisiynwyr ar Gyflwr Addysg yng Nghymru (1847) (gw. **Addysg**). Roedd ei theitl yn cyfeirio at gloriau gleision yr adroddiadau ac ar yr un pryd yn adleisio'r hen chwedl am **Frad y Cyllyll Hirion**. Cydiodd hyn yn nychymyg y cyhoedd i'r fath raddau fel mai wrth yr enw hwn y cyfeirir at yr holl helynt ynghylch yr adroddiadau byth ers hynny.

William Williams (1788–1865), brodor o **Lanpumsaint**, ac un o aelodau seneddol Coventry, a Lambeth wedi hynny, radical amlwg ar y meinciau cefn, a ysgogodd yr adroddiad. Ym Mawrth 1846 galwodd ef ar y **llywodraeth** i benodi comisiwn i ymchwilio i gyflwr addysg yng Nghymru, yn enwedig y cyfleoedd a oedd ar gael i'r dosbarthiadau gweithiol gynefino â'r iaith **Saesneg**. Ymateb y llywodraeth oedd sefydlu comisiwn o dri dyn – Lingen, Symons a Johnson – wedi'u penodi gan bwyllgor addysg y Cyfrin Gyngor. Ni wyddai'r tri ddim oll am y **Gymraeg**, am **Anghydffurfiaeth** nac am addysg elfennol, ond buont yn hynod gyflym a dyfal yn cynhyrchu tair cyfrol drwchus yn rhoi darlun damniol a manwl dros ben o gyflwr truenus addysg yng Nghymru, gan feio tirfeddianwyr ac offeiriaid a chyfalafwyr fel ei gilydd am eu difaterwch yn wyneb y dasg o sefydlu ysgolion, ond hefyd yn cyfleu darlun tra anffafriol

Brad y Llyfrau Gleision: gwawdlun gan Hugh Hughes o J. C. Symons, *c.*1848

o'r Cymry fel cenedl. O dan ddylanwad syniadau hiliol y cyfnod, fe'i collfarnwyd fel cenedl gyntefig a barbaraidd. Tramgwyddwyd y Cymry yn arbennig gan y modd yr aeth y comisiynwyr ati i'w portreadu fel pobl flêr, ddiog, ddiffaith a chelwyddog, a'r **menywod** yn eu plith fel slebogiaid llac eu moes. Fe'u digiwyd gan honiad y comisiynwyr mai parhad yr iaith Gymraeg, a hithau'n cael ei swcro gan dwf Anghydffurfiaeth, oedd achos diffyg cynnydd y Cymry. Ensyniai'r adroddiadau y dylai'r llywodraeth ymyrryd ar unwaith trwy sefydlu yng Nghymru rwydwaith cyfan o ysgolion elfennol Saesneg eu cyfrwng.

Eglwyswyr gwladgarol oedd y cyntaf i ymosod ar yr adroddiadau, gyda **Thomas Phillips**, cyn-faer **Casnewydd**, ymhlith y rhai mwyaf deifiol eu hymateb, ond buan yr ymwregysodd yr Anghydffurfwyr, yn arbennig o dan arweiniad dynion fel y newyddiadurwr **Evan Jones** (Ieuan Gwynedd). Wedi hynny y daeth drama R. J. Derfel gyda'i theitl ergydiol. Deilliodd y syniad o 'frad' o'r ffaith fod llawer o dystiolaeth y comisiwn wedi tarddu o sylwadau sarhaus offeiriaid Anglicanaidd Cymru, gwŷr y dechreuwyd synio amdanynt fel 'y gelyn mewnol'.

Daeth nifer o Gymry, yn y man, i gytuno â dadl yr adroddiadau dros ddysgu Saesneg ac arferion Seisnig os oedd y Cymry i gyfranogi o holl gynnydd yr Ymerodraeth Brydeinig. Mae a wnelo'r helynt, felly, â'r Seisnigo cymharol a fu ar Gymru yn ail hanner y 19g. Bu hefyd yn sbardun i'r Cymry fynd ati i geisio creu delwedd newydd, ffafriol o'u cenedl – 'Cymru Lân' Rhyddfrydiaeth Anghydffurfiol; mae'n bosibl fod hynny yn egluro'r hyn sydd wedi'i ddisgrifio fel eu hagweddau gwangalon tuag at eu traddodiadau brodorol. Eto i gyd, cafodd y Llyfrau effaith i'r gwrthwyneb hefyd, wrth i nifer gynyddol o Gymry ddod i weld yr angen am sefydliadau cenedlaethol er mwyn cryfhau seiliau'r genedl a'i hamddiffyn rhag y fath feirniadaeth eto, a thrwy hynny crëwyd math newydd, mwy hunanymwybodol o **genedlaetholdeb** yng Nghymru.

**BRADNEY, J[oseph] A[lfred] (1859–1933)** Hanesydd
Sais oedd Bradney a fu'n gwasanaethu fel cynghorydd sir ac ynad heddwch yn **Sir Fynwy**. Bu'n weithgar iawn gyda'r **Llyfrgell Genedlaethol**, yr **Amgueddfa Genedlaethol** a **Chomisiwn Brenhinol Henebion Cymru**. Dysgodd **Gymraeg**, ac ysgrifennodd yn helaeth am faterion lleol; fe'i cofir yn bennaf am ei *History of Monmouthshire* (pedair cyfrol, 1904–1998). Fe'i hurddwyd yn farchog yn 1924.

**BRANGWYN, Frank (1867–1956)** Arlunydd
Cymry oedd rhieni Brangwyn a chafodd ei eni yn Bruges yng Ngwlad Belg. Caiff ei gofio yn bennaf yng Nghymru am ei furluniau yn Neuadd y Brangwyn, **Abertawe**, sy'n ddathliad o'r ymerodraeth Brydeinig. Fe'u comisiynwyd yn 1925 ac fe'u bwriadwyd ar gyfer Tŷ'r Arglwyddi, ond fe'u cynigiwyd i Abertawe ar ôl iddynt gael eu gwrthod yn **Llundain**, penderfyniad a achosodd gryn ddadlau. Dechreuodd Brangwyn ei yrfa yng ngweithdai William Morris, a datblygodd arddull mor orchestol fel na chymeradwyid ei waith gan feirniaid modernaidd. Mae ei waith i'w weld mewn nifer o gasgliadau Prydeinig a Chymreig, gan gynnwys y rhai yn Oriel Glynn Vivian a'r **Amgueddfa Genedlaethol**. Yn ogystal, gwnaeth furluniau yn Llundain, ar dir mawr Ewrop ac yn yr Unol Daleithiau. Ceir amgueddfeydd a neilltuwyd ar gyfer ei waith yn Orange yn ne Ffrainc ac yn Bruges.

**BRANWEN FERCH LLŶR**
Yn stori Branwen ferch Llŷr yn ail gainc y Mabinogi (gw. **Mabinogion**) adroddir fel y'i rhoddir, trwy gennad ei brawd **Bendigeidfran**, yn wraig i Fatholwch, brenin **Iwerddon**. Ond yn ystod y briodas gwna **Efnysien** anaf creulon ar feirch

Matholwch. Gan gofio hyn try'r **Gwyddelod** yn erbyn Branwen. Fe'i hanfonir o'r llys brenhinol i weithio yn y gegin. Gwna hithau ffrind o ddrudwen, ac anfon yr aderyn dros y môr gyda neges am ei gofid. Croesa Bendigeidfran, neu Brân, a'i fyddin i Iwerddon a cheir ymladd mawr. Lleddir llaweroedd, yn cynnwys Gwern, mab ifanc Branwen a Matholwch. Mae Branwen yn marw o dorcalon, a'i chladdu yng Nglan Alaw ym **Môn**.

## BRECH WEN

Clefyd firol hynod heintus a nodweddir gan dwymyn uchel a brech linorog binc sydd, os bydd y claf byw, yn gadael creithiau hyll ar y croen. Yng Nghymru, gwelwyd ambell glwstwr o achosion o'r clefyd yma ac acw yn ogystal â sawl epidemig, ac roedd ei effeithiau yn enbyd, yn enwedig yn y 18g. Yn 1774 trefnodd Syr Watkin Williams Wynn (gw. **Williams Wynn, Teulu**) fod tlodion **Rhiwabon** yn cael eu brechu gan apothecari, gan ddefnyddio crawn o linorod y cleifion. Brechwyd 150 ohonynt yn 1779.

Yn 1962 y gwelwyd y frech wen yng Nghymru ddiwethaf; cafwyd fod dyn o Bacistan a oedd wedi teithio i **Gaerdydd** yn dioddef o'r clefyd, a bu 25 o achosion pellach yng Nghwm **Rhondda**, gyda 6 o bobl yn marw. Yn ddiweddarach y flwyddyn honno, gwelwyd y clefyd yn taro eto yn Ysbyty Seiciatryddol Glan-rhyd, **Pen-y-bont ar Ogwr**. Mewn 20 achos cafodd y diagnosis ei gadarnhau, ac o'r rhain bu farw 12. Brechwyd rhyw 880,000 o Gymry. Yn Rhagfyr 1979 cyhoeddwyd bod y byd yn rhydd rhag y clefyd, er ei bod yn dal yn bosibl i'r firws, sy'n cael ei storio yn yr Unol Daleithiau ac yn Rwsia, arwain at achosion eraill yn y dyfodol.

## BRENHINOEDD A THYWYSOGION

Erbyn 1000 roedd **Lloegr** a'r **Alban** ill dwy yn cael eu rheoli gan frenin unigol, ond yng Nghymru roedd brenhiniaeth wedi'i chysylltu o hyd â'r teyrnasoedd unigol a ddaeth i fod oddi ar ymadawiad y **Rhufeiniaid**; nid oedd y fath beth yn bod â'r cysyniad o frenhiniaeth Cymru gyfan. Y prif deyrnasoedd oedd **Gwynedd**, **Powys**, **Morgannwg** (i bob pwrpas yr uniad rhwng **Glywysing** a **Gwent**) a **Deheubarth**; roedd hefyd nifer o deyrnasoedd llai, a dueddai i fod dan ddylanwad eu cymdogion mwy pwerus. Y brenin oedd arweinydd ei bobl mewn heddwch a rhyfel, a chynhaliwr deddf gwlad a chyfiawnder; diffiniwyd ei bwerau a'i hawliau yn y llyfrau **cyfraith**, a sonnir yno hefyd am hierarchaeth gymhleth o swyddogion llys. Teithiai'r brenin a'i lys o gwmpas ei deyrnas, a châi ei gynnal trwy roddion o **fwyd** gan ei ddeiliaid, boed yn wŷr rhydd neu gaeth; ym mhob rhan o'i deyrnas (naill ai **cantref** neu **gwmwd**) roedd canolfan ar gyfer y llys a maerdref ddemên a gynhyrchai fwyd. Nid oedd brenin Cymreig yn cael ei olynu'n ddigwestiwn gan ei fab hynaf; gallai ddynodi unrhyw aelod o'r llinach frenhinol yn aer iddo, a chynhwysai'r llinach honno bob perthynas a oedd o leiaf yn orwyr i frenin. Roedd natur y frenhiniaeth yng Nghymru yn Geltaidd yn ei hanfod ac mewn rhai ffyrdd ymdebygai i'r hyn a geid yn **Iwerddon**. Ond o'r 10g. ymlaen dylanwadwyd yn fawr arni, yn arbennig yn y prif deyrnasoedd, gan arferion brenhinoedd Wessex.

Erbyn diwedd y 12g. roedd arweinwyr y Cymry wedi ymwrthod â'r teitl 'brenin', gan fabwysiadu yn hytrach y termau 'tywysog' neu 'arglwydd'; ar adegau gwahanol bu **Owain Gwynedd** yn cyfeirio ato'i hun fel brenin yn ogystal â thywysog, ond ymddengys mai ei fab, **Dafydd ab Owain Gwynedd**, oedd yr olaf i'w alw'i hun yn frenin. Gall fod y newid hwn yn adlewyrchu defnydd mwy cysáct o dermau'n ymwneud ag awdurdod gwleidyddol yn Ewrop y cyfnod, a'r sylweddoliad nad oedd brenhiniaeth Gymreig yn cydymffurfio â diffiniadau mwy cyfoes. Dichon fod y ffaith fod arweinwyr y Cymry yn gwneud gwrogaeth i frenin Lloegr hefyd yn arwyddocaol. Defnyddid y teitl 'tywysog' gan **Rys ap Gruffudd** (yr Arglwydd Rhys; m.1197) o Ddeheubarth, ond erbyn dechrau'r 13g. fe'i defnyddid yn unig gan dywysog Gwynedd, **Llywelyn ap Iorwerth**, a gelwid yr arweinwyr eraill yn arglwyddi neu farwniaid. Nod Llywelyn, a nod ei ŵyr, **Llywelyn ap Gruffudd**, oedd perswadio neu orfodi arweinwyr eraill i wneud gwrogaeth iddo ef yn hytrach nag i frenin Lloegr; yna byddai ef yn gwneud gwrogaeth i'r brenin ar eu rhan hwy oll. Byddai hyn yn arwain at ei gydnabod yn ffurfiol gan y goron Seisnig yn dywysog Cymru. Yn amlwg byddai'r teitl tywysog yn fwy derbyniol yng ngolwg y Goron na'r teitl brenin, ac nid oedd y teitl hwn yn golygu ymwrthod â phenarglwyddiaeth Seisnig. Bu Llywelyn ap Iorwerth yn aflwyddiannus ond llwyddodd ei ŵyr i ennill cydnabyddiaeth yng **Nghytundeb Trefaldwyn** yn 1267. Llwyddodd **tywysogaeth** Cymru fel sefydliad i oroesi'r **Goresgyniad Edwardaidd**.

## BRENHINOEDD LLOEGR A'U PERTHYNAS Â CHYMRU

Mae'r dystiolaeth gynharaf o gyswllt rhwng y Cymry a brenin o **Loegr** yn dyddio o *c.*616, pan orchfygodd Aethelfrith, brenin Northumbria, Selyf, brenin **Powys** ym Mrwydr **Caer**. Mae peth tystiolaeth fod Tewdrig, brenin **Gwent**, ryw ddegawd neu fwy yn ddiweddarach, wedi ennill buddugoliaeth ger aber afon **Gwy** yn erbyn byddin o Loegr, a oedd, mae'n debyg, o dan arweiniad brenin Wessex. Yn 633 lladdodd **Cadwallon**, brenin **Gwynedd**, mewn cynghrair â Penda, brenin **Mersia**, frenhinoedd Deifr a Brynaich; yn 634 lladdwyd Cadwallon ei hun gan Edwin, brenin Northumbria. Erbyn canol y 7g. roedd ymlediad Mersia tua'r gorllewin yn diffinio'r **ffin** rhwng Cymru a Lloegr, diffiniad a wnaethpwyd yn ffaith pan godwyd **Clawdd Offa** yn niwedd yr 8g.

Yn y 9g. daeth teyrnasoedd Cristnogol Cymru a Lloegr yn gynyddol o dan fygythiad ymosodiadau'r **Llychlynwyr** paganaidd, un o'r ystyriaethau a yrrodd frenhinoedd **Dyfed**, Gwent, **Glywysing** a **Brycheiniog** i geisio nodded Alfred, brenin Wessex (871–99), noddwr yr ysgolhaig **Asser** o **Dyddewi**. Dyma ddechrau'r gred fod gan frenhinoedd Lloegr hawl i benarglwyddiaeth dros frenhinoedd Cymru, ffaith sylfaenol yn hanes gwleidyddol Cymru yn ystod y pedair canrif a ddilynodd. Daeth y gred honno i olygu llawer mwy yn ystod teyrnasiad Aethelstan (924–39), a alwyd gan y rhai a fu'n ei foli yn 'Basileus y Saeson ac, mewn modd tebyg, rheolwr ar holl orb Prydain'. Gosododd dreth drom ar y Cymry, ac ymddengys ei fod yn disgwyl i frenin amlycaf Cymru, **Hywel Dda**, fynychu ei lys. Tra bu'r Albanwyr a Gwŷr y Gogledd yn gwrthryfela yn erbyn penarglwyddiaeth Aethelstan yn 937, arhosodd y Cymry'n ffyddlon – a dyma, efallai, gyd-destun y gerdd ryfeddol *Armes Prydein* (gw. **Darogan**).

Daeth yn argyfwng yn y berthynas rhwng y Cymry a hen deyrnas y **Saeson** yn ystod gyrfa **Gruffudd ap Llywelyn**, a oedd, erbyn *c.*1057, wedi uno holl deyrnasoedd Cymru o dan ei arweiniad. Yn 1063 arweiniodd ei gyrchoedd i Loegr a'i gynghrair ag Aelfgar, mab iarll Mersia, at yr ymosodiad ar Gymru gan Harold, iarll Wessex, a drefnodd i lofruddio Gruffudd, a phriodi ei weddw, Ealdgyth. Roedd llwyddiant Harold yng Nghymru ymhlith y ffactorau a'i galluogodd i ennill coron Lloegr yn 1066, gan achosi bod Ealdgyth, yn ei thro, yn frenhines Cymru ac yn frenhines Lloegr. Arweiniodd ei esgyniad i'r orsedd at benderfyniad y dug Gwilym o Normandi i ymosod ar Loegr.

O ran Cymru, polisi Gwilym I (1066–87) oedd sefydlogi'r ffin. I'r perwyl hwnnw, sefydlodd ieirll pwerus yng Nghaer, Amwythig a Henffordd (gw. **Swydd Gaer**, **Swydd Amwythig** a **Swydd Henffordd**) a rhoddodd sêl bendith ar eu hymgyrchoedd i ddwyn tiriogaeth y Cymry, ymosodiadau a arweiniodd at greu'r **Mers** yng Nghymru. Mae tystiolaeth gynnar am gyrchoedd y **Normaniaid** wedi ei chofnodi yn Llyfr Domesday 1086. Yn 1081 arweiniodd Gwilym fyddin i Dyddewi ac ymddengys iddo gydnabod **Rhys ap Tewdwr** yn frenin **Deheubarth**. Ni oroesodd y trefniant ei farwolaeth fodd bynnag, ac yn ystod teyrnasiad Gwilym II (1087–1100), ymosododd y Normaniaid ar Ddeheubarth, ac ar Frycheiniog a **Morgannwg**. Yn dilyn gwrthryfel y Cymry yn 1094, arweiniodd Gwilym ddau gyrch ar Gymru. Gan na fu'r un o'r ddau yn llwyddiannus, roedd brenhinoedd yn parhau mewn grym yng Nghymru yn 1100 pan etifeddwyd y goron gan ei frawd, Harri I (1100–35).

Nodwedd amlycaf teyrnasiad Harri oedd y cynnydd yng ngrym y Goron yng Nghymru. Yn ôl awdur ***Brut y Tywysogyon***, y brenin oedd 'y gŵr nis dichon neb ymosgryn ('ymwthio') ag ef eithr Duw ei hun'. Gwelodd ei deyrnasiad gwblhau y cam cyntaf yn y gwaith o ffurfio'r Mers. Er bod y broses wedi cychwyn fel cyrchoedd gan ymosodwyr Normanaidd annibynnol, rhoddodd Harri gymorth achlysurol o leiaf i'r *adventi*, gan sefydlu castell brenhinol Seisnig cyntaf Cymru (**Caerfyrddin**, 1109), hyrwyddo'r ffordd i **Ffleminiaid** ymsefydlu yn ne Dyfed, a thrwy arwain ymgyrchoedd yn erbyn **Gruffudd ap Cynan** o Wynedd a Maredudd ap Bleddyn o Bowys. Olynwyd Harri gan ei nai, Steffan (1135–54), olyniaeth a heriwyd gan ferch Harri, Matilda, gyda chymorth ei phrif gefnogwr, Robert, arglwydd **Morgannwg**. Rhoddodd yr 'Anarchiaeth' a grëwyd gyfle i arweinwyr Cymreig fel **Owain ap Gruffudd** yng Ngwynedd, **Rhys ap Gruffudd** (1132–97) yn Neheubarth a **Madog ap Maredudd** ym Mhowys, adennill llawer o'r grymoedd a gollwyd yn ystod teyrnasiad Harri I. Yn ystod yr 'Anarchiaeth' hefyd llwyddodd arglwyddi'r Mers i gadarnhau natur ledannibynnol eu harglwyddiaethau, sefyllfa y bu Harri yn ceisio ei ffrwyno.

Olynwyd Steffan gan fab Matilda, Harri II (1154–89), a ddaeth yn berchen ar diroedd a ymestynnai o fryniau'r Cheviots i fynyddoedd y Pyreneau. Yn sgil methiant ei ymgyrchoedd yn 1157 ac 1165 i gyfyngu ar rymoedd yr arweinwyr Cymreig, daeth newid polisi pan gydnabuwyd Rhys ap Gruffudd yn ustus de Cymru. Cafodd penderfyniad Harri i hawlio tra-arglwyddiaeth ar **Iwerddon** effaith bellgyrhaeddol ar ddatblygiadau yng Nghymru. Daeth penderfyniad y Goron i gydnabod statws Rhys i ben pan etifeddodd Richard I (1189–99) y goron, ond gan mai am chwe mis o'i deyrnasiad yn unig y gwelwyd ef ym Mhrydain, dylanwad ymylol a gafodd gweithgareddau Richard ar Gymru.

Chwaraeodd olynydd Richard, John (1199–1216), ran bwysicach o lawer yn hanes Cymru, yn gyntaf fel arglwydd Morgannwg drwy briodas, ac yna trwy gyfrwng ei berthynas â **Llywelyn ap Iorwerth**, a briododd ei ferch, **Siwan**. Bu ond y dim i ymgyrch John yn 1211 roi diwedd ar rym Llywelyn, ond arweiniodd ei ymosodiad at uno yr arweinwyr Cymreig, a gynghreiriodd gyda'i wrthwynebwyr ymhlith y barwniaid. Arweiniodd llwyddiant y barwniaid at selio'r **Magna Carta** yn 1215, dogfen a ildiodd gonsesiynau pwysig i Lywelyn.

Ni lwyddodd ymdrechion olynydd John, Harri III (1216–1272), i danseilio grymoedd Llywelyn, ond yn sgil marwolaeth y tywysog yn 1240, sicrhaodd Harri fod sefyllfa **Dafydd ap Llywelyn** yn wannach nag un ei dad. Yn dilyn marwolaeth Dafydd yn 1246, roedd Harri yn benderfynol o leihau statws ei olynwyr, Owain a **Llywelyn ap Gruffudd**, i fod yn gydradd â barwniaid Seisnig. Llwyddodd Llywelyn, fodd bynnag, i gael y gorau ar y brenin. Cafodd ei lwyddiant ei sicrhau trwy gyfrwng ei gynghrair â gwrthwynebwyr y brenin yn rhyfel y barwniaid yn Lloegr (1258–65) a chyrhaeddodd ei anterth yng **Nghytundeb Trefaldwyn** (1267), a roddodd gydnabyddiaeth i Lywelyn fel tywysog Cymru, ac uwch-arglwydd dros bron bob un arall o arglwyddi brodorol Cymru.

Gwelodd teyrnasiad Edward I (1272–1307) ddiwedd ar **dywysogaeth** Llywelyn. Oherwydd amharodrwydd y brenin i gadw at holl amodau Cytundeb Trefaldwyn, roedd y tywysog yn hwyr i wneud gwrogaeth iddo. Arweiniodd hyn at ryfel 1267–77, a ddaeth i ben gyda **Chytundeb Aberconwy** a gyfyngodd yn arw ar rymoedd Llywelyn. Arweiniodd gwrthryfel 1282 at farwolaeth y tywysog a daeth ei holl diroedd i feddiant y brenin, digwyddiadau a olygodd fod Edward yng Nghymru yn amlach ac am gyfnodau llawer hwy nag unrhyw frenin arall o Loegr. Amlygodd ei benderfyniad i gadw rheolaeth gadarn ar y wlad trwy ei raglen gwbl ddigynsail o godi cestyll. Ceisiodd Edward, a oedd yn ŵr meistrolgar, hefyd gyfyngu ar rymoedd arglwyddi'r Mers; yn 1292, er enghraifft, carcharodd arglwyddi **Brycheiniog** a Morgannwg am frwydro â'i gilydd, gweithred a fyddai gan amlaf yn anymarferol yn achos ei olynwyr gwannach.

Ganed mab Edward I, Edward II (1307–27), yng **Nghaernarfon** yn 1284, y cyntaf o blith tri o frenhinoedd Lloegr a aned yng Nghymru. Yn 1301, arwisgodd ei dad ef â'r dywysogaeth, a thrwy hynny beri mai ef oedd y tywysog Cymru cyntaf o blith y Saeson. Ymddengys fod gan Edward gryn gydymdeimlad â'r Cymry, a chyfeiria un croniclwr at 'y modd arbennig yr oedd yn cael ei barchu ganddynt'. Nodwedd amlycaf ei deyrnasiad oedd ei berthynas â phrif arglwyddi'r Mers, yn arbennig aelodau teuluoedd **Despenser** a **Mortimer**. Yn ystod ei argyfwng olaf, daeth ar ffo i Gymru; cafodd ei ddal ger **Llantrisant**, a'i **ddienyddio** yng Nghastell Berkeley. Ffynhonnell arian a milwyr oedd Cymru yng ngolwg ei olynydd, Edward III (1327–77), gyda chyngor tywysog Cymru (y Tywysog Du; 1330–76) yn trefnu i elwa ar ei hadnoddau. Ceisiodd Richard II (1377–1399) feithrin cefnogaeth yng Nghymru, ac yn 1398 cipiodd diroedd ei gefnder, Henry Bolingbroke, yn eu plith arglwyddiaethau Brycheiniog, **Trefynwy** a **Chydweli**. Ar ôl cael ei ddal yng **Nghonwy**, bu'n rhaid iddo ildio'r goron i Bolingbroke, a esgynnodd i'r orsedd fel Harri IV (1399–1413).

Yng Nghymru, **Gwrthryfel Glyndŵr** oedd digwyddiad amlycaf teyrnasiad Harri. Arweiniodd y brenin nifer o ymgyrchoedd yn erbyn y gwrthryfelwyr, ond, yn ystod blynyddoedd olaf y gwrthryfel, gwnaethpwyd y gwaith yma gan ei fab, Harri o Drefynwy, yr ail o frenhinoedd Lloegr a aned yng Nghymru. Ceisiodd Harri V (1413–22), a oedd yn awyddus i recriwtio milwyr Cymreig ar gyfer ei ymgyrchoedd yn Ffrainc (gw. **Rhyfel Can Mlynedd**), gadw'r Cymry'n dawel, a phenododd arweinwyr brodorol yn swyddogion lleol. Priododd ei weddw, Katherine, merch Charles VI o Ffrainc, Owain Tudur (gw. **Tuduriaid**). Etifeddodd Harri VI (1422–71) y goron yn chwe mis oed. Rhwygwyd ei deyrnasiad gan derfysgoedd barwnol a arweiniodd at **Ryfeloedd y Rhos**, a gwnaeth y gwahanol garfanau ddefnydd helaeth o adnoddau Cymru. Arweiniodd gwendid y **llywodraeth** yn ganolog at dorcyfraith cyson yn y Mers a'r **Dywysogaeth**, er gwaethaf ymdrechion hanner brodyr y brenin, Edmwnd a Siasbar Tudur, a oedd yn weithgar yng Nghaerfyrddin a **Phenfro**.

Yn 1461 cafodd Harri VI ei ddiorseddu gan arweinydd plaid **York**, Edward IV, a deyrnasodd, ac eithrio am adferiad Harri yn 1470–1, hyd ei farw yn 1483. Trwy ei berthynas â'r teulu Mortimer, roedd Edward yn ddisgynnydd i Lywelyn ap Iorwerth, ac ef felly oedd y cyntaf o frenhinoedd Lloegr a oedd â chysylltiadau teuluol Cymreig. Gyda holl diroedd teuluoedd **Lancaster** a Mortimer yn ei feddiant, roedd dros hanner arglwyddiaethau'r Mers yn eiddo iddo. Roedd capwt tiroedd Mortimer yn **Llwydlo**, ac yno, yn 1473, sefydlodd Edward gyngor gyda'r nod o roi trefn ar lywodraeth yng Nghymru. Sefydlodd ei etifedd, tywysog Cymru, ei gartref yng Nghastell Llwydlo. Ar farwolaeth ei dad, cafodd Edward V (1483) ei gipio ar ei ffordd i **Lundain** gan ei ewythr, Richard, a hawliodd y goron, ac ef, yn ôl pob tebyg, a drefnodd i lofruddio'r brenin deuddeg oed yn y Tŵr Gwyn yn Llundain.

Rhoddodd gweithred Richard III (1483–5) yn cipio'r goron gyfle i'r hawliwr o du'r Lancastriaid, Harri Tudur (Harri VII; 1485–1509), a aned ym Mhenfro, lanio ym Mhont y Pistyll (gw. **Dale**) ger Aberdaugleddau (gw. **Aberdaugleddau, Dyfrffordd**), a threchu a lladd Richard ym mrwydr **Bosworth** a chipio'r goron. Cafodd esgyniad un o ddisgynyddion teulu **Tuduriaid** Penmynydd i'r orsedd ei groesawu yng Nghymru ac ystyrid bod **darogan** y beirdd o'r diwedd wedi'i wireddu. Eto, ar wahân i ychydig o weithredoedd symbolaidd – cynnwys y **ddraig goch** yn yr arfbais frenhinol, er enghraifft – ni ddangosodd Harri unrhyw ddiddordeb arbennig yng Nghymru. Ni ddaeth yr un o frenhinoedd a breninesau llinach y Tuduriaid i Gymru, gan beri mai'r Tuduriaid oedd yr unig linach frenhinol Seisnig ar ôl 1066 i beidio â chroesi Clawdd Offa tra oeddynt yn teyrnasu.

Yn ystod ei deyrnasiad ysgogodd mab Harri, Harri VIII (1509–47), y newidiadau a fyddai yn y pen draw yn peri mai gwledydd Protestannaidd fyddai Lloegr a Chymru, a sicrhaodd ei brif gynghorydd, Thomas Cromwell, fod y **Deddfau 'Uno'** yn dod ar y Llyfr Statud. Gwthiodd Edward VI (1547–53) newidiadau crefyddol ei dad i gyfeiriad mwy Protestannaidd fyth, proses a wyrdrowyd gan ei olynydd, Mari I (1553–58). O dan Elizabeth (1558–1603), daeth Eglwys Loegr, a oedd yn gymedrol Brotestannaidd, yn eglwys sefydledig Cymru (gw. **Anglicaniaid**) – achos cryn ddadlau bedwar can mlynedd yn ddiweddarach. Gwelodd ei theyrnasiad hi hefyd beth cydbwysedd yn dod i weinyddiad Cymru, wrth i'r newidiadau a ddaeth yn sgil y Deddfau 'Uno' ddwyn ffrwyth.

Yn 1603 etifeddodd James VI o'r **Alban** (James I, 1603–1625) goron Lloegr. Yn y modd hwnnw, ffurfiwyd teyrnas Prydain Fawr, datblygiad o bwys i'r Cymry, a allai o hyn allan eu hystyried eu hunain yn bartneriaid mewn gwladwriaeth a gynrychiolai'r undeb rhwng tair gwlad. Arweiniodd polisïau Charles I (1625–49) at y **Rhyfeloedd Cartref**, ac yn ystod y blynyddoedd hynny ymwelodd Charles â Chymru (1645) – y brenin cyntaf i wneud hynny er Harri IV yn 1402. Daeth Adferiad y Stiwartiaid â Charles II (1660–85) i'r orsedd, a chafodd ei esgyniad groeso cynnes gan y Cymry. Gan nad oedd gan y brenin unrhyw blant cyfreithlon, ei olynydd oedd ei frawd Catholig, James, mater a arweiniodd at dwf **Plaid y Chwigiaid** a oedd o blaid cau James allan, a'r **Blaid Doriaidd**, a oedd o blaid ei dderbyn fel brenin, gyda'r **boneddigion** Cymreig – er eu bod yn amau Catholigiaeth – yn frwd o blaid yr ail. Yn 1687 ymwelodd James II (1685–8) â'r ffynnon yn **Nhreffynnon** er mwyn gweddïo am fab. Atebwyd ei weddi, ac roedd y ffaith ei fod yn benderfynol ei fod am fagu ei blentyn yn y traddodiad Catholig ymhlith y ffactorau a arweiniodd at ei ddisodli ac at deyrnasiad ei ferch, Mari II (1689–94), ar y cyd â'i gŵr, William III (1689–1702). Olynwyd William, a greodd helynt mawr yng ngogledd-ddwyrain Cymru trwy geisio rhoi tiroedd helaeth o dir i ffefryn o'r Iseldiroedd, gan ei chwaer-yng-nghyfraith, Anne (1702–14). Gwnaeth hi ei hun yn boblogaidd iawn ymhlith y mân offeiriaid trwy roi rhan o'i hincwm iddynt – Bownti y Frenhines Anne a gafodd ei gwerthfawrogi'n arw gan bersoniaid tlawd Cymru.

Amharwyd ar yr olyniaeth etifeddol yn 1689, ond tarfwyd arni mewn modd mwy sylfaenol fyth yn 1714 gyda dyfodiad y llinach Hanoferaidd. Roedd yn gas gan lawer o'r uchelwyr Cymreig ei gweld yn dyfod, ond gan mai ymrwymiad sentimental yn unig a oedd ganddynt i linach y Stiwartiaid, ni welwyd gwrthdystiadau'r Jacobitiaid (gw. **Jacobitiaeth**) yng Nghymru. A hwythau heb unrhyw wir rym gwleidyddol ac yn ddieithr i'w teyrnas newydd, ni chafodd George I (1714–27) a George II (1727–60) fawr o ddylanwad. Profodd George III (1760–1820) yn fwy dylanwadol; cafodd ei jiwbilî aur ef ei dathlu gyda chofebau ger **Pontarfynach** ac ar **Fryniau Clwyd**. Aeth George IV (1820–30), noddwr y pensaer o Gymru **John Nash**, ar daith ar draws Cymru wrth ymweld ag Iwerddon yn 1821 – y brenin cyntaf i groesi'r ffin ers James yn 1687; mae bwa yng **Nghaergybi** yn cofnodi'r ffaith. Olynwyd George gan ei frawd, William IV (1830–7), a olynwyd yn ei dro gan ei nith, Victoria (1837–1901).

Yn ystod ei theyrnasiad hir treuliodd Victoria saith noson yng Nghymru, o gymharu â saith wythnos yn Iwerddon a saith mlynedd yn yr Alban. Ar y cyfan roedd ganddi agwedd negyddol tuag at y Cymry. Roedd ganddynt hwy barch mawr ati hi, yn bennaf oherwydd ei chysylltiadau teuluol â Chymru, ei Phrotestaniaeth a'i pharchusrwydd. Erbyn y 1880au, fodd bynnag, roedd yr arian yr oedd ei theulu yn ei dderbyn a'i safle fel 'pennaeth' Eglwys Loegr yn arwain at beth teimlad gweriniaethol. Mynegodd **Keir Hardie** deimladau gwrthfrenhinol chwyrn yng nghyd-destun y diffyg cydymdeimlad a ddangoswyd gan y Senedd at y rhai a ddioddefodd yn nhrychineb glofa Cilfynydd yn 1894. Yn sgil yr ymateb beirniadol a gafwyd i'w eiriau, roedd y **Blaid**

**Lafur** yn amharod i fynegi'r fath farn; yn wir, medrai aelodau Cymreig diweddarach o'r blaid – **George Thomas** yn arbennig – fod yn gyfoglyd o wasaidd tuag at y teulu brenhinol.

Cafodd Edward VII (1901–10) ei benodi yn ganghellor **Prifysgol Cymru** yn 1895, arwydd fod rhai yn y cylchoedd brenhinol yn teimlo y dylid ymdrechu i gadw teyrngarwch y Cymry. Yn dilyn ei sylwadau ynglŷn â'r angen i wella rhai a oedd yn dioddef o'r ddarfodedigaeth, sefydlwyd Cymdeithas Goffa Gymreig Genedlaethol Edward VII yn 1912 i ymladd y clefyd (gw. **Twbercwlosis**). Yn dilyn pwysau gan **David Lloyd George**, cynhaliodd George V (1910–36), seremoni arwisgo ei fab (Edward VIII yn ddiweddarach; 1936) yn dywysog Cymru yng Nghaernarfon yn 1911. Yn ystod taith trwy faes **glo**'r de ym mis Tachwedd 1936, mynegodd Edward VIII gydymdeimlad â sefyllfa'r di-waith; ildiodd ei goron lai na mis yn ddiweddarach er mwyn priodi Wallis Simpson, Americanes a oedd wedi ysgaru ddwywaith. Ailsefydlodd ei olynydd, George VI (1936–52), y traddodiad o barchusrwydd brenhinol a sefydlwyd gan Victoria ac a gynhaliwyd gan George V. Ceisiodd Elizabeth II (1952–) gynnal y traddodiad hwnnw, ond sarnodd gwendidau ei phlant ddelwedd y teulu brenhinol. Mae Charles, ei hetifedd – a arwisgwyd â thywysogaeth Cymru yng Nghaernarfon yn 1969 – wedi ymwneud mwy â Chymru nag unrhyw un o'i ragflaenwyr. Rhyddhaodd damwain angheuol Diana, y wraig a ysgarodd, donnau o emosiwn anhygoel y bu bron iddynt danseilio refferendwm **datganoli** 1997. Ar adeg ei choroni yn 1953, roedd canran uchel o'r Cymry am fynegi eu teyrngarwch i Elizabeth II. Erbyn adeg ei jiwbilî aur yn 2002, roedd yn amlwg fod ymlyniad diwyro wrth y frenhiniaeth wedi ei gyfyngu'n bennaf i'r genhedlaeth honno a oedd yn cofio'r **Ail Ryfel Byd**.

## BREOS (BREWYS), Teulu Arglwyddi yn y Mers

Roedd Philip (m.*c*.1130), y cyntaf o'r teulu a chanddo gysylltiad â Chymru, yn fab i William o Breos ger Falaise yn Normandi, tirfeddiannwr o sylwedd yn Essex. O *c*.1095 ymlaen ymlafniodd Philip i ddisodli rheolwyr brodorol **Maesyfed** a **Buellt**. Priododd ei ddisgynnydd, William (m.1180), ag aeres **Brycheiniog** a'r **Fenni**. Daeth **Gŵyr** a **Theirtref** i feddiant mab William, William (m.1211), arglwydd y Fenni y bu sôn mawr am ei fileindra wedi iddo ladd Seisyll ap Dyfnwal a'i ddilynwyr yn 1175. Priododd ei fab ef, Reginald (m.1128), â Gwladus Ddu (m.1251), merch **Llywelyn ap Iorwerth**, un o'r priodasau niferus rhwng y teulu ac aelodau o linachau tywysogaethol Cymru. Yn 1230 crogwyd mab Reginald o briodas gynharach, William (Gwilym Brewys), gan Lywelyn oherwydd ei garwriaeth â **Siwan**, gwraig Llywelyn; dyma sail drama **Saunders Lewis**, *Siwan*. A William heb fab, rhannwyd ei arglwyddiaethau rhwng **Dafydd ap Llywelyn**, **Mortimer**, **Bohun** a Cantilupe, gwŷr ei ferched. Roedd Reginald wedi ildio Gŵyr i'w nai, John (m.1232), a bu'r arglwyddiaeth yn eiddo i ddisgynyddion gwrywaidd hwnnw hyd 1326 pan aeth trwy briodas i feddiant teulu **Mowbray**.

## BREUDETH (Brawdy), Sir Benfro (3,505ha; 611 o drigolion)

Yn y **gymuned** hon, a leolir lle mae arfordir Bae Sain Ffraid yn troi tua'r gorllewin, ceir clogwyni gwych y mae modd eu cyrraedd o bentref glan môr Niwgwl. Yn Eglwys Dewi Sant (sy'n dyddio o'r 12g. yn wreiddiol) ceir pedair carreg arysgrifedig o'r 6g. Mwnt yn dyddio o ddiwedd y 12g. yw Cas-bwnsh. Yn Nhrefgarn Owen ceir un o achosion cynharaf yr **Annibynwyr** yng Nghymru (1686). Maes awyr yw nodwedd amlycaf yr ardal; ar un adeg dyma ganolfan gwasanaeth achub awyr a môr **Sir Benfro**. Bu canolfan ysbïo Llynges yr Unol Daleithiau, am y ffin â'r maes awyr, yn wrthrych gwrthdystiadau; er 1995 bu'n farics ar gyfer y fyddin. Mae Llan-lwy yn destun ysgrif hyfryd gan **R. T. Jenkins**; cafodd yr eglwys yno ei hailadeiladu yn 1927 yn yr arddull *Arts and Crafts*.

## BREWER-SPINKS, Anghydfod

Ym mis Mehefin 1965 cododd helynt mewn ffatri yn Nhanygrisiau, Blaenau **Ffestiniog**, pan orchmynnodd cyfarwyddwr technegol y cwmni, W. Brewer-Spinks, y deg aelod o staff i lofnodi cytundeb yn datgan na fyddent yn siarad **Cymraeg** yn y gwaith. Honnid nad oedd Cymraeg yn iaith addas ar gyfer trin a thrafod manylion technegol **peirianneg** fodern. Diswyddwyd dau o'r gweithwyr, Elmer a Neville Jones, am wrthod cydymffurfio ac ysgogodd hyn brotestio ffyrnig yn lleol a chryn ysgyrnygu dannedd ar draws Cymru. Beirniadwyd gweithred y cyfarwyddwr yn hallt gan nifer o wleidyddion amlwg, gan gynnwys **James Griffiths**, **Ysgrifennydd Gwladol Cymru**, ac o fewn pythefnos bu'n rhaid i Brewer-Spinks syrthio ar ei fai. Ynghyd â rhai gwrthdystiadau eraill, megis safiad teulu **Beasley**, y protestio yn erbyn boddi **Tryweryn** ac ymgyrchu **Cymdeithas yr Iaith Gymraeg**, cyfrannodd helynt Brewer-Spinks at y deffroad ieithyddol a fu yng Nghymru yn ystod y 1960au.

## BRIGSTOCKE, Teulu Arlunwyr

Ganed David Brigstocke yn **Llundain** (1771–*c*.1821) a symudodd i **Gaerfyrddin** lle bu'n peintio tai ac yn addurno y tu mewn iddynt, yn gweithio â **gwydr lliw** ac yn ymwneud â **phensaernïaeth**. Lluosogodd ei deulu a buont yn gweithio yn y meysydd hyn yn ardal Caerfyrddin a **Sanclêr** am y rhan fwyaf o'r 19g. Aeth Thomas (1809–81), ei fab, i Ysgolion yr Academi Frenhinol yn Llundain. Bu'n byw yn Rhufain yn y 1830au, lle'r oedd yn ymwneud â grŵp o arlunwyr Cymraeg eu hiaith, yn cynnwys **Penry Williams** a **John Gibson**, a hynny ar adeg pan oedd y diddordeb mewn Celtigiaeth ar gynnydd yn Rhufain. Roedd Thomas, y mwyaf dawnus o'r teulu, yn enwog am ei beintiadau o fywyd llonydd a'i bortreadau o deuluoedd Cymreig blaenllaw.

## BRITHDIR A LLANFACHRETH, Gwynedd (10,803ha; 735 o drigolion)

Mae'r **gymuned** hon, sydd o boptu Dyffryn Wnion, yn union i'r dwyrain o **Ddolgellau** ac yn cynnwys pentrefi'r Brithdir, Llanfachreth a Rhydymain ynghyd â chopa Rhobell Fawr (734m). Ceir caer fechan Rufeinig yn y Brithdir. Roedd Dolserau a Chaerynwch ar un adeg yn ganolfannau stadau sylweddol. Mae'r llwybr ar hyd afon Clywedog yn cael ei adnabod fel Llwybr y Cenllif neu'r 'Torrent Walk' er dechrau'r 19g. Ymdebyga Eglwys Sant Marc, y Brithdir (1896), i Eglwys Anglicanaidd Sant Marc yn Fflorens a cheir ynddi allor o **gopr** a bedyddfaen o **blwm**. Codwyd Eglwys Sant Machreth (1874) ar safle adeilad yn dyddio o'r 13g. Mae ynddi goflechi'n coffáu Rhys neu Rice Jones (1713–1801), golygydd *Gorchestion Beirdd*

Rhan o allor gopr Eglwys Sant Marc, Brithdir

*Cymru* (1773), a nifer o aelodau teulu Vaughan o Nannau. Roedd eu hynafiaid, Fychaniaid **Nannau**, yn noddwyr amlwg ym myd **llenyddiaeth**, a hwy oedd yr olaf yn y gogledd, meddir, i noddi bardd teulu (Siôn Dafydd Laes neu Las; m.1695). O blith holl blastai'r tirfeddianwyr yng Nghymru, Nannau (fe'i hailadeiladwyd yn 1796) yw'r uchaf o ran ei leoliad (230m).

## BRO GARMON, Conwy (5,467ha; 648 o drigolion)

Nodwedd fwyaf diddorol y **gymuned** hon, sydd ar lan ddwyreiniol afon **Conwy**, ac am yr afon â **Betws-y-coed**, yw siambr gladdu Capel Garmon, lle cafwyd hyd i **grochenwaith** yn dyddio o *c*.3200. Mae'n perthyn i grŵp Hafren-Cotswold o siambrau claddu, gan awgrymu bod naill ai'r bobl neu'r syniadau a oedd yn gysylltiedig â'r grŵp hwnnw wedi symud tua'r gogledd. Y brigwn (haearn aelwyd) o'r Oes Haearn (gw. **Oesau Cynhanesyddol**), y cafwyd hyd iddo gerllaw, yw'r gwrthrych cywreiniaf o'i fath i'w ddarganfod yn Ewrop. Ar gyrion deheuol y gymuned y mae rhaeadr ddramatig y Graig Lwyd; mae Pont Newydd gerllaw yn cynnig golygfeydd gwych o'r ceunant islaw. Mae Cyffdy (16g.), Soflen (17g.) a Phlas Tirion (17g.) i gyd yn dai diddorol.

## BRO MACHNO, Conwy (5,443ha; 625 o drigolion)

Mae coedwig yn gorchuddio rhan helaeth o diriogaeth y **gymuned** hon, sy'n ffurfio basn afon Machno, un o isafonydd afon **Conwy**. Fel yn achos **Ysbyty Ifan**, yr **Ymddiriedolaeth Genedlaethol** piau rhannau helaeth o diriogaeth y gymuned. Mae'r pedair carreg arysgrifedig o'r 5g. a'r 6g. sydd ym mynwent Eglwys Sant Tudclud (1857) yn tystio bod Penmachno'n safle crefyddol cynnar o bwys; cyfeiria un garreg at gonswliaeth Justinius (OC 540), sy'n arwydd o gysylltiad rhwng Penmachno a Bwrgwyn. Mae'r ardal yn cynnwys nifer o dai sylweddol yn dyddio o'r 16g. a'r 17g. Roedd Cwm Penmachno yn ardal bwysig i'r diwydiant **llechi**. Galarodd Gwilym Tilsley am ei dirywiad yn ei awdl 'Cwm Carnedd'. Mae Tŷ Mawr, Wybrnant, man geni **William Morgan**, cyfieithydd y **Beibl**, wedi'i adfer yn ddeheuig gan yr Ymddiriedolaeth Genedlaethol. Yn uchel uwchben Cwm Penmachno mae Llyn Conwy, tarddle afon Conwy.

## BRO MORGANNWG Sir, etholaeth a chyn-ddosbarth (33,975ha; 119,292 o drigolion)

Yn dilyn diddymu **Sir Forgannwg** yn 1974, daeth Bro Morgannwg yn un o ddau ddosbarth oddi mewn i sir newydd **De Morgannwg**. Roedd yn cynnwys **bwrdeistrefi** y **Barri** a'r **Bont-faen**, dosbarth trefol **Penarth**, a dosbarth gwledig y Bont-faen a rhan o un **Caerdydd**. Yn 1996 daeth y dosbarth, o ychwanegu ato dair o gymunedau hen ddosbarth **Ogwr**, yn sir Bro Morgannwg. Yn 2001 roedd 16.90% o drigolion y sir â rhywfaint o afael ar y Gymraeg; roedd y canrannau yn amrywio o 24.55% yn **Llandŵ** i 13.4% yn **Llandoche**. Roedd 8.81% o drigolion y sir yn gwbl rugl yn yr iaith.

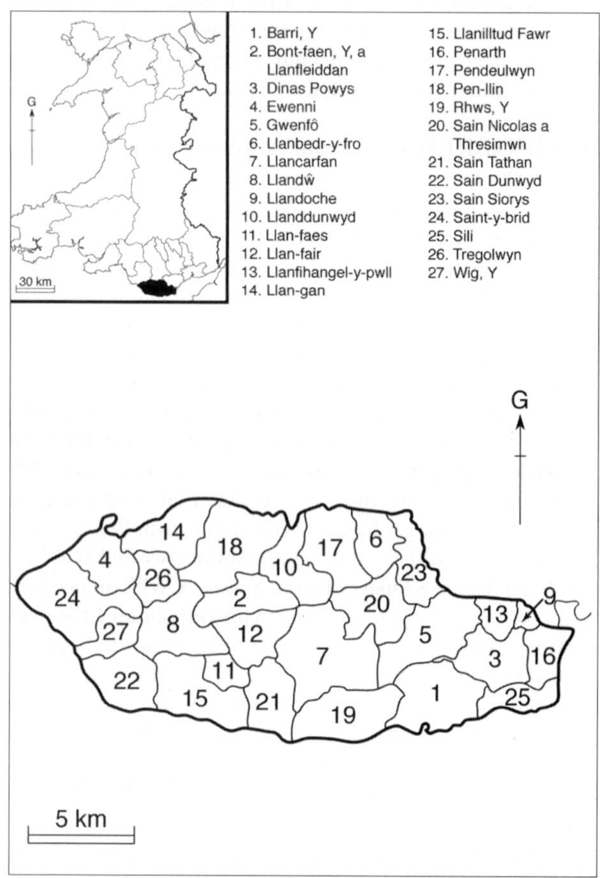


Cymunedau Bro Morgannwg

Mae'r Fro yn gorwedd ar wastadedd arfordirol llydan sy'n gostwng yn raddol mewn uchder o tua 120m ar ei ffin ogleddol hyd 40m ar hyd clogwyni'r arfordir. Mae afonydd **Elái**, **Ddawan**, **Ogwr** ac Ewenni (sy'n llifo i afon Ogwr) yn torri ar draws y gwastadedd. Mae'n ardal heddychlon a hardd, gyda'i hadeiladau o **Galchfaen** Liasig a gloddiwyd o'r graig sydd o dan wyneb y rhan fwyaf o'i thir.

## BRODYR CARDOD

Câi pob un o brif urddau'r brodyr cardod eu cynrychioli yng Nghymru'r Oesoedd Canol, ac roedd eu mynachlogydd i gyd yn gysylltiedig â threfi. Y mwyaf niferus oedd tai'r Dominiciaid neu'r Brodyr Duon; roedd pump ohonynt i gyd, a phob un wedi elwa o ewyllys y Frenhines Eleanor (1291), a oedd wedi teithio yng Nghymru gydag Edward I. Dywedid bod y crair mwyaf sanctaidd trwy ogledd Cymru ym meddiant brodordy **Bangor**. Gwasanaethodd brodyr **Rhuddlan** fel caplaniaid i fyddin **Lloegr** yn ystod **Goresgyniad Edward**. Roedd y brodordai Dominicaidd eraill yn **Aberhonddu**, **Caerdydd** a **Hwlffordd**.

Roedd gan Urdd Sant Ffransis, neu'r Brodyr Llwydion, dri brodordy yn y wlad. Sefydlwyd yr un yn **Llan-faes** gan **Lywelyn ap Iorwerth**, yn agos i'r man lle claddwyd ei wraig, **Siwan** (1237). Elwodd brodyr **Caerfyrddin** ar ymweliad gan Edward I (1284); roedd ystafell hir yno yn dwyn yr enw 'siambr y brenin'. Roedd brodordy Caerdydd ym maestref Crockerton. Ceid un brodordy Carmelaidd (yn nhref **Dinbych**), ac un Awstinaidd (a sefydlwyd yn ddiweddar, yn 1377, yng **Nghasnewydd**). Ceir cyfeiriadau at frodordai posibl eraill, ond prin yw'r dystiolaeth hanesyddol.

Mae'r dystiolaeth sydd ar gael yn awgrymu bod y brodordai yn denu Cymry ac yn gydnaws â'r ymdeimlad cenedlaethol Cymreig, a bod y brodyr yn **pregethu** ac yn gwneud gwaith ysgolheigaidd. Cafodd brodyr Cymru eu canmol yn fawr gan yr Archesgob **Pecham** yn ystod ei ymweliad yn 1284 ond, gan mai ysgolhaig Ffransisgaidd oedd ef ei hun, efallai nad oedd yn gwbl ddiduedd. Tybir yn gyffredin mai un o'r brodyr oedd Gruffudd Bola, a gyfieithodd Gredo Athanasiws i'r **Gymraeg** (er nad oes sicrwydd o hynny). Ymhlith y Cymry a gafodd waith mewn brodordai mewn mannau eraill yr oedd y brawd Ffransisgaidd **Johannes Wallensis**, a ddaeth yn brif raglyw ar yr urdd ym Mharis, a'r brawd Dominicaidd Thomas Wallensis (*fl.*1300–50), a garcharwyd yn Avignon ar ôl ymosod ar ddehongliad y Pab o'r Weledigaeth Wynfydedig (1333).

Diddymwyd pob un o fynachdai Cymru yn ystod 1538 ac 1539. Bryd hynny roedd tua 60 o frodyr yng Nghymru. Prin yw olion eu brodordai erbyn hyn, ar wahân i'r gyn-eglwys Garmelaidd yn Ninbych a changell yr eglwys Ddominicaidd yn Aberhonddu – a ddefnyddir bellach fel capel gan Goleg Crist. Mewn mannau eraill, dim ond enw lle neu stryd, fel Parc y Brodyr yng Nghaerfyrddin, a Friars Lane yn Hwlffordd, sy'n tystio i'r bywyd crefyddol a fu gynt yn y lleoedd hynny.

## BRONINGTON, Wrecsam (3,482ha; 1,228 o drigolion)

Mae tiriogaeth y **gymuned** hon, sef rhan fwyaf dwyreiniol **Maelor Saesneg**, yn ymestyn allan tuag at yr Eglwys Wen (Whitchurch) yn **Swydd Amwythig**. Disgrifiodd Edward Hubbard eglwys Bronington – a addaswyd o ysgubor o waith brics – fel eglwys 'annwyl o syml'. Mae Eglwys y Santes Fair, Is-coed (Whitewell), hefyd o frics (1830); mae'n cynnwys coflech i Philip Henry (m.1696), un o brif arloeswyr y **Presbyteriaid** a'r mwyaf duwiol o arweinwyr y **Piwritaniaid** yng Nghymru. Yn 1672 ei gartref ef, Broad Oak, oedd y tŷ cwrdd Presbyteraidd cyntaf i gael ei drwyddedu yng Nghymru. Yn Broad Oak y ganed mab Philip, Matthew (1662–1714), a ddaeth i fri yng Nghymru oherwydd ei esboniadau Beiblaidd. Adeiladwyd plasty hardd Parc Iscoed *c.*1740, a'i helaethu yn y 19g. Ceir safleoedd hynafol wedi'u hamgylchynu gan ffosydd yn Wolvesacre Hall a Haulton Ring. Mae'r gymuned, sy'n frith o adeiladau ffrâm bren, hefyd yn cynnwys y gyforgors eang Fenns Moss, a ddynodwyd yn Warchodfa Natur yn 1996.

## BRONLLYS, Sir Frycheiniog, Powys (1,933ha; 816 o drigolion)

Ar un adeg roedd Bronllys, **cymuned** a leolir i'r de o'r tro enfawr yn afon **Gwy**, yn ganolfan weinyddol **Cantref Selyf**. Ar gopa mwnt y castell mae gorthwr trillawr crwn a adeiladwyd yn ystod y 13g. Mae i'r eglwys, a ailadeiladwyd yn ystod y 19g., dŵr ar wahân. Gorffennwyd adeiladu Ysbyty Bronllys yn 1920, yn sanatoriwm ar gyfer rhai a ddioddefai oddi wrth **dwbercwlosis**. Ailadeiladwyd eglwys Llys-wen yn 1863; dyfala'r *Shell Guide for Mid Wales* iddo fod yn adeilad brafiach o lawer cyn hynny. Yn Pipton, yn 1265, seliodd Simon de Montfort gytundeb yn cydnabod **Llywelyn ap Gruffudd** yn dywysog Cymru. Roedd Pipton yn ganolfan cynhyrchu **haearn**, gwaith yr arloesodd teulu Maybery ynddo ddiwedd yr 17g. Y cwbl a erys o'r tŷ a adeiladwyd ar gyfer Herbert Williams yn ystod yr 17g. yw asgell ddeheuol plasty Llangoed; gwaith **Clough Williams-Ellis** yw gweddill yr adeilad, a gwblhawyd yn 1919, ac sydd bellach yn westy.

## BRONWYDD, Sir Gaerfyrddin (881ha; 572 o drigolion)

Canolbwynt poblogaeth y **gymuned** hon, sy'n union i'r gogledd o **Gaerfyrddin**, yw pentref gwasgarog Bronwydd. Bu plasty Cwmgwili yn gartref i deulu adnabyddus y Philippiaid ac mae ynddo nodweddion o'r 17g. Yn 1975 agorwyd darn 4km o'r rheilffordd a arferai redeg rhwng Caerfyrddin ac **Aberystwyth** fel atyniad i ymwelwyr. Mae ei hyrwyddwyr yn gobeithio ailosod ac agor rhannau ychwanegol o Reilffordd Ager Gwili yn y dyfodol.

## BRUCE, Teulu Barwniaid Aberdare

Y barwn cyntaf oedd Henry Austin Bruce (1815–95), mab John Bruce Pryce (g. Knight), perchennog stad Dyffryn, **Aberdâr**. Fel ynad cyflogedig, roedd i Pryce ran ganolog yn hanes Gwrthryfel **Merthyr**. Yn 1837 ef oedd yr ymgeisydd Ceidwadol ym **Merthyr Tudful**. Ond daeth Henry Austin Bruce yn aelod seneddol Rhyddfrydol Merthyr yn 1852, gan olynu John Guest (gw. **Guest, Teulu**), gwrthwynebydd ei dad gynt; cynrychiolodd yr etholaeth hyd 1868 pan drechwyd ef gan **Henry Richard**. Daeth yn aelod seneddol Renfrew yn 1869, ac o 1869 hyd 1873 ef oedd yr ysgrifennydd cartref; roedd felly'n un o dri Chymro a fu'n aelodau o'r cabinet Prydeinig yn y 19g. Yn 1873 daeth yn Farwn Aberdare ac yn Arglwydd Lywydd y Cyngor. Roedd ganddo fuddiannau helaeth yn Affrica, ac mae Mynyddoedd Aberdare yn Kenya yn ei goffáu. Yn 1880 bu'n gadeirydd

Pwyllgor Aberdare ar **addysg** yng Nghymru (gw. **Adroddiad Arglwydd Aberdare**). Ef oedd llywydd cyntaf Coleg y Brifysgol, **Caerdydd (Prifysgol Caerdydd)**, a changhellor cyntaf **Prifysgol Cymru**. Ymhlith ei ddisgynyddion yr oedd William Napier (1858–1936), dirprwy-ganghellor Prifysgol Cymru (1927–34), Charles Granville (1866–1939), trefnydd yr ymdrechion cynharaf i ddringo Everest, a'r trydydd barwn, Clarence Napier (1885–1957), athletwr rhyngwladol o fri.

**BRUNEL, Isambard Kingdom (1806–59)** Peiriannydd rheilffyrdd
Roedd Isambard Kingdom Brunel – gyda'r enwocaf o arloeswyr y **rheilffyrdd** – yn unig fab i Syr Marc Isambard Brunel, adeiladwr y twnnel tanddwr cyntaf yn y byd. Ef a adeiladodd Reilffordd De Cymru, y rheilffordd lydan 7 troedfedd (2.1336m) o Gaerloyw i **Neyland** a gysylltai â Rheilffordd y Great Western o Paddington, gan gwblhau cysylltiad post hanfodol bwysig ag **Iwerddon**. Dwy o'i greadigaethau mwyaf nodedig yng Nghymru yw'r bont dros afon **Gwy** yng **Nghas-gwent**, a godwyd ar golofnau o **haearn** bwrw, a thraphont 37 bwa Glandŵr (**Abertawe**) ar draws afon **Tawe**. Brunel hefyd a gynlluniodd Reilffordd Cwm Taf (1841) a Rheilffordd Cwm Nedd (1851). Saif cerflun ohono, gyda het sidan am ei ben, yn Neyland.

**BRUNT, David (1886–1965)** Meteorolegydd
Ganed Syr David Brunt, un o sylfaenwyr meteoroleg fodern, yn Staylittle (**Trefeglwys**), ond symudodd y teulu i **Lanhiledd**, ac aeth i'r ysgol uwchradd yn **Abertyleri**. Graddiodd mewn mathemateg yn **Aberystwyth** cyn mynd i **Gaergrawnt**. Ar ôl cyfnod byr yn dysgu yng Ngholeg Hyfforddi **Caerllion**, a gwasanaethu adeg y rhyfel gyda'r Peirianwyr Brenhinol, dechreuodd weithio yn y Swyddfa Dywydd ar ledaeniad nwyon yn yr is-atmosffer. Mae'n fwyaf enwog am iddo gyfrifo cyfnod naturiol osgiliad parsel aer yn yr atmosffer. Llwyddodd gwyddonydd o'r Ffindir, Väisälä, i wneud yr un cyfrifiad yn annibynnol arno, ac fe'i gelwir felly yn gyfnod Brunt-Väisälä, un o'r paramedrau allweddol yn theori deinameg atmosfferig. Cafodd Brunt ei wneud yn athro meteoroleg yn yr Imperial College, **Llundain**. Ef oedd awdur *Physical and Dynamical Meteorology* (1934), gwaith arloesol a ddaeth yn destun safonol.

**BRUT, Walter (Gwallter Brut(e); *fl.*1390–1402)** Heretic
Gwysiwyd y Lolard hwn gerbron yr awdurdodau Eglwysig ar sawl achlysur rhwng 1390 ac 1393 i ateb cyhuddiadau o heresi. Ymfalchïai Brut yn ei dras Brythonig a haerodd fod Duw wedi dewis y Cymry i'w gynorthwyo i ddymchwel yr Anghrist, sef y Pab yn ei dyb ef. Taranai hefyd yn erbyn casglu'r **degwm**, offeiriaid anfoesol a ffolineb rhyfel, ac anogai ei gydwladwyr i'w ddilyn. Gwrthododd dynnu'i eiriau yn ôl, ac yn y diwedd fe'i gollyngwyd yn rhydd gan ei gyhuddwyr lluddedig â cherydd yn unig. Yn ddiweddarach bu'n bleidiol i **Owain Glyndŵr**. (Gw. hefyd **Lolardiaid**.)

***BRUT Y TYWYSOGYON***
Cronicl yn cyflwyno hanes Cymru annibynnol o farwolaeth **Cadwaladr ap Cadwallon**, tua diwedd y 7g., hyd farwolaeth **Llywelyn ap Gruffudd** yn 1282. Fe'i ceir mewn dau fersiwn sy'n gyfieithiadau o destun Lladin coll y credir iddo gael ei lunio yn abaty Sistersaidd **Ystrad-fflur** tua diwedd y 13g. Fe'i seiliwyd ar gofnodion blynyddol a gadwyd mewn sefydliadau eglwysig megis **Tyddewi** er yr 8g. Mae tair set o'r blwyddnodion hyn ar glawr, ac fe'u cyhoeddwyd dan y teitl *Annales Cambriae.* Cwta a ffeithiol yw arddull yr *annales*, ond cyfansoddwyd testun gwreiddiol y *Brut* mewn arddull gain, lenyddol. Caiff ei ystyried fel dilyniant i *Historia Regum Britanniae* **Sieffre** o **Fynwy**, yr adwaenid y fersiwn Cymraeg ohono fel Brut y Brenhinedd.

**BRUTE, Teulu** Seiri meini coffa
Mewn cymdeithas a oedd, ar y cyfan, heb draddodiad darluniadol, bu celfyddyd y rhai a wnâi feini coffa yng Nghymru yn ffurf bwysig ar ddiwylliant gweledol. Yn Llanbedr (**Dyffryn Grwyne**) yr oedd canolfan teulu'r Brute, ac roeddynt yn weithredol yn ardal y **Mynydd Du** (**Sir Fynwy** a **Phowys**) yn y 18g. a dechrau'r 19g. Thomas Brute (1699–1767) a'i fab Aaron Brute (1731–1801) oedd y rhai mwyaf adnabyddus o'r teulu, a disgrifir gwaith Aaron Brute fel 'Rococo Gwerinol' oherwydd ei ddefnydd dyfeisgar o fotiffau blodeuog.

**BRUTUS** Sylfaenydd chwedlonol hil y Brytaniaid
***Historia Brittonum***, gwaith o'r 9g., sy'n sôn gyntaf am Brutus neu Britto, sylfaenydd honedig teyrnas y Brytaniaid. Yn y 12g. cydiodd **Sieffre o Fynwy** yn yr enw a chreu stori Brutus o Gaerdroea, gorwyr i'r arwr Aeneas, a arweiniodd weddill ei bobl ei hun o gaethiwed yng ngwlad Groeg i'w cartref newydd ym **Mhrydain**, a enwyd ar ei ôl. Manylion o ddyfais Sieffre, mae'n ddiamau, yw cyfeillgarwch Brutus â Corineus (sylfaenydd honedig **Cernyw**), ei briodas ag Ignoge (Innogen), a'i dri mab Locrinus, Camber ac Albanactus, brenhinoedd gwreiddiol **Lloegr**, **Cymru** a'r **Alban**. Ar sail honiad Sieffre mai Locrinus oedd y mab hynaf yr hawliodd **brenhinoedd** Lloegr fod ganddynt awdurdod dros Brydain oll.

**BRWMFFILD AC IÂL (Bromfield and Yale)** Arglwyddiaeth
Daeth yr ardal hon, sef cymydau **Maelor Gymraeg** ac **Iâl** a rhan o gwmwd **Nanheudwy** ym **Mhowys Fadog**, yn un o arglwyddiaethau'r **Mers** yn 1283. Fe'i rhoddwyd i deulu **Warenne**, ieirll Surrey, ac yna yn niwedd y 14g. daeth yn eiddo i deulu **Fitz Alan**, ieirll Arundel. Ei chanolbwynt oedd castell **Holt**. Yn 1536 daeth yn rhan o'r **Sir Ddinbych** newydd.

**BRYCHAN (5g.)** Sylfaenydd traddodiadol Brycheiniog
Yn ôl *De Situ Brecheniauc* (11g.) a *Cognacio Brychan* (13g.), fe'i ganed yn **Iwerddon**, yn fab i Anlach fab Coronac, brenin Gwyddelig, a Marchell ferch Tewdrig, brenin Garthmadrun yn ne-ddwyrain Cymru. Ymsefydlodd y teulu yng Nghymru, ac wedi marw ei dad olynodd Brychan ef yn rheolwr Garthmadrun, teyrnas y daethpwyd i'w hadnabod fel **Brycheiniog**. Sonia llawer o chwedlau am ei gampau milwrol, ei dymer danbaid a'i deulu enfawr – dywedir iddo gael 10 mab a 25 merch, ac fel y bu i nifer ohonynt ymroi i'r bywyd crefyddol. Credir bod sylwedd i rai o'r traddodiadau amdano gan fod ym Mrycheiniog olion aneddiadau Gwyddelig o'r 5g., a chan fod lleoliad yr eglwysi sy'n dwyn enwau Brychan a'i ddisgynyddion yn

awgrymu mudiad cenhadol o'r un cyfnod. Dydd gŵyl Brychan Sant yw 6 Ebrill.

**BRYCHDYN (Broughton)**, Wrecsam (469ha; 6,948 o drigolion)

Cafodd y **gymuned** hon, i'r gogledd o **Wrecsam** rhwng **Gwersyllt** a **Brymbo**, ei diwydiannu o ganol y 19g. ymlaen, yn dilyn agor y pyllau **glo**. Ei nodwedd hynotaf yw Eglwys Bers Drelincourt (1742), a godwyd ar draul Mary Drelincourt mewn cysylltiad â'r ysgol elusennol ar gyfer merched a sefydlwyd ganddi yn 1719.

**BRYCHDYN A BRETTON (Broughton and Bretton)**, Sir y Fflint (1,231ha; 5,791 o drigolion)

Canolfan wreiddiol y **gymuned** hon, sydd am y **ffin** â **Lloegr** i'r de-orllewin o Gaer, oedd Bretton, a fu unwaith yn rhan o stad Eaton Hall teulu Grosvenor, dugiaid Westminster. Cynlluniwyd ffermdy Bretton Hall ac adeiladau eraill yn y cyffiniau gan y pensaer **John Douglas**, a fu'n gyfrifol am lawer o'r gwaith adeiladu trawiadol a wnaed gan stad Eaton Hall.

Pentref yn dyddio o ddiwedd yr 20g. yw Brychdyn yn ei hanfod. Cynhelir yr oriel yn eglwys Brychdyn (1824) gan ddau bâr o byst a fu, mae'n debyg, yn rhan o wely pedwar postyn; bu'r gwely, meddid, yn eiddo i Harri VII. Ymhlith nodweddion amlycaf yr ardal y mae maes awyr **Penarlâg** a'r ffatri awyrennau. Sefydlwyd y ffatri, a godwyd gan y **llywodraeth** (1937–9) ac a reolid gan Vickers Armstrong, i adeiladu awyrennau bomio Wellington a Lancaster. Yn ystod y blynyddoedd yn union wedi'r **Ail Ryfel Byd**, cynhyrchai'r ffatri dai alwminiwm parod ('prefabs'). Yn y 1950au ailddechreuodd y gwaith o adeiladu awyrennau, gan gynnwys awyrennau Mosquito, Hornet, Dove, Vampire a fersiynau cynnar o'r Comet. Yn 1963 daeth y ffatri'n rhan o Hawker-Siddeley ac yna British Aerospace. Bu'n gyfrifol am adeiladu'r awyren HS125 ond ei phrif waith maes o law fyddai adeiladu adenydd ar gyfer y Bws Awyr Ewropeaidd (gw. hefyd **Hedfan ac Awyrenneg** a **Meysydd Awyr**). Mynegwyd pryderon am ddyfodol tymor hir y ffatri yn 2007 yn sgil cyhoeddiad fod tua 800 o swyddi i'w colli yno.

**BRYCHEINIOG (Brecon)** Arglwyddiaeth

Roedd Brycheiniog yn un o arglwyddiaethau'r **Mers**, yn cynnwys y wlad o amgylch dyffrynnoedd **Wysg** a Llynfi. Arglwydd Normanaidd cyntaf yr arglwyddiaeth oedd **Bernard de Neufmarché**, a adeiladodd ei brif gastell yn **Aberhonddu**. Pan fu farw Bernard *c.*1125, etifeddwyd yr arglwyddiaeth gan ei fab-yng-nghyfraith, Milo o Gaerloyw. Yn ddiweddarach daeth Brycheiniog i feddiant Philip de Breos, arglwydd **Buellt**, trwy hawl ei wraig Bertha, merch Milo (gw. **Breos, Teulu**). Yn 1211 gwahanwyd rhan ddwyreiniol Brycheiniog oddi wrth y gweddill, a daeth y rhan hon yn arglwyddiaeth **Blaenllynfi**. Yn 1230 etifeddwyd Brycheiniog gan Humphrey de Bohun (gw. **Bohun, Teulu**), gŵr Elinor de Breos. Yn 1262 cipiodd **Llywelyn ap Gruffudd** yr arglwyddiaeth a chydnabuwyd ei hawliau yng **Nghytundeb Trefaldwyn** (1267). Fodd bynnag, erbyn *c.*1275 roedd Humphrey de Bohun wedi ei hadfeddiannu. Yn 1373 daeth yr arglwyddiaeth yn eiddo i'r darpar frenin, Harri IV, gŵr Mary de Bohun. Yn ddiweddarach daeth i feddiant teulu **Stafford**, a pharhau'n eiddo iddynt hyd 1521, pan ddienyddiwyd Thomas Stafford, dug Buckingham, ar orchymyn Harri VIII. Wedi hynny aeth yr arglwyddiaeth yn eiddo i'r Goron.

**BRYCHEINIOG** Teyrnas

Un o deyrnasoedd Cymru yn ystod y canrifoedd ôl-Rufeinig oedd Brycheiniog. Cwmpasai ddyffrynnoedd afonydd **Wysg** a Llynfi ac roedd yn ymestyn o **Fuellt** ac **Elfael** yn y gogledd i **Went** a **Morgannwg** yn y de. Yr enw gwreiddiol ar y deyrnas oedd Garthmadrun ond yn ddiweddarach fe'i hadwaenid fel Brycheiniog, ar ôl yr hanner Gwyddel, **Brychan**, y bu cysylltiadau cryf ag **Iwerddon** yn ystod ei deyrnasiad. Honnai pob un o frenhinoedd diweddarach Brycheiniog eu bod yn ddisgynyddion i Brychan. Roedd y deyrnas wedi'i rhannu yn dri **chantref**, sef **Cantref Selyf** yn y gogledd, **Cantref Mawr** yn y de a **Blaenllynfi** neu **Dalgarth** yn y dwyrain. Mae'n bosibl mai'r crannog yn Llyn Syfaddan (**Llan-gors**), y *Brecenan mere* yr ymosododd yr **Eingl-Sacsoniaid** arno yn 916, oedd preswylfa'r brenin. Ymddengys fod y llinach wedi darfod amdani erbyn *c.*930 a daeth Brycheiniog yn rhan o deyrnas **Deheubarth**. Lladdwyd **Rhys ap Tewdwr**, brenin Deheubarth, yn Nyffryn Wysg yn 1093, ac wedi hynny cafodd Brycheiniog ei goresgyn gan y **Normaniaid**.

**BRYMBO**, Wrecsam (1,026ha; 3,482 o drigolion)

Cafodd y **gymuned** hon, sydd i'r gogledd-orllewin o **Wrecsam**, ei diwydiannu o'r 1790au ymlaen yn dilyn sefydlu gwaith **haearn** ym Mrymbo gan **John Wilkinson**. Yn 1885 roedd Cwmni Dur Brymbo ymhlith y cwmnïau cyntaf ym **Mhrydain** i gynhyrchu dur trwy ddull y **ffwrnais dân agored**. Yn Hydref 1931, wedi cau'r gwaith dur, roedd diweithdra ym Mrymbo ymhlith dynion wedi'u hyswirio yn 81.5%, y ganran uchaf yng Nghymru. (Ferndale yn y **Rhondda**, gyda 73.9%, oedd yn ail.) Ailagorodd y gwaith dur yn 1934; cafodd ei adnewyddu'n helaeth yn y 1970au, ond fe'i caewyd yn derfynol yn 1990. Mae gwaith adfer sylweddol yn digwydd ar y safle, ac yn 2006 darganfuwyd yno ddarn helaeth o fforest law ffosiledig, gan ddarparu tystiolaeth bwysig ynghylch bywyd **planhigion** yn y cyfnod Carbonifferaidd. Cafodd Neuadd Brymbo, a oedd yn dyddio'n ôl i 1624 o leiaf ac a ddaeth i feddiant Wilkinson, ei dymchwel yn 1973.

Roedd cist gladdu o'r Oes Efydd Gynnar (*c.*2000 CC) (gw. **Oesau Cynhanesyddol**), a ddarganfuwyd ym Mrymbo yn 1958, yn cynnwys ysgerbwd rhannol gyfan. Cafodd y benglog ei hail-greu a dadorchuddiwyd model cŵyr o 'Ddyn Brymbo' yn Amgueddfa Wrecsam yn 2001.

**BRYN**, Castell-nedd Port Talbot (1,313ha; 913 o drigolion)

Enw gwreiddiol y **gymuned** hon rhwng Cwm Afan a **Maesteg** oedd Bryntroed-garn. Bu mynachod Abaty **Margam** yn cloddio am **lo** yno yn y 13g. ond ni fu datblygu helaeth ar y lle tan ar ôl 1841, pan adeiladwyd tramffordd (gw. **Rheilffyrdd**) i gludo glo a mwyn **haearn** i waith **Cwmafan**. Erbyn diwedd y 19g. roedd y gwaith wedi cau a phylodd llewyrch Bryn, ond adfywiodd y diwydiant glo ar ddechrau'r 20g. Erbyn diwedd yr 20g., wedi i'r glofeydd gau, gwelwyd datblygu tai moethus yng nghyffiniau Bryn.

## BRYN DERWIN, Brwydr

Yn 1255, ym Mryn Derwin, ar y ffin rhwng **Arfon** ac **Eifionydd**, gorchfygodd **Llywelyn ap Gruffudd** ei frodyr, Owain a **Dafydd**, a thrwy hynny fe'i sefydlodd ei hun yn unig reolwr **Gwynedd**.

## BRYNBUGA (Usk), Sir Fynwy (266ha; 2,318 o drigolion)

Brynbuga yw'r fwyaf deniadol o drefi **Sir Fynwy**. Yma, *c*.55, codwyd lleng-gaer Rufeinig a ddisodlwyd *c*.75 gan honno yng **Nghaerllion**. Fel un o arglwyddiaethau'r **Mers**, bu Brynbuga ym meddiant teuluoedd **Clare**, **Marshal** a **Mortimer** cyn dod, yn y pen draw, yn eiddo i goron **Lloegr**. Yng nghanol y 12g., fodd bynnag, roedd ym meddiant arglwyddi Cymreig Caerllion. Mae rhannau o'r castell yn dyddio'n ôl i'r 1170au, a'i dyrau yn cynnig golygfeydd hardd o'r wlad o gwmpas. Sefydlwyd Eglwys y Santes Fair yn wreiddiol fel lleiandy Benedictaidd yn y 1130au.

Roedd Brwydr Pwllmelyn, a ymladdwyd i'r gogledd o'r dref yn 1405, yn un o'r digwyddiadau a arweiniodd at chwalu gobeithion **Gwrthryfel Glyndŵr**. Caiff **Adda o Frynbuga**, y mae ei gronicl yn adrodd peth o hanes y gwrthryfel, ei goffáu mewn arysgrif ar stribyn o efydd yn Eglwys y Santes Fair – yr arysgrif gynharaf o'i bath sydd wedi goroesi yn **Gymraeg**.

Er gwaethaf cryn ddatblygu yn y 1950au ac wedi hynny, erys Brynbuga yn dref gymen yng nghanol darn agored o gefn gwlad, ac mae ei chynllun canoloesol – a hyd yn oed ei chynllun Rhufeinig – yn amlwg o hyd. Cafodd **Alfred Russel Wallace**, a luniodd ddamcaniaeth dethol naturiol yn annibynnol ar Darwin, ei eni ym Mrynbuga.

## BRYN-CRUG, Gwynedd (3,108ha; 626 o drigolion)

Mae'r **gymuned** hon, sydd yn union i'r gogledd-ddwyrain o **Dywyn**, yn cynnwys darn deniadol o Ddyffryn Dysynni. Codwyd castell mwnt a beili Cynfael yn 1137 gan Gadwaladr, brawd **Owain Gwynedd**. Roedd Ynysmaengwyn (plasty hardd a godwyd yn 1758, ond sydd bellach wedi'i ddymchwel) yn gartref i deulu Corbet, ac, ar ôl 1884, i deulu Corbett, a fu'n gymwynaswyr o'r mwyaf i Dywyn. Mae Dolau-gwyn yn faenordy deniadol sy'n dyddio o'r 17g.

## BRYNEGLWYS, Sir Ddinbych (2,448ha; 344 o drigolion)

Mae tiriogaeth y **gymuned** hon, sydd yn union i'r gogledd o **Gorwen**, yn ymestyn i gopa Mynydd **Llandysilio**. Cartref hynafiaid teulu **Yale** oedd Plas-yn-Iâl. Ychwanegwyd Capel Iâl at Eglwys Sant Tysilio (15g.) *c*.1575. Brodor o Fryneglwys oedd yr hanesydd **David Powel** (1552–99).

## BRYNFFORDD, Sir y Fflint (873ha; 1,098 o drigolion)

Mae'r **gymuned** hon, sy'n union i'r de-orllewin o **Dreffynnon**, yn cynnwys llwyfandir **calchfaen** tir comin Treffynnon. Mae'r ardal yn frith o grugiau o'r Oes Efydd (gw. **Oesau Cynhanesyddol**), ond dinistriwyd llawer ohonynt wrth gloddio am **blwm** yn ystod y 18g. a'r 19g. ac wrth greu cwrs **golff** yn yr 20g. Bellach, brithir y tir gan siafftiau wedi'u capio a chan domennydd rwbel. Adeiladwyd y gofeb ar gopa Pen-y-ball (1910) i goffáu coroni George V. Y mae i Henblas (1651) ffasâd tri-bae cymesur. Cwblhawyd Eglwys Sant Mihangel, Brynffordd, ynghyd ag Eglwys Sant Paul, Gorsedd, yn 1853 i wneud iawn am golli'r eglwys ym Mhantasa (gw. **Chwitffordd**).

## BRYNGAERAU

Ceir bron 600 o fryngaerau yng Nghymru, yn amrywio o'r mân gaeadleoedd yn y de-orllewin i'r caerau helaeth, niferus eu rhagfuriau, yn ucheldiroedd y Gororau. Ni wyddys i sicrwydd pwy adeiladodd y bryngaerau helaethaf. Arferid meddwl mai goresgynwyr a'u cododd, ond bellach tueddir i gredu mai datblygiad brodorol oeddynt, a bod elfen gref o barhad rhwng ffordd o fyw pobl yr Oes Efydd Ddiweddar ac eiddo cymunedau'r Oes Haearn (gw. **Oesau Cynhanesyddol**). I'r cyfnod 500–100 CC y perthyn y rhan fwyaf ohonynt, er bod rhai – Breiddin (**Bausley a Chrugion**) er enghraifft – yn dyddio'n ôl, mewn rhyw ffurf neu'i gilydd, i'r Oes Efydd Ddiweddar. Roedd defnydd o hyd ar nifer ohonynt yn y cyfnod Rhufeinig – yn eu plith Tre'r Ceiri (**Llanaelhaearn**), Braich y Dinas (**Penmaen-mawr**) a Dinorben (**Abergele**). Bu bri ar rai, megis Dinas Emrys (**Beddgelert**) a **Dinas Powys**, cyn hwyred â'r cyfnod Cristnogol cynnar.

O ran maint, amrywia'r bryngaerau o 0.5ha i 30ha a mwy. Yn gyffredinol, po uchaf y safle po fwyaf y fryngaer. A hwythau'n amrywio cymaint yn eu dosbarthiad, eu maint, eu siâp a chymhlethdod eu gwneuthuriad, diau y bu gan fryngaerau amrywiaeth o swyddogaethau; yn wir, gall defnyddio'r un term ar gyfer y cwbl ohonynt osod undod artiffisial ar grwpiau o henebion sy'n sylfaenol anghymarus. Mae'n sicr mai ffermydd caerog unigol oedd y 200 a mwy sy'n ymestyn dros lai na 0.5ha. Dehonglir y rhai canolig eu maint fel corlannau i anifeiliaid, mannau cysegredig, canolfannau ar gyfer gweithgaredd amaethyddol tymhorol, noddfeydd achlysurol neu gadarnleoedd mân bendefigion. Mae gan tua ugain ohonynt arwynebedd o 6ha a mwy, ac yn rhai o'r rhain ceir olion nifer sylweddol o **dai**: prawf o allu'r **economi**, mewn rhannau o Gymru o leiaf, ym mlynyddoedd olaf cynhanes, i gynnal cymdeithasau a ymylai ar fod yn drefol. Roedd rhai o'r tai wedi'u hadeiladu o garreg, fel yn Foel Drygarn (**Crymych**) ac roedd gan eraill ffrâm o goed, fel ym Moel y Gaer (**Helygain**). Mae'n amlwg fod y tu mewn i'r gaer yn cael ei gynllunio â'r un gofal â'r amddiffynfeydd, gyda mannau penodedig ar gyfer byw, storio, prosesu cnydau, corlannu anifeiliaid a chynnal defodau. Gwelir arwyddion o addasu ac ehangu mewn safleoedd megis Foel Drygarn, Pendinas (**Aberystwyth**) a Charn Ingli (**Trefdraeth**).

Gan amlaf, lleolir y bryngaerau helaethaf mewn safleoedd amlwg, hawdd eu hamddiffyn. Fe'u hatgyfnerthid gan amddiffynfeydd cylchynol unclawdd (Penycloddiau, **Ysgeifiog**) neu amlgloddiog (Ffridd Faldwyn, **Trefaldwyn**). Roedd y rhagfuriau wedi'u gwneud o bridd neu gerrig neu gyfuniad o'r ddau. Gallai rhagfuriau pridd fod yn gymhleth eu gwneuthuriad, fel ym Mreiddin a Moel y Gaer. Lle'r oedd digon o gerrig wrth law, codwyd rhagfuriau sych helaeth, a cheir enghreifftiau ardderchog o'r rheini yn Nhre'r Ceiri a'r Garn Goch (**Llangadog**). Ceid mynedfeydd cadarn eu hamddiffynfeydd. Tystia'r socedi pyst a archwiliwyd i fodolaeth llidiardau trymion ar draws y mynedfeydd. Codwyd terfynellau mewndro ger y mynedfeydd ym Moel Fenlli (**Llanbedr Dyffryn Clwyd**), amrywiaeth o allfuriau

Bryngaer Foel Drygarn, Crymych, a'i thair carnedd o'r Oes Efydd

cymhleth yn y Gaer Fawr (**Cegidfa**), a gwarchotgelloedd carreg yn Ninorben. Weithiau ceid math o bont ar draws y fynedfa, fel ym Mynydd y Dref (**Conwy**), ac yn Nhre'r Ceiri roedd y bont yn caniatáu mynd a dod yn hwylus ar draws rhagfur. Ceir enghreifftiau o *chevaux de frise*, sef cyfresi o gerrig clòs, unionsyth, ym Mhen-y-gaer (**Caerhun**) ac yng Ngharn Alw (**Eglwyswrw**). Roedd y gallu i godi'r bryngaerau helaethaf yn brawf o gyfundrefn gymdeithasol ddatblygedig, ac yn tystio hefyd fod rhywrai â'r grym angenrheidiol i weithredu'r fath gynlluniau.

## BRYNGWRAN, Ynys Môn (1,692ha; 781 o drigolion)

Mae **cymuned** Bryngwran yn ymestyn y naill ochr a'r llall i'r **A55** i'r gogledd-orllewin o **Aberffraw**. Roedd tagfeydd yn broblem fawr ym mhentref Bryngwran hyd nes y cwblhawyd y ffordd ddeuol yn 2001. Mae sylfeini eglwys ganoloesol y Grog Fendigaid wedi goroesi.

## BRYNIAU CASIA, gogledd-ddwyrain India

Rhwng 1841 ac 1969 cafodd **cenhadon** Methodistaidd Calfinaidd (neu Bresbyteraidd) ddylanwad trwm ar ddiwylliant llwyth Jaintia Khasi, yn yr ardal fynyddig hon i'r gogledd o Bangladesh. Dyma'r ymgyrch genhadol fwyaf erioed i'r Cymry ei chynnal dramor. Rhoddwyd cychwyn i'r fenter gan **Thomas Jones** (1810–49), yr oedd enw iddo fel un dadleuol, a châi ei chynnal gydag arian a gesglid gan gynulleidfaoedd gartref. Gwnaed gwaith arloesol gan y genhadaeth ym meysydd llythrennedd, cyhoeddi, **addysg** a gofal **iechyd**, a throwyd miloedd o Gasiaid at Gristnogaeth. Ymestynnwyd y gwaith, gyda chymorth o Gasia, i Cachar a bryniau Mizo gerllaw, a gwastatiroedd Sylhet.

Mae tua hanner miliwn o bobl Jaintia Khasi yn dal i lynu wrth eu crefydd gynhenid fonotheistaidd, ond o blith y gweddill mae 300,000 yn Bresbyteriaid a 200,000 yn **Gatholigion**. Er mai dim ond 200 o genhadon Cymreig a wasanaethodd yng Nghasia, mae'r etifeddiaeth yn parhau yn ei grym, a chaiff ei chydnabod hyd yn oed gan y rhai nad ydynt yn Gristnogion, er gwaethaf gwrthwynebiad chwyrn y cenhadon i draddodiadau brodorol fel dawnsio, yfed alcohol, aberthu anifeiliaid a **saethyddiaeth**. Mae **emynau** Cymreig yn atseinio drwy eu capeli gorlawn bob dydd Sul, a fersiwn sionc o '**Hen Wlad fy Nhadau**' yw eu hanthem genedlaethol. Ymhlith sawl tebygrwydd arall y mae glawiad eithriadol drwm, gweithfeydd **glo**, chwareli **llechi** segur a thirwedd sy'n frith o gromlechi a meini hirion.

## BRYNIAU CLWYD

Gorwedd y bryniau o boptu'r ffin rhwng **Sir Ddinbych** a **Sir y Fflint**, gan ymestyn dros bellter o tua 28km tua'r de o **Brestatyn** i **Lanfair Dyffryn Clwyd**. Maent wedi'u ffurfio o gerrig llaid a cherrig silt Silwraidd yn bennaf, ond rhwng **Diserth** a Phrestatyn **Calchfaen** Carbonifferaidd yw sylfaen y bryniau. Yn ardal Mynydd Helygain, tua'r dwyrain, mae'r creigiau hyn yn cynnwys gwythiennau o fwyn **plwm**. Copa uchaf y bryniau yw Moel Fama (554m; **Llangynhafal/ Cilcain**). Daw'r enw, yn ôl pob tebyg, o'r **Lladin** *mamma*; ystyr y gair yw bron menyw, sy'n ddisgrifiad addas o amlinell y foel. Ar ei chopa saif y gofadail gyntaf yn y dull Eifftaidd i'w hadeiladu ym **Mhrydain**. Fe'i codwyd yn 1810 i ddathlu jiwbilî aur coroniad George III ond dymchwelodd y gofeb yn 1862. O gopa'r foel ceir golygfeydd gwych o Ddyffryn Clwyd. Tenau a chymharol sur yw'r **priddoedd** sy'n gorchuddio'r creigiau ac, o'r herwydd, nodweddir llechweddau'r bryniau gan lystyfiant gweundir, er bod cynlluniau adfer tir wedi creu glaswelltiroedd eang a borir gan **ddefaid**. Mae'r clytwaith o gynefinoedd gwahanol yn cynnal amrywiaeth o **adar**. Mae'r ardal gyfan yn nodedig am ei henebion; ceir carneddau o'r Oes Efydd ar Foel Fama, a **bryngaerau** o'r Oes Haearn ym Mhenycloddiau (**Ysgeifiog**), Moel Arthur (**Nannerch**), Moel y Gaer a Foel Fenlli (y naill a'r llall yn **Llanbedr Dyffryn Clwyd**) (gw. **Oesau Cynhanesyddol**). Dynodwyd Bryniau Clwyd yn Ardal o Harddwch Naturiol Eithriadol; mae **Llwybr Clawdd Offa** yn dilyn crib y bryniau.

### BRYN-JONES, Delme (1935–2001) Canwr opera

Ganed y bariton Delme Bryn-Jones ym Mrynaman (**Cwarter Bach**); ychwanegodd sillaf gyntaf enw ei bentref genedigol at ei enw gwreiddiol, Delme Jones. Rhoddodd y gorau i'w waith fel glöwr ac i yrfa addawol fel chwaraewr **rygbi** (roedd yn chwaraewr rygbi rhyngwladol dan 21) i astudio canu yn Ysgol Gerdd y Guildhall, **Llundain**, ac yn Fienna. Cafodd lwyddiant bron yn syth yn y tai opera mawr. Er mai am ei berfformiadau yn operâu Verdi yr oedd enwocaf, enillodd fri hefyd am berfformiadau o weithiau Mozart, Gluck, Berlioz a Britten. Bu ei berfformiadau nodedig yn rhannau Macbeth a Rigoletto yn gymorth i gwmni **Opera Cenedlaethol Cymru** ennill bri rhyngwladol yn y 1970au.

### BRYN-MAWR, Blaenau Gwent (576ha; 5,599 o drigolion)

Disgrifiwyd Bryn-mawr gan Richard Haslam yn ei gyfrol ar **Bowys** yng nghyfres ***The Buildings of Wales*** fel 'tref o dai teras, mewn man annhebygol ddeuddeg can troedfedd uwchlaw'r môr'. Saif ar drothwy dwyreiniol ffordd blaenau'r cymoedd, uwchben ceunant rhyfeddol Clydach (**Llanelli**). Yn wreiddiol, roedd yn rhan o **Sir Frycheiniog** ond ffiniai â **Sir Fynwy**, gan edrych, megis Ianws, i ddau gyfeiriad: datblygodd yn dref noswylio i weithwyr **haearn**, yn dref farchnad i ffermwyr lleol a hefyd yn ganolbwynt **ffyrdd** a **rheilffyrdd** – ar un adeg câi ei gwasanaethu gan bedair rheilffordd. Dim ond ychydig fythynnod gwasgaredig oedd Bryn-mawr yn 1801, ond erbyn canol y 19g. roedd wedi chwarae ei rhan yn hanes **Siartiaeth**, wedi'i galw yn dref iselfoes a llwgr gan gomisiynwyr y Llyfrau Gleision (gw. **Brad y Llyfrau Gleision**), ac wedi goroesi'r **colera** a ysgubodd trwy'r lle gan arwain at sefydlu Bwrdd Iechyd cyntaf Cymru. Daethai'n dref, ei strydoedd wedi'u trefnu ar batrwm sgwarog ac yn dwyn enwau dau deulu tra gwahanol i'w gilydd, sef teulu aristocrataidd **Somerset** a'r diwydianwyr, teulu **Bailey**. Yn ystod **dirwasgiad** y blynyddoedd rhwng y ddau ryfel byd, pan oedd diweithdra yn fwy na 90% ymhlith gwrywod yswiriedig y dref, roedd Bryn-mawr yn gameo o'r ffactorau diwydiannol, cymdeithasol a seicolegol hynny a oedd wrth wraidd problemau'r ardaloedd dirwasgedig. O ganlyniad, cafodd Bryn-mawr yr anrhydedd amheus o fod yr unig gymuned yng Nghymru, bryd hynny, i fod yn destun astudiaeth gynhwysfawr o'i phroblemau (Elizabeth Jennings, *Brynmawr: A Study of a Distressed Area* (1934)). Ceisiodd carfan o **Grynwyr** greu gwaith trwy sefydlu ffatri i gynhyrchu **dodrefn** adnabyddus Bryn-mawr. Yn 1974, er gwaethaf y gwrthwynebiad, trosglwyddwyd yr ardal drefol, a sefydlwyd yn 1894, o ddosbarth Sir Frycheiniog ym Mhowys i ddosbarth **Blaenau Gwent** yng **Ngwent**. Yn 2001 cafodd ffatri rwber Bryn-mawr ei dymchwel, digwyddiad a oedd ym marn llawer yn weithred o fandaliaeth enbyd (gw. **Pensaernïaeth**). Roedd y ffatri nid yn unig yn un o gampweithiau'r pensaer o Ddenmarc Ove Arup, ond hefyd yn symbol o ffyniant y dref wedi'r **Ail Ryfel Byd**, a'r adeilad cyntaf o'r cyfnod hwnnw i gael ei gofrestru yng Nghymru. Bellach, adeilad onglog ffatri meddalwedd cyfrifiadurol sy'n tra-arglwyddiaethu ar y dref.

### BUAN, Gwynedd (3,243ha; 469 o drigolion)

Mae'r **gymuned** hon yn ymestyn dros ran helaeth o ganol **Llŷn**. Garn Boduan yw'r nodwedd amlycaf ynddi gyda'i haneddiadau cynhanesyddol. Mae Garn Saethon yn fryngaer arbennig o drawiadol o'r Oes Haearn (gw. **Oesau Cynhanesyddol**). Tŷ yn dyddio o'r 17g. yw Penhyddgan, ac fe'i cadwyd mewn cyflwr da. Yn Eglwys Sant Boduan (1894), sy'n adeilad neo-Romanésg trawiadol, ceir sawl cofeb i deuluoedd lleol. Ger Garn Boduan y ganed **John Parry** (1710?–82), y telynor dall. Madrun (a ddifrodwyd yn llwyr gan dân yn y 1960au) oedd cartref Love Jones-Parry a drechodd y Ceidwadwr, George Douglas-Pennant, yn 1868, gan ennill sedd **Sir Gaernarfon** i'r Rhyddfrydwyr (gw. **Pennant, Teulu**). Roedd Jones-Parry yn gefnogol i sefydlu'r wladfa Gymreig ym **Mhatagonia**, ac enwyd Puerto Madryn (Porth Madryn) yno er cof amdano.

### BUCK, Samuel (1696–1779) a Nathaniel (*fl.*1727–53) Arlunwyr

Arlunwyr topograffig oedd y brodyr Buck, a hanai o **Loegr** ac a fu'n weithgar rhwng 1726 ac 1753. Cyhoeddwyd eu darluniau o gestyll, abatai a threfi yng Nghymru a Lloegr fel engrafiadau – er enghraifft, mewn casgliad tair cyfrol (1740–2) ac yn *Twelve Views in Aquatinta* (1775). Roedd tirluniau hir wedi'u darlunio'n llorweddol mewn pin a golchiad yn nodweddiadol o'u harddull. Roedd y darluniau gwreiddiol, y crëwyd y printiau ohonynt, yn nodedig am eu sensitifrwydd; gellir gweld enghreifftiau ohonynt yn y **Llyfrgell Genedlaethol**.

### BUDDUG (Boudica; *fl.*1g.) Arwres

Yn y flwyddyn OC 60 arweiniodd Buddug, brenhines yr Iceniaid, llwyth a drigai i'r de o'r Wash, wrthryfel a oedd yn fygythiad gwirioneddol i rym Rhufain. Pan roddwyd pen ar y gwrthryfel gwnaeth Buddug amdani ei hun, a llwyr ddifethwyd tiroedd yr Iceniaid. Mae cerflun yn oriel arwyr y Cymry yn Neuadd y Ddinas, **Caerdydd**, yn dwyn coffâd iddi – enghraifft ddiddorol o'r syniad fod holl drigolion **Prydain** yn y cyfnod cyn dyfodiad y **Rhufeiniaid** yn Gymry, rywsut, neu gyfaddefiad o bosibl na allai neb feddwl am arwres o Gymraes go iawn. Defnyddiai brenhinwyr yng Nghymru'r 19g. yr enw 'Buddug' wrth gyfeirio at y Frenhines Victoria.

### BUDDUGRE, Swydd Cwmwd

**Cwmwd** yng nghantref **Maelienydd** a enwyd ar ôl Bryn Buddugre (**Abaty Cwm-hir**); nid oes dim yn hysbys am y fuddugoliaeth y mae'r bryn yn ei choffáu.

**BUELLT neu BUALLT (Builth)** Cantref ac arglwyddiaeth

Mae'n debyg fod y **cantref** hwn yn rhan o dde **Powys** ar un adeg, ond ymddengys ei fod, ynghyd â rhai tiriogaethau cyfagos, wedi dod yn rhan o ranbarth hunanlywodraethol a elwir weithiau'n Rhwng Gwy a Hafren. Dywedir ei fod yn cynnwys y pedwar **cwmwd** Treflys, Penbuellt, Dinan ac Is Irfon, ond prin yw'r wybodaeth am ffiniau'r cymydau. Cipiwyd Buellt gan y **Normaniaid** *c.*1095 a daeth teulu de Breos (gw. **Breos, Teulu**) yn arglwyddi Builth, fel y'i gelwid wedyn. Cafodd ei hanes wedyn ei liwio gan ei chysylltiad â'r llinach gythryblus honno. Bu'n rhan o sawl anghydfod rhwng y Brenin John a William de Breos, a rhwng John a **Llywelyn ap Iorwerth**. Cyflwynodd Isabella de Breos Fuellt yn waddol i **Ddafydd**, mab Llywelyn, ar achlysur eu priodas a aeth yn ei blaen er gwaetha'r ffaith fod Llywelyn wedi crogi ei thad. Gwrthododd y Goron gydnabod y trefniant, ac yn 1254 rhoddwyd Buellt i'r darpar frenin, Edward I. Fe'i cipiwyd yn ddiweddarach gan **Lywelyn ap Gruffudd**, ond yn 1277 cadarnhaodd **Cytundeb Aberconwy** mai eiddo'r Goron ydoedd. Wrth gefnogi gwŷr Buellt yn eu gwrthryfel yn erbyn y Goron y lladdwyd Llywelyn yng **Nghilmeri** yn 1282. Yn 1536 daeth yr arglwyddiaeth yn rhan ogleddol y **Sir Frycheiniog** newydd.

**BUGEILDY**, Sir Faesyfed, Powys (7,333ha; 704 o drigolion)

Mae'r **gymuned** hon sydd ar gyrion gogledd-ddwyrain **Sir Faesyfed** yn ymwasgu at y **ffin** â **Lloegr**. Adroddodd **Ffransis Payne** stori a glywodd fod y ffurf Saesneg ar yr enw, sef Beguildy, wedi cael ei mabwysiadu er mwyn sicrhau na châi plant lleol eu llysenwi'n *bugs*. Mae croglen ysblennydd o'r 15g. yn Eglwys Llanfihangel-y-Bugeildy. Mae Bryndraenog, a ganmolwyd gan **Ieuan ap Hywel Swrdwal**, yn un o'r neuadd-dai pren gorau sydd wedi goroesi yng Nghymru. Roedd Llanddewi-yn-Heiob yn un o'r ardaloedd lle diflannodd y **Gymraeg** yn gynnar; yn 1684 nododd wardeiniaid yr eglwys fod y plwyfolion yn deall **Saesneg**. Adfail yw'r castell yng Nghnwclas ond, ym marn Howse, mae'r bryn uchel, anghysbell y saif arno ymhlith y gorau o safleoedd cestyll **Prydain**. Ganed y Piwritan **Vavasor Powell** mewn tafarn yng Nghnwclas yn 1617. Mae traphont Cnwclas ar Reilffordd Canolbarth Cymru yn drawiadol.

**'BUGEILIO'R GWENITH GWYN'** Cân

Argraffwyd alaw'r gân werin hon gyntaf gan **Maria Jane Williams** yn *Ancient National Airs of Gwent and Morganwg* yn 1844. Tadogwyd y geiriau, clytwaith o hen benillion llafar o bosibl, ar y beirdd o **Sir Forgannwg**, Wil Hopcyn a Dafydd Nicolas, ond dichon i Iolo Morganwg (**Edward Williams**) ymyrryd â hwy. Cwbl ddi-sail yw'r traddodiad sy'n cysylltu'r gân â hanes carwriaeth dybiedig Wil Hopcyn ag Ann Maddocks (1704–27), 'y ferch o Gefn Ydfa' (gw. **Llangynwyd Isaf**).

***BUILDINGS OF WALES, The***

Cyfres o gyfrolau gan wahanol awduron yw hon, yn cofnodi a disgrifio **pensaernïaeth** Cymru fesul rhanbarth. Mae'n rhan o gyfres gyffredinol a ddechreuwyd gan Syr Nikolaus Pevsner (1902–83), a cheir chwaer-gyfresi ar adeiladau **Lloegr** a'r **Alban**. Mae pob cyfrol yn fynegai i gymunedau'r rhanbarth dan sylw, gyda disgrifiad manwl o bron pob adeilad o bwys. Erbyn 2007 roedd cyfrolau wedi'u cyhoeddi ar **Bowys**, **Clwyd**, **Sir Forgannwg**, **Gwent/Sir Fynwy**, **Sir Benfro**, a **Sir Gaerfyrddin** a **Cheredigion**.

**BULKELEY, Teulu** Tirfeddianwyr

Ymsefydlodd William Bulkeley (m.1490), brodor o **Swydd Gaer**, ym **Miwmares** a phriodi Elen, merch Gwilym ap Gruffudd o'r Penrhyn (gw. **Griffith, Teulu**). Priododd ei fab, William (m.1516), ag Alice, aeres teulu Bolde o **Gonwy**, a fu'n llwyddiannus yn cronni tir yn **Sir Gaernarfon**. Parhawyd y traddodiad gan y Bwcleaid, ac erbyn 1873 roedd ganddynt 6,680ha ym **Môn** a 5,400ha yn Sir Gaernarfon. O'u plasty, Baron Hill ger Biwmares, hwy a dra-arglwyddiaethai ar **gynrychiolaeth seneddol** Môn am dair canrif. Ar ôl 140 o flynyddoedd fel is-ieirll Gwyddelig, derbyniasant is-iarllaeth Brydeinig yn 1784. Y gŵr a dderbyniodd y dyrchafiad, Thomas James Bulkeley, oedd yr olaf o linach wrywaidd y teulu. Aeth ei stadau i Syr Robert Williams, nawfed barwnig y Penrhyn, mab ei hanner brawd, a fabwysiadodd y cyfenw Bulkeley. Mae dyddiadur William Bulkeley, Brynddu (**Mechell**), aelod o gangen iau o'r teulu, yn cynnig darlun swynol o Fôn y 18g. Erbyn hyn mae Baron Hill yn adfail trist.

**BULKELEY, Arthur (*c.*1495–1553)** Esgob

Brodor o **Fiwmares** oedd Arthur Bulkeley, ac aelod o deulu **Bulkeley**, y tirfeddianwyr. Fe'i haddysgwyd yn **Rhydychen** a chafodd yrfa fel cyfreithiwr eglwysig, gan wasanaethu fel caplan dug Suffolk ac fel aelod o gylch swyddogion Thomas Cromwell yn y 1530au cynnar. Daeth yn esgob **Bangor** yn 1541, a bu'n allweddol yn sicrhau goruchafiaeth grefyddol a gweinyddol Harri VIII yn yr esgobaeth. Ef oedd esgob cyntaf Bangor ers dros ganrif i gael ei fagu yng Nghymru a thrigo yn ei esgobaeth. Ef hefyd, yn 1542, oedd yr esgob cyntaf yng Nghymru i ofyn yn ffurfiol i glerigwyr ac athrawon ddefnyddio'r **Gymraeg**. Enynnodd ei frwdfrydedd dros weithredu'r diwygiadau protestannaidd radical yn ystod teyrnasiad Edward VI, gan gynnwys dymchwel allorau a diddymu'r offeren, ymateb gelyniaethus ym marddoniaeth Gymraeg y cyfnod.

**BURGES, William (1821–81)** Pensaer a chynllunydd

Ganed Burges yn **Llundain**, lle'r oedd ganddo bractis. Bu'n gyfrifol am adnewyddu Castell **Caerdydd** ac ailadeiladu Castell Coch gerllaw ar gyfer trydydd ardalydd Bute (gw. **Stuart, Teulu**). Mae ei waith, a oedd yn cynnwys cynllunio **dodrefn** ac addurniadau, yn gymysgedd afradlon o arddulliau ffug-ganoloesol, Gothig a chyn-Raffaelaidd, er bod ei gyflawniadau yng Nghastell Coch ymhlith yr enghreifftiau gorau yn Ewrop o ail-greu castell canoloesol. Roedd Burges yn dilyn ôl troed Ruskin, a chredai fod angen addurno adeiladau, gan orchuddio pob arwyneb bron gyda motiffau o anifeiliaid a **phlanhigion**, a rhai o fyd hanes. Daeth Gweithdai Bute, lle gwnaed llawer o'r cynlluniau, yn ganolfan bwysig ar gyfer hyfforddi crefftwyr cynhenid; yno yr hyfforddwyd y cerflunydd **Goscombe John**. Cafodd Burges ddylanwad mawr ar **bensaernïaeth** Caerdydd ar ddiwedd y 19g., yn arbennig mewn strydoedd fel Heol y Gadeirlan.

**BURGESS, Thomas (1756–1837)** Esgob

Am 47 mlynedd cyntaf ei oes, prin fod gan Burgess, a hanai o Swydd Hampshire, unrhyw gysylltiad â Chymru. Ond yn 1803 fe'i penodwyd yn esgob **Tyddewi** gan y prif weinidog,

Richard Burton gyda'i dad, Richard Walter Jenkins (Dic Bach), ym Mhont-rhyd-y-fen, 1953

Henry Sidmouth, a fuasai'n un o gyfoedion Burgess yn Ysgol Caer-wynt (Winchester). Yn ystod ei 22 flynedd yng Nghymru sefydlodd Burgess Goleg Dewi Sant, **Llanbedr Pont Steffan** (gw. **Prifysgol Cymru, Llanbedr Pont Steffan**), cefnogodd yr **hen bersoniaid llengar**, dysgodd **Gymraeg** yn ddigon da i **bregethu** yn yr iaith, a chwaraeodd ran ddylanwadol ym mudiad yr **eisteddfod**. Symudodd i esgobaeth haws Caersallog (Salisbury) yn 1825, ac yntau erbyn hynny'n 68 oed.

**BURGH, Hubert de (m.1243)** Prif Ustus Lloegr ac Iwerddon

Fel prif ustus **Lloegr** (1215–32), bu de Burgh yn ymwneud yn helaeth â Chymru. Cafodd feddiant ar **Deirtref**, **Trefaldwyn**, **Aberteifi** a **Chaerfyrddin**, ynghyd â gwarchodaeth ar **Forgannwg** a **Phenfro**. Ar y dechrau roedd yn gyfeillgar tuag at **Lywelyn ap Iorwerth**, ond erbyn diwedd y 1220au ceisiodd gyfyngu ar ei rym. Arweiniodd ei weithgareddau yn Nhrefaldwyn at fuddugoliaeth Llywelyn yng **Ngheri** yn 1228. Heriodd Llywelyn ei awdurdod eto yn 1231, a bu hynny'n ffactor yn ei gwymp. Daethai ei nai John, yn sgil ei briodas ag Elizabeth, cyd-aeres Gilbert de Clare (m.1314; gw. **Clare, Teulu**), yn arglwydd **Brynbuga**, arglwyddiaeth a aeth, trwy briodas, i feddiant teulu **Mortimer** yn 1368.

**BURTON**, Sir Benfro (1,377ha; 1,041 o drigolion)

Bu Burton, sy'n gorwedd ar ochr ogleddol Aberdaugleddau (gw. **Aberdaugleddau**, **Dyfrffordd**), gyferbyn â **Doc Penfro**, am ganrifoedd yn derfynfa ogleddol prif fferi'r aber, gwasanaeth a ddaeth i ben pan godwyd tollbont Cleddau yn 1975. Mae gan gromlech Neolithig yr Hanging Stone faen capan mawr ar ben tri maen unionsyth. Cafodd Benton, castell bychan o'r 13g., ei ailadeiladu yn y 1930au yn unol ag egwyddorion mudiad y **pictiwrésg**. Mae Eglwys y Santes Fair, a godwyd yn wreiddiol yn y 13g., yn cynnwys cistfedd Richard Wogan o Boulston (*c.*1541).

**BURTON, Philip (1904–95)** Cyfarwyddwr theatr

Yn **Aberpennar** y ganed Philip Burton, a daeth yn athro **Saesneg** a **drama** ym **Mhort Talbot**. Yno, ymhlith ei ddisgyblion, yr oedd Richard Jenkins, a fabwysiadodd gyfenw ei athro yn ddiweddarach a dod yn enwog fel yr actor **Richard Burton**; disgrifiodd yr athro eu perthynas yn ei lyfr *Richard and Philip: the Burtons* (1992). Yn 1954, wedi gwneud enw iddo'i hun fel cynhyrchydd radio gyda'r BBC yng **Nghaerdydd**, ymfudodd Philip Burton i Unol Daleithiau America, lle bu'n gweithio fel cyfarwyddwr ar Broadway.

**BURTON, Richard (Richard Walter Jenkins; 1925–84)** Actor

Dywedir weithiau mai actor na wnaeth lwyr gyfiawnder â'i ddawn anferth, ar lwyfan nac ar y sgrîn, oedd Richard Burton, ac mae'n debyg fod elfen o wir yn hynny. Eto i gyd, am gyfnod, trwy gydol y 1960au, cyn iddo ddechrau derbyn rhannau mewn ffilmiau annheilwng ohono a chyn y pyliau hunandosturiol o ddiota, roedd ymhlith actorion ffilm gorau'r byd. Derbyniodd saith enwebiad ar gyfer Oscar er na lwyddodd i ennill yr un.

Fe'i ganed ym Mhont-rhyd-y-fen (**Pelenna**) i deulu o lowyr Cymraeg eu hiaith o'r enw Jenkins; yn nes ymlaen mabwysiadodd gyfenw **Philip Burton**, yr athro a ysbrydolodd ei gariad at actio. Ymddangosodd ar y llwyfan gyntaf yn 18 oed, yn nrama **Emlyn Williams**, *The Druid's Rest,* a bu'n astudio Saesneg yn **Rhydychen**. Roedd ganddo ddiddordeb ysol mewn **llenyddiaeth** ac mae'n bosibl y gallai fod wedi gwneud bywoliaeth fel awdur, ond rhoi ei ddeallusrwydd mawr – a'i lais rhyfeddol, soniarus – ar waith i gyfleu geiriau pobl eraill fu ei hanes.

Buan y sefydlodd bresenoldeb awdurdodol ar lwyfan, gan wneud argraff fawr yn Stratford, **Llundain** a Broadway. Canmolwyd ei berfformiadau yn nramâu Christopher Fry yn Llundain ac Efrog Newydd yn 1949–50, ac yn nramâu **Shakespeare**, *Henry IV* (y ddwy ran) a *Henry V*, yn Stratford yn 1951. Ef oedd Coriolanus a Hamlet yn yr Old Vic yn 1953–4, ac yn 1955 bu'n chwarae'r brif ran yn *Henry V* gyda'r un cwmni, ynghyd ag Iago a'r prif gymeriad am yn ail yn *Othello*. Enillodd Wobr Beirniaid Drama Efrog Newydd am ei bortread o **Arthur** yn sioe gerdd Lerner-Loewe, *Camelot,* yn Efrog Newydd yn 1960–1. Ef oedd y traethydd nodedig yng nghynhyrchiad radio enwog Douglas Cleverdon o ddrama **Dylan Thomas**, *Under Milk Wood,* yn 1954, ond fel actor **ffilm** y daeth yn wirioneddol enwog. Gwelwyd ef gyntaf ar y sgrîn fawr yn actio rhan gweithiwr siop swil a oedd dros ei ben a'i glustiau mewn cariad yn ***The Last Days of Dolwyn*** (1949). Prin y'i gwelwyd mewn deunydd Cymreig ar ôl hynny, er ei fod yn draethydd campus yn *Dylan Thomas* (1962), rhaglen ddogfen ar gyfer y teledu a enillodd Oscar. Yn fersiwn diflas a di-glem Andrew Sinclair o *Under Milk Wood* (1972) edrychai'n ddigalon, yn baglu ei ffordd trwy gyfres o anturiaethau diamcan, picarésg.

Y ffilmiau y daeth agosaf at gael Oscar yr Actor Gorau amdanynt oedd *The Robe* (1953), *Becket* (1962), *The Spy Who Came In From The Cold* (1965), *Who's Afraid of Virginia Woolf?* (1966), *Anne of the Thousand Days* (1969) ac *Equus* (1977). Fe'i henwebwyd ar gyfer gwobr yr Actor Ategol Gorau am *My Cousin Rachel* (1952).

Beirniadwyd Richard Burton yn aml am ildio i Famon a dod yn un o actorion yr arian rhwydd trwy gymryd un o'r ddwy brif ran yn y ffilm ddrudfawr ond helyntus *Cleopatra* (1963). Ei gyd-seren yn y ffilm honno oedd Elizabeth Taylor, a chafodd y ddau sylw mawr fel cwpwl a fu'n briod â'i gilydd ddwywaith (bu Burton yn briod bum gwaith i gyd). Ond o ddiwedd y 1970au ymlaen rhannau gwael a dderbyniai Richard Burton ac anaml y dangosai'r ymroddiad a'r egni a nodweddai ei berfformiadau cynharach.

Byddai'r actor, a oedd yn uchel iawn ei barch yn ei famwlad, bob amser yn hael ei gefnogaeth i achosion Cymreig, ac yng nghanol ei fywyd moethus yn America a'r Swistir (lle y'i claddwyd, yn Celigny) cadwodd gysylltiad cyson â Phont-rhyd-y-fen.

## BUSH, Percy [Frank] (1879–1958) Chwaraewr rygbi

Maswr herfeiddiol ond anwadal oedd Bush. Gallai fod yn llwyr gyfrifol am ennill gemau, yn ogystal â'u colli. Roedd Bush yn ffefryn mawr yng **Nghaerdydd**, lle y'i ganed, a bu'n gapten ar dîm y brifddinas am dri thymor. Enillodd y cyntaf o'i wyth cap rhyngwladol ym muddugoliaeth hanesyddol Cymru dros y Crysau Duon yn 1905.

## BUTLER, Eleanor (1745?–1829) a PONSONBY, Sarah (1755–1831) 'The Ladies of Llangollen'

Ymgartrefodd y ddwy fonesig ecsentrig hyn ym Mhlas Newydd, **Llangollen**, yn 1780 ar ôl dianc gyda'i gilydd o **Iwerddon** lle'r oedd bywyd yn rhy gul a pharchus ganddynt. Ymhlith eu hymwelwyr niferus yn y Plas, sydd heddiw'n denu twristiaid, yr oedd Shelley, Byron a Wordsworth; tramgwyddodd yr olaf y ddwy trwy gyfeirio at y tŷ fel 'low-roofed cott' ac ni chafodd ei wahodd drachefn. Mae'r ddwy wedi magu statws eiconaidd ymhlith lesbiaid (gw. **Cyfunrhywiaeth**).

## BUTTON, Thomas (*c.*1575–1634) Llyngesydd ac anturiaethwr

Ganed Thomas Button yn Llwyneliddon (**Gwenfô**), ac ymunodd â'r Llynges *c.*1589. Yn 1612 arweiniodd ymgyrch i Fae Hudson i chwilio am dramwyfa ogledd-orllewinol i Asia, ac fe'i hurddwyd yn farchog pan ddychwelodd adref. Ef oedd y llyngesydd a oedd yn gyfrifol am **longau**'r brenin ar arfordir **Iwerddon** (1614–34), ac fe'i hapwyntiwyd yn gomisiynydd i ymchwilio i gyflwr y Llynges yn 1625. Cafodd Button Gwinnett, un o lofnodwyr Datganiad Annibyniaeth America (gw. **Gogledd America**), ei enw oherwydd y berthynas deuluol agos rhwng teulu Button a theulu Gwinnett.

## BWA HIR, Y

Roedd y bwa hir yn un o'r arfau rhyfel mwyaf effeithiol yn yr Oesoedd Canol diweddar. Fel arfer fe'i gwneid o goed ywen (gw. **Planhigion**), er i **Gerallt Gymro** ddweud mai o goed llwyfen bychain y'i gwneid yng Nghymru, ei darddle gwreiddiol o bosibl. Roedd bwâu hir yn ysgafnach ac ystwythach na'r bwâu croes, a chwaraeodd gwŷr y bwa hir o Gymru, yn arbennig y rhai o **Forgannwg** a **Gwent**, ran bwysig yn gorchfygu William Wallace ym mrwydr Falkirk (1298), gan iddynt ddiogelu byddin y Goron trwy saethu'n uchel a gwasgaru'r Albanwyr. Roedd gwŷr y bwa hir yn amlwg hefyd ym mrwydrau Crécy (1346), Poitiers (1356) ac Agincourt (1415) ynghyd â brwydrau eraill ar dir mawr Ewrop (gw. **Rhyfel Can Mlynedd**).

## BWCLE, Sir y Fflint (1,969ha; 14,568 o drigolion)

Roedd Bwcle, i'r dwyrain o'r **Wyddgrug**, yn ganolfan cynhyrchu **crochenwaith** o bwys o'r 13g. ymlaen. Yn y dechrau câi llestri o ansawdd uchel eu cynhyrchu; yn ddiweddarach llestri bob dydd ar gyfer y cartref oedd y cynnyrch pennaf, ond yn y pen draw daeth y gwaith brics yn bwysicach na chynhyrchu crochenwaith. Trwy ddefnyddio **glo** lleol llwyddodd y diwydiant i dyfu'n gyflym. Daeth nifer fawr o fewnfudwyr i Fwcle, llawer ohonynt o Swydd Stafford, ac am flynyddoedd lawer goroesodd elfennau o'u tafodiaith yn iaith yr ardal. Daeth y gweithfeydd i arbenigo mewn brics tân a brics a wrthsafai asid, a Gwaith Dur Shotton (gw. **Shotton** a **Shotton, Gwaith Dur**) oedd un o'r prif gwsmeriaid. Yn ystod y 19g. ymdoddodd pentrefi bach Bistre (*Biscopestreu* yn Llyfr Domesday), Drury, Spon Green a Buckley Mountain i'w gilydd gan ffurfio tref Bwcle. Dim ond gwaith brics Lane End sydd ar agor erbyn hyn. Bellach, prif gyflogwyr Bwcle yw Gwaith Sment Padeswood (1949) a'r **stadau diwydiannol** a adeiladwyd ar hen safleoedd gwaith brics Catheralls, Drury a Little Mountain; mae eraill o drigolion y dref yn cymudo i'w gwaith yng Nghaer a Chilgwri. Eglwys Sant Matthew, Bwcle (1821), oedd yr unig eglwys yng Nghymru a gyllidwyd gan arian o grant adeiladu-eglwys cyntaf y Senedd (1818). Yn ôl y sôn, hen gapel Alltami (1838) oedd y cyntaf o gapeli'r Methodistiaid Cyntefig i'w godi yng ngogledd-ddwyrain Cymru.

## BWRDEISTREFI

Gan eu bod yn aneddiadau trefol a sefydlwyd yn ffurfiol, ac yn bencadlysoedd *civitates*, gellir ystyried mai'r bwrdeistrefi cynharaf yng Nghymru oedd Venta Silurum (gw. **Caerllion**) a Moridunum (gw. **Caerfyrddin**). Heb os, roedd teyrnasoedd annibynnol Cymru yn cynnwys aneddiadau trefol, ond gan nad oes unrhyw dystiolaeth fod y rheini wedi'u sefydlu'n ffurfiol, ystyrir i'r bwrdeistrefi cynharaf yng Nghymru'r Oesoedd Canol gael eu sefydlu gan y **Normaniaid**. Sefydlodd **William Fitz Osbern**, iarll Henffordd, fwrdeistrefi yn **Nhrefynwy** a **Chas-gwent**, gan ganiatáu i'w bwrdeisiaid yr un hawliau â rhai Henffordd, a oedd yn eu tro wedi'u seilio ar rai Breteuil, cartref gwreiddiol Fitz Osbern ger Amiens. Erbyn sefydlu'r **Bala** yn 1309 – yr olaf o drefi canoloesol Cymru i gael ei sefydlu – roedd oddeutu 80 o aneddiadau trefol yng Nghymru a fedrai hawlio statws bwrdeistref. Er mai'r mwyaf cyfarwydd o blith bwrdeistrefi canoloesol Cymru yw'r rhai a sefydlwyd yn sgil y **Goresgyniad Edwardaidd** – yn arbennig **Conwy** a **Chaernarfon** – y mwyaf ohonynt oedd bwrdeistrefi porthladd y de; yng **Nghaerdydd** yn y 1280au roedd 421 o diroedd bwrdais neu leiniau trefol, a 360 yn **Hwlffordd**, o gymharu â 112 yng Nghonwy a 70 yng Nghaernarfon.

A derbyn bod pob tir bwrdais yn gartref i bump o bobl, Caerdydd, a chanddi dros 2,000 o drigolion, oedd bwrdeistref fwyaf Cymru yn y 13g. Gostyngodd ei **phoblogaeth** yn sylweddol, fel yn achos y rhan fwyaf o fwrdeistrefi eraill Cymru, o ganlyniad i amgylchiadau anodd yr Oesoedd Canol Diweddar. Yn sgil rhoi **cynrychiolaeth seneddol** i Gymru yn 1536 cafodd 55 o fwrdeistrefi'r wlad eu cydnabod; dyma'r trefi a oedd yn ethol aelodau seneddol bwrdeistrefol – fel bwrdeistrefi unigol yn achos **Aberhonddu** a Chaerfyrddin, ac fel grwpiau o fwrdeistrefi cyfranogol yn achos bwrdeistrefi **siroedd** eraill y wlad – ar wahân i **Sir Feirionnydd** y barnwyd nad oedd ynddi fwrdeistref a oedd yn teilyngu cynrychiolaeth. Gwnaed Hwlffordd yn achos unigryw, gan roi iddi ei haelod seneddol ei hun a'i dyrchafu i statws sirol.

Rhwng yr 16g. a'r 19g. tyfodd rhai o fwrdeistrefi Cymru yn sylweddol, gyda Chaerfyrddin, a oedd yn gartref i tua 4,000 o drigolion erbyn 1770, ar y blaen am y rhan fwyaf o'r cyfnod. Dirywiodd eraill; yn wir, gwelwyd lleihad mawr ym mhoblogaeth y bwrdeistrefi hynny a sefydlwyd am resymau milwrol yn unig, wrth i'r lluoedd ymadael â'u cadarnleoedd; o ganlyniad mae yng Nghymru nifer o fwrdeistrefi diflanedig, yn eu plith Cefn-llys (gw. **Pen-y-bont**) a Dryslwyn (gw. **Llangathen**). Sefydlwyd canolfannau trefol nad oedd ganddynt hawl i statws bwrdeistref; o blith y rhain y fwyaf arwyddocaol yn y lle cyntaf oedd **Wrecsam**, a oedd, erbyn diwedd yr 17g., wedi disodli Caerfyrddin dros gyfnod byr fel y dref fwyaf yng Nghymru.

Cydnabyddai Deddf Corfforaethau Dinesig 1835 fod 20 o drefi Cymru yn fwrdeistrefi, a bod ganddynt yr hawl i faer a chorfforaeth wedi eu hethol gan y trethdalwyr gwryw. Roedd ganddynt oll wreiddiau yn yr Oesoedd Canol, ac amrywient o gymunedau bychain megis **Llanfyllin** a **Llanbedr Pont Steffan** i ganolfannau deinamig fel Caerdydd, **Abertawe** a **Chasnewydd**, y tair tref yng Nghymru a enillodd statws bwrdeistref sirol yn sgil Deddf Llywodraeth Leol 1888. Yn ddiweddarach, enillodd trefi eraill statws bwrdeistref, yn eu plith Wrecsam, y **Rhondda**, y **Barri** a **Merthyr Tudful**. (Daeth Merthyr yn fwrdeistref sirol yn 1908.) Bu'n rhaid i weddill trefi Cymru fodloni ar statws dosbarth trefol. Yn 1974, pan ddiddymwyd y cyfan, roedd gan Gymru 32 o fwrdeistrefi a phedair bwrdeistref sirol. (Gw. hefyd **Dosbarthau Trefol** a **Bwrdeistrefi Sirol**.)

## BWRDEISTREFI SIROL

Sefydlodd Deddf Llywodraeth Leol 1888 gynghorau sir ym mhob un o 13 sir Cymru. Roedd y ddeddf hefyd yn datgan y dylid gosod canolfannau trefol mawr – ar y cyfan rhai a oedd â **phoblogaeth** o ragor na 50,000 – ar wahân i'r **siroedd**, gan eu trin fel siroedd ynddynt eu hunain. Yng Nghymru roedd pum canolfan gyda mwy na 50,000 o drigolion – **Caerdydd** (128,915), **Abertawe** (91,034), **Casnewydd** (54,707), y **Rhondda** (88,351) a **Merthyr Tudful** (59,004) (ffigurau cyfrifiad 1891). Dim ond y tri cyntaf, fodd bynnag, a dderbyniodd statws bwrdeistref sirol. Yn 1908 dyfarnwyd y statws hwnnw i Ferthyr, er gwaethaf protestiadau o ran ddeheuol y fwrdeistref, a oedd yn hawlio cysylltiadau agosach â **Phontypridd** na Merthyr. Yn 1935 hawliodd Comisiwn Brenhinol ar Ferthyr y dylid cyfuno'r fwrdeistref sirol, a oedd yn gorfod ymgodymu â'r gost o gynnal llu o drigolion di-waith, â **Sir Forgannwg** – cyfrifoldeb yr oedd Morgannwg yn amharod i'w ysgwyddo. Yn 1974 diddymwyd y bwrdeistrefi sirol. Daeth Caerdydd yn un o ddosbarthau **De Morgannwg** a Merthyr yn un o ddosbarthau **Morgannwg Ganol**. Daeth Abertawe a Chasnewydd – y ddwy ohonynt wedi'u hehangu'n sylweddol – yn ddosbarthau oddi mewn i **Orllewin Morgannwg** a **Gwent**. Yn 1996 cafodd Cymru ei rhannu yn 22 o awdurdodau unedol; mae 9 o'r unedau hynny yn cael eu hadnabod fel bwrdeistrefi sirol.

## BWRDD ADLEOLI DIWYDIANNOL, Y (The Industrial Transference Board)

Wedi iddo gael ei sefydlu yn Ionawr 1928, lluniodd y Bwrdd adroddiad a fu'n sylfaen i bolisi'r **llywodraeth** ynglŷn â diweithdra, o leiaf hyd nes cyflwyno deddfwriaeth Ardaloedd Arbennig yn 1934. Roedd y penderfyniad i symud gweithwyr o ardaloedd dirwasgedig i rai lled-ffyniannus yn golygu bod y llywodraeth wedi ymwrthod â'r farn mai rhywbeth byrdymor fyddai diweithdra. Yn ne Cymru, bu'r cynllun yn gyfrifol am gyfran yn unig o'r allfudo mawr a nodweddai'r cyfnod hyd at yr **Ail Ryfel Byd**. Trwy gydol oes y Bwrdd, roedd cryn wrthwynebiad i'r cynllun oherwydd ei effeithiau andwyol tybiedig ar gymdeithas a'r **economi** yn y tymor hir.

## BWRDD CANOL CYMRU (Central Welsh Board)

Sefydlwyd Bwrdd Canol Cymru yn 1896 i arholi ac arolygu ysgolion a sefydlwyd o dan **Ddeddf Addysg Ganolradd Cymru 1889**. Roedd yr aelodau yn cynnwys cynrychiolwyr o **Brifysgol Cymru**, y cynghorau sir a'r **bwrdeistrefi sirol**. Creodd gyfundrefn o arholiadau a oedd yn profi gallu disgyblion ar bedair lefel, gyda phwyslais arbennig ar y pynciau academaidd. Trwy gydol ei fodolaeth cyhuddwyd y Bwrdd o lesteirio datblygiad **addysg** dechnegol a galwedigaethol ac o fethu â hybu'r **Gymraeg** yn yr ysgolion uwchradd. Ar ôl yr **Ail Ryfel Byd**, yn dilyn brwydr hir, disodlwyd y Bwrdd gan **Gyd-bwyllgor Addysg Cymru**.

## BWRDD DATBLYGU CYMRU WLEDIG

Sefydlwyd y Bwrdd yn 1977 a'i waith oedd datblygu **economi** a diwydiant canolbarth Cymru (**Powys**, yr hen **Sir Feirionnydd** a **Cheredigion**). Rhan ganolog o bolisi'r Bwrdd oedd creu a denu swyddi gweithgynhyrchu trwy godi ffatrïoedd parod a chynnig grantiau a rhenti rhad. Ei strategaeth wreiddiol oedd canolbwyntio ar leoliadau neilltuol, yn arbennig yr ardal o gwmpas y **Drenewydd**. Bu newid pwyslais yn y 1990au yn fodd i hybu mentrau brodorol. Yn dilyn sefydlu'r **Cynulliad Cenedlaethol**, daeth y Bwrdd yn rhan o **Awdurdod Datblygu Cymru**.

## BWRDD GLO CENEDLAETHOL, Y

Ar 12 Gorffennaf 1946 sefydlwyd y Bwrdd Glo Cenedlaethol (yr NCB) gan Ddeddf Gwladoli'r Diwydiant Glo. Ei gadeirydd cyntaf (1946–51) oedd yr Arglwydd Hyndley, un o gyn-reolwyr-gyfarwyddwyr Cwmni Glo Ager **Powell Duffryn**. Ar 1 Ionawr 1947 cafodd y Bwrdd ei hun yn gyfrifol am dros 1,500 o lofeydd, am weithlu o dros 700,000 ac am asedau gwerth £394 miliwn. Roedd y Bwrdd, a oedd yn gyfrifol am hyrwyddo dulliau effeithlon o godi **glo** ac am ddiogelwch, **iechyd** a lles y gweithwyr, yn gorfod sicrhau bod enillion y diwydiant yn talu am y gwariant cyfredol a seiliwyd ar gyfartaledd cyfres o flynyddoedd da a llwm.

Ffurfiai maes glo'r de y rhan fwyaf o Ranbarth De-orllewin y Bwrdd, ac roedd maes glo'r gogledd-ddwyrain wedi'i gynnwys yn Rhanbarth y Gogledd-orllewin. Yn ystod deng mlynedd cyntaf ei fodolaeth elwodd y Bwrdd ar alw a oedd yn fwy na'r cynnyrch, ond o 1957 ymlaen roedd mwy a mwy o'i gwsmeriaid yn troi at fathau eraill o danwydd, yn enwedig **olew**. Roedd penderfyniad Sefydliad y Gwledydd sy'n Cynhyrchu Olew (OPEC) i godi prisiau olew yn 1973–4 yn achubiaeth dros dro, ond roedd y diwydiant yn prysur ddirywio. Yn 1986, yn sgil ymgyrch breifateiddio llywodraethau Ceidwadol dan arweiniad Margaret Thatcher, ailenwyd y Bwrdd Glo Cenedlaethol yn Glo Prydain, cyn preifateiddio gweddillion y diwydiant yn 1994.

## BWRDD GWYBODAU CELTAIDD PRIFYSGOL CYMRU

Sefydlwyd y Bwrdd Gwybodau Celtaidd yn 1920. Ei nod oedd hyrwyddo a chyfundrefnu astudiaethau Celtaidd yng Nghymru, cyflogi ymchwilwyr i gyflawni projectau ymchwil tymor byr, cyhoeddi ffrwyth ymchwil ar ffurf monograffau, testunau golygedig a llyfryddiaethau, a noddi pedwar cylchgrawn ysgolheigaidd, sef *Studia Celtica*, *Cylchgrawn Hanes Cymru*, *Llên Cymru* a *Contemporary Wales*. Un o brif brojectau'r Bwrdd oedd *Geiriadur Prifysgol Cymru*, y geiriadur Cymraeg hanesyddol cyntaf (gw. **Geiriaduraeth**). Yn 2007, yn sgil ad-drefnu **Prifysgol Cymru**, dilewyd y Bwrdd a daeth ei orchwylion yn rhan o waith **Canolfan Uwchefrydiau Cymreig a Cheltaidd Prifysgol Cymru**.

## BWRDD IECHYD CYMRU

Sefydlwyd y Bwrdd o dan Ddeddf y Weinyddiaeth Iechyd yn 1919. Ysgwyddodd swyddogaethau Comisiwn Yswiriant Cymru (corff a ddeilliodd o Ddeddf Yswiriant Gwladol **David Lloyd George** yn 1911), a chyfrifoldebau ychwanegol ym maes **iechyd** cyhoeddus a ddirprwywyd iddo. Roedd parhad o ran agwedd yn ogystal ag o ran personél – un o nodweddion mwyaf pendant y Bwrdd – yn dal yn amlwg yn 1938 pan agorwyd swyddfeydd newydd yng **Nghaerdydd** mewn adeilad a fyddai wedi 1964 yn gnewyllyn adeiladau'r **Swyddfa Gymreig**. O'i gymharu â'r corff cyfatebol yn yr **Alban**, pur gyfyngedig oedd swyddogaeth Bwrdd Iechyd Cymru, ac arhosodd yn is-adran i'r weinyddiaeth iechyd. Nid oedd gan y Bwrdd ddigon o rym i roi sylw annibynnol i'r nifer fawr o faterion iechyd a gododd yn sgil y **dirwasgiad** rhwng y ddau ryfel; fel cangen ddatganoledig i'r weinyddiaeth yn Whitehall y parhaodd y Bwrdd yn ystod dau ddegawd cyntaf y Gwasanaeth Iechyd Gwladol, nes iddo ddiflannu yn 1969 pan gafodd pwerau newydd eu datganoli i'r Swyddfa Gymreig. O hynny ymlaen **Ysgrifennydd Gwladol Cymru** a oedd â chyfrifoldeb gweithredol dros wasanaethau iechyd a lles, a daeth Adran Iechyd y Swyddfa Gymreig i fodolaeth i ymgymryd â'r gwasanaeth gweinyddol. O 1999 ymlaen y **Cynulliad Cenedlaethol** a oedd yn gyfrifol am y gwasanaethau.

## BWRDD YR IAITH GYMRAEG

Corff statudol a sefydlwyd yn 1993 er mwyn hybu a hwyluso'r defnydd o'r iaith **Gymraeg** ar sail cydraddoldeb â'r **Saesneg**. Y ddeddfwriaeth berthnasol yw **Deddf yr Iaith Gymraeg 1993** a Deddf Llywodraeth Cymru 1998. Mae'r Bwrdd yn cynnwys cadeirydd a dim mwy na 15 o aelodau, sy'n lleygwyr a benodir gan y **Cynulliad Cenedlaethol** am dair blynedd. Caiff ei ariannu gan y Cynulliad ac mae ganddo hawl i roi cymorth ariannol.

Mae'r Bwrdd dan ddyletswydd i alw ar y cyrff cyhoeddus, yn unol â'r diffiniad yn y Ddeddf, i ddarparu 'cynlluniau iaith' yn dynodi'r gwasanaethau a ddarperir ganddynt trwy gyfrwng y Gymraeg. Erbyn diwedd 2006 roedd y Bwrdd wedi cymeradwyo 342 o gynlluniau iaith. Gall y Bwrdd ymchwilio i gŵyn ysgrifenedig gan unrhyw un sy'n hawlio bod methiant corff cyhoeddus i gydymffurfio â'i gynllun iaith wedi effeithio yn uniongyrchol arno. Fodd bynnag, pan fo anghydfod rhwng y Bwrdd a chorff cyhoeddus ynglŷn â'i gynllun iaith, ni all y Bwrdd fynnu bod y corff cyhoeddus yn cydymffurfio â'i argymhellion. Yn hytrach, gall gyfeirio'r mater i sylw'r Cynulliad, a gall hwnnw wneud cais am orchymyn llys. Yn 2005 bu dadlau ffyrnig ynghylch bwriad i ddileu'r Bwrdd a throsglwyddo'i ddyletswyddau i Lywodraeth y Cynulliad, a gohiriwyd y cynllun.

## BWRDD YSBYTAI CYMRU

Crëwyd Bwrdd Ysbytai Cymru o dan Ddeddf y Gwasanaeth Iechyd Gwladol 1946, a bu'n gyfrifol tan 1974 am gynllunio datblygiad ysbytai cyhoeddus a gofal meddygol arbenigol ledled Cymru. Ei ymgymeriad mawr cyntaf oedd crynhoi'r ysbytai 'gwirfoddol' (hynny yw, elusennol) ac ysbytai'r awdurdodau lleol, a oedd heb eu cyd-drefnu o'r blaen, yn grwpiau lleol a allai gynnig amrediad cynhwysfawr o wasanaethau i gleifion mewnol ac allanol. Byddai'r grwpiau hyn yn cael eu rhedeg o ddydd i ddydd gan bwyllgorau rheoli ysbyty rhan-amser a gâi eu gwasanaethu gan swyddogion llawn-amser.

Oherwydd caledi ariannol ym mlynyddoedd cynnar y gwasanaeth **iechyd**, ni fu'n bosibl cau'r hen ysbytai diffygiol a chodi rhai newydd yn eu lle, a bu'n rhaid i'r Bwrdd droi

Diwrnod pobi yn Llanelidan, *c.*1905

at strategaeth o wneud y gorau o'r hyn a oedd ar gael. Serch hynny, yn 1959, lluniwyd cynllun tymor hir ar gyfer rhwydwaith o ysbytai cyffredinol mawr ledled y wlad. Byddai ynddynt rhwng 400 ac 800 o welyau yr un, a chedwid nifer o unedau bach yn yr ardaloedd gwledig mewn ymgais i gadw cydbwysedd rhwng manteision canoli sgiliau a thechnoleg feddygol arbennig ar un llaw ac amser a chost siwrneiau maith i'r ysbyty ar y llaw arall.

Bu'n rhaid i'r Bwrdd wario symiau mwy a mwy o arian cyhoeddus. Yn 1972–3 dyrannwyd cyfanswm o £8.6 miliwn ar gyfer ei brojectau cyfalaf, a chyrhaeddodd y gwariant cyfredol £78.6 miliwn. Erbyn hynny roedd y llywodraeth ganolog wedi penderfynu ad-drefnu gweinyddiaeth y gwasanaeth iechyd yn helaeth, a chafodd y bwrdd ei ddiddymu.

## BWYD A DIOD

Mae bwydydd traddodiadol pob gwlad yn annatod glwm wrth ei **hamaethyddiaeth**, sydd yn ei dro yn cael ei reoli gan natur y tir a'r **hinsawdd**. Dengys tystiolaeth archaeolegol a dogfennol fod **economi**'r Cymry cynnar wedi ei seilio ar ffermio cymysg. Ar ei daith trwy Gymru yn 1188, nododd **Gerallt Gymro** fod bron yr holl bobl yn ymborthi 'ar anifeiliaid a cheirch, llaeth, caws ac ymenyn'. Yn gyffredinol, dyma gynhaliaeth y Cymry ymhell i'r 19g.

Gan mai gwlad fynyddig yw Cymru, **ceirch** a haidd oedd y cnydau a dyfai orau, gyda'r gwenith wedi'i gyfyngu i dir bras y dyffrynnoedd. Roedd y ffermwr mawr a'r tyddynnwr fel ei gilydd yn ddibynnol iawn ar eu cnwd ceirch fel sail eu bwydydd llwy – llymru, uwd, brwes, siot a bwdran. Arferent ladd mochyn neu ddau hefyd a halltu'r cig i'w cynnal am y flwyddyn (gw. **Moch**). Ar y ffermydd mwyaf, arferid lladd bustach yn ogystal, a'i rannu gyda dwy neu dair o'r ffermydd cyfagos. Wrth gadw **gwartheg** doedd dim prinder llaeth ar gyfer cynhyrchu menyn a **chaws**; yn y caeau neu'r ardd, tyfid llysiau, yn bennaf bresych, moron, cennin (gw. **Cenhinen**) a pherlysiau ac, o'r 18g. ymlaen, tatws. Cesglid aeron, **planhigion** a ffrwythau gwyllt yn eu tymor, a gallai pobl yr arfordir fanteisio ar gocos a chregyn gleision, a gwymon ar gyfer **bara lawr**. I raddau helaeth felly roedd y gymdeithas wledig yn hunangynhaliol. Y prif nwyddau yr oedd yn rhaid i wraig y tŷ eu prynu oedd siwgr, halen a **the**, ynghyd ag ambell i becyn o gyrains a phwys o reis efallai i wneud pwdin ar gyfer y Sul neu achlysur arbennig.

A'r defnyddiau crai mor gyfyngedig, roedd angen dychymyg i baratoi bwydlen amrywiol o ddydd i ddydd. Roedd paratoi amrywiaeth o fwydydd llwy o un cynhwysyn sylfaenol, sef blawd ceirch, yn galw am gryn fedrusrwydd; felly hefyd y defnydd amrywiol o gig moch a chig eidion wedi'i halltu mewn prydau megis **cawl**, lobsgows a photes cig.

Ffactor arall a reolai'r mathau o fwydydd a baratoid oedd yr offer coginio a oedd ar gael yng nghartrefi Cymru. Y tân agored a'i offer amrywiol oedd canolbwynt y coginio trwy gydol y 18g. a'r 19g., ac ymhell i'r 20g., mewn amryw o gartrefi gwledig. Defnyddid crochan i ferwi stiwiau, twmplenni a phwdinau berwi. Roedd i'r ffwrn bobi, a ddefnyddid i rostio cig, pobi cacennau a thartennau ffrwythau, enw amrywiol o ardal i ardal, er enghraifft crochan pobi, cidl, cetel a ffwrn fach. Defnyddid y radell ledled Cymru, ac fe'i hadnabyddid hithau dan enwau gwahanol, er enghraifft planc, llechwan a maen. Cresid bara ceirch, pice'r pregethwr, bara soda,

Gŵyl Fwyd Ryngwladol Bae Caerdydd

crempogau a chacennau planc (megis **pice ar y maen**) yn y dull hwn. Câi bêr, jac pobi a ffwrn dun eu defnyddio i rostio cig.

Cyn bod te ar gael yn gyffredin yn gynnar yn y 19g., roedd yn arferol i oedolion a phlant fel ei gilydd yfed **cwrw** neu **seidr** yn hytrach na dŵr, na ellid bod yn sicr ei fod yn bur. Seidr oedd fwyaf poblogaidd yn y dwyrain; cwrw oedd y ffefryn mewn mannau eraill.

Mae'r dull y câi'r bwydydd traddodiadol eu paratoi a'u bwyta yn dweud llawer am y ffordd o fyw yn y Gymru wledig. Cyn dyfodiad peiriannau roedd pob amaethwr yn dibynnu ar gymorth ei gymdogion i gyflawni gorchwylion tymhorol. Roedd y prif orchwylion yn weithgareddau a oedd yn galw am brydau bwyd a dathliadau cymunedol. Dathliad a oedd yn gysylltiedig â'r cynhaeaf ŷd yng ngorllewin Cymru oedd y swper medi pan fwyteid y boten ben Fedi – pryd a oedd, erbyn diwedd y 19g., gan amlaf yn cynnwys tatws stwmp, cig eidion a chig moch wedi'i falu a winwns. Ar gyfer diwrnod dyrnu neu gneifio, paratoid pryd helaeth o gig oen neu eidion oer, tatws a phys, gyda phwdin reis hufennog i ddilyn. Roedd **tatws [yn] popty** – cig eidion, winwns a thatws – yn ffefryn ar yr achlysuron hyn mewn rhannau o **Wynedd**. Pryd di-lol o fara cartref, caws a jam fyddai'r te prynhawn yn y rhan fwyaf o ardaloedd, ond roedd cacen ffrwythau gyfoethog a phastai eirin Mair yn boblogaidd hefyd.

Roedd paratoi bwyd cartref i'w werthu yn arfer pur gyffredin yn y pentrefi a'r trefi diwydiannol, yn enwedig mewn cyfnodau o gyni. Byddai gwragedd neu weddwon glowyr yn gwerthu **ffagots** a phys o'u cartrefi. Roedd penwaig picl – wedi'u coginio mewn dysglau pridd gyda nionod, finegr, triog a sbeis – yn bryd a gâi ei werthu yn yr un modd yn ardaloedd **llechi**'r gogledd. Yno byddai chwarelwyr a **gweision ffermydd** yn ymgynnull i fwyta'r penwaig gyda bara ceirch cartref.

Gyda thwf diwydiant, trefoli cynyddol a dyfodiad cludiant gwell, trawsnewidiwyd patrwm byw y Cymry. Collodd trigolion y trefi a'r dinasoedd eu cysylltiad â'r tir a dod yn fwyfwy dibynnol ar nwyddau wedi'u prynu. Er i'r traddodiad o fyw oddi ar y tir barhau'n hwy yn yr ardaloedd gwledig, daeth tro ar fyd yno hefyd gyda gwell **ffyrdd** a chyfleusterau siopa modern, heb sôn am ddyfodiad oergelloedd a rhewgelloedd. O ganlyniad, diflannodd y mwyafrif o'r bwydydd traddodiadol o fyrddau'r wlad.

Tua diwedd yr 20g. gwelwyd diddordeb newydd mewn 'bwyd Cymreig', er y byddai rhai sylwebyddion o'r farn fod yr ymadrodd hwn yn ei groes-ddweud ei hun. Nid oes fawr o ddim byd 'traddodiadol' ynghylch y bwyd a gyflwynir o dan yr enw hwnnw yn rhai o dai bwyta drutaf Cymru. Yn y 1990au cynnar dywedodd beirniad tai bwyta'r *Sunday Times* ei bod yn bosibl teithio trwy Gymru benbaladr 'without ever stimulating a taste bud'. Roedd y sylw'n brifo, ond doedd dim gwadu'r ffaith fod safon y bwyd mewn tafarndai a thai bwyta ledled y wlad yn hynod anwastad. Er bod rhai gwestai a thai bwyta eisoes wedi dechrau defnyddio cynnyrch Cymreig safonol, roedd y rhan fwyaf yn dal i weini prydau diddychymyg, yn aml wedi'u coginio a'u gweini'n wael.

Bellach, mae llawer o gogyddion a pherchnogion tai bwyta yn defnyddio cynnyrch Cymreig o'r ansawdd gorau, er enghraifft cig oen, cig gwartheg duon Cymreig, cig carw, eog, sewin a chocos (gw. **Pysgod a Physgota**), caws, bara lawr a chennin. Fe'u coginnir gan ddefnyddio technegau coginio tramor o bosibl, neu dro arall mewn dull syml fel bod yr ansawdd a'r blas yn siarad drostynt eu hunain. Fodd bynnag, mae ymborth arferol llawer o Gymry yn fwy dyledus i India neu America nag i'w gwlad eu hunain. *Tikka masala* cyw iâr yw hoff bryd bwyd y genedl, a bellach mae Big Macs a Chow Mein yn fwy poblogaidd na physgod a sglodion. Mewn tafarnau (sef y lleoedd mwyaf poblogaidd i fwyta allan erbyn hyn) mae ôl dylanwad Gwlad Thai, yr Eidal a Japan ar y bwyd yn aml, ac fel arfer dim ond ar Ddydd Gŵyl **Dewi** y caiff bwyd Cymreig y lle blaenaf.

Mae cyfleoedd cynyddol i brynu cynnyrch Cymreig; yn y blynyddoedd diwethaf, mae archfarchnadoedd, lle mae'r mwyafrif o bobl yn dewis prynu eu bwyd, wedi dechrau gwerthu danteithion megis bara lawr, y cawsiau a'r gwinoedd Cymreig newydd, melysion, jam, siytni, cacenni, pysgod a chig wedi'i fygu. Mae nifer y cwmnïau bach sy'n cynhyrchu bwydydd o'r fath wedi tyfu'n sylweddol yn ystod yr ugain mlynedd diwethaf, gyda ffermwyr sy'n ceisio arallgyfeirio yn chwyddo eu rhengoedd. Ond er bod eu nwyddau o ansawdd da, maent fel rheol yn rhy ddrud i gystadlu ar silffoedd yr archfarchnad. Mae llawer o'r cwmnïau yn allforio bwyd i America neu **Lundain**, i'w werthu mewn siopau mawr fel Fortnum & Mason a Harrods. Ar y llaw arall, mae rhai bwydydd traddodiadol, fel cig oen Cymru, a arferai fod yn fwyd arbennig ar gyfer cinio dydd Sul yn unig, bellach ar gael yn gymharol rad mewn archfarchnadoedd.

Mewn arolwg gan yr Asiantaeth Safonau Bwyd yn 2001 nodwyd mai 'ychydig o wybodaeth sydd gan y mwyafrif o bobl Cymru am fwyta'n iach ac am yr amrywiaeth o fwydydd y dylent eu bwyta bob dydd'. Mae pobl Cymru'n bwyta mwy o fraster na thrigolion unrhyw ran arall o'r Deyrnas Unedig, ac felly mae llawer ohonynt yn rhy dew. Traddodiadol yw'r mwyafrif o ran eu harferion bwyta, gyda'r rhan fwyaf yn bwyta cig, a merched (83%) sy'n gwneud y rhan fwyaf o'r siopa bwyd ar ran y teulu.

Ochr yn ochr â phryderon am arferion bwyta afiach, y mae gofid am oryfed. Mae hanes hir i'r brafado sydd ynghlwm wrth yfed yn drwm, o ganu arwrol yr **Hen Ogledd** (gw. **Medd**) i'r tancio mawr cyn gêm ryngwladol ymhlith cefnogwyr **rygbi**. Cyfrannodd twf diwydiant yn fawr at ddatblygiad y diwylliant yfed cyfoes; yn 1920 roedd 120 o dafarndai yn y **Rhondda** i dorri syched glowyr ar ôl eu shifft. Er gwaethaf y mudiad **dirwest** ac, yn fwy diweddar, ymgyrchoedd **iechyd** y **llywodraeth**, parhau y mae'r yfed trwm. Mae'r nifer o achosion o afiechyd sy'n gysylltiedig ag alcohol yn uwch yng Nghymru na'r cyfartaledd Prydeinig, ac mae 29% o fechgyn rhwng 11 ac 16 oed yn cyfaddef eu bod yn yfed cwrw'n rheolaidd.

Yn ystod y blynyddoedd diwethaf ailgydiwyd yn y traddodiad o wneud gwin, medd a **wisgi** yng Nghymru. Bellach mae'r grefft o dyfu gwinwydd, a ddechreuwyd gan y **Rhufeiniaid** ac a barhawyd yn y mynachlogydd hyd nes eu **diddymu**, yn ffynnu eto mewn rhagor na 20 o **winllannoedd** o **Dyndyrn** i **Fôn**.

## BYDDIN RHYDDID CYMRU (Free Wales Army)

Sefydlwyd y 'fyddin' yn 1963 a hi oedd y fwyaf o'r carfanau cenedlaetholgar ymylol a ddaeth i fod yn y 1960au. O dan arweiniad Julian Cayo Evans (1937–95), amcanai at greu chwyldro er sicrhau annibyniaeth i Gymru. Gwisgai ei haelodau lifrai tra chymysgryw a chymerent ran mewn ymarferion milwrol. Hawliodd yr FWA gyfrifoldeb am nifer o ffrwydradau rhwng 1963 ac 1969 (gw. **Mudiad Amddiffyn Cymru**). Bu achos yn erbyn naw o'r aelodau amlycaf ym Mrawdlys **Abertawe** rhwng Ebrill a Gorffennaf 1969, a dedfrydwyd tri ohonynt, Cayo Evans yn eu plith, i garchar ar ddydd arwisgo'r Tywysog Charles (gw. **Tywysogion Cymru**). Cafodd yr FWA gryn ddylanwad ar wleidyddiaeth Cymru, er nad oedd i'r fyddin gymaint â chant o aelodau yn ôl pob tebyg.

## BYSIAU

Mae hanes bysiau yng Nghymru yn ymwneud â llond dwrn o gwmnïau mawr, a dwsinau o gwmnïau llai a ddarparai wasanaethau lleol ynghyd ag elfen o gystadleuaeth. Mor gynnar ag 1826, teithiai bysiau a dynnid gan **geffylau** ar hyd Heol Ystumllwynarth yn **Abertawe**, dair blynedd cyn cerbyd ceffyl 'cyntaf' Shillibeer yn **Llundain**. Er bod **Caerdydd** ar ei hôl hi, roedd bysiau a dynnid gan geffylau yn sicr ar waith yno erbyn 1845 pan gafodd y rhai a drefnai wasanaethau heb eu trwyddedu eu herlyn. Lluniwyd deddfau lleol cyntaf Caerdydd ar gyfer rheoli bysiau yn 1863, ac un o'r perchnogion bysiau cyntaf oedd **Solomon Andrews**. Byddai gofyn i'r rhai a ddewisai deithio ar lawr uchaf ei Fws Patent, a adeiladwyd yn 1882, ddringo ysgol ac yna eistedd gefn wrth gefn o naill ben y cerbyd i'r llall.

Datblygodd gwasanaethau bysiau modur law yn llaw â thramffyrdd, a hynny trwy flaengarwch dinesig yn ogystal ag ymdrechion entrepreneuriaid fel Edward Phillips o **Dreffynnon**, a drawsnewidiodd gar Ffrengig yn fws yn 1921. Dau o'r cwmnïau cynnar oedd y Clynnog and Trevor Motor Company, a ffurfiwyd yn 1912 i wasanaethu pentrefi rhwng **Pwllheli** a **Chaernarfon**, ac Express Motors o Gaernarfon, a sefydlwyd *c.*1910. Yn ystod y 1920au rhoddodd y cynnydd mawr ym mhoblogrwydd teithiau bws gyfle i rai fentro, megis Mrs S. A. Bebb, postfeistres **Llanilltud Faerdref**, a brynodd fws Chevrolet 14 sedd yn 1924 er mwyn galluogi ei meibion i gynnal gwasanaethau rhwng **Pontypridd** a Beddau. Datblygodd Brewer's Motor Services, Caerau, o fusnes gwerthu llaeth a gyflogai weithwyr a oedd yn dra pharod i gynnig lifft i bobl yn eu certi. Bysiau a gynhyrchid gan y prif wneuthurwyr ceir a ddefnyddid gan amlaf, ond ceid eithriadau diddorol: yn 1923 sefydlwyd y Llynfi Motor Services ym **Maesteg** gan William George Thomas, cyn-golier a dalodd £650 mewn sofrenni am un o hen gerbydau'r fyddin (Fiat a chanddo gorff Massey).

Wedi'r **Rhyfel Byd Cyntaf** gwelwyd Crosville Motor Services (1906), cwmni a sefydlwyd yng Nghaer gan George Crosland-Taylor, a'r Ffrancwr Georges Ville, yn ymestyn eu gwasanaeth i berfeddion y canolbarth a'r gogledd. Yn 1929, flwyddyn ar ôl i'r prif gwmnïau **rheilffyrdd** dderbyn yr hawl i redeg bysiau, prynwyd Crosville gan y London, Midland and Scottish Railway. Yn dilyn gwladoli'r rheilffyrdd yn 1948, daeth yn eiddo i'r wladwriaeth. Ond ymhen amser, yn sgil preifateiddio, diflannodd yr enw Crosville a chafodd y bysiau eu rhedeg dan enw Arriva Cymru.

Wedi i South Wales Transport (SWT) gael ei sefydlu gan y grŵp British Electric Traction yn 1914 er mwyn gwasanaethu system dramffyrdd Abertawe, estynnodd y cwmni ei wasanaethau i **Gaerfyrddin** a **Phort Talbot**, a phrynu busnesau

Un o'r bysiau cynharaf, Llannarth, Sir Aberteifi, *c.*1904

cystadleuwyr bach annibynnol. Ei brif gystadleuydd oedd United Welsh, a ymunodd â SWT ymhen amser, gan ddod yn rhan o'r Cwmni Bysiau Cenedlaethol. Deilliodd cwmni'r Western Welsh, a wasanaethai nifer o ardaloedd yn y de yng nghanol yr 20g., o South Wales Commercial Motors (1920), menter a ariannwyd gan gwmni bragu Hancock. Prin y gwna dechreuad digon cyffredin SWCM – dau gerbyd ac un gwasanaeth rhwng Caerdydd a **Phenarth** – gyfiawnder â menter y rheolwr gyfarwyddwr cyntaf, Albert Gray, a gafodd batent ar ragflaenydd y to symudol yn 1924. Wedi i wasanaethau'r cwmni ddod o dan adain Rheilffordd y Great Western yn y de yn 1929, fe'i hailenwyd yn Western Welsh. Tyfu yn annibynnol ar y grwpiau mawr gan wasanaethu ardal eang yn y de-ddwyrain a de **Lloegr** fu hanes Red and White Services (1930). Yn 1978 unodd gyda'r Western Welsh gan ffurfio National Welsh. Mae nifer fawr o gwmnïau bach annibynnol wrthi hyd heddiw yn darparu gwasanaethau, llawer ohonynt yn ddibynnol ar gontractau ysgol.

Chwaraeodd awdurdodau lleol ran bwysig yn natblygiad gwasanaethau bysiau. Cyngor dosbarth trefol **Caerffili** oedd yr awdurdod lleol cyntaf yn y de i sefydlu ei wasanaeth bysiau ei hunan, gyda'r gwasanaeth i **Nelson** yn cychwyn yn Ebrill 1920. Ymhen dim o dro, teithiai bysiau i **Fedwas** a Machen (1922) a **Gelli-gaer** (1928). Yng Nghaerdydd, cwmnïau preifat a fu'n gyfrifol am ddatblygu'r gwasanaethau bysiau hyd Ragfyr 1920, pan ddechreuodd Cyngor y Ddinas redeg ei fysiau ei hunan. Roedd Corfforaeth **Casnewydd** wedi rhedeg tramiau er 1901 ond dechreuwyd defnyddio bysiau yn 1924, y flwyddyn y lansiodd **Merthyr Tudful** ei wasanaeth cyntaf. Yn 1926, daeth y gwasanaethau a drefnwyd gynt ar y cyd rhwng cynghorau **Bedwellte** a Mynyddislwyn o dan ofal y West Monmouthshire Omnibus Board, menter a ddaeth yn Islwyn Borough Transport Ltd yn 1986. Datblygodd Taff Ely Transport (1974) o gwmnïau bysiau ym Mhontypridd a'r cyffiniau, lle bu'r cyngor yn bleidiol i dramffyrdd yn wreiddiol.

Daeth siwrneiau pell mewn bysiau yn dra chyffredin yn y 1930au, pan dalai teithwyr, er enghraifft, 33s 6c (£1.67) am docyn dwyffordd ar wasanaeth bysiau Ensign Motors rhwng Llundain ac **Aberystwyth**, neu 30s (£1.50) am docyn dwyffordd o **Lanelli** i Lundain ar fws South Wales Express A. T. Morse. Erbyn diwedd yr 20g., cynigiai nifer o gwmnïau, Regina o Flaenau **Ffestiniog** er enghraifft, wyliau bws ym **Mhrydain** ac ar dir mawr Ewrop.

Yn y 1980au bu dadreoli yn hwb i dwf gwasanaethau bysiau mini, ac esgorodd eu dyfodiad ar y math o gystadleuaeth fywiog a nodweddai'r degawdau cynharaf. Roedd gwasanaethau hirbell rheolaidd yn dal i redeg rhwng Cymru a Lloegr, a hyd 2004 cysylltai'r gwasanaeth TrawsCambria Fryste a **Llandudno** trwy Gaerdydd, Abertawe, Caerfyrddin, Aberystwyth, **Dolgellau**, Caernarfon a **Bangor**. Oherwydd y cynnydd aruthrol ym mherchnogaeth ceir, bu llai o alw am wasanaeth bysiau, gan gymell consortia o gynghorau sir a **Chynulliad Cenedlaethol Cymru** i sicrhau gwell cydweithrediad a chytundebau ariannu rhwng cwmnïau.

***BYWGRAFFIADUR CYMREIG HYD 1940, Y*** (1953)
Geiriadur bywgraffyddol cenedlaethol a gyhoeddwyd dan nawdd y **Cymmrodorion** a than olygyddiaeth **J. E. Lloyd**, **R. T. Jenkins** ac W. Llewelyn Davies. Mae'r mwyafrif o unigolion y ceir cofnodau amdanynt yn y gyfrol yn Gymry a aned ac a fu'n byw yng Nghymru, ond ceir hefyd gofnodau ar bobl o wledydd eraill, o dras Cymreig neu drasau eraill, a wnaeth gyfraniad i fywyd Cymru, a rhai ar Gymry

a wnaeth eu cyfraniad mewn gwledydd eraill. Mae gweinidogion yr efengyl yn garfan niferus iawn yn y llyfr, a dim ond 1.8% o'r cofnodau sydd am **fenywod**. Cafwyd dau *Atodiad* i'r brif gyfrol hyd yn hyn, y naill yn cwmpasu'r blynyddoedd 1941–50, dan olygyddiaeth E. D. Jones (1970), a'r llall yn cwmpasu'r cyfnod 1951–70, dan olygyddiaeth Brynley F. Roberts (1997). Cafwyd argraffiad Saesneg, *The Dictionary of Welsh Biography Down to 1940*, yn 1959, a chyhoeddwyd fersiwn Saesneg o'r ddau *Atodiad* yn un gyfrol yn 2001. Yn 2004 lansiodd y **Llyfrgell Genedlaethol** fersiwn ar-lein o'r *Bywgraffiadur*.

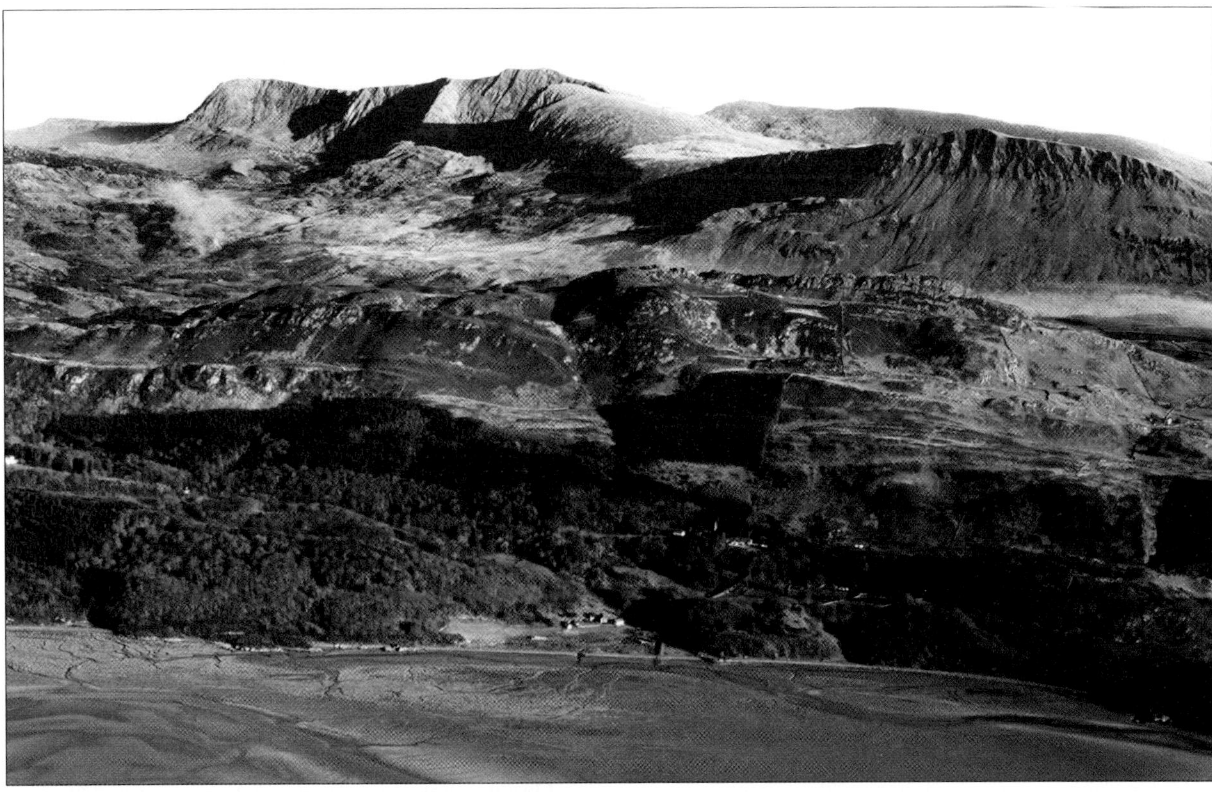

Cadair Idris

**CADAIR IDRIS** Mynydd
Cadair Idris (893m) yw mynydd uchaf Cymru i'r de o **Aran Fawddwy**. A'i greigiau Ordofigaidd yn codi'n dalsyth bron o'r môr, arferid credu yn ystod yr 16g. mai hwn oedd mynydd uchaf **Prydain**. Mae peintiad **Richard Wilson**, *Cader Idris, Llyn y Cau* (*c.*1765), un o gampweithiau celf y 18g., yn crynhoi gogoniant ei uchelfannau. Câi ymwelwyr â'r gogledd a fanteisiai ar y rheilffordd rhwng **Wrecsam** ac **Abermaw** y wefr o deithio dan drem cysgodion trwm clogwyni Cadair Idris ac amlinell lom ei grib 13km o hyd. Nid rhyfedd mai hwn am gyfnod oedd mynydd mwyaf adnabyddus Cymru. **Siôn Dafydd Rhys** oedd y cyntaf i gofnodi'r chwedl a'i cysylltai ag Idris Gawr; tynged pwy bynnag a gysgai ar wely Idris, meddid, fyddai deffro naill ai'n fardd neu'n wallgof (gw. **Cewri**). Bendithiwyd y mynydd â'r gwychaf o beirannau **Prydain** – y pant mawreddog y gorwedda Llyn Cau ynddo. Er diogelu ei **blanhigion** arctig-alpaidd, dynodwyd y rhan fwyaf o'r mynydd-dir hwn yn Warchodfa Natur Genedlaethol. Ceir o'r copa – Pen y Gadair (**Llanfihangel-y-Pennant**) – olygfeydd gwych ar yr achlysuron prin hynny pan fo'r awyr yn glir; yr olygfa wychaf o ddigon yw honno i gyfeiriad aber hardd afon **Mawddach** ac amlinell arfordir Bae Ceredigion.

**CADFAN (6g.)** Sant
Yn ôl y traddodiad, Cadfan oedd sefydlydd eglwys bwysig **Tywyn** ac abad cyntaf Enlli (**Aberdaron**; gw. hefyd **Ynysoedd**). Prif ffynhonnell ein gwybodaeth amdano yw **awdl** o'r 12g. o waith Llywelyn Fardd, 'Canu Cadfan'. Yn yr Oesoedd Canol credid iddo arwain llu o **seintiau** i Gymru o **Lydaw**, ac adroddid straeon amdano mor ddiweddar â diwedd y 19g. Ei ddydd gŵyl yw 1 Tachwedd.

**CADFARCH**, Sir Drefaldwyn, Powys (11,009ha; 849 o drigolion)
Y **gymuned** hon sy'n ffurfio cornel dde-orllewinol **Sir Drefaldwyn**. Mae'n un o'r cymunedau mwyaf yng Nghymru, yn ymestyn o gyrion **Machynlleth** i gronfa ddŵr Nant-y-moch (gw. **Blaenrheidol**). Fe'i ffurfiwyd yn 1974 trwy uno **plwyfi** sifil Isygarreg, Uwchygarreg a Phenegoes, ac mae'n cynnwys pentrefi Penegoes, Derwen-las ac Aberhosan. Enwyd y gymuned ar ôl Eglwys Sant Cadfarch, Penegoes. Mae'r eglwys, a gafodd ei hailadeiladu yn 1877, y drws nesaf i reithordy o ddegawdau cynnar y 19g. a godwyd ar safle'r tŷ lle ganed yr arlunydd **Richard Wilson**. Saif Derwen-las, a oedd yn borthladd ar un adeg, ar fan uchaf llanw afon **Dyfi**, gan roi i **Bowys** ryw lun o arfordir o leiaf. Yn y 19g. roedd

Aberhosan yn un o ganolfannau'r diwydiant **gwlân**. Tystia'r carneddau ar Fryn y Fedwen a'r blaenau saethau a ganfuwyd yn Llyn Bugeilyn fod cryn nifer o bobl yn byw ar ucheldir Cadfarch yn yr Oes Efydd (gw. **Oesau Cynhanesyddol**). Yn ne eithaf y gymuned saif Cerrig Cyfamod Glyndŵr, y meini hirion cwarts yr honnir eu bod yn dynodi safle buddugoliaeth **Owain Glyndŵr** ym Mrwydr **Hyddgen** (1401). Gwarchodfa natur yw Llyn Glaslyn.

## CADI HAF

Dawns ymdeithiol yn perthyn i'r gogledd a ddawnsid gan barti o ddynion a oedd yn cynnwys cymeriadau lliwgar a digrif y Ffŵl a'r Cadi, yr olaf yn gwisgo côt dyn a phais merch a'i wyneb wedi'i bardduo. Cludid y Gangen Haf (gw. **Bedwen Haf**) o gwmpas yr ardal gan y dawnswyr fel rhan o ddathliadau **Calan Mai**, a chasglai'r Cadi arian mewn lletwad wrth iddynt **ddawnsio**.

## CADOG (5g. neu 6g.) Sant

Roedd Cadog yn un o arweinwyr crefyddol amlycaf ei ddydd, ac ef oedd sylfaenydd ysgol fynachaidd **Llancarfan**. Cysegrwyd sawl eglwys iddo yng Nghymru, **Cernyw**, **Llydaw** a'r **Alban**. Ysgrifennwyd ei Fuchedd gan Lifris o Lancarfan ar ddechrau'r 12g., ond mae ei gwerth hanesyddol yn amheus. Yn ôl Lifris, roedd Cadog yn fab i Gwynllyw ap Glywys, tywysog **Gwynllŵg**, a Gwladus ferch **Brychan**. Treuliodd gyfnod yn **Iwerddon**. Ei ddydd gŵyl yw 24 Ionawr.

## CADW

Cadw yw'r corff sy'n gyfrifol am warchod henebion ac adeiladau hanesyddol ar ran **Cynulliad Cenedlaethol Cymru**. Trosglwyddwyd y cyfrifoldeb hwn o Weinyddiaeth Waith Prydain i'r **Swyddfa Gymreig** yn 1984, a daeth Cadw yn asiantaeth weithredol yn 1991. Mae'n gyfrifol am restru henebion o bwysigrwydd cenedlaethol, ynghyd ag adeiladau o ddiddordeb pensaernïol neu hanesyddol arbennig, ac am gynnal a dehongli safleoedd hanesyddol sydd yng ngofal y wladwriaeth; yn 2005 newidiwyd ei statws o fod yn asiantaeth i fod yn fwrdd cyfarwyddo ar ran **Llywodraeth** y Cynulliad. Rhaid wrth ganiatâd i wneud unrhyw waith ar heneb sydd wedi'i rhestru, a Cadw sy'n trefnu hynny. Rhaid wrth ganiatâd hefyd i wneud gwaith ar adeilad rhestredig, er mai pwyllgorau cynllunio lleol sydd fel arfer yn goruchwylio hynny. Gall Cadw roi cymhorthdal i berchnogion henebion ac adeiladau rhestredig ar gyfer atgyweirio neu waith cadwraethol. Mae yng Nghymru dros 130 o safleoedd dan ofal y wladwriaeth sy'n agored i'r cyhoedd, o gromlechi cynhanesyddol i olion y **Chwyldro Diwydiannol** ac adeiladau *prefab* yr 20g.

Y corff annibynnol Bwrdd Henebion Cymru sy'n cynghori'r Cynulliad a Cadw ynglŷn â henebion. Corff annibynnol arall, Cyngor Adeiladau Hanesyddol Cymru, sy'n eu cynghori ynghylch materion cynllunio a chymorthdaliadau ar gyfer adeiladau rhestredig. (Gw. hefyd **Comisiwn Brenhinol Henebion Cymru**.)

## CADWALADR AP CADWALLON (m.664/682) Brenin Gwynedd

Mab **Cadwallon ap Cadfan**. Egyr ***Brut y Tywysogyon*** gyda hanes ei farwolaeth, gan nodi bod y Brythoniaid wedi colli coron y deyrnas yn sgil hynny a'r Sacsoniaid wedi'i hennill. Mewn oesoedd diweddarach fe'i hystyrid yn fab **darogan**, ac ef yw'r Cadwaladr Fendigaid, nawddsant Llangadwaladr ym **Môn** ac eglwysi eraill (gw. **Bodorgan**). Ystyrid mai baner Cadwaladr oedd y **Ddraig Goch**.

## CADWALLON AP CADFAN (m.633) Brenin Gwynedd

Disgynnydd i **Maelgwn Gwynedd**. Daeth ei fuddugoliaeth dros Northumbria, gyda chymorth **Mersia**, ym Mrwydr Meigen (Hatfield ger Doncaster) yn 632 yn rhan o draddodiad arwrol y Cymry. Mewn cerdd fawl iddo, sy'n digwydd mewn llawysgrif dra diweddar, y ceir yr enghraifft bosibl gynharaf o'r gair *Cymry* (gw. **Cymru (yr enw)**).

## CADWGAN (m.1241) Esgob

Roedd Cadwgan, a oedd yn fab i Wyddel a Chymraes, yn fynach Sistersaidd (gw. **Sistersiaid**). Daeth yn abad **Hendygwyn** ac yna'n esgob **Bangor** (1215). Gwasanaethodd **Llywelyn ap Iorwerth** ar sawl achlysur, ac yn 1234 trefnodd gludo ŷd o **Iwerddon** er mwyn bwydo tlodion ei esgobaeth. Ceir goleuni ar deimladau crefyddol Cadwgan a'i ymroddiad i ofal bugeiliol yn ei weithiau ysgrifenedig, sy'n cynnwys cyngor ymarferol i offeiriaid ar sut i wrando ar gyffes eu plwyfolion.

## CADWGAN AP BLEDDYN (m.1111) Brenin Powys

Mab **Bleddyn ap Cynfyn** a hanner-brawd **Gruffudd ap Llywelyn** (m.1063). Yn 1088 ymosododd ef a'i frodyr ar **Ddeheubarth** ac roedd yn un o arweinwyr y gwrthryfel Cymreig yn 1094. Bu'n rhaid iddo ffoi i **Iwerddon** yn 1098 ar ôl i'r **Normaniaid** oresgyn y gogledd, ond ymddengys ei fod wedi ymsefydlu ym **Mhowys** erbyn 1099. Powys oedd y grym mwyaf blaenllaw yng Nghymru am gyfnod byr, ond nid oedd Cadwgan yn ddigon cryf i reoli ei deulu ac yn 1109, pan gipiwyd **Nest**, gwraig Gerald o Windsor, gan ei fab **Owain**, esgorwyd ar gryn argyfwng. Fe'i lladdwyd yn 1111 gan ei nai Madog ap Rhirid. Roedd rheolwyr diweddarach Powys yn ddisgynyddion i frawd Cadwgan, Maredudd (m.1132).

## CAEO Cwmwd

Bu'r mwyaf mynyddig ac anghysbell o saith **cwmwd** y **Cantref Mawr** yn aml yn noddfa i reolwyr **Deheubarth** pan fyddent dan warchae. Canolfan weinyddol Caeo oedd **Cynwyl Gaeo**. Y cwmwd hwn oedd cartref Llywelyn ap Gruffudd Fychan, un o gynghreiriaid **Owain Glyndŵr** a ddienyddiwyd yn **Llanymddyfri** yn 1401. Ar ôl y **Deddfau 'Uno'** daeth Caeo yn enw ar **hwndrwd**.

## CAER, Brwydr

Yn y frwydr hon *c.*616 trechodd Aethelfrith, brenin cyntaf Northumbria, Selyf ap Cynan, brenin **Powys**. Cofir y frwydr oherwydd cyflafan **Bangor Is-coed**. Yn y gyflafan honno, yn ôl Beda, lladdwyd 1,200 o fynachod gan Aethelfrith, a oedd yn bagan, am iddynt weddïo y byddai ef yn colli'r frwydr.

## CAERDYDD Cyn-ddosbarth

Yn 1974 diddymwyd bwrdeistref sirol Caerdydd, a daeth Caerdydd, wedi'i ehangu i gynnwys rhannau o'r hyn a fu yn ddosbarth gwledig Caerdydd (**Sir Forgannwg**) a Magwyr a Llaneirwg (**Sir Fynwy**), yn ddosbarth oddi mewn i sir newydd

**De Morgannwg**. Ar ôl diddymu'r sir honno yn 1996 daeth y dosbarth, wedi'i ehangu trwy ychwanegu ato **gymuned** Pentyrch, yn ddinas a sir **Caerdydd**.

## CAERDYDD Dinas a sir (14,498ha; 305,353 o drigolion)

Lleolir Caerdydd, prifddinas Cymru, yng ngwaelodion deheuol Cwm **Taf**. Mae'n cynnwys 32 o gymunedau (gw. **Cymuned** a gw. isod). Gydag ehangu ffiniau'r ddinas yn 1996, cynhwyswyd rhywfaint o dir uchel oddi mewn iddi – Mynydd y Garth (307m) yw ei phwynt uchaf – ond saif y rhan helaethaf o'i hardal adeiledig lai na 50m uwchlaw lefel y môr. Ar gorsdir a llaid aberol y codwyd y ddinas yn bennaf, ond adeiladwyd ei maestrefi gogleddol ar Hen Dywodfaen Coch ac, i'r gogledd, fe'i cylchynir gan y bryniau **Calchfaen** Carbonifferaidd sy'n ymestyn o Ben-tyrch i **Rydri**. Ym Mhen-y-lan ceir craig Balaeosöig, y graig hynaf yn **Sir Forgannwg**.

Y fwrdeistref wreiddiol oedd **plwyfi**'r Santes Fair a Sant Ioan, ac ymestynnai dros 786ha. Gyda'r newid ffin yn 1875, 1922, 1938, 1951, 1967, 1974 ac 1996, tyfodd bron 18 gwaith ei harwynebedd gwreiddiol. Tynnwyd i mewn iddi 14 o blwyfi cyfagos; llyncodd y cwbl o gwmwd **Cibwr**, y mwyaf deheuol o'r tri **chwmwd** a ffurfiai gantref **Senghennydd**, ac o'r herwydd awgrymwyd fod Cibwreg yn enw addas ar dafodiaith Gymraeg y ddinas.

Profa'r fwyell law a ddarganfuwyd ym Mhen-y-lan – bwyell a luniwyd o leiaf 75,000 o flynyddoedd yn ôl – fod bodau dynol yn yr ardal o gyfnod pur gynnar. Tystia deunydd o'r Oes Neolithig a'r Oes Efydd i fodolaeth aneddiadau yn yr hen fwrdeistref ac o'i chwmpas ym milenia olaf y cyfnod cynhanesyddol. Ceir siambr gladdu fegalithig ger Creigiau, carneddau o'r Oes Efydd ar Fynydd y Garth a chaerau neu gaeadleoedd o'r Oes Haearn ym Mhen-tyrch, Caerau a'r Eglwys Newydd. (Gw. **Oesau Cynhanesyddol**.)

Roedd Cwm Taf yn rhan o diriogaeth y **Silwriaid**, a oedd yn fygythiad parhaus i'r **Rhufeiniaid** hyd eu darostyngiad yn 70au'r ganrif gyntaf OC. Dichon mai adeg ymgyrchoedd 50au'r ganrif honno y codwyd y gyntaf o gaerau Rhufeinig Caerdydd. Ildiodd y gaer helaeth hon o bridd a choed ei lle i gaer lai *c*.OC 78; disodlwyd honno gan gaer newydd *c*.120. Adeiladwyd pedwaredd gaer Rufeinig yno *c*.280; fe'i codwyd mewn carreg ac roedd iddi arwynebedd o 3.7ha. Rhwng 1889 ac 1923 bu teulu **Stuart**, ardalyddion Bute, yn gyfrifol am ail-luniad ohoni. Er nad ydyw'r gwaith yn fanwl gywir – roedd y muriau gwreiddiol gryn dipyn yn is, a does dim tystiolaeth iddynt erioed gynnwys galeri furol – Caerdydd yw'r unig fan ym **Mhrydain** lle mae modd cael syniad credadwy o gaer Rufeinig. Y tu allan i'r gaer ceid anheddiad sifil, cyfres o adeiladau hirsgwar ar y naill ochr a'r llall i'r hyn a fyddai yn ddiweddarach yn Stryd Fawr y ddinas. Cafwyd yno dystiolaeth o gynhyrchu **haearn**, fel y cafwyd yn Nhrelái, lleoliad unig fila Rufeinig Caerdydd, adeilad a ddefnyddid rhwng yr 2g. a'r 4g.

O'r darnau **arian bath** a ddarganfuwyd yn y gaer, perthyn y diweddaraf i deyrnasiad Gratian (367–83), sy'n awgrymu na fu defnydd arni wedi i **Macsen Wledig** amddifadu Britannia o'i garsiwn yn 383. Prin yw'r wybodaeth am Gaerdydd yn ystod y chwe chanrif ddilynol. *Caerdyf* – 'y gaer ar Daf' – yw'r ffurf mewn Cymraeg Canol (rhoes hwnnw'r ffurf Seisnigedig *Cardiff*), ac mae'r affeithiad a achoswyd i'r sillaf olaf gan derfyniad genidol coll yn tystio bod yr enw yn deillio o'r Frythoneg. Erbyn yr 16g. trodd yr *f* ar ddiwedd yr enw yn *dd*, gan roi Caerdydd.

Yn yr Oesoedd Canol cynnar roedd Caerdydd yn rhan o deyrnas **Glywysing**. A Glywysing yn ehangu, bathwyd yr enw **Morgannwg** (Gwlad Morgan) yn 665, neu efallai yn 974. Mae yng Nghaerdydd fan o'r enw Womanby (o'r Llychlynneg *Hundemanby*), ffaith a roddodd fod i'r gred fod gan y **Llychlynwyr** anheddiad yno, ond amheuir y gred honno bellach. Erbyn y 12g. Llandaf oedd prif ganolfan eglwysig Morgannwg; yn wahanol i'r enw Caerdydd (gw. uchod) dengys yr elfen *taf* mai i gyfnod y **Gymraeg** y perthyn yr enw hwn. Ceir yno groes gerfiedig o flynyddoedd olaf y 10g., prawf fod eglwys yn Llandaf cyn dyfod y **Normaniaid**, ond ni cheir tystiolaeth gadarn ei bod yn gadeirlan esgobol hyd 1119.

Erbyn hynny roedd yr ardal ym meddiant y Normaniaid. Bu Gwilym I yng Nghaerdydd yn 1081 a hwyrach mai yn y flwyddyn honno y codwyd mwnt oddi mewn i furiau'r gaer Rufeinig. Serch hynny, parhaodd Morgannwg dan reolaeth Gymreig hyd y 1090au, pan wnaeth **Robert Fitz Hammo** y mwnt yn ganolfan ei ymgyrch i'w choncro. Tua 1140 coronwyd y mwnt â thŵr carreg; dringwyd ei furiau gan **Ifor Bach** yn 1158 pan herwgipiodd arglwydd Normanaidd Morgannwg. Yn y 13g. codwyd y Tŵr Du ym mur deheuol y gaer Rufeinig ac yn y 1430au bu cryn adeiladu ar hyd y mur gorllewinol.

Aeth tiriogaethau Fitz Hammo – Caerdydd a gwastadeddau Morgannwg – i'w fab yng nghyfraith, iarll Gloucester, noddwr **Sieffre o Fynwy**. Bu Morgannwg yn eiddo i ddisgynyddion yr iarll hyd nes iddi fynd trwy briodas i'r Brenin John (1183), ac yna i deuluoedd **Clare** (1214), **Despenser** (1314), **Beauchamp** (1399) a Neville (1445) yn eu tro. Daeth i feddiant y Goron yn 1483.

Meithrinodd arglwyddi Morgannwg y fwrdeistref a leolid i'r de o'r castell. Rhoddwyd siarter i'r bwrdeisiaid *c*.1125, a chawsant hawliau pellach yn 1340 ac 1431. Gyda'i dwy farchnad wythnosol, ei dwy ffair flynyddol, masnach cei y dref, ei swyddogaeth fel canolfan y gyfoethocaf o arglwyddiaethau'r **Mers** a nawdd rhai a oedd gyda'r grymusaf o aelodau'r bendefigaeth Seisnig, daeth cryn lewyrch i ran Caerdydd. Amgylchynwyd y dref â muriau; erbyn 1300 ceid oddi mewn iddi 421 o blotiau bwrdais, cartref o bosibl i tua 2,200 o bobl. Bryd hynny, hi, yn ddiamau, oedd tref fwyaf Cymru. (**Hwlffordd**, gyda 360 o blotiau bwrdais, oedd y cystadleuydd agosaf.) Eglwys y Santes Fair oedd eglwys y plwyf. Roedd hefyd nifer o gapeli anwes, a'r tu allan i'r muriau safai brodordai'r Dominiciaid a'r Ffransisiaid (gw. **Brodyr Cardod**); Caerdydd oedd yr unig dref yng Nghymru a chanddi dŷ o eiddo'r naill urdd a'r llall. I'r dwyrain ceid maestref allfurol Crokerton, a thu draw iddi gorweddai **maenor** y Rhath – fferm gartref y castell i bob pwrpas – a thaeogdrefi Llanedern, Llys-faen a Llanisien. Daliai esgob Llandaf diroedd helaeth i'r gorllewin o'r fwrdeistref, ac i'r gogledd – oddi mewn i ffiniau modern Caerdydd o drwch blewyn – roedd Castell Coch, a adeiladwyd gan deulu Clare tua diwedd y 13g., yn tra-arglwyddiaethu dros Geunant Tongwynlais. Ar ffin y Gaerdydd gyfoes ceir castell arall, sef Morgraig ar Fynydd Caerffili, a ystyrir naill ai yn un arall o gestyll teulu Clare neu yn gadarnle mwyaf deheuol Cymry Blaenau Morgannwg.

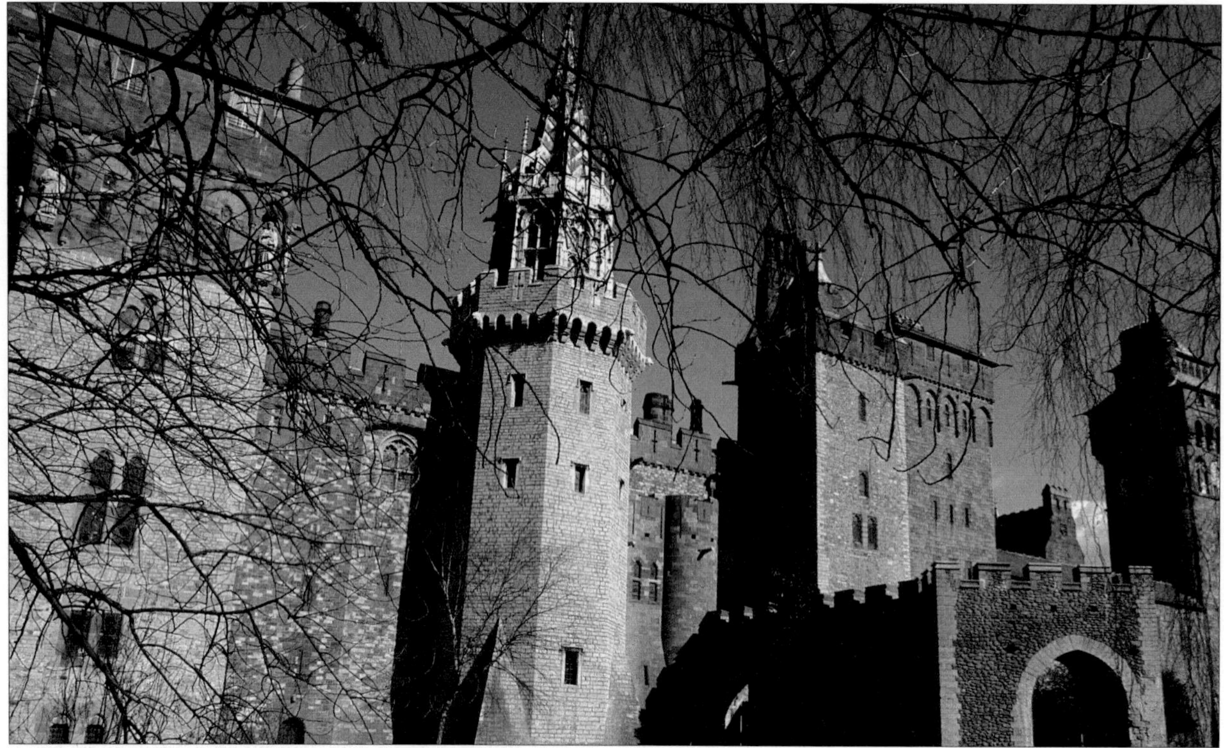

Castell Caerdydd

Yn 1316 cododd gwŷr y Blaenau mewn gwrthryfel, gwrthryfel a ddaeth i ben gyda dienyddiad **Llywelyn Bren** a'i gladdedigaeth ym mynwent y Brodyr Llwydion. Yn yr Oesoedd Canol diweddar bu trai ar lewyrch Caerdydd. Yn wir, âi dros bum canrif heibio cyn y byddai gan y dref eto gynifer o drigolion ag a fuasai ganddi yn 1300. Bu'r **Pla Du** yn brofiad echrydus, a dioddefodd Caerdydd yn enbyd yn ystod **Gwrthryfel Glyndŵr**. Yn 1404 fe'i llosgwyd gan ddilynwyr Owain; dim ond Tŷ'r Ffransisiaid a arbedwyd, a dienyddiwyd un o'u cefnogwyr hwy, John Sperhauke, am ddatgan 'Oweyn Gleyndour est loial Prince de Gales'. Dros y ganrif ddilynol bu arglwyddi Caerdydd yn adeiladwyr brwd. Yn ogystal â'u gwaith ar y castell, hwy a fu'n gyfrifol am ailgodi Eglwys Sant Ioan gyda'i thŵr hyfryd ac am godi tŵr gogledd-orllewinol Eglwys Gadeiriol Llandaf.

Mae'n debyg i'r gwaith yn Llandaf gael ei gomisiynu gan Siasbar Tudur (gw. **Tuduriaid**) a gafodd feddiant ar arglwyddiaeth Morgannwg yn 1486 gan ei nai, Harri VII. Yn sgil Deddf 'Uno' 1536 (gw. **Deddfau 'Uno'**) diddymwyd pwerau arglwyddi'r Mers a chrëwyd **Sir Forgannwg** gyda Chaerdydd fel ei chanolfan weinyddol. Dengys map Speed (1610) fod neuadd sirol wedi'i chodi erbyn hynny oddi mewn i ward allanol y castell. Mae'r map yn darlunio bwrdeistref fechan siap T, a'i muriau yn dal i sefyll. Yn edrych dros y cyfan roedd y castell, un o gartrefi teulu **Herbert (ieirll Pembroke o'r ail greadigaeth)**. Cafodd y cyntaf o'r ieirll ei freinio yn 1547 â'r arglwyddiaethau ym Morgannwg a fu gynt yn eiddo i Siasbar Tudur. Erbyn hynny roedd nifer plotiau'r bwrdeisiaid wedi crebachu i 269. **Cyfenwau** Cymreig oedd gan 35% o'u deiliaid, awgrym fod mudo o gefn gwlad yn newid cymeriad ethnig **poblogaeth** y dref.

A hwythau'n ffafrio eu plasty yn Wiltshire, landlordiaid absennol oedd yr Herbertiaid, a mynd yn adfail a wnâi'r castell yn eu cyfnod hwy. Roedd gorlifiadau afon Taf yn broblem barhaus; tanseiliwyd Eglwys y Santes Fair ganddynt; llwyr ddymchwelodd honno yn 1678 ac ni chodwyd adeilad yn ei lle hyd y 1840au. Er mai Caerdydd oedd tref weinyddol Morgannwg, roedd yn isel yn hierarchi drefol y sir erbyn diwedd y 18g. Trigai pum gwaith cymaint o bobl yn **Abertawe**; roedd **Castell-nedd** gryn dipyn yn fwy poblog; y **Bontfaen** oedd prif dref **Bro Morgannwg** ac allforid gwarged amaethyddol y Fro o borthladd Aberddawan (gw. **Rhws**). I Iolo Morganwg (**Edward Williams**), man 'ansylweddol anadnabyddus' oedd Caerdydd ac, yn ôl ymwelydd yn 1770, roedd 'mwy o olion hynafol ynddi nag yn yr un o'r trefi eraill a welsom yng Nghymru'.

Yn 1704 aeth Caerdydd a'r arglwyddiaethau a gysylltid â hi o feddiant teulu Herbert i feddiant teulu Windsor, a hynny trwy briodas. Yn 1766 daeth y stad yn eiddo i deulu Stuart o ganlyniad i briodas Charlotte Windsor ag Arglwydd Mountstuart, mab y trydydd iarll Bute. Ni wnaeth Mountstuart – ardalydd cyntaf Bute (m.1814) yn ddiweddarach – fawr ddim â'r dref ac eithrio comisiynu Capability Brown i dirlunio parc y castell ac ailfodelu adeiladau'r mur gorllewinol mewn dull a oedd 'yn dwyn i gof y carchar yn Rothesay' (Ynys Bute).

Yn negawdau olaf y 18g. roedd Caerdydd ar drothwy gweddnewidiad. Gyda thwf rhyfeddol diwydiant haearn **Merthyr Tudful**, roedd angen agorfa i'r môr. Y dewis amlwg oedd Caerdydd, porthladd a leolid ar aber yr afon sy'n draenio ardaloedd cyfoethocaf maes **glo**'r de. Yn 1767 cydiwyd Caerdydd wrth Ferthyr gan heol addas ar gyfer wageni cludo haearn crai. Gyda system cludiant mor drafferthus, doedd dim argoel y datblygai masnach helaeth mewn glo, deunydd llawer llai gwerthfawr na haearn yn ôl ei swmp. Ys dywedodd un o swyddogion tollau Caerdydd yn 1782, 'Nid allforir glo o'r porthladd hwn, ac ni chaiff ei allforio byth, gan ei bod yn rhy gostus i'w gludo yma o berfeddion y wlad'.

Newidiodd y sefyllfa yn 1798 gyda chwblhau Camlas Sir Forgannwg (gw. **Camlesi**). Dechreuodd Caerdydd allforio glo, ond ar raddfa lawer iawn llai na'i chystadleuwyr, o leiaf hyd y 1840au. Yn 1833 allforiodd Abertawe a **Chasnewydd** ill dwy dair gwaith cymaint o lo ag a allforiwyd o Gaerdydd. Erbyn hynny, fodd bynnag, doedd dim amheuaeth ynglŷn â goruchafiaeth Caerdydd fel porthladd allforio haearn. Cynhyrchai de Cymru 40% o haearn crai Prydain ac, o'r allforion tramor Prydeinig, cariwyd bron eu hanner i lawr Camlas Sir Forgannwg a'u cludo o Gaerdydd.

Rhoddodd adeiladu'r gamlas 'hwb nodedig' i'r dref. Yn y 1790au codwyd cwrs **rasio ceffylau** yno ac adeiladwyd pont newydd ar draws afon Taf; cafodd y dref ei gwasg, ei banc a'i thŷ coffi cyntaf, a sefydlwyd gwasanaeth coets dyddiol (gw. **Coets Fawr**) i **Lundain**. Serch hynny, dengys y cyfrifiad swyddogol cyntaf (1801) mai dim ond 1,870 o bobl a drigai yng Nghaerdydd; hi oedd y bumed ar hugain o ran maint ymhlith canolfannau poblogaeth Cymru. Dros yr 20 mlynedd dilynol ni fu unrhyw dwf dramatig yn ei maintioli; yn wir, mae cynllun o'r dref a luniwyd yn 1828 yn hynod debyg i gynllun Speed yn 1610.

Y degawd allweddol oedd y 1830au pan aeth yr ail ardalydd Bute ati, ar ei gost ei hun, i greu doc cerrig enfawr wrth geg afon Taf. Fe'i hagorwyd yn 1839 ac yn 1841 adeiladwyd Rheilffordd Cwm Taf a gysylltai'r doc â Merthyr (gw. **Rheilffyrdd**). Yn y degawdau canlynol adeiladwyd dociau eraill ac erbyn 1907, pan agorwyd Doc Alexandra, roedd bron 11km o lan cei yng Nghaerdydd, un o systemau dociau helaethaf y byd. Ehangwyd rhwydwaith y rheilffyrdd hefyd a daeth Caerdydd yn brif ganolfan allforio ar gyfer cynnyrch glo cymoedd Cynon, Rhondda a **Rhymni** yn ogystal â Chwm Taf. Y prif dirfeddiannwr yn y cymoedd hynny oedd stad Bute, ac roedd gorfodaeth ar ddeiliaid prydlesi'r stad i anfon eu glo i Gaerdydd, trefn a ehangodd ddalgylch y dociau ar draul eu cystadleuwyr.

Rhwng 1840 ac 1870 cynyddodd allforion glo Caerdydd o 44,350 i 2.219 miliwn o dunelli metrig, cymaint ag allforion glo Abertawe a Chasnewydd gyda'i gilydd a hanner hynny eto. Arweiniodd y twf at gynnydd aruthrol yn y boblogaeth – cymaint â 79% y degawd yn ystod y 30 mlynedd hynny. Erbyn 1871 roedd Caerdydd wedi goddiweddyd y cwbl o'i chystadleuwyr a siaradai ei thrigolion amdani fel y 'metropolis Cymreig'. Doedd dim amheuaeth ei bod yn dref Gymreig gan fod y dylifiad o gefn gwlad, a oedd eisoes i'w ganfod yn y 1540au, wedi parhau yn y canrifoedd dilynol. Erbyn y 1830au dichon fod gan y mwyafrif o drigolion y dref wybodaeth o'r Gymraeg; yn 1838 mynnodd y gorfforaeth fod clerc y farchnad yn medru'r iaith ac, o'r saith capel Anghydffurfiol a oedd yng Nghaerdydd yn y flwyddyn honno, y Gymraeg oedd cyfrwng pedwar ohonynt. Hyd yn oed gyda thwf aruthrol y boblogaeth yn y degawdau canlynol, brodorion o Gymru oedd canran uchel o'r mewnfudwyr. Yn 1851 roedd 62.5% o drigolion y dref wedi'u geni yng Nghymru, 25.2% yn **Lloegr** a 10.87% yn **Iwerddon**; yn 1881 y ffigurau oedd 60.5%, 30.1% a 5.1%. At ei gilydd, hanai'r ymfudwyr Cymreig o Sir Forgannwg a **Sir Fynwy**, y **Saeson** o dde-orllewin Lloegr a'r **Gwyddelod** o swyddi Cork, Wexford a Waterford.

Arafodd twf y boblogaeth i gyfartaledd o 50% y degawd yn y 1870au a'r 1880au, cyfnod pan ddatblygodd Caerdydd, ys dywed **Gwyn A. Williams**, o 'fod yn gyfrifdy i fod yn gymuned'. Dyna hefyd y cyfnod pan freiniwyd y dref â'r rhyfeddaf o'i nodweddion pensaernïol, sef y gwaith a gyflawnwyd gan **William Burges** yn y castell ar gais y trydydd ardalydd Bute. (Burges hefyd a oedd yn gyfrifol am yr ailadeiladu godidog yng Nghastell Coch.) Daeth dylanwad Burges yn elfen o bwys ym **mhensaernïaeth** Caerdydd, yn arbennig yn Heol y Gadeirlan. Roedd dylanwad stad Bute hyd yn oed yn fwy hollbresennol. Swyddogion y stad a gynlluniodd dwf y dref, gyda'i pharciau a'i thai urddasol, y rhan fwyaf ohonynt y tu allan i gyrraedd y dosbarth gweithiol (gw. **Dosbarth**); mae cyfran helaeth o enwau strydoedd Caerdydd yn coffáu'r teulu a'i eiddo, ac enwau ffermydd Bute yw enwau trwch ei hardaloedd. Byddai teulu tlotach wedi'i demtio i adeiladu ar barc y castell, ond sicrhaodd cyfoeth y Buteiaid fod canol Caerdydd yn lasach na chanol odid yr un ddinas arall yn Ewrop.

Cadarnhawyd statws Caerdydd fel prif dref deheudir Cymru pan benderfynwyd yn 1883 mai hi fyddai cartref coleg prifysgol y de, ergyd enbyd i Abertawe a phenderfyniad a ddathlwyd yng Nghaerdydd gyda bonllefau a goleuadau. Serch hynny, cyfnod o bryder i'r trefolion oedd y 1880au gan i'r bwriad i godi dociau yn y **Barri** fygwth ffyniant y dref; yn wir, proffwydodd David Davies, Llandinam (gw. **Davies, Teulu (Llandinam)**), prif hyrwyddwr cynllun y Barri, y byddai ei lwyddiant yn peri i laswellt dyfu yn strydoedd Caerdydd. Yn 1890, blwyddyn gyntaf llawn weithredu doc y Barri, allforiwyd 3.243 miliwn o dunelli metrig o lo o gymharu â'r 7.538 miliwn a allforiwyd o Gaerdydd. Buan y gwelwyd manteision y Barri, yr unig borthladd ar lan Môr Hafren y gall **llongau** ei gyrraedd a'i adael waeth beth fo cyflwr y llanw. Ymhellach, ni feichiwyd y Barri â hen ddyledion ac elwodd, yn ogystal, ar y ffaith fod ei chwmni dociau hefyd yn berchen y rheilffordd a wasanaethai'r porthladd. (Gwasanaethid Caerdydd, ar y llaw arall, gan o leiaf dri chwmni rheilffordd, rhai ohonynt â thraddodiad o elyniaeth tuag at stad Bute.) O 1901 ymlaen roedd mwy o lo yn cael ei allforio o'r Barri nag o Gaerdydd. Eto, roedd y galw byd-eang am lo mor fawr fel y parhaodd allforion glo Caerdydd i gynyddu, er nad mor gyflym â chynt. Cyrhaeddodd y ffyniant ei anterth yn 1913, pan allforiwyd 10.736 miliwn o dunelli metrig o lo.

Yn y rhan fwyaf o'r tablau ystadegol cynhwysir ffigurau'r Barri (a hefyd rai **Penarth**) o dan y pennawd Porthladd Caerdydd, ac felly mae modd i ran Caerdydd ei hun fel porthladd gael ei gorbwysleisio. Ac eto, mewn rhai ffyrdd, bu ffyniant rhyfeddol y Barri o fudd i Gaerdydd oherwydd yno y rheolid masnach lo'r dociau i gyd, a hynny o'r Gyfnewidfa Lo, yr adeilad rhwysgfawr a godwyd yn Sgwâr Mountstuart yn 1888. O'r flwyddyn honno ymlaen, yno y câi pris glo ar y farchnad Brydeinig – ac yn wir y marchnadoedd rhyngwladol – ei bennu. Erbyn y 1890au Porthladd Caerdydd oedd y mwyaf yn y byd o safbwynt swmp ei allforion. Ei lo oedd tanwydd y llynges Brydeinig; cyfrannodd at ddiwydiannu Ffrainc, Sbaen, yr Eidal, Brasil a Chile. Ddiwedd y 19g. a dechrau'r 20g. roedd i **borthladdoedd** Môr Hafren yr un pwysigrwydd wrth gyflenwi'r byd â ffynonellau gwres ac **ynni** ag y byddai gan Gulfor Persia ddiwedd yr 20g. Cafodd y ddêl filiwn-o-bunnau gyntaf yn y byd ei tharo yn y Gyfnewidfa Lo yn 1907. Wrth ysgrifennu'r ddrama Americanaidd gyntaf i ennill bri rhyngwladol, ni fedrai Eugene O'Neill feddwl am unrhyw deitl mwy cyffrous na *Bound East for Cardiff*.

Yn rhannol oherwydd cystadleuaeth o du'r Barri, arafodd twf poblogaeth Caerdydd i 28% yn y 1890au ac i 11% yn y 1900au. Yn ystod y degawdau hynny gwnaeth y dref – a gydnabuwyd yn fwrdeistref sirol yn 1888 – ymdrechion glew i bwysleisio ei phwysigrwydd. Yn 1898 talwyd £160,000 i ardalydd Bute am 24ha o **Barc Cathays**. Canlyniad y pryniad oedd canolfan ddinesig odidocaf Prydain. Cwblhawyd Neuadd y Ddinas (1905) yr un pryd ag y dyrchafwyd Caerdydd yn ddinas, statws a enillwyd ganddi nid oherwydd ei bod – yng nghyd-destun Prydain yn gyffredinol – yn ei haeddu o safbwynt maintioli ei phoblogaeth, ond oherwydd mai hi oedd y dref fwyaf yng Nghymru. Daeth Caerdydd yn fwyfwy deheuig wrth ecsploetio ei safle fel 'metropolis Cymru'. A hithau eisoes yn gartref coleg prifysgol y de, yr oedd erbyn 1914 hefyd wedi bachu'r **Amgueddfa Genedlaethol**, cofrestrfa **Prifysgol Cymru** a chnewyllyn yr hyn a fyddai'n Goleg Meddygaeth Prifysgol Cymru (gw. **Coleg Meddygaeth, Bioleg, Gwyddorau Iechyd a Bywyd Cymru**). Methodd â sicrhau'r **Llyfrgell Genedlaethol** gan fod prif sefydlydd y llyfrgell, **John Williams** (1840–1926), yn ystyried ei thrigolion yn 'fwngrelod anghymreig'.

Roeddynt yn sicr yn gosmopolitan. Yn 1911, gyda 5,000 o'r trigolion wedi'u geni mewn gwledydd estron, roedd Caerdydd yn ail i Lundain yn unig yng nghyfartaledd ei mewnfudwyr tramor. Yn eu plith yr oedd **Caribïaid**, **Affricaniaid**, **Chineaid** ac Indiaid gan sicrhau bod yn ardal y dociau (Tre-biwt neu Tiger Bay) amrywiaeth gyfoethog o bobloedd. Ymysg y rhain yr oedd lefel unigryw o uchel – mewn cymhariaeth â gweddill Prydain – o ryngbriodi rhwng mewnfudwyr gwrywaidd a **menywod** lleol. Roedd Tre-biwt yn gartref i gynrychiolwyr tua 57 o wahanol genhedloedd; yno gellid 'gweld y byd mewn milltir sgwâr', chwedl yr hanesydd lleol, Neil Sinclair.

Gadawodd y mewnfudwyr Gwyddelig eu marc, yn arbennig yn Grangetown (Trelluest) ac Adamsdown (Waunadda), ac oherwydd mewnfudwyr hefyd o Loegr – dros 20% o'r boblogaeth yn gyson dros chwe degawd – aeth y trigolion yn llai Cymreig a Chymraeg. Roedd nifer y Cymry Cymraeg yng Nghaerdydd, 22,515 yn 1891, wedi'i haneru erbyn 1911, er i bentrefi fel Gwaelod-y-garth a Phen-tyrch, a fyddai yn y pen draw oddi mewn i ffiniau'r ddinas, barhau yn gwbl Gymraeg. Eto i gyd, roedd gwladgarwch Cymreig yn ffactor o bwys, gydag Edward Thomas (Cochfarf) yn arweinydd deheuig ar Gymrodorion Caerdydd. Ymhellach, gellid canfod gwladgarwch Cymreig Caerdyddaidd, yn arbennig ym myd chwaraeon. Yr amrywiaeth o bobloedd a roddodd fod i acen y ddinas, sy'n ddyledus i'r Wenhwyseg, Iwerddon a de-orllewin Lloegr; mae'n 'torri trwy synwyrusrwydd y clyw fel gwifren trwy gaws' (D. Smith, 1984).

Ar drothwy'r **Rhyfel Byd Cyntaf** roedd Caerdydd yn llawn hyder. Yn ystod y rhyfel bu lleihad ym masnach y dociau, ond cryfhawyd seiliau diwydiannol y ddinas, yn arbennig trwy ehangiad y gwaith dur yn **East Moors** a sefydlwyd gan Gwmni Dowlais yn 1890. Wedi'r rhyfel, ac Ewrop yn wancus am lo, profodd Caerdydd dwf economaidd cwbl ryfeddol, er nad oedd y llewyrch heb ei densiynau fel y tystia **terfysgoedd hiliol** 1919. Roedd 57 o gwmnïau llongau yn y ddinas yn 1919, a'r rheini'n berchen ar 213 o longau, ffigurau a gododd i 150 a 500 yn 1920. Cronnwyd ffortiynau enfawr, a chyda'r perchnogion yn awchu am deitlau, cyfeiriwyd at Gaerdydd fel 'the city of the dreadful knights'. Daeth diwedd ar y ffyniant yn 1921; a'r byd yn fwyfwy amharod i brynu glo Cymru, roedd masnach y dociau yn 1936 yn hanner yr hyn a fuasai yn 1913, a rhwng y rhyfeloedd ni fu odid ddim twf ym mhoblogaeth y ddinas. Serch hynny, cadarnhawyd safle Caerdydd fel prifddinas *de facto* Cymru. Daeth yn lleoliad cadeirlan fetropolitanaidd y **Catholigion** yn 1916; sicrhaodd Gofgolofn Rhyfel Genedlaethol Cymru yn 1928 (gw. **Cofebau Rhyfel**) a daeth yn ganolfan **darlledu** Cymru yn 1937, datblygiad a arweiniodd yn ddiweddarach at ei bri fel dinas y cyfryngau. Yn gynyddol, fe'i cydnabuwyd yn brif ganolfan byd chwaraeon yng Nghymru; er i ambell gêm **rygbi** ryngwladol gael ei chwarae yn Abertawe (yn 1954 y bu'r olaf), enillodd Caerdydd lwyr oruchafiaeth yn y pen draw.

Yn ystod yr **Ail Ryfel Byd** dioddefodd Caerdydd gryn ddinistr trwy fomio, gydag Eglwys Gadeiriol Llandaf ymhlith yr adeiladau a ddifrodwyd. Fel yn y Rhyfel Mawr, cryfhawyd seiliau diwydiannol y ddinas, yn arbennig oherwydd nifer ei ffatrïoedd arfau. Wedi'r rhyfel, amhosibl bron oedd cynnal buchedd aristocratig; yn 1947 daeth y cysylltiad gyda theulu Bute i ben pan gyflwynodd y pumed ardalydd y castell a'r parc i'r ddinas. (Roedd dociau Bute wedi dod yn rhan o Gwmni Rheilffordd y Great Western yn 1922 ac aeth y **prydlesau trefol** i gwmni Western Ground Rents yn 1938.) Yn 1955 cydnabuwyd Caerdydd yn brifddinas Cymru, penderfyniad a ddeilliodd o'r ffaith fod ynddi etholaethau ymylol Ceidwadol yn hytrach nag ymateb i gorff clir o syniadau ynglŷn â swyddogaethau prifddinas Gymreig.

Eto i gyd, dros y degawdau canlynol daeth statws Caerdydd fel prifddinas yn fwyfwy ystyrlon. Yn 1958 cynhaliwyd **Gemau'r Gymanwlad** yno. Yn 1964 daeth yn gartref y **Swyddfa Gymreig**, datblygiad a arweiniodd at wneud y ddinas yn bencadlys nifer fawr o sefydliadau cenedlaethol yn amrywio o **Gyngor Celfyddydau Cymru** i **Gyngres Undebau Llafur Cymru**, ac o Sefydliad Chwaraeon Cymru i'r **Academi Gymreig**. Ynghlwm wrth y datblygiadau hyn roedd mesur o ail-Gymreigio; erbyn 2001, pan oedd gan y ddinas ddwsin o ysgolion cynradd Cymraeg eu cyfrwng, roedd dros 10% o holl Gymry Cymraeg Cymru yn byw o fewn 20km i Gaerdydd, o gymharu â llai na 5% rhyw 40 mlynedd ynghynt. Y flwyddyn honno roedd gan 16.31% o drigolion Caerdydd ryw fesur o afael ar y Gymraeg, gyda'r canrannau'n amrywio o 27.53% ym Mhen-tyrch i 12.44% yn Hen Laneirwg; roedd 8.75% o drigolion y sir yn gwbl rugl yn yr iaith.

Cyd-ddigwyddodd twf y ddinas fel canolfan weinyddol gyda phroses o ddad-ddiwydiannu, proses y bu cau gwaith dur East Moors yn 1982 yn symbol cliriach na dim ohoni. Cyd-ddigwyddodd hefyd gydag ailgartrefu cyfran uchel o aelodau dosbarth gweithiol y ddinas, ymgyrch a ddechreuasai gyda'r adeiladu yn Nhrelái o 1928 ymlaen. Dymchwelwyd rhannau helaeth o'r Sblot a diberfeddwyd Tre-biwt. ('Breuddwyd pa bensaer,' gofynnodd Neil Sinclair, croniclydd Tiger Bay, 'a greodd ein hunllef ni?') Crëwyd stadau enfawr yn Llanrhymni, Trelái, Caerau a Llaneirwg, datblygiad nad oedd heb ei broblemau fel y tystia'r terfysgoedd yn Nhrelái yn 1991. Gyda chrebachiad y dociau a'u diwydiannau, achubwyd yn y 1980au ar y cyfle i roi cychwyn ar gynllun uchelgeisiol i ailddatblygu Tre-biwt, neu Fae Caerdydd a defnyddio'r enw a oedd yn prysur ennill ei blwyf. A'r cynllun yn cynnwys morglawdd ar draws aberoedd afonydd Taf ac **Elái**, crëwyd llyn helaeth ger Pierhead. Yr adeilad mwyaf rhwysgfawr i'w godi yng Nghaerdydd yn negawdau olaf yr 20g. oedd Stadiwm y Mileniwm ym Mharc yr Arfau, a adeiladwyd mewn pryd ar gyfer cystadleuaeth Cwpan Rygbi'r Byd yn 1999. Siomedig oedd datblygiadau yn y Bae i ddechrau, a chwalwyd y cynlluniau i godi tŷ **opera** yno. Ond derbyniwyd cynllun amgen yn y man, ac agorodd Canolfan Mileniwm Cymru yn 2004, adeilad a gynllun-iwyd gan benseiri Cymreig, fel man ar gyfer perfformio opera, dawnsfeydd a sioeau cerdd, ac fel pencadlys nifer o sefydliadau diwylliannol cenedlaethol.

Yn 1997 pleidleisiodd trigolion Caerdydd yn erbyn **Cynulliad Cenedlaethol** i Gymru o 55.63% i 44.37%. A thrigolion Abertawe wedi pleidleisio o'i blaid, gwnaeth y ddinas honno gais brwd i fod yn gartref i'r Cynulliad. Wedi brwydr chwerw Caerdydd a orfu, ac agorodd y Cynulliad yn Nhŷ Crucywel, Tre-biwt, yn 1999. Agorwyd adeilad urddasol newydd y Cynulliad – Y Senedd – gwaith Partner-iaeth Richard Rogers, ym Mae Caerdydd yn 2006. Mae presenoldeb y Cynulliad yn rhoi ystyr lawnach i statws Caerdydd fel prifddinas Cymru.

### *Cymunedau Caerdydd*

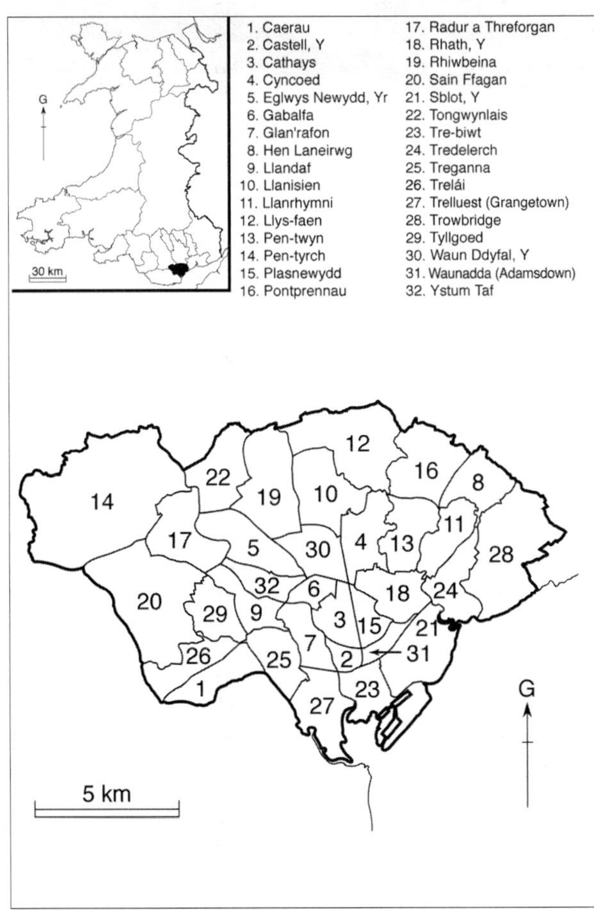


Cymunedau Dinas a Sir Caerdydd

ADAMSDOWN (Waunadda) (107ha; 6,850 o drigolion)
Mae'r gymuned hon yn union i'r dwyrain o'r hen fwr-deistref, a'i rhwydwaith clòs o strydoedd yn cynrychioli twf cynharaf Caerdydd y tu draw i ffiniau plwyfi Sant Ioan a'r Santes Fair. Oddi mewn iddi ceir Carchar Caerdydd, yr hen Ysbyty Brenhinol ac eglwys ysblennydd Sant German (1884).

CAERAU (294ha; 10,189 o drigolion)
Bu'n blwyf gynt, gydag eglwys hynafol sydd bellach yn adfail trist. Ei ffiniau yw afon Elái, Heol y Bont-faen a'r A4232. Stadau tai sydd yno'n bennaf, ond ceir hefyd gaer 5ha o'r Oes Haearn a seiliau fila Rufeinig.

CASTELL, Y (172ha; 189 o drigolion)
Dyma galon yr hen dref, a chynhwysa'r rhan helaethaf o hen blwyf Sant Ioan. Ymestynna o'r Gored Ddu (Blackweir) hyd arglawdd y rheilffordd i'r de o Heol Eglwys Fair, ac oddi mewn iddi saif Parc Biwt, Parc Cathays, y castell, Stadiwm y Mileniwm a chanol masnachol y ddinas.

CATHAYS (163ha; 13,751 o drigolion)
Deillia ail elfen yr enw o'r Hen Saesneg *[ge]haeg* (gwrych), a rhoddwyd yr enw i ddarn o dir i'r gogledd-ddwyrain o'r hen fwrdeistref. Yn wreiddiol, Parc Cathays – lleoliad canolfan ddinesig Caerdydd bellach – oedd **gerddi** Plas Cathays, tŷ a godwyd i ardalydd cyntaf Bute. Mae'r gymuned bresennol yn rhwydwaith clòs o strydoedd, gyda myfyrwyr yn ganran uchel o'r boblogaeth.

CYNCOED (327ha; 10,030 o drigolion)
Maestref foethus o dai dosbarth canol a godwyd yn y 1920au a'r 1930au yw'r gymuned hon sydd hefyd yn cynnwys Llyn y Rhath a luniwyd yn 1889.

EGLWYS NEWYDD, Yr (Whitchurch) (428ha; 13,628 o drigolion)
Yn sgil sefydlu gwaith **tunplat** Melingriffith yn 1749 datblyg-odd yr Eglwys Newydd yn bentref sylweddol. Erbyn diwedd y 19g. roedd yn un o brif faestrefi Caerdydd, ond dim ond yn 1962 y tynnwyd yr ardal oddi mewn i ffiniau'r ddinas. Yma y mae Ysbyty Meddwl Caerdydd, adeilad enfawr ar gynllun saethben a gwblhawyd yn 1903. I'r gogledd o'r ysbyty saif Parc Gwledig Fferm y Fforest, sy'n cynnwys yr unig ddarn o Gamlas Sir Forgannwg sydd wedi goroesi oddi mewn i ffiniau Caerdydd.

GABALFA (127ha; 7,619 o drigolion)
Deillia'r gair o 'ceubalfa' (lleoliad y fferi), ac mae'n dwyn i gof fferi a oedd gynt yn croesi afon Taf. Bellach fe'i had-waenir yn bennaf oherwydd ei chroesffordd gymhleth.

GLAN'RAFON (Riverside) (259ha; 12,021 o drigolion)
Mae'r gymuned hon ar lan orllewinol glannau Taf ac fe'i hystyrir yn aml yn rhan ddwyreiniol maestref Treganna. Mae Heol y Bont-faen yn ei rhannu'n ddwy ardal hynod wahanol i'w gilydd. I'r gogledd ceir Pontcanna gyda'i pharciau helaeth a'i strydoedd deiliog, gan gynnwys gwychder Heol y Gadeirlan. I'r de ceir y Riverside 'go iawn', rhwydwaith clòs o strydoedd ac un o gadarnleoedd y rhai hynny o drigolion y ddinas sydd â'u gwreiddiau yn y Caribî neu yn ne Asia.

Gŵyl y Siciaid yng nghymuned Glan'rafon

GRANGETOWN (Trelluest) (425ha; 14,367 o drigolion)
Yn 1850 yr unig adeilad ar y penrhyn hwn rhwng afonydd Taf ac Elái oedd ffermdy, canolbwynt graens (*grange*) a fu'n eiddo i fynachlog **Margam** o *c.*1200 ymlaen. Fe'i datblygwyd fel maestref ddosbarth gweithiol gan deulu **Windsor-Clive**. Am gyfnod maith, hi oedd cadarnle poblogaeth Wyddelig Caerdydd a chefnogwyr tîm **pêl fâs** y ddinas; erbyn yr 21g., fodd bynnag, roedd trigolion y gymuned yn dod o gefndiroedd ethnig llawer mwy amrywiol.

HEN LANEIRWG (Old St Mellons) (339ha; 2,279 o drigolion)
Yn 1996 rhannwyd cymuned Llaneirwg yn Bontprennau a Hen Laneirwg. Gwlad agored yn bennaf yw'r olaf, gydag ambell dŷ moethus ar hyd Heol Began. Mae'r trigolion yn trysori'r ansoddair 'Hen' gan ei fod yn eu gosod ar wahân i stadau tai Trowbridge a Llanrhymni – ardaloedd a adwaenir yn aml fel Llaneirwg; tynnodd John Redwood, **ysgrifennydd gwladol Cymru** (1993–5), nyth cacwn am ei ben pan ddisgrifiodd y stadau hynny fel trigfan mamau sengl yn byw ar gardod y wladwriaeth.

LLANDAF (255ha; 8,988 o drigolion)
Dyma ganolfan esgobaeth Anglicanaidd Llandaf. Hawliai statws dinas er nad ydoedd, hyd at ddegawdau olaf y 19g., nemor mwy na phentref bychan. Roedd y plwyf yn helaeth, yn ymestyn o Grangetown (Trelluest) i Fynydd Caerffili ac yn cynnwys y rhan fwyaf o'r hyn sydd bellach yn Gaerdydd i'r gorllewin o afon Taf. Yn wreiddiol roedd yr eglwys gadeiriol, a saif mewn pant ar lan yr afon, yn eglwys syml 8.5m o hyd. O'r ailadeiladu a fu ddechrau'r 12g. ni oroesodd unrhyw beth ond bwa'r gysegrfa, esiampl wych o'r arddull Romanésg. Mae bwâu'r gangell a chorff yr eglwys yn dyddio o ddechrau'r 13g., y gysegrfa a Chapel Mair o ddiwedd y 13g. a'r tŵr gogledd-orllewinol o ddiwedd y 15g. Wedi hynny dioddefodd yr adeilad dros dair canrif o esgeulustod; syrthiodd to corff yr eglwys, dadfeiliodd muriau'r corff bron yn llwyr a dymchwelodd y tŵr de-orllewinol. Yn 1752 codwyd oddi mewn i'r adfeilion adeilad yn seiliedig ar faintioli Teml Solomon, gan beri i sylwebydd ddisgrifio'r eglwys fel 'cybolfa o ffolinebau'. Dechreuwyd adfer yr adeilad yn 1841 o dan gyfarwyddyd **John Prichard**, mab un o ficeriaid corawl yr eglwys. Fel rhan o'r gwaith codwyd tŵr de-orllewinol o faint digonol i roi i'r adeilad urddas newydd. Yn 1941 taniodd ffrwydryn tir y tu allan i'r eil ddeheuol. Dinistriwyd y cwbl o'r ffenestri a dymchwelodd y to unwaith eto. Adeg yr ailadeiladu, a gynlluniwyd gan y pensaer arloesol George Pace ac a gwblhawyd yn 1964, codwyd bwa concrid sy'n dal *Majestas* Jacob Epstein, ac ychwanegwyd capel coffa'r **Gatrawd Gymreig**.

I'r de o'r eglwys gadeiriol ceir y Grin deniadol gydag ambell breswylfa eglwysig, adfeilion castell esgobol a chlochdy o'r 13g., a chofadail rhyfel goeth o waith **Goscombe John**. Ymhlith nodweddion eraill Llandaf y mae'r gofrestrfa o waith John Prichard, Coleg Diwinyddol Sant Mihangel, Ysgol Merched Howell's, pencadlys y BBC yng Nghymru (gw. Darlledu) ac Ysgol y Gadeirlan, a leolir yn y plasty a godwyd i deulu Mathew, y daeth maenor Llandaf i'w meddiant yn 1553.

LLANISIEN (496ha; 16,019 o drigolion)
Ardal eang o dai dosbarth canol. Caiff ei harddu gan y gronfa ddŵr helaeth a luniwyd yn 1878 – prif ffynhonnell ddŵr Caerdydd hyd nes y crëwyd tri llyn ym **Mannau Brycheiniog** rhwng 1892 ac 1908. Ym mharc Tŷ Glas, a fu'n un o **ffatrïoedd arfau'r Goron** yn ystod yr **Ail Ryfel Byd**, ceir swyddfeydd nifer o sefydliadau, yn eu plith **S4C**, yr **Eisteddfod** Genedlaethol a Chyllid y Wlad.

LLANRHYMNI (305ha; 11,226 o drigolion)
Tynnwyd y gymuned hon, sydd wedi'i lleoli i'r gogledd-orllewin o Heol Casnewydd, oddi mewn i ffiniau Caerdydd yn 1951, a cheir ynddi stadau enfawr o dai a meysydd chwarae eang. Ar ei chwr gogleddol saif Eglwys Sant Eirwg, adeilad hyfryd o'r Oesoedd Canol diweddar.

LLYS-FAEN (770ha; 3,319 o drigolion)
Dyma'r gyfoethocaf o faestrefi Caerdydd a lleoliad Parc Cefn Onn, sy'n gyforiog o asaleâu.

PEN-TWYN (368ha; 14,643 o drigolion)
Mae'r gymuned hon, sydd wedi'i lleoli ar lan orllewinol afon Rhymni, yn cynnwys y rhan helaethaf o hen blwyf Llanedern. Fe'i trefolwyd yn gyflym yn negawdau olaf yr 20g.

PEN-TYRCH (2,029ha; 6,297 o drigolion)
Plwyf gwledig ar gyrion Bro Morgannwg oedd y gymuned hon gynt, ond fe'i tynnwyd oddi mewn i ffiniau Caerdydd yn 1996. Mynydd y Garth, ardal lle bu cryn gloddio, yw ei nodwedd amlycaf. Tir agored yw'r rhan fwyaf o'r gymuned, ond cynhwysa bentrefi Gwaelod-y-garth, Creigiau a Phen-tyrch ei hun. Mae'r ymadrodd 'Rhwng gwŷr Pen-tyrch a'i gilydd' yn awgrymu arwahanrwydd ei thrigolion, a hwythau'n byw mewn bro ddiarffordd.

PLASNEWYDD (163ha; 16,339 o drigolion)
Y gymuned hon, sydd wedi'i lleoli i'r dwyrain o'r rheilffordd i **Gaerffili**, yw'r ddwysaf ei phoblogaeth o blith holl gymunedau Caerdydd. Ceir ynddi strydoedd urddasol Tredegarville, a grëwyd gan Forganiaid Tredegyr (gw. **Morgan, Teulu**) yn y 1850au, a Sefydliad Mackintosh – Castell y Rhath gynt – cartref teulu Richards a'u holynwyr, teulu Mackintosh o Mackintosh. Safai Clafdy Caerdydd, a godwyd yn y 1830au, ar ben eithaf Heol Casnewydd. Yn 1883 dyma'r adeilad a ddaeth yn gartref cyntaf Coleg Prifysgol Caerdydd (gw. **Prifysgol Caerdydd**); erbyn hyn y mae wedi'i amgáu oddi mewn i amrywiaeth o adeiladau prifysgol, yn cynnwys cybolfa ryfedd o adeiladau Gothig a godwyd yn 1915.

PONTPRENNAU (517ha; 5,758 o drigolion)
O holl gymunedau'r ddinas, y gymuned hon, sydd wedi'i lleoli o dan Goed Cefn Mabli ar y naill ochr a'r llall i'r **M4**, sy'n tyfu gyflymaf. Mae'n cynnwys y parc mân-werthu helaeth ym Mhorth Caerdydd.

RADUR A THREFORGAN (467ha; 4,658 o drigolion)
Tynnwyd y gymuned oddi mewn i ffiniau Caerdydd yn 1974, a chynhwysa faestrefi moethus Radur a Threforgan (neu Bentre-poeth), ynghyd â'r cilffyrdd helaeth lle gynt yr oedd y glo a gludid gan Gwmni Rheilffordd Cwm Taf (TVR) yn aros i gael ei gario i'r porthladd.

RHATH, Y (Roath) (335ha; 11,672 o drigolion)
Roedd yr hen blwyf yn cynnwys y cwbl o Gibwr y tu allan i fwrdeistref Caerdydd. Yn yr Oesoedd Canol roedd yn faenor ar gyfer cyflenwi Castell Caerdydd, gyda thua 20 o daeogion yn gweithio o dan arolygiaeth beili i ddarparu grawn, cig a chynhyrchion llaeth ar gyfer preswylwyr y castell. Lleolid canolfan y faenor ar waelod yr hyn sydd bellach yn Heol Albany, lle saif Llys y Rhath – parlwr angladdau a fuasai'n blasty teulu Crofts Williams – adeilad sydd, o bosibl, yn sefyll lle safai maerdy gwreiddiol rheolwyr Cymreig Cibwr. Ar draws y ffordd roedd eglwys ganoloesol y Santes Fargred. Yn 1870 fe'i hailgodwyd gan John Prichard mewn aml-liwiogrwydd gwych, a chynhwysa fawsolëwm ac ynddo feddrodau saith o aelodau o deulu Bute.

Mae cymuned bresennol y Rhath yn llai na phumed ran o'r hen blwyf. Meddiannir ei pharthau deheuol gan **stadau diwydiannol**, warysau a stordai ar hyd Heol Casnewydd. Yn ei pharthau gogleddol ceir maestref lewyrchus Pen-y-lan.

RHIWBEINA (642ha; 11,249 o drigolion)
Calon y gymuned yw'r gardd-bentref a adeiladwyd yn 1912–13 a 1922–3. Hyd nes iddo ddod i ben yn 1976 roedd Cwmni Gardd-Bentref Rhiwbeina yn cyflogi ei grefftwyr a'i griw cynnal a chadw ei hun. Mae'r ardal i'r gogledd o'r M4 – Coed-y-wenallt – yn dir agored sy'n cynnig golygfeydd eang o'r ddinas. I'r de o'r draffordd, saif y Twmpath, mwnt helaeth o'r 12g.

SAIN FFAGAN (991ha; 1,480 o drigolion)
Tynnwyd y gymuned hon oddi mewn i ffiniau Caerdydd yn 1974 a cheir ynddi 1.5 o drigolion i'r hectar o gymharu â 100 i'r hectar ym Mhlasnewydd. Mae dwysedd isel y boblogaeth yn debyg o barhau gan fod y gymuned yn rhan ganolog o lain las y ddinas, ac mae cyfran helaeth ohoni oddi mewn i ffiniau parc Amgueddfa Werin Cymru (gw. **Sain Ffagan**). Dyddia'r castell o'r 1580au; gyda'i gynllun cymesur, dyma'r pwysicaf o dai Tuduraidd Morgannwg. Yn 1616 daeth yn eiddo i deulu Lewis, y Fan, Caerffili. Yn 1736 aeth, trwy aeres, i deulu Windsor, ieirll Plymouth, ac yna i'w disgynyddion, teulu Windsor-Clive. Yn 1947 rhoddwyd y castell a'i barc i Amgueddfa [Genedlaethol] Cymru.

O dan deulu Windsor-Clive roedd Sain Ffagan yn enghraifft glasurol o'r pentref 'caeedig'. Eiddo'r teulu oedd y cwbl, ond roeddynt yn tra-arglwyddiaethu drosto gyda mesur helaeth o hynawsedd. Ceir tystiolaeth o'u dylanwad ym mhobman – o erddi gwych y castell i'r eglwys adferedig ynghyd â'r rheithordy, yr Ysgol Genedlaethol a'r dafarn uchelgeisiol a adeiladwyd ganddynt; sefydlasant hefyd ffermydd model a chynnal rhes ddeniadol o dai to gwellt.

SBLOT, Y (526ha; 12,074 o drigolion)
Dyma ran ddeheuol hen blwyf y **Rhath**, wedi'i lleoli rhwng prif lein y rheilffordd a'r môr. Oddi ar enau ymfudwyr o Saeson y tarddodd yr enw (sef *plot* gyda'r *s* ar ei ddechrau

yn nodwedd ar dafodiaith de-orllewin Lloegr). Yn yr Oesoedd Canol roedd yr ardal yn eiddo i'r Eglwys, a dechreuwyd ei threfoli o ddifrif yn 1891 gyda sefydlu gwaith dur East Moors. Roedd cau'r gwaith yn 1978 yn ergyd drom, ac yn benllanw'r dad-ddiwydiannu sydd wedi dod i ran Caerdydd. Agorwyd y cyntaf o **feysydd awyr** sifil Cymru ar Rostir Pen-gam yn 1930; fe'i caewyd yn 1954. Erbyn hyn ceir yn y Sblot rwydwaith o dai o ddiwedd y 19g., gweithfeydd trin dŵr, cyfres o barciau busnes a Chanolfan Tennis Genedlaethol Cymru. Os cwblheir Cysyllt-ffordd Dwyrain y Bae, mae'n debyg y gallai ardal y Sblot brofi datblygiad economaidd o sylwedd.

TONGWYNLAIS (428ha; 1,946 o drigolion)
Ac yntau wedi'i wasgu i mewn i Geunant Taf, saif y pentref o boptu'r **A470**. Greenmeadow, sydd wedi'i ddymchwel, oedd cartref Wyndham Lewis, gŵr cyntaf Mary Anne, priod Benjamin Disraeli, prif weinidog Prydain yn 1868 ac o 1874 hyd 1880. Uwchlaw'r pentref saif Castell Coch, un o adeiladau hyfrytaf Cymru. Dichon i'r mwnt gwreiddiol ddod yn eiddo i Ifor Bach (*fl.*1158), ond erbyn y 13g. roedd yn gadarn ym meddiant teulu Clare, arglwyddi Morgannwg. Gorchuddiwyd y mwnt â gwaith maen ac fe'i coronwyd â thyrau crwn. Roedd yn adfail erbyn canol y 19g. ond dechreuwyd ei adfer yn 1874, gwaith a gyllidwyd gan drydydd ardalydd Bute ac a gyfarwyddwyd gan William Burges a **William Frame**. Diolch i feistrolaeth Burges ar bensaernïaeth filwrol y 13g., mae cyfran helaeth o'r gwaith adfer yn gwbl ddilys. Fodd bynnag, ffrwyth diddordeb Burges yn y **pictiwrésg** yw uchderau amrywiol y tyrau a gogwydd eu toeau hyfryd, er i gestyll yr Alpau gynnig rhywfaint o gynsail iddo. Oddi mewn i'r castell nid oes ond pedair ystafell addurniedig, ond mae eu cywreinrwydd, yn arbennig ystafell wely'r ardalyddes, yn wefreiddiol. Creodd y trydydd ardalydd winllan wrth droed y castell, ond ni wnaeth y teulu ond ychydig ddefnydd o'r lle. Daeth yn eiddo i'r Weinyddiaeth Waith yn 1950, ac i Cadw yn 1984.

TRE-BIWT (Butetown) (392ha; 4,487 o drigolion)
Dyma ardal y dociau, sy'n ymestyn dros bron y cwbl o hen blwyf y Santes Fair. I'r gorllewin o Stryd Bute ceir Tiger Bay, yr ardal fwyaf gosmopolitaidd yng Nghymru ac un a anfarwolwyd yn y ffilm ***Tiger Bay***. O 1886 hyd 1905 bu'r *HMS Hamadryad* (ffrigad a chanddi 46 magnel), a oedd wedi'i hangori wrth geg afon Taf, yn gwasanaethu fel Ysbyty Brenhinol Hamadryad i Forwyr; rhoddwyd triniaeth yno i fwy na 250,000 o forwyr cyn i ysbyty arall yn dwyn yr enw Hamadryad gael ei adeiladu ar y lan gerllaw. Mae parthau deheuol Tre-biwt – Bae Caerdydd – bellach yn cael eu datblygu fel canolfan hamdden a masnach a hynny ar lannau'r llyn a grëwyd wrth godi'r morglawdd ar draws aberoedd Taf ac Elái (2001). Saif Canolfan Mileniwm Cymru ac adeilad Cynulliad Cenedlaethol Cymru – Y Senedd – ar lan y llyn. Mae Ynys Echni (Flat Holm) o fewn ffiniau Tre-biwt (gw. **Ynysoedd**).

TREDELERCH (Rumney) (346ha; 8,964 o drigolion)
Daeth Tredelerch yn rhan o'r ddinas yn 1938, y darn cynharaf o **Sir Fynwy** i'w dynnu oddi mewn i ffiniau Caerdydd. Sefydlwyd eglwys y plwyf, Eglwys Sant Awstin, yn 1108. Codwyd stadau enfawr o dai yn y gymuned yn negawdau canol a hwyr yr 20g. gan orchuddio olion castell sylweddol o'r 12g.

TREGANNA (Canton) (308ha; 13,086 o drigolion)
Yn draddodiadol, mae'r enw Cantwn neu Canton, a gofnodwyd o leiaf cyn gynhared â 1230, yn cyfeirio at diriogaeth eang i'r gorllewin o afon Taf ac o boptu'r ffordd rhwng Caerdydd a'r Bont-faen. Bu yno drefoli cyflym o'r 1850au ymlaen, datblygiad a roddodd fod i ardal a ystyrir gan ei thrigolion yn brif faestref Caerdydd. Lleolir y gymuned bresennol i'r gorllewin o Heol Llandaf, ac ymhlith ei hatyniadau y mae Eglwys Sant Ioan, Parc Victoria a Pharc Thompson.

TRELÁI (Ely) (222ha; 14,751 o drigolion)
Dyma'r gynharaf o'r stadau enfawr o dai cyngor i'w codi gan Gorfforaeth Caerdydd. Fe'i hadeiladwyd yn y 1920au a'r 1930au bob ochr i'r Grand Avenue, heol lydan a deiliog. Yn 1991 bu terfysgoedd hiliol chwerw yno.

TROWBRIDGE (921ha; 14,801 o drigolion)
Trowbridge yw'r rhan helaethaf o'r darn hwnnw o Gaerdydd sy'n ymwthio i mewn i'r hen Sir Fynwy. Mae parthau gogleddol y gymuned yn cynnwys rhwydwaith o strydoedd o'r 20g. wedi'u cynllunio fel ffyrdd pengaead. Hi yw'r fwyaf poblog o gymunedau'r ddinas. Yn y parthau deheuol ceir rhan o Wastadeddau **Gwynllŵg**, lle mae'r dirwedd yn debycach i'r Iseldiroedd nag i Gymru, a lle gellir dychmygu bod Caerdydd ar blaned arall.

TYLLGOED (Fairwater) (306ha; 12,366 o drigolion)
Nodweddir y gymuned hon gan strydoedd o dai a godwyd yn negawdau olaf yr 20g. Yno hefyd y mae Tŷ Bronna, adeilad coeth a gynlluniwyd gan Charles Voysey yn yr arddull *Arts and Crafts*.

WAUN DDYFAL, Y (Heath) (315ha; 11,770 o drigolion)
**Tir comin** oedd y Waun Ddyfal, neu'r Mynydd Bychan, am ganrifoedd, a bu terfysg yno yn 1799 pan ddefnyddiwyd trais i **gau'r tiroedd**. Profodd drefoli helaeth o'r 1930au ymlaen. Yr adeilad amlycaf yno yw Ysbyty Athrofaol Cymru, a gwblhawyd yn 1992.

YSTUM TAF (Llandaff North) (199ha; 8,257 o drigolion)
Bloc hirsgwar o strydoedd i'r gogledd-orllewin o afon Taf yw Ystum Taf, ac fe'i cyrhaeddir trwy groesi pont sy'n cynnig golygfa hardd o'r afon, lleoliad gweithgareddau Clwb Rhwyfo Caerdydd.

## CAEREINION Cwmwd

Safai'r **cwmwd** hwn yng nghanol **Powys Wenwynwyn** ac roedd yn cynnwys Mathrafal, prif lys teyrnas **Powys** yn ôl traddodiad. Digon tebyg oedd ffiniau'r **hwndrwd** o'r un enw a ddaeth i fodolaeth yn sgil y **Deddfau 'Uno'**.

## CAERFYRDDIN Cyn-ddosbarth

Yn dilyn diddymu **Sir Gaerfyrddin** yn 1974, crëwyd Caerfyrddin yn un o bum dosbarth sir newydd **Dyfed**. Roedd yn cynnwys yr hyn a fu yn fwrdeistref **Caerfyrddin**, dosbarth trefol **Castellnewydd Emlyn** a **dosbarthau gwledig** Caerfyrddin a Chastellnewydd Emlyn (gw. hefyd **Dosbarthau**

Caerfyrddin ac afon Tywi

**Trefol**). Yn 1996 daeth y dosbarth yn rhan o'r Sir Gaerfyrddin newydd.

## CAERFYRDDIN, Sir Gaerfyrddin (2,109ha; 13,130 o drigolion)

Saif Caerfyrddin ar y man isaf lle gellir pontio afon **Tywi**, ac mae'n hoff o ymffrostio mai hi yw tref hynaf Cymru (cymharer **Caer-went**). Sefydlwyd caer Rufeinig yma *c.*OC 75 a gerllaw iddi datblygodd Moridunum (mae'n ymddangos i'r amrywiad Maridunum darddu o waith Ptolemy), prifddinas *civitas* y **Demetae**. Codwyd muriau'r dref o garreg *c.*OC 220 a gerllaw i un rhan o'r mur yr oedd amffitheatr ddigon mawr i fod yn gynullfan i'r llwyth. Mae amddiffynfeydd Moridunum i'w gweld o hyd ym mhatrwm strydoedd Caerfyrddin.

Ni wyddys y nesaf peth i ddim am hanes y lle yn y canrifoedd yn union wedi cyfnod y **Rhufeiniaid**. Esgorodd yr elfen *myrddin* yn enw'r dref ar y chwedl mai dyma fan geni'r dewin **Myrddin**, er mai cyfansoddair yw'r enw Brythoneg gwreiddiol Moridūnon (*môr* a *din* 'caer' mewn **Cymraeg** diweddar). Cedwir darnau o dderwen honedig Myrddin, a fu am flynyddoedd yn nodwedd amlwg yng Nghaerfyrddin, yn neuadd hardd y dref (1767). Erbyn y 12g. roedd Caer-fyrddin yn gyfuniad o ddau anheddiad – y Gaerfyrddin Newydd o amgylch y castell a godwyd gan y **Normaniaid** uwchlaw afon Tywi *c.*1109, a'r Hen Gaerfyrddin o amgylch Eglwys Sant Pedr a'r priordy Awgwstinaidd a sefydlwyd yn 1148 (gw. **Canoniaid Awgwstinaidd**). Mae'n debyg i ***Lyfr Du Caerfyrddin*** gael ei ysgrifennu yn y priordy *c.*1250. Erbyn hynny roedd y dref dan reolaeth gadarn coron **Lloegr** ac oddi yma y gorfodwyd pŵer brenhinol yn gynyddol ar dde-orllewin Cymru. Erbyn 1290 y dref oedd canolfan weinyddol **Sir Gaerfyrddin** a **Thywysogaeth** De Cymru, datblygiad a roddodd hwb i'w thwf cyflym.

Yn 1284 sefydlwyd priordy Ffransisgaidd yng Nghaerfyrddin (gw. **Brodyr Cardod**). Yno y claddwyd tad Harri VII, sef Edmwnd Tudur (m.1456; gw. **Tuduriaid**), **Rhys ap Thomas** (m.1525) a'r bardd **Tudur Aled** (m.*c.*1526). Wedi diddymu'r priordy yn 1538, aed â beddrod Edmwnd Tudur i Eglwys Gadeiriol **Tyddewi** a bedd Rhys ap Thomas i Eglwys Sant Pedr. Cafodd yr eglwys honno, a saif ar ynysfan ar gyrion gorllewinol Moridunum, ei hailadeiladu i raddau helaeth yn y 15g.; ynddi hefyd y ceir beddau'r awdur Richard Steele a'r cadfridog William Nott, ynghyd â chofeb i'r Esgob Ferrar (gw. **Merthyron Protestannaidd**) a ferthyrwyd wrth y stanc yng Nghaerfyrddin yn 1555.

Yr unig ran weladwy sylweddol o'r castell yn y Gaerfyrddin Newydd yw'r porthdy deudwr a godwyd yn gynnar yn y 14g. Mae'r rhan fwyaf o weddill y castell o'r golwg y tu ôl i swyddfeydd Cyngor Sir Caerfyrddin, adeilad tyredog trawiadol a gwblhawyd yn ôl cynlluniau **Percy Thomas** yn 1955. Oddeutu 1451 cynhaliwyd **eisteddfod** yn y castell, a gipiwyd oddi ar noddwr yr eisteddfod, **Gruffudd ap Nicolas**, gan Edmwnd Tudur yn 1456.

Yn 1546 cyfunwyd y ddwy dref i ffurfio un fwrdeistref, a ddaeth yn sir yn ei hawl ei hun yn 1604. Agorwyd Ysgol Ramadeg y Frenhines Elizabeth yn 1576. Erbyn hynny roedd dros 2,000 o drigolion yn y dref, a hi felly oedd y fwyaf yng Nghymru – ac, at ei gilydd, felly y bu hyd ddatblygiad y trefi diwydiannol tua diwedd y 18g. Daeth yn ganolfan **argraffu** o bwys, gan ddenu argraffwyr fel John Ross a theulu **Spurrell**, a dod yn gartref i'r ail bapur newydd wythnosol i gael ei sefydlu yng Nghymru – *The Carmarthen Journal* (1810). Yn 1819 cynhaliodd Iolo Morganwg (**Edward**

**Williams**) **orsedd** yng ngerddi gwesty'r Ivy Bush, gan roi cychwyn i'r cysylltiad rhwng yr orsedd a'r eisteddfod. Coleg Presbyteraidd Caerfyrddin (*c*.1704–1963), deorfa Undodiaeth Cymru, oedd y fwyaf ei bri o **academïau Anghydffurfiol** y wlad (gw. hefyd **Presbyteriaid** ac **Undodwyr**). Agorwyd **Coleg y Drindod** yn 1848. Mae Ysgol Gelf Caerfyrddin, a agorwyd yn 1854, bellach yn rhan o Goleg Technoleg a Chelfyddydau Sir Gaerfyrddin sydd â champysau yn Ffynnon Job a Phibwr-lwyd.

Yn gynnar yn y 19g. cafodd Caerfyrddin gyfnod tra ffyniannus, ar sail ei marchnadoedd a'i masnach forwrol, ei gweithfeydd **haearn** a **thunplat** a'i ffatri raffau. Dyma ganolbwynt yr ardal a siglwyd gan Derfysgoedd **Rebeca**, ac ymosodwyd ar dloty'r dref gan wrthdystwyr ym Mehefin 1843. Yn anterth ei dyddiau diotgar roedd 150 o dafarnau yn y dref; gan eu bod i gyd ar agor ar ddiwrnod marchnad, a chan fod bron pob dydd yn ddiwrnod marchnad yng Nghaerfyrddin, am gryn gyfnod dyma'r unig le ym **Mhrydain** ag oriau agor tebyg i rai Ffrainc neu'r Almaen.

O ganol y 19g. ymlaen, wrth i ganolfannau economaidd mwy deinamig ddatblygu ym maes **glo**'r de, pallodd y twf ym **mhoblogaeth** y dref, a oedd wedi cynyddu o 5,548 yn 1801 i 10,524 yn 1851. Ond erbyn diwedd yr 20g. daeth tro ar fyd. Daethpwyd i werthfawrogi'r dreftadaeth werthfawr o **dai** Sioraidd, a swyn stryd lydan Heol Awst lle saif capel hardd y **Bedyddwyr** (1872). Daeth cyfleoedd masnachol newydd yn sgil codi ac agor Canolfan y Brodyr Llwydion (1998), a lleddfwyd y tagfeydd pan gwblhawyd y ffordd osgoi ddwyreiniol yn 1999. Mae Caerfyrddin, prif dref de-orllewin Cymru, yn adennill peth o'r asbri a fu ganddi yn y cyfnod pan ddisgrifiwyd hi gan **William Camden** fel 'dinas bwysicaf y wlad'.

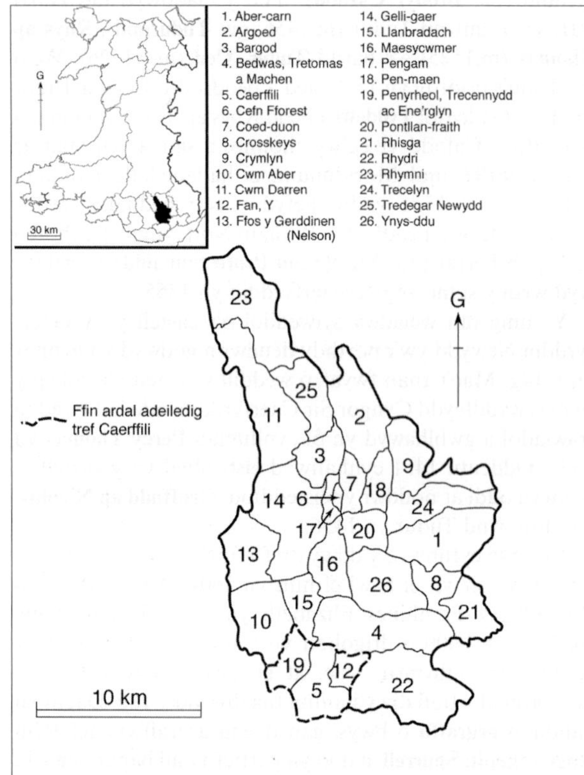


Cymunedau Bwrdeistref Sirol Caerffili

## CAERFFILI Bwrdeistref sirol (27,758ha; 169,519 o drigolion)

Mae'r fwrdeistref sirol hon, a ffurfiwyd yn 1996, yn cynnwys hen ddosbarthau **Cwm Rhymni** (**Morgannwg Ganol**) ac **Islwyn** (**Gwent**). Mae'n cynnwys dalgylch afon **Rhymni** i gyd a rhan helaeth o ddalgylch afon Sirhywi. Yn 2001 roedd 16.67% o drigolion y fwrdeistref â rhywfaint o afael ar y **Gymraeg**, gyda'r canrannau'n amrywio o 22.28% yng **Nghwm Aber** i 11.53% yn **Nhredegar Newydd**; roedd 8.52% o'r trigolion yn gwbl rugl yn yr iaith.

## CAERFFILI, Tref, Caerffili (1,805ha; 30,388 o drigolion)

Mae tref Caerffili o fewn ffiniau cymunedau Caerffili, y Fan a Phenyrheol, Trecenydd ac Ene'rglyn (gw. **Cymuned** a gw. isod).

### *Cymunedau Caerffili*

CAERFFILI (954ha; 13,808 o drigolion)
Oherwydd pwysigrwydd strategol y safle adeiladwyd caer gan y **Rhufeiniaid** yng Nghaerffili *c*.OC 75. Mae'r castell enfawr yn ganolbwynt i'r dref. Mae'n ymestyn dros 12ha, yn cynnwys amddiffynfeydd pridd a dŵr, ac yn un o'r enghreifftiau gorau o gastell consentrig canoloesol. Fel cadarnle, mae cyn bwysiced â chestyll Edwardaidd **Gwynedd**, ac mae'n hŷn na phob un ohonynt. Mae ei faint yn adlewyrchu grym teulu **Clare**, arglwyddi **Morgannwg** yn y 13g., a'r angen a deimlent i amddiffyn eu harglwyddiaeth yn erbyn **Llywelyn ap Gruffudd**, tywysog Cymru, a gefnogid gan nifer fawr o Gymry ucheldir Morgannwg. Dechreuwyd adeiladu'r castell yn 1268, yng nghyfnod Gilbert de Clare, yr Iarll Coch; bu ymosodiad Llywelyn yn 1270 yn fodd i atal y gwaith ond ailgychwynnodd mewn dim o dro a pharhau dan fab yr Iarll Coch – Gilbert arall – a'i fab yng nghyfraith, Hugh le Despenser (gw. **Despenser, Teulu**). Yn 1316 llwyddwyd i wrthsefyll gwarchae gan **Llywelyn Bren** a oedd, yn ôl y sôn, wedi amgylchynu'r castell gyda 10,000 o wŷr. Ymysg nodweddion y castell y mae'r tŵr de-orllewinol, sydd yn fwy ar oleddf na thŵr Pisa. Ailadeiladwyd y castell yn rhannol gan bedwerydd ardalydd Bute (gw. **Stuart, Teulu**) yn y 1920au a'r 1930au, a daeth yn eiddo i'r wladwriaeth yn 1950, pan gafodd ei lynnoedd amddiffynnol eu hail-lenwi. Bellach, mae'n un o safleoedd mwyaf poblogaidd **Cadw**.

Sefydlwyd tref Caerffili gan deulu de Clare i'r de o'r castell. Mae tystiolaeth o'i statws fel bwrdeistref wedi goroesi yn y Llysty o'r 14g., sy'n dafarn erbyn hyn. Datblygodd Caerffili yn dref farchnad Cwm Rhymni, ac yma y gwneid y **caws** a oedd yn rhan bwysig o gynhaliaeth y glowyr.

I'r de o'r dref mae Mynydd Caerffili neu Gefn Cibwr, sy'n dynodi'r ffin rhwng cymydau **Senghennydd** Is Caeach a **Chibwr** (roedd yr ail **gwmwd** yn cyfateb i safle dinas **Caerdydd** i bob pwrpas). Ar ei gopa mae Castell Morgraig, y tybir gan lawer iddo gael ei adeiladu yn y 1260au gan Gruffudd ap Rhys, arglwydd Senghennydd. Ond gan i feini o arfordir Morgannwg gael eu defnyddio yno, diau mai un arall o gestyll teulu Clare ydyw mewn gwirionedd.

Cynhaliwyd priodas yr arweinydd Methodistaidd George Whitefield yng Nghaerffili yn 1741. Ddwy flynedd yn ddiweddarach roedd Whitefield ym Mhlas Watford gerllaw, lle cafodd ei ethol yn gymedrolwr gan y **Methodistiaid** yng

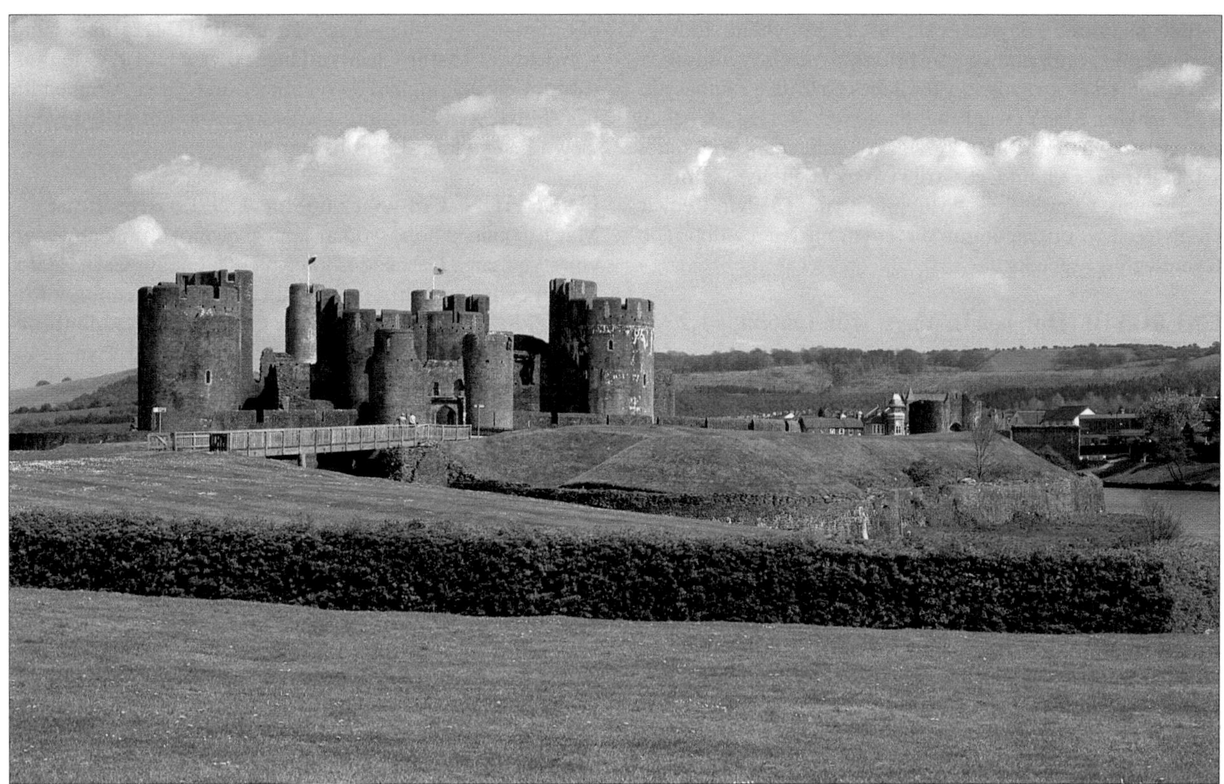

Castell Caerffili

Nghymru a chan y rhai hynny o blith y Methodistiaid Saesneg a oedd â gogwydd at **Galfiniaeth**. Roedd yr etholiad yn arwydd o'r hollt yn rhengoedd y Methodistiaid rhwng y Calfiniaid, a oedd yn fwyafrif yn y mudiad yng Nghymru, a'r rhai hynny a oedd yn ffafrio **Arminiaeth** John Wesley, sef trwch yr aelodau yn **Lloegr**.

FAN, Y (311ha; 5,050 o drigolion)
Mae'r Fan, sy'n cwmpasu ymylon dwyreiniol Caerffili, yn cynnwys stad dai anferth Lansbury Park. Mae Castell y Fan, a adeiladwyd gan Thomas Lewis yn y 1580au, wedi'i godi o gerrig a gafodd eu lladrata o gastell Caerffili. Roedd yn adeilad blaengar yn ei ddydd, ond fe'i gadawyd yn wag yng nghanol y 18g. pan symudodd y Lewisiaid i Gastell Sain Ffagan. Mae cynlluniau ar droed i'w adfer. Saif cylchfur trawiadol o'r 12g. yng Ngwern y Domen.

PENYRHEOL, TRECENYDD AC ENE'RGLYN
(540ha; 11,530 o drigolion)
Mae'r gymuned hon, ar gyrion gorllewinol Caerffili, yn cynnwys Capel Groes-wen, addoldy cyntaf y Methodistiaid yng Nghymru a adeiladwyd yn 1742. Daeth yn gapel yr **Annibynwyr** yn 1745. **William Edwards**, cynllunydd y bont ym **Mhontypridd**, oedd ei weinidog o 1745 hyd ei farwolaeth yn 1789.

## CAERGRAWNT A CHYMRU

Yn wahanol i **Rydychen**, nid oedd gan Gaergrawnt gysylltiad arwyddocaol â Chymru hyd ddiwedd yr Oesoedd Canol, pan gofnodir bod ambell Gymro yn astudio yno, megis y dyneiddiwr Richard Gwent (m.1543). Roedd pellter y lle o Gymru, a'r ffaith nad oedd gan yr un coleg yno gysylltiad nawdd â Chymru, yn golygu nad oedd y sefydliad yn ddeniadol i fyfyrwyr Cymreig. Newidiodd hyn adeg teyrnasiad Harri VII pan roddodd mam y brenin, Margaret Beaufort, ei nawdd i Goleg y Breninesau ac i'r coleg a sefydlwyd ganddi, sef Coleg Sant Ioan.

Oherwydd fod gan Margaret, fel gwraig Thomas Stanley, iarll Derby (gw. **Stanley, Teulu**), fuddiannau sylweddol yng ngogledd-ddwyrain Cymru, daeth y colegau hyn i ddangos ffafriaeth i fyfyrwyr o'r parthau hynny. Clustnodwyd rhai ysgoloriaethau a chymrodoriaethau ar gyfer Cymry a bu hyn yn abwyd i ddenu nifer o wŷr ifainc o'r gogledd yn gyffredinol. Cryfhawyd y cysylltiad Cymreig yn sgil y gwaddol a adawyd i Goleg Sant Ioan yn 1574 yn ewyllys John Gwyn (m.1574), cyfreithiwr sifil o **Drefriw** a oedd wedi'i addysgu yno. Sefydlwyd ysgoloriaethau ar gyfer disgyblion ysgolion **Bangor** a **Rhuthun** gan roddi mantais ychwanegol i fyfyrwyr y gogledd yng Nghaergrawnt, trefn a oroesodd hyd y 19g.

Chwaraeodd Caergrawnt ran arbennig yn y **Dadeni Dysg** a'r **Diwygiad Protestannaidd** yng Nghymru. Cyfrannodd rhai o'i graddedigion Cymreig, megis **Gabriel Goodman**, **Edmwnd Prys** ac yn enwedig yr Esgob **William Morgan**, yn fawr i gynnydd crefyddol a diwylliannol Cymru'r cyfnod. Roedd Caergrawnt hefyd yn feithrinfa i **Biwritaniaid** Cymreig, megis **John Penry**, a rhai **Anglicaniaid** Cymreig blaenllaw, megis **John Williams**, archesgob Caerefrog (1582–1650).

Parhaodd ychydig o fyfyrwyr Cymreig i fynychu'r brifysgol yn y canrifoedd dilynol gan fynd ymlaen i ennill bywoliaethau yng Nghymru. Yn dilyn diwygio'r prifysgolion yn y 1870au, agorwyd y drysau led y pen i Anghydffurfwyr (gw. **Anghydffurfiaeth**), ac ymestynnwyd amryw o'r ysgoloriaethau colegol i fyfyrwyr galluog o ba bynnag gefndir neu ran o'r deyrnas y deuent. O ganlyniad, addysgwyd nifer o Gymry amlwg yn y brifysgol, megis yr addysgwr **R. D. Roberts**, y gwleidydd **Ellis Jones Griffith** a'r hanesydd **R. T. Jenkins**. Mae'r cwrs Eingl-Sacsoneg, Norseg a Chelteg yn parhau yn feithrinfa bwysig i ysgolheigion ym maes astudiaethau Celtaidd. Sefydlwyd cymdeithas Gymraeg Caergrawnt, Cymdeithas y Mabinogi, yn y 1930au. Cedwir yn llyfrgell y brifysgol rai o'r enghreifftiau cynharaf o **Gymraeg** ysgrifenedig.

### CAERGYBI (Holyhead), Ynys Môn (666ha; 11,237 o drigolion)

Mae Caergybi yn rhannu Ynys Gybi â dwy **gymuned** arall, sef **Trearddur** a **Rhoscolyn**. Oddi ar y 14g. bu Caergybi yn un o'r prif **borthladdoedd** ym **Mhrydain** ar gyfer croesi i **Iwerddon**; mae'r post ar gyfer Iwerddon wedi cael ei gario trwy Gaergybi er yr 17g. o leiaf (gw. **Gwasanaeth Post**). Yn 1727 roedd Jonathan Swift o'r farn ei bod yn dref afiach a digysur. O 1737 hyd 1758 roedd William Morris (gw. **Morrisiaid**) yn gasglwr **tollau** yng Nghaergybi, ac ef oedd rheolwr y dollfa o 1758 hyd 1763. Esgorodd yr uniad seneddol rhwng Iwerddon a Phrydain yn 1801 ar fwy o drafnidiaeth i Iwerddon, trafnidiaeth a hwyluswyd gan welliannau **Telford**, a gwblhawyd yn 1830, i'r ffordd rhwng **Llundain** a Chaergybi. Hwyluswyd y drafnidiaeth ymhellach trwy gwblhau'r rheilffordd rhwng Caer a Chaergybi yn 1849. Trwy gydol y 19g. gwnaed gwelliannau mawr i'r porthladd, gan gynnwys adeiladu'r morglawdd enfawr a gynlluniwyd gan James Rendel i lochesu **llongau** (1847–73). Yn ogystal â'r drafnidiaeth i Iwerddon, roedd gan Gaergybi fasnach arfordirol a thramor sylweddol a diwydiant **adeiladu llongau** ffyniannus. Gerllaw'r porthladd y mae bwa o Galchfaen Carboniferaidd, sy'n edrych fel marmor, yn coffáu ymweliad George IV yn 1821, y tro cyntaf i un o frenhinoedd neu freninesau **Lloegr** ymweld â Chymru er 1687.

Ceir cryn dystiolaeth am anheddu cynhanesyddol ar Ynys Gybi (gw. hefyd Trearddur). Saif maen hir Tŷ Mawr (2.5m), sy'n dyddio o'r Oes Efydd (gw. **Oesau Cynhanesyddol**), o fewn ffiniau Caergybi. Yn y 4g. sefydlwyd caer arfordirol gan y **Rhufeiniaid** yn amddiffynfa rhag ysbeilwyr Gwyddelig; mae ei muriau cerrig wedi goroesi. Yn ôl traddodiad, derbyniodd **Cybi** Sant y gaer yn rhodd gan **Maelgwn Gwynedd** yn y 6g. O fewn ei ffiniau y mae Eglwys y Bedd, bedd Cybi, meddir, ac Eglwys Cybi. Dyma un o sefydliadau pwysicaf **Môn** yn yr Oesoedd Canol, gan ei bod yn glas-eglwys a wasanaethid gan gabidwl o ganoniaid. Fe'i codwyd yn ystod y 13g. ond mae iddi hefyd nodweddion Perpendicwlar mwy diweddar; mae'r portread o'r Drindod (*c*.1520) yn gerflun nodedig.

Rhwng 1850 ac 1950 rheolid y dref yn economaidd gan y rheilffordd – gan gwmni'r LNWR yn gyntaf ac yna'r LMS – a oedd yn gyfrifol am y llongau post. Yn ystod y rhyfel economaidd rhwng Prydain a Thalaith Rydd Iwerddon yn y 1930au, roedd diweithdra Caergybi gyda'r gwaethaf ym Mhrydain. Yn ddiweddarach bu rhywfaint o ddatblygu diwydiannol, a gyrhaeddodd ei benllanw yn dilyn agor gwaith smeltio alwminiwm yn 1971. Ers cyflwyno catamaranau Sea Lynx yn 1993, mae modd teithio o Gaergybi i Dun Laoghaire mewn llai na dwy awr.

Gyda'r amlycaf o adeiladau Caergybi y mae swyddfeydd y porthladd a'i chapeli Anghydffurfiol, y gwasanaethid un ohonynt – Disgwylfa – gan y Parchedig H. D. Hughes, tad y gwleidydd Llafur **Cledwyn Hughes**, yr enwocaf o feibion y dref. Ceir dehongliad da o hanes y dref yn yr Amgueddfa Fôr. Sefydlwyd Canolfan Ucheldre, canolfan gelfyddydol, mewn hen gwfaint Catholig hardd.

### CAERHUN, Conwy (5,668ha; 1,200 o drigolion).

Mae'r **gymuned** hon, sydd ar lan orllewinol afon **Conwy**, yn ymestyn i gopa Carnedd Llywelyn (1,062m; gw. **Carneddau**). Mae'n cynnwys pentrefi Caerhun, Llanbedrycennin, y Rowen, Tal-y-bont a Thy'n-y-groes. Cafodd Eglwys Llanbedrycennin (13g.–16g.) ei hadnewyddu'n sylweddol yn 1842. Saif Eglwys y Santes Fair, Caerhun (13g.–16g.), yng nghornel ogledd-ddwyreiniol caer Rufeinig Canovium sy'n 2ha o faint. Mae cynllun y gaer, a sefydlwyd *c*.OC 78 ac y cefnwyd arni *c*.180, yn dilyn patrwm arferol caer Rufeinig ategol. Roedd y ffordd sy'n arwain o bentref deniadol y Ro-wen hyd at y meini hirion ym Mwlch y Ddeufaen – un o'r **ffyrdd** serthaf yng Nghymru – yn llwybr cynhanesyddol hynod bwysig. Ceir yn yr ardal gyfoeth o garneddau, 'cytiau Gwyddelod' (aneddiadau o'r Oes Haearn; gw. **Oesau Cynhanesyddol**) ac olion safleoedd tai hynafol. Bu fferi'n croesi afon Conwy yn Nhal-y-cafn am ganrifoedd hyd nes yr adeiladwyd y bont ffordd yn 1897.

### CAERIW, Sir Benfro (2,255ha; 1,389 o drigolion)

Rhennir y **gymuned** hon gan y ffordd sy'n cysylltu **Penfro** a **Dinbych-y-pysgod** (yr A477 a'r B4318), ac mae'n cynnwys pentrefi Caeriw, Caeriw Cheriton, Milton, Sageston, Redberth a West Williamston. Fferm gaerog o'r **Oes Haearn** (gw. **Oesau Cynhanesyddol**) yw rhathlan Parc. Croes Caeriw, a gerfiwyd er cof am Maredudd ab Edwin, brenin **Deheubarth** (m.1035), yw un o **gofebau Cristnogol cynnar** mwyaf cywrain Cymru. Codwyd castell Caeriw yn wreiddiol oddeutu 1100 gan Gerald de Windsor, tad-cu **Gerallt Gymro**. Ar ôl ei ailgodi o feini gan aelodau o deulu Gerallt yn ystod y 13g. a'r 14g., daeth y castell, yn 1480, i feddiant **Rhys ap Thomas**, a gododd y neuadd fawr ynghyd â phorth trillawr ac arno'r arfbais frenhinol. Cynhaliodd Rhys dwrnameint pum niwrnod yn y castell yn 1507. John Perrot (gw. **Perrot, Teulu**), y rhoddwyd y castell iddo yn 1558, a gododd yr adeilad gogleddol gwych sy'n cynnwys dwy res o ffenestri petryal mawr. Ymosodwyd ar y castell yn ystod y Rhyfel Cartref (gw. **Rhyfeloedd Cartref**), a dirywio fu ei hanes wedyn am ganrifoedd. Yn 1983 cymerodd Parc Cenedlaethol Sir Benfro ef ar brydles, gan fynd ati i'w gyfnerthu gyda chymorth **Cadw**.

Yng Nghaeriw y ceir yr unig felin a yrrir gan ddŵr llanw (16g.) sy'n dal i weithio yng Nghymru (gw. **Melinau Dŵr**). Mae'r eglwys ganoloesol ddiweddar yng Nghaeriw Cheriton yn cynnwys sawl beddrod; ar un John Carew (m.1657) ceir delwau ohono ef, ei wraig, ei bum merch a'i dri mab. Gerllaw y mae esgyrndy mwyaf trawiadol Cymru (14g.). Mae amddiffynfeydd (16g.) yr hen ficerdy wedi goroesi. Mae gan y **Bedyddwyr** gapel mawr (1820) yn Cresswell Quay. Ceir fferm wystrys yn aber afon Caeriw.

### CAERLLION, Casnewydd (1,421ha; 8,708 o drigolion)

Mae'r **gymuned** hon, sydd ar ddwylan afon **Wysg** yn union i'r gogledd o ardal adeiledig dinas **Casnewydd**, yn cynnwys tref Caerllion a phentref Eglwys y Drindod. Tua OC 75 dewisodd

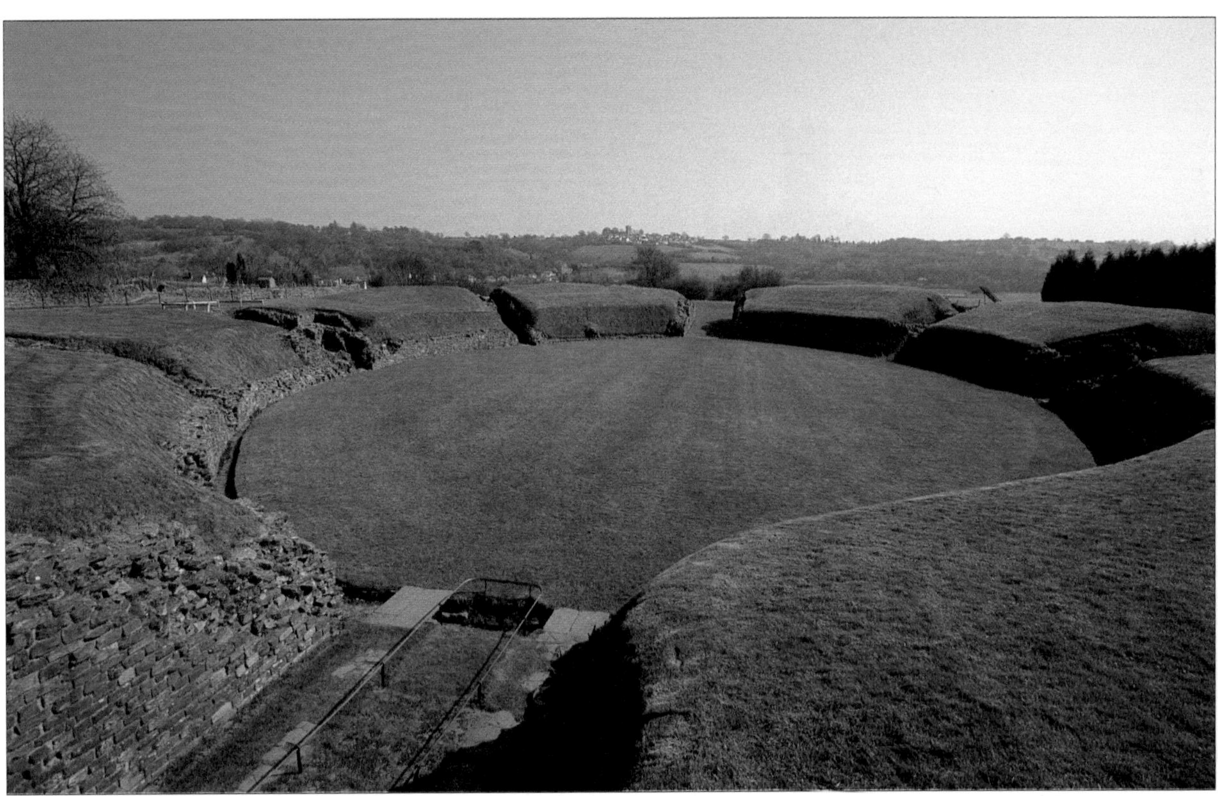

Amffitheatr Caerllion

y **Rhufeiniaid** lan ogleddol afon Wysg yn un o dri safle ym **Mhrydain** ar gyfer lleng-gaerau hirdymor. (Caer ac Efrog oedd y ddwy arall.) Enw'r Rhufeiniaid ar y gaer oedd Isca (o Eisca, ffurf Frythoneg dybiedig Wysg), a daethpwyd i'w galw yn **Gymraeg** yn Gaerllion-ar-Wysg (caer y llengoedd ar Wysg). Dewiswyd y safle, mae'n ddiau, am ei fod o fewn tiriogaeth y **Silwriaid** rhyfelgar, ac am fod modd mordwyo afon Wysg.

Y gaer oedd cartref Ail Leng Augusta (dros 5,000 o filwyr); fe'i hadeiladwyd yn wreiddiol o goed a thyweirch, ac yna'i hailadeiladu o gerrig tua OC 100. Fe'i codwyd yn ôl y patrwm Rhufeinig arferol, a hynny o boptu i'r ffordd a groesai wastadedd arfordirol y de; ynddi ceid pencadlys y lleng (y *principia*), cartref arweinydd y lleng, tai'r tribiwniaid, baddondy, ysbyty, ysguboriau, gweithdai a rhesi o farics. Y tu hwnt i furiau'r gaer roedd amffitheatr, mwy o faddondai, meysydd ymarfer, dociau ar lan afon Wysg a *vicus* sylweddol – tref a oedd yn cartrefu'r rhai a ddarparai wasanaethau ar gyfer y llengfilwyr.

Erbyn y 120au roedd rhai o filwyr Ail Leng Augusta yn brysur yn adeiladu Mur Hadrian. Ar ôl hynny – gyda'r Silwriaid wedi derbyn iau Rhufain – mae'n annhebygol fod Isca yn gartref i leng gyfan. Ymddengys i'r Rhufeiniaid ei gadael yn y 330au, yn rhannol oherwydd mai'r prif fygythiad erbyn hynny oedd y môr-ladron Gwyddelig, y gellid eu gwrthsefyll yn haws o'r gaer a ailadeiladwyd yng **Nghaerdydd**. Roedd adfeilion Caerllion mor drawiadol fel iddi ddod yn rhan o chwedlau'r Gymru ganoloesol. Dyma safle marwolaeth merthyron Cristnogol cynharaf Cymru (**Iŵl ac Aaron**), a chredid ei bod yn gadeirlan archesgob ac – yn ôl **Sieffre o Fynwy** – yn lleoliad penodau ym mywyd y Brenin **Arthur**. Canodd **Gerallt Gymro** glodydd yr adfeilion ac yn 1405 aeth y fyddin o Ffrainc, a anfonwyd i gynorthwyo **Owain Glyndŵr**, allan o'i ffordd i weld yr amffitheatr, y credid mai hi oedd Bord Gron Arthur.

Yn y 1080au cododd y **Normaniaid** fwnt mawr yn gyfochrog â'r gaer a chodi Eglwys Sant Cadog ar safle'r *principia*; yn y ddau adeilad, defnyddiwyd cerrig o'r adfeilion. Bu ysbeilio pellach wrth i Gaerllion dyfu ac wrth i arteffactau Rhufeinig gael eu dwyn. Yn 1847, fodd bynnag, sefydlwyd Cymdeithas Hynafiaethwyr Caerllion, yn bennaf trwy ymdrechion John Edward Lee. O 1850 ymlaen cadwyd arteffactau yn yr amgueddfa Ddorig Roegaidd hardd, a ehangwyd yn 1987. Mae'r sefydliad, a adwaenir bellach fel Amgueddfa Lleng Rufeinig Cymru, yn rhan o **Amgueddfa [Genedlaethol] Cymru**. Cychwynnwyd ar waith archaeolegol yn 1908; cyrhaeddodd ei benllanw gyda gwaith **Mortimer Wheeler** yn yr amffitheatr yn 1926 (a ariannwyd gan y *Daily Mail*), a gwaith **Nash-Williams** o 1927 hyd 1955. Mae'r olion gweladwy yn cynnwys rhan o furiau'r gaer, llawer o faddonau'r gaer (y codwyd to i'w gwarchod yn 1984), yr amffitheatr a barics Cae Prysg – yr unig farics o eiddo'r llengoedd Rhufeinig yn Ewrop sydd i'w gweld o hyd.

Yn 1724 sefydlwyd ysgol elusennol sylweddol ei maint yng Nghaerllion, arwydd o bwys cynyddol y pentref, a dderbyniodd statws dosbarth trefol yn 1894. Yn 1855 cafodd Eglwys Sant Cadog ei hailadeiladu'n rhannol; fe'i helaethwyd yn sylweddol yn 1934. Yn 1912 sefydlwyd Coleg Hyfforddi Caerllion, sefydliad a ddaeth yn rhan o **Brifysgol Cymru, Casnewydd** yn y 1990au. Mae ei adeiladau neo-Baróc gwreiddiol, ynghyd ag ychwanegiadau arloesol yn y 1980au, yn rhai nodedig.

Saif pentref Eglwys y Drindod, yr ochr draw i afon Wysg o Gaerllion, ar gefnen yn edrych dros gymer afonydd Wysg a Llwyd. Mae i Eglwys y Drindod Sanctaidd, adeilad

Castell Caernarfon

mawr a godwyd yn wreiddiol yn y 12g., nodweddion o bob un o'r canrifoedd canoloesol dilynol a pheth **gwydr lliw** hardd o'r 20g. Ymhellach ar hyd y gefnen saif adeilad enfawr ac amlwg Gwesty'r Celtic Manor. Cynhelir cystadleuaeth Cwpan Ryder ar ei feysydd **golff** yn 2010.

## CAERNARFON, Gwynedd (937ha; 9,611 o drigolion)

Mae'r **gymuned** hon wedi'i lleoli yn y man lle'r ymuna afon Seiont neu Saint â'r **Fenai**. Daw'r enw Saint o'r Frythoneg *Segonti*, a phan sefydlodd y **Rhufeiniaid** gaer (*c.*OC 78) ar dir uchel i'r gorllewin o'r dref bresennol fe'i galwasant yn Segontium. (Adffurf ddysgedig o'r 16g. ar sail y ffurf Ladin yw Seiont.) Mae'r gaer yn ymestyn dros 2.3ha, a chafodd rhannau helaeth ohoni eu hailadeiladu gyda cherrig *c.*120; bu'n adfail am gyfnodau hir a chefnwyd yn derfynol arni yn 383. Adeiladwyd caer lai *c.*220, a hynny 200m i'r gorllewin. Cyfeirir at hon fel yr Hen Walia, ac mae rhai o'r waliau'n 5m o uchder. Mae nifer o draddodiadau'n ymwneud â Segontium, neu Gaer Saint y traddodiad Cymraeg; fe'i cysylltir â'r Ymerawdwr **Cystennin**, **Macsen Wledig** a **Branwen ferch Llŷr** o'r **Mabinogion**. Hon oedd maerdref (canolfan weinyddol) **cwmwd** Is Gwyrfai, ac yma yn *y gaer yn Arfon* (sef y gaer a oedd gyferbyn â **Môn**) yr oedd un o lysoedd tywysogion **Gwynedd** (gw. hefyd **Arfon** a **Gwyrfai**). Ger safle y mithraeum Rhufeinig mae Eglwys Peblig neu Publicus, yr honnir ei fod yn un o feibion Macsen Wledig. Mae'r adeilad presennol, sy'n cynnwys aml i gofeb, yn dyddio o'r 14g.

Tua 1090 adeiladodd **Hugh o Avranches**, iarll Caer, gastell 1km i'r dwyrain o Segontium ar lan afon Menai, sef y safle a ddewiswyd gan Edward I yn 1283 fel y prif gadarnle wedi goresgyniad Gwynedd. Cafodd y cadarnle hwn, sy'n 180m o hyd, ei ddifrodi'n arw yn ystod y **Gwrthryfel Cymreig** yn 1294. Dechreuwyd eto ar y gwaith adeiladu yn 1296 a pharhaodd y gwaith tan *c.*1327. Mae'r tyrau wyth-onglog a'r bandiau llorweddol o gerrig o wahanol liwiau yn adlais o waliau Theodosaidd Caergystennin – arwydd o feddylfryd ymerodraethol Edward. Mae muriau'r dref – sy'n 734m o hyd – yn gysylltiedig â'r castell, ac mae arnynt wyth tŵr, ynghyd â dau borth gyda dau dŵr ar bob un. Osgôdd y castell a muriau'r dref y dinistr a fwriadwyd ar eu cyfer yn ystod **Rhyfeloedd Cartref** yr 17g. Cawsant eu hadfer yn helaeth ar ddiwedd y 19g. gan ennill statws Safle Treftadaeth y Byd yn 1986. Ar ddau achlysur, yn 1911 ac 1969, yma y cynhaliwyd seremonïau arwisgo dau dywysog Cymru (gw. **Tywysogion Cymru**). O fewn muriau'r castell y ceir amgueddfa'r **Ffiwsilwyr Brenhinol Cymreig**.

Ar ôl y **Goresgyniad Edwardaidd** daeth Caernarfon yn ganolfan ar gyfer llywodraethu **Sir Gaernarfon** a **Thywysogaeth** Gogledd Cymru. Daeth yn dref sirol Sir Gaernarfon yn 1889 ac yn dref sirol Gwynedd yn 1974. Er gwaethaf gwreiddiau Seisnig y fwrdeistref, datblygodd Caernarfon i fod y dref Gymreiciaf yng Nghymru o ran iaith. Yn 2001 roedd 91.76% o'r trigolion â rhywfaint o afael ar y **Gymraeg** – y ganran uchaf ymhlith holl gymunedau Cymru. (Ond gw. **Llanuwchllyn**.) Mae gan bobl y dref, neu'r 'Cofis' fel y'u gelwir, dafodiaith unigryw a anfarwolwyd yn ymsonau radio Richard Hughes a straeon William Owen, *Chwedlau Pen Deitsh* (1961).

Prif gyfnod twf Caernarfon oedd 1801–41, pan gynyddodd y **boblogaeth** o 3,626 i 9,192, a hynny'n bennaf oherwydd y gwaith a ddaeth yn sgil allforio **llechi** o'r Cei. Hwyliai fferi Ynys Môn oddi yma, a daeth y dref yn ganolfan **reilffyrdd** (1828, 1852, 1867). Bu'n ganolfan bwysig i'r wasg Gymreig, ac yma y cyhoeddid y *Caernarvon and Denbigh Herald*, *Yr Herald Cymraeg*, *Y Genedl Gymreig* a *Papur Pawb*. Mae'r traddodiad ym myd y cyfryngau'n parhau gan mai Caernarfon yw'r brif ganolfan **ddarlledu** y tu allan i **Gaerdydd**.

Er bod nifer o nodweddion pensaernïol o'r Oesoedd Canol i'w gweld o hyd yng Nghaernarfon, o ran pensaernïaeth tref o ganol y 19g. yw hi yn ei hanfod. Erys rhai o'r capeli mawr, gan adlewyrchu'r bri a fu gynt ar **Anghydffurfiaeth**, ond llosgwyd Capel Moriah (1827) i'r llawr yn 1976, a dymchwelwyd Seilo (1900) tua'r un adeg pan wnaed y ffordd liniaru a anharddodd y dref. Y Maes yw'r enw ar ganol y dref, ac yma ceir cofgolofnau i **David Lloyd George** a **Hugh Owen** (1804–81) gyda'r castell yn gefndir iddynt. Un o adeiladau diweddar mwyaf trawiadol Caernarfon yw pencadlys modern Cyngor Sir Gwynedd gerllaw'r castell. Fe'i cynlluniwyd gan **Dewi-Prys Thomas** ar batrwm adeiladau llywodraethau cantonau'r Swistir er mwyn crisialu'r weledigaeth o bŵer datganoledig, ac mewn gwrthbwynt llwyr i'r grym canolog a gynrychiolir gan y castell.

## CAERSŴS, Sir Drefaldwyn, Powys (4,476ha; 1,526 o drigolion)

Mae'r **gymuned** hon, a leolir i'r gorllewin o'r **Drenewydd**, yn ymestyn dros ddyffryn afon Carno, lleoliad yr heol sy'n cysylltu dyffrynnoedd **Hafren** a **Dyfi**. Pwysigrwydd Caersŵs fel canolbwynt rhwydwaith o **ffyrdd** a barodd i'r **Rhufeiniaid** ddewis y lle yn safle un o'u prif gaerau yng nghanolbarth Cymru. Bu defnydd ar y gaer o tua OC 80 hyd wedi 400, ond nid oes fawr ddim i'w weld bellach ar wahân i weddillion rhagfur tyweirch. O'r 1870au hyd y 1960au Moat Lane oedd y gyffordd ar gyfer trenau a deithiai rhwng y de a'r gogledd, ac roedd yn fan cyfarfod pwysig i weinidogion teithiol ac eraill. Yn 1959 awgrymwyd y dylai Caersŵs fod yn ganolbwynt tref o 50,000 o bobl; claddwyd y cynllun yn 1966. O 1871 hyd ei farw yn 1887, bu'r bardd Ceiriog (**John Ceiriog Hughes**) yn orsaf-feistr ar y lein a redai o Gaersŵs i waith mwyn y Fan (gw. **Llanidloes Allanol**); fe'i claddwyd ym mynwent Eglwys Sant Gwynnog yn Llanwnnog, 2km i'r gogledd-orllewin o bentref Caersŵs. Nodweddir yr eglwys honno, a adeiladwyd yn rhannol o dywodfaen o'r gaer Rufeinig, gan sgrîn a llofft grog arbennig o gywrain (*c.*1500). Codwyd Ysbyty Llys Maldwyn yn 1840 fel tloty. Tŷ du a gwyn ysblennydd yw Plasau Duon ym mhentref Clatter (*c.*1640). Mae gan Neuadd Maesmawr (*c.*1712, 1874), sy'n westy erbyn hyn, nodweddion deniadol.

## CAERWEDROS Cwmwd

Lleolid Caerwedros, un o'r deg **cwmwd** yng **Ngheredigion**, ar yr arfordir i'r de-orllewin o rannau isaf afon **Aeron**. Mae'n bosibl fod ei gapwt (prif ganolfan) yn ymyl pentref presennol Caerwedros (gw. **Llandysiliogogo**).

## CAER-WENT, Sir Fynwy (2,344ha; 1,719 o drigolion)

Caer-went (Venta Silurum), a saif rhwng **Casnewydd** a **Chas-gwent**, oedd prifddinas *civitas* y **Silwriaid**; ynghyd â **Chaerfyrddin**, roedd hi'n un o ddwy brifddinas *civitas* a sefydlwyd gan y **Rhufeiniaid** yng Nghymru. Ar safle 18ha cynhwysai'r ddinas 20 bloc (*insulae*), a rhyngddynt roedd un stryd unionsyth yn rhedeg o'r dwyrain i'r gorllewin a phedair stryd unionsyth o'r gogledd i'r de. Yn ôl pob tebyg sefydlwyd y dref *c.*120 wrth i filwyr ymadael am Fur Hadrian, gan greu'r angen am drefniadau gweinyddol newydd ar gyfer y Silwriaid. Yn wreiddiol, roedd y dref wedi'i hamgylchynu gan gloddiau pridd, a ddisodlwyd gan waliau cerrig *c.*180. Mae rhannau o'r waliau yn dal i sefyll hyd at 5m o uchder, a'r rhain yw'r amddiffynfeydd sydd wedi goroesi orau ymhlith dinasoedd Rhufeinig gogledd Ewrop. Yng nghanol y dref roedd y fforwm a'r basilica, a gynhwysai siambr yr *ordo*, 'senedd' y llwyth. Ymddengys fod Caer-went wedi parhau mewn rhyw ffurf neu'i gilydd hyd ddechrau'r 5g. Rhoddodd ei henw i deyrnas **Gwent**. Yn ôl yr hanes, rhoddodd Caradog, brenin Gwent, y safle i Tathan Sant a honnir mai ei esgyrn ef a ailgladdwyd yn 1912 yn yr eglwys hardd sy'n dyddio o'r 13g. Adeiladodd y **Normaniaid** fwnt o fewn muriau'r dref *c.*1080.

O fewn y **gymuned** mae'r maenordy yng Nghrugau Morgan, yr eglwys a'r castell yn Llanfair Isgoed, fila Penheim yn arddull **Nash** a'r rhedynfa danddaearol ryfedd yn Llanddewi. Adeiladwyd y deg bwthyn yn Nhrewent yn 1937 fel rhan o gynllun i gartrefu glowyr di-waith ar y tir. Roedd storfa arfau anferth Caer-went yn weithredol hyd 1993.

## CAERWYS, Sir y Fflint (1,400ha; 1,315 o drigolion)

Saif Caerwys i'r gorllewin o **Dreffynnon** ac i'r de o'r **A55**. Cafodd statws bwrdeistref yn 1290 ond bwrdeistref fasnachol yn hytrach na milwrol ydoedd, heb unrhyw amddiffynfeydd; mae cynllun hirsgwar ei strydoedd yn amlwg hyd heddiw. Dyma'r fwyaf Cymreig efallai o holl ganolfannau trefol Cymru'r Oesoedd Canol diweddar ac roedd ei thrigolion ymhlith cefnogwyr brwd **Owain Glyndŵr**. Cynhaliwyd dwy **eisteddfod** (1523 ac 1567) yng Nghaerwys o dan nawdd teulu **Mostyn**. Yn Eglwys Sant Mihangel ceir nodweddion o'r 14g., a honnir mai Elizabeth, gwraig **Dafydd ap Gruffudd**, yw gwrthrych y llunddelw sydd yno. Mae'n bosibl fod yr Hen Lys (17g.) ar safle un o lysoedd tywysogion Cymru ac mai neuadd ganoloesol oedd ffermdy Pendre. Un o hen dafarnau'r **goets fawr** yw Pwll Gwyn (*c.*1590). Ym Mhenucha y ganed yr arweinydd Methodistaidd, **Thomas Jones** (1756–1820), a dyma gartref ei or-or-nai, yr aelod seneddol **John Herbert Lewis**. Ganed yr hynafiaethydd **Angharad Llwyd** (1780–1866) a'r bardd William Edwards (Wil Ysgeifiog; 1790–1866) yng Nghaerwys.

## *CAESAR, The*

Roedd y llong ddeufast hon o eiddo'r Llynges yn dychwelyd i Plymouth ar ôl bod yn presgangio yn **Abertawe** pan drawodd Benrhyn y Pwll-du (**Pennard**, **Gŵyr**) mewn niwl ar 28 Tachwedd 1760. Roedd llawer o'r teithwyr ynghlo islaw'r deciau pan suddodd y llong. Boddwyd 63 o ddynion a 3 menyw, a chladdwyd eu cyrff mewn un bedd mewn man a adwaenir fel Graves End.

## CAETHWASIAETH

Gan mai cymryd enwau eu perchnogion a wnâi caethweision, mae'r amcangyfrif fod gan 15% o ddinasyddion croenddu Unol Daleithiau America enwau Cymreig yn awgrymu mai Cymry oedd llawer o berchnogion eu hynafiaid. Elwodd nifer o deuluoedd bonedd (gw. **Boneddigion**) ar gaethwasiaeth; er enghraifft, gwnaeth teulu **Pennant**, Castell Penrhyn (**Llandygâi**), ffortiwn o blanigfeydd siwgr yn Jamaica lle llafuriai caethweision. Er syndod, daeth llawer o Ymneilltuwyr (gw. **Anghydffurfiaeth ac Ymneilltuaeth**) a oedd wedi ffoi rhag erledigaeth grefyddol yng Nghymru yn gaethfeistri brwd yn America. Roedd y drefn o ddosbarthu tir i ymfudwyr yn ôl maint y teulu (gan gyfrif caethweision) yn hybu caethwasiaeth, ac roedd daliadau Calfinaidd yr Ymneilltuwyr (gw. **Calfiniaeth**) yn caniatáu i rai ohonynt gyfiawnhau yr arfer yn ddiwinyddol.

Gyda **phorthladdoedd** Lerpwl a Bryste mor agos i Gymru, elwodd amryw o Gymry yn uniongyrchol ar y fasnach gaethweision. Er enghraifft, daeth Philip Protheroe (1781–1846) o **Sir Benfro** yn fasnachwr caethweision llwyddiannus ym Mryste, gan ddringo i fod yn faer y ddinas yn 1810.

Ym Mryste hefyd y daeth **Morgan John Rhys** (1760–1804), gweinidog gyda'r **Bedyddwyr**, o dan ddylanwad y mudiad yn erbyn caethwasiaeth. Cyhoeddodd gyfieithiad Cymraeg o un o'u pamffledi, gan roi cyhoeddusrwydd pellach i'r pwnc yn *Y Cylch-grawn Cynmraeg*. Wedi ymfudo i America yn 1794, cyhoeddodd Rhys gyfres o ysgrifau yn yr *American Universal Magazine* yn ymosod ar bamffledyn John Lawrence, *Negro Slavery Defended by the Word of God*. Ymddangosodd yr ysgrifau ar ffurf pamffledyn yn dwyn y teitl *Letters on Liberty and Slavery* yn 1798 gan ddylanwadu ar yr ymgyrch i ddiddymu caethwasiaeth. Ymhlith Cymry eraill a oedd yn dadlau dros ddiddymu ceid Iolo Morganwg (**Edward Williams**), **Samuel Roberts** a **Jessie Donaldson**.

Rhoddodd *Uncle Tom's Cabin* (1852) bropaganda effeithiol yn nwylo'r rhyddfreinwyr. (Roedd ei awdur, Harriet Beecher Stowe, yn ddisgynnydd i ymfudwyr o **Landdewibrefi**.) O fewn blwyddyn roedd tri fersiwn Cymraeg o *Caban F'ewythr Twm* yn bodoli – gwaith Hugh Williams (Cadfan; 1807?–70), William Williams (y Lefiad, *fl.*1853) a Gwilym Hiraethog (**William Rees**; 1802–83). Cyhoeddodd Robert Everett (1791–1875) fersiwn Cymraeg i Gymry America yn 1854.

Yn Rhyfel Cartref America (1861–5), a oedd yn ei hanfod yn wrthdaro rhwng taleithiau'r gogledd, a wrthwynebai gaethwasiaeth, a thaleithiau'r de, lle'r oedd caethwasiaeth yn ffynnu, roedd y Cymry ar y cyfan yn cefnogi'r Gogledd, er bod Jefferson Davis, arlywydd y Taleithiau Cydffederal, o dras Cymreig.

## CAFFLOGION Cwmwd

Un o dri **chwmwd** cantref **Llŷn** a oedd yn cynnwys rhan fwyaf deheuol y penrhyn. Mae'r enw'n llygriad o Afloeg, sef enw mab honedig **Cunedda**. Roedd maerdref (sef canolfan weinyddol) y cwmwd ym **Mhwllheli**. Yn nofel **R. Gerallt Jones**, *Cafflogion* (1979), ceir golwg dywyll iawn ar ddyfodol Llŷn.

## CAI, Brwydr

Yn dilyn marwolaeth **Cadwallon**, brenin **Gwynedd**, parhaodd y tywysogion Cymreig â'i bolisi o gefnogi Penda, brenin **Mersia**, yn erbyn Oswy o Northumbria. Yn 654 lladdwyd Penda a threchwyd ei gynghreiriaid yn llwyr yn Cai (Winwaed), lle ar gyrion Leeds mae'n debyg.

## CALAN, Y

Cysylltid 1 Ionawr â nifer o goelion ynglŷn ag arwyddocâd y person cyntaf i groesi'r trothwy ar ôl tro'r hen flwyddyn. Amrywiai'r manylion o ardal i ardal. Yn **Sir Benfro** eid â 'dŵr newy' o dŷ i dŷ i'w daenellu dros y trigolion i sicrhau hapusrwydd trwy'r flwyddyn. Roedd hel **calennig** trwy'r wlad ar yr ŵyl hon. Wedi'r newid yn y calendr yn 1752 cadwyd at yr hen ddyddiad mewn rhai ardaloedd; parheir i ddathlu'r Hen Galan ar 13 Ionawr yng **Nghwm Gwaun**, ger **Abergwaun**, ac yn **Llandysul**, **Ceredigion**.

## CALAN GAEAF

Cysylltid dechrau'r gaeaf yn y calendr Celtaidd, sef 1 Tachwedd, â'r goruwchnaturiol. Ar Nos Galan Gaeaf tramwyai ysbrydion trwy'r wlad a chredid bod modd rhagfynegi'r dyfodol trwy amryw ddefodau, gan gynnwys coelcerthi. Sefydlodd yr Eglwys ganoloesol Ŵyl yr Holl Saint (1 Tachwedd) a Gŵyl yr Holl Eneidiau (2 Tachwedd) gan gryfhau'r cysylltiad hynafol â'r meirwon. Yn y gogledd-ddwyrain yn arbennig, arferid 'hel solod' neu 'fwyd cennad y meirw' sef, yn wreiddiol, rhoddion i dalu am weddïau dros eneidiau yn y purdan. Bellach daeth arferion y Calan Gaeaf Americanaidd neu'r *Hallowe'en* (31 Hydref) i fri ar draul Nos Galan Gaeaf a chysylltwyd y coelcerthi â'r Noson Tân Gwyllt Brydeinig (5 Tachwedd).

## CALAN MAI

Cysylltid yr ŵyl hon, sef dechrau'r haf yn y calendr Celtaidd, â bywyd yn yr awyr agored ac yn anad dim â serch (gw. **Caru**), fel y dengys barddoniaeth **Dafydd ap Gwilym**. Addurnid y tai â blodau a thorrid y **fedwen haf** er mwyn **dawnsio** o'i chylch, neu cludid y gangen haf o dŷ i dŷ. Fel ar Nos **Galan Gaeaf**, perthynai i Nos Galan Mai elfen gref o ddewiniaeth a llosgid coelcerthi er mwyn rhagweld y dyfodol. Methodd yr Eglwys â dileu'r elfen baganaidd trwy gysylltu'r ŵyl â Sant Philip a Sant Iago; oddi ar y 19g. daeth yn achlysur seciwlar a gysylltir â'r mudiad llafur.

## CALCHFAEN

Mae haenau bylchog, tenau o galchfaen (calsiwm carbonad) i'w canfod yng nghreigiau Cyn-Gambriaidd **Môn** a **Llŷn**, ac yn strata Ordofigaidd a Silwraidd canol **Sir Benfro**, rhannau o **Sir Gaerfyrddin** ac yn ardal **Pencraig** a'r **Bala**, a cheir calchfeini amhur yn rhan o ddilyniant yr Hen Dywodfaen Coch (Defonaidd) yn y de-ddwyrain a gogledd Môn. Y prif ddatblygiad, fodd bynnag, yw'r Calchfaen Carbonifferaidd. Ffurfia calchfeini'r gyfres amrywiol a thra ffosilifferaidd hon rimyn lled ddi-dor o amgylch maes **glo**'r de ac mae'r dilyniant ar ei fwyaf trwchus yng nghlogwyni trawiadol de **Gŵyr** a de Penfro. Mae calchfeini Carbonifferaidd hefyd yn brigo ym Môn, ar lechweddau gorllewinol a dwyreiniol **Dyffryn Clwyd** ac ar hyd ochr ddwyreiniol **Bryniau Clwyd**. Ceir haenau o galchfaen am yn ail â siâl yng nghreigiau Liasig (Jwrasig) **Bro Morgannwg**, strata sydd i'w gweld yn glir yng nghlogwyni arfordirol yr ardal.

Mae dŵr glaw sy'n dod i gysylltiad uniongyrchol â Chalchfaen Carbonifferaidd yn araf hydoddi'r graig wrth ddilyn y bregion a'r planau haenu amlycaf, gan greu holltau neu greiciau nodweddiadol. Wrth i ddŵr afon ymdreiddio i berfeddion y strata ar hyd y fath holltau a chraciau, esgorir ar welyau afon sych neu led-sych, sianeli tanddaearol ac **ogofâu**. Gallu dŵr i hydoddi calchfaen sydd hefyd yn gyfrifol am y dolinau neu lyncdyllau sy'n nodweddu brig y garreg galch; ceir enghreifftiau niferus o'r fath dirffurfiau ym mhen uchaf dyffrynnoedd **Nedd** a **Thawe**. Mae'r ardaloedd calchaidd hyn yn ychwanegu dimensiwn arall at ecoleg amrywiol Cymru, gan esgor ar amrywiaeth cyfoethog o goed a blodau (gw. **Planhigion**). Yr amlycaf a'r mwyaf lluniaidd o bentiroedd calchfaen y wlad yw'r Gogarth (**Llandudno**), y cyfeiriwyd ato fel gardd fotanegol Cymru.

Erbyn yr 16g. câi calch, a gynhyrchid trwy losgi calchfaen ar dymheredd o 1,000°C, ei ddefnyddio'n gyson ar dir amaethyddol y wlad fel gwrtaith a allai felysu **priddoedd** a oedd yn asidig yn eu hanfod a'u gwneud yn ffrwythlon ac yn hawdd eu trin. Yn y gogledd a'r gorllewin, byddai ffermio tir âr wedi bod yn anodd heb galch wedi'i gynhyrchu mewn odynau tyweirch ar ffermydd neu yn yr odynau calch sydd mor nodweddiadol o'r arfordir rhwng Sir Benfro a Môn. Câi'r Calchfaen Carbonifferaidd ei gloddio yn chwareli Gŵyr a de Penfro, lle cynhyrchai chwareli unigol galchfaen yr honnid ei fod o wahanol ansawdd at ddibenion gwahanol. Câi calchfaen o chwareli i'r dwyrain o'r **Trallwng (Sir Drefaldwyn)** ei gludo tua'r gorllewin ar **gamlesi** ac, yn ddiweddarach, ar y **rheilffyrdd**. Arferid defnyddio calch tawdd fel elfen mewn tanwydd ffermydd, fel diheintydd a gwrteithiad hadau ac ar gyfer lladd morgrug. Y doll ar gerti yn cludo calch oedd un o brif achosion Terfysgoedd **Rebeca**.

Chwaraeai calchfaen o ansawdd da, a frigai yng nghyffiniau gwythiennau o haearnfaen a glo, ran bwysig yn natblygiad y diwydiant mwyndoddi **haearn** yn y de a'r gogledd-ddwyrain. Câi calchfaen ei ddefnyddio fel fflwcs ac roedd yn gwbl hanfodol ar gyfer y dull basig o gynhyrchu dur a ddyfeisiwyd gan **Sidney Gilchrist Thomas**, proses a esgorodd ar slag basig, isgynnyrch o bwys amaethyddol. Prif gyfansoddyn morter yw calch ac fe'i defnyddid yn helaeth wrth godi cestyll Edward I. Defnyddir calch i gynhyrchu sment ac adeiladu **ffyrdd**, i drin lledr ac fel elfen buro mewn systemau nwy a charthffosiaeth. Mae ffatri sment fawr yn Aberddawan (y **Rhws**).

## CALDICOT, Sir Fynwy (465ha; 9,705 o drigolion)

Mae pentref Caldicot yn swatio'n dynn rhwng yr M40 a'r M48. Ei gastell yw'r mwyaf yn y sir ar wahân i gestyll **Casgwent** a **Rhaglan**. Fe'i hadeiladwyd yn ystod y 13g. a hyd yn ddiweddar roedd teuluoedd yn byw yn y porthdy a thri o'r tyrau. Mae gan Eglwys y Santes Fair nodweddion Normanaidd, Addurnedig a Pherpendicwlar. Mae'n bosibl mai graens (*grange*) ym meddiant mynachlog Llanthony Secunda (ger Caerloyw) oedd y tŷ sy'n dwyn yr un enw (gw. **Crucornau**).

Mae'r draffordd sy'n croesi'r ail o **Bontydd Hafren** yn ymadael â Chymru ger Caldicot. Hon yw'r unig bont sy'n cysylltu Cymru â **Lloegr** ar draws Môr Hafren. Mae Gwastadeddau Gwent yn ymestyn ar hyd glannau Môr Hafren rhwng **Casnewydd** a Chas-gwent. Yng nghymuned Caldicot y mae'r ysgol gynradd Gymraeg fwyaf dwyreiniol yng Nghymru. Nid oes sail i'r gred for yr enw Caldicot yn llygriad o *Cil-y-coed*.

## CALENNIG

Rhodd o geiniog newydd neu fara a **chaws** i blant ar ddydd **Calan**. Yn draddodiadol byddai'r plant yn cludo afal neu oren wedi'i addurno a'i osod ar dri phric o dŷ i dŷ gan ganu penillion yn dymuno blwyddyn newydd dda i'r preswylwyr. Rhaid oedd gorffen casglu cyn canol dydd. Gellir olrhain yr arfer yn ôl i'r Oesoedd Canol, ond fe'i cofnodwyd yn ei ffurf bresennol am y tro cyntaf yn y 19g. Ceid arfer tebyg yn **Sir Benfro** sef taenellu 'dŵr newy' ym mhob tŷ. Mewn sawl rhan o'r Gymru wledig, mae'r arfer o hel calennig – mynd o dŷ i dŷ yn dymuno blwyddyn newydd dda i'r trigolion a derbyn arian – wedi parhau. Roedd llawer o blant yn rhoi mwy o bris ar galennig nag ar anrhegion Nadolig.

## CALFINIAETH

Y gyfundrefn syniadol sy'n deillio o **ddiwinyddiaeth** y Diwygiwr Protestannaidd John Calvin (1509–64), y cysylltir ei enw yn annatod â hynt y **Diwygiad Protestannaidd** yn ninas Genefa. Daeth cyfrol Calvin, *Institutio Christianae Religionis* (1559), yn arweiniad anhepgor ar gyfer y sawl a fynnai arddel Protestaniaeth ar ei mwyaf radical.

Lutheriaeth oedd y ffurf gynharaf ar Brotestaniaeth i ddylanwadu ar Gymru, ond daeth Calfiniaeth yn fwyfwy amlwg wrth i amser fynd rhagddo. Pwysleisiai Calvin sofraniaeth lwyr y duwdod, rhagordeiniad ac etholedigaeth – er i'w ddilynwyr diweddarach fynd ymhellach ar y pynciau hyn nag a wnaeth Calvin ei hun. Calfiniaid oedd trwch y **Piwritaniaid** Cymreig, a chynhaliwyd y pwyslais Calfinaidd ymhlith yr **Anglicaniaid** gan efengylwyr fel **Griffith Jones** a Methodistiaid fel **Daniel Rowland** a **William Williams**, Pantycelyn (1717–91). Roedd y rhan fwyaf o Anghydffurfwyr y 18g. a'r 19g. yn arddel yr un safbwynt (gw. **Anghydffurfiaeth**), er i rai ohonynt, dan ddylanwad yr **Oleuedigaeth**, gefnu ar Galfiniaeth a choleddu **Ariaeth**, neu hyd yn oed droi yn **Undodwyr**. Pan ymneilltuodd Methodistiaid Cymru oddi wrth yr Eglwys Anglicanaidd yn 1811, fel **Methodistiaid Calfinaidd** y mynnent gael eu hadnabod.

Oherwydd twf seciwlariaeth a llacrwydd mewn materion yn ymwneud â chredo, pylodd dylanwad Calfiniaeth yng Nghymru erbyn dechrau'r 20g. Er hynny, adferwyd y pwyslais i raddau yn ystod y ganrif honno, yn bennaf oherwydd dylanwad Karl Barth, a chafodd ladmeryddion galluog yn **J. E. Daniel**, **Martyn Lloyd-Jones**, **R. Tudur Jones** a'r bardd a'r ysgolhaig Bobi Jones (g.1929).

## CALLAGHAN, [Leonard] James (1912–2005) Gwleidydd

Yn 1945 etholwyd Callaghan, a hanai o Portsmouth, yn aelod seneddol Llafur dros Dde **Caerdydd** (ailenwyd yr etholaeth yn De-ddwyrain Caerdydd yn 1950 ac yn De Caerdydd a **Phenarth** yn 1983), sedd a ddaliodd am 42 o flynyddoedd. Ef oedd y trydydd o'r pum aelod seneddol Cymreig i ddod yn arweinydd y **Blaid Lafur**. Yn ei dro bu'n ganghellor y trysorlys, yn ysgrifennydd tramor ac yn ysgrifennydd cartref, a daeth yn brif weinidog yn 1976 – un o'r tri aelod seneddol Cymreig i ddal y swydd (**David Lloyd George** a **Ramsay MacDonald** oedd y ddau arall). Er ei fod yn driw i Gaerdydd, ysbeidiol a dweud y lleiaf oedd ei ddiddordeb yng Nghymru yn ei chyfanrwydd; mae'n wir iddo chwarae rhan yn sefydlu **Comisiwn Kilbrandon**, ond digon simsan fu ei gefnogaeth i gynlluniau **datganoli** ei **lywodraeth** ei hun, ac ni wnaeth unrhyw beth i dawelu'r gwrthddatganolwyr croch yn ei blaid. Collodd bleidlais o ddiffyg hyder yn ei lywodraeth yn 1979, ac wedi hynny y cynhaliwyd yr etholiad a ddaeth â'r **Blaid Geidwadol**, dan arweiniad Margaret Thatcher, i rym. Fe'i disodlwyd fel arweinydd gan Michael Foot yn 1980, ac ymddeolodd fel aelod seneddol yn 1987, pan ddyrchafwyd ef yn Arglwydd Callaghan o Gaerdydd. Fe'i coffeir gan Sgwâr Callaghan yng Nghaerdydd a chan

Adeilad Callaghan ym **Mhrifysgol Cymru Abertawe**, sefydliad yr oedd yn llywydd arno.

## CALLICE, John (*fl.*16g.) Môr-leidr

Yr enwocaf o **fôr-ladron** y 16g. a fu'n weithredol ym Moroedd Hafren ac Iwerddon. Gyda nawdd ariannol nifer o dirfeddianwyr, o'i ganolfan ar Ynys **Sili** ysbeiliodd sawl llong drymlwythog ar ei ffordd i Fryste. Yn 1516 cipiodd nifer o longau o Sbaen yn angorfa **Penarth** a chael gwared, yn dalog, â'i ysbail yng **Nghaerdydd** ac **Abertawe**.

## 'CALON LÂN' Emyn

Emyn yw hwn am rinweddau'r bywyd sanctaidd gan Daniel James (Gwyrosydd; 1847–1920), a osodwyd ar gerddoriaeth gan John Hughes (1872–1914). Ymddangosodd gyntaf yn 1899.

## CAMBRIA

Amrywiad ar *Cumbria*, sef ffurf Ladineiddiedig ar darddair yr enw *Cymry* (gw. **Cymru (yr enw)**). Yn ôl **Sieffre o Fynwy**, y cyntaf i fabwysiadu *Cambria* i gyfeirio'n benodol at Gymru, deilliai o'r enw Camber, un o dri mab **Brutus**; ond enghraifft yw hyn o'i ddychymyg ffrwythlon. Er bod **Gerallt Gymro** (Giraldus Cambrensis) yn ffafrio defnyddio'r ffurf, ni lwyddodd yr enw i ddisodli *Wallia* a'i amrywiol ffurfiau yn nogfennau'r Oesoedd Canol. Er hynny rhoed bri ar y ffurfiau *Cambria* a *Cambrian* (yn **Saesneg**) gan ysgolheigion y **Dadeni**, ac mae peth defnydd ar y ffurfiau o hyd.

## CAMBRIAN INSTITUTE, The

Sefydlwyd y gymdeithas hon gan **John Williams** (Ab Ithel; 1811–62) yn 1853 mewn ymgais i ddisodli **Cymdeithas Hynafiaethau Cymru**. Rhwng 1854 ac 1864 cyhoeddodd *The Cambrian Journal*, chwarterolyn wedi'i neilltuo i drafod **llenyddiaeth** a hynafiaethau Cymru.

## CAMBRIOL, Newfoundland

Trefedigaeth gynnar, fyrhoedlog a sefydlwyd ddechrau'r 17g. ar ochr ddwyreiniol Penrhyn Avalon, Newfoundland oedd Cambriol (Cymru Newydd). Fe'i sefydlwyd gan **William Vaughan**, aelod o gangen iau o deulu **Vaughan (Gelli Aur)**, mewn ymdrech i leddfu cyflwr y tlodion ar ei stad yn **Llangyndeyrn**. Ar ôl prynu'r tir ar gyfer y drefedigaeth, talodd i griw o'i denantiaid ymgartrefu yno yn 1617, ond roedd yr amgylchiadau caled yn drech na hwy. Cefnwyd ar y drefedigaeth tua 1630; rhoddwyd yr enw *Newfoundland* ar ffermydd yn **Sir Gaerfyrddin** gan ymsefydlwyr a ddychwelodd.

## CAMDEN, William (1551–1623) Hynafiaethydd ac awdur

Cyhoeddwyd clasur yr awdur hwn o Sais, *Britannia* (1586), sef hanes ei deithiau trwy wledydd **Prydain**, yn **Lladin** yn gyntaf ac yna mewn cyfieithiad **Saesneg** (1610). Mae'n cyflwyno Cymru fel gwlad y tri llwyth – y **Silwriaid** yn y de-ddwyrain, y **Demetae** yn y de-orllewin a'r **Ordofigiaid** yn y gogledd. Tynnodd Camden ar waith **Gerallt Gymro**, William o Malmesbury a **John Leland** ymhlith eraill yn ei ddisgrifiad godidog a thra dylanwadol o hanes a thirwedd Cymru (gw. **Tirffurfiau, Tirwedd a Thopograffeg**).

## CAMLESI A DYFRFFYRDD

Cyn dyfodiad **rheilffyrdd** a cheir modur, roedd teithio ar ddŵr yn gyflymach ac yn hwylusach na theithio ar dir. Yng Nghymru, prin yw'r **afonydd** hynny a chanddynt rannau helaeth sy'n fordwyol, ond chwaraeasant ran bwysig yn hanes y wlad. Am fod rhannau isaf afon **Wysg** yn fordwyol y lleolwyd y lleng-gaer Rufeinig yng **Nghaerllion**, a thebyg mai natur gyffelyb rhan isaf afon **Clwyd** a ddarbwyllodd **Gruffudd ap Llywelyn** i sefydlu ei bencadlys yn **Rhuddlan**. Cyfyngedig fu datblygiad trefi a diwydiant yng Nghymru cyn diwedd y 18g., ffaith y gellir ei phriodoli i brinder afonydd mordwyol. Roedd **Casnewydd**, yr enghraifft Gymreig orau o dref a dyfodd ar lan afon, yn ddibynnol ar drafnidiaeth ar rannau isaf afon Wysg, ac yma, yn 2002, y cafwyd hyd i'r enghraifft orau o gwch canoloesol ym **Mhrydain**. Dibynnai'r gwaith cynhyrchu weiar yn **Nhyndyrn**, menter ddiwydiannol fwyaf hirhoedlog Cymru, ar drafnidiaeth ar afon **Gwy**. Tyfodd **Caerfyrddin**, y dref fwyaf yng Nghymru'r 16g., oherwydd fod afon **Tywi** yn ddolen gyswllt rhyngddi a'r môr. Ymhlith y trefi hynny a gâi eu gwasanaethu gan gludiant afon, y **Trallwng** oedd bellaf o'r môr; Pool Quay ar lannau **Hafren** a alluogodd y Trallwng i fod y chweched dref o ran ei maint yng Nghymru'r 18g. Yr allwedd i dwf **Abertawe** fel prif ganolfan mwyndoddi **copr** y byd oedd y ffaith fod 5km isaf afon **Tawe** yn cysylltu pyllau'r maes **glo** â'r môr. Fodd bynnag, hyd at y 1960au, ychydig iawn o ddiwydiant a ddatblygodd ar lannau dyfrffordd ysblennydd **Aberdaugleddau**, a ystyrir yn un o **borthladdoedd** naturiol gorau'r byd (gw. **Aberdaugleddau, Dyfrffordd**).

Ymddengys i'r ddyfrffordd artiffisial gynharaf yng Nghymru gael ei chreu yn 1277, pan gamleswyd afon **Clwyd** rhwng Castell Rhuddlan a'r môr ar orchymyn Edward I. Ymddengys na fu mentrau cyffelyb hyd y 1690au, pan gomisiynodd **Humphrey Mackworth** gamlas 300m o hyd i gysylltu gwaith copr Melingryddan ag afon **Nedd**. Yn y 1750au camleswyd 2km o afon Nedd ger Aberdulais, sbardun i ddatblygu rhwydwaith o gamlesi ym maes glo'r de yn niwedd y 18g. Y camlesi pwysicaf oedd y rhai a anelai at gysylltu'r prif borthladdoedd â blaenau'r maes glo – **Caerdydd** (a awdurdodwyd gan ddeddf seneddol yn 1790), Castell-nedd (1791), Casnewydd (1792) ac Abertawe (1794).

Roedd arwyddocâd chwyldroadol adeiladu'r camlesi yn amlwg iawn yn achos Camlas Sir Forgannwg a gysylltai **Ferthyr Tudful** â Chaerdydd. Cyn ei chwblhau yn 1798, câi allforion Caerdydd eu cludo i'r porthladd mewn wageni a dynnid gan bedwar ceffyl, gyda phob wagen yn cynnwys dwy dunnell fetrig o **haearn** Merthyr. Gallai bad, a dynnid gan un ceffyl, gario 25 tunnell fetrig. Bellach roedd yn economaidd cludo glo – cynnyrch llawer llai gwerthfawr na haearn yn ôl ei swmp – o'r pyllau mewndirol i'r porthladdoedd. Hyd hynny, cynnyrch y glofeydd ger yr arfordir yn unig y gellid ei gloddio gydag elw ar gyfer y farchnad dramor, ac Abertawe, o ganlyniad, oedd yr unig borthladd glo hyfyw yn y de ganol y 18g. Y camlesi, felly, oedd yr allwedd i'r ymelwa ar wythiennau cyfoethog maes glo'r de ac a sbardunodd dwf aruthrol cymunedau diwydiannol yr ardal – stori ganolog hanes y Gymru fodern. Cysylltid glanfeydd y camlesi â gweithfeydd diarffordd gan rwydwaith o dramffyrdd. Arbennig o niferus oedd y tramffyrdd a gysylltai â Chamlas Sir Fynwy. Yn eu plith yr oedd Tramffordd Hill (1822) a gariai gynnyrch gwaith haearn **Blaenafon** i lanfa

Camlas Sir Forgannwg ym Mhontypridd, *c.*1930

**Llan-ffwyst**; ar y daith âi'r wageni trwy dwnnel 2km Pwll-du, yr hiraf yn y byd pan agorwyd ef *c.*1815.

Gan fod blaenau'r cymoedd glo dros 300m uwchlaw'r môr, bu'n rhaid adeiladu nifer fawr o lifddorau ar hyd y camlesi; roedd 51 ar Gamlas Sir Forgannwg, 42 ar brif gangen Camlas Sir Fynwy, 36 ar Gamlas Abertawe a 19 ar Gamlas Nedd. Gwelir enghreifftiau trawiadol o hyd ar gangen **Crymlyn** o Gamlas Sir Fynwy; ddechrau'r 21g. aed ati i adfer y clwstwr nodedig o 14 o lifddorau sydd yno. Cynlluniwyd y rhain gan Thomas Dadford (yr ieuengaf), aelod o deulu a ddarparodd lawer o'r sgiliau peirianyddol angenrheidiol ar gyfer adeiladu camlesi'r de. Yn gysylltiedig â'r camlesi, ceir campweithiau peirianyddol eraill megis pont Rhyd-y-car dros Gamlas Sir Forgannwg ym Merthyr, y bont trawstiau haearn gyntaf yn y byd heblaw am y rheini a adeiladwyd gan y **Chineaid** gynt.

Arweiniodd dyfodiad y rheilffyrdd at dranc camlesi'r maes glo. Gallai trên ar Reilffordd Cwm Taf (TVR), a gysylltodd Gaerdydd â Merthyr yn 1841, gario mewn awr lwyth y cymerai fis i fad ei gludo ar y gamlas. At hynny, esgorodd y cloddio cynyddol am lo ar ymsuddiant, gan achosi i gamlesi golli eu dŵr yn aml. Eto i gyd, ni ddiflannodd masnach y camlesi dros nos. Roedd Camlas Sir Fynwy yn broffidiol hyd y 1860au, a chamlesi Nedd ac Abertawe hyd y 1870au; daliai Camlas Sir Forgannwg i dalu buddrannau hyd 1887. O hynny allan, eu prif ddiben fyddai cyflenwi dŵr i ddiwallu anghenion diwydiant, swyddogaeth a gyflawnwyd ganddynt o'r dechrau. Daeth trafnidiaeth fasnachol i ben ar Gamlas Aberdâr, cangen o Gamlas Sir Forgannwg, yn 1900. Caewyd a draeniwyd darnau eraill o'r prif gamlesi. Darfu'r drafnidiaeth fasnachol ar yr hyn a oedd yn weddill o Gamlas Sir Fynwy yn 1915, ar Gamlas Abertawe yn 1931, ar Gamlas Nedd yn 1934 ac ar Gamlas Sir Forgannwg yn 1945.

Yn ystod ail hanner yr 20g. daeth camlesi yn atynfa i dwristiaid a gwelwyd fod gwerth ecolegol iddynt hefyd. Fodd bynnag, tasg anodd fydd eu hadfer yn y de. Ar wahân i ymsuddiant, y prif faen tramgwydd yw'r ffaith fod y camlesi'n gyfyngedig i gymoedd unigol heb gyswllt rhyngddynt a'r prif rwydwaith camlesi ym Mhrydain. Mae rhan o Gamlas Abertawe yn agored rhwng **Clydach** a Godre'r-graig, a'r rhan fwyaf o Gamlas Nedd a'i changen, Camlas Tennant. Ond, ar wahân i ddarn byr yng ngogledd Caerdydd, mae Camlas Sir Forgannwg wedi diflannu'n llwyr.

Mae'r rhagolygon ar gyfer Camlas Sir Fynwy yn fwy addawol oherwydd fod cysylltiad rhyngddi a Chamlas Aberhonddu a'r Fenni sy'n llifo trwy rannau o gefn gwlad prydferthaf Cymru. Mae i Gamlas Aberhonddu a'r Fenni hanes gwahanol i gamlesi eraill de-ddwyrain Cymru. Ni chafodd ei hadeiladu i ddiwallu anghenion unrhyw fenter ddiwydiannol o bwys ond, yn hytrach, i gludo glo a chalch rhad (gw. **Calchfaen**) i Ddyffryn Wysg, ac i allforio cynnyrch amaethyddol y dyffryn. Agorwyd y darn rhwng **Aberhonddu** a Llan-ffwyst yn 1803 ond ni chafodd ei chysylltu â Chamlas Sir Fynwy hyd 1812. (Disgrifir y trafodaethau manwl a oedd yn gysylltiedig â'r cynllun yn *Amser i Geisio* (1997), gan Janet Davies, yr unig nofel Gymraeg sy'n ymdrin â hanes camlas.) Mae'r rhan honno o'r gamlas i'r gogledd o Bontnewydd wedi'i hadfer ac mae'n terfynu ym masn Aberhonddu a ailadeiladwyd i'w hen ogoniant. Mae cynlluniau ar y gweill i adfer gweddill y gamlas, a fydd yn creu dyfrffordd 56km o hyd rhwng Aberhonddu a Chasnewydd.

Ac eithrio'r gamlas fer a adeiladwyd yn 1772 i gysylltu Castell Malgwyn (**Maenordeifi**) ag afon **Teifi**, nid oes camlesi yn y de-orllewin na'r gogledd-orllewin. Yn y gogledd-ddwyrain ceir camlesi Llangollen a Sir Drefaldwyn, ill dwy yn ganghennau o Gamlas Ellesmere sydd yn rhan o'r rhwydwaith Prydeinig.

Rhoed awdurdod i godi Camlas Llangollen yn 1793 ac fe'i cwblhawyd yn 1808. Ei chynllunydd oedd **Thomas Telford**, a thraphont ddŵr Pontcysyllte (1805) yw nodwedd bensaernïol odidocaf camlesi Prydain (gw. **Llangollen Wledig**) gyda'i chafn haearn bwrw (305m o hyd) yn cario'r gamlas 39m uwchlaw afon **Dyfrdwy**. Mae traphont ddŵr y **Waun** (1801), sy'n croesi afon Ceiriog ochr yn ochr â thraphont reilffordd **Henry Robertson** (1848), bron yr un mor drawiadol. Er y bu defnydd diwydiannol i'r gamlas, yn enwedig yng nghyffiniau Cefn-mawr (gw. **Cefn**) a'r Waun, ei phrif bwrpas oedd cyflenwi dŵr. Tynnid y dŵr o afon Dyfrdwy gyda chymorth y gored a gododd **Telford** – yr Horseshoe Falls neu Raeadr y Bedol erbyn hyn – yn y rhan hyfryd honno o'r dyffryn ger **Llandysilio**. Erbyn y 1940au roedd y gamlas wedi hen ddadfeilio. Fe'i hadnewyddwyd yn ddiweddarach ac erbyn heddiw mae gyda'r fwyaf poblogaidd o holl gamlesi hamdden Prydain.

Erbyn 1797 roedd Camlas Sir Drefaldwyn (rhoed awdurdod i'w chodi yn 1794) wedi cyrraedd Garthmyl (**Aberriw**), rhan sy'n cynnwys traphont hardd dros afon Efyrnwy ac a achosodd i Pool Quay gau. Cwblhawyd y gamlas hyd y **Drenewydd** yn 1821, datblygiad a arweiniodd at ddyblu poblogaeth y dref yn y 1820au. Fe'i caewyd yn 1936, ond yn 2006 lansiwyd cynllun gan Bartneriaeth Camlas Sir Drefaldwyn i'w hadfer yn ei chyfanrwydd. Adferwyd y darn o gwmpas y Trallwng yn 1973; bellach mae fflyd o gychod hur arni ac ar ei glannau saif Canolfan y Gamlas ac Amgueddfa Powysland.

## CAMPBELL, Teulu (ieirll Cawdor) Tirfeddianwyr

Dechreuodd cysylltiad y teulu â Chymru o ganlyniad i'r briodas *c.*1689 rhwng Alexander Campbell ac Elizabeth Lort, aeres stad **Stackpole** (**Sir Benfro**). Ehangwyd eiddo'r teulu yng Nghymru yn dra sylweddol gan i John Campbell, yn 1804, etifeddu stad John Vaughan, Gelli Aur (**Llanfihangel Aberbythych**), **Sir Gaerfyrddin** (gw. **Vaughan, Teulu (Gelli Aur)**). Yn 1827 dyrchafwyd John, mab John, yn iarll Cawdor ac is-iarll Emlyn. Y trydydd iarll (1847–1911), gwrthwynebydd ffyrnig i **Lloyd George**, oedd aelod seneddol Ceidwadol olaf Sir Gaerfyrddin. Erbyn y 1880au roedd gan y teulu 20,000ha o dir yng Nghymru, gan eu gwneud yn ail i deulu **Williams Wynn** ymhlith tirfeddianwyr Cymru. Roedd ganddynt hefyd 20,000ha yn yr **Alban**. Yn dilyn arwerthiannau yn 1976, peidiodd y teulu â bod yn dirfeddianwyr yng Nghymru. Yn 1988 gwerthasant y teitlau i'w maenorau Cymreig (gw. **Maenor a *Manor***).

## CAMROS, Sir Benfro (4,592ha; 1,577 o drigolion)

Yn y **gymuned** hon, sy'n gorwedd yn union i'r gogledd-orllewin o **Hwlffordd**, ceir pentrefi Camros, Keeston, Pelcomb Cross, Simpson Cross, Sutton a Wolfsdale. Roedd Walesland Rath yn gaeadle a ddyddiai o'r 4g. CC, ond dinistriwyd y safle wrth greu purfeydd **olew**. Mae Castell Keeston, gwrthglawdd mawr, wedi'i erydu'n sylweddol. Mae gan eglwys ganoloesol Sant Ismael dŵr hardd. Yng Nghamros yr oedd gwreiddiau teuluol y brodyr Berry – Barwniaid Camrose, Buckland a Kemsley (gw. **Berry, Teulu**).

## CANOLFAN MATERION RHYNGWLADOL CYMRU

Sefydlwyd y ganolfan yn 1974 i feithrin dealltwriaeth o faterion byd-eang ac er mwyn hybu ymdeimlad o berthyn i'r gymuned ryngwladol (gw. **Rhyngwladoldeb**), ac fe'i lleolir yn y Deml Heddwch, **Parc Cathays**, **Caerdydd**. Mae'n trefnu darlithoedd, cynadleddau, cyhoeddiadau ac ymweliadau ag ysgolion.

## CANOLFAN UWCHEFRYDIAU CYMREIG A CHELTAIDD PRIFYSGOL CYMRU

Sefydlwyd y Ganolfan Uwchefrydiau Cymreig a Cheltaidd yn **Aberystwyth** yn 1985. Ei nod yw ymgymryd â gwaith ymchwil ym meysydd iaith, **llenyddiaeth** a hanes Cymru a'r gwledydd Celtaidd eraill. Ymhlith ei phrojectau arloesol ceir 'Beirdd y Tywysogion', 'Hanes Cymdeithasol yr Iaith Gymraeg', 'Barddoniaeth Beirdd yr Uchelwyr' a 'Diwylliant Gweledol Cymru'. Lleolir y Ganolfan mewn adeilad chwaethus gerllaw **Llyfrgell Genedlaethol Cymru**. Yno hefyd y mae uned *Geiriadur Prifysgol Cymru* (gw. **Geiriaduraeth**). O 2007 ymlaen daeth y Ganolfan hefyd yn gyfrifol am gyflawni swyddogaethau **Bwrdd Gwybodau Celtaidd Prifysgol Cymru** a ddilewyd y flwyddyn honno.

## CANOLFAN Y DECHNOLEG AMGEN, Glantwymyn, Sir Drefaldwyn, Powys

Mae'r ganolfan, a godwyd ar safle hen chwarel **lechi** ychydig i'r gogledd o **Fachynlleth**, yn hyrwyddo dulliau o fyw sy'n fwy cynaliadwy, ac mae'n denu tua 65,000 o ymwelwyr bob blwyddyn. Fe'i sefydlwyd fel elusen yn 1975, ar adeg o ddiddordeb cynyddol mewn amgylcheddaeth. Mae'r arddangosiadau yn ymwneud â gwahanol agweddau ar **ynni**, gan gynnwys pŵer o ffynonellau adnewyddadwy (yn enwedig gwynt a dŵr), **tai** a systemau trafnidiaeth ynni isel, a dulliau o gynhyrchu **bwyd** organig ar raddfa fechan. Mae rhaglenni **addysg** a hyfforddiant y ganolfan yn cyfrannu at rwydwaith ehangach o weithgarwch rhyngwladol. Yn 2004 agorodd y ganolfan goleg gwyrdd cyntaf Cymru, sef Sefydliad Cymru ar gyfer Addysg Gynaliadwy.

## CANOLFANNAU MILWROL

Yn sgil yr **Ail Ryfel Byd** sefydlwyd nifer o ganolfannau milwrol yng Nghymru. Adeiladwyd meysydd awyr milwrol yn **Sain Tathan** ac ar hyd arfordir Cymru yn **Ninbych-y-pysgod** (**Caeriw** mewn gwirionedd), **Breudeth**, **Tyddewi** (**Solfach** mewn gwirionedd), **Tywyn**, **Llanbedr**, Penrhos (**Llanbedrog**), **Llandwrog** a'r **Fali** (**Llanfair-yn-neubwll** mewn gwirionedd), a sefydlwyd canolfan ymchwil gan yr Awyrlu yn **Aberporth**. Oherwydd nifer y damweiniau ymhlith peilotiaid dan hyfforddiant, sefydlwyd yr Uned Gwasanaeth Achub Mynydd cyntaf yn RAF Llandwrog yn 1942 a'i hail-leoli'n ddiweddarach yn RAF y Fali. Caewyd rhai o'r meysydd awyr llai ar ôl y rhyfel ond parhaodd canolfannau megis RAF y Fali, RAF Breudeth ac RAF Sain Tathan i weithredu fel ysgolion hyfforddi hedfan ac unedau cynnal a chadw awyrennau. Adeiladwyd nifer o storfeydd arfau yng Nghymru yn ystod y rhyfel a chadwyd nifer ohonynt ar agor wedyn. Storiwyd arfau yn y Storfeydd Arfau Morwrol Brenhinol yn **Nhrecŵn**, **Aberdaugleddau** a **Johnston**, a sefydlwyd Storfa Cyflenwadau Morwrol Brenhinol yn **Llangennech**. Meddiannwyd miloedd o hectarau o dir Cymru gan y Weinyddiaeth Amddiffyn ar gyfer hyfforddi milwrol, gweithred a wrthwynebwyd yn ffyrnig gan wladgarwyr Cymreig. Yn 1940 trowyd dros 200 o bobl o'u cartrefi ar **Fynydd Epynt** er mwyn sefydlu maes tanio Pontsenni (**Maes-car**), a meddiannwyd tir yng **Nghastellmartin** i'r un pwrpas. Rhwng 1961 ac 1996 defnyddiwyd Castellmartin fel maes ymarfer gan fataliynau tanc *Panzer* Gweriniaeth Ffederal yr Almaen. Er y 1990au cwtogwyd yn sylweddol ar wariant y **llywodraeth** ar amddiffyn, a chollwyd cannoedd o swyddi yng Nghymru, yn enwedig yn **Sir Benfro**, wrth i nifer o'r canolfannau milwrol gau. Byrhoedlog fu canolfan yr Awyrlu ym **Mhenyberth**, ond yno y bu'r brotest enwocaf yn erbyn sefydlu canolfan filwrol yng Nghymru.

## CANONIAID AWGWSTINAIDD

Sefydlwyd yr Urdd Awgwstinaidd yn yr 11g. er mwyn galluogi clerigwyr i fyw bywyd mynachaidd, yn unol â dysgeidiaeth Awstin Sant o Hippo. Y mynachdai neu'r priordai a sefydlwyd yng Nghymru dan nawdd yr Eingl-Normaniaid oedd Llanddewi Nant Hodni (**Crucornau**; 1118), **Caerfyrddin** (1148) a **Hwlffordd** (*c*.1210). Yn y 13g. mabwysiadwyd y drefn Awgwstin gan hen fynachlogydd **Beddgelert**, Penmon (**Llangoed**) ac Ynys Enlli (**Aberdaron**) – adlewyrchiad, mae'n debyg, o awydd tywysogion **Gwynedd** i fod yn rhan o brif draddodiad Cristnogol Ewrop.

## CANTREF

Uned diriogaethol a gweinyddol gyda'i chanolfan lys a'i maerdref gysylltiedig. Fe'i lluniwyd yn draddodiadol o gan trefgordd, fel yr awgryma'r enw, er bod hyn yn fwy o ddelfryd na gwir arfer. Roedd rhai cantrefi yn wreiddiol yn deyrnasoedd ynddynt eu hunain a lyncwyd gan gymdogion mwy, tra oedd eraill o bosibl yn unedau artiffisial a grëwyd yn ddiweddarach. Er i'r mwyafrif ohonynt gael eu disodli gan y **cwmwd**, cadwodd rhai eu pwysigrwydd yn yr Oesoedd Canol diweddar. Cadarnheir hynafiaeth ffiniau rhwng cantrefi gan y ffaith eu bod yn aml yn dynodi ffiniau rhwng tafodieithoedd. Roedd llawer o'r hwndrydau a grëwyd yn sgil y **Deddfau 'Uno'** â ffiniau tebyg i eiddo'r cantrefi (gw. **Hwndrwd**). Mae enwau rhai o'r cantrefi – **Arfon**, er enghraifft, a **Phenllyn** – yn dal ar lafar gwlad.

## CANTREF BYCHAN Cantref

Roedd y **cantref** hwn i'r de o afon **Tywi** yn cynnwys tri **chwmwd**, sef **Hirfryn**, **Perfedd** ac **Is Cennen**. Er gwaetha'r enw, roedd yn cwmpasu ardal helaeth, a dim ond o'i gymharu â'r **Cantref Mawr** cyfagos yr oedd yn fychan. Roedd y Cantref Bychan yn rhan greiddiol o **Ddeheubarth**, ac erbyn y 14g. ymffurfiasai'n ddwy o arglwyddiaethau'r **Mers**, sef **Llanymddyfri** ac Is Cennen.

## CANTREF GWARTHAF Cantref

Roedd y **cantref** hwn yn cynnwys wyth **cwmwd**, sef **Amgoed**, **Derllys**, **Efelffre**, **Elfed**, **Penrhyn**, **Peulinog**, **Talacharn** ac **Ystlwyf** – ardal a oedd, yn ddiweddarach, yn cwmpasu rhan helaeth o orllewin **Sir Gaerfyrddin** a rhan o ddwyrain **Sir Benfro**. Mae'r enw Gwarthaf ('uchaf') yn cyfeirio at leoliad y cantref ar gyrion dwyreiniol teyrnas **Dyfed**. Erbyn dechrau'r 13g. roedd y cantref wedi ei rannu'n arglwyddiaethau **Caerfyrddin**, **Talacharn**, **Llansteffan**, **Sanclêr** ac **Arberth**. Erbyn y 1280au roedd Caerfyrddin, Talacharn a Llansteffan a Sanclêr wedi eu cysylltu â Sir Gaerfyrddin. Trwy Ddeddf 'Uno' 1536 (gw. **Deddfau 'Uno'**), daeth Arberth yn rhan o Sir Benfro.

## CANTREF MAWR Cantref (Brycheiniog)

Y Cantref Mawr oedd y rhan orllewinol honno o **Frycheiniog** (gw. **Brycheiniog, Teyrnas**) a orweddai i'r de o afon **Wysg**. Roedd yn cynnwys copaon **Bannau Brycheiniog**. Ym mhen de-orllewinol yr ucheldir hwn yr oedd yr ardal a adwaenid fel Fforest Fawr Brycheiniog. Wedi'r Goresgyniad Normanaidd, y cantref hwn, ynghyd â **Chantref Selyf**, oedd arglwyddiaeth Brycheiniog (gw. **Brycheiniog, Arglwyddiaeth**).

## CANTREF MAWR Cantref (Ystrad Tywi)

Roedd y **cantref** hwn, y mwyaf yng Nghymru, yn cynnwys saith **cwmwd**, sef **Caeo**, **Catheiniog**, **Gwidigada**, **Mabelfyw**, **Mabudrud**, **Maenordeilo** a **Mallaen**. Roedd **Dinefwr**, llys traddodiadol rheolwyr **Deheubarth**, yn y Cantref Mawr a dyma hefyd brif gadarnle **Rhys ap Gruffudd** (yr Arglwydd Rhys; m.1197). Ddiwedd y 13g. daeth y cantref hwn yn graidd **Sir Gaerfyrddin**.

## CANTREF SELYF

Cantref Selyf oedd pen gorllewinol y rhan honno o hen deyrnas **Brycheiniog** a orweddai i'r gogledd o afon **Wysg**. Yn ôl pob tebyg, cipiwyd Cwmwd Cantref Selyf, un o is-arglwyddiaethau Brycheiniog, gan Richard Fitz Pons, arglwydd Clifford, pan orchfygwyd Brycheiniog gan **Bernard de Neufmarché**. Bu disgynyddion Fitz Pons yn teyrnasu dros yr arglwyddiaeth o'u castell ym **Mronllys**, gan ddal eu gafael arni hyd ddechrau'r 14g.; bu wedyn ym meddiant Rhys ap Hywel, teulu **Bohun** a Henry Bolingbroke (Harri IV yn ddiweddarach) yn eu tro (gw. **Lancaster, Teulu**).

## CANTRE'R GWAELOD

O'r gyfrol *Cymru Fu* (1862–4), a olygwyd gan **Isaac Foulkes**, y deillia'r fersiwn cyfarwydd o'r chwedl hon. Ym Mae Ceredigion, yr oedd gynt, meddid, deyrnas o'r enw Cantre'r Gwaelod. Enw ei brenin oedd Gwyddno Garanhir ac roedd ynddi 16 o ddinasoedd hardd. Amddiffynnid ei thir gan gyfres o forgloddiau, a cheidwad y rheini oedd Seithennin. Ond, a'r deyrnas wedi ymroi i wledda un noson, yn ei feddwdod anghofiodd Seithennin gau'r llifddorau a boddwyd y deyrnas. Yn ôl y goel, gellir clywed o hyd glychau'r deyrnas yn 'canu dan y dŵr', chwedl y bardd J. J. Williams (1869–1954); gw. hefyd **Clychau Aberdyfi**.

Er iddi gael ei chywreinio yn nhreigl y canrifoedd, mae i'r chwedl hon wreiddiau hynafol. Enwir Gwyddno a Seithennin mewn cerddi yn ***Llyfr Du Caerfyrddin***, er mai'r forwyn Mererid sy'n cael ei beio yno (yn y gerdd 'Boddi Maes Gwyddneu') am y drychineb. Yn yr un modd, ceir cyfeiriad yn chwedl **Branwen ferch Llŷr** yn y **Mabinogion** at y môr yn goresgyn 'y teyrnasoedd' rhwng Cymru ac **Iwerddon**.

Ffansïol, efallai, yw'r gred mai cof gwerin am y tiroedd a foddwyd rhwng Cymru ac Iwerddon ar ddiwedd yr Oes Iâ ddiwethaf yw sail y traddodiadau hyn. Ond dichon i'r haenau o fawn, ynghyd â bonion a boncyffion coed, sydd i'w gweld o bryd i'w gilydd rhwng penllanw a distyll ar draethau Ynys-las (**Borth**) a Chlarach (**Tirymynach**) roi bod iddynt. Boddwyd y gwastadeddau arfordirol hyn a lladdwyd y coedwigoedd a dyfai arnynt wrth i lenni iâ'r rhewlifiant diwethaf encilio a dadmer pan gyrhaeddodd y môr ei lefel bresennol. Diau hefyd i'r sarnau ym Mae Ceredigion, er enghraifft Sarn Badrig – cefnen y gellir ei holrhain tua'r de-orllewin dros bellter o 18km o Ynys Mochras (**Llanbedr**) – Sarn y Bwch (**Llangelynnin**) a Sarn Gynfelyn (**Llangynfelyn**), borthi'r dychymyg. Gwaddodion rhewlifol yw'r sarnau a ddyddodwyd wrth i rewlifau encilio a dadmer.

Mae coedwigoedd suddedig i'w gweld mewn mannau eraill o amgylch arfordir Cymru, megis traeth Marros (**Eglwys Gymyn**) ar lan Bae Caerfyrddin a thraeth Lleiniog ger **Biwmares**. Gyda'r cyntaf i ddisgrifio coedwig suddedig yr oedd **Gerallt Gymro** a gredai mai'r Dilyw a ddymchwelodd y coed a ddaeth i'r golwg ar draeth Niwgwl (**Breudeth**) yn ystod gaeaf 1171–2. Mae chwedlau eraill yn sôn am diroedd coll Tyno Helig (**Penmaen-mawr**), a Chaer Arianrhod (**Llandwrog**).

## CANU GŴYL FAIR

Carolau a genid ar ŵyl puredigaeth Mair (2 Chwefror), sef dechrau'r gwanwyn yn y flwyddyn Geltaidd. Cyfunid elfennau duwiol a dymuno ffyniant yr anifeiliaid a'r cnydau yn y flwyddyn i ddod. Roedd yn ffurf ar **waseila**, gydag ymryson ar gân wrth y drws rhwng y teulu a'r partïon crwydrol cyn cael mynediad i fwynhau lluniaeth. Yn **Sir Gaernarfon** ceid ffurf arbennig, sef 'carol cadair', pan osodid merch ifanc i eistedd mewn cadair a baban ar ei glin i gynrychioli Mair a'i phlentyn; cenid y garol wrth gerdded o gylch y gadair gan gario'r cwpan gwasael.

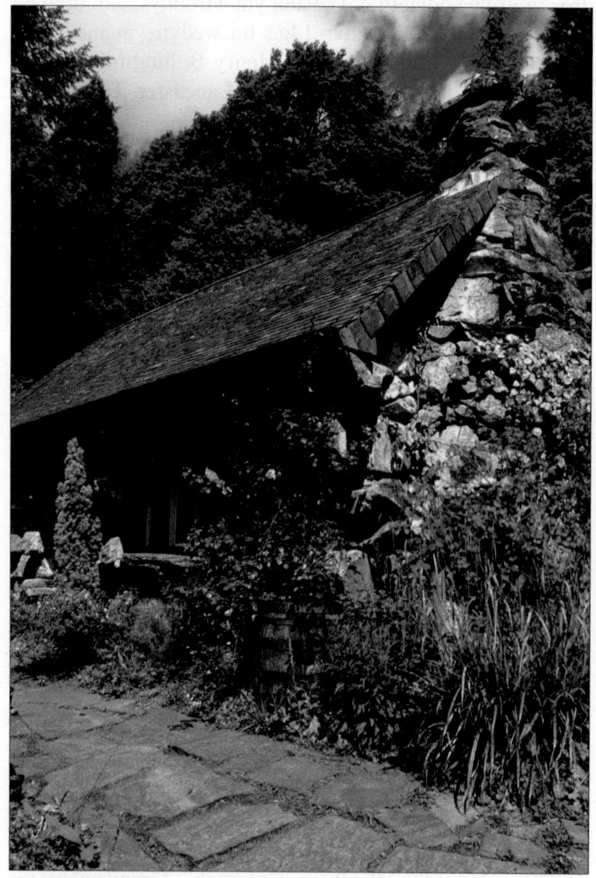

Tŷ Hyll, Capel Curig

## CANU LLOFFT STABL

Roedd y canu hwn yn rhan o'r difyrrwch anffurfiol a gysylltid â'r llofft uwchben y stabl lle cysgai'r gweision dibriod ar ffermydd, yn enwedig yn y gogledd a'r gorllewin, yn y 18g. a'r 19g. Er nad oedd unrhyw wresogi, ar wahân i wres y **ceffylau** oddi tanynt, mwynhâi'r gweision yr annibyniaeth a ganiatâi'r drefn hon a byddent yn aml yn ymweld â llofftydd eraill yn yr ardal ar ôl swper i ganu a sgwrsio. Roedd bri ar ganu **baledi** pen ffair, yn aml i gyfeiliant y sturmant, fel rhan bwysig o fywyd cymdeithasol bywiog y llofft stabl. Mae baledi *bothy* yr **Alban** yn perthyn i draddodiad tebyg.

## CANU PENILLION

Dull unigryw Gymreig o ganu barddoniaeth i gyfeiliant **telyn** yw canu penillion neu ganu gyda'r tannau. Cyfeirir ato'n aml fel 'cerdd dant', ond dadleuol yw'r gred fod cysylltiad rhyngddo a cherdd dant yr Oesoedd Canol, sef y **gerddoriaeth** offerynnol a oedd gyfuwch o ran ei statws â cherdd dafod, celfyddyd y beirdd. Fodd bynnag, y farn gyffredin yw mai traddodiad llawer diweddarach yw canu penillion, yn deillio o'r 18g. Hanfod y grefft yw bod datgeinydd yn canu'r farddoniaeth ar un alaw (cyfalaw) i gyfeiliant alaw arall (cainc) a chwaraeir ar y delyn, gan 'osod' acenion y geiriau ar brif acenion cerddorol y gainc.

Crefft fyrfyfyr yn cael ei harfer gan unigolion oedd y canu penillion traddodiadol, yn aml mewn cyd-destun cystadleuol, ond yn ystod yr 20g. collwyd llawer o'r hyfedredd byrfyfyr hwn. Dechreuwyd llunio gosodiadau ymlaen llaw, gan arwain at drefniannau cerddorol mwy caboledig, a daeth canu mewn partïon a chorau yn gyffredin. Yn 1934 sefydlwyd Cymdeithas Cerdd Dant Cymru i hybu'r grefft, ac mae'n cynnal gŵyl genedlaethol bob blwyddyn.

## CANU PLYGAIN

Mae traddodiad y canu plygain yn dyddio'n ôl i'r 18g. Un o ystyron gwreiddiol 'plygain' (Lladin *pullicantio*, 'caniad y ceiliog') oedd gwasanaeth crefyddol a gâi ei gynnal ar awr neilltuol o'r bore, ond erbyn ail hanner y 18g. roedd yn golygu cyfarfod ar unrhyw adeg o'r dydd, rywbryd rhwng y Nadolig a'r Hen **Galan**, i ganu carolau. Byddai carolau plygain yn cael eu canu ar gymysgedd o alawon brodorol ac estron, a'r geiriau yn waith beirdd lleol, neu'n deillio o'r traddodiad llafar neu o **faledi**. Yn wreiddiol, dynion a fyddai'n canu, a hynny'n ddigyfeiliant ar eu pennau eu hunain neu mewn deuawd, triawd, pedwarawd neu barti. Mae'r traddodiad wedi parhau yn **Sir Drefaldwyn**.

## CAPEL CURIG, Conwy (7,842ha; 226 o drigolion)

Mae'r **gymuned** hon, sy'n cynnwys talp da o gadwyn **Eryri**, yn cynnwys copaon y Gluder Fach (994m) a Thryfan (917m) ac yn rhannu copaon Carnedd Llywelyn (1,062m; gw. **Carneddau**), Carnedd Dafydd (1,044m), y **Gluder Fawr** (999m) a **Moel Siabod** (872m) gyda chymunedau cyfagos. Saif pentref Capel Curig ar y ffordd a adeiladodd **Telford** i gysylltu **Caergybi** â **Llundain** (yr **A5**) a gwelir yno nifer o hen westai'r **goets fawr**. Yn 1956 daeth Gwesty'r Royal yn ganolfan Plas y Brenin, sef y Ganolfan Fynydd Genedlaethol. Mae'r olygfa ar draws Llynnau Mymbyr tua chopa'r **Wyddfa** yn enwog. Ffurfiwyd cymdeithas Cyfeillion Eglwys y Santes Julitta yn 1995 i achub Eglwys Sant Curig a'r Santes Julitta (13g., 14g.) rhag mynd yn adfail. Dyffryn Mymbyr yw'r fferm y sonnir amdani yn *I Bought a Mountain* (1940), llyfr o waith yr awdur o Ganada, Thomas Firbank, a gafodd werthiant mawr yn ystod y rhyfel. Ceir caer Rufeinig ategol yng Nghaer Llugwy. Mae Tŷ Hyll yn driw i'w enw.

## CARADOG (Caratacus, Caradoc; *fl.*1g.) Arweinydd rhyfel

Gwrthwynebodd Caradog, mab y brenin Cynfelyn (Cunobelinus), ymosodiad y **Rhufeiniaid** yn OC 43. Wrth i'r gwrthsafiad yn ne-ddwyrain **Prydain** fethu, apeliodd am gymorth gan y **Silwriaid** yn ne-ddwyrain Cymru, a lwyddodd i gynnal y rhyfel am chwarter canrif arall. Yn ôl **Tacitus**, er ei fod yn gaeth, gwnaeth Caradog araith gofiadwy yn Rhufain. Cafodd yr enw Caradog ei atgyfodi gan y tywysogion a ddaeth yn ddiweddarach i reoli **Gwent**.

## CARADOG O LANCARFAN (*fl.*1135) Bucheddwr

Priodolir i Caradog fucheddau **Cadog** a **Gildas**, a thybir iddo hefyd lunio nifer o fucheddau eraill gan gynnwys rhai Cyngar ac **Illtud**. Nid oes unrhyw wybodaeth am ei fywyd ar glawr, ond awgryma cynnwys y bucheddau a luniodd ei fod yn gyfarwydd iawn â thraddodiadau **Llancarfan**. Ar ddiwedd ei *Historia Regum Britanniae* nododd **Sieffre o Fynwy** iddo orchymyn Caradog, ei gyfoeswr, i barhau â'r 'hanes' o hynny allan. O ganlyniad, awgrymwyd mai ef oedd awdur ***Brut y Tywysogyon*** sydd yn dechrau yn yr union fan lle gorffenna'r *Historia*, ond nid yw hyn yn debygol.

## CARCHARDAI

Yng Nghymru'r Oesoedd Canol, fwy nag mewn gwledydd eraill, nid oedd y syniad o gosbi drwy garcharu yn bod. Yn nwnsiynau eu cestyll roedd gan y rheolwyr Cymreig ac arglwyddi'r **Mers** ryw lun ar garchardai, yn bennaf ar gyfer caethiwo gwystlon a charcharorion gwleidyddol – caethiwyd Owain ap Gruffudd (m.*c.*1282) am 22 mlynedd gan ei frawd, **Llywelyn ap Gruffudd**.

Ar ôl y **Goresgyniad Edwardaidd** daeth **cyfraith** droseddol **Lloegr** i rym yn y Dywysogaeth, ond hyd at yr 17g. dirwyon, cosbau corfforol a **dienyddio** oedd y dulliau o gosbi drwgweithredwyr. Ar ddechrau'r Cyfnod Modern cynnar unig bwrpas carchardai oedd bod yn fannau i gaethiwo dyledwyr a chadw troseddwyr hyd nes y byddent yn ymddangos gerbron llys. Yn ychwanegol at y mân garchardai galluogwyd Ynadon Heddwch o'r cyfnod Tuduraidd ymlaen i greu tai cywiro ar gyfer cardotwyr, mân droseddwyr a thlodion afreolus. Erbyn y 18g., mewn mannau megis **Biwmares**, **Bangor**, **Dolgellau** ac **Aberystwyth**, roedd swyddogaeth y rhain yn dechrau ymdebygu i eiddo carchardai'r oes fodern wrth i'r llysoedd ddedfrydu rhai troseddwyr i dymhorau o dan glo.

Yn ei gyfrol *State of the Prisons* (1777), cyfeiria John Howard at ddau garchar yng Nghymru – carchar y sir yng **Nghaernarfon** a charchar y dref yn **Abertawe**. Dywed fod carchar Caernarfon bron wedi mynd â'i ben iddo, heb na system ddraenio na dŵr glân, gyda'r carcharorion – yn ddyledwyr a throseddwyr – wedi eu cau mewn ystafelloedd hynod o gyfyng, heb yr un ffenestr yn aml. Gwelir natur led fasnachol carchardai'r oes wrth i Howard gofnodi'r ffioedd yr oedd yn rhaid i'r dyledwyr eu talu wrth gyrraedd ac ymadael, a'r 6 cheiniog yr wythnos a dynnai'r ceidwad o lwfans wythnosol y troseddwyr, am iddo fynd i gostau ar eu rhan.

Codid carchardai yn fynych ar safleoedd hen adeiladau a oedd wedi mynd â'u pen iddynt, a gwnâi hynny bethau'n waeth. Roedd carchar **Hwlffordd**, er enghraifft, wedi ei godi i ddechrau yn rhan o ward fewnol gweddillion y castell yn 1778, a chredid nad oedd yn addas i garcharorion mor gynnar â 1819. Agorwyd carchar arall, wedi ei godi yn ward allanol y castell, yn 1820. Yn 1878, pan ddaeth carchardai Cymru o dan reolaeth **llywodraeth** ganol, nid oedd y carchar hwnnw ychwaith yn addas i garcharorion ac fe'i caewyd yntau. Cafodd y carcharorion ar ôl hyn eu hanfon i garchar **Caerfyrddin**. Caed amodau byw gwell yn y carchardai ar ôl creu Comisiwn y Carchardai ac adeiladwyd llai o garchardai, a'r rhai hynny'n fwy o faint.

Heddiw, dim ond pedwar carchar o unrhyw faint sydd yng Nghymru – Abertawe, **Caerdydd**, **Brynbuga** a'r Parc (**Pen-y-bont ar Ogwr**) (unig garchar preifat Cymru). Ar wahân i'r Parc, maent wedi cael eu defnyddio ers dros gan mlynedd, a hynny ar gyfer oedolion o droseddwyr gwryw. Nid oes gan Gymru garchar ar gyfer **menywod**, a gyrrir hwy i garchardai yn Lloegr. Carchar hyfforddi yw'r un a geir ym Mrynbuga. Nid oes yr un carchar yn y gogledd, ac anfonir y rhan fwyaf a ddedfrydir yno i **Lerpwl** a Manceinion.

## CARIBÏAID

Dechreuodd Caribïaid ymsefydlu yng Nghymru yng nghanol yr 19g. gan gyrraedd fel morwyr yn bennaf. Ehangodd y gymuned o ganlyniad i brinder morwyr yn ystod y **Rhyfel Byd Cyntaf**. Yn Nhre-biwt (**Caerdydd**) yr oedd y grŵp mwyaf; yno, yn y 1920au, roedd tua 300 o ddynion, llawer ohonynt wedi priodi â **menywod** lleol ac wedi magu teuluoedd. O Barbados a Trinidad y deuai'r rhan fwyaf, ond ceid rhai hefyd o'r ynysoedd eraill gan gynnwys Jamaica, Monserrat a St Lucia. O'u plith y daeth llawer o arweinwyr gwleidyddol cymuned groenddu Caerdydd yn y cyfnod rhwng y ddau ryfel byd, ac ar ôl hynny. Roedd rhai ohonynt yn gysylltiedig â'r **Blaid Gomiwnyddol** a mudiadau Pan-Affricanaidd. Hanai Harry O'Connell ac Alan Sheppard ill dau o Giana Brydeinig, a brodor o Barbados oedd Jim Nurse. Roeddynt yn gysylltiedig ag amrywiaeth o grwpiau ymgyrchu megis y Coloured Seamen's Union a'r Colonial Defence Association. Roedd Sheppard yn gyfaill ac yn wrthwynebydd i'r Comiwnydd a'r Pan-Affricanwr o fri, George Padmore. Er i rai Caribïaid ddechrau ymgartrefu yng Nghaerdydd ar ôl yr **Ail Ryfel Byd**, bu tensiynau rhyngddynt a'r gymuned sefydledig, ac nid oedd de Cymru yn datblygu'n ddigon cyflym i ddenu llawer o ymfudwyr newydd. Heb newydd-ddyfodiaid i roi bywyd newydd i'r gymuned, mae Caribïaid Caerdydd wedi tueddu i ymdoddi'n rhan o gymysgedd ethnig cyffredinol y ddinas.

## CARNE, Edward (*c.*1490–1561) Cyfreithiwr a diplomydd

Disgynnydd i dywysogion **Gwent** a aned yn Nash Manor (**Llandŵ**). Ymddangosodd o flaen Llys y Pab (1530–1) ynglŷn ag ysgariad Harri VIII; bu'n gomisiynydd adeg **diddymu'r mynachlogydd** (1538–9) ac yn ddiweddarach yn llysgennad i'r Iseldiroedd. Fe'i hurddwyd yn farchog tua 1540. O dan y **Deddfau 'Uno'** ef oedd siryf cyntaf **Sir Forgannwg** ac fel aelod seneddol y sir ynddo ef y cawn yr enghraifft gyntaf o aelod o Gymru yn traddodi mesur Cymreig. Er ei fod yn fawr ei sêl dros Eglwys Rufain, i'w ddwylo ef yr aeth adeiladau ac eiddo mynachlog Benedictiaid **Ewenni** ar ôl ei diddymu. Aeth yn llysgennad y frenhines Mari i Rufain, ac o dan Elizabeth cafodd ei ddal yn wystl gan y Pab – efallai o'i wirfodd – hyd at ei farwolaeth.

## CARNEDDAU, Y Mynyddoedd

Mae'r **mynyddoedd** hyn yn cynnwys chwe chopa dros 3,000 troedfedd (914m) o uchder; yr uchaf ohonynt yw Carnedd Llywelyn (1,062m; **Llanllechid/Caerhun**), nad yw ond 23m yn is na'r **Wyddfa**. Gan eu bod yn ymestyn bron cyn belled â'r môr ger **Aber[gwyngregyn]**, mae'r Carneddau yn helaethach mynydd-dir o lawer na'r Wyddfa a'i chriw. Mae'r copaon a'r llwyfandir caregog tua'r gogledd yn profi'r peth agosaf yng Nghymru at hinsawdd arctig. **Planhigion** arctig-alpaidd sy'n nodweddu pen uchaf Cwm Glas a thyf ffacbysen y coed ar glogwyni uchel. Y ffordd orau i gyrchu'r llwyfandir uchel yw trwy deithio o Aber [gwyngregyn], heibio i'r Rhaeadr Fawr ac ymlaen cyn belled â'r **llynnoedd** peiran dan Foel Grach (974m). Y Carneddau yw testun *Llawlyfr Carnedd Llywelyn* (1864) gan Hugh Derfel Hughes, yr arweinlyfr cyhoeddedig cyntaf i ddisgrifio un o fynydd-diroedd Cymru.

## CARNO, Sir Drefaldwyn, Powys (4,604ha; 646 o drigolion)

Saif y **gymuned** hon yn rhan uchaf dyffryn afon Carno i'r gogledd-orllewin o **Gaersŵs**. Daeth pentref Carno i amlygrwydd wedi i **Laura Ashley** a'i gŵr Bernard agor ffatri yno yn y 1960au. Codwyd swyddfa'r ffatri, gyda'i ffenestri agen uchel, yn 1973; caeodd y gwaith yn 2005. Adeilad o'r 19g. yw'r eglwys, ac mae'n debyg iddi ddisodli adeilad canoloesol a oedd yn gysylltiedig â Marchogion Sant Ioan a'u graens (*grange*) gyfagos, Caer Noddfa. Rhoddwyd yr enw The Aleppo Merchant ar y dafarn (Tŷ Ucha gynt) gan dafarnwr a oedd yn gyn-gapten llong o'r enw hwnnw. Enwogwyd y pentref gan un o bregethwyr mwyaf poblogaidd y 19g., Joseph Thomas (1814–89), Carno, er ei fod yn frodor o **Langynog**. Tŷ pren mawr yn dyddio o *c.*1704 yw Plasnewydd. Mae olion o'r Oes Efydd (gw. **Oesau Cynhanesyddol**) ar weundir Trannon, lle mae bellach 48 o dyrbinau gwynt yn sefyll o boptu'r ffin rhwng Carno a **Llanbrynmair**.

## CARNWYLLION Cwmwd

Mae'n debyg i Garnwyllion gael ei greu o gwmwd **Cedweli**, rhan orllewinol cantref **Eginog**. Yn **Llanelli**, yn ôl pob tebyg, yr oedd canolfan weinyddol y **cwmwd**. Daeth yn rhan o arglwyddiaeth **Cydweli**. Goroesodd Carnwallon yn enw ar **hwndrwd** ar ôl y **Deddfau 'Uno'**.

## CAROLAU HAF

Caneuon crefyddol a genid yn blygeiniol y tu allan i dai yn ystod mis Mai. Roeddent yn sôn am haelioni Duw a fyddai'n sicrhau blwyddyn ffrwythlon i ŵr y tŷ a'i deulu. Pwysleisient harddwch natur ac fe'u cenid ar fesurau cymhleth. Daethant yn boblogaidd yn y 17g. a'r 18g. dan ddylanwad yr Eglwys, gan wrthweithio paganiaeth hanesyddol **Calan Mai**.

## CARREGHWFA, Sir Drefaldwyn, Powys (537ha; 599 o drigolion)

Mae'r **gymuned** hon ym mhen eithaf gogledd-ddwyrain **Sir Drefaldwyn** yn cynnwys hanner gorllewinol pentref Llanymynech (mae'r hanner arall yn **Swydd Amwythig**). Hyd at yr adeg pan ddaeth **cau'r tafarnau ar y Sul** i ben yn Sir Drefaldwyn yn 1968, roedd gan Garreghwfa dafarn lle yr oedd un bar ar gau ar y Sul a'r llall ar agor. Mae'r draphont ddŵr sy'n cludo Camlas Sir Drefaldwyn dros afon Efyrnwy (*c.*1796) a Phont Llanymynech o ddiddordeb pensaernïol. Mab i dollwr Carreghwfa oedd y dyfeisydd **Richard Roberts** (1789–1864).

## CARTER, J[ohn] C[oates] (1859–1927) Pensaer

Brodor o Norwich oedd J. C. Carter, a gwnaeth ei erthyglau gyda J. B. Pearce cyn dod yn gynorthwy-ydd ac yna'n bartner (1884–1904) i John Pollard Seddon (cyn-bartner **John Prichard**). Ar ôl dechrau gweithio mewn arddull Gothig fe'i trwythodd ei hun yn y traddodiad *Arts and Crafts*, a ddatblygwyd ganddo yn ei ffordd arbennig ef ei hun. Fel partner Seddon, gyda swyddfa yng **Nghaerdydd**, bu'n gyfrifol am eglwysi yng Nghaerdydd (Eglwys Sant Paul, 1887), ym **Mhenarth** (Eglwys yr Holl Saint, 1892) ac yng **Nghas-gwent** (adnewyddu Eglwys y Santes Fair, 1890), ynghyd â **thai** ac adeiladau eraill yn ardal Penarth. Gan weithio ar ei ben ei hun o 1904 ymlaen, cynlluniodd nifer o adeiladau cofiadwy, yn arbennig Neuadd Blwyf yr Holl Saint (1906) ym Mhenarth dan ddylanwad mynegiadaeth, mynachdy hynod mewn dull Rheinaidd ar Ynys Bŷr (1907–13; gw. **Ynysoedd**) ac eglwys garreg a choncrid drawiadol yn **Aber-carn** (Eglwys Sant Luc, 1923).

## CARTWRIGHT, Frederick (1907–98) Peiriannydd a diwydiannwr

Syr Frederick Cartwright, a aned yn Norfolk, oedd un o brif benseiri'r diwydiant dur cyfoes ym **Mhrydain** (gw. **Haearn a Dur**). Yn 1929 ymunodd â gwaith **Guest, Keen a Nettlefolds** yn Nowlais, **Merthyr Tudful**, ac mewn cydweithrediad â S. E. Graff o gwmni US Steel chwaraeodd ran flaenllaw yn sefydlu melin strip **Glynebwy** ar gyfer **Richard Thomas a'i Gwmni**. Yn 1940 daeth yn brif beiriannydd yng ngwaith Guest Keen a Baldwins, ac o 1943 hyd 1972 ef oedd rheolwr-gyfarwyddwr gwaith y cwmni ym **Mhort Talbot**. Chwaraeodd ran ganolog yn sefydlu **Cwmni Dur Cymru** (1947), yn ehangu gwaith Port Talbot, ar safle maes glas, er mwyn ymgorffori melinau strip poeth a melinau lleihau oer di-dor, yn creu harbwr dŵr dwfn ar gyfer **llongau** cludo mwyn haearn dros 100,000 tunnell fetrig ac yn mabwysiadu'r broses ocsigen fasig ar gyfer cynhyrchu dur ar dân agored. Yn 1967, yn dilyn creu'r Gorfforaeth Ddur Brydeinig, daeth yn rheolwr-gyfarwyddwr Grŵp De Cymru, ac yn 1970 fe'i penodwyd yn ddirprwy gadeirydd y Gorfforaeth.

## CARU A PHRIODI

Yn ôl disgrifiadau o'r 18g. a'r 19g. byddai darpar gariadon yn ceisio rhagweld eu tynged ar y tair ysbrydnos – **Calan Mai**, Calan Haf (Dygwyl Ifan) a **Chalan Gaeaf** – trwy swynion 'rhamanta', gyda chnau neu ddail **te**, neu mewn breuddwyd. Dro arall ymbilient am gymorth **Dwynwen**, santes cariadon, gan **bererindota** i ganolfan ei chwlt yn Llanddwyn (**Rhosyr**).

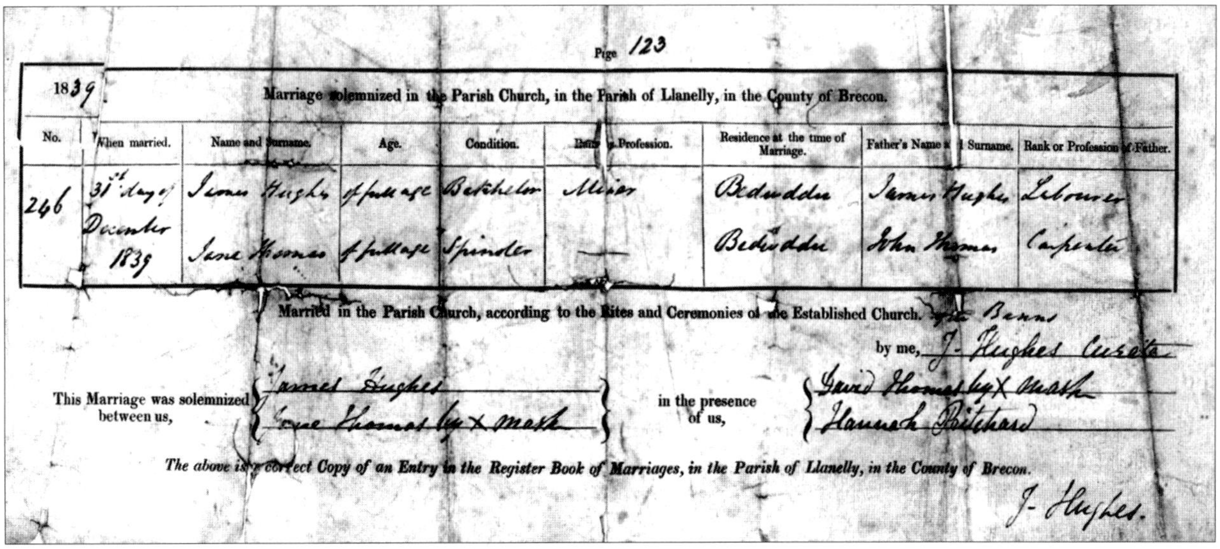
Page 123

1839. Marriage solemnized in the Parish Church, in the Parish of Llanelly, in the County of Brecon.

| No. | When married. | Name and Surname. | Age. | Condition. | Rank or Profession. | Residence at the time of Marriage. | Father's Name & Surname. | Rank or Profession of Father. |
|---|---|---|---|---|---|---|---|---|
| 246 | 31st day of December 1839 | James Hughes | of full age | Batchelor | Miner | Bedwddu | James Hughes | Labourer |
| | | Jane Thomas | of full age | Spinster | — | Bedwddu | John Thomas | Carpenter |

Married in the Parish Church, according to the Rites and Ceremonies of the Established Church, by Banns by me, J. Hughes Curate

This Marriage was solemnized between us, James Hughes, Jane Thomas her x mark, in the presence of us, David Thomas his x mark, Hannah Pritchard

*The above is a correct Copy of an Entry in the Register Book of Marriages, in the Parish of Llanelly, in the County of Brecon.*

J. Hughes.

Caru a phriodi: tystysgrif priodas yn Llanelli, Sir Frycheiniog, 1839

Gan fod cylch gwaith y gymdeithas amaethyddol mor gaethiwus a chan nad oedd hi'n weddus i gariadon garu'n gyhoeddus, byddai bri ar achlysuron ffurfiol fel priodasau, nosweithiau gwau neu gneifio fel cyfle i gymdeithasu. Roedd ffeiriau cyflogi a'u defodau 'mofyn a thynnu' merch, prynu ffeirin (rhodd serch), 'yfed ati' a chysgu allan ymhlith uchafbwyntiau'r calendr carwriaethol. Roedd yr arfer yn y de-orllewin o 'ffocso' adeg y cynhaeaf gwair, gan daflu'r forwyn i fwdwl gwair a'i chofleidio, yn adlais o ddefod ffrwythlonedd. Gyda thwf **Anghydffurfiaeth** rhoddodd y 'mynci parêd', gorymdaith wedi oedfa'r hwyr, gyfle i gapelwyr ifainc gymdeithasu.

Wrth i berthynas ddatblygu, byddai'r carwr yn cyflwyno rhodd i'w gariad o'i waith ei hun efallai: **llwy serch**, pren gwregys cerfiedig neu gerdyn Ffolant. Roedd rhodd o frigyn bedwen yn arwyddo cariad, ond symbol o 'gael cawell' (gwrthod cariad) oedd 'ffon wen' o gollen. Roedd anfon llatai (negesydd serch) yn gonfensiwn ymhlith cariadon o'r Oesoedd Canol ymlaen. I barhau carwriaeth ymwelai carwr â'i gariad yn ei llety, gan ddenu ei sylw trwy 'gnocio' neu 'streicio' â graean ar ffenestr ei llofft, neu trwy 'ganu dan y pared'. Os câi dderbyniad dringai'r carwr 'ysgol garu' i'r llofft a byddent yn '**caru ar y gwely**', arfer cyffredin mewn gwledydd eraill hefyd. Daeth y traddodiad hwn, neu 'caru'r nos', dan lach diwygwyr crefyddol a moesol oes Victoria ac ni fudodd yr arfer o gefn gwlad i'r ardaloedd diwydiannol newydd.

Dechreuai'r trefniadau ar gyfer priodas gyda chyfarfod rhwng y ddwy ochr i benderfynu ar eu cyfraniadau tuag at y cartref newydd, yn **ddodrefn** ac, yn achos mân dyddynwyr, anifeiliaid. Yn y cyfarfod hwn (gelwid ef yn 'rhetyddia' yn y de-orllewin) paratoid rhestr o wahoddedigion a phenodid gwahoddwr i fynd o gwmpas tai'r fro i sicrhau cefnogaeth ariannol i'r pâr ifanc. Gwisgai'r cymeriad hwnnw'n lliwgar mewn ffedog wen wedi'i haddurno â rhubanau. Cludai ffon i alw sylw at ei swyddogaeth a'i hawl i gerdded yn syth i mewn i bob tŷ lle yr estynnai wahoddiad ffurfiol i dalu'r 'pwython', sef ad-daliad am yr anrhegion yr oedd y sawl a oedd yn priodi wedi'u rhoi yn y gorffennol. Weithiau dosbarthai 'bapur taith' (gwahoddiad printiedig) a nodai enwau'r sawl a oedd yn dymuno i ddyledion a oedd yn ddyledus iddynt hwy gael eu had-dalu yn hytrach i'r pâr ifanc. Swyddogaeth y gwahoddwr oedd cael cynifer â phosibl i ddod i'r neithior er mwyn chwyddo'r swm a dderbynnid yn rhoddion, benthyciadau a 'phwython'.

Ar fore'r briodas deuai 'gwŷr y shigowt' ar eu **ceffylau** i geisio hebrwng y briodferch i'r eglwys, ond codid pob rhwystr, megis 'cwinten' (rhaff ar draws y ffordd), i'w dal yn ôl. Cyn cael mynediad i'r tŷ rhaid oedd 'pwnco', sef ymryson ar gân â thrigolion y tŷ, a'u trechu. Unwaith yr oeddynt yn y tŷ, chwilid am y briodferch, a fyddai wedi ymguddio, a'i chipio ar gefn ceffyl mewn ras wyllt i'r llan, gydag aelodau'r teulu ar eu ceffylau yn carlamu ar eu hôl. Mewn rhai ardaloedd eid â'r dodrefn i'r cartref newydd y noson cynt, a derbynnid rhoddion o **fwyd** ar gyfer y neithior a gynhelid ar ôl y briodas.

Yn 2003 Cymru oedd y wlad gyntaf yn y Deyrnas Unedig lle'r oedd y mwyafrif o'r babanod – 50.3% – wedi'u geni y tu allan i briodas; yn 1976 y ffigur oedd 8.6%.

## CARU YN Y GWELY

Tynnodd yr arfer hwn sylw'r teithwyr Seisnig yn y 18g. a'r 19g. Derbyniai morynion eu cariadon yn aml yn eu llofftydd liw nos. Wedi diosg eu hesgidiau gorweddai'r pâr ar y gwely (nid ynddo) i dreulio eu horiau hamdden prin yng nghwmni ei gilydd. Beirniadwyd yr arfer gan yr eglwysi a'r capeli, yn enwedig ar ôl cyhoeddi Adroddiad Addysg 1847 (gw. **Brad y Llyfrau Gleision**), gan y gallai arwain at anfoesoldeb rhywiol. Cyhyd ag y parhaent i siarad, byddai'r rhai hynny a oedd i lawr y grisiau yn hapus nad oedd dim byd amhriodol yn digwydd. Mae'n amlwg fod yr ethnolegydd a'r artist Americanaidd o'r 19g., George Catlin, yn gwybod am yr arfer: wrth astudio hanes y Mandaniaid – y llwyth o 'Indiaid Cymreig' a oedd, yn ôl y traddodiad, yn disgyn o **Madog ab Owain Gwynedd** a'i griw – sylwodd Catlin ar sawl arfer honedig Gymreig ymhlith aelodau'r llwyth, gan gynnwys tuedd i 'brepian' yn ystod cyfathrach rywiol.

## **CAS-BLAIDD (Wolfscastle)**, Sir Benfro (2,251ha; 626 o drigolion)

Prif nodwedd y **gymuned** hon, sy'n gorwedd o boptu'r briffordd rhwng **Hwlffordd** ac **Abergwaun** (yr A40) a hanner ffordd rhwng y ddwy dref, yw ceunant Trefgarn y llifa afon **Cleddau** Wen trwyddo. Siambr gladdu o'r Oes Neolithig yw Garn Twrne. Mae'r fryngaer o'r Oes Haearn ar gopa Craig Trefgarn yn drawiadol, gyda'r creigiau hynafol hindreuliedig sy'n sail iddi. (Gw. **Oesau Cynhanesyddol** a **Bryngaerau**.) Yn y man lle llifa afon Anghof i afon Cleddau Wen ceir olion castell mwnt a beili o'r 12g. Ganed **Joseph Harris** (1773–1825), golygydd y papur newydd Cymraeg cyntaf, *Seren Gomer*, yn Llantydewi (gw. **Papurau Newydd**). Yn Eglwys Sant Dogfael (13g., 14g.) gwelir cofeb i'r llyngesydd Thomas Tucker (m.1766), erlidiwr **môr-ladron** a drigai yn Sealyham (18g.). Yn ddiweddarach daeth Sealyham yn gartref i John Edwardes, a feithrinodd frid o **gŵn** sy'n dwyn enw'r tŷ. Yn 2003 bu archwiliad o olion fila Rufeinig sylweddol, a ddarganfuwyd yn wreiddiol yn 1806, yn fodd i ategu'r gred fod y diwylliant Rhufeinig ym **Mhrydain** wedi ymledaenu'n llawer pellach i dde-orllewin Cymru nag a dybiwyd yn wreiddiol.

## CASEG FEDI

Y tusw olaf o ŷd a dorrid â chryman mewn cystadleuaeth rhwng cynaeafwyr. Âi'r enillydd â'r gaseg i'r tŷ, ar waethaf ymdrechion y merched i'w wlychu, a chymryd ei le anrhydeddus wrth y bwrdd yn ystod y wledd i ddathlu diwedd y cynhaeaf. Tarddiad yr arfer, mae'n debyg, oedd y gred fod ffrwythlondeb natur yn llechu yn y tusw olaf. Erbyn heddiw perthyn y gaseg fedi i siopau twristiaid.

## CAS-GWENT (Chepstow), Sir Fynwy (550ha; 10,821 o drigolion)

Am ganrifoedd bu Cas-gwent yn borthladd pwysig ar afon **Gwy**. Fe'i sefydlwyd tua diwedd y 1060au gan **William Fitz Osbern**, iarll Henffordd, fel rhan o'i ymgyrch i oresgyn teyrnas **Gwent**. Ef a gychwynnodd y gwaith o adeiladu'r castell ar safle trawiadol uwchlaw afon Gwy – adeilad amlycaf y **gymuned**. Mae Tŵr Mawr y castell, efelychiad o dŵr Falaise yn Normandi, yn dyddio o *c.*1075; dyma'r adeilad seciwlar cynharaf ym **Mhrydain** y gellir ei ddyddio. Y castell oedd canolbwynt **Strigoil**, un o arglwyddiaethau'r **Mers**. Bu dan warchae ddwywaith yn ystod Rhyfel Cartref yr 17g. (gw. **Rhyfeloedd Cartref**.) Fe'i rhoddwyd i **Cromwell**, a daeth yn garchar i garcharorion gwleidyddol. Yn gysylltiedig â'r castell roedd muriau'r dref sy'n dyddio o'r 13g.; mae rhannau helaeth ohonynt, ynghyd â Phorth y Dref, wedi goroesi yn eu cyfanrwydd.

Sefydlwyd Eglwys y Santes Fair fel priordy Benedictaidd gan Fitz Osbern, priordy cyntaf y **Benedictiaid** yng Nghymru. Mae gwaith adnewyddu ar wahanol adegau wedi creu adeilad hynod ddigyswllt; y gwaith cynharaf yw'r enghraifft gyntaf yng Nghymru o **bensaernïaeth** Romanésg.

Mae'r bont dros afon Gwy (1816) yn un osgeiddig. Un o gampweithiau **Brunel** oedd y bont reilffordd wreiddiol (1852). Mae Traphont Gwy (1966) yn arwain at y gyntaf o **Bontydd Hafren**; ond y mae ei deupen yn **Lloegr**, er gwaethaf yr hyn a ddywed rhigwm **Harri Webb**.

## CAS-LAI (Hayscastle), Sir Benfro (2,710ha; 423 o drigolion)

**Cymuned** o ffermydd gwasgaredig, gyda rhywfaint o ddatblygu ar hyd yr heol rhwng **Hwlffordd** a **Mathri** (y B4330), yw hon, yn agos i gornel ogledd-ddwyreiniol Bae Sain Ffraid. Adferwyd Eglwys y Santes Fair (12g.) ei hadfer yn ofalus yn 1861. Mae eglwys anghysbell Sant Edren wedi'i droi'n dŷ. Gerllaw'r eglwys y mae mwnt sy'n dyddio o'r 12g. **Enwau lleoedd** Saesneg sy'n nodweddu'r ardal i'r de ohono ond enwau Cymraeg a geir tua'r gogledd.

## CAS-MAEL (Puncheston), Sir Benfro (4,728ha; 472 o drigolion)

**Cymuned** i'r de o **Gwm Gwaun** yw hon ac mae'n cynnwys pentrefi Cas-mael, Cas-fuwch, Castellhenri, Casnewydd-bach ac – yn rhyfedd ddigon – Poll Tax. Mae'n bosibl fod enw Saesneg y pentref wedi'i drosglwyddo o Pontchardon, Normandi. Ceir myntiau o'r 12g. yng Nghas-mael, Cas-fuwch a Chastellhenri. Ganed y môr-leidr Barti Ddu (**Bartholomew Roberts**; 1682–1722) yng Nghasnewydd-bach, lle ceir cofeb iddo. Yng Nghas-mael y ganed yr esgob Morafaidd John Gambold (1711–71), tra oedd ei dad, y gramadegydd William Gambold (1672–1728), yn rheithor yno (gw. **Morafiaid**). Ar y sgwâr ceir cofeb i frodor arall, sef y bardd Evan Rees (Dyfed; 1850–1923), a oedd yn Archdderwydd o 1905 hyd 1923. Ysgrifennodd **Waldo Williams** 'Ar Weun Cas' Mael' tra oedd yn athro yn y pentref yn ystod yr **Ail Ryfel Byd**. Nid oes a wnelo'r caeadle a adwaenir fel Castle Flemish ddim â'r **Ffleminiaid**; amddiffynfa Rufeinig ydoedd – un o'r ychydig rai yn **Sir Benfro**.

## CASNEWYDD (Newport) Dinas (3,740ha; 97,773 o drigolion)

Mae'r cofnod hwn yn ymwneud â 14 o'r 29 o gymunedau yn sir Casnewydd (gw. **Casnewydd, Sir a chyn-ddosbarth**). Mae'r 14 **cymuned** yn ffurfio ardal adeiledig dinas Casnewydd, gan gynrychioli yn ei hanfod yr ardal a oedd, cyn 1974, yn fwrdeistref sirol Casnewydd (gw. isod). Yn 1996 disodlwyd dosbarth Casnewydd, a oedd, rhwng 1974 ac 1996, yn un o bum dosbarth sir Gwent (gw. **Gwent, Sir**), gan sir bresennol Casnewydd. Saif Casnewydd, y drydedd ganolfan drefol fwyaf yng Nghymru, yn rhannau isaf Dyffryn **Wysg**, gan ymestyn o dir nad yw ond ychydig yn uwch na lefel y môr i dir sy'n codi hyd at 100m a mwy. Yn wir, efallai mai prif nodwedd Casnewydd yw ei bryniau ac mae'r unig dwnnel ar yr **M4** wedi'i dorri trwy un ohonynt. Nodwedd arall yw'r ffaith mai hi yw'r brif ganolfan drefol yng Nghymru a leolwyd ar lan afon. A chan mai afon Wysg yw honno, afon sydd ag un o'r gwahaniaethau mwyaf yn y byd rhwng penllanw a distyll, un o hynodion Casnewydd yw'r gormodedd o laid ar lannau'r afon.

Safai bwrdeistref wreiddiol Casnewydd ar oddeutu traean o arwynebedd plwyf Sant Gwynllyw (1,450ha). O ganlyniad i newidiadau yn y ffiniau yn 1874, 1922, 1938, 1951, 1967 ac 1974, daeth **plwyfi** Betws a Malpas, a llawer o rai Basaleg, Eglwys y Drindod (Christchurch) a **Threfonnen** (Nash) yn rhan ohoni, gan ymestyn tref Casnewydd i 3,740ha.

Mae olion traed o'r Oes Balaeolithig a gadwyd yn llaid aber afon Wysg, y siambr gladdu o'r Oes Neolithig ym Mharc Cleppa (gw. **Coedcernyw**), y palstaf o'r Oes Efydd a ddarganfuwyd yn Liswerry, a'r fryngaer o'r Oes Haearn yn y Gaer, i gyd yn arwyddion o bresenoldeb dynol cynnar yn yr ardal (gw. **Oesau Cynhanesyddol**). Penderfynodd y **Rhufeiniaid** leoli eu gweithgaredd 4.5km i'r gogledd-ddwyrain, yng **Nghaerllion**, ond heb adael fawr o'u hôl ar y safle a fyddai'n ddiweddarach yn dod yn fwrdeistref Casnewydd. Honnir bod Gwynllyw (6g.), y tywysog yr enwyd y tir rhwng afonydd Wysg a **Rhymni** ar ei ôl (**Gwynllŵg**), wedi troi at Gristnogaeth dan ddylanwad ei fab, **Cadog**. Sefydlodd Gwynllyw eglwys ar Stow Hill, a ddaeth yn safle Eglwys Gadeiriol Sant Gwynllyw yn ei thro, sef St Woolos yn **Saesneg**. Daeth Gwynllŵg yn rhan o deyrnas **Seisyllwg**, a ymunodd â theyrnas Gwent (gw. **Gwent, Teyrnas**) yn ddiweddarach gan ffurfio teyrnas Morgannwg (gw. **Morgannwg, Teyrnas**). Oherwydd fod modd mordwyo afon Wysg, dioddefodd y sefydliad eglwysig ar Stow Hill ymosodiadau gan y **Llychlynwyr**, megis hwnnw yn 896. Darganfuwyd llong 22m o hyd o Lychlyn, a gymerodd ran o bosibl yn yr ymosodiad, wrth gloddio'r Doc Gogleddol yn y 1870au.

Cyrhaeddodd y **Normaniaid**, disgynyddion y Llychlynwyr, aber afon Wysg yn y 1090au, pan gipiodd **Robert Fitz Hammo** wastadeddau Morgannwg. Cododd Fitz Hammo gastell ar Stow Hill, y chwalwyd ei weddillion wrth adeiladu'r rheilffordd yn y 1840au. Sefydlodd mab yng nghyfraith Robert, sef Robert, iarll Gloucester (m.1141), fwrdeistref Casnewydd – y *novo burgus* (bwrdeistref newydd, neu borthladd newydd) a grybwyllwyd gyntaf yn 1126. (I'r Cymry, y peth arwyddocaol oedd y castell – y castell newydd a esgorodd ar yr enw Casnewydd.) Yn ôl pob tebyg, yr iarll hefyd a gomisiynodd y gwaith o ailgodi Eglwys Gwynllyw, gan roi i Gasnewydd eglwys Romanésg hardd, y mae ei phorth gwych a'r baeau yn ei chorff yn aros hyd heddiw. Parhaodd arglwyddiaeth Gwynllŵg neu Gasnewydd yn rhan o arglwyddiaeth Morgannwg (gw. **Morgannwg, Arglwyddiaeth)** hyd at fethiant teulu **Clare** i genhedlu aer yn 1314. Cododd eu holynwyr, teuluoedd **Audley** a **Stafford**, gastell cerrig ar lannau afon Wysg er mwyn rheoli man croesi'r afon. Efallai iddynt amgylchynu'r fwrdeistref â muriau ac ynddynt ddau borth – porth y dwyrain ger man croesi'r afon a phorth y gorllewin wrth droed Stow Hill lle byddai Gwesty'r Westgate yn sefyll yn ddiweddarach.

Sefydlwyd mynachlog y brodyr Awstinaidd yng Nghasnewydd yn 1377, yr olaf o'r tai crefyddol canoloesol a godwyd yng Nghymru (gw. **Brodyr Cardod**). Rhoddwyd siarter newydd i'r bwrdeisiaid yn 1385; mae'r cymalau ynddi sy'n ymdrin â masnach yn arwydd o ffyniant cynyddol y fwrdeistref a'i phorthladd. Ymosododd **Owain Glyndŵr** ar Gasnewydd yn 1402, gan achosi cymaint o ddifrod fel na dderbyniodd yr arglwydd lleol unrhyw incwm o'r fwrdeistref yn ystod y flwyddyn ganlynol. Ond daeth tro ar fyd ymhen dim, ac elwodd Casnewydd o fod mor agos at borthladd Bryste, a oedd yn prysur ddatblygu. Un arwydd o faint ei masnach yw'r llong fasnach arfog 25m o hyd sy'n dyddio o ganol y 15g. ac a ddarganfuwyd ar lannau lleidiog afon Wysg yng Ngorffennaf 2002. Mae i'r darganfyddiad arwyddocâd rhyngwladol, gan mai dyma'r unig enghraifft sydd wedi goroesi o long fasnach o'r fath. Tystiolaeth bellach o ffyniant Casnewydd yn niwedd yr Oesoedd Canol yw'r gwaith a wnaed yn Eglwys Sant Gwynllyw – codwyd tŵr arni a lledwyd ystlysau corff yr eglwys.

Ar ôl sefydlu **Sir Fynwy** yn 1536 daeth Casnewydd o dan reolaeth **Trefynwy**, y dref sirol. Un nodwedd o'i hanes yn yr 16g. a'r 17g. oedd y twf yn nylanwad y teuluoedd bonedd lleol, teulu Herbert o Sain Silian, ac yna'r Morganiaid (gw. **Morgan, Teulu (Tredegyr)**). Elfen bwysig arall yn hanes Casnewydd fu'r allforio cynyddol ar yr **haearn** a gynhyrchid ym **Mhont-y-pŵl**, **Aber-carn** a mannau eraill, masnach a oedd yn amlwg yn gynnar yn yr 17g. Yn chwarter olaf y 18g., ar ôl dechrau mwyndoddi â golosg yn hytrach na siarcol, cynyddodd y fasnach hon hyd yn oed ymhellach a bu agor Camlas Sir Fynwy yn 1799 yn hwb anferthol arall iddi, yn enwedig wrth i lu o dramffyrdd gysylltu'r gamlas â gweithfeydd haearn gogledd Sir Fynwy.

Yn sgil y **camlesi**, trodd allforio **glo** yn ogystal â haearn yn weithgarwch proffidiol. Erbyn 1830 Casnewydd oedd prif borthladd allforio glo'r de, ac allforiai bedair gwaith yn fwy o lo na **Chaerdydd**. Cynyddodd **poblogaeth** Casnewydd o 1,135 yn 1801 i 7,062 yn 1831, ffigwr a'i rhoddai ar y blaen i Gaerdydd, ac felly y bu hyd y 1850au pan roddodd cyfoeth mawr **Cwm Cynon**, ac yn ddiweddarach y **Rhondda**, y fantais i Gaerdydd. Gan mai Casnewydd oedd y dref fwyaf yn ne-ddwyrain Cymru yn y 1830au, roedd yn darged amlwg i wrthryfel y Siartwyr yn 1839 (gw. **Siartiaeth**). Gwrthryfel Casnewydd (gw. **Casnewydd, Gwrthryfel**) oedd y digwyddiad mwyaf cofiadwy yn hanes Casnewydd, a chaiff ei goffáu gan Sgwâr **John Frost**. Cafodd Frost, maer Casnewydd (1836–37), ei radicaleiddio yn sgil ei frwydr â theulu Morgan Tredegyr, yn arbennig oherwydd i'r teulu osod toll o £3,000 ar nwyddau yn croesi 1.6km o Barc Tredegyr – y 'filltir aur' fondigrybwyll. Yn hanes twf Casnewydd, ni ellir dianc rhag dylanwad y teulu hwn. Roedd penseiri'r stad, teulu Habershon, yn gyfrifol am lawer o'r gwaith adeiladu, gan gynnwys adfer Eglwys Sant Gwynllyw, Eglwys Bresbyteraidd Stryd Havelock, llawer o Commercial Street a'r elusendai a godwyd yn gofeb i'r Frenhines Victoria. Cafodd nifer o fannau agored Casnewydd eu harbed rhag cael eu datblygu gan y Morganiaid, ac er gwaethaf y difrod a wnaed iddo wrth adeiladu'r rheilffordd, arbedwyd y castell rhag dymchwel yn gyfan gwbl wedi iddo ddod yn rhan o stad Tredegyr.

Er mai tref ddosbarth gweithiol oedd Casnewydd yn bennaf, mae ynddi rai strydoedd nodedig, gan gynnwys filas Eidalaidd Habershon yn Gold Tops, a Maes Victoria, Stow Hill, casgliad o dai o waith stwco sydd wedi cael eu ffilmio droeon gan gwmnïau teledu. Mewnfudwyr o **Iwerddon** a dueddai i ymsefydlu yn yr ardaloedd tlotaf. Cafodd Casnewydd ei chydnabod yn brif ganolfan **Catholigiaeth Rufeinig** yng Nghymru yn 1850, ar achlysur ailsefydlu'r hierarchaeth Gatholig yng Nghymru a **Lloegr**; yno y lleolwyd sedd esgob Casnewydd a Mynyw, a oedd â'r gofal am Gatholigion saith sir ddeheuol Cymru ynghyd â **Swydd Henffordd**. Cadwodd Casnewydd ei hesgob hyd nes y sefydlwyd archesgobaeth Caerdydd yn 1916.

Er ei bod yn debygol fod y mwyafrif o boblogaeth Casnewydd yn siarad **Cymraeg** yn y 1830au, gyda'r mewnlifiad o Iwerddon, a mewnlifiad llawer mwy o Loegr, daethpwyd i ystyried Casnewydd yn dref drwyadl ddi-Gymraeg, cred a atgyfnerthwyd gan yr amwysedd ynglŷn â statws Sir Fynwy. Yn niwedd y 19g., roedd y St George Society of Newport yn mynnu'n chwyrn fod Casnewydd yn Lloegr, ac yng Nghasnewydd hefyd y rhoddwyd yr ergyd farwol i fudiad **Cymru Fydd**, pan ddywedwyd yn 1896 wrth **David Lloyd George**, 'there are from Swansea to Newport, thousands upon thousands of Englishmen, as true Liberals as yourself . . . who will never submit to the domination of Welsh ideas'. Dychwelodd Lloyd George i Gasnewydd y flwyddyn ganlynol er mwyn mynychu'r **Eisteddfod** Genedlaethol a chael ei dderbyn yn aelod o Orsedd y Beirdd.

Y bont gludo, Casnewydd

Ar ôl cwblhau'r dociau yn 1892 dechreuodd Casnewydd ymestyn tua'r de wrth i ardal Pillgwenlli gael ei threfoli'n gyflym. Roedd twf hefyd ar lannau dwyreiniol afon Wysg wrth i Liswerry ddatblygu. Codwyd yr unig bont dros yr afon ger y castell yn 1800 gan David Edwards, mab **William Edwards**, cynllunydd y bont enwog ym **Mhontypridd**. Roedd y bont 4km o'r ardaloedd twf i'r de o ganol y dref, ond roedd gwrthwynebiad i'r awgrym y dylid codi pont i gysylltu Pillgwenlli â Liswerry ar y sail y byddai adeiladwaith o'r fath yn rhwystr mawr i'r llongau a oedd yn dal i hwylio ar hyd afon Wysg. Yn ateb i'r broblem daeth trysor pennaf Casnewydd – y bont gludo, a agorwyd yn 1906. Cynlluniwyd y bont gan y peiriannydd o Ffrainc Ferdinand Arnodin, a bu cryn oedi wrth ei chodi gan fod yr adeiladwyr yn mesur mewn troedfeddi a'r cynllunydd yn gweithio mewn metrau. Fferi grog neu 'gondola' yw'r bont; caiff teithwyr ar droed a cherbydau eu cludo ar lwyfan a dynnir ar draws yr afon gan geblau'n symud ar hyd dec, a chynhelir hwnnw gan ddau biler sy'n ddigon uchel i ganiatáu i'r llongau talaf deithio oddi tanynt. Fe'i patrymwyd ar bontydd cyffelyb yn Rouen a Marseilles, ac nid oes ond saith pont gludo arall fel un Casnewydd trwy'r byd sy'n dal i weithio. Mae un ohonynt – honno yn Bilbao – wedi derbyn statws Safle Treftadaeth y Byd, er nad ydyw agos mor drawiadol â'r bont yng Nghasnewydd. Mae pontydd nodedig eraill yng Nghasnewydd. Pont Stryd San Siôr (1964), pont gantilifrog yn cael ei chynnal gan geblau, a'r gyntaf o'i bath ym **Mhrydain**, oedd y patrwm ar gyfer yr ail o **Bontydd Hafren**. Yn un mor flaengar yw'r bont ddiweddaraf dros afon Wysg, a agorwyd yn 2004.

Diwedd y 19g. a dechrau'r 20g. oedd y cyfnod mwyaf llewyrchus yn hanes Casnewydd a chynyddodd ei phoblogaeth o 38,469 yn 1881 i 83,691 yn 1911. Yno y sefydlwyd **Ffederasiwn Glowyr Prydain Fawr** (1889). Derbyniodd statws bwrdeistref sirol yn 1891. Doc y De, pan agorodd yn 1892, oedd y doc cerrig mwyaf yn y byd. Er mai dim ond 6.242 miliwn tunnell fetrig o lo a allforiwyd o Gasnewydd ym mlwyddyn ffyniannus 1913, o gymharu â'r 24.97 miliwn tunnell fetrig a allforiwyd o Borthladd Caerdydd (Caerdydd ynghyd â **Phenarth** a'r **Barri**), roedd ei masnach ryngwladol yn ddigon mawr i deilyngu presenoldeb 8 conswl a 14 isgonswl yn y dref. Roedd sail ehangach i'w **heconomi** nag i economi trefi mawr eraill Cymru. O'i ffowndrïau a'i gweithfeydd peirianyddol deuai ystod eang o gynnyrch, gan gynnwys rhodd odidocaf Casnewydd i'r byd – tyndro 'hunanafael' Mole, a ddyfeisiwyd gan un o drigolion Casnewydd, Mr Mole. Roedd y farchnad **wartheg** fawr yn gwasanaethu'r rhan fwyaf o Sir Fynwy, a'r dref oedd y brif ganolfan siopa ar gyfer trigolion y sir, swyddogaeth a hwyluswyd gan y ffaith mai Casnewydd oedd canolbwynt rhwydwaith **rheilffyrdd** helaeth Sir Fynwy. Yn ystod y **Rhyfel Byd Cyntaf** dirywiodd masnach dociau Casnewydd, ond cryfhawyd ei sylfaen diwydiannol wrth i'r galw am gynnyrch ei ffowndrïau a'i gweithfeydd peirianyddol gynyddu'n sylweddol.

Yn dilyn etholiad cyffredinol 1918 roedd gan Gasnewydd, am y tro cyntaf, ei haelod seneddol ei hun. (Cyn hynny roedd yn ethol yr aelod dros fwrdeistref Mynwy ar y cyd â Threfynwy a **Brynbuga**.) Arweiniodd marwolaeth aelod seneddol cyntaf y dref, Lewis Haslam, un o Ryddfrydwyr Lloyd George (gw. **Plaid Ryddfrydol**), yn 1922, at yr isetholiad mwyaf gwleidyddol arwyddocaol yn hanes Prydain. Digwyddodd ar 18 Hydref, gan gyd-daro â'r cyfarfod yng Nghlwb y Carlton i drafod a ddylai'r **Blaid**

**Geidwadol** barhau mewn clymblaid â Lloyd George. Pan gipiwyd Casnewydd gan Geidwadwr a oedd yn erbyn y glymblaid, ysgogwyd y Ceidwadwyr i bleidleisio dros adael y glymblaid, pleidlais a seliodd dynged Lloyd George. (Ni fu erioed yn ffodus yn ei ymwneud â Chasnewydd.)

Erbyn adeg yr isetholiad roedd y ffyniant a welwyd yn allforion glo Casnewydd wedi'r rhyfel yn dod i ben. O'r 1920au cynnar ymlaen, daeth y **Dirwasgiad**, a gostyngodd masnach forwrol y dref o 5.53 miliwn tunnell fetrig yn 1919 i 3.12 miliwn tunnell fetrig yn 1936. Er na ddioddefodd Casnewydd y lefelau arswydus o ddiweithdra a welwyd yn nhrefi glofaol gogledd Sir Fynwy, roedd diweithdra ymhlith dynion yswiriedig y dref wedi cyrrraedd 34.7% yn 1930. Er gwaethaf yr anawsterau economaidd, mae'n debyg mai Casnewydd yn y 1920au a'r 1930au oedd y lle mwyaf blaengar yng Nghymru, gyda chorfforaeth y dref yn y blynyddoedd hynny yn llwyddo i ailgartrefu dros hanner y boblogaeth.

Cafodd problem ddiweithdra'r dref ei datrys dros dro gan yr **Ail Ryfel Byd**, ond erbyn diwedd y 1940au roedd pryder y byddai'r hen elyn yn dychwelyd. Yn sgil agor Gwaith Dur **Llan-wern** yn 1962 daeth cyfnod arall o ffyniant, datblygiad a gafodd hwb yn dilyn agor yr **M4**, a roddodd i Gasnewydd y cysylltiadau gorau yng Nghymru. Yn 1975, fodd bynnag, trosglwyddwyd y farchnad mewnforio mwynau haearn i'r safle newydd enfawr ym **Mhort Talbot**, ac arweiniodd hyn at leihad mawr ym masnach dociau Casnewydd. Collwyd swyddi yn Llan-wern yn ystod y 1980au, a chaeodd y gwaith cynhyrchu dur yno yn 2003. Serch hynny, daeth cyfleoedd gwaith eraill. Daeth swyddfa basport, **Swyddfa Batentau**'r Deyrnas Unedig a'r Swyddfa Ystadegau Ganolog i Gasnewydd. Bu ffatri microsglodion Inmos (1982) yn hynod arloesol, ond ni wireddwyd yn llwyr y gobeithion a godwyd – yn enwedig gan gwmni LG o Gorea – o weld £2.55 biliwn yn cael ei fuddsoddi mewn mentrau newydd yng Nghasnewydd rhwng 1990 a 2002. Er hynny, yn 2005 daeth rhan helaeth o safle LG, safle a oedd i bob pwrpas yn wag erbyn hynny, i feddiant y cwmni Gwyddelig Quinn Radiators, sydd wedi troi'r lle yn ffatri rheidyddion cartref.

Cyfnod addawol oedd diwedd y 1990au a dechrau'r 2000au i Gasnewydd. Roedd byd canu cyfoes y dref yn llewyrchus, ac awgrymwyd mai Casnewydd fyddai'r Seattle newydd. Adferwyd y bont gludo i'w gwychder gwreiddiol, ac fe'i hailagorwyd yn 1995 a rhoi iddi statws rhestredig Graddfa Un. Cafodd lle Casnewydd – a gwesty'r Celtic Manor (gw. **Caerllion**) – ym myd **golff** ei gydnabod yn dilyn y cyhoeddiad y byddai cystadleuaeth Cwpan Ryder yn cael ei chynnal yno yn 2010. Cyhoeddwyd bod y llong o'r 15g. a ganfuwyd yn afon Wysg yn ddarganfyddiad pwysicach na'r *Mary Rose*. Yn 2002 gadawodd esgob Mynwy ac archesgob Cymru, Rowan Williams, Gasnewydd ar ôl cael ei ddyrchafu'n archesgob Caergaint ac arweinydd yr Eglwys Anglicanaidd fyd-eang. Ac, i goroni'r cyfan, yn yr un flwyddyn dyfarnwyd statws dinas i Gasnewydd.

*Cymunedau Casnewydd*

ALWAY (177ha; 8,492 o drigolion)
Mae'r gymuned hon, sydd i'r dwyrain o ganol y ddinas, yn cael ei rhannu'n ddwy gan yr A48. Ac eithrio parciau Ladyhill a Liswerry, y cyfan sydd yma yw rhwydwaith o

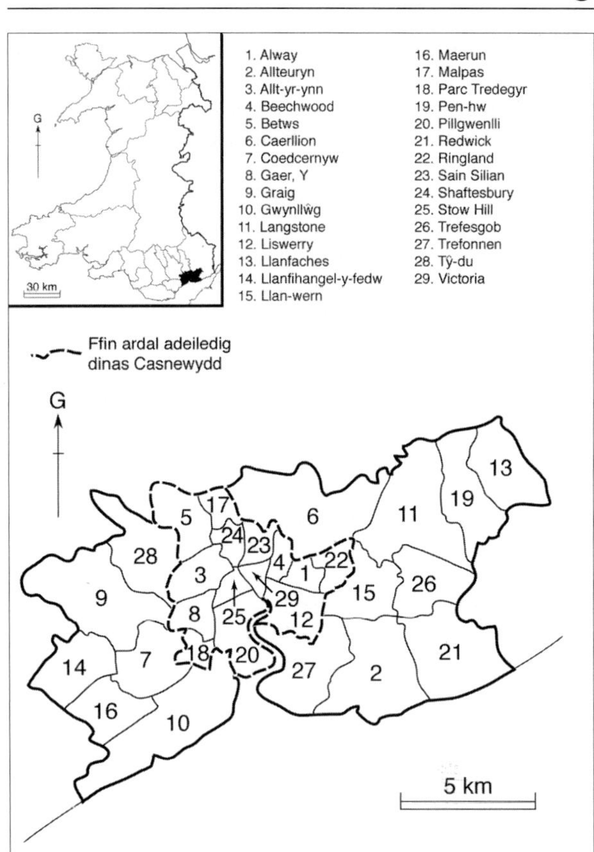

Cymunedau Dinas a Sir Casnewydd

strydoedd a godwyd o'r 1930au ymlaen, llawer ohonynt wedi eu henwi ar ôl cerddorion.

ALLT-YR-YNN (384ha; 8,583 o drigolion)
Mae'r gymuned hon, sydd i'r gogledd-orllewin o ganol Casnewydd, yn cynnwys y Ridgeway, sy'n cynnig golygfeydd da o'r ddinas. O fewn y gymuned mae dwy gangen Camlas Sir Fynwy yn cyfarfod. Codwyd Barics Rhaglan, adeilad trawiadol ac iddo 39 bae, yn 1845 i sicrhau na fyddai gwrthdaro tebyg i Wrthryfel Casnewydd 1839 yn digwydd eto. Lleolir prif safle **Prifysgol Cymru**, **Casnewydd**, yn yr adeiladau a fu'n gartref gynt i Goleg Technegol Casnewydd (1958). Mae mynwent fawr a diddorol Sant Gwynllyw yn llenwi llawer o ran ddeheuol y gymuned. Yn Sgwâr Clytha (1850au) a Gold Tops ceir rhai o filas dosbarth canol cynharaf Casnewydd. Saif neuadd y sir (1902, 1913) ar lethrau isaf Allt-yr-ynn, ond peidiodd â bod yn bencadlys gweinyddol Sir Fynwy yn 1963 pan godwyd neuadd y sir newydd yng **Nghwmbrân**. Y drws nesaf iddi mae'r Ganolfan Ddinesig, a godwyd yn dilyn y penderfyniad yn 1963 i bennu Casnewydd yn hytrach na Threfynwy yn ganolfan farnwrol y sir. Mae Neuadd y Ddinas (1939, 1964), â'i thŵr cloc sy'n ymgodi uwchlaw canol Casnewydd, yn ddynwarediad tila o Neuadd y Dref wych **Abertawe**; ceir ynddi furluniau ardderchog gan Hans Feibusch (1964) yn darlunio hanes Gwent.

BEECHWOOD (152ha; 7,594 o drigolion)
Cafodd y gymuned hon, sydd i'r dwyrain o ganol y ddinas, ei henwi ar ôl Tŷ Beechwood, plasty a godwyd gan deulu Habershon ar gyfer George Fothergill, un o feiri Casnewydd.

Mae'r gymuned yn rhwydwaith dwys o strydoedd a godwyd ddiwedd y 19g. a dechrau'r 20g. Mae Eglwys Sant Ioan, Maes Kensington (1860), gyda'i meindwr 55m, yn adeilad trawiadol a gynlluniwyd gan **John Prichard** a J. P. Seddon.

BETWS (513ha; 8,287 o drigolion)
Mae'r gymuned hon, sef cornel ogledd-orllewinol ardal adeiledig Casnewydd, yn cynnwys y ganolfan ddehongli (1976) ar gyfer 14 llifddor cangen **Crymlyn** o Gamlas Sir Fynwy, y mae Betws yn ei rhannu â chymuned **Tŷ-du**. Mae'r llifddorau, a gynlluniwyd gan Thomas Dadford a'u hadeiladu yn 1799, yn galluogi'r gamlas i godi 51m o fewn 0.8km. Mae **cronfeydd dŵr** Ynysfro yn cael eu hadnabod wrth yr enw Swistir Fach. Yn 1812 priododd John Frost yn Eglwys y Santes Fair. Mae Ysgol Uwchradd Betws (1972) yn adeilad hynod.

GAER, Y (282ha; 8,586 o drigolion)
Mae'r gymuned hon, sef y rhan fwyaf gorllewinol o ardal adeiledig Casnewydd, wedi'i henwi ar ôl y fryngaer drawiadol o'r Oes Haearn sy'n edrych drosti. Gwelir llawer o filas a godwyd ddiwedd y 19g. ym Mharc Stow a chafodd y tai Modernaidd a adeiladwyd yn Stelvio (*c.*1946–51) ganmoliaeth fawr.

LISWERRY (486ha; 10,335 o drigolion)
Nodwedd amlycaf y gymuned hon, sef y rhan dde-ddwyreiniol o ardal adeiledig Casnewydd, yw'r nifer fawr o stadau diwydiannol. Dyma leoliad meysydd **criced** a **phêl-droed** Casnewydd.

MALPAS (193ha; 8,148 o drigolion)
Daw'r enw ar y gymuned hon, sef canol y rhan ogleddol o ardal adeiledig Casnewydd, o'r Hen Ffrangeg *mal* a *pas* – lle anodd mynd heibio iddo. Sefydlwyd cell gan fynachod Urdd Cluny o Montacute, Gwlad yr Haf, yn Malpas tua 1110. Ailgodwyd ei heglwys gan John Pritchard yn 1850 ar ffurf copi neo-Romanésg o'r gwreiddiol. Yn y fynwent mae bedd Thomas Prothero, gelyn pennaf John Frost ac asiant stad Tredegyr, a drigai yng Nghwrt Malpas. Mae hwnnw'n dŷ hardd neo-Tuduraidd (1838) sydd bellach yn glwb cymdeithasol i'r stad dai flaengar a godwyd yn y 1950au gan Gorfforaeth Casnewydd; mae ei strydoedd i gyd wedi eu henwi ar ôl gwyddonwyr o fri.

PARC TREDEGYR (180ha; 3,387 o drigolion)
Mae'r gymuned hon yng nghornel dde-orllewinol ardal adeiledig Casnewydd yn cynnwys Parc Tredegyr (am y plasty, gw. **Coedcernyw**). Mae'n cynnwys stad **dai**'r Dyffryn, a ddisgrifiwyd gan John Newman fel 'yr arbrawf "cynllunio cyrion trefi" mwyaf erioed yng Nghymru'. Gerllaw'r terasau o dai, sy'n ymgordeddu o amgylch darn trionglog o goetir, saif ffatri ficrosglodion anhygoel Inmos, a gynlluniwyd gan Richard Rogers; mae'r tai a'r ffatri yn cynrychioli'r hyn a ystyrir gan Newman fel 'y crynhoad mwyaf arbennig yng Nghymru o bensaernïaeth diwedd yr 20g.' Parc Tredegyr oedd safle Eisteddfodau Cenedlaethol 1988 a 2004, dwy o'r prifwyliau gorau erioed ym marn nifer o eisteddfodwyr.

PILLGWENLLI (546ha; 5,333 o drigolion)
Roedd y gymuned hon, sy'n ffurfio dociau Casnewydd, yn cynnwys man cyfarfod Camlas Sir Fynwy ac afon Wysg. Mae'r rhan fwyaf o Ddoc y Dref (1842, 1858) wedi ei lenwi ond mae rhan o lifddor y fynedfa wedi goroesi. Mae 50ha o ddŵr caeedig o fewn Doc y Gogledd (1875) a Doc y De (1893) – a elwir ar y cyd yn Ddociau Alexandra. Rhoddwyd y gorau i gynlluniau'r 1990au i godi morglawdd ar draws afon Wysg – a fyddai wedi sicrhau y byddai glannau lleidiog yr afon bob amser dan ddŵr – yn dilyn protestiadau gan ecolegwyr, sydd hefyd yn gwrthwynebu'r ffordd liniaru arfaethedig ar gyfer yr M4. Mae'r farchnad wartheg fawr yn Stryd Ruperra yn arwydd o bwysigrwydd Casnewydd fel canolfan masnach da byw.

RINGLAND (243ha; 8,470 o drigolion)
O fewn ffiniau'r gymuned hon, sy'n ffurfio'r rhan fwyaf dwyreiniol o ardal adeiledig Casnewydd, ceir stadau Bishpool a Threberth, sy'n cynnwys nifer fawr o dai parod (*prefabs*) cymen yn dyddio o ddiwedd y 1940au – math o dai y mae Casnewydd yn gyforiog ohonynt. Mae strydoedd dwy stad ddiweddarach yn dwyn enwau arweinwyr Llafur ac arwyr morwrol. Saif ysgol gynradd cyfrwng Cymraeg Casnewydd ar ffin ddwyreiniol y gymuned.

SAIN SILIAN (St Julians) (196ha; 8,729 o drigolion)
Mae'n debyg fod y gymuned hon, ar lannau dwyreiniol afon Wysg ac ar dir sy'n cyffwrdd ag ystumiau mawr yr afon, wedi'i henwi ar ôl Sant Iŵl, a ferthyrwyd yng Nghaerllion (gw. **Iŵl ac Aaron**). Yma mae Clwb Hwylio Casnewydd ac ysgol i'r sawl sydd â'i fryd ar feistroli snwcer. Roedd cartref teulu Herbert o Sain Silian, adeilad o'r 16g. sydd wedi ei ddymchwel bellach, ym Mharc Sain Silian, o fewn cymuned Caerllion. Saif cofeb ryfel Casnewydd ar y gyffordd rhwng Maes Clarence a Ffordd Cas-gwent. Gerllaw mae sinema Art Deco fwyaf lliwgar Cymru (1938), sydd bellach wedi'i throi'n Neuadd Pŵl Al Capone.

SHAFTESBURY (162ha; 5,488 o drigolion)
Cafodd y gymuned hon, sydd rhwng afon Wysg a Chamlas Sir Fynwy, ei henwi ar ôl Parc Shaftesbury, sy'n coffáu'r dyngarwr, seithfed iarll Shaftesbury. Ei phrif nodwedd yw Castell Casnewydd, nad oes ond y rhan ddwyreiniol ohono'n sefyll. Fe'i codwyd yn niwedd y 14g., ac ychwanegwyd cyfres gywrain o ystafelloedd yn y 1440au pan ddaeth yn ganolfan weinyddol teulu Stafford ar gyfer eu tiroedd yng Nghymru. Yn ddiweddarach bu'n danerdy ac yna'n fragdy. Yn 1899 prynwyd y castell, sydd wedi'i wasgu rhwng pont y rheilffordd a phont y briffordd, gan deulu Morgan ac yna, yn 1935, daeth o dan warchodaeth y Weinyddiaeth Waith. Gan fod ei wyneb dwyreiniol trawiadol yn codi'n syth o lannau lleidiog afon Wysg, dim ond o bont y briffordd neu o ochr ddwyreiniol yr afon y gellir ei weld.

STOW HILL (131ha; 4,453 o drigolion)
Mae'r gymuned hon yn cwmpasu canol Casnewydd, a'i hasgwrn cefn yw Commercial Street, sydd bellach yn gyfyngedig i gerddwyr a lle ceir cerfluniau modern deniadol. Yn y pen gogleddol saif hen Westy'r Westgate, lle gwelwyd uchafbwynt Gwrthryfel Casnewydd yn 1839 a lle mae tyllau'r bwledi wedi eu cadw'n ofalus. Dynodir safle'r priordy canoloesol gan yr enwau Austin Friars a Stryd y Brodyr. Mae Tŷ Olde Murenger yn y Stryd Fawr yn adeilad ffrâm bren o ddechrau'r 17g. Yn Sgwâr John Frost, a grëwyd yn ystod y

cyfnod o ailddatblygu yng nghanol y 1970au, saif llyfrgell, amgueddfa ac oriel gelf Casnewydd a'r Cloc Awtomaton diddorol (1992). Ar Gei y Baltig saif cerflun y Don Ddur gan Peter Fink, a allai ddod yn symbol mor bwerus o Gasnewydd â'r bont gludo. Wrth gloddio sylfeini'r ganolfan gelfyddydau (a agorwyd yn 2004) ar y cei y daethpwyd o hyd i'r llong ryfeddol o'r 15g. a gaiff ei harddangos yn islawr y ganolfan. Mewn clwb nos ar Stow Hill mae draig fetel fwyaf Cymru, a luniwyd yn y 1990au gan David Petersen. Mae Stow Hill yn arwain at Eglwys Sant Gwynllyw, eglwys gadeiriol esgobaeth Anglicanaidd Mynwy; sefydlwyd yr esgobaeth yn 1921, ond ni chafodd yr eglwys ei chydnabod yn llawn yn eglwys gadeiriol hyd 1949. Gerllaw mae Eglwys y Santes Fair (1840), prif ganolfan esgob Catholig Casnewydd o 1850 hyd 1916. Mae **gerddi** hardd ym Mharc Bellevue. Gerllaw'r parc saif Ysbyty Sain Gwynllyw, a godwyd yn wreiddiol yn 1838 fel tloty ac sy'n cynnwys y Friars (1840), un o blastai teulu Morgan.

VICTORIA (95ha; 6,688 o drigolion)
Yn y gymuned hon, sydd am yr afon â chanol y ddinas, mae'r rhwydwaith dwysaf o strydoedd yng Nghasnewydd. Yma mae Rodney Parade, maes **rygbi** Casnewydd. Cynlluniwyd stad Fairoak yn y 1850au ar ffurf terasau o filas Eidalaidd.

## CASNEWYDD (Newport) Sir a chyn-ddosbarth (21,835ha; 137,011 o drigolion)

Yn 1974 diddymwyd bwrdeistref sirol Casnewydd. Ynghyd â dosbarth trefol **Caerllion** a'r rhan fwyaf o ddosbarth gwledig Magwyr a Llaneirwg, daeth yn ddosbarth Casnewydd oddi mewn i sir **Gwent**. Yn 1996 diddymwyd y sir honno, a daeth y dosbarth, gyda'i 29 o gymunedau (gw. **Cymuned**), yn fwrdeistref sirol newydd Casnewydd. (Am 14 o'r cymunedau hynny, gw. dan eu henwau. Am y 14 cymuned sy'n ffurfio rhan adeiledig dinas Casnewydd, gw. **Casnewydd, Dinas**.) Yn 2001 roedd 13.37% o drigolion y sir â rhywfaint o afael ar y **Gymraeg**, gyda'r canrannau yn amrywio o 17.65% yn **Llanfihangel-y-fedw** i 10.67% yn **Llanfaches**; roedd 7.18% o drigolion y sir yn gwbl rugl yn yr iaith.

## CASNEWYDD, Gwrthryfel

Am 9.20 a.m. ar 4 Tachwedd 1839 gorymdeithiodd 5,000 o wŷr wedi'u harfogi â mysgedau a gwaywffyn i mewn i **Gasnewydd**, gan ymgasglu gerbron Gwesty'r Westgate. Glowyr a gweithwyr **haearn** oeddynt gan mwyaf; roeddynt yn hanu o gymoedd diwydiannol **Sir Fynwy**, ac yn cefnogi Siarter y Bobl (gw. **Siartiaeth**). Daeth mintai o filwyr y *45th Foot*, rhai cwnstabliaid arbennig a'r maer, **Thomas Phillips**, i'w cyfarfod. Ymosododd y Siartwyr a chael eu trechu mewn brwydr a barodd am 25 munud. Cafodd rhwng 22 a 28 o Siartwyr eu lladd a thros 50 eu hanafu; o blith eu gwrthwynebwyr, cafodd dau filwr a Thomas Phillips eu hanafu'n ddifrifol. Cafodd arweinwyr y Siartwyr, **John Frost**, yr ymgyrchydd radicalaidd a chyn-faer Casnewydd, y tafarnwr o **Nant-y-glo** Zephaniah Williams a William Jones, actor a gwneuthurwr watsys o **Bont-y-pŵl**, eu harestio, eu dwyn gerbron y llys, a'u canfod yn euog o deyrnfradwriaeth, a'u dedfrydu i farwolaeth – dedfryd a leihawyd yn ddiweddarach i alltudiaeth dramor am weddill eu hoes. Cafodd Thomas Phillips ei wneud yn farchog.

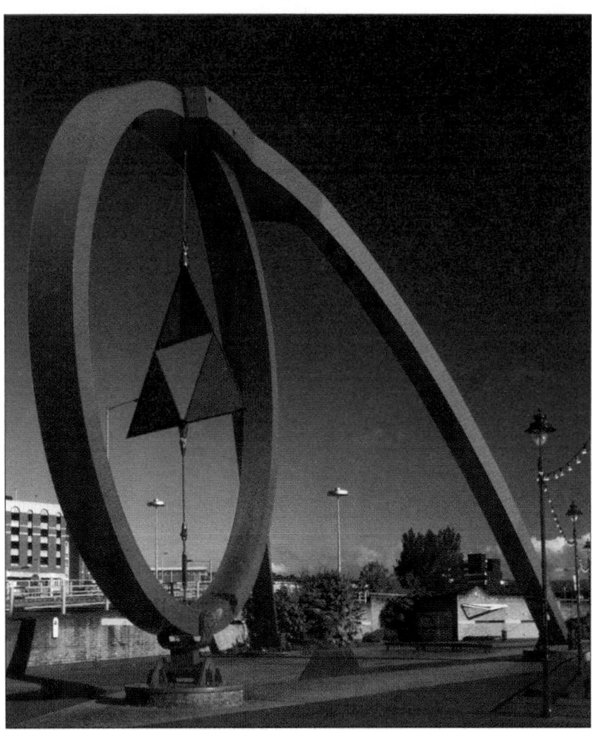

Y Don Ddur, Casnewydd: Peter Fink, 1990

Roedd Siartiaeth wedi dechrau bwrw gwreiddiau yn Sir Fynwy yn ystod haf 1838; sefydlwyd Cymdeithas y Gweithwyr yng Nghasnewydd a llwyddodd i ddenu aelodau yn gyflym. Yn Nhachwedd 1838 penodwyd Frost yn gynrychiolydd lleol ar gyfer Cynhadledd Genedlaethol y Siartwyr. Erbyn gwanwyn 1839, pan ddaeth cenhadwr y Siartwyr, Henry Vincent, ar daith trwy'r ardal, yr oedd o bosibl gynifer â 25,000 o Siartwyr yn Sir Fynwy. Ymhlith y ffactorau a daniodd y gwrthryfel yr oedd y ffaith fod Tŷ'r Cyffredin wedi gwrthod deiseb gyntaf y Siartwyr (12 Gorffennaf) a bod Vincent wedi ei ddyfarnu'n euog o gynnal cynulliad anghyfreithlon ac o gynllwyn (2 Awst).

Ceir anghytundeb o hyd ynghylch amcanion a chynllun ymgyrch Siartwyr Sir Fynwy, er y cytunir mai codi mewn gwrthryfel treisiol o fwriad a wnaethant. Yn ôl pob golwg roedd y weithred yn rhan o fwriad i greu chwyldro ehangach, gyda Siartwyr Cymru yn dal eu tir tra byddai terfysgoedd yn digwydd mewn rhannau eraill o **Brydain**. Wrth ymosod ar Gasnewydd, coleddai'r Siartwyr obeithion disail; disgwylient weld eu lluoedd yn dychryn y milwyr, a chredent, yn gwbl gyfeiliornus, y byddai'r rheini'n cydymdeimlo â'u hachos gan osgoi gwrthdaro arfog. Roedd eu tactegau milwrol, yn ogystal, yn gwbl anaddas, a llwyddodd arweinyddiaeth wael, tywydd drwg a dryswch cyffredinol i ddwyn yr holl bennod i ben mewn modd bwnglerus a thrasig. Parhaodd Siartiaeth i ddenu cefnogaeth yng Nghymru, gyda **Merthyr Tudful** yn datblygu'n brif ganolfan yn y 1840au, ond ni fu unrhyw ddigwyddiad mor ddramatig â Gwrthryfel Casnewydd yn ystod ei hanes ar ôl hynny.

## CASTELL CAEREINION, Sir Drefaldwyn, Powys (2,733ha; 509 o drigolion)

Mae'r **gymuned** hon, sydd yn union i'r gorllewin o'r **Trallwng**, yn cynnwys nifer o dai hynafol. Y prif ogoniant

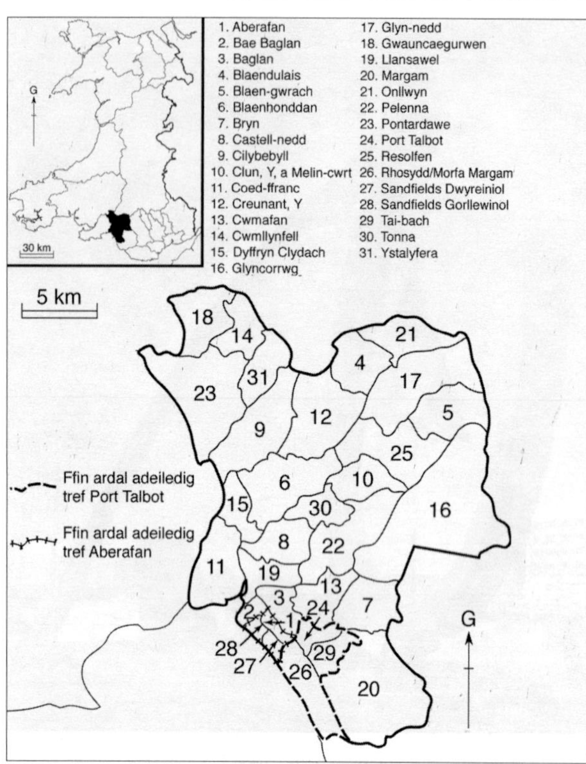


Cymunedau Bwrdeistref Sirol Castell-nedd Port Talbot

yw Tŷ Mawr, a adferwyd yn 1997–8 yn batrwm o dŷ Cymreig o'r Oesoedd Canol, un a ddyddiwyd trwy dendroleg i 1460. Plasty hardd o ganol y 18g. yw Trefnant; efallai mai ei ragflaenydd oedd y neuadd a ddaeth i feddiant Abaty **Ystrad Marchell** (gw. y **Trallwng**) trwy haelioni **Owain Cyfeiliog** yn 1170. Chwalwyd Dolarddau, lle'r arhosodd Harri Tudur, meddir, ar ei ffordd i **Bosworth** (gw. **Tuduriaid**). Roedd ysgol i ferched ym mhlasty Cyfronnydd (*c*.1865) o ganol y 19g. hyd y 1990au; bu'r nofelydd Dyddgu Owen (1906–92) yn brifathrawes yno am flynyddoedd. Ym mhentref bychan Castell Caereinion y mae Eglwys Sant Garmon (1874) a Thwmpath Garmon – sef castell **Caereinion**, a godwyd gan **Madog ap Maredudd** yn 1156. Perthyn llawer o dir y gymuned i stad y Castell Coch (Castell Powys; gw. y Trallwng).

## CASTELL GWALCHMAI (Walwyn's Castle), Sir Benfro (2,214ha; 304 o drigolion)

Yn y **gymuned** hon, yn union i'r gogledd-orllewin o dref **Aberdaugleddau**, ceir pentrefi Castell Gwalchmai, Hasguard a Robeston West, ac mae gan bob un eglwys ac iddi nodweddion canoloesol; adfail bellach yw'r un yn Hasguard, ond mae dan orchymyn cadw. Mae'n bosibl mai caer o'r Oes Haearn (gw. **Oesau Cynhanesyddol**) yw'r castell, neu wrthglawdd o waith y **Llychlynwyr**. Roedd Castell Gwalchmai yn farwniaeth ganoloesol o bwys a oedd yn ddibynnol ar arglwyddiaeth Penfro (gw. **Penfro, Arglwyddiaeth**). Tua diwedd y 14g. roedd gan ei harglwyddi, teulu Brian, braidd o dros 2,000 o **ddefaid**. Ceir purfa **olew** yn Robeston West.

## CASTELLMARTIN, Sir Benfro (2,434ha; 147 o drigolion)

Prif nodwedd y **gymuned** hon, yng nghornel dde-orllewinol **Sir Benfro**, yw twyni tywod Brownslade Burrows sy'n ymestyn dros ardal eang. Mae gan Eglwys Sant Mihangel, y codwyd y rhan fwyaf ohoni yn y 13g., dŵr o'r 15g. Yn 1939 daeth rhan ddeheuol y gymuned yn faes tanio, gan gyfyngu ar hawl y cyhoedd i gerdded yr arfordir gwych sy'n enwog am ei dirffurfiau arfordirol, megis Pont y Creigiau a Staciau'r Heligog. Yn Eglwys y Santes Fair (13g.), Warren, a achubwyd rhag dadfeilio gan y fyddin Brydeinig, ceir organ a oedd unwaith yn eiddo i Mendelssohn, yn ôl yr hanes. Rhoddodd Castellmartin ei enw i frîd o **wartheg** duon hirgorn. Bu nifer o **longddrylliadau** oddi ar Linney Head; arweiniodd y gwaethaf ohonynt, pan suddodd y *Mars* (1862), at golli 35 o fywydau.

## CASTELL-NEDD (Neath) Etholaeth a chyn-ddosbarth

Wedi diddymu **Sir Forgannwg** yn 1974, crëwyd Castell-nedd yn ddosbarth oddi mewn i sir newydd **Gorllewin Morgannwg**. Roedd yn cynnwys bwrdeistref **Castell-nedd** a'r rhan fwyaf o ddosbarth gwledig Castell-nedd. Yn 1996 daeth y dosbarth, ynghyd â dosbarth **Port Talbot** a rhan o ddosbarth **Dyffryn Lliw**, yn fwrdeistref sirol **Castell-nedd Port Talbot**. Mae ffiniau etholaeth Castell-nedd yn cyfateb yn gyffredinol i ffiniau'r hen ddosbarth.

## CASTELL-NEDD (Neath), Castell-nedd Port Talbot (1,020ha; 18,604 o drigolion)

Sylweddolai'r **Rhufeiniaid** pa mor bwysig oedd sefydlu croesfan amddiffynedig ar lan afon **Nedd**, a sefydlwyd caer Nidum ganddynt yn OC 70–80 (gw. **Blaenhonddan**). Dilynwyd eu hesiampl gan y **Normaniaid** a sefydlodd fwrdeistref ac adeiladu castell gerllaw'r afon *c*.1114; mae sylfeini adeiladau, tŵr adfeiliedig a phorthdy o'r 14g. wedi goroesi. Arweiniodd y ffaith fod modd mordwyo'r afon a phresenoldeb **glo** yn lleol at agor gwaith **copr** yn y 1690au, diwydiant a sefydlwyd eisoes yn Aberdulais, nid nepell o'r safle, yn 1584 (gw. Blaenhonddan). Arloeswr gwaith copr Castell-nedd oedd **Humphrey Mackworth**. Dymchwelwyd plasty'r Gnoll, cartref ei deulu, yn 1957 ond mae'r **gerddi**, sy'n cynnwys **rhaeadrau**, **llynnoedd** a ffoleddau, wedi'u hadfer. Roedd datblygu'r gamlas a'r rheilffordd, mentrau y cyfrannodd y noddwr lleol Howel Gwyn o Ddyffryn Clydach yn hael atynt, yn hwb i dwf y dref yn ystod y 19g. Ond aflwyddiannus fu'r ymgais yn 1878 i greu porthladd nofiol i'r dref, ac felly bu'n rhaid parhau i allforio cynnyrch lleol o **Lansawel**.

Mae canol y dref, y rhan fwyaf ohono ar agor i gerddwyr yn unig, yn atyniadol. Yr adeilad amlycaf yw Eglwys Dewi Sant (1869). Yma hefyd ceir nifer o gapeli trawiadol, marchnad dan do, Sefydliad y Mecanyddion (1847; gw. **Sefydliadau'r Mecanyddion**) a gynlluniwyd gan **Alfred Russel Wallace**, a Neuadd Gwyn (1887; amgueddfa Castell-nedd). Canolfan diwydiannau ysgafn Millands a roddodd i'r actor **Ray Milland**, a aned yng Nghastell-nedd, ei enw llwyfan. Sefydlwyd Undeb Rygbi Cymru yng Ngwesty'r Castell yn 1881; caiff yr achlysur ei goffáu yn yr ystafell lle cynhaliwyd y cyfarfod. (Am Abaty Nedd, gw. **Dyffryn Clydach**.)

## CASTELL-NEDD PORT TALBOT Bwrdeistref sirol (45,192ha; 134,468 o drigolion)

Yn 1974 dynodwyd **Castell-nedd**, **Port Talbot**, **Dyffryn Lliw** ac **Abertawe** yn bedwar dosbarth yn sir newydd **Gorllewin Morgannwg**. Roedd Castell-nedd yn cynnwys bwrdeistref a'r rhan fwyaf o ddosbarth gwledig Castell-nedd, a Phort

Castellnewydd Emlyn: acwatint Henry Wigstead, yn seiliedig ar Thomas Rowlandson, *c.*1794

Talbot yn cynnwys bwrdeistref Port Talbot a dosbarth trefol **Glyncorrwg**. Adeg yr ad-drefnu yn 1996 disgwylid y byddai'r ddau ddosbarth yn cael eu dynodi'n **fwrdeistrefi sirol**, a bu protestiadau pan gyfunwyd y ddau â phump o gymunedau (gw. **Cymuned**) a fu gynt yn rhan o Ddyffryn Lliw i ffurfio bwrdeistref sirol Castell-nedd Port Talbot. Yn 2001 roedd 28.82% o drigolion y fwrdeistref sirol â rhywfaint o afael ar y **Gymraeg**, gyda 12.83% yn gwbl rugl yn yr iaith. (Gw. hefyd **Gwauncaegurwen** a **Port Talbot**: Tai-bach.)

## CASTELLNEWYDD AR OGWR, Y (Newcastle Higher), Pen-y-bont ar Ogwr (661ha; 3,695 o drigolion)

Lleolir y **gymuned** hon yn union i'r gogledd-orllewin o **Ben-y-bont ar Ogwr**, ac mae'n cynnwys pentrefi Pen-y-fai, Cwrt Colman ac Abercynffig. Codwyd ysbyty Pen-y-fai yn y 1860au fel Seilam Morgannwg. Mae Cwrt Colman, a godwyd i deulu Llewellyn yn y 1830au, bellach yn westy. Yn agos i'w glwydi y mae'r eglwys, y persondy a'r ysgol a gomisiynwyd gan y teulu yn 1903. Mae Eglwys Sant Ioan, Abercynffig, yn un arall o'r eglwysi a gynlluniwyd gan **John Prichard**.

## CASTELLNEWYDD EMLYN (Newcastle Emlyn), Sir Gaerfyrddin (291ha; 973 o drigolion)

Hanfod y **gymuned** hon ar lannau **Teifi** yw tref Castellnewydd Emlyn, sy'n ymestyn ar draws yr afon i Atpar yng **Ngheredigion** (gw. **Llandyfrïog**). Yma yr oedd canolfan weinyddol cwmwd **Emlyn** Uwch Cuch. Crybwyllir y castell newydd yn Emlyn gyntaf yn ***Brut y Tywysogyon*** yn 1215, pan gipiwyd y cadarnle gan **Llywelyn ap Iorwerth**. Erbyn *c.*1240 yr oedd ym meddiant Maredudd ap Rhys o **Ddeheubarth**. (Roedd castell cynharach Emlyn yng **Nghilgerran** yn Emlyn Is Cuch.) Fe'i cipiwyd gan goron **Lloegr** yn 1288. Mae adfail y porthdy deudwr yn dyddio o'r 1340au, pan oedd Llywelyn ap Gwilym, ewythr i'r bardd **Dafydd ap Gwilym**, yn gwnstabl y castell. Fe'i dinistriwyd yn ystod **Gwrthryfel Glyndŵr**, a'i ailgodi gan **Rhys ap Thomas** *c.*1500. Ffrwydrwyd y castell yn dilyn y **Rhyfeloedd Cartref** yn yr 17g.

Mae gan Eglwys y Drindod Sanctaidd (1840au, 1920au) dŵr hardd a llawr o **lechi** Cilgerran. Mae tri chapel deniadol yn y dref. Mae mart **defaid** a **gwartheg** y dref yn gwasanaethu ardal eang. O'r tri brawd a fagwyd ar fferm Parc Nest ar gyrion y dref, enillwyd cadair yr **Eisteddfod** Genedlaethol gan John Gwilym Jones (g.1936), y goron gan Aled Gwyn (g.1940), a'r goron a'r gadair gan T. James Jones (g.1934).

## CAS-WIS (Wiston), Sir Benfro (4,421ha; 848 o drigolion)

Mae'r **gymuned** hon wedi'i lleoli yng nghanol **Sir Benfro** i'r gogledd-ddwyrain o **Hwlffordd**, ac yn cynnwys pentrefi Cas-wis, Clarbeston, Clarbeston Road a Waltwn. Codwyd Castell Cas-wis gan un o'r **Ffleminiaid**, Wizo (m. cyn 1130), a gipiodd rannau helaeth o gantref **Daugleddau**. Ar ôl iddo gael ei ddinistrio bron yn llwyr gan **Llywelyn ap Iorwerth** yn 1220, gorchmynnodd Harri III ei ailgodi. Mae ganddo feili mawr a mwnt uchel ac arno weddillion gorthwr gwag, a ychwanegwyd yn y 13g. mae'n debyg. Rhwng y **Deddfau 'Uno'** ac 1918 roedd Cas-wis yn un o **fwrdeistrefi** etholaeth seneddol Bwrdeistrefi Sir Benfro. Yn Eglwys y Santes Fair, Cas-wis, ac Eglwys y Santes Fair, Waltwn, mae rhai nodweddion canoloesol wedi goroesi. Yn 1645 trechodd **Rowland Laugharne** fyddin y brenin ar Waun Colby. Roedd Pentyparc, a godwyd yn wreiddiol yn 1710, yn un o gartrefi teulu **Philipps**, Castell Pictwn. Datblygodd Clarbeston Road o

Catrin o Ferain: portread Adriaen van Cronenburgh, 1568

amgylch cyffordd y rheilffordd lle mae lein **Abergwaun** yn ymuno â lein **Aberdaugleddau**.

## CATRAWD FRENHINOL CYMRU

Ffurfiwyd Bataliwn Cyntaf Catrawd Frenhinol Cymru yn 1969 o Fataliynau Cyntaf 24ain Gatrawd y Troedfilwyr (**South Wales Borderers**) a 41ain Gatrawd y Troedfilwyr (y **Gatrawd Gymreig**). Bu'n gwasanaethu mewn llawer rhan o'r byd, gan gynnwys Belize, yr Almaen, Hong Kong, Gogledd **Iwerddon** a Simbabwe. Yn 2004 penderfynwyd uno'r gatrawd gyda'r **Ffiwsilwyr Brenhinol Cymreig** ac ar 1 Mawrth 2006 daeth catrawd newydd y Cymry Brenhinol i fodolaeth. Trydydd Bataliwn y gatrawd honno yw'r unig uned ymhlith troedfilwyr y Fyddin Diriogaethol sy'n recriwtio drwy **Gymru** oll.

## CATRAWD GYMREIG

Yn 1719 ffurfiwyd 41ain Gatrawd y Troedfilwyr fel catrawd o fethedigion ar gyfer dyletswydd garsiwn yn unig, a daeth yn rhan o'r fyddin sefydlog yn 1787. Ailenwyd ei Hail Fataliwn, a oedd â chysylltiad â de Swydd Lincoln, yn 69ain Gatrawd y Troedfilwyr. Rhoddwyd yr enw 'the Welch Regiment' ar y 41ain o 1831 ymlaen, sefydlwyd canolfan yn **Sir Benfro** i'r ddwy gatrawd ac, yn 1881, daethant yn Fataliwn Cyntaf/Ail Fataliwn y Gatrawd Gymreig (y 'Welsh Regiment' erbyn hynny). Ehangwyd y gatrawd i gynnwys 35 bataliwn yn ystod y **Rhyfel Byd Cyntaf**, ac adferwyd y sillafiad 'Welch' yn 1920. Rhwng 1939 ac 1945 bu'r gatrawd yn ymladd yng ngogledd Affrica, ar dir mawr Ewrop ac yn Burma. Yn 1969 fe'i cyfunwyd â'r **South Wales Borderers** i greu **Catrawd Frenhinol Cymru**.

## CATRIN O FERAIN (1534/5–91) 'Mam Cymru'

Roedd Catrin o Ferain (**Llannefydd**) yn wyres i fab gordderch i Harri VII, ac roedd yn perthyn i lawer o'r teuluoedd mwyaf blaenllaw yn y gogledd. Cafodd nifer o ddisgynyddion o dair o'i phedair priodas, a dyna pam y gelwid hi yn 'Fam Cymru'. Ei gwŷr oedd Siôn Salsbri (gw. **Salusbury, Teulu**) o Leweni (**Dinbych**), Richard Clough o Ddinbych, Morys Wynn o Wydir (**Trefriw**; gw. **Wynn, Teulu**) ac Edward Thelwall o Blas-y-ward (**Llanynys**); priododd rhai o'i phlant â'i llysblant. Dienyddiwyd Tomos Salsbri, y mab hynaf o'i phriodas gyntaf, am ei ran yng Nghynllwyn Babington (1586).

## CATHEINIOG Cwmwd

Roedd Catheiniog, un o saith **cwmwd** y **Cantref Mawr**, a thiriogaeth Cathen ap Cawrdaf, yn cynnwys peth o dir mwyaf ffrwythlon Dyffryn **Tywi**. Ei brif eglwys oedd yr un yn **Llangathen**. Yn y cwmwd hwn yr oedd Castell Dryslwyn. Daeth Catheiniog yn enw ar hwndrwd yn sgil y **Deddfau 'Uno'**.

## CATHOD

Roedd y gath wyllt (*Felis sylvestris*) ar gael yn y rhannau gwylltaf o Gymru hyd y 19g., ond erbyn hyn yr unig ran o **Brydain** lle y mae wedi goroesi yw'r **Alban**. Fe'i difodwyd yn raddol wrth i ynnau ddod yn gyffredin ac wrth i giperiaid luosogi, ac erbyn 1850 fe'i cyfyngid i **Eryri** ac ardaloedd mwyaf anghysbell y canolbarth. Y cofnod dibynadwy olaf am yr anifail yng Nghymru yw hanes saethu cath wyllt yn Aber-miwl (**Llandysul**, **Sir Drefaldwyn**) yn 1862, er bod nifer o gathod domestig lled wyllt yn parhau i feddu ar rai o nodweddion ffisegol y gath wyllt hyd ddechrau'r 20g.

Yn y **gyfraith** Gymreig yn yr Oesoedd Canol rhoddid gwerth mawr ar y gath ddof (*Felis domesticus*) am ei bod yn amddiffyn ysguboriau rhag cnofilod. Y ddirwy am ladd cath oedd y swm o rawn a oedd yn angenrheidiol i orchuddio'n gyfan gwbl gorff y gath wrth iddi gael ei dal gerfydd blaen ei chynffon gyda'i thrwyn yn cyffwrdd y ddaear. Ceir llawer o lên gwerin yn ymwneud â chathod. Er enghraifft, credid bod **gwrachod** yn eu troi eu hunain yn gathod, a defnyddid cathod nid yn unig i ddarogan y tywydd ond hefyd i ddynodi ai i'r nefoedd ynteu i uffern yr âi enaid rhywun a oedd newydd farw.

Er y 1970au cafwyd adroddiadau cyson am gathod mawr megis pantherod, llewpartiaid du a phwmaod yn crwydro cefn gwlad Cymru gan larpio da byw. Gallai'r rhain fod wedi dianc neu efallai fod wedi'u rhyddhau'n fwriadol o ddwylo preifat yn dilyn Deddf Anifeiliaid Peryglus 1976.

## CATHOLIGION RHUFEINIG

Roedd Eglwys Gymreig yr Oesoedd Canol yn cydnabod awdurdod Rhufain ac yn rhan o'r Eglwys Gatholig (yn yr ystyr o eglwys fyd-eang; gw. **Crefydd**). Serch hynny, prin y gellir ei galw'n Eglwys Gatholig Rufeinig, oherwydd nid yw'r term 'Roman Catholic' yn cael ei gofnodi cyn 1605, ac ni cheir enghraifft o'r term Cymraeg, 'Catholig Rhufeinaidd', hyd 1658. Erbyn dechrau'r 17g. roedd Protestaniaid Cymru yn ystyried Catholigion Rhufeinig fel pobl a drodd eu cefnau ar y gwirioneddau a oedd wedi'u crisialu gan y **Diwygiad Protestannaidd**; yn eu tro, credai'r Catholigion mai hwy'n unig a feddai ar y wir ffydd.

Prin oedd y croeso yng Nghymru i'r newidiadau crefyddol a gyflwynwyd gan Harri VIII, ac roedd llai fyth o groeso i'r newidiadau mwy radical a gyflwynwyd yn ystod teyrnasiad Edward VI. Yn ystod teyrnasiad Mari I (1553–8), pan wnaed ymdrech benderfynol i wrthdroi'r newidiadau hynny, dim ond 12 Cymro a deimlodd yr angen i fynd yn alltud. Yn wir, pe bai Mari wedi byw'n hwy, mae'n bosibl y byddai wedi llwyddo i wneud Cymru yn gadarnle Catholig o'r newydd. Fodd bynnag, cafodd cyfundrefn eglwysig gymhedrol Elizabeth I ei derbyn gan drwch y Cymry, yn rhannol oherwydd fod gan y wladwriaeth y fath afael ar bob rhan o Gymru erbyn diwedd y 16g., yn dra gwahanol i'r sefyllfa yn **Iwerddon**, lle methodd swyddogion coron **Lloegr** â rhwystro gweithgareddau'r rhai hynny a oedd yn benderfynol y byddai'r **Gwyddelod** yn aros yn deyrngar i'r Hen Ffydd. Ceid yng Nghymru rai unigolion a oedd yr un mor benderfynol, ac ymhlith y 40 merthyr o Gymru a Lloegr a ganoneiddiwyd gan y Pab yn 1970 yr oedd yr athro ysgol **Richard Gwyn**, a ddienyddiwyd yn 1584, a'r offeiriad **William Davies**, a ddienyddiwyd yn 1593 (gw. **Merthyron Catholig**). Chwaraeodd Cymry ran amlwg yn y gwaith o hyfforddi offeiriaid cenhadol mewn mannau megis Rhufain a Douai, ac mae gweithiau reciwsantaidd yn elfen bwysig mewn **llenyddiaeth** Gymraeg.

Fodd bynnag, anffrwythlon ar y cyfan fu ymdrechion yr alltudion Catholig, er i Gatholigiaeth oroesi mewn rhannau o Gymru, yn enwedig yn **Sir Fynwy** lle'r oedd dylanwad teulu reciwsantaidd **Somerset** o **Raglan** yn fawr, ac yn **Sir y Fflint**, lle'r oedd **Treffynnon** o hyd yn gyrchfan pererinion (gw. **Pererindota**). Wrth i'r 17g. fynd rhagddi tyfodd casineb cyffredinol tuag at Gatholigiaeth ymhlith pobl Cymru, casineb a fwydwyd gan straeon am Chwil-lys Sbaen a chan erlid Louis XIV ar yr Huguenotiaid, ynghyd ag ofnau y byddai byddinoedd o Gatholigion Gwyddelig yn ymosod. Bu'r Cynllwyn Pabaidd (1678–9) yn gyfle i fynegi'r dicter hwnnw, ac o'r 1670au hyd y mewnfudo o Iwerddon yn ystod y 19g. gwanychu a wnaeth yr Hen Ffydd yng Nghymru a bu ond y dim iddi ddiflannu'n llwyr.

Datgelodd cyfrifiad crefyddol 1851 nad oedd ond 20 o eglwysi Catholig yng Nghymru, gyda bron i hanner y rheini yn Sir Fynwy. Erbyn hynny, fodd bynnag, roedd 20,000 o Wyddelod wedi ymsefydlu yng Nghymru, y mwyafrif llethol ohonynt yn Gatholigion, ac yn ystod yr hanner canrif ddilynol gwnaed ymdrechion glew i gwrdd â'u hanghenion crefyddol ac addysgol. Rhoddwyd hwb i'r ymdrechion hyn pan ailsefydlwyd yr hierarchiaeth Gatholig yn 1850. Sefydlwyd esgobaeth Casnewydd a Mynyw, yn cynnwys saith sir ddeheuol Cymru ynghyd â **Swydd Henffordd**; daeth y chwe sir ogleddol yn rhan o esgobaeth Amwythig (gw. **Esgobaethau**). Roedd esgobaeth **Casnewydd** yn rhywfaint o eithriad, oherwydd roedd ei hesgob mwyaf nodedig, John Cuthbert Hedley (esgob, 1881–1915), yn byw yng **Nghaerdydd**, ac yn Belmont yn Swydd Henffordd yr oedd canolfan ysbrydol yr esgobaeth. Yn 1895 ymgorfforwyd y chwe sir ogleddol, ynghyd â phob un o'r **siroedd** deheuol ar wahân i **Sir Forgannwg** a Sir Fynwy, yn Ficeriaeth Cymru, maes cenhadol yr oedd ei anghenion yn cael eu hystyried yn rhai gwahanol i eiddo'r ddwy sir dde-ddwyreiniol, ddiwydiannol. Sefydlwyd archesgobaeth **Caerdydd** yn 1916. Yn 1987 rhannwyd Mynyw (Menevia, hynny yw gogledd a de-orllewin Cymru) yn esgobaeth **Wrecsam** (y chwe sir ogleddol a fodolai cyn 1974) ac esgobaeth Mynyw (pump o'r siroedd deheuol a fodolai cyn 1974, ynghyd â **Gorllewin Morgannwg**). Roedd esgobaeth newydd Mynyw yn cyfateb bron yn union i esgobaeth ganoloesol **Tyddewi** – a hynny'n briodol ddigon gan mai Mynyw neu Maenor Fynyw oedd enw'r esgobaeth ganoloesol hefyd.

Er mai pobl o dras Gwyddelig oedd y garfan gryfaf o hyd, erbyn canol yr 20g. roedd ymfudwyr o wledydd eraill, megis yr Eidal a Gwlad Pwyl, yn amlwg ymhlith Catholigion. Cafwyd hefyd dröedigaethau ymhlith y Cymry brodorol, datblygiad a hybwyd gan benodiad **Francis Mostyn** o hen deulu Mostyn, Sir y Fflint, yn archesgob Caerdydd yn 1920 a chan gydymdeimlad dwfn ei olynydd, **Michael McGrath** (archesgob, 1939–1961), â Chymreictod. Ymhlith y rhai a drodd at y ffydd Gatholig yr oedd rhai enwau amlwg, yn enwedig **Saunders Lewis**, llywydd **Plaid [Genedlaethol] Cymru** (1926–39). Ond roedd gwrth-Gatholigiaeth yn araf i gilio, fel y tystiai'r ymosodiadau a fu ar Saunders Lewis a chyndynrwydd rhai awdurdodau lleol i neilltuo cyllid digonol i ysgolion Catholig. Bu newid trawiadol mewn agweddau pan ymunodd yr Eglwys Gatholig â'r cylch eciwmenaidd yn y 1960au, a bu croeso mawr i'r Pab pan ymwelodd â Chymru yn 1982. Erbyn hynny, fodd bynnag, roedd hyder y ganrif flaenorol wedi dechrau edwino wrth i'r Eglwys, yn wyneb seciwlariaeth gynyddol yng Nghymru, ddechrau gweld dirywiad yn nifer yr addolwyr cyson.

## CAU'R TAFARNAU AR Y SUL

Deilliodd yr ymgyrch i gau'r tafarnau ar y Sul yng Nghymru o barch efengylaidd tuag at y Saboth, gweithgarwch mudiadau dirwestol a llwyrymwrthodol megis yr *United Kingdom Alliance* a'r awydd i Gymru gael yr un ddeddfwriaeth ag a fodolai eisoes yn yr **Alban** ac **Iwerddon** (gw. hefyd **Dirwest**). Dan arweiniad John Roberts, aelod seneddol bwrdeistrefi'r **Fflint**, pasiwyd deddf yn 1881 yn atal gwerthu alcohol ar y Sul yng Nghymru (ac eithrio yn **Sir Fynwy**), deddf a ystyrid yn gydnabyddiaeth glir o statws cenedlaethol Cymru. Yn 1890 cyhoeddodd adroddiad Comisiwn Brenhinol fod y ddeddf yn cael ei gweithredu'n effeithlon mewn ardaloedd gwledig ond ei bod yn cael ei hanwybyddu neu ei hosgoi ar raddfa eang yn yr ardaloedd trefol mawr. Gobeithiai ymgyrchwyr dros lwyrymwrthod y byddai'r ddeddf yn arwain at waharddiad llwyr, ond ni ddigwyddodd hynny. Yn ystod y **Rhyfel Byd Cyntaf** gosodwyd rheolaeth gyffredinol ar yfed ac yn 1921 cadarnhawyd deddf 1881 a'i hymestyn i gynnwys Sir Fynwy.

Gan fod y dosbarth canol yn yfed gartref, roedd y ddeddf i bob pwrpas yn ymosodiad ar yfed cyhoeddus y dosbarth gweithiol (gw. **Dosbarth**). Rhoddodd wedd negyddol ar Gymreictod, a daeth rhagrith yn ei sgil gan fod llawer o 'barchusion' yn ddigon parod i fynychu tafarnau ar y Sul trwy'r drws cefn. O 1961 ymlaen cynhaliwyd refferenda lleol bob saith mlynedd, gyda phob pleidlais yn arwain at gynnydd yn nifer y **siroedd** neu'r ardaloedd a ddewisai agor ar y Sul. Yn sgil refferendwm 1989 yr unig ardal sych a oedd ar ôl oedd **Dwyfor**. Gan fod llai nag 1% o bobl Cymru'n byw yn yr ardal hon, prin y gellid honni bellach fod cau ar y Sul yn nodwedd bwysig o arwahanrwydd Cymru. Yn 1996 ymunodd Dwyfor â gweddill Cymru fel ardal 'wlyb'. Yn 2003, pan oedd y refferendwm nesaf i fod i gael ei gynnal, penderfynwyd nad oedd angen y bleidlais bellach. (Gw. hefyd **Sul Cymreig**.)

## CAU TIROEDD

Er bod rhai o gaeau Cymru yn hen iawn, ar ddechrau'r 16g. roedd cyfran helaeth o Gymru o hyd heb ei hamgáu. Dros y ddwy ganrif ddilynol bu landlordiaid wrthi'n frwd yn creu caeau â gwrychoedd, a chawsant anogaeth yn 1757 gan y bardd **John Dyer**: 'Inclose, inclose, ye swains! . . . in fields / Promiscuous held, all culture languishes'. Ddiwedd y 18g. roedd trwch yr iseldir wedi'i amgáu, er bod rhai caeau agored yn aros, yn arbennig yng **Ngŵyr**. Yng nghanolbarth Lloegr, roedd y mudiad amgáu yn y 18g. yn ymwneud â thir âr yr iseldir, ond yng Nghymru roedd yn ymwneud â **thir comin** yr ucheldir. Trawsfeddiannwyd tiroedd helaeth gan landlordiaid, a chrëwyd caeau eraill yn gyfrinachol gan sgwatwyr, yn nhraddodiad y **tai unnos**. Pasiwyd y cyntaf o fesurau amgáu Cymru yn 1733, a rhwng 1793 ac 1818 cafwyd bron i gant o fesurau yn awdurdodi cau 80,000ha o dir Cymru, datblygiad a roes fod i'r muriau cerrig (gw. **Waliau Sychion**) sydd mor nodweddiadol o'r ucheldir. Prif nod y ddeddfwriaeth oedd cryfhau hawliau tirfeddianwyr, ac enynnodd derfysg o du sgwatwyr a ddifeddiannwyd a mân ffermwyr a amddifadwyd o'u hawliau ar y comin.

## CAVE, Jane (*c.*1757–1813) Bardd

Ganed Jane Cave yn **Nhalgarth**, yn ferch i ecseismon o Sais a brofodd dröedigaeth dan ddylanwad **Howel Harris**. Cyhoeddodd *Poems on Various Subjects, Entertaining, Elegiac, and Religious* yn 1783; yr un flwyddyn priododd ecseismon arall o **Loegr**, Thomas Winscom, ac ymsefydlodd y ddau yng Nghaerwynt. Ceir yn ei chyfrol, a argraffwyd bum gwaith yn ystod ei hoes, farwnad i Howel Harris ynghyd â nifer o gerddi sy'n adlewyrchu ei chydymdeimlad â Methodistiaeth. Bu farw yng **Nghasnewydd**.

## CAWL

Pryd a arferai fod yn un cyffredin iawn yn ystod y gaeaf yn y de-orllewin. Câi darnau o gig moch neu gig eidion hallt eu berwi gyda thatws, rwdan, moron a llysiau tymhorol eraill, wedi'u torri'n ddarnau canolig eu maint, a châi'r trwyth ei dewhau gyda blawd ceirch neu flawd plaen. Gweinid y cawl ei hun (heb y cig a'r llysiau) fel cwrs cyntaf a'r llysiau a'r cig fel ail gwrs. 'Cystal yfed o'r cawl â bwyta'r cig', meddai Catwg Ddoeth, 'awdurdod' a ddyfeisiodd Iolo Morganwg (**Edward Williams**), yn ei gasgliad diarhebion. Gwneir cawl o hyd, ond fel un cwrs, a phryd tebyg yn y gogledd yw lobsgows. Torrir y cig a'r llysiau yn fannach ar gyfer hwn, ac yn draddodiadol ni châi'r hylif ei dewhau.

## CAWS

Bu bron i draddodiad hirfaith Cymru o wneud caws ar ffermydd gael ei ddinistrio gan yr **Ail Ryfel Byd**. Am dri degawd cafodd caws enwoca'r wlad, sef **Caerffili**, ei wneud yn **Lloegr** yn unig, ond yn ddiweddar ailgydiwyd yn y grefft o wneud caws ac mae'n ffynnu drachefn fel diwydiant cartref. Bu caws yn un o fwydydd pwysicaf Cymru ers canrifoedd. Roedd **caws ar dost**, neu 'Welsh rabbit', eisoes yn saig genedlaethol erbyn cyfnod y **Tuduriaid**. Ni chafodd caws Caerffili ei enw tan 1831, er bod cawsiau tebyg yn cael eu gwneud ymhell cyn hynny. Pan ddechreuwyd dogni llaeth yn ystod yr Ail Ryfel Byd, daeth diwedd ar wneud caws ar ffermydd, ac nid ailgychwynnwyd tan y 1970au. Pan gyflwynwyd cwotâu llaeth yn 1984, roedd hynny'n sbardun i'r adfywiad a bellach mae oddeutu 25 o wneuthurwyr yn cynhyrchu cawsiau, o gaws fferm traddodiadol Caerffili i gawsiau meddal tebyg i rai Ffrengig a chawsiau arbennig gyda chynhwysion ychwanegol i roi blas iddynt. Bydd puryddion yn aml yn troi trwyn ar y rhai olaf, ond mae cynsail i'r arfer. Roedd caws hufen blas blodau melyn Mair yn boblogaidd yn yr 16g., ac yn y 18g. gwneid caws perlysiau gyda saets a sudd sbigoglys.

## CAWS AR DOST neu CAWS POBI (Welsh Rabbit)

**Caws** wedi'i doddi, ynghyd â llefrith, menyn neu wyau, ar dost – saig draddodiadol sy'n boblogaidd o hyd ym mhob rhan o Gymru. Er gwaethaf y dyb gyffredin mai llygriad o 'rarebit' yw'r enw Saesneg, a gofnodwyd gyntaf yn 1725, cyfeirio at ymborth cynnil y Cymry y mae mewn gwirionedd. Defnyddiodd y bardd John Skelton (*c.*1460–1529) hoffter y Cymry o gaws er mwyn gwawdio'r holl Gymry a dyrrai i'r llys Tuduraidd. Cofnododd stori am Pedr, ac yntau wedi blino ar yr holl Gymry'n ymgiprys am y swyddi gorau yn y nefoedd, yn trefnu i angel sefyll y tu allan i'r pyrth a gweiddi 'caws pobi!' – dyna pryd y rhuthrodd y Cymry allan, a chaewyd y pyrth yn glep ar eu hôl.

## CBI CYMRU

Sefydlwyd Conffederasiwn Diwydiant Prydain (y CBI) yn 1965 ac mae ei aelodau'n cynnwys cwmnïau o bob maint ac o bob sector busnes. Mae'n gweithredu mewn 13 o ardaloedd penodol, a lleolir swyddfa CBI Cymru yng **Nghaerdydd**. Caiff ei ystyried yn brif fudiad busnes **Prydain**, a'i nod yw 'sicrhau bod llywodraeth y dydd, y Comisiwn Ewropeaidd a'r gymuned ehangach yn deall anghenion busnes ym Mhrydain a'r cyfraniad a wna at les cymdeithas yn y Deyrnas Unedig'.

## CECIL, Teulu Tirfeddianwyr a swyddogion

Derbyniodd Robert Sitsyllt (Seisyll), un o ddilynwyr **Robert Fitz Hammo**, Alltyrynys (**Swydd Henffordd**) a stadau yn ymestyn i Gymru trwy briodas. Defnyddiwyd yr enw 'Cecil' gyntaf tua diwedd y 15g. gan Richard Cecil, a briododd â theulu Fychaniaid Tyleglas, **Brycheiniog**. Ymsefydlodd ei ŵyr, Richard eto (m.1552), yn Burghley, Swydd Lincoln a phriododd yntau â theulu o Frycheiniog. Roedd ei fab, William Cecil, Arglwydd Burghley (1520–98), ysgrifennydd gwladol cyntaf Elizabeth I, yn ymfalchïo yn ei dras Cymreig.

## CEDEWAIN Cwmwd

Roedd y **cwmwd** hwn yn cynnwys rhan helaeth o ddeddwyrain yr hyn a fyddai'n ddiweddarach yn **Sir Drefaldwyn**. Efallai mai 'tiriogaeth Cadaw' yw ystyr yr enw, er na wyddys pwy oedd Cadaw. Rhan o **Bowys** ydoedd yn draddodiadol, ond fe'i cipiwyd *c.*1262 gan **Llywelyn ap Gruffudd** a aeth ati i'w gyfnerthu trwy adeiladu Castell Dolforwyn (gw. **Llandysul (Sir Drefaldwyn)**). Yn 1279 rhoddwyd Cedewain i deulu **Mortimer**, ac o'u dwylo hwy aeth i feddiant teulu **York** ac yna i'r Goron. Digon tebyg i ffiniau'r cwmwd canoloesol oedd ffiniau **hwndrwd** Cydewain a grëwyd yn sgil y **Deddfau 'Uno'**.

### CEDWELI Cwmwd

Rhan orllewinol **Eginog**, un o dri chantref **Ystrad Tywi**, oedd y **cwmwd** hwn a ddeuai'n ddiweddarach yn dde-ddwyrain **Sir Gaerfyrddin**. Yn gynnar yn ei hanes fe'i rhannwyd yn ddau – Cedweli a **Charnwyllion**. Ar ôl y Goresgyniad Normanaidd, ffurfiai'r ddau gwmwd arglwyddiaeth **Cydweli**.

### CEFN, Wrecsam (803ha; 6,699 o drigolion)

Cafodd yr ardal hon, sydd yng ngheg dyffryn **Llangollen** – ardal a fyddai'n ddiweddarach yn **gymuned** Cefn ac a fuasai gynt yn blwyf Cefn-mawr – ei diwydiannu'n helaeth yn sgil sefydlu ffwrnesi chwyth yn Acrefair *c.*1800. Gwnaeth y gwaith, a ddaeth i feddiant y Cwmni Haearn Prydeinig yn 1823, argraff fawr ar **George Borrow**; fe'i caewyd yn 1888. Er mwyn tynnu **olew** o siâl **glo**, sefydlwyd Gwaith Cemegol Monsanto yn 1867, gwaith Flexsys erbyn hyn. Ceir capeli deniadol yn Acrefair, Cefn-mawr a Rhosymedre. Mae Plas Madog yn ganolfan hamdden uchelgeisiol. Agorwyd Parc Gwledig helaeth Tŷ Mawr ar hyd glannau afon **Dyfrdwy**.

### CEFN FFOREST, Caerffili (64ha; 3,589 o drigolion)

**Cymuned** fach gwbl drefol ar gyrion gorllewinol y **Coed Duon** yw Cefn Fforest. Hi yw'r leiaf o ran arwynebedd o holl gymunedau Cymru.

### CEFN MEIRIADOG, Sir Ddinbych (1,351ha; 440 o drigolion)

Yn y **gymuned** hon, sydd yn union i'r de-orllewin o **Lanelwy**, y cafwyd y dystiolaeth gynharaf o fywyd dynol yng Nghymru – y dannedd (250,000 CC) a ddarganfuwyd yn ogof Bont Newydd yn uchel uwchben Dyffryn Elwy (gw. **Oesau Cynhanesyddol**; yr Oes Balaeolithig a'r Oes Fesolithig). Cafodd ymweliad Charles Darwin â'r ogof yn 1829 ddylanwad ar ddatblygiad ei ddamcaniaethau. Yng Nghapel Ffynnon Fair (15g.) mae dyfroedd y ffynnon yn llifo i fasn siâp seren. Roedd stad Plas-yn-Cefn yn rhan o diroedd enfawr teulu **Williams Wynn**. Mae'r teulu yn dal i fyw yn y plasty. Cartref y bardd **Siôn Tudur** (*c.*1522–1602) oedd Wigfair, a ailluniwyd gan **John Douglas** yn 1884. Cartref y geiriadurwr Henry Salisbury (1561–1637?) oedd Dôl-belydr. Roedd Peter Roberts (*fl.*1578–1646), awdur cronicl diddorol, *Y Cwtta Cyfarwydd*, yn frodor o Gefn Meiriadog. Bu John Fisher (1862–1930), cyd-awdur *Lives of the British Saints*, a'r hanesydd D. R. Thomas (1833–1915) yn rheithoriaid yn Eglwys y Santes Fair (1864), a saif mewn man hyfryd ar fryn amlwg. Mae Maes Robert (1974) yn enghraifft hyfryd o dai lloches.

### CEFNCRIBWR, Pen-y-bont ar Ogwr (748ha; 1,546 o drigolion)

Mae'r **gymuned** hon, i'r gogledd-orllewin o **Ben-y-bont ar Ogwr**, yn cynnwys gweddillion ffwrnais siarcol a godwyd yn y 1770au ar gyfer cynhyrchu **haearn**. Mae peiriandy ac odynau o'r 1820au hefyd wedi goroesi. Gerllaw mae gweithfeydd glo brig enfawr (gw. **Glo**). Ceir noddfa i adar dŵr ym Mharc Natur Parc Slip.

### CEFFYL PREN, Y

Ffordd o ddilorni troseddwr yn gyhoeddus trwy ei gario ef neu ddelw ohono ar ysgol neu bolyn, yn aml o flaen ei dŷ liw nos. Weithiau cynhelid ffug achos ymlaen llaw ac yna ffurfio gorymdaith swnllyd o ddynion mewn gwisgoedd **menywod** a'u hwynebau wedi'u pardduo. Fel arfer ar gyfer camweddau rhywiol neu drais yn y cartref y defnyddid y ceffyl pren ac roedd yn ffordd answyddogol, ond effeithiol, cyn sefydlu'r **heddlu**, o gadw trefn a mynegi barn gyhoeddus ardal. O'r arfer hwn y deilliodd dull ymosodiadau terfysgwyr **Rebeca** ar dollbyrth y de-orllewin yng nghanol y 19g. 'Cwlstrin' oedd yr enw ar y ceffyl pren yn **Sir Forgannwg** ac adwaenid yr arfer yn **Lloegr** wrth yr enw 'skimmington'.

### CEFFYLAU, MERLOD A CHOBIAU

Roedd ceffylau hywedd ym **Mhrydain** mor gynnar â'r Oes Neolithig, ond nid oes unrhyw dystiolaeth archaeolegol eu bod yn cael eu defnyddio mewn harnais tan yr Oes Efydd. Erbyn yr Oes Haearn roedd gwerth mawr ar geffylau bach 'Celtaidd', cyndadau'r ferlen fynydd Gymreig, ac addolid y gaseg-dduwies Epona. (Gw. **Oesau Cynhanesyddol**.)

Gwahaniaetha **cyfraith** Cymru'r Oesoedd Canol rhwng y ceffyl marchogaeth, y pynfarch a'r ceffyl gwaith. Ar ddiwedd y 12g. canmolodd **Gerallt Gymro** geffylau **Powys** gyda'u gwaed Sbaenaidd. Disgynnydd i'r rhain, wedi'i groesi gyda cheffylau Arabaidd yn ystod y croesgadau, yw'r cob Cymreig. Dechreuwyd defnyddio ceffylau gwedd neu drwm, disgynyddion cadfeirch mawr y **Normaniaid**, i bwrpasau amaethyddol o'r 18g. ymlaen, a disodlasant yr ychen mewn timau aredig; defnyddid cobiau hefyd fel ceffylau gwaith, yn arbennig ar ffermydd mynydd. Yn ystod y 19g. bu llawer o feithrin ar ferlod a chobiau ar gyfer marchogaeth ac i dynnu certi ysgafn, ac roedd galw sylweddol am ferlod pwll **glo**; gellid gweld ychydig o'r rhain mewn pyllau glo bychain, preifat mor ddiweddar â'r 1990au.

Yn 1911 roedd 175,000 o geffylau gwedd yn gweithio ar ffermydd Cymru. Daliasant eu tir mewn **amaethyddiaeth** hyd y 1950au, pan ddisodlwyd hwy bron yn gyfan gwbl gan dractorau. Heddiw, mae ceffylau gwedd sy'n gweithio yn brin eithriadol, ond gellir eu gweld, wedi'u trimio a'u plethu, mewn sioeau amaethyddol ac mewn gornestau aredig. Yn yr un modd, denir torfeydd i rasys ceffylau (gw. **Rasio Ceffylau**), rasys trotian, i bencampwriaethau arddangos a neidio ceffylau, i gystadlaethau gyrru mewn harnais, a digwyddiadau eraill megis **hela**. Mae bridio anifeiliaid pedigri, yn arbennig y bridiau cynhenid, yn ddiwydiant gwerth miliynau o bunnau, er bod gorfridio tua diwedd yr 20g. wedi arwain at ladd nifer gynyddol o ferlod ar gyfer bwyd **cŵn** ac ar gyfer y farchnad cig ceffylau ar dir mawr Ewrop.

Ceir pedwar brîd cynhenid y mae eu pedigri wedi'i ddogfennu gan y Gymdeithas Merlod a Chobiau Cymreig, y fwyaf o ddeg cymdeithas bridiau cynhenid Prydain. Sefydlwyd y gymdeithas yn 1901, ac yn 1902 cyhoeddodd y gyfrol gyntaf o'r *Welsh Stud Book*, sy'n cynnwys manylion bridio pedair 'Adran' o ferlen neu gob Cymreig; gall pob un fod o unrhyw liw ar wahân i frithliw neu goch a gwyn:

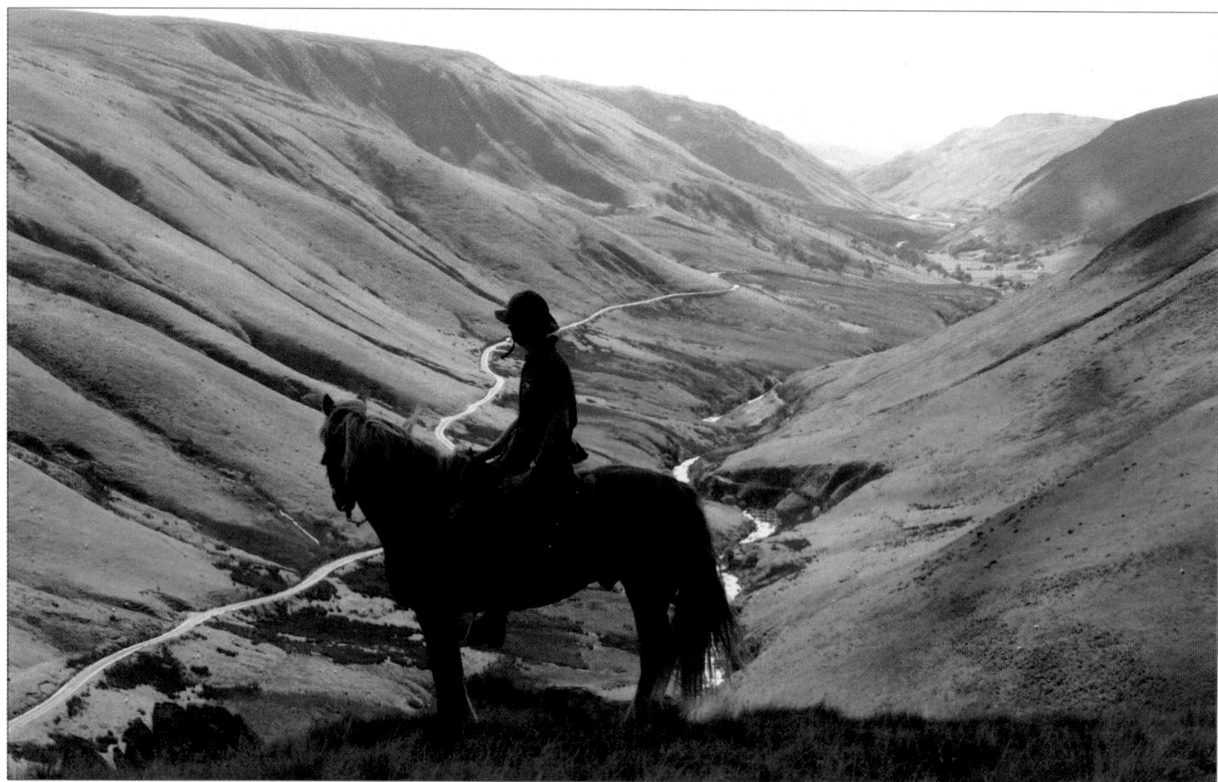

Y cob Cymreig

Y FERLEN FYNYDD GYMREIG (ADRAN A) – Wedi'u bridio yn y mynyddoedd a'r ardaloedd gwyllt am sawl cenhedlaeth, maent yn wydn, yn nwyfus a deallus, gydag anian garedig sy'n eu gwneud yn boblogaidd ar hyd a lled y byd fel merlen i blant farchogaeth arni. Ni ddylent fod yn dalach na 12 dyrnfedd neu law (121.9cm).

Y FERLEN GYMREIG (ADRAN B) – Maent yn debyg i'r ferlen fynydd Gymreig ond yn fwy, er nad yn fwy na 13.2 llaw (137.2cm). Hwy gynt oedd prif ddull y ffermwr mynydd o deithio, i yrru **defaid**, **gwartheg** a merlod gwyllt dros diriogaeth arw a mynyddig. Maent yn neidwyr naturiol, a rhaid iddynt fod yn wydn, yn gytbwys a chyflym er mwyn goroesi.

MERLEN GYMREIG O DEIP Y COB (ADRAN C) – Cymar cryfach y ferlen Gymreig, ond gyda gwaed cob; mae'r merlod hyn yn neidwyr naturiol ac yn rhagori mewn harnais. Ni ddylent fod yn dalach na 13.2 llaw (137.2cm).

Y COB CYMREIG (ADRAN D) – Disgrifir y cob Cymreig yn aml fel 'yr anifail marchogaeth a gyrru gorau yn y byd', ac mae'n enwog am ei ddewrder, ei natur hydrin, ei ystwythder a'i ddygnwch. Mae'r cobiau'n helwyr da a pherfformiant yn dda ym mhob chwarae cystadleuol. O ran taldra maent rhwng 14 llaw (142.2cm) a 15 llaw (152.4cm), ond ni chyfyngir ar eu taldra.

## **CEGIDFA (Guilsfield)**, Sir Drefaldwyn, Powys (3,001ha; 1,640 o drigolion)

Mae'r **gymuned** hon yn union i'r gogledd-orllewin o'r **Trallwng**. Ystyr enw Cymraeg y gymuned, sy'n hŷn na'r enw Saesneg, yw 'lle'r cegid' (sef y planhigyn *Conium maculatum*). Mae'r pentref ei hun, a ehangodd gryn dipyn tua diwedd yr 20g., yn frith o adeiladau o'r 18g. a'r 19g. Arwydd o'i ffyniant yw'r isgamlas a dorrwyd er mwyn ei gysylltu â Chamlas Sir Drefaldwyn. Mae gan Eglwys Aelhaearn, un o'r rhai harddaf yn y sir, dŵr cadarn (*c*.1300), corff a changell hyfryd o gymesur (15g. a 16g.) a nenfwd paentiedig ysblennydd o ddechrau'r 16g. gyda boglynnau diddorol a nifer o gofebau. Adferwyd yr eglwys yn ofalus yn 1879.

Yng Nghegidfa yn 1417 y daliwyd Syr John Oldcastle, un o'r **Lolardiaid** a gŵr y tybir bod Falstaff **Shakespeare** wedi'i seilio arno. Mae Neuadd Maesmawr (1692) a Neuadd Trawscoed (1777) yn adeiladau deniadol, y naill yn Iseldiraidd yr olwg a'r llall yn Sioraidd, ond prif ogoniant y lle oedd y Garth, a godwyd *c*.1809 ar gyfer Richard Mytton, caplan i lywodraethwr cyffredinol India. Y plasty hwn, a chwalwyd yn 1946, oedd unig adeilad neo-Mogylaidd Cymru. Yng Nghoedlan Crowther (gw. Trallwng, Y) cafwyd hyd i gasgliad o dros gant o arfau a chelfi efydd – Casgliad Cegidfa, sydd yn awr yn **Amgueddfa [Genedlaethol] Cymru**.

## **CEI CONNAH (Connah's Quay)**, Sir y Fflint (1,860ha; 16,526 o drigolion)

Lleolir rhannau gogleddol a deheuol y **gymuned** hon o boptu glannau afon **Dyfrdwy**. Crëwyd ei phorthladd (a enwyd yn New Quay yn wreiddiol) yn 1793 er mwyn darparu angorfeydd ar gyfer 15 o longau hwyliau. Yn 1816 agorwyd y rheilffordd a gysylltai **Fwcle** â'r porthladd, a dechreuwyd allforio brics, priddlestri a **glo**. Roedd hefyd yn ganolfan **adeiladu llongau** ac yma yr arferai Ferguson, McCallum a Baird (1859–1917) adeiladu llongau ager a sgwneri tri hwylbren, a Crichtons (1910–35) gychod dur.

Yn 1896 cliriwyd y llaid ar lan ogleddol yr afon er mwyn darparu safle ar gyfer gweithfeydd John Summers o Stalybridge (gw. **Shotton, Gwaith Dur** a **Summers, Teulu**). Gwaith **haearn** ydoedd yn wreiddiol ond dechreuwyd cynhyrchu dur yn 1902. Roedd gan y cwmni ei gei ei hun a fflyd o **longau** a gludai ddur i **Lerpwl**. Erbyn 1969 roedd yn cyflogi dros 13,000 o bobl. Daeth y gwaith o gynhyrchu dur i ben yn 1979, gan adael dim ond melin cotio dur a gyflogai 2,500. Y drws nesaf i'r safle mae maes saethu mawr. Mae pont newydd (1998) yn cario'r A548 ar draws afon Dyfrdwy. Gerllaw mae gorsaf cynhyrchu trydan (1950–8) sydd wedi'i haddasu i losgi nwy naturiol (gw. **Ynni**). Mae'r dref gryno ei ffurf yn cynnwys maestrefi Gwepra a Golftyn (*Ulfemiltone*) a grybwyllir yn Llyfr Domesday.

## CEILYS

Ymdebygai bowlio neu chwarae ceilys (o'r **Saesneg** Canol *keyles* neu *kayles*) i chwarae sgitls neu fowlio-deg (gw. **Bowlio**). Gosodid nifer o geilys, sef targedau pren (amrywiai'r nifer o gêm i gêm), i sefyll mewn man neilltuol. O bellter penodedig, taflai'r chwaraewr ddisg pren wedi'i ymylu â haearn at y ceilys, neu fowlio pêl bren atynt, gyda'r bwriad o daro cynifer ohonynt i lawr â phosibl. Bu'r chwarae yn boblogaidd ar hyd y canrifoedd gan ddenu betio trwm, ac o'r herwydd fe'i gwaharddwyd.

## CEINEWYDD (New Quay), Ceredigion (321ha; 1,115 o drigolion)

Saif Ceinewydd ar godiad tir, gan edrych dros un o draethau mwyaf atyniadol Bae Ceredigion. Codwyd y 'cei newydd' gwreiddiol cyn 1700 i ddiogelu **llongau** a geisiai loches. Saif y cei hwnnw yng nghysgod y pier carreg mwy diweddar a godwyd yn sgil Deddf Harbwr Ceinewydd 1835. Daeth y lle yn ganolfan **adeiladu llongau**; adeiladwyd yno dros 200 o longau hwylio hyd at 300 tunnell fetrig, a'r olaf ohonynt yn 1882. Roedd cwmni a yswiriai longau yn benodol i'w gael yng Ngheinewydd, a ffynnodd y busnes cludo trwy'r rhan fwyaf o'r 19g. Fodd bynnag, erbyn diwedd y ganrif, dirywiodd y fasnach longau hwylio'n gyflym, ac ni wireddwyd y gobeithion y byddai cysylltiad â'r rheilffordd yn dod â chyfleoedd newydd. Erbyn dechrau'r 20g. wynebai Ceinewydd argyfwng, sy'n esbonio, efallai, ei le amlwg yn niwygiad crefyddol 1904–5 (gw. **Diwygiadau**). Ymhen amser, cynigiai **twristiaeth** ryw fesur o waredigaeth, er bod natur dymhorol y diwydiant hwnnw'n golygu bod y **gymuned** yn dioddef diweithdra uchel am gyfnodau o'r flwyddyn. Mae pysgota am gimychiaid a chrancod yn parhau. Bu **Dylan Thomas** yn byw yma yn ystod 1944–5, ac mae hyn yn cael ei adlewyrchu'n rhannol yn *Under Milk Wood.*

## CEINIOGAU MÔN

Cynhyrchwyd tua 12 miliwn o geiniogau a dimeiau copr rhwng 1787 ac 1791 gan gwmni cloddio **Thomas Williams** (1737–1802) ym **Mynydd Parys**, a hynny oherwydd prinder arian parod. Roedd llythrennau blaen plethedig y cwmni ar un ochr i bob darn a phen derwydd ar y llall; cawsant eu gwahardd yn 1821.

## CEINMEIRCH Cwmwd

Dyma'r mwyaf dwyreiniol o dri **chwmwd** cantref **Rhufoniog**. Roedd ei ganolbwynt yn Ystrad (**Dinbych**), lle mae fferm o'r enw Llys. Mae'r enw wedi goroesi yn enw **Llanrhaeadr-yng-Nghinmeirch**.

## CEIR A CHERBYDAU, Cynhyrchu

Mae hanes hir i gynhyrchu cerbydau yng Nghymru, yn enwedig mewn perthynas â chynhyrchu a thrwsio cerbydau a wageni rheilffordd. Er i'r gweithgaredd hwn ddarfod, i bob pwrpas, tua diwedd yr 20g., gwnaed peth iawn am hyn gan y twf mewn cynhyrchu cydrannau ceir. Mae'r diwydiant cydrannau moduron wedi'i leoli ar hyd coridor yr **M4** cyn belled â **Llanelli** yn y gorllewin, ac (i raddau llai) yn ardal y **Fflint** a **Wrecsam**; caeodd ffatri Friction Dynamics ger **Caernarfon** (Ferodo gynt; gw. **Felinheli, Y**) yn 2006.

Sefydlwyd y ffatri fawr gyntaf i wneud cydrannau cerbydau modur yn Felin-foel (**Llanelli Wledig**) yn ystod yr **Ail Ryfel Byd**, ffatri o eiddo'r **llywodraeth** a drosglwyddwyd i ddwylo cwmni preifat Moduron Morris Cyf. yn 1946. Ddiwedd y 1950au a dechrau'r 1960au, yn sgil llwyddiant y llywodraeth yn darbwyllo nifer o gynhyrchwyr ceir i leoli rhannau o'u

Dau o chwe phrif fodel cwmni ceir Gilbern

rhaglenni buddsoddi yn yr **Ardaloedd Datblygu**, sefydlwyd nifer o ffatrïoedd newydd. Yn Felin-foel, codwyd ffatri gerllaw'r un a oedd eisoes yn bod, a rhwng y ddwy, a oedd yn eiddo ar y pryd i Gwmni Moduron British Leyland, cynhyrchwyd fframiau seddi a rhwyllau oeri. Yn ystod yr un cyfnod agorodd Cwmni Rover ffatri ym **Mhengam** (gerbocsys), ac ymsefydlodd Cwmni Moduron Ford yn Jersey Marine (**Coedffranc** ger **Abertawe**) (isfframiau ac echelau) a Borg-Warner ar Stad Ddiwydiannol Cynffig (y **Pîl**) (falfiau a chydrannau gêr awtomatig). Ochr yn ochr â'r datblygiadau mawr hyn roedd nifer o wahanol gyflenwyr eilaidd, llai eu maint, a wasanaethai'r diwydiant ceir megis Cam Gears (**Resolfen**), Fram Filters (Trefforest (**Pontypridd** a **Llantrisant**)) a Girling Brakes (**Cwmbrân**). Yn ddiweddarach, roedd lle amlwg i'r sector hwn yn y polisi **mewnfuddsoddi** a fabwysiadwyd gan **Awdurdod Datblygu Cymru**; chwaraeodd yr asiantaeth ran yn sefydlu ffatri beiriannau anferth Ford ym **Mhen-y-bont ar Ogwr**, ffatri beiriannau Toyota ar Lannau Dyfrdwy a ffatri eiliaduron Bosch ym Meisgyn (**Pont-y-clun**).

Cwmni bach arbenigol, brodorol oedd Ceir Gilbern Cyf. a gynhyrchodd niferoedd cyfyngedig o geir yn ei ffatri yn **Llanilltud Faerdref** rhwng 1959 ac 1973. Fe'i sefydlwyd gan gigydd, sef Giles Smith, a pheiriannydd o'r Almaen, Bernard Friese, a ffurfiwyd enw'r cwmni o sillafau cyntaf eu henwau bedydd.

Erbyn canol y 1990au gweithiai tua 25,000 o weithwyr mewn 150 o gwmnïau a gynhyrchai gydrannau cerbydau modur. Ond erbyn dechrau'r 21g. roedd y gwneuthurwyr cerbydau sefydledig yn troi fwyfwy at gyflenwyr rhatach mewn lleoedd megis dwyrain Ewrop ac Asia, ac roedd llawer o'r gwneuthurwyr cydrannau yn symud i wledydd lle'r oedd llafur yn rhatach. Er hynny, mae Cymru'n parhau i chwarae rhan arwyddocaol yn y gwaith o gynhyrchu cydrannau moduron, yn enwedig peiriannau. (Gw. hefyd **Hedfan ac Awyrenneg**.)

## CEIRCH

Oherwydd **hinsawdd** ac **amaethyddiaeth** y wlad, ceirch oedd y cnwd grawn a dyfai orau ledled Cymru. Roedd ffermwyr a thyddynwyr fel ei gilydd yn dibynnu arno; yng ngeiriau'r hanesydd **R. T. Jenkins**, 'ffon fara ein teidiau oedd ceirch, yr hen geirch blewog'. Wedi ei gynaeafu a'i ddyrnu, eid ag ef i'r felin i'w sychu, ei falu a'i ogrwn. Cedwid y blawd mewn cistiau derw arbennig, a hynny mewn ystafell sych a chynnes, uwchben y gegin fel rheol.

Roedd uwd, llymru, bwdram neu sucan a grual blawd ceirch yn fwydydd bob dydd yn y rhan fwyaf o ardaloedd amaethyddol tan ganol yr 20g. Yr un peth, yn y bôn, oedd yr hyn a elwid yn 'sucan' neu 'uwd sucan' yn y de â'r hyn a elwid yn 'llymru' yn y gogledd: rhoid blawd ceirch i'w fwydo mewn llaeth enwyn a dŵr oer, yna ei ferwi a'i droi'n ofalus nes ei gael i'r trwch priodol; fel arfer câi ei fwyta'n oer gyda llaeth neu ddŵr a thriog.

Bara ceirch oedd y bara mwyaf cyffredin yng Nghymru. Cymysgid blawd ceirch a dŵr i greu toes, yna ffurfio hwnnw'n dorthau crwn, tenau iawn a chrasu'r rheini wedyn ar faen neu radell uwchben tân agored. Yn y gogledd defnyddid bara ceirch fel sylfaen i rai bwydydd llwy. Roedd picws mali neu siot, sef bara ceirch wedi'i falu a'i fwydo mewn llaeth enwyn, yn bryd ysgafn poblogaidd. Brecwast cyffredin i **weision ffermydd** yn y gogledd oedd brwes: bara ceirch wedi'i falu a'i fwydo mewn potes cig, gydag ail haen o fara ceirch wedi'i falu ar yr wyneb. Erbyn hanner cyntaf yr 20g., rhywbeth i'w fwynhau'n achlysurol oedd bara ceirch, ochr yn ochr â bara gwenith, yn hytrach na bara bob dydd.

## CEIRIOG UCHAF, Wrecsam (5,409ha; 346 o drigolion)

Fel y mae ei henw'n awgrymu, mae'r **gymuned** yn ymestyn ar draws rhannau uchaf Dyffryn Ceiriog, ardal a fu gynt yn frith o lwybrau'r **porthmyn**. Cymuned amaethyddol ydyw gan mwyaf o hyd, wedi'i seilio ar ffermydd **defaid**, **coedwigaeth** a saethu ffesantod a grugieir. Treuliodd **Huw Morys** (Eos Ceiriog, 1622–1709) y rhan fwyaf o'i oes ym Mhont-y-meibion, lle daeth **George Borrow** ar sgawt i chwilio am ei gadair chwedlonol. Ganed Ceiriog (**John Ceiriog Hughes**; 1822–87), bardd Cymraeg mwyaf poblogaidd oes Victoria, ym Mhen-y-bryn, Llanarmon Dyffryn Ceiriog. Ceir dwy dafarn ddeniadol ym mhentref Llanarmon. Mae bryngaer Cerrig Gwynion o'r Oes Haearn (gw. **Oesau Cynhanesyddol**) yn amgylchynu crib o graig risial drawiadol. Yn 2001 roedd 58.21% o drigolion y gymuned â rhywfaint o afael ar y **Gymraeg**, gyda 40% yn gwbl rugl yn yr iaith – y canrannau uchaf ymhlith cymunedau bwrdeistref sirol **Wrecsam**.

## CEIRW

Ers i'r Oes Iâ ddiwethaf ddod i ben *c.*11,500 o flynyddoedd yn ôl, mae chwe rhywogaeth o geirw wedi bod yn crwydro Cymru. Bu carw Llychlyn yn byw ar y twndra ôl-rewlifol, a bu'r cawrgarw Gwyddelig yn crwydro gorgorsydd gorllewin Ewrop nes iddo ddiflannu tua 10,000 o flynyddoedd yn ôl. Trigai'r carw coch yn y coedwigoedd cynnar ond roedd wedi diflannu o Gymru erbyn y 18g. Awgryma'r penglog a chyrn a ddarganfuwyd mewn **mawn** ar draeth ger **Abermaw** ei fod yn fwy o gorffolaeth na'r anifeiliaid a geir heddiw.

Yn hanesyddol, y carw amlycaf yng Nghymru oedd yr iwrch, a geir trwy Ewrop gyfan heddiw. Er iddo ddiflannu o Gymru yn niwedd y 18g., roedd yr iwrch, yn ôl pob tebyg, yn rhywogaeth gynhenid ac mae'r cofnod cyntaf amdano yn dyddio'n ôl i'r 13g. Mae **enwau lleoedd** yn cynnwys yr elfen 'iwrch' yn lluosog, er mai ansicr yw eu dyddiad. Mae lle i gredu bod yr iwrch yn dechrau ymledu i Gymru unwaith eto o **Loegr**.

Y carw mwyaf cyfarwydd yng Nghymru heddiw yw'r danas, a gyflwynwyd i **Brydain** gan y **Normaniaid** cyn dod yn ddiweddarach yn anifail addurn ym mharciau'r stadau mawr. Mae'r rhai a ddihangodd o stadau megis Nannau (**Brithdir a Llanfachreth**), Gelli Aur (**Llanfihangel Aberbythych**) a **Bodorgan** wedi ymsefydlu'n llwyddiannus yn y gwyllt. Ddiwedd yr 20g. ymledodd y carw mwntjac, anifail egsotig sy'n dod yn wreiddiol o China, i Gymru o dde Lloegr.

## CELTIAID

Defnyddid amryfal enwau gan yr awduron clasurol i ddisgrifio pobloedd yr Oes Haearn (gw. **Oesau Cynhanesyddol**) a oedd i'r gogledd a'r gorllewin ohonynt, gan gynnwys *Keltoi, Celtae, Galli, Galatae* a *Britanni.* Mae'n amhosibl dweud i sicrwydd i ba raddau yr oedd y labeli hyn wedi eu rhoi arnynt gan eraill neu a oeddynt yn ystyrlon i'r bobl eu hunain. Pa un bynnag, mae 'Celtiaid' neu 'Celtaidd' wedi cael eu defnyddio'n eang oddi ar y 18g. i ddisgrifio pobl sy'n siarad, neu gymunedau hanesyddol a arferai siarad, iaith Geltaidd (gw. **Cymraeg**). Mae cymunedau'r Oes

Haearn ym **Mhrydain** yn ateb y maen prawf hwn, a chyfeirir yn aml at lwythau Cymru yn y cyfnod cyn dyfodiad y **Rhufeiniaid**, y **Cornovii**, y **Deceangli**, y **Demetae**, yr **Ordofigiaid** a'r **Silwriaid** yn eu plith, fel rhai Celtaidd.

Yn ddiweddar, beirniadwyd yr arfer o ddefnyddio'r disgrifiad hwn yn label cyffredinol ar gyfer cyfnod cynhanes diweddar Ewrop, a dadleuwyd mai rhywbeth a ffurfiwyd yn ystod y cyfnod modern cynnar yw'r syniad o Geltigrwydd. Er hynny, mae rhai ag awdurdod yn y maes, fel Barry Cunliffe, yn dadlau bod 'Celtaidd' yn derm archaeolegol/hanesyddol ystyrlon i ddisgrifio grŵp o gymunedau hynafol, llac eu gwead ond cyson â'i gilydd. Mae'r elfennau o ddiwylliant materol sydd wedi goroesi ar draws rhannau eang o Ewrop yn awgrymu bod ganddynt lawer iawn yn gyffredin. Ymhlith y rhain ceir delweddau ar ddarnau arian, defnyddio torchau yn symbol o statws, y lle amlwg a roddir i'r pen dynol mewn celfyddyd a defod, yr arfer o daflu offrymau i ddŵr ac, yn arbennig, y motiffau cyffredin mewn celfyddyd La Tène, megis trisgelau, coronau dail a delweddau rhyfeddol o anifeiliaid a dynion. Ymddengys, ar sail **enwau lleoedd** a darnau eraill o dystiolaeth, fod perthynas rhwng yr elfennau cyffredin hyn mewn diwylliant materol a dosbarthiad yr ieithoedd Celtaidd: o'r herwydd mae defnyddio'r ffurf 'Celtaidd' yn briodol.

Mae'r agweddau modern cynnar at Geltigrwydd a'r ieithoedd Celtaidd i'w priodoli i raddau helaeth i **Edward Lhuyd**. Yn yn ei gyfrol *Archaeologia Britannica* (1707) dadleuodd fod hunaniaeth ieithyddol ac ethnig Geltaidd gyffredin ymysg y Prydeinwyr nad oeddynt yn **Saeson**, y **Gwyddelod** a'r Llydawyr. Rhoddwyd gwedd ramantaidd ar y syniad hwn yn ddiweddarach gan lenorion fel Iolo Morganwg (**Edward Williams**) a aeth ati, ddiwedd yr 18g. a dechrau'r 19g., i greu 'traddodiad' o weithgaredd barddol yn ymestyn o'i oes ef ei hun yn ôl i'r cyfnod cyn dyfodiad y Rhufeiniaid. O ganlyniad i greadigrwydd dychymyg Iolo, cyfarfu'r gorseddau 'derwyddol' ar Fryn y Briallu yn **Llundain** (gw. **Gorsedd Beirdd Ynys Prydain**). Cafwyd croeso mwy cyffredinol i'r addurniadau hyn yn ddiweddarach a bu iddynt ran bwysig yn y gwaith o ffurfio'r **eisteddfod** fodern. Heddiw, mae'r term ieithyddol 'Celtaidd' yn dal i fod yn ddull defnyddiol o ddisgrifio'r ieithoedd cytras hynny – Cymraeg, Gaeleg yr Alban, Gwyddeleg, Llydaweg, Cernyweg a Manaweg. Mae gwerth pwysig ynddo hefyd o ran hunaniaeth i lawer o'r bobl sy'n byw yn yr ardaloedd lle siaredir yr ieithoedd hyn, er ei fod i lawer o bobl eraill bellach yn derm cyfystyr â ffordd o fyw hen ffasiwn neu athroniaethau'r 'Oes Newydd'.

## CEMAIS Cantref (Dyfed)

Cemais oedd y mwyaf gogleddol o blith saith **cantref** Dyfed. Roedd yn cynnwys y ddau **gwmwd** Is Nyfer ac Uwch Nyfer. Yn gynnar yn y 12g. daeth i feddiant teulu Fitz Martin, a'i trefnodd ar batrwm arglwyddiaethau'r **Mers**, gyda'i bencadlys yn wreiddiol yn **Nyfer** ac yn ddiweddarach yn **Nhrefdraeth**. Heblaw'r adegau pan lwyddodd y Cymry i'w chipio, parhaodd yr arglwyddiaeth ym meddiant teulu Fitz Martin a'u disgynyddion, teulu **Audley** a theulu Tuchet, hyd 1543, pan brynwyd yr hyn a oedd yn weddill o hawliau'r arglwyddiaeth gan dad **George Owen**. Goroesodd Cemais yn enw ar **hwndrwd** a gafodd ei greu ar ôl y **Deddfau 'Uno'**.

## CEMAIS Cantref (Môn)

Ynghyd ag **Aberffraw** a **Rhosyr**, **Cemais** oedd un o'r tri **chantref** ym **Môn**. Ymestynnai ar draws rhan ogleddol yr ynys, ac roedd yn cynnwys cymydau **Talybolion** a **Thwrcelyn**.

## CEMEG

Dr **John Dee**, efallai, oedd cemegydd cyntaf Cymru, ond gan mai methiant fu ei arbrofion alcemegol, gwell fyddai edrych i gyfeiriad meteleg am dystiolaeth gynnar o wybodaeth gemegol. Sylwodd y naturiaethwr John Ray yn ei *Itinerary of Wales* (1658) fod mwynwyr **Ceredigion** yn defnyddio 'glo du a gwyn' (siarcol a phren heb ei losgi) i wahanu arian oddi wrth fwynau **plwm**, enghraifft dda o ddealltwriaeth gemegol. Ddwy ganrif yn ddiweddarach leiniodd **Sidney Gilchrist Thomas** ffwrneisi **Blaenafon** â **chalchfaen** magnesaidd ac o ganlyniad chwyldrowyd y diwydiant dur (gw. **Haearn a Dur**). Gwelodd Cymru hefyd ddatblygiadau blaengar yn y diwydiannau **copr, sinc a nicel**.

Ym maes cemeg feddygol, gwnaeth **Thomas Henry** o **Wrecsam** ei ffortiwn trwy gynhyrchu a gwerthu magnesia at ddiffyg traul, gan ganiatáu i'w fab, William Henry (1774–1836), ganolbwyntio ar gemeg bur a darganfod deddfau toddiant nwyon mewn dŵr ac, yn bwysicach fyth, hybu gwaith John Dalton ar y ddamcaniaeth atomig. Agorodd Robert Isaac Jones y 'Cambrian Pill Depot' yn Nhremadog (**Porthmadog**) yn 1838, a daeth **Theophilus Redwood** o Drebefered (**Llanilltud Fawr**) yn fferyllydd a dadansoddwr cyhoeddus amlycaf **Prydain** yn y 19g.

Nid oedd y traddodiad gwyddonol amatur mewn cemeg yn gryf yng Nghymru, er mai yn Sefydliad Brenhinol De Cymru, yn **Abertawe**, y dyfeisiwyd batrïau **William Grove**, ac yma y bu **John Dillwyn-Llewelyn** o Benlle'r-gaer, a'i gefnder Henry Fox Talbot, yn arbrofi â phrosesau cemegol **ffotograffiaeth** gynnar.

Dim ond ar ôl sefydlu colegau **Prifysgol Cymru** ac agor ysgolion canolraddol y daeth cemeg yn bwnc i'w ystyried o ddifrif yng Nghymru. Dilynodd y graddedigion yrfaoedd ym myd **addysg** a diwydiant, a daeth nifer ohonynt yn gemegwyr blaenllaw ac yn ysbrydoliaeth i genedlaethau o wyddonwyr. Wedi'r **Ail Ryfel Byd** datblygodd yr adrannau a chynyddodd y pwyslais ar ymchwil sylfaenol. Yn ôl un amcangyfrif cyflogir oddeutu 2,000 o gemegwyr yng Nghymru – ym myd addysg, y sector cyhoeddus, ac mewn diwydiant.

Myfyriwr cemeg enwocaf **Aberystwyth**, yn ôl pob tebyg, oedd Frederick Soddy (1877–1956), enillydd gwobr Nobel yn 1921 am ei astudiaethau o gemeg sylweddau ymbelydrol ac am ddarganfod isotopau. Rhwng y ddau ryfel byd cemegydd amlycaf Aberystwyth oedd C. R. Bury, a ragwelodd waith Bohr ar adeiledd electronig yr atom. Yn ddiweddarach cyflawnwyd gwaith arloesol ar sbectrosgopeg isgoch a deuelectrig gan **Mansel Davies**, a'r un mor flaengar oedd astudiaeth John Meurig Thomas o gatalyddion, a gwaith **J. O. Williams** ar gemeg y cyflwr soled. Yn anffodus, bu'n rhaid cau'r adran yn 1987, oherwydd prinder myfyrwyr.

Bu **Bangor** yn ffodus eithriadol i ddenu dilyniant o Athrawon dawnus, pob un wedi ei ethol yn FRS naill ai yn ystod ei arhosiad ym Mangor neu'n fuan wedi hynny: J. J. Dobbie (sbectrosgopeg), **K. J. P. Orton**, J. L. Simonsen (terpenau), **E. D. Hughes**, S. Peat (sylweddau naturiol) a C. J. M. Stirling (cyfansoddion organosylffwr). Roedd H. B.

Syr John Meurig Thomas, FRS: portread gan David Griffiths

Watson (1894–1975) hefyd yn gydweithiwr i Orton a Hughes ym maes mecaneg adweithiau organig.

Yn Abertawe arweiniodd gwaith C. W. Shoppee ar steroidau at FRS yn 1956 a gwnaeth **J. H. Purnell** gromatograffi nwy yn arf meintiol hanfodol i gemegwyr. Yn 1974 daeth J. H. Beynon, brodor o **Ystalyfera** a raddiodd yn Abertawe, a chyfarwyddwr ymchwil ICI yn Blackley, ag uned ymchwil y Gymdeithas Frenhinol ar sbectrosgopeg màs i'r adran. Ailgynlluniodd y sbectromedr, a'i gynllun ef bellach a ddefnyddir trwy'r byd. Yn 2004 gwnaed y penderfyniad dadleuol gan yr awdurdodau yn Abertawe i gau'r adran gemeg.

Hyd y 1950au cemegydd mwyaf adnabyddus **Caerdydd** oedd **S. T. Bowden** (1900–59). Wedi hynny cyflawnwyd y gwaith mwyaf nodedig gan M. Wyn Roberts (o **Rydaman**) ar gatalyddu cyflwr soled a chan J. D. R. Thomas (o Wynfe, **Llangadog**) ar electrodau ïon ddewisol, biosynwyryddion a dadansoddi electrolyt gwaed. Daeth Glyn O. Phillips i Gaerdydd o Fangor a Harwell, gan astudio effeithiau ymbelydredd ar sylweddau a meinweoedd naturiol. Aeth ymlaen â'i waith yn Salford ac yn ddiweddarach yn **Athrofa Addysg Uwch Gogledd-ddwyrain Cymru**, gan fynd i'r afael â phroblemau sefydlu banciau meinwe a thrin osteoarthritis.

Yn ystod chwarter olaf yr 20g. roedd nifer y Cymry hynny a oedd ymhlith ffigyrau amlwg y sefydliad gwyddonol yn rhyfeddol. Yn eu mysg ceid Syr John Meurig Thomas, FRS, brodor o **Bontyberem** a raddiodd yn Abertawe, a fu'n Athro yn Aberystwyth ac yna yng **Nghaergrawnt**, ac yn gyfarwyddwr Labordai'r Sefydliad Brenhinol. Ef yw un o wyddonwyr amlycaf Prydain, a chemegydd enwocaf Cymru. Ymhlith cemegwyr adnabyddus eraill Cymru ceir Syr Ron Mason, FRS, o Aber-fan (**Merthyr Tudful**), prif ymgynghorydd gwyddonol y Weinyddiaeth Amddiffyn (1977–1983), Syr Dai Rees, o **Benarlâg**, prif weithredwr y Cyngor Ymchwil Meddygol, a'r Athro Jean Olwen Thomas, o Abertawe, un o 66 yn unig (yn 2007) o gymrodyr benywaidd y Gymdeithas Frenhinol.

## CEMEGION

Mae cynhyrchu cemegion yng Nghymru yn cwmpasu amrediad eang o weithgareddau, amrywiol o ran maint a thechnoleg, sy'n creu cynnyrch at ddefnydd personol, cartrefi a diwydiant. Yn ystod y cyfnod diwydiannol cynnar, y cynnyrch pwysicaf oedd gwahanol fathau o sgilgynhyrchion megis asid sylffyrig o weithfeydd sinc (gw. **Copr, Sinc a Nicel**), a chol-tar o ffyrnau golosg. Cymharol fach oedd y gweithfeydd hyn, a gyflogai gyfanswm o oddeutu 2,500 yng nghanol y 1930au. Eto i gyd, diwydiant cemegion gorllewin **Sir Forgannwg** a fu'n rhannol gyfrifol am roi bod i ICI, un o gwmnïau cemegion mwyaf y byd (gw. **Alfred Mond**). Yn ystod yr **Ail Ryfel Byd** ehangodd y diwydiant yn fawr iawn, ond dros dro'n unig, o ganlyniad i weithgareddau a oedd yn gysylltiedig â nifer o **Ffatrïoedd Arfau'r Goron**. Pan oedd y diwydiant arfau yn ei anterth, cyflogai dros 100,000 o weithwyr, gan gynnwys nifer fawr o **fenywod** a gyflogid i lenwi bomiau a bwledi. Yn ystod ail hanner yr 20g. bu cryn dwf o ran buddsoddi cyfalaf, ond nid o ran nifer y gweithwyr a gyflogid – tuedd a adlewyrchai'r gostyngiad yn sgilgynhyrchion y ffyrnau golosg a ffynonellau eraill, a'r pwyslais ar betrocemegion. Tyfodd y cynnyrch, gan gwmpasu'r amrediad llawn o gynhyrchion: cyffuriau fferyllol, resinau synthetig, plastigau a chosmetigion. Yn ystod y 1960au datblygodd gweithfeydd o bwys yn Llandarcy (**Coed-ffranc**) a Bae Baglan (mewn perthynas â phuro **olew**) gerllaw aber afon **Nedd**. Ymhlith y cwmnïau tramor sydd wedi gweithio yn y sector hwn ceir Nobel ym **Mhen-bre**, Monsanto yng **Nghasnewydd** a **Chefn**, a Dow Corning yn y **Barri**. Ar ôl cyrraedd cyfanswm o 22,500 yng nghanol y 1960au, roedd nifer y swyddi yn y diwydiant cemegion bron wedi'i haneru erbyn canol y 1990au.

## CENARTH, Sir Gaerfyrddin (4,370ha; 1,022 o drigolion)

Mae'r **gymuned** hon ger **Castellnewydd Emlyn** ar lan ddeheuol afon **Teifi** ac mae'n cynnwys pentref Cenarth a phentref gwasgaredig Capel Iwan. Ar ei glan orllewinol mae Cwm Cuch, y dyffryn coediog hyfryd a enwir yn y ***Mabinogion***. Ceir bedyddfaen o'r 13g. yn Eglwys Sant Llawddog (1870). Dechreuwyd achos Annibynnol Capel Iwan yn 1723. Mae'r **rhaeadrau** deniadol ar afon Teifi yn denu llu o ymwelwyr. Honnodd **Gerallt Gymro** iddo weld **afancod** yng Nghenarth. Bu pysgota am yr eog a'r sewin â **chwrwgl** yn boblogaidd yng Nghenarth ers canrifoedd os nad milenia. Yn 1935 cyfyngwyd trwy ddeddfwriaeth ar yr hawl i bysgota i'r rhai yr oedd ganddynt drwydded eisoes; bu farw'r olaf o'r deiliaid trwyddedau yn y 1970au. Mae cyryglau o sawl rhan o'r byd i'w gweld yn y Ganolfan Gyryglau Genedlaethol. Cynhelir regata gyryglau yma bob mis Awst.

## CENDL (Beaufort), Blaenau Gwent (1,095ha; 10,328 o drigolion)

Saif Cendl ym mlaen Cwm Ebwy Fawr (gw. **Ebwy, Afon**) ac ar gyrion mwyaf gogleddol maes **glo**'r de; y mae i bob pwrpas yn un o faestrefi **Glynebwy**. Mae ei henw 'Saesneg' yn tarddu o enw arglwydd y faenor, dug Beaufort (gw.

Afon Teifi a Phont Cenarth

**Somerset, Teulu**), a chafodd ei henw 'Cymraeg' gan Edward Kendall, a gymerodd safle ar brydles yno yn 1780 ar gyfer gwaith **haearn**. Yn ddiweddarach daeth y gwaith i feddiant Crawshay Bailey (gw. **Bailey, Teulu**) ac fe'i hunwyd â'i weithfeydd yn **Nant-y-glo**. Does dim ar ôl o'r pum gefail a adeiladwyd rhwng 1785 ac 1833. Adeilad mwyaf diddorol y gymuned yw capel Annibynnol Carmel, a gynlluniwyd gan y Parchedig **Thomas Thomas** o **Abertawe**, yr amlycaf o bensaer-weinidogion Cymru.

## CENEDLAETHOLDEB

Er bod ymdeimlad o **genedligrwydd** wedi bodoli yng Nghymru am hyd at 1,500 o flynyddoedd, nid yw cenedlaetholdeb – y gred y dylai pob cenedl gael ei gwladwriaeth ei hun a bod cymuned genedlaethol hyfyw yn anhepgor i gyflawni dyheadau unigolion – yn deillio'n ôl ymhellach na chanol y 19g. yng Nghymru. (Defnyddiwyd y gair yn gyntaf yn **Saesneg** yn 1844; mae'r gair cyfatebol yn **Gymraeg** yn dyddio o 1858.) Rhoed y mynegiant cynharaf i'r ffenomen ymysg ymfudwyr yn **Lloegr** a **Gogledd America**. Ystyrir **Michael D. Jones** yn gyffredinol fel tad cenedlaetholdeb Cymreig ac ef a ysbrydolodd yr antur genedlaethol hynod honno, sefydlu gwladfa **Patagonia**. Datblygodd ei theorïau rhwng 1847 ac 1850, yn ystod y blynyddoedd pan weinidogaethai ar gynulleidfa Gymraeg yn Cincinnati.

Rhoddwyd cryn hwb i genedlaetholdeb yng Nghymru gan ddatblygiadau yn **Iwerddon** a thir mawr Ewrop, gan dwf democratiaeth, y frwydr yn erbyn landlordiaid Seisnigedig a'r ymgyrch o blaid **datgysylltu Eglwys Loegr yng Nghymru**. Yn niwedd y 19g. daeth y syniad y dylai Cymru fod yn gyfartal â chenhedloedd eraill i feddiannu dychymyg deallusion megis **O. M. Edwards, T. E. Ellis** a **John Morris-Jones** ac roedd yn sylfaen i lawer o rethreg y **Lloyd George** ifanc. Mynegwyd cenedlaetholdeb trwy greu sefydliadau megis **Prifysgol Cymru** (1893), y **Llyfrgell Genedlaethol** (1907) ac **Amgueddfa [Genedlaethol] Cymru** (1907). Gweddol dawel, fodd bynnag, oedd y galw am hunanlywodraeth, ac ni chafodd fawr o lwyddiant. Roedd mudiad **Cymru Fydd**, a ffurfiwyd yn 1886 ac a aeth i'r gwellt erbyn 1899, yn galw am **ymreolaeth**, ond roedd yn ddiwyro'i farn mai'r **Blaid Ryddfrydol** Brydeinig yn unig a fyddai'n sicrhau hynny.

Ar ôl y **Rhyfel Byd Cyntaf** pylodd diddordeb y Blaid Ryddfrydol a'r **Blaid Lafur** yn y pwnc ac arweiniodd hynny at ffurfio **Plaid [Genedlaethol] Cymru** yn 1925. (Tra oedd y gair 'cenedlaetholwr' yn cael ei ddefnyddio'n eang yn niwedd y 19g. a dechrau'r 20g. i ddisgrifio unrhyw wladgarwr Cymreig, tueddid, ar ôl 1925, i'w ddefnyddio'n unig i ddynodi aelodau o Blaid Cymru.) Er i'r blaid fethu â chael unrhyw lwyddiant o bwys nes i **Gwynfor Evans** ennill isetholiad **Caerfyrddin** yn 1966, roedd ei chenedlaetholdeb yn cael ei fynegi yn ei galwad am wasanaethau radio digonol i Gymru (gw. **Darlledu**), yn helynt ysgol fomio **Penyberth** (1936), ac yn ei chri fod gan Gymru hawl i fod yn niwtral yn yr hyn a ystyriai'n rhyfeloedd Lloegr.

Roedd cenedlaetholdeb yn ffactor hefyd yn sefydlu **Urdd Gobaith Cymru** yn 1922, yn y galw am ddefnydd helaethach o'r iaith **Gymraeg** mewn **addysg** ac yn yr ymgyrch dros Senedd i Gymru (1950–6). Yn y 1960au daeth hwb i genedlaetholdeb Cymreig pan ffurfiwyd **Cymdeithas yr Iaith Gymraeg** yn 1962. Roedd creu cyrff eraill fel Cyngor y Celfyddydau (**Cyngor Celfyddydau Cymru**) ac **Awdurdod Datblygu Cymru** hefyd yn ddyledus i raddau helaeth iawn i dwf cenedlaetholdeb o'r 1960au ymlaen, twf y gellid ei fesur yng nghynnydd y bleidlais i Blaid Cymru. Eto, roedd gwrthod cynulliad Cymreig o 956,330 o bleidleisiau i 243,048 yn 1979 yn awgrymu nad oedd y mwyafrif o bobl Cymru ag unrhyw awydd i weld eu gwlad yn cael dyfodol cenedlaethol. Yn wyneb y methiant cyfansoddiadol hwn, trodd rhai elfennau o fewn cenedlaetholdeb Cymreig at ddulliau trais, fel y dengys yr ymgyrch llosgi **tai haf**. Gweddnewidiwyd yr holl sefyllfa yn 1997, pan bleidleisiodd yr etholaeth Gymreig, trwy fwyafrif bach iawn, dros sefydlu **Cynulliad Cenedlaethol Cymru**. Er y byddai'n anghywir honni bod y bleidlais yn fuddugoliaeth i genedlaetholdeb, roedd yn dynodi bod y syniad o ddyfodol cenedlaethol i Gymru yn llawer mwy derbyniol yn 1997 nag ydoedd yn 1979.

## CENEDLIGRWYDD

Mae'r Cymry'n olrhain eu dechreuadau fel pobl i'r canrifoedd yn dilyn goruchafiaeth y **Rhufeiniaid** pan ffurfient ran o **Brydain** Frythonig. Roedd mabwysiadu'r enw *Cymry* (o'r Frythoneg *Combrogi*, 'cydwladwyr'), tua diwedd y 6g. yn ôl pob tebyg, yn dynodi ymdeimlad o berthyn i grŵp (gw. **Cymru (yr enw)**). Cryfhawyd yr ymdeimlad hwn gan Gristnogaeth Geltaidd (gw. **Eglwys Geltaidd**), sefydliadau cenhedlig cymdeithasol ac economaidd, datblygiad yr iaith **Gymraeg** a thwf corff o **gyfraith** Gymreig. Arweiniodd ymgyrchoedd Eingl-Sacsonaidd at dorri cysylltiadau rhwng y Cymry a'u cymrodyr yng ngweddill Prydain, ac roedd codi **Clawdd Offa** ar ddiwedd yr 8g. yn dyfnhau'r teimlad mai Cymru oedd cartref unigryw'r Cymry. Oddeutu 930 galwai'r gerdd *Armes Prydein* (gw. **Darogan**) ar i'r Cymry a'u cynghreiriaid ymuno mewn ymgyrch gyffredin yn erbyn yr **Eingl-Sacsoniaid**.

Gyda chadarnhau grym yr Eingl-Sacsoniaid i'r dwyrain ac wedi hynny goruchafiaeth y **Normaniaid**, gorfodwyd y Cymry i amddiffyn eu cenedligrwydd unwaith eto. Yn yr ymgyrch i roi i **Dyddewi** statws archesgobol, cynigiodd **Gerallt Gymro** ddiffiniad trawiadol o hanfodion cenedl. Roedd ymgais tywysogion **Gwynedd** i sefydlu **tywysogaeth** annibynnol yn arddangos ymwybyddiaeth o genedligrwydd. Yn y 14g., yn dilyn goresgyniad Edward I ac ymddangosiad cestyll, **bwrdeistrefi** a swyddogion Seisnig, cryfhaodd yr ymdeimlad, ac fe'i hadlewyrchwyd mewn barddoniaeth broffwydol a gysylltid â'r gyfundrefn farddol a noddid gan y **boneddigion**. Ymhlith testunau llenyddol mwyaf poblogaidd y cyfnod yr oedd cyfaddasiadau Cymraeg o *Historia Regum Britanniae*, gwaith **Sieffre o Fynwy**, a thrwyddynt dyfnhawyd y gred mai'r Cymry oedd gwir berchnogion Prydain. Rhoddwyd tanwydd ar **Wrthryfel Glyndŵr** (1400–10) pan gysylltwyd ef yn gynyddol â'r dyhead am 'waredwr cenedlaethol' i ryddhau'r genedl o reolaeth estron. I lawer, Harri Tudur oedd y gwaredwr hwnnw (gw. **Brenhinoedd Lloegr a'u perthynas â Chymru** a **Tuduriaid**).

Arweiniodd ad-drefniant gwleidyddol Harri VIII (rhwng 1536 a 1543) at greu cysylltiadau cryfach â **Lloegr** a arweiniodd yn y pen draw at wanhau'r cysylltiadau rhwng y boneddigion Cymreig a'r diwylliant Cymraeg, ac at y syniad mai'r dosbarthiadau isaf oedd gwir gynheiliaid cenedligrwydd Cymreig (gw. **Deddfau 'Uno'**). Bu'r cysyniad o genedligrwydd yn ddefnyddiol i'r diwygwyr Protestannaidd (gw. **Diwygiad Protestannaidd**) a ddadleuai fod ymwrthod â Chatholigiaeth Rufeinig (gw. **Catholigion Rhufeinig**) yn golygu dychwelyd at athrawiaethau dilychwin yr Eglwys Geltaidd. Ymhyfrydai'r dyneiddwyr Cymreig yn holl agweddau'r traddodiad Cymraeg, a bu cyhoeddi'r **Beibl** yn Gymraeg yn 1588 yn hwb enfawr i ragolygon yr iaith.

Yn yr 17g. a dechrau'r 18g., fodd bynnag, ymddangosai fel petai'r ymdeimlad o genedligrwydd yn gwanhau. Er bod y wlad yn parhau'n Gymraeg ei hiaith i raddau helaeth, mynegid pryderon y byddai'r Cymry'n cael eu dileu oddi ar fap hanes. Roedd yr ysgolion barddol wedi dirywio'n enbyd, troid cefn ar y traddodiad cerddorol brodorol ac roedd rhieni yn rhoi'r gorau i roi enwau Cymraeg ar eu plant. O'r gwendid hwn daeth adnewyddiad, nid yn gymaint trwy ailorseddu'r hen ond trwy greu traddodiadau newydd, datblygiad a gysylltir yn arbennig gyda'r **Morrisiaid** ac Iolo Morganwg (**Edward Williams**). Roedd eu gweithgareddau'n cyd-ddigwydd ag ymgyrch lythrennedd **Griffith Jones** a chyda'r **Diwygiad Methodistaidd**, mudiadau a ddyfnhaodd yr ymdeimlad o genedligrwydd Cymreig, er mai amcanion efengylaidd yn hytrach na gwladgarol oedd iddynt yn y bôn.

Er i'r **Chwyldro Diwydiannol** ddenu nifer sylweddol o bobl o'r tu allan i Gymru na lwyddwyd i'w cymathu'n llawn â'r Cymry brodorol, parodd gynnydd mawr mewn cyfleoedd gwaith yng Nghymru, gan alluogi'r wlad, mewn cyfnod o dwf trawiadol mewn **poblogaeth**, i gadw o fewn ei ffiniau y rhan helaethaf o'r twf hwnnw – mewn cyferbyniad trawiadol ag **Iwerddon**. Roedd y cyfoeth a hybwyd gan ddiwydiannaeth yn ganolog i ffyniant y pethau a adlewyrchai genedligrwydd, megis yr **eisteddfod** a llewyrch arbennig y wasg Gymraeg (gw. **Papurau Newydd** ac **Argraffu a Chyhoeddi**).

Eto, er bod cenedligrwydd yn ymddangos yn fyw ac yn iach erbyn y 19g., nid oedd gan y wlad unrhyw drefniadaeth wleidyddol fewnol a'i hunai nac odid ddim sefydliadau cenedlaethol. Erbyn canol y 19g. daeth galw am sefydliadau o'r fath, gan brofi bod ffenomen newydd, **cenedlaetholdeb** Cymreig, wedi dod i fod. Ar y cyfan, fodd bynnag, arhosai gwladgarwch Cymreig yn anwleidyddol, gan gael ei fynegi trwy draddodiad cerddorol a llenyddol, a thrwy gyrff megis **Cymdeithas Hynafiaethau Cymru** a sefydlwyd yn 1847. Serch hynny, roedd sylwadau dirmygus y comisiynwyr a oedd yn gyfrifol am adroddiad addysg 1847 (gw. **Brad y Llyfrau Gleision**), a thwf **radicaliaeth** Gymreig unigryw a feithrinwyd gan annhegwch amaethyddol a chrefyddol dwfn yn cyfrannu at ddatblygiad gwladgarwch mwy ymwybodol wleidyddol.

Gwelwyd cenedligrwydd Cymreig yn ennill cryn nifer o fuddugoliaethau yn y blynyddoedd o gwmpas 1900, yn eu plith sefydlu prifysgol genedlaethol (gw. **Prifysgol Cymru**), y **Llyfrgell Genedlaethol** a'r **Amgueddfa Genedlaethol**, yn ogystal â throi mater **datgysylltiad Eglwys Loegr yng Nghymru** yn bwnc gwleidyddol o bwys. Er gwaethaf enillion o'r fath, roedd achos pryder o hyd. Dangosai cyfrifiad 1911 fod cyfartaledd y Cymry a siaradai Gymraeg wedi gostwng islaw 50%. Sylweddolid bod **Anghydffurfiaeth** – prif nodwedd cenedligrwydd Cymreig y 19g. yng ngolwg llawer – ar oriwaered. Ofnid y byddai twf **sosialaeth** yn milwrio yn erbyn hunaniaeth Gymreig. Ni wnaeth y **Rhyfel Byd Cyntaf**, a ymladdwyd dros y cenhedloedd 'pum troedfedd pum modfedd' yn ôl yr honiad, unrhyw beth i hybu achos Cymru, ac ni ddaeth unrhyw fudd o'r pwyslais a welwyd ar ôl y rhyfel ar hawl cenhedloedd i benderfynu'u tynged eu hunain. Er i **Urdd Gobaith Cymru** a **Phlaid [Genedlaethol] Cymru** gael eu sefydlu yn y blynyddoedd rhwng y ddau ryfel, dyma gyfnod y **Dirwasgiad**, ac ni welwyd prin ddim cydnabyddiaeth sefydliadol bellach i fodolaeth Cymru.

Yn y degawdau ar ôl yr **Ail Ryfel Byd**, fodd bynnag, cyflymodd cydnabyddiaeth o'r fath. Daeth nifer o gyrff, megis **Opera Cenedlaethol Cymru**, Cyngor y Celfyddydau (**Cyngor Celfyddydau Cymru**) a **Chyngor Chwaraeon Cymru**, i fod, datblygiad a ddaeth i'w anterth yn sefydlu **Cynulliad Cenedlaethol Cymru** yn 1999. Eto, ymddangosai fel petai cydnabyddiaeth sefydliadol yn mynd law yn llaw ag erydiad yn sylwedd cenedligrwydd Cymreig. Yn ystod yr 20g. syrthiodd y cyfartaledd o breswylwyr Cymru a siaradai Gymraeg o 50% i 20%, ac roedd mewnddyfodiaid wedi newid cymeriad llawer o gymunedau (gw. **Cymuned**), yn arbennig yn yr ardaloedd gwledig. Ond efallai fod canlyniad refferendwm 1997 yn arwydd o newid arwyddocaol – fod ymwybyddiaeth o genedligrwydd Cymreig yn peidio â bod yn ffenomen ddiwylliannol yn bennaf ac yn dod yn fater o ddyletswydd ddinesig ac o ymdeimlad tiriogaethol.

## CENHADON

**Seintiau** y 5g. a'r 6g. oedd cenhadon efengylaidd cyntaf Cymru, pan oedd Cristnogaeth y **Celtiaid** yn gwawrio. Nid yng Nghymru yn unig y taenent yr efengyl oherwydd teithient dros y môr – i **Iwerddon**, **Llydaw**, **Cernyw** a Galisia (gw. **Eglwys Geltaidd**). Yn sgil y **Diwygiad Protestannaidd**, roedd nifer o offeiriaid Catholig (gw. **Catholigion Rhufeinig**) yn eu gweld eu hunain yn genhadon. Yn ystod y **Diwygiad Methodistaidd** roedd gwaith **Howel Harris**, **Daniel Rowland** a **William Williams**, Pantycelyn, yn llawn sêl genhadol. Ar ôl llwyddo i ailfywiogi Cristnogaeth yng Nghymru, dechreuodd **Anghydffurfiaeth** Gymreig droi'i sylw at gyflwr ysbrydol 'y paganiaid colledig' mewn rhannau eraill o'r byd. Er bod cenhadon Protestannaidd yn tybio, fel y dywedodd y cenhadwr Seisnig Jacob Tomlin, mai 'Gelynion pennaf Crist a'i efengyl [oedd] y Pab, Mahomed a Brahma', roedd yn amlwg fod ymdrechion cenhadol yn fwy ffrwythlon, ar y cyfan, ymysg dilynwyr crefyddau lleiafrifol nag ymysg dilynwyr y prif grefyddau megis **Islâm** a Hindŵaeth.

Mae'n debyg mai Thomas Coke (1747–1814), a aned yn **Aberhonddu**, oedd cenhadwr efengylaidd Cymreig cyntaf yr oes genhadol newydd. Methodist Wesleaidd (gw. **Wesleaid**) ydoedd a aeth i India'r Gorllewin yn 1786; yn ddiweddarach cychwynnodd hwylio am India, ond bu farw yn ystod y fordaith. Roedd bywyd y cenhadon yn llawn peryglon, ac i lawer roeddynt yn arwyr; roedd darllenwyr **cylchgronau** megis *Y Drysorfa Ysbrydol* yn edrych ymlaen yn eiddgar at glywed am eu hanturiaethau, ac anogid cynulleidfaoedd i roi arian tuag at yr achos cenhadol.

Ar y dechrau, trwy gymdeithasau cenhadol a sefydlwyd y tu allan i Gymru y gweithredai'r cenhadon Cymreig – cymdeithasau megis Cymdeithas Genhadol Llundain a sefydlwyd yn 1795, ac a oedd yn anenwadol. Prif gefnogwr Cymreig y gymdeithas hon oedd **Thomas Charles** o'r Bala, a wnaed yn un o'i chyfarwyddwyr yn 1797. Cenhadwr cyntaf y gymdeithas oedd **John Davies** (1772–1855), a hwyliodd am Tahiti yn 1800. Ond y 'brodyr mewn gwledydd pellennig' yr oedd y Cymry'n poeni fwyaf amdanynt ar y dechrau oedd disgynyddion honedig **Madog ab Owain Gwynedd** yng **Ngogledd America** a'u cefndryd Celtaidd yn Llydaw ac Iwerddon a oedd wedi'u colli i Gatholigiaeth. Gwanychodd y brwdfrydedd dros hil Madog, ond anfonwyd rhai cenhadon i Lydaw ac Iwerddon, a hefyd at yr **Iddewon** yn **Llundain**, er mai ychydig a gafodd dröedigaeth dan eu dylanwad.

Yn Affrica, Asia a Môr y De y gadawodd y Cymry fwyaf o'u hôl, a hynny'n gynyddol trwy eu cymdeithasau cenhadol hwy eu hunain. Prif feysydd yr **Annibynwyr** oedd Ynysoedd Môr y De, India, China a **Madagasgar**. Dau Gymro a oedd â dylanwad aruthrol yn China oedd **Griffith John** a **Timothy Richard**, yr olaf yn wladweinydd cenhadol a oedd i bob pwrpas yn llywodraethu'r wlad ar un adeg. Ym **Mryniau Casia**, yng ngogledd-ddwyrain India, datblygodd y **Methodistiaid Calfinaidd** faes cenhadol a oedd yn batrwm o'i fath. Roedd India hefyd yn faes pwysig i'r **Bedyddwyr**. Ymysg y cenhadon Cymreig nodedig yn Affrica yr oedd William Davies (1784–1851), Weslead cynnar amlwg yn Sierra Leone, a Thomas Lewis (1859–1929), a fu'n lledaenu neges y Bedyddwyr yn y Camerŵn a'r Congo.

Erbyn canol yr 20g., gyda'r Ymerodraeth Brydeinig a'r capeli yn dirywio'n gyflym, roedd y rhan fwyaf o weithgarwch cenhadol clasurol y Cymry wedi dod i ben. Ond mewn ychydig dros 150 o flynyddoedd, llwyddasai cenhadon Cymreig i Gristioneiddio cannoedd o filoedd o bobl ymhell y tu hwnt i ffiniau eu gwlad eu hunain. Os oeddynt, wrth wneud hynny, weithiau'n gwneud drwg i ddiwylliannau pobl eraill, fe wnaent hefyd gyfraniadau gwerthfawr – er enghraifft, trwy droi ieithoedd llafar yn rhai ysgrifenedig, adeiladu ysgolion ac ysbytai, a rhoi i'w cymunedau mabwysiedig y gallu gwleidyddol i ymlwybro ymlaen yn hyderus i'r byd modern.

Yn niwedd y 19g., wrth i ymlyniad wrth **grefydd** sefydliadol wanhau, roedd pwyslais newydd ar genhadu gartref trwy gyfrwng sefydliadau fel Byddin yr Iachawdwriaeth, Byddin yr Eglwys a Symudiad Ymosodol y Methodistiaid Calfinaidd. At hyn, anfonodd Catholigion Llydewig genhadon i Gymru ac ystyriai llawer o'r offeiriaid Gwyddelig yng Nghymru eu hunain yn genhadon. Bu'r **Mormoniaid** hefyd yn cenhadu yng Nghymru er 1845.

## CENHINEN

Daw'r cyfeiriad cynharaf at y genhinen fel arwyddlun Cymreig o 1537, pan roddwyd un gan iwmyn y gard i'r dywysoges Mari, merch Harri VIII, ar Ddydd Gŵyl **Dewi**. Cofnodwyd i Harri VII roi arian i'r Cymry tuag at eu gwledd ar Ddydd Gŵyl Dewi yn 1495, ond nid oes sôn yn y cofnod am y genhinen. Ceir darn yn nrama **Shakespeare** *King Henry V* (1598) lle mae'r brenin yn sicrhau Fluellen ei fod, fel Cymro, yn gwisgo cenhinen ar Ddydd Gŵyl Dewi, a dengys hyn fod yr arfer yn dra hysbys erbyn diwedd yr 16g.

Cysylltwyd lliwiau'r genhinen, gwyrdd a gwyn, â thywysogion Cymreig yn y 13g. Gwyrdd a gwyn hefyd oedd lliwiau lifrai milwyr Cymreig Edward I yn Fflandrys yn 1297 a milwyr Edward, **tywysog Cymru**, yn 1346 ac 1347, a dyma liwiau lifrai brenhinoedd llinach y **Tuduriaid**. Gwelir yr un lliwiau ar faner y **Ddraig Goch** a chwifiwyd gan Harri VII, baner genedlaethol Cymru bellach.

Yn ystod yr 17g. a'r 18g. gwisgai'r brenin a'r llys y genhinen ar Ddydd Gŵyl Dewi. Dengys engrafiadau o'r 18g. Gymry yn gwisgo cenhinen ar eu hetiau. Fe'i gwelir yn y bathodyn sydd ar gapiau milwyr y **Gwarchodlu Cymreig**, sydd hefyd yn gwisgo pluen werdd a gwyn ar eu capiau o groen arth. Ymddengys y genhinen ar ddarnau £1 yn ogystal. Er diwedd y 19g. daeth y **genhinen Bedr** yn symbol cenedlaethol cynyddol boblogaidd, ochr yn ochr â'r genhinen.

Cofnodwyd hoffter y Cymry o'r genhinen gan sawl sylwebydd cynnar; roedd yn rhan bwysig o'u **bwyd**, ac fe'i gwerthfawrogid hefyd oherwydd ei rhinweddau meddygol. Yn gynnar yn yr 17g. ymddangosodd chwedl a ddywedai fod Dewi wedi dosbarthu cennin i'r Cymry yn ystod brwydr yn erbyn y Sacsoniaid, er mwyn iddynt fedru gwahaniaethu rhwng cyfaill a gelyn, a'u bod wedi ennill buddugoliaeth fawr o'r herwydd.

## CENHINEN BEDR

Ynghyd â'r **genhinen** a'r **Ddraig Goch**, mae'r genhinen Bedr neu'r daffodil yn arwyddlun cenedlaethol cyfarwydd. Er bod tystiolaeth mor gynnar â'r 16g. yn cysylltu'r genhinen â Dydd Gŵyl **Dewi**, yn ystod y 19g. y daeth y genhinen Bedr yn boblogaidd. Awgrymwyd gan rai mai hi, yn hytrach na'r genhinen, a ddylai fod yn wir arwyddlun Cymru, gan fod y gair 'cenhinen' (cenhinen Bedr) wedi'i gamddehongli fel cenhinen (*leek*), ac mai'r blodyn oedd y symbol a fwriadwyd. Bu dadlau bywiog ar y pwnc hyd nes i adroddiad yn 1916 ddyfarnu'n gadarn o blaid y genhinen. Ymddengys bod **David Lloyd George**, fodd bynnag, wedi cefnogi'r genhinen Bedr, a chafodd y blodyn flaenoriaeth dros y llysieuyn ar achlysur arwisgiad **tywysog Cymru** yn 1911. Bellach daeth gwisgo cenhinen Bedr ar Ddydd Gŵyl Dewi yn beth cyffredin, ac fe'i defnyddiwyd i gynrychioli Cymru ar stampiau post. Ymddengys ar nifer o arfbeisiau a luniwyd gan yr herodron i'r Cymry yn ystod yr 20g. Mae cenhinen-bedr Penfro (gw. **Planhigion**), gyda'i phetalau melyn llachar, yn harddach na'r daffodil gwyllt cyffredin, sy'n fwy gwelw.

## CERDDORFA GENEDLAETHOL GYMREIG Y BBC

Gellir olrhain dechreuadau'r gerddorfa yn ôl i 1928, pan ffurfiwyd Cerddorfa Symffoni Genedlaethol Cymru, a ddiddymwyd yn 1931 ac a ailffurfiwyd gan y BBC yn 1935. Ar ôl sawl newid ailgrëwyd y gerddorfa drachefn yn 1946 gyda 31 o chwaraewyr, a dechreuodd **ddarlledu** a theithio'n helaethach. Ehangodd i gynnwys 66 o offerynwyr yn 1976, ac ychwanegwyd rhagor eto yn ddiweddarach. Mabwysiadodd ei henw presennol yn 1992. Yn ystod y 1990au aeth ar nifer o deithiau tramor pwysig a chynhyrchodd amryw o recordiadau llwyddiannus; ehangodd ei gwaith ym meysydd **addysg**, darlledu a gwaith cymunedol hefyd.

## CERDDORFA GENEDLAETHOL IEUENCTID CYMRU

Dyma'r gerddorfa ieuenctid genedlaethol gyntaf yn y byd. Fe'i sefydlwyd yn 1946, yn bennaf trwy ymdrechion Irwyn Walters a oedd yn Arolygwr ei Mawrhydi mewn **cerddoriaeth** dros Gymru. Ers hynny chwaraeodd ran allweddol yn hyfforddiant a datblygiad chwaraewyr cerddorfa gorau'r wlad. Dewisir yr aelodau trwy glyweliad i gymryd rhan mewn cyrsiau preswyl a theithiau perfformio byr, a hynny dan hyfforddiant proffesiynol. Mae'r dull hwn o roi profiad i gerddorion ifainc yn un sydd wedi'i fenthyca gan lawer o wledydd eraill.

## CERDDORIAETH

Mae'r ddelwedd o Gymru fel **'gwlad y gân'** yn deillio'n bennaf o'r 19g. Sail y syniad hwnnw, i raddau helaeth, oedd datblygiadau a ddeilliodd o gerddoriaeth gorawl Anghydffurfiol a'r wedd gerddorol ar y diwylliant eisteddfodol. Fodd bynnag, bu'r Cymry yn eu mynegi eu hunain trwy gerddoriaeth ymhell cyn hynny, ac mewn dulliau amryfal iawn. Mae'r traddodiad gwerin Cymreig yn un arbennig o gyfoethog, ac mae modd canfod elfennau brodorol neilltuol yng ngherddoriaeth gelfyddydol Cymru ac yng ngherddoriaeth boblogaidd fasnachol y cyfnod diweddar. Elwodd cerddoriaeth y cyfnod hwn ar ddatblygiad fframwaith sefydliadol, fframwaith y bu'r BBC (gw. **Darlledu**), **Opera Cenedlaethol Cymru**, **Cyngor Celfyddydau Cymru** a **chwmnïau recordio** fel Sain yn flaenllaw ynddo, ynghyd ag amryfal gynlluniau ym myd **addysg**.

### *Cerddoriaeth draddodiadol*

Mae'n debyg mai caneuon traddodiadol hynaf Cymru yw'r rhai a gysylltir ag arferion tymhorol. Roedd defodau'r **Fari Lwyd** a **Hela'r Dryw**, a gâi eu perfformio tua adeg Alban Arthan neu heuldro'r gaeaf, ill dwy yn cynnwys caneuon ar batrwm holi ac ateb. Ar ddydd **Calan** byddai caneuon **Calennig** yn gofyn am roddion ac yn dymuno lwc dda i'r rhoddwr. Câi dyfodiad y gwanwyn ei ddathlu ar Ŵyl Fair y Canhwyllau, ar Chwefror 2, pan ddilynid y ddefod **waseila** â **dawnsio** a chaneuon gloddest fel 'Un o fy mrodyr i' (gw. **Canu Gŵyl Fair**). Dathlai plant Ddydd Mawrth Ynyd trwy ganu caneuon 'crempog' o dŷ i dŷ. Ar **Galan Mai** câi **carolau haf** eu canu a cheid dawnsio i gân y **Cadi Haf**.

Roedd elfennau paganaidd i ddefodau heuldro'r gaeaf a dawnsio Calan Mai, ond roedd yr elfen Gristnogol hefyd yn gryf. Athrawiaethol yn hytrach na hedonistaidd oedd carolau plygain y Nadolig (gw. **Canu Plygain**) a charolau haf yng Nghymru. Yn yr 17g. a'r 18g. roedd y carolau hyn yn cynnwys barddoniaeth gymhleth gydag elfennau o **gynghanedd**. Cenid rhai ar alawon Seisnig fel '*Crimson Velvet*', ond roedd alawon Cymreig fel 'Ffárwel Ned Puw' mewn bri hefyd. Cenid **baledi** a chaneuon yr **anterliwt** ar yr alawon hyn hefyd.

Y ffurf fwyaf cyffredin ar y gân werin Gymraeg yw'r gân serch. Ymhlith y themâu arferol y mae canmol y ferch, tristwch wrth wahanu, *chansons d'aventure* ac ymweliadau nos. Weithiau bydd **adar** yn llateion a chynghorwyr. Cyfeiria nifer fechan o ganeuon at **'garu yn y gwely'** ac mae rhai yn defnyddio trosiadau rhywiol. Ceir rhai caneuon macaronig, gyda **Chymraeg** a **Saesneg** bob yn ail.

Baledi a ddaw nesaf o ran poblogrwydd. Hyd y 19g. tueddai'r rhain i fod yn gymhleth eu halawon, ond yn ddiweddarach disodlwyd y cymhlethdod hwn gan alawon rhwydd a chofiadwy, weithiau o **Iwerddon** neu America. Roedd pwyslais cryf yn y baledi ar adrodd stori; ymhlith y testunau mwyaf cyffredin yr oedd llofruddiaethau, **trychinebau glofaol**, siom ym myd serch, **ymfudo**, a throeon trwstan. Mae'n debyg mai'r caneuon gwaith hynaf yw'r caneuon i'r ychen a grybwyllir gan **Gerallt Gymro**, a oedd yn dal i gael eu canu yn ail hanner y 19g. Goroesodd tua 20 o'r caneuon syml hyn, gyda'r 'galw' nodweddiadol ar yr ychen ar ddiwedd pob pennill. Cofnodwyd un gan Iolo Morganwg (**Edward Williams**) yn y 18g., yn ogystal ag un gân odro. Câi alaw Wyddelig, '*St Patrick's Day in the Morning*', a oedd yn boblogaidd yng Nghymru, ei chanu mewn un efail yn gyfeiliant i ergydion y gof ar yr einion. Ond roedd y rhan fwyaf o ganeuon gwaith Cymru yn disgrifio gwaith gwirioneddol fel pysgota, cneifio neu aredig.

Mae hiwmor, dychan a gor-ddweud yn gyffredin mewn caneuon Cymraeg, gan gynnwys y penillion telyn, sef penillion unigol a genid ar alawon syml, rhai gyda chytganau hwyliog ac eraill yn dawel a myfyriol. Offerynnol oedd rhai o'r cytganau yn wreiddiol. Cofnodwyd 'Triban Gwŷr Morgannwg' gan **William Jones** (Llangadfan, **Banw**; 1726–95) fel y'i cenid yn null y 18g., gyda 'symffonïau' offerynnol byr rhwng y penillion. Pan gafodd fersiwn o'r un alaw ei argraffu tua hanner canrif yn ddiweddarach yn *Ancient National Airs of Gwent and Morganwg* gan **Maria Jane Williams**, roedd y symffonïau offerynnol wedi eu disodli gan gytganau lleisiol o sillafau diystyr ('ffa-la-la' ac yn y blaen).

Mae cwmpas melodig cymharol gul ac ansawdd gyfalawol rhai o'r alawon, ynghyd â chynildeb yr addurn, yn arwydd o'r cysylltiad rhwng y **delyn** a'r llais sy'n aml yn nodwedd amlwg ar alawon y Cymry. Efallai i ddatgan barddoniaeth arwain at nodwedd arall, sef cychwyn cân trwy lafarganu ar bumed nodyn y raddfa; ac mae datgan yn nodwedd amlwg ar y canu **pwnc**. Mae'n bosibl fod dylanwad y delyn hefyd yn rhannol gyfrifol am dra-arglwyddiaeth patrymau'r graddfeydd mwyaf a lleiaf, a'r symudiad grisiog a geir mewn llawer o alawon. O'r patrymau graddfa eraill, y modd Doraidd ('re') yw'r mwyaf cyffredin yng Nghymru; mae rhai caneuon yn seiliedig ar y modd micsolydiaidd ('sol'), ond mae llawer o'r rhain o darddiad estron. Deillia rhai nodweddion rhythmig o batrymau rhythmig y Gymraeg, sydd at ei gilydd yn rhoi'r acen ar y goben. Os 'torrir' y sillaf ar amseriad cyflym, mae hynny'n creu trawsaceniad; pan fydd yr amseriad yn araf, mae'n awgrymu *appoggiatura*. O'u cymryd gyda'i gilydd mae'r nodweddion hyn yn fodd i wahaniaethu rhwng y traddodiad cerddorol Cymreig a cherddoriaeth draddodiadol gwledydd Ewropeaidd eraill.

Er mai Cymraeg yw iaith y rhan fwyaf o ganeuon traddodiadol Cymru, ceir hefyd gronfa bur sylweddol o ddeunydd Saesneg. Yn yr ardaloedd Saesneg traddodiadol, fel de **Sir Benfro** a gorllewin **Gŵyr**, yr oedd caneuon Saesneg yn fwyaf cyffredin, ond fe'u cafwyd hefyd mewn rhannau eraill o Gymru. Gall caneuon groesi'r ffin ieithyddol yn ogystal. Casglwyd '*Llangollen Market*', er enghraifft, yn Saesneg fel rhan o waith a gyflwynwyd i **Eisteddfod** Genedlaethol 1858, ond bellach mae'n fwy adnabyddus yn y cyfieithiad Cymraeg; ar y llaw arall cafwyd ffurf Saesneg o 'Y Saith Rhyfeddod' yng Nghwm **Tawe**.

Gellir rhannu'r caneuon Saesneg yn ganeuon cymdeithasol, defodol a diwydiannol. Yng ngorllewin Gŵyr yr oedd y caneuon cymdeithasol gryfaf, ac yno **Phil Tanner** o **Langynydd** oedd y mwyaf adnabyddus o nifer fawr o gantorion. Roedd caneuon defodol i'w cael yng Ngŵyr hefyd, fel '*Get Up A New Year's Morning*', '*The Gower Wassail*' a '*Poor Old Horse*'. Ymhlith y caneuon defodol a gafwyd yn Sir Benfro yr oedd caneuon cysylltiedig â defod y dryw, sef '*The King*' a '*The Cutty Wren*'.

Yn yr oes ddiwydiannol daeth cyhoeddi baledi ar ffurf llyfrynnau yn boblogaidd. Cynhyrchodd argraffwyr megis Ebenezer Rees o **Ystalyfera**, J. T. Morgan o **Ferthyr Tudful**, a Davies a Thomas o Dreorci (gw. **Rhondda, Y**), filoedd o bamffledi yn cofnodi digwyddiadau nodedig, weithiau yn Saesneg ac weithiau yn Gymraeg, ac yn aml yn y ddwy iaith gefn yn gefn. Roedd bri ar ganeuon macaronig yn y maes **glo**, lle'r ymunodd lliaws o fewnfudwyr Saesneg eu hiaith â'r Cymry Cymraeg brodorol.

Roedd gan longwyr Cymru eu caneuon gwaith eu hunain. Mae'r 50 o ganeuon môr a gasglwyd oddi wrth Rees Baldwin, William Fender a llongwyr eraill o **Gaerdydd**, y **Barri** ac **Abertawe** gan y casglwr Americanaidd James Madison Carpenter, yn 1928, yn dangos bod y dynion hyn yn fwy cyfarwydd â chymhlethdodau cerddoriaeth a chanu na'r mwyafrif o longwyr. Roedd y llu o ganeuon môr Saesneg a gasglwyd gan **J. Glyn Davies** oddi wrth wŷr y Cambrian Line a chwmnïau Cymreig eraill a hwyliai o **Lerpwl** tua diwedd y 19g. yn dangos bod criwiau o ogledd Cymru a llongwyr du America yn rhannu dawn unigryw ymhlith cenhedloedd morwrol, sef y gallu i ganu'n naturiol mewn harmoni.

Er bod caneuon traddodiadol, a hynny mewn arddull operatig braidd, wedi bod yn rhan o'r arlwy eisteddfodol ers hir amser, yn nechrau'r 1970au cafwyd adfywiad mewn canu gwerin, yn rhannol o dan ddylanwad cerddoriaeth roc a llwyddiant rhyngwladol ysgubol cantorion a grwpiau gwerin Iwerddon. Denodd grwpiau fel Ar Log, Plethyn, Yr Hwntws a'r arbrofwyr offerynnol Aberjaber gynulleidfaoedd ar gyfer y math hwn o gerddoriaeth mewn clybiau gwerin, gwyliau gwerin ac ar deithiau rhyngwladol, gan greu sylfaen ar gyfer yr ugeiniau o grwpiau gwerin sy'n ffynnu yng Nghymru heddiw.

### *Emynau a cherddoriaeth y cysegr*

Yr **emynau** cynharaf a gyhoeddwyd at ddefnydd cynulleidfa oedd rhai **Edmwnd Prys** yn 1621, wedi'u gosod ar salm-donau a oedd yn tarddu o'r **Alban** a lleoedd eraill. Er i emynau gael eu hysgrifennu gan yr Ymneilltuwyr yn yr 17g. a'r 18g., y **Diwygiad Methodistaidd**, yn arbennig yn ei ail gyfnod o 1762 ymlaen, a symbylodd ddatblygiad canu emynau. Gosodwyd emynau a gyfansoddwyd gan **William Williams**, Pantycelyn (1717–91), ac eraill ar alawon seciwlar poblogaidd fel '*Lovely Peggy*' a '*God Save the King*', ac erbyn diwedd y 18g. roedd cynulleidfaoedd y capeli yn defnyddio alawon Cymreig y baledi ac yn cyfansoddi eu halawon eu hunain. Cofnodwyd y rhain yn ddiweddarach mewn casgliadau fel un John Roberts (1807–76), *Caniadau y Cysegr* (1839) a *Caniadau Seion* (1840) gan Richard Mills (Rhydderch Hael; 1809–44).

Roedd penodi Henry Mills (1757–1820) o **Lanidloes** yn arolygwr cerddorol achosion Methodistaidd canolbarth Cymru yn y 1780au yn gychwyn ymgyrch i wella safon canu. Yn y 1820au a'r 1830au ffurfiwyd cymdeithasau cerddorol ledled Cymru – yn y **Bala**, **Aberystwyth** a **Bethesda** ymhlith mannau eraill – i feithrin dealltwriaeth o hanfodion cerddoriaeth. Ymddangosodd gwerslyfrau cerddorol a chasgliadau o donau. Y casgliad cyntaf o donau oedd un John Ellis (1760–1839), *Mawl yr Arglwydd* (1816), a daeth cyhoeddi gwerslyfrau i'w anterth pan ymddangosodd *Gramadeg Cerddoriaeth* John Mills (Ieuan Glan Alarch; 1812–73) yn 1838, llyfr a enillodd ei blwyf fel un o sylfeini addysg gerddorol.

Roedd gweithgaredd y mudiad **dirwest** yn hwb pellach i ganu cynulleidfaol. O'i ddechreuad yn 1854, trefnai Undeb Corawl Dirwestol Gwent a Morgannwg wyliau blynyddol i gorau cyfun ganu cytganau ac emyn-donau. Yn 1859, pan

Ieuan Gwyllt (John Roberts)

gyhoeddwyd *Llyfr Tonau Cynulleidfaol* Ieuan Gwyllt (**John Roberts**; 1822–77), cafwyd corff o donau safonol llai blodeuog nag eiddo'r genhedlaeth flaenorol, gyda harmonïau di-addurn. Bu dosbarthiad eang i'r casgliad a daeth yr arfer o ymgynnull i ganu tonau o'r llyfr yn sylfaen gadarn i ddatblygiad y **gymanfa ganu**.

O'r 1860au ymlaen, a cherddoriaeth ar gael fwyfwy mewn sol-ffa – datblygiad a hybwyd gan **Eleazar Roberts** ac Ieuan Gwyllt – bu modd i gynulleidfaoedd ddysgu darllen cerddoriaeth yn fwy rhugl, a daeth rhan-ganu yn arfer cyffredin mewn capeli. Digyfeiliant oedd y canu o hyd at ei gilydd. Bu poblogrwydd cynyddol y gymanfa ganu o'r 1870au ymlaen yn hwb i gyfansoddwyr lleol fynd ati i lunio emyndonau i'w defnyddio mewn cymanfaoedd a ddaeth yn fwyfwy enwadol; erbyn diwedd y 19g. roedd gan bob enwad ei lyfr emynau ei hun a oedd yn adlewyrchu ei draddodiadau a'i arferion. Byddai'r capeli mwyaf, a mwyaf mentrus, yn cynnwys anthemau a salmau yn y gwasanaeth yn ogystal â'r emynau arferol, a daeth organau'n gyffredin o'r 1890au ymlaen.

Cadarnhaodd datblygiadau yn yr 20g. y patrwm a sefydlwyd mewn cenedlaethau blaenorol. Diwygiwyd y llyfrau emynau enwadol ac ychwanegwyd casgliadau eraill. Daeth y gymanfa yn symbol o Gymreictod, yn arbennig mewn digwyddiadau cenedlaethol a rhai y tu allan i Gymru (dyma'r ŵyl bwysicaf ymhlith Cymry Gogledd America), a daeth canu emynau yn arfer disgwyliedig lle bynnag y byddai Cymry wedi ymgynnull – mewn clybiau, tafarnau a gemau **rygbi** lawn cymaint ag mewn capeli. Mae'r emynau a'r tonau a gyfansoddwyd yn ystod blynyddoedd olaf yr 20g. wedi tueddu i ddilyn patrymau traddodiadol, heb fawr ddim arbrofi, ac mae'r lleihad yn y niferoedd sy'n mynychu capeli wedi tanseilio'r traddodiad o ganu mewn pedwar llais. Serch hynny, roedd y traddodiad yn parhau'n ddigon cryf ar ddechrau'r 21g. i lyfr emynau cydenwadol, *Caneuon Ffydd,* gael ei gyhoeddi yn 2001.

*Cerddoriaeth gorawl seciwlar* (gw. hefyd **Corau meibion**)

Er mai crefyddol oedd y rhan fwyaf o'r gerddoriaeth gorawl a luniwyd gan gyfansoddwyr o Gymry yn y 19g., ychwanegwyd llawer at y *repertoire* o gerddoriaeth gorawl seciwlar gan gyfansoddwyr Cymreig o amser **Joseph Parry** ymlaen. '**Myfanwy**', rhan-gân hynod gelfydd, yw darn mwyaf adnabyddus Joseph Parry ei hun. Cafodd llawer o'r darnau corawl seciwlar eraill a gyfansoddwyd ganddo ef a'i gyfoeswyr (yn cynnwys Gwilym Gwent (William Aubery Williams; 1838–91), **David Jenkins** (1848–1915) a **D. Emlyn Evans**) eu teilwrio ar gyfer marchnad gerddoriaeth oes Victoria. Tueddai cenhedlaeth ddiweddarach o gyfansoddwyr i fod yn fwy uchelgeisiol o ran y testunau y dewisent eu gosod i gerddoriaeth. Yn llawer o'i weithiau corawl, denwyd **David Vaughan Thomas** at George Meredith, a lluniodd hefyd osodiad rhagorol o waith Thomas Gray, '*The Bard*' – y gwaith mwyaf uchelgeisiol o'i fath i unrhyw gyfansoddwr o Gymru ei gyfansoddi cyn 1914, mae'n debyg. O ran cyfansoddi ar gyfer corau meibion, adlewyrchai T. Maldwyn Price (1861–1934) (ac yn ddiweddarach **Daniel Protheroe**) destunau poblogaidd y dydd mewn gweithiau lliwgar fel '*Crossing the Plain*'. Dilynodd llawer o gyfansoddwyr arweiniad cyfansoddwyr Ewropeaidd eraill fel de Rille, ac mae'n debyg i'w waith ef, '*Martyrs of the Arena*', ddylanwadu ar amrywiaeth eang o ddarnau tebyg gan gyfansoddwyr o Gymry, yn cynnwys '*Charge of the Light Brigade*' gan D. C. Williams (1871–1926), '*Fallen Heroes*' **Cyril Jenkins** a '*The War Horse*' David Jenkins, gweithiau a ddeilliodd o gystadlaethau eisteddfodol. Gwnaeth cyfansoddwyr fel D. Afan Thomas (1881–1928) gyfraniad pwysig hefyd, er enghraifft gyda'i '*Battle of the Baltic*'. Bu trefniannau o alawon gwerin Cymreig yn gyffredin iawn ymhlith gweithiau bron y cyfan o gyfansoddwyr Cymru ar ôl Joseph Parry. Yn yr Eisteddfod Genedlaethol y rhoddwyd y perfformiadau cyntaf o weithiau mawr o natur seciwlar fel 'Llyn y Fan' gan David Vaughan Thomas, a ysbrydolwyd gan chwedl **Llyn y Fan Fach**, ac yn ddiweddarach 'Culhwch ac Olwen' **William Mathias** a seiliwyd ar y **Mabinogion**.

Er 1945, gyda dyfodiad cerddorfeydd BBC Cymru ac Opera Cenedlaethol Cymru, denwyd cyfansoddwyr Cymreig fwyfwy at gyfansoddi offerynnol a cherddorfaol. Er hynny, maent wedi parhau i ddangos diddordeb mewn gosod testunau crefyddol i gerddoriaeth. Gwnaeth William Mathias, yn arbennig, gryn gyfraniad at gerddoriaeth eglwysig, ac mae ei gyfoeswr, Alun Hoddinott, hefyd wedi cyfrannu at y maes hwn. Un o nodweddion cerddoriaeth seciwlar Gymreig wedi'r rhyfel fu ehangder y dylanwadau llenyddol arni: er enghraifft, cafwyd gosodiadau o waith Blake gan **Daniel Jones**, gosodiadau o gerddi **Dylan Thomas** a **Gerard Manley Hopkins** gan William Mathias, a gosodiadau o waith beirdd Sir Benfro, ei sir enedigol, gan David Harries. Denwyd Gareth Glyn a Brian Hughes at gerddi Gwyn Thomas (g.1936), ac mae cyfansoddwyr fel Mervyn Burtch, Ian Parrott, Alun Hoddinott a **David Wynne** oll wedi tynnu ar draddodiad barddol a chwedlonol Cymru.

*Addysg gerddorol*

Er bod diddordeb mewn addysg gerddorol yn amlwg o'r 1830au ymlaen mewn cyhoeddiadau fel *Gramadeg Cerddoriaeth* John Mills, yng nghanol y 19g. y gwreiddiodd addysg gerddorol ffurfiol yng Nghymru. Bu'r mudiad tonic sol-ffa yn arbennig o ddylanwadol. Arweinydd dawnus y mudiad yng Nghymru oedd Ieuan Gwyllt a roddodd gychwyn, fel emynyddwr ac athro, i draddodiad o addysg gerddorol boblogaidd. Roedd ei gyfrol *Blodau Cerdd* (1852) yn cynnwys emyndonau enghreifftiol a rhaglen o wersi cerddoriaeth sylfaenol. Parhawyd â'r dull hwn gan ei ddisgybl, D. Emlyn Evans. Ganddynt hwy y gosodwyd safonau chwaeth o ran cyfansoddi a pherfformio cerddoriaeth gynulleidfaol ar gyfer cymanfaoedd canu.

Yn 1919 sefydlwyd fforwm beirniadol ar gyfer canu corawl yng Nghymru pan grëwyd y Cyngor Cerddoriaeth Cenedlaethol (neu Gyngor Cerddoriaeth y Brifysgol). Cyfrannodd ei gyfarwyddwr cyntaf, **Walford Davies**, yn sylweddol at addysg gerddorol yng Nghymru trwy gyfrwng ei ddarllediadau ar y BBC. Llwyddodd ef i symud y traddodiad oddi wrth yr orddibyniaeth ar y traddodiad corawl a chystadleuol i gyfeiriad newydd, gan fagu ymhlith y cyhoedd ddiddordeb mewn cerddoriaeth offerynnol a'r traddodiad clasurol Ewropeaidd.

Sefydlwyd adrannau cerdd ym **Mhrifysgol Cymru** yn fuan yn hanes ei cholegau cyfansoddol – yn Aberystwyth yn 1873, gyda Joseph Parry yn Athro cerddoriaeth cyntaf (caewyd yr adran yn 1992), yng Nghaerdydd yn 1883, ac ym **Mangor** yn 1920. Sefydlwyd **Coleg Cerdd a Drama [Brenhinol] Cymru** yng Nghaerdydd yn 1949.

Ar ôl 1945 rhoddwyd hwb sylweddol i'r gwaith o feithrin medrau cerddorol yng Nghymru pan ryddhawyd arian cyhoeddus i greu fframwaith addysgol a hyfforddiadol a fyddai'n ychwanegu at y ddarpariaeth addysg gerddorol breifat ac anffurfiol. Penododd awdurdodau lleol ymgynghorwyr cerdd i hyrwyddo hyfforddiant offerynnol a lleisiol mewn ysgolion, ac yn 1946 sefydlwyd **Cerddorfa Genedlaethol Ieuenctid Cymru**; yn ddiweddarach ychwanegwyd at ddylanwad y gerddorfa ar gerddorion ifainc pan sefydlwyd pedwar *ensemble* arbenigol, sef Band Pres Cenedlaethol Ieuenctid Cymru (1982), Côr Cenedlaethol Ieuenctid Cymru (1984), Cerddorfa Jazz Genedlaethol Ieuenctid Cymru (2001) a Cherddorfa Chwyth Genedlaethol Ieuenctid Cymru (2002). Yn goron ar y cyfan, rhoddwyd cwricwlwm cerddoriaeth neilltuol Gymreig ar waith yn dilyn y Ddeddf Diwygio Addysg (1988).

*Cerddoriaeth gelfyddydol*

Mae'r term 'cerddoriaeth gelfyddydol' (*art music*) yn cyfeirio at gerddoriaeth offerynnol a lleisiol, cysegredig a seciwlar, gan gwmpasu'r hyn yr arferid ei alw'n gerddoriaeth glasurol ynghyd ag arddulliau modern a chyfoes. Bydd cerddoriaeth gelfyddydol wedi'i nodiannu ac felly nid yw'r diffiniad yn cynnwys jazz, cerddoriaeth werin a cherddoriaeth bop, sy'n perthyn gan mwyaf i'r traddodiadau clywedol a'r byd recordio. O'r cyfnodau cynharaf y ceir cofnodion amdanynt bu gan Gymru draddodiadau cerddoriaeth gysegredig a seciwlar. Disgrifir gweithgarwch cerddorol cyn y 6g. mewn myth a llên gwerin, a cheir tystiolaeth amdano mewn darganfyddiadau archaeolegol. Mae barddoniaeth Gymraeg o'r 13g. yn sôn yn fynych am utgyrn a thrwmpedau milwrol, a cheir darlun byw o'r beirdd a'u noddwyr uchelwrol. Disgrifiodd **Gildas** hyfrydwch lleisiau ifainc yn moli Duw ar gân, a chrybwyllir y **crwth** mewn ffynonellau o'r Oesoedd Canol.

Ceir disgrifiad enwog gan Gerallt Gymro o hoffter y Cymry o ran-ganu. Pan deithiodd o gwmpas Cymru yn 1182 gwnaeth y traddodiad o ganu'r delyn argraff arno. Wedi'r **Goresgyniad Edwardaidd** yn 1282 effeithiwyd ar y celfyddydau gan newid mewn amgylchiadau cymdeithasol. Gosodwyd rheolau newydd ar gyfer y beirdd, a daeth eisteddfodau, yn arbennig y rhai a gynhaliwyd yng **Nghaerfyrddin** (*c.*1451) a **Chaerwys** (1523 ac 1567), yn ganolog i'r traddodiad. O'r 13g. ymlaen câi'r crwth ei ganu fwyfwy â bwa, a thystir i barhad poblogrwydd y delyn ym marddoniaeth **Dafydd ap Gwilym**.

Ffynhonnell gynharaf cerddoriaeth gysegredig Cymru yw **Antiffonari Penpont**, sy'n cynnwys gosodiadau ar gyfer gwasanaethau Dydd Gŵyl **Dewi**. Llawysgrif **Robert ap Huw** o'r 17g. yw ffynhonnell gynharaf cerddoriaeth i'r delyn nid yn unig yng Nghymru ond yn Ewrop gyfan. Mae'n un o'r ffynonellau pwysicaf o'i bath, ac yn tystio bod yn y traddodiad barddol ran ganolog i gerddoriaeth wrth gyflwyno barddoniaeth.

O'r 12g. ymlaen mae enwau cerddorion o Gymry yn ymddangos yn llyfrau cyfrifon llysoedd **Lloegr**. Cyfrannodd cyfansoddwyr fel Siôn Gwynedd, Philip ap Rhys, John Lloyd, Elway Bevin a **Thomas Tomkins** at y traddodiad eglwysig Seisnig. Gwanhau a wnaeth y traddodiad barddol o ganlyniad i'r duedd i edrych ar Loegr fel canolbwynt y bywyd diwylliannol, ac yn raddol disodlwyd yr offerynnau Cymreig traddodiadol. Maes o law cymerodd y **ffidil** le'r crwth, a mewnforiwyd y delyn deires o'r Eidal tua diwedd yr 17g.

Yng nghanol y 18g. cyhoeddwyd casgliadau o gerddoriaeth Gymreig i'r delyn a cheinciau Cymreig. Cyfnod oedd hwn pan ddechreuodd yr eisteddfod dyfu o fod yn ŵyl leol i fod yn ŵyl fwy cenedlaethol; bu Eisteddfod **Corwen** yn 1789 yn drobwynt pwysig. Cafodd canu corawl, a fu'n arbennig o boblogaidd yn yr ardaloedd diwydiannol, ynghyd â **chanu penillion**, eu hyrwyddo'n fwriadus gan yr eisteddfod.

Cyfrannodd newidiadau cymdeithasol a demograffig yn y 19g. at dwf yn nifer y grwpiau perfformio amatur, yn rhai lleisiol ac offerynnol. Gydag argraffiadau o weithiau ar gael yn rhwydd am bris rhesymol, roedd mwy o gyfle i berfformio cerddoriaeth gelfyddydol. Ffynnodd gweithgarwch o'r fath, yn arbennig yn ardaloedd diwydiannol y de. Cyfansoddodd Joseph Parry, awdur cerddoriaeth leisiol bwysicaf y cyfnod, ddarnau offerynnol medrus hefyd, gan gynnwys *Agorawd Tydfil*, y gwaith gwreiddiol cyntaf o bosibl ar gyfer band pres.

Shirley Bassey a Bryn Terfel

Erbyn 1900 roedd yr Eisteddfod Genedlaethol wedi hen ymsefydlu, a buan y datblygodd yn llwyfan i berfformiadau nid yn unig o weithiau cyfansoddwyr brodorol fel Cyril Jenkins, ond hefyd o weithiau corawl mawr y byd, a hynny yn aml am y tro cyntaf yng Nghymru: er enghraifft *Yr Aderyn Tân* Stravinsky a berfformiwyd yn y Barri yn 1921 ac *Offeren yn B Leiaf* Bach a berfformiwyd yn **Rhydaman** yn 1922. Sefydlwyd amryw o wyliau anghystadleuol, a gwnaeth y rhai a gynhaliwyd yn **Harlech** (1869–1934) a Chaerdydd (1892–1910), ynghyd â Gŵyl y Tri Chwm (1930–9) a gynhelid yn **Aberpennar**, lawer i godi ymwybyddiaeth o dueddiadau ehangach.

Wrth i gerddoriaeth gorawl ffynnu o gwmpas troad y ganrif, daeth hefyd gyfansoddwyr Cymreig i'r amlwg a oedd â gweledigaeth gliriach o'r hyn a allai fod yn 'ysgol' genedlaethol. Gwnaeth David Vaughan Thomas, **Morfydd Llwyn Owen** a David de Lloyd (1883–1948) lawer i greu ymwybyddiaeth newydd o bosibiliadau cerddorol barddoniaeth Gymraeg gynnar. Roedd y traddodiad gwerin yn aml yn ddylanwad arnynt, a bu modd iddynt elwa ar waith **Cymdeithas Alawon Gwerin Cymru** a fu'n dyfal gasglu alawon o 1906 ymlaen, ac ar waith unigolion fel **J. Lloyd Williams** a **W. S. Gwyn Williams** yn y maes. Yn ogystal â gwaith Walford Davies yn meithrin chwaeth at gerddoriaeth offerynnol a chlasurol, gwnaed cyfraniad neilltuol at yr adfywiad cerddorol yng Nghymru gan chwiorydd Gregynog, Gwendoline a Margaret Davies (gw. **Davies, Teulu (Llandinam)**), a sefydlodd Ŵyl Gerdd flynyddol yng Ngregynog.

Roedd y cyfnod ar ôl 1945 yn un o dwf trawiadol, yn enwedig yn sgil nawdd a chefnogaeth sefydliadau fel y BBC, Opera Cenedlaethol Cymru, adrannau cerdd y colegau prifysgol, Cyngor y Celfyddydau (**Cyngor Celfyddydau Cymru**), yr Eisteddfod Genedlaethol ac **Eisteddfod Gerddorol Gydwladol Llangollen**, ynghyd â datblygiad gwyliau cerddoriaeth ledled Cymru, ffurfio Cerddorfa Genedlaethol Ieuenctid Cymru, a gwaith arloesol yr Urdd er Hyrwyddo Cerddoriaeth Cymru (Cymdeithas Cerddoriaeth Cymru bellach) o 1955 ymlaen.

Dilynwyd nifer o gyfansoddwyr yr oedd y rhyfel wedi torri ar eu gyrfaoedd – **Mansel Thomas**, **Arwel Hughes**, Daniel Jones, David Wynne, **Grace Williams** – gan genhedlaeth iau a ddaeth i'r brig yn gyflym: ymhlith y rhain yr oedd Alun Hoddinott a William Mathias, a ddaethant ill dau yn adnabyddus yn rhyngwladol, a David Harries, Mervyn Burtch a Brian Hughes. Yn eu tro, fe'u dilynwyd hwythau gan gyfansoddwyr fel John Metcalf, Jeffrey Lewis, Richard Elfyn Jones, Richard Roderick Jones, Gareth Glyn a Martin Davies. Erbyn dechrau'r 21g. roedd gan Gymru amrywiaeth eang o gyfansoddwyr yr oedd eu harddulliau yn adlewyrchu amrywiaeth cerddorol y byd ehangach. Mae Karl Jenkins, a ddechreuodd ei yrfa fel cyfansoddwr a pherfformiwr jazz, a John Cale, sydd fwyaf adnabyddus ym maes cerddoriaeth roc, wedi gwneud cyfraniadau nodedig ym maes cerddoriaeth gelfyddydol. Roedd eraill, fel Dilys Elwyn-Edwards, Enid Luff, Lynne Plowman, Rhian Samuel a Hilary Tann, yn bur adnabyddus erbyn diwedd yr 20g.

Er gwaethaf bri cyfansoddwyr Cymru, prif gyfraniad y Cymry i'r byd cerddorol yn ystod yr 20g. fu disgleirdeb eu cantorion, yn arbennig y rhai hynny ym myd opera. Bu **Leila Megàne** yn canu gyda'r Opera Comique ym Mharis rhwng 1912 ac 1916, ac ymddangosodd hefyd ym Monte Carlo, Milan, Moscow ac Efrog Newydd. Mewn cyfnod diweddarach bu **Geraint Evans**, Gwyneth Jones a **Delme Bryn-Jones** yn serennu ym mhrif dai opera'r byd, fel y gwnaeth Stuart Burrows, Margaret Price, Dennis O'Neill a Rebecca Evans. Erbyn dechrau'r 21g. roedd Bryn Terfel yn enw rhyngwladol. Poblogaidd hefyd oedd Katherine Jenkins a Charlotte Church, a llwyddodd Aled Jones, a fu yn ei fachgendod yn ganwr trebl hynod boblogaidd, i wneud gyrfa newydd iddo'i hun fel tenor.

Er canol yr 20g. bu Cymry hefyd yn amlwg ym myd cerddoriaeth offerynnol ryngwladol, er enghraifft Osian Ellis (telyn) ac yn fwy diweddar Llŷr Williams (piano) a Catrin Finch (telyn). Pwysig, yn ogystal, fu cyfraniad Owain Arwel Hughes fel arweinydd cerddorfaol o'r radd flaenaf.

## *Cerddoriaeth boblogaidd*

Mae tair nodwedd amlwg ar hanes cerddoriaeth boblogaidd yng Nghymru rhwng 1830 a diwedd yr **Ail Ryfel Byd**: parhad y traddodiad poblogaidd Cymraeg yng nghefn gwlad; lledaeniad y traddodiad hwnnw i ardaloedd trefol newydd (weithiau gan asio dulliau traddodiadol o greu cerddoriaeth gymunedol â rhai mwy newydd); a mabwysiadu'r diwylliant cerddoriaeth boblogaidd masnachol a oedd yn gyffredin mewn mannau eraill, ac y rhoddwyd i'w gynnyrch weithiau flas Cymreig arbennig.

A hwythau heb noddwyr cefnog na chanolfannau chwaeth soffistigedig, bu modd i'r cymunedau diwydiannol newydd yn llythrennol ddarganfod eu llais a'u hunaniaeth mewn cydfynegiant cerddorol. Cyfryngau'r mynegiant hwnnw oedd cymanfaoedd canu, cyngherddau oratorio, cystadlaethau corawl, **bandiau pres** a ffliwtiau; i'r unigolyn dawnus, mynegiant lleisiol oedd y cyfrwng, neu, a hynny i raddau llai gan mai cymunedau dosbarth gweithiol oedd y rhain, fynegiant offerynnol. Daeth corau yn ganolbwynt teyrngarwch cymuned, ac roedd y gystadleuaeth rhyngddynt yn ennyn teimladau angerddol a allai droi'n ffyrnig, gan arwain yn aml at anhrefn a 'chythraul canu'.

Roedd y cynnydd chwim mewn cyd-berfformio offerynnol a ddigwyddodd ledled **Prydain** erbyn *c.*1850 ychydig yn ddiweddarach yn gwneud argraff ar gymunedau diwydiannol Cymru, ond erbyn diwedd y 1870au roedd cerddorfeydd a bandiau pres amatur yn bur gyffredin. Byddai'r bandiau pres yn parhau'n elfen amlwg yng ngherddoriaeth y dosbarth gweithiol yng Nghymru; y band pres preifat cyntaf i'w sefydlu yn y wlad oedd **Band Cyfarthfa** yn 1838. Cryfhawyd seiliau'r traddodiad cerddorol amatur wrth i'r gallu i ddarllen cerddoriaeth (trwy gyfrwng hen nodiant neu sol-ffa) ddod yn gyffredin ymhlith corau ac offerynwyr, a datblygwyd y traddodiad ymhellach tua diwedd y 19g. yn sgil màs-gynhyrchu pianos a harmonia ynghyd â thwf cyfleusterau gohirio talu.

Erbyn y 1890au roedd cwmnïau opera ysgafn wedi ymsefydlu, a chan dynnu ar dalentau lleol wedi ennill eu plwyf ym mhentrefi'r maes glo. Roedd yn haws i'r rhain, fel ag i'r grwpiau offerynnol a cherddorfaol, addasu yn sgil y cwymp yn y niferoedd a fynychai gapeli a'r seciwlareiddio cynyddol yr oedd dyfodiad y sinema (gw. **Ffilm** a **Sinemâu**), y gramaffon a'r radio yn symbol ohono, ac a gyfrannodd – ynghyd â phatrymau cymdeithasol newydd ym myd hamdden ac adloniant – at oeri'r sêl gerddorol gymunedol a fu unwaith mor danbaid. O'r 1890au ymlaen enillodd y côr meibion ei blwyf fel y sefydliad cerddorol Cymreig mwyaf nodweddiadol, ac erbyn canol yr 20g. yr oedd wedi disodli'r côr cymysg fel prif gyfrwng mynegiant diwylliant cerddoriaeth boblogaidd Cymru. Yr un pryd, roedd ffurfiau eraill ar weithgarwch cerddorol, fel celfyddyd unigryw Gymreig canu penillion, yn parhau'n boblogaidd ymhlith poblogaeth fwy gwasgaredig y Gymru Gymraeg wledig.

Yn yr 20g. seiliwyd llawer o gynnyrch y diwylliant cerddoriaeth boblogaidd ar y syniad o 'Wlad y Gân'. Hyrwyddwyd y ddelwedd hon gan y corau meibion, a fu'n teithio dramor er diwedd y 19g., a thrwy gyflwyniadau ar y cyfryngau poblogaidd, fel ***Welsh Rarebit*** BBC Cymru, a phortreadau o fywyd Cymreig yn y sinema (gw. Ffilm). Bu cryn or-wneud a chyffredinoli wrth ddarlunio lle cerddoriaeth ym mywyd **gwerin** Cymru. Eto i gyd, mae'r ddelwedd wedi'i seilio ar wirionedd. Cerddoriaeth, ynghyd â chwaraeon, yw'r elfen amlycaf yn niwylliant poblogaidd Cymru.

Er i ganu corawl barhau'n boblogaidd ym mywyd diwylliannol Cymru, bu'r cyfnod wedi 1945 yn nodedig oherwydd llwyddiant artistiaid Cymreig sydd wedi mabwysiadu mathau newydd o gerddoriaeth boblogaidd ynghyd ag arddulliau newydd. Mae gan gerddoriaeth roc a phop hanes cyfoethog yn y ddwy iaith, gyda'r ddwy ffrwd ieithyddol yn ymddangos i ddechrau fel petaent yn datblygu'n annibynnol, ond yna, yn ddiweddarach, yn ymuno i ryw raddau yn y 1990au (a hynny'n ddadleuol weithiau). Gellid dadlau i artistiaid roc a phop Cymru wneud mwy o argraff yn rhyngwladol na pherfformwyr mewn unrhyw *genre* cerddorol

Tom Jones

arall. Cafodd **Donald Peers** lwyddiant ysgubol yn y 1940au a'r 1950au. Daeth Tom Jones a Shirley Bassey yn gantorion byd-enwog yn y 1960au. Daeth enwogrwydd rhyngwladol i ran cenhedlaeth ddiweddarach hefyd, gan gynnwys grwpiau roc, fel y Manic Street Preachers a'r Stereophonics, ac unigolion fel Cerys Matthews, a ddaeth i'r amlwg fel prif leisydd Catatonia ac sydd weithiau, yn ei gyrfa newydd fel cantores unigol, yn canu yn Gymraeg.

Datblygodd cerddoriaeth boblogaidd yn Gymraeg ochr yn ochr â'r Saesneg, a gwelir yn ei hanes yr un esblygiad o adloniant ysgafn i roc, ac o lwyfannau lleol i rai rhyngwladol. Creodd rhaglen radio'r BBC, ***Noson Lawen***, gynulleidfa genedlaethol i gerddoriaeth boblogaidd Gymraeg yn y 1940au, gan gyflwyno grwpiau fel Triawd y Coleg, Adar Tregaron a

John Cale

Bois y Frenni. A *swing* yn mynd â bryd y diwylliant Eingl-Americanaidd, roedd *Noson Lawen* yn cynnig cyfle i Gymru ddatblygu ei sain bop ei hun ar sail canu gwerin. Yn ogystal â pherfformio ar y radio, roedd y grwpiau newydd hefyd yn crwydro'r wlad gan ddiddanu cynulleidfaoedd mewn nosweithiau llawen. Hwy a baratôdd y ffordd ar gyfer grwpiau pop Cymraeg arloesol canol yr 20g. megis Hogia Bryngwran, Criw Sgiffl Llandegai (a drodd yn Hogia Llandegai yn y man), a oedd yn cynnig ymateb Cymraeg a Chymreig i'r chwiw sgiffl a ysgubodd dros Brydain yn y cyfnod hwn, a'r 'Hogia' enwocaf a mwyaf hirhoedlog o'r cwbl, Hogia'r Wyddfa.

Yn y 1960au bu llawer datblygiad pwysig mewn cerddoriaeth Gymraeg boblogaidd, gyda rhaglenni teledu'r BBC fel *Hob y Deri Dando* a *Disc a Dawn* yn cynnig llwyfan wythnosol i gerddorion ifainc, ac yn lawnsio gyrfaoedd sawl band. Y dylanwad pwysicaf ar ddiwylliant poblogaidd Cymraeg yn y 1960au oedd **Cymdeithas yr Iaith Gymraeg**. Daeth Dafydd Iwan (g.1943), aelod blaenllaw o Gymdeithas yr Iaith, â cherddoriaeth brotest i Gymru trwy ei ymddangosiadau ar raglen TWW, *Y Dydd*, gan hyrwyddo'r mudiad iaith a chreu, ar yr un pryd, fath newydd o gerddoriaeth werin Gymraeg a oedd yn drwm dan ddylanwad canu gwerin a chanu gwlad Americanaidd.

Ymuno â'r byd canu pop Saesneg fu hanes llawer o artistiaid Cymreig y 1960au, a'u bryd ar wneud eu marc yn y farchnad ddiwylliannol Eingl-Americanaidd; dewisodd eraill, fel y canwr a'r cyfansoddwr Meic Stevens a'r gantores werin Heather Jones, barhau i berfformio yn Gymraeg. Roedd dylanwad y Beatles yn amlwg yng ngyrfa'r band Badfinger gydag Apple Records ac yn y modd y trodd Mary Hopkin o ganu gwerin at ganu pop. Daeth llwyddiant rhyngwladol hefyd i ran Man, Spencer Davis, Dave Edmunds, Budgie a Racing Cars. Er mai anfynych y byddai'r artistiaid hyn yn rhoi sylw i faterion Cymreig, roedd arnynt gryn ddyled i'w cefndir Cymreig: a hwythau at ei gilydd o gefndir dosbarth gweithiol, roeddynt yn wleidyddol effro, yn ddeallus, yn ffraeth ac yn wrthsefydliadol, a diddordeb ganddynt mewn amrywiaeth eang o gerddoriaeth. Y cerddor Cymreig mwyaf pellgyrhaeddol ei ddylanwad oedd John Cale a aned yn y Garnant (**Cwmaman**) yn 1942. Hyfforddwyd Cale mewn cerddoriaeth glasurol ac roedd yn aelod o'r band arloesol The Velvet Underground yn Efrog Newydd. Mae wedi gwneud gyrfa nodedig iddo'i hun fel cyfansoddwr, fel artist unigol a gydweithiodd lawer ag eraill, ac fel cynhyrchydd.

Daeth roc a rôl i'r Gymru Gymraeg yn ddiweddarach nag i fannau eraill, pan berfformiodd Y Blew yn Eisteddfod Genedlaethol y Bala yn 1967. Y band roc nesaf oedd Edward H Dafis, a ffurfiwyd yn 1973. Ond y newid mwyaf sylfaenol i strwythur cerddoriaeth boblogaidd yng Nghymru oedd sefydlu label recordiau Sain yn 1969 (gw. **Llandwrog** a **Cwmnïau Recordio**), a gododd safonau'r diwydiant recordio yng Nghymru o lefel amaturaidd i lefel broffesiynol.

Ehangodd cerddoriaeth bop Gymreig yn y 1970au wrth i ddau lwybr cerddorol gwahanol ymffurfio, sef roc a gwerin. Dramor roedd Shakin' Stevens a Bonnie Tyler ymhlith cyfraniadau Cymru i'r diwylliant roc a rôl Eingl-Americanaidd. Er bod mwynhad cerddorol yn bwysicach i rai bandiau yng Nghymru na safon gerddorol, gwelwyd peth arbrofi ffrwythlon yn y 1970au. Dewisodd Geraint Jarman fynegi ei brofiad o fyw yn y brifddinas trwy gyfrwng *reggae*, a daeth y Trwynau Coch â phync i'r Gymru Gymraeg. Yn eu sgil cafwyd 'Ton Newydd' mewn cerddoriaeth Gymraeg, a sefydlwyd label Cymraeg Recordiau Fflach.

Er bod pync ar drai erbyn dechrau'r 1980au, daeth Anhrefn i ailgynnau'r chwyldro cerddorol Cymreig, ac arweiniodd eu hymgyrch i siglo sylfeini pop Cymraeg at ragor o ymrannu yn y maes. Buan y denodd bandiau 'tanddaearol' fel Anhrefn a Datblygu sylw troellwr recordiau Radio Un y BBC, John Peel, a dechreuodd llawer o fandiau edrych y tu draw i ffiniau'r gynulleidfa radio Gymraeg gan obeithio llwyddo yn y farchnad Saesneg a thu hwnt. Yn y cyfamser, aeth The Alarm yn groes i'r duedd hon gan eu hailddyfeisio eu hunain fel band Cymraeg.

Erbyn diwedd y 1980au roedd y byd pop yng Nghymru yn parhau i ffynnu ond yn newid yn sylfaenol hefyd. Gellid dadlau bod y byd pop Cymraeg ei gyfrwng yn dangos arwyddion o ddiffyg hyder yn ei hunaniaeth. Er bod modd clywed bandiau'n canu yn Gymraeg ar Radio Un, dechreuodd llawer o fandiau ifainc droi at y Saesneg. Llwyddodd rhai bandiau uniaith Saesneg o Gymru, fel y Stereophonics a'r Manic Street Preachers, i dynnu sylw at eu Cymreigrwydd trwy gyfrwng y Saesneg, a thueddai bandiau yr oedd nifer o'u haelodau'n siarad Cymraeg, fel y Super Furry Animals, Gorky's Zygotic Mynci a Catatonia, i berfformio'n ddwyieithog, ond yn Saesneg yn bennaf.

### *Jazz*

Clywyd ffurfiau cynnar ar jazz yng Nghymru yn 1874 pan berfformiwyd 'rhyfedd a dieithr ganeuon Caethweision, Caneuon Gweddi, Alawon y Planhigfeydd a Chorysau'r Jiwbilî' gan y Fisk Jubilee Singers o Brifysgol Fisk, Nashville, ar eu taith i godi arian i'r brifysgol gyntaf ar gyfer plant caethweision a ryddhawyd (gw. **Caethwasiaeth**). Ildiodd *minstrelsy* ei le i gerddoriaeth *ragtime* ym mlynyddoedd cynnar yr 20g. Treiddiodd jazz i faes glo'r de yn y 1920au a chynhwysai hefyd rythmau Affricanaidd ym mand Joe Slade, Ystrad Zulus Carnival Band. Ymddangosodd y band *blues* cyntaf yng Nghymru yn Abertawe yn 1924. Ffurfiwyd clybiau rhythm yng **Nghasnewydd**, Caerdydd ac Abertawe yn y 1930au cynnar. Ffynnodd cerddorfeydd *swing* yn ystod yr Ail Ryfel Byd, ac fe'u dilynwyd yn y 1950au gan glybiau a chymdeithasau jazz a gynigiai jazz traddodiadol, poblogaidd a modern.

Rhoddodd y cyfnod *bebop* wedi'r rhyfel gyfle euraid i'r pianydd **Dill Jones** o **Gastellnewydd Emlyn**, a ddaeth yn un o hoelion wyth y byd jazz yn Efrog Newydd. Ymhlith y cerddorion jazz cyfoes nodedig y mae'r cyfansoddwr a'r sacsoffonydd Karl Jenkins, a ddaeth yn adnabyddus gyda'i fand Soft Machine ac a berfformiodd yng Nghymdeithas Jazz Abertawe yn gynnar yn ei yrfa yn ystod y 1960au, y sacsoffonydd Lee Goodall, a'r chwaraewraig dwbl bas a'r gyfansoddwraig Paula Gardiner. Mae Huw Warren, sydd hefyd yn chwarae'r acordion, a Gareth Williams, sydd wedi recordio gyda Claire Martin a'i driawd ei hun, yn ddau bianydd o fri.

Bellach mae Gŵyl Jazz Aberhonddu, y fwyaf ym Mhrydain, yn ganolog i jazz yng Nghymru. Allweddol hefyd fu cyfraniad Archif Menywod mewn Jazz, a sefydlwyd yn Abertawe yn 1992 gan y pianydd a'r hanesydd diwylliannol Jen Wilson, er mwyn tynnu sylw at bwysigrwydd cymdeithasol a diwylliannol cerddoriaeth Affricanaidd-Americanaidd yng Nghymru er canol y 19g.

Cymunedau Sir Ceredigion

**CEREDIGION** Sir (18,241ha; 74,941 o drigolion)
A hithau wedi bod o 1974 hyd 1996 yn un o ddosbarthau sir **Dyfed**, yn 1996 adferwyd statws sir i Geredigion fel awdurdod unedol. Roedd iddi'r un ffiniau â'r hen sir a fodolai cyn 1974 (gw. **Sir Aberteifi**), ond disodlwyd yr hen enwau Sir Aberteifi a Cardiganshire, a phenderfynwyd defnyddio'r enw Ceredigion yn y ddwy iaith. Erbyn 2001 roedd **poblogaeth** y sir, a oedd wedi gostwng i 53,278 yn 1951, wedi cynyddu nes mynd yn uwch na'r hyn ydoedd yn ei hanterth yn 1871 (73,441). Yr hyn sy'n bennaf cyfrifol am y cynnydd rhwng 1991 a 2001 – cynnydd o 13.71%, y mwyaf o ddigon yng Nghymru – yw'r ffaith na chyfrifwyd myfyrwyr **Aberystwyth** a **Llanbedr Pont Steffan** yng nghyfrifiad 1991 ond iddynt gael eu cyfrif yn 2001. (Mae'n destun rhyfeddod fod sir mor denau ei phoblogaeth yn cynnal dau goleg prifysgol.) Dywedir bod trigolion Ceredigion, y Cardis, yn gybyddlyd ond y gwir yw eu bod yn cyfrannu'n hael at achosion da. Mae Ceredigion hefyd yn enw ar etholaeth. Yn 2001 roedd gan 68.10% o drigolion Ceredigion rywfaint o afael ar y **Gymraeg**, a hawliai 44.11% eu bod yn gwbl rugl yn yr iaith. (Gw. hefyd **Llanbadarn Fawr** a **Thregaron**.)

**CEREDIGION** Teyrnas
Ffiniau teyrnas Ceredigion oedd afon **Dyfi**, afon **Teifi** a mynyddoedd yr **Elenydd**; gyda therfynau mor bendant yr oedd, yn ôl **J. E. Lloyd**, yn deyrnas barod. Cysylltir yr enw'n draddodiadol â Ceredig, mab **Cunedda**, er bod y stori honno, efallai, yn enghraifft o bropaganda teyrnas **Gwynedd** a'i hawydd i ehangu ei ffiniau hithau. Cynhwysai Ceredigion bedwar **cantref**, er mai enw un yn unig – **Penweddig** – a oroesodd. Tua 730 cipiwyd **Ystrad Tywi** gan Seisyll, brenin Ceredigion, gan greu teyrnas **Seisyllwg**. Yn sgil marw'r

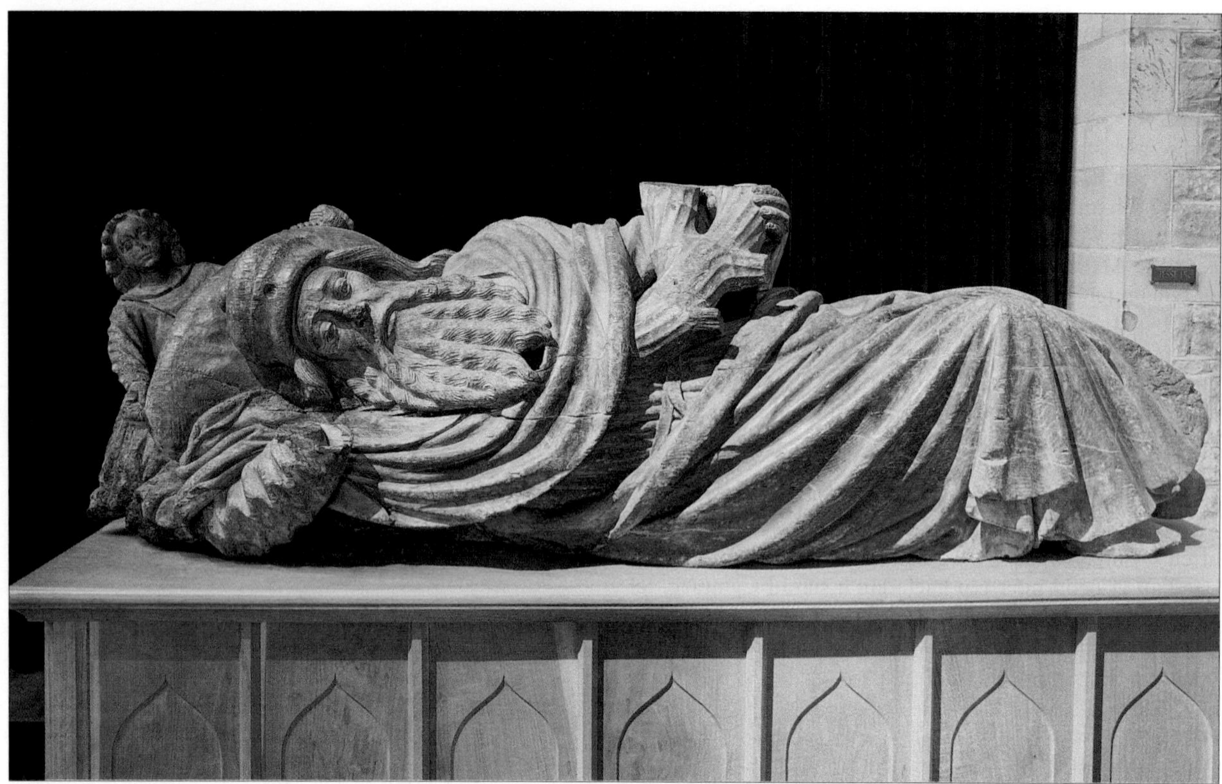

Jesse yn cysgu: Eglwys y Santes Fair, y Fenni

Brenin Gwgon yn 872 daeth Seisyllwg dan awdurdod ei frawd yng nghyfraith, **Rhodri Mawr**. Ŵyr Rhodri, **Hywel Dda**, a greodd deyrnas **Deheubarth**, yn cynnwys Seisyllwg, **Dyfed** a **Brycheiniog**. Yn 1110 daeth Ceredigion yn un o arglwyddiaethau'r **Mers** o dan reolaeth teulu **Clare**, ond fe'i hadferwyd i'r Cymry yn y 1130au. O hynny hyd nes creu cnewyllyn **Sir Aberteifi** yn y 1240au a sefydlu'r sir yn gyflawn yn 1284, deuai Ceredigion yn gyffredinol dan awdurdod llinach Deheubarth, er iddi ddod fwyfwy yn ysglyfaeth i uchelgais wleidyddol llywodraethwyr Gwynedd.

## CERFIO COED

Er bod croesau pren i'w cael yn ddiau mewn cyfnod cynnar yng Nghymru, yr enghreifftiau cynharaf o gerfio mewn coed i oroesi yw'r croglenni derw o'r 15g. a'r 16g. a geir mewn sawl eglwys anghysbell. Ceir enghreifftiau cywrain yn **Llangwm** Uchaf (**Sir Fynwy**), Patrisio (**Dyffryn Grwyne**), Llananno (**Llanbadarn Fynydd**) a **Llanegryn**. Mae'r croglenni hyn yn llawn dreigiau ynghyd â gwinwydd, dail derw a **phlanhigion** dŵr yn cydblethu, y cwbl mewn patrymau rhydd a dyfeisgar. Yr un mor wych o ran ansawdd yw'r ddelw o Jesse'n cysgu yn Eglwys y Santes Fair, y **Fenni**, cerflun o'r 15g. sydd wedi'i naddu o un dderwen fawr.

Daeth arfbeisiau, anifeiliaid a themâu mwy addurnol i amlygrwydd yng ngherfiadau'r 16g. a'r 17g., ac maent i'w gweld o hyd yn y paneli gwych yng Ngregynog (**Tregynon**) a Gwydir (**Trefriw**), ac mewn **dodrefn** yn Amgueddfa Werin Cymru (gw. **Sain Ffagan**).

Yng nghefn gwlad yn y 18g. a'r 19g. roedd traddodiad bywiog o addurno gwrthrychau bob dydd, fel stampiau menyn a ffyn cerdded, mewn arddulliau traddodiadol ac arloesol. Un o'r gwrthrychau mwyaf amlwg erbyn y 1830au oedd y **llwy garu**, a gâi ei naddu'n siapiau a chynlluniau cymhleth allan o goed o'r gwrychoedd. O ran y defnydd pensaernïol a wnaed o goed, un o'r gwŷr mwyaf blaenllaw oedd **John Douglas** (1830–1911); mae sawl enghraifft o'i grefftwaith cywrain mewn tai ac eglwysi yn y gogledd-ddwyrain, a'r rheini'n dangos dylanwad dodrefn Jacobeaidd.

Ar ddiwedd y 19g. a dechrau'r 20g. roedd cystadlaethau lleol yn fodd i feithrin gwaith cerfio coed. Bu eisteddfodau (gw. **Eisteddfod**), er enghraifft, yn symbyliad i amaturiaid talentog a seiri proffesiynol, fel William Llewellyn Morris o Dderwydd (**Llandybïe**), fynd ati i gynhyrchu dodrefn a gwrthrychau addurnol bychain ac iddynt gynlluniau traddodiadol. Thomas John, y saer o'r **Bont-faen**, a fu'n gyfrifol am y gwaith naddu cymhleth yng Nghastell **Caerdydd**, gyda chymorth tîm lleol a oedd yn cynnwys ei ddau fab. Daeth **William Goscombe John,** yr ieuengaf ohonynt, yn gerflunydd mwyaf blaenllaw Cymru (gw. **Cerflunio**).

## CERFLUNIO

Prinder carreg addas ar gyfer cerflunio yng Nghymru yw'r rheswm paham fod y rhan fwyaf o enghreifftiau cynnar o gerflunio cynhenid yn tueddu i fod ar ffurf syml, yn aml wedi'u rhicio yn hytrach nag yn dri-dimensiwn. Arweiniodd y prinder hwn at ddatblygu arddull gerflunio a roddai sylw i ansawdd gynhenid y garreg, rhywbeth sy'n apelio'n gryf at hydeimledd modern ac a apeliai hefyd, yn ôl pob tebyg, at wneuthurwyr monolithau cynhanesyddol a chroesau carreg Cristnogol cynnar.

Y cerflun cynharaf y gwyddys amdano yng Nghymru – sy'n wahanol i wrthrychau ymarferol eu defnydd megis celfi neu arfau – yw ffiguryn bach 'Fenws' neu ffalws o Nab Head, **Marloes**; dyma, yn ôl pob tebyg, yr unig gerflun yn ei grynder o safle Mesolithig ym **Mhrydain** (gw. **Oesau Cynhanesyddol**; yr Oes Balaeolithig a'r Oes Fesolithig), er bod gwaith eto i'w wneud i gadarnhau ei ddilysrwydd. Mae wedi'i gerfio mewn siâl ac fe'i cedwir yn Amgueddfa Sir Gaerfyrddin yn **Abergwili**. Mae Cawg Aur Caergwrle (yr **Hob**), sy'n dyddio o ganol yr Oes Efydd (gw. Oesau Cynhanesyddol) ac sydd i'w weld yn **Amgueddfa [Genedlaethol] Cymru**, ymhlith yr eitemau hynafol mwyaf cywrain yng Nghymru. Ar ffurf **cwrwgl** y mae'r cawg, sydd wedi'i wneud o siâl, ac mae wedi'i addurno ag **aur** i ddangos tonnau'r môr, a rhwyfau a tharianau'r cychwyr.

Mae'r garreg dywod Geltaidd a ddarganfuwyd yn Hendy, **Llanfair Pwllgwyngyll**, ac sy'n cael ei harddangos yn Oriel Ynys Môn, **Llangefni**, yn un o'r ychydig enghreifftiau yng Nghymru o gerfluniau carreg cyn-Rufeinig. Gyda dyfodiad y **Rhufeiniaid** daeth defnyddiau ac arddulliau newydd i Gymru, fel y cerflun efydd 10cm o'r duw Mercher a gafodd ei ddarganfod yng **Nghaerllion**. Mae cymysgedd o arddulliau cynhenid a Rhufeinig i'w weld mewn cerflun o dduwies (*c*.200) o **Gaer-went**.

Dwy o'r enghreifftiau gorau o'r cerrig a gerfluniwyd yng Nghymru yn yr Oesoedd Canol (gw. **Cofebau Cristnogol Cynnar**) yw'r groes yn **Llanilltud Fawr** sy'n coffáu Hywel, brenin **Glywysing** (m.886), a'r groes yng **Nghaeriw** sy'n coffáu Maredudd, brenin **Deheubarth** (m.1035). Y fwyaf diddorol yw Piler Eliseg (**Llandysilio-yn-Iâl**), a gerfiwyd er cof am frenin o **Bowys** o ganol yr 8g. Roedd ymblethiadau cywrain yn nodwedd amlwg ar y cerfluniau hyn, fel y gwelir yn yr Amgueddfa Gerrig ym **Margam**.

Mae dylanwad y traddodiad Romanésg mewn gwaith cerrig i'w weld orau yng nghreirfa wych Eglwys y Santes Melangell (gw. **Llangynog (Sir Drefaldwyn)** a **Melangell**), a'r tympanwm yn Eglwys Sant Padarn, **Llanbadarn Fawr (Sir Faesyfed)**. Mewn canrifoedd diweddarach defnyddid cerrig wedi'u mewnforio i'w naddu ar gyfer cerfiadau carreg mwy cywrain mewn eglwysi a mynachlogydd. Roedd rhai cerfluniau'n ymwneud ag eiconograffiaeth Gristnogol, ond cerrig coffa oedd y mwyafrif; yn Eglwys y Santes Fair, y **Fenni**, ceir y casgliad cyfoethocaf yng Nghymru o feddrodau carreg canoloesol. Mae hefyd yn cynnwys yr enghraifft orau o gerfiad pren, sef y cerflun o ddiwedd y 15g. o Jesse'n cysgu (gw. hefyd **Cerfio Coed**).

Yn ystod cyfnod mwy sefydlog y **Tuduriaid** roedd y **boneddigion** cymharol gyfoethog yn addurno'u heglwysi lleol gyda cherfluniau coffa mewn arddull gymhleth ac uchelgeisiol, fel y gwelir yng nghofadail Herbert (1600; gw. **George Herbert**) yn Eglwys Sant Nicolas, **Trefaldwyn**. Erbyn dechrau'r 18g. roedd dylanwad y Baróc yn amlwg, fel y dengys y cofadail i Maurice Jones yn **Llanrhaeadr-yng-Nghinmeirch**.

Yn y 19g. roedd **John Gibson**, gŵr a aned yng Nghymru, yn cael ei gydnabod gan lawer fel naddwr marmor gorau'r byd; er hynny, ni chafodd odid un comisiwn yng Nghymru. Erbyn hynny roedd balchder dinesig, cenedlaethol ac enwadol yn golygu bod cerfluniau awyr agored yn cael eu comisiynu. Cerfluniau coffa cyhoeddus oedd y ffurf ar gelf a gâi ei gweld a'i gwerthfawrogi fwyaf. Mae'n parhau'n ddylanwadol; er enghraifft, mae'r pantheon o gerfluniau o ffigurau hanesyddol yn Neuadd y Ddinas, **Caerdydd** (1913–1919), yn rhoi i'r dychymyg Cymreig ei ddelwedd weledol gyntaf o arwyr cenedlaethol. Y cerflunydd a fu'n gyfrifol am y cerflun o **Dewi** Sant yn y pantheon hwnnw oedd **Goscombe John**, a aned yng Nghaerdydd, lluniwr cerfluniau coffa mwyaf blaenllaw Cymru ar ddechrau'r 20g.

Bu llawer o gerflunwyr yn brysur yn llunio **cofebau rhyfel** a chofadeiladau'n coffáu rhai o enwogion Cymru. Rhai o'r cerflunwyr mwyaf nodedig oedd **James Milo Griffith** a **Leonard Merrifield**, a luniodd gofadail Hedd Wyn (**Ellis Humphrey Evans**) yn **Nhrawsfynydd**, sy'n deyrnged deimladwy i'r bardd. Er bod gwaith o'r fath yn parhau mewn arddull naratif Edwardaidd, roedd cofeb ryfel Eric Gill yn y **Waun (Wrecsam**; 1919) mewn arddull fwy arloesol.

Erbyn canol yr 20g. gwaith comisiwn ar gyfer eglwysi oedd y rhan fwyaf o waith cyhoeddus – er enghraifft, *Majestas* Jacob Epstein yn Eglwys Gadeiriol Llandaf – ond o'r 1950au ymlaen roedd mwy o weithgaredd yn digwydd yn sgil datblygu trefi newydd a sefydliadau newydd, fel y prawf comisiwn Anthony Stevens yng **Nghwm-brân** a phaneli **David Tinker** ar gyfer amryw o adeiladau cyhoeddus. Yn ddiweddarach yn yr 20g. roedd y gefnogaeth gan **Gyngor Celfyddydau Cymru**, ynghyd ag Ymddiriedolaeth Gerflunio Cymru, yn chwarae rhan gynyddol bwysig mewn datblygu cerflunwaith. Sefydlwyd yr ymddiriedolaeth yn 1981, a rhoddodd fod yn 1991 i Cywaith Cymru/Artworks Wales gan gymryd lle Cyngor y Celfyddydau fel corff comisiynu ar gyfer yr holl gelfyddydau gweledol.

Newidiodd natur celfyddyd yn fawr yn ystod yr 20g., a daeth ffurf yn elfen ganolog mewn cerflunio. Er hynny, erbyn diwedd y ganrif roedd theorïau ôl-fodernaidd yn golygu bod cerflunwyr yn rhoi sylw unwaith eto i faterion lleol, a dechreuodd materion gwleidyddol danio dychymyg artistiaid. Ysgogodd y gwaith o adfer safleoedd ôl-ddiwydiannol a 'gwleidyddiaeth werdd' waith a oedd yn ymwneud yn uniongyrchol â lleoedd (eithr heb dreiddio dan yr wyneb bob amser) ac a oedd yn aml yn chwilio am ystyr mewn dull naratif. Mae cerflunwyr fel David Nash a Lois Williams wedi camu y tu hwnt i hen ffiniau caethiwus, gan ddefnyddio defnyddiau a dulliau sy'n cysylltu cerflunio â ffurfiau eraill ar gelfyddyd.

## CERI (KERRY), Sir Drefaldwyn, Powys (8,822ha; 1,922 o drigolion)

Mae ffiniau'r **gymuned** hon, sef cornel dde-ddwyreiniol **Sir Drefaldwyn**, yn cyfateb yn fras i ffiniau **cwmwd** canoloesol **Ceri**. Mae'r lle yn frith o henebion, gyda nifer o domenni claddu a meini hirion o'r Oes Efydd (gw. **Oesau Cynhanesyddol**) ar fryniau Ceri ac ar y Glog, a dwy garnedd fawr i'r gogledd o'r pentref ei hun. Mae'n debyg i'r mwnt gerllaw'r pentref gael ei adeiladu *c*.1130 yn brif ganolfan y cwmwd. **Hubert de Burgh** a adeiladodd y gwrthglawdd i'r de o Sarn, fel rhan o'i ymosodiad methiannus ar y cwmwd yn 1228; daethpwyd i'w adnabod yn **Saesneg** fel 'Hubert's Folly'.

Ailadeiladwyd Eglwys Sant Mihangel yn 1176 a bu'r ailgysegriad yn achos ffrwgwd rhwng esgob **Llanelwy** a **Gerallt Gymro** o esgobaeth **Tyddewi**; y canlyniad fu i'r esgob ffoi o flaen ergydion y dyrfa. Mae rhywfaint o'r gwaith adeiladu o 1176 wedi goroesi, ond ailadeiladwyd llawer ar yr eglwys yn ystod y 14g. a'r 15g., a bu gwaith adfer sylweddol yn 1883. Mae eglwysi Dolfor (1851) a Sarn (1859) yn werth eu gweld hefyd.

Yma yr ymsefydlodd y bardd Siôn Ceri yn hanner cyntaf yr 16g. Y ficer o 1807 hyd ei farw oedd **John Jenkins** (Ifor

Ceri; 1770–1829), arloeswr yr eisteddfodau taleithiol (gw. **Eisteddfod**). Am wythnos bob blwyddyn byddai'n croesawu beirdd, cantorion a thelynorion i'w ficerdy neo-Gothig, The Moat (1811), a gynlluniwyd o bosibl gan **John Nash**. William Pugh (1783–1842), a oedd yn byw ym Mrynllywarch, a fu'n gyfrifol am sicrhau bod Camlas Sir Drefaldwyn yn cyrraedd y **Drenewydd**, sbardun pwysig i'r diwydiant **gwlân**.

## CERI Cwmwd

Roedd Ceri, y mwyaf deheuol o gymydau cantref **Cedewain**, yn perthyn yn nes i leoedd i'r de megis **Maelienydd** nag i gymydau a oedd, erbyn dechrau'r Oesoedd Canol, yn cael eu hystyried yn rhannau hanfodol o **Bowys**. Roedd y rhan fwyaf o Bowys yn esgobaeth **Llanelwy**, ond roedd Ceri yn esgobaeth **Tyddewi** (gw. **Ceri (Kerry)**). Ei ganolbwynt oedd y mwnt gerllaw Eglwys Sant Mihangel. Sicrhaodd gwrthsafiad llwyddiannus **Llywelyn ap Iorwerth** yn erbyn Harri III yng Ngheri yn 1228 fod Llywelyn, am weddill ei deyrnasiad, mewn safle anorchfygol bron. Yn 1279 rhoddwyd Ceri, ynghyd â gweddill **Cedewain**, i deulu **Mortimer**; o'u dwylo hwy aeth i deulu **York** ac yna i'r Goron. Er gwaethaf ei gysylltiadau â'r broydd a ddaeth, yn 1536, yn **Sir Faesyfed**, gwnaed Ceri yn rhan o **Sir Drefaldwyn** dan y **Deddfau 'Uno'**. Roedd **hwndrwd** Kerry, a ddaeth i fodolaeth yn sgil y Deddfau, yn cyfateb i'r **cwmwd** canoloesol.

## CERNYW A CHYMRU

Goroesodd Cernyw yn deyrnas Frythonig hyd ddiwedd y 9g. o leiaf. (Deillia'r enw o **Cornovii** – 'pobl y corn, pobl y penrhyn' – sef y llwyth a roes ei enw i'r penrhyn.) Yn ystod 'Oes y Saint' (gw. **Seintiau**), ei lleoliad mewn perthynas â môr-lwybrau'r gorllewin a sicrhaodd iddi le yn lledaeniad Cristnogaeth ymhlith pobloedd y gwledydd Celtaidd eu hiaith (gw. **Eglwys Geltaidd**). Anrhydeddwyd 'seintiau' o Gymru, megis **Cadog** a Phedrog, yng Nghernyw, a 'seintiau' o Gernyw, fel Dochau a Piran, yng Nghymru. Roedd chwedlau'r Brythoniaid hefyd yn clymu'r ddau le ynghyd, fel y tystia rhan Cernyw yn hanes **Arthur**. Yn yr Oesoedd Canol bu cryn fasnach rhwng Cymru a Chernyw, ond o'r 16g. ymlaen y bu dylanwad Cernyw ar Gymru gryfaf, yn sgil datblygiad cynyddol y diwydiant cloddio mwynau **copr** a thun. Erbyn diwedd y 18g. esgorodd y cysylltiad â Chernyw ar y bennod fwyaf rhyfeddol yn hanes diwydiannol Cymru, cyfnod pan oedd y wlad yn gyfrifol am gynhyrchu'r rhan fwyaf o gopr ar farchnadoedd y byd. Gan fod yn rhaid wrth dair tunnell o **lo** i fwyndoddi un dunnell o fwyn, a chan fod yn rhaid i Gernyw ddi-lo fewnforio'r tanwydd i yrru pympiau ei mwyngloddiau, datblygodd masnach fôr hynod effeithlon wrth i **longau** gario glo o **borthladdoedd** gorllewin **Morgannwg** a dychwelyd yn llwythog o fwyn Cernyw. Ffactorau tebyg a arweiniodd at ddatblygiad diwydiant **tunplat** ffyniannus yng Nghymru. Y cysylltiad â Chernyw a ddaeth â rhai o'i diwydianwyr blaenllaw i Gymru, yn enwedig teulu **Vivian**, Barwniaid Swansea.

Erbyn diwedd y 19g. gwanhawyd y cysylltiad masnachol rhwng Cymru a Chernyw yn sgil y ddibyniaeth gynyddol ar fwynau cyfoethocach a ddeuai o wledydd tramor. Datblygwyd cysylltiadau eraill trwy fudiadau pan-Geltaidd, ac ar sail edmygedd gwladgarwyr Cernywaidd o orchestion diwylliannol a gwleidyddol y Cymry.

## CERRIGYDRUDION, Conwy (6,450ha; 692 o drigolion)

Mae'r **gymuned** hon, sy'n ymestyn dros ddarn helaeth o **Fynydd Hiraethog**, yn cynnwys copa uchaf y gadwyn – Carnedd y Filiast (669m). Ffurfiwyd cronfa ddŵr Alwen (1916) i gyflenwi dŵr i Benbedw (gw. **Cronfeydd Dŵr**). Cyn creu Llyn Brenig yn 1976, archwiliwyd rhan uchaf Cwm Brenig yn fanwl a darganfuwyd nifer o garneddau a safleoedd seremonïol yn dyddio o 1700–1200 CC – cyfnod o **hinsawdd** fwyn. Mae canolfan gerllaw'r argae yn rhoi gwybodaeth am yr olion cynhanesyddol ac am y dystiolaeth ynglŷn â hafota (gw. **Hafod a Hendre**) yn yr ardal yn yr 16g. Ym mhentref Cerrigydrudion, saif Eglwys y Santes Fair Magdalen o fewn mynwent gron. Mae ffermdy Llaethwryd yn dyddio'n wreiddiol o'r Oesoedd Canol diweddar. Glan-y-gors, sy'n edrych dros gyfres o byllau brithyll, oedd man geni'r radical, Jac Glan-y-Gors (**John Jones**; 1766–1821). Bu **George Borrow** yn aros yn y Llew Gwyn, lle cyfarfu ag Eidalwr yn siarad **Cymraeg**. Roedd ardal Cerrigydrudion yn enwog am ei beirdd gwlad.

## CEULAN-A-MAESMOR, Ceredigion (6,228ha; 983 o drigolion)

Cwmpasa'r **gymuned** hon ddarn eang o wlad sy'n ymestyn o'r ffordd rhwng **Aberystwyth** a **Machynlleth** (yr A487) tua'r dwyrain i gyfeiriad **Pumlumon**. Mae'n cynnwys pentrefi Tal-y-bont a Bont-goch/Elerch, ac yn cwmpasu rhan helaeth o ddalgylch afon Leri a'r cyfan o'i hisafon, Ceulan. Bu'r ardal am ganrifoedd yn ffynhonnell bwysig o ran **plwm** ac arian. Roedd Tal-y-bont yn gartref i fwynwyr plwm a gwehyddion; hyd y 1950au roedd dwy ffatri **wlân** yno. Ar un adeg roedd plaengan yn y dull Gregoraidd i'w chlywed yn Eglwys Sant Pedr, Elerch (1868), adeilad a ysbrydolwyd gan **Fudiad Rhydychen**. Sefydlwyd busnes cyhoeddi ac **argraffu** Y Lolfa yn Nhal-y-bont yn 1967.

## CEWRI

Diogelwyd cyfoeth o lên gwerin a chwedlau onomastig sy'n ymwneud â chewri Cymru ac mae llawer o'r traddodiadau hyn yn deillio o'r Oesoedd Canol a chynt. Yn ei *Historia Regum Britanniae* haerodd **Sieffre o Fynwy** nad oedd ond cewri yn trigo ar Ynys **Prydain** cyn i **Brutus** a'i gymdeithion eu trechu a'u gyrru ymaith. Caiff Benlli Gawr, a gysylltir â Foel Fenlli (**Llanbedr Dyffryn Clwyd**), ei enwi yn ***Historia Brittonum*** (9g.), a'r ddau gawr hynotaf yn chwedlau'r **Mabinogion** yw **Bendigeidfran fab Llŷr** ac Ysbaddaden Bencawr. Ceir traddodiadau niferus hefyd am y Brenin **Arthur** yn trechu cewri, a datblygodd Arthur ei hunan i fod yn gawr mewn llên gwerin fel y tystia'r **enwau lleoedd** niferus sy'n gysylltiedig ag ef. Ar ddiwedd yr 16g. casglwyd deunydd helaeth yn ymwneud â chewri a chawresau Cymru gan **Siôn Dafydd Rhys** – mae'n rhestru a lleoli cynifer â 72 ohonynt – ac yn y cyfnod diweddar lluniwyd astudiaeth gampus o'r maes gan yr ysgolhaig o Texas, Chris Grooms, yn ei gyfrol *The Giants of Wales* (1993).

## CHAMBERLAIN, Brenda (1912–71) Llenor ac arlunydd

Un o **Fangor** oedd Brenda Chamberlain, ac ymgartrefodd yn 1936 yn **Llanllechid** gyda'i gŵr, **John Petts**. Yn ystod yr **Ail Ryfel Byd** cyhoeddodd y ddau y *Caseg Broadsheets*, yn cynnwys barddoniaeth gan **Dylan Thomas** ac **Alun Lewis** ac wedi'u darlunio ganddynt hwy eu hunain. O 1947 hyd 1961 bu Brenda yn byw ar ei phen ei hun ar Ynys Enlli (**Aberdaron**; gw. **Ynysoedd**), profiad a ddisgrifir ganddi yn *Tiderace* (1962), ei gwaith rhyddiaith gorau, sydd hefyd yn cynnwys barddoniaeth a lluniau. Mae synnwyr pendant o le yn waelodol i'w holl waith, hyd yn oed yn ei chyfnod diweddarach, pan aeth ei lluniau'n fwy haniaethol.

**CHAMBERLAIN, Joseph (1836–1914)** Gwleidydd
Roedd agweddau radical Chamberlain, a fynegwyd yn 1885 yn ei 'Raglen Anawdurdodedig', yn apelio'n fawr at Ryddfrydwyr Cymreig, gan gynnwys **David Lloyd George**. Fodd bynnag, ychydig iawn o aelodau'r **Blaid Ryddfrydol** yng Nghymru a gytunai ag ef yn ei wrthwynebiad i **Gladstone** ar fater Ymreolaeth Wyddelig. Serch hynny, llwyddodd **Plaid Ryddfrydol Unoliaethol** Chamberlain i ennill sedd Bwrdeistref **Caerfyrddin** yn 1895. Roedd ei lwyddiant yn perswadio'r Unoliaethwyr i gefnogi Ffafriaeth Imperialaidd yn hytrach na masnach rydd yn ffactor pwysig yn eu haflwyddiant yng Nghymru yn etholiad cyffredinol 1906. Roedd polisi Chamberlain o **ymreolaeth** gyfyngedig i bob un o genhedloedd y Deyrnas Unedig ('Home Rule all round') yn apelio at aml i Ryddfrydwr Cymreig, gan gynnwys Lloyd George.

**CHAMBERS, J[ohn] G[raham] (1843–83)** Trefnydd chwaraeon
Roedd Chambers, a aned yn **Llanelli** ac a addysgwyd yn Eton a **Chaergrawnt**, yn ŵr diflino. Bu'n gyfrifol am sefydlu'r Clwb Athletau Amatur yn 1866 (y Gymdeithas Athletau Amatur yn ddiweddarach), drafftio Rheolau Queensberry ar gyfer **bocsio** (1867), llwyfannu Gêm Gwpan gyntaf y Gymdeithas Bêl-droed yn 1872 a chreu pencampwriaethau ar gyfer **biliards**, bocsio, **seiclo**, reslo ac **athletau**. Ei frawd, Charles Campbell Chambers (1850–1906), ffigwr blaenllaw yng Nghlwb Criced a Phêl-droed Abertawe, oedd llywydd cyntaf Undeb Rygbi Cymru yn 1881.

**CHAPMAN, George (1908–93)** Arlunydd a gwneuthurwr printiadau
Yn **Llundain** y ganed Chapman, ond cafodd ei ysbrydoli gymaint gan gymoedd glofaol de Cymru fel y dewisodd y tirlun diwydiannol hwnnw yn destun i'w beintiadau. Darluniai *in situ*, a datblygai ei waith yn y stiwdio, gan ganolbwyntio ar y lle yn hytrach na'r bobl. Enillodd y Fedal Aur am Gelfyddyd Gain yn yr **Eisteddfod** Genedlaethol yn 1957.

**CHAPPELL, Edgar Leyshon (1879–1949)** Diwygiwr cymdeithasol a hanesydd
Roedd Chappell, a aned yn **Ystalyfera**, yn arloeswr y mudiad sosialaidd (gw. **Sosialaeth**) yng Nghwm **Tawe**, a daeth i'r amlwg fel un a fynnai wella ansawdd **tai** a hyrwyddwr baddonau pen pwll *c.*1911–20. Bu'n ysgrifennydd Cymdeithas Tai a Datblygu Cymru, a phanel Cymru o'r comisiwn ar Anniddigrwydd Diwydiannol (1917), ac yn olygydd *The Welsh Outlook* (1918). Roedd Chappell, a oedd ynghlwm wrth holl fudiadau diwygio a chynllunio ei ddydd, yn hanesydd trefol a diwydiannol arloesol, ac ysgrifennodd weithiau pwysig ar **Gaerdydd** ac ar dai, **datganoli** a llywodraeth leol (gw. **Llywodraeth**).

Brenda Chamberlain, *The Fisherman's Return*, 1949

**CHARLES, David (1762–1834)** Emynydd
Roedd David Charles yn hanu o Lanfihangel Abercywyn (**Llangynog**, **Sir Gaerfyrddin**) ac yn frawd i **Thomas Charles**. Dechreuodd ei yrfa fel gwneuthurwr rhaffau yng **Nghaerfyrddin**, ac er iddo gael tröedigaeth at Fethodistiaeth pan oedd yn 15 oed, roedd yn 46 yn dechrau **pregethu**. Ar ôl ei ordeinio yn 1811 chwaraeodd ran allweddol yn llunio Cyffes Ffydd y **Methodistiaid Calfinaidd** yn 1823 a chyfrannodd yn helaeth tuag at drefnu'r enwad newydd. Cyhoeddwyd nifer o'i bregethau yn **Gymraeg** a **Saesneg**, a chydnabyddir bod rhai o'i **emynau** ymhlith y goreuon yn y traddodiad emynyddol Cymreig.

**CHARLES, Geoff[rey] (1909–2002)** Ffotograffydd a newyddiadurwr
Chwaraeodd Geoff Charles, a aned yn **Lerpwl**, ran ganolog yn y chwyldro a gafwyd ym myd ffotonewyddiaduraeth yng Nghymru ar ôl yr **Ail Ryfel Byd**. Wedi astudio newyddiaduraeth a gweithio i amrywiaeth o **bapurau newydd**, symudodd i'r **Drenewydd** i redeg y *Montgomeryshire Express*. Ar ôl y rhyfel bu'n gweithio i'r *Cymro*, a chydag arweiniad y golygydd, **John Roberts Williams**, sicrhaodd safon o ffotonewyddiaduraeth a oedd uwchlaw unrhyw beth a welwyd yng Nghymru cyn hynny. Mae rhai o'i luniau wedi dod yn eiconau, yn enwedig y llun a dynnodd yn 1945 o'r bardd Carneddog (Richard Griffith; 1861–1947) a'i wraig Catrin cyn iddynt adael eu cartref yn y Carneddi (**Beddgelert**) i fynd i fyw yn Hinckley, ger Caerlŷr. Erys corff eang iawn o waith Geoff Charles ar gof a chadw, gan iddo drosglwyddo dros 120,000 o negyddion i'r **Llyfrgell Genedlaethol**. Mor nodedig yw'r casgliad fel y seiliwyd cyfresi teledu ar y

lluniau, ac atgynhyrchir y gwaith yn aml i ddarlunio bywyd Cymru yn yr 20g., yn enwedig bywyd y Gymru Gymraeg.

**CHARLES, [William] John (1931–2004)** Pêl-droediwr
Ystyrir mai John Charles yw un o'r pêl-droedwyr gorau a fagwyd erioed yng Nghymru, ac yn ei anterth roedd ymhlith goreuon y byd. O ran gallu cynhenid, amlochredd a grym corfforol, roedd yn unigryw. Disgrifid ef gan newyddiadurwyr edmygus fel Ercwlff a Chesar, ac i'r Eidalwyr ef oedd 'Y Brenin John' ('Il Re John'). Gan na chafodd yr un dyfarnwr achos i'w rybuddio, heb sôn am ei yrru oddi ar y maes, fe'i hadwaenid fel 'Y Cawr Addfwyn'.

Brodor o Gwmbwrla (**Abertawe**) oedd John Charles, a bron o'r cychwyn gellid gweld ei fod wedi ei eni i fod yn bêldroediwr. Buan y gwelodd sgowtiaid fod ganddo'r doniau i gyd, ond Major Frank Buckley, rheolwr Leeds United, a'i rhwydodd. Ef hefyd a fu'n gyfrifol am ei symud o'i safle fel canolwr i safle blaen-ymosodwr. Sgoriodd 153 o goliau dros Leeds mewn 308 o gemau. Erbyn 1957 roedd llygaid Ewrop gyfan arno ac ym mis Awst talodd clwb Juventus £65,000 – y ffi fwyaf erioed ar y pryd – am ei wasanaeth. Yn yr Eidal, yng nghwmni Omar Sivori, cyd-ymosodwr dawnus o'r Ariannin, llwyddodd Charles i weddnewid canlyniadau'r tîm. Diolch yn bennaf i'r 93 gôl a sgoriodd mewn 155 o gemau, llwyddodd Juventus i ennill pencampwriaeth yr Eidal deirgwaith a Chwpan yr Eidal ddwywaith. Daeth Charles yn eilun i bobl Turin. Dros Gymru hefyd, disgleiriai ar y maes fel canolwr neu flaenymosodwr. Enillodd 38 cap dros Gymru, gan sgorio 15 gôl. Pe na bai wedi ei anafu cyn y gêm go-gynderfynol dyngedfennol yn erbyn Brasil yng nghystadleuaeth Cwpan y Byd yn 1958 pwy a ŵyr na fuasai Cymru wedi mynd yn ei blaen i'r gêm gyn-derfynol.

Pêl-droediwr o athrylith oedd John Charles. Fel canolwr roedd yn amddiffynnwr awdurdodol, ac fel blaen-ymosodwr sgoriai goliau rhyfeddol â'i ben a'i ddwy droed. Roedd rhyw urddas nobl yn perthyn iddo ar faes **pêl-droed** a phan fu farw llifodd ton o dristwch dros Gymru gyfan.

**CHARLES, Thomas (1755–1814)** Un o arweinyddion y Methodistiaid
Thomas Charles oedd arweinydd yr ail genhedlaeth o **Fethodistiaid Calfinaidd** yng Nghymru. Fe'i ganed yn Llanfihangel Abercywyn (**Llangynog**, **Sir Gaerfyrddin**), a'i addysgu yn **Llanddowror** ac yn academi **Caerfyrddin**. Tra oedd yno clywodd **Daniel Rowland** yn pregethu a chafodd dröedigaeth.

Yn 1775 aeth i Goleg Iesu, **Rhydychen**, ac wedi graddio a chael ei ordeinio bu'n gwasanaethu fel curad yng Ngwlad yr Haf. Yn Rhydychen yr oedd wedi cyfarfod ag amryw a oedd yn arddel safbwynt efengylaidd Cristnogol, a thrwy ei gyfeillgarwch ag un ohonynt, Simon Lloyd, y daeth gyntaf i'r **Bala**. Ar ôl priodi yn 1783 ymgartrefodd yn y dref a dechrau gwasanaethu fel curad yn Llanymawddwy (**Mawddwy**), ond byr fu ei gyfnod yno oherwydd fe'i hystyrid yn rhy 'Fethodistaidd'.

Ymunodd â'r Methodistiaid yn 1784 a bwrw ati i ddatblygu'r mudiad. A **Griffith Jones** wedi marw yn 1761, gwelodd fod angen eto am **ysgolion cylchynol**, ac aeth ati i hyfforddi athrawon. Trwy ei ymdrechion ef y daeth yr **Ysgol Sul** yn elfen bwysig o weithgarwch y Methodistiaid.

Yr enwocaf o'i gyhoeddiadau oedd y cyfnodolyn *Trysorfa Ysprydol* (1799–1827), y *Geiriadur Ysgrythyrol* (4 cyfrol, 1805, 1808, 1810, 1811) a *Hyfforddwr yn Egwyddorion y Grefydd Gristnogol* (1807). Dylanwadodd y rhain yn drwm ar feddyliau'r Cymry. Cymerodd Charles ran flaenllaw hefyd mewn dau ddigwyddiad arwyddocaol, sef diarddeliad **Peter Williams** yn 1791 ac ordeiniad cyntaf gweinidogion y Methodistiaid Calfinaidd yn 1811. Sicrhaodd fod blaenoriaid yr enwad yn cael eu hethol gan y **seiat** lleol yn hytrach na'u penodi gan y **Sasiwn**, cam pwysig ar lwybr y cyfundeb tuag at ei bresbyteriaeth diweddarach. O ychwanegu at y pethau hyn ran Charles yn y dasg o berswadio y **Gymdeithas er Taenu Gwybodaeth Gristnogol** (SPCK) i gyhoeddi Beiblau **Cymraeg** yn 1799, a'i gyfraniad at sefydlu **Cymdeithas y Beibl** yn 1804 – ar ôl cael ei ysbrydoli o bosibl gan daith arwrol **Mary Jones** – gwelir yn glir ei fesur fel un o gewri hanes Cymru. Ef oedd taid **Thomas Charles Edwards**.

**CHARLTON, Evan (1904–84)** Arlunydd ac addysgwr
Bu Charlton yn weithgar ym myd polisi celfyddyd ac **addysg**. Daeth i Gymru yn 1938 yn bennaeth Ysgol Gelf Caerdydd, a daeth yn Arolygydd ei Mawrhydi ym maes celfyddyd yng Nghymru yn 1945. Cafodd ei eni yn **Llundain**, a Chymry oedd ei rieni. Mae naws freuddwydiol i'w beintiadau ffigurol a chlasurol, sydd yn aml yn dwyn i gof ardaloedd dociau'r de wrth iddo archwilio themâu metaffisegol.

**CHEETHAM, Arthur (1864–1936)** Gwneuthurwr ffilmiau
Bu Arthur Cheetham, y gwneuthurwr ffilmiau cyntaf i weithio yng Nghymru, yn cofnodi digwyddiadau lleol yn y gogledd a'r canolbarth mewn ffilmiau mud byrion rhwng 1898 ac 1903. Fe'i ganed yn Derby a symudodd i Gymru yn y 1880au gan weithio fel argraffydd, dangoswr ffilmiau (gw. **Ffilm**) a glanweithydd, a chan gynnig ei wasanaeth hefyd fel ffrenolegydd ar y traeth yn y **Rhyl**, lle'r oedd yn byw. Gwnaeth dros 30 o ffilmiau gan gynnwys un yn cofnodi ymweliad Buffalo Bill Cody â'r Rhyl yn 1903, ynghyd â'r ffilm Brydeinig hynaf sydd wedi goroesi o gêm **bêl-droed**, sef *Blackburn Rovers v West Bromwich Albion* (1898).

**CHINEAID**
Cnewyllyn cymuned gynharaf y Chineaid yng Nghymru oedd y dynion busnes a'r morwyr o ranbarth Sze Yap yn ne China a sefydlodd dai aros a golchdai ym **mhorthladdoedd** y de o *c.*1900 ymlaen. O bryd i'w gilydd bu gwrthwynebiad i rai o'u harferion honedig – ysmygu opiwm, gamblo, torri streiciau a defnyddio pobl wynion yn gaethweision. Ond cymuned weithgar a pharchus a welai'r rhai a edrychai'n graffach arni. Pen draw hyn oedd terfysgoedd 1911 (gw. **Terfysgoedd Hiliol**) pan ddifrodwyd pob un o'r 30 golchdy a oedd ganddynt yng **Nghaerdydd**. Bu'r Chineaid yn darged terfysgoedd yn 1919 hefyd. Parhaodd cymuned fach i fyw yng Nghymru yn y blynyddoedd rhwng y ddau ryfel, gyda Chaerdydd yn galon iddi. Daeth gwaed newydd iddi o'r 1950au ymlaen wrth i bobl ymfudo o'r Tiriogaethau Newydd yn Hong Kong ac yna symud allan o'r canolfannau Chineaidd yn **Llundain**. Erbyn diwedd y 1970au roedd tai bwyta a bwytai bwyd parod Chineaidd ym mhob tref ymron yng Nghymru. Heddiw, mae tua 10,000 yn perthyn

i gymuned y Chineaid yng Nghymru. Oddi ar y 1980au, pan agorodd China ei drysau i'r byd, mae rhai llywodraethau lleol yno wedi bod yn annog rhai a ymfudodd dramor i sefydlu cyrff ethnig i hyrwyddo'r cyfleoedd economaidd gartref. Rhoddodd hyn fywyd o'r newydd yn y gymuned Sze Yap wreiddiol a'i chysylltiadau gyda China.

**CHURCHILL, Winston [Spencer] (1874–1965)** Gwleidydd
Er nad oes dadl ynglŷn â'i gyfraniad fel arweinydd rhyfel mawr, roedd perthynas Churchill â Chymru yn fwy amwys. Er iddo arddangos pwyll, parodd ei bolisi fel ysgrifennydd cartref (1910–11) yn ystod Terfysgoedd **Tonypandy** i'r fyddin feddiannu Cwm **Rhondda** ac ardaloedd cyfagos. Rhoddodd ei benderfyniad fel canghellor y trysorlys i ddychwelyd at y safon aur yn 1925 ddyrnod drom i'r diwydiant **glo**.

Er bod y cyhoedd ym **Mhrydain** ar y cyfan yn ei eilunaddoli yn ystod ac ar ôl yr **Ail Ryfel Byd**, roedd cynulleidfaoedd y **sinemâu** yng Nghymru yn dal i'w hisian pan fyddai'n ymddangos ar y ffilmiau newyddion. Fodd bynnag, ar ôl dychwelyd i rym yn 1951, ef oedd y cyntaf i benodi gweinidog dros faterion Cymreig, cam o bwys ar y daith a arweiniodd yn y pen draw at sefydlu **Cynulliad Cenedlaethol Cymru**.

**CIBWR** Cwmwd
Cibwr oedd y **cwmwd** mwyaf deheuol o blith cymydau cantref **Senghennydd**. Roedd yn gorwedd rhwng afonydd **Rhymni** a **Thaf**, ac i'r de o Gefn Cibwr neu Fynydd Caerffili (gw. **Caerffili**). Sefydlwyd **Caerdydd** oddi mewn i'w ffiniau yn hwyr yn yr 11g. ac yn y pen draw fe'i meddiannwyd yn llwyr gan y dref. Awgrymwyd y dylid rhoi'r enw Cibwreg ar dafodiaith siaradwyr Cymraeg Caerdydd.

**CILÂ UCHAF (Upper Killay)**, Abertawe (526ha; 1,308 o drigolion)
Prif ganolbwynt y **gymuned** hon yw pentref gwasgarog o'r un enw a dyfodd o gwmpas y rheilffordd a'r gwaith **glo** yn y 19g. Saif ar lechwedd orllewinol Cwm Clun, ac ar ei draws rhedai Rheilffordd Canol Cymru gynt, a drowyd erbyn hyn yn Llwybr Beicio Abertawe. Mae Porthdy Fairwood (1830au), o waith **William Jernegan**, bellach yn darparu llety ar gyfer barnwyr.

**CILCAIN**, Sir y Fflint (2,554ha; 1,350 o drigolion)
Mae'r **gymuned** hon, ar gyrion gorllewinol **Sir y Fflint**, yn ymestyn i ben Moel Famau (554m), copa uchaf **Bryniau Clwyd**. Codwyd Tŵr y Jiwbilî (1810) ar y copa i goffáu jiwbilî aur George III. Bellach, dim ond y podiwm a erys o'r gofeb gyntaf yn yr arddull Eifftaidd i gael ei hadeiladu ym **Mhrydain**. Eglwys ddeugorff yw Eglwys y Santes Fair, a'i phrif ogoniant yw nenfwd y corff deheuol, gyda'i gyplau bwaog a'i drawstiau gordd am yn ail â'i gilydd, ac wedi'i ffurfio'n gain yn y dull Gothig diweddar. Ond nid oes tystiolaeth i gefnogi'r gred fod y gwaith hwn unwaith yn rhan o do Abaty Dinas Basing (gw. **Treffynnon**). Tai neuadd o'r 16g. yw Brithdir-mawr a Thŷ Isaf. Ymwelodd Mendelssohn â Choed Du, tŷ sy'n dyddio o'r 17g. Mae chwarel **galchfaen** ym mhentref Hendre. Yn niwedd y 1930au trowyd gweithfeydd **plwm** mawr Rhyd-y-mwyn yn ffatri a storfa danddaearol a chyfrinachol ar gyfer arfau rhyfel ac arfau cemegol; roedd y gwaith a wnaed yno ar wahaniad isotop yn allweddol i lwyddiant Project Manhattan yr Unol Daleithiau. Mae'r tir ar yr wyneb, sydd wedi'i amgylchynu gan ffens gadarn, bellach wedi'i ddynodi'n swyddogol yn 'warchodfa natur'.

**CILGERRAN**, Sir Benfro (2,624ha; 1,453 o drigolion)
Mae'r **gymuned** hon, ar lan ddeheuol afon **Teifi** ac i'r de-ddwyrain o **Aberteifi**, yn cynnwys pentrefi Cilgerran, Bridell, Llwyncelyn a Phen-y-bryn. Ym mynwentydd Eglwys Sant Llawddog, Cilgerran (ailadeiladwyd 1853–5) ac Eglwys Dewi Sant, Bridell (1887), ceir cerrig o'r 6g. sy'n dwyn arysgrifau **Lladin** ac **Ogam**. Castell Cilgerran, sydd wedi'i leoli'n drawiadol uwchlaw afon Teifi, oedd canolfan arglwyddiaeth Normanaidd Cilgerran, a ffurfiwyd o gwmwd **Emlyn** Is Cuch. Efallai mai o'r castell hwn y dihangodd Gerald de Windsor, taid **Gerallt Gymro**, o afael **Owain ap Cadwgan** trwy lithro i lawr y geudy. (Wedi hynny, denodd Owain wraig Gerald – **Nest**, merch **Rhys ap Tewdwr** – i fod yn gariad iddo.) Fodd bynnag, mae'r rhan fwyaf o'r adfeilion presennol – yn enwedig y ddau dŵr grymus – yn enghreifftiau o waith a gomisiynwyd yn yr 1220au gan William Marshal (gw. **Marshal, Teulu**), iarll Pembroke. Denai adfeilion rhamantus y castell artistiaid megis **Turner** a **Wilson**, a ffotograffwyr fel **John Thomas** (1838–1905). Ym Mhen-y-bryn, mae plac marmor ar fwthyn yn dynodi man geni John Hughes (1872–1914), cyfansoddwr yr emyn-dôn '**Calon Lân**'. Mae'r Ganolfan Fywyd Gwyllt Gymreig yn gartref i sawl byfflo ac anifeiliaid ecsotig eraill, ac mae adeilad gwydrog trawiadol (1993–4) yn ganolbwynt iddi.

**CILGETI**, Sir Benfro (1,955ha; 2,011 o drigolion)
Mae'r **gymuned** hon, sydd yn union i'r gogledd o **Saundersfoot**, yn cynnwys pentrefi Cilgeti, Reynalton a Begeli, sef enw arall y gymuned. Cilgeti oedd canolfan diwydiant **glo Sir Benfro**, a ddaeth i ben yn y 1940au; ceir amgueddfa sy'n dathlu'r dreftadaeth ddiwydiannol leol. Dyddia tŵr Eglwys Sant Iago, Reynalton, o'r 15g. Câi tŵr uchel Eglwys y Santes Fair, Begeli, ei ddefnyddio fel gwylfa yn ystod yr **Ail Ryfel Byd**. Gwersyll y sipsiwn ar King's Moor, Cilgeti, a enynnodd yn **Augustus John** ddiddordeb oes yn y **sipsiwn**. Adeilad hardd yw Zion, capel y **Methodistiaid Calfinaidd** (1828, 1866). Gwelir olion gardd uchelgeisiol yn fferm Cilgeti.

**CILIAU AERON**, Ceredigion (2,661ha; 936 o drigolion)
Lleolir **cymuned** Ciliau Aeron yn y man lle mae Dyffryn **Aeron** yn culhau. Mae'n cynnwys pentrefi Ciliau Aeron a Chilcennin. Ceir pedair tomen gladdu nodedig o'r Oes Efydd (gw. **Oesau Cynhanesyddol**) ar ben Trichrug (343m) ac olion parc **ceirw** o'r Oesoedd Canol ger pentref Ciliau Aeron. Bu stad Plas Cilcennin yn eiddo i deulu Stedman o **Ystrad-fflur**, ac wedi hynny i deulu **Vaughan (Trawsgoed)**. Llwyddodd cloddio gan archaeolegwyr i ddatgelu olion pentref canoloesol yn Llannerch Aeron. Mae Plas Llanerchaeron, sy'n esiampl wych o fila o waith y cynllunydd **John Nash**, yn eiddo i'r **Ymddiriedolaeth Genedlaethol**. Saif Eglwys y Santes Non (1798) gerllaw'r plas. Yng nghanol y 19g. roedd Cilcennin yn un o sawl lle yng nghanol **Ceredigion** lle bu **ymfudo** ar raddfa sylweddol i **Ogledd America**.

**CILIE, Teulu'r (Bois y Cilie)**
Teulu o feirdd a phregethwyr oedd y rhain, plant i'r **bardd gwlad** Jeremiah Jones (1855–1902), fferm y Cilie (gw. **Llangrannog**). Ceir nodyn llon, direidus yn eu gwaith cyn amled â'r nodyn dwys clasurol. O'u plith gellir enwi Fred Jones (1877–1948), un o sefydlwyr **Plaid [Genedlaethol] Cymru**, Isfoel (Dafydd Jones; 1881–1968), Simon B. Jones (1894–1964) ac Alun Cilie (Alun Jeremiah Jones; 1897–1975). Disgynyddion i'r to cyntaf oedd Gerallt Jones (1907–84), Jac Alun Jones (1908–82) a Tydfor Jones (1934–83). Disgynyddion i'r ail do yw'r actor Huw Ceredig, y canwr Dafydd Iwan, a etholwyd yn llywydd Plaid Cymru yn 2003, y gwleidydd Alun Ffred Jones a'r ymgyrchydd iaith Emyr Llywelyn.

**CILMERI**, Sir Frycheiniog, Powys (1,775ha; 438 o drigolion)
Yng Nghilmeri, i'r gorllewin o **Lanfair-ym-Muallt**, saif Eglwys Llanganten ac yno, yn ôl traddodiad, y bu **Llywelyn ap Gruffudd** yn gwrando'r offeren cyn iddo gael ei ladd ar 11 Rhagfyr 1282. Yn 1902 codwyd cofgolofn yng Nghefn-y-bedd, gerllaw'r man lle bu farw; yn 1956 disodlwyd y gofeb gan y maen hir presennol, darn garw o wenithfaen o un o chwareli Trefor (**Llanaelhaearn**) sy'n 4.6m o uchder. Caiff marw Llywelyn ei goffáu'n flynyddol wrth y gofeb. Bu nith William Pitt yr Hynaf, y Fonesig Hester Stanhope (1776–1839), yn aros yng Nglanirfon cyn ymadael i fyw bywyd mwy egsotig yn Libanus. Mae golygfeydd hyfryd o afon **Gwy** i'w gweld o Lwybr Dyffryn Gwy, ar gyrion dwyreiniol y **gymuned**.

**CILYBEBYLL**, Castell-nedd Port Talbot (2,161ha; 4,806 o drigolion)
Daeth diwydiant i Gilybebyll, yr ochr draw i afon **Tawe** o **Bontardawe**, yn dilyn agor Camlas Abertawe yn 1796. Tyfodd Rhos, yr Allt-wen a Gelli-nudd yn bentrefi glofaol mawr. Cymerodd y bardd **David James Jones** ei enw barddol – Gwenallt – o'r Allt-wen, lle y'i magwyd. Ganed yr actores **Rachel Thomas** yn yr Allt-wen yn 1905. Mae rhan helaeth o'r **gymuned** wedi'i choedwigo.

**CIL-Y-CWM**, Sir Gaerfyrddin (7,442ha; 472 o drigolion)
Ar lannau gorllewinol afon **Tywi** ac yn union i'r gogledd o **Lanymddyfri**, mae'r **gymuned** hon yn cwmpasu rhan o fynyddoedd **Elenydd**. Ei nodwedd amlycaf yw Mynydd Mallaen (448m). Mae murluniau yn Eglwys Sant Mihangel (15g.), gan gynnwys un sy'n darlunio sgerbwd yn dal gwaywffon. Yn y fynwent mae ywen enfawr. Roedd yr emynydd Morgan Rhys (1716–9) yn frodor o Gil-y-cwm. Cynlluniwyd Pont Dolauhirion, sy'n croesi afon Tywi ym mhen deheuol y gymuned, gan **William Edwards** (1719–89) ac mae'n gopi o'i bont enwog ym **Mhontypridd**.

**CILYMAENLLWYD**, Sir Gaerfyrddin (2,627ha; 724 o drigolion)
Lleolir y **gymuned** hon ar y ffin rhwng **Sir Gaerfyrddin** a **Sir Benfro**, ac mae'n cynnwys pentrefi'r Efail-wen a Login. Amgylchynir cylch cerrig Meini Gŵyr gan gofadeiliau eraill o'r Oes Efydd (gw. **Oesau Cynhanesyddol**). Yr ymosodiad ar dollborth yr Efail-wen ar 13 Mai 1839 oedd cychwyn Terfysgoedd **Rebeca**. Bu ymosodiad pellach ar 6 Mehefin ac un arall ar 17 Gorffennaf. Ar achlysur yr ail ymosodiad, gwisgai'r terfysgwyr ddillad **menywod** am y tro cyntaf gan gyfarch eu harweinydd – Thomas Rees (Twm Carnabwth) o **Fynachlog-ddu**, yn ôl pob tebyg – fel Beca. Yng nghyffiniau Login mae Dyffryn **Taf** yn arbennig o hardd.

***CITADEL, The* (1938)** Ffilm
Fersiwn ffilm yw hon o nofel o'r un enw gan yr Albanwr A. J. Cronin (1896–1891) a gyhoeddwyd flwyddyn ynghynt. Ynghyd â ffilm John Ford ***How Green Was My Valley*** (1941), bu'n fodd i greu darlun ystrydebol o'r gymuned lofaol Gymreig ymhlith cynulleidfaoedd yn **Lloegr** a **Gogledd America**. Yn y nofel adrodda Cronin hanes meddyg ifanc yn nhref ddychmygol Blaenelly, gan dynnu ar ei brofiadau ef ei hun fel arolygydd meddygol ym mhyllau **glo**'r de yn ystod y 1920au. Mae'r ffilm, a wnaed gan MGM gyda Robert Donat, Rosalind Russell a Ralph Richardson, yn beirniadu twyll ac aneffeithlonrwydd byd meddygol *laissez-faire*, ond mae condemnio chwyrn Vidor ar y glowyr fel pobl ddiog a thwyllodrus yn tanseilio neges wleidyddol radical y ffilm, a phrin ei bod yn cyfleu sêl Cronin dros yr hyn a oedd yn gyfystyr â ffurf gynnar ar y Gwasanaeth Iechyd Gwladol.

**CLARE, Teulu** Arglwyddi yn y Mers
Cafodd Richard o Bienfaite (m.*c.*1090) arglwyddiaeth Clare yn Suffolk gan Gwilym I. Tardda cysylltiad y teulu â Chymru o 1110 pan gafodd mab Richard, Gilbert (m.1117), feddiant ar **Geredigion**, yn dilyn anfri **Owain ap Cadwgan**. Brithodd Gilbert Geredigion â chestyll, ond wedi dienyddio ei fab, Richard, gan Gymry **Gwent** yn 1136, ailfeddiannwyd Ceredigion gan y Cymry.

Tua 1115 daeth Walter (m.*c.*1138), brawd Gilbert, hefyd yn un o arglwyddi'r **Mers** pan roddwyd iddo Went Is Coed (**Cas-gwent** neu **Strigoil**), a fu gynt yn eiddo i deulu **Fitz Osbern**. Ef oedd sylfaenydd Abaty **Tyndyrn**. Aeth ei diroedd i'w nai, Gilbert (m.1148), a gafodd feddiant ar arglwyddiaeth **Penfro** yn ogystal yn 1138. Mab Gilbert, Richard (m.1176) – Strongbow – a roes gychwyn ar goncwest **Iwerddon**, lle mae Swydd Clare yn coffáu'r teulu. Trwy briodas merch Richard, Isabella, â William Marshal aeth Penfro a Gwent Is Coed yn eiddo i deulu **Marshal**.

Priododd Roger, brawd Richard (m.1136), ag Amicia, gorwyres **Robert Fitz Hammo**, priodas a sicrhaodd i deulu Clare yn y pen draw wobr gyfoethocaf y Mers – arglwyddiaeth **Morgannwg**. Dros y tair cenhedlaeth ddilynol, llwyddodd Gilbert (m.1230), Richard (m.1262) a Gilbert (m.1295) i adeiladu Morgannwg yn lled-deyrnas bwerus, gan gwblhau concwest y Blaenau, lledu'u grym hyd afon **Gwy** a sefydlu arsenal helaeth yn **Nhryleg**. Roedd Gilbert (m.1295) yn arbennig o rymus; ef a gododd Gastell **Caerffili** a chyfarchodd ei dad yng nghyfraith, Edward I, fel cyd-deyrn yn hytrach nag uwch-deyrn. Yn dilyn marwolaeth ei unig fab, Gilbert, ym Mrwydr Bannockburn (1314), rhannwyd tiriogaethau'r teulu rhwng **Despenser**, **Audley** a de Burgh, gŵyr chwiorydd Gilbert.

**CLARK, G[eorge] T[homas] (1809–98)** Perchennog gwaith haearn a hynafiaethydd
Ac yntau'n llawfeddyg, yn beiriannydd **rheilffyrdd**, yn arolygydd iechyd cyhoeddus, yn ddiwydiannwr, yn hanesydd a chasglwr achau, roedd Clark, a aned yn **Llundain**, yn ŵr

amryddawn iawn, hyd yn oed yn ôl safonau oes Victoria. Ond pan fu farw, yr hyn a bwysleisiwyd yn yr ysgrifau coffa oedd ei astudiaethau archaeolegol a hynafiaethol; wrth fynd heibio y soniwyd am ei weithgaredd diwydiannol. Eto i gyd, am y 40 mlynedd hyd 1892, ac yntau erbyn hynny yn 83 oed, Clark i bob pwrpas a oedd yn rheoli gwaith Dowlais ym **Merthyr Tudful**, y mwyaf o holl weithfeydd **haearn** Cymru. Cafodd cyfraniad Clark ei anwybyddu'n rhannol oherwydd ei ddull o reoli. Byddai'n penodi rheolwyr medrus gan ddirprwyo'r gwaith ymarferol iddynt hwy, ond derbyniai adroddiadau wythnosol ganddynt. Roedd yn ymwneud yn uniongyrchol hefyd â'r prif benderfyniadau, megis adfer Dowlais, yn y cyfnod wedi 1850, trwy fuddsoddiad cyfalaf mawr a mentrus; cyflwyno'r broses Bessemer; mentro i'r busnes o godi **glo** i'w allforio; y cysylltiadau â mwyn haearn o Sbaen (neu'n hytrach o Wlad y Basg); a sefydlu gwaith **East Moors** yng **Nghaerdydd**. Mae ei hen gartref, Tal-y-garn (**Pont-y-clun**), yn un o'r tai mwyaf yn **Sir Forgannwg**.

## CLAS Sefydliad eglwysig

Defnyddir y term 'clas' fel arfer i ddisgrifio eglwys frodorol bwysig yng Nghymru'r Oesoedd Canol cynnar, gyda chymuned o glerigwyr, fel arfer o dan awdurdod abad, ac yn cynnwys celloedd unigol yn hytrach na chasgliad cyfunedig o adeiladau carreg – ac felly'n hollol wahanol i'r mynachlogydd Benedictaidd (gw. **Benedictiaid**) a sefydlwyd gan y **Normaniaid**. Yn dilyn ymosodiadau'r Normaniaid, daeth nifer o'r clasau yn gelloedd a berthynai i dai crefyddol yn **Lloegr**; felly y daeth **Llancarfan** i feddiant mynachlog Fenedictaidd Caerloyw a **Llanilltud Fawr** i feddiant mynachlog Tewkesbury. Trodd eraill – yn eu plith **Beddgelert**, Penmon (**Llangoed**) ac Ynys Enlli – yn briordai Awgwstinaidd (gw. **Canoniaid Awgwstinaidd**). Mae'r enw wedi goroesi yn y **Clas-ar-Wy**.

## CLAS-AR-WY, Y (Glasbury), Sir Faesyfed, Powys (3,887ha; 902 o drigolion)

**Cymuned** Clas-ar-Wy yw'r fwyaf deheuol o holl gymunedau **Sir Faesyfed**, ac mae'n cynnwys pentrefi Bochrwyd (Boughrood), Cwm-bach, y Clas-ar-Wy, Llansteffan a Llowes. Fel yr awgryma'r enw, bu **clas** yn y Clas-ar-Wy ac, o bosibl, yn Llowes hefyd. Collodd y Clas-ar-Wy ei heglwys ganoloesol i **Sir Frycheiniog** *c.*1660 pan newidiodd afon **Gwy** ei chwrs. Yng nghanol y pentref mae grin wedi'i hamgylchynu â **thai**, sy'n olygfa anghyffredin yng Nghymru. Mae'r Hen Ficerdy, sy'n dyddio o *c.*1400, yn un o'r tai hynaf yng Nghymru sydd â phobl yn dal i fyw ynddo. Adeiladwyd Castell Maes-llwch, plasty castellog mawreddog, yn ystod y 19g. ar gyfer teulu de Winton. Mae capel yr **Annibynwyr** ym Maesyronnen, a addaswyd o ysgubor yn 1697, yn cyfleu duwioldeb syml **Anghydffurfiaeth** gynnar. Mae Bochrwyd, a oedd yn bentref bach hyd 1980, wedi tyfu'n sylweddol dros yr 20 mlynedd diwethaf. Yn ôl y *Shell Guide to Mid Wales*, mae naws ryfedd o drefedigaethol i Gastell Bochrwyd, y dechreuwyd ei adeiladu yn 1817. Mae tolldy ar y bont dros afon Gwy ym Mochrwyd, a phont grog yn uwch i fyny'r afon yn Llansteffan.

## CLAWDD OFFA

Yn yr 8g., pan godwyd y gwrthglawdd enfawr hwn, sy'n symbol gweladwy yn nhirlun y Gororau o arwahanrwydd Cymru, dyma'r fenter adeiladu fwyaf yn Ewrop. Codwyd y

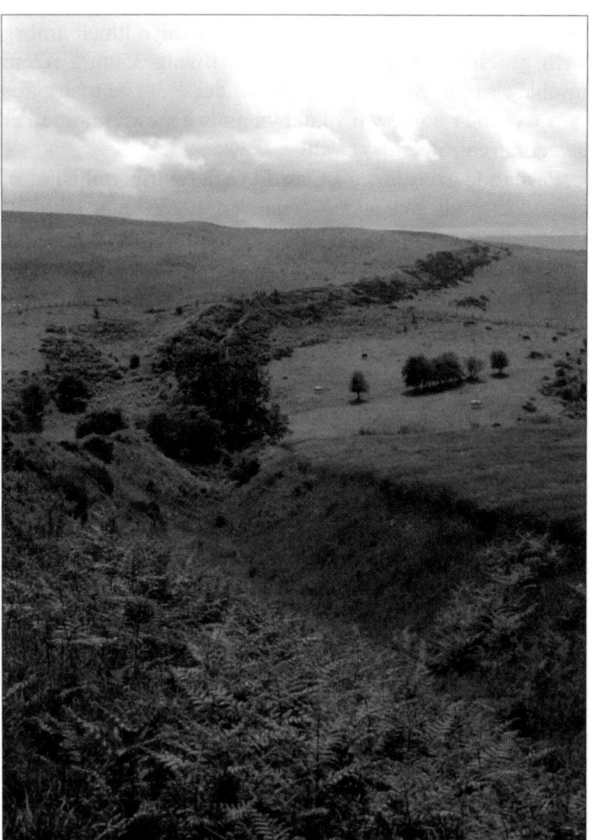

Rhan o Glawdd Offa, Mynydd Llanfair, Clwyd

clawdd i ddynodi'r **ffin** rhwng **Mersia**, y deyrnas rymus yng nghanolbarth **Lloegr**, a theyrnasoedd llai y Cymry tua'r gorllewin, yn arbennig **Powys**, a oedd yn gwrthsefyll ymosodiadau'r Sacsoniaid. Hyd yn oed heddiw mae rhai rhannau o'r clawdd yn cyfateb i'r ffin genedlaethol rhwng Cymru a Lloegr. **Asser**, y mynach o Gymro a chofiannydd y Brenin Alfred, a briodolodd y gwaith o'i godi i Offa, brenin pwerus Mersia a oedd yn teyrnasu o 757 hyd 796. Ac yntau'n ysgrifennu o fewn can mlynedd i farwolaeth Offa, dywedodd Asser fod y clawdd yn ymestyn 'o fôr i fôr' – cyfeiriad camarweiniol sydd wedi arwain at gryn dipyn o chwilio ofer am ddarnau coll, yn y gogledd a'r de. Yn wir, mae gwaith cloddio ac arolygon a wnaed tua diwedd yr 20g. yn awgrymu nad yw rhannau o'r gwrthglawdd yn perthyn, yn eu hanfod, i'r hyn a ystyrir fel arfer yn Glawdd Offa.

Mae'n bosibl fod y goror a ddynodwyd gan Glawdd Offa wedi ymestyn o aber afon **Hafren** ger **Cas-gwent** yn y de, hyd aber afon **Dyfrdwy** ger Dinas Basing (**Treffynnon**), pellter o 226km, er bod y llinell y gellir ei holrhain ar y tir yn llawer byrrach. Mae'r prif ddarn yn rhedeg yn un llinell ddi-dor o Fryn Rushton, ger **Trefyclo (Sir Faesyfed)** i **Lanfynydd (Sir y Fflint)**, lle mae'n ymddangos bod yr adeiladwyr o Fersia wedi defnyddio'r gwrthglawdd cynharach, **Clawdd Wat**, ar gyfer rhan o'r darn gogleddol hyd aber afon Dyfrdwy. Mae'r ddau glawdd yn rhedeg yn gyfochrog â'i gilydd ac nid oes mwy na 6km rhyngddynt – ffaith sy'n awgrymu bod perthynas bwysig, os cymhleth, rhyngddynt.

Mae'n amlwg mai bwriad Clawdd Offa oedd rheoli mynd a dod o Gymru a rhwystro ymosodiadau dros y ffin o'r gorllewin. Mae iddo amlinell drawiadol o hyd mewn sawl lle, gan ymestyn ar draws pant a bryn a dilyn llinell amlwg wrth groesi tir mynyddig sy'n codi rhwng 350m a 426m uwchlaw'r môr. Mae'n cyrraedd uchder o 3m ac mae'r ffos sy'n wynebu'r gorllewin yn dal yn amlwg mewn mannau er gwaethaf canrifoedd o erydu.

Parhaodd arwyddocâd Clawdd Offa fel ffin ymhell ar ôl cyfnod ei godi gan wŷr Mersia. Yn 1223, yn y Rholiau Patentau, parheid i wahaniaethu rhwng gwŷr Cantref Chirbury (**Swydd Amwythig**) 'yr ochr hon' i 'Offediche' a'r rhai a oedd yn byw i'r gorllewin o'r clawdd. Mae cyfeiriad arall at 'Offediche' yn digwydd mewn gweithred Seisnig o'r 13g. yn ymwneud â thir y mae'r clawdd yn ei groesi ger Rhiston. Heb os, mae'r cyfeiriadau hyn yn adlewyrchu'r traddodiad hirhoedlog ynglŷn â phwrpas gwreiddiol y clawdd.

Heddiw, credir yn gyffredinol nad ffin symbolaidd neu un y cytunwyd arni oedd Clawdd Offa, fel yr awgrymwyd unwaith, ond yn hytrach glawdd amddiffynnol – o bosibl dan warchodaeth gwylwyr ac, yn gefn iddynt, gyfres o goelcerthi a roddai rybudd cynnar rhag ymosodiad. Ar un ystyr, hwn oedd 'Ffrynt Gorllewinol' Offa. Ceir canolfan yn dehongli hanes y clawdd ger Trefyclo.

## CLAWDD WAT

Mae'r gwrthglawdd hirgul hwn yn ddirgelwch archaeolegol a hanesyddol. Gyda'i glawdd uchel a'i ffos yn wynebu'r gorllewin, mae Clawdd Wat yn ymestyn am 61km trwy ardaloedd gogleddol y **ffin**, o gymer afonydd Efyrnwy a **Hafren** (yn **Swydd Amwythig**) i Ddinas Basing (**Treffynnon**, **Sir y Fflint**). Megis **Clawdd Offa**, ei gymar cyfochrog sy'n dilyn llwybr i'r gorllewin ohono, roedd Clawdd Wat yn dynodi ffin a oedd yn amlwg wedi'i phennu mewn ymateb i broblem a oedd yn gyfyngedig i fryniau Cymru i'r gogledd o afon Hafren.

Arferid credu bod Clawdd Wat yn gysylltiedig â'r strategaeth filwrol a oedd yn sail i'r gwrthglawdd enfawr a enwyd ar ôl Offa, brenin **Mersia** o 757 hyd 796 – er ei fod yn dyddio o gyfnod ychydig yn gynharach yn yr 8g. Awgrymwyd bod adeiladwyr Clawdd Offa wedi defnyddio peth o Glawdd Wat ar gyfer amddiffynfeydd yng nghyffiniau aber afon **Dyfrdwy**. Ond mae dyddiadau radio-carbon, o safle archaeolegol ym Maes-y-clawdd, Croesoswallt, yn awgrymu iddo gael ei godi 300 mlynedd yn gynharach gan lywodraethwyr ôl-Rufeinig Wroxeter, neu Gaerwrygion (Viroconium) – ar un adeg, y bedwaredd ganolfan drefol fwyaf yn nhalaith Rufeinig Britannia – 8km i'r dwyrain o Amwythig heddiw. Flynyddoedd lawer wedi i gloddiau'r Gororau golli eu swyddogaeth filwrol, roedd Clawdd Wat yn dynodi ffiniau gorllewinol awdurdod Mersia, a pharhaodd i fod yn rhan o drefniadau ariannol, yn ymwneud â thaliadau a oedd yn ddyledus gan stad, a oedd yn dal mewn grym hyd gyfnod Llyfr Domesday.

## CLAY, J[ohn] C[harles] (1898–1973) Cricedwr

Ganed Johnnie Clay, troellwr agored craff a didrugaredd ei anel, yn Nhresimwn (gw. **Sain Nicolas a Thresimwn**). Chwaraeodd dros Forgannwg (1921–49) ac roedd yn un o hoelion wyth y clwb yn y 1930au a'r 1940au. Cyfrannodd 1,317 o wicedi, gan gynnwys 176 yn 1937, a gwasanaethodd am chwe thymor fel capten; dychwelodd i chwarae yn 50 oed yn y cyfnod a arweiniodd at ennill y bencampwriaeth yn 1948. Bu ei gyfraniad yr un mor wiw oddi ar y cae fel trysorydd (1933–8). Chwaraeodd dros **Loegr** yn erbyn **De Affrica** yn 1935.

## CLEDDAU, Afonydd (Cleddau Wen, 27km; Cleddau Ddu, 26km)

Mae Cleddau Wen yn tarddu oddeutu 120m uwchlaw'r môr ar lechweddau gorllewinol **Mynydd Preseli** yng nghymuned **Cas-mael**. Rhwng **Cas-blaidd** a Threfgarn, llifa'r afon drwy geunant cul cyn ymddolennu tua **Hwlffordd**. Gerllaw Picton Point (**Slebets**), tua 6km i'r de-ddwyrain o Hwlffordd, mae cymer Cleddau Wen a Chleddau Ddu, sy'n tarddu ar uchder o tua 300m yng nghymuned **Mynachlog-ddu**. Adeiladwyd dau argae yn nyffryn afon Syfynwy, un o isafonydd Cleddau Ddu, er mwyn creu **cronfeydd dŵr** Rosebush a Llys-y-frân. I'r de o'r cymer, mae'r afon yn ddwfn ond yn gymharol gul. Mae'r foryd yn enghraifft wych o ddyffryn afon a foddwyd gan y môr i ffurfio ria. Gerllaw cymuned **Aberdaugleddau** mae lled y foryd (gw. **Aberdaugleddau, Dyfrffordd**) yn cynyddu gan ffurfio un o'r **porthladdoedd** naturiol gorau yn y byd. Er diwedd y 1960au y porthladd hwn fu'r brif ganolfan ym **Mhrydain** ar gyfer mewnforio **olew**, er bod y fasnach wedi lleihau oddi ar y 1990au cynnar.

## CLEDDYFA

Er mai yn y 19g. y datblygodd cleddyfa yn un o'r campau, ni chrëwyd adran Gymreig y Gymdeithas Gleddyfa Amatur hyd 1947. Datblygodd cleddyfa'n gyflym yn dilyn ymweliad â **Chaerdydd** yn 1949 gan yr athro cleddyfaeth Eingl-Ffrengig, Roger Crosnier. Ymhlith y Cymry a gyflawnodd gampau cleddyfa y mae J. Emrys Lloyd, a enillodd bencampwriaeth ffoel dynion **Prydain** saith gwaith rhwng 1928 a 1938, a Quentin Berriman, a fu'n bencampwr cleddyf blaenbwl (*epée*) dynion Prydain sawl gwaith, yn fwyaf diweddar yn 2002. Ym Mhencampwriaeth Gleddyfa'r Gymanwlad 2002 enillodd tîm Cymru dair medal arian ac un fedal efydd. Ar ddechrau'r 21g. roedd tua 600 o bobl yng Nghymru yn ymwneud â chleddyfa.

## CLEIRWY (Clyro), Sir Faesyfed, Powys (3,322ha; 688 o drigolion)

Mae'r **gymuned** hon ar ochr ogleddol dyffryn **Gwy**, i'r gogledd o'r **Gelli**. Ar dir fferm Clyro Court mae dau fwnt ac adfeilion maenor o'r 14g. a oedd yn eiddo i **Abaty Cwmhir**. Roedd y dyddiadurwr **Francis Kilvert** yn gurad yng Nghleirwy o 1865 hyd 1872. Ysgrifennodd Arthur Conan Doyle *The Hound of the Baskervilles* (1902) yn Clyro Court, cartref teulu Baskerville. Saif y dafarn ddu a gwyn o'r 14g. yn Rhydspence yn union ar y **ffin**, a gerllaw'r adeilad câi gyrroedd y **porthmyn** o **Fynydd Epynt** eu pedoli ar gyfer y siwrnai i farchnadoedd **Lloegr**.

## CLÊR

Enw ar feirdd isradd a ganai gerddi poblogaidd, gan gynnwys cerddi dychan a maswedd, yn yr Oesoedd Canol. Fe'u dirmygid gan y beirdd a berthynai i haen uchaf y gyfundrefn farddol a hefyd gan wŷr yr Eglwys. Defnyddid y gair weithiau hefyd fel enw ar y beirdd yn gyffredinol. Daw'r gair, efallai, o'r Wyddeleg *cléir*, ac mae dylanwad y Ffrangeg *clers* ar ei ystyr hefyd.

## CLOCAENOG, Sir Ddinbych (2,414ha; 232 o drigolion)

Plannwyd coed dros ran helaeth o'r **gymuned** hon, sydd i'r de-orllewin o **Ruthun** (gw. **Coedwigaeth**). Mae llechen yn dwyn arysgrif gan Eric Gill yn cofnodi torri'r goedwig a blannwyd yn 1830 a'r ailblannu a gychwynnwyd gan y **Comisiwn Coedwigaeth** yn 1930. Yng Nghlocaenog y ganed y cyhoeddwr Thomas Salisbury (1567–1620), yr arloeswr eisteddfodol Thomas Jones (1740–1810; gw. **Eisteddfod**) a'r pamffledwr gwrth-Fethodistaidd Edward Charles (1757–1828). Mae croglen yn Eglwys y Santes Foddhyd (16g.).

## CLOCIAU

Mae gan Gymru draddodiad hir o wneud clociau. Nid oes unrhyw un o'r clociau cynharaf i'w cofnodi yng Nghymru wedi goroesi, ond mae gan **Dafydd ap Gwilym** (*fl.*1340–70) ddisgrifiad o gloc wal swnllyd sy'n tarfu ar ei gwsg. Mae'r cyfeiriad hwn, a ysgrifennwyd ond ychydig flynyddoedd ar ôl i'r clociau cynharaf gael eu cofnodi yn yr Eidal, yn un o'r disgrifiadau cynharaf o gloc ym **Mhrydain** gyfan.

Cyn y **Chwyldro Diwydiannol** roedd gan bob ardal ei chrefftwyr ac roeddynt yn gweithio gyda defnyddiau traddodiadol. Erbyn 1700 cofnodwyd bod gwneuthurwr clociau mewn wyth lle yng Nghymru – **Caernarfon**, **Dinbych**, **Llanrwst**, **Wrecsam**, y **Fenni**, **Cas-gwent**, Llandaf (**Caerdydd**) a Phontneddfechan (**Glyn-nedd**). Nododd **Iorwerth C. Peate** fod gan Gymru 72 o wneuthurwyr clociau *c.*1750. Honnodd fod 200 yn ychwanegol yn gweithio erbyn 1800, sy'n awgrymu bod gwneuthurwr clociau ym mhob tref. Un o'r gwneuthurwyr clociau mwyaf talentog oedd Samuel Roberts (*c.*1720–1800) o **Lanfair Caereinion**.

Y cloc traddodiadol Cymreig oedd y 'cloc un dydd un nos' (symudiad tri deg awr), gyda deial aml-ddarn pres wedi'i engrafu, mewn cas derw hir. Hyd yn ddiweddar roedd rhai Cymry Cymraeg a oedd mewn oed yn defnyddio'r gair 'pendil' (*pendulum*), yn hytrach na 'chloc', wrth gyfeirio at gloc o unrhyw fath. Gwnaed rhai clociau a allai fynd am wyth niwrnod neu hyd yn oed fis ar ôl eu weindio unwaith, ond prin oedd y rheini; a hwythau'n ddrud, dim ond y **boneddigion** a allai eu fforddio.

Erbyn 1850 roedd y mwyafrif o 'wneuthurwyr clociau' yn gwerthu clociau a oedd wedi'u gwneud gan wneuthurwyr eraill (caent eu gwneud yn bennaf yn Swydd Gaerhirfryn neu yn Birmingham), gan ychwanegu eu henw a'u tref ar y deial. Daeth y traddoddiad o wneud clociau Cymreig yn lleol i ben pan ddechreuwyd cynhyrchu clociau mewn ffatrïoedd. Mae cloc wyth niwrnod neu gloc mawr a wnaed yn y **Drenewydd** yn sefyll ym mhrif swyddfa arlywydd **Iwerddon**.

## CLUN, Y, A MELIN-CWRT, Castell-nedd Port Talbot (935ha; 815 o drigolion)

Mae'r **gymuned** hon, sydd wedi'i lleoli ar lan ddwyreiniol afon **Nedd**, i'r de-orllewin o **Resolfen**, yn cynnwys cylch cerrig Carn Caca o'r Oes Efydd (gw. **Oesau Cynhanesyddol**), dau wersyll Rhufeinig ac olion trawiadol traphont, a gludai Gamlas Castell-nedd ar draws yr afon. Ym Melin-cwrt ceir olion ffwrnais **haearn** o'r 18g., gardd goed a rhaeadr hardd sy'n wrthrych llun gan **Turner**.

## CLUNDERWEN, Sir Gaerfyrddin (2,340ha; 656 o drigolion)

Mae'r **gymuned** hon, sy'n cwmpasu'r man lle mae **Sir Gaerfyrddin** yn ymwthio i mewn i **Sir Benfro**, yn cynnwys Clunderwen – stribyn hir o bentref ar yr A478 – a phentref bychan Egrmwnt. Codwyd capel Rhydwilym yn 1761 ond

Cloc Wern Lwyd, o waith Samuel Roberts

sefydlwyd y gynulleidfa yn 1668; hwn, felly, yw'r hynaf o achosion Bedyddiedig Cymru sy'n dal i fodoli. Saif y capel ar lan afon **Cleddau** Ddu ac ynddi y caiff yr aelodau eu bedyddio. Cynhelir y gymanfa **bwnc**, sef llafarganu traddodiadol ar yr Ysgrythurau, yn y capel ac yng nghapeli eraill yr ardal bob Llungwyn. Yn 2002 trosglwyddwyd y rhan helaethaf o'r gymuned, a grëwyd yn 1974, o Sir Gaerfyrddin i Sir Benfro.

## CLWYD, Afon (64km)

Mae afon Clwyd yn tarddu oddeutu 350m uwchlaw'r môr ar lechweddau Coedwig **Clocaenog**. Llifa tua'r de cyn troi tua'r gogledd a **Rhuthun**. **Calchfaen** Carbonifferaidd sy'n brigo ger Pwll-glas ond codwyd muriau Castell Rhuthun o dywodfaen Triasig. Rhwng y dref a'r môr llifa'r afon ar draws llawr cymharol lydan a ffrwythlon dyffryn hollt hynafol, a ddatblygwyd rhwng ffawtiau sy'n cydredeg ag ochrau'r dyffryn presennol. Mae afon Clywedog, sy'n draenio llethrau dwyreiniol **Mynydd Hiraethog**, yn ymuno ag afon Clwyd rhwng Rhuthun a **Dinbych**, tref a saif wrth droed llethrau gorllewinol Dyffryn Clwyd. Prif isafon Clwyd yw Elwy, y mae ei dalgylch yn cwmpasu'r ucheldiroedd i'r dwyrain o **Lanrwst**. Nid nepell o'i chymer ag afon Clwyd, rhwng **Llanelwy** a **Rhuddlan**, llifa Elwy trwy ddyffryn creigiog sy'n frith o **ogofâu** a lle canfuwyd y dystiolaeth gynharaf am fodau dynol yng Nghymru (gw. **Archaeoleg a Hynafiaetheg**). Mae afon Aled, un o isafonydd Elwy, yn draenio llechweddau gogleddol Mynydd Hiraethog; ceir **cronfeydd dŵr** yn rhannau uchaf y dyffryn. Mae Pont y Foryd (y **Rhyl**), man pontio isaf yr afon, yn croesi'r foryd lle mae afon Clwyd yn cyrraedd y môr.

**CLWYD** Cyn-sir

Yn 1974 unwyd **Sir y Fflint** a **Sir Ddinbych** (ac eithrio glannau dwyreiniol afon **Conwy**), ynghyd ag **Edeirnion** (a oedd gynt yn **Sir Feirionnydd**), i greu sir Clwyd – enw amhriodol gan fod cyfran helaeth o'r sir newydd o fewn dalgylch afon **Dyfrdwy**. Fe'i rhannwyd yn chwe dosbarth (**Alun a Glannau Dyfrdwy**, **Colwyn**, **Delyn**, **Glyndŵr**, **Rhuddlan** a **Wrecsam-Maelor**) a sefydlwyd ei phencadlys yn yr **Wyddgrug**. Diddymwyd y sir yn 1996; unwyd ei rhan orllewinol gydag **Aberconwy** i greu sir **Conwy**, a daeth ei rhan dde-ddwyreiniol yn fwrdeistref sirol **Wrecsam**. Ailsefydlwyd Sir y Fflint a Sir Ddinbych, er bod eu ffiniau'n wahanol i'w rhagflaenwyr.

**'CLYCHAU ABERDYFI'** Cân

Dyddia'r gân werin hon o'r 18g. er mai yn 1844 y cyhoeddwyd hi gyntaf, yng nghasgliad **Maria Jane Williams**, *Ancient National Airs of Gwent and Morganwg*. Honnwyd ei bod yn cyfeirio at chwedl **Cantre'r Gwaelod** a chlychau'r dinasoedd a foddwyd ym Mae Ceredigion yn canu dan y dŵr, ond dywed traddodiad arall mai cân serch ydyw, yn canu clodydd merched glandeg (*belles*) **Aberdyfi**.

**CLYDACH**, Abertawe (847ha; 7,320 o drigolion)

Roedd gefail **haearn** yn rhan isaf Cwm Clydach erbyn 1755, a bu gwaith **tunplat** Ynys-pen-llwch yn ffynnu yno o'r 1830au hyd y 1870au. Gwaith Nickel Mond, Inco bellach, a sefydlwyd yn 1902, yw'r gwaith anfferrus olaf sy'n dal yn weithredol yn ardal **Abertawe**. Gwelir cerflun o Ludwig Mond (gw. **Alfred Mond**) y tu allan i'r gwaith. Roedd yno hefyd waith peli glo, a oedd yn troi'r toreth o lo mân a oedd ar gael yn ddarnau y gellid eu llosgi – y 'pele Mond' a fu unwaith mor bwysig yng nghefn gwlad **Sir Gaerfyrddin**. Mae gan y **gymuned** lawer sydd o ddiddordeb i'r archaeolegydd diwydiannol ynghyd â sawl capel hardd.

**CLYDAU**, Sir Benfro (4,248ha; 681 o drigolion)

Mae'r **gymuned** hon, ar gyrion dwyreiniol **Sir Benfro**, yn cynnwys pentrefi Bwlch-y-groes, y Glog, Star a Thegryn. Dyffryn coediog hyfryd Cwm Cuch yw ffin ddwyreiniol y gymuned. Yn Eglwys Sant Clydai (19g., a thŵr o'r 13g.) ceir tair carreg arysgrifedig o'r 5g.–6g., dwy ohonynt yn dwyn arysgrifau **Lladin** ac **Ogam** a'r drydedd arysgrif Ladin yn unig. Adeilad trawiadol yw capel yr **Annibynwyr** yn Llwyn-yr-hwrdd (1805, 1874). Brodor o Glydau oedd **Erasmus Saunders** (1670–1724). Yn hen chwarel lechi'r Glog y gweithiai'r Prifardd Tomi Evans (1905–82), Tegryn, hyd nes i honno gau yn 1926.

**CLYNNOG**, Gwynedd (4,551ha; 860 o drigolion)

Mae'r **gymuned** yn ymestyn o arfordir gogleddol **Gwynedd** hyd at Graig Goch (609m) yn **Eryri** a'r **Eifl** ym Mwlch Mawr (509m). Mae'n cynnwys pentrefi Clynnog Fawr, Pontllyfni ac Aberdesach. Roedd Eglwys Sant Beuno yng Nghlynnog Fawr yn wreiddiol yn **glas** 'Celtaidd'. Roedd yn fantais fawr i'r eglwys ei bod wedi'i lleoli ar y llwybr i Enlli (gw. **Ynysoedd**), a daeth yn gyfoethog ar sail offrymau'r pererinion yn Ffynnon Beuno Sant. Ailadeiladwyd yr eglwys ar ddechrau'r 16g., a hynny yn ôl pob tebyg gan yr un crefftwyr ag a oedd yn ailadeiladu Eglwys Gadeiriol **Bangor** ar y pryd. Ffrwyth eu llafur oedd un o eglwysi Perpendicwlar mwyaf trawiadol Cymru. Yn 1660 bu gwrthdystio ar y safle, pan lusgwyd Ellis Rowlands (1621–91), ficer Piwritanaidd yr eglwys, o'r pulpud. Bu Eben Fardd (**Ebenezer Thomas**; 1802–63) yn cadw ysgol yn yr eglwys o 1827 tan 1839, a bellach trowyd yr ysgoldy yng Nghlynnog Fawr, a agorwyd yn ddiweddarach ganddo, yn Ganolfan Hanes Uwchgwyrfai. Canfuwyd henebion cynhanesyddol yng Ngraeanog.

**CLYNNOG, Morys (1525–1580/1)** Reciwsant ac awdur

Mae'n debyg mai o **Glynnog** yr hanai Morys Clynnog. Fe'i haddysgwyd yn **Rhydychen** a'i urddo wedyn yn offeiriad. Bu'n llysgennad ar ran y Cardinal Reginald Pole, a gymododd rhwng Eglwys Loegr a Rhufain yn dilyn gorseddu Mari I yn 1553. Cyflwynwyd iddo nifer o fywoliaethau yng Nghymru a **Lloegr**. Yn 1558 fe'i henwebwyd yn esgob **Bangor**, ond bu farw Mari cyn ei gysegru. Yn dilyn gorseddu Elizabeth I yn 1559 aeth yn alltud, ac erbyn 1563 roedd wedi ymsefydlu yn Rhufain. Yn 1578 fe'i penodwyd yn rheithor cyntaf y coleg newydd yn Rhufain ar gyfer hyfforddi darpar-offeiriaid (y *Collegium Anglorum*), ond ymddiswyddodd yn 1579 yn sgil gwrthwynebiad cyson iddo o du'r **Saeson**. Cyfaill iddo oedd **Gruffydd Robert**, Milan, a gyhoeddodd yr *Athravaeth Gristnogavl*, catecism byr o waith Morys Clynnog, yn 1568. Darganfuwyd yr unig gopi a oroesodd o'r gwaith hwn yn llyfrgell y Tywysog **Louis-Lucien Bonaparte**. Ymddengys iddo foddi yn y Sianel rywdro yn ystod gaeaf 1580–1.

**CNAPAN**

Ffurf werinol ar **bêl-droed** a fu'n boblogaidd ledled Cymru ond a chwaraeid yng ngogledd **Sir Benfro** a de **Ceredigion** o dan yr enw hwn a hynny rhwng timau o wahanol **blwyfi**. Amrywiai'r nifer o ddynion a oedd ym mhob tîm ac nid oedd rheolau pendant. Yr amcan oedd mynd â phêl bren fechan (cnapan) a oedd yn llithrig gan saim i'r gôl, sef man penodol, megis cyntedd yr eglwys, ar eich tiriogaeth eich hun. Gollyngid y bêl hanner ffordd rhwng y ddwy gôl a'r llain chwarae oedd yr holl dir rhyngddynt. Erbyn y 19g. gwgai'r awdurdodau ar y chwarae ac yn aml fe'i gwaharddwyd oherwydd y betio a'r trais a oedd yn gysylltiedig ag ef. Roedd Gŵyl y Cnapan, gŵyl werin a gynhelid yn wreiddiol yn Ffostrasol (**Troed-yr-aur**), yn boblogaidd iawn yn y 1980au a'r 1990au.

**CND CYMRU**

Sefydlwyd Ymgyrch Diarfogi Niwclear (YDN) Prydain, neu'r CND, yn 1958 (gan yr athronydd **Bertrand Russell** ymhlith eraill) i wrthwynebu arfau a phrofion niwclear ac er mwyn gwneud safiad yn erbyn datblygu, crynhoi a bygwth defnyddio arfau dinistr torfol.

Yn y 1970au arweiniodd y gwrthwynebiad i gynlluniau posibl i gladdu gwastraff niwclear yng Nghymru at dwf grwpiau gwrthniwclear fel Pandora a Madryn, a ymunodd â'r YDN a 40 o grwpiau cymunedol eraill i ffurfio Cynghrair Wrthniwclear Cymru. Arweiniodd yr ymgyrch wrthniwclear hon, a ysgogwyd gan y cyhoeddiad yn 1980 fod NATO yn bwriadu gosod taflegrau niwclear Cruise yn Ewrop, at adfywio'r YDN yng Nghymru. Ar 23 Chwefror 1982, trwy awdurdod ei hwyth (bryd hynny) o gynghorau sir, cyhoeddodd Cymru ei bod yn Wlad Ddiniwclear, y wlad gyntaf yn y byd i wneud hynny.

Yn 1983 daeth YDN Cymru yn fudiad cenedlaethol. Mae a wnelo'i ymgyrchoedd â'r materion a ganlyn: arfau niwclear, amddiffyn sifil, ynni niwclear, llygredd ymbelydrol ym Môr Iwerddon, militariaeth yng Nghymru, y fasnach arfau, amryfal ryfeloedd a diwygio'r Cenhedloedd Unedig. Erbyn dechrau'r 21g. nid oedd y mudiad ond cysgod o'r hyn a fu yn y 1960au a'r 1970au.

## CNICHT, MOELWYN MAWR A MOELWYN BACH Mynyddoedd

Saif y **mynyddoedd** hyn i'r gorllewin o Flaenau **Ffestiniog**. Fe'u ffurfiwyd o lechfeini ynghyd â thrwch o ludw folcanig a lafâu, a chwyd eu pennau uwchlaw'r Traeth Mawr a **Phorthmadog**. O ran ei ffurf, ond nid ei faint, ymdebyga'r Cnicht (690m; **Llanfrothen**) i'r Matterhorn. Islaw Moelwyn Mawr (770m; Llanfrothen) a Moelwyn Bach (711m; Ffestiniog) mae **cronfeydd dŵr** Llyn Stwlan a **Thanygrisiau**. Bu cloddio helaeth am lechi ar eu llechweddau; mae archaeoleg ddiwydiannol chwarel y Rhosydd o ddiddordeb arbennig.

## CNYDAU TIR ÂR

Mewn dyddiau a fu roedd tyfu cnydau yn allweddol bwysig i holl ffermwyr Cymru, fel cynhaliaeth iddynt hwy eu hunain a'u teuluoedd a phorthiant i'w hanifeiliaid. Mae hen **felinau gwynt** Ynys **Môn** ac ysguboriau grawn ar **Fannau Brycheiniog** yn tystio i ehangder cynhyrchiant tir âr. Roedd lle canolog i wenith ar gyfer gwneud bara, haidd ar gyfer bragu **cwrw** a bwydo anifeiliaid, ffa a phys. Mae'n debyg mai'r **Rhufeiniaid** a ddaeth â moron, erfin, pannas a chennin i Gymru, yn ogystal â **cheirch**, sylfaen bwyd y Cymry hyd yr 20g.

Yn 2002 roedd cnydau yn meddiannu 12.27% o dir amaethyddol Cymru o gymharu â 32.38% o dir amaethyddol y Deyrnas Unedig. Oherwydd trwytholchiad mwynau a natur y **priddoedd**, nid yw'r tir yn addas ar gyfer ffermio cnydau'n ddwys; serch hynny, mae tymor tyfu ychydig yn hwy, ynghyd â phriddoedd mwy ffrwythlon, yn gwneud ffermio tir âr yn fwy ymarferol yn ne **Penfro**, **Gŵyr**, **Bro Morgannwg**, rhannau o ddwyrain **Powys** a'r gogledd-ddwyrain. Prin yw systemau cnydio parhaus.

Er bod pwyslais technegau hwsmona modern ar ymestyn y tymor tyfu i gynyddu'r cynnyrch, yng Nghymru mae'r **hinsawdd** yn milwrio yn erbyn hyn ar y cyfan. Mae glaw yn golygu bod yn rhaid plannu yn ddiweddar yn y gwanwyn, ac yn yr hydref mae'n rhaid gorffen cynaeafu ac ailblannu cyn i'r pridd fynd yn rhy wlyb: anaml y gellir trin pridd yr wyneb y tu hwnt i ddiwedd Medi. Haidd yw'r cnwd mwyaf cyffredin, ac yn ne Penfro a Gŵyr mae gwanwyn tyner a marchnata egnïol wedi hybu tyfu tatws cynnar.

## COCHRANE, Archibald Leman (1909–88) Epidemiolegydd

Ganed Cochrane yn yr **Alban**, a'i addysgu yng **Nghaergrawnt**. Bu'n gweithio gydag uned ambiwlans yn ystod **Rhyfel Cartref Sbaen**, cyn cwblhau ei astudiaethau meddygol yn Ysbyty Coleg y Brifysgol, **Llundain**. Bu'n garcharor rhyfel yn ystod yr **Ail Ryfel Byd**. Roedd cyswllt rhyngddo ac Unedau Ymchwil Niwmoconiosis ac Epidemioleg y Cyngor Ymchwil Meddygol yng **Nghaerdydd** am flynyddoedd lawer, ac yn 1960 cafodd ei benodi'n Athro clefydau'r ysgyfaint yn Ysgol Feddygol Genedlaethol Cymru (gw. **Coleg Meddygaeth, Bioleg, Gwyddorau Iechyd a Bywyd Cymru**). Daeth yn enw rhyngwladol ym maes epidemioleg, gan gychwyn cyfnod newydd yn hanes y ddisgyblaeth honno.

## CÔD PENYD, Y (1401 ac 1402)

Pan dorrodd **Gwrthryfel Glyndŵr**, gosododd y Senedd Seisnig statudau penyd ar Gymru. Bwriad y gyfres gyntaf (1401) oedd gorfodi **boneddigion** Cymru i ymostwng. Ni chaniateid i Gymry brynu tiroedd yn nhrefi'r Gororau nac o'u hamgylch, ac ni chaent fyw yn y trefi. Gorfodid y rhai a oedd eisoes yn byw ynddynt i warantu eu teyrngarwch ond ni chaent ddal swyddi, ac ustusiaid Seisnig yn unig a allai ddedfrydu Saeson a gyhuddwyd gan Gymry o gyflawni trosedd. Ailadroddwyd y cyfyngiadau hyn yn yr ail gyfres (1402) ac ychwanegwyd na allai Cymry gydgyfarfod heb drwydded, na dwyn arfau mewn mannau cyhoeddus na gwarchod cestyll. Roedd yr un cyfyngiadau yn berthnasol i **Saeson** a oedd wedi priodi gwragedd Cymreig. Er na ddiddymwyd y statudau hyn hyd at 1624, collasant lawer o'u grym yn ystod y 15g.

## CODI PWYSAU

Ffurfiwyd Ffederasiwn Codi Pwysau Cymru (Cymdeithas Amatur Codi Pwysau Cymru yn wreiddiol) yn 1927, yn dilyn ymddangosiad Herman Goerner, dyn cryf o'r Almaen, yn Neuadd y Farchnad, **Llanelli**. Oddi ar hynny mae llawer o godwyr pwysau Cymru wedi cynrychioli **Prydain** mewn pencampwriaethau Ewropeaidd a rhai byd-eang.

Enillodd Mel Barnett fedal efydd ym Mhencampwriaeth y Byd ym Mharis yn 1950. Mae Cymry wedi gwneud yn arbennig o dda yng **Ngemau'r Gymanwlad**, gan ennill mwy o fedalau nag a wnaeth eu cyd-wladwyr mewn unrhyw gamp arall – 18 medal aur, 11 medal arian a 20 medal efydd. Llwyddodd David Morgan i ennill naw medal aur a thair medal arian. Yn y cystadlaethau cyntaf i **fenywod** yn 2002 cipiodd Michaela Breeze un fedal aur a dwy o rai arian a chipiodd fedal aur yn 2006.

## COEDCERNYW, Casnewydd (705ha; 573 o drigolion)

Mae'r **gymuned** hon, sydd yn union i'r gorllewin o **Gasnewydd**, yn cael ei rhannu'n ddwy gan yr **M4** ac yn cynnwys y gyffordd rhwng y draffordd a'r **ffyrdd** i Gasnewydd a **Brynmawr**. Mae siambr gladdu Neolithig sydd wedi'i hen ddifrodi i'w gweld ym Mharc Cleppa. Er bod cymuned o'r enw Parc Tredegar yn ninas Casnewydd, mae Tredegyr, cartref teulu **Morgan** o 1660 hyd 1951, o fewn ffiniau Coedcernyw. Er mai tŷ digon cyffredin o ddechrau'r 16g. ydoedd yn wreiddiol, fe'i gweddnewidiwyd gan William Morgan (m.1680), a'i gwnaeth yn dŷ gwychaf Cymru o ddiwedd yr 17g., ac yn un o'r rhai gwychaf ym **Mhrydain**. Cwblhawyd yr adeilad yn 1718, pan godwyd y ffensys a'r gatiau **haearn** gyr godidog. Mae ei wyneb gogledd-orllewinol cymesur, a godwyd o frics coch cynnes eu lliw, yn arwain at gyfres odidog o ystafelloedd, a'r rhai mwyaf cofiadwy yw'r Ystafell Frown a'r Ystafell Eurog. Yn 1951 daeth y tŷ yn ysgol. Fe'i prynwyd gan Gorfforaeth Casnewydd yn 1974 a'i agor i'r cyhoedd.

## COED-DUON, Y (Blackwood), Caerffili (423ha; 8,162 o drigolion)

Mae'r Coed-duon rhwng afonydd **Rhymni** a Sirhywi, a'i Stryd Fawr yn dilyn llinell tramffordd Sirhywi. Dechreuodd y dref ddatblygu o ddifrif yn ystod y 1820au pan gychwynnodd J. H. Moggridge, mewn cydweithrediad â **Robert Owen**, ei gynllun 'system bentref'. Cliriodd safleoedd yn y Coed-duon a rhoi benthyciadau i denantiaid a gytunai i godi bwthyn a phlannu gardd lysiau. Erbyn 1830, fodd bynnag, roedd y Coed-duon yn cael ei blino gan broblemau carthffosiaeth gwaethaf **Sir Fynwy**, ac ychydig o'r datblygiad o flynyddoedd cynnar y 19g. sydd wedi goroesi. Cynyddodd y gwaith o gynhyrchu glo rhwym yn gyflym, ac erbyn 1839 deuai'r rhan fwyaf o'r **glo** a allforid o **Gasnewydd** o'r Coed-duon. Bryd hynny, roedd glowyr y dref gyda'r mwyaf milwriaethus o drigolion y sir, a'r Coed-duon oedd un o ganolfannau cryfaf **Siartiaeth**. Mae'n debyg mai yng ngwesty'r Coach and Horses yn y Coed-duon y daethpwyd i'r penderfyniad tyngedfennol i roi cychwyn ar derfysg arfog. Erbyn diwedd y 19g. roedd cloddio dwfn am lo ager wedi disodli glo rhwym. Yng Ngwesty Maes Manor ceir gardd gywrain a blannwyd yn 1907. Brodor o'r Coed-duon oedd **Gwyn Jones**, un o lenorion amlycaf Cymru'r 20g.

## COED-FFRANC, Castell-nedd Port Talbot (1,611ha; 8,308 o drigolion)

Sgiwen yw prif dref y **gymuned** hon, sydd wedi'i lleoli rhwng afon **Nedd** a ffin ddwyreiniol **Abertawe** – tref a ddatblygwyd i letya gweithwyr gwaith **copr** Crown, a sefydlwyd yn y 1790au. Mae'r gymuned yn cynnwys Cors Crymlyn, y gors gyfoethocaf o safbwynt botanegol yn ne Cymru. Ar ddechrau'r 20g. roedd traeth Jersey Marine (enw sy'n dwyn i gof deulu Villiers, ieirll Jersey) yn gyrchfan boblogaidd tripiau **Ysgol Sul**. Yn 1964 adeiladwyd gwaith moduron Ford ar y tir arfordirol; yn ddiweddarach fe'i prynwyd gan Visteon. Ar safle cyfagos, yn 2007, agorodd cwmni ar-lein anferth Amazon y pedwerydd – a'r mwyaf – o'i warysau dosbarthu yn y Deyrnas Unedig, gan addo creu 2,700 o swyddi. Yn 1919 sefydlwyd purfa **olew** enfawr Llandarcy, sydd bellach wedi cau; fe'i henwyd ar ôl William D'Arcy, a ymelwodd yn sylweddol ar rai o feysydd olew Iran.

## COED-LLAI (Leeswood), Sir y Fflint (1,169ha; 2,143 o drigolion)

Bu Coed-Llai, i'r de-ddwyrain o'r **Wyddgrug**, yn gartref i waith **haearn** (1817–40au) ac i waith tynnu **olew** o'r glo cannwyll hynod anweddol (1858–77) a gloddid yn lleol. Gogoniant pennaf y **gymuned** yw Plas Coed-llai (*c.*1725), a adeiladwyd ar gyfer George Wynne o Hen Blas Coed-llai (17g.), gŵr a ddaeth yn gyfoethog iawn mewn byr amser yn sgil datblygu'r gweithfeydd **plwm** yn **Helygain**. Mae gan y tŷ 11 o faeau ond ar un adeg roedd ganddo ddwy adain ochr ychwanegol ac iddynt 13 bae yr un. Mae ei **erddi** yn enghraifft gynnar o waith tirlunio, ac mae Gatiau Gwyn a Gatiau Du Robert Davies yn addurn gwych arnynt (gw. **Davies (Teulu), Gofaint Haearn**). Tŷ ffrâm nenfforch pedwar bae yw ffermdy Leeswood Green. Mae Pentrehobyn (a adeiladwyd yn gynnar yn yr 17g.) yn dŷ hyfryd o anghymesur ac yn cynnwys mantell simnai wedi'i cherfio'n gywrain. Gerllaw mae Llettyau (17g.), rhes o wyth cell a adeiladwyd, yn ôl y sôn, i letya teithwyr tlawd.

## COED-POETH, Wrecsam (536ha; 4,721 o drigolion)

**Cymuned** yw hon yn union i'r gorllewin o **Wrecsam** ym mhen uchaf Dyffryn Clywedog. Mae Llwybr Clywedog, sy'n cysylltu safleoedd o bwys diwydiannol, yn croesi llawr y dyffryn, tir sydd gan mwyaf yn eiddo i'r **Ymddiriedolaeth Genedlaethol**. Y pwysicaf o'r safleoedd yw'r **Bers**; yno, yn 1721, roedd Charles Lloyd, aelod o'r teulu a sefydlodd Fanc Lloyds (gw. **Lloyd, Teulu (Dolobran)**), ymhlith y cyntaf i fabwysiadu dull arloesol o doddi mwyn **haearn** trwy ddefnyddio golosg yn hytrach na siarcol – dull a gyflwynwyd gan Abraham Darby yn Coalbrookdale, **Swydd Amwythig**, yn 1709. Yn 1753 daeth y gwaith haearn i feddiant **John Wilkinson** a'i gwnaeth yn ganolfan fyd-eang ar gyfer cynhyrchu magnelau a silindrau ar gyfer peiriannau ager. Daeth y gwaith i ben yn y 1820au, ond mae olion hynod ddiddorol o'r diwydiant i'w gweld o hyd. Wrth ymyl y gwaith y mae Eglwys y Santes Fair, a godwyd yn 1873 ar gyfer teulu Fitzhugh o Blas Power, plasty (1757) a ddymchwelwyd *c.*1952.

Datblygodd pentref Coed-poeth yn niwedd y 19g. fel cymuned lofaol; ar ôl i'r pyllau gau daeth yn un o faestrefi Wrecsam. Mae cofnod o'r enw Coed-poeth – sef 'coed llosgedig' – i'w gael mor gynnar ag 1391. Awgryma hynny i'r ardal gael ei chlirio ar gyfer cloddio am **lo** ar raddfa fechan ymhell cyn twf diwydiannol y 19g.

## COEDWIGAETH

Mae coetiroedd yn cyfrif am ryw 250,000ha – 12% o arwynebedd Cymru – yn bennaf o ganlyniad i raglen goedwigo enfawr y wladwriaeth yn ystod yr 20g. (gw. **Comisiwn Coedwigaeth**) a dreblodd arwynebedd tir coediog Cymru mewn cyfnod o ychydig dros 60 mlynedd, a hynny er gwaethaf y galw enfawr am goed yn ystod y ddau ryfel byd.

Cyn y torri mawr ar goed y bu ffermwyr cynnar Cymru, o'r Oes Neolithig ymlaen (gw. **Oesau Cynhanesyddol**), yn gyfrifol amdano (gw. **Planhigion**), roedd y rhan fwyaf o Gymru wedi'i gorchuddio gan goedwigoedd neu fforestydd – yn hytrach na choedwigaeth, sef coetir cynhyrchiol. (Gall y gair *fforest* weithiau olygu ardal ddi-goed wedi'i dynodi ar gyfer tir hela; **Fforest Clud** (Radnor Forest) yw'r esiampl orau yng Nghymru.) Trwy gyfuniad o ffactorau – yr **hinsawdd** yn gwaethygu, pori gan dda byw, distryw milwrol bwriadol yn ystod y **Goresgyniad Edwardaidd**, meddiannu a chlirio tir ar gyfer **amaethyddiaeth**, gordorri ar gyfer diwydiant cynnar, ac esgeulustod pur – lleihau fu hanes coetiroedd brodorol Cymru o tua 80–90% o arwynebedd y tir yn ystod y cyfnod cynhanesyddol i ryw 4% erbyn y 19g.

Trwy'r cyfnodau hanesyddol mae coetiroedd brodorol Cymru wedi cynnwys cymysgedd o goed collddail a llydanddail, gyda'r dderwen yn brif rywogaeth a'r ffawydden yn ffurfio elfen arwyddocaol yn y de-ddwyrain. Yr unig gonwydden sydd i'w chael yn y rhestrau o goed yng **nghyfraith** Cymru'r Oesoedd Canol yw'r ywen. (Ceir cyfeiriadau at y ferywen mewn llawysgrifau o'r Oesoedd Canol diweddar.) Mae fersiwn cynnar o'r gyfraith yn darlunio dau brif ddull o ddefnyddio coetir – tocio bonion a brigdorri. Am ganrifoedd roedd y coetiroedd collddail brodorol yn darparu llawer o angenrheidiau bywyd ar gyfer y **boblogaeth** fechan, wledig yn bennaf: cnau ac aeron, coed tân, pren ar gyfer adeiladu, rhisgl barcio, siarcol, pren ar gyfer pob math o offer tŷ ac offer ffermio, tir pori cysgodol ar gyfer da byw, a mes ar gyfer **moch**. Enghraifft dda o ddefnydd amrywiol yw Coedwig Pengelli, ger Felindre Farchog (**Nyfer**), sydd â'i hanes wedi'i ddogfennu oddi ar y 14g.

Ochr yn ochr â'r dirywiad yn y coetiroedd collddail brodorol gwelwyd cyflwyno rhywogaethau o goed anfrodorol, conwydd yn bennaf, fel addurniadau neu amwynderau i ddechrau, yna'n ddiweddarach ar gyfer cynhyrchu pren yn fasnachol. Y cofnod cyntaf y gwyddys amdano am gyflwyno conwydd o **Ogledd America** yw'r un am Thomas Bowen, tirfeddiannwr yn **Sir Benfro**, yn gwneud hynny tua 1596. Ar ôl hynny, plannodd llawer o dirfeddianwyr Cymru gonwydd fel addurniadau ar eu stadau. Erbyn canol y 18g., roedd y planigfeydd bychain cyntaf o gonwydd yn ymddangos yng nghefn gwlad Cymru; wedi hynny daeth cyfnod o blannu ar raddfa eang gan lawer o dirfeddianwyr Cymreig, a'r enwocaf ohonynt oedd **Thomas Johnes** o'r Hafod (**Pontarfynach**), a blannodd dros 5 miliwn o goed – llarwydden Ewrop yn bennaf – ar ei stad yng ngogledd **Sir Aberteifi** rhwng 1782 ac 1814.

Roedd dau o'r ysgrifenwyr Cymreig cynnar ar goedwigaeth yn glerigwyr: William Watkins, o'r **Gelli**, a gyhoeddodd *A Treatise on Forest-Trees* (1753), a **Henry Rowlands**, o **Lanidan**, a ysgrifennodd ei *Idea Agriculturae* yn 1704 er na chyhoeddwyd y gyfrol tan 1764. Dylanwadwyd yn drwm ar goedwigaeth yn ystod y 19g. gan Albanwyr alltud a gyflogwyd fel coedwigwyr, asiantiaid a chiperiaid ar nifer o stadau mwyaf Cymru. Yr angen am addysg uwch a hyfforddiant proffesiynol mewn coedwigaeth a symbylodd sefydlu ysgol goedwigaeth ym **Mangor** yn 1904, ac yn 1907 Bangor oedd y lle cyntaf ym **Mhrydain** i gynnig cwrs gradd mewn coedwigaeth.

Oherwydd prinder argyfyngus o bren yn ystod y **Rhyfel Byd Cyntaf** aeth llywodraeth **Lloyd George** ati i sefydlu'r Comisiwn Coedwigaeth er mwyn creu corff a berchnogid gan y wladwriaeth ac a fyddai'n darparu stôr o bren wrth gefn ar adeg o ryfel neu argyfwng cenedlaethol, ac i hybu coedwigaeth breifat. Ar ôl y torri coed ar raddfa fawr a'r ymyrraeth a achoswyd gan yr **Ail Ryfel Byd**, ailddechreuwyd meddiannu tir ar gyfer coedwigaeth gydag egni newydd. Trwy fuddsoddi mewn adeiladu **ffyrdd**, a thrwy ymchwil i goedwigaeth, a mecaneiddio, cyflymwyd y datblygiad a gweddnewidiwyd map Cymru gan y fforestydd eang. Esgorodd cymorthdaliadau ar fwy o lawer o blannu gan unigolion a chwmnïau preifat, ac ar wella safon y rheoli mewn coetiroedd preifat.

Mae cynnyrch blynyddol coedwigoedd y wladwriaeth a rhai preifat yng Nghymru bellach ymhell dros filiwn o fetrau ciwbig o goed. Ymhlith y diwydiannau mawr sy'n seiliedig ar goed o goedwigoedd y wlad y mae'r melinau mwydion coed yn **Shotton** a Sudbrook (**Porth Sgiwed**), melin lifio BSW (Brownlie, Smiths a Western) yn y Bontnewydd ar Wy (**Llanllŷr-yn-Rhos**) a'r ffatri byrddau ffibr dwysedd canolig yn y **Waun** (**Sir Ddinbych**).

Gall newid yn agweddau'r cyhoedd esgor ar newidiadau ym mholisi coedwigaeth ac yn y modd y crëir coedwigoedd. Ceir nifer o sefydliadau, megis Coed Cymru a Coed Cadw, sy'n daer eu gofal dros goetiroedd a hynny am resymau yn ymwneud â'r tirwedd, gweithgareddau hamdden, gwarchod etifeddiaeth a chadwraeth amrywiaeth naturiol. Yn sgil hyn cefnwyd ar ungnwd unffurfiol y coed coniferaidd gan symud tuag at fwy o amrywiaeth o goedwigoedd cymysg a choetiroedd llydanddail brodorol. Mabwysiadodd y **Cynulliad Cenedlaethol** strategaeth goetir bendant yn 2001, ac yn 2005 lansiodd Llywodraeth y Cynulliad gynllun gwerth £2.3 miliwn i adfer tua 5,400ha o goetir hynafol Cymru – bron chwarter y tir a fu'n goediog yn ddi-dor er 1600.

THE PROPRIETORS

OF THE

**Cardiff & Merthyr Mail Coach**

BEG most respectfully to inform the Public that ON and AFTER SATURDAY, the 14th day of NOVEMBER next, Passengers will be conveyed by the above Coach to and from Cardiff and Merthyr, and the intermediate Stage, at the following fares, viz:—

| | In. | Out. |
|---|---|---|
| From Cardiff to Newbridge.......... | 3s | 2s |
| ——— Merthyr............ | 6s | 4s |

PARCELS under 28lb delivered at One Shilling.

Cardiff, 11th Nov., 1840.

It will be perceived from an advertisement in our paper that the coach proprietors have lowered the fares to passengers by the mail to Cardiff, in order to meet the charges of the railway company, so that those who prefer this mode of conveyance may do so without incurring greater expense than by travelling on the railway.

THE Public are respectfully informed that the MERTHYR and SWANSEA MAIL COACH will during the Winter Months, RUN only THREE DAYS in the Week, to and from the former and latter place; viz, MONDAYS, WEDNESDAYS, and FRIDAYS, commencing MONDAY, the 16th instant.

Castle Hotel, Merthyr, November 5th, 1840.

Hysbyseb yn cyhoeddi gwasanaeth coets fawr cwmni Cardiff & Merthyr, 1840

## COETIO

Gêm werin hynafol a chwaraeir yn yr awyr agored. Y nod yw taflu coeten, sef disg haearn a thwll yn ei chanol, neu ddarn o bren wedi'i ymylu â **haearn**, o bellter penodol at darged a leolid mewn llain o bridd clai. Erbyn canol yr 20g. roedd y gêm wedi ei safoni gan Fwrdd Coetio Cymru. Ers yr Oesoedd Canol bu'r awdurdodau yn ceisio gwahardd y chwarae yn y gred ei fod yn denu llanciau heini, darpar-filwyr posibl, rhag ymgymryd ag ymarferion militaraidd mwy buddiol, ond parhaodd y traddodiad yn ddi-dor.

## COETS FAWR

Hyd ddyfodiad y **rheilffyrdd**, y ffordd gyflymaf o deithio'r wlad oedd ar y goets fawr, sef cerbyd pedair olwyn. Fe'i tynnid gan dîm o **geffylau**, a fyddai'n ildio eu lle i dîm ffres bob hyn a hyn er mwyn sicrhau'r cyflymder uchaf posibl. Timau o bedwar a ddefnyddid fel arfer, er nad oedd timau o dri yn anarferol.

Rhoddwyd hwb sylweddol i'r dull hwn o deithio yn dilyn penderfyniad y **llywodraeth** yn 1784 i anfon llythyrau'r Swyddfa Bost (gw. **Post, Y Gwasanaeth**) ar goetsys arbennig a ddilynai amserlenni caeth. Arweiniodd hyn at wella cynllun y coetsys a chyflwr y **ffyrdd**, ac at ddatblygu rhwydwaith o wasanaethau, megis tafarnau ac ebrandai a ddarparai lety i deithwyr a cheffylau fel ei gilydd.

Roedd Cymru yn bwysig oherwydd ei bod yn darparu cysylltiadau ag **Iwerddon**, trwy **Gaergybi** a dyfrffordd **Aberdaugleddau**. Dechreuodd gwasanaethau Post Caergybi a Phost Aberdaugleddau redeg o **Lundain** yn 1785. Erbyn 1836 roedd Post Caergybi yn cwblhau'r siwrnai o 418km mewn 26 awr a 55 munud, 12 awr yn gyflymach nag yn 1817. **Thomas Telford** a gynlluniodd y lôn bost trwy Amwythig, Croesoswallt, **Llangollen**, **Corwen**, **Capel Curig**, **Bangor** a **Phorthaethwy**, yn ogystal â Phont Menai a agorwyd yn 1826 (gw. **A5**). Dilynai Post Aberdaugleddau un o ddwy lôn, naill ai'r llwybr gogleddol trwy **Rydychen**, Caerloyw ac **Aberhonddu**, neu'r llwybr deheuol trwy Fryste, **Caerdydd** ac **Abertawe**, siwrnai a olygai groesi Môr Hafren ar fferi.

Y coetsys post, dan ofal coetsmon a gwarchodwr, oedd y dull mwyaf soffistigedig o deithio ar y pryd, ond cystadlai coetsys mawr eraill am gwsmeriaid. Roedd y rhain, fel rheol, yn arafach na'r gwasanaethau post: yn 1827, er enghraifft, cymerai yr 'Imperial stage carriage' naw awr i deithio o Abertawe i Aberhonddu. Eto i gyd, buont yn fodd i hyrwyddo masnach a gwella bywyd cymdeithasol trwy gysylltu trefi â'i gilydd. Er nad oedd y dull hwn o deithio yn rhad, deuai'r cyfoethogion o hyd i'r arian – a'r dycnwch – i deithio o **Loegr** i drefi glan môr megis **Aberystwyth**, **Abermaw** a **Dinbych-y-pysgod**.

Roedd teithio ar goetsys yn aml yn beryglus, yn enwedig yn y gaeaf, pan fyddai teithwyr ar drugaredd llifogydd ac eira mawr. Nid y tywydd oedd ar fai bob tro, fodd bynnag. Mewn cilfach barcio uwchlaw afon Gwydderig (**Llanymddyfri**) ceir cofeb sy'n dynodi lleoliad damwain a ddigwyddodd yn 1835, pan blymiodd y goets bost, a gâi ei gyrru gan goetsmon meddw, 37m i lawr llechweddau serth y dyffryn; yn ffodus, ni chafodd neb ei ladd. Byddai gwarchodwyr yn cario cyrn er mwyn gallu rhybuddio ceidwaid tollbyrth fod y goets yn agosáu, ond hefyd bistolau neu ynnau byrion i amddiffyn y cerbyd rhag lladron pen ffordd.

Gyda dyfodiad y rheilffyrdd yng Nghymru o'r 1840au ymlaen, buan y daeth yr arfer o deithio ar goetsys i ben. O ganlyniad dirywiodd masnach tafarnau cefn gwlad, busnes na lwyddwyd i'w adennill hyd ddyfodiad y car yn yr 20g.

## COETY UCHAF, Pen-y-bont ar Ogwr (753ha; 835 o drigolion)

Mae'r **gymuned** hon yn agos iawn at **Ben-y-bont ar Ogwr**, ac yn cynnwys maestrefi gogledd-orllewinol y dref. Mae Castell Coety, cylchfur yn dyddio o ddiwedd yr 11g. yn wreiddiol, yn cynnwys gorthwr a llenfur o ddiwedd y 12g., lle tân ar gyfer coginio o'r 14g. a phorthdy o'r 15g. Y castell oedd cartref teulu Turberville, teulu ac iddo draddodiad hir o drahauster tuag at y trigolion lleol. Roedd Payn de Turberville, a oedd yn bleidiol i lanhau ethnig yn ei arglwyddiaeth, yn un o weinyddwyr brenhinol **Morgannwg** yn dilyn marwolaeth Gilbert de Clare (gw. **Clare, Teulu**) yn 1314, a'i greulondeb ef a sbardunodd wrthryfel **Llywelyn Bren**. Bu'r castell dan warchae ddwywaith yn ystod **Gwrthryfel Glyndŵr**. Teulu Gamage oedd perchnogion y castell yn ystod y 16g., a hwy a ailwampiodd yr ystafelloedd byw, gan ychwanegu dau gorn simnai enfawr. Yn 1584 priododd aeres y teulu, Barbara Gamage (m.1621), â Robert Sidney (a ddyrchafwyd yn iarll Leicester yn 1618), priodas a gythruddodd William Cecil, prif weinidog y Frenhines Elizabeth (gw. **Cecil, Teulu**). Canmolwyd rhinweddau Barbara gan Ben Jonson. Is-ganghennau o deulu Gamage o Goety a roddodd fod i deulu estynedig mwyaf Cymru o wŷr eglwysig.

I'r dwyrain o'r castell mae eglwys fawr y Santes Fair sy'n dyddio o'r 14g. Y tu mewn iddi mae bedd Payn de Turberville ynghyd ag un gwrthrych prin iawn – beddrod y Pasg a wnaed *c.*1500 o bren. Mae Tŷ Mawr, Byeastwood, yn dŷ braf o'r 16g. Gerllaw mae beddrod siambr Coed Parc Garw.

## COFEBAU CRISTNOGOL CYNNAR

Dyma'r dystiolaeth faterol bwysicaf yn ymwneud â Chymru yn yr hanner mileniwm wedi cwymp yr Ymerodraeth Rufeinig. (Mae mathau eraill o dystiolaeth yn cynnwys **bryngaerau** (gw., er enghraifft, **Beddgelert**, **Conwy** a **Dinas Powys**), llinellau terfyn (gw. **Clawdd Offa** a **Chlawdd Watt**) a sefydliadau eglwysig (gw. **Eglwys Geltaidd**).) Ceir yng Nghymru bron i 450 o gerrig a chroesfeini yn perthyn i'r cyfnod rhwng y 5g. a'r 11g. Dosbarthwyd hwy gan **V. E. Nash-Williams** yn dri chategori: cerrig arysgrifedig syml (5g.–7g.); cerrig wedi'u haddurno â rhyw fath o groes (7g.–9g.); a chroesfeini cerfluniedig (9g.–11g.). (Am gerfluniau carreg sy'n ddiweddarach na'r 11g., gw. **Cerflunio**).

Cofnodi beddau a wna bron y cwbl o'r cerrig hyn. Fe'u gosodwyd, fel arfer, mewn mynwentydd cysegredig, ac yn fynych roedd eglwys oddi mewn i ffiniau'r fynwent, er mai eglwysi diweddarach yw'r eglwysi a geir ar y safleoedd hyn heddiw, wedi'u codi ar safle adeiladau cynharach. Nid pob carreg sy'n dal yn ei lleoliad gwreiddiol, gan fod nifer o'r rhai a oedd mewn perygl o gael eu niweidio gan yr elfennau wedi'u symud i eglwysi neu amgueddfeydd; yn wir, ym **Margam**, sefydlwyd amgueddfa arbennig ar eu cyfer. Mae aml i garreg yn dwyn enw'r ymadawedig, a cheir tystiolaeth ddogfennol am ambell un o'r unigolion hynny. Serch hynny, anhysbys yw'r mwyafrif llethol o'r rhai a goffeir, ond dichon mai rheolwyr oedd llawer ohonynt ar y mân deyrnasoedd a ddaeth i fodolaeth yn sgil dadfeiliad yr Ymerodraeth.

Mae'r cerrig sy'n dyddio o'r 5g. hyd y 7g. yn taflu goleuni gwerthfawr ar gyfnod o newid tyngedfennol, gan eu bod yn cynnig tystiolaeth ynglŷn â chyflwr cymdeithasol, ieithyddol, diwylliannol a gwleidyddol Cymru yn yr union gyfnod pan anwyd y genedl Gymreig a phan wreiddiodd y **grefydd** Gristnogol yn ddwfn yn y wlad. Tystia'r ffaith mai **Lladin** yw iaith y mwyafrif llethol o'r arysgrifau i barhad dylanwad yr Ymerodraeth ac i gyd-destun ymerodraethol lledaeniad Cristnogaeth.

Serch hynny, ceir yng Nghymru ryw 40 carreg yn dwyn enwau Gwyddeleg a gerfiwyd mewn **Ogam**. Mae bron y cwbl ohonynt yn y de-orllewin, ac maent yn cadarnhau i'r rhanbarth hwnnw ddenu gwladychwyr niferus o **Iwerddon**, ac i'r **Ddyfed** gynnar fod o dan reolaeth brenhinoedd o dras Gwyddelig. Ar y rhan fwyaf o'r cerrig ogam ceir hefyd arysgrif Ladin, fel sydd ar garreg Voteporix (gw. **Gwrthefyr**) a symudwyd o Gastelldwyran (**Clunderwen**) i Amgueddfa Sir Gaerfyrddin yn **Abergwili**. Mae'r garreg honno yn coffáu Voteporix, ac yn cofnodi ei fod yn arddel y teitl

Rhufeinaidd *Protector*, un o nifer o esiamplau Cymreig o hiraeth am yr Ymerodraeth. Ceir carreg yn Llangïan (**Llanengan**) sy'n coffáu Melus, y *medicus*, ac mae'r maen coffa i Cantiorix ym Mhenmachno (**Bro Machno**) yn nodi ei fod yn gefnder i Maglos, y *magistratus*. Datgana carreg arall ym Mhenmachno fod y gofadail wedi'i chodi yn ystod conswliaeth Justinus, gŵr y gwyddys iddo gael ei benodi'n gonswl yn 540 gan yr hyn a oedd yn weddill o'r drefn imperialaidd yn ardal Lyon. Amlygir y cysylltiad â Lyon hefyd gan y fwyaf deniadol o'r cerrig arysgrifedig, sef honno er cof am Cadfan, brenin Gwynedd (m.*c*.625), yn Llangadwaladr (**Bodorgan**), carreg ac arni lythrennu mewn arddull a oedd yn boblogaidd ar y pryd yn Nyffryn Rhôn. Y bwysicaf oll o'r cerrig cynnar yw honno i 'Ceinrwy' yn Eglwys Sant Cadfan, **Tywyn**; cynigiwyd dyddiadau rhwng y 7g. a'r 9g. iddi, ac arni y ceir yr enghraifft gynharaf o arysgrif yn **Gymraeg**.

Ar gerrig yr ail gyfnod (7g.–9g.), torrwyd croesau mewn amrywiol ddulliau, ond prin yw'r enwau. Fodd bynnag, i'r cyfnod hwnnw y perthyn yr hwyaf o'r arysgrifau. Fe'i naddwyd ar Biler Eliseg, a saif yn **Llandysilio-yn-Iâl**. Codwyd y piler gan Cyngen, brenin **Powys** (m.854), i goffáu ei hen daid, Eliseg (*fl.c*.750). Er bod yr arysgrif bellach yn annarllenadwy, fe'i copïwyd gan **Edward Lhuyd** yn 1696; ceid ynddi o leiaf gant o eiriau yn clodfori gorchestion rheolwyr Powys.

Ymhlith croesau cerfluniedig y 9g. hyd yr 11g. y mae cofebau i ambell reolwr blaenllaw, yn eu plith y rheini i Ithel, brenin **Gwent** (m.848) a Hywel, brenin **Glywysing** (m.886) – y ddwy yn **Llanilltud Fawr** – a honno i Maredudd, brenin **Deheubarth** (m.1035), yng **Nghaeriw**. Addurnwyd y rhain, ac eraill o groesau'r cyfnod, â chyfoeth o gydblethiadau cywrain, a thystiant i ddylanwadau o **Iwerddon**, gogledd **Lloegr** a Llychlyn. Mae dylanwadau Llychlynnaidd yn arbennig o amlwg ar Faen Achwyfan, monolith yn **Chwitffordd**. Y wychaf o groesau cerfluniedig Cymru yw honno ym **Mhenalun**, a'r fwyaf yw Carreg Cynfelyn ym Margam, sy'n dwyn cerfiadau o'r Forwyn Fair a Sant Ioan.

Erbyn diwedd yr 11g. roedd dylanwadau Romanésg o dir mawr Ewrop yn cyflwyno dulliau newydd o gerfio carreg. Fe fyddai gan Gymru gerfluniau gwych yn yr arddull Romanésg; y gorau ohonynt, o bosibl, yw'r greirfa o'r 12g. ym Mhennant Melangell (**Llangynog, Sir Drefaldwyn**). A thystiolaeth ddogfennol yn amlhau, nid oes i gerrig arysgrifedig y cyfnod hwn yr un pwysigrwydd fel tystiolaeth hanesyddol.

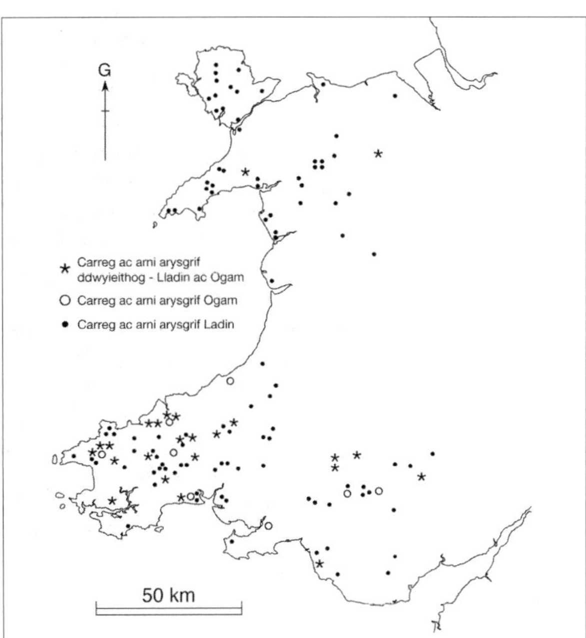


Dosbarthiad cofebau Cristnogol ac arnynt arysgrifau o'r cyfnod 400–700 (yn seiliedig ar V. E. Nash-Williams, 1950)

## COFEBAU RHYFEL

Hyd yr 20g. roedd coffáu dynion a gâi eu lladd ar faes y gad yn dibynnu i raddau helaeth ar gyfoeth personol, safle a dylanwad – y gofeb i'r Cyrnol **Picton** yng **Nghaerfyrddin**, er enghraifft. Anaml y câi marwolaeth milwr cyffredin mewn brwydr ei gofnodi o gwbl. Gyda marwolaeth oddeutu 3,500 o wirfoddolwyr yn y Rhyfel yn erbyn y Boeriaid (gw. **Rhyfeloedd De Affrica**) daeth newid yn y drefn, yn wyneb yr angen i gofio'r lladdedigion nid yn unig fel milwyr ond fel dinasyddion hefyd.

O'r 700,000 o blith lluoedd arfog **Prydain** a fu farw yn y **Rhyfel Byd Cyntaf**, rhestrir 35,000 yn Llyfr Coffadwriaeth Cymru. Yn 1915 penderfynwyd gwahardd cludo cyrff o faes y gad yn ôl i'r famwlad, a chafodd hynny ddylanwad pellgyrhaeddol ar y dulliau coffáu. Roedd y miloedd lawer o gofebau rhyfel lleol yn adlewyrchu'r awydd i goffáu'r meirw mewn modd parhaol, wrth i gymunedau geisio cydnabyddiaeth gyhoeddus o'u colled. Yng Nghymru codwyd Cofeb Ryfel Genedlaethol Cymru ym **Mharc Cathays**, **Caerdydd** yn 1928, ar ôl ymgyrch tanysgrifio cyhoeddus a drefnwyd gan y *Western Mail*. (Roedd trefi Cymreig eraill yn gwgu ar yr hyn a welent hwy fel ymdrech Caerdydd i'w chyflwyno ei hun fel prifddinas Cymru.) Penderfynodd llawer o awdurdodau lleol ledled Cymru beidio â chefnogi'r cynllun cenedlaethol, gan ddewis yn hytrach godi eu cofebau eu hunain. Bu safle, maint, cost a ffurf cofebau yn destun trafod yn aml, ond ystyriaethau ariannol oedd fel rheol yn pennu'r dewis yn y pen draw. Mae'r arysgrifau ar y cofebau yn clodfori anrhydedd, aberth a theyrngarwch y rhai a gollodd eu bywydau, a hynny'n aml yn **Gymraeg** a **Saesneg**, neu yn **Lladin**, fel yn **Abertawe**. Arweiniodd yr **Ail Ryfel Byd** at gyfnod newydd o goffáu.

## COFFIN, Walter (1784–1867) Perchennog glofeydd ac aelod seneddol

Arloeswr masnach lo'r **Rhondda** oedd Coffin a'i weithgareddau ef a fu'n gymorth i agor y cymoedd ar gyfer datblygiadau diweddarach. Roedd yn berchen ar lofa Dinas ac yn y 1820au glo cartref o'r pwll hwn, a gludid ar hyd tramffordd Dinas a Chamlas Sir Forgannwg, oedd y pwysicaf o ddigon ym masnach lo **Caerdydd**, ac arferid allforio llawer ohono i **Iwerddon**. Bu'n aelod seneddol dros Gaerdydd (1852–7) ac, fel Undodwr, ef oedd yr Anghydffurfiwr cyntaf i gynrychioli Cymru yn y senedd. Yn ystod y pum mlynedd y bu'n aelod o Dŷ'r Cyffredin, ni thraddododd araith gerbron y Tŷ.

## COFRESTRFA TIR DDOSBARTHOL CYMRU

Sefydlwyd y Gofrestrfa yn **Abertawe** yn 1997, ac mae'n gorff statudol sy'n cofnodi a gwarantu perchnogaeth tir yng

Nghymru. Rhaid cofrestru pob trosglwyddiad tir gyda'r Gofrestrfa, a gellir cael gwybodaeth ganddi am berchnogaeth tir yng Nghymru.

## COLEG CERDD A DRAMA BRENHINOL CYMRU, Caerdydd

Y coleg hwn, a agorodd yng Nghastell **Caerdydd** yn 1949 fel *conservatoire* bychan ac a ddaeth yn gorff corfforaethol yn 1992, yw unig ganolfan arbenigol Cymru ar gyfer hyfforddiant proffesiynol mewn **cerddoriaeth** a **drama**. Ei brifathro cyntaf oedd Raymond Edwards (1919–99) yr estynnai ei ddylanwad ar y ddrama yng Nghymru y tu hwnt i'r coleg i achosion fel Theatr Garthewin (**Llanfair Talhaearn**) a'r ymgyrch dros theatr genedlaethol. Yn 1974 symudodd y coleg i adeiladau pwrpasol yng ngerddi'r castell. O ganlyniad i rodd sylweddol gan Anthony Hopkins (g.1937) a grant gan y Loteri Genedlaethol o £1.1 miliwn yn 1995, bu modd i'r coleg adnewyddu Stablau'r Castell a gynlluniwyd gan **William Burges**, ac yn 1998 agorwyd canolfan newydd yno ar gyfer ymarfer a pherfformio. Yn 2006/7 roedd tua 600 o fyfyrwyr yn derbyn hyfforddiant yno.

## COLEG HARLECH

Sefydlwyd y coleg preswyl annibynnol hwn i oedolion mewn lleoliad ysblennydd yn **Sir Feirionnydd** yn 1927. Ar adeg o dyndra cymdeithasol rhwng dosbarthiadau (gw. **Dosbarth**), breuddwyd y sylfaenydd, **Thomas Jones** (1870–1955), oedd rhoi **addysg** i arweinwyr dosbarth gweithiol cyfrifol. Noddwyr preifat a oedd yn ariannu'r coleg i ddechrau, ac yna'r awdurdodau lleol. Addysgu ysbrydoledig, yn enwedig mewn **llenyddiaeth**, a ddaeth â bri i'r coleg yn hytrach nag unrhyw wleidyddiaeth a geid yno. Hyd y 1980au roedd y coleg yn adnabyddus am ysgolion haf, am siaradwyr gwadd nodedig ac am gynhyrchu myfyrwyr prifysgol. Yn fwy diweddar mae polisïau'r llywodraeth a'r ehangu cyffredinol ar addysg uwch a pharhaus wedi arwain at swyddogaeth lai unigryw i'r coleg. Fe'i cyfunwyd yn 2001 â **Chymdeithas Addysg y Gweithwyr** Gogledd Cymru. Yn 2006/7 roedd gan Goleg Harlech WEA – fel y gelwir y sefydliad bellach – gyfanswm o tua 5,000 o fyfyrwyr, y mwyafrif llethol ohonynt yn fyfyrwyr rhan-amser.

## COLEG LLAFUR CANOLOG, Y (Central Labour College), Llundain

Agorwyd y sefydliad Marcsaidd hwn yn 1909, wedi'i gyllido ar y cyd gan Undeb Cenedlaethol Gwŷr y Rheilffyrdd (NUR) a **Ffederasiwn Glowyr De Cymru**. Ei amcan oedd addysgu dynion dosbarth gweithiol ar gyfer eu 'tasgau diwydiannol a gwleidyddol'. Ymhlith y Cymry a'i mynychodd yr oedd **Aneurin Bevan**, **Ness Edwards**, **James Griffiths** a **George Daggar**. Sefydlodd y coleg nifer o ddosbarthiadau tiwtorial yn ne Cymru, gan hybu **syndicaliaeth**.

## COLEG MEDDYGAETH, BIOLEG, GWYDDORAU IECHYD A BYWYD CYMRU

Sefydlwyd Ysgol Feddygol Genedlaethol Cymru – fel y'i gelwid yn wreiddiol – yn rhan o **Brifysgol Cymru** yn 1931, a hynny yn sgil cyfaddawd a welodd **addysg** feddygol gyn-glinigol yn parhau yn yr hyn a oedd, hyd 2004, yn Brifysgol Cymru, Caerdydd (gw. **Prifysgol Caerdydd**) a'r elfen glinigol yn dod o dan gyfrifoldeb yr ysgol. Gan ddefnyddio Ysbyty Brenhinol Caerdydd yn brif ysbyty addysgu, llwyddodd yr ysgol i oroesi cyfnod o ddirywiad mewn cyfleusterau academaidd a barhaodd hyd 1971 pan agorodd Ysbyty Athrofaol Cymru ar safle yn y Waun Ddyfal. Yno cyfunwyd gwaith academaidd a chlinigol a dwyn ynghyd hefyd, ar yr un safle, yr ysgol a'r ysbyty deintyddol a Sefydliad Ymchwil Canser **Tenovus**.

Erbyn 1984 roedd yr ysgol yn ddigon hunanhyderus i ddiwygio'i siarter a newid ei henw i Goleg Meddygaeth Prifysgol Cymru, gan sicrhau cydraddoldeb cyfansoddiadol â cholegau eraill y Brifysgol yn 1988. Yn ystod y 1990au, pan agorwyd Sefydliad Ymchwil Calon Syr Geraint Evans (gw. **Geraint Evans**), aeth y coleg o nerth i nerth fel un o brif ganolfannau ymchwil feddygol y Deyrnas Unedig. Trwy ehangu ei amrediad o ddisgyblaethau academaidd yn 1995 i gynnwys sawl un o'r proffesiynau sy'n gysylltiedig â meddygaeth, a thrwy ehangu'n sylweddol ar ei addysg i nyrsys a bydwragedd, daeth y coleg yn 'brifysgol gofal iechyd', gyda thros 3,000 o fyfyrwyr. Y coleg oedd y sefydliad addysg uwch cyntaf yng Nghymru i sicrhau sêl bendith swyddogol **Bwrdd yr Iaith Gymraeg** i'w bolisi ar yr iaith **Gymraeg**.

Yn 2004 unodd y coleg â Phrifysgol Cymru, Caerdydd, a fabwysiadodd yr enw Prifysgol Caerdydd wrth ymwahanu oddi wrth y brifysgol ffederal. Gan newid ei enw am y trydydd tro, daeth yn Goleg Meddygaeth, Bioleg, Gwyddorau Iechyd a Bywyd Cymru, un o ddau goleg sy'n ffurfio prifysgol newydd Caerdydd (y llall yw Coleg y Dyniaethau a'r Gwyddorau).

## COLEG NORMAL, Y, Bangor

Agorwyd y Coleg Normal yn 1858 er mwyn hyfforddi dynion fel athrawon ar gyfer yr ysgolion Brutanaidd anenwadol (gw. **Cymdeithas Frutanaidd**). **John Phillips** oedd y prifathro cyntaf, a buan y clymwyd y cwricwlwm wrth ofynion Côd Diwygiedig 1862. Esgymunwyd y **Gymraeg** fel pwnc yn 1865; ni ddychwelodd tan 1907. Derbyniwyd merched yn 1910. Cyflwynwyd cyrsiau diploma mewn gwaith llaw a gwyddor tŷ yn y 1930au a diddymwyd y gwahaniad rhwng yr adran ferched a'r adran ddynion. Yna bu newidiadau mawr gyda chyflwyno'r Gymraeg yn gyfrwng dysgu yn y 1950au a sefydlu'r radd B.Add yn 1965. Er i'r coleg wynebu sawl bygythiad, ehangodd ei ddarpariaeth yn y 1970au ac fe'i hunwyd â **Phrifysgol Cymru, Bangor**, yn 1996.

## COLEG Y DRINDOD, Caerfyrddin

Sefydlwyd Coleg y Drindod, y sefydliad hyfforddi athrawon hynaf yng Nghymru bellach, yn 1848 gan y **Gymdeithas Genedlaethol**, sefydliad Anglicanaidd, i gywiro'r prinder athrawon ysgolion elfennol cymwys, a hynny ar adeg pan ddisgrifiwyd gwaith athro fel 'gyrfa ddiddiolch yn arwain at henaint cynamserol ac, yn ôl pob tebyg, at gyni'. Buan y dechreuwyd derbyn myfyrwyr nad oeddynt yn **Anglicaniaid**, er i'r coleg barhau'n un i ddynion yn unig hyd 1957. Mewn degawdau diweddar, mae'r coleg wedi amrywio ei ddarpariaeth o gyrsiau, gan geisio cynnal, yr un pryd, ei genhadaeth driphlyg, sef hyrwyddo hyfforddiant i athrawon, diwylliant Cymru a buddiannau'r Eglwys. Yn 2004 daeth y coleg yn rhan o **Brifysgol Cymru**. Yn 2006/7 roedd gan y Drindod dros 3,000 o fyfyrwyr.

Taith y menywod o Gaerdydd i Gomin Greenham

## COLERA neu Y GERI MARWOL

Achoswyd miloedd o farwolaethau mewn ardaloedd trefol yng Nghymru yn y 19g. gan y geri marwol, clefyd diarëig a achosir gan y bacteriwm *Vibrio cholerae.* Roedd y clefyd, sy'n effeithio ar bobl yn unig, ac sy'n cael ei ledaenu trwy ddŵr sydd wedi'i halogi ag ysgarthion heintiedig, yn endemig yn Asia ers cyn cof; ond oddi ar 1817 cafwyd saith epidemig mawr. Pan fydd y clefyd yn taro, collir hylif o'r perfeddion ar raddfa enfawr, a gall marwolaeth ddilyn o fewn oriau. Heb ei drin, mae cyfradd marwolaethau y geri yn 50 i 60%.

Yn 1831, yn Sunderland, y gwelwyd y geri am y tro cyntaf ym **Mhrydain**. Erbyn 1832 roedd wedi lledu i Gymru, ac erbyn hydref y flwyddyn honno roedd wedi achosi o leiaf 499 o farwolaethau, y mwyafrif ohonynt ym **Merthyr Tudful** ac **Abertawe**. Dychwelodd y geri i Gymru yn 1849 gyda chanlyniadau trychinebus. Yr achos cyntaf a gofnodwyd oedd morwr yng **Nghaerdydd**, ar 13 Mai. Yn ystod yr wythnosau dilynol gwelwyd achosion ym Merthyr, ac erbyn diwedd yr haf roedd o leiaf 4,564 o bobl wedi marw yng Nghymru, gan gynnwys 1,682 ym Merthyr yn unig. A hithau'n dref orboblog gyda **thai** gwael a threfniadau carthffosiaeth affwysol o ddiffygiol, yn 1849 roedd cyfradd marwolaethau o'r geri ym Merthyr gyda'r uchaf ym Mhrydain. Yn sgil y clefyd cynhaliwyd cyfarfodydd gweddi torfol, a bu'r gweinidogion yn diolch i Dduw am y 'pregethwr arswydus hwn'.

Gwelwyd y geri eto yng Nghymru yn ystod cyfnodau o epidemig yn 1854, 1866 ac 1893. Yn ail hanner y 19g. cyflwynwyd cyfres o Ddeddfau Iechyd Cyhoeddus (gw. **Iechyd**) i wella carthffosiaeth a chyflenwadau dŵr, gan gynnig amddiffyniad sylweddol i'r **boblogaeth** yn erbyn clefydau sy'n cael eu cario mewn dŵr.

## COLES, Bryan [Randall] (1926–97) Ffisegydd

Ar ôl iddo raddio yng **Nghaerdydd**, ei ddinas enedigol, treuliodd Coles ei yrfa yn Imperial College, **Llundain**. Daeth yn awdurdod rhyngwladol ar ffiseg trosiant, metalau ac aloiau prinfwyn ac actinid, ac ar y cydadweithio rhwng magnetedd a thra-dargludedd. Cysylltir ei enw yn arbennig â 'gwydr tro' – trosiad a ddefnyddiodd i ddisgrifio aloiau lle ceir ymadweithiau ar hap rhwng amhureddau magnetig.

## COLION Cwmwd

Un o dri **chwmwd** cantref **Dyffryn Clwyd**; Coelion yw sillafiad yr enw weithiau. Gorweddai i'r de-orllewin o **Ruthun**, ac o fewn cymunedau diweddarach **Clocaenog** ac **Efenechdyd**.

## COLOMENDAI

Roedd colomennod neu ysguthanod yn ffynhonnell **fwyd** ddefnyddiol ar stadau a ffermydd tenantiaid mwyaf yr Oesoedd Canol, ac mae llawer o golomendai'n parhau i sefyll ar dir âr. Roedd y colomendai cynharaf yn dyddio o'r 13g. ac yn aml yn gysylltiedig â mynachlogydd. Roedd y colomendai hyn yn fawr iawn, yn grwn ac wedi'u gwneud o gerrig, gyda chromen gorbelog, fel hwnnw yn y **Barri**. Adeiladwyd mwy o golomendai yn y 17g., pan oedd baw colomennod yn ffynhonnell bwysig ar gyfer y potasiwm a ddefnyddid i wneud powdwr gwn. Yn ddiweddarach daeth y colomendai sgwâr wedi'u gwneud o frics, gyda llusernau pren, yn gyffredin. Mwy arferol, serch hynny, yn arbennig yn y 19g., oedd defnyddio waliau adeiladau eraill i greu tyllau nythu.

## COLWYN Cyn-ddosbarth

Ar ôl diddymu **Sir Ddinbych** yn 1974, crëwyd Colwyn fel dosbarth oddi mewn i sir newydd **Clwyd**. Roedd yn cynnwys yr hyn a fu yn fwrdeistref **Bae Colwyn**, dosbarth trefol **Abergele** a'r rhan helaethaf o **ddosbarthau gwledig Hiraethog** ac **Aled**. Yn 1996 daeth y dosbarth (ac eithrio cymunedau **Cefn Meiriadog** a **Threfnant**), ynghyd â dosbarth **Aberconwy**, yn fwrdeistref sirol **Conwy**.

## COMIN GREENHAM, Newbury, Lloegr

Ar 27 Awst 1981, yn dilyn cynigion gan NATO i leoli taflegrau niwclear Cruise yr Unol Daleithiau yn Ewrop, cerddodd 40 o Gymry mewn protest o **Gaerdydd** i safle'r Unol Daleithiau yng Nghomin Greenham. Sefydlwyd gwersyll heddwch yno gan **fenywod**, gwersyll a lwyddodd i oroesi pob erledigaeth o du'r awdurdodau, dyfodiad taflegrau Cruise yn 1983 a'u hymadawiad yn 1989, cyn dod i ben yn Rhagfyr 1999. Bu'n ysbrydoliaeth i brotestwyr gwrthniwclear ac i ffeministiaid ledled y byd.

## COMISIWN BRENHINOL HENEBION CYMRU

Sefydlwyd y Comisiwn Henebion, sydd â'i bencadlys yn **Aberystwyth**, yn 1908 er mwyn llunio rhestr o henebion Cymru. Yn ddiweddarach cafodd ei gyfrifoldebau eu hehangu i gynnwys pob safle ac iddo arwyddocâd archaeolegol, pensaernïol neu hanesyddol, gan gynnwys safleoedd morwrol. Ymhlith ei gyhoeddiadau cynnar (1911–25) yr oedd arolygon cronolegol o henebion archaeolegol a phensaernïol saith o **siroedd** Cymru. Bu gwelliant mawr yn eu safon gyda chyhoeddi cyfrol **Môn** (1937). Er 1975 ychwanegwyd at yr arolygon sirol gyfrolau sy'n seiliedig ar themâu penodol. Y Comisiwn hefyd sy'n gyfrifol am gydlynu ffotograffiaeth archaeolegol o'r awyr. Yn 1963 sefydlwyd Cofnod Henebion Cenedlaethol Cymru, sef archif gyhoeddus y Comisiwn.

## COMISIWN COEDWIGAETH, Y

Sefydlwyd y Comisiwn yn 1919, gyda'r nod o leihau dibyniaeth **Prydain** ar goed wedi'u mewnforio, dibyniaeth a oedd wedi achosi problemau yn ystod y **Rhyfel Byd Cyntaf**, yn arbennig gan fod cordeit – elfen hanfodol mewn ffrwydron – yn cael ei wneud o'r alcohol mewn pren. Erbyn 1939 roedd y Comisiwn wedi cael meddiant ar 28,000ha o dir yng Nghymru. Roedd prinder coed hyd yn oed yn waeth yn ystod yr **Ail Ryfel Byd**, ffaith a barodd i'r Comisiwn feddiannu 20,000ha ychwanegol o dir Cymru rhwng 1946 ac 1951. Cododd ei ddefnydd o bryniant gorfodol, yn arbennig yn achos tir mynydd, wrychyn y ffermwyr defaid, a ddadleuai y byddai'r ffermydd yn methu heb borfeydd mynydd digonol. Ymosododd Gwenallt (**David James Jones**) ar y rhesymau milwrol dros blannu'r coed, 'coed y trydydd rhyfel' fel y'u galwodd yn ei gerdd 'Rhydcymerau'. Beirniadwyd y coedwigoedd, a ddefnyddiai goed pîn estron o fewn ffiniau unionsyth, caled, ar seiliau ecolegol ac esthetig hefyd. Erbyn y 1970au y Comisiwn, a oedd yn berchen ar 134,000ha yng Nghymru, oedd tirfeddiannwr mwyaf y wlad o bell ffordd. Wedi hynny cafodd ei bolisïau eu hailystyried, yn bennaf oherwydd y sylweddoliad y byddai rhyfeloedd meithion yn annhebygol yn y dyfodol. Rhoddwyd mwy a mwy o bwyslais ar blannu coed collddail brodorol ac ar fforestydd fel llecynnau hamdden (gw. **Coedwigaeth**). Dechreuodd y Comisiwn werthu tiroedd; erbyn 1995 roedd y coedwigoedd hynny a oedd mewn perchnogaeth breifat yng Nghymru (125,000ha) yn helaethach nag eiddo'r Comisiwn yng Nghymru (123,000ha). Ymhlith coedwigoedd mwyaf y Comisiwn y mae Coed y Brenin (**Sir Feirionnydd**), **Clocaenog** (**Sir Ddinbych**) a Brechfa (**Sir Gaerfyrddin**). Un goedwig sydd wedi dylanwadu'n fawr ar y tirlun yw Coed Morgannwg, sy'n gorchuddio llawer o'r bryniau yn rhan ganol maes **glo**'r de.

## COMISIWN GWEINYDDIAETH LEOL YNG NGHYMRU, Y

Sefydlwyd y comisiwn yn 1974 ym **Mhen-y-bont ar Ogwr** ac roedd ganddo ddwy swyddogaeth. Roedd y gyntaf o dan Ddeddf Llywodraeth Leol 1974, sef ymchwilio i gwynion gan bobl a ystyriai eu bod wedi cael cam oherwydd camweinyddu gan awdurdodau lleol. Roedd yr ail o dan Ddeddf Llywodraeth Leol 2000, sef ymchwilio i honiadau fod aelodau awdurdod lleol wedi methu â chydymffurfio â chôd ymddygiad eu hawdurdod eu hunain.

Yn 2005 cyfunwyd swydd comisiynydd gweinyddiaeth leol Cymru (a adwaenid hefyd fel yr ombwdsmon llywodraeth leol) gyda thair swydd arall, sef ombwdsmon gweinyddiaeth Cymru, comisiynydd gwasanaethau **iechyd** Cymru ac ombwdsmon gwasanaethau tai cymdeithasol Cymru. Teitl y swydd newydd yw ombwdsmon gwasanaethau cyhoeddus Cymru.

## COMISIWN KILBRANDON

Sefydlwyd y Comisiwn Brenhinol ar y Cyfansoddiad yn ystod hydref 1969 o dan gadeiryddiaeth Geoffrey Crowther, yn bennaf er mwyn ystyried **datganoli** llywodraethol i Gymru a'r **Alban**. Gwrthododd y **Ceidwadwyr** yng Nghymru roi tystiolaeth i'r comisiwn, a daeth yn amlwg yn fuan fod datganoli yn ennyn rhaniadau dwfn a thensiynau yn rhengoedd y **Blaid Lafur**. Roedd llawer o sylwebyddion yn teimlo bod **llywodraeth** Wilson yn defnyddio'r comisiwn, gyda'i ddulliau gweithredu araf a thrwsgl, fel dyfais i fygu diddordeb cyhoeddus yn y mater. Wrth i'r blynyddoedd fynd heibio, ac wrth i Crowther gael ei ddilyn gan Arglwydd Kilbrandon, nid oedd cefnogwyr datganoli yn disgwyl y byddai'r adroddiad yn esgor ar gam ymlaen tuag at hunanlywodraeth.

Pan adroddodd y comisiwn ymhen hir a hwyr yn Hydref 1973, roedd ei gasgliadau yn galondid i ddatganolwyr. Fel y gallesid fod wedi rhagweld, nid oedd y comisiynwyr yn gytûn, er eu bod i gyd yn unfryd nad oedd y sefyllfa a oedd ohoni yn foddhaol. Argymhellai dau aelod y dylid creu cynghorau rhanbarthol trwy'r Deyrnas Unedig; roedd dau o blaid rhoi mwy o bwerau i'r **Swyddfa Gymreig** a Swyddfa'r Alban, ond ffafriai'r gweddill gynulliad etholedig ar gyfer Cymru, gyda chwech ohonynt, gan gynnwys y ddau aelod Cymreig, **Ben Bowen Thomas** ac **Alun Talfan Davies**, o blaid cynulliad a chanddo hawliau deddfwriaethol. Pwysleisiai'r comisiynwyr fod pryderon dwfn yn bodoli ynglŷn â thwf grym canolog a phellter y llywodraeth oddi wrth y bobl, ond datganasant eu cred yn undod diamwys y Deyrnas Unedig. Enynnodd y casgliadau cymhleth ddirmyg y Ceidwadwyr Cymreig a nifer o aelodau seneddol Llafur, ond gorfodasant y Blaid Lafur i ailddiffinio'i pholisïau datganoli ar gyfer Cymru a'r Alban.

## CONDRY, William (Moreton) (1918–98)

Naturiaethwr ac awdur

Yn Birmingham y ganed William Condry, ond treuliodd y rhan fwyaf o'i oes yng Nghymru, yn gweithio fel warden ar warchodfa **adar** gwyllt yn Ynys-hir (**Ysgubor-y-coed**). Mae ei lyfrau niferus ar fyd natur yn cynnwys *Snowdonia National Park* (1966), *Exploring Wales* (1970), *The World of a Mountain* (1977) a *The Natural History of Wales* (1981). Casglwyd ei gyfraniadau i'r golofn 'Country Diary' yn y *Guardian* ynghyd mewn cyfrol, *A Welsh Country Diary* (1993). Ymddangosodd ei hunangofiant, *Wildlife, My Life*, yn 1995 a *Welsh Country Essays* yn 1996.

## CONWY, Afon (57km)

Mae afon Conwy yn tarddu yn Llyn Conwy ar weundir y Migneint (**Bro Machno**). Wedi iddi ymadael â'r ucheldir, llifa'r afon trwy **Fetws-y-coed** cyn ymddolennu tua'r gogledd a thref **Llanrwst** trwy ddolydd ffrwythlon Dyffryn Conwy. Mae ei phrif isafonydd, Machno, Lledr a Llugwy, yn draenio rhan helaeth o ddwyrain **Eryri**. Mae cychod yn cludo ymwelwyr i fyny'r afon i **Drefriw**. Gerllaw Castell **Conwy**, a saif ar safle trawiadol ar lan y foryd, mae dwy bont arloesol eu cynllun – pont ffordd **Thomas Telford** (1826) a phont reilffordd **Robert Stephenson** (1846). Mwy arloesol fyth yw twnnel priffordd yr **A55** dan wely'r afon.

## CONWY Bwrdeistref sirol (115,345ha; 109,596 o drigolion)

Yn ei hanfod, basn afon **Conwy** yw tiriogaeth y sir hon, a grëwyd yn 1996 trwy uno dosbarth **Aberconwy** a'r rhan fwyaf o ddosbarth **Colwyn**. Rhennir y gwaith gweinyddu sirol rhwng **Conwy**, **Llandudno** a **Bae Colwyn**. Yn y cymunedau gwledig tu hwnt i'r arfordir mae'r rhan fwyaf o'r trigolion â rhywfaint o afael ar y **Gymraeg**, ond mae'r trefi arfordirol, sydd wedi denu pobl o ogledd-orllewin **Lloegr** ers blynyddoedd, wedi ymseisnigo i raddau helaeth. Yn 2001 roedd 39.67% o drigolion y sir â rhywfaint o afael ar y Gymraeg, gyda 23.23% yn gwbl rugl yn yr iaith. (Gw. hefyd **Bae Cinmel a Thywyn** ac **Ysbyty Ifan**.) Yn 1950 daeth rhan ddwyreiniol **Sir Gaernarfon** yn etholaeth Conwy. Gwahanwyd **Nant Conwy** oddi wrth yr etholaeth yn 1983. Erbyn etholiadau'r **Cynulliad Cenedlaethol** yn 2007 roedd yr etholaeth wedi'i hailenwi yn etholaeth Aberconwy, gyda Nant Conwy wedi'i ymgorffori yn rhan ohoni drachefn a chyda rhan ddwyreiniol hen ddosbarth **Arfon** wedi'i wahanu oddi wrthi.

## CONWY, Tref, Conwy (1,413ha; 14,208 o drigolion)

Mae'r **gymuned** hon, sydd o boptu aber afon **Conwy**, yn cynnwys tref Conwy ei hun, y Gyffin, Cyffordd Llandudno, Tywyn, Llan-rhos a Degannwy. Yn 1190 sefydlwyd mynachlog yng Nghonwy gan y **Sistersiaid**; daeth yn ganolbwynt ysbrydol **Gwynedd** ac yno y claddwyd **Llywelyn ap Iorwerth**. Yn y fynachlog hon yn 1277 y gorfodwyd **Llywelyn ap Gruffudd** i selio **Cytundeb Aberconwy**, a gyfyngodd yn fawr ar ei rym. Wedi'r **Goresgyniad Edwardaidd** diddymwyd y fynachlog a'i hailsefydlu 12km i'r de (gw. **Llanddoged a Maenan**).

Yn lle'r fynachlog, comisiynodd Edward I adeilad a ddisgrifiwyd gan J. Goronwy Edwards fel 'incomparably the most magnificent of [the king's] Welsh fortresses'. Mae'r castell, a gynlluniwyd gan **James o St George** a'i adeiladu rhwng 1283 ac 1287, yn nodedig am ei undod a'i grynoder. Mae'n cynnwys wardiau mewnol ac allanol a rhagfuriau dwyreiniol a gorllewinol. Ymhlith ei ogoniannau y mae'r wyth tŵr crwn, y neuadd fawr, ystafelloedd y brenin a'r capel brenhinol. Adeiladwyd waliau'r dref yr un pryd â'r castell. Gyda 21 o dyrau, 3 phorth brigfylchog a chlwstwr nodedig o 12 geudy, mae'r waliau'n ymestyn am 1.3km – yr enghraifft orau ym **Mhrydain** o fwrdeistref gaerog.

Yn 1401 meddiannwyd y castell gan gefndryd **Owain Glyndŵr**, Gwilym a Rhys ap Tudur o **Benmynydd** (gw. **Tuduriaid**). Yn ystod y **Rhyfeloedd Cartref**, daliodd yr Archesgob **John Williams** (1582–1650), brodor o Gonwy, y castell

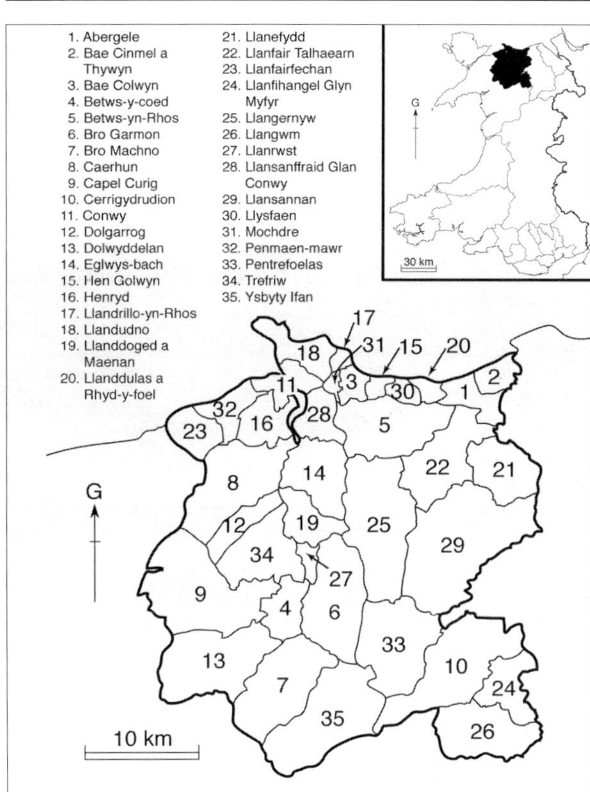

Cymunedau Bwrdeistref Sirol Conwy

ar ran Charles I, ond, wedi newid ochr, cynorthwyodd y Seneddwyr i'w gipio yn 1647. Pan adeiladwyd pont **Telford** yng Nghonwy (1826), gyda'i thyrau crwn brigfylchog yn cyd-fynd â rhai'r castell, a phont diwb **Stephenson** (1847) – fersiynau llai o'r pontydd y byddai'r ddau beiriannydd yn eu hadeiladu ar draws afon **Menai** – collwyd yr ymdeimlad fod y castell ar ynys, ond tynnwyd sylw ar yr un pryd at ryfeddodau tref Conwy. Rhoddwyd y castell yng ngofal bwrdeistref Conwy yn 1865 a daeth **Cadw** yn gyfrifol amdano yn 1984.

Mae Eglwys y Santes Fair yn cynnwys rhan o'r fynachlog Sistersaidd ond mae'n dyddio'n bennaf o ddiwedd y 13g. Adeiladwyd Plas Mawr (1577–80), gyda'i dalcenni grisiog, ei dyredau a'i waith plaster trawiadol, ar gyfer Robert Wynn, aelod o gangen iau o deulu Wynniaid Gwydir (gw. **Wynn, Teulu (Gwydir)**). Yn 1881 daeth yr adeilad yn gartref i'r **Academi Frenhinol Gymreig**; symudodd yr academi i Lôn y Goron, Conwy, yn 1993. Byddai Tŷ Aberconwy (*c*.1500) wedi'i symud i'r Unol Daleithiau oni bai i'r **Ymddiriedolaeth Genedlaethol** ei brynu yn 1934. Ni fwriadwyd pont Telford erioed ar gyfer cerbydau modur, ac roedd yn creu tagfeydd traffig mor gynnar â'r 1920au. Y cyfan a wnaeth pont newydd, a adeiladwyd yn y 1950au, oedd anfon mwy fyth o gerbydau i strydoedd cul Conwy. Llwyddwyd i ddatrys y broblem yn 1991 pan adeiladwyd twnnel hynod o ddyfeisgar dan yr afon i osgoi'r dref (gw. **A55**). Ar Fynydd y Dref ceir cyfoeth o aneddiadau o'r Oes Haearn (gw. **Oesau Cynhanesyddol**) – 'cytiau Gwyddelod' fel y'u gelwir ar gam. Y Gyffin, ar gyrion deheuol ardal adeiledig Conwy, oedd man geni'r Esgob **Richard Davies** (1501?–81).

Mae aber afon Conwy yn ffynhonnell bwysig ar gyfer cocos. Ar draws yr aber gwelir bryngaer Degannwy, cadarnle

Castell Conwy

**Maelgwn Gwynedd** yn y 6g. Mae darnau o **wydr** a ganfuwyd yn y fryngaer yn tystio i'r masnachu a fu rhwng Cymru a dwyrain Môr y Canoldir yn y 6g. a'r 7g. Dinistriwyd y castell Normanaidd a adeiladwyd yno *c.*1080 gan Lywelyn ap Gruffudd yn 1263. Mae pen o garreg a ddarganfuwyd yn Negannwy, ac sydd o bosibl yn portreadu **Llywelyn ap Iorwerth**, yn destun cerdd gan **Harri Webb**. Neuadd Bodysgallen, plasty o'r 17g. a berthynai ar un adeg i deulu **Mostyn** ac sydd i'r de-ddwyrain o Lan-rhos, yw un o'r gwestai mwyaf moethus yng Nghymru. Hyd at y 1990au, pan ddaeth terfyn ar y gwaith, Ffatri Hotpoint yng Nghyffordd Llandudno oedd un o'r cyflogwyr mwyaf yng ngogledd-orllewin Cymru. Yng Nghyffordd Llandudno hefyd y mae swyddfeydd papur newydd dyddiol y gogledd, y *Daily Post* (gw. **Papurau Newydd**).

**CONYBEARE, W[illiam] D[aniel] (1787–1857)** Daearegydd a diwinydd

Bu Conybeare, rheithor **Sili** a deon Llandaf (a darlithydd mewn diwinyddiaeth yn **Rhydychen**, 1839), yn glerigwr ar hyd ei oes, ond roedd hefyd yn un o aelodau blaenllaw Cymdeithas Ddaearegol Llundain ac yn Gymrawd o'r Gymdeithas Frenhinol. Conybeare, a oedd yn adnabyddus am ei astudiaethau o ymlusgiaid ffosil a **daeareg** de Cymru, a awgrymodd yr enw 'Carbonifferaidd' ar gyfer y creigiau hynny a gynhwysai wythiennau **glo**. Bu ei gyfrol *Outlines of the Geology of England and Wales* (1822) yn gyfrwng i hyrwyddo astudio daeareg ym **Mhrydain**.

**COOK, A[rthur] J[ames] (1883–1931)** Undebwr llafur

Roedd A. J. Cook, a aned yng Ngwlad yr Haf, yn was fferm ac yn bregethwr lleyg gyda'r **Bedyddwyr** cyn dod yn löwr yn y **Rhondda**, ac yn weithgar gyda **Ffederasiwn Glowyr De Cymru**. Derbyniodd ei addysg yn y **Coleg Llafur Canolog** a daeth yn asiant i'r glowyr. O 1924 hyd 1931 ef oedd ysgrifennydd cyffredinol **Ffederasiwn Glowyr Prydain Fawr**. Daeth yn arwr gwerin yn ystod **Streic Gyffredinol** 1926, pan fathodd yr ymadrodd 'not a penny off the pay, not a second on the day'.

**COOMBE TENNANT, Winifred Margaret (Mam o Nedd; 1874–1956)** Ymgyrchydd dros hawliau cymdeithasol

Cofir y wraig hon fel ymgyrchydd dros hawl **menywod** i bleidleisio, Rhyddfrydwraig flaenllaw ac eisteddfodwraig frwd. Fe'i ganed yn **Abertawe**, priododd Charles Coombe Tennant a bu'n byw yn Cadoxton Lodge (**Blaenhonddan**). Bu'n ymgeisydd Rhyddfrydol aflwyddiannus yn etholiad 1922 a hi oedd y fenyw gyntaf o **Brydain** i gael ei hanfon yn gynrychiolydd i Gynghrair y Cenhedloedd. Dan yr enw 'Mam o Nedd' rhoddodd flynyddoedd maith o wasanaeth i'r **Orsedd** fel Meistres y Gwisgoedd. Bu ei nawdd a'i chefnogaeth i **Evan Walters** yn bwysig i'w ddatblygiad fel arlunydd.

**COOMBES, B[ert] L[ewis] (1894–1974)** Llenor

Dechreuodd B. L. Coombes, a hanai o **Swydd Henffordd**, weithio mewn pyllau **glo** yn ardal **Resolfen** pan oedd yn 18 oed. Ysgrifennodd am ei brofiadau fel glöwr mewn pedwar llyfr sydd ymhlith y goreuon am ddiwydiant glo y de: *These Poor Hands* (1939), *I am a Miner* (1939), *Those Clouded Hills* (1944) a'r llyfr dogfennol, *Miners' Day* (1945); ymddangosodd detholiad o'i ysgrifau eraill dan y teitl *With Dust Still in his Throat* yn 1999.

**COOPER, Tommy (1922–84)** Digrifwr

Bu Tommy Cooper, a aned yng **Nghaerffili**, yn focsiwr ac yn gwasanaethu yn y lluoedd arfog cyn datblygu'n un o'r digrifwyr mwyaf gwreiddiol ar deledu cynnar. Gwisgai siwt flêr a ffês o flaen y camera, ac yn ystod ei berfformiadau, a ymddangosai'n gwbl ddi-drefn, roedd popeth fel petai'n mynd o chwith, gan gynnwys ei driciau hud. Ar y dechrau, byddai'r cynulleidfaoedd yn ymuno ag ef wrth iddo chwerthin am ben ei jôcs hunanfychanol, ond buan y sylweddolwyd ei fod yn feistr ar y dweud bachog, a'i amseru yn gwbl ddi-feth. Bu farw'n ddramatig gerbron cynulleidfa deledu enfawr yn ystod darllediad o Theatr ei Mawrhydi, **Llundain**, yn Ebrill 1984.

## COPR, SINC A NICEL

Mae copr wedi cael ei fwyngloddio yng Nghymru oddi ar yr Oes Efydd (gw. **Oesau Cynhanesyddol**), fel y tystia'r hen weithfeydd ar y Gogarth yn **Llandudno**. Pan ddaeth gweithio metel anfferrus yn ddiwydiant o bwys, roedd i'w gael yn bennaf ar hyd yr arfordir rhwng **Cydweli** a **Phort Talbot**. Canolbwynt y gweithgaredd oedd **Abertawe**, ardal arbennig o fanteisiol i gynhyrchu'r metelau hyn, ac yn ystod y 18g. a'r 19g. câi tua 90% o'r copr a gynhyrchid ym **Mhrydain** ei brosesu yma, a 75% o'r sinc erbyn *c.*1914.

Dechreuwyd mwyndoddi copr yng nghyffiniau **Castell-nedd** dan oruchwyliaeth Cymdeithas y Mwyngloddiau Brenhinol *c.*1584, a daeth yn ddiwydiant o bwys o ddechrau'r 18g. ymlaen, wrth i Abertawe ddisodli Bryste fel y brif ganolfan mwyndoddi copr ym Mhrydain. Sail amlygrwydd Abertawe oedd fod mwynau **Cernyw** o fewn cyrraedd a bod gwythiennau **glo**, a oedd yn ffynhonnell tanwydd rhad ac yn gargo y gellid ei allforio i Gernyw, yn brigo'n lleol. Pan waharddwyd mwyndoddi (1764) ym mwrdeistref Abertawe – oherwydd dyhead yr awdurdodau yno i ddatblygu'r dref yn gyrchfan gwyliau – symudodd y gweithfeydd copr i'r gogledd a'r dwyrain o'r dref, gan ymsefydlu ar hyd glannau afon **Tawe** yn bennaf, ond nid oedd dianc rhag y mwg copr hynod wenwynig, a esgorodd ar ymrafaelion cyfreithiol hir ynglŷn â llygredd ac **iechyd**.

Nifer fach o weithwyr a gyflogid gan y diwydiant mwyndoddi metel anfferrus (llai na 4,000 ledled de Cymru pan oedd y diwydiant yn ei anterth yn 1911), ond roedd y cynnyrch yn werthfawr ac iddo isgynhyrchion a oedd o ddefnydd i'r diwydiant **cemegion** ac mewn prosesau diwydiannol eraill. Roedd cyfyngiadau ar gwmpas y diwydiant oherwydd fod copr yn cael ei fwyndoddi a'i rowlio yn yr ardal ond heb gael ei droi'n nwyddau gorffenedig yno. Er hynny, am gyfran helaeth o'r 19g. ardal Abertawe oedd y brif ganolfan cynhyrchu metelau anfferrus yn y byd. Roedd rhai o'r smeltwyr yn hanu o Gernyw, megis teulu **Vivian**; roedd gwaith y teulu yn integredig, yn yr ystyr bod y cwmni yn rheoli'r holl brosesau cynhyrchu, o gloddio'r mwyn i farchnata'r cynnyrch gorffenedig.

Tua diwedd y 19g. dechreuwyd mwyngloddio llawer iawn o gopr yng **Ngogledd America**, **Awstralia**, Chile a'r Congo, a daeth Cymru'n fwyfwy dibynnol ar y gwledydd hyn am ei mwynau. Yn y tymor hir roedd twf mwyndoddi yn y gwledydd hyn yn fygythiad i amlygrwydd Abertawe – yn enwedig gan fod cyfalaf o Brydain yn cael ei ddefnyddio i ddatblygu diwydiannau mwyndoddi cystadleuol mewn mannau eraill.

Parhaodd y diwydiant copr i ffynnu hyd y 1880au. Wrth iddo ddirywio daeth sinc, a oedd wedi cael ei gynhyrchu oddi ar ddechrau'r 18g., yn fwy amlwg, a gwelwyd rhai gweithfeydd yn troi at gynhyrchu'r metel hwn. Canolbwynt y diwydiant cynhyrchu nicel oedd **Clydach**, lle sefydlodd Ludwig Mond, a'i dri mab a oedd yn gyfarwyddwyr (gw. **Alfred Mond**), waith a ddaeth i fod y mwyaf yn y byd. Gan ddefnyddio mwynau a fewnforid o Ganada, dechreuwyd cynhyrchu yn 1902 ac mae'r gwaith yn parhau hyd heddiw, yr unig ddiwydiant cynhyrchu metel sy'n dal ar waith yng Nghwm **Tawe**.

Am ganrif gyfan, o 1876 ymlaen, roedd gwaith Cwmni Mwyndoddi Imperial yng Nghwm Tawe ar y blaen o ran technoleg mwyndoddi sinc. Cafodd proses arloesol y ffwrnais chwyth, a gyflwynwyd yn 1960, ei mabwysiadu ledled y byd: câi anwedd sinc o'r ffwrnais ei amsugno mewn cawodydd o blwm tawdd ar dymheredd o 560°C, er mwyn ei atal rhag ocsideiddio yn yr awyr, ac yna câi'r metel, ac iddo burdeb o 97.5%, ei grisialu trwy ostwng ei dymheredd i 440°C.

Roedd y gwaith o gynhyrchu copr (o ingotiau a wnaed yn Swydd Gaerhirfryn) yn nyffryn Maes-glas (Greenfield) (**Treffynnon**) ar raddfa lai o lawer. Roedd y diwydiant yn ei anterth rhwng 1780 ac 1800, cyfnod pan oedd yn cynhyrchu bolltau copr i **Thomas Williams** yn unol â'i batentau ef. Wedi iddo farw yn 1802 dirywiodd y gwaith er iddo barhau hyd 1894. Cynhyrchwyd sinc yn yr ardal hefyd.

Roedd mwyngloddio copr yn bennod nodedig yn hanes diwydiannol gogledd-orllewin Cymru. Ddiwedd y 18g. agorwyd sawl mwynglawdd yn **Eryri**, a bu rhai ohonynt ar waith tros gyfnod o ganrif a mwy. Roedd y mwynglawdd copr mwyaf ar **Fynydd Parys (Amlwch)** ac erbyn 1801, oherwydd fod cynifer yn cael eu cyflogi gan y diwydiant, Amlwch oedd y pumed plwyf mwyaf poblog yn y wlad, gyda 5,000 o drigolion, o gymharu â 1,809 yng **Nghaerdydd**; ailddechreuwyd cloddio ym Mynydd Parys yn 2005. Mae'r twll anferth a grëwyd gan y gwaith cloddio yn un o'r golygfeydd mwyaf dramatig yng Nghymru.

## CORAU MEIBION

Prin fod symbol mwy poblogaidd o Gymreictod na'r côr meibion. Cafodd y math hwn o gôr ddaear ffrwythlon yn ardaloedd diwydiannol y de a'r gogledd. Rhagflaenwyd y corau meibion Cymreig, a ymddangosodd yn y 1870au, gan gorau mynachaidd ac eglwysig, clybiau *catch* a *glee* dosbarth canol **Lloegr** ac, yng nghanol y 19g., gan griwiau o ddiddanwyr teithiol ffug-Affricanaidd-Americanaidd fel y Christy Minstrels. Roedd y côr yn gyfrwng adloniant a chwmnïaeth i ddynion a weithiai gan mwyaf yn y diwydiannau trymion, ac arddull gyhyrog, filitaraidd traddodiad Ffrainc a Phrwsia a apeliai fwyaf at y dynion hyn, yn hytrach nag ysgafnder y *glees* Seisnig. Gwelir dylanwad cyfansoddwyr fel de Rille ('*Martyrs of the Arena*'), Adam ('*Comrades in Arms*') a Gounod ('*Soldier's Chorus*') ar gerddorion o Gymru megis **Joseph Parry** ('Cytgan y Pererinion'/ '*Pilgrim's Chorus*'), **Daniel Protheroe** ('Milwyr y Groes'/ '*Nidaros*') a T. Maldwyn Price ('Croesi'r Anial'/'*Crossing the Plain*'), wrth iddynt foddio awydd y corau a'u cynulleidfaoedd am storïau dramatig ac uchelbwyntiau cyffrous.

Nid heb reswm yr ystyrir cymoedd y de fel magwrfa corau meibion. Bu'r Rhondda Glee Society ar ymweliad â **Gogledd America** yn 1888/9 ac eto yn 1893 pan gawsant fuddugoliaeth hanesyddol yn Eisteddfod Ffair Fawr y Byd yn Chicago; bu'r enwog Gôr Meibion Treorci, a ffurfiwyd yn

Côr Meibion y Rhondda yn ymweld â Pittsburgh yn 1913

1885, yn canu yng Nghastell Windsor yn 1895 ac yn 1908/9 buont ar daith 80,000km o amgylch y byd. A hwythau'n ffrwyth y cydgyfarfod rhwng **Anghydffurfiaeth**, diwydiannu a'r diwylliant eisteddfodol, daeth corau meibion i gyflawni swyddogaeth debyg i dimau **pêl-droed**; roeddynt yn ganolbwynt i hunaniaeth a balchder bro ac yn gyfrwng cydfynegiant disgybledig, gan ddenu dilynwyr niferus a theyrngar. Roedd y corau meibion hefyd yn gynnyrch **dirwasgiad** diwydiannol; ffurfiwyd corau Pendyrus (y **Rhondda**) a **Chwmbach** yn ystod y 1920au cythryblus, ac yn y 1930au roedd 60% o'r 150 aelod o gôr Pendyrus yn ddi-waith. Byddai'r cystadlu brwd rhwng y rhain a'u cyd-gystadleuwyr i'r dwyrain (**Tredegar**, **Cendl** (Beaufort)), i'r gorllewin (Treforys, Trefansel – dau gôr o **Abertawe** – a **Phontarddulais**) a'r gogledd (y Rhos (**Rhosllannerchrugog**) a'r Brythoniaid (Blaenau **Ffestiniog**)) yn cyfareddu cynulleidfaoedd o 10,000 a mwy yn yr **Eisteddfod** Genedlaethol mor ddiweddar â'r 1960au. Oddi ar hynny, fodd bynnag, trodd y corau mwy adnabyddus eu cefnau ar y llwyfan cystadleuol a chanolbwyntio ar y neuadd gyngerdd a'r stiwdio recordio, gan ehangu eu *repertoire* i gynnwys caneuon o sioeau cerdd a gweithiau poblogaidd eraill. Mae amharodrwydd dynion ifainc i ymuno â chorau yn bygwth y traddodiad.

## CORFFLU'R FYDDIN GYMREIG

Yn ei araith yn Neuadd y Frenhines, **Llundain**, ar 19 Medi 1914, galwodd **David Lloyd George** am ffurfio 'Byddin Gymreig'. Er gwaethaf gwrthwynebiad Kitchener, yr Ysgrifennydd Gwladol dros Ryfel, enillodd gefnogaeth y cabinet i'r cynllun i greu corfflu o wirfoddolwyr a fyddai'n cynnwys bataliynau'r *Pals* yn bennaf (gw. **Rhyfel Byd Cyntaf**). Ffurfiwyd y Corfflu ar 10 Hydref 1914, ond ni lwyddwyd i recriwtio'r niferoedd mawr a fwriadwyd, ac un adran yn unig (38ain Gymreig), yn hytrach na'r ddwy arfaethedig, a laniodd yn Ffrainc yn Rhagfyr 1915 ac a wynebodd y gelyn yng Nghoedwig Mametz ym mis Gorffennaf 1916.

## CORN GWLAD, Y

Dyma'r corn a genir i agor **Gorsedd** neu i alw ar fardd buddugol i godi mewn **Eisteddfod**. Disgrifiad Gwenallt (**David James Jones**) o'i sain oedd 'rhech hynafiaethol o'r cynfyd'.

## CORN HIRLAS, Y

Yn llysoedd yr Oesoedd Canol roedd i'r corn bual yr yfid **medd** ohono swyddogaeth ddefodol fel y dengys y gerdd 'Hirlas Owain' o'r 12g. (gw. **Owain Cyfeiliog**). Mewn cyfnod mwy diweddar ysbrydolodd hynny ran o ddefodaeth **Gorsedd Beirdd Ynys Prydain**, lle gwahoddir yr **Archdderwydd** i 'yfed' o'r Corn Hirlas fel arwydd o groeso bro'r **Eisteddfod**.

## CORNELI, Pen-y-bont ar Ogwr (1,819ha; 5,982 o drigolion)

Mae'r **gymuned** hon a oedd gynt, ynghyd â'r **Pîl**, yn rhan o gymuned Cynffig, yn cynnwys pentrefi mawr Gogledd Corneli a De Corneli, ac yn edrych dros y twyni tywod mawr sy'n ymestyn o **Fargam** i Drwyn y Sger. Dan y twyni hyn y claddwyd tref gaerog Cynffig, a sefydlwyd yn y 1120au ac a aeth o'r golwg ddiwedd y 14g. Mae'r twyni, sydd i'w gweld o'r **M4**, yn cuddio safle a allai fod yn drysorfa archaeolegol – Pompeii Cymru, y gellir dadansoddi ei dirwedd trwy dystiolaeth siarteri ac ar sail ffurf y twyni eu hunain. Er iddi ddiflannu'n llwyr, roedd y dref hyd 1918 yn dal yn rhan o gyfundrefn etholaethau bwrdeistrefol

Corona: ffatri Thomas ac Evans yn y Rhondda, 1920au

Morgannwg. Helaethwyd Eglwys y Santes Fair Magdalen yn y 15g. Saif plasty'r Sger mewn man anghysbell yn edrych dros y twyni. Graens (*grange*) o eiddo Abaty Nedd (gw. **Dyffryn Clydach**) oedd y tŷ yn wreiddiol, ac fe'i hailadeiladwyd gan deulu Turberville ddiwedd yr 16g. Bu'n adfail hyd yn ddiweddar ond mae bellach wedi'i adfer. Yn ôl traddodiad, dioddefodd Elizabeth Williams (m.1776), '**y ferch o'r Sger**', ffawd debyg i eiddo'r 'ferch o Gefn Ydfa' (gw. **Ann Maddocks**).

## CORNOVII Llwyth

Dyma'r llwyth o'r Oes Haearn (gw. **Oesau Cynhanesyddol**) a drigai lle mae **Swydd Amwythig** a dwyrain canolbarth Cymru heddiw. Mae'n bosibl mai o'r **Lladin** *pagus* (trwy ffurf fel *Pagenses*) y daw'r enw **Powys** a ystyrid, efallai, yn gefn gwlad neu'n gyrion tiriogaeth y Cornovii o safbwynt prif ganolfan y *civitas* Rhufeinig-Frythonig yng Nghaerwrygion (Wroxeter). Erbyn y 7g. roedd tiroedd y Cornovii yn dechrau cael eu goresgyn gan yr **Eingl-Sacsoniaid**, datblygiad a adlewyrchir yng Nghanu **Heledd**. Erbyn hynny Pengwern oedd canolfan weinyddol yr ardal er na wyddys ym mha le yn union yr oedd. (Fe'i huniaethwyd gan **Gerallt Gymro** ag Amwythig a chan rai ysgolheigion â Baschurch neu Eglwysau Basa.) Ceid llwythau yn dwyn yr un enw yn Caithness yn yr **Alban**, ac yn ne-orllewin **Prydain** fel y dengys yr enw **Cernyw** (sef 'pobl y corn', 'pobl y penrhyn' yn wreiddiol).

## CORONA

Gwnaed y ddiod bop hon gyntaf yn 1897 pan benderfynodd dau groser o'r **Rhondda**, William Thomas a William Evans, ateb y galw cynyddol am ddiodydd dialcohol a grëwyd gan y mudiad **dirwest**. O'r ffatri gyntaf yn y Porth, ehangodd y busnes yn gyflym gan agor 87 o ganolfannau dosbarthu yn y pen draw. Gwnaed hynny trwy gael gwared â'r dyn canol a dosbarthu'n syth at y drws mewn lorïau swnllyd gydag ochrau agored, yn wreiddiol yn dwyn y geiriau 'four large bottles in a case 1/-'. Bellach mae'r ffatri wreiddiol wedi'i throi yn stiwdio recordio cerddoriaeth bop, sef Y Ffatri Bop.

## CORRIS, Gwynedd (4,513ha; 613 o drigolion)

Mae'r **gymuned** hon, sy'n ffinio ag afon Dulas, ac sydd i'r gogledd o **Fachynlleth**, yn cynnwys pentrefi Corris Isaf, Corris Uchaf, Aberllefenni a Phantperthog, pentrefi a sefydlwyd yn y 19g. yn sgil y diwydiant **llechi**. Daeth y gwaith cynhyrchu llechi yn chwarel Aberllefenni i ben yn 2003. Adeiladwyd tramffordd yn 1859 i gysylltu'r chwareli â Machynlleth. **Ceffylau** a dynnai'r tramiau yn wreiddiol, ond ildiasant eu lle i drên stêm a **rheilffordd** yn 1878. Caewyd y rheilffordd yn 1948, ond mae rhan ohoni wedi'i hailagor yn atyniad i dwristiaid ac adroddir ei hanes yn Amgueddfa Rheilffordd Corris. Mae modd mynd i mewn i dwnelau a cheudyllau un o'r hen chwareli drwy atyniad twristaidd Labrinth y Brenin **Arthur**.

## CORS CARON (Cors Goch Glan Teifi), Ceredigion

Y fawnog hon yng nghymunedau **Tregaron** ac **Ystradmeurig**, ynghyd â **Chors Fochno**, yw'r ddwy gyforgors fwyaf yng Nghymru. Datblygodd wedi i ddyfroedd llyn – a ffurfiwyd ar ddiwedd yr Oes Iâ ddiwethaf – fylchu'r argae naturiol, gan droi'r llyn yn gors, gyda chorslwyni, coetir ac yn y pen draw fwsoglau'r gors yn hybu croniad llystyfiant ar raddfa o 3cm y ganrif. Nodweddir y gors gan dair cromen fawn isel, a rhyngddynt ymddolenna afon **Teifi** ar draws gorlifdir ac arno byllau dŵr gwasgaredig. Mae paill a storiwyd yn yr haenau o **fawn** wedi darparu gwybodaeth am fywyd **planhigion** yng Nghymru yn ystod oes y gors. Yn y gorffennol arferid lladd y mawn ar raddfa helaeth; ymysg mentrau eraill yr oedd cynllun byrhoedlog i echdynnu **cemegion** o'r mawn ac ymgais i greu llestri o'r clai glas sy'n gorwedd oddi tano. Mae Cors Caron, sy'n Warchodfa Natur Genedlaethol o tua 800ha, yn gyforiog o fywyd gwyllt.

## CORS FOCHNO, Ceredigion

Ynghyd â **Chors Caron**, Cors Fochno yng nghymunedau'r **Borth**, **Genau'r Glyn** a **Llangynfelyn** yw un o'r ddwy gyforgors fwyaf yng Nghymru. Mae ei phroffil cromennog, tebyg i soser wyneb i waered, yn nodweddiadol o gyforgorsydd, ac o ganlyniad mae'n fwy trwchus tua'r canol, lle mae'r **mawn** hyd at 7m o ddyfnder. Mae Gwarchodfa Natur Genedlaethol Cors Fochno, sy'n cynnwys y gors, gorlifdir aber afon **Dyfi** a thwyni tywod Ynys-las, ychydig dros 2,000ha o ran maint; arferai Cors Fochno fod o leiaf ddwywaith ei maint presennol. Hyd ganol yr 20g. mawn o'r gors oedd prif danwydd y trigolion lleol. Yn ôl y chwedl, roedd llyffant a oedd yn gyfrwng proffwydoliaethau a gwrach a wasgarai glefyd malaria yn byw yng Nghors Fochno, ac yng nghanu **darogan** yr Oesoedd Canol haerid mai yma y câi'r Cymry fuddugoliaeth derfynol ar eu gelynion.

## CORWEN, Sir Ddinbych (6,957ha; 2,398 o drigolion)

Mae'r **gymuned** hon, y fwyaf o ran arwynebedd yn **Sir Ddinbych**, yn ymestyn ar hyd rhan hyfryd o Ddyffryn **Dyfrdwy**. Roedd gan **Owain Glyndŵr**, arglwydd Glyndyfrdwy, dŷ yng Ngharrog (mwnt Normanaidd yw'r twmpath gerllaw). Yng Nglyndyfrdwy y cyhoeddwyd ef yn dywysog Cymru ar 16 Medi 1400, a chasglwyd straeon gwerin amdano yno gan **Thomas Pennant** yn niwedd y 18g. Yn 2007 dadorchuddiwyd cerflun o Glyndŵr yn nhref Corwen; mae'r cerflun, sy'n dangos yr arwr ar gefn rhyfelfarch, yn disodli cerflun blaenorol llai. Daeth stad y Rug i feddiant cangen o deulu **Salusbury** yn niwedd y 15g., ac yn y pen draw i aelod o'r teulu Wynn o Lynllifon (gw. **Llandwrog**). Y brenhinwr selog William Salusbury ('Yr Hen Hosannau Gleision'; 1580–1659) a gomisiynodd adeiladu Capel y Rug, sy'n adlewyrchu'r trefniadau litwrgaidd 'ucheleglwysig' a ffafriwyd gan Charles I. Mae'r cerfiadau a'r addurniadau wal yno yn wledd i'r llygaid. Roedd yr **eisteddfod** a gynhaliwyd yng Nghorwen yn 1789 yn gam pwysig yn natblygiad yr Eisteddfod Genedlaethol. Ganed yr almanaciwr **Thomas Jones** (1648–1713) yn Nhre'r- ddôl. Bu **John Cowper Powys** yn byw yng Nghorwen o 1935 hyd 1955; ymysg ei ffrindiau yno yr oedd ei gymydog, y nofelydd **Elena Puw Morgan**. Ailagorwyd rhan o reilffordd Wrecsam–Abermaw (1865) rhwng **Llangollen** a Charrog.

## CORY, Teuluoedd Perchnogion glofeydd a llongau

Yn ystod y 19g. gwelwyd dau deulu cwbl wahanol yn dwyn yr enw Cory yn dod yn berchnogion **llongau** yng **Nghaerdydd**. (1) Sefydlwyd cwmni John Cory a'i Feibion gan John Cory I (1822–91), o Padstow, **Cernyw**, a'i feibion John II (1855–1931) a James Herbert (1857–1933). (2) Perchnogion llongau ac asiantiaid glofeydd oedd cwmni'r Brodyr Cory ar y dechrau ond, ar ôl 1868, daeth y cwmni yn berchnogion nifer o byllau **glo** yn y **Rhondda** hefyd; fe'i sefydlwyd gan Richard Cory I (1799–1882) o Bideford yn Nyfnaint, ac yn ddiweddarach daeth dan ofal ei feibion, John Cory (1828–1910) a Richard Cory II (1830–1914). Ddiwedd y 19g. a dechrau'r 20g., daeth y Brodyr Cory yn gwmni glofeydd a llongau o bwys, gan redeg gorsafoedd glo ledled y byd. John Cory a fu'n gyfrifol am Erddi Dyffryn (**Gwenfô**) ym **Mro Morgannwg**. Roedd yn ddyngarwr blaenllaw, a'r cerflun ohono oedd y cyntaf i gael ei godi yng Nghymru i wrthrych ar dir y byw. (Y cerflun o Gareth Edwards yng Nghanolfan Dewi Sant, Caerdydd, yw'r ail.)

## COSHESTON, Sir Benfro (1,306ha; 713 o drigolion)

Mae'r **gymuned** hon, yn union i'r gogledd-ddwyrain o dref **Penfro**, yn gorwedd rhwng Cilfach Cosheston a moryd afon **Caeriw**. Canoloesol, yn wreiddiol, oedd yr eglwysi sydd wedi'u hailgodi yn Nash a phentref Cosheston – stribyn o bentref gyda'i dai wedi'u gosod yn y lleiniau o dir a feddai bwrdeisiaid yr Oesoedd Canol. Amgylchynir Upton, plasty sy'n cynnwys rhannau o gastell o'r 13g., gan **erddi** deniadol. Mae'r capel gerllaw yn cynnwys cofeb fawr o'r 14g. i aelod o deulu Malefant, a gododd y castell.

## COURTAULDS Cwmni tecstilau

Agorodd Courtaulds ei ffatri ffibrau artiffisial gyntaf yn y **Fflint** yn 1917, yn dilyn prynu hen ffatri Glanzstoff. Agorwyd ail ffatri yn 1922 a gwelwyd ehangu pellach yn 1934, yn dilyn agor ffatri reion ym Maes-glas (Greenfield), **Treffynnon**, lle cynyddodd y cynnyrch blynyddol i bron 51 miliwn o dunelli metrig yn 1937. Y sector ffibrau artiffisial, ynghyd â **haearn a dur**, oedd y rhai pwysicaf o ddigon yn economi **Sir y Fflint**. Erbyn y 1950au, pan gâi oddeutu 7,000 o weithwyr eu cyflogi yn y diwydiant, Glannau **Dyfrdwy** oedd y ganolfan cynhyrchu reion fwyaf ym **Mhrydain**.

## COVE, [William] George (1888–1963) Gwleidydd ac addysgwr

Glöwr oedd George Cove a aned yn Nhreherbert, y **Rhondda**, ac a ddaeth yn athro ac yn ymgyrchydd dros Undeb Cenedlaethol yr Athrawon (NUT). Tra oedd yn athro yn y Rhondda yn 1919, ceisiodd yr awdurdod addysg lleol ei ddiswyddo oherwydd ei weithgareddau dros yr undeb llafur, gan ysgogi streic gan athrawon. Fe'i hailbenodwyd gyda chefnogaeth y glowyr, a sefydlwyd graddfa gyflogau leol yn y Rhondda a ddaeth wedyn yn nod i'r Undeb ar gyfer **Prydain** gyfan. Etholwyd Cove i bwyllgor gwaith yr NUT yn 1920, ac yn llywydd yn 1922. Yn 1923 fe'i hetholwyd yn aelod seneddol Llafur dros Wellingborough, ac o 1929 hyd 1959 ef oedd yr aelod dros **Aberafan**.

## COX, David (1783–1859) Arlunydd

Ganed David Cox yn Birmingham. Peintiai luniau dyfrlliw. Ar ôl astudio **peintio** yn **Llundain** dan John Varley, teithiodd yn helaeth yng Nghymru a threuliodd gyfnodau hir ym **Metws-y-coed**, gan aros yn y Royal Oak. Roedd ganddo ddiddordeb mewn peintio lleoedd a phobl, ac ef a fu'n bennaf cyfrifol am sefydlu'r pentref fel cyrchfan i arlunwyr. Yn 1848 peintiodd *The Welsh Funeral*, a oedd yn ddarlun pwysig o ran datblygu delweddau cyfoes o ddiwylliant Cymru.

Castell Cyfarthfa, a adeiladwyd ar gyfer William Crawshay yn y 1820au

## CRACHACH

Term sarhaus a ddefnyddir wrth gyfeirio at y rheini a chanddynt awdurdod a grym mewn cymdeithas – y Sefydliad – sydd hefyd yn cael eu hystyried yn snobyddlyd. Mae'r gair wedi dod yn gyffredin mewn sgyrsiau ymhlith Cymry di-Gymraeg yn ogystal.

## CRADOCK, Walter (1610?–59) Gweinidog

Daeth y gŵr hwn o **Lan-gwm**, **Sir Fynwy**, i'r amlwg am y tro cyntaf fel curad i **William Erbery** yn Eglwys y Santes Fair, **Caerdydd**. Pleidiai Biwritaniaeth (gw. **Piwritaniaid**) mor daer fel y collodd ei drwydded i **bregethu** yn 1634. Symudodd i **Wrecsam**, gan ddechrau efengylu'n eang ar hyd siroedd y Gororau, ac roedd ymhlith y rhai a sefydlodd eglwys Annibynnol **Llanfaches** yn 1639 (gw. **Annibynwyr**). Yn ystod y **Rhyfeloedd Cartref** bu'n gefnogwr egnïol i blaid y seneddwyr. Gwasanaethodd fel cymeradwywr yn ystod cyfnod **Deddf Taenu'r Efengyl** a bu'n hallt ei feirniadaeth ar filenariaeth radical rhai o'i gyd-Gymry (yn enwedig **Vavasor Powell**) ac ar syniadau'r **Crynwyr**. Yn y 18g., pan fentrodd y **Methodistiaid** i'r gogledd, fe'u galwyd yn 'Cradociaid', cymaint oedd ei ddylanwad.

## CRAI, Sir Frycheiniog, Powys (1,775ha; 264 o drigolion)

Lleolir Crai ar lethrau dwyreiniol Cwm Crai, un o is-ddyffrynnoedd pen uchaf Dyffryn **Wysg**. Mae'r briffordd sy'n mynd heibio i'r pentref yn codi tua'r rhostir agored a Bwlch Bryn-rhudd, sy'n bylchu'r wahanfa ddŵr rhwng afonydd Crai a **Thawe**. Yng Nghwm Crai y darganfuwyd Carreg Llywel, fel y'i gelwir, sydd bellach yn yr Amgueddfa Brydeinig; mae'n 2m o uchder ac arni ceir arysgrifau mewn **Lladin** ac **Ogam**, sy'n tystio i gysylltiadau teyrnas **Brycheiniog** ag **Iwerddon** (gw. hefyd **Llywel**). Mae cronfa ddŵr Crai yn cyflenwi dinas **Abertawe**. Yng nghyffiniau Bwlch Bryn-rhudd ceir nifer o domenni clustog – mannau bridio artiffisial ar gyfer **cwningod**.

## CRAWSHAY, Teulu Meistri haearn

Ffermwyr o Swydd Efrog oedd teulu Crawshay yn wreiddiol, ac mae eu cysylltiad â Chymru yn deillio o'r adeg pan brynodd Richard Crawshay (1739–1810) gyfran yng ngwaith **Anthony Bacon** ym **Merthyr Tudful**, gan ddod yn unig berchennog arno yn 1794. Am gyfnod ym mlynyddoedd cynnar y 19g. gwaith haearn Cyfarthfa oedd y mwyaf yn y byd (gw. **Haearn a Dur**), ac ef hefyd oedd prif symbylydd Camlas Sir Forgannwg (1791–4). Priododd aelodau'r teulu ag aelodau o dylwythau lleol eraill, sef teuluoedd **Bailey** a **Hall** (gw. **Augusta Hall**). Ar ôl i fab Richard, William Crawshay I (1764–1834), gweryla â'i dad (roedd y teulu yn un cwerylgar), trodd ei sylw yn bennaf at werthu haearn yn **Llundain**. Roedd ei fab yntau, William Crawshay II (1788–1867), yn tra-arglwyddiaethu ar drigolion Merthyr adeg gwrthryfel 1831 (gw. **Merthyr, Gwrthryfel**) ac ef a gomisiynodd y gwaith o godi Castell Cyfarthfa. Radical ydoedd a gwrthododd fabwysiadu'r system **drwco**. Daeth gwaith haearn **Hirwaun** i'w feddiant a sefydlodd waith **tunplat** yn Nhrefforest (**Pontypridd**). Mab William oedd Robert Thompson Crawshay (1817–79), sylfaenydd **Band Cyfarthfa** a merchetwr o fri a gymerai fantais ar y **menywod** a gyflogai. Mae'r arysgrifen ar y garreg anferth ar ei fedd ym mynwent eglwys y Faenor (gw. Merthyr Tudful) yn datgan 'God forgive me', ond erys y pechodau yn ddirgelwch. Roedd ei wraig, Rose Mary Crawshay (1828–1907), yn hyrwyddo

Crefydd: cerfiad *c.*1380 o Sant Iestyn, Llaniestyn, Môn

achosion dyngarol ac addysgol a rhai'n ymwneud â menywod. Daeth gafael y teulu ar y gwaith i ben pan werthwyd y fenter i **Guest, Keen a Nettlefolds** yn 1902. Bu i aelodau mwy diweddar o'r teulu, yn enwedig Geoffrey Crawshay a William Crawshay, chwarae rhan flaenllaw ym mywyd diwylliannol Cymru ac mewn materion yn ymwneud â chwaraeon.

## CREFYDD

### *Y cyfnod cyn-Gristnogol*

Yn ôl y dystiolaeth archaeolegol, y safle cynharaf y gwyddys amdano yng Nghymru lle cynhaliwyd defodau crefyddol yw ogof Twll yr Afr ym Mhen-y-fai neu Paviland (**Rhosili**). Yno, tua 26,000 o flynyddoedd yn ôl, a hynny mewn dull defodol, claddwyd gweddillion gŵr ifanc, er ni ellir ond dyfalu ynghylch credoau crefyddol yr helwyr-gasglwyr crwydrol a gynhaliodd y ddefod (gw. Oes Baleolithig a'r Oes Fesolithig). Mae mwy o dystiolaeth i'w chael o aneddiadau amaethyddol yr Oes Neolithig, mewn cromlechi fel Pentre Ifan (**Nyfer**) a Bryn Celli Ddu (**Llanddaniel-fab**), ond eto ni ellir dweud dim am gredoau penodol; nid oes fawr o amheuaeth, fodd bynnag, nad oedd i safleoedd fel y rhain arwyddocâd crefyddol penodol, ac roedd hynny'n wir hefyd am leoliadau eraill o'r Oes Efydd a'r Oes Haearn. (Gw. **Oesau Cynhanesyddol**.)

Erbyn yr Oes Haearn, roedd llwythau Celtaidd wedi lledu dros rannau helaeth o ganol a gorllewin Ewrop. Gan mai diwylliant llafar oedd eiddo'r **Celtiaid**, rhaid dibynnu ar y dystiolaeth archaeolegol a gweithiau'r awduron clasurol am wybodaeth am eu crefydd. Mae enwau rhai cannoedd o dduwiau Celtaidd wedi goroesi, ac mae'n debyg fod arwyddocâd llawer ohonynt yn gyfyngedig i lwyth arbennig. Er nad yw'n eu henwi, dywed Cesar fod y prif dduwiau yn cyfateb i dduwiau Rhufeinig fel Mercher ac Apolon (**Lleu** a Mabon efallai), ond amhosibl, mewn gwirionedd, yw cysylltu'r pantheon Celtaidd â'r duwiau Rhufeinig gydag unrhyw sicrwydd. Mae swyddogaeth y **derwyddon** yr un mor aneglur. Mae'n sicr eu bod yn ffynhonnell doethineb ac yn athrawon i'r ifainc, a'u bod hefyd yn offeiriaid a chwaraeai ran mewn defodau, gan gynnwys rhai aberthol. Ond y cyfan y gellir ei ddweud i sicrwydd ynghylch credo hynafiaid Brythonig y Cymry yw bod a wnelo'r gredo honno â natur, doethineb a ffrwythlonder, a'i bod yn sensitif i ddirgelwch y cread ac i'r pwerau a reolai ffawd dynoliaeth.

Er i'r traddodiad derwyddol ddihoeni wedi i Suetonius Paulinus ddifa eu coedlannau cysegredig ym **Môn** yn OC 61, credir i'r duwiau a'r duwiesau Celtaidd adael eu hôl ar ymwybyddiaeth y bobl, ac i chwedlau am eu campau barhau mewn **llenyddiaeth** greadigol lawer diweddarach. Er creu cyd-destun Cristnogol iddynt, nid oes fawr o amheuaeth mai duwiau a duwiesau cyn-Gristnogol oedd cymeriadau fel Lleu, Mabon, Dôn, **Gwydion**, **Bendigeidfran**, **Manawydan**, **Pwyll** a **Rhiannon** yn chwedlau'r **Mabinogion**.

### *Cristnogaeth yr Oesoedd Canol cynnar ac 'Oes y Saint'*

Mae'r ffaith fod motiffau paganaidd i'w gweld yn y Mabinogion sydd, fe ymddengys, yn llenyddiaeth y rhoddwyd iddi wedd Gristnogol, yn dangos yr asio a fu, erbyn y canrifoedd Cristnogol cynnar, rhwng yr hen grefydd a'r grefydd newydd. Erbyn y 5g. roedd paganiaeth Geltaidd yn ildio'i lle i gred newydd a oedd yn seiliedig ar fywyd, marwolaeth ac atgyfodiad Iesu o Nasareth. Ychydig a wyddom am y ffordd y daeth Cristnogaeth i Gymru, er bod cyfeiriadau gan Tertullianus (*c.*160–*c.*225) ac Origen (*c.*185–254) at ledaeniad y ffydd hyd yn oed i ynys bellennig a 'barbaraidd' **Prydain** yn awgrymu bod yno Gristnogion erbyn y 3g. Roedd tri esgob o Brydain yn bresennol yng Nghyngor Arles (314), ac roedd Cristnogaeth Brydeinig yn ddigon nerthol i gynhyrchu diwinydd arloesol fel Pelagius (*c.*360–420; gw. **Pelagiaeth**).

Credir yn gyffredinol i'r Gristnogaeth a ledaenodd mewn modd mor rhyfeddol yng Nghymru rhwng y 5g. a'r 7g. ddatblygu'n rhannol o'r ffydd a etifeddwyd gan y **Rhufeiniaid**, ac yn rhannol o waith y **cenhadon** a dramwyai fôrlwybrau'r gorllewin. Tybir mai yn y de-ddwyrain – **Erging**, **Gwent** a **Morgannwg** – yr ymgyfunodd y dylanwadau hyn. Dyma 'Oes y Saint', pan asiodd arweinwyr cynnar megis **Illtud** a **Dyfrig** y meddylfryd Celtaidd brodorol â thraddodiadau deallusol yr eglwys Ewropeaidd ehangach (gw. **Seintiau**). Cynrychiolai arweinwyr diweddarach, fel **Teilo**, **Dewi**, **Deiniol**, **Cybi** a **Seiriol**, ffurf fwy asgetaidd ar fynachaeth y dylanwadwyd arni gan syniadaeth a darddai o barthau dwyreiniol Môr y Canoldir. Cafwyd datblygiadau tebyg yr un pryd yn **Llydaw**, **Cernyw**, **Iwerddon** a'r **Alban**. O ganlyniad, tyfodd cred, yn ddiweddarach, fod **Eglwys Geltaidd** gynhenid ac annibynnol yn bodoli. Er nad yw'r syniad hwn yn cael ei dderbyn bellach, eto i gyd mae bucheddau'r saint yn frith o hanesion am gysylltiadau rhyng-Geltaidd, ac roedd nodweddion cyffredin yng nghelfyddyd grefyddol ac yng nghofebau'r gwledydd Celtaidd, yn enwedig eu cerrig arysgrifedig (gw. **Cofebau Cristnogol Cynnar**). Nid hyd yr 8g. y dilynodd yr Eglwys Gymreig arferion Rhufeinig mewn materion megis sefydlu dyddiad y Pasg, a bu gwrthsefyll dygn yn erbyn tra-arglwyddiaeth Rhufain, trwy Gaer-gaint, nid yn unig dros yr **Eingl-Sacsoniaid** (a oedd wedi gwladychu rhannau deheuol a dwyreiniol yr ynys) ond dros Brydain gyfan.

Wedi i'r **Normaniaid** oresgyn **Lloegr** yn 1066, ac wedi i farwniaid Normanaidd feddiannu rhannau helaeth o Gymru, roedd Cymru, unwaith eto, yn agored i ddylanwadau o dir mawr Ewrop. Disodlwyd yr hen drefn fynachaidd gan gyfundrefn **blwyfi** a chydnabuwyd pedair o **esgobaethau**, sef **Tyddewi**, Llandaf (gw. **Caerdydd**), **Bangor** a **Llanelwy**. Erbyn y 12g. roedd mynachaeth **Ladin** wedi disodli cyfundrefn y **clas**, gyda dyfodiad y **Benedictiaid** i ddechrau ac yna'r **Sistersiaid**. Rhwng 1131 ac 1201 sefydlwyd 13 o dai Sistersaidd yng Nghymru. Roedd y mwyafrif ohonynt yn derbyn nawdd hael gan y tywysogion Cymreig, a daethant yn ganolfannau adfywiad ysbrydol a diwylliannol. Parhaodd y cysylltiad agos hwn rhwng crefydd, gwleidyddiaeth a diwylliant wedi i'r Cymry golli eu hannibyniaeth yn 1282, ac ni fu iddo lwyr ddarfod hyd **ddiddymu'r mynachlogydd** yn yr 16g.

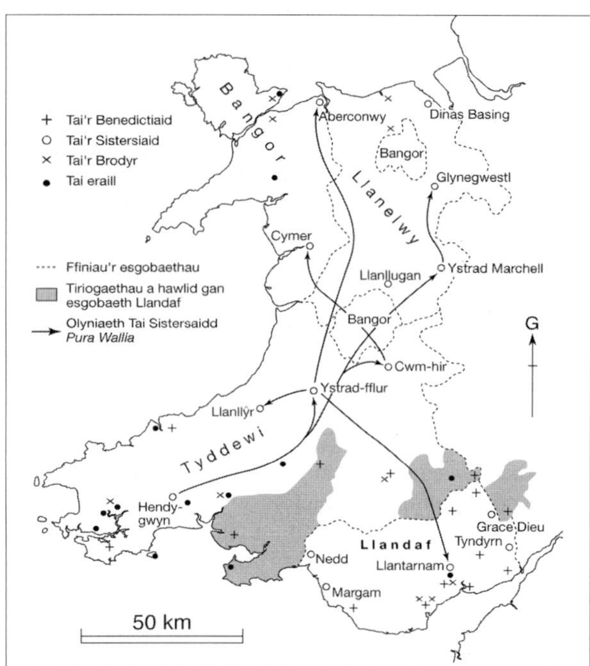


Esgobaethau a mynachlogydd yr Oesoedd Canol (yn seiliedig ar William Rees, 1959)

## *O'r Diwygiad Protestannaidd ymlaen*

Roedd y **Diwygiad Protestannaidd** yn fwy o broses wleidyddol nag o fudiad ysbrydol, er i'r ffaith mai'r **Tuduriaid** (a ymfalchïai yn eu tras Cymreig) a'i rhoddodd ar waith ei wneud yn fwy derbyniol i'r Cymry nag y buasai fel arall. Y datblygiad mwyaf arwyddocaol i Gymru oedd penodi esgobion preswyl **Cymraeg** eu hiaith gan Elizabeth I, esgobion a gyfunai ymrwymiad cadarn i draddodiad llenyddol Cymru â sêl dros ddiwygiad yn seiliedig ar 'Air Duw'. Roedd y ***Llyfr Gweddi Gyffredin*** Cymraeg a Thestament Newydd 1567, a gyfieithwyd yn bennaf gan un o ysgolheigion y **Dadeni**, sef **William Salesbury**, gyda chymorth yr Esgob **Richard Davies** (1510?–81), a **Beibl** Cymraeg 1588, a gyfieithwyd gan yr Esgob **William Morgan** (1541?–1604), yn gyhoeddiadau arwyddocaol tu hwnt o safbwynt datblygiad Cymreictod yn ddiweddarach. Er i garfan rymus o alltudion Catholig gynnal fflam y gobaith y gellid adennill Cymru i'r hen ffydd (gw. **Catholigion Rhufeinig**), erbyn trydydd chwarter yr 16g. roedd gwerthoedd y Diwygiad Protestannaidd at ei gilydd wedi ennill y dydd.

Nid hyd y 1630au y dechreuodd Piwritaniaeth ddod i'r amlwg (gw. **Piwritaniaid**), a hynny wrth i nifer o bobl ymwrthod â defodau a disgyblaeth yr eglwys wladol. Sefydlwyd yr eglwys Annibynnol gyntaf yn **Llanfaches** yn 1639 (gw. **Annibynwyr**), a chynullwyd y gynulleidfa gyntaf o **Fedyddwyr** yn **Llanilltud Gŵyr** yn 1649. Erbyn cyfnod y **Werinlywodraeth** (1642–60), pan ddisodlwyd yr Eglwys Anglicanaidd (gw. **Anglicaniaid**) gan gyfundrefn grefyddol anesgobol, roedd Piwritaniaeth yn ymwreiddio mewn gwahanol rannau o Gymru, yn sgil cynnydd yr Annibynwyr, y Bedyddwyr, y **Crynwyr** a'r **Presbyteriaid**, er na ddaeth yn fudiad dylanwadol iawn. Cryfder y mudiad oedd ansawdd ei arweinwyr, **Walter Cradock**, **Vavasor Powell**, **Morgan Llwyd** a **John Miles**, a gafodd ddylanwad ar genedlaethau diweddarach er mai cyfyng oedd eu dylanwad ar y pryd. Daeth adfer y frenhiniaeth yn 1660, ac ailsefydlu'r drefn esgobol, â diwedd disymwth ar oruchafiaeth y Piwritaniaid. A hithau dan warchae hyd 1689 oherwydd cyfyngiadau cyfreithiol llym, nychodd Ymneilltuaeth (gw. **Anghydffurfiaeth**), a gadael Cymru a wnaeth llawer o Fedyddwyr, ynghyd â bron y cyfan o Grynwyr y canolbarth, i geisio dyfodol crefyddol mwy addawol ym **Mhensylfania** a rhannau eraill o **Ogledd America**.

## *Cyfnod y diwygiadau*

Er mai gwgu ar Anghydffurfiaeth a wnâi'r Eglwys Anglicanaidd wedi'r Adferiad, bu rhyw gymaint o gydweithredu rhwng Eglwyswyr ac Ymneilltuwyr, yn arbennig ym maes llenyddiaeth Gristnogol. Bu Annibynwyr cymodlon fel **Stephen Hughes** a'r gymdeithas Anglicanaidd, y **Gymdeithas er Taenu Gwybodaeth Gristnogol**, yn dosbarthu beiblau Cymraeg ac yn sefydlu ysgolion. Bu'r gŵr rhyfeddol hwnnw, **Griffith Jones** (1683–1761), rheithor **Llanddowror**, yn gwneud gwaith addysgol ac yn cenhadu'n fwy efengylaidd, ac yn 1735 dechreuodd adfywiad ysbrydol mwy amlwg, sef y **Diwygiad Methodistaidd**, dan arweiniad **Daniel Rowland**, **Howel Harris** a **William Williams**, Pantycelyn (1717–91). Er mai ffenomen Anglicanaidd ydoedd hon i bob golwg, a'i **diwinyddiaeth** – yn wahanol i'w chwaer-fudiad Arminaidd yn Lloegr (gw. **Arminiaeth**) – yn Galfinaidd, perthynas amwys a fu rhwng Methodistiaeth yng Nghymru a'r eglwys wladol (gw. **Methodistiaid Calfinaidd**). A'r esgobion yn ei gwrthod, a hithau'n gorfod creu ei chyfundrefnau ei hun yn annibynnol ar drefn y **plwyfi**, bu'n bodoli ochr yn ochr â'r eglwys wladol am dair cenhedlaeth bron. Dan arweinyddiaeth hwyrfrydig **Thomas Charles** o'r **Bala**, cefnodd y corff o'r diwedd ar yr eglwys wladol yn 1811, a daeth Cyfundeb Methodistiaid Calfinaidd Cymru yn enwad Ymneilltuol swyddogol.

Erbyn hynny daethai Ymneilltuaeth, a oedd wedi'i hadfywio o'r gwraidd oddi ar y 1780au gan y diwygiad efengylaidd (gw. **Diwygiadau**), yn fudiad crefyddol hynod boblogaidd. Bu'n ysgubol lwyddiannus wrth ennill teyrngarwch y dosbarth gweithiol (gw. **Dosbarth**). Roedd mudiad lleiafrifol, elitaidd braidd, a fu'n gyfyngedig i'r trefi mwyaf ac i ardaloedd ar y Gororau, bellach wedi'i drawsnewid yn gydffederasiwn egnïol, byw o Annibynwyr, Bedyddwyr a Methodistiaid (Calfinaidd a Wesleaidd (gw. **Wesleaid**)), a hwy gyda'i gilydd a gynrychiolai brif ffrwd Cristnogaeth yng Nghymru bellach. Nychu a wnaeth yr eglwys wladol. Datblygodd y traddodiadau Anghydffurfiol hynny na chyffyrddodd y diwygiad â hwy – y Presbyteriaid a'r Bedyddwyr Arminaidd – yn Undodiaeth cyn gwywo (gw. **Undodwyr**). Cynhyrchodd Ymneilltuaeth genhedlaeth o bregethwyr eithriadol rymus (gw. **Pregethu**); yr enwocaf yn eu plith oedd y Bedyddiwr **Christmas Evans**, y Methodist Calfinaidd **John Elias** a'r Annibynnwr **William Williams** o'r Wern (1781–1840). 'Efallai na welir un genedl yn ôl rhifedi y Cymry wedi cael eu hennill mor gyfan i wrando yr Efengyl,' meddai Christmas Evans. 'Mae teiau cyfarfod wedi eu hadeiladu trwy holl gonglau y wlad, a'r werin gan mwyaf, ie, braidd i gyd, yn ymdyrru i wrando'. Amcangyfrifwyd i un tŷ cwrdd neu gapel Ymneilltuol gael ei gwblhau bob wythnos rhwng 1800 ac 1850. O ganlyniad, mewn rhai rhannau o Gymru, roedd nifer yr eisteddleoedd mewn addoldai yn uwch na nifer y trigolion a oedd yn byw yn yr ardal. Yng ngeiriau Horace Mann, trefnydd cyfrifiad crefyddol 1851, roedd y Cymry yn 'torheulo mewn gormodedd o freintiau crefyddol'. Mae ystadegau'r cyfrifiad hwnnw'n anodd eu dehongli, ond o blith y rhai a fynychodd addoldy ar ddydd Sul, 30 Mawrth 1851, roedd pedwar yn mynychu capel Ymneilltuol am bob un a aeth i'r eglwys.

### *Anghydffurfiaeth radicalaidd, yr adfywiad Anglicanaidd a chynnydd Catholigiaeth*

Roedd llythrennedd a dylanwad cymdeithasol cynyddol yr Ymneilltuwyr yn golygu y gallent fanteisio fwyfwy ar eu grym gwleidyddol, ac erbyn y 1860au cyfunwyd Cristnogaeth efengylaidd â gwleidyddiaeth radicalaidd, i ddechrau er mwyn cael gwared ar y llyffetheiriau sifil yr oedd Ymneilltuwyr wedi ymlafnio â hwy er 1660, ond hefyd er dileu drygau cymdeithasol mwy cyffredinol. Er mai arweinwyr fel yr Annibynwyr **David Rees** (1801–69) a **William Rees** (Gwilym Hiraethog; 1802–83) a oedd ar flaen y gad, cafodd hyd yn oed y Methodistiaid mwy tawelfryd eu tynnu i mewn i'r byd gwleidyddol. Y prif rym deallusol oddi mewn i Ymneilltuaeth efengylaidd oedd **Lewis Edwards**, prifathro coleg y Methodistiaid Calfinaidd yn y Bala. Wedi iddo argyhoeddi ei gyd-Fethodistiaid o bwysigrwydd gweinidogaeth ddysgedig, llwyddodd i ehangu gorwelion diwylliannol a chodi safonau deallusol y genedl gyfan. Trwy'r cyfnodolyn chwarterol, *Y Traethodydd,* a sefydlwyd yn 1845, lledaenodd wybodaeth am y tueddiadau diweddaraf mewn diwinyddiaeth, **athroniaeth**, **gwyddoniaeth** a llenyddiaeth. Er bod bri o hyd ar bregethu grymus, a phregethwyr rhagorol fel **John Jones**, Tal-y-sarn (1796–1857), a **Henry Rees** yn dal i ennyn teyrngarwch y **werin**, erbyn canol oes Victoria roedd consensws wedi'i greu, gyda duwioldeb efengylaidd, pwyslais cymdeithasol a phwyslais deallusol yn cydfodoli.

Adfywiwyd Catholigiaeth Rufeinig, a oedd i bob pwrpas wedi peidio â bod er diwedd yr 17g., gan y mewnlifiad o **Wyddelod** o'r 1840au ymlaen. Gyda sefydlu hierarchiaeth Gatholig yn 1850, roedd gobaith y gellid adennill Cymru i'r ffydd Gatholig, a bu ymdrech i ddenu'r brodorion cynhenid at Rufain. Cafwyd peth llwyddiant yn hyn o beth, ond disgynyddion i fewnfudwyr oedd trwch Catholigion Cymru; roedd y mwyafrif ohonynt yn perthyn i deuluoedd o Iwerddon, ond ceid amryw â gwreiddiau yn Lloegr, yr Eidal, Gwlad Pwyl a mannau eraill. Erbyn canol yr 20g., ac aelodaeth pob un o brif enwadau eraill Cymru yn gostwng, roedd yr Eglwys Gatholig yn mwynhau cyfnod o gryn lewyrch ac wedi dod yn brif enwad mewn aml i ardal drefol. Erbyn diwedd yr 20g., fodd bynnag, roedd Catholigiaeth hithau ar drai.

Ochr yn ochr ag adfywiad Catholigiaeth yn y 19g., roedd yr eglwys wladol hithau yn ailgodi'i phen – datblygiad a sbardunwyd gan rai megis **Thomas Burgess**, a sefydlodd Goleg Dewi Sant, **Llanbedr Pont Steffan**, yn 1822 (gw. **Prifysgol Cymru, Llanbedr Pont Steffan**). Rhoddwyd newidiadau cyfundrefnol ar waith yng nghanol y 19g. gan bobl fel Alfred Ollivant (1798–1882), esgob Llandaf, a Thomas Vowler Short (1790–1872), esgob Llanelwy. Dau gyfrwng yr adfywiad ysbrydol hwn oedd efengyliaeth 'iseleglwysig' a'r **Mudiad Rhydychen** 'ucheleglwysig', y naill yn canolbwyntio ar bregethu'r efengyl yn effeithiol a'r llall yn rhoi pwys ar urddas addoliad. Roedd efengylwyr fel **David Howell** (1831–1903), deon Tyddewi, ac Anglicaniaid Catholig fel Evan Lewis (1818–1901), deon Bangor, yn esiamplau o'r ddwy duedd a'r modd y'u poblogeiddiwyd. Erbyn diwedd y 19g. roedd Anglicaniaeth Gymreig yn cael ei chydnabod fel dewis ysbrydol ochr yn ochr ag Anghydffurfiaeth Brotestannaidd.

### *Argyfwng Anghydffurfiaeth*

Er bod Anghydffurfiaeth yn dal i ffynnu'n allanol, roedd arwyddion ei bod yn dechrau gwegian. Er i draddodiad y pregethu poblogaidd barhau gyda dynion eithriadol ddawnus fel **John Williams**, Brynsiencyn (1854–1921), a Thomas Charles Williams (1868–1927), âi'n fwyfwy anodd i'r capeli ymgodymu â her ddeuol modernrwydd a Seisnigo. Ymhlith y ffactorau a barodd yr ansefydlogi mwyaf yr oedd dirywiad y gred yng ngwirionedd llythrennol y Beibl, a darganfyddiadau daearegol a damcaniaethau Charles Darwin. Bu diwygiad crefyddol poblogaidd 1904–5 dan arweinyddiaeth **Evan Roberts** yn fwy arwyddocaol yn natblygiad **Pentecostaliaeth** ryngwladol nag yn adnewyddiad Ymneilltuaeth Gymreig. Dwysawyd yr argyfwng gan y frwydr wleidyddol i ddatgysylltu'r pedair esgobaeth Gymreig, brwydr a yrrodd Ymneilltuwyr ac Eglwyswyr benben (gw. **Datgysylltu Eglwys Loegr yng Nghymru**). Rhwng 1889 (pan gychwynnodd yr ymrafael mewn gwirionedd) a 1914 (pan basiwyd Deddf Eglwys Cymru, gan dorri'r cysylltiad rhwng yr Eglwys Anglicanaidd yng Nghymru a'r wladwriaeth), dioddefodd uniondeb Cristnogol ar y ddwy ochr yn enbyd. Wedi'u dadrithio gan yr holl anghydfod crefyddol, daeth llawer i deimlo y byddai gwerthoedd y dyfodol yn fwy seciwlar eu natur. Wrth i'r 20g. fynd rhagddi, byddai'r egin fudiad llafur yn cynnig cartref ideolegol – ysbrydol yn wir – i nifer gynyddol o bobl Cymru.

Fel mewn mannau eraill, cafodd y **Rhyfel Byd Cyntaf** effaith fawr ar arferion crefyddol. Roedd colli cenhedlaeth o wŷr ifainc yn codi cwestiynau sylfaenol am ystyr bywyd a bwriadau dwyfol, a daeth anhrefn economaidd y cyfnod wedi'r rhyfel â chyni a dioddefaint i laweroedd. Treuliodd yr **Eglwys yng Nghymru**, dan ei harchesgob cyntaf, **A. G. Edwards**, ei blynyddoedd cynnar yn ymaddasu i'w statws annibynnol newydd. Eto, er ei bod o hyd yn wannach, o ran niferoedd, na'r enwadau Ymneilltuol o'u cymryd gyda'i gilydd, erbyn y 1930au yr Eglwys yng Nghymru oedd enwad unigol cryfaf y wlad.

Erbyn y 1920au roedd rhyddfrydiaeth athrawiaethol yn bygwth disodli uniongrededd, ac roedd diwinyddion galluog fel **Thomas Rees** (1869–1926), John Morgan Jones (1873–1946) a **D. Miall Edwards** yn argyhoeddi llawer y byddai'n rhaid i Brotestaniaeth, er mwyn goroesi, ymaddasu i werthoedd yr **Oleuedigaeth**. Ni ddarbwyllwyd pawb, ac erbyn y 1940au cafwyd adfywiad Calfinaidd a oedd yn ddyledus iawn i waith Karl Barth. Cyfunwyd pwyslais Barthaidd ag ymroddiad i safonau athrawiaethol Ymneilltuaeth Gymreig gan ddiwinyddion fel **J. E. Daniel** a phregethwyr fel **Lewis Valentine**. Cafodd efengyliaeth fwy ceidwadol ei hyrwyddo yng Nghymru gan y pregethwr dylanwadol, **Martyn Lloyd-Jones**.

### *Yr oes seciwlar*

Erbyn canol yr 20g. roedd yr Eglwys yng Nghymru bellach yn hyderus annibynnol, ac wedi ennill cryn gefnogaeth boblogaidd. Ei lladmerydd mwyaf egnïol oedd **Glyn Simon**, a fu ar wahanol adegau yn esgob Llandaf ac yn bennaeth ar esgobaeth newydd **Abertawe** ac **Aberhonddu** a, rhwng 1968 a 1971, yn archesgob Cymru. Roedd Catholigiaeth hefyd, yn arbennig dan yr Archesgob **Michael McGrath**, wedi ehangu mwy nag erioed o'r blaen ac yn fwyfwy derbyniol gan y Cymry'n gyffredinol. Ac eto, erbyn diwedd y 1960au, roedd seciwlariaeth yn gadael ei hôl ar bob un o'r prif enwadau. Roedd y ddyneiddiaeth agnostig (gw. **Agnostigiaid ac Anffyddwyr**) a oedd wedi nodweddu rhai o ddeallusion Cymru er dechrau'r ganrif yn cydio fwyfwy, a'r dosbarth gweithiol, a fu mor nodedig ei ymlyniad crefyddol, yn cefnu ar gapel ac eglwys.

Yn chwarter olaf yr 20g. bu gostyngiad dramatig ar draws pob enwad. Prin y gallai egni'r mudiad carismataidd a sefydlu eglwysi efengylaidd mwy newydd rwystro'r llanw seciwlaraidd. Roedd y seciwlareiddio i'w weld yn fwy amlwg yng Nghymru oherwydd iddi fod yn genedl mor grefyddol yn y gorffennol. Os oedd y rhan fwyaf o Gymry yn honni eu bod yn credu yn Nuw, roedd yn ymddangos nad oedd y rhelyw o'r rhai a welai eu hunain fel Cristnogion mor driw i'w ffydd ag yw'r Hindŵiaid, y Siciaid a'r Moslemiaid i'w crefydd hwy (gw. **Islâm**). Er bod ymlyniad wrth fudiadau crefyddol nad ydynt yn rhai Cristnogol weithiau'n nodweddu ffyrdd amgen o fyw, erbyn tro'r mileniwm newydd roedd y Cymry i bob golwg yn genedl seciwlar.

## CREFFT

Mae lle i ddadlau, fel yr honnodd **Iorwerth Peate** yn anad neb, fod sensitifrwydd gweledol y Cymry â'i wreiddiau yn nhraddodiad y crefftwr yn hytrach nag mewn celfyddyd aruchel. Er mai peth bwriadol bob amser yw creu celfyddyd, gall gwrthrychau sy'n cael eu creu at ddibenion ymarferol fod yr un mor hardd, fel y dengys llawer o'r gwaith a wnaed gan grefftwyr. Mae datblygiad crefftau'n dibynnu ar angen diwylliannol ac ar yr adnoddau sydd ar gael, er bod ffurfiau traddodiadol yn aml yn datblygu mewn ffyrdd newydd. Nid yw crefftau Cymru bellach yn cael eu cynnal gan **economi** wledig yn yr hen ystyr, ond maent i raddau helaeth wedi'u hailgyflwyno i ymateb i'r galw yn sgil **twristiaeth** am swfenirau, er bod nwyddau 'Cymreig' wedi'u gwneud yn rhad dramor yn medru bod yn fwy cyffredin na chynnyrch crefftwyr lleol. Pobl wedi cefnu ar y trefi a dod i fyw i'r wlad sydd wedi bod yn gyfrifol am lawer o grefftau traddodiadol. Mae sefydliadau addysgol hefyd wedi chwarae rhan mewn datblygu crefftau newydd, a hynny ar brydiau yn gwbl ar wahân i hen draddodiadau'r crefftwr. Mae polisi cyhoeddus – sydd weithiau wedi cefnogi ceisiadau am grantiau gan fewnfudwyr ar draul crefftwyr lleol cynhenid – wedi hybu crefftau a chanolfannau crefft fel canolbwynt ar gyfer adnewyddu'r economi wledig.

Mae parch o hyd yn y Gymru wledig i'r hen grefftau o wehyddu (gw. **Tecstilau**) a gwneud **dodrefn** a **chrochenwaith**. Hefyd ceir eitemau wedi'u gwneud o gerameg, coed, metel, **gwydr**, **lledr** a llechen (gw. **Llechi**), yn aml wedi'u cyfuno gyda defnyddiau plastig, rwber a synthetig mewn cymysgedd liwgar o'r hen a'r newydd. Mae gwneud gemwaith ar gynnydd ac mae offerynnau cerdd traddodiadol yn dal i gael eu gwneud. Mae'r traddodiad o gerfio carreg a llechen, maes y gwnaeth **R. L. Gapper** gyfraniad clodwiw iddo, wedi parhau gydag unigolion fel Ieuan Rees a **Jonah Jones**, y mae eu gwaith yn adlewyrchu'r cyfuniad o'r defnyddiol a'r mynegiannol i ategu'r cysylltiad rhwng gair a delwedd sy'n nodweddu diwylliant Cymru.

Mae sefydliadau crefft, cyrff swyddogol a churaduron **orielau** yn gwarchod safonau **dylunio** a chynhyrchu, ac mae'r **Eisteddfod** Genedlaethol yn rhoi cydnabyddiaeth i ragoriaeth yn y maes trwy ddethol gwaith crefftwyr i'w arddangos yn y brifwyl.

## CREIRIAU'R SAINT

Yn Ewrop yr Oesoedd Canol roedd i greiriau'r saint ran ganolog mewn **crefydd**, a chaent eu hystyried yn wrthrychau ac iddynt rymoedd goruwchnaturiol. Nid oedd Cymru'n eithriad yn hyn o beth. Ond yn wahanol i lawer o bobloedd eraill yn yr Oesoedd Canol cynnar, ymddengys fod y Cymry'n gyndyn i darfu ar gyrff eu **seintiau** eu hunain, a dim ond yn y 12g., o dan ddylanwad y **Normaniaid** mae'n debyg, y dechreuwyd codi creirfeydd ar gyfer esgyrn a symudwyd o'u beddau – megis eiddo **Melangell** ym Mhennant Melangell (**Llangynog**, **Sir Drefaldwyn**) a Barruc (Barwg) ar Ynys y **Barri**. Yn ôl **Gerallt Gymro**, dangosai'r Cymry, fel y **Gwyddelod**, barch arbennig at greiriau megis llyfrau efengyl, clychau a baglau esgobion, a defnyddid y rhain yn aml wrth dyngu llwon. Denai creiriau o bob math bererinion a geisiai gymorth y seintiau, ac iachâd yn arbennig (gw. **Pererindota**). Er i ddiwygwyr Protestannaidd gollfarnu cwlt y creiriau, parhaodd yn elfen bwysig yng nghrefydd boblogaidd Cymru am gyfnod maith. Yng Ngwytherin (**Llangernyw**) gwerthid darnau o greirfa bren ganoloesol gynnar **Gwenfrewi** i bererinion Catholig ar ddechrau'r 19g. (mae rhai o'r darnau wedi dod i'r golwg eto'n ddiweddar). Diddorol hefyd yw penglog dybiedig **Teilo** a gedwid gan deulu

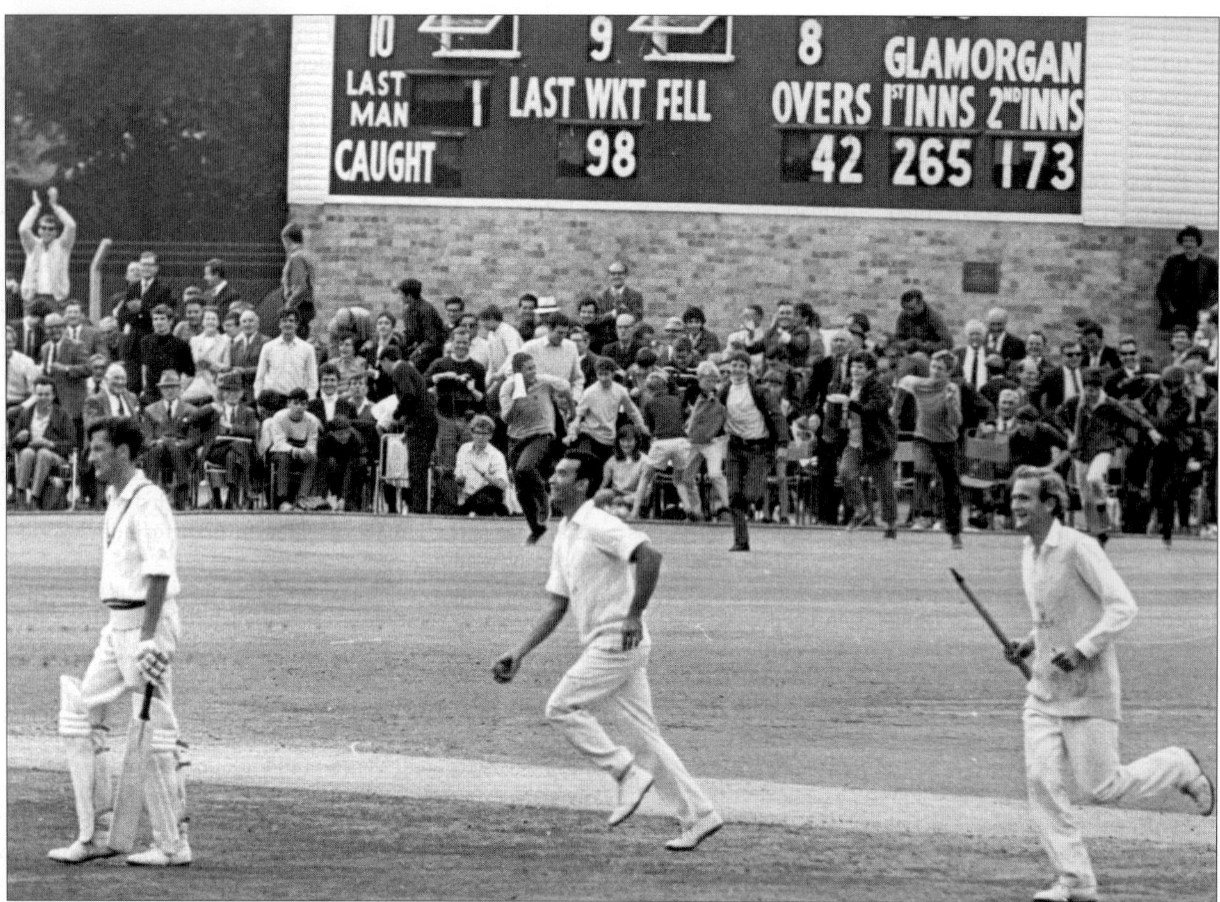


Criced: y dathlu ar ddiwedd tymor Morgannwg, 1969

Melchior yn Llandeilo Llwydarth (**Maenclochog**) yn y 19g. ar gyfer yfed dŵr o ffynnon y sant, ac sydd bellach yn eglwys gadeiriol Llandaf (gw. **Caerdydd**). Mae creiriau'n dal i ennyn defosiwn heddiw, yn enwedig ymysg **Catholigion Rhufeinig** ac aelodau'r **Eglwys Uniongred**.

**CREUDDYN** Cwmwd (Penweddig)
Creuddyn oedd y mwyaf deheuol o dri **chwmwd** cantref **Penweddig** yng **Ngheredigion**, ac roedd yn cynnwys y tir rhwng afonydd **Rheidol** ac **Ystwyth**. Ei ganolbwynt, mae'n debyg, oedd Llanfihangel-y-Creuddyn (**Trawsgoed**).

**CREUDDYN** Cwmwd (Rhos)
Roedd Creuddyn, un o dri **chwmwd** cantref **Rhos**, yn cynnwys penrhyn dwyreiniol aber **Conwy**. Yn 1284 fe'i gwahanwyd oddi wrth Ros a chafodd ei gynnwys o fewn y **Sir Gaernarfon** newydd, a hynny'n fwy na thebyg oherwydd ei leoliad allweddol ger man croesi afon Conwy. Yn sgil twf **Llandudno** o ganol y 19g. ymlaen, trefolwyd rhan helaeth o Greuddyn. Yn 1974 daeth yn rhan o ddosbarth **Aberconwy** o fewn sir newydd **Gwynedd**. Yn 1996 daeth yn rhan o sir unedol **Conwy**.

**CREUNANT, Y**, Castell-nedd Port Talbot (2,171ha; 1,883 o drigolion)
Saif y Creunant yng Nghwm Dulais, i'r gogledd-ddwyrain o Gastell-nedd. Manteisiwyd ar gyfoeth y gwythiennau **glo** lleol yn dilyn adeiladu Rheilffordd Fwynau Cwm Dulais yn 1862. Pan agorwyd glofa Cefn Coed yn 1926, hwn oedd y pwll glo carreg dyfnaf yn y byd (732m). Fe'i caewyd yn 1968, ac mae'r offer weindio bellach yn ganolbwynt amgueddfa lofaol. Ym mhentref anghysbell Godre'r-rhos mae enghraifft o gapel syml o ganol y 19g. wedi goroesi.

**CRICED**
Criced oedd y gyntaf o'r gemau tîm modern poblogaidd i gael ei threfnu a'i chyfundrefnu. Cafodd ei set gyntaf o reolau yn 1744 a daeth corff rheoli *de facto* i fodolaeth pan grëwyd y Marylebone Cricket Club yn **Llundain** yn 1787. Erbyn hynny roedd y gêm wedi cyrraedd Cymru. Cafodd y gêm gyntaf i'w chofnodi yng Nghymru ei chwarae yn Cross Inn (**Llanegwad**) yn 1783, a chlwb yn **Abertawe** yn 1785 yw'r cyntaf a grybwyllir.

Gyda chymorth datblygiad y **rheilffyrdd**, lledodd criced yn raddol a chyson yng Nghymru yn ystod ail hanner y 19g. Cynyddodd poblogrwydd y gêm mewn ysgolion o'r 1850au ymlaen, a dechreuodd dynion y dosbarth gweithiol chwarae gêm a gysylltid yn wreiddiol â'r **boneddigion**. Yn y 1830au y cychwynnwyd chwarae gemau rheolaidd rhwng clybiau, ac roedd meysydd a ddaeth wedi hynny'n enwog am **rygbi** – yn arbennig Parc yr Arfau yng **Nghaerdydd** a Sain Helen, **Abertawe** – yn feysydd criced ymhell cyn iddynt groesawu gêm y gaeaf.

Ar ymweliad yn 1859 gorchfygwyd tîm XI **Lloegr** gan dîm XXII De Cymru (ym mlynyddoedd cynnar y gêm, nid oedd yn anghyffredin i dimau llai profiadol gynnwys 22 o chwaraewyr), ac arweiniodd hynny at greu clwb De Cymru, yr ymgais gyntaf i ddatblygu tîm dosbarth cyntaf. Tua'r cyfnod hwn y ffurfiwyd y timau sirol cyntaf, ond byr fu eu rhawd. Y dyddiad pwysicaf i griced Cymru yn y 19g. oedd 1888, pan ffurfiwyd clwb Morgannwg (gw. **Sir Forgannwg**), clwb a ddeuai'n gyfystyr â chriced dosbarth cyntaf yng Nghymru. Ymunodd y clwb â phencampwriaeth y Siroedd Llai yn 1897 a rhannu'r bencampwriaeth yn 1900. Yn ddiweddarach ymunodd **Sir Fynwy** (1901–34), **Sir Gaerfyrddin** (1908–11) a **Sir Ddinbych** (1930–1, 1933–5) â'r gystadleuaeth.

Yn 1921 enillodd Morgannwg statws dosbarth cyntaf fel 17eg aelod Pencampwriaeth y Siroedd. Bu'n galed ar y clwb yn ei flynyddoedd cynnar, ac ar adegau bu bron iddo orfod dod i ben. Ysbeidiol fu'r llwyddiannau: mewn 76 tymor dim ond wyth gwaith y bu'n un o dri chlwb uchaf y bencampwriaeth – a phump o'r wyth gwaith hynny rhwng 1962 ac 1970.

Er mai cymharol fu'r llwyddiant, mae'r clwb wedi'i dderbyn fel tîm lled-genedlaethol – ymdeimlad a gadarnhawyd wrth iddo ymgorffori clybiau Sir Fynwy a Sir Ddinbych yn y 1930au. Cydnabyddir y statws hwn gan reolwyr criced sirol, sy'n ystyried unrhyw un a aned yn unrhyw ran o Gymru yn gymwys i chwarae i Forgannwg.

Mae llwyddiannau'r tîm – pencampwriaeth y siroedd yn 1948, 1969 ac 1997, ynghyd â buddugoliaeth yn y Sunday League yn 1993 a 2002 a dau ymddangosiad mewn gemau undydd terfynol yn Lord's – Cwpan Gillette yn 1975 a'r Benson and Hedges yn 2000 – wedi ennyn brwdfrydedd cenedlaethol. Felly hefyd fuddugoliaethau Morgannwg yn erbyn ymwelwyr – yn arbennig dros **Dde Affrica** yn 1951 ac **Awstralia** yn 1964 ac 1968, y cyfan yn Sain Helen, yr unig faes ym **Mhrydain** a welodd orchfygu Awstralia, De Affrica a **Seland Newydd** mewn criced a rygbi. Sain Helen hefyd yn 1968 oedd lleoliad y gêm griced a gofir orau ar dir Cymru. Yn y gêm honno y trawodd yr amryddawn Gary Sobers o India'r Gorllewin, wrth chwarae i Swydd Nottingham ac oddi ar fowlio Malcolm Nash o Forgannwg, chwe rhediad chwe gwaith mewn un belawd – y cyntaf erioed i wneud hynny.

Yn 1975 Sain Helen oedd y maes cyntaf nad oedd yn lleoliad arferol i gemau prawf i groesawu gêm undydd ryngwladol, pan chwaraeodd Lloegr yn erbyn Seland Newydd. Er pan ffurfiwyd clwb Morgannwg, gwrthodwyd pennu un pencadlys sirol, rhag ffromi gwŷr Abertawe neu Gaerdydd. Parhaodd y polisi hwnnw hyd nes y penderfynwyd yn 1996 y dylid canolbwyntio'r adnoddau ar Erddi Sophia, Caerdydd, a groesawodd gêm Cwpan Byd rhwng Seland Newydd ac Awstralia yn 1999 a gêm ryngwladol undydd yn 2001. Mae Morgannwg yn dal i chwarae un gêm y flwyddyn ym **Mae Colwyn**, traddodiad a ddechreuwyd yn niwedd y 1960au, diolch i gysylltiadau **Wilf Wooller** â'r ardal. Chwaraeir o leiaf un gêm pedwar diwrnod yn Abertawe ynghyd â gemau undydd bob tymor.

Mae cyswllt annatod rhwng criced Cymru a Lloegr, a'r cysylltiad yn aml yn anweledig. Tanlinellir hynny gan acronym camarweiniol corff rheoli presennol y gêm, 'ECB', a saif am Fwrdd Criced Lloegr a Chymru. Mae 16 o chwaraewyr Morgannwg, ynghyd â **Cyril Walters** (Swydd Gaerwrangon) a Pat Pocock (Surrey), a aned yng Nghymru, wedi chwarae i Loegr. O'r rhain, y troellwyr agored Pocock (24 gêm, 1968–1984) a Robert Croft (21 gêm, 1996–) a gafodd y gyrfaoedd hiraf o ran gemau prawf, ac yna'r bowliwr cyflym Jeff Jones (1963–8) a'r amryddawn Alan Watkins (1948–52), a gafodd 15 gêm yr un. Er bod dau Gymro, sef Walters (1934) a Tony Lewis (1972–3), wedi arwain timau Lloegr, mae argyhoeddiad cryf yn lleol nad yw Cymry wedi cael eu haeddiant o ran cynrychioli Lloegr, ac ategir hynny gan y ffaith mai gwŷr Morgannwg oedd y sgoriwr rhediadau uchaf (Alan Jones: 36,049 rhediad, 1957–83) a'r wicedwr mwyaf llwyddiannus (Don Shepherd: 2,218 wiced, 1950–72) i beidio â chwarae mewn gêm brawf erioed.

Mae'r gêm ddosbarth cyntaf yng Nghymru wedi elwa'n fawr ar frwdfrydedd gwerin gwlad, ac yn arbennig ar y clybiau y cafodd eu timau gorau eu cynnwys o fewn Cynghrair De Cymru a Sir Fynwy yn 1926. Elwodd y gêm hefyd ar waith cenhadol Cymdeithas Criced Cymru o 1969 ymlaen. Mae tîm yn cynrychioli Cymru wedi chwarae ym mhencampwriaeth y Siroedd Llai er 1988, er mai prin fu'r llwyddiant a gafwyd. Efallai mai ar lefel y pentrefi y bu'r llwyddiant mwyaf: er pan gychwynnwyd twrnameint pentrefi Prydain yn 1972 mae timau o Gymru wedi ennill saith gwaith – Sain Ffagan (Caerdydd) (dair gwaith), **Marchwiail** (ddwywaith), **Tre-gŵyr** ac Ynystawe (Abertawe).

## CRICIETH, Gwynedd (673ha; 1,826 o drigolion)

Mae'r **gymuned** hon, sydd wedi'i lleoli mewn llecyn cysgodol yn edrych dros Fae Ceredigion, hanner y ffordd rhwng **Porthmadog** a **Phwllheli**. Mae rhai o'r trigolion yn glynu'n gaeth at yr arfer o sillafu 'Criccieth' gyda dwy 'c' yn y canol, sy'n gwbl groes i orgraff ddiweddar yr iaith **Gymraeg**. Daeth Cricieth i amlygrwydd yn gyntaf pan symudodd **Llywelyn ap Iorwerth** ganolfan cwmwd **Eifionydd** o **Ddolbenmaen** i benrhyn creigiog ar yr arfordir lle codwyd castell. Roedd y ward fewnol, gyda dau dŵr ar ffurf D o boptu'r mynediad, wedi'i chwblhau cyn marwolaeth Llywelyn yn 1240. Adeiladwyd y ward allanol gyda'i thri thŵr petryal yn ddiweddarach yn y 13g., pan ddaeth y castell yn un o gartrefi llys symudol tywysogion Gwynedd. Erbyn diwedd gaeaf 1283, roedd y castell yn nwylo Edward I, a sefydlodd fwrdeistref Seisnig yng Nghricieth gan ystyried ei gwneud yn ganolfan sir newydd. Ar ôl i **Owain Glyndŵr** ymosod ar y castell a'i gipio yn 1404, dadfeiliodd y castell a'r fwrdeistref, er ei bod hyd 1950 yn un o'r **bwrdeistrefi** a oedd yn rhan o etholaeth Bwrdeistrefi **Caernarfon**.

Erbyn diwedd yr 16g. nid oedd Cricieth fawr mwy na phentref, a pharhaodd felly nes sefydlu Rheilffordd y Cambrian yn 1867. Ar ôl hynny, datblygodd yn gyrchfan gwyliau glan môr. Erbyn 1885, a **David Lloyd George** wedi sefydlu cwmni cyfreithiol yno, roedd Cricieth wedi datblygu yn y fath fodd fel ei bod yn cynnal nifer o weithwyr proffesiynol. Cysylltwyd Cricieth gyda theulu Lloyd George fyth ers hynny. Mae'n dal yn boblogaidd fel cyrchfan gwyliau, ac mae hefyd yn enwog am yr ŵyl gelfyddydol flynyddol a gynhelir yno. Bu Cwmni Drama Cricieth yn weithgar iawn dan arweiniad W. S. Jones ac eraill yn y 1960au a'r 1970au, a chwaraeodd ran bwysig yn y gwaith o adfywio'r **ddrama** Gymraeg. Mae Cricieth hefyd yn enwog am ei hufen iâ, sef hufen iâ Cadwalader a ystyrir gan lawer fel y gorau yn y byd.

## CROCHENWAITH A PHORSLEN

Yr enghreifftiau cynharaf o grochenwaith i'w darganfod yng Nghymru yw'r darnau o lestri pridd bras a ganfuwyd mewn safleoedd o'r Oes Neolithig, megis siambr gladdu Tinkinswood (**Sain Nicolas**). Yn safleoedd claddu'r Bicerwyr, o ddechrau'r Oes Efydd, daethpwyd o hyd i grochenwaith mwy cywrain, yn aml wedi'i addurno gyda phatrymau igam-ogam, fel y llestri a ganfuwyd ym **Merthyr Mawr** a **Chlynnog**. Bu datblygiadau pellach yn yr Oes Haearn, er na chynhyrchwyd crochenwaith wedi'i wneud â throell yn ystod y cyfnod cyn-Rufeinig yng Nghymru, crochenwaith a oedd yn gyffredin ymhlith y Belgae yn ne-ddwyrain **Prydain**. (Gw. **Oesau Cynhanesyddol**.)

Gan fod angen crochenwaith ar gyfer masnach, cludiant ac ar gyfer storio, cyflwynodd y **Rhufeiniaid** grochenwaith amrywiol i Gymru, gan gynnwys llestri Samian. Gellir gweld enghreifftiau yn **Amgueddfa [Genedlaethol] Cymru**. Cyflwynwyd crochenwaith mwy parhaol ei ddylanwad gan y **Normaniaid**, ac yn ddiweddarach gwnaed llawer o grochenwaith yn y mynachlogydd; mae'r teils llawr o Abaty Nedd (**Dyffryn Clydach**), sydd bellach yn yr Amgueddfa Genedlaethol, yn enghraifft dda. Yn yr Oesoedd Canol, ac yn y blynyddoedd wedi hynny, câi crochenwaith yn aml ei fewnforio o dir mawr Ewrop ac o **Loegr**. Roedd Bryste yn un o'r prif ffynonellau.

Erbyn dechrau'r **Chwyldro Diwydiannol** roedd nodweddion arbennig yn perthyn i grochenwaith Cymreig. Er bod y farchnad amaethyddol angen cyflenwad cyson o botiau a llestri, a hynny'n bennaf ar gyfer y diwydiant llaeth a oedd ar gynnydd – crochendai **Tyndyrn** a **Rhymni** a fu'n ateb y galw hwn yn y de – daeth y cynnydd lleol mewn cynhyrchu crochenwaith yn sgil twf cyflym y **boblogaeth** yn yr ardaloedd diwydiannol. Roedd Crochendy **Ewenni**, ger **Pen-y-bont ar Ogwr**, a oedd wedi bod yn cynhyrchu crochenwaith er yr 17g., gyda'i leoliad hynod gyfleus gerllaw cyflenwadau **glo**, yn defnyddio clai coch a melyn lleol ar gyfer ei lestri unigryw. Yn **Sir y Fflint**, cynhyrchwyd llestri ym **Mwcle** a oedd unwaith eto'n unigryw i'r crochendy oherwydd y defnydd o sylfaen o bridd coch tywyll lleol ar gyfer y gwaelod ac ymyl addurnedig hardd o liw hufen gwan. Fel sawl un o'r crochendai eraill, roedd Bwcle hefyd yn cynhyrchu brics tân ar gyfer y diwydiannau metelegol a oedd yn tyfu'n gyflym.

Roedd y twf yn y diwydiant cerameg yn mynd law yn llaw â'r datblygiadau mewn **gwyddoniaeth** a thechnoleg. Adlewyrchir hyn yn arbennig gan **Abertawe**, lle bu William Cole, *entrepreneur* o Sais a ysbrydolwyd gan lwyddiant Josiah Wedgwood, yn gyfrifol, yn 1764, am agor Crochendy'r Cambrian, gan ddefnyddio clai o Loegr. Disodlwyd y 'corff' pridd lleol gan y llestri lliw hufen enwog, a apeliai at gwsmeriaid cyfoethocach. Ymunodd Thomas Rothwell â'r crochendy a dechreuodd ddefnyddio technegau argraffu troslun i addurno'r llestri gyda golygfeydd lleol, mewn glas, du, brown a choch manganîs. Roedd Thomas Pardoe (1770–1823), a weithiai yng Nghrochendy'r Cambrian o *c*.1795 ymlaen, yn un o'r peintwyr llaw gorau, a chreodd nifer o wahanol fotiffau – anifeiliaid, **adar** a thirluniau – yn ogystal ag eitemau **crefft**.

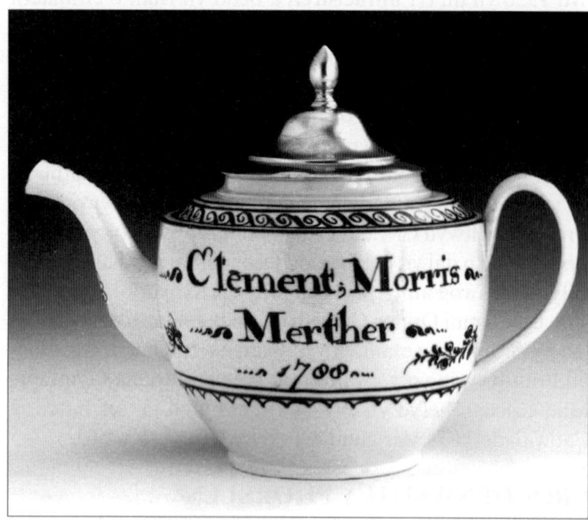

Crochenwaith a phorslen: tebot llestr lliw hufen, 1788

Dechreuwyd gwneud porslen yng Nghymru yn 1813, pan fu William Billingsley o Gaerwrangon, a oedd yn gyfarwydd â'r ryseitiau cyfrinachol hanfodol, yn gyfrifol am agor ffatri Nantgarw (**Ffynnon Taf**) gyda'i fab yng nghyfraith, Samuel Walker. Yn ystod ei hanes byr daeth Nantgarw yn rhan annatod o'r hen waith yn Abertawe – a ddaliodd ati i gynhyrchu yn hwy na Nantgarw – gydag entrepreneuriaid a gweithwyr yn symud o'r naill le i'r llall. Roedd porslen, er bod galw mawr amdano, yn ddrud i'w wneud ac roedd angen i'r tymheredd fod yn arbennig o uchel. Cynhyrchodd Billingsley borslen pâst meddal gyda'i symudliw nodweddiadol sydd yn dal i ddenu casglwyr hyd heddiw.

Yn 1814, ar anogaeth **Lewis Weston Dillwyn**, a'i deulu wedi prynu cyfran yng Nghrochendy'r Cambrian yn 1802, symudwyd mowldiau o Nantgarw, a dechreuwyd ar y gwaith o gynhyrchu porslen yn Abertawe. Roedd Walker wedi datblygu cyfarpar newydd a gynhyrchai'r ansawdd 'ŵy hwyaden' lled dryloyw y daeth Abertawe wedyn mor enwog amdano. Yn ddiweddarach creodd Abertawe ei fowldiau ei hun, gan gynhyrchu llestri cinio a llestri te yn bennaf. Ymunodd Billingsley, a oedd yn athro gwych, gyda'r cwmni yn Abertawe, lle'r oedd David Evans a Henry Morris ymhlith ei ddisgyblion gorau. Peintiodd Thomas Baxter (1782–1821) olygfeydd, portreadau bychan a lluniau botanegol, ond mae'n cael ei gofio'n bennaf am ei lestri pwdin gyda golygfa o ardd arnynt a greodd ar gyfer Dillwyn.

Er bod y fenter borslen yn llwyddiannus yn gelfyddydol, ac er i nifer o eitemau cywrain iawn gael eu cynhyrchu, nid oedd yn llwyddiant masnachol. Yn raddol ymunodd Nantgarw gyda'r gwaith yn Abertawe, a rhoddwyd y gorau i gynhyrchu yno yn 1870. Roedd nifer o grochendai masnachol bychain, gan gynnwys Crochendy Morgannwg (1813–39), Crochendy **Llanelli** (1839–1922), a Chrochendy Ynysmeudwy (1845–75) (**Pontardawe**), yn cwrdd â'r anghenion domestig a rhai anghenion diwydiannol. Yn sgil masgynhyrchu a mewnforio rhad daeth y crochendai lleol i ben, er bod lle amlwg i'r crochenwaith cynharach ar ddresel aml i deulu (gw. **Dodrefn**) – traddodiad sy'n parhau hyd heddiw.

Mae'r crochenwaith sydd wedi'i gynhyrchu ar ôl y cyfnod hwnnw yn bennaf wedi bod yn waith crefft ar raddfa fach i gwrdd â marchnad newydd, sydd wedi'i chreu'n bennaf gan y diwydiant **twristiaeth** cynyddol. Gwelwyd mewnlifiad o grochenwyr – y mwyafrif ohonynt o Loegr – yn ystod y 1960au, cyfnod pan ddaeth crochenwaith a cherameg yn rhan o weithgareddau celf mewn ysgolion ac mewn addysg oedolion. Er mai yn Lloegr y gwneir Llestri Portmeirion, sy'n gwerthu ledled y byd, fe'u henwyd ar ôl y pentref Eidalaidd ei arddull ger **Penrhyndeudraeth**; merch i bensaer Portmeirion, **Clough Williams-Ellis**, yw'r crochenydd Susan

Cronfa ddŵr Clywedog

Williams-Ellis. Mae clai wedi dod yn gyfrwng mynegiant, ac mae'r grefft wedi datblygu'n gelfyddyd yn nwylo crochenwyr cyfoes arloesol fel Christine Jones (g.1955). Mae pwysigrwydd cerameg o fewn y diwylliant Cymreig i'w weld yn flynyddol yn yr **Eisteddfod** Genedlaethol, lle mae'r fedal aur am grefft yn aml yn cael ei hennill gan waith clai-llosg.

## CROES NAID

Crair llawn gemau y credid ei fod yn cynnwys darn o'r Wir Groes. Bu'r Groes Naid ym meddiant tywysogion **Gwynedd** am genedlaethau, ac yr oedd ei chyflwyno i Edward I yn **Aberconwy** ym Mehefin 1283 yn gydnabyddiaeth eglur o dranc y llinach a fu'n gofalu amdani gyhyd. Yn 1284 cafodd y Groes Naid ei harddangos trwy strydoedd **Llundain** a'i gosod am gyfnod yn Abaty Westminster. Roedd yn un o'r creiriau hynny a oedd ym meddiant Edward I yn ystod ei ymgyrch yn yr **Alban** yn 1307, a dengys cyfrifon y Trysorlys iddi gael ei hatgyweirio gan of aur yn 1353. Ond mae ei hanes ar ôl y dyddiad hwnnw yn ansicr. Haerai sylwebyddion Seisnig i'r Groes Naid gael ei dwyn i Gymru gan feudwy o'r enw Neot, ond dichon mai gwreiddyn y traddodiad hwnnw oedd ymdrech ar eu rhan i esbonio'r ffurf Gymraeg *naid* ('nawdd' neu 'ffawd').

## CROMWELL, Oliver (1599–1658) Arglwydd Amddiffynnydd

Ac yntau'n ddisgynnydd uniongyrchol i Morgan Williams o Lanisien (**Caerdydd**), Williams fuasai cyfenw Oliver petai ei hen daid heb fabwysiadu cyfenw ei frawd yng nghyfraith, Thomas Cromwell, pensaer Deddf 'Uno' 1536 (gw. **Deddfau 'Uno'**). Yn wir, yn ei ieuenctid byddai Oliver yn llofnodi'i enw fel 'Cromwell alias Williams'. Daeth cysylltiad arall â Chymru trwy briodas ei chwaer gyda **John Jones** o Faesygarnedd (**Llanbedr**) (1597?–1660). Yn 1648 ataliodd y gwrthryfel yn ne Cymru a arweiniodd at gychwyn yr Ail Ryfel Cartref (gw. **Rhyfeloedd Cartref**). Roedd **Vavasor Powell** a radicaliaid Cymreig eraill yn gwrthwynebu'n chwyrn ei ddyrchafiad i fod yn Arglwydd Amddiffynnydd.

## CRONFEYDD DŴR

Hyd y 19g. dibynnai trefi Cymru ar ffynhonnau ac **afonydd** am eu cyflenwadau dŵr. Mae'n debyg mai cronfa ddŵr Brynmill, a adeiladwyd yn **Abertawe** yn 1837, oedd y gyntaf i wasanaethu tref yng Nghymru. O ganlyniad i effeithiau andwyol heintiau a gludid gan ddŵr – yn enwedig y geri marwol neu'r **colera** – aeth awdurdodau trefol ati i adeiladu cronfeydd dŵr uchelgeisiol a fyddai'n diwallu'r galw am ddŵr yfed glân. Rhwng 1858 ac 1927 crëwyd ym **Mannau Brycheiniog** a Fforest Fawr ddeg cronfa ddŵr a gyflenwai yn bennaf **Gaerdydd**, **Merthyr Tudful**, **Castell-nedd**, **Casnewydd** ac Abertawe.

Roedd trefi y tu hwnt i **Glawdd Offa** hefyd yn edrych am gyflenwadau dŵr yn ucheldiroedd Cymru, lle mae glaw cyson (gw. **Hinsawdd**) a chyfraddau anweddiad isel yn esgor ar ddengwaith mwy o ddŵr ffo na'r hyn a geir ar wastadeddau **Lloegr**. Dechreuodd **Lerpwl** godi'r argae cyntaf yn Nyffryn Efyrnwy yn 1881 (gw. **Llanwddyn**), a Phenbedw yn Nyffryn Alwen yn 1911 (gw. **Cerrigydrudion**). Cynllun Corfforaeth Birmingham oedd y mwyaf uchelgeisiol, a rhwng 1893 ac 1904 adeiladwyd cyfres o gronfeydd dŵr – Caban

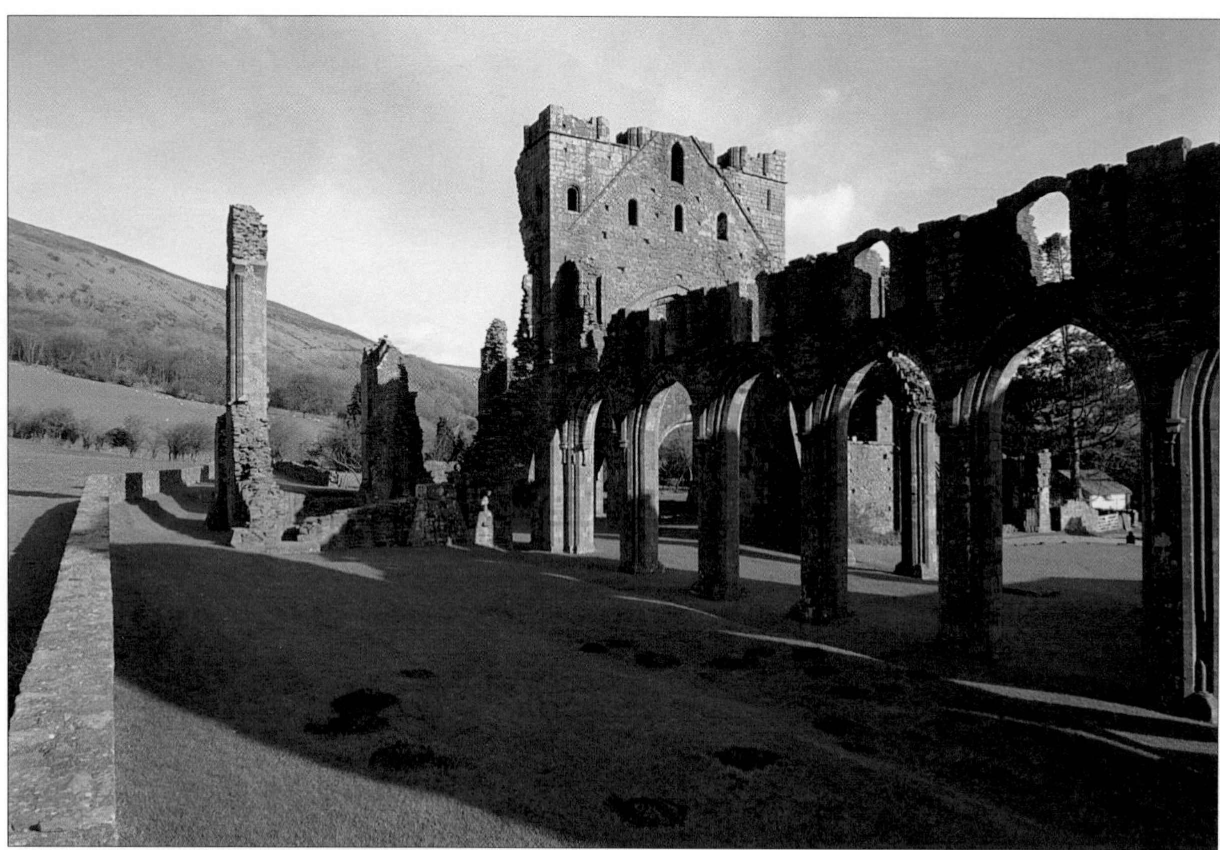

Priordy Llanddewi Nant Hodni, Crucornau

Coch, Garreg-ddu, Penygarreg a Chraig Goch – yn Nyffryn Elan (**Rhaeadr Gwy**). Ni wireddwyd bwriad cyfamserol y Gorfforaeth i foddi dyffryn cyfagos Claerwen hyd 1952. Mae'n bosibl y bydd cynllun mwy uchelgeisiol fyth yn Nyffryn Elan os cyflawnir y cynllun i ehangu Craig Goch.

Agorwyd chwech o'r deg cronfa ddŵr fwyaf yng Nghymru rhwng 1952 ac 1975, gan gynnwys Llyn Clywedog (1967; **Llanidloes Allanol**), yr hwyaf (7km), Llyn Celyn (1965; **Llandderfel**), y fwyaf o ran cynhwysedd (71,200 megalitr), a Llyn Brianne (1972; **Llanddewibrefi** a **Llanfair-ar-y-bryn**).

Pibellau a arferai gysylltu'r cronfeydd dŵr cynharaf â'r trefi a fu'n gyfrifol am eu codi, ond roedd y rheini a adeiladwyd wedi 1950 yn rhyddhau eu dyfroedd i mewn i afonydd dan amodau rheoledig. Golyga hyn i gronfeydd dŵr ddod nid yn unig yn ffynonellau dŵr i ddiwallu anghenion cartrefi a diwydiannau, ond yn fodd hefyd i godi lefelau afonydd yn ystod cyfnodau o sychder a'u gostwng pan fydd perygl o lifogydd. Felly, rhan o swyddogaeth Llyn Clywedog yw atal llifogydd yn Nyffryn **Hafren**, ac mae i Lyn Brianne yr un swyddogaeth mewn perthynas â Dyffryn **Tywi**. Daeth afonydd yn hytrach na phibellau yn fodd o gludo dyfroedd y cronfeydd; er enghraifft, caiff dŵr o Lyn Celyn ei ryddhau er mwyn iddo lifo i mewn i afon **Dyfrdwy** ac yna fe'i tynnir o'r afon ger Caer. Golyga'r polisi newydd fod cronfeydd dŵr, a fu gynt dan reolaeth y trefi a'u cododd, wedi dod yn rhan annatod o bolisi rheoli dŵr ehangach, newid a gafodd ei adlewyrchu pan sefydlwyd yr Awdurdod Afonydd Cenedlaethol yn 1964.

Er mai llynnoedd o wneuthuriad dyn yw'r rhan fwyaf o'r 150 o gronfeydd dŵr yng Nghymru, ehangwyd rhai llynnoedd naturiol megis Llyn y Fan Fach (**Llanddeusant**) sy'n cyflenwi **Llanelli**, Llyn Cowlyd (**Dolgarrog**) sy'n cyflenwi **Conwy**, **Bae Colwyn** a gorsaf bŵer Dolgarrog, a Llyn Llydaw (**Beddgelert**), sy'n cyflenwi pwerdy Cwm Dyli. Sefydlwyd nifer o gronfeydd dŵr eraill yn arbennig i gyflenwi cynlluniau pŵer trydan dŵr (gw. **Ynni**). Mae'r cynlluniau hyn yn cynnwys Llyn **Trawsfynydd**, a sefydlwyd yn 1924–8 i gyflenwi gorsaf bŵer **Maentwrog**. (Helaethwyd y llyn yn ystod y 1960au er mwyn diwallu anghenion Gorsaf Ynni Niwclear Trawsfynydd (gw. **Trawsfynydd, Gorsaf Ynni Niwclear**).) Fel rhan o gynlluniau pŵer trydan dŵr Cwm Rheidol (**Blaenrheidol**) a Thanygrisiau (**Ffestiniog**), a agorwyd yn ystod y 1960au, crëwyd dwy gronfa ddŵr – Nant-y-moch a Thanygrisiau – yn ogystal â helaethu Llyn Stwlan. Ar y llaw arall, mae cynllun hynod Dinorwig (**Llanddeiniolen**), a gwblhawyd yn 1984, yn seiliedig ar ddau lyn naturiol.

Esgorodd bron pob cynllun i foddi tir a chartrefi ar ryw gymaint o wrthwynebiad, er nad arweiniodd ambell gynllun mawr – megis cronfa ddŵr Llandegfedd (1966; **Llangybi, Sir Fynwy**), er enghraifft – at foddi unrhyw aneddiadau o bwys. Ond pan fo'r gwaith o greu cronfa ddŵr yn golygu chwalu cymunedau, gall hynny ennyn teimladau cryf a phrotestiadau, fel y digwyddodd yn achos Llyn Celyn (gw. **Tryweryn, Boddi Cwm**).

## CROSSKEYS, Caerffili (575ha; 3,092 o drigolion)

Lleolir y **gymuned** hon gerllaw cymer afonydd **Ebwy** a Sirhywi, ac fe'i henwyd ar ôl tafarn a fu yno ar un adeg. Dechreuwyd cloddio am lo meddal yn gymharol gynnar, ond erbyn diwedd y 19g. roedd yr ardal yn ddibynnol ar weithfeydd glo ager yng Nghwm-carn a **Rhisga** (gw. **Glo**). Crosskeys yw cartref Coleg Trydyddol Gwent, a ddaeth i gymryd lle Ysgol Fwyngloddiau Crymlyn. Daeth sefydliad lleol pwysig arall, sef y clwb **rygbi**, i fod yn 1885. Yn gynnar yn y 1920au lluniwyd gardd-faestref ddeniadol Pont-y-waun. Mae traphont (1794), sy'n cludo cangen **Crymlyn** o Gamlas Sir Fynwy (gw. **Camlesi**), wedi goroesi yno. Mae llawr y cwm yn frith o adeiladau ond plannwyd coed ar draws yr ucheldiroedd.

## CRUCORNAU, Sir Fynwy (7,156ha; 1,170 o drigolion)

Rhan fwyaf gogleddol **Sir Fynwy** yw'r **gymuned** hon, ac mae'n cynnwys Dyffryn **Ewias**, cwm hyfryd afon Honddu. Tŷ braf yn dyddio o ddiwedd yr 16g. a dechrau'r 17g. yw Llanfihangel Court. Dywedir bod crocbren ar un adeg yn nhafarn Skirrid Mountain, sy'n dyddio o'r 17g. Brodor o'r Pandy oedd yr ysgolhaig **Raymond Williams**. Mae i'r plasty yn Nhrewyn nodweddion o'r Oesoedd Canol. Bu i dir ansefydlog achosi i'r eglwys yng Nghwm-iou wyro; ceir yn yr eglwys gofebau gan dair cenhedlaeth o gerflunwyr teulu **Brute**. Neuadd ysblennydd yw Llwyncelyn sydd wedi goroesi'n gyfan o ddiwedd yr Oesoedd Canol, ac mae Pen-y-Clawdd Court yn faenordy gwerth ei weld, gyda chyrn simnai nodedig. Cynhyrchu golosg yn hytrach na **glo** a wneid yn Forest Coal Pit.

Prif ogoniant y gymuned yw priordy Llanddewi Nant Hodni, a oedd yn wreiddiol yn feudwyfa a oedd yn eiddo i William de Lacy, aelod o deulu **Lacy**, arglwyddi Ewias. Yn 1118 daeth yn ganondy Awgwstinaidd, y cyntaf yng Nghymru (gw. **Canoniaid Awgwstinaidd**.) Yn 1135, pan ddaeth yr ardal dan reolaeth y Cymry, aeth rhai o'r canoniaid nad oeddynt yn Gymry ati i sefydlu priordy Llanthony Secunda ger Caerloyw. Arhosodd teulu Lacy yn deyrngar i'r sefydliad gwreiddiol gan roi arian i godi eglwys fawr i'r priordy, a gwblhawyd *c.*1217. Mae'n adfail bellach, ond mae'r groesfa ddeheuol, sy'n dal yn lled gyfan, yn rhoi syniad o fawredd ac urddas yr adeilad gwreiddiol. Yn dilyn **diddymu'r mynachlogydd**, daeth y clafdy yn eglwys y plwyf, sef Eglwys Dewi Sant. Tua 1800 trowyd rhan orllewinol yr adeiladau mynachaidd yn gaban saethu; gwesty'r Abbey sydd yno bellach. Yn 1807 prynwyd stad Llanddewi Nant Hodni gan y bardd Saesneg Walter Savage Landor (1775–1864). Dechreuodd Landor adeiladu plasty'r Siarpal uwchlaw adfeilion y priordy, ond daeth y gwaith i ben wedi iddo fynd yn fethdalwr yn 1813. Mae'r coed a blannwyd ganddo wedi gwella golwg y lle yn fawr. Mae'r ucheldiroedd cyfagos, sy'n cynnwys rhai o rannau harddaf y **Mynydd Du** (**Sir Fynwy** a **Phowys**), yn frith o lochesi saethwyr grugieir. Ymweliad â Llanddewi Nant Hodni a Dyffryn Ewias yn 1967 a ysbrydolodd y bardd Americanaidd Allen Ginsberg (1926–97) i ysgrifennu'r gerdd 'Wales Visitation'.

## CRUCYWEL, Sir Frycheiniog, Powys (809ha; 2,065 o drigolion)

Saif y **gymuned** hon, ar lan ogleddol afon **Wysg**, dan gysgod y **Mynydd Du** (**Sir Fynwy** a **Phowys**). Yn ôl **Fenton**, dyma'r dref fwyaf siriol a welodd erioed, ond 'old and mean' oedd disgrifiad **Malkin** ohoni. Adeiladwyd Eglwys Sant Edmund – cysegriad anghyffredin yng Nghymru – ar dir a roddwyd gan Sybil Pauncefoot ym mlynyddoedd cynnar y 14g., ac mae ei chofeb hi, ynghyd â beddrodau eraill teuluoedd Pauncefoot a Herbert, yn y gangell. Mae rhai o feddrodau teulu Rumsey yn y fynwent a saif eu hen gartref, y Malt House, yn Standard Street. Mae carreg fedd (1750) yn coffáu Samuel Walbeoffe o Lanhamlach, y bu'n rhaid iddo ymadael â'r tŷ a fu'n gartref i'w hynafiaid am 620 o flynyddoedd oherwydd iddo afradu ei holl gyfoeth. Cofnoda **Theophilus Jones** fod y **plygain** yn dal i gael ei gynnal yma yn ystod blynyddoedd cynnar y 19g., ac roedd yn bresennol pan agorwyd siambr gladdu Gwernvale o'r Oes Neolithig (gw. **Oesau Cynhanesyddol**), cromlech a gloddiwyd yn fwy trwyadl oddi ar hynny. Gwernvale Manor, sydd bellach yn westy, oedd cartref Syr **George Everest**, yr enwyd y mynydd uchaf yn y byd ar ei ôl. Nid oes fawr ddim o'r castell wedi goroesi, ond y bont 13 bwa yw'r rhagoraf o'r rheini sy'n croesi afon Wysg. Mae Porth Mawr, ar y ffordd i **Aberhonddu**, yn borth caerog nodedig o gyfnod y **Tuduriaid**. Yn yr Oesoedd Canol cynnar roedd Crucywel yn **gwmwd** oddi mewn i gantref **Blaenllynfi** neu **Dalgarth**, yn nheyrnas **Brycheiniog**.

## CRUG MAWR, Brwydr

Yn 1136 distrywiodd Owain (gw. **Owain Gwynedd**) a Cadwaladr, meibion **Gruffudd ap Cynan**, ynghyd â **Gruffudd ap Rhys ap Tewdwr**, fyddin gref o Eingl-**Normaniaid** a **Ffleminiaid** mewn brwydr fawr yng Nghrug Mawr, ychydig i'r gogledd o **Aberteifi**, buddugoliaeth a sefydlodd reolaeth y Cymry ar **Ddeheubarth**.

## CRWTH

Cenid yr offeryn hwn yng Nghymru o'r Oesoedd Canol, pan oedd yn un o offerynnau'r llys, hyd ddiwedd y 18g. Yn ei

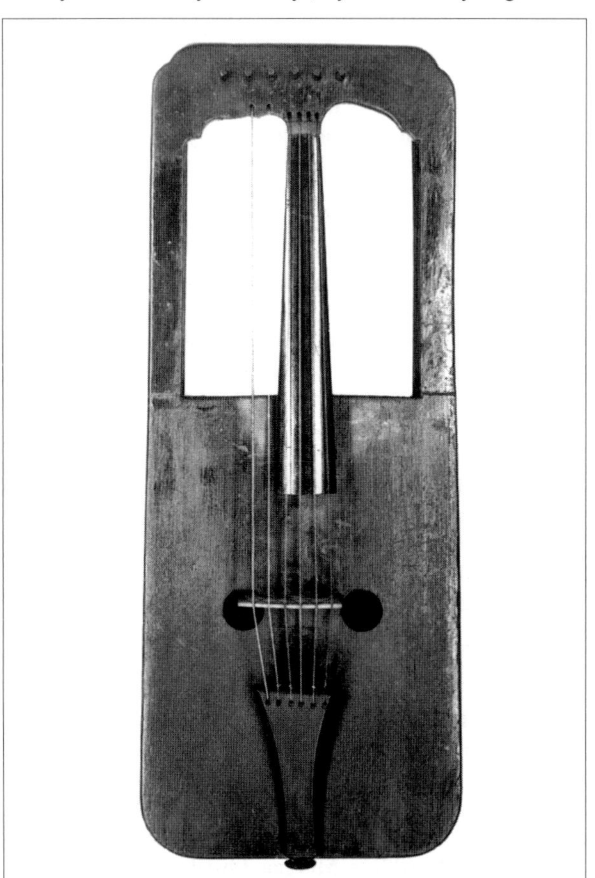

Crwth

hanfod lyra a chwaraeir â bwa ydyw, gyda brân (trawfwrdd) a chwech (neu weithiau dri) o dannau. Amlygir gwreiddiau hynafol y crwth yn ei ffrâm sy'n ymdebygu i lyra ac yn y modd y tiwnir ei dri chwrs dwbl. Nid yw'r cwrs isaf yn croesi'r frân, a gellir ei chwarae â bwa neu ei blycio â'r bawd chwith. Mae'r bont wastad yn mynnu techneg berfformio gordiol, sy'n addas ar gyfer cyfeilio i lais yn datgan neu'n canu barddoniaeth, megis yng ngherdd dant yr Oesoedd Canol (gw. **Canu Penillion**). Ailgyflwynwyd y crwth i gerddoriaeth werin Gymreig yng nghanol y 1980au gan y triawd offerynnol Aberjaber; mae'r adfywiad wedi parhau yn nwylo cerddorion megis Bob Evans, sy'n hanu o **Sir Aberteifi**, a Cass Meurig, sy'n byw yng **Ngwynedd**, y ddau wedi rhyddhau recordiau nodedig.

**CRYMLYN**, Caerffili (1,387ha; 5,724 o drigolion)
Saif Crymlyn, sydd ar lan ddwyreiniol afon **Ebwy**, i'r de o gymer Ebwy Fawr ac Ebwy Fach, ac mae tŵr amlwg Eglwys Crist (1909) yn sefyll uwchlaw'r dref. Roedd cangen o Gamlas Sir Fynwy, a gwblhawyd yn 1794, yn terfynu yng Nghrymlyn, lle'r oedd yn cysylltu â thramffyrdd a oedd yn arwain i **Nant-y-glo** a **Glynebwy**. Ar ddechrau'r 20g. datblygodd y pentref yn gyflym, gan gynnig cartref i weithwyr glofa'r Navigation. Mae rhai o adeiladau'r lofa, sy'n dyddio o *c.*1907–11, yn cynnwys gwaith brics o'r safon uchaf. Cafodd nodwedd enwocaf Crymlyn, sef traphont reilffordd haearn uchel iawn, ei dymchwel yn 1985. Roedd y draphont, a adeiladwyd rhwng 1853 ac 1857, yn 62m o uchder a 180m o hyd, ac yn un o ryfeddodau peirianyddol yr oes. Mae dau biler carreg mawr wedi goroesi, ac maent yn tystio i faintioli'r cynllun.

**CRYMYCH**, Sir Benfro (4,473ha; 1,596 o drigolion)
Mae'r **gymuned** hon, sy'n ymestyn o boptu'r heol rhwng **Aberteifi** a **Dinbych-y-pysgod** (yr A478), yn cynnwys pentref mawr Crymych a phentrefi bach Glandŵr, Hermon, Llanfair Nant-gwyn, Llanfyrnach, Pentregalar a Phontyglasier. Ar ben Foel Drygarn (363m), copa mwyaf dwyreiniol **Mynydd Preseli**, ceir bryngaer sylweddol o'r Oes Haearn (gw. **Oesau Cynhanesyddol**; hefyd **Bryngaerau**). O fewn ei muriau ceir tair carnedd o'r Oes Efydd (gw. Oesau Cynhanesyddol) ac olion safleoedd (llwyfannau) 140 o dai. Mae capeli'r gymuned, er enghraifft capel yr **Annibynwyr** (1712, 1876) yng Nglandŵr, a chapeli'r **Bedyddwyr** yn Hermon (1808, 1863) a Phontyglasier (1826, 1873), yn fwy diddorol na'i heglwysi. Tŷ hyfryd o'r 17g. yw Pantyderi, Llanfair Nant-gwyn. Yn 1881 cyflogai hen fwynglawdd **plwm** Llanfyrnach tua 100 o weithwyr. Hyd nes adeiladu'r rheilffordd o **Hendy-gwyn** yn 1875, y Crymych Arms oedd yr unig adeilad ar safle yr hyn a fyddai'n datblygu yn bentref Crymych. Mae prif adeilad Ysgol y Preseli, Crymych (1953–7), yn ymdebygu i dŵr rheoli maes awyr; achosodd y penderfyniad i'w dynodi'n ysgol uwchradd cyfrwng Cymraeg gryn ddadlau yn lleol yn y 1980au.

**CRYNWYR**
Disgyblion i George Fox, mab i wehydd o Swydd Gaerlŷr, oedd y Crynwyr. Ei gred ef yn y goleuni mewnol a roes fod i Gymdeithas Grefyddol y Cyfeillion, mudiad a ymdreiddiodd i Gymru o 1653 ymlaen. Yn y dyddiau cynnar **John ap John**, un o ddisgyblion **Morgan Llwyd**, oedd ei bleidiwr pennaf, er bod pregethwyr eraill megis Richard Davies (1635–1708) o'r Cloddiau Cochion (y **Trallwng**, **Sir Drefaldwyn**) a Thomas Wynne o **Gaerwys** hefyd yn taenu dysgeidiaeth y Cyfeillion yn egnïol. Fel y dengys eu hamharodrwydd i dalu'r **degwm**, i ddiosg eu hetiau, i dyngu llwon ac i ddwyn arfau, roedd ganddynt ddaliadau radicalaidd ac, o ganlyniad, fe'u herlidiwyd yn dost wedi Adferiad y Stiwartiaid yn 1660. Nid yw'n syndod, felly, i rai cannoedd ohonynt benderfynu ymfudo i **Ogledd America** o'r 1680au ymlaen er mwyn cynorthwyo ymgais William Penn i sefydlu iwtopia heddychlon yn nhalaith **Pensylfania**. Ac yntau wedi colli ei oreugwyr, tlodwyd y mudiad yng Nghymru i'r fath raddau fel bod hyd yn oed ei gefnogwyr yn cyfeirio atynt eu hunain fel 'y gweddillion'. Ffynnodd y Crynwyr mwyaf dyfeisgar ym myd **bancio** a diwydiant, yn enwedig teulu **Lloyd (Dolobran)** **(Llangynyw)**, meistri **haearn** a sylfaenwyr Banc Lloyds.

Yn sgil erchyllterau'r **Rhyfel Byd Cyntaf**, enillodd **heddychiaeth** y Crynwyr hygrededd newydd, a bu eu syniadau'n ddylanwad pwysig ar yr ymgyrchydd heddwch **George M. Ll. Davies** a'r bardd **Waldo Williams**. Yn ystod **dirwasgiad** y cyfnod rhwng y ddau ryfel, bu'r Crynwyr yn flaenllaw yn y gwaith o ymgeleddu'r di-waith, yn enwedig ym **Mrynmawr**. Mae eu mynwentydd i'w gweld o hyd yn **Nolgellau**, Treharris (**Merthyr Tudful**) a mannau eraill. O blith tai cwrdd cynharaf y Crynwyr, yr un sy'n creu'r mwyaf o argraff ar ymwelydd heddiw yw The Pales (**Pen-y-bont**, **Sir Faesyfed**).

**CUDLIPP, Teulu** Newyddiadurwyr
Hanai'r brodyr Cudlipp o **Gaerdydd** a chychwynnodd y tri ohonynt ar eu gyrfaoedd newyddiadurol yng Nghymru cyn cyrraedd Fleet Street yn y 1930au. Bwriodd Percy Cudlipp (1905–62) ei brentisiaeth ar y *South Wales Echo* a'r *Evening Chronicle* ym Manceinion cyn cael ei benodi'n olygydd yr *Evening Standard* (1933–8) ac yna'n olygydd y *Daily Herald* (1940–53). Yn 1956 ef oedd sefydlydd a golygydd cyntaf y *New Scientist*. Bu Reginald Cudlipp (1910–2005) yn isolygydd y *Western Mail* cyn ymuno â'r *News of the World* yn 1938 a dod yn olygydd y papur hwnnw yn 1953. Daeth y trydydd brawd, Hugh Cudlipp (1913–98), yn olygydd y *Sunday Pictorial* yn 1937. Yn ddiweddarach daeth yn gadeirydd y Mirror Group ac yn y pen draw yn gadeirydd yr International Publishing Company, y busnes cyhoeddi mwyaf yn y byd ar y pryd. Fe'i hadwaenid fel 'Tywysog y Papurau Tabloid', ac fe'i hurddwyd yn farchog yn 1974. Am y tri brawd, dywedodd **Caradog Prichard** mai Percy oedd y 'mwyaf awenus; Reg . . . y mwyaf diwyd a chydwybodol, a Hugh . . . y gwytnaf a'r mwyaf ymwthgar'.

**CUNEDDA (*fl.*400 neu 450)** Sylfaenydd traddodiadol teyrnas Gwynedd
Un o benaethiaid yr **Hen Ogledd** a arweiniodd fyddin tua'r de er mwyn ymlid y **Gwyddelod** o **Wynedd** yn ôl ***Historia Brittonum*** (9g.). Yn ddiweddarach bu llawer o olrhain achau yn ôl at ei wyth mab, a honnir i saith ohonynt fynd gydag ef i Gymru gan sefydlu teyrnasoedd yno a oedd yn dwyn eu henwau. Enwyd **Rhufoniog** ar ôl Rhufawn, meddid, **Ceredigion** ar ôl Ceredig, ac **Edeirnion** ar ôl Edern, ond tebyg mai llên onomastig a roddodd fod i enwau'r meibion ac ymgais, efallai, i gyfiawnhau hawliau disgynyddion Cunedda i diriogaethau y tu hwnt i deyrnas wreiddiol Gwynedd. Derbynia rhai haneswyr fod Cunedda ei hun wedi symud i Gymru, ond ceir dadlau o hyd ynglŷn ag union ddyddiad y

mudo a phwy a'i hawdurdododd; dadleua rhai dros y 380au ac eraill dros y 430au.

**CWANGOAU** (*Quasi-autonomous nongovernmental organizations*)
Yn ystod y 1980au a'r 1990au cynnar bu'r llywodraethau Ceidwadol yn gyfrifol am roi nifer o gyfrifoldebau **llywodraeth** ganolog a lleol yng Nghymru yn nwylo cwangoau. Daethant yn rhyfeddol o bwerus wrth iddynt osod amcanion, creu polisïau a dosbarthu cyllid. Yn eu plith yr oedd **Bwrdd yr Iaith Gymraeg**, Awdurdod Cymwysterau, Cwricwlwm ac Asesu Cymru (ACCAC), yr awdurdod cartrefu Tai Cymru, ac **Awdurdod Datblygu Cymru** (WDA) a sefydlwyd gan y llywodraeth Lafur flaenorol ac a fu'n gocyn hitio arbennig. Erbyn y 1990au cynnar roedd bron i gant o gwangoau yn rheoli gwariant blynyddol o £1.86 biliwn, neu 34% o wariant y **Swyddfa Gymreig**. Roedd yn ensyniad cyffredin fod y llywodraethau Ceidwadol yn gosod ffyddloniaid Ceidwadol ar y cwangoau, a chychwynnodd **Cymdeithas yr Iaith Gymraeg** ymgyrch ddwys yn eu herbyn. Bu'r pryder ynghylch diffyg democratiaeth – dirprwyo pŵer go-iawn i gyrff anetholedig – yn help i ennyn cefnogaeth i **Gynulliad Cenedlaethol**, wedi'i ethol gan bobl Cymru, a fyddai'n cynnig llywodraeth ddemocrataidd ac agored. Ni ddechreuodd 'coelcerth y cwangoau', y galwyd amdani gan gefnogwyr **datganoli**, hyd 2004 pan gyhoeddwyd bod tri chorff a gynrychiolai ddeuparth 'cwangocratiaeth' Cymru – Awdurdod Datblygu Cymru, Bwrdd Croeso Cymru (gw. **Twristiaeth**) ac ELWa (gw. **Cyngor Cenedlaethol dros Addysg a Hyfforddiant yng Nghymru**) – i gael eu dileu fel cwangoau, gyda'u swyddogaethau, ar ôl gwanwyn 2006, i gael eu cyflawni y tu mewn i'r Cynulliad.

**CWARTER BACH**, Sir Gaerfyrddin (3,207ha; 2,933 o drigolion)
Ar lethrau'r **Mynydd Du**, ar ffin ddwyreiniol **Sir Gaerfyrddin**, y lleolir y **gymuned** hon sy'n cynnwys pentrefi Brynaman, Cefn-bryn-brain, Rhosaman ac Ystradowen. Dechreuwyd cloddio am **lo** a chynhyrchu **haearn** yn yr ardal yn hanner cyntaf y 19g. Aeth y diwydiant glo o nerth i nerth dros y degawdau nesaf, ac erbyn 1921 roedd 3,027 o drigolion yn y Cwarter Bach, a grëwyd o blwyf sifil **Llanddeusant**. Y Gwter Fawr oedd enw gwreiddiol Brynaman ond newidiwyd yr enw pan agorwyd y rheilffordd. Pan ymwelodd **George Borrow** â'r ardal yn 1854, dywedwyd wrtho: 'No Sais understands Welsh, and this is a Sais'. Yn ei hanterth diwydiannol, datblygodd yr ardal ddiwylliant bywiog a'i wreiddiau ym merw bywyd y capeli. Ymhlith y rhai a aned ym Mrynaman y mae'r bardd Bryan Martin Davies (g.1933) a'r canwr gwerin, yr ymgyrchwr iaith a llywydd **Plaid [Genedlaethol] Cymru** (2003–), Dafydd Iwan (g.1943). Yn 2001 roedd gan 83.29% o drigolion y Cwarter Bach rywfaint o afael ar y **Gymraeg**, ac roedd 61.73% ohonynt yn gwbl rugl ynddi – y canrannau uchaf ymhlith holl gymunedau Sir Gaerfyrddin.

**CWM**, Blaenau Gwent (978ha; 4,350 o drigolion)
**Cymuned** yng Nghwm Ebwy Fawr (gw. **Ebwy, Afon**) yw hon, ac un stryd eithriadol o hir i bob pwrpas yw pentref Cwm ei hunan. Daeth i fodolaeth er mwyn cartrefu glowyr a weithiai yng nglofa'r Marine. Bellach, fodd bynnag, y diwydiannau ym Mharc Busnes y Marine yw'r cyflogwyr lleol. Dywedir bod **Cadog** wedi codi eglwys ar Gefn Manmoel. Mae gwarchodfa natur i'r gogledd o'r pentref ac mae Llwybr Cwm Ebwy yn croesi'r ardal.

**CWM, Y**, Sir Ddinbych (1,498ha; 385 o drigolion)
Mae'r **gymuned** hon, sydd yn union i'r de-ddwyrain o **Ruddlan**, yn cynnwys nifer o dai hanesyddol. Yn eu plith y mae Plas Is Llan, Pentre Cwm, Terfyn a Phwllhalog. Roedd Richard Parry, esgob **Llanelwy** (1604–23), a fu'n rhannol gyfrifol am argraffiad 1620 o'r **Beibl** Cymraeg, yn fab i John ap Harri o Bwllhalog. Yn Eglwys Sant Mael a Sant Sulien gwelir bedd gyda chanopi (1642), y mwyaf addurnedig o'i fath yng Nghymru. Ceir golygfeydd bendigedig o Ddyffryn **Clwyd** ac **Eryri** wrth fynd i lawr yr **A55** tuag at Ruallt.

**CWM ABER**, Caerffili (1,334ha; 6,696 o drigolion)
Mae'r **gymuned** hon i'r gogledd-orllewin o **Gaerffili** yn cynnwys pentrefi Senghennydd ac Abertridwr. Suddo pyllau **glo**'r Universal a'r Windsor yn y 1890au a arweiniodd at drefoli'r cwm. Ar 14 Hydref 1913 lladdwyd 439 o ddynion a bechgyn gan ffrwydrad yng nglofa'r Universal, Senghennydd – y drychineb fwyaf erioed yn hanes maes glo'r de (gw. **Senghennydd, Trychineb Glofa**). Credir mai ffiniau parc **hela** arglwyddi canoloesol cantref **Senghennydd** yw'r gwrthgloddiau a geir yn yr ardal.

**CWM CADNANT**, Ynys Môn (2,312ha; 2222 o drigolion)
Enwyd y **gymuned** hon, sef yr ardal rhwng **Biwmares** a **Phorthaethwy**, ar ôl afon Cadnant. Mae'n cynnwys pentrefi Llandegfan a Llansadwrn. Yn Eglwys Sant Sadwrn mae cofeb o'r 6g. i'r sant. Roedd Treffos yn un o gartrefi esgob **Bangor** yn yr Oesoedd Canol ac yn ganolfan maenor esgobol a oedd yn ymestyn dros 4,180ha. Hafoty (cartref cwnstabl Castell Biwmares yn y 1530au) yw un o dai canoloesol gorau **Môn**, gyda rhannau ohono yn dyddio o bosibl o'r 14g. Mae sawl maen hir yn yr ardal.

**CWM CYNON** Etholaeth a chyn-ddosbarth
Yn dilyn ad-drefnu llywodraeth leol yn 1974 daeth Cwm Cynon yn ddosbarth yn sir **Morgannwg Ganol**. Roedd yn cynnwys yr hyn a fu gynt yn ddosbarthau trefol **Aberdâr** ac **Aberpennar** a rhan o ddosbarth gwledig **Castell-nedd** yn **Sir Forgannwg**, a rhan o ddosbarth gwledig y Faenor a Phenderyn yn **Sir Frycheiniog**. Yn 1996 daeth y dosbarth, ynghyd â dosbarth y **Rhondda** a'r rhan fwyaf o ddosbarth **Taf Elái**, yn fwrdeistref a sir **Rhondda Cynon Taf**. Cwm Cynon, bellach, yw'r enw ar hen etholaeth Aberdâr.

**CWM DARRAN**, Caerffili (1,968ha; 2,545 o drigolion)
Cwmpasa'r **gymuned** hon Ddyffryn Nant Bargod Rhymni (gw. **Rhymni, Afon**) ac mae'n cynnwys pentrefi Fochriw a Deri, a ddatblygodd i wasanaethu gweithfeydd **glo** Fochriw, Pencarreg a'r Groes-faen. Mae Llwybr Ffordd Las Cwm Rhymni yn croesi'r cwm.

**CWM EDNO, Damwain Awyren**
Ar 10 Ionawr 1952 roedd awyren Dakota, a oedd yn eiddo i Aer Lingus, ar ei ffordd i Ddulyn o faes awyr Northolt yn **Llundain**. Wrth groesi **Eryri**, daliwyd yr awyren mewn

gwyntoedd chwyrn 60 not a'i hyrddiodd yn bendramwnwgl tua'r ddaear. Cwympodd yn nyffryn anghysbell Cwm Edno (**Dolwyddelan**). Lladdwyd pob un o'r 23 teithiwr ar ei bwrdd.

**CWM GARW**, Pen-y-bont ar Ogwr (3,062ha; 7,570 o drigolion)

Mae'r **gymuned** hon yn cwmpasu dalgylch afon Garw, un o isafonydd **Ogwr**, ac yn cynnwys Werfa (568m), copa uchaf ucheldiroedd canol **Sir Forgannwg**. Diwydiannwyd Blaengarw a Phontycymer o'r 1880au ymlaen gan gwmni Ocean Coal ac eraill, ac mae'r naill dreflan a'r llall yn cynnwys rhesi o dai teras a chapeli sylweddol. Mae Neuadd Gweithwyr Blaengarw (1894), a oedd ar un adeg yn cynnwys theatr, llyfrgell ac ystafell ddarllen, bellach yn ganolfan gelfyddydau gymunedol. Ym Mlaengarw daw heol yr A4064 i ben ei thaith, a chwm Garw yw un o'r ychydig gymoedd pengaead ym maes **glo**'r de. Yn y Betws, sydd wedi ehangu'n ddiweddar wrth i weithwyr sy'n cymudo i **Ben-y-bont ar Ogwr** ymgartrefu yno, ceir eglwys sy'n dyddio o ddiwedd yr Oesoedd Canol, er bod yr adeilad wedi'i adnewyddu'n helaeth. Saif Eglwys Llangeinwyr, gyda'i thŵr o'r 15g., yn uchel uwchlaw'r cwm, a dim ond tafarn wrth ei hymyl. Yn Llangeinwyr y ganed un o feddylwyr mawr Cymru, **Richard Price**.

**CWM GWAUN**, Sir Benfro (3,870ha; 266 o drigolion)

Nid oes pentref go iawn yn y **gymuned** hon, sy'n cwmpasu dyffryn godidog Cwm Gwaun i'r de-ddwyrain o **Abergwaun**. Meini hirion Parc y Meirw, Llanllawer, yw'r rhes hiraf o feini yng Nghymru. O'r pedair eglwys yng Nghwm Gwaun, dim ond Eglwys Sant Brynach, Pont-faen, sydd o ddiddordeb; fe'i codwyd yn y 1860au, a'i dodrefnu yn ôl egwyddorion **Mudiad Rhydychen**, gydag allor garreg a thuserau. Ym mynwentydd eglwysi Llanychâr a Llanllawer ceir cerrig arysgrifedig (7g.–9g.). Gerllaw eglwys Llanllawer ceir gweddillion sylweddol (14g.) ffynnon a ddefnyddid ar gyfer iacháu a melltithio. Mae Cwm Gwaun yn enwog am ddathlu'r Hen Galan (13 Ionawr), macsu **cwrw** a'r traddodiad o adrodd neu ganu **pwnc**. Tŷ Cwrdd Bach (1974) oedd un o'r tai modern cyntaf ym **Mhrydain** i gael ei doi â thywyrch.

**CWM OGWR**, Pen-y-bont ar Ogwr (3,875ha; 7,800 o drigolion)

Mae'r **gymuned** hon yn cwmpasu'r rhan helaethaf o ddalgylch afonydd Ogwr Fawr ac Ogwr Fach (gw. **Ogwr, Afon**), ac uwchlaw pen uchaf Cwm Ogwr Fawr saif Bwlch-y-clawdd lle mae **ffyrdd** dramatig a throellog tu hwnt yn arwain i gymoedd **Rhondda** ac **Afan**. Ardal denau ei **phoblogaeth** ydoedd yn wreiddiol, yn cael ei chynnal gan ffermio **defaid**, ond dechreuodd diwydiant ddatblygu yma pan aeth gwaith haearn Ton-du ati i gloddio am **lo** yn y 1850au. Tyfodd poblogaeth y ddau gwm o'r 1860au ymlaen pan agorwyd pyllau gan ragflaenwyr cwmnïau glo'r Ocean, Cory, Lewis Merthyr a Glenavon. Mae trwch y boblogaeth yn byw yn nhrefi Nant-y-moel, Price Town a Chwm Ogwr ei hun. Yr adeiladau amlycaf yw **sefydliadau'r glowyr** a'r capeli; addaswyd Capel Bethlehem (1876) yn ganolfan i **gorau meibion**. Dymchwelwyd adeiladau'r hen lofeydd, a bellach mae'r trigolion yn edrych tua ffatrïoedd a siopau **Pen-y-bont ar Ogwr** am waith.

Eglwys Sant Tyfodwg, a saif yn uchel uwchlaw Cwm Ogwr Fach, ac a ailadeiladwyd i raddau helaeth gan **John Prichard** yn y 1870au, oedd eglwys plwyf Llandyfodwg, a gwmpasai ardal helaeth yn ymestyn o **Lantrisant** i'r Rhondda. Mae Bryn-chwith yn ffermdy hardd o'r 17g.

**'CWM RHONDDA'** Emyn-dôn

Emyn-dôn fwyaf poblogaidd a grymus Cymru. Fe'i cyfansoddwyd yn 1907 gan John Hughes (1873–1932) o **Lanilltud Faerdref** ac fe'i cysylltir â geiriau **Ann Griffiths**, 'Wele'n sefyll rhwng y myrtwydd', a geiriau Saesneg **William Williams**, Pantycelyn (1717–91), *'Guide me, O thou great Jehovah'*.

**CWM RHYMNI** Cyn-ddosbarth

Yn 1974, pan ddiddymwyd **Sir Forgannwg** a **Sir Fynwy**, daeth Cwm Rhymni yn un o'r chwe dosbarth o fewn sir newydd **Morgannwg Ganol**. Roedd yn cynnwys yr hyn a fu gynt yn ddosbarthau trefol **Caerffili** a **Gelli-gaer** a rhan o ddosbarth gwledig **Caerdydd**, ym Morgannwg, a dosbarthau trefol **Rhymni** a **Bedwas a Machen**, a rhan o ddosbarth trefol **Bedwellte** yn Sir Fynwy. Yn 1996 daeth y dosbarth, ynghyd â dosbarth **Islwyn**, yn fwrdeistref a sir **Caerffili**. At ddibenion etholiadol, mae rhan uchaf yr hen ddosbarth yn etholaeth Merthyr a Rhymni, a'r rhan isaf yn etholaeth Caerffili.

**CWMAFAN**, Castell-nedd Port Talbot (1,003ha; 5,603 o drigolion)

Dechreuwyd datblygu'r ardal hon, sydd i'r gogledd o **Bort Talbot**, o 1800 ymlaen, yn dilyn agor pyllau **glo** a gweithfeydd **haearn** a **thunplat**, ac, o 1841 ymlaen, weithfeydd mwyndoddi **copr**. Erbyn 1900 roedd y gweithfeydd trin metel yn symud tua'r arfordir ac wrth i'r diwydiant glo araf ddirywio a'r cwm droi'n wyrddlas eto, daeth Cwmafan yn rhan o ddalgylch cymudo Port Talbot. Safle caerog o'r 12g. yw Castell Bolan a adeiladwyd gan arglwyddi Cymreig **Afan**. Roedd Eglwys Sant Mihangel (1851) yn un o gomisiynau cynharaf **John Prichard**.

**CWMAMAN**, Sir Gaerfyrddin (2,745ha; 4,226 o drigolion)

Mae'r **gymuned** hon, sy'n ymestyn ar draws rhannau canol Dyffryn Aman i'r dwyrain o **Rydaman**, yn cynnwys rhan o lethrau gorllewinol y **Mynydd Du (Sir Gaerfyrddin** a **Phowys)** a phentrefi Glanaman a'r Garnant, lle ganed y cerddor John Cale yn 1942 (gw. **Cerddoriaeth**). O 1912 hyd 1974, y rhan fwyaf dwys ei phoblogaeth o'r gymuned oedd dosbarth trefol Cwmaman. Daeth cloddio am **lo** yn ddiwydiant pwysig yma wedi i'r rheilffordd gyrraedd yn 1842. Erbyn diwedd y 19g. roedd glowyr a gweithwyr **tunplat** Cwmaman wedi creu enghraifft nodedig o ddiwylliant Cymraeg, dosbarth gweithiol (gw. **Dosbarth**). Caeodd pwll glo pwysicaf yr ardal, Gelliceidrim, yn 1958. Erbyn 1985 roedd pob un o byllau Dyffryn Aman wedi cau, er bod llawer iawn o gloddio glo brig yn dal i ddigwydd yn yr ardal. Mae dyfodiad ffatrïoedd bach wedi lleddfu'r diweithdra a achoswyd gan gau'r pyllau, er nad yw wedi ei ddatrys yn llwyr.

**CWM-BACH**, Rhondda Cynon Taf (608ha; 4,283 o drigolion)

Yn y **gymuned** hon, yn union i'r de-ddwyrain o **Aberdâr**, ceir yr unig ddarn sy'n weddill o Gamlas Aberdâr (1812).

Yn 1837 darganfu teulu Wayne, perchnogion gwaith **haearn** y Gadlys, y wythïen **lo** bedair troedfedd yng Nghwm-bach gan roi cychwyn ar y cloddio am lo ager yng **Nghwm Cynon**. Agorwyd hanner dwsin o lofeydd eraill mewn dim o dro. Y ffrwydrad yng nglofa Lletty Shenkin yn 1849, a laddodd 52 o lowyr, oedd y drychineb gyntaf a gofnodwyd mewn pwll glo yng Nghymru a esgorodd ar fwy na 50 o farwolaethau (gw. **Trychinebau Glofaol**). Ymhen amser daeth glofa teulu Wayne yn rhan o ymerodraeth **Powell Duffryn**. Yng Nghwm-bach yn 1860 y sefydlwyd y siop gydweithredol lwyddiannus gyntaf yng Nghymru. Yn y 1960au datblygwyd yn y pentref broject **tai** blaengar ei gynllun sy'n cynnwys strydoedd crwm ac ynysoedd o dai. Treuliodd y bardd **Harri Webb** flynyddoedd olaf ei fywyd yng Nghwm-bach.

## CWMBRÂN, Torfaen (2,232ha; 41,725 o drigolion)

Saif Cwmbrân o fewn cymunedau Croesyceiliog, Cwmbrân Ganol, Cwmbrân Uchaf, Fairwater, Llanyrafon a Phontnewydd (gw. **Cymuned** a gw. isod). Erbyn dechrau'r 21g. Cwmbrân, yr unig dref a sefydlwyd yng Nghymru dan Ddeddf Trefi Newydd 1946, oedd y chweched ganolfan drefol fwyaf yn y wlad. Saif ar gyrion maes **glo**'r de ac mae ar dir gweddol wastad yn nyffryn afon Lwyd i'r de o **Bont-y-pŵl**. Hyd at y 1940au tir agored oedd yr ardal i raddau helaeth, er bod iddi draddodiad diwydiannol yn cynnwys codi glo a chynhyrchu **tunplat**, **haearn**, weiar a fitriol. Yn wreiddiol, nod Corfforaeth Ddatblygu Cwmbrân (1949) oedd sefydlu **poblogaeth** o 35,000 yn yr ardal, ffigur a gynyddwyd i 55,000 yn niwedd yr 20g. Roedd y cynllun yn rhagweld canol tref gyda lleoedd agored yn dynodi cyfres o gymdogaethau – 7 i ddechrau, a 12 yn y pen draw. Erbyn 1977 roedd canol tref ar gyfer cerddwyr yn unig wedi ei greu, gyda Sgwâr Gwent yn ganolbwynt iddo; erbyn 1986 roedd to ar bob un o'r rhodfeydd. Codwyd Theatr y Gyngres yn Sgwâr Gwent, ond ni wireddwyd y bwriad o gael canolfan ddinesig yno. Rhoddwyd hwb i ragolygon Cwmbrân yn 1963 gyda phenderfyniad Cyngor Sir Fynwy i adleoli ei bencadlys yno. Daeth Neuadd y Sir yn bencadlys Cyngor Sir Gwent yn 1974 ac yn bencadlys bwrdeistref sirol **Torfaen** yn 1996. Yn niwedd y 1970au chwalwyd y gobaith y byddai Athrofa Gwyddoniaeth a Thechnoleg **Prifysgol Cymru** hefyd yn symud i Gwmbrân. Diddymwyd y Gorfforaeth Ddatblygu yn 1988, wrth i boblogaeth Cwmbrân agosáu at 40,000.

*Cymunedau Cwmbrân*

CROESYCEILIOG (218ha; 5,234 o drigolion)
Roedd Croesyceiliog, sef dwyrain Cwmbrân, eisoes yn bentref sylweddol cyn sefydlu'r dref newydd. Mae'n cynnwys ysgol gyfun ragorol ei chynllun yn ogystal â rhai o derasau mwyaf deniadol y dref newydd.

CWMBRÂN GANOL (504ha; 10,469 o drigolion)
Nodwedd fwyaf deniadol y gymuned hon, sy'n cynnwys Hen Gwmbrân yn ogystal â chanol y dref newydd, yw Taliesin, enghraifft wych o dai lloches. Mae'r Tŵr yn Ffordd Redbrook – 'campanile' Cwmbrân – yn floc o fflatiau 22 llawr dyfeisgar sy'n cuddio simnai'r boeler a ddefnyddir i wresogi canol y dref. Mae canolfan Sant Dials yn darparu hyfforddiant ar gyfer cadetiaid **heddlu** gorllewin **Lloegr** yn ogystal â Chymru gyfan.

Camlas Sir Fynwy yng Nghwmbrân

CWMBRÂN UCHAF (476ha; 5,674 o drigolion)
Mae'r gymuned hon, sef gogledd-ddwyrain Cwmbrân, yn cynnwys darn deniadol o Gamlas Sir Fynwy (gw. **Camlesi**), gan gynnwys clwstwr o bum llifddor. Mae'r cynllun **tai** ym Maes Gilwern yn arbennig o ddeniadol.

FAIRWATER (523ha; 12,393 o drigolion)
Mae'r gymuned hon, sef rhan o dde-ddwyrain Cwmbrân, yn cynnwys yr enghraifft orau yng Nghymru, ar wahân i'r un yn **Wrecsam**, o drefn Radburn, sef cadw'r drafnidiaeth a'r cerddwyr ar wahân. Disgrifiodd John Newman Sgwâr Fairwater, gyda'i waliau pinc, fel 'flamboyant gesture'.

LLANYRAFON (302ha; 3,230 o drigolion)
Mae'r gymuned hon, sef rhan o dde-ddwyrain Cwmbrân, yn cynnwys swyddfeydd sir Torfaen, pencadlys heddlu Gwent, ac ysbyty a godwyd o amgylch Llanfrechfa Grange – plasty dryslyd o eclectig o ganol y 19g.

PONTNEWYDD (209ha; 4,725 o drigolion)
Mae i'r ardal hon, sef gogledd Cwmbrân, draddodiad diwydiannol hir yn ymestyn yn ôl i gyfnod sefydlu gwaith tunplat Pontnewydd yn 1802. Terasau gwynion Tynewydd (1950–2) oedd y tai cyntaf a godwyd fel rhan o'r dref newydd.

## CWMLLYNFELL, Castell-nedd Port Talbot (932ha; 1,123 o drigolion)

Calon y **gymuned** hon yw hen bentref bach glofaol wrth droed y **Mynydd Du** (**Sir Gaerfyrddin** a **Phowys**). Cymuned amaethyddol anghysbell ydoedd yn wreiddiol, a dim ond

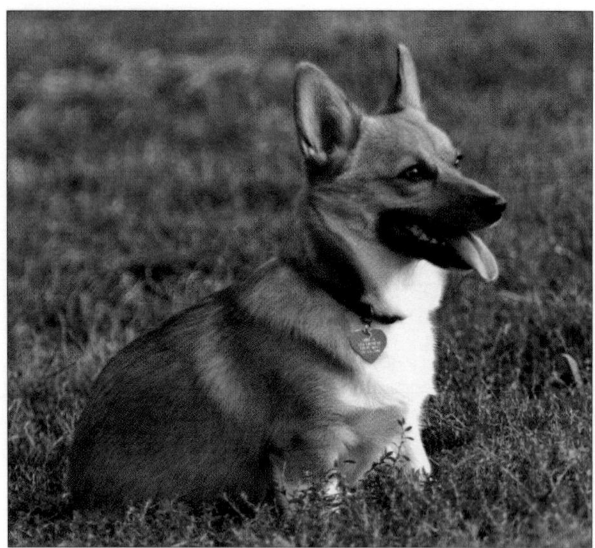

Corgi Sir Benfro

yn ystod blynyddoedd olaf y 19g. y daeth cloddio am **lo** yn brif gynhaliaeth y fro. Bu'r diwylliant Cymraeg yn gryf erioed, er gwaethaf y mewnlifiad o weithwyr o ogledd **Lloegr**. Bu'r cyfuniad lleol o **sosialaeth** a gweithgareddau cymunedol yn gysylltiedig â'r capeli yn gynhysgaeth i nifer o unigolion nodedig, gan gynnwys yr actores Siân Phillips (g.1934), a dreuliodd ran o'i hieuenctid yng Nghwmllynfell.

## CWMNI DUR CYMRU

Sefydlwyd Cwmni Dur Cymru yn 1947 er mwyn manteisio ar y moderneiddio a oedd eisoes wedi chwyldroi'r diwydiant cynhyrchu dur yn yr Unol Daleithiau. Crynhodd **Richard Thomas a Baldwins**, Guest Keen a Baldwins (GKB), John Lysaght a'r Llanelly Associated Tinplate Companies y rhan fwyaf o'u hadnoddau er mwyn creu gwaith dur cwbl integredig a oedd yn cynnwys cyfleusterau modern i gynhyrchu **tunplat**. Adeiladwyd y gwaith dur, ac ynddo felin strip boeth ddi-dor 80 modfedd a chyfleusterau lleihau oer, ar safle a oedd hefyd yn cwmpasu gwaith **haearn a dur** GKB ym **Mhort Talbot** a **Margam**; fe'i hagorwyd yn 1952. Fodd bynnag, am resymau cymdeithasol, penderfynwyd y dylai'r gwaith o gynhyrchu tunplat aros yn ei gynefin traddodiadol yn y gorllewin, ac ar ôl cryn gynllwynio gwleidyddol, agorwyd dau waith tunplat newydd, a gynhwysai gyfleusterau electrolytig, yn **Nhrostre** (**Llanelli**, 1953) a **Felindre** (**Llangyfelach** ger **Abertawe**, 1956).

Gyda'i gilydd, trawsffurfiodd y tri gwaith, ynghyd â gwaith Orb o eiddo Lysaght yng **Nghasnewydd**, y broses o gynhyrchu dur a thunplat yng Nghymru. Cafodd llawer o weithwyr o'r melinau llaw a gaeodd yn ystod y 1950au swyddi yn y gweithfeydd newydd enfawr. Roedd cyflogaeth yn ei hanterth yn gynnar yn y 1960au: Port Talbot, 18,000; Trostre, 2,700; Felindre, 2,500. Yn 1967, pan gafodd y cwmni ei draflyncu gan Gorfforaeth Dur Prydain, cyflogai gyfanswm o 21,000 o weithwyr.

## CWMNÏAU RECORDIO

Er i nifer o recordiadau o **gerddoriaeth** Gymreig gael eu rhyddhau yn y 1950au a'r 1960au ar labeli megis Qualiton, Teldisc, Cambrian a Dryw, ni sefydlwyd diwydiant recordio yng Nghymru hyd ddiwedd y 1960au. Bryd hynny sefydlwyd Rockfield Studios (**Llangatwg Feibion Afel**), a wnaeth enw iddo'i hun yn gyflym ym maes cerddoriaeth roc ryngwladol yn bennaf, a ffurfiwyd cwmni recordiau Sain (1969) gan y cerddorion a'r ymgyrchwyr iaith Dafydd Iwan a Huw Jones er mwyn meithrin cerddoriaeth frodorol. Wrth i'r labeli hŷn ddod i ben neu wrth i'w catalogau gael eu prynu gan labeli mwy, aeth Sain o nerth i nerth, ac erbyn 1980 roedd wedi adeiladu stiwdio 24-trac yn **Llandwrog**. Buan y daeth Sain yn brif gwmni recordio prif-ffrwd Cymru, gan adael y ffordd yn glir i nifer o labeli annibynnol ymffurfio yn ystod yr 1980au er mwyn darparu ar gyfer gwrandawyr mwy mentrus eu chwaeth gerddorol. Y tri label amlycaf oedd Recordiau Fflach (1981), Ankst (1988) a Recordiau R-Bennig (1990). Bu'r gystadleuaeth iach hon am y farchnad ieuenctid yn ysgogiad i Sain sefydlu chwaer-label, Crai, yn 1989. Ymhlith labeli a sefydlwyd yn fwy diweddar y mae Ciwdod, Dockrad a Boobytrap.

## CWMWD

Israniad o'r **cantref**. Efallai i'r cwmwd ddatblygu yn dilyn y cynnydd yn y **boblogaeth** o *c*.1050 ymlaen a'r angen wedyn am unedau haws eu trin. Roedd gan bob cwmwd ei ganolfan frenhinol a'i faerdref a'i lys ei hun; er i Gymru golli'i hannibyniaeth, goroesodd y cwmwd a'r llys. Yn dilyn y **Deddfau 'Uno'**, rhoddwyd i lawer o gymydau a rhai cantrefi statws yr **hwndrwd** Seisnig.

## CWMWD DEUDDWR Cwmwd

Safai Cwmwd Deuddwr i'r gorllewin o afon **Gwy**; y 'ddau ddŵr' oedd afon Gwy ac afon Elan. Fel un o arglwyddiaethau teulu **Mortimer**, fe'i hetifeddwyd gan ddugiaid **York**, a thrwy hynny daeth yn eiddo i'r Goron yn 1461. Cwmpasai'r **cwmwd** ran ogledd-orllewinol yr ardal a ddeuai'n **Sir Faesyfed**, ac roedd iddo'r un ffiniau yn fras â hen blwyf sifil Llansanffraid Cwmteuddwr.

## CŴN

Mae'r cyfeiriadau lluosog at gŵn mewn chwedloniaeth, llên gwerin, **llenyddiaeth** a chyfreithiau Cymreig yn tystio i'w pwysigrwydd o ran **hela**, bugeilio a gwarchod. Maent hefyd wedi cynnig cwmnïaeth, ac mewn cyfnodau mwy diweddar, gyfleoedd i gystadlu mewn **treialon cŵn defaid** a sioeau cŵn pedigri. Caiff cŵn hela le blaenllaw yn storïau'r **Mabinogion**, a chynhwysa llyfrau **cyfraith** yr Oesoedd Canol lawer o amodau ynglŷn â hyddgwn, milgwn, daeargwn, cŵn defaid a chŵn gwarchod. Roedd yn rhaid i wŷr rhydd ofalu am gŵn hela a **cheffylau**'r brenin yn ystod cylchdeithiau'r llys, arfer a adlewyrchid mewn cyfnod llawer diweddarach mewn rhai cytundebau tenantiaeth fferm a nodai fod yn rhaid i'r tenant gadw helgwn dros ei feistr tir.

*Y prif fridiau Cymreig sydd wedi goroesi*

CORGI – Mae dau frîd o gorgi: corgi brown a gwyn (neu las a gwyn) **Ceredigion** gyda'i gynffon hir, a chorgi lliw tywod **Sir Benfro** gyda'i gynffon fer. Bu rhyngfridio rhydd rhwng y ddau fath hyd y 1930au, ond o hynny ymlaen ceisiodd bridwyr bwysleisio'r gwahaniaethau rhyngddynt. Gair Cymraeg yw 'corgi' sy'n golygu corrach o gi, a magwyd corgwn i yrru da byw trwy frathu wrth eu sodlau a chyfarth.

Y CI DEFAID CYMREIG – Yn yr Oesoedd Canol roedd swyddogaeth y ci defaid yn cynnwys amddiffyn yn ogystal â rheoli diadelloedd, fel yr awgrymir gan gyfeiriad yn 'Culhwch ac Olwen' (gw. **Mabinogion**) at braidd dan ofal bugail gyda 'gafaelgi blewog . . . yn fwy na cheffyl nawmlwydd'. Roedd amryw fathau o gi defaid Cymreig, gan gynnwys yr un du a melyngoch, a'r ci mynydd Cymreig coch (neu laslwyd) a oedd yn fawr a chryf – y ddau ohonynt yn gyffredin yng nghanolbarth Cymru. Roedd y ci llwyd hirflew Cymreig yn boblogaidd ymysg **porthmyn** a yrrai dda byw i **Loegr**, ac aeth hwn gyda'r mewnfudwyr i **Batagonia**, lle mae'n cael ei adnabod heddiw fel y *barboucho*. O ganol y 19g. disodlwyd cŵn defaid Cymreig yn raddol gan gŵn defaid Albanaidd, ac erbyn diwedd yr 20g. roeddynt wedi mynd yn brin. Adnewyddwyd y diddordeb ynddynt, fodd bynnag, pan ffurfiwyd Cymdeithas y Cŵn Defaid Cymreig yn 1997. Mae'r brîd yn amrywiol iawn o ran lliw, maint a hyd y blew, ac mae ei ddull o weithio yn wahanol i eiddo'r ci defaid Albanaidd.

Y CI HELA CYMREIG – Brîd garwflew, ysgafnliw sy'n ddisgynnydd i'r ci Segusii a fodolai yng ngogledd Ewrop yn y cyfnod cyn-Rufeinig, ac a oedd yn wreiddiol yn ddu a melyngoch. Cedwid heidiau i hela **ceirw** a **baeddod gwyllt** yn y cyfnod canoloesol, a **dyfrgwn** a **llwynogod** wedi hynny. Yn ôl y cyfreithiau canoloesol roedd helgi Cymreig yn werth 240 ceiniog, tra nad oedd pynfarch yn werth dim ond 120 ceiniog. Er ei fod ychydig yn arafach na'r ci hela Seisnig, mae ei annibyniaeth a'i wydnwch yn ei wneud yn ddelfrydol ar gyfer tiriogaeth arw Cymru.

Y DAEARGI CYMREIG – Yn wreiddiol bridiwyd y daeargi du a melyngoch hwn, gyda'i gôt ddwbl sy'n wrychog ar yr wyneb ac yn wlanog oddi tano, i ladd llwynogod a llygod mawr. Daeth yn boblogaidd fel ci anwes ac mae'n enwog yn rhyngwladol fel ci sioe.

DAEARGI SEALYHAM – Daeargi byrgoes, lledwyn, a fridiwyd tua diwedd y 19g. gan y Capten John Edwardes ar ei stad yn Sealyham (**Cas-blaidd**), i hela moch daear, dyfrgwn a llwynogod. Fe'i harddangoswyd gyntaf yn **Hwlffordd** yn 1903. Trwy groesi Sealyham gyda Daeargi Albanaidd y cafwyd y daeargi Cesky sydd i'w gael yn y Weriniaeth Tsiec.

Y SBAENGI HELA CYMREIG – Brîd hynafol a ddatblygwyd i ddal adar helwriaeth. Gyda'i gôt goch a gwyn drawiadol, daeth y llamgi cyfeillgar hwn yn gi gwn poblogaidd ac yn anifail anwes. Fel y llamgi adara Cymreig yr adwaenid y brîd cyn iddo gael cydnabyddiaeth swyddogol gan y Clwb Cenel Prydeinig yn 1902. Yn ystod y 19g. roedd cyfeirgi Llanidloes yn gi gwn Cymreig trawiadol arall, ond bellach mae wedi diflannu.

## CWNINGOD

Cyflwynwyd y gwningen i **Brydain** gan y **Normaniaid**, fel yr awgrymir gan ddiffyg gair brodorol am 'gwningen' mewn na **Chymraeg** na **Saesneg**: daw'r gair 'cwningen' o'r enw Saesneg Canol *konyng* (sef *cony*), sy'n tarddu o **Ffrangeg** Normanaidd. (Benthyciad i'r Saesneg hefyd oedd *rabbette.*) Câi cwningod eu magu am eu crwyn a'u cig, yn aml ar **ynysoedd** ac mewn cwningaroedd ar dwyni tywod, megis ym **Modorgan**; gwneid tomenni clustog arbennig ar eu cyfer, ond ymhen amser meithrinasant y gallu i gloddio eu tyllau eu hunain. Yn y 18g. roedd llawer o stadau ar draws y wlad yn cadw cwningaroedd ond, er i nifer fawr ddianc, ni ddaeth cwningod yn niferus tra oedd **cathod** gwyllt, **ffwlbartiaid**, belaod coed (gw. **Bele'r Coed**) ac **adar** ysglyfaethus yn parhau'n gyffredin. Wrth i'r anifeiliaid ysglyfaethus hyn gael eu difa gan giperiaid yn y 19g., cynyddodd cwningod nes tyfu'n bla erbyn dechrau'r 20g. Caent eu hela gan helwyr cwningod proffesiynol ac yn y 1940au câi tair miliwn o gwningod y flwyddyn eu cludo ar y rheilffordd o dde-orllewin Cymru i **Lundain** a dinasoedd eraill. Yn y 1950au ymledodd y clefyd marwol mycsomatosis o Ffrainc, lle'r oedd wedi cael ei gyflwyno'n fwriadol i gyfyngu ar niferoedd cwningod, a bu farw 99% o boblogaeth cwningod Cymru. Er gwaetha'r ffaith eu bod wedi adennill tir yn raddol, mae'n annhebygol y'u gwelir yn lluosogi fel o'r blaen.

## CWNSYLLT (Coleshill) Cwmwd

Yn y **cwmwd** hwn yng nghantref **Tegeingl** y gosododd **Owain Gwynedd** ragod ar Harri II (gw. **Penarlâg**). Yn dilyn y **Deddfau 'Uno'** daeth yn **hwndrwd** oddi mewn i **Sir y Fflint**.

## CWRLO

Cwrlo yw'r gamp o lithro cerrig hyd iâ, camp a gychwynnodd yn yr **Alban** 500 flynyddoedd yn ôl o bosibl. Y llawr iâ yng Nghanolfan Hamdden Glannau Dyfrdwy yn **Queensferry**, lle sefydlwyd Cymdeithas Cwrlo Cymru (CCC) yn 1973, yw'r brif ganolfan cwrlo yn neheubarth **Prydain**. O ganlyniad i'r cymorth a roddodd y Royal Caledonian Curling Club i CCC ar y dechrau, bu ymweliadau a chysylltiadau cyson rhwng cwrlwyr Cymru a'r Alban. Enillodd tîm dynion Cymru le ym mhencampwriaethau'r byd yn 1995, ac mae dynion a **menywod** wedi gwneud yn dda ym mhencampwriaethau Ewrop er 1979. Ysgogodd y sylw a roddwyd i'r gamp ar y teledu yn ystod Gemau Olympaidd y Gaeaf 2002, pan enillodd tîm o'r Alban fedal aur i Brydain, don o ddiddordeb mewn cwrlo a chynnydd yn aelodaeth CCC.

## CWRW, BRAGU A BRAGDAI

Cwrw yw diod genedlaethol Cymru. Ar hyd y canrifoedd mae wedi iro'r llwnc ar bob math o achlysur cymdeithasol, o angladdau i gemau **rygbi**, ac wedi torri syched gweithwyr ym mhob man o'r pyllau **glo** i'r caeau ŷd adeg cynhaeaf. Er hynny, ni fu erioed gymaint o fri ar gwrw Cymreig ag ar gwrw du **Iwerddon** neu gwrw Burton. Mae hyn yn rhannol oherwydd mai ychydig o fragdai Cymru a lwyddodd i werthu eu cwrw dros y **ffin**; yn wir, cafodd y mwyafrif drafferth i ddiwallu'r galw lleol yn ystod twf diwydiannol y 19g. Ffactor arall oedd cryfder y mudiad **dirwest**, a orfododd y rhan fwyaf o fragdai Cymreig i gadw'u pennau i lawr. Nid oes yr un wlad arall yn ymffrostio llai yn ei chwrw, er bod bri mawr ar gwrw Cymreig ym **Mhrydain** ar un adeg. Gorchmynnodd y Brenin Ine o Wessex yn 690 y dylai'r westfa (rhent bwyd) am ddeg hid o dir gynnwys deuddeg 'amber' o gwrw Cymreig. Diod drom oedd hon, wedi'i chymysgu â sbeis, ac yn aml wedi'i melysu â mêl. Ei henw oedd *bragod* ac roedd bron mor enwog â **medd**.

Diod bob dydd y bobl oedd y cwrw bach a oedd gryn dipyn yn fwynach, ac a gâi ei fragu yn ôl y galw mewn sawl cartref ac ym mhob tafarn. Roedd disgwyl i ffermydd

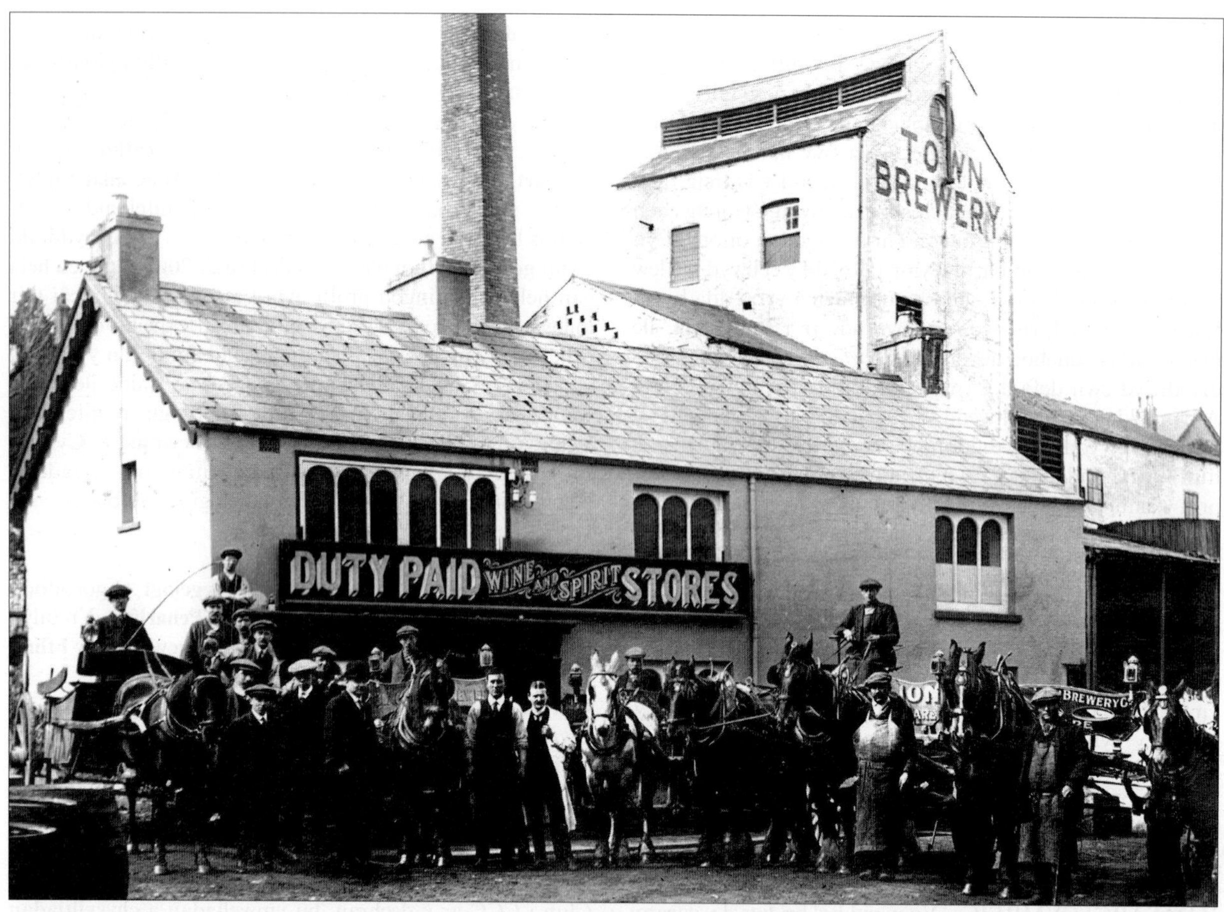


Bragdy Rock, Aberdâr, *c.*1920

ddarparu cwrw ar gyfer eu gweithwyr. Yr unig fusnesau mawr a oedd yn gysylltiedig â bragu oedd y rhai a oedd yn gwneud brag. Yn 1822 roedd gan y **Trallwng (Sir Drefaldwyn)** 14 o fragdai haidd, ond dim un bragdy masnachol.

Yna daeth y **Chwyldro Diwydiannol** i chwalu'r **economi** wledig hon. Roedd angen torri syched y lluoedd o weithwyr yn y gweithfeydd **haearn** a'r pyllau glo. Ni allai bragwyr y tafarnau ymdopi â'r galw, a daeth bragwyr masnachol i'r adwy i gyflenwi'r lliaws o dafarnau newydd a ganiatawyd gan Ddeddf Tafarnau 1830. Erbyn 1848 roedd ym **Merthyr Tudful** 12 o fragdai a 300 o dafarnau.

Er i'r Rhymney Iron Company agor ei fragdy ei hun yn 1839, roedd y mwyafrif o ddiwydianwyr yn wrthwynebus i'r ddiod gadarn, gan fod meddwdod wedi dod yn beth cyffredin. Roedd yr eglwysi a'r capeli yn arswydo, a mwy a mwy o bobl yn tyrru i wrando ar bregethwyr dirwest. Llwyddodd y mudiad grymus hwn i orfodi pasio'r Ddeddf **Cau'r Tafarnau ar y Sul** yng Nghymru yn 1881. Yn yr awyrgylch gelyniaethus hwn y datblygodd diwydiant bragu Cymru yn y 19g. Cwrw mwyn, cymharol wan a gynhyrchid gan mwyaf, boed olau neu dywyll ei liw, i ddiwallu syched mawr y gweithwyr a bodloni gofynion y mudiad dirwest. Roedd cwrw cryfach yn tueddu i ddod o Burton, er bod rhai bragwyr, megis S. A. Brain and Co., **Caerdydd**, hefyd yn cynhyrchu cwrw golau o fri. Hyd yn oed ym mhrifddinas bragu Cymru, **Wrecsam**, a fu gynt yn enwog am y cwrw cryf o'i 10 bragdy, rhoddid llai o heiddfrag yn y gerwyn frag. Pan sefydlwyd y Wrexham Lager Beer Company yn 1881, gyda'r ymffrost mai dyma'r bragdy lager cyntaf ym Mhrydain, roedd ei bilsener ysgafn yn cael ei hyrwyddo fel diod ddirwest a fyddai'n lleihau meddwdod. Ymhlith datblygiadau pwysig eraill yr oedd Bragdy Felinfoel (**Llanelli Wledig**). Dyma'r bragdy cyntaf yn Ewrop i roi cwrw mewn caniau, a hynny yn 1935, er mwyn cynorthwyo'r diwydiant **tunplat** lleol.

Erbyn diwedd y 20g., fodd bynnag, dim ond dau fragdy annibynnol a oedd ar ôl yng Nghymru, sef Felinfoel ac S. A. Brain and Co., a brynodd Crown Buckley, **Llanelli**, yn 1997. Roedd bragdai Lloegr wedi llyncu'r rhan fwyaf o'r enwau adnabyddus yn ystod y 1960au; er enghraifft, traflyncwyd bragdy Rhymni gan gwmni Whitbread, yn ogystal ag Evan Evans Bevan o **Gastell-nedd**, a gwnaeth Bass yr un modd â Hancock's o Gaerdydd ac **Abertawe**. O'r 1980au ymlaen, fodd bynnag, dechreuodd nifer o fragdai lleol newydd gynhyrchu cwrw traddodiadol. Diflannu'r un mor gyflym fu hanes llawer ohonynt ond goroesodd ychydig i'r mileniwm newydd, megis Bullmastiff o Gaerdydd, Plassey ger Wrecsam a'r cwmni uchelgeisiol Tomos Watkin o Abertawe, a gymerwyd drosodd yn 2002 gan gwmni bragu Hurns, a sefydlwyd yn Abertawe yn 1888 fel The Hurns Mineral Water Company. Bychan iawn yw'r rhain oll o gymharu â'r bragdy enfawr ym **Magwyr** ar yr **M4**, sy'n gwneud cwrw rhyngwladol megis Stella Artois a Heineken.

## CWRWGL

Cwch bychan lled grwn a ddefnyddid ar afon ar gyfer cludiant a physgota (gw. **Pysgod a Physgota**) ac sy'n hynod

Cwryglwyr ar lannau afon Tywi, *c.*1900

oherwydd ei faint, ei wneuthuriad, ei ysgafnder a'r modd y caiff ei lywio. O gyfnod cyn amser y **Rhufeiniaid** gwelid y cwrwgl ar afonydd ledled **Prydain** ac **Iwerddon** (mae'r gair *cwrwgl* yn perthyn i'r gair Gwyddeleg *curach*). Yn draddodiadol, gwaith gwiail oedd fframwaith y cwch, gyda dellt helyg neu onnen fel rheol wedi'u gorchuddio â chroen anifail, ond yn ddiweddarach gyda chalico neu gynfas wedi'i drwytho â phyg a thar neu baent bitiwmastig. Mae cwrwgl yn pwyso rhwng 11 ac 20kg a gellir ei gario'n hawdd ar yr ysgwyddau neu'r cefn. Wrth bysgota eog a sewin, delir rhwyd rhwng dau gwrwgl gan adael iddynt symud gyda llif yr afon. Llywir cwrwgl ag un rhwyf a ddelir dros flaen y cwch gyda'r ddwy law (oni bai fod un llaw yn dal y rhwyd) ac a symudir yn y dŵr ar ffurf rhif wyth. Erbyn diwedd yr 20g. ar afonydd **Teifi**, **Tywi** a **Thaf** (**Sir Gaerfyrddin**) yn unig y ceid cwryglau, a deil nifer fechan o bysgotwyr i'w defnyddio. Cydnabyddir hawliau pysgota â chwrwgl yn Neddf Pysgodfeydd Eog a Dŵr Croyw 1975. Mae amgueddfa yn cyflwyno hanes y cwrwgl yng **Nghenarth**.

## CYBI (6g.?) Sant

Sylfaenydd **clas** y tu mewn i adfeilion caer Rufeinig yng **Nghaergybi**. Stori ddiweddar yw'r chwedl sy'n sôn am gyfeillgarwch Cybi Felyn â **Seiriol** a'u cyfarfodydd wythnosol yng nghanol **Môn**. Dywed ei Fuchedd ganoloesol (nad oes iddi werth hanesyddol) mai brodor o **Gernyw** oedd Cybi. Dydd gŵyl Cybi yw 5 Tachwedd, ond fe'i dethlir weithiau ar y 6ed neu'r 7fed.

## CYD

Sefydlwyd Cyd – Cyngor y Dysgwyr – yn 1984 i hybu'r iaith **Gymraeg** trwy ddod â Chymry Cymraeg a dysgwyr at ei gilydd. Mae'n rhan o'r mudiad dysgu Cymraeg i oedolion a ffynnodd ar ôl yr **Ail Ryfel Byd**, ac fe'i hysgogwyd gan y bardd a'r ysgolhaig Bobi Jones (g.1929). Mae'n trefnu cyrsiau iaith a gweithgareddau cymdeithasol, yn cyhoeddi cylchgrawn, *Cadwyn Cyd*, deirgwaith y flwyddyn ac yn cynnal cystadleuaeth 'Dysgwr y Flwyddyn' yn yr **Eisteddfod** Genedlaethol. Mae gan Cyd tua 100 o ganghennau ledled Cymru a rhai mewn gwledydd eraill, ond yn 2007 roedd ei ddyfodol yn ymddangos yn ansicr ar ôl iddo golli'r grant a dderbyniai gan **Fwrdd yr Iaith Gymraeg**, a gyhoeddodd y byddai'r gwaith a wneid gan Cyd bellach yn cael ei wneud gan ganolfannau iaith newydd.

## CYD-BWYLLGOR ADDYSG CYMRU (CBAC)

Sefydlwyd y Cyd-bwyllgor yn 1949, gyda chynrychiolaeth o bob awdurdod **addysg** lleol yng Nghymru, a mabwysiadodd lawer o gyfrifoldebau **Bwrdd Canol Cymru**. Y mwyaf o'i adrannau niferus yw'r adran arholiadau, sy'n gyfrifol am yr arholiadau a sefir gan bobl ifainc yn byw yng Nghymru a thu hwnt; yn eu plith y mae'r Dystysgrif Lefel Mynediad, TGAU a Safon Uwch. Mae'r corff hefyd yn cyhoeddi amrediad o adnoddau dysgu yn **Gymraeg** a **Saesneg**, ac yn rhedeg **Cerddorfa Ieuenctid Genedlaethol Cymru** a **Theatr Ieuenctid Genedlaethol Cymru**.

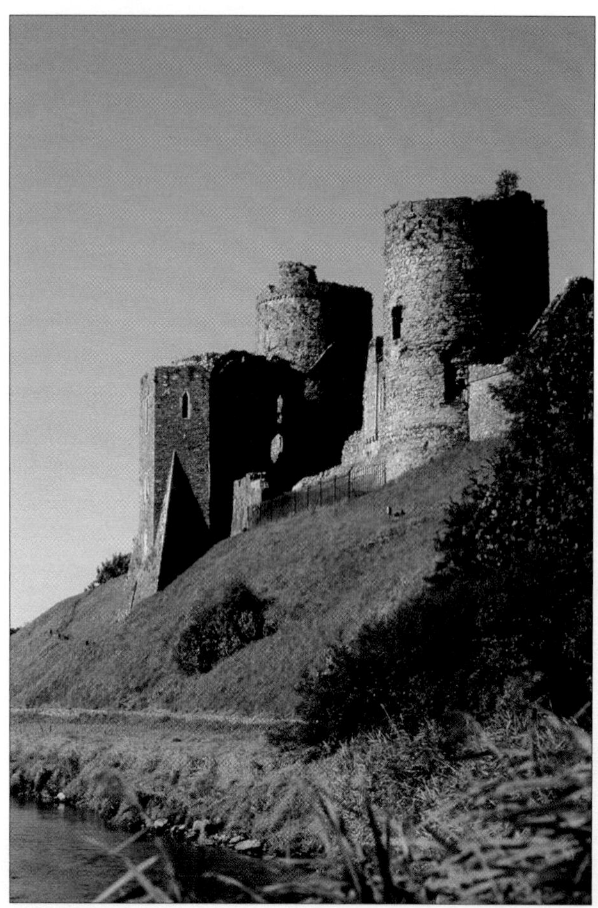

Castell Cydweli

## CYDWELI, Sir Gaerfyrddin (1,176ha; 3,289 o drigolion)

Mae'r **gymuned** hon ar lannau aberoedd afonydd Gwendraeth Fawr a Gwendraeth Fach yn cynnwys tref Cydweli a phentref gwasgaredig Mynyddygarreg. Yn 1106 cipiwyd cwmwd **Cedweli** gan y **Normaniaid** ac adeiladwyd castell o bridd a phren ar lan ogleddol afon Gwendraeth Fach. Erbyn 1115 roedd priordy **Benedictaidd** y Santes Fair wedi ei sefydlu ar ochr ddeheuol yr afon. Gwrthryfelodd y Cymry wedi marwolaeth Harri I yn 1135, ac ymosododd byddin dan arweiniad **Gwenllian**, gwraig **Gruffudd ap Rhys ap Tewdwr** (m.1137) o **Ddeheubarth** a merch **Gruffudd ap Cynan** o **Wynedd**, ar Gydweli, ymosodiad a arweiniodd at ei marwolaeth mewn man a elwir yn Faes Gwenllian.

Yn y blynyddoedd dilynol bu Cydweli ym meddiant y Cymry o bryd i'w gilydd, ond erbyn y 1270au roedd dan reolaeth gadarn Pain de Chaworth, arweinydd lluoedd Edward I yn y rhyfel yn erbyn **Llywelyn ap Gruffudd** yn 1277. Pain a gomisiynodd godi cwrt mewnol y castell, gyda'i bedwar tŵr crwn trawiadol. Erbyn dechrau'r 14g. roedd Cydweli ym meddiant Harri, iarll **Lancaster**, y gŵr a fu'n gyfrifol am y llenfur ysblennydd, y Porthdy Mawr a'r amddiffynfeydd a amgylchynai'r dref gerllaw'r castell. Mae porth deheuol amddiffynfeydd y dref yn dal i sefyll. Wedi i Harri Bolingbroke, dug Lancaster, gipio coron **Lloegr** yn 1399, daeth Cydweli yn eiddo i'r Goron. Yn 1403 cipiwyd y dref gan Harri Dwnn, un o gynghreiriaid **Owain Glyndŵr**, ond ni lwyddodd i gipio'r castell.

Tyfodd ail anheddiad o amgylch y priordy Benedictaidd. Diddymwyd y priordy yn 1539, ond erys yr eglwys o'r 14g., gyda'i thŵr pigfain a'i chorff a'i changell helaeth. Daeth tref ganoloesol Cydweli yn ganolfan i'r diwydiant **gwlân**, a gychwynnwyd gan y **Ffleminiaid** yn y 12g. Bu porthladd y dref yn ffyniannus hyd nes y llanwodd aber Gwendraeth Fach â llaid. Dechreuwyd cynhyrchu **tunplat** yng Nghydweli yng nghanol y 18g. a pharhaodd hynny hyd y 1940au. Bellach, mae gweddillion adferedig yr hen weithfeydd yn ganolbwynt amgueddfa ddiwydiannol. Yn 1920 cyhuddwyd Harold Greenwood, meddyg o Gydweli, o wenwyno ei wraig, achos a ychwanegodd at fri chwedlonol y bargyfreithiwr Marshall Hall, a lwyddodd i sicrhau dyfarniad dieuog. Brodor o Fynyddygarreg oedd y chwaraewr **rygbi** a'r darlledwr gwlatgar Ray Gravell (1951–2007).

## *CYDYMAITH I LENYDDIAETH CYMRU* (1986)

Cyhoeddwyd y cyfeirlyfr hwn gyntaf yn 1986 a chafwyd argraffiad diwygiedig ohono yn 1997. Fe'i golygwyd gan Meic Stephens (g.1938) a'i gyhoeddi gan Wasg Prifysgol Cymru. Mae'n cynnwys cofnodau manwl ar awduron, llyfrau a chyfnodolion Cymreig, ynghyd â gwybodaeth am sawl agwedd ar hanes a diwylliant Cymru. Cyhoeddwyd fersiwn Saesneg, sef *The Oxford Companion to the Literature of Wales*, yn 1986; argraffiad diwygiedig o hwnnw yw *The New Companion to the Literature of Wales* (1998).

## CYFARWYDD

Un a chanddo feistrolaeth ar fedrau arbennig yw un o ystyron y gair 'cyfarwydd', ac roedd yn enw ar adroddwr straeon yng Nghymru'r Oesoedd Canol. Byddai'r fath storïwyr yn diddanu'r llys trwy adrodd chwedlau fel y rhai hynny a geir yn y **Mabinogion**, gan ddibynnu ar gof aruthrol. Efallai eu bod hefyd yn feirdd.

## CYFATHREBU DIGIDOL

Ar ddechrau'r 21g. cafodd posibiliadau technegol cyfathrebu yng Nghymru eu trawsnewid. Pylwyd y ffiniau rhwng gwybodaeth ac adloniant, teleffoneg a **darlledu** yn wyneb twf cyfrifiadura cartref, gwasanaethau rhyngweithiol a gwasanaethau eraill. Data, nid y llais, oedd y rhan fwyaf o drafnidiaeth y rhwydwaith **teleffon** yng Nghymru ar ddechrau'r ganrif newydd.

Mae rhwydweithiau digidol a thechnolegau gwybodaeth a chyfathrebu wrth wraidd strategaethau datblygu economaidd cyfoes. Neilltuwyd gwariant cyhoeddus sylweddol gan **Awdurdod Datblygu Cymru** a'r Undeb Ewropeaidd yn 2002, a hynny mewn partneriaeth â British Telecom (BT), i gwblhau'r rhwydwaith ffibr optig i bob cyfnewidfa yng Nghymru, darparu'r nodau ar gyfer gwasanaethau data tra chyflym ym **Mangor**, **Aberystwyth** a **Chaerfyrddin**, a gwella darpariaeth ISDN2 (Integrated Services Digital Network) ac ADSL (Asymmetric Digital Subscriber Line). Yr un flwyddyn lawnsiodd **Cynulliad Cenedlaethol Cymru** raglen dan y teitl Rhaglen Band Eang Cymru, cynllun pum mlynedd gwerth £100 miliwn.

Mae gan BT 440 o gyfnewidfeydd yng Nghymru, sy'n rhan o rwydwaith ffibr optig lwyr yn rhedeg ar gyflymdra o hyd at 2.4Gb yr eiliad. Lled band yw hynny o ddata a gludir mewn amser penodol ac mae angen band eang (fel arfer 128Kb neu fwy yr eiliad) i drosglwyddo llawer iawn o ddata, yn arbennig ddelweddau symudol. Mae ISDN2 ac ADSL yn ffyrdd o gysylltu â band eang, ond dim ond o fewn 5.5km i gyfnewidfa y gellir eu darparu.

**Caerdydd** oedd un o'r lleoedd cyntaf ym **Mhrydain** i gael ADSL. Gyda chymorth yr Undeb Ewropeaidd, Awdurdod Datblygu Cymru a BT, sefydlodd y Prosiect Llwybr/ Pathway nodau ADSL mewn deg tref yng Nghymru yn ystod 2001 (Aberystwyth, Bangor, **Caernarfon**, Caerfyrddin, **Dinbych**, **Hwlffordd**, **Caergybi**, **Llandudno**, y **Drenewydd** a **Phenfro**) – rhwydwaith a roddai i gefn gwlad Cymru well darpariaeth band eang nag ardaloedd tebyg mewn rhannau eraill o Brydain. Mae Rhwydwaith Ardal Fetropolitanaidd (MAN) de Cymru yn cysylltu sefydliadau **addysg** bellach ac uwch â SuperJanet ar gyflymderau o hyd at 1Gb yr eiliad. Mae Aberystwyth wedi'i gysylltu â hwn yn **Abertawe** trwy gyswllt microdon gyda'r un gallu, ac mae MAN arall yn rhoi darpariaeth debyg yn y gogledd.

Yn y de, ar ddechrau 2002, roedd rhwydwaith cebl Virgin Media yn mynd heibio i 313,104 o dai, sef tua 60% o'r rhai hynny yn ardaloedd rhyddfraint y cwmni yn Abertawe, **Castell-nedd**, Caerdydd, **Penarth**, **Casnewydd** a maes **glo**'r de. Mae tua 52% o'r cartrefi a allai danysgrifio i Virgin Media yn gwneud hynny – sydd, fel yn achos y manteisio ar deledu lloeren, yn ffigur uwch na'r cyfartaledd ym Mhrydain. Mae Virgin Media yn cynnig teledu cebl yn ogystal â theleffoneg, a modemau cebl i'r Rhyngrwyd.

Er gwaethaf y ddarpariaeth, mae'r galw am fand eang yn llai yng Nghymru nag ym Mhrydain yn gyffredinol gan fod llai o weithgarwch economaidd a llai o ddefnydd o'r Rhyngrwyd a thechnolegau gwybodaeth a chyfathrebu. Mae'r defnydd o ADSL mewn cyfnewidfeydd gwledig yng Nghymru yn hanner y gyfradd ydyw mewn cyfnewidfeydd trefol, a'r defnydd o ISDN2 tua hanner yr hyn yw ym Mhrydain yn gyffredinol. Yn 2006 roedd gan 68% o aelwydydd gyfrifiadur personol, roedd gan 59% fynediad i'r Rhyngrwyd ac roedd gan 42% gysylltiad band eang.

## CYFEILIOG Cwmwd

Dyma ogledd-orllewin yr hyn a ddeuai'n ddiweddarach yn **Sir Drefaldwyn**. Prif ganolfan y **cwmwd** oedd Tafolwern (**Llanbryn-mair**). Yn 1149 rhoddodd **Madog ap Maredudd** ef fel apanaeth i'w nai, y bardd (neu'r noddwr beirdd) Owain ap Gruffudd (**Owain Cyfeiliog**). Defnyddiodd Owain y cwmwd fel canolfan ar gyfer ei ymgyrch i gipio **Powys**, ymgyrch a arweiniodd maes o law at rannu'r deyrnas yn **Bowys Wenwynwyn** a **Phowys Fadog**. Yn ystod ail hanner y 13g. roedd Cyfeiliog, fel **Arwystli**, yn destun ymrafael rhwng **Llywelyn ap Gruffudd** a **Gruffudd ap Gwenwynwyn**. Digon tebyg i ffiniau'r cwmwd canoloesol oedd ffiniau'r **hwndrwd** o'r un enw a grëwyd yn sgil y **Deddfau 'Uno'**.

## CYFENWAU

Dyfeisiodd y **Saeson** eu cyfundrefn bresennol o gyfenwau parhaol yn ystod yr Oesoedd Canol, ond roedd gan y Cymry eu dull patronymig arbennig o adnabod pawb wrth ei enw bedydd wedi'i gyplysu trwy gyfrwng y geiryn 'ap' neu 'ab' (talfyriad o 'mab') neu 'ferch' ag enw bedydd y tad, gan gyplysu hwnnw yn ei dro wrth enwau cyndadau cyn belled yn ôl, efallai, â'r seithfed genhedlaeth. Deilliai'r drefn, mae'n debyg, o hen **gyfraith** y Cymry; gyda hawliau a chyfrifoldebau unigolyn yn dibynnu llawer ar ei dras, roedd hi'n hollbwysig fod rhywun yn gwybod ei achau. Dirywiodd grym y gyfraith frodorol erbyn yr Oesoedd Canol diweddar, ac yn raddol, o'r 15g. hyd yr 17g., bu'n rhaid i'r Cymry fabwysiadu cyfundrefn y cyfenwau parhaol. Y dull mwyaf arferol oedd cymryd enw bedydd y tad, seisnigo'r sillafiad a'i droi'n gyfenw parhaol ar y mab a'i deulu. Er enghraifft, byddai Cymro o'r enw Rhys ap Gruffudd yn troi'n Rees Griffiths (ychwanegu 's' ar y diwedd oedd yr hen ddull Saesneg o droi enw bedydd yn gyfenw patronymig). Ambell dro câi llythyren olaf y geiryn 'ap' neu 'ab' ei ymgorffori yn y cyfenw newydd, ac felly y byddai Ab Owain yn troi'n Bowen neu Ap Rhys yn troi'n Price. Dro arall câi enwau disgrifiadol eu troi'n gyfenwau, fel bod Llwyd yn troi'n Lloyd, neu Gwyn yn troi'n Gwynne neu Wynn. Mewn achosion prin cododd y cyfenw newydd o enw'r cartref neu gynefin, fel yn achos Trevor o Drefor, Nanney o Nannau, a Lougher o Gasllwchwr.

Rhyfeddol o brin yw'r cyfenwau gwir Gymreig. Cyn yr 16g. roedd y Cymry'n defnyddio amrywiaeth helaeth o enwau bedydd, ond yn sgil y **Diwygiad Protestannaidd** daeth ffasiwn newydd o gefnu ar yr hen enwau brodorol a dewis yn hytrach o blith nifer cyfyngedig o enwau Beiblaidd megis John a Thomas, neu enwau brenhinoedd fel William neu Edward, neu ambell enw poblogaidd ymhlith y Saeson fel Robert neu Hugh. Digwyddodd hyn fwy neu lai yr un pryd ag y gorfodwyd y gyfundrefn newydd o gyfenwau parhaol ar y Cymry. Gan fod nifer fawr iawn o dadau'r Cymry yn y cyfnod hwn yn derbyn enwau fel John, David, Thomas, William ac yn y blaen, roedd yn anochel fod nifer fawr o'u meibion yn cael y cyfenwau Jones, Davies, Thomas, Williams ac ati. Tua diwedd yr 20g. cefnodd nifer o wladgarwyr Cymreig ar gyfenwau fel Jones (cyfenw a gofnodwyd gyntaf yn **Lloegr**, yn 1279, ganrifoedd cyn bod cyfenwau i'w cael yng Nghymru), gan fabwysiadu enwau traddodiadol Gymreig yn eu lle. Torrwyd y record byd am y casgliad mwyaf o bobl a chanddynt yr un cyfenw yn 2006 pan ddaeth 1,224 o Jonesiaid ynghyd yng Nghanolfan Mileniwm Cymru, **Caerdydd**.

## CYFLAFAN Y BEIRDD

Mae'r chwedl am y modd y llofruddiodd Edward I feirdd Cymru yn destun cerdd Bindarig gan Thomas Gray, 'The Bard' (1757), a hefyd faled ddramatig a hynod boblogaidd gan y bardd o Hwngari, János Árány (1817–82). Seiliodd Gray ei gerdd ar chwedl a geir yn *History of England* Thomas Carte, (1747–55); credir i Carte yn ei dro ddefnyddio hanes y gyflafan fel y'i darganfu mewn fersiwn llawysgrif o gyfrol Syr John Wynn, *History of the Gwydir Family*, a gyhoeddwyd yn 1770 (gw. **Wynn, Teulu (Gwydir)**). Apeliai'r chwedl at **Ramantiaeth** gynyddol yr oes, ac ysbrydolodd arlunwyr fel Fuseli, John Martin a **Thomas Jones**, Pencerrig (1742–1803).

Bu'r chwedl yn arbennig o ddylanwadol yn Hwngari. Y tu allan i'r Amgueddfa Genedlaethol yn Budapest, saif cerflun enfawr i awdur '*A Walesi Bárdok*' ('Beirdd Cymru'). Cododd János Árány o gefndir gwerinol i fod yn ysgrifennydd cyffredinol Academi Wyddorau Hwngari. Yn ystod Gwrthryfel 1848, cododd pobl Hwngari yn erbyn Ymerodraeth Awstria, a'u rheolai. Cefnogai Árány y cenedlaetholwr

Cyflafan y Beirdd: Thomas Jones, *The Bard*, 1774

Kossuth. Cyhoeddwyd cerdd Árány yn 1867, wedi i'r gwrthryfel gael ei drechu, ac ynddi mae dial y beirdd a laddwyd ar y brenin a'u llofruddiodd yn brotest yn erbyn y sensoriaeth a orfodwyd ar bobl Hwngari gan Ymerodraeth Awstria.

## CYFNERTH AP MORGENAU (*fl.*1190–1230)
Ynad

Mab i gyfreithiwr enwog o blith 'tylwyth Cilmin Droetu', y teulu disglair hwnnw o gyfreithwyr. Arferid ystyried y llyfr **cyfraith** sy'n dwyn ei enw, Llyfr Cyfnerth (12g.), yn ddisgrifiad o'r cyfreithiau fel y'u harferid yn ne-ddwyrain Cymru, ond erbyn heddiw credir mai ffurf fwy cyntefig ar y gyfraith na chynnwys Llyfr **Blegywryd** a Llyfr Iorwerth (gw. **Iorwerth ap Madog**) sydd ynddo.

## CYFNEWIDFEYDD STOC

Sefydlwyd Cyfnewidfa Stoc **Caerdydd** gan ddeuddeg brocer yn 1892 oherwydd anfodlonrwydd gyda phrisiau cyfranddaliadau de Cymru yn **Llundain** – er bod peth delio wedi bod oddi ar y 1870au, pan ddechreuodd dau frocer ddelio mewn cyfranddaliadau cwmnïau **rheilffyrdd**, **haearn** a **glo**. Yn **Abertawe**, dechreuwyd delio yn y 1890au, a sefydlwyd y Gyfnewidfa yno yn 1903, gyda'r broceriaid yn cwrdd yng ngwesty'r Metropole. Ffurfiwyd Cyfnewidfa Stoc **Casnewydd** yn 1916. Collodd y Cyfnewidfeydd Stoc lawer o'u cyfranddaliadau yn sgil rhaglen wladoli'r **llywodraeth** Lafur wedi'r rhyfel. Yn dilyn Adroddiad Jenkins yn 1962 unodd y Cyfnewidfeydd â'r Midland & Western Stock Exchange, a lyncwyd yn ddiweddarach gan Gyfnewidfa Stoc Llundain.

## CYFNOS CELTAIDD, Y

Yeats oedd y cyntaf i ddefnyddio'r term 'Celtic twilight' a hynny fel teitl casgliad o chwedlau gwerin a gyhoeddwyd ganddo yn 1893, ond yn ddiweddarach daethpwyd i'w ddefnyddio, yn aml yn goeglyd braidd, ar gyfer tueddiad mewn llenyddiaeth Saesneg yn ystod diwedd y 19g. a dechrau'r 20g. Llenorion Eingl-Wyddelig oedd prif gyfranwyr y mudiad, ond cysylltir rhai beirdd Cymreig ac Albanaidd ag ef yn ogystal, megis **Ernest Rhys** a Fiona Macleod (William Sharp). Roedd y mudiad yn drwm dan ddylanwad **Matthew Arnold**, yn enwedig ei bwyslais ar hud a phruddglwyf fel 'prif' nodweddion llenyddiaethau'r gwledydd Celtaidd, ond cafodd ei wawdio gan rai o lenorion y genhedlaeth ddilynol, megis **Edward Thomas** a James Joyce. Ceir detholiad o'r farddoniaeth a gysylltir â'r Cyfnos Celtaidd yn y flodeugerdd *Lyra Celtica* (gol. Elizabeth Sharp, 1896) ac *A Celtic Anthology* (gol. Grace Rhys, 1927).

## CYFRAITH

Bu gan Gymru sawl cyfundrefn gyfreithiol wahanol yn ystod y ddwy fil o flynyddoedd diwethaf. Mae dylanwadau cyfreithiol y **Rhufeiniaid**, y Cymry eu hunain, y **Normaniaid**, gwŷr y **Mers** a **Lloegr** i gyd wedi chwarae eu rhan yn natblygiad y gyfraith yn y wlad.

### *Hanes cynnar*

Nid oes digon o dystiolaeth ar gael o'r cyfnod cyn y Rhufeiniaid i allu gwneud dim ond dyfalu ynghylch sut beth oedd trefn gyfreithiol y brodorion. Y tebyg yw y byddai'r Rhufeiniaid wedi caniatáu i'r **boblogaeth** gynhenid gadw'u harferion gyda chyfraith breifat, yn enwedig ynglŷn â threfniadau eiddo ac etifeddiaeth, ond wedi mynnu mai cyfraith Rhufain oedd y gyfraith gyhoeddus. O dan *constitutio Antoniniana* (OC 212), daeth pob un o drigolion rhydd yr ymerodraeth yn ddinesydd Rhufeinig. O'r dyddiad hwnnw, felly, cyfraith Rhufain a reolai'r trigolion rhydd yn y rhannau hynny o Gymru a oedd yn dynn yng ngafael y Rhufeiniaid. Cafodd Cymru etifeddiaeth ddiwylliannol gyfoethog gan Rufain. Yn fwyaf penodol, etifeddodd y teyrnasoedd Cymreig newydd y ffydd Gristnogol a gyflwynasid yng nghyfnod yr ymerodraeth, ffydd a oedd yn drwm dan ddylanwad y Gyfraith Eglwysig Rufeinig. Serch hyn, mae'n ymddangos na chadwodd y teyrnasoedd hyn fawr ddim o gyfraith seciwlar Rhufain, gan mai ychydig iawn o eirfa dechnegol gyfoethog y gyfraith gynhenid Gymreig sy'n dod o **Ladin**.

### *Cyfraith Hywel Dda*

Yn ôl traddodiad, cysylltir cyfraith gynhenid Cymru'r Oesoedd Canol â **Hywel Dda** (m.950), brenin **Deheubarth**, **Gwynedd** a **Phowys**. Mae tua 40 copi llawysgrif o'r llyfrau cyfraith, o rhwng *c.*1250 ac 1500, wedi goroesi. Llyfrau gwaith y cyfreithwyr oedd y rhain a ddefnyddid o ddydd i ddydd yn y llysoedd. Mae llawer o'r hyn sydd ynddynt yn gynharach na'r llawysgrifau hynaf sydd ar glawr ac maent yn cynrychioli naill ai defnyddiau llafar yn cael eu hysgrifennu am y tro cyntaf neu gopïau o gasgliadau hŷn sydd bellach ar goll. Yn Lladin y mae pum llawysgrif a'r gweddill ohonynt yn **Gymraeg**. Ynddynt priodolir rhoi'r gyfraith at ei gilydd mewn cynhadledd a fu yn **Hendy-gwyn** ar y ffin rhwng **Dyfed** a **Seisyllwg** yn ystod teyrnasiad Hywel Dda. Y tebyg yw i'r gynhadledd gael ei chynnal yn y 940au. Serch hyn, gan nad oes tystiolaeth ysgrifenedig amdani tan ganol y 13g., mae'n amhosibl profi'n bendant iddi erioed gael ei chynnal. Ond, a bwrw iddi gael ei chynnal, rhesymol yw tybio bod a wnelo hi â chrynhoi a threfnu'r arferion cyfreithiol a oedd wedi tyfu yng Nghymru dros y canrifoedd yn hytrach na deddfu ar gôd cyfraith a oedd yn un newydd. A hithau'n gyfraith genhedlig yn hytrach na chyfraith wladol, roedd pwyslais Cyfraith Hywel ar gymodi rhwng grwpiau o deuluoedd yn hytrach na chadw trefn drwy gosbi.

Mae Cyfraith Hywel ymysg campau diwylliannol mwyaf arwyddocaol y Cymry, o ran cywreindeb a dychymyg byw y cynnwys cyfreithiol ac o ran coethder y mynegiant llenyddol a roddir i'r cynnwys hwnnw. Roedd y gyfraith yn symbol gwaelodol o undod a hunaniaeth y Cymry fel pobl. Gwrthdaro cyfreithiol a arweiniodd at y ffrae olaf rhwng Edward I a **Llywelyn ap Gruffudd**, ac at y gyfraith fel nod amgen arwahanrwydd y Cymry yr apeliai cynghorwyr Llywelyn yn nyddiau dreng 1282. Mae rhai haneswyr wedi dadlau mai cyfraith gyntefig oedd Cyfraith Hywel yn ei hanfod ac y byddai wedi darfod amdani wrth i'r gymdeithas fynd yn fwy cymhleth. Fodd bynnag, mae ysgolheigion cyfoes yn pwysleisio ei gallu i esblygu, ac yn mynnu bod ynddi elfennau o drugaredd, synnwyr cyffredin a pharch at **fenywod** a phlant na welid yng nghyfraith Lloegr tan yn ddiweddar iawn.

Credid ar un adeg fod y testunau yn ymrannu'n dri dosbarth yr oedd a wnelont â rhanbarthau penodol yng Nghymru – **Gwent** yn achos *Llyfr Cyfnerth* (gw. **Cyfnerth ap Morgenau**), Dyfed yn achos Llyfr **Blegywryd** a **Gwynedd** yn

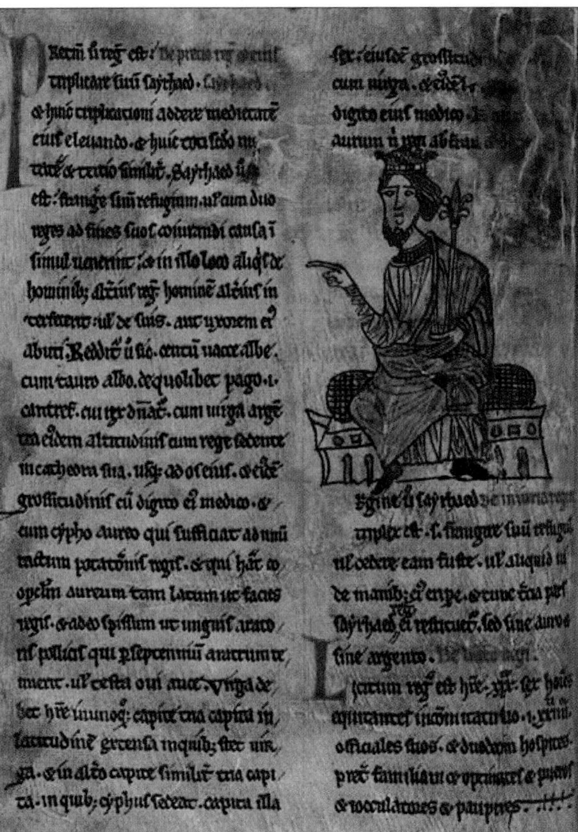

Rhan o destun Lladin o gyfraith Hywel Dda (Peniarth 28)

achos Llyfr Iorwerth (gw. **Iorwerth ap Madog**). Barn ysgolheigion modern, fodd bynnag, yw mai cronolegol yn hytrach na daearyddol yw'r gwahaniaethau rhyngddynt, gyda Llyfr Cyfnerth yn gynharach na Llyfr Blegywryd, a hwnnw wedyn yn gynharach na Llyfr Iorwerth. Eto, mae modd sôn gormod am y gwahaniaethau. Yr un yn ei hanfod oedd y gyfraith trwy Gymru benbaladr, a chasgliadau o'r un defnydd yn y bôn a geir yn yr holl lawysgrifau.

Nid cofnod o'r hyn a allai fod wedi cael ei lunio yn Hendy-gwyn tua 940 sydd yn y llawysgrifau. Nid cofnod sydd ynddynt ychwaith o'r gyfraith a weinyddid yn llysoedd Cymru ar adeg rhoi'r llyfrau cyfraith gwahanol at ei gilydd. Roedd y copïwyr yn nodi'r arferion newydd ond nid oeddynt o raid yn dileu'r cymalau nad oeddynt mwyach mewn grym. Drwy hyn, y mae yn y llawysgrifau gymalau a oedd mewn grym ymhell cyn oes Hywel Dda. Nid oes dim dwywaith fod gwreiddiau'r rhain mewn traddodiad cyfreithiol a oedd yn gyffredin i'r **Celtiaid**. Mae ganddynt gysylltiad â thestunau cyfraith **Iwerddon** sydd, mewn rhai achosion, yn mynd cyn belled yn ôl â'r 6g., ac maent yn cyfeirio at dermau a fu ar ddefnydd ar un adeg yn yr **Hen Ogledd**. At hyn, mae yn y llawysgrifau gymalau a oedd yn newydd yn ystod oes y copïydd, yn enwedig rhai a adlewyrchai ymdrechion tywysogion Gwynedd i gryfhau'u gafael a'r rhai a gynrychiolai fenthyciadau oddi wrth gyfraith Lloegr ac arferion Eingl-Normanaidd. Dyna pam mai'r angen i allu gwahaniaethu rhwng yr hynafol a'r newydd yw un o'r sialensiau mawr i rai sy'n astudio cyfraith ganoloesol Cymru.

Ar ddechrau'r rhan fwyaf o'r testunau mae'r adran a elwir yn Gyfraith y Llys, sy'n ymdrin â'r rheolau ynghylch llys y brenin. Ynddi disgrifir dyletswyddau swyddogion megis y penteulu (arweinydd gosgorddlu'r brenin), yr ynad (a gadwai drefn yn y llys), y distain (a ofalai am **fwyd** y brenin) a'r **pencerdd** (prif fardd y brenin). Mewn ambell destun ceir arwyddion fod swyddogion o'r fath yn dechrau magu cyfrifoldebau ehangach – a'u bod yn dechrau cynrychioli rhyw lun ar 'gabinet' i'r brenin.

Mae gan Gyfraith Hywel lawer i'w ddweud ynghylch statws (braint), gan nad cymdeithas yr oedd pob un yn gyfartal ynddi sy'n cael ei phortreadu yn y llyfrau cyfraith. Gan y brenin a'i berthnasau yr oedd y statws uchaf. Ymhlith y rhain yr oedd yr edling, gair wedi ei fenthyg o'r Eingl-Saesneg *atheling*, ac arwydd o'r ymdrech at sicrhau y byddai gan y brenin etifedd digwestiwn. Yn nesaf o ran statws roedd y gwŷr rhydd, y bonheddwyr – y rhai â bôn neu gyff ganddynt (cymharer *gens* yn *gentry*) (gw. hefyd **Boneddigion**). Yna ceid y taeogion, a oedd yn lleiafrif erbyn diwedd y 13g., ond a oedd bron yn bendant yn cynrychioli'r mwyafrif mawr yn oes Hywel Dda. Yn is na'r taeog wedyn yr oedd y caeth, grŵp a oedd wedi peidio â bod erbyn y 12g. Yn ychwanegol at hyn, roedd y gyfraith yn rhyw gyndyn gydnabod yr alltud. Mae'n arwyddocaol na allai unrhyw ŵr rhydd o linach Gymreig ar y ddwy ochr – ni waeth o ba deyrnas yng Nghymru yr hanai – fod yn alltud yn unrhyw ran o Gymru.

Braint neu statws a bennai natur safle unigolyn parthed y gyfraith, ei hawl ar dir a'i ddyletswyddau i'w arglwydd. Roedd galanas – y gwerth a roddid ar fywyd rhywun – yn amrywio yn ôl braint. Llinach dyn a bennai faint ei alanas gan mwyaf, er y gallai dal swydd uchel gynyddu'r gwerth. Roedd yr un peth yn wir am sarhad – yr iawn a delid am sarhau rhywun. Daliai'r bonheddwyr dir fel aelodau o dylwyth, gan ymsefydlu fel **gwely** o amgylch cartref gwreiddiol eu hynafiad. Roedd gan feibion priodor (aelod llawn o wely) hawliau cyfartal ar diroedd âr, dolydd, tiroedd pori a choed eu tad, a gallent greu gwely newydd yn y tir diffaith. Gweithiai'r taeogion dan gyfarwyddyd y maer er mwyn cyflenwi gofynion eu harglwydd. Roedd gan bob gŵr o daeog hawl ar gyfran o dir y daeogdref. Ond yn hytrach na bod yn berchen tir, y tir oedd piau'r gŵr ac fe'i gwaherddid rhag dal un o'r swyddi a'i rhyddhâi o rwymau'r pridd – galwedigaethau'r offeiriad, y gof a'r bardd. Ar ben llafurio yn y meysydd, roedd y taeogion i gynnig to i swyddogion eu harglwydd ar eu teithiau, torri llwybrau iddo trwy'r goedwig, bwydo'i gŵn hela a chodi adeiladau ei lys. Roedd mwy o urddas yn nyletswyddau'r bonheddwyr. Yn eu plith ceid talu gwestfa (tâl bwyd), a delid i gydnabod arglwydd yn hytrach nag fel rhent iddo, ac ymuno â'r cylch – ymgyrch gosgordd neu deulu'r brenin.

Nid yn unig y mae'r swyddogaethau uchod yn pwysleisio natur anghyfartal, hierarchaidd y gymdeithas a ddisgrifir yng nghyfreithiau Hywel Dda, ond gwelir ynddynt hefyd ddwy wedd ganolog arall ar y gymdeithas honno – ei natur hollol wledig a thra phwysigrwydd rhwymau carennydd iddi. Ceir llawer yn y llyfrau cyfraith ynghylch gwerth anifeiliaid, y taliadau a'r dirwyon a delid mewn **gwartheg**, gwarchod **cnydau**, mesur tir a manylion cytundebau aredig ar y cyd. Dibynnai statws, gwaith a dyletswyddau dyn ar bwy oedd ei dad. Roedd gwaedoliaeth ar ei mwyaf canolog wrth dalu galanas. Telid y tâl hwnnw i deulu dyn a oedd wedi cael ei ladd gan deulu'r dyn a'i lladdodd. Roedd y teulu ar y ddwy ochr yn ymestyn at y trydydd cefnder, os nad ymhellach.

Hanner galanas ei brawd a oedd gan ferch, a thraean galanas ei gŵr a oedd gan ei wraig. At hynny, ni châi merched fod yn berchen tir na throsglwyddo hawl ar dir i'w plant. Eto, ar waetha'r diffyg cyfartaledd hwn, roedd statws merched dan Gyfraith Hywel yn uwch mewn rhai ffyrdd nag o dan systemau cyfreithiol eraill yn Ewrop. Yn wahanol i gyfraith Rhufain, nid oedd merched (na meibion) yn llwyr atebol i ewyllys y tad. Yn wahanol i'r sefyllfa dan gyfraith Lloegr, nid oedd y gŵr yn cael gafael ddiamod ar eiddo'r wraig wrth iddo ei phriodi. Yn fwy na hyn, os oedd y briodas yn dod i ben, gallai hi hawlio iawndal a byddai ganddi hawliau ar y plant. Yn groes i'r gwledydd hynny yr oedd Cyfraith Eglwysig Rhufain wedi cael y llaw uchaf ynddynt, edrychid ar briodas yng Nghymru'r Oesoedd Canol cynnar fel cytundeb yn hytrach na sacrament, ac roedd modd rhoi terfyn arni felly. Nid oedd statws y plant yn dibynnu ar natur yr uniad rhwng y rhieni, ond ar barodrwydd y tad i gydnabod ei epil. O'r herwydd roedd y gwahaniaeth rhwng plant cyfreithlon ac anghyfreithlon yn ddieithr i gyfraith Cymru, er mawr ffieidd-dod i'r cyfreithwyr eglwysig, a waredai hefyd at duedd y Cymry i briodi â pherthnasau agos, megis cefndryd a chyfnitherod.

Awgryma'r dystiolaeth fod Cyfraith Hywel yn ei lle fel cyfraith Cymru benbaladr ar drothwy ymosodiadau'r Normaniaid. Daeth y Normaniaid â'u cyfraith i'w canlyn ar eu cyfer hwy'u hunain a'u dilynwyr, ond ni chafodd Cyfraith Gwlad Lloegr na gwrit y brenin na'r llysoedd brenhinol eu gosod ar Gymru wrth i'r Normaniaid gipio tiroedd ynddi. Yn fwy na hynny, wedi iddynt sefydlu arglwyddiaethau'r Mers, roedd y Normaniaid yn fodlon caniatáu i'r brodorion a oedd yn byw ynddynt barhau o dan Gyfraith Hywel. Daeth ffurf newydd ar gyfraith i'r golwg mewn rhai ardaloedd, sef cyfraith y Mers, y ceir sôn amdani gyntaf yn y **Magna Carta** (1215). Yn ôl un diffiniad ohoni, dyma'r gyfraith Gymreig trwy lygaid y Normaniaid, ac roedd yn ychwanegu at gymhlethdodau'r gyfraith yng Nghymru.

Ar ben hynny, roedd newidiadau cyfansoddiadol, cymdeithasol ac economaidd yn yr ardaloedd a oedd yn dal dan reolaeth frodorol yn peri newid ar Gyfraith Hywel hithau. Dechreuwyd ystyried lladd un o'i ddeiliaid yn drosedd yn erbyn y tywysog ei hun lawn gymaint ag yn erbyn teulu'r sawl a leddid. O'r herwydd hawliai'r tywysog ei gyfran o'r tâl galanas, elfen allweddol yn y symud at gyfraith wladol. Roedd galwadau rhyfel, a chost cynnal marchogion arfog yn enwedig, yn arwain at roddi tiroedd yn dâl am wasanaeth milwrol, union hanfod y system ffiwdal a oedd yn ganolog i'r drefn yn Lloegr. Roedd talu mewn arian yn erydu'r **economi** wartheg a ddisgrifid yn adrannau cynharaf y llyfrau cyfraith, a thwf y trefi yn dod â ffactor nad oedd darparu ar ei chyfer yn yr adrannau hynny. O'r herwydd, erbyn diwedd y 13g. – yng Ngwynedd yn enwedig – roedd y gyfraith Gymreig ymhell o'r hyn a fu yn oes Hywel Dda.

Yn dilyn y **Goresgyniad Edwardaidd**, daeth cyfraith Lloegr yn gyfraith **Tywysogaeth** Cymru mewn materion troseddol, a chyflwyno'r gyfraith honno yw un o brif themâu **Statud Rhuddlan**. Dyma oedd camp fwyaf Edward yng ngolwg to hŷn o haneswyr – to a edmygai drefn lem. Yng Nghymru, fodd bynnag, ceid rhai a gondemniai ddiffyg trugaredd cyfraith y **Saeson**. Mor ddiweddar ag 1470, ceir y bardd **Dafydd**

**ab Edmwnd** yn dyheu am raslondeb cyfreithiau Hywel Dda wedi i'w gyfaill Siôn Eos gael ei grogi am ladd dyn ar ddamwain. Roedd Edward I yn fodlon gadael i Gyfraith Hywel sefyll mewn materion personol a materion dal tir. Y gwir oedd y gallai arglwyddi'r Mers ac yntau fod ar eu hennill trwyddi, gan ei bod yn caniatáu iddynt hawlio sawl math o daliad – ebediw ar farwolaeth tenant, amobr wrth i ferch i denant briodi, meis wrth i dirfeddiannwr etifeddu ei dir, cyfran mewn galanas, ac aml i **gymhortha** (rhodd orfodol).

Felly y daeth Cyfraith Hywel i gael ei gwreiddio o blaid buddiannau'r awdurdodau Seisnig, er mawr bryder i'r gwŷr rhydd o Gymry mwy cyfoethog a oedd yn eiddigeddus o allu'r Saeson yng Nghymru i ddefnyddio cyfraith Lloegr i adeiladu'u stadau. Rhoddodd rhai o'r gwŷr rhydd hyn – hynafiaid **Owain Glyndŵr** yn eu plith – y gorau i arddel **cyfran** (rhannu'r tir yn gyfartal rhwng yr etifeddion gwrywaidd), nodwedd ganolog system y gwely. Nid oedd y system honno yn caniatáu gwerthu tir, ac oherwydd hynny y dyfeisiwyd tir prid – trefn a olygai y byddai tir a oedd ar forgais am o leiaf 16 mlynedd yn cael ei ystyried yn gyflawn eiddo deilydd y morgais. Gan nad oedd system y gwely ychwaith yn gadael i ferched etifeddu tir, roedd tir gŵr heb etifeddion gwryw yn mynd i'w arglwydd. Sied oedd yr enw ar hyn, a daeth yn fater difrifol wedi'r marwolaethau enfawr yn sgil y **Pla Du**, gan ychwanegu ymhellach at erydu Cyfraith Hywel. Serch hyn, roedd casgliadau o'r gyfraith yn dal i gael eu rhoi at ei gilydd yn y 14g. a'r 15g., er i un ysgrifennwr gwyno ei bod hi'n drist ganddo mai ofer oedd ysgrifennu cyfreithiau'r llys, gan fod y sefydliad hwnnw wedi hen ddiflannu. Roedd Cyfraith Hywel yn dal yn bur fyw hyd at ddechrau'r 16g. mewn rhannau o Gymru, yn enwedig yn **Sir Aberteifi**, **Sir Gaerfyrddin** a rhannau o ogledd-ddwyrain y Mers. Er cael ei diddymu gan y Ddeddf 'Uno' yn 1536 (gw. **Deddfau 'Uno'**), goroesodd elfennau ohoni mewn sawl rhan o'r wlad; roedd hyn yn neilltuol wir am weithredu cyfran, ffactor o bwys yn y broses o erydu nifer rhydd-ddeiliaid Cymru yn y canrifoedd dilynol. Fodd bynnag, aeth yr uchelwyr ati gyda brwdfrydedd i arddel cyfraith Lloegr, gan ei bod hi'n caniatáu iddynt gronni tir a throsglwyddo eu stadau'n gyfan i'r mab hynaf.

### *O'r Deddfau 'Uno' hyd 1830*

Deddfwyd yn Neddfau 'Uno' 1536 ac 1543 mai cyfraith Lloegr fyddai'r unig gyfraith yng Nghymru o hynny allan – ac mai dim ond y rhai a fedrai **Saesneg** a ddylai ei gweinyddu. Sefydlwyd Llysoedd y Sesiwn Fawr i weinyddu cyfiawnder y brenin. Roedd y llysoedd hyn i'w cynnal ym mhob sir am chwe diwrnod ddwywaith y flwyddyn, gan arfer awdurdod Llys Mainc y Brenin a'r Llys Pleon Cyffredin. Yn sgil dileu **Cyngor Cymru a'r Gororau** (1689) roedd y Sesiwn Fawr hefyd yn arfer awdurdod ecwifiol tebyg i eiddo Llys Siawnsri Lloegr. Roedd y **siroedd** wedi eu clystyru yn bedair cylchdaith: Gogledd Cymru (**Môn**, **Sir Gaernarfon** a **Sir Feirionnydd**); **Caerfyrddin** (Sir Aberteifi, **Sir Benfro** a Sir Gaerfyrddin); **Aberhonddu** (**Sir Frycheiniog**, **Sir Faesyfed** a **Sir Forgannwg**) a Chaer (**Sir Ddinbych**, **Sir y Fflint** a **Sir Drefaldwyn**). Yn hyn gellir gweld dechreuadau cylchdaith Cymru a Chaer (gw. **Swydd Gaer a Chymru**). Am mai hi oedd yr agosaf at San Steffan, roedd y 13eg sir, sef **Sir Fynwy**, i anfon ei busnes cyfreithiol i'r llysoedd yn **Llundain**.

Roedd y gwrthdaro rhwng awdurdod llysoedd Westminster ac awdurdod y Sesiwn Fawr dros faterion cyfraith yng Nghymru yn fater a barodd ansicrwydd. Ni setlwyd mo'r cwestiwn tan 1769 pan fynnodd Mainc y Brenin mai ei hawdurdod hi oedd bennaf, a chadarnhawyd hyn trwy statud yn 1773. Roedd y farn ar led fod y Sesiwn Fawr yn llai effeithlon na llysoedd Llundain a'r cyfreithwyr ynddi yn fwy tila, ac anorfod, felly, oedd iddi fynd ar i waered. Edrychodd pwyllgor dethol ar y sefyllfa yn 1817–21 a'i chael yn un ddiffygiol. Yn sgil bygwth ei dileu, troes y Sesiwn Fawr yn sefydliad o arwyddocâd cenedlaethol, a rhoddid y bai am ei diffygion ar y cyfreithwyr eilradd o Saeson ar ei staff. Cafodd ei dileu yn 1830, a chyda hynny daeth gweinyddu'r gyfraith yng Nghymru yn debyg bron ym mhob agwedd i'r system yn Lloegr.

### *O 1830 hyd 1972*

Wedi dileu'r Sesiwn Fawr roedd yn rhaid i bob achos sifil yng Nghymru gael ei gychwyn yn Westminster. Fel yn Lloegr, byddai'n rhaid pennu dyddiad i'r achos yn Neuadd Westminster oni bai bod barnwyr y brenin, cyn y dyddiad hwnnw (*nisi prius*), wedi cyrraedd y sir y tarddai'r achos ynddi, ac yno wedyn y cynhelid yr achos. Yn ymarferol, byddai'r dyddiad a bennid yn sicrhau mai yn lleol y cynhelid yr achos, ond roedd yn rhaid i achosion sifil, serch hyn, gael eu cychwyn yn Westminster ac yno yn unig y gellid rhoi'r ddedfryd derfynol. Daliai barnwyr y brenin i ymweld â phob un sir yng Nghymru ar gylchdaith i brofi achosion *nisi prius* o'r fath ochr yn ochr â'u hawdurdod troseddol yn y Brawdlysoedd, lle profid yr achosion torcyfraith mwyaf difrifol. Roedd troseddau llai yn cael eu trin gan fainc o ynadon heb gymwysterau cyfreithiol yn y llysoedd ynadon neu'r llys bach. Eid â throseddau mwy, nad oeddynt yn ddigon difrifol i fynd i'r Brawdlysoedd, gerbron ynadon yn sesiynau chwarter y siroedd. Roedd gan sawl bwrdeistref ei sesiynau chwarter ei hunan gyda barnwr proffesiynol – y cofiadur. Wrth i leoedd fel **Merthyr Tudful** dyfu, dechreuodd rhai trefi diwydiannol gyflogi ynadon cymwys yn y gyfraith ar gyfer eu llysoedd bach. Ar ôl 1846 roedd gan bob sir lys sirol ar gyfer achosion sifil llai pwysig.

### *Y system fodern*

Gwnaed i ffwrdd â'r sesiynau chwarter a'r Brawdlysoedd yn 1972 ac yn eu lle cafwyd llysoedd y goron yng **Nghaerdydd**, **Caernarfon**, Caerfyrddin, Merthyr Tudful, yr **Wyddgrug**, **Casnewydd** ac **Abertawe**. Daeth achosion *nisi prius* i ben, a gall yr Uchel Lys bellach eistedd y tu allan i Lundain i gymryd achosion sifil sydd y tu hwnt i allu'r llysoedd sirol. Gall y Llys Apêl yntau eistedd y tu allan i Lundain – yng Nghaerdydd, er enghraifft. Oddi ar 1972 gelwir yr Arglwydd Brif Ustus yn Arglwydd Brif Ustus 'Cymru a Lloegr'. Mae llys mercantilaidd wedi ei sefydlu i ymdrin ag achosion masnachol, ac wedi sefydlu **Cynulliad Cenedlaethol Cymru** mae modd gwneud rhai ceisiadau am arolygiad barnwrol yng Nghaerdydd. Mae cymal iaith y Deddfau 'Uno' wedi cael ei addasu gan **Ddeddf Llysoedd Cymru 1942** a **Deddfau'r Iaith Gymraeg** (**1967** ac **1993**). Yn 2005, pan grëwyd Gwasanaeth Llysoedd ei Mawrhydi, unwyd gweinyddiaeth y Llysoedd Ynadon â gweinyddiaeth Llysoedd y Goron a'r Llysoedd Sirol ac ailenwyd Cylchdaith Cymru a Swydd Gaer yn Rhanbarth Cymru a Swydd Gaer. Bu datblygiad pwysig yn 2007 pan ddaeth Cymru yn uned weinyddol yn ei hawl ei hunan wrth i Swydd Gaer ddod yn rhan o Ranbarth Gogledd-Orllewin Lloegr.

### *Cyfraith eglwysig*

Yn yr Oesoedd Canol ceisiai'r Eglwys sicrhau ei hawdurdod dros faterion priodas a rhai mathau o etifeddu, yn ogystal â thros ddwyn cosb am bechodau yn hytrach na throseddau, a llwyddodd i wneud hyn i raddau helaeth yn y pen draw. Trosglwyddwyd awdurdod priodasol a phrofiant yr eglwys i'r wladwriaeth yn 1857.

Mae'r eglwysi esgobol yn gweinyddu eu llywodraeth, eu gweinidogaeth, eu hathrawiaeth, eu litwrgi, eu defodau a'u heiddo trwy gyfraith eglwysig. Mae gan bob eglwys yn y traddodiad Catholig ei system ganonaidd ei hun. Roedd yr eglwys yng Nghymru'r Oesoedd Canol dan reolaeth y Gyfraith Eglwysig Rufeinig, ochr yn ochr â'r gyfraith frodorol. Wedi'r **Diwygiad Protestannaidd** daeth **esgobaethau** Cymru yn rhan o Eglwys sefydledig Lloegr, gan gael eu llywodraethu gan y gyfraith wladol a'r Canonau Eglwysig (1603). Arweiniodd **datgysylltu Eglwys Loegr yng Nghymru** yn 1920 at greu'r **Eglwys yng Nghymru** sy'n cael ei hystyried gan y gyfraith wladol yn gymdeithas wirfoddol a drefnir trwy gydsyniad. Nid yw cyfraith eglwysig Lloegr bellach yn gyfraith yng Nghymru, ond mae'n dal yn berthnasol i'r Eglwys yng Nghymru pan fo'n gyson â chyfansoddiad a chanonau'r sefydliad hwnnw.

### *Y Bar yng Nghymru*

Yn hanesyddol mae'r Bar wedi ei leoli yn Ysbytai'r Frawdlys yn Llundain, ond sicrhaodd bresenoldeb parhaol yng Nghymru yn y 19g. Yn ystod yr 20g. cynyddodd y llond dwrn o fargyfreithwyr a geid yng Nghaerdydd ac Abertawe i ryw 350. Caer yw'r brif ganolfan ar gyfer y gogledd (gw. Swydd Gaer a Chymru). Roedd ffurfio Cylchdaith Cymru a Chaer wedi'r **Ail Ryfel Byd** yn allweddol i'r Bar fagu cymeriad Cymreig, trwy greu un uned weinyddol i'r proffesiwn a'r llysoedd yng Nghymru, ac adfer peth o'r arwahanrwydd a fodolai cyn dileu Llys y Sesiwn Fawr yn 1830. Mae cyn-aelodau amlwg y gylchdaith yn cynnwys yr Arglwydd Edmund Davies (**Herbert Edmund Davies**) a'r Arglwydd Elwyn-Jones (**Frederick Elwyn Jones**).

### *Cyrff cyfreithiol*

Cymdeithas y Cyfreithwyr, corff proffesiynol y cyfreithwyr, sy'n rheoli'r proffesiwn gan ddrafftio, monitro a gweithredu'r rheolau ar gyfer **addysg** a hyfforddiant cyfreithwyr a'r ffordd y maent yn gweithio. Mae hi'n ymdrin â chwynion yn erbyn cyfreithwyr ac yn eu disgyblu os byddant yn torri ei rheolau. Mae'r Gymdeithas hefyd yn gwarchod buddiannau cyfreithwyr ac yn chwarae'i rhan yn niwygio'r gyfraith. Yng Nghaerdydd y mae ei phencadlys yng Nghymru ac mae'n cynnig cyrsiau hyfforddi i gyfreithwyr ac yn cydweithio â Chynulliad Cenedlaethol Cymru er mwyn hyrwyddo buddiannau cyfreithwyr yng Nghymru. Mae hi'n trosglwyddo gwybodaeth o Gymdeithas y Cyfreithwyr yn Llundain i gyfreithwyr Cymru ac yn adrodd eu barn hwythau yn ôl i Lundain. Ar ben hyn ceir cyfreithwyr yn ffurfio cymdeithasau cyfreithwyr lleol lle bydd yr aelodau yn cwrdd i drafod ac ymateb i faterion sy'n effeithio ar y proffesiwn yn eu hardal hwy.

Cynghrair Cymdeithasau Cyfreithwyr Cymru yw'r corff cyfreithiol hynaf yng Nghymru. Mae'n cynnwys pob un o gymdeithasau lleol y cyfreithwyr (ar wahân i'r rhai yn hen sir Gwent) a phob adran y gyfraith yn y prifysgolion. Ei phwrpas yw hyrwyddo buddiannau cyfreithwyr yng Nghymru, trwy gydweithio gyda'r ddwy gymdeithas, Cymdeithas y Cyfreithwyr yn Lloegr a Chymru, a Chymdeithas y Cyfreithwyr yng Nghymru.

Sefydlwyd Cydffederasiwn Cymdeithasau Cyfreithwyr De Cymru yn Ionawr 1997. Fe'i ffurfiwyd gan gymdeithasau cyfreithwyr Caerdydd a'r cylch, **Cwm Rhymni**, **Pen-y-bont ar Ogwr**, **Pontypridd** a'r **Rhondda**, ynghyd â Merthyr Tudful ac **Aberdâr**. Mae'n trefnu cyrsiau hyfforddi, yn annog cyfleoedd cyfartal yn y proffesiwn ac yn cyhoeddi cylchgrawn. Yn wahanol i Gynghrair Cymdeithasau Cyfreithwyr Cymru, nid oes ganddi swyddogaeth o ran ymgyrchu.

Wrth i'r gyfraith fynd yn fwy arbenigol, mae cyrff cyfreithwyr ar gyfer meysydd arbenigol wedi cael eu ffurfio. Yng Nghymru, mae'r rhain yn cynnwys Cymdeithas Cyfreithwyr Anafiadau Corfforol Cymru, Cymdeithas Cyfraith Gyhoeddus a Hawliau Dynol Cymru a Chymdeithas Cyfraith Masnach Cymru.

### *Cyngor cyfreithiol a chynrychiolaeth gyfreithiol*

Mae dau gorff yn ffurfio'r Gwasanaeth Cyfreithiol Cymunedol: y Comisiwn Gwasanaethau Cyfreithiol a'r Gwasanaethau Amddiffyn Troseddol. Gweinyddir y ddau ar raddfa genedlaethol o Gaerdydd ac maent wedi disodli'r hen gymorth cyfreithiol sifil a throseddol. Dim ond i ddarparwyr gwasanaethau cyfreithiol cydnabyddedig y rhoddir nawdd gan y corff hwn, a dim ond cwmnïau cyfreithwyr (neu'r Gwasanaeth Amddiffyn Cyflogedig, sydd â swyddfa yn Abertawe) sy'n gallu cael cytundeb gyda'r Gwasanaeth Amddiffyn Troseddol. Yn y rhan fwyaf o achosion, nid oes prawf moddion ar gyfer cael cymorth mewn achosion troseddol. Mae pob gwaith arall y telir amdano gan arian o'r pwrs cyhoeddus ar gael gan ddarparwyr gwasanaethau sydd â chytundeb perthnasol gyda'r Gwasanaeth Cyfreithiol Cymunedol. Mae'r gwaith sydd o dan y cytundebau hyn yn ymdrin â materion megis y teulu, gofal plant, llesiant, **tai** ac achosion o arolwg barnwrol. Ceir prawf moddion ar gyfer y gwasanaethau hyn. Mae lefelau gwahanol o wasanaethau cyfreithiol y gellir eu cynnig, o gynrychiolaeth gyfreithiol lawn i help cyfreithiol.

### *Addysg yn y gyfraith*

Mae chwe ysgol cyfraith yn cynnig graddau yn y gyfraith yn sefydliadau addysg uwch Cymru. Yr hynaf yw **Prifysgol Cymru, Aberystwyth**, sy'n cynnig LLB er 1901. Y ddiweddaraf yw **Prifysgol Cymru, Bangor**, a agorodd yn 2004 gan gynnig dim ond LLB ar y cychwyn. Y lleill, sydd fel Aberystwyth yn cynnig cwrs MA a rhaglenni ymchwil i ôl-raddedigion, yw **Prifysgol Caerdydd** (sydd hefyd yn hyfforddi cyfreithwyr a bargyfreithwyr), **Prifysgol Cymru Abertawe**, **Athrofa Addysg Uwch Abertawe** a **Phrifysgol Morgannwg**. Maent oll yn cynnig gradd yn y gyfraith ar gyfer Cymdeithas Cyfreithwyr Lloegr a Chymru a Chyngor y Bar. Mae **Cyd-Bwyllgor Addysg Cymru** yn cynnig Lefel A yn y gyfraith, ac yn 2003 roedd 108 o ganolfannau dysgu gyda 1,207 o ymgeiswyr.

## CYFRAN

Yr arfer o rannu tir rhwng etifeddion, a elwir yn anghywir weithiau yn *gavelkind* (yr arfer cyfatebol mewn rhannau o **Loegr**). O dan y **gyfraith** Gymreig, roedd tir gŵr rhydd yn cael ei rannu'n gyfartal ymhlith yr holl feibion, ni waeth a gawsant eu geni o fewn priodas ai peidio. Yn groes i'r hyn a gredai rhai brenhinoedd Seisnig o'r Oesoedd Canol (a rhai sylwebyddion diweddarach), nid oedd y rheol yn weithredol yn achos y teulu brenhinol; fel arfer ni ellid rhannu brenhiniaeth unrhyw un o deyrnasoedd Cymru, er y byddai darpariaeth ddigonol yn cael ei gwneud ar gyfer meibion eraill. Yn dilyn marw **Owain Gwynedd** yn 1170, er enghraifft, rhannwyd tiroedd **Gwynedd** rhwng ei feibion **Dafydd ab Owain Gwynedd** a Rhodri a'i wyrion Gruffudd a Maredudd ap Cynan, ond i Ddafydd y daeth y frenhiniaeth, ac ef felly oedd yn tra-arglwyddiaethu ar ei frawd a'i neiaint.

Fe allai rhannu tiroedd rhwng meibion arwain at drafferthion ar ôl sawl cenhedlaeth gan y byddai'r rhanddaliadau yn rhy fychan i fod yn economaidd; erbyn blynyddoedd olaf yr Oesoedd Canol roedd hefyd yn ymddangos yn rhwystr i'r rhai hynny a geisiai gronni tir. Yn wir, disgrifiwyd cyfran gan John Wynn o Wydir (**Trefriw**; gw. **Wynn, Teulu (Gwydir)**) fel 'melltith Cymru', ond, gan ei fod ef yn berchennog ar stad na allasai fod wedi dod i fod oni bai i'w hynafiaid roi'r gorau i'r arfer, yr unig sylw posibl ar ei gondemniad yw dyfynnu geiriau anfarwol Mandy Rice-Davies: 'He would, wouldn't he?' Penderfynodd nifer nad oedd eu daliadau tir bellach yn broffidiol werthu eu heiddo i'w cymdogion mwy llewyrchus, ac roedd y rhai a oedd wedi casglu erwau sylweddol o dir yn mabwysiadu'r arfer Seisnig o **gyntafanedigaeth**. Diddymwyd y drefn o rannu tir rhwng etifeddion yng Nghymru wedi'r gyntaf o'r **Deddfau 'Uno'** (1536), ond daliai i gael ei harfer yn helaeth ac yr oedd yn un o brif achosion diflaniad y **dosbarth** o ffermwyr rhydd-ddaliadol erbyn y 19g. Erbyn yr 20g. roedd rhannu eiddo'n gyfartal rhwng yr holl blant – benywaidd yn ogystal â gwrywaidd – yn digwydd fwy neu lai'n ddieithriad.

## 'CYFRI'R GEIFR' Cân werin

Cân werin a gysylltir yn bennaf ag ucheldiroedd **Gwynedd**, ond sydd wedi ei nodi mewn amrywiol ffurfiau ledled Cymru. Tybir ei bod yn tarddu o un o ddefodau Gŵyl Fair, lle byddai'r cantorion gwasael yn ceisio mynd i mewn i'r tŷ trwy herio'r rhai oddi mewn i ateb cwestiwn ('Oes gafr eto?') â dilyniant cynyddol o atebion (gw. hefyd **Canu Gŵyl Fair a Gwaseila**). Newidia lliw'r afr ym mhob pennill, a'r her yw cofio'r dilyniant cywir a chanu'r geiriau yn gynyddol gyflymach.

## CYFUNRHYWIAETH

Mae gweithiau awduron clasurol megis Aristoteles, Strabo ac Athanaeus yn crybwyll cyfunrhywiaeth ymhlith **Celtiaid** gwrywaidd tir mawr Ewrop, a cheir yng Nghymru gyfeiriadau tra hynafol at yr arfer. Prin yw'r cyfeiriadau at **fenywod** cyfunrywiol – er bod **Eleanor Butler a Sarah Ponsonby**, a ddaeth i fyw i **Langollen** yn 1779, yn cael eu cydnabod – yn ochelgar, bid siŵr – fel pâr lesbaidd enwocaf Ewrop.

Mae storïau'r **Mabinogion** yn agor sawl ffenest ar gredoau ac arferion yr Oes Haearn (gw. **Oesau Cynhanesyddol**), ac mae'n bosibl fod olion portreadau cyn-Gristnogol o gyfunrhywiaeth i'w gweld yn hanes Gilfaethwy a **Gwydion** yn chwedl **Math fab Mathonwy**. Mae'r ffaith yr arferai penydfeydd y 6g. osod cosbau am weithredoedd cyfunrywiol yn dangos bod gweithredoedd o'r fath i'w cael yng Nghymru a bod Cristnogion yn eu condemnio. Credai **Gildas** fod **Maelgwn Gwynedd** wedi cyflawni gweithredoedd cyfunrywiol a bod Duw wedi ei gosbi am hynny, a haerai **Gerallt Gymro** fod y Brythoniaid wedi colli Caerdroea a **Phrydain** yn gosb am eu harferion cyfunrhywiol. O dan ddylanwad y **gyfraith** eglwysig, mae rhai o destunau'r gyfraith Gymreig yn gwrthod tystiolaeth dyn yr amheuwyd ei fod wedi cymryd rhan mewn gweithgaredd cyfunrhywiol.

Mae cyhuddiadau o ymddygiad cyfunrhywiol i'w cael yng nghofnodion llysoedd Cymru o'r 17g. ymlaen, ond ni ddatblygodd is-ddiwylliant cyfunrhywiol tan yr 20g. gan nad oedd unrhyw ganolfannau trefol mawr yng Nghymru. Arweiniodd y cosbedigaethau llym a geid yng nghyfraith **Lloegr** yn erbyn ymddygiad cyfunrhywiol ymhlith gwrywod at garcharu rhai Cymry, a gwnaeth nifer ohonynt amdanynt eu hunain – dioddefaint y dewisodd yr ymwybyddiaeth dorfol Gymreig ei anwybyddu. Llaciwyd yr erledigaeth yn 1967, yn rhannol oherwydd ymgyrchu Leo Abse, aelod seneddol **Pont-y-pŵl**. Erbyn diwedd yr 20g. gwelid yng Nghymru ddechreuadau mudiad rhyddid hoywon, ac roedd sîn hoywon fywiog yn dod i'r amlwg, yng **Nghaerdydd** yn arbennig. (Mabwysiadwyd y gair 'hoywon' i ddisgrifio dynion cyfunrhywiol yn y 1980au, efelychiad o'r defnydd o *gay* a boblogeiddiwyd gan **Ivor Novello**, a gair sydd wedi disodli 'gwrywgydwyr', term yr ystyrir bellach ei fod yr un mor ddifrïol a 'nigar', 'yid' a 'wog'.) Cafwyd cynnig agored i gynorthwyo a chynghori hoywon a lesbiaid yn lleol am y tro cyntaf yn nechrau'r 1980au pan sefydlwyd llinell gymorth ym **Mangor**. Roedd Cylch, cymdeithas i hoywon a lesbiaid Cymraeg eu hiaith, yn weithredol rhwng 1990 ac 1996. Yn 2001 sefydlwyd y Fforwm Lesbaidd, Hoyw a Deurywiol, wedi ei ariannu'n rhannol gan **Gynulliad Cenedlaethol Cymru**. Cafodd ei ailenwi yn Stonewall Cymru yn 2003. Yn 2005 dechreuodd nifer o hoywon a lesbiaid Cymru fanteisio ar y ddeddfwriaeth sy'n caniatáu partneriaeth sifil.

## CYFFYLLIOG, Sir Ddinbych (3,159ha; 484 o drigolion)

Mae'r **gymuned** hon, sydd i'r gorllewin o **Ruthun**, yn cynnwys rhannau uchaf y leiaf adnabyddus o'r chwe afon Clywedog yng Nghymru. Mae gan Eglwys y Santes Fair nenfwd crwm o'r 15g. Plannwyd coed dros ran helaeth o'r ardal.

## CYNGHANEDD

Ym marn awdurdodol *The Princeton Encyclopedia of Poetry and Poetics* (1993), ni cheir ym marddoniaeth unrhyw un arall o ieithoedd y byd addurn seiniol sydd mor gymhleth â'r gynghanedd yn y **Gymraeg**. Daeth i'w ffurf bresennol yn y 14g. ar ôl esblygiad hir yng nghanu'r **Cynfeirdd** a **Beirdd y**

**Tywysogion**. Mae'n rhan annatod o'r pedwar mesur ar hugain y disgwylid i **Feirdd yr Uchelwyr** eu meistroli, ac ymhlith yr amlycaf o'r mesurau hynny y mae'r **cywydd** a'r **englyn**.

Mae pedwar prif fath o gynghanedd. Yn y gynghanedd groes ailadroddir y cytseiniaid a ddigwydd yn rhan gyntaf y llinell yn yr ail ran gan ddilyn yr un drefn:

**b**a**r**a a **ch**aws, / **b**î**r** a **ch**ig (Goronwy Owen)

Mae'r gynghanedd draws yn hynod o debyg oddieithr bod modd anwybyddu un neu ragor o'r cytseiniaid ar ddechrau'r ail ran:

**D**i**f**yr / yw gwylio **d**e**f**aid (Edward Huws)

Mewn cynghanedd lusg y mae sillaf olaf y rhan gyntaf yn odli â sillaf obennol acennog mewn gair lluosillafog ar ddiwedd y llinell:

Bedwyr yn dr*ist* / a d*ist*aw (T. Gwynn Jones)

Ceir tair rhan mewn cynghanedd sain, ac y mae ynddi odlau mewnol ynghyd ag ateb cytseiniaid:

Lle bu'r Bryth*on*, / **S**aes*on* / **s**ydd (anhysbys, 15g.)

Daeth bri newydd ar y gynghanedd yn sgil mudiad yr **eisteddfod** yn y 18g. a'r 19g., ac mae'n dal i fod yn elfen bwysig mewn barddoniaeth Gymraeg ar ddechrau'r 21g. gyda chystadleuaeth y gadair yn yr Eisteddfod Genedlaethol wedi ei neilltuo o hyd ar gyfer **awdl**, sef cerdd sy'n cynnwys cynghanedd. Yn 1976 sefydlwyd y Gymdeithas Gerdd Dafod, a daeth ei chylchgrawn, *Barddas* (1976–), yn neilltuol lwyddiannus o dan olygyddiaeth y bardd a'r beirniad toreithiog Alan Llwyd (g.1948).

## CYNGOR AMAETHYDDOL I GYMRU

Sefydlwyd y Cyngor, sy'n enghraifft gynnar o **ddatganoli**, yn 1912 i oruchwylio cynlluniau addysgol a chynlluniau gwella da byw; ei gomisiynydd cyntaf oedd **C. Bryner Jones**. Roedd iddo aelodau enwebedig o'r cynghorau sir, **Prifysgol Cymru** a'r diwydiant amaethyddol a bu'n weithredol hyd nes ei ddiddymu ar ôl yr **Ail Ryfel Byd**.

## CYNGOR CELFYDDYDAU CYMRU

Corff annibynnol sy'n gyfrifol am ddosbarthu arian cyhoeddus i'r celfyddydau ac i artistiaid yw Cyngor Celfyddydau Cymru. Fe'i sefydlwyd yn ei ffurf bresennol yn 1994, a chymerodd le Cyngor y Celfyddydau (1967–94) a ddechreuodd fel pwyllgor Cymreig Cyngor Celfyddydau Prydain Fawr. Er 1999 caiff y corff ei ariannu trwy'r **Cynulliad Cenedlaethol**. Yn 2005/6 derbyniodd nawdd gan y Cynulliad o £26.9 miliwn, yn ychwanegol at y £11.5 miliwn o arian Loteri. Nid oes gan y Cyngor fyth ddigon o arian i fodloni pob cais, ac felly mae'n anochel ei fod yn cael ei feirniadu'n aml; un gŵyn reolaidd yw bod ei nawdd i **Opera Cenedlaethol Cymru** yn anghymesur o fawr (£3.9 miliwn yn 2005/6, sef dros 14.5% o gyfanswm yr arian a dderbyniodd y Cyngor gan y Cynulliad). Mynegir anfoddhad hefyd ynghylch diffyg atebolrwydd y corff i'r cyhoedd, a mynegwyd y farn mai cam annoeth oedd dileu, yn 1997, yr adrannau arbenigol a arferai gynrychioli'r gwahanol gelfyddydau. Fodd bynnag, byddai bywyd diwylliannol Cymru yn llawer tlotach heb gefnogaeth y Cyngor, gan na fyddai nifer o artistiaid a chynlluniau celfyddydol yn gallu ymgynnal hebddo. Yn 2004 cyhoeddodd Llywodraeth y Cynulliad y byddai nawdd i'r celfyddydau ar ôl gwanwyn 2006 yn dod yn uniongyrchol dan awdurdod y Cynulliad, ond enynnodd y cynllun brotestiadau chwyrn a chafodd ei ollwng.

## CYNGOR CENEDLAETHOL DROS ADDYSG A HYFFORDDIANT YNG NGHYMRU, Y

Ers ei sefydlu yn Ebrill 2001, y Cyngor hwn a fu'n gyfrifol am gyllido, cynllunio a hyrwyddo'r holl **addysg** a hyfforddiant ar gyfer rhai dros 16 oed, ac eithrio'r sector addysg uwch. Fe'i ffurfiwyd trwy gyfuno'r pedwar Cyngor Hyfforddi a Menter, Cyngor y Cynghorau Hyfforddi a Menter, a Chyngor Cyllido Addysg Bellach Cymru. Gweithredai dan faner ELWa (Dysgu ac Addysgu Cymru) ac ef oedd y corff mwyaf a noddid gan y **Cynulliad Cenedlaethol**. Yng nghoelcerth hirddisgwyliedig y **cwangoau** yn sgil dyfodiad y Cynulliad, cafodd ELWa ei ddiddymu yn 2006 a daeth ei swyddogaethau yn rhan o waith y Cynulliad.

## CYNGOR CYLLIDO ADDYSG UWCH CYMRU (HEFCW)

Sefydlwyd Cyngor Cyllido Addysg Uwch Cymru yn 1992, ac mae'n gyfrifol am ddyrannu cyllid i'r sefydliadau **addysg** uwch. Er 1994, bu'r Cyngor hefyd yn gyfrifol am ariannu hyfforddiant cychwynnol i athrawon ysgol a chomisiynu ymchwil i wella safonau addysgu a hyfforddiant athrawon. Ynghyd â'r **Cyngor Cenedlaethol dros Addysg a Hyfforddiant yng Nghymru**, roedd y Cyngor yn rhan o ELWa (Dysgu ac Addysgu Cymru) hyd 2003, pan wahanwyd y ddau gyngor drachefn.

## CYNGOR CYMREIG UNDEB CYNGHRAIR Y CENHEDLOEDD

Sefydlwyd y Cyngor yn Amwythig yn Ionawr 1922. Roedd wedi'i wreiddio'n ddwfn yn yr ethos Rhyddfrydol traddodiadol. Gyda David Davies (1880–1944) (gw. **Davies, Teulu (Llandinam)**) yn noddwr a **Gwilym Davies** yn drefnydd, pwysleisiai'r angen am ddiogelwch ar y cyd trwy gydweithrediad rhyngwladol er mwyn cadw'r heddwch. Bu'n chwyrn ei ymosodiad ar **genedlaetholdeb** Cymreig. Hyd y 1930au hwyr roedd yn rym arwyddocaol ym mywyd Cymru, fel corff amhleidiol a oedd wedi ymroi i hybu egwyddorion Cynghrair y Cenhedloedd.

O 1923 ymlaen trefnodd y Cyngor bererindod flynyddol i **Dregaron**, man geni **Henry Richard**. Ymgyrchai'n gyson dros ddiwygio Cytundeb Versailles, gan annog y dylai'r Almaen gael ei derbyn i 'gyweithas y cenhedloedd', a galw am ddatrys cwestiwn lletchwith iawndaliadau rhyfel. Yn y 1920au hwyr pwysodd y Cyngor yn gryf am gael cyflafareddiad gorfodol a diarfogi. Erbyn 1925 sefydlwyd 571 o ganghennau gydag aelodaeth o 31,299 o oedolion, ond yn anochel cafodd y **Dirwasgiad** effaith; erbyn 1931 roedd yr aelodaeth wedi gostwng i 13,570.

Bu'r Cyngor yn canfasio'r ymgeiswyr Cymreig yn etholiad cyffredinol Hydref 1931, a daeth i gefnogi'n frwd gynigion David Davies am dribiwnlys cyfiawnder a heddlu rhyngwladol. Cyfrannodd yn helaeth at sicrhau nifer rhyfeddol o uchel i gefnogi'r bleidlais heddwch ym Mehefin 1935 pan bleidleisiodd 62.3% o etholwyr Cymru (38% oedd y bleidlais ym **Mhrydain** benbaladr). Cylchredodd holiaduron ymysg ymgeiswyr eto yn ystod ymgyrch etholiad cyffredinol 1935, ond collodd y Cyngor ei ddylanwad ar ôl hynny yn wyneb **Rhyfel Cartref Sbaen**, a bygythiad cynyddol Hitler a Mussolini. Erbyn 1938 – blwyddyn agor adeilad eiconig y mudiad, y Deml Heddwch ym **Mharc Cathays** yng **Nghaerdydd** – roedd diffyg diddordeb a dadrithiad cyhoeddus yn amlwg, gyda chanlyniadau trychinebus o ran aelodaeth a brwdfrydedd.

## CYNGOR CYMRU A'R GORORAU

Crëwyd y Cyngor gan Edward IV yn 1471 yn sefydliad teuluol ar gyfer rheoli tiroedd a chyllidoedd Tywysog Cymru. Fe'i hehangwyd yn 1473 gan roi iddo'r dyletswyddau ychwanegol o gynnal **cyfraith** a threfn yng Nghymru a'r Gororau. Yr arglwydd lywydd cyntaf oedd John Alcock, esgob Rochester. Mae hanes cynnar y Cyngor fel sefydliad i arolygu cyfiawnder yn aneglur. Ymddengys mai'n ysbeidiol y byddai'n cyfarfod ond fe'i hadfywiwyd gan Harri VII ar gyfer ei etifedd, y Tywysog Arthur. Ei leoliad oedd Castell **Llwydlo**, a fu unwaith yn gapwt yr arglwyddiaethau yn y **Mers** a berthynai i deulu **Mortimer**. Nid tan 1526, fodd bynnag, y dechreuodd gynyddu ei bŵer ochr yn ochr â'r Cyngor yn y Gogledd, a sefydlwyd yn y flwyddyn honno. Yr arglwydd lywydd enwocaf oedd **Rowland Lee** (1534–43) a lywodraethodd Gymru a'r Gororau â llaw gadarn ar adeg pan gafwyd newidiadau arwyddocaol yng ngweinyddiaeth y wlad. Gwraidd ei bolisi oedd ofn a dychryn, a rhoddwyd caniatâd arbennig iddo weithredu'r gosb eithaf. Goroesodd y Cyngor ei gyfnod ef; fe'i gosodwyd ar sail statudol (1543) ac, yn ail hanner y 16g., chwaraeodd ran ganolog yn cyd-weddu cyfraith a gweinyddiaeth. Ymhlith arglwydd lywyddion nodedig eraill yr oedd Syr Henry Sidney (1560–86) a Syr Henry Herbert, ail iarll Pembroke (1586–1602; gw. **Herbert, Teulu (ieirll Pembroke o'r ail greadigaeth)**). Dirywiodd y Cyngor ym mlynyddoedd cynnar yr 17g. oherwydd gwrth-wynebiad i'w awdurdod, cystadleuaeth llysoedd **Llundain** a'i gysylltiadau brenhinol. Ynghyd â Llysoedd Siambr y Seren a'r Uchel Gomisiwn a'r Cyngor yn y Gogledd, fe'i diddymwyd yn 1641 ond fe'i hailsefydlwyd adeg yr Adferiad (1660). Fe'i diddymwyd yn derfynol yn 1689, ond erbyn hynny roedd wedi colli llawer o'i rym a'i urddas. I **A. H. Dodd**, Llwydlo oedd 'prifddinas goll Cymru'.

## CYNGOR CYMRU A MYNWY

Sefydlwyd y Cyngor gan **lywodraeth** Attlee yn 1948 yn gorff ac iddo 27 o aelodau wedi eu henwebu, gyda'i gyfarfodydd i'w cynnal yn gyfrinachol. Ni roddwyd unrhyw bwerau iddo. Dewiswyd **Huw T. Edwards** yn gadeirydd cyntaf y Cyngor. Sefydlwyd nifer o baneli a chynhyrchwyd sawl adroddiad manwl ar bynciau Cymreig, yn cynnig gwybodaeth a chyngor parthed Cymru i'r naill lywodraeth ar ôl y llall. Ymddi-swyddodd Edwards yn ddramatig o'r gadeiryddiaeth yn 1958 fel protest yn erbyn difrawder y llywodraeth ynghylch Cymru. Ar ôl hynny lled aneffeithiol ar y cyfan fu'r Cyngor, er iddo oroesi tan 1966.

## CYNGOR CHWARAEON CYMRU

Sefydlwyd y Cyngor Chwaraeon trwy siarter frenhinol yn 1972 i hyrwyddo chwaraeon a gweithgareddau hamdden ar lefel genedlaethol, ac i gynyddu'r niferoedd sy'n cymryd rhan mewn chwaraeon a chodi safonau perfformio. Y Cyngor yw prif gynghorwr y **Cynulliad Cenedlaethol** ar faterion yn ymwneud ag **athletau**, ac mae'n gyfrifol am rannu arian Loteri rhwng holl feysydd chwaraeon a hamdden. Yn Athrofa Chwaraeon Cymru yng **Nghaerdydd** y mae ei bencadlys. Mae'r Athrofa, ynghyd â Chanolfan Chwaraeon Dŵr Genedlaethol Plas Menai (gw. **Felinheli, Y**), yn gweithredu hefyd fel canolfannau cenedlaethol.

## CYNGOR DARLLEDU CYMRU

Sefydlwyd Cyngor Darlledu Cymru yn sgil argymhelliad adroddiad Pwyllgor Beveridge (1951) y dylai Cymru gael statws 'rhanbarth cenedlaethol' oddi mewn i'r BBC – syniad a gynigiwyd gyntaf gan **Megan Lloyd George**. Hyd at 2007 y corff hwn, a ddisodlodd y Cyngor Ymgynghorol Cymreig diddannedd, a oedd yn arolygu polisi a rhaglenni'r BBC yng Nghymru. Chwaraeodd y cyngor ran bwysig yn natblygiad y gwaith o greu rhaglenni teledu yng Nghymru ac yn yr ymgyrch o blaid pedwaredd sianel Gymraeg (gw. **S4C**). Yn sgil y Siarter Frenhinol newydd a roed i'r BBC yn 2007, disodlwyd gwaith y cyngor gan Gyngor Cynulleidfa Cymru. Mae cadeirydd y cyngor yn aelod o Ymddiriedolaeth y BBC.

## CYNGOR LLYFRAU CYMRU

Sefydlwyd y corff cyhoeddus hwn dan yr enw Cyngor Llyfrau Cymraeg yn 1961 trwy ymdrechion Undeb y Cymdeithasau Llyfrau dan arweiniad **Alun R. Edwards** a chyda chefnogaeth ariannol pump o **siroedd** Cymru. Ei brif amcanion ar y dechrau oedd sicrhau cyflenwad o lyfrau Cymraeg poblogaidd a hybu eu gwerthiant. Ymhlith ei weith-gareddau pwysicaf yn ystod y 1960au yr oedd noddi awduron llyfrau poblogaidd i oedolion, gweithredu cynllun archebion sefydlog mewn **llyfrgelloedd cyhoeddus** a rheoli'r Ganolfan Dosbarthu Llyfrau. Ar ddechrau'r 1970au ehangodd ei gylch gorchwyl i gynnwys llyfrau Cymraeg i blant a llyfrau Saesneg o ddiddordeb Cymreig. Gyda chymorth ariannol Cyngor y Celfyddydau (gw. **Cyngor Celfyddydau Cymru**), sefydlwyd adrannau newydd i gynnig gwasanaethau marchnata, golygu a **dylunio** llyfrau, ac ar ddechrau'r 1980au trosglwyddwyd i'r cyngor y cyfrifoldeb dros weinyddu cymhorthdal y **llywod-raeth** at gyhoeddi llyfrau a **chylchgronau** Cymraeg. Ers hynny mae'r Cyngor wedi manteisio ar ddatblygiadau ym maes technoleg gwybodaeth i ymestyn ei wasanaethau i'r fasnach lyfrau ac i'r cyhoedd. Yn 2003 trosglwyddwyd y cyfrifoldeb dros ddosrannu grantiau cynhyrchu llyfrau a chylchgronau o natur lenyddol, yn y ddwy iaith, o Gyngor Celfyddydau Cymru i'r Cyngor Llyfrau. Bellach mae'r corff yn chwarae rhan gwbl ganolog yn y fasnach lyfrau yng Nghymru. Arien-nir ei weithgareddau'n bennaf gan y **Cynulliad Cenedlaethol**. O'i bencadlys yn **Aberystwyth** ceir golygfeydd gwych o Fae Ceredigion.

## CYNGRES UNDEBAU LLAFUR CYMRU (TUC Cymru)

Cynhaliwyd cynhadledd agoriadol Cyngres Undebau Llafur Cymru yn **Aberystwyth** yn Ebrill 1974 ar ôl rhyw flwyddyn a hanner o ymgyrchu brwd ar ran nifer o undeb-wyr llafur Cymreig, yn fwyaf arbennig Tom Jones (Undeb y Gweithwyr Trafnidiol a Chyffredinol) a **Dai Francis (Undeb Cenedlaethol y Glowyr)**. Gwrthododd Cyngres Undebau Llafur Prydain, a oedd yn ad-drefnu'i strwythur rhanbarthol trwy Gymru a **Lloegr** er mwyn cyd-fynd â newidiadau arfaethedig yn ffiniau llywodraeth leol, â chaniatáu i Gymru gael cyngres annibynnol lawn ar batrwm TUC yr **Alban**. Er bod y Gyngres yn ystyried Cymru yn uned, amharod ydoedd i ganiatáu dim mwy na chyngor rhanbarthol. Roedd gan y corff newydd strwythur gweddol gymhleth: cadeirydd (Dai Francis oedd y cyntaf i gael ei ethol), ysgrifennydd, trysorydd ac ymddiriedolwyr, cyngor cyffredinol o 45 aelod a gynhaliai gyfarfodydd chwarterol, a phwyllgor gwaith gyda phum is-bwyllgor. Diwygiwyd y strwythur gryn dipyn dros y blynyddoedd er mwyn ymateb i'r galwadau cynyddol ar y Gyngres.

Hyd at ganol y 1980au George Wright oedd y ffigwr allweddol yn y Gyngres, ac yr oedd hefyd yn ysgrifennydd rhanbarthol Undeb y Gweithwyr Trafnidiol a Chyffredinol. Ef a sicrhaodd fod TUC Cymru yn rhoi cefnogaeth gadarn i gynlluniau **datganoli** yn 1979. Yr ysgrifennydd llawn amser cyntaf oedd David Jenkins, a ymgymerodd â'r swydd yn 1984. Yn ystod yr un flwyddyn sefydlwyd swyddfa yn Transport House, Caerdydd, ar gyfer TUC Cymru ar y cyd â Gwasanaeth Addysg Rhanbarthol y Gyngres a symudodd o'i bencadlys blaenorol ym **Mhontypridd**. Yn ystod y 1980au bu TUC Cymru, mewn ymateb chwyrn i bolisïau'r llywodraeth Geidwadol, yn gweithio law yn llaw â'r **Blaid Lafur** yng Nghymru i lunio polisïau ar **lywodraeth** ranbarthol a lleol, datblygiad economaidd, **tai** ac **iechyd**. Gwnaeth bob ymdrech i geisio sicrhau ethol llywodraeth Lafur yn 1987 ac 1992. Er 1997 mynegodd amheuon am rai o bolisïau y llywodraeth 'Llafur Newydd' a oedd o dan arweiniad Tony Blair hyd 2007. (Gw. hefyd **Undebaeth Lafur**.)

## CYLCH CATHOLIG, Y

Ffurfiwyd y gymdeithas hon yn gynnar yn y 1940au er mwyn i **Gatholigion** Cymraeg eu hiaith allu byw bywyd ysbrydol llawn trwy gyfrwng eu hiaith eu hunain. Hyd y 1960au roedd eu gweithgareddau'n cynnwys cyhoeddiadau, pererindodau, canghennau ieuenctid a phresenoldeb blynyddol yn yr **Eisteddfod** Genedlaethol. Ymhlith arweinwyr cynharaf y Cylch yr oedd **Saunders Lewis**, a fu'n golygu cylchgrawn y gymdeithas, *Efrydiau Catholig* (*Ysgrifau Catholig* yn ddiweddarach). Adfywiwyd y gymdeithas yn llwyddiannus yn y 1980au.

## CYLCH Y GARN, Ynys Môn (2,475ha; 675 o drigolion)

Mynydd y Garn yw canolbwynt y **gymuned** hon yng nghornel ogledd-orllewinol **Môn** sy'n cynnwys pentrefi Llanfair-yng-Nghornwy, Llanrhuddlad a Rhydwyn. Mae corff Eglwys y Santes Fair, Llanfair-yng-Nghornwy, yn dyddio o'r 12g. Gellir olrhain hanes ffermdai Caerau a Mynachdy yn ôl i'r 17g. Mae'r rhan fwyaf o'r arfordir godidog yn eiddo i'r **Ymddiriedolaeth Genedlaethol**, ac oddi arno ceir Ynysoedd y Moelrhoniaid (gw. **Ynysoedd**) lle codwyd goleudy yn 1724; yn ddiweddarach disodlwyd y goleudy gan olau a osodwyd ar graig Maen y Bugail. Roedd James Williams (1790–1872), rheithor Llanfair-yng-Nghornwy, a'i wraig Frances, ymhlith arloeswyr mudiad y **badau achub**; lleolwyd y bad achub cyntaf ym Môn yng Nghemlyn, dan nawdd y mudiad, yn 1828. Mae Cemlyn, a fu unwaith yn borthladd, bellach yn warchodfa natur. Roedd Vivian Hewitt, yr awyrennwr cyntaf i hedfan ar draws Môr Iwerddon yn 1912, yn byw yng Nghemlyn. Ar Fynydd y Garn ceir cofeb i William Thomas, brodor o Lanrhuddlad a pherchennog **llongau**.

## CYLCHGRONAU

Cyhoeddwyd *Tlysau yr Hen Oesoedd*, y cylchgrawn Cymraeg cyntaf, gan Lewis Morris (gw. **Morrisiaid**) yn 1735 a'i argraffu ar ei wasg ei hun yng **Nghaergybi**. Ymgais ydoedd i ennyn diddordeb y Cymry yn eu hiaith a'u llên, ond un rhifyn yn unig a ymddangosodd. Bu'n rhaid aros tan 1770 cyn cael yr ymgais nesaf at sefydlu cylchgrawn Cymraeg, gyda chyhoeddi 15 rhifyn o *Trysorfa Gwybodaeth, neu Eurgrawn Cymraeg* dan olygyddiaeth yr Undodwr Josiah Rees o **Lanfair-ar-y-bryn**. Fe'i dilynwyd gan dri chylchgrawn radicalaidd eu natur, sef *Y Cylch-grawn Cynmraeg* a sefydlwyd gan **Morgan John Rhys** yn 1793, *The Miscellaneous Repository, neu y Drysorfa Gymmysgedig* a olygwyd gan Thomas Evans (Tomos Glyn Cothi) yn 1795, a *Y Geirgrawn* dan olygyddiaeth David Davies, **Treffynnon**, yn 1796. Ffrwyth y **Diwygiad Methodistaidd** oedd *Trysorfa Ysprydol* a sefydlwyd gan **Thomas Charles** o'r **Bala** a **Thomas Jones** o **Ddinbych** (1756–1820) yn 1799, a hwn oedd y cylchgrawn enwadol cyntaf i ddarparu deunydd darllen ar gyfer pregethwyr teithiol ac athrawon a disgyblion yr **ysgol Sul**. Byr fu oes pob un o'r cyfnodolion hyn a hynny'n bennaf am fod anawsterau dosbarthu a gwerthu'r rhifynnau, yn ogystal â phris uchel papur, yn golygu cryn fenter ar ran golygydd a chyhoeddwr fel ei gilydd.

Yn chwarter cyntaf y 19g. aeth yr enwadau crefyddol ati'n frwd i sefydlu eu cyhoeddiadau eu hunain megis *Yr Eurgrawn Wesleyaidd* (**Wesleaid**) sef y mwyaf hirhoedlog o holl gyfnodolion Cymru (1809–1983), *Seren Gomer* (**Bedyddwyr**), *Y Dysgedydd* a'r *Diwygiwr* (**Annibynwyr**), *Goleuad Cymru* a'r *Drysorfa* (**Methodistiaid Calfinaidd**), *Yr Haul* gan yr Eglwys Sefydledig (gw. **Anglicaniaid**) a'r *Ymofynydd* (**Undodwyr**). Mae lluosogrwydd y teitlau hyn ynddo'i hun yn arwydd o brysurdeb, ond cecrus a chynhennus oedd cynnwys y mwyafrif ohonynt (er enghraifft, gw. Brutus (**David Owen**), golygydd *Yr Haul*, a **David Rees**, golygydd *Y Diwygiwr*). Yr enwadau crefyddol hefyd a fu'n noddi cylchgronau'r mudiad dirwestol (gw. **Dirwest**) a ddaeth i'w lawn dwf yn ystod y 1840au, yn ogystal â'r llu cylchgronau i blant a sefydlwyd yng nghanol y ganrif. Y mwyaf nodedig o'r rhain oedd *Trysorfa y Plant* dan olygyddiaeth **Thomas Levi**, a werthai 40,000 o gopïau'r mis yn 1881.

Cyhoeddwyd *The Cambrian Magazine,* y cylchgrawn Saesneg cyntaf yng Nghymru, yn **Llanymddyfri** yn 1773. Fe'i dilynwyd gan *The Cambrian Register* (a olygwyd gan **William Owen Pughe**, ac a gyhoeddwyd yn **Llundain** yn 1795, 1796 ac 1818) a *The Cambrian Visitor* yn **Abertawe** yn 1813. Mae *Archaeologia Cambrensis,* a sefydlwyd yn 1846 ac a arweiniodd at sefydlu **Cymdeithas Hynafiaethau Cymru** y flwyddyn ddilynol, yn dal i gael ei gyhoeddi heddiw ac yn cynnwys cyfoeth o wybodaeth am **archaeoleg a hynafiaetheg** Cymru. Hynafiaethol oedd y mwyafrif o'r cylchgronau Saesneg cynnar hyn, ond yn 1882 sefydlodd **Charles Wilkins** *The Red Dragon* fel misolyn poblogaidd yn cynnwys amrywiaeth o ddeunydd.

Agorwyd pennod newydd yn hanes y wasg gylchgronol Gymraeg yn 1845 gyda sefydlu *Y Traethodydd* fel chwarterolyn gan **Thomas Gee**, a **Lewis Edwards** yn brif olygydd iddo. Patrymwyd hwn ar gylchgronau Saesneg fel *The*

*Edinburgh Review,* ond gyda'r prif bwyslais ar **ddiwinyddiaeth**, **athroniaeth** ac **addysg**. Cyhoeddiadau tebyg oedd *Yr Adolygydd* a'r *Beirniad,* ond byr fu oes y rhain o'u cymharu â chylchgrawn Lewis Edwards, sy'n parhau i ymddangos. Gwelwyd ysgafnhau ychydig ar natur cylchgronau yn ail hanner y 19g. a chynyddodd y cyhoeddiadau poblogaidd. Sefydlwyd *Y Gymraes,* y cylchgrawn cyntaf ar gyfer **menywod**, yn 1850 gan Ieuan Gwynedd (**Evan Jones**), ond prin flwyddyn y parhaodd. Fe'i dilynwyd gan *Y Frythones* (1879–91) dan olygyddiaeth Cranogwen (**Sarah Jane Rees**) ac yna gylchgrawn arall o'r enw *Y Gymraes* (1896–1934) a olygwyd gan Ceridwen Peris (**Alice Gray Jones**).

Roedd dros 50 o gyfnodolion yn gwasanaethu'r cymunedau Cymreig yng **Ngogledd America** yn ystod y 19g. Cyhoeddiadau enwadol oedd y mwyafrif llethol o'r rhain a'r amlycaf yn eu plith oedd *Y Cyfaill o'r Hen Wlad yn America* (Methodistiaid Calfinaidd, 1838–1933), *Y Cenhadwr Americanaidd* (Annibynwyr, 1840–1901) a'r *Seren Orllewinol* (Bedyddwyr, 1844–69). Câi dau gylchgrawn Cymraeg eu cyhoeddi yn **Awstralia** – *Yr Australydd* (1866–72) a'r *Ymwelydd* (1874–6).

Er mai llenyddol a hynafiaethol yn bennaf oedd osgo *Y Brython* (1858–63) dan olygyddiaeth Daniel Silvan Evans, cyhoeddwyd ynddo hefyd lawer o lên gwerin, dywediadau, coelion a phenillion telyn – yr union ddefnyddiau a anwybyddwyd gan y cyfnodolion enwadol tan hynny. I'r un cyfnod y perthyn *Golud yr Oes* (1862–4), a gâi ei gyhoeddi gan Hugh Humphreys yng **Nghaernarfon**, a'r *Punch Cymraeg* (1858–64) a batrymwyd ar y *Punch* Saesneg. Mwy difrifol o ran cynnwys oedd *Y Geninen* (1883–1928) dan olygyddiaeth Eifionydd (John Thomas), a roddodd gyfle i ysgrifenwyr o wahanol safbwyntiau draethu eu barn ar bynciau'r dydd. Sefydlwyd *Cyfaill yr Aelwyd* (1881–94) gan **Beriah Gwynfe Evans** fel misolyn poblogaidd yn cynnwys pob math o wybodaeth, a bu'n batrwm i **O. M. Edwards** pan lansiodd yntau *Cymru* (1891–1927), un o'r cylchgronau Cymraeg mwyaf llwyddiannus. Amcan O. M. oedd trwytho'r Cymry yn hanes a diwylliant eu gwlad, ac ymhlith y cylchgronau eraill a sefydlwyd ganddo yr oedd *Cymru'r Plant* (1892–; ymgorfforwyd yn *Cip,* cylchgrawn **Urdd Gobaith Cymru**, yn 1987), *Y Llenor* (1895–8), *Heddyw* (1897) a *Wales* (1894–7) ar gyfer y Cymry di-Gymraeg.

Cyfaill i O. M., **John Morris-Jones**, a ddewiswyd yn olygydd *Y Beirniad* (1911–17), chwarterolyn a gyhoeddwyd dan nawdd cymdeithasau Cymraeg tri choleg **Prifysgol Cymru**, ac erthyglau ar iaith a **llenyddiaeth** Gymraeg gan nifer o gyn-fyfyrwyr y golygydd yn britho'i dudalennau. Fe'i dilynwyd gan *Y Llenor* (1922–55), un o chwarterolion pwysicaf yr 20g., dan olygyddiaeth **W. J. Gruffydd** a'i olynydd **T. J. Morgan**. Ei amcan oedd 'darparu a hyrwyddo'r diwylliant llenyddol uchaf' a bu prif lenorion a beirdd y cyfnod yn gyfranwyr cyson iddo. Bu **Bwrdd Gwybodau Celtaidd Prifysgol Cymru** yn flaenllaw o ran cyhoeddi cyfnodolion ysgolheigaidd dros y blynyddoedd, megis y *Bwletin* (1921–93), *Llên Cymru* (1950–), *Cylchgrawn Hanes Cymru* (1960–), *Studia Celtica* (1966–) a *Contemporary Wales* (1987–), arolwg blynyddol o ymchwil economaidd a chymdeithasol. Mae gan y mwyafrif o gymdeithasau hanes **siroedd** Cymru a'r cymdeithasau hanes teuluoedd, yn ogystal â chymdeithasau hanes yr enwadau crefyddol, eu cyhoeddiadau cylchgronol eu hunain.

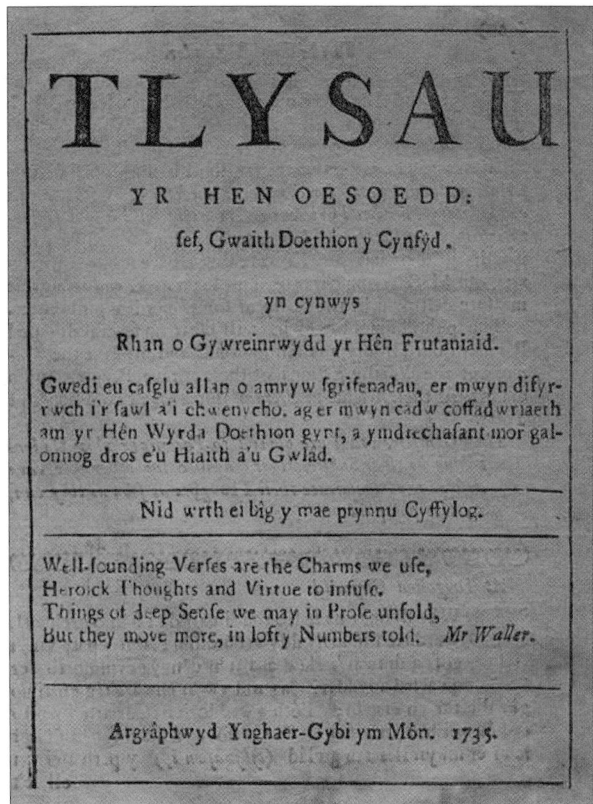

TLYSAU

YR HEN OESOEDD:

sef, Gwaith Doethion y Cynfyd.

yn cynwys

Rhan o Gywreinrwydd yr Hên Frutaniaid.

Gwedi eu casglu allan o amryw sgrifenadau, er mwyn difyrrwch i'r sawl a'i chwenycho, ag er mwyn cadw coffadwriaeth am yr Hên Wyrda Doethion gynt, a ymdrechasant mor galonnog dros eu Hiaith a'u Gwlâd.

Nid wrth ei big y mae prynnu Cyffylog.

Well-founding Verses are the Charms we use,
Heroick Thoughts and Virtue to infuse.
Things of deep Sense we may in Prose unfold,
But they move more, in lofty Numbers told. *Mr Waller.*

Argrâphwyd Ynghaer-Gybi ym Môn. 1735.

*Tlysau yr Hen Oesoedd*, 1735

Bu *Heddiw* (1936–42), dan olygyddiaeth **Aneirin Talfan Davies** a Dafydd Jenkins, yn fawr ei ddylanwad fel cylchgrawn llenyddol, gan drafod pynciau gwleidyddol, **heddychiaeth** a **Rhyfel Cartref Sbaen**. Mwy radical oedd *Tir Newydd,* cylchgrawn **Alun Llywelyn-Williams** (1935–9). Llenyddol oedd osgo *Y Fflam* (1946–52) a gyhoeddwyd dan olygyddiaeth **Euros Bowen** ac eraill. Ymddangosodd *Y Genhinen* (1951–80) fel chwarterolyn poblogaidd o Wasg Gomer, a bu iddo nifer o olygyddion gan gynnwys Meuryn (**Robert John Rowlands**), Simon B. Jones o deulu'r **Cilie** ac W. Rhys Nicholas. Sefydlwyd *Taliesin,* cylchgrawn llenyddol yr **Academi Gymreig**, yn 1961 a bu Gwenallt (**David James Jones**), **D. Tecwyn Lloyd** a **Bedwyr Lewis Jones** ymhlith ei olygyddion. Ceir ynddo weithiau creadigol a beirniadol yn ogystal ag adolygiadau o lyfrau. Cyhoeddwyd *Barn* gyntaf o swyddfa Llyfrau'r Dryw yn **Llandybïe** yn 1962 fel misolyn materion cyfoes, a chafodd ddylanwad pellgyrhaeddol ar feddwl Cymreig y 1960au hwyr a'r 1970au cynnar dan olygyddiaeth **Alwyn D. Rees**. Wedi sawl newid pwyslais dros y blynyddoedd, y mae wedi dychwelyd at fod yn gylchgrawn gwleidyddol ei ogwydd. Yn 1965 ymddangosodd *Lol,* cylchgrawn dychanol blynyddol a oedd yn fawr ei lach ar y sefydliad a'r cyfryngau Cymraeg; fe'i disodlwyd yn 2004 gan *Dim Lol.* Criw o Gymry ifainc a sefydlodd *Tu Chwith* yn 1993, gyda'r bwriad o drafod syniadau ôl-fodernaidd.

Yr unig gylchgrawn wythnosol a gyhoeddir yn **Gymraeg** erbyn hyn yw *Golwg,* a sefydlwyd gan Dylan Iorwerth yn 1988 fel cyhoeddiad bywiog yn ymdrin â materion cyfoes. Hwyrach mai'r cylchgronau Cymraeg mwyaf llwyddiannus bellach yw'r rheini sy'n ymdrin â phynciau arbennig, megis *Barddas* (barddoniaeth a cherdd dafod) a sefydlwyd yn

1976; *Y Casglwr* (ar gyfer casglwyr llyfrau) a sefydlwyd yr un flwyddyn, a *Llafar Gwlad* (llên gwerin a thraddodiadau) a sefydlwyd yn 1983. Bu sawl cylchgrawn Cymraeg yn ymdrin â chanu poblogaidd (gw. **Cerddoriaeth**), megis *Curiad* (1978–85), *Asbri* (1969–89) a *Sgrech* (1979–82). Ni cheir y fath gylchgrawn ar hyn o bryd, ond mae nifer o'r cylchgronau ffansîn Cymraeg a Saesneg a flodeuodd er diwedd y 1980au wedi ymdrin â byd canu roc a hefyd â chwaraeon megis **pêl-droed** a **rygbi**, er mai byrhoedlog fu'r rhan fwyaf o'r rhain. Bu gan **Gymdeithas yr Iaith Gymraeg** ei chylchgrawn ei hun er 1963, sef *Tafod y Ddraig*, er mai yn achlysurol y'i cyhoeddir bellach.

Cafwyd cnwd toreithiog o gylchgronau Eingl-Gymreig yn ystod yr 20g. Bu *The Welsh Outlook* yn fisolyn dylanwadol rhwng 1914 ac 1933, a phynciau cymdeithasol, gwleidyddol, diwydiannol ac addysgol oedd prif ddiddordeb **Thomas Jones, Rhymni** (1870–1955), ei olygydd cyntaf. **Keidrych Rhys** oedd sefydlydd a golygydd *Wales,* cylchgrawn llenyddol y cyhoeddwyd tair cyfres ohono (1937–40, 1943–9 a 1958–60) fel llwyfan ar gyfer llenorion creadigol ifainc. Ymddangosodd *The Welsh Review* gyntaf fel misolyn yn 1939, ac fel chwarterolyn o 1944 hyd 1948 (ar ôl bwlch yn ystod yr **Ail Ryfel Byd**), a hynny dan olygyddiaeth **Gwyn Jones**. Rhoddodd gyfle i ysgrifenwyr creadigol y cyfnod gyhoeddi eu gwaith a chafwyd ynddo erthyglau ar hanes, addysg a gwleidyddiaeth Cymru. Cylch llenyddol yn **Noc Penfro** a fu'n bennaf cyfrifol am sefydlu *Dock Leaves* yn 1949. Newidiwyd ei deitl i *The Anglo-Welsh Review* yn 1957 a pharhawyd i'w gyhoeddi tan 1988. Fe'i dilynwyd y flwyddyn honno gan *The New Welsh Review* o stabl yr Academi Gymreig ar y cyd â Chymdeithas Llên Saesneg Cymru, chwarterolyn eang ei ddiddordebau gyda phwyslais arbennig ar lenyddiaeth greadigol. Barddoniaeth, beirniadaeth lenyddol ac adolygiadau o lyfrau yw prif gynnwys *Poetry Wales*, chwarterolyn a sefydlwyd gan Meic Stephens yn 1965 gyda'r bwriad o hybu gwaith beirdd Saesneg Cymru. Ymddangosodd y cylchgrawn deufisol *Planet* am y tro cyntaf yn 1970 a chafodd ei olygu gan Ned Thomas tan 1979; ef hefyd oedd golygydd y cylchgrawn pan adferwyd ef yn 1985. Mae'n rhoi sylw arbennig i faterion cymdeithasol, y celfyddydau a gwleidyddiaeth Cymru, ac mae'n gefnogol i fudiadau cenedlaethol yn ogystal ag i fudiadau lleiafrifol eraill Ewrop.

## CYMANFA GANU

Bu'r gymanfa ganu yn rhan o fywyd capeli Anghydffurfiol Cymraeg o'r 1830au ymlaen (gw. **Anghydffurfiaeth**). Fel yn achos mudiadau corawl eraill yng Nghymru, cynyddodd poblogrwydd y gymanfa yn sgil twf cymunedau trefol, diwydiannol ac, o ganol y 19g. ymlaen, yn sgil llwyddiant y mudiad tonic sol-ffa (gw. **Cerddoriaeth**). Hanfod y gymanfa yw canu **emynau** mewn pedwar llais, a hynny mewn cyddestun lled ffurfiol. Caiff yr emynau eu hymarfer ymlaen llaw a'u canu dan gyfarwyddyd arweinydd y disgwylir iddo allu ysbrydoli ei gynulleidfa. Daeth y gymanfa ganu yn dra phoblogaidd ymhlith pobl o dras Cymreig yng **Ngogledd America**.

## CYMDEITHAS ADDYSG Y GWEITHWYR (WEA)

Gweledigaeth Albert Mansbridge (1876–1952) a roddodd fod i Gymdeithas Addysg y Gweithwyr (Workers' Education Association) yn **Lloegr** yn 1903. Cynhaliwyd y dosbarth cyntaf yng Nghymru yn y **Barri** yn 1906 a sefydlwyd Rhanbarth De Cymru yn 1907. Yn 1911 penodwyd John Thomas yn ysgrifennydd llawn-amser, ac yn 1915 daeth **D. Lleufer Thomas** yn llywydd. Yn 1919 sefydlwyd rhanbarth cenedlaethol Cymreig, a rannwyd yn 1925 yn rhanbarthau deheuol a gogleddol. O 1919 hyd 1937 cyfrifoldeb **John Davies** (1882–1937) oedd y de, sosialydd ymrwymedig a sicrhaodd fod y mudiad yn goroesi **dirwasgiad** y cyfnod rhwng y ddau ryfel. Silyn (Robert Roberts) oedd ysgrifennydd Rhanbarth y Gogledd o 1925 hyd 1930, ac fe'i holynwyd gan ei wraig, Mary, a fu yn y swydd o 1930 hyd 1951 (gw. **Robert Roberts a Mary Roberts**).

**Addysg** ryddfrydig i oedolion oedd nod y mudiad, ac roedd hanes ac economeg ymhlith y pynciau mwyaf poblogaidd yn y blynyddoedd cynnar. Datblygodd cylchgrawn y mudiad yng Nghymru, *Lleufer* (hen enw am oleuni ac un a oedd hefyd yn coffáu D. Lleufer Thomas), yn gyfnodolyn pwysig dan olygyddiaeth ddisglair **David Thomas** (1880–1967). Yn 1993 daeth rhanbarthau de a gogledd Cymru yn annibynnol ar y corff canolog yn **Llundain**, ac yn 2001 unodd Rhanbarth y Gogledd â **Choleg Harlech**. Dechrau fel darlithwyr y WEA fu hanes nifer o'r rheini a oedd yn amlwg ym mywyd Cymru ddechrau'r 21g. – Neil Kinnock a Rhodri Morgan yn eu plith.

## CYMDEITHAS ALAWON GWERIN CYMRU

Sefydlwyd y gymdeithas yn 1906 i gasglu **cerddoriaeth** werin, fel rhan o'r symudiad i sicrhau sefydliadau cenedlaethol Cymreig. Erbyn canol yr 20g. roedd y gymdeithas wedi cyhoeddi bron 600 o ganeuon traddodiadol, rhai Cymraeg yn bennaf; yna dechreuodd ganolbwyntio ar waith ymchwil. Cyhoeddodd y gymdeithas dros 400 o alawon yn y *Cylchgrawn* (1909–77) a'i olynydd *Canu Gwerin* (1978–); yn 1988 ailargraffodd gasgliad pwysig **Maria Jane Williams** a gyhoeddwyd gyntaf yn 1844, *Ancient National Airs of Gwent and Morganwg* (gol. Daniel Huws).

## CYMDEITHAS DDAWNS WERIN CYMRU

Ffurfiwyd Cymdeithas Ddawns Werin Cymru yn Amwythig yn 1949 gan Lois Blake, **W. S. Gwynn Williams**, Emrys Cleaver ac Enid Daniels Jones, a bu'n allweddol yn natblygiad **dawnsio** traddodiadol yng Nghymru. Lansiodd ei chyfnodolyn blynyddol *Dawns* yn 1953, ac mae wedi parhau i hyrwyddo gweithgareddau dawnsio gwerin trwy gyhoeddiadau, arddangosiadau a chyrsiau hyfforddi. Mae perfformiadau gan grwpiau'n perthyn i'r Gymdeithas mewn digwyddiadau rhyngwladol wedi lledaenu ei henw ac wedi gosod y gelfyddyd ar lwyfan byd-eang. Mae'r Gymdeithas yn creu dawnsfeydd newydd yn rheolaidd, gan eu seilio ar gamau a phatrymau traddodiadol, a thrwy hynny'n rhoi naws gyfoes iddynt a dal cysylltiad â'r gorffennol yr un pryd.

## CYMDEITHAS EDWARDS HEIRS

Mae Cymdeithas Edwards Heirs, **Pensylfania**, a ffurfiwyd yn 1983, yn un o nifer o sefydliadau yng Nghymru a **Gogledd America** sydd wedi bod wrthi oddi ar yr 1880au yn ymwneud â hawliadau disgynyddion Robert Edwards (neu Edwardes), morwr o **Bontypridd** a fu farw *c.*1780. Yn 1778 rhoddwyd iddo lain o dir 31ha yn Manhattan, Efrog Newydd, tir a osododd ar les yn ddiweddarach. Cred ei 'etifeddion' mai hwy yw gwir berchnogion y tir, sy'n cynnwys Wall Street, ond mae'r perchnogion presennol, Eglwys y Drindod, yn herio hyn. Mae'r holl fater yn destun cryn ddadlau, anghytuno ac ymgyfreithio.

## CYMDEITHAS ER TAENU GWYBODAETH GRISTNOGOL (SPCK)

Sefydlwyd yr SPCK (Society for the Promotion of Christian Knowledge) yn **Llundain** yn 1698 gan Thomas Bray (1656–1730) a phedwar lleygwr i wrthsefyll anlladrwydd a oedd, yn eu tyb hwy, yn deillio o anwybodaeth o egwyddorion y ffydd Gristnogol. Roedd i'r gymdeithas nod deublyg, sef sefydlu ysgolion elusennol a thaenu'r efengyl Gristnogol trwy gynhyrchu a rhannu llenyddiaeth briodol. Oherwydd cefnogaeth gwŷr amlwg fel Syr John Philipps (gw. **Philipps, Teulu**) a Syr **Humphrey Mackworth**, roedd y gymdeithas yn weithgar yng Nghymru o'i dyddiau cynnar, ac roedd 68 o ysgolion wedi'u sefydlu mewn tai, eglwysi a festrïoedd erbyn 1715, gyda churadiaid yn dysgu'r disgyblion i ddarllen ac ysgrifennu. Wedi dyfodiad yr Hanoferiaid i'r orsedd yn 1714, datblygodd trafferthion, gyda'r Anghydffurfwyr (gw. **Anghydffurfiaeth**) yn atal eu cefnogaeth a'r ysgolion yn cael eu hamau o fod yn fagwrfa i Jacobitiaid (gw. **Jacobitiaeth**). Rhwng 1715 ac 1727 dim ond 28 o ysgolion newydd a sefydlwyd, ac wedi'r cyfnod hwnnw ni chafwyd unrhyw gynnydd o gwbl. Oherwydd hynny, bychan fu cyfraniad pellach y mudiad i ddatblygiad **addysg** yng Nghymru. Serch hynny, ei lythyr at y gymdeithas yn 1731 oedd man cychwyn mudiad addysgol **Griffith Jones**, Llanddowror. Heddiw, mae'r SPCK yn dal i gynhyrchu llenyddiaeth Gristnogol a'i dosbarthu ledled y byd.

## CYMDEITHAS FEDDYGOL

Ffurfiwyd y Gymdeithas Feddygol yn 1975, gyda'r bwriad o drafod pynciau meddygol trwy gyfrwng y **Gymraeg**. Mae'n cynnal dwy gynhadledd y flwyddyn, yn cyhoeddi cyfnodolyn blynyddol, sef *Cennad,* ac yn cydweithredu â **Phrifysgol Cymru** wrth fathu termau meddygol Cymraeg newydd. Ceir cymdeithas debyg ar gyfer deintyddion, sef y Gymdeithas Ddeintyddol.

## CYMDEITHAS FRENHINOL Y PENSEIRI YNG NGHYMRU

Mae'r corff cenedlaethol hwn, sydd â'i bencadlys yng **Nghaerdydd** ac sy'n rhan o Sefydliad Brenhinol Penseiri Prydain, yn cynrychioli proffesiwn y penseiri. Sefydlwyd y gymdeithas yn 1973, ar ôl uno Sefydliad Penseiri De Cymru (a sefydlwyd yn 1890 fel Cymdeithas Penseiri Caerdydd, De Cymru a Sir Fynwy) a Chymdeithas Penseiri Gogledd Cymru (a sefydlwyd yn 1928). Ychwanegwyd y gair 'Brenhinol' yn 1995. Mae gan y gymdeithas bedair cangen ranbarthol ac mae'n cyhoeddi cylchgrawn bob chwe mis, sef *Touchstone*. (Gw. hefyd **Pensaernïaeth**.)

## CYMDEITHAS FRUTANAIDD

Sefydlwyd y Gymdeithas Frutanaidd, neu'r Gymdeithas Ysgolion Brutanaidd a Thramor a rhoi iddi ei henw llawn, yn 1814 i hyrwyddo ysgolion Brutanaidd anenwadol, mewn cystadleuaeth ag ysgolion enwadol, Anglicanaidd y **Gymdeithas Genedlaethol**. Bychan oedd ei dylanwad yng Nghymru cyn i **Hugh Owen** (1804–81) gyhoeddi ei lythyr enwog yn *Y Drysorfa* yn 1843. Yn 1847 penodwyd **John Phillips** yn asiant iddi yn y gogledd, ac yn 1853 daeth **William Roberts** (Nefydd) yn asiant yn y de. Bu cynnydd graddol wedyn yn nifer yr ysgolion Brutanaidd, ac yn 1858 agorwyd y **Coleg Normal, Bangor**, gyda John Phillips yn brifathro, i hyfforddi athrawon ar eu cyfer. Wedi pasio Deddf Addysg Forster (1870), daeth y rhan fwyaf ohonynt, dan awdurdod y Byrddau Ysgolion, yn ysgolion anenwadol cyhoeddus a gynhelid trwy'r trethi lleol. Ac eithrio **addysg** grefyddol, yr un oedd maes llafur yr ysgolion Brutanaidd â'r rhai Eglwysig, gyda'r **Gymraeg**, o fewn fframwaith y Côd Diwygiedig (1862), fwy neu lai yn waharddedig yn ysgolion y ddau fudiad fel ei gilydd.

## CYMDEITHAS GELFYDDYD GYFOES CYMRU

Yn 1937 y daeth y gymdeithas hon i fodolaeth, a hynny dan lywyddiaeth **Augustus John**. Mae'n hybu artistiaid gweledol a mynychwyr orielau trwy brynu gwaith yn flynyddol ar gyfer ei arddangos mewn mannau cyhoeddus; mae'r rhan fwyaf o'r gwaith wedyn yn dod yn rhan o gasgliadau parhaol sefydliadau fel **Amgueddfa [Genedlaethol] Cymru** a'r **Llyfrgell Genedlaethol**. O ganlyniad i'r drefn o gael rhywun gwahanol i ddewis y gweithiau bob blwyddyn, ni chafwyd fawr o ddilyniant o ran polisi prynu; mae hyn, ynghyd â phrinder lle i arddangos, wedi tanseilio llawer o ddeinameg wreiddiol y gymdeithas.

## CYMDEITHAS GENEDLAETHOL

Sefydlwyd y Gymdeithas Genedlaethol yn 1811 er mwyn sefydlu a chynnal ysgolion elfennol ar gyfer plant y dosbarth gweithiol. Ei hamcan oedd darparu **addysg** a oedd yn cynnwys gwersi am **grefydd**, yn unol â chredoau'r **Anglicaniaid**. Gyda chymorth gwaddoliadau a nawdd sylweddol, sefydlwyd ysgolion ledled Cymru a **Lloegr**; erbyn 1870 roedd dros 1,000 ohonynt yng Nghymru, o gymharu â thua 300 o ysgolion anenwadol y **Gymdeithas Frutanaidd**. Bu cryn ddadlau am ddyfodol yr ysgolion Cenedlaethol yn sgil Deddf Addysg 1870, a oedd yn rhoi'r hawl i Fyrddau Ysgolion sefydlu a chynnal ysgolion elfennol. Cryfhawyd sefyllfa'r ysgolion Cenedlaethol gan Ddeddf Addysg 1902, ond roedd llawer ohonynt yn methu â chwrdd â safonau adeiladu a chynllunio cynyddol uwch y **llywodraeth** ar gyfer ysgolion, a bu hyn, ynghyd â gwrthwynebiad rhai awdurdodau addysg i'w bodolaeth, yn ergyd i nifer ohonynt gan arwain at eu cau. Bu eraill, fodd bynnag, yn sylfaen i **ysgolion gwirfoddol** a sefydlwyd o dan Ddeddf Addysg 1944.

## CYMDEITHAS GLOWYR GOGLEDD CYMRU

Ffurfiwyd y gymdeithas hon yn 1886 ar adeg o gyffro diwydiannol, a'i harweinydd cyntaf oedd Edward Hughes (1856–1925). Yr oedd ymysg yr undebau cyntaf i ddod yn rhan o **Ffederasiwn Glowyr Prydain Fawr**, a sefydlwyd yn 1889. O'r cychwyn cyntaf wynebwyd problemau o ran trefniadaeth, anhyblygrwydd y perchnogion **glo** a diffyg undod y glowyr. Gwellodd pethau ar ddechrau'r 20g., gyda'r aelodaeth yn cynyddu o 2,732 yn 1898 i 15,229 yn 1945. Ffurfiwyd cysylltiadau agos â'r **Blaid Lafur** leol, ac agorwyd pencadlys yn **Wrecsam**. Fodd bynnag, yn y 1930au, pan wynebai'r gymdeithas fygythiad **undebaeth cwmnïau** a thrychineb **Gresffordd**, roedd gwrthwynebiad i undebaeth yn broblem barhaol. Anaml y dangosai glowyr y gogledd yr agwedd filwriaethus a nodweddai lowyr y de, a bu'r gymdeithas yn aneffeithiol i raddau helaeth yn ystod **streic y glowyr** yn 1984–5. Caewyd y pencadlys yn Wrecsam yn 1988. Yn dilyn cau'r unig bwll dwfn a oedd ar ôl yn y gogledd, y Parlwr Du (**Llanasa**), bu farw undebaeth glowyr yn y gogledd.

## CYMDEITHAS HEDDYCHWYR CYMRU

Cymdeithas Gymraeg oedd hon a sefydlwyd yn 1937 er mwyn cefnogi gweithgareddau egnïol y Peace Pledge Union a ffurfiwyd ym Mai 1936 ac a oedd yn gynyddol weithgar yng Nghymru. Llywydd cyntaf y gymdeithas oedd **George M. Ll. Davies**, heddychwr Cristnogol blaenllaw ac aelod o bwyllgor gwaith y PPU, a'i hysgrifennydd cyntaf oedd **Gwynfor Evans**. Yn ystod yr **Ail Ryfel Byd** rhoddodd gefnogaeth ddiflino i wrthwynebwyr cydwybodol (gw. **Gwrthwynebiad Cydwybodol**), a chyhoeddodd 31 o daflenni dylanwadol yn y gyfres *Pamffledi Heddychwyr Cymru*.

## CYMDEITHAS HYNAFIAETHAU CYMRU

Gan amlaf, cymdeithas sy'n rhoi bodolaeth i gylchgrawn, ond yn achos astudiaethau hynafiaethol Cymru, cylchgrawn a roes fod i gymdeithas. Yn 1846 sefydlwyd *Archaeologia Cambrensis* gan **John Williams** (Ab Ithel; 1811–62) a **H. Longueville Jones**. Y flwyddyn ganlynol, sefydlodd y ddau The Cambrian Archaeological Association (yn fwy diweddar y dechreuwyd defnyddio'r enw Cymraeg), yn bennaf er mwyn cynnal y cylchgrawn. Gwnaeth y gymdeithas a'r cylchgrawn waith clodwiw wrth drefnu cloddiadau a chyhoeddi adroddiadau arnynt, yn ogystal â chynnal darlithoedd a theithiau blynyddol, a hybu astudiaethau o amryfal agweddau ar hanes a diwylliant Cymru. (Gw. hefyd **Archaeoleg a Hynafiaetheg**.)

## CYMDEITHAS Y BEIBL

Cymdeithas a sefydlwyd yn **Llundain** yn 1804, gyda'r teitl British and Foreign Bible Society, i sicrhau cyhoeddi a dosbarthu Beiblau. Digwyddodd hyn yn rhannol o ganlyniad i geisiadau **Thomas Charles** o'r **Bala** i Gymdeithas y Traethodau Crefyddol (y Religious Tract Society) am Feiblau Cymraeg, rhesymol eu pris, ar gyfer **gwerin** Cymru. I'w perswadio, dywedir iddo ddefnyddio stori **Mary Jones** yn cerdded i'r Bala i chwilio am **Feibl**. Aeth y gymdeithas, a adwaenir weithiau fel y Feibl Gymdeithas, o nerth i nerth, gan ychwanegu darparu cyfieithiadau o'r Beibl at ei bwriadau. Mae'n dal i gyflawni'r un gwaith heddiw.

## CYMDEITHAS Y CYMOD

Cymdeithas o heddychwyr Cristnogol, a chanolbwynt **heddychiaeth** yn eglwysi Cymru'r 20g. Sefydlwyd y gymdeithas yng **Nghaergrawnt** yn niwedd 1914, ac yng Nghymru yn fuan wedi hynny. Y canghennau cryfaf yng Nghymru oedd rhai **Wrecsam** a **Bangor**, lle'r oedd gwrthwynebwyr pybyr i'r **Rhyfel Byd Cyntaf** yn aelodau, yn eu plith **J. Puleston Jones** a **Thomas Rees** (1869–1926). Hwy a oedd yn gyfrifol am gyhoeddi cylchgrawn *Y Deyrnas* a wnaeth gymaint i ledaenu argyhoeddiadau'r gymdeithas. Erbyn y 1930au, gyda bygythiad newydd i heddwch rhyngwladol ar y gorwel, adfywiodd cefnogaeth i'r mudiad, ac ymhlith ei aelodau amlycaf erbyn yr **Ail Ryfel Byd** yr oedd **Gwynfor Evans**. Cyhoeddodd mudiad Cymraeg a oedd yn gysylltiedig ag ef (**Cymdeithas Heddychwyr Cymru**) 31 o bamffledi rhwng 1937 ac 1945.

## CYMDEITHAS YR IAITH GYMRAEG (The Society for the Utilization of the Welsh Language) (1885)

Sefydlwyd y Gymdeithas hon mewn cyfarfod a gynhaliwyd gan y **Cymmrodorion** yn **Eisteddfod** Genedlaethol **Aberdâr** yn 1885 (a hynny yn gyfan gwbl yn **Saesneg**). Prif ysgogydd y mudiad oedd Dan Isaac Davies (1839–87) a gyhoeddodd lyfr yn 1885 yn amlinellu'r freuddwyd y tybiai y gellid ei gwireddu trwy ymdrechion y Gymdeithas: *1785–1885–1985! Neu, Tair Miliwn o Gymry Dwy-Ieithawg mewn Can Mlynedd.* **Isambard Owen** oedd y cadeirydd cyntaf, gyda **Beriah Gwynfe Evans** yn ysgrifennydd.

Er i amcanion pellgyrhaeddol Dan Isaac Davies gynnwys 'cryfhau ein hasgwrn cefn cenedlaethol' a 'sicrhau safle mwy parchus i'n cenedl ymhlith cenhedloedd eraill', nod pennaf y Gymdeithas ar y dechrau oedd gwneud y **Gymraeg** yn offeryn **addysg** yng Nghymru trwy berswadio'r **llywodraeth** i gydnabod yr iaith fel pwnc ysgol a deilyngai gymhorthdal ac fel cyfrwng dysgu mewn ysgolion elfennol, a hynny'n rhannol er mwyn hwyluso dysgu Saesneg i ddisgyblion uniaith Gymraeg. Llwyddwyd i berswadio'r comisiwn a oedd yn ymchwilio i weithrediad y Deddfau Addysg Elfennol (1888) i ddarparu'r fath gymorthdaliadau o 1889 ymlaen, ond ychydig iawn o ysgolion a fanteisiodd ar yr hawl honno. Bu marwolaeth annhymig Dan Isaac Davies yn 1887 yn ergyd sylweddol i'r Gymdeithas, a dihoeni fu ei hanes yn y 1890au.

## CYMDEITHAS YR IAITH GYMRAEG (1962)

Mudiad protest sy'n ymgyrchu o blaid y **Gymraeg** yw Cymdeithas yr Iaith Gymraeg. Fe'i sefydlwyd ym mis Awst 1962 yn ystod cynhadledd flynyddol **Plaid [Genedlaethol] Cymru** ym **Mhontarddulais**. Yn draddodiadol, ystyrir i'r mudiad gael ei sefydlu fel ymateb i ddarlith radio **Saunders Lewis**, *Tynged yr Iaith*, a ddarlledwyd ar wasanaeth Cymraeg y BBC ar 13 Chwefror 1962. Mewn gwirionedd, neges i aelodau Plaid Cymru yn yr ardaloedd Cymraeg oedd y ddarlith hon, yn galw arnynt i roi'r gorau i'r hyn a ystyriai ef yn ymgyrchu etholiadol ofer a chanolbwyntio ar drefnu ymgyrch 'i'w gwneud hi'n amhosibl dwyn ymlaen fusnes llywodraeth ganol heb y Gymraeg'. Rhybuddiodd Saunders Lewis mai trengi a wnâi'r iaith oni threfnid ymgyrch chwyldroadol i'w hadfer. Yn sgil hynny, penderfynodd criw bychan o gefnogwyr ifainc Plaid Cymru sefydlu mudiad iaith, ond un a fyddai'n annibynnol ar y blaid honno.

Canolbwyntiodd ymgyrchoedd cynharaf Cymdeithas yr Iaith ar fynnu pob math o ffurflenni swyddogol yn y Gymraeg, megis gwysion llys, ffurflenni treth cerbyd a thystysgrifau geni. Diben yr ymgyrchoedd hyn oedd tynnu sylw at ddiffyg statws y Gymraeg a'r ffordd y câi ei thrin fel iaith eilradd. Dros y blynyddoedd, lledodd maes cenhadaeth y Gymdeithas i gynnwys radio a theledu, **addysg**, a pholisi **tai** a chynllunio. Lle gynt y canolbwyntiwyd ar ennill hawliau iaith i siaradwyr Cymraeg, rhoddwyd pwyslais cynyddol oddi ar y 1970au ar sicrhau fframwaith sefydliadol i gynnal yr iaith a chreu'r amodau angenrheidiol i barhad cymunedau Cymraeg eu hiaith.

Cysylltir y Gymdeithas yn bennaf â dulliau ymgyrchu anghyfansoddiadol a phrotest. Credai'r sylfaenwyr fod yr argyfwng a wynebai'r iaith yn galw am ddulliau ymgyrchu a fyddai'n adlewyrchu difrifoldeb y sefyllfa. Dynwared

Aelodau o Gymdeithas yr Iaith Gymraeg yn protestio y tu allan i garchar Caerdydd yn 1966

dulliau a oedd yn boblogaidd ledled y byd yn y 1960au a wnâi ei harweinwyr cynnar, ac ysbrydolwyd llawer ohonynt gan fudiad hawliau'r duon yn Unol Daleithiau America, dan arweiniad Martin Luther King. O ganlyniad, rhoddodd y Gymdeithas bwyslais mawr o'r dechrau ar ddulliau di-drais. Trefnwyd gorymdeithiau, meddiannwyd swyddfeydd, torrwyd ar draws achosion llys, gwrthodwyd talu trethi a thrwyddedau, ac achoswyd llawer o ddifrod troseddol. Er mai mudiad cymharol fychan fu'r Gymdeithas erioed, heb fwy nag oddeutu 2,000 o aelodau ar unrhyw adeg, denodd gefnogaeth eang i'w hachos. Erlynwyd miloedd o'i chefnogwyr yn y llysoedd am eu rhan yn yr ymgyrchoedd a charcharwyd ymron 200 o aelodau.

Er iddi yn aml ennyn ymateb ffyrnig o du'r awdurdodau, gall y Gymdeithas hawlio rhan ganolog mewn nifer o fuddugoliaethau pwysig i'r iaith. Mae'r rhain yn cynnwys amryw byd o ffurflenni a dogfennau swyddogol dwyieithog, arwyddion ffyrdd dwyieithog, cynnydd mewn addysg ddwyieithog, tonfedd radio a sianel deledu Gymraeg (gw. **Darlledu** ac **S4C**), defnydd cynyddol o'r Gymraeg ym myd masnach ac yn y sector cyhoeddus, cydnabyddiaeth i'r iaith mewn polisi cynllunio, a dwy **Ddeddf Iaith** (1967 ac 1993). Yn ddiymwad, mae statws cyhoeddus yr iaith, a'r gefnogaeth sefydliadol a roddir iddi, wedi cynyddu'n aruthrol oddi ar 1962.

## CYMDEITHASAU AMAETHYDDOL

Dechreuwyd ffurfio cymdeithasau amaethyddol yng nghanol y 18g. er mwyn annog gwell arferion ffermio. Noddent gystadlaethau da byw a rhoi gwobrau am y **cnydau tir âr** gorau, yn ogystal â phrynu teirw a meirch o'r radd flaenaf i'w defnyddio'n lleol. Sefydlwyd y gyntaf – Cymdeithas Amaethyddol Brycheiniog – yn 1755, ac erbyn 1817 roedd gan bob sir yng Nghymru gymdeithas o'r fath. Tirfeddianwyr a roddai gychwyn iddynt er mwyn sicrhau bod eu tiroedd yn cael eu cynnal yn dda a'u tenantiaid yn gallu fforddio eu rhenti, ac erbyn dechrau'r 20g. roeddynt yn rhan o'r sefydliad amaethyddol cenedlaethol.

Yn 1904 cynhaliodd Cymdeithas Amaethyddol Genedlaethol Cymru y sioe genedlaethol gyntaf yn **Aberystwyth**. Bu ehangu cyson ar yr hyn a ddaeth, yn 1920, yn Gymdeithas Amaethyddol Frenhinol Cymru, a chynhaliwyd ei sioe bob blwyddyn oddi ar 1963 ar safle parhaol yn **Llanelwedd**. Erbyn hyn, **Sioe Amaethyddol Frenhinol Cymru** yw prif ŵyl flynyddol cefn gwlad Cymru, ond bu'r gymdeithas yn weithgar dros y blynyddoedd mewn sawl cyfeiriad arall hefyd, gan gefnogi cymdeithasau bridiau brodorol a chynnal cynadleddau, diwrnodau agored ac arddangosiadau.

Ffurfiwyd llawer o gymdeithasau amaethyddol lleol gan ffermwyr Cymru yn ystod hanner cyntaf yr 20g., er mwyn gallu prynu angenrheidiau'r fferm yn rhatach a marchnata eu cynnyrch yn fwy effeithiol. Ar wahân i'r byrddau marchnata statudol, at ei gilydd bu cyd-brynu yn fwy llwyddiannus na chyd-farchnata. Tua diwedd yr 20g. ymunodd llawer o'r sefydliadau lleol hyn â'i gilydd i ffurfio grwpiau prynu llawer mwy.

## CYMDEITHASAU CELTAIDD

Daeth yr alwad gyntaf am fudiad pan-Geltaidd mewn pamffled a gyhoeddwyd yn 1864 gan Charles de Gaulle (1837–80), ewythr i'r Arlywydd de Gaulle, a oedd am weld cyflwyno un iaith Geltaidd gyffredin a ffederasiwn o wledydd Celtaidd hunanlywodraethol. Sefydlwyd yr Undeb Celtaidd (neu ban-Geltaidd) cyntaf yn Nulyn yn 1898, a bodolai tan 1913 gan gyhoeddi'r cylchgrawn *Celtia* a chynnal sawl cynhadledd, yr enwocaf ohonynt yng **Nghaernarfon** yn 1904. Atgyfodwyd yr Undeb fel y Gyngres Geltaidd gan yr aelod seneddol **E. T. John** yn **Eisteddfod** Genedlaethol 1917. Nod y Gyngres yw hybu cydweithrediad rhwng y cenhedloedd Celtaidd ym meysydd **llenyddiaeth**, iaith a thraddodiadau cenedlaethol, gan gyfarfod ym mhob un o'r chwe gwlad Geltaidd yn eu tro.

Corff a chanddo amcanion mwy penodol wleidyddol yw'r Undeb Celtaidd, a sefydlwyd yn 1947 dan lywyddiaeth **Gwynfor Evans**. Cyhoeddodd flwyddlyfrau ar bynciau llosg yn y 1960au a sefydlodd y cylchgrawn *Carn* yn 1971. Ymhlith y sefydliadau Celtaidd eraill y mae'r Gyngres Astudiaethau Celtaidd Rhyngwladol, yr ŵyl Ffilm Geltaidd, Celtic Vision (sy'n cynnal arddangosfeydd o gelfyddyd) a Scrif Celt (sy'n cynnal ffeiriau cyhoeddwyr).

## CYMDEITHASAU CYFEILLGAR

Ym mlynyddoedd cynnar y 19g. roedd gan y rhan fwyaf o bentrefi o leiaf un gymdeithas gyfeillgar a fyddai'n cyfarfod mewn tafarn neu ysgoldy. Roedd yr aelodau yn derbyn taliadau pan oeddynt yn wael, yn hen neu ar gyfer angladdau, yn gyfnewid am gyfraniadau rheolaidd. Yn aml cynhelid cinio blynyddol a ragflaenid gan orymdaith gyhoeddus. Dim ond clybiau hwyliog oedd rhai ohonynt, tra oedd eraill yn honni bod ganddynt amcanion moesol neu ddiwylliannol aruchel. Cyffredin hefyd yn hanner cyntaf y 19g. oedd cymdeithasau ar wahân ar gyfer **menywod**. Wedi 1850 bu cynnydd enfawr yn y cymdeithasau, gyda'r canghennau yn meddu ar ryw fath o reolaeth ganolog ar rwydwaith o 'gyfrinfeydd' lleol, fel y Manchester Unity of Oddfellows a'r Rechabiaid dirwestol. Ymhlith yr Urddau penodol Gymreig yr oedd y Gwir **Iforiaid**, Sefydliad Dyngarol Undebol Merthyr, yr Hen Frythoniaid (Undeb Dowlais a Merthyr) ac Urdd Deyrngar yr Alfreds. Roedd cymdeithasau eraill, fel Seiri Llongau Aberystwyth, Amaethwyr Gŵyr a nifer o glybiau glofeydd unigol, yn seiliedig ar alwedigaethau. Mae'r cofnodion swyddogol yn awgrymu bod eu haelodaeth dros 250,000 yn 1876. Wedi hynny aeth y cymdeithasau cyfeillgar ar i waered yn sgil twf y cwmnïau **yswiriant** masnachol a gweithgareddau hamdden amrywiol. Cynyddodd y dirywiad yn yr 20g. ar ôl cyflwyno'r pensiwn gwladol i'r henoed ac yswiriant **iechyd** gwladol.

## CYMDEITHASAU CYMORTH MEDDYGOL Y GLOWYR

O'r 1890au ymlaen daeth gweithwyr llawer o ardaloedd diwydiannol Cymru ynghyd i ffurfio clybiau er mwyn gallu cyflogi meddyg. Erbyn y 1920au cyfrannai'r mwyafrif o'r aelodau yn wythnosol, ac mewn rhai achosion roedd gan y cyhoedd yr hawl i ymuno. Gallai'r aelodau fanteisio yn rhad ac am ddim ar wasanaeth nifer o feddygon ac arbenigwyr ac ar gyfleusterau ysbytai. O ganlyniad i ymdrechion y dosbarth gweithiol (gw. **Dosbarth**) a chefnogaeth achlysurol y cwmnïau glo, crëwyd egin wasanaeth **iechyd** a sicrhâi y byddai'r gymdeithas gyfan yn ysgwyddo'r cyfrifoldeb am salwch. Serch hynny, ceid cryn ymgecru o fewn y cymdeithasau hyn, yn enwedig ynghylch eu trefniadaeth, ac ynglŷn â hawliau'r aelodau hynny a aeth yn ddi-waith. Ymysg yr enwocaf o'r cymdeithasau yr oedd yr un yn **Nhredegar**; dywedodd **Aneurin Bevan** mai hon a'i hysbrydolodd i greu'r Gwasanaeth Iechyd Gwladol (gw. **Gwladwriaeth Les**).

## CYMDEITHASAU HANES

Yr hynaf o gymdeithasau diwylliadol Cymru yw'r **Cymmrodorion** (1751), a ddatblygodd i fod yn gymdeithas a oedd yn ymwneud yn bennaf â hanes Cymru. Fe'i dilynwyd gan gymdeithasau eraill megis y **Cymreigyddion**, a gynigiai wobrau am draethodau hanes yn negawdau cynnar y 19g. Yn y 1840au sefydlwyd amgueddfeydd gan Sefydliad Brenhinol De Cymru yn **Abertawe** a chan Hynafiaethwyr Caerllion. Daeth **Cymdeithas Hynafiaethau Cymru** i fodolaeth yn 1847, ac yn 1867 sefydlwyd y Powysland Club, cymdeithas hanes sirol gyntaf Cymru, ynghyd â'i gyfnodolyn, *The Montgomeryshire Collections*. Erbyn ail hanner yr 20g. roedd gan bob un o'r **siroedd** a fodolai yng Nghymru ar y pryd ei chymdeithas hanes, pob un yn cyhoeddi cylchgrawn blynyddol, ac oddi mewn i'r siroedd roedd gan sawl ardal, hefyd, ei chymdeithas a'i chyhoeddiad ei hun.

Mae gan bob un o'r prif enwadau crefyddol ei gymdeithas hanes a'i gyfnodolyn ei hun, ac yn 1993 sefydlwyd cyhoeddiad mwy cyffredinol, sef *The Journal of Welsh Religious History*. Mae cymdeithas o'r enw Capel yn astudio hanes capeli, gan gyhoeddi cylchgrawn, a chyhoeddir bwletin rheolaidd gan Gymdeithas Emynau Cymru.

Ymhlith cymdeithasau hanes eraill Cymru y mae Cymdeithas Hanes Llafur yng Nghymru, gyda'i newyddiadur *Llafur*, Ymddiriedolaeth Gerddi Hanesyddol Cymru, gyda'i bwletin hithau, a Chymdeithas Bob Owen (gw. **Robert Owen**; 1885–1962), cymdeithas i lyfrgarwyr, sy'n cyhoeddi cylchgrawn *Y Casglwr*.

## CYMDEITHASAU PERCHNOGION GLOFEYDD

Sefydlwyd cymdeithasau perchnogion yn y rhan fwyaf o feysydd **glo** er sicrhau ymateb unedig i'r undebau llafur, ac er mwyn i'r aelodau gynorthwyo'i gilydd adeg streiciau (gw. **Streiciau Glowyr** ac **Undebaeth Lafur**). Y gymdeithas gyntaf yn y de oedd Cymdeithas Glo Casnewydd, a sefydlwyd gan **Thomas Powell** a Thomas Prothero yn 1833. Ffurfiwyd mudiad mwy uchelgeisiol, Cymdeithas Glofeydd Ager Aberdâr, yn 1864. Erbyn 1873 sefydlwyd cymdeithas ehangach ei haelodaeth, a oedd yn cynnwys meistri **haearn** ynghyd â pherchnogion pyllau glo lle cloddid glo i'w allforio, ac a elwid yn ddiweddarach yn Gymdeithas Perchnogion Glofeydd Sir Fynwy a De Cymru. Talai'r aelodau ffi aelodaeth, yn seiliedig ar eu cynnyrch, er mwyn creu cronfa iawndal pe digwyddai streiciau. Mewn ymgais i leihau nifer y streiciau, chwaraeodd y gymdeithas ran bwysig yn 1875 wrth sefydlu system y 'Raddfa Lithrig' ar gyfer rheoli graddfeydd cyflogau, ac yn ddiweddarach wrth lunio cytundebau'r Bwrdd Cymodi i ddatrys anghydfodau. Unodd y gymdeithas ddeheuol, a hefyd y gymdeithas lai amlwg yn y gogledd, â Chymdeithas Perchnogion Glofeydd Prydain Fawr, corff a roddodd fynegiant i farn gynyddol anghymodlon meistri glo'r deyrnas yn y blynyddoedd blin rhwng y ddau ryfel byd. Chwalwyd y gymdeithas yn sgil gwladoli'r diwydiant glo yn 1947.

## CYMER, Trychineb Glofa'r, Y Porth, Y Rhondda

Ar 15 Gorffennaf 1856 lladdwyd 114 o lowyr mewn ffrwydrad yn y lofa hon o eiddo George Insole a'i Fab. Hwn oedd y tro cyntaf, ond nid yr olaf, i ragor na chant gael eu lladd mewn trychineb pwll glo yng Nghymru. Ffaeleddau ar ran y rheolwyr a oedd yn rhannol gyfrifol am y drychineb, ond achoswyd y ffrwydrad ei hun gan lamp ddiogel agored a gafodd ei defnyddio ym mhresenoldeb nwy.

### CYMERAU, Brwydr

Brwydr a ymladdwyd yn ôl pob tebyg ger **Llandeilo** ar 2 Mehefin 1257, yn ystod ymgyrch **Llywelyn ap Gruffudd** i sefydlu ei awdurdod trwy Gymru benbaladr. Trechodd ei gynghreiriaid, Maredudd ap **Rhys Gryg** a Maredudd ab Owain, fyddin o **Saeson** a oedd yn cefnogi arglwydd **Dinefwr**, Rhys Fychan, a oedd wedi colli ei diroedd. Effeithiwyd yn allweddol ar ganlyniad y frwydr wrth i Rhys newid ei ochr. Yn gynharach yn y dydd roedd y lluoedd Seisnig wedi colli llawer o'u harfau mewn ysgarmes a elwir yn frwydr Coed Llathen (**Llangathen**).

### CYMHORTHA

Math o gydweithrediad rhwng cymdogion oedd cymhortha yn ei ddechreuad, ond datblygodd yn daliadau y gallai tywysogion Cymru eu hawlio dan amgylchiadau eithriadol. Erbyn y 15g., yn nwylo arglwyddi'r **Mers**, roedd wedi dirywio i fod yn ddull o hawlio arian er eu lles eu hunain. Ceisiwyd diddymu'r arfer mewn deddf a basiwyd yn 1534 gan ei fod yn rhannol gyfrifol am anhrefn cymdeithasol y cyfnod, yn enwedig yn y Mers. Goroesodd yr arfer, ond heb y nodweddion gorthrymus, fel ffordd o godi arian i helpu'r rhai anghenus a chysylltir ef â'r 'cwrw bach'. Daeth hefyd i gyfeirio at gynnig help llaw yn ystod y cynhaeaf ac ar adegau prysur eraill yn y calendr amaethyddol.

### CYMMRODORION, Anrhydeddus Gymdeithas y

Sefydlwyd y gymdeithas yn wreiddiol yn **Llundain** yn 1751, a hynny gan Richard Morris (gw. **Morrisiaid**) ac eraill er mwyn hyrwyddo diddordebau llengar a dyngarol Cymry Llundain. Er gwaethaf brwdfrydedd Richard a'i frawd Lewis Morris, a luniodd ei hamcanion clodwiw, aeth y gymdeithas yn rhy uchelgeisiol ac uchel-ael i apelio at y Cymry cyffredin ac ni wireddwyd ei dyheadau cynnar. Parhaodd ei chyfnod cyntaf hyd 1787.

Trwy weithgarwch rhai megis **Walter Davies**, W. J. Rees (1772–1855), Casgob (**Llanddewi-yn-Hwytyn**) a **John Jenkins** (Ifor Ceri; 1770–1829), **Ceri**, atgyfodwyd y gymdeithas yn 1820 fel modd o hyrwyddo'r eisteddfodau taleithiol yng Nghymru (gw. **Eisteddfod** a **Hen Bersoniaid Llengar**). Cododd anghydfod rhwng y Cymmrodorion yn Llundain a'r cymdeithasau yng Nghymru ynglŷn ag arian a dylanwad Seisnigaidd Cymry Llundain ar y gweithgareddau. Er i'r gymdeithas wneud rhywfaint i hyrwyddo dysg a **llenyddiaeth** Gymraeg trwy roi gwobrau am farddoniaeth a thraethodau, cafwyd mwy o ymgecru na chyd-dynnu a daeth yr ail gymdeithas i ben yn 1843.

Yn 1873 dechreuodd y gymdeithas ar ei chyfnod diweddaraf, sy'n parhau hyd heddiw, pan adferwyd hi unwaith yn rhagor, y tro hwn trwy ymdrechion gwladgarwyr megis **Hugh Owen** (1804–81) a John Griffith (Y Gohebydd; 1821–77). Bellach canolbwyntiai ei hymdrechion ar **addysg** ac agweddau cymdeithasol, a bu'n fodd i sefydlu'r Eisteddfod Genedlaethol yn ŵyl flynyddol. Cefnogodd y **Ddeddf Addysg Ganolradd (1889)**, bu'n frwd o blaid sefydlu **Prifysgol Cymru** (1893) ac argymhellodd fwy o ddefnydd o'r **Gymraeg** yn yr ysgolion. Cyhoeddodd y gymdeithas gyfnodolyn hanesyddol, *Y Cymmrodor*, o 1878 hyd 1951, ac mae'n parhau hyd heddiw i gyhoeddi'r *Trafodion* blynyddol, a sefydlwyd yn 1892–3. Hi hefyd a fu'n gyfrifol am ***Y Bywgraffiadur Cymreig*** a'i atodiadau.

### CYMRAEG

Bu'r iaith Gymraeg yn elfen ganolog yn ymwybyddiaeth genedlaethol y Cymry ar hyd y canrifoedd. Hi, heb unrhyw amheuaeth, yw'r fwyaf llewyrchus heddiw o blith yr ieithoedd Celtaidd (gw. **Celtiaid**), ac ymhlith yr ieithoedd brodorol hynny nad ydynt yn brif iaith unrhyw wladwriaeth yn Ewrop – tuag 20 o ieithoedd i gyd – y mae'r Gymraeg ymysg yr enghreifftiau mwyaf hyfyw. Dangosodd cyfrifiad 2001 fod 575,730 o drigolion Cymru dros dair oed – 20.5% o'r **boblogaeth** – yn gallu siarad Cymraeg. Fodd bynnag, nid gwaith hawdd yw dehongli ystadegau'r cyfrifiad hwnnw. Mae'r ffigur o 575,730 yn seiliedig ar dair gradd o hyfedredd ieithyddol: y gallu i siarad Cymraeg yn unig (79,310); y gallu i siarad ac i ddarllen ond nid i ysgrifennu'r iaith (38,384); a'r gallu i siarad, darllen ac ysgrifennu'r iaith (457,946), sef sgiliau'r rhai hynny a ystyrir yn 'gwbl rugl eu Cymraeg' mewn cofnodion eraill yn y gwyddoniadur hwn. Yn ychwanegol at hynny, nododd 138,416 o drigolion y wlad yn 2001 eu bod yn deall Cymraeg ond heb fedru ei siarad. (Mae'n bosibl fod y ffigur hwn yn cynnwys llawer o siaradwyr llai hyderus nad oeddynt yn barod i arddel eu holl sgiliau ieithyddol yn wyneb natur swyddogol y cyfrifiad.) Ymhellach, mynegodd 83,661 fod ganddynt gyfuniadau pellach o sgiliau er na nodir pa rai'n union oedd y rheini. Gellir honni felly fod 28.43% o boblogaeth Cymru dros dair oed, sef 797,661 o drigolion y wlad, â rhyw fesur o afael ar yr iaith. Er y dylid eu trin yn ochelgar, awgryma'r ffigurau hyn fod y lleihad cyson a fu er diwedd y 19g. yng nghanran siaradwyr y Gymraeg, ynghyd â'r lleihad a fu mewn niferoedd absoliwt er 1911, bellach wedi peidio â bod a bod yr iaith fel petai'n adennill tir.

Yn siroedd **Gwynedd** (68.7%; 76.11% â rhai sgiliau), Ynys **Môn** (59.8%; 70.4% â rhai sgiliau), **Ceredigion** (51.8%; 61.24% â rhai sgiliau) a **Chaerfyrddin** (50.1%; 63.59% â rhai sgiliau) y cofnodwyd y canrannau uchaf o siaradwyr Cymraeg, a cheir yn y **siroedd** hyn gyfanswm o 237,766 o siaradwyr. Ceir y canrannau isaf yn siroedd y de-ddwyrain, sef **Sir Fynwy** (9.02%), **Blaenau Gwent** (9.05%) a **Chasnewydd** (9.56%). Ond er mor isel, ar y cyfan, yw'r canrannau ym mroydd poblog y de-ddwyrain, o ran rhifau absoliwt gwelir bod 195,926 o siaradwyr Cymraeg yn hen siroedd Morgannwg a Mynwy (gw. **Sir Forgannwg** a **Sir Fynwy**), a cheir bod dwywaith yn fwy o siaradwyr Cymraeg yng **Nghaerdydd** nag ym Mharc Cenedlaethol Eryri, sef 31,944 o gymharu â 15,332.

#### *Cyfnodau'r iaith*

A hithau'n iaith Geltaidd, mae'r Gymraeg yn perthyn i'r tylwyth ieithyddol Indo-Ewropeaidd. Dengys **enwau lleoedd** megis Lyon, Leiden, Laon a Nantlle (y cwbl yn coffáu'r duw Celtaidd Lug, sef **Lleu** yn Gymraeg), ac enwau **afonydd** megis Donaw, Rhôn a Rhein, fod i'r ieithoedd Celtaidd ar un adeg ddosbarthiad daearyddol eang. Fodd bynnag, ar dir mawr Ewrop (ar wahân i **Lydaw**) ni lwyddasant i oroesi'r cyfnod Rhufeinig a daeth terfyn ar ieithoedd megis Celtibereg (a siaredid yng ngogledd Sbaen), Leponteg (a

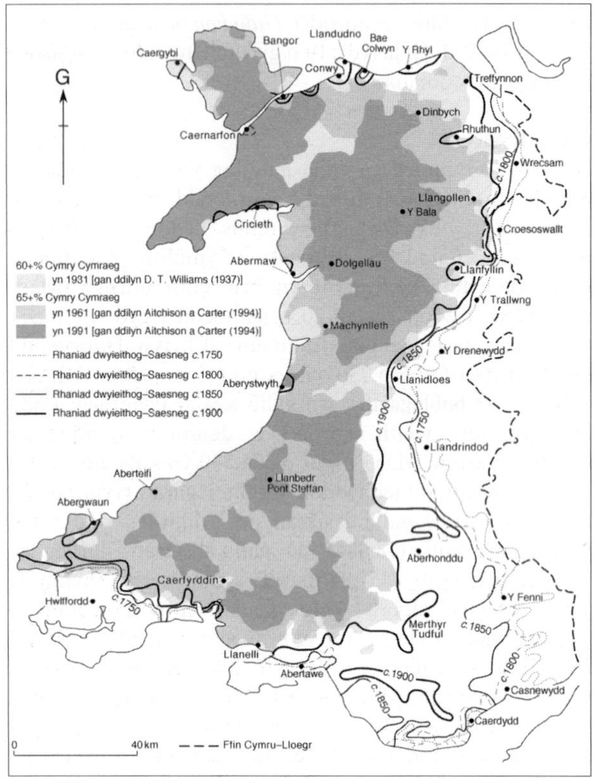


Y Gymraeg, *c*.1750–1991

berthynai i ogledd yr Eidal) a Galateg (a siaredid yn Anatolia, sef Twrci yn ddiweddarach) erbyn y 5g. Yr un hefyd fu tynged Galeg a siaredid yng Ngâl, ond mae'n bosibl fod Llydaweg, sy'n tarddu'n bennaf o iaith ymfudwyr o **Brydain** i Lydaw, yn cynnwys rhai elfennau Galeg.

Roedd tynged ieithoedd Celtaidd Prydain ac **Iwerddon** yn bur wahanol, ac mae'r ieithoedd hyn yn ymrannu'n ddau grŵp: yr ieithoedd Goedeleg, sef Gwyddeleg, Gaeleg yr Alban, a Manaweg; a'r ieithoedd Brythonig, sef Cymraeg, Cwmbreg, Cernyweg a Llydaweg. Arferir hefyd y termau 'Celteg Q' a 'Celteg P' wrth gyfeirio at y ddau grŵp, gan fod y sain wefus-yddfol *kw* (neu *qu*) mewn Indo-Ewropeg wedi ei dadwefusoli'n *c* yn yr ieithoedd Goedeleg ond wedi ei gwefusoli'n *p* mewn Brythoneg, datblygiad a roes *mhac* yn yr Wyddeleg ond *map* (yn ddiweddarach *mab*) yn y Gymraeg, *ceathoir* yn y naill ond *pedwar* yn y llall.

**Tabl 1**
**Geiriau cytras yn yr ieithoedd Celtaidd**

| Cymraeg | Llydaweg | Gwyddeleg | Gaeleg |
|---|---|---|---|
| tŷ | ti | teach | tigh |
| ci | ki | cu | cu |
| du | du | dubh | dubh |

Pan ddaeth y **Rhufeiniaid** i Brydain siaredid Brythoneg o Fôr Udd hyd Aber Gweryd a Glannau Clud yn yr **Alban**. O dan ddylanwad Rhufain benthycodd y Frythoneg rai cannoedd o eiriau o'r **Lladin**, ac roedd rhai ohonynt – geiriau megis *abecedarium* a *liber*, sef *egwyddor* ('yr wyddor') a *llyfr* erbyn hyn yn y Gymraeg – yn gysylltiedig â gwrthrychau a phethau a oedd yn ddieithr i'r Brythoniaid cyn dyfodiad y Rhufeiniaid. Ym marn **Kenneth H. Jackson** bu newidiadau mwy sylfaenol o ddechrau'r 5g. ymlaen. Yn ystod hanner cyntaf y 6g. trawsnewidiwyd adeiledd yr iaith a hynny mewn cyfnod o anhrefn cymdeithasol a achoswyd gan ddyfodiad yr **Eingl-Sacsoniaid**. Erbyn ail hanner y 6g. priodol yng ngolwg Jackson yw sôn am fodolaeth y Gymraeg a'i chwaer-ieithoedd. Colli sillafau terfynol a therfyniadau cyflyrol y Frythoneg oedd y newid pellgyrhaeddol a ddigwyddodd bryd hynny gyda ffurfiau Brythoneg megis *Cunobelinos* yn rhoi inni'r enw Cymraeg *Cynfelyn*. Erbyn hyn, fodd bynnag, tuedd ysgolheigion ieithyddol yw ymwrthod â'r syniad o ddadfeiliad sydyn a chofleidio'r awgrym mai newid graddol dros nifer o ganrifoedd a gafwyd, ac awgrymir bod y prif gyfnewidiadau eisoes yn bresennol ar lafar erbyn dechrau'r 6g.

Dynodir y cyfnod hyd at ddiwedd yr 8g. fel cyfnod Cymraeg Cynnar neu Gymraeg Hynafol. Er ei bod yn ddichonadwy fod y Gymraeg yn iaith ysgrifenedig erbyn dechrau'r 7g., ar wahân i arysgrif enwog **Tywyn** (7g.–9g.) yr unig dystiolaeth arall sydd wedi goroesi yw enwau mewn llawysgrifau Lladin ynysol ac ar gofebau Lladin (gw. **Cofebau Cristnogol Cynnar**). I gyfnod Hen Gymraeg (diwedd yr 8g. hyd ganol y 12g.) y perthyn yr enghreifftiau cynharaf o Gymraeg ysgrifenedig mewn llawysgrifau. Ymhlith y ffynonellau pwysicaf y mae cofnod *Surexit* yn ***Llyfr St Chad***, **'Englynion y Juvencus'**, **Darn y Computus**, a deunyddiau yn Llyfr Llandaf (gw. ***Liber Landavensis***). Erbyn cyfnod Cymraeg Canol (12g.–15g.) nid oes unrhyw brinder tystiolaeth, a gellir tynnu ar gyfoeth y traddodiad llenyddol Cymraeg er mwyn amgyffred natur yr iaith (gw. **Llenyddiaeth**).

O'r 15g. ymlaen priodol yw sôn am gyfnod Cymraeg Modern, a rhwng dechrau'r 17g. a'r 20g. diogelwyd undod yr iaith lenyddol gan y **Beibl** Cymraeg a gyhoeddwyd gyntaf yn 1588. Er bod cryn fwlch rhwng Cymraeg llenyddol a Chymraeg llafar, bu parhad di-dor yr iaith lenyddol yn fantais ddigymysg i'r Gymraeg wrth iddi gofleidio'r argraffwasg ac ennill troedle drachefn yn y cyfnod diweddar ym myd **addysg**, y **gyfraith** a gweinyddiaeth gyhoeddus. Bu ei phrofiad yn hynny o beth yn wahanol i rai o ieithoedd anwladwriaethol eraill Ewrop. Yn achos Basgeg, er enghraifft, bu'n rhaid mynd ati yn y cyfnod modern i greu cywair safonol a allai bontio'r bwlch rhwng y tafodieithoedd, tasg nad oedd yn rhaid ei chyflawni yn achos y Gymraeg. Ar ddechrau'r 21g. mae geirfa'r Gymraeg yn parhau'n drwyadl Geltaidd o ran tarddiad. Yn ystod yr Oesoedd Canol daeth rhagor o eiriau Lladin i'r iaith, gyda'r rhan fwyaf ohonynt, *berf* o *verbum* er enghraifft, yn fenthyciadau dysgedig. Mae ychydig fenthyciadau o'r Wyddeleg – *brechdan* er enghraifft – yn parhau'n eiriau byw fel ag y mae *gardd* ac *iarll*, dau air sy'n tarddu o iaith y **Llychlynwyr**. Yn ystod yr Oesoedd Canol gwelir nifer o eiriau Ffrangeg, *pali* (math o sidan) a *swmer* (pac ar geffyl) er enghraifft, yn ymddangos yn yr iaith, ond mae'n bosibl mai trwy gyfrwng y **Saesneg** y benthycwyd llawer o'r rhain. Prin fod angen nodi mai Saesneg yw ffynhonnell y rhan fwyaf o eiriau benthyg yn y Gymraeg. Er hynny, yn y cyfnod diweddar, gwelwyd ymdrech fawr i greu a safoni termau technegol cynhenid sy'n arwydd fod y Gymraeg yn ymgodymu'n llwyddiannus â'r byd modern.

*Tafodieithoedd*

Heb unrhyw **Lundain** na Pharis i ddyrchafu ei thafodiaith hi ei hun yn batrwm o 'gywirdeb' ar gyfer gweddill y wlad, ni fu'r cyd-destun cymdeithasol-wleidyddol Cymreig yn ffafriol i greu ynganiad 'safonol' yn achos y Gymraeg. Er bod y cywair ffurfiol-lenyddol hwnnw a elwid yn 'Gymraeg y pulpud' yn amlwg iawn yng nghapeli'r 19g., ac er ei fod o hyd – mewn ffurf fwy hyblyg a modern mae'n ddigon gwir – yn nodwedd ar areithio cyhoeddus, addysg ac agweddau mwy ffurfiol ar **ddarlledu**, yn eu tafodieithoedd, yn amlach na pheidio, y bydd siaradwyr brodorol yn parablu'n ddigymell. Bu'r Cymry yn ymhyfrydu yn eu tafodieithoedd o'r Oesoedd Canol ymlaen. Ceir cyfeiriadau ym marddoniaeth y **Gogynfeirdd** at y Wenhwyseg (tafodiaith **Gwent** ynghyd â dwyrain a chanol Sir Forgannwg) a'r Wyndodeg (tafodiaith Gwynedd), ac yn 1188 nododd **Gerallt Gymro** fel yr haerai rhai 'bod yr iaith yn fwy dillyn, yn goethach, ac yn fwy canmoladwy yng ngogledd Cymru', tra tystiai eraill 'mai ardal Ceredigion . . . a ddefnyddia'r iaith arbenicaf a mwyaf canmoladwy'.

Yn draddodiadol, ystyrir bod gan y Gymraeg bedwar prif ranbarth tafodieithol: y gogledd-orllewin (Gwyndodeg); y gogledd-ddwyrain a'r canolbarth (Powyseg); gorllewin Cymru (Dyfedeg); a de-ddwyrain Cymru (Gwenhwyseg). Dangosodd ymchwil Alan R. Thomas i amrywio geirfaol yng Nghymru fod chwe phrif ardal dafodieithol, a gellir eu rhannu ymhellach yn 16 o fân ardaloedd. Serch hynny, yn ymwybyddiaeth ieithyddol y Cymry, y gwahaniaethau rhwng iaith y de ac iaith y gogledd, sef iaith y **Gogs a'r Hwntws**, sy'n cael y lle amlycaf o hyd. Amhosibl yw penderfynu pa le'n union y try'r Gog yn Hwntw. O ran ynganiad, un o'r prif wahaniaethau rhwng de a gogledd yw absenoldeb y sain *-u-* yn iaith y rhan fwyaf o drigolion y de gyda'r canlyniad na wahaniaethir yno rhwng geiriau megis *hin* a *hun* neu *mil* a *mul*. Yng nghyffiniau Dyffryn **Dyfi** y diflanna'r *-u-*. Ond yn achos un o'r amrywiadau geirfaol mwyaf hysbys, *mas* ac *allan*, ceir bod y ddwy ffurf yn cydfodoli yng ngogledd Ceredigion, a bod yn rhaid mynd i dde'r sir i glywed *mas* yn ddieithriad ar enau'r brodorion. Yn yr un modd, rhaid fyddai i ogleddwr neu ogleddwraig sy'n hoffi *paned* neu *banad* o de gyrraedd glannau afon **Llwchwr** cyn cael cynnig *dishglid* neu *ddishgled* o de.

Yn sgil dyfodiad darlledu a'r cynnydd mawr yn niferoedd y rhai hynny sydd wedi dysgu'r Gymraeg fel ail iaith, gwelwyd erydu ar dafodieithoedd y Gymraeg, ac mae'n bosibl mai ymdebygu ymhellach fydd eu hanes. Petai'r Cymry i gyd yn siaradwyr Cymraeg, y dafodiaith gryfaf erbyn hyn fyddai'r Wenhwyseg, sef tafodiaith yr ardal lle mae hanner poblogaeth y wlad yn byw. Er hynny, yn sgil yr ymdrechion i adfer yr iaith yn y de-ddwyrain ni welwyd unrhyw adfywiad yn hanes yr Wenhwyseg, a dim ond ar wefusau'r henoed mewn mannau fel **Aberdâr** a **Rhymni** y mae i'w chlywed bellach. O gofio bod hyd at 90% o'u disgyblion yn dod o gefndiroedd Saesneg, a bod llawer o'r athrawon yn hanu o ardaloedd eraill yng Nghymru, mae'n anochel fod ysgolion Cymraeg yr ardaloedd hyn yn cyflwyno'u disgyblion i gywair ieithyddol mwy gwneuthuredig, er mai acen hanfodol ddeheuol a glywir ar wefusau'r disgyblion.

Rhan o arysgrif Tywyn, 7g.–9g.

*Hanes cymdeithasol yr iaith*

Yn ystod yr union gyfnod pan ddaeth i fodolaeth profodd y Gymraeg enciliad tiriogaethol anferthol. Erbyn diwedd y 7g. roedd grym yr Eingl-Sacsoniaid wedi lledaenu hyd at aberoedd **Hafren** a **Dyfrdwy**, ac o'r 8g. ymlaen priodol yw uniaethu'r Gymraeg â'r wlad a adwaenwn erbyn heddiw fel Cymru, er mai'n araf, efallai, y mabwysiadwyd iaith y concwerwr gan y brodorion yn y tiroedd hynny a goncrwyd. Roedd perthynas neilltuol agos rhwng y Gymraeg a Chwmbreg, iaith yr **Hen Ogledd**. Dichon na lwyr ddiflannodd honno yn **Ystrad Clud** hyd at dranc y deyrnas yn gynnar yn yr 11g. ac y mae i'w gweld o hyd mewn enwau lleoedd megis Ecclefechan (Cymraeg, *Eglwysfechan*).

Gydol yr Oesoedd Canol roedd y Gymraeg yn iaith a siaredid ar hyd a lled Cymru. Yn ystod yr 11g. cafodd y rhan o **Sir y Fflint** sydd i'r dwyrain o **Glawdd Offa**, y rhan lle'r oedd yr Eingl-Sacsoniaid wedi ymsefydlu, ei hail-Gymreigio a pharheid hefyd i siarad yr iaith mewn mannau sydd erbyn heddiw yn **Swydd Amwythig** a **Swydd Henffordd**. Oddi mewn i'r Eglwys, roedd y Gymraeg, yn naturiol, yn ddarostyngedig i Ladin, ond ym maes y gyfraith roedd y

Gymraeg yn tra-arglwyddiaethu. Er mai Lladin yw iaith y testunau cyfreithiol cynharaf sydd wedi goroesi, Cymraeg yn sicr ddigon oedd eu hiaith wreiddiol.

Cymhlethwyd y sefyllfa ieithyddol o ganlyniad i ddyfodiad y **Normaniaid**. Er mai **Ffrangeg** oedd iaith yr arglwyddi Normanaidd, Saesneg a siaredid gan yr iwmyn hynny a ddaeth i wladychu ardaloedd megis **Bro Morgannwg** a **Gŵyr**. Saesneg hefyd yn y man fyddai iaith y **Ffleminiaid** a ymsefydlodd yn **Rhos** a **Daugleddau** yng ngorllewin **Dyfed**. Bu mwy o ymsefydlu yng nghefn gwlad yn sgil y **Goresgyniad Edwardaidd**, a chynyddodd y goresgyniad hefyd nifer y **bwrdeistrefi** a fu'n gadarnleoedd estron oddi ar eu dechreuadau. Ond ni ddylid gorbwysleisio graddfa'r Seisnigo hwn. Er gwaetha'r goncwest, roedd y Gymraeg yn parhau'n iaith o bwys mewn perthynas â'r gyfraith, a dengys y corff cynyddol o lenyddiaeth grefyddol Gymraeg fod iddi swyddogaeth bwysig oddi mewn i'r Eglwys. Yn fwy arwyddocaol fyth, o dan nawdd y tywysogion, ac yna'r uchelwyr, esgorwyd ar un o brif lenyddiaethau Ewrop yn yr Oesoedd Canol. Yn niwedd yr Oesoedd Canol, wrth i drigolion yr ucheldiroedd ailwladychu'r gwastatiroedd, gwelwyd y Gymraeg yn adennill tir mewn mannau a oedd wedi eu Seisnigo. Digwyddodd hyn ym Mro Morgannwg yn arbennig, ond hefyd ar y Gororau mewn arglwyddiaethau megis Croesoswallt a'r Dref-wen (Whittington). Wrth iddynt ymbriodi â theuluoedd uchelwrol brodorol, daeth y Gymraeg hefyd yn rhan o brofiad diwylliannol cyfran dda o'r *advenae* a ddaeth i Gymru yn sgil y goresgyniad. Er i Roger de Puleston gael ei grogi yn ystod gwrthryfel **Madog ap Llywelyn** (1294) oherwydd ei wrthnysedd gwrth-Gymreig, erbyn y 15g. roedd rhai o'i ddisgynyddion ymhlith noddwyr amlycaf y beirdd yng ngogledd-ddwyrain Cymru ac yn arddel perthynas trwy briodas ag **Owain Glyndŵr**. Yn yr un modd, gwelwyd Cymry yn ymsefydlu yn y bwrdeistrefi, ac erbyn y 15g. roedd y mwyafrif o drigolion **Aberystwyth** yn dwyn enwau Cymraeg. Gwelir hefyd fod enwau Cymraeg yn dechrau ymddangos yng nghofnodion bwrdeistrefi megis **Dinbych-y-pysgod** a oedd wedi bod yn Seisnig i'r carn cyn hynny.

Eto i gyd, os oedd y Gymraeg yn adennill tir, roedd hynny'n sicr yn wir yn achos y Saesneg. Yn **Lloegr** gwelwyd Saesneg yn disodli Lladin a Ffrangeg fel iaith y rhan fwyaf o ddogfennau cyfreithiol, a thros yr un cyfnod ymwrthod graddol â'r gyfraith Gymreig fu'r patrwm yng Nghymru wrth i gyfraith Lloegr ei disodli. A llunio dogfennau cyfreithiol yn gynyddol yn troi'n weithgarwch ar gyfer copïwyr proffesiynol, yng Nghymru naturiol oedd i'r copïwyr hyn ddefnyddio'r un patrwm a'r un iaith â'u cymheiriaid yn Lloegr. Felly, ddegawdau cyn i'r **Deddfau 'Uno'** wahardd y Gymraeg o fyd materion cyhoeddus, roedd Saesneg eisoes yn prysur ddatblygu'n iaith swyddogol Cymru. Sicrhaodd y ddeddf y byddai gweinyddiad lleol yng Nghymru yn nwylo'r uchelwyr Cymreig, ond byddai'n rhaid iddynt fod yn rhugl eu Saesneg. Ni olygai hynny fod disgwyl i'r uchelwyr droi cefn ar y Gymraeg, ond dyna a ddigwyddodd ymhen hir a hwyr wrth iddynt, yn gynyddol, dderbyn eu haddysg mewn ysgolion bonedd a phrifysgolion yn Lloegr ac wrth i apêl Llundain gynyddu. Prysurwyd hyn oll hefyd wrth i aeresau o Gymru ymbriodi â theuluoedd o Loegr.

Ar y cychwyn roedd hi'n ymddangos fel petai'r **Diwygiad Protestannaidd** am droi'r fantol ymhellach yn erbyn y Gymraeg. Fodd bynnag, yn fuan wedi i'r iaith gael ei gwahardd o fyd gweinyddiad seciwlar, sicrhaodd y **Beibl** Cymraeg yn 1588 a'r defnydd a wnaed ohono, ynghyd â'r ***Llyfr Gweddi Gyffredin***, yn y rhan fwyaf o eglwysi Cymru fod i'r iaith ran swyddogol o bwys mewn bywyd crefyddol. Yn ystod y canrifoedd dilynol fe gâi'r iaith hyd yn oed fwy o swcr o ganlyniad i dwf y bywyd crefyddol answyddogol hwnnw a gynrychiolir gan **Anghydffurfiaeth ac Ymneilltuaeth** a daeth llawer o'i charedigion i dderbyn yn ddigwestiwn fod ei thynged yn annatod glwm wrth dynged **crefydd**.

Symbylwr y gwaith o gyfieithu'r ysgrythurau i'r Gymraeg oedd **William Salesbury**, prif ffigwr y **Dadeni** yng Nghymru. Roedd Salesbury yn awyddus i weld y ddyneiddiaeth newydd yn cyfoethogi'r Gymraeg a'r iaith yn ei thro yn datblygu'n gyfrwng addas ar gyfer dyneiddiaeth. Mae'r traddodiad a gynrychiolir ganddo yn un tra chyfoethog, a'r un awydd i sicrhau bod y Gymraeg yn iaith dysg, a bod ei chyfoeth yn hysbys i bawb, a ysbrydolai glerigwyr Anglicanaidd megis **Evan Evans** (1731?–88) a'r **hen bersoniaid llengar**, prif gynheiliaid urddas yr iaith hyd nes i golegau prifysgol gael eu sefydlu yng Nghymru yn niwedd y 19g.

Hyd at gyfrifiad 1891 ni cheir unrhyw ystadegau dibynadwy ynghylch nifer siaradwyr y Gymraeg. Yn 1570 amcangyfrifai Syr Thomas Phillips fod nifer trigolion Cymru oddeutu 325,000 a bod tua 250,000 yn siarad Cymraeg, y mwyafrif llethol ohonynt, yn ddiau, yn Gymry uniaith. Yn ystod y ddwy ganrif ddilynol, cryfhau ymhellach fu hanes yr iaith yn y bwrdeistrefi ac mewn ardaloedd megis Bro Morgannwg (gw. uchod). Ond law yn llaw â hynny gwelwyd erydiad ieithyddol sylweddol ar hyd y Gororau, yn arbennig felly yn **Sir Faesyfed** a oedd, i raddau helaeth, yn sir Saesneg o ran iaith erbyn diwedd y 18g. Mae cryn bwysigrwydd i waith **Griffith Jones, Llanddowror**, a sicrhaodd trwy gyfrwng ei **ysgolion cylchynol** fod y mwyafrif o siaradwyr Cymraeg yn gymharol lythrennog erbyn diwedd y 18g. Dyma fantais aruthrol na ddaeth i ran unrhyw iaith anwladwriaethol arall yn Ewrop, ac na ddaeth hyd yn oed i ran cyfran dda o'r ieithoedd gwladwriaethol.

Dangosodd cyfrifiad 1801 fod 587,245 o drigolion yng Nghymru, ac mae'n bosibl fod tua 470,000 o'r rhain yn siarad Cymraeg. Yn 1901 roedd yng Nghymru 1,864,696 o drigolion dros dair oed, a haerai 929,824 ohonynt eu bod yn gallu siarad Cymraeg. Yn achos nifer y rhai a fedrai siarad Saesneg bu cynnydd nawplyg, o tua 175,000 yn 1801 i 1,583,791 yn 1901. Er bod y 19g., felly, yn gyfnod a welodd siaradwyr y Gymraeg yn cynyddu o ran rhifau absoliwt – patrwm sy'n gwrthgyferbynnu'n glir â'r Wyddeleg a welodd nifer ei siaradwyr yn mwy na haneru yn ystod yr un cyfnod – a'u hystyried fel canran o'r boblogaeth, gwelwyd lleihad yn hanes siaradwyr y Gymraeg dros yr un cyfnod, o 80% i 50%. Ymhellach, rhwng 1801 ac 1901 trodd Saesneg o fod yn iaith leiafrifol yng Nghymru i fod yn iaith y mwyafrif: yn 1901 haerai 84% o drigolion Cymru eu bod yn medru ei siarad, er nad oedd, mae'n amlwg, yn iaith a ddefnyddid yn ddyddiol gan y rhain i gyd.

Mae'n debyg mai yn ystod yr 1870au y gwelwyd niferoedd y rhai hynny a fedrai siarad Saesneg yn mynd yn fwy na niferoedd y rhai hynny a fedrai siarad Cymraeg. Y rheswm amlwg dros y fath newid ieithyddol oedd diwydiannu meysydd **glo**'r de a'r gogledd-ddwyrain. (Gyda'u patrwm ymfudo o froydd cyfagos, arhosodd ardaloedd y chwareli **llechi** yng Ngwynedd yn gadarnleoedd i'r Gymraeg.) Er hynny, fe ddeilliodd lles i'r iaith o'r diwydiannu hwn: hebddo byddai trigolion ardaloedd gwledig gorboblog wedi cael eu gorfodi i adael Cymru er mwyn ennill bywoliaeth, sef tynged miliynau o siaradwyr Gwyddeleg o orllewin Iwerddon. (Wrth gwrs fe fu ymfudo sylweddol o Gymru ei hunan hefyd, a rhoddodd hynny fod i gymdeithasau Cymraeg eu hiaith mewn mannau megis **Lerpwl**, Llundain, **Pensylfania** a **Phatagonia**.) A'u cyflogau'n uwch na'r hyn a geid yng nghefn gwlad, bu ymddangosiad ardaloedd diwydiannol o fantais fawr i'r Gymraeg. Oni bai amdanynt hwy, prin y byddai'r fath lewyrch ar grefydda Anghydffurfiol ac ar yr elfennau eraill hynny, megis y wasg gyfnodol, y **gymanfa ganu**, y bywyd corawl a'r **eisteddfod**, a ystyrir yn rhan mor ganolog o ddiwylliant Cymraeg y 19g.

Serch hynny, denwyd siaradwyr Saesneg yn ogystal â siaradwyr Cymraeg i'r peiriau diwydiannol hyn. Ar y cychwyn llwyddai'r siaradwyr Cymraeg i gymathu'r siaradwyr Saesneg, ond wrth i'r 19g. fynd rhagddi aeth nifer y mewnfudwyr Saesneg yn uwch na nifer y mewnfudwyr Cymraeg eu hiaith. Erbyn 1901 dosbarth trefol Rhymni oedd yr unig ran o Sir Fynwy â thros hanner ei phoblogaeth yn medru'r Gymraeg. Roedd ffactorau eraill hefyd yn milwrio yn erbyn yr iaith. Ymhlith y rhain yr oedd yr ymosodiad arni gan awduron yr Adroddiad ar Gyflwr Addysg yng Nghymru yn 1847 (gw. **Brad y Llyfrau Gleision**), y diffyg cydnabyddiaeth iddi yn y rhwydwaith o ysgolion elfennol a grëwyd yn yr 1870au, ynghyd â bri rhyfeddol yr Ymerodraeth Brydeinig a'i phrif iaith – Saesneg. Ymhlith siaradwyr Cymraeg coleddid y gred nad oedd cofleidio'r Saesneg yn fygythiad yn y byd i'w mamiaith oblegid yr oedd honno wedi ei hangori'n ddiogel wrth fywyd y capeli. Yng ngeiriau un o bregethwyr enwog yr oes, y Parchedig Kilsby Jones (1813–89): 'glynwch ar y Sul wrth yr iaith Gymraeg . . . ond pan ddêl bore dydd Llun, cynghoraf chwi i ddysgu Saesneg, canys hi yw iaith masnach, ac iaith y genedl fwyaf anturiaethus ar wyneb y ddaear'. Ymhellach, yn yr ardaloedd diwydiannol creodd y gwrthdaro cynyddol chwerw â chyflogwyr yr angen am undod cymdeithasol. Yng ngeiriau **Gwyn Thomas** (1913–91), wrth iddo sôn am yr amrywiol bobloedd a oedd yn symud i'r **Rhondda**, 'The Welsh language stood in the way of our fuller union, and we made ruthless haste to destroy it. We nearly did'.

Yn ystod hanner cyntaf yr 20g. wynebodd yr iaith Gymraeg fygythiadau newydd, yn eu plith y colledion a'r ansefydlogrwydd a achoswyd gan y **Rhyfel Byd Cyntaf** a'r **Ail Ryfel Byd** ac, yn bennaf oll, y **dirwasgiad** rhwng y ddau ryfel pan welodd Gymru golli yn agos at 400,000 o'i phobl trwy allfudiad. A hwythau wedi eu tynghedu i symud yn y man i Dagenham neu Coventry, ni welai llawer o rieni unrhyw bwrpas i drosglwyddo'r iaith i'w plant. Ganrif ynghynt yr un ystyriaeth economaidd a achosodd i niferoedd mawr o Wyddelod droi cefn ar eu mamiaith. Roedd hen gadarnleoedd yr iaith, y capeli Anghydffurfiol, yn gynyddol ymylol ym mywyd y genedl. Daeth y sinema (gw. **Ffilm**), cyfrwng cwbl Saesneg, yn eithriadol o boblogaidd; felly hefyd y **papurau newydd** Saesneg a darllediadau radio'r BBC a oedd bron i gyd yn yr iaith fain. Nid yw'n annisgwyl felly fod llawer yn ystod y 1930au yn darogan yn hyderus fod tranc y Gymraeg gerllaw.

Ond dangosodd y Gymraeg wydnwch rhyfeddol. Yn 1922 sefydlwyd **Urdd Gobaith Cymru** a aeth ati'n egnïol i greu delwedd fwy apelgar i'r iaith ymhlith yr ifanc, ac roedd adfer y Gymraeg yn briod iaith Cymru yn rhan greiddiol o raglen wleidyddol **Plaid [Genedlaethol] Cymru** a sefydlwyd yn 1925. Mewn adroddiad a wnaed ar ran y llywodraeth, ***Y Gymraeg mewn Addysg a Bywyd*** (1927), dadleuwyd y dylid galluogi ysgolion cynradd i ddysgu Cymraeg i holl blant Cymru. Ar yr un pryd, roedd ysgolheictod llenyddol ac ieithyddol Adrannau Cymraeg **Prifysgol Cymru** yn datguddio o'r newydd gyfoeth yr iaith mewn canrifoedd a fu. Yng nghanol y 1930au sicrhaodd y Gymraeg gyfran sylweddol o oriau darlledu'r BBC yng Nghymru ac aeth **Deddf Llysoedd Cymru (1942)** rywfaint o'r ffordd tuag at ddirymu'r cyfyngiadau a osodwyd ar y Gymraeg yng nghymalau iaith Deddf 'Uno' 1536.

Gwelodd y degawdau ar ôl yr Ail Ryfel Byd ymdrechion taerach fyth i feithrin yr iaith. Yn sgil sefydlu'r ysgol gynradd ddynodedig Gymraeg gyntaf o dan ofal awdurdod lleol yn **Llanelli** yn 1947, gwelwyd dechrau mudiad tra llwyddiannus yr ysgolion Cymraeg. Yn 1956 agorwyd yr ysgol uwchradd Gymraeg gyntaf, Ysgol Glan Clwyd yn Sir y Fflint, a bu rhai ymdrechion petrus i ddarparu cyrsiau trwy gyfrwng y Gymraeg ym Mhrifysgol Cymru. Roedd twf y **Mudiad Ysgolion Meithrin** yn llawer mwy dramatig ac erbyn dechrau'r 21g. byddai'r grwpiau a'r ysgolion meithrin o dan ei adain yn cael eu mynychu gan dros 15,000 o blant. Yn 1988 llwyddodd y Cwricwlwm Cenedlaethol i hyrwyddo statws y Gymraeg yn holl ysgolion Cymru, a diwallwyd yr angen hefyd am ddeunyddiau dysgu apelgar, yn fwyaf arbennig gan y Ganolfan Adnoddau yn **Aberystwyth**. Ymhlith ymdrechion eraill yr oedd creu **Cyngor Llyfrau Cymru** yn 1961, dechrau gwasanaeth teledu BBC Cymru yn 1964 a **Deddf yr Iaith Gymraeg 1967**. Rhoed hwb hefyd i fyd y **ddrama** Gymraeg o'r 1960au ymlaen yn sgil grantiau gan **Gyngor Celfyddydau Cymru**, ac yn ystod y 1970au gwelwyd sefydlu'r **papurau bro** cyntaf. Yn fwy arwyddocaol, trawsnewidiwyd diwylliant yr ifanc yn ystod y 1960au a'r 1970au. Cofleidiwyd y gitâr drydan â chryn frwdfrydedd yn y Gymru Gymraeg a chrëwyd byd pop Cymraeg (gw. **Cerddoriaeth**), datblygiad cyffrous a oedd yn cyd-fynd â phrotestiadau herfeiddiol y mudiad iaith (gw. isod).

Cyfrifiad 1891 oedd y cyntaf i gofnodi ystadegau a oedd yn ymwneud â chyflwr ieithyddol Cymru. (Gwnaed hynny eisoes yn achos Iwerddon yn 1851, yn **Ynys Manaw** yn 1871 ac yn yr Alban yn 1881.) Wrth gasglu'r ystadegau hyn, prif gymhelliad y llywodraeth oedd ceisio darganfod i ba raddau y gellid gweinyddu Cymru drwy gyfrwng y Saesneg. Oherwydd hynny, ymwneud â'r Saesneg yn hytrach na'r Gymraeg yr oedd y prif gwestiwn. Mae'n gwbl amlwg fod niferoedd y Cymry uniaith wedi eu gorbwysleisio yng nghyfrifiad annibynadwy 1891, ond parhaodd unieithrwydd Cymraeg i nodweddu sawl man yng Nghymru ymhell i mewn i'r 20g. Yn 1921, pan oedd 6.3% o drigolion Cymru yn uniaith Gymraeg, 31% oedd y ffigur cyfatebol ar Ynys Môn a 22.1% yn **Sir Feirionnydd**. Ym mhlwyf chwarelyddol **Llanddeiniolen** nid oedd gan 56% o'r trigolion unrhyw wybodaeth o Saesneg, ac roedd un plwyf yn **Llŷn** (Bodferin; gw. **Aberdaron**) lle'r oedd pawb yn uniaith Gymraeg. Yn ystod y 1960au neu'r 1970au, mae'n debyg, y bu farw'r siaradwyr uniaith olaf, er bod rhai gwladgarwyr dwyieithog, o dan ddylanwad **Saunders Lewis**, wedi parhau i ddatgan ar ffurflenni'r cyfrifiad mai Cymry uniaith Gymraeg oeddynt.

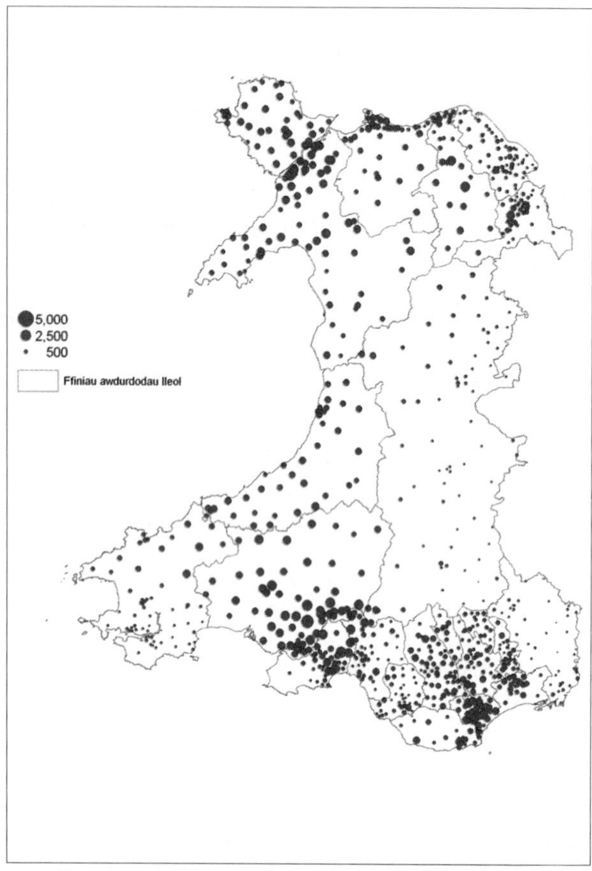


Niferoedd siaradwyr y Gymraeg yn 2001

Yng nghyfrifiad 1981 y gofynnwyd cwestiwn ynghylch y gallu i siarad Saesneg am y tro olaf. Ar ôl hynny, cymerwyd yn ganiataol – a hynny'n gwbl gywir fe ymddengys – nad oedd bellach oedolion o Gymry Cymraeg na fedrent hefyd siarad Saesneg, er bod unieithrwydd i'w gael o hyd ymhlith plant bach.

Y lleihad cyson yn nifer siaradwyr y Gymraeg a ddangosid gan un cyfrifiad ar ôl y llall oedd cyd-destun *Tynged yr Iaith*, y ddarlith radio enwog a draddodwyd gan Saunders Lewis yn 1962. Bu'r ddarlith yn ysbrydoliaeth i sefydlu **Cymdeithas yr Iaith Gymraeg** a aeth ati trwy ddulliau protest ac anufudd-dod sifil i geisio sicrhau statws swyddogol i'r iaith. Arweiniodd gweithgareddau'r Gymdeithas ac achosion llys di-ri at gyfnodau mewn carchar i lawer o'i haelodau, a throdd hynny holl fater yr iaith yn bwnc gwleidyddol llosg. Cafodd y Gymdeithas lwyddiannau nodedig megis gosod arwyddion ffyrdd dwyieithog, **Deddf yr Iaith Gymraeg 1993** (a arweiniodd at sefydlu **Bwrdd yr Iaith Gymraeg**) ac, yn bennaf oll, sefydlu Sianel Pedwar Cymru (**S4C**) yn 1982.

**Tabl 2**
**Siaradwyr Cymraeg, 1901–2001**

| | Trigolion Cymru dros 3 oed | Siaradwyr Cymraeg | % |
|---|---|---|---|
| 1901 | 1,864,696 | 929,824 | 49.9 |
| 1911 | 2,247,927 | 977,366 | 43.5 |
| 1921 | 2,486,740 | 922,092 | 37.1 |
| 1931 | 2,472,378 | 909,261 | 36.8 |
| 1951 | 2,472,429 | 714,686 | 28.9 |
| 1961 | 2,518,711 | 656,002 | 26.0 |
| 1971 | 2,602,955 | 542,425 | 20.9 |
| 1981 | 2,688,926 | 508,207 | 18.9 |
| 1991 | 2,723,623 | 508,098 | 18.6 |
| 2001 | 2,805,701 | 575,604 | 20.52 |

Yn sgil hyn oll, trawsnewidiwyd agweddau tuag at yr iaith, ac mae hynny'n amlwg erbyn hyn mewn cyfarfodydd cyhoeddus. Lle gynt y byddai presenoldeb un siaradwr di-Gymraeg yn troi iaith pwyllgor i'r Saesneg, bellach y mae offer cyfieithu ar y pryd yn caniatáu trafodaethau dwyieithog. Cyngor Sir Gwynedd oedd yr arloeswyr mawr yn hyn o beth, a mabwysiadwyd yr un drefn gan **Gynulliad Cenedlaethol Cymru**.

O edrych ar ganlyniadau cyfrifiad 2001, mae'n amlwg fod yr ymdrechion hyn wedi dwyn rhywfaint o ffrwyth. Allan o'r 22 sir yng Nghymru, gwelwyd fod nifer y siaradwyr Cymraeg wedi cynyddu mewn 14 sir yn ystod y cyfnod 1991–2001. Fodd bynnag, yr oedd ochr arall i'r geiniog. Roedd y siroedd lle cafwyd y cynnydd yn siroedd lle bu'r Saesneg yn tra-arglwyddiaethu ers hir amser, ac ni fu cynnydd cyffelyb yn y siroedd a ystyrir yn gadarnleoedd yr iaith. Yn 1961 yr oedd o hyd yng ngogledd a gorllewin Cymru graidd tiriogaethol eang, a oedd yn cynrychioli 36.8% o arwynebedd Cymru, lle ceid **plwyfi** gyda thros 80% o'r boblogaeth yn siarad Cymraeg. Yn 1974 ad-drefnwyd y plwyfi sifil yn gynghorau **cymuned** neu gymunedau. Yn 2001 roedd 867 o'r cymunedau hyn, ond dangosodd cyfrifiad y flwyddyn honno mai dim ond mewn naw cymuned yr oedd canran y siaradwyr Cymraeg yn uwch nag 80%, sef **Llangefni**, y **Bontnewydd**, **Caernarfon**, **Llanberis**, **Llanllyfni**, **Llanuwchllyn**, **Llanwnda**, **Llanycil** (y cyfan yng Ngwynedd) ac **Ysbyty Ifan** (**Conwy**). (Mae'r Athrawon Carter ac Aitchison, yr arbenigwyr pennaf ar ddaearyddiaeth ieithyddol Cymru, yn dadansoddi ystadegau'r cyfrifiad ar sail wardiau etholiadol, ond gan fod ymdriniaeth y Gwyddoniadur hwn ag ardaloedd Cymru yn seiliedig ar gymunedau ni ddilynwyd eu harweiniad yma.) O blith holl gymunedau Cymru, yng Nghaernarfon y ceir y ganran uchaf o siaradwyr Cymraeg (87.23%), a dengys hyn fod y Gymraeg, efallai, yn prysur droi'n iaith drefol er mai gwledig oedd ei chadarnleoedd mewn dyddiau a fu.

Yn rhai o hen gadarnleoedd yr iaith – cymoedd Gwendraeth ac Aman, er enghraifft – gellir priodoli'r lleihad yng nghanran siaradwyr Cymraeg i anallu neu amharodrwydd rhieni i drosglwyddo'r iaith i'w plant, ond y brif elfen danseiliol yn y rhan fwyaf o'r hen gadarnleoedd fu mewnfudo, a hynny'n bennaf o Loegr. Yn 2001 roedd 41.1% o drigolion Ceredigion wedi eu geni y tu allan i Gymru, a'r ffigur cyfatebol ar Ynys Môn oedd 32.5%. Er bod rhai o'r newydd-ddyfodiaid hyn wedi ymroi'n egnïol i feistroli'r Gymraeg a chyfrannu at weithgarwch mudiadau megis **CYD** (Cyngor y Dysgwyr) a **Cymuned**, ymddengys fod y mwyafrif ohonynt yn gwbl anymwybodol o'u hamgylchfyd diwylliannol newydd ac o nodweddion ieithyddol unigryw eu gwlad fabwysiedig.

Er bod, felly, elfen o gysur i garedigion yr iaith yng nghyfrifiad 2001, cwyd yr ystadegau gwestiynau pwysig. A'r dirywiad yng nghadarnleoedd yr iaith heb ei atal, a fydd modd i'r iaith oroesi a'r rhan fwyaf o'i siaradwyr yn byw mewn ardaloedd lle y mae, yn gynyddol, yn iaith y lleiafrif?

Yng ngogledd-orllewin Cymru, yr unig ardal lle'r ymddengys fod y Gymraeg fel petai'n dal ei thir yw Caernarfon a'r cyffiniau, ond mae'n werth nodi na fu ychwaith unrhyw newid ieithyddol sylweddol ymhlith y boblogaeth frodorol mewn mannau megis Ceredigion, Ynys Môn a Meirionnydd, er i'r mannau hynny brofi mewnfudo sylweddol oddi ar y 1960au. Hawdd yw anghofio hefyd fod nifer sylweddol o Gymry Cymraeg yn byw'n agos at ei gilydd mewn ardaloedd trefol. Mewn rhannau o Gaerdydd, er enghraifft, ceir dros 350 o siaradwyr Cymraeg i bob cilomedr sgwâr, ac mae hynny'n rhoi bod i rwydweithiau cymdeithasol sy'n angenrheidiol ar gyfer cynnal hyfywedd ieithyddol.

Efallai fod tuedd ormodol i weld yr ochr dywyll wrth drafod rhagolygon y Gymraeg. O'i chymharu â llawer iawn o ieithoedd eraill mae ganddi gryfderau sylweddol. Gellir darogan â sicrwydd llwyr mai'r Gymraeg fydd iaith gyntaf lliaws o unigolion nad ydynt eto wedi eu geni – honiad na ellir ei wneud yn achos dros hanner ieithoedd y byd ar ddechrau'r 21g. Yn ôl arolwg a wnaed gan yr arbenigwr ar ieithoedd, David Crystal, o ddyfodol ieithoedd y byd, y mae'r Gymraeg ymhlith y 15% uchaf o ran ei rhagolygon. Mae hynny'n ffaith gwbl ryfeddol o gofio mai hi, trwy holl ganrifoedd ei bodolaeth, fu cymdoges agosaf Saesneg – iaith sydd wedi bwrw ieithoedd dirifedi i ebargofiant ym mhedwar ban y byd.

## CYMREIGYDDION, Cymdeithas y

Y fwyaf democrataidd ei hysbryd o'r cymdeithasau Cymreig Llundeinig. Fe'i sefydlwyd yn 1794, a'i hamcan oedd diogelu'r **Gymraeg** 'yn ei phurdeb' trwy gynnal trafodaethau ar bynciau moesol ac ar faterion o bwys. Ymhlith sylfaenwyr y gymdeithas yr oedd Jac Glan-y-Gors (**John Jones**; 1766–1821) a **Thomas Roberts** (Llwyn'rhudol). Fel y **Cymmrodorion** arferai'r Cymreigyddion gynnal ei chyfarfodydd yn nhafarndai **Llundain**, ac fel y dengys cofnodion y gymdeithas byddai ei thrafodaethau yn aml yn gymysg â chryn rialtwch. Erbyn canol y 19g. roedd parchusrwydd oes Victoria wedi pylu'r hen asbri gynt, a daeth terfyn ar gyfarfodydd y gymdeithas yn 1855. Fodd bynnag, yng Nghymru yn ystod y 19g., a chan efelychu'r Cymreigyddion gwreiddiol, sefydlwyd nifer o gymdeithasau llenyddol yn dwyn yr un enw; yr amlycaf ohonynt oedd Cymreigyddion y Fenni (gw. **Fenni, Y**, **Augusta Hall** a **Thomas Price** (Carnhuanawc)).

## CYMRU, Hanes

Y dystiolaeth gynharaf o bresenoldeb bodau dynol yng Nghymru (gw. **Oesau Cynhanesyddol**: yr Oes Balaeolithig a'r Oes Fesolithig) yw dannedd sy'n perthyn i gyfnod 250,000 o flynyddoedd yn ôl a ddarganfuwyd yn ogof Bont Newydd yn Nyffryn Elwy (**Cefn Meiriadog**). O'r braidd fod perchennog y dannedd – aelod o'r rhywogaeth *Homo sapiens neanderthalensis* – ymhlith hynafiaid Cymry'r presennol gan i'r wlad, mae'n debyg, o ganlyniad i gyfresi o oesoedd iâ, fod yn anghyfannedd am ddegau o filoedd o flynyddoedd. Serch hynny, dichon y bu adegau eraill yn y cyfnod Is-Balaeolithig (cyfnod cynharaf Hen Oes y Cerrig) pan oedd bywyd dynol yng Nghymru, yn arbennig yn ogof Coygan (**Talacharn**) ac ogof Ffynnon Beuno (**Tremeirchion**). O *c*.35,000 CC ymlaen, bu datblygiad trawiadol yn safon ac amrywiaeth yr offer a ddefnyddid gan ddyn, datblygiad a gysylltir â lledaeniad pobl Cro-Magnon, sef pobl a chanddynt hanfodion yr hil ddynol fodern. Dyma'r cyfnod Uwch-Balaeolithig, a'r mwyaf trawiadol o blith olion y cyfnod hwnnw yng Nghymru yw'r sgerbwd a ddarganfuwyd yn 1823 yn ogof Twll yr Afr, Pen-y-fai neu Paviland (**Rhosili**). Erbyn hyn profwyd trwy ddull dyddio carbon 14 mai esgyrn gŵr ifanc a fu farw *c*.24,000 CC yw'r sgerbwd hwn.

Ciliodd yr iâ yn derfynol *c*.10,000 CC. Yn sgil y dadlaith, cododd lefel y môr; daeth **Prydain** yn ynys ac, erbyn *c*.8000 CC, roedd gan Gymru arfordir go debyg i'r hyn sydd ganddi heddiw. Wrth i'r tymheredd godi, magodd y wlad orchudd trwchus o goed (gw. **Planhigion**). Collwyd llawer o'r tiroedd agored a diflannodd y cilfilod heidiog, gan ddinistrio sail y ffordd Balaeolithig o fyw. Yn ystod y cyfnod Mesolithig (Oes Ganol y Cerrig) ymaddasodd bodau dynol i'w hamgylchfyd newydd, gan ddefnyddio **cŵn** i hela mân anifeiliaid y fforestydd, a chychod a rhwydi i bysgota yn y dyfroedd cynhesach.

Hyd at y 1960au credid i gymunedau Mesolithig, a seiliwyd ar gasglu a **hela**, barhau yng Nghymru tan *c*.2000 CC, pan ddisodlwyd hwy gan gymunedau'r Oes Neolithig (Oes Newydd y Cerrig) a seiliwyd ar **amaethyddiaeth**. Bellach, fodd bynnag, mae'r dull dyddio carbon wedi profi bod gan y wlad gymunedau amaethyddol cyn gynhared â 4000 CC. Tystia'r siambrau claddu (y cromlechi), sy'n arbennig o niferus ger môr-lwybrau'r gorllewin, fod gan y Gymru Neolithig gymunedau pur boblog a threfnedig, a chanddynt gysylltiadau diwylliannol gydag **Iwerddon**, **Llydaw** a Sbaen, yn ogystal â chyda gweddill Prydain. Dichon mai'r gromlech fwyaf godidog yng Nghymru yw Barclodiad y Gawres (**Aberffraw**). Bu adeiladu helaeth yno tua 3200 CC.

O dderbyn mai hanfod yr Oes Neolithig yw cymunedau o ffermwyr a ddefnyddiai offer carreg, yna ni fu iddi lwyr ddarfod yng Nghymru tan *c*.1400 CC, pan oedd rhywfaint o offer metel o fewn cyrraedd pawb. Ond roedd gwrthrychau metel yng Nghymru – **copr** yn gyntaf, ac yna efydd – cyn gynhared â *c*.2500 CC. Roedd yr **hinsawdd** yn ffafriol yn yr Oes Efydd Gynnar (*c*.2300 hyd 1400 CC); roedd modd ffermio'r tiroedd uchel, a thystia'r cylchoedd cerrig a'r siambrau claddu niferus fod yno **boblogaeth** bur sylweddol. Dyddia rhan helaeth o'r gwaith adeiladu yng Nghôr y Cewri i'r Oes Efydd Gynnar, gan gynnwys y gwaith o godi'r cerrig gleision a gludwyd yno, fe gredir, o **Fynydd Preseli**. Ceir ym meddau'r cyfnod lestri o fath arbennig, a gelwir y rhai a'u claddodd yn Bobl y Biceri neu Bobl y Diodlestri. Ystyrid hyd yn ddiweddar fod bodolaeth Pobl y Biceri ym Mhrydain yn ganlyniad i un o blith cyfres o oresgyniadau, a chrëwyd portread o gynhanes yr ynys a bwysleisiai ddyfodiad ton ar ôl ton o fewnfudwyr i'w thraethau. Bellach, y duedd yw pwysleisio parhad ac esblygiad, a chredir bod Cymru wedi derbyn y rhan fwyaf o'i thrigolion cynhenid erbyn *c*.2000 CC.

Yn yr Oes Efydd Ddiweddar (*c*.1400 hyd 600 CC), cynhyrchwyd gwrthrychau metel o gryn safon. Mae'n debyg fod trwch y casgliadau a ddarganfuwyd wedi'u cuddio gan fasnachwyr teithiol – awgrym fod y blynyddoedd ar ôl *c*.1000 CC yn gynyddol ansad a rhyfelgar. Mae'r **bryngaerau**, y ceir tua 600 ohonynt yng Nghymru, fel petaent yn ategu hynny. Pencadlysoedd llwythau oedd y rhai mwyaf, ac mae'n debyg mai ffermydd caerog neu gaeadleoedd amaethyddol

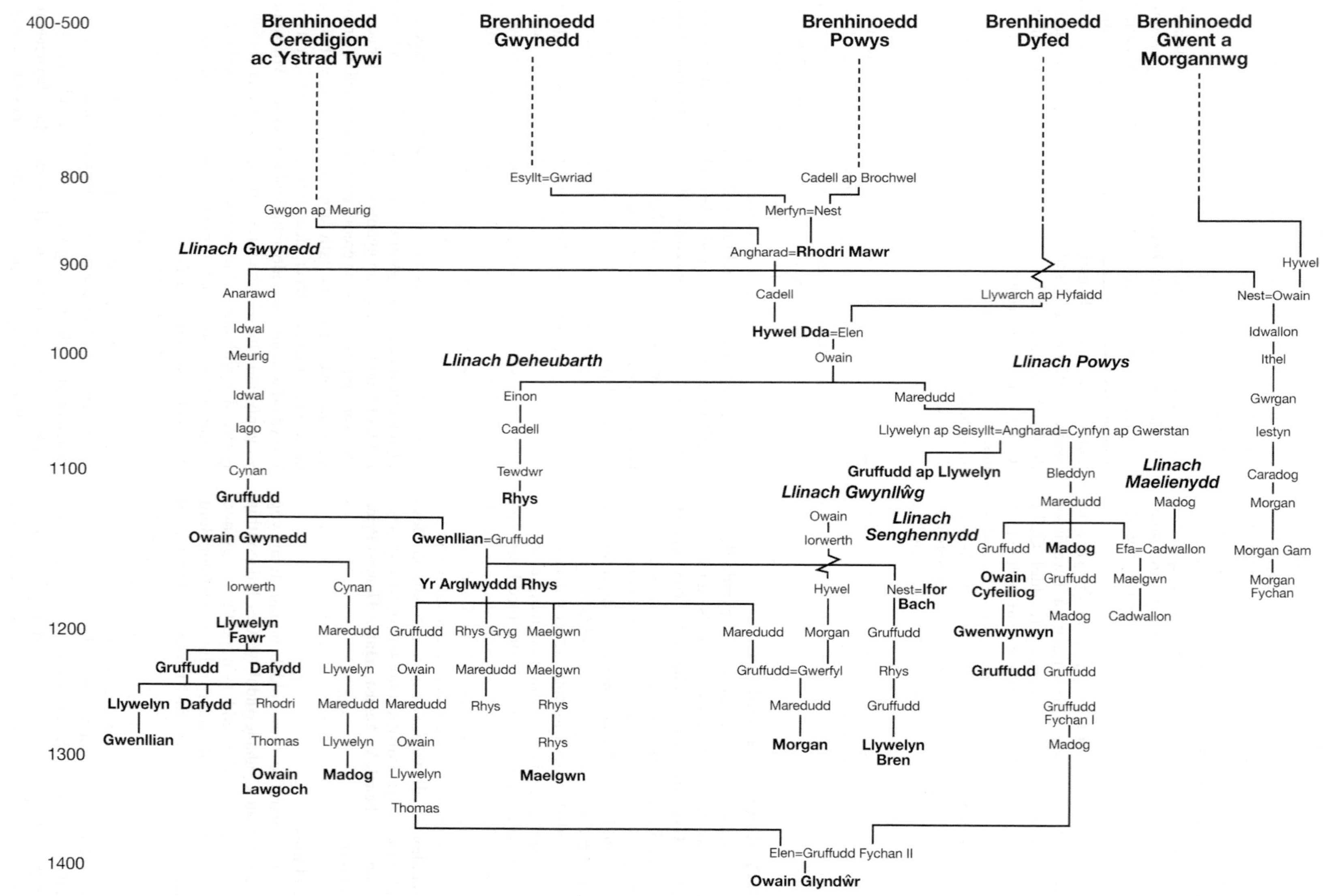


Llinachau teuluoedd brenhinol Cymru, 400–1400 (defnyddir llythrennau bras ar gyfer y gwŷr a'r gwragedd amlycaf) (John Davies, 1990).

oedd y rhai lleiaf. Credid ar un adeg mai yn yr Oes Haearn y codwyd y bryngaerau, ond gan fod y gwrthrych **haearn** cynharaf i'w ddarganfod yng Nghymru – cleddyf o Lyn Fawr (y Rhigos, i'r gogledd o'r **Rhondda**) – yn dyddio o *c*.600 CC, a'r bryngaearau cynharaf yn dyddio o *c*.1000 CC, ni dderbynnir y ddamcaniaeth hon bellach.

Lluniwyd cleddyf Llyn Fawr yn arddull Hallstatt (a enwyd ar ôl pentref yn Awstria); datblygodd etifeddion diwylliant Hallstatt yr arddull La Tène (a enwyd ar ôl pentref yn y Swistir). Ystyrir bod yr arddulliau hyn yn nodweddiadol o'r **Celtiaid**. Darganfuwyd yng Nghymru gryn nifer o wrthrychau yn arddull La Tène, yn arbennig yn Llyn Cerrig Bach (**Llanfair-yn-neubwll**), lle daethpwyd o hyd i waith metel a ddyddiwyd i'r blynyddoedd rhwng 150 CC ac OC 50. Erbyn hynny, cyrhaeddir trothwy'r cyfnod hanesyddol gan fod rhywfaint o dystiolaeth ysgrifenedig am gyflwr Prydain a Chymru yn y ganrif cyn goresgyniad y **Rhufeiniaid** yn OC 43. Dengys y dystiolaeth honno mai iaith neu ieithoedd Celtaidd a siaradai trigolion Prydain – neu o leiaf eu **dosbarth** llywodraethol – ac mai'r diwylliant Celtaidd oedd diwylliant pennaf yr ynys. Derbynnir yn gyffredinol fod dylanwadau Celtaidd wedi lledaenu i'r ynys yn ystod y canrifoedd ar ôl 600 CC, er bod y gred fod o leiaf rai o nodweddion Celtigiaeth yn ddatblygiadau cynhenid Brydeinig yn ennill tir.

Pan gyrhaeddodd y llengoedd Rhufeinig ffiniau Cymru yn OC 48, ymddengys fod de-ddwyrain y wlad yn gartref i'r **Silwriaid**, y de-orllewin i'r **Demetae**, y gogledd-orllewin i'r **Ordofigiaid**, y gogledd-ddwyrain i'r **Deceangli**, a bod y **Cornovii** yn byw yng ngwastadeddau Dyffryn **Hafren**. Llwyddodd y Rhufeiniaid i oresgyn de-ddwyrain Prydain yn gyflym, ond ni ddarostyngwyd Cymru yn llwyr hyd OC 84. Lluniwyd system filwrol yn seiliedig ar leng-gaerau Caer (gw. **Swydd Gaer**) a **Chaerllion**; adeiladwyd yng Nghymru o leiaf 30 o gaerau llai, a'r rheini wedi'u cysylltu â'i gilydd gan y **ffyrdd** syth sy'n nodweddiadol o'r Rhufeiniaid. Caniataodd y Rhufeiniaid fesur o hunanlywodraeth i'r Silwriaid a chydnabuwyd **Caer-went** fel prifddinas eu *civitas*. Efallai i **Gaerfyrddin** dderbyn yr un statws ymhlith y Demetae. Er gwaethaf y goncwest, bach fu dylanwad yr Ymerodraeth ar y rhan helaethaf o Gymru. **Lladin** oedd ei hiaith swyddogol, ond parhaodd y Frythoneg – a gymathodd nifer o eiriau Lladin – ar dafodau trigolion Cymru. Eto i gyd, er na fu Rhufeineiddio llwyr, daeth dosbarthiadau uchaf Cymru i'w hystyried eu hunain yn Rhufeiniaid, yn arbennig ar ôl 212 pan estynnwyd dinasyddiaeth Rufeinig i bob dyn rhydd ledled yr Ymerodraeth. Cafodd Rhufain ddylanwad pellach trwy gyfrwng Cristnogaeth (gw. **Crefydd**), ffydd a enillodd ddilynwyr niferus yn y blynyddoedd ar ôl 313, pan ganiatawyd i Gristnogion addoli'n ddirwystr.

Er cryfed yr ymddangosai'r Ymerodraeth, wynebai beryglon lu. Roedd y dalaith Rufeinig, Britannia, dan fygythiad o du'r Sacsoniaid ar draws Môr y Gogledd, y Pictiaid o'r tu draw i Fur Hadrian, a chan y **Gwyddelod**. Gwanychwyd yr Ymerodraeth hefyd gan ymgyrchoedd cadfridogion a oedd â'u bryd ar gipio'r orsedd. Yn eu plith yr oedd **Macsen Wledig** a amddifadodd Britannia o gyfran helaeth o'i garsiwn yn 383. Syrthiodd Rhufain ei hun i ddwylo'r Gothiaid yn 410 pan gynghorodd yr ymerawdwr y Brythoniaid i fynd ati i'w hamddiffyn eu hunain. Nid tan 476 y daeth yr Ymerodraeth yn y gorllewin i ben yn ffurfiol, ond erbyn hynny roedd Prydain wedi hen ymryddhau o'i gafael.

Yn holl hanes Cymru, y 400 mlynedd wedi cwymp Rhufain yw'r cyfnod anoddaf i'w ddehongli. Erbyn 500 ymddengys fod Prydain wedi'i rhannu'n gyfres o deyrnasoedd. Er mai Brythoneg oedd iaith y mwyafrif ohonynt, roedd yr **Eingl-Sacsoniaid** wedi sefydlu mân deyrnasoedd yn nwyrain a de-ddwyrain yr ynys. Credir bod ehangiad y teyrnasoedd hynny wedi'i atal gan fuddugoliaethau'r arweinydd Brythonig **Arthur** *c*.496, ond fod y **Saeson** wedi ailgychwyn eu hymgyrchoedd ar ôl *c*.550. Erbyn *c*.700 roedd crynswth deheudir Prydain, ac eithrio Cymru a **Chernyw**, o dan reolaeth teyrnasoedd Seisnig, a diffiniwyd **ffin** Cymru *c*.790 pan grëwyd **Clawdd Offa**. Cymhathwyd siaradwyr Brythoneg **Lloegr** gan y Saeson; nid oes unrhyw dystiolaeth i ategu'r hen gred eu bod wedi ffoi i Gymru.

Yn y broydd a wladychwyd gan y Saeson, diflannu fu hanes y Frythoneg, a siaredid ar un adeg ledled deheudir Prydain. O'r Frythoneg y tarddodd y **Gymraeg**, fel y Gernyweg, y Llydaweg a Chwmbreg. Gellir sôn amdani fel iaith yn ei hawl ei hun erbyn *c*.500, ac yn draddodiadol tadogir ei **llenyddiaeth** gynharaf ar **Taliesin** ac **Aneirin**, beirdd llys a ganai yn nheyrnasoedd yr **Hen Ogledd**. Mabwysiadwyd y gair 'Cymry' (*Combrogi*: cydwladwyr) fel enw ar siaradwyr y Gymraeg (gw. **Cymru (yr enw)**). Daw'r gair *Welsh* o air Eingl-Sacsoneg a ddehonglir gan amlaf fel enw ar 'estron', er ei fod yn cyfeirio'n benodol at bobloedd y dylanwadwyd arnynt gan Rufain.

Roedd y Cymry'n Gristnogion o'u dechreuadau. Deilliodd rhan o'u traddodiad Cristnogol o'r Brydain Rufeinig, ond roedd hefyd yn ddyledus i'r **cenhadon** a dramwyai fôrlwybrau'r gorllewin. Roedd cysylltiadau rhwng Cristnogaeth Cymru a Christnogaeth Iwerddon, yr **Alban**, **Cernyw** a Llydaw, a datblygodd yr **Eglwys Geltaidd**, fel y'i gelwid, ei nodweddion ei hun. Yn eu plith yr oedd swyddogaeth ganolog y mynachlogydd. Gan amlaf, arweinwyr mynachaidd oedd '**seintiau**' yr Eglwys Geltaidd. Ystyrir **Dewi** (*c*.530–89) fel yr amlycaf ohonynt, a daeth ei fynachlog ef yn **Nhyddewi** yn ganolfan esgobaeth a fyddai'n ymestyn ar draws bron i hanner arwynebedd Cymru (gw. **Esgobaethau**). Brithwyd y wlad gan lannau'r seintiau (gw. **Llan**), er na chodwyd eglwysi oddi mewn i'r rhan fwyaf ohonynt am ganrifoedd lawer. Paganaidd oedd teyrnasoedd cynnar yr Eingl-Sacsoniaid. Yn 597 rhoddodd Awstin yng Nghaergaint gychwyn ar ei ymgyrch i'w Cristioneiddio. Methiant fu ei ymgais i ennill rheolaeth dros eglwys y Cymry, a byddai'r drwgdeimlad rhwng Cymru a Chaergaint yn parhau am ganrifoedd.

Dros y canrifoedd, cyfunwyd y mân diriogaethau a datblygodd pedair prif deyrnas yng Nghymru – **Gwynedd** yn y gogledd-orllewin, **Powys** yn y canolbarth, **Deheubarth** yn y de-orllewin a **Morgannwg** yn y de-ddwyrain. Yr amlycaf o'r llinachau brenhinol cynnar oedd honno a deyrnasai yng Ngwynedd ac a hawliai ei bod yn disgyn o **Cunedda**. Unodd **Rhodri Mawr**, brenin Gwynedd (m.877), y rhan fwyaf o Gymru o dan ei awdurdod a bu'n llwyddiannus yn amddiffyn ei diriogaethau yn erbyn y **Llychlynwyr**. Ei ŵyr ef, **Hywel Dda** (m.950), a gyfundrefnodd y **gyfraith** yng Nghymru, gan gydnabod hefyd dra-arglwyddiaeth Alfred, brenin Wessex. Llwyddodd gororwyr Hywel, **Gruffudd ap Llywelyn** (m.1063), i ddod â chrynswth Cymru o dan ei awdurdod.

Enynnodd buddugoliaethau Gruffudd ap Llywelyn, yn arbennig ei goncwestau y tu draw i Glawdd Offa, elyniaeth Lloegr. Goresgynnwyd Cymru gan Harold, iarll Wessex, a

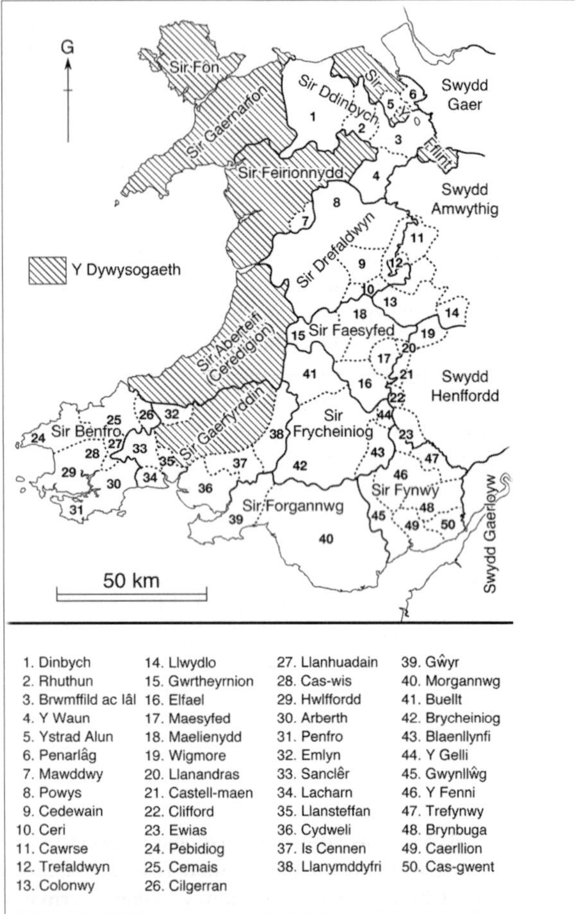


Y Ddeddf 'Uno' (yn seiliedig ar William Rees, 1959)

dymchwelwyd teyrnas Gruffudd. Erbyn yr adeg pan gipiodd Gwilym o Normandi (Gwilym Goncwerwr) orsedd Lloegr yn 1066, roedd Cymru unwaith eto wedi'i rhannu'n bedair teyrnas. Sefydlodd Gwilym dair iarllaeth – Caer, Amwythig a Henffordd – a chaniataodd i'r ieirll gipio tiriogaethau'r Cymry. Crëwyd cadwyn o arglwyddiaethau ar hyd y ffin ac arfordir y de, ac fe'u rheolwyd o gestyll y **Normaniaid**. Dyma *Marchia Wallie* (**Mers** Cymru). Yng ngweddill y wlad – ***Pura Wallia*** – ceisiodd y rheolwyr Cymreig atgyfnerthu eu grym. Yn eu plith yr oedd **Madog ap Maredudd** o Bowys (m.1160), Owain ap Gruffudd o Wynedd (**Owain Gwynedd**; m.1179) a **Rhys ap Gruffudd** o **Ddeheubarth** (yr Arglwydd Rhys; m.1197).

Roedd ymgyrch y Normaniaid i reoli'r eglwys Gymreig yn ganolog i'w strategaeth. Erbyn 1143 roedd y pedair esgobaeth Gymreig yn ddarostyngedig i awdurdod archesgob Caergaint. Ymatebodd y Cymry trwy geisio ennill cydnabyddiaeth i Dyddewi fel archesgobaeth, ymgyrch y bu **Gerallt Gymro** yn flaenllaw ynddi. Sefydlwyd yng Nghymru fynachlogydd a berthynai i urddau canoldir yr Ewrop Ladin, rhai'r **Sistersiaid** yn fwyaf arbennig, a daeth rhai ohonynt yn gadarnleoedd y diwylliant Cymreig. Cafodd y diwylliant hwnnw hefyd nawdd y tywysogion, megis yn **eisteddfod** yr Arglwydd Rhys yn **Aberteifi** yn 1176.

Ceisiodd brenhinoedd Lloegr danseilio grym y rheolwyr Cymreig. Ymatebodd tywysogion Gwynedd trwy geisio dod â chrynswth *Pura Wallia* o dan eu hawdurdod, amcan a wireddwyd i gryn raddau gan **Llywelyn ap Iorwerth** (Llywelyn Fawr; m.1240). Yn 1267 llwyddodd ei ŵyr ef, **Llywelyn ap Gruffudd** (Llywelyn y Llyw Olaf; m.1282), i ennill cydnabyddiaeth fel tywysog Cymru, gydag awdurdod dros weddill y rheolwyr Cymreig. Bu'n araf i gydnabod tra-arglwyddiaeth Edward I, ac ymosododd y brenin ar Gymru yn 1277. Yn 1282 lladdwyd Llywelyn a dymchwelwyd ei dywysogaeth. Er mwyn sicrhau ei afael dros yr hen *Pura Wallia*, cododd y brenin gestyll cadarn, gyda'r castell yng **Nghaernarfon** yn enghraifft heb ei hail.

Ni ddaeth Cymru yn rhan o Loegr yn sgil y **Goresgyniad Edwardaidd**. Parhau mewn bodolaeth fel cyfres o arglwyddiaethau fu hanes *Marchia Wallie*. Rhannwyd y gyfran helaethaf o'r tiroedd y bu i'w rheolwyr gydnabod pen-arglwyddiaeth Llywelyn – y **Dywysogaeth** – yn chwe sir: **Môn**, **Sir Gaernarfon**, **Sir Feirionnydd**, **Sir y Fflint**, **Sir Aberteifi** a **Sir Gaerfyrddin**. Fodd bynnag, rhannwyd **Powys Fadog** a'r rhan fwyaf o'r **Berfeddwlad** yn gyfres o arglwyddiaethau'r Mers. Yn 1301 arwisgwyd mab y brenin, sef Edward II yn ddiweddarach, yn Dywysog Cymru; ef, felly, oedd y cyntaf o dywysogion Seisnig Cymru (gw. **Tywysogion Cymru**).

Cyfnod cymhleth yn hanes Cymru yw'r 200 mlynedd wedi'r Goresgyniad. Er i nawdd y tywysogion ddarfod, blodeuodd crefft y beirdd, gyda **Dafydd ap Gwilym** (m.*c.*1370) yn serennu yn eu plith. Gwelwyd twf masnach a threfi, ond bylchwyd y boblogaeth yn ddidostur adeg y **Pla Du** yn 1349. Er na chafodd y Goresgyniad fawr o effaith ar arferion y Cymry, o dipyn i beth tanseiliwyd eu patrwm o ddaliadaeth tir (gw. **Cyfran**), a datblygodd egin stadau'r **boneddigion**. Derbyn y Goresgyniad fu'n rhaid i'r Cymry, ac elwodd brenin Lloegr ar eu parodrwydd i ymladd yn ei fyddin. Ar yr un pryd, rhoddwyd mynegiant i'w dicter trwy wrthryfeloedd yn 1287, 1294 ac 1316, mewn cythrwfl eang yn y 1340au a'r 1370au ac, uwchlaw dim, yng **Ngwrthryfel Glyndŵr** (1400–10).

Enynnodd methiant gwrthryfel **Owain Glyndŵr** deimladau chwerw a adleisiwyd yng ngwaith y beirdd. Yn ystod **Rhyfeloedd y Rhos** (1455–85), ceisiodd y Cymry ddod o hyd i waredwr ymhlith amryfal arweinwyr pleidiau **York** a **Lancaster**. Y mwyaf credadwy ohonynt oedd Harri Tudur, aelod o un o deuluoedd blaenllaw Môn a disgynnydd, trwy ei fam, i linach Lancaster. Glaniodd yng Nghymru yn 1485 ac ennill cryn gefnogaeth wrth ymlwybro trwy'r wlad; milwyr Cymreig oedd tua thraean y fyddin a ymladdodd ar ei ran ym Mrwydr **Bosworth**, brwydr a'i dyrchafodd i orsedd Lloegr fel Harri VII.

Erbyn teyrnasiad mab Harri, sef Harri VIII, roedd y rhan fwyaf o arglwyddiaethau'r Mers yn eiddo i'r Goron. Yn 1536 ac 1543, trwy ddeddfwriaeth a alwyd yn ddiweddarach yn **Ddeddfau 'Uno'**, rhannwyd y Mers yn saith sir: **Sir Ddinbych**, **Sir Drefaldwyn**, **Sir Faesyfed**, **Sir Frycheiniog**, **Sir Fynwy**, **Sir Forgannwg** a **Sir Benfro**. Cafodd y Cymry 27 o aelodau seneddol, dirymwyd y gyfraith frodorol a gwaharddwyd y defnydd o'r Gymraeg ym myd y gyfraith a gweinyddiaeth.

Ar yr un pryd, ymwrthododd y brenin ag awdurdod y Pab, gan ddechrau'r broses a fyddai'n peri i Gymru a Lloegr gofleidio'r **Diwygiad Protestannaidd**. Erbyn 1539 roedd y mynachlogydd wedi'u diddymu a llu o ddelwau sanctaidd wedi'u dinistrio. Er mwyn cymell addoli yn y famiaith, cyhoeddwyd yn 1546 gyfieithiad **John Price** (Prys) o **Aberhonddu** o'r Credo a Gweddi'r Arglwydd, fel rhan o'r llyfr printiedig cyntaf yn Gymraeg, ***Yny lhyvyr hwnn***. Ymddangosodd y Testament Newydd yn Gymraeg yn 1567 a'r **Beibl** cyfan yn 1588. Mae'r Beibl Cymraeg, gwaith **William Morgan**, yn feistrolgar. A'r Gymraeg yn cilio o fywyd cyhoeddus ac o gartrefi'r boneddigion, roedd bodolaeth y cyfieithiad yn ganolog i'w pharhad a'i hurddas fel iaith dysg.

Roedd y boneddigion, yr elfen lywodraethol yng Nghymru o'r 16g. hyd ddechrau'r 19g., yn deyrngar i'r drefn a sefydlwyd gan y Tuduriaid mewn gwlad ac eglwys. Profwyd hynny adeg y **Rhyfeloedd Cartref** rhwng y brenin a'r Senedd (1642–9) pan blediwyd achos y brenin gan drwch y Cymry. Rhoddodd buddugoliaeth y Senedd hwb i'r **Piwritaniaid**, carfan nad oedd, cyn hynny, wedi ennill fawr o gefnogaeth ymhlith y Cymry. Yn sgil Adferiad teulu Stuart yn 1660, erlidiwyd yr Anghydffurfwyr (y rhai na chydymffurfient ag Eglwys Loegr; gw. **Anghydffurfiaeth** ac **Anglicaniaid**), ond wedi Chwyldro 1688 enillasant hawliau cyfreithiol cyfyngedig.

A gafael y boneddigion yn tynhau, daeth Cymru'n wlad o stadau helaeth, gyda'r tirfeddianwyr yn rheoli llywodraeth leol (gw. **Llywodraeth**) ac yn monopoleiddio **cynrychiolaeth seneddol**. Wrth i'r garfan hon droi fwyfwy at y **Saesneg**, daeth y diwylliant Cymraeg i afael dosbarthiadau mwy gwerinol. Parhau'n hanfodol wledig a wnâi'r **economi**. Yn 1700 Caerfyrddin a **Wrecsam**, ill dwy â thua 3,000 o drigolion, oedd y trefi mwyaf. Digon llwm oedd hi ar y tyddynwyr – tua hanner y boblogaeth – ac roedd y dosbarthiadau oddi tanynt yn byw mewn dygn dlodi. Nid yw'r rhan fwyaf o dir Cymru yn addas i dyfu ŷd, ac felly magu **gwartheg** a **defaid** oedd asgwrn cefn yr economi. Y fasnach wartheg oedd prif ffynhonnell arian parod, ac o ganlyniad roedd gan y **porthmyn** swyddogaeth o bwys. Gwlanen oedd prif gynnyrch y diwydiant **gwlân**, a oedd yn ei hanfod yn ddiwydiant cartref ond a osododd seiliau proto-ddiwydiannaeth.

Yn dilyn Deddf Goddefiad 1689 dechreuodd yr Anghydffurfwyr godi capeli. Serch hynny, parhâi trwch y boblogaeth yn ffyddlon i'r Eglwys Sefydledig. Yn eu plith ceid lleygwyr ymroddgar fel Syr John Philipps (m.1737; gw. **Philipps, Teulu**), aelod ffyddlon o'r **Gymdeithas er Taenu Gwybodaeth Gristnogol** a noddwr **Griffith Jones**, Llanddowror (1683–1771). Cynigiai **ysgolion cylchynol** Griffith Jones gyrsiau carlam mewn llythrennedd. Erbyn ei farw roedd bron hanner poblogaeth Cymru wedi mynychu ei ysgolion – a'r Gymraeg oedd cyfrwng y mwyafrif llethol ohonynt. Bu i'w lwyddiant ef baratoi'r ffordd ar gyfer y **Diwygiad Methodistaidd** a ddechreuodd yn y 1730au gyda gwaith cenhadol **Howel Harris** ym Mrycheiniog. Eraill o'r arloeswyr oedd **Daniel Rowland** o **Langeitho** a **William Williams**, Pantycelyn (1717–91). Roedd y **Galfiniaeth** a arddelai Methodistiaid Cymru yn eu gwahaniaethu oddi wrth Fethodistiaid Wesleaidd Lloegr (gw. **Wesleaid**). Cychwynnodd Methodistiaeth fel mudiad y tu mewn i Eglwys Loegr; nid tan 1811 yr ordeiniodd y **Methodistiaid Calfinaidd** eu gweinidogion eu hunain, a hynny o dan arweinyddiaeth **Thomas Charles** o'r **Bala**. Yn sgil y Diwygiad daeth cynnydd i ran yr **Annibynwyr** a'r **Bedyddwyr**, yr enwadau a ddeilliodd o ymgyrchoedd y Piwritaniaid.

Roedd y Diwygiad Methodistaidd yn cyd-ddigwydd â 'Dadeni Cymreig' y 18g. Dirmygai'r Methodistiaid yr hen draddodiadau, ond yr oedd eraill, yn arbennig y rhai hynny a oedd yn gysylltiedig â'r **Cymmrodorion** (sefydlwyd yn 1751), yn frwd i adeiladu ar orchestion y gorffennol. Gyda thwf llythrennedd, bu cynnydd mawr mewn cyhoeddi yn Gymraeg (gw. **Argraffu a Chyhoeddi**). Adfywiwyd yr eisteddfod, astudiwyd clasuron y gorffennol ac roedd bri ar astudiaethau hanesyddol. Yn y maes hwn, y ffigwr mwyaf trawiadol oedd Iolo Morganwg (**Edward Williams**; 1747–1826); cymaint ei frwdfrydedd nes iddo fynd ati i ffugio corff mawr o lenyddiaeth a dyfeisio seremonïau **Gorsedd Beirdd Ynys Prydain**.

Bu newid sylfaenol yn hanes Cymru yn negawdau olaf y 18g. Dechreuodd y boblogaeth gynyddu'n gyflym. Yn 1770 roedd gan y wlad tua 489,000 o drigolion; cododd y nifer i 587,000 yn 1801 ac i 1,163,000 yn 1851. Yn 1770 roedd buddiannau tri chwarter y boblogaeth yn uniongyrchol glwm wrth amaethyddiaeth; erbyn 1851 roedd y cyfartaledd wedi gostwng i draean. Twf diwydiant a ganiataodd y symudiad oddi wrth amaethyddiaeth. Mae Cymru'n gyfoethog mewn deunyddiau crai – **glo** a mwyn haearn yn y de-ddwyrain a'r gogledd-ddwyrain, **plwm** yn y canolbarth a'r gogledd-ddwyrain, a llechfaen (gw. **Llechi**) a chopr yn y gogledd-orllewin. Y rhain a alluogodd y Cymry i gyfranogi o'r **Chwyldro Diwydiannol**; yng Nghymru, trwy gynhyrchu adnoddau cyfalaf y datblygodd y prif ardaloedd diwydiannol, yn hytrach na thrwy gynhyrchu nwyddau traul mewn ffatrïoedd.

Er mai'r gogledd-ddwyrain a oedd yn arloesi, yn y de-ddwyrain y gwelwyd y datblygiadau mwyaf syfrdanol. Ceir ar ymylon gogleddol maes glo'r de yr holl ddeunyddiau y mae eu hangen ar gyfer gwneud haearn, ac erbyn y 1820au y fro honno a oedd yn gyfrifol am 40% o'r haearn crai a gâi ei gynhyrchu ym Mhrydain. Yn y 1840au Gwaith Dowlais (gw. **Merthyr Tudful**) oedd y busnes cynhyrchu mwyaf ar wyneb daear, gyda thua 5,000 o weithwyr. Pentref pitw oedd Merthyr yn 1770, ond erbyn 1841 roedd wedi tyfu'n dref a chanddi boblogaeth o 46,000. Yn ne Cymru y ceir yr unig faes glo mynyddig ym Mhrydain, a'r tirwedd, i gryn raddau, a bennodd siâp a natur y gymdeithas yno. Yn y 1790au cysylltwyd y 'gweithie' gyda'r **porthladdoedd** trwy gyfres o **gamlesi**, ond y gwir chwyldro mewn trafnidiaeth oedd dyfodiad y **rheilffyrdd** o'r 1840au ymlaen, datblygiad a ganiataodd i gloddio glo ddisodli gwneud haearn fel yr amlycaf o ddiwydiannau trymion Cymru.

Cymunedau ar y ffin oedd cymunedau maes glo'r de. Llechai peryglon enbyd yn y pyllau a'r ffwrneisi ac, o ganlyniad i ddiffyg dŵr glân, carthffosiaeth a chyflenwad digonol o **dai**, roedd afiechydon yn rhemp (gw. **Iechyd**). A'r trefi'n cynnwys cynifer o lanciau troedrydd, roedd cythrwfl yn bosibilrwydd parhaus. Roedd mudiad y **Teirw Scotch** yn y 1820au yn ymgais i greu undod dosbarth gweithiol trwy drais. Cafwyd Gwrthryfel Merthyr (gw. **Merthyr, Gwrthryfel**) yn 1831, a chreu chwyldro oedd nod gorymdaith y Siartwyr i **Gasnewydd** yn 1839 (gw. **Casnewydd, Gwrthryfel** a **Siartiaeth**). Eto, er gwaethaf y peryglon a'r anniddigrwydd, dal i godi a wnâi nifer trigolion y cymoedd glofaol. Yn y cyfnod 1801–41 bu canran y cynnydd ym mhoblogaeth Sir Fynwy yn uwch nag yn unrhyw un arall o **siroedd** Prydain.

Cynyddodd poblogaeth yr ardaloedd diwydiannol yn bennaf oherwydd y dylifiad iddynt o'r broydd gwledig gorboblog. Bu llewyrch yng nghefn gwlad adeg **Rhyfeloedd y**

**Chwyldro Ffrengig a Rhyfeloedd Napoleon** (1793–1815), ond llwm fu'r degawdau dilynol. Mynegwyd dicter y **werin** mewn aml i wrthdystiad yn erbyn **cau tiroedd**, ac uwchlaw dim yn Nherfysgoedd **Rebeca** (1839–43).

Datblygodd diddordeb mewn gwleidyddiaeth yn sgil yr anfodlonrwydd. Roedd Deddf Diwygio'r Senedd 1832 wedi cynyddu nifer aelodau seneddol Cymru o 27 i 32, ond bychan fu'r cynnydd yn y nifer a oedd â'r hawl i bleidleisio, ac roedd y gallu gan y tirfeddianwyr o hyd i sicrhau mai eu dewis ddynion hwy a gâi eu hethol. Enillodd y Siartwyr, a fynnai bleidlais i bob oedolyn gwrywaidd, gefnogaeth helaeth. A hwythau'n eiddigeddus o freintiau aelodau Eglwys Loegr, roedd yr Anghydffurfwyr yn fwyfwy parod i ymwneud â gwleidyddiaeth, yn enwedig wrth iddi ddod i'r amlwg yng nghyfrifiad crefyddol 1851 fod pedwar o bob pump o'r rhai a fynychai addoldy yn dewis mynd i'r capel yn hytrach nag i'r eglwys.

Amlygwyd yr ymryson rhwng y capel a'r eglwys ym maes **addysg**, yn enwedig o ganlyniad i gyhoeddi adroddiad 1847 ar addysg yng Nghymru (gw. **Brad y Llyfrau Gleision**). Hyd at y 1870au y cymdeithasau enwadol a ddarparai'r rhan fwyaf o'r addysg elfennol, a phlagiwyd yr Ysgolion Bwrdd a sefydlwyd yn y degawd hwnnw gan ymrafael ynglŷn ag addysg grefyddol. Eto i gyd, bu degawdau olaf y 19g. yn gyfnod o gryn dwf addysgol. Agorwyd coleg prifysgol yn **Aberystwyth** yn 1872 (gw. **Prifysgol Cymru, Aberystwyth**), canlyniad ymdrechion gwirfoddol ledled y wlad. Yn ddiweddarach sefydlwyd colegau yng **Nghaerdydd** (1884) (gw. **Prifysgol Caerdydd**) a **Bangor** (1885) (gw. **Prifysgol Cymru, Bangor**), ac yn 1893 ffederaleiddiwyd y tri choleg i ffurfio **Prifysgol Cymru**. Wedi pasio **Deddf Addysg Ganolradd Cymru** yn 1889 sefydlwyd yr ysgolion uwchradd sirol, ac erbyn dechrau'r 20g. roedd y cyfle i elwa ar addysg yn helaethach yng Nghymru nag ydoedd yn Lloegr.

Ar yr un pryd, cafwyd datblygiadau cyffrous ym myd gwleidyddiaeth. Yn sgil Deddfau Diwygio 1867 ac 1884, enillodd y mwyafrif o'r oedolion gwrywaidd yr hawl i bleidleisio. Yn rhannol oherwydd ei chydymdeimlad â'r Anghydffurfwyr, y **Blaid Ryddfrydol** oedd dewis cyntaf pleidleiswyr Cymru; yn 1885 enillodd 30 o'r 34 o seddau seneddol yng Nghymru, ac yn 1889 bu ei hymgeiswyr yn hynod lwyddiannus yn etholiadau cyntaf y cynghorau sir newydd. Cefnogai'r Rhyddfrydwyr Cymreig **ddatgysylltiad Eglwys Loegr yng Nghymru**, ond ni chyflawnwyd y nod hwnnw tan 1920 pan ddaeth yr **Eglwys yng Nghymru** yn dalaith ymreolus o'r Cymundeb Anglicanaidd. Ceid rhai a bleidiai hawliau'r Cymry fel cenedl. Yr amlycaf yn eu plith oedd **Michael D. Jones**, a fu'n flaenllaw yn yr ymgyrch i sefydlu gwladfa Gymreig ym **Mhatagonia**. O dan ddylanwad datblygiadau yn Iwerddon, bu'r mudiad cenedlaetholgar **Cymru Fydd** yn weithgar rhwng 1885 ac 1897. Ymhlith ei arweinwyr yr oedd **David Lloyd George**, a etholwyd yn aelod seneddol Bwrdeistrefi Caernarfon yn 1890. Pwysleisiwyd hawliau ieithyddol y Cymry gan Emrys ap Iwan (**Robert Ambrose Jones**), a bu ymgyrchoedd ynglŷn â diffyg statws yr iaith mewn ysgolion, yn arbennig yn erbyn y defnydd o'r '**Welsh Not**'. Cynhwyswyd y Gymraeg yn y cwricwlwm yn 1889, ond aeth blynyddoedd heibio cyn y symudwyd o wersi *ar* yr iaith i wersi *yn* yr iaith.

Gweddnewidiwyd nodweddion ieithyddol a demograffig Cymru o ganlyniad i dwf aruthrol maes glo'r de. O'r 2,420,000 o bobl a drigai yn y wlad yn 1911, roedd dwy ran o dair yn byw yn siroedd Morgannwg a Mynwy. Yn y **Rhondda** y bu'r twf mwyaf syfrdanol; yno, cynyddodd y boblogaeth o 951 yn 1851 i 167,000 yn 1924. Yn 1920 y cyrhaeddodd y diwydiant glo ei anterth o safbwynt y nifer a gyflogid ganddo; y flwyddyn honno roedd 271,000 o lowyr yng Nghymru, a chynrychiolent hwy a'u teuluoedd bron traean poblogaeth y wlad. Y prif borthladd ar gyfer allforio'r glo oedd **Caerdydd**, a thyfodd y boblogaeth yno o 1,870 o bobl yn 1801 i 219,000 yn 1921; dyrchafwyd Caerdydd yn ddinas yn 1905 ond bu'n rhaid iddi aros hyd 1955 cyn cael ei chydnabod yn brifddinas Cymru.

Gwnaeth y dosbarth gweithiol diwydiannol ymdrechion glew i ymgyfnerthu. Gallai hynny arwain at ymrafael hir, fel ag a gafwyd yn Chwarel y Penrhyn, chwarel teulu **Pennant** yn **Llandygái** (gw. **Streic Fawr y Penrhyn**). Prif undeb llafur Cymru oedd **Ffederasiwn Glowyr De Cymru**, a sefydlwyd yn 1898. Magodd maes glo'r de gryn enw yn sgil ei ysbryd gwleidyddol milwriaethus, yn arbennig o ganlyniad i Derfysgoedd **Tonypandy** yn 1910, ac ymddangosiad arweinwyr fel **Noah Ablett** a oedd am ddiorseddu cyfalafiaeth a gosod democratiaeth y gweithwyr yn ei lle. Tyfodd anniddigrwydd ynglŷn ag arweinyddiaeth hanfodol ddosbarth canol y Blaid Ryddfrydol. Etholwyd y sosialydd **Keir Hardie** yn aelod seneddol Merthyr Tudful yn 1900, ac roedd gan y **Blaid Lafur**, y gellir dyddio ei dechreuadau i'r flwyddyn honno, bump o seddau yng Nghymru erbyn 1910.

Serch hynny, o leiaf hyd at 1914, y Blaid Ryddfrydol oedd prif blaid y Cymry a mawr oedd eu balchder yng ngyrfa David Lloyd George, y prif weinidog o 1916 hyd 1922. Lladdwyd o leiaf 35,000 o Gymry yn y **Rhyfel Byd Cyntaf** a chafodd y rhyfel effaith ar bob agwedd ar fywyd y genedl. Gwanhawyd yr ymlyniad wrth Ryddfrydiaeth o ganlyniad iddo, ac yn 1922 enillodd y Blaid Lafur hanner seddau seneddol y wlad. Bu'r rhyfel yn gyfrifol am orehangu'r diwydiant glo gan beri bod dirwasgiad bron yn anochel. Rhwng 1920 ac 1930 diflannodd 133,000 o swyddi yng nglofeydd y de. Cododd diweithdra i'r entrychion gan gyrraedd uchafbwynt o 42.8% ymhlith dynion yswiriedig yn 1932 (gw. **Dirwasgiad**).

Am y tro cyntaf ers canrifoedd bu lleihad ym maintioli'r boblogaeth; ymfudodd 390,000 o bobl o Gymru rhwng 1925 ac 1939. Dwysawyd y Dirwasgiad gan y chwerwedd rhwng y cyflogwyr a'r cyflogedig, chwerwedd a ddaeth yn arbennig o amlwg yn y **Streic Gyffredinol** a'r cloi allan yn y glofeydd yn 1926. A chyfalafiaeth fel petai ar ddarfod, roedd bri ar agweddau asgell chwith ac enillodd y **Blaid Gomiwnyddol**, a sefydlwyd yn 1920, gryn gefnogaeth mewn rhannau o'r maes glo.

Dioddefodd yr ardaloedd gwledig hefyd wrth i'r ffyniant a brofodd amaethyddiaeth adeg y rhyfel ddod i ben. Yn wir, roedd hi'n ymddangos bod holl seiliau'r gymdeithas Gymreig yn cael eu chwalu, a bod y nodweddion hynny a roes fod i'r Cymry fel cenedl o dan fygythiad. Roedd cyfartaledd y rhai a fedrai'r Gymraeg, 55% yn 1891, wedi syrthio i 37% erbyn 1931. Pryder ynglŷn â'r iaith oedd y rheswm pennaf dros sefydlu **Plaid [Genedlaethol] Cymru** yn 1925. Ffigwr amlycaf y blaid oedd **Saunders Lewis**, a ymlafniodd i osod Cymreictod mewn persbectif newydd ac a oedd yn un o'r tri a fu'n gyfrifol am losgi ysgol fomio **Penyberth** yn 1936. Er gwaethaf yr ofnau ynglŷn â'r iaith, bu'r cyfnod rhwng y rhyfeloedd yn gyfnod ffyniannus i lenyddiaeth Gymraeg. Dyma hefyd y cyfnod pan ymddangosodd llenyddiaeth benodol

**Eingl-Gymreig**, gyda **Dylan Thomas**, yn arbennig, yn ennill bri rhyngwladol.

Yn ystod yr **Ail Ryfel Byd** bu anghenion y lluoedd arfog a'r diwydiannau rhyfel yn fodd i roi terfyn, dros dro o leiaf, ar felltith diweithdra, a rhoddodd y diwydiannau hynny gyfle i liaws o **fenywod** Cymru weithio am y tro cyntaf. Lladdwyd tua 15,000 o ymladdwyr Cymreig yn ystod y rhyfel, llai na hanner y nifer a laddwyd yn y rhyfel cyntaf. Roedd y colledion ymhlith y boblogaeth sifil yn dra sylweddol, fodd bynnag, wrth i'r bomio o'r awyr achosi difrod mawr i nifer o drefi, **Abertawe** yn arbennig. Bu'r rhyfel yn gyfrifol am gynyddu grym y llywodraeth ganol; pan ddaeth i ben, roedd llawer yn benderfynol o weld y grym hwnnw'n cael ei ddefnyddio i ddileu tlodi ac anghydraddoldeb – awydd a gafodd fynegiant yn y gefnogaeth ysgubol a roddwyd i'r Blaid Lafur gan etholwyr Cymru yn 1945. Trwy bolisïau gwladoli a chynlluniau lles llywodraethau Llafur 1945–51, sicrhawyd bod tua 60% o lafurlu Cymru yn gweithio mewn diwydiannau a gwasanaethau a reolid yn uniongyrchol gan bolisïau'r llywodraeth. Bu croeso arbennig i wladoli'r diwydiant glo, er i'r broses gyd-ddigwydd â lleihad parhaus yn y nifer a gyflogid yn y glofeydd. Amcanion llywodraethau Llafur y cyfnod wedi'r rhyfel – economi gymysg, **gwladwriaeth les** a chynnal cyflogaeth lawn – oedd polisïau'r llywodraethau dilynol hwythau, boed Lafur neu Geidwadol (gw. **Plaid Geidwadol**), o leiaf hyd nes dyfod Thatcheriaeth yn 1979.

Erbyn y 1960au cynnar, a diweithdra yn llai na 3% a chyda thwf sylweddol yn y raddfa gweithgarwch oherwydd y cynnydd yn y cyfleoedd gwaith i fenywod, roedd hunllef y 1930au yn ymddangos fel atgof pell. Gwelwyd llewyrch neilltuol mewn canolfannau gwneud dur megis **Port Talbot** (gw. **Haearn a Dur**), er i ddatblygiadau technolegol arwain yn y pen draw at grebachu mawr yn y gyflogaeth a gynigiai'r diwydiant hwnnw. Bu'r crebachu hyd yn oed yn fwy amlwg yn y diwydiant glo, gyda'r nifer a gyflogid yng nglofeydd y de yn gostwng o 105,000 yn 1957 i 40,000 yn 1969 ac i lai na mil erbyn dechrau'r 21g. Eto i gyd, er mor llwm oedd hi ar lawer o'r hen gymunedau diwydiannol, roedd yr economi Gymreig, erbyn diwedd yr 20g., wedi profi gweddnewidiad syfrdanol, yn rhannol oherwydd llwyddiant **Awdurdod Datblygu Cymru** wrth ddenu mewnfuddsoddiadau (gw. **Mewnfuddsoddi**).

Roedd y gweddnewidiad economaidd yn cyd-ddigwydd â newid cymdeithasol a diwylliannol mawr. Erbyn diwedd yr 20g. roedd Anghydffurfiaeth yn gwegian a daeth **rygbi** yn hytrach na'r capel yn brif symbol o Gymreictod os nad, yn wir, yn grefydd ynddo'i hun i lawer. Datblygodd ysbryd hedonistaidd a ystyrid yn fynych fel rhywbeth estron i wir werthoedd y genedl. Rhwng 1961 ac 1996 bu'r pleidleisio ar **gau'r tafarnau ar y Sul** – traddodiad a ystyrid ar un adeg yn un hanfodol Gymreig – yn fodd i ddileu'r arfer ym mhob rhan o'r wlad. Hyd at y 1960au nodweddid y gorllewin gan froydd yr oedd y mwyafrif o'u trigolion yn siarad Cymraeg, ond fe'u tanseiliwyd gan amrywiaeth o ffactorau, yn eu plith y **mewnfudo** helaeth o Loegr. Crebachu hefyd a wnaeth **undebaeth lafur** o ganlyniad i ddirywiad y diwydiannau trymion.

Eto i gyd, yn sgil yr erydu ar lawer i draddodiad cenedlaethol, cododd awydd i ail-lunio ac i atgyfnerthu Cymreictod. Bu pleidwyr y Gymraeg yn arbennig o weithgar. Crëwyd rhwydwaith o ysgolion Cymraeg eu cyfrwng ac, o ganlyniad, daeth gwybodaeth o'r iaith yn fwy cyffredin ymhlith yr ifainc nag ymhlith yr henoed. Gyda gweithgaredd **Cymdeithas yr Iaith Gymraeg** o 1962 ymlaen, aeth yr ymgyrchwyr iaith yn fwyfwy milwriaethus; ymhlith eu llwyddiannau yr oedd y parodrwydd cynyddol i dderbyn dwyieithrwydd, creu **Bwrdd yr Iaith Gymraeg** (1992) ac, uwchlaw dim, sefydlu **S4C** yn 1982. Gwelwyd hyder newydd yn y diwylliant poblogaidd, gyda grwpiau roc a phop Cymru yn dod i fri (gw. **Cerddoriaeth**).

Cyfnerthwyd hunaniaeth sefydliadol y wlad yn ddirfawr o ganlyniad i benodi **Ysgrifennydd Gwladol** i Gymru a sefydlu'r **Swyddfa Gymreig** yn 1964. Ddwy flynedd yn ddiweddarach enillodd Plaid Cymru ei sedd seneddol gyntaf gyda llwyddiant **Gwynfor Evans** yn isetholiad Caerfyrddin. Yn sgil twf **cenedlaetholdeb** gwleidyddol a chreu strwythurau gweinyddol Cymreig, daeth atebolrwydd democrataidd yn fater o bwys. Cynigodd llywodraeth Lafur 1974–9 gynulliad etholedig i Gymru ond fe'i gwrthodwyd gyda mwyafrif enfawr yn refferendwm 1979. Yn y 1980au, a'r Ceidwadwyr yn gwneud cynnydd sylweddol, ymddangosai **datganoli** yn bwnc amherthnasol. Er i Blaid Cymru ennill pedair sedd yn etholiad 1992, bychan oedd y gefnogaeth iddi yn ardaloedd poblog Cymru. Yna, gyda buddugoliaeth ysgubol Llafur yn 1997, dychwelodd datganoli i'r agenda wleidyddol. Yn refferendwm y flwyddyn honno cymeradwywyd cynlluniau'r llywodraeth i greu cynulliad Cymreig gyda mwyafrif o 0.6%. I lawer roedd agor **Cynulliad Cenedlaethol Cymru** ym mis Mehefin 1999 yn gychwyn ar bennod newydd yn hanes Cymru.

## CYMRU (yr enw)

Yn wreiddiol câi'r enw *Cymry* ei ddefnyddio am y wlad a'r bobl fel ei gilydd, ac nid tan yr 16g. y mabwysiadwyd y sillafiad *Cymru* i ddynodi'r wlad, gan neilltuo *Cymry* ar gyfer y trigolion. Enw cynharaf y Cymry arnynt hwy eu hunain oedd Brython neu Frythoniaid, am eu bod yn byw ym **Mhrydain**, ac mae'n debyg mai wedi dyfodiad yr **Eingl-Sacsoniaid** y daethant i'w disgrifio eu hunain fel Cymry. Ymddengys y gair *Cymry* gyntaf mewn cerdd sy'n deillio efallai o'r 7g. (gw. **Cadwallon ap Cadfan**), ac mae'n tarddu o'r gair Brythoneg *combrogos* (y ffurf luosog yw *combrogi*) sy'n golygu 'cydwladwr'. Yr un yw tarddiad yr enwau Cumbria a Cumberland.

## *CYMRU: YN HANESYDDOL, PARTHEDEGOL A BYWGRAPHYDDOL* (1871–5)

Dyma'r gwyddoniadur Cymraeg cyntaf i ganolbwyntio ar Gymru, a'r unig un i wneud hynny hyd 2008. Fe'i cyhoeddwyd yn ddwy gyfrol o 22 o rannau deuswllt yr un gan gwmni Blackie, Glasgow, rhwng 1871 ac 1875. Ei olygydd oedd Meudwy Môn (Owen Jones (1806–89)), a chyfrannodd rhai o hoelion wyth **Anghydffurfiaeth** Gymreig at y gwaith. Mae'n cynnwys cofnodau am brif ddigwyddiadau hanesyddol y genedl, ei **siroedd** a'i threfi, yn ogystal â bywgraffiadau o'i henwogion. Ceir yn y gwaith 13 o **fapiau** lliw a 9 plât darluniadol.

## CYMRU FYDD

Cyfeirir yn aml at y mudiad hwn yn **Saesneg**, nid trwy gyfieithu'n llythrennol, ond gyda'r term *Young Wales*, gan ei gysylltu felly â mudiadau gwladgarol eraill megis *Young Ireland* a *Young Italy*. Ffurfiwyd y gymdeithas Cymru Fydd gyntaf yn **Llundain** yn 1886; yn 1891 sefydlwyd cangen yn y **Barri**, a lledaenodd y mudiad oddi yno trwy Gymru gyfan. Câi gefnogaeth eang yn y wasg boblogaidd (gw. **Papurau Newydd**), yn arbennig gan **Thomas Gee**. Lansiwyd cylchgrawn misol dwyieithog y mudiad, *Cymru Fydd*, yn Ionawr 1888. Ei fwriad oedd dyfnhau'r teimlad o ymwybyddiaeth genedlaethol a hanesyddol ymhlith pobl Cymru, a dadleuai dros **ddatgysylltu'r Eglwys yng Nghymru**, diwygio **addysg** a'r drefn perchnogaeth tir, ac o blaid hunanlywodraeth i Gymru. Er mai corff diwylliannol ydoedd yn bennaf ar y dechrau, gwnaethpwyd un ymdrech ar ôl y llall i ffurfio o'r mudiad newydd hwn gymdeithas wleidyddol genedlaethol Gymreig. Ym mis Hydref 1888 ceisiodd Ffederasiwn Rhyddfrydol De Cymru, gyda chefnogaeth **D. A. Thomas**, ehangu Cyngor Rhyddfrydol Cenedlaethol Cymru i gynnwys cynrychiolwyr o gymdeithasau Cymru Fydd a grwpiau gwleidyddol Cymreig eraill gyda'r bwriad o ffurfio Plaid Gymreig annibynnol yn Nhŷ'r Cyffredin. Bu amheuon ymhlith rhai o Ryddfrydwyr y gogledd yn faen tramgwydd rhag creu grŵp o'r fath. Datblygodd **T. E. Ellis**, aelod seneddol **Sir Feirionnydd**, weledigaeth o Gymru ddatganoledig, a mynegodd hi'n huawdl mewn araith allweddol yn y **Bala** yn 1890. Ceisiodd ddiffinio hunaniaeth Gymreig mewn perthynas â hynodrwydd hanes, iaith a diwylliant Cymru, gan roi pwyslais arbennig ar natur gydweithredol dybiedig syniadau'r Cymry am gymuned a'r angen am wir ffurf genedlaethol ar gynrychiolaeth wleidyddol Gymreig. Yn y 1890au cynnar daeth **David Lloyd George** i'r amlwg fel un o arweinwyr amlycaf Cymru Fydd, ond yn 1895, pan oedd y gobaith o gael Deddf Ddatgysylltu Gymreig lwyddiannus yn cynnig cyfle i bwysleisio'r angen am drin Cymru fel cenedl ar wahân, bu rhaniadau cyhoeddus a seneddol rhwng Lloyd George a D. A. Thomas dros ddosraniad eiddo'r Eglwys Ddatgysylltiedig yn fodd i ddyfnhau'r agendor rhwng de a gogledd, ac yn wir, rhwng gorllewin a dwyrain.

Daeth y gwrthdaro terfynol yng nghynhadledd Ffederasiwn Rhyddfrydwyr De Cymru yng **Nghasnewydd** yn Ionawr 1896. Gwrthododd yr henadur Robert Bird o **Gaerdydd** apêl Lloyd George am undod gan ddweud, 'there are, from Swansea to Newport, thousands upon thousands of Englishmen, as true Liberals as yourself . . . who will never submit to the domination of Welsh ideas'. Nododd Lloyd George yn ddiweddarach mai cynrychiolwyr o 7 o'r 34 o etholaethau Cymreig yn unig a oedd yn bresennol yn y cyfarfod a bod y gynhadledd yn 'llawn i'r ymylon o Saeson Casnewydd'. Mynnodd, fodd bynnag, fod Cymru Fydd wedi gwneud cynnydd sylweddol yng nghymoedd diwydiannol y de. 'Mae Cymru gyda ni,' meddai, 'profodd y Rhondda hynny.' Ond mae'n amlwg nad oedd arweinwyr mwy cefnog Rhyddfrydiaeth Gymreig o blaid fersiwn Cymru Fydd o **genedligrwydd** Cymreig, a throdd y sylw gwleidyddol yn fuan iawn at faterion eraill. Gyda methiant Cymru Fydd gwelwyd cychwyn yr ymchwil hir am raglen wleidyddol fwy soffistigedig a fyddai'n uno a chynrychioli cenedl gymysgryw a chynyddol gosmopolitaidd.

## CYMUNED

Mudiad cenedlaethol a ffurfiwyd yn 2001 yw Cymuned, er mwyn amddiffyn cadarnleoedd y **Gymraeg** rhag ffactorau cymdeithasol ac economaidd sy'n bygwth eu parhad a thrwy hynny barhad yr iaith ei hunan. Mae'n ymgyrchu o blaid mesurau i gryfhau **economi** yr ardaloedd hyn er mwyn arafu llif y **boblogaeth** frodorol allan ohonynt, ac yn pwyso am ddiwygio polisïau **tai** i gynnwys rheolau tebyg i'r rheini sydd mewn grym yn Ynysoedd y Sianel ac Ardal y Llynnoedd yn **Lloegr**, er mwyn atal y mewnlifiad sylweddol rhag difodi'r diwylliant lleol. Yn 2007 roedd gan y mudiad, sydd â'i bencadlys ym **Mhwllheli** a changennau trwy'r wlad, bron 2,000 o aelodau.

## CYMUNED

Fel rhan o ad-drefnu llywodraeth leol yn 1974, cafodd **plwyfi** sifil Cymru (ond nid rhai **Lloegr**) eu diddymu a sefydlwyd cymunedau yn eu lle. Gall pob cymuned ddewis cael cyngor cymuned, ond mewn ardaloedd trefol anaml y sefydlir un. Mae'r cymunedau ymhlith yr unedau lleiaf o ran ystadegau'r cyfrifiad ac mae eu ffiniau yn cael eu dangos ar **fapiau** graddfa 1:25,000 yr Arolwg Ordnans. Ni ddylid eu camgymryd am wardiau – yr ardaloedd a gynrychiolir gan gynghorwyr – er bod gan nifer o wardiau yr un enw ac weithiau yr un ffiniau â'r cymunedau. Yn 2007 roedd 869 o gymunedau yng Nghymru, yn amrywio o ran maint o **Raeadr Gwy** (13,945ha) i **Gefn Fforest** (64ha), ac o ran **poblogaeth** o'r **Barri** (45,053) i Fae **Baglan** a Morfa Margam (gw. **Port Talbot**), lle nad oes trigolion o gwbl.

## CYMYDMAEN Cwmwd

Roedd Cymydmaen, un o dri **chwmwd** cantref **Llŷn**, yn cynnwys y rhan fwyaf gorllewinol o'r penrhyn. Roedd yn cyfateb yn fras i gymunedau presennol **Aberdaron**, **Botwnnog** a **Thudweiliog** (gw. hefyd **Cymuned**). Cyfeiria'r *maen* at graig felen ar yr arfordir gyferbyn ag Enlli (gw. **Ynysoedd**). Mae'n debyg fod llys y cwmwd ym Maerdref, sydd bellach yn ffermdy ger Llandygwnning (Botwnnog). Yn 1252 daeth y cwmwd i feddiant **Dafydd ap Gruffudd**.

## CYNDDELW BRYDYDD MAWR (*fl.*1155–95) Bardd

Cynddelw Brydydd Mawr yw'r pwysicaf o **Feirdd y Tywysogion**. Cadwyd cerddi mawl o'i eiddo i ryw 18 o noddwyr o amryfal ardaloedd yng Nghymru, yn ogystal â cherddi crefyddol, cerddi serch a cherddi ysgafn. Ymddengys mai brodor o **Bowys** ydoedd. Yn ei ieuenctid ymladdodd ym myddinoedd **Madog ap Maredudd** o Bowys, ac yn ogystal â marwnadu rhai o'i gyd-ryfelwyr, lleisiodd eu galar yn yr argyfwng a ddilynodd farwolaeth eu tywysog a'i etifedd, Llywelyn, yn 1160. Yn fuan wedyn, mudodd Cynddelw i **Wynedd** i geisio nawdd **Owain Gwynedd**. Pinacl ei yrfa farddol oedd yr awdl farwnad fawreddog a luniodd pan fu farw Owain yn 1170. Yn ei henaint, trodd am nawdd at yr Arglwydd Rhys (**Rhys ap Gruffudd**; m.1197), rheolwr **Deheubarth**, gan lunio cyfres o gerddi dadolwch ysblennydd iddo. Y tebyg yw mai oherwydd ei faintioli corfforol anghyffredin y cafodd y teitl 'Prydydd Mawr' yn wreiddiol, ond nid oes amheuaeth nad enillodd yr epithet hwn arwyddocâd newydd erbyn diwedd ei yrfa nodedig.

## CYNDDYLAN (*fl.* yn gynnar yn y 7g.) Rheolwr Powys

Bu Cynddylan yn amddiffyn ei deyrnas yn erbyn gwŷr Northumbria a'r Mersiaid (gw. **Mersia**) yn ystod y 7g. Credir bod yr awdl farwnad iddo, a gedwir mewn llawysgrifau diweddar yn unig, yn ddilys ond nad oes sail hanesyddol i'r

Cynllunio trefol: Y Triangle ym Mhentre-bach, Merthyr Tudful, a godwyd yn y 1820au ac a ddymchwelwyd yn 1973

portread ohono yn y cylch englynion 'Canu Heledd' (gw. **Heledd**) o'r 9g. neu'r 10g.

## CYNFEIRDD, Y

Term diweddar yw hwn am y beirdd a ganai yn y **Gymraeg** rhwng y 6g. a'r 11g.; yr enw ar eu barddoniaeth a gâi ei ddefnyddio yn niwedd yr Oesoedd Canol oedd yr Hengerdd. Enwir pump o'r Cynfeirdd cynharaf mewn rhestr yn ***Historia Brittonum***, sef Talhaearn, **Aneirin**, **Taliesin**, Blwchfardd a Chian, a gosodir hwy yn ail hanner y 6g. I ddau o'r beirdd hyn yn unig, sef Aneirin a Thaliesin, y priodolir cerddi a hynny mewn llawysgrifau o gyfnod diweddarach o lawer. Collwyd gwaith y beirdd eraill sydd ar y rhestr ynghyd â cherddi Afan Ferddig, Arofan, Dygynnelw a Meigan. Cadwyd, fodd bynnag, gorff sylweddol o gerddi dienw, fel y farwnad i **Cynddylan** a'r gerdd fawl i **Cadwallon ap Cadfan** o'r 7g., 'Edmyg Dinbych' o'r 9g., y gerdd broffwydol *Armes Prydein* o'r 10g. a nifer o gerddi chwedlonol, crefyddol a daroganol na ellir eu dyddio i sicrwydd.

## CYNLLAITH Cwmwd

Un o gymydau **Powys Fadog** oedd Cynllaith ac yn 1284 daeth yn rhan o'r **Waun**, un o arglwyddiaethau'r **Mers**. Cadwodd prif gangen teulu Powys Fadog ei meddiant ar y rhan ddwyreiniol – plwyf **Llansilin** i bob pwrpas. Fe'i hetifeddwyd gan **Owain Glyndŵr** ac fe'i hadwaenid fel Cynllaith Owain. Roedd yn cynnwys prif gartref Glyndŵr, Sycharth.

## CYNLLUNIO TREFOL

Militaraidd yn ei hanfod oedd presenoldeb y **Rhufeiniaid** yng Nghymru, ac er mwyn cadw rheolaeth codwyd ganddynt nifer o gaerau geometrig eu cynllun ledled y wlad. Adeiladodd y Rhufeiniaid hefyd drefi wedi'u hamgylchynu gan waliau cerrig yng **Nghaer-went** (Venta Silurum) a **Chaerfyrddin** (Moridunum). Cynllun hirsgwar, yn fras, a oedd i'r ddwy dref, gydag un brif stryd yn rhannu'r naill a'r llall. Yng Nghaer-went roedd strydoedd llai yn rhannu'r dref yn 20 o flociau sgwâr, gyda marchnadle mawr (*forum*) a neuadd ymgynnull (*basilica*) yn y canol; gerllaw roedd baddonau cyhoeddus a theml. Mae'n bosibl iawn fod cynllun tebyg yng Nghaerfyrddin. Erbyn dechrau'r 5g., fodd bynnag, roedd trefi a chaerau'r Rhufeiniaid yn cyflym ddadfeilio.

Ni ddatblygwyd **economi** drefol wedyn yng Nghymru tan ar ôl y goncwest Normanaidd (gw. **Normaniaid**). Hyd yn oed wedyn, roedd yn fater o greu **bwrdeistrefi** artiffisial, llawer ohonynt wedi'u hamddiffyn gan waliau caerog, ar gyfer yr ymsefydlwyr newydd dan warchodaeth eu meistri Seisnig. Byddai'r trefi hyn yn cael eu creu yn gymaint am resymau gwleidyddol â rhai economaidd, a hynny'n aml yng nghysgod castell. Wrth gynllunio'r trefi newydd, byddai lleiniau o dir safonol eu maint yn cael eu neilltuo ar gyfer y bwrdeiswyr a lleiniau eraill, mewn man canolog, yn cael eu pennu ar gyfer eglwysi a marchnad.

Yr esiampl fwyaf nodedig o gynllunio trefol canoloesol oedd y gadwyn o drefi a sefydlwyd gan Edward I wrth ymyl ei gestyll yn y **Fflint** (1277), **Conwy** (1283), **Caernarfon** (1284) a **Biwmares** (1296). Roedd rhai o'r trefi newydd wedi'u hamddiffyn gan waliau a mynedfeydd cadarn, a'r cynllun, lle bynnag yr oedd hynny'n bosibl, yn seiliedig ar batrwm o strydoedd syth a lleiniau unionlin o dir. Yn wahanol i gaerau a threfi'r Rhufeiniaid, roedd trefi Edwardaidd yn amrywio'n fawr, gyda'u ffurf a'u cynllun yn dibynnu ar y safle a'r tirwedd.

Ni fu unrhyw ddatblygu trefol o bwys yng Nghymru yn y canrifoedd dilynol, ac nid oedd gan y syniadau newydd am gynllunio a gyflwynwyd yn **Lloegr** yn yr 17g. fawr o obaith cael eu derbyn mewn trefi yng Nghymru hyd ddiwedd y 18g. a dechrau'r 19g. Ymhlith yr enghreifftiau cynnar o gynllunio trefol yn unol ag egwyddorion y **Dadeni**, gyda'u pwyslais ar ffurfioldeb, yr oedd y dref gerllaw dociau'r llynges yn **Noc Penfro** (1809 ymlaen), porthladdoedd **Aberdaugleddau** (1797 ymlaen), Tremadog (**Porthmadog**; 1800 ymlaen) ac **Aberaeron** (1807 ymlaen). Ar wahân i Ddoc Penfro, sefydlwyd y trefi hyn gan dirfeddianwyr a oedd yn awyddus i ddatblygu eu stadau. Mewn ardaloedd gwledig, roedd pentrefi stad ar ddechrau'r 19g. – rhai fel **Llandygái** a **Llanfachreth**, gyda'u bythynnod 'gwledig', Merffordd (Marford; gw. yr **Orsedd** (Rossett)), a'i fythynnod 'Gothig' ffansïol, a **Merthyr Mawr**, gyda'i fythynnod to gwellt, isel – yn cael eu cynllunio mewn modd pictiwrèsg.

Ar y cyfan cyfyngwyd datblygu trefol mewn ardaloedd diwydiannol i stadau bychain o **dai**, megis y Triangle (sydd wedi'i ddymchwel) yn Abercannaid (**Merthyr Tudful**), a'r Drenewydd (Butetown; gw. **Rhymni**). Eithriad nodedig yw Treforys (1779) (**Abertawe**), lle cynlluniodd **William Edwards** bentref newydd ar gyfer gweithwyr gwaith **copr** Syr John Morris. Datblygwyd syniad mwy radical yn **Nhredegar**; yno codwyd tref newydd (*c.*1810–20) a chanddi ganol ffurfiol, gyda *piazza* ar ffurf cylch a strydoedd yn arwain ohono – un yn arwain i'r gwaith **haearn**, un arall i dŷ a pharc y rheolwr, un arall eto i gapel a phedwaredd i'r ffordd dyrpeg.

Gwelwyd math newydd o dref erbyn diwedd y 19g., sef y dref lan môr. Yr enghraifft orau yw **Llandudno**, gyda'i strydoedd yn dilyn siâp hanner lleuad y traeth hir. Fel yn achos tref gyfagos **Bae Colwyn**, bu creu'r rheilffordd yn 1849 yn hwb i boblogrwydd Llandudno, gan sicrhau ei bod o fewn cyrraedd hawdd i ardaloedd diwydiannol gogledd-orllewin **Lloegr**.

Ar ddechrau'r 20g., yn sgil y pwyslais ar falchder dinesig, crëwyd canolfan ddinesig ysblennydd **Caerdydd**, sef **Parc Cathays** sydd wedi'i gynllunio'n syml ond yn ffurfiol o gwmpas parc canolog hirsgwar. Bu sawl ymgais i greu pentref model ar batrwm gardd-bentrefi Lloegr. Y mwyaf uchelgeisiol o'r rhain yw Oakdale (**Pen-maen**), a adeiladwyd o 1911 ymlaen ar gyfer teuluoedd glowyr, a hynny ar gynllun cymesur o amgylch rhodfa ganolog. Rhiwbeina (Caerdydd; 1912–23) yw'r enghraifft orau yng Nghymru o faestref wedi'i chynllunio. Ac eithrio'r pentrefi model, prin oedd yr enghreifftiau o gynllunio o'r fath hyd nes y cafwyd y *South Wales Outline Plan* (1949), a oedd yn argymell canoli'r gorlif o'r cymunedau glofaol ac ehangu'r ardaloedd adeiledig a fodolai eisoes ymhellach i'r de. Roedd y cynllun hefyd yn argymell sefydlu tref newydd ym Mynyddislwyn (**Ynysddu**). Ond ni wireddwyd mo'r cynllun, ac ni chrëwyd tref newydd gyntaf yr 20g. hyd nes y sefydlwyd Corfforaeth Datblygu **Cwmbrân** ddwy flynedd yn ddiweddarach. Ni wireddwyd cynlluniau i godi tref newydd unionlin yn Nyffryn **Hafren**; aed ati, yn hytrach, i gynllunio ehangu'r **Drenewydd** (1967 ymlaen).

## CYNRYCHIOLAETH SENEDDOL

Roedd Cymru wedi anfon cynrychiolwyr i'r senedd Seisnig yn 1323 ac 1329, ond ni sefydlwyd patrwm o gynrychiolaeth reolaidd tan **Ddeddfau 'Uno'** yr 16g. Yn dilyn y ddeddf honno, roedd yng Nghymru 13 o **siroedd**; rhoddwyd 2 aelod sirol i **Sir Fynwy** ac un yr un i'r 12 arall. Caniatawyd aelod bwrdeistrefol yr un i drefi sirol 12 sir, gyda **bwrdeistrefi** 'cyfrannol' yn darparu cefnogaeth ariannol. Ystyrid bod **Harlech**, tref sirol **Sir Feirionnydd**, yn rhy dlawd i gael ei chynrychioli. Yn 1543 rhoddwyd i **Hwlffordd** ei haelod ei hun, gan ddod â chyfanswm aelodau Cymru i 27 allan o 349 o aelodau yn Nhŷ'r Cyffredin. Gan fod **poblogaeth** Cymru ar y pryd tua 7% o eiddo **Lloegr**, roedd y drefn yn gymharol deg. Yn y siroedd, roedd pleidlais gan wŷr a chanddynt eiddo gwerth o leiaf 40 swllt y flwyddyn, fel yr oedd gan holl ryddfreinwyr y bwrdeistrefi. Galwyd aelodau Cymreig i'r Senedd am y tro cyntaf yn 1542.

Yn ystod degawdau cyntaf eu presenoldeb, tawedog fu'r aelodau Cymreig, ond o ddiwedd yr 16g. enillasant amlygrwydd cynyddol yn San Steffan. Rhwng 1571 ac 1603 cafodd 30 o aelodau Cymreig brofiad o waith pwyllgor yn Nhŷ'r Cyffredin, ac yn ystod senedd gyntaf James I (1604–11) cyfrannodd pedwar allan o bob pump ohonynt at fusnes y Tŷ. Yn yr 16g. a dechrau'r 17g. deuai aelodau o nifer helaeth o deuluoedd – uchelwrol ar y cyfan (gw. **Boneddigion**) – ond wrth i stadau mawrion ymehangu aeth cynrychiolaeth seneddol i ddwylo rhyw ddau ddwsin o deuluoedd, megis teulu **Williams Wynn** (Wynnstay), teulu **Morgan** (Tredegyr) a theulu **Bulkeley** (Baron Hill). Anaml y byddai'r ymgiprys am sedd yn arwain at gystadleuaeth etholiadol. O blith y 432 o aelodau Cymreig a ddychwelwyd rhwng 1660 ac 1714, dim ond rhyw 40 a ddewiswyd trwy fwrw pleidleisiau. Dychwelwyd y gweddill trwy gytundebau preifat rhwng tirfeddianwyr gan osgoi, felly, y gost enfawr o gynnal etholiad.

Gyda thwf pleidiau'r Torïaid (gw. **Plaid Dorïaidd**) a'r Chwigiaid (gw. **Plaid Chwigaidd**) ar ddiwedd yr 17g. cyflwynwyd elfen ideolegol i wleidyddiaeth, ond erbyn y 18g. aethai labelau o'r fath bron yn ddiystyr. Serch hynny, gallai etholiadau fod yn chwerw a drudfawr; yn 1741 gwariodd Watkin Williams Wynn £20,000 i rwystro uchelgais teulu **Myddelton** yn **Sir Ddinbych**, ac yn 1802 gwariodd **William Paxton** dros £15,000 yn **Sir Gaerfyrddin**, er mai colli o 45 pleidlais fu ei hanes. Pan gynhelid y fath etholiadau prin, roedd tirfeddianwyr yn gallu creu pleidleiswyr trwy ganiatáu lês oes yn y siroedd, ac yn y bwrdeistrefi trwy reoli cofrestriad rhyddfreinwyr.

O'r 1790au ymlaen clywid galwadau cynyddol am ddiwygio seneddol, a hynny oherwydd y twf cyflym yn y gwahaniaeth rhwng poblogaethau siroedd gwledig a siroedd diwydiannol – roedd gan **Sir Faesyfed**, er enghraifft, yr un gynrychiolaeth â **Sir Forgannwg**, er bod gan yr ail ddengwaith yn fwy o breswylwyr na'r gyntaf – ac oherwydd fod diwydianwyr yn eiddigus o bŵer y landlordiaid. Rhoddodd y gyntaf o'r Deddfau Diwygio (1832) bump o aelodau ychwanegol i Gymru: cafodd Sir Forgannwg, Sir Gaerfyrddin a Sir Ddinbych aelod ychwanegol yr un, daeth **Merthyr Tudful** yn etholaeth fwrdeistrefol a rhannwyd bwrdeistrefi Morgannwg, gydag un grŵp wedi'i ganoli ar **Gaerdydd** a'r llall ar **Abertawe**. Estynnwyd y bleidlais fwrdeistrefol i ddynion a chanddynt eiddo blynyddol o £10 neu fwy, a'r bleidlais sirol i denantiaid gwryw a dalai rent blynyddol o £50 neu fwy. Er bod rhyw 20% o ddynion mewn oed â phleidlais, prin bod neb ohonynt yn perthyn i'r dosbarth gweithiol (gw. **Dosbarth**), ffaith a arweiniodd at anfodlonrwydd poblogaidd eang, fel ag a welwyd yng ngweithgareddau'r **Teirw Scotch**, y Siartwyr (gw. **Siartiaeth**) a therfysgwyr **Rebeca**.

Rhoddodd yr ail o'r Deddfau Diwygio (1867) y bleidlais i bob dyn a oedd yn berchen ar eiddo yn y bwrdeistrefi ac i bawb a dalai rent o £12 neu fwy yn y siroedd. O ganlyniad, cynyddodd nifer y pleidleiswyr Cymreig o 263%. Roedd twf etholaethau bwrdeistrefol yn arbennig o drawiadol, gyda nifer y pleidleiswyr ym Merthyr (a gafodd aelod seneddol ychwanegol) yn codi o 1,387 i 14,577. Dilynwyd Deddf Ddiwygio 1867 gan Ddeddf y Bleidlais Ddirgel neu'r Tugel yn 1872 – deddf a ysgogwyd yn rhannol gan y troi allan am resymau gwleidyddol yn hanes tenantiaid yn **Sir Aberteifi** a Sir Gaerfyrddin yn dilyn etholiad 1868.

Trwy'r drydedd o'r Deddfau Diwygio (1884) rhoddwyd y bleidlais i bob gwryw a oedd yn ddeiliad tŷ, gan roi'r hawl i bleidleisio i 60% o ddynion Cymru. Ehangwyd cynrychiolaeth yr ardaloedd diwydiannol trwy'r Ddeddf Ailddosbarthu (1885), gan ddod â nifer yr etholaethau Cymreig i 34. Erbyn y 1880au, gyda gwŷr busnes a phroffesiynol yn ennill seddau, prinhaodd aelodau seneddol o dirfeddianwyr; roedd aelodau Ceidwadol yn brinnach fyth. Enillodd y **Blaid Ryddfrydol** fwyafrif o'r seddau Cymreig yn 1865, ac yn 1906 methodd y Ceidwadwyr ag ennill unrhyw etholaeth Gymreig. Yn dilyn y drydedd o'r Deddfau Diwygio, roedd y mwyafrif o'r etholwyr yn perthyn i'r dosbarth gweithiol. Eto, yn 1885, y **Rhondda** oedd yr unig etholaeth i ethol aelod dosbarth gweithiol. **William Abraham** (Mabon) oedd hwnnw, ac fel cynrychiolydd y traddodiad Lib-Lab perthynai'n gysurus i adain flaengar y Blaid Ryddfrydol. Yn 1900, fodd bynnag, enillodd **Keir Hardie** ail sedd Merthyr – yr ymgeisydd cyntaf yng Nghymru i ennill sedd ar ran y Pwyllgor Cynrychioli Llafur. Yn 1909, pan roddodd **Ffederasiwn Glowyr De Cymru** ei gefnogaeth i'r **Blaid Lafur**, daeth y pedwar aelod seneddol Cymreig a oedd yn derbyn nawdd y Ffederasiwn yn aelodau Llafur. Fodd bynnag, parhai'r Rhyddfrydwyr yn brif blaid wleidyddol Cymru ar ddechrau'r **Rhyfel Byd Cyntaf**.

Rhoddodd Deddf Cynrychiolaeth y Bobl (1918) y bleidlais i bob dyn dros 21 ac i bob gwraig dros 30 (cafodd **menywod** rhwng 21 a 30 bleidlais yn 1928), gan gynyddu nifer yr etholwyr Cymreig o 430,000 i 1,172,000. Gwnaed ymgais i greu etholaethau seneddol gweddol gyfartal, pob un yn cynnwys tua 70,000 o etholwyr. Roedd 36 o etholaethau Cymreig, 22 ohonynt ym Morgannwg a Sir Fynwy, 5 yn y siroedd deheuol eraill ac 8 yn y gogledd; rhoddwyd sedd i **Brifysgol Cymru** hefyd. Yn 1948 dilewyd seddau'r prifysgolion a diddymwyd y bleidlais fusnes, gan beri mai etholiad 1950 oedd yr etholiad cyffredinol cyntaf lle nad oedd gan y cwbl o'r pleidleiswyr ond un bleidlais yr un. Gwelwyd rhai newidiadau yn y blynyddoedd dilynol. Erbyn 2002 roedd gan Gymru 40 o aelodau seneddol, gyda'r ailddosbarthu yn adlewyrchu'r lleihad ym mhoblogaethau'r ardaloedd gwledig a maes **glo**'r de a'r cynnydd mewn lleoedd megis Caerdydd a **Chasnewydd**.

Bu newidiadau hefyd ym mhatrwm cynrychiolaeth wleidyddol. Yn 1918 cipiodd Llafur 10 sedd Gymreig a 30% o'r bleidlais boblogaidd. Erbyn 1929 roedd gan Lafur 25 o seddau Cymreig (cyfanswm a ailadroddwyd ym muddugoliaeth ysgubol Llafur yn 1945), 27 yn 1950 a 32 allan o 36 yn 1966. Yn 1983, blwyddyn wael i Lafur, gostyngodd nifer ei seddau i 20; cododd i 34 allan o 40 yn 1997 a 2001, gan ostwng eto i 29 yn 2005. Gostyngodd y gefnogaeth i'r Rhyddfrydwyr yn gyflym wrth i'r blaid encilio i'r gogledd a'r gorllewin. Cipiodd y blaid 7 sedd Gymreig yn 1945, 3 yn 1951 a dim ond 1 (**Sir Drefaldwyn**) yn 1966; o hynny ymlaen daliai'r blaid 2 sedd fel arfer gan gynyddu i 3 yn 1983 a 4 yn 2005. Cyrhaeddodd y Ceidwadwyr eu huchafbwynt yng Nghymru yn 1983 pan enillasant 14 o seddau; fodd bynnag, yn 1997 a 2001 ni lwyddasant i ennill unrhyw sedd. Enillodd **Plaid Cymru** ei sedd gyntaf yn isetholiad **Caerfyrddin** yn 1966; enillodd 4 yn etholiad cyffredinol 2001 a 3 yn 2005.

## CYNTAFANEDIGAETH

Roedd yr egwyddor hon ynglŷn ag etifeddiaeth yn ganolog i'r gyfundrefn ffiwdal, a rhoddai'r flaenoriaeth i'r mab hynaf gan ei wneud ef yn etifedd yr eiddo'n gyfan. Ffurfiai hynny ran hanfodol o rwydwaith mewnol y teulu a gwarchodai undod stadau. Os na cheid meibion rhennid yr etifeddiaeth rhwng y merched; os nad oedd unrhyw etifeddion, âi'r eiddo trwy siêd i'r goron. O dan **gyfraith** Cymru gweithredid egwyddor **cyfran** a rhennid yr eiddo rhwng y meibion i gyd, ni waeth a oeddynt wedi'u geni o fewn priodas ai peidio. Roedd **boneddigion** Cymreig y 14g. a'r 15g. yn ceisio cefnu ar yr arfer, ac yn mabwysiadu cyntafanedigaeth i sicrhau undod eu stadau. Fodd bynnag, ni fabwysiadwyd y drefn Seisnig yn swyddogol tan yr ail Ddeddf 'Uno' (1543) (gw. **Deddfau 'Uno'**). Serch hynny, parhâi llawer o dirfeddianwyr Cymreig – ffermwyr bach yn arbennig – i rannu'u heiddo ymhlith eu holl blant, a daeth hynny yn arfer cyffredinol erbyn diwedd yr 20g.

## CYNULLIAD CENEDLAETHOL CYMRU

Yn dilyn y bleidlais gadarnhaol yn y refferendwm a gynhaliwyd yn 1997 ar **ddatganoli**, cynhaliwyd yr etholiad cyntaf ar gyfer y Cynulliad Cenedlaethol ar 6 Mai 1999, ac agorwyd y Cynulliad gan Elizabeth II ar 26 Mai 1999. Ar ôl cryn ddadlau ynglŷn â'i leoliad – gwnaeth **Abertawe** ymdrech lew i'w sicrhau – fe'i lleolwyd dros dro yn Nhŷ Crucywel ym Mae **Caerdydd**. Yn 2006 symudodd i adeilad newydd ysblennydd gerllaw. Adwaenir yr adeilad, a gynlluniwyd gan Richard Rogers, fel Y Senedd.

Etholir 60 aelod y Cynulliad trwy bleidlais gyffredinol a chynhelir etholiad bob pedair blynedd. Mae dull yr etholiad yn cyfuno system draddodiadol 'y cyntaf-dros-y-llinell' gyda dull o ethol aelodau ychwanegol trwy gynrychiolaeth gyfrannol. Mae gan bob pleidleisiwr ddwy bleidlais – y gyntaf ar gyfer un o'r 40 aelod etholaeth (yn seiliedig ar yr etholaethau seneddol ar gyfer San Steffan) a'r ail ar gyfer aelodau rhanbarthol (pedwar ar gyfer pob un o'r etholaethau seneddol Ewropeaidd yng Nghymru fel yr oeddynt yn 2002, er i ffiniau rhai o'r etholaethau gael eu newid yn 2007). Y bwriad yw sicrhau bod cynrychiolaeth pob plaid yn adlewyrchu ei chyfran gyflawn o'r bleidlais. Mae aelodau'r Cynulliad yn enwebu prif weinidog a gaiff ei benodi gan y Frenhines, a bydd y Frenhines hefyd yn cymeradwyo'r gweinidogion (hyd at 12) a ddewisir gan y prif weinidog i wasanaethu yn ei gabinet ynghyd â'r dirprwy weinidogion a enwebir ganddo. Bydd aelodau'n cyfarfod dan gadeiryddiaeth y llywydd, ac mae ei swyddogaeth ef yn cyfateb yn fras i eiddo'r llefarydd yn Nhŷ'r Cyffredin.

Mae'r Cynulliad yn pennu blaenoriaethau ac yn rhannu cyllid mewn nifer fawr o feysydd polisi yn ymwneud â

Cynulliad Cenedlaethol Cymru: Y Senedd

Chymru, yn eu plith **amaethyddiaeth**, datblygu economaidd, **addysg**, **iechyd**, **tai**, diwydiant, llywodraeth leol, gwasanaethau cymdeithasol, **twristiaeth**, trafnidiaeth a'r iaith **Gymraeg**. Deil agweddau eraill ar **lywodraeth** i fod yn gyfrifoldeb San Steffan, gan gynnwys **darlledu**, amddiffyn, materion tramor, y gyfundrefn gyfreithiol, yr **heddlu**, **carchardai**, budd-daliadau nawdd cymdeithasol a threthi. Yn wahanol i senedd yr **Alban**, nid oes gan y Cynulliad awdurdod i amrywio trethi a hyd at 2007 nid oedd ganddo'r hawl i greu deddfwriaeth, er mai ei eiddo ef o'r cychwyn cyntaf fu'r pwerau hynny a fu gynt yn nwylo **ysgrifennydd gwladol Cymru** mewn perthynas â deddfwriaeth ddirprwyol neu eilaidd – sef yr hawl i lenwi manylion perthnasol i Gymru mewn deddfau a basiwyd yn San Steffan.

O'i gychwyniadau bu galwadau cynyddol ar i'r Cynulliad gael yr un pwerau â senedd yr Alban, yn arbennig yn dilyn ad-drefnu'r llywodraeth Brydeinig yn 2003, a wnaeth swydd ysgrifennydd gwladol Cymru yn un ran-amser. Daeth Comisiwn Richard (2004) i'r penderfyniad y dylai'r Cynulliad yn raddol gael hawliau deddfwriaethol, proses y dylid ei chwblhau erbyn 2011. (Argymhellwyd y dylai fod gan y Cynulliad erbyn hynny 80 o aelodau wedi'u hethol trwy bleidlais sengl drosglwyddadwy.) Syrthiodd Deddf Llywodraeth Cymru (2006) y llywodraeth Lafur yn fyr o'r nod hwnnw, ond gwnaeth hi'n bosibl i'r Cynulliad, o 2007 ymlaen, wneud deddfwriaeth yn ei briod feysydd (gw. uchod), er bod angen cydsyniad Senedd y Deyrnas Unedig cyn dechrau deddfu mewn unrhyw faes. Yn ychwanegol at hynny, mae yn y Ddeddf fecanwaith a allai sicrhau pwerau deddfu llawn i'r Cynulliad yn y dyfodol o gynnal refferendwm. Ar ôl dryswch ei ddau dymor cyntaf, pan oedd gweithdrefn y Cynulliad yn fath o groesiad rhwng eiddo San Steffan ac eiddo'r cynghorau sir, darparodd y Ddeddf fod rhaniad cyfreithiol rhwng Cynulliad Cenedlaethol Cymru, sef y corff deddfwriaethol, a Llywodraeth Cynulliad Cymru, sef yr adran weithredol, neu'r weithrediaeth, y llywir ei gwaith gan lywodraeth y dydd ac y gweithredir ei hamcanion a'i pholisïau gan weision sifil Cymru a leolir yn yr hen **Swyddfa Gymreig** ym **Mharc Cathays** ac mewn swyddfeydd ledled Cymru.

Yn etholiad 1999, pan bleidleisiodd 46% o'r etholwyr, enillodd y **Blaid Lafur** 28 o seddau, **Plaid [Genedlaethol] Cymru** 17, y **Blaid Geidwadol** 9 a Phlaid y Democratiaid Rhyddfrydol (gw. **Plaid Ryddfrydol**) 6, ac o'r 60 a etholwyd, roedd 24 yn **fenywod**. Wynebodd y Cynulliad lu o broblemau yn ystod ei dymor cyntaf o bedair blynedd. Ymddiswyddodd tri o'r arweinwyr plaid – Alun Michael (Llafur), Dafydd Wigley (Plaid Cymru) a Rod Richards (Ceidwadwyr), ac fe'u holynwyd gan Rhodri Morgan, Ieuan Wyn Jones a Nicholas Bourne. Arweiniodd y problemau a wynebai gweinyddiaeth Lafur leiafrifol Rhodri Morgan at glymblaid gyda'r Democratiaid Rhyddfrydol yn 2000.

Yn yr ail etholiad ar gyfer y Cynulliad (2003), gostyngodd nifer y pleidleiswyr i 38.16%. O blith seddau'r Cynulliad, enillwyd 30 gan y Blaid Lafur, 12 gan Blaid Cymru, 11 gan y Ceidwadwyr, 6 gan y Democratiaid Rhyddfrydol ac un (**Wrecsam**) gan Annibynnwr. Gyda Llafur yn ennill hanner y seddau, penderfynodd Rhodri Morgan ffurfio llywodraeth Lafur unblaid. Yn etholiad 2003 enillodd 30 dyn a 30 menyw seddau, gan sicrhau mai'r Cynulliad Cenedlaethol oedd y corff cenedlaethol etholedig cyntaf yn y byd i fod â nifer cyfartal o ddynion a menywod. Roedd y cabinet Llafur hefyd yn unigryw, gan fod y mwyafrif o'i aelodau yn fenywod.

Yn y trydydd etholiad (2007), y datblygiad mwyaf diddorol oedd y cynnydd yn y parodrwydd i bleidleisio, gyda 44.4% o'r etholwyr yn bwrw pleidlais o gymharu â 38.16% yn 2003. Enillwyd 26 o seddau gan y Blaid Lafur, 15 gan Blaid Cymru, 12 gan y Blaid Geidwadol, 6 gan y Democratiaid Rhyddfrydol ac un (**Blaenau Gwent**) gan Annibynwraig. A'r Blaid Lafur wedi colli'r gallu i lywodraethu ar ei phen ei hun, methiant fu ei hymgais i ail-greu'r glymblaid gyda'r Democratiaid Rhyddfrydol. Methiant hefyd fu ymdrech Plaid Cymru, y Ceidwadwyr a'r Democratiaid Rhyddfrydol i sefydlu clymblaid 'enfys'. Er syndod i lawer, crëwyd clymblaid rhwng Llafur a Phlaid Cymru, pleidiau a chanddynt, rhyngddynt, 41 o 60 sedd y Cynulliad. Yn ddiddorol odiaeth, daeth y glymblaid yn ffaith ar 7 Gorffennaf 2007, 700 mlynedd i'r diwrnod wedi marwolaeth Edward I.

## **CYNWYD**, Sir Ddinbych (3,019ha; 528 o drigolion)

Mae'r **gymuned** hon, sydd yn union i'r de o **Gorwen**, yn ymestyn o Ddyffryn **Dyfrdwy** i gopa Moel Fferna (650m) ym mynyddoedd y **Berwyn**. Ceir **rhaeadrau** hardd ar afon Trystion. Un o hynodion yr ardal yw Eglwys yr Holl Saint, Llangar, a gafodd lonydd gan adferwyr oes Victoria, yn wahanol i'r mwyafrif helaeth o eglwysi gwledig Cymru. Mae ei diwyg yn fewnol yn adlewyrchu'r trefniadau litwrgaidd a ragflaenai ddylanwad **Mudiad Rhydychen** – y rhai hynny a bwysleisiai'r pulpud yn hytrach na'r allor. Ceir ynddi furluniau, rhai ohonynt yn dyddio o'r 14g. Mae'r sgerbwd enfawr ar y mur gogleddol yn arbennig o fygythiol. Cafodd yr eglwys lonydd gan yr adferwyr oherwydd iddi gael ei gadael yn segur yn 1856 pan gysegrwyd Eglwys Sant Ioan, a godwyd 2km i ffwrdd ym mhentref mwy poblog Cynwyd. Yn dilyn gwaith cadwraeth mawr daeth Eglwys yr Holl Saint i ofal **Cadw**. Bu'r bardd a'r cyfieithydd Edward Samuel (1674–1748) yn rheithor Llangar o 1721 hyd 1748. Yn 2001 roedd 77.04% o drigolion Cynwyd â rhywfaint o afael ar y **Gymraeg** – y ganran uchaf ymhlith cymunedau **Sir Ddinbych**; fodd bynnag, roedd ei chanran o siaradwyr rhugl (60.51%) yn llai na chanran gyfatebol **Gwyddelwern** (61.77%). Cynwyd yw lleoliad ffatri drelars enwog Ifor Williams, sef prif gyflogwr **Edeirnion** ac Uwchaled.

## **CYNWYL ELFED**, Sir Gaerfyrddin (5,957ha; 953 o drigolion)

Mae'r **gymuned** hon, sy'n ymestyn dros ran helaeth o'r ucheldir i'r gogledd-orllewin o **Gaerfyrddin**, yn cynnwys pentrefi Cynwyl Elfed a Chwmduad. Cadwyd nodweddion o'r 14g. a tho baril yn Eglwys Sant Cynwyl. Ymhlith y creiriau Rhufeinig a ddarganfuwyd yn yr ardal y mae gwrthrychau arian a cherflun bychan o'r dduwies Diana. Y Gangell oedd man geni'r bardd **Howell Elvet Lewis** (Elfed; 1860–1953); yn y tŷ ceir arddangosfa fach er cof amdano.

## **CYNWYL GAEO**, Sir Gaerfyrddin (10,844ha; 920 o drigolion)

Mae'r **gymuned** hon sydd i'r gogledd-orllewin o **Lanymddyfri** ac yn ymestyn hyd at y ffin rhwng **Sir Gaerfyrddin** a **Cheredigion** yn cynnwys pentrefi Caeo, Crug-y-bar, Cwrtycadno, Ffarmers a Phumsaint. Mae'n ymestyn dros rannau uchaf Dyffryn Cothi, ac mae ei ffiniau'n bras gyfateb i ffiniau hen **gwmwd** Caeo. Mae'n bosibl fod cloddio am **aur** wedi bod ym Mhumsaint yn ystod yr Oes Haearn (gw. **Oesau Cynhanesyddol**), gweithgaredd a barhaodd yn ysbeidiol hyd nes y caeodd y mwynglawdd yn 1938. Mae olion gweithfeydd y **Rhufeiniaid** a'u rhwydwaith (11.5km) o ddyfrffosydd a thraphontydd dŵr yn amlwg hyd heddiw. Câi'r mwynglawdd ei ddiogelu gan gaer, y rhed yr A482 ar draws ei safle heddiw.

Mae gan Eglwys Sant Cynwyl dŵr mawr o'r 13g. a chodwyd y corff, ac iddo ystlysau, yn y 15g. Dymchwelwyd plasty Dolaucothi, a gynlluniwyd yn rhannol gan **John Nash**, yn 1952. Y plasty hwn oedd cartref John Johnes, a lofruddiwyd gan ei fwtler yn 1876. Honnai John Harries (m.1839) o Gwrtycadno a'i fab, Henry (m.1862), eu bod yn gallu darogan, ynghyd â gwrthweithio swynion, galw ar ysbrydion a chael hyd i ladron; denent gleientiaid o bob cwr o Gymru (gw. **Gwrachod a Dynion Hysbys**). Mae capeli deniadol yng Nghwrtycadno (1741, 1846) a Chrug-y-bar (1765, 1837); rhoddodd Crug-y-bar ei enw i emyn-dôn enwog.

## **CYSTADLEUAETH CANWR Y BYD CAERDYDD**

Cystadleuaeth ganu opera ryngwladol a gynhelir bob dwy flynedd yw hon. Sefydlwyd y gystadleuaeth gan y BBC yn 1983 i nodi agor Neuadd Dewi Sant. Cred llawer mai dyma'r digwyddiad rhyngwladol pwysicaf o'i fath, a bu'n fan cychwyn i yrfa sawl seren ym myd opera. Cyflwynwyd gwobr am ganu *lieder* yn 1989, ac ennill y wobr honno a roddodd gychwyn i yrfa ryngwladol Bryn Terfel.

## **CYSTENNIN (Custennin, Constantinus; 4g.?)** Rheolwr(wyr) cynnar honedig

Yn ôl **Sieffre o Fynwy**, daeth Cystennin Fendigaid, taid **Arthur**, i **Brydain** o **Lydaw** yn ystod y cyfnod yn union ar ôl i'r **Rhufeiniaid** gilio. Ond mae Sieffre hefyd yn sôn am gymeriad o'r enw Cystennin mab Constans, un a drechodd **Facsen Wledig**. Mae'n debyg fod y dryswch yn deillio o gymysgu enwau dau ymerawdwr Rhufeinig, Constantius I ('Chlorus'), a drechodd wrthryfel Carausius ym Mhrydain yn OC 296, a'i fab Cystennin I (Cystennin 'Fawr') a hawliodd orsedd yr ymerodraeth yng Nghaerefrog yn OC 306. Roedd mam Cystennin, Helena, yn Gristion ac yn OC 313 deddfodd Cystennin fod Cristnogaeth yn gyfreithlon o fewn yr ymerodraeth. Mae'n debyg fod dryswch pellach wedi ei achosi gan mai Helen oedd enw gwraig Macsen Wledig hefyd; mae'n bur sicr ei bod hi'n Frythones o dras uchel, a Cystennin oedd enw eu mab hwythau.

## **CYTÛN**

Sefydlwyd Cytûn: Eglwysi Ynghyd yng Nghymru yn 1990 i hyrwyddo cydweithrediad eciwmenaidd rhwng prif eglwysi Cristnogol y wlad. Cymerodd le Cyngor Eglwysi Cymru a oedd wedi'i sefydlu yn 1956 er mwyn hybu cydweithrediad rhwng y prif enwadau Protestannaidd. Daeth yr Eglwys Gatholig (gw. **Catholigion Rhufeinig**) yn aelod cyflawn ohono.

## **CYTUNDEB ABERCONWY (1277)**

Y cytundeb hwn, a luniwyd rhwng **Llywelyn ap Gruffudd** ac Edward I ar 9 Tachwedd 1277, a ddaeth â 'rhyfel annibyniaeth cyntaf Cymru' i ben. Collodd Llywelyn yr holl diroedd yr oedd wedi'u meddiannu y tu hwnt i ffiniau **Gwynedd**.

Yn ogystal, bu'n rhaid iddo ildio Gwynedd i'r dwyrain o **Gonwy** (y **Berfeddwlad**) i'r brenin, gan ei adael gyda dim ond Gwynedd i'r gorllewin o Gonwy. Collodd hefyd wrogaeth yr holl arglwyddi Cymreig eraill ac eithrio pump o rai mân (pedwar o **Bowys Fadog** ac un o **Ddeheubarth**), ond caniatawyd iddo gadw teitl Tywysog Cymru am ei oes.

## CYTUNDEB MIDDLE (1234)

Cadoediad o ddwy flynedd y cytunwyd arno ym Middle yn **Swydd Amwythig** ar 21 Mehefin 1234 rhwng **Llywelyn ap Iorwerth** a Harri III. Daeth â'r ymladd rhwng y ddau i ben, a bu mewn grym am weddill oes y tywysog.

## CYTUNDEB TREFALDWYN (1267)

Roedd y cytundeb hwn, a seliwyd yn Rhyd Chwima neu Rydwhyman (gw. **Trefaldwyn**) ar 29 Medi 1267 rhwng **Llywelyn ap Gruffudd** a Harri III, yn cydnabod Llywelyn yn dywysog Cymru ac yn uwch-arglwydd ar holl arglwyddi brodorol Cymru, ac eithrio Maredudd ap Rhys o'r Dryslwyn (**Llangathen**). (Enillodd wrogaeth Maredudd yn 1270.) Byddai'r arweinwyr hyn yn gwneud gwrogaeth iddo, ac ef yn unig a fyddai'n gwneud gwrogaeth i'r brenin ar ran **tywysogaeth** Cymru. Byddai ei olynwyr hefyd yn cael eu cydnabod yn dywysogion Cymru, a oedd yn golygu bod y cytundeb yn cydnabod tywysogaeth Cymru fel endid cyfansoddiadol yn annibynnol ar berson tywysog arbennig. Cydnabuwyd hawl Llywelyn ar y gyfran helaethaf o'r tiroedd a feddiannwyd ganddo, ac yr oedd i gymodi â'i frawd **Dafydd ap Gruffudd**. Yn gyfnewid am hyn cytunodd Llywelyn i dalu 25,000 marc (£16,667) trwy ddeg taliad blynyddol. Arwyddocâd Cytundeb Trefaldwyn oedd fod yna, am y tro cyntaf, berthynas sefydlog rhwng Coron Lloegr a thywysogaeth newydd Cymru, a hynny ar sail cytundeb a gytunwyd gan y ddwy ochr. Roedd **Llywelyn ap Iorwerth** wedi ceisio – yn aflwyddiannus – sicrhau'r fath gytundeb, a dyna fu prif nod diplomyddiaeth Llywelyn ap Gruffudd er 1258. Gellir ystyried y cytundeb fel uchafbwynt y Gymru annibynnol, ond roedd amwysedd ei amodau tiriogaethol yn wall tyngedfennol. (Gw. hefyd **Brenhinoedd Lloegr a'u perthynas â Chymru**.)

## CYTUNDEB WOODSTOCK (1247)

Lluniwyd y cytundeb ar 30 Ebrill 1247 rhwng Harri III ac Owain ap Gruffudd (m.*c.*1282) a **Llywelyn ap Gruffudd**, tywysogion **Gwynedd**, a dyma binacl pŵer brenin **Lloegr** yng Nghymru cyn y **Goresgyniad Edwardaidd** yn 1282. Cytunodd y ddau dywysog i ddal Gwynedd i'r gorllewin o **Gonwy** trwy wasanaeth milwrol, y tro cyntaf i'r fath amod gael ei osod ar Wynedd. Trosglwyddwyd y tiroedd rhwng **afonydd** Conwy a **Chlwyd** i'r Goron. Ar y pryd, roedd safle Gwynedd yn arbennig o wan ac nid oedd gan y brodyr unrhyw ddewis ond derbyn y telerau israddol hyn.

## CYWYDD

Mesur mewn barddoniaeth yw cywydd. Yng ngramadegau barddol yr Oesoedd Canol enw ar grŵp o fesurau ydoedd, ond erbyn heddiw uniaethir y term yn bennaf â'r *cywydd deuair hirion* a ddaeth i fri yn ystod y 14g. yng ngwaith **Dafydd ap Gwilym**. Ynddo ailadroddir cwpledi odledig sy'n cynnwys llinellau saith sillaf, ond gyda'r naill odl yn acennog a'r llall yn ddiacen. Mae hefyd yn cynnwys **cynghanedd**, fel y dengys y llinellau a ganlyn:

> Deuthum i ddinas dethol,
> A'm hardd wreangyn i'm hôl.
> Cain hoywdraul, lle cwyn hydrum,
> Cymryd, balch o febyd fûm,
> Llety urddedig ddigawn
> Cyffredin, a gwin a gawn.

Y cywydd oedd prif gyfrwng **Beirdd yr Uchelwyr** ac mae'n parhau i fod yn hynod o boblogaidd ar ddechrau'r 21g.

# Ch

Golygfa o ffilm *Y Chwarelwr*

## CHWARAE PÊL

Gêm werin lle gwelir dau chwaraewr yn eu tro yn taro pêl gyda chledr y llaw yn erbyn wal. Roedd yn chwarae poblogaidd yng Nghymru o'r Oesoedd Canol ymlaen a datblygodd yn gêm gystadleuol ym maes **glo**'r de yn y 19g. pan adeiladwyd cyrtiau pêl pwrpasol. Mae'r rhain yn debyg i gyrtiau **sboncen** ac fe'u hadeiladwyd ger y tafarnau a roddai nawdd i'r gornestau; 'plaen' oedd yr enw lleol ar y cwrt. Ddiwedd yr 20g. safonwyd y gêm a chynhaliwyd gornestau rhyngwladol, dan reolau chwarae pêl Cymreig, ar y plaen pêl yn **Nelson**.

## *CHWARELWR, Y* (*The Quarryman*; 1935) Ffilm

Dyma'r ffilm lafar gyntaf i gael ei gwneud yn **Gymraeg**. Cafodd ei chyfarwyddo gan Syr **Ifan ab Owen Edwards**, ei ffilmio ym Mlaenau **Ffestiniog** a'i dangos mewn neuaddau ledled Cymru yn ystod 1935 ac 1936. Mae'r ffilm, y daw ei sain o ddisg, yn cyfuno naratif cynnil ag arddull ddogfennol. Fe'i lluniwyd mewn cydweithrediad gyda'r awdur, **John Ellis Williams**, a'i gwmni **drama**, ac mae'n sicrach ei thrawiad na llawer o'r ffilmiau o deithiau a digwyddiadau go iawn a wnaeth Syr Ifan yn arddull y ffilm gartref. Gyda'i delweddau trawiadol o chwarelwyr yng nghanol golygfeydd ysblennydd, mae'r ffilm yn gofnod diddorol o'i lleoliad a'i chyfnod.

## CHWITFFORDD (Whitford), Sir y Fflint (2,142ha; 2,247 o drigolion)

Ceir yn Chwitffordd, sydd yn union i'r gogledd-orllewin o **Dreffynnon**, gyfoeth o nodweddion archaeolegol, gan gynnwys Maen Achwyfan, croesfaen fonolithig yn dyddio o *c.*1000 ac arni fotiffau Sgandinafaidd a Cheltaidd (gw. **Cofebau Cristnogol Cynnar**). Yn y **gymuned** ceir nifer fawr o dai yn dyddio o'r cyfnod rhwng y 15g. a'r 18g., yn eu plith Plas Ucha (1603), cartref dros dro teulu **Mostyn** wedi'r **Rhyfeloedd Cartref**. Roedd Tŵr Garreg (a godwyd yn gynnar yn yr 17g.) yn rhan o gadwyn o goelcerthi a adeiladwyd i rybuddio pobl rhag cyrchoedd **môr-ladron**. Mae'r tir yn frith o olion gweithfeydd **plwm** o'r 18g. a'r 19g.

Cartref **Thomas Pennant** (1726–98) oedd y Downing, a losgwyd yn 1922 ac a ddymchwelwyd yn 1953. Mae ei gyfrol *History of the Parishes of Whiteford and Holywell* (1796) yn astudiaeth arloesol o hanes lleol. Priododd ei orwyres â'r Arglwydd Fielding, iarll Denbigh yn ddiweddarach. Yn 1849

Darlun John Petherick o ffwrneisi Bute, Rhymni, *c.*1830

cafodd T. H. Wyatt ei gomisiynu gan y cwpwl i adeiladu eglwys Anglicanaidd ym Mhantasa. Yn dilyn eu tröedigaeth yn 1850 trosglwyddwyd yr adeilad ganddynt i'r Eglwys Gatholig, gan achosi protestio mawr. Yn dilyn apêl ledled Cymru a **Lloegr** casglwyd digon o arian i adeiladu eglwysi Anglicanaidd ym **Mrynffordd** a Gorsedd. Cwblhawyd yr eglwys ym Mhantasa gan A. W. Pugin, a ychwanegodd sawl cyffyrddiad digon anarferol. Drws nesaf i'r eglwys saif brodordy Ffransisgaidd a gwblhawyd yn 1865. Gerllaw mae clwstwr o adeiladau a ddefnyddid rhwng 1861 ac 1977 gan Gwfaint y Santes Clare.

## CHWYLDRO DIWYDIANNOL, Y

Term yw'r Chwyldro Diwydiannol a ddefnyddir i ddisgrifio'r cyfnod o ddatblygiad diwydiannol cyflym a ddigwyddodd rhwng *c.*1750 a *c.*1850. Portreadwyd y Chwyldro Diwydiannol ym **Mhrydain** fel blynyddoedd pan fu'r diwydiant **haearn** a'r diwydiant **tecstilau** cotwm yn datblygu'n gyflym, gan esgor ar dwf economaidd hunangynhaliol (gw. **Economi**), a phan beidiodd gwaith ar y tir â bod yn gynhaliaeth i'r mwyafrif. Fodd bynnag, mae llawer o haneswyr yn amau dilysrwydd y cysyniad o 'chwyldro', gan bwysleisio yn hytrach ddatblygiad economaidd graddol dros gyfnod hwy o lawer.

Yng nghyd-destun Cymru, fel y dangosodd **William Rees** ac eraill, roedd modd canfod gweithgaredd diwydiannol, er ei fod yn wasgaredig, cyn cyfnod y Chwyldro Diwydiannol mewn gweithgareddau yn gysylltiedig ag **amaethyddiaeth**, megis malu ŷd a chynhyrchu tecstilau gwlân, yn ogystal â chloddio (am **lo** ac am fwynau metelog) a chwarela (am gerrig a llechfaen). Digwyddai'r rhan fwyaf o'r gweithgareddau hyn ar raddfa fechan, leol, gan ddibynnu'n bennaf ar ffynonellau **ynni** naturiol, yn enwedig dŵr.

Gwelwyd arwyddion cynnar fod diwydiannu ar waith yn sgil datblygiad mwyndoddi **copr** yn ardal **Abertawe**. Diolch i bresenoldeb gwythiennau glo a harbwr naturiol, yr ardal hon oedd ffynhonnell fwyaf hygyrch y glo yr oedd ei angen ar fwyngloddiau copr **Cernyw**. Pan ddarganfuwyd dyddodyn mawr o fwyn copr ar **Fynydd Parys** ym **Môn** yn y 1760au, gallai Abertawe elwa ar ei safle manteisiol, gan ddod yn brif ganolfan mwyndoddi metel anfferrus y byd yn ystod y 19g.

Fodd bynnag, hyd yn oed pan oedd mwyndoddi copr yn ei anterth, ni fu erioed mor bwysig â'r diwydiant mwyndoddi haearn. Wedi i Abraham Darby ddarganfod dull o gynhyrchu haearn trwy ddefnyddio golosg, datblygodd y diwydiant cynhyrchu haearn yn y de a'r gogledd mewn mannau lle'r oedd haearnfaen, glo a **chalchfaen** i'w cael yn agos i'w gilydd. Yn y gogledd, y brif ganolfan oedd y **Bers** a'r cyffiniau, lle'r aeth **John Wilkinson** ati i berffeithio dull o dyllu canonau a'r silindrau a ddefnyddid yn y peiriannau ager a gynhyrchid gan Boulton a Watt. Bu datblygiadau arwyddocaol hefyd yn **Nhreffynnon**; nododd Samuel Johnson yn 1774 fod 19 o weithfeydd o fewn dwy filltir i Ffynnon Gwenfrewi. Ond gwelwyd y twf mwyaf yn y de lle daeth **Merthyr Tudful** i'r amlwg fel y ganolfan cynhyrchu haearn bwysicaf o ddigon yng Nghymru, yn sgil agor ffwrnais 'Merthir' yn Nowlais yn 1759 (safle a oedd yn gysylltiedig â theulu **Guest** wedi hynny) a sefydlu yn ddiweddarach weithfeydd Penydarren, Cyfarthfa a Plymouth. Yn ystod y 1820au, yn ne Cymru y cynhyrchwyd 40% o'r holl haearn crai ym **Mhrydain**.

Gwasanaethu'r diwydiannau mwyndoddi metel oedd prif swyddogaeth y diwydiant glo yn ystod cyfnod cynnar y Chwyldro Diwydiannol yng Nghymru. Ond o'r 1820au ymlaen dechreuwyd manteisio ar farchnadoedd y tu hwnt i

Gymru ar raddfa fawr a chyson, a daeth yn ddiwydiant yn ei hawl ei hunan, er na theimlwyd effaith hyn yn llawn tan ar ôl 1850.

Mae amlygrwydd y diwydiannau trymion yn arwydd o'r ffaith fod y pwyslais yng Nghymru ar greu nwyddau cyfalaf yn hytrach na nwyddau traul fel yn achos trefi cotwm Swydd Gaerhirfryn. Er gwaethaf cyfoeth y metelau a gynhyrchid yng Nghymru, ni ddatblygodd ymhlith y gweithlu y math o sgiliau a oedd yn amlwg yng ngweithdai Birmingham a Sheffield. Yn gyffredinol, ystyrir mai nodwedd amlycaf y Chwyldro Diwydiannol oedd y ffatrïoedd a gynhyrchai nwyddau traul. Serch hynny, credir yn gynyddol bellach mai nodwedd greiddiol y chwyldro oedd harneisio math newydd o ynni, ac yn hynny o beth roedd cyfraniad Cymru o'r pwys mwyaf.

Cam hollbwysig yn y broses o ddiwydiannu oedd sefydlu cyfundrefn gludiant effeithlon. Adeiladodd rhai o'r diwydianwyr cynnar dramffyrdd neu **gamlesi** byr i gysylltu eu gweithfeydd a'u pyllau â dyfrffyrdd, ond agor y prif gamlesi yn ne Cymru yn y 1790au – camlesi **Sir Forgannwg**, **Sir Fynwy**, **Nedd** ac Abertawe – a ddarparodd y sylfaen ar gyfer datblygiad diwydiannol cyflymach. Hyd y 1820au a'r 1830au roedd y camlesi hyn yn ffordd effeithiol o gludo haearn a glo i borthladdoedd **Caerdydd**, Abertawe a **Chasnewydd**, ond golygai'r tagfeydd cynyddol y byddai'n rhaid wrth ragorach dull o gludo nwyddau. **Rheilffyrdd** oedd yr ateb yn y pen draw, ond ni wnaed llawer yn eu cylch hyd y 1840au, er gwaethaf arbrofion **Richard Trevithick** ar dramffordd Penydarren yn 1804.

Roedd angen cyfalaf a gweithlu er mwyn i ddiwydiant trwm ddatblygu. **Lloegr** oedd prif ffynhonnell y cyfalaf – roedd aelodau o deuluoedd **Vivian** (mwyndoddi copr), Guest a **Crawshay** (mwyndoddi haearn) yn gymeriadau allweddol – ond sylweddolir fwyfwy fod entrepreneuriaeth frodorol wedi chwarae ei rhan hefyd. Yn ogystal, deuai canran sylweddol o'r gweithlu o Loegr, a hefyd o **Iwerddon** (gw. **Mewnfudo**); ond y brif ffynhonnell oedd y cynnydd yn y gyfradd enedigaethau frodorol. Tyfodd **poblogaeth** Cymru o tua 489,000 yn 1750 i 587,245 yn 1801 ac i 1,163,134 yn 1851. Fodd bynnag, amrywiai'r cynnydd o le i le, ac roedd yn gyflymach o lawer ym maes glo'r de. Ym Morgannwg a Sir Fynwy bu cynnydd triphlyg a mwy yn y boblogaeth rhwng 1801 ac 1851, ac o ganlyniad cynyddodd y gyfran o boblogaeth Cymru a drigai yn y ddwy sir o 19.8% yn 1801 i 33.5% erbyn 1851.

Er nad oedd yn glir o bell ffordd yn 1801 ymhle yn y pen draw y byddai canolbwynt diwydiannol Cymru, golygai'r ddibyniaeth gynyddol ar bŵer ager, a ddibynnai ar losgi glo, mai'r meysydd glo oedd y prif ganolfannau diwydiannol erbyn 1850. Felly, gellid dweud bod rhannau o ganolbarth a gogledd Cymru wedi profi chwyldro diwydiannol a fethodd.

D  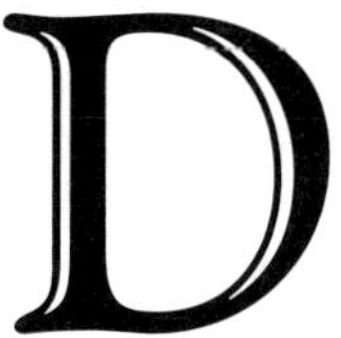

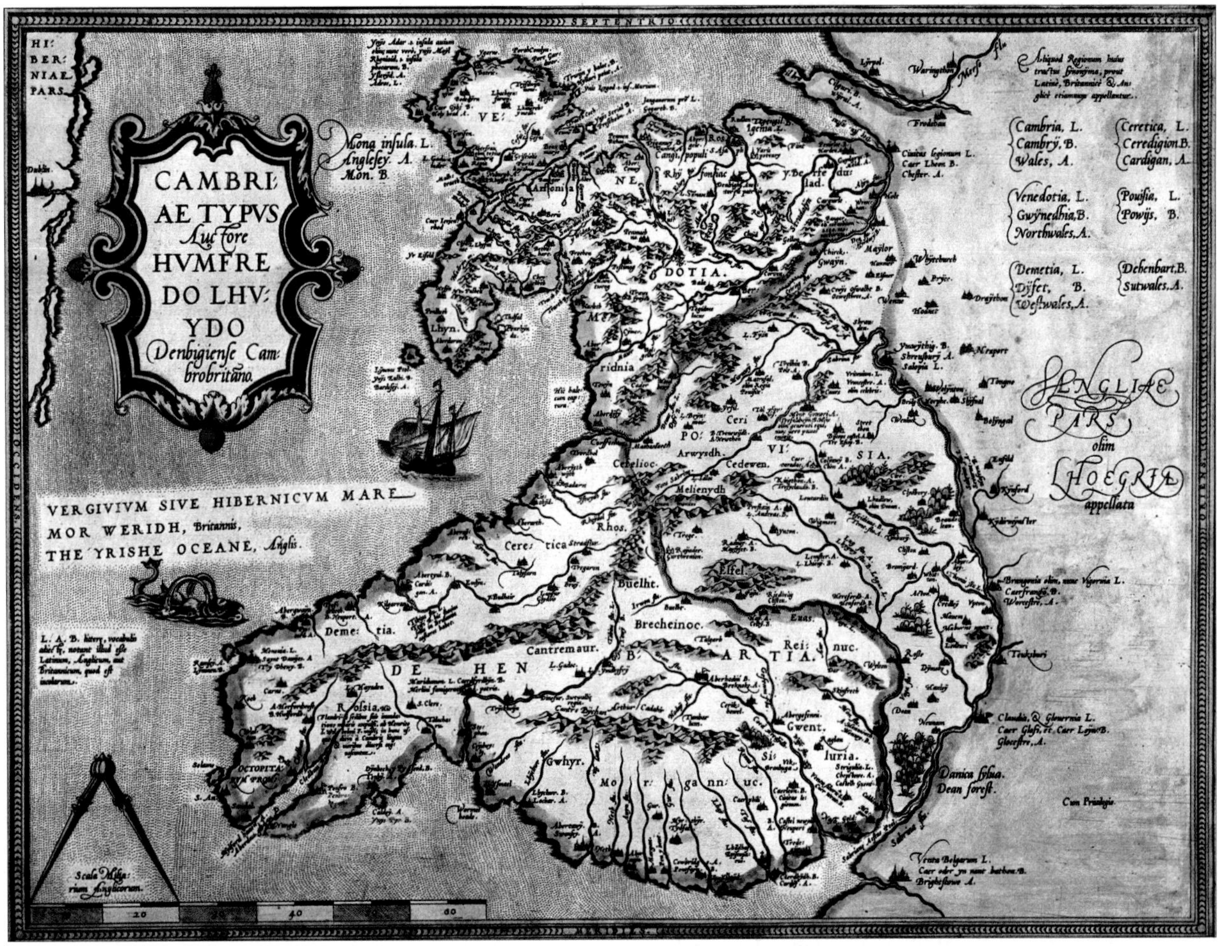

Y Dadeni Dysg: map Humphrey Lhuyd, 1573

## DADENI DYSG, Y

Yr enw a ddefnyddir i ddisgrifio'r adfywiad ym myd llên, dysg a'r celfyddydau a gychwynnodd yn yr Eidal yn y 14g., ac a oedd yn cynnig persbectif ehangach ar fywyd na hwnnw a gynigid gan y drefn ffiwdal a'r Eglwys ganoloesol. (Bathwyd y term *Renaissance* yn 1869 a'r term Cymraeg Dadeni Dysg yn gynnar yn yr 20g.) Ymbleserai dyneiddwyr y Dadeni yn **llenyddiaeth**, **athroniaeth** a chelfyddyd Groeg a Rhufain gynt. Roeddynt am roi bri ac urddas yr ieithoedd clasurol ar eu hieithoedd hwy eu hunain, am fodloni eu chwilfrydedd ynghylch dyn a'i amgylchfyd ac am hyrwyddo'r cysyniad o leygwr dysgedig. Mewn dinasoedd cyfoethog y tarddodd y Dadeni, a chan nad oedd y fath ganolfannau yn bodoli yng Nghymru, prin ei bod yn syndod i syniadau dyneiddiol, a gyrhaeddodd y wlad gyntaf yn yr 16g., gael mwy o ddylanwad ar lenyddiaeth nag ar gelfyddydau yr oedd angen mathau mwy ffurfiol o nawdd i'w cynnal.

Ffigwr mwyaf y Dadeni yng Nghymru oedd **William Salesbury**. Disgrifiodd **Saunders Lewis** ei ragymadrodd i'w gasgliad o **ddiarhebion**, *Oll Synnwyr pen Kembero ygyd* (1547), fel 'Maniffesto'r Dadeni Dysg a'r ddyneiddiaeth Brotestannaidd Gymreig'. Anogodd Salesbury'r Cymry i fynnu dysg yn eu hiaith. Fel Protestant brwd roedd yn awyddus i gyfuno dysg â duwioldeb, a chyfieithu'r **Beibl** i'r **Gymraeg** yn flaenoriaeth iddo. Fel cam at y nod cyfieithodd y Testament Newydd (1567), gwaith a fu'n sail i Feibl Cymraeg **William Morgan** (1588) a gyfunodd ysgolheictod Beiblaidd a adlewyrchai safonau dysg ddyneiddiol y Dadeni â dysg Gymraeg aruchel. Beibl William Morgan oedd cynnyrch godidocaf y Dadeni yng Nghymru; yn 1620 cyhoeddwyd fersiwn diwygiedig ohono, gwaith **John Davies** o Fallwyd (*c.*1567–1644), un arall o ysgolheigion mawr y Dadeni, yn bennaf.

Roedd gwŷr y Dadeni yng Nghymru yn awyddus i feithrin yn y Gymraeg y math o fywyd llenyddol amrywiol a ddatblygwyd ym mhrif ieithoedd Ewrop. Amlygwyd hyn yng nghyflwyniadau **Gruffydd Robert** i'w *Dosparth Byrr* (1567), rhan gyntaf gramadeg Cymraeg a gyhoeddodd ym Milan lle'r oedd yn alltud Catholig. Gobeithiai y byddai ei ramadeg yn hyrwyddo'r gwaith o drosi gweithiau dysgedig o ieithoedd eraill – yn enwedig **Lladin**, prif iaith dysg y Dadeni – i'r Gymraeg. Gobeithiai hefyd weld beirdd Cymru yn canu cerddi epig – *genre* a ddyrchefid gan wŷr y Dadeni – gan ymwrthod â'r mesurau caeth traddodiadol. Dyneiddiwr arall a ddymunai weddnewid barddoniaeth Gymraeg oedd **Edmwnd Prys**, archddiacon **Meirionnydd**. Yn ei ymryson (1580–7) â'r bardd proffesiynol **Wiliam Cynwal** beirniadodd gelwydd canu mawl y beirdd; fel Gruffydd Robert anogai Edmwnd Prys ganu cerddi crefyddol – ond fel Protestant ffafriai rai'n seiliedig ar y Beibl – a hefyd ganu gwyddonol o'r math a oedd mewn bri yn yr Ewrop ddyneiddiol. Pleidiwyd y canu gwyddonol drachefn gan **Siôn Dafydd Rhys**, dyneiddiwr a addysgwyd ym mhrifysgol Siena, yn ei *Lythyr at y Beirdd* (1597). Ym maes rhyddiaith cafwyd gweithiau hanesyddol pwysig gan ddyneiddwyr megis **Humphrey Lhuyd**, **George Owen**, **David Powel**, **John Price** ac Edward Stradling (gw. **Stradling, Teulu**).

Roedd astudio iaith – *philologia* – yn wedd hanfodol ar ddyneiddiaeth ym mhobman. Cyhoeddwyd gramadegau gan Gruffydd Robert (1567–?1584), Siôn Dafydd Rhys (1592), Henry Salesbury (1593) a John Davies (1621). Cyhoeddwyd geiriaduron gan William Salesbury (1547) a John Davies (1632), a lluniodd **Thomas Wiliems** eiriadur helaeth mewn llawysgrif (gw. **Geiriaduraeth**). O'r gweithiau hyn rhai John Davies – a seiliwyd ar arferion ieithyddol y beirdd – oedd y pwysicaf a'r mwyaf dylanwadol.

Er mai llenyddol oedd prif weithgarwch y Dadeni yng Nghymru, cyflawnwyd rhyw gymaint mewn meysydd celfyddydol eraill, fel y tystia plasty hynod Richard Clough a adeiladwyd yn 1567 (Bachegraig, **Tremeirchion**; dymchwelwyd erbyn 1817) a beddrod teulu **Herbert** yn Eglwys Sant Nicolas, **Trefaldwyn**, sy'n dyddio o 1600. Arweiniodd chwilfrydedd ym myd **gwyddoniaeth** at ddyfeisio'r hafalnod (=) gan **Robert Recorde** o **Ddinbych-y-pysgod** ac at yrfa ddisglair **John Dee**. Testun rhyfeddod i John Dee oedd creu môrlwybrau newydd dros yr Iwerydd, gweithgarwch yr oedd Robert Mansel o **Fargam** (gw. **Mansel, Teulu**), **Thomas Button** o Lwyneliddon (**Gwenfô**) a **William Vaughan** o **Langyndeyrn** â rhan ynddo. Yn wir, mae'n bosibl i Gymru chwarae rhan yn yr antur fawr honno o wladychu America, oherwydd cred rhai fod y cyfandir wedi'i enwi ar ôl y masnachwr o **Sir Forgannwg**, **Richard Amerik** (Ap Meurig), un o noddwyr ail fordaith John Cabot. Yn sgil yr holl anturio tyfodd diddordeb mewn **mapiau**, nodwedd ar y Dadeni. Map Humphrey Lhuyd, a gyhoeddwyd yn Antwerp yn 1573, oedd y map cyntaf gweddol gywir o Gymru; dyma ddechrau traddodiad cartograffig a gymerodd gam bras ymlaen gyda chyhoeddi map ysblennydd John Speed yn 1611.

Roedd yng Nghymru hefyd rai a oedd wedi'u hysbrydoli gan ddelfryd yr uchelwr diwylliedig, yn eu plith y tri barddfilwr **Morris Kyffin**, William Midleton (*fl.*1550–1600) a **Tomos Prys** ynghyd â'r sgolor o weinyddwr William Herbert (m.1593), y bu ganddo gynllun i sefydlu coleg i Gymru ar safle adfeilion Abaty **Tyndyrn**. Arwyddion eraill o ddiddordeb y cyfnod mewn **addysg** oedd sefydlu Coleg Iesu, **Rhydychen**, ynghyd ag agor cryn ugain o ysgolion gramadeg mewn trefi marchnad yng Nghymru.

Ni ddaeth y dyneiddwyr Cymreig yn agos at gyflawni eu dyheadau. A hwythau'n byw mewn gwlad nad oedd ganddi reolaeth dros ei thynged ei hun, ac un a oedd yn amddifad o ganolfannau cyfoethog, nid yw hynny'n syndod. Yr hyn sydd yn syndod yw'r ffaith eu bod wedi llwyddo i gyflawni cymaint ag a wnaethant, a bod y fath ddyheadau'n bod o gwbl.

## DAEAREG

### *Daeareg y tir mawr*

Mae'r creigiau sy'n rhan annatod o sylfaen daearegol Cymru, ynghyd â'r ffosilau a'r mwynau ynddynt, yn tystio i hanes daearegol cymhleth sy'n ymestyn dros gyfnod o 700 miliwn o flynyddoedd. Cwmpasodd yr hanes hwn amser a gofod, wrth i'r cilcyn bach hwn o gramen y Ddaear araf ymlwybro ar draws y byd, wedi iddo ymffurfio ymhell i'r de o'r cyhydedd, i'w leoliad presennol tua 52° i'r gogledd o'r cyhydedd ar lan ddwyreiniol Cefnfor Iwerydd – siwrnai o oddeutu 15,200km. Dim ond oddi ar y 1960au y daethpwyd i fras ddeall y prosesau ffisegol, sef prosesau tectoneg platiau a drifft cyfandirol, sy'n gyfrifol am symudiadau darnau o gramen y blaned, wrth i gerhyntau darfudol yn ddwfn yng nghrombil y Ddaear dawdd godi tua'r gramen greigiog denau a'u gorfodi i symud. Wrth symud o ledred i ledred, mae Cymru wedi croesi sawl cylchfa hinsoddol ac mae'r dystiolaeth am y gwahanol amgylcheddau i'w chanfod yn naeareg y wlad. Mae'r Ddaear ei hun tua 4,600 miliwn o flynyddoedd oed ac felly, yng Nghymru, ceir cofnod o lai nag 16% o'i hanes ffisegol a biolegol. Adroddir yr hanes hwnnw gan yr olyniaeth creigiau a ganlyn.

#### Y GORGYFNOD CYN-GAMBRIAIDD (4,600–543 MILIWN O FLYNYDDOEDD YN ÔL)

Awgryma data geoffisegol fod y rhan fwyaf o greigiau Cymru yn gorwedd, ar ddyfnder cymharol fas (efallai 4km i 20km), ar 'faslawr' o greigiau cramennol tua 600 miliwn i 700 miliwn o flynyddoedd oed. Mae plygion a ffawtiau mewn ardaloedd megis **Sir Benfro**, **Môn**, **Llŷn** a'r Gororau dwyreiniol wedi dwyn darnau o'r baslawr hwn i'r wyneb. Ym mhobman mae'r olyniaethau o greigiau yn cynnwys dilyniannau o waddodion tra thoredig a metamorffig (wedi'u newid), gweddillion folcanig a chreigiau gwenithfaen a chwistrellwyd i mewn i'r gramen o fannau dyfnach yn wreiddiol.

Mae'n bosibl fod o leiaf bedair elfen adeileddol yn bresennol yng nghylchfa ffawt Môn–Llŷn: Arch-grŵp Monaidd (gwaddodion metamorffig a chreigiau igneaidd yn bennaf), Cymhlyg Coedana (gwenithfeini a gneisau), glas-sgistau Môn (creigiau tra metamorffig a ffurfiwyd o dan welyau cefnforoedd), a Chymhlyg Sarn. Mae'n bosibl fod yr holl greigiau hyn yn perthyn yn wreiddiol i gymhlygion tebyg yn ardal Gander, Newfoundland. Mae'n debyg fod y blociau mawr, di-drefn o **galchfaen** yn rhan uchaf yr Arch-grŵp Monaidd yn arwydd o gwymp ar hyd llethrau dwfn yn y môr; cynnwys y creigiau hyn adeileddau algaidd ffosiledig cyntefig (stromatolitau) a 'bacteria', peth o'r dystiolaeth hynaf, o bosibl, am fywyd yng Nghymru.

Mae'r creigiau Monaidd yn brigo i'r wyneb ar eu mwyaf dramatig yng nghyffiniau Ynys Lawd (**Trearddur**), lle mae modd gweld enghreifftiau gwych o'r plygu a'r ffawtio dwys a achoswyd gan rymoedd anferthol prosesau tectoneg platiau a drifft cyfandirol.

Awgryma olyniaethau Cyn-Gambriaidd y Gororau a'r de fod cysylltiad agos rhyngddynt a'r rhai hynny sy'n nodweddu Platfform Avalon, Newfoundland, a orweddai'n wreiddiol gyferbyn â thirweddau cramennol Gander, yr ochr draw i'r cefnfor. Mae creigiau igneaidd Stanner–Hanter (**Pencraig**) yn 702 miliwn o flynyddoedd oed, y dyddiad dibynadwy hynaf yng Nghymru. Ceir creigiau folcanig tebyg yn ardal **Tyddewi**, **Cas-lai** a'r Garn–Trefgarn (**Nolton a'r Garn** a **Chas-blaidd**) yng ngogledd Sir Benfro, a chreigiau igneaidd mewnwthiol i'r de o **Hwlffordd**. Mae gwaddodion yn gysylltiedig â'r creigiau hyn i gyd, ac yn achos un brigiad bach ger **Caerfyrddin** cafwyd ffosilau slefrod môr, nid annhebyg i ffurfiau a ddisgrifiwyd gyntaf yn ne **Awstralia**.

## Y GORGYFNOD PALAEOSÖIG ISAF (543–417 MILIWN O FLYNYDDOEDD YN ÔL)

Wrth i dde **Prydain** araf symud tua'r gogledd ac i mewn i'r lledredau isdrofannol–trofannol dros gyfnod o 125 miliwn o flynyddoedd, gwaddodwyd creigiau Cambriaidd, Ordofigaidd a Silwraidd mewn basn môr cymharol ddwfn ac ar wely môr sgafell bas a'i hamgylchynai. Yn sgil boddi'r tiroedd Cyn-Gambriaidd hynafol yn ystod y cyfnod Cambriaidd cynnar, ysgubwyd grut, tywod a llaid i mewn i'r môr ac ynddo yr esblygodd ffurfiau newydd ar fywyd morol, gan gynnwys y trilobitau a'r braciopodau cynharaf sy'n cynrychioli elfennau nodweddiadol o ffawna ffosil Cymru. Safai Basn Cymru ar ochr dde-ddwyreiniol Cefnfor Iapetws (yr Iwerydd cyntaf), a orweddai rhwng y rhan fwyaf o'r Ewrop sydd ohoni a **Gogledd America** a'r Ynys Las (Grønland) – er bod dwyrain Newfoundland, ar y pryd, yn gorwedd ar yr ochr 'Ewropeaidd' a'r rhan fwyaf o'r **Alban** ar yr ochr 'Americanaidd' o'r cefnfor. Mae creigiau a ffosilau Cambriaidd o ddwyrain Newfoundland yn hynod debyg i'r rhai hynny yng Nghymru.

Y tywodfeini trwchus sy'n ffurfio Cromlen **Rhinogydd**–Harlech yng **Ngwynedd** yw'r brigiadau mwyaf trawiadol o greigiau Cambriaidd yng Nghymru. Gwaddodwyd y rhan fwyaf o'r dyddodion hyn (Grŵp Grutiau Harlech) ar ffurf bwâu tanfor o ganlyniad i weithgaredd cerhyntau a lifai dan ddylanwad disgyrchiant i lawr llethrau o ardaloedd cyfagos; yng Nghymru yr esboniwyd am y tro cyntaf wir arwyddocâd y creigiau tywodol nodweddiadol hyn, a adwaenir fel tyrfedditau. Prin yw'r dystiolaeth yma o waddodion a ymgasglodd yn ysbeidiol mewn dŵr môr bas. Mae creigiau tebyg yn brigo yn nwyrain Llŷn, yn enwedig yng nghlogwyni dramatig Porth Neigwl a Phorth Ceiriad ar benrhyn Tudwal (**Llanengan**).

Rhywbeth yn debyg yw oed creigiau'r gwregys llechfaen yn ardal **Llanberis–Bethesda–Bangor**. Cerrig llaid ydynt yn bennaf yn eu rhannau uchaf ac fe'u dyddodwyd, yn ôl pob tebyg, mewn cafn dyfnach rhwng Basn Cymru ac 'Ehangdir Môr Iwerddon', a oedd yn graddol ymgodi. Y creigiau mân-ronynnog hyn sydd bellach yn ffurfio'r brigiadau enfawr o lechfaen yn chwareli **llechi** Penrhyn–Llanberis a'r cyffiniau.

Yn y de, mae'r creigiau Cambriaidd, sy'n ffurfio grwpiau Caer-fai, **Solfach** a Mynyw (Menevia), i'w cael yn bennaf yn ardal Tyddewi–Solfach–Niwgwl–Trefgarn, a gellir olrhain eu brigiadau gwych a chymharol ddi-dor yng nghlogwyni

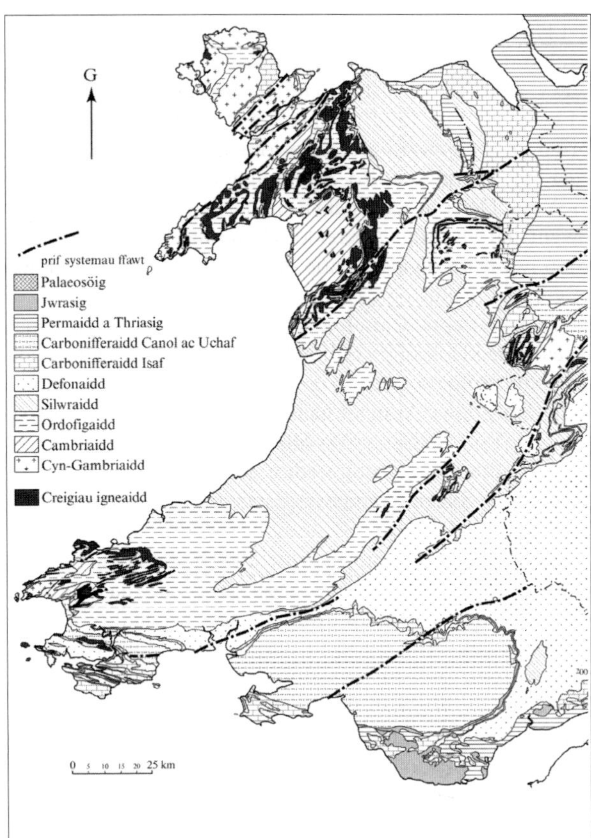


Map daearegol o Gymru

arfordir deheuol Penmaendewi. Gwaddodion morol bas ydynt yn bennaf ac fe'u ffurfiwyd ar sgafell ddeheuol Basn Cymru. Mae'r brigiadau yn Solfach, Porth-y-rhaw a Naw Ffynnon yn enwog am eu ffosilau Cambriaidd, yn enwedig y trilobit mawr *Paradoxides davidis* a ddarganfuwyd gyntaf ganol y 19g.

Ceir brigiadau bach o greigiau Cambriaidd – dyddodion morol bas yn wreiddiol a gynhwysai fraciopodau a thrilobitau ffosil – yn ardal **Llangynog**, **Sir Gaerfyrddin**, hefyd, ac yma awgryma'r dystiolaeth i'r gwaddodion ddod o ehangdir tua'r de.

Yn ystod y cyfnod Ordofigaidd roedd Cymru yn dal i fod yn rhan o fasn morol, ac ynddo ymgasglodd llaid, tywod a grut, ynghyd â gwaddodion llawn calch o amgylch yr ymylon basach. Mae'r creigiau, a'r creaduriaid ffosil sydd ynddynt, o bwysigrwydd rhyngwladol oherwydd caiff y dilyniannau safonol hyn eu defnyddio i ddehongli olyniaethau daearegol ledled y byd (gw. isod, *Daeareg: y ddisgyblaeth*).

Mae un gwahaniaeth mawr rhwng daeareg Ordofigaidd Cymru a daeareg y cyfnod Cambriaidd blaenorol, sef presenoldeb trwch sylweddol o greigiau folcanig. Ymffurfiodd y rhain o ganlyniad i symudiad graddol tua'r gogledd a arweiniodd maes o law at y gwrthdrawiad â chyfandir 'gogledd Americanaidd' Lawrensia. Digwyddodd yr echdoriadau cyntaf ar ddiwedd epoc Tremadog a cheir tystiolaeth i gadarnhau hynny yn ffurf y creigiau folcanig sy'n brigo yng nghyffiniau Rhobell Fawr (**Brithdir a Llanfachreth**). Yna, cofnodwyd y naill episod folcanig ar ôl y llall yn ystod epocau **Arennig**–Llan-fyrn a Charadog. Yn ardal Arennig Fawr–Y Migneint a Llŷn ceir creigiau a lludw folcanig yn dyddio o'r epoc cynharaf, a cheir trwch o greigiau tebyg ar lechweddau'r ddwy **Aran** ac yn ardal **Llanfair-ym-Muallt–Llandrindod**. Mwy eang fyth, fodd bynnag, yw'r creigiau folcanig sy'n brigo yn y clogwyni arfordirol rhwng Ynys Dewi a **Pencaer** ger **Abergwaun**. Roedd canolbwyntiau folcanig mawr ar Ynys Dewi ac yng nghyffiniau Abergwaun, a chanolbwynt llai yn ardal Abereiddi (**Llanrhian**). Echdorrwyd y rhan fwyaf o'r olyniaeth hon dan ddŵr, ac arweiniodd hyn at greu lafâu clustog basaltig.

Yn ystod epoc Caradog, yr ail episod pwysig yn hanes gweithgaredd folcanig y cyfnod Ordofigaidd, bu gweithgaredd folcanig tanfor a daearol grymus ledled **Eryri**, a draw i gyfeiriad y ddwy Aran a **Chadair Idris** tua'r de ac i'r **Berwyn** tua'r dwyrain. Sylfaen yr **Wyddfa** ei hun, yn bennaf, yw olyniaeth o lifau lafa basaltig wedi'u gorchuddio gan waddodion a lludw folcanig tanddwr sy'n cynnwys ffosilau morol.

Tua diwedd y cyfnod Ordofigaidd daeth y gweithgaredd folcanig i ben yn ddisymwth, gan ddynodi diweddglo'r gwrthdrawiad â'r cyfandir 'gogledd Americanaidd'. Tua'r un pryd, ceir tystiolaeth o glaearu byd-eang a gostyngiad o ran lefel y môr; adlewyrchir hyn gan natur y gwaddodi ym Masn Cymru, pan gafodd gwaddodion ar sgafelli agored eu herydu a'u sgubo dan ddylanwad disgyrchiant i mewn i'r cafn dyfnach. Wrth lithro ar i waered, anffurfiwyd y creigiau 'lled-blastig' gan greu nodweddion sydd i'w gweld yn glir yng nghlogwyni **Llangrannog–Ceinewydd** ar lan Bae Ceredigion.

Yn ystod y cyfnod Silwraidd cynnar, tua 440 miliwn o flynyddoedd yn ôl, gorweddai Cymru yn y trofannau deheuol, ac wrth i lefel y môr godi drachefn ymestynnodd y dyfroedd ar draws cafn Cymru a sgafelli bas cyfagos. Yn y môr dyddodwyd llaid, silt a thywod a ddeuai'n rhannol o ehangdir a elwir Pretania (cymharer Prydain), i'r de o Fôr Hafren, wrth i **afonydd** lifo tua'r gogledd. Yng nghyffiniau **Brynbuga** a'r Gororau cyfagos, er enghraifft, lle'r oedd y môr yn fasach, datblygodd riffiau tebyg i'r rheini sy'n ymffurfio ym Môr y Caribî heddiw. Yn y riffiau a'r calchfeini haenog o'u hamgylch ceir toreth o gwrelau, trilobitau, braciopodau ac algâu.

Erbyn diwedd y cyfnod Silwraidd roedd de Prydain wedi graddol wrthdaro â Sgandinafia a chyfandir Gogledd America. O ganlyniad i'r gwrthdrawiad, a roddodd fod i'r symudiadau daear Caledonaidd, cododd y tir a chrëwyd **mynyddoedd** tua'r gogledd, gan beri i'r môr fynd yn fas ac encilio unwaith yn rhagor. Yn ystod y cyfnod hwn, ymddangosodd y **pysgod** dŵr croyw cynharaf yng Nghymru, a thyfai'r **planhigion** fasgwlaidd cyntaf ar y tir.

## Y GORGYFNOD PALAEOSÖIG UCHAF (417–251 MILIWN O FLYNYDDOEDD YN ÔL)

Parhaodd y tir i godi, ynghyd â phroses creu mynyddoedd, o'r cyfnod Silwraidd trwy gydol y cyfnod Defonaidd, pan oedd Cymru yn rhan o ddiffeithdir enfawr a orweddai o boptu'r cyhydedd, gan ymestyn o Ogledd America yr oes hon, ar draws gogledd Ewrop, i Rwsia. Hyd oddeutu 350 miliwn o flynyddoedd yn ôl, llifai afonydd mawr o'r mynyddoedd, gan gludo'r tywod a'r silt coch y ffurfiwyd creigiau'r **Mynydd Du** (Sir Gaerfyrddin a **Phowys**), **Bannau Brycheiniog** a'r **Mynydd Du** (**Sir Fynwy** a Phowys) ohonynt yn ogystal â'r **priddoedd** coch maethlon sy'n nodweddu rhannau helaeth o'r Gororau. Gweddillion y diffeithdir hynafol hwn hefyd yw'r clogwyni tywodfaen coch rhwng **Maenorbŷr** a Barafundle (**Stackpole**), a glannau dyfrffordd **Aberdaugleddau** yn Sir Benfro, ynghyd â rhannau o ddwyrain Môn. Yn yr amgylcheddau cyfandirol a nodweddai'r Hen Dywodfaen Coch, parhaodd fflora'r tir a'r pysgod dŵr croyw i esblygu ac amrywio'n gyflym iawn.

Yn ystod y cyfnod Carbonifferaidd cynnar ymledodd y môr isdrofannol cynnes ar draws y tir unwaith eto, ac ar hyd ymylon gogleddol a deheuol Cymru ymgasglodd gwaddodion llawn calch ac ynddynt gwrelau niferus. Ffurfiwyd pentiroedd y Gogarth a Rhiwledyn (Trwyn y Fuwch) ger **Llandudno** a tharren Eglwyseg (**Llandysilio-yn-Iâl**) ger **Llangollen** o'r Calchfaen Carbonifferaidd trwchus y rhoddodd y dyddodion llawn calch fod iddo. Yr un math o graig sy'n ffurfio rhimyn maes **glo**'r de a chlogwyni godidog arfordir deheuol **Gŵyr** a phenrhyn **Castellmartin**, ardal lle ceir mordyllau trawiadol a bwa nodedig Pont y Creigiau.

Ymhen amser llanwodd y moroedd bas â thywod a llaid a gâi eu cludo gan afonydd a lifai o ucheldiroedd canolbarth Cymru, gan ffurfio deltâu mawr a gwastadeddau arfordirol eang ar hyd glannau deheuol a gogleddol y wlad. Ar y gwastadeddau corsiog hyn tyfai fforestydd isdrofannol, nid annhebyg i Fytholwerni talaith Florida heddiw. O bryd i'w gilydd, ac am gyfnodau byr, boddid y tyfiant toreithiog gan y môr a throdd y llystyfiant marw yn haenau trwchus o **fawn**. Ailadroddwyd yr hanes cylchredol dro ar ôl tro a chafodd yr haenau o fawn eu claddu a'u cywasgu, gan ffurfio, ymhen amser, y gwythiennau glo yng Nghystradau Glo meysydd glo'r gogledd-ddwyrain a'r de. Yn y creigiau hyn ceir toreth o blanhigion ffosil wedi'u cadw mewn cyflwr ardderchog.

Tua 300 miliwn o flynyddoedd yn ôl, ar ddechrau'r cyfnod Permaidd, cafodd y fforestydd glo eu difa wrth i'r tir ymgodi unwaith eto a throi Cymru yn ddiffeithdir mynyddig. Hyd oddeutu 250 miliwn o flynyddoedd yn ôl, nodweddid yr ardal gan erydiad dwys.

## Y GORGYFNOD MESOSÖIG (251–65 MILIWN O FLYNYDDOEDD YN ÔL)

Trwy'r rhan fwyaf o'r cyfnod Triasig parhâi Cymru i fod yn ddiffeithdir ucheldirol lle'r oedd erydiad yn drech na dyddodiad; prin yw'r creigiau sy'n perthyn i'r cyfnod hwn. Mewn ardaloedd ymylol, fodd bynnag, ceir sgrïau a haenau o silt a llaid a ddyddodwyd gan afonydd. O bryd i'w gilydd, ymgasglodd malurion bras mewn wadïau, cynnyrch fflachlifau ysbeidiol. Yn ôl pob tebyg, trwytholchiad y dyddodion tra ocsideiddiedig hyn oedd tarddiad y gwaddodion mwyn **haearn** (hematit) pwysig a geir mewn Calchfaen Carbonifferaidd yng nghyffiniau **Llanhari**. Yn **Sir Forgannwg** mae creigiau'r cyfnod Triasig Uchaf yn cynnwys ffosilau o ffawna daearol lled amrywiol, gan gynnwys esgyrn prin deinosoriaid, nifer o olion traed deinosoriaid, a gweddillion ysgerbydau rhai o'r **mamaliaid** cynharaf y gwyddys amdanynt. Wrth i'r cyfnod Triasig ddirwyn i ben, tua 200 miliwn o flynyddoedd yn ôl, dechreuodd y môr ymledu ar draws y tir o'r de unwaith eto, gan ymestyn o safle presennol Môr Hafren i Fôr Iwerddon tua'r gorllewin. Yn y gwaddodion morol ceir amrywiaeth mawr o ffosilau o greaduriaid a chanddynt asgwrn cefn a rhai di-asgwrn-cefn.

Parhaodd tresmasiad y môr trwy'r cyfnod Jwrasig cynnar a deuir ar draws creigiau'r cyfnod ar hyd arfordir **Bro**

**Morgannwg** ac yn nhwll turio Mochras (**Llanbedr**). Mae'r calchfeini llwydlas a hufennog eu lliw sy'n nodweddu clogwyni arfordirol Morgannwg, creigiau y gellir eu holrhain o **Benarth** trwy'r **Rhws**, **Llanilltud Fawr** a'r As Fach (Nash) (**Sain Dunwyd**) i Aberogwr, yn cynnwys clystyrau cyfoethog o ffosilau môr bas. Dyddodwyd y gwaddodion hyn yn rhannol o amgylch **ynysoedd** a ffurfiai archipelago ar draws de Cymru. Mae'r olyniaeth drwchus o greigiau Jwrasig Isaf ym Mochras, a ddarganfuwyd yn 1968, yn dystiolaeth fod basn Mesosöig dwfn ym Mae Ceredigion. Yma, dilyna'r arfordir linell ffawt sy'n dadleoli'r creigiau Jwrasig dros bellter fertigol o 1,000m gan eu dwyn i gysylltiad â chreigiau Cambriaidd y tir mawr.

Nid oes tystiolaeth am fodolaeth unrhyw greigiau Jwrasig mwy diweddar neu greigiau Cretasig ar hyd a lled Cymru. Fodd bynnag, mae deongliadau diweddar yn awgrymu bod môr bas, cynnes yn gorchuddio'r wlad am y rhan fwyaf o'r cyfnod hwn, a bod unrhyw waddodion a ddyddodwyd bryd hynny wedi'u herydu a'u hysgubo ymaith yn ddiweddarach. Mae'n bosibl fod gorchudd o sialc dros y tir erbyn diwedd y cyfnod Cretasig, 65 miliwn o flynyddoedd yn ôl, pan oedd Cymru wedi cyrraedd ei lleoliad presennol, fwy neu lai, ar ôl araf symud tua'r gogledd o'r trofannau. Dechreuodd cefnfor presennol yr Iwerydd ymagor yn ystod y cyfnod Jwrasig, gan ddod â'r tir dan ddylanwad **hinsawdd** arforol dymherus.

## Y GORGYFNOD CAINOSÖIG (65 MILIWN O FLYNYDDOEDD YN ÔL HYD Y PRESENNOL)

Yn ystod y cyfnodau Paleogen a Neogen, rhwng oddeutu 65 miliwn ac 1.8 miliwn o flynyddoedd yn ôl, y cododd tir Cymru ei ben uwchlaw'r môr, a hynny o ganlyniad i bylsiadau hirfaith symudiadau daear a esgorodd ar ymgodiad ac erydiad. Hyd y gwyddys, dim ond yng Ngwynedd – gan gynnwys Mochras – a de-orllewin y wlad y ceir gwaddodion daearol o'r cyfnodau hyn. Yn ystod yr ymgodiad ffurfiwyd rhai o fewnwthiadau igneaidd Gwynedd. Sefydlwyd patrwm sylfaenol tirffurf Cymru a'r patrwm draeniad yn ystod y gorgyfnod hwn. Gan fod erydiad yn drech na gwaddodiad, nid oes y nesaf peth i ddim tystiolaeth o esblygiad anifeiliaid na phlanhigion yng Nghymru yn ystod y Gorgyfnod Cainosöig, adeg pan oedd ffawna a fflora 'modern', gan gynnwys mamaliaid a glaswelltiroedd, yn disodli'r ffawna a'r fflora hŷn, cyn-Gainosöig, mewn mannau eraill.

Tua 1.8 miliwn o flynyddoedd yn ôl dechreuodd hinsawdd y byd oeri, proses a barhaodd hyd 11,500 o flynyddoedd yn ôl ac a esgorodd ar yr Oes Iâ, a chwaraeodd ran hollbwysig yn y gwaith o lunio tirffurfiau presennol Cymru. Nodweddid yr Oes Iâ gan gyfnodau rhewlifol a chyfnodau rhyngrewlifol cynhesach. Hyd y gwyddys, y bobl gyntaf i ymgartrefu yng Nghymru – Neanderthaliaid cynnar – oedd y rheini a ymgartrefodd yng ngogledd-ddwyrain y wlad yn ystod cyfnod rhyngrewlifol tua 200,000 o flynyddoedd yn ôl. Pan oedd y rhewlifiant diwethaf yn ei anterth, tua 20,000 o flynyddoedd yn ôl, gorchuddiai llen iâ Cymru bob rhan o'r tir ac eithrio Bro Morgannwg, de Gŵyr a de Penfro, a meddiannai llen iâ fawr fasn Môr Iwerddon. Yn y gogledd, cerfiodd rhewlifau mawr gafnau rhewlifol megis Nant Ffrancon a Nant Peris, ynghyd â pheirannau a chribau niferus **Eryri** a'r ardaloedd cyfagos. Erydiad rhewlifol a fu'n gyfrifol am y basnau dwfn y mae rhai o **lynnoedd** Cymru yn eu llenwi.

Gyda chymaint o ddŵr ynghlo mewn llenni iâ, gostyngodd lefel y môr dros 100m gan droi Môr Hafren a Môr Iwerddon yn dir sych. Wrth i'r iâ araf ddadmer rhwng 18,000 ac 11,500 o flynyddoedd yn ôl, cododd lefel y môr unwaith eto a dechreuodd arfordir Cymru ddod i'w ffurf bresennol. Wrth iddynt encilio gwasgarai'r llenni iâ a'r rhewlifau feini dyfod rif y gwlith a thrwch o waddodion rhewlifol ar hyd a lled y wlad, deunydd sydd bellach yn dylanwadu ar batrymau llystyfiant ac **amaethyddiaeth**. Mae hindreuliad, erydiad a dyddodiad yn dal i araf drawsnewid ffurf y tirwedd (gw. **Tirffurfiau, Tirwedd a Thopograffeg**).

### *Daeareg gwely'r môr*

Hyd y 1960au ychydig iawn a oedd yn hysbys am ddaeareg gwely'r moroedd o amgylch Cymru, neu mewn unrhyw ran arall o'r byd o ran hynny; tybiwyd yn gyffredinol fod daeareg y tir mawr yn ymestyn ar draws y sgafell gyfandirol heb newid fawr ddim. Byddai'r mwyafrif o'r hen ddaearegwyr yn rhyfeddu o glywed bod llawer o'r creigiau ar wely'r moroedd y tu hwnt i arfordir Cymru yn fwy diweddar o lawer na'r creigiau Palaeosöig a geir, yn bennaf, ar y tir mawr. Fodd bynnag, ceisiodd rhai o'r daearegwyr cynnar hirben ddod i gasgliadau ynglŷn ag oed creigiau gwely'r môr. Yn 1919 lluniodd **Edward Greenly** fap bras yn dangos strata Mesosöig ym Môr Iwerddon – yn seiliedig ar ddosbarthiad meini dyfod estron mewn gwaddodion rhewlifol ar arfordir Môn – ac yn 1952 damcaniaethodd **O. T. Jones** fod creigiau Triasig yn bresennol ym Mae Ceredigion.

Yn y 1960au bu'r gwaith ymchwil ym Mae Ceredigion ac ar ei lannau yn ddylanwad mawr ar y newid meddwl sylfaenol ynglŷn â daeareg sgafelli cyfandirol. Pan brofodd cynnwys craidd twll turio **Alan Wood** ym Mochras ddiwedd y 1960au (gw. uchod) fod y creigiau gwaddod yn fwy diweddar nag a dybiwyd, roedd yn anodd credu y gallai'r fath drwch o strata Mesosöig fod yn bresennol o fewn ergyd carreg i ddilyniant clasurol Cambriaidd Cromen Harlech.

Dengys mapiau Arolwg Daearegol Prydain fod amlinell sylfaenol Cymru, yn y bôn, yn dilyn ffin y creigiau Mesosöig a Chainosöig sy'n llenwi'r basnau gwaddodol o amgylch y wlad; dim ond yn ne Morgannwg ac yn Nyffryn **Clwyd** y mae'r creigiau ifainc yn brigo ar y tir mawr. Ar hyd arfordir Bae Tremadog a gogledd Cymru y mae'r gyfatebiaeth agosaf rhwng y ffin Mesosöig/Cainosöig a'r arfordir presennol. O amgylch Sir Benfro, Llŷn a Môn mae'r creigiau Palaeosöig yn brigo ymhell y tu hwnt i'r glannau. Wrth reswm, nodwedd dros dro yw amlinell yr arfordir presennol, sy'n siŵr o newid wrth i lefel y môr godi a gostwng; eto i gyd, bydd Cymru yn aros yn fewngraig neu'n 'ynys' o greigiau hŷn, mwy gwydn, wedi'i hamgylchynu gan strata mwy diweddar a chymharol hawdd i'w herydu.

Darganfod basnau gwaddodol Mesosöig y tu hwnt i'r arfordir a arweiniodd at y chwilio am hydrocarbonau yn nyfroedd Cymru, oherwydd mewn creigiau o'r cyfnod hwn yn bennaf y cafwyd hyd i **olew** ym Môr y Gogledd. Ym Môr Iwerddon, cafwyd hyd i feysydd nwy mawr ym Maes Bae Morecambe i'r gorllewin o Blackpool. Yn dilyn y darganfyddiad pwysig hwn, cafwyd hyd i feysydd eraill ymhellach i'r de; mae maes olew Douglas a rhan o faes nwy Hamilton wedi'u lleoli yn yr hyn y gellid ei ddiffinio fel sector Cymru o Fôr Iwerddon. Yn 1990 y darganfuwyd maes olew

Mwyn sylffid plwm: galena

Douglas ac ynddo gronfa adenilladwy dybiedig o 11.69 miliwn o dunelli metrig; dechreuwyd cynhyrchu olew yno yn 1996. Hyd yn hyn, aflwyddiannus fu'r arolygon seismig a'r gwaith drilio ym Mae Caernarfon, Bae Ceredigion a Sianel San Siôr.

Mae a wnelo gwahaniaeth arall rhwng daeareg gwely'r môr a'r tir mawr â thrwch y dyddodion rhewlifol Cwaternaidd; at ei gilydd, tenau ydynt ar y tir ond y tu hwnt i'r arfordir maent yn fwy trwchus o lawer. At hynny, gorweddai ffin ddeheuol iâ'r rhewlifiant diwethaf ychydig i'r gogledd o arfordir y de, ond roedd ymhellach o lawer i'r de yn Sianel San Siôr. Tua'r gorllewin mae'r gwaddodion hyn dros 100m o drwch dros ardal eang, ac yn lleol maent dros 400m ar lawr sianeli, lle bu erydiad yn ddwys iawn. Ym Môr Hafren a Bae Lerpwl caiff y dyddodion Cwaternaidd hyn eu cloddio gan eu bod yn ffynonellau gwerthfawr o dywod a graean.

Mae daeareg tir mawr Cymru wedi cael dylanwad mawr ar ddatblygiad economaidd a chymdeithasol y wlad, ond prin y datblygwyd yr adnoddau tanfor. Efallai mai felly y bydd, er bod llawer eto i'w ddysgu am ddaeareg gwely môr Cymru.

### *Mwynau*

Mae Cymru yn meddu ar gronfa gyfoethog ac amrywiol o fwynau, a hyd yma cofnodwyd dros 350 o wahanol fathau. Mae rhai yn adnabyddus ledled y byd am eu ceinder, megis milerit (sylffid nicel prin iawn) sydd i'w ganfod ar ffurf crisialau hynod drawiadol, tebyg i nodwyddau, mewn cnepynnau o haearnfaen clai yng Nghystradau Glo'r de. Yr un mor enwog yw'r crisialau cain o frwcit (ocsid titaniwm) y cafwyd hyd iddynt ym Mhren-teg ger **Porthmadog**, ac a ddarluniwyd mor gynnar â 1809 gan y mwynolegwr enwog James Sowerby yn nhrydedd gyfrol ei lyfr *British Mineralogy*. Yn ôl pob tebyg, crisialau o'r safle hwn a ddefnyddiwyd gan Lévy, y mwynolegwr Ffrengig, wrth iddo lunio'r disgrifiad ffurfiol cyntaf o'r mwyn yn 1825.

Cafodd nifer o fwynau eraill eu cofnodi am y tro cyntaf yng Nghymru, er enghraifft anglesit (sylffad plwm), a enwyd ar ôl Ynys Môn (*Anglesey*), cymrit (hydrad hydrocsid silicad alwminiwm bariwm cymhleth), a enwyd ar ôl Cymru, bannisterit (silicad alwminiwm sodiwm bariwm), bramalit (mica yn llawn sodiwm) a dicit (mwyn clai), pob un wedi'i enwi ar ôl mwynolegwyr enwog, a phennantit, a enwyd ar ôl **Thomas Pennant**. Yn fwy diweddar, darganfuwyd namuwit (hydrad hydrocsid sylffad copr sinc) ym mwynglawdd Aberllyn ger **Llanrwst**, a enwyd ar ôl **Amgueddfa [Genedlaethol] Cymru** (*National Museum Wales*). Ymhlith y mwynau prin iawn eraill a ddarganfuwyd yng Nghymru y mae'r ail gofnod yn y byd o alecsit (sylffid bismwth telwriwm plwm), y cadarnhawyd ei bresenoldeb yn 1990 ar sbesimen o fwynglawdd Dewi Sant (**Llanelltud**).

Yn fwynyddol, efallai fod Cymru yn fwyaf adnabyddus am ei **haur**. Fe'i cloddiwyd gan y **Rhufeiniaid** yn Nolaucothi (**Cynwyl Gaeo**), lle mae'r metel i'w ganfod ar ffurf gronynnau microsgopig mewn arsenopyrit (mwyn sylffid haearn arsenig) nad oes modd eu gweld, fel rheol, â'r llygad noeth. Mae'r aur o ardal Dolgellau, ar y llaw arall, ar ffurf gronynnau gweladwy sydd, fel rheol, yn gysylltiedig â chwarts.

Fodd bynnag, mwynau sylffid **plwm** (galena) a **chopr** (calcopyrit) ac, yn ddiweddarach, sinc (sffalerit) oedd y metelau pwysicaf a gafodd eu cloddio yng Nghymru. Roedd y meysydd mwynol pwysicaf wedi'u lleoli yn y gogledd-ddwyrain, Eryri a'r canolbarth. Mae astudiaethau diweddar yng nghanolbarth Cymru wedi datgelu bod y gwythiennau'n cynnwys llawer o gobalt a nicel sy'n deillio o bresenoldeb y mwynau prinnach ulmanit (sylffid antimoni nicel), siegenit (sylffid cobalt nicel) a gersdorffit (sylffid arsenig nicel). Cynhyrchodd rhai o fwyngloddiau'r ardal arian hefyd, o ganlyniad i bresenoldeb tetrahedrit (sylffid antimoni sinc arian haearn copr).

Hen fwynglawdd copr hynotaf Cymru yw **Mynydd Parys, Amlwch**, a oedd am gyfnod byr ar ddiwedd y 18g. yn brif ffynhonnell mwyn copr y byd. Yn wahanol i ddyddodion copr Eryri neu ganolbarth Cymru, lle mae'r mwyn i'w ganfod mewn gwythiennau llawn cwarts, mae copr Mynydd Parys i'w gael ar ffurf cyfres o ddyddodion swmpus sy'n cynnwys cymysgedd o galcopyrit, galena a sffalerit, a grëwyd wrth i hylifau poeth, llawn mwynau gael eu gollwng i'r môr naill ai ar ddiwedd y cyfnod Ordofigaidd neu yn ystod y cyfnod Silwraidd cynnar. Ar wahân i'r ffaith mai hwn yw'r safle lle disgrifiwyd anglesit (sylffad plwm) am y tro cyntaf, mae mwynoleg Mynydd Parys o gryn bwysigrwydd oherwydd yr amrediad amrywiol o fwynau sylffad eraill sy'n bresennol, megis jarosit, halotrichit, copiapit a melanterit (oll yn sylffadau haearn), piceringit (sylffad magnesiwm), calcanthit (sylffad copr), barytes (sylffad bariwm) ac anhydrit (sylffad calsiwm), llawer ohonynt wedi'u gwaddodi o ddyfroedd tra asidig y mwynglawdd o ganlyniad i ddadelfeniad mwynau sylffid haearn gwreiddiol yn ystod y cyfnod wedi i'r gwaith gau.

Cafodd yr amrywiol fwynau ledled Cymru eu hindreulio cyn ac ar ôl iddynt gael eu cloddio. Yn sgil hyn, datblygodd amrediad o fwynau eilaidd cymhleth a phrin weithiau, mwynau sylffad, carbonad a ffosffad yn bennaf, gan gynnwys lawtenthalit, langit, ceriwsit, hydroceriwsit, hydrosincit, elyit, wlffenit, schulenbergit, schmiederit, pyromorffit, brochantit ac awricalsit.

Bu cloddio am fwynau haearn a manganîs dros gyfnod hir yng Nghymru. Yn y gogledd, cloddid haenau o gamosit (silicad alwminiwm haearn) mewn strata yn dyddio o'r cyfnod Ordofigaidd, ac yn y de hematit a goethit (ill dau yn ocsidau haearn) a geir ar ffurf sypiau mawr mewn calchfeini Carbonifferaidd. Câi manganîs ei gloddio mewn un mwynglawdd yn y de, sef Tŷ Coch (**Porth-cawl**); mae'r mwynau o'r safle hwn yn cynnwys y mwyn prin iawn pyrobelonit (fanadad manganîs plwm), na chofnodwyd mohono ond mewn un man arall yn y byd. Mewn mwynau manganîs a godwyd o fwyngloddiau Rhiw a Nant (**Llanbedrog**) yn Llŷn cafwyd hyd i amrediad o fwynau newydd a phrin iawn, gan gynnwys banalsit, celsian (silicad alwminiwm bariwm), bannisterit, cymrit, paracelsian (silicad alwminiwm bariwm), ganoffylit (hydrocsid silicad magnesiwm alwminiwm manganîs potasiwm) a phennantit. Yn ardal Cromen Harlech cloddid manganîs o ddyddodion mwynol haenog coch a melyn y cyfnod Cambriaidd, dyddodion sy'n cynnwys spesartin (garned llawn manganîs), rhodonit (silicad calsiwm magnesiwm haearn manganîs) a rhodocrosit (carbonad manganîs) yn bennaf.

Fodd bynnag, ni fanteisiwyd ar bob gwaddodyn mwynol a allai fod o werth masnachol. Ganol y 1970au darganfuwyd gwaddodyn mawr o gopr porffyri yng Nghoed y Brenin, **Sir Feirionnydd**. Datgelodd gwaith ymchwil gronfa dybiedig o 200 miliwn tunnell fetrig o fwyn copr ac ynddo 0.3% o gopr, ond gan y byddai'n rhaid agor mwynglawdd brig i'w gloddio a bod yr ardal ym Mharc Cenedlaethol Eryri penderfynwyd peidio â bwrw ymlaen â'r fenter.

*Daeareg: y ddisgyblaeth*

Hyd yn oed cyn i ddaeareg ddod yn ddisgyblaeth wyddonol gymeradwy ar ddiwedd y 18g., cofnodwyd rhai sylwadau craff am nodweddion daearegol Cymru fel rhan o astudiaethau natur. Yn 1595 cafwyd gan **George Owen**, Henllys, ddisgrifiad rhyfeddol o gywir o frig y Calchfaen Carbonifferaidd o amgylch maes glo'r de, ac yn 1699 cyhoeddodd **Edward Lhuyd**, un o sylfaenwyr palaeontoleg wyddonol ym Mhrydain, y catalog systematig cyntaf o ffosilau Prydain; mae ei waith yn cynnwys y darluniau cyntaf o drilobitau a ddarganfuwyd yng Nghymru.

Pan gafodd daeareg ei sefydlu roedd yn fath newydd o wyddor. Dyma'r gyntaf a wnelai'n bennaf â hanes natur ac oed y Ddaear. Roedd y pwyslais yn ystod y rhan fwyaf o'r 19g. ar ddisgrifio, dosbarthu, nodi cydberthynas a dehongli dilyniannau neu olyniaethau o strata ar sail eu ffosilau, hyd y gellid, ac ar lunio tabl cyfansawdd neu golofn o systemau neu benodau a fyddai'n dderbyniol yn rhyngwladol.

Arweiniodd gwaith arloesol o'r 1830au ymlaen ar rai o'r creigiau hŷn a chymharol anadnabyddus a orweddai o dan strata'r Hen Dywodfaen Coch yng Nghymru at gydnabod bodolaeth tri chyfnod daearegol y rhoddwyd iddynt enwau a chanddynt gysylltiadau amlwg â Chymru. Enwyd y cyfnod diweddaraf, sef y Silwraidd, yn 1835 ar ôl y **Silwriaid**, gan Roderick Impey Murchison (1792–1871); a'r hynaf, sef y Cambriaidd (gw. **Cambria**), a oedd yn seiliedig ar greigiau gogledd-orllewin Cymru, gan Adam Sedgwick (1785–1873), eto yn 1835; ac yn y canol, yr Ordofigaidd (ar ôl yr **Ordofigiaid**), yr enw a awgrymwyd gan Charles Lapworth (1842–1920) yn 1879 ar gyfer cyfnod a gynhwysai rannau o'r Silwraidd a'r Cambriaidd. Ymhen amser, derbyniwyd y tri enw ym mhedwar ban byd. Roedd pedwerydd cyfnod, y Carbonifferaidd, a seiliwyd yn rhannol ar greigiau maes glo'r de, eisoes wedi'i enwi gan **W. D. Conybeare** yn 1822. Mae enwau Cymreig eraill – Cyfres Tremadog, Cyfres Arennig, Cyfres Llan-fyrn a Chyfres Llandeilo – wedi ennill rhyw gymaint o gydnabyddiaeth ryngwladol wrth iddynt gael eu dewis yn enwau ar israniadau diffiniedig y cyfnod Ordofigaidd.

Yn cydoesi â'r arloeswyr unigol, roedd y criw cyntaf o ddaearegwyr a oedd yn aelodau o'r Arolwg Daearegol Ordnans gwreiddiol (Arolwg Daearegol Prydain bellach). Aethant hwy ati i wneud astudiaeth systematig o Gymru gyfan a'r Gororau yn ystod y cyfnod rhwng 1838 a chanol y 1850au, yn ogystal â gwaith diweddaru hyd 1880. Roedd ffrwyth eu llafur yn rhagori ar astudiaethau blaenorol ac yn paratoi'r ffordd ar gyfer llunio mapiau daearegol ar raddfa fawr ynghyd â thrawsdoriadau a thoriadau fertigol perthynol, a oedd yn ddigon mawr i ddangos lleoliad pob gwythïen lo gynhyrchiol yn y ddau faes glo yng Nghymru. Ceir enghreifftiau eraill o waith arloesol yng nghyhoeddiadau Andrew C. Ramsay, a sylweddolodd arwyddocâd llwyfandiroedd uchel canolbarth Cymru – nodwedd hynotaf **daearyddiaeth** ffisegol y wlad – a rôl yr erydiad rhewlifol a greodd y creicafnau y cronnwyd llawer o lynnoedd y gogledd-orllewin ynddynt.

Wrth i gadeiriau daeareg gael eu sefydlu yn nhri choleg cyfansoddol **Prifysgol Cymru** yn ystod dau ddegawd cyntaf

## GRADDFA AMSER DDAEAREGOL

| GOR-GYFNOD | CYFNOD | OED (miliynau o flynyddoedd yn ôl) | CRYNODEB O HANES DAEAREGOL CYMRU |
|---|---|---|---|
| **CAINOSÖIG** | | | |
| | Holosen | 0.01 (10,000 o flynyddoedd yn ôl) – presennol | Iâ yn dadmer ar ddiwedd y cyfnod rhewlifol diwethaf a lefel y môr yn codi a boddi gwastadeddau arfordirol. Dyddodi llifwaddod, a mawn yn ymffurfio; datblygiad pellach patrwm draeniad a fflora a ffawna y cyfnod presennol. Gweithgaredd dyn yn newid tirffurfiau. |
| | Pleistosen | 1.8–0.01 | Oes yr Iâ; cyfnodau rhewlifol a chyfnodau rhyngrewlifol mwynach am yn ail. Y rhewlifiant diwethaf yn ei anterth tua 20,000 o flynyddoedd yn ôl, a'r rhewlifau bach olaf yn diflannu o fynyddoedd Eryri a Bannau Brycheiniog 11,500 o flynyddoedd yn ôl. Erydiad rhewlifol yn newid pryd a gwedd tirffurfiau; dyddodi gwaddodion rhewlifol. Pobl Neanderthalaidd, y bodau dynol cyntaf y gwyddys amdanynt yng Nghymru, yn byw yn Ogof Bont Newydd (**Cefn Meiriadog**) tua 200,000 o flynyddoedd yn ôl. |
| | Neogen | 23–1.8 | Symudiadau daear; ymgodiad ac erydiad. Dyddodi gwaddodion daearol Palaeogen diweddar a Neogen cynnar sydd i'w canfod yn unig yn nhwll turio Mochras (Llanbedr) ac mewn mannau yn ne-orllewin a gogledd-ddwyrain Cymru. Creigiau |
| | Palaeogen | 65–23 | igneaidd mewnwthiol Palaeogen cynnar yng ngogledd-orllewin Cymru. Sefydlu tirffurf a phatrwm draeniad sylfaenol y wlad. |
| **MESOSÖIG** | | | |
| | Cretasig | 140–65 | Ni wyddys am greigiau o'r cyfnod hwn yng Nghymru, ond yr hinsawdd yn gynnes a môr sialc, yn ôl pob tebyg, yn ymestyn ar draws y rhan fwyaf o'r tir. Unrhyw waddodion yn dyddio o'r cyfnod hwn yn cael eu herydu a'u hysgubo ymaith yn ddiweddarach. |
| | Jwrasig | 195–140 | Creigiau morol y cyfnod Jwrasig Isaf i'w canfod ym Mro Morgannwg a thwll turio Mochras, ynghyd â gwaddodion trwchus mwy diweddar ym masnau Môr Hafren a Bae Ceredigion. Môr bas cynnes yn ymestyn dros Gymru gyfan, o bosibl, gydol y cyfnod, er nad oes tystiolaeth uniongyrchol i gadarnhau'r ddamcaniaeth. |
| | Triasig | 251–195 | Amodau daearol cras a lled-gras a thystiolaeth o fflachlifau ysbeidiol. Olion traed deinosoriaid a gweddillion mamaliaid cynnar ym Mro Morgannwg. Y môr yn ymestyn dros y de ar ddiwedd y cyfnod. |
| **PALAEOSÖIG** | | | |
| UCHAF | Permaidd | 298–251 | Ymgodiad a chreu mynyddoedd (yr Orogeni Farisgaidd). Erydiad ar draws y rhan fwyaf o Gymru, a gwaddodion diffeithdiroedd yn ymgasglu ar gyrion y wlad. |
| | Carboniferaidd | 354–298 | Tresmasiad y môr yn gynnar yn y cyfnod yn arwain at ledaeniad moroedd isdrofannol cynnes ac ynddynt doreth o gwrelau a braciopodau; dyddodi gwaddodion carbonad dros ardal eang sydd bellach yn ffurfio'r Calchfaen Carboniferaidd. Y môr yn cilio yng nghanol y cyfnod a dyddodion deltaidd yn ymgasglu dros ardal eang. Fforestydd toreithiog ar wastadeddau arfordirol a deltâu yn ystod y cyfnod Carboniferaidd diweddar; mawn yn ymffurfio ac yn creu gwythiennau glo'r Cystradau Glo. |
| | Defonaidd | 417–354 | Ymgodiad a chreu mynyddoedd (yr Orogeni Caledonaidd) yn parhau o'r cyfnod Silwraidd, ac yn arwain at ddyddodi gwaddodion afon a llifwaddod yr Hen Dywodfaen Coch ar draws y rhan fwyaf o Gymru. Planhigion tir a physgod dŵr croyw yn esblygu ac yn amrywio'n gyflym. |
| ISAF | Silwraidd | 443–417 | Dyddodi tywod, silt a llaid morol, ynghyd â gwaddodion carbonad yn lleol gan gynnwys riffiau isdrofannol ar hyd y Gororau ac yn ne-ddwyrain Cymru. Llosgfynyddoedd yn ne-orllewin y wlad. Tir sych a deltâu ar draws de Cymru. Y môr yn mynd yn fasach ac yn cilio tua diwedd y cyfnod, gan esgor ar amodau daearol dros ardal eang. Ymddangosiad planhigion tir a'r pysgod cynharaf yng Nghymru. |
| | Ordofigaidd | 490–443 | Dyddodi grut, tywod a llaid morol, ynghyd â gwaddodion carbonad yn lleol. Gweithgaredd folcanig tanfor a daearol helaeth iawn yng ngogledd, canolbarth a de-orllewin Cymru. Creaduriaid ffosil yn fwyfwy amrywiol, gan gynnwys y cwrelau cyntaf. |
| | Cambriaidd | 543–490 | Tresmasiad y môr a dyddodi haenau o grut, tywod a llaid. Ffosilau niferus am y tro cyntaf, gan gynnwys y trilobitau a'r braciopodau cynharaf. |
| **CYN-GAMBRIAIDD** | | | |
| | | 4,600–543 | Y creigiau hynaf yng Nghymru (tua 700 miliwn o flynyddoedd oed), ond gallant fod yn hŷn. Tystiolaeth o amodau morol ysbeidiol a gweithgaredd folcanig, a chyfnodau o blygu a ffawtio, ymgodiad ac erydiad. Slefrod môr o Sir Gaerfyrddin ac algâu cyntefig o Fôn, sy'n dyddio o'r cyfnod Cyn-Gambriaidd diweddar, yw ffosilau cynharaf Cymru. |

yr 20g., cafodd rhannau helaeth o'r wlad eu hailastudio yn fanylach fyth, gan ddefnyddio dulliau stratigraffig, palaeontolegol a phetrograffig mwy soffistigedig.

Yn ystod y blynyddoedd wedi'r **Ail Ryfel Byd**, crëwyd disgyblaethau newydd: geoffiseg yng **Nghaerdydd** ac **Abertawe**; geocemeg yn Abertawe; palaeobotaneg yng Nghaerdydd a **Bangor**; palaeoecoleg yn Abertawe; daeareg forol ym Mangor; micropalaeontoleg yn **Aberystwyth** ac Abertawe; geomorffoleg ac astudiaethau Cwaternaidd yn Aberystwyth. Yn y 1990au, ar gais y **llywodraeth**, aeth yr Arolwg Daearegol ati i ailfapio maes glo'r de dros gyfnod o 15 mlynedd ac asesu potensial economaidd y meysydd mwyn, yn enwedig yng nghanolbarth a gogledd Cymru.

Pan dderbyniwyd damcaniaeth tectoneg platiau yn y 1960au, newidiwyd persbectif y rhan fwyaf o ymchwilwyr. Yn benodol, llwyr newidiodd canlyniadau annisgwyl y twll turio dwfn ar lan môr Mochras yn 1968 ddealltwriaeth daearegwyr ynglŷn â hanes daearegol de Prydain.

Mae swyddogaeth Cymru dros ddegawdau lawer fel un o brif feysydd hyfforddi daearegwyr ifainc yn seiliedig ar arwyddocâd hanesyddol cynifer o'i safleoedd, gwychder ac amrywiaeth anhygoel ei daeareg, ei ffisiograffeg a'i mwynoleg ac ystyried maint y wlad, a'i hagosrwydd at y rhan fwyaf o brifysgolion Prydain.

Mae patrwm yr adrannau academaidd wedi newid yn ddirfawr oddi ar y 1980au. Yn 1989 unwyd yr adrannau yn Abertawe a Chaerdydd yng Nghaerdydd. Tua'r un pryd, ymgorfforwyd yr adran mwynau (mwyngloddio yn wreiddiol) a'r adran astudiaethau morol yng Nghaerdydd yn yr adran ddaeareg. Yn 1996 rhoddwyd y gorau i ddysgu daeareg fel pwnc gradd anrhydedd yn y Sefydliad Gwyddorau Daear yn Aberystwyth. Yng Nghaerdydd, sydd â 40 aelod o staff ar hyn o bryd, ceir grwpiau ymchwil mewn palaeobioleg, prosesau cramennol a geoamgylchedd, geomorffoleg rewlifol, palaeoeigioneg ac ymchwil meysydd glo.

Y datblygiadau sefydliadol pwysicaf mewn daeareg gymhwysol yng Nghymru fu creu'r **Bwrdd Glo Cenedlaethol** yn 1946, a'i adrannau yn ymdrin â chloddio dwfn, glo brig ac ymchwil, ynghyd â sefydlu yn **Llanddulas** (**Llandudno** yn ddiweddarach), yn 1961, Gwmni Ymchwil Robertson, sy'n ymgymryd ag ystod eang o waith daearegol cymhwysol ym mhedwar ban byd. Datblygiad arwyddocaol arall oedd penderfyniad Arolwg Daearegol Prydain i agor swyddfa Cymru yn **Llanfarian** yn 1980 yn rhannol i ddarparu mapiau daearegol cyfoes a manwl o Gymru (ond fe'i caewyd yn 1994).

Yn rhannol, gellir priodoli'r ffaith fod cynrychiolaeth gref o ddaearegwyr o Gymry ym mhob rhan o'r proffesiwn i boblogrwydd anghyffredin daeareg fel pwnc yn ysgolion de Cymru – yng **Nghaerffili** a **Llanelli** yn arbennig – a llwyddiant Abertawe ac Aberystwyth yn denu nifer fawr o fyfyrwyr yn ystod y 1960au, y 1970au a'r 1980au. Fodd bynnag, bu nifer y daearegwyr amatur yn gyson fach.

Ar sail tystiolaeth dros 7,000 o gyhoeddiadau, mae'r rhan fwyaf o'r astudiaethau yng Nghymru yn ystod y 200 mlynedd diwethaf wedi canolbwyntio ar stratigraffeg a phalaeontoleg. Adlewyrchir y duedd hon yn rhestr Cymrodyr y Gymdeithas Frenhinol – er enghraifft **W. Boyd Dawkins**, **T. W. E. David**, **T. N. George**, **O. T. Jones**, **T. McK. Hughes**, **W. J. Pugh**, **A. E. Trueman** a **H. H. Thomas**. Yn achos dau Gymrawd diweddar, mae cyfraniadau Syr Alwyn Williams (1977) yn ymwneud â biostratigraffeg y Palaeosöig Isaf, a rhai Dianne Edwards (1996) yn ymwneud â ffurfiau'r planhigion cynharaf y mae tameidiau niferus ohonynt i'w canfod yng nghreigiau Silwraidd a Hen Dywodfaen Coch de Cymru.

Cedwir y prif gasgliadau cyfeiriadurol o ffosilau, creigiau a mwynau sy'n gysylltiedig â Chymru yn Amgueddfa [Genedlaethol] Cymru, Amgueddfa Sedgwick, **Caergrawnt**, Amgueddfa (Prifysgol) Manceinion a'r Amgueddfa Brydeinig.

## DAEARGRYNFEYDD

Ar 19 Gorffennaf 1984 siglwyd **Llŷn** gan ddaeargryn a fesurai 5.4 ar y raddfa Richter, y rymusaf a gofnodwyd ar dir mawr gwledydd **Prydain** yn ystod yr 20g. Yng nghyffiniau **Llanaelhaearn**, uwchganolbwynt y ddaeargryn, a gogledd-orllewin Cymru yn gyffredinol, gwnaed peth mân ddifrod i rai adeiladau ond teimlwyd ei heffaith dros Gymru gyfan, y rhan fwyaf o **Loegr**, de'r **Alban** a dwyrain **Iwerddon**. Maintioli daeargryn Llŷn, a darddodd ar ddyfnder o 20km, a oedd yn anarferol ac nid y dirgryniad ei hunan, oherwydd bob blwyddyn cofnodir rhwng 110 a 150 o ddaeargrynfeydd ym Mhrydain, y mwyafrif ohonynt yn yr Alban. Dirgryniadau dinod (llai na 2.5 ar y raddfa Richter) yw'r rhan fwyaf ohonynt, digwyddiadau seismig na fyddai pobl yn eu synhwyro, ond gallai'r grymusaf fod yn beryg i adeiladweithiau sensitif, megis argaeau. Symudiadau bach ar hyd hen ffawtiau sy'n gyfrifol am ddaeargrynfeydd grymusaf Cymru.

Credir mai tirlithriad tanfor enfawr, a achoswyd gan ddaeargryn a siglodd wely'r Môr Celtaidd, a fu'n gyfrifol am y drychineb amgylcheddol fwyaf yn hanes diweddar Prydain, sef y tswnami (tebygol) a darodd ddwy lan Môr Hafren yn 1606 (1607 yn ôl y cyfrif modern), gan ladd o leiaf 2,000 o bobl. Erbyn i'r don gyrraedd arfordir **Sir Fynwy** roedd bron yn 8m o uchder ac yn teithio ar gyflymder o 60kya; yng nghyffiniau **Caerdydd** a **Chas-gwent** cyrhaeddodd hyd at 6km i mewn o'r lan. Cofnodir y digwyddiad (a briodolir gan rai dadansoddwyr nid i ddaeargryn ond i ymchwydd ton a achoswyd gan storm o wynt) ar blaciau mewn sawl eglwys, gan gynnwys eglwysi **Allteuryn** a **Redwick**, ac Eglwys Sain Ffraid, **Gwynllŵg**.

Yn 1986 cyhoeddodd Arolwg Daearegol Prydain, am y tro cyntaf, gatalog o ddaeargrynfeydd Cymru a'r Gororau. Rhwng 1727 ac 1984 cofnodwyd 70 o ddirgryniadau yn mesur 3.5 neu fwy, 15 ohonynt yn mesur dros 4.5. Heblaw am ddigwyddiad 1984, daeargrynfeydd **Penfro** (1892 ac 1893), **Caernarfon** (1903) ac **Abertawe** (1906) yw'r pwysicaf. Dros y blynyddoedd mae clystyrau o ddaeargrynfeydd wedi'u cofnodi yn yr ardaloedd hyn ac ystyrir ardal Caernarfon, yn arbennig, yn un o'r rhai mwyaf seismolegol fyw ym Mhrydain. Siglwyd ardal Abertawe–**Castell-nedd** gan ddaeargrynfeydd lled rymus yn 1727, 1775, 1832, 1868 ac 1906, patrwm sydd, ym marn yr Arolwg Daearegol (1999), yn awgrymu y gallai'r fro ddioddef ergyd arall yn y dyfodol agos. Rhwng y clystyrau hyn yn y gogledd a'r de, ac ardal Bishop's Castle ychydig y tu hwnt i **Glawdd Offa**, ymddengys fod y rhan helaethaf o ganolbarth a gorllewin Cymru yn seismolegol dawel.

## DAEARYDDIAETH (Y ddisgyblaeth)

Daearyddiaeth yw un o'r disgyblaethau hynaf. Ymhlith daearyddwyr cynnar Cymru gellir ystyried **Gerallt Gymro** a ysgrifennodd astudiaeth dopograffig o **Iwerddon** a dau lyfr yn ymdrin â Chymru ddiwedd y 12g.; Roger Barlow o **Slebets**, y mae ei lawysgrif *Geographie* (*c.*1540) yn cynnwys y cofnod Saesneg cynharaf o'r Byd Newydd; **Humphrey Lhuyd** a luniodd ddau fap o bwys mawr yng nghyd-destun cartograffeg Brydeinig, y naill o Gymru a'r llall o **Loegr** a Chymru, a'r ddau wedi'u cyhoeddi yn Antwerp fel atodiad i *Theatrum* (1573) gan Abraham Ortelius; **George Owen**, Henllys, awdur *The Description of Penbrokshire* (1603) a Lewis Evans (1700–56) o Langwnnadl (**Tudweiliog**), a oedd yn ddaearyddwr, yn gartograffydd ac yn brotodaearegydd llwyddiannus yng **Ngogledd America** drefedigaethol.

Roedd daearyddiaeth fodern yn bod erbyn diwedd y 19g. ac enillodd daearyddiaeth academaidd ei statws sefydliadol llawn tua diwedd y **Rhyfel Byd Cyntaf**. Ym **Mhrydain**, yn 1918, cynigiai dau sefydliad academaidd – **Lerpwl** ac **Aberystwyth** – gyrsiau gradd mewn daearyddiaeth; erbyn 1945 roedd y rhan fwyaf o brifysgolion wedi derbyn y pwnc yn rhan o'u cwricwlwm craidd, ac roedd cyfanswm y disgyblion chweched dosbarth wedi cynyddu'n sylweddol iawn.

Er bod y pwnc yn cael ei ddysgu yn Aberystwyth o ddyddiau cynharaf y coleg, bu'n rhaid aros hyd 1908 cyn iddo ennill statws ar wahân. Dros y deng mlynedd nesaf darparwyd cyrsiau ar gyfer darpar athrawon yn yr adran **addysg**. Enillwyd statws adrannol llawn (diolch yn bennaf i ddyfalbarhad **H. J. Fleure**) yn dilyn sefydlu cadair daearyddiaeth ac anthropoleg Gregynog yn 1918. Er gwaetha'r teitl deublyg, y nod oedd astudio'r ddynoliaeth a'r amgylchedd gyda'i gilydd, o safbwynt esblygol. Adlewyrchir gorwelion eang cwrs Fleure ym maes llafur y graddau ychwanegol a gâi eu cynnig rhwng 1918 ac 1930, sef **archaeoleg** ac anthropoleg – gymdeithasol a ffisegol – ynghyd ag agweddau ar ddaearyddiaeth ranbarthol, systematig a ffisegol. Manylir ar y pwyslais gwahanol a gyflwynwyd gan olynwyr Fleure – sef C. Daryll Forde ac **E. G. Bowen** – hyd ddiwedd y 1960au yn y gyfrol *Geography at Aberystwyth* (goln. E. G. Bowen ac eraill, 1968). Yn 1989 unwyd daearyddiaeth a **daeareg** yn sgil creu Sefydliad Astudiaethau Gwyddorau Daear, dan gyfarwyddyd David Q. Bowen.

Yn ystod y blynyddoedd cynnar, dysgu daearyddiaeth mewn ysgolion oedd, i bob pwrpas, yr unig waith y gallai graddedigion yn y pwnc ymgymryd ag ef. Fodd bynnag, roedd sefydlu Arolwg Defnydd Tir Prydain yn 1930 yn drobwynt pwysig. Gyda chyhoeddi'r set gyflawn o **fapiau** un-fodfedd-i'r-filltir ar gyfer Cymru a Lloegr, ynghyd â'r adroddiadau sirol a oedd yn gymheiriaid defnyddiol iddynt, dangoswyd pwysigrwydd y dull daearyddol o ymchwilio. Roedd eu hymddangosiad amserol yn eu gwneud yn ddogfennau cwbl sylfaenol wrth i'r galw gynyddu am ryw ffurf ar gynllunio tir dan reolaeth y **llywodraeth**. Yn 1935, er enghraifft, gofynnodd comisiynydd yr Ardaloedd Arbennig i'r Arolwg gyflymu'r gwaith o baratoi mapiau ar gyfer yr ardaloedd dynodedig, gan gynnwys de Cymru ddiwydiannol. I raddau helaeth, diwallwyd y galw am genhedlaeth newydd o gynllunwyr, a feddai ar sgiliau gofodol ehangach, gan ddaearyddwyr (rhai yn raddedig o Aberystwyth ac **Abertawe**). Roeddynt yn aelodau amlwg o staff Gweinyddiaeth Cynllunio Gwlad a Thref, y weinyddiaeth newydd a sefydlwyd yn 1943, ac roedd a wnelo eu gwaith â chynllunio mynediad i gefn gwlad yng nghyd-destun y **Parciau Cenedlaethol** newydd, a chynllunio trefi newydd. Yr un mor bwysig oedd y pwyslais ar ddaearyddiaeth drefol, astudiaeth y gwnaeth Harold Carter o Aberystwyth gyfraniad nodedig iddi.

Pan enillodd yr ail adran – yn Abertawe – ei hannibyniaeth ar ddaeareg yn 1954, roedd daearyddiaeth ar drothwy chwyldro cysyniadol. Yn ystod y 1960au ailwampiwyd yn sylfaenol ei methodoleg ymchwiliadol, penderfyniad a arweiniodd at aildrefnu safle daearyddiaeth ym mhrif ffrwd ysgolheictod modern, gwella'r cysylltiad â disgyblaethau eraill, a chynyddu symudoledd daearyddwyr rhwng adrannau. Ar y dechrau, un o bynciau arbenigol Abertawe oedd hinsoddeg (gw. **Hinsawdd**); yn ddiweddarach, roedd yn ddaearyddiaeth gymdeithasol (gan gynnwys daearyddiaeth drefol), wleidyddol a diwylliannol, yn ogystal â geomorffoleg a gwyddor dopograffig. I ddechrau, câi geomorffoleg ei dysgu a gwaith ymchwil ei gyflawni yn nhair adran ddaeareg **Prifysgol Cymru**. Fodd bynnag, o ddiwedd yr **Ail Ryfel Byd** ymlaen, daeth y pwnc, o dipyn i beth, yn rhan o faes llafur adrannau daearyddiaeth.

Crëwyd trydedd adran yn union wedi i Goleg Dewi Sant, **Llanbedr Pont Steffan** (gw. **Prifysgol Cymru, Llanbedr Pont Steffan**), gael ei dderbyn yn un o golegau cyfansoddol y brifysgol yn 1971. Yr Athro cyntaf oedd David Thomas (a astudiai amddifadedd gwledig yng Nghymru) a chyhoeddwyd y rhifyn cyntaf o *Cambria*, y cylchgrawn daearyddol Cymreig cyntaf, yn 1974. Caeodd yr adran yn 2001.

Amlygir pwysigrwydd hanfodol mapiau i ddaearyddiaeth yn yr amrywiaeth o fapiau a geir yn *Atlas Cenedlaethol Cymru: National Atlas of Wales* (gol. Harold Carter, 1981–7). Ymhlith atlasau eraill a baratowyd gan ddaearyddwyr Cymreig ceir *Disease Mortality* gan Melvyn Howe (1970) ac *Agriculture* gan J. T. Coppock (1964, 1976). Arweiniodd cyfrol Coppock at ddatblygu rhai o'r enghreifftiau cynharaf yn y byd o fapiau cyfrifiadurol.

**DAFYDD AB EDMWND (*fl.*1450–97)** Bardd

Y bardd hwn o **Hanmer** ym **Maelor Saesneg** a enillodd y gadair arian yn **eisteddfod** Caerfyrddin yn y 1450au. Yno ad-drefnodd 24 mesur cerdd dafod, yr ad-drefniant diwethaf o'i fath a fu, gan beri cymhlethu'r gelfyddyd farddol (gw. **Llenyddiaeth**). Cerddi serch cywrain oedd y rhan fwyaf o'i ganu. Ei gerdd fwyaf nodedig oedd 'Marwnad Siôn Eos', marwnad i delynor o arglwyddiaeth y **Waun** a ddedfrydwyd i farwolaeth am ladd gŵr mewn sgarmes (gw. **Dienyddio**). Roedd Dafydd o dras Seisnig yn bennaf; perthynai i'r Hanmeriaid, teulu gwraig **Owain Glyndŵr**.

**DAFYDD AB OWAIN GWYNEDD (m.1203)** Brenin Gwynedd

Mab **Owain Gwynedd** o'i briodas â'i gyfnither Cristin. Ar ôl marwolaeth Owain yn 1170 enillodd y frenhiniaeth, ond bu'n rhaid iddo rannu pŵer â'i frawd Rhodri. Disodlwyd Dafydd gan ei nai, **Llywelyn ap Iorwerth**, yn 1197 a bu farw yn alltud yn **Lloegr** yn 1203.

**DAFYDD AP GRUFFUDD (m.1283)** Tywysog

Trydydd mab **Gruffudd ap Llywelyn ap Iorwerth**. Derbyniodd gwmwd **Cymydmaen** yn **Llŷn** fel ei ran ef o'r etifeddiaeth yn 1252. Cefnogodd ei frawd Owain yn erbyn eu brawd arall, **Llywelyn ap Gruffudd**, ond cawsant eu trechu ym **Mryn Derwin** a daeth Llywelyn yn unig reolwr **Gwynedd** Uwch Conwy. Yn ddiweddarach cymerodd ran yn ymgyrch

Llywelyn i ailfeddiannu'r **Berfeddwlad**, a rhoddwyd iddo yn dâl ddau **gantref**, sef **Rhufoniog** a **Dyffryn Clwyd**. Yn 1263, fodd bynnag, daeth i gytundeb â Harri III ac ni fu cymod rhwng y ddau frawd tan 1269. Yn 1271, cefnogodd Dafydd ymosodiad Llywelyn ar Gastell **Caerffili**, digwyddiad a nodai uchafbwynt grym Llywelyn, ond dirywiodd y berthynas rhyngddynt wedyn. Yn 1274 cynllwyniodd Dafydd a **Gruffudd ap Gwenwynwyn** o **Bowys** yn aflwyddiannus i lofruddio Llywelyn ac aethant ar ffo i **Loegr**, lle rhoddodd Edward I loches iddynt. Cafodd y brenin ei annog gan Dafydd i ddadlau nad oedd hawliau Llywelyn, yn ôl y **gyfraith** Gymreig, yn ddim mwy na rhai ei frodyr, a thrwy hynny herio amodau **Cytundeb Trefaldwyn**. Cafodd Dafydd ei ddisgrifio gan John Speed fel 'the chiefest firebrand in this fatall combustion', tanchwa a oedd i arwain at gwymp tywysogaeth Gwynedd. Gwasanaethodd Dafydd ym myddin y brenin yn ystod rhyfel 1276–7, ond yn dilyn **Cytundeb Aberconwy** yn 1277 daeth ef a nifer o arweinwyr Cymreig eraill yn gynyddol o dan ormes swyddogion brenhinol trahaus. Ar 21 Mawrth 1282 ymosododd Dafydd ar Gastell **Penarlâg** ac, yn dilyn marwolaeth Llywelyn yng **Nghilmeri**, fe'i holynodd fel tywysog. Cafodd ei gipio ym Mehefin 1283 ac ar 3 Hydref 1283 fe'i dienyddiwyd mewn modd erchyll yn Amwythig (gw. **Dienyddio**). Priododd Elisabeth Ferrers, merch i iarll Derby; bu farw eu dau fab yng ngharchar, a threuliodd eu merched weddill eu dyddiau yn lleianod.

## DAFYDD AP GWILYM (*fl.c.*1330–50) Bardd

Dafydd ap Gwilym oedd y mwyaf o feirdd yr Oesoedd Canol yng Nghymru yn ôl y farn gyffredin, ac yn sicr y mwyaf amrywiol ei ddawn. Er hynny, ymddengys nad oes unrhyw gofnod hanesyddol cyfoes wedi goroesi amdano. Mae'r cyfeiriadau hanesyddol prin sydd yn ei gerddi yn awgrymu ei fod yn canu tua chanol y 14g. Hanai o deulu uchelwrol o ardal **Cemais**, **Dyfed**, ond tebyg mai ym Mrogynin (**Trefeurig**), a oedd bryd hynny ym mhlwyf **Llanbadarn Fawr**, **Ceredigion**, y ganed y bardd ei hun. Crefft lafar oedd crefft Dafydd, ond gall fod un gerdd yn ei law ef ei hun wedi ei chadw yn **Llawysgrif Hendregadredd**. Mewn llawysgrifau y gellir eu dyddio rhwng y 14g. a'r 18g. y cadwyd ei waith, ac ynddynt priodolir dros 500 o gerddi iddo. Cynhwysodd **Thomas Parry** oddeutu 150 ohonynt yn ei olygiad safonol o waith y bardd (1952), ond bydd cwestiwn awduraeth nifer o'r cerddi yn parhau yn fater dadleuol.

Dafydd yw'r pennaf o'r genhedlaeth gyntaf o feirdd a ganai ar fesur y **cywydd**, ond y mae ei waith yn cynnwys enghreifftiau o bron pob *genre* hysbys o farddoniaeth Gymraeg ganoloesol. Canodd awdlau ac englynion cywrain yn null **Beirdd y Tywysogion**, a chanodd nifer mawr o gywyddau ar wahanol themâu, gan gynnwys natur, **crefydd** ac yn arbennig serch (ceir corff o gerddi am ddwy ferch benodol, sef y Forfudd anwadal a'r Ddyddgu anghyffwrdd). Roedd ei gywyddau adnabyddus i'w noddwr Ifor ap Llywelyn (Ifor Hael; *fl.*1340–60) o Fasaleg (gw. **Graig**) ger **Casnewydd**, yn torri tir newydd trwy gyfuno technegau'r canu mawl a'r canu serch.

Hawdd yw gweld tebygrwydd yma a thraw rhwng gwaith Dafydd a barddoniaeth o **Loegr** ac o dir mawr Ewrop, ond gwaith anodd yw chwilio am union ffynonellau'r Cymro. Yn groes i arfer beirdd megis trwbadwriaid de Ffrainc, yn y person cyntaf y canai Dafydd wrth ddisgrifio troeon trwstan carwriaethol. Ond er y gellir ymdeimlo â phersonoliaeth gref yn y cerddi, dylid gwarchod rhag eu trin fel petaent yn gofnodion bywgraffyddol. Mae ei ddychymyg byw a chwareus yn amlwg yn ei ddefnydd o gonfensiwn y llatai, sef y negesydd serch, sydd gan amlaf yn anifail, yn aderyn, neu hyd yn oed yn elfen naturiol megis y gwynt.

Roedd newydd-deb canu Dafydd yn amlwg i'w gyfoeswyr, fel y nododd y bardd Gruffudd Gryg (*fl.*1357–70) mewn ymryson enwog â Dafydd. Cwyna Gruffudd fod Dafydd yn defnyddio delweddau anwireddog i ddisgrifio gwewyr ei emosiynau, a dywed y byddai'r Brenin **Arthur** ei hun wedi hen farw pe bai wedi dioddef yr ergydion gwaywffon i'w galon y mae Dafydd yn honni ei fod yn eu profi'n feunyddiol. Mewn gosodiad enwog amddiffynna Dafydd ei ddychymyg trwy ddweud mai'r un yw urddas 'gwawd' (sef y canu mawl traddodiadol) â 'geuwawd o gywydd' (cywydd o fawl anwireddog, sef y canu serch).

Mae ffresni gwaith Dafydd, a dynnodd farddoniaeth Gymraeg i ganol prif ffrwd llenyddiaeth Ewropeaidd, yn parhau hyd heddiw, a hefyd berthnasedd ei hoff themâu. Bu ei farddoniaeth yn boblogaidd ar hyd y canrifoedd, ac nid yw'n syndod fod abatai **Talyllychau** ac **Ystrad-fflur** ill dau yn honni mai ar eu tir hwy y mae wedi ei gladdu.

## DAFYDD AP LLYWELYN (*c.*1215–46) Tywysog

Mab **Llywelyn ap Iorwerth** a **Siwan**. Yn y 1220au ceisiodd ei dad sicrhau y byddai'r goron Seisnig, y babaeth a rheolwyr eraill Cymru yn cydnabod Dafydd, yn hytrach na'i fab hynaf **Gruffudd ap Llywelyn**, fel ei etifedd. Yn dilyn y strôc a gafodd Llywelyn yn 1237 ymddengys mai ef a oedd i bob golwg yn rheoli **Gwynedd**; flwyddyn yn ddiweddarach galwyd ar y rheolwyr Cymreig eraill i wneud gwrogaeth iddo yn **Ystrad-fflur**, er mwyn ei arwisgo'n dywysog yn ffurfiol mae'n debyg, ond cafodd hyn ei wahardd gan ei ewythr, Harri III. Olynodd Dafydd ei dad yn dywysog pan fu farw Llywelyn yn 1240, ond yng Nghaerloyw, fis yn ddiweddarach, fe'i gorfodwyd i dderbyn cytundeb a oedd yn hawlio gwrogaeth pob rheolwr Cymreig i'r Goron a bu'n rhaid iddo ildio'r tiroedd a enillwyd gan ei dad. Ceisiodd oedi, ond yn 1241 bu'n rhaid iddo gytuno i ildio ei frawd Gruffudd, a fuasai'n garcharor iddo er 1239. Pan fu farw Gruffudd yn 1244 medrai Dafydd fynd i ryfel ac roedd ei ymgais yn yr un flwyddyn i gael ei gydnabod yn ddeiliad i'r pab yn ddatganiad o annibyniaeth, ond ni fu yn ŵr iach iawn erioed a bu farw yn gynnar yn 1246. Ni chafwyd plant o'i briodas ag Isabella de Breos (gw. **Breos, Teulu**).

## DAFYDD BENFRAS (*fl.*1220–60) Bardd

Dafydd Benfras oedd bardd pwysicaf **Gwynedd** yn hanner cyntaf y 13g. Ymddengys iddo olynu **Llywarch ap Llywelyn** (Prydydd y Moch) fel bardd i **Llywelyn ap Iorwerth**. Er mai casgliad bychan o'i gerddi sydd ar glawr, adlewyrchant droeon ei yrfa faith a hanes cythryblus tywysogion Gwynedd. Canodd gyfres o bedair marwnad deimladwy a chywrain i Llywelyn a'i feibion yn ystod y degawd trychinebus rhwng 1240 ac 1250, ond coron ei yrfa yn ddiau oedd yr **awdl** orfoleddus a luniodd *c.*1260 i ddathlu goruchafiaeth **Llywelyn ap Gruffudd** (m.1282). O dderbyn mai ef yw gwrthrych marwnad o waith ei olynydd, **Bleddyn Fardd**, yna fe'i lladdwyd mewn brwydr yn **Neheubarth** a'i gladdu yn **Llangadog**.

Roald Dahl

**DAFYDD GAM (Dafydd ap Llywelyn ap Hywel Fychan) (m.1415)** Milwr

Roedd Dafydd yn perthyn i un o'r teuluoedd mwyaf blaenllaw yn arglwyddiaeth **Brycheiniog** ac iddo draddodiad hir o wasanaeth i'w harglwyddi. Arweiniodd ei deyrngarwch i Harri IV trwy gydol **Gwrthryfel Glyndŵr** at ei ystyried yn un o brif wrthwynebwyr Cymreig **Owain Glyndŵr**. Nid oes sail gadarn i'r hanes iddo geisio llofruddio Owain ym **Machynlleth** yn 1404, ond fe'i daliwyd am bridwerth yn 1412. Yn 1415 ymladdodd yn Agincourt a bu farw yn y frwydr, er na chafodd ei wneud yn farchog ar faes y gad, fel yr honnai traddodiad. Roedd ei ferch Gwladys yn fam i William Herbert (m.1469; gw. **Herbert, Teulu (ieirll Pembroke o'r greadigaeth gyntaf)**), hynafiad teulu **Somerset**, dugiaid Beaufort, a theulu **Stuart**, ardalyddion Bute.

**DAFYDD NANMOR (*fl.*1450–90)** Bardd

Hanai Dafydd Nanmor o Nanmor Deudraeth (**Beddgelert**). Gall mai **Rhys Goch Eryri** oedd ei athro barddol. Yn ŵr ifanc cyfansoddodd gerddi i wraig briod o'r enw Gwen o'r Ddôl; oherwydd hyn fe'i halltudiwyd o **Wynedd** trwy ddedfryd rheithgor. Yn ei alltudiaeth cafodd nawdd gan deulu'r Tywyn o'r **Ferwig**, **Sir Aberteifi**. Mae'r deg cerdd a ganodd i dair cenhedlaeth o'r teulu yn gorff nodedig o ganu. Ymhlith ei gerddi enwocaf y mae ei **gywydd** i wallt Llio Rhydderch a'i farwnad deimladwy i ferch o Is Conwy. Canodd hefyd nifer o gerddi crefyddol dysgedig eu naws.

**'DAFYDD Y GARREG WEN'** Alaw

Priodolwyd yr alaw boblogaidd hon, a ymddangosodd gyntaf yng nghasgliad **Edward Jones**, *Musical and Poetical Relicks of the Welsh Bards* (1784), i'r telynor Dafydd Owen (1710–39 neu 1720–49), o'r Garreg Wen (**Porthmadog**). Mynn traddodiad iddo ganu'r dôn ar ei wely angau, ond nid oes sicrwydd iddo ei chyfansoddi. Priodolir y tonau 'Codiad yr ehedydd' a '*Roslin Castle*' iddo hefyd, a hynny ar gam yn sicr.

**DAGGAR, George (1879–1950)** Undebwr llafur ac aelod seneddol

Ganed George Daggar yng **Nghwm-brân** ac yn 12 oed dechreuodd weithio dan ddaear. Yn 1911 mynychodd y **Coleg Llafur Canolog**. Yn 1921 daeth yn asiant i'r glowyr ac yn aelod o bwyllgor gwaith **Ffederasiwn Glowyr De Cymru**. Bu'n aelod seneddol **Abertyleri** o 1929 hyd ei farwolaeth. Fe'i hetholwyd yn ddiwrthwynebiad yn 1931 ac 1935, ac yn 1945 ac 1950 ei ganran o'r bleidlais (86.6% a 87.1%) oedd yr uchaf ym **Mhrydain**. O holl aelodau seneddol Cymru'r 20g., dichon mai ef oedd y mwyaf diflino yn ei ofal am ei etholwyr.

**DAHL, Roald (1916–90)** Awdur llyfrau i blant

Cafodd Roald Dahl ei eni a'i fagu yng **Nghaerdydd**. Norwyaid oedd ei rieni, gyda'i dad yn gyflenwr **llongau** yn y ddinas. Ysgrifennodd lu o lyfrau hynod o boblogaidd i blant, gan gynnwys *James and the Giant Peach* (1961) a *Charlie and the Chocolate Factory* (1964), a drowyd yn ffilm. Tramgwyddwyd rhai oedolion gan elfennau creulon a grotésg yn ei lyfrau, ond yr union elfennau hyn sydd, yn aml, yn apelio at blant. Disgrifiodd yr awdur ei blentyndod yn ei lyfr *Boy* (1984).

**DALE,** Sir Benfro (839ha; 192 o drigolion)

Mae'r **gymuned** hon yn cynnwys y penrhyn ar ochr ogleddol ceg Aberdaugleddau (gw. **Aberdaugleddau, Dyfrffordd**) a hefyd ynys Sgogwm (gw. **Ynysoedd**). Yn nogfennau'r Oesoedd Canol cyfeirir at y lle fel *Villa de Vale* ynghyd â *le Dale* (sef 'dyffryn', o'r Hen Saesneg *dæl* neu'r Hen Norseg *dalr*). Ceir caer fawr o'r Oes Haearn (gw. **Oesau Cynhanesyddol**) ar bentir Dale. Castell Dale oedd cartref teulu de Vale. Ailadeiladwyd Eglwys Sant Iago yn 1761, ond nid ei thŵr o'r 15g. Ar 7 Awst 1485 glaniodd Harri Tudur (gw. **Tuduriaid**) ym Mill Bay, digwyddiad a goffeir ar ffurf tapestri yn neuadd bentref Dale. Gan mor agored oedd yr ardal i ymosodiadau, comisiynodd Harri VIII gaer yn West Blockhouse Point *c.*1540; cafodd y safle ei gyfnerthu yn y 1850au (gw. **Ffoleddau Palmerston**). Yn ystod yr un degawd adeiladwyd Caer Dale, sydd bellach yn ganolfan astudiaethau maes. O'r 16g. hyd y 18g. roedd Dale yn borthladd prysur a gâi ei gysylltu â **smyglo**. Ar un adeg roedd 18 tafarn a bragdy yn y pentref. Er ei fod yn llawer llai bellach, mae Dale yn ffynnu fel cartref i ganolfan clwb **hwylio** llwyddiannus. Adeiladwyd y goleudy ar Benrhyn St Ann yn 1844 (gw. **Goleudai**). Yn union ar ffin y gymuned mae Gwersyll Dale, clwstwr mawr o adeiladau segur o gyfnod yr **Ail Ryfel Byd**.

**DANIEL, Glyn [Edmund] (Dilwyn Rees; 1914–86)** Archaeolegydd ac awdur

Archaeolegydd o fri rhyngwladol a wnaeth lawer i boblogeiddio ei bwnc. Fe'i ganed yn **Llanbedr Felffre** a'i fagu yn **Llanilltud Fawr**, cyn treulio'i holl yrfa yng Ngholeg Sant Ioan, **Caergrawnt**. Trwy gyfrwng y rhaglen deledu *Animal, Vegetable, Mineral*, daeth yn llais cyfarwydd i gynulleidfa eang yn ystod y 1950au. Ymhlith ei gyhoeddiadau y mae *The Prehistoric Chamber Tombs of England and Wales* (1950), *A Hundred Years of Archaeology* (1950) a *The First Civilizations* (1968). Dan ei ffugenw, Dilwyn Rees, cyhoeddodd ddwy nofel dditectif. Ceir disgrifiad hyfryd o'i fagwraeth Gymreig yn ei hunangofiant, *Some Small Harvest* (1986).

**DANIEL, Goronwy [Hopkin] (1914–2003)** Gwas sifil a phrifathro coleg

Maged Goronwy Daniel yng nghymoedd **Tawe** ac Aman, ac ar ôl astudio yn **Aberystwyth** cwblhaodd ddoethuriaeth yn **Rhydychen** ym maes economeg ac ystadegaeth. Cyhoeddwyd erthyglau gwerthfawr ganddo yn y *Statistical Review* ar yr allfudo o Gymru'r 1930au. Yn 1943 dechreuodd ar yrfa fel gwas sifil yn Whitehall ac yno y bu hyd nes iddo ddod yn is-ysgrifennydd parhaol cyntaf y **Swyddfa Gymreig**. Roedd yn briod â merch yr ail Iarll Lloyd-George. Yn 1969, y flwyddyn pan gafodd ei ddyrchafu'n farchog, daeth yn brifathro ei hen goleg yn Aberystwyth (gw. **Prifysgol Cymru, Aberystwyth**). Roedd Goronwy Daniel yn ŵr hirben ac enillgar mewn rhyw ffordd afrosgo; meddai ar gryglais dwfn hynod o ddynwaredadwy Syr *Groan* oedd llysenw ei fyfyrwyr arno. Ef, ynghyd â **Cledwyn Hughes** a **Gwilym O. Williams**, a berswadiodd yr ysgrifennydd cartref, William Whitelaw, yn 1980 i anrhydeddu'r addewid a wnaethai'r **Blaid Geidwadol** i sefydlu sianel deledu Gymraeg, a daeth yn gadeirydd cyntaf Awdurdod **S4C** yn 1982.

**DANIEL, J[ohn] E[dward] (1902–62)** Diwinydd a chenedlaetholwr

J. E. Daniel oedd diwinydd Cymreig disgleiriaf ei genhedlaeth. Fe'i ganed ym **Mangor** a'i addysgu yn **Rhydychen**. O 1925 hyd 1946 bu'n darlithio yng Ngholeg Bala-Bangor, y coleg diwinyddol ym Mangor a hyfforddai weinidogion ar gyfer yr **Annibynwyr**. Ymddiswyddodd yn 1946 a mynd yn arolygydd ysgolion. Ef oedd prif hyrwyddwr **diwinyddiaeth** Karl Barth yng Nghymru, ac arweiniodd yr adwaith uniongred yn erbyn y rhyddfrydiaeth Brotestannaidd a oedd wedi gwreiddio mewn **Anghydffurfiaeth** Gymreig yn chwarter cyntaf yr 20g. Ymhlith ei weithiau gwleidyddol y mae *Welsh Nationalism: What it Stands for* (1937). Olynodd **Saunders Lewis** fel llywydd **Plaid [Genedlaethol] Cymru** (1939–43).

**DANIEL, Ray (William Raymond Daniel; 1928–97)** Pêl-droediwr

Ganed Ray Daniel yn **Abertawe**. Lladdwyd ei frawd Bobby, a oedd hefyd yn bêl-droediwr, ar gyrch bomio yn 1943. Llofnododd Ray gytundeb ag Arsenal yn 1946 a gwneud enw iddo'i hun fel canolwr celfydd cyn ymuno â Sunderland yn 1953. Enillodd 21 o gapiau rhyngwladol a chwarae'n ddiweddarach i **Gaerdydd** ac Abertawe.

**DANIELS, Jack neu Danny (John Dillwyn Daniels; 1916–48)** Rasiwr beic modur

Pan fu farw Jack Daniels mewn damwain ger Fairwood, **Abertawe**, ef oedd yr agosaf i rasiwr beic modur o safon ryngwladol a gynhyrchwyd gan Gymru (gw. **Rasio Ceir a Beiciau Modur**). Yn Abertawe y'i ganed, a chyn mynd yn bartner mewn busnes beiciau modur bu'n farbwr yn siop adrannol Ben Evans. Ar feic 1000cc y Vincent-HRD 'Rapide', enillodd ras TT y Senior Clubman ar **Ynys Manaw** yn 1948; daeth hefyd yn bumed yn y Junior Manx Grand Prix ar KTT Velocette.

**DARBY, H[enry] Clifford (1909–92)** Daearyddwr

Ganed H. Clifford Darby yn **Resolfen** ac fe'i haddysgwyd yng **Nghastell-nedd**. Graddiodd mewn **daearyddiaeth** yng **Nghaergrawnt**, a chafodd ei benodi'n ddarlithydd yno yn 1931. Bu'n Athro yn **Lerpwl** a **Llundain** cyn cael y gadair yng Nghaergrawnt yn 1966, ac arhosodd yno hyd nes iddo ymddeol yn 1976. Bu'n flaengar ei gyfraniad yn hybu'r berthynas rhwng daearyddiaeth a phynciau eraill, hanes yn enwedig. Roedd yn un o drefnyddion yr astudiaeth o Lyfr Domesday (golygydd cyffredinol a chyfrannwr, *The Domesday Geography of England*, 1952–77). Ymysg yr anrhydeddau lu a ddaeth i'w ran yr oedd Medal Daly Cymdeithas Daearyddiaeth America (1963) a chael ei urddo'n farchog (1988).

**DARLLEDU**

Dechreuodd darlledu cyhoeddus yng Nghymru ar 13 Chwefror 1923, pan agorwyd gorsaf y Cwmni Darlledu Prydeinig yng **Nghaerdydd**. Dechreuodd gorsaf **Abertawe** hithau ddarlledu ar 12 Rhagfyr 1924. Ar y cychwyn, câi popeth a ddeuai o Gaerdydd ei gynhyrchu yno, ond yn dilyn dyfodiad darlledu cydamserol yn 1924 roedd tua 75% o gynnyrch Caerdydd, a chanran uwch o ddeunydd Abertawe, yn deillio o **Lundain**. Erbyn diwedd y 1920au roedd tua 70% o drigolion Cymru yn gallu derbyn darllediadau'r cwmni a ddaeth, ar 1 Ionawr 1927, yn Gorfforaeth Ddarlledu Brydeinig (British Broadcasting Corporation (BBC)). Gyda'r set falfiau rataf yn costio £6 a ffi'r drwydded yn ddeg swllt ar ben hynny, nid yw'n fawr o syndod ei bod yn 1935 cyn i'r canran o gartrefi Cymru a feddai ar drwydded gyrraedd 50%. O'r herwydd, mewn neuaddau cyhoeddus y digwyddai llawer o'r gwrando

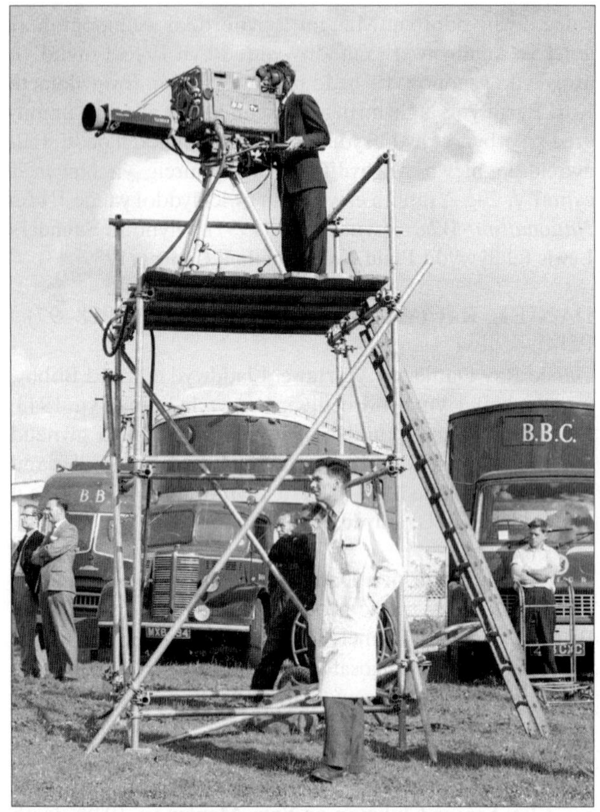


Y BBC yn ffilmio yng Ngemau Cymru yn y 1950au

cynnar ar ddarllediadau, a brwdfrydedd y gwrandawyr yn brawf o'u diddordeb eiddgar yn y bydoedd newydd a oedd yn agor iddynt.

Yn Chwefror 1929 daeth Caerdydd yn brif orsaf Rhanbarth Gorllewin y BBC, a gynhwysai Gymru a de-orllewin **Lloegr**. Roedd y rhan fwyaf o ganolbarth a gogledd Cymru y tu hwnt i gyrraedd y trosglwyddydd, a oedd wedi'i leoli yn Washford ar arfordir Gwlad yr Haf. Golygai darlledu cydamserol mai dim ond cyfran fechan o'r rhaglenni a glywid yn y rhanbarth newydd a gâi eu cynhyrchu yno. Golygai'r angen i ddarparu ar gyfer cynulleidfaoedd yng Nghymru ynghyd â de-orllewin Lloegr mai dim ond hanner y gyfran fechan honno y gallai Cymru ei hawlio. O ganlyniad, nid oedd fawr ddim rhaglenni Cymraeg, er mawr foddhad i gyfarwyddwr y Gorllewin, E. R. Appleton, a ddadleuai ei bod 'yn naturiol, pan benderfynodd Llywodraeth Ei Fawrhydi ffurfio corfforaeth i gyflawni swyddogaeth bwysig darlledu, mai'r iaith swyddogol yn unig a ddefnyddid'. Mynegodd ei lwyr foddhad â Rhanbarth y Gorllewin, a oedd, fe ddadleuai, yn ail-greu 'teyrnas y Brenin Arthur'.

Dyma gyd-destun y frwydr a ymladdwyd o ddiwedd y 1920au hyd ganol y 1930au gan **Brifysgol Cymru**, Undeb Cenedlaethol y Cymdeithasau Cymraeg, y Blaid Seneddol Gymreig a **Phlaid [Genedlaethol] Cymru**, brwydr a elwodd yn fawr ar allu'r ffisegydd ifanc **Edward Bowen** i wrthbrofi dadleuon y BBC ynghylch prinder tonfeddi. Y canlyniad oedd agor stiwdio ym **Mangor** ym mis Tachwedd 1935, penodi cyfarwyddwr rhanbarthol i Gymru (**Rhys Hopkin Morris**) ym Medi 1936, codi trosglwyddydd ym Mhenmon (**Llangoed**) i wasanaethu'r gogledd yn Chwefror 1937 a neilltuo tonfedd ar wahân i'r Gwasanaeth Cymreig ym mis Gorffennaf 1937. Ehangwyd staff y BBC yng Nghymru ac erbyn diwedd y 1930au roedd yn cynnwys unigolion dawnus fel **Alun Llywelyn-Williams**, **Sam Jones**, Dafydd Gruffydd, Elwyn Evans, Nest Jenkins, John Griffiths, Geraint Dyfnallt Owen a Nan Davies. Gan fod disgwyl iddynt gynhyrchu rhaglenni yn **Saesneg** ac yn **Gymraeg**, roeddynt i gyd yn rhugl yn y ddwy iaith. Er i rai di-Gymraeg – **Mai Jones** a **Philip Burton** yn eu plith – ymuno â'r staff maes o law, roedd y nifer fawr o gynhyrchwyr Cymraeg eu hiaith ym mlynyddoedd cynnar Rhanbarth Cymreig y BBC yn destun peth anniddigrwydd ymhlith Cymry di-Gymraeg. Efallai mai'r peth pwysicaf a gyflawnodd y rhanbarth newydd oedd creu'r cysyniad o newyddion Cymreig cenedlaethol, datblygiad arloesol o gofio'r ffaith nad oedd y fath beth â phapur newydd cenedlaethol. Yn Gymraeg, y rhaglen fwyaf poblogaidd oedd ***Noson Lawen***, a gâi ei chynhyrchu ym Mangor gan Sam Jones, cynrychiolydd y BBC yn y gogledd. Arweiniodd twf darlledu at greu math o Gymraeg llafar safonol, ychydig yn wahanol i iaith barchus y pulpud, datblygiad a oedd o ddiddordeb arbennig i Alun Llywelyn-Williams.

Pan dorrodd y rhyfel yn 1939, bu'n rhaid i'r BBC ddarlledu gwasanaeth unedig. Roedd hynny'n rhannol er mwyn rhyddhau tonfeddi ar gyfer darlledu i wledydd y gelynion, gwledydd y cynghreiriaid ynghyd â gwledydd a oresgynnwyd. Ofnid, yn ogystal, y byddai tonfeddi niferus, pob un yn trosglwyddo ei rhaglen ei hun, yn darparu pelydrau di-wifr y gellid eu codi a'u defnyddio gan awyrennau'r gelyn. Ond y rheswm pennaf dros greu gwasanaeth unedig oedd yr ysfa ganoli sy'n gynhenid i wladwriaethau mewn rhyfel. Goroesodd rhai darllediadau Cymraeg, a chaent eu darlledu i'r Deyrnas Unedig gyfan. Roeddynt yn cynnwys bwletin dyddiol o newyddion y byd, a gâi ei ddarlledu am 5 yr hwyr ac a fyddai felly'n aml yn ennill y blaen ar y newyddion Saesneg am 6 yr hwyr. Cynhaliwyd **Eisteddfod** Genedlaethol 1940 ar y radio – tair awr o ddarllediadau ar y Gwasanaeth Cartref Prydeinig, yn cynnwys 15 munud yr un i feirniadaethau'r goron a'r gadair. Bu grwgnach yn Lloegr yn erbyn gorfod dioddef y Gymraeg, ond bu rhaglenni Saesneg a gynhyrchwyd yng Nghymru yn boblogaidd iawn – ***Welsh Rarebit*** Mai Jones yn arbennig. At hynny, yng Nghymru y cynhyrchwyd y fwyaf poblogaidd o holl raglenni cyfnod y rhyfel, *ITMA* Tommy Handley. Symudodd Adran Rhaglenni Amrywiol y Gorfforaeth i Fangor yn 1941, gan beri i'r *Liverpool Daily Post* nodi i Fangor syber 'golli ei diniweidrwydd dros nos gydag un llond trên o actorion'.

Ar 29 Gorffennaf 1945, 81 diwrnod wedi i'r Almaen ildio, lansiwyd Gwasanaeth Cartref Cymreig y BBC. Dyma gychwyn oes aur darlledu sain yng Nghymru, oes a fyddai'n parhau hyd ddiwedd y 1950au, pan fyddai'r mwyafrif o gartrefi Cymru wedi cael trwyddedau teledu. Dan arweinyddiaeth **Alun Oldfield-Davies**, cyfarwyddwr Cymru (1945–8) a rheolwr Cymru (1948–67), elwodd y gwasanaeth ar ddoniau disglair rhai megis **Aneirin Talfan Davies**, **Hywel Davies** ac Alun Williams, ac ar garfan fwyfwy profiadol o sylwebyddion chwaraeon dan arweiniad G. V. Wynne-Jones. Adfywiwyd darlith flynyddol y BBC a lansiwyd yn wreiddiol yn 1938, a chyrhaeddodd benllanw yn 1962 gyda darlith ddylanwadol **Saunders Lewis** *Tynged yr Iaith*. Sefydlwyd y Cyngor Ymgynghorol Cymreig yn 1947. Fe'i disodlwyd gan **Gyngor Darlledu Cymru** yn 1953, pan gafodd Cymru ei chydnabod yn 'rhanbarth cenedlaethol'.

Tommy Handley, ar y dde, gyda Jack Train a Dorothy Summers yn recordio *ITMA* ym Mangor, 1942

Rhoddwyd i Gyngor Darlledu Cymru y cyfrifoldeb dros bolisi a chynnwys y Gwasanaeth Cartref Cymreig. Pwerau ymgynghorol yn unig a roddwyd iddo yn achos teledu, a gyrhaeddodd Gymru yn Awst 1952 pan agorwyd trosglwyddydd **Gwenfô**. (Erbyn 1952 roedd rhannau o Gymru eisoes yn cael gwasanaeth trosglwyddyddion yn Sutton Coldfield (1949) a Holme Moss (1951).) Dilynodd trosglwyddyddion eraill gan y BBC ym Mlaen-plwyf (**Llanfarian** ger **Aberystwyth** (1957)), **Llandrindod** (1961) a **Llanddona** (1962). Ar y cychwyn, un gwasanaeth unedig a gafodd y Deyrnas Unedig, er i Alun Oldfield-Davies lwyddo i ddarbwyllo'r Gorfforaeth i ddarlledu rhaglenni Cymraeg achlysurol yn ystod cyfnodau mud. Yn Lloegr, roedd protestiadau tanbaid yn eu herbyn, er mai'r cyfan a ddisodlent oedd y cerdyn prawf. Darlledwyd y rhaglen deledu Gymraeg gyntaf – gwasanaeth crefyddol o Gaerdydd – ar 1 Mawrth 1953.

Ailadroddwyd y trafferthion a fu ynglŷn â'r ymdrechion i greu gwasanaeth radio cenedlaethol i Gymru – y cysylltiad â de-orllewin Lloegr, diffyg dealltwriaeth yn y brif swyddfa yn Llundain, brwdfrydedd dros ddarparu rhagor o raglenni Cymraeg a gwrthwynebiad i hynny – yn achos teledu. Roedd dau ffactor ychwanegol, fodd bynnag. Un oedd bod y syniad wedi ei sefydlu yn 1937 fod gan genedl y Cymry hawl ddiymwad i fod yn uned ddarlledu a bod hynny wedi ei gadarnhau wrth ddynodi Cymru yn 'rhanbarth cenedlaethol' yn 1953. Y llall oedd dechrau teledu masnachol yn 1955, a gafodd ei drefnu'n rhanbarthol o'r cychwyn. Daeth Cymru a de-orllewin Lloegr yn gyfrifoldeb i Television Wales and the West (TWW), yr agorwyd ei wasanaeth yn Chwefror 1958 o drosglwyddydd yn Saint Hilari (**Llan-fair** ger y **Bontfaen**). Câi llawer o'r gogledd-ddwyrain, fodd bynnag, ei wasanaethu gan Granada, cwmni â'i ganolfan ym Manceinion a ddechreuodd ddarlledu rhaglenni Cymraeg am awr yr wythnos yn 1957, dwywaith yr hyn a ddarlledai'r BBC. Roedd y rhan fwyaf o'r de-orllewin a'r gogledd-orllewin y tu hwnt i gyrraedd unrhyw un o drosglwyddyddion Independent Television (ITV). Ym mis Medi 1962 daeth yr ardaloedd hynny'n gyfrifoldeb i Deledu Cymru (sef Television Wales West and North (TWWN)). Oherwydd mai tenau oedd poblogaeth tiriogaeth y cwmni, ni lwyddodd i gynhyrchu'r incwm yr oedd ei angen arno er mwyn bod yn hyfyw ac unwyd TWWN â TWW yn Ionawr 1964.

Arweiniodd sbardun cystadleuaeth fasnachol, pledio taer Alun Oldfield-Davies, agwedd lai canoliaethol ym mhrif swyddfa'r BBC a dadleuon huawdl Adroddiad Pwyllgor Pilkington (1962) at ddechrau BBC Cymru, gwasanaeth teledu unigryw i Gymru, yn 1964. Gan y byddai Cymru hefyd yn derbyn BBC 2, a chan nad oedd gwasanaeth teledu masnachol a ddarlledai i Gymru yn unig, datblygodd y syniad y dylai'r BBC hefyd ddarlledu rhaglenni gan gwmnïau masnachol a anelid at Gymru, neu o leiaf y rhaglenni Cymraeg yn eu plith – cnewyllyn y syniad a oedd i ddwyn ffrwyth gyda dyfodiad **S4C** yn 1982. Roedd yn syniad a wrthwynebwyd

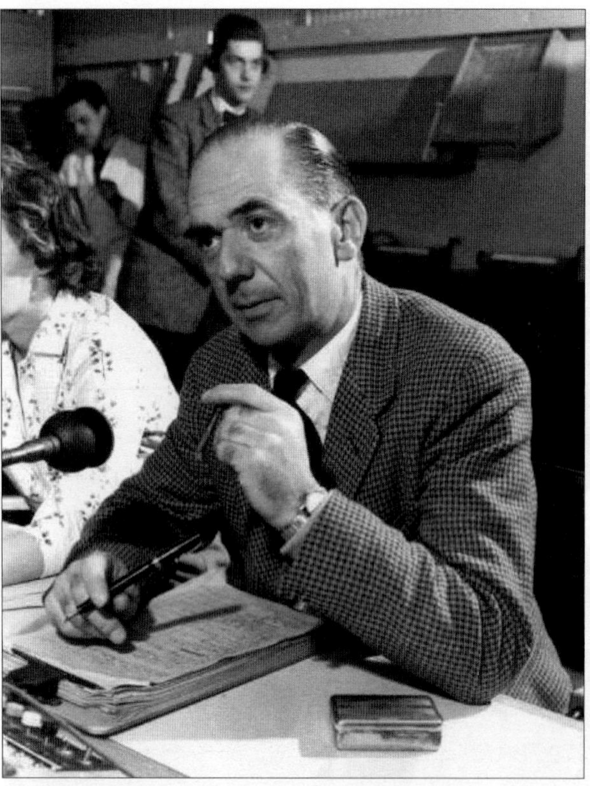

Dafydd Gruffydd

yn hir gan y BBC, yn bennaf ar sail y gwahaniaeth rhwng ethos gwasanaeth cyhoeddus a darlledu masnachol ynghyd â'r ofn y câi rhaglenni'r BBC eu difwyno gan hysbysebu.

O 1964 ymlaen, tra oedd gan Gymru BBC Cymru – yn atebol i Gyngor Darlledu Cymru – roedd yn rhaid i'r **Alban** fodloni ar wasanaeth teledu sylfaenol y BBC gan ddewis ymeithrio o bryd i'w gilydd mewn darllediadau nad oedd gan Gyngor Darlledu'r Alban ddim ond pwerau ymgynghorol drostynt. Mae hon yn enghraifft dda o'r ffordd y mae darlledu wedi bwydo llawer ar y gydnabyddiaeth gynyddol i statws Cymru fel cenedl. Daeth tystiolaeth bellach o'r gydnabyddiaeth honno yn 1965, pan wahanodd TWW y gwasanaeth i Gymru oddi wrth y gwasanaeth i Orllewin Lloegr. Gan fod gwasanaethau Cymreig yn bodoli ar wahân, roedd modd i raglenni Cymraeg gael eu darlledu ar oriau brig, datblygiad a barodd i lawer na allai eu deall droi eu herialau i dderbyn darllediadau o Loegr. Ac felly, tra dadleuid bod prinder rhaglenni yn eu hiaith yn seisnigo siaradwyr y Gymraeg, roedd y ffaith fod rhaglenni o'r fath yn bodoli o gwbl yn peri i Gymry uniaith Saesneg droi eu cefnau ar unrhyw beth a ddeuai o Gymru. Daeth ofn y byddai'r BBC yn colli gwylwyr yn bryder dwysach yn 1968, pan gollodd TWW ei ryddfraint i HTV, cwmni a addawai gynyddu'n sylweddol nifer y rhaglenni a gynhyrchai'n benodol ar gyfer gwylwyr yng Nghymru, a gwella eu hansawdd.

Roedd yr awydd i symud y Gymraeg o'r sianeli prif ffrwd yn cyd-daro ag ymgyrch **Cymdeithas yr Iaith Gymraeg** o blaid sianel deledu Gymraeg, ymgyrch a arweiniodd at feddiannu adeiladau, dringo mastiau, difrodi eiddo a dedfrydau lawer o garchar. Parodd y tensiynau a ddeilliodd o hyn bryder arbennig i John Rowley, rheolwr Cymru y BBC, 1967–74. Gwelodd ei gyfnod ef yn y swydd ddatblygiadau arwyddocaol, gan gynnwys dechrau teledu lliw BBC Cymru (1970), ffurfio Cerddorfa Symffoni Gymreig y BBC (1973; gw. **Cerddorfa Genedlaethol Gymreig y BBC**), a defnyddio VHF a'r donfedd ganol i ddarparu gwasanaethau radio Cymraeg a Saesneg ar donfeddi gwahanol – datblygiad a arweiniodd at sefydlu Radio Cymru a Radio Wales. Olynwyd John Rowley gan Owen Edwards, mab **Ifan ab Owen Edwards** ac ŵyr i **O. M. Edwards**, a lywyddodd dros lansio cyfres ***Pobol y Cwm***, sefydlu Radio Wales a Radio Cymru yn llawn a'r cymhlethdodau a ddeilliodd o drafodaethau Pwyllgor Annan. Yn ei adroddiad (1977), argymhellodd y pwyllgor hwnnw sefydlu pedwaredd sianel Gymraeg cyn gynted ag y byddai'r arian angenrheidiol ar gael. Ymosodwyd ar yr argymhelliad gan rai o selogion y Gymraeg, yn eu plith **Jac L. Williams**, a wrthwynebai'r hyn a ystyriai ef yn gynllun a fyddai'n gwthio'r iaith o'r neilltu i 'sianel *ghetto*'. Yn eu datganiadau maniffesto ar gyfer etholiad cyffredinol Mai 1979, addawodd yr holl brif bleidiau y byddai rhaglenni Cymraeg yn cael blaenoriaeth ar y bedwaredd sianel. Ym mis Medi 1979, fodd bynnag, cyhoeddodd yr Ysgrifennydd Gwladol, William Whitelaw, na fyddai'r llywodraeth yn bwrw ymlaen â'r project. Yn dilyn y protestiadau a ysgogwyd gan hyn – diffodd trosglwyddyddion, ymgyrchoedd gwrthod talu ffi'r drwydded ac, uwchlaw popeth, bygythiad **Gwynfor Evans,** llywydd Plaid Cymru, i ymprydio hyd farwolaeth – cyhoeddodd y llywodraeth ar 17 Medi 1980 y byddai pedwaredd sianel Gymraeg yn cael ei sefydlu wedi'r cwbl (gw. S4C).

Mae hanes rhyfeddol darlledu yng Nghymru wedi peri i Gaerdydd dyfu'n ganolfan bwysig i'r cyfryngau, ac mae hynny'n elfen arwyddocaol ym mywiogrwydd y ddinas. Oddi ar y 1980au, y brif her sy'n wynebu darlledwyr yng Nghymru, fel ym mhobman, yw lluosogrwydd gwasanaethau radio a theledu. Dechreuodd radio lleol yng Nghymru yn 1974 gyda Sain Abertawe, y cyntaf o lu o wasanaethau o'r fath. Mae Radio Wales a Radio Cymru wedi dal eu tir, er i'r orsaf iaith Gymraeg gael ei chyhuddo o gynnwys fawr mwy na phop a chleber. Gydag ugeiniau os nad cannoedd o orsafoedd teledu ar gael i'r sawl sydd â gwasanaethau lloeren neu gêbl, yr ofn yw bod perygl i unrhyw wasanaeth unigryw Gymreig, ym mha iaith bynnag, gael ei wasgu o'r golwg. Mae'r ymdrech i atal hynny rhag digwydd yn allweddol bwysig i'r frwydr i gynnal a datblygu ymwybyddiaeth genedlaethol.

## DARN Y COMPUTUS

Roedd Darn y Computus, a gedwir yn Llyfrgell Prifysgol **Caergrawnt**, yn rhan o flodeugerdd o'r 10g. a gynhwysai ddeunydd seryddol a chalendraidd yn perthyn i'r wyddor cyfrif amser a elwir yn *Computus*. Ar un dudalen ceir dau ddiagram aneglur, un ohonynt yn gopi o'r hyn a elwir yn gylch Pythagoras; mae'r ail dudalen yn cynnwys esboniad 23 llinell (Darn y Computus), mewn Hen **Gymraeg**, ar destun a ddeilliasai'n wreiddiol, yn ôl pob tebyg, o *De ratione temporum* Beda. Mae'r esboniad yn y dull holi ac ateb a gysylltid ag ysgolion yr Oesoedd Canol cynnar, a'i bwnc yw cylch 18.6 blynedd y lleuad a ddefnyddid i benderfynu dyddiad y Pasg.

## DAROGAN

Gair yw hwn yn golygu 'proffwydoliaeth' sy'n cyfeirio at draddodiad o ganu gwleidyddol yng Nghymru'r Oesoedd

*Pobol y Cwm*, 2007

Canol. Mae'r canu yn proffwydo trechu'r **Eingl-Sacsoniaid** a'u gyrru o **Brydain** gan y Cymry, gan amlaf dan arweiniad 'mab darogan', megis Cynan Meiriadog, **Cadwaladr** neu Owain; cyfeiriai'r enw olaf weithiau at **Owain Gwynedd**, **Owain Lawgoch** neu **Owain Glyndŵr**. Yn y gerdd ddarogan gynnar *Armes Prydein* (*c.*930–42) proffwydir trechu'r **Saeson** gan gynghrair o Gymry, cyd-**Geltiaid** a **Llychlynwyr** dan arweiniad Cynan a Chadwaladr. Yn ***Llyfr Du Caerfyrddin*** a ***Llyfr Taliesin*** tadogir daroganau ar **Myrddin** a **Taliesin** a ystyrid yn feirdd-broffwydi. Dan ddylanwad 'proffwydoliaethau Myrddin' ym Mrut **Sieffre o Fynwy** (12g.) defnyddid enwau anifeiliaid yn aml i gyfeirio at ffigyrau gwleidyddol mewn daroganau diweddarach. Yn ystod **Gwrthryfel Glyndŵr** deddfwyd yn erbyn y beirdd a'u daroganau o blaid Owain. Yn ystod **Rhyfeloedd y Rhos** darluniwyd Siasbar a Harri Tudur (gw. **Tuduriaid**) fel meibion darogan gan feirdd fel Dafydd Llwyd o Fathafarn a Robin Ddu.

## DARTIAU

Daeth taflu dartiau, gêm a ddatblygodd o daflu gwaywffyn a **saethyddiaeth**, yn boblogaidd iawn yn y 1920au a'r 1930au, a hithau'n gêm gymharol rad i'w chwarae ac yn un a âi law yn llaw yn naturiol ag yfed **cwrw**. Roedd y gêm yn ffynnu mewn tafarnau a chlybiau gweithwyr, a sefydlwyd cystadlaethau cwpan a chynghreiriau yn y cyfnod hwn.

I lawer, y 1970au a'r 1980au oedd oes aur dartiau. Dyma gyfnod enwau cyfarwydd fel John Lowe, Eric Bristow, Cliff Lazarenko, Bobby George a Jocky Wilson. Roedd chwaraewyr o Gymru yn amlwg iawn yn y prif gystadlaethau, yn eu mysg Ceri Morgan, **Leighton Rees** a'r anghymharol Alan Evans. Leighton Rees a enillodd Bencampwriaeth Dartiau'r Byd y tro cyntaf iddi gael ei chynnal yn 1978, pan gurodd John Lowe o **Loegr** yn y rownd derfynol. Bu'n rhaid i Gymru aros hyd 1995 cyn i Gymro arall, Ritchie 'The Welsh Wizard' Burnett, ddod yn bencampwr y byd. Arweiniodd Leighton Rees dîm yn ei gynnwys ef ei hun, Alan Evans a David Jones i bencampwriaethau tîm Ffederasiwn Dartiau'r Byd yn 1977, camp a ailadroddwyd gan Eric Burden, Marshall James, Sean Palfrey a Martin Phillips ugain mlynedd yn ddiweddarach.

## DATGANOLI

Daeth datganoli gwleidyddol – sef trosglwyddo awdurdod o'r canol i'r ymylon – yn derm cyffredin iawn yng Nghymru'r 1970au yng nghyd-destun cynigion y **llywodraeth** Brydeinig ynghylch cynulliadau etholedig i Gymru a'r **Alban**. Ychydig iawn o ddiddordeb mewn datganoli i Gymru a amlygwyd gan lywodraethau Attlee ar ôl yr **Ail Ryfel Byd**, a dim ond yn groes i'r graen y sefydlwyd **Cyngor Cymru a Mynwy**, gydag aelodaeth enwebedig, yn 1948. Penodwyd Gweinidog Materion Cymreig gan y **Blaid Geidwadol** yn 1951, ond ychydig iawn o fudd a ddaeth yn sgil cyflwyno'r ddeiseb o fwy na 250,000 o lofnodion gan ymgyrchwyr Senedd i Gymru yn 1956. Methiant fu mesur Senedd i Gymru a gyflwynwyd gan **S. O. Davies** (**Merthyr Tudful**) yn 1955. Erbyn 1959, fodd bynnag, roedd twf **Plaid [Genedlaethol] Cymru** yn ddigon i godi braw ar y **Blaid Lafur** fel y cyhoeddodd faniffesto etholiadol ac ynddo ymrwymiad i benodi **Ysgrifennydd Gwladol** dros Gymru.

Gwireddwyd yr addewid pan ddychwelodd y Blaid Lafur i rym yn 1964 a phenodwyd **James Griffiths** (aelod seneddol **Llanelli**) yn Ysgrifennydd Gwladol cyntaf Cymru. Cynyddu a wnaeth rhychwant cyfrifoldebau'r **Swyddfa Gymreig** yn ystod y blynyddoedd canlynol. Bu'n rhaid i'r Blaid Lafur

Cerys Matthews yn ymuno â'r ymgyrch o blaid datganoli, 1997

ystyried cynllun mwy pellgyrhaeddol ar gyfer datganoli i Gymru oherwydd y pwysau a gododd yn sgil buddugoliaeth ddramatig **Gwynfor Evans** yn isetholiad **Caerfyrddin**, Gorffennaf 1966, a phleidleisiau sylweddol gan Blaid Cymru yng Ngorllewin y **Rhondda** yn 1967 a **Chaerffili** yn 1968. Roedd cefnogwyr cynulliad etholedig i Gymru yn ei weld fel cam a oedd yn cyd-fynd â diwygio strwythur **llywodraeth** leol ac ag aelodaeth o'r Gymuned Ewropeaidd. At ei gilydd cefnogwyd y syniad o gyngor etholedig i Gymru gan adroddiad hirddisgwyliedig **Comisiwn Kilbrandon**, a welodd olau dydd yn Hydref 1973. Bu dadlau hirfaith o fewn rhengoedd y Blaid Lafur, a'r canlyniad yn y pen draw oedd cyflwyno Mesur Cymru a'r Alban a gynigiai gynulliad deddfwriaethol i'r Alban a chynulliad gweithredol i Gymru. Yng Ngorffennaf 1978 cyrhaeddodd Mesur Cymru y Llyfr Statud; roedd yn argymell sefydlu cynulliad Cymreig a chanddo rychwant cyfyng iawn o bwerau.

Bu dadlau am fisoedd hyd ddyddiad y bleidlais dyngedfennol ar 1 Mawrth 1979. Yn swyddogol roedd pob plaid wleidyddol yng Nghymru ac eithrio'r Ceidwadwyr yn ymrwymedig i gefnogi mesur o ddatganoli. Fodd bynnag, arweiniodd nifer o aelodau seneddol Cymreig, yn fwyaf arbennig Leo Abse (**Pont-y-pŵl**) a Neil Kinnock (**Bedwellte**), wrthwynebiad ffyrnig i bolisi swyddogol eu plaid, a chawsant gefnogaeth cynghorwyr Llafur bron ym mhob ardal o Gymru. Pan ddaeth y bleidlais, roedd 243,048 o blaid a 956,330 yn erbyn; roedd mwyafrifoedd yn erbyn ym mhob sir yng Nghymru, yn amrywio o 33.1% yng **Ngwynedd** i 75.8% yng **Ngwent**.

O fewn ychydig fisoedd etholwyd llywodraeth Geidwadol adain dde yn San Steffan o dan Margaret Thatcher, a thila oedd y rhagolygon am sicrhau unrhyw fesur o ddatganoli ar gyfer Cymru a'r Alban. Ond bu'r blynyddoedd canlynol o argyfwng economaidd a diweithdra cynyddol yn gyfrifol am ailasesu anghenion gwleidyddol Cymru. Rhoddwyd hwb newydd i'r mudiad pan sefydlwyd Ymgyrch Senedd i Gymru, corff amlbleidiol, yn y 1990au cynnar, a chryfhawyd ei apêl gan bryder cynyddol ynghylch grym y **cwangoau** ym mywyd Cymru. Cyhoeddodd y Blaid Lafur gynigion newydd ar gyfer datganoli ym Mai 1995, a daeth i rym ddwy flynedd yn ddiweddarach, a chynnal refferendwm ar 18 Medi 1997. O dan arweinyddiaeth (1997–8) Ron Davies, Ysgrifennydd Gwladol Cymru, aelod seneddol Caerffili a phrif bensaer datganoli, cafwyd ymgyrch ar y cyd gyda'r **Rhyddfrydwyr** a Phlaid Cymru a arweiniodd at ganlyniad mwy cadarnhaol, gyda 559,419 (50.3%) o blaid a 552,698 (49.7%) yn erbyn. Gwelwyd cecru am fisoedd ynghylch union leoliad y cynulliad arfaethedig. Cynhaliwyd yr etholiadau cyntaf ar gyfer 60 sedd **Cynulliad Cenedlaethol Cymru**, i'w leoli ym Mae **Caerdydd**, yn 1999. Roedd pennod newydd yn hanes gwleidyddol a chyfansoddiadol Cymru ar gychwyn.

## DATGYSYLLTU EGLWYS LOEGR YNG NGHYMRU

Nod datgysylltu yw cael gwared â **chrefydd** wladwriaethol, naill ai er mwyn dileu dylanwadau gwleidyddol ar yr eglwys neu er sicrhau bod pob enwad yn gyfartal. Yn ymhlyg ynddo y mae'r ddadl ei bod yn anghyson i Eglwys, yn dilyn datgysylltu, barhau i fod â meddiant o waddolion a ddaeth iddi yn sgil ei statws gwladwriaethol. Felly, mae datgysylltu bron bob amser yn golygu dadwaddoli hefyd. Enillodd yr egwyddor o ddatgysylltu hygrededd wrth i'r weriniaeth Americanaidd ymwrthod â'r syniad o eglwys wladwriaethol a hefyd wrth i'r Eglwys Gatholig (gw. **Catholigion Rhufeinig**) yn Ffrainc golli'i breintiau yn sgil y chwyldro yn 1789.

O'r 1830au ymlaen roedd lleisiau'n galw am ddatgysylltu'r Eglwys Anglicanaidd – yr eglwys wladwriaethol yn **Lloegr**, Cymru ac **Iwerddon** (gw. **Anglicaniaid**). Sefydlwyd yr Anti-State-Church Association yn 1844 – yn 1853 newidiodd ei henw i'r Liberation Society (Cymdeithas Rhyddhau Crefydd) – a phenodwyd Cymro o **Lundain**, J. Carvell Williams, yn ysgrifennydd iddi. Ar y dechrau nid ystyriwyd ceisio cael datgysylltiad ar gyfer Cymru ar ei phen ei hun, oherwydd gwelid yr Eglwys Anglicanaidd yng Nghymru fel rhan annatod o Eglwys Loegr. Fodd bynnag, roedd y sylweddoliad fod y Cymry wedi croesawu **Anghydffurfiaeth** ar raddfa na welwyd ei thebyg yn Lloegr, gan beri bod Eglwys Loegr yn eglwys leiafrifol bron ym mhob rhan o Gymru, yn rhoi grym i'r ddadl fod datgysylltu yng Nghymru yn syniad rhesymol. Cryfheid y ddadl gan y gred fod Eglwys Loegr yn ddylanwad Seisnig yng Nghymru, fel yr oedd union enw'r Eglwys honno'n cadarnhau. Enillodd fwy o rym hefyd pan ddatgysylltwyd a phan ddadwaddolwyd Eglwys Iwerddon gan **W. E. Gladstone** yn 1869.

Roedd y **Blaid Ryddfrydol** wedi etifeddu cydymdeimlad at hawliau Anghydffurfwyr oddi wrth y Chwigiaid (gw. **Plaid Chwigaidd**). Yn ogystal, roedd meddylfryd y Rhyddfrydwyr mwyaf blaengar yn peri iddynt ymwrthod â'r syniad fod angen sancteiddio gwladwriaethau trwy eu cysylltu â chrefydd. I'r gwrthwyneb, roedd aelodau'r **Blaid Geidwadol**,

**Canlyniadau sirol Cymru yn y refferendwm ar ddatganoli yn 1997**

| Sir | Etholwyr | Pleidlais | Yn erbyn | O blaid | Canran o blaid |
|---|---|---|---|---|---|
| Abertawe | 174,725 | 47.1% | 39,561 | 42,789 | 52.0% |
| Blaenau Gwent | 55,089 | 49.3% | 11,928 | 15,237 | 56.4% |
| Bro Morgannwg | 89,111 | 54.3% | 30,613 | 17,776 | 36.7% |
| Caerdydd | 228,571 | 46.9% | 59,589 | 47,527 | 44.4% |
| Caerffili | 129,060 | 49.3% | 28,841 | 34,830 | 54.7% |
| Casnewydd | 94,094 | 46.1% | 27,017 | 16,172 | 37.4% |
| Castell-nedd Port Talbot | 106,333 | 51.9% | 18,463 | 36,730 | 66.5% |
| Ceredigion | 54,440 | 56.8% | 12,614 | 18,304 | 59.2% |
| Conwy | 87,231 | 51.5% | 26,521 | 18,369 | 40.9% |
| Gwynedd | 92,520 | 59.8% | 19,859 | 35,425 | 64.1% |
| Merthyr Tudful | 44,107 | 49.5% | 9,121 | 12,707 | 58.2% |
| Pen-y-bont ar Ogwr | 100,400 | 50.6% | 23,172 | 27,632 | 54.4% |
| Powys | 96,107 | 56.2% | 30,966 | 23,038 | 42.7% |
| Rhondda Cynon Taf | 175,639 | 49.9% | 36,362 | 51,201 | 58.5% |
| Sir Benfro | 88,720 | 52.6% | 26,712 | 19,979 | 42.8% |
| Sir Ddinbych | 70,410 | 49.8% | 20,732 | 14,271 | 40.8% |
| Sir Fynwy | 65,309 | 50.5% | 22,403 | 10,592 | 32.1% |
| Sir Gaerfyrddin | 133,467 | 56.4% | 26,911 | 49,115 | 65.3% |
| Sir y Fflint | 113,181 | 41% | 28,710 | 17,746 | 38.2% |
| Tor-faen | 69,505 | 45.5% | 15,854 | 15,756 | 49.8% |
| Wrecsam | 96,787 | 42.4% | 22,449 | 18,574 | 45.3% |
| Ynys Môn | 54,044 | 56.9% | 15,095 | 15,649 | 50.9% |

gyda'u sêl dros y Frenhiniaeth a'r Eglwys, yn ystyried mai un o'u prif ddyletswyddau oedd amddiffyn yr Eglwys Sefydledig. Er mwyn cyfiawnhau datgysylltu ar gyfer Cymru yn unig, roedd angen profi bod Cymru yn endid a allai'n rhesymol fynnu deddfwriaeth ar wahân ar fater mor sensitif – bod Cymru'n genedl a bod i'r ffaith honno oblygiadau gwleidyddol a chyfreithiol. Roedd yn rhaid i amddiffynwyr yr Eglwys Sefydledig wadu'r fath ragdyb; o ganlyniad roedd y Ceidwadwyr, nad oeddynt ar y dechrau'n fwy gwrth-Gymreig na'r Rhyddfrydwyr, yn eu cael eu hunain mewn sefyllfa lle y'u gwelid fel y blaid wrth-Gymreig, datblygiad a fyddai'n dylanwadu'n hir ar wleidyddiaeth Cymru.

Cyflwynwyd y mesur seneddol cyntaf i ddatgysylltu'r Eglwys yng Nghymru yn 1869 gan Watkin Williams, aelod seneddol Bwrdeistrefi **Dinbych**. Ychydig o gefnogaeth a gafodd y mesur hwn, ond llwyddodd i osod datgysylltu ar yr agenda wleidyddol, ac arhosodd y pwnc yno hyd nes i Ddeddf yr Eglwys yng Nghymru gael ei phasio yn 1914. Daeth perthynas y wladwriaeth â'r Eglwys yn fwyfwy dadleuol yn sgil Rhyfel y **Degwm** yn y 1880au, a daeth datgysylltu yng Nghymru yn rhan o bolisi swyddogol y Blaid Ryddfrydol yn 1891. Oherwydd anfodlonrwydd y **llywodraeth** Ryddfrydol a etholwyd yn 1892 i gyflwyno mesur i'r perwyl hwnnw, penderfynodd pedwar aelod seneddol Cymreig – gan gynnwys **David Lloyd George** – wrthod y chwip Ryddfrydol. Methodd mesurau a gyflwynwyd yn 1894 ac 1895 oherwydd gwrthwynebiad Tŷ'r Arglwyddi a gwendid y llywodraeth, a gwympodd yn 1895.

Erbyn diwedd y 19g. roedd dylanwad yr Eglwys Sefydledig wedi cael ei erydu'n ddirfawr. Nid oedd gan yr Eglwys Anglicanaidd bellach fonopoli ar **addysg** elfennol, na gafael haearnaidd ar Brifysgolion, na'r grym i orfodi trethi eglwysig a mynnu gwasanaethau Anglicanaidd mewn mynwentydd plwyf. O ganlyniad, gwanhaodd y galw am ddatgysylltiad ymysg Anghydffurfwyr Lloegr.

Ni ddigwyddodd hynny yng Nghymru, er mawr ofid i **W. J. Gruffydd** a gwynai am yr egni a dreuliwyd er mwyn ennill yr hyn a ddisgrifid fel 'buddugoliaeth genedlaethol', a'r chwerwedd enwadol a grëwyd yn sgil hynny. Credai Gruffydd y byddai'n amgenach sianelu'r egni i'r gwaith o feithrin ymwybyddiaeth o'r dreftadaeth genedlaethol ymhlith Cymry o bob lliw crefyddol a gwleidyddol. Cryfhaodd y gefnogaeth i ddatgysylltiad Cymreig, yn rhannol oherwydd y **'Gwrthryfel Cymreig'** ynglŷn ag addysg enwadol (1902–5) a diwygiad 1904–5 (gw. **Diwygiadau**), a barodd i aelodaeth yr enwadau Anghydffurfiol gynyddu'n sylweddol.

Arweiniodd buddugoliaeth ysgubol y Rhyddfrydwyr yn 1906 at obaith y byddai'r llywodraeth yn symud yn gyflym i sicrhau datgysylltiad. Yn lle hynny, penododd gomisiwn brenhinol – cam a ddehonglid bron yn gyffredinol fel tacteg ohirio. Roedd cadeirydd y comisiwn yn hollti blew cyfreithiol a daeth y cyfan yn gyff gwawd. Ni chyhoeddodd y comisiwn ei argymhellion hyd 1910, a chan nad oedd unfrydedd, cafodd yr holl ymarfer ei gondemnio fel methiant.

Roedd yn amlwg na lwyddid i sicrhau datgysylltiad Cymreig tra byddai Tŷ'r Arglwyddi yn parhau i fod â hawl gwaharddiad (feto). Dilewyd yr hawl honno gan Ddeddf y Senedd (1911), a ddilynwyd gan Ddeddf yr Eglwys yng Nghymru a basiwyd ym Medi 1914, 45 diwrnod ar ôl dechrau'r **Rhyfel Byd Cyntaf**. Gohiriwyd gweithredu'r ddeddf hyd 1920 pan grëwyd yr **Eglwys yng Nghymru**, sef talaith hunanlywodraethol oddi mewn i'r Cymundeb Anglicanaidd. Collodd yr Eglwys ei gwaddolion hynafol, ond ni chwblhawyd y broses gymhleth hon hyd 1947. Erbyn hynny roedd £2,466,617 wedi'u

Gwrthdystiad yn erbyn y Mesur Datgysylltu yn Abertawe, Mai 1912

trosglwyddo i gynghorau sir Cymru a £989,196 i **Brifysgol Cymru**.

Mae stori'r datgysylltu yn llawn eironi. Fe'i gwrthwynebid yn ffyrnig gan y rhan fwyaf o Anglicaniaid, ond erbyn 1924 gallai arweinydd y gwrthwynebiad, **A. G. Edwards**, archesgob cyntaf Cymru, fynegi ei fodlonrwydd gyda'r modd y datblygodd pethau. Erbyn y 1930au, pan oedd Eglwys Loegr mewn trafferthion ynglŷn â'r degwm a diwygio'r ***Llyfr Gweddi Gyffredin***, nodwyd mai'r Eglwys yng Nghymru, a oedd bellach wedi'i datgysylltu, oedd yr esiampl i'w dilyn. Erbyn y degawd hwnnw roedd ymlyniad wrth Anglicaniaeth yn ymddangos yn gryfach yng Nghymru nag yn Lloegr. Efallai mai'r eironi terfynol fydd datgysylltu Eglwys Loegr ei hun dan arweiniad un a fu unwaith yn archesgob Cymru – Rowan Williams, a gysegrwyd yn archesgob Caergaint yn 2003.

**DAUGLEDDAU** Cantref

Roedd Daugleddau yn un o'r saith **cantref** yn **Nyfed** a grybwyllir ym mrawddeg agoriadol Pedair Cainc y Mabinogi (gw. **Mabinogion**), ac yn cynnwys y tiroedd rhwng afonydd Cleddau Ddu a Chleddau Wen (gw. **Cleddau**). Ar ôl goresgyniad y **Normaniaid** daeth yn farwniaeth. **Cas-wis** oedd capwt (prif ganolfan) y farwniaeth, a oedd yn rhan o arglwyddiaeth **Penfro**, er bod yr ardal o amgylch **Llanhuadain** yn rhan o stadau esgob **Tyddewi**. Ar ôl y **Deddfau 'Uno'** parhaodd yr enw yn enw **hwndrwd** Daugleddy (Dungleddy).

**DAVEY, Claude (1908–2001)** Chwaraewr rygbi

Enillodd Davey, a aned yn y Garnant, **Cwmaman**, 23 o gapiau fel canolwr rhwng 1930 ac 1935 ac roedd yn enwog am ei daclo ffyrnig. Ei gamp ddwbl nodedig oedd arwain **Abertawe** a Chymru, fel capten, yn eu buddugoliaethau yn erbyn y Crysau Duon yn 1935 a sgorio yn y ddwy gêm. Yn 1933 roedd hefyd yn aelod o dîm cyntaf Cymru i ennill yn Twickenham.

***DAVID* (1951)** Ffilm

Canolbwynt y ffilm gain, hiraethus hon, a wnaed ar gyfer Gŵyl Prydain, yw Dafydd Rhys, gofalwr ysgol a chyn-löwr carismataidd. Portread sydd yma mewn gwirionedd o'r bardd a'r colofnydd D. R. Griffiths (Amanwy, 1882–1953; brawd y gwleidydd **James Griffiths**), sy'n ei actio ei hun. Llwyddodd y cyfarwyddwr Paul Dickson, brodor o **Gaerdydd**, i greu darlun manwl o fywyd yng nghylch **Rhydaman** wrth adrodd hanes y gofalwr sy'n galaru am y mab a gollodd ac sy'n arllwys ei dristwch a'i atgofion i mewn i gerdd ar gyfer yr **Eisteddfod** Genedlaethol.

**DAVID, T[annatt] W[illiam] E[dgeworth] (1858–1934)** Daearegydd a fforiwr

Mab i reithor Sain Ffagan (**Caerdydd**) oedd T. W. E. David, a daeth yn Athro **daeareg** a **daearyddiaeth** ffisegol ym Mhrifysgol Sydney, **Awstralia** (1891–1924). Daeth yn adnabyddus yn rhyngwladol ar sawl cyfrif. Ef oedd arweinydd yr ail daith dan nawdd y Gymdeithas Frenhinol i ddrilio atol cwrel Funafuti (1897), gyda'r bwriad o roi prawf ar ddamcaniaeth Darwin ynglŷn â thyfiant cwrel, ac ef oedd y prif wyddonydd ar daith Shackleton i'r Antarctig (1909), pan arweiniodd yr ymdaith gyntaf i Begwn Magnetig y De. Ef hefyd oedd arweinydd twnelwyr bataliwn mwyngloddio Awstralia, a chynghorydd daearegol y British Expeditionary Force yn Ffrainc yn ystod y **Rhyfel Byd Cyntaf**. Cafodd glod am ddarganfod olion rhewlifiant Permo-Carbonifferaidd ar dir y cyfandiroedd deheuol ac am ei gampwaith, *The Geology of the Commonwealth of Australia* (1931). Câi ei ystyried yn un o brif wyddonwyr Awstralia; derbyniodd lu o anrhydeddau a threfnwyd angladd gwladol pan fu farw.

**DAVIES, Teulu** Gofaint haearn

Roedd Hugh Davies (m.1702), ei fab hynaf, Robert (1675–1748), a'i drydydd mab, John (1682–1755), yn ofaint **haearn** enwog a chanddynt efail yng Nghroes Foel (**Esclusham**). Buont yn gyfrifol am sawl enghraifft nodedig o waith haearn yn y gogledd-ddwyrain, gan gynnwys y gatiau addurnedig cywrain a'r colofnau rhwyllog yng Nghastell y **Waun** (1712), gatiau mynwent Eglwys **Wrecsam** (1720) a gatiau clos Eglwys Sain Pedr, **Rhuthun** (1727), yn ogystal â sgriniau cangell yn yr **Wyddgrug** a Wrecsam. Ymddengys mai Robert a fu'n gyfrifol am y gwaith gorau a mwyaf technegol sicr; ymhlith gweithiau eraill a briodolir iddo y mae sgriniau a gatiau ysblennydd ym Mhlas **Coed-llai** ac Erddig (**Marchwiail**).

**DAVIES, Teulu (Llandinam)** Diwydianwyr, gwleidyddion a chymwynaswyr

Roedd David Davies (1818–90), y contractwr **rheilffyrdd**, y perchennog glofeydd a'r dyngarwr, yn filiwnydd trwy ei ymdrechion ei hun, ac ef a osododd sylfeini cyfoeth y teulu. Wedi'i eni ar fferm fynydd dlawd yn **Llandinam** i deulu yn hanu o **Geredigion**, ei waith cyntaf oedd ym mhwll llifio ei dad ac o ganlyniad fe'i llysenwyd yn 'Top Sawyer'. O 1855 hyd 1867 chwaraeodd ran allweddol yn y gwaith o adeiladu rheilffyrdd yng nghanolbarth a gorllewin Cymru. Trychfa Talerddig, yr hafn 35m o hyd a gynlluniwyd ganddo ac a gwblhawyd yn 1861, oedd y drychfa graig ddyfnaf yn y byd ar y pryd (gw. **Llanbryn-mair**). Roedd Cwmni Glo yr Ocean, a oedd yn eiddo iddo ac yn berchen ar lofeydd yng nghymoedd **Rhondda** ac **Ogwr**, yn allforio mwy o lo ager o Gymru nag odid un cwmni arall. Ei gamp fwyaf oedd creu porthladd newydd yn y **Barri** i gystadlu â dociau **Caerdydd**. Bu'n aelod seneddol dros Fwrdeistrefi **Aberteifi** o 1874 hyd 1885 a thros **Sir Aberteifi** o 1885 hyd 1886, pan gollodd ei sedd oherwydd ei wrthwynebiad i bolisi **Gladstone** ar **Iwerddon**. Bu'n llwyrymwrthodwr ac yn Galfinydd rhonc ar hyd ei oes, a chyfrannodd yn hael i goffrau Coleg Prifysgol Cymru, **Aberystwyth** (gw. **Prifysgol Cymru, Aberystwyth**). Dyrchafwyd ei ŵyr, David Davies (1880–1944), yn Farwn Davies o Landinam yn 1932. Bu'n aelod seneddol Rhyddfrydol dros **Sir Drefaldwyn** o 1906 hyd 1929, ac ef a sefydlodd Gymdeithas y Gymanwlad Newydd er mwyn hyrwyddo cysylltiadau rhyngwladol. Ef hefyd a sefydlodd y gadair gyntaf yn y byd mewn gwleidyddiaeth ryngwladol yn y coleg yn Aberystwyth, ac ariannu'r gwaith o godi'r Deml Heddwch yng Nghaerdydd. Gyda'i ddwy chwaer, Gwendoline (1882–1951) a Margaret (1884–1963), ymladdodd David Davies yn erbyn **twbercwlosis** trwy sefydlu Cymdeithas Goffa'r Brenin Edward VII, cymdeithas a gododd sanatoria ledled Cymru. Cofir am y chwiorydd yn bennaf am eu cymynrodd o beintiadau gan yr Argraffiadwyr Ffrengig i **Amgueddfa [Genedlaethol] Cymru**. Hwy hefyd a sefydlodd Wasg Gregynog (gw. **Tregynon**), sy'n nodedig am ei hargraffiadau celfyddyd gain.

**DAVIES, Alun Talfan (1913–2000)** Golygydd, bargyfreithiwr a ffigwr cyhoeddus

Cofir Syr Alun Talfan Davies yn bennaf fel un o sefydlwyr HTV (gw. **Darlledu**) ac fel cefnogwr dylanwadol i'r ymgyrch dros **ddatganoli**. Brodor o **Orseinon** ydoedd, a chafodd ei addysg yn **Aberystwyth** a **Chaergrawnt**. Daeth yn fargyfreithiwr yn 1939 a thrwy ei waith cyfreithiol datblygodd yn wyneb cyfarwydd ym mywyd cyhoeddus Cymru, yn enwedig fel un a gefnogodd geisiadau am iawndal i lowyr ac fel cadeirydd ymddiriedolwyr cronfa Trychineb **Aber-fan**. Gyda'i frawd, **Aneirin Talfan Davies**, sefydlodd gwmni cyhoeddi Llyfrau'r Dryw a'r cyfnodolyn *Barn* (1962).

**DAVIES, Aneirin Talfan (1909–80)** Awdur, beirniad a darlledwr

Magwyd Aneirin Talfan Davies yng **Ngorseinon**. Bu'n fferyllydd yn **Llundain** yn ystod y 1930au cyn ymsefydlu yn **Abertawe**. Yn ystod yr **Ail Ryfel Byd** dinistriwyd ei fferyllfa gan fomiau'r Almaenwyr a throdd at **ddarlledu** gan ddod, erbyn 1966, yn bennaeth rhaglenni Cymru y BBC. Roedd yn fardd ac yn awdur y llyfrau taith nodedig *Crwydro Sir Gâr* (1955) a *Crwydro Bro Morgannwg* (dwy gyfrol, 1972 ac 1976), a chyhoeddodd astudiaethau niferus o weithiau llenorion Cymraeg a Saesneg; ysgrifennodd am Pushkin hefyd. Ef oedd sylfaenydd y cylchgrawn llenyddol *Heddiw* (1936–1942), a chyda'i frawd, **Alun Talfan Davies**, sefydlodd gwmni cyhoeddi Llyfrau'r Dryw a'r cylchgrawn *Barn* (1962). Bu ei fab, Geraint Talfan Davies, yn rheolwr y BBC yng Nghymru o 1990 hyd 1999.

**DAVIES, [David] Arthur (1913–90)** Meteorolegydd

Ganed Arthur Davies yn y **Barri** a graddiodd mewn **mathemateg** a ffiseg yng **Nghaerdydd**. Yn 1936 aeth yn ddaroganwr tywydd yn y Swyddfa Dywydd. Ar ôl yr **Ail Ryfel Byd** bu'n gyfarwyddwr adran feteoroleg Dwyrain Affrica, ac yn 1955 fe'i penodwyd yn ysgrifennydd cyffredinol Corff Meteoroleg y Byd. Roedd yn y swydd honno hyd at 1979, y cyfnod hwyaf i neb fod yn bennaeth gweinyddol corff oddi mewn i'r Cenhedloedd Unedig. I gydnabod hynny, dyfarnwyd iddo Wobr Heddwch y Cenhedloedd Unedig (1979) a'i wneud yn ysgrifennydd cyffredinol emeritws Corff Meteoroleg y Byd hyd at ei farw ddeng mlynedd yn ddiweddarach. Bu'n is-lywydd **Canolfan Materion Rhyngwladol Cymru** a'r **Cymmrodorion**.

Alun Talfan Davies: portread gan David Griffiths

**DAVIES, Ben[jamin] [Grey] (1858–1943)** Tenor

Ben Davies oedd tenor proffesiynol cyntaf Cymru. Fe'i ganed ym **Mhontardawe**, ac yn fachgen canai alto yng Nghôr Mawr y De (1872–3), o dan arweiniad Caradog (**Griffith Rhys Jones**). Ar ôl cyfnod yn gweithio mewn ystordy yn **Abertawe**, aeth i'r Academi Gerdd Frenhinol, **Llundain**, yn 1878, a daeth allan yn 1881 yn denor caboledig. Bu'n canu mewn operâu hyd at 1890, pan benderfynodd ganolbwyntio ar yr oratorio a'r cyngerdd, a bu'n perfformio'n ddisglair ar dir mawr Ewrop ac yng **Ngogledd America** yn ystod ei yrfa hir.

**DAVIES, Clement [Edward] (1884–1962)** Gwleidydd

Roedd Clement Davies, brodor o **Lanfyllin**, yn fargyfreithiwr llwyddiannus a ddaeth yn aelod seneddol Rhyddfrydol dros **Sir Drefaldwyn** yn 1929, a pharhau i ddal y sedd hyd ei farwolaeth yn 1962. Yn 1931 ymunodd â'r **Rhyddfrydwyr Cenedlaethol**, ond yn 1945 dychwelodd at y **Blaid Ryddfrydol**. Fel arweinydd y Rhyddfrydwyr rhwng 1945 ac 1956, brwydrodd yn galed dros undod y blaid ar adeg anodd yn

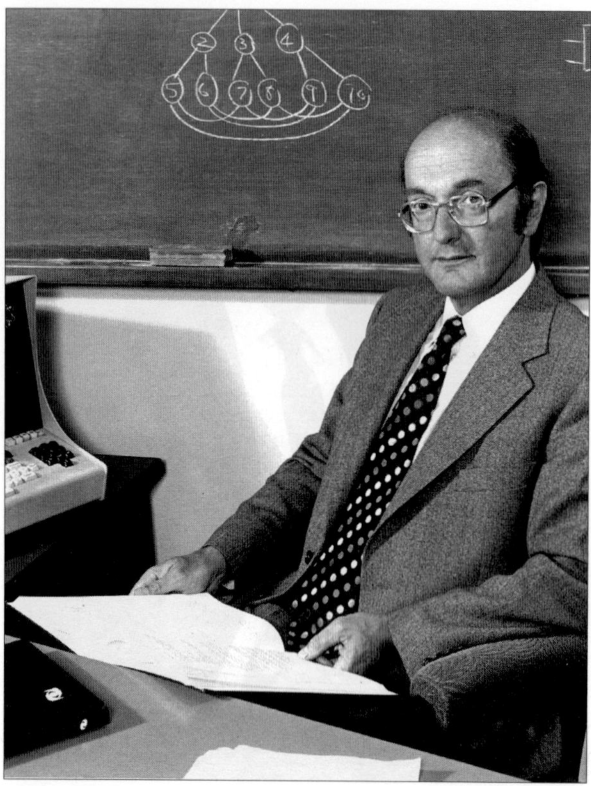

Donald Davies

ei hanes. Roedd yn lladmerydd cryf dros hawliau cenedlaethol Cymru, ac yn fawr ei sêl dros ryddid a chyfiawnder cymdeithasol; ef oedd prif awdur adroddiad llym (1939) ar y gwasanaeth gwrthdwbercwlosis yng Nghymru (gw. **Twbercwlosis**).

**DAVIES, D[avid] J[ames] (1893–1956)** Economegydd
Un o sylfaenwyr y **Blaid Lafur** yn **Rhydaman**. Pan ymwelodd â Choleg Rhyngwladol y Bobl yn Elsinore, Denmarc, yn 1924, fe'i hargyhoeddwyd bod **rhyngwladoldeb** yn golygu cydweithio rhwng cenhedloedd rhydd a bod yn rhaid wrth Gymru rydd i hybu buddiannau'r dosbarth gweithiol Cymreig (gw. **Dosbarth**). Daeth yn aelod blaenllaw o **Blaid [Genedlaethol] Cymru** a rhoddodd ei gyhoeddiadau niferus sylfeini ar gyfer polisïau economaidd y blaid. Dan ddylanwad egwyddorion cydweithredol Mudiad Ysgolion Uwchradd y Werin yn Nenmarc, ceisiodd ef a'i wraig, Dr Noëlle Davies, sefydlu ysgol werin ym Mhantybeiliau, Gilwern (**Llanelli, Sir Fynwy**).

**DAVIES, D[avid] Jacob (1916–74)** Undodwr, llenor, darlledwr a dyngarwr
Bu Jacob Davies, a oedd yn frodor o **Landysul**, yn weinidog gyda'r **Undodwyr** yn **Aberystwyth**, **Aberdâr** ac Alltyblaca (**Llanwenog**). Ef oedd Undodwr mwyaf adnabyddus Cymru, yn rhannol oherwydd ei wasanaeth hir fel golygydd *Yr Ymofynnydd*, cylchgrawn yr enwad. Cyhoeddodd gyfrolau o farddoniaeth a straeon, a lluniodd filoedd o sgriptiau radio. Fel perfformiwr radio, roedd bron yn ddigymar. Bu'n weithgar gydag **Eisteddfod** y Glowyr, ac enynnodd edmygedd am ei waith diflino dros fuddiannau pensiynwyr Cymru.

**DAVIES, D[avid] T[homas] (1876–1962)** Dramodydd
Brodor o Nant-y-moel, **Cwm Ogwr**, oedd D. T. Davies, ac arolygydd ysgolion wrth ei waith. Dan ddylanwad realaeth gymdeithasol Ibsenaidd, torrodd dir newydd ym myd y **ddrama** Gymraeg gyda *Ble Mà Fa?* (1913) ac *Ephraim Harris* (1914), sy'n trafod y problemau a gwyd wrth fynnu dweud y gwir a cheisio bod yn gyson. Yn ddiweddarach ysgrifennodd ddramâu poblogaidd ond llai heriol fel *Y Pwyllgor* (a luniwyd cyn y rhyfel ond a gyhoeddwyd yn 1920), *Pelenni Peter* (1925) a dramâu moes modern.

**DAVIES, Dai (David Davies; 1896–1976)** Cricedwr
Dai Davies oedd y cricedwr proffesiynol cyntaf i gael ei feithrin yn nhîm Morgannwg ar ôl i'r tîm ymuno â phencampwriaeth y **siroedd** yn 1921. Fe'i ganed yn **Llanelli**, a chwaraeodd ei gêm gartref gyntaf yn 1923 yn syth ar ôl gweithio shifft ddwbl yn y gwaith dur. Bu'n chwarae hyd 1939, gan sgorio 15,930 o rediadau a pheri penbleth i'w wrthwynebwyr trwy weiddi yn **Gymraeg** pan chwaraeai gydag **Emrys Davies**. Wedi'r rhyfel bu'n ddyfarnwr mewn 23 o gemau prawf, a chofir hyd heddiw am ei ddatganiad wrth roi'r dyfarniad olaf pan gurodd Morgannwg Hampshire yn 1948, 'That's out, and we've won the championship'.

**DAVIES, David (1871–1931)** Swyddog glofaol a phalaeobotanegydd
O Abercannaid, **Merthyr Tudful**, yr hanai David Davies, a threuliodd ei yrfa yn y pwll **glo** gan orffen fel rheolwr. Datblygodd ddiddordeb mawr ym **mhlanhigion** ffosil y Cystradau Glo, a thra oedd yn y **Gilfach-goch** casglodd gannoedd o ffosilau o wahanol wythiennau ym maes glo'r de, gan ddod yn arloeswr ym maes ecoleg planhigion ffosil. Bu ei gasgliad helaeth, a gedwir yn yr **Amgueddfa Genedlaethol**, yn sail i waith ymchwil pwysig gan nifer o balaeobotanegwyr o fri.

**DAVIES, Dilys (1908–79)** Actores
Roedd Dilys Davies, a hanai o Ddowlais (**Merthyr Tudful**), yn un o hoelion wyth radio a theledu'r BBC yn y cyfnod wedi'r **Ail Ryfel Byd** (gw. **Darlledu**). Gyda'i hwyneb siarp, ni fu ei hafal am chwarae rhan y wraig flin a chegog. Fe'i cofir hefyd am ddau bortread ysgubol ar y sgrîn fawr, sef gwraig grintachlyd y meddyg yn ***The Citadel*** (1938) a'r bostfeistres fusneslyd yn ***The Proud Valley*** (1940). Hi oedd Mrs Ogmore-Pritchard yn fersiwn radio 1954 o ddrama **Dylan Thomas**, *Under Milk Wood*, ac yn ystod y 1970au bu'n actio rhan metron yn y gyfres deledu ***Pobol y Cwm***.

**DAVIES, Donald [Watts] (1924–99)** Gwyddonydd cyfrifiaduron
Y gwyddonydd hwn, o Dreorci yn y **Rhondda**, 'a alluogodd i gyfrifiaduron siarad â'i gilydd'. Dyfeisiodd 'switsio pecynnau', rhan hanfodol o bob trosglwyddo data modern. Wedi graddio mewn ffiseg a **mathemateg** yn yr Imperial College, **Llundain**, gweithiai o dan Turing yn y Labordy Ffiseg Cenedlaethol, Teddington. Yn 1966 cynigiodd mai'r ffordd orau i drosglwyddo ffeil ddata fawr ar hyd sianel wybodaeth brysur oedd ei thorri yn becynnau 1024-bit byr a deithiai ar hyd y sianel yn annibynnol ar ei gilydd cyn cael eu haduno yn y gyrchfan.

**DAVIES, E[van] T[homas] (1878–1969)** Cerddor
Brodor o Ddowlais (**Merthyr Tudful**) oedd E. T. Davies, ac fe'i magwyd i barchu traddodiad cerddorol amatur a thraddodiad canu gwerin ei fro a'i wlad. Gwnaeth gyfraniad pwysig i fywyd cerddorol Cymru yn y blynyddoedd rhwng y ddau ryfel, ac fel organydd perfformiodd lawer ledled **Prydain**. Bu'n gyfarwyddwr cerdd yng Ngholeg y Brifysgol, **Bangor** (gw. **Prifysgol Cymru, Bangor**) o 1920 hyd 1943, gan ymddeol i **Aberdâr** yn 1950. Gadawodd gasgliad helaeth o waith ar ei ôl, yn cynnwys trefniannau, cerddoriaeth salon gain, a'r unawd boblogaidd 'Ynys y Plant'.

**DAVIES, E[dward] Tegla (Tegla; 1880–1967)** Awdur
Ganwyd Tegla yn **Llandegla**, a threuliodd y rhan fwyaf o'i oes yn weinidog gyda'r **Wesleaid**. Tröedigaeth grefyddol yw pwnc ei nofel *Gŵr Pen y Bryn* (1923), sef astudiaeth seicolegol o 'ddeffroad enaid cyffredin' gyda Rhyfel y **Degwm** yn gefndir iddi. Cyhoeddodd hefyd sawl cyfrol o ysgrifau miniog eu dychan, ac y maent hwy, a'i hunangofiant, *Gyda'r Blynyddoedd* (1952), yn cadarnhau ei le ymysg awduron rhyddiaith gorau hanner cyntaf yr 20g. yn y **Gymraeg**. Ei gynnyrch mwyaf poblogaidd yn ei ddydd oedd ei nofelau i blant a nodweddir gan hiwmor a ffantasi; y gyntaf oedd *Hunangofiant Tomi* (1912).

**DAVIES, [Herbert] Edmund (1906–92)** Barnwr
Roedd Edmund Davies, a urddwyd yn farchog yn 1958 a'i ddyrchafu'n Arglwydd Edmund-Davies yn 1974, yn un o farnwyr gorau ei genhedlaeth. Ganed ac addysgwyd ef yn **Aberpennar**, ac enillodd radd LLD o Brifysgol **Llundain** pan nad oedd ond yn 22 oed. Ef a oedd yn amddiffyn **D. J. Williams** yn yr achos a ddilynodd losgi ysgol fomio **Penyberth**. Bu'n gofiadur **Merthyr Tudful** (1942–4), **Abertawe** (1944–53) a **Chaerdydd** (1953–8) yn eu tro, cyn mynd yn farnwr i'r Uchel Lys (1958), y Llys Apêl (1966) a Thŷ'r Arglwyddi (1974–81). Ef oedd cadeirydd y tribiwnlys ar Drychineb **Aber-fan** yn 1966.

**DAVIES, Edward (Celtic Davies; 1756–1831)** Awdur
Brodor o Lanfaredd (**Llanelwedd**) oedd Edward Davies, a bu'n rheithor **Llandeilo Ferwallt** am dros chwarter canrif. Cafodd ei lysenw ar gyfrif dau o'i lyfrau, sef *Celtic Researches* (1804) a *The Mythology and Rites of the British Druids* (1809), lle'r amlygodd ei hun fel un o brif hyrwyddwyr y gred yn yr Oes Aur gyntefig a'r syniad fod **crefydd** y **derwyddon** yn barhad o'r grefydd batriarchaidd wreiddiol. Er hynny, roedd gyda'r cyntaf i gwestiynu haeriadau Iolo Morganwg (**Edward Williams**) ynglŷn â **Gorsedd Beirdd Ynys Prydain**.

**DAVI(E)S, Elizabeth (Betsi Cadwaladr) (1789–1860)** Nyrs
Fe'i ganed yn **Llanycil**, yn ferch i bregethwr. Bu'n ansefydlog am gryn amser, ond yn y man cafodd ei phenodi'n weinyddes yn Ysbyty Guy, **Llundain**. Yn 1854, a hithau'n 65, gwirfoddolodd i fynd i wasanaethu yn **Rhyfel y Crimea** fel nyrs. Gellid tybio yn ôl ei hunangofiant, *An Autobiography of Elizabeth Davis*, a luniwyd gan **Jane Williams** ar sail sgyrsiau â hi (cyhoeddwyd yn 1857; ailgyhoeddwyd yn 1987), iddi benderfynu o flaen llaw na fyddai'n hoffi Florence Nightingale, ac felly y bu. Pan ddirywiodd ei hiechyd bu'n rhaid iddi ymadael, a threuliodd ddiwedd ei hoes mewn tlodi.

**DAVIES, Ellis William (1871–1939)** Gwleidydd
Brodor o **Fethesda** a addysgwyd yn **Lerpwl**. Daeth yn gyfreithiwr yn 1899 gan sefydlu busnes yng **Nghaernarfon**. Fe'i hetholwyd yn aelod o Gyngor **Sir Gaernarfon** yn 1904, a gwasanaethodd fel cyfreithiwr dros **Undeb Glowyr Gogledd Cymru**. Bu'n aelod seneddol Rhyddfrydol dros etholaeth Eifion, Sir Gaernarfon (1906–18). Pan ddiddymwyd y sedd methodd â sicrhau enwebiad ar gyfer unrhyw sedd arall yn 1918, a hynny'n bennaf oherwydd gwrthwynebiad **David Lloyd George** yn ôl pob tebyg. Fe'i hetholwyd yn aelod seneddol Rhyddfrydol dros **Ddinbych** (1923–9), ond yn ddiweddarach ymunodd â'r **Blaid Lafur**.

**DAVIES, Elwyn (1908–96)** Daearyddwr a gweinyddwr
Wedi ei eni yn **Abertawe**, graddiodd Elwyn Davies mewn **daearyddiaeth** yn **Aberystwyth** a phenodwyd ef yn ddarlithydd, o dan **H. J. Fleure**, ym Manceinion yn 1934. Ar ôl bod yn y rhyfel daeth yn ysgrifennydd Cyngor **Prifysgol Cymru** (1945), ac yn ysgrifennydd parhaol Adran Gymreig y Weinyddiaeth Addysg yn 1963. Bu'n llywydd **Llyfrgell Genedlaethol Cymru**. Ar y cyd ag **Alwyn D. Rees** golygodd *Welsh Rural Communities* (1961); ef hefyd a olygodd *A Gazetteer of Welsh Place-Names: Rhestr o Enwau Lleoedd* (1958), ffynhonnell sylfaenol ffurfiau **enwau lleoedd** yng Nghymru. Roedd ei wraig, Margaret (1914–82), hithau yn fyfyrwraig o dan Fleure, yn enwog fel cadwriaethwraig, daearyddwraig a naturiaethwraig. Roedd yn frawd i'r darlledwr **Hywel Davies** a'r hanesydd Alun Davies.

**DAVIES, [David] Emrys (1904–75)** Cricedwr
Emrys Davies, a aned yn ardal Sandy, **Llanelli**, oedd sylfaenydd traddodiad hir Morgannwg o fatwyr llaw-chwith agoriadol caled. Chwaraeodd am 30 mlynedd ac roedd ei 26,566 o rediadau a'i 612 o gemau dosbarth cyntaf yn ddiguro yn hanes y sir pan ymddeolodd yn 1954. Roedd hefyd yn fowliwr araf llaw-chwith a gipiodd 903 o wicedi. Cafodd ei ddewis ar gyfer taith 1939–40 i India, ond collodd ei unig gyfle i chwarae dros **Loegr** oherwydd yr **Ail Ryfel Byd**. Dyfarnodd mewn naw gêm brawf yn ddiweddarach yn ei yrfa.

**DAVIES, George M[aitland] Ll[oyd] (1880–1949)** Heddychwr
Yn 1914 dechreuodd George M. Ll. Davies, a fagwyd yn **Lerpwl**, weithio'n wirfoddol i Gymdeithas y Cymod. Fe'i carcharwyd fel gwrthwynebydd cydwybodol yn ystod y **Rhyfel Byd Cyntaf** (gw. **Gwrthwynebiad Cydwybodol**), ac yn 1923 fe'i hetholwyd fel Heddychwr Cristnogol yn aelod seneddol dros **Brifysgol Cymru**; cymerodd y chwip Lafur yn ddiweddarach. Collodd ei sedd yn 1924, a daeth yn weinidog gyda'r **Methodistiaid Calfinaidd** yn 1926. Yn y 1930au gwnaeth lawer dros y di-waith, a symudodd yn 1932 i sefydliad y **Crynwyr** ym Maes-yr-haf (Trealaw, y **Rhondda**). Cyhoeddodd yn helaeth, yn arbennig ar heddwch rhyngwladol. A chychwyn y Rhyfel Oer yn boen meddwl

George M. Ll. Davies

mawr iddo, cyflawnodd hunanladdiad. Roedd yn frawd i **J. Glyn Davies**.

**DAVIES, Gwilym (1879–1955)** Gweinidog a hyrwyddwr heddwch
Ganed Gwilym Davies ym Medlinog (gw. **Merthyr Tudful**) a'i addysgu yn Nottingham a **Rhydychen**. Bu'n weinidog y **Bedyddwyr** yng **Nghaerfyrddin**, y **Fenni** a **Llandrindod**. Ymddiddorai mewn mudiadau cymdeithasol a chynorthwyodd i sefydlu Ysgol Gwasanaeth Cymdeithasol Cymru. Ymddiswyddodd o'r weinidogaeth yn 1922 er mwyn hyrwyddo heddwch rhyngwladol a ffurfio cysylltiadau rhwng Cymru a Chynghrair y Cenhedloedd (gw. **Heddychiaeth**). Ef a gychwynnodd neges ewyllys da ieuenctid Cymru i blant y byd, neges y daethpwyd i'w **darlledu** yn flynyddol gan y BBC ar ran **Urdd Gobaith Cymru**.

**DAVIES, Haydn [George] (1919–93)** Cricedwr
O **Lanelli** yr hanai Haydn Davies ac roedd yn wicedwr rhwydd a gafodd yrfa hir – bu'n wicedwr i Forgannwg ym mhob gêm o 1947 hyd 1957, gan gipio cyfanswm o 784 o wicedi. Roedd yn ergydiwr chwyrn ac yn anffodus o fod yn cydoesi bron yn union â Godfrey Evans, a fu'n ddewis naturiol i **Loegr** fel wicedwr am ddegawd.

**DAVIES, Howel (1716–70)** Diwygiwr Methodistaidd
Ni wyddys ym mha le y ganed Howel Davies, ond bu'n ysgolfeistr yn **Nhalgarth** yn 1737 a chafodd dröedigaeth yng nghwmni **Howel Harris**. Wedi cyfnod o hyfforddiant yn **Llanddowror** gyda **Griffith Jones**, cafodd ei ordeinio, ond arhosodd yn gurad iddo hyd 1741 pan symudodd i Lys-y-frân (y **Mot**). Roedd yn bregethwr grymus ac yn gefnogol i **bregethu** teithiol, ond fe'i cyfyngodd ei hun fwyfwy i **Sir Benfro** wrth i'r blynyddoedd fynd heibio, o bosibl oherwydd ei iechyd. Oherwydd hynny y daeth i gael ei adnabod fel 'Apostol Penfro'.

**DAVIES, Hugh (1739–1821)** Naturiaethwr
Ganed Hugh Davies yn Llandyfrydog **(Rhos-y-bol)** a bu'n rheithor **Aber[gwyngregyn]**. Lluniodd *Welsh Botanology*, catalog systematig, mewn **Lladin**, **Saesneg** a **Chymraeg**, o **blanhigion** brodorol **Môn**. Hwn oedd y fflora sirol cyntaf ar gyfer unrhyw ran o Gymru ac yr oedd, felly, yn garreg filltir yn hanes botaneg yng Nghymru (gw. **Gwyddorau Biolegol**). Ac yntau'n gyfaill agos i **Thomas Pennant**, bu'n gyfrifol am olygu ail argraffiad (1790) ei gyfrol *Indian Zoology*.

**DAVIES, Hugh Morriston (1879–1965)** Llawfeddyg
Hugh Morriston Davies, a addysgwyd yng **Nghaergrawnt** a **Llundain**, oedd awdur y llyfr Saesneg cyntaf ar lawfeddygaeth yr ysgyfaint. Darganfu fod modd defnyddio pelydrau X er mwyn dangos tyfiannau ar yr ysgyfaint, ac aeth rhagddo i godi tyfiannau o'r fath trwy lawfeddygaeth. Yn 1916 gwenwynwyd ei law dde tra oedd wrth ei waith a bu bron â cholli ei fywyd; fe'i gadawyd â llaw a oedd, i bob pwrpas, yn ddiffrwyth. Ymadawodd â'i swydd a phrynodd ysbyty bychan yn **Llanbedr Dyffryn Clwyd** er mwyn trin cleifion ag afiechydon yr ysgyfaint. Er gwaethaf ei anaf llwyddodd i ailafael yn ei waith llawfeddygol, gan ennill statws rhyngwladol yn y maes.

**DAVIES, Hywel (1919–65)** Darlledwr
Roedd Hywel Davies yn enedigol o **Landysul** ac yn fab i weinidog gyda'r **Annibynwyr**. Ymunodd â'r BBC yn 1942, gan ddod yn olygydd y newyddion Cymraeg, a gâi eu paratoi yn **Llundain** yn ystod cyfnod y rhyfel. Yn 1946 symudodd i **Gaerdydd** lle datblygodd yn ffigwr allweddol ym myd **darlledu** yng Nghymru. Cafodd ei benodi'n bennaeth rhaglenni yn 1958 ac mae'n debyg y byddai wedi dod yn rheolwr y BBC yng Nghymru oni bai am ei farw cynamserol. Roedd bob amser yn barod i arbrofi, ac ef oedd y cyflwynydd cyntaf ym **Mhrydain** i ddefnyddio meicroffon symudol mewn darllediad byw. Ef a oedd yn gyfrifol am y rhan fwyaf o'r rhaglenni radio a theledu mwyaf llwyddiannus a gynhyrchwyd yng Nghymru rhwng diwedd y 1940au a chanol y 1960au. Brodyr iddo oedd y daearyddwr **Elwyn Davies** a'r hanesydd Alun Davies. Roedd yn briod â'r ddarlledwraig Lorraine Davies.

**DAVIES, Idris (1905–53)** Bardd
Ar ôl gadael yr ysgol yn 14 oed, bu Idris Davies yn gweithio fel glöwr tan y **Streic Gyffredinol** yn 1926. Cafodd gymwysterau yn Loughborough, Nottingham a **Llundain,** a bu'n dysgu mewn ysgolion cynradd yn **Lloegr** ac yna yn **Llandysul** a Threherbert (**Rhondda**) cyn cael swydd yn ei gwm genedigol, **Cwm Rhymni**, yn 1947. Cyhoeddodd dair cyfrol o farddoniaeth: *Gwalia Deserta* (1938), *The Angry Summer* (1943) a *Tonypandy and Other Poems* (1945); ymddangosodd ei *Selected Poems* ychydig cyn ei farwolaeth a'i *Complete Poems* yn 1994. Mae'r rhan fwyaf o'i gerddi yn ymdrin â bywyd ym maes **glo**'r de yn ystod y blynyddoedd rhwng y ddau ryfel byd, yn enwedig effeithiau'r **Dirwasgiad**, a hynny o safbwynt sosialaidd. Er eu bod weithiau'n taro nodyn ystrydebol, ceir yn y cerddi angerdd,

hiwmor ysmala, balchder tanbaid yn rhinweddau'r dosbarth gweithiol Cymreig (gw. **Dosbarth**) a dicter oherwydd y caledi yr oedd yn rhaid i'r dosbarth hwnnw ei ddioddef. Mae rhai o'r cerddi yn dangos dylanwad A. E. Housman ynghyd â dylanwad y pulpud (**Cymraeg** oedd mamiaith Idris Davies), ac mae eraill yn meddu ar rinweddau gorau canu gwerin; gosodwyd ei gerdd enwocaf, 'The Bells of Rhymney', i gerddoriaeth gan y canwr gwerin Americanaidd Pete Seeger a chafodd ei recordio gan Joan Baez, The Byrds ac eraill. Ar wal y tŷ lle ganed y bardd ceir plac sy'n ei goffáu fel 'un o feibion anwylaf ac enwocaf Rhymni'.

**DAVIES, J[ohn] Glyn (1870–1953)** Bardd ac ysgolhaig

Ganed J. Glyn Davies yn **Lerpwl**, a bu'n gweithio i'r Brodyr Rathbone ac i'r Cambrian Line, gan ymgyfarwyddo â llawer o'r caneuon môr a ganai llongwyr o Gymru. Wedi cyfnod helbulus fel llyfrgellydd yn **Aberystwyth** (gw. **Prifysgol Cymru, Aberystwyth**), ymunodd ag adran Gelteg Prifysgol Lerpwl. Cyfieithodd lawer o ganeuon môr **Saesneg** i'r **Gymraeg**. Ymhlith ei gyhoeddiadau niferus y mae tri chasgliad poblogaidd o gerddi i blant, a bu'r cyntaf ohonynt, *Cerddi Huw Puw* (1923), yn gyfrwng i boblogeiddio'r gân 'Fflat Huw Puw'. Roedd yn frawd i'r heddychwr **George M. Ll. Davies**.

**DAVIES, J[ohn] H[umphreys] (1871–1926)** Llyfryddwr a ffigwr cyhoeddus

Ganed J. H. Davies yn y Cwrt Mawr, **Llangeitho**, a'i addysgu yn **Llundain**, **Aberystwyth** a **Rhydychen**. Bu'n gofrestrydd coleg Aberystwyth (1905–19) ac yn brifathro arno (1919–26) (gw. **Prifysgol Cymru, Aberystwyth**). Roedd yn un o brif gefnogwyr y mudiad i sefydlu **Llyfrgell Genedlaethol Cymru** yn Aberystwyth, a thrwy ei gyfeillgarwch â **John Williams** (1840–1926) casglodd lyfrgell helaeth o lawysgrifau a llyfrau printiedig, sydd bellach yn ffurfio rhan o gasgliad sylfaenol y Llyfrgell.

**DAVIES, James Conway (1891–1971)** Hanesydd

Hanai Conway Davies o **Lanelli**, ac fe'i haddysgwyd yn **Aberystwyth**, **Caerdydd** a **Chaergrawnt**. Ef yn bennaf a sefydlodd swyddfa'r cofysgrifau sirol yn **Sir Fynwy**. Daeth yn ddarllenydd mewn palaeograffeg a diplomateg yn Durham, ac ef oedd golygydd cyntaf cylchgrawn hanes yr **Eglwys yng Nghymru**. Ymhlith ei gyhoeddiadau, nifer ohonynt yn ymdrin â'r Oesoedd Canol, y mae *The Welsh Assize Roll, 1277–82* (1940), cyfrol a olygwyd ganddo.

**DAVIES, Jennie Eirian (1925–82)** Golygydd

Bu Jennie Eirian Davies, a aned yn **Llanpumsaint**, yn ymgyrchydd brwd gyda **Phlaid [Genedlaethol] Cymru**, gan sefyll fel ymgeisydd seneddol yn **Sir Gaerfyrddin** yn etholiad cyffredinol 1955 ac isetholiad 1957. Daeth yn olygydd *Y Faner* yn 1979. Blodeuodd y cylchgrawn dan ei golygyddiaeth, ond bu dan bwysau oherwydd iddi dynnu'n groes i'r farn gyhoeddus droeon, yn enwedig dros fygythiad **Gwynfor Evans** i ymprydio hyd farwolaeth fel safiad dros sianel deledu Gymraeg (gw. **Darlledu** ac **S4C**). Ymddiswyddodd fel golygydd ym mis Mai 1982 a bu farw dridiau'n ddiweddarach. Roedd yn briod â'r bardd J. Eirian Davies (1918–98) ac yn fam i'r bardd a'r dramodydd Siôn Eirian (g.1954).

**DAVIES, John (John Davies o Fallwyd; *c.*1567–1644)** Ysgolhaig

Brodor o **Lanferres** oedd John Davies. Enillodd dair gradd ym Mhrifysgol **Rhydychen**. Am flynyddoedd bu yng ngwasanaeth yr Esgob **William Morgan**. Yn 1604 fe'i gwnaed yn rheithor Mallwyd (**Mawddwy**) ac â'r lle hwn y cysylltwyd ei enw fyth er hynny.

Roedd yn dra hyddysg mewn **Lladin**, Groeg a Hebraeg, ac roedd hefyd wedi'i drwytho yn y traddodiad llenyddol Cymraeg (gw. **Llenyddiaeth**). Bu iddo ran allweddol yn hanes darparu'r **Beibl** a'r ***Llyfr Gweddi Gyffredin*** yn **Gymraeg**. Bu'n gyfrifol, ynghyd â'r Esgob Richard Parry (1560–1623), am fersiynau diwygiedig y Beibl (1620) a'r Llyfr Gweddi (1621). Yn y llyfrau hyn amlygir ei drylwyredd fel ysgolhaig, a'i ofal mawr dros safonau'r Gymraeg. Gwelir ei awdurdod fel ieithydd yn arbennig yn ei ramadeg Cymraeg, *Antiquae Linguae Britannicae... Rudimenta* (1621) a'i eiriadur Cymraeg–Lladin a Lladin–Cymraeg, *Antiquae Linguae Britannicae . . . Dictionarium Duplex* (1632). Mae'r ddwy gyfrol yn seiliedig ar lafur oes yn copïo llawysgrifau Cymraeg ac yn astudio'u cynnwys yn fanwl.

Bu dylanwad John Davies ar hanes ysgolheictod y Gymraeg yn enfawr. Cyfunodd wybodaeth helaeth o lên Cymru â safonau dysg y **Dadeni**. Bu'r *Dictionarium Duplex*, yn arbennig, yn gyfrwng i ddwyn y Gymraeg i sylw ysgolheigion y tu allan i Gymru (gw. **Geiriaduraeth**).

**DAVIES, John (1772–1855)** Cenhadwr

Treuliodd John Davies, Tahiti, fel y'i gelwid, dros hanner canrif di-dor fel cenhadwr yn Ynysoedd Môr y De. Fe'i ganed yn **Llanfihangel-yng-Ngwynfa**, a daeth yn athro ysgol yn **Llanrhaeadr-ym-Mochnant**. Ymunodd â'r **Methodistiaid Calfinaidd** a dod yn aelod o'r un **seiat** â John Hughes, Pontrobert (1775–1854), ac **Ann Griffiths**. Yn 1800 fe'i hanfonwyd gan Gymdeithas Genhadol Llundain i Tahiti, lle defnyddiodd ei ddoniau fel pregethwr, emynydd, cyfieithydd, gramadegydd ac athro i hybu'r achos Cristnogol. Bu'n gohebu llawer gyda John Hughes ac roedd hanesion ei anturiaethau'n cyfareddu cynulleidfaoedd gartref yng Nghymru.

**DAVIES, John (1882–1937)** Addysgwr

John Davies oedd mab hynaf y cyntaf i'w gladdu o'r 81 o ddynion a laddwyd yn y ffrwydrad yng nglofa'r Maerdy (gw. **Rhondda, Y**) yn 1885 (gw. **Trychinebau Glofaol**). Cafodd ei fagu mewn tlodi yn **Llangeitho**, a phan oedd yn 13 oed aeth yn brentis mewn siop ddillad yn y Porth (gw. Rhondda, Y). Ei brofiad o gau allan 1898 a barodd iddo ddod yn sosialydd brwd. Ar ôl ymgartrefu yn **Abertawe** daeth yn ohebydd i'r papur newydd *Llais Llafur*, gan ennyn edmygedd y **James Griffiths** ifanc gyda'i ymosodiadau eofn ar wrthwynebwyr **sosialaeth**. Yn 1918 daeth yn ysgrifennydd Undeb y Gweithwyr Amaethyddol yn **Sir Benfro**, lle bu'n ymwneud llawer â **D. J. Williams**. Yn 1919 fe'i penodwyd yn ysgrifennydd rhanbarth Cymru o **Gymdeithas Addysg y Gweithwyr** (Workers' Educational Association (WEA)), swydd y bu ynddi hyd ei farw. O dan ei arweiniad, cododd y nifer o gyrsiau a gynhelid yn uniongyrchol gan y WEA o ddim i 193, a chynyddodd y nifer o gyrsiau a gynhelid gan y WEA ar y cyd â cholegau **Prifysgol Cymru** o ddim i 195. Ynghyd â Silyn (**Robert Roberts**), chwaraeodd ran bwysig yng nghynlluniau addysgol **Thomas Jones** (1870–1955), yn eu plith **Coleg Harlech**.

Kitchener Davies

Pan fu farw, dywedodd **W. J. Gruffydd**, 'ar ôl Syr John Morris-Jones a John Williams, Brynsiencyn, nid oedd ond un John arall yng Nghymru'. Mae'r hanesydd John Davies (g.1938) yn nai iddo.

**DAVIES, John Cecil (1864–1927)** Diwydiannwr
Edrych ar ôl y felin yn y gwaith **tunplat** lleol oedd gwaith John Davies yn fachgen, ond erbyn diwedd ei oes roedd yn ffigwr allweddol yn y diwydiant dur (gw. **Haearn a Dur**) ac yn farchog. O dlodi ei fagwraeth yn Waunarlwydd, **Abertawe**, cododd i fod yn gyfarwyddwr 26 o fusnesau diwydiannol, gan gynnwys cwmni Baldwins. Ar sail ei waith yn harneisio adnoddau diwydiannol Cymru at ddiben cynhyrchu arfau yn ystod y **Rhyfel Byd Cyntaf** y cafodd ei wneud yn farchog (1922) ac am y gwaith hwnnw hefyd y cafodd Groes Lleng Anrhydedd Ffrainc. Yn ystod ei angladd rhoddodd 20,000 o weithwyr dur ar draws de Cymru y gorau i'w gwaith a diosg eu hetiau am bum munud. Gorwyr iddo yw'r bardd Nigel Jenkins (g.1949).

**DAVIES, [James] Kitchener (1902–52)** Dramodydd a bardd
Magwyd J. Kitchener Davies ar dyddyn yn **Llangeitho** a bu'n athro yn y **Rhondda**, lle bu'n weithgar dros **Blaid [Genedlaethol] Cymru**. Yn ei ddrama ddadleuol *Cwm Glo* (1934) ceir dadansoddiad eofn o effaith y **Dirwasgiad** ar fywyd ym maes **glo**'r de. Dengys ei ddrama fydryddol *Meini Gwagedd* (1944), sydd wedi'i lleoli yn ardal **Tregaron**, sut y gall pobl gyfrannu at eu dinistr eu hunain wrth geisio ymdopi mewn amgylchiadau gerwin. Ar sail y dramâu hyn, a'i bryddest hunangofiannol *Sŵn y Gwynt sy'n Chwythu* (1953), fe'i hystyrir yn un o lenorion mwyaf treiddgar yr 20g.

**DAVIES, Mansel [Morris] (1913–95)** Cemegydd
Roedd Mansel Davies, a hanai o **Aberdâr**, yn fyfyriwr disglair yn **Aberystwyth** yn y 1930au. Wedi cyfnod o ymchwil yng **Nghaergrawnt** a Leeds, dychwelodd i Aberystwyth yn hyddysg ym maes sbectrosgopeg is-goch ac yn meddu ar ddealltwriaeth o bwysigrwydd y bond hydrogen (yr allwedd i DNA). Denodd y myfyrwyr ymchwil gorau a chreodd gysylltiadau byd-eang. Fodd bynnag, yng Nghymru ni chafodd y clod a haeddai. Torrai ei gŵys ei hun bob amser, fel meddyliwr, dyneiddiwr, gwrthwynebydd cydwybodol (gw. **Gwrthwynebiad Cydwybodol**) ac un o gefnogwyr cynhadledd heddwch ryngwladol Pugwash. Ymhen amser cafodd gadair bersonol, ac ar ôl ymddeol ac ymgartrefu yng **Nghricieth** troes ei sylw fwyfwy at hanes, **athroniaeth** a'i gŵn. Cyhoeddodd astudiaeth werthfawr o waith Joseph Needham.

**DAVIES, Margaret (*c*.1700–?85)** Bardd a chopïydd
Magwyd Margaret Davies yn y Coetgae-du, **Trawsfynydd**, lle meistrolodd reolau'r **gynghanedd** yn ifanc. Gan ei bod yn ddibriod ac yn gyfforddus ei byd, gallodd ymroi i fyd llên. Goroesodd tua 20 o'i cherddi a phump o lawysgrifau yn ei llaw, sy'n dangos ei bod wedi mynd ati'n frwd i gasglu barddoniaeth gan **fenywod** yn ogystal â dynion.

**DAVIES, Mary (1855–1930)** Cantores
Ganed Mary Davies yn **Llundain** a chafodd ei hyfforddi yn elfennau **cerddoriaeth** gan ei thad, y cerflunydd **William Davies** (Mynorydd; 1828–1901). Wedi mynychu'r Academi Gerdd Frenhinol, daeth yn soprano broffesiynol adnabyddus trwy **Brydain** gan arbenigo mewn cyngherddau a gweithiau oratorio. Wedi marwolaeth ei gŵr, William Cadwaladr Davies, yn 1905, gwnaeth gyfraniad sylweddol i **Gymdeithas Alawon Gwerin Cymru** fel casglydd, darlithydd a beirniad.

**DAVIES, [William Thomas] Pennar (1911–96)** Awdur a bardd
Gan **Aberpennar**, bro ei febyd, y cafodd ei enw, ac fel bardd **Cymraeg** y gwnaeth ei enw er mai **Saesneg** oedd ei famiaith. Ar ôl gyrfa academaidd nodedig (**Caerdydd**, **Rhydychen** a Yale) bu'n weinidog yr **Annibynwyr** yng Nghaerdydd, ac adeg ei ymddeoliad roedd yn brifathro Coleg Coffa'r Annibynwyr yn **Abertawe**. Yno, roedd parch mawr i'w ddaliadau diwinyddol a ddangosai ddylanwad **Pelagiaeth**. Daeth ei lais modernaidd unigryw i'r amlwg ym mlodeugerdd Cylch Cadwgan, *Cerddi Cadwgan* (1953). Nodweddir y pum cyfrol arall o'i gerddi gan grefyddolder anghonfensiynol a chyfeiriadaeth gyfoethog. Roedd yn storïwr ac yn nofelydd toreithiog hefyd, ac mae ei ffuglen yn llawn cymeriadau egsotig a sefyllfaoedd anghyffredin.

**DAVIES, [Robert] Rees (1938–2005)** Hanesydd
Hanai Rees Davies o **Gynwyd**, ac fe'i haddysgwyd yn **Llundain** a **Rhydychen**. Ymunodd ag adran hanes Coleg y Brifysgol, **Abertawe** (gw. **Prifysgol Cymru Abertawe**) yn 1961, a symudodd i adran hanes Coleg y Brifysgol, Llundain, yn 1963. Yn 1976 fe'i penodwyd yn Athro hanes yng Ngholeg Prifysgol Cymru, **Aberystwyth** (gw. **Prifysgol Cymru, Aberystwyth**) ac yn 1995 daeth yn Athro hanes canoloesol yn Rhydychen. Câi ei gydnabod fel hanesydd canoloesol gorau ei genhedlaeth, ac ymhlith ei weithiau'n ymwneud â Chymru y mae *Lordship and Society in the*

*March of Wales, 1282–1400* (1978), *Conquest, Coexistence and Change: Wales 1063–1415* (1987) a *The Revolt of Owain Glyn Dŵr* (1995). Adlewyrchir ei awydd i osod **hanesyddiaeth Cymru** mewn cyd-destun ehangach yn ei gyfrol *Domination and Conquest: The Experience of Ireland, Scotland and Wales* (1990) a gweithiau eraill. Daliodd nifer o swyddi cyhoeddus ac fe'i hurddwyd yn farchog ychydig cyn ei farw.

**DAVIES, Richard (1501?–81)** Esgob a chyfieithydd

Ganed Richard Davies yn y Gyffin, **Conwy**. Fe'i denwyd at Brotestaniaeth yn **Rhydychen**, mae'n debyg, a'i benodi'n ficer dwy fywoliaeth yn Swydd Buckingham yn 1549; ond fe'i difeddiannwyd o'r ddwy gan y Cyfrin Gyngor yn ystod teyrnasiad Mari a bu'n alltud yn Frankfurt-am-Main (1555–8). Fe'i penodwyd yn esgob **Llanelwy** yn 1559, ac fe'i symudwyd yn 1561 i **Dyddewi**, lle arhosodd hyd ei farwolaeth. Bu'n aelod o **Gyngor Cymru a'r Gororau** a gweithredodd yn aml drosto a thros y Cyfrin Gyngor fel comisiynydd. Mae ei gofrestr esgobol, ei adroddiadau a'i weithiau eraill yn ffynonellau gwybodaeth gwerthfawr iawn. Wynebodd anawsterau parhaus gan gymaint tlodi ac anwybodaeth ei offeiriaid, trachwant y **boneddigion**, ac olion Catholig ym mhob **dosbarth** cymdeithasol. Er ei fod yn feirniadol o hunanoldeb yr oes, nid oedd ef ei hun heb ei feiau cyffelyb.

Roedd Richard Davies yn ysgolhaig ac yn awdur disglair, ac yn noddwr hael i'r beirdd a'r deallusion yn ei lys yn **Abergwili**. Bu â rhan yng nghyfieithiad **Saesneg** 'Beibl yr Esgobion' (1568) ar gais yr Archesgob Parker, ond ei waith pwysicaf oedd ei gyfraniad i'r cyfieithiad **Cymraeg** o'r ***Llyfr Gweddi Gyffredin*** a'r Testament Newydd (1567). Ef a **William Salesbury**, yn ôl pob tebyg, a fu'n gyfrifol am sicrhau Deddf 1563 dros y cyfieithiad hwnnw. Cyfieithodd Richard Davies bump o lyfrau'r Testament Newydd mewn Cymraeg rhugl, ond nid ef a gyfieithodd y Llyfr Gweddi er mai ef yn fynych a gafodd y clod amdano.

**DAVIES, Richard (Mynyddog; 1833–77)** Bardd, datgeiniad ac arweinydd eisteddfodol

Mynyddog, brodor o blwyf **Llanbryn-mair**, oedd awdur 'Gwnewch bopeth yn Gymraeg' – y gân bop Gymraeg gyntaf, efallai. Ef hefyd oedd awdur geiriau sawl cân arall y mae canu arnynt o hyd, megis '**Myfanwy**', 'Cartref' a 'Pistyll y Llan', ac ef a luniodd *libretto* opera **Joseph Parry**, *Blodwen*. Gallai gynganeddu'n rhwydd, ond ei ganu rhydd a'i waith fel datgeiniad ac arweinydd eisteddfodol a'i gwnaeth yn adnabyddus ledled Cymru. Cyfrannodd golofnau difyr i wahanol **bapurau newydd** yn ogystal.

**DAVIES, [Thomas] Ryan (1937–77)** Diddanwr

Ryan Davies oedd diddanwr mwyaf poblogaidd Cymru yn y 1960au a'r 1970au. Yng Nglanaman (**Cwmaman**) y'i ganed, a chafodd ei fagu yno ac yn **Llanfyllin**. Wedi'i hyfforddi fel athro yn y **Coleg Normal**, **Bangor**, bu'n dysgu yn Croydon, **Llundain**, a bwriodd brentisiaeth ar lwyfan gyda Chwmni Drama Cymry Llundain a Chwmni Opera West Wickham, cyn arwyddo cytundeb gyda BBC Cymru yn 1966.

Roedd y gŵr tenau, gyda'r wyneb hir, esgyrnog, yn eithriadol o ddawnus fel actor, digrifwr, dynwaredwr, canwr, cyfansoddwr a thelynor, a buan y daeth i'r amlwg wrth berfformio yn y theatr, mewn ffilmiau ac ar deledu, a hynny yn **Gymraeg** ac yn **Saesneg**. Ef oedd Twm Twm, y bridiwr colomennod hoff o'i beint, yn y gyfres gomedi dra phoblogaidd ***Fo a Fe***. Fe'i cofir hefyd am ei ran, gyda Ronnie Williams, yn ***Ryan a Ronnie***, cyfres a addaswyd wedyn i'r Saesneg ar gyfer y rhwydwaith Prydeinig. Yn 1971 ef oedd yr Ail Lais (gyda **Richard Burton** yn Llais Cyntaf) yn y fersiwn ffilm o *Under Milk Wood* **Dylan Thomas**. Byddai'n aml yn chwarae'r brif ran mewn pantomeimiau yn Theatr y Grand, **Abertawe**, ac yn y Theatr Newydd, **Caerdydd**, gwelwyd ef ochr yn ochr â Bill Owen yn *Sunshine Boys*. Ymhlith ei ganeuon mwyaf cofiadwy y mae 'Rhy Hwyr' a 'Ti a dy Ddoniau'. Pan fu farw'n ddisymwth yn America, yn ddeugain oed, collodd Cymru athrylith o ddiddanwr ar anterth ei yrfa.

Ryan Davies

**DAVIES, Rhisiart Morgan (1903–58)** Ffisegwr

Ganed Rhisiart Davies yng **Nghorris** ac enillodd ysgoloriaeth i'r adran ffiseg yn **Aberystwyth** gan dreulio'r rhan fwyaf o'i yrfa yno. Yn ystod yr **Ail Ryfel Byd** fe'i secondiwyd i **Gaergrawnt** i astudio ffrwydradau. Wedi'r rhyfel dychwelodd i Aberystwyth, gan olynu **E. J. Williams** yn bennaeth yr adran, a sefydlu tîm ymchwil cryf a edrychai ar siocdonnau mewn solidau. Arweiniodd hyn at astudio ehangach ar ffrwydradau a lledaeniad fflamau – gwaith sy'n dal ar droed, amser maith ar ôl ei farw annhymig (gw. **Gwyddorau Ffisegol**).

**DAVIES, Rhys (1901–78)** Llenor

Rhys Davies, a aned ym Mlaenclydach yn y **Rhondda**, yw'r mwyaf toreithiog o ryddieithwyr Saesneg Cymru ac fe'i hystyrir yn bencampwr ar y stori fer. Gadawodd Gymru yn ŵr ifanc a mynd i fyw i **Lundain**, lle llwyddodd i wneud bywoliaeth o ysgrifennu. Cyhoeddodd 20 o nofelau, gan gynnwys y triawd *Honey and Bread* (1935), *A Time to Laugh* (1937) a *Jubilee Blues* (1938), sy'n ymdrin ag effeithiau'r **Dirwasgiad** ar gwm yn ne Cymru. Ysgrifennodd hefyd 12 casgliad o straeon byrion, gan gynnwys *The Trip to London* (1946) a *Boy with a Trumpet* (1949). Ymddangosodd ei hunangofiant, *Print of a Hare's Foot*, yn 1969 a'i *Collected Stories* mewn tair cyfrol yn 1996 a 1998.

**DAVIES, S[tephen] O[wen] (1886–1972)** Gwleidydd
Ac yntau'n gyn-löwr ac yn asiant y glowyr, etholwyd Stephen Owen Davies yn aelod seneddol Llafur **Merthyr Tudful** mewn isetholiad ym 1934. Roedd yn ŵr hynod annibynnol ei farn ac fe'i hailetholwyd gyda mwyafrifoedd sylweddol trwy gydol ei oes. Bu'n gyson ei gefnogaeth i **ymreolaeth** i Gymru, ond fe'i beirniadwyd gan ei blaid am ei ran yn yr ymgyrch dros Senedd i Gymru (gw. **Datganoli**). Yn 1955 cyflwynodd fesur Llywodraeth Cymru yn y senedd. Fe'i gwrthodwyd fel ymgeisydd swyddogol yn 1970 oherwydd ei oed (84), ond safodd fel ymgeisydd Llafur annibynnol yn erbyn yr ymgeisydd Llafur swyddogol ac enillodd gyda mwyafrif o 7,467. Roedd yn gefnogwr brwd i'r Undeb Sofietaidd ac ymosododd yn chwyrn ar bolisïau Rhyfel Oer yr Americanwyr.

**DAVIES, T[homas] Glynne (1926–88)** Bardd, nofelydd a darlledwr
Un o feibion **Llanrwst** oedd T. Glynne Davies a chafodd yrfa fel newyddiadurwr a darlledwr. Enillodd goron **Eisteddfod** Genedlaethol Llanrwst (1951) am ei bryddest 'Adfeilion', cerdd sy'n edrych ar ddadfeiliad yr hen ffordd wledig o fyw, nid mewn hiraeth dagreuol ond trwy sbectol swrealaidd. Priodir telynegrwydd rhamantaidd ag arddull led fodernaidd ac argraffiadol yn ei dri chasgliad, *Llwybrau Pridd* (1961), *Hedydd yn yr Haul* (1969) a *Cerddi T. Glynne Davies* (1987). Cyhoeddodd hefyd gyfrol o straeon byrion, *Cân Serch* (1954), a dwy nofel, *Haf Creulon* (1960) a *Marged* (1974), yr olaf yn nofel banoramig sy'n darlunio teulu o 'slymiau' Llanrwst. Meibion iddo yw'r cerddor a'r darlledwr Gareth Glyn, ac Aled Glynne a fu'n olygydd Radio Cymru mewn cyfnod dadleuol.

**DAVIES, Thomas Morris (*c.*1865–1951) a Walter (*c.*1870–*c.*1950)** Peirianyddion
Dau frawd a oedd yn berchen siop nwyddau haearn yn Stryd Stepney, **Llanelli**. Yn 1904, yn nyddiau cynnar moduro pan na cheid y fath beth ag olwyn sbâr, cawsant batent ar eu holwyn sbâr eu hunain a dechrau ei chynhyrchu. Olwyn ddisbocsen oedd hon, gyda theiar mwy na'r arfer a oedd yn cael ei chlipio ar yr olwyn a oedd wedi torri. Daeth 'Olwyn Sbâr Stepney' yn llwyddiant mawr ar hyd a lled Ewrop.

**DAVIES, W[illiam] H[enry] (1871–1940)** Bardd a nofelydd
Ganed W. H. Davies yng **Nghasnewydd** a chafodd ei fagu gan ei dad-cu a'i fam-gu yn y tŷ tafarn a gadwent yn y dociau. Daeth i werthfawrogi byd natur wrth grwydro **Sir Fynwy**, gan fagu diddordeb mewn barddoniaeth yr un pryd. Yn 1893, gydag ychydig o arian a adawyd iddo gan ei famgu, aeth i **Ogledd America**, a threuliodd rai blynyddoedd yn teithio'r cyfandir gan weithio'n ysbeidiol ar ffermydd a threulio'r gaeaf mewn carchardai. Aeth yno eto yn 1898. Y tro hwn, ar ei ffordd i'r Klondyke, cwympodd o dan olwynion trên a bu'n rhaid torri un o'i goesau i ffwrdd islaw'r penglin. Disgrifiodd ei brofiadau yn America yn ei lyfr poblogaidd *The Autobiography of a Super-Tramp* (1908). Wedi ymsefydlu yn **Lloegr**, a than anogaeth ei gyfaill **Edward Thomas**, daeth i amlygrwydd fel bardd gyda'i gyfrol *Nature Poems* (1908), casgliad o delynegion syml, a pharhaodd i ysgrifennu cerddi cyffelyb ar hyd ei oes. Ymhlith ei gerddi enwocaf y mae 'Leisure', sy'n agor â'r llinellau 'What is this life if, full of care / We have no time to stand and stare?' Daeth i fri fel bardd wedi i gerddi o'i eiddo ymddangos ym mhob un o bum blodeugerdd y gyfres *Georgian Poetry*, a ymddangosodd rhwng 1912 ac 1922. Cyhoeddwyd ei *Collected Poems* yn 1940.

**DAVIES, W[ilfred] Mitford (1895–1966)** Darlunydd
Roedd W. Mitford Davies yn frodor o **Fôn**, ac ef a greodd nifer o'r cymeriadau a welid mewn **cylchgronau** a llyfrau Cymraeg i blant ar ddechrau'r 1920au. Roedd yn ddyluniwr medrus, a chreodd gloriau a darluniau lliwgar ar gyfer y cylchgrawn *Cymru'r Plant* yn arbennig. Roedd hefyd yn beintiwr tirlun o bwys a weithiai gydag olew a dyfrlliw.

**DAVIES, [Henry] Walford (1869–1941)** Cerddor
Ganed Walford Davies yng Nghroesoswallt, **Swydd Amwythig**, a gwnaeth gyfraniad pwysig i fywyd cerddorol Cymru. Er mai'r '*RAF March Past*', o bosibl, yw ei unig gyfansoddiad enwog erbyn hyn, roedd yn gyfansoddwr medrus. O 1919 hyd 1926 bu'n Athro **cerddoriaeth** yn **Aberystwyth**. Yn 1919 fe'i gwnaed hefyd yn gadeirydd Cyngor Cerddoriaeth Cymru, swydd y bu ynddi hyd ei farwolaeth, er iddo ysgwyddo nifer o swyddi eraill, er enghraifft yn organydd Capel Sant Siôr, Windsor, ac ymgynghorydd cerdd i'r BBC. Roedd yn ffigwr grymus, os elitaidd braidd, ym myd addysg gerddorol; trwy gyfrwng ei gyhoeddiadau a'i ddarllediadau radio, ceisiai addysgu'r cyhoedd am gerddoriaeth gelfyddydol y gorllewin. Fe'i hurddwyd yn farchog yn 1922 ac ef a olynodd Elgar yn Feistr Cerddoriaeth y Brenin yn 1934.

**DAVIES, Walter (Gwallter Mechain; 1761–1849)** Clerigwr ac awdur
Ganed Gwallter Mechain yn **Llanfechain**, ond treuliodd ran helaeth o'i oes yn ficer ym **Manafon**. Roedd yn gefnogwr brwd i'r eisteddfodau taleithiol (gw. **Eisteddfod**) fel cystadleuydd a beirniad. Gwnaeth arolygon o **amaethyddiaeth** ac **economi** Cymru i'r Bwrdd Amaeth rhwng 1813 ac 1815. Cynorthwyodd Samuel Lewis â'r *Topographical Dictionary of Wales* (1833), a chyda **John Jones** (Ioan Tegid; 1792–1852) golygodd waith **Lewys Glyn Cothi** (1837).

**DAVIES, William (m.1593)** Merthyr
Hanai William Davies o **Landrillo-yn-Rhos**. Wedi'i urddo yn offeiriad yn 1585 bu'n gweinidogaethu i'r gymuned Gatholig yng ngogledd Cymru ac yn trefnu ar ran myfyrwyr a ddymunai fynd i athrofeydd tir mawr Ewrop. Bu ynglŷn â gweithgareddau gwasg ddirgel y reciwsantiaid a sefydlwyd yn Rhiwledyn (**Llandudno**), lle cyhoeddwyd rhan o'r ***Drych Cristianogawl***. Fe'i harestiwyd yn 1592 a'i garcharu ym **Miwmares**. Er ei ddyfarnu'n euog o deyrnfradwriaeth, ni fynnai wadu ei ffydd, ac fe'i dienyddiwyd yn 1593 – yr

unig offeiriad Catholig yng Nghymru a ddioddefodd y gosb eithaf yn ystod teyrnasiad Elizabeth I (gw. **Merthyron Catholig**).

**DAVIES, William (Mynorydd; 1828–1901)** Cerflunydd a cherddor
Roedd William Davies ymhlith y nifer fawr o gerflunwyr a fu'n gweithio yn ystod rhan olaf y 19g. mewn cyfnod arwyddocaol o safbwynt creu cofebau, a chyfnod a welodd hefyd ddeffroad mewn ymwybyddiaeth genedlaethol. Fe'i ganed ym **Merthyr Tudful** a chafodd ei hyfforddi yn **Llundain**. Mae ei waith **cerflunio** yn adlewyrchu idealaeth ffurf glasurol, a'i waith mwyaf adnabyddus yw cerflun **Thomas Charles** yn y **Bala**. Pan oedd yn ifanc, âi i ddosbarthiadau canu **John Thomas** (Ieuan Ddu; 1795–1871) ac yn ddiweddarach daeth yn arweinydd y Gymdeithas Gorawl Gymreig. Roedd y gantores **Mary Davies** yn ferch iddo.

**DAVIS, David Daniel (1777–1841)** Meddyg
Ganed David Daniel Davis yn **Llandyfaelog**, a graddiodd fel meddyg ym Mhrifysgol Glasgow yn 1801. Ymhlith ei gyfraniadau mawr yr oedd cyflwyno newidiadau a fyddai'n lleihau'r perygl fod y fam yn cael niwed yn ystod y cyfnod esgor. Deallodd hefyd fod y clefyd gwresog, a ddatblygai'n aml ar ôl esgor, yn heintus, a llwyddodd i leihau'r peryglon a ddilynai. Disgrifiodd rai anhwylderau sy'n digwydd mewn beichiogrwydd a'r cyfnod ôl-esgor yn ei lyfr arloesol *Elements of Operative Midwifery* (1825). Yn 1827 fe'i gwahoddwyd i gymryd y gadair gyntaf yn **Llundain** mewn obstetreg ac afiechydon plant yn Ysbyty Coleg y Brifysgol.

**DAVISON, George (1854–1930)** Ffotograffydd ac anarchydd
Yn Lowestoft y ganed George Davison, ffotograffydd darluniadol neilltuol o fedrus (gw. **Ffotograffiaeth**). Daeth yn rheolwr-gyfarwyddwr Eastman Kodak ym **Mhrydain**, ond fe'i gwthiwyd o'r swydd wedi iddo fagu diddordeb ym mudiad yr anarchwyr. Symudodd i Gymru ac adeiladu plasty Wern Fawr, **Harlech**, gan ei ddefnyddio ar gyfer llu o achosion cymdeithasol a gwleidyddol; cynhelid ysgolion haf y Ffabiaid yno, er enghraifft. Gwerthodd y Wern Fawr am bris isel eithriadol i'r pwrpas o sefydlu coleg addysg oedolion yno (gw. **Addysg** a **Coleg Harlech**).

**DAWKINS, W[illiam] Boyd (1837–1929)** Daearegydd
Hanai Boyd Dawkins, Athro **daeareg** cyntaf Manceinion (1874–1909), o Buttington (**Tre-wern**). Cyhoeddodd grynodeb o'i waith ym meysydd **archaeoleg** ac anthropoleg yn *Cave Hunting* (1874) a *Early Man in Britain and his Place in the Tertiary Period* (1880). Yn 1882 ef a gynghorodd Gwmni Twnnel y Sianel i ymestyn hyd ei dwll turio ger Dover, cyfarwyddyd a arweiniodd at ddarganfod cystradau **glo** a datblygu maes glo Caint.

**DAWNS FLODAU**
Dawns yw hon o ddyfais y cyn-**Archdderwydd** Cynan (**Albert Evans-Jones**) ac a berfformir gan enethod yn ystod seremonïau'r **Orsedd** yn yr **Eisteddfod** Genedlaethol ynghyd ag ambell eisteddfod lai. Fe'i gwelwyd am y tro cyntaf wrth gyhoeddi Eisteddfod **Machynlleth** yn 1936, ac am y tro cyntaf ar lwyfan yr ŵyl yn **Ystradgynlais**, 1954.

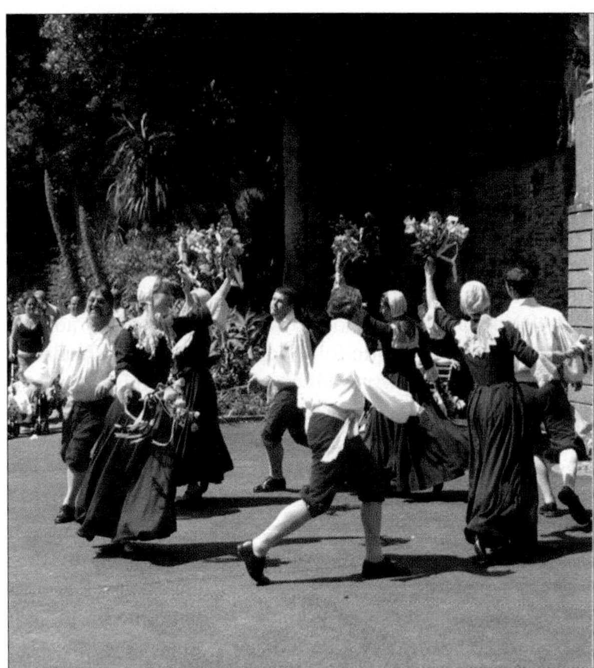

Dawnswyr Nantgarw

**DAWNSIO**
Er bod miloedd o bobl yng Nghymru yn cymryd rhan mewn dawnsio neuadd, dawnsio disgo, dawnsio llinell, tapddawnsio ac aerobeg, y ffurfiau ar ddawns sydd â gwreiddiau dwfn yn y traddodiad Cymreig yw dawnsio gwerin a dawnsio'r glocsen. At hynny, mae mentrau yn y gymuned wedi arwain at werthfawrogi dawnsio cyfoes. Nid oes gan Gymru gwmni bale cenedlaethol oherwydd hyd yn ddiweddar nid oedd ganddi draddodiad a allai feithrin y fath gwmni, a bu'n rhaid i ddawnswyr ifainc addawol fynd y tu allan i'r wlad am eu hyfforddiant proffesiynol. Yn 1999, fodd bynnag, cynigiodd Theatr y Grand, **Abertawe**, gartref i'r Ballet Russe, cwmni o ddawnswyr Rwsiaidd sydd wedi dechrau cynnig lle i ddawnswyr bale ifainc Cymreig sydd wrthi'n dysgu eu crefft. Ar lefel amatur, mae miloedd o bobl ifainc yn mwynhau dysgu bale i safon uchel.

*Dawnsio gwerin*

Gan **Gerallt Gymro**, mewn disgrifiad o ŵyl ym mynwent Eglwys y Santes Eluned ger **Aberhonddu**, a hynny yn y 12g., y ceir y cyfeiriad ysgrifenedig cynharaf at ddawnsio yng Nghymru, ond mae bron yn sicr fod i ddawnsio ran arwyddocaol mewn bywyd cymdeithasol lawer yn gynharach na hynny. Mae cyfeiriadau pellach at ddawnsio mewn **llenyddiaeth** Gymraeg o'r 13g. ymlaen yn cadarnhau bod dawnsio'n digwydd ymysg y bobl gyffredin, a fyddai'n ymgasglu ar gyfer digwyddiadau yn yr awyr agored, yn ogystal ag ymysg y **boneddigion**, a fynychai ddawnsfeydd a phartïon dan do. Roedd dawnsio gwerin yn un o uchafbwyntiau dathliadau tymhorol megis **Calan Mai**, Noswyl Ifan a Chanol Haf. Roedd yr achlysuron hyn, ynghyd â'r ffeiriau blynyddol neu'r **wylmabsant**, a gynhelid i anrhydeddu sant y plwyf lleol, yn rhoi cyfle i ymuno mewn dathliad cymunedol hwyliog, gyda gwledd fel rheol. Arweiniodd y miri afreolus a oedd yn rhan o'r dathliadau hyn at fwy a mwy o feddwdod ac ymddygiad treisgar, ac o dipyn i beth dyna fu achos eu diwedd. Serch hynny, roedd mynd ar ddawnsio gwerin ymhell i'r 18g. mewn cymdeithas amaethyddol yr oedd ei bywyd yn troi o gwmpas y tymhorau a'r defodau a oedd yn gysylltiedig â hwy.

Yn ystod y 19g. gwelwyd newid agwedd tuag at arferion gwerin, gan gynnwys dawnsio. Roedd hynny'n rhannol oherwydd y trefoli a ddigwyddodd yn sgil y **Chwyldro Diwydiannol**, a dyfodiad y **rheilffyrdd** a alluogodd bobl i gymryd rhan mewn gweithgareddau hamdden newydd ymhellach o gartref. Yn draddodiadol, fodd bynnag, mae dirywiad traddodiadau gwerin wedi'i briodoli i ddylanwad **Anghydffurfiaeth**. Tuedd yr Anghydffurfwyr oedd condemnio pob math o adloniant fel rhywbeth paganaidd, a barnent fod dawnsio cymysg, oherwydd yr agosrwydd corfforol rhwng partneriaid, yn arbennig o lygredig. Nid yn annisgwyl, felly, daw dawnsio ar frig rhestr o ddeuddeg o bechodau a luniwyd gan Rhys Prydderch yn *Gemmeu Doethineb* (1714) – a hynny o flaen pechodau megis usuriaeth a rhoi plant bach mewn priodas.

Roedd dawnsio gwerin, ac eithrio dawnsio'r glocsen a pheth dawnsio Morys yn y gogledd-ddwyrain, bron wedi darfod o'r tir erbyn yr 20g. Roedd dirywiad tebyg yn digwydd yn **Lloegr**, a gofid am hynny a barodd i griw o unigolion, dan arweiniad Cecil Sharp (sefydlydd yr English Folk Dance Society yn 1911), i gasglu'r dawnsfeydd a drosglwyddwyd ar lafar a'u rhoi ar gof a chadw. Yng Nghymru, gwnaed gwaith cyffelyb gan Lois Blake (1890–1974), Saesnes a symudodd i **Langwm** (**Sir Ddinbych**, ond **Conwy** bellach) yn y 1930au. Gan weithio bron yn llwyr ar ei phen ei hun, achubodd weddillion traddodiad a fu gynt yn ffyniannus, ac ar y cyd â'r cerddor a'r awdur **W. S. Gwynn Williams** cyhoeddodd nifer o bamffledi hyfforddi yn cynnwys camau a cherddoriaeth. Cafwyd hyd i hen ddawnsfeydd a oedd wedi hen fynd yn angof, megis 'Lord of Caernarvon's Jig' (a gyhoeddwyd gyntaf yn *The Dancing Master* John Playford yn 1652), set Llangadfan (a drawsysgrifiwyd yn 1790 gan **William Jones** (1726–95)) a 'Rîl Llanofer' (a oedd yn boblogaidd yng Nghwrt **Llanofer** tan ddiwedd y 19g.), ac aed ati i'w hailargraffu. Erbyn sefydlu **Cymdeithas Ddawns Werin Cymru** yn 1949, roedd cryn gynnydd wedi'i wneud. Ar y dechrau bu aelodau **Urdd Gobaith Cymru** yn help i achos y Gymdeithas; wrth berfformio'r dawnsfeydd roeddynt hwy ymysg y cyntaf i anadlu bywyd i'r gair printiedig. Rhwng yr asbri newydd hwn, cyflwyno dawnsio gwerin i lwyfan yr **Eisteddfod** Genedlaethol ac Eisteddfod yr Urdd, atgofion Catherine Margretta Thomas (1880–1972) am ddawnsfeydd Nantgarw (gw. **Ffynnon Taf**) a dyfodiad y **twmpath dawns** ganol yr 20g., sicrhawyd sylfaen gadarn y gellid adeiladu arni. Ers sefydlu'r Gymdeithas Ddawns Werin, mae dawnsio gwerin Cymreig wedi mwynhau llwyddiant gartref a thramor, gyda phartïon yn teithio dros y byd i berfformio.

### *Dawns y glocsen*

Mae gwneud dawns y glocsen, neu 'stepio', yn un o'r ychydig fathau o ddawnsio sydd wedi parhau'n draddodiad didor yng Nghymru, yn nannedd pob gwrthwynebiad. Goroesodd, mae'n debyg, gan mai perfformiad gan unigolyn ydoedd ran amlaf a hynny o dan do, o olwg gweinidogion a'u gwg, a chan ei fod yn osgoi'r 'anfoesoldeb' a ddeilliai o gymysgu merched a bechgyn mewn dawns.

Hanfod dawns y glocsen yw'r camau cryf, pendant a rhythmig – a gorchestol weithiau – a'r rheini'n cael eu pwysleisio gan sŵn gwadnau pren trwchus y clocsiau ar y llawr. Hyd heddiw, mae'r traddodiad ynghlwm wrth gystadlu, gyda dawnswyr cyfoes mewn eisteddfodau, fel eu rhagflaenwyr mewn tafarnau gynt, yn ymhyfrydu yn eu nerth a'u cyrff heini.

Un a wnaeth lawer i ddiogelu a datblygu'r traddodiad yn yr 20g. oedd Howel Wood (1882–1967) o'r Parc (**Llanycil** ger y **Bala**) (gw. **Wood, Teulu**). Bu ef yn cynnal y grefft ar lwyfannau lleol a chenedlaethol gan ofalu ei bod yn cael ei throsglwyddo i genedlaethau iau. Er mai dynion, mewn dyddiau a fu, a oedd yn hawlio'r llwyfan gyda dawns y glocsen oherwydd ei natur egnïol, erbyn hyn mae llawer o ferched wedi meistroli'r grefft, gan ddatblygu eu harddull eu hunain.

### *Dawnsio cyfoes*

Byr yw hanes dawnsio cyfoes yng Nghymru. Er ei bod yn bosibl olrhain gwaith yn ôl i'r 1970au, nid oes archif ffurfiol na chorff o waith ar gael sy'n cofnodi twf y gelfyddyd. Ond ymhlith yr arloeswyr yr oedd cwmni Moving Being, a symudodd o Lundain i **Gaerdydd** yn 1973. Fe groesodd y cwmni arbrofol hwn y ffiniau rhwng y celfyddydau gan ddefnyddio delweddau tafluniedig, sain, llais a dawns. A'u perfformiadau yn aml yn pendilio rhwng dawns a **drama**, roeddynt yn paratoi'r ffordd ar gyfer cwmnïau theatr 'gorfforol' ac arbrofol cyfnod diweddarach yng Nghymru, megis Brith Gof a Volcano.

Yn 1976 cynigiodd pwyllgor drama **Cyngor Celfyddydau Cymru** benodi tri arbenigwr dawns gymunedol (er y byddai'n chwe blynedd arall cyn i'r Cyngor sefydlu adran ddawns). Yr un flwyddyn, penodwyd y cyntaf o'r rhain, yn Theatr y Sherman, ac felly y ffurfiwyd Prosiect Dawns Gymunedol Caerdydd, a symudodd yn ddiweddarach i Ganolfan Ddawns Rubicon a oedd wedi agor yn 1982.

Yng Nghaerdydd hefyd y sefydlwyd Theatr Dawns Jumpers yn 1978. Yr un pryd, sefydlwyd Cymdeithas Ddawns Gorllewin Morgannwg gan Gwmni Celfyddydau Ieuenctid Gorllewin Morgannwg, ac o'r fenter hon y tyfodd cynllun dawns gymunedol Gorllewin Morgannwg, Dawns Tân. Dilynodd Cwmni Dawns Footloose, a sefydlwyd yn **Llandrindod** yn 1979, yr un patrwm, gan ddatblygu o waith dawns Theatr Powys a oedd wedi dechrau yn 1976, a chael ei ailenwi maes o law yn Dawns Powys. Yn 1980 ffurfiwyd Theatr Dawns Ieuenctid Jumpers a Phrosiect Dawns Clwyd; yn 1981 sefydlwyd Prosiect Dawns Gwynedd (Dawns i Bawb yn ddiweddarach); ac yn 1986 daeth Prosiect Dawns Gogledd Dyfed i fodolaeth (Dawns Dyfed yn ddiweddarach). Ffurfiwyd Dawns Gymunedol Cymru yn y 1990au hwyr fel mudiad i gefnogi dawnswyr unigol a chynlluniau dawns gymunedol.

Yn 1984 ailenwyd Cwmni Theatr Dawns Jumpers yn Cwmni Dawns Diversions er mwyn gwahaniaethu rhyngddo a'i chwaer-gwmni, Theatr Dawns Ieuenctid Jumpers. Bellach Diversions, Cwmni Dawns Cymru, fel y'i hadwaenir erbyn hyn, yw prif gwmni dawnsio cyfoes Cymru, ac mae'n gwneud gwaith addysgol gydag ysgolion a chymunedau ledled y wlad yn ogystal â mynd â pherfformiadau ar daith gartref a thramor. Ymhlith dawnswyr unigol a chwmnïau eraill sydd wedi gwneud enw iddynt eu hunain y mae Belinda Neave,

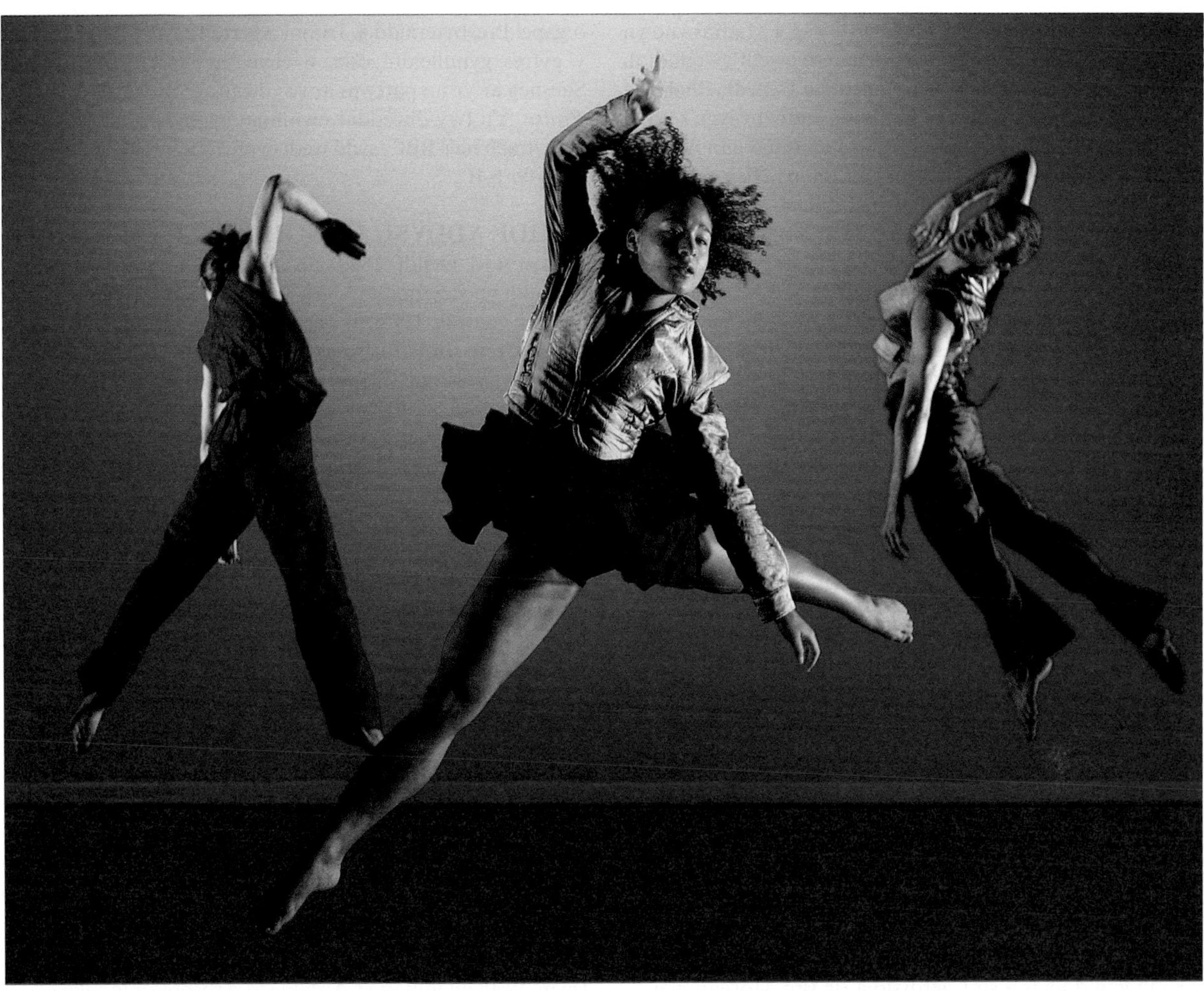

Cwmni dawns Diversions

Cwmni Dawns Carlson ac Earthfall, ac mae Sioned Huws yn creu gwaith sy'n plethu dawnsio cyfoes gyda dawnsio gwerin.

## DE AFFRICA A CHYMRU

Yn 1820 ymfudodd 42 o deuluoedd, o **Sir Benfro** yn bennaf, i Dde Affrica, yr **ymfudo** cyntaf o'r fath i gael ei gofnodi. Mynd yn ffermwyr a wnaeth yr ymfudwyr cynharaf, ond ar ôl i **aur** a diemwntau gael eu darganfod, cloddwyr oedd y rhan fwyaf o ymfudwyr o Gymru. Nid oes ystadegau manwl ar gael am bresenoldeb y Cymry, ond erbyn y 1890au roedd Cymdeithasau Cambriaidd mewn chwe thref yn Ne Affrica a chapel Cymraeg yn Johannesburg. Yn 1892 sefydlwyd **eisteddfod** flynyddol De Affrica, a ddaeth cyn hir yn rhan o ddiwylliant cyffredinol y wlad. Cafodd Bartle Frere (1815–84), a aned yng Ngilwern (gw. **Llanelli (Sir Fynwy)**), ac a benodwyd yn llywodraethwr y Penrhyn yn 1877, ei alw'n ôl yn 1880 oherwydd y ffordd yr oedd wedi trin y Zwlwiaid. Coffeir rhan y **South Wales Borderers** ym mrwydr Rorke's Drift (1879; gw. **Rhyfeloedd De Affrica**) yn y ffilm ***Zulu***. Roedd **T. E. Ellis**, a dreuliodd gyfnodau yn adfer ei iechyd yn Ne Affrica, wedi ei gyfareddu gan gynlluniau imperialaidd Cecil Rhodes. Bu'r Ail Ryfel yn erbyn y Boeriaid (1899–1902) yn ffactor pur amlwg yng ngwleidyddiaeth Cymru. Cofnodwyd yn 1926 fod 4,328 o Gymry yn byw yn Ne Affrica, ond mae'n debyg fod y gwir nifer yn uwch. Ymhlith yr ymfudwyr o Gymru i Dde Affrica yr oedd **David Ivon Jones** a aned yn **Aberystwyth**, un o sylfaenwyr Plaid Gomiwnyddol y wlad. Bu parodrwydd Undeb Rygbi Cymru (gw. **Rygbi**) i chwarae yn Ne Affrica yn ystod blynyddoedd apartheid yn destun llawer o ddadlau.

## DE LA BECHE, Henry Thomas (1796–1855)
Daearegydd

Syr Henry De la Beche, sylfaenydd a chyfarwyddwr cyntaf yr Arolwg Daearegol Ordnans (Arolwg Daearegol Prydain bellach), a fu'n gyfrifol am arolwg daearegol systematig cyntaf Cymru (1838–52) ac am gyhoeddi **mapiau** ar raddfa fawr a chyfrolau disgrifiadol i gyd-fynd â hwy. Yn ogystal, bu'n cynorthwyo yn y gwaith o gynllunio a threfnu systemau carthffosiaeth **Aberhonddu**, **Merthyr Tudful** ac **Abertawe** ar gyfer y Comisiwn Iechyd Trefi, cynghori'r Morlys ynglŷn â pha **lo** i'w ddefnyddio a'r defnydd mwyaf effeithlon ohono, ynghyd â chyflawni gwaith ymchwil arloesol ar achos ffrwydradau mewn pyllau glo a'r modd i'w hatal (gw. **Trychinebau Glofaol**). Priododd ei ferch â **Lewis Llewelyn Dillwyn**.

## DE MAELOR, Wrecsam (1,867ha; 1,137 o drigolion)

Pentref mwyaf y **gymuned** hon, rhan fwyaf deheuol **Maelor Saesneg**, yw Llannerch Banna (Penley), a ehangwyd yn sylweddol yn niwedd yr 20g. Sefydlwyd Ysgol Madras yno yn 1811 ac mae'n dal i fodoli yn yr adeilad to gwellt gwreiddiol; dyma'r gyntaf o ysgolion y **Gymdeithas Genedlaethol** yng Nghymru, a'i henw'n dyst i'r ffaith fod trefn arolygu'r ysgol wedi'i seilio ar gynllun a ddatblygwyd yn India gan Andrew Bell. Dymchwelwyd Cwrt Llannerch Banna (Penley Court) yn y 1960au. Ar ei dir saif ysbyty'r **Pwyliaid**, a sefydlwyd yn 1946 yn lloches ar gyfer aelodau o'r Fyddin Rydd Bwylaidd na allent ddychwelyd i'w mamwlad. Mae ambell un oedrannus yn dal i fyw mewn adeilad arall ar y safle. Llannerch Panna (1874), a elwir bellach yn Tudor Court, yw'r enghraifft orau yng Nghymru, o bosibl, o'r adfywiad yn yr arfer o godi tai ffrâm bren. Cafodd ysgubor o Stryd Lydan ei hailgodi yn Amgueddfa Werin Cymru (gw. **Sain Ffagan**).

Yng nghornel dde-ddwyreiniol y gymuned y mae Llys Bedydd (Bettisfield), gydag eglwys ddeniadol Sant Ioan (1874) a Hen Neuadd Llys Bedydd. Yn wreiddiol cysylltid teulu Hanmer, perthnasau i **Owain Glyndŵr**, â **Hanmer**, ond erbyn yr 17g. eu prif blasty oedd Parc Llys Bedydd. Yno creodd **Thomas Hanmer** (1622–69), gŵr a oedd yn ffoli ar y tiwlip, ardd hynod. Cafodd y plasty, a godwyd yn wreiddiol yn yr 17g., ei weddnewid dros y canrifoedd dilynol a'i ddymchwel yn rhannol *c.*1950. Gwerthodd teulu Hanmer yr hyn a oedd yn weddill yn 1989 ac fe'i hadferwyd yn helaeth.

**DE MORGANNWG** Cyn-sir

Sefydlwyd y sir yn 1974 ar ôl diddymu'r hen **siroedd**. Roedd yn cynnwys yr hyn a fu'n fwrdeistref sirol **Caerdydd**, bwrdeistrefi'r **Barri** a'r **Bont-faen**, dosbarth trefol **Penarth**, dosbarth gwledig y Bont-faen a rhannau o **ddosbarthau gwledig** Caerdydd, a Magwyr a Llaneirwg. Fe'i rhannwyd yn ddosbarthau Caerdydd a **Bro Morgannwg**. Yn 1996 fe'i diddymwyd a'i disodli gan ddinas a sir Caerdydd a sir Bro Morgannwg.

**DE SIR BENFRO** Cyn-ddosbarth

Wedi diddymu **Sir Benfro** yn 1974, crëwyd De Sir Benfro yn un o chwe dosbarth sir newydd **Dyfed**. Roedd yn cynnwys yr hyn a fu yn fwrdeistref **Penfro**, dosbarthau trefol **Aberdaugleddau**, **Arberth**, **Neyland** a **Dinbych-y-pysgod** a **dosbarthau gwledig** Arberth a Phenfro. Yn ddiweddarach cafodd pum **cymuned** yng ngogledd yr ardal eu trosglwyddo i ddosbarth **Preseli Penfro**. Yn 1996 daeth y dosbarth, ynghyd â dosbarth Preseli Penfro, yn sir newydd Penfro.

**DECEANGLI** Llwyth

Y Deceangli, llwyth o'r Oes Haearn (gw. **Oesau Cynhanesyddol**) a drigai yn y gogledd-ddwyrain, oedd y llwyth cyntaf o Gymru i ddioddef ymosodiad gan luoedd y **Rhufeiniaid**. Ymosodwyd arnynt gan Ostorius Scapula (llywodraethwr, OC 47–52), er mwyn gyrru hollt rhwng llwyth y Brigantes, yng ngogledd **Lloegr**, a'r **Silwriaid** a'r **Ordofigiaid** pwerus yng Nghymru. Mae cysylltiad rhwng yr enw a **Thegeingl**, y **cantref** a ddaeth yn graidd **Sir y Fflint**.

***DECHRAU CANU DECHRAU CANMOL***
Rhaglen deledu

Traddodiad canrif o gymanfaoedd canu (gw. **Cymanfa Ganu**), a phoblogrwydd *Caniadaeth y Cysegr* ar y radio, a symbylodd BBC Cymru i ddechrau **darlledu**'r gyfres deledu hirhoedlog hon o ganu **emynau**. Darlledwyd y rhaglen gyntaf o gapel Presbyteraidd y Triniti, **Abertawe**, yn 1960. Magodd y gyfres gynulleidfa dda, a chyn bo hir lansiwyd cyfres Saesneg ar yr un patrwm ar rwydwaith y BBC, sef *Songs of Praise*. Yn fwy diweddar cwmnïau cynhyrchu annibynnol, yn hytrach na'r BBC, sydd wedi cynhyrchu'r rhaglen, a hynny ar gyfer **S4C**.

**DEDDF ADDYSG GANOLRADD CYMRU (1889)**

Disgrifiwyd Deddf 1889, un o'r darnau cyntaf o ddeddfwriaeth yn y cyfnod modern ar gyfer Cymru'n benodol, fel 'siarter addysg Cymru'. Rhoddodd y grym i **siroedd** a **bwrdeistrefi sirol** ffurfio cyd-bwyllgorau **addysg** i sefydlu ysgolion canolradd (hynny yw, uwchradd). Erbyn 1905 roedd 95 o ysgolion wedi eu creu ledled Cymru; roedd ynddynt 8,000 o ddisgyblion, a mwy o ferched nag o fechgyn. Er mai'r bwriad oedd i'r ysgolion hyrwyddo cwricwlwm modern, eu hanwybyddu a gafodd pynciau technegol a masnachol at ei gilydd. Er hynny, roedd ffioedd isel a darpariaeth hael o ysgoloriaethau yn golygu bod yr ysgolion yn agored i ddisgyblion o'r dosbarth canol is ac i lawer o'r dosbarth gweithiol, hyd yn oed – sectorau a oedd hyd hynny wedi eu hamddifadu o addysg uwchradd (gw. **Dosbarth**). Roedd yr ysgolion o'r herwydd yn hwb mawr i fudoledd cymdeithasol, a rhoddodd y Ddeddf Gymru ar y blaen i **Loegr** o ran addysg uwchradd a gynhelid gan arian cyhoeddus.

**DEDDF DOSRANNU DIWYDIANNAU (1945)**

Roedd pasio Deddf Dosrannu Diwydiannau yn 1945 yn garreg filltir o bwys yn natblygiad polisi rhanbarthol **Prydain**, a rhoddwyd cryn flaenoriaeth iddi yng Nghymru yn ystod y cyfnod yn union wedi'r **Ail Ryfel Byd**. Roedd y ddeddf yn annog diwydiannau gweithgynhyrchu i symud i ardaloedd problemus, ac yn cyfyngu ar eu twf mewn ardaloedd 'gorlawn'. Wrth ailddiffinio'r Ardaloedd Arbennig a fodolai cyn y rhyfel (ac a ailenwyd yn **Ardaloedd Datblygu**), roedd y Ddeddf yn cynnwys mesurau i ddylanwadu ar leoli diwydiannau. Byddai cwmnïau a fyddai'n ymsefydlu mewn Ardaloedd Datblygu yn derbyn benthyciadau, rhenti isel, manteision trethi a thriniaeth arbennig dan bolisi prynu'r **llywodraeth**, ynghyd â rhaglen o ddarparu ffatrïoedd parod fel anogaeth ychwanegol. Ychwanegodd Deddf Cynllunio Gwlad a Thref 1947 offeryn polisi arall ar ffurf Tystysgrifau Datblygu Diwydiant, a oedd yn angenrheidiol wrth geisio caniatâd cynllunio am unrhyw adeilad newydd mwy na 464.5m sgwâr. Ceid tystysgrif ar yr amod fod y datblygiad yn cyfateb i 'ddosraniad cywir diwydiant'. Gyda phasio Deddf Cyflogaeth Leol 1960 newidiodd y polisi o ddenu diwydiannau gweithgynhyrchu i 'ardaloedd problemus' tuag at bolisi ehangach o ddatblygu rhanbarthol cyffredinol.

**DEDDF ER TAENU'R EFENGYL YNG NGHYMRU (1650)**

Y Ddeddf er Taenu a Phregethu'r Efengyl yn Amgenach yng Nghymru (1650), a rhoi iddi ei theitl llawn, oedd y ddeddf bwysicaf mewn perthynas â Chymru i gael ei phasio yn ystod cyfnod y **Werinlywodraeth**. Ei nod oedd adfywio'r ymgyrch Biwritanaidd trwy deg a thrwy drais. Penodwyd 71 o gomisiynwyr i archwilio gweinidogion crefyddol ac i ddiswyddo'r rhai diffygiol yn eu plith. Dros gyfnod o dair blynedd diarddelwyd 278 o beriglorion. Penodwyd hefyd Gymeradwywyr i ddod o hyd i bregethwyr cymeradwy i lenwi'r bwlch a adawyd gan y 'cŵn mudion'. Sefydlwyd trefn **addysg** ac agorwyd 63 o ysgolion yn y prif drefi marchnad. Tybiai **Piwritaniaid** ymroddedig i'r arbrawf tair blynedd hwn fod yn llwyddiant ysgubol, ond roedd y mwyafrif o'r boblogaeth yn argyhoeddedig mai penboethiaid llygredig Seisnig a oedd wrth y llyw. Daeth y ddeddf hon, neu'r 'arbrawf annisgwyl o roi hunanlywodraeth grefyddol i Gymru', fel y galwodd **R. Tudur Jones** hi, i ben ddiwedd Mawrth 1653.

## DEDDF LLYSOEDD CYMRU (1942)

O ddyddiau'r gyntaf o'r **Deddfau 'Uno'** yn 1536 hyd at yr 20g., roedd defnyddio'r **Gymraeg** yn nodwedd anorfod o waith y llysoedd yng Nghymru, ond profodd ymyriadau'r Barnwr W. H. P. Lewis yn ystod prawf **Penyberth** yng **Nghaernarfon** yn 1936 mai amwys oedd yr hawl honno. Ysgogodd hynny Ddeiseb Genedlaethol yr Iaith Gymraeg (1938–41), a arweiniodd yn y pen draw at Ddeddf Llysoedd Cymru (1942). Diddymwyd gan y ddeddf hon gymal iaith y Ddeddf 'Uno'. Awdurdodai yr Arglwydd Ganghellor i bennu ffurfiau Cymraeg ar lwon ac i ddarparu gwasanaeth cyfieithwyr ar gost y wladwriaeth – trefn a fodolai eisoes ar gyfer tramorwyr prin eu **Saesneg**. Fodd bynnag, roedd yn rhaid i ddiffynnydd neu dyst a fynnai ddefnyddio'r Gymraeg dyngu llw y byddai dan anfantais pe bai'n rhaid iddo ddefnyddio'r Saesneg. Prin, felly, ei bod yn ddeddf a roddai i'r Gymraeg statws cyfartal â'r Saesneg yn y llysoedd, ac fe'i hystyrid yn frad gan lawer o ymgyrchwyr iaith.

## DEDDF Y TLODION

Arweiniodd twf **poblogaeth** a chwyddiant ariannol enbyd diwedd yr 16g. at ymdeimlad fod cynnydd peryglus yn nifer y cardotwyr iach yr oedd yn well ganddynt grwydro, begera a lladrata na gweithio. O ganlyniad pasiwyd mesurau 1597 ac 1601 a ganiatâi i bob plwyf godi trethi i gynnal y tlodion, i roi plant amddifad dan brentisiaeth ac i gosbi'r rhai a esgeulusai waith. Nid pob plwyf a wnaeth ddefnydd o'r ddeddfwriaeth. Yn wir, awgryma'r dystiolaeth mai **Wrecsam** oedd yr unig blwyf yn esgobaeth **Llanelwy** i godi treth y tlodion. Disgwylid i rai a dderbyniai gymorth y plwyf arddel eu cyflwr truenus; yn y **Bont-faen** yn y 18g., er enghraifft, roedd yn rhaid i'r tlodion wisgo bathodyn yn cyhoeddi eu bod yn ddibynnol ar gymorth. Yn niwedd y 18g. roedd cynnydd mewn poblogaeth, yr anhrefn a achosid gan ryfel a'r dioddefaint a ddilynai gynaeafau gwael yn gorfodi'r rhan fwyaf o **blwyfi** i godi trethi'r tlodion, a rhwng 1785 ac 1819 cynyddodd cyfanswm treth y tlodion a gasglwyd yng Nghymru a **Lloegr** o £2 filiwn i £7 miliwn. Fodd bynnag, ni chafodd trefn Speenhamland (ychwanegu taliadau Deddf y Tlodion at gyflogau isel) fawr o groeso yng Nghymru, er iddi gael ei gweithredu mewn llawer ardal yn Lloegr o 1795 ymlaen. Bu rhai ymdrechion i ddatrys diweithdra trwy sefydlu tlotai. Roedd un o fewn muriau Castell **Caernarfon** yn y 1790au, ond anaml y byddai cynlluniau o'r fath yn llwyddo. Cyfyngid cyfrifoldeb y plwyf i'r rhai hynny a oedd wedi bod yn byw o fewn ei ffiniau am flwyddyn neu fwy. Gorfodid y rhai nad oeddynt yn ateb y gofyn hwn i ddychwelyd i fan eu geni, ac yn 1829 yn y **Coed-duon** – lle a welodd boblogaeth symudol fel yn achos ardaloedd diwydiannol eraill a oedd yn datblygu – cwynodd un ynad fod y dasg o'u hanfon yn ôl yn mynd â'i holl egni.

Daeth newid trwy Ddeddf Newydd y Tlodion (1834), a fynnai fod yn rhaid i bawb a dderbyniai fudd Deddf y Tlodion gael cymorth fel preswylwyr mewn tloty. Roedd y gweithdai hyn i gael eu hadeiladu gan glystyrau o blwyfi, sef **undebau deddf y tlodion** a weinyddid gan fyrddau o warcheidwaid etholedig. Arolygid y drefn gan Gomisiynwyr Deddf y Tlodion, gyda'u canolfan yn Somerset House yn **Llundain**. Cadeirydd cyntaf y comisiynwyr oedd **Thomas Frankland Lewis**, a'r ail oedd ei fab, **George Cornewall Lewis**. Erbyn canol y 19g. roedd gan Gymru 42 tloty. Roeddynt yn sefydliadau a gaseid, ac felly y'u bwriadwyd. O'u mewn, byddai teuluoedd fel arfer yn cael eu gwahanu, ac roedd y cyfleusterau a'r **bwyd** yn aml yn druenus – nododd comisiynwyr Terfysgoedd **Rebeca** fod y prydau yng ngharchar **Caerfyrddin** yn well na'r rhai yn nhloty'r dref. Ymosodwyd ar swyddog Deddf y Tlodion gan dyrfa yn **Llanfair Caereinion** yn 1837; bu ymgais i losgi tloty **Arberth** yn 1839, ac ysbeiliwyd tloty Caerfyrddin yn 1843. Ym **Merthyr Tudful**, oedodd y gwarcheidwaid rhag codi tloty hyd at 1853, ac nid aeth sawl undeb gwledig, **Tregaron** a **Rhaeadr** yn arbennig, ati i adeiladu tloty hyd at ran olaf y 19g. Perthynai rhai rhinweddau i'r drefn: roedd rhai byrddau gwarcheidwaid – fel yng **Nghaerdydd**, er enghraifft – a barhâi i ddarparu cymorth allanol; câi tlodion well gofal **iechyd** nag a gaent cyn y Mesur Gwelliant ac roedd rhai o'r adeiladau wedi'u hadeiladu mor dda fel eu bod wedi'u defnyddio fel ysbytai neu gartrefi hen bobl hyd yr 20g. ac yn ddiweddarach. Mewn rhai achosion, gallai gwarcheidwaid ddangos cydymdeimlad: cafodd rhai Merthyr eu herlyn yn 1900 am roi cymorth i streicwyr; cyhuddwyd gwarcheidwaid **Bedwellte** o orwario ar deuluoedd anghenus, ac fe'u disodlwyd gan swyddogion y **llywodraeth** yn 1927. Parodd y trueni a ddaeth yn sgil diweithdra torfol parhaus yn y 1920au i Undebau Deddf y Tlodion gael eu dileu yn 1929, pan drosglwyddwyd eu cyfrifoldebau i'r **siroedd** a'r **bwrdeistrefi sirol**.

## DEDDF YR IAITH GYMRAEG (1967)

Seiliwyd y ddeddf hon ar adroddiad (1965) y pwyllgor a benodwyd dan gadeiryddiaeth Syr **David Hughes Parry**, 'i egluro statws cyfreithiol yr iaith Gymraeg ac i ystyried a ddylid gwneud cyfnewidiadau yn y gyfraith'. Rhoddodd yr hawl absoliwt i unrhyw un ddefnyddio'r **Gymraeg** mewn unrhyw achos cyfreithiol yng Nghymru. Cynhwysai ddatganiad y gellid defnyddio'r Gymraeg gyda'r un effaith â'r **Saesneg** mewn gweinyddiaeth gyhoeddus yng Nghymru, sef cysyniad 'dilysrwydd cyfartal'. Awdurdododd bennu fersiynau Cymraeg o ddogfennau statudol, ond Saesneg a fyddai drechaf pe bai anghysondeb rhwng y ddau fersiwn. Bu'r ddeddf yn gyfrwng i gryfhau statws cyfreithiol yr iaith Gymraeg, ond ni ellid gorfodi awdurdodau cyhoeddus i weithredu egwyddor dilysrwydd cyfartal.

## DEDDF YR IAITH GYMRAEG (1993)

Egwyddor lywodraethol y ddeddf hon yw y dylid trin y **Gymraeg** a'r **Saesneg** 'ar sail cydraddoldeb' mewn gweinyddiaeth gyhoeddus a gweinyddiaeth barn yng Nghymru. Disodlir egwyddor 'dilysrwydd cyfartal' Deddf yr Iaith Gymraeg 1967 gan egwyddor 'sail cydraddoldeb'. Y ddeddf hon, sydd wedi'i chyfyngu i'r sector cyhoeddus, a sefydlodd **Fwrdd yr Iaith Gymraeg**. Torrodd dir newydd hefyd wrth gyflwyno'r syniad o gynllun iaith ar gyfer y Gymraeg i'w ddarparu gan bob corff cyhoeddus ac i'w gymeradwyo gan y Bwrdd Iaith. Mae'r cynllun iaith yn dynodi'r gwasanaethau a gaiff eu darparu gan y corff cyhoeddus trwy gyfrwng y Gymraeg, a chyn belled ag y bo'n 'briodol o dan yr amgylchiadau ac yn rhesymol ymarferol'.

Mae'r ddeddf yn rhoi hawl i unigolyn yr effeithiwyd arno wneud cwyn ysgrifenedig i Fwrdd yr Iaith os tybia nad yw corff cyhoeddus yn gweithredu'n unol â'i gynllun iaith, a gall y Bwrdd ymchwilio i gŵyn o'r fath. Nid yw Asiant y Goron yn rhwym i'r Ddeddf, ond pan fo Asiant y Goron yn dewis darparu cynllun iaith rhaid i'r cynllun gael ei gymeradwyo gan y Bwrdd. Mae'r ddeddf yn awdurdodi gwneud is-ddeddfwriaeth ar gyfer defnyddio dogfennau Cymraeg mewn achosion cyfreithiol. Diddymir ganddi yr amod mai Saesneg yw iaith cofnodion llys ynghyd â'r rhagdybiaeth mai'r Saesneg fydd drechaf os cwyd anghysondeb rhwng fersiwn Cymraeg a fersiwn Saesneg o ddogfen statudol.

Mae'r ddeddf yn gam pwysig yn y broses o sicrhau bod yr iaith Gymraeg yn gydradd â'r Saesneg ym mywyd cyhoeddus Cymru. Serch hynny, mynn rhai nad yw'n mynd yn ddigon pell, yn enwedig gan nad yw'n datgan bod y Gymraeg yn iaith swyddogol yng Nghymru – ond ni wnaed mo hynny yn achos y Saesneg ychwaith.

## DEDDFAU 'UNO', Y (1536 ac 1542–3)

Mae'r term camarweiniol hwn, a fabwysiadwyd yn gynnar yn yr 20g., yn cyfeirio at ddwy Ddeddf Seneddol (1536 ac 1542–3) a ddatganai fod Cymru wedi ei 'chorffori' yn nheyrnas **Lloegr**, ynghyd â'i 'huno a'i chysylltu' â hi. Sefydlodd Deddf 1536 egwyddorion 'ar gyfer gweinyddu cyfraith a chyfiawnder yng Nghymru yn yr un modd ag a wneir yn y deyrnas hon'; roedd Deddf 1542–3, 'ar gyfer Rhai Deddfau yn nhiriogaeth a thywysogaeth y brenin yng Nghymru', yn cynnwys newidiadau a manylion pellach. Daeth y ddeddfwriaeth â'r berthynas wleidyddol, gyfreithiol a gweinyddol rhwng Lloegr a Chymru yn nes, gan adeiladu ar ddatblygiadau cymdeithasol a llywodraethol a fu yn y **Dywysogaeth**, yr iarllaethau palatin ac arglwyddiaethau'r **Mers** er teyrnasiad Edward I. Daethai awdurdod y brenin yng Nghymru yn fwy effeithiol er degawdau olaf y 15g. yn sgil datblygu **Cyngor Cymru a'r Gororau**; cymerwyd camau yn dilyn **Gwrthryfel Glyndŵr** i ymdrin â deiliaid Cymreig a Seisnig y brenin yn yr un modd; ac roedd llawer o arglwyddiaethau'r Mers wedi dod i feddiant y brenin. Ond roedd rhesymau mwy uniongyrchol am y Deddfau 'Uno' yn deillio o amgylchiadau teyrnasiad Harri VIII ei hun, yn arbennig marwolaeth Syr **Rhys ap Thomas** (1525), a'r anniddigrwydd a achoswyd gan ŵyr Syr Rhys, Rhys ap Gruffudd (m.1531). Roedd diwygiadau gyda'r nod o sicrhau heddwch a chyfiawnder yn cael eu gwyntyllu erbyn 1531, er bod Cyngor Cymru a'r Gororau wedi cadw trefn trwy ddulliau mwy traddodiadol a chyhyrog o dan weinyddiaeth yr Esgob **Rowland Lee** (1534–43). Sbardunwyd diwygiadau mwy radical yn sgil ysgariad Harri VIII a'r rhwyg â Rhufain, a phan ddatganwyd awdurdod y Goron dros yr Eglwys a materion perthnasol eraill o ran diogelwch a threfn. Roedd mesurau rhagarweiniol 1534–5 yn pwysleisio'r angen am **gyfraith** a gweinyddiaeth effeithiol ar hyd a lled Cymru, a chafodd awdurdod ynadon heddwch o **siroedd** yn Lloegr ei ymestyn i'r Mers. Roedd y diwygiadau hefyd yn ymgais tuag at ddwyn unffurfiaeth a rheolaeth i **lywodraeth** daleithiol trwy gyfyngu ar ryddfreintiau yn Lloegr, Cymru, **Iwerddon** a Calais. Efallai fod disgwyl hefyd y byddai newidiadau o'r fath yn dwyn elw ariannol yn eu sgil.

Creodd Deddf 1536 bump o siroedd newydd (**Sir Drefaldwyn**, **Sir Ddinbych**, **Sir Faesyfed**, **Sir Frycheiniog** a **Sir Fynwy**) yn ychwanegol at y chwe sir a oedd yn ffurfio'r hen dywysogaeth (**Sir Aberteifi**, **Sir Feirionnydd**, **Sir Fôn**, **Sir Gaerfyrddin**, **Sir Gaernarfon** a **Sir y Fflint**) a'r arglwyddiaethau neu 'siroedd palatin', **Penfro** a **Morgannwg**, a oedd eisoes yn bodoli yn y Mers. Rhoddwyd cydraddoldeb ffurfiol i'r Cymry gerbron y gyfraith. Cyfraith Gyffredin Lloegr, a oedd wedi gwneud camau breision yng Nghymru yn ystod y ddwy ganrif flaenorol, oedd y gyfraith swyddogol bellach. Pennwyd fod un aelod seneddol ar gyfer pob sir yng Nghymru (cafodd sir gyfoethog Mynwy ddau), a rhoddwyd cynrychiolaeth seneddol i bob tref sirol (ac eithrio **Harlech**, a ystyrid yn rhy dlawd i gynnal aelod seneddol) gyda **bwrdeistrefi** 'cyfranogol' yn darparu cymorth ariannol. Yn y siroedd rhoddwyd pleidlais i bob rhydd-ddeiliad gwrywaidd a chanddo eiddo gwerth 40 swllt neu fwy y flwyddyn, ac roedd pleidlais gan bob rhyddfreiniwr yn y bwrdeistrefi. Creodd Deddf 1543 ynadon heddwch yng Nghymru ar batrwm Lloegr, gan roi diwedd ar awdurdod cyfreithiol arglwyddi'r Mers; rhoddodd hefyd statws sir, ynghyd ag aelod seneddol, i **Hwlffordd**, gan gynyddu nifer aelodau seneddol Cymru i 27. Yn ogystal, sefydlodd Deddf 1543 Lys y Sesiwn Fawr (gw. Cyfraith), gyda deuddeg sir wedi eu trefnu yn bedair cylchdaith; ymunodd Sir Fynwy â chylchdaith **Rhydychen**, eithriad a achosodd ansicrwydd a chamddealltwriaeth yn ddiweddarach ynglŷn â pherthynas y sir â Chymru. Sefydlwyd Llys Chwarter ym mhob sir, pob un ag wyth ynad heddwch. Rhoddwyd cydnabyddiaeth statudol i Gyngor y Gororau ynghyd â hawliau arolygol ym maes y gyfraith. **Saesneg** fyddai iaith gweinyddiaeth a chyfraith, a daeth hyn yn achos cynnen mewn canrifoedd diweddarach. Bu peth oedi o ran gweithredu'r Deddfau'n llawn; etholwyd aelodau seneddol cyntaf Cymru yn 1542.

Rhoddodd Cymry dylanwadol, gan gynnwys rhai a fu'n deisyf diwygiadau, groeso i'r Deddfau, fel y gwnaeth gweinyddwyr a sylwebwyr o Loegr, a chafodd Harri VIII gryn ganmoliaeth. Am gyfnod hir ystyrid mai budd mawr i Gymru fu'r deddfau, ond yn sgil twf **cenedlaetholdeb** Cymreig o ddiwedd y 19g. bu beirniadaeth lem arnynt mewn rhai cylchoedd. Er y gellid dadlau i'r Deddfau bennu bod pawb yng Nghymru bellach yn **Saeson** yng ngolwg y gyfraith, mae lle hefyd i ddadlau, gan nad oedd mantais i neb mwyach hawlio'r cyflwr o fod yn Sais, iddynt beri mai Cymry yn ddiwahân a fyddai pawb a oedd yn byw yng Nghymru.

## DEDDFAU ŶD

Gwelwyd pris ŷd, wedi iddo fod yn uchel yn ystod **Rhyfeloedd y Chwyldro Ffrengig a Rhyfeloedd Napoleon**, yn gostwng yn sylweddol ar ôl adfer heddwch yn 1815. O dan bwysau oddi wrth landlordiaid, cyflwynodd y Senedd ddeddfwriaeth a waharddai fewnforio gwenith yn ddi-doll ar wahân i'r adegau pan oedd y pris gartref yn cyrraedd 80 swllt y chwarter. Daeth y Deddfau Ŷd dan lach y dosbarth gweithiol (gw. **Dosbarth**) oherwydd eu bod yn codi pris bara; fe'u condemniwyd hefyd gan gyflogwyr a gredai y byddai'r deddfau'n eu gorfodi i dalu cyflogau uwch a chan ryddfrydwyr economaidd a wrthwynebai unrhyw ymyrraeth â'r hawl i fasnachu'n rhydd. Oherwydd dirwasgiad masnachol yn 1839 a chyfres o gynaeafau gwael, daeth cefnogaeth gynyddol i'r Gynghrair yn erbyn y Deddfau Ŷd, mudiad protest dosbarth-canol yn bennaf a sefydlwyd yn 1839. Denai gefnogaeth eang gan Anghydffurfwyr yng Nghymru (gw. **Anghydffurfiaeth**), a ystyriai fod Masnach Rydd yn hawl foesol ac a welai'r Gynghrair fel arf defnyddiol yn erbyn y landlordiaid. Diddymwyd y Deddfau Ŷd yn 1846, yn dilyn methiant y cynhaeaf tatws yn **Iwerddon** yn 1845 a'r newyn torfol a ddaeth yn ei sgil. Mabwysiadwyd dulliau trefniadol y Gynghrair yn erbyn y Deddfau Ŷd gan fudiadau eraill, megis yr un a bwysai am **ddatgysylltu**'r Eglwys Anglicanaidd yng Nghymru.

## DEE, John (1527–1608) Polymath a dewin

Ganed Dr John Dee, sêr-ddewin enwog oes Elizabeth, yn Surrey o linach Gymreig. Deuai ei dad o **Sir Faesyfed**, a honnai ei fod yn ddisgynnydd i **Rhodri Mawr** a'i fod yn gefnder i **Blanche Parry**. Daeth Dee yn gynghorydd i Elizabeth I ar faterion gwladol, gan awgrymu iddi'r syniad o ymerodraeth Brydeinig (ef biau'r term), ymerodraeth a oedd wedi bodoli gynt, yn ei farn ef, yng ngogledd Ewrop a **Gogledd America**. Hawliai i'r cyfandir hwnnw gael ei ddarganfod gan **Arthur** a bod **Madog**, un o dywysogion **Gwynedd**, wedi ymsefydlu yno. Dyma'r myth a fyddai'n tanio dychymyg radicaliaid a fynnai sefydlu cymunedau i'r Cymry yng Ngogledd America. Pardduwyd peth ar ei enw at ddiwedd ei oes gan adroddiadau am ei ymwneud ag ysbrydion. O blith ei weithiau niferus, ei argraffiad o lyfr **Robert Recorde**, *The Ground of Artes* (1561), a'i gyfrol ef ei hun, *Memorials pertayning to the Perfect Arte of Navigation* (1577), yw'r rhai mwyaf dealladwy heddiw.

## DEFAID

Am filoedd o flynyddoedd, mae defaid wedi chwarae rhan bwysig yn **economi**'r Gymru wledig, gan ddarparu llaeth yn ogystal â chig, crwyn ac – yn bwysicach na dim – **gwlân**. Ac wrth iddynt bori eangderau'r **tir comin** bu gan ddefaid hefyd ddylanwad pellgyrhaeddol ar olwg tirwedd Cymru.

Ymsefydlodd defaid yng Nghymru yn ystod yr Oes Neolithig (gw. **Oesau Cynhanesyddol**), pan gliriwyd coedwigoedd i wneud lle ar gyfer anifeiliaid domestig a ffermio tir âr, a hwy o blith yr holl anifeiliaid amaethyddol oedd y rhai a ymaddasodd fwyaf i amodau hinsoddol a thopograffig Cymru. Yn sgil ffermio defaid ar raddfa eang, arferiad a gyflwynwyd i Gymru gan fynachod Sistersaidd, rhoddwyd bod i ddiwydiant gwehyddu pwysig. Fodd bynnag, parhaodd magu defaid yn eilradd i fagu **gwartheg** hyd at gau'r tiroedd comin yn y 18g. a'r 19g. (gw. **Cau Tiroedd**), pan sefydlwyd diadelloedd mawr o ddefaid ar y **mynyddoedd**. Wedi i wlân gael ei ddisodli gan ffibrau synthetig yn yr 20g., daeth cig yn brif gynnyrch defaid, a daeth cig oen Cymreig yn enwog am ei ansawdd a'i flas. Ar ôl i **Brydain** ymuno â'r Gymuned Ewropeaidd yn 1973, parodd cymorthdaliadau hael a chynnydd mewn ffermio arbenigol i'r ddiadell ddefaid Gymreig dyfu i gyfanswm o dros 11 miliwn; erbyn 2002, pan gyfrifai defaid am tua chwarter y cynnyrch amaethyddol, roedd cyfanswm y ddiadell wedi gostwng oddeutu miliwn. Mae'r farchnad ar gyfer defaid Cymreig yn ymestyn ymhell y tu hwnt i Brydain. Yn 2003 dyfarnodd y Comisiwn Ewropeaidd statws Dangosydd Daearyddol Gwarchodedig i'r oen Cymreig, sy'n golygu mai dim ond oen a gaiff ei fagu a'i ladd yng Nghymru a all ddwyn yr enw.

O'r 18g. ymlaen cafodd bridiau defaid Cymreig eu gwella'n ddirfawr trwy fridio dethol, ac mae nifer o fathau newydd wedi eu datblygu mewn ymdrech i ddarganfod y croesiadau rhyngfridiol gorau i weddu i wahanol amodau. Y ddafad fynydd Gymreig yw'r prif frîd yng Nghymru, ac mae'n nodedig am ei gwydnwch a'i gallu i bori'r tir mwyaf anodd. Mae bridiau mynyddig yn fach ac yn addas iawn ar gyfer amodau gerwin – yn eu plith mae dafad fynyddig de Cymru, y ddafad fynyddig Gymreig ddu, dafad pen brith Beulah, dafad **Maesyfed** a'r ddafad wyneb broch. Mae bridiau bryniau neu 'ganolradd', megis dafad **Ceri** a dafad Coedwig Colunwy, i'w cael yn ardal y Gororau, ac mae'r **Llŷn** a'r **Llanwenog** yn cael eu magu yn yr ardaloedd gorllewinol. Mae bridiau iseldir poblogaidd yng Nghymru yn cynnwys dafad wyneplas Caerlŷr, dafad Gaerlŷr y ffin, y Suffolk a'r Dorset Down. Yng nghanol yr 20g. datblygwyd dau frîd newydd, sef y ddafad Gymreig hanner-brîd (dafad fynydd Gymreig wedi'i chroesi gyda dafad Gaerlŷr y ffin) a'r ddafad groesryw Gymreig (dafad fynydd Gymreig wedi'i chroesi gyda dafad Caerlŷr wyneplas). Trwy gyfuno ansawdd cig da'r bridiau mynyddig a maint mwy a graddfa dyfu gyflymach bridiau'r iseldir, maent yn ddefnyddiol ar gyfer croesi pellach gyda hwrdd yr iseldir – yn aml Suffolk, Texel neu Charollais – i gynhyrchu ŵyn chwarter-brîd ar gyfer y lladd-dy.

Mae Cymru ar y blaen trwy'r byd o ran cael ffermwyr i wella defaid yn enynnol. Bu ffermwyr Cymru ers tro byd yn defnyddio dulliau traddodiadol o wella ansawdd eu diadelloedd, ond er diwedd yr 20g. bu modd iddynt fanteisio fwyfwy ar y technegau gwyddonol diweddaraf, o gyfebru artiffisial a throsglwyddo embryo i sganio uwchsonig cyhyrau'r llygad a dyfnder braster. Yn 1976 cychwynnwyd ar gynllun bridio grŵp cyntaf Prydain ym **Mhentrefoelas**, er mwyn sicrhau gwelliannau genynnol, nid yn gymaint o fewn diadelloedd unigol ar wahân i'w gilydd (sef y dull traddodiadol) ond ar draws amrediad o ddiadelloedd, gan ddod â'r mamogiaid a'r hyrddod gorau ynghyd i ffurfio diadell graidd ganolog. Er mwyn hybu gwelliant genynnol aed ati i ddethol yn enynnol o fewn y ddiadell graidd yn unig, a châi'r hyrddod gorau o blith pob cenhedlaeth eu dychwelyd i'r diadelloedd unigol y tynnwyd hwy oddi arnynt. Ers hynny, mae wyth o gynlluniau pellach wedi'u sefydlu, gan roi i Gymru y nifer uchaf o raglenni gwella defaid yn enynnol ledled hemisffer y gogledd.

Mae'r calendr bugeilio yn dilyn cylch blynyddol pendant, gyda'r gwahaniaethau hinsoddol yn golygu bod gweithgareddau yn yr ardaloedd mynyddig yn digwydd fis neu ddau'n ddiweddarach nag ar lawr gwlad. Mae paru'n digwydd yn ystod yr hydref a rheolir ei amseriad er mwyn sicrhau na chaiff ŵyn eu geni'n rhy gynnar yn ystod tywydd caled. Bydd defaid mynydd fel arfer yn magu un oen, tra bydd defaid eraill yn magu o leiaf ddau. Digwydd ŵyna, sy'n golygu gwaith caled am ryw fis, rhwng Ionawr ac Ebrill ar lawr gwlad, gydag ŵyn unigol yn cael eu gwerthu o Fai ymlaen, a'r mwyafrif ohonynt yn cael eu gwerthu rhwng Gorffennaf a Medi. Mae bridio pur yn nodweddiadol o ffermydd y bryniau, ac ŵyna yn dechrau ar ddiwedd Mawrth. Ddiwedd y gwanwyn rhoddir nodau clust, torrir ar ŵyn gwryw (eu sbaddu), ac yn yr haf cynnar caiff defaid eu cneifio, ac yna'u dipio er mwyn eu diogelu rhag parasitiaid.

Yn wreiddiol roedd criw mawr o ffermwyr yn dod ynghyd ar ddiwrnod cneifio, gan ddefnyddio gwelleifiau llaw. Yn draddodiadol, byddai pob fferm mewn cymdogaeth eang yn dewis diwrnod ar gyfer cneifio, a beth bynnag fyddai'r amgylchiadau – ac eithrio'r tywydd – roedd yn amhosibl newid y dyddiad, oherwydd dibynnai cneifio ar gydweithrediad a chyfnewid llafur rhwng criw o ffermwyr. Gyda chriwiau'n cynnwys cynifer â chant mewn rhai achosion, roedd diwrnod cneifio'n cael ei ystyried y pwysicaf yng nghalendr y ffermwr ac yn achlysur cymdeithasol o bwys. Arlwyid y **bwyd** gorau, ac yn aml byddai storïwyr a chantorion yn dod i ddiddanu'r gweithwyr. Disodlwyd cneifio â llaw gan gneifio â pheiriannau, a ddatblygwyd yn **Seland Newydd** yn y 1950au. Datblygodd pencampwriaethau cneifio lleol, cenedlaethol a rhyng-genedlaethol, ac yn aml bydd cneifwyr teithiol o hemisffer y de yn cymryd rhan ar eu hymweliad â Chymru bob haf.

## DEGWM, Y, A RHYFEL Y DEGWM

Mae i'r degwm, sef bod degfed ran cynnyrch amaethyddol yn daladwy i'r eglwys, wreiddiau dwfn yn y Beibl. Yn wreiddiol câi ei dalu â'r cynnyrch ei hun, ond roedd tuedd gynyddol i'w droi'n daliad ariannol. Gwnaed y broses yn un gyffredinol gan Ddeddf Cymudiad y Degwm (1836), a arweiniodd at gynhyrchu **mapiau** a dyraniadau sy'n ffynhonnell ddiguro o wybodaeth am gefn gwlad Cymru yn y 1830au a'r 1840au. Gan fod y mwyafrif o ffermwyr, erbyn hynny, yn Anghydffurfwyr a gyfrannai o'u pocedi eu hunain i gynnal eu henwadau, teimlent ddicter oherwydd eu bod yn cael eu gorfodi i gyfrannu at gynnal enwad – yr Eglwys Anglicanaidd – nad oeddynt yn perthyn iddo (gw. **Anghydffurfiaeth** ac **Anglicaniaid**). Gwaethygwyd y mater gan y dirwasgiad amaethyddol a ddechreuodd yn y 1870au. Yn y 1880au roedd llawer yn gwrthod talu'r degwm, ac arweiniai hyn at gynnal arwerthiannau gorfodol o eiddo'r gwrthddegymwyr – gan achosi terfysg ar adegau. Bu 'Rhyfeloedd Degwm' mewn sawl rhan o Gymru, ond yn **Sir Ddinbych** y bu'r rhan fwyaf ohonynt, lle'r oedd ffermwyr yn drwm dan ddylanwad **Thomas Gee** o **Ddinbych** a'i bapur newydd *Baner ac Amserau Cymru*. Ymysg yr helyntion enwocaf yr oedd y rhai yn **Llangwm** ym Mai 1887, **Mochdre** ym Mehefin 1887 a **Llanefydd** ym Mai 1888 (y cwbl yn y Sir Ddinbych wreiddiol). Yn dilyn terfysgoedd Llangwm gwysiwyd 31 o brotestwyr i'r llys. Ym Mochdre cafodd 84 o bobl eu hanafu, gan gynnwys 35 o blismyn. Cefnogid y protestwyr gan y **David Lloyd George** ifanc a chan **T. E. Ellis**, a welai gyfle i ddod â Chymru ar lwyfan gwleidyddol ehangach. I'r awdurdodau, ymddangosai Cynghrair Tir Thomas Gee yn ddychrynllyd o debyg i'r cynnwrf ynghylch y tir a arweinid yn **Iwerddon** gan Michael Davitt ar y pryd, a phwysleisiai'r wasg Geidwadol ddioddefaint yr offeiriaid yng Nghymru, a gâi eu tlodi gan amharodrwydd degymwyr i'w cynnal. Tawelodd yr helyntion wrth i'r dirwasgiad leddfu dros dro, a châi tactegau'r protestwyr eu rhwystro gan Ddeddf y Degwm 1891, a drosglwyddodd y cyfrifoldeb dros dalu'r degwm o'r tenant i'r tirfeddiannwr. Deuai, felly, yn rhan o'r rhent, a phetai ffermwr yn gwrthod ei dalu, gallai gael ei droi allan o'i fferm. Diddymwyd y degwm yng Nghymru i bob pwrpas yn dilyn **datgysylltu**'r Eglwys Anglicanaidd yn 1920.

## DEHEUBARTH Teyrnas

Oddeutu 920 unwyd **Dyfed** a **Seisyllwg** gan **Hywel Dda** a chreu Deheubarth; yn ddiweddarach cynhwysai **Frycheiniog** hefyd. Dyma'r olaf o'r pedair prif deyrnas Gymreig i ddatblygu, ac o ganlyniad ni fu ganddi erioed y math o hunaniaeth a oedd gan **Wynedd**, **Powys** a **Morgannwg**. Bu Hywel yn tra-arglwyddiaethu ar Gymru hyd ei farw yn 949, fel y bu ei ŵyr, Maredudd ab Owain, yn ystod degawd olaf y 10g. Yn 1081 cafodd **Rhys ap Tewdwr** ei gydnabod gan Gwilym I yn rheolwr Deheubarth ond cafodd Rhys ei ladd yn 1093 a daeth y rhan fwyaf o'r deyrnas i feddiant y **Normaniaid**. Cafodd y deyrnas ei hadfer trwy waith pedwar o wyrion Rhys, sef Anarawd, Cadell, Maredudd a Rhys. Bu farw'r tri chyntaf yn ifanc, ond daeth **Rhys ap Gruffydd**, neu'r Arglwydd Rhys, yn dywysog mwyaf grymus Cymru ar ôl 1170; pan fu farw Rhys yn 1197 daeth diwedd ar Ddeheubarth fel uned ddylanwadol ac unedig yng ngwleidyddiaeth Cymru. **Dinefwr** yn draddodiadol a ystyrid yn brif lys y deyrnas.

## DEINIOL (m.584) Sant

Ŵyr i'r arwr Pabo Post Prydyn a sylfaenydd mynachlogydd dylanwadol ym Mangor yn Arfon (gw. **Arfon** a **Bangor**) a **Bangor Is-coed**, yn ôl traddodiad. Deiniol oedd yr esgob cyntaf yng **Ngwynedd** (fe'i cysegrwyd gan **Dyfrig**, medd ***Liber Landavensis***). Cofnodwyd ei farwolaeth yn *Annales Cambriae* (gw. ***Brut y Tywysogyon***). Yn ôl **Gerallt Gymro**, fe'i claddwyd ar Ynys Enlli (**Aberdaron**; gw. hefyd **Ynysoedd**). Goroesodd Buchedd Deiniol, a ddarllenid ar ei ddydd gŵyl, sef 11 Medi, yn ystod yr Oesoedd Canol. Ynddi ceir disgrifiad o'r sant fel meudwy a ddewiswyd yn wyrthiol i fod yn esgob Bangor. Nid oes sail hanesyddol i'w chynnwys.

## DEINOSORIAID

Cafwyd hyd i rai o'r ffosilau deinosoriaid cynharaf yn y byd, yn dyddio o oddeutu 210–220 miliwn o flynyddoedd yn ôl, mewn creigiau Triasig yng Nghymru. Daethpwyd o hyd i olion llwybrau deinosoriaid ac ymlusgiaid eraill yn **Sili**, y **Barri** a **Phorth-cawl**. Prin yw'r esgyrn, ond cafwyd hyd i fowld naturiol o ran isaf asgwrn gên deinosor cigysol mawr tebyg i Fegalosawrws yn Stormy Down (**Trelales**) oddeutu 1898 ac i sgerbwd Thecodontosawrws, un o hynafiaid cynnar y deinosoriaid sawropod mawr llysysol, yn y gwaddodion sy'n llenwi'r agennau mewn **calchfaen** hŷn ger y **Bont-faen**. Roedd y deinosoriaid hyn yn byw ar wastadedd diffaith lle ceid bryniau o galchfaen, amgylchedd a rannent â'r **mamaliaid** cynharaf. Tua diwedd y cyfnod Triasig, yn raddol gorchuddiwyd y gwastadedd hwn gan y môr. Mae'n debyg fod Cymru gyfan o dan y môr gydol y cyfnodau Jwrasig a Chretasaidd pan oedd y deinosoriaid yn tra-arglwyddiaethu ymhlith anifeiliaid y tir. O ganlyniad, nid oes olion deinosoriaid yng Nghymru ar ôl y cyfnod Triasig (gw. **Daeareg**).

## DELYN Etholaeth a chyn-ddosbarth

Ar ôl diddymu **Sir y Fflint** yn 1974 crëwyd Delyn yn ddosbarth oddi mewn i sir newydd **Clwyd**. Roedd yn cynnwys yr hyn a fu yn fwrdeistref y **Fflint**, dosbarthau trefol **Treffynnon** a'r **Wyddgrug** a dosbarth gwledig **Treffynnon**. Roedd Delyn yn gyfuniad o'r enwau Saesneg ar afonydd **Dyfrdwy** ac Alun (Dee ac Alyn), ac felly roedd yn cyfateb i enw'r dosbarth drws nesaf, **Alun a Glannau Dyfrdwy**. Yn 1996 daeth y dosbarth yn rhan o sir newydd unedol y Fflint. Mae'r enw wedi parhau yn enw ar etholaeth.

**DEMETAE** Llwyth
Arferid credu nad oedd y Demetae, llwyth o'r Oes Haearn (gw. **Oesau Cynhanesyddol**) yn ne-orllewin Cymru, mor wrthwynebus i'r **Rhufeiniaid** ag yr oedd eu cymdogion. Dechreuwyd amau'r farn hon pan ganfuwyd, yn 2003, ddwy gaer Rufeinig yn **Ninefwr** (gw. **Llandeilo**), ac un ohonynt oedd y gaer filwrol fwyaf yng Nghymru. Dichon i Moridunum (**Caerfyrddin**) ddod yn brifddinas *civitas* y llwyth. Diogelwyd hunaniaeth y llwyth yn ystod y cyfnod Rhufeinig-Frythonig, a daeth yn sail i deyrnas **Dyfed** yn ddiweddarach.

**DEORHAM (Dyrham), Brwydr**
Un o nifer o fuddugoliaethau a fu'n sail i oruchafiaeth **Saeson** Wessex yn ne **Prydain**. Ymladdwyd y frwydr yn 577 yng nghyffiniau pentref Dyrham ger Bryste, a chafodd y gorchfygwyr, o ganlyniad, fynediad i Fôr Hafren.

**DERFEL, R[obert] J[ones] (1824–1905)** Awdur
Brodor o **Landderfel** ydoedd, a mabwysiadodd y cyfenw Derfel wedi iddo symud i Fanceinion, lle'r oedd yn drafaeliwr masnachol. Roedd yn lladmerydd huawdl dros **ymreolaeth** i Gymru, gan geisio cyfuno **sosialaeth** a **chenedlaetholdeb** mewn cyd-destun Cristnogol. Gwnaeth ei ddrama *Brad y Llyfrau Gleision* (1854) lawer i danio barn gyhoeddus yng Nghymru yn erbyn ensyniadau'r Llyfrau Gleision yn 1847 (gw. **Brad y Llyfrau Gleision**).

**DERLLYS** Cwmwd
Un o gymydau **Cantref Gwarthaf** oedd Derllys ac roedd yn cynnwys **Caerfyrddin**. Daeth yn enw ar **hwndrwd** ar ôl y **Deddfau 'Uno'**. Y plasty o'r un enw oedd man geni **Bridget Bevan** (1698–1779) (gw. **Llannewydd a Merthyr**).

**DERWEN**, Sir Ddinbych (1,442ha; 454 o drigolion)
Lleolir y **gymuned** hon i'r gogledd o afon **Clwyd** ac i'r de-orllewin o **Ruthun**. Mae eglwys y plwyf (Eglwys y Santes Fair) yn cynnwys croglen a chroglofft, ac yn y fynwent ceir croes ganoloesol hardd. Gwnaed gwaith adfer a thirlunio effeithiol ar Ffynnon Sara. Ganed yr emynydd Ehedydd Iâl (**William Jones**; 1815–99) yng Nghefn Deulin, Derwen. Ddiwedd yr 20g. ehangodd pentref Clawdd-newydd i gartrefu'r rhai hynny a gymudai i Ruthun.

**DERWYDDON**
Mae'r dystiolaeth ynghylch derwyddon y **Celtiaid** yn deillio, yn bennaf, o weithiau awduron clasurol, a **llenyddiaeth** gynnar **Iwerddon** a Chymru. Nodir eu bod yn un o dri dosbarth dysgedig (derwyddon, gweledyddion a beirdd). Offeiriadol oedd eu swyddogaeth: goruchwylient seremonïau crefyddol a gwasanaethent pan offrymid aberthau, gan gynnwys aberthau dynol o bosibl. Roedd ganddynt hefyd ddyletswyddau cyfreithiol a barnwrol. At hynny, hwy a oedd yn addysgu meibion yr uchelwyr, ac roedd eu dysg yn un hollol lafar. Y tebyg yw eu bod, yn ogystal, yn astronomyddion ac astrolegwyr a'u bod yn meddu ar alluoedd proffwydol a meddyginiaethol. Ystyrid **Môn** yn un o'u cadarnleoedd.

Ychydig iawn a wyddys am eu credoau, ond ymddengys eu bod y gweld bywyd fel cylch ac yn ystyried bod eneidiau'r meirw yn mynd rhagddynt i fywyd arall. Dehonglwyd hyn gan rai fel cred yn nhrawsfudiad eneidiau, sef bod eneidiau yn dod yn ôl i'r byd hwn mewn gwahanol ffurfiau. Ymddengys fod y dderwen yn bwysig yn eu golwg a cheisiwyd cysylltu'r gair *derwydd* (a'i ffurfiau cynharaf) â'r goeden honno (gw. **Planhigion**), ond mae'n fwy tebygol mai ystyr fel 'gwybodus iawn' neu 'ddoeth iawn' sydd iddo.

Y ddelwedd ramantaidd o'r derwyddon

Ystyr megis 'proffwyd' a 'gŵr doeth' sydd i'r gair *derwydd* yn llenyddiaeth Gymraeg yr Oesoedd Canol, a chredid bod y beirdd wedi etifeddu rhai o'u galluoedd. Cododd diddordeb rhamantaidd yn y derwyddon yn y 18g., a phrif ganlyniad hynny heddiw yw **Gorsedd Beirdd Ynys Prydain**, a'i chysylltiad ag **Eisteddfod** Genedlaethol Cymru.

**DESPENSER, Teulu** Arglwyddi yn y Mers
Dechreuodd cysylltiad y teulu â Chymru o ganlyniad i briodas Hugh ac Eleanor, cyd-aeres Gilbert de Clare (m.1314; gw. **Clare, Teulu**), priodas a roddodd i Hugh feddiant ar arglwyddiaeth **Morgannwg**. Ac yntau'n un o ffefrynnau Edward II, bu wrthi'n ddidostur yn cronni tiriogaethau a ymestynnai o afon **Gwy** i afon **Teifi**, gweithgaredd a sbardunodd 'Wrthryfel Despenser' yn 1321. Yn ychwanegol, cafodd ei dad, Hugh yr hynaf, feddiant ar arglwyddiaeth **Dinbych**. O 1322 hyd 1326 llywodraethid teyrnas **Lloegr** gan y ddau Despenser. Fe'u dymchwelwyd a'u crogi yn 1326. Cadwodd eu disgynyddion ledafael ar Forgannwg nes i'r arglwyddiaeth fynd, trwy briodas, yn eiddo i deulu **Beauchamp**, arglwyddi **Elfael**, yn 1399.

***DESPERATE POACHING AFFRAY, A* (1903)** Ffilm
Roedd y ffilm hon a wnaed gan **William Haggar** ar gyfer Gaumont yn un arloesol. Mae'r trais a geir ynddi, yn ogystal â'i natur eiconoclastig a'r gwaith golygu blaengar, wedi

Dewi Sant: peintiad gan Peter Murphy, 1992

denu sylw ysgolheigion **ffilm** yn ystod y blynyddoedd diwethaf. Y ffilm hon, ynghyd â *Daring Daylight Burglary* Frank Mottershaw a ffilm Edwin S. Porter ar gyfer Edison, *The Great Train Robbery* (y ddwy wedi'u gwneud yn 1903), sy'n cael y clod am roi cychwyn i'r llifeiriant o ffilmiau cwrso Americanaidd mud a gyrhaeddodd uchafbwynt comig gyda *Keystone Kops* Mack Sennett.

## DEUDDWR

Safai'r **cwmwd** hwn rhwng dau ddŵr, sef afonydd Efyrnwy a **Hafren**, a dyma ran fwyaf gogledd-ddwyreiniol yr hyn a fyddai'n ddiweddarach yn **Sir Drefaldwyn**. Ynghyd â **Llannerch Hudol** ac **Ystrad Marchell**, roedd yn rhan o'r ardal a adwaenid fel y Teirswydd. Mae pentref Deuddwr (gw. **Llansanffraid, Sir Drefaldwyn**) yn cadw'r enw.

## DEVAUDEN, Sir Fynwy (3,788ha; 968 o drigolion)

Mae **cymuned** Devauden, ar lain o dir tonnog i'r gogledd o **Gas-gwent**, yn cynnwys pentrefi Devauden, Llanwynell (Wolvesnewton), Cilgwrrwg, yr Eglwys Newydd ar y Cefn (Newchurch) a Llanddinol (Itton). Ar y grin ym mhentref Devauden y traddododd John Wesley ei bregeth gyntaf yng Nghymru. Mae gan Gwrt Llanddinol borthdwr canoloesol.

## DEVEUREUX, Teulu Tirfeddianwyr

Honnai'r teulu fod ei wreiddiau yn Evereux, Normandi. Dechreuodd ei gysylltiad â Chymru yn 1525, gyda phenodiad Walter Devereux yn stiward teulu'r Dywysoges Mari, safle a ganiataodd iddo gael meddiant ar gyfran helaeth o eiddo Rhys ap Gruffudd (ŵyr **Rhys ap Thomas**) a ddienyddiwyd yn 1531. Cafodd ŵyr Walter, a oedd o'r un enw, ei ddyrchafu'n iarll Essex yn 1572, ac roedd yn aelod o'r 'blaid dra Phrotestannaidd'. (Priododd George, brawd Walter, â gweddw **Thomas Jones** (Twm Siôn Cati; *c.*1530–1609).) Dienyddiwyd yr ail iarll, mab Walter a ffefryn y Frenhines Elizabeth, am wrthryfela yn 1601, gwrthryfel y bu gan ei denantiaid Cymreig, o dan arweinyddiaeth **Gelly Meyrick**, ran amlwg ynddo. Y trydydd iarll (1591–1646) oedd arweinydd lluoedd y senedd, ffaith bwysig yn y rhan a chwaraeodd **Sir Benfro** yn y **Rhyfeloedd Cartref**. Ef oedd yr olaf o'r ieirll, ond aeth teitl cynharaf y teulu, is-iarll Hereford, i gangen iau o'r teulu a fu, am genedlaethau, yn ddylanwadol yn **Sir Frycheiniog** a **Sir Drefaldwyn**. Yn 1874 roedd y teulu, a oedd â'i brif breswylfan yn Nhregoyd (**Gwernyfed**), yn berchennog ar 725ha yn Sir Frycheiniog.

## DEWI SANT (m.589?) Nawddsant Cymru

Prif ffynhonnell ein gwybodaeth am Dewi yw Buchedd Ladin a ysgrifennwyd ar ddiwedd yr 11g. gan Rhigyfarch, mab i **Sulien**, esgob **Tyddewi**. Yn ôl Rhigyfarch, roedd Dewi yn fab i leian o'r enw Non (*fl.* diwedd y 5g.) a dreisiwyd gan Sant, brenin **Ceredigion**. Chwedlonol yw llawer o gynnwys y Fuchedd, ond mae'n debyg fod sail cadarnach i'w phwyslais ar gysylltiadau Dewi â mynachlogydd **Iwerddon** ac ar ei asgetigiaeth. Disgrifiwyd Dewi fel 'y dyfrwr' gan awdur o'r 9g., a dywed **Lewys Glyn Cothi** amdano, 'Bara gymerth a berwr, / neu ddŵr afonydd oerion'. Ceir disgrifiad gan Rhigyfarch o bererindod 'Trisant' Cymru (Dewi, **Teilo** a **Padarn**) i Jerwsalem. Cysegrwyd y tri yn esgobion gan y patriarch yno ac urddwyd Dewi yn archesgob.

Yr hanesyn enwocaf am fywyd Dewi yw'r un amdano mewn senedd a gynhaliwyd yn **Llanddewibrefi** er mwyn gwrthwynebu **Pelagiaeth**. Yn ôl yr hanes, cododd bryn o dan draed y sant wrth iddo **bregethu** a glaniodd colomen ar ei ysgwydd. Daw pregeth olaf Dewi, a gydiodd yn nychymyg ysbrydol y Cymry, o'r Fuchedd Gymraeg a geir yn ***Llyfr Ancr Llanddewibrefi*** (14g.): 'Arglwyddi, frodyr a chwiorydd, byddwch lawen a chedwch eich ffydd a'ch cred, a gwnewch y pethau bychain a glywsoch ac a welsoch gennyf i'.

Yng Nglyn Rhosyn yr ymsefydlodd Dewi yn y pen draw – y man mwyaf gorllewinol ar dir mawr Cymru, a lle a ddewiswyd, mae'n debyg, oherwydd ei safle fel canolbwynt i fôr-lwybrau'r gorllewin. Yn ei henaint cydnabuwyd Dewi yn arweinydd y Brythoniaid i gyd, a daeth ei fynachlog yn ganolfan ysbrydol **Dyfed**. Erbyn y 12g. roedd Tyddewi, un o saith o dai esgobion Dyfed yn wreiddiol, wedi dod yn brif ganolfan esgobaeth a oedd yn ymestyn dros hanner tiriogaeth Cymru, gan gynnwys y cyfan o **Ddeheubarth** a llawer o dde **Powys**.

Mae'r gerdd o'r 10g. *Armes Prydein* (gw. **Darogan**) yn sôn am 'luman glân Dewi' fel baner y cynghreiriaid unedig yn erbyn y **Saeson**, a daeth Dewi yn destun parch gan y **Normaniaid**. Cyfeiriad Rhigyfarch ato fel archesgob a ysbrydolodd ymdrechion yr Esgob **Bernard** a **Gerallt Gymro** i ddyrchafu Tyddewi yn archesgobaeth, a 'Sein Daui' oedd rhyfelgri goresgynwyr Cambro-Normanaidd Iwerddon. Daeth Tyddewi yn gyrchfan bwysig i bererinion (gw. **Pererindota**), ond amheus yw'r honiad i Dewi gael ei ganoneiddio gan y Pab Calixtus II *c.*1120.

Dynodir 1 Mawrth yn Ddydd Gŵyl Dewi mewn llawysgrifau Gwyddelig o'r 9g. Cysegrwyd dros 60 o blith eglwysi plwyf hynafol Cymru i Dewi (daw Teilo'n ail iddo yn hyn o beth, gyda 25 o eglwysi). Câi ei **ŵylmabsant** ei dathlu mewn mwy o eglwysi nag eiddo unrhyw un arall o'r **seintiau** brodorol, ac mae'n debyg mai dyna pam y cafodd ei fabwysiadu yn nawddsant Cymru. Dichon mai poblogrwydd yr enw Dewi sy'n egluro pam fod y cyfenw Davies mor gyffredin yn ne-orllewin y wlad (gw. **Cyfenwau**).

## DIARHEBION

Goroesodd corff eang o ddiarhebion yn y **Gymraeg** ac mae'n gred gyffredin eu bod yn adlewyrchu doethineb y werin bobl ac yn tarddu o'u plith. Ond cynnyrch traddodiad dysgedig ydynt mewn gwirionedd. Deillia'r casgliadau hysbys cynharaf o'r 13g., ac yn ***Llyfr Coch Hergest*** ceir dwy gyfres hirfaith o ddiarhebion a briodolir i'r Hen Gyrys o Iâl. Llinellau o **Hengerdd** yw rhai o'r diarhebion hyn ac mae eraill yn crynhoi egwyddorion cyfreithiol (gw. **Cyfraith**); diarhebion rhyngwladol yw cyfran dda ohonynt a chyfieithwyd eraill o destunau Ffrangeg. Roedd **Beirdd yr Uchelwyr** yn hoff o fydryddu diarhebion, a chan ddilyn esiampl Erasmus, roedd gan ysgolheigion y **Dadeni** yng Nghymru ddiddordeb neilltuol ynddynt. Cyhoeddwyd casgliad gan **William Salesbury** yn ei *Oll Synnwyr Pen Kembero Ygyd* (1547), a gwnaeth **John Davies** (*c.*1567–1644) yr un modd yn y geiriadur a gyhoeddodd yn 1632 (gw. **Geiriaduraeth**) gan elwa ar lafur **Thomas Wiliems**. Yn ei *Originum Gallicarum Liber* (1654), cynigiodd Marcus Zuerius Boxhornius, ieithydd o'r Iseldiroedd, mai gweddillion dysg y **Derwyddon** oedd diarhebion y Cymry, a chafodd y syniad hwnnw gylchrediad ehangach yn y 18g. gan hynafiaethwyr megis Ieuan Fardd (**Evan Evans**; 1731–88). Mae nifer o ddywediadau bachog yn perthyn i dafodieithoedd Saesneg maes **glo**'r de, ac efallai y gellir ystyried y rhain fel enghreifftiau o ddiarhebion mwy diweddar.

## DIC SIÔN DAFYDD

Cymro sy'n gwadu iaith ei fam a'i hunaniaeth genedlaethol er mwyn llwyddo ymhlith y **Saeson** yw Dic Siôn Dafydd, a gellir ei gymharu â'r 'Dewyrth Tom' Americanaidd sy'n dirmygu ei wreiddiau er mwyn ennill ffafr y bobl wynion. Enw ydoedd yn wreiddiol ar gymeriad mewn cerdd gan Jac Glan-y-gors (**John Jones**; 1766–1821).

## DIDDYMU'R MYNACHLOGYDD

Ar ôl iddo'i sefydlu'i hun yn bennaeth goruchaf yr Eglwys yn Lloegr yn 1534, symudodd Harri VIII yn gyflym i afael ar ei meddiannau. Sefydlwyd dau gomisiwn yn 1535, y naill i archwilio eiddo'r eglwys, a'r ail i ymholi parthed moesau a disgyblaeth y mynachod. Yng Nghymru ceid 32 mynachlog (celloedd abatai yn Lloegr neu Ffrainc oedd cyfran helaeth ohonynt), 10 brodordy (gw. **Brodyr Cardod**) a 3 lleiandy (gw. **Lleiandai**), heb fwy na rhyw 250 o drigolion rhyngddynt. Perthynai nifer o'r rhai mwyaf yn eu plith i urdd y **Sistersiaid**, ond roedd y rhan fwyaf ohonynt yn fach a thlawd. Yn 1535 **Tyndyrn** yn unig a lochesai'r 13 mynach a ystyrid fel y lleiafrif yr oedd yn rhaid wrtho er mwyn cynnal trefn gyflawn y bywyd mynachaidd; rhyw saith neu wyth a berthynai i'r mynachdai ar gyfartaledd, ac nid oedd mwy na dau neu dri gan y rhai lleiaf oll. Parodd y gostyngiad mewn aelodaeth dros y 14g. a'r 15g. ddirywiad

Diddymu'r mynachlogydd: abaty Tyndyrn

enbyd yn safonau ymroddiad ac addoliad. Roedd rhai o'r tai mewn dyled drom, a phrydleswyd eu stadau i gyd i denantiaid lleyg am flynyddoedd lawer. Bu'r mwyaf pwerus ymhlith y deiliaid hyn yn cystadlu â'i gilydd wrth ddewis abadau. Tuedd ffynonellau cyfoes, megis ymweliad 1535–6, yw dangos bod ffordd o fyw'r mynachod yn llawn bydolrwydd a diogi. Trigai nifer o'r abadau mewn tai hardd a moethus a godwyd oddi mewn i furiau'r abatai, ac roedd gan rai ohonynt blant hyd yn oed.

Ym mis Mawrth 1536 gorchmynnodd Deddf Seneddol y dylid diddymu pob mynachlog a chanddi incwm o lai na £200 y flwyddyn. Er bod pob un o'r mynachdai yng Nghymru yn dod oddi mewn i'r categori hwnnw, achubwyd tri ohonynt, sef abatai **Nedd** (**Dyffryn Clydach**), **Ystrad-fflur** a **Hendy-gwyn** (**Llanboidy**); ond erbyn 1539 roeddynt oll wedi diflannu. Dosbarthwyd pensiynau i'r penaethiaid, ond bu'n rhaid i'r mynachod gael gafael mewn bywoliaeth neu giwradiaeth, neu ddychwelyd i'r bywyd seciwlar. Yn 1538 difodwyd y brodordai Cymreig i gyd, ond ni chafodd eu trigolion bensiynau.

Ni phrotestiwyd o ddifrif yn erbyn y diddymiad, ond roedd yn golled drom i Gymru. Diflannodd llawer o gelfyddyd a **phensaernïaeth** orau'r wlad, er bod eglwysi mynachaidd godidog megis **Aberhonddu** ac **Ewenni** yn aros o hyd. Collwyd llawer o lyfrau a llawysgrifau gwerthfawr o lyfrgelloedd y mynachlogydd, a daeth eu nawdd hael i'r beirdd i ben. Aeth y mwyafrif o stadau'r mynachdai i'r Goron yn gyntaf, ond fe'u gwerthwyd yn ddiweddarach i **foneddigion** lleol, a buont am ganrifoedd yn rhan bwysig o dreftadaeth teuluoedd blaenllaw megis teuluoedd **Somerset** a **Mansel**.

### DIENYDDIO

Camarweiniol yw'r gred mai dim ond ar ôl i gyfraith **Lloegr** gael ei gorfodi ar y wlad y gweithredid y gosb eithaf yng Nghymru. O dan gyfundrefn galanas (gw. **Cyfraith**) y mae'n ddigon gwir mai'r arferiad oedd i leiddiaid (ynghyd â'u tylwythau) dalu iawndal am eu camwri, ond y gosb yn ôl y gyfraith frodorol am rai mathau o ladrad – y drosedd ddifrifolaf yng Nghymru fel mewn mannau eraill yn yr Oesoedd Canol – oedd dienyddio trwy grogi, ac adlewyrchir hynny yn ymdrechion comig **Manawydan** yn y **Mabinogion** i grogi llygoden a fu'n dwyn ei ŷd.

Gweithred herfeiddiol ar ran **Llywelyn ap Iorwerth** yn 1230 fu crogi William de Breos neu Gwilym Brewys (gw. **Breos, Teulu**) am ei garwriaeth â gwraig Llywelyn, **Siwan**. Ond prin fod y weithred honno'n cymharu o ran barbareiddiwch â'r modd y dienyddiwyd ŵyr Llywelyn, **Dafydd ap Gruffudd**, gan Edward I yn 1283 am deyrnfradwriaeth. Fe'i llusgwyd trwy strydoedd Amwythig wrth gynffon march, ei ddadberfeddu ar ôl hanner ei grogi, cyn dryllio'i gorff yn bedwar darn a wasgarwyd i bedwar ban y deyrnas. (Cafodd ei ben ei arddangos yn ymyl pen ei frawd, **Llywelyn ap Gruffudd**, ar y Tŵr-gwyn yn **Llundain**.) Nid annhebyg fu tynged **Rhys ap Maredudd**; dienyddiwyd y gwrthryfelwr yng Nghaerefrog yn 1292, a dienyddiwyd **Llywelyn Bren** yn 1317 yng **Nghaerdydd** am godi yn erbyn Edward II.

Yn sgil y **Goresgyniad Edwardaidd** a **Statud Rhuddlan** (1284) daeth cyfraith droseddol Lloegr, a'i chosbau llymach, i rym yn y **Dywysogaeth**. Yn y **Mers**, serch hynny, ni lwyr ddilewyd cyfundrefn galanas. Ond ni allai'r Cymry fanteisio ar y gyfundrefn honno fel mater o hawl, fel y dengys marwnad rymus **Dafydd ab Edmwnd** i Siôn Eos, y telynor o arglwyddiaeth y **Waun** a ddedfrydwyd i farwolaeth am ladd gŵr ar hap mewn ymladdfa, ac achos rhyfeddol Wiliam Grach o arglwyddiaeth **Gŵyr**. Roedd Wiliam yn herwr o fri, a honnid iddo ladd 13 o ddynion. Er i'w dylwyth fynnu talu galanas, fe'i crogwyd yn **Abertawe** yn 1290. Ond, ar ôl i'w 'gorff' gael ei dynnu o'r crocbren, araf ddadebru a dod ato'i hun fu ei hanes, a hynny, meddid, trwy ymyrraeth wyrthiol un o esgobion meirw Henffordd, Thomas de Cantilupe (m.1282). (Yn 1307, yn Llundain, tystiolaethodd Wiliam Grach ynghylch y 'wyrth' hon gerbron comisiwn o eiddo'r Babaeth a arweiniodd at ganoneiddio Thomas de Cantilupe; adroddir yr hanes yn llawn yng nghyfrol Robert Bartlett, *The Hanged Man* (2004).)

Rhwng 1534 ac 1543, adeg y **Deddfau 'Uno'**, honnai **Rowland Lee**, llywydd **Cyngor Cymru a'r Gororau**, iddo grogi tua 5,000 o bobl yng Nghymru er mwyn dileu anhrefn difrifol. Rhwng 1542 ac 1679 bu nifer o ddienyddiadau am heresi neu deyrnfradwriaeth (gw. **Merthyron Catholig** a **Merthyron Protestannaidd**). Yn sgil y Deddfau 'Uno' a sefydlu Llysoedd y Sesiwn Fawr (gw. Cyfraith), crëwyd unffurfiaeth gyfreithiol yng Nghymru, ac yn anterth 'Côd Gwaed' y 18g., rhoddid y gosb eithaf am gannoedd o droseddau, er bod y rhan fwyaf o'r carcharorion yn cael eu harbed a'u halltudio. Roedd nifer y dienyddiadau yng Nghymru yn isel o gymharu â Lloegr, a'r rhan fwyaf ohonynt am lofruddio. Yn y 19g. cyfyngodd y diwygio ar y gyfraith droseddol ar y defnydd o'r gosb eithaf, a gostyngodd yr achosion o ddienyddio i un neu ddau bob blwyddyn. Ond dengys **baledi'r** cyfnod fod gan y cyhoedd ddiddordeb ysol ynddynt. Dichon mai dienyddiad enwocaf y 19g. oedd crogi Dic Penderyn (**Richard Lewis**) yng Nghaerdydd yn 1831.

Cafwyd y dienyddio cyhoeddus olaf yng Nghymru y tu allan i garchar Abertawe yn Ebrill 1866 pan grogwyd Robert Coe am lofruddiaeth. Cafwyd 48 o ddienyddiadau pellach oddi mewn i furiau **carchardai** yng Nghymru rhwng 1868 ac 1958. Y fenyw olaf i'w chrogi yng Nghymru oedd Leslie James, a gafwyd yn euog o fygu baban menyw arall. Fe'i dienyddiwyd yng Nghaerdydd ar 24 Awst 1907. Y gŵr olaf i'w ddienyddio oedd Vivian Tweed. Fe'i crogwyd yn Abertawe am ladd is-bostfeistr oedrannus mewn achos o fwrgleriaeth ar 6 Mai 1958. Ataliwyd y gosb eithaf yng Nghymru a thrwy wledydd **Prydain** yn 1964, a chafodd ei dileu yn 1969.

### DILLWYN, Amy [Elizabeth] (1845–1935) Nofelydd

Roedd Amy Dillwyn, wyres **Lewis Weston Dillwyn**, o flaen ei hamser yn ei hawydd i weld **menywod** yn chwarae eu rhan mewn bywyd cyhoeddus ac ym myd diwydiant. Yn 1892, pan fu farw ei thad, daeth y wraig hon, a hoffai ysmygu sigâr, yn rheolwr gweithfeydd Dillwyn Spelter yn **Abertawe**, ei thref enedigol. Yn y dref honno y lleolir y gyntaf a'r orau o'i chwe nofel, *The Rebecca Rioter* (1880). Roedd hi hefyd yn uchel ei pharch fel beirniad llenyddol; bu ei hadolygiad o *Treasure Island* yn y *Spectator* yn hwb i enw da Robert Louis Stevenson. Ceir cymdeithas ffeministaidd sy'n ei choffáu.

### DILLWYN, Lewis Llewelyn (1814–92) Diwydiannwr a gwleidydd

Roedd Lewis Llewelyn Dillwyn yn fab i **Lewis Weston Dillwyn** ac yn flaenllaw ym mywyd diwydiannol a masnachol **Abertawe**, gan ei fod yn bennaeth ar gwmni Dillwyn a Richards yng ngweithfeydd sinc Glandŵr ac yn gadeirydd cwmni dur Landore-Siemens (gw. **Haearn a Dur**). Bu'n faer **Abertawe** yn 1848, ac yn aelod seneddol Rhyddfrydol Abertawe (1855–85), ac yna etholaeth Tref Abertawe (1885–92). Fel gwleidydd radical amlwg, bu'n frwd ei gefnogaeth i ffermwyr **Sir Aberteifi** a drowyd allan yn 1868. O 1883 ymlaen cyflwynodd fesurau bron yn flynyddol yn galw am **ddatgysylltiad Eglwys Loegr yng Nghymru**, a chadarnhaodd gefnogaeth y **Blaid Ryddfrydol** yng Nghymru i ymreolaeth yn **Iwerddon**.

### DILLWYN, Lewis Weston (1778–1855) Diwydiannwr a botanegydd

Perthynai L. W. Dillwyn i deulu dylanwadol o **Abertawe**, ac ef oedd perchennog crochendy'r Cambrian (gw. **Crochenwaith**). Botaneg oedd ei ddiléit pennaf. Ei gamp fwyaf oedd cyd-ysgrifennu, gyda D. Turner, *The Botanist's Guide through England and Wales* (1805), un o'r llyfrau cyntaf i ddisgrifio dosbarthiad **planhigion** trwy dde **Prydain**. Fe'i gwnaed yn Gymrawd o'r Gymdeithas Frenhinol yn 26 oed. Bu'n uchel siryf **Sir Forgannwg** (1818), yn aelod seneddol Chwigaidd y sir (1832–7) ac yn faer Abertawe (1839), ac ef oedd llywydd cyntaf Sefydliad Brenhinol De Cymru.

### DILLWYN-LLEWELYN, John (1810–82) Ffotograffydd

Roedd y ffotograffydd arloesol hwn yn fab i **Lewis Weston Dillwyn** a'i wraig Mary, merch John Llewelyn o Benlle'r-gaer ger **Abertawe**. Ac yntau wedi etifeddu diddordebau gwyddonol ei dad, astudiodd yn **Rhydychen** ac ymddiddorai'n frwd mewn botaneg. Trwy briodas ag Emma Mansel Talbot (gw. **Talbot, Teulu**) o **Fargam**, a oedd yn gyfnither i William Henry Fox Talbot (1800–77), 'dyfeisydd' **ffotograffiaeth**, daeth i gysylltiad â'r gelfyddyd gan ddod yn arbrofwr dygn yn y maes, ac yn un o ffotograffwyr tirlun mwyaf dylanwadol y 19g. Cydweithiodd â Charles Wheatstone (1802–75) ar ei arbrofion ar y **telegraff** trydan.

Roedd ei ferch, Thereza Mary (1834–1926), hefyd yn ffotograffwraig ddawnus. Bu'n gyfrifol am gasglu a chofnodi nifer o ffotograffau ei thad, ei ffotograffau ei hun, ac eiddo ei gŵr, Nevil Story-Maskelyne (1823–1911), yntau hefyd yn arloeswr yn y maes. Cymerai hefyd ddiddordeb mewn **astronomeg**. Roedd ei brawd, John Talbot Dillwyn-Llewelyn (1836–1927), aelod seneddol Ceidwadol dros Abertawe (1895–1900), yn aelod o'r Comisiwn Tir Brenhinol yng Nghymru (1896) (gw. **Pwnc y Tir**).

John Dillwyn-Llewelyn a'i deulu

## DINAS (Dinas Cross), Sir Benfro (1,443ha; 798 o drigolion)

Mae i'r **gymuned** hon, yn union i'r dwyrain o **Abergwaun**, arfordir clogwynog trawiadol. Mae Ynys Dinas yn gartref i **forloi** ac **adar** y môr. Er nad ynys go iawn mohoni, rhyngddi a'r tir mawr y mae dyffryn trawiadol a thraethau Pwllgwaelod a Chwmyreglwys y naill ben a'r llall iddo. Cafodd eglwys wreiddiol Dinas ei difrodi gan y **Llychlynwyr**. Dinistriwyd yr eglwys newydd – yng Nghwmyreglwys – gan storm fawr 1859, digwyddiad a fu'n ysbrydoliaeth i sawl bardd. Nid yw Eglwys Sant Brynach (1861) mor urddasol o syml â chapeli'r **Annibynwyr** (1830), y **Bedyddwyr** (1842) a'r **Methodistiaid Calfinaidd** (1842). Mae i'r ardal draddodiad morwrol cyfoethog. Yn y 1940au roedd dros 20 o gapteiniaid yn byw ym mhrif stryd pentref Dinas. Gerllaw'r parc carafanau yn Aber Grugog mae safle magnelfa fôr (1942).

## DINAS POWYS, Bro Morgannwg (1,232ha; 7,653 o drigolion)

Saif Dinas Powys rhwng y **Barri** a **Chaerdydd**, a chymudwyr yw'r rhan fwyaf o drigolion y **gymuned** erbyn hyn. Ar un adeg, pentref amaethyddol mawr o fewn plwyf Saint Andras ydoedd, ond daeth tro ar fyd pan adeiladwyd rheilffordd **Bro Morgannwg** a'r dociau yn y Barri a **Phenarth**. Bryd hynny y daeth, yng ngeiriau John Newman, yn hafan o filâu a gynigiai ddihangfa oddi wrth fywyd pob dydd a phrysurdeb y Barri. Mae rhai o'r tai hynny yn bur nodedig.

Roedd aneddiadau Brythonig-Rufeinig ym Miglis ac ar Gomin Dinas Powys. Ymhlith olion cynnar eraill y mae caer o'r Oes Haearn (gw. **Oesau Cynhanesyddol**) a bryngaer o'r Oesoedd Canol cynnar, lle canfuwyd tystiolaeth o fasnach yn ystod y 5g. a'r 6g. â thiroedd Môr y Canoldir. Efallai mai yma yr oedd prif ganolfan brenhinoedd **Glywysing**, damcaniaeth a ategir gan ystyr lythrennol bosibl enw Dinas Powys – caer (*dinas*) pobl y dalaith (*powys*, o'r ffurf Ladin dybiedig *Pagenses* 'gwŷr y pagus', Cymraeg *pau*). (Mewn gwirionedd, mae bryngaer Dinas Powys o fewn ffiniau cymuned **Llanfihangel-y-pwll**; gw. hefyd **Bryngaerau**.)

Yn y 12g. daeth yr ardal yn eiddo i deulu de Sumeris; mae eu castell cerrig, a fu unwaith yn adeilad o bwys gyda thŵr a chysylltfur, bellach yn dadfeilio yng nghanol drain a mieri. Roedd arglwyddiaeth ganoloesol Dinas Powys yn helaeth ac yn cynnwys is-facnordai niferus. Roedd dros gilometr rhwng Saint Andras, eglwys y plwyf, a'r castell. Bu gwaith adfer mawr ar yr eglwys yn y 1870au, ond erys rhai nodweddion cain sy'n dyddio o ddiwedd yr Oesoedd Canol, a phaladr croes, yn ogystal â bedyddfaen Normanaidd ar ffurf twba.

Wedi'r **Deddfau 'Uno'** bu Dinas Powys yn enw ar **hwndrwd** a orweddai rhwng afonydd **Ddawan** ac **Elái**. Yn wahanol i weddill cynghorau cymuned Bro Morgannwg, **Plaid [Genedlaethol] Cymru** yw plaid gryfaf Cyngor Dinas Powys.

## DINASYDDIAETH SEISNIG

Dilynwyd dechrau **Gwrthryfel Glyndŵr** gan ddau gasgliad o statudau yn 1401 ac 1402, a osododd nifer fawr o gyfyngiadau ar Gymry ac ar **Saeson** a oedd yn briod â gwragedd Cymreig (gw. **Côd Penyd**). Fel rheol anwybyddid y ddeddfwriaeth ar ôl y gwrthryfel, ond gellid ei defnyddio yn erbyn arweinwyr y gymuned frodorol Gymreig gan eu gelynion gwleidyddol. Ymateb i hyn oedd dinasyddiaeth Seisnig: golygai roddi statws cyfreithiol Seisnig i Gymry a thrwy hynny eu rhyddhau o effeithiau'r Côd Penyd, ambell dro i'w gwobrwyo a thro arall mewn ymateb i ddeiseb. Cafwyd y rhodd gyntaf o'r math hwn yn 1413.

## DINBYCH Arglwyddiaeth

Sefydlwyd Dinbych yn un o arglwyddiaethau'r **Mers** yn 1284, a chynhwysai gantref **Rhufoniog**, y rhan fwyaf o gantref **Rhos**, a chwmwd **Dinmael**. Fe'i rhoddwyd yn wreiddiol i Henry de Lacy, iarll Lincoln (gw. **Lacy, Teulu**); ymhen amser daeth i feddiant teulu **Mortimer** ac yna i feddiant y Goron. Yn 1536 daeth yn graidd y **Sir Ddinbych** newydd. Golygwyd yr arolwg o arglwyddiaeth Dinbych (1334), o bosibl y ffynhonnell bwysicaf ar gyfer hanes cymdeithasol Cymru yn yr Oesoedd Canol diweddar, gan yr hanesydd Rwsiaidd Paul Vinogradoff (1914).

**DINBYCH**, Sir Ddinbych (3,136ha; 8,783 o drigolion)

Dinbych oedd canolfan cantref **Rhufoniog**, ac ymddengys mai **Dafydd ap Gruffudd**, arglwydd Rhufoniog (1277–83), oedd y cyntaf i godi amddiffynfeydd ar y gefnen yno. Ar ôl i arglwyddiaeth **Dinbych** ddod i feddiant Henry de Lacy (gw. **Lacy, Teulu**) yn 1284, codwyd yn eu lle gastell helaeth a thref gaerog. Mae'r castell yn tystio i ddyfeisgarwch **James o St George**, gan mai Porthdy Mawr Dinbych yw'r nodwedd fwyaf celfydd, o bosibl, o blith nodweddion yr holl gestyll a godwyd yng Nghymru ddiwedd y 13g. Erbyn diwedd y 15g. roedd y trigolion wedi cefnu ar y dref gaerog ar y llethr serth, a datblygodd anheddiad newydd ar waelod y bryn, lle'r oedd brodordy Carmelaidd wedi'i sefydlu *c.*1290 (gw. **Brodyr Cardod**).

Yn 1536 daeth Dinbych yn dref sirol y **Sir Ddinbych** newydd, ac yn sgil y ffaith mai yma yr oedd cartref siawnsri a thrysorlys y gogledd-ddwyrain, daeth yn brif dref un o bedair cornel Cymru. Yn 1578 dechreuodd Robert Dudley, iarll Leicester, a fu'n dal arglwyddiaeth Dinbych o 1563 hyd 1588, adeiladu eglwys fawr ger y castell, gyda'r nod, efallai, o ddisodli eglwys gadeiriol **Llanelwy**. Roedd yr adeilad, a gynlluniwyd yn benodol ar gyfer **pregethu**, yn enghraifft unigryw yng Nghymru o eglwys fawr o ddiwedd y 16g., a gellir edrych arni fel rhagflaenydd y capel Anghydffurfiol Cymreig. Rhoddwyd y gorau i'r gwaith adeiladu yn 1584. Daliwyd y castell ar ran y Goron yn ystod y Rhyfel Cartref (gw. **Rhyfeloedd Cartref**), a dymchwelwyd y rhan fwyaf ohono yn 1660.

O'r 16g. hyd y 19g. roedd Dinbych yn un o ganolfannau deallusol bywiocaf Cymru. Roedd yn gartref i'r mapiwr **Humphrey Lhuyd**, yr ariannwr Richard Clough (m.1570) a theuluoedd dawnus **Salusbury** a **Myddelton**. Cychwynnodd Twm o'r Nant (**Thomas Edwards**; 1739–1819) ar ei yrfa fel awdur anterliwtiau (gw. **Anterliwt**) yn Ninbych. **Thomas Jones** (1756–1820), bugail Capel Mawr y dref, oedd y lleygwr cyntaf o blith y Methodistiaid i roi cymundeb i'w braidd – gweithred a ysgogodd sefydlu enwad y **Methodistiaid Calfinaidd** yn 1811. Gwnaeth **Thomas Gee** dref Dinbych yn un o brif ganolfannau cyhoeddi Cymru, gan lansio yno'r cylchgrawn chwarterol dylanwadol, *Y Traethodydd* (1845; gw. **Cylchgronau**), *Y Gwyddoniadur Cymreig* (1854) a *Baner Cymru* (1857; yn ddiweddarach *Baner ac Amserau Cymru*; gw. **Papurau Newydd**). Roedd ymosodiadau Gee ar dirfeddianwyr ac ar yr Eglwys Sefydledig yn allweddol i swyddogaeth ganolog Dinbych yn Rhyfel y **Degwm** yn ystod y 1880au. I lawer yng ngogledd Cymru, fodd bynnag, roedd arwyddocâd gwahanol i'r enw Dinbych. Er bod Ysbyty Gogledd Cymru ar gyfer anhwylderau meddwl, ysbyty a agorwyd yn 1848, wedi rhoi gwasanaeth clodwiw, daeth yr enw Dinbych (Dimbech neu Dimbach ar lafar) i ysgogi ofn a dychryn ym meddyliau pobl. Fe'i caewyd yn 1995 a hyd yma ni chafwyd defnydd newydd i'r adeiladau.

Ymysg nodweddion diddorol y dref y mae adfeilion y brodordy, Capel Mawr (Methodistiaid Calfinaidd; 1829, 1880), capel yr **Annibynwyr**, dwy eglwys Anglicanaidd (1840, 1874), Ysgol Howells (1860) a neuadd y dref (1916). Bu neuadd y dref gynharach, a godwyd gan Robert Dudley (1572), yn ganolfan **llywodraeth** sirol Sir Ddinbych am ganrifoedd. Yn dilyn sefydlu Cyngor Sir Ddinbych yn 1889, fodd bynnag, trosglwyddwyd y llywodraeth sirol i **Ruthun**.

Mae llawer mwy o leoedd diddorol ar gyrion Dinbych na threfi marchnad eraill Cymru. Un o'r rhai pennaf yw mameglwys Dinbych, y Santes Marcella (Llanfarchell). Eglwys ddeugorff ydyw o'r 14g. a'r 15g., ac ynddi ceir cofeb ysblennydd i Humphrey Lhuyd a chofeb bres gywrain i deulu Myddelton. Yn y fynwent y mae beddau dau a grybwyllwyd uchod, Twm o'r Nant a Thomas Jones. Dymchwelwyd Lleweni, cartref teulu Salusbury, yn 1818. Gerllaw mae adfeilion gwaith cannu enfawr a sefydlwyd *c.*1785. Ym Mhlas Clwch (1567), cartref Richard Clough, y gwelwyd talcenni grisiog yn null yr Iseldiroedd am y tro cyntaf yng Nghymru. Galch Hill (16g.) oedd man geni Hugh a Thomas Myddelton, dau a fu'n amlwg yn hanes **Llundain**. Mae Gwaenynog yn dŷ arall a fu'n eiddo i deulu Myddleton; bu ewythr a modryb Beatrix Potter hefyd yn byw yno, a bu'r ardd yn ysbrydoliaeth i'r darluniau yn ei chyfrolau. Gerllaw mae cofeb sy'n coffáu ymweliad Dr Johnson.

**DINBYCH-Y-PYSGOD (Tenby)**, Sir Benfro (437ha; 4,934 o drigolion)

Dinbych-y-pysgod, tref ar arfordir de-ddwyrain **Sir Benfro**, yw testun y gerdd Gymraeg gynharaf y gwyddys amdani sy'n clodfori lle, sef 'Edmyg Dinbych' o'r 9g. Mae'r **awdl** i'w chael yn ***Llyfr Taliesin***, a cheir ynddi foliant i'r gaer yn Ninbych, ynghyd â'i harglwydd, Bleiddudd, a oedd newydd farw; y mae hefyd yn crybwyll hen lawysgrifau – 'ysgrifen Brydain' – a gedwid yng nghell y gaer. Yn ôl pob tebyg, safai'r gaer ar y pentir creigiog lle codwyd mwnt yn ystod y 12g., un o amddiffynfeydd arglwyddiaeth **Penfro**. Ailgodwyd y castell yn y 13g. a hynny, efallai, wedi i'r dref gael ei hysbeilio gan luoedd **Llywelyn ap Gruffudd** yn 1260. O'r holl ddarnau sylweddol o furiau'r dref sydd wedi goroesi, y rhan fwyaf trawiadol yw'r barbican o'r 14g. sy'n gwarchod porth y de. Disgrifiwyd pum bwa'r porth gan **Augustus John** – brodor enwocaf Dinbych-y-pysgod – fel tamaid o **gaws** wedi'i gnoi gan lygod mawr.

Mae gan Eglwys y Santes Fair arcêd gain (14g.) yng nghorff yr eglwys ynghyd â thŵr a chrymdo (15g.). Yn yr adeilad mae delw o'r masnachwr, Thomas White (m.1482), a gynorthwyodd Harri a Siasbar Tudur (gw. **Tuduriaid**) i ffoi i Ffrainc yn 1471. Honnir iddo guddio'r ddau mewn hen dwnnel sydd bellach dan siop Boots. Mae'r eglwys hefyd yn cynnwys cofeb i'r gwyddonydd **Robert Recorde**, a aned yn y dref ac a ddyfeisiodd yr arwydd hafal (=).

Rhwng y 14g. a'r 18g. bu Dinbych-y-pysgod yn borthladd llewyrchus. Mae'r Hen Dŷ, sy'n dyddio o'r 15g., wedi'i adfer i'w hen ogoniant. Tua diwedd y 18g. daeth y dref yn fwyfwy adnabyddus fel tref wyliau; yn ôl disgrifiad **Richard Fenton** ohoni yn 1800 nid oedd unman yng Nghymru a allai gystadlu â Dinbych-y-pysgod. Yma y daeth **William Paxton** yn 1805, gyda'i fryd ar droi'r lle'n sba dŵr môr ffyniannus, tasg a hwyluswyd yn fawr gan safle'r dref uwchlaw traethau gwych y de a'r gogledd a'r golygfeydd draw i gyfeiriad Ynys Bŷr (gw. **Ynysoedd**). Paxton a gomisiynodd y gwaith o adeiladu baddonau cyhoeddus ynghyd â phromenadau a therasau deniadol. Cafodd gallu Dinbych-y-pysgod i ddenu ymwelwyr hwb sylweddol gyda dyfodiad y rheilffordd yn

Dinbych-y-pysgod: Moses Griffith, 1812

1866. Yn y dref agorwyd ystafelloedd ymgynnull, pier (1899; fe'i dymchwelwyd yn 1953) ac amgueddfa archaeolegol a daearegol; sefydlwyd regata flynyddol a chodwyd cofeb genedlaethol i'r Tywysog Albert (1865). Ar Graig y Santes Catherine ceir caer a godwyd yn 1868, sef enghraifft ddiweddar o un o **Ffoleddau Palmerston**. Rhwng y **Deddfau 'Uno'** ac 1918 roedd Dinbych-y-pysgod yn rhan o etholaeth bwrdeistref **Penfro**.

Nid yw newidiadau mewn arferion gwyliau wedi taro'r dref mor galed â chyrchfannau eraill yng Nghymru. Mae ei swyn wedi ennyn teyrngarwch ymhlith ymwelwyr, er nad yw'r swyn hwnnw mor amlwg ar yr adegau hynny pan feddiannir y lle gan y partïon cyn-priodi a gynhelir yno, yn ôl y sôn, yn amlach nag yn unman arall ym **Mhrydain**.

## DINDAETHWY Cwmwd

Roedd y **cwmwd** hwn yn ne-ddwyrain **Môn**, ynghyd â chwmwd **Menai**, yn rhan o gantref **Rhosyr**. Prif ganolfan y cwmwd oedd Llan-faes (gw. **Biwmares**), lle tyfodd tref lewyrchus dan dywysogion **Gwynedd** yn y 13g. Goroesodd yr enw fel enw **hwndrwd** ar ôl y **Deddfau 'Uno'**.

## DINEFWR Prif lys Deheubarth a chyn-ddosbarth

Yn draddodiadol ystyrid Dinefwr (**Llandeilo**) yn brif lys tywysogion **Deheubarth** (cymharer **Aberffraw** a **Mathrafal**). Yn ystod y 13g. roedd Dinefwr yn aml yn destun ymgiprys rhwng aelodau'r llinach frenhinol oherwydd ei bwysigrwydd symbolaidd.

Yn dilyn diddymu **Sir Gaerfyrddin** yn 1974 rhoddwyd Dinefwr yn enw ar ddosbarth yn sir newydd **Dyfed**. Roedd yn cynnwys yr hyn a oedd gynt yn fwrdeistref **Llanymddyfri**, dosbarthau trefol **Rhydaman**, **Cwmaman** a Llandeilo, a dosbarth gwledig Llandeilo. Yn 1996 daeth yn rhan o'r Sir Gaerfyrddin newydd. Mae'r enw'n parhau yn nheitl yr etholaeth seneddol Dwyrain Caerfyrddin a Dinefwr.

## DINIEITHON, Swydd Cwmwd

**Cwmwd** yng nghantref **Maelienydd**; daw'r enw o'r gaer (*din*) uwchlaw afon Ieithon, sy'n llifo i afon **Gwy**. Y gaer oedd Cefnllys (**Pen-y-bont**), cadarnle tybiedig **Elystan Glodrydd**.

## DINLLAEN Cwmwd

Roedd Dinllaen, un o dri **chwmwd** cantref **Llŷn**, yn ymestyn o fynyddoedd yr **Eifl** i Garn Fadryn. Cyfeiria'r elfen *din* ('caer') at y gaer sydd ar y penrhyn ym Mhorth Dinllaen. Roedd maerdref (canolfan weinyddol) y cwmwd yn **Nefyn**.

## DINMAEL Cwmwd

Un o bedwar **cwmwd** cantref **Penllyn** oedd Dinmael a'r un oedd ei ffiniau yn fras â **chymuned** bresennol **Llangwm (Conwy)**. Yn 1284, pan ddaeth gweddill Penllyn yn rhan o'r **Sir Feirionnydd** newydd, daeth Dinmael yn rhan o **Ddinbych**, un o arglwyddiaethau'r **Mers**, a ddaeth yn ei thro, yn 1536, yn gnewyllyn y sir newydd, **Sir Ddinbych**. Mae'r enw wedi goroesi yn enw pentref Dinmael.

## DIRWASGIAD, Y

Dirwasgiad y cyfnod rhwng y ddau ryfel byd oedd digwyddiad canolog hanes Cymru'r 20g. Bu'n gyfrifol am atal a gwrth-droi'r twf economaidd a fuasai'n mynd rhagddo'n garlamus ers canrif a hanner. Ei ganlyniad amlycaf oedd twf diweithdra, a oedd yn 4% ymhlith dynion yswiriedig Cymru yn 1923, ac yn 42.8% yn Awst 1932. Esgorodd diweithdra ar **ymfudo**. Roedd gan Gymru 2,736,000 o drigolion yn 1925 a 2,487,000 yn 1939. Gan i'r **boblogaeth** brofi twf naturiol yn ystod y blynyddoedd hynny, cyfanswm y golled trwy ymfudo oedd 390,000.

Bu i bob un o genhedloedd datblygedig y gorllewin ddioddef dirwasgiad yn y blynyddoedd rhwng y rhyfeloedd, ond bu profiad Cymru yn eithriadol yn ei hyd a'i ddwyster. Mae hynny i'w briodoli, yn anad dim, i ddibyniaeth **economi** Cymru ar y diwydiant **glo**, a gyflogai 291,000 o Gymry yn

Cegin gawl ar gyfer plant yn Hirwaun adeg y Streic Gyffredinol, 1926

1920, a 138,000 yn 1939. Bu'r lleihad mewn cyflogaeth ym maes glo'r de yn fwy nag a fu ym meysydd glo eraill **Prydain**, oherwydd bod y maes hwnnw wedi'i ddatblygu i raddau unigryw er mwyn cyflenwi marchnadoedd tramor. Cafwyd llwyddiant yn y marchnadoedd hynny yn 1918–21 ac eto yn 1923, ond yna daeth argyfwng yn 1924–5, gyda diweithdra ymhlith glowyr y de yn codi o 1.8% yn Ebrill 1924 i 28.4% yn Awst 1925. Roedd yr argyfwng ar ei waethaf ym mroydd y glo ager, yr union ardaloedd a ddatblygasai gyflymaf yn y 40 mlynedd blaenorol; yn 1927, pan oedd diweithdra ymhlith gweithwyr glo ager Ferndale (y **Rhondda**) yn 40%, roedd yn 10% ymhlith glowyr glo carreg **Rhydaman**. Gwaethygodd y sefyllfa o ganlyniad i'r **Streic Gyffredinol** ac, uwchlaw dim, yn sgil cwymp Wall Street yn 1929, cwymp a ychwanegodd ddiweithdra cylchol at y diweithdra strwythurol yr oedd cymuned y maes glo eisoes yn ei ddioddef.

Arweiniodd y crebachiad enfawr yn y diwydiant glo at ddiweithdra ymhlith gwŷr y **rheilffyrdd** a'r dociau, ac ymhlith y gweithwyr a ddarparai wasanaethau ar gyfer y gymuned lofaol – siopwyr, ffermwyr, adeiladwyr a'r rhai hynny a gyflogid yn y diwydiant **tecstilau** a'r diwydiant gwyliau. Yn dilyn cwymp 1929 dioddefodd pob rhan o'r economi, gyda gostyngiad dramatig yn nifer y rhai a gyflogid mewn sectorau pwysig fel y diwydiannau dur (gw. **Haearn a Dur**) a **llechi**. Yn sgil cau gwaith dur **Brymbo** ger **Wrecsam** yn 1930, cododd diweithdra yno i 90%. Erbyn dechrau'r 1930au **Bryn-mawr**, lle'r oedd bron pob gwaith wedi cau, oedd y mwyaf adfydus o holl gymunedau diwydiannol Cymru. Ym mroydd breintiedig Prydain, roedd y gwaethaf drosodd erbyn 1934, ond o'r braidd bod unrhyw fannau o'r fath yng Nghymru. Prin y bu i'r **llywodraeth** gynnig unrhyw ateb heblaw ymfudiad, er i Ddeddf Gwelliant Ardaloedd Arbennig (1937) ddynodi dechrau polisi o gynllunio economaidd rhanbarthol. Daeth peth gwelliant hefyd gyda sefydlu'r gwaith dur newydd yng **Nglynebwy** yn 1936, a chyda'r gyflogaeth a ddeilliodd o raglen ailarfogi'r llywodraeth.

Er gwaetha'r dylifiad o Gymru, aros gartref a wnaeth trwch y di-waith, oherwydd cyfyngid ar ymfudo gan ffactorau megis **tai**, **addysg** y plant a'r gallu i gael credyd lleol. Tasg enfawr oedd cynnal y di-waith. Dibynnu ar daliadau'r dôl a wnâi'r rheini a oedd wedi disbyddu'u budd-dal diweithdra, taliadau a oedd yn amodol ar **brawf moddion**. Hyd at ddiddymu **Deddf y Tlodion** yn 1929, cyfrifoldeb y gwarcheidwaid oedd y dôl; yn 1927 ataliwyd gwarcheidwaid **Bedwellte** oherwydd eu hafradlonedd honedig. O 1929 ymlaen talwyd y dôl gan y **siroedd** a'r **bwrdeistrefi sirol**. Cost hyn oll, baich aruthrol mewn mannau fel **Merthyr Tudful**, oedd wrth wraidd cwymp y llywodraeth Lafur yn 1931. Sefydlwyd y Bwrdd Nawdd i'r Di-waith yn 1934, gyda'r bwriad o sicrhau rheolaeth fwy caeth ar y taliadau ac, fel ymateb, cynhaliwyd y protestiadau mwyaf a welodd Cymru erioed. A'r taliadau mor fychan – tua 30 swllt (£1.50) yr wythnos i deulu o bedwar – daeth diffyg maeth yn gyffredin, yn arbennig ymhlith **menywod**. Esgorodd segurdod ar anobaith a bu diweithdra torfol yn gyfrifol am danseilio hyder cymunedau diwydiannol Cymru. A'r genhedlaeth nesaf yn debygol o ymgartrefu mewn mannau megis Slough a Dagenham, gwanychodd yr awydd i lynu at yr iaith **Gymraeg**.

Credid yn gyffredinol fod y Dirwasgiad yn arwydd o argyfwng cyfalafiaeth. Enillodd **Marcsiaeth** gryn gefnogaeth, gyda Chomiwnyddiaeth yn ymwreiddio ym '**Moscow**

Fach' y Maerdy (y Rhondda) a mannau eraill (gw. **Plaid Gomiwnyddol**). Yn ogystal, mabwysiadodd aelodau blaenllaw o'r **Blaid Lafur** – **Aneurin Bevan** yn bennaf oll – ddehongliad hanfodol Farcsaidd o'r Dirwasgiad. Prif nod gwleidyddiaeth Cymru yn y blynyddoedd wedi'r **Ail Ryfel Byd** oedd y penderfyniad i sicrhau na fyddai diweithdra torfol yn dychwelyd. Yn ddiweddarach yn yr 20g. cafwyd economegwyr a ddadleuai fod y blynyddoedd rhwng y rhyfeloedd yn gyfnod o welliant ar lawer golwg, ac nad oedd y Dirwasgiad ond megis un cam bach yn ôl mewn canrif o gynnydd economaidd digyffelyb, dehongliad sydd ymhell iawn oddi wrth farn y rhai hynny a brofodd yn bersonol 'flynyddoedd y locust' yng Nghymru.

## DIRWEST

Mae yfed alcohol wedi bod yn nodwedd ar fywyd Cymru erioed. Ar ddechrau'r 19g. cyrhaeddodd lefelau aruthrol yn yr ardaloedd diwydiannol newydd, lle ceid cyfartaledd uchel o ddynion ifainc dibriod nad oedd ganddynt fawr o fannau cyfarfod ar wahân i dafarnau. Roedd amryw yn pryderu am oryfed – y cyflogwyr oherwydd fod hynny'n tanseilio'u hymdrechion i greu gweithlu disgybledig; gwragedd dosbarth gweithiol (gw. **Dosbarth**) a oedd yn eiddigeddus o'r dafarn – 'y weriniaeth wrywaidd' – ac yn chwerw pan oedd arian prin y cartref yn cael ei wario ar ddiod; y garfan fwy syber o'r dosbarth gweithiol a deimlai chwithdod pan fyddai eu cydweithwyr yn feddw; a'r parchusion o bob dosbarth a ffieiddiai at feddwdod cyhoeddus.

Dechreuwyd sefydlu cymdeithasau dirwest yn y 1820au yng **Ngogledd America**. Sefydlwyd y cymdeithasau tebyg cyntaf ymysg y Cymry alltud mewn dinasoedd diwydiannol yn **Lloegr**, ond erbyn 1835 roedd 25 o gymdeithasau dirwest yng Nghymru ei hun. Roedd pwyslais y cymdeithasau cynharaf ar gymedroldeb. O ganlyniad, roedd aelodau Cymdeithas Ddirwest **Glynebwy** yn cael caniatâd i yfed dau beint o **gwrw** y dydd, ond roedd ei harweinwyr yn pryderu o ganfod bod rhai aelodau yn llwyrymwrthod yn ystod yr wythnos er mwyn cael yfed 14 peint ar y Sadwrn. Oherwydd y fath ystrywiau, gwelwyd ymgyrchu dros lwyrymwrthod a sefydlwyd cymdeithas lwyrymwrthodol gyntaf Cymru yn Llanfechell (**Mechell** ym **Môn**) yn 1835. Daeth diwylliant dirwestol bywiog i fod, gyda **chylchgronau**, cyfarfodydd, caneuon, urddau, seremonïau, gwestai ac ardystiadau, ac erbyn 1850 roedd llwyrymwrthod wedi dod yn rhan annatod o drefn foesol **Anghydffurfiaeth**. Ar y dechrau, roedd pleidwyr dirwest yn ceisio creu cymdeithas sobor trwy esiampl a pherswâd, ond daeth galw buan am ddeddfu i gyfyngu ar y fasnach diodydd meddwol neu i'w gwahardd yn llwyr. Felly gweddnewidiwyd y mudiad dirwest o fod yn grwsâd moesol i fod yn ymgyrch wleidyddol a ddaeth yn elfen arall yn rhaglen ddeddfu'r Anghydffurfwyr.

Yng Nghymru, llwyddiant mwyaf y mudiad oedd yr ymgyrch i **gau'r tafarnau ar y Sul**, a ddaeth yn ddeddf gwlad yn 1881. Gobeithiai'r ymgyrchwyr dros y ddeddf y byddai hyn yn gam cyntaf tuag at waharddiad, mater a sugnodd lawer o egni rhai gwleidyddion Cymreig hyd o leiaf y 1920au. O hynny ymlaen, fodd bynnag, dirywio a wnaeth y diddordeb mewn dirwest, o ganlyniad i seciwlareiddio, poblogrwydd cynyddol ffurfiau eraill o gymdeithasu a thwf mewn dadansoddiadau mwy soffistigedig o achosion tlodi'r dosbarth gweithiol. Fodd bynnag, gyda'r cynnydd

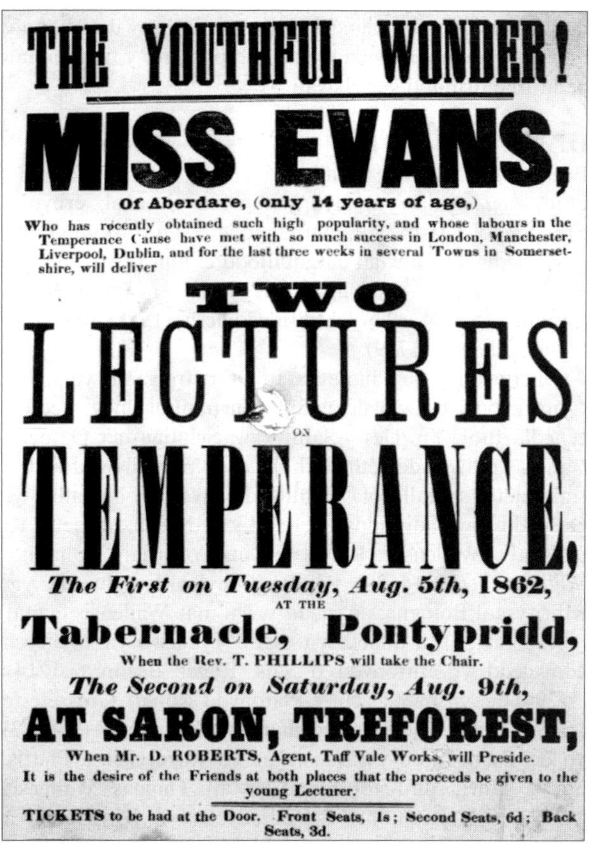


Dirwest: darlithiau Miss Evans, Aberdâr, 1862

ym mhoblogrwydd y 'sesiwn yfed', gallai dirwest yn hawdd ddod yn ôl ar yr agenda wleidyddol.

## DISERTH, Sir Ddinbych (764ha; 2,566 o drigolion)

Mae'r **gymuned** hon, sydd yn union i'r de o **Brestatyn**, yn cynnwys rhaeadr hardd. Bu cloddio am **galchfaen** ar Foel Hiraddug yn gyfrifol am ddinistrio llawer o'r fryngaer fawr sy'n sefyll ar y gefnen. Yn ystod gwaith cloddio yno yn 1872 darganfuwyd rhannau o darian yn arddull La Tène a ddefnyddiwyd efallai gan un o drigolion y gaer. Dinistriwyd Castell Diserth (1250) gan **Llywelyn ap Gruffudd** yn 1263. Yn Eglwys y Santes Ffraid ceir ffenestr Jesse ddiddorol a luniwyd yn 1533 (gw. **Gwydr Lliw**) ac yn y fynwent mae croes ar lun pen olwyn o'r Oesoedd Canol cynnar. Câi esgob **Llanelwy** ffioedd o waith **plwm** Talargoch. Adeiladwyd Neuadd Bodrhyddan yn wreiddiol gan Richard Conway yn y 15g. ac mae un o'i ddisgynyddion, y Barwn Langford, yn dal i fyw yno. Ail-luniwyd y tŷ yn y 1870au gan W. E. Nesfield, a chynlluniwyd colofnau'r gatiau (1963) gan **Clough Williams-Ellis**.

## DISERTH A THRE-COED, Sir Faesyfed, Powys (3,122ha; 1,036 o drigolion)

Mewn pant glas heddychlon, tua 4km i'r de-orllewin o **Landrindod**, saif Eglwys Sant Cewydd, Diserth, na fu fawr ddim adnewyddu arni. Dywed Richard Haslam fod yr adeilad yn hudo rhywun yn syth i ganol bywyd y plwyf *c.*1700; mae hyd yn oed y seddau caeedig – y pethau cyntaf i'w gwaredu fel arfer – wedi goroesi. Ar un adeg gallai pentref Hawau (Howey) gynnig ystod eang o wasanaethau, gan ddiwallu anghenion Llandrindod cyn oes aur y dref honno; mor ddiweddar â'r 1870au, cyfeiriad post tref y ffynhonnau oedd Llandrindod ger Hawau.

## DIWINYDDIAETH

Er bod gwreiddiau'r ymadrodd Groeg *theologia* (*theos*= Duw, *logia*=gair) ym myd y duwiau clasurol, erbyn y canrifoedd Cristnogol cynnar daeth yn uniongyrchol gysylltiedig â'r Duw a'i datguddiodd ei hun i Israel ac yna yn Iesu Grist. Ymddengys yn gyntaf yn **Gymraeg** fel 'difiniti' (1567), wedyn fel 'difinyddiaeth' (1651) ac yna fel 'diwinyddiaeth' (1799).

Oherwydd y lle canolog a fu i Gristnogaeth yn hanes Cymru, bu i ddiwinyddiaeth le ffurfiannol yn y meddwl cenedlaethol. Yn 'Oes y Saint' (gw. **Seintiau**) a'r Oesoedd Canol, y ddiwinyddiaeth Gatholig oedd pwnc llywodraethol trafodaethau deallusol. Ymhlith diwinyddion blaenllaw yr Oesoedd Canol diweddar yr oedd y pedwar a adwaenir fel y 'Brodyr Wallensis'. Roedd y cyntaf o'r rhain, Johannes Wallensis (*fl.*1214–20) yn dysgu **cyfraith** eglwysig ym Mhrifysgol Bologna, ac roedd y Thomas Wallensis cyntaf (*fl.*1230au–55), a ddaeth yn esgob **Tyddewi**, yn wrthrych edmygedd yr athronydd o Sais, Roger Bacon (*c.*1214–*c.*1294) ac, yn bwysicach, y Platonydd Robert Grosseteste (?1175–1253). Daeth yr ail **Johannes Wallensis** (*fl.* 1260–83) yn bennaeth Urdd y Ffransisiaid yn **Rhydychen** a Pharis. Yn y ganrif ddilynol roedd yr ail **Thomas Wallensis** (*fl.*1300–50), yntau hefyd wedi dysgu yn Rhydychen a Bologna, yn ddiwinydd o gryn ddylanwad.

Diwinyddion yn bennaf oedd y rhan fwyaf o ysgolheigion Cymreig y **Dadeni**. Yn ystod y canrifoedd a ddilynodd y **Diwygiad Protestannaidd** ymledaenodd **Calfiniaeth**, a bu i awduron Piwritanaidd megis **Morgan Llwyd** ran bwysig yn y datblygiad hwnnw. Erbyn dechrau'r 20g. daeth rhyddfrydiaeth Brotestannaidd yn boblogaidd oddi mewn i **Anghydffurfiaeth** Gymreig er i rai adweithio yn ei herbyn, dan ddylanwad Karl Barth yn bennaf.

Oes aur diwinyddiaeth yng Nghymru oedd y cyfnod rhwng *c.*1760 a *c.*1930. Oherwydd grym Anghydffurfiaeth a phoblogrwydd yr **Ysgol Sul**, daeth **gwerin** gyfan yn olau yn eu **Beibl** ac yn yr athrawiaethau Cristnogol a darddodd ohono. Ac arweinwyr fel **Thomas Charles**, **Thomas Jones** (1756–1820), **Lewis Edwards**, **D. Miall Edwards** a **J. E. Daniel** yn lladmeryddion cyhoeddus yr wyddor, ei chynheiliaid ar lawr gwlad oedd y miloedd Cristnogion cyffredin yn y capeli a'r eglwysi a oedd wedi'u trwytho yn ei holl ganghennau. Iddynt hwy, yn ogystal ag i'r arweinwyr enwog, yr oedd y diolch am yr egni deallusol a roddodd diwinyddiaeth i'r genedl. Fodd bynnag, erbyn dechrau'r 21g. prin oedd y dystiolaeth am yr egni hwnnw.

## DIWRNOD CYMREIG, Dadl y

Cynhaliwyd y ddadl gyntaf erioed yn Nhŷ'r Cyffredin yn ymwneud yn gyfan gwbl â materion Cymreig ar 17 Hydref 1944; yr oedd yn ymwneud bron yn llwyr â phroblemau 'ail-lunio' a wynebai Gymru ar ôl y rhyfel ym meysydd cyflogaeth, diwydiant a thrafnidiaeth. Yn Hydref 1946 cytunodd y **llywodraeth** Lafur y dylai'r ddadl, a ystyrid gan gefnogwyr **datganoli** yn llwgrwobr gwbl annheilwng i leddfu teimladau cenedlaethol y Cymry, fod yn ddigwyddiad blynyddol. Er nad oedd y dadleuon – sy'n dal i gael eu cynnal yn y cyfnod ar ôl datganoli – yn denu llawer o fynychwyr, ac er bod safon y dadlau yn aml yn siomedig, roeddynt o leiaf yn cynnig llwyfan blynyddol i drafod pynciau a phroblemau Cymreig.

## DIWYGIAD METHODISTAIDD, Y

Diwygiad efengylaidd a ddigwyddodd yn y 18g. ac a gyffyrddodd ag amryw wledydd. Amhosibl yw dweud ym mha le y cychwynnodd. Cafwyd diwygiad ymhlith y **Morafiaid** yn yr Almaen yn 1727, ac un arall dan weinidogaeth Jonathan Edwards (1703–58) ym Massachusetts yn 1734. Ym **Mhrydain**, tröedigaeth **Howel Harris**, ar Sul y Blodau 1735, oedd yr arwydd cyntaf o'r hyn a oedd i ddod, ond cafodd George Whitefield (1714–70) a **Daniel Rowland** dröedigaethau tua'r un pryd, gyda **Howel Davies** a **William Williams**, Pantycelyn (1717–91), yn cael eu profiadau ysbrydol hwy ychydig yn ddiweddarach. Nid hyd fis Mai 1738 y cafodd John Wesley (1703–91) a Charles Wesley (1707–88) eu tröedigaethau, er bod rhai yn dadlau iddynt ddod dan argyhoeddiad flynyddoedd cyn hynny. Roeddynt mor grefyddol a disgybledig pan oeddynt yn **Rhydychen** fel iddynt gael eu disgrifio fel 'Methodistiaid' mor gynnar â 1732. Cyn hir, roedd yr enw'n cael ei ddefnyddio i ddisgrifio pawb a gydymdeimlai â'u daliadau hwy.

Prif nodweddion y Diwygiad oedd **pregethu** grymus, tröedigaethau, casglu'r dychweledigion ynghyd mewn seiadau (gw. **Seiat**), a strwythuro'r mudiad oherwydd pryder y byddai'r Methodistiaid yn cael eu troi allan o Eglwys Loegr (gw. **Anglicaniaid**). Gwrthwynebai'r arweinwyr unrhyw awgrym y dylent adael o'u gwirfodd, a'r mwyaf selog dros aros yn yr Eglwys oedd Howel Harris yng Nghymru a Charles Wesley yn **Lloegr**.

Er bod cydweithio wedi digwydd rhwng y diwygwyr yn y blynyddoedd cynnar, buan y daeth y gwahaniaethau rhyngddynt i'r golwg. Roedd George Whitefield a phob un o ddiwygwyr Cymru yn Galfiniaid, ond i gyfeiriad **Arminiaeth** y gogwyddai John Wesley a'i frawd. Mynnai John Wesley fod **Calfiniaeth** yn arwain at ddiystyru'r gyfraith foesol, ac oherwydd hynny, fe'i gwrthwynebodd yn chwyrn. Y canlyniad oedd ymraniad rhyngddo ef a Whitefield yn 1741.

Gan i Rowland, Pantycelyn a John Wesley farw ar ddechrau'r 1790au, ystyrir mai dyna pryd y daeth y Diwygiad Methodistaidd i ben. Dylanwadodd yn drwm ar Gymru gan esgor ar enwad Anghydffurfiol newydd, sef y **Methodistiaid Calfinaidd**, a chan arwain at adfywio'r hen eglwysi Ymneilltuol.

## DIWYGIAD PROTESTANNAIDD, Y

Roedd yr Eglwys yng Nghymru'r Oesoedd Canol yn rhan o Eglwys Gatholig gwledydd Cred gorllewin Ewrop. Clywyd yr alwad gyntaf am ddiwygiad sylfaenol yn yr Almaen yn 1517, ac oddi yno lledodd yn fuan i wledydd eraill. Prif ddysgeidiaethau'r Diwygiad oedd cyfiawnhad trwy ffydd, offeiriadaeth pob credadun, awdurdod yr ysgrythur, a sicrhau'r ysgrythur yn y famiaith.

Nid oedd Cymru mewn cyflwr i dderbyn y fath gyfnewidiadau. Nid oedd gan y wlad na'i phrifysgol, ei llys brenhinol, ei phrifddinas na'i gwasg **argraffu** ei hun; **addysg** dila a gawsai llawer o'i chlerigwyr; ac roedd y mwyafrif o'i phobl yn dlawd ac anllythrennog. Gwthiwyd rhai o newidiadau'r Diwygiad ar Gymru rhwng 1529 ac 1540 gan Harri VIII, a ddisodlodd y Pab a'i sefydlu ei hun yn bennaeth goruchaf yr Eglwys o fewn ei deyrnas. Arhosodd trefniant yr Eglwys a'i sagrafennau fel o'r blaen; roedd clerigwyr yn parhau'n ddibriod, a **Lladin** oedd iaith yr addoliad. Fodd bynnag, aed ati i **ddiddymu'r mynachlogydd**, difodwyd y cysegrleoedd a rhoddwyd terfyn ar **bererindota**. Awdurdodwyd cyfieithu'r **Beibl** i'r **Saesneg**, ond ni wnaed dim i ddwyn y **Gymraeg** i'r addoliad cyhoeddus.

Daeth olynydd Harri, Edward VI (1547–53), a'i weinidogion â chyfnewidiadau Protestannaidd buan ac ysgubol i'r Eglwys. Caniatawyd i'r clerigwyr briodi; gorfodwyd pob plwyf, gan y Ddeddf Unffurfiaeth, i ddefnyddio'r *Book of Common Prayer*, a diddymwyd allorau, delwau a seremonïau. Ni chroesawyd y newidiadau yng Nghymru ond gan leiafrif o'r lleiafrif a siaradai Saesneg. Bu dyrnaid o ddysgedigion Cymraeg yn pwyso am gyflwyno'r Diwygiad yn y famiaith os oedd i lwyddo ymhlith y **werin**. Eu harweinydd oedd **William Salesbury**, a gyfieithodd ddarnau helaeth o'r Llyfr Gweddi a'u cyhoeddi fel *Kynniver Llith a Ban* (1551).

Dilynwyd Edward gan ei hanner chwaer, Mari I (1553–8), Catholigwraig bybyr. Cymododd Mari diroedd coron **Lloegr** â Rhufain, adferodd wasanaethau Lladin a chredo Gatholig, a gwahanodd offeiriaid oddi wrth eu gwragedd. Condemniwyd Protestaniaid ystyfnig i'w llosgi i farwolaeth, er mai dim and tri merthyr a gafwyd yng Nghymru (gw. **Merthyron Protestannaidd**). Gwnaed ymdrech lew i hyrwyddo diwygiad Catholig, gan gynnwys paratoi llên hyfforddiadol yn y Gymraeg. Pe bai Mari wedi byw'n hwy gallesid fod wedi cyflawni llawer i'r perwyl hwnnw.

Cyflwynodd Elizabeth I (1558–1603) gyfundrefn Brotestannaidd gymedrol yn 1559. Fe'i penodwyd yn llywodraethwraig oruchaf yr Eglwys, a daeth â'r Beibl a'r Llyfr Gweddi Saesneg yn eu hôl. Bu galw taerach am Lyfr Gweddi a Beibl Cymraeg, a phasiwyd Deddf Seneddol yn 1563 yn gorchymyn cyfieithu'r ddau i'r Gymraeg. Cyhoeddwyd y Testament Newydd a'r ***Llyfr Gweddi Gyffredin*** yn 1567 ac archwyd eu defnyddio ym mhob plwyf lle siaredid y Gymraeg. Yn ei ragair i'r Testament Newydd – **Epistol at y Cembru** – dadleuodd **Richard Davies** (1501?–81) fod y Diwygiad Protestannaidd yn rhoi cyfle i'r Cymry adfer y Gristnogaeth wreiddiol, bur a oedd, yn ei farn ef, wedi bodoli cyn ei llygru gan Rufain. Yn 1588 ymddangosodd y Beibl Cymraeg cyflawn cyntaf, wedi'i gyfieithu gan **William Morgan**, a gwnaeth hynny fwy na dim arall i droi'r Cymry yn genedl Brotestannaidd. Yn wreiddiol, y Brotestaniaeth gymedrol a fabwysiadwyd gan yr **Anglicaniaid** a goleddwyd gan y Cymry hwythau ond, gyda thwf **Anghydffurfiaeth**, gwreiddiodd safbwyntiau mwy penodol Brotestannaidd yn eu plith.

## DIWYGIADAU

Defnyddir y gair 'diwygiad' yng nghyd-destun **crefydd**, ac yn arbennig yng nghyd-destun Cristnogaeth, i ddisgrifio cyfnodau o newid neu o gynnydd sydyn. Yn ystod y cyfnodau hyn lledaenir yr efengyl gyda brwdfrydedd anghyffredin, yn enwedig trwy **bregethu**, a chan arwain yn aml at dröedigaethau. Gall diwygiadau fod yn lleol, yn genedlaethol neu'n rhyngwladol, neu'n gyfuniad o'r tri ar yr un pryd. Er enghraifft, yng Nghymru'r 18g. ceid enghreifftiau lleol o'r **Diwygiad Methodistaidd**, ond roedd hefyd yn ffenomen genedlaethol, a chan fod diwygiadau tebyg yn torri allan yr un pryd mewn gwledydd eraill gellir ei ystyried, yn ogystal, yn ddiwygiad rhyngwladol.

Ystyrir rhai o ddiwygiadau Cymru yn gerrig milltir yn ei hanes. Mae hynny'n arbennig o wir am y Diwygiad Methodistaidd, Diwygiad 1859 a Diwygiad 1904–05 (gw. **Crefydd** ac **Evan Roberts**). At hynny, mae hanes Cymru y 19g. yn frith o enghreifftiau o ddiwygiadau llai a oedd wedi'u cyfyngu i un dref neu bentref, neu, o dro i dro, i un eglwys.

## DIXEY, Frank (1892–1982) Daearegydd

Ac yntau'n hanu o'r **Barri** ac yn un o fyfyrwyr **T. F. Sibly** yng **Nghaerdydd**, treuliodd Syr Frank Dixey ei holl yrfa ddaearegol yn nhiriogaethau **Prydain** yn Affrica. Ei brif ddiddordebau oedd cyflenwad dŵr a geomorffoleg dyffrynnoedd hollt Dwyrain Affrica. Fe'i penodwyd yn gyfarwyddwr cyntaf Arolwg Daearegol y Gymanwlad yn 1947.

## DOC PENFRO, Sir Benfro (627ha; 8,676 o drigolion)

Hyd 1974, pan ddaeth yn **gymuned** ar wahân, roedd Doc Penfro yn ward ym mwrdeistref **Penfro**. Sefydlwyd y dref yn dilyn penderfyniad y Morlys *c.*1810 i leoli dociau'r llynges yno. Mae obelisg yn Sgwâr Albion yn coffáu'r penderfyniad. Amgylchynir y dociau gan wal 4m o uchder, a'r tu hwnt i honno mae'r dref wedi'i chynllunio ar ffurf grid. Yn wreiddiol ymgartrefai'r môr-filwyr brenhinol mewn llong o'r enw *The Dragon*; cwblhawyd y Defensible Barracks yn 1845, y Lanion Barracks yn y 1860au a'r Pennar Barracks yn 1875. Ymhlith yr adeiladau eraill y mae'r capel (1831), tŷ'r capten arolygydd (1835) a'r gwarchoty (1840).

Lansiwyd dwy long gyntaf dociau'r llynges – y *Valorous* a'r *Ariadne* – yn 1816, ac yna dros gyfnod o 110 o flynyddoedd adeiladwyd dros 260 o **longau**, gan gynnwys y *Royal William* (1833), y llong gyntaf ac arni dros 100 o fagnelau, a'r *Duke of Wellington* (1852), y llong ryfel fwyaf pwerus yn y byd am gyfnod byr. Cafodd y llongau rhyfel bach a adeiladwyd yn Noc Penfro eu disodli gan lansiad y *Dreadnought* yn 1906. Caewyd y dociau yn 1926 ac o hynny hyd 1939 anaml y byddai diweithdra ymhlith gwrywod yswiriedig y dref yn llai na 50%. Lleddfwyd y broblem hon i ryw raddau pan sefydlwyd canolfan ar gyfer awyrennau môr yr Awyrlu Brenhinol ar safle'r dociau yn 1930, ond yn 1935 Doc Penfro oedd yr unig le y tu hwnt i faes **glo**'r de a ddynodwyd yn rhan o 'ardal arbennig' Cymru oherwydd y diweithdra yno. Cafodd y dref ei bomio'n ddidostur yn ystod yr **Ail Ryfel Byd**, ac achosodd cyrch yn 1940 dân a losgodd am 18 diwrnod, y gwaethaf ym **Mhrydain** er Tân Mawr Llundain. Roedd ymadawiad yr Awyrlu Brenhinol yn 1959 a chau barics Lanion yn golledion trwm ychwanegol. Mae llongau Irish Ferries yn hwylio ddwywaith y dydd o Ddoc Penfro i Rosslare. Cyrhaeddodd **poblogaeth** Doc Penfro ei phenllanw yn 1911, pan drigai 11,336 o drigolion yn y dref o gymharu â'r 4,337 ym Mhenfro ei hun. Cafodd y cylchgrawn llenyddol *Dock Leaves* (*The Anglo-Welsh Review* o 1957 ymlaen) ei sefydlu yn Noc Penfro yn 1949 gan Raymond Garlick (g.1926) a Roland Mathias (1915–2007) (gw. **Cylchgronau**).

## DODD, A[rthur] H[erbert] (1891–1975) Hanesydd

Ymunodd Dodd, a oedd yn frodor o **Wrecsam**, â staff yr adran hanes ym **Mangor** yn 1919, gan olynu Syr **John Edward Lloyd** yn y Gadair yn 1930. Ysgrifennodd yn helaeth am hanes trefol a rhanbarthol, megis yn *The Industrial Revolution in North Wales* (1933) ac *A History of Caernarvonshire*

(1968). Ymddiddorai yng ngwleidyddiaeth cyfnod y Stiwartiaid a'r Rhyfel Cartref (gw. **Rhyfeloedd Cartref**): ei *Studies in Stuart Wales* (1952) yw ei brif waith ar y gymdeithas Gymreig yn y 17g. Cyhoeddodd hefyd *Life in Elizabethan England* (1961), ac wedi iddo farw ymddangosodd *A Short History of Wales* (1977). Ei frawd, Charles Harold Dodd (1884–1973), oedd cyfarwyddwr cyffredinol y project a gynhyrchodd y **Beibl** Saesneg Newydd.

## DODREFN

Roedd nodweddion arbennig yn perthyn i ddodrefn Cymreig traddodiadol. Mae eitemau fel y cwpwrdd deuddarn, y cwpwrdd tridarn a'r coffor bach yn cael eu casglu mewn llawer gwlad, ac mae'r ddresel Gymreig yn dal i gael ei hatgynhyrchu gan y diwydiant dodrefn modern.

Ceir tystiolaeth o'r traddodiad hynafol ac annibynnol hwn mewn darluniau o gadeiriau swyddogion y llys yn llawysgrifau **cyfraith** y 13g. Mae rhai o'r dodrefn cynharaf y gwyddys amdanynt ym **Mhrydain** yn dod o dai Cymreig, er enghraifft crud o'r 15g. o Gastell **Trefynwy**, cypyrddau gyda chanopi o'r 16g. o **Lanfihangel Troddi** a Gwydir (gw. **Trefriw**), a chadeiriau breichiau a gwely pedwar-postyn o'r un cyfnod o Newton (gw. **Llandeilo**). Roedd bri ar waith y saer, ac roedd y beirdd – neu'r 'seiri gwawd' – yn aml yn cymharu'r ddwy grefft. Derw lleol (gw. **Planhigion**) oedd hoff ddefnydd y seiri, ac erbyn y 17g. roedd dodrefn yn cael eu cynhyrchu mewn nifer o weithdai bychain, gyda chrefftwyr yn cyfuno gwaith saer, turnio a **cherfio coed**. Yn **Lloegr** roedd y sgiliau unigol hyn yn perthyn i urddau crefft ar wahân; roedd y drefn yng Nghymru yn hybu gwreiddioldeb y saer ac o ganlyniad gwelwyd sawl arddull yn datblygu, a chrëwyd celfi arloesol fel y cwpwrdd tridarn.

Er bod y **boneddigion**, erbyn y 18g., yn tueddu fwyfwy i gael eu dodrefn o **Lundain**, roedd costau ac anghenion lleol yn golygu bod gweddill y gymdeithas yn dal i ddibynnu ar seiri lleol. Mewn trefi fel **Caerfyrddin**, cynhyrchwyd rhai darnau gan seiri dodrefn a ddefnyddiai fahogani a choed eraill a oedd wedi'u mewnforio, ond i'r rhan fwyaf o'r **boblogaeth**, roedd dodrefn defnyddiol a deunydd para ynddynt yn bwysicach na ffasiynau trefol. Felly, parhaodd y traddodiad o gynhyrchu eitemau traddodiadol fel y cwpwrdd deuddarn. Roedd llawer o seiri dodrefn yn gweithio'n rhan-amser fel seiri olwynion a ffermwyr, a pharhaodd yr arfer o ddefnyddio coed lleol, a oedd yn aml wedi'u tyfu ar dir y cwsmer. Yn aml iawn roedd y dodrefn wedi'u haddurno'n gain. Roedd hynny nid yn unig yn adlewyrchu balchder y saer yn ei grefft ond hefyd yn ychwanegu at werth y celficyn i'r cwsmer. Roedd yn arferiad gofyn i'r saer wneud dodrefn i ddathlu digwyddiad arbennig, fel priodas, a phryd hynny cynhyrchid dodrefn fel y coffor bach er enghraifft. Datblygwyd dodrefn yn ôl gofynion lleol, fel y tystia'r amrywiaeth eang o ddreseldd a chypyrddau **bwyd**. Y ddresel oedd canolbwynt y gegin amlbwrpas, gyda'r cloc cas hir yn aml wrth ei hochr (gw. **Clociau**). Roedd y ddresel yn werthfawr fel dodrefnyn i gadw llestri yn ogystal â'u harddangos. Daeth gwerth personol i'r dodrefn wrth iddynt gael eu trosglwyddo o law i law o'r naill genhedlaeth i'r llall, ac yn aml y mae'r teuluoedd gwreiddiol yn dal yn berchen arnynt heddiw.

Daeth tro ar fyd wrth i'r system drafnidiaeth wella, a rhoddwyd hwb i'r fasnach ddodrefn yn ei thro oherwydd ei bod yn llawer haws cael y defnyddiau angenrheidiol. Ond yn y pen draw dyma hefyd a fu'n gyfrifol am ei gwanhau, wrth i bobl brynu nwyddau a gâi eu masgynhyrchu. Er hynny, mae'r cadeiriau eisteddfodol niferus sy'n bodoli o hyd yn brawf fod nifer o wneuthurwyr dodrefn medrus yn dal i weithio ddechrau'r 20g. Yn y 1930au roedd marchnad barod, ymysg y rhai a geisiai roi cefnogaeth i ardaloedd dirwasgedig, ar gyfer y dodrefn cyfoes eu harddull a wneid gan y fenter ddyngarol ym **Mryn-mawr**. Ar ddechrau'r 21g. roedd gwneud dodrefn, a oedd yn aml yn fenter un crefftwr ar ei ben ei hun, yn mwynhau cyfnod o adfywiad yng Nghymru. Mae masgynhyrchu soffas yn ddiwydiant o bwys yn rhan ogleddol maes **glo**'r de.

## DOFEDNOD

Daeth ieir a gwyddau domestig i **Brydain** yn ystod yr Oes Haearn (gw. **Oesau Cynhanesyddol**), hwyaid yn y cyfnod Normanaidd a thwrcïod yn yr 16g. Yn wreiddiol câi ieir eu bridio nid yn unig am eu cig a'u hwyau ond hefyd ar gyfer **ymladd ceiliogod**, chwarae a barhaodd yn boblogaidd nes iddo gael ei wahardd yn 1849. Hyd at ganol yr 20g., pan ddaeth dulliau dwys o fagu ieir mewn batris yn gyffredin, cedwid ieir ar bob fferm a thyddyn ac mewn gerddi cefn dirifedi o'r mân bentrefi i'r ardaloedd glofaol.

Crybwyllir ieir a gwyddau yng **nghyfraith** yr Oesoedd Canol ynghyd â'r iawn a oedd i'w wneud pan dresmasent mewn ŷd. Roedd i ŵydd sawl defnydd: adenydd ar gyfer hel llwch; plu ar gyfer cwilsyn ysgrifennu a saethau; cwilsynnau ar gyfer offerynnau cerdd ac fel tethi i fwydo ŵyn llywaeth; plu a manblu ar gyfer clustogau a gwelyau; saim gŵydd i feddalu **lledr**, iro peiriannau a nifer o ddibenion meddygol. Cedwid heidiau o wyddau ar **dir comin** ac fe'u gyrrid ar droed i farchnadoedd yn **Lloegr** gan **borthmyn** gwyddau, a ddefnyddiai byg a thywod i arbed traed yr adar. Câi llawer o wyddau eu pesgi ar gyfer marchnad y Nadolig, ac roedd diwrnod neu noson plufio yn ddigwyddiad cymdeithasol o bwys. Yn 1934 rhoddwyd cydnabyddiaeth swyddogol i ŵydd Lwydfelyn Aberhonddu, gyda'i choesau a'i phig pinc trawiadol, ac mae'n un o'r ychydig fridiau o wyddau a ddatblygodd ym **Mhrydain**.

Adar buarth fferm traddodiadol eraill oedd hwyaid, ieir gini a thwrcïod duon. O ganol yr 20g. ymlaen daeth twrcïod gwyn yn ffefrynnau ar gyfer cinio Nadolig, gan mai hwy yw'r dofednod mwyaf hyblyg ar gyfer eu cynhyrchu trwy ddulliau dwys. Cadwai ychydig o ffermydd un neu ddau baun, nid yn unig er mwyn sioe, ond hefyd am eu bod yn lladd nadroedd. Erbyn dechrau'r 21g. mentrodd rhai o ffermwyr Cymru fagu estrysiaid am eu cig a'u plu.

## DOGFEILING Cwmwd

Un o dri **chwmwd** cantref **Dyffryn Clwyd**, a enwyd ar ôl Dogfael, y dywedir ei fod yn fab i **Cunedda**. Canolbwynt y cwmwd oedd **Rhuthun**.

## DOLBENMAEN, Gwynedd (9,640ha; 1,300 o drigolion)

Mae'r **gymuned** hon, sydd wedi'i lleoli'n union i'r gogledd o **Borthmadog**, yn ymestyn o gopa Moel Hebog (782m) bron at y môr i'r dwyrain o **Gricieth**, ac mae'n cynnwys pentrefi Bryncir, Garndolbenmaen, Golan, Llanfihangel-y-pennant, Penmorfa, Pentre'r-felin a Phren-teg. Mae'r rhan fwyaf o fasn afon **Dwyfor** yn rhan o'r gymuned. Anfarwolwyd harddwch

Cwm Pennant, sydd ym mhen uchaf y dyffryn, yng ngherdd enwocaf Eifion Wyn (**W. Eliseus Williams**). Dolbenmaen oedd maerdref (canolfan weinyddol) wreiddiol cwmwd **Eifionydd**. Taeogdref ganoloesol Dolbenmaen yw cefndir rhannau o nofel Wiliam Owen Roberts, *Y Pla* (1987), ac mae elfennau o batrwm aneddiadau'r daeogdref yn amlwg o hyd. Mae nodweddion canoloesol i'w gweld yn Eglwys Beuno Sant, Penmorfa, ac Eglwys y Santes Fair, Garndolbenmaen. Clenennau, sydd erbyn hyn yn fferm, oedd canolbwynt y stad a oedd yn eiddo i deulu **Ormsby-Gore**, Barwniaid **Harlech**. Adfail yw Hen Neuadd Bryncir; gerllaw mae Tŵr Bryncir, ffoledd pum llawr (1821). Deil Melin Wlân Bryncir i weithio. Mae Golan yn un o nifer o bentrefi yn **Sir Gaernarfon** sydd wedi'i enwi ar ôl capel.

**DOLGARROG**, Conwy (1,534ha; 414 o drigolion)
Mae'r **gymuned** hon, sydd ar lan orllewinol afon **Conwy**, yn ymestyn hyd at allgreigiau'r **Carneddau**, ac ynddi ceir rhannau o **gronfeydd dŵr** Llyn Cowlyd a Llyn Eigiau, a godwyd i ddarparu pŵer trydan dŵr i waith alwminiwm Dolgarrog (gw. **Ynni**). Ar 2 Tachwedd 1925 torrodd Argae Llyn Eigiau gan ryddhau llifeiriant o ddŵr a ysgubodd i lawr ochr y mynydd i gronfa ddŵr Coety. Torrwyd Argae Coety gan y llif, gan ryddhau mwy fyth o ddŵr a ruthrodd dros ymyl y clogwyn ac i lawr i'r pentref islaw. Dinistriwyd llawer o'r pentref, gan gynnwys yr ysgol, a lladdwyd 16 o bobl. Wedi'r gwaith ailadeiladu, parhaodd y diwydiant alwminiwm, gyda gweithlu o 200, yn gyflogwr pwysig yn yr ardal. Wynebodd broblemau yn sgil y dirwasgiad yn y diwydiant aerofod yn dilyn yr ymosodiadau ar yr Unol Daleithiau ar 11 Medi 2001, ond achubwyd y gwaith trwy ymdrechion dygn yr aelod seneddol Elfyn Llwyd ymhlith eraill.

**DOLGELLAU**, Gwynedd (3,501ha; 2,678 o drigolion)
Mae'r **gymuned** hon, sydd o boptu Dyffryn Wnion ac yn ymestyn hyd at aber afon **Mawddach**, yn cynnwys tref Dolgellau a phentrefi Penmaen-pŵl a Thabor. Dolgellau oedd canolfan weinyddol **Sir Feirionnydd** ac, wedi hynny, dosbarth **Meirionnydd**. Yn 1996, wedi i'r dosbarth ddod yn rhan o sir unedol **Gwynedd**, amddifadwyd Dolgellau i ryw raddau, er bod rhai o'r sefydliadau a berthynai i Feirionnydd yn y dref o hyd – yr archifdy yn arbennig. Roedd Dolgellau yn ganolfan o bwys ar hyd un o brif lwybrau Cymru, a datblygodd yn daeogdref yn yr Oesoedd Canol cynnar. Yn y 18g. ailgodwyd Eglwys y Santes Fair, sy'n dyddio yn wreiddiol o'r 13g. Ceir hanes **Crynwyr** Dolgellau yn nofelau **Marion Eames** ac yn yr arddangosfa yn Nhŷ Meirion. Ceir un o fynwentydd y Crynwyr yn Nhabor. Fferm Brynmawr a roddodd ei henw i Fryn Mawr, coleg i **fenywod** ym **Mhensylfania**.

Yn y 18g. Dolgellau oedd canolfan diwydiant **gwlân** Meirionnydd, ac yn y 19g. manteisiodd y dref ar fwyngloddiau **aur** Dyffryn Mawddach, lle cyflogid hyd at 500 o ddynion. O ddiwedd y 18g. ymlaen daeth dringo **Cadair Idris** yn boblogaidd, ac yn sgil hynny datblygodd Dolgellau'n ganolfan bwysig i gerddwyr a mynyddwyr. Mae gan y dref, y mae llawer ohoni wedi'i chodi â cherrig **gwenithfaen**, fwy na 200 o adeiladau cofrestredig. Mae'r rhain yn cynnwys y brif bont (1638) a'r adeilad sy'n cynnwys caffi'r Sosban (1606). Coleg Meirionnydd sydd bellach yn yr adeiladau a arferai fod yn gartref i Ysgol Dr Williams i ferched (1878). Yn Nolgellau y mae clwb **criced** hynaf Cymru. Ceir canolfan wybodaeth o eiddo'r Gymdeithas Frenhinol er Gwarchod Adar ger y dollbont ym Mhenmaen-pŵl. Mae'r Sesiwn Fawr, gŵyl **cerddoriaeth** werin ryngwladol, yn denu miloedd o ymwelwyr i Ddolgellau bob mis Gorffennaf.

**DOLWYDDELAN**, Conwy (5,922ha; 427 o drigolion)
Mae'r **gymuned** hon, sydd yn union i'r de-orllewin o **Fetws-y-coed**, yn cynnwys rhan uchaf dyffryn Lledr ac yn ymestyn i gopa **Moel Siabod** (872m). Adeilad hynotaf yr ardal yw Castell Dolwyddelan, un o gadarnleoedd tywysogion **Gwynedd**. Er mai yn y castell hwn, yn ôl y sôn, y ganed **Llywelyn ap Iorwerth** (1173–1240), go brin fod ei dŵr sgwâr, cadarn wedi'i adeiladu hyd *c.*1220. Yn niwedd y 15g. bu un o hynafiaid teulu **Wynn** o Wydir, Maredudd ap Ieuan, yn byw yno a gwelir ei gofeb efydd yn Eglwys Sant Gwyddelan, adeilad a ariannwyd ganddo *c.*1510. Gyda'i leoliad dramatig, daeth y castell yn ffefryn gan arlunwyr tirlun rhamantaidd. Yn Nhanycastell ceir cofebau i'r pregethwr enwog **John Jones**, Tal-y-sarn (1796–1857), a'i dri brawd. Arferai'r chwareli **llechi** fod yn gyflogwyr pwysig ond bu dirywiad mawr wedi'r **Rhyfel Byd Cyntaf**. Mae'r rheilffordd i Flaenau **Ffestiniog** (1880) yn rhedeg trwy'r ardal o draphont drawiadol Pont Gethin i geg twnnel y Blaenau, sy'n 3.5km o hyd. Mae'r **A470** yn cysylltu Dolwyddelan â Ffestiniog dros Fwlch y Gerddinan (Bwlch y Crimea).

**DONALDSON, Jessie (1799–1889)** Ymgyrchydd dros ddiddymu caethwasiaeth
Ganed Jessie Donaldson (*née* Heineken) yn **Abertawe**, yn ferch i **Undodwyr**, a sefydlodd ysgol yn ei thref enedigol. Wedi cyfnod yn dysgu yno, yn 1840 priododd ei chefnder o Americanwr, Francis Donaldson yr Ieuaf, a mudo i gartref ei fam, Frandon, yn Cincinnati, ar lan afon Ohio. Daeth yn gyfeillgar ag arweinwyr y mudiad dros ddiddymu **caethwasiaeth**, a daeth Frandon, a safai gyferbyn â Kentucky, talaith lle'r oedd caethwasiaeth yn dal i fodoli, yn dŷ diogel i gaethweision a fyddai'n ffoi ar draws yr afon; felly hefyd dŷ a brynodd y pâr yn ddiweddarach iddynt eu hunain, ynghyd â fferm a oedd yn eiddo i gefnder Jessie, Thomas, y rhoddwyd arno'r enw Penmaen, ar ôl fferm ei rieni ef yn **Rhaeadr Gwy**. Ar ddiwedd Rhyfel Cartref America dychwelodd Jessie i Abertawe, lle bu farw yn 90 oed.

**DONNELLY, Desmond [Louis] (1920–74)** Gwleidydd
Ganed Donnelly yn India, yn fab i dyfwr te o dras Gwyddelig. Gwasanaethodd yn y Llu Awyr Brenhinol trwy gydol yr **Ail Ryfel Byd**. Safodd yn aflwyddiannus fel ymgeisydd Plaid y Gymanwlad ar gyfer Evesham yn 1945, ac fe'i hetholwyd yn aelod seneddol Llafur dros **Sir Benfro** yn 1950. Roedd yn gyfaill agos i **Aneurin Bevan** yn y dyddiau cynnar, ond symudodd i'r dde wedyn, gan gefnogi Hugh Gaitskell a mynediad i'r Farchnad Gyffredin. Sefydlodd ei Blaid Ddemocrataidd ei hun yn 1967; collodd ei sedd yn Sir Benfro yn 1970, ac yn ddiweddarach cefnogodd y **Blaid Geidwadol**.

**DOSBARTH**
Fel cynifer o wledydd y gorllewin, cafodd strwythur economaidd a chymdeithasol Cymru, a oedd yn seiliedig ar

hierarchaeth, rhwymau carennydd, cyd-rwymedigaethau a thraddodiad, ei drawsnewid i fod yn gymdeithas ddiwydiannol yn seiliedig ar wahaniaethau o ran dosbarth cymdeithasol. Am ganrifoedd llywiwyd bywyd gwleidyddol Cymru gan y **boneddigion** a hwy hefyd a oedd â'r grym pennaf yn y strwythur economaidd. Yn raddol, aethant yn rhan o fywyd y dosbarth llywodraethol Seisnig, a mabwysiadwyd ganddynt deithi meddwl a buchedd y dosbarth hwnnw. Er nad yw eu grym wedi diflannu'n llwyr, tanseiliwyd eu dylanwad gan ffactorau economaidd, cymdeithasol, gwleidyddol a chrefyddol.

Gwelwyd twf yn y cymunedau trefol yn ystod y 18g., ac esgorodd hynny, ynghyd â pharodrwydd nifer cynyddol o'r werin bobl i symud o'u broydd genedigol, ar gyfnod o newid cyflym. Roedd datblygiad y diwydiant **haearn** mewn cymdogaethau poblog yn creu cymunedau dosbarth-gweithiol mawr a chanddynt nodweddion unigryw. Tyfodd yr ardaloedd hynny yn ganolfannau i ymgyrch wleidyddol benderfynol i sicrhau gwelliannau mewn amodau byw, a hynny'n seiliedig ar ymwybyddiaeth effro o ddosbarth. Yn sgil cynnydd economaidd cyson yn y 19g., yn enwedig yn dilyn datblygiad y diwydiant **glo**, cyflymodd y broses o newid cymdeithasol a gwelwyd mudo cyson o ardaloedd gwledig Cymru ac o fannau eraill i'r maes glo (gw. **Mewnfudo**). Er na welwyd cymaint o newid cymdeithasol yn ardaloedd gwledig Cymru, cododd tyndra yn yr ardaloedd hynny o ganlyniad i ffactorau economaidd a dylanwad **Anghydffurfiaeth**, a heriwyd yr hen drefn, fel y dangosodd protestiadau megis Terfysgoedd **Rebeca** ac agweddau gwleidyddol newydd. At hynny, tyfodd y dosbarth canol yng Nghymru yn sgil cynnydd yn y nifer o bobl a oedd mewn swyddi proffesiynol neu mewn safleoedd uchel ym myd busnes. Roedd nifer o'r rhain – amryw ohonynt yn weithgar mewn cylchoedd Anghydffurfiol – yn flaenllaw yn y byd economaidd a gwleidyddol, a'u bryd ar ddileu grym y tirfeddianwyr.

Roedd amodau byw, dyheadau, **iechyd** a threfn deuluol i gyd yn ddibynnol i raddau helaeth ar ddosbarth cymdeithasol. Profwyd cryfder yr apêl am undod o fewn dosbarth cymdeithasol, yn arbennig yn yr ardaloedd diwydiannol, gan ddigwyddiadau gwleidyddol chwarter cyntaf yr 20g. At hynny, yn yr ardaloedd gwledig, dylanwadwyd ar y berthynas rhwng ffermwyr a **gweision ffermydd** gan newid pur sylfaenol yn nheithi meddwl yr amaethwyr wedi iddynt brynu eu ffermydd yn sgil gwerthu'r stadau mawrion. Yn sgil twf y ddarpariaeth **addysg** a datblygiad y **wladwriaeth les**, bu cynnydd mewn symudoledd cymdeithasol, yn arbennig ar ôl 1945. Gwnaeth y **llywodraeth** ymgais benderfynol i sicrhau bod cyfle i weithio mewn sectorau heblaw'r diwydiannau trymion traddodiadol; bu cynnydd yn nifer y **menywod** a oedd yn gyflogedig, ffactor a ddylanwadodd yn helaeth ar syniadau traddodiadol am gymdeithas ddosbarth gweithiol Cymru. Erbyn diwedd yr 20g. roedd newidiadau economaidd, ynghyd ag agweddau cymdeithasol gwahanol, wedi lleihau dylanwad y syniad o ddosbarth fel sylfaen i fywyd gwleidyddol Cymru, ond parhaodd ei bwysigrwydd mewn materion megis iechyd yn amlwg iawn. Yn ystod y 1980au a'r 1990au cynnar gwelwyd cynnydd trawiadol mewn diweithdra a thlodi a pharodd hynny i lawer o bobl deimlo eu bod ar gyrion cymdeithas, ymdeimlad a adlewyrchai effaith cefnu ar bolisïau economaidd Keynes a'r cysyniad o wladwriaeth les.

Nid yw'r syniad o ddosbarth cymdeithasol ar ei ben ei hun yn sylfaen ddigonol ar gyfer deall profiadau Cymru: chwaraewyd rhan hefyd gan gydwybod gymdeithasol, ffydd grefyddol, **cenedligrwydd**, rhyw, iaith, **cenedlaetholdeb**, imperialaeth a gwaseidd-dra. Profodd gwahaniaethau rhwng crefftwyr a gweithwyr di-grefft, rhwng yr Anghydffurfwyr a'u diwylliant o barchusrwydd a dirwest a'r rhai nad oeddynt yn byw yn ôl y fuchedd honno (gw. **Aberporth**), ynghyd â thyndra rhwng gwahanol ardaloedd, yn drech nag undod dosbarth ar sawl achlysur. Er hynny, rhaid derbyn bod dosbarth yn un o'r ffactorau pwysicaf wrth geisio deall hanes a bywyd cyfoes Cymru.

## DOSBARTHAU GWLEDIG

O dan Ddeddf Llywodraeth Leol 1894, cafodd yr holl rannau hynny o Gymru nad oeddynt yn **fwrdeistrefi** neu'n **ddosbarthau trefol** eu rhannu yn ddosbarthau gwledig. Er bod rhai dosbarthau gwledig – **Penllyn** yn **Sir Feirionnydd**, er enghraifft – yn gwbl wledig, roedd y teitl ychydig yn gamarweiniol gan fod eraill, fel **Castell-nedd**, **Caerdydd** a **Wrecsam**, yn cynnwys ardaloedd tra phoblog. Roedd cynghorau dosbarthau gwledig yn gyfrifol am faterion megis **tai**, carthffosiaeth a glanweithdra, ac **iechyd** cyhoeddus, a bu llawer o feirniadu ar safonau rhai ohonynt – **Tregaron**, er enghraifft – yn arbennig yn adroddiad gwrthdwbercwlosis **Clement Davies** (1939). Erbyn canol yr 20g. roedd 57 o ddosbarthau gwledig yng Nghymru, yn amrywio o ran **poblogaeth** o Wrecsam (60,000) i **Lanbedr Castell-paen** (1,500). Yn dilyn ad-drefnu **llywodraeth** leol yn 1974 cawsant i gyd eu diddymu, a throsglwyddwyd eu grymoedd i'r dosbarthau – is-adrannau'r **siroedd** newydd. Po fwyaf gwledig y cyngor, y mwyaf tebygol oedd mai ffermwyr a fyddai â'r dylanwad mwyaf arno, ac felly yn sgil diddymiad y cynghorau hyn cafodd llais gwleidyddol y diwydiant amaethyddol ei wanychu.

## DOSBARTHAU TREFOL

O dan Ddeddf Llywodraeth Leol 1894, cafodd aneddiadau trefol nad oeddynt yn **fwrdeistrefi** – ac yr oedd y rhain yn cynnwys bron y cyfan o ardaloedd diwydiannol poblog Cymru – yr hawl i fabwysiadu statws dosbarth trefol. Roedd y cyngor dosbarth trefol, dan arweiniad cadeirydd yn hytrach na maer, yn gyfrifol am faterion fel **tai**, carthffosiaeth a glanweithdra, ac **iechyd** cyhoeddus, ac yn cael ei ariannu trwy gadw cyfran o'r dreth sirol. Erbyn canol yr 20g. roedd 73 o ddosbarthau trefol yng Nghymru, yn amrywio o ran **poblogaeth** o **Bont-y-pŵl** (42,000) i'r **Gelli** (500). Cawsant oll eu diddymu yn sgil ad-drefnu **llywodraeth** leol yn 1974, a throsglwyddwyd eu grymoedd i'r dosbarthau – isadrannau'r **siroedd** newydd.

## DOUGLAS, John (1830–1911) Pensaer

John Douglas oedd y pwysicaf o'r penseiri a weithiai yng ngogledd-ddwyrain Cymru yn niwedd y 19g. a dechrau'r 20g. Hanai o Northwich, **Swydd Gaer**, ac am ran helaeth o'i yrfa bu'n bensaer i'r teulu Grosvenor, dugiaid Westminster, yr oedd eu stadau enfawr yn cynnwys 1,350ha yn **Sir y Fflint**. Fe'i hysbrydolwyd gan adeiladau brics canoloesol yr Iseldiroedd a chan adeiladau Gwastadedd Swydd Gaer gyda'u fframwaith coed. Mae'r gwaith **cerfio coed** ar ei adeiladau ef ei hunan yn wych, a'i waith ar

Cymry'r dyfodol a baner y Ddraig Goch

ffermdai a thai allan stad y teulu Grosvenor yn hawdd ei adnabod (gw. **Brychdyn a Bretton**). Ymhlith ei adeiladau mwyaf trawiadol y mae Eglwys y Santes Fair yn **Helygain**, Eglwys Sant Mihangel ym **Manafon**, Llyfrgell Sant Deiniol ym **Mhenarlâg** a phlastai gwledig megis Wigfair yng **Nghefn Meiriadog**.

## DOWLAIS, Canolfan Addysgol, Merthyr Tudful

Roedd canolfan addysgol Dowlais yn un o nifer a sefydlwyd yn y de yn ystod y **dirwasgiad** rhwng y ddau ryfel byd. Cyllidwyd y ganolfan ar y dechrau gan y ddyngarwraig Mary Horsfall. Denwyd nifer o athrawon dylanwadol yno, rhai ohonynt yn ffoaduriaid o dir mawr Ewrop (gw. **Artistiaid ar Ffo**). Cafodd y ganolfan ddylanwad mawr ar y celfyddydau gweledol. Bu **Cedric Morris** yn dysgu yno, ynghyd ag Arthur Giardelli, Heinz Koppel ac Esther Grainger. Chwaraeodd Dowlais hefyd ran bwysig yn natblygiad arlunwyr lleol fel Charles Burton ac **Ernest Zobole**.

## DRAIG GOCH

Bu'r ddraig yn symbol pwysig er yr Oesoedd Cynnar pan fenthycodd y **Rhufeiniaid** hi gan y Daciaid a'i defnyddio fel arwydd milwrol. Fe'i defnyddid yn helaeth; cafodd gwifr (draig ddwygoes) ei chario gan fyddin Harold ym Mrwydr Hastings ac roedd gan Harri III faner â draig arni wrth ymladd yn erbyn y Cymry.

Yn ***Historia Brittonum***, a luniwyd *c.*830, disgrifir ymdrech rhwng draig goch (yn cynrychioli'r Brythoniaid) a draig wen (yn cynrychioli'r Sacsoniaid) yn Ninas Emrys (**Beddgelert**), lle'r oedd **Gwrtheyrn** yn ceisio codi castell. Proffwydid, er y byddai'r ddraig wen yn gorthrymu'r ddraig goch am amser maith, mai'r ddraig goch a gâi'r fuddugoliaeth yn y pen draw. Ailadroddwyd yr hanes gan **Sieffre o Fynwy**, a'i cynhwysodd ymhlith daroganau **Myrddin**, ac ymddengys hefyd yn y chwedl 'Cyfranc Lludd a Llefelys' yn y **Mabinogion**. Dywedir mai draig oedd crib herodrol **Arthur**.

Defnyddid y ddraig yn aml mewn barddoniaeth fel disgrifiad arwrol o dywysogion Cymreig, yn eu plith **Llywelyn ap Iorwerth**. Roedd baner **Owain Glyndŵr** yn wen gyda draig aur arni, a defnyddiai meibion Owain Tudur, Edmwnd a Siasbar, ddreigiau fel cribau ar eu helmau.

Roedd yr Iorcydd Edward IV, a oedd yn ddisgynnydd i dywysogion **Gwynedd** trwy deulu **Mortimer**, yn hawlio cynrychioli'r ddraig goch, a Harri VI o linach **Lancaster** yn cynrychioli'r ddraig wen. Fodd bynnag, Harri Tudur oedd yr un a roddodd yr amlygrwydd mwyaf i'r ddraig goch, er mwyn hawlio ei fod yn ddisgynnydd i **Cadwaladr ap Cadwallon**, brenin olaf honedig y Brythoniaid. Cyflwynodd luman 'Draig Goch Cadwaladr' i Eglwys Gadeiriol St Paul ar ôl ei fuddugoliaeth yn **Bosworth**. Arddangosai'r **Tuduriaid** y ddraig goch ar faneri ac fel un o gynheiliaid yr arfbais frenhinol, ac yr oedd yn un o'r anifeiliaid a osodwyd gan Harri VIII yng ngerddi Hampton Court. Roedd y ddraig Duduraidd fel arfer yn goch a chanddi fol aur.

Mabwysiadwyd draig goch ar dwmpath gwyrdd yn arwyddlun ar gyfer Cymru yn 1807, ac ychwanegwyd yn 1953 yr arwyddair 'Y Ddraig goch ddyry cychwyn', llinell o gywydd gan Deio ab Ieuan Ddu (*fl.*1450–80), sy'n cyfeirio'n drosiadol at darw'n cyplu. Datganwyd yn 1959 mai draig goch, ar faes gwyn a gwyrdd, oedd baner genedlaethol Cymru.

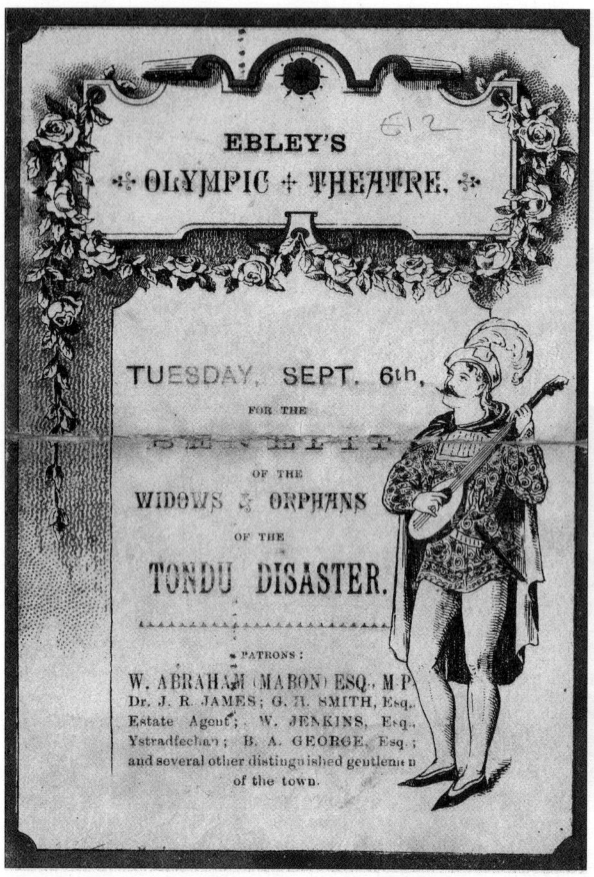


Cwmni Olympic Theatre Edward Ebley, 1905

## DRAMA

Dwy ddrama firagl o'r Oesoedd Canol yw'r dramâu Cymraeg cynharaf a oroesodd – y naill, *Y Tri Brenin o Gwlen*, yn ddrama am Herod, a'r llall, *Y Dioddefaint a'r Atgyfodiad*, yn ddrama am ddioddefaint Crist – ac mae'n debyg i'r ddwy gael eu perfformio gan chwaraewyr teithiol. I draddodiad y dramâu moes y perthyn y testun arall a oroesodd o'r Oesoedd Canol, sef *Ymddiddan y Corff a'r Enaid*, ac mae'n dathlu edifeirwch am bechodau a'r fuddugoliaeth ysbrydol dros angau. Ochr yn ochr â theatr destun o'r fath, bodolai'r defodau theatrig a gysylltir â **gwaseila** a gwyliau gwerin **Calan Mai** a **gwylmabsant**. Yr 16g. a'r 17g. oedd oes aur y theatr yn **Lloegr** ond prin oedd cynnyrch dramatig Cymru yn y canrifoedd hynny. Yr unig destun i oroesi sy'n tystio i ddiddordeb posibl mewn dramâu oddeutu 1600 yw'r drasiedi fydryddol Gymraeg, *Troelus a Chresyd*, addasiad ar ffurf drama gan awdur anhysbys o *Troylus and Cryseyde* (*c.*1372–86) Chaucer a *Testament of Cresseid* (1532), cerdd gan Henryson.

Pan ddaeth traddodiad theatrig Cymreig i fod o'r diwedd yn y 18g., ar ffurf yr **anterliwt**, drama fydryddol a berfformid mewn ffeiriau a marchnadoedd, y digwyddodd hynny. Yr anterliwtiwr medrusaf o'r cyfan oedd Twm o'r Nant (**Thomas Edwards**; 1739–1810). Byddai ef a'i garfan o chwaraewyr yn cynnig difyrrwch a oedd yn gyfuniad o faswedd a difrifoldeb; cyfrinach ei apêl boblogaidd oedd ei gondemnio chwyrn ar anghyfiawnder cymdeithasol, iaith liwgar a defnydd meistraidd o dechnegau comig a oedd wedi hen ennill eu plwyf. Ni ddatblygodd unrhyw theatr frodorol gyhyrog Saesneg yng Nghymru'r 18g. Yn yr 17g. roedd y cwmnïau lled-broffesiynol a oedd wedi bodoli yn yr 16g. wedi'u disodli gan nifer fechan o gwmnïau anffurfiol a berfformiai mewn ffeiriau, gwyliau a marchnadoedd. Erbyn y 18g. roedd neuaddau sawl tref farchnad yng Nghymru wedi dod yn ganolfannau perfformio i gwmnïau teithiol proffesiynol o **Iwerddon** a Lloegr, ac yn eu plith gwmni adnabyddus Kemble, a ddenai dyrfaoedd yn **Nhrefynwy**, **Aberhonddu** a **Chaerfyrddin**. Perfformiai'r cwmnïau hyn o'u *repertoire* clasurol Saesneg helaeth, a châi'r cynulleidfaoedd a'u mynychai eu dychanu gan Twm o'r Nant. Tra byddai eu tenantiaid yn mwynhau'r anterliwtiau Cymraeg, câi'r **boneddigion** eu diddanu gan gwmnïau o Loegr, a byddai rhai ohonynt yn perfformio mewn theatrau preifat fel yr un a godwyd gan deulu **Williams Wynn** yn Wynnstay, **Rhiwabon**.

Yn nechrau'r 19g. codwyd theatrau sylweddol yn rhai o'r trefi mwyaf, theatrau a ddenodd Edmund Kean, Sheridan Knowles, Andrew Cherry, W. C. Macready a Thomas Barry i Gymru. Yn ail hanner y ganrif cafodd y cynulleidfaoedd yn y Theatre Royal, **Caerdydd**, fwynhau perfformiadau gan T. W. Robertson a Sarah Bernhardt. Ynghyd â'r theatrau newydd, roedd yng Nghymru theatrau symudol tra phoblogaidd. Byddai'r cwmnïau lliwgar a berfformiai ynddynt yn ymweld â ffeiriau, gan ddifyrru cynulleidfaoedd ag adloniant lleol ei apêl yn cynnwys caneuon ac effeithiau gweledol trawiadol. O 1912 ymlaen, fodd bynnag, ymgartrefodd y rhan fwyaf o berchnogion y theatrau symudol mewn un lle a phrynu theatrau, a gafodd eu troi'n ddiweddarach yn **sinemâu**. Erbyn y 1930au roedd y rhan fwyaf o'r 34 theatr symudol a fodolai ar dro'r ganrif naill ai wedi eu cau neu wedi dod yn ganolfannau ar gyfer y 'lluniau symudol'.

Er i'r 19g. weld cryn weithgarwch yn y theatr Saesneg yng Nghymru, nid oedd y theatr honno wedi osgoi'n llwyr effaith rhagfarn yr Anghydffurfwyr (gw. **Anghydffurfiaeth**) yn erbyn dramâu a chwaraewyr, a rhwng 1854 ac 1870 darfu i nifer o gwmnïau Saesneg osgoi rhai o drefi Cymru. Ond y theatr Gymraeg a ddioddefodd fwyaf wrth i ddifyrrwch gwerinol a pherfformiadau theatrig ddod dan lach yr Anghydffurfwyr. Er i'r arfer o berfformio'r anterliwt ddod i ben yn llwyr, goroesodd rhai o'i helfennau sylfaenol, yn eironig, ar ffurf yr ymddiddanion a'r dadleuon a gynhelid yn y capeli. Dramodigau, yn eu hanfod, oedd y dialogau dramatig hyn a oedd wedi'u seilio ar hanesion beiblaidd ac a ganai glodydd y bywyd rhinweddol. Defnyddiai'r pregethwyr mawr tanbaid hwythau dechnegau ac arddull a oedd yn eu hanfod yn theatrig (gw. **Pregethu**). Er gwaethaf anghymeradwyaeth yr Anghydffurfwyr o'r ddrama fel ffurf, dyfarnwyd gwobr yn **Eisteddfod** Aberffraw 1849 am gyfieithiad Cymraeg o un o rannau *Henry IV* Shakespeare. Yn 1879 enillodd **Beriah Gwynfe Evans** wobrau eisteddfodol am ddrama hir am **Owain Glyndŵr**.

Cwmni **Trefriw** oedd y cwmni drama Cymraeg trwyddedig cyntaf, a chafodd gynulleidfaoedd teilwng wrth deithio yn 1887 gydag addasiad o nofel **Daniel Owen**, *Rhys Lewis*. Adfywiodd perfformiadau cwmnïau fel Trefriw a **Llanberis** y diddordeb mewn theatr, a hynny a barodd i sasiwn Fethodistaidd yng **Nghorwen** gollfarnu actio dramâu yn chwyrn yn 1887. Mewn anerchiad yn Eisteddfod Genedlaethol 1894 yng **Nghaernarfon**, gwnaeth **O. M. Edwards**

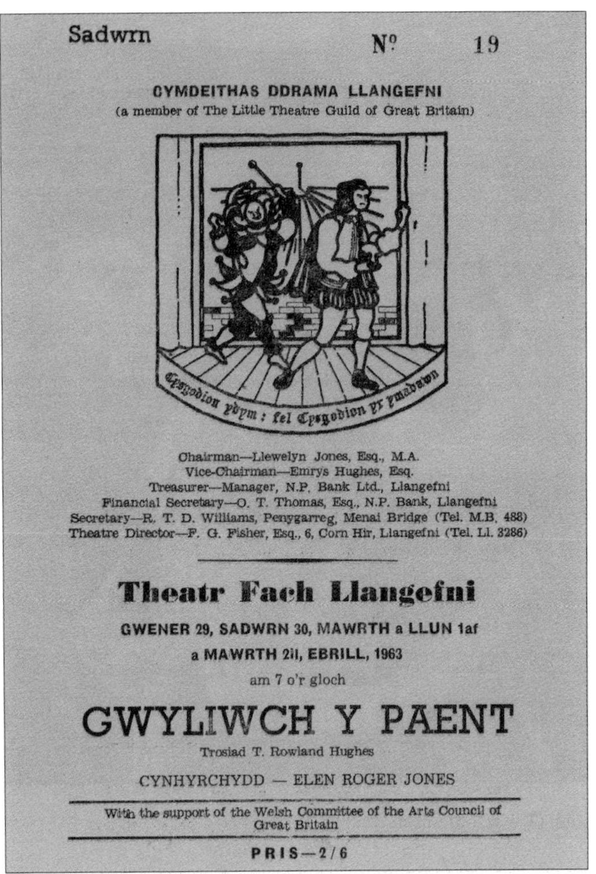


Cymdeithas Ddrama Llangefni, 1963

ymgais i ailsefydlu'r ddrama fel ffurf ddifrif ar gelfyddyd, ac yn Eisteddfod 1902 ym **Mangor** bu ymgais arall i wneud hynny gan **David Lloyd George**. Erbyn 1910 roedd y gwrthwynebiad crefyddol i actio dramâu wedi cilio digon i ganiatáu perfformio eang ar ddramâu i godi arian ar gyfer achosion da, gan gynnwys cynnal a chadw capeli. Yn sgil hynny bu cynnydd cyflym yn nifer y cwmnïau amatur a daliodd y ddrama ei thir yn ystod blynyddoedd y **Rhyfel Byd Cyntaf**. Yn wir, rhwng 1914 ac 1918 sefydlwyd cwmnïau *ensemble* nodedig fel cwmni Dan Matthews ym **Mhontarddulais**. Y cyfnod wedi'r rhyfel oedd oes aur y mudiad amatur yng Nghymru, a darparodd y neuaddau coffa newydd lwyfannau cyfleus ar gyfer cystadlaethau a gwyliau drama. Amcangyfrifwyd fod hyd at 500 o gymdeithasau drama yng Nghymru yn 1931, ac o leiaf 300 o ddramâu Cymraeg cyhoeddedig. Ymhlith y dramâu mwyaf poblogaidd yr oedd rhai gan **W. J. Gruffydd**, **J. O. Francis**, **D. T. Davies**, **Idwal Jones** a **Kitchener Davies**.

Yng nghanol poblogrwydd cynyddol y mudiad amatur, ceisiodd yr Arglwydd Howard de Walden (Thomas Evelyn Scott-Ellis; 1880–1946) sefydlu Cwmni Theatr Cenedlaethol i Gymru. Yn 1914 cyfarfu ef ac unigolion dylanwadol eraill yng Nghaerdydd i ffurfio cwmni teithiol proffesiynol, ond wedi taith y cwmni yn y de y flwyddyn honno rhoddwyd y gorau i'r cynllun ar drothwy'r Rhyfel Byd Cyntaf. Yn 1933 rhoddodd Howard de Walden gynnig arall ar sefydlu cwmni cenedlaethol trwy ariannu 'Chwaraedy Cenedlaethol Cymreig' ym Mhlas Newydd, **Llangollen**. Y bwriad oedd i'r theatr hon fod yn gartref i gwmni teithiol dwyieithog a bod yn ganolfan adnoddau a gynigiai hyfforddiant hefyd. Ond oherwydd ei thueddfryd detholgar a chyfres o benderfyniadau artistig annoeth, ni lwyddodd y theatr i ddenu cynulleidfa a daeth i ben ei rhawd ar ddechrau'r **Ail Ryfel Byd**. Gwelwyd nifer sylweddol o'r cwmnïau amatur yn darfod bryd hynny hefyd – traean ohonynt yn unig a ailgodwyd wedi'r rhyfel. Denodd rhai o'r cwmnïau newydd a ymddangosodd wedi'r rhyfel, fel Cwmni Ceredigion a Chwaraewyr Garthewin (gw. **Llanfair Talhaearn**), gynulleidfa fwy beirniadol. Yn eu hysgubor o'r 18g. a drowyd yn theatr ryfeddol ar stad R. O. F. Wynne yn **Sir Ddinbych**, bu Chwaraewyr Garthewin yn llwyfannu dramâu a ysgrifennwyd yn benodol ar eu cyfer gan **Saunders Lewis**, prif ddramodydd Cymru. Buan y dilynodd theatrau bychain eraill esiampl Garthewin trwy ffurfio partneriaeth gynhyrchiol rhwng dramodydd a chymuned leol arbennig, fel yr un rhwng yr awdur a'r cyfarwyddwr F. George Fisher a Theatr Fach **Llangefni**, a rhwng y dramodydd William Samuel Jones (Wil Sam) a Theatr y Gegin, **Cricieth**. Yn 1965 roedd sefydlu Cymdeithas Ddrama Cymru, corff hwyluso sy'n gwasanaethu cwmnïau amatur, yn adlewyrchu'r cyfraniad pwysig a wnaed gan y mudiad amatur i fywyd diwylliannol Cymru.

Gyda'r gystadleuaeth gynyddol o du teledu, gwelwyd rhagor o bwyslais yng Nghymru'r 1950au a'r 1960au ar yr angen am fwy o broffesiynoldeb. Yn y cyfnod hwn, llwyfannwyd dramâu **Emlyn Williams**, **Gwyn Thomas**, Alun Richards ac **Alun Owen**, ac roedd actorion Cymreig dawnus fel **Richard Burton**, **Rachel Roberts**, **Donald Houston**, **Stanley Baker**, Siân Phillips a **Hugh Griffith** yn gwneud enw rhyngwladol iddynt eu hunain ar lwyfan ac ar y sgrîn. Yn y theatr Gymraeg, denai dramâu **Huw Lloyd Edwards**, **John Gwilym Jones** a **Gwenlyn Parry** gynulleidfaoedd teyrngar. Yn 1962, diolch i nawdd gan Gyngor y Celfyddydau (gw. **Cyngor Celfyddydau Cymru**), sefydlwyd cwmni dwyieithog y Welsh Theatre Company, gyda Warren Jenkins yn gyfarwyddwr. Pan gofrestrodd y cwmni hwn ei hun fel cwmni 'cenedlaethol' enynnodd lid y St David's Theatre Trust, ymddiriedolaeth a sefydlwyd yn 1959 i sicrhau adeilad theatr pwrpasol ar gyfer Cwmni Cenedlaethol newydd yng Nghaerdydd. Bu brwydr chwerw a ddaeth i ben gydag ymchwiliad cyfreithiol, a benderfynodd nad oedd hawl gan y Welsh Theatre Company i ddefnyddio'r teitl 'cenedlaethol'. Diflannu a wnaeth yr ymddiriedolaeth a rhoddodd y Welsh Theatre Company y ffidil yn y to yn 1978.

Daeth mwy o lwyddiant i ran adain Gymraeg y cwmni anffodus. Lawnsiwyd Cwmni Theatr Cymru yn ffurfiol yn 1965, a phenodwyd Wilbert Lloyd Roberts yn gyfarwyddwr yn 1968. Erbyn 1973 daethai'n gwmni annibynnol a oedd, am y tro cyntaf, yn cynnig cyfle i actorion dawnus ddilyn gyrfa broffesiynol yn y theatr yng Nghymru; ymhlith yr actorion hynny roedd Gaynor Morgan Rees, John Ogwen, Lisabeth Miles a **Beryl Williams**. Bu hefyd yn feithrinfa i ddoniau dramodwyr fel Meic Povey. Arweiniodd anghydfod mewnol yn 1982 at ddisodli Wilbert Lloyd Roberts gan Emily Davies a greodd *ensemble* o actorion cymharol ifanc yn hytrach na rhai mwy cyfarwydd a phrofiadol. Cododd hynny wrychyn sector y theatr, ac er gwaethaf rhai cynyrchiadau nodedig gan gyfarwyddwyr gwadd fel Ceri Sherlock, gwanhau a wnaeth y cwmni. Ddwy flynedd yn ddiweddarach, arweinodd problemau ariannol at dranc Cwmni Theatr

John Ogwen a Maureen Rhys yn *Y Tŵr*, 1995

Cymru, a rhoddwyd y gorau dros dro i'r syniad o theatr benodol genedlaethol. Nid oedd bodolaeth y prif gwmnïau, fodd bynnag, wedi llesteirio datblygiad cwmnïau newydd arloesol yng Nghymru fel y Cardiff Laboratory Theatre (y Ganolfan Ymchwil i Berfformio yn ddiweddarach), a sefydlwyd yn 1974 gan Richard Gough a Mike Pearson. Dylanwadwyd ar yr ymarferwyr hyn gan waith Grotowski ac Odin Teatret Barba ac, ynghyd â Geoff Moore o Moving Being, a oedd bryd hynny wedi'i leoli yng Nghanolfan Gelfyddydau Chapter yng Nghaerdydd, arbrofent gyda ffurf ac arddull gan edrych tua thir mawr Ewrop am ysbrydoliaeth. Roedd perfformiadau corfforol, gweledol ac amlgyfrwng y cwmnïau hyn, ynghyd â chwmnïau cysylltiedig fel Magdalena, Man Act a Pauper's Carnival, yn herio cynyrchiadau pur draddodiadol theatr brif-ffrwd Cymru. Roedd y cwmnïau newydd hefyd yn tueddu i osgoi'r adeiladau theatr concrid a oedd wedi'u codi mewn trefi ac ar sawl campws prifysgol yn y 1970au cynnar, ac a fyddai'n derbyn perfformiadau gan gwmnïau ar ymweliad. Un theatr o'r fath, a chanddi ei chwmni cynhyrchu ei hun, oedd Theatr Clwyd, a ddarparai gynyrchiadau o'r clasuron a sioeau poblogaidd y West End i'w chynulleidfaoedd Seisnig eu bryd.

Yn y theatr Gymraeg hefyd, roedd cwmnïau bychain yn bodoli ochr yn ochr â'r cwmni prif-ffrwd, Cwmni Theatr Cymru. Bu Theatr Ddieithr yn llwyfannu dramâu gan Wil Sam a Meic Povey, a cheisiai Theatr O gynnig persbectif newydd ar ddramâu clasurol. Sefydlwyd Theatr yr Ymylon yn 1972 gan griw o actorion yn benodol er mwyn creu traddodiad theatrig newydd yng Nghymru. Ni lwyddodd i wneud hynny, ond yn ystod ei flwyddyn gyntaf perfformiodd fwy o ddramâu gan ddramodwyr addawol o Gymru nag a wnaethai'r Welsh Theatre Company mewn deng mlynedd. Yn 1979 daeth anawsterau rheoli â gwaith y cwmni i ben. Efallai mai'r cwmni mwyaf arloesol i ddod i'r amlwg yn y 1970au oedd y cwmni o **Wynedd**, Theatr Bara Caws, a ddaeth i fri gyntaf yn 1977 gyda rifiw yn dychanu dathliadau'r jiwbilî brenhinol. Aeth y cwmni theatr adain chwith hwn, sy'n dal i ffynnu, â'i berfformiadau i dafarnau, clybiau a neuaddau pentref gyda'r nod penodol o 'fynd â theatr at y bobl'. Yn y de, roedd Whare Teg a Theatr Gorllewin Morgannwg yn gwasanaethu eu cymunedau lleol hwythau, gyda'r ail o'r ddau yn datblygu ei gynyrchiadau unigryw, hynod theatrig, ar sail pynciau llosg lleol a materion ehangach yn ymwneud â'r iaith Gymraeg a'i diwylliant.

Er dechrau'r 1970au mae cwmnïau Theatr mewn Addysg a Theatr i Bobl Ifanc wedi blodeuo yng Nghymru. Mae gan rai o'r cwmnïau hyn, yn arbennig Spectacle ac Arad Goch, ochr ryngwladol i'w gwaith, tra mae Theatr na n'Óg yn y de diwydiannol a Chwmni'r Frân Wen yng Ngwynedd wledig wedi canolbwyntio ar ddatblygu cynulleidfaoedd lleol teyrngar. Mae gan Gwent Theatre, Theatr Iolo a Theatr Powys hwythau sylfaen gadarn yn eu cymunedau ac maent wedi meithrin cysylltiadau â dramodwyr fel Charles Way, Greg Cullen a Dic Edwards. Mae Theatr Clwyd a Theatr Sherman yng Nghaerdydd hefyd yn darparu ar gyfer cynulleidfaoedd ifanc.

Mae sawl un o'r cwmnïau a wnaeth argraff ar fyd y theatr yng Nghymru yn negawdau olaf yr 20g. wedi diflannu, cwmnïau fel Hwyl a Fflag, Dalier Sylw, Cwmni Theatr Gwynedd, Made in Wales, Theatrig a Brith Gof, yr enillodd yr olaf ohonynt enw rhyngwladol. Mae cwmnïau eraill, er hynny, wedi goroesi ac yn dal i ehangu eu *repertoire*. Mae cynyrchiadau egnïol Volcano yn denu cynulleidfaoedd gartref a thramor. Mae Hijinx yn teithio yng Nghymru a Lloegr gan berfformio i bobl ag anableddau dysgu, ac mae Y Cwmni, cwmni blaengar Ed Thomas, wedi ehangu ei waith i gynnwys radio, **ffilm** a theledu. Bydd Theatr y Byd a Mappa Mundi yn cyflwyno cynyrchiadau achlysurol, mae pantomeim Nadolig poblogaidd Cwmni Mega yn llenwi theatrau bob blwyddyn, ac mae Clwyd Theatr Cymru (yr hen Gwmni Theatr Clwyd) wedi parhau i lwyfannu'r clasuron. Hyd nes diddymu'r cwmni yn 2007 bu Llwyfan Gogledd Cymru yn cyflwyno gwaith awduron cyfoes gan gydweithio'n aml â chwmnïau o wledydd eraill, a bu'r cwmni dwyieithog Sgript Cymru, a unodd gyda Chwmni Theatr y Sherman yn 2007, yn gweithio gydag awduron ar ddatblygu sgriptiau a chynhyrchu. Er gwaethaf y demtasiwn i sgriptio ar gyfer y cyfryngau, gwaith sy'n talu'n well o lawer, bu adfywiad yn y diddordeb mewn ysgrifennu ar gyfer y llwyfan ymhlith to newydd o ddramodwyr fel Ian Rowlands, Siân Evans, Christine Watkins, Richard Davies, Frank Vickery, Lucy Gough, Aled Jones Williams, Gary Owen, Sera Moore-Williams a Mark Jenkins.

Er hynny, parhau i lifo o Gymru y mae llawer o ddoniau, ac mae actorion ifanc fel Rhys Ifans, Ioan Gruffudd, Daniel Evans a Matthew Rhys wedi dod yn enwau rhyngwladol mewn theatr, ffilm a theledu. Gyda sefydlu Theatr Genedlaethol Cymru yn 2004 i weithio trwy gyfrwng y **Gymraeg**, a'r bwriad i sefydlu cwmni cyfatebol yn **Saesneg**, plannwyd y gobaith y byddai cynulleidfaoedd Cymru yn cael gweld yr actorion hyn yn perfformio gartref mewn cynyrchiadau mawr. Gwir gryfder theatr Cymru erioed fu poblogrwydd ei chwmnïau amatur egnïol a'i chwmnïau proffesiynol bychain. Bydd yn rhaid aros i weld a fydd dyfodiad **llywodraeth** ddatganoledig, gyda'i gweinidog diwylliant ei hun, yn helpu i warantu, yn y mileniwm newydd, lwyddiant y cwmnïau theatr 'cenedlaethol' newydd.

## DRENEWYDD, Y, A LLANLLWCHAEARN, Sir Drefaldwyn, Powys (2,709ha; 10,783 o drigolion)

Yn 2001 disodlodd y Drenewydd y **Trallwng** fel tref fwyaf **Sir Drefaldwyn**. Cofnodir ei henw **Lladin** – *nova villa* – yn 1295; ymddengys y ffurfiau Cymraeg a Saesneg yn y 14g., gan ddisodli'r enw cynharach, Llanfair-yng-Nghedewain. Mae'n debyg i'r enw newydd ddod yn sgil rhoi siarter i'r dref yn 1279. Digon dinod fu hanes y dref am 400 mlyneddd a mwy, ond ehangodd yn fawr yn y 19g. yn sgil datblygiad y diwydiant **gwlân**. Cynyddodd y **boblogaeth** o 1,665 yn 1801 i 6,842 yn 1841, cynnydd a gafodd hwb sylweddol pan ymestynnwyd Camlas Sir Drefaldwyn hyd at y dref yn 1821 (gw. **Camlesi**). Erbyn y 1830au roedd 1,200 o wyddiau ar ddefnydd yn 'Leeds Cymru', fel y gelwid y dref yn fynych. Bu llawer o anniddigrwydd ymhlith y gweithwyr, ac yn y Drenewydd, yn 1838, y cynhaliwyd cyfarfod mawr cyntaf y Siartwyr yng Nghymru (gw. **Siartiaeth**). Prif ganolfan y diwydiant gwlân oedd Penygloddfa, Llanllwchaearn, ar ochr ogleddol afon **Hafren**. Yn 1967 trowyd clwstwr o dai gwehyddion ym Mhenygloddfa yn amgueddfa wehyddu.

O'r 1850au ymlaen roedd cystadleuaeth o du peiriannau ffatrïoedd gogledd **Lloegr** yn tagu'r diwydiant lleol, ac erbyn 1901 roedd poblogaeth y dref yn llai nag a fuasai yn 1841.Yn 1859, mewn ymgais i ddenu cwsmeriaid newydd, agorwyd y busnes archebu trwy'r post cyntaf yn y byd gan Pryce Jones; erbyn 1879 rhedai Pryce Jones y busnes hwn o'i 'Royal Welsh Warehouse' (1872), adeilad mwyaf sylweddol y canolbarth. Ymhlith ei gwsmeriaid yr oedd byddin Prwsia, a brynai lu o'r sachau cysgu yr oedd wedi'u dyfeisio. Pryce Jones a dalodd am ailgodi adeilad o **Ddolgellau**, Cwrt Plas-y-Dre – neuadd o'r 15g. – yn y Drenewydd. Nid oedd perthynas rhwng Pryce Jones a theulu Pryce, Neuadd y Drenewydd; un o'r rheini oedd y pumed barwnig, Syr John (m.1761), a gadwodd gyrff eneiniedig ei ddwy wraig gyntaf o boptu ei wely nes i'r drydedd wraig fynnu eu symud.

Mae adfeilion adferedig Eglwys y Santes Fair, y cefnwyd arni yn y 1840au oherwydd llifogydd – bygythiad cyson i'r dref hyd nes y codwyd argae Clywedog (gw. **Llanidloes Allanol**) – yn cynnwys bedd **Robert Owen**. Ganed Owen yn y Drenewydd yn 1771, ac yno y bu farw yn 1858, ond ni fu fawr o gysylltiad rhyngddo a'r dref yn ystod blynyddoedd ei enwogrwydd. Mae amgueddfa goffa iddo yn denu ymwelwyr o bob cwr. Mae'r eglwys a godwyd yn lle Eglwys y Santes Fair, sef Eglwys Dewi Sant (1847), yn cynnwys gweddillion croglen nodedig (*c*.1500). Ceir yn y Drenewydd nifer o dai deniadol o'r 17g. a'r 18g. ynghyd â blaenau siopau diddorol o'r 19g. Mae Seion, capel y **Bedyddwyr** (1881), yn un o'r capeli harddaf yng Nghymru.

Ar ôl i gynllun i sefydlu tref newydd fawr yn rhan uchaf Dyffryn Hafren gael ei roi heibio yn 1966, aethpwyd ati, trwy Awdurdod Datblygu Canolbarth Cymru, i ehangu'r Drenewydd. Adeiladwyd ffatrïoedd a stadau tai gyda'r bwriad o ddyblu'r boblogaeth o 5,500 erbyn diwedd yr 20g. – bwriad y daethpwyd yn agos at ei wireddu. Mae dwy o'r stadau – Trehafren a Threowen – yn cynnwys adeiladau nodedig. Cyfoethogir diwylliant y dref a'r cyffiniau gan Oriel Goffa Davies a Theatr Hafren.

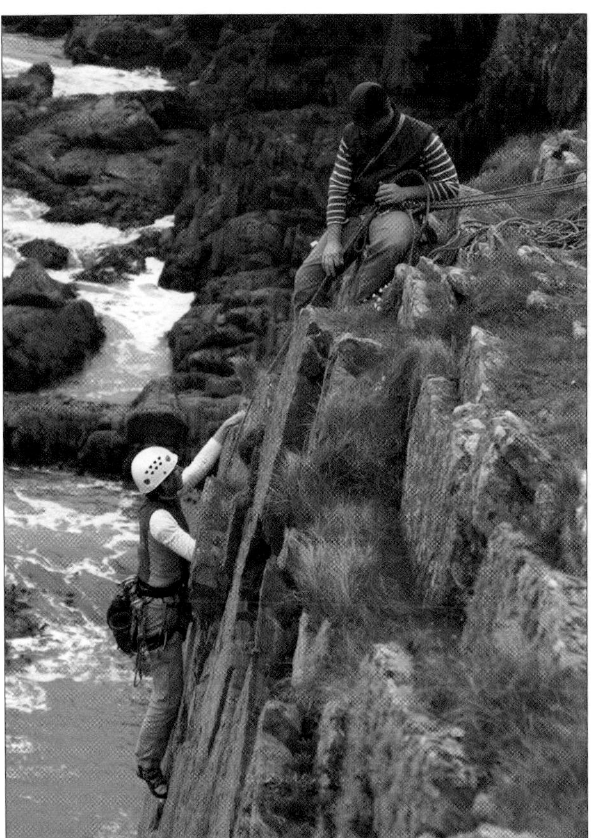

Dringo ar glogwyni arfordir Sir Benfro

## DRENEWYDD GELLI-FARCH (Shirenewton), Sir Fynwy (2,307ha; 1,014 o drigolion)

**Cymuned** i'r gogledd-orllewin o **Gas-gwent**. Mae'n cynnwys pentrefi Mynydd Bach a Drenewydd Gelli-farch, sy'n tyfu'n gyflym yn sgil cymudo. Mae'r Gerddi Siapaneaidd yn Neuadd Drenewydd Gelli-farch, a blannwyd *c*.1900, yn drawiadol. Un o gapeli Anghydffurfiol cynharaf y sir yw Earlswood (1754). Mae'r gymuned yn cynnwys rhan helaeth o Goed Gwent, y goedwig a oedd yn rhannu **Gwent** yn Uwch Coed ac Is Coed.

## DRINGO A MYNYDDA

Ymwelwyr o **Loegr** o ganol y 19g. ymlaen a roddodd gychwyn ar ddringo a mynydda fel gweithgareddau hamdden ffurfiol, ond roedd nifer o'r brodorion yn adnabod pellafoedd a chilfachau creigiog ucheldir Cymru ymhell cyn hynny. Roedd casglwyr **planhigion** ers cyn cof wedi hel deiliach a blodau er mwyn eu rhinweddau meddyginiaethol; gwerthai tywyswyr lleol amryfal fathau o redyn oddi ar y clogwyni i ddiwallu diddordeb pobl oes Victoria yn y planhigion hynny; beunydd byddai bugeiliaid, chwarelwyr a mwynwyr **copr** yn herio'r elfennau y deuai dringwyr a mynyddwyr o **Saeson** i'w hwynebu maes o law. Ceir, er enghraifft, dystiolaeth fod mwynwyr o Nant Gwynant (**Beddgelert**) wedi dringo'r ceunant 300m serth sydd ar y Lliwedd 40 mlynedd cyn i griw o ddringwyr o Ardal y Llynnoedd yn Lloegr

Jim Driscoll, ar y dde, yn ystod ei ornest yn erbyn Freddie Welsh, 1910

wneud hynny yn 1898 gan honni mai hwy oedd y cyntaf i gyrraedd y brig. Camp y mwynwyr – wrth chwilio am wythiennau **copr** neu am **aur** chwedlonol y Brenin Arthur – yw'r fwyaf arwyddocaol o ddigon yn hanes cynnar dringo yng Nghymru.

I ddechrau, roedd dringo a mynydda yng Nghymru – ac yn fwy arbennig ar lethrau **Eryri** – yn ddau weithgaredd anwahanadwy, gyda'r naill yn cael ei ystyried yn ddim mwy na hyfforddiant ar gyfer y llall. Bob Pasg byddai tafarnau a gwestai yn llawn dringwyr alpaidd o **Lundain**, **Rhydychen** a **Chaergrawnt**, wrth i wŷr bonheddig baratoi ar gyfer hafau yn Oberland neu'r Haute Savoie trwy hogi eu sgiliau ar greigiau caredicach Cymru. Roedd ambell i ddringwr lleol – **Archer Thomson** oedd y mwyaf blaenllaw ohonynt – yn cymryd y gamp o ddifrif, gan ddatblygu'r hyn a elwid yn 'dechneg cydbwyso', ond lleiafrif bychan fu'r Cymry a ddringai erioed.

Pan ddaeth cenhedlaeth newydd o ddringwyr a hyfforddwyd ar greigiau yng ngogledd Lloegr i Eryri yn y 1920au – Jack Longland, Menlove Edwards a Colin Kirkus yn arbennig – cododd y safonau i'r entrychion. Bu cryn ddringo ar Glogwyn Du'r Arddu (ar ystlys ogleddol yr **Wyddfa** – y gwychaf o glogwyni Cymru), ac enillodd yr ardal le amlwg yn natblygiad dringo. Bu Menlove Edwards yn arbennig o ddylanwadol. Yn hytrach na chyrraedd copaon ar hyd llwybrau syml, chwiliai ef am y llwybr anodd a mynnu wynebu seicoleg ofn. Edwards, a ddringodd dros gant o ddringfeydd newydd ar glogwyni Eryri, sy'n bennaf cyfrifol am roi cychwyn ar y gamp fodern.

Wedi'r **Ail Ryfel Byd**, yn sgil mwy o amser hamdden a digonedd o gyfarpar milwrol sbâr, bu cynnydd mewn gweithgarwch a chododd y safonau eto (gw. **Charles Evans**). Bu'r dringwyr o Fanceinion Joe Brown a Don Whillans, a ymgartrefodd ill dau yn **Sir Gaernarfon**, yn dringo ar Glogwyn Du'r Arddu ac ar hyd Bwlch **Llanberis** ar ddringfeydd a gyfrifir bellach ymhlith clogwyni anodd clasurol **Prydain**. Yn y 1970au, fodd bynnag, y daeth y chwyldro mwyaf arwyddocaol mewn dringo creigiau. Bryd hynny arweiniodd rhaglenni hyfforddi corfforol llym, ynghyd â dyfodiad offer technegol newydd a soffistigedig o America a thir mawr Ewrop, at gyrraedd safonau na fyddai neb wedi eu dychmygu hyd yn oed ugain mlynedd ynghynt. Mae'r duedd honno wedi parhau a dwysáu oddi ar y 1970au, a bellach mae Eryri yn denu dringwyr o bob cwr o'r byd. Yr un pryd bu arbrofi mewn lleoliadau newydd, fel môrglogwyni **Castellmartin** a **Chaergybi**, hen chwareli **llechi** Dinorwig (**Llanddeiniolen**) a llethrau **calchfaen** Llanymynech (**Carreghwfa**); ac adeiladwyd muriau dringo dan do ledled y wlad. Daeth darparu cyrsiau dringo a chynhyrchu a gwerthu offer dringo yn weithgaredd economaidd pwysig, yn arbennig yn y gogledd-orllewin, ac mae'r **dwristiaeth** awyr agored trwy'r flwyddyn y mae dringo'n rhan ohoni bellach yn hanfodol i lawer o gymunedau a ddioddefodd ddirwasgiad yn y gorffennol.

## DRISCOLL, Jim (James Driscoll; 1880–1925)
Bocsiwr

Erbyn iddo gyrraedd ei ben-blwydd yn 17 oed roedd Jim Driscoll, a aned yn ardal y **Gwyddelod** yng **Nghaerdydd**, yn ymddangos yn gyson ym mythau ffair Jack Scarrott ledled y de, ac yn 1901 trodd yn focsiwr proffesiynol. Roedd ganddo gorff lluniaidd 1.67m o daldra a phwysai 57kg; ymladdai gan sefyll yn unionsyth ac roedd ganddo ergyd chwith ddidrugaredd a ddofai ei wrthwynebwyr cyn i'w ddwrn de nerthol eu llorio. Enillodd bencampwriaeth pwysau plu **Prydain** yn 1906, ac yn ystod taith o ornestau diguro yn yr Unol Daleithiau ymladdodd ornest 'ddibenderfyniad' yn erbyn pencampwr y byd, Abe Attell, yn 1909. Ni allodd Driscoll sicrhau'r ergyd derfynol a fyddai'n hawlio'r bencampwriaeth iddo, ond rhoddodd berfformiad mor gaboledig grwn nes i Bat Masterson, cyn-farsial yn yr Unol Daleithiau a droesai'n newyddiadurwr chwaraeon, ei fedyddio'n 'Peerless Jim'.

Gwrthododd Driscoll gynnig Attell i ymladd drachefn am bencampwriaeth y byd oherwydd ei fod wedi addo bocsio yng Nghaerdydd i godi arian i Gartref Plant Amddifaid Nazareth House. Ym mis Rhagfyr 1910 fe'i gwaharddwyd yn ystod gornest chwerw â **Freddie Welsh**; enillodd bencampwriaeth pwysau plu Ewrop yn 1912 ac ymddeolodd y flwyddyn ganlynol. Wedi'r rhyfel, oherwydd anawsterau ariannol, penderfynodd Driscoll ailafael yn ei yrfa er ei fod erbyn hynny'n dioddef o **dwbercwlosis**, ac ym mis Hydref 1919 cytunodd i ymladd yn erbyn y pencampwr Ewropeaidd llawer iau, Charles Ledoux. Am 14 rownd cadwodd dwrn chwith dihafal Driscoll y Ffrancwr yn ei le, ond erbyn yr 16eg rownd roedd wedi ymlâdd a bu'n rhaid iddo ildio. Pan fu farw, hebryngwyd ei arch i fynwent Cathays gan 100,000 o alarwyr.

## *DRYCH CRISTIANOGAWL, Y* (1587)

Y llyfr cyntaf i'w argraffu yng Nghymru. Argraffwyd rhan o'r testun ar wasg ddirgel anghyfreithlon gan griw o **Gatholigion Rhufeinig** mewn ogof yng nghreigiau Rhiwledyn ar gyrion **Llandudno**. Dyddia gweddill y testun o lawysgrif a gopïwyd yn 1600. Ei thema yw'r 'Pedwar Peth Olaf', ac mae'n deillio'n fras o waith yr Iesüwr o Sais, Robert Persons. Terfyna'r rhagymadrodd gyda'r geiriau 'O FVLAN yr eiddoch G.R.'. Y bwriad oedd rhoi'r argraff mai **Gruffydd Robert** Milan a'i hysgrifennodd, ond ymddengys mai Robert Gwyn (*c.*1540/50–1592/1604), yr offeiriad cenhadol o Benyberth (**Llanbedrog**), yw'r awdur. Ymddangosodd argraffiad o'r testun cyflawn yn 1996 dan y teitl *Y Drych Kristnogawl*, wedi'i olygu gan Geraint Bowen.

**DUHONW**, Sir Frycheiniog, Powys (4,375ha; 300 o drigolion)

Mae **cymuned** Duhonw, i'r de o **Lanfair-ym-Muallt**, yn ymestyn o lannau afon **Wysg** hyd lethrau gogleddol **Mynydd Epynt** ac yn cynnwys dalgylch afon Duhonw. Yn ôl y sôn, graens (*grange*) o eiddo **Ystrad-fflur** oedd Aberduhonw, sydd bellach yn fferm 2km i'r dwyrain o Lanfair-ym-Muallt. Eglwys Dewi Sant, Maesmynys, yw mameglwys y Santes Fair, Llanfair-ym-Muallt. Adeiladwyd Abercynithon gan Edward Price, y tirfesurwr a fu'n gyfrifol am ailadeiladu Llanfair-ym-Muallt ar ôl tân 1691.

**DUNODING** Cantref

Ar hyd arfordir gogleddol a gogledd-orllewinol Bae Ceredigion y gorweddai Dunoding, y dywedir iddo gael ei enwi ar ôl mab **Cunedda**, Dunod. Ymrannai'n ddau **gwmwd**, sef **Ardudwy** ac **Eifionydd**, gyda'r Traeth Mawr yn eu gwahanu (gw. **Porthmadog**). Erbyn y 13g. nid oedd fawr ddefnydd o'r enw Dunoding, a dechreuwyd credu bod Ardudwy ac Eifionydd eu hunain yn gantrefi (gw. **Cantref**).

***DUX BRITANNIARUM***

Teitl milwrol **Rhufeinig** oedd *dux*, yn disgrifio'r cadfridog a oedd â gofal byddin ranbarthol. Ym **Mhrydain**, roedd y *dux britanniarum*, swydd a grëwyd *c*.300, yn rheoli lluoedd gogleddol Prydain, byddin symudol gyda'i chanolfan yng Nghaerefrog. Efallai i **Macsen Wledig** ddal y swydd, ac mae'n bosibl fod **Arthur** yn gadlywydd yn yr un traddodiad ganrif ar ôl i'r teitl beidio â bod.

**DWYFOR** Cyn-ddosbarth

Daeth Dwyfor, a enwyd ar ôl afon Dwyfor, i fodolaeth yn 1974 yn ddosbarth oddi mewn i sir **Gwynedd**. Roedd yn cynnwys yr hyn a fu yn fwrdeistref **Pwllheli**, **dosbarthau trefol Cricieth** a **Phorthmadog**, a dosbarth gwledig **Llŷn** a rhan o un **Arfon**. Gyda'i arwyddair *Angor yr Iaith*, roedd yn unigryw ymhlith y 37 dosbarth newydd a sefydlwyd yn 1974 gan ei fod yn cynnal ei weinyddiaeth fewnol bron yn gyfan gwbl trwy gyfrwng y **Gymraeg**. O 1989 hyd 1996 dyma'r unig ddosbarth yng Nghymru lle'r oedd tafarnau yn dal i gau ar y Sul (gw. **Cau'r Tafarnau ar y Sul**). Diddymwyd y dosbarth yn 1996, pan sefydlwyd sir unedol Gwynedd. Erbyn etholiadau'r **Cynulliad Cenedlaethol** yn 2007 roedd yr hen ddosbarth, a fu'n rhan o etholaeth **Caernarfon** oddi ar 1950, yn rhan o etholaeth Dwyfor Meirionnydd.

**DWYNWEN (5g./6g.)** Santes

Nawddsantes cariadon Cymru yw Dwynwen, a oedd yn un o ferched **Brychan**. Dethlir ei gŵyl ar 25 Ionawr. Yn ôl y tair gweddi Ladin a ychwanegwyd at Lyfr Offeren Bangor (1494), cerddodd Dwynwen dros Fôr Iwerddon oherwydd fod arni ofn **Maelgwn Gwynedd**. Ceir fersiwn gwahanol o'i hanes yn llawysgrifau Iolo Morganwg (**Edward Williams**) sy'n honni iddi gwympo mewn cariad â Maelon Dafodrill. Torrodd Dwynwen ei chalon pan dorrodd Maelon y dyweddïad ac, fel cosb, rhewyd Maelon gan Dduw. Rhoddodd Duw dri dymuniad i Dwynwen a dymunodd hithau ddadrewi Maelon; cael gwrando ar weddïau unrhyw un a oedd yn glaf o gariad; ac yn olaf dymunodd fod yn lleian a byw ar ei phen ei hunan ar Ynys Llanddwyn (gw. **Rhosyr**). Disgrifir cleifion yn cael eu hiacháu wrth ei ffynnon a'i chapel ym marddoniaeth Dafydd Trefor (*c*.1460–*c*.1528) a gelwir arni yng ngwaith **Dafydd ap Gwilym**.

**DWYRIW**, Sir Drefaldwyn, Powys (4,513ha; 467 o drigolion)

Mae enw'r **gymuned** hon, a leolir yn bennaf yn union i'r de o **Lanfair Caereinion**, yn adlewyrchu'r ffaith ei bod yn gorwedd rhwng y ddwy afon Rhiw.

Ardal fynyddig, brin ei **phoblogaeth** ydyw, yn cynnwys pentrefi Llanllugan, Llanwyddelan ac Adfa. Sefydlwyd lleiandy Sistersaidd yn Llanllugan *c*.1180 dan nawdd mynachlog Ystrad Marchell (gw. **Trallwng (Sir Drefaldwyn)**); mynegodd **Dafydd ap Gwilym** ei awydd i hudo ei leianod. Fe'i diddymwyd yn 1536. Mae ei union safle yn anhysbys, ond efallai ei fod ar lannau'r fwyaf deheuol o afonydd Rhiw. Ailadeiladwyd Eglwys Sant Gwyddelan yn 1865, ond erys Eglwys Fair, Llanllugan, yn debyg i'r hyn ydoedd yn y 15g. Adeiladwyd Capel Gezerim, Adfa, addoldy plaen ond deniadol y **Methodistiaid Calfinaidd**, yn 1790; y tu allan mae cofgolofn i Lewis Evan (1719–92), sylfaenydd yr achos yn 1742 a chynghorwr cyntaf y Methodistiaid yn **Sir Drefaldwyn**.

**DYER, John (1699–1757)** Bardd ac arlunydd

Brodor o **Sir Gaerfyrddin** oedd John Dyer; fe'i ganed yn **Llanfynydd**, a'i fagu yno ac yn Aberglasne yn **Llangathen**. Bwriadwyd iddo ddilyn ei dad i fyd y **gyfraith**, ond trodd at ffermio ac yna at yr eglwys, a bu'n rheithor **plwyfi** yn Swydd Gaerlŷr a Swydd Lincoln. Fel arlunydd yr oedd yn fwyaf adnabyddus nes iddo gyhoeddi ei gerdd 'Grongar Hill' (1726), cerdd y bu'n gweithio arni yn Rhufain tra oedd yn astudio celf. Mae'r gerdd yn dathlu harddwch ei fro enedigol, yn enwedig y Grongaer a saif uwchben Dyffryn **Tywi**; mae'n cynnwys y cwpled adnabyddus: 'Ever changing, ever new, / When will the landscape tire the view?'. Fel bardd ac arlunydd a oedd yn drwm dan ddylanwad Claude, roedd yn un o arloeswyr barddoniaeth dopograffig Saesneg. Canmolodd Wordsworth ei gerdd hir am y diwydiant **gwlân**, 'The Fleece', y dechreuodd ei chyfansoddi yn 1743 a'i chyhoeddi mewn pedair cyfrol yn 1747; credai'r bardd o Sais fod arddull Dyer mor bur ag eiddo Milton.

Cyn ymweld â Rhufain roedd Dyer wedi crwydro Cymru ar gefn ceffyl, gan dynnu lluniau ac ysgrifennu sylwadau ar hyd y ffordd. Er mai ychydig o'i luniau a oroesodd, roedd yn ffigwr pwysig yn natblygiad cynnar athroniaeth peintio tirluniau, y **pictiwrésg** ac estheteg Gymreig. Ymddiddorai'n fawr mewn hen adfeilion hardd ac mewn cysylltiadau hynafol, a chredai yng ngallu byd natur i dawelu'r meddwl.

**DYFED** Cyn-sir

Yn sgil ad-drefnu llywodraeth leol yn 1976, daeth Dyfed yn enw ar un o wyth sir newydd Cymru. Roedd yn cynnwys tair o'r hen **siroedd**, sef **Sir Aberteifi**, **Sir Gaerfyrddin** a **Sir Benfro**, ac fe'i rhennid yn chwe dosbarth, sef **Ceredigion**, **Caerfyrddin**, **Dinefwr**, **Llanelli**, **Preseli Penfro** a **De Sir Benfro**. Roedd pencadlys y cyngor sir yng **Nghaerfyrddin**. Dan addrefniant pellach yn 1996 adferwyd y siroedd blaenorol a rhoddwyd y gorau i ddefnyddio'r enw Dyfed mewn llywodraeth leol.

**DYFED** Teyrnas

Un o deyrnasoedd y Gymru gynnar oedd Dyfed, ac yn ôl pob tebyg mae'r gair yn deillio o **Demetae**, enw'r llwyth a drigai yn ne-orllewin Cymru adeg dyfodiad y **Rhufeiniaid**. Roedd ei brenhinoedd o dras Wyddelig, ac mae'n bosibl fod cysylltiad rhyngddi ag ymfudiad y Déisi o **Iwerddon**, a ddigwyddodd yn ôl pob tebyg ddiwedd y 4g. Awgryma'r ugain carreg **ogam** a ddarganfuwyd yn Nyfed gysylltiad hirhoedlog ag Iwerddon. Yn ôl brawddeg agoriadol cainc gyntaf *Pedair Cainc y Mabinogi* (gw. **Mabinogion**) roedd y deyrnas yn cynnwys saith **cantref**, sef **Cantref Gwarthaf**, **Cemais**, **Daugleddau**, **Emlyn**, **Pebidiog**, **Penfro** a **Rhos**. Yn ystod y 9g., yn sgil uno **Gwynedd**, **Powys**, **Ceredigion** ac **Ystrad Tywi** dan **Rhodri Mawr**, pryderai rheolwyr Dyfed y câi eu teyrnas hwy hefyd ei thraflyncu, a cheisiai'r brenin Hyfaidd ap Bleddri nodded dan nawdd Alfred o Wessex. Fodd bynnag, ymddengys mai Llywarch ap Hyfaidd oedd yr olaf o frenhinoedd Dyfed, oherwydd wedi'i farwolaeth yn 904 meddiannwyd ei deyrnas gan **Hywel Dda**, ei fab yng nghyfraith. Daeth Dyfed, ynghyd â Cheredigion, Ystrad Tywi a **Brycheiniog**, yn rhan o deyrnas **Deheubarth**, a barhaodd, o leiaf mewn ffurf lai, hyd y 13g. Collodd y **Gymraeg** lawer o'i thiriogaeth yn rhan ddeheuol Dyfed o'r 12g. ymlaen o ganlyniad i ddylifiad o ymfudwyr Ffleminaidd a Seisnig (gw. **Ffleminiaid** a **Saeson**). Yn dilyn y **Deddfau 'Uno'** daeth gorllewin Dyfed yn **Sir Benfro** a neilltuwyd ei rhan ddwyreiniol i **Sir Gaerfyrddin**. Dyfedeg yw'r enw ar dafodiaith de-orllewin Cymru.

**DYFI, Afon** (60km)

Mae afon Dyfi yn tarddu yng Nghreiglyn Dyfi ar lechweddau dwyreiniol **Aran** Fawddwy yng **nghymuned** Mawddwy. O'r llyn peiran, llifa'r afon i gyfeiriad Llanymawddwy trwy ddyffryn ucheldirol dwfn a chul. Mae dwy isafon sylweddol eu maint, sef Cywarch a Cherist, yn ymuno â Dyfi cyn iddi gyrraedd Dinas **Mawddwy**; y tu hwnt i'r pentref mae dolydd bras yn nodweddu llawr llydan y dyffryn rhewlifol. Ceir cymer Twymyn a Dyfi ger **Glantwymyn**, ac ymuna un afon Dulas, sy'n llifo o'r gogledd, ac afon Dulas arall, sy'n llifo o'r de, â Dyfi ger **Machynlleth**, man pontio isaf yr afon. I'r gorllewin o'r dref mae Dyfi yn afon ac iddi lanw, a hwnnw'n gorlifo ei gorlifdir yn fynych. Mae'r foryd rhwng **Aberdyfi** a thwyni tywod Ynys-las, lle mae'r afon yn ymarllwys i'r môr, yn llydan. Arferai **llongau** bychain hwylio cyn belled â hen borthladd bach Derwen-las **(Cadfarch)**.

**DYFRDWY, Afon** (179km, 163km yn gyfan gwbl yng Nghymru neu'n ffurfio rhan o ffin Cymru/Lloegr)

Mae Dyfrdwy yn tarddu wrth odre'r Dduallt (650m) yng nghymuned **Llanuwchllyn**. Llifa trwy Lyn Tegid i'r **Bala**. Gerllaw'r Bala ymuna afon Tryweryn â hi; mae dalgylch honno yn cynnwys **Arennig Fawr ac Arennig Fach**, a rhwng cronfa ddŵr Llyn Celyn (gw. **Tryweryn, Boddi Cwm**) a'r Bala mae'n boblogaidd ymhlith canŵ-wyr dŵr gwyn. I'r de o **Gorwen** ceir cymer Dyfrdwy ac Alwen, afon sydd, ynghyd â'i hisafon, Brenig, yn draenio'r rhan helaethaf o **Fynydd Hiraethog**; crëwyd **cronfeydd dŵr** mawr trwy godi argaeau yn nyffrynnoedd y naill afon a'r llall. Rhwng Corwen a **Llangollen** llifa Dyfrdwy tua'r dwyrain trwy Ddyffryn **Edeirnion** a Glyndyfrdwy, y glyn y cymerodd **Owain Glyndŵr** ei enw oddi wrtho. Mae'r bont o'r 14g. yn Llangollen yn un o **Saith Rhyfeddod Cymru**. Ym Mhontcysyllte, mae traphont ddŵr enwog **Thomas Telford** yn dwyn camlas y Shropshire Union ar draws afon Dyfrdwy (gw. **Camlesi** a **Llangollen Wledig**). Lleolir cymer Dyfrdwy a Cheiriog 5km i'r de-ddwyrain o'r draphont ddŵr. Mae afon Ceiriog yn draenio rhan ddwyreiniol mynyddoedd y **Berwyn**. Golygfa werth ei gweld yw'r draphont ddŵr a'r bont reilffordd sy'n croesi Ceiriog ger y **Waun**. I'r gogledd o **Fangor Is-coed** ceir cymer Dyfrdwy a Chlywedog, afon sy'n llifo trwy ddyffryn sy'n nodedig am ei archaeoleg ddiwydiannol (gw. **Coed-poeth**). Daw Dyfrdwy i raddau helaeth yn **ffin** rhwng Cymru a **Lloegr**, 2km i'r gogledd o'r cymer. I'r gogledd o **Holt** ceir cymer Dyfrdwy ag afon Alun, sy'n draenio rhannau helaeth o **Sir y Fflint**. I'r gogledd- ddwyrain o'r **Orsedd** (Rossett) mae dwylan Dyfrdwy yn Lloegr, ond mae'r afon – ar ffurf camlas – yn dychwelyd i Gymru yn **Saltney** ar gyrion Caer, cyn cyrraedd ei moryd lydan ger **Cei Connah**. Ar lan orllewinol y foryd, saif y **Fflint**, **Bagillt**, **Treffynnon** a **Mostyn**. Mae Dyfrdwy yn cyrraedd y môr agored gerllaw'r Parlwr Du (**Llanasa**), safle pwll **glo** dwfn olaf maes glo'r gogledd-ddwyrain; fe'i caewyd yn 1996.

**DYFRGWN**

Mae Cymru'n gadarnle pwysig i'r dyfrgi brodorol, a oedd unwaith yn gyffredin iawn ar hyd **afonydd** ac arfordiroedd **Prydain**, ond a ddaeth yn agos at ddiflannu yn y 1960au. Aelod o deulu'r wenci ydyw sy'n byw'n rhannol yn y dŵr, ac mae ganddo ffwr brown, corff llyfnhir (hyd at 120cm o hyd), cynffon hir drwchus a thraed gweog. Arferid ei **hela** am ei groen (rhoddai **cyfraith** Cymru'r Oesoedd Canol werth o 12 ceiniog ar ddyfrgi o gymharu â 24 ceiniog ar **fele'r coed** a 120 ceiniog ar afanc (gw. **Afancod**)), a châi ei hela hefyd er mwyn difyrrwch, dan yr esgus ei fod yn bla. Daeth nifer o baciau o gŵn hela dyfrgwn i fodolaeth yn y 1790au ac fe'u cedwid yn benodol ar gyfer y pwrpas hwn mor ddiweddar â'r 1970au.

Yn eironig, yng nghofnodion yr helfeydd hyn y ceir y dystiolaeth fanylaf am y gostyngiad yn niferoedd y dyfrgi yn ystod yr 20g. Gellir priodoli'r gostyngiad yn bennaf i gynlluniau draenio a llygredd, yn arbennig y llygredd a achoswyd gan ddip **defaid**. Fodd bynnag, mewn arolwg yn 2004 darganfuwyd bod dyfrgwn, yn sgil gwella ansawdd dŵr, i'w cael ar lannau o leiaf saith o bob deg afon yng Nghymru ac ar o leiaf saith o bob deg gwlyptir, gan gynnwys ardaloedd megis dyffrynnoedd **Conwy** a **Chlwyd** a chymoedd y de diwydiannol, lle na chafodd fawr ddim eu cofnodi yn y 1970au. Ar un adeg, ofnid y byddai'r minc estron yn disodli'r dyfrgi, sydd yn rhywogaeth warchodedig yng Nghymru, ond efallai mai'r gwrthwyneb sy'n wir gan nad yw bellach dan fygythiad.

**DYFRIG (5g.)** Sant

Awgrymir gan batrwm yr eglwysi cynnar a gysegrwyd iddo mai Dyfrig oedd esgob tiriogaethol **Erging**, y deyrnas rhwng afonydd **Gwy** a Mynwy – ardal a fu'n rhan o **Swydd Henffordd** ers canrifoedd lawer. Roedd ei ddylanwad fel arweinydd eglwysig yn ymestyn ymhell y tu hwnt i gyffiniau ei esgobaeth. Mae Buchedd Samson (7g.; gw. **Samson**) yn cyfeirio ato fel 'papa' Dyfrig, gan bwysleisio'i safle arbennig ymhlith ei gyfoeswyr. Yn ôl Buchedd Dyfrig (12g.) yn ***Liber Landavensis***, sefydlwyd ysgol fynachaidd lwyddiannus

Castell Carreg Cennen

ganddo yn *Hennlann* ar afon Gwy (Henllan Dyfrig a Theilo, sef Hentland on Wye yn Swydd Henffordd). Daeth Erging yn grud Cristnogaeth yng Nghymru dan arweiniad ysbrydol Dyfrig. Ei ddydd gŵyl yw 14 Tachwedd.

**DYFFRYN ARDUDWY**, Gwynedd (4,555ha; 1,667 o drigolion)

Mae'r **gymuned** hon, sydd rhwng **Abermaw** a **Harlech**, yn cynnwys pentrefi Dyffryn Ardudwy, Coed Ystumgwern, Llanenddwyn, Llanddwywe a Thal-y-bont, y cyfan ar hyd ffordd yr A496. Mae'n ymestyn hyd at gopa Diffwys (750m) ac yn cynnwys cronfa ddŵr anghysbell Llyn Bodlyn. Wrth i **Gerallt Gymro** deithio trwy Gymru yn 1188, disgrifiodd yr ardal fel 'y fwyaf cyntefig a garw o holl ardaloedd Cymru'. Mae'n cynnwys grwpiau pwysig o siambrau claddu o'r Oes Neolithig (Carneddau Hengwm, yn arbennig), nifer o garneddau o'r Oes Efydd a bryngaer uchel o'r Oes Haearn (Craig y Ddinas) (gw. **Oesau Cynhanesyddol**). Mae gan Gorsygedol nenfwd addurnedig (1576), porthdy hardd (1630) ac ysgubor enfawr (1685). Roedd yn gartref i deulu **Vaughan**, un o deuluoedd bonheddig amlycaf **Sir Feirionnydd**, a gwelir beddau'r teulu yn eglwys Llanddwywe (*c*.1593). Yn y 19g. roedd Llanenddwyn yn ganolfan mwyngloddio manganîs (gw. **Daeareg**). Bu gan Egryn le amlwg yn adfywiad crefyddol 1904–05 (gw. **Diwygiadau** ac **Evan Roberts**) pan ymddangosodd golau rhyfeddol uwchlaw Dyffryn Ardudwy. Honnai Mary Jones, arweinydd cyfarfod gweddi capel Egryn, ei fod yn rhoi arweiniad iddi dros bwy i weddïo. Gwelwyd 'golau Egryn' gan amryw o rai eraill a chafodd y ffenomen sylw eang yn y wasg.

**DYFFRYN ARTH**, Ceredigion (4,331ha; 1,241 o drigolion)

Mae'r **gymuned** hon, yn union i'r gogledd o **Aberaeron**, yn cwmpasu dalgylch afon Arth ac yn cynnwys pentrefi Aberarth, Bethania, Cross Inn a Phennant. Codwyd Castell Dinerth, yn hafn ddofn Dyffryn Arth, yn ystod cyfnod goruchafiaeth y **Normaniaid** yng **Ngheredigion** (1110–35). Saif pentref deniadol Aber-arth ar ddwylan yr afon. Mae gan Eglwys Llanddewi Aber-arth, ar fryn uchel gerllaw, dŵr yn dyddio o'r 13g. Yma a thraw ar y traethau ceir 'goredi' neu furiau o gerrig mewn hanner cylch a ddefnyddid i ddal **pysgod** rhwng trai a llanw. Mae Tŷ Glyn yn adeilad deniadol sy'n dyddio o'r 17g. Bu Monachty, sydd ar safle graens (*grange*) a berthynai i **Ystrad-fflur**, yn gartref i Alban Gwynne (m.1819), sylfaenydd Aberaeron. Bu **ymfudo** helaeth i **Ogledd America** o Fethania a Phennant. Brodor o Aber-arth oedd yr addysgwr **Jac L. Williams**.

**DYFFRYN CENNEN**, Sir Gaerfyrddin (4,233ha; 1,206 o drigolion)

Mae'r **gymuned** hon, sy'n union i'r de o **Landeilo**, yn cynnwys pentref Ffair-fach – maestref ddeheuol Llandeilo i bob pwrpas – a phentrefi bychain Dre-fach, Llandyfân a Thrap. Saif Castell Carreg Cennen, y castell mwyaf dramatig ei leoliad yng Nghymru, ar dalp o **galchfaen** tua 110m uwchlaw afon Cennen. Dilewyd olion castell gwreiddiol tywysogion **Deheubarth** gan y gwaith adeiladu a gyflawnwyd rhwng 1283 ac 1322, pan oedd y castell ym meddiant teulu Giffard, arglwyddi **Llanymddyfri**. Yng nghornel dde-ddwyreiniol y cwrt mewnol mae grisiau'n arwain at dramwyfa gromennog ac i mewn i ogof naturiol, a gâi ei defnyddio yn yr Oes Neolithig (gw. **Oesau Cynhanesyddol**). Cipiwyd y castell gan **Owain Glyndŵr** yn 1402, ac fe'i difrodwyd pan gymerwyd ef gan yr Iorciaid (gw. **York, Teulu**) yn 1462.

Ffermdy mawr o'r 16g. yw Cwrt Bryn-y-beirdd. Ym mhen mwyaf deheuol yr ardal mae Beddau'r Derwyddon; tomenni clustog ydynt mewn gwirionedd, sef tyllau **cwningod** o wneuthuriad dyn.

## DYFFRYN CLWYD Cantref ac arglwyddiaeth

Un o gantrefi'r **Berfeddwlad** oedd Dyffryn Clwyd, ynghyd â **Rhos**, **Rhufoniog** a **Thegeingl**, ac roedd yn cynnwys cymydau **Dogfeiling**, **Llannerch** a **Cholion**. Yn 1284 daeth yn un o arglwyddiaethau'r **Mers** – cyfeirid ati'n aml fel arglwyddiaeth **Rhuthun** – a'i rhoi i Reginald de Grey (gw. **Grey, Teulu**).

## DYFFRYN CLYDACH, Castell-nedd Port Talbot (691ha; 3,188 o drigolion)

Mae'r **gymuned** hon yn union i'r gogledd o **Gastell-nedd** yn cynnwys Abaty Nedd, a sefydlwyd gan urdd fynachaidd Savigny yn 1129. (Yn 1147 unwyd urdd Savigny gyda'r **Sistersiaid**.) Ailadeiladwyd y safle yn ei grynswth rhwng *c.*1180 a *c.*1330 ar raddfa a adlewyrchai gyfoeth y fynachlog, a oedd yn berchen ar bum graens (*grange*) ffrwythlon yng **Ngŵyr** a **Bro Morgannwg**. Yn 1536 roedd **John Leland** o'r farn mai Abaty Nedd oedd yr harddaf yng Nghymru. Pan ddiddymwyd yr abaty yn 1539 roedd abad – yr ysgolhaig disglair a'r gweinyddwr **Leyshon Thomas** – a saith o fynachod yn byw yno. Yn dilyn diddymu'r fynachlog (gw. **Diddymu'r Mynachlogydd**), adeiladwyd plasty mawr o fewn ei libart; fe'i gadawyd yn wag yn y 18g. pan adeiladwyd gwaith **copr** ar y safle. O'r rhannau o'r safle sydd wedi goroesi o'r Oesoedd Canol, y rhai mwyaf trawiadol yw'r crypt bwaog a rhannau o dalcen gorllewinol yr eglwys. Yn 1792 sefydlwyd gwaith **haearn** Abaty Nedd, 0.5km i'r gogledd o'r abaty, gan deuluoedd Price a Tregelles. Yr aelod enwocaf o'r teuluoedd hyn oedd y dyngarwr o Grynwr, **Joseph Tregelles Price**. Mae ymgyrch ar y gweill i ddiogelu hen adeiladau'r gwaith haearn, sy'n cynnwys dwy o'r ffwrneisiau chwyth uchaf a godwyd erioed o gerrig. Gerllaw'r abaty mae darn atyniadol o Gamlas Tennant, gan gynnwys traphont ar draws afon Clydach (gw. **Camlesi**). Maen hir 4.3m o'r Oes Efydd (gw. **Oesau Cynhanesyddol**) yw Carreg Bica ar Fynydd Drumau.

## DYFFRYN GRWYNE, Sir Frycheiniog, Powys (6,871ha; 702 o drigolion)

Mae'r **gymuned** yn ymestyn o gopaon y **Mynydd Du** (**Sir Fynwy** a **Phowys**) i ddyffryn afon **Wysg**, ardal fryniog a hynod anwastad y byddai arlunydd yn dotio arni, yn ôl **Theophilus Jones**. Llanbedr Ystrad Yw, gerllaw cymer afonydd Grwyne Fechan a Grwyne Fawr – rhan o hen gwmwd **Ystrad Yw** – oedd cartref teulu **Brute**, y gwelir eu gwaith llythrennu cain ar gerrig beddi yn yr ardal; mae Thomas Brute wedi'i gladdu yn y fynwent. Cysegrwyd Eglwys Sant Pedr yn 1060, achlysur a goffeir yn ***Liber Landavensis***; mae'n debyg fod y rhan fwyaf o'r gangell bresennol yn dyddio o'r flwyddyn honno. Saif Moor Park, fila fechan a adeiladwyd yn y dull baróc yn 1790, yn union i'r de o'r pentref. Ymhellach i lawr y dyffryn mae pentref Llangenni a'i bont un bwa, sy'n dyddio o ddiwedd y 18g. yn ôl pob tebyg. Mae Eglwys Sant Cenau yn llawn nodweddion canoloesol. Bu i bentref Glangrwyne (neu Langrwyne), sy'n ymddangos yn hollol wledig heddiw, ei ran yn y **Chwyldro Diwydiannol**. Roedd gefail, a sefydlwyd *c.*1720, yn dal i weithio yno hyd 1845, ac adeiladwyd tramffordd i'w chysylltu â'r canolfannau cynhyrchu **glo** tua'r de. Gerllaw Glangrwyne mae Cwrt-y-gollen, pencadlys y Frigâd Gymreig hyd y 1990au. Tyf llawer o uchelwydd, planhigyn sy'n brin yng Nghymru, o gwmpas y pencadlys. Pennaf trysor y gymuned yw Eglwys Patrisio ar lethrau dyffryn diarffordd Grwyne Fawr. Ceir ynddi sgrîn a chroglofft fendigedig o'r 15g., bedyddfaen sy'n dyddio o'r cyfnod cyn-Normanaidd, a rheiliau allor a phulpud o'r 17g.

## DYFFRYN LLIW Cyn-ddosbarth

Yn dilyn ad-drefnu **llywodraeth** leol yn 1974, crëwyd Dyffryn Lliw yn un o'r pedwar dosbarth yn sir newydd **Gorllewin Morgannwg**. Roedd yn cynnwys yr hyn a oedd gynt yn ddosbarth trefol **Llwchwr** a dosbarth gwledig **Pontardawe**. Fe'i henwyd ar ôl afon Lliw, sy'n rhedeg i afon **Llwchwr**, ac roedd ei swyddfeydd ym **Mhenlle'r-gaer**. Cafodd y dosbarth ei ddiddymu yn 1996 a'i rannu rhwng siroedd **Abertawe** a **Chastell-nedd Port Talbot**.

## DYLUNIO

Yn y gorffennol angen a defnyddioldeb a fyddai'n pennu natur dylunio yng Nghymru, ac ychydig iawn o draddodiad a fu o gynhyrchu nwyddau i'w hallforio. Roedd trwch y nwyddau ar gyfer y cartref yn blaen a syml eu harddull, ac mae i lawer ohonynt eu hapêl o hyd. Y prif nwyddau a gynhyrchwyd yn yr oes gyn-ddiwydiannol oedd **dodrefn**, arfau, cerbydau, **crochenwaith**, nwyddau **lledr**, offer tŷ ynghyd â nwyddau wedi'u gwnïo neu eu gwau. Roedd y nwyddau hyn yn aml yn arbennig o grefftus eu gwneuthuriad.

Yn sgil y mecaneiddio o ddiwedd y 18g. ymlaen y dechreuwyd masgynhyrchu a dylunio, yn ystyr arferol y term. Roedd llestri ac ati wedi'u lacro yn null Japan (gw. **Japanio**) a nwyddau cerameg, yn arbennig porslen **Abertawe**, ymhlith y nwyddau cyntaf i gael eu dylunio'n fwriadus newydd a'u gwneud yng Nghymru. Ar y ffermydd ac ar y môr, roedd y traddodiad o ddylunio'n deillio o'r ffaith syml fod angen amdano, ac roedd yr un peth yn wir am y diwydiannau cloddio a chwarelyddol. Er enghraifft, cafwyd amrywiadau ar ddyluniad lamp y mwynwr gan sawl dylunydd lleol. Dylunwyd a gwnaed sawl enghraifft nodedig o'r lamp yn **Aberdâr**.

Daeth llai o gyfleon i ddylunio wrth i ddiwydiannau dyfu ac wrth i'w pencadlysoedd gael eu lleoli y tu allan i Gymru, oherwydd yn y pencadlysoedd y lleolid y dylunwyr gan amlaf. Er hynny, yn ystod **dirwasgiad** y blynyddoedd rhwng y ddau ryfel byd, gwelwyd sawl ymgais i adfywio ardaloedd yr effeithiwyd arnynt. Bwriad project **Bryn-mawr**, a gynhyrchai ddodrefn a nwyddau lledr, oedd ailhyfforddi gweithwyr diwydiannol. Parhawyd â'r gwaith o ddylunio a chynhyrchu'r dodrefn ar ôl dirywiad diwydiannol pellach ar ddiwedd yr 20g.; ardal blaenau'r cymoedd deheuol erbyn hynny oedd y brif ganolfan gweithgynhyrchu soffas yn Ewrop.

Ar ôl yr **Ail Ryfel Byd** bu grantiau hael a chostau isel llafur yn gymorth i ddenu ffatrïoedd **tecstilau** i Gymru; gan hynny, crëwyd cyfleoedd ar gyfer dylunwyr yng Nghymru. Bu twf mewn addysg dylunio ac erbyn y 1960au roedd dylunwyr Cymreig fel Mary Quant a **Laura Ashley** wedi ennill enwogrwydd rhyngwladol. Symudodd Laura Ashley ei busnes cynhyrchu defnydd i **Garno** mewn ymgais i atal diboblogi yng nghefn gwlad (caeodd y gwaith yn 2005). Mewn ffatrïoedd newydd yn yr ardaloedd a oedd wedi dioddef dirwasgiad, cyflogwyd dylunwyr a oedd wedi'u hyfforddi'n lleol; cafodd nifer ohonynt waith mewn ffatrïoedd a gynhyrchai ddillad bob dydd a dillad isaf ar gyfer mân-werthwyr mawr fel Marks and Spencer. Mae'r oes fer sydd i nwyddau, ynghyd â thechnegau marchnata grymus, yn gofyn am dimau gweddol fawr o weithwyr sy'n gallu cynnal llif cyson o syniadau dylunio newydd. Mae cwmnïau bychain yn dylunio a chynhyrchu pob math o nwyddau, yn cynnwys teganau, llestri bwrdd, **gwydr** ac addurniadau Nadolig. Mae'r sector hwn yn wynebu crebachu mawr, gan fod y gwaith cynhyrchu wedi symud i wledydd lle mae cyflogau'n isel.

Yn sgil sefydlu'r **Swyddfa Gymreig**, a thrwy fesurau fel **Deddf yr Iaith Gymraeg** a dyfodiad **S4C** a **datganoli**, daeth mwy o gyfleoedd ar gyfer dylunio, gwaith graffig ac argraffu. O ganlyniad, mae dylunio a chynhyrchu'n digwydd ym mhle bynnag y mae'r sgiliau angenrheidiol yn bodoli. Mae **Caerdydd** yn arbennig, ond hefyd y gogledd-orllewin, wedi gweld cynnydd sylweddol ym myd teledu, animeiddio, **ffilm**, fideo a **cherddoriaeth**, a bu hynny'n fodd i fyfyrwyr dylunio gael gwaith yn agos i gartref. Mae twf mewn hunaniaeth genedlaethol ynghyd â thechnoleg newydd wedi esgor ar nifer o gwmnïau bychain yn cynhyrchu crysau-T, posteri, **cylchgronau**, cloriau recordiau a deunydd tebyg, a hynny'n aml yng nghefn gwlad. Mae'r Ganolfan Genedlaethol ar gyfer Dylunio Cynhyrchion ac Ymchwil Datblygu, yn **Athrofa Prifysgol Cymru, Caerdydd**, ar y blaen ymysg yr adrannau dylunio prifathrofaol hynny sy'n ceisio adfywio'r **economi** trwy ddylunio nwyddau newydd a darganfod ffyrdd newydd o'u cynhyrchu.

Mae graddedigion dylunio Cymru yn rhan o dimau dylunio mewn aml i ddiwydiant – moduro, **hedfan**, technoleg gwybodaeth ac electroneg yn eu plith. Mae'r dylunydd dodrefn Angela Giddens, a'r dylunwyr ffasiwn Dai Rees a Julien Macdonald, wedi dod yn enwog, ac mae'n debyg fod dyluniadau Ross Lovegrove – ar gyfrifiaduron Apple a nwyddau soffistigedig eraill – yn cael eu gweld gan fwy o bobl nag eiddo unrhyw ddylunydd arall erioed. Un o'r gwrthrychau Cymreig mwyaf cyfarwydd bellach yw potel las, osgeiddig Tŷ Nant, sy'n cynnwys dŵr ffynnon o fryniau **Ceredigion** ac sydd i'w gweld mewn ffilmiau ac operâu sebon Americanaidd enwog, mewn tai bwyta a chan gwmnïau hedfan rhyngwladol; ac fel llawer o bethau Cymreig, fe'i dyluniwyd gan bwyllgor.

**DYNFANT**, Abertawe (241ha; 4,679 o drigolion)
Pentref ydyw ar lan afon Clun a ddaeth i fodolaeth yn y 19g. i wasanaethu'r diwydiant **glo** a'r diwydiant brics lleol. Ehangodd yn sgil dyfodiad y rheilffordd yn 1866. Roedd diwydiant wedi hen ddiflannu erbyn 1964 pan gaewyd y rheilffordd, ond wrth i gyrion **Abertawe** ymledu magodd y pentref fywyd newydd fel maestref. Mae ganddo gôr meibion a gydnabyddir yn rhyngwladol a chlwb **rygbi** hynod lwyddiannus. Dyma fan geni yr artist **Ceri Richards**, y bardd a'r gwneuthurwr ffilmiau **John Ormond** a'r ffisegydd **Granville Beynon**.

# Dd

**DDAWAN, Afon** (32km)
Mae afon Ddawan yn tarddu ar uchder o 60m yng nghymuned **Llanhari** ac yn llifo trwy diroedd pori pantiog braf i gyfeiriad y **Bont-faen**. Mae i'r afon orlifdir llydan rhwng llechweddau coediog, cymharol serth, 30–40m o uchder, ond i'r de o'r Bont-faen mae calchfeini Liasig yn cyfyngu'r afon i ddyffryn cul, sydd mewn mannau ar ffurf ceunant 25m o ddyfnder. Cloddir y calchfeini i gyflenwi gwaith cynhyrchu sment Aberddawan (**Sain Tathan**) ar lannau'r foryd. Pan adeiladwyd pwerdy Aberddawan codwyd argae ar draws y foryd, a fu am flynyddoedd lawer cyn hynny yn safle harbwr, ac oddi yno y câi llawer o gynnyrch amaethyddol **Bro Morgannwg** ei allforio.

Gwaith dur East Moors, Caerdydd, *c.*1940

**EAMES, Aled (1921–96)** Hanesydd morwrol

Treuliodd Aled Eames, a aned yn **Llandudno**, y rhan orau o'i yrfa yn darlithio mewn **addysg** ym **Mangor**, ond cofir amdano fel un a wnaeth waith arloesol ar hanes morwrol Cymru. Ymhlith ei gyhoeddiadau niferus y mae *Meistri'r Moroedd* (1978), *Machlud Hwyliau'r Cymry* (1984) a *Porthmadog Ships* (gydag Emrys Hughes, 1975). Roedd yn un o sylfaenwyr *Cymru a'r Môr*, cylchgrawn y bu'n ei olygu am flynyddoedd, ac yn ddarlledwr enillgar.

**EAMES, Marion (1921–2007)** Llenor

Marion Eames, a aned ym Mhenbedw ac a fagwyd yn **Nolgellau**, oedd nofelydd hanes Cymraeg amlycaf yr 20g. Bu'n astudio'r piano a'r **delyn** yn y Guildhall, **Llundain**, ac o 1955 hyd 1980 bu'n gynhyrchydd radio gyda'r BBC. Roedd ei dwy nofel gyntaf, *Y Stafell Ddirgel* (1969) ac *Y Rhandir Mwyn* (1972), yn ymwneud â'r Crynwr **Rowland Ellis** a ymfudodd o Ddolgellau i **Bensylfania**. Mewn nofelau eraill trafododd ymfudwyr o ogledd Cymru i Lannau Mersi (gw. **Lerpwl**) a chyfnod **Llywelyn ap Gruffudd**. Ysgrifennodd rai nofelau ar gyfer plant hefyd.

**EAST MOORS, Gwaith Dur**, Caerdydd

Dechreuodd gwaith East Moors, neu 'Dowlais by Sea', gynhyrchu dur yn 1895. Roedd hynny wedi i Gwmni Dowlais (gw. **Guest, Teulu**) sylweddoli, oherwydd yr angen i fewnforio mwyn haearn, fod y gwaith ym **Merthyr Tudful** dan anfantais fasnachol oherwydd ei bellter o'r môr. Roedd y pedair ffwrnais chwyth a'r 11 ffwrnais dân agored a godwyd ar safle maes glas yn cynrychioli cryn foderneiddio yn hanes cynhyrchu dur (gw. **Haearn a Dur**). Prif gynnyrch y gwaith oedd darnau adeiladu a phlatiau dur ar gyfer **adeiladu llongau**, er na wireddwyd y gobaith y deuai **Caerdydd** yn ganolfan adeiladu llongau o bwys. Marchnad anffafriol a fu'n gyfrifol am orfodi'r gwaith i gau yn 1930, ond fe'i hailgodwyd i raddau helaeth rhwng 1934 ac 1936, a dechreuodd gyflenwi dur i'r felin rodenni yng ngwaith dur Castle gerllaw, a godwyd yr un pryd gan **Guest, Keen a Nettlefolds**. Er bod technoleg gynhyrchu gwaith East Moors heb ei hail, dioddefodd yn gynyddol oherwydd cyfyngiadau ei safle, a chaeodd yn 1978, digwyddiad a oedd yn bennod bwysig yn y broses o ddad-ddiwydiannu Caerdydd yn ystod chwarter olaf yr 20g.

**EAST WILLIAMSTON**, Sir Benfro (683ha; 1,787 o drigolion)

Mae'r **gymuned** hon, sy'n union i'r gorllewin o **Saundersfoot**, yn cynnwys pentrefi East Williamston, Broadmoor, Moreton, Pentlepoir a Redberth. Ceir olion yn yr ardal o gloddio am **lo**. Mae clochdwr Eglwys Sant Elidyr, eglwys a ailadeiladwyd i raddau helaeth yn 1889, yn dyddio o'r 16g. Ailadeiladwyd Eglwys y Santes Fair, Redberth, yn 1841, ond mae ei seddau caeedig gwreiddiol wedi goroesi. Pan gafodd ei hailagor, pregethodd **Connop Thirwall**, esgob **Tyddewi**, yn **Gymraeg**, ac yntau newydd ddysgu'r iaith. Ychydig o'r addolwyr a fyddai wedi ei ddeall. Yn 2001 roedd 84.27% o drigolion East Williamston heb unrhyw Gymraeg o gwbl; yn ieithyddol, dyma'r gymuned fwyaf Seisnigedig yn **Sir Benfro**.

**EBWY, Afon** (46km)

Mae Ebwy Fawr yn tarddu ar uchder o 481m ar Fynydd **Llangynidr** ac yn llifo tua'r de trwy **Lynebwy**. Ger Aber-big (**Llanhiledd**) mae'n ymuno ag Ebwy Fach, sy'n tarddu ar uchder o 500m ar **Fynydd Llangatwg** ac yn llifo trwy **Nant-y-glo a'r Blaenau** ac **Abertyleri**. Yna, llifa'r afon trwy ardaloedd **Crymlyn**, **Trecelyn** ac **Aber-carn** – ardaloedd glofaol gynt – cyn i afon Sirhywi ymuno â hi ger **Crosskeys**. Llifa Sirhywi, sydd hefyd yn tarddu ar Fynydd Llangynidr, trwy **Dredegar**, **Argoed**, y **Coed-duon**, **Pontllan-fraith** ac **Ynys-ddu**. O'i chymer â Sirhywi, llifa Ebwy trwy **Risga**, **Tŷ-du** a chyrion gorllewinol **Casnewydd** cyn cyrraedd aber afon **Wysg**.

## ECONOMI

### *Tueddiadau hanesyddol*

Er dechrau'r cyfnod diwydiannol rhyw 250 o flynyddoedd yn ôl, mae economi Cymru wedi mynd trwy broses o newid parhaus. Yn ystod y 19g. trawsnewidiwyd Cymru o fod yn gymdeithas amaethyddol yn bennaf i fod yn un o economïau diwydiannol mwyaf blaenllaw'r byd. Wedi'r twf dramatig yn y diwydiant **glo** o 1850 ymlaen, daeth cyfnod o ddirywiad yr un mor drawiadol ar ôl 1921. Yn ei anterth yn 1920 roedd y diwydiant glo yn cyflogi dros 250,000 o weithwyr yng Nghymru. Erbyn 2000 roedd y ffigur wedi gostwng i 1,300. Bu gostyngiad hefyd o dros 60,000 yn y nifer a gyflogir yn y diwydiant **haearn a dur** er canol y 1970au.

Daeth mwy o swyddi yn y sector gwasanaethau i gymryd lle'r swyddi a gollwyd yn y diwydiannau glo a dur yn ystod ail hanner yr 20g. Ar y cyfan, fodd bynnag, mae'r swyddi newydd hyn o ansawdd waelach a'r cyflogau yn is hefyd.

Ar ôl yr **Ail Ryfel Byd** agorwyd llawer o ffatrïoedd gweithgynhyrchu newydd yng Nghymru. Er 1974, fodd bynnag, mae nifer y swyddi yn y diwydiant gweithgynhyrchu wedi lleihau'n ddirfawr. Cafodd y crebachu diwydiannol ar ôl 1979 effaith enbyd ar y sector. Ar ôl 1986 buddsoddodd rhai cwmnïau tramor yn drwm yng Nghymru ac arweiniodd hynny at newid natur strwythur y sector gweithgynhyrchu. Cynyddodd pwysigrwydd y diwydiannau peirianneg drydanol ac electronig yn enwedig (gw. **Peirianneg**). Erbyn dechrau'r 21g., fodd bynnag, oherwydd mwy o gystadleuaeth o du ffatrïoedd llafur rhad yn nwyrain Ewrop a dwyrain Asia, ynghyd â phunt gref a chrebachiad byd-eang mewn peirianneg electronig, roedd dyfodol sector gweithgynhyrchu Cymru dan fygythiad o'r newydd. Erbyn 2007 roedd cyflogaeth yn y sector hwn wedi gostwng i lai na 13% o'r holl swyddi yng Nghymru, o'i gymharu ag uchafbwynt o 34% yn 1974.

Mae twf ym mhwysigrwydd cymharol y sector gwasanaethau yn nodwedd o bob economi ddatblygedig. Yn 1946 dim ond 239,000 o bobl a oedd yn gweithio mewn swyddi yn y sector gwasanaethau. Erbyn 2005 roedd y nifer wedi codi i fwy na miliwn, sef bron 80% o'r holl swyddi yng Nghymru.

Mae'n anorfod fod newid mewn strwythur diwydiannol yn arwain at symud **poblogaeth** a newid yng nghyfansoddiad y gweithlu. Yn ystod ail hanner y 19g. gwelwyd allfudo ar raddfa anferth o ardaloedd gwledig Cymru. Daeth maes glo'r de yn gyrchfan i nifer fawr o bobl a oedd wedi dioddef yn sgil y dirywiad mewn **amaethyddiaeth**. Ar ôl 1921 daeth cwymp yn y farchnad dramor ar gyfer glo a esgorodd ar gyfnod o **ddirwasgiad** enbyd, a rhwng 1925 ac 1939 ymfudodd bron 390,000 o bobl o Gymru. Yn chwarter olaf yr 20g. bu cynnydd yn y nifer a drigai yng nghefn gwlad a hynny ar ôl cyfnod hir o leihad yn y boblogaeth wledig. Yn baradocsaidd, adlewyrchiad oedd hyn nid o adfywiad economaidd ond o wendid economaidd parhaus. Mae prinder swyddi sy'n talu'n dda, ynghyd ag ehangu mawr ar addysg uwch, wedi golygu mai parhau i adael y broydd gwledig fu hanes pobl, yn enwedig rhai yn yr ystod oedran 16–24 (gw. **Addysg** ac **Ymfudo**). Er 1970, fodd bynnag, mae nifer cynyddol o bobl, y mwyafrif ohonynt o'r tu allan i Gymru, wedi bod yn **mewnfudo** i'r ardaloedd gwledig, i ymddeol neu i gael newid byd, gan gael eu denu'n rhannol gan brisiau **tai** cymharol isel.

Un canlyniad pwysig arall i'r newid yn strwythur diwydiannol Cymru fu newid dramatig yn safle **menywod** mewn cymdeithas. Yn nechrau'r 20g. prif waith menywod oedd magu plant a gofalu am y cartref. Yn 1939 roedd llai na 100,000 o fenywod mewn swyddi cyflogedig. Erbyn 2007 roedd saith gwaith y nifer hwnnw yn ennill cyflog, a bron hanner yr holl weithlu yn fenywod. Ochr yn ochr â'r cynnydd hwn mewn menywod yn y gweithlu, daeth cynnydd mewn cyflogaeth ran-amser. Erbyn 2004 roedd dros draean gweithwyr Cymru mewn swyddi rhan-amser.

**Tabl 1**

Economi Cymru: y Cynnyrch Mewnwladol Crynswth yn 2005

| | Cymru | Fel % o'r Deyrnas Unedig |
|---|---|---|
| Arwynebedd (km$^2$) | 20,779 | 8.5 |
| Poblogaeth (miliwn) | 2.959 | 4.9 |
| CMC (£ biliwn) | 40.9 | 3.8 |
| CMC y pen (£) | 13,813 | 78.1 |

### *Cynnyrch Mewnwladol Crynswth*

Y Cynnyrch Mewnwladol Crynswth (*Gross Domestic Product* (GDP)) (neu Werth Ychwanegol Crynswth) yw'r dangosydd mwyaf cyffredin o berfformiad economaidd cenedl a rhanbarth. Mae'r CMC yn mesur cyfanswm gwerth y nwyddau a'r gwasanaethau a gynhyrchir mewn ardal ddaearyddol arbennig o fewn cyfnod arbennig (blwyddyn fel arfer). Mae

Tabl 1 yn dangos bod ychydig dan 5% o boblogaeth y Deyrnas Unedig yn byw yng Nghymru yn 2005, ond bod ei CMC yn llai na 4% o CMC y Deyrnas Unedig – bwlch o £3,870 y pen. Yn 2005 roedd CMC y pen yng Nghymru yn is na'r hyn ydoedd mewn unrhyw ran arall o'r Deyrnas Unedig.

Mae'r llinell ogwydd yn Ffigur 1 yn dangos bod y bwlch cyfoeth rhwng Cymru a gweddill y Deyrnas Unedig wedi lledu er canol y 1970au.

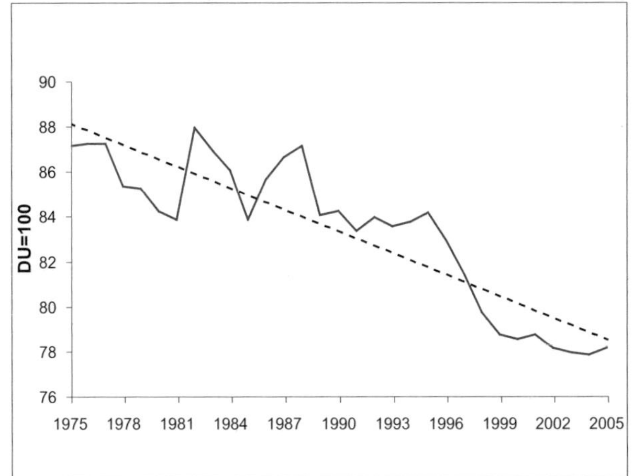


Ffigur 1: CMC y pen yng Nghymru o gymharu â'r Deyrnas Unedig

Y mae hefyd anghydraddoldebau mawr, o ran cyfoeth, rhwng gwahanol rannau o Gymru. Dengys Ffigur 2 fod CMC y pen yng Nghaerdydd a Bro Morgannwg yn 2004 yn fwy na dwywaith yn uwch na'r ffigur ar gyfer Ynys Môn.

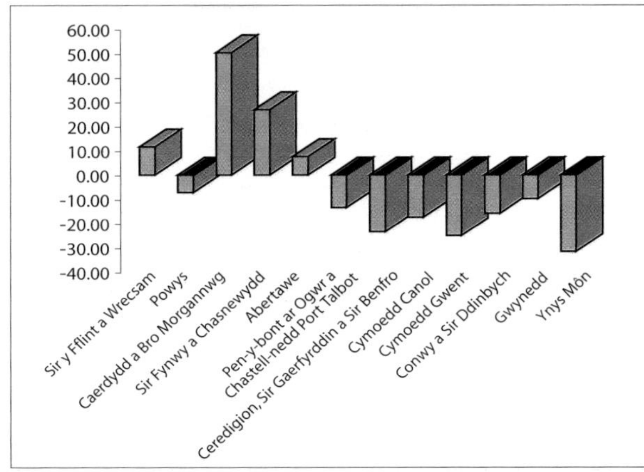


Ffigur 2: Gwyriadau canrannol oddi wrth y CMC Cymreig yn 2004

Mae'n fater o farn ai'r CMC y pen yw'r dangosydd mwyaf priodol o gyflwr economaidd ardal. Yn y bôn mae'r CMC yn mesur gweithgarwch economaidd yn hytrach na lles economaidd. Ymhellach, fe'i cyfyngir i'r gweithgareddau hynny sy'n rhan o broses y farchnad. Ni roddir ystyriaeth i werth gwaith di-dâl, nac i'r mwynhad a geir o weithgareddau hamdden a rhai diwylliannol nad ydynt yn perthyn i economi'r farchnad. Anwybyddir ffactorau sy'n andwyol i les pobl megis llygredd a thagfeydd traffig. Nid ystyrir ychwaith wahaniaethau o ran cost byw, yr amcangyfrifwyd yn 2004 ei fod 7% yn is yng Nghymru nag ym **Mhrydain** gyfan. Mae dangosyddion eraill sy'n ymgorffori'r fath ffactorau yn dangos y gallai'r bwlch rhwng Cymru a Phrydain gyfan fod, yn nhermau ansawdd bywyd yn gyffredinol, gryn dipyn yn llai nag a ddengys ffigurau'r CMC.

Er gwaethaf hyn oll, mae'n debygol y bydd polisi economaidd yn parhau i ganolbwyntio ar y CMC y pen. Yn 2000 gosododd **Cynulliad Cenedlaethol Cymru** darged iddo'i hun o godi'r CMC y pen yng Nghymru gyfan i 90% o lefel Prydain erbyn 2010. Gosodwyd targed is o 81% ar gyfer gorllewin Cymru a maes glo'r de, ardaloedd a ddynodwyd yn rhai Amcan 1 at bwrpas nawdd gan yr Undeb Ewropeaidd.

Y prif ffactor sydd i gyfrif fod y CMC y pen yn gymharol isel yng Nghymru yw'r bwlch mewn cynhyrchiant. Yn 2005 roedd y CMC fesul gweithiwr yng Nghymru yn £31,850 – tua 18% yn is na lefel Prydain. Mae hyn yn rhannol oherwydd fod gan Gymru gyfran uwch o weithwyr rhan-amser. Yn ogystal, mae'r rheini sydd mewn gwaith llawn-amser yn treulio awr yr wythnos yn llai yn y gwaith, ar gyfartaledd, na'u cymheiriaid yn **Lloegr**. Ffactor arall sy'n cyfrannu at y bwlch yw bod mwy yn teithio o Gymru i weithio bob dydd, yn enwedig i ogledd-orllewin a de-orllewin Lloegr, nag sy'n teithio i Gymru i weithio. (Ni chyfrifir cynnyrch gweithwyr sy'n byw yng Nghymru ond yn gweithio yn Lloegr fel rhan o GMC Cymru.) Ond y rheswm pwysicaf o ddigon dros y bwlch yw bod y cynnyrch fesul swydd yn is yng Nghymru. Nid cynhyrchiant is mewn swyddi tebyg i swyddi yng ngweddill Prydain sydd i gyfrif am hyn, ond yn hytrach gwahaniaethau yn y strwythur diwydiannol a galwedigaethol.

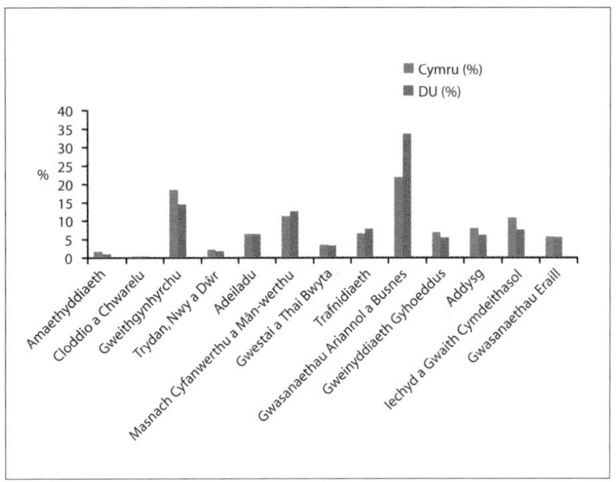


Ffigur 3: Cyfran grwpiau diwydiannol yn y CMC yn 2004

Ar y cyfan, mae lefelau cynhyrchiant yn y sectorau yn Ffigur 3 sy'n bwysicach yng Nghymru nag yng ngweddill Prydain, megis y sector gwasanaethau cyhoeddus, yn gymharol isel. Yn ogystal, mae llawer iawn llai yn gweithio yn y sectorau 'gwerth ychwanegol' uchel megis gwasanaethau ariannol a gwasanaethau busnes. Mae'n werth nodi bod yr hen weithgareddau craidd (amaethyddiaeth, cloddio a chwarelu yn bennaf) bellach yn gymharol ddibwys yng Nghymru, fel yng ngweddill Prydain, o leiaf o ran eu cyfraniad i'r CMC. Mae gwahaniaethau yn y strwythur galwedigaethol hefyd yn egluro'n rhannol pam mae'r cynhyrchiant fesul swydd yn is yng Nghymru. Yn 2006 cyflogid 23.8% o'r holl bobl a oedd mewn gwaith yng Nghymru mewn swyddi rheoli a swyddi proffesiynol, o gymharu â 27.8% ym Mhrydain gyfan.

Adlewyrchir lefelau cynhyrchiant isel mewn cyflogau wythnosol sy'n is na'r cyfartaledd. Yn 2006 cyflog wythnosol cyfartalog gweithwyr llawn-amser yng Nghymru oedd £470 a hynny cyn treth; mae'r ffigur hwn yn 87.4% o ffigur Prydain, o gymharu â 93.2% yn 1984. Roedd 13% o'r dynion a 19% o'r menywod a oedd yn weithwyr llawn-amser yn derbyn cyflog a oedd yn is na'r rhiniog cyflog-isel, sef £6.50 yr awr yn 2006 – tua 25% yn uwch na'r canrannau cyfatebol yn Lloegr. Ymhlith y gweithwyr rhan-amser roedd yn agos at eu hanner yn derbyn tâl a oedd yn is na'r rhiniog cyflog-isel. Roedd cryn dipyn o wahaniaeth hefyd rhwng y cyflogau wythnosol cyfartalog ar draws Cymru, o £498 yr wythnos yng Nghaerdydd, Casnewydd a Bro Morgannwg i £436 yn y gorllewin (Ceredigion, Sir Gaerfyrddin a Sir Benfro). Yn y gorllewin roedd 30% o'r holl weithwyr yn 2006 yn weithwyr cyflog-isel. Bu lleihad yn y bwlch rhwng cyflogau dynion a menywod dros y blynyddoedd ac mae'r bwlch yn llai yng Nghymru nag mewn unrhyw ran arall o Brydain. Serch hynny, roedd dynion yn 2006 yn dal i ennill 23.2% yn fwy na menywod ar gyfartaledd.

Yr ail ffactor sy'n cyfrif am y gwahaniaeth yn y CMC y pen rhwng Cymru a gweddill Prydain yw bod cyfran lai o'r boblogaeth yng Nghymru yn gweithio (43.7% yn 2005 o gymharu â 46.7% ym Mhrydain gyfan).

Mae cyfran uwch o bensiynwyr (21.5% o'r boblogaeth o gymharu â ffigur Prydain, sef 18.5%) yn cyfrif am ran o'r bwlch. Mae gweddill y bwlch i'w briodoli'n bennaf i'r ffaith fod canran uchel o'r oedolion sydd mewn oed gweithio yng Nghymru yn 'economaidd segur' (23.3% yng ngwanwyn 2007 o gymharu â 21.2% ym Mhrydain gyfan). Er nad yw'r bobl hyn mewn gwaith, ni chânt eu cyfrif yn ddi-waith am nad ydynt yn mynd ati i chwilio am waith. Yr esboniad arferol ar y ffigur uwch yng Nghymru yw bod mwy o achosion o salwch ac anabledd hirdymor, ond efallai mai'r rheswm gwaelodol yw bod canrannau uwch, yn enwedig ym maes glo'r de, o ddynion hŷn heb sgiliau ar gyfer y farchnad waith, sydd bellach wedi derbyn segurdod fel ffordd o fyw. Am y rhan fwyaf o'r cyfnod ar ôl y rhyfel, canolbwyntiwyd sylw ar y bwlch mewn cyfraddau diweithdra rhwng Cymru a Phrydain yn gyffredinol. Fodd bynnag, aeth y bwlch hwn gryn dipyn yn llai yn ystod rhan olaf y ganrif ddiwethaf. Yng ngwanwyn 2007 roedd y gyfradd ddiweithdra yng Nghymru yn 5.5% – 0.1 pwynt canrannol yn unig yn uwch na ffigur y Deyrnas Unedig. Ond roedd lefelau diweithdra yn parhau i fod gryn dipyn yn uwch ymhlith rhai grwpiau. Yn 2006 roedd y gyfradd ddiweithdra ymhlith oedolion ifainc dros 10%. Nodwedd fwyaf trawiadol y farchnad waith yn rhan gyntaf yr 21g., fodd bynnag, yw nad yw diweithdra swyddogol yn cyfrif ond am gyfran fechan o'r nifer sydd heb waith.

### *Incwm a gwariant aelwydydd*

Mae'n anorfod fod cyfraddau cyflogaeth is, ynghyd â chyflogau sy'n is na'r cyfartaledd, wedi cael effaith andwyol ar safonau byw. Mae data cyfunol ar gyfer y cyfnod tair blynedd 2003 hyd 2006 yn dangos mai £492 yr wythnos, cyn treth, oedd yr incwm fesul aelwyd yng Nghymru, sef 82.5% o lefel y Deyrnas Unedig. Mae hwn ychydig yn llai na'r bwlch yn y CMC oherwydd nad yw'r olaf yn cynnwys budd-daliadau nawdd cymdeithasol, sy'n cyfrif am 17% o incwm aelwydydd yng Nghymru o gymharu â 13% ym Mhrydain gyfan. Mae tlodi ymhlith plant a phensiynwyr, fodd bynnag, wedi lleihau er y 1990au. Yn 2006 roedd y gyfradd dlodi ymhlith plant (y ganran o blant a oedd yn byw ar aelwydydd a chanddynt incwm a oedd yn llai na 60% o incwm cyfartalog aelwydydd ar draws y Deyrnas Unedig) yn 28% o gymharu â 36% ar ddiwedd y 1990au. Yn ystod yr un cyfnod bu gostyngiad o 26% i 20% yng nghyfradd dlodi pensiynwyr. Yn y ddau achos roedd y cyfraddau hyn yn agos at gyfartaledd Prydain.

Am fod incwm aelwydydd yn is maent yn gwario llai. Gwariant wythnosol cyfartalog aelwydydd yng Nghymru yn ystod y cyfnod 2003 hyd 2006 oedd £372, sef 86.1% o lefel Prydain. Mae'r bwlch hwn yn llai na'r bwlch yn incwm aelwydydd, yn rhannol oherwydd fod y swm a delir fesul pen mewn trethi yn is yng Nghymru, ac yn rhannol am fod aelwydydd yng Nghymru yn cynilo cyfran is o'u hincwm.

Mae Ffigur 4 yn dangos patrwm gwariant aelwydydd yng Nghymru yn y cyfnod 2003 hyd 2006. Mae patrymau gwario yng Nghymru wedi newid yn sylweddol wrth i incwm aelwydydd godi mewn termau real. Erbyn dechrau'r 21g. roedd aelwydydd yng Nghymru yn gwario mwy ar nwyddau a gwasanaethau hamdden (14%) nag ar fwyd (12%); 40 mlynedd ynghynt fel arall yr oedd hi, gyda'r gwariant ar fwyd yn 28% a'r gwariant ar hamdden yn ddim ond 7%.

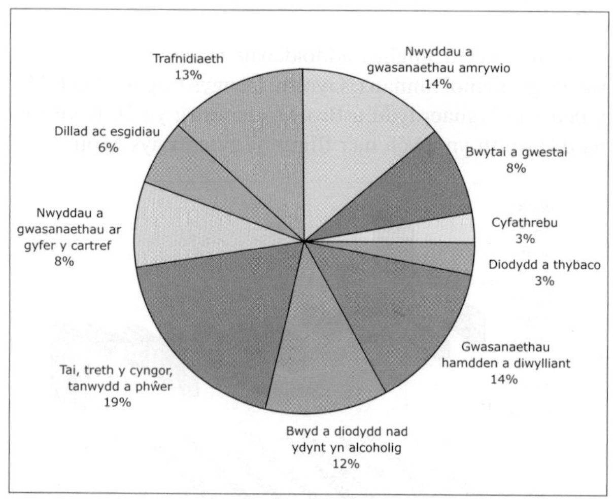


Ffigur 4: Gwariant aelwydydd yn 2003–6

### *Gwariant y llywodraeth*

Gwariodd llywodraeth Prydain £24 biliwn yng Nghymru yn 2006–7. Mae hyn yn cyfateb i fwy na £8,000 y pen o'r boblogaeth, tua 11% yn uwch na chyfartaledd Prydain. Gellir rhannu'r gwariant hwn yn ddau gategori bras: cyllideb i'w gwario gan y Cynulliad Cenedlaethol (yr hyn a elwir y grant bloc) a gwariant y llywodraeth nad yw o dan reolaeth y Cynulliad.

Mae unrhyw newid yng nghyllideb y Cynulliad yn cael ei bennu i raddau helaeth gan fformiwla Barnett. Dyrennir i'r **Alban**, Cymru a Gogledd **Iwerddon** gyfran o unrhyw gynnydd yng ngwariant adrannau cyfatebol yn Lloegr, a hynny ar sail cymhareb poblogaeth pob un o'r gwledydd hyn â phoblogaeth Lloegr. Mae Cymru yn derbyn yr un cynnydd blynyddol mewn arian y pen â Lloegr. Ond gan fod lefel gychwynnol gwariant cyhoeddus yn uwch yng Nghymru, golyga hyn fod y wlad yn derbyn codiad canrannol llai, gan arwain at yr hyn a elwir yn 'wasgfa' Barnett. Dyna pam mae llawer yn dadlau y dylid mabwysiadu fformiwla newydd yn seiliedig ar asesiad ffurfiol o anghenion cymharol gwahanol rannau o Brydain yn lle fformiwla Barnett. Asgwrn cynnen arall fu methiant y Trysorlys i ddarparu'r arian cyfatebol sy'n angenrheidiol i gyd-fynd â'r nawdd a ddaw gan yr Undeb Ewropeaidd o dan y cynllun Amcan 1. Oherwydd hyn, mae'r Cynulliad Cenedlaethol wedi gorfod ailgyfeirio arian o raglenni eraill i'r pwrpas hwn.

Unwaith y penderfynir ar gyfanswm cyllideb y Cynulliad mae'r corff yn rhydd i benderfynu sut i ddyrannu'r rhan fwyaf o'r arian sydd ganddo rhwng y gwahanol raglenni y mae'n gyfrifol amdanynt. Mae Ffigur 5 yn dangos sut y dyrannwyd y gyllideb yn 2007/8.

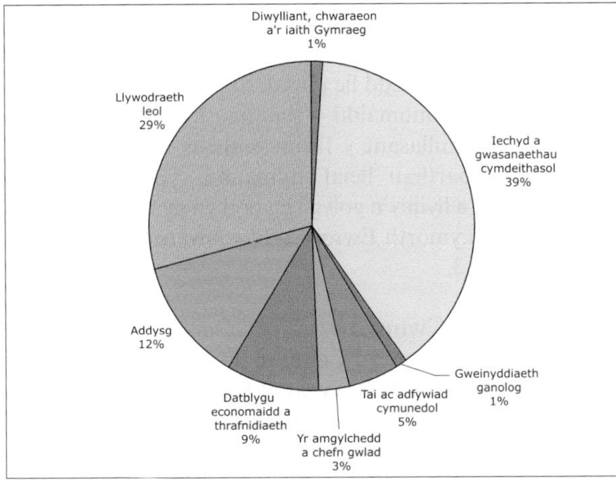


Ffigur 5: Dyraniad cyllideb y Cynulliad Cenedlaethol yn 2007–8

Elfennau pwysig yn y rhan honno o wariant cyhoeddus nad yw o dan reolaeth y Cynulliad yw gwariant ar nawdd cymdeithasol (£9,600 miliwn) a gwariant ar gyfraith a threfn (£1,500 miliwn). Mae gwariant ar nawdd cymdeithasol y pen yng Nghymru ryw 12% yn uwch na'r cyfartaledd ar gyfer Prydain yn gyffredinol, a dyna sydd i gyfrif am hanner y gwahaniaeth cyfan mewn gwariant y pen.

## *Polisi rhanbarthol*

Nod sylfaenol polisi rhanbarthol yw lleihau anghydraddoldebau economaidd rhwng rhanbarthau. I gychwyn ceisiodd llywodraeth Prydain fynd i'r afael â'r broblem hon rhwng rhanbarthau trwy annog mudo o ardaloedd lle'r oedd cyfradd ddiweithdra uchel i ardaloedd mwy ffyniannus (gw. **Bwrdd Adleoli Diwydiannol**). Ond o 1934 ymlaen prif nod polisi rhanbarthol oedd dargyfeirio swyddi newydd yn y diwydiant gweithgynhyrchu i ardaloedd difreintiedig a hynny trwy adeiladu **stadau diwydiannol**, cynnig cymhellion ariannol i gwmnïau a oedd yn symud i mewn i'r ardaloedd hyn, gwella **ffyrdd** a **rheilffyrdd** ac, ar ôl 1945, ffrwyno twf diwydiannol yn ne-ddwyrain a chanolbarth Lloegr. Yn y cyfnod yn union ar ôl y rhyfel roedd y polisi hwn yn arbennig o lwyddiannus. Erbyn diwedd y 1960au aethpwyd cryn ffordd tuag at greu sylfaen mwy amryfath i'r diwydiant gweithgynhyrchu yng Nghymru, a chredai llawer fod y seiliau ar gyfer twf economaidd sefydlog yn gadarn yn eu lle. Cyn hir, fodd bynnag, daeth yn amlwg fod hynny yn llawer rhy optimistaidd. Roedd y crebachu economaidd yn nechrau'r 1980au yn ergyd fawr i'r diwydiant gweithgynhyrchu, ac i'r sylfaen newydd yr aethpwyd i'r fath drafferth i'w gosod yn y cyfnod ar ôl y rhyfel. Yn sgil hyn cododd yr awgrym fod llwyddiant Cymru wrth ddenu ffatrïoedd cangen wedi gwanhau'r economi yn hytrach na'i chryfhau, nid oherwydd fod sefydliadau cangen o anghenraid yn fwy bregus mewn cyfnodau o grebachu economaidd, ond oherwydd nad ydynt yn cynnig llawer o gyfle i weithwyr fagu sgiliau entrepreneuraidd. Mae ffatrïoedd cangen yn tueddu i ganolbwyntio ar dasgau sy'n dod ar ddiwedd y cylch cynhyrchu megis gwaith cyfosod, gyda'r rhiant-gwmni yn cadw gafael ar dasgau cychwynnol a mwy proffidiol, megis dyfeisio a **dylunio** cynnyrch, ymchwil a datblygu ynghyd â marchnata. Mae dibyniaeth ar ffatrïoedd cangen wedi golygu hefyd nad yw'r sector gwasanaethau ariannol a gwasanaethau busnes yng Nghymru wedi datblygu cymaint ag y gallai, gan fod y gwasanaethau hynny yn tueddu i gael eu lleoli mewn mannau lle mae clwstwr o brif swyddfeydd.

Ar ôl 1979, yn wyneb amheuon cynyddol ynghylch ei effeithiolrwydd, datgymalwyd y polisi rhanbarthol yn raddol. Roedd premiymau cyflogaeth ranbarthol eisoes wedi cael eu dileu yn 1976. Ymateb llywodraeth Thatcher i'r crebachiad yn y diwydiant gweithgynhyrchu yn nechrau'r 1980au oedd dileu sawl un arall o sylfeini gweithredol y polisi rhanbarthol. Rhoddwyd y gorau i ffrwyno twf diwydiannol mewn ardaloedd llewyrchus. Cwtogwyd grantiau datblygu rhanbarthol cyn cael gwared arnynt yn gyfan gwbl. Cyfyngwyd ar yr ardaloedd a oedd yn gymwys i gael cymorth a thynhawyd y meini prawf ar gyfer derbyn cymorth rhanbarthol dethol. Ar yr un pryd, oherwydd newid yn yr amgylchedd macroeconomaidd, tanseiliwyd hynny o sylfeini'r polisi a oedd yn weddill. Roedd twf economaidd Prydain wedi arafu a swyddi yn y diwydiant gweithgynhyrchu yn prinhau. O safbwynt ymarferol, felly, pwnc trafod damcaniaethol yn bennaf, erbyn hyn, oedd pa un a oedd economi Cymru wedi elwa o bolisïau rhanbarthol ar ôl y rhyfel ai peidio. Nid oedd yn debygol bellach y byddai nifer fawr o swyddi yn cael eu dargyfeirio i Gymru o rannau eraill o Brydain, ac roedd yn amlwg fod angen polisi gwahanol.

Ymateb y **Swyddfa Gymreig** ac **Awdurdod Datblygu Cymru** oedd canolbwyntio eu hymdrechion ar ddau brif faes: denu cwmnïau tramor a oedd yn awyddus i gael troedle yn y farchnad sengl Ewropeaidd a datblygu potensial cynhenid Cymru.

Bu ymdrechion i ddenu mewnfuddsoddiad (gw. **Mewnfuddsoddi**) yn hynod lwyddiannus. Yn nechrau'r 1990au llwyddodd Cymru i ddenu un rhan o bump o'r projectau a'r swyddi a ddaeth i Brydain o dramor. Erbyn 1998 amcangyfrifwyd bod 76,000 o bobl Cymru yn gweithio mewn gweithfeydd a oedd yn eiddo i gwmnïau o dramor, dros draean o'r holl swyddi yn y diwydiant gweithgynhyrchu. Wrth i'r ganrif dynnu i'w therfyn, fodd bynnag, collwyd nifer fawr o'r swyddi hyn, ac erbyn 2006 roedd nifer y gweithwyr a gyflogid mewn gweithfeydd a oedd dan berchnogaeth cwmnïau o dramor wedi gostwng i 65,000.

Bu hybu twf economaidd brodorol yn dasg anodd. Bu'n rhaid i wneuthurwyr polisi fynd i'r afael â llu o broblemau, llawer ohonynt yn deillio o orffennol diwydiannol Cymru. Mae pobl yng Nghymru yn dal yn bur amheus o fentergarwch, ac mae llai ohonynt mewn swyddi rheoli. Mae canran y bobl sy'n meddu ar sgiliau sylfaenol mewn llythrennedd a rhifedd yn is nag yn Lloegr ac mae cyfran uwch o unigolion heb unrhyw gymwysterau ffurfiol. Ni fu Cymru yn flaenllaw o gwbl yn y gwaith o ddyfeisio nwyddau a phrosesau newydd, ac mae'n parhau i fod yn agos at waelod y tablau Prydeinig ym meysydd ymchwil a datblygu. Mae busnesau hefyd yn gwneud llai o ddefnydd o dechnoleg gwybodaeth a chyfathrebu (TGCh) nag yn unrhyw ran arall o Brydain.

O ystyried y ffactorau hyn, nid yw'n syndod fod cyfradd sefydlu busnesau newydd yng Nghymru yn y 1990au 30% yn is na'r ffigur ar gyfer Prydain. Yn wir, cafodd mwy o fusnesau eu cau nag a gafodd eu hagor. Rhwng 1994 a 2006 dim ond cynnydd o 1.6% a fu yn y stoc o gwmnïau a oedd wedi'u cofrestru ar gyfer TAW yng Nghymru, o gymharu â chynnydd o 14.3% ym Mhrydain gyfan. Rhan o'r eglurhad am y perfformiad gwael hwn yw bod busnesau newydd mewn ardaloedd tlotach yn tueddu i fod yn rhai y gellir eu sefydlu heb ormod o gostau cychwynnol ac yn rhai y mae eu gweithgareddau'n gyfyngedig i'r ardal gyfagos. Mewn sefyllfa fel hon, yr unig ffordd y gall cystadleuwyr newydd lwyddo yw trwy godi prisiau is na'r cwmnïau sy'n bodoli eisoes, gan arwain yn aml at ddiflaniad y cwmnïau hynny.

Gwnaed ymdrechion dygn i wella perfformiad economaidd Cymru. Ceisiwyd magu agwedd fwy cadarnhaol at entrepreneuriaeth mewn ysgolion a mannau eraill. Mae rhaglenni addysg a hyfforddiant wedi cael eu hailwampio, a rhoddwyd amryw o fesurau ar waith i annog defnydd helaethach o TGCh. Cyflwynwyd ystod eang o fesurau i wneud busnesau bach a chanolig yn fwy cystadleuol – er enghraifft, trwy ddatblygu cysylltiadau agosach gyda sefydliadau addysg uwch a thrwy greu clystyrau o fusnesau bach a chanolig mewn diwydiannau megis y cyfryngau a chyfathrebu. Fe'i gwnaed yn haws cael gafael ar gyllid, ac yn 2003 sefydlwyd corff newydd, Llygad Busnes, i ddarparu cymorth ar gyfer busnesau. Yn ystod haf 2004 diddymwyd Awdurdod Datblygu Cymru fel cwango (gw. **Cwangoau**) a throsglwyddwyd ei gyfrifoldebau i'r Cynulliad Cenedlaethol. O safbwynt busnes, un o fanteision y penderfyniad hwn oedd na fyddai cwmnïau mwyach yn gorfod gwneud ceisiadau ar wahân i'r Cynulliad am gymorth rhanbarthol dethol ac i'r Awdurdod Datblygu am gyllid a mathau eraill o gymorth. Ond mynegwyd yn ogystal y farn y byddai'n well gan fusnesau, o bosibl, drafod gyda sefydliad sy'n cadw hyd braich oddi wrth y llywodraeth na delio'n uniongyrchol gyda gweision sifil.

Mae arwyddion fod yr amryfal gynlluniau a amlinellir uchod yn dechrau dwyn ffrwyth. Rhwng 2000 a 2007 bu cynnydd o 128,000 yn y nifer a oedd mewn gwaith cyflogedig yng Nghymru, cynnydd o 10.4% o gymharu â 5.6% ym Mhrydain gyfan. Fodd bynnag, swyddi yn y sector cyhoeddus, gyda chynhyrchiant cymharol isel, a oedd i gyfrif am gyfran helaeth o'r cynnydd hwn. At hynny, mae'n bur annhebyg y bydd cyflogaeth yng Nghymru yn parhau i gynyddu yn gyflymach nag yng ngweddill Prydain. Roedd llawer yn gofidio y byddai'r arafu yn nhwf gwariant cyhoeddus y llywodraeth Brydeinig o 2008 ymlaen yn debyg o gael effaith anghymesur ar Gymru, o gofio dibyniaeth drom y wlad ar gyflogaeth yn y sector cyhoeddus. Os felly, byddai angen gwelliant sylweddol mewn cynhyrchiant er mwyn lleihau'r bwlch mewn cyfoeth rhwng Cymru a gweddill Prydain. Roedd sylwebwyr yn gytûn y byddai hon yn dasg hynod o anodd ei chyflawni, ac na fyddai modd cyrraedd yn agos at darged gwreiddiol llywodraeth y Cynulliad o godi'r CMC y pen yng Nghymru i 90% o'r lefel Prydeinig erbyn 2010.

Roedd cydnabyddiaeth o'r cychwyn y byddai codi'r CMC y pen yn y rhanbarth Amcan 1 i 81% o'r lefel Prydeinig erbyn 2010 yn sialens fwy fyth. Yn 2001 dim ond 67% o'r lefel Prydeinig oedd CMC y pen yn y rhanbarth hwnnw. Er 2001, er gwaethaf yr £1.2 biliwn o nawdd Ewropeaidd a dderbyniwyd o dan raglen Amcan 1, mae'r anghydraddoldebau economaidd rhwng gwahanol rannau o'r wlad wedi cynyddu. Er hyn, roedd pryderon y byddai dyfodiad deg o aelodau newydd i'r Undeb Ewropeaidd, gwladwriaethau incwm isel gan mwyaf, yn golygu y byddai'r CMC y pen yng ngorllewin Cymru a maes glo'r de yn uwch na 75% o lefel gyfartalog yr Undeb Ewropeaidd, ac o ganlyniad i hynny na fyddent yn gymwys i dderbyn y lefel uchaf o gymorth o dan Raglen Gydgyfeirio newydd yr Undeb. Fel y digwyddodd, nid oedd lle i bryderu. Roedd y dirywiad yn amgylchiadau economaidd y rhannau hynny o Gymru yn gyfryw fel yr enillasant y fraint amheus o gael eu cyfrif ymhlith rhanbarthau lleiaf ffyniannus yr Undeb ar ei newydd wedd, a hynny'n golygu eu bod yn gymwys i dderbyn £1.4 biliwn o gymorth Ewropeaidd ychwanegol yn ystod y cyfnod 2007–13.

## EDEIRNION Cwmwd

Yn ôl traddodiad, enwyd y **cwmwd** hwn, sydd yn cwmpasu rhan uchaf Dyffryn **Dyfrdwy**, ar ôl Edern (neu Eternus), un o feibion **Cunedda**. Gan fod Edeirnion yn draddodiadol yn rhan o **Bowys**, mae'n debyg fod yr hanes yn rhan o bropaganda ymerodraethol **Gwynedd**. Yn 1284 daeth Edeirnion yn rhan o **Sir Feirionnydd**; cafodd ei ddynodi'n **hwndrwd** yn dilyn y **Deddfau 'Uno'** ac yna'n gyngor gwledig yn 1894. Yn 1974 datgysylltwyd Edeirnion oddi wrth ddosbarth newydd **Meirionnydd** a daeth, yn hytrach, yn rhan o ddosbarth **Glyndŵr** yn sir newydd **Clwyd**. Yn 1996 daeth yn rhan o'r **Sir Ddinbych** atgyfodedig.

## EDLOGAN Cwmwd

Un o gymydau **Gwent** oedd hwn, yn ymestyn i'r ucheldir rhwng afon Lwyd ac afon **Ebwy**. Fe'i cipiwyd gan y **Normaniaid** ddiwedd yr 11g., a Morgan ab Owain, arglwydd **Caerllion**, a ddaeth â'r **cwmwd** yn ôl dan reolaeth y Cymry yn ystod y 12g. Ymhen amser daeth i feddiant dugiaid **York**, a thrwy hynny yn eiddo i'r Goron.

## EDNYFED FYCHAN (Ednyfed ap Cynwrig ap Iorwerth) (m.1246) Swyddog

Daeth Ednyfed Fychan, brodor o ardal **Abergele**, yn ddistain i **Lywelyn ap Iorwerth**, tywysog **Gwynedd**, tua 1215. Am weddill ei oes roedd yn brif gynghorwr i'r tywysog hwnnw a'i fab **Dafydd ap Llywelyn**, ei olynydd, a gwobrwywyd ei deyrngarwch â thiroedd helaeth a breintiau. Fe'i dilynwyd yn ei swydd gan ddau neu o bosibl dri o'i feibion, ac roedd ei ddisgynyddion – a elwid yn 'Wyrion Eden' – yn flaenllaw yn **Nhywysogaeth** Gogledd Cymru rhwng y **Goresgyniad Edwardaidd** a **Gwrthryfel Glyndŵr**. Roedd y **Tuduriaid** yn ddisgynyddion iddo.

**EDWARDS, A[lfred] G[eorge] (1848–1937)**
Archesgob Cymru
Daeth A. G. Edwards, un o deulu mawr o glerigwyr o Lanymawddwy (**Mawddwy**), i amlygrwydd fel warden Coleg Llanymddyfri (gw. **Llanymddyfri**) a thrwy gyfrwng ei safiad yn erbyn **datgysylltu Eglwys Loegr yng Nghymru**. Ac yntau wedi'i benodi'n esgob **Llanelwy** yn 1889, arweiniodd ymgyrch ymosodol ond aflwyddiannus ar y mater. Fe'i hetholwyd yn archesgob cyntaf yr **Eglwys yng Nghymru** yn 1920, ac arweiniodd yr Eglwys yn llwyddiannus i dderbyn annibyniaeth, ond roedd ei safbwynt ar yr iaith **Gymraeg** a **chenedligrwydd** Cymreig yn amwys, a gadawodd ddrwgdeimlad ar ei ôl. Ymddeolodd fel archesgob yn 1934, yn 87 oed. Roedd ei frawd Henry Thomas Edwards (1837–84), deon **Bangor** a thaid Nicholas Edwards, ysgrifennydd gwladol Cymru, 1979–1987, yn wladgarwr Cymreig twymgalon. Yn ei gyfrol *The Church of the Cymry* (1880), dadleuodd fod y Cymry wedi cael eu gorfodi i fod yn Anghydffurfwyr oherwydd fod yr Eglwys Anglicanaidd wedi cael ei defnyddio i'w pellhau oddi wrth eu traddodiadau brodorol.

**EDWARDS, Alun R[oderick] (1919–86)** Llyfrgellydd
Yn Llanio (**Llanddewibrefi**) y ganed Alun R. Edwards. Fel llyfrgellydd ei sir enedigol (1950–74) a llyfrgellydd sir **Dyfed** (1974–80), gwnaeth waith arloesol yn hyrwyddo rhwydwaith o lyfrgelloedd teithiol i wasanaethu pentrefi, ysgolion a chartrefi diarffordd. Credai fod gan lyfrgelloedd cyhoeddus Cymru gyfrifoldeb i hyrwyddo'r iaith a'r diwylliant brodorol a threfnai'n flynyddol raglen o weithgareddau ar gyfer plant, pobl ifainc ac oedolion. Bu'n ymgyrchydd diflino, o ddechrau'r 1950au, dros fuddiannau'r fasnach lyfrau Cymraeg, ac ef a oedd yn bennaf gyfrifol am sefydlu Cymdeithas Lyfrau Ceredigion (1954), y Cyngor Llyfrau Cymraeg (gw. **Cyngor Llyfrau Cymru**) (1961) a Choleg Llyfrgellwyr Cymru (1964).

**EDWARDS, Charles (1628–wedi 1691)** Llenor
Ganed Charles Edwards yn **Llansilin**. Graddiodd yng Ngholeg Iesu, **Rhydychen**, yn 1649, wedi colli ei le cyn hynny yng Ngholeg yr Holl Eneidiau yn dilyn ymchwiliad gan Gomisiynwyr y Senedd i'w agwedd ymddangosiadol amwys tuag at ymostwng i awdurdod y Senedd. Er gwaetha'r gwrthdaro cynnar hwn ochrodd fwyfwy â'r **Piwritaniaid**. Daliodd fywoliaeth **Llanrhaeadr-ym-Mochnant** dan y **Werinlywodraeth**, a'i cholli gyda'r Adferiad. Bu wedyn yn bregethwr trwyddedig dan Ddatganiad Pardwn 1672, ac yn olygydd ar lyfrau'r **Ymddiriedolaeth Gymreig**. Ceir ganddo beth o helynt ei fywyd yn *An Afflicted Man's Testimony Concerning his Troubles* (1691). Gorffwys ei fri fel llenor Cymraeg ar *Y Ffydd ddi-ffuant* (1666, 1671, 1677), gyda'r ail argraffiad yn cynnwys yr ychwanegiad pwysig 'Hanes y Ffydd ymhlith y Cymry'. Dyma'r llyfr sy'n cyflwyno'n llawn ac eglur am y tro cyntaf y dehongliad Protestannaidd o hanes y Cymry.

**EDWARDS, D[avid] Miall (1873–1941)** Gweinidog a diwinydd
Ganed D. Miall Edwards yn **Llanfyllin** a chafodd ei addysg ym **Mangor** a **Rhydychen**. Fe'i hordeiniwyd yn weinidog gyda'r **Annibynwyr** ym Mlaenau **Ffestiniog** yn 1900, ond symudodd i **Aberhonddu** yn 1904 a bu'n Athro **diwinyddiaeth** yn y Coleg Coffa yno o 1909 hyd 1934. Ac yntau'n un o sylfaenwyr Ysgol Gwasanaeth Cymdeithasol Cymru, roedd yn gyfuniad o ddoniau ymarferol a deallusol. Ef yn unig yn ystod yr 20g. a gyhoeddodd gyfrol o ddiwinyddiaeth systemataidd yn **Gymraeg** (*Bannau'r Ffydd*, 1939).

**EDWARDS, Dorothy (1903–34)** Llenor
Roedd Dorothy Edwards, a hanai o **Gwm Ogwr** ac a ymsefydlodd yng **Nghaerdydd**, yn gantores dalentog yn ogystal ag awdures. Dim ond dau lyfr a gyhoeddodd, sef casgliad o straeon byrion, *Rhapsody* (1927), a nofel, *Winter Sonata* (1928), ond cafodd glod am y ddau ac fe'u hailgyhoeddwyd yn 1986. Cyflawnodd hunanladdiad, am resymau anhysbys, trwy ei thaflu ei hun o dan drên ger **Caerffili**.

**EDWARDS, Huw Lloyd (1916–75)** Dramodydd
Brodor o Benisa'r-waun, **Llanddeiniolen**. Bu'n athro Saesneg cyn dod yn ddarlithydd **drama** yn y **Coleg Normal**, **Bangor**. Comedïau yw ei weithiau cynnar. Ceir mwy o ddwyster yn *Noson o Lety* (1955), ond ei gysylltiad â Gŵyl Ddrama Garthewin (gw. **Llanfair Talhaearn**) a'i sbardunodd i ymdrin â phynciau moesol, gwleidyddol, crefyddol a chymdeithasol mewn dramâu diweddarach: *Cyfyng Gyngor* (1958), *Y Gŵr o Gath Heffer* (1961), *Y Gŵr o Wlad Us* (1961), *Ar Ddu a Gwyn* (1963), *Pros Kairon* (1967), *Y Llyffantod* (1973) ac *Y Lefiathan* (1977).

**EDWARDS, Huw T[homas] (1892–1970)** Undebwr llafur
Ganed Huw T. Edwards yn y Ro-wen (**Caerhun**), a dechreuodd weithio fel chwarelwr gan sefydlu canghennau o Undeb y Gweithwyr Trafnidiol a Chyffredinol a'r **Blaid Lafur** yn y gogledd. Roedd yn flaenllaw mewn bywyd cyhoeddus, ac yn 1949 daeth yn gadeirydd cyntaf **Cyngor Cymru a Mynwy**, ond ymddiswyddodd pan wrthodwyd cynnig y cyngor y dylid penodi **ysgrifennydd gwladol** dros Gymru. Roedd yn lladmerydd brwd dros **ddatganoli**, ac yn 1959, ac yntau wedi'i ddadrithio gan Lafur, ymunodd â **Phlaid [Genedlaethol] Cymru**, ond dychwelodd at ei hen blaid yn 1965. Bu'n llywydd **Cymdeithas yr Iaith Gymraeg** a chyhoeddodd ddwy gyfrol hunangofiannol, sef *Tros y Tresi* (1956) a *Troi'r Drol* (1963).

**EDWARDS, Ifan ab Owen (1895–1970)**
Cenedlaetholwr diwylliannol
Syr Ifan, mab **O. M. Edwards**, oedd sylfaenydd **Urdd Gobaith Cymru** a'r ysgol gynradd gyfrwng Cymraeg gyntaf, a sefydlwyd fel ysgol breifat yn **Aberystwyth** yn 1939. Fe'i ganed yn **Llanuwchllyn** a'i addysgu yn Aberystwyth a **Rhydychen**. Daliodd sawl swydd ym myd **addysg** yn Aberystwyth rhwng 1921 a'i ymddeoliad yn 1946, ond gwaith mawr ei fywyd oedd gwireddu ei weledigaeth o fudiad ieuenctid cenedlaethol. Fe'i hurddwyd yn farchog yn 1947.

**EDWARDS, J[ohn] Goronwy (1891–1976)** Hanesydd
Ym Manceinion y ganed Goronwy Edwards; Cymry oedd ei rieni. Fe'i haddysgwyd yn **Nhreffynnon** a Choleg Iesu, **Rhydychen**. Yn 1948 fe'i penodwyd yn gyfarwyddwr yr Institute of Historical Research ac yn Athro hanes ym Mhrifysgol **Llundain**. Mae llawer o'i gyhoeddiadau'n ymwneud â hanes cyfreithiol, cyfansoddiadol a gweinyddol Cymru, yn eu plith *Calendar of Ancient Correspondence* (1935) a *Littere Wallie* (1940). Yn 1969 cyhoeddodd astudiaeth arloesol, sef *The Principality of Wales, 1267–1967* (1969).

Meredith Edwards, ar y chwith, gyda Hugh Griffith yn *Run For Your Money*, 1949

Bu'n llywydd y Gymdeithas Hanes Frenhinol (1961–4) ac yn olygydd yr *English Historical Review* a *The Bulletin of the Institute of Historical Research*.

### EDWARDS, John Kelt (1875–1934) Arlunydd

Roedd 'Kelt', fel y'i hadwaenid, yn fab i siopwr o Flaenau **Ffestiniog**, a derbyniodd ei addysg yng Ngholeg Llanymddyfri (gw. **Llanymddyfri**) cyn ymweld â Pharis a Rhufain. Arddangoswyd ei waith yn Salon Paris a gwnaeth bortreadau o Gymry enwog, gan gynnwys **David Lloyd George** ac **O. M. Edwards**. Ar ôl y **Rhyfel Byd Cyntaf** cynlluniodd faner a bathodyn ar gyfer 'Cymheiriaid y Rhyfel Mawr', a'r rhestr anrhydeddau i'r **Ffiwsilwyr Brenhinol Cymreig**. Gwnaeth gartwnau rhyfel a nifer o ddarluniau ar gyfer llyfrau.

### EDWARDS, Lewis (1803–87) Diwinydd, addysgwr, pregethwr ac awdur

Aeth Lewis Edwards, a aned ym Mhen-llwyn (**Melindwr**), yn athro ysgol a chafodd ei dderbyn yr un pryd yn bregethwr gyda'r **Methodistiaid Calfinaidd**. Aeth i Brifysgol Caeredin gan raddio yn 1836, yr un flwyddyn ag y priododd â Jane Charles, wyres i **Thomas Charles** o'r **Bala**. Yn 1837, ar y cyd â'i frawd yng nghyfraith David Charles (1812–78), agorodd ysgol baratoi yn y Bala, a ddaeth wedyn yn goleg cydnabyddedig gan ei gyfundeb er hyfforddi ymgeiswyr ar gyfer y weinidogaeth. Daeth y sefydliad hwn, sef Coleg y Bala, y bu Lewis Edwards yn brifathro arno am dros hanner canrif, yn goleg diwinyddol pwysicaf Cymru.

Trwy ei waith yn y Bala argyhoeddodd ei gyd-Fethodistiaid o werth a phwysigrwydd gweinidogaeth ddysgedig a bu'n gyfrwng i feithrin safonau a lledu gorwelion y genedl gyfan. Trwy gylchgrawn chwarterol *Y Traethodydd*, a sefydlwyd yn 1845 ar batrwm yr *Edinburgh Review*, hysbysodd ei ddarllenwyr am ddatblygiadau cyfoes mewn **diwinyddiaeth**, **athroniaeth**, **gwyddoniaeth** a **llenyddiaeth**. Bu ei gyhoeddiadau diwinyddol yn allweddol yn natblygiad y meddwl Cristnogol yng Nghymru. Parhawyd â'i waith fel arweinydd crefyddol a deallusol gan ei fab, **Thomas Charles Edwards**.

### EDWARDS, Meredith (1917–99) Actor

Ar ôl gwneud enw iddo'i hun fel actor llwyfan daeth Meredith Edwards, a aned yn **Rhosllannerchrugog**, yn wyneb cyfarwydd ar y sgrîn fawr ym **Mhrydain**, yn bennaf mewn comedïau. Rhoddodd berfformiad cofiadwy yn un o ffilmiau Ealing, *A Run for Your Money* (1949), a hynny fel glöwr hygoelus ond diflewyn-ar-dafod a oedd ar grwydr yn **Llundain** yng nghwmni cyd-löwr (**Donald Houston**) a thelynor pen stryd meddw (**Hugh Griffith**). Yn *The Blue Lamp* (1950), ffilm arall gan Ealing, chwaraeai ran Cymro obsesiynol braidd a oedd yn arwain côr o heddlu Llundain. Yn y gomedi Gymreig *Girdle of Gold* (1951) roedd yn ddoniol o ymosodol, ac yn ddifyr o hunangyfiawn fel llyfrbryf o weinidog yn ***Only Two Can Play*** (1962). Ef oedd y traethydd yn y ffilm ddogfen boblogaidd ar gyfer y sinema, *The Conquest of Everest* (1953), a chwaraeodd ran y Parchedig Eli Jenkins yn yr addasiad teledu gwreiddiol o ddrama

**Dylan Thomas**, *Under Milk Wood* (1957). Ei addasiad ef o ddrama radio swynol oedd *Wil Six* (1984), am fachgen ysgol yn dod i oed, gydag ef ei hun fel traethydd. Chwaraeodd brif rannau anodd yn nrama deledu ddwys BBC Cymru, *Fallen Sons* (1993).

**EDWARDS, Ness (1897–1968)** Gwleidydd

Aeth Ness Edwards i weithio dan ddaear yn fachgen ac roedd yn gadeirydd y gyfrinfa yn ddeunaw oed. Bu'n aelod seneddol **Caerffili** (1939–68) a gwasanaethodd fel postfeistr cyffredinol yn 1951. Yn 1939 trefnodd i 300 o lowyr gwrth-Natsïaidd y Sudetenland ddianc o'r Almaen. Roedd llawer o'i gydweithwyr yn edmygu ei afael ar faterion diwydiannol a chyfansoddiadol, ac roedd yn ei ystyried ei hun yn geidwad y traddodiad dosbarth gweithiol rhyngwladol a oedd yn gwbl groes i **genedlaetholdeb**, yn arbennig cenedlaetholdeb Cymreig (gw. hefyd **Dosbarth** a **Rhyngwladoldeb**). Cyhoeddodd ddwy gyfrol yn olrhain hanes glowyr y de.

**EDWARDS, O[wen] M[organ] (1858–1920)** Addysgwr, llenor a golygydd

Gydol ei oes ymroddodd Syr O. M. Edwards, yn unol â'r arwyddair ar glawr ei gylchgrawn mwyaf llwyddiannus, 'i godi'r hen wlad yn ei hôl'. Wrth wneud hynny chwaraeodd ran allweddol mewn gosod seiliau ymwybyddiaeth genedlaethol Gymreig yn yr 20g. Brodor o **Lanuwchllyn** ydoedd, ac fe'i haddysgwyd yng Ngholeg y **Bala** ac yn **Aberystwyth**, Glasgow a **Rhydychen**, lle'r oedd ymhlith sylfaenwyr Cymdeithas Dafydd ap Gwilym. Wedi iddo raddio bu'n crwydro tir mawr Ewrop, gan ysgrifennu am ei deithiau yn *O'r Bala i Geneva* (1889) a *Tro yn yr Eidal* (1889). Yn 1889 cafodd swydd cymrawd yng Ngholeg Lincoln, Rhydychen, lle'r oedd y bardd **Edward Thomas** ymhlith ei fyfyrwyr. Wedi marwolaeth **T. E. Ellis** yn 1899 fe'i hetholwyd yn aelod seneddol dros **Sir Feirionnydd** (1899–1900) ond, ac yntau heb fawr o ddiddordeb mewn gwleidyddiaeth, ni cheisiodd gael ei ailethol yn 1900. Ar ei benodiad yn brif arolygwr ysgolion y Bwrdd Addysg yng Nghymru yn 1907, dychwelodd i Lanuwchllyn, ac yno yr arhosodd weddill ei oes.

Prif nod ei fywyd oedd adfywio diwylliant cynhenid Cymru ac ehangu gorwelion a gwybodaeth y werin bobl. Cafodd ddylanwad arhosol ar y gyfundrefn **addysg** yng Nghymru, gan frwydro dros addysg trwy gyfrwng y **Gymraeg** a thros faes llafur a oedd wedi'i seilio ar draddodiadau Cymru.

Er hyrwyddo'r amcanion hyn, ysgrifennodd lyfrau deniadol, rhad, ac yn y rhain, fel yn ei holl gyhoeddiadau, ceisiodd ystwytho'r Gymraeg a'i rhyddhau o gadwynau gorffurfioldeb. Llwyddodd i ennyn diddordeb ei gydwladwyr yn eu **llenyddiaeth** a'u hanes trwy gyhoeddi cyfresi megis *Cyfres y Fil* (1901–16) a *Llyfrau ab Owen* (1906–14), ac astudiaethau megis *Ystraeon o Hanes Cymru* (1894–5), *Hanes Cymru* (1895, 1899), *Wales* (1901) a *A Short History of Wales* (1906). Bu hefyd yn fawr ei ddylanwad fel golygydd **cylchgronau**. Cydolygodd *Cymru Fydd* (1889–91) cyn mynd ati ei hun i sefydlu sawl cyfnodolyn, gan gynnwys y misolyn llewyrchus *Cymru* (1891–1920), a fu'n feithrinfa i nifer o lenorion addawol y cyfnod.

Llwyddodd i drawsnewid cynnwys ac arddull llenyddiaeth plant yn Gymraeg trwy gyfrwng ei fisolyn poblogaidd, *Cymru'r Plant* (1892–1920), a llyfrau megis *Llyfr Del* (1906), *Yr Hwiangerddi* (1911) a *Llyfr Nest* (1913). Yn 1896 sefydlodd Urdd y Delyn, cymdeithas i blant a rhagflaenydd **Urdd Gobaith Cymru**, a gychwynnwyd yn 1920 gan ei fab, **Ifan ab Owen Edwards**. (Ond gw. hefyd **Iddewon**.)

**EDWARDS, Robin James (Robin Jac neu Y Fellten Goch; 1910–79)** Rasiwr beic modur

Roedd Robin Jac o **Lanuwchllyn** yn unigryw ymhlith gyrwyr beiciau modur gan ei fod hefyd yn englynwr yn nhraddodiad y **bardd gwlad**. Bu'n rasio yn **Ynys Manaw** o 1934 hyd 1950, gan ddod yn bedwerydd, yn chweched, yn wythfed ac yn nawfed yng nghystadleuaeth Pwysau Ysgafn Grand Prix yr ynys. Gallai gystadlu â goreuon y byd, a chafodd ddeuddeg cylchdro cyflymaf a dod yn drydydd yn ras yr NW 200 yn **Iwerddon**.

**EDWARDS, Roger (1811–86)** Awdur a golygydd

Ganed Roger Edwards yn y **Bala** a'i fagu yn **Nolgellau**. Fe'i hordeiniwyd gan y **Methodistiaid Calfinaidd** yn 1842 a threuliodd ei flynyddoedd mwyaf dylanwadol yn yr **Wyddgrug**. Fel golygydd cylchgrawn misol ei enwad, *Y Drysorfa*, heriodd ragfarn y Methodistiaid yn erbyn nofelau trwy wahodd **Daniel Owen** i gyfrannu, gan ei roi ar ben y ffordd i fod yn nofelydd. Cyhoeddodd lyfr **emynau**, *Y Salmydd Cymreig* (1840), ac ar y cyd â **Lewis Edwards** sefydlodd gylchgrawn dylanwadol *Y Traethodydd* (1845–). Fel Rhyddfrydwr, bu'n allweddol yn y gwaith o lywio'i gyfundeb oddi wrth geidwadaeth **John Elias** tuag at Ryddfrydiaeth **Thomas Gee**.

**EDWARDS, Thomas (Twm o'r Nant; 1739–1810)** Bardd ac anterliwtiwr

Twm o'r Nant yw'r ffigwr pwysicaf yn hanes y **ddrama** yng Nghymru cyn yr 20g. Fe'i magwyd yn y Nant Isaf, **Nantglyn**. Gweithiodd fel saer maen a chludwr coed, tafarnwr a cheidwad tollborth, heb fyth lawer wrth gefn. Yn ei hunangofiant (1805) dywed ei fod wedi ysgrifennu dwy **anterliwt** cyn bod yn 9 oed, a'i fod yn chwarae rhan merch mewn anterliwt yn 12 oed. Fe'i cyfrifid yn ei ddydd yn bencampwr yr anterliwt ('ein Garrick ni'n hunain' a 'Shakespeare y Cymry'), a gellir o hyd fwynhau ei ddychan a'i feirniadaeth, ei linellau bachog a'i ganeuon crefftus mewn gweithiau fel *Tri Chryfion Byd* (1789), *Pleser a Gofid* (1787), *Cyfoeth a Thlodi* (1768) a *Tri Chydymaith Dyn* (1769). Gadawodd tua 350 o gerddi, heb gyhoeddi ond detholiad bychan ohonynt yn *Gardd o Gerddi* (1790); caneuon ar fesurau poblogaidd ydynt, yn cynghori, annog, beirniadu, dychanu a thraethu ei helyntion ef ei hun. Mae gyda'r mwyaf dyfynadwy o awduron Cymraeg.

**EDWARDS, Thomas Charles (1837–1900)** Addysgwr a diwinydd

Ganed gorwyr **Thomas Charles** yn **Llanycil**. Roedd ei dad, **Lewis Edwards**, yn brifathro Coleg y Bala, a bu ef ei hun yn fyfyriwr yno cyn mynd i **Lundain** a **Rhydychen** i gwblhau ei **addysg**. Am gyfnod, o 1866 ymlaen, bu'n weinidog gyda'r **Methodistiaid Calfinaidd** yn **Lerpwl** cyn cael ei benodi'n brifathro cyntaf Coleg Prifysgol Cymru yn **Aberystwyth** (1872) (gw. **Prifysgol Cymru, Aberystwyth**). Blinwyd y coleg newydd gan drafferthion ariannol ac, yn 1885, gan dân. Brwydrodd Thomas Charles Edwards, a oedd yn adnabyddus trwy Gymru fel pregethwr gwych, i ddiogelu ei barhad ac i sicrhau bod

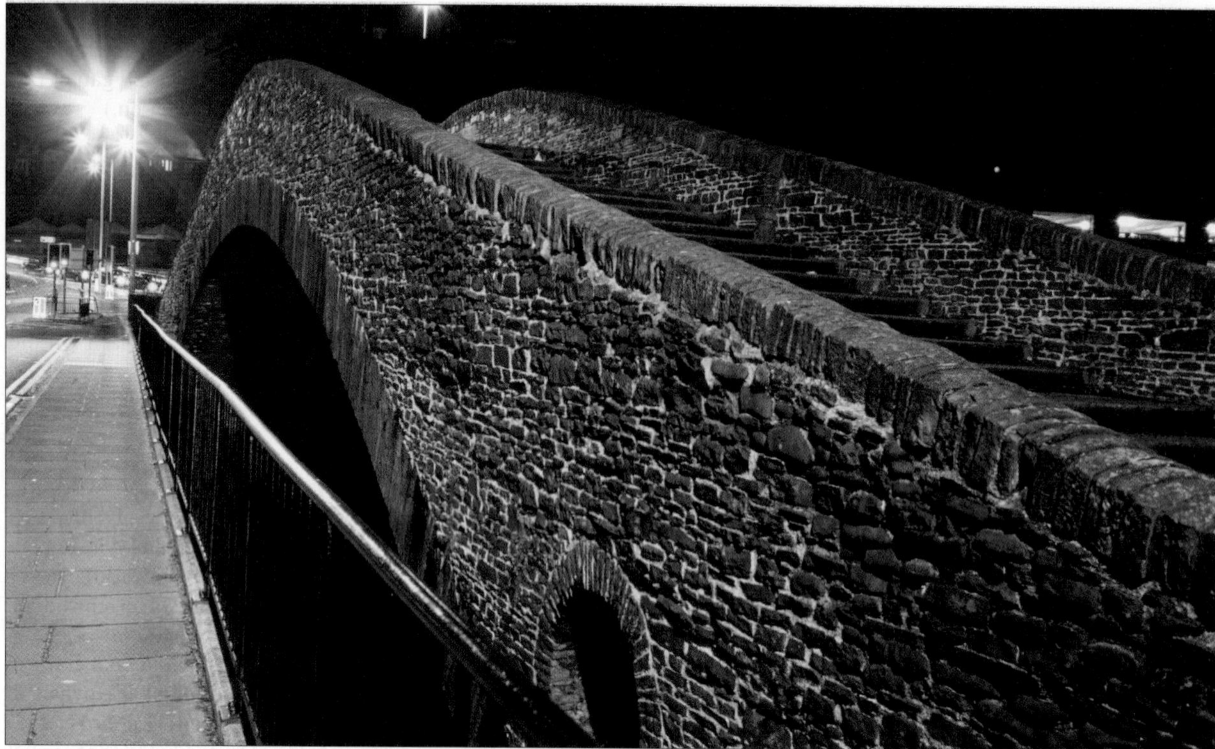

William Edwards: yr 'Hen Bont' ym Mhontypridd

Aberystwyth yn goroesi ar ôl creu colegau prifysgol yng **Nghaerdydd** (1883) a **Bangor** (1884). Roedd yn athro ac yn esboniwr beiblaidd nodedig, ac yn 1891 olynodd ei dad yn brifathro Coleg y Bala ar yr amod y byddai'n troi'r sefydliad yn goleg penodol ddiwinyddol a fyddai'n agor ei ddrysau i bob enwad. Yno yr arhosodd nes y bu farw.

### **EDWARDS, [Arthur] Trystan (1884–1973)** Pensaer ac awdur

Astudiodd Trystan Edwards, a aned ym **Merthyr Tudful**, yn Ysgol Bensaernïaeth Lerpwl, ac ar ôl y **Rhyfel Byd Cyntaf** ymunodd ag Adran Dai'r Weinyddiaeth Iechyd, dan Raymond Unwin. Cofir amdano'n bennaf fel awdur llyfrau ar **bensaernïaeth** a chynllunio, gan gynnwys *Good and Bad Manners in Architecture* (1924), *Architectural Style* (1926) ac *A Hundred New Towns for Britain* (1933). Cyhoeddodd hefyd dafluniad homalograffig ar gyfer mapio'r byd (1953) a oedd yn lleihau llurguniadau arwynebedd a ffurf. Ar ôl ymddeol i'w dref enedigol, ysgrifennodd *Merthyr, Rhondda and the Valleys* (1958), *Towards Tomorrow's Architecture* (1968) a hunangofiant, *Second Best Boy* (1970).

### **EDWARDS, William (1719–89)** Pensaer, peiriannydd a gweinidog

Ganed William Edwards ar fferm yn y Groes-wen (**Caerffili**), lle daeth yn weinidog gyda'r **Annibynwyr** yn 1746. Ac yntau wedi'i hyfforddi'n saer maen, fe'i cofir, fodd bynnag, fel adeiladwr pontydd, ac un bont yn arbennig, sef pont fydenwog **Pontypridd** (y 'Bont Newydd', a ailenwyd yn ddiweddarach yn 'Hen Bont'). Adeiladwyd y bont gerrig, un-bwa osgeiddig hon yn 1756 ar ôl tri chynnig aflwyddiannus; a hithau'n 42.6m o hyd, hi oedd y bont un-bwa hiraf ym Mhrydain, ac yn Ewrop efallai, ar y pryd. Yn 1779 bu Edwards yn gyfrifol am gynllunio pentref diwydiannol newydd yn Nhreforys (**Abertawe**).

### **EFELFFRE** Cwmwd

Roedd Efelffre yn **gwmwd** yng **Nghantref Gwarthaf** ond, wedi goresgyniad y **Normaniaid**, daeth yn rhan o **Arberth**, un o arglwyddiaethau'r **Mers**. Mae'r enw'n parhau yn rhan o enwau **Llanbedr Felffre** a **Llanddewi Felffre**.

### **EFENECHDYD**, Sir Ddinbych (1,258ha; 608 o drigolion)

Mae'r **gymuned** yn union i'r de-orllewin o **Ruthun**. O *mynechdid*, sef mynachdy yn y cyd-destun hwn, neu fferm yn perthyn i fynachdy efallai, y daw'r enw. Nid oes tystiolaeth am unrhyw fynachlog yn y cyffiniau, ond ceir traddodiad fod lleiandy yno. Mae eglwys fechan Sant Mihangel a'r Holl Angylion yn cynnwys bedyddfaen pren prin. Tŷ Brith oedd cartref Simwnt Fychan (*c.*1530–1606), awdur fersiwn terfynol gramadeg y beirdd. Yn 1670 daeth Bachymbyd (**Llanynys**), stad cangen o deulu **Salusbury**, i feddiant Syr Walter Bagot trwy briodas, a daeth ŵyr hwnnw yn Farwn Bagot yn 1798. Yn 1826–9 adeiladodd yr ail Farwn Bagot Pool Park, plasty neo-Elisabethaidd anhynod.

### **EFNYSIEN**

Yn ail gainc y Mabinogi dau frawd yw Nysien ac Efnysien, a hanner brodyr i **Bendigeidfran**, **Branwen** a **Manawydan** (gw. **Mabinogion**). Tangnefeddwr yw Nysien, ond natur Efnysien yw achosi terfysg. Yn benderfynol o andwyo priodas Branwen â Matholwch, brenin **Iwerddon**, mae'n anffurfio meirch Matholwch yn ystod y wledd briodas. Yn nes ymlaen bydd yn taflu Gwern, mab Branwen, ar ei ben i'r tân, cyn trengi ei hun wrth ddinistrio'r **Pair Dadeni**.

## EGINOG Cantref

Eginog, y **Cantref Mawr** a'r **Cantref Bychan** oedd cantrefi **Ystrad Tywi**. Roedd Eginog yn cynnwys cymydau **Gŵyr**, **Carnwyllion** a **Chedweli**, ardaloedd a fyddai maes o law yn ffurfio **Sir Gaerfyrddin** a rhan fwyaf gorllewinol **Sir Forgannwg**.

## EGLWYS GELTAIDD, Yr

Term yw hwn y buwyd yn ei ddefnyddio'n aml, weithiau mewn modd anfeirniadol, wrth gyfeirio at Gristnogaeth y mileniwm cyntaf yn y gwahanol barthau lle siaredid yr ieithoedd Celtaidd (gw. **Celtiaid**). Gellid dadlau bod cnewyllyn yr apêl at hynafiaeth yr Eglwys Gristnogol ym **Mhrydain** i'w gael yn chwedl Joseff o Arimathea, a hynny mor gynnar â'r 13g. Ond ymddengys y cysyniad o Eglwys Geltaidd gyffredin mewn ffurf fwy datblygedig yng ngweithiau **William Salesbury**, **Richard Davies** (1501?–81) a Phrotestaniaid eraill ar eu hôl a fynnai wrthgyferbynnu annibyniaeth a phurdeb tybiedig yr Eglwys fore ym **Mhrydain** ac **Iwerddon** â honno a oedd i'w chael yng ngweddill y byd Cristnogol. Y bwriad yn ddiamau oedd pwysleisio bod i'r drefn eglwysig newydd a ddaeth yn sgil y **Diwygiad Protestannaidd** gynseiliau yn yr eglwysi brodorol a fodolai yn yr ynysoedd hyn cyn i'r gyfundrefn 'Rufeinig' gael ei gwthio arnynt. Honnwyd mai Protestaniaeth cyn-Brotestannaidd oedd hi felly. Erbyn yr 20g. gwelir arfer ar y term fel cipair hwylus (eithr heb yr agenda enwadol) gan ysgolheigion megis Nora Chadwick a **Kenneth Jackson**. Mae'r syniad o Gristnogaeth 'Geltaidd', ac yn enwedig 'ysbrydolrwydd Celtaidd', yn dal i apelio'n fawr at nifer sy'n chwilio am ffurfiau amgen ar Gristnogaeth na'r hyn a welant gan yr enwadau traddodiadol. Fodd bynnag, ni cheir unrhyw dystiolaeth o gyfundrefn eglwysig fonolithig gyffredin i'r holl wledydd Celtaidd, ac anacroniaeth fyddai gweld yn *ecclesia magna* ('Eglwys Fawr') y mileniwm cyntaf gyfatebiaeth i'r amryw eglwysi ac enwadau Cristnogol fel y'u deellir heddiw.

Eto i gyd, yr oedd, heb os, gysylltiadau pendant rhwng eglwysi'r gwledydd Celtaidd a'i gilydd. Roedd Cristnogaeth Iwerddon yn ddyledus i **genhadon** o Brydain, ac fe barhaodd eu dylanwad hwy tan y 7g. Efengyleiddiwyd yr **Alban** yn ei thro gan genhadon o Iwerddon; chwaraeodd eglwysi **Cernyw** a Chymru ran bwysig yn hanes twf yr Eglwys yn **Llydaw**. Ymhellach, ymddengys fod eglwysi'r gwledydd Celtaidd yn rhannu nifer o nodweddion cyffredin, rhai yn deillio o'r ffaith fod yr Eglwys, ym mhob un o'r gwledydd hyn, yn gweithredu mewn amgylchfyd cwbl wledig. Ymhlith y nodweddion hyn mae diffyg hierarchiaeth eglwysig glir, pwyslais ar yr abad yn hytrach na'r esgob (yn Iwerddon yn bennaf, yn hytrach na Chymru), tuedd asgetaidd a hoffter o leoedd anghysbell, perthynas agos â natur, swyddogaethau eglwysig etifeddol a dull penodol o bennu dyddiad y Pasg (gw. **Crefydd**).

## EGLWYS GYMYN, Sir Gaerfyrddin (4,240ha; 462 o drigolion)

Mae'r **gymuned** hon yng nghornel dde-orllewinol **Sir Gaerfyrddin** yn cynnwys pentrefi Marros a Rhos-goch. Uwchlaw traeth Morfa Bychan ceir pedair siambr gladdu ardderchog o'r Oes Neolithig ac heb fod ymhell saif caer o'r Oes Haearn (gw. **Oesau Cynhanesyddol**) mewn man trawiadol uwchlaw'r môr. Ailgodwyd Eglwys Gymyn yn niwedd y 14g. gan Margaret Marlos, nith i Guy de Brian, arglwydd **Talacharn**, ac fe'i hailgysegrwyd i'r Santes Margaret o'r **Alban**, un o hynafiaid y teulu a'u nawddsant. Y rheithor o 1730 hyd 1782 oedd John Evans, gelyn **Griffith Jones**, **Llanddowror** a'r **Diwygiad Methodistaidd**, a ddiswyddodd ei gurad, y Methodist **Peter Williams** (1723–96). Yn yr eglwys ceir cofeb i Peter Williams a chopi cadwynog o'i Feibl (1770). Mae tŵr Eglwys Sant Lawrens, Marros, yn dyddio o'r 13g. Gerllaw mae cofeb ryfel drawiadol.

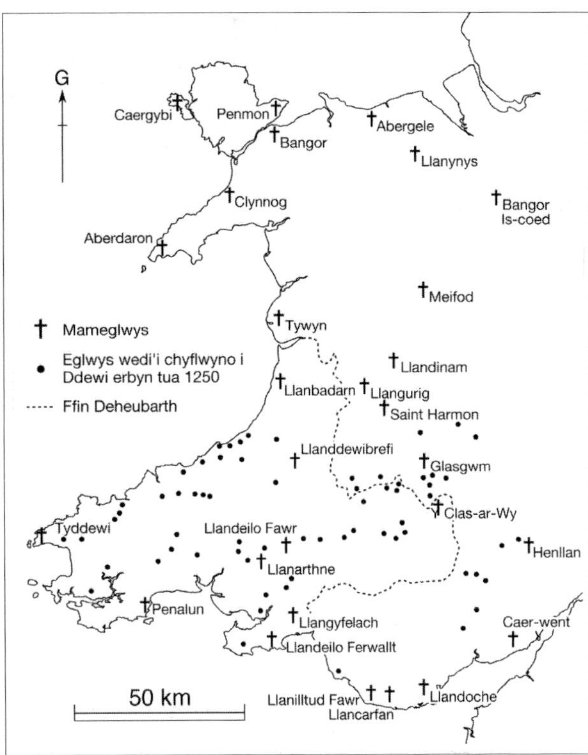


Yr Eglwys Geltaidd (yn seiliedig ar William Rees, 1959)

## EGLWYS UNIONGRED, Yr

Mae gwreiddiau Cristnogaeth ym mharthau dwyreiniol Môr y Canoldir ac oddi yno, yn ôl rhai, y tarddai llawer o nodweddion eglwysi'r gwledydd Celtaidd (gw. **Celtiaid** ac **Eglwys Geltaidd**). Ymhlith y nodweddion hyn roedd hoffter o leoedd unig, y pwyslais ar fynachaeth a llawer o eiconograffeg y llawysgrifau addurnedig. Mae'r hanes sy'n mynd â **Dewi Sant**, **Padarn** a **Theilo** i Gaersalem i dderbyn cysegriad esgobol gan y patriarch yno, yn awgrym o synnwyr cryf o gymundeb â'r eglwys ddwyreiniol. Cyrhaeddodd y rhwyg cynyddol rhwng yr eglwys orllewinol, dan awdurdod y Pab, a'r hierarchiaeth ddwyreiniol, dan arweiniad patriarch Caer Gystennin, ei anterth yn hollt 1054. Fodd bynnag, yn dilyn y **Diwygiad Protestannaidd**, cynhaliodd Eglwys Loegr (gw. **Anglicaniaid**) berthynas gynnes â'r Eglwys Uniongred, yr oedd mewn cymundeb â hi.

Yn fwy diweddar, mae'r eglwysi yng Nghymru wedi dechrau datblygu cysylltiadau newydd â'r Eglwys Uniongred Ddwyreiniol. Y plwyf Groegaidd yng **Nghaerdydd** yw'r gymuned Uniongred sefydledig hynaf yng Nghymru, ac mae rhai o'r Cymry eu hunain wedi troi at Uniongrededd, er enghraifft y rhai sy'n addoli yn **Gymraeg** yn yr eglwys Uniongred ym Mlaenau **Ffestiniog**.

## EGLWYS YNG NGHYMRU, Yr

Gohiriwyd gweithredu deddf 1914 yn datgysylltu'r Eglwys Anglicanaidd yng Nghymru hyd ddiwedd y **Rhyfel Byd Cyntaf**. Rhoddodd hyn gyfle i'r pedair esgobaeth wneud cynlluniau, ac erbyn 1920, pan ddaeth y **datgysylltu**, roedd y strwythurau angenrheidiol yn eu lle, gan gynnwys y corff cynrychioliadol, sy'n dal eiddo'r Eglwys, y corff llywodraethu, sef ei chorff deddfwriaethol, a'r coleg etholiadol, sy'n ethol esgobion. Tybid bod yr enw a ddewiswyd i'r Eglwys ddatgysylltiedig, yr Eglwys yng Nghymru, yn rhydd o unrhyw synnwyr o oruchafiaeth. Yr Esgob **A. G. Edwards** o **Lanelwy** a etholwyd yn archesgob cyntaf Cymru yn 1920. Ei bryder pennaf oedd y byddai'r datgysylltu yn ysgaru **Anglicaniaid** Cymreig oddi wrth eu cyd-Anglicaniaid yn Eglwys Loegr, gofid a leddfwyd i raddau trwy ddwyn taleithiau'r Cymundeb Anglicanaidd ynghyd yng nghyfarfodydd Lambeth. Byddai 35 o'r taleithiau hyn erbyn 2002, ac o blith y rhain talaith Cymru yw'r hynaf o safbwynt ei gwreiddiau.

Trwy'r dadwaddoli collodd yr Eglwys yng Nghymru gryn dipyn o'r cyfoeth a etifeddasai, ac o ganlyniad trefnwyd i godi cronfa o filiwn o bunnau. Er na chyrhaeddwyd y nod hwnnw, darparodd y gronfa hon – ynghyd â phennu cwota o'r newydd ar gyfer pob plwyf – yr adnoddau i'r Eglwys ddatblygu ei gwaith, gan ffurfio dwy esgobaeth newydd, sef **Mynwy** (1921), ac **Abertawe** ac **Aberhonddu** (1923). Yn 1924, pan gyhoeddwyd llawlyfr cyntaf yr Eglwys, cyfaddefodd yr archesgob fod i'r datgysylltu ei fanteision, ac yn y 1930au, pan oedd Eglwys Loegr mewn trafferthion ynglŷn â'r **degwm** a diwygio'r ***Llyfr Gweddi Gyffredin***, roedd llawer yn **Lloegr** yn gweld yr Eglwys yng Nghymru fel ysbrydoliaeth ac esiampl. Erbyn hynny, roedd Anglicaniaeth yn gryfach yng Nghymru nag yn Lloegr, yn ôl canran y rhai a fynychai Gymun y Pasg.

Ymhlith y datblygiadau pwysicaf yn hanes yr Eglwys yng Nghymru roedd mabwysiadu litwrgïau newydd yn y 1960au, a'r penderfyniad yn 1997 i ordeinio **menywod** i'r offeiriadaeth. Yn dilyn datgysylltu roedd yr Eglwys yn awyddus i ddiosg ei delwedd Seisnig, ond mynegwyd siom fawr pan benodwyd archesgob di-Gymraeg, Edwin Morris, yn 1957. Yn ystod cyfnod **Glyn Simon** (1968–71) a **G. O. Williams** (1971–82) fel archesgobion, roedd pennaeth yr Eglwys yng Nghymru yn cael ei gydnabod fwyfwy fel arweinydd Cristnogol y genedl gyfan. Er gwaethaf y dirywiad a fu yn niferoedd yr offeiriaid a'r cymunwyr, yr Eglwys yng Nghymru, yn ddiamau, yw'r cryfaf o'r enwadau Cymreig, ac mae'r ffaith ei bod yn berchen ar y cyfan, bron, o eglwysi hynafol y wlad yn cryfhau ei swyddogaeth genedlaethol. Yn 2003 etholwyd archesgob Cymru, Rowan Williams (2000–3), yn archesgob Caergaint ac yn bennaeth y Cymundeb Anglicanaidd bydeang.

## EGLWYS-BACH, Conwy (3,384ha; 928 o drigolion)

Prif ogoniant y **gymuned** hon, sy'n ymestyn o lan ddwyreiniol afon **Conwy** hyd at ucheldir Uwch Dulas, yw Gerddi Bodnant. Prynwyd stad Bodnant gan gynhyrchwr **cemegion** o Salford, Henry Pochin, yn 1874, ac er mai tŷ anarbennig yw plasty Bodnant (*c.*1792; ail-luniwyd *c.*1876), mae'r **gerddi** yn un o ryfeddodau'r byd. Parhawyd â'r gwaith a ddechreuwyd gan Pochin gan ei ferch, Laura, a'i phriod Charles McLaren (a ddaeth yn Farwn Aberconway yn 1911), a'u mab, yr ail farwn. Rhoddwyd y gerddi – a fu, o 1920 hyd 2004, dan ofal tair cenhedlaeth o deulu Puddle – i'r **Ymddiriedolaeth Genedlaethol** yn 1949. Gwelir yno bron pob un o'r **planhigion** sy'n ffynnu mewn **hinsawdd** fwyn, ac mae llawer ohonynt yn cynrychioli'r enghreifftiau cynharaf ym **Mhrydain** o rywogaethau a gasglwyd gan chwilwyr planhigion. Mae planhigion fel y *Viburnum bodnantense* wedi mynd ag enw Bodnant i bob cwr o'r byd.

Ailadeiladwyd Eglwys Sant Martin ym mhentref deniadol Eglwys-bach yn 1782. Ceir ffermdai cynnar ym Mhlas Llan a Phennant.

## EGLWYSWRW, Sir Benfro (5,179ha; 732 o drigolion)

A hithau'n ymestyn o lechweddau gogleddol **Mynydd Preseli** bron cyn belled â'r ffin â **Cheredigion**, mae'r **gymuned** hon yn cynnwys pentrefi Eglwyswrw, Brynberian a Ffynnongroes. I'r dwyrain o Frynberian mae siambr gladdu Bedd yr Afanc o'r **Oes Neolithig** a bryngaer o'r **Oes Haearn** ar gopa Carn Alw (gw. **Bryngaerau**).Ym Mrynberian y sefydlwyd achos cyntaf yr **Annibynwyr** yng ngogledd **Sir Benfro** (1690); codwyd y capel presennol yn 1843. Gweithiai John Owen (1836–1915) ar fferm leol pan ysgrifennodd y faled boblogaidd, 'Y Mochyn Du'. Cafodd Pistyll Meugan, ffynnon iachaol, a fu'n boblogaidd ymhlith pererinion yr Oesoedd Canol, ei dinistrio yn 1592. Yn 2001 roedd gan 74.09% o drigolion Eglwyswrw rywfaint o afael ar y **Gymraeg**, gyda 57% yn rhugl yn yr iaith – y canrannau uchaf ymhlith holl gymunedau Sir Benfro.

## ENGLYN

Mesur mewn barddoniaeth yw englyn. Yng ngramadegau barddol yr Oesoedd Canol enw ar ddosbarth o fesurau ydoedd, gan gynnwys yr englynion hynny ac iddynt dair llinell a geir mewn canu chwedlonol cynnar (gw. **Heledd** a **Llywarch Hen**). Erbyn hyn uniaethir y term i bob pwrpas â'r englyn unodl union a ddaeth i fri yn ystod y 12g. ac sy'n parhau'n hynod o boblogaidd ymysg beirdd Cymru. Mae'r englyn yn cynnwys 30 sillaf (10/6/7/7), ac mae patrwm y ddwy linell olaf yn debyg i'r hyn a geir mewn cwpled o **gywydd** fel y dengys yr enghraifft a ganlyn:

I beth y rhuthrwn drwy'r byd? – Gwirion yw
Gyrru'n wyllt drwy fywyd;
Daw blino brysio ryw bryd
A daw sefyll disyfyd. (O. M. Lloyd)

Caiff yr englyn ei ddefnyddio naill ai'n unigol, neu fel rhan o gyfres, neu'n gymysg â mesurau eraill oddi mewn i **awdl**. O ran ei grynoder fe'i cymharwyd sawl tro â'r *haiku* Japaneaidd. Fe'i gwelir yn aml ar gerrig beddi, ond caiff ei ddefnyddio hefyd mewn cywair doniol neu ddychanol. T. Arfon Williams (1935–98), un o Dreherbert (y **Rhondda**) yn wreiddiol, oedd englynwr mwyaf gwefreiddiol y cyfnod diweddar.

## 'ENGLYNION Y BEDDAU'

Cyfresi o benillion telynegol yn enwi beddau arwyr y Cymry yw 'Englynion y Beddau'. Dyddir y prif gasgliad, a gadwyd yn ***Llyfr Du Caerfyrddin***, i'r 9g. neu'r 10g.

## 'ENGLYNION Y JUVENCUS'

Dwy gadwyn o englynion wedi eu hysgrifennu mewn Hen Gymraeg (gw. **Cymraeg**) yn Llawysgrif Juvencus (llawysgrif

Ladin o'r 9g. a gedwir yn Llyfrgell Prifysgol **Caergrawnt**). Rhan o gerdd storïol yw'r gyfres gyntaf a gwaith crefyddol yw'r ail. Ni wyddys pryd nac ym mha le y lluniwyd y cerddi ond fe all mai hwy yw'r farddoniaeth Gymraeg hynaf sydd ar glawr.

## EIDALWYR

At ddiwedd y 19g. daeth criw o Eidalwyr i dde Cymru. Arferent wneud bywoliaeth trwy werthu hufen iâ ar strydoedd **Llundain**, ond gan fod gormod ohonynt wrthi yn yr un busnes penderfynodd rhai geisio cyfleoedd newydd. Sefydlodd yr arloeswyr hyn, a'u gwragedd a oedd wedi dod i'w canlyn yn amlach na pheidio, rwydwaith o gaffis, parlyrau hufen iâ a siopau **pysgod** a sglodion a oedd yn ymestyn cyn pen dim o faes **glo**'r de i'r canolbarth a'r gogledd.

Roedd y rhan fwyaf ohonynt yn hanu o ogledd yr Eidal, o ran o ardal Mynyddoedd yr Appennini y mae tref fach Bardi wrth ei chalon. Pan fyddai arnynt angen gweithwyr newydd i'w busnesau wrth iddynt brysur ehangu, dychwelent i'w pentrefi brodorol i geisio staff. Plant oedd llawer o'r rhai a ddaeth gyda hwy'n ôl i Gymru, a deuent hwythau yn eu tro yn rheolwyr a pherchnogion siopau.

Daeth y caffis Eidalaidd, a werthai fyrbrydau a diodydd meddal yn ogystal â baco, losin a hufen iâ, yn fannau cyfarfod ar gyfer y gymuned, lle gallai pobl ddod ynghyd am sgwrs ac ychydig o adloniant rhesymol ei bris, er bod y ffaith eu bod yn agored ar y Sul yn arwain at sylwadau am 'berygl yr Eidalwyr' gan yr Anghydffurfwyr. Yn y **Rhondda**, lle'r oedd nifer fawr o'r caffis hyn, gelwid hwy'n 'Bracchis'. Mae'n bosibl fod yr enw yn deillio o enw Angelo Bracchi a sefydlodd y caffi cyntaf yn y Rhondda ddechrau'r 1890au.

Trawsffurfiodd rhai o'r ymfudwyr mwyaf llwyddiannus y syniad o arlwyo rhad a llawen yr oedd y caffis a'r siopau pysgod a sglodion yn ymgorfforiad ohono i fod yn rhywbeth mwy soffistigedig. Y brodyr Frank ac Aldo Berni, er enghraifft, a ddechreuodd eu gyrfaoedd busnes ym **Merthyr Tudful** cyn symud i orllewin **Lloegr**, a gychwynnodd gadwyn golwythdai Berni Inn. Gyda bwydlenni wedi eu cyfyngu i ychydig o ffefrynnau cyson fel coctel corgimychiaid, stecen a sglodion a theisen hufen y Fforest Ddu, daeth y syniad dosbarth canol o noson allan mewn bwyty yn rhywbeth y gallai bron pawb ei fforddio.

Yn ystod yr **Ail Ryfel Byd** y profodd y gymuned ei hawr dduaf, pan ddaethpwyd i ystyried yr Eidalwyr Cymreig hynny nad oeddynt yn ddinasyddion Prydeinig yn elynion estron ar ôl i Mussolini gyhoeddi rhyfel yn erbyn **Prydain** ym Mehefin 1940. Carcharwyd llawer o'r dynion mewn gwersylloedd ar **Ynys Manaw**. Anfonwyd eraill i Ganada. Cafodd yr *Arandora Star*, y llong a'u cludai yno, ei tharo gan dorpido o un o longau tanfor yr Almaenwyr, ac roedd 50 o'r 446 o Eidalwyr a fu farw arni'n dod o Gymru.

## EIFIONYDD Cwmwd

Roedd Eifionydd ynghyd ag **Ardudwy** yn ffurfio cantref **Dunoding**. Honnir bod y **cwmwd** wedi'i enwi ar ôl Eifion, ŵyr **Cunedda**. Câi ei weinyddu ar y dechrau o **Ddolbenmaen** ac yna, ar ôl y 1230au, o **Gricieth**. Mae Eifionydd yn un o'r ychydig enwau ar gymydau sy'n dal i gael eu harfer yn eang. Mae'r gerdd 'Eifionydd' gan **R. Williams Parry** yn un o'r cerddi Cymraeg mwyaf poblogaidd. Diolch i waith Colin Gresham, *Eifionydd* (1973), mae mwy o wybodaeth ar gael am berchnogaeth tir y cwmwd hwn nag am unman arall yng Nghymru.

## EIFL, Yr Mynydd

Mae **mynyddoedd** yr Eifl – yr Eifl ei hunan (564m), Moel Carn Guwch (359m) a Thre'r Ceiri (485m) – yn gadwyn sy'n codi'n syth o'r môr ac mae hynny, ynghyd â'r tri chopa

Eidalwyr: Market Café y teulu Cordani, Tredegar, *c.*1946

pigfain, yn rhoi'r argraff eu bod yn fynyddoedd uwch nag ydynt mewn gwirionedd. Tre'r Ceiri, sef 'tref y cewri', yw un o safleoedd hynotaf yr Oes Haearn (gw. **Oesau Cynhanesyddol**) yng Nghymru. Cadernid ac urddas y tri chopa o'u gweld o gyfeiriad **Caernarfon** oedd rhan o'r ysbrydoliaeth i'r arlunydd **Richard Huws** lunio arwyddlun gwreiddiol **Plaid [Genedlaethol] Cymru**, y triban. Naddwyd yr Eifl o greigiau igneaidd o **wenithfaen** a fewnwthiwyd i ganol creigiau gwaddod Ordofigaidd o ganlyniad i weithgaredd folcanig. Am flynyddoedd lawer cloddiwyd y gwenithfaen er mwyn cynhyrchu sets – blociau hirsgwar a ddefnyddid i adeiladu **ffyrdd**. Rhoes y diwydiant fod i bentrefi chwarelyddol Llithfaen (**Pistyll**) a Threfor (**Llanaelhaearn**), yn ogystal â phentref diarffordd Nant Gwrtheyrn (Pistyll), sydd bellach yn ganolfan iaith.

## EINGL-GYMREIG

Term llenyddol yw 'Eingl-Gymreig' i ddisgrifio awduron a aned yng Nghymru neu rai a chanddynt gysylltiadau Cymreig, ond sy'n ysgrifennu yn **Saesneg** yn hytrach nag yn **Gymraeg**; fe'i defnyddir hefyd i ddisgrifio gwaith y fath awduron (gw. **Llenyddiaeth**). H. Idris Bell, yn 1922, oedd y cyntaf i ddefnyddio'r term yn y cyd-destun hwn, a daeth yn fwy cyffredin tua diwedd y 1930au. Er y 1980au, fodd bynnag, tueddir i sôn yn hytrach am 'lenyddiaeth Saesneg Cymru'.

## EINGL-SACSONIAID, Yr

Y bobl a oedd yn siarad ieithoedd Almaenaidd a ymsefydlodd mewn rhannau helaeth o dde a dwyrain **Prydain** o *c.*400 ymlaen, gan ddisodli neu ymgymathu â'r brodorion a siaradai ieithoedd Lladinaidd neu Geltaidd. Ganol y 6g. haerodd **Gildas** mai fel milwyr hur y daeth yr Eingl-Sacsoniaid cynharaf i Brydain i ymladd yn erbyn y Pictiaid a'r **Gwyddelod**. Erbyn 731 roedd **Beda** yn enwi **Gwrtheyrn (Vortigern)** fel yr arweinydd brodorol a oedd yn gyfrifol am hyn, ac yn dweud mai Hengist a Horsa oedd arweinwyr cyntaf y 'Sacsoniaid'. Yn gynnar yn y 9g. ymestynnwyd yr hanes yn ***Historia Brittonum***, sy'n awgrymu bod y Cymry yn hen gyfarwydd ag ef erbyn hynny.

Daeth y gwrthdaro cyntaf rhwng yr Eingl-Sacsoniaid a'r Cymry ar eu tir eu hunain yn ardal **Gwent** yn niwedd y 6g. O *c.*650 ymlaen roedd dwy deyrnas Eingl-Sacsonaidd ar y **ffin** â Chymru; teyrnas y Magonsaete, rhwng afonydd **Hafren** a **Gwy**, a theyrnas y Mierce (y Mersiaid), rhwng afonydd Hafren a Mersi. Yn ystod y 7g. ymddengys fod **Mersia**, ar ôl traflyncu'r Magonsaete, wedi ymgynghreirio am gyfnod â **Gwynedd**, ac efallai **Powys**, er mwyn herio'r gelyn cyffredin, Northumbria. Rhwng oddeutu 660 a 790, fodd bynnag, ymddengys fod Mersia wedi ymwthio i mewn i'r hyn sydd bellach yn ddwyrain Cymru, tiriogaeth a adfeddiannwyd yn niwedd yr 8g. gan Eliseg, brenin Powys, camp a gofnodwyd gan ei ŵyr, Cyngen, ar Biler Eliseg yn **Llandysilio-yn-Iâl** (gw. **Cofebau Cristnogol Cynnar**). Ymateb brenin y Mersiaid, Offa (757–96), oedd codi clawdd amddiffynnol. Yn ei hanfod roedd **Clawdd Offa** yn trosglwyddo llawer o diriogaeth yn ôl i Bowys ar hyd rhannau uchaf afonydd **Dyfrdwy**, Efyrnwy, Hafren a Gwy, er bod y Mersiaid yn dal i reoli'r tir cyn belled â **Bryniau Clwyd**, fel y tystia enwau Hen Saesneg fel Prestatyn (o *prēosta* a *tūn*, 'fferm yr offeiriaid'). Yn 816 manteisiodd Coenwulf (798–821), un o frenhinoedd mwyaf y Mersiaid, ar ryfel cartref yng Ngwynedd ac anrheithio **Rhufoniog** ac **Eryri**. Y flwyddyn ganlynol bu brwydr yn Llan-faes (**Biwmares**) ac yn 818 anrheithiodd Coenwulf **Ddyfed**. Yn 822 dinistriodd olynydd Coenwulf, Ceolwulf I, Ddegannwy (gw. **Conwy**) a meddiannu Powys. Parhaodd grym y Mersiaid i ymestyn gydol y 9g., gan gyrraedd ei anterth pan gipiwyd **Môn** yn 865 a lladd **Rhodri Mawr** yn 878. Llwyddodd Anarawd ap Rhodri i atal y llif, ac ar ôl trechu Æthelred II (879–911) yn 881 adferodd ffin ddwyreiniol Gwynedd hyd at afon **Clwyd**. Ganol yr 11g. cipiodd **Gruffudd ap Llywelyn** diroedd helaeth y tu draw i Glawdd Offa. Ei weithgareddau ef a arweiniodd at ymosodiad Harold Godwinesson, iarll Wessex, yn 1063, pan ddarfu i hwnnw, mae'n debyg, feddiannu **Gwent** Is Coed. O'r 890au ymlaen mae'n ymddangos bod teyrnas gynyddol unedig Lloegr yn rhoi mwy o werth ar gynnal perthynas sefydlog â'r arweinwyr Cymreig yn hytrach na meddiannu eu tiroedd. O gyfnod Aethelstan (924–39) ymlaen, mae mwy a mwy o dystiolaeth fod yr arweinwyr Cymreig yn mynychu'r llys Seisnig ac yn gwasanaethu ym myddinoedd y **Saeson**. O bryd i'w gilydd ceid gwrthdaro, ond tueddai'r Saeson fwyfwy i gefnogi un tywysog brodorol yn erbyn un arall, yn hytrach na chynnal yr arfer o goncwest filwrol fel mewn oes gynharach.

## EISTEDDFOD, Yr

Yr Eisteddfod Genedlaethol yw prif ŵyl ddiwylliannol y Cymry, ac ar ddechrau'r 21g. mae ei chystadlaethau yn cwmpasu amrywiol feysydd o gelfyddyd weledol hyd at **gerddoriaeth** roc, canu corawl a'r **gynghanedd**. Gŵyl symudol ydyw, yn cael ei chynnal yn y gogledd a'r de bob yn ail. Mae ei huchafbwyntiau, sef seremonïau lliwgar **Gorsedd Beirdd Ynys Prydain**, ymhlith y delweddau hynny a ddefnyddiwyd am ganrif a mwy i daflunio hunaniaeth ddiwylliannol Cymru i'r byd. Er mai creadigaeth oes Victoria yw'r eisteddfod fodern i bob pwrpas, gellir olrhain ei gwreiddiau yn ôl hyd at ddadeni diwylliannol y 18g. ac mae'n enghraifft eglur o'r modd y bydd gwladgarwch a'r awydd i ail-greu traddodiad yn aml yn mynd law yn llaw â'i gilydd. Efelychwyd llwyddiant yr Eisteddfod Genedlaethol gan **Urdd Gobaith Cymru**, a sefydlodd ei heisteddfod ei hunan yn 1929, a chan **Eisteddfod Gerddorol Ryngwladol Llangollen** a sefydlwyd yn 1947. Parheir hefyd i gynnal nifer o eisteddfodau pentrefol a thaleithiol ond, yn sgil diflaniad y diwydiant **glo**, diflannu yn 2001 fu tynged Eisteddfod y Glowyr a gynhaliwyd ym **Mhorth-cawl** rhwng 1948 a'r flwyddyn honno. Bu eisteddfodau hefyd yn nodwedd bwysig ar ddiwylliant y Cymry alltud yn **Lloegr**, **Gogledd America**, **Awstralia**, **Patagonia** a **De Affrica**. Yn wir, yn Awstralia a De Affrica ymledodd y cysyniad eisteddfodol i fod yn rhan o fywyd diwylliannol ehangach y gwledydd hynny.

### *Eisteddfodau'r Oesoedd Canol*

Roedd ymrysonau barddol yn agwedd bwysig ar y gyfundrefn farddol gydol yr Oesoedd Canol. Yng nghyfnod **Beirdd y Tywysogion** gallai bardd ymddyrchafu'n **bencerdd** trwy herio ei gyd-feirdd ar gân ac, yn ôl y **gyfraith** Gymreig, dyfernid cadair i'r pencerdd buddugol a hynny yn ôl pob tebyg yn y llys brenhinol. Mae'n arferiad cyfeirio at yr ŵyl a gynhaliwyd gan yr Arglwydd Rhys (**Rhys ap Gruffudd**; m.1197) yn **Aberteifi** yn 1176 fel yr 'eisteddfod' gyntaf, er mai

Pafiliwn pinc yr Eisteddfod Genedlaethol yn yr 21g.

i'r 14g. y perthyn yr enghraifft gynharaf o'r gair 'eisteddfod' a gofnodwyd ('trigfan' yw ystyr yr enghraifft honno). Yn ôl ***Brut y Tywysogyon***, trefnodd Rhys ddwy gystadleuaeth, un ar gyfer beirdd ac un arall ar gyfer cerddorion, a gwobrwyodd y buddugwyr â chadeiriau. Wrth drefnu'r fath sbloet, mae'n bosibl fod Rhys yn efelychu'r *puy* Normanaidd, un o wyliau'r urddau crefft lle'r arferai beirdd gystadlu â'i gilydd.

O'r flwyddyn 1523 y deillia'r cofnod cynharaf o'r gair 'eisteddfod' yn golygu cynulliad ffurfiol o feirdd a cherddorion, ac o gyfnod **Beirdd yr Uchelwyr** goroesodd tystiolaeth am dri chynulliad neu eisteddfod o'r fath, sef Eisteddfod **Caerfyrddin** (*c.*1450/1) ac Eisteddfodau **Caerwys** (1523 ac 1567). Prif nod y tair eisteddfod oedd amddiffyn buddiannau proffesiynol y beirdd mawl ynghyd â'r telynorion a'r datgeiniaid (llefarwyr y farddoniaeth) a oedd yn rhan yr un mor annatod o'r gyfundrefn farddol. Roedd elfen gref o gystadlu yn perthyn i'r cyrddau hyn, ac yn Eisteddfod Caerfyrddin ymgymerodd y bardd buddugol, **Dafydd ab Edmwnd**, y dyfarnwyd iddo gadair arian fechan am ei gamp, â'r dasg o ddiwygio rheolau'r gynghanedd a'r mesurau caeth. Yn Eisteddfod gyntaf Caerwys yn 1523 cafodd y rheolau a oedd yn ymwneud ag addysg y beirdd a'u teithiau clera eu diwygio a'u rhoi ar glawr mewn dogfen sy'n dwyn yr enw *Statud Gruffudd ap Cynan*. Yn ôl y *Statud*, roedd chwarae cardiau a meddwdod islaw urddas y beirdd a barnai hefyd na ddylent roi sylw amhriodol i wragedd a merched eu noddwyr.

## *Ailddyfeisio'r traddodiad*

Erbyn yr 17g. a chyfnod y **Rhyfeloedd Cartref** roedd oes y beirdd proffesiynol ar ben, ond bu fyw'r cof am eu heisteddfodau ymhlith y beirdd gwlad. Yn ystod y 18g. cynhaliwyd nifer o gyrddau barddol mewn tafarnau a hynny'n bennaf yn **siroedd** y gogledd a'r canolbarth. Hysbysebid y cyrddau neu'r eisteddfodau hyn ymlaen llaw mewn **almanaciau**. Âi'r beirdd ati i gystadlu'n frwd â'i gilydd, ond ymddengys nad oedd ond un gwir fuddugwr o eisteddfod i eisteddfod – Bacchus. Yng ngeiriau un o'i gyfoedion, Gwallter Mechain (**Walter Davies**), roedd John Edwards, ysgwier o ardal **Llangollen** a ymddiddorai'n fawr yn y cyrddau hyn, yn ŵr a oedd '*as fond of* barddoniaeth *(poetry) as of* cwrw *(beer) and vice versa*'. Yn 1789, pan na ddaeth ond pedwar bardd i eisteddfod a gynhaliwyd yn Llangollen, penderfynodd Thomas Jones, yr ecseismon o **Gorwen**, ymorol am gymorth a chyfarwyddyd aelodau Cymdeithas y **Gwyneddigion** yn **Llundain** a phenderfynasant hwy ymroi i ddyrchafu'r diwylliant eisteddfodol uwchlaw dinodedd 'Eisteddfodau'r Almanaciau'. Drwy hyn oll gwelwyd dechrau mudiad a fyddai yn 1861 yn esgor ar yr Eisteddfod Genedlaethol, ac am ganrif a hanner byddai dylanwad Cymry Llundain ar y mudiad yn drwm.

Darparodd y Gwyneddigion yn 1789 lasbrint a bennodd hanfodion yr eisteddfod gystadleuol fodern – gosod testunau

Seremoni'r Coroni yn yr Eisteddfod Genedlaethol, 2007, gyda Tudur Dylan Jones yn fuddugol

ymlaen llaw, dewis beirniaid cymwys i baratoi beirniadaeth ysgrifenedig, mynnu bod cystadleuwyr yn arfer ffugenwau, cynnig gwobrau teilwng a chaniatáu i'r cyhoedd fynychu'r cyfarfodydd. Yn Eisteddfod y **Bala**, Medi 1789, peidiodd eisteddfod atgyfodedig yr Oesoedd Canol â bod. Yn lle'r sesiynau caeedig i'r beirdd, y cerddorion a'r datgeiniaid cynhaliwyd cyfarfodydd agored i borthi diddordeb lletach yn y diwylliant Cymraeg.

Ataliodd **Rhyfeloedd y Chwyldro Ffrengig a Rhyfeloedd Napoleon** dwf di-fwlch yr eisteddfod o 1789 ymlaen, ond yn 1818 ailgydiwyd yn y fenter eisteddfodol gan yr **hen bersoniaid llengar** o dan arweiniad John Jenkins (Ifor Ceri), ficer plwyf **Ceri** ger y **Drenewydd**. Gyda chymorth **Thomas Burgess**, esgob **Tyddewi**, a rhai pendefigion gwladgarol, sefydlwyd pedair cymdeithas daleithiol yn **Nyfed** (1818), **Gwynedd** (1819), **Powys** (1819) a **Gwent** a **Morgannwg** (1821), a than nawdd y cymdeithasau hyn a groesawai arweiniad y **Cymmrodorion** yn Llundain, cynhaliwyd deg eisteddfod rhwng 1819 ac 1834. Gweddnewidiwyd y diwylliant eisteddfodol gan y 'Cambrian Olympiads' hyn. Dechreuwyd cyhoeddi'r cyfansoddiadau buddugol ac yn 1819 dygwyd Gorsedd y Beirdd a'r cyngerdd ffasiynol i mewn i'r eisteddfod a dechrau brwydr rhwng y **Gymraeg** a'r **Saesneg** a oedd i nodweddu ei hanes am dros ganrif.

Ar ôl 1834 parhaodd yr ymchwydd eisteddfodol yn y **Fenni**, lle cynhaliwyd deg eisteddfod nodedig arall o 1835 tan 1853 gan Gymdeithas y **Cymreigyddion** o dan arweiniad **Thomas Price** (Carnhuanawc), ficer **Llanfihangel Cwm-du**, a nawdd y danbaid Arglwyddes Llanover (**Augusta Hall**). Yn y gogledd, creodd eisteddfodau **Aberffraw** (1849) a **Rhuddlan** (1850) gryn gyffro ac yna, yn 1858, trefnodd Ab Ithel (**John Williams**; 1811–62), ficer Llanymawddwy, Eisteddfod Fawr Llangollen a arweiniodd yn uniongyrchol at sefydlu'r Eisteddfod Genedlaethol. Ac yntau'n ddilynydd digwestiwn i Iolo Morganwg (**Edward Williams**), trefnodd Ab Ithel *extravaganza* derwyddol ac aeth yn wrthdaro rhyngddo ef a'r radicaliaid a fynnai weld yr eisteddfod mewn cytgord ag ysbryd cynnydd y 19g. Penderfynwyd ei bod yn bryd sefydlu Eisteddfod Genedlaethol reolaidd o dan ofal corff cenedlaethol etholedig.

## *Yr Eisteddfod Genedlaethol*

Yn Eisteddfod **Dinbych** (1860) sefydlwyd 'Yr Eisteddfod' a chyngor y sefydliad hwnnw a drefnodd wyth Eisteddfod Genedlaethol, y gyntaf yn **Aberdâr** (1861) a'r olaf yn **Rhuthun** (1868), pan aeth y fenter yn fethdaliad. Trwy gydol yr 1870au ceisiodd pwyllgorau lleol, yn bennaf yn y gogledd, ddilyn patrwm 'Yr Eisteddfod' hyd nes i **Hugh Owen** (1804–81) lwyddo i sefydlu Cymdeithas yr Eisteddfod Genedlaethol yn 1880, cymdeithas a roes gychwyn ar y gyfres gyfredol o Eisteddfodau Cenedlaethol blynyddol ym **Merthyr Tudful** yn 1881. Dan arweiniad eisteddfodwyr megis Cynan (**Albert Evans-Jones**), unodd y Gymdeithas a'r Orsedd yng nghyfansoddiad diwygiedig 1937 i ffurfio Cyngor yr Eisteddfod Genedlaethol, ac yn 1952 diwygiwyd y cyfansoddiad drachefn i greu Llys yr Eisteddfod Genedlaethol a fu'n gorff llywodraethol y sefydliad ers hynny.

Daeth yr Eisteddfod Genedlaethol yn llwyfan i genedl fechan arddangos ei doniau a phrofi ei gwerth, a hynny yn

Eisteddfod Gerddorol Ryngwladol Llangollen

sgil yr ymosodiad ar ei chymeriad gan adroddiad **addysg** 1847 (gw. **Brad y Llyfrau Gleision**). Roedd awydd Ifor Ceri i gyfoethogi'r diwylliant Cymraeg wedi'i rwystro gan gostau cynnal cyngherddau ffasiynol i ddenu cefnogaeth pendefigion Seisnigedig. Yn y 1860au gyrrwyd y Gymraeg i'r cyrion gan awydd Hugh Owen a'i gefnogwyr trwy'r 'Social Science Section' i brofi bod y Cymry yn genedl flaengar, ac roedd y Gymraeg i aros ar y cyrion o 1881 ymlaen hyd nes y penderfynwyd yn 1937 mai'r Gymraeg fyddai iaith swyddogol y brifwyl. Dechreuwyd gweithredu'r 'Rheol Gymraeg' yn 1950 yng **Nghaerffili** ac o'r flwyddyn honno ymlaen mae'n wir dweud i'r Eisteddfod Genedlaethol fod yn deyrngar i'r iaith. Am ymron ganrif cyn hynny bu'n ddibris ohoni.

Dibrisiwyd y Gymraeg pan wnaed yr Eisteddfod Genedlaethol o'r cychwyn yn llwyfan i **'Wlad y Gân'**, oherwydd Saesneg yn bennaf oedd iaith y cystadlaethau corawl – y '*big lung contests*' – a'r cyngherddau a ddenai'r miloedd. Iaith **llenyddiaeth** ddi-gownt oedd y Gymraeg a gwaeth na hynny, iaith Gorsedd y Beirdd a oedd ym marn y blaengarwyr yn gwneud Cymru yn destun sbort. Ond goroesodd yr Orsedd y gwawd hwn ac mae heddiw'n parhau, trwy ei hamryfal seremonïau ac mewn ffordd gyhoeddus liwgar, i ddangos y bri y dylai cymdeithas ei roi ar ei hysgrifenwyr. Nid yw'r corau mwyach yn tra-arglwyddiaethu ond mae'r Eisteddfod Genedlaethol yn llwyfan gwych o hyd i brofi talent cantorion a cherddorion, fel y dengys gyrfa Bryn Terfel. Ers tro bellach mae **drama**, celf a chrefft, **pensaernïaeth**, **dawns** a'r diwylliant roc lawn bwysiced â cherddoriaeth a llên yn arlwy yr Eisteddfod Genedlaethol. Mae Maes B yr ifanc yn prysur greu ei naws a'i chwedloniaeth ei hun, ac mae'r sefydliad a grëwyd yn y 19g., pan oedd esblygiad yn bwnc llosg y dydd, yn dal i esblygu. Mae ei barhad yn dibynnu ar hynny – ac ar werthfawrogiad y Cymry o'i ran yn eu stori.

## EISTEDDFOD GERDDOROL RYNGWLADOL LLANGOLLEN

Sefydlwyd yr ŵyl flynyddol hon o **gerddoriaeth** a **dawnsio** yn **Llangollen** yn 1947 gan **W. S. Gwynn Williams**, ac mae'n enwog am ei phwyslais arbennig ar ddiwylliannau cenedlaethol a chydweithrediad rhyngwladol. Clywyd corau o'r Almaen yn canu yn yr ŵyl yn fuan wedi'r **Ail Ryfel Byd**, ac ymddangosodd Pavarotti yno'n llanc fel aelod o gôr ei dad. Gwnaeth Llangollen lawer i gyflwyno i Gymru *repertoire* newydd a safonau newydd mewn canu corawl, yn arbennig o ddwyrain Ewrop, gwledydd Llychlyn a **Gogledd America**.

## ELÁI, Afon (41km)

Mae Elái yn tarddu ar uchder o tua 365m ger Tonypandy (gw. **Rhondda, Y**). Wedi iddi ymadael â'r tir bryniog ger **Llantrisant**, ymddolenna'r afon trwy ddyffryn sy'n croesi brig yr Hen Dywodfaen Coch a cherrig llaid Triasig wrth agosáu at **Lanbedr-y-fro**. Nid oes ganddi unrhyw isafonydd o bwys. Ymhellach i lawr yr afon cyfyngir ar ei chwrs gan **ffyrdd** a **rheilffyrdd** a chan frig y creigiau Liasig Isaf i'r gogledd o **Landoche**, cyn iddi ymuno â dyfroedd afon **Taf** a chyrraedd Môr Hafren trwy lifddorau Morglawdd Bae Caerdydd.

## ELECTRONEG

Nodwedd ar flynyddoedd olaf yr 20g. fu gweld datblygu sector electroneg sylweddol yng Nghymru (gw. **Economi**). Daeth y sector, a sbardunwyd yn bennaf gan fuddsoddwyr tramor, i gyflogi tua 20,000 o weithwyr, ac roedd eu cynnyrch yn cynnwys setiau teledu, poptai meicrodon a chyfrifiaduron. Agorwyd y ffatri gyntaf a oedd yn eiddo i gwmni tramor gan Sony ger **Pen-y-bont ar Ogwr** yn 1973. Hwn oedd y cyntaf o restr hir o gwmnïau tramor o Japan yn bennaf – ond nid yn gyfan gwbl – a oedd yn cynnwys Aiwa, Brother, Hitachi, Matsushita, Orion, Panasonic a Sharp. Roedd yr ychydig fusnesau brodorol (megis AB Electronics a Race Electronics) yn ei chael hi'n anodd cystadlu â'r cwmnïau tramor yr oedd yn bolisi gan **Awdurdod Datblygu Cymru** eu denu i Gymru. Erbyn canol y 1990au roedd tua 30% o holl swyddi gweithgynhyrchu'r cwmnïau tramor yng Nghymru ym maes **peirianneg** electronig. Roedd dosbarthiad daearyddol y cwmnïau hyn, yn enwedig y clystyru yng nghyffiniau'r **M4**, yn adlewyrchiad o batrwm cyffredinol **mewnfuddsoddi**. Er bod y datblygiadau hyn yn rhan annatod o'r ddadl am natur a manteision buddsoddiadau o'r fath, y farn gyffredinol oedd bod cwmnïau o Japan yn gymharol ymroddgar a sefydlog, yn hytrach na rhai a gymerai fantais dros dro. Er hynny, hoeliwyd sylw ar anfanteision posibl 'ffatrïoedd cangen', a goblygiadau gweithgareddau busnesau rhyngwladol, yn sgil penderfyniad dadleuol LG (De Corea), ar ddiwedd y 1990au, i roi'r gorau i ran o'u cynllun buddsoddi mawr ger **Casnewydd**, gan gadw eu ffatri lled-ddargludyddion newydd dan glo. (Daeth rhan sylweddol o'r ffatri honno i feddiant Quinn Radiators maes o law.) Yn 2005 caeodd Sony ei ffatri ym Mhen-y-bont ac israddio'r un ym **Mhen-coed** gan arwain at ddiswyddo 650 o blith y 4,000 o weithwyr a fu'n gyflogedig i'r cwmni yn y ddwy ffatri yn niwedd y 1990au; gyda hynny daeth diwedd ar ddibyniaeth Cymru ar fewnfuddsoddi ar raddfa fawr.

## ELENYDD, Yr Mynyddoedd

Gwylltir ehangaf de **Prydain** yw'r Elenydd, yr ucheldir y gellir ei olrhain dros bellter o 50km tua'r de, o **Bumlumon** i **Lanymddyfri**, a thros 25km tua'r dwyrain, o **Dregaron** i **Lanwrtyd**. Mae'r ardal enfawr hon, sy'n ymestyn dros 10% o arwynebedd Cymru, yn gartref i ychydig gannoedd o bobl yn unig – llai na 0.01% o **boblogaeth** y wlad. Mae'r enw Elenydd yn ymddangos yn y **Mabinogion** ac yng ngwaith **Gerallt Gymro**. A siarad yn gyffredinol, fodd bynnag, nid yw ar dafod leferydd heddiw oherwydd, yn amlach na pheidio, cyfeirir at ucheldiroedd canolbarth Cymru, yn enwedig yn **Saesneg**, fel Mynyddoedd Cambria. Copa ucha'r Elenydd yw Drygarn Fawr (641m; **Llanwrthwl**) a'r trum hwn, ynghyd â Gorllwyn (613m; Llanwrthwl) a Phen-y-garn (610m; **Pontarfynach**) yw'r unig gopaon amlwg rhwng Pumlumon a **Bannau Brycheiniog** sydd dros 2,000 o droedfeddi (609m) uwchlaw'r môr. Rhennir yr Elenydd yn ardal orllewinol a dwyreiniol gan ran uchaf dyffryn **Tywi**. Yn ogystal â bod yn darddle Tywi, yn yr ucheldir hwn hefyd y tardd afonydd **Ystwyth** a **Theifi** a nifer o isafonydd **Gwy**, gan gynnwys Elan a Chlaerwen, dwy afon sydd wedi'u cronni i greu **cronfeydd dŵr** mawr. Yn 1947 llwyddwyd i drechu cynllun i sefydlu maes tanio'r fyddin ar yr Elenydd. Yr un mor aflwyddiannus oedd yr ymdrech, yn ystod y 1960au, i ddynodi rhan helaeth o'r tir (139,000ha) yn barc cenedlaethol Mynyddoedd Cambria (gw. **Parciau Cenedlaethol**). Daeth yr ucheldir i amlygrwydd fel cynefin olaf y barcud coch (gw. **Adar**). Un ffordd yn unig sy'n croesi canol yr Elenydd, sef y ffordd ddiddosbarth rhwng Tregaron a Llanwrtyd. Felly, yr unig ffordd i gyrchu rhannau helaeth o'r ucheldir hwn yw naill ai ar droed neu ar gefn ceffyl, ffaith a oedd yn destun pryder yn ystod yr **Ail Ryfel Byd** pan ofnai'r awdurdodau y disgynnai awyrfilwyr yr Almaen ar y tir ac agor ffosydd rhyfel. Fodd bynnag, ni phrofwyd dewrder y 40 aelod o'r Gwarchodlu Cartref a sefydlwyd yn Nhregaron i rwystro'r fath ymosodiad.

## ELFAEL Cantref ac arglwyddiaeth

Roedd **cantref** Elfael yn cynnwys yr hyn a ddeuai, maes o law, yn rhan ddeheuol **Sir Faesyfed**. Roedd rhes o fryniau'n rhannu'r cantref yn ddwy ran, sef Uwch Mynydd, gyda Cholwyn (**Glasgwm**) yn ganolbwynt iddo, ac Is Mynydd, gyda'i brif ganolfan yn **Llanbedr Castell-paen**. Roedd y brif eglwys yng Nglasgwm. Honnai rheolwyr Elfael eu bod yn ddisgynyddion i **Elystan Glodrydd**, ond gyda dyfodiad y **Normaniaid** wynebent ymosodiadau cyson teuluoedd de Breos (gw. **Breos, Teulu**) a **Mortimer**. Roedd Elfael ym meddiant **Llywelyn ap Gruffudd** o 1264 hyd 1276, pan ddaeth i ddwylo Ralph de Tony. Yn ddiweddarach bu ym meddiant teulu **Beauchamp** ac yna deulu Neville.

## ELFED Cwmwd

Un o gymydau **Cantref Gwarthaf**, a'i ganolfan weinyddol yng **Nghynwyl Elfed** yn ôl pob tebyg. Daeth Elfed yn enw ar **hwndrwd** ar ôl y **Deddfau 'Uno'**. Elfed oedd yr enw barddol a fabwysiadwyd gan **Howell Elvet Lewis**.

## ELFED (Elmet) Cyn-deyrnas

Roedd Elfed, y fwyaf deheuol o'r gadwyn o deyrnasoedd Brythonig ôl-Rufeinig a adwaenid yng Nghymru'r Oesoedd Canol fel yr **Hen Ogledd**, yn ymestyn dros yr hyn a elwir heddiw yn orllewin a de Swydd Efrog. Ychydig a wyddys am ei brenhinoedd yn ystod y ddwy ganrif cyn iddi gael ei thraflyncu gan y **Saeson**, ond yn ***Llyfr Taliesin*** ceir dwy gerdd i Gwallog, arglwydd Elfed yn ystod ail hanner y 6g. Yn *The Remains of Elmet* (1979) ceisiodd y bardd o Sais, Ted Hughes, ddiffinio Prydeindod clasurol.

## ELFODDW (m.809) Clerigwr

Yn ôl cofnod *Annales Cambriae* ar gyfer 768, Elfoddw a barodd i'r Cymry fabwysiadu y dull Rhufeinig o bennu Sul y Pasg. Cyfeirir ato fel 'archesgob rhanbarth Gwynedd', sy'n awgrymu mai un o esgobion cynnar **Bangor** ydoedd. Yn ôl y fersiynau o ***Historia Brittonum*** a briodolir i Nennius, Elfoddw oedd ei athro.

## ELIAS, John (1774–1841) Gweinidog

John Elias oedd pregethwr mwyaf grymus a dylanwadol ei genhedlaeth. Roedd yn ffyrnig o ddogmatig o ran ei Galfiniaeth danbaid, a chyfeiriai rhai o'i elynion ato fel 'y Pab o Fôn'. Gyda'i lais perarosiynol a'i ddull dramatig o gyfarch ei gynulleidfa, gallai falu achosion a wrthwynebai yn gyrbibion gyda'i rethreg finiog – achosion megis rhyddfreinio'r **Catholigion Rhufeinig** a Mesur Diwygio'r Senedd yn 1832, er ei fod yn gynharach yn ei yrfa yn ddigon radicalaidd i gondemnio **caethwasiaeth**.

Fe'i ganed yn Llwyndyrys (**Llannor**). Ymunodd â'r **Methodistiaid Calfinaidd** yn 1793 a chael ei ordeinio yn 1811. Yn 1799 priododd a symud i Lanfechell (**Mechell**). Ailbriododd yn 1830 ac ymgartrefu yn **Llangefni**, lle ceir capel coffa iddo.

Dilynodd **Thomas Charles** fel arweinydd y Methodistiaid yn y gogledd, a bu ganddo ran flaenllaw yn llunio Cyffes Ffydd ei gyfundeb (1823). Cyhoeddodd lyfrau ac erthyglau ar **grefydd** a chefnogi sawl cymdeithas genhadol (gw. **Cenhadon**) – er iddo, yn 1840, ddatgan ei wrthwynebiad di-ildio i sefydlu cymdeithas genhadol gan ei enwad ef ei hun.

**ELIAS, Owen (1806–80)** Adeiladwr

Ganed Elias ym **Môn**, a symudodd i **Lerpwl** yn 19 oed gan ddod yn un o griw adnabyddus o adeiladwyr o Gymry ar Lannau Mersi. Ei brif weithgarwch oedd codi **tai** i'r dosbarth gweithiol, a chafodd ei lysenwi'n frenin Everton.

**ELIS, Islwyn Ffowc (1924–2004)**
Nofelydd

Roedd Islwyn Ffowc Elis yn awdur toreithiog sy'n cael ei ystyried fel tad y nofel Gymraeg fodern. Fe'i ganed yn **Wrecsam** a'i fagu yn Nyffryn Ceiriog. Bu'n weinidog Presbyteraidd yn **Llanfair Caereinion** ac yn Niwbwrch (**Rhosyr**), ond cefnodd ar y weinidogaeth yn 1956 er mwyn troi'n awdur proffesiynol, y cyntaf o'i fath yn y **Gymraeg** yn y cyfnod diweddar. Yn ddiweddarach bu'n ddarlithydd yng Ngholeg y Drindod, **Caerfyrddin**, a Choleg Prifysgol Dewi Sant, **Llanbedr Pont Steffan**, gan dreulio cyfnod hefyd yn gweithio i'r Cyngor Llyfrau Cymraeg (gw. **Cyngor Llyfrau Cymru**).

Daeth i'r amlwg fel llenor yn 1951 pan enillodd fedal ryddiaith yr **Eisteddfod** Genedlaethol am y gyfrol o ysgrifau *Cyn Oeri'r Gwaed* (1952). Ond fe'i cofir yn bennaf fel nofelydd arloesol a ddenodd ddarllenwyr newydd i lyfrau Cymraeg. Pan gyhoeddwyd *Cysgod y Cryman* yn 1953, swynwyd y darllenwyr hynny gan hanes teulu Lleifior. Yn 1955 cyhoeddodd *Ffenestri Tua'r Gwyll,* nofel seicolegol fodern na chafodd y derbyniad haeddiannol ar y pryd. Dychwelodd felly at deulu Lleifior, gan gyhoeddi *Yn Ôl i Leifior* yn 1956, ac o hynny ymlaen ymrôdd fwyfwy i lunio nofelau poblogaidd eu naws, sydd er hynny yn aml yn arbrofol a gwleidyddol genhadol. Yn eu plith y mae *Wythnos yng Nghymru Fydd* (1957) – y nofel ddarogan gyntaf yn y Gymraeg – *Blas y Cynfyd* (1958), *Tabyrddau'r Babongo* (1961) a *Y Blaned Dirion* (1968). Cyhoeddodd hefyd gasgliad o straeon byrion, *Marwydos* (1974). Chwaraeodd ran allweddol ym muddugoliaeth hanesyddol **Plaid [Genedlaethol] Cymru** yn is-etholiad Caerfyrddin yn 1966.

**ELLIS, Rowland (1650–1731)** Un o arweinyddion y Crynwyr

Roedd Rowland Ellis, Cymro amlwg ym **Mhensylfania** ddechrau'r 18g., yn arweinydd crefyddol, gwleidyddol a diwylliannol. Bu'n gwasanaethu Cymdeithas y Cyfeillion (gw. **Crynwyr**), ei gyd-Gymry a bywyd dinesig Philadelphia. Fe'i herlidiwyd yng Nghymru oherwydd ei ffydd, a phrynodd dir yn Rhandir y Cymry ym Mhensylfania, gan ymgartrefu yno'n barhaol yn 1697. Yn 1885 daeth ei blanhigfa, Bryn Mawr, a enwyd ar ôl ei gartref (gw. **Dolgellau**), yn safle coleg merched mawr ei fri o'r un enw. Adroddir ei hanes yn nofelau hanesyddol **Marion Eames**.

**ELLIS, Ruth (1926–1955)** Llofrudd

Ruth Ellis oedd y ddynes olaf i gael ei chrogi ym **Mhrydain**. Fe'i ganed yn y **Rhyl** ac yn 1955 gweithiai fel rheolwraig clwb nos yn **Llundain**. Ar ôl byw gyda'i chariad, David Blakely, gyrrwr ceir rasio, am ddwy flynedd, gadawodd Blakely hi wedi sawl cweryl. Ddeng niwrnod wedi colli plentyn yn ei chroth saethwyd Blakely ganddi wrth iddo adael tŷ tafarn yn Hampstead. Crogwyd Ruth Ellis yng Ngharchar Holloway gan Albert Pierrepoint.

**ELLIS, T[homas] E[dward] (1859–99)**
Gwleidydd

Ganed T. E. Ellis yng Nghefnddwysarn (**Llandderfel**) yn fab ffarm, ac fe'i haddysgwyd yn **Aberystwyth** a **Rhydychen**. Fe'i hetholwyd yn aelod seneddol Rhyddfrydol (yng ngwersyll **Gladstone**) dros **Sir Feirionnydd** yn 1886; roedd yn frwd iawn dros **ymreolaeth** i Gymru, ac ef oedd y cyntaf i gynnwys hunanlywodraeth i Gymru yn ei faniffesto etholiadol. Chwaraeodd ran flaenllaw yn sefydlu mudiad **Cymru Fydd** yn 1886; ymhlith yr achosion eraill a oedd yn agos at ei galon roedd **addysg**, **datgysylltu Eglwys Loegr yng Nghymru** a **phwnc y tir**. Fodd bynnag, wedi iddo dderbyn swydd fel ail chwip yn 1892 a phrif chwip yn 1894, cynyddodd ei ddylanwad seneddol ar draul ei apêl Radicalaidd, a gwnaeth hynny ddrwg i achos hunanlywodraeth; dywedwyd ei fod wedi 'crafangu'r aur Sacsonaidd'. Dyn diwylliedig ydoedd, a chadwai gysylltiad agos â'i wreiddiau yn y Gymru wledig, Anghydffurfiol, gan swyno'r werin bobl gyda'i bersonoliaeth ddengar a'i huodledd. Bu farw o'r teiffoid yr oedd wedi ei ddal tra oedd ar ei wyliau yn yr Aifft. Trwy ei farwolaeth gynnar fe'i canoneiddiwyd fel arweinydd coll Cymru oes Victoria. Mae cofgolofnau iddo yn y **Bala** ac ym **Mhrifysgol Cymru, Aberystwyth**.

Lluniwyd cofiant iddo gan ei fab, Thomas Iorwerth Ellis (1899–1970), a aned wedi ei farwolaeth. Roedd T. I. Ellis hefyd yn awdur nifer o lyfrau eraill, gan gynnwys chwe chyfrol yng nghyfres *Crwydro Cymru*, a bu'n ysgrifennydd **Undeb Cymru Fydd** am gyfnod maith. Ei weddw yw'r awdures Mari Ellis (g.1913) a merch iddo yw Meg Elis (g.1950), a enillodd y fedal ryddiaith yn **Eisteddfod** Genedlaethol 1985.

**ELLIS, T[homas] P[eter] (1873–1936)**
Hanesydd

Roedd T. P. Ellis yn enedigol o **Wrecsam**, a chafodd yrfa ddisglair ym myd y gyfraith yn India. Ymddeolodd yn 1921 i ardal **Dolgellau**, gan ymroi i ymchwil ar hanes y **gyfraith** a Christnogaeth yng Nghymru, gyda sylw arbennig i Gatholigiaeth Rufeinig (gw. **Catholigion Rhufeinig**). Mae ei *Welsh Tribal Law and Custom in the Middle Ages* (dwy gyfrol, 1926) yn drafodaeth gynhwysfawr ar gofnodion Cymru'r Oesoedd Canol, yn enwedig felly ar lawysgrifau Cyfraith **Hywel Dda**.

**ELWYN, John (1916–97)** Arlunydd

Mae atgofion am gefn gwlad **Ceredigion** yn ganolbwynt i holl waith John Elwyn. Fe'i bedyddiwyd yn William John Elwyn Davies, ac roedd yn fab i wehydd ym Melin Elwyn, Atpar (gw. **Llandyfrïog**). Mabwysiadodd enw proffesiynol yn dwyn enw'r felin. Astudiodd yn Ysgol Gelf **Caerfyrddin** ac ym Mryste, gan ennill ysgoloriaeth i fynd i'r Coleg Celf Brenhinol yn **Llundain** yn 1938. Fel gwrthwynebydd cydwybodol (gw. **Gwrthwynebiad Cydwybodol**), bu'n gweithio

John Elwyn, *Bore Sul*, 1950

ar y tir yn ystod yr **Ail Ryfel Byd**, gan gwblhau ei astudiaethau yn 1947. Er iddo ddysgu yn **Lloegr**, a hynny'n bennaf yn Ysgol Gelf Caer-wynt, cadwodd gysylltiad clòs gyda Chymru, ac enillodd y fedal aur yn **Eisteddfod** Genedlaethol 1956. Cyhoeddodd nifer o ddarluniadau a phrintiadau.

**ELYSTAN GLODRYDD** Patriarch
Ychydig a wyddys am sylfaenydd un o bum 'llwyth brenhinol' Cymru. Roedd disgynyddion Elystan (ceir y ffurf Elstan weithiau) yn llywodraethu'r tir rhwng afonydd **Gwy** a **Hafren**, hyd nes iddynt gael eu dadfeddiannu mewn modd eithriadol o ddidostur gan deuluoedd **Mortimer** a de Breos (gw. **Breos, Teulu**).

**EMERY, Frank Vivian (1930–87)** Daearyddwr
Hanai Emery o **Dre-gŵyr** a graddiodd yn **Rhydychen**. Bu'n ddarlithydd yn **Abertawe** (1956–9) ac yn Rhydychen. Ysgrifennodd yn helaeth ar **Edward Lhuyd** a'i gyfoeswyr (yng Nghymru a Rhydychen), ac ymysg ei weithiau mae'r gyfrol ddwyieithog *Edward Lhuyd, F.R.S., 1660–1709* (1971). Daeth ei lyfr *The World's Landscapes: Wales* (1969) yn dra adnabyddus.

**EMLYN** Cantref
Roedd Emlyn, ar lan ddeheuol afon **Teifi**, yn un o saith cantref **Dyfed**, ac yn cynnwys cymydau Is Cuch ac Uwch Cuch. Wedi goresgyniadau'r **Normaniaid**, daeth Is Cuch yn arglwyddiaeth **Cilgerran**. Parhaodd Uwch Cuch, gyda'i ganolfan yng **Nghastellnewydd Emlyn**, dan reolaeth y Cymry hyd ddiwedd y 13g., pan ddaeth yn rhan o **Sir Gaerfyrddin**. Trwy'r gyntaf o'r **Deddfau 'Uno'** yn 1536 daeth Cilgerran yn rhan o **Sir Benfro**.

**EMMANUEL, Ivor (1927–2007)** Canwr ac actor
Uchafbwynt gyrfa Ivor Emmanuel oedd ei ddehongliad angerddol o'r gân '**Rhyfelgyrch Gwŷr Harlech**' yn y ffilm ***Zulu*** (1964), lle'r oedd yn actio milwr gyda'r **South Wales Borderers**. Fel **Richard Burton**, brodor o Bont-rhyd-y-fen (**Pelenna**) ydoedd. Wedi i'w fam, ei dad a'i chwaer gael eu lladd gan un o fomiau strae yr Almaenwyr yn ystod yr **Ail Ryfel Byd** aeth i fyw at fodryb iddo. Bu'n löwr ac yn weithiwr dur, ond roedd ei fryd ar fynd yn ganwr proffesiynol, ac er na fu'n llwyddiannus yn ei gais i ymuno â Chwmni Opera D'Oyly Carte, o dan anogaeth Richard Burton llwyddodd i gael rhan yn *Oklahoma!* yn y West End, **Llundain**. Y sioe honno oedd man cychwyn ei yrfa nodedig, a gwmpasodd waith llwyfan, yn enwedig sioeau cerdd, ac ymddangosiadau ar y radio a'r teledu; fe'i cofir gan lawer am ei ran ganolog, rhwng 1958 ac 1964, yn y gyfres deledu *Gwlad y Gân*. Wedi ymddeol yn 1982 aeth i fyw mewn pentref ar y Costa del Sol yn Sbaen, ac yno y bu farw.

## EMYNAU

Yn ystod ail hanner y 19g. daeth yr emyn Cymraeg yn rhan annatod o'r ddelwedd a dafluniwyd i'r byd o Gymru fel '**Gwlad y Gân**'. Ar ba gyfandir bynnag y byddai'r Cymry yn cwrdd, daeth canu emynau yn fodd i roi mynegiant torfol i'w hunaniaeth fel pobl. Yn wir, erbyn hyn prif ŵyl y bobl o dras Cymreig yng **Ngogledd America** yw'r Gymanfa Ganu. (Am ymdriniaeth â'r agweddau cerddorol ar ddatblygiad yr emyn, gw. **Cerddoriaeth**.) Erbyn diwedd y 19g. roedd emynau, yn ddiamau, yn rhan ganolog o gynhysgaeth grefyddol a diwylliannol cyfran sylweddol o drigolion y wlad, ac yn 1896 amcangyfrifwyd fod bron wythfed ran o **boblogaeth** Cymru wedi mynychu cymanfaoedd canu yn ystod y flwyddyn flaenorol (gw. **Cymanfa Ganu**).

Ymddengys mai'r enghreifftiau cynharaf o emynau Cymraeg yw'r rhai hynny a geir yn *Gwassanaeth Meir*, y cyfieithiad a briodolir i Ddafydd Ddu o Hiraddug (*fl.*14g.) o *Officium Parvum Beatae Mariae Virginis*. Yn sgil y **Diwygiad Protestannaidd** bu sawl ymdrech i fydryddu'r Salmau yn y **Gymraeg**, a chafwyd cryn lwyddiant i'r cyfeiriad hwnnw gan **Edmwnd Prys** yn ei *Salmau Cân* (1621). Serch hynny, gwir fan cychwyn traddodiad yr emyn Cymraeg oedd **Diwygiad Methodistaidd** y 18g. Yn y de yr ymwreiddiodd y traddodiad hwn gyntaf fel y dengys gwaith emynwyr megis **Morgan Rhys**, Dafydd William (1720/21–94) o Landeilo-fach (**Pontarddulais**) a **Dafydd Jones** o Gaeo. Ond y cawr yn eu plith oedd **William Williams**, Pantycelyn (1717–91). Erbyn hanner cyntaf y 19g., yn sgil cyfraniad emynwyr megis **Edward Jones** (1761–1836) o Faes-y-plwm, Pedr Fardd (Peter Jones; 1775–1845) a Robert ap Gwilym Ddu (**Robert Williams**; 1766–1850), roedd canolbwynt y traddodiad emynyddol wedi symud i'r gogledd; rhoddodd hynny fod yn rhannol i ddamcaniaeth enwog **W. J. Gruffydd** mai'r de sydd o hyd yn arloesi yn hanes diwylliant y Cymry, a'r gogledd o hyd yn cadw.

O safbwynt llenyddol, y cyfnod hyd at c.1850 oedd oes aur yr emyn, ac yn dra gwahanol i hanes emynyddiaeth Saesneg yn **Lloegr** daeth llawer o emynau Cymraeg – gwaith William Williams ac **Ann Griffiths** yn bennaf, ond hefyd ambell emyn unigol o gyfnod diweddarach megis 'Er nad yw 'nghnawd ond gwellt' o waith Ehedydd Iâl (**William Jones**; 1815–99) – yn rhan ddiymwad o ganon **llenyddiaeth** Gymraeg. Fodd bynnag, yn ail hanner y ganrif, yn sgil y datblygiadau mewn cerddoriaeth gynulleidfaol (gw. **Cerddoriaeth**), y trodd yr emyn yn ffenomen gymdeithasol ac iddi arwyddocâd y tu hwnt i furiau'r cysegr. Bu diwygiad crefyddol 1904–05 yn nodedig am ei ganu (gw. **Diwygiadau**) ac yn ysbrydoliaeth i emynwyr megis J. T. Job (1867–1938), Dyfed (Evan Rees; 1850–1923) a J. J. Williams (1869–1954). O ganlyniad i wres y diwygiad hefyd y cyfansoddwyd y dôn '**Cwm Rhondda**' a wnaeth gymaint yn ystod yr 20g. i gynnal delwedd 'Gwlad y Gân' y tu allan i Gymru.

Hyd at ganol yr 20g. a thu hwnt, byddai'r emyn Cymraeg yn parhau'n ffenomen ddiwylliannol bwysig. (Treuliai myfyrwyr Cymraeg **Bangor** eu boreau Sadwrn yn canu emynau, a hynny o leiaf hyd y 1960au, ac nid yw'r arfer o ganu emynau mewn tafarndai eto wedi llwyr ddarfod.) Daeth yn arwydd o orfoledd y Cymry ar derasau'r cae **rygbi**, ond aeth hefyd i'w canlyn i rai o'u hargyfyngau eithaf. Fel y tystiodd Robert Graves yn ei gyfrol *Goodbye to All That* (1929), gan ganu emynau y byddai milwyr o Gymru yn aml yn martsio tua'r ffrynt yn ystod y **Rhyfel Byd Cyntaf** ('the Welsh always sang when they were a bit frightened and pretending that they were not; it kept them steady'), ac yn **nirwasgiad** mawr y 1920au a'r 1930au bu emynau gweithwyr di-waith o'r de yn atseinio ar strydoedd **Llundain**; yn y ffilm ***The Proud Valley*** (1940) gwnaeth **Rachel Thomas** lawer hefyd i hyrwyddo'r syniad mai ymollwng i ganu emynau a wnâi'r dosbarth gweithiol Cymreig ar awr ei adfyd.

Yn sgil newidiadau diwylliannol ac economaidd, ac o ganlyniad i seciwlariaeth gynyddol yr 20g., pallu a wnaeth arwyddocâd yr emyn ym mywyd Cymru erbyn dechrau'r 21g. Ond cyfansoddwyd dau emyn nodedig yn ystod ail hanner yr 20g., sef 'Gweddi Dros Gymru' **Lewis Valentine**, a 'Tydi a wnaeth y wyrth, O Grist, Fab Duw', emyn W. Rhys Nicholas (1914–96) a genir ar y dôn 'Pantyfedwen' o waith M. Eddie Evans (1890–1984). Yn ogystal â hynny, gofalodd y rhaglen deledu **Dechrau Canu Dechrau Canmol** y byddai emynau Cymraeg yn parhau o hyd i fod o fewn clyw cynulleidfa luosog. (Yn dilyn darllediad o'r rhaglen honno derbyniodd y BBC yn Llandaf lythyr yn nodi: 'Some people gets drunk on beer; I gets drunk on hymn-singing.')

## ENWAU LLEOEDD

Mae enwau lleoedd yn gofnod byw o orffennol bro ac mae gwybodaeth am darddiad, ystyr a datblygiad enw lle o bwys mawr i ysgolheigion, yn arbennig fel cymorth i ddehongli iaith a thirwedd. Yng Nghymru, dengys yr elfennau onomastig mewn hen chwedlau Cymraeg – hynny yw yr ymgais i 'esbonio' enw trwy ei gysylltu â rhyw ddigwyddiad neu stori – pa mor hen yw'r ysfa i esbonio'r enwau hyn. Yn y cyfnod diweddar, gwelir parhad yr un diddordeb mewn projectau academaidd i gofnodi a dadansoddi enwau lleoedd – gwaith **Melville Richards** yn arbennig – ac mewn cyhoeddiadau ysgolheigaidd a phoblogaidd ynghyd â rhaglenni radio.

Disgrifio nodweddion tir yw un o brif ddibenion enwau lleoedd. Tir *rhudd* 'coch' oedd yn **Rhuddlan**, *gwaun* 'tir pori' neu 'rhostir' yn **Waunfawr**, *celli* 'coedwig fechan' yn Gellilydan, *porth* 'glanfa, bae' yn **Aber-porth**, a *llwng* 'lle lleidiog' oedd y **Trallwng**. Ar adegau datblygodd gair neu elfen ystyr ychwanegol, megis *blaen* 'tarddiad afon' yn Blaenaman ac wedyn 'tir uchel' yn **Blaenau Gwent** a *nant* 'dyffryn' yn Nantlle ac yna 'afonig' yn Oernant.

Mae enwau **afonydd**, a welir yn aml mewn enwau lleoedd, gyda'r enwau hynaf yng Nghymru. Cyfeiria rhai at dduw neu dduwies Geltaidd (Alun); mae rhai yn nodi ffin (Bargod); cyfeiria eraill at berson (**Teifi**) neu anifail (Twrch) neu arf (**Cleddau**); cyfeiria eraill eto at nodwedd o'r dŵr (**Dyfi** 'du' a **Tawe** 'tywyll').

Cysylltwyd tiroedd yn aml â phobl ac mae ôl-ddodiaid tiriogaethol yn nodi hynny, megis *-iog* yn **Tudweiliog** ('tir Tudwal'), *-ydd* ym Meirionnydd, *-i* yn **Cydweli** (Cadwal). Yn ddiweddarach, yn arbennig mewn perthynas â diwydiant, cysylltwyd lle â thirfeddiannwr neu gyflogwr, megis **Porthmadog** (**W. A. Maddocks**), Beaufort (Dug Beaufort; gw. **Cendl**), Treforys (Syr John Morris) a **Treharris** (F. W. Harries).

Mae enwau lleoedd yn cofnodi hanes Cymru. Dynoda *crug* a *gorsedd* 'beddrod' neu 'carnedd' (Crug-y-bar (**Cynwyl Gaeo**); Gorsedd (**Chwitffordd**)), a *din* 'caer, castell' (**Dinbych**).

Goroesodd nifer o'r enwau Brythonig a Chymraeg Cynnar (gw. **Cymraeg**) mewn ffurf Ladinaidd gan i'r **Rhufeiniaid** weithiau fabwysiadu geiriau'r brodorion wrth enwi eu caerau. Er enghraifft, enw'r Rhufeiniaid am y gaer ger **Conwy** (a alwyd yn **Caerhun** wedyn) oedd Canovium – cyfeiriad at afon **Conwy**, sy'n enw Brythonig. Mae'n debyg mai geiriau Brythonig sy'n cyfateb i *môr* a *din* a oedd yn Moridunum y Rhufeiniaid, sef y Myrddin yn **Caerfyrddin**. Yn aml, mae cysylltiad rhwng enw lle ag iaith mewnfudwyr mewn cyfnod penodol. Mae nifer o'r enwau Saesneg sydd yng Nghymru yn mynd yn ôl i'r 8g. a dyfodiad y Mersiaid. Mae rhai yn cyfeirio at y **Saeson** fel grŵp (Englefield) neu fel unigolion (Coleshill). Yr elfen fwyaf cyffredin yw'r *-ton* 'fferm' a welir mor aml yn **Lloegr**. Fe'i Cymreigiwyd i *-twn* yn aml yn y de (Brychdwn) ac i *-tyn* yn y gogledd-ddwyrain (**Prestatyn**). Dros amser, am wahanol resymau, datblygodd enwau cyfochrog, rhai yn cyfeirio yn fras at yr un nodwedd (**Caergybi**/Holyhead), eraill yn cyfeirio at lecynnau gwahanol o'r un ardal (**Abertawe**/Swansea); mae eraill yn drosiadau (**Glynebwy**/Ebbw Vale).

Cysylltir sawl lle â chyrchoedd y **Llychlynwyr**. Gair Llychlynnaidd *-ey* 'ynys' ynghyd ag enw personol Llychlynnaidd sydd yn Anglesey ('ynys Ongul') ac, mae'n debyg, yn Swansea ('ynys Sveinn'). Mae Fishguard yn tarddu o *fiskr* 'pysgodyn' a *garthr* 'lle cadw pysgod', a Milford (Haven) o *melr* 'banc tywod' a *fjorthr* 'ffiord'. O'r 11g. ymlaen gwelir ôl y **Normaniaid**, megis yn **Beaumaris/Biwmares** (*beau* 'hardd', *marais* 'cors, gwern') a **Trefaldwyn** ('tref Baldwin'). Yn wir, mae enw arall Trefaldwyn, Montgomery, ymhlith yr enwau lleoedd a gariwyd yn eu crynswth o ogledd Ffrainc.

Mae cysylltiadau â **chrefydd** hefyd. Ystyr ***llan*** yn wreiddiol oedd tir wedi'i amgylchynu (megis yn *corlan*), ac yna tir neu fynwent neu adeilad eglwysig a amgylchynir. Gan amlaf ychwanegir enw sant at *llan* (**Llanbadarn**), neu dro arall nodwedd ar y tirwedd (**Llangoed**). Tarddiad *betws* 'tŷ gweddi' yw'r hen eiriau Saesneg sy'n cyfateb i *bead-house* heddiw, ac mae nifer o enwau lleoedd yn ddatblygiadau o eiriau Lladin a Groeg, megis Basaleg (*basilica* 'eglwys') a **Merthyr** (*martyrium* 'bedd sant'). Yn fwy diweddar, cymerodd ambell bentref enw'r capel, er enghraifft **Bethesda** a Bethlehem (**Llangadog**).

## EPISTOL AT Y CEMBRU (1567)

Ysgrifennwyd y llythyr hwn gan yr Esgob **Richard Davies** (1501?–1581) yn rhagair i'r cyfieithiad Cymraeg cyntaf o'r Testament Newydd (1567). Ei amcan oedd cyflwyno crynodeb o hanes y **grefydd** Gristnogol yng Nghymru a hawliai fod y wlad wedi'i throi at Gristnogaeth gyntaf yn oes yr Apostolion, pryd y seilid y ffydd ar awdurdod yr ysgrythurau. Yn ddiweddarach daeth Awstin o Gaer-gaint â chrefydd a oedd wedi'i llygru gan ofergoel y babaeth, a gorfodwyd y Cymry i dderbyn hon trwy rym y cleddyf. Yn ôl Richard Davies, rhoddodd y **Diwygiad Protestannaidd** gyfle i'r Cymry adfer Cristnogaeth yn ei holl burdeb cyntefig.

## ERBERY, William (1604–54) Gweinidog

Er ei fod yn fab i fasnachwr o **Gaerdydd** ac wedi'i addysgu yn **Rhydychen** a **Chaergrawnt**, dangosodd Erbery fwy o ddiddordeb yng nghyflwr pobl dlawd nag a wnaeth unrhyw un arall o arweinwyr y **Piwritaniaid** Cymreig. Yn ystod y 1630au ffraeodd ag esgob Llandaf (gw. Caerdydd) a rhoddodd y gorau i'w fywoliaeth fel ficer eglwysi'r Santes Fair a Sant Ioan, Caerdydd. Gwasanaethodd fel caplan seneddol yn ystod y **Rhyfeloedd Cartref**. Daeth yn elyn anghymodlon i Galfiniaid uniongred (gw. **Calfiniaeth**), ac yn y diwedd ymunodd â'r Chwilwyr, sect yr oedd eu syniadau radicalaidd yn bygwth troi'r byd â'i ben i waered. Cyhoeddwyd y rhan helaethaf o'i dystiolaeth ysgrifenedig yn 1658, wedi ei farw.

## ERBISTOG, Wrecsam (1,212ha; 409 o drigolion)

Oddi mewn i ffiniau'r **gymuned** hon, ar lan ogleddol afon **Dyfrdwy** i'r de o **Wrecsam**, mae dau dro hyfryd yn yr afon a safle'r hyn a oedd am ganrifoedd yn un o'r ychydig fannau lle gellid croesi'r afon yn ddiogel gyda fferi. Mae Boat Inn ac Eglwys Sant Ilar (1861), a godwyd o dywodfaen coch, yn ganolbwynt deniadol i'r pentref, ac mae statws cadwraethol i lawer o'r adeiladau. Mae neuadd y pentref ar safle hen ysgol yr honnid iddi gael ei sefydlu gan **Richard Gwyn**, y merthyr Catholig a ganoneiddiwyd yn 1970. Ger Neuadd Erbistog (1720) mae colomendy mawr (1737). Mae Neuadd Eutun (*c.*1633) yn dŷ ffrâm goed trawiadol.

## ERGING Teyrnas gynnar

Roedd Erging neu Archenfield, un o deyrnasoedd y Gymru gynnar, yn cynnwys yr ardal – yn **Swydd Henffordd** heddiw – rhwng afonydd Mynwy a **Gwy** ac fe'i henwyd, yn ôl pob tebyg, ar ôl y dreflan Rufeinig Ariconium. Dyma ganolfan cwlt **Dyfrig**, un o **seintiau** cynharaf Cymru. Yn yr Oesoedd Canol roedd trigolion y deyrnas yn adnabyddus am eu gallu i drin y **bwa hir**. Câi'r **Gymraeg** ei siarad yn Erging hyd y 18g. o leiaf.

## ERSKINE, Joe (Joseph William; 1934–90) Bocsiwr

Roedd Erskine, a hanai o Tiger Bay (Tre-biwt, **Caerdydd**), yn un o brif focswyr pwysau trwm **Prydain** yn y 1950au a dechrau'r 1960au pan oedd ymladdwyr glew fel **Dick Richardson**, Henry Cooper a Brian London yn ymladd. Bocsiwr ysgafndroed a medrus oedd Erskine yn hytrach na dyrnwr a bu'n bencampwr Prydain a'r Ymerodraeth rhwng 1956 ac 1958. Roedd diffyg ergyd loriol yn anfantais iddo nid yn unig yn erbyn gwrthwynebwyr mwy o gorffolaeth fel Niño Valdés, Ingemar Johansson a Karl Mildenberger, ond hefyd yn erbyn ymladdwyr llai crefftus fel London a'i wrthwynebydd cyson Cooper a drechwyd ddwywaith gan Erskine ar sail pwyntiau ond a'i lloriodd ar dri achlysur arall.

## ERWD, Sir Frycheiniog, Powys (5,070ha; 401 o drigolion)

Yn Erwd y byddai'r **porthmyn** o **Fynydd Epynt** yn croesi afon **Gwy** ar eu ffordd i'r ffeiriau yn **Lloegr**. Heddiw, mae Llwybr Dyffryn Gwy yn croesi'r afon ychydig yn uwch i fyny. Mae pentrefi bach Crucadarn, Allt-mawr, Gwenddwr a Llaneglwys ar y llethrau sy'n arwain tua rhostir agored y **gymuned**. Eglwys Sant Mauritius (Meurig), Allt-mawr, yw un o eglwysi lleiaf Cymru. Mae cyntedd hardd, sy'n dyddio o'r 15g., yn Eglwys Crucadarn, a gerllaw iddi saif Pool Hall, plasty a adeiladwyd yn 1676. Ym marn **Theophilus Jones** roedd Gwenddwr yn 'vile assemblage of huts'. Plannwyd llawer o gonwydd yn yr ardal o gwmpas Llaneglwys.

## ERYRI Ardal

Ystyrir bod Eryri yn cwmpasu **mynyddoedd** gogledd-orllewin Cymru ac felly mae'n cynnwys yr **Wyddfa** a'i chriw a'i

Calon Eryri: Llyn Gwynant gerllaw Beddgelert

chymdogion agos, sef y **Carneddau**, y **Gluder Fawr a'r Gluder Fach** a **Moel Siabod**. Yn ystod y 13g. roedd i'r enw ystyr ehangach fel y dengys *Dominus Snowdonie* (Arglwydd Eryri) a oedd yn rhan o ystîl **Llywelyn ap Iorwerth** a **Llywelyn ap Gruffudd**. Awgryma hynny fod Eryri yn cynnwys tiriogaethau teuluol llinach **Aberffraw**, o **Lŷn** i rannau isaf afon **Dyfrdwy** ac o **Fôn** i **Feirionnydd**. Roedd Fforest Frenhinol Eryri y cyfnod wedi'r Goresgyniad – Fforest yr Wyddfa fel y'i gelwir weithiau – yn fwy cyfyngedig ei ffiniau, ac yn 1533 hawliai **John Leland** ei bod o fewn ffiniau **Sir Gaernarfon**. Yn dilyn dynodi Parc Cenedlaethol Eryri yn 1951, daeth ffin arall i fodolaeth oherwydd er bod y parc yn cynnwys y rhan fwyaf o ucheldir Sir Gaernarfon mae wedi'i leoli'n bennaf yn yr hen **Sir Feirionnydd** (gw. **Parciau Cenedlaethol**). Credai **William Camden** fod yr enw Eryri yn tarddu o'r gair *eira*; ym marn **Edward Lhuyd** roedd yn tarddu o'r gair *eryr* a chynigiodd yr ystyr 'cynefin eryrod'. Ond dangosodd **Ifor Williams** mai geiriau gwahanol yn tarddu o'r un gwreiddyn oedd *eryr* ac *eryr(i)*. Roedd 'glan', yna 'codiad tir', ymhlith ystyron yr olaf; bro neu ardal fynyddig oedd ystyr Eryri yn wreiddiol felly.

**ESCLUSHAM**, Wrecsam (1,656ha; 3,401 o drigolion)
Mae'r **gymuned** hon, yn union i'r de-orllewin o **Wrecsam**, yn cynnwys Croes Foel, safle gefail y brodyr Davies (gw. **Davies (Teulu)**, **Gofaint Haearn** a **Haearn, Gwaith**). Gerllaw Groes Foel mae Hafod-y-bwch, hen neuadd ffrâm goed wedi'i hymestyn. Pentref glofaol oedd Rhostyllen gynt, a saif yng nghysgod tomen hen lofa'r **Bers**, gyda'r neuadd bentref (1924) a'r caeau chwarae yn ganolbwynt deniadol iddo. Deil y colomendy (1721) o hyd ar dir Neuadd Pentrebychan, sydd bellach wedi'i dymchwel ac yn safle Amlosgfa Wrecsam. Mae Plas Cadwgan, yr oedd rhannau ohono'n dyddio o'r 14g., yn enghraifft drist o adeilad cofrestredig gradd I a gafodd ei ddymchwel. Ailgodwyd fframwaith y neuadd, gyda'i gyplau ystlys, yn Amgueddfa Avoncroft, Swydd Gaerwrangon. Plas Gronw (sydd hefyd wedi'i ddymchwel) oedd cartref Elihu Yale (gw. **Thomas Yale**) a **C. J. Apperley** (Nimrod), a ysgrifennai am **hela**. Goroesodd rhan o **Glawdd Offa** mewn cyflwr da yn yr ardal. Mae Mynydd Esclusham yn lle poblogaidd ar gyfer saethu grugieir.

**ESGOBAETHAU**
Mae'r **Eglwys yng Nghymru** wedi'i rhannu yn chwe esgobaeth, dwy ohonynt yn greadigaethau diweddar. Crëwyd Mynwy, sy'n cwmpasu ardal yr hen **Sir Fynwy**, yn 1921 o ran o esgobaeth Llandaf (gw. **Caerdydd**). Ffurfiwyd **Abertawe** ac **Aberhonddu**, sy'n cwmpasu **Sir Frycheiniog** a **Sir Faesyfed** ynghyd â hen gwmwd **Gŵyr**, yn 1923 o ran o esgobaeth enfawr **Tyddewi**.

Mae gwreiddiau'r pedair esgobaeth hŷn yn annelwig, er bod cysylltiad rhyngddynt a chyltiau gwahanol **seintiau**. Cysylltid Llandaf â chyltiau **Dyfrig**, **Teilo** ac Euddogwy; Tyddewi â **Dewi Sant**; a **Bangor** â **Deiniol**. Roedd y cysylltiad rhwng **Llanelwy** a Chyndeyrn yn fwy amheus; mae'n fwy tebygol mai creadigaeth Normanaidd oedd yr esgobaeth honno.

Cymerodd y **Normaniaid** feddiant o'r mam-eglwysi hyn a'u troi'n eglwysi cadeiriol, sef, yn llythrennol, yr eglwysi a gynhwysai orsedd neu gadair esgob (*cathedra*). Roedd eu syniad hwy o esgobaeth yn un brenhinol, ffiwdalaidd a thiriogaethol, ac o ganlyniad roedd mynych ymrafael ynghylch ffiniau esgobaethau. Roedd y rhain wedi'u pennu erbyn diwedd y 12g., fel bod Bangor yn cwmpasu'r gogledd-orllewin, Llanelwy y gogledd-ddwyrain, Llandaf y de-ddwyrain a Thyddewi y de-orllewin a'r canolbarth.

Yn ben ar bob esgobaeth mae esgob, a etholir oddi ar 1920 gan goleg etholiadol yr **Eglwys yng Nghymru**. Etholir archesgob Cymru o blith y coleg esgobion, ac mae'n cadw ei esgobaeth ei hun yn ogystal â gwasanaethu fel archesgob. Mae gan bob eglwys gadeiriol ddeon a glwysgor, er bod pob un, ar wahân i Eglwys Gadeiriol Llanelwy, hefyd yn gwasanaethu fel eglwys blwyf.

Mae'r Eglwys Gatholig yn cynnwys tair esgobaeth: archesgobaeth **Caerdydd**, esgobaeth **Wrecsam** ac esgobaeth Mynyw (Menevia) gyda'i heglwys gadeiriol yn **Abertawe**. Roedd y penderfyniad yn 1916 i wneud Caerdydd yn archesgobaeth gyda goruchwyliaeth dros holl **Gatholigion Rhufeinig** Cymru (a **Swydd Henffordd**) yn gydnabyddiaeth arwyddocaol gan y babaeth o undod ac arwahanrwydd Cymru. Golygai hefyd fod gan Gatholigion Cymru archesgob bedair blynedd cyn i'r **Anglicaniaid** gysegru archesgob yng Nghymru. Yn wahanol i'r **Alban**, sydd â'i hierarchaeth ei hun, mae archesgob a dau esgob Catholig Cymru yn rhan o hierarchaeth **Lloegr** a Chymru, gydag Archesgob Westminster yn ben arnynt.

## ESGOBLYFR BANGOR

Llawysgrif litwrgaidd o'r 14g. a gedwir bellach yn llyfrgell **Prifysgol Cymru, Bangor**. Mae'n ffynhonnell bwysig i'r sawl a fyn astudio bywyd crefyddol a cherddorol Cymru'r Oesoedd Canol.

## *ETIFEDDIAETH, Yr* (*The Heritage*; 1949) Ffilm

Mae'r ffilm ddogfen hon yn cynnig cip ar fywyd gwledig **Llŷn** ac **Eifionydd** ar ôl yr **Ail Ryfel Byd** trwy lygaid Freddie Grant, faciwî croenddu o **Lerpwl** – y cofnod gorau sydd ar gael, ar sgrin, o fywyd a diwylliant a oedd yn prysur ddiflannu. Dangoswyd y ffilm am y tro cyntaf yn yr **Eisteddfod** Genedlaethol yn 1949. Fe'i gwnaed gan y newyddiadurwr **John Roberts Williams** a'i gydweithiwr ar *Y Cymro*, y ffotograffydd **Geoff Charles**, a chymerodd ddwy flynedd iddynt ei chwblhau, gan ffilmio a golygu ar benwythnosau a defnyddio eu treuliau gan y papur newydd i'w hariannu. Mae'r ffilm, y gwnaed fersiynau Cymraeg a Saesneg ohoni, yn elwa llawer ar waith camera craff Geoff Charles a'i oleuo rhagorol.

## EVANS, Beriah Gwynfe (1848–1927) Newyddiadurwr a dramodydd

Fel golygydd *Cyfaill yr Aelwyd* (1880–91) y daeth Beriah Gwynfe Evans, a aned yn **Nant-y-glo**, i amlygrwydd. Fel rheolwr cwmni'r *Genedl Gymreig* yng **Nghaernarfon** yn 1892, a phrif olygydd ei bapurau, cafodd gryn ddylanwad yn hyrwyddo gyrfa **David Lloyd George**. Bu hefyd yn olygydd *Y Tyst*, newyddiadur yr **Annibynwyr** (1924–6). Roedd ymhlith arloeswyr y **ddrama** Gymraeg. Perfformiwyd ei *Owain Glyndŵr* yn **Llanberis** yn 1880 ac yng Nghaernarfon, adeg arwisgo tywysog Cymru yn 1911, a *Caradog* yn **Eisteddfod** Genedlaethol Caernarfon, 1906. Ef oedd ysgrifennydd cyntaf **Cymdeithas yr Iaith Gymraeg** (sefydlwyd 1885), a bu hefyd yn ysgrifennydd **Cymru Fydd**. Mae apêl i'w nofel wleidyddol, *Dafydd Dafis* (1898).

## EVANS, [Richard] Charles (1918–95) Mynyddwr a phrifathro coleg prifysgol

Daeth Charles Evans yn adnabyddus fel aelod o ymgyrch Everest 1953. Ef oedd y cyntaf i gyrraedd Copa'r De er i gymhlethdodau â'r cyfarpar ocsigen ei rwystro rhag cyrraedd y prif gopa. Ei gamp fynydda fwyaf cofiadwy oedd arwain cyrch llwyddiannus 1955 i Kanchenjunga – copa llawer mwy anodd ei gyrraedd. Cafodd ymarfer cynnar ar fynyddoedd **Aran** a'r **Berwyn**, yn agos i fan ei eni ym mhentref **Derwen**. Wedi cychwyn yn wreiddiol ar yrfa mewn meddygaeth, yn 1958 daeth yn brifathro coleg **Bangor** (gw. **Prifysgol Cymru, Bangor**) lle'r arweiniodd ei gyndynrwydd i roi mwy o le i'r **Gymraeg** mewn addysg uwch – er mai Cymraeg oedd ei famiaith – at wrthdaro chwerw yn ystod y 1970au.

## EVANS, Christmas (1766–1838) Gweinidog

Ynghyd â **John Elias** a **William Williams** o'r Wern (1781–1840), roedd Christmas Evans, gyda'i un llygad, yn un o brif bregethwyr Cymru (gw. **Pregethu a Phregethwyr**). Fe'i ganed mewn tlodi yn Esgair-wen, **Llandysul**, ar ddydd Nadolig 1766. Bu'n was ffarm, ac ar ôl cael tröedigaeth yn Llwynrhydowen (Llandysul) troes at y **Bedyddwyr**. Symudodd i **Lŷn** yn 1789 a chael ei ordeinio'n weinidog yno. Daeth yn gyfrwng i egnïon y **Diwygiad Methodistaidd** a drawsnewidiodd yr Hen Ymneilltuwyr ar ddiwedd y 18g.

Symudodd eilwaith, yn 1791, i **Fôn**, gan aros yno hyd 1826. Ymwelodd yn gyson â phob sir yng Nghymru ac ennill ei le ymhlith pregethwyr huotlaf ei genhedlaeth a chan sicrhau ei ran yng nghreadigaeth Cymru Anghydffurfiol y 19g. (gw. **Anghydffurfiaeth**). Ar ôl cyfnodau o weinidogaethu yng **Nghaerffili**, **Caerdydd** a **Chaernarfon**, bu farw yn **Abertawe** tra oedd ar daith bregethu.

## EVANS, Clifford (1912–85) Actor a sgriptiwr

Er iddo gael ei eni yn Senghennydd (**Cwm Aber**), magwyd Clifford Evans yn **Llanelli**, lle bu'n actor amatur brwd. Fe'i hyfforddwyd yn RADA a gwnaeth enw iddo'i hun gyda chyfres o berfformiadau llwyfan, yn cynnwys Oswald yn *Ghosts* (1937), Cassius yn *Julius Caesar* (1943), a Ferdinand a Prospero yn *The Tempest* (1943, 1951). Ymddangosodd mewn nifer o ffilmiau, gan wneud argraff arbennig fel yr undebwr tanbaid yn *Love on the Dole* (1941), ffilm brif-ffrwd Brydeinig fwyaf radical y dydd. Rhoddodd berfformiadau cofiadwy mewn dwy ffilm a gynhyrchwyd yng Nghymru (gw. **Ffilm**), sef ***The Proud Valley*** (1940) a'r gomedi *Valley of Song* (1953) na chafodd y sylw haeddiannol. Ef a luniodd sgript y gomedi Gymreig a wnaed gan Ealing, *A Run For Your Money* (1949). Ymgyrchodd yn ddiflino, ond yn ofer, dros theatr genedlaethol i Gymru (gw. **Drama**).

## EVANS, D[avid] Emlyn (1843–1913) Cerddor

Cerddor amatur o **Gastellnewydd Emlyn** a gyfrannodd yn helaeth at y traddodiad canu cynulleidfaol ac eisteddfodol. Bu'n gyd-olygydd sawl casgliad o emyn-donau a chylchgronau cerddorol gan gynnwys *Y Cerddor*, a threfnodd nifer o alawon traddodiadol. Enillodd fri fel beirniad eisteddfodol ac fel cyfansoddwr **cerddoriaeth** leisiol, yn enwedig cerddoriaeth gysegredig. Erys rhai o'i emyn-donau, megis 'Trewen', 'Eirinwg', 'Glanceri' a 'Bryn Dioddef', yn boblogaidd heddiw.

**EVANS, D[aniel] Simon (1921–98)** Ysgolhaig
Brodor o **Lanfynydd**, **Sir Gaerfyrddin**, a oedd yn awdurdod ar Gymraeg Canol a'i **llenyddiaeth**. Derbyniodd ei addysg yn **Abertawe**, **Aberystwyth** a **Rhydychen**, a bu'n Athro'r **Gymraeg** yn Nulyn (1952–62), yn bennaeth astudiaethau Celtaidd yn **Lerpwl** (1966–74) ac yn Athro'r Gymraeg yng Ngholeg Prifysgol Dewi Sant, **Llanbedr Pont Steffan** (1974–88). Ei gyfrol *Gramadeg Cymraeg Canol* (1951) a'r fersiwn Saesneg, *A Grammar of Middle Welsh* (1964), yw'r gweithiau safonol yn eu maes o hyd. Dangosodd yr un trylwyredd yn ei gyhoeddiadau eraill, megis ei argraffiadau o ddau destun Cymraeg Canol, *Buched Dewi* (1959; cyhoeddwyd yn **Saesneg** dan y teitl *The Welsh Life of St David* (1988)) a *Historia Gruffud vab Kenan* (1977). Mae ei frawd, David Ellis Evans (g.1930), hefyd yn adnabyddus ym maes astudiaethau Celtaidd; bu'n Athro'r Gymraeg yn Abertawe (1974–8) ac yn Athro Celteg yn Rhydychen (1978–96).

**EVANS, David (Caradoc Evans; 1878–1945)** Llenor
Caradoc Evans oedd un o Gymry mwyaf dadleuol ei ddydd. Brodor o **Lanfihangel-ar-arth** ydoedd, ac fe'i magwyd yn Rhydlewis (**Troed-yr-aur**). Yn 15 oed, aeth yn brentis gyda dilledydd yng **Nghaerfyrddin**, cyn mynd i weini mewn siopau yn y **Barri**, **Caerdydd** a **Llundain**; maes o law, byddai'n tynnu ar ei brofiad diflas o'r byd gwerthu dillad yn *Nothing to Pay* (1930), y gyntaf o bum nofel. O 1916 ymlaen bu'n gweithio fel newyddiadurwr yn Llundain, a threuliodd ei flynyddoedd olaf yn **Aberystwyth** a phentref cyfagos Y Gors (New Cross) (**Trawsgoed**). Fel awdur straeon byrion y magodd yr enw o fod 'y dyn mwyaf amhoblogaidd yng Nghymru', delwedd y gwnaeth ef ei hun bopeth i'w hannog. Cyhoeddodd dri chasgliad o straeon, sef *My People* (1915), *Capel Sion* (1916) a *My Neighbours* (1919), ac ynddynt ymosododd yn filain ar sawl agwedd ar fywyd yn y Gymru wledig, gan gynnwys **Anghydffurfiaeth**, yr **Eisteddfod** a'r iaith **Gymraeg**, er mai hi oedd ei famiaith. **Gwerin** anwar, ragrithiol yw honno a ddarlunnir yn y straeon, yn crafu bywoliaeth o dir diffaith ac yn glynu wrth **grefydd** a aeth yn ddiystyr; ariangarwch a thrachwant sy'n gyrru'r cymeriadau. Codwyd gwrychyn llawer o Gymry gan y portread hwn a chan y dull y'i cyflwynwyd ynddo: mae'r awdur yn gwawdio'i gymeriadau trwy roi yn eu genau iaith sy'n gyfuniad rhyfedd a grotésg o gystrawennau Cymraeg wedi'u cyfieithu i'r **Saesneg**, elfennau Beiblaidd ac elfennau eraill o'i eiddo ef ei hun. Enynnodd ei ddrama *Taffy* ymateb tebyg yn Llundain yn 1923, pan gynddeiriogwyd y gynulleidfa, Cymry Llundain gan mwyaf, gan bortread o'u mamwlad a oedd, yn eu barn hwy, yn un enllibus. Dim ond yn y chwarter canrif diwethaf y cafodd y llenor sylw mwy ffafriol a hynny gan feirniaid mwy cydymdeimladol a welodd fod rhyw fath o athrylith yn perthyn iddo, er mor wyrdroëdig yw ei weledigaeth. Bellach cyfeirir ato'n aml fel 'tad y stori fer Eingl-Gymreig' (gw. **Eingl-Gymreig**).

**EVANS, [William] David (1912–85)** Daearegydd
Penodwyd David Evans, a hanai o **Gaerffili** ac a addysgwyd yng **Nghaerdydd**, yn Athro **daeareg** yn Nottingham (1949–78). Un o brojectau'r ymchwilydd dyfeisgar a gwreiddiol hwn oedd arolwg mwynyddol a geocemegol o'r llwch yng nglofeydd maes **glo**'r de a'r berthynas rhyngddo a **niwmoconiosis**. Yn 1968 cafodd ei urddo'n Farwn Energlyn of Caerphilly.

**EVANS, David [Gwilym Lloyd] (1933–90)** Cricedwr
Ganed David Evans yn **Llundain** ond yn **Rhydaman** y'i magwyd, ac ef oedd wicedwr diogel ond diymhongar Morgannwg am y rhan fwyaf o'r 1960au. Yn ddiweddarach bu'n ddyfarnwr amlwg a ddyfarnodd mewn naw gêm brawf gan gychwyn â 'phrawf Botham' yn Headingley yn 1981.

**EVANS, Edgar (1876–1912)** Fforiwr
Cymerodd Edgar Evans, a aned yn **Rhosili**, ran yn nwy daith Capten Scott i'r Antarctig. O **Gaerdydd** y cychwynnwyd ar yr ail daith ar y *Terra Nova* yn 1910. Bu farw'r tîm o bum dyn ar eu ffordd yn ôl i'r gwersyll cychwyn, ar ôl canfod bod gŵr o Norwy, Roald Amundsen, wedi ennill y blaen arnynt a chyrraedd Pegwn y De o'u blaenau. Achoswyd eu marwolaethau gan gyfuniad o dywydd hynod anghyffredin (minws 34C° oedd y tymheredd) ynghyd â lludded ac ewinrhew. Claddwyd Edgar Evans, a ganmolwyd gan Scott fel 'cawr o weithiwr a phen nodedig arno', wrth droed Mynydd Iâ Beardmore, a cheir coflech iddo yn eglwys Rhosili.

**EVANS, Elin neu Elinor (Elen Egryn; 1807–76)** Bardd
Dysgodd Elin Evans farddoni yn blentyn yn **Llanegryn**. Ymsefydlodd yn **Lerpwl** yn 1840, ac yn 1850, a hithau bellach wedi dychwelyd i fro ei phlentyndod, cyhoeddwyd *Telyn Egryn*, cyfrol bwysig o'i cherddi yn adlewyrchu teimladau Cymraes alltud, a ddaeth yn garreg filltir yn **llenyddiaeth** menywod Cymru. Yng ngolwg Ieuan Gwynedd (**Evan Jones**) roedd y gyfrol yn gwrthbrofi honiadau condemniol adroddiad addysg 1847 am **fenywod** Cymru (gw. **Brad y Llyfrau Gleision**).

**EVANS, Ellis Humphrey (Hedd Wyn; 1887–1917)** Bardd
Mab yr Ysgwrn, **Trawsfynydd**, ydoedd a bu'n fugail ar fferm ei dad nes ymuno â'r fyddin yn 1917 (gw. **Rhyfel Byd Cyntaf**).

Cadeiriau barddol Hedd Wyn

Ni chafodd gyfle i aeddfedu fel bardd, ond mae ambell delyneg megis 'Dim ond lleuad borffor' a 'Gwae fi fy myw' wedi gafael yn nychymyg y Cymry. Milwr hwyrfrydig ydoedd, ac fe'i lladdwyd ym Mrwydr Pilkem Ridge, ryw fis ar ôl hwylio i Ffrainc, ar 31 Gorffennaf 1917. Eironi mawr ei hanes oedd i'w **awdl** i'r 'Arwr' gael ei chyhoeddi'n fuddugol yn **Eisteddfod** Genedlaethol Penbedw ym Medi'r un flwyddyn. Taenwyd llen ddu dros y gadair wag, ac ers hynny cyfeiriwyd at yr Eisteddfod honno fel Eisteddfod y Gadair Ddu. Canodd **R. Williams Parry** englynion coffa dwys iddo, a golygodd **J. J. Williams** y casgliad *Cerddi'r Bugail* (1918). Adroddwyd ei stori yn *Hedd Wyn*, ffilm o eiddo Paul Turner a sgriptiwyd gan Alan Llwyd; fe'i henwebwyd am Oscar yn nosbarth y Ffilm Dramor Orau yn 1994.

### EVANS, [David] Emrys (1891–1966) Ysgolhaig ac addysgwr

Brodor o **Glydach** oedd Syr Emrys Evans, ac fe'i haddysgwyd ym **Mangor** a **Rhydychen**. Ef oedd deiliad cyntaf cadair y clasuron yn **Abertawe**, ac oddi yno fe'i penodwyd yn 1927 yn brifathro ym Mangor (gw. **Prifysgol Cymru, Bangor**). Fe'i cofir yn bennaf am ei gyfieithiadau urddasol i'r **Gymraeg** o chwech o weithiau Platon, yn cynnwys *Y Wladwriaeth* (1956).

Fel is-ganghellor **Prifysgol Cymru**, ef oedd yn gyfrifol yn 1933 am sefydlu'r pwyllgor Prifysgol a balmantodd y ffordd at greu Rhanbarth Cymreig o'r BBC (gw. **Darlledu**). Mae'n debyg mai trwy ei ddylanwad ef y dewiswyd Bangor yn ganolfan i'r gorfforaeth yn y gogledd. Arweiniodd ei erthygl yn *Y Llenor* yn 1941, yn ymosod ar bolisi niwtraliaeth **Plaid [Genedlaethol] Cymru** yn ystod y rhyfel, at ddadl danllyd.

### EVANS, Evan (Ieuan Fardd neu Ieuan Brydydd Hir, 1731–1788) Bardd ac ysgolhaig

Ac yntau'n frodor o **Ledrod**, **Ceredigion**, dysgodd Ieuan gerdd dafod (gw. **Cynghanedd**) gan Lewis Morris (gw. **Morrisiaid**), a oedd wedi ymgartrefu yng Ngheredigion yn 1746, ac ef hefyd a'i rhoddodd ar ben y ffordd fel ysgolhaig. Datblygodd yn fardd crefftus yn y mesurau caeth, a gwelir ei gadwyn o englynion, 'Llys Ifor Hael', ym mhob blodeugerdd. Tyfodd hefyd yn brif awdurdod ei gyfnod ar gynnwys y llawysgrifau Cymraeg ac enillodd glod gan hynafiaethwyr Cymru a **Lloegr** pan gyhoeddwyd *Some Specimens of the Poetry of the Antient Welsh Bards* (1764). Ac yntau'n glerigwr gwladgarol, dadleuodd yn frwd yn erbyn penodi esgobion di-Gymraeg a chyhoeddodd gerdd Saesneg, *The Love of our Country* (1772), yn ceisio amddiffyn Cymru yn erbyn ymosodiadau estroniaid. Oherwydd hyn, ac oherwydd ei fod yn rhy hoff o slotian, ni chafodd ei ddyrchafu'n uwch na statws curad. Siom chwerwach iddo oedd methu â chael y gefnogaeth a fynnai i gyhoeddi barddoniaeth y traddodiad Cymreig clasurol.

### EVANS, Evan (Ieuan Glan Geirionydd; 1795–1855) Bardd ac emynydd

Ieuan Glan Geirionydd oedd bardd mwyaf amryddawn Cymru'r 19g. Hanai o **Drefriw**, a bu'n ysgolfeistr cyn cael ei ordeinio yn 1826. Ar ôl hynny bu'n gurad mewn **plwyfi** yn **Swydd Gaer** hyd nes iddo ymddeol yn 1852 a dychwelyd i Drefriw. Daeth i'r amlwg fel awdur awdlau cadeiriol llwyddiannus yn gynnar yn ei yrfa, ond ei fuddugoliaeth enwocaf oedd ennill cadair **eisteddfod** helyntus **Rhuddlan**, 1850, am **bryddest**, yn hytrach nag **awdl**, ar 'Yr Adgyfodiad'. Ef ac Alun (**John Blackwell**) oedd arloeswyr pwysicaf y mudiad telynegol ac fel beirniad dadleuodd dros ragoriaeth y mesurau rhydd. Erys rhai o'i **emynau** yn adnabyddus.

### EVANS, [Evan] Eynon (1904–89) Dramodydd ac actor

Ganed Eynon Evans yn **Nelson**, a bu'n yrrwr bws yng **Nghaerffili** cyn gwneud enw iddo'i hun fel dramodydd. Roedd ei gomedïau a'i ddramâu cartrefol ymhlith prif arlwy Saesneg radio a chwmnïau theatr yng Nghymru yn ystod y blynyddoedd yn syth ar ôl yr **Ail Ryfel Byd**. Ond fel Tommy Trouble yn y rhaglen radio ***Welsh Rarebit*** yn y 1950au yr oedd Eynon Evans yn fwyaf adnabyddus. Sgriptiodd ddau addasiad **ffilm** o'i waith llwyfan – *The Happiness of Three Women* (1954, ar sail ei ddrama *Wishing Well* (1946)) a *Room in the House* (1955, ar sail ei ddrama *Bless This House* (1954)). Ef oedd yn actio'r brif ran yn y gyntaf o'r ffilmiau hyn. Chwaraeodd ran Gwilym Morgan yn fersiwn teledu cyntaf y BBC o ***How Green Was My Valley*** (1960).

### EVANS, George Ewart (1909–88) Llenor a hanesydd llafar

Ganed George Ewart Evans yn **Abercynon**, a threuliodd y rhan fwyaf o'i oes yn East Anglia, yn gweithio ym maes addysg oedolion. Fe'i hystyrir yn ffigwr allweddol yn natblygiad y traddodiad hanes llafar a hynny ar gyfrif ei lyfrau niferus a seiliwyd ar atgofion gweithwyr, gan gynnwys *Ask the Fellows who Cut the Hay* (1956), *From Mouths of Men* (1976) a *Spoken History* (1987). Er mai am hanes East Anglia yr ysgrifennodd yn bennaf, dychwelodd at ei wreiddiau yn y Gymru ddiwydiannol yn rhai o'i weithiau mwy creadigol a hunangofiannol.

### EVANS, Geraint [Llewellyn] (1922–91) Canwr opera

Ganed Geraint Evans yng Nghilfynydd (**Pontypridd**), a daeth i fri fel canwr yn 1948 wedi iddo ymuno â Thŷ Opera Brenhinol Covent Garden a pherfformio rhan y Gwyliwr Nos yn *Die Meistersinger* Wagner. Yn fuan wedyn canodd ran Figaro, gan wneud hynny eto dan arweiniad Herbert von Karajan yn La Scala, Milan. Daeth yn gymeriad poblogaidd iawn yn y prif dai opera; fe'i hurddwyd yn farchog yn 1969, ac roedd yn un o'r actorion gorau ymhlith cantorion ei gyfnod, yn arbennig fel Falstaff, rhan a weddai'n berffaith i'w ddoniau theatrig. Fe'i coffeir gan Ganolfan Ymchwil y Galon yng **Nghaerdydd** a chan y ganolfan chwaraeon yn **Aberaeron**, lle treuliodd ei ymddeoliad.

### EVANS, Griffith (1835–1935) Bacteriolegydd

Daeth Griffith Evans, a hanai o **Dywyn**, yn filfeddyg yn yr Artileri Brenhinol yn 1860, a thra oedd yn swyddog yn y fyddin enillodd gymhwyster mewn meddygaeth ym Mhrifysgol McGill, Montreal, yn 1864. Fe'i hanfonwyd i India, lle dangosodd yn 1880 mai milionod yn y gwaed a oedd yn achosi 'swrra', clefyd mewn **ceffylau**; galwyd y microbau o hynny ymlaen yn *Trypanosoma evansi.* Mae'n cael ei gydnabod bellach fel un o arloeswyr 'theori germau', a ddisgrifiai natur benodol achosion bacteriol clefydau, ond a fu'n destun dadlau brwd yn ystod ei oes ef ac wedyn. Credai Syr William Osler y dylid cyfrif Griffith Evans ymhlith arloeswyr mawr meddygaeth drofannol.

**EVANS, Gwynfor [Richard] (1912–2005)** Gwleidydd, heddychwr ac awdur

Gwynfor Evans oedd gwladgarwr mwyaf Cymru'r 20g., a gwnaeth ei ymroddiad i'w wlad lawer i drawsnewid rhagolygon y Cymry fel cenedl. Roedd yn fab i Dan Evans, perchennog yr unig siop adrannol yn y **Barri**, a mynychodd ysgol ramadeg y dref cyn mynd i'r coleg yn **Aberystwyth** ac oddi yno i **Rydychen**. Erbyn diwedd y 1930au roedd yn un o heddychwyr mwyaf blaenllaw Cymru (gw. **Heddychiaeth**). Pan dorrodd yr **Ail Ryfel Byd**, cafodd ei ryddhau'n ddiamod gan y Tribiwnlys Gwrthwynebiad Cydwybodol rhag gorfod gwneud gwasanaeth milwrol. Trodd ei gefn ar yrfa yn y **gyfraith** a dechreuodd redeg gardd farchnad yn **Llangadog**.

Yn ystod ei gyfnod yn Aberystwyth syrthiodd mewn cariad â Chymru ac aeth ati i gryfhau ei afael ar y **Gymraeg**. Ymunodd â **Phlaid [Genedlaethol] Cymru**, ac yn ystod blynyddoedd blin y rhyfel daeth yn un o'i phrif bropagandyddion. Yn 1945 fe'i hetholwyd yn llywydd y blaid, swydd a ddaliodd hyd 1981. Efallai iddo wneud ei gyfraniad pwysicaf yn ystod diwedd y 1940au a'r 1950au pan lwyddodd, trwy gyfuniad o ddycnwch rhyfeddol a gweledigaeth angerddol, i droi Plaid Cymru yn rym etholiadol credadwy. Prawf o'r llwyddiant hwnnw yw'r ffaith i ymgeiswyr ar ran y blaid sefyll mewn 20 o blith y 36 etholaeth yng Nghymru yn etholiad cyffredinol 1959, o gymharu â'r SNP na lwyddodd i godi ymgeiswyr ond mewn pump o'r 72 etholaeth yn yr **Alban**. Bu ei arweiniad yn ystod yr helynt dros foddi Cwm **Tryweryn** yn ddiflino, er mai prin fu'r budd etholiadol a ddeilliodd i'w blaid o hynny ar y pryd.

Yn 1966, ar ôl ymladd yn aflwyddiannus mewn chwe etholiad seneddol, enillodd isetholiad **Caerfyrddin**, gyda mwyafrif o 2,436 dros ymgeisydd y **Blaid Lafur**, Gwilym Prys Davies, a fuasai'n flaenllaw yn y Mudiad Gweriniaethol Cymreig yn ystod y 1940au. Gwelwyd yr isetholiad hwnnw fel trobwynt yn hanes Cymru, a bu'n sbardun pwysig i nifer o fudiadau cenedlaethol. Er iddo gael ei drechu o 3,907 o bleidleisiau yn 1970, pan safodd drachefn yn etholiad Chwefror 1974 daeth y mwyafrif yn ei erbyn i lawr i dri. Cafodd ei ailethol yn etholiad Hydref 1974, ond colli fu ei hanes yn 1979 a thrachefn yn 1983. Yn ystod ei gyfnod cyntaf yn San Steffan, gofynnodd lu o gwestiynau seneddol, ac ar sail yr atebion cyhoeddodd ddadansoddiadau beirniadol o'r modd y câi Cymru ei llywodraethu (gw. **Llywodraeth**). Yn ystod ei ail gyfnod roedd gan Blaid Cymru dri aelod yn San Steffan; roedd gan yr SNP 11 aelod, a Gwynfor yn uchel ei barch gan bob un ohonynt. Manteisiodd ef a'i blaid yn fawr ar wendid y llywodraeth Lafur rhwng 1974 ac 1979, yn enwedig gyda golwg ar **ddatganoli**. Pan wrthododd pobl Cymru gynllun y llywodraeth Lafur i greu **Cynulliad Cenedlaethol**, a hynny o fwyafrif llethol, cafodd siom chwerw.

Fe'i siomwyd eto ym Medi 1979 pan gyhoeddwyd nad oedd y llywodraeth Geidwadol newydd (gw. **Plaid Geidwadol**) am anrhydeddu ei haddewid i sefydlu sianel deledu Gymraeg (gw. **Darlledu** ac **S4C**). Ar 5 Mai 1980 cyhoeddodd y byddai'n ymprydio hyd farwolaeth oni châi'r penderfyniad ei wrthdroi. Yn ystod haf 1980 anerchodd nifer fawr o gyfarfodydd tanbaid. Ildiodd y llywodraeth ar 17 Medi – yr unig dro, fe honnid ar y pryd, i Margaret Thatcher wneud tro pedol.

Ar wahân i'w waith dros Blaid Cymru, ysgrifennodd Gwynfor Evans lawer am hanes Cymru; gwasanaethodd fel

Gwynfor Evans

llywydd Undeb yr Annibynwyr Cymraeg (gw. **Annibynwyr**); roedd yn weithgar gyda'r mudiad gwrthniwclear; ymwelodd â de-ddwyrain Asia yn y gobaith o ddwyn terfyn ar y rhyfel yn Fietnam; a cheisiodd bontio'r gagendor rhwng y cymunedau Cymraeg a'r mewnfudwyr di-Gymraeg. Ac yntau'n dad i saith o blant, dymunai greu delfryd o deulu Cymreig. Roedd yn ŵr prydweddol a boneddigaidd, ond yn un tra phenderfynol hefyd; i'w edmygwyr roedd hynny'n gryfder, ond fe'i gwelid gan eraill fel ystyfnigrwydd. Ei angladd yn Aberystwyth oedd y peth agosaf at angladd gwladol a welwyd yng Nghymru.

**EVANS, J[ohn] Gwenogfryn (1852–1930)** Palaeograffydd a golygydd

Ganed J. Gwenogfryn Evans yn Ffynnon-felfed, **Llanybydder**, ac fe'i maged yn **Llanwenog**. Wedi cyfnod byr yn weinidog gyda'r **Undodwyr**, gwnaeth gyfraniad nodedig i ysgolheictod Cymraeg. Dan ddylanwad **John Rhŷs** yn **Rhydychen**, dysgodd ddarllen hen lawysgrifau Cymraeg, a sefydlodd gyfres uchelgeisiol yr *Old Welsh Texts*. Fe'i penodwyd yn archwiliwr ar ran y Comisiwn Llawysgrifau Hanesyddol yn 1894, a theithiodd yn helaeth i archwilio casgliadau preifat o lawysgrifau Cymraeg; bu ei adroddiadau manwl ar gynnwys y rhain, rhwng 1898 ac 1910, yn sylfaen bwysig i ysgolheictod Cymraeg diweddar. Bu'n amlwg yn yr ymgyrch i sefydlu **Llyfrgell Genedlaethol Cymru**, ac yn sylweddol gyfrifol am sicrhau bod prif lawysgrifau **llenyddiaeth** Gymraeg yn cael eu cyflwyno i'w gofal. Perthynas anodd a fu rhyngddo ac ysgolheigion eraill y **Gymraeg**, ac ni chafodd lawn gydnabyddiaeth am ei gyfraniad o'r herwydd.

Richard Evans

**EVANS, John (1723–95)** Cartograffydd

Mae John Evans o Lanymynech (**Carreghwfa**) yn adnabyddus am ei engrafiadau cyhoeddedig a dau fap pwysig o ogledd Cymru. Y map ac arno'r dyddiad 1795, a gyhoeddwyd ar ffurf naw dalen, oedd y gorau a'r mwyaf o'r rhanbarth cyn ymddangosiad **mapiau** un-fodfedd-i'r-filltir yr Arolwg Ordnans. Roedd yn arwyddocaol am ei fod yn ddeniadol ei olwg, ac oherwydd swmp a chywirdeb ei fanylion.

**EVANS, John [Thomas] (1770–99)** Fforiwr

Mae bywyd John Evans yn brawf byw o'r argraff hynod gref a gafodd y chwedl fod **Madog ab Owain Gwynedd** wedi ymgartrefu yng **Ngogledd America** *c.*1170 ar ddychymyg rhai Cymry yn y 1790au. Argyhoeddwyd Evans, gŵr dewr ond byrbwyll, a aned yn **Waunfawr**, mai ewyllys Duw oedd iddo chwilio am yr 'Indiaid Cymreig' honedig. Yn ôl traddodiad, dyma ddisgynyddion Madog; credid erbyn hynny mai llwyth y Mandaniaid a drigai yng nghyrrau uchaf afon Missouri oeddent. Cyrhaeddodd Evans America ym mis Hydref 1792 a chyrraedd y Mandaniaid ym mis Medi 1796, ac yntau yng ngwasanaeth llywodraeth Sbaen – ar y pryd Sbaen a hawliai'r rhan helaethaf o ardaloedd gorllewinol Gogledd America. Torrodd iechyd Evans yn y diwedd pan ddaeth i'r casgliad nad y Mandaniaid oedd yr Indiaid Cymreig wedi'r cyfan, a bu farw'n ŵr ifanc yn New Orleans. Dim ond un dyn gwyn o'i flaen a oedd wedi gwneud y siwrnai o ymron 2,900km i flaenddyfroedd afon Missouri o'r fan lle ymuna'r afon honno â'r Mississippi, ac ef oedd y cyntaf i lunio map o'r ardal. Roedd ei frasluniau, ei nodiadau a'i fap yn hynod werthfawr i fforwyr mwy diweddar.

**EVANS, [Evan] Keri (1860–1941)** Athronydd a gweinidog

Yn llanc o saer o **Landyfrïog**, aeth Keri Evans i Goleg Presbyteraidd Caerfyrddin ac yna i Brifysgol Glasgow. Yno fe'i penodwyd yn gynorthwyydd i Edward Caird, un o brif arloeswyr Idealaeth Athronyddol ym **Mhrydain**. Bu'n Athro **athroniaeth** ym **Mangor** o 1891 hyd 1896, ac o 1897 ymlaen yn weinidog gyda'r **Annibynwyr**. Byrdwn ei genadwri grefyddol drawiadol oedd pwysigrwydd creiddiol adnabod Crist yn hytrach na bodloni ar athrawiaethu amdano, fel y dengys ei glasur, *Fy Mhererindod Ysbrydol* (1938).

**EVANS, Kitty (*fl.*1920au)** Chwyldroadwraig Wyddelig

Bu Kitty Evans o **Ferthyr Tudful** yn rhan o gynllwyn yn ne Cymru i yrru arfau i luoedd gweriniaethol **Iwerddon**, a chafodd ei charcharu yn Ebrill 1922 am fod â ffrwydron yn ei meddiant. Bu'r gweriniaethwyr Gwyddelig amlwg Maud Gonne a Hannah Sheehy Skeffington yn ymgyrchu o blaid ei rhyddhau.

**EVANS, Margaret (Marged uch Ifan; 1695–1801?)** Gwraig ryfeddol o heini

Os yw dyddiad ei marw yn gywir, bu Marged vch Ifan byw mewn tair canrif, ond mwy rhyfeddol fyth yw'r straeon am ei champau corfforol fel y'u cofnodwyd gan **Thomas Pennant** ac eraill. Roedd yn byw ym Mhen-llyn (**Llanddeiniolen**), wrth ben isaf Llyn Padarn (gw. **Llynnoedd**), ac yn fawr ei pharch fel gof, crydd a saer coed. Yn ôl y pennill Saesneg ar ei charreg fedd, lle cyfeirir ati fel Peggy Evans, roedd hi hefyd yn gallu ymaflyd codwm, rhwyfo, chwarae'r ffidil a **hela** llwynogod. Yn ôl traddodiad arall, cytunodd ei gŵr i'w phriodi ar ôl iddi ei guro, a phan gafodd ail gweir ganddi rhoddodd y gorau i'r ddiod gadarn a dod yn ŵr amlwg gyda'r **Methodistiaid** lleol.

**EVANS, Richard (1905–2001)** Dyn bad achub

Un o bump yn unig o ddynion y dyfarnwyd iddynt ddwy fedal aur gan Sefydliad Brenhinol Cenedlaethol y Badau Achub (RNLI) – sy'n cyfateb i Groes Victoria – am ddewrder eithriadol ar y môr (gw. **Badau Achub**). Fe'i ganed ym mhentref pysgota **Moelfre**. Ymunodd â chriw bad achub Moelfre yn 1921 yn 16 oed, a chafodd ei wneud yn gocs (llywiwr) yn 1954; erbyn 1970, pan ymddeolodd, roedd y bad wedi'i lawnsio 179 o weithiau ac wedi achub 281 o fywydau.

**EVANS, Roy a Nancy (1909–98 ac 1903–98)** Chwaraewyr tennis bwrdd

Yn eu dydd roedd Roy a Nancy Evans o **Gaerdydd**, a briododd yn 1933, ymhlith y chwaraewyr **tennis bwrdd** gorau yn y byd. Bu ef yn chwarae dros Gymru yn rhyngwladol yn nechrau'r 1930au ac roedd hi yn seithfed yn rhengoedd chwaraewyr y byd yn 1938. Bu'r ddau mewn swyddi amlwg, yn genedlaethol ac yn rhyngwladol, mewn nifer o sefydliadau chwaraeon, a thrwy ei ymdrechion ef dros gyfnod o ddeng mlynedd y derbyniwyd tennis bwrdd yn rhan o raglen y Gemau Olympaidd yn 1988. Fe'i cofir orau fel y Cymro y tu ôl i'r 'ddiplomyddiaeth bing pong' yn 1971 a dorrodd yr anghydfod gwleidyddol rhwng China a'r

Will Evans, *Temple Street, Swansea*, 1941

Unol Daleithiau. Fel llywydd y Ffederasiwn Tennis Bwrdd Rhyngwladol, darbwyllodd y prif weinidog Chou En-Lai i wahodd timau o'r gorllewin i China – gan gynnwys, er syndod iddo, y tîm Americanaidd. Credir i hyn baratoi'r ffordd ar gyfer ymweliad arloesol Nixon â China y flwyddyn ganlynol.

**EVANS, Rhys (Arise; *fl.*1607–60)** Proffwyd
Ganed y proffwyd hunanapwyntiedig rhyfedd hwn yn **Llangelynnin**. Pan oedd yn brentis i deiliwr yn **Wrecsam** dechreuodd freuddwydio a phrofi gweledigaethau hynod. Ac yntau wedi symud i **Lundain**, ac yn argyhoeddedig o'i bwysigrwydd ef ei hun (fe'i galwai ei hun yn Arise bellach), dechreuodd ymweld â phwysigion y deyrnas i'w hysbysu o'i broffwydoliaethau gwleidyddol. Daeth yn gyff gwawd yn y 1650au am ddarogan yn hyderus union ddyddiad dychweliad y frenhiniaeth. Ond cafodd fyw i weld ei broffwydoliaeth yn troi'n ffaith a dyfnhawyd ei serch at y Goron pan lwyddodd Charles II, trwy gyffyrddiad brenhinol, i gael gwared ar dyfiant manwynnog dychrynllyd ar ei drwyn.

**EVANS, S[amuel] T[homas] (1859–1918)**
Gwleidydd
Roedd Samuel Thomas Evans yn radical brwd a diflewyn-ar-dafod, ac fe'i hetholwyd yn aelod seneddol Rhyddfrydol Canol Morgannwg yn 1890. Ystyriai'r *South Wales Daily News* ei fod 'ychydig yn rhy fyrbwyll a milwriaethus ar adegau', gan broffwydo y byddai 'barn gytbwys yn ffrwyno dewrder byrbwyll' ymhen amser. Gorffennodd ei yrfa ar y fainc ac ef oedd un o brif benseiri cyfraith ysbail.

**EVANS, Theophilus (1693–1767)** Hanesydd
Ganed Theophilus Evans ym Mhenywenallt, Llandygwydd (gw. **Beulah**) a threuliodd ei oes yn offeiriad Anglicanaidd, yn **Llangamarch** gan mwyaf. Fe'i cofir fel awdur llyfrau niferus, yn enwedig *Drych y Prif Oesoedd* (1716 ac 1740), llyfr rhagfarnllyd ond difyr am hanes cynnar Cymru, a ystyrir yn un o glasuron rhyddiaith Gymraeg. Dywedir mai ef oedd y cyntaf i ddarganfod rhinweddau meddyginiaethol y **ffynhonnau** yn **Llanwrtyd**. Ef oedd tad-cu hanesydd **Sir Frycheiniog**, **Theophilus Jones**, ac roedd yn un o hynafiaid Sophie, iarlles Wessex.

**EVANS, Timothy John (1924–50)** Un a grogwyd ar gam
Brodor o **Ferthyr Tudful** oedd Timothy Evans ac ef yw un o enghreifftiau enwocaf yr 20g. o ŵr a grogwyd ar gam am lofruddiaeth. Fe'i cyhuddwyd yn 1949 o ladd ei wraig a'i blentyn yn eu cartref yn 10 Rillington Place, **Llundain**. Fe'i cafwyd yn euog o lofruddio'r plentyn. Prif dyst yr erlyniad oedd John Reginald Halliday Christie, perchennog y tŷ. Yn ddiweddarach cyfaddefodd Christie iddo ef lofruddio chwe dynes. Wedi i Christie gael ei grogi, cafodd Evans bardwn, ond dim ond ar ôl ymgyrch hir y cydnabuwyd ei fod yn gwbl ddieuog, a hynny yn 2004.

**EVANS, Will (1888–1957)** Arlunydd a lithograffydd
Dechreuodd Will Evans ei yrfa fel argraffydd **tunplat**. Fe'i ganed yn Waun-wen, **Abertawe**, ac astudiodd **beintio** yn rhan-amser yn ystod ei brentisiaeth saith mlynedd, gan ennill ysgoloriaeth i fynd i astudio am ddim yng Ngholeg Celf

Abertawe, lle bu'n dysgu maes o law. Roedd ei waith naturiolaidd yn boblogaidd ac yn adlewyrchu ei ddiddordeb yn ei dref enedigol a'r cyffiniau; ymhlith ei luniau roedd gwaith yn dangos Abertawe wedi'r blits.

**EVANS, William (1895–1988)** Cardiolegydd
Roedd William Evans yn un o gardiolegwyr amlycaf ei genhedlaeth. Fe'i ganed yn **Nhregaron** a'i addysgu yn **Aberystwyth** ac ysgol feddygol Ysbyty Llundain. Bu'n feddyg ymgynghorol i adran y galon yn Ysbyty Llundain, Ysbyty Cenedlaethol y Galon, **Llundain**, a'r Sefydliad Cardioleg, Llundain. Cyhoeddodd 100 o bapurau ar gardioleg a sawl gwerslyfr.

**EVANS, William Charles (1911–88)** Biocemegydd
Mab i saer maen o Fethel (**Llanddeiniolen**) oedd William Charles Evans, ac wedi graddio mewn **cemeg** ym **Mangor** a ffisioleg ym Manceinion daeth yn un o arloeswyr biocemeg. Wedi cyfnod o ymchwil meddygol yn **Llundain** a darlithio mewn cemeg amaethyddol yn **Aberystwyth**, dychwelodd i Fangor yn 1951 yn Athro yn yr hyn a fyddai maes o law yn adran biocemeg a gwyddor pridd. Ei ddiddordebau arbennig oedd biodiraddiad cemegion gwenwynig a, gyda chymorth ei wraig Antice, achosion clwy'r rhedyn mewn **gwartheg**.

**EVANS, William Davies (1790–1872)** Morwr a dyfeisiwr
Mae'r capten llong hwn o Lantydewi, **Cas-blaidd**, yn enwog yn y byd **gwyddbwyll** fel dyfeisiwr 'symudiad Evans', ac yn adnabyddus, yn ogystal, yn y byd morwrol am ddyfeisio'r gyfundrefn o oleuadau trilliw i **longau** er mwyn rhwystro gwrthdrawiadau yn ystod y nos. Am hyn o gymwynas dyfarnodd **llywodraeth** Prydain £1,500 iddo, a derbyniodd gronomedr poced o aur a £200 gan Tsar Rwsia. Mae wedi'i gladdu yn Oostende yng Ngwlad Belg.

**EVANS-JONES, Albert (Cynan; 1895–1970)** Bardd a dramodydd
'Y llanc o dref Pwllheli' oedd Cynan, ac ar ôl graddio yng ngholeg **Bangor** (gw. **Prifysgol Cymru, Bangor**) bu'n weinidog gyda'r **Methodistiaid Calfinaidd** ym **Mhenmaen-mawr**, cyn cael ei benodi'n diwtor efrydiau allanol yn ei hen goleg. Bu'n filwr a chaplan yn y **Rhyfel Byd Cyntaf**, ac ysbrydolodd y profiad rai o'i gerddi. Hanes hogyn o gefn gwlad yn wynebu temtasiynau sydd yn y **bryddest** 'Mab y Bwthyn' a enillodd goron yr **Eisteddfod** Genedlaethol iddo yn 1921. Enillodd y goron eilwaith yn 1923 gydag 'Yr Ynys Unig', a'r drydedd waith am 'Y Dyrfa' (1931), sy'n adrodd hanes John Roberts, y chwaraewr **rygbi** a drodd yn genhadwr. Cyhoeddwyd casgliad o'i farddoniaeth, *Cerddi Cynan*, yn 1959. Ymhlith ei ddramâu y mae *Hywel Harris* (1932) ac *Absalom fy Mab* (1957), a chyhoeddodd un nofel fer, *Ffarwel Weledig* (1946). Fel **Archdderwydd** trawiadol (1950–4, 1963–6), gwnaeth Cynan lawer i roi trefn a lliw ar seremonïau'r **Orsedd**. Cafodd ei urddo'n farchog yn 1969.

**EVEREST, George (1790–1866)** Syrfëwr
Enillodd Everest, a aned yn Gwernvale (**Crucywel**) y fath fri fel syrfëwr geodesig fel yr enwyd mynydd uchaf y byd ar ei ôl. Rhwng 1816 ac 1843, pan oedd yn syrfëwr cyffredinol India, mesurodd Everest a'i dîm grymlin gyhydeddol India, o Benrhyn Comorin hyd at ffin y gogledd.

Everest: y mynydd a enwyd ar ôl Cymro

**EWENNI**, Bro Morgannwg (1,213ha; 682 o drigolion)
Gogoniant y **gymuned** hon i'r de o **Ben-y-bont ar Ogwr** yw eglwys y priordy Benedictaidd (gw. **Benedictiaid**), yr enghraifft odidocaf yng Nghymru o **bensaernïaeth** Romanésg. Sefydlwyd y priordy cyn 1126 gan William de Londres, arglwydd **Ogwr**. Fe'i rhoddodd i Abaty Sant Pedr, Caerloyw, y cynghorodd ei abad fynachod Ewenni i 'gryfhau cloeon eich drysau ac amgylchynu eich tŷ â ffos dda a mur anorchfygol' – prawf o'r ddrwgdybiaeth tuag at y Cymry a goleddid gan arloeswyr cyfnod cyntaf mynachaeth Ladin yng Nghymru. Glynwyd wrth ei gyngor, er mai yn ystod y 14g. y codwyd y muriau amgylchynol trawiadol sydd bellach i'w gweld. Rhan fwyaf cofiadwy'r eglwys yw'r seintwar gromennog yn null yr un yn Eglwys Sant Pedr, Caerloyw, gwrthrych un o beintiadau **J. M. W. Turner**. Yn ei hanfod mae corff yr eglwys, a fu erioed yn eglwys y plwyf yn ôl pob tebyg, yn adeilad ar wahân ac iddo arcêd ogleddol arbennig o hardd. Mae sawl beddrod yn y groesfa ddeheuol ac yn eu plith ceir beddrodau teulu Carne a addasodd adeiladau'r priordy yn blasty yn dilyn **diddymu'r mynachlogydd**. Ailadeiladwyd y plasty yn 1805, yn null nodweddiadol degawdau cynnar y 19g.

Cafodd llestri Ewenni, cynnyrch crochendy'r pentref, eu defnyddio mewn ceginau ledled **Sir Forgannwg** (gw. **Crochenwaith**). O 1852 hyd 1864 roedd Edward Matthews (Matthews Ewenni) yn weinidog ar gapel **Methodistiaid Calfinaidd** Ewenni. Swynai ei bregethau dramatig, yn nhafodiaith bert **Bro Morgannwg**, gynulleidfaoedd ledled Cymru. Cynlluniwyd adeiladau Gothig yr ysgol ddeniadol yng Nghorntwn gan **John Prichard**.

George Everest

**EWIAS** Cwmwd ac arglwyddiaeth
Ewias oedd **cwmwd** mwyaf gogleddol **Gwent** ac roedd yn cynnwys rhan helaeth o'r **Mynydd Du** (**Sir Fynwy** a **Phowys**). Ddiwedd yr 11g. daeth i feddiant teulu **Lacy**. Yn ddiweddarach aeth i ddwylo teulu **Mortimer** ac yna i ddugiaid York a thrwy hynny i'r Goron. O dan y **Deddfau 'Uno'** rhannwyd yr arglwyddiaeth rhwng Sir Fynwy a **Swydd Henffordd**. Mae'r rhan honno o Ewias sydd yng Nghymru yn cyfateb yn fras i gymuned **Crucornau**, sy'n cynnwys dyffryn prydferth Ewias.

# F

Tommy Farr, cyn ei ornest yn erbyn Tommy Loughran (ar y dde), 1936

**FAENOR, Y**, Ceredigion (632ha; 2,422 o drigolion)
Lleolir y **gymuned** yn union i'r gogledd-ddwyrain o **Aberystwyth**, ac mae'n cynnwys pentrefi Comins-coch a Waunfawr, sy'n faestrefi i Aberystwyth i bob pwrpas. Bu Gelli Angharad (Lovesgrove) ar un adeg yn ganolfan i stad fechan a oedd yn eiddo i gangen o deulu Pugh.

**FALI, Y**, Ynys Môn (866ha; 2,413 o drigolion)
Mae'r **gymuned** hon, sy'n rhannu'r un ffiniau â chyn-blwyf sifil Llanynghenedl, wedi'i lleoli ym mhen dwyreiniol Cob **Caergybi** (y Stanley Embankment), a gwblhawyd gan **Thomas Telford** yn 1823 i ddwyn y lôn bost o **Lundain** (gw. **A5**) i ben ei thaith yng Nghaergybi (agorwyd cob cyfochrog ar gyfer cwblhau siwrnai'r **A55** yn 2001). Er bod cryn ddadlau ynglŷn â tharddiad yr enw Fali, mae'n debyg ei fod yn cyfeirio at y pant a adawyd ar ôl cloddio'r rwbel ar gyfer y Cob. Rhoddodd y Fali ei enw i faes awyr yr Awyrlu (gw. **Llanfair-yn-neubwll**) ac i un o **ddosbarthau gwledig** yr ynys yn y cyfnod 1894 hyd 1974.

**FARR, Tommy (Thomas George Farr; 1914–86)** Bocsiwr
Ganed Tommy Farr i deulu tlawd yn Nhonypandy yn y **Rhondda**, a bu'n rhaid iddo adael yr ysgol yn 12 oed. Dechreuodd ei yrfa fel bocsiwr yn y bythau bocsio, ac yn araf y daeth llwyddiant fel ymladdwr proffesiynol. Er iddo ennill pencampwriaeth pwysau godrwm Cymru yn 1933, collodd dair gwaith i Eddie Phillips yn 1934–5. Ei flwyddyn fawr oedd 1937. Ymladdai yn ei gwman gydag ergydion chwith caled yn rhagflaenu ymosodiad â'i ddau ddwrn, a threchodd Ben Foord i ennill pencampwriaeth pwysau trwm **Prydain** a'r Ymerodraeth ym mis Mawrth. Fis yn ddiweddarach, gan ergydu, cyrcydu a dawnsio, trechodd gyn-bencampwr pwysau trwm y byd, Max Baer, ar sail pwyntiau, ac ym mis Mehefin lloriodd Walter Neusel mewn tair rownd. Yn Efrog Newydd, ym mis Awst, wynebodd Joe Louis, a oedd yn amddiffyn am y tro cyntaf bencampwriaeth pwysau trwm y byd yr oedd wedi'i chipio oddi ar James J. Braddock. Clywodd y miloedd a wrandawai gartref y pencampwr yn cael ei wthio bob cam hyd fuddugoliaeth galed ar bwyntiau, wrth i Farr ddod yn un o'r unig dri erioed i ymladd hyd ddiwedd gornest â'r 'Brown Bomber'. Ystyrir methiant arwrol ei frwydr ddewr yn symbol o gymdeithas maes **glo**'r de yn ystod y **Dirwasgiad**.

**FAWCKNER, J[ames] Follett (1828–98)** Pensaer
Gwnaeth J. Follett Fawckner, a hanai o Ddyfnaint, ei erthyglau gyda W. G. Habershon, **Llundain**, cyn cael ei anfon, yn 1857, i agor swyddfa yng **Nghasnewydd** er mwyn gwneud gwaith i Arglwydd Tredegar (gw. **Morgan, Teulu**). Pan fu farw Habershon yn 1891 caewyd swyddfa Llundain a

Neuadd ddiflanedig y farchnad yn y Fenni a gynlluniwyd gan John Nash ac a agorwyd yn 1795

chanolbwyntiwyd o hynny ymlaen ar waith yng **Nghaerdydd** a Chasnewydd. Yn ogystal â stadau **tai** (e.e. Tredegarville, Caerdydd), bu Fawckner yn gyfrifol am lawer o gapeli yn **Sir Forgannwg** a **Sir Fynwy**, yn ogystal â gwaith masnachol, a oedd yn cynnwys Tŷ'r Arglwydd Faer (1891) a'r Park Hotel (1884) yng Nghaerdydd.

**FELINDRE, Gwaith Tunplat**, Llangyfelach

Yn 1956 agorodd **Cwmni Dur Cymru** ei waith yn Felindre (**Llangyfelach** ger **Abertawe**) i ategu'r hyn a gyflawnid yn **Nhrostre** ac i gwblhau'r cynllun i foderneiddio cynhyrchu **tunplat**. Meddai Felindre ar gyfleusterau lleihau oer a dwy linell dunio electrolytig, a bu'n foddion creu swyddi i'r gweithlu a wnaed yn segur wrth gau'r melinau llaw bach ac aneffeithlon yn yr ardal. Erbyn 1970, roedd Felindre wedi ehangu, gan gyflogi 2,500 o bobl a chynhyrchu bron 490,000 o dunelli metrig y flwyddyn, ond crebachodd yn ystod y 1980au gan gau yn 1989. Safle'r gwaith oedd lleoliad **Eisteddfod** Genedlaethol 2006.

**FELIN-FACH**, Sir Frycheiniog, Powys (5,492ha; 585 o drigolion)

**Cymuned** helaeth sy'n ymestyn o boptu'r **A470** i'r gogledd-ddwyrain o **Aberhonddu**. Mae eglwys hardd yn Llanfilo ac ynddi ceir croglen o ddechrau'r 16g. sydd wedi'i hadfer yn ofalus. Bu Tredomen yn gartref i deulu Awbrey am gyfnod maith. Mae eglwys fawr yn Llandyfalle, ond nid oes yno bentref. Ar un adeg bu Trebarried, plasty o'r 17g. a ailadeiladwyd yn ddiweddar, yn gartref i deulu Vaughan ac yn draddodiadol fe'i cysylltir â **Shakespeare** a'i ddrama *A Midsummer Night's Dream*. Yn Eglwys Llandyfaelog Tre'r-graig ceir cofebau teulu Parry. Roedd Blanch Parry, Uchel Siryf **Sir Frycheiniog** yn 1619, yn fab bedydd i Blanche Parry, morwyn Elizabeth I. Mae'r Tywysog Charles yn ymweld yn gyson â phlasty gerllaw Felin-fach; credir yn gyffredinol i'r ffordd osgoi ar yr A470 gael ei hadeiladu er mwyn gwarchod ei breifatrwydd.

**FELINHELI, Y**, Gwynedd (590ha; 2,081 o drigolion)

Cyfeiria enw'r **gymuned** hon sydd wedi'i lleoli ar lan afon **Menai**, hanner ffordd rhwng **Bangor** a **Chaernarfon**, at felin a gâi ei gweithio gan ddŵr môr. Oddi yma y croesai fferi Moel-y-don o **Sir Gaernarfon** i **Fôn**, ac oddi yma, yn ôl un ddamcaniaeth, y croesodd y **Rhufeiniad** i'r ynys yn OC 61 i ymosod ar y **derwyddon**. Yn y 1790au datblygwyd cei yma er mwyn allforio **llechi** o Chwarel Dinorwig (**Llanddeiniolen**), ac yn sgil y datblygiad hwn y daeth yr enw Port Dinorwic. Yn 1825 cysylltwyd y cei â'r chwarel trwy gyfrwng rheilffordd a oedd yn eiddo – fel y cei, y doc diweddarach a'r **llongau** a gludai'r llechi – i deulu **Assheton Smith** o'r Faenol (**Pentir**). Mae'r doc wedi'i addasu'n farina. Ar gyrion y pentref, mae Plas Menai yn adeilad trawiadol modern sy'n gartref i Ganolfan Chwaraeon Dŵr Cenedlaethol Cymru. Gerllaw'r ganolfan mae eglwys ganoloesol Llanfair-is-gaer a Phlas Llanfair (*c*.1700 yn wreiddiol). Bu anghydfod diwydiannol hir yn ffatri Friction Dynamics (Ferodo gynt), a gaeodd yn 2006.

**FENNI, Y (Abergavenny)**, Sir Fynwy (1,032ha; 9,628 o drigolion)

Saif y dref mewn man strategol bwysig lle mae afon **Wysg** yn ymadael â'i dyffryn cul, gan lifo tua'r de trwy wastatir **Gwent**. Cydnabu'r **Rhufeiniaid** bwysigrwydd y lleoliad trwy sefydlu caer yno, a cheir tystiolaeth fod *vicus* Gobannium wedi dod yn ganolfan gwaith **haearn**.

Tua'r flwyddyn 1097 gorchmynnodd Hamelin de Ballon godi castell mwnt a beili ger cymer afonydd Wysg a Gafenni. Yn 1819 codwyd caban **hela** ar gopa'r mwnt sydd bellach yn gartref i Amgueddfa'r Fenni. Daeth y castell yn ganolfan arglwyddiaeth Gwent Uwch Coed neu'r Fenni. Erbyn diwedd y 12g. roedd ym meddiant teulu de Breos ac yma, yn 1182, y digwyddodd Cyflafan y Fenni, pan lofruddiodd Gwilym de Breos ei wahoddedigion, Seisyll ap Dyfnwal a'i osgordd (gw. **Breos, Teulu**). Erbyn y 15g. roedd yr arglwyddiaeth yn eiddo i deulu **Nevill**, y rhoddwyd ardalyddiaeth y Fenni iddynt yn 1876. Cynhaliodd Edward I senedd yn y Fenni yn 1291.

Cafodd Eglwys Fair, a oedd yn briordy Benedictaidd yn wreiddiol, ei hadfer yn helaeth yn y 1890au. Y tu mewn iddi ceir un o'r cyfresi gorau o henebion canoloesol ym **Mhrydain**. Yn eu plith y mae delw wych o Jesse a nifer o feddrodau ysblennydd a gafodd eu hadfer yn y 1990au, gan gynnwys beddrod Efa de Breos (m.1257), beddrodau tri aelod o deulu **Hastings** a rhai William ap Thomas o **Raglan** a phedwar o'i berthnasau. Mae'r Jesse anferth, un o gampweithiau mawr crefftwaith diwedd y 15g., wedi'i gerfio o un dderwen enfawr. Yn wreiddiol, roedd y bonyn yn cynnal cerfiadau eraill a oedd yn darlunio bywyd Crist, ond dim ond y brif ddelw a oroesodd eiconoclastiaeth y **Diwygiad Protestannaidd**.

Sefydlwyd ysgol ramadeg Harri VIII yn 1543. Yn ystod yr 17g. roedd y Fenni'n gadarnle **Catholigion Rhufeinig**; mae eglwys atig ddirgel wedi goroesi ym Mhlasty Gunter yn Stryd y Farchnad. Mae'r Fenni yn un o drefi marchnad mwyaf llewyrchus Cymru ac ymhlith ei gogoniannau y mae Neuadd y Dref, a gwblhawyd yn 1871. Saif Neuadd y Farchnad y tu ôl iddi. Mae Ysbyty Nevill Hall, y dechreuwyd ei adeiladu yn 1965, yn un o brif ysbytai Cymru. Roedd gwesty'r Angel, a adeiladwyd yn nechrau'r 19g., yn ganolfan i Gymdeithas **Cymreigyddion** y Fenni, cymdeithas â'i bryd ar ddiogelu'r iaith **Gymraeg** a'i diwylliant, gan gynnal eisteddfodau a fyddai'n darparu patrwm ar gyfer datblygiad yr **Eisteddfod** Genedlaethol fodern.

## FENTON, Richard (1747–1821) Awdur

Cyfreithiwr a drodd at ysgrifennu oedd Richard Fenton, a brodor o **Dyddewi**. Cofir amdano'n bennaf fel awdur y ddau lyfr topograffaidd *A Historical Tour through Pembrokeshire* (1810) a *Tours in Wales 1804–13*, nas cyhoeddwyd tan 1917. Bu'n weithgar gyda'r **Cymmrodorion** a'r **Gwyneddigion** yn ystod cyfnod a dreuliodd yn **Llundain**.

## FENTON, Roger (1819–69) Ffotograffydd

Ystyrir Fenton, a aned yn Swydd Gaerhirfryn, fel y ffotograffydd rhyfel cyntaf erioed ar sail ei luniau o **Ryfel y Crimea**. Yn 1857 tynnodd gyfres o dirluniau o lecynnau poblogaidd yn Nyffryn **Conwy**. Bu iddo hefyd ymwneud â'r broses argraffu electroffoto gyntaf, a ganiatâi i ffotograffau gael eu cyhoeddi gan ddefnyddio inc argraffu. Cyhoeddodd gyfres o'r 'galfanograffau' hyn o Gastell **Rhaglan**. Yn ddiweddarach tynnodd luniau stereograffig o olygfeydd yn y gogledd, cyn troi ei gefn ar **ffotograffiaeth** yn 1862.

## FERCH O'R SGER, Y

Cofnodwyd dau fersiwn o'r gân 'Y Ferch o'r Sger' yn un o lawysgrifau Iolo Morganwg (**Edward Williams**) dan enw 'Thomas Evan, telynor'. Yn ôl y stori, syrthiodd Elizabeth Williams

Un o 'galfanograffau' Roger Fenton o Gastell Rhaglan, 1857–8

(*c*.1746–*c*.1776), un o deulu plasty'r Sger, **Corneli**, mewn cariad gyda Thomas Evans, cyfansoddwr honedig y gân, ond bu farw o dorcalon ar ôl i'w thad ei gorfodi i briodi dyn arall. Adroddir ei stori yn nofel Isaac Hughes (Craigfryn), *Y Ferch o'r Scer* (1892; cyfieithiad Saesneg, 1902). Nid oes a wnelo *The Maid of Sker* R. D. Blackmore (1872) ddim â'i hanes.

## FERNDALE, Trychineb Glofa, Y Rhondda

Ar 8 Tachwedd 1867 lladdwyd 178 o ddynion yn y lofa hon, a oedd yn eiddo i David Davis a'i Feibion Cyf., pan fu dau ffrwydrad ar wahân i'w gilydd yn rhanbarthau'r Glo-bach a'r Rhondda. Rhoddwyd y bai ar y rheolwr am ganiatáu i nwy gronni, a thaniwyd hwnnw, mae'n debyg, wrth i rai o'r glowyr agor a thynnu'r gweoedd gwifrog o'u lampau diogel. Ar 10 Mehefin 1869 lladdwyd 53 o ddynion mewn ffrwydrad arall yn y lofa.

## FERWIG, Y, Ceredigion (2,828ha; 1,177 o drigolion)

Lleolir y **gymuned** yn union i'r gogledd o **Aberteifi**, ac mae'n cynnwys pentrefi'r Ferwig, Gwbert a Phen-parc. Mae'r enw yn ffurf Gymraeg ar yr enw Saesneg Berwick, sef graens (*grange*) lle tyfid barlys. Nawddsant eglwys y plwyf yw Pedrog, y cysylltir ei enw â **Chernyw**, ac mae'n enghraifft o'r modd yr ymledai cwlt gwahanol **seintiau** ar hyd môr-lwybrau'r gorllewin. Saif eglwys hyfryd y Mwnt (13g.) uwchlaw bae lle mae **morloi** llwyd yn magu a lle gwelir dolffiniaid trwynbwl o bryd i'w gilydd. Mae Gwbert, gyda'i gwrs **golff** a'i olygfeydd deniadol dros aber afon **Teifi**, yn denu ymwelwyr yn eu lluoedd. Yn y 15g. roedd plasty Tywyn ('Towyn Farm' ar **fapiau**'r Arolwg Ordnans) yn gyrchfan o bwys i feirdd megis **Dafydd Nanmor**. Mae'r gymuned yn cynnwys Ynys Aberteifi (gw. **Ynysoedd**).

## FIFTY-SIX GROUP, The

Grŵp o arlunwyr a ffurfiwyd yn 1956 gan **Eric Malthouse**, **David Tinker**, Arthur Giardelli a Michael Edmonds. Bwriad y grŵp, yr ymddengys eu henw fynychaf fel y '56 Group', oedd ceisio newid cyfeiriad polisi a chynnyrch celfyddydol, gan symud y pwyslais oddi ar yr hyn a oedd, yn eu barn hwy, yn agenda genedlaethol a rhoi cyfeiriad mwy rhyngwladol i gelfyddyd yng Nghymru. Ymunodd arlunwyr eraill

Arthur Giardelli, *Forests of the Night*, 1975

a oedd yn rhannu'r un meddylfryd, y mwyafrif ohonynt, fel hwythau, wedi dod i Gymru'n athrawon. Daethant yn *avant-garde* lled swyddogol, gan arddangos eu gwaith yng Nghymru ac mewn mannau eraill yn Ewrop. Mae newidiadau radical mewn polisi celfyddydol wedi lleihau eu pwysigrwydd erbyn hyn, ac mae eu harddangosfeydd – gan na fu ganddynt erioed athroniaeth gydlynol – yn arwydd o'r gwahaniaethau sy'n bodoli ymysg aelodau'r grŵp.

**FITZ ALAN, Teulu** Arglwyddi yn y Mers

Roedd y teulu pwerus hwn o'r **Mers** yn ddisgynyddion i farchog o **Lydaw**, Alan Fitz Flaad, a ymsefydlodd yn **Swydd Amwythig** ac a oedd hefyd yn un o hynafiaid teulu Stuart yn yr **Alban**. Daeth ei fab, William Fitz Alan, yn arglwydd Croesoswallt yn ystod teyrnasiad Harri I ac wedi hynny daeth Colunwy i'w feddiant trwy briodas. Yn niwedd y 13g. daeth Richard Fitz Alan yn iarll Arundel ac yn y 14g. esgynnodd y teulu i uchelfannau newydd o ran cyfoeth a grym, gydag arglwyddiaeth y **Waun** yn dod i'w meddiant yn 1332 a **Brwmffild ac Iâl** yn 1347. Daeth y llinach wrywaidd uniongyrchol i ben yn 1415. Mae'n debyg i **Owain Glyndŵr** dreulio'i lencyndod yng nghartref teulu Fitz Alan yn y Waun.

**FITZ HAMMO, Robert (m.1107)** Un o arglwyddi'r Mers

Bu teulu Fitz Hammo, concwerwr Normanaidd teyrnas **Morgannwg**, yng ngwasanaeth Gwilym I am gyfnod hir. Bu'n hynod o deyrngar i Gwilym II adeg gwrthryfel Odo o Bayeux yn 1088 ac fe'i gwobrwywyd â thiroedd helaeth yn Tewkesbury a'r cyffiniau. Yn y 1090au symudodd i dde-ddwyrain Cymru, gan oresgyn iseldiroedd Morgannwg. Bu farw'n gynamserol yn 1107. Priododd ei unig blentyn a'i etifeddes, Mabel, â Robert o Gaerloyw, mab anghyfreithlon Harri I (gw. **Caerdydd**).

**FITZ OSBERN, William (m.1071)** Iarll Henffordd, Un o arglwyddi'r Mers

Cafodd Fitz Osbern feddiant ar iarllaeth Henffordd trwy rodd Gwilym I yn 1067; goresgynnodd **Went**, gan adeiladu nifer o gestyll i gadarnhau ei enillion tiriogaethol, yng **Nghasgwent** yn arbennig. Rhoddodd i fwrdeiswyr y **bwrdeistrefi** a sefydlwyd ganddo yr un hawliau â bwrdeiswyr Breteuil, man ei eni yn Normandi. Cododd ei etifedd, Roger, mewn gwrthryfel yn 1075; ar ei farwolaeth, yn ddi-blant ac mewn carchar, daeth ei linach i ben.

**FLEURE, H[erbert] J[ohn] (1877–1969)** Daearyddwr

Roedd Fleure, a aned yn Guernsey, yn raddedig o **Aberystwyth** a Sefydliad Swolegol Zurich, ac ef oedd y daearyddwr academaidd cyntaf i gael ei ethol yn Gymrawd o'r Gymdeithas Frenhinol (1936). Ef hefyd oedd deiliad cyntaf y gadair **ddaearyddiaeth** ac anthropoleg yn Aberystwyth (1918) a'r gadair ddaearyddiaeth ym Manceinion (1930). O ganlyniad i'w astudiaethau cynnar yn y gwyddorau, daeth yn ymwybodol o'r newid cyson a nodweddai amgylchedd ffisegol y ddynoliaeth, ac yn sgil ei waith diweddarach mewn anthropoleg ac **archaeoleg**, datblygodd ddealltwriaeth o esblygiad a threftadaeth ffisegol a chymdeithasol y ddynoliaeth. Fel sylfaenydd anthropometreg, roedd yn adnabyddus am ei waith ar gymarebau seffalig (y berthynas rhwng lled a hyd y pen dynol). Bu'r pwnc hwn dan gwmwl yn ystod cyfnod y Natsïaid ond erys gwaith Fleure yn safonol o hyd.

Yn ystod y 1920au a'r 1930au adran Fleure yn Aberystwyth oedd y fwyaf a'r fwyaf blaengar ym **Mhrydain**. At hynny, gweithiodd yn ddiflino i sicrhau'r gydnabyddiaeth briodol i'w bwnc mewn ysgolion, a bu ei waith gyda Chymdeithas y Daearyddwyr dros gyfnod o 30 mlynedd o fudd mawr i athrawon daearyddiaeth mewn ysgolion a cholegau.

***FO A FE*** Cyfres deledu

Y gyfres deledu hon o'r 1970au, a ysgrifennwyd gan **Rhydderch Jones** a **Gwenlyn Parry**, oedd y gomedi sefyllfa Gymraeg gyntaf. Roedd hi hefyd yn astudiaeth graff o'r newid ym mywyd cymdeithasol a diwylliannol Cymru yng nghyfnod ei darlledu. 'Fo' oedd Ephraim Hughes (Guto Roberts; 1925–99), gogleddwr capelgar, organydd a llwyrymwrthodwr a siaradai Gymraeg y pulpud; a 'Fe' oedd Twm Twm (**Ryan Davies**), bridiwr colomennod a llymeitiwr **cwrw** o'r de a siaradai iaith fwy priddlyd.

**FORD, Trevor (1923–2003)** Pêl-droediwr

Roedd Ford, a aned yn **Abertawe**, yn un o'r sgorwyr goliau gorau yn hanes **pêl-droed** yng Nghymru; sgoriodd 174 gôl mewn 349 o gemau yn y Gynghrair Bêl-droed dros Abertawe, Aston Villa, Sunderland, **Caerdydd** a **Chasnewydd**. Daeth yn flaenwr mwyaf costus **Prydain** pan dalodd Sunderland £30,000 amdano yn 1950. Chwaraeodd hefyd yn yr Iseldiroedd i PSV Eindhoven pan gafodd ei wahardd gan y Gynghrair Bêl-droed ar ôl cyfaddef yn ei hunangofiant, *I Lead the Attack* (1956), iddo dderbyn taliadau anghyfreithlon tra oedd yn Sunderland. Ef oedd gelyn pennaf gôl-geidwaid

William Frame: yr Adeilad Pen Pier, Caerdydd, 1897

y dydd; byddai'n eu hyrddio â'i ysgwydd, dull derbyniol mewn pêl-droed ar y pryd. Roedd hwn hefyd yn ddull a oedd yn nodweddiadol o'r arddull arw a ddaeth â 23 gôl i Ford mewn 38 o gemau dros Gymru, record a rannai ag **Ivor Allchurch** am flynyddoedd lawer. Gorffennodd ei yrfa yn y gynghrair gyda Chasnewydd yn 1960, a mentro i'r busnes modurdai gyda'r diddanwr Stan Stennett.

**FOSTER, Idris [Llewelyn] (1911–84)** Ysgolhaig
Ac yntau'n ŵr anarferol o ddysgedig, mae'n rhyfeddol pa mor brin oedd cyhoeddiadau Idris Foster. Er hynny, rhwng 1947 ac 1978, yn ystod ei gyfnod yn Athro Celteg yng Ngholeg Iesu, **Rhydychen**, ysbrydolodd genhedlaeth o ysgolheigion Cymraeg a Cheltaidd ifainc, ac roedd edmygedd mawr tuag ato yn ei wlad ei hun hefyd oherwydd ei wasanaeth diflino i sefydliadau diwylliannol megis yr **Eisteddfod** Genedlaethol. Brodor o'r Carneddi, **Bethesda**, ydoedd, ac fe'i haddysgwyd ym **Mangor** a Dulyn, ond torrwyd ar draws ei gyfnod yn bennaeth adran Gelteg Prifysgol **Lerpwl** (1936–47) gan y rhyfel, pan fu'n gweithio i wasanaeth cudd-ymchwil y Llynges. Fe'i hurddwyd yn farchog yn 1977.

**FOULKES, [Sydney] Colwyn (1884–1971)** Pensaer
Roedd Colwyn Foulkes, y bu ganddo swyddfa ym **Mae Colwyn**, yn bensaer talentog a weithiai mewn sawl arddull, er ei fod yn tueddu tuag at y clasurol. Cynlluniodd nifer o **dai** neo-Sioraidd yn y gogledd, yn ogystal ag adeiladau masnachol a chyhoeddus (gan gynnwys dau gapel) mewn arddulliau eraill, a rhai stadau tai dymunol. Ond fe'i cofir yn bennaf fel cynllunydd **sinemâu**, yn arbennig y rhai yng **Nghonwy** a'r **Rhyl**.

**FOULKES, Isaac (Llyfrbryf; 1836–1904)** Cyhoeddwr ac awdur
Ganed Isaac Foulkes yn Llanfwrog (**Rhuthun**), a bu'n brentis mewn swyddfa argraffu yn Rhuthun cyn symud i **Lerpwl** yn 1854 i weithio fel argraffydd. Agorodd ei swyddfa ei hun yno yn 1862. Cyhoeddodd lawer o lyfrau Cymraeg rhad a phoblogaidd, lluniodd gofiannau a nofelau, a golygodd weithiau rhai o brif feirdd a llenorion Cymru. Ef oedd sefydlydd *Y Cymro* (1890–1909), newyddiadur wythnosol y bu iddo gylchrediad helaeth.

**FOX, Cyril [Fred] (1882–1967)** Archaeolegydd
Cyril Fox, a addysgwyd yng **Nghaergrawnt**, oedd cyfarwyddwr **Amgueddfa [Genedlaethol] Cymru** o 1926 hyd 1948. Bu â rhan allweddol yn sefydlu Amgueddfa Werin Cymru (gw. **Sain Ffagan**), er mai o'r braidd y byddai curadur cyntaf yr amgueddfa honno, **Iorwerth C. Peate**, yn cytuno; nid oes, yn hanes dysg yng Nghymru, gasineb tebyg i hwnnw a deimlai ef tuag at Fox (gw. Iorwerth C. Peate, *Rhwng Dau Fyd* (1976)). Tri o gyhoeddiadau pwysicaf Fox yw *The Personality of Britain* (1932), ei ddadansoddiad (1946) o'r darganfyddiadau rhyfeddol yn Llyn Cerrig Bach (**Llanfair-yn-neubwll**), ac astudiaeth, ar y cyd â Barwn Raglan, o dai gwledig **Sir Fynwy** (1951–4). Ef oedd y cyntaf i wneud archwiliad llawn, ar seiliau gwyddonol, o **Glawdd Offa**.

**FRAME, William (1848–1906)** Pensaer
Ar ôl hyfforddi gyda **John Prichard** bu Frame yn cynorthwyo **William Burges** i adnewyddu Castell Coch (1874–81) ar gyfer trydydd ardalydd Bute (gw. **Stuart, Teulu**). Wedi

Carcharorion o Wyddelod yn cyrraedd gwersyll Fron-goch yn 1916

marwolaeth Burges bu'n gweithio'n uniongyrchol i drydydd a phedwerydd ardalydd Bute, gan gwblhau'r gwaith o adnewyddu Castell Coch a Chastell Caerdydd, yn ogystal â gwneud gwaith yn yr **Alban** – yn Mountstuart, Canna ac Abaty Falkland. Cynlluniodd yr Adeilad Pen Pier eclectig ond trawiadol yng **Nghaerdydd** (1896) i Gwmni Rheilffordd Caerdydd.

**FRANCIS, Dai (David Francis) (1911–81)** Undebwr llafur

Bu Dai Francis, a fu'n Gomiwnydd ar hyd ei oes, ac yn ysgrifennydd cyffredinol rhanbarth de Cymru o **Undeb Cenedlaethol y Glowyr** (1963–76), yn amlwg iawn yn ystod streiciau llwyddiannus y glowyr yn 1972 ac 1974 (gw. **Streiciau'r Glowyr**). Chwaraeodd ran allweddol yn sefydlu **Cyngres Undebau Llafur Cymru** yn 1974, ac fel ei chadeirydd cyntaf gweithiodd yn ddygn i osod **datganoli** ar yr agenda wleidyddol. Roedd yn lladmerydd effeithiol o blaid cynulliad yn ystod ymgyrch ddiffrwyth 1979, a daeth yn boblogaidd iawn yn sgil ei areithiau dwyieithog dig a doniol a'i gefnogaeth i sefydliadau diwylliannol Cymru. Etholwyd ei fab, Hywel Francis, yn aelod seneddol Llafur dros **Aberafan** yn 2001.

**FRANCIS, J[ohn] O[swald] (1882–1956)**
Dramodydd

Ganed J. O. Francis yn fab i of ym **Merthyr Tudful**. Fe'i haddysgwyd yn **Aberystwyth**, ac yno y cynhyrchwyd ei ddramâu cynnar yn adloniant i'w gydraddedigion yn ystod aduniadau'r coleg. Sicrhaodd ei ddrama enwocaf, *Change* (1913), le iddo yn rheng flaen dramodwyr Cymreig ei ddydd a hynny fel rhan o fudiad **drama** cenedlaethol cyffrous ond byrhoedlog. Mae'r ddrama, a berfformiwyd yn **Llundain** ac Efrog Newydd, wedi'i seilio ar streic gweithwyr y rheilffordd yn **Llanelli** yn 1911 (gw. **Llanelli, Terfysgoedd**) ac yn ymdrin â'r newidiadau crefyddol a gwleidyddol aruthrol a welwyd yn y Gymru ddiwydiannol.

**FREEMAN, Kathleen (Mary Fitt; 1897–1959)**
Nofelydd ac ysgolhaig

Brodor o **Gaerdydd** oedd Kathleen Freeman, a daeth yn ddarlithydd mewn Groeg yng Ngholeg y Brifysgol yno (**Prifysgol Caerdydd** bellach). Yn ogystal ag astudiaethau yn y byd clasurol, cyhoeddodd sawl llyfr yn ymwneud â'r **Ail Ryfel Byd**, megis *What They Said at the Time* (1945) ac, o dan ei ffugenw, dros ugain o nofelau ditectif, gan gynnwys *Death and Mary Dazill* (1941), *Clues to Christabel* (1944), *Pity for Pamela* (1950) a *Love from Elizabeth* (1954).

**FREYSTROP**, Sir Benfro (649ha; 474 o drigolion)

Mae'r **gymuned** hon, i'r de o **Hwlffordd**, yn cyffwrdd glannau un o ystumiau afon Cleddau Wen (gw. **Cleddau**). Cafodd Eglwys Sant Stinan, a godwyd yn y 14g., ei hailadeiladu i raddau helaeth yn 1874. Plasty hardd o'r 18g. yw Clareston. I'r de o bentref Freystrop ceir olion y lein fach a adeiladwyd i gludo glo carreg (gw. **Glo**) o lofa New Hook (gw. **Hook**) i Hook Quay; caeodd y lofa yn 1948.

**FRON-GOCH, Gwersyll Carcharorion**

O fis Mai hyd fis Rhagfyr 1916 carcharwyd 1,800 o **Wyddelod** yn Fron-goch (**Llandderfel**) ger y **Bala**, yn dilyn Gwrthryfel y Pasg y flwyddyn honno. Defnyddiwyd y gwersyll, ar safle distyllfa **wisgi** a oedd wedi mynd i'r wal (gw. **Price, Teulu (Rhiwlas)**), oherwydd ei leoliad anghysbell, a symudwyd carcharorion rhyfel Almaenig oddi yno i wneud lle i'r Gwyddelod. Enillodd Fron-goch yr enw 'Prifysgol y Chwyldro', a daeth yn symbol o gyfnod y chwyldro yn hanes **Iwerddon**. Y carcharor enwocaf a fu yno oedd Michael Collins, a ddaeth yn bencadfridog byddin Talaith Rydd Iwerddon; bu eraill o'r carcharorion yn dal swyddi mewn sawl llywodraeth Wyddelig.

**FROST, John (1784–1877)** Siartydd

Ganed John Frost yn Nhafarn y Royal Oak, **Casnewydd**, ac roedd yn ymgyrchydd radicalaidd grymus. Fe'i carcharwyd am enllib yn 1823, ond erbyn 1835 roedd yn gynghorydd tref, a daeth yn ynad ac yn faer Casnewydd. Gwrthwynebai'r Chwigiaid a'r Toriaid fel ei gilydd (gw. **Plaid Chwigaidd** a **Plaid Doriaidd**), ac roedd yn arbennig o feirniadol o deulu **Morgan, Tredegyr**. Fe'i hetholwyd yn gynrychiolydd ar gyfer cynhadledd y Siartwyr yn **Llundain** ym Mawrth 1839 ac yn Nhachwedd yr un flwyddyn roedd yn un o arweinwyr ymosodiad y Siartwyr ar Gasnewydd (gw. **Siartiaeth** a **Casnewydd, Gwrthryfel**). Fe'i condemniwyd i farwolaeth am frad yn 1840, ond cafodd ei alltudio yn hytrach. Bu'n garcharor yn Van Diemens Land o 1840 hyd 1854; cafodd bardwn yn 1856 a bu farw ym Mryste.

John Frost

**FROST, William (1848–1935)** Awyrennwr

Honnwyd mai saer coed o **Saundersfoot** ac nid y brodyr Wright o America, a fu'n gyfrifol am gynllunio a hedfan eu hawyren yn 1903, sy'n haeddu'r clod am yr hediad cyntaf yn y byd o dan reolaeth dyn.

Yn Hydref 1894 llwyddodd William Frost i batentu yr hyn a ddisgrifiwyd ganddo fel 'flying machine . . . propelled into the air by two reversible fans [a gâi eu crancio â llaw] revolving horizontally'. Mae'n ymddangos bod yr awyren, a oedd yn rhyw fath o gyfuniad o gleider ac awyrlong, yn cael ei chodi o'r ddaear gyda chymorth 'codau' hydrogen a'r ffaniau hyn; byddai'n gleidio yn ei blaen hyd nes y byddai angen hwb ychwanegol arni i'w chodi'n uwch. Wedi i Frost wario ei gynilion ar adeiladu'r awyren fe'i hedfanodd, yn ôl y sôn, dros gae yn 1896. Trawodd yr isffram frig coeden ac mae'n ymddangos i'r awyren wedyn gael ei gadael yn yr awyr agored a'i dinistrio mewn storm dros nos. Gwaetha'r modd, nid oedd unrhyw dystiolaeth ffotograffig o'r hediad, a gwrthododd y **llywodraeth** roi unrhyw arian i Frost ail-adeiladu ei beiriant.

Pa un a lwyddodd Frost i hedfan ai peidio, byw mewn dinodedd fu ei dynged o hynny allan. Ymhlith y rhai sy'n amharod i gredu'r hanes ceir amheuon a fyddai nerth bôn braich wedi bod yn ddigonol i yrru awyren o'r fath. Ond myn eraill fod cynsail cynharach i fenter Frost; honnir i'r Ffrancwr Dupuy de Lome adeiladu awyrlong yn 1872 ac iddo lwyddo, gyda chymorth wyth o ddynion, i gyrraedd cyflymder o 10km yr awr.

# Ff

Ff

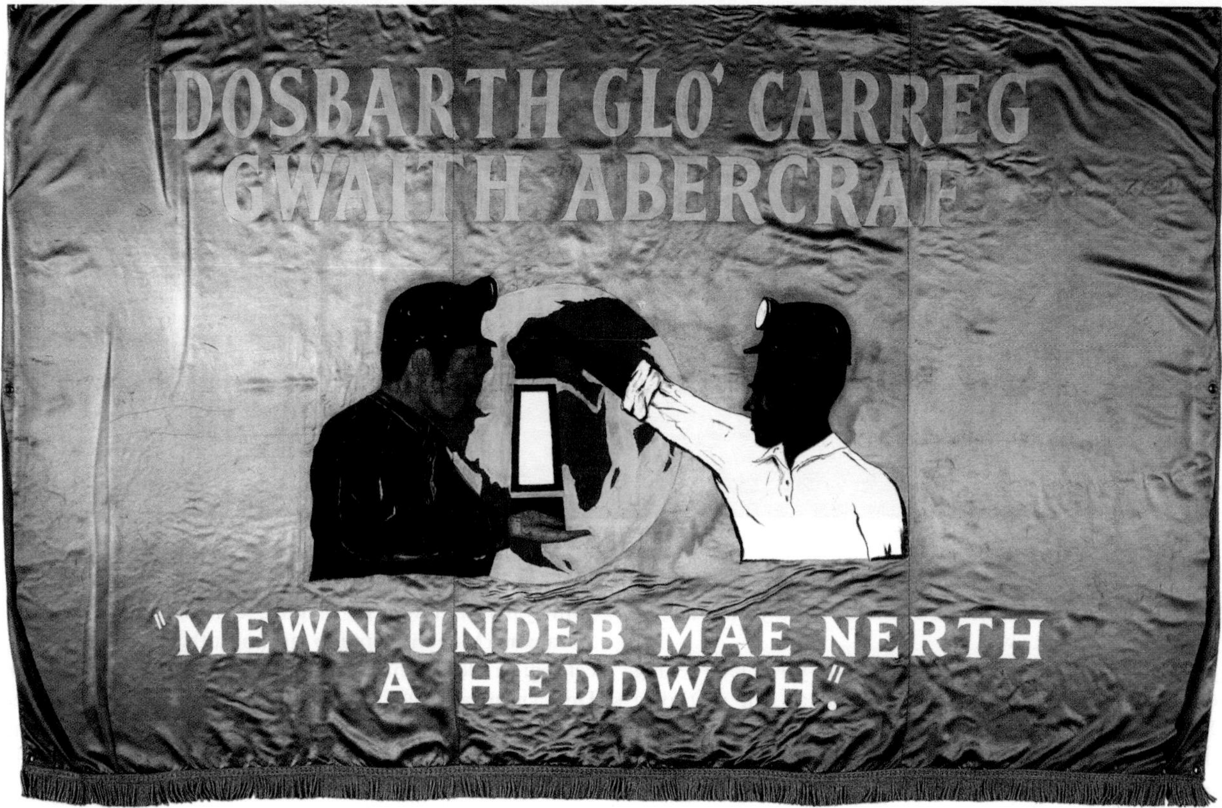


Ffederasiwn Glowyr De Cymru: baner cyfrinfa Aber-craf

## FFAGOTS

Pryd tymhorol a gâi ei baratoi yn yr ardaloedd amaethyddol wedi diwrnod lladd mochyn trwy gyfuno iau wedi'i falu a saim mochyn gyda briwsion bara, saets, pupur a halen. Ffurfid ffagotsen trwy lapio llond llwy fwrdd o'r gymysgedd mewn darn o rwyd mochyn. Rhoddid y ffagots mewn tun mawr a'u rhostio mewn ffwrn weddol boeth. Yn draddodiadol, caent eu bwyta'n oer gyda bara menyn neu'n boeth gyda phys a grefi.

## FFATRÏOEDD ARFAU'R GORON

Fel rhan o ymgyrch ailarfogi'r **llywodraeth** yn niwedd y 1930au, sefydlwyd wyth ffatri arfau yng Nghymru cyn ac yn ystod yr **Ail Ryfel Byd**. Codwyd saith ffatri newydd – ym **Mhen-y-bont ar Ogwr**, **Hirwaun**, Llanisien (**Caerdydd**), Glasgoed (**Llanbadog**), **Casnewydd**, **Marchwiail** a Rhyd-y-mwyn (**Cilcain**) – a lleolwyd y ffatri arall ym **Mhen-bre** ar safle hen waith cwmni Nobel. Roedd ffatrïoedd peirianyddol Casnewydd a Llanisien yn arbenigo ar wneud gynnau, rhai Pen-y-bont ar Ogwr a Glasgoed yn llenwi sieliau â ffrwydron ac un Pen-bre yn canolbwyntio ar gynhyrchu TNT. Yn ystod y rhyfel cyflogai'r ffatrïoedd hyn nifer fawr o **fenywod**. Yn ffatri Pen-y-bont, y fwyaf o'i bath ym **Mhrydain** fe haerir, cyflogid tua 35,000 o weithwyr yn y cyfnod prysuraf, dros 70% ohonynt yn fenywod. Ar ôl y rhyfel addaswyd nifer o'r ffatrïoedd yn stadau masnach.

## FFEDERASIWN GLOWYR DE CYMRU

Ffurfiwyd y *Fed*, fel yr oedd ei aelodau yn ddieithriad yn ei alw, yn 1898 yn union ar ôl y cau allan trychinebus pan fethodd y glowyr â diddymu'r raddfa lithrig a oedd yn pennu eu cyflogau (gw. **Streiciau'r Glowyr**). Blodeuodd **undebaeth lafur**, a ddaeth yn araf i faes **glo**'r de, yn sgil sefydlu'r mudiad newydd. Ymgysylltodd yr undeb â **Ffederasiwn Glowyr Prydain Fawr** yn 1899 ac â'r **Blaid Lafur** yn 1908.

Ar y dechrau câi'r *Fed* ei arwain gan bobl fel yr aelod seneddol *Lib-Lab* **William Abraham** (Mabon), ond yn fuan iawn daeth arweinwyr iau a mwy milwriaethus yn eu lle; erbyn adeg yr ymgyrch o blaid isafswm cyflog yn 1912 roedd hi'n amlwg mai de Cymru oedd yn gosod yr agenda ar gyfer glowyr ledled **Prydain**. Roedd y cyfnod 1920–6 yn drobwynt allweddol yn hanes y *Fed*, wrth i chwalfa'r fasnach lo a streiciau a gwrthdystiadau aflwyddiannus orfodi'r undeb i

Blaenau Ffestiniog

roi heibio gofynion radical a chanolbwyntio yn hytrach ar warchod safonau byw.

Adeg **dirwasgiad** y 1930au yr enillodd y *Fed* le arbennig o gynnes yng nghalonnau ei aelodau ac ym mytholeg Llafur yng Nghymru yn gyffredinol. Yn aml bu'n rhaid i'r undeb frwydro i gynnal ei aelodaeth, ond daeth yr argyfwng mwyaf yn gynnar yn y 1930au, pan na allai hawlio teyrngarwch cymaint â hanner y glowyr a gyflogid. Efallai mai awr fawr y *Fed* oedd pan frwydrodd yn ôl o dan lywyddiaeth **James Griffiths** (1934–6) ac **Arthur Horner** (1936–46). Defnyddiwyd y dacteg o streiciau 'aros-i-lawr' er mwyn ymladd yn erbyn **undebaeth cwmnïau** a diffyg undebaeth, a chafodd y *Fed* ei hun ei ddiwygio'n drylwyr trwy fabwysiadu cyfansoddiad democrataidd newydd a sefydlodd weithgor o blith yr aelodau cyffredin a threfn weithredu fwy canoledig. Gwnaeth y *Fed* waith di-ildio ar faterion iawndal, ac ymhlith rhagoriaethau ei drefn arweinyddol yr oedd bod swyddogion yn cael eu parchu ar sail eu gallu yn hytrach na'u haelodaeth o'r **Blaid Gomiwnyddol** neu'r Blaid Lafur. Roedd ganddo hefyd drefniant unigryw a ganiatâi i lowyr di-waith chwarae rhan yng ngweithgareddau'r undeb. Yn 1945, pan ddaeth y *Fed* yn Adran De Cymru o **Undeb Cenedlaethol y Glowyr**, roedd yr aelodau'n barod i chwarae rhan allweddol a dylanwadol yn y drefn ddiwydiannol newydd ar ôl yr **Ail Ryfel Byd**.

## FFEDERASIWN GLOWYR PRYDAIN FAWR

Sefydlwyd y Ffederasiwn yng **Nghasnewydd** yn 1889, gyda'r nod o sefydlu diwrnod gwaith wyth awr a chael gwared â'r raddfa lithrig, a oedd yn rheoli cyflogau. Ymunodd glowyr gogledd Cymru â'r undeb newydd, fel y gwnaeth tua 6,000 o lowyr **Sir Fynwy** dan arweiniad **William Brace**. Ni wnaeth y mwyafrif o lowyr de Cymru, dan arweiniad **William Abraham** (Mabon), ymuno ar unwaith, gan eu bod yn cefnogi'r raddfa lithrig. Ar ôl sefydlu **Ffederasiwn Glowyr De Cymru** yn 1898, agorwyd y drws i Mabon arwain ei ddilynwyr i fod yn aelodau o'r ffederasiwn Prydeinig, ac yn fuan iawn roeddynt yn rheoli'r undeb. Yn 1945 addrefnwyd y ffederasiwn yn **Undeb Cenedlaethol y Glowyr**.

## FFERMWYR IFANC, Clybiau

Ysbrydoliaeth yr Arglwydd Northcliffe a roddodd fod i'r mudiad ieuenctid hwn yn nechrau'r 1920au. Roedd ef am greu ym **Mhrydain** fudiad ieuenctid gwledig i'w gymharu â'r clybiau '4H' yng **Ngogledd America**. Cafwyd cymorth ariannol gan y Weinyddiaeth Amaeth ac Ymddiriedolaeth Carnegie a fu'n fodd i ffurfio Ffederasiwn Cenedlaethol Prydeinig, a ddaeth yn gorff annibynnol yn 1932.

Buan yr ehangodd y rhwydwaith o glybiau, a gynigiai gyfleoedd cymdeithasol i bobl ifainc rhwng 10 a 20 oed yn yr ardaloedd gwledig. Erbyn diwedd yr **Ail Ryfel Byd** roedd tua 200 o glybiau unigol a thros 10,000 o aelodau yng Nghymru. Yn 1945 penderfynwyd rhoi statws cyfartal i'r **Gymraeg** a'r **Saesneg** ym materion y Ffederasiwn. Codwyd y terfyn oedran uchaf i aelodau i 26, ac oddi ar hynny datblygwyd amrywiaeth eang o weithgareddau. Erbyn hyn, yn ogystal â meithrin medrau gwledig ymarferol, o feirniadu da byw i blygu gwrych (gw. **Gwrychoedd**), cynhelir eisteddfodau (gw. **Eisteddfod**), ynghyd â gweithgareddau **drama** amatur, siarad cyhoeddus, coginio a gwneud dillad. Ymhlith yr aelodaeth bresennol o 6,000 ceir pobl ifainc o bob cefndir, nid ffermwyr yn unig. Anogir codi arian i elusennau a threfnir ymweliadau cyfnewid â gwledydd tramor.

## FFESTINIOG, Gwynedd (5,699ha; 4,830 o drigolion)

Mae'r **gymuned** hon, sy'n cynnwys rhan fwyaf gogleddol cyn-ddosbarth **Meirionnydd**, yn cynnwys tref Blaenau Ffestiniog, ei phrif faestrefi – Bethania a Thanygrisiau – a phentref Ffestiniog neu Lanffestiniog. Ar ddiwedd y 18g., roedd yr ardal yn gwbl wledig, ond o fewn canrif roedd wedi dod yn un o ganolfannau cynhyrchu **llechi** pwysicaf y byd. Dechreuwyd ar y gwaith o gynhyrchu llechi yn 1765 yn Chwarel Diffwys, ond wrth i'r 19g. fynd rhagddi gweithiwyd yn bennaf mewn ceudyllau enfawr. Yn wahanol felly i ardaloedd llechi **Sir Gaernarfon** gyda'u chwareli ar yr wyneb, o dan y ddaear y cloddiwyd am lechi yn ardal Ffestiniog. Eto yn wahanol i Sir Gaernarfon, lle'r oedd y prif fentrwyr yn dirfeddianwyr lleol, roedd Ffestiniog yn dibynnu'n drwm ar fuddsoddiadau gan wŷr busnes o **Loegr** fel William Turner, Samuel Holland a W. E. Oakeley (gw. **Oakeley, Teulu**). Roedd agor y rheilffordd gul o Flaenau Ffestiniog i borthladd **Porthmadog** yn 1836 yn allweddol i lwyddiant y diwydiant. Caewyd y rheilffordd yn 1946, ond dechreuwyd ar y dasg o'i hailagor yn 1954 fel atyniad i dwristiaid. Cynyddodd **poblogaeth** plwyf Ffestiniog o 732 yn 1801 i 11,274 yn 1881, a chynyddodd y llechi a gynhyrchid o 45,000 tunnell fetrig yn 1851 i dros 150,000 tunnell fetrig yn 1881. Roedd Ffestiniog yn gymuned gwbl Gymraeg a Chymreig o ran iaith a diwylliant pan oedd y diwydiant yn ei anterth, ac erbyn diwedd y 19g. roedd yno 25 o gapeli.

Daeth y diwydiant llechi i'w benllanw cyn diwedd y 19g., ac yn yr 20g. gwelwyd dirywiad diwrthdro. Yn ystod yr **Ail Ryfel Byd** cuddiwyd llawer o beintiadau'r Oriel Genedlaethol, **Llundain**, ym Manod. Mae rhai o'r cloddfeydd llechi wedi datblygu'n atyniadau i dwristiaid, er bod dwy ohonynt – Gloddfa Ganol a Llechwedd – yn dal i gynhyrchu llechi ar raddfa fechan iawn. Mae cronfa Cwm Stwlan (1963) yn cyflenwi gorsaf drydan pŵer dŵr Ffestiniog (gw. **Cronfeydd Dŵr** ac **Ynni**). Er bod creithiau diwydiant i'w gweld ym mhobman, ac er gwaethaf diweithdra uchel yr ardal, mae yno lawer i'w gynnig i gerddwyr, mynyddwyr a physgotwyr. I lawer, lle sy'n gyfystyr â glaw yw Blaenau Ffestiniog, a hi, yn wir, yw'r ardal drefol wlypaf yng Nghymru (gw. **Hinsawdd**), ond mae'n nodweddiadol o herfeiddiwch y trigolion mai testun dathlu yw hynny yng nghân Anweledig, grŵp canu pop o'r Blaenau. Roedd **John Cowper Powys**, a fu'n byw yno o 1955 tan ei farwolaeth yn 1963, wedi'i swyno gan y lle.

## FFIDIL

Ceir tystiolaeth am ganu'r ffidil yng Nghymru cyn gynhared â'r 17g., a daeth yn un o'r offerynnau ehangaf ei ddefnydd yn y traddodiad gwerin, yn arbennig ar ôl tranc y **crwth** *c.*1800. Tystia nifer o lyfrau alawon gan ffidlwyr i gryfder y traddodiad: dwy ffynhonnell arwyddocaol yw llawysgrifau John Thomas o **Bowys** a Morris Edwards o **Fôn**, sydd rhyngddynt yn cynnwys dros 600 o eitemau cerddorol. Defnyddid y ffidil yn helaeth i gyfeilio i **ddawnsio** ac i ganu, yn arbennig yn anterliwtiau'r 18g. (gw. **Anterliwt**); bellach mae diddordeb cynyddol mewn perfformio alawon ffidil traddodiadol.

## FFILM

Mae traddodiad hir o wneud ffilmiau yng Nghymru yn ymestyn yn ôl i 1890au. Roedd y ffilm gyntaf i gael ei saethu yng Nghymru, yn 1896, yn cofnodi ymweliad brenhinol â **Chaerdydd**; fe'i gwnaed gan yr Americanwr Birt Acres. Ond yn 1898 y cychwynnwyd cynhyrchu ffilmiau yng Nghymru, pan aeth **Arthur Cheetham**, a weithiai yn y **Rhyl**, ati i wneud ffilmiau ledled y gogledd a'r canolbarth. Y gwneuthurwr ffilm cyntaf o bwys o Gymru oedd y difyrrwr teithiol **William Haggar**, a wnaeth dros 30 o ffilmiau storïol rhwng 1901 ac 1908, y cylchredwyd llawer ohonynt (trwy gwmnïau Gaumont ac Urban yn bennaf) ar hyd a lled y byd (gw. ***A Desperate Poaching Affray***).

Pobl o'r tu allan a wnaeth y ffilmiau Cymreig eraill sy'n dal ar glawr o'r cyfnod cyn y **Rhyfel Byd Cyntaf**. Y ddwy fwyaf nodedig o'u plith yw ffilm Cwmni Charles Urban, *Wales, England: Land of Castles and Waterfalls* (1907), a ffilm 'taith trên arswyd' cwmni British Biograph, *Conway Castle* (1898), y mae fersiwn ohoni wedi'i liwio â llaw wedi goroesi, ac sy'n cynnwys golygfeydd panoramig trawiadol. Y ffilm o gêm **bêl-droed** Cymru yn erbyn **Iwerddon** yn **Wrecsam**, a wnaed gan gwmni Mitchell and Kenyon, Blackburn, yw'r hynaf sydd wedi'i chadw o gêm bêl-droed ryngwladol, a ffilm Arthur Cheetham, *Blackburn Rovers v West Bromwich Albion* (1898), yw'r gynharaf yn y byd o unrhyw gêm bêl-droed.

Prin yw'r ymdeimlad a geir o fywyd diwydiannol Cymru ddechrau'r 20g. o edrych ar y delweddau sydd wedi goroesi o gyfnod y ffilmiau mud, ond o 1912 ymlaen roedd cefn gwlad Cymru yn denu nifer o gwmnïau ffilm megis Edison a British and Colonial. Yn 1913, er enghraifft, cynhyrchodd Charles Brabin y ffilm *The Foreman's Treachery* yn y gogledd a'r canolbarth. Yn 1920 yn unig, lleolwyd naw ffilm yng Nghymru, ond mae'r cyfan bellach ar goll. Yr enwocaf o'r holl ffilmiau mud coll hyn yw *A Welsh Singer* (1915), un o dair ffilm a addaswyd o nofelau gan Allen Raine (**Anne Adaliza Puddicombe**), gyda Florence Turner, a fuasai'n brif actores Cwmni Vitagraph, yn y brif ran.

Yn y 1930au cynhyrchodd cwmni Strand, **Llundain**, ddwy raglen ddogfen *agit-prop* bryfoclyd, sef *Today We Live* (1937), a gyfarwyddwyd gan y Comiwnydd Ralph Bond, ac a leolwyd ymhlith glowyr di-waith yn y Pentre, Cwm **Rhondda**, ac *Eastern Valley* (1937) o waith Donald Alexander a ffilmiwyd yn yr hen **Sir Fynwy**. Gwnaed y ffilm lafar gyntaf yn **Gymraeg**, sef ***Y Chwarelwr***, gan Syr **Ifan ab Owen Edwards** yn 1935.

Yn oes y ffilmiau llafar cynnar nid oedd y ffilmiau prif ffrwd Prydeinig yn cynnig fawr ddim amgenach na dihangfa. Fodd bynnnag, roedd ***The Citadel*** (1938), a seiliwyd ar nofel A. J. Cronin ac sydd wedi'i lleoli'n rhannol mewn cymuned lofaol yn y de, yn mentro mynd i'r afael â phwnc cymdeithasol, sef problemau ym myd **iechyd** cyhoeddus. Ni lwyddodd y ffilm, a wnaed gan King Vidor ar gyfer MGM, i wneud cyfiawnder â neges wleidyddol y nofel, a bu glastwreiddio tebyg ar y cynnwys yn hanes ffilmiau eraill a leolwyd yng Nghymru ond a gynhyrchwyd gan gwmnïau Prydeinig neu Americanaidd mawr, megis ***The Proud Valley*** (1940) a ***How Green Was My Valley*** (1940). Enillodd yr olaf, ffilm hardd gan John Ford, bum Oscar, ond adlewyrchu hoffter y cyfarwyddwr o fytholeg a wnâi yn hytrach na phortreadu'n gredadwy unrhyw fywyd diwydiannol Cymreig. Ar y llaw arall roedd ffilm Jill Craigie, ***Blue Scar*** (1949), yn codi cwestiynau difrifol a radical ynglŷn â gwladoli'r diwydiant **glo**, ond cafodd ei noddi'n

Sinematograff cynnar ym Mhwllheli

rhannol gan y **Bwrdd Glo Cenedlaethol**, a gwthiwyd stori garu chwithig i mewn iddi er mwyn sicrhau y byddai'n gwerthu.

Erbyn y cyfnod ar ôl yr **Ail Ryfel Byd** diflannodd sylwadaeth gymdeithasol a gwleidyddol bron yn llwyr o ffilmiau a oedd wedi'u lleoli yng Nghymru. O'r 1950au hyd ddechrau'r 1970au nid oedd ond dyrnaid o ffilmiau gwerth sôn amdanynt; yn eu plith y mae ***Tiger Bay*** (1959) ac ***Only Two Can Play*** (1962). Fodd bynnag, mae gormod o wneuthurwyr ffilmiau, yn arbennig o'r cyfnod rhwng y 1960au a dechrau'r 1990au cynnar, wedi dioddef oherwydd diffyg arian, prinder cynhyrchwyr dawnus ac absenoldeb rhwydwaith cynhyrchu brodorol. Yn rhy aml, mae delweddau'r sgrîn fawr o'r genedl wedi adlewyrchu rhagfarnau a rhagdybiaethau gwneuthurwyr ffilmiau o'r tu allan a fodlonodd ar ystrydebau.

Mwy addawol oedd y gwaith a gynhyrchwyd gan Karl Francis o ganol y 1970au ymlaen. Aeth ef ati i groniclo bywyd cyfoes yng nghymoedd y de mewn nifer o ffilmiau grymus a dadleuol ar brydiau, gan gynnwys ***Above Us The Earth*** (1976), *Giro City* (1982), *Ms Rhymney Valley* (1985) a ***Milwr Bychan*** (*Boy Soldier*; 1986). Erbyn diwedd y 1970au roedd gweithdai ffilm yn blodeuo; aeth Chris Monger a Steve Gough, a fu'n mynychu gweithdai yng Nghanolfan Gelfyddydau Chapter, Caerdydd, yn eu blaenau i wneud ffilmiau cofiadwy.

Bu lansio **S4C** yn 1982 yn help i ddatblygu'r eginddiwydiant ffilm. Prin o bersbectif aeddfed ac o unrhyw arwyddocâd cyfoes oedd y rhan fwyaf o'i dramâu hir cyntaf, ond erbyn 1986 roedd y sianel fel petai wedi ailystyried ei chyfrifoldeb i feithrin talent newydd yn y maes. Y flwyddyn honno gwelwyd *Milwr Bychan* a ***Rhosyn a Rhith*** (*Coming up Roses*), comedi Stephen Bayly, yn torri tir newydd fel y ffilmiau Cymraeg cyntaf i'w rhyddhau mewn sinema yn y West End yn Llundain, a hynny gydag is-deitlau. Arweiniodd sefydlu'r sianel at gynhyrchu ffilmiau yn y Gymraeg, ychwanegiad at y dyrnaid a wnaed yn y 1970au gan y Bwrdd Ffilmiau Cymraeg, ac at ymddangosiad gwneuthurwyr ffilmiau dawnus, yn arbennig Endaf Emlyn, Marc Evans a Stephen Bayly. Yn 1995 cyhoeddodd S4C bolisi newydd, gan ganiatáu bob blwyddyn i un neu ddwy ffilm hir gael eu dangos mewn **sinemâu** cyn eu **darlledu** ar y teledu. Ond mae gwneuthurwyr ffilmiau yn ei chael yn anodd denu prynwyr mewn marchnad gystadleuol; mae hyd yn oed y ffilmiau Cymraeg gorau yn methu â chanfod cynulleidfaoedd gan mor gyndyn yw dosbarthwyr ac asiantiaid yn Llundain i drafod ffilmiau Cymraeg.

*Hedd Wyn* (1992) oedd y ffilm Gymraeg gyntaf i gael ei henwebu ar gyfer Oscar y Ffilm Orau mewn Iaith Estron (yn 1994), ac enillodd wobr Drama Orau y Gymdeithas Deledu Frenhinol, ond ni lwyddwyd i gael dosbarthydd Prydeinig iddi (gw. **Ellis Humphrey Evans**). Yn 1991 niferoedd cyfyngedig yn unig a gafodd weld ffilm Endaf Emlyn, *Un Nos Ola Leuad* (*One Full Moon*; 1991), addasiad o nofel **Caradog Prichard** ac un o'r ffilmiau Cymraeg gorau erioed; a dyna hefyd fu ffawd *Gadael Lenin* (*Leaving Lenin*) gan yr un cyfarwyddwr, er iddi gael ei dewis fel y ffilm Brydeinig fwyaf poblogaidd gan gynulleidfaoedd Gŵyl Ffilmiau Llundain yn 1993.

Cafwyd ffilmiau da yn yr iaith **Saesneg** fel ***House of America*** (1996) a *Human Traffic* (1999), y gellir eu cymharu gyda'r ffilmiau realiti cymdeithasol grymus a wnaed gan

Rhys Ifans a Llŷr Ifans yn *Twin Town*, 1998

Karl Francis. Yn ystod yr 20 mlynedd diwethaf mae ffilmiau Cymreig wedi adlewyrchu bywyd yng Nghymru yn fwy cywir a sensitif na'r rhan fwyaf o ffilmiau a leolwyd yn y wlad cyn hynny ac a oedd, fel arfer, yn gynnyrch stiwdios Prydeinig neu unedau o gwmnïau cynhyrchu Hollywood. Eto i gyd, ni fu sylw eang i ffilmiau fel *House of America*. Bu cyfarwyddwr y ffilm honno, Marc Evans, yn llwyddiannus wrth addasu drama lwyfan wreiddiol Ed Thomas ar gyfer y sgrîn, ond cafodd y ffilm ei dosbarthu'n druenus o wael. Cafodd comedi wynebgaled Kevin Allen, *Twin Town* (1998), a ddychanai'r hen draddodiadau diwylliannol Cymreig, gynulleidfa frwd ym **Mhrydain** ond ni wnaeth cystal â ffilm Justin Kerrigan, *Human Traffic*, comedi arddulliedig wedi'i lleoli yng Nghaerdydd ac yn ymwneud â pharanoia'r ifanc, y byd cyffuriau a diwylliant y clybiau.

Er gwaethaf sawl cnoc a chyllidebau isel ar y cyfan, mae safonau ffilmiau Cymreig wedi codi er canol y 1980au. Yn 2000 *Solomon a Gaenor*, ffilm Paul Morrison, oedd yr ail ffilm Gymraeg i gael ei henwebu am Oscar y Ffilm Orau mewn Iaith Estron. Rhwng 1997 a 2006 bu Sgrîn, Asiantaeth Cyfryngau Cymru, yn annog talent newydd trwy gynnig cyfleoedd i wneud ffilmiau byrion, a derbyniodd mentrau newydd nawdd gan y loteri. Mae gwneuthurwyr ffilmiau hefyd wedi chwilio ymhellach am arian ar gyfer cynyrchiadau uchelgeisiol ar y cyd; er enghraifft, cafodd *House of America* chwech o noddwyr gan gynnwys British Screen a Dutch Screen. Denodd dwy ffilm nodedig arall nawdd uniongyrchol gan gwmnïau rhyngwladol: cafodd *Twin Town* gefnogaeth Polygram a noddodd Miramax ffilm Chris Monger, *The Englishman Who Went Up a Hill But Came Down a Mountain* (1995).

Y datblygiad mwyaf calonogol o'r cyfan fu'r llwyddiant ym maes animeiddio, gyda chartwnau byw o Gymru yn cael eu dangos mewn gwyliau ar hyd a lled y byd. Cyn dyfodiad S4C nid oedd Cymru wedi cynhyrchu prin ddim gwaith animeiddio ers i'r taflunwyr o Gaerdydd, Sid Griffiths a Bert Bilby, greu eu ci drygionus, Jerry the Tyke, ar gyfer cylchgronau newyddion sinema Pathé yn y 1920au. Ond aeth Chris Grace, pennaeth animeiddio S4C, ati i adeiladu ar lwyddiant *Superted*, cyfres deledu i blant a baratowyd gan Siriol, cwmni o Gaerdydd, ac a werthwyd i Disney Channel. Yn 1992 aeth Siriol, ar newydd wedd, ati i wneud y ffilmiau animeiddiedig hir cyntaf yng Nghymru – addasiad o *Under Milk Wood* **Dylan Thomas** a'r *Dywysoges a'r Ellyll*, cynhyrchiad ar y cyd â Hwngari. Ymhlith y nifer o unigolion dawnus a ddenwyd i Gymru gan y cyfleoedd newydd a gynigiai S4C yr oedd Joanna Quinn, a enillodd dair gwobr ym mhrif ŵyl animeiddio'r byd yn Annecy yn 1987, gyda *Girls' Night Out*. Aeth ymlaen i ennill llu o wobrau rhyngwladol am gomedïau hy yn delio gydag agweddau rhywiaethol ac imperialaidd. Yn 1999 cafodd ei henwebu am Oscar am y cynhyrchiad *Yr Enwog Ffred* (*Famous Fred*; cyd-gynhyrchiad S4C a Channel Four) ac roedd ei chyfraniad yn allweddol eto pan gafodd S4C enwebiad arall yn 2000 am *Chwedlau Caergaint* (*Canterbury Tales*; cyd-gynhyrchiad S4C, HBO (Home Box Office) a BBC Wales).

Ar ôl annog cwmnïau annibynnol yn y dyddiau cynnar, ac yna gorfod cwtogi ar y gwariant, aeth S4C ati drachefn i ehangu ei gweithgareddau ym myd animeiddio, gan fuddsoddi mewn cyd-gynyrchiadau ar gyfer y farchnad fyd-eang a marchnadoedd arbenigol megis ysgolion. Ymhlith y

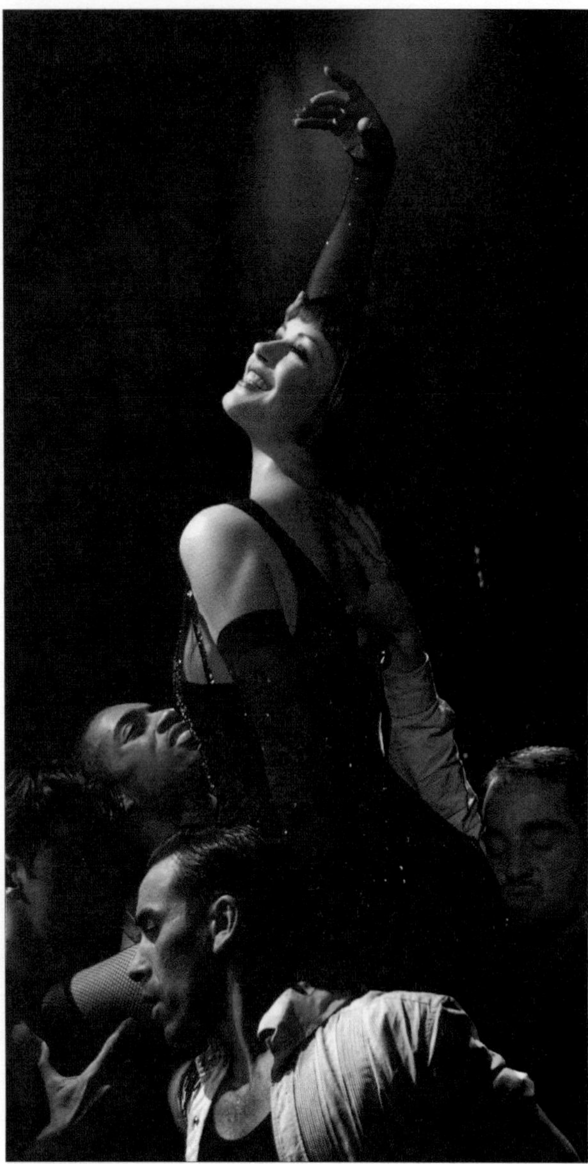

Catherine Zeta Jones yn *Chicago*, 2003

cynyrchiadau gorau y mae'r addasiadau o ddramâu Shakespeare, straeon o'r **Beibl** ac operâu (*Operavox*). Roedd *Gŵr y Gwyrthiau* (*The Miracle Maker*), ffilm wedi'i hanimeiddio a wnaed yn 1999 gan Cartŵn Cymru, Caerdydd, a Christmas Films, Moscow, yn sgil-gynnyrch i gyfres S4C o straeon o'r Beibl, *Testament*. Ymhlith y doniau addawol eraill yr oedd Aaargh Animation (gyda'r gyfres deledu *Gogs*), a'r awdures a'r actores Tracy Spottiswoode, yr enillodd ei ffilm ffraeth a deallus, *Code Name Corgi*, y brif wobr yng Ngŵyl Animeiddio Ryngwladol Bradford yn 2000.

Mae gan Gymru draddodiad clodwiw o wneud ffilmiau dogfen, traddodiad a ddechreuodd ar ôl yr Ail Ryfel Byd gyda gwaith y newyddiadurwr **John Roberts Williams** a'r dyn camera **Geoff Charles**, yn arbennig ***Yr Etifeddiaeth*** (*The Heritage*; 1949). Gwnaeth Paul Dickson o Gaerdydd ddwy ffilm drawiadol, *The Undefeated* (1950) a ***David*** (1951), ar gyfer Gŵyl Prydain. Dau arall a wnaeth gyfraniad pwysig yn y maes oedd y bardd **John Ormond** a **Jack Howells**, cyfarwyddwr y rhaglen ddogfen *Dylan Thomas* a enillodd Oscar yn 1962. Gan gydweithio â'r hanesydd **Gwyn A. Williams**, cynhyrchodd Colin Thomas yntau ddramâu dogfen gwych yn ystod y 1980au a'r 1990au ar ran cwmni Teliesyn o Gaerdydd. Cafwyd ffilmiau dogfen ffyrnig o bleidiol a gwleidyddol bryfoclyd dros gyfnod o 30 mlynedd gan yr actor o **Ddinbych-y-pysgod**, **Kenneth Griffith**, yn eu plith rai sy'n ymosod ar imperialaeth Brydeinig, fel *Hang Up Your Brightest Colours* (portread o'r gweriniaethwr Gwyddelig Michael Collins, a ffilm a fu dan waharddiad am yn hir; 1973), *Curious Journey* (1977) a *Black As Hell, Thick as Grass* (1979).

Mae actorion o Gymry wedi gwneud argraff ar y sgrîn fawr byth ers i **Ivor Novello**, **Gareth Hughes** a **Lyn Harding** ddod yn wynebau cyfarwydd yn y sinema fud. Y cyfnod mwyaf llewyrchus oedd canol yr 20g. pan ddaeth **Richard Burton**, **Rachel Roberts** a **Stanley Baker** â dogn o realaeth yr oedd ei fawr angen i ffilmiau Prydeinig. Yn 1945 **Ray Milland** oedd y Cymro cyntaf i ennill Oscar yr Actor Gorau, a hynny am ei ran fel Billy Wilder yn *The Lost Weekend*. Oddi ar hynny, yr actor Cymreig mwyaf nodedig a welwyd ar y sgrîn yw Anthony Hopkins, a enillodd Oscar am ei bortread o'r llofrudd canibalaidd Hannibal Lecter yn ffilm Jonathan Demme, *Silence of the Lambs* (1992). Gwelir ei allu i bortreadu'r Sais ffurfiol a'i rwystredigaethau cudd mewn ffilmiau fel *84 Charing Cross Road* (1986), *Remains of the Day* (1993) a *Shadowlands* (1994). Tua diwedd yr 20g. daeth nifer o ddoniau newydd i'r amlwg, gan gynnwys Rhys Ifans, Matthew Rhys ac Ioan Gruffudd, sydd ymhlith y genhedlaeth gyntaf o actorion Cymraeg i gael dewis gwerth chweil o rannau yn eu gwlad eu hunain a thu hwnt. Mae Catherine Zeta Jones, sy'n hanu o **Abertawe**, wedi'i sefydlu ei hun fel un o actoresau cyfoethocaf Hollywood, gan ymddangos, er enghraifft, gyferbyn ag Anthony Hopkins yn *The Mask of Zorro* (1998), a fu'n llwyddiant masnachol mawr. Yn 2003 enillodd Oscar yr Actores Ategol Orau am ei rhan yn *Chicago*.

Bu'r syniad o ddiwylliant ffilm Cymreig yn hir yn bwrw gwreiddiau, ond mae wedi cael ei hyrwyddo'n llai hunanymwybodol er dechrau'r 1990au, yn bennaf trwy'r ŵyl Ffilm Ryngwladol, BAFTA Cymru, Sgrîn a'i olynydd, Ffilm Cymru, ynghyd â'r Archif Ffilm a Theledu Cymreig (sydd bellach wedi'i hymgorffori'n rhan o gorff newydd, sef Archif Genedlaethol Sgrîn a Sain Cymru). Ymhlith yr hen ffilmiau sydd wedi'u hailddarganfod gan yr archif mewn blynyddoedd diweddar y mae'r ffilm fud Brydeinig ***The Life Story of David Lloyd George*** (1918) – ar ôl bod ar goll am 76 o flynyddoedd – a'r fersiwn lliw o ymweliad **Lloyd George** â'r Almaen a'i gyfarfod gyda Hitler (1936); maent hwy a'u tebyg wedi denu sylw at ganrif o etifeddiaeth sy'n llawer cyfoethocach na'r hyn yr oedd neb wedi'i dybio ddegawd neu ddau ynghynt.

## FFIN, Y

Am bron i fil o flynyddoedd, ardaloedd neu ororau amhendant yn hytrach na llinell glir a sefydlog oedd y ffin rhwng Cymru a **Lloegr**. Yr unig eithriad oedd rhwng **Trefynwy** a **Chas-gwent**, lle ymddengys i afon **Gwy** gael ei derbyn fel ffin sefydlog erbyn diwedd y 7g. Mae'n debyg mai diben **Clawdd Offa** oedd pennu llinell benodol, ond drylliwyd y bwriad hwnnw pan adenillodd **Gruffudd ap**

Y Ffiwsilwyr Brenhinol Cymreig

**Llywelyn** diroedd helaeth i'r Cymry y tu hwnt i'r clawdd. Trwy greu'r **Mers** pwysleisiwyd natur amhendant y ffin, yn arbennig wrth i arglwyddi ar y Gororau gefnu ar drefn sirol Lloegr a throi eu tiroedd yn diriogaethau lled annibynnol. Ni chafodd Cymru ffin linellol yn sgil y **Goresgyniad Edwardaidd**, ac eithrio yn y gogledd-ddwyrain, lle arweiniodd y goresgyniad at ddiffinio ffiniau **Sir y Fflint**.

Daeth y ffin linellol gyfan i fodolaeth trwy'r gyntaf o'r **Deddfau 'Uno'** yn 1536. A hithau'n ymestyn o aber afon **Dyfrdwy** hyd aber afon Gwy, ei hyd fel yr hed y frân yw 200km ond, oherwydd ei haml droeon, mae union hyd y ffin yn ddwywaith hynny. Nid yw'r egwyddorion y seiliwyd y ffin arnynt yn eglur. Nid oedd yn dilyn ffiniau **esgobaethau** Cymru; cadwodd Lloegr nifer o **blwyfi** yn esgobaeth **Llanelwy**; rhoddwyd **Llanandras** o fwriad yng Nghymru, er ei fod, fel y mae heddiw, yn esgobaeth Henffordd. Nid oedd yn dilyn ffin y Mers, gan i nifer o arglwyddiaethau'r Mers gael eu meddiannu gan **Swydd Amwythig** a **Swydd Henffordd**, a rhannwyd eraill – yn eu plith Ewias Lacy (gw. **Ewias**) a **Threfaldwyn** – rhwng Lloegr a Chymru. Nid oedd yn dilyn y ffin ieithyddol; cadwodd Cymru **Faelor Saesneg** (Saesneg ei hiaith), ond daliodd Lloegr ei gafael ar froydd Cymraeg **Erging** a chyffiniau Croesoswallt. Efallai nad ar sail unrhyw egwyddorion y pennwyd y ffin; gan mai diben deddf 1536 oedd gwneud Cymru'n rhan o Loegr, roedd lleoliad y ffin yn amherthnasol yng ngolwg y rhai a luniodd y ddeddf.

Hyd yn oed ar ôl diffinio'r ffin linellol, prin iawn oedd yr ymwybyddiaeth ohoni, o leiaf hyd **Ddeddf Cau'r Tafarnau ar y Sul** 1881. Yn 1961, fodd bynnag, pan bleidleisiodd y rhan fwyaf o **siroedd** y ffin o blaid agor tafarndai ar y Sul, peidiodd y gwahaniaeth hwnnw â bod yn arwyddocaol. Yn wir, yn yr ardaloedd o boptu rhan ganol y ffin, y mae o hyd leoedd yn Lloegr sy'n teimlo'n Gymreig a lleoedd yng Nghymru sy'n teimlo'n Seisnig. Er gwaethaf hynny, wrth i'r **Cynulliad Cenedlaethol** roi ar waith bolisïau sy'n wahanol i'r rheini sy'n weithredol yn Lloegr, mae'n debyg y bydd yr ymwybyddiaeth o'r ffin rhwng y ddwy wlad yn cynyddu – er bod rhai yn gresynu bod gan Gymru ffin o gwbl. Yng ngeiriau **Harri Webb**, 'What Wales needs, and has always lacked most / Is, instead of an eastern boundary, an East Coast.'

## FFIWSILWYR BRENHINOL CYMREIG, Y

Sefydlwyd 23ain Gatrawd y Troedfilwyr gan Edward Herbert (y pedwerydd Barwn Cherbury) yn 1689, a bu'n ymladd ym Mrwydr Boyne (1690) a gydol Rhyfel Olyniaeth Sbaen. Yn 1702 daeth yn un o gatrodau'r ffiwsilwyr (mysged ysgafn oedd y *fusil*), ac mae'r dystiolaeth am yr afr gatrodol (gw. **Geifr**) yn deillio'n ôl i 1775. Bu'r gatrawd yn ymladd yn Rhyfeloedd America, yn **Rhyfeloedd y Chwyldro Ffrengig a Rhyfeloedd Napoleon** ac yn **Rhyfel y Crimea**. Bu cysylltiad maith rhyngddi a Chymru (â **Wrecsam** yn arbennig), a mabwysiadwyd yr enw 'Royal Welch Fusiliers' yn 1881 (daeth yn Royal Welsh Fusiliers yn ddiweddarach). Bu'r Bataliwn Cyntaf yn gwasanaethu yn **Rhyfeloedd De Affrica**, a bu'r Ail yn ymladd yn ystod Gwrthryfel y Bocswyr. Bu 42 bataliwn o ffiwsilwyr yn ymladd ym mhob un o brif feysydd y gad yn ystod y **Rhyfel Byd Cyntaf**, ac yn eu plith yr oedd yr awduron Robert Graves a Siegfried Sassoon. Yn ystod yr **Ail Ryfel Byd** ymladdodd y ffiwsilwyr ar dir mawr Ewrop, yn Burma a **Madagasgar**, ac er 1945 mae'r gatrawd wedi gwasanaethu yn yr Almaen, Malaya, Cyprus, Singapore, Kenya, Belize a Gogledd **Iwerddon**. Diddymwyd yr Ail Fataliwn yn 1958. Yn 2004 penderfynwyd uno'r ffiwsilwyr gyda **Chatrawd Frenhinol Cymru** i greu

Catrawd y Cymry Brenhinol; fe'i dynodwyd yn Fataliwn Cyntaf, ochr yn ochr â'r Ail Fataliwn (Catrawd Frenhinol Cymru).

## FFLEMINIAID

Yn 1108 symudodd Harri I gymuned o Ffleminiaid o ororau'r **Alban** i gwmwd **Rhos** yn **Nyfed**, ac alltudiwyd Cymry'r ardal oddi yno ganddynt. Daeth disgynyddion eu harweinwyr, Tancard a Godebert, yn geidwaid etifeddol Castell **Hwlffordd** ac yn farwniaid Roch (gw. **Nolton a'r Garn**). Tua'r un amser meddiannwyd dwyrain **Daugleddau** gan fintai arall, dan arweinyddiaeth Wizo (a roes ei enw ar Wiston neu **Gas-wis**), ac ymgartrefodd grwpiau llai yn **Angle**, **Dinbych-y-pysgod**, **Talacharn** a **Phenfro** hefyd, o bosibl.

Milwyr, ffermwyr **defaid**, a masnachwyr gwlân a brethyn oedd y Ffleminiaid yn bennaf, ac roedd yn gas gan y Cymry hwy. Disgrifia **Gerallt Gymro** fel yr arferent ddefnyddio esgyrn palfeisiau meheryn wedi eu berwi i **ddarogan**. Llwyddasant i warchod eu hunaniaeth yn ystod y 12g. a dechrau'r 13g., ond fe'u boddwyd o ran rhifau yn raddol wrth i fewnfudwyr newydd, o orllewin **Lloegr** yn bennaf, ymgartrefu yn eu plith (gw. **Mewnfudo**). Erbyn diwedd yr 14g. ni siaredid yr iaith Fflemeg yn yr ardaloedd hyn, er bod rhai o dras Fflemaidd yn cael eu disgrifio mor ddiweddar â'r 16g. fel *male Anglice loquentes* (siaradwyr **Saesneg** gwael).

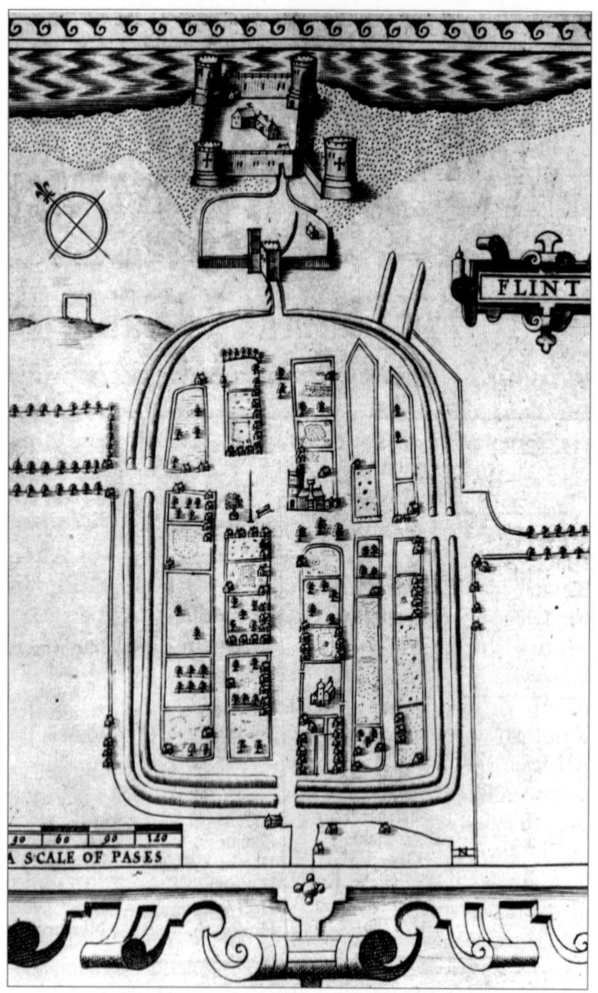


Map John Speed o dref a chastell y Fflint, argraffiad 1676

## FFLINT, Y, Sir y Fflint (1,719ha; 12,804 o drigolion)

Mae ei lleoliad ar y briffordd sy'n glynu'n dynn wrth lan orllewinol aber afon **Dyfrdwy** wedi bod yn allweddol i hanes tref y Fflint. Mae'n debyg fod yr olion Rhufeinig ar fferm Pentre yn perthyn i drigfan y swyddog a oedd yng ngofal y gwaith **plwm** yn **Helygain**. Adeiladwyd Castell y Fflint (1277–85) dan oruchwyliaeth **James o St George**. Mae'n cynnwys cwrt hirsgwar ynghyd â thyrau crwn yn y corneli de-orllewinol, gogledd-orllewinol a gogledd-ddwyreiniol. Yn y gornel dde-ddwyreiniol saif gorthwr mawr ar wahân, nodwedd unigryw ym **Mhrydain** ond un i'w chymharu â Tour de Constance yn Aigues Mortes yn ne Ffrainc. Derbyniodd y fwrdeistref ei siarter yn 1284; câi'r dref ei hamddiffyn gan ffos a chlawdd yn hytrach na waliau carreg ac mae'r chwe stryd gyfochrog wreiddiol i'w gweld o hyd yng nghynllun y dref fodern. Yng Nghastell y Fflint, yn 1399, y cipiwyd Richard II gan Henry Bolingbroke, a ddeuai o fewn wythnosau yn Harri IV. Yn ystod y **Rhyfeloedd Cartref**, câi'r castell ei ddal ar ran y brenin gan Roger Mostyn (gw. **Mostyn, Teulu**). Fe'i cipiwyd gan y Seneddwyr yn 1647 a difrodwyd ei amddiffynfeydd. Boddwyd cyfaill y bardd John Milton, Edward Young, ger y Fflint; ysgrifennwyd *Lycidas* Milton er cof amdano.

O'r 18g. ymlaen daeth mwy a mwy o ddiwydiannau i'r ardal; datblygwyd pyllau **glo**, mwyndoddfeydd plwm, iardiau **adeiladu llongau** (1840–59) a gweithfeydd cynhyrchu alcali (1840–1910). Daeth gwaith sidan ffug Aber, a sefydlwyd yn 1908, i feddiant **Courtaulds**, a sefydlodd ffatrïoedd **tecstilau** Castle a Glannau Dyfrdwy (1920 ac 1927). Pan ddaeth y diwydiant i ben codwyd parc busnes 72ha ar y safle. Mae'r gwaith gwneud papur, a gychwynnwyd yn Oakenholt yn 1880, yn dal i fynd.

Yn neuadd neo-Gothig y dref (1840) mae nenfwd sy'n portreadu llwythau brenhinol Cymru. Codwyd Eglwys y Santes Fair (1848) ar safle eglwys ganoloesol y dref. Yn y Fflint ceir un o'r ychydig enghreifftiau sydd wedi goroesi o'r gorsafoedd rheilffordd Eidalaidd eu harddull a gynlluniwyd gan Francis Thompson ar gyfer Rheilffordd Caer–**Caergybi** (1847–8). Cynhaliwyd yr **Eisteddfod** Genedlaethol yn y Fflint yn 1969. Sefydlwyd côr cymysg y Fflint yn 1975 a'i droi'n gôr meibion yn 1976.

## FFLIW, Y neu YR ANWYDWST

Clefyd firol sy'n effeithio ar y system anadlu yw'r ffliw. Mae'n hynod heintus a gall fod yn farwol, yn enwedig i blant ifainc iawn a'r oedrannus, a bydd amrywiadau ar y firws weithiau'n codi nad oes imiwnedd yn eu herbyn ymhlith y **boblogaeth**. Ymddengys fod 11 pandemig wedi taro er *c*.1800. Yn y cyfnodau 1889–91, 1900, 1918–20, 1957–8, 1968–9 ac 1977–8 y cafwyd y chwe phandemig diwethaf, a'r un yn 1918–20 oedd y mwyaf enbyd. Amcangyfrifir i hwnnw effeithio ar 25% o boblogaeth y byd, gan gipio, o bosibl, 40–50 miliwn o fywydau. Yng Nghymru, cyrhaeddodd yr epidemig ei anterth yn 1918 (lladdwyd 112,329 o bobl yng Nghymru a **Lloegr** gan y ffliw y flwyddyn honno). Yng **Nghaerdydd**, lle ceid poblogaeth o fwy na 200,000 ar y pryd, bu'r achosion ar eu mwyaf niferus ym misoedd Hydref a Thachwedd. Yn y ddau fis hyn yn unig bu farw 384 yn y ddinas, y mwyafrif ohonynt o dan 45 oed – peth pur anghyffredin pan fydd y clefyd yn taro.

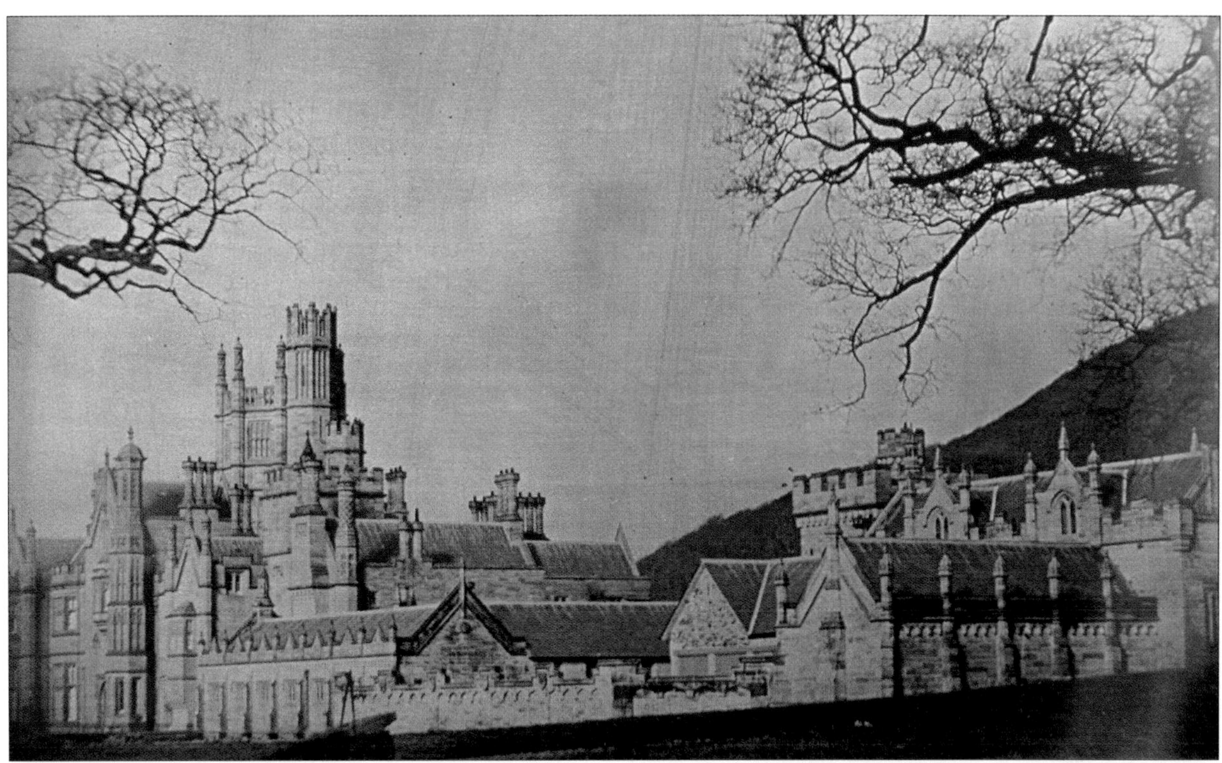

Daguerreoteip Calvert Richard Jones o Gastell Margam, 1841

**FFORDUN GYDA THRE'R-LLAI a THRELYSTAN (Forden with Leighton and Trelystan)**, Sir Drefaldwyn, Powys (3,483ha; 1,320 o drigolion)

Rhed **Clawdd Offa** trwy'r **gymuned** hon, sydd yr ochr arall i afon **Hafren** o'r **Trallwng**. Ar ben Cefn Digoll (Long Mountain; 412m) saif bryngaer Caer Digoll (Beacon Ring) o'r Oes Haearn (gw. **Oesau Cynhanesyddol**); sonnir am y ddau le yn *Breuddwyd Rhonabwy* (gw. **Mabinogion**). Yng nghwr deheuol yr ardal sefydlodd y **Rhufeiniaid** gaer bwysig y mae ei gweddillion i'w gweld o hyd; parhaodd Caer Ffordun mewn grym fel gwersyll gwŷr meirch am rai canrifoedd (mae'n debyg mai dyma'r Lavobrinta a restrir yng Nghosmograffeg Ravenna). Adeiladwyd y mwnt yn Nantcriba gan deulu Corbet o arglwyddiaeth Cawrse *c.*1260, a chafodd ei ddistrywio gan **Gruffudd ap Gwenwynwyn** yn 1263. Codwyd Ysbyty Brynhyfryd yn 1795 fel wyrcws neu dloty ar gyfer mil o dlodion; fe'i disgrifiwyd fel 'a splendid receptacle of misery'.

Yn Eglwys Ffordun (1867) ceir ffenestr liw brydferth wedi'i seilio ar ragluniau gan Burne-Jones. Mewn cae ar lethr ddeheuol Cefn Digoll y mae Eglwys Trelystan, yr unig eglwys bren ganoloesol a oroesodd yng Nghymru; yn 1856 rhoddwyd cas o briddfeini amdani ond mae'r to hynafol yn aros. Eglwys wahanol iawn yw'r un yn Nhre'r-llai (1853), gyda'i meindwr amlwg a phob math o addurnwaith ysblennydd uchel-Fictoraidd. Mae'n cynnwys mawsolëwm teulu Naylor y daeth stad Tre'r-llai i'w meddiant yn 1849. John Naylor, o Fanc Leyland yn **Lerpwl**, a gomisiynodd y gwaith o godi Neuadd Tre'r-llai yn 1851; plasty neo-Gothig enfawr ydyw, gyda'i addurnwaith wedi'i seilio ar gynlluniau gan A. W. N. Pugin. Datblygwyd fferm y plas ar raddfa syfrdanol ac roedd yn cynnwys rheilffordd halio ar gyfer cario gwrtaith hylif. Yn y **gerddi**, sydd yr un mor drawiadol, y tyfwyd cypreswydd Leyland am y tro cyntaf (gw. **Planhigion**).

**FFOREST CLUD (Radnor Forest)**, Powys

Saif copa uchaf Fforest Clud (660m), yr ucheldir yng nghanol **Sir Faesyfed**, uwchlaw llechweddau gorllewinol Cwm Ynys neu Harley Dingle (**Maesyfed**). Cromen o greigiau gwaddod Silwraidd ydyw, gyda chreigiau igneaidd yn brigo tua'r de-orllewin a'r de-ddwyrain, a chaiff yr ucheldir ei ddraenio gan afonydd Arwy, Llugwy ac Ieithon, y tair yn isafonydd i afon **Gwy**. Mae'r A44 yn croesi rhan ddeheuol yr ardal, priffordd sydd o fewn cyrraedd rhaeadr ac iddi'r enw Saesneg gogleisiol, Water-break-its-neck (Maesyfed). Nid yw'r enw 'Fforest' yma yn dynodi coedwig, ond yn hytrach cyfeiria at y ffaith i ddeiliaid arglwyddiaeth **Maesyfed**, yn ystod yr Oesoedd Canol, neilltuo ucheldiroedd gwyllt eu tiriogaeth, un o arglwyddiaethau'r **Mers**, ar gyfer **hela**.

**FFOTOGRAFFIAETH**

Er mai yn 1841 y tynnwyd y ffotograff Cymreig cyntaf y gellir ei ddyddio, a hynny ddwy flynedd ar ôl dyfeisio'r daguerreoteip, roedd ffotograffiaeth eisoes yn destun chwilfrydedd mawr ymysg criw o fonheddwyr **Sir Forgannwg**. Yn ganolbwynt i'r criw hwn, 'Cylch Abertawe' fel y'i gelwid, yr oedd **John Dillwyn-Llewelyn** a oedd yn perthyn trwy briodas i'r Sais William Henry Fox Talbot (1800–77), dyfeisiwr y caloteip. Aelod arall o'r Cylch oedd y Parchedig **Calvert Richard Jones**, a arbrofodd gyda daguerreoteip a chaloteip, ac a dynnodd y daguerreoteip hwnnw o Gastell **Margam** a gedwir yn y **Llyfrgell Genedlaethol**, sef y ffotograff Cymreig cynharaf.

Roedd y prosesau ffotograffig cynnar a ddefnyddid gan yr arloeswyr hyn yn gymharol gyntefig. Trawsnewidiwyd y

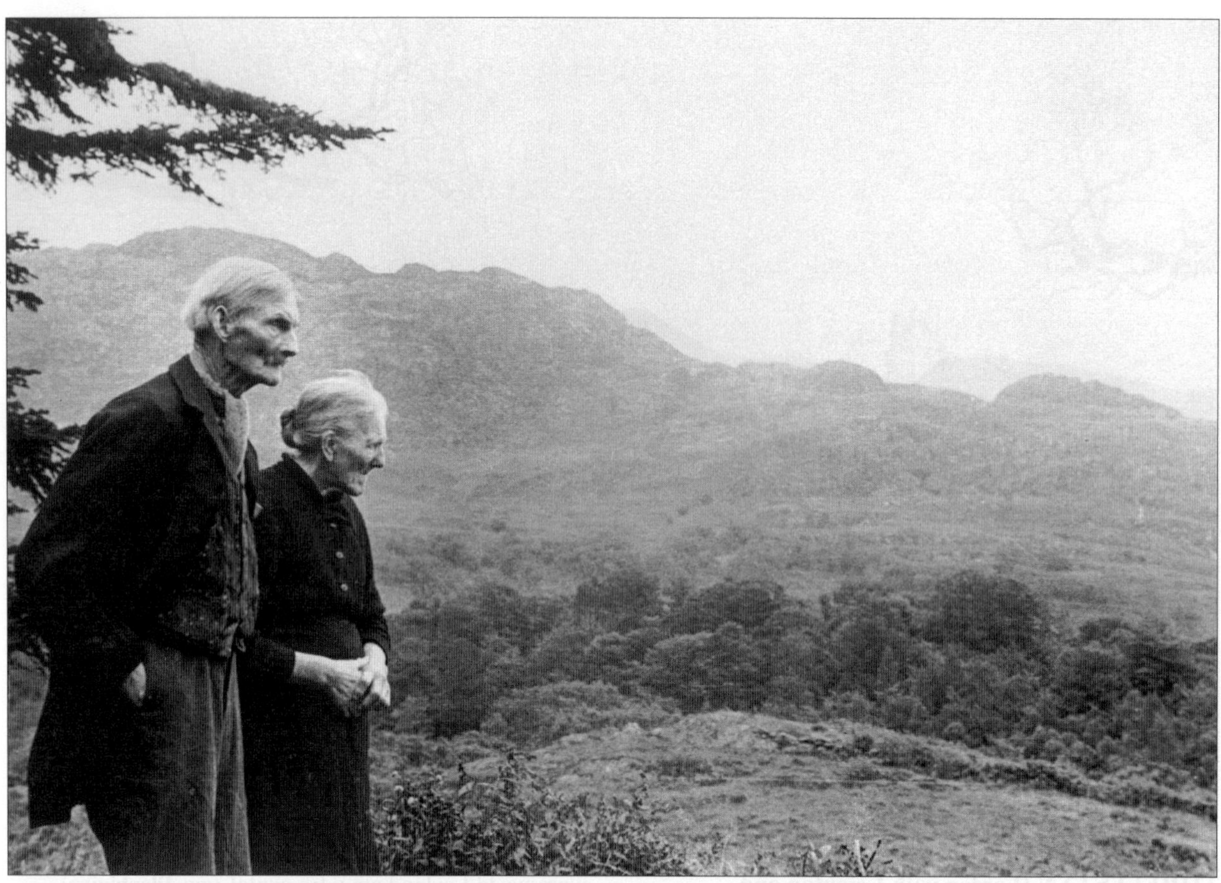

Llun enwog Geoff Charles o Carneddog (Richard Griffith) a'i wraig Catrin yn ymadael â'u cartref yn Eryri, 1945

sefyllfa yn 1851 pan ddyfeisiwyd proses y plât gwlyb. Ymwelodd nifer o ffotograffwyr blaengar – gan gynnwys Francis Frith (1822–98), **Roger Fenton** a **Francis Bedford** – â Chymru o'r 1850au ymlaen, gan dynnu ffotograffau o olygfeydd prydferth er mwyn eu gwerthu i dwristiaid. Yng Nghymru, dechreuodd nifer o amaturiaid talentog a da eu byd ymddiddori mewn ffotograffiaeth, gan gynnwys Thomas Crawshay (gw. **Crawshay, Teulu**) ac Arglwyddes Llanover (**Augusta Hall**). Un o'r ychydig ffotograffwyr Cymreig cynhenid oedd **John Thomas** (1838–1905); cedwir rhyw 3,000 o'i negyddion gorau yn y Llyfrgell Genedlaethol – y cofnod ffotograffig gorau o'r Gymru wledig yn niwedd y 19g.

Erbyn y 1880au daeth y broses plât sych i fodolaeth, a rhoddodd hyn – ynghyd â phapur printio gwell – hwb i gyfnod arall pwysig yn hanes ffotograffiaeth, wrth i nifer fawr o ffotograffwyr proffesiynol gychwyn busnesau. Roedd y rhain yn grefftwyr lleol, a cheid rhai bron ym mhob tref. Mae casgliad D. C. Harries a'i Feibion o **Landeilo**, a ddiogelir yn y Llyfrgell Genedlaethol, yn enghraifft ardderchog o'r gwaith a wneid gan stiwdio leol nodweddiadol.

O 1912 ymlaen, pan ddaeth Kodak â chyfarpar rhad ac arloesol ar y farchnad, daeth ffotograffiaeth o fewn cyrraedd miliynau o bobl. Rheolwr Gyfarwyddwr Kodak ym **Mhrydain** yn y cyfnod hwn oedd **George Davison**; symudodd i Gymru i fyw, a denodd lu o wŷr dylanwadol, gan gynnwys y ffotograffydd enwog Alvin Langdon Coburn, i'w gylch bohemaidd yn **Harlech**. Roedd Davison yn un o brif ladmeryddion ffotograffiaeth ddarluniadol, arddull a oedd yn nodedig am ei defnydd o ffocws i geisio ail-greu'r modd y mae'r llygad yn gweld golygfa. Un o'r ychydig ffotograffwyr darluniadol cynhenid Gymreig oedd John Wilkes Poundley, o **Geri**, a dynnodd gyfres arbennig o luniau, sef 'Cymeriadau Ceri', yn 1918.

Ymhlith cewri'r byd ffotograffiaeth a ymwelodd â Chymru yn ystod hanner olaf y ganrif ddiwethaf yr oedd Robert Frank, Eugene Smith a Bill Brandt. Un ffotograffydd brodorol a allai sefyll gyfysgwydd â'r rhain yn oriel y cewri oedd **Angus McBean**, a oedd yn arloeswr ym myd ffotograffiaeth y theatr. Gwelodd ail hanner yr 20g. dwf mawr mewn ffotonewyddiaduraeth. Ar y llwyfan rhyngwladol, Phillip Jones Griffiths sy'n sefyll allan yn y maes hwnnw am ei ddewrder a'i weledigaeth, ac oddi mewn i Gymru cyfrannodd **Geoff Charles** gorff helaeth iawn o luniau sy'n darlunio bywyd y genedl. Ffigwr dylanwadol arall oedd David Hurn, a anogodd genhedlaeth o ffotograffwyr ifainc i ymgymryd â ffotonewyddiaduraeth trwy gyfrwng cwrs arloesol yng Ngholeg Celf **Casnewydd**.

Nodwedd drawiadol arall o ddiwedd y ganrif ddiwethaf oedd nawdd cyhoeddus i ffotograffiaeth, a datblygiad polisïau casglu ffotograffau gan sefydliadau Cymreig. Ceir casgliadau pwysig ar gyfer olrhain hanes ffotograffiaeth Gymreig yn y Llyfrgell Genedlaethol, **Amgueddfa [Genedlaethol] Cymru**, Oriel Gelf Glynn Vivian (**Abertawe**), y Gymdeithas Ffotograffiaeth Frenhinol (Caerfaddon), Amgueddfa Genedlaethol Ffotograffiaeth, Ffilm a Theledu yn Bradford, a Llyfrgell Ganolog Birmingham. Yn 2006 aethpwyd ati i sefydlu Canolfan Ffotograffiaeth Genedlaethol i Gymru yng Nghastell Margam.

Un o luniau Phillip Jones Griffiths o'r rhyfel yn Vietnam: Saigon, 1968

**FFRAID** Santes

Santes gyfansawdd, na ellir ei dyddio felly, yw San Ffraid Leian, yn cyfuno traddodiadau am dair santes wahanol: Brigid o Kildare, Brigid o Cill-Muine a Birgitta o Sweden. Adroddir ei hanes mewn **cywydd** gan Iorwerth Fynglwyd (*fl.*1485–1527). Cysegrwyd nifer o eglwysi iddi yng Nghymru ac adlewyrchir ei henw mewn **enwau lleoedd** sy'n dechrau â'r elfen *Llansanffraid*.

**FFRANGEG**

Bu'r Ffrangeg, neu'n hytrach yr Eingl-Normaneg, yn cyd-fyw â'r **Gymraeg**, **Lladin** a **Saesneg** fel un o brif ieithoedd Cymru yn yr Oesoedd Canol. Hon oedd iaith gweinyddiaeth a **chyfraith** arglwyddiaethau'r **Mers** a diwylliant llys coron **Lloegr** o'r Goresgyniad Normanaidd tan y 14g., pan ddisodlwyd hi fwyfwy gan Saesneg. Hyrwyddwyd lledaeniad yr Eingl-Normaneg gan briodasau rhwng y ddwy genedl, fel yn achos teulu **Gerallt Gymro**, ond iaith pendefigion ac nid iaith y **werin** ydoedd. Datblygodd yn ogystal lenyddiaeth yn yr iaith honno, gan gynnwys *Fouke le Fitz Waryn* (ail hanner y 13g.), hanes lled chwedlonol un o gynghreiriaid Normanaidd **Llywelyn ap Iorwerth**, Fulk Fitz Warine (m.*c.*1256); mae'r stori'n adlewyrchu digwyddiadau ar y Gororau ac yn y gogledd-ddwyrain yn y 12g. ac ar ddechrau'r 13g.

Ar wahân i'r cysylltiadau o fewn Cymru, ymdreiddiodd dylanwad iaith a diwylliant Ffrainc i'r wlad trwy Loegr yn ogystal â thrwy ymwneud uniongyrchol y Cymry â thir mawr Ewrop ym myd **crefydd**, masnach, gwleidyddiaeth ac **addysg**. Benthycwyd ambell air i'r Gymraeg yn gynnar iawn, fel y tystia rhai o straeon y **Mabinogion**. Erbyn y 13g. roedd gan dair o ramantau'r Ffrancwr Chrétien de Troyes eu cymheiriaid Cymraeg, sef 'Peredur', 'Geraint' ac 'Owain', a daeth llenyddiaeth Ffrangeg yn ffasiynol iawn yng Nghymru fel trwy weddill gorllewin Ewrop. Roedd llawysgrifau ar gael o destunau fel cerddi arwrol, rhamantau Arthuraidd a'r *Roman de la Rose*, yn enwedig yn ne'r wlad ac ar y Gororau, ac esgorodd hyn ar nifer o gyfieithiadau rhyddiaith i'r Gymraeg; yn ogystal, gwelir dylanwad y traddodiadau llenyddol Ffrangeg ar feirdd megis **Dafydd ap Gwilym**. Yn yr 20g. cafodd llenyddiaeth Ffrangeg gryn ddylanwad ar amryw o awduron Cymraeg, yn enwedig **Saunders Lewis**.

**FFWLBARTIAID**

Ystyrid y ffwlbart yn gyffredinol fel y mamal a gyfatebai i'r barcud coch, yr aderyn hanfodol Gymreig hwnnw (gw. **Adar**). Roedd yr aelod hwn o deulu'r wenci mewn perygl o ddiflannu ar un adeg, ac fe'i cyfyngid i **Eryri** a gorllewin canolbarth Cymru erbyn diwedd y 19g., ond dechreuodd adennill tir yn drawiadol yn yr 20g. Roedd yr anifail swil hwn, creadur y nos a hynafiad y ffured ddof, yn arfer bod yn gyffredin ledled **Prydain**. Gall dyfu hyd at 65cm o hyd, ac mae ganddo ffwr tywyll, bol melyn golau ac wyneb du a gwyn trawiadol. Mae'n nofiwr cryf sy'n gallu dal **pysgod** ond mae'n bwydo'n bennaf ar **famaliaid** bychain, **ymlusgiaid** ac adar.

Wrth i gipera ddirywio o'r 1920au ymlaen, ac wrth i'r arfer o faglu **cwningod** leihau o'r 1950au ymlaen (câi llawer o ffwlbartiaid eu lladd yn y maglau hyn), cynyddodd poblogaeth y ffwlbartiaid yn gyflym. Maent bellach yn gyffredin yn y rhan fwyaf o Gymru, er nad ydynt eto wedi llwyr ailymsefydlu ym maes **glo**'r de, efallai gan fod llawer yn cael eu lladd ar **ffyrdd** prysur yr ardal. Ar ddechrau'r 21g. roedd dros 17,000 o ffwlbartiaid yng Nghymru ac, wrth iddynt ymledu'n ddiarbed tua'r dwyrain, roedd miloedd yn fwy yng nghanolbarth **Lloegr**.

## FFWRNAIS DÂN AGORED, Y

Ynghyd â'r trawsnewidydd Bessemer, chwyldrodd y ffwrnais dân agored y broses o gynhyrchu dur (gw. **Haearn a Dur**) yn ystod ail hanner y 19g. Wedi'i pherffeithio yn 1868 gan **William Siemens** yn ei waith newydd yng Nglandŵr, **Abertawe**, mewn cydweithrediad â Daniel Edwards yng ngwaith Duffryn, Treforys, gerllaw, y ffwrnais dân agored oedd sail y diwydiant dur dalennog a **thunplat** yng Nghymru. Yn y bôn, seiliwyd y ffwrnais, a elwid yn ffwrnais Siemens-Martin oherwydd arbrofion cysylltiedig gan y brodyr Martin yn Ffrainc, ar yr egwyddor atgynhyrchiol o adennill ac ailgylchu gwres gwastraff gan ei ddefnyddio yn y ffwrnais. Roedd yn broses arafach o lawer na'r broses Bessemer, ond roedd iddi un fantais sylweddol oherwydd fod modd rheoli ansawdd yn well o lawer. Mantais arall y dull tân agored oedd bod modd defnyddio metel sgrap wrth lenwi'r ffwrnais. Cynyddodd maint y ffwrneisiau hyn o ychydig dros 15 tunnell fetrig ar gyfartaledd yn y 1880au i ychydig dros 60 yn y 1930au, ac yna i'r ffwrneisiau **olew** 410 tunnell fetrig a osodwyd yng ngwaith dur yr Abaty, **Margam**, yn 1960.

## FFYNHONNAU'R SAINT

Trwy gydol yr Oesoedd Canol roedd ffynhonnau sanctaidd Cymru yn denu llu o bererinion, a phob math o ofergoelion ynghlwm â hwy. Llwyddodd Francis Jones, yn ei astudiaeth awdurdodol, i leoli dros 1,000 o ffynhonnau, eu hanner wedi'u cysegru i **seintiau**. Mae rhai bron yn sicr yn dyddio'n ôl i'r cyfnod cyn-Gristnogol. Roedd parch y **Celtiaid** at ddŵr a duwiau'r dŵr yn parhau yn ymlyniad eu disgynyddion wrth y ffynhonnau a Gristioneiddiwyd ac wrth ddefodau paganaidd.

Mae'n hysbys mai ffynhonnau iachaol oedd dros draean ohonynt. Byddai pobl yn tyrru at y rhain er mwyn yfed y dŵr neu ymdrochi ynddo yn y gobaith o gael iachâd oddi wrth amryfal anhwylderau. Yr enghraifft enwocaf, ac o bosibl y ffynnon bwysicaf ym **Mhrydain** yr Oesoedd Canol, oedd ffynnon **Gwenfrewi** yn **Nhreffynnon**, gyda'i chapel trawiadol – un o **Saith Rhyfeddod Cymru**. Roedd Ffynnon Fair, Pen-rhys (y **Rhondda**), hithau'n denu pererinion dirifedi.

Llwyddodd cwlt y ffynhonnau i oroesi'r **Diwygiad Protestannaidd**, er gwaethaf y gwaharddiad ar **bererindota** at ffynhonnau a'r dinistrio a fu ar sawl un o gapeli'r ffynhonnau a'u symbolau o'r ffydd Gatholig i'w canlyn. Ni lwyddodd dylanwad **Anghydffurfiaeth** ychwaith i ladd cred y **werin** yng ngrymoedd gwyrthiol y ffynhonnau. Yn wir, profwyd y dŵr yn rhai ohonynt a chael bod iddo rinweddau meddygyniaethol – darganfyddiad a ddaeth â bri ac enwogrwydd i sawl dref ffynhonnau Gymreig. Dyrchafwyd statws y ffynhonnau hefyd wrth i hynafiaethwyr ymddiddori ynddynt, megis **Thomas Pennant** a Lewis Morris (gw. **Morrisiaid**).

Defnyddid rhai ffynhonnau at ddibenion heblaw iacháu, er enghraifft i **ddarogan** neu felltithio. Roedd Ffynnon Eilian, Llan-yn-Rhos (**Betws-yn-Rhos**) yn ffynnon iachaol a ddaeth yn ddiweddarach yn ffynnon felltithio enwog, gyda phobl yn talu i ddwyn melltith ar eu gelynion neu i gael gwared o felltith. Carcharwyd dau o'i 'hoffeiriaid' yn y 1820au a'r 1830au ar ôl eu cael yn euog o dwyll.

Roedd myrdd o ddefodau ynghlwm â'r ffynhonnau, megis yfed o benglogau, llafarganu a thaflu pinau, ceiniogau a phethau eraill i'r dŵr yn offrymau. Ceir hefyd doreth o chwedlau a straeon ysbryd am ffynhonnau. Defnyddir rhai ffynhonnau hyd heddiw, yn enwedig ar gyfer iacháu a bedyddio.

## FFYNNON TAF, Rhondda Cynon Taf (673ha; 3,464 o drigolion)

**Cymuned** ar ochr ddwyreiniol ceunant **Taf** i'r gogledd-orllewin o **Gaerdydd** yw hon ac mae'n cynnwys pentrefi Ffynnon Taf a Nantgarw a rhan ddeheuol Stad Ddiwydiannol Trefforest. Bu adeg pan allai Ffynnon Taf frolio mai hi oedd 'y sba leiaf yn y byd', a daeth yn enwog ar sail gallu honedig ei dŵr i wella'r gwynegon. Nid yw'r ffynnon wedi'i defnyddio er y 1950au, ond y mae i'w gweld gerllaw'r Taffs Well Inn.

Cafodd mwyn **haearn** ei gloddio yn Ffynnon Taf cyn gynhared â'r 16g. o leiaf, ac mae ochrau'r ceunant yn frith o olion hen weithfeydd. Fodd bynnag, yn ystod y 1860au y dechreuodd **poblogaeth** yr ardal gynyddu'n sylweddol, a hynny yn sgil agor pyllau **glo** pwysig a gwaith cadwynau. Roedd Rheilffordd y **Barri** yn croesi'r ceunant ar draphont wych y Walnut Tree; mae un o'r colofnau wedi'i chadw fel cofeb.

Yn Nantgarw safai warysau Camlas Sir Forgannwg a bythynnod ar gyfer dynion y badau (gw. **Camlesi**). Cynhyrchai crochendy Nantgarw borslen gwych rhwng 1813 ac 1822, a phriddlestri rhwng 1833 a'r 1920au (gw. **Crochenwaith**). Mae'r gwaith wedi'i adnewyddu ac ar agor i'r cyhoedd. Mae atgofion Mrs Margretta Thomas, o Nantgarw, a gofnodwyd gan ei merch, Ceinwen Thomas, yn gronfa werthfawr o eirfa a thraddodiadau Cymraeg de-ddwyrain **Sir Forgannwg**.

## FFYRDD

Roedd y **Rhufeiniaid** yn adeiladwyr ffyrdd o fri, ond cyn eu dyfodiad hwy i **Brydain** arferai'r trigolion brodorol, a oedd yn hen gyfarwydd â chludo nwyddau dros bellteroedd maith, dramwyo llwybrau ar hyd y bryniau, gan ddefnyddio copaon **mynyddoedd**, cyrion fforestydd, carneddau a chylchoedd cerrig i'w cyfarwyddo ar eu teithiau. Yn reddfol, dilynai'r bobl hyn, a oedd yn gynefin ag amlinell a natur y tir, lwybrau troellog, ond pobl y llinell unionsyth oedd y Rhufeiniaid o ran eu rhesymeg a'u hagwedd filwrol. Er hynny, oherwydd natur tirwedd Cymru, roedd y rhwydwaith o ffyrdd a adeiladwyd ganddynt i gysylltu cadarnleoedd milwrol Deva (Caer; gw. **Swydd Gaer**), Viroconium (Wroxeter), Isca (**Caerllion**), Moridunum (**Caerfyrddin**) a Segontium (**Caernarfon**) yn cynnwys mwy o droeon a dargyfeiriadau na'r rhwydweithiau a nodweddai diroedd mwy gwastad.

Creodd y Rhufeiniaid rwydwaith o ffyrdd ac iddynt wynebau caled a cherrig milltir ar eu hyd, ac mae rhannau ohonynt yn sail i ffyrdd presennol y wlad. Dengys Teithlyfr Antwn (3g.) fod tebygrwydd rhwng 'llwybr aur Dolaucothi', o **Lanymddyfri** trwy **Aberhonddu** i'r **Fenni**, a'r A40

Dynion a menywod yn tario'r heol yn Ystrad Mynach, 1914

presennol, a bod trywydd y ffordd Rufeinig o Gaerfyrddin i **Gaerdydd** a Chaerllion yn debyg i'r A48; yr un yw'r hanes yn achos yr **A55** o Gaer i gyfeiriad **Caernarfon**. Roedd rhai ffyrdd yn arwain at ddociau a dyfrffyrdd mordwyol, fel yng Nghaerllion lle'r oedd afon **Wysg** yn ddyfrffordd fasnachol o bwys.

Wedi cwymp yr Ymerodraeth Rufeinig aeth 1,300 o flynyddoedd heibio cyn y gwelwyd unrhyw ddatblygiadau mawr pellach yn hanes ffyrdd Cymru. Parhaodd y cof am gamp y Rhufeiniaid, fel y dengys y traddodiadau am **Sarn Helen**, a pharhâi rhwydwaith y Rhufeiniaid i ddiwallu anghenion teithwyr. Ond oherwydd eu cyflwr, a oedd yn graddol waethygu, hir a llafurus oedd pob siwrnai, a hyd ddiwedd y 19g. roedd lladrata pen ffordd yn rhemp.

O'r 15g. hyd ddiwedd y 19g. câi ffyrdd y **porthmyn** eu defnyddio i yrru da byw wedi'u pedoli i borfeydd bras a marchnadoedd **Lloegr**. Mae gwaddol y porthmyn yn cynnwys nid yn unig ddarnau o'u ffyrdd sydd wedi'u hymgorffori yn y rhwydwaith presennol, ond hefyd bontydd bach a thafarnau min ffordd – llawer ohonynt yn dwyn yr enw 'Drover's Arms' hyd heddiw – a'r ffermdai niferus a gynigiai lety, **bwyd** a thir pori i'r anifeiliaid. Yn amlach na pheidio, llwybrau mwdlyd oedd y ffyrdd hyn, ac mae nifer ohonynt wedi goroesi ar ffurf traciau neu lwybrau cyhoeddus nad oes modd eu hadnabod weithiau ac eithrio ar awyrluniau.

Yn dilyn pasio deddf seneddol yn 1555, daeth y **plwyfi** yn gyfrifol am ffyrdd a rhoddwyd i arolygwyr di-dâl bwerau i orfodi plwyfolion i dreulio chwe diwrnod y flwyddyn yn trwsio'r ffyrdd o fewn eu plwyfi. Gelwid y diwrnod arbennig hwn yn 'ddiwrnod i'r brenin', ond gan fod y dywediad yn gyfystyr â diwrnod gŵyl mae'n amlwg nad oedd llawer o'r plwyfolion yn cymryd eu dyletswyddau o ddifrif. Fodd bynnag, mae atlas John Ogilby, a ymddangosodd yn 1675, yn profi bod y fath bethau â phriffyrdd cydnabyddedig yn bod. Ynddo mae **mapiau** ar ffurf stribedi yn portreadu'r ffyrdd a gysylltai'r rhan fwyaf o brif drefi Cymru. Nid oedd gan y **llywodraeth** fawr o reswm dros ymgymryd â'r gwaith o adeiladu ffyrdd yng Nghymru oherwydd, yn wahanol i Ucheldiroedd yr **Alban**, lle esgorodd teimladau Jacobitaidd ar derfysgoedd a lle gwariwyd arian y wladwriaeth ar ffyrdd milwrol, roedd **Jacobitiaeth** Gymreig yn rhy wan i godi ofn ar y llywodraeth a pheri iddynt weithredu.

Tra oedd y drafnidiaeth yn gyfyngedig, yn bennaf, i wartheg a gâi eu gyrru gan borthmyn a nwyddau a gludid gan bynfeirch, nid oedd fawr o alw am welliannau mawr. Roedd twf diwydiant yn ystod ail hanner y 18g. yn rheswm dros wella ffyrdd; yn wir, y gwelliannau eu hunain a esgorodd ar beth o'r twf hwnnw. Ariannwyd y gwelliannau gan y cwmnïau tyrpeg a godai dollau ar ddefnyddwyr y ffyrdd i dalu am eu gwaith. Yn 1749 pasiwyd y ddeddf seneddol gyntaf a ganiatâi sefydlu cwmni tyrpeg yng Nghymru. O'r 12 deddf gynharaf o'r fath a basiwyd, cyfeiriai 8 ohonynt at y gogledd-ddwyrain, y rhan gyntaf o Gymru i gael ei hymgorffori yn rhwydwaith ffyrdd Prydain. (Diau ei bod hi'n arwyddocaol fod pob un o **Saith Rhyfeddod Cymru**, ar wahân i'r **Wyddfa**, naill ai yn **Sir Ddinbych** neu yn **Sir y Fflint**.) Rhedai'r prif ffyrdd a sefydlwyd gan y cwmnïau tyrpeg yng Nghymru o'r dwyrain i'r gorllewin ac, at ei gilydd, dilynent y prif ffyrdd Rhufeinig; yn eu hanfod dyma'r ffyrdd y daethpwyd i'w hadnabod yn ddiweddarach fel yr A55, yr A40 a'r A48.

Yn y 19g. yr unig ffordd yng Nghymru i gael ei hariannu'n sylweddol gan y llywodraeth oedd y lôn bost o **Lundain** i Ddulyn, 'ail ddinas yr ymerodraeth'. Penderfynwyd ar

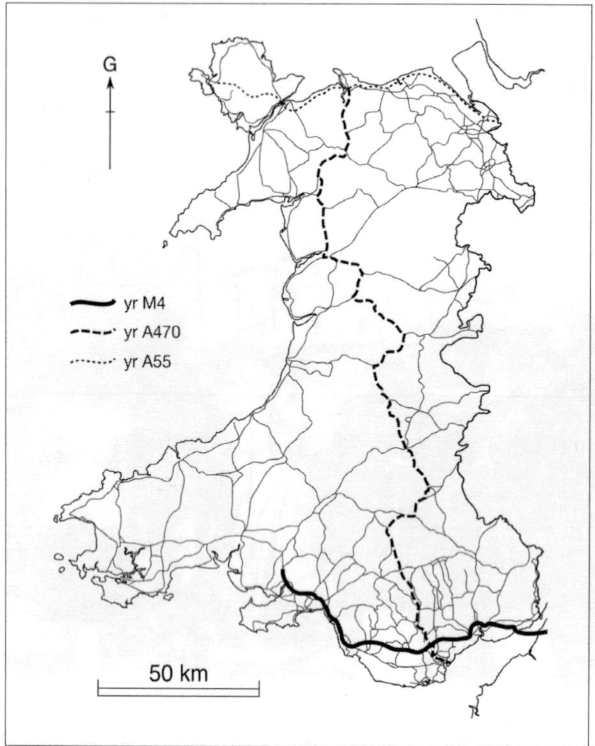


Yr M4 a ffyrdd 'A' Cymru

lwybr y ffordd – sef yr **A5** yn ddiweddarach – yn 1815 a chwblhawyd y gwaith o'i hadeiladu yn 1830. Fe'i cynlluniwyd gan **Thomas Telford** ac roedd ei gampwaith, y bont grog dros y **Fenai**, yn rhan ohoni. Arweiniai'r ffordd trwy ganol **Eryri** gan dorri'r siwrnai o Lundain i **Gaergybi** o 48 awr i 27 awr.

Cwmni Tyrpeg Amwythig–Caergybi a oedd yn gyfrifol am y rhan honno o'r lôn bost a âi trwy Gymru. Prydleswyd cwmnïau tyrpeg eraill i unigolion megis Thomas Bullin, a oedd yn gyfrifol am dollbyrth saith o'r cwmnïau yn y de-orllewin. Ei weithgareddau ef oedd un o'r ffactorau a sbardunodd Derfysgoedd **Rebeca**. Wedi'r terfysgoedd, sefydlwyd byrddau ffyrdd ar gyfer chwech o'r saith sir yn y de (hepgorwyd **Sir Fynwy**). Trwy gyfuno'r cwmnïau o fewn pob sir, codi tollau unffurf a chynyddu'r gwariant, gwelwyd sefydlu yn y de y rhwydwaith gorau o ffyrdd ym Mhrydain.

Wrth i **reilffyrdd** ymestyn i bob cwr o'r wlad, dirywiodd cyflwr y ffyrdd ac o dipyn i beth daeth oes y cwmnïau tyrpeg i ben. Gyda sefydlu'r cynghorau sir yn 1889 daeth y ffyrdd yn rhan o'u cyfrifoldeb, er i'r llywodraeth ganol ariannu'r priffyrdd pwysicaf. Cynyddodd y galw am well ffyrdd gyda'r cynnydd ym mherchnogaeth ceir; roedd 29,291 o berchnogion preifat yng Nghymru yn 1926, 104,800 yn 1950 ac ymhell dros filiwn erbyn dechrau'r 21g. Erbyn hynny, roedd gan bob tref o bwys yng Nghymru ei ffordd osgoi. Yng Nghymru, gwelwyd adeiladu rhan o draffordd yr **M4** a'r ddwy bont ysblennydd dros Fôr Hafren, a ffordd ddeuol yr **A55** sy'n cysylltu Caer a Chaergybi. Roedd adeiladu ffordd blaenau'r cymoedd (yr A465), sy'n dilyn ffin ogleddol maes **glo**'r de rhwng **Bryn-mawr** a **Glyn-nedd**, yr un mor bwysig. Fe'i cwblhawyd yn 1966, ond bellach mae'r gwaith ar droed o'i droi yn ffordd ddeuol. Yn 1995 fe'i cysylltwyd â'r M4 ger Sgiwen (**Coed-ffranc**) ac mae'r ffordd, bellach, yn 70km o hyd. Er gwneud rhai gwelliannau iddi, mae'r **A470**, sy'n cysylltu'r gogledd a'r de yn dal i fod yn gwbl annigonol, ac ystyried mai hon sy'n 'uno'r genedl'. Mae holl ffyrdd Cymru yn ddi-doll, ar wahân i **bontydd Hafren**, Pont Cleddau (gw. **Burton**), Pont Briwet ger **Penrhyndeudraeth** a phont **Penmaen-pŵl** i'r gorllewin o **Ddolgellau**. Yn 2007 datgelodd adroddiad i'r **Cynulliad Cenedlaethol** fod trafnidiaeth yng Nghymru wedi cynyddu o 33% rhwng 1989 a 2004, a bod tagfeydd traffig yn dwyn cost o £500 miliwn y flwyddyn i **economi** Cymru.

Rhys Gabe a thîm Cymru a drechodd y Crysau Duon yn 1905

**GABE, Rhys (1880–1967)** Chwaraewr rygbi
Roedd Rhys Gabe, a aned yn **Llangennech**, yn drichwarterwr grymus ac yn rhedwr nerthol a ffurfiodd bartneriaeth effeithiol â'i gyd-ganolwr **Gwyn Nicholls** a fu'n chwarae gydag ef dros **Gaerdydd** a Chymru. Sgoriodd 11 cais mewn 24 o gemau rhyngwladol ac roedd yn aelod o dîm Cymru a drechodd y Crysau Duon yn y fuddugoliaeth enwog yn 1905 (gw. **Rygbi**).

**GAFAEL**
Darn o dir a oedd yn perthyn i grŵp o bobl o'r un llinach. Ar sail yr afael, yn hytrach na'r **gwely**, y pennid trethi a gwasanaethau mewn rhannau helaeth o Gymru, er enghraifft yn y rhan fwyaf o **Sir Feirionnydd**, arglwyddiaeth y **Waun**, Dyffryn **Conwy** a rhannau o **Bowys**. Cyfeiria'r term hefyd at ddaliadau'r tenantiaid caeth yn y faerdref, sef y dreflan ddemên a fodolai ym mhob **cwmwd** yng **Ngwynedd**. Mae gwreiddiau'r afael yn aneglur, felly hefyd natur ei pherthynas â'r gwely. Efallai ei bod, mewn rhai achosion, yn ganlyniad rhannu'r gwely, ac mae'n ymddangos mai felly'r oedd hi yn arglwyddiaeth **Dinbych** lle'r oedd y ddau sefydliad yn cydfodoli, gyda'r afael yn israniad o'r gwely. Ond efallai fod gafaelion eraill wedi ymddangos ohonynt eu hunain yn yr ucheldir lle'r oedd deiliadaethau tir âr yn llai eu maint.

**GALLIE, Menna (1920–90)** Nofelydd
Cyhoeddodd Menna Gallie, a hanai o **Ystradgynlais**, bum nofel: *Strike for a Kingdom* (1959), sy'n delio â **Streic Gyffredinol** 1926, *Man's Desiring* (1960), *The Small Mine* (1962), *Travels with a Duchess* (1968) a *You're Welcome to Ulster!* (1970). Trwy'r cwbl, gwelir ei dawn i blethu'r dwys a'r doniol. Cyhoeddodd hefyd gyfieithiad o nofel **Caradog Prichard**, *Un Nos Ola Leuad*, dan y teitl *Full Moon* (1973).

**GALLOWAY, William (1840–1927)** Peiriannydd mwyngloddio
Albanwr oedd Galloway, ac fe'i penodwyd yn arolygydd mwyngloddfeydd yn 1873. Bu'n gwneud y gwaith hwnnw am bron ddwy flynedd yng ngorllewin yr **Alban,** cyn symud i Gymru yn arolygydd cynorthwyol (1874–9). Yn 1875 haerodd mai llwch **glo** yn hytrach na nwyon oedd prif achos ffrwydradau yn y pyllau (gw. **Trychinebau Glofaol**) gan ei

Gardd Fotaneg Genedlaethol Cymru

wneud ei hun yn amhoblogaidd gyda'r awdurdodau, ac fe'i gorfodwyd, fwy neu lai, i ymddiswyddo. Cynhaliodd arbrofion lu er mwyn profi ei ddamcaniaeth, ac fe'i derbyniwyd yn y diwedd. Derbyniwyd hefyd ei awgrym y dylid defnyddio llwch carreg i leihau perygl ffrwydradau. Bu'n Athro mwyngloddio yng **Nghaerdydd** (1891–1902), a daliodd ati wedi hynny fel ymgynghorydd. Fe'i hurddwyd yn farchog yn 1924.

## GANLLWYD, Y, Gwynedd (4,483ha; 178 o drigolion)

Pentref bach y Ganllwyd yw'r unig anheddiad o bwys yn y **gymuned** hon, sydd i'r gogledd o **Ddolgellau** ac o boptu'r **A470** a dyffrynnoedd **Mawddach** ac Eden. Mae'r rhan fwyaf o'r gymuned o fewn Coed y Brenin, a enwyd i ddathlu Jiwbilî Arian George V yn 1935. Dyma'r mwyaf o goedwigoedd y **Comisiwn Coedwigaeth** yng Nghymru, ac mae'n cynnwys canolfan beicio mynydd adnabyddus. Roedd Plas Dolmelynllyn, sydd erbyn hyn yn westy, yn gartref i W. A. Maddocks a adeiladodd y cob ym **Mhorthmadog**. Deil dyfroedd Rhaeadr Ddu i swyno ymwelwyr. Gwynfynydd oedd canolfan y diwydiant mwyngloddio **aur** yn **Sir Feirionnydd**.

## GAPPER, R[obert] L[ambert] (1897–1984) Cerflunydd

Ganed Gapper yn **Llanaelhaearn**. Gweithiai gyda nifer o wahanol ddefnyddiau a daeth yn enwog am lythrennu. Ar ôl gwasanaethu yn y **Rhyfel Byd Cyntaf** gweithiodd fel peiriannydd trydanol yn Rugby cyn mynd i'r ysgol gelf leol, ac yna, yn ddiweddarach, i'r Coleg Celf Brenhinol yn **Llundain**. Derbyniodd ysgoloriaethau a'i galluogodd i deithio o gwmpas Ewrop, ac o tua 1928 ymlaen gweithiodd mewn chwareli **gwenithfaen** yn **Sir Gaernarfon**. Bu'n ddarlithydd yn **Aberystwyth** (1934–62) a gwnaeth sawl gwaith comisiwn, gan gynnwys penddelw nodedig o'r bardd **Alun Lewis** yn **Aberdâr**.

## GARDD FOTANEG GENEDLAETHOL CYMRU

Lleolir yr ardd mewn parc o'r 18g. yn **Llanarthne** (ar dir stad Middleton) ac fe'i hagorwyd yn 2000. Ei bwriad yw gwarchod rhywogaethau o **blanhigion** sydd dan fygythiad, astudio'r amrywiaethau o blanhigion a geir, a cheisio addysgu a diddanu'r ymwelwyr yr un pryd. Canolbwynt y cyfan yw'r tŷ gwydr enfawr a ddyluniwyd gan Norman Foster, y tŷ gwydr bwa sengl mwyaf yn y byd. Ynddo ceir casgliad unigryw o gryn fil o rywogaethau o blanhigion o arfordiroedd Môr y Canoldir a rhanbarthau a chanddynt **hinsawdd** debyg i hinsawdd yr arfordiroedd hynny; mae llawer o'r planhigion hyn ar fin diflannu yn eu cynefin naturiol. Y tu draw i brif fangre'r ymwelwyr ceir stad 162ha ac iddi amrywiaeth o gynefinoedd a bywyd gwyllt. Ymysg y planhigion prin o Gymru sydd dan fygythiad ac a welir yn yr ardd, y mae'r gerddinen *Sorbus leyana*, y goeden brinnaf ym **Mhrydain** (nid oes ond 16 ohonynt yn tyfu'n wyllt). Yn 2002 agorodd yr ardd ddeorydd biowyddoniaeth. Yn 2003 aeth yr ardd i drafferthion ariannol dybryd, ac roedd yr ymddiriedolaeth breifat sy'n ei rhedeg ar fin torri. Dadleuai llawer y dylai droi'n gorff cyhoeddus o dan awdurdod y **Cynulliad Cenedlaethol**. Yn 2004 cytunodd yr ymddiriedolwyr ar becyn ariannol gan y Cynulliad Cenedlaethol, Cyngor **Sir Gaerfyrddin** a Chomisiwn y Mileniwm, a llwyddwyd i ddiogelu ei dyfodol.

## GARMON (Germanus; m.437/8) Sant

Esgob Auxerre yng Ngâl, yr ysgrifennwyd ei Fuchedd gan Constantius *c.*480. Anfonwyd Garmon i **Brydain** gan y Pab yn 429 ar gais clerigwyr lleol i ddiwreiddio **Pelagiaeth**. Dywedir iddo arwain byddin o Frythoniaid yn erbyn y Pictiaid a'r Sacsoniaid (gw. **Eingl-Sacsoniaid**), gan eu hannog i weiddi 'Haleliwia!' wrth orchfygu'r goresgynwyr ym Mrwydr Maes Garmon. Mae'n bosibl iddo ailymweld â Phrydain yn 447. Dichon mai Garmon arall oedd yr un a sefydlodd sawl eglwys o'r enw Llanarmon ym **Mhowys**. Cyfuniad o'r ddau yw prif gymeriad *Buchedd Garmon*, drama **Saunders Lewis**. Mae obelisg ger Fferm Maesgarmon (**Gwernaffield**), maes honedig y frwydr, yn coffáu buddugoliaeth yr Haleliwia.

## GEE, Thomas (1815–98) Cyhoeddwr, perchennog newyddiaduron ac arweinydd gwleidyddol

Ar ôl bwrw ei brentisiaeth yn swyddfa **argraffu** ei dad yn **Ninbych**, treuliodd Gee gyfnod byr yn **Llundain** cyn dychwelyd i Ddinbych i gymryd gofal o'r wasg. Torrodd dir newydd yn hanes y wasg Gymraeg wrth gychwyn chwarterolyn *Y Traethodydd* yn 1845 (gw. **Cylchgronau**). Wedi buddsoddi'n drwm yn y busnes – ef, yn gynnar yn 1853, oedd y cyntaf yng Nghymru i ddefnyddio peiriannau argraffu stêm – mentrodd ar gynlluniau cyhoeddi beiddgar. Dechreuodd gyhoeddi ***Y Gwyddoniadur Cymreig*** yn 1854, yn ogystal â thoreth o lyfrau eraill, llawer ohonynt yn grefyddol neu'n ymarferol ond eraill yn ysgolheigaidd, megis ail argraffiad y *Myvyrian Archaiology* (1870).

Er mai Eglwyswyr oedd ei rieni, ymunodd Gee â'r **Methodistiaid Calfinaidd** yn 1830. Bu'n bregethwr ac yn gefnogwr selog i'r **ysgol Sul** – trefnodd yn ei ewyllys i gyflwyno medalau i'r aelodau ffyddlonaf. Bu hefyd ymhlith y selocaf o hyrwyddwyr llwyrymwrthodiad (gw. **Dirwest**). Er iddo frwydro'n galed yn erbyn Toriaeth a gafael y meistri tir ar eu deiliaid, diddymu'r hyn a ystyriai yn freintiau annheg yr Eglwys Sefydledig oedd ei brif nod (gw. **Datgysylltu Eglwys Loegr yng Nghymru**). Cefnogwyd ei ymgyrchoedd gwleidyddol o 1857 ymlaen gan ei newyddiadur, *Baner Cymru*, prif lais **radicaliaeth** Anghydffurfiol Cymru. Yn 1859 ailenwyd y papur yn *Baner ac Amserau Cymru*, wedi i Gee brynu *Yr Amserau* ac uno'r ddau gyhoeddiad (gw. **Papurau Newydd**). Gwelid dylanwad *Y Faner* yn arbennig yn ystod Rhyfel y **Degwm**. Rhoddai'r papur gryn sylw hefyd i ddiddordebau eraill Gee, megis darparu **addysg** elfennol anenwadol a phrifysgol i Gymru, un lle câi'r **Gymraeg** le teilwng.

Erbyn y 1890au roedd awr anterth Gee yn darfod. Dechreuodd ei lyfrau golli eu hapêl, ac er bod ei ddaliadau gwleidyddol yn parhau'n feiddgar – fel un o gefnogwyr **Cymru Fydd** dadleuodd o blaid **ymreolaeth** – nid oedd gan ei weledigaeth lawer i'w gynnig i'r Gymru gynyddol ddiwydiannol. Er hynny, parhâi'n weithgar ac ef oedd cadeirydd cyntaf Cyngor Sir Ddinbych yn 1889.

Cyhoeddwyd cofiant iddo gan **T. Gwynn Jones** (1913), clasur sy'n ymgorfforiad perffaith o'r weledigaeth radicalaidd-Anghydffurfiol o hanes Cymru yn ystod y 19g.

## GEIFR

Ddiwedd y 12g. cofnododd **Gerallt Gymro** fod creigiau coediog **Eryri** yn llawn o eifr a **defaid**. Dofwyd geifr yn gynharach na **gwartheg** a defaid, ac fe'u cyflwynwyd i **Brydain** gan ffermwyr yn yr Oes Neolithig (gw. **Oesau Cynhanesyddol**). Mae'n bosibl eu bod yn lluosocach na defaid hyd yr 16g. Ond pan ddaeth trawstrefa i ben (gw. **Hafod a Hendre**) a phan ddechreuwyd **cau tiroedd** yn y 18g., disodlwyd geifr a gwartheg gan ddiadelloedd mawr o ddefaid yn yr ucheldiroedd.

Gwneid **caws** o laeth geifr a chanhwyllau o'u gwêr, a sychid eu cig ar gyfer y gaeaf. Tybid bod geifr a borai ar glogwyni yn cadw gwartheg draw o leoedd peryglus. Daliodd rhai ffermwyr i gadw nifer bychan o eifr gyda'u gwartheg hyd at y 1950au. Oddi ar y 1970au y mae diwydiant caws ffyniannus Cymru wedi adfywio'r arfer o gadw geifr ymhlith tyddynwyr.

Yn Eryri ceir geifr gwyllt, disgynyddion i eifr a ffodd oddi ar ffermydd yn y gorffennol. Mae geifr Cashmir, a gyflwynwyd yn y 19g., yn byw'n wyllt ar y Gogarth (**Llandudno**), ac o'u plith y ceir mascotiaid ar gyfer y **Ffiwsilwyr Brenhinol Cymreig**.

## GEIRIADURAETH

Un o'r llyfrau print **Cymraeg** cyntaf oedd *A Dictionary in Englyshe and Welshe* (1547) gan **William Salesbury**. Er gwaethaf ei deitl, geiriadur Cymraeg–Saesneg ydyw sy'n rhestru llawer o eiriau Cymraeg heb gyfystyron **Saesneg**. Y geiriadur Cymraeg pwysicaf cyn y cyfnod modern oedd *Dictionarium Duplex* (1632), geiriadur Cymraeg–Lladin Lladin–Cymraeg gan **John Davies** (*c.*1567–1644). Mae'r adran Ladin–Cymraeg yn dalfyriad o gyfaddasiad anghyhoeddedig gan **Thomas Wiliems** o'r geiriadur safonol Lladin–Saesneg gan Thomas Thomas. Defnyddiwyd yr adran Gymraeg–Ladin yn sail i eiriadur bach Cymraeg– Cymraeg–Saesneg (geiriadur sy'n rhestru geiriau Cymraeg gan roi cyfystyron Cymraeg a Saesneg), sef *Y Gymraeg yn ei Disgleirdeb / The British Language in its Lustre* (1688) gan **Thomas Jones** yr almanaciwr (1648–1713). Fe'i cyfieithwyd a'i gyhoeddi'n ddiweddarach, ar ôl corffori deunydd ychwanegol o amryw ffynonellau, fel *Antiquae Linguae Britannicae Thesaurus . . . a Welsh–English Dictionary* (1753) gan Thomas Richards (1710–90) (gw. **Pen-y-bont ar Ogwr**: Llangrallo Isaf).

Llyfr bach wedi'i gynhyrchu'n wael oedd y geiriadur Saesneg–Cymraeg cyntaf (1725) gan John Roderick (Siôn Rhydderch), yr almanaciwr. Yn ystod ail hanner y 18g. cyhoeddwyd geiriadur Saesneg–Cymraeg (1770–94) John Walters (1721–97; gw. **Llan-fair**), gwaith arloesol sy'n rhestru'n fanwl wahanol ystyron geiriau Saesneg ynghyd â'u cyfystyron Cymraeg. Fe'i seiliwyd yn rhannol ar waith heb ei gyhoeddi gan William Gambold, awdur *A Grammar of the Welsh Language* (1727).

Bu *A Welsh and English Dictionary* (1793–1803), gan **William Owen Pughe**, yn ddylanwad mawr ar Gymraeg hanner cyntaf y 19g. Er bod Pughe yn wybodus iawn am eirfa'r Gymraeg, sarnwyd ei waith gan ei ragfarnau mympwyol. Geiriadurwr pwysicaf ail hanner y ganrif oedd D. Silvan Evans (1818–1903), golygydd geiriadur Saesneg–Cymraeg cynhwysfawr (1847–58) a geiriadur hanesyddol uchelgeisiol anorffenedig Cymraeg–Saesneg (1887–96). Cyhoeddwyd rhan ychwanegol, yn cyrraedd hyd y gair 'ennyd', yn 1906, ar ôl iddo farw. Tebyg fu hanes *Geirfa Barddoniaeth Gynnar Gymraeg* (1931–63), gwaith John Lloyd-Jones (1885–1956), a oedd yn llawer mwy uchelgeisiol nag owt all the countraye I haue wrytte a lytle englyshe dyctionary with the welshe interpretacion wher vnto I haue prefixed a treatyse of the englyshe pronunciation of the letters: and although that nother the boke it selfe entreating of a matter byfore towchede of no man & therfore rude (as all thynges be at their furst bygynnynge) can be in no poynte worthye to be offerede to your maiestie And I agayne of such symple both witte and learnyng and of such a meane & lowe estate that I am most vnworthe to dedicate any thynge vnto your grace although of it selfe it were veraye excellent, yet the conscience of my most feruent loue towarde youre grace and most vehement desyre to accomplishe your wyll to my power hathe made me bolde emongeste other large and greate gyuers after therāple of the poore widdowe (whom the Gospel speaketh of) to offer vp to youre grace

Luc. xxi. my lytle farthyng as a testimonye of mi due bonden loue towardes youre maiestie whom Jhesu the eternal Kynge preserue longe in al prosperitye & most highe honoure.

Youre poore and humble subiecte Wyllyam Salesburye.

Wyllyam Salesburi wrth y darlleawdr.

Nid oedd ddarllepydd bonheddigaidd nid anghyffylltbell vyssei ddangos a datclario pa lesaad pa vudd a phwy broffit a ddelsai ir neb a dreuliai ddyn amser wrth ddarllen a mefyrriaw ar y llyfer hwn Oni vyssei ddarfod or blaen i oruwchelddawl a hargl wydd vrenhin ay gyncor edrych arnaw ai dderbyn eissoes yn sowedic gymradwy o help a chanhorthwy ynchwyniad tywysogaeth at Jaith saesnaec A chan vod hefyd llywadraeth kalon vrenhin (vegys y tystysia r ystrythur lan) drwy law ddew, yr hwn a gatwo eu ras yn hirhoedloc lwyddianus ffynadwy Amen. Onid bellach i nessau tu ar peth kyfreitiaf a chyssonaf yngan a sonio am danaw yn y vangre hon Hefer mwyn Kymbry or nid oes gantunt angwanec o ddyfynder athrowlythyr onid medry o vraidd ddew, ddarllen iaith eu mameu ir hai hynny yn vnic o chwenychant vegys y dylent vynny kyfrwyddyt i ddarllen a deall iaith Saesnec iaith heddyw vrddedic o bob rhyw oreuddysc iaith gyflawn o ddawn a buddygoliaeth ac iaith nid chwaith anhawdd i ddyscy vegys y may pop nassiwn yn i hyfedyr ddyscy eb edrych yn llygat y boen nar gost ac yn angenrheitiach i ni r Kymbry no neb wrthei er esceuluset genym am y peth: Ir hai an nyscedic hynny meddaf yd yscrifenned hyno wan athra

Awdurdot y llyvr gan y brenhin, awdurtot y brenhin y gan dduw.

Rhan o ragymadrodd William Salesbury i'w eiriadur Cymraeg–Saesneg, 1547

a awgrymai ei deitl; ni chyrhaeddodd ond mor bell â'r gair 'heilic'.

Yn 1848 cyhoeddwyd geiriadur Cymraeg–Saesneg ac yn 1850 un Saesneg–Cymraeg gan William Spurrell (gw. **Spurrell, Teulu**). Cyhoeddwyd sawl argraffiad diwygiedig o'r rhain, a hynny o 1913 ymlaen dan olygyddiaeth J. Bodvan Anwyl (1875–1949), gyda chymorth ei frawd **Edward Anwyl** yn y lle cyntaf. Dyna eiriaduron safonol hanner cyntaf yr 20g., fel yr oedd rhai H. Meurig Evans, yn enwedig *Y Geiriadur Mawr* (1958), yn yr ail hanner.

Gwelodd yr 20g. gynnydd mawr mewn geiriadura: geirfaon tafodieithol megis *The Welsh Vocabulary of the Bangor District* (1913) gan O. H. Fynes-Clinton, a *Geirfa Tafodiaith Nantgarw* (1993) gan Ceinwen H. Thomas; geiriaduron dwyieithog **Lladin**, Llydaweg, Almaeneg a **Ffrangeg**; geiriaduron safoni termau technegol; a gwirwyr sillafu a geiriaduron electronig. Ond rhai traddodiadol yw'r ddau waith pwysicaf: *Geiriadur yr Academi / The Welsh Academy English–Welsh Dictionary* (1995), gan Bruce Griffiths a Dafydd Glyn Jones, y dylanwad unigol mwyaf ar eirfa'r Gymraeg heddiw, a *Geiriadur Prifysgol Cymru* (1950–2002), y geiriadur Cymraeg hanesyddol amlgyfrolog safonol (gol. R. J. Thomas, Gareth A. Bevan, a Patrick J. Donovan), sy'n cyfateb, ond ar batrwm mwy cryno, i'r *Oxford English Dictionary*.

## GELERT

Ci ffyddlon **Llywelyn ap Iorwerth** y dywedir i bentref **Beddgelert** gael ei enwi ar ei ôl. Cadwyd dau fersiwn o'r chwedl. Mae'r fersiwn cynharaf, a gofnodwyd gyntaf yn niwedd y 15g., yn sôn am gi Llywelyn, Cilhart, yn cael ei gladdu'n barchus mewn bedd ym Meddgelert, ar ôl marw o ludded wedi iddo fod yn erlid carw. Mae'r fersiwn enwocaf o'r chwedl, a ddaeth i fri gyntaf yn y 18g. a'r 19g., wedi'i seilio ar fotîff yr anifail ffyddlon a laddwyd ar gam. Cred Llywelyn fod Gelert wedi lladd ei blentyn wrth iddo gysgu mewn crud ac mae'n lladd y ci gwaedlyd yn y fan a'r lle, ond yna'n darganfod bod Gelert wedi arbed y plentyn rhag blaidd rheibus. Cleddir Gelert gydag urddas gan y tywysog edifeiriol. Mae'n debyg i'r stori gael ei chywreinio a'i chysylltu â Beddgelert gan berchennog gwesty'r Goat er mwyn hybu **twristiaeth**. Ond ceir peth tystiolaeth ei bod yn hysbys yng Nghymru'r Oesoedd Canol. Mae un o chwe chrib tarian a ddefnyddiwyd gan Richard III – yr un sy'n cynrychioli Cymru – yn dangos crud aur a milgi arian.

## GELLI [GANDRYLL], Y (Hay), Sir Frycheiniog, Powys (150ha; 1,469 o drigolion)

Tref y **ffin** yw'r Gelli yn ei hanfod, a saif yn yr union fan lle mae afon **Gwy** yn llifo i mewn i **Loegr**. Mae'r enw Saesneg yn tarddu o'r Hen Saesneg *(g)haeg*, sef ffens, yna rhan o fforest wedi'i hamgáu (ar gyfer **hela**). Coedwig yw ystyr *celli* hefyd, ac awgryma *candryll* iddi gael ei rhannu'n lleiniau niferus o dir ar ôl iddi gael ei chlirio. Bu'r Gelli yn dref gaerog am gyfnod o 500 mlynedd, gyda'r castell ac eglwys y plwyf y tu allan i'r muriau. Tua 1700 dymchwelodd yr eglwys – un o gapeli Priordy **Aberhonddu** – gan adael dim ond y tŵr ar ei draed; fe'i hailadeiladwyd, yn ogystal ag Eglwys Ifan hithau, eglwys urdd ganoloesol y Gelli. Dinistriwyd y castell, a adeiladwyd gan deulu de Breos (gw. **Breos, Teulu**), gan y Brenin John, **Llywelyn ap Iorwerth** ac **Owain Glyndŵr** yn eu tro. Prynwyd y castell a'r plasty gerllaw, sy'n dyddio o'r 17g., gan Richard Booth, a'i coronodd ei hun yn Frenin y Gelli. Booth sy'n gyfrifol am y ffaith fod y Gelli, sy'n gyfuniad dymunol o dai o'r 17g. a'r 19g., yn gyforiog o siopau llyfrau. Yma y cynhelir Gŵyl y Gelli, sydd wedi ei chynnal bob blwyddyn er 1988 a hon bellach yw gŵyl lenyddol fwya'r byd. Yn 2001 roedd 88.66% o drigolion y Gelli heb fedru unrhyw **Gymraeg**, ffigur sy'n golygu mai dyma'r **gymuned** fwyaf Seisnigedig ym **Mhowys**, yn ieithyddol.

## GELLI-GAER, Caerffili (2,038ha; 16,573 o drigolion)

Mae'r **gymuned** hon i'r gorllewin o afon **Rhymni** yn cynnwys pentrefi Gelli-gaer, Penpedair-heol, Cefn Hengoed ac Ystrad-mynach. Mae'n debyg i'r gaer Rufeinig yng Ngelli-gaer gael ei hadeiladu *c.* OC 120 a'i gadael yn wag *c.*190. Wrth gloddio canfuwyd gwrthgloddiau a ffosydd amddiffynnol yno, yn ogystal ag amrywiaeth o adeiladau gan gynnwys barics, adeiladau gweinyddol a baddonau. Ar Gomin Gelli-gaer ceir olion pedwar gwersyll ymarfer Rhufeinig.

Mae Eglwys Sant Catwg yng Ngelli-gaer wedi'i hatgyweirio'n helaeth ac ynddi ceir bedyddfa ar gyfer bedydd trochiad. Gerllaw'r eglwys mae mwnt Castell Twyn a godwyd gan y Cymry, yn ôl pob tebyg, yn ystod y 12g. Mae plasty Llancaeach Fawr yn dyddio o ddechrau'r 16g; ymwelodd Charles I ag ef yn 1645. Mae mewn cyflwr da; fe'i prynwyd gan yr awdurdod lleol yn 1981 a'i droi'n amgueddfa sy'n portreadu hanes 'byw'. Sefydlwyd ysgol yng Ngelli-gaer yn unol ag ewyllys Edward Lewis o Gilfach Fargod a fu farw yn 1715. Fe'i hadwaenid fel Ysgol Lewis Pengam (gw. **Pengam**), ac mae pentwr o gerrig yng Nglan-y-nant yn nodi safle'r adeilad o'r 18g. a oedd yn gartref gwreiddiol iddi.

Ni ddaeth diwydiant i'r ardal hyd ddiwedd y 19g. Erbyn dechrau'r 20g. y prif gyflogwr oedd glofa Penallta a agorwyd gan Gwmni **Powell Duffryn** yn 1909 – y lofa fwyaf cywrain ei hadeiladwaith i gael ei chodi yng Nghymru yn ystod y cyfnod hwnnw.

## GEMAU'R GYMANWLAD

Cynrychiolwyd Cymru yng Ngemau'r Ymerodraeth Brydeinig pan gynhaliwyd hwy gyntaf yn 1930, ac mae'n un o chwe gwlad yn unig i gystadlu ym mhob un o Gemau'r Gymanwlad ers hynny. Cynhaliwyd cyfarfod cyntaf Cyngor Gemau'r Gymanwlad Cymru yn Neuadd y Ddinas, **Caerdydd**, yn 1933, a nod y Cyngor yw sicrhau bod Cymru'n cymryd rhan yn rheolaidd yn y Gemau, a gynhelir bob pedair blynedd. Yn 1958 cynhaliwyd Gemau'r Gymanwlad yng Nghymru – yng Nghaerdydd yn bennaf.

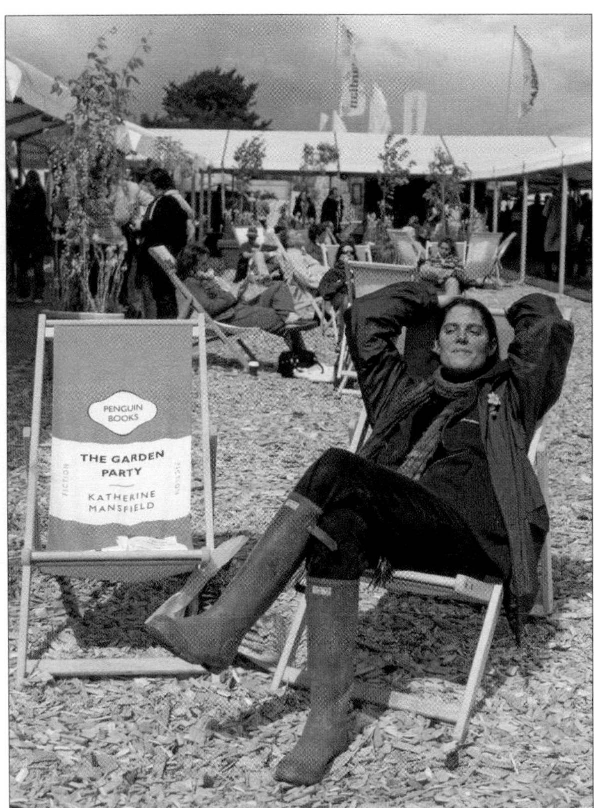


Gŵyl y Gelli

Y nofwraig Valerie Davies (gw. **Nofio**) a enillodd fedal gyntaf Cymru yng Ngemau'r Gymanwlad, yn Hamilton yn 1930. David Morgan (gw. **Codi Pwysau**) sydd wedi ennill y nifer fwyaf o fedalau i'w dyfarnu i athletwr o Gymru yn y Gemau, gyda naw medal aur a thair medal arian, o gyfanswm o chwech o Gemau. (Gw. hefyd **Athletau**.)

## GENAU'R-GLYN, Ceredigion (1,806ha; 735 o drigolion)

Lleolir y **gymuned** rhwng y **Borth** ac **Aberystwyth** ac mae'n cynnwys pentrefi Llanfihangel Genau'r-glyn (Llandre), Dôl-y-bont a Rhydypennau. Tomen fawr ac iddi feili dwbl yw Castell Gwallter, a adeiladwyd gan Walter de Bec yn ystod goruchafiaeth y **Normaniaid** yng **Ngheredigion** (1110–1135). Roedd Glanffraid (Glanffred), a fu unwaith yn eiddo i deulu **Pryse**, Gogerddan, yn gartref i Bridget Pryse, mam **Edward Lhuyd**. Cwmwd Genau'r-glyn oedd **cwmwd** mwyaf gogleddol cantref **Penweddig**.

## GENWEIRIO (Pysgota â gwialen)

Mae genweirio yn un o weithgareddau hamdden mwyaf poblogaidd cefn gwlad ac arfordir Cymru, ond am genedlaethau dirifedi mater o angen yn hytrach na difyrrwch fu pysgota â genwair, bach ac abwyd (gw. **Pysgod a Physgota**). Ers canrifoedd bu **afonydd** a **llynnoedd** y wlad, a'u cyfoeth o frithyllod, eogiaid, sewiniaid a phenllwydion, yn denu pysgotwyr o Gymru a'r tu hwnt. Yn y 1990au croesawodd Cymru ddwy bencampwriaeth bysgota â phlu yn ogystal â chystadlaethau Ewrop a'r Gymanwlad.

Mae'r cyfeiriad cynharaf at enweirio mewn **llenyddiaeth** Gymraeg i'w gael mewn cerdd o'r Oesoedd Canol, 'Yr

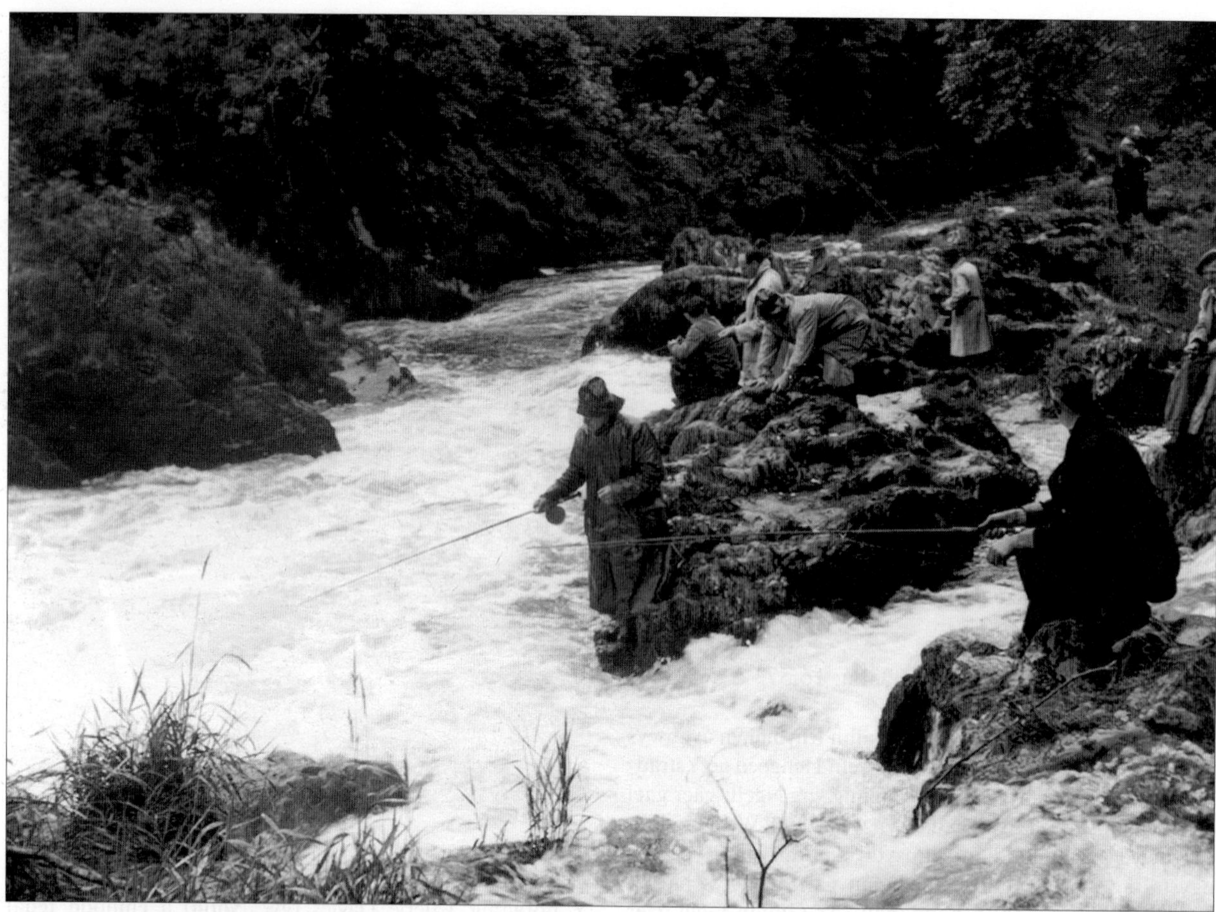

Genweirio yng Nghenarth, 1950au

Eog', a dadogir, yn gyfeiliornus mae'n debyg, ar **Dafydd ap Gwilym**, sy'n cyfarch yr eog fel 'cylionwr' (daliwr pryfetach). Yn gynnar yn y 19g. cyhoeddwyd sawl llyfr ar enweirio yng Nghymru, fel cyfrol George Scotcher, *The Fly Fisher's Legacy* (1820), ac un George Agar Hansard, *Fishing the Rivers and Lakes of Wales* (1834) – llyfrau sy'n adlewyrchu'r diddordeb cynyddol yn y gweithgarwch. Ceir ynddynt ddarlun o gyfnod pan fyddai modd i enweirwyr ddal cynifer â 50 o bysgod mewn diwrnod ar afon **Teifi**, neu pan allai tri dyn mewn cwch gael helfa o 500 o frithyll o Lyn Myngul (**Llanfihangel-y-Pennant**).

Mae llyfr manwl Hansard yn cynnwys cyfeiriad at ddefnyddio'r bluen enwog 'Coch a bonddu' wrth bysgota yn afon Ewenni. Trafodir y grefft o lunio plu pysgota hefyd yn y llyfr Cymraeg cyntaf ar bysgota, sef *Llawlyfr y Pysgotwr* gan William Roberts (1899), sy'n disgrifio'r patrymau cain a grëid gan frodorion **Eryri**. Mae llawer o'r plu a geir yn nyffrynnoedd **Gwy** ac **Wysg** yn debyg i batrymau Albanaidd, oherwydd dylanwad beilïaid o'r **Alban**, mae'n debyg, a gâi eu cyflogi yn y 19g. i gadw potswyr draw.

Ganol yr 20g. rhoddodd cynllun newydd i reoli afonydd yng Nghymru y gallu i glybiau pysgota brynu hawliau pysgota ar gyfer afonydd a fu cyn hynny yn eiddo i'r stadau mawrion. Mae'r 'democrateiddio' hwn wedi ei gwneud hi'n bosibl i ragor o bobl gyfranogi o'r gweithgarwch, ond mae corff llywodraethu'r gamp, Cymdeithas Pysgota Eogiaid a Brithyllod Cymru, yn dal i bryderu am y gostyngiad yn y nifer o bobl ifainc sy'n ymddiddori mewn genweirio.

**GEORGE, T[homas] N[eville] (1904–80)** Daearegydd
Ac yntau'n aelod o deulu o athrawon, roedd Neville George, a aned yn Nhreforys, **Abertawe**, yn Athro **prifysgol** ysbrydoledig a oedd wedi ymroi i addysg oedolion a dysgu **daeareg** mewn ysgolion. Graddiodd yn Abertawe a **Chaergrawnt**, ac yna yn 1933 fe'i penodwyd yn Athro daeareg yn Abertawe, yn olynydd i'r Athro cyntaf, **A. E. Trueman**. Fe'i gwnaed yn Athro daeareg yn Glasgow yn 1947. Stratigraffeg y cyfnod Carbonifferaidd Isaf, palaeontoleg ddamcaniaethol ac esblygiad geomorffolegol tirwedd Cymru oedd ei brif feysydd ymchwil.

**GERALLT GYMRO (Gerallt o Gymru, Giraldus de Barri, Giraldus Cambrensis; *c*.1146–1223)** Llenor
Ganed Gerallt ym **Maenorbŷr**, yn bedwerydd mab William de Barri a'i wraig Angharad. Ymhyfrydai yn ei dras cymysg er y teimlai weithiau fod hyn wedi rhwystro'i yrfa a'i fod yn cael ei ddrwgdybio gan y naill ochr a'r llall; ond yn ddiwylliannol a chymdeithasol gyda'r Cambro-Normaniaid (gw. **Normaniaid**) y mae'n rhaid ei osod.

Derbyniodd **addysg** orau'r dydd yng Nghaerloyw, Paris, Lincoln a Henffordd. Tua 1175 dychwelodd i Gymru a chael ei benodi'n archddiacon **Brycheiniog** yn esgobaeth **Tyddewi**. Bu'n ddiwygiwr egnïol ac fe'i henwebwyd gan ganoniaid Tyddewi i olynu ei ewythr yn esgob yn 1176; ond ni fynnai'r brenin mohono, meddid, oherwydd ei gyswllt teuluol â'r Arglwydd Rhys (**Rhys ap Gruffudd**; m.1197). Fodd bynnag, derbyniodd ei ethol gan gabidwl Tyddewi yn

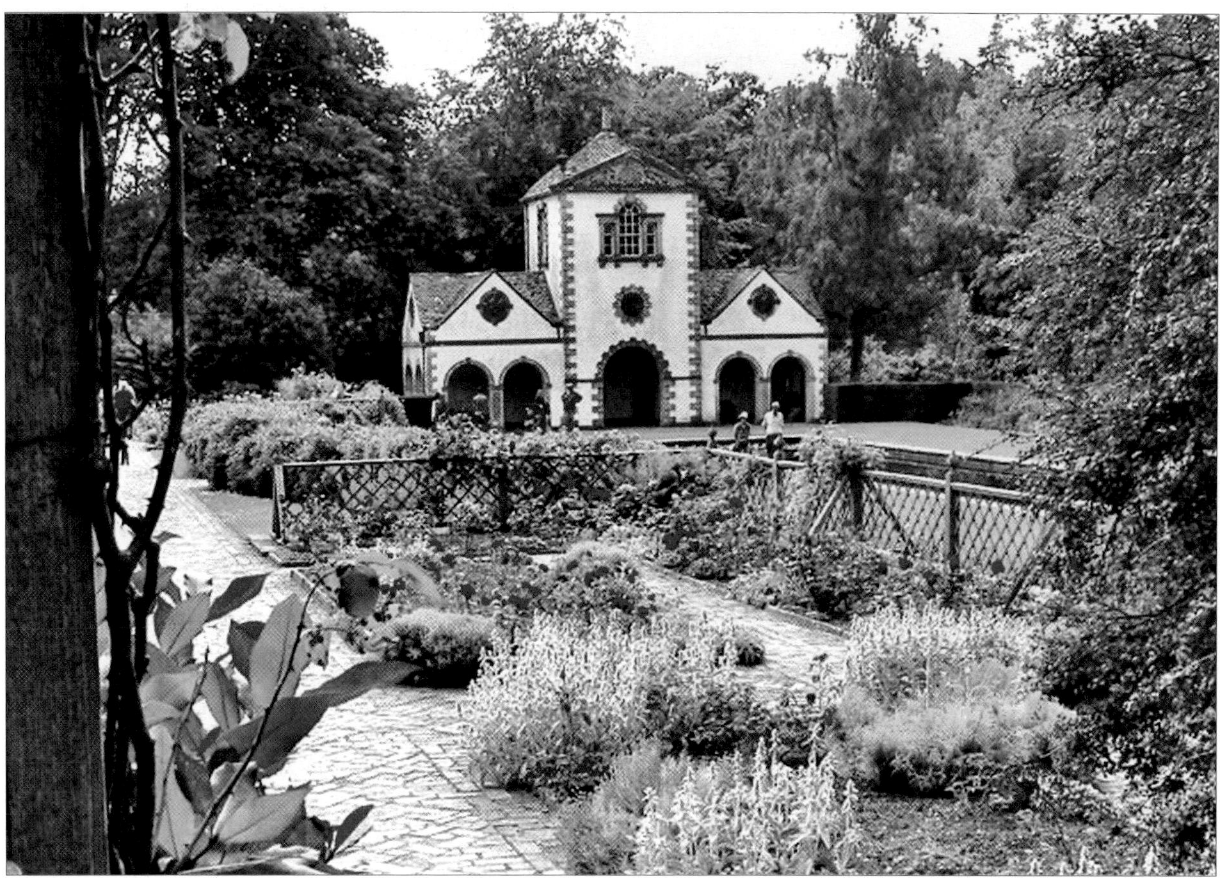

Gerddi Bodnant (Eglwys-bach)

1199 a bu'n ymgyrchu'n ddiflino yn llys y brenin ac yn Rhufain (deirgwaith) i gael dilysu'i ethol yn esgob a chael cydnabod statws archesgobaethol Tyddewi, nes iddo orfod derbyn ei drechu'n derfynol yn 1203.

Roedd Gerallt yn fwy o lenor nag o wleidydd. Er treulio blynyddoedd yng ngwasanaeth Harri II, ychydig o feddwl a oedd ganddo o fywyd y llys. Treuliodd ddau gyfnod yn **Iwerddon** yn 1183 ac 1185, ymweliadau a ddarparodd ddeunydd ei ddau lyfr cyntaf, *Topographia Hibernica* neu *Topograffeg Iwerddon* (1188) a *Expugnatio Hibernica* neu *Goresgyniad Iwerddon* (1188). Mae'r ail yn adrodd hanes yr ymgyrch Normanaidd gyntaf o safbwynt ei dylwyth ei hun, gan ddangos dawn Gerallt i osod trefn thematig ar ei ddeunydd ac i greu naratif bywiog yn null yr haneswyr clasurol. Yn y *Topograffeg*, disgrifir tirwedd a bywyd natur Iwerddon ynghyd ag arferion ei phobl (dangosir cryn ragfarn tuag atynt). Treuliodd Gerallt chwe wythnos yn 1188 yn un o fintai'r archesgob Baldwin yn cylchu Cymru i bregethu'r groesgad a hefyd, yn ddiau, i arddangos awdurdod Caergaint. Yn *Itinerarium Kambriae* neu *Hanes y Daith trwy Gymru* (1191), ceir disgrifiad o'r wlad a'i phobl ynghyd â mynych grwydriadau anecdotaidd a sylwebaeth bersonol. Roedd yn llyfr unigryw yn ei gyfnod a deil yn un difyr i'w ddarllen. Mae *Descriptio Kambriae* neu *Disgrifiad o Gymru* (1194) yn llyfr mwy ffurfiol ei gynllun ond llawn mor eithriadol ei natur. Ceir ynddo ddadansoddiad hanesyddol-ddaearyddol o ddatblygiad Cymru, disgrifiad o gryfderau a gwendidau'r gymdeithas Gymreig a moesau a defodau'r trigolion, a chynghorion ar sut orau i oresgyn y Cymry a sut y medrent wrthryfela yn erbyn goresgyniad. Yn y llyfrau hyn, goreuon cynnyrch Gerallt, ceir y trafodaethau cyfoes mwyaf byw ar gymdeithas Gymreig y 12g.

Parhaodd Gerallt i ysgrifennu weddill ei fywyd – bucheddau saint, cynghorion moesol, dadleuon dros ddiwygio'r eglwys a'r llys, a hanes ei frwydr o blaid Tyddewi: cryn ugain o lyfrau i gyd. Trwy ei ysgrifennu daw ei bersonoliaeth gymhleth yn fyw – yn ŵr dysgedig, penderfynol a hunanhyderus, ond naïf a hunandybus hefyd; a thrwy'r cyfan yn methu ag ymuniaethu'n llwyr â'r naill elfen na'r llall yn ei dras.

## GERDDI, PARCDIROEDD A PHERLLANNAU

Mae garddwyr wedi bod yng Nghymru am o leiaf 6,000 o flynyddoedd, oherwydd garddwyr yn hytrach nag amaethwyr oedd cynhyrchwyr **cnydau** cyntaf y wlad, gan mai trin lleiniau bychain a wnaent. Mae'n debyg fod pobl gynhanesyddol yn cadw gerddi o ran pleser yn ogystal, a byddent yn gofalu am **blanhigion** addurniadol, yn arbennig y rheini a ddefnyddid mewn defodau. Daw'r dystiolaeth gynharaf am erddi ffurfiol o gyfnod y **Rhufeiniaid**; roedd gan legad lleng-gaer **Caerllion** ardd wedi'i hamgáu a phwll yn y canol, ac roedd gerddi buarth yn addurno tai mwyaf **Caer-went**. Ymhlith y planhigion a gyflwynwyd gan y Rhufeiniaid y mae moron, maip a phannas, ynghyd â choed ceirios, gwinwydd, cyll Ffrengig, coed ffigys, merwydd, meryswydd a chastanwydd pêr.

Mewn canrifoedd diweddarach daw tystiolaeth am arddio o gyfreithiau **Hywel Dda**, gwaith y beirdd, buchedd **Gruffudd ap Cynan** a chofnodion adeiladu cestyll (gw. **Pensaernïaeth**).

John Gibson

Mae cynllun gardd esgob **Tyddewi** wedi goroesi yn **Llandyfái**; yno, yn 1326, roedd gwelyau o gennin (gw. **Cenhinen**) a bresych, a pherllannau afalau, yn ogystal â phyllau **pysgod** a cholomendy (gw. **Colomendai**). Gan eu bod fwy neu lai'n gymunedau hunangynhaliol, mae'n ddiau fod gan fynachlogydd erddi helaeth; daethpwyd o hyd i olion waliau terfyn yn **Nhyndyrn** a Llanddewi Nant Hodni (gw. **Crucornau Fawr**). Daw'r dystiolaeth lawnaf am ardd Gymreig ganoloesol o **Raglan** lle'r oedd, yn gynnar yn y 15g., berllan wrth ochr y castell yn cynhyrchu amrywiaeth eang o ffrwythau. Mae **Cadw** wedi ail-greu gardd ganoloesol yng Nghwrt Tretŵr (gw. **Llanfihangel Cwm Du**).

Mae'n wir fod angen peth gallu i dirlunio wrth greu gardd, ond mae hynny'n fwy gwir am lunio parcdir. Yn yr Oesoedd Canol roedd hynny'n arbennig o berthnasol wrth sefydlu parciau **hela** megis y rhai ym Mharc le Breos (**Llanilltud Gŵyr**) ac o gwmpas Ysgyryd Fawr (**Llandeilo Bertholau**). Er nad oeddynt yn cynnwys coetir trwchus, gelwid rhai parcdiroedd cyffelyb yn fforestydd, a'r enghraifft orau o hynny yng Nghymru yw **Fforest Clud**.

Yn yr 16g. daeth cysyniadau a ddatblygwyd yn yr Eidal i Raglan, lle crëwyd gardd yn null y **Dadeni**, yn cynnwys terasau, cerfluniau, gasebos a lloriau dŵr. Mewn mannau eraill, daliai gerddi i gael eu cynllunio rywsut-rywsut, er bod gwaith adfer yn Aberglasne (**Llangathen**) wedi datguddio'r hyn a allasai fod yn ardd glwysty gymesur yn dyddio o *c.*1600. Fel yr âi'r 17g. rhagddi, sefydlwyd mwy a mwy o erddi cynlluniedig; gellir gweld tystiolaeth o un ohonynt yng Nghastell y **Waun**. O blith gerddi ffurfiol y 18g., y fwyaf ysblennydd yw'r un yng Nghastell Powys, y **Trallwng**; dengys engrafiad sy'n dyddio o 1742 raddfa'r terasau enfawr, sy'n parhau i wefreiddio pobl heddiw. Ymysg y gogoniannau sydd wedi goroesi o gyfnod clasurol garddio yng Nghymru y mae gatiau'r Waun, **Coed-llai** ac Erddig (gw. **Marchwiail**), sef gwaith teulu **Davies** o ofaint haearn (gw. hefyd **Haearn, Gwaith**).

Erbyn diwedd y 18g. roedd clasuriaeth wedi ildio'i lle i **ramantiaeth**, wrth i arddlunwyr ymdrechu i wella ar natur yn hytrach na chreu cyferbyniad iddi. Felly, daeth lonydd coed troellog, clystyrau o goed a **llynnoedd** dolennog i fri yn hytrach na rhodfeydd syth, gwrychoedd wedi'u tocio'n daclus a nodweddion dŵr ffurfiol. Ymysg y gerddi rhamantaidd yr oedd y rhai yng Nghoed-llai, lle ceid ffos (*ha-ha*) gudd gynharaf Cymru (*c.*1730), gerddi'r Gnoll (**Castell-nedd**) a'u ffoleddau lluosog, yr Hafod (**Pontarfynach**) a Piercefield, gardd wedi'i lleoli'n ddramatig uwchlaw afon **Gwy** (gw. **St Arvans**). Y tirluniwr mwyaf blaengar oedd 'Capability' Brown, y mae ei waith wedi goroesi efallai yn **Ninefwr** (**Llandeilo**), ac yn sicr yng Nghastell **Caerdydd** a Wynnstay (**Rhiwabon**). Gyda'u coed mawreddog, eu bywyd gwyllt cyfoethog a'u dolydd, lle porai **gwartheg** a **cheirw**, roedd y gerddi a grëwyd gan y tirlunwyr rhamantaidd yn ychwanegiadau gwych at y tirwedd.

Roedd rhamantiaeth yn cyd-daro â dyfodiad planhigion newydd o dramor, datblygiad yr oedd **Thomas Hanmer**, Llys Bedydd (Bettisfield) (**De Maelor**) yn ymyfrydu ynddo; roedd ef ymhlith y blaenaf yn Ewrop o'r rhai a oedd wedi ffoli'n lân ar flodau tiwlip. Galwai planhigion tyner am ofal arbennig, a dyna a arweiniodd at godi adeilad gwychaf Cymru'r 18g. – yr Orendy ym **Margam**. Roedd planhigion wedi'u mewnforio wrth fodd y banciwr John Naylor, perchennog Neuadd Tre'r-llai (gw. **Ffordun**) yng nghanol y 19g., cartref coed cochion Califfornaidd mwyaf **Prydain**, a tharddle cypreswydden Leyland a ddaeth yn bla ar swbwrbia yn ddiweddarach. Roedd Barwniaid Aberconway hwythau'n ffoli ar blanhigion o dramor, ac erbyn blynyddoedd cynnar yr 20g. roeddynt wedi creu un o ryfeddodau'r byd – gerddi Bodnant (**Eglwys-bach**), sy'n gartref i bron bob planhigyn a all oroesi mewn **hinsawdd** dymherus.

Tra oedd tirfeddianwyr yn gyfrifol am gynlluniau hynod uchelgeisiol, roedd rhai heb gymaint o fodd yn ymhyfrydu mewn garddio ar raddfa fwy diymhongar, er na fu cwlt yr ardd fwthyn erioed mor amlwg yng Nghymru ag yr oedd yn ne **Lloegr**. I lawer, tyfu llysiau oedd prif ddiben garddio. Âi pobl heb dir ati i wneud hynny mewn rhandiroedd, a fu'n boblogaidd iawn yn y Gymru ddiwydiannol o ddiwedd y 19g. hyd y blynyddoedd wedi'r **Ail Ryfel Byd**. (Mae rhandiroedd bellach yn adennill eu poblogrwydd.) Roedd y rhan fwyaf o ffermwyr yn neilltuo peth o'u tir ar gyfer perllannau, a datblygwyd mathau pwysig o goed ffrwythau – coed afalau yn enwedig – yng Nghymru (gw. **Planhigion**). Fodd bynnag, nid oedd tyfu ffrwythau o bwysigrwydd economaidd mawr y tu hwnt i ymylon dwyreiniol **Sir Fynwy** a **Sir Frycheiniog**, a hyd yn oed yno, rhoddwyd y gorau i berllannau masnachol i raddau helaeth.

Yn ystod yr 20g. bu awdurdodau cyhoeddus yn gyfrifol am greu gerddi ar raddfa fawr; ceir enghreifftiau gwych yng Nghaerdydd, **Abertawe**, **Casnewydd** a mannau eraill. Yn 1992 cynhaliwyd Gŵyl Erddi Cymru yng **Nglynebwy**. Digwyddiad garddwriaethol pwysicaf Cymru yn y blynyddoedd diwethaf oedd agor yr **Ardd Fotaneg Genedlaethol** yn **Llanarthne** yn 2000.

**GIBSON, John (1790–1866)** Cerflunydd

Credid am ran helaeth o'r 19g. – ym **Mhrydain** o leiaf – mai Gibson oedd cerflunydd marmor gorau'r byd. Fe'i ganed yn y Gyffin, **Conwy**, a hynny mewn amgylchiadau tlawd. Cafodd brentisiaeth fel saer **dodrefn**, ac yna'n ddiweddarach, ar ôl i'r teulu symud i **Lerpwl** yn 1799, cafodd hyfforddiant fel saer maen. Ar ôl iddo dderbyn addysg a datblygu ei grefft dan nawdd yr hanesydd William Roscoe, teithiodd i Rufain yn 1817, ac yno bu'n gweithio yn stiwdio'r cerflunydd Canova.

Roedd Gibson yn un o brif hyrwyddwyr yr arddull uchel glasurol Fictoraidd, ac ailgyflwynodd y dull Groegaidd o arliwio marmor. Treuliodd y rhan fwyaf o'i amser yn Rhufain, gan ymweld o dro i dro â **Llundain** mewn perthynas â'i waith; yn 1850 ac 1851, er enghraifft, bu'n gweithio ar gerflun o'r Frenhines Victoria. Mae rhai o'i weithiau i'w gweld yng Nghastell **Bodelwyddan**.

## GILBERTSON, Francis William (1873–1929) Cynhyrchwr dur a thunplat

Ar ôl astudio **cemeg** yn **Rhydychen** dychwelodd Francis ('Frank') Gilbertson i **Bontardawe** i redeg y gwaith **tunplat** a fu ym meddiant ei deulu ers tair cenhedlaeth. Erbyn iddo gymryd yr awenau'n ffurfiol yn 1912, roedd y cwmni wedi dechrau cynhyrchu dur hefyd (gw. **Haearn a Dur**). Daeth Gilbertson yn llefarydd ar ran perchnogion y diwydiant dur dalennog, ac am gyfnod hir bu'n llywydd Cymdeithas Siemens De Cymru (1918–29) a Chyfnewidfa Fetel Frenhinol Abertawe (1911–29). Ef hefyd, o 1920 ymlaen, oedd llywydd cyntaf Coleg Prifysgol newydd **Abertawe** (gw. **Prifysgol Cymru Abertawe**).

## GILDAS (*c.*495–*c.*570) Awdur

Mae Gildas yn enwog ar sail ei *De Excidio Britanniae* ('Ynghylch Distryw Prydain'), sef llythyr yn condemnio pechodau penaethiaid seciwlar ac eglwysig Cymru ei gyfnod. Er ei fod yn destun anodd ei ddehongli, dyma'r brif ffynhonnell wybodaeth am hanes Cymru yn y 6g. Sonia yn ddilornus am bump o frenhinoedd cyfoes, gan gynnwys **Maelgwn Gwynedd**, a chyfeiria hefyd at draddodiadau am ddyfodiad y **Saeson** i **Brydain** trwy wahoddiad **Gwrtheyrn**. Roedd Gildas yn amlwg yn fynach dysgedig a feddai ar arddull soffistigedig a **Lladin** lliwgar. Mewn Buchedd o waith mynach Llydewig o'r 9g., honnir iddo gael ei eni ar lannau afon Clud yn yr **Alban** ac iddo sefydlu mynachlog Ruys yn **Llydaw**. Ceir hefyd draddodiad o'r un cyfnod iddo gael ei addysgu gan **Illtud** yn **Llanilltud Fawr**, ynghyd â **Dewi Sant**, **Samson** a Paul. Mae enwau eglwysi yng Nghymru, **Cernyw** a **Llydaw** yn cofnodi symudiadau ei ddilynwyr, ac roedd parch mawr iddo yn **Iwerddon** hefyd. Ysgrifennwyd ail Fuchedd iddo gan **Caradog o Lancarfan** yn y 12g.

## GILFACH-GOCH, Y, Rhondda Cynon Taf (603ha; 3,434 o drigolion)

Pentref cwbl nodweddiadol o'r maes **glo** yw'r Gilfach-goch, sy'n gorwedd ym mhen uchaf Cwm Ogwr Fach (gw. **Ogwr, Afon**) ac i'r de-orllewin o Gwm **Rhondda**. Yn wir, y pentref hwn oedd cefndir yr enwocaf o'r llyfrau a ysgrifennwyd am faes glo'r de, sef ***How Green Was My Valley*** gan Richard Llewellyn (**Richard Herbert Vivian Lloyd**). Cyn dyfodiad diwydiant, ardal wledig anghysbell oedd hon. Yn sgil dyfodiad y rheilffordd yn y 1860au y dechreuwyd cloddio am lo ar raddfa fawr, ac erbyn 1910 roedd y Britannic Merthyr Steam Coal Company wedi agor tair glofa helaeth. Rhesi o dai pâr (1910–14) oedd menter gyntaf cwmni'r Welsh Garden Cities.

## GILPIN, William (1724–1804) Awdur

Clerigwr o Sais oedd Gilpin, a bu ei lyfr *Observations on the River Wye* (1782) yn ddylanwad mawr ar ddatblygiad agweddau cyfoes tuag at dirwedd a harddwch (gw. **Tirffurfiau, Tirwedd a Thopograffeg**). I Gilpin a'i ddilynwyr, daeth cefn gwlad ac adfeilion Cymru yn ysbrydoliaeth ar gyfer datblygu damcaniaethau'n ymwneud â natur, harddwch a'r arddull **bictiwrésg**. Cafodd ei lyfr ei ailargraffu fwy nag unwaith a bu'n gyfrifol am ddenu nifer fawr o dwristiaid i Ddyffryn **Gwy** (gw. **Twristiaeth**).

## GITTINS, Charles [Edward] (1908–70) Addysgwr

Ganed Charles Gittins yn Rhostyllen (**Esclusham**) a'i addysgu yn **Aberystwyth**; bu'n athro ac yn weinyddwr ym myd **addysg** yn Durham ac wedi hynny yn Swydd Efrog. Daeth yn gyfarwyddwr addysg dros **Sir Fynwy** yn 1944. Yn 1956 fe'i gwnaed yn Athro addysg yn **Abertawe** a hynny mewn cyfnod o ehangu mawr ym maes hyfforddi athrawon. Rhoddodd ei enw i'r adroddiad a gyhoeddwyd yn 1967 gan y Cyngor Canol ar Addysg (Cymru); argymhellodd hwnnw ddull o addysgu disgyblion cynradd a ganolbwyntiai ar gyffroi chwilfrydedd plentyn yn hytrach na'i lethu â ffeithiau, a galwodd am ddysgu'r **Gymraeg** i bob plentyn ysgol gynradd. O 1967 hyd ei farwolaeth mewn damwain wrth **hwylio** oddi ar arfordir **Gŵyr**, ef oedd is-brifathro Coleg y Brifysgol, Abertawe (gw. **Prifysgol Cymru Abertawe**).

## GLADSTONE, William Ewart (1809–98) Gwleidydd

Daeth Gladstone yn aelod seneddol yn 1832. Yn 1839 priododd â Catherine Glynne o Gastell **Penarlâg**, lle a ddaeth yn gartref iddo yn ddiweddarach. Yn 1867 daeth yn arweinydd y Rhyddfrydwyr (gw. **Plaid Ryddfrydol**) ac yna'n brif weinidog yn 1868. Aeth i'r afael ar unwaith â phroblem **Iwerddon** trwy gyfrwng Mesur Eglwys Iwerddon a Mesur Tir Iwerddon – dau fesur a greodd gryn ddiddordeb yng Nghymru, lle'r oedd yr alwad am **ddatgysylltu** ac am ddiwygio'r tir yn ennyn cefnogaeth. Yn 1880 cafodd y Rhyddfrydwyr fwyafrif sylweddol, ond roedd y mesurau a gyflwynwyd ganddynt yn anfentrus yng ngolwg aelodau radical y blaid. I ddynion megis **Lewis Llewellyn Dillwyn**, roedd i raglen 'anawdurdodedig' **Chamberlain** apêl rymus. Fodd bynnag, roedd lle cynnes i Gladstone yng nghalonnau'r Cymry. Pan gyflwynodd Fesur Ymreolaeth Iwerddon yn 1886 fe'i gwrthwynebid yn chwyrn gan Chamberlain. Ond er bod hwnnw yn radical Anghydffurfiol – Anglicaniad selog oedd Gladstone – ac er gwaethaf eu rhagfarnau gwrth-Gatholig ac amheuon cymeriadau mor ddylanwadol â **Thomas Gee** a David Davies (gw. **Davies, Teulu (Llandinam)**), arhosodd y mwyafrif o Ryddfrydwyr Cymru yn ffyddlon i'r 'hen ŵr ardderchog'. (Yn wir, roedd mwyafrif cryfach o blaid y mesur ymhlith aelodau seneddol o Gymru na rhai Iwerddon.) Gwanhawyd safle Gladstone yn **Lloegr** yn sgil yr hollt ynglŷn ag Iwerddon. Oherwydd hynny, cryfhawyd safle'r radicaliaid Cymreig oddi mewn i'r Blaid Ryddfrydol, ac o ganlyniad daeth datgysylltiad Cymreig yn rhan o raglen y Rhyddfrydwyr Gladstonaidd yn 1887. Yn 1893 perswadiwyd Gladstone gan **T. E. Ellis** i sefydlu comisiwn brenhinol ar **bwnc y tir** yng Nghymru. Mae Llyfrgell Deiniol Sant ym Mhenarlâg yn ei goffáu. Ar wahân i **David Lloyd George**, Gladstone yw'r unig brif weinidog y cyhoeddwyd cofiant

Moryd afon Glaslyn ym Mhorth-y-gest

Cymraeg iddo, sef eiddo Griffith Ellis, Bootle, a gyhoeddwyd yn 1898.

## 'GLANIAD Y FFRANCOD'

Ar ddydd Mercher, 22 Chwefror 1797, glaniodd llu o Ffrancwyr – 600 o filwyr rheolaidd ac 800 o gyn-garcharorion – yng Ngharregwastad (**Pen-caer**; gw. hefyd **Abergwaun**). Eu bwriad gwreiddiol oedd dwyn cyrch ar Fryste, a hynny dan arweiniad William Tate, Americanwr o dras Gwyddelig. Ysbeiliodd y Ffrancwyr ffermdai cyfagos a chanfod cyflenwad o win ar ôl llongddrylliad. Cyn bo hir nid oeddynt mewn unrhyw gyflwr i ymladd. Dywedir i'r gryddes Jemeima Niclas ddal deuddeg ohonynt â phicwarch ac, yn ôl y chwedl, tybiai'r Ffrancwyr mai milwyr ychwanegol oedd y **menywod** mewn clogau cochion a oedd wedi ymgasglu yn Abergwaun. Ildiodd y Ffrancwyr a phentyrru eu harfau ar draeth Wdig ar y dydd Gwener. Wedi methiant y cyrch profodd rhai o radicaliaid y de-orllewin erledigaeth. Coffeir y digwyddiad mewn tapestri hardd yn Abergwaun.

## GLANTWYMYN, Sir Drefaldwyn, Powys (11,175ha; 1,106 o drigolion)

Mae **cymuned** Glantwymyn yn ymestyn dros ddarn helaeth o wlad sydd o boptu afon **Dyfi** ac i'r dwyrain o **Fachynlleth**. Yn yr ardal ceir wyth o fân bentrefi: Glantwymyn (Cemmaes Road ar lafar gwlad ar ôl cyffordd y rheilffordd yno), Cemais a Chwmlline ar lannau'r afon, Abercegir, Darowen a Chominscoch i'r de o'r afon, a Llanwrin a Cheinws i'r gogledd ohoni. Ceir eglwysi o ddiwedd yr Oesoedd Canol yng Nghemais a Llanwrin, ac yn Eglwys Llanwrin ceir ffenestr liw sy'n dwyn arfbais Edward IV. Rheithor Llanwrin o 1876 hyd 1903 oedd y geiriadurwr D. Silvan Evans (gw. **Geiriaduraeth**), a benodwyd yn 1875 yn Athro cyntaf y **Gymraeg** yn **Aberystwyth**. Daliodd y swydd ran-amser hyd 1884, gan gymudo o Lanwrin i Aberystwyth. Ceir dwy felin **wlân** o'r 19g. yn Abercegir.

Yn ôl traddodiad, arhosodd Harri Tudur (gw. **Tuduriaid** a **Brenhinoedd Lloegr**) ym Mathafarn ar ei ffordd i **Bosworth** yn 1485. Parodd benbleth i'w westeiwr, Dafydd Llwyd (*c*.1395–1486) – a oedd yn enwog am ei gerddi **darogan** – trwy ofyn iddo broffwydo ei ddyfodol. Ar anogaeth gall ei wraig, daroganodd Dafydd y dôi llwyddiant iddo. Llosgwyd y tŷ gan wŷr **Cromwell** yn 1644. Mae **Canolfan y Dechnoleg Amgen** i'r de o Geinws.

## GLASGWM, Sir Faesyfed, Powys (7,030ha; 479 o drigolion)

Llain eang o dir i'r de-ddwyrain o **Landrindod** yw'r **gymuned** hon. Roedd pentref Glasgwm, sydd wedi'i leoli mewn dyffryn hardd ac anghysbell, yn safle **clas**, a thrysor pennaf y sefydliad hwnnw oedd *Bangu* – cloch gludadwy **Dewi Sant** a feddai ar bwerau gwyrthiol. Daliai pobl Glasgwm i siarad **Cymraeg** yn 1745, pan drefnwyd deiseb yn gwrthwynebu penodi ficer di-Gymraeg. Castell Colwyn, a oedd yn adfail erbyn i **John Leland** ymweld â'r lle, oedd cadarnle cwmwd **Elfael** Uwch Mynydd. Roedd Bedo Chwith, un o noddwyr **Lewys Glyn Cothi**, yn byw ym Mryn Pennardd ym mhlwyf Cregrina. Yn ôl traddodiad, lladdwyd y blaidd olaf yng Nghymru yn y plwyf hwnnw yn ystod teyrnasiad Elizabeth I (gw. **Bleiddiaid**).

## GLASLYN, Afon (33km)

Mae rhagnentydd afon Glaslyn yn tarddu islaw copa'r **Wyddfa** gan lifo trwy **lynnoedd** Glaslyn a Llydaw. Islaw Penygwryd (**Beddgelert**) mae'r afon yn troi tua'r de-orllewin

Tirlun diwydiannol y maes glo: Maurice Barnes, 1955–65

gan lifo trwy Lyn Gwynant a Llyn Dinas ar lawr Nant-gwynant, sydd gyda'r prydferthaf o ddyffrynnoedd Cymru. Mae gorsaf trydan dŵr Cwm Dyli (1903) yn harneisio peth o egni Glaslyn (gw. **Ynni**). I'r de o Feddgelert llifa'r afon trwy geunant cul Bwlch Aberglaslyn ac o dan bont enwog Aberglaslyn. Ym mlynyddoedd cynnar y 19g. adeiladodd William Alexander Maddocks y Cob enwog ar draws y Traeth Mawr, sef moryd lydan afon Glaslyn. Datblygodd **Porthmadog** ym mhen gorllewinol y Cob ar gyfer allforio cynnyrch chwareli Blaenau **Ffestiniog**. Bwriedir ailagor Rheilffordd Ucheldir Cymru yr holl ffordd o **Gaernarfon** i Borthmadog; bydd yn cynnig cyfle ychwanegol i fwynhau'r golygfeydd godidog ar lannau Glaslyn.

## GLO A CHODI GLO

O'r ddau brif faes glo yng Nghymru, yr un yn y de yw'r maes glo di-dor mwyaf ym **Mhrydain**. Mae'n ymestyn tua 113km o **Bont-y-pŵl** yn y dwyrain i Fae Sain Ffraid yn y gorllewin, ac yn cwmpasu oddeutu 2,590km sgwâr, gan gynnwys y rhan fwyaf o'r hen **Sir Forgannwg**, llawer o'r hen **Sir Fynwy**, a rhannau o **Sir Frycheiniog (Powys)**, **Sir Gaerfyrddin** a **Sir Benfro**. Mae'r gwythiennau glo i'w cael mewn dwy ardal. Y bwysicaf o lawer yw honno sy'n ymestyn yn hirgrwn o Bont-y-pŵl i Fae Caerfyrddin; 26km yw'r pellter o'r gogledd i'r de yn y man lletaf. Mae'r ail ardal yn ymestyn ar ffurf gwregys ar draws Sir Benfro, ond nid yw ei lled o'r gogledd i'r de yn fwy na thua 6km. Amrywia trwch y gwythiennau glo o lai na metr i dros dri metr, ac maent i'w canfod yn nhair uned litholegol y Cystradau Glo: y Gyfres Uchaf, Grut Pennant a Chyfres y Siâl Isaf. O ran ei natur, perthyna'r gwythiennau glo i dri chategori bras: (1) glo carreg, a geir yn bennaf yn y gorllewin ac sy'n cyfrif am oddeutu 24% o'r adnoddau wrth gefn (yn ôl amcangyfrif yn 1904); (2) y glo ager neu'r glo rhydd byd-enwog sydd i'w ganfod yn bennaf yn rhan ganol y maes (45%); ar hwn y seiliwyd twf aruthrol y maes glo yn ystod y 19g.; (3) glo rhwym, neu lo cartref a nwy, a geir yn y rhannau dwyreiniol yn bennaf (31%). O fewn yr amrediad hwn ceir mathau o lo at bob pwrpas ymarferol ymron: cynhyrchu nwy, carboneiddio ar dymheredd isel, bragu, gwresogi cartrefi, tanwydd ar gyfer ffwrneisiau, odynau, trenau stêm a **llongau** ager, ac ar gyfer cynhyrchu golosg metelegol a golosg ar gyfer ffowndrïau; ymhlith y cannoedd o sgilgynhyrchion ceir tar a phetrol, lliwiau a chyffuriau, antiseptigion a ffrwydron.

Dylanwadodd nodweddion maes glo'r de ar y dull o gloddio. Er enghraifft, yn y prif ddilyniant o strata sy'n cynnwys gwythiennau glo (y Gloeau Ager Isaf) mae cloddio'n arbennig o anodd. Mae unrhyw agoriad a gloddir yn y fath dir yn tueddu i gau mewn byr o dro, a'r canlyniad yw defnyddio llawn cymaint o lafur ac adnoddau i gynnal y lofa ag a ddefnyddir i gloddio a chodi'r glo. Roedd cyfan-swm y pyst yr oedd eu hangen i gynnal toeau ac ochrau, yn nyddiau cynnar y diwydiant, hyd at deirgwaith yr anghenion mewn meysydd glo eraill, ac weithiau gallai cyfanswm y gwastraff a drafodid dan ddaear fod cymaint â chyfanswm y glo a godid. O ganlyniad, roedd y tramiau yng Nghymru yn fwy o lawer na'r rhai hynny a ddefnyddid mewn mannau eraill, ac fe'u tynnid nid gan ferlyn neu ferlen (12 i 13 dyrnfedd neu law) fel mewn ardaloedd eraill, ond gan geffyl trol byrgoes (14 i 15 dyrnfedd neu law).

Oherwydd natur ddaearegol maes glo'r de, roedd yn fwy agored i ffrwydradau llwch glo nag unrhyw faes arall ym Mhrydain (gw. **Trychinebau Glofaol**). O'r 27 ffrwydrad difrifol yng nglofeydd Prydain rhwng 1890 ac 1914, cofnodwyd 13 ohonynt yn ne Cymru. Yn ogystal, roedd

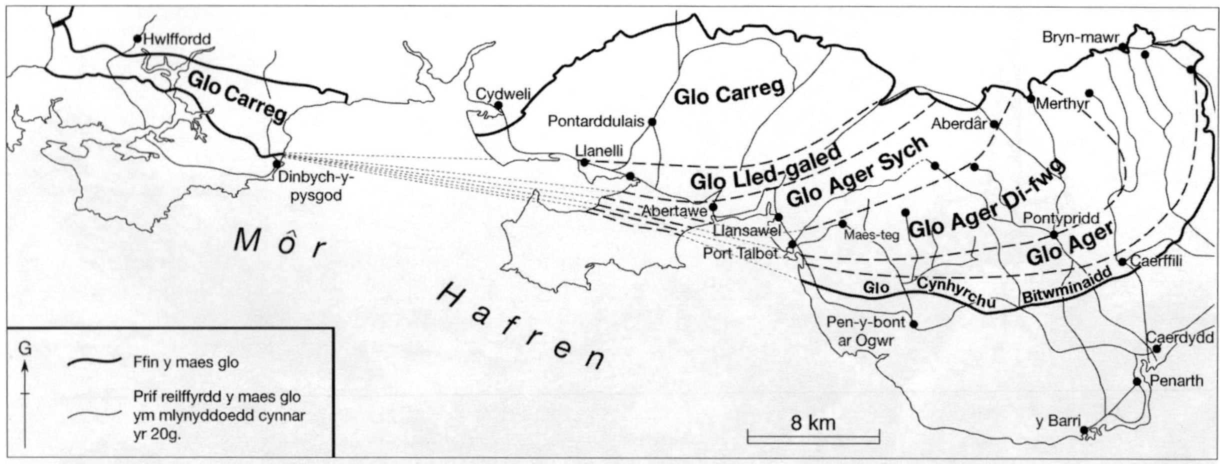


Maes glo'r de

damweiniau a achoswyd gan ffactorau eraill, yn enwedig toeau'n cwympo, yn digwydd bron bob dydd. Er mai pyllau de Cymru oedd y rhai mwyaf peryglus ym Mhrydain, ychydig iawn o ymchwil a wnaed i'r materion hyn ar wahân i waith arloesol **William Galloway** a geisiai egluro ffrwydradau llwch glo.

Mae maes glo'r gogledd, sy'n ymestyniad o faes glo Swydd Gaerhirfryn a **Swydd Gaer**, yn rhedeg o'r gogledd i'r de trwy **Wrecsam**, ac mae 267km sgwâr ohono yn y golwg. Bu cloddio am lo cyn belled i'r de â'r **Waun**, ac mor bell i'r gogledd â moryd afon **Dyfrdwy**, yn y Parlwr Du (**Llanasa**). Yr wythïen bwysicaf oedd y 'Brif Wythïen', a châi ei glo ei ddefnyddio at ddibenion gweithgynhyrchu ac i ddarparu tanwydd ar gyfer trenau stêm a llongau. Nid oes glo carreg ym maes glo'r gogledd, ond bu adeg pan oedd glo cannwyll (mae'r enw'n cyfeirio at y ffaith fod fflam y glo yn ymdebygu i fflam cannwyll), sy'n gymharol brin yn y de, yn bwysig iawn yn y gogledd.

Mae'r Cystradau Glo yn ymestyn i **Fôn** hefyd. Mae gwythiennau'r maes glo bychan hwn yn denau iawn a chan eu bod yn gorwedd dan gorsydd Malltraeth (**Bodorgan**), tueddai'r gweithfeydd i gael eu boddi. Yng nghanol y 19g. roedd pum glofa ym Môn, ond erbyn diwedd y ganrif daethai'r diwydiant i ben.

### *Maes glo'r de*

Mae glo wedi cael ei gloddio yn ne Cymru ers canrifoedd ac yn y 1530au cwynai **John Leland** am y 'mwyn gwenwynig' a gâi ei losgi ar aelwydydd **Caerfyrddin**. Cyn y 18g. diwydiant ar raddfa fechan ydoedd. Nid oedd ond yn cynnig gwaith rhan-amser a hynny'n bennaf mewn pyllau bas a lefelau yn y mannau hynny lle dôi'r gwythiennau i'r wyneb. Byddai'r rhan fwyaf o'r cynnyrch yn cael ei ddefnyddio'n lleol, ond erbyn yr 17g. câi mwy a mwy o lo ei allforio o **Abertawe** i **Iwerddon** a de-orllewin **Lloegr** yn bennaf. O ddiwedd y 18g. ymlaen, wrth i'r diwydiannau mwyndoddi metel ymsefydlu a ffynnu, datblygodd mentrau mwy sylweddol. Roedd dau ganolbwynt i'r datblygiad hwn: rhimyn gogledd-ddwyreiniol y maes glo rhwng **Merthyr Tudful** a **Blaenafon**, a hynny mewn perthynas â mwyndoddi **haearn** â golosg; a'r de-orllewin, yng nghyffiniau Abertawe a **Llanelli**, mewn perthynas â mwyndoddi **copr** a **phlwm**.

Yn 1828 amcangyfrifwyd bod cynnyrch blynyddol y maes glo yn tua 3 miliwn tunnell fetrig. Erbyn 1840 roedd wedi cynyddu i 4.5 miliwn tunnell fetrig, gyda'r gweithfeydd haearn yn defnyddio 2.25 miliwn tunnell fetrig ohono ac oddeutu miliwn tunnell fetrig yn diwallu anghenion diwydiannau eraill a chartrefi yn y rhanbarth. Allforid yr 1.25 miliwn tunnell fetrig a oedd yn weddill a châi 95% ohono ei gludo i **borthladdoedd** yn y Deyrnas Unedig. Yn ystod hanner cyntaf y 19g. roedd y twf hwn yn gysylltiedig yn bennaf â gweithgareddau **Thomas Powell** yn Sir Fynwy, **Lucy Thomas** yng Nghwm **Taf** a **Walter Coffin** a George Insole yn y **Rhondda**. Ar y cychwyn, masnach glo rhwym ydoedd bron yn gyfan gwbl, ac yn 1830 allforiai **Casnewydd** ddengwaith yn fwy o lo na Chaerdydd a dwywaith yn fwy nag Abertawe.

Newidiodd pethau yn y 1840au yn dilyn datblygu'r diwydiant glo ager yng Nghwm Cynon (gw. **Aberdâr**), adeiladu doc mawr yng Nghaerdydd ac agor Rheilffordd Cwm Taf (TVR). Buan y cafodd priodoleddau glo ager Cymru eu gwerthfawrogi, yn enwedig gan y Morlys, ac yn 1845 dangosodd profion y Morlys fod y glo arbennig hwn yn haws ei gynnau, yn codi ager yn gynt, ac yn creu llai o farwor a mwg na'r glo o Newcastle upon Tyne a ddefnyddid cyn hynny. O ganol y 1840au ymlaen dibynnai llynges Prydain yn bennaf ar lo ager Cymru, a chan fod y llynges yn uchel ei pharch, dilynwyd ei hesiampl gan lyngesau eraill. (Yn ôl yr hanes, cnapiau o lo **Bargod** oedd tanwydd llongau rhyfel Rwsia a Japan yn rhyfel 1905.) Wrth i lo ager Cymru dderbyn mwy o gydnabyddiaeth ryngwladol, cynyddodd yr allforion tramor yn sylweddol ac erbyn diwedd y 1850au, roeddynt yn uwch na'r cyfanswm o lo a allforid i borthladdoedd eraill ym Mhrydain. Felly y datblygwyd nodwedd amlycaf maes glo'r de yn ystod degawdau ei dwf aruthrol, sef ei ddibyniaeth ar fasnach dramor.

Oherwydd cyfleusterau rhagorach porthladd Caerdydd a'r ffaith fod y gwythiennau glo ager gorau i'w cael yn nyffryn Taf a chymoedd ei hisafonydd, roedd y porthladd glo hwn wedi ennill y blaen ar ei gystadleuwyr erbyn diwedd y 1850au. Y ffynhonnell fwyaf cyfoethog o lo ager oedd y Rhondda, lle cynyddodd y cynnyrch o 2.13 miliwn tunnell fetrig yn 1874 i 5.8 miliwn tunnell fetrig yn 1884 ac i 9.85 miliwn tunnell fetrig yn 1913. Yn y maes glo yn ei gyfanrwydd, y cyfanswm oedd 8.64 miliwn tunnell fetrig yn

Oes aur yr allforio glo yn nociau Caerdydd

1854, 16.76 miliwn tunnell fetrig yn 1874, 25.9 miliwn tunnell fetrig yn 1884 a 57.7 miliwn tunnell fetrig yn 1913. Erbyn y 1890au cynhyrchai de Cymru 18% o lo Prydain gyfan a 38% o'i hallforion glo. O'r holl fasnach fyd-eang mewn glo yn ystod y degawd hwnnw, deuai chwarter o'r cyfanswm o borthladdoedd y de, a châi porthladd Caerdydd ei gydnabod fel y mwyaf yn y byd o safbwynt swmp ei allforion. Dyma pryd yr oedd de Cymru ar ei fwyaf ymerodrol; ymestynnai ei ymerodraeth lo o Singapôr i Valparaiso ac wrth ddiwallu anghenion y byd am wres ac **ynni** roedd iddo swyddogaeth nid annhebyg i'r Dwyrain Canol ganrif yn ddiweddarach. O bwysigrwydd mawr yr oedd dibyniaeth llongau'r byd ar lo Cymru a gâi ei storio mewn canolfannau megis Port Said a Madeira, menter y chwaraeai'r Brodyr **Cory** o Gaerdydd ran flaenllaw iawn ynddi.

Oherwydd **daeareg** y maes glo, am gyfnod hir torri'r glo â llaw oedd yr unig ddull ymarferol o'i godi; mor ddiweddar â 1924, dim ond 5.4% o'r cynnyrch a dorrid gan beiriannau. Roedd y diwydiant mor ddibynnol ar lafur fel bod gallu'r maes glo i ddenu mewnfudwyr yn ail i'r Unol Daleithiau yn unig. Yn ystod degawd cyntaf yr 20g., Cymru oedd yr unig wlad yn Ewrop a welodd fwy o **fewnfudo** nag o allfudo (gw. **Ymfudo**). Erbyn 1911 roedd 70% o drigolion Cymru yn byw ym maes glo'r de ac yn y porthladdoedd a'i gwasanaethai. Profa hynny mai datblygiad y maes glo yw'r ffaith ganolog yn hanes y Gymru fodern.

Maes glo'r de oedd yr unig faes glo ucheldirol ym Mhrydain, a llywiodd hynny natur ei ddatblygiad. Y tirwedd a reolai ffurf y cymunedau glofaol. Oherwydd mai cymoedd amaethyddol, tenau eu **poblogaeth**, a nodweddai'r ardal yn y gorffennol, nid oedd yno unrhyw drefi a chanddynt draddodiad sifig hir. Proses hir ac araf felly oedd trawsnewid y pentrefi a'r trefi glofaol yn gymunedau sifig o'r iawn ryw. Ar wahân i'r diwydiant glo, nid oedd diwydiannau eraill yn y cymoedd cul ac felly prin oedd y gwaith cyflogedig i **fenywod** – ystyriaeth o bwys wrth asesu cymeriad cymdeithas y maes glo. Mynegiant o'r teyrngarwch dwys sy'n datblygu pan fo tynged cymuned gyfan yn annatod glwm wrth un diwydiant oedd yr undod unigryw a welid ymhlith glowyr de Cymru – yn wahanol iawn i feysydd glo fel Nottingham, lle'r oedd nifer y glowyr yn llai na'r niferoedd a gyflogid mewn diwydiannau eraill. Pan fo cymuned gyfan yn gwbl ddibynnol ar un diwydiant, gall unrhyw anawsterau yn hanes y diwydiant hwnnw esgor ar adfyd – a dyna oedd cyd-destun y chwalfa fawr a ddioddefodd cymunedau maes glo'r de yn sgil dirywiad y fasnach lo yn y 1920au (gw. **Dirwasgiad**). Gan fod rhanbarth mwyaf poblog Cymru yn ardal a ddibynnai bron yn gyfan gwbl ar un diwydiant, datblygodd patrwm cyflogaeth y wlad gyfan gymeriad anghytbwys iawn. Yn 1920, pan gâi 271,516 o lowyr eu cyflogi ym maes glo'r de, y nifer uchaf erioed, roeddynt yn cynrychioli 31% o ddynion cyflogedig Cymru. Os ychwanegir y rhai a oedd yn gyfrifol am gludo glo ar y **rheilffyrdd** ac mewn llongau, a'r rheini a ddarparai wasanaethau i'r cymunedau glofaol, mae'r gyfran yn uwch na 50%. Ni bu, yn sicr, y fath ddibyniaeth ar un diwydiant yn hanes unrhyw wlad ddiwydiannol arall.

Ymweliad dirprwyaeth â glofa Cefn Coed yn 1926

At hynny, creodd bwrlwm y maes glo ddibyniaeth arno ymhell y tu hwnt i'w ffiniau – yn nhrefi glan môr y gorllewin, er enghraifft, neu mewn trefi ffynhonnau megis **Llanwrtyd**, neu ym mhentrefi'r ffatrïoedd **gwlân** yn Nyffryn **Teifi**. Yn wir, mae rhai wedi dadlau bod cyfraddau priodi ar ddiwedd y 19g. yn amrywio yn ôl pris glo, hyd yn oed yn ardaloedd anghysbell y Gymru wledig.

Er mwyn cynyddu cynnyrch y glofeydd roedd gofyn buddsoddi arian mawr, ac yn hyn o beth chwaraeodd gwŷr busnes o Gymry megis Thomas Powell, David Davies (gw. **Davies, Teulu (Llandinam)**) a David Davis, Ferndale, ran flaenllaw. Trwy eu polisïau prydlesu a thrwy arloesi'r cloddio am fwynau ynghyd â darparu isadeiledd trafnidiaeth, dociau yn arbennig, roedd cyfraniad tirfeddianwyr, yn enwedig teulu **Stuart** (ardalyddion Bute), yn dra allweddol hefyd. Roedd cyfalaf o Loegr yn hanfodol bwysig, yn enwedig yn achos Cwmni Glo Ager **Powell Duffryn**, a sefydlwyd i redeg glofeydd Thomas Powell.

Roedd y berthynas rhwng llafur a chyfalaf yn un helbulus yn aml, ac adlewyrchiad o hynny oedd ffurfio **cymdeithasau perchnogion glofeydd** ac undebau llafur (gw. **Undebaeth Lafur**), yn enwedig **Ffederasiwn Glowyr De Cymru** a sefydlwyd yn 1898. Er gwaethaf yr ymdrechion i gytuno ar ddulliau o benderfynu cyflogau – trwy ddefnyddio'r raddfa lithrig o ganol y 1870au a byrddau cymodi yn gynnar yn yr 20g. – ni lwyddwyd i atal streiciau mawr megis y rheini yn 1898 ac 1910 (gw. **Streiciau'r Glowyr**). Roedd yr elyniaeth tuag at berchnogion y gweithfeydd glo yn cael ei phorthi'n rhannol gan eu dihidrwydd tuag at eu gweithwyr, mater a oedd o bwys mawr ym maes glo hynod beryglus y de. (Rhwng 1880 ac 1900 bu farw 2,328 o lowyr Prydain yn y trychinebau hynny a fu'n gyfrifol am ladd mwy na 25 o ddynion. Dim ond 18% o lowyr Prydain a weithiai ym maes glo'r de, ond yno y bu 48% o'r marwolaethau hyn.) Roedd y genhedlaeth gynharaf o arweinwyr y glowyr – cenhedlaeth yr oedd **William Abraham** (Mabon) yn nodweddiadol ohoni – yn credu y gellid graddol wella amgylchiadau trwy drafod yn amyneddgar gyda'r perchnogion. Ond roedd y rhai a ddaeth i amlygrwydd ar drothwy'r **Rhyfel Byd Cyntaf** o dan ddylanwad syniadau sosialaidd a syndicalaidd (gw. **Sosialaeth a Syndicaliaeth**), ac yn pledio diddymu perchnogaeth breifat a gwladoli'r diwydiant.

Daeth cynnyrch maes glo'r de i'w anterth yn 1913. Bu'r **Rhyfel Byd Cyntaf**, pan gynyddodd elw'r perchnogion yn aruthrol a phan ddaeth Morlys Prydain i lwyr sylweddoli pa mor ddibynnol ydoedd ar lo ager Cymru, yn fodd i ddyfnhau'r elyniaeth rhwng y gweithwyr a'u cyflogwyr. Chwalwyd y gobaith y byddai perchnogaeth y diwydiant yn newid yn sylfaenol ar ôl y rhyfel gan **David Lloyd George** trwy'r modd cyfrwys y deliodd ag argymhellion comisiwn **Sankey** yn 1919. Siglwyd seiliau'r diwydiant gan streic 1921, ond daeth tro ar fyd a chyrhaeddodd yr allforion glo o Gaerdydd eu huchafbwynt yn 1923. Erbyn canol y 1920au, fodd bynnag, roedd diweithdra ymhlith glowyr y de wedi codi o 1.8% ym mis Ebrill 1924 i 28.5% ym mis Awst 1925, twf a oedd yn rhagflas o'r dirwasgiad rhwng y ddau ryfel byd ac a greodd gyd-destun **Streic Gyffredinol** 1926. Wrth i **olew** ddisodli glo fel ffynhonnell ynni, roedd effaith y Dirwasgiad yn amlwg iawn yn ardaloedd y glo ager, sef yr union ardaloedd a brofodd ddatblygiad cyflym ddiwedd y 19g. Roedd pethau'n well yn y maes glo carreg, a oedd wedi ennill marchnad sicr ymhlith perchnogion ffyrnau yng Nghanada; yn 1927, pan oedd diweithdra yn 40% yn Ferndale (y Rhondda), nid oedd ond 10% yn **Rhydaman** ym mro'r glo carreg. Gwnaed problemau'r diwydiant yn waeth gan y system gartél a fabwysiadwyd gan berchnogion mwyaf blaenllaw y gweithfeydd glo. Roedd cyfuno gweithfeydd wedi arwain at ostyngiad sylweddol yn eu niferoedd, ac erbyn 1938 roedd dros hanner cynnyrch y maes glo yn nwylo tri chwmni: Powell Duffryn – y cwmni glo mwyaf yn Ewrop – Partridge, Jones a John Paton a'r Amalgamated Anthracite Collieries. Ceisiodd y perchnogion ymateb i ysbryd milwriaethus y glowyr trwy greu undebau cwmnïau, undebau a ariennid ac a reolid gan y cyflogwyr (gw. **Undebaeth Cwmnïau**). Bu'r ymdrech i ddileu undebau o'r fath yn dreth ar egni Ffederasiwn Glowyr De Cymru yng nghanol y 1930au.

Roedd cynhyrchu digon o lo yr un mor bwysig yn ystod yr **Ail Ryfel Byd** ag yr oedd yn ystod y rhyfel blaenorol. Ym Mai 1941 cyhoeddwyd bod codi glo yn waith neilltuedig, ac o ddiwedd 1943 gorfodwyd rhai consgriptiaid (y '**Bevin Boys**') i weithio yn y pyllau glo. Roedd y **llywodraeth** Lafur ar ôl y rhyfel yn benderfynol o wireddu'r freuddwyd o waredu'r diwydiant rhag cyfalafiaeth. Ar 1 Ionawr 1947 meddiannodd y **Bwrdd Glo Cenedlaethol** byllau glo Prydain yn enw'r bobl. Yn ystod deng mlynedd cyntaf y bwrdd, ffynnai'r farchnad ac yn ardal y glo carreg yn enwedig, agorwyd pyllau newydd, megis Cynheidre (1956) ac Abernant (1958). Fodd bynnag, erbyn 1957 roedd y galw am lo yn gostwng, a dechreuwyd cau pyllau. Erbyn y 1970au nid oedd glofeydd i'w cael ar draws rhannau helaeth o'r maes

Glofa Llai ger Wrecsam yn y 1950au

glo, gan gynnwys cymoedd Afan a **Thawe**. Rhwng 1960 ac 1973 gostyngodd cyfanswm y pyllau o 118 i 51, a nifer y glowyr o 87,000 i 35,000.

Rhoddwyd terfyn dros dro ar gau'r pyllau yn y 1970au, yn sgil y codiad sylweddol ym mhris olew. Eto i gyd, erbyn 1980 roedd y rhan fwyaf o'r 36 glofa a oedd ar ôl yn y de yn gwneud colled ac aethant yn ysglyfaeth i'r polisïau a gyflwynwyd gan Margaret Thatcher. Gwnaed eu rhagolygon yn waeth fyth gan streic chwerw'r glowyr yn 1984–5. O'r 28 pwll a oedd ar waith cyn y streic, caewyd eu hanner erbyn 1987, ac roedd cyfanswm y gweithlu wedi gostwng i 10,200. Yn dilyn preifateiddio'r diwydiant glo yn 1994, Glofa'r **Tŵr** (gw. hefyd **Rhigos, Y**), a oedd yn eiddo i gwmni cydweithredol y gweithwyr, oedd yr unig bwll dwfn ar waith yn y de, er bod peth glo yn dal i gael ei gynhyrchu mewn lefelau bach a safleoedd glo brig.

Ar drothwy'r 21g. roedd maes glo'r de, yn ei hanfod, wedi darfod. Er hynny, roedd yn dal i fod yn gartref i hanner trigolion Cymru. Yr her sydd yn ymhlyg yn y ffaith honno yw'r her fwyaf sy'n wynebu'r Cymry. I'r rhai sydd â'u gwreiddiau ym maes glo'r de, mae ymwybyddiaeth o'i hanes rhyfeddol yn rhan hanfodol o'u Cymreictod.

### *Maes glo'r gogledd*

Oherwydd nad esgorodd ei ddatblygiad ar y fath newidiadau a brofwyd yn y de, tueddir i ddiystyru maes glo'r gogledd. Eto i gyd, mae iddo hanes arwyddocaol. Fe'i datblygwyd yn gynnar; rhoddodd fod i amrediad eang o ddiwydiannau; bu'n fagwrfa undebaeth lafur yng Nghymru, ac roedd hanes y cysylltiadau rhwng perchnogion a gweithwyr, er ei fod yn gythryblus ar adegau, yn dra gwahanol i'r hyn a nodweddai faes glo'r de.

Câi glo ei gloddio'n fasnachol ym **Mostyn** mor gynnar â'r 1340au. Erbyn diwedd yr 17g. fe'i defnyddid yn helaeth ar gyfer mwyndoddi plwm ac yn ychwanegol at hynny roedd masnach lo ffyniannus yn datblygu rhwng porthladdoedd ar arfordir **Sir y Fflint** ac Iwerddon a dinas Caer. Ganrif yn ddiweddarach roedd gwaith haearn y **Bers**, gweithfeydd copr **Treffynnon**, crochendai a gweithfeydd brics **Bwcle**, yr odynau calch niferus, a'r gweithfeydd **cemegion** ar Lannau Dyfrdwy i gyd yn defnyddio cyflenwadau sylweddol o lo. Erbyn diwedd y 1820au cynnyrch blynyddol cymedrig y maes glo oedd 0.5 miliwn o dunelli metrig, sef un rhan o chwech o'r hyn a gynhyrchid yn y de. Oherwydd fod maes glo'r de ddengwaith yn fwy o ran maint, gellid dadlau bod datblygiad dwysach yn nodweddu maes glo'r gogledd yn y 1820au.

Ym mis Hydref 1830 daeth undebaeth lafur i Gymru yn dilyn sefydlu ym **Magillt** un o gyfrinfeydd y Friendly Associated Coalminers' Union, mudiad â'i wreiddiau yn Swydd Gaerhirfryn. Ymhen dim o dro roedd yr undeb wedi ennill cefnogaeth glowyr Sir y Fflint, a dechreuodd recriwtio yn **Sir Ddinbych** a gyrru cenhadon i'r de. Tanseiliwyd yr undeb gan anniddigrwydd difrifol 1831 a gelyniaeth y perchnogion, ac ildiodd y glowyr o'u hanfodd. Yn ystod y tri degawd dilynol roedd cynnyrch maes glo'r gogledd yn parhau i fod tuag un rhan o chwech o gyfanswm y de. Fodd

Rhai o lowyr Pwll Unity, Cwm-gwrach, a agorodd yn 2007

bynnag, rhwng 1874 ac 1913, pan fu cynnydd o 44% yng nghynnyrch y gogledd, bu cynnydd o 244% yn y de. Erbyn 1913 nid oedd Sir Ddinbych a Sir y Fflint yn gyfrifol ond am 6% yn unig o'r glo a gynhyrchid yng Nghymru. Roedd gan bentrefi'r gogledd a ddibynnai bron yn llwyr ar lofeydd – a'r esiampl orau, o bosibl, yw **Rhosllannerchrugog** – nodweddion hynod debyg i'r rheini yn y de. Er hynny, prin oedd y fath gymunedau, am mai un o blith diwydiannau amrywiol y gogledd-ddwyrain oedd cloddio am lo – ffaith allweddol wrth geisio egluro agwedd gymedrol arweinwyr glowyr yr ardal fel rheol.

Cyrhaeddodd pyllau Sir Ddinbych a Sir y Fflint eu huchafbwynt o ran cynnyrch – 3.55 miliwn tunnell fetrig o lo – yn 1913, ac o ran nifer y glowyr – 19,189 – yn 1924. Erbyn diwedd y 1930au roedd y nifer wedi haneru ond – ac eithrio **Brymbo**, a oedd yn achos arbennig – ni bu'r dirwasgiad rhwng y ddau ryfel byd yn brofiad mor ddirdynnol ym maes glo'r gogledd ag yn y de. Yn dilyn yr Ail Ryfel Byd bu gostyngiad pellach o ran y cynnyrch a'r niferoedd a gyflogid, ac erbyn canol y 1970au, roedd y cynnyrch wedi gostwng i lai na 0.5 miliwn tunnell fetrig. Ar ôl i lofa'r Bers gau yn 1984, y Parlwr Du oedd yr unig bwll ar waith yn y gogledd. Yn dilyn preifateiddio yn 1994 caeodd hwnnw hefyd.

### *Gweithfeydd glo brig*

Dechreuodd y diwydiant glo brig cyfoes yn 1942 pan wahoddwyd cwmnïau peirianneg sifil a chanddynt offer wrth gefn i ychwanegu at gynnyrch y glofeydd dwfn. Er mai dull argyfwng o gloddio oedd hwn, a fabwysiadwyd adeg y rhyfel, daeth yn nodwedd hirdymor ar faes glo'r de, yn enwedig yn ardaloedd y glo carreg. (Ni bu fawr o gloddio mecanyddol am lo brig yn y gogledd.) Ddiwedd y 1950au, er bod y galw am lo yn lleihau, ni chafodd y penderfyniad i beidio ag agor safleoedd newydd ei weithredu yn y maes glo carreg a hynny oherwydd fod prinder tanwydd di-fwg. Yn y 1970au a'r 1980au cynnar deuai hanner y glo carreg a gynhyrchid o safleoedd glo brig. Roedd gweithfeydd sylweddol hefyd yn y maes glo rhwym, yn enwedig yng nghyffiniau **Llantrisant** a Dowlais (Merthyr Tudful). Bu llawer o brotestio am y difrod amgylcheddol a'r niwed a wnaed i gymunedau yn sgil y datblygiadau hyn. Cyrhaeddodd y diwydiant glo brig ei anterth yn 1971 pan gynhyrchwyd 3.2 miliwn o dunelli metrig. Erbyn canol y 1980au gostyngodd y cyfanswm i 1.68 miliwn tunnell fetrig, sef 18% o holl gynnyrch y de. Fodd bynnag, yn 1993, am y tro cyntaf yn eu hanes, roedd cynnyrch gweithfeydd glo brig y de (2.52 miliwn tunnell fetrig) yn fwy na'r hyn a gynhyrchwyd gan y pyllau dwfn (1.98 miliwn tunnell fetrig). Disodlwyd y glöwr gan y jac codi baw ac, yng ngeiriau **Harri Webb**, daeth y rhan fwyaf o'r rhai a gynhyrchai lo yng Nghymru yn 'sunshine miners'.

Yn 2004 roedd llai na 400 o lowyr yn gweithio dan ddaear yng Nghymru, ac oddeutu 360 yn gweithio mewn gweithfeydd glo brig.

Hyd heddiw, cyfrol **Frederick North**, *Coal and the Coalfields of Wales* (1932), yw'r unig ymdriniaeth gynhwysfawr â'r pwnc. Bu cyfraniad y diwydiant i ddatblygiad y nofel ddiwydiannol yn bwysig (gw. **Llenyddiaeth**), ac ysbrydolodd swmp o farddoniaeth a rhyddiaith a ysgrifennwyd gan lenorion o Gymry, yn enwedig yn **Saesneg**, yn ystod yr 20g. Ni cheir yn unman bortread mwy grymus o galedwaith ac amodau byw y colier o Gymro nag yn hunangofiant **B. L. Coombes**, *These Poor Hands* (1939).

**GLUDER FAWR, GLUDER FACH, Y GARN, ELIDIR FAWR A THRYFAN** Mynyddoedd
Mae'r gadwyn hon o fynyddoedd yn un o dri *massif* yng Nghymru – yr **Wyddfa** a'r **Carneddau** yw'r ddau arall – sy'n codi i uchder o dros 3,000 troedfedd (914m) ac mae'n cynnwys copaon y Gluder Fawr (999m), y Gluder Fach (994m), y Garn (946m), Elidir Fawr (924m) a Thryfan (917m). Y mwyaf trawiadol ohonynt yw Tryfan. Gyda'i dri wyneb clogwynog a'r ddau faen unionsyth a elwir y bugail a'i wraig (ynghyd â Siôn a Siân) yn goron arno, hwn yw'r unig gopa yng Nghymru nad oes modd ei ddringo heb gymorth y dwylo. Ar gopaon y Gluder Fawr a'r Gluder Fach ceir cludeiriau, sef trwch o greigiau rhewfriw a thyrrau onglog, yn eu plith Gastell y Gwynt (o *cludair* 'pentwr' y tardda enw'r ddau gopa). Yng nghrombil Elidir Fawr mae ceudyllau anferthol cynllun trydan dŵr Dinorwig (gw. **Llanddeiniolen, Ynni** a **Peirianneg**). Un o nodweddion mwyaf diddorol y Gluderau yw'r Twll Du, yr hafn yn y clogwyn uwchlaw Llyn Idwal a geir yng Nghwm Idwal. Mae'r cwm, Gwarchodfa Natur Genedlaethol gyntaf Cymru (1954), yn enwog nid yn unig am ei **ddaeareg** ond hefyd am ei **blanhigion**, gan gynnwys lili'r Wyddfa. Mae'r slabiau uwchlaw'r llyn yn bwysig yn hanes dringo creigiau; yma y bu George Mallory yn ymarfer cyn iddo gael ei ladd ar Everest yn 1924.

**GLYN, William (1504–1558)** Esgob Bangor
Treuliodd William Glyn, brodor o Heneglwys (**Bodffordd**), ran orau ei yrfa yng **Nghaergrawnt**, gan ddod yn Athro Diwinyddiaeth yr Arglwyddes Margaret Beaufort yn 1544. Ymwrthododd â Phrotestaniaeth radicalaidd cyfnod Edward VI, gan gefnogi egwyddor trawsylweddu'r elfennau (1549), ac ef oedd un o'r dadleuwyr praffaf yn erbyn y Protestaniaid Cranmer, Latimer a Ridley yn **Rhydychen** (1554). Yn 1555 fe'i penodwyd yn esgob **Bangor**, lle hyrwyddodd amcanion cylch diwygio Catholig Reginald Pole trwy sicrhau disgyblaeth ymhlith offeiriaid a'u hyfforddi yn egwyddorion sylfaenol y ffydd Gatholig (gw. **Catholigion Rhufeinig**). Trwy waddol ei frawd, Geoffrey Glyn (m.1557), y sefydlwyd Ysgol Ramadeg Friars, Bangor.

**GLYN TARELL**, Sir Frycheiniog, Powys (5,975ha; 575 o drigolion)
Mae'r **gymuned** hon yn ymestyn o boptu'r **A470**, y briffordd rhwng **Aberhonddu** a **Merthyr Tudful**, ac yn cynnwys pentrefi Libanus, Llanilltud a Llansbyddyd. Oddi yma ceir golygfeydd godidog o gopaon **Bannau Brycheiniog**; saif Pen y Fan (886m), y copa uchaf, ar gyrion dwyreiniol y gymuned. Mae'r Ganolfan Fynydd ar dir comin Mynydd Illtud yn darparu gwybodaeth i bobl sy'n ymweld â Pharc Cenedlaethol Bannau Brycheiniog, a cheir Canolfan Addysg Awyr Agored yn Storey Arms. Yn ôl **Theophilus Jones**, ym mynwent gron Llanilltud y mae bedd **Illtud**, a dywedir bod Anlach, tad **Brychan**, wedi'i gladdu ym mynwent Llansbyddyd. Lleolir cronfa ddŵr y Bannau ym mhen deheuol y gymuned, y fwyaf gogleddol o'r tair cronfa ddŵr yng Nghwm Taf Fawr (gw. **Taf, Afon**) sy'n cyflenwi **Caerdydd**.

**GLYNCORRWG**, Castell-nedd Port Talbot (5,595ha; 5,544 o drigolion)
Canolbwynt y **gymuned** hon yw dalgylch afon Corrwg, un o isafonydd afon Afan. Ardal o ffermydd **defaid** a **gwartheg** ydoedd hyd ail hanner y 19g. pan agorwyd y **rheilffyrdd** a gysylltai bentrefi glofaol newydd Glyncorrwg, y Cymer, Abergwynfi a Blaengwynfi â'r arfordir, gan roi hwb sylweddol i'r diwydiant **glo** lleol. Yn sgil cau'r pyllau glo, mynegwyd gobaith y byddai fforestydd mawr y gymuned, Llynnoedd Glyncorrwg a Pharc Gwledig Afan Argoed, yn cynnig swyddi newydd ym maes **twristiaeth**. Daw'r ffordd fawr i ben ym mhen uchaf pentref Glyncorrwg ac felly mae'r dyffryn yn enghraifft glasurol o gwm pengaead.

**GLYNDŴR** Cyn-ddosbarth
Ar ôl diddymu **Sir Ddinbych** a **Sir Feirionnydd** yn 1974, crëwyd Glyndŵr yn ddosbarth oddi mewn i sir newydd **Clwyd**. Roedd yn cynnwys yr hyn a fu yn **fwrdeistrefi Dinbych** a **Rhuthun**, dosbarth trefol **Llangollen** a **dosbarthau gwledig** Ceiriog a Rhuthun ynghyd â rhan o un **Wrecsam** yn Sir Ddinbych, a dosbarth gwledig **Edeirnion** yn Sir Feirionnydd. Dewiswyd yr enw am fod y dosbarth yn cynnwys Sycharth (**Llansilin**) a Glyndyfrdwy (**Corwen**), prif gartrefi **Owain Glyndŵr**. Yn 1996 rhannwyd y dosbarth; clymwyd pump o'i gymunedau (gw. **Cymuned**) wrth fwrdeistref sirol Wrecsam a thair ohonynt wrth **Bowys**; daeth y gweddill yn graidd y Sir Ddinbych newydd.

**GLYNEBWY (Ebbw Vale)**, Blaenau Gwent (912ha; 8,944 o drigolion)
Yn 1775 dyrnaid o ffermydd a thai gwasgaredig lle trigai tua 120 o bobl oedd Glynebwy ym mhen uchaf Cwm Ebwy Fawr (gw. **Ebwy, Afon**). Erbyn 1801 roedd Harford, Partridge a'u Cwmni wedi sefydlu eu gwaith **haearn** yno a'r **boblogaeth** wedi cynyddu i 800; erbyn 1841 roedd yn 7,800, a 80 mlynedd yn ddiweddarach roedd 35,381 o drigolion yn nosbarth trefol Glynebwy, a gynhwysai hefyd gymunedau **Cendl** (Beaufort) a **Chwm**. Sbardunwyd y twf gan weithgareddau Cwmni Dur, Haearn a Glo Glynebwy, yr oedd ei weithfeydd enfawr yn ymestyn am 5km ar hyd llawr y dyffryn. Yno ceid dwy **ffwrnais dân agored** a ffwrneisi Bessemer, ynghyd â ffyrnau golosg, melinau stribed a ffatrïoedd sgilgynhyrchion, ac o'u cwmpas rwydwaith ategol o lofeydd, gweithfeydd brics, gweithfeydd nwy a chwareli, a'r cyfan yng ngolwg adeilad mawr Eglwys y Drindod (1861) ar Fryn Brierly. Yn 1936 roedd y penderfyniad i foderneiddio gweithfeydd mewn ardal o ddiweithdra uchel, ond ar safle a oedd wedi peidio â bod yn fan cyfleus ar gyfer cynhyrchu dur, yn ymgais ddyngarol anghyffredin i roi blaenoriaeth i ystyriaethau cymdeithasol ar draul rhai cwbl economaidd. Yn y 1960au cyflogid 14,500 o weithwyr yn y gweithfeydd, ond daeth newid mawr yn ystod chwarter olaf yr 20g. Yn dilyn streic yn 1980 bu diswyddiadau a chaewyd rhannau helaeth o'r gweithfeydd. Dymchwelwyd y melinau dur yn Victoria a defnyddiwyd y safle ar gyfer Gŵyl Erddi Cymru 1992. Erbyn 2002 dim ond 450 a oedd yn gweithio yn yr hyn a oedd ar ôl o'r gwaith. Caeodd yn

gyfan gwbl ar 5 Gorffennaf 2002. Erbyn hynny roedd cyfradd diweithdra ymhlith dynion ddwywaith yr hyn ydoedd yng Nghymru yn gyffredinol, ac roedd cyflogau yn 78% o'r cyfartaledd Prydeinig.

Fel canolfan weinyddol **Blaenau Gwent**, daeth Glynebwy yn ganolbwynt cynlluniau i greu sylfaen diwydiannol newydd i gymryd lle'r diwydiannau trymion. Crëwyd nifer o barciau busnes a **stadau diwydiannol** a daeth safle'r ŵyl Erddi yn barc mân-werthu ac yn gyfleuster hamdden sy'n cynnwys coedlannau, gwlyptiroedd, **gerddi** addurnol a phafiliwn 'dwyreiniol'. Yn anterth ei ffyniant roedd 21 o gapeli yng Nglynebwy. A hithau'n hen etholaeth **Aneurin Bevan**, ac yna Michael Foot, mae gan Lynebwy le diogel yn hanes y mudiad Llafur ym **Mhrydain**.

## GLYN-NEDD, Castell-nedd Port Talbot (2,616ha; 4,368 o drigolion)

Plannwyd fforestydd mawr dros rannau gwledig y **gymuned** hon ar lan ogledd-orllewinol afon **Nedd**. Dechreuwyd cloddio am **lo** yn 1793 a chynyddodd y gwaith yn gyflym iawn yn dilyn dyfodiad Camlas Nedd yn 1795. Mae nodweddion diddorol i'r gamlas wedi goroesi, gan gynnwys olion incléin a adeiladwyd yn 1805 i'w chysylltu â chamlas a gwaith haearn **Aberdâr**. Mae'r pentref gwasgarog yn cynnwys adeilad ffrâm bren, peth prin yn **Sir Forgannwg**. Mae Eglwys Sant Cadog (1809) yn sefyll ar dir hen blasty Aberpergwm a fu'n gartref yn y 15g. i Rys ap Siancyn a'i ddisgynyddion, noddwyr amlycaf y beirdd ym Morgannwg yn ystod y cyfnod. Yn ddiweddarach daeth yn gartref i deulu Williams, un o'r ychydig deuluoedd bonedd yng Nghymru a oedd, ar hyd y blynyddoedd, yn driw i'r **Gymraeg**. Roedd un o feirdd teulu olaf Cymru (Dafydd Nicolas; 1705–74?) yn eu gwasanaeth hwy, ac roedd y gasglwraig caneuon gwerin, **Maria Jane Williams**, yn aelod o'r teulu. Mabwysiadwyd arwyddair y teulu, 'A ddioddefws a orfu', gan Gyngor Sir Forgannwg. Mae'r plasty, a ailwampiwyd yn 1876, bellach yn adfail. Ehangwyd Plas Rheola yn 1812 gan y pensaer **John Nash** ar gyfer ei bartner, John Edwards-Vaughan. Mae safle gwaith glo brig enfawr ar ffin ogleddol y gymuned.

## GLYNRHONDDA Cwmwd

Un o gymydau cantref **Penychen**. Wedi i'r **Normaniaid** gipio teyrnas **Morgannwg** yn niwedd yr 11g., llwyddodd y **cwmwd** i gadw mesur o annibyniaeth o dan reolaeth disgynyddion Cadwallon ap Caradog, ŵyr **Iestyn ap Gwrgant**, brenin olaf Morgannwg. Fodd bynnag, yn sgil 'ail goncwest Morgannwg' yng nghanol y 13g., daeth y cwmwd o dan reolaeth uniongyrchol teulu **Clare**. Yn fras, roedd tiriogaeth y cwmwd yn cyfateb i diriogaeth plwyf Ystradyfodwg, ac i fwrdeistref y **Rhondda** yn ddiweddarach. 'Gwŷr y Gloran' yw'r hen enw ar y rhai hynny yr oedd eu hynafiaid yn trigo yng Nglynrhondda cyn i'r cloddio mawr am **lo** ddechrau; deillia o'r syniad mai Glynrhondda oedd *cloren* ('cynffon') Morgannwg.

## GLYNTRAEAN, Wrecsam (2,969ha; 878 o drigolion)

Mae Glyntraean, i'r de o **Langollen**, yn ymestyn ar draws rhan ganol Dyffryn Ceiriog. Roedd yn un o bum **cymuned** yn hen ddosbarth **Glyndŵr** a ddaeth yn rhan o fwrdeistref sirol **Wrecsam**. Mae ei **ffin** ddwyreiniol, sydd hefyd yn ffin rhwng Cymru a **Lloegr**, yn dilyn **Clawdd Offa**. Yn y Butchers Arms, Pontfadog, dywedwyd wrth **George Borrow** mai yn anaml iawn y byddai'r **tylwyth teg** yn dawnsio yn yr ardal. Ger y pentref mae derwen Cilcochwyn, sydd yn 1,200 mlwydd oed – yr hynaf ym **Mhrydain** yn ôl y sôn; yn ôl y chwedl dyma'r unig goeden i oroesi gorchymyn Harri II i ddifa'r coedwigoedd yn yr ardal pan ymosododd ar Gymru yn 1165. Mae traddodiad iddo gael ei drechu gan luoedd **Owain Gwynedd** yng Nghrogen, ac i'r meirw gael eu claddu yn Adwy'r Beddau, bwlch yng Nghlawdd Offa. Dangosodd **J. E. Lloyd**, fodd bynnag, na fyddai gorymdeithio trwy Grogen yn gwneud unrhyw synnwyr strategol.

## GLYWYSING Teyrnas

Mae'n debyg i Lywysing, yr enw cynharaf a oroesodd ar y tir rhwng afonydd **Tawe** ac **Wysg**, gael ei enwi ar ôl y brenin Glywys o ddechrau'r 5g. Dywedir mai ef oedd tad Gwynllŵg, a roddodd ei enw i'r tir rhwng afonydd **Rhymni** ac Wysg, a thaid **Cadog**. Yn y 7g. ymddengys i Lywysing uno â **Gwent** i ffurfio'r deyrnas y daethpwyd i'w hadnabod maes o law fel **Morgannwg**.

## GOBLE, Anthony [Barnet] (1943–2007) Arlunydd

Brodor o'r **Drenewydd** oedd Tony Goble, fel y'i gelwid bob amser. Gadawodd Ysgol Gelf **Wrecsam** yn 1964 a bu'n **peintio** am weddill ei oes. Arddangosodd ei waith yn helaeth yng Nghymru ac mewn gwledydd eraill, ac mae lluniau o'i eiddo i'w cael mewn sawl casgliad celf cyhoeddus, gan gynnwys casgliad **Amgueddfa [Genedlaethol] Cymru**. Chwaraeodd ran allweddol yn llwyddiant Canolfan Gelfyddydau Neuadd Llanofer yng **Nghaerdydd**, ac fe'i hystyrid gan ei fyfyrwyr, yno ac mewn mannau eraill, yn athro ysbrydoledig. Mae ei luniau yn llawn breuddwydion a theithiau, ac yn gyforiog o hiwmor a dychymyg. Yn ei eiriau ef ei hun, 'Mae fy ngwaith i'n bersonol, ond nid yw'n gyfrinach'.

## 'GOD BLESS THE PRINCE OF WALES' Cân

Bu'r gân hon yn boblogaidd ar un adeg a bu'n destun sawl parodi. Fe'i cyfansoddwyd gan **Brinley Richards** yn 1862, gyda geiriau Saesneg gan George Linley a rhai Cymraeg gan Ceiriog (**J. Ceiriog Hughes**). Fe'i cynhwyswyd gan Brinley Richards yn ei *Songs of Wales* (1873).

## GODODDIN, Y Llwyth

Llwyth Brythonaidd a adwaenid gan y **Rhufeiniaid** fel Votadini. Mae'n bosibl fod ei deyrnas yn ymestyn o Foryd Forth hyd afon Tyne. Prif gaer y llwyth oedd Din Eidyn a safai, yn ôl pob tebyg, ar y graig y saif Castell Caeredin arni heddiw. Fe'i cipiwyd gan yr Eingl yn 638 ac o ganlyniad daeth diwedd ar y deyrnas. Yn '**Y Gododdin**', cyfres o awdlau a briodolir i **Aneirin**, coffeir arwriaeth byddin y Gododdin a laddwyd mewn brwydr yn erbyn yr Eingl yng Nghatraeth (*c*.600). Dywedir bod **Cunedda** wedi ymfudo i ogledd-orllewin Cymru o **Fanaw Gododdin**.

## 'Y GODODDIN'

Cyfres o awdlau byrion a briodolir i'r Cynfardd **Aneirin** a ganai yn ail hanner y 6g. yw 'Y Gododdin'. Cadwyd dau fersiwn o'r gwaith, sy'n cynnwys cyfanswm o 1,257 o linellau, mewn llawysgrif o'r 13g., ***Llyfr Aneirin***. Trafodir y casgliad yn aml fel petai'n un gerdd hir yn ymwneud ag un digwyddiad arbennig, sef ymgyrch filwrol yn y 6g. gan wŷr y **Gododdin** (Votadini) a deithiodd o'u tiroedd o gwmpas Caeredin i Gatraeth (Catterick yn Swydd Efrog) i ymladd yn erbyn niferoedd llawer iawn mwy o'r Eingl (gw. **Eingl-Sacsoniaid**).

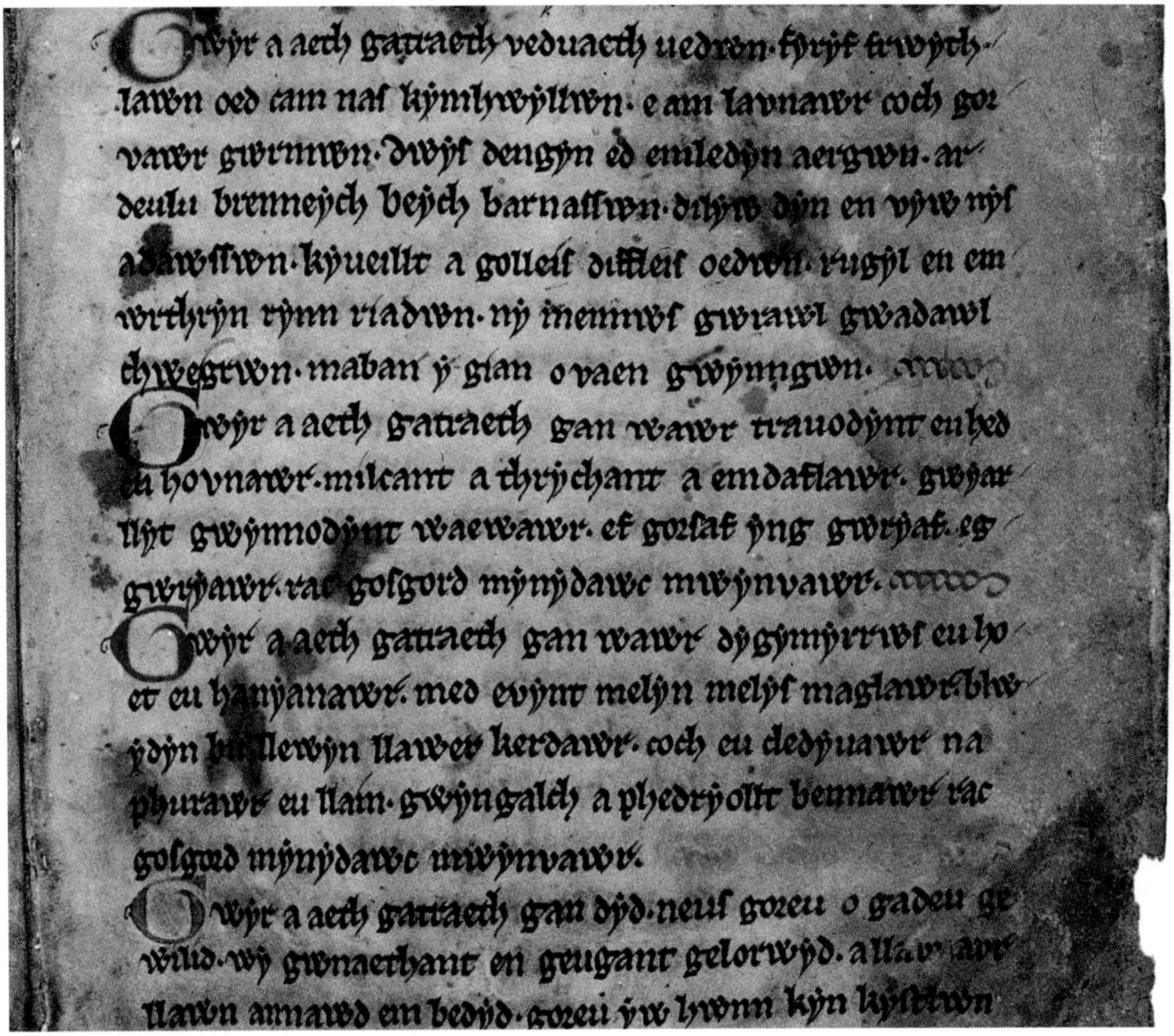

'Y Gododdin' yn *Llyfr Aneirin*

Mae'n eithaf sicr fod copïau ysgrifenedig o'r 'Gododdin' yn bod o leiaf erbyn cyfnod Hen Gymraeg (gw. **Cymraeg**), ond mewn diwyg Cymraeg Canol, i bob pwrpas, y'i diogelwyd yn ***Llyfr Aneirin***. Mae dyddiad y testun a dilysrwydd y priodoliad i Aneirin yn bwnc llosg ymhlith ieithyddion, beirniaid llenyddol a haneswyr, ac nid oes unrhyw argoel fod ateb i'r broblem wrth law.

Coffáu marwolaethau arwrol aelodau unigol o fyddin y Gododdin ym Mrwydr Catraeth a wna llawer o'r cerddi. Canmolir eu haelioni a'u moesgarwch ar adegau o heddwch yn ogystal â'u dewrder a'u ffyrnigrwydd ar faes y gad. Cenir awdlau hefyd i alaru ar ôl gosgordd gyfan, gan foli ffyddlondeb ei haelodau i'w harglwydd. Awgryma iaith, mydr a thechnegau llenyddol 'Y Gododdin' ei bod yn perthyn i draddodiad hynafol o ganu mawl. Er mor drawiadol yw ei delweddaeth mae'n annisgwyl o gyfyng ac efallai'n adlewyrchiad o'r golygu a ddigwyddodd wrth i'r testun gael ei drosglwyddo.

## GOETRE FAWR, Sir Fynwy (2,183ha; 2,335 o drigolion)

Mae'r **gymuned** hon, sydd rhwng **Pont-y-pŵl** ac afon **Wysg**, yn cynnwys pentref mawr Penperllenni. Yng Nglanfa Goetre, ar Gamlas Aberhonddu a'r Fenni, ceir nifer o nodweddion o'r 19g. a adferwyd yn llwyddiannus, gan gynnwys y lanfa ei hun, traphont ddŵr, bwthyn ac odyn galch. Tŷ sydd wedi goroesi'n gyfan o'r 16g. yw'r Persondy ym Mamheilad, ac ynddo mae cyfoeth o waith coed derw ardderchog.

## GOGLEDD AMERICA A CHYMRU

Gogledd America fu'r gyrchfan fwyaf poblogaidd o ddigon i ymfudwyr o Gymry. Mae Cymry wedi **ymfudo** yno er yr 17g. o leiaf (ac yn gynharach yn ôl chwedl **Madog ab Owain Gwynedd**). Ac eithrio'r mwyngloddwyr a'r gweithwyr **haearn** a fu'n gweithio ym Mecsico yn y 19g., i'r tiriogaethau y daethpwyd i'w hadnabod fel yr Unol Daleithiau (ar ôl 1783) a Chanada (ar ôl 1867) y denwyd y mwyafrif o Gymry a ymfudodd i Ogledd America. Yn y ddwy wlad, llwyddodd y Cymry i integreiddio ac ymgymathu'n rhwydd, ac eto o'r 1970au ymlaen, yn arbennig ymhlith y genhedlaeth iau, bu twf mewn ymwybyddiaeth ethnig Gymreig, a mwy o ddiddordeb yng Nghymru. Er bod cysylltiadau wedi bod erioed rhwng y Cymry yng Nghanada a'r Unol Daleithiau, ymddengys fod bellach gymuned ethnig Gymreig fwy unol yng Ngogledd America. Mae'n cynnal un papur newydd misol, *Ninnau & Y Drych*, ffrwyth uniad yn 2003 rhwng

Ymfudwyr yn teithio o Gymru i Ganada, 1900

*Ninnau* (1975–) ac *Y Drych* (a gyhoeddwyd gyntaf yn ninas Efrog Newydd yn 1851). Er 1959 mae prif gyfarfod yr Americaniaid Cymreig, sef y **Gymanfa Ganu** genedlaethol flynyddol (cychwynnodd yn Niagara Falls, yr Unol Daleithiau, yn 1929), wedi ei chynnal mewn lleoliadau yng Nghanada ar naw achlysur.

*Canada*

Ac eithrio gwladfa **Cambriol** yn yr 17g., a'r ymsefydlu a fu ar Ynys Campobello yn y 18g., y gwladychu cyntaf a ddigwyddodd yng Nghanada oedd y treflannau a sefydlwyd yn New Cambria (Nova Scotia) a Cardigan (New Brunswick) gan ymfudwyr o orllewin Cymru yn 1818–19. Ymhlith y rhai a ymfudodd o Gymru yn ystod y 19g. yr oedd y rhai hynny a gafodd eu denu gan y rhuthr i feysydd aur Cariboo yn British Columbia ar ôl 1858. Ond yn ystod yr 20g. y bu'r cynnydd mwyaf yn nifer y Cymry. Rhwng 1901 ac 1961 cododd nifer y bobl a honnai eu bod o dras Cymreig o 13,421 i 143,962. Er hynny, cymharol fach fu niferoedd y Cymry yng Nghanada erioed, ac ni fu ar unrhyw adeg yn uwch na 0.8% o'r boblogaeth gyfan. Yn wreiddiol, cartref masnachwr coed o **Sir Drefaldwyn** oedd Gorffwysfa, cartref prif weinidog Canada.

Gan i Gymry Canada ymgartrefu trwy'r wlad yn gyffredinol yn hytrach nag mewn ardaloedd mwy cryno, bu iddynt gymathu'n lled gyflym. Ymhlith y lleoliadau prin hynny lle ceid cryn nifer o Gymry gyda'i gilydd yr oedd pentrefi Wood River (ger Ponoka, Alberta) a Bangor (Saskatchewan) a sefydlwyd gan ymfudwyr o Gymry o **Batagonia** yn 1902. Ceir yng Nghanada nifer o gymdeithasau Cymreig a digwyddiadau diwylliannol Cymreig, yn eu plith Capel Dewi Sant, Toronto, a sefydlwyd yn 1909, a Chymdeithas Cymanfa Ganu Ontario a ffurfiwyd yn 1957. Ymhlith y Canadiaid amlwg o dras Cymreig gellir cynnwys y fforiwr David Thompson (1770–1857) a'r nofelydd Robertson Davies (1913–95).

*Unol Daleithiau America*

Mae'r Unol Daleithiau wedi denu mwy o Gymry nag unrhyw wlad arall heblaw am **Loegr**. Mae'r Cymry yno yn grŵp amrywiol, a rhoddwyd bod i'r ymfudo gan resymau gwleidyddol, crefyddol ac economaidd. Yn ystod cyfnod yr ymfudo cyntaf, 1660–*c.*1720, anghydffurfwyr crefyddol Cymreig a geid yn bennaf, yn sefydlu cymunedau yn New England a **Phensylfania**. Hyd ganol y 19g. ffermwyr gan mwyaf oedd yr ymfudwyr a ymsefydlodd, yn y lle cyntaf yn Efrog Newydd, Pensylfania ac Ohio, ac yn ddiweddarach yn nhaleithiau canol y gorllewin, yn arbennig felly Wisconsin. Ar ôl y 1850au yr ymfudwyr pennaf oedd gweithwyr diwydiannol a theuluoedd o ardaloedd **glo**, haearn a **thunplat** y de ac o froydd chwareli **llechi**'r gogledd. Ymgartrefai niferoedd cynyddol ohonynt yn y dinasoedd mawrion a'r ardaloedd diwydiannol, yn arbennig ym meysydd glo Pensylfania ac Ohio. Denid **Mormoniaid** o Gymru i Utah, ac roedd ganddynt ran amlwg yn ffurfio côr enwog y Tabernacl. Erbyn 1890 roedd 100,079 o frodorion o Gymru (heb gynnwys **Sir Fynwy**) yn byw yn yr Unol Daleithiau. Diwedd y 19g. oedd uchafbwynt y bywyd diwylliannol **Cymraeg** yn America, ac adlewyrchid hynny mewn eisteddfodau lleol a chenedlaethol (gw. **Eisteddfod**), capeli llawn, corau niferus a chyhoeddi llyfrau a chyfnodolion Cymraeg a **Saesneg** eu hiaith. Cyhoeddwyd y llyfr Cymraeg cyntaf yn America mor gynnar â 1721 (gw. **Ellis Pugh**).

Yn yr 20g. bu gostyngiad mawr yn nifer y Cymry a ymfudai i'r Unol Daleithiau. Wrth i'r siaradwyr Cymraeg hŷn

COLUMBIA

Newyddiadur Wythnosol at Wasanaeth y Cymry yn America.

EMPORIA, KANSAS, DYDD IAU, RHAGFYR 18, 1890.

TISERS.

IRCULATION ALL
ED STATES.

English Newspaper
ntry.

ewspaper published
New York. Its
kes it accessible and
of English speak-
merica, as well as
ts. It is thus read
ass, who cannot be
ans.
reasonable. Rates

pridd, D.C., yn 71 oed, ac yn dyoddef dan lesgedd mawr, yn cael ei achosi gan waedlifiant o'r ysgyfaint, yr hyn a fu yn ei flino yn flaenorol, ond coleddir gobeithion am ei adferiad.

Yn nghymdeithasfa chwarterol y T.C. a gynaliwyd yn Llanfairpwllgwyngyll, Mon, cymeradwywyd codi capel coffadwriaethol i'r diweddar Mr. D. Davies, Llandinam, yn Barry Dock, D.C.

Addawodd yr Henadur R. Cory, Caerdydd, y swm o 1,000p pe yr unid colegau y Bedyddwyr yn Pontypool a Hwlffordd. Os na ddygir hyn oddiamgylch, cynygia Mr. Cory roddi y swm hwn yn unig i Goleg Pontypool, ar yr amod fod iddo gael ei symud i Gaerdydd.

Cymer gorseddiad Esgob Bangor le ar y 19fed o'r mis hwn.

Bu Madam Patti yn canu mewn cyngerdd yn Nghaerdydd, a thelid iddi y swm aruthrol o 700p am ei gwasan-

HYDE PARK, PA.

Diolchgarwch—Mr. John T. Williams—Proff. Geo. Howell—Y Ddarllenfa—Llosgiad Capel.

Yn unol a dymuniad yr Arlywydd Harrison, darfu i'r Atheniaid esgyn i gydgyflwyno diolchgarwch i Gynaliwr y greadigaeth. Gwnaeth y gwahanol eglwysi amlygu hyny mewn canu, adrodd, areithio, pregethu, a gweddio. Credwn fod yr oll wedi bod o dan ddylanwad ysbryd Duw. Cawsom wledd gan y gwahanol ddoniau, gallu a medrusrwydd a ddangoswyd yn nghyfarfodydd eglwys y Tabernacl. Deallwn fod yr eglwys hon wedi colli yn ddiweddar rai o'i haelodau cadarnaf. Dyna John Swainson, dyn defnyddiol, da a gweithgar. Eto, John T. Williams, yr hwn fu yn flaenor medrus, anrhydeddus, a hunan-aberthol mewn gwahanol ffyrdd.

on sylweddol iddynt yn eu dydd blin ac ystormus.

Cafodd y Parch. T. D. Evans gyfarfod "cydnabyddiad" lluosog a theilwng o urddas a safle y gweinidog a'r eglwys yn Taylorville. Ni chlywyd dim o'r gormodiaith a arferir gan rai ar y cyfryw achlysuron. Mae yma faes eang a manteisiol ryfeddol i wneyd llawer o ddaioni. Gorlenwir capel eang y B. bob Sabboth i wrando pregethau coeth ac ymarferol y gweinidog, Parch. Chas. Jones, M.A.

Cred[illegible] y Parch. Peter Roberts, diweddar weinidog Plymouth Church, Hyde Park, fod yn hawddach talu $3,000 a chostau y gyfraith wrth eistedd mewn ystafell eang a hardd garpetedig yn ngharchar y sir i olygu y *Blade* na gweithio yn galed a chario baich an-

COLUMBUS, OHIO.

Yr Hin—Y Ddinas—Y Cymry ynddi—Marwolaeth—Ymadawiad—Parch. J. H. Davies, Wis.

Columbus, Rhag. 8.—Dal i symud y mae pethau a phersonau yn y parthau hyn. Mae yr hen ddaear wedi ei gwisgo mewn amdo wen heddyw, a'r llithrgeir yn dechreu gwibio ar hyd ein heolydd. Rhaid "prynu yr amser," yn Ohio, "canys y dyddiau sydd ddrwg," os dewisir gwneyd defnydd o'r gwr dyeithr, a'r ymwelydd anaml, Mr. Eira.

Dal i gynyddu a myned rhagddi ar seiliau sicr a diwyd y mae ein dinas, yr hon sydd yn ymyl bod yn gan' mil ei thrigolion. Deil ei masnach i gynyddu yn barhaus, ei gweithfeydd i luosogi ac eangu, ac y mae genym un o'r dinasoedd goreu ei heolydd yn yr Undeb. Llinellir y ddinas gan *street cars* a lusgir

Tudalen flaen y papur newydd Cymraeg, *Columbia*, 1890

farw o'r tir ac wrth i ymfudo ar raddfa eang ddod i ben, diflannodd yr iaith yn yr ardaloedd hynny a fu'n Gymraeg eu hiaith, megis Utica yn nhalaith Efrog Newydd a rhai cymunedau gwledig yn nhaleithiau canol y gorllewin. Roedd y cymunedau trefol a diwydiannol Cymreig wedi profi newid ieithyddol a diwylliannol cyflymach beth amser ynghynt. O ran sefydliadau, fodd bynnag, mae America Gymreig ddechrau'r 21g. yn llawn bywiogrwydd. Yn ogystal â chymdeithasau Cymreig taleithiol, rhanbarthol a lleol, y mae hefyd sefydliadau cenedlaethol gan gynnwys y Welsh National Cymanfa Ganu Association a'r National Welsh American Foundation; er 1977 bu Cymdeithas Madog yn cynnal cyrsiau carlam dysgu Cymraeg bob blwyddyn. Yn 1995 sefydlwyd y North American Association for the Study of Welsh Culture and History yn Rio Grande, Ohio. Mae cyfrifiadau diweddar wedi cofnodi twf yn nifer yr Americaniaid sy'n honni eu bod o dras Cymreig – dros ddwy filiwn yn 1990.

Mae llawer o bobl a chanddynt linach Gymreig wedi dod yn amlwg ym mywyd America. Honnwyd gan rai fod 18 o'r 53 a lofnododd y Datganiad Annibyniaeth (1766) o dras Cymreig, er bod eraill yn dweud mai 5 oedd y nifer. Dim ond un o'r rhai a lofnododd a oedd yn enedigol o Gymru
y masnachwr o Efrog Newydd, Francis Lewis (1713–1802). Ymhlith yr Americaniaid Cymreig eraill o bwys y mae'r cymwynaswyr Elihu Yale (1649–1802; gw. **Thomas Yale**) a Morgan Edwards (1722–1795; un o sylfaenwyr Prifysgol Brown), y gŵr enwog ym myd y ffilmiau, D. W. Griffith (1875–1948), Charles Evans Hughes (1862–1948), a ymgeisiodd am yr arlywyddiaeth, y dirprwy arlywydd Hubert Horatio Humphrey (1911–78), y pensaer Frank Lloyd Wright (1869–1959), yr addysgwraig Margaret Evans Huntington (1842–1926), arweinydd y glowyr, John L. Lewis (1880–1969) a'r bardd Denise Levertov (1923–97).

## GOGS A HWNTWS

Daeth yr enw 'Gog', talfyriad o 'gogleddwr', yn gyffredin ymhlith pobl ifainc ddiwedd y 1960au a dechrau'r 1970au wrth i fwy a mwy o'r gogledd symud i **Gaerdydd** i weithio. Mae'r enw 'Hwntw' (deillia o'r 18g.) am rywun o'r de yn tarddu o'r gair 'hwnt' a ddefnyddir yn y de-ddwyrain am 'draw'. Yn y 1970au roedd Yr Hwntws yn enw ar grŵp gwerin o'r rhanbarth hwnnw. Roedd thema'r Gogs a'r Hwntws yn ganolog i'r gyfres deledu ***Fo a Fe***.

## GOGYNFEIRDD, Y

Term yw hwn am y beirdd a ganai ar fesur **awdl** ac **englyn** rhwng hanner cyntaf y 12g. ac ail hanner y 14g., gan gynnwys **Beirdd y Tywysogion**.

## GOLEUDAI A GOLEULONGAU

Yn yr 17g. yr adeiladwyd goleudy cyntaf Cymru, sef hwnnw ar Benrhyn St Ann (**Dale**) sy'n dynodi'r fynedfa i harbwr naturiol **Aberdaugleddau** (gw. **Aberdaugleddau, Dyfrffordd**). Cododd masnachwyr **llongau** o **Lerpwl** oleudai preifat o amgylch **Môn** yn y 18g., ac ar y Smalls (**Marloes a Sain Ffraid**), 30km oddi ar arfordir **Sir Benfro**, yn 1774. Cyn 1801 dim ond dau geidwad a gadwai'r golau ynghyn ar y Smalls. Pan fu farw un ohonynt, gwnaeth ei gydweithiwr amdo a chadw ei gorff y tu allan, rhag cael ei gyhuddo o lofruddiaeth petai'n claddu'r corff yn y môr. Bu'n rhaid iddo aros am dair wythnos i gwch ddod i'w ryddhau. Wedi hynny y polisi oedd rhoi tri cheidwad ar oleudai anghysbell. Erbyn hyn cânt eu rhedeg yn awtomatig, ac nid oes angen i unrhyw un aros yn barhaol ynddynt. Goleudy'r Smalls oedd y mwyaf proffidiol yn y byd, gan fod tollau'n cael eu cyfrif yn ôl y nifer o dunelli o gargo, a'u casglu pan gyrhaeddai llongau **borthladdoedd** fel Lerpwl ac **Abertawe**.

Goleudy Ynys Lawd (South Stack), Ynys Cybi

Trinity House sy'n cynnal yr holl oleudai a'r prif arwyddion mordwyo. Y prif oleudai ar arfordir Cymru yw Trwyn Eilian, Ynysoedd y Moelrhoniaid, Ynys Lawd (South Stack, **Caergybi**), Ynys Enlli, Ynysoedd Tudwal, Penrhyn Strumble, South Bishop, y Smalls, Ynys Sgogwm, Penrhyn St Ann, Ynys Bŷr, y Mwmbwls, yr As Fach (Nash), Ynys Echni a Dwyrain Wysg (gw. hefyd **Ynysoedd**). Yn Breaksea ger **Porth-cawl** y mae'r unig oleulong sydd ar ôl.

## (G)OLEUEDIGAETH, Yr

Cyfnod neu fudiad neu dueddiad meddyliol â'i wreiddiau yn yr 17g. Arwydd o'r ffaith mai aneglur a thenau oedd ei ddylanwad ar y Gymru Gymraeg yw na sefydlwyd enw cwbl dderbyniol arno eto: cynigiwyd 'Yr Oes Oleuedig', 'Y Goleuo' a 'Yr Ymoleuo' ymhlith eraill.

Mae ffactorau cyfarwydd yn cyfrif am fethiant cymharol y mudiad i gydio yng Nghymru: diffyg trefi, prifysgolion a llyfrgelloedd, neu **ddosbarth** masnachol ffyniannus. Ond awgrymir achos arall gan y term amgen 'Oes Rheswm', gyda'i gyfeiriad at effeithiau ysbryd gwyddonol yr 17g. a dyfodd yn sgil gwaith Locke a Newton. Er nad oedd y pwyslais ar arbrofi a chwestiynu awdurdod yn arwain o reidrwydd at ddeistiaeth (ac eithrio Hume, clerigwyr oedd prif ladmeryddion yr Oleuedigaeth yn yr **Alban**), drwgdybid tueddiadau o'r fath gan yr Anghydffurfwyr (gw. **Anghydffurfiaeth**), a chan y mwyafrif o arweinwyr y **Diwygiad Methodistaidd**. Roedd **Howel Harris** yn ddiarhebol elyniaethus i reswm, gan ystyried ei fod, ar ôl y Cwymp, wedi arwain y ddynoliaeth i ddinistr. Gwir fod **William Williams**, Pantycelyn (1717–91) yn fwy agored i groesawu rheswm ac archwilio gwyddonol, ond yn gyffredinol nid oedd y tir yn groesawgar. Ymhlith Cymry **Llundain** cafodd y syniadau newydd well derbyniad, fel y gwelir yn arbrofion a damcaniaethau Lewis Morris (gw. **Morrisiaid**).

Nodwedd arbennig yn y meddwl goleuedig oedd yr awydd i berffeithio cymdeithas trwy reswm a goddefiad, ynghyd â chred optimistaidd mewn cynnydd trwy **addysg** a threfniadau gwleidyddol teg. Dau Gymro hynod ddylanwadol yn y cyfeiriadau hyn oedd **Richard Price** a **David Williams** (1738–1816), ond oddi allan i Gymru y bu'r ddau yn ceisio hyrwyddo rhyddid barn mewn byd ac eglwys. Ochr yn ochr â hwy, fodd bynnag, fe gododd hyrwyddwyr **radicaliaeth** frodorol yng nghefn gwlad Cymru, megis **William Jones** (1726–95), Llangadfan (**Banw**), a elwid yn Voltaire Cymru. Yn yr un traddodiad â Richard Price yr oedd **Morgan John Rhys**, a blediodd ryddid barn a hawliau'r **werin**, yng Nghymru ac America, gan ymosod hefyd ar **gaethwasiaeth**.

O fod yn dueddiad a amcanai at ddiwygio'n raddol trwy reswm, roedd yr Oleuedigaeth yn llawer mwy radicalaidd erbyn diwedd y 18g., i raddau dan ddylanwad y Chwyldro Ffrengig. Yn Llundain, gellid cyferbynnu ymosodiadau croch Jac Glan-y-gors (**John Jones**; 1766–1821), dilynydd i Tom Paine, ar y gyfundrefn wladol, ag ymdrechion gweddol gymedrol Syr **William Jones** 'y Dwyreinydd' (1746–94) i'w diwygio. Yng Nghymru, esgorodd yr awydd am ryddid mewn **crefydd** a gwleidyddiaeth fel ei gilydd ar brotestiadau yn erbyn anghyfiawnder a thrais gan rai fel Dafis Castellhywel (David Davis; 1745–1827), Tomos Glyn Cothi (Thomas Evans; 1764–1833) ac amryw o'r baledwyr, er mai personol yn bennaf, efallai, oedd ymosodiadau Twm o'r Nant (**Thomas Edwards**) ar gynrychiolwyr awdurdod.

## GOLFF

Cysylltir golff yn bennaf â'r **Alban** lle chwaraewyd y gamp yn ystod yr Oesoedd Canol. Sefydlwyd y cyrsiau golff llawn cyntaf yng Nghymru yn y 1880au (er bod cwrs byr ym Mhontnewydd, **Cwmbrân**, yn 1875). Datblygwyd cyfres o gyrsiau *links* ar **dir comin** ar yr arfordir, lle'r oedd porfa addas. Ymhlith y cyrsiau cynharaf i'w sefydlu yr oedd **Dinbych-y-pysgod** (1880), y **Borth** ac Ynys-las (1885), **Conwy** (1890), **Penarth** (1890), **Porth-cawl** (1891) ac **Aberdyfi** (1892). Rhoddodd datblygiad **twristiaeth** gyfle i'r clybiau golff newydd ddenu ymwelwyr a hysbysebwyd eu lleoliad gan gwmnïau **rheilffyrdd**.

O'r dechrau roedd **menywod** yn ogystal â dynion yn chwarae, a ffurfiwyd Undeb Golffwragedd Cymru yn 1904. Aelodau'r dosbarth canol a oedd yn bennaf cyfrifol am sefydlu a chynnal y clybiau cynnar. Ystyrid y gamp gan lawer fel un elitaidd, Seisnig heb ddim cysylltiad â'r **werin** gynhenid. Yn y 1920au cynhaliwyd protestiadau yn erbyn chwarae golff ar y Sul.

Erbyn degawdau olaf yr 20g., yn sgil gwella safon byw a'r lleihad mewn gwahaniaethau **dosbarth**, daeth golff yn boblogaidd ymhlith pob haen o gymdeithas. Cynhaliwyd pencampwriaeth golff amatur Cymru am y tro cyntaf yn 1895 yn Aberdyfi a'r bencampwriaeth broffesiynol gyntaf yn Radur, **Caerdydd**, yn 1904. Yn ddiweddarach daeth golffwyr fel **Dai Rees** ac Ian Woosnam i amlygrwydd yng nghystadlaethau golff pwysicaf y byd. Enillodd Woosnam, gyda David Llewellyn, Gwpan y Byd yn 1987, ac yn 2005 enillodd Stephen Dodd a Bradley Dredge Gwpan Byd Pencampwriaethau Golff y Byd. Daeth uchafbwynt gyrfa Woosnam yn 2006 pan oedd yn gapten ar dîm Ewrop wrth i'r tîm hwnnw sicrhau ei drydedd fuddugoliaeth yn olynol yn y gystadleuaeth am Gwpan Ryder. Yn 2010 mae'r gystadleuaeth honno i'w chynnal ar gyrsiau'r Celtic Manor (**Casnewydd**).

## GOODMAN, Gabriel (1528–1601) Clerigwr

Brodor o **Ruthun** oedd Gabriel Goodman ac ef a sefydlodd Ysbyty Crist (1590) ac ysgol ramadeg (1574) yn y dref honno. Fe'i haddysgwyd yng **Nghaergrawnt** a gwasanaethodd fel caplan i deulu **Cecil**. Goroesodd y newidiadau crefyddol cyn 1559, ac yn 1561 fe'i penodwyd yn ddeon Westminster. Roedd yn un o gyfieithwyr Beibl yr Esgobion (1568) a chynorthwyodd **William Morgan** i gyhoeddi'r **Beibl** Cymraeg cyntaf (1588). Er na chafodd ei ddyrchafu'n esgob, daeth yn gyswllt pwysig rhwng y Llys brenhinol a Chymru trwy ei gysylltiad â theulu Cecil.

## GOODWIN, Geraint (1903–41) Llenor

Hanai Geraint Goodwin o'r **Drenewydd**. Bu'n gweithio fel newyddiadurwr yn **Llundain** hyd nes iddo ddarganfod ei fod yn dioddef o'r diciâu (gw. **Twbercwlosis**); yn dilyn triniaeth aeth dramor am gryn amser i geisio gwellhad. Wedi hynny bu'n byw gan mwyaf yng Nghymru. Yr orau o'i bedair nofel yw *The Heyday in the Blood* (1936), llyfr sydd, fel llawer o'i waith, yn archwilio bywyd ar y **ffin**, gyda'i densiynau rhwng hen etifeddiaeth Gymreig gyfoethog a diwylliant cyfoes Seisnig ac arwynebol. Cyhoeddwyd ei *Collected Stories* yn 1976.

## GORDON, Alex (1917–99) Pensaer

Brodor o'r **Alban** a fagwyd yn **Abertawe** oedd Alex Gordon. Daeth ei ddoniau i'r amlwg yn 1937 pan enillodd gystadleuaeth am gynllunio addurniadau stryd **Caerdydd** adeg y coroni. Yn 1949 ymunodd mewn partneriaeth ag **Alwyn Lloyd**. Ar ôl marw Lloyd, câi'r practis ei adnabod fel Partneriaeth Alex Gordon a thyfodd yn un o'r rhai mwyaf yng Nghymru. Ymhlith y prif adeiladau a gynlluniwyd gan y cwmni y mae adran gerdd (1970) Coleg y Brifysgol, **Caerdydd** (**Prifysgol Caerdydd** bellach) ac estyniad y **Swyddfa Gymreig**, Caerdydd (1972–9). Urddwyd Gordon yn farchog yn 1987.

## GORDDWR Cwmwd

O'r hyn a ddeuai maes o law yn **Sir Drefaldwyn**, roedd y **cwmwd** hwn yn cynnwys yr unig ran a oedd i'r dwyrain o afon **Hafren**, gan ymestyn hyd at uchelderau Cefn Digoll (Long Mountain; 408m). Yng nghanol y 13g. bu'n achos ymrafael

Cwrs golff y Celtic Manor, lleoliad gornest Cwpan Ryder yn 2010

tiriogaethol cymhleth rhwng **Gruffudd ap Gwenwynwyn** a theulu Corbet, perchnogion Cawrse, un o arglwyddiaethau'r **Mers**. Yn dilyn y **Deddfau 'Uno'** daeth Gorddwr yn rhan o hwndrwd **Ystrad Marchell**.

## GORESGYNIAD EDWARDAIDD, Y

Yn sgil **Cytundeb Trefaldwyn** (1267) cydnabuwyd **Llywelyn ap Gruffudd** yn dywysog Cymru. Fodd bynnag, gwelodd y degawd dilynol gyfres o argyfyngau yn y berthynas rhwng Cymru a **Lloegr**. Bu anghydfod ynglŷn â statws yr arglwyddi Cymreig ym **Morgannwg**, ynghyd ag ymgais yn 1273 i rwystro Llywelyn rhag codi castell yn Nolforwyn (gw. **Llandysul, Sir Drefaldwyn**). Rhoddodd Edward I groeso i **Dafydd ap Gruffudd** a **Gruffudd ap Gwenwynwyn** ar ôl eu hymgais aflwyddiannus i lofruddio'r tywysog yn 1274, a charcharwyd darpar briod Llywelyn, Eleanor de Montfort (gw. **Montfort, de (Teulu)**) yn 1275. Yn 1272 ni wnaeth Llywelyn wrogaeth i Edward ar ôl iddo esgyn i'r orsedd, a rhoddodd y gorau i drosglwyddo'r taliadau a fynnid gan Gytundeb Trefaldwyn. Er bod rhyw lun o achos cyfiawn gan y ddwy ochr yn yr anghytundebau hyn, nid oeddynt mewn sefyllfa i gyfaddawdu. Aeth Edward i ryfel yn Nhachwedd 1276; daeth tair byddin ar gyrch, o Gaer, **Trefaldwyn** a **Chaerfyrddin**, ac yn fuan daeth y tir a enillodd Llywelyn i feddiant y brenin. Cytunodd y rheolwyr Cymreig eraill ar amodau heddwch; cipiodd llynges frenhinol **Fôn**, gan dorri cyflenwad bwyd y tywysog, a chychwynnwyd ar y gwaith o godi pum castell newydd o amgylch **Gwynedd**. Bu'n rhaid i Lywelyn ildio, a derbyn amodau **Cytundeb Aberconwy** yn Nhachwedd 1277; cadwodd deitl tywysog Cymru am weddill ei oes a gwrogaeth pum arglwydd – pedwar o **Bowys Fadog** ac un o **Ddeheubarth** – ond collodd yr holl diroedd a enillasai, ynghyd â'r rhan ddwyreiniol o Wynedd (y **Berfeddwlad**).

Gwellodd y berthynas yn dilyn Aberconwy, ond daeth sawl anghydfod newydd. Bu gwrthdaro â Gruffudd ap Gwenwynwyn dros gantref **Arwystli**, hen gynnen rhwng Gwynedd a **Phowys**. Nid oedd hyn ynddo'i hun yn rheswm dros fynd i ryfel, ond roedd amgylchiadau'n newid yn gyflym. Yn y tiroedd a ildiwyd gan Lywelyn yn 1277 roedd dulliau'r swyddogion brenhinol yn ormesol, yn arbennig wrth ymdrin â'r arglwyddi Cymreig hynny a ildiodd bum mlynedd yn gynharach. Roedd y tensiwn yn cynyddu ac mewn cyrch nos ar 21 Mawrth 1282 ymosododd Dafydd, brawd Llywelyn, ar Gastell **Penarlâg**. Bu ymosodiadau pellach yn y gogledd-ddwyrain a'r de-orllewin, sy'n awgrymu bod y gwrthryfel wedi ei gynllunio ymlaen llaw. Ymunodd pob un ond dau o'r arglwyddi Cymreig y tu allan i Wynedd â'r rhyfel, ond nid oedd gan Edward unrhyw argoel o'r hyn a oedd ar droed. Er na wyddom a oedd Llywelyn ynghlwm wrth y gwrthryfel o'r cychwyn, ymunodd ar ôl Mehefin pan fu farw Eleanor ar enedigaeth ei merch, **Gwenllian**. Yr un oedd strategaeth Edward ag yn 1277. Defnyddiodd dair byddin, gan gipio Ynys Môn a chyrchu'n ofalus trwy ogledd-ddwyrain Cymru hyd at **Ruddlan**. Codwyd pont ysgraffau ar draws afon **Menai** er mwyn galluogi'r llu ar Ynys Môn i groesi ac ymuno â phrif gorfflu Edward unwaith yr oedd wedi cyrraedd **Eryri**. Ar ddechrau Tachwedd ceisiodd archesgob Caergaint, **John Pecham**, gymodi ond roedd yr amodau a gynigiodd yn gwbl annerbyniol i Lywelyn a Dafydd ac i'w cynghorwyr. Cytunwyd ar gadoediad yn ystod ymweliad Pecham a cheisiodd arweinydd y llu ar Ynys Môn fanteisio ar hynny er mwyn symud ei filwyr i'r tir mawr; syrthiodd y bont, trodd y llanw a chafodd y Cymry fuddugoliaeth. Manteisiodd Llywelyn ar yr ergyd hon i strategaeth Edward a symud tua'r de gyda'i fyddin, ond ar 11 Rhagfyr 1282 fe'i lladdwyd mewn ysgarmes yng **Nghilmeri**. Parhaodd Dafydd i frwydro yng Ngwynedd ond cafodd ei gipio ym Mehefin 1283, ei farnu a'i **ddienyddio** am deyrnfradwriaeth mewn modd erchyll iawn yn Amwythig. Treuliodd ei ferched ef a merch Llywelyn, Gwenllian, weddill eu hoes yn lleianod; bu ei feibion o dan glo weddill eu dyddiau. Ar 9 Gorffennaf 1283 daeth y rhyfel i ben yn ffurfiol pan ildiodd pob ardal yng Ngwynedd i'r brenin.

Ni ddaeth tiroedd Llywelyn yn rhan o deyrnas Lloegr, ond crëwyd pedair sir newydd – Sir Fôn, **Sir Gaernarfon**, **Sir Feirionnydd** a **Sir y Fflint** – yn ychwanegiad i **Sir Aberteifi** a **Sir Gaerfyrddin**, siroedd y mae modd olrhain eu gwreiddiau yn ôl i hanner cyntaf y 13g. Drwy **Statud Rhuddlan**, 1284, gwnaed trefniadau cyfreithiol a gweinyddol newydd ar gyfer **siroedd** newydd y gogledd-orllewin. Rhannwyd Powys Fadog a'r rhan fwyaf o'r Berfeddwlad yn arglwyddiaethau yn y **Mers**. Yn ogystal â'r cestyll a godwyd ar ôl 1277, codwyd pedwar o gestyll newydd o fewn y tiroedd a goncrwyd (**Caernarfon**, **Conwy**, **Harlech** a **Biwmares**) a chafodd dau gastell brodorol eu hymestyn (gw. **Pensaernïaeth**). Er mwyn sicrhau cyflenwadau ar gyfer y cestyll, sefydlwyd **bwrdeistrefi** mewn cysylltiad â hwy a fyddai yn gymunedau Seisnig; roedd eu siarterau yn cynnig breintiau helaeth i'r bwrdeisiaid. Yn achos y rhan fwyaf o bobl, ni fu fawr o newid byd; ar y lefel leol mynychent yr un llysoedd, talent yr un trethi a pharhaodd yr un swyddogion i weithredu fel arweinwyr y gymdeithas leol. Sylweddolodd Edward na ellid llywodraethu ei diroedd yng Nghymru heb gydweithrediad arweinwyr lleol ac yr oeddynt hwythau'n barod i dderbyn trefn newydd a oedd yn cydnabod eu grym a'u dylanwad. Ond byddai perthynas y Cymry a'r **Saeson** yn ystod y ddwy ganrif ddilynol yn gyfuniad cymhleth o gydymdeimlad a gwrthnawsedd.

## GORLLEWIN MORGANNWG Cyn-sir

Sefydlwyd y sir yn 1974 ar ôl diddymu **Sir Forgannwg**. Roedd yn cynnwys yr hyn a fu yn fwrdeistref sirol **Abertawe**, bwrdeistrefi **Castell-nedd** a **Phort Talbot**, dosbarthau trefol **Glyncorrwg** a **Llwchwr**, a dosbarthau gwledig **Gŵyr**, Castell-nedd a **Phontardawe**. Fe'i rhannwyd yn ddosbarthau **Dyffryn Lliw**, Castell-nedd, Port Talbot ac Abertawe. Ar ôl ei diddymu yn 1996 fe'i disodlwyd gan fwrdeistref sirol **Castell-nedd Port Talbot** a dinas a sir **Abertawe**.

## GORSEDD BEIRDD YNYS PRYDAIN

Fel cymdeithas o feirdd, cerddorion ac amryfal gynrychiolwyr eraill y diwylliant Cymreig y ffurfiwyd yr Orsedd gyntaf, a hynny gan Iolo Morganwg (**Edward Williams**) yn niwedd y 18g. Syniai ef am yr Orsedd fel cyfundrefn a fyddai'n cynnal traddodiad llenyddol Cymru, a mynnai ei bod yn sefydliad hynafol. Mae'r syniad am ei hynafiaeth wedi'i hen wrthod bellach, ond derbynnir yr Orsedd heddiw fel addurn lliwgar ac urddasol ar yr **Eisteddfod** Genedlaethol.

Cynhaliodd Iolo ei Orsedd gyntaf yn 1792 a hynny ar Fryn y Briallu yn **Llundain**, lle'r oedd yn byw ar y pryd. Cynhaliodd y gyntaf yng Nghymru ar Fryn Owen (Stalling

Down; gw. **Bont-faen, Y**) yn 1795. Yn Eisteddfod Daleithiol Dyfed yng **Nghaerfyrddin** yn 1819, cysylltwyd yr Orsedd â'r eisteddfod am y tro cyntaf, pan gynhaliodd Iolo seremoni yng ngardd gwesty'r Ivy Bush, ac urddo nifer o aelodau trwy glymu rhubanau o wahanol liwiau ar eu breichiau. Yr un lliwiau – glas, gwyn a gwyrdd – a ddefnyddir heddiw i wahaniaethu rhwng gwahanol urddau'r Orsedd, y ceir mynediad i rai ohonynt trwy arholiad, ac i eraill er anrhydedd yn sgil cyfraniad nodedig i wahanol agweddau ar y bywyd Cymreig.

Yn ystod wythnos yr Eisteddfod Genedlaethol cynhelir pum seremoni Orseddol, dwy yn yr awyr agored o fewn cylch o feini a godir yn arbennig gerllaw'r maes, a thair yn y Pafiliwn i goroni a chadeirio'r beirdd buddugol ac i anrhydeddu prif lenor yr ŵyl â medal. Pennaeth yr Orsedd yw'r **Archdderwydd** a etholir am dymor o dair blynedd ac a wasanaethir gan nifer o swyddogion. Achoswyd cryn anniddigrwydd yn 2005 pan ddefnyddiwyd meini ffug ysgafn a chludadwy ar gyfer yr Orsedd am y tro cyntaf.

## GORSEINON, Abertawe (630ha; 7,874 o drigolion)

Tyfodd y pentref hwn, sydd yn union i'r gogledd o **Gasllwchwr** ac yn graddol ymdoddi iddo, o amgylch pyllau **glo** a gweithfeydd dur (gw. **Haearn a Dur**) a **thunplat**, y mae pob un ohonynt bellach wedi cau. Pontardulais [*sic*] South (gw. **Pontarddulais**) oedd enw gwreiddiol yr orsaf reilffordd yma, ond yn ddiweddarach cafodd y pentref yr enw mwy penodol, Gorseinon, ar sail darn o dir agored 3km ymhellach i'r dwyrain. Mae gan gapel y **Bedyddwyr**, Seion (1902), dyredau amlochrog. Yn Eglwys y Sagrafen Fendigaid (1968), ceir ffenestri **gwydr lliw** deniadol gan **John Petts**.

## GORS-LAS, Sir Gaerfyrddin (1,654ha; 3,724 o drigolion)

Yng nghanol maes glo carreg **Sir Gaerfyrddin** y mae'r **gymuned** hon sy'n cynnwys pentrefi Gors-las, Capel Seion, Cefneithin, Dre-fach a Foelgastell. Cysylltir Llyn Llech Owain, tarddiad afon Gwendraeth Fawr, â chwedlau yn ymwneud ag Owain ap Thomas (**Owain Lawgoch**). Cynhaliodd cefnogwyr Terfysgoedd **Rebeca** gyfarfod mawr ar lan y llyn yn 1843. Mae Seion, capel yr **Annibynwyr**, a godwyd yn wreiddiol yn 1712, ymhlith y cynharaf o achosion Anghydffurfiol y cylch.

Daeth yr ardal yn un boblog ddiwedd y 19g. yn sgil datblygu'r diwydiant **glo**. Ond bellach glo brig yn unig a gaiff ei gloddio. Ymhlith cyn-ddisgyblion Ysgol Cwm Gwendraeth y mae'r cemegydd Syr John Meurig Thomas, a'r cynchwaraewyr rygbi **Carwyn James**, Barry John, Gareth Davies a Jonathan Davies.

## GORYMDEITHIAU NEWYN

Yn sgil y **Dirwasgiad** roedd gweithwyr a arferai dderbyn cyflog da bellach yn dioddef dygn dlodi oherwydd diweithdra ac effaith y **Prawf Moddion**. Un o'r ymatebion mwyaf cofiadwy i'r diweithdra enbyd hwn oedd y gorymdeithiau newyn. Cawsant sylw eang gan ennyn cydymdeimlad mawr tuag at y di-waith. Mewn cymhariaeth, er i nifer o wrthdystiadau llawer mwy torfol gael eu cynnal yn ne Cymru, ni chafodd y rhain hanner cymaint o sylw. Roedd y gorymdeithiau newyn yn arf propaganda gwych i **Fudiad Cenedlaethol y Gweithwyr Anghyflogedig**, a oedd yn fudiad o dan adain y **Blaid Gomiwnyddol**. Trefnodd y mudiad orymdeithiau o 1921 ymlaen, a rhwng 1927 ac 1936 gwnaeth ymlwybriad y gorymdeithwyr trwy siroedd **Lloegr** ac i ganol **Llundain** argraff fawr ar y cyhoedd. Yn gyffredinol nid oedd Cyngres yr Undebau Llafur na'r **Blaid Lafur** yn cefnogi'r gorymdeithiau. Yng Nghymru, fodd bynnag, lle'r oedd y Blaid Gomiwnyddol wedi bod yn flaenllaw mewn nifer o ymgyrchoedd lleol, cafodd gorymdaith 1936 gefnogaeth sawl rhan o'r mudiad Llafur.

## GOUGH, Jethro (1903–79) Patholegydd

Brodor o **Abercynon** oedd Gough, a bu'n fyfyriwr disglair yn Ysgol Feddygol Genedlaethol Cymru, **Caerdydd** (gw. **Coleg Meddygaeth, Bioleg, Gwyddorau Iechyd a Bywyd Cymru**). Wedi cyfnod yn batholegydd ym Manceinion, dychwelodd i Gaerdydd yn ddarlithydd, ac ymhen amser fe'i gwnaed yn Athro a phennaeth yr adran batholeg yno. Gwnaeth enw rhyngwladol iddo'i hun fel ymchwilydd yn sgil ei ddarganfyddiad mai llwch **glo** yn hytrach na silica a achosai **niwmoconiosis** ymhlith gweithwyr y diwydiant glo. Daeth ei adran yng Nghaerdydd yn fyd-enwog am ei gwaith yn y maes hwnnw.

## GOULD, Arthur [Joseph] (1864–1919) Chwaraewr rygbi

Arthur Gould oedd seren fawr gyntaf **rygbi** yng Nghymru. Roedd yn ddyn hardd a chanddo lygaid duon treiddgar, a dechreuodd ei yrfa rygbi gyda **Chasnewydd** yn 16 oed. Aeth ymlaen i ymddangos 27 o weithiau mewn gemau rhyngwladol rhwng 1885 ac 1896, ac ef oedd capten Cymru pan enillodd ei Choron Driphlyg gyntaf yn 1893. Roedd yn athletwr penigamp ar y trac ac nid oedd fawr ddim na allai ei wneud ar y cae rygbi: denai ei ddoniau ymosod a'i gicio eithriadol filoedd i'w weld yn chwarae. Cymaint ei fri nes i gronfa dysteb gael ei lansio yn 1897 a defnyddiwyd yr arian i gyflwyno gweithredoedd ei dŷ yng Nghasnewydd iddo. Ffromodd y gwledydd eraill gan iddynt dybio bod hyn yn torri'r rheolau amatur, a thorrwyd cysylltiadau â Chymru. Er mwyn osgoi embaras, ymddeolodd Gould o chwarae rygbi a throi'n ddyfarnwr.

## GOWER, Henry de (1278?–1347) Esgob

Henry de Gower oedd esgob **Tyddewi** o 1328 hyd 1347, ac fe'i disgrifiwyd gan **Glanmor Williams** fel adeiladwr mwyaf y Gymru ganoloesol. Ef a gomisiynodd y gwaith o adeiladu plas yr esgob yn Nhyddewi a rhan ddwyreiniol y plas yn **Llandyfái**. Ceir yn y ddau blas ragfuriau bwaog gyda bylchau ar gyfer saethu. Ceir parapetau tebyg hefyd yng Nghastell **Abertawe**. Mae'n bosibl iddynt gael eu hadeiladu gan seiri meini'r esgob, a gyflogwyd ganddo i adeiladu Ysbyty y Bendigaid Ddewi (tafarn y Cross Keys bellach, wedi gwaith addasu helaeth) a changell Eglwys y Santes Fair yn y dref.

## GRABER, George Alexander (Alexander Cordell; 1914–97) Nofelydd

Ganed Alexander Cordell yn Ceylon, yn fab i deulu o **Loegr**, ond yn 1950 ymgartrefodd yn y **Fenni**. Bu mynd mawr ar ei nofel *Rape of the Fair Country* (1959), sy'n rhan o drioleg yn ymdrin â bywyd yn y Gymru ddiwydiannol gynnar; y ddwy nofel arall yw *The Hosts of Rebecca* (1960) a *Song of the Earth* (1969). Yn y nofelau hyn creodd yr awdur ddarlun

Hugh Griffith yn chwarae'r brif ran yn *King Lear*, 1949

rhamantus o frwydr y gweithwyr **haearn** am eu hawliau, mudiad y Siartwyr (gw. **Siartiaeth**) a Therfysgoedd **Rebeca**. Mae ei nofel *The Fire People* (1972) yn ymdrin â Gwrthryfel Merthyr (gw. **Merthyr**, **Gwrthryfel**) a *This Sweet and Bitter Earth* (1977) yn trafod Terfysgoedd **Tonypandy**.

**GRAIG**, Casnewydd (1,424ha; 5,492 o drigolion)
Mae'r **gymuned** hon, sydd yng nghornel ogledd-orllewinol Sir **Casnewydd**, yn cynnwys pentrefi Basaleg, Rhiwderyn, Pentre-poeth a **Machen** Isaf. Gwernyclepa ym Masaleg oedd cartref Ifor Hael (*fl.*1340–60), prif noddwr **Dafydd ap Gwilym** yn ôl traddodiad. Englynion **Evan Evans** (Ieuan Brydydd Hir; 1731–88) i lys Ifor Hael yw'r rhai gorau a gyfansoddwyd yn y 18g. Roedd Eglwys Sant Basil ym Masaleg yn gell a berthynai i Abaty Ynys Wydrin (Glastonbury). Ynddi mae mawsolëwm teulu Morganiaid Tredegyr (gw. **Morgan, Teulu**). Gerllaw mae traphont Pye Corner; fe'i codwyd ar draws afon **Ebwy** yn 1826 i gludo tramffordd Cwm **Rhymni**, a hi yw'r draphont gynharaf o blith y rhai a oroesodd ym maes **glo**'r de.

Mae ysgol gyfun Basaleg (1935, 1958), ysgol gynradd Pentre-poeth (1986) a chanolfan gymunedol Rhiwderyn (*c*.1860) i gyd yn adeiladau diddorol. Cynhelir gŵyl flynyddol ym mhentref llewyrchus Machen Isaf yng Nghwm Rhymni. Eglwys Sant Mihangel yno oedd rhagflaenydd Eglwys Sant Basil fel mawsolëwm y Morganiaid. Roedd y teulu'n byw ym Mhlas Machen, adeilad ac iddo rai nodweddion o'r 16g., cyn iddynt symud i Dredegyr yn 1660.

**GREENLY, Edward (1861–1951)** Daearegydd
Hyfforddwyd Greenly, a aned ym Mryste, yn Ucheldiroedd gogledd-orllewin yr **Alban** tra oedd yn aelod o'r Arolwg Daearegol. Fodd bynnag, treuliodd ugain mlynedd yn datrys cymhlethdodau daeareg **Môn**, gan baratoi map a chyfrol ddisgrifiadol – y naill a'r llall yn glasuron o'u bath – y bu'r Arolwg yn fwy na pharod i'w cynnwys yn rhan o'i gyfres genedlaethol. Am weddill ei fywyd astudiodd **ddaeareg** a ffisiograffeg yr ardal rhwng afon **Menai** ac **Eryri**. Roedd Greenly a Howel Williams yn gyd-awduron *Methods in Geological Surveying* (1930).

**GRENFELL, David Rhys (1881–1968)** Gwleidydd
Bu Grenfell yn asiant ar ran y glowyr cyn dod yn aelod seneddol etholaeth **Gŵyr** (1922–59). Tra oedd yn weinidog mwyngloddiau (1940–2) bu'n dadlau dros wladoli'r diwydiant **glo**; gwnaeth hynny hefyd yn ei gyfrol *Coal* (1947). Yn 1946 arweiniodd ddirprwyaeth yn annog penodi **ysgrifennydd gwladol** i Gymru.

**GRESFFORDD**, Wrecsam (906ha; 5,334 o drigolion)
Yn y **gymuned** hon, yn union i'r gogledd-ddwyrain o **Wrecsam**, y mae Eglwys yr Holl Saint, eglwys blwyf wychaf Cymru yn ddi-os. Fe'i cwblhawyd yn 1498 a thalwyd amdani gan yr incwm a ddaeth yn sgil ei delw wyrthiol, a thrwy nawdd Margaret Beaufort a'i gŵr, Thomas Stanley, iarll Derby (gw. **Stanley**, **Teulu**). Fe'i codwyd ar lun eglwysi Perpendicwlar gwastadeddau **Swydd Gaer**, ond mae'n rhagori arnynt oll o ran ansawdd. Mae'r eglwys yn cynnwys cyfoeth o gofebau a ffenestri **gwydr lliw** o'r safon uchaf. Rhestrir ei chlychau mewn rhigwm o'r 18g. yn un o **Saith Rhyfeddod Cymru**.

Mae pentref Gresffordd, gyda'i eglwys, ei ysgol, ei elusendai, ei grin a'i bwll hwyaid, yn hynod o ddeniadol. Yn sgil datblygiadau **tai** diwedd yr 20g. tyfodd bedair gwaith yn fwy na'i faint gwreiddiol. Agorodd Pwll Glo Gresffordd yn 1911, ac yno, yn 1934, y bu un o'r trychinebau mwyaf yn hanes diwydiant **glo** Cymru (gw. isod). Caewyd y pwll glo yn 1972 a dymchwelwyd baddonau'r glowyr, a oedd o werth pensaernïol.

Yn 1974 daeth Marford a Hoseley, a fu, er 1284, yn rhan o **Sir y Fflint**, yn rhan o Gresffordd. Ei nodwedd amlycaf yw pentref stad Trefalun (1803–15), enghraifft nodedig o'r arddull **bictiwrésg**.

**GRESFFORDD, Trychineb Glofa**, Sir Ddinbych (**Wrecsam** bellach)
Ddydd Sadwrn, 22 Medi 1934, am oddeutu 2 o'r gloch y bore, lladdwyd 262 o lowyr gan ffrwydrad nwy. Collodd tri aelod o'r frigâd achub eu bywydau hefyd, ac ar y dydd Mawrth canlynol, bu farw gweithiwr pen pwll pan ddisgynnodd rwbel ar ei ben yn dilyn ffrwydradau tanddaearol pellach. Hon oedd y drychineb waethaf erioed ym maes **glo**'r gogledd, a'r bedwaredd waethaf yng Nghymru. Cyfansoddwyd baled gofiadwy amdani.

**GREY, Teulu** Arglwyddi yn y Mers
Y cyntaf o'r teulu i ddwyn cysylltiad â Chymru oedd Reginald (m.1307), Ustus Caer. Gŵr oedd hwn a enynnodd lid trigolion y gogledd-ddwyrain, ac roedd hynny'n un elfen a arweiniodd at wrthryfel Cymreig 1282. Wedi'r **Goresgyniad Edwardaidd** cafodd feddiant ar gantref **Dyffryn Clwyd**. Bu un Grey ar ôl y llall yn dilyn ei gilydd yn **Rhuthun** hyd 1508 pan werthodd Richard, Barwn Grey ac iarll Kent, ei hawliau i goron **Lloegr**. Yn draddodiadol, ystyrid mai gelyniaeth Reginald (m.1448) a sbardunodd **Wrthryfel Glyndŵr**. Yn 1402 cipiwyd Reginald gan **Owain Glyndŵr**, a dderbyniodd 10,000 marc am ei ryddhau.

**GRIFFITH, Teulu (Penrhyn)** Tirfeddianwyr
Ffynnodd y teulu hwn, y mwyaf blaenllaw yn y gogledd-orllewin yn yr Oesoedd Canol diweddar, oherwydd i yswain o **Fôn** farw yn ddi-blant yn 1376 a gadael ei diroedd i'w nai Gruffudd ap Gwilym, disgynnydd i **Ednyfed Fychan**. Adeiladodd Gwilym, mab Gruffudd (m.1431), dŷ newydd yn y Penrhyn (**Llandygái**) a chefnodd ar **Owain Glyndŵr** cyn y rhan fwyaf o'i gymheiriaid; trwy briodasau strategol a phrynu tir helaeth, daeth y teulu yn hynod rymus. Yn 1540 rhannwyd yr etifeddiaeth rhwng tair chwaer. Hawliai perchnogion diweddarach y Penrhyn, teulu **Pennant**, eu bod yn ddisgynyddion i Angharad, merch Gwilym ap Gruffudd.

**GRIFFITH, Ellis Jones (Syr Ellis Jones Ellis-Griffith; 1860–1926)** Gwleidydd
Roedd Griffith yn fargyfreithiwr disglair, a bu'n weithgar gydag ymgyrch **Cymru Fydd**. Yn 1895 fe'i hetholwyd yn aelod seneddol Rhyddfrydol dros **Fôn**. Roedd yn amlwg yn ei gefnogaeth i achosion addysgol Cymreig ac i'r Mesur **Datgysylltu** Cymreig. Collodd ei sedd i Lafur yn 1918.

**GRIFFITH, Hugh [Emrys] (1912–80)** Actor
Roedd Hugh Griffith yn un o actorion cymeriad mawr yr 20g. Brodor o Farian-glas (**Llaneugrad**) ydoedd, a bu'n gweithio yn y banc cyn mynychu RADA (1938–9). Ar ôl yr **Ail Ryfel Byd**, a chyfnod o wasanaeth milwrol, y daeth i'r amlwg fel actor. Rhwng 1946 ac 1972 enillodd glod yn **Llundain**, Stratford ac Efrog Newydd am berfformiadau mewn rhannau megis Falstaff, Prospero a'r Brenin Llŷr, rhannau a roddai bob cyfle i'w bresenoldeb llwyfan magnetig a'i lais soniarus.

Ymddangosodd mewn rhagor na 60 o ffilmiau, gan gynnwys *A Run For Your Money* (1949), ***The Last Days of Dolwyn*** (1949), *Ben Hur* (1959) – a enillodd Oscar iddo – a *Tom Jones* (1963). Mae'n debyg mai ei rôl deledu fwyaf cofiadwy oedd ei bortread o'r ymgymerwr a'r cefnogwr **rygbi** swnllyd yn *Grand Slam* (1978). Roedd ei chwaer, **Elen Roger Jones**, yn un o actoresau mwyaf blaenllaw Cymru.

**GRIFFITH, James Milo (1843–97)**
Cerflunydd
Hanai James Milo Griffith o Bontseli (**Sir Benfro**). Saer maen ydoedd yn wreiddiol ond datblygodd i fod yn gerfiwr carreg medrus. Bu'n atgyweirio Eglwys Gadeiriol Llandaf (**Caerdydd**), cyn treulio cyfnod yn San Francisco yn Athro mewn celfyddyd. Cafodd ei gomisiynu i wneud llawer o waith cyhoeddus fel 'Y Pedwar Apostol' yn Eglwys Gadeiriol Bryste a nifer o gerfluniau coffa yng Nghymru, megis y cerflun

Cerflun James Milo Griffith o John Batchelor yng Nghaerdydd

o **Hugh Owen** (1804–81) yng **Nghaernarfon** a'r un o **John Batchelor** yng Nghaerdydd.

**GRIFFITH, John Edward (1843–1933)**
Naturiaethwr ac achyddwr
Mae teitlau ei ddau gyhoeddiad mwyaf adnabyddus yn dadlennu prif ddiddordebau John Edward Griffith: *Flora of Anglesey and Carnarvonshire* (1894) a'r gyfrol gynhwysfawr *Pedigrees of Anglesey and Caernarvonshire families* (1914). Ar un adeg bu llawysgrifau **Hugh Davies** yn ei feddiant a'r enwau **planhigion** Cymraeg a nodwyd gan Davies sydd yn ei *Flora*. Bu Griffith, a oedd yn fferyllydd ffyniannus ym **Mangor**, hefyd yn gyfrifol am gyhoeddi *Portfolio of Photographs of Cromlechs* (1900).

**GRIFFITH, Kenneth (1921–2006)** Actor a gwneuthurwr ffilmiau
Daeth Kenneth Griffith, a hanai o **Ddinbych-y-pysgod**, i amlygrwydd wrth actio blacmeliwr maleisus yn y ffilm arswyd Brydeinig *Shop At Sly Corner* (1947). Ond fe'i cofir am ei berfformiadau mewn ffilmiau comedi Prydeinig yn y 1950au a'r 1960au a hynny mewn rhannau gwrthgyferbyniol, neu fel cocyn hitio, i gymeriadau Peter Sellers, er enghraifft yn ***Only Two Can Play*** (1962) ac *I'm All Right Jack* (1959). Er mai cowtowio ac ymgreinio oedd ei hanes yn aml mewn rhannau fel hyn, fel cyfarwyddwr a chyflwynydd dramâu dogfen roedd yn ŵr tra gwahanol, yn ffyrnig o wrthsefydliadol ac yn ddi-syfl yn ei safiad gwrthdrefedigaethol. Cafodd *Hang Up Your Brightest Colours* (1973), astudiaeth gydymdeimladol o arweinydd yr IRA, Michael Collins, a ffilm hallt ei beirniadaeth o'r **llywodraeth**

Brydeinig, ei gwahardd oddi ar y teledu am dros 20 mlynedd. Cael ei sensro am flynyddoedd hefyd fu hanes *Curious Journey* (1977), cyfweliadau gyda goroeswyr yr helbulon yn **Iwerddon**. Gwelwyd doniau theatraidd Griffith mewn corff o waith grymus sy'n cynnwys *Black As Hell, Thick As Grass* (1979), astudiaeth o **Ryfeloedd De Affrica** sy'n ochri â'r Zwlŵaid, ac ymosodiad deifiol ar Cecil Rhodes, *A Touch of Churchill, A Touch of Hitler* (1971).

### GRIFFITH, Moses (1747–1819)

Arlunydd

Roedd Moses Griffith yn arlunydd tirlun hunanaddysgedig, a gwnâi bortreadau o bryd i'w gilydd. Cafodd ei eni yn Nhrygarn, **Botwnnog**, ac âi ar deithiau gyda **Thomas Pennant** yng Nghymru a'r **Alban**, gan greu darluniau ar gyfer nifer o gyhoeddiadau Pennant. Cwblhawyd y rhan fwyaf o'i waith ar gyfer Pennant rhwng 1769 ac 1778; gweithiodd hefyd gyda David, mab Pennant, rhwng 1805 ac 1813. Mae llawer o'i waith yn y **Llyfrgell Genedlaethol**, gan gynnwys Cyfrol II ei gampwaith, sef ei gopi darluniedig llawn o *Tours in Wales* Pennant a gyhoeddwyd yn **Llundain** yn 1783.

### GRIFFITH, Samuel [Walker] (1845–1920)

Barnwr a gwleidydd

Yn enedigol o **Ferthyr Tudful**, Syr Samuel Griffith, prif weinidog Queensland a chyfreithiwr blaenllaw yng ngwleidyddiaeth **Awstralia**, a fu'n gyfrifol am lunio'r cyfansoddiad a arweiniodd at sefydlu ffederasiwn chwe thalaith Awstralia ar 1 Ionawr 1901. Bu farw ym Merthyr, ei gartref yn Brisbane. Mae llyfrgell Gymreig Cymmrodorion Brisbane yn gofadail iddo.

### GRIFFITHS, Ann (*née* Thomas; 1776–1805)

Emynydd

Ganed Ann Thomas (neu Nansi Tomos fel y'i hadwaenid gan ei chydnabod) yn ffermdy Dolwar-fach ym mhlwyf **Llanfihangel-yng-Ngwynfa**, i deulu pur dda ei fyd. Treuliodd ei holl fywyd yn Nolwar-fach. Roedd yn hoff iawn o **ddawnsio**, ond cafodd dröedigaeth at y **Methodistiaid Calfinaidd** yn 1796/7 ar adeg o adfywiad ysbrydol yn yr ardal. Nodweddid ei bywyd ysbrydol gan ddwyster anghyffredin. Priododd Thomas Griffiths, arweinydd ifanc ymhlith Methodistiaid **Sir Drefaldwyn**, yn Hydref 1804, a bu farw yn Awst 1805 yn sgil geni plentyn.

Ann Griffiths yw'r fenyw enwocaf i ysgrifennu barddoniaeth yn y **Gymraeg**. Ymddengys mai tua 1802 y dechreuodd lunio penillion er cofnodi a chrisialu ei phrofiadau ysbrydol. Fe'u cyfansoddwyd ar lafar ganddi, heb unrhyw fwriad iddynt fod yn **emynau** cynulleidfaol. Diolch yn bennaf i'w chyfaill a'i chynghorydd ysbrydol, John Hughes (1775–1854), Pontrobert (**Llangynyw**), a'i wraig, Ruth Evans, a fu'n forwyn yn Nolwar-fach, diogelwyd ychydig dros 70 o'r penillion hyn. Diogelwyd hefyd un **englyn** a luniodd yn ei phlentyndod, ynghyd â saith llythyr at John Hughes ac un at Elizabeth Evans (chwaer Ruth Evans, yn ôl pob tebyg). Ystyrir y llythyrau hyn, fel ei hemynau, yn glasuron ysbrydol.

Bu tuedd i alw Ann Griffiths yn gyfrinydd, ond gwell term i'w disgrifio yw Methodist Calfinaidd, am fod hynny'n pwysleisio'r cyfuniad nodedig o oddrychedd profiadol a gwrthrychedd diwinyddol sydd i'w ganfod yn ei gwaith – y gwres a'r goleuni, chwedl ei chofiannydd, Morris Davies. Nodweddir ei phenillion gan wybodaeth feiblaidd eang a thrylwyr. Y **Beibl** yw prif ffynhonnell ei delweddu llachar, a llwyddodd i droi ieithwedd y Beibl yn iaith ei phrofiadau dyfnaf. Ei hemyn enwocaf yw ei chân serch i Grist, 'Wele'n sefyll rhwng y myrtwydd', a genir fel arfer ar y dôn '**Cwm Rhondda**'. Galwodd **Saunders Lewis** ei cherdd hwyaf, 'Rhyfedd, rhyfedd gan angylion', yn 'un o gerddi mawreddog barddoniaeth grefyddol Ewrop'.

### GRIFFITHS, E[rnest] H[oward] (1851–1932)

Ffisegwr ac addysgwr

Ganed E. H. Griffiths yn **Aberhonddu**, ac roedd yn dechrau ar waith ymchwil yng **Nghaergrawnt** ar adeg pan dybiai llawer mai'r unig beth ar ôl yn y **Gwyddorau Ffisegol** oedd mynd â mesuriadau un pwynt degol ymhellach. Gwellodd y thermomedr platinwm a phennodd bwynt rhewi toddiannau yn fwy manwl na neb o'i flaen. Ei waith pwysicaf oedd cymharu unedau mecanyddol a thrydanol egni, gan ddod i'r casgliad fod calori yn gyfwerth â 4.192 *joule*. Dilynodd **J. Viriamu Jones** yn Athro athroniaeth arbrofol a phrifathro Coleg Prifysgol De Cymru a Mynwy, **Caerdydd** (1902–1918; gw. **Prifysgol Caerdydd**) ar adeg dyngedfennol yn ei hanes. Daliodd ati gyda'i waith ymchwil, gan bennu cynhwysedd gwres metalau ar dymereddau isel yn hynod o gywir – mesuriadau a gadarnhâi ragdybiaethau chwyldroadol damcaniaeth y cwantwm. Yn 1907 dyfarnwyd iddo Fedal Aur Uwch y Gymdeithas Frenhinol.

### GRIFFITHS, Ezer (1888–1962)

Ffisegwr

Mab i beiriannydd pwll **glo** o **Aberdâr** oedd Ezer Griffiths. Wedi graddio mewn ffiseg yng **Nghaerdydd**, roedd i ddod yn awdurdod byd-eang ar insiwleiddio. Dechreuodd ar waith ymchwil o dan y prifathro **Ernest Griffiths** cyn cael swydd yn y Labordy Ffiseg Cenedlaethol, Teddington. Cysegrodd ei oes i theori ffisegol gwres a'r cymwysiadau arni (gw. **Gwyddorau Ffisegol**). Yn ychwanegol at ei waith gydag Ernest Griffiths ar wres penodol metalau ar dymereddau isel, roedd ei ymchwil yn ymdrin â mesur tymheredd, gan gynnwys pyrometreg, trosglwyddo gwres, anweddu, ffurfio cymylau ac effeithiau tymereddau eithafol ar fodau dynol. Ymysg ei gampau cynnar yr oedd llwyddo i ddatrys problemau cludo cig a ffrwythau o **Awstralia** a **Seland Newydd**.

### GRIFFITHS, J[ohn] Gwyn (1911–2004)

Ysgolhaig a bardd

Ganed J. Gwyn Griffiths yn y Porth (y **Rhondda**) a'i addysgu yng **Nghaerdydd**, **Lerpwl** a **Rhydychen**. Treuliodd y rhan fwyaf o'i yrfa academaidd yn **Abertawe**, lle daeth yn Athro'r Clasuron ac Eifftoleg. Cyhoeddodd weithiau ysgolheigaidd pwysig ar grefydd Eifftaidd ac ar destunau Groeg a **Lladin**. Roedd yn fardd Cymraeg a gyhoeddodd bedair cyfrol o gerddi, ac yn ystod yr **Ail Ryfel Byd** ef oedd un o sylfaenwyr Cylch Cadwgan, cylch llenyddol blaengar yn y Rhondda yr oedd ei aelodau'n cynnwys **Pennar Davies** a **Rhydwen Williams**. Safodd dros **Blaid Cymru** mewn etholiadau, a bu'n olygydd papur newydd y blaid, *Y Ddraig Goch* (1948–52); ymgyrchodd hefyd dros goleg prifysgol Cymraeg. Ei wraig oedd y nofelydd a'r ysgolhaig Eifftoleg Kate Bosse-Griffiths (1910–98), a aned yn yr Almaen ac a gafodd yrfa academaidd a churadurol nodedig yn yr Almaen, **Lloegr** a

Chymru, ac a ysgrifennodd – yn **Gymraeg** yn bennaf – ar amrywiaeth helaeth o bynciau. Meibion iddynt yw'r bardd a'r nofelydd Robat Gruffudd (g.1943), a sefydlodd wasg y Lolfa yn 1967, a'r awdur, yr addysgwr a'r ymgyrchwr dros y Gymraeg, Heini Gruffudd (g.1946).

### GRIFFITHS, James (1890–1975) Gwleidydd

Ganed Jim Griffiths yn y **Betws** ger **Rhydaman**, yn fab y gof, ac ymunodd â'r **Blaid Lafur Annibynnol** yn 1905. Derbyniodd ei addysg yn y **Coleg Llafur Canolog** a bu'n löwr am 17 mlynedd. Roedd yn rhugl ei **Gymraeg** ac yn areithiwr tanbaid, ac ef oedd y mwyaf cynrychioliadol a phoblogaidd o arweinwyr Llafur Cymru. Bu'n llywydd effeithiol ar **Ffederasiwn Glowyr De Cymru** (1934–6) ac yna'n aelod seneddol **Llanelli** (1936–70). Ei lwyddiant pennaf oedd trefn **Yswiriant** Gwladol y **Blaid Lafur**, a gyflwynodd ar ffurf tri mesur sylweddol (1946–8). Aelod cymedrol o'r blaid Lafur ydoedd. Bu'n ysgrifennydd y trefedigaethau (1950–1) ac yn ddirprwy arweinydd ei blaid (1956–8). Yn ddigon addas i un a oedd yn lladmerydd brwd dros **ddatganoli**, ef oedd **ysgrifennydd gwladol** cyntaf Cymru (1964–6).

### GRIFFITHS, [Benjamin] Mervyn (1909–74) Dyfarnwr pêl-droed

Daeth Mervyn Griffiths, athro ysgol yng **Nghasnewydd**, yn un o'r dyfarnwyr **pêl-droed** uchaf eu parch yn y byd yn y 1950au. Dyfarnodd mewn tri thwrnameint Cwpan y Byd (yn cynnwys gemau cynderfynol yn 1954 ac 1958) ac yng ngêm derfynol Cwpan FA Lloegr yn Wembley yn 1953, sef gêm derfynol enwog Stanley Matthews.

### GRIMES, W[illiam] F[rancis] (1905–1988) Archaeolegydd

Brodor o **Sir Benfro** a gydnabyddir fel cloddiwr a dylunydd archaeolegol medrus. Dechreuodd ar ei yrfa yn yr adran **archaeoleg** yn **Amgueddfa [Genedlaethol] Cymru** gan ddod, yn ddiweddarach, yn geidwad Amgueddfa **Llundain**, ac yna, yn 1956, yn gyfarwyddwr y Sefydliad Archaeoleg, Llundain, swydd a ddaliodd hyd 1973. Ef, yn 1939, oedd awdur a dylunydd y cyhoeddiad awdurdodol cyntaf ar gasgliadau cynhanesyddol yr Amgueddfa Genedlaethol, a ailgyhoeddwyd dan y teitl *The Prehistory of Wales* yn 1951. Archwiliodd gromlechi Tŷ Isaf (**Talgarth**) a Phentre Ifan (**Nyfer**) yn ei sir enedigol, ymhlith safleoedd eraill.

### GRINDELL-MATTHEWS, Harry (1880–1941) Gwyddonydd radio

Yn Swydd Gaerloyw y ganed Grindell-Matthews, a bu'n byw yng **Nghlydach**. Daeth yn enwog yn y 1930au am geisio datblygu 'pelydryn angau' ar ran y Weinyddiaeth Awyr, yn y mynyddoedd i'r gogledd o **Abertawe**. Roedd hyn yn rhagflaenydd i'r rhaglen '*Star Wars*', ond heb ddyfais fel y laser i gynhyrchu ymbelydredd electromagnetig cyson, methiant oedd yr arbrofion. Ymysg llwyddiannau cynnar Grindell-Matthews yr oedd anfon y neges radio gyntaf i awyren, neges a drosglwyddwyd o Drelái, **Caerdydd**, yn 1911. Ef hefyd a wnaeth y cyswllt **teleffon** radio cyntaf, rhwng gwesty Westgate, **Casnewydd**, a'r *Western Mail* yng Nghaerdydd. Cyfrannodd ei ddyfeisiadau yn ogystal at allu recordio llun a sain ar yr un pryd ar yr un **ffilm**.

### GROVE, William Robert (1811–96) Gwyddonydd

Yn **Abertawe** y ganed Syr William Grove. Roedd yn wyddonydd o fri ac mae'n enwog am ddyfeisio'r gell danwydd. Cafodd **addysg** fel cyfreithiwr a chael ei alw i'r Bar yn 1835. Wrth wella oddi wrth salwch, magodd ddiddordeb mawr mewn **gwyddoniaeth**. Roedd yn un o'r aelodau a gychwynnodd Sefydliad Brenhinol De Cymru, Abertawe, a daeth yn gyfaill agos i Michael Faraday yn y Sefydliad Brenhinol, **Llundain**.

Grove oedd y cyntaf i gyhoeddi Deddf Cadwraeth Egni yn *The Correlation of Physical Forces* (1846), er mai eraill sy'n cael y clod yn aml. Ef hefyd oedd y cyntaf i gadarnhau dadluniad thermol moleciwlau, gan ddangos bod stêm yn cyffwrdd â phlatinwm wedi ei wresogi yn dadelfennu yn hydrogen ac ocsigen. Grove a ddatblygodd y batri trydan dau hylif, gan ei ddefnyddio i gael golau trydan yn ei ddarlithoedd fel athro athroniaeth arbrofol (1841–5) yn y Sefydliad Brenhinol, Llundain.

Ei gamp fwyaf arwyddocaol oedd adeiladu'r gell danwydd gyntaf. Cynhyrchai ei ddyfais gerrynt trydan o hydrogen ac ocsigen yn adweithio ar electrodau platinwm. Mae celloedd tanwydd wedi cael eu defnyddio ar longau gofod ac yn dechrau cael eu defnyddio ar gerbydau. Os gall cynhyrchwyr ganfod ffordd ddiogel a rhad i gadw hydrogen, hwyrach y bydd cell danwydd Grove yn disodli'r peiriant petrol a chynnig uned bŵer dilygredd ar gyfer **ceir**, **bysiau** a loriau.

Daeth Grove yn is-lywydd y Sefydliad Brenhinol ac yn llywydd y Gymdeithas Brydeinig er Hyrwyddo Gwyddoniaeth. Pan oedd yn ysgrifennydd y Gymdeithas Frenhinol (*c*.1847), defnyddiodd ei fedrau fel cyfreithiwr i ymgyrchu'n llwyddiannus i droi'r gymdeithas yn un ar gyfer gwyddonwyr proffesiynol o ddifrif yn hytrach nag amaturiaid. Roedd Grove ei hun ymysg yr enwocaf a'r olaf o'r amaturiaid hynny. Daeth yn arglwydd brif ustus yn yr Uchel Lys ac yn aelod o'r Cyfrin Gyngor (1887).

### GRUFFUDD AB YR YNAD COCH (*fl*.1277–1283) Bardd

Gruffudd ab yr Ynad Coch yw awdur yr awdl farwnad enwog i **Lywelyn ap Gruffudd**; priodolir iddo hefyd gorff o ganu crefyddol. Y tebyg yw mai cyfreithiwr yng ngwasanaeth tywysogion **Gwynedd** ydoedd fel ei dad, ond anodd yw olrhain ei yrfa. Awgryma'r ffaith iddo dderbyn rhodd sylweddol o goffrau brenin **Lloegr** ei fod, fel nifer o uchelwyr Cymreig eraill, wedi troi ei gefn ar Lywelyn yn ystod gwrthryfel 1277. Ond tystia ei farwnad ingol ei fod wedi dychwelyd i'w wasanaeth erbyn gwrthryfel 1282 a bod marw'r tywysog yn ergyd bersonol enbyd iddo.

### GRUFFUDD AP CYNAN (m.1137) Brenin Gwynedd

Ac yntau'n fab i Gynan ab Iago o linach **Gwynedd** a Ragnhildr, merch brenin Llychlynnaidd Dulyn, cafodd Gruffudd ei fagu yn alltud yn **Iwerddon**. Yn 1075 ceisiodd adennill ei etifeddiaeth, ond bu'n rhaid iddo ffoi. Gwnaeth ymdrech arall yn 1081 ar y cyd â **Rhys ap Tewdwr** o **Ddeheubarth**, a oedd hefyd yn alltud, ond yn dilyn eu buddugoliaeth ar **Fynydd Carn** cafodd Gruffudd ei gipio gan y **Normaniaid** a'i garcharu yng Nghaer. Roedd yn rhydd eto erbyn oddeutu 1090, ac ef a fu'n gyfrifol am farwolaeth Robert o Ruddlan, a oedd wedi hawlio grym yng ngogledd

Cymru. Ef a **Cadwgan ap Bleddyn** o **Bowys** oedd arweinwyr gwrthryfel y Cymry yn 1094, ond yn 1098 bu'n rhaid iddynt geisio lloches yn Iwerddon yn dilyn ymosodiad y Normaniaid ar Wynedd. Efallai mai cysylltiadau Llychlynnaidd Gruffudd a arweiniodd at ymddangosiad llynges o Norwy ar arfordir **Môn**, a bu'n rhaid i'r Normaniaid gilio. Bu gweddill ei deyrnasiad yn gyfnod o heddwch cymharol, ac ar ei farw yn 1137 etifeddodd ei fab, **Owain Gwynedd**, safle grymus. Gruffudd yw'r unig un o'r rheolwyr Cymreig i fod yn destun cofiant cyfoes, *Historia Gruffud vab Kenan*. Roedd pob un o dywysogion Gwynedd a'i dilynodd yn ddisgynyddion iddo.

**GRUFFUDD AP GWENWYNWYN (m.1286)** Rheolwr Powys Wenwynwyn

Treuliodd Gruffudd, mab **Gwenwynwyn** o **Bowys**, ei flynyddoedd cynnar yn alltud yn **Lloegr**. Adfeddiannodd ei dreftadaeth yn 1241, ond fe'i gyrrwyd allan gan **Lywelyn ap Gruffudd** yn 1257. Yn 1263 gwnaeth wrogaeth i Lywelyn, ond yn 1274, ar y cyd â **Dafydd ap Gruffudd**, bu'n rhan o gynllwyn aflwyddiannus i ladd y tywysog, a ffodd i Loegr. Yn ystod y ddau ryfel Cymreig arhosodd yn deyrngar i Edward I. Bu farw yn 1286, ar ôl llwyddo i gynnal hunaniaeth a chyfanrwydd **Powys Wenwynwyn**.

**GRUFFUDD AP LLYWELYN (m.1063)** Brenin Gwynedd a Chymru

Mab Llywelyn ap Seisyll a lywodraethai **Wynedd** yn y cyfnod 1018–23. Erbyn 1039 Gruffudd a reolai Wynedd a **Phowys** ac yn y flwyddyn honno trechodd y Mersiaid. Am yr 16 mlynedd nesaf ceisiodd gipio **Deheubarth**, a llwyddodd o'r diwedd yn 1055. Tua dwy flynedd yn ddiweddarach meddiannodd **Forgannwg**; ef, felly, yw'r unig reolwr yn hanes Cymru i fod ag awdurdod dros yr holl wlad. Yn 1055 hefyd lluniodd gynghrair ag Aelfgar, iarll **Mersia**, gan alluogi Aelfgar i adennill ei diroedd ddwywaith. Roedd Gruffudd yn ddigon grymus a hyderus i ymosod ar **Loegr** ac mae Llyfr Domesday yn cofnodi ei anrhaith ar y Gororau. Ond roedd Harold Godwinesson, y prif rym yn Lloegr, yn ystyried cynghrair Gruffudd ag Aelfgar, ynghyd â'i berthynas glòs â theyrnas Lychlynnaidd Dulyn, yn fygythiad difrifol i gydbwysedd grym ac i'w obaith ef ei hun o olynu Edward Gyffeswr a oedd yn ddi-blant. Yn 1062 ymosododd Harold ar lys Gruffudd yn **Rhuddlan** a dinistrio ei lynges. Dihangodd Gruffudd ond yn haf 1063 ymosododd Harold ar Wynedd drachefn a lladdwyd Gruffudd, a hynny, mae'n debyg, gan Cynan ap Iago (un y lladdwyd ei dad gan Gruffudd yn 1039). Priododd gweddw Gruffudd, Ealdgyth ferch Aelfgar, â Harold Godwinesson ac yn sgil hynny yr oedd yn frenhines Cymru ac yn frenhines Lloegr. Yr oedd hanner brawd Gruffudd, **Bleddyn ap Cynfyn**, yn gyndad i reolwyr diweddarach Powys.

**GRUFFUDD AP LLYWELYN AP IORWERTH (m.1244)** Tad Llywelyn ap Gruffudd

Mab **Llywelyn ap Iorwerth** a Thangwystl, merch Llywarch Goch. Arweiniodd priodas Llywelyn â **Siwan**, merch y Brenin John, at ddewis **Dafydd ap Llywelyn**, mab Siwan, yn etifedd swyddogol, a hynny ar draul Gruffudd. Roedd Gruffudd yn un o'r gwystlon a drosglwyddwyd i John yn 1211; fe'i rhyddhawyd yn 1215. Yn ystod y 1220au ceisiodd Llywelyn sicrhau bod Dafydd yn cael ei gydnabod yn ffurfiol fel ei etifedd, a thynnodd sylw at y ffaith fod Gruffudd yn fab anghyfreithlon yng ngolwg yr Eglwys. Rhoddodd stadau sylweddol i Gruffudd, ond anwadal oedd eu perthynas ac erbyn 1228 roedd tiroedd Gruffudd wedi eu cipio ac yntau wedi ei garcharu. Fe'i rhyddhawyd yn 1234, ac erbyn 1238 roedd **Llŷn** a **Phowys** yn ei feddiant; yn fuan wedyn fe'i daliwyd gan ei frawd a'i garcharu drachefn. Yn 1241 fe'i trosglwyddwyd i ddwylo Harri III a'i roi yn Nhŵr **Llundain**. Yn 1244 syrthiodd i'w farwolaeth wrth geisio dianc. Ymhlith ei feibion yr oedd **Llywelyn ap Gruffudd** a **Dafydd ap Gruffudd.**

**GRUFFUDD AP NICOLAS (*c.*1390–*c.*1460)** Swyddog

Uchelwr o **Sir Gaerfyrddin** oedd Gruffudd ap Nicolas. Roedd yn byw yn y Drenewydd (gw. **Llandeilo**), ac ef oedd y gŵr mwyaf dylanwadol yn y sir, yn gymdeithasol a gwleidyddol. Dechreuodd ar ei yrfa fel swyddog (*c.*1415) yn arglwyddiaeth **Cedweli**, gan fanteisio ar absenoldeb swyddogion brenhinol yn y de-orllewin er mwyn sefydlu ei rym personol ei hun yno. Lledaenodd ei ddylanwad ef a'i feibion i **Sir Aberteifi** ac arglwyddiaeth **Penfro**; yn ystod **Rhyfeloedd y Rhos** bu'n weithgar ar ran plaid y Lancastriaid, gan wrthsefyll ymdrechion plaid Iorc i'w ddiorseddu yn y 1450au (gw. **Lancaster, Teulu** a **York, Teulu**). Derbyniodd **ddinasyddiaeth Seisnig** (1437), ond eto roedd y beirdd Cymraeg yn ei fawrygu, yn rhannol am iddo noddi **eisteddfod** Caerfyrddin (*c.*1450). Ei ŵyr oedd **Rhys ap Thomas**, un o gefnogwyr Harri Tudur (gw. **Tuduriaid**).

**GRUFFUDD AP RHYS AP GRUFFUDD (*fl.*1267)** Arglwydd Senghennydd

Gorwyr i **Ifor Bach** oedd Gruffudd, ac ef oedd arglwydd olaf **Senghennydd**. Yn 1267, cipiodd Gilbert de **Clare**, arglwydd **Morgannwg**, ei diroedd a'i garcharu yn **Iwerddon** oherwydd ei ymwneud â **Llywelyn ap Gruffudd** a hawliai ei deyrngarwch.

**GRUFFUDD AP RHYS AP TEWDWR (m.1137)** Rheolwr yn Neheubarth

Ar ôl marwolaeth ei dad mewn brwydr yn 1093 ac yn sgil goresgyn **Deheubarth** gan y **Normaniaid**, treuliodd Gruffudd ei flynyddoedd cynnar yn alltud yn **Iwerddon**. Erbyn tua 1113 roedd yn ôl yng Nghymru ac yn 1116 cododd mewn gwrthryfel gan gipio **Caerfyrddin**. Yn ddiweddarach daeth i delerau â Harri I a chael meddiant ar gwmwd **Caeo**. Roedd yn un o arweinwyr y gwrthryfel a ddilynodd farwolaeth Harri, a chymerodd ran ym mrwydr **Crug Mawr**. Bu ef a'i wraig, **Gwenllian ferch Gruffudd ap Cynan**, farw yn 1137; ond byddai eu mab ieuengaf, **Rhys ap Gruffudd** (yr Arglwydd Rhys; m.1197), yn ymddyrchafu i fod y mwyaf o holl reolwyr Deheubarth.

**GRUFFUDD HIRAETHOG (m.1563)** Bardd

Er mai bardd digon di-fflach oedd Gruffudd Hiraethog yn ôl safonau diweddar, yn ystod ei oes ei hun fe'i hystyrid yn athro barddol nodedig ac yn bennaf awdurdod ar **achyddiaeth**. Roedd **Wiliam Llŷn** a **Siôn Tudur** ymhlith ei ddisgyblion, a thrwy ei gyfeillgarwch â **William Salesbury** daeth cyswllt rhwng dysg frodorol y beirdd a dyneiddiaeth

Gymraeg (gw. **Dadeni**). Yn wir, ar sail casgliad o **ddiarhebion** o eiddo Gruffudd y cyhoeddodd Salesbury ei *Oll Synnwyr pen Kembero ygyd* (1547). Ganed Gruffudd yn **Llangollen** ac yno y'i claddwyd. Dichon iddo gael ei adnabod fel Gruffudd Hiraethog (gw. **Mynydd Hiraethog**) yn sgil y nawdd helaeth a dderbyniodd gan **Elis Prys** o Blas Iolyn (**Pentrefoelas**), ac mae'n bosibl mai yno y lleolwyd ei ysgol farddol.

## GRUFFUDD LLWYD (Syr Gruffudd ap Rhys; m. 1335) Milwr

Un o ddisgynyddion dylanwadol **Ednyfed Fychan** oedd Gruffudd Llwyd, a bu'n dal swyddi yn y gogledd ac yn gwasanaethu fel milwr yn Fflandrys a'r **Alban**. Roedd yn un o arweinwyr y gymuned frodorol Gymreig, yn arbennig yn ystod helyntion teyrnasiad Edward II. Mae rhai yn awgrymu iddo arwain gwrthryfel Cymreig yn 1322, ond mae'n fwy tebygol fod ei weithgaredd yn ystod y flwyddyn honno yn ymgais i gefnogi'r brenin yn erbyn ei wrthwynebwyr, a gynhwysai'r rhan fwyaf o arglwyddi'r **Mers** yng Nghymru.

## GRUFFYDD, Elis ('Y Milwr o Galais'; *c.*1490–*c.*1552) Milwr a chroniclwr

Roedd Elis Gruffydd, a aned yng Ngronant Uchaf ym mhlwyf **Llanasa**, yn bresennol ar Faes y Brethyn Aur yn 1520. Yn niwedd y 1520au lluniodd gasgliad o farddoniaeth a rhyddiaith Gymraeg. Ymunodd â gwarchodlu'r brenin yng Nghalais yn 1530, a rhwng tua 1548 ac 1552 bu wrthi'n llunio ei gronicl enwog a amcanai adrodd hanes y byd hyd at ei oes ei hun. Er bod y gwaith yn seiliedig ar amrywiol ffynonellau Saesneg, Ffrangeg a Lladin, ceir ynddo hefyd lawer o ddeunyddiau a ddeilliai o ffynonellau brodorol a Chymraeg.

## GRUFFYDD, W[illiam] J[ohn] (1881–1954) Bardd, ysgolhaig, beirniad a sylwebydd

Aeth W. J. Gruffydd, a oedd yn frodor o Fethel (**Llanddeiniolen**), i Goleg Iesu, **Rhydychen**, yn 1899 i astudio'r Clasuron a'r **Saesneg**. Yno daeth dan ddylanwad **John Rhŷs**, ond y dylanwad cryfaf arno oedd **O. M. Edwards**, ac yn ddiweddarach ysgrifennodd Gruffydd gyfrol gyntaf ei gofiant (1937). Bu'n ddarlithydd yn y **Gymraeg**, ac yn ddiweddarach yn Athro, yng **Nghaerdydd**. Gwasanaethodd yn y llynges yn ystod y **Rhyfel Byd Cyntaf**. Yn 1937 ef oedd dirprwy is-lywydd **Plaid [Genedlaethol] Cymru**, ond mewn isetholiad yn 1943 enillodd sedd **Prifysgol Cymru** dros y **Blaid Ryddfrydol**, ac adlewyrchai'r frwydr rhyngddo ef a **Saunders Lewis** yn yr ymryson hwnnw rwyg yn y mudiad cenedlaethol Cymreig. Ac yntau'n etifedd i **radicaliaeth** Anghydffurfiol y 19g., cafodd lwyfan i'w syniadau fel golygydd *Y Llenor* (1922–51). Fel bardd gwnaeth argraff yn ifanc gyda'r gyfrol *Telynegion* (ar y cyd â Silyn (**Robert Roberts**)) (1900) a'i bryddest 'Trystan ac Esyllt', cerdd anfuddugol y goron yn **Eisteddfod** Genedlaethol 1902. Yna daeth *Caneuon a Cherddi* (1906), *Ynys yr Hud a Chaneuon Eraill* (1923) a *Caniadau* a gyhoeddwyd gan Wasg Gregynog (gw. **Tregynon**) (1932). Dechreuodd ei yrfa farddol fel rhamantydd, ond moelodd ei arddull mewn cerddi fel 'Gwladys Rhys'. Cafodd ei *Flodeugerdd Gymraeg* (1931) ddylanwad mawr yn yr ysgolion, a daeth ei *Hen Atgofion* (1936) i gael ei ystyried yn glasur rhyddiaith. Prif faes ei ysgolheictod oedd y **Mabinogion**.

## GRYSMWNT, Y, Sir Fynwy (4,670ha; 760 o drigolion)

Yng nghesail y **ffin** â **Lloegr**, i'r gogledd-orllewin o **Drefynwy**, mae'r **gymuned** hon yn cynnwys pentrefi bach y Grysmwnt, Llanwytherin, Llangatwg Lingoed a Llangiwa. Bwrdeistref ganoloesol oedd y Grysmwnt, fel y tystia neuadd y dref. Mae'r castell, y mwyaf cywasgedig o'r tri chastell a geid yn **Nheirtref** gogledd **Gwent**, yn dyddio o ddechrau'r 13g.; yn 1405 ymosodwyd yn aflwyddiannus arno gan **Owain Glyndŵr**. Mae Eglwys y Grysmwnt, a godwyd yn wreiddiol yn ystod y 13g. ac a ailadeiladwyd i gryn raddau yn 1870, yn annisgwyl o fawr. Eglwys fechan Llangiwa yw un o hoff olygfeydd teithwyr ar reilffordd Casnewydd–Amwythig. Eglwysi eraill yn yr ardal yw Eglwys Sant Cadog, Llangatwg Lingoed, gyda'i thŵr Perpendicwlar, ac Eglwys Sant Iago, Llanwytherin, lle ceir cofebau o waith teulu **Brute**. Mae toreth o dai bonedd a ffermdai hardd o'r 16g. a'r 17g. yn y fro. Yr un mwyaf diddorol yw Great Pool Hall (1619), gyda'i frestydd simneiau anferth.

## GUEST, KEEN A NETTLEFOLDS (GKN)

Daeth GKN i fod yn 1902 yn sgil uno gwahanol gwmnïau – Cwmni Guest Keen (sef Guest, cwmni a oedd â'i wreiddiau yng ngweithgarwch teulu **Guest** ym **Merthyr Tudful**, a Keen, gwneuthurwyr dur a bolltau o ganolbarth **Lloegr**, a oedd wedi uno â'i gilydd flwyddyn ynghynt) a Nettlefolds, y prif wneuthurwyr sgriwiau ym **Mhrydain**. O ganlyniad i hyn, GKN oedd y prif gwmni dur (gw. **Haearn a Dur**) a pheirianyddol ym Mhrydain, ac roedd ei asedau yn 1905 yn £4.5 miliwn. Roedd buddiannau'r cwmni yng Nghymru yn cynnwys gwaith dur gwreiddiol Dowlais ym Merthyr Tudful, **East Moors** yng **Nghaerdydd** a gwaith dur yn **Nhŷ-du** (Rogerstone). Nid oes ganddo unrhyw ddaliadau yng Nghymru erbyn hyn.

Yn 1930 cyfunodd GKN a Baldwin eu buddiannau mewn cynhyrchu dur trwm er mwyn creu cwmni dur British GKB, datblygiad a arweiniodd at fuddsoddi cyfalaf mawr ym **Mhort Talbot** a Chaerdydd. Yna adeiladodd GKN waith dur y Castell yng Nghaerdydd ar ei liwt ei hun – menter a symudwyd o Dŷ-du – gan gynhyrchu rhodenni, gwifrau a hoelion o ddur a ddeuai o waith East Moors gerllaw.

## GUEST, Teulu Diwydianwyr

Yn 1767 symudodd John Guest (1722–85) o Broseley yn **Swydd Amwythig** i reoli gwaith **haearn** bach yn Nowlais, **Merthyr Tudful**. Yn 1781 prynodd gyfran o'r gwaith, a etifeddwyd gan ei fab hynaf Thomas (1749–?1807) a'i fab yng nghyfraith, William Taitt (1748–1815). Erbyn 1801 roedd Cwmni Haearn Dowlais yn eiddo i Taitt, Thomas Guest a William Lewis (m.1819). Pan fu farw Thomas etifeddodd ei fab Josiah John (1785–1852) ei gyfran ac wedi marwolaeth Taitt, daeth yn rheolwr y gwaith, swydd a ddaliodd am weddill ei oes. Ei awydd ef i ddefnyddio'r dechnoleg ddiweddaraf, ynghyd â'i grebwyll masnachol, a fu'n gyfrifol am godi Dowlais o'r trydydd safle ym Merthyr i fod y gwaith haearn mwyaf yn y byd yn y 1840au. A'i weithlu'n cynnwys 5,000 o bobl, prin fod unrhyw un arall yn y byd yn cyflogi mwy nag ef.

Y Fonesig Charlotte Guest yn annerch disgyblion yn adeilad neo-Gothig Ysgol Ganolog Dowlais, a gomisiynwyd ganddi yn 1855

Trwy ddylanwad Guest yn bennaf y crëwyd etholaeth bwrdeistref newydd Merthyr yn 1832. Fe'i hetholwyd yn ddiwrthwynebiad fel ei chynrychiolydd cyntaf, a daliodd y sedd fel Rhyddfrydwr am ugain mlynedd (1832–52). Ef oedd prif symbylydd a chadeirydd cyntaf Rheilffordd Cwm Taf (TVR), a chadeirydd cyntaf Bwrdd Gwarcheidwaid Merthyr (1837) a Bwrdd Iechyd Merthyr (1850). Ac yntau'n gyflogwr paternalistaidd, noddodd ysgolion lleol, llyfrgelloedd i'r gweithwyr ac Eglwys Dowlais (1827), ac yn 1834 ef oedd noddwr Cymreigyddion y Fenni (gw. **Cymreigyddion a Fenni, Y**).

Roedd ei wraig, y Foneddiges Charlotte Guest (1812–95), a roddodd enedigaeth i naw o blant, hefyd yn gysylltiedig â'r gweithgareddau hyn. Cofir amdani fel dyddiadurwraig ac, yn bennaf oll, am gyfieithu i'r **Saesneg** chwedlau'r **Mabinogion** (ynghyd â 'Hanes **Taliesin**') a gyhoeddwyd mewn tair cyfrol (1838–49). Fe'i cynorthwywyd gan sawl ysgolhaig o Gymro, gan gynnwys Carnhuanawc (**Thomas Price**; 1787–1848). Dyma'r unig fersiwn Saesneg o'r campwaith rhyddiaith hwn hyd nes y cyhoeddwyd cyfieithiad rhagorach **Gwyn Jones** a **Thomas Jones** (1910–72) yn 1948. Rhwng 1852 ac 1855 y Foneddiges Charlotte a reolai'r gwaith haearn i bob pwrpas, ond wedi iddi ailbriodi, ymddiriedolwyr – yn enwedig **G. T. Clarke** – a fu'n gyfrifol am fuddiannau'r teulu.

Erbyn diwedd y 1840au prif gartref teulu Guest oedd Canford Manor yn Swydd Dorset. Er hynny, parhâi cysylltiadau'r teulu â **Sir Forgannwg**: bu Alfred Guest yn ymgeisydd y **Blaid Geidwadol** yng **Nghaerdydd** yn 1880, ac Ivor Guest oedd aelod seneddol Caerdydd dros y Rhyddfrydwyr o 1906 hyd 1910.

## GUTO'R GLYN (*fl.*1440–93) Bardd

Roedd Guto'r Glyn yn un o feirdd mwyaf Cymru'r Oesoedd Canol. Brodor o'r hen **Bowys** ydoedd, yn hanu efallai o Lyn Ceiriog (**Llansanffraid Glynceiriog**) neu Lyndyfrdwy (**Corwen**). Yn ŵr ifanc bu'n ymladd yn Ffrainc ar ddiwedd y **Rhyfel Can Mlynedd**; canodd i'r milwyr Cymreig Syr Risiart Gethin a **Mathau Goch**. Wedyn bu'n aelod o gard Edward IV. Canodd yn helaeth i noddwyr ledled Cymru; ymhlith ei noddwyr pennaf yr oedd teulu Herbert (gw. **Herbert, teulu (ieirll Pembroke o'r greadigaeth gyntaf)**). Fel yn achos **Dafydd ap Gwilym** adlewyrchir personoliaeth Guto yn ei ganu, ac ni lethwyd ef gan gonfensiynau barddol ei ddydd. Bu farw ac fe'i claddwyd yn Abaty Glyn-y-groes (**Llandysilio-yn-Iâl**).

## GUTUN OWAIN (*fl.*1450–98) Bardd

Brodor o Ddudlyst ger Croesoswallt oedd Gutun Owain. Aeth gyda'i athro barddol, **Dafydd ab Edmwnd**, i eisteddfod **Caerfyrddin** (*c.*1450); mae ei gopïau o'r gramadeg barddol yn corffori'r rheolau newydd a luniodd ei athro yno ynglŷn â mesurau cerdd dafod. Ymhlith y llawysgrifau a ysgrifennodd yr oedd *Llyfr Du Basing*. Canodd ei gerddi yn bennaf i uchelwyr ac abadau yn y gogledd-ddwyrain; roedd yn feistr ar y **cywydd** gofyn a'r **awdl** foliant yn arbennig.

## GUY, Henry Lewis (1887–1956) Peiriannydd

Roedd Guy, a aned ym **Mhenarth**, dan gyfaredd **rheilffyrdd**, ac astudiodd **beirianneg** yng **Nghaerdydd** cyn dilyn gyrfa gyda sawl cwmni yn **Lloegr** yn astudio a chynllunio tyrbinau stêm. Sylweddolodd fod datblygu'r tyrbein yn galw am gamau bras mewn meteleg a'r defnydd o stêm ar bwysedd uchel iawn. Fe'i hetholwyd i'r Gymdeithas Frenhinol yn 1936 a'i urddo'n farchog yn 1949.

## GWALIA

Enw am Gymru yw hwn a ddefnyddid, ochr yn ochr â *Wallia* (o'r Hen Saesneg *Walas* neu *Wealas*), yn llawysgrifau Lladin yr Oesoedd Canol. (Dylanwad y **Ffrangeg** sydd yn gyfrifol am yr 'g' ar ddechrau'r ffurf.) Ceir enghreifftiau o'i fabwysiadu mewn rhai testunau Cymraeg o ddechrau'r cyfnod modern cynnar ymlaen. Sonia cerdd **ddarogan** o'r 16g. fel y collodd y Cymry eu holl dir 'ond gwyllt Walia'. Fel yn achos ***Cambria***, daeth yn ffurf dra phoblogaidd yn y 19g. Fe'i defnyddir yn achlysurol o hyd, ond mewn cyd-destun eironig neu ddychanol fel arfer.

## GWARCHODAETH NATUR

Adlewyrchir cyfoeth bywyd gwyllt yng Nghymru gan y ffaith fod ymhell dros chwarter tir y wlad (2,075,899ha) wedi'i ddynodi'n dir dan warchodaeth. Yr awdurdod gwarchod bywyd gwyllt cenedlaethol ar gyfer Cymru yw Cyngor Cefn Gwlad Cymru (CCGC), a ddaeth i fod pan ddiddymwyd y Cyngor Gwarchodaeth Natur (1973–91). Mae gwaith CCGC yn cynnwys cynghori'r **llywodraeth** ac awdurdodau lleol ar faterion sy'n effeithio ar yr amgylchfyd, a chadw golwg ar newidiadau i gynefinoedd, rhywogaethau a'r tirwedd. Mae'r Cyngor hefyd yn cydgysylltu gweithgareddau defnyddwyr tir, ymwelwyr â chefn gwlad a'r gwahanol gyrff cadwraethol, ac mae'n cydweithredu ag Ymgyrch Diogelu Cymru Wledig.

Prif bartneriaid CCGC yw'r tri Pharc Cenedlaethol, a ddynodwyd yn y 1950au ac sy'n ymestyn dros 412,900ha (gw. **Parciau Cenedlaethol**). Mae'r pum Ardal o Harddwch Naturiol Eithriadol – arfordir **Môn**, **Bryniau Clwyd**, **Gŵyr**, **Llŷn** a Dyffryn **Gwy** yn cyfrif am 83,200ha. Rhoddwyd statws Arfordir Treftadaeth i gyfanswm o 496km o arfordir Cymru, gan gynnwys rhannau o Fôn, Llŷn, **Ceredigion**, **Sir Benfro**, Gŵyr a **Bro Morgannwg**.

Mae gan yr **Ymddiriedolaeth Genedlaethol**, tirfeddiannwr mwyaf Cymru ar wahân i'r **Comisiwn Coedwigaeth**, gryn gyfrifoldeb cadwraethol dros y 44,515ha sy'n eiddo iddi.

Gwlyptir Porth Tywyn, un o'r deg safle Ramsar yng Nghymru

Mae 19,714ha arall ym meddiant y Gymdeithas Frenhinol er Gwarchod Adar, ac mae'r Ymddiriedolaethau Bywyd Gwyllt, gyda'u 224 gwarchodfa, yn meddu ar gyfanswm o 5,400ha.

Mae tua 70 o safleoedd yng Nghymru wedi'u dynodi yn rhai o bwysigrwydd rhyngwladol, 1,064 yn rhai pwysig yng nghyd-destun y Deyrnas Unedig, a 79 yn rhai pwysig yn genedlaethol. Mae'r holl safleoedd yn y ddau gategori cyntaf wedi'u dynodi'n Safleoedd o Ddiddordeb Gwyddonol Arbennig (SoDdGA). O blith y mil a mwy o Safleoedd o Ddiddordeb Gwyddonol Arbennig – sy'n cwmpasu 224,790ha – mae llawer wedi'u lleoli yn y Parciau Cenedlaethol; mae cyfran dda ohonynt mewn rhannau eraill o Gymru yn ogystal. Maent yn cynnwys yr enghreifftiau gorau o'r gwahanol fathau o gynefinoedd a geir ar dir Cymru ynghyd â rhai rhynglanwol. Amrywiant o gaeau bychain, unigol i safleoedd mawr iawn megis aberoedd **Dyfrdwy** a **Hafren**, Twyni **Talacharn**, Traeth Lafan (**Aber[gwyngregyn]**) a Chors Malltraeth (**Bodorgan**). Mae Gwarchodfeydd Natur Cenedlaethol Cymru – oddeutu 70 ohonynt – wedi'u gwasgaru ar hyd a lled y wlad, ac maent yn amrywio o arfordiroedd i gopaon **mynyddoedd**. Ceir rhai o'r gwarchodfeydd mwyaf dramatig yn ucheldiroedd y gogledd-orllewin, ond yn eu plith hefyd ceir **Cors Caron** a safleoedd yng Ngŵyr, Sir Benfro, mynyddoedd y **Berwyn**, ardal **Pumlumon** a **Bannau Brycheiniog**. Mae yng Nghymru ddeg o safleoedd 'Ramsar' – a enwyd ar ôl llofnodi cytundeb yn 1971 yn Ramsar yn Iran i warchod gwlyptiroedd o bwysigrwydd rhyngwladol; maent yn ymestyn dros 30,861ha ac yn cynnwys aber afon **Dyfi** ynghyd â **Chors Fochno**. Mae moryd afon Dyfrdwy ac **ynysoedd** Sgomer a Gwales ymysg Ardaloedd Gwarchodaeth Arbennig Cymru er mwyn gwarchod **adar**, ac maent yn cynnwys 85,982ha. Mae gan Gymru 90 o ddarpar Ardaloedd Cadwraeth Arbennig, pump ohonynt yn rhychwantu'r **ffin** rhwng Cymru a **Lloegr**; prif nod y dynodiad hwn yw gwarchod yr esiamplau cynrychioliadol gorau o rywogaethau prinnaf Ewrop o **blanhigion** ac anifeiliaid a mathau o gynefinoedd, boed ar dir neu fôr. (Gw. hefyd **Amffibiaid ac Ymlusgiaid**, **Mamaliaid**, **Pysgod** a **Trychfilod**.)

Ymhlith safleoedd eraill sy'n derbyn graddfeydd o warchodaeth y mae'r Gwarchodfeydd Natur Lleol, sef gwarchodfeydd anstatudol sy'n cael eu rheoli gan fudiadau preifat a chyhoeddus, Safleoedd o Bwysigrwydd Gwarchodaeth Natur, Safleoedd Daearegol o Bwys Rhanbarthol, a Pharciau Gwledig – ceir 38 ohonynt yng Nghymru. Mae newidiadau ym Mholisi Amaethyddol Cyffredin yr Undeb Ewropeaidd, a gyhoeddwyd yn 2003, yn debyg o beri bod grantiau i ffermwyr yn cael eu cysylltu fwyfwy â gwarchodaeth natur yn hytrach na chynhyrchu gwargedau amaethyddol.

## GWARCHODLU CYMREIG, Y

Ar ôl ffurfio'r Gwarchodlu Gwyddelig yn 1900, galwyd am i Gymru gael ei chatrawd ei hun (galwad a gefnogwyd gan George V a'r Arglwydd Kitchener), a ffurfiwyd y Gwarchodlu Cymreig yn Chwefror 1915. Roedd angen i recriwtiaid fod ag o leiaf un rhiant yn Gymro neu'n Gymraes, neu fod â chartref yng Nghymru, neu fod â chyfenw Cymreig. Cafodd y Gwarchodlu fedydd gwaed yn Loos yn ystod y **Rhyfel Byd Cyntaf**, a bu'n ymladd ar Ffrynt y Gorllewin tan y Cadoediad. Yn ystod yr **Ail Ryfel Byd** ymladdodd tri bataliwn ar dir mawr Ewrop ac yng Ngogledd Affrica, ac wedi hynny chwalwyd yr Ail Fataliwn a'r Trydydd. Ers hynny mae'r Bataliwn Cyntaf wedi gwasanaethu ym mhob un o'r mannau lle bu **Prydain** yn ymladd. Barics Wellington yn **Llundain** yw pencadlys catrodol y Gwarchodlu Cymreig. Yn 2003 symudodd y Bataliwn Cyntaf o Aldershot i ganolfan yng Nghymru am y tro cyntaf – yn RAF **Sain Tathan**.

## GWARTHEG

Fel y rhan fwyaf o fridiau domestig Ewrop, mae gwartheg yng Nghymru yn ddisgynyddion i'r bualod mawr a ddiflannodd o **Brydain** yn ystod yr Oes Efydd (gw. **Oesau Cynhanesyddol**). Defnyddid gwartheg ar gyfer aredig (gw. **Amaethyddiaeth**) cyn gynhared â'r Oes Efydd, ac erbyn yr Oes Haearn (gw. Oesau Cynhanesyddol) roedd nifer o fathau adnabyddadwy wedi datblygu, gan gynnwys y fuwch 'Geltaidd' fechan, fyrgorn, hynafiad y rhan fwyaf o'r bridiau llaeth cyfoes. Yn llyfrau **cyfraith** Cymru'r Oesoedd Canol ceir disgrifiadau o dimau aredig o ddau, o bedwar neu wyth ych. Roedd bod yn berchennog ar wartheg yn golygu cyfoeth, ac mae pwysigrwydd gwartheg fel unedau ariannol yn cael ei adleisio yn y gair Cymraeg 'cyfalaf', sy'n tarddu o 'alaf' (gyr o wartheg); mae'r gair 'da' (cyfoeth, nwydd neu nwyddau) hefyd yn golygu gwartheg mewn rhai tafodieithoedd.

O'r Oes Haearn ymlaen, os nad yn gynharach, symudid gwartheg, **geifr** a **defaid** yn dymhorol rhwng **hafod a hendre**, ond erbyn y 18g. roedd yr arfer o drawstrefa yn cilio, a châi porfeydd mynyddig eu pori bron yn gyfan gwbl gan ddefaid. O'r Oesoedd Canol diweddar ymlaen, ffynhonnell incwm bwysicaf y Gymru wledig oedd gyrru gwartheg i **Loegr** er mwyn eu gwerthu. Caent eu gyrru gan **borthmyn**, ac fe'u disgrifiwyd gan **John Williams** (1582–1650), archesgob Caerefrog, fel 'llynges Sbaenaidd Cymru sy'n ennill yr ychydig aur ac arian sydd gennym'. O'r 1850au ymlaen ar y **rheilffyrdd** y cludid gwartheg, a disodlwyd ffeiriau da byw y pentrefi gan farchnadoedd wedi'u lleoli ger gorsafoedd rheilffordd.

Dywedir bod ychen gwynion yn anifeiliaid sanctaidd i'r **derwyddon**, a cheir sawl cyfeiriad mewn **llenyddiaeth** a llên gwerin at bwysigrwydd gwartheg gwynion, gan y credid eu bod yn dwyn lwc dda i'w perchnogion. Mae'r gwartheg gwynion a gedwid yn draddodiadol yn **Ninefwr**, **Llandeilo**, yn hen fuches enwog a gysylltid â llys brenhinol **Deheubarth**, ac yn fwy ffansïol â stori **Llyn y Fan Fach**. Datblygodd bridiau lleol amrywiol, megis Morgannwg a Threfaldwyn – diflannodd y ddau frîd erbyn diwedd y 19g. – a **Môn** a Phenfro. O'r ddau frîd hyn y datblygodd y fuwch ddu Gymreig, sy'n fyd-enwog am ansawdd ei chig. Mae cofnodion ffurfiol o'r brîd yn dyddio'n ôl i'r llyfr gyr cyntaf ym Mehefin 1874, er na sefydlwyd Cymdeithas y Gwartheg Duon Cymreig hyd at 1905. O ddiwedd y 1990au gwelwyd sefydlu brîd hollol newydd yng Nghymru, sef y byfflo dŵr Asiaidd, ar nifer bychan o ffermydd ac yng Nghanolfan Bywyd Gwyllt Cymru yng **Nghilgerran**, lle cyflwynwyd yr anifeiliaid hyn, sy'n bwyta bron popeth, i gyfyngu ar dir o ansawdd gwael.

Gwelwyd gwelliannau mawr yn ansawdd bridiau a lefelau cynhyrchu yn ystod yr 20g., trwy fesurau megis cofrestru teirw (1914), creu'r Bwrdd Marchnata Llaeth (1933), a chyflwyno tarw potel yn y 1950au a throsglwyddo embryonau yn y 1990au. Mewn ardaloedd llaethydda megis **Ceredigion**

Gwartheg gwyn Dinefwr

arferai bod yn berchen ar darw ddynodi statws cymdeithasol, ac mewn rhai ardaloedd roedd perchennog tarw bron yn sicr o fod yn flaenor yn ei gapel; roedd dyfodiad y tarw potel felly yn tanseilio hierarchiaeth hynafol.

Am resymau hinsoddol, mae cynhyrchu llaeth wedi'i grynhoi yn y de-orllewin. Roedd 25% o gynnyrch amaethyddol Cymru yn 2002 yn deillio o'r gweithgarwch hwn. Roedd cynnyrch cyfartalog pob buwch yn 3,900 litr o laeth yn 1972 a chynyddodd hyn i 6,528 litr yn 2002. Er bod maint cyfartalog buches wedi cynyddu o 25 i 67 buwch dros yr un cyfnod, gostyngodd y nifer o gynhyrchwyr llaeth o 19,944 yn 1939 i 4,004 yn 2002. Yn anaml mewn ffermio llaeth y defnyddir bridiau ar wahân i'r Ffrisiad Holstein, sy'n anifail digymar o safbwynt swm y cynnyrch.

Bu cynhyrchu cig eidion yn weithgarwch pwysig yng Nghymru erioed, ac yn 1998 cynrychiolai 23% o'r holl gynnyrch amaethyddol. Cynhyrchir cig eidion naill ai o loi gwryw dros ben o fuchesi llaeth llawr gwlad, neu o loi wedi'u bridio'n bwrpasol o fuchesi sugno'r bryniau, a rhai o'r iseldir. Y bridiau traddodiadol a gafwyd yng Nghymru yw'r fuwch ddu Gymreig, buwch Henffordd, gwartheg byrgorn a'r Aberdeen Angus, ond daeth bridiau o dir mawr Ewrop i dra-arglwyddiaethu ymhlith y buchesi magu oherwydd eu bod yn cynhyrchu cymaint o gig ac yn tyfu'n gyflym iawn – bridiau megis y Charolais, y Limousin, buwch las Gwlad Belg a'r Simmental. Mae cig eidion Cymreig wedi ennill statws Dangosydd Daearyddol Gwarchodedig yr Undeb Ewropeaidd, sy'n golygu mai dim ond cig eidion o wartheg wedi'u magu a'u lladd yng Nghymru a all gael ei ddisgrifio felly.

Mae dau argyfwng iechyd anifeiliaid diweddar wedi effeithio'n ddifrifol ar ffermio gwartheg yng Nghymru, fel mewn rhannau eraill o Brydain. Wrth i'r diwydiant ddechrau dod dros y niwed a wnaed i werthiant cig eidion gan 'glefyd y gwartheg gwallgof' neu BSE, a ddarganfuwyd gyntaf yn y 1980au, cafodd ei danseilio ymhellach gan achos difrifol o glwy'r traed a'r genau yn 2001. Yr ardaloedd yng Nghymru yr effeithiwyd arnynt waethaf oedd Môn, **Powys** a'r de-ddwyrain. Er mwyn rhwystro lledaeniad y clefyd, dinistriwyd cyfanswm o 286,000 o wartheg, **moch** a defaid. O blith y rheini roedd 9% yn wartheg, a chyfyngwyd yn ddifrifol ar symud da byw ac ar hawliau'r cyhoedd i gael mynediad i gefn gwlad. Parhaodd y clwyf am chwe mis ac amcangyfrifir ei fod wedi costio £62 miliwn i'r diwydiant ffermio a £201 miliwn i **economi** Cymru.

## GWASANAETH TÂN, Y

Cyn yr 20g. roedd cyfleusterau atal tân yn amrywio'n fawr. Câi pob brigâd dân ei threfnu'n lleol: roedd rhai'n broffesiynol, ond gwirfoddol oedd eraill, heb unrhyw ofyn am fedrau arbennig ar gyfer y swydd; roedd gan rai offer atal tân digonol, fel injan dân, ond nid oedd dim o'r fath gan eraill. Oherwydd y datblygu digynllun ar ddeddfwriaeth roedd y cyfleusterau diffodd tân yn ddigonol at ei gilydd yn ardaloedd trefol Cymru erbyn tua 1900, ond mewn llawer o ardaloedd gwledig ychydig iawn o ddarpariaeth a geid.

Er gwaethaf argymhellion sawl pwyllgor dethol seneddol y dylai gwasanaethau tân gael eu safoni a'u proffesiynoli'n llawn ledled Prydain, ni ddigwyddodd hynny mewn gwirionedd hyd 1941 pan ffurfiwyd y Gwasanaeth Tân Cenedlaethol, a ddaeth â'r holl wasanaethau tân lleol yng Nghymru dan reolaeth ganolog. Wedi hynny trosglwyddodd Deddf Gwasanaethau Tân 1947 holl aelodau'r Gwasanaeth Tân

Cenedlaethol i frigadau tân a gâi eu cynnal gan gynghorau sir (gw. **Siroedd**) a **bwrdeistrefi sirol**.

Yn Ebrill 1996 cafodd y brigadau tân sirol a bwrdeistrefol yng Nghymru eu huno i greu tair brigâd dân newydd, sydd ar hyn o bryd yn darparu gwasanaethau tân i'r wlad i gyd. Y tair brigâd yw Gwasanaeth Tân ac Achub Gogledd Cymru (cyfuniad o frigadau **Gwynedd** a **Chlwyd** gynt, gyda'i bencadlys yn y **Rhyl**); Gwasanaeth Tân ac Achub Canolbarth a Gorllewin Cymru (sy'n cwmpasu **Powys** a chynsiroedd **Dyfed** a **Gorllewin Morgannwg**, gyda'i bencadlys yng **Nghaerfyrddin**); a Gwasanaeth Tân ac Achub De Cymru (cyfuniad o frigadau **Morgannwg Ganol**, **De Morgannwg** a **Gwent**, gyda'i bencadlys ym **Mhont-y-clun**).

## GWASEILA

Yr arfer o gludo cwpan gwasael o dŷ i dŷ gan obeithio cael mynediad a chroeso. Wedi yfed o'r cwpan a'i ail-lenwi ceid gloddesta a **dawnsio** cyn i'r gwaseilwyr ymadael gan dderbyn rhodd am eu trafferth. Credir mai hybu ffrwythlondeb oedd amcan gwreiddiol y ddefod ond daeth yn achlysur i ddymuno bendith i'r teulu, eu cnydau a'u hanifeiliaid am flwyddyn arall. Roedd gwaseila'n gysylltiedig â'r Nadolig (yn enwedig y **Fari Lwyd**) a Gŵyl Fair (gw. **Canu Gŵyl Fair**), a defnyddid yr ymadroddion 'canu yn drws' a 'canu gwirod' am y canu a geid wrth y drws mewn ymryson â'r teulu cyn cael mynediad i'r tŷ.

## GWASTADEDDAU GWENT

Gwlyptiroedd isel ar lannau Môr Hafren yw'r gwastadeddau, ac maent wedi'u hamddiffyn gan forgloddiau a'u draenio ar gyfer **amaethyddiaeth**. Mae afon **Wysg** yn gwahanu rhan orllewinol y gwastadeddau, **Gwynllŵg**, oddi wrth y rhan ddwyreiniol, **Caldicot**. Yn gorchuddio'r Hen Dywodfaen Coch, y Cerrig Llaid Triasig a'r **Calchfaen** Carbonifferaidd, sef sylfaen daearegol y tir tua'r gogledd, y mae gwaddodion meddal y gwastadeddau sy'n cynnwys haenau o silt a **mawn** a ddyddodwyd wrth i lefel y môr godi a boddi ceg afon **Hafren**. Crëwyd moryd leidiog iawn ac iddi amrediad llanw (14.8m) sy'n ail yn unig i Fae Fundy yng Nghanada. Mae coedwigoedd soddedig yn gyffredin. Ceir helaethder o dystiolaeth yn yr ardal o'r cyfnod cynhanesyddol, gan gynnwys ôl traed a adawyd gan helwyr-gasglwyr Mesolithig ac olion aneddiadau o'r Oes Efydd a'r Oes Haearn (gw. **Oesau Cynhanesyddol**). Yn y gwlyptir darganfuwyd darnau o gychod o'r Oes Efydd, cwch Brythonig-Rufeinig yn Llandyfenni (**Magwyr a Gwndy**) a chychod canoloesol ym Magor Pill neu Aberweithel (1240) a **Chasnewydd** (1466). Awgryma carreg arysgrifedig a ddarganfuwyd yn **Allteuryn** i'r **Rhufeiniaid** fod wrthi'n codi amddiffynfeydd môr. Ceir sianelau draenio a elwir yn *reens* yn groes-ymgroes trwy'r ardal. Rhoddodd y gwaith draenio fod i un o'r ychydig ardaloedd yng Nghymru sydd â thir o'r ansawdd gorau, a chaiff ei ffrwythlondeb ei adlewyrchu mewn eglwysi mawr megis y rhai yn **Nhrefonnen** a Llanbedr Gwynllŵg. Yn yr olaf, mae marc 168cm uwch llawr y gangell yn nodi uchder y gorlif trychinebus a gafwyd yno yn 1606 ac a achoswyd, mae'n debyg, gan tswnami (gw. **Daeargrynfeydd**). Pan adeiladwyd gwaith dur **Llan-wern** (gw. **Haearn a Dur**) bu datblygiad diwydiannol ar raddfa eang ar y gwastadeddau. Sefydlwyd Gwarchodfa Gwlyptir Gwastadeddau Gwent yng nghanol y 1990au i wneud iawn am golli cynefin **adar** yn sgil datblygu Bae **Caerdydd**.

## GWAUNCAEGURWEN, Castell-nedd Port Talbot (1,366ha; 4,133 o drigolion)

**Cymuned** yw hon ym mhen uchaf Cwm Aman, i'r de o'r **Mynydd Du** (**Sir Gaerfyrddin** a **Phowys**). Roedd glofa fechan ym Mlaengurwen yn 1802 ond dim ond yn 1887, pan ymestynnodd Cwmni Rheilffordd Llanelly Dock ei rwydwaith i'r fro, y dechreuwyd datblygu'r ardal o ddifrif. Adeiladwyd rhai o gapeli mwyaf Cymru ym mhentrefi glofaol newydd Gwauncaegurwen, Cwm-gors a Brynaman Isaf. Ganed yr actores Siân Phillips yng Ngwauncaegurwen i deulu a oedd yn cynnwys yr efengylydd Rosina Davies. Prif nodwedd yr ardal yw'r safleoedd glo brig enfawr (gw. **Glo**). Yn 2001 roedd 77.37% o drigolion Gwauncaegurwen â rhywfaint o afael ar y **Gymraeg**, gyda 53.88% yn gwbl rugl yn yr iaith – y ganran uchaf ymhlith holl gymunedau sir **Castell-nedd Port Talbot**.

## GWEHELOG FAWR, Sir Fynwy (1,739ha; 461 o drigolion)

Mae'r **gymuned** hon, yn union i'r gogledd o **Frynbuga**, yn cynnwys pentrefi bach Gwehelog, Cemais Comawndwr, Llancaeo a Throstre. **Tir comin** Brynbuga oedd Gwehelog ar un adeg. Saif yr eglwys fechan yng Nghemais Comawndwr yng nghanol clwstwr o ffermdai. Ceir bryngaer fawr yn Campswood a melin wynt yn Llancaeo. Adroddodd cyfrifiad 2001 fod 85.8% o'r trigolion yn gallu rhywfaint o **Gymraeg**, a bod 71.51% yn gwbl rugl yn yr iaith; ond daeth i'r amlwg mai enghraifft brin oedd hyn o gamgymeriad mewn adroddiad cyfrifiad cyhoeddedig, ac mae'r Swyddfa Ystadegau Gwladol wedi cadarnhau mai 12.6% a 7.7% yw'r canrannau cywir.

## GWEISION FFERMYDD A LLAFURWYR AMAETHYDDOL

Er nad gweision cyflog mohonynt yn benodol, llafurwyr amaethyddol oedd taeogion Cymru'r Oesoedd Canol i bob pwrpas. Pan ddatblygodd ffermio cyfalafol, llafurwyr amaethyddol oedd y **dosbarth** mwyaf niferus yn y rhan fwyaf o gymunedau gwledig Cymru. Fel y cynyddodd y galw am **fwyd** wrth i boblogaeth **Prydain** chwyddo'n gyflym yn hanner cyntaf y 19g., bu cynnydd sylweddol yn nifer y gweithwyr amaethyddol rhwng 1801 ac 1851. Caent eu cyflogi gan ffermwyr yn y ffeiriau cyflogi tymhorol, y rhan fwyaf ohonynt yn weision dibriod a fyddai'n byw ar y fferm (yn aml yn y llofft stabl; gw. **Canu Llofft Stabl**), neu'n weithwyr priod a fyddai'n byw mewn tai ar wahân. At hynny, roedd rhai 'tenantiaid caeth' – gweithwyr a fyddai'n rhentu tyddyn bychan (1–2ha) ynghlwm wrth fferm arbennig – ynghyd â gweithwyr achlysurol a deithiai o fferm i fferm yn chwilio am waith tymhorol. Yn aml, byddai gweision ffermydd yn mwynhau cysylltiad cymdeithasol agos â'u cyflogwyr a hwythau'n aml yn aelodau o'r un capel, er bod rhaniadau cymdeithasol cynnil o dan yr wyneb rhwng y dosbarthiadau, yn enwedig ar y ffermydd mwyaf.

Wrth i'r **rheilffyrdd** ehangu ac wrth i gyfleoedd gwaith gynyddu yng nghymoedd y de ac mewn mannau eraill, bu cwymp yn niferoedd y gweithwyr amaethyddol yng Nghymru o 73,300 yn 1851 i 39,500 yn 1911, gostyngiad o 46%. Parhaodd y gostyngiad yn ddiwrthdro, a hynny'n bennaf yn sgil rhesymoli ac ad-drefnu ffermydd, ynghyd

Tai Glanyrafon yng Ngwauncaegurwen yn y 1920au

â'r mecaneiddio a fu ym myd **amaethyddiaeth**. O ddiwedd y 19g. ymlaen dyfnhaodd yr agendor cymdeithasol rhwng ffermwyr a gweision ffermydd, yn enwedig yn ystod y **Rhyfel Byd Cyntaf** pan fethodd cyflogau amaethyddol (a gâi eu talu o hyd yn rhannol mewn cynnyrch) â dal i fyny â chostau byw. Bu diddordeb byrhoedlog mewn **undebaeth lafur** rhwng 1917 ac 1920, ond ni lwyddodd y selogion i ysgogi gweithredu torfol gan y gweithwyr, gan esgor ar yr hyn a ddisgrifiodd David Pretty fel y 'chwyldro amaethyddol a fethodd'. Bu ofn colli cartrefi a bygythiad diweithdra yn sicr yn rhwystr i dwf undebaeth ar raddfa fawr. Efallai mai dyna sy'n esbonio methiant cyson Byrddau Cyflogau Amaethyddol, a chyrff swyddogol yn ddiweddarach yn yr 20g., i godi cyflogau gweithwyr gwledig Cymru i lefel cyflogau gweithwyr trefol. Erbyn dechrau'r 21g. roedd yng Nghymru lai nag 11,000 o weithwyr amaethyddol.

## GWELY, Y

Roedd trefn y gwely yn rhan ganolog o ddaliadaeth tir yng Nghymru'r Oesoedd Canol. Cyfeiriai'r term at grŵp o berthnasau a oedd yn rhannu hawl fel perchnogion ar dir ar sail y ffaith eu bod yn ddisgynyddion i'r un hynafiad. Erbyn blynyddoedd cynnar y 13g. defnyddid y term i gyfeirio at y tir yn ogystal â'r rhai a oedd yn dal y tir. Efallai fod i'r gwely wreiddiau cynnar iawn, ond mae'r ystentiau a'r arolygon a wnaed yn y gogledd yn y 14g. yn awgrymu bod yr hynafiaid a roddodd eu henwau i welyau unigol yn byw oddeutu 1200. Roedd gan bob mab yr hawl i'w siâr gyfartal o dir y gwely, ac ni allai ei drosglwyddo i arall na'i werthu; golygai'r rhannu cyson hwn fod lleiniau unigol o dir âr yn fychan (gw. **Cyfran**). Ond roedd gan bob aelod hefyd hawl i dir pori helaeth. Gallai maint gwely amrywio'n fawr; medrai un drefgordd gynnwys nifer o welyau, ond mewn rhai achosion byddai'r drefgordd a'r gwely yn gyfatebol. Gallai rhai eraill ymestyn ar draws sawl trefgordd, ac nid oeddynt o anghenraid yn uned diriogaethol gyfan. Wrth i farchnad dir ddatblygu yn niwedd yr Oesoedd Canol, âi rhannau o welyau i ddwylo dieithriaid a gwanhawyd y cyswllt rhwng tir a llinach. Parhaodd y gwely, ond cragen wag ydoedd yn gynyddol, a'i unig arwyddocâd oedd fel uned y parheid i'w defnyddio er mwyn pennu hen drethi (gw. hefyd **Gafael**).

## GWENFÔ, Bro Morgannwg (1,863ha; 2,009 o drigolion)

Lleolir y **gymuned** i'r gorllewin o **Gaerdydd** ac i'r de o'r A48, a'i phrif atyniad yw Gerddi'r Dyffryn a grëwyd rhwng 1894 ac 1909 ac sy'n ymestyn dros 34ha. Fe'u cynlluniwyd gan Thomas H. Mawson ar ran John Cory (gw. **Cory, Teulu**), a'u prynu yn 1937 gan Cennydd Traherne a'u rhoddodd ar brydles i Gyngor **Sir Forgannwg** yn y gobaith y caent eu datblygu'n ardd fotaneg genedlaethol debyg i Kew. Yn 1973, yma y cynhaliwyd garddwest i goffáu diwedd yr hen Sir Forgannwg. Roedd Dyffryn (1893–4), adeilad yn null Ail Ymerodraeth Ffrainc, ymhlith yr olaf o'r plastai enfawr i'w codi yng Nghymru.

Codwyd llawer o dai newydd o amgylch hen bentref Gwenfô. Mae ambell fedd diddorol yn yr eglwys. Erbyn hyn tŷ clwb i gwrs **golff** yw Castell Gwenfô, sy'n cynnwys pafiliwn a gynlluniwyd gan Robert Adam. I'r dwyrain mae Fferm Wrinstwn, a fu unwaith yn safle castell a threflan. Yng nghornel ogledd-orllewinol y gymuned saif Whitton, safle fferm Frythonig-Rufeinig a gloddiwyd yn helaeth. Yn Eglwys

Gerddi'r Dyffryn, Gwenfô

Llwyneliddon ceir tŵr gorllewinol ac iddo do trumiog. Mae'r gromlech gerllaw yn dyddio o'r Oes Neolithig (gw. **Oesau Cynhanesyddol**) ac yn gorwedd mewn twmpath 27m o hyd. Y datblygiadau o amgylch Croes Cwrlwys sydd amlycaf yn rhan ogledd-ddwyreiniol yr ardal, yn eu plith bencadlys ITV Cymru (gw. **Darlledu**).

## GWENFREWI (Gwenffrewi, Winefride neu Winefred; 7g.) Santes

Cysylltir Gwenfrewi â **Threffynnon** yn bennaf a honnir bod ei ffynnon gysegredig yno, sy'n un o **Saith Rhyfeddod Cymru**, yn iacháu cleifion. Yn ôl ei bucheddau canoloesol, torrodd tywysog lleol o'r enw Caradog ab Alawog ei phen i ffwrdd pan wrthododd gydorwedd ag ef. Fe'i hatgyfodwyd gan **Beuno** a tharddodd ffynnon iachusol o'r llecyn lle syrthiodd gwaed sanctaidd y forwyn. Daeth Gwenfrewi yn abades lleiandy Gwytherin (**Llangernyw**) a symudwyd ei **chreiriau** oddi yno i Briordy Amwythig yn 1138. (Gw. hefyd **Ffynhonnau'r Saint**.) Ei dydd gŵyl yw 3 Tachwedd.

## GWENITHFAEN

Defnyddir y gair yn aml i ddisgrifio gwahanol greigiau caled nad ydynt i gyd yn wenithfeini. Y gogledd-orllewin oedd canolbwynt y diwydiant cloddio gwenithfaen yng Nghymru, ac roedd y rhan fwyaf o'r chwareli wedi'u lleoli ger glannau'r môr er mwyn hwyluso cludiant. Safai pum chwarel rhwng **Llandudno** a phen draw **Llŷn**, a dwy ym **Môn**. Roedd gogledd **Sir Benfro** yn llai cynhyrchiol, ond ceir olion nodedig gwaith malu a graddoli cerrig ym Mhorth-gain (**Llanrhian**), a gaewyd yn 1931. Man cychwyn y diwydiant oedd ffatri fwyeill o'r Oes Neolithig (gw. **Oesau Cynhanesyddol**) ym **Mhenmaen-mawr** (lle parheir i gloddio am wenithfaen), a chafwyd hyd i gynnyrch y ffatri honno ar safleoedd ledled **Prydain**. Agorwyd y chwarel fawr bresennol yn 1830. Defnyddiwyd cerrig sets i balmantu strydoedd, ac yn hynny o beth rhoddwyd bod i'r diwydiant – megis y diwydiant **llechi** – gan drefoli. Roedd y diwydiant yn ei anterth yn y 1930au; ers hynny mae sawl chwarel wedi cau, gan gynnwys yr un yn Nant Gwrtheyrn (**Pistyll**), lle mae tai'r chwarelwyr bellach yn ganolfan i rai sy'n dysgu **Cymraeg**. Yn 1931 cynhyrchwyd dros 1.17 miliwn o dunelli metrig yn **Sir Gaernarfon**, ond erbyn y 1970au roedd cynnyrch y sir wedi'i haneru; bu gostyngiad hefyd yn y gweithlu, o 1,100 i lai na 150, a disodlwyd cerrig sets gan gerrig mâl.

## GWENLLIAN FERCH GRUFFUDD AP CYNAN (m.1137) Arwres

Roedd Gwenllian ferch **Gruffudd ap Cynan** yn wraig i **Gruffudd ap Rhys** o **Ddeheubarth** ac yn fam i **Rhys ap Gruffudd** (yr Arglwydd Rhys; m.1197). Fe'i lladdwyd ger **Cydweli** yn arwain byddin ei gŵr yn erbyn y **Normaniaid**, ac fe'i coffeir yn enw Maes Gwenllian. Awgrymwyd mai gwaith Gwenllian oedd Pedair Cainc y Mabinogi (gw. **Mabinogion**), ond prin fod sail i'r ddadl honno.

## GWENLLIAN FERCH LLYWELYN AP GRUFFUDD (1282–1337) Tywysoges

Gwenllian oedd unig ferch **Llywelyn ap Gruffudd**; bu farw ei mam Eleanor (gw. **Montfort, de (Teulu)**) ar ei genedigaeth. Ar ôl marwolaeth Llywelyn fe'i cipiwyd gan Edward I, a'i trosglwyddodd i ofal priordy Sempringham, Swydd Lincoln, lle daeth yn lleian a lle bu farw. Ceir cymdeithas er cof amdani.

## GWENT Cyn-sir

Yn 1974 daeth **Sir Fynwy**, wedi iddi golli glan ddwyreiniol afon **Rhymni** ac ennill **Bryn-mawr** a **Llanelli (Sir Frycheiniog** gynt), yn sir Gwent. Cynhwysai ddosbarthau **Blaenau Gwent**, **Islwyn**, Mynwy, **Casnewydd** a **Thorfaen**. Diddymwyd y sir yn 1996, pan ddaeth Blaenau Gwent, Casnewydd a Thorfaen yn **fwrdeistrefi sirol**, Mynwy yn sir ac Islwyn yn rhan o fwrdeistref sirol **Caerffili**. Yn ddryslyd iawn, mae'r Sir Fynwy newydd yn cynnwys dwy ran o dair o'r hen Sir Fynwy. Cadwyd yr enw Gwent, fodd bynnag, ar gyfer gwasanaethau cyfun megis yr **heddlu** ac Archifdy'r Sir.

## GWENT Teyrnas

Daeth y deyrnas hon, y mae ei henw yn tarddu o enw **Caerwent**, i fod yn ystod y cyfnod yn union ar ôl ymadawiad y **Rhufeiniad**. Roedd brenin cyntaf y deyrnas hyd y gwyddys yn dwyn enw'r arwr a oedd wedi arwain y **Silwriaid** yn erbyn y Rhufeiniaid yn ystod y ganrif gyntaf OC (gw. **Caradog**). Llwyddodd y Brenin Tewdrig, y credir bod ei gorff yn gorwedd ym Merthyr Tewdrig (**Matharn**), i orchfygu'r Sacsoniaid tua'r flwyddyn 620 (gw. **Eingl-Sacsoniaid**). Ymddengys i'r deyrnas fod yn rhan o deyrnas **Morgannwg** ar adegau. Roedd wedi'i rhannu yn ddau **gantref**, sef Is Coed ac Uwch Coed; y ffin rhyngddynt oedd Coed Gwent, cefnen sy'n codi 309m uwchlaw'r môr. Fe'i diddymwyd fel teyrnas yn dilyn ymgyrchoedd **William Fitz Osbern**, ond adferwyd rhan fach ohoni gan Morgan ab Owain o **Gaerllion** yng nghanol y 12g. Goroesodd yr enw fel disgrifiad o ranbarth, fel y dengys teitlau **papurau newydd** megis y *Star of Gwent* (gw. hefyd **Gwent, Cyn-sir**).

## GWENWYNWYN AB OWAIN CYFEILIOG (m.1216) Arglwydd Powys Wenwynwyn

Yn 1197 olynodd Gwenwynwyn ei dad, **Owain Cyfeiliog**, yn arglwydd de **Powys**, ardal y daethpwyd i'w galw yn **Powys Wenwynwyn**. Roedd yn rheolwr galluog ac uchelgeisiol a ymdrechodd i adfer y safle a oedd gan Bowys cyn 1160, ond bu methiant ei warchae ar Gastell Paen (gw. **Llanbedr Castell-paen**) yn 1198 yn llestair difrifol iddo. Bu'n ymgiprys â **Llywelyn ap Iorwerth** o **Wynedd** am oruchafiaeth a cheisiai'r Brenin John eu gyrru benben. Yn 1208 arweiniodd ymosodiad annoeth ar un o'i gymdogion yn y **Mers** at ei garcharu gan John a chipio ei diroedd gan Lywelyn, ond fe'u hadferwyd iddo ddwy flynedd yn ddiweddarach. Gyda'r rheolwyr Cymreig eraill ymunodd ag ymgyrch John yn erbyn Llywelyn yn 1211, ac fel hwythau ymunodd â Llywelyn y flwyddyn ddilynol a bu'n rhan o'r cyrch enfawr trwy'r de yn 1215. Yn 1216 fe'i darbwyllwyd gan John i newid ochr; fe'i gyrrwyd ymaith gan Lywelyn a bu farw yn **Lloegr** yn ddiweddarach yn yr un flwyddyn. Byddai ei fab, **Gruffudd ap Gwenwynwyn**, yn chwarae rhan debyg i eiddo ei dad.

## GWENYN

Am yn agos i 2,000 o flynyddoedd, bu lle ym mywyd a diwylliant Cymru i wenyn a chynhyrchu mêl a chŵyr. Mae Rhigyfarch (gw. **Sulien**), yn ei Fuchedd Ddewi (*c.*1094), yn cyfeirio at fynach o Wyddel yn cludo haid o wenyn ar flaen ei long o **Dyddewi** i **Iwerddon** – y gwenyn cyntaf erioed, fe honnir, i gyrraedd y wlad honno.

Yn sicr roedd cadw gwenyn, neu ofalu am wenyn gwyllt, yn arfer ymhlith siaradwyr Celteg. Cyn dechrau mewnforio siwgr cansen i orllewin Ewrop (*c.*12g.), mêl oedd yr unig felysydd a oedd ar gael. Roedd hefyd yn hanfodol ar gyfer cynhyrchu **medd** a bragod ac yn cael ei fwyta fel enllyn yn ei hawl ei hun, a'i rinweddau meddyginiaethol yn bwysig i'r sawl a oedd yn arddel meddygaeth draddodiadol, fel **Meddygon Myddfai** (*c.*13g.). Mae'r **gyfraith** frodorol yn cynnwys traethawd byr yn ymwneud â gwenyn a gwerth cymharol gwahanol heidiau; yn ôl y gyfraith, 24 ceiniog – pris llo – oedd gwerth haid o wenyn ym mis Mai, ond erbyn diwedd Awst byddai ei gwerth wedi gostwng i 4 ceiniog. Roedd gwenyn hefyd yn rhoi gwerth masnachol i goedlannau canoloesol, fel y canfu mynachod Ystrad Marchell (gw. **Trallwng, Y**) er mawr fudd iddynt yn achos Coed-y-Mynach.

Caiff mêl a medd eu crybwyll yn aml gan feirdd y canu mawl canoloesol. Ceir hefyd dri chywydd gofyn o'r 16g., gan **Gruffudd Hiraethog**, Morus Dwyfech a Roger Cyffin, wedi'u llunio ar ran noddwyr a chwenychai gychod gwenyn gan gyfeillion. Fodd bynnag, mae'n debyg nad yw 'Y Fêl Ynys', enw ar **Brydain** sy'n digwydd gyntaf mewn cerdd o'r 14g., yn ddim mwy na llygriad o 'Ynys Feli', sef ynys Beli Mawr mab Mynogan, rheolwr chwedlonol ar Brydain. Mae'n ymddangos mai apocryffaidd hefyd yw'r gred fod Elizabeth I yn mynnu cael medd wedi'i eplesu â mêl o Benmynydd ym **Môn**, cartref ei hynafiaid, y **Tuduriaid**.

Yn y llyfr Cymraeg cyntaf i'w argraffu, ***Yny lhyvyr hwnn*** (1546) gan **John Price**, rhoddir cyfarwyddiadau i arddwyr ynglŷn â'r mis gorau i symud eu gwenyn. Yn y llyfr gwyddonol Cymraeg cyntaf, *Golwg ar y Byd* (1725) gan Dafydd Lewys, cyfeirir sawl gwaith at wenyn, ac yn *The Antient Bee-keeper's Farewell* (1796), mae John Keys yn cyfeirio at yr arfer Cymreig o wneud cwch gwenyn o frwyn neu fasgedi gwellt neu wiail. Câi'r basgedi hyn eu gosod dros y gaeaf mewn llochesau arbennig er mwyn gwarchod y gwenyn rhag tywydd garw, a hynny mewn **gerddi** amgaeedig neu dai pwrpasol. Yn 1827 cyhoeddodd Cymro o'r enw Dr Edward Bevan *The Honey Bee*, a gynigiai gyngor arloesol a diogel ar grefft cadw gwenyn, ac yn 1888 cyhoeddwyd y llyfr Cymraeg cyntaf ar y pwnc, sef *Y Gwenynydd*, gan **Michael D. Jones** a H. P. Jones.

Daeth cadw gwenyn yn gynyddol boblogaidd yng Nghymru, yn enwedig yn ystod ail hanner yr 20g. Yn 1943 sefydlwyd Cymdeithas Gwenynwyr Cymru er mwyn hyrwyddo'r grefft. Mae'r cynhaeaf mêl yn amrywio o'r naill flwyddyn i'r llall oherwydd yr **hinsawdd** gyfnewidiol. Er dechrau'r 1990au bu'r gwiddonyn *Varroa jacobi* yn bla ar draws Cymru: distrywiwyd heidiau gwan – yn enwedig ymhlith gwenyn gwyllt – ond mae'r rhai cryfaf wedi goroesi.

## GWERFUL MECHAIN (*fl.c.*1460–1502) Bardd

Roedd Gwerful, a hanai o **Lanfechain**, yn un o'r ychydig **fenywod** a oedd yn barddoni yng Nghymru'r Oesoedd Canol. Roedd cysylltiad rhyngddi a Dafydd Llwyd (*c.*1395–*c.*1486)

Taflen etholiadol y Gweriniaethwr Ithel Davies adeg etholiad cyffredinol 1950

o Fathafarn, ei hathro barddol efallai. Clywir llais benywaidd pendant yng nghanu Gwerful: canodd **gywydd** yn amddiffyn merched a oedd yn ateb i gerdd gan Ieuan Dyfi yn ymosod arnynt. Mae ei cherdd enwocaf, 'Cywydd y gont', a'r 'Cywydd i wragedd eiddigus' yn nodedig fel mynegiant hyderus o rywioldeb benywaidd, ac yn yr un modd yr englynion erotig a fu rhyngddi a Dafydd Llwyd. Tadogir arni hefyd **englyn** i'w gŵr yn ei gystwyo am ei churo.

## GWERIN

Yn wreiddiol cyfeiriai at gorff o filwyr ac yn ddiweddarach at y bobl gyffredin, ond erbyn y 18g. defnyddid y term i wahaniaethu crynswth y bobl oddi wrth y **boneddigion**. I'r radicaliaid cynnar, golygai y dosbarth gweithiol adfydus (gw. **Radicaliaeth** a **Dosbarth**), ond erbyn rhan olaf y 19g. roedd y gair yn cyfleu'r syniad o'r Cymry fel pobl ddiwylliedig a oedd yn benderfynol o ennill hunan-barch ac anrhydedd. Erbyn rhan olaf yr 20g. tueddid i ddefnyddio'r gair i guddio gwahaniaethau dosbarth.

## GWERIN Mudiad gwleidyddol

Sefydlwyd y mudiad ym **Mangor** (gw. **Prifysgol Cymru, Bangor**) yn 1935 gan grŵp o fyfyrwyr dan arweiniad **Goronwy O. Roberts** (aelod seneddol Llafur **Caernarfon**, 1945–74). Bwriad y mudiad oedd gwneud **Plaid [Genedlaethol] Cymru** yn fwy cydymdeimladol tuag at **sosialaeth**, a'r **Blaid Lafur** yn fwy cydymdeimladol tuag at faterion Cymreig diwylliannol a chyfansoddiadol.

## GWERINIAETHOLDEB

Yn y 18g. roedd syniadau gweriniaethol yn cael eu hybu gan **Richard Price** a **David Williams** (1738–1816), a gefnogai'r Chwyldro Ffrengig ac annibyniaeth America. Daeth **Thomas Gee** yn agos at ddadlau dros werinlywodraeth yn y 1880au a'r 1890au. Yn ddiweddarach ymosododd **Keir Hardie** ar y Goron ar dir gweriniaethol, gan anwybyddu arwisgo Tywysog Cymru yn 1911. Rhwng y ddau ryfel byd bu **T. E. Nicholas** a meddylwyr adain chwith eraill yn gwrthwynebu'r frenhiniaeth yn gyson. Cyhoeddodd y Mudiad Gweriniaethol Cymreig yn y 1950au – er mai dim ond mewn un etholiad (**Ogwr**, 1950) y brwydrodd am sedd – bapur newydd bywiog, *The Welsh Republican* (1950–8), dan olygyddiaeth **Harri Webb**. Cafwyd protestiadau gweriniaethol drachefn adeg arwisgiad 1969, ac eto fyth yn y 1980au, gyda dau bapur newydd, *Y Faner Goch* a *Welsh Republic*, yn annog creu gweriniaeth Gymreig.

## GWERINLYWODRAETH (1649–60)

Sefydlwyd y Werinlywodraeth yn Chwefror 1649, ddeng niwrnod wedi dienyddio Charles I, a pharhaodd hyd adferiad y frenhiniaeth (gw. **Brenhinoedd Lloegr**) yn 1660. Fe'i gelwir hefyd yn 'drefn Biwritanaidd' neu yn *Interregnum* (Rhyngdeyrnasiad), ac fe'i rhannwyd yn dri chyfnod: y Werinlywodraeth (1649–53), yr Amddiffynyddiaeth gyntaf (1653–8) a'r ail Amddiffynyddiaeth (1658–9). Diddymwyd y frenhiniaeth a Thŷ'r Arglwyddi (1649), a datganwyd bod y deyrnas yn weriniaeth (19 Mai 1649). Rhoddwyd grym i Dŷ'r Cyffredin, roedd **llywodraeth** i weithredu trwy ordinhadau yn hytrach na statudau a sefydlwyd Cyngor y Wladwriaeth yn cynnwys deugain o aelodau. Atafaelwyd eiddo brenhinol ac arolygwyd moesoldeb cyhoeddus yn llym.

Ni fu croeso brwd i'r drefn newydd yng Nghymru, lle'r oedd gwrthwynebiad eang wedi bod i'r achos Seneddol, a phenderfynodd arweinwyr y weriniaeth newydd, mewn awydd i ennill cefnogaeth i'w syniadau a'u gwerthoedd, ar ymgyrch efengylu. Yn 1650 pasiwyd **Deddf er Taenu'r Efengyl yng Nghymru**, 'arbrawf annisgwyl o roi hunanlywodraeth grefyddol i Gymru' (**R. Tudur Jones**, 1966). Trosglwyddwyd incwm eglwysig i ddau bwyllgor o gomisiynwyr a ddiswyddodd 278 o glerigwyr, gan benodi nifer o bregethwyr teithiol a sefydlu ysgolion mewn trefi. Roedd y datblygiadau hyn yn hybu twf y sectau Ymneilltuol a oedd wedi bod yn ennill tir yng Nghymru hyd yn oed cyn 1650. Roedd un o'r pregethwyr mwyaf tanbaid, **Walter Cradock**, wedi bod ymysg arweinwyr yr **Annibynwyr** yn **Llanfaches**. Cyhoeddodd **Morgan Llwyd** ei glasur Cymraeg Piwritanaidd, *Llyfr y Tri Aderyn*, yn 1653, ac roedd **Vavasor Powell** yn un o feirniaid ffyrnicaf **Cromwell** pan fabwysiadodd y teitl Arglwydd Amddiffynnydd. Er i dymor Deddf 1650 ddod i ben yn 1653 (gyda'i gwaith yn cael ei barhau yn rhannol gan Gomisiwn i Brofi Pregethwyr Cyhoeddus 1654), fe heuodd yng Nghymru 'hedyn . . . na fu ei debyg er yr oesoedd bore', fel y nododd Cromwell; gwelwyd sefydlu nifer o gynulleidfaoedd Annibynnol a bu rhywfaint o gynnydd yn achosion y **Bedyddwyr** a'r **Presbyteriaid** hefyd.

Dan y Werinlywodraeth roedd gweinyddiaeth leol yn seiliedig ar bwyllgorau sirol. Yng Nghymru, lle'r oedd y rhan fwyaf o **foneddigion** yn Frenhinwyr, roedd yn anodd cael digon o aelodau addas ar gyfer y pwyllgorau, gyda'r canlyniad fod gwŷr 'israddol' eu hach yn cael eu penodi yn eu lle; adroddwyd yn 1652 fod 'y boneddigion a'r holl bobl o sylwedd yng Nghymru yn ddigalon a thrist'. Buan yr ymaddasodd y **dosbarth** llywodraethol i'r sefyllfa, fodd bynnag. Manteisiodd rhai o gefnogwyr achos y Senedd ar y cyfle i gronni tir ac ymddyrchafu – enghraifft nodedig oedd **Philip Jones**, a greodd stâd sylweddol yn Ffwl-y-mwn (y **Rhws**) ym **Mro Morgannwg**. Ond erbyn y 1650au roedd teuluoedd o Frenhinwyr amlwg fel Fychaniaid Caer-gai (**Llanuwchllyn**), Salsbrïaid y Rug (**Corwen**; gw. hefyd **Salsbury, Teulu**) a hyd yn oed yr arch-Frenhinwyr hynny, teulu **Somerset** o Gastell **Rhaglan**, yn cyd-dynnu â'r drefn newydd. Oerodd eu brwdfrydedd, fodd bynnag, yn ystod y cyfnod o lywodraeth filwrol (1655–7) dan yr Is-gadfridog James Berry ac erbyn 1659 roeddynt yn awyddus i weld adfer y frenhiniaeth; aeth Thomas Myddelton (gw. **Myddelton, Teulu**) cyn belled â datgan Charles II yn frenin yn Awst y flwyddyn honno, bron flwyddyn cyn y gwir Adferiad ym Mai 1660.

## GWERNAFFIELD, Sir y Fflint (753ha; 1,851 o drigolion)

Mae'r **gymuned** hon yn union i'r gogledd-orllewin o'r **Wyddgrug**, a'i thair ochr yn ffinio ag afon Alun. Bu cloddio am **blwm** ym Mhant-y-mwyn. Datblygwyd y gwaith smeltio yn Llyn-y-pandy gan **John Wilkinson**. Honnir bod yr obelisg (1736) i'r gogledd o fferm Maesgarmon yn nodi safle 'Buddugoliaeth yr Haleliwia' (*c.*447) pan orchfygwyd y Sacsoniaid (gw. **Eingl-Sacsoniaid**) a'r Pictiaid gan y Brythoniaid, dan arweiniad Germanus (**Garmon**). Rhual (1634) yw'r unig dŷ o waith brics o ddechrau'r 17g. yn **Sir y Fflint**. Ddiwedd yr 20g. codwyd blociau hirsgwar o dai cymudwyr ym mhentref Gwernaffield-y-Waun.

## GWERNYFED, Sir Frycheiniog, Powys (2,171ha; 995 o drigolion)

Mae Gwernyfed yn ymestyn i'r de o afon **Gwy** i gyfeiriad **Talgarth**. Yn ôl yr hanes, ymwelodd Charles I â phlasty Jacobeaidd hardd Hen Wernyfed wedi iddo gael ei drechu ym mrwydr Naseby yn 1645. Mae'r plasty a adeiladwyd yn fwy diweddar ym Mharc Gwernyfed bellach yn ysgol uwchradd. Saif Tre-goed, a ailgodwyd yn dilyn tân yn 1900, ar safle tŷ o'r 17g. a adeiladwyd ar gyfer teulu **Devereux**, is-ieirll Hereford. Oherwydd fod afon Gwy wedi newid ei chwrs, mae adfeilion yr eglwys a adeiladwyd ddiwedd yr 11g. ar lan ogleddol yr afon, yn y **Clas-ar-Wy**, bellach ar y lan ddeheuol. Saif carnedd hir o'r math Cotswold-Hafren ger Little Lodge. Ar un adeg roedd Three Cocks, pentref y dymuna gwladgarwyr lleol ei ailenwi'n Aberllynfi, yn gyffordd ar y rheilffordd rhwng Henffordd ac **Aberhonddu**.

## GWERNYMYNYDD, Sir y Fflint (479ha; 1,210 o drigolion)

A hithau ar gefnen **galchfaen**, yn union i'r gorllewin o'r **Wyddgrug**, mae **cymuned** Gwernymynydd wedi dod yn un o faestrefi cyrion y dref honno. Yn ystod y 19g. roedd sawl gwaith **plwm** a chwarel galchfaen yn yr ardal. Mae'r chwarel fawr yng Nghefn-mawr yn cyflenwi calchfaen i waith sment Padeswood (gw. **Bwcle**). Plas pum bae yw Neuadd Fron a adeiladwyd yn 1765.

## GWERSYLLOEDD LLAFUR

Yn Awst 1932, a'r **Dirwasgiad** yn ei anterth, roedd 42.8% o wrywod yswiriedig Cymru yn ddi-waith. Roedd y Weinyddiaeth Lafur yn poeni bod diweithdra parhaus wedi troi dynion ifainc yn gorfforol feddal ac yn isel eu hysbryd, a bod angen eu caledu trwy wneud iddynt weithio allan yn yr awyr iach a byw dan ganfas.

Sefydlwyd pum gwersyll llafur yng Nghymru – ym Mrechfa (**Llanfihangel Rhos-y-corn**), Treglog (**Llansawel (Sir Gaerfyrddin)**), **Llanandras**, y **Ganllwyd** a **Betws-y-coed**. Anfonid y di-waith i'r gwersylloedd am gyrsiau 12 wythnos. 4 swllt yr wythnos oedd y cyflog am weithio 6 shifft 12 awr o dorri coed, agor ffosydd ac adeiladu **ffyrdd**. Mynychodd tua 200,000 o ddynion y gwersylloedd ond dihangodd eu chwarter, a dim ond traean o'r rhai a gwblhaodd y cyrsiau a lwyddodd i gael gwaith.

## GWERSYLLT, Wrecsam (788ha; 10,956 o drigolion)

Cafodd yr ardal hon, yn union i'r gogledd o **Wrecsam**, ei diwydiannu o'r 1780au ymlaen yn dilyn sefydlu melinau a gefeiliau gwifrau. Agorwyd pyllau **glo** yn ddiweddarach; wedi cau'r pyllau, datblygodd y **gymuned** yn un o faestrefi allanol Wrecsam. Fel llawer o adeiladau'r ardal, dioddefodd Neuadd Gwersyllt, a oedd yn dyddio o'r 16g., oherwydd fod y tir yn suddo ac fe'i dymchwelwyd *c.*1910. Parc Stansty (sydd hefyd wedi'i ddymchwel) oedd safle gwreiddiol y rheiliau a'r gatiau ysblennydd a briodolir i'r brodyr Davies o **Esclusham** (gw. **Davies, Teulu** a **Haearn, Gwaith**) ac a ailgodwyd yn 1908 yn Erddig (gw. **Marchwiail**). Gwersyllt yw cartref yr orsaf radio leol, Sain y Gororau.

## GWIDIGADA Cwmwd

Roedd Gwidigada neu Widigada, un o saith **cwmwd** y **Cantref Mawr**, yn union i'r dwyrain o **Gaerfyrddin**. Nid yw tarddiad yr enw anarferol yn hysbys.

## GWINLLANNOEDD

Mae'n debyg mai'r **Rhufeiniaid** a ddaeth â'r winwydden i Gymru. Yn sgil **hinsawdd** gynhesach gwelwyd gwinwydd yn tyfu o gwmpas filâu a chaerau, rhai ar ddellt ar gyfer grawnwin i'w bwyta a rhai a dyfai ar hyd wyneb y ddaear ar gyfer gwin, traddodiad a barhawyd gan fynachlogydd yr Oesoedd Canol. Pan drodd yr hinsawdd yn llai tymherus, daeth terfyn ar yr arfer i bob pwrpas. Yn ystod yr 20g. aeth rhai ati i ailgydio yn y grefft ar raddfa fach, gan gynhyrchu gwin o winwydd dethol, o ran diddordeb i gychwyn ond yn ddiweddarach ar sail fasnachol; ar ddechrau'r 2005 roedd dros 20 o winllannoedd masnachol yng Nghymru, yn cynhyrchu tua 100,000 o boteli o win bob blwyddyn.

## (G)WISG GYMREIG, Y

Yn ystod y 19g. y datblygodd y ddelwedd gyfarwydd o wisg genedlaethol Gymreig, sef menyw mewn clogyn coch a het ddu gyda chorun uchel. Mae'n seiliedig ar ddillad a wisgid gan **fenywod** y Gymru wledig ar y pryd: pais frethyn streipiog, yn cael ei gwisgo o dan fetgwn wlanen agored, gyda ffedog, siôl a sgarff neu gap. Nid oedd gwisg genedlaethol fel y cyfryw, na hyd yn oed un sirol. Roedd dillad yn amrywio o ran defnydd a steil, gan ddibynnu'n aml ar gynnyrch y melinau **gwlân** lleol. Roedd hetiau menywod ar

R. Griffiths, *Welsh Fashions taken on a Market-day in Wales*, 1851

y cyfan yn debyg i rai dynion. Mae lluniau o'r 18g. yn dangos dynion a menywod yn gwisgo hetiau gyda chorun isel a chantel llydan. Mae'n debyg fod y fonet haul gotwm yn fwy cyffredin yng nghefn gwlad na'r het 'simnai' dal, hyd yn oed ar ôl i honno ddod yn rhan gydnabyddedig o'r wisg yng nghanol y 19g. Ymddengys fod y math hwn o het yn gyfuniad o het silc dyn a math o het gorun uchel a wisgid mewn rhai ardaloedd gwledig rhwng 1790 ac 1820.

Bu Arglwyddes Llanover (**Augusta Hall**), yn ei brwdfrydedd i hybu'r diwylliant Cymreig, yn ddylanwadol iawn wrth annog pobl i wisgo gwisg 'genedlaethol', boed yn ei thŷ hi ei hunan neu mewn eisteddfodau (gw. **Eisteddfod**). Mewn traethawd buddugol yn Eisteddfod Gwent a Morgannwg a gynhaliwyd yng **Nghaerdydd** yn 1834 y cyflwynodd gyntaf y syniad o wisg genedlaethol, wedi'i gwneud o frethyn Cymreig. Gwelwyd y 'wisg Gymreig', fel y'i hadwaenir heddiw, am y tro cyntaf mewn gorymdeithiau a drefnwyd ganddi yn eisteddfodau'r **Fenni** yn y 1840au. Llwyddodd Arglwyddes Llanover yn ei hamcan yn rhannol oherwydd fod llawer o Gymry yn teimlo bod eu hunaniaeth genedlaethol dan fygythiad mewn gwlad gynyddol ddiwydiannol, ac roedd gwisgo gwisg genedlaethol o frethyn cartref yn ddatganiad gweladwy o'r hunaniaeth honno.

Poblogeiddiwyd y syniad o wisg Gymreig gan artistiaid a fynnai blesio'r twristiaid cynyddol (gw. **Twristiaeth**), ac yn ddiweddarach cyfrannodd gwaith y ffotograffwyr a gynhyrchai gardiau post yn eu miloedd at greu ystrydeb o un math o wisg, yn hytrach na'r amrywiaeth o ddillad a wisgid yn gynharach yn y 19g.

Gwelir y wisg ar achlysuron seremonïol a gwladgarol yn unig, megis Dydd Gŵyl Dewi (gw. **Dewi Sant**). Ni chydiodd syniad Arglwyddes Llanover am wisg genedlaethol ar gyfer dynion, ond yn yr 20g. bu rhyw gymaint o fynd ar wisg wrywaidd a nodweddid gan gap fflat, gwasgod, trywsus penglin a chlocsiau, a gwnaeth ymddangosiad y cilt Cymreig gryn argraff.

## 'GWLAD Y GÂN'

Bathwyd y ddelwedd hon o Gymru yn y 1860au a'r 1870au. Yn y 1860au creodd y mudiad tonic sol-ffa chwyldro cerddorol, gan ddysgu miloedd i ddarllen y nodau. Lluosogodd corau capel trwy'r wlad, cododd y **gymanfa ganu** yn ei grym ac yn 1861 daeth yr **Eisteddfod** Genedlaethol yn llwyfan blynyddol i gystadlaethau corawl cyffrous a chyngherddau ffasiynol. Dan arweiniad cerddorion uchelgeisiol fel Pencerdd Gwalia (**John Thomas**; 1826–1913), **Brinley Richards** a **Joseph Parry**, a chantorion carismatig fel **Edith Wynne** ac Eos Morlais (**Robert Rees**; 1841–92), aeth y Cymry ati i brofi eu gwerth trwy eu cân. Pan enillodd 'Côr Mawr' Caradog (**Griffith Rhys Jones**) ddwywaith yn y Palas Grisial (1872, 1873), gorlifodd cwpan gorfoledd y genedl. Roedd collfarn Llyfrau Gleision 1847 (gw. **Brad y Llyfrau Gleision**) fel petai wedi'i dileu a'r Cymry wedi gwneud eu marc ar lwyfan cydwladol. Byth ers hynny mae llu o gantorion disglair wedi sicrhau bod 'Gwlad y Gân' yn parhau i oroesi fel delwedd genedlaethol boblogaidd. Yng ngeiriau'r Parchedig Eli Jenkins yn nrama **Dylan Thomas**, *Under Milk Wood*, 'Praise the Lord! We are a musical nation.' (Gw. hefyd **Cerddoriaeth**.)

## 'GWLAD Y MENIG GWYNION'

Enw am Gymru a gâi ei arfer yn ail hanner y 19g. (dyddia'r enghraifft gyntaf o 1861), yn cyfeirio at yr arfer o gyflwyno menig gwynion i farnwyr pan nad oedd unrhyw achosion i ddod ger eu bron. Fel yr ymadrodd 'Cymru lân', roedd yn adlewyrchu myth y Gymru bur, ddilychwin a dyfodd mewn ymateb i honiadau adroddiad **addysg** 1847 (gw. **Brad y Llyfrau Gleision**).

## GWLADWRIAETH LES

Bu cyfraniad y Cymry tuag at y gwaith o greu'r wladwriaeth les ym **Mhrydain** mor arwyddocaol nes i lawer ddod i gredu bod yr ysfa i sicrhau cyfiawnder cymdeithasol yn nodwedd gynhenid Gymreig. Yn wir, yn ystod ymgyrch y refferendwm ar **ddatganoli** yn 1979, mynegodd Leo Abse, aelod seneddol **Pont-y-pŵl**, ei bryder y byddai Prydain gyfan, pe sefydlid cynulliad yng Nghymru, yn colli un o'i hasedau pennaf – sef cydwybod gymdeithasol y Cymry.

Bu gan lywodraethau ddiddordeb erioed mewn cwestiynau cymdeithasol, ond yn hanesyddol eu prif gyfraniad fu rhoi digon o gymorth i'r tlodion i ffrwyno bygythiad i'r drefn. Gellir canfod agweddau mwy cadarnhaol yn y 19g., ond nid tan ddechrau'r 20g. y clywyd llawer yn dadlau bod modd i'r wladwriaeth weithredu er mwyn gwella amgylchiadau byw'r difreintiedig. O ran gweithredu ar y gred honno, y ffigwr allweddol ym Mhrydain oedd **David Lloyd George**. Fel canghellor y trysorlys (1908–15), roedd yn gysylltiedig â chyflwyno pensiynau'r henoed (1908). Rhan o'i amcan wrth gyflwyno 'Cyllideb y Bobl' (1909), a osododd drethi uwch ar incwm a oedd heb ei ennill, ac ar werth tiroedd, cyflogau uchel ac arian a etifeddwyd, oedd codi arian ar gyfer rhaglen helaeth o ddiwygiadau cymdeithasol. Yn 1911 cyflwynodd yswiriant ar gyfer iechyd a diweithdra. Cafwyd datblygiadau pellach yn ystod ei gyfnod fel prif weinidog (1916–22), yn cynnwys sefydlu gweinyddiaeth iechyd, rhaglen uchelgeisiol o godi tai cyngor (gw. **Tai**) a sefydlu'r Ddeddf Yswiriant rhag Diweithdra. Fel y dywedodd **Winston Churchill** yn ei goffâd iddo, roedd Lloyd George yn gyfrifol am ymdrechion cyntaf y wladwriaeth 'i osod canllaw ar hyd sarn brysur bywydau pobl a . . . sicrhau bod caead ar yr affwys yr oedd cynifer yn arfer disgyn iddo'.

Yn y 1920au a'r 1930au ceisiwyd adeiladu ar y seiliau a osodwyd gan Lloyd George, a dengys hynny nad oedd y llywodraethau a gâi eu rheoli gan y Ceidwadwyr yn bennaf yn ystod y blynyddoedd rhwng y ddau ryfel mor adweithiol ag y credir weithiau. Roedd diddymu trefn **Deddf y Tlodion** yn 1929 yn gam o bwys. Fel a ddigwyddodd yn ystod y **Rhyfel Byd Cyntaf**, cafwyd dyhead am ddiwygiadau cymdeithasol pellach yn ystod yr **Ail Ryfel Byd**, dyhead a fynegwyd trwy gyhoeddi Adroddiad Beveridge (1942). Roedd cefnogaeth frwd y **Blaid Lafur** i'r adroddiad yn gwrthgyferbynnu ag agwedd lugoer y **Blaid Geidwadol**, ac yn ffactor pwysig ym muddugoliaeth hynod y Blaid Lafur yn 1945.

Y ffigurau amlycaf yn y gwaith o weithredu polisi cymdeithasol y llywodraeth Lafur ar ôl y rhyfel oedd **James Griffiths** ac **Aneurin Bevan**. Hawliodd Griffiths fod ei Ddeddf Yswiriant Cenedlaethol (1946) a'i Ddeddf Anafiadau Diwydiannol (1948) wedi eu hysbrydoli'n uniongyrchol gan ei brofiad gyda **Ffederasiwn Glowyr De Cymru**. Dywedodd Aneurin Bevan fod ei gynlluniau ar gyfer Gwasanaeth Iechyd Gwladol wedi eu hysbrydoli gan Gymdeithas Cymorth Meddygol **Tredegar** (gw. **Cymdeithasau Cymorth Meddygol y Glowyr**). Roedd meddygon Cymru yn fwy cefnogol i ymdrechion Bevan na meddygon gweddill Prydain, ac roedd y galwadau ar y gwasanaeth yn drymach yng Nghymru nag yng ngweddill y Deyrnas Unedig. Gan fod esgeulustod y gorffennol yn waeth yng Nghymru, gan fod diwydiannau trymion – gyda'u damweiniau niferus – yn rhan bwysicach o **economi'r** wlad a chan fod y **boblogaeth** yn tueddu i fod yn hŷn, nid yw'n syndod fod y gwariant y pen ar iechyd yng Nghymru yn tueddu i fod hyd at 30% yn uwch na'r hyn ydoedd ym Mhrydain gyfan.

Roedd yr anghyfiawnderau yr oedd sylfaenwyr y wladwriaeth les am eu datrys yn ymwneud yn bennaf â **dosbarth**. Erbyn blynyddoedd olaf yr 20g. daeth yn amlwg nad oedd y wladwriaeth les, er iddi wella amgylchiadau byw'r rhai tlotaf o fewn cymdeithas, wedi cael gwared â thlodi na chywiro'r anghyfiawnderau yr oedd **menywod** yn eu dioddef. Un ymateb i hyn oedd sefydlu Cymorth Menywod Cymru a'i rwydwaith o lochesi ar gyfer gwragedd a phlant a oedd yn cael eu bygwth gan drais yn y cartref – ffurf ffeminyddol ar ddarpariaeth les, sy'n rhan o sector gwirfoddol y wladwriaeth les.

Hyd at 1979 roedd consensws rhwng y Blaid Lafur a'r Ceidwadwyr ynglŷn â'r angen i gynnal y wladwriaeth les. Yn dilyn ethol llywodraeth Dorïaidd Margaret Thatcher y flwyddyn honno cafwyd polisi newydd, a oedd yn gweld y wladwriaeth fel gwarantwr yn hytrach na darparwr gwasanaethau a budd-daliadau cymdeithasol. Arweiniodd y polisi hwnnw at ddau ddegawd o danfuddsoddi mewn lles, polisi yr addawodd y llywodraeth Lafur a etholwyd yn 1997 ei wyrdroi. Eto, roedd parodrwydd y llywodraeth honno i dderbyn rhai o gysyniadau Thatcheriaeth yn awgrymu nad oedd am ddychwelyd at hanfod gweledigaeth Aneurin Bevan, sef gwladwriaeth les a fyddai'n darparu gwasanaeth rhad ac am ddim i holl drigolion y deyrnas. Yn ystod dau dymor cyntaf y **Cynulliad Cenedlaethol** (1999–2007) haerai'r llywodraeth Lafur ei bod yn gynheiliad traddodiad Lloyd George, James Griffiths ac Aneurin Bevan. Roedd ailgyflwyno presgripsiwn am ddim yn 2007 yn ymdrech ar ei rhan i brofi hynny.

## GWLÂN, Y Diwydiant

Am y rhan fwyaf o'r ddwy fil o flynyddoedd diwethaf, y diwydiant gwlân fu un o ddiwydiannau pwysicaf Cymru. Fodd bynnag, yn yr 20g. dirywiodd yn enbyd ac ar ddechrau'r 21g. roedd llai o ganolfannau cynhyrchu nag ar unrhyw adeg yn ystod y chwe chanrif a aeth heibio.

Yn yr Oesoedd Canol, roedd cynhyrchu nwyddau gwlân yn bwysig iawn yn yr ardal a elwir heddiw yn **Sir Benfro**, lle byddai'r trigolion – o dras Cymreig a Ffleminaidd (gw. **Ffleminiaid**) – yn nyddu edafedd ac yn gweu brethynnau yn eu tyddynnod a'u ffermdai. Defnyddient wlân **defaid** lleol i wneud blancedi a rygiau, brethynnau a gwlanenni, iddynt hwy eu hunain yn bennaf. Weithiau, byddai ganddynt gynnyrch dros ben a werthid yn un o'r ffeiriau lleol niferus, neu a allforid ar **longau** i Fryste. Yno, gwnaed elw sylweddol trwy ailallforio brethynnau o Gymru i Wasgwyn, **Llydaw**, Portiwgal a Gwlad yr Iâ yn bennaf. Er pwysiced y fasnach, roedd y brethyn o ansawdd gwael. Brethyn trwchus, garw a diolwg ydoedd a gynhyrchid i bara yn hytrach nag i edrych yn dda, ac yn nhrefi **Lloegr** fe'i hystyrid yn rhodd addas i'r tlodion ar ddydd Mercher y Lludw.

Erbyn diwedd yr 16g. bu'r gostyngiad yn y galw am frethyn Sir Benfro bron yn gyfrifol am dranc y diwydiant yn y sir. Symudodd canolbwynt y diwydiant gwlân yng

Nghymru i **Sir Feirionnydd**, **Sir Ddinbych** a **Sir Drefaldwyn**. Câi'r fasnach ei rheoli yn nhrefi'r Gororau, yn enwedig yn Amwythig, lle ceisiodd Cwmni'r Dilledyddion ei monopoleiddio. Yn 1624 deddfodd y Senedd yn erbyn y fath fonopoli, ond oherwydd fod gwehyddion Cymru yn wasgaredig ac yn brin o gyfalaf, ni lwyddasant i greu'r moddion a fyddai wedi'u galluogi i reoli eu diwydiant eu hunain.

Erbyn y 18g. Sir Drefaldwyn yn anad unman arall oedd canolbwynt y diwydiant cynhyrchu gwlanen, ac roedd **Llanidloes**, y **Drenewydd** a **Llanbryn-mair** wedi dod i ddibynnu, i raddau helaeth, ar **decstilau**. Câi **gweision ffermydd**, a gyflogid yn ffeiriau cyflogi mis Tachwedd, eu dewis am eu gallu i weu yn gymaint ag am eu sgiliau amaethyddol. Llafurient ar y tir o'r gwanwyn hyd yr hydref, ond roedd disgwyl iddynt weithio wrth y gwŷdd yn y siediau gweu trwy'r gaeaf.

Gweithgaredd proto-ddiwydiannol, a ddigwyddai mewn ffermydd gwasgaredig, oedd gweu gwlanen yn y lle cyntaf, ond erbyn y 1790au daethpwyd i'w ganoli fwyfwy, yn enwedig yn y Drenewydd, a oedd yn prysur ddatblygu i fod yn un o drefi diwydiannol pwysicaf Cymru. Yng nghyfnewidfa wlanen y sir, a godwyd yn 1832, y cynhelid y farchnad wythnosol lle byddai'r gwehyddion lleol yn cwrdd â dilledyddion o **Lerpwl** ac Amwythig, **Llundain** a Manceinion (dyma bellach ganolfan hamdden y dref). Yn 1821 cyrhaeddodd Camlas Sir Drefaldwyn y Drenewydd, gan ei gwneud yn bosibl cludo gwlanen i Fanceinion am dri swllt namyn ceiniog y canpwys (112 pwys, tua 51kg). Am fod 82 o weithdai gweu a 35 o ffatrïoedd nyddu yn y dref, roedd yn denu nifer fawr o ymfudwyr, yn enwedig o Swydd Efrog a Swydd Gaerhirfryn. Defnydd rhad oedd y wlanen a gynhyrchid yng Nghymru; fe'i gwisgid gan fyddin dug Wellington a chaethweision yng **Ngogledd America** fel ei gilydd (gw. **Caethwasiaeth**), ac roedd yn adnabyddus ym mhedwar ban byd. Mae'r adeiladau pedwar llawr yn y Drenewydd a Llanidloes yn tystio hyd heddiw i bwysigrwydd y diwydiant cynhyrchu gwlanen yn hanes Sir Drefaldwyn. Ymestynnai'r gweithdai gweu, ar y trydydd a'r pedwerydd llawr, dros dri neu bedwar o dai annedd ar y ddau lawr isaf. Gallai gweithdai o'r fath, yr eid i mewn iddynt trwy ddringo grisiau cerrig yng nghefn yr adeilad, gynnwys o leiaf ddeg o wyddiau llaw. Roedd perchnogion y gweithdai hyn yn aml yn berchen ar siopau hefyd. Roedd yn well gan y perchnogion weithwyr a chanddynt deuluoedd mawr, gan y byddent yn gwario mwy yn y siopau. Telid i'r gwehyddion gyflog o 11s (55c) ar gyfartaledd am weithio chwe diwrnod yr wythnos, a byddai'r cyflogwr yn cadw cyfran sylweddol o'r swm hwnnw yn dâl am nwyddau a brynid yn y siop.

Gallai Sir Drefaldwyn fod wedi datblygu i fod yn un o ganolfannau pwysicaf y diwydiant gwlân ym **Mhrydain** pe bai yn y sir gyflenwadau o **lo**, sef y tanwydd i yrru gwyddiau pŵer, a phe na bai **ffyrdd**, **rheilffyrdd** a **chamlesi** wedi galluogi llond gwlad o gynnyrch canolfannau tecstilau Swydd Gaerhirfryn, lle'r oedd digonedd o lo ar gael, i gyrraedd canolbarth Cymru. Gwaetha'r modd, ceisiodd perchnogion ffatrïoedd Sir Drefaldwyn gystadlu ar yr un telerau â rhai Swydd Gaerhirfryn a Swydd Efrog; o ganlyniad, ni ellid gwahaniaethu rhwng gwlanen Sir Drefaldwyn a chynnyrch Rochdale. Erbyn 1860 roedd y diwydiant yn prysur ddirywio, gyda methdaliad yn rhemp a diweithdra yn gyffredin. Profwyd adfywiad o fath yn y 1870au, yn sgil sefydlu yn y Drenewydd y cwmni archebu trwy'r post cyntaf yn y byd. Agorodd Syr Pryce Pryce-Jones y Royal Welsh Warehouse i werthu cynnyrch ei ddwy ffatri wlanen, ond ymhen fawr o dro sylweddolodd ei bod yn rhatach o lawer iddo brynu 'real Welch flannel' a gynhyrchid yn Rochdale. Erbyn 1900 roedd diwydiant gwlân Sir Drefaldwyn bron wedi peidio â bod, a dychwelodd y Drenewydd i fod yn dref farchnad gyffredin.

Wrth i'r diwydiant gwlân ddirywio ym Maldwyn roedd yn prysur ehangu yn Nyffryn **Teifi**, a oedd yn parhau i fod yn rhyw fath o ganolbwynt i weddillion y diwydiant ddechrau'r 21g. Erbyn y 1890au roedd dros 250 o ffatrïoedd gwlân yn **Sir Aberteifi**, **Sir Gaerfyrddin** a Sir Benfro, a 23 yng nghyffiniau Dre-fach Felindre (**Llangeler**) yn unig. Yn Dre-fach a'r pentrefi cyfagos, canolbwynt bywyd y fro oedd y ffatrïoedd lle cynhyrchid crysau gwlanen a dillad isaf, carthenni a brethynnau ar gyfer marchnadoedd ffyniannus maes **glo**'r de yn gyffredinol a'r glowyr yn arbennig a werthfawrogai ansawdd y crysau a'r drafers.

Parhaodd yr oes aur hyd ddiwedd y **Rhyfel Byd Cyntaf**. Wedi'r rhyfel gwerthodd y **llywodraeth** ei stoc dros ben o ddillad a blancedi, a gynhyrchwyd i ddiwallu anghenion y lluoedd arfog, ar y farchnad agored am y nesaf peth i ddim. O ganlyniad i'r gystadleuaeth annheg hon bu'n rhaid i berchnogion y ffatrïoedd ostwng eu costau a'u prisiau. Gostyngodd cyflogau'r gweithwyr hefyd a chollodd cannoedd ohonynt eu swyddi mewn ymdrech ofer i gadw dau ben llinyn ynghyd. Oddi ar y 1920au, crebachu fu hanes y diwydiant gwlân yng Nghymru, gyda chyfanswm y ffatrïoedd yn gostwng o 250 yn 1926 i 81 erbyn 1947 a hanner dwsin yn unig ar ddechrau'r 21g. Adroddir hanes y diwydiant yn Amgueddfa Wlân Cymru, Dre-fach Felindre (gw. **Amgueddfa [Genedlaethol] Cymru**).

## GWRACHOD A DYNION HYSBYS

Am ganrifoedd credai llawer o'r Cymry, fel trigolion eraill Ewrop, fod gan wrachod y gallu i reibio. Gallai gwraig ddod yn wrach trwy roi bara'r cymun i'r anifail cyntaf a welai wrth adael yr eglwys. Pan fyddai anifeiliaid yn sâl, **cnydau**'n methu, trafferthion wrth gorddi, salwch neu anlwc mewn teulu, gwrach leol a fyddai'n cael y bai yn aml. Roedd gwrthod cardod i wrach, neu ei digio, yn debyg o arwain at felltithio. Byddai gwrachod yn rheibio trwy wneud delwau cŵyr a gwthio pinnau iddynt gan adrodd swynion. Haerid y gallent droi'n **ysgyfarnogod**. Pe câi'r anifail ei anafu byddai'r union ddolur ar gorff y wrach. Credid bod darn o bren cerddinen yn gallu gwarchod pobl rhag cael eu rheibio o'i gario yn y boced neu ei glymu wrth chwip; gwneid llestri'r llaethdy a chrud y baban ohono. Roedd halen, **haearn** a charreg ac ynddi dwll naturiol, meddid, yn cadw gwrachod draw. Gellid torri rhaib gwrach trwy ei gwaedu neu ei chael i fendithio'r gwrthrych a felltithiwyd. Yn yr Oesoedd Canol arglwydd y **faenor** a'r Eglwys a oedd â'r hawl i gosbi gwrachod, ond rhwng 1563 ac 1736 y llysoedd a oedd yn ymdrin â hwy. Y wrach o Gymraes gyntaf i gael ei **dienyddio** oedd Gwen ferch Ellis o blwyf **Llandyrnog**, a hynny yn 1594. Yn 1623 cafwyd dwy chwaer, Lowri ac Agnes ferch Evan o **Lanbedrog**, a'u brawd, Rhydderch ab Evan o **Lannor**, yn euog o ladd Margaret Hughes trwy ddewiniaeth, ac o wneud ei chwaer, Mary Hughes, yn gloff a mud; cafodd y tri eu crogi. Bu achosion eraill hefyd. Fodd bynnag, roedd y nifer a gâi eu dyfarnu'n ddieuog o ddewiniaeth yn uchel, ac ni welwyd yng Nghymru gymaint o hysteria yn erbyn gwrachod ag a welwyd yn yr **Alban** a Lloegr Newydd yn America.

Dull y **werin** o ddelio â drygioni gwrach oedd gofyn i ddyn hysbys dorri'r felltith (dadreibio). Gellid dod yn ddyn hysbys – neu gonsuriwr, swynwr neu ddewin – trwy gael hyfforddiant gan berthynas a oedd yn hyddysg yn y grefft neu fynd yn brentis i ddyn hysbys cydnabyddedig. Yn ogystal â thorri melltith gwrach, gwarchod pobl a gwella rhai a oedd yn sâl, roedd dynion hysbys yn cyflawni sawl swyddogaeth arall yn eu cymunedau: deuent o hyd i eiddo coll; gosodent nod ar gorff lleidr fel y gellid ei adnabod; gwerthent swynion wedi'u hysgrifennu ar bapur i warchod eiddo rhag cael ei felltithio neu i wella anifail claf; gallent hefyd ragweld y dyfodol.

Yr enwocaf o'r dynion hysbys oedd Dr John Harris (1785–1839) o Gwrtycadno (**Cynwyl Gaeo**), a ddysgodd ei grefft o lyfrau. Dysgai eraill hi gan eu cyndadau, megis dynion hysbys Troed-y-Lôn, **Llangurig**. Parhaodd credoau ac arferion o'r fath mewn ambell ran o Gymru ymhell i'r 20g.

## GWRINYDD Cantref

Credir mai **cantref** yn nheyrnas **Morgannwg** oedd Gwrinydd (neu Gorfynydd yn ddiweddarach) a'i fod yn cynnwys y tiroedd rhwng afonydd **Ddawan** ac Afan. Mae'n debyg mai Llyswrinydd neu Llyswyrny (gw. **Llandŵ**) oedd ei ganolbwynt. Ffurf lygredig ar yr enw yw Gronedd, deoniaeth yn esgobaeth Llandaf (gw. **Caerdydd** ac **Esgobaethau**).

## GWRTHEFYR (Vortiporius) Brenin Dyfed

Galwodd **Gildas** y brenin hwn yn *tyrannus Demetarum*. Digwydd ei enw yng nghasgliad Harleian o achau brenhinoedd **Dyfed**, a theyrnasai yn ystod hanner cyntaf y 6g. Ar garreg y daethpwyd o hyd iddi yng Nghastelldwyran (**Clunderwen**), ceir arysgrif mewn **Lladin** ac **Ogam** yn coffáu Voteporix, a ddisgrifir fel *Protector* (teitl o darddiad Rhufeinig) (gw. **Cofebau Cristnogol Cynnar** ac Ogam). Y tueddiad fu uniaethu'r ddau gymeriad, ond mae'n dra phosibl mai aelodau gwahanol o'r un llinach oeddynt.

## GWRTHEYRN Arweinydd Brythonig

Un o arweinwyr y Brythoniaid yn y 5g., a chyndad brenhinoedd **Powys**. Yn ôl traddodiad, rywbryd rhwng 420 a 450 gwahoddodd filwyr cyflog Sacsonaidd i **Brydain**, a rhoi tir iddynt yn gyfnewid am gefnogaeth filwrol. Erbyn y 9g. roedd yn cael ei ystyried fel yr archfradwr a achosodd i'r Brythoniaid golli eu hetifeddiaeth i'r **Eingl-Sacsoniaid**. Coffeir ei enw yng nghwmwd **Gwrtheyrnion** yn ôl pob tebyg.

## GWRTHEYRNION Cwmwd ac arglwyddiaeth

Lleolid Gwrtheyrnion (neu Werthrynion) rhwng afonydd **Gwy** ac Ieithon. Mae'r enw'n tarddu o enw **Gwrtheyrn**, sylfaenydd y llinach yn ôl traddodiad. Yng nghanol y 12g. fe'i cipiwyd gan deulu **Mortimer**, a'i hildiodd i **Lywelyn ap Gruffudd** yn 1256. Dan amodau **Cytundeb Trefaldwyn**, cadwodd Llywelyn ei afael ar yr arglwyddiaeth ond yna aeth yn ôl i feddiant y Mortimeriaid ac yn ddiweddarach, trwy ddwylo dugiaid **York**, eu hetifeddion, i'r Goron.

## GWRTHRYFEL CYMREIG, Y (1294–5)

Cafodd y gwrthryfel ei arwain gan ddisgynyddion yr hen deuluoedd brenhinol Cymreig. Yr arweinydd yn y gogledd oedd **Madog ap Llywelyn**, mab arglwydd olaf **Meirionnydd**, a hawliodd y teitl tywysog Cymru. Yn y de-orllewin, yr arweinydd oedd **Maelgwn ap Rhys Fychan** o linach frenhinol **Deheubarth**, ac yn y de-ddwyrain Morgan ap Maredudd, un o ddisgynyddion arglwyddi **Caerllion**, oedd wrth y llyw. Yr hyn a daniodd y gwrthryfel oedd y trethi trymion a gormes swyddogion Edward I. Cafodd y gwrthryfelwyr eu trechu yn y pen draw gan ymgyrch enfawr a arweiniwyd gan y brenin ei hun, a'i fuddugoliaeth ar 5 Mawrth 1295 ym Mrwydr **Maes Moydog** yng **Nghaereinion**.

## 'GWRTHRYFEL CYMREIG', Y

Ymgyrch yn erbyn Deddf Addysg y **llywodraeth** Geidwadol, 1902. Gwrthwynebai Anghydffurfwyr Cymru (a **Lloegr**) gymalau a alluogai ysgolion Anglicanaidd a Chatholig i gael eu cynnal trwy drethi lleol; mynnent na ddylai ysgolion enwadol gael eu cynnal ag arian cyhoeddus. Gwrthododd pob un ond dau o'r awdurdodau **addysg** dalu grant llawn i'r ysgolion enwadol, er bod rhai yn fwy gwrthwynebus nag eraill. Yn y diwedd llwyddodd y llywodraeth i orfodi'r awdurdodau lleol i weithredu'r Ddeddf, ond gwnaeth yr helynt lawer i gynyddu'r gefnogaeth i'r **Blaid Ryddfrydol** yn etholiad cyffredinol 1906. Gwnaeth lawer hefyd i ddod â **David Lloyd George**, a oedd yn rhan o'r 'Gwrthryfel', i amlygrwydd.

## GWRTHRYFEL GLYNDŴR

Dechreuodd gwrthryfel **Owain Glyndŵr** ar 16 Medi 1400 pan gyhoeddwyd Owain yn Dywysog Cymru yng Nglyndyfrdwy (**Corwen**). Cafodd yr ymgyrchoedd cyntaf yn y gogledd-ddwyrain eu trechu'n fuan ac arweiniodd Harri IV ei luoedd trwy'r gogledd er mwyn adfer trefn. Taniodd y gwrthryfel unwaith yn rhagor yn 1401 pan gipiwyd Castell **Conwy** a phan gafodd Owain fuddugoliaeth ar Fynydd **Hyddgen** (gw. **Cadfarch**); ymledodd ar draws Cymru ac ni allai cyfres o gyrchoedd brenhinol ei drechu na'i arafu. Er i'r brenin chwalu gwrthryfel Henry Percy yn Amwythig yn 1403 nid effeithiwyd ar gynnydd Owain, ac yn 1404 cipiwyd cestyll **Harlech** ac **Aberystwyth**, cynhaliwyd senedd ym **Machynlleth**, ffurfiwyd cynghrair â Ffrainc, ac ymunodd nifer o glerigwyr Cymreig amlwg ag Owain, gan gynnwys esgob **Llanelwy**, **John Trefor**, ac archddiacon **Meirionnydd**, **Gruffudd Young**, a ddaeth yn ganghellor Owain. Daeth uchafbwynt y gwrthryfel yn 1404; cyrhaeddodd byddin o Ffrainc yn 1405 ond ni lwyddodd i gyflawni llawer, er y dywedir iddi ymuno ag Owain ar gyrch cyn belled ag Allt Woodbury ger Caerwrangon cyn dychwelyd i Gymru.

Yn 1405 lluniwyd y Cytundeb Tridarn rhwng Owain, Percy, iarll Northumberland ac Edmund Mortimer (gw. **Mortimer, Teulu**) er mwyn rhannu **Lloegr** a chreu Cymru lawer helaethach, a chynhaliwyd senedd yn Harlech. Ond dyma hefyd y flwyddyn pan laniodd llu brenhinol o **Iwerddon** ac ailgipio **Môn**. Roedd unigolion a chymunedau bellach yn ildio i goron Lloegr, ac ymadawodd y Ffrancwyr yn Nhachwedd 1405. Er gwaetha'r colledion hyn, mewn llythyr a ddyddiwyd ym **Mhennal** ym Meirionnydd yn yr un flwyddyn (gw. **Llythyr Pennal**), cyflwynodd Owain ei amodau ar gyfer trosglwyddo ymlyniad ysbrydol Cymru oddi wrth y pab yn Rhufain i'w gystadleuydd yn Avignon; roedd yr amodau yn cynnwys creu talaith esgobol annibynnol i Gymru a sefydlu dwy brifysgol. Ond roedd y llanw wedi troi; roedd carfan a oedd yn ffafrio heddwch â **Lloegr** wedi dod i rym yn Ffrainc a chafodd cynghreiriad Owain, Northumberland, ei drechu a'i ladd ar Waun Bramham yn 1408, blwyddyn hefyd pan gollodd Owain feddiant ar Gastell Aberystwyth. Yn 1409 collodd hefyd Gastell Harlech, a charcharwyd aelodau o'i deulu. Cafwyd y cyrch olaf ar y Gororau yn 1410; diflannodd Owain a bu farw, mae'n debyg, yn 1415 neu 1416. Yn 1421 derbyniodd ei fab, Maredudd, bardwn a hyn sy'n dynodi diwedd y gwrthryfel.

Y gwrthryfel yw'r digwyddiad creiddiol yn hanes Cymru yn niwedd yr Oesoedd Canol. Honnir yn draddodiadol mai dadl ynglŷn â ffiniau tir rhwng Owain a'i gymydog Reginald Grey, arglwydd **Rhuthun** neu **Ddyffryn Clwyd** (gw. **Grey, Teulu**), fu'r ysgogiad cychwynnol i wrthryfela. Ond mewn gwirionedd rhaid ystyried y gwrthryfel yng nghyddestun yr argyfyngau, y tensiynau a'r gwrthryfeloedd a fu ar draws Ewrop o ganol y 14g. ymlaen. Ymhlith yr achosion a arweiniodd atynt yr oedd y **Pla Du** a'r anniddigrwydd a'r dryswch a'i dilynodd. Yng Nghymru hefyd roedd dimensiwn cenedlaethol a darddai o ddadrithiad arweinwyr y gymuned Gymreig frodorol, yn lleyg ac eglwysig, gyda'r goron Seisnig, ac ymdeimlad fod modd adfer y dywysogaeth frodorol. Yr arweinwyr hyn a ysgogodd y gwrthryfel, ac mae'n dra phosibl fod cryn gynllwynio wedi bod ymlaen llaw; rhoddodd cwymp Richard II yn 1399 y cyfle, a llwyddwyd i ffrwyno'r ymdeimlad poblogaidd o anniddigrwydd cymdeithasol ac economaidd a oedd mor gyffredin ar ôl 1350.

Wrth i'r gwrthryfel lusgo yn ei flaen roedd yn anochel y byddai'r goron Seisnig a'i holl adnoddau yn drech, yn enwedig yn wyneb diffyg cymorth priodol o Ffrainc. Ychydig iawn o ddial a gafwyd o du'r Goron, ac eithrio'r dirwyon trymion a osodwyd ar gymunedau. Bu llawer o arweinwyr y gwrthryfel yn dal swyddi dan y Goron yn y 1390au, ac ar ôl gwrthryfela yn ystod y degawd dilynol, fe'u cawsant eu hunain yn dal eu hen swyddi ar ôl 1410; ni ellid llywodraethu Cymru heb eu cydweithrediad. Roedd yr effaith economaidd yn y tymor byr yn arw, ond gellir priodoli rhai canlyniadau tybiedig – dihangfa taeogion a dirywiad cymunedau gwledig er enghraifft – i effaith y pla a'r argyfyngau a'i dilynodd yn hytrach nag i'r gwrthryfel. Roedd rhai unigolion ar eu colled, ond ailymddangosodd y **boneddigion** gyda mwy o rym ar y raddfa leol. Gan i'r rhan fwyaf o'r wlad weithredu ar y cyd, rhoddodd y gwrthryfel hwb i'r ymwybyddiaeth genedlaethol. Ond mae'r dystiolaeth o'r 15g. yn awgrymu bod dyhead cyffredinol am ddechrau newydd wedi methiant y gwrthryfel.

## GWRTHWYNEBWYR CYDWYBODOL

Cyflwynwyd gorfodaeth filwrol ym **Mhrydain** yn Ionawr 1916. Yn wahanol i'r mwyafrif o wladwriaethau a oedd yn rhan o'r rhyfel, roedd y ddeddfwriaeth yn caniatáu i gonsgriptiaid anfodlon ddatgan eu safbwynt o flaen tribiwnlys, a allai eu heithrio'n llwyr neu yn amodol, eu gorfodi i wasanaethu neu eu carcharu. Yn y cyfnod rhwng 1916 ac 1918 carcharwyd 30% o'r 16,500 o wrthwynebwyr Prydeinig. Rhesymau Cristnogol, sosialaidd neu libertaraidd oedd sail y gwrthwynebiad, neu weithiau gyfuniad ohonynt. Dichon mai Cymry oedd tua mil o blith gwrthwynebwyr Prydeinig y **Rhyfel Byd Cyntaf**, a diau fod y cyfartaledd uwch i'w briodoli i gryfder Cristnogaeth radical a **sosialaeth** radical yng Nghymru. Ymhlith y gwrthwynebwyr ceid yr absoliwtiaid, a oedd yn amharod i gydymffurfio o gwbl; cyfrannodd agwedd elyniaethus **Lloyd George** tuag atynt at danseilio ei ddelwedd radical. Plediwyd eu hachos yn arbennig gan **Thomas Rees** (1869–1926) a'i gylchgrawn *Y Deyrnas*.

Yn ystod yr **Ail Ryfel Byd** cafwyd 59,192 o wrthwynebwyr Prydeinig, a charcharwyd 3% ohonynt. Drachefn yn yr Ail Ryfel Byd, ar gyfartaledd roedd gwrthwynebiad cydwybodol yn fwy cyffredin yng Nghymru na'r hyn ydoedd ym Mhrydain gyfan. Yn y rhyfel hwnnw cafwyd elfen newydd, sef cenedlaetholwyr Cymreig a wadai hawl y wladwriaeth 'Seisnig' i'w consgriptio, er mai dim ond tua ugain ohonynt a wnaeth eu cenedligrwydd yn unig sail eu gwrthwynebiad. (Yn eu plith yr oedd y llenor **J. G. Williams** a'r ysgolhaig **A. O. H. Jarman**.) Parhaodd gwrthwynebiad cydwybodol i fod yn elfen ym mywyd Cymru hyd nes y diddymwyd gorfodaeth filwrol yn 1959.

## GWRYCHOEDD

Daeth gwrychoedd i fod wrth i gaeau gael eu creu. Mae waliau cerrig sych (gw. **Waliau Sychion**) yn amgylchynu llawer o gaeau yng Nghymru, gwaddol **cau tiroedd** yn y 18g. a'r 19g. yn bennaf. Yn dilyn twf y diwydiant **llechi**, weithiau defnyddid llechi unionsyth i greu ffensys, ac yn fwy diweddar eto daeth ffensys weiar yn dra chyffredin. Serch hynny, gwrychoedd – sef cloddiau â llwyni a choed yn tyfu arnynt – yw'r dull mwyaf cyffredin o lawer o amgáu caeau yng Nghymru; yn wir, ceir bron 50,000km ohonynt trwy'r wlad i gyd. Defnyddir yr enwau 'perth', 'clawdd' neu 'shetin' mewn rhai ardaloedd.

Mae gwrychoedd cynharaf Cymru yn dyddio'n ôl i ddyfodiad **amaethyddiaeth** yn yr Oes Neolithig (gw. **Oesau Cynhanesyddol**). Pwysleisir pwysigrwydd ffiniau pendant rhwng caeau yng **nghyfraith** Cymru'r Oesoedd Canol. Daeth gwrychoedd yn gynyddol gyffredin yn ystod y 12g. a'r 13g. wrth i amaethwyr fynd ati i glirio coetiroedd, gan adael coed a llwyni i sefyll rhwng y caeau a grëwyd ganddynt. Nododd **Rhys Meurug** nad oedd ym **Mro Morgannwg**, ganrif cyn y flwyddyn pan oedd ef yn ysgrifennu (1578), wrychoedd rhwng y Bwrtwe (yr A48 yn ddiweddarach) a'r môr. Dengys y sylw nad oedd clirio coed bob amser yn arwain at greu gwrychoedd. Ym Mro Morgannwg ac mewn mannau eraill, roedd gwrychoedd yn ffrwyth plannu bwriadol o flynyddoedd cynnar yr 16g. ymlaen.

Ledled iseldiroedd **Lloegr** bu cau tiroedd ar raddfa eang, a chrëwyd caeau mawr ac iddynt wrychoedd sythion. Ni chaewyd tiroedd i'r fath raddau ar iseldiroedd Cymru. Cafwyd datblygiad arafach a mwy organig, a rhoes fod i gaeau bach ac iddynt wrychoedd troellog a oedd, yn ôl y gred, yn cynnig gwell cysgod ar gyfer **gwartheg**. Yn nwyrain Lloegr, gellir penderfynu oed gwrych yn ôl y nifer o rywogaethau o goed sydd ynddo (Rheol Hooper). Ond mae'r dull hwnnw o ddyddio yn llai dibynadwy yn achos Cymru, ac oni cheir tystiolaeth ddogfennol, anodd yw cynnig dyddiadau pendant. Fodd bynnag, y gwrychoedd hynny o boptu llwybrau hynafol yw'r rhai hynaf. Gan fod iseldiroedd Cymru yn gyforiog o gaeau bach, y mae iddynt helaethder o wrychoedd. Yn ardaloedd ffermydd llaeth **Sir Gaerfyrddin**, lle gall fferm 40ha fod â 40 cae, gall gwrychoedd fod yn gyfwerth â 10% o arwynebedd y fferm.

Amcangyfrifir bod 42% o wrychoedd **Prydain** yn rhai hynafol, sef rhai a fodolai cyn *c.*1800. Ar y cyfan, mae'r gwrychoedd hynafol yn cynnal mwy o wahanol rywogaethau o **blanhigion** ac anifeiliaid na gwrychoedd mwy diweddar.

Afon Gwy yn llifo heibio i Gastell Cas-gwent

Maent wedi'u plannu'n bennaf ar gloddiau a ffurfiwyd wrth greu ffosydd terfyn neu wrth ddraenio, a'r rhywogaethau coed mwyaf cyffredin ynddynt yw'r ddraenen wen, y ddraenen ddu, y gollen a'r onnen, ac maent oll yn addas iawn ar gyfer plygu gwrych. Ymhlith y rhywogaethau y caniateir iddynt dyfu'n goed yn y gwrychoedd y mae'r dderwen, yr onnen, y gelynnen a'r ffawydden. Ymysg coed gwrychoedd anghyffredin y mae'r tresi aur yng **Ngheredigion** a'r llwyfen ar wastadeddau'r arfordir.

Gellir ystyried gwrychoedd yn goetiroedd bach. Dyma gynefin dros 500 o rywogaethau o blanhigion, yn eu plith rai lliwgar sy'n blodeuo yn y gwanwyn, megis serenllys mawr, llygad Ebrill, briallu a chlychau'r gog. Cynigiant loches hefyd i dros 60 o rywogaethau o **adar**, ac mewn gwrychoedd y cartrefa'r rhan fwyaf o **famaliaid** bach yr iseldiroedd, sawl rhywogaeth o ymlusgiaid a channoedd o anifeiliaid di-asgwrn-cefn. Mewn tir sy'n cael ei ffermio'n ddwys, gall gwrychoedd fod yn fodd o gysylltu cynefinoedd gwasgar, rhai adar a mamaliaid. Gall mathau mwy sefydlog ar fywyd gwyllt hefyd ledaenu'n raddol ar hyd y coridorau hyn. Gan fod peiriannau fferm drudfawr yr oes fodern yn hawlio caeau mawr, collwyd llawer iawn o wrychoedd Cymru yn ystod y blynyddoedd diweddar. Dyma fygythiad difrifol i fywyd gwyllt, ond mae'r Rheoliadau Gwrychoedd a ddaeth i rym yn 1997, a'r ffaith fod grantiau ar gael ar gyfer gwarchod gwrychoedd, yn cynnig rhywfaint o amddiffyniad.

Er mwyn rheoli gwrychoedd yn effeithiol, mae'n rhaid eu plygu a'u tocio yn gyson, a gadael i goed dyfu bob ryw 50m. Y mae i grefft plygu gwrych wahanol arddulliau, ac efallai mai rhai **Sir Frycheiniog** a Sir Gaerfyrddin yw'r rhai hawsaf i'w hadnabod. Erbyn diwedd yr 20g. roedd costau cynnal a chadw uchel a dyfodiad peiriannau torri gwrych yn bygwth dyfodol y grefft, ond mae hyfforddiant a chystadlaethau wedi ei hadfywio i raddau.

## GWY, Afon (209km, 85km yn gyfan gwbl yng Nghymru)

Mae Gwy yn tarddu ar lechweddau dwyreiniol **Pumlumon** (752m) cyn llifo tua'r de-ddwyrain i **Langurig** a **Rhaeadr Gwy**. I'r de o Raeadr Gwy mae cymer Gwy ac Elan, afon y nodweddir ei dalgylch gan gyfres o **gronfeydd dŵr** nodedig. Mae Ieithon (60km), prif isafon Gwy yng Nghymru, sy'n tarddu i'r de o'r **Drenewydd** yng nghymuned **Ceri**, yn ymuno â'r brif afon i'r de o'r Bontnewydd ar Wy (**Llanllŷr-yn-Rhos**). Mae Irfon, sy'n tarddu nid nepell o darddiad afon **Tywi**, yn ymuno â Gwy yn **Llanfair-ym-Muallt**. Rhwng y dref honno a'r **Gelli** ceir golygfeydd cyfareddol ar hyd glannau'r afon. Yn y Gelli mae Gwy yn ymadael â Chymru ac yn **Lloegr** ymuna ag afon Llugwy a'i hisafon, Arwy, sy'n draenio rhan o **Fforest Clud**. Ger **Crucornau**, afon Mynwy, un o brif isafonydd Gwy, yw'r **ffin** rhwng Cymru a **Lloegr** ond rhwng **Trefynwy** a'r môr Gwy ei hun sy'n cyflawni'r swyddogaeth honno. Canodd William Wordsworth glodydd harddwch Dyffryn Gwy yng nghyffiniau **Tyndyrn**. Mae Gwy yn cyrraedd Môr Hafren gerllaw **Cas-gwent**, lle saif y castell trawiadol uwchlaw'r afon. Creadigaeth ryfeddol yw pont reilffordd **Brunel** sy'n croesi Gwy yng Nghas-gwent. Y gyntaf o'r ddwy bont Hafren a oedd yn cario'r **M4** (M48 bellach) ar draws aber afon Gwy (gw. **Pontydd Hafren**).

## GWYDION

Dewin a swynwr y cyfeirir ato mewn barddoniaeth Gymraeg o'r Oesoedd Canol, ac yn fwyaf arbennig ym mhedwaredd gainc y Mabinogi (gw. **Mabinogion**; hefyd **Arianrhod**, **Blodeuwedd**, **Lleu Llawgyffes**, **Math fab Mathonwy**).

## GWYDR

Mae gwydr yn un o ddarganfyddiadau pwysicaf dynolryw. Darganfuwyd darnau o wydr ar safleoedd cynhanesyddol

Gwydr lliw: ffenestr o waith John Piper yn Eglwys y Santes Fair, Abertawe, 1986

yng Nghymru, ac mae celc **Blaendulais** (*c.*OC 50) yn dystiolaeth o'r gallu i gynhyrchu enamel, deunydd tebyg i wydr. Daeth gwydr ffenestri i Gymru yn sgil dyfodiad y **Rhufeiniaid**, a'i defnyddiodd yn helaeth ym maddonau lleng-gaer **Caerllion**. Dengys y cloddio a fu mewn safleoedd megis **Dinas Powys** fod cynnyrch gwydr yn cael ei fewnforio i Gymru yn ystod y canrifoedd ôl-Rufeinig. Ond aeth tua saith canrif heibio cyn i wydr gael ei ddefnyddio unwaith eto mewn ffenestri yng Nghymru. Tua diwedd yr Oesoedd Canol daeth y defnydd o **wydr lliw** yn fwyfwy poblogaidd mewn eglwysi yng Nghymru ond, hyd yr 16g., roedd y defnydd o wydr ffenestri mewn **tai** yn gyfyngedig i gartrefi'r uchelwyr, megis Castell **Rhaglan**. Erbyn yr 17g. roedd tai megis Kennixton (a ailgodwyd yn Amgueddfa Werin Cymru (gw. **Sain Ffagan**)), cartref iwmon cefnog o Fro **Gŵyr**, yn cynnwys ffenestri gwydr, ond mor ddiweddar â 1820 roedd yn rhaid i'r rhan fwyaf o dai'r **werin** yng ngogledd **Sir Forgannwg** wneud y tro â chaeadau yn hytrach na ffenestri gwydr.

Arweiniodd presenoldeb cyflenwadau o dywod a **chalchfaen** – cynhwysion sylfaenol gwydr – yn ogystal â **glo** at sefydlu ffatrïoedd gwydr yn nhrefi glan môr y de. Roedd ffatri boteli yng Nghastell **Abertawe** erbyn 1678 a hyd nes y cafodd doc cyntaf Bute ei adeiladu, yr unig adeilad ar weundiroedd **Caerdydd** oedd ffatri wydr John Guest (gw. **Guest, Teulu**). Dechreuwyd cynhyrchu gwydr ar raddfa fawr yng Nghymru yn ail hanner yr 20g. wedi i Gwmni Pilkington, a sefydlwyd yn St Helens, Swydd Gaerhirfryn, yn 1826, agor ffatri systemau electro-optegol yn **Llanelwy** yn 1957, ffatri gwydr ffibr yn **Wrecsam** yn 1971, a ffatri defnyddiau inswleiddio gwydr ger **Pont-y-pŵl** yn 1976.

## GWYDR LLIW

Mae gan Gymru enw da yn rhyngwladol yn y maes hwn, diolch yn bennaf i gyrsiau arloesol yn **Abertawe** (gw. isod). Roedd y **Sistersiaid** ymhlith y prif beintwyr **gwydr** cynharaf yn Ewrop, er nad oes dim gwydr Sistersaidd wedi goroesi o'r Oesoedd Canol yng Nghymru. Yr enghreifftiau cynharaf o wydr lliw sydd wedi goroesi yng Nghymru yw ffenestr enwog Jesse yn **Llanrhaeadr-yng-Nghinmeirch** (1533), y ffenestri hynod o'r 15g. yng **Ngresffordd**, sy'n cynnwys lluniau o Apollonia ferthyr, nawddsant y rhai sy'n dioddef o'r ddannodd, a'r ffenestri rhyfeddol yn Llangadwaladr (**Bodorgan**), lle gwelir sgerbwd Crist yn tywynnu'n iasol trwy ei groen.

O ran arddull, roedd y gwydr a gynhyrchid yng Nghymru rhwng y 15g. a'r 18g. yn debyg iawn i wydr a gynhyrchid mewn mannau eraill. Nid hyd y 18g., pan oedd gwydr lliw wedi mynd yn anffasiynol trwy **Brydain**, y daeth David Evans (1793–1862) o'r **Drenewydd** yn amlwg fel cynllunydd gwydr lliw mwyaf diflino Cymru. Gwelwyd adfywiad mewn gwydr lliw yn ystod y cyfnod Fictoraidd, llawer ohono wedi'i fewnforio a heb unrhyw arbenigrwydd yn perthyn iddo. Ond roedd rhai eithriadau i'r masgynhyrchu yn y cyfnod hwnnw, sef gwaith (William) Morris a'i Gwmni ac arlunwyr fel Edward Burne-Jones (1833–98), fel y dengys ffenestri eglwysi'r Santes Fair, **Coety** (1863), y Santes Gatrin, **Baglan** (*c.*1880), a Sant Deiniol, **Penarlâg** (1898).

Yn 1935 y sefydlwyd y cwrs cyntaf mewn gwydr yng Nghymru (dan ddylanwad datblygiadau ar dir mawr Ewrop yn hytrach na **Lloegr**), a hynny yng Ngholeg Celf Abertawe (rhan o **Athrofa Addysg Uwch Abertawe** bellach). Yr artist-grefftwr arloesol Howard Martin (1907–72) a oedd yn gyfrifol am ddysgu'r cwrs. Gweithiai Martin hefyd, yn ei stiwdio yn

Nhreforys ac yna'n ddiweddarach yn ei Celtic Studios, ar gomisiynau seciwlar yn ogystal â rhai eglwysig, a dechreuodd allforio gwydr i bedwar ban byd. Perthyn i'r un genhedlaeth â Martin a wnâi **John Piper** a **John Petts**, ac fe'u holynwyd gan artistiaid eraill a hyfforddwyd yn Abertawe megis Tim Lewis, Amber Hiscott, David Pearl, Alex Beleschenko a Catrin Jones.

## GWYDDBWYLL

Mae'n debyg i wyddbwyll – gêm y credir iddi gael ei chreu yn India a dod tua'r gorllewin i ganlyn yr Arabiaid – gyrraedd Cymru yn yr 11g., yn sgil dyfodiad y **Normaniaid**. Ni chredir bod unrhyw gysylltiad rhwng y gêm honno a'r math o wyddbwyll a grybwyllir yn y **Mabinogion**, er bod honno hefyd yn gêm a olygai symud darnau ar fwrdd sgwarog.

Yn 1824 dyfeisiodd y Capten **William Davies Evans** 'gambit Evans' wrth hwylio pacedlong rhwng **Aberdaugleddau** a Waterford – symudiad lle mae'r Gwyn yn ildio gwerinwr er mwyn gallu ymfyddino'n gyflym. Yn ail hanner y 19g. ffurfiwyd clybiau gwyddbwyll ledled Cymru. Bu cynnydd mewn gweithgarwch wedi'r **Rhyfel Byd Cyntaf**, a chynhaliwyd pencampwriaethau **Prydain** yn **Abertawe** (1951), **Aberystwyth** (1955, 1961) a'r **Rhyl** (1969). Yn 1970 daeth Undeb Gwyddbwyll Cymru yn annibynnol ar Ffederasiwn Gwyddbwyll Prydain, ac er 1972 mae tîm Cymreig wedi cystadlu yn yr Olympiadau. Ar ddechrau'r 21g. roedd gan Gymru dros 40 o glybiau gwyddbwyll a chymerai tua 800 o chwaraewyr ran mewn cystadlaethau. Dathlodd pencampwriaethau Cymru eu hanner canfed pen-blwydd yn 2004.

## GWYDDELOD

Mae agosrwydd Cymru ac **Iwerddon** yn golygu bod pobl wedi symud rhwng y ddwy wlad ar hyd y canrifoedd. Bu'r môr sydd rhyngddynt yn briffordd ar gyfer masnachu a chyfnewid yn hytrach nag yn rhwystr. Er i'r **Rhufeiniaid** oresgyn **Prydain**, roedd elfen o gyswllt yn parhau, ac yn y 4g., er i'r Rhufeiniaid aildrefnu'r amddiffyn ar lannau Cymru, roedd Gwyddelod wrthi'n ymsefydlu mewn niferoedd sylweddol yng ngogledd-orllewin a de-orllewin y wlad. Ceir traddodiad fod **Cunedda** a'i wŷr wedi ymlid y Gwyddelod o **Wynedd**. Yn y cyfnod cynnar ar ôl ymadawiad y Rhufeiniaid, daeth rhagor o fewnfudwyr o Iwerddon gan gryfhau presenoldeb y Gwyddelod, yn enwedig yn y de. Cadwyd traddodiadau mewn Hen Wyddeleg am y modd yr ymsefydlodd rhan o lwyth y Déisi yn **Nyfed**, a lledaenodd dylanwad y Gwyddelod tua'r dwyrain i **Frycheiniog**. Mae'r ffaith fod tua 40 arysgrif **Ogam** ar gerrig yng Nghymru yn dyst i gryfder diwylliant y Gwyddelod yn y canrifoedd yn syth wedi ymadawiad y Rhufeiniaid, yn enwedig yn y de-orllewin ac ym Mrycheiniog.

Er gwaethaf hirhoedledd y cyswllt rhwng y ddwy wlad, y 19g. sydd wedi mynd â bryd haneswyr. Yn ystod y ganrif honno y cafodd gweithwyr o Iwerddon eu denu, yn sgil y diwydiannu a'r trefoli, i gloddio dociau, adeiladu **rheilffyrdd** a llafurio yn y dociau, y gweithfeydd **haearn** a'r pyllau **glo**. Un o'r prif resymau dros ymfudo oedd Newyn Mawr 1845–50. Yn ystod y blynyddoedd hynny denwyd i **borthladdoedd** y de filoedd o ffoaduriaid newynog a oedd yn dianc rhag yr amodau enbyd yn Iwerddon. Deuai Gwyddelod i'r gogledd-ddwyrain hefyd – i **Wrecsam** yn enwedig – yn rhannol fel gorlif o **Lerpwl**. Oherwydd ansawdd wael eu tai, hwy a ddioddefai waethaf o'r heintiau a chwipiai'n fynych trwy drefi Cymru. Dwysâi terfysgoedd gwrth-Wyddelig (gw. **Terfysgoedd Hiliol**) a rhwng 1826 ac 1882 bu ymfudwyr o Wyddelod yn darged i derfysgoedd difrifol yng Nghymru ar 20 achlysur. Ond camgymeriad fyddai credu mai alltudion esgymun oedd yr holl fewnfudwyr hyn. Sefydlodd rhai ohonynt eu **cymdeithasau cyfeillgar** eu hunain ac uniaethu gyda'r mudiad dirwestol (gw. **Dirwest**), gan ymgyfranogi'n llawn o'r cwlt parchusrwydd a oedd mor bwysig i'r Cymry Anghydffurfiol. At hynny ceid dosbarth canol Gwyddelig, bychan ond pwysig, yn cynnwys gwŷr busnes a meddygon, megis **James Mullin**, a fu'n flaenllaw gydag ymgyrch ymreolaeth i Iwerddon.

Weithiau âi pobl o'r fath benben ag arweinwyr eraill y gymuned Wyddelig, sef yr offeiriaid Catholig (gw. **Catholigion Rhufeinig**). Er y gellir gorbwysleisio sêl grefyddol y mewnfudwyr Gwyddelig, nid oes dwywaith nad oedd i'r Eglwys Gatholig le canolog ym mywydau y mwyafrif llethol ohonynt, a gweddnewidiwyd rhagolygon Catholigiaeth yng Nghymru gyda dyfodiad y Gwyddelod. Roedd yr eglwys yn awyddus i sefydlu ei hysgolion ei hun, a buddsoddodd yn drwm er mwyn sicrhau fod meibion a merched mewnfudwyr yn cael eu hyfforddi yn y ffydd. O bryd i'w gilydd, byddai gwrthdaro rhwng gofynion Catholigiaeth a dylanwad yr henwlad. Roedd yr eglwys yn dra gwrthwynebus i fudiad chwyldroadol y Ffeniaid, a ddenodd gefnogaeth eang ymhlith y Gwyddelod ganol y 1860au. Darganfuwyd dechreuadau cynllwyn arfog gan y Ffeniaid yn Nowlais, **Merthyr Tudful**, yn 1867, ac alltudiwyd dau Wyddel am eu rhan ynddo.

Er gwaetha'r gelyniaethu a fu ym mlynyddoedd y newyn, gwelir arwyddion o'r Gwyddelod yn ymgymathu â'r brodorion o'r 1880au ymlaen, yn rhannol oherwydd cefnogaeth Rhyddfrydwyr Cymru i ymreolaeth i Iwerddon, ac yn rhannol oherwydd i dwf undebau llafur, yn arbennig yn y dociau, ddenu Gwyddelod i rengoedd y mudiad llafur (gw. **Undebaeth Lafur**).

Wedi'r **Rhyfel Byd Cyntaf** dirwyn i ben i bob pwrpas a wnaeth yr ymfudo o Iwerddon, yn bennaf o ganlyniad i farweidd-dra'r **economi** Gymreig yn y 1920au a'r 1930au. Erbyn hynny roedd tua 150,000 o bobl o dras Gwyddelig yng Nghymru. Ymhlith yr aelodau hynny o'r gymuned Wyddelig a ddaeth i amlygrwydd yr oedd y nofelydd **Joseph Keating** a'r weriniaethwraig bybyr **Kitty Evans**; mewnfudwr nodedig o Wyddel yn ystod yr 20g. oedd **Michael McGrath**, archesgob **Caerdydd**, y canwyd awdl foliant iddo gan **Saunders Lewis**. Erbyn dechrau'r 21g. roedd ymfudo o Gymru i Iwerddon yn dod yn fwy arferol nag ymfudo o Iwerddon i Gymru. Bu cydweithredu ffrwythlon rhwng ysgolheigion y ddwy wlad, yn arbennig ym myd **archaeoleg**, **llenyddiaeth** ac ieithyddiaeth Geltaidd. Bu gyrfa nodedig Proinsias Mac Cana (1926–2004) yn dyst i hynny.

## GWYDDELWERN, Sir Ddinbych (1,765ha; 508 o drigolion)

Nid oes unrhyw dystiolaeth fod enw'r **gymuned** hon, sydd yn union i'r gogledd o **Gorwen**, yn tystio i bresenoldeb **Gwyddelod** yn yr hen amser; mae'n fwy tebygol mai ystyr *gwyddel* yma yw 'llwyni'. Er i Eglwys Sant Beuno gael ei hail-lunio yn y 19g., cadwyd ei chrymdo canoloesol. Mae dau fardd, tad a mab, y ddau'n glerigwyr, yn gysylltiedig â'r eglwys – Robert Wynne (m.1720) ac Edward Wynne (1685–1745). Mae gan dafarn y pentref, Tŷ Mawr (y Rose and Crown gynt), ffrâm bren odidog o'r 16g. Er bod y ganran o drigolion sy'n gallu rhywfaint o **Gymraeg** (77.45%) yn llai na'r ganran ar gyfer

**Cynwyd**, dyma'r gymuned sydd â'r ganran uchaf, o blith cymunedau **Sir Ddinbych**, o bobl sy'n rhugl yn yr iaith (61.77%).

## *GWYDDONIADUR CYMREIG, Y* (1854–97)

Ac yntau mewn deg cyfrol, dyma'r llyfr **Cymraeg** mwyaf ei faint erioed, a'r gwyddoniadur Cymraeg cyntaf. Ymateb cyntaf **Thomas Gee** i'r galw am 'wybodaeth fuddiol' o ganlyniad i ymosodiadau Llyfrau Gleision 1847 (gw. **Brad y Llyfrau Gleision**) oedd cyhoeddi, o 1850 ymlaen, gyfres o lyfrau yn amlinellu i'r Cymry uniaith 'elfennau' y gwahanol wyddorau. Disodlwyd y cynllun yn fuan gan un llawer mwy uchelgeisiol, sef cyhoeddi gwyddoniadur (gair a fathwyd, mae'n debyg, gan y geiriadurwr D. Silvan Evans; gw. **Geiriaduraeth**). Ysgogwyd Gee gan deimladau gwladgarol: credai fod gan bron pob 'cenedl wareiddiedig' gyhoeddiad o'r fath.

Penodwyd John Parry o Goleg y Bala yn olygydd. Pan fu ef farw yn 1874 ymgymerodd Gee ei hun â'r gwaith. Cafodd y cyntaf o'r rhannau swllt a gyhoeddwyd yn 1854 dderbyniad ffafriol iawn. Argraffwyd 4,000 o gopïau i gychwyn, ond erbyn y ddegfed gyfrol yn 1879 argraffai Gee 12,000 copi o bob rhan yn ogystal ag adargraffu'r rhannau cynnar er mwyn cyflenwi anghenion derbynwyr newydd. Rhwng 1889 ac 1896 cyhoeddwyd ail argraffiad yn cynnwys dros 1,800 o erthyglau newydd.

Yn ogystal â phwysigrwydd hanesyddol y *Gwyddoniadur* fel ymgorfforiad o feddylfryd ei gyfnod, erys yr erthyglau bywgraffyddol o werth gan eu bod yn fynych yn cynnwys manylion nas ceir yn ***Y Bywgraffiadur Cymreig***.

## GWYDDONIAETH

Dros y 300 mlynedd diwethaf mae Cymru wedi cyfrannu'n sylweddol at ddatblygiad gwyddoniaeth. Ymhlith y gwyddonwyr a aned yng Nghymru neu rai a fu'n gweithio yn y wlad ceir nifer fawr a fu'n gyfrifol am arloesi canghennau newydd o wyddoniaeth. Ymhlith yr enghreifftiau mwyaf nodedig y mae'r mathemategydd **Robert Recorde**, yr ystadegydd **Richard Price**, y crisialegydd **W. H. Miller**, y biolegydd **Alfred Russel Wallace**, y seryddwr **Isaac Roberts**, y meteorolegydd **David Brunt**, y llawfeddyg orthopedig **Robert Jones** a'r cemegydd **Donald Hey**. Yn 1973 enillwyd y wobr Nobel am ffiseg gan Brian D. Josephson (g.1940), brodor o **Gaerdydd**. (Y ddau enillydd arall a aned yng Nghymru yw **Bertrand Russell** a'r economegydd Clive W. J. Granger (g.1934), o **Abertawe**, a enillodd Wobr Nobel am economeg yn 2003.) Yr un mor drawiadol â'r rhestr o wyddonwyr yw'r rhestr o ddyfeiswyr: dyfeisiodd **William Grove** y gell danwydd; dyfeisiodd **David Hughes** y meicroffon a'r teledeipiadur; datblygodd **Sidney Gilchrist Thomas** y dull Basig o gynhyrchu dur (gw. **Haearn a Dur**) o fwynau ffosffad; dyfeisiodd **Edward Bowen** y radar awyren cyntaf; dyfeisiodd **Lewis Boddington** y bwrdd hedfan onglog ar gyfer llongau awyrennau; a dyfeisiodd **Donald Davies** y dull 'switsio pecynnau' ar gyfer trosglwyddo data'n electronig. Gan fod Cymru, ac ystyried ei **phoblogaeth** a'i maint, wedi cyflawni mwy na'r disgwyl ym myd gwyddoniaeth, awgrym ysmala'r ffisegydd **Phil Williams** oedd y dylid newid y llinell yn yr anthem genedlaethol (gw. '**Hen Wlad fy Nhadau**') sy'n sôn am 'wlad beirdd a chantorion' yn 'wlad gwyddonwyr a dyfeiswyr'.

Mae pwysigrwydd gwyddoniaeth yng Nghymru i'w briodoli, i raddau helaeth, i **Ddeddf Addysg Ganolradd Cymru** (1889) a arweiniodd at sefydlu rhwydwaith o ysgolion canolradd. Dywedodd **Ezer Griffiths**, gŵr a ddaeth yn awdurdod byd ar fesur gwres, y byddai wedi mynd yn löwr, megis ei dad, pe na bai ysgol ganolradd wedi agor yn **Aberdâr**. Datblygodd sawl ysgol ganolradd yng Nghymru draddodiad rhagorol yn y gwyddorau. Cynhyrchodd ysgol ramadeg **Rhydaman** nifer fawr o athrawon prifysgol, gan gynnwys Fred Nash (ffiseg, Nottingham), Wyn Roberts (cemeg, **Caerdydd**), Colin Grey-Morgan (ffiseg, **Abertawe**) ac Eric Sunderland (anthropoleg, Durham). Yr un mor drawiadol oedd cynnyrch Ysgol Esgob Gore, Abertawe, a fedrai restru Syr Sam Edwards (pennaeth Labordy Cavendish), yr Arglwydd Flowers (ffiseg), Syr John Cadogan (cemeg, St Andrews) ac Edward Bowen ymhlith ei chynddisgyblion enwog; ac ysgol ramadeg **Tre-gŵyr** a allai frolio bod Syr **Ieuan Maddock** (ffiseg), Syr John Maddox a Syr **Granville Beynon** (radio) ymhlith pump o gynfyfyrwyr a etholwyd yn Gymrodyr o'r Gymdeithas Frenhinol.

Roedd sefydlu colegau **Prifysgol Cymru** o'r pwys mwyaf. Y bwriad oedd creu canolfannau addysg uwch gyffredinol (gw. **Addysg**), gydag adrannau gwyddoniaeth yn rhan annatod ohonynt, ond, gan ei fod ar gyrion deheuol maes **glo**'r de, meddylid am Gaerdydd fel man lle byddai addysg dechnegol yn cael sylw arbennig. Ni wireddwyd cynlluniau ar gyfer ysgol fwyngloddio a meteleg a oedd i fod yn rhan o'r sefydliad, ond yn 1912 sefydlodd rhai o'r prif gwmnïau glo ysgol fwyngloddio yn Nhrefforest (**Pontypridd**; **Prifysgol Morgannwg** yn ddiweddarach), a'i phwyslais ar fwyngloddio ymarferol. Yn yr un modd, daeth yr ysbrydoliaeth a arweiniodd at sefydlu coleg yn Abertawe yn 1920 o'r ardal ei hunan a'r angen i greu canolfan dechnolegol i wasanaethu prif ddiwydiannau'r fro.

Hyd at y **Rhyfel Byd Cyntaf** roedd adrannau gwyddoniaeth Cymru yn fach; prin iawn oedd y myfyrwyr a'r adnoddau'n annigonol. O ganlyniad i ddatblygiadau yn ystod y rhyfel hwnnw bu nifer fawr o newidiadau – rhai ohonynt yn chwyldroadol – mewn ymchwil gwyddonol ac yn y modd y câi'r pwnc ei ddysgu. Er canol yr 20g. mae'r nifer o raddedigion gwyddonol wedi cynyddu'n sylweddol a bu twf trawiadol hefyd yn swm y deunydd cyhoeddedig yn y maes. Crëwyd adrannau colegol newydd, rhai ohonynt yn ymdrin â meysydd ar ffiniau'r disgyblaethau traddodiadol, megis bioleg môr (**Bangor**, 1951), peirianneg gemegol (Abertawe, 1954), biocemeg (**Aberystwyth**, 1959) a microbioleg (Caerdydd, 1964).

Mae'r traddodiad yn parhau. Mae'n bosibl mai'r project mwyaf uchelgeisiol a chyffrous a fu erioed yw'r Gwrthdrawydd Hadronau Mawr yn CERN (*Conseil Européen pour la Recherche Nucléaire*, sef y Sefydliad Ewropeaidd ar gyfer Ymchwil Niwclear), Genefa, y cyflymydd gronynnau mwyaf pwerus i'w adeiladu hyd yn hyn. Pan ddaw'r gwaith adeiladu i ben, yn 2007 mae'n debyg, fe'i defnyddir i chwilio am foson Higgs – y gronyn y credir ei fod yn dal yr allwedd i hanes y bydysawd. Mae'r Gwrthdrawydd dan oruchwyliaeth Lyn Evans (g.1945) o Aberdâr.

Yr unig gylchgrawn a oedd yn ymdrin yn benodol â phynciau gwyddonol, technolegol a meddygol o safbwynt Cymreig oedd *Y Gwyddonydd* (1963–96), a olygwyd gan Glyn O. Phillips, cemegydd ac un sy'n gweithio'n ddiflino i hybu gwyddoniaeth. Arweiniodd ymddangosiad *Y Gwyddonydd*, yn anuniongyrchol, at sefydlu'r Gymdeithas Wyddonol Genedlaethol yn 1971.

Gwyddoniaeth: canolfan Techniquest yng Nghaerdydd

Poblogeiddio gwyddoniaeth yw nod Techniquest, menter addysgol wyddonol a sefydlwyd yn 1986, gyda'i phwyslais ar yr ymarferol a'r gweithredol. Trydydd cartref Techniquest, adeilad metel a gwydr trawiadol ym Mae Caerdydd, yw'r ganolfan darganfod gwyddoniaeth gyntaf ym **Mhrydain** i gael ei chodi'n bwrpasol. Mae Techniquest, y noddir ei waith addysgol gan y **Cynulliad Cenedlaethol**, yn denu dros 500,000 o ymwelwyr y flwyddyn i'w ganolfan yn y Bae ac i'w arddangosfeydd sy'n teithio ledled Ewrop. (Gw. hefyd **Astronomeg**, **Cemeg**, **Daearyddiaeth**, **Electroneg**, **Gwyddorau Biolegol**, **Gwyddorau Ffisegol**, **Mathemateg** a **Peirianneg**.)

## GWYDDORAU BIOLEGOL, Y

Helwyr-gasglwyr yr Oes Balaeolithig (gw. **Oesau Cynhanesyddol**) oedd y bobl gyntaf i gasglu **planhigion**, arfer y rhoddwyd hwb iddo gan ddatblygiad **amaethyddiaeth** o *c*.4000 CC ymlaen. Trafodwyd nodweddion planhigion gan nifer o awduron Lladin clasurol ac mae'n bosibl fod eu gwaith yn hysbys ym **Mhrydain** yn ystod cyfnod y **Rhufeiniaid**. Sonnir am werth gwahanol blanhigion yng nghyfreithiau **Hywel Dda**, ac enwyd nifer fawr o goed a blodau gan feirdd Cymru'r Oesoedd Canol. Y mae i rinweddau meddyginiaethol planhigion hanes hir ac, yng Nghymru, cofnodwyd yr wybodaeth honno mewn llawysgrifau sy'n gysylltiedig â **Meddygon Myddfai**, y gynharaf ohonynt yn dyddio o'r 14g. Roedd priodoleddau llysiau o ddiddordeb arbennig i ysgolheigion y **Dadeni** yng Nghymru, a lluniodd **William Salesbury**, yr amlycaf yn eu plith, waith yn dwyn y teitl *Llysieulyfr Meddyginiaethol*. (Ni chafodd ei gyhoeddi tan 1997.) Yn yr 17g. roedd y naturiaethwr nodedig **Edward Lhuyd** yn un o blith nifer cynyddol o bobl a chanddynt ddiddordeb angerddol mewn hel planhigion. Pan gyhoeddwyd *Systema Naturae* gan y botanegydd o Sweden Carolus Linnaeus yn 1735 darparwyd trefn wyddonol ar gyfer dosbarthu planhigion. Arweiniodd hyn, erbyn diwedd y 18g. ac yn ystod y 19g., at ddull mwy trefnus o gasglu planhigion, ac at gyhoeddi llyfrau megis *Welsh Botanology: A Systematic Catalogue of the Native Plants of the Island of Anglesey* (1813) gan **Hugh Davies**.

Roedd yr helwyr-gasglwyr yn meddu ar wybodaeth fanwl am anifeiliaid gwyllt, gwybodaeth a ddirywiodd wrth i fodau dynol ddod yn fwyfwy dibynnol ar rywogaethau domestig. Er bod y rheini a fwynhâi **hela**, neu'r rheini a deimlai'r angen i reoli yr hyn a ystyrient yn bla, yn meddu ar wybodaeth fanwl am arferion creaduriaid brodorol, nid enynnodd y gwaith o ddosbarthu anifeiliaid yr un diddordeb cyffredinol â dosbarthiad planhigion. Fodd bynnag, roedd bathu'r gair *biology* yn 1843 (cofnodwyd y gair Cymraeg 'bywydeg' am y tro cyntaf yn 1852) yn dynodi bod yr astudiaeth o blanhigion ac anifeiliaid yn ddisgyblaeth gyfun. Yn sgil cyhoeddi damcaniaeth esblygiad trwy ddethol naturiol, y rhoddodd Charles Darwin fynegiant iddi yn 1859, cafwyd datblygiadau newydd, mewn swoleg yn gyntaf, a mewn botaneg yn fuan wedi hynny. Roedd damcaniaeth Darwin yn rhannol seiliedig ar ei brofiadau tra oedd yn llanc ar ei wyliau ar arfordir **Sir Feirionnydd**, ar ei astudiaethau o esgyrn anifeiliaid cynhanesyddol yn Nyffryn Elwy (gw. **Cefn Meiriadog**) ac ar yr ohebiaeth a fu rhyngddo ac **Alfred Russel Wallace**. Hyd at hynny roedd astudiaethau wedi canolbwyntio ar amlygu amrywiaeth byd natur, ond o hynny ymlaen byddent hefyd

Y Gwyddorau Biolegol: Martin Evans, enillydd gwobr Nobel yn 2007

yn egluro sut ac ym mha fodd y datblygodd y fath amrywiaeth.

Yn y 1860au paratôdd Thomas Henry Huxley, prif ladmerydd damcaniaethau Darwin, gynlluniau i hyrwyddo dysgu a gwaith ymchwil yn y gwyddorau biolegol, cynlluniau a gâi eu mabwysiadu gan y colegau a ddeuai, ymhen amser, yn rhan o **Brifysgol Cymru**. O'i ddyddiau cyntaf (1872) roedd cadair athroniaeth naturiol yn **Aberystwyth** ond ni sefydlodd y coleg adrannau gwahanol ar gyfer botaneg a swoleg hyd at yr 20g. Roedd gan y naill bwnc a'r llall Athro yr un ym **Mangor** yn 1895, trefn na ddaeth i fodolaeth yng **Nghaerdydd** hyd 1905.

Sbardunodd sefydlu **Amgueddfa [Genedlaethol] Cymru** yn 1907 ddatblygiadau mawr. Paratowyd monograffau cynhwysfawr, a ymddangosodd gyntaf yn y 1930au, yn ymdrin â phlanhigion blodeuol, rhedyn a choed Cymru, ar sail cofnodion yr amgueddfa. Ymhlith yr astudiaethau eraill a gyhoeddwyd gan yr amgueddfa ceir y monograffau a'r arweinlyfrau, a gyhoeddwyd o'r 1920au ymlaen, yn ymdrin â **mamaliaid**, **adar**, **pysgod** a **thrychfilod** Cymru ynghyd â chregyn y tir a'r môr. O bwysigrwydd mawr yr oedd cyhoeddi atlas o **fapiau** yn dosbarthu holl blanhigion fasgwlaidd **Prydain** (planhigion yn cynnwys pibelli sy'n cylchredeg hylif) gan Gymdeithas Fotanegol yr Ynysoedd Prydeinig yn y 1950au; roedd y mapiau'n seiliedig ar arolwg a gofnodai bresenoldeb planhigion blodeuol, yn ôl eu rhywogaeth, ym mhob sgwâr 10km y tyfent ynddo. Er y 1960au mae arolygon o'r fath wedi cael eu cynnal gan gyrff cadwraethol statudol a gwirfoddol, fel y tystia'r cylchgronau chwarterol *North Western Naturalist* (1926–55) a *Nature in Wales* (1955–86).

Esgorwyd ar gyfoeth o wybodaeth yn sgil ehangu gweithgareddau adrannau botaneg a swoleg Prifysgol Cymru. Yng Nghaerdydd, o'r 1920au ymlaen, estynnwyd ffiniau maes llafur swoleg, gan fabwysiadu technegau a safbwyntiau disgyblaethau eraill, megis **cemeg**, biocemeg, ffisioleg a seicoleg arbrofol. Dechreuwyd dysgu biocemeg am y tro cyntaf yng Nghaerdydd yn y 1890au fel rhan o hyfforddiant myfyrwyr cyn-glinigol a astudiai ffisioleg gemegol; sefydlwyd adran gyflawn yn 1956. Lansiwyd cyrsiau gradd mewn bacterioleg gan adran fotaneg Caerdydd yn 1946; arweiniodd hynny at sefydlu'r adran ficrobioleg gyntaf ym Mhrifysgol Cymru yn 1965 – gan ychwanegu bacteria a microorganeddau at blanhigion ac anifeiliaid, sef tair elfen hanfodol bioleg. Un o brif orchestion swolegwyr Caerdydd yw gwaith ymchwil Martin Evans ar fodelu clefydau dynol mewn cnofilod, gwaith ac iddo ddylanwad mawr ar ymladd canser ac afiechydon dynol genetig.

Ym Mangor cyfunwyd yr adrannau botaneg a botaneg amaethyddol yn 1967 er mwyn creu ysgol bioleg planhigion. Ymhlith gorchestion y coleg yn y maes hwnnw y mae cyfrol John Harper, *Population biology of plants* (1977) a gwaith John Farrar ar effeithiau'r cynnydd mewn carbon deuocsid atmosfferig a thymheredd uwch ar dyfiant, resbiradaeth ac ymraniad planhigion. Dechreuwyd ymddiddori mewn gwyddor môr yng nghyffiniau Bangor yn 1892 pan geisiwyd sefydlu gorsaf gwyddor môr ym **Mhorthaethwy**. Daeth yr orsaf i fodolaeth yn 1949, rhagflaenydd Labordy Gwyddorau Môr Prifysgol Cymru a sefydlwyd yn 1962; yna cyfunwyd gwyddor môr â'r wyddor gytras, eigioneg ffisegol.

Ymhlith swolegwyr nodedig Aberystwyth ceir T. A. Stephenson, awdurdod byd-eang ar ffawna glan môr, a Gwendolen Rees, yr ysgolheiges gyntaf yng Nghymru i gael ei hethol yn aelod o'r Gymdeithas Frenhinol. Mae botanegwyr y coleg yn cynnwys Lily Newton – a fu'n Athro am yn agos i 30 mlynedd, record ymhlith ysgolheigion benywaidd yng Nghymru – a P. F. Waring. Ym maes botaneg amaethyddol y gwnaed cyfraniadau mwyaf adnabyddus Aberystwyth i astudiaethau planhigion, yn enwedig gan **R. G. Stapledon**, a oedd yn Athro botaneg amaethyddol rhwng 1919 ac 1942.

Datblygodd y Fridfa Blanhigion, a sefydlwyd gan Stapledon yn Aberystwyth, i fod yn **Sefydliad Ymchwil Tir Glas a'r Amgylchedd**, canolfan wyddonol fwyaf adnabyddus Cymru. Mae canolfannau ymchwil biolegol eraill Cymru yn cynnwys yr **Ardd Fotaneg Genedlaethol** (Middleton) yn **Llanarthne** a'r Ganolfan Ymchwil i Ecoleg a Hydroleg ym Mangor. Er y 1990au, o ganlyniad i'r chwyldro mewn bioleg, buddsoddwyd yn helaeth mewn genomeg weithredol a biohysbyseg. Yn 2002 daeth **Prifysgol Caerdydd** yn ganolbwynt i waith Parc Geneteg Cymru, un o chwech o ganolfannau rhithiol a sefydlwyd yn y Deyrnas Unedig i feithrin arbenigedd mewn technoleg enetaidd, a hynny mewn cydweithrediad â chwmnïau masnachol ym meysydd cyffuriau a biodechnoleg.

## GWYDDORAU FFISEGOL, Y

Hyd at tua chanol y 19g. gelwid yr hyn a elwir heddiw yn **wyddoniaeth** ffisegol wrth yr enw athroniaeth naturiol. Yn y prifysgolion hynaf yn unig y dysgid y pwnc hwn, a dim ond nifer fechan o arbrofwyr unigol a oedd yn ymwneud â'r maes. Dyna oedd y sefyllfa pan sefydlwyd cadair athroniaeth naturiol yn **Aberystwyth** yn 1877. Nid oedd fawr ddim ffiseg na **chemeg** yn cael eu dysgu yn yr ysgolion bryd hynny, ac er bod cadeiriau ffiseg wedi cael eu sefydlu yng **Nghaerdydd** (1883) a **Bangor** (1884), ychydig iawn o fyfyrwyr a geid. Cymerai flynyddoedd lawer i ganlyniadau **Deddf Addysg Ganolradd**

1889 gael eu hadlewyrchu mewn cynnydd arwyddocaol yn y nifer o fyfyrwyr yn y sefydliadau hyn, ac mae datblygiad y gwyddorau ffisegol yng Nghymru wedi hynny yn adlewyrchiad i raddau helaeth o'r modd y bu iddynt ddatblygu yng ngholegau'r brifysgol.

Tan 1914 roedd a wnelo'r adrannau ffiseg yn bennaf â dysgu. Yn y dyddiau cynnar, yn wir, roedd hi'n gyffredin i'r Athro wneud y gwaith dysgu i gyd, gyda darlithydd neu ddau yn gyfrifol am y dosbarthiadau yn y labordy. Roedd yr ychydig waith ymchwil a wneid i gyd ym myd ffiseg glasurol. Ceid enghraifft amlwg o hyn yng Nghaerdydd, lle'r oedd **John Viriamu Jones** yn brifathro cyntaf y coleg ac yn ddeiliad cyntaf y gadair ffiseg yn 1883. Nid yn unig yr oedd yn dysgu, ond yn ei amser sbâr ymchwiliai i'r safoni ar fesur unedau trydanol gwrthiant a cherrynt. Yn rhyfedd ddigon, ffisegwr arall oedd ei olynydd fel prifathro, **E. H. Griffiths**. Ymchwiliai hwnnw, ar y cyd ag **Ezer Griffiths**, i fesuriadau tra manwl gywir ar gynhwysedd thermol metelau ar dymereddau isel.

Yr Athro ffiseg cyntaf ym Mangor oedd Andrew Gray, a fu yn y swydd o 1884 hyd at 1899 pan benodwyd ef i gadair athroniaeth naturiol yn Glasgow. Yn ddigon hynod, cafodd ei olynydd ym Mangor, Edward Taylor Jones, yntau ei benodi i'r gadair honno yn 1925. Roedd y gogwydd at **electroneg** ym Mangor yn amlwg wrth i Taylor Jones annog sefydlu adran trydan dŵr i gyfrannu at ddatblygu **ynni** trydan dŵr yng ngogledd-orllewin Cymru. Byddai'r ysgol electroneg yn goroesi cau adran ffiseg Bangor yn y 1980au cynnar.

Pan agorwyd Coleg y Brifysgol, **Abertawe** (**Prifysgol Cymru Abertawe** bellach) yn 1920 gyda chynrychiolaeth gref mewn gwyddoniaeth ffisegol a thechnoleg, yr Athro ffiseg cyntaf oedd E. J. Evans, a gychwynnodd grŵp spectrosgopeg, a aeth o nerth i nerth yn ystod yr ugain mlynedd dilynol.

Ar ôl y **Rhyfel Byd Cyntaf** bu cynnydd trawiadol ym mhynciau newydd ffiseg gwantwm, mecaneg tonnau ac adeiledd atomig. Ynghyd â'r cysyniadau a oedd y tu ôl iddynt, roeddynt o natur syfrdanol ond yn anodd eu cyfleu i'r cyhoedd cyffredin, ac efallai fod hynny yn rhannol esbonio pam na fu fawr o newid yn niferoedd y myfyrwyr yn y colegau rhwng y ddau ryfel. Cafwyd datblygiad o bwys mawr, fodd bynnag, yn 1938 pan benodwyd **Evan Williams** yn Athro ffiseg Aberystwyth yn 35 oed. Yn 1940 llwyddodd i wneud yr arsylwad cyntaf o ddadfeiliad y mwon, un o ronynnau sylfaenol mwyaf enigmatig ffiseg ar y pryd.

Arweiniodd ymwybyddiaeth o'r rhan ganolog a chwaraewyd gan ffiseg gymhwysol yn ystod yr Ail Ryfel Byd at ehangu ffiseg yn y brifysgol yn y cyfnod wedi'r rhyfel. Datblygwyd ysgol ffiseg ioneiddio o dan **Frank Llewellyn Jones** yn Abertawe, a sefydlodd un o fyfyrwyr disgleiriaf yr ysgol bwysig hon, **Granville Beynon**, dîm ymchwil i astudio'r ionosffer a'r magnetosffer, yn Abertawe i ddechrau ac yna yn Aberystwyth. Mae staff a myfyrwyr y ddwy adran wedi gwneud argraff drom ar draws y byd, yn enwedig ym maes ffiseg yr haul a'r ddaear – maes y gwnaeth **Phil Williams** gyfraniad nodedig iddo.

Roedd pwyslais yng Nghaerdydd ar grisialograffeg pelydr X a arweiniodd at sefydlu ysgol ehangach ym maes ffiseg led-ddargludyddol o dan Robin Williams, datblygiad ac iddo oblygiadau i fyd diwydiant. Ym mhob cangen o

Y Gwyddorau Ffisegol: John Houghton

ffiseg bu cynnydd aruthrol mewn gwybodaeth, a llawer ohono o ganlyniad i gyfrifiaduron cynyddol rymusach.

Yn niwedd yr 20g. gwelwyd pynciau na wyddid amdanynt cynt yn dod i'r amlwg, megis opto-electroneg, ffiseg led-ddargludyddol a chyflwr solid, micro-electroneg a ffiseg defnyddiau. Mae pynciau o'r math hyn, ynghyd ag arbenigeddau eraill yng ngholegau prifysgol Cymru ac, yn fwy diweddar, ym **Mhrifysgol Morgannwg** ac **Athrofa Addysg Uwch Gogledd-ddwyrain Cymru**, yn cynrychioli cronfa enfawr o wybodaeth y gellid cymhwyso agweddau lawer arni at ddibenion ymarferol. Er mwyn manteisio ar yr wybodaeth hon, sefydlwyd 'Canolfannau Rhagoriaeth' yn 2001 fel bod diwydiant yn gallu manteisio ar yr arbenigeddau sydd ym mhrifysgolion Cymru.

Ym maes ffiseg led-ddargludyddol cynigiwyd damcaniaethau eithriadol gan Brian D. Josephson (g.1940), sy'n frodor o Gaerdydd – a chafwyd tystiolaeth arbrofol i'w dilysu yn ddiweddarach. Dyfarnwyd Gwobr Nobel (1973) iddo am ei waith, a daeth y ddyfais a gafwyd yn sgil hyn, Cysylltle Josephson (Josephson Junction) fel y'i gelwir, i gael ei defnyddio ar draws y byd.

Hyd at ddiwedd y 19g. gwyddor i amaturiaid yn bennaf oedd **astronomeg**, ond yn ystod yr 20g. daeth yn fwyfwy proffesiynol. Sefydlwyd adran astronomeg yng Nghaerdydd yn 1951 a chrëwyd cadair astronomeg ddamcaniaethol yn 1976. Gwnaed cyfraniadau o bwys mewn dau brif faes: pwnc dyrys 'mater tywyll' yn y bydysawd ac astudiaethau spectrosgopig ynghylch hanes cynnar y bydysawd.

O gofio cyn lleied o bobl sy'n ymwneud â meteoroleg, pwnc sy'n camu dros ffiniau ffiseg a **mathemateg**, mae'n drawiadol fod tri Chymro wedi bod yn gyfarwyddwyr Swyddfa Dywydd Prydain. Mae **David Brunt** yn cael ei ystyried gan lawer yn dad y rhagolygon tywydd modern, gan iddo annog defnyddio deddfau ffiseg yn hytrach nag astudio patrymau tywydd y gorffennol. Roedd o flaen ei oes, gan fod angen datblygu cyfrifiaduron cyflym i gwblhau'r rhagolygon mewn amser digon byr i fod o ddefnydd. Yn ystod ei dymor yntau, arloesodd **Graham Sutton** drwy astudio tyrfedd atmosfferig, ac ysgogi hefyd y defnydd o gyfrifiaduron cyflym pan ddaethant ar gael. Penodwyd John Houghton (g.1931) o **Ddiserth** yn gyfarwyddwr yn 1983 a daeth â'i enw rhyngwladol mewn ffiseg spectrosgopeg atmosfferig i'w ganlyn. Yn ddiweddarach daeth yn gadeirydd Panel Rhynglywodraethol y Cenhedloedd Unedig ar Newid Hinsawdd. Fel un o'r gwyddonwyr amlycaf y tu ôl i gynadleddau Rio a Kyoto ar newid **hinsawdd**, mae rhai yn honni mai Houghton yw'r Cymro mwyaf dylanwadol erioed.

Damcaniaethwyd ynghylch bodolaeth tonnau electromagnetig – cyfrwng cyfathrebu â radio – gan James Clerk Maxwell yn 1864 a chafwyd tystiolaeth arbrofol o'u bodolaeth gan Heinrich Hertz yn 1887; ond wyth mlynedd cyn hynny, Cymro o'r enw **David Edward Hughes** oedd y cyntaf yn y byd i ddarlledu a derbyn signalau radio.

Gweledigaeth, gwybodaeth dechnegol a phen busnes Guglielmo Marconi (1874–1937), yn adeiladu ar ddarganfyddiad Hughes/Hertz, oedd y prif ysgogiad, uwchlaw popeth, i ddatblygiad radio. Gwelwyd potensial y system **delegraff** a batentwyd gan Marconi ym Mai 1897 pan lwyddodd Marconi, ac yntau yn gweithio'n agos â **William Preece**, prif beiriannydd y Swyddfa Bost, i drosglwyddo signalau radio ar draws y dŵr, o drwyn Larnog (**Sili**) ger **Penarth** i Ynys Echni (gw. **Ynysoedd**) a Bream Down yng Ngwlad yr Haf. Yn ddiweddarach cododd Marconi yr orsaf radio bwerus yn **Waunfawr** (1914–38), a oedd i chwarae rhan bwysig yn natblygiad cyfathrebu radio rhyngwladol.

Y cyfraniad mwyaf arwyddocaol gan Gymro at drosglwyddo gwybodaeth yn niwedd yr 20g. oedd gwaith **Donald Davies** yn dyfeisio switsio pecynnau, sail pob trosglwyddo data ar gyflymder uchel.

Cymharol ychydig o bresenoldeb a fu gan y gwyddorau ffisegol yng Nghymru y tu allan i fyd ffurfiol Prifysgol Cymru, ond yn y *Proceedings of the South Wales Institute of Engineers* ceir defnydd arwyddocaol ar gymhwyso gwyddoniaeth ffisegol at ddibenion diwydiant a **pheirianneg**. Dau gorff sy'n dod â'r gwyddorau ffisegol yn nes at y cyhoedd yn gyffredinol yw Cymdeithas Wyddonol Caerdydd, a sefydlwyd yn 1926, a'r ganolfan wyddoniaeth ryngweithiol boblogaidd, **Techniquest**, a agorwyd yng Nghaerdydd yn 1986.

## GWYLMABSANT

Gŵyl nawddsant plwyf a fyddai'n aml yn parhau am wythnos gyfan. Er i'r wedd grefyddol wanhau ar ôl y **Diwygiad Protestannaidd**, cadwodd y gwyliau eu poblogrwydd fel cyfarfodydd a nodweddid gan chwaraeon, gloddesta, canu ac ymladd (yn aml rhwng llanciau gwahanol **blwyfi**). Roedd **dawnsio** yn aml yn rhan o'r dathliadau a theithiai cerddorion crwydrol o'r naill ŵyl i'r llall i gyfeilio ynddynt. Daeth ffeiriau i gael eu cysylltu â'r gwylmabsantau gan eu goroesi yn aml fel achlysuron cymdeithasol pwysig; edwino a wnaeth y gwyliau yn y 18g. a'r 19g. pan ddaeth eu miri afreolus dan lach y diwygwyr crefyddol. A chynifer â 60 o hen eglwysi plwyf Cymru wedi'u cysegru i **Dewi Sant**, daeth ei wylmabsant ef, 1 Mawrth, yn ŵyl genedlaethol.

## GWYLLIAID COCHION MAWDDWY

Roedd gan gwmwd **Mawddwy** yr enw o fod y lle mwyaf didrefn ac afreolus yng Nghymru, a diau mai dyna pam y'i hymgorfforwyd, dan y **Deddfau 'Uno'**, yn rhan o **Sir Feirionnydd**, sir a oedd wedi'i hen sefydlu, yn hytrach na **Sir Drefaldwyn**, a oedd yn newydd. Ym Mawddwy y gweithredai'r Gwylliaid pengoch, gan greu helynt trwy ysbeilio a lladrata. Ar 12 Hydref 1555 llofruddiwyd Lewis Owen (Y Barwn Owain) o Blas-yn-dre, **Dolgellau**, gan wyth ohonynt yn Nugoed Mawddwy pan oedd ar ei ffordd adref o'r brawdlys yn y **Trallwng**; rhoddwyd dedfryd o farwolaeth ar ei lofruddion yn Llys y Sesiwn Fawr (gw. **Cyfraith**). Tyfodd llawer o draddodiadau ar lafar gwlad o gwmpas yr hanes a daeth cerdd **I. D. Hooson** am yr achlysur yn boblogaidd. Ailgodwyd Plas-yn-dre yn y **Drenewydd** yn 1885.

## GWYN, Richard neu Rhisiart (Richard White; m.1584) Merthyr a bardd

Ganed Richard Gwyn yn **Llanidloes** a'i fagu'n Brotestant. Ar ôl cael addysg yn **Rhydychen** symudodd i ardal **Wrecsam**, lle bu'n ysgolfeistr a lle trodd yn Babydd (gw. **Catholigion Rhufeinig**). Fe'i herlidiwyd gan yr awdurdodau oherwydd ei gefnogaeth i offeiriaid cenhadol, a bu'n rhaid iddo symud nifer o weithiau i'w hosgoi. Fe'i daliwyd yn 1579 ond llwyddodd i ddianc; fe'i harestiwyd eto yn 1580 a'i garcharu hyd nes iddo gael ei ddienyddio yn 1584 – y merthyr Catholig cyntaf yng Nghymru (gw. **Merthyron Catholig**). Canodd bum 'carol', sef cerddi ar fesur yr awdlgywydd yn hyrwyddo'r ffydd Gatholig; fe'u cyhoeddwyd yn 1600. Canoneiddiwyd Gwyn yn 1970.

## GWYNEDD Sir (262,224ha; 116,843 o drigolion)

Sefydlwyd y sir yn 1974 ar ôl diddymu'r hen **siroedd**. Roedd yn cynnwys Sir Fôn (gw. **Môn**) a **Sir Gaernarfon**, ochr ddwyreiniol Dyffryn **Conwy** (a oedd gynt yn rhan o **Sir Ddinbych**), a **Sir Feirionnydd** yn gyfan ac eithrio **Edeirnion** (a ddaeth yn rhan o sir newydd **Clwyd**). Rhannwyd y sir yn ddosbarthau Môn, **Arfon**, **Aberconwy**, **Dwyfor** a **Meirionnydd**.

Arweiniodd ad-drefnu pellach yn 1996 at leihau cryn dipyn ar Wynedd. Daeth Môn yn sir ar wahân a daeth Aberconwy yn rhan o fwrdeistref sirol **Conwy**. Felly roedd y sir newydd yn cynnwys yr hyn a fu gynt yn Arfon, Dwyfor a Meirionnydd, dosbarthau a ddiddymwyd yn sgil sefydlu Gwynedd yn awdurdod sirol unedig. Fel rhanbarth Cymreiciaf Cymru, bu sir Gwynedd, yn ei dwy ffurf fel ei gilydd, yn flaengar yn ei defnydd o'r **Gymraeg**. Yn 2001 roedd 76.11% o drigolion Gwynedd yn medru rhywfaint o Gymraeg ac roedd 60.63% yn gwbl rugl yn yr iaith – y canrannau uchaf yng Nghymru (gw. hefyd **Arthog**, **Caernarfon** a **Llanuwchllyn**).

## GWYNEDD Teyrnas a thywysogaeth

**Gwynedd** fel arfer oedd y deyrnas rymusaf yng Nghymru, yn bennaf oherwydd fod amddiffynfeydd naturiol **Eryri** yn ei gwneud yn hawdd ei hamddiffyn. **Maelgwn Gwynedd**, yn hanner cyntaf y 6g., oedd arweinydd mwyaf pwerus Cymru. Caiff y brenin Cadfan o flynyddoedd cynnar y 7g. ei goffáu yn Llangadwaladr (**Bodorgan**) ger llys brenhinol **Aberffraw**; fe'i disgrifir fel 'y doethaf a'r enwocaf o'r holl frenhinoedd'. Bu ei olynydd, **Cadwallon**, yn ymgiprys ag arweinwyr

Northumbria am reolaeth dros yr hyn a ddaeth yn ogledd **Lloegr**; cafodd beth llwyddiant, ond fe'i lladdwyd yn 634.

Yn 825 sefydlodd **Merfyn Frych** linach newydd. Daeth ei fab a'i olynydd, **Rhodri Mawr**, â **Phowys** a **Seisyllwg** o dan ei reolaeth; ef hefyd oedd y cyntaf o blith arweinwyr Cymru i wrthsefyll ymosodiadau'r **Llychlynwyr**. Lladdwyd Rhodri yn 878 ac mae'n bosibl fod rhyw fath o frenhiniaeth Lychlynnaidd yn tra-arglwyddiaethu ar Wynedd yn niwedd y 10g. ac yn nechrau'r 11g. Daeth adfywiad o dan arweiniad **Gruffudd ap Llywelyn** (m.1063), rhyfelwr a ymestynnodd ei awdurdod dros Gymru benbaladr. Yn dilyn marwolaeth ei hanner brawd, **Bleddyn ap Cynfyn**, yn 1075 ceisiodd y Norman Robert o Ruddlan gipio Gwynedd. Lladdwyd Robert yn ei dro ac erbyn diwedd y ganrif roedd **Gruffudd ap Cynan**, o linach Rhodri Mawr, wedi adennill ei etifeddiaeth ar ôl goroesi ymosodiad gan y **Normaniaid** yn 1098.

O dan arweiniad Gruffudd, ymestynnwyd ffiniau'r deyrnas; fe'i holynwyd yn 1137 gan ei fab, **Owain Gwynedd**, a pharhaodd Gwynedd i ehangu. Yn dilyn marwolaeth Owain yn 1170 bu ei feibion yn ymryson am y grym a fuasai gan eu tad; yn y diwedd daeth y frenhiniaeth i feddiant **Dafydd ab Owain Gwynedd**, ond yn ystod y 1190au cafodd ef a'i frawd Rhodri eu herio gan eu nai, **Llywelyn ap Iorwerth** Drwyndwn. Erbyn 1200 roedd y rhan fwyaf o Wynedd o dan reolaeth Llywelyn. Ei ddau nod ef oedd cyflwyno tywysogaeth unedig i ofal ei fab, **Dafydd ap Llywelyn**, a chael ei gydnabod gan goron Lloegr yn uwcharglwydd dros yr holl arweinwyr Cymreig eraill. Ni lwyddodd i gyflawni hyn, a phan fu farw yn 1240 chwalodd y drefn a grëwyd ganddo, gan fod ei pharhad yn dibynnu cymaint ar ei bersonoliaeth ef ei hun.

Gorfodwyd Dafydd i gefnu ar y rhan fwyaf o'r hyn a gyflawnodd ei dad. Ar ei farwolaeth yn 1246 rhannwyd Gwynedd rhwng dau nai iddo, Owain a **Llywelyn ap Gruffudd**. **Cytundeb Woodstock** yn 1247 oedd isafbwynt rhawd Gwynedd cyn 1282. Ond o dan arweiniad Llywelyn, a ddaeth yn unig dywysog Gwynedd yn 1255, cafwyd cynnydd cyson, gan gyrraedd uchafbwynt pan gafodd Llywelyn ei gydnabod yn dywysog Cymru gan Harri III trwy **Gytundeb Trefaldwyn** (1267). Roedd tra-arglwyddiaeth Gwynedd ar y Gymru frodorol bellach wedi ei chydnabod, ond arweiniodd cyfres o argyfyngau yn y berthynas rhwng Cymru a Lloegr yn y 1270au at ddau ryfel Edward I yng Nghymru (gw. **Goresgyniad Edwardaidd**), a marwolaeth Llywelyn yn 1282, dienyddiad ei frawd **Dafydd ap Gruffudd** flwyddyn yn ddiweddarach a diwedd ar annibyniaeth Cymru, a oedd wedi dod yn gyfystyr â llwyddiant Gwynedd a'i rheolwyr.

## GWYNEDDIGION, Cymdeithas y

Sefydlwyd y gymdeithas lenyddol a diwylliannol hon yn **Llundain** yn 1770. Er gwaethaf ei henw, roedd yn agored o'r dechrau i bob gogleddwr ac yn fuan iawn roedd croeso i frodorion o Gymru gyfan. Ei llywydd cyntaf ac un o'i noddwyr pennaf oedd **Owen Jones** (Owain Myfyr). Roedd Iolo Morganwg (**Edward Williams**) hefyd yn aelod. Ef, gyda'i ddiddordeb ysol yn y gred mai **Madog ab Owain Gwynedd** a ddarganfu America, a gymhellodd y gymdeithas i godi arian i anfon **John Evans**, **Waunfawr** (1770–99), ar drywydd yr 'Indiaid Cymreig'. Roedd gan y gymdeithas ei llyfrgell ei hun a noddai **lenyddiaeth** trwy roi gwobr flynyddol o fedal arian. Bu'n cefnogi eisteddfodau (gw. **Eisteddfod**) yng Nghymru, a thrwy ei nawdd hi cyhoeddwyd nifer o destunau llenyddol, megis *Barddoniaeth Dafydd ab Gwilym* (1789) a ***The Myvyrian Archaiology of Wales*** (1801–7). Cyfunwyd cymdeithas gyntaf y Gwyneddigion â chymdeithas y **Cymreigyddion**, ond sefydlwyd cymdeithas newydd y Gwyneddigion yn Llundain yn 1978.

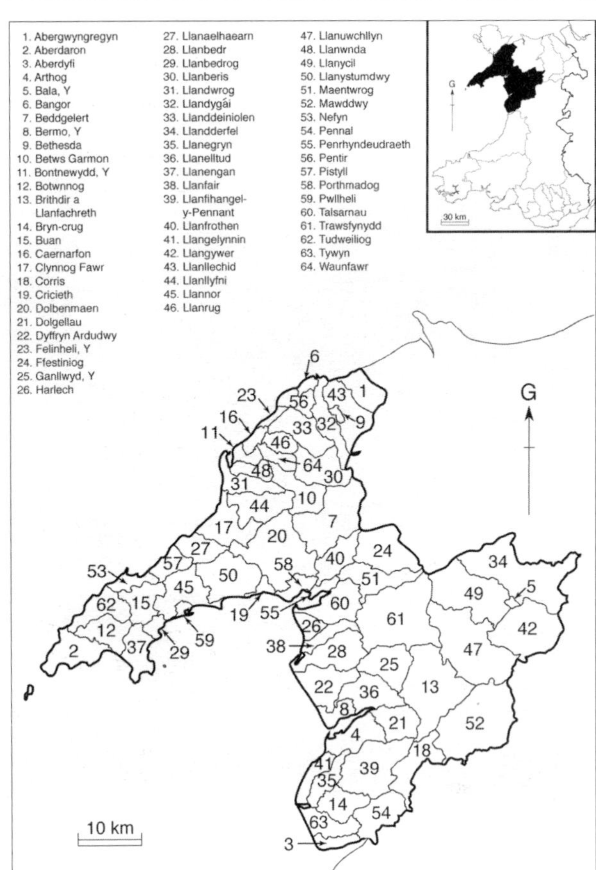


Cymunedau Gwynedd

## GWYNIONYDD Cwmwd

Ymestynnai Gwynionydd, un o'r deg **cwmwd** yng **Ngheredigion**, ar hyd glan ogleddol afon **Teifi**. Roedd yn cynnwys Rhuddlan Teifi, sef y man, yn ôl y **Mabinogion**, lle croesawodd **Pryderi** y dewin **Gwydion**.

## GWYNLLŴG Cantref

Roedd Gwynllŵg, i'r dwyrain o afon **Rhymni**, yn un o gantrefi **Glywysing**, er ei bod yn ymddangos iddo fod, ar adegau, yn uned wleidyddol ar wahân. Fe'i cipiwyd gan y **Normaniaid**, a daeth yn eiddo i deuluoedd **Clare**, **Audley** a **Stafford** yn eu tro. Câi'r **cantref** ei alw'n aml yn arglwyddiaeth **Casnewydd**, ac aeth i feddiant y Goron yn 1521 a dod yn rhan o **Sir Fynwy** yn 1536. Gwastadeddau Gwynllŵg yw'r tiroedd corsiog rhwng **Caerdydd** a Chasnewydd (gw. **Gwastadeddau Gwent**).

## GWYNLLŴG (Wentloog), Casnewydd (1,593ha; 720 o drigolion)

Mae'r **gymuned** hon, sydd yr ochr draw i aber afon **Ebwy** yn union i'r gorllewin o **Gasnewydd**, yn cwmpasu Gwastadedd Gwynllŵg ac fe'i croesir gan rwydwaith o ffosydd sy'n

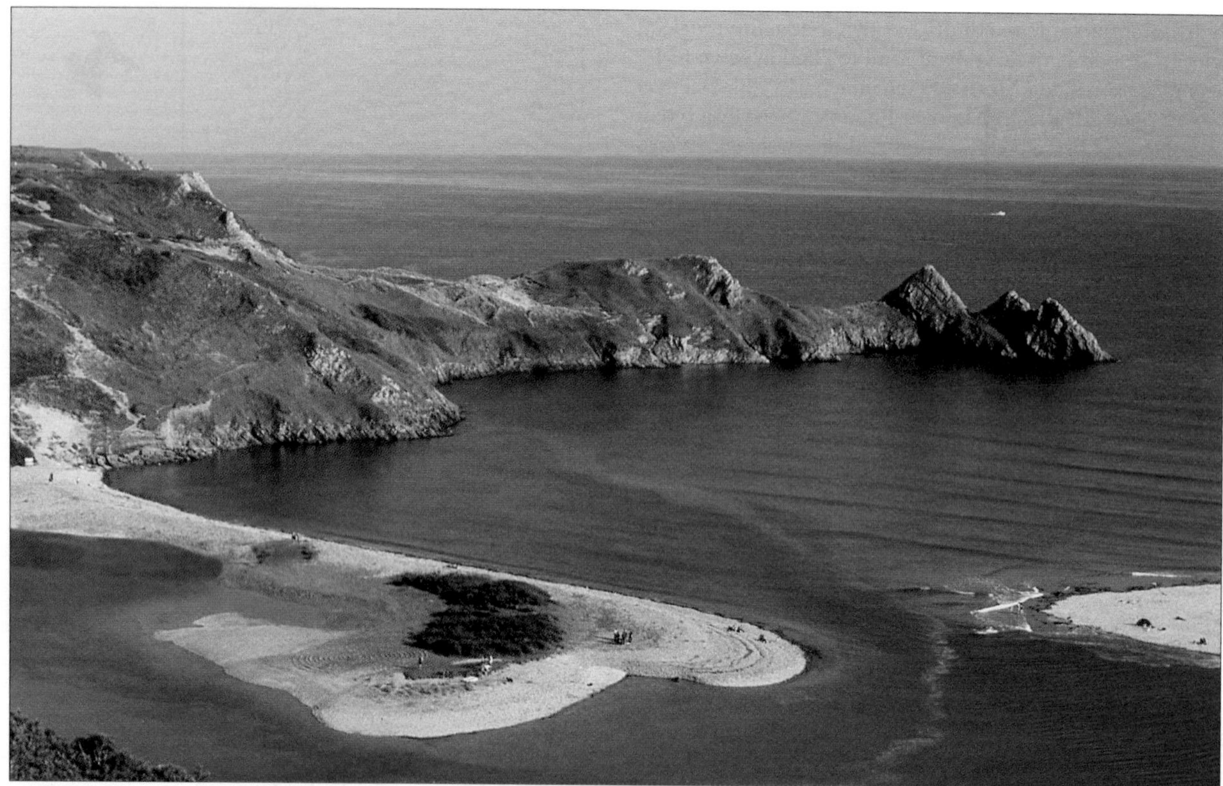

Three Cliffs Bay yng Ngŵyr

draenio'r tir. Mae'r enw yn dwyn i gof **gantref** canoloesol **Gwynllŵg**, yr ardal rhwng afonydd **Rhymni** ac **Wysg**. Cyn i **blwyfi** sifil gael eu diddymu yn 1974 roedd yn cynnwys plwyfi Llan-bedr Gwynllŵg a Llansanffraid Gwynllŵg. Roedd Eglwys Sant Pedr ar un adeg yn perthyn i Abaty Sant Awstin, Bryste. Dyma'r eglwys Berpendicwlar harddaf yng **Ngwent**, gyda'i thŵr gorllewinol urddasol, ei harcedau cymesur a'i tho deniadol a gynhelir gan drawstiau gordd. Mae'r tir corsiog, nad yw'n codi fawr ddim uwchlaw lefel y môr, wedi achosi i Eglwys San Ffraid Gwynllŵg suddo; mae ei thŵr o'r 15g. ar ogwydd rhyfedd. Mae llechen yn y porth, 1.7m uwchlaw'r ddaear, yn cofnodi uchder gorlif mawr 1606 (1607 yn ôl y cyfrif modern) a achoswyd, yn ôl un ddamcaniaeth, gan tswnami (gw. **Daeargrynfeydd**). Saif Goleudy Gorllewin Wysg, a godwyd yn 1821 i dywys **llongau** i gyfeiriad Casnewydd, 2km i'r dwyrain o Lansanffraid. Trawsnewidiwyd y goleudy yn westy diddorol.

**GWYNN, Eirwen (1916–2007)** Llenor ac awdur gweithiau gwyddonol, a **GWYNN, Harri (1913–85)** Bardd a darlledwr

Eirwen Gwynn (*née* Eirwen Meiriona St John Williams), a aned yn **Lerpwl** a'i magu yno ac yn **Llangefni**, oedd y fenyw gyntaf i ennill doethuriaeth mewn ffiseg ym **Mangor** a hynny yn 1940. Cafodd yrfa amrywiol a ddaeth i ben gyda chyfnod yn athro-drefnydd gyda **Chymdeithas Addysg y Gweithwyr**. Cyhoeddodd nifer o lyfrau ac erthyglau ar bynciau gwyddonol ynghyd â nofelau a chyfrolau o straeon ac ysgrifau. Darlledodd yn helaeth, ac roedd yn amlwg fel ymgyrchydd dros y **Gymraeg**. Bu ei gŵr, Harri Gwynn, a aned yn **Llundain** a'i fagu ym **Mhenrhyndeudraeth**, yn was sifil, yn ffermwr, yn newyddiadurwr ac yn ddarlledwr. Disgrifiodd y cyfnod a dreuliodd ef a'i wraig yn ffermio yn Rhos-lan (**Llanystumdwy**) mewn cyfrol o ysgrifau doniol, *Y Fuwch a'i Chynffon* (1954). Yn **Eisteddfod** Genedlaethol **Aberystwyth** yn 1952 gwrthododd **W. J. Gruffydd** a'i gyd-feirniaid wobrwyo ei bryddest 'Y Creadur', penderfyniad a achosodd gryn ddadlau. Yn niwedd y 1930au bu Harri Gwynn a'i ddarpar wraig yn weithgar gyda'r mudiad **Gwerin**.

**GWYNNE, Rowland (*c.*1658–1726)** Gwleidydd

Roedd Syr Rowland Gwynne o **Lanelwedd** yn aelod seneddol **Sir Faesyfed** o 1679 hyd 1698. Roedd yn Chwig y canwyd ei glodydd gan Macaulay, ac yn 1696 cynigiodd yn llwyddiannus y dylid tyngu llw o deyrngarwch i William III. Ni allai drin arian, a bu farw'n fethdalwr yng ngharchar y Fflyd.

**GWYNNE-VAUGHAN, David Thomas (1871–1915)** Botanegydd

Ganed Gwynne-Vaughan yn **Llanymddyfri**, yn aelod o deulu Gwyniaid Glanbrân. Wedi cael ei addysg yng **Nghaergrawnt**, aeth ati i wneud gwaith ymchwil yn labordy Jodrell yn Kew, ac aeth ar ddwy daith i blanigfeydd rwber yr Amason, cyn cael ei benodi yn ddarlithydd botaneg yn Glasgow. Yn 1897, aeth ar deithiau botanegol i ddwyrain Asia, a dod wedyn yn Athro botaneg yn Belfast (1909) a Reading (1914). Arbenigai mewn anatomi **planhigion**, yn arbennig felly bôn-gelloedd rhedyn a rhedyn ffosil.

**GŴYR** Cwmwd, arglwyddiaeth, dosbarth ac etholaeth

Perthynai **cwmwd** Gŵyr, a orweddai rhwng afonydd **Llwchwr** a **Thawe**, i **Ystrad Tywi** a daeth yn rhan o deyrnas **Deheubarth**. Roedd yn cynnwys y penrhyn (Gŵyr Is Coed) y nodweddid ei ran ddeheuol islaw Cefn Bryn gan drefn y **faenor** yn dilyn

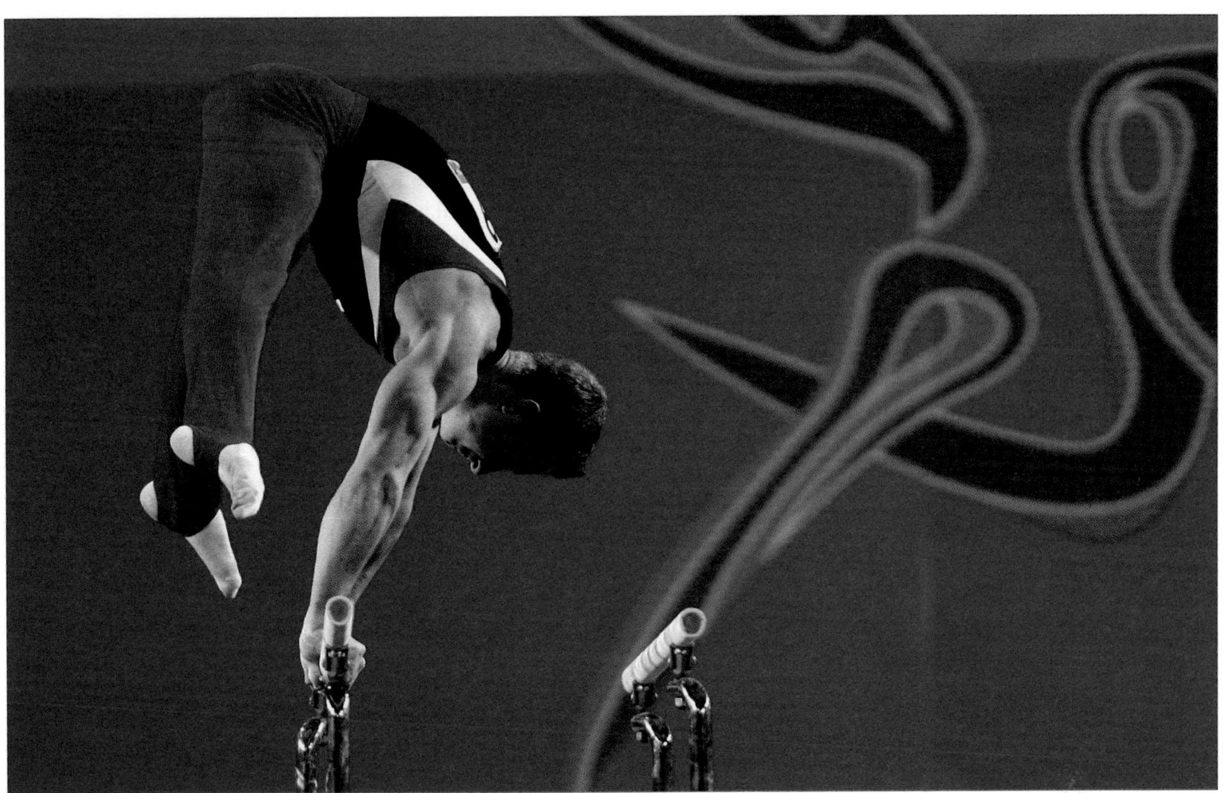

Gymnasteg: David Eaton yn cynrychioli Cymru yng Ngemau'r Gymanwlad, Melbourne, 2006

dyfodiad ymfudwyr o **Loegr**, a'r gweundir (Gŵyr Uwch Coed) a oedd ym meddiant y Cymry ac a oedd yn ymestyn cyn belled â'r **Mynydd Du** (**Sir Gaerfyrddin** a **Phowys**).

Goresgynnwyd Gŵyr gan Henry de Beaumont, iarll Warwick, *c.*1100 a daeth yn un o arglwyddiaethau'r **Mers**. Daeth Cilfái, ar lan ddwyreiniol afon Tawe, yn rhan o'r arglwyddiaeth, a thyfodd **Abertawe** i fod yn brif ganolfan iddi. Yn gynnar yn y 13g. daeth Gŵyr a Chilfái i feddiant teulu de Breos (gw. **Breos, Teulu**) ac arhosodd ym meddiant eu disgynyddion hyd 1480. Yn ddiweddarach daeth i feddiant teulu **Somerset**, sy'n esbonio amlygrwydd dugiaid Beaufort yn hanes Gŵyr ac Abertawe. Trwy'r **Deddfau 'Uno'**, unwyd Gŵyr a Chilfái ag arglwyddiaeth **Morgannwg** i greu **Sir Forgannwg**.

O 1894 hyd at ei gynnwys yn nosbarth Abertawe yn 1974, roedd gan y penrhyn ei gyngor ei hun fel dosbarth gwledig Gŵyr. Sefydlwyd etholaeth Gŵyr, sy'n cynnwys y rhan fwyaf o'r hen gwmwd, yn 1918. Mae llawer o'r penrhyn wedi'i ddynodi yn Ardal o Harddwch Naturiol Eithriadol, yr ardal gyntaf ym **Mhrydain** i dderbyn statws o'r fath. Mae llawer o swyn y penrhyn i'w briodoli i'w **ddaeareg**. Gwastadedd Calchfaen Carbonifferaidd (gw. **Calchfaen**) ydyw'n bennaf. Mae baeau ei arfordir deheuol yn hyfryd, ac mae'r clogwyni yn cynnwys ogofâu o ddiddordeb archaeolegol mawr (gw. **Rhosili**). Mae'r gefnen ar hyd yr arfordir gogleddol yn edrych dros gorsydd aber **Llwchwr**, sy'n gyforiog o **adar** ymfudol a chocos (gw. **Pysgod a Physgota**). Sefydlwyd Cymdeithas Gŵyr yn 1948.

## GWYRFAI Cymydau a dosbarth gwledig

Is Gwyrfai ac Uwch Gwyrfai, o boptu afon Gwyrfai, oedd y ddau **gwmwd** yng nghantref **Arfon**. O 1894 hyd 1974 roedd Gwyrfai yn un o ddosbarthau gwledig **Sir Gaernarfon**.

## GYMNASTEG

Y mae wedi'i hen gydnabod bod gweithgarwch gymnastig rheolaidd yn fuddiol ar gyfer magu cryfder, nerth, ystwythder a chydbwysedd, ond dim ond yng nghanol y 19g. y dechreuwyd cynnal cystadlaethau gymnastig ffurfiol yng Nghymru. Arweiniodd twf chwaraeon ffurfiol at ddatblygu gymnasteg mewn ysgolion a cholegau a daeth arddangosfeydd a chystadlaethau yn fwyfwy poblogaidd. Gwelwyd cystadlaethau barrau llorwedd, rhaffau a barrau cyflin yng ngŵyl Olympaidd **Llandudno** yn 1866, ac yn 1874 cyhoeddodd y *North Wales Chronicle* nad oedd dim iachach na mwy adfywhaol i'r corff dynol nag ymarfer gymnastig.

Yn 1902 sefydlwyd Cymdeithas Gymnasteg Amatur Cymru (WAGA) i hyrwyddo'r gamp yn genedlaethol. Cafwyd llwyddiant rhyngwladol yn fuan, yn arbennig gan y rhyfeddol **Arthur Whitford** o **Abertawe**, a enillodd 17 o deitlau rhwng diwedd y 1920au a'r 1950au cynnar, gan gynnwys medalau aur y Gemau Olympaidd a Phencampwriaethau'r Byd. Yn y cyfnod hwn athletwyr o Gymru a oedd ar flaen y gad mewn gymnasteg ym **Mhrydain**, diolch yn bennaf i hyfforddwyr o'r radd flaenaf, fel Walter Standish o glwb Abertawe. Daeth gwelliant pellach yn sgil cwrs hyfforddi dwys yn 1949, ac yn 1952 roedd hanner tîm gymnasteg Olympaidd Prydain yn dod o Gymru.

Yn dilyn cyfnod cymharol dawel i'r gamp yn rhyngwladol wedi'r rhyfel, denodd perfformiadau cyfareddol y ferch o Rwsia, Olga Korbut, yng Ngemau Olympaidd Munich yn 1972 sylw mawr i gymnasteg, a dechreuodd miloedd o blant a phobl ifainc gymryd rhan yn y gamp yng Nghymru.

Mae'r brwdfrydedd wedi parhau, ac yn 2007 roedd dros 80 o glybiau bellach yn perthyn i WAGA. Cynhelir pencampwriaethau amatur yn flynyddol, sy'n darparu ar gyfer gymnasteg artistig, acrobateg, gymnasteg rhythmig, aerobeg, trampolinio a gymnasteg gyffredinol (gan gynnwys anghenion arbennig) i ddynion a **menywod**.

### *GYMRAEG MEWN ADDYSG A BYWYD, Y*

Adroddiad pwysig yn hanes yr ymdrech i sicrhau statws swyddogol i'r iaith **Gymraeg**. Yn 1925 sefydlodd y Bwrdd Addysg bwyllgor i ymchwilio i le'r iaith yn ysgolion Cymru. Ond gydag unigolion fel **W. J. Gruffydd** a **D. Lleufer Thomas** ymhlith aelodau'r pwyllgor, roedd yn anochel y byddai'r adroddiad, pan gyhoeddwyd ef yn 1927, yn mynd y tu hwnt i'r cyfarwyddyd, gan ddisgrifio a dadansoddi'r sefyllfa ieithyddol nid yn unig ym myd **addysg** ond ym myd y **gyfraith** ac ym maes **darlledu** hefyd. Roedd y darlun yn un damniol. Dadleuai'r adroddiad mai du fyddai dyfodol yr iaith heb fesurau radical a di-oed i wella'r sefyllfa. Ymhlith yr argymhellion yr oedd dosbarthu ysgolion a'u polisïau iaith yn dri chategori yn ôl eu hamgylchedd ieithyddol a diwylliannol, diddymu 'cymal iaith' y **Deddfau 'Uno'** a darparu cyfieithiad Cymraeg o amryfal ffurflenni cyfreithiol. Er mai ymateb negyddol a gafwyd i'r adroddiad gan sawl un o adrannau'r **llywodraeth** a chan lawer o awdurdodau lleol, llwyddodd i balmantu'r ffordd ar gyfer datblygiadau allweddol. Y pwysicaf o'r datblygiadau hynny oedd sefydlu ysgolion Cymraeg swyddogol maes o law, er nad oedd yr adroddiad yn argymell sefydlu'r fath ysgolion, yn bennaf oherwydd ofnau y byddent yn arwain at wneud yr iaith yn ymylol mewn ysgolion eraill.

# H

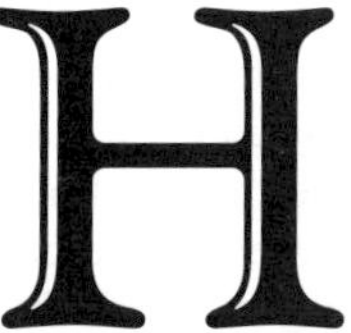

Prysurdeb Merthyr Tudful: Thomas Hornor, *Rollings Mills*, *c.*1817

## HAEARN, Gwaith

Rhoddodd y gallu i siapio **haearn**, un o fetelau mwyaf cyffredin y ddaear, a metel sydd o hyd yn hanfodol i wareiddiad cyfoes, fantais chwyldroadol i'r bobloedd gynhanesyddol a ddefnyddiai haearn o'u cymharu â'r rhai a ddefnyddiai **gopr** ac efydd. (Gw. **Oesau Cynhanesyddol**: Oes Haearn ac Oes Efydd.)

Ymhlith y gwrthrychau haearn hynaf i'w darganfod ym **Mhrydain** y mae rhan o gleddyf o *c.*600 CC a ddarganfuwyd yn 1908 yn Llyn Fawr uwchben Cwm **Rhondda** (y **Rhigos**). Darganfuwyd gwrthrychau eraill o'r Oes Haearn, yn eu plith bentan Capel Garmon (**Bro Garmon**), sydd erbyn hyn yn **Amgueddfa [Genedlaethol] Cymru**, a'r casgliad a ganfuwyd yn Llyn Cerrig Bach (**Llanfair-yn-neubwll**) yn 1942, sy'n tystio mor ganolog oedd **Môn** i **grefydd** y **derwyddon**. Rhoddai'r **gyfraith** Gymreig bwyslais ar statws y gof, gan gadarnhau ei hawl i diroedd rhydd, defnydd o'r felin frenhinol a breintiau eraill.

Câi haearn addurnol ei greu trwy ofanu, sef curo metel poeth ar einion i greu siapiau. Pan ddaeth dyfeisiadau mwy diweddar i fireinio'r gwaith o gastio haearn, addaswyd llawer o batrymau a siapiau arferol yr efail i greu mowldinau newydd.

Yn y 18g. gwelwyd bod modd defnyddio haearn at ddibenion newydd mewn **pensaernïaeth**, boed hynny wrth godi tai neu adeiladau diwydiannol. Daeth yn ffasiynol addurno plastai gyda balconïau haearn, ferandas, gatiau a lleoedd tân. Gofaint haearn gorau Cymru oedd teulu **Davies** o **Esclusham**. Câi strwythurau defnyddiol eu hadeiladu yn rhannol o haearn a'u haddurno â haearn hefyd. Er enghraifft, gwnaethpwyd cadwynau pier cyntaf Brighton (1823) gan waith cadwynau Brown Lenox ym **Mhontypridd**. Roedd marchnad fyd-eang i reiliau haearn Cymru; yn wir, mae'n debyg mai ar reilen yn dwyn y llythrennau GL (Guest Lewis, nod masnach Dowlais (gw. **Guest, Teulu**)) y bu farw Anna Karenina. Yn ddiweddarach yn y 19g. adeiladwyd naw o **bierau** mewn trefi gwyliau Cymreig, a cheid ffynhonnau, dodrefn stryd, ferandâu, balconïau, stondinau band a **chlociau** coffa wedi eu gwneud o haearn.

Un o brif gynllunwyr haearn Prydain yn y 19g. oedd **Owen Jones** (1809–74), un o Gymry **Llundain**; ef oedd arolygwr Arddangosfa Fawr 1851 ac awdur y gyfrol ddylanwadol *The*

*Grammar of Ornament* (1856). Daeth dylanwadau o'r gorffennol a motiffau imperialaidd ynghyd i greu cyfuniad rhyfedd o wahanol ffurfiau a gâi eu defnyddio i addurno mewn ffyrdd newydd. Yn ystod yr **Ail Ryfel Byd** collwyd llawer o'r dodrefn stryd, y gatiau a'r rheiliau wrth i apêl gael ei gwneud am fetel sgrap i ddibenion y rhyfel – er na ddefnyddiwyd llawer ohono. Ar ddiwedd yr 20g., dan arweiniad David Petersen (gw. **Jack Petersen**) a'i feibion, gwelwyd adfywiad mewn gwaith haearn artistig yng Nghymru.

## HAEARN A DUR

Ceir mwyn haearn yng Nghymru ar dair lefel yn y golofn ddaearegol (gw. **Daeareg**): mwynau öolitig bylchog sydd i'w cael yn rhyngwelyog â chreigiau gwaddod Ordofigaidd (caent eu cloddio yma ac acw ym **Môn** a **Gwynedd**); gwythiennau o hematit yn y **Calchfaen** Carbonifferaidd, yn enwedig yng nghyffiniau **Llanhari**; a haearnfaen clai yn y Cystradau **Glo**, a fu, ynghyd â'r glo a'r calchfaen, yn bennaf cyfrifol am leoliad prif ganolfannau'r diwydiant haearn yng Nghymru. Ar rimyn gogleddol maes glo'r de, ac yn yr ardal yn union i'r gogledd o **Bont-y-pŵl**, arweiniodd helaethrwydd a hygyrchedd yr haearnfaen at ddatblygiad mwyngloddiau brig neu 'batsys' yn gynnar yn hanes y diwydiant.

Cynyddodd cynnyrch y diwydiant haearn ym **Mhrydain** o'r 16g. ymlaen yn dilyn mabwysiadu'r ffwrnais chwyth. Yn wir, yn ail hanner yr 16g. hawliai cerdd enwog fod y ffwrneisiau hyn a losgai siarcol yn gyfrifol am ddatgoedwigo **Cwm Cynon**. Fodd bynnag, ni ddaeth cynhyrchu haearn yn ddiwydiant o bwys yng Nghymru hyd ddiwedd y 18g., pan ddechreuodd diwydianwyr ddefnyddio golosg ar raddfa helaeth yn danwydd mwyndoddi, dull a arloeswyd gan Abraham Darby yn Coalbrookdale, **Swydd Amwythig**. Yn 1840 câi 36.2% o'r haearn crai ym Mhrydain ei fwyndoddi yn y 26 o weithfeydd rhwng **Hirwaun** a Phont-y-pŵl. Ym **Merthyr Tudful**, y brif ganolfan, cynhyrchai pedwar o'r gweithfeydd hyn – Dowlais (1748), a ddatblygodd i fod y mwyaf yn y byd, ac a gyflogai tua 5,000 o weithwyr efallai yn 1850, Plymouth (1763), Cyfarthfa (1765) a Phenydarren (1784) – dros 30% o gyfanswm yr ardal yn gyson. Sicrhâi'r arian mawr a fuddsoddwyd yn y rhan fwyaf o weithfeydd y de fod modd defnyddio'r dulliau cynhyrchu diweddaraf, ac wrth arbenigo – yn enwedig mewn cynhyrchu bariau haearn trwm ar gyfer **rheilffyrdd** Prydain a'r byd – daeth yr ardal i amlygrwydd fel prif ganolfan cynhyrchu haearn y byd rhwng 1820 ac 1850.

Cynhyrchu swmp o haearn oedd nodwedd amlycaf y diwydiant ym maes glo'r de, ac ni sefydlwyd yno weithdai fel yn achos lleoedd fel Birmingham a Sheffield, lle cynhyrchid nwyddau a wnaed o haearn, megis peiriannau, taclau, offer tŷ ac arfau rhyfel. Roedd hyn yn wahanol iawn i'r datblygiadau ym maes glo'r gogledd-ddwyrain lle'r oedd y diwydiant cynhyrchu haearn – a oedd ar raddfa lawer llai – yn fwy soffistigedig o lawer. Roedd hyn yn arbennig o wir am waith haearn y **Bers**, lle'r oedd **John Wilkinson** yn llawn dyfeisgarwch. Gwaith y Bers oedd prif gyflenwr y silindrau haearn bwrw mawr a ddefnyddid ym mheiriannau ager Boulton a Watt. Tyllid y rhain, ar ffurf llawes gron, gan beiriant a ddatblygwyd gan Wilkinson. Daeth gwaith y Bers a'r chwaer- sefydliad ym **Mrymbo** hefyd yn gynhyrchwyr canonau o bwys, gweithgaredd y rhoddodd **Rhyfeloedd y Chwyldro Ffrengig a Rhyfeloedd Napoleon** hwb iddo.

Erbyn diwedd y 19g. roedd dur i raddau helaeth wedi disodli haearn gyr fel prif gynnyrch y diwydiant, wrth i drawsnewidydd Henry Bessemer (1856) a ffwrnais dân agored **Wilhelm Siemens** (a ddatblygwyd yng Nglandŵr, **Abertawe**, yn 1868) wneud cynhyrchu dur ar raddfa fawr yn fenter economaidd (gw. hefyd **Ffwrnais Dân Agored**). Yn 1879 cwblhawyd y trawsnewidiad technolegol yn dilyn cyflwyno'r 'broses fasig' a ddatblygwyd gan Gilchrist a Thomas (gw. **Sidney Gilchrist Thomas**) ym **Mlaenafon**. Dim ond chwech o'r gweithfeydd haearn a fabwysiadodd y trawsnewidydd i gynhyrchu dur – Dowlais, Cyfarthfa, **Glynebwy**, **Rhymni**, **Tredegar** a Blaenafon. Caeodd y gweddill. Oherwydd fod y broses yn dibynnu ar fwyn haearn cyfoethocach, bu'n rhaid mewnforio mwyn, ac felly nid oedd safle ar rimyn gogleddol y maes glo o unrhyw fantais mwyach. Ar wahân i Ddowlais, a barhaodd i gynhyrchu dur hyd 1930, a **Glynebwy**, roedd pob un o'r gweithfeydd mewndirol wedi cau erbyn 1914; dangosodd y symudiad i'r arfordir, a gychwynnwyd pan agorwyd gwaith Dowlais yn **East Moors**, **Caerdydd** (1895), fod y diwydiant yn mynd i gyfeiriad newydd.

Yng ngorllewin y maes glo, yng nghyffiniau **Llanelli**, Abertawe, **Castell-nedd** ac **Aberafan**, gwelwyd twf cynhyrchu dur mewn ffwrneisiau tân agored, cynnyrch a oedd ar ffurf dalenni dur yn bennaf ar gyfer y diwydiant **tunplat**. Erbyn 1914 roedd 28 o weithfeydd dur wedi'u gwasgaru ar hyd a lled yr ardal, ac roedd gan bron pob un ohonynt ei brosesau tunio ei hun. Yn y gogledd, y prif ddatblygiad ddiwedd y 19g. oedd agor gwaith dur **Shotton** (1896) a sefydlwyd gan deulu **Summers**. Cyflogai'r gwaith, a arbenigai ar gynhyrchu dalenni rhychog galfanedig, 3,500 o weithwyr erbyn 1914.

Roedd y **Dirwasgiad** yn ergyd galed i'r diwydiant dur. Dioddefodd Merthyr Tudful yn enbyd yn sgil cau gwaith Dowlais yn 1930, ond Brymbo a ddioddefodd waethaf yn dilyn cau'r gwaith yn 1931, digwyddiad a achosodd i ddiweithdra ymhlith dynion yswiriedig yno agosáu at 90%. Gwellodd y sefyllfa o ganol y 1930au ymlaen. Buddsoddwyd arian mawr yng Nghaerdydd a **Phort Talbot**, ond y prif ddatblygiad oedd adeiladu'r felin strip ddi-dor gyntaf ym Mhrydain yng Nglynebwy. Dewiswyd lleoliad y gwaith, a agorwyd gan gwmni Richard Thomas yn 1937, ar sail anghenion cymdeithasol yn hytrach nag ystyriaethau economaidd. Agorwyd yr ail felin strip ddi-dor yng Nghymru yn Shotton yn 1940.

Yn gynyddol, roedd y gwneuthurwyr dur yn gweld yr angen am yr un math o ad-drefniant ag a oedd yn trawsffurfio'r diwydiant yn yr Unol Daleithiau. Yn 1930 cyfunodd **Guest Keen a Nettlefolds** (GKN) a chwmni Baldwin eu gwaith 'trwm' gan greu Cwmni Haearn a Dur Prydain (Guest Keen a Baldwins). Yn 1945 cyfunodd Richard Thomas â chwmnïau Baldwin gan greu cwmni **Richard Thomas a Baldwin** (RTB), ac yn 1947 sefydlwyd **Cwmni Dur Cymru** gan bedwar prif gwmni dur a thunplat y rhanbarth. Hwn oedd dechrau'r diwedd o ran y dull traddodiadol o gynhyrchu dur ac yn hanes y melinau dalenni dur, ac erbyn canol y 1950au roedd bron pob un o'r hen felinau tunplat wedi cau.

Erbyn y 1960au Cwmni Dur Cymru ym Mhort Talbot (1952) ac RTB yng Nglynebwy (1938) a **Llan-wern** (1962) a oedd yn llywodraethu'r diwydiant cynhyrchu dalenni dur. Gallai eu melinau strip di-dor ymateb i ofynion cynyddol gwneuthurwyr **ceir** a nwyddau ar gyfer y cartref, a sicrhau cynhyrchiant a oedd y tu hwnt i gyrraedd dulliau traddodiadol.

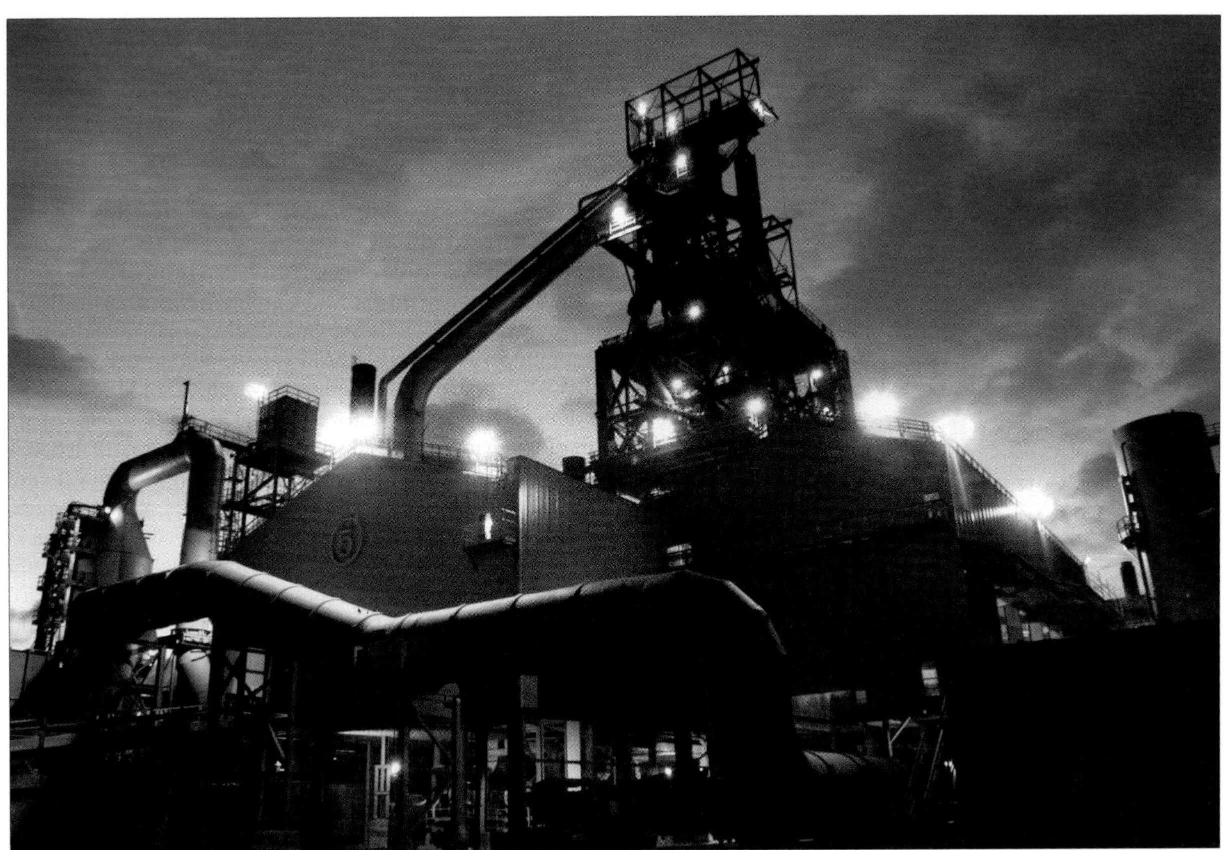

Gwaith Dur Margam, Port Talbot

O ganlyniad i'r ailwladoli yn 1967, crëwyd y Gorfforaeth Ddur Brydeinig (BSC). (Bu gwladoli blaenorol – dros dro – o 1949 hyd 1953.) Yn 1969 agorwyd harbwr dŵr dwfn ym Mhort Talbot, a'i gwnâi'n bosibl i **longau** dros 100,000 o dunelli metrig fewnforio mwynau o radd uchel o wledydd fel **Awstralia** a Brasil. Gorfodwyd y Gorfforaeth i wella fwyfwy ei gallu i gystadlu'n rhyngwladol, trwy arloesi'n dechnolegol a diswyddo gweithwyr. Roedd dyfodiad castio di-dor ym Mhort Talbot yn 1982, ac yn Llan-wern yn 1988, yn arwydd o'r gwella cyson a fu yn hanes technoleg cynhyrchu dur, gwelliant a fu'n gyfrifol am ddyblu, bron, gynhyrchiant y gweithlu rhwng 1979 ac 1985. O ganlyniad, cyrhaeddodd y broses o ddiswyddo gweithwyr, a oedd wedi cychwyn yng nghanol y 1960au, ei huchafbwynt rhwng 1980 ac 1985, pan ddiswyddodd y Gorfforaeth tua 32,000 o weithwyr. Yn 1970 gweithiai bron i 80,000 yn y diwydiant yn y de; roedd y cyfanswm hwnnw wedi gostwng i 22,000 erbyn 1985 ac i 8,000 erbyn 2004.

Pan breifateiddiwyd Dur Prydain yn 1988 elwodd BSC Cyf. yn fasnachol ar y cynnydd mawr yn y cynhyrchiant a etifeddodd y cwmni, ond bu dan bwysau cynyddol yn ystod y 1990au yn sgil newidiadau cyflym yn y marchnadoedd byd-eang. Yn 1998 daeth BSC yn rhan o'r consortiwm Iseldirol-Brydeinig Corus, ac yn dilyn cwtogi llym yn 2001 diswyddwyd llawer o weithwyr wrth i'r gwaith o gynhyrchu dur yn Llan-wern ddod i ben; flwyddyn yn ddiweddarach caeodd Glynebwy. Caeodd gwaith dur Shotton, a gyflogai 10,000 o weithwyr yn 1960, yn 1979, er i ffatri gorchuddio â dur, a gyflogai 700 o weithwyr, oroesi. Yn 2007 cafodd Corus ei gymryd drosodd gan Tata, cwmni o India.

Er mai'r melinau strip di-dor sydd wedi bod amlycaf yn y diwydiant dur cyfoes yng Nghymru, fe fu mentrau eraill, llai eu maint, megis gwaith Orb yng **Nghasnewydd**, a arbenigai mewn dur trydanol, gwaith East Moors, Caerdydd, a wnâi gydrannau mawr ar gyfer adeiladu (caeodd yn 1978), ac Allied Steel and Wire, eto yng Nghaerdydd, a arbenigai mewn rhodenni atgyfnerthu o ddur cyn cau yn 2002.

## HAFOD A HENDRE (yn llythrennol 'cartref haf' a 'cartref hen neu sefydlog')

Cyfundrefn drawstrefa a darddai o'r Oesoedd Canol, os nad o gyfnod cynharach. Yn ei hanfod, golygai drigo mewn dwy ddeiliadaeth, sef yr hendre ar lawr gwlad a'r hafod (neu'r lluest) yn yr ucheldir lle byddid yn gofalu am **wartheg** rhwng **Calan Mai** a Dydd yr Holl Saint (**Calan Gaeaf**). Yn yr hendre, a oedd fel rheol yn safle parhaol gyda phridd ffrwythlon, câi **cnydau tir âr** eu tyfu a chaent ffynnu'n ddiymyrraeth wedi i'r gwartheg gael eu symud i'r hafod ym misoedd yr haf. Erbyn diwedd yr 17g. a dechrau'r 18g., wedi i wartheg gael eu disodli gan **ddefaid** fel prif gynhaliaeth **economi**'r ucheldir, peidiodd yr arfer; erbyn 1800 yr oedd wedi diflannu i bob pwrpas o Gymru, wrth i hafodydd dueddu i ddatblygu'n ffermydd ucheldir cyflawn.

## HAFREN, Afon (354km, 73km yn gyfan gwbl yng Nghymru)

Mae Hafren – Sabrina'r Brythoniaid a'r **Rhufeiniaid** – yn tarddu ar uchder o tua 752m yng nghymuned **Trefeglwys**, cyn llifo tua'r dwyrain o gyfeiriad llechweddau dwyreiniol **Pumlumon**. Arferai llifogydd cyson fod yn rhannau uchaf

William Haggar, *The Life of Charles Peace*, 1905

Dyffryn Hafren, ond daeth diwedd arnynt ar ôl codi argae ar draws Dyffryn Clywedog (**Llanidloes Allanol**) yn y 1960au. Ymuna afon Clywedog â Hafren yn **Llanidloes**. Mae afon Rhiw, sy'n draenio rhan helaeth o ucheldiroedd **Sir Drefaldwyn**, yn ymuno â Hafren rhwng y **Drenewydd** a'r **Trallwng**. Roedd Hafren yn afon fordwyol cyn belled â'r Trallwng, ffaith allweddol a alluogodd y dref honno i dyfu i fod y chweched dref fwyaf yng Nghymru'r 18g. Ger **Bausley**, lle mae Hafren yn ymadael â Chymru, ymuna Efyrnwy â hi, ac mae'r afon honno, ynghyd â'i hisafonydd, Tanad, Banw a Chain, yn draenio'r rhan helaethaf o ogledd Sir Drefaldwyn. Ger Caerwrangon mae cymer Hafren a Thefeidiad, sy'n draenio rhan o ogledd **Sir Faesyfed**. I'r gorllewin o **Gas-gwent**, mae glannau gogleddol Môr Hafren yng Nghymru. Bu i'r cysylltiadau trafnidiaeth ar draws y foryd – trwy gyfrwng fferi, twnnel rheilffordd a **phontydd Hafren** – chwarae rhan bwysig yn hanes Cymru.

## HAGGAR, [Arthur] William (1851–1925)
Gwneuthurwr ffilmiau a difyrrwr

Bu William Haggar yn actor cyn troi at wneud ffilmiau a dod yn un o arloeswyr **Prydain** yn y maes (gw. **Ffilm**). Byddai'n crwydro ffeiriau gan ddangos ei waith ei hun ar daflunyddion (*bioscopes*) symudol ynddynt; byddai hefyd yn perfformio mewn sioeau theatr teithiol ac yn ddiweddarach sefydlodd **sinemâu** sefydlog. Fe'i ganed yn Dedham, East Anglia, ond yng Nghymru y gwnaeth ei ffilmiau i gyd, gan gynhyrchu ei waith ym **Mhenfro** ac **Aberdâr**. Dim ond 4 o blith dros 35 o ffilmiau byrion ganddo sydd ar glawr, ond dangoswyd o leiaf 7 ohonynt yn America. Gwerthodd *The Salmon Poachers* (1905) fwy o gopïau na'r un ffilm arall gan British Gaumont yn y dyddiau cyn bod modd hurio. Ymhlith y ffilmiau sydd wedi goroesi y mae ***A Desperate Poaching Affray*** (1903), a fu'n ddylanwad pwysig ar wneuthurwyr ffilm cynnar yn America, a ***The Life of Charles Peace*** (1905), sy'n tystio i dynfa William Haggar tuag at felodrama. Yn y 1970au canfuwyd *The Sheepstealer* (1908), a fu ar goll am ddegawdau, yng nghasgliad offeiriad Iesuaidd o'r Swistir.

## HALL, Augusta (Arglwyddes Llanover; Gwenynen Gwent; 1802–96) Noddwraig diwylliant Cymreig

O'i chartref ym Mhlas Llanofer, **Llanofer** ger y **Fenni**, daeth Augusta Hall dan ddylanwad Carnhuanawc (**Thomas Price**) a'i hanogodd mewn ffyrdd ymarferol i grisialu ei diddordeb ym mhopeth Cymreig. Roedd ganddi ddiddordeb arbennig mewn cefnogi **cerddoriaeth** a **dawnsio**, a rhoddodd gryn sylw i ddatblygu'r hyn a welai hi fel **gwisg Gymreig**. Er na siaradai **Gymraeg**, roedd yn frwd iawn dros yr iaith, a daeth yn un o gefnogwyr Cymdeithas Cymreigyddion y Fenni (gw. **Cymreigyddion**) a Chymdeithas Llawysgrifau Cymru. Roedd yn Brotestanwraig bybyr, ac nid oedd yn fodlon o gwbl pan briododd ei merch, Augusta, ag aelod o hen deulu o Gatholigion, sef teulu Jones (Herbert yn ddiweddarach), **Llan-arth** (**Sir Fynwy**). Cefnogodd y mudiad **dirwest** a chaeodd bob tafarn ar stad Llanofer.

Roedd ei gŵr, Benjamin Hall (Barwn Llanover; 1802–67), yn aelod seneddol dros Fwrdeistrefi **Trefynwy** ac yn ddiweddarach dros Marylebone. Ar ei ôl ef, fel comisiynydd gwaith y llywodraeth, yr enwyd cloc mawr Westminster, Big Ben. Ymgyrchodd yn erbyn **trwco** ac, ynghyd â'i wraig, sefydlodd eglwys yn **Aber-carn** ar y ddealltwriaeth y cynhelid y gwasanaethau yn Gymraeg. Pan aeth esgob Llandaf yn groes i'r cytundeb hwn, trosglwyddodd yr eglwys i'r **Methodistiaid Calfinaidd**. Yn 1873 roedd y teulu'n berchen ar 1,461ha yn Sir Fynwy.

## HALSINGOD

Caneuon neu garolau poblogaidd yn dyddio o'r 17g. a'r 18g. yw halsingod, a gysylltir yn bennaf â gogledd **Sir Benfro**, **Sir Gaerfyrddin** a de **Sir Aberteifi**. Maent yn ysgrythurol eu testunau ac yn werinol eu hiaith a'u harddull, a chyhoeddant fod angau a barn yn anorfod, a bod angen edifarhau, cadw'r Sabath ac ymgroesi rhag Pabyddiaeth. Ymhlith eu hawduron ceir yr arweinydd Methodistaidd **Daniel Rowland**.

## HANBURY, Teulu Diwydianwyr

Erbyn y 1730au roedd teulu Hanbury wedi gosod y seiliau ar gyfer cynhyrchu **tunplat**. Ar ôl gweithio mewn melin rigoli yn Swydd Stafford, aeth Capel Hanbury (1625–1704) ati i sefydlu sawl busnes ym **Mhont-y-pŵl** a **Thyndyrn**. Roedd ei fab, John Hanbury II (1664–1734), yn gysylltiedig â dechreuadau'r diwydiant tunplat. Yn ei felin rowlio ym Mhont-y-pŵl yn 1728 datblygodd dechneg i ehangu bariau gyda chymorth silindrau cywasgu. Wrth i'r peiriannau wella trwy gydol y 18g., daeth yn dechnegol bosibl cynhyrchu platiau haearn tenau a hydrin, a hynny am bris a oedd yn fwy-fwy economaidd. Roedd gan y teulu gysylltiad agos â theulu Allgood, a oedd yn gyfrifol am nwyddau 'Japaneaidd' enwog Pont-y-pŵl (gw. **Japanio**). Erbyn hyn mae stablau cartref teulu Hanbury, Parc Pont-y-pŵl, yn amgueddfa hanes lleol.

## HANESYDDIAETH CYMRU

Y cyhoeddiad print cyntaf yn adrodd hanes Cymru oedd cyfrol **David Powel**, *Historie of Cambria* (1584). Cyhoeddwyd diweddariad ohoni gan William Wynne yn 1697. Ail-gyhoeddwyd y gyfrol yn 1702, 1774, 1812 ac 1832, a hi oedd y gyfrol safonol ar hanes Cymru yn yr Oesoedd Canol a'r cyfnod modern cynnar hyd nes y cyhoeddwyd cyfrol **Jane Williams**, *A History of Wales from Authentic Sources*, yn 1869. Bu i'r diddordeb mewn hanes lleol a ysbrydolwyd gan *Britannia* **William Camden** (1586) ddwyn ffrwyth yng ngwaith **George Owen**, *The Description of Penbrokshire* (1603; nis cyhoeddwyd hyd 1795–6) (gw. **Archaeoleg a Hynafiaetheg**). Yr angen i ddiwygio gwaith Camden a arweiniodd at ymchwil **Edward Lhuyd**, y tro cyntaf i ddulliau ysgolheigaidd gael eu defnyddio i ddadansoddi tystiolaeth ieithyddol ac olion materol yn ymwneud â Chymru.

Cafwyd dehongliad Protestannaidd o hanes Cymru gan **Charles Edwards** yn *Y Ffydd ddi-ffuant* (1667, 1671, 1677) a dehongliad mwy dychmygus o lawer gan **Theophilus Evans** yn *Drych y Prif Oesoedd* (1716, 1740). Cyfrannodd **Morrisiaid** Môn yn helaeth at hanesyddiaeth Cymru, ond fel y rhan fwyaf o'u rhagflaenwyr, roeddynt yn gyndyn iawn o ymwadu â'r nodwedd ganolog honno yn yr hunaniaeth Gymreig – y portread o Gymru'r gorffennol a gynigiwyd gan **Sieffre o Fynwy**. Cyfnerthwyd yr elfen chwedlonol yn hanes Cymru ymhellach gan Iolo Morganwg (**Edward Williams**). Roedd dull **Theophilus Jones**, ŵyr i Theophilus Evans, yn *History of the County of Brecknock* (1804, 1809), yn fwy ystyriol; dyma'n sicr yr ymdriniaeth orau â hanes un o **siroedd** Cymru. Roedd ei gyfaill agos, **Thomas Price** (Carnhuanawc), yn fwy o ramantydd, er iddo ddatgan yn ei *Hanes Cymru* (1836–42) nad oedd yn 'haeru dim, ond ar awdurdod'. Ond roedd y ffynonellau sylfaenol ar gyfer astudio hanes Cymru yn anhygyrch hyd at ail hanner y 19g., a phrin oedd y cyfle i gyhoeddi erthyglau dysgedig hyd nes y sefydlwyd cyfnodolion **cymdeithasau hanes** megis **Cymdeithas Hynafiaethau Cymru** a'r **Cymmrodorion**.

Hyd nes y sefydlwyd colegau **Prifysgol Cymru**, dibynnai hanesyddiaeth Cymru bron yn llwyr ar ymdrechion haneswyr amatur, dibyniaeth na ddiflannodd pan grëwyd adrannau hanes y Brifysgol, gan i'r berthynas ffrwythlon rhwng yr amatur a'r proffesiynol fod yn nod amgen astudiaethau hanesyddol Cymru ar hyd y blynyddoedd. Y mwyaf o haneswyr academaidd Cymru yw **J. E. Lloyd**; roedd ei gampwaith, *History of Wales from the Earliest Times to the Edwardian Conquest* (1911), yn sylfaen gadarn i'r holl waith a fyddai'n dilyn ar Gymru'r Oesoedd Canol cynnar. I raddau helaeth roedd Lloyd yn etifedd hanesyddiaeth y 19g., a gredai mai gwaith yr hanesydd oedd dadansoddi datblygiad sefydliadau gwleidyddol, ac yn arbennig strwythurau llywodraethol y wladwriaeth sofran fondigrybwyll. Er bod Cymru yn meddu ar ryw ychydig o arwahanrwydd gwleidyddol am ddwy ganrif a hanner wedi dymchwel y **dywysogaeth** frodorol yn 1282, diflannodd yr ychydig hwnnw yn sgil **Deddfau 'Uno'** 1536 ac 1543. Ac felly, os oedd gan Gymru unrhyw hanes o gwbl (syniad a wrthodwyd yn y nodyn tramgwyddus yn argraffiad 1911 o'r *Encyclopaedia Britannica* – 'For Wales, see England'), yn sicr nid oedd ganddi hanes yn y cyfnod wedi'r 16g. I haneswyr diweddar, mae'r obsesiwn â hanes gwleidyddol yn hynod o hen ffasiwn, ond roedd yn rhaid aros i ffurfiau eraill ar hanes – cymdeithasol, economaidd, diwylliannol a demograffig – gael eu derbyn cyn y byddai unrhyw gyfnod yn hanes Cymru er 1282 yn derbyn y sylw a haeddai.

Augusta Hall, yn y wisg Gymreig a ddyfeisiwyd ganddi

Er i'r tri degawd yn dilyn cyhoeddi gwaith J. E. Lloyd weld datblygiadau mawr mewn astudiaethau llenyddol ac ieithyddol Cymreig, ni chafwyd yr un cynnydd mewn astudiaethau hanesyddol, yn rhannol oherwydd mai nifer fechan o academyddion a benodwyd gan golegau'r Brifysgol i ysgwyddo dyletswyddau yn y maes hwnnw'n bennaf. Penododd coleg **Caerdydd** ei Athro hanes Cymru cyntaf (**William Rees**) yn 1930 ac **Aberystwyth** (**E. A. Lewis**) yn 1931. Er i **R. T. Jenkins** gael ei benodi ym **Mangor** yn 1930, ni ddaeth yn Athro hyd 1946. Er hynny, cafwyd cyfraniadau nodedig gan rai nad oedd ganddynt ddyletswyddau penodol ym maes hanes Cymru – **A. H. Dodd** ym Mangor yn arbennig. At hynny, bu gwaith ysgolheigion y tu allan i Brifysgol Cymru – **J. Goronwy Edwards** yn **Llundain** er enghraifft – o bwysigrwydd canolog.

Yn y blynyddoedd yn union wedi'r **Ail Ryfel Byd**, y cyfraniadau mwyaf arwyddocaol oedd y rhai a gafwyd gan **David Williams** (*History of Modern Wales* (1950) a *The Rebecca Riots* (1955)) a gwaith ymchwil disglair **T. Jones Pierce** ar gymdeithas yng Nghymru'r Oesoedd Canol. Fodd bynnag, yr ymchwydd yn y Brifysgol a ddechreuodd yn y 1960au a arweiniodd at y datblygiadau mwyaf, datblygiadau sy'n golygu bod y mwyafrif o haneswyr proffesiynol Cymru dros y can mlynedd diwethaf yn dal yn fyw. Prif bensaer y datblygiadau hynny oedd **Glanmor Williams**, ac roedd yn eironig – ac efallai'n arwyddocaol – mai Athro yn **Abertawe** ydoedd, coleg a oedd wedi ymwrthod â'r cyfle i sefydlu adran hanes Cymru. Ef a sefydlodd *Cylchgrawn Hanes Cymru* ac ef, yn bennaf, a oedd y tu ôl i dri phroject amlgyfrol, sef yr *Oxford History of Wales*, hanes **Sir Forgannwg** a'r gyfres o fonograffau *Studies in Welsh History* – a hynny yn ogystal â'i gyfraniadau enfawr ei hun, yn arbennig i hanes yr eglwys ganoloesol a'r **Diwygiad Protestannaidd**. Yn Abertawe, llwyddodd i benodi criw nodedig o haneswyr, yn eu plith Ieuan Gwynedd Jones, dadansoddwr anghydffurfiaeth wleidyddol, Kenneth O. Morgan, croniclydd hanes Cymru yng ngwleidyddiaeth **Prydain**, Ralph Griffiths, y prif awdurdod ar linach **Lancaster**, Prys Morgan, dehonglydd dadeni Cymru yn y 18g., David Howell, olrheiniwr hanes cefn gwlad Cymru, **D. J. V. Jones**, dadansoddwr protestiadau radicalaidd, a Peter Stead, hanesydd diwylliant poblogaidd y wlad. Ymhlith eraill a fu'n cydweithio ar un adeg â Glanmor Williams yr oedd **Rees Davies**, a daflodd oleuni gwerthfawr ar hanes y **Mers** ac **Owain Glyndŵr**, Dai Smith, lladmerydd cymdeithas ddiwydiannol unigryw de Cymru (neu Dde Cymru, fel y mynna ef) a John Davies, a geisiodd yn ei gyfrol *Hanes Cymru* (1990; fersiwn Saesneg, *A History of Wales*, 1993; argraffiadau newydd, 2007) adeiladu ar gamp R. T. Jenkins ac eraill a chryfhau lle'r **Gymraeg** fel iaith ysgolheictod hanesyddol.

Er hynny, ag Aberystwyth y cysylltid hanesydd mwyaf cyffrous Cymru a'r un ehangaf ei ddiddordebau, sef **Gwyn A. Williams**. Ymhlith ei weithiau ysgrifenedig niferus cafwyd dathliad o hanes **Merthyr Tudful**, a bu ei waith ar y cyd â **Wynford Vaughan Thomas** yn y gyfres deledu *The Dragon has Two Tongues* yn ymarfer unigryw mewn hanes fel dialecteg. Aberystwyth hefyd oedd lleoliad J. Beverley Smith, y mae ei gofiant i **Lywelyn ap Gruffudd** (fersiwn Cymraeg, 1986; fersiwn Saesneg, 1998) yn gamp aruthrol, a Geraint H. Jenkins, dehonglydd Cymru yn y cyfnod modern cynnar a golygydd *Cof Cenedl* – cyfrol flynyddol o erthyglau hanesyddol – a chyfres nodedig o gyfrolau ar hanes cymdeithasol yr iaith Gymraeg.

Roedd hanes enwadol, ffon fara hanesyddiaeth Cymru yn y 19g., yn parhau'n dir ffrwythlon i rai ysgolheigion – **R. Tudur Jones** yn arbennig. Datblygiad mwyaf diddorol diwedd yr 20g. oedd twf ysgol o haneswyr ffeministaidd, gan gynnwys Deirdre Beddoe ac Angela John. Cyfraniadau llawn mor gyfoethog fu gwaith **Aled Eames** ar ddimensiwn morwrol hanes Cymru a dadl Peter Lord i'r Cymry gydol eu hanes fynnu celfyddyd weledol. Gwnaeth **John Williams**, yn ogystal, gymwynas fawr â haneswyr Cymru trwy ddarparu tablau helaeth o ystadegau hanesyddol. Astudiaeth fwyaf arloesol y blynyddoedd diweddar yn ddiamau yw cyfrol Russell Davies, *Hope and Heartbreak* (2005), gwaith rhyfeddol sy'n ceisio dadansoddi cyflwr seicolegol Cymry'r 19g. Gellir darogan yn ffyddiog na fydd hanes Cymru, gyda chyhoeddi'r gyfrol hon, fyth yr un fath eto.

Ac eto, er gwaethaf camp fawr y genhedlaeth bresennol o haneswyr Cymreig, byddai rhai'n dadlau bod profiadau trigolion gwahanol ardaloedd Cymru, erbyn yr 20g., mor amrywiol fel nad oedd un profiad Cymreig cyffredin ac felly bod ysgrifennu hanes Cymru fodern yn fater o orfodi undod ffug yn fetaffisegol ar ddarn mympwyol o dir y mae ei hanes yn llai na chyfanswm hanes ei wahanol rannau. Dyna ddadl M. J. Daunton, awdur y gyfrol ragorol honno, *Coal Metropolis, Cardiff, 1870–1914* (1977), yn ei adolygiad o gyfrol Kenneth O. Morgan, *Rebirth of a Nation, Wales, 1880–1980* (1981). Gellid gwrthddadlau trwy ddweud bod ymwybyddiaeth o Gymreictod, sut bynnag y'i diffinnir, yn realaeth fyw i lu o bobl ledled Cymru ac i'r realaeth honno gael mynegiant mewn nifer cynyddol o fudiadau a sefydliadau. Mae ysgrifennu hanes unrhyw genedl i ryw raddau yn weithred fetaffisegol, ond mae'r ffaith fod ewyllys i ymgymryd â'r dasg yn arwydd ei bod yn weithred ddirweddol hefyd.

Mwy cadarnhaol yw datblygiad yr hyn a alwyd yn 'hanes newydd Prydain', sydd i raddau'n deillio o wrthwynebiad i'r hen hen syniad fod hanes **Lloegr** a hanes Prydain yn un. Yn 1989 cyhoeddodd yr hanesydd Americanaidd Hugh Kearney *The British Isles: A History of Four Nations*, ac yn 2000 cyhoeddodd Norman Davies ei gyfrol neilltuol ddiddorol os ecsentrig, *The Isles*, sy'n cynnwys nid yn unig eiriau **'Hen Wlad fy Nhadau'** ond hefyd un o ganeuon Dafydd Iwan. Bu datblygiad **cenedlaetholdeb** gwleidyddol yn yr **Alban** a Chymru yn ysgogiad sylweddol i astudiaethau o'r fath, ac felly hefyd y sylweddoliad, y tu allan i Gymru, fod astudiaethau hanesyddol Cymreig yn ffynnu'n iach. Yng ngeiriau Gwyn A. Williams yn 1990, 'Whatever the twentieth century Welsh will be remembered for, they will surely be remembered for their historians'.

## HANLEY, James (1901–85) Nofelydd

Ganed James Hanley yn Nulyn, ond daeth i ystyried Cymru fel ei gartref. Yno y bu'n byw o 1930 hyd 1964, yn bennaf yn **Llanfechain**, lle y'i claddwyd. Ymhlith ei nofelau niferus, amryw ohonynt am forwyr, y mae pedair wedi'u lleoli yng Nghymru: *Don Quixote Drowned* (1953), *The Welsh Sonata* (1954), *Another World* (1971) ac *A Kingdom* (1978). Cyhoeddwyd ei *Collected Stories* yn 1953.

## HANMER, Wrecsam (1,822ha; 726 o drigolion)

Prif nodwedd Hanmer, sef calon **Maelor Saesneg**, yw Parc Gredington. Yng ngolwg **Thomas Pennant** roedd y llecyn hwn, gyda'i goed, ei lyn a'r tir âr o boptu hwnnw, yn fan 'eithriadol hardd' – disgrifiad sy'n dal yn wir hyd heddiw. Yn 1678 daeth Gredington i feddiant teulu Kenyon, teulu a ddaeth yn ddiweddarach yn amlwg yn hanes **addysg** yng Nghymru. Dymchwelwyd Neuadd Gredington (1775, 1811, 1916) yn 1982, er gwaethaf cryn wrthwynebiad. Canolbwynt pentref Hanmer yw Eglwys Sant Chad, a ailgodwyd wedi tân yn 1889. Mae'n debyg mai dyma'r eglwys lle priododd **Owain Glyndŵr** â Margaret Hanmer *c.*1383. Mae Neuadd Halghton, y Bryn a West View yn dai deniadol o'r 17g. a'r 18g.

## HANMER, Thomas (1612–78) Garddwr

Aelod o deulu Hanmer o **Hanmer** a Llys Bedydd (gw. **De Maelor**) oedd y garddwr arbrofol hwn a fu'n gohebu gyda John Evelyn a John Rea. Roedd parch i'w allu i dyfu blodau ac yn enwedig i'w lwyddiant gyda'r tiwlip. Ysgrifennodd am dyfu gwinwydd yng Nghymru (gw. **Gwinllannoedd**). Cyhoeddwyd ei *Garden Book*, a ysgrifennwyd yn 1659, yn 1933.

## HARDIE, [James] Keir (1856–1915) Gwleidydd

Roedd Hardie, a aned yn Swydd Lanark, yn ddisgynnydd i un o'r Siartwyr (gw. **Siartiaeth**), a bu'n gweithio ym maes **glo** Swydd Aeron (Ayrshire) cyn dod yn arweinydd i'r glowyr ac yn newyddiadurwr. Yn 1893 sefydlodd y **Blaid Lafur Annibynnol** (ILP), ac ef oedd golygydd papur y blaid, *The Labour Leader*. Ymwelodd â Chymru sawl gwaith yn ystod streic y glowyr 1898 (gw. **Streiciau'r Glowyr**) ac ysgrifennodd gyfres o erthyglau yn disgrifio caledi'r gweithwyr. Yn etholiad cyffredinol 1900 enwebwyd Hardie gan Bwyllgor Cynrychioli Llafur yn ymgeisydd ar gyfer etholaeth **Merthyr Tudful** ac **Aberdâr**. Cafodd gefnogaeth eang. Ymfalchïai ei fod

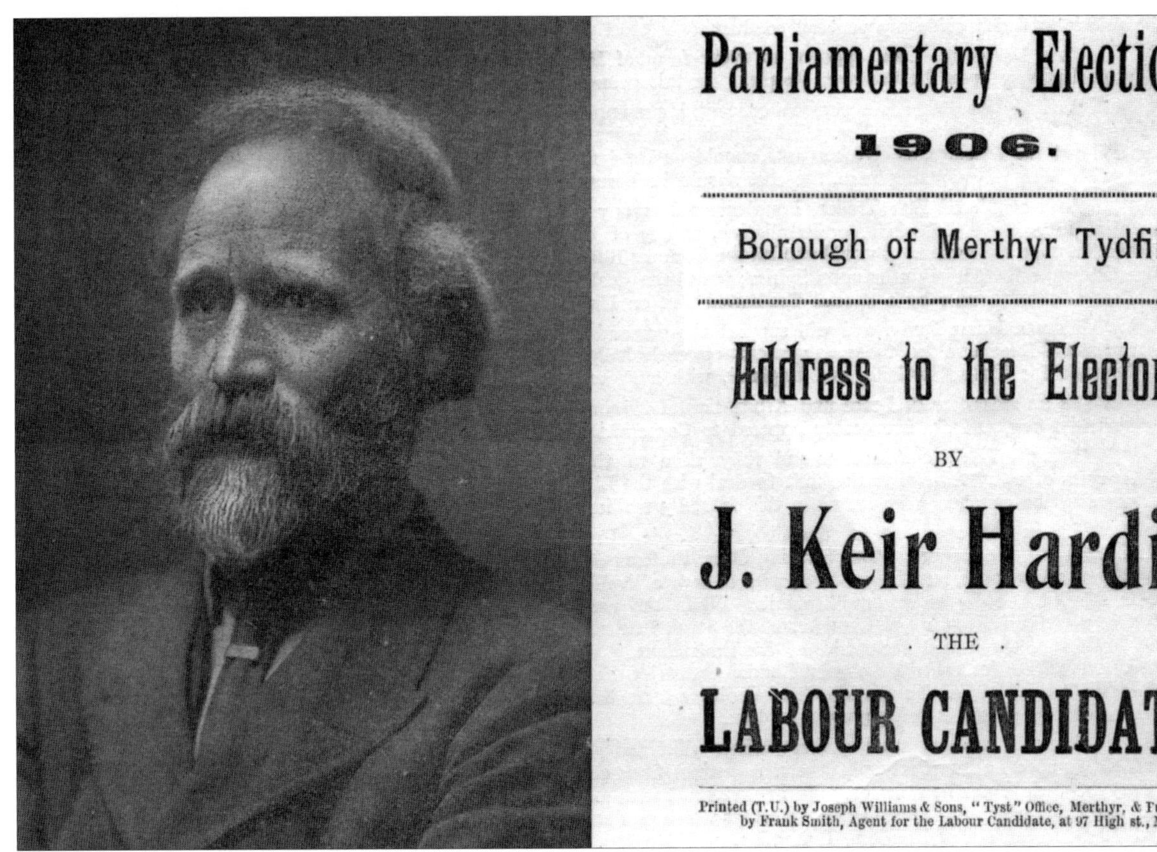


Poster Keir Hardie adeg etholiad cyffredinol 1906

yn 'Gelt'; siaradodd o blaid **ymreolaeth** i Gymru, a chroesawodd yr etholwyr daerineb ei Gristnogaeth. (Cafodd ei bamffled *Can a Man be a Christian on a Pound a Week?* ei ddarllen yn eang.) Yn 1900 cafodd gefnogaeth ei gyd-ymgeisydd yn etholaeth ddwy-sedd Merthyr ac Aberdâr – y Rhyddfrydwr a'r archgyfalafwr **D. A. Thomas**. Daliodd Hardie un o seddau'r etholaeth o 1900 hyd ei farw yn 1915, ond ni chafodd erioed gynifer o bleidleisiau â'i gyd-aelod Rhyddfrydol. Ar batrwm y Blaid Wyddelig, trefnodd Hardie y **Blaid Lafur** yn blaid ar wahân yn Nhŷ'r Cyffredin. Ymhellach, rhoddodd ei natur annibynnol ynghyd â'i bryd a'i wedd a'i ddillad gwahanol i'r cyffredin, ryw stamp unigryw i'w blaid. Hardie, yn anad neb, a enillodd i'r Blaid Lafur gefnogaeth gynyddol ym maes glo'r de ym mlynyddoeddd cynnar yr 20g. Torrodd ei galon pan ddechreuodd y **Rhyfel Byd Cyntaf** a phan gafodd ei watwar gan rai yn ei etholaeth ei hun a oedd o blaid y rhyfel. Yn dilyn ei farw enillwyd ei sedd gan y brygowthwr jingoistaidd **C. B. Stanton**.

**HARDING, Lyn (David Llewelyn Harding; 1867–1952)** Actor

Ar ôl gyrfa ddisglair ar y llwyfan, mentrodd Lyn Harding, a oedd yn enedigol o **Gasnewydd**, i fyd y ffilmiau yn 1920, ac roedd ei waith sgrîn yn cynnwys ffilmiau mud a llafar. Yn 1921 ymddangosodd fel Harri VIII yn y gomedi *When Knighthood Was In Flower* gyda'r seren Americanaidd Marion Davies, a phartnerwyd y ddau drachefn yn *Yolanda* (1924). Bu'n actio Bismarck yn *Spy of Napoleon* (1936) a'r enwog Moriarty yn *The Speckled Band* (1931) a *The Triumph of Sherlock Homes* (1935) – un o blith nifer o gymeriadau garw y bu'n eu portreadu. Ef hefyd oedd y cyntaf i bortreadu'r prifathro Chips yn ffilm MGM *Goodbye Mr Chips* (1939).

**HARLECH**, Gwynedd (1,451ha; 1,406 o drigolion)

Lleolir y **gymuned** hon i'r de o aber afon Dwyryd, a gwastatir, a ffurfiwyd wrth i'r môr encilio, yw'r rhan helaethaf o'i thiriogaeth. Yn codi uwchlaw'r gwastatir y mae craig Harlech, y sonnir amdani yn stori **Branwen ferch Llŷr** yn ail gainc y Mabinogi (gw. **Mabinogion**). Rhwng 1283 ac 1289 codwyd un o gestyll Edward I ar y safle dramatig hwn. Fe'i cynllunìwyd gan yr athrylith o bensaer o Safwy (Savoie), **James o Sant George**, ac mae wedi'i gydnabod gan UNESCO yn un o safleoedd treftadaeth y byd. Mae'r castell hwn, gyda'i dyrau crwn enfawr yn ei bedair cornel a'i borthdy cadarn, yn enghraifft gampus o **bensaernïaeth** filwrol yr Oesoedd Canol. Cipiwyd y castell gan **Owain Glyndŵr** yn 1404. Daeth yn brif ganolfan ei rym a chynhaliwyd ei ail senedd yno yn Awst 1405. Ond bu'n rhaid iddo ildio'r castell yn 1409. Yn ystod **Rhyfel y Rhos** Harlech oedd y castell olaf i'r Iorciaid ei gipio o ddwylo'r Lancastriaid, ac yn ystod y cyntaf o'r **Rhyfeloedd Cartref** dyma'r amddiffynfa frenhinol olaf ym **Mhrydain** i ildio i'r Seneddwyr. Cafodd y fwrdeistref a sefydlwyd ynghlwm wrth y castell ei chydnabod yn dref sirol Meirionnydd (gw. **Sir Feirionnydd**), ond, yn wahanol i drefi sirol eraill Cymru, nid oedd llunwyr Deddf 'Uno' 1536 (gw. **Deddfau 'Uno'**) yn ei hystyried yn ddigon pwysig i gael **cynrychiolaeth seneddol**.

Cyrhaeddodd y rheilffordd Harlech yn 1867, gan hwyluso'r ffordd i ddatblygiad **twristiaeth** ar hyd arfordir **Ardudwy**. Daeth Harlech yn gartref i un o gyrsiau **golff** enwocaf Cymru

Castell Harlech: adluniad dychmygol o waith Alan Sorrell

– Clwb y Royal St David's. Mae darn helaeth o'r ardal o fewn Gwarchodfa Natur Morfa Harlech. Yn 1988 daeth môr-grwban lledraidd anferthol i'r lan ar draeth y Morfa; gellir gweld ei gorff bellach yn yr **Amgueddfa Genedlaethol**. Mae **Coleg Harlech**, a sefydlwyd yn 1927, o'r pwys mwyaf i'r **economi** leol a Theatr Ardudwy yn ganolfan boblogaidd ar gyfer perfformiadau artistig. Yn ystod y 1990au adnewyddwyd y Lasynys (16g. yn wreiddiol), cartref **Ellis Wynne**, er mwyn ei goffáu yn deilwng.

## HARRIES, [Thomas] Ronald [Lewis] (1930–1954) Llofrudd

Gweithiai Ronald Harries, gŵr priod a thad i ferch dri mis oed, ar Fferm y Cadno, **Pentywyn**. Yn 1953 diflannodd ei fodryb a'i ewythr, John a Phoebe Harries, yn sydyn o'u cartref yn **Llangynin** gerllaw. Honnai Harries iddynt fynd ar wyliau, ond cafwyd hyd i'w cyrff mewn bedd bas ar Fferm y Cadno. Cafwyd Harries yn euog o'u llofruddio ac fe'i crogwyd yn **Abertawe**. Newidiwyd enw'r fferm yn ddiweddarach a'i galw'n Bronwydd. Gadawyd y darn tir lle cafwyd hyd i'r cyrff heb ei drin.

## HARRIS, Teulu Arlunwyr

Ar ôl i Cleopas Harris adael Canada, lle bu'n gwasanaethu yn y fyddin, sefydlodd ei fusnes ym **Merthyr Tudful** *c.*1866. Roedd â'i fryd ar wneud portreadau y gallai pawb eu fforddio. Gan fod **economi** Merthyr mor llewyrchus llwyddodd Harris i gyflogi ei dri mab, Albert, George a Charles, a chyn hir roedd yn dod â pheintwyr o **Loegr** i gwrdd â'r galw. Torrai gorneli ariannol trwy beintio dros ffotograffau o'i wrthrychau. Yn ogystal â phortreadau, byddai'r Harrisiaid yn peintio golygfeydd lleol ac yn cynhyrchu printiadau lithograffig a phamffledi crefyddol. Mae'r canwr a'r arlunydd Rolf Harris yn ddisgynnydd i'r teulu.

## HARRIS, Henry C[harles] (1851–85) Pensaer

Roedd Henry C. Harris yn byw ym **Mhenarth** ac mae'n debyg ei fod yn frodor o'r ardal honno. Ymddengys iddo gynllunio'i adeilad cyntaf yn 1869 pan oedd yn 18 oed, sef capel yn Llaneirwg, **Caerdydd**. Cynlluniodd amryw o adeiladau eraill yn **Sir Forgannwg**. Y mwyaf uchelgeisiol ohonynt oedd capel mewn arddull Gothig-Ffrengig yng Nghaerdydd, sef Capel Pembroke Terrace (1877), a Neuadd y Dref, **Maesteg** (1881).

## HARRIS, Howel neu Howell (1714–73) Arweinydd Methodistaidd

Howel Harris oedd un o sefydlwyr Methodistiaeth Galfinaidd Cymru (gw. **Methodistiaid Calfinaidd**). Fe'i ganed yn Nhrefeca (**Talgarth**) a'i addysgu yn academi Llwyn-llwyd (**Llanigon**). Ystyrir y dröedigaeth a gafodd yn 1735 yn fan cychwyn y **Diwygiad Methodistaidd** yng Nghymru. Dechreuodd genhadu a **phregethu** yn ardal Talgarth, gan gynnull pobl mewn seiadau (gw. **Seiat**).

Ymwelodd â **Griffith Jones, Llanddowror**, yn 1736, ac yn fuan wedyn cyfarfu â **Howel Davies**, **Daniel Rowland** a **William Williams, Pantycelyn** (1717–91). Daeth i gysylltiad â diwygwyr **Lloegr** yn 1739, trwy gyfrwng George Whitefield, arweinydd adain Galfinaidd (gw. **Calfiniaeth**) y Methodistiaid yno. Yng nghwmni Whitefield ymwelodd â **Llundain** lle cyfarfu, ar wahanol adegau, â'r brodyr Wesley, iarlles Huntingdon a'r **Morafiaid**. Rhwng 1735 ac 1743 bu'n brysur yn trefnu ei fudiad, a oedd yn Galfinaidd ei **ddiwinyddiaeth**.

Tua diwedd y 1740au daeth yn amlwg fod gwahaniaethau sylfaenol rhwng Daniel Rowland a Harris, yn enwedig ynghylch tueddiadau patripasaidd Harris (gw. **Sabeliaeth**). Pan ddechreuodd Harris deithio'r wlad yng nghwmni 'proffwydes' o'r enw Sidney Griffith o Gefnamwlch (**Tudweiliog**), ymrannodd y ddau. Yn ŵr toredig, ymddeolodd Harris o'i waith cyhoeddus a chilio i'w gartref yn Nhrefeca. Yno sefydlodd gymuned Gristnogol mewn adeilad sy'n enghraifft hynod gynnar o'r dull neo-Gothig ac a gynlluniwyd, yn ôl pob golwg, ganddo ef ei hun. Daethpwyd i adnabod y gymuned fel 'Teulu Trefeca', ac erbyn diwedd y 1750au roedd dros gant o bobl yn perthyn iddi.

Yn 1759, yn ystod y Rhyfel Saith Mlynedd, ymunodd Harris â milisia **Sir Frycheiniog**. Nid aeth ymhellach na Great Yarmouth yn ei lifrai, a phan ddychwelodd adref yn 1762 fe'i gwahoddwyd yn ôl i waith y diwygiad gan Rowland a Williams. Fodd bynnag, gyda'i gyfrifoldebau o fewn y 'Teulu', ac iarlles Huntingdon yn sefydlu coleg diwinyddol yn Nhrefeca yn 1768, ni allai Harris ymroi i'r gwaith fel ag o'r blaen.

Roedd un o'i frodyr, Joseph Harris (1704–64), yn seryddwr nodedig (gw. **Astronomeg**), yn brif brofwr yn y **Bathdy Brenhinol** ac – ynghyd â Howel – yn un o sylfaenwyr Cymdeithas Amaethyddol Brycheiniog (gw. **Cymdeithasau Amaethyddol**). Gwnaeth brawd arall iddo, Thomas Harris (1705–82), ei ffortiwn yn gwerthu dillad i'r fyddin Brydeinig.

**HARRIS, James (1810–87) a James (1847–1925)** Arlunwyr
Yn y 19g. datblygodd ysgol arbennig o arlunwyr morwrol yn **Abertawe**, a'r mwyaf blaenllaw yn eu plith oedd James Harris a'i fab, a elwid hefyd yn James. Ganed y tad yng Nghaer-wysg a dechreuodd ar ei yrfa fel peintiwr, athro a lliwiwr ar gyfer arlunwyr yn 1828, pan symudodd ei deulu i Abertawe. Mae ei beintiadau olew, a oedd yn boblogaidd ymysg perchnogion **llongau** yn y dref, yn dangos prysurdeb Bae Abertawe, a hynny fel arfer mewn tywydd dramatig. Teithiodd y mab, a beintiai gan mwyaf mewn dyfrlliw, ar fordeithiau o Abertawe gan gwblhau brasluniau ar y ffordd. Mae ei lyfrau brasluniau yn darlunio bywyd ar y môr a'r golygfeydd a welodd yn Ne America a **De Affrica**. Mae llawer o waith yr Harrisiaid i'w weld yn Oriel Gelf Glynn Vivian yn Abertawe.

**HARRIS, Joseph (Gomer; 1773–1825)** Golygydd, argraffydd a gweinidog
Gomer a sefydlodd ac a olygodd y papur newydd wythnosol Cymraeg cyntaf (gw. **Papurau Newydd**). Ymddangosodd *Seren Gomer* gyntaf yn Ionawr 1814 ac er mai llai na dwy flynedd fu ei oes, fe'i hailgychwynnwyd fel cylchgrawn pythefnosol yn 1818; aeth yn fisol yn 1820. Brodor o Lantydewi (**Cas-blaidd**) oedd Gomer, ac ar ôl dechrau pregethu gyda'r **Bedyddwyr** yn Llangloffan (**Pen-caer**) yn 1796, daeth yn weinidog yn **Abertawe** yn 1801. Yno yr oedd ei swyddfa **argraffu**, a chadwai hefyd ysgol a siop yn y dref. Mae capel Gomer, Abertawe, yn ei goffáu.

**HARRY, Miles (1699–1776)** Gweinidog gyda'r Bedyddwyr
Ganed Miles Harry yn Llyswedog Fach, Sirhywi (**Tredegar**), a'i fedyddio trwy drochiad yn **Abertyleri** (1724). Cafodd ei alw i fod yn fugail cyntaf achos newydd y **Bedyddwyr** ym Mhen-y-garn, **Pont-y-pŵl** (1732). Yn ogystal â **phregethu**, daeth yn oruchwyliwr gwasg a sefydlwyd yn y **Fenni** a bu iddo ran yn sefydlu'r athrofa hyfforddi pregethwyr yn Nhrosnant, Pont-y-pŵl. Cydweithiodd â **Howel Harris** ar ddechrau'r **Diwygiad Methodistaidd**, un o ychydig gydweithwyr yr arweinydd nad oeddynt yn **Anglicaniaid**. Ef oedd arweinydd mwyaf blaenllaw ei enwad yn ei genhedlaeth.

**HARTSHORN, Vernon (1872–1931)** Gwleidydd
Ganed Hartshorn ym Mhont-y-waun (**Crosskeys**), a bu'n gweithio mewn pwll **glo** pan oedd yn fachgen. Daeth yn aelod blaenllaw o'r **Blaid Lafur Annibynnol** ac yn un o arweinyddion y glowyr. Bu'n llywydd **Ffederasiwn Glowyr De Cymru** (1922–4), ond collodd gefnogaeth aelodau mwy eithafol y Ffederasiwn. Bu'n aelod seneddol Llafur **Ogwr** o 1918 hyd 1931, ac ef oedd y cyn-löwr cyntaf i fod yn aelod o'r cabinet, fel Postfeistr Cyffredinol (1924) ac Arglwydd y Sêl Gyfrin (1930–1).

**HASTINGS, Teulu** Arglwyddi yn y Mers
Dechreuodd cysylltiad y teulu â Chymru pan etifeddodd John Hastings (m.1313) arglwyddiaethau'r **Fenni** a **Chilgerran** oddi wrth ei ewythr, George Cantilupe (m.1273). Cafodd John hefyd feddiant ar arglwyddiaeth **Penfro** trwy ei briodas ag Isabella, aeres William de Valence (m.1296; gw. **Valence, Teulu**). Bu teulu Hastings ymhlith yr amlycaf o arglwyddi'r **Mers** hyd at farwolaeth John Hastings, iarll Pembroke, yn ddi-blant yn 1389. Ceir beddrodau gwych i aelodau'r teulu yn Eglwys y Santes Fair, y Fenni.

**HATTON, Ann Julia (Ann of Swansea; 1764–1838)** Bardd a nofelydd
Un o dras Seisnig oedd Ann Julia Hatton – roedd yn ferch i'r actorion crwydrol Roger Kemble a Sarah Ward, ac yn chwaer i **Sarah Siddons** – ond ag **Abertawe** y cysylltir ei henw. Ymgartrefodd yn y dref yn 1799 ar ôl iddi hi a'i hail ŵr gymryd prydles ar faddondy yno. Cyhoeddodd ddwy gyfrol o gerddi a dwsinau o nofelau, gan gynnwys *Cambrian Pictures* (3 cyfrol, 1810?) a *Chronicles of an Illustrious House* (5 cyfrol, 1814).

**HAVENS, The**, Sir Benfro (2,007ha; 1,024 o drigolion)
**Cymuned** yng nghornel ddeheuol Bae Sain Ffraid yw hon, ac mae'n cynnwys pentrefi Broad Haven, Little Haven, Haroldston West, Talbenni a Walton West. Ar bentiroedd ym mhen gorllewinol yr ardal, gerllaw Mill Haven a Howney Stone, ceir caerau o'r Oes Haearn (gw. **Oesau Cynhanesyddol**). Pan fo'r môr ar drai, mae traethau braf Broad Haven a Little Haven yn troi'n un traeth di-dor. Bu Broad Haven yn gyrchfan wyliau boblogaidd ers tro byd ac ar un adeg roedd yno gerbydau ymdrochi. Yn y 1930au fe'i gelwid yn 'Haverfordwest-by-Sea', gan fod trigolion **Hwlffordd** yn arfer heidio yno yn ystod yr haf, ond yn ddiweddarach llwyddwyd i ddenu ymwelwyr o fannau mwy pellennig. Mae cwt clychau Eglwys y Santes Fair, Talbenni, yn dyddio o'r 15g. Yn yr un fro, goroesodd gweddillion hen faes awyr.

**HAYCRAFT, Anna (Alice Thomas Ellis; 1932–2005)** Llenor a chyhoeddwr
Yn **Lerpwl** y ganed Anna Haycraft, ond cafodd ei magu ym **Mhenmaen-mawr**. Aeth i'r ysgol ym **Mangor** cyn mynychu

Isaac James Hayward

Ysgol Gelf Lerpwl. Fel Anna Haycraft, rhedai gwmni cyhoeddi Duckworth yn **Llundain**, a oedd yn eiddo i'w gŵr, Colin Haycraft, ac yno bu'n meithrin awduron megis Beryl Bainbridge. O dan yr enw Alice Thomas Ellis, ysgrifennodd tua dwsin o lyfrau ffuglen, a thua'r un nifer o lyfrau anffuglenol, gan gynnwys y gyfrol hunangofiannol *A Welsh Childhood* (1990). Mae amryw o'i nofelau wedi'u lleoli yng Nghymru, er enghraifft *The Sin Eater* (1977).

**HAYWARD, Isaac James (1884–1976)** Arweinydd llywodraeth leol

Ganed Hayward ym **Mlaenafon**, ac ef yw'r enwocaf o gynlowyr y Pwll Mawr (gw. **Amgueddfa [Genedlaethol] Cymru**). Aeth ei waith gydag undebau llafur (gw. **Undebaeth Lafur**) ag ef i **Lundain**, lle daeth, yn 1928, yn aelod o'r cyngor sir dros y **Blaid Lafur**. Bu'n arweinydd y cyngor o 1947 hyd 1965, ac roedd yr awdurdod a feddai dros faterion Llundain yn fwy hyd yn oed nag eiddo Ken Livingstone yn ddiweddarach. Dadleuodd o blaid datblygu'r South Bank yn ganolfan ddiwylliannol, ac mae Oriel Hayward yno yn dwyn ei enw.

**HEDFAN AC AWYRENNEG**

Er bod balwnwyr fel James Sadler wedi mentro esgyn i'r awyr uwchlaw Cymru yn y 19g., i flynyddoedd cynnar yr 20g. y perthyn dechreuadau hedfan mewn awyrennau. Adeiladwyd awyrennau gan arloeswyr, megis y brodyr James o **Sir Benfro**, **Horace Watkins** a **W. E. Williams**, ac fe'u dilynwyd gan awyrenwyr â'u bryd ar dorri recordiau. Denys Corbett Wilson, a hedfanodd o **Abergwaun** i Swydd Wexford ar 22 Ebrill 1912, biau'r clod am yr hediad cyntaf o **Brydain** i **Iwerddon**; a Vivian Hewitt, o'r **Rhyl**, oedd y cyntaf i groesi o **Gaergybi** i Ddulyn ar 26 Ebrill 1912. Bu campau peilotiaid fel Gustav Hamel a Henry Astley, a grwydrai Gymru gan arddangos eu doniau mewn sioeau, yn fodd i ennyn diddordeb y cyhoedd mewn hedfan. Cafodd **Ernest T. Willows**, y cyntaf i hedfan ar draws Môr Hafren, ei alw yn 'dad llongau awyr Prydain'.

Yn ystod y **Rhyfel Byd Cyntaf** sefydlwyd gorsafoedd llongau awyr ym **Môn**, er mwyn patrolio Môr Iwerddon, a gerllaw **Penfro**, er mwyn patrolio'r môr i'r de-orllewin o **Brydain**. Yn 1917 datblygodd y Swyddfa Ryfel ddau faes awyr ochr yn ochr â'i gilydd yn **Queensferry** (North Shotwick a South Shotwick) ac fe'u defnyddiwyd i hyfforddi sgwadronau.

Yn ystod y cyfnod rhwng y ddau ryfel byd y dechreuwyd datblygu'r diwydiant awyrennau masnachol. Yn 1919 cafodd awyrennau Avro, a fu'n eiddo i'r awdurdodau milwrol, eu hadnewyddu a'u defnyddio ar gyfer teithiau pleser o draethau megis **Abertawe** a'r Rhyl. Yn y blynyddoedd dilynol arferai awyrenwyr-ddiddanwyr, megis Alan Cobham a'i gwmni, drefnu teithiau ar hyd a lled y wlad; un o'r enwocaf ohonynt oedd Idwal Jones, gŵr ifanc o Dal-y-sarn (**Llanllyfni**), a laddwyd yn ddiweddarach mewn damwain awyren. Yn y 1930au sefydlwyd gwasanaethau awyr rhwng **Caerdydd**, Weston-super-Mare, Bryste a Birmingham, ac yn 1935 gwelwyd sefydlu Cambrian Airways, cwmni awyrennau cenedlaethol Cymru, a fu'n gwasanaethu'r cyhoedd hyd 1976. Yn 1930 agorodd yr Awyrlu ganolfan awyrennau môr yn **Noc Penfro** ac, yn ddiweddarach, bedwar maes awyr mewn mannau eraill. Ym **Mrychdyn**, **Sir y Fflint**, adeiladwyd ffatri a maes awyr (gorsaf yr Awyrlu, **Penarlâg**) yn 1938 i gynhyrchu awyrennau bomio Vickers Wellington.

Ar gychwyn y rhyfel yn 1939 gwelwyd twf aruthrol mewn hedfan milwrol. Yn ogystal â'r saith maes awyr a oedd eisoes mewn bod, adeiladwyd 27 o feysydd ychwanegol. Gyda'r pwysicaf roedd Brychdyn, lle cafodd 5,540 o awyrennau Wellington eu hadeiladu. Daeth gorsaf yr Awyrlu yn y **Fali**, Môn, yn orsaf draws-Iwerydd, a gorsaf Doc Penfro yn ganolfan ar gyfer patrolau gwrth-longau tanfor.

Er i hanner y meysydd awyr gau ar ddiwedd y rhyfel, bu'r rhwydwaith o orsafoedd a grëwyd yn ddylanwad mawr ar ddatblygiadau dilynol. Canolbwyntiwyd ar y gwaith o hyfforddi peilotiaid yng ngorsafoedd yr Awyrlu yn y Fali a **Breudeth**, **Sir Benfro**. Caewyd Breudeth ymhen amser, ond datblygodd y Fali i fod yn un o'r prif feysydd awyr ar gyfer hyfforddi peilotiaid jetiau cyflym. Ailddechreuwyd adeiladu awyrennau ym Mrychdyn yn 1948 wedi toriad o dair blynedd ac yn 1971, a'r ffatri bellach yn eiddo i Hawker Siddeley, dechreuwyd cynhyrchu adenydd ar gyfer bws awyr yr A300. Bu'r ffatri dan reolaeth British Aerospace hyd 30 Tachwedd 1999, pan grëwyd Bae Systems, a ffurfiwyd Airbus UK ym Mawrth 2000; erbyn 2007 roedd Airbus yn llwyr ym mherchnogaeth yr European Aeronautic Defence and Space Company (EADS). Ehangwyd y gwaith yn sylweddol er mwyn ymgymryd â chynhyrchu adenydd ar gyfer awyren newydd yr A380, yr awyren fwyaf i deithwyr erioed.

Yn dilyn yr ymosodiad ar Ganolfan Fasnach y Byd yn Efrog Newydd ar 11 Medi 2001, dirywiodd y diwydiant awyrennau yn enbyd ym mhedwar ban byd ac o ganlyniad lleisiwyd

Bws awyr yr A380 yn hedfan dros ffatri Brychdyn yn 2006

pryder ynglŷn â phroject yr A380 ym Mrychdyn, ond mae'n ymddangos bod dyfodol y ffatri yn ddiogel yn dilyn adferiad y diwydiant; dechreuwyd cynhyrchu'r adenydd yn 2004. Cwmni arall yn Sir y Fflint sy'n ymwneud â'r diwydiant aerofod yw Hawker Beechcraft (Raytheon Aircraft Services gynt) a fu'n darparu cyfleusterau ar gyfer cynnal a chadw awyrennau ym Mhenarlâg er 1993 (gw. hefyd **Meysydd Awyr**).

*Damweiniau*

Damweiniau **Tresigin** a **Chwm Edno** yw'r ddwy ddamwain awyren waethaf a fu yng Nghymru, ond bu llawer o ddamweiniau eraill hefyd. Bu'r cyfuniad o ucheldir a chymylau isel yn angheuol yn hanes sawl awyren, yn enwedig yn ystod yr **Ail Ryfel Byd** – o blith y 27 damwain a gofnodwyd ym **Mannau Brycheiniog**, digwyddodd 23 ohonynt rhwng 1939 ac 1946. Gyda'r waethaf o'r damweiniau yn ystod y rhyfel yr oedd honno ger **Abermaw** ar 8 Mehefin 1945, pan syrthiodd awyren Americanaidd B-17 Fortress gan ladd 20 aelod o'r lluoedd arfog. Un o'r damweiniau gwaethaf wedi'r rhyfel fu honno yn **Wrecsam** ar 8 Ionawr 1953 pan gwympodd awyren fomio Boeing Washington, gan ladd y criw o ddeg.

*Awyrenneg*

Hyd yn oed pe diystyrid hediad cyntaf honedig **William Frost**, y saer coed o **Saundersfoot**, yn 1896, mae cyfraniad Cymru i faes awyrenneg wedi bod yn sylweddol. Astudiodd Robert Jones (1891–1962), o **Gricieth**, a Daniel Williams (1894–1963), o **Fangor**, ym Mangor, lle'r oedd pennaeth yr adran **fathemateg**, yr Athro G. H. Bryan (1895–1926), yn un o sylfaenwyr yr wyddor. Gweithiai Robert Jones a Daniel Williams yn adran aerodynameg y Labordy Ffisegol Cenedlaethol (NPL), Teddington, lle defnyddient fodelau damcaniaethol ac arbrofion twnnel gwynt i astudio ymddygiad awyrennau. Arbenigedd Jones oedd sefydlogrwydd awyrennau, llongau awyr, parasiwtiau a thorpidos, ac astudiai Williams ymddygiad awyrennau a'r berthynas rhwng cylchrediad yr awyr a'r modd y mae'n codi aeroffoil. Ymunodd William Pritchard Jones (1910–86), a aned yn **Llanbedr Pont Steffan**, ag adran aerodynameg yr NPL hefyd, gan astudio dirgryniadau adenydd awyrennau a llif yr awyr dros arwynebeddau dirgrynol. Fe'i penodwyd yn bennaeth yr adran ac yn gyfarwyddwr grŵp ymgynghorol NATO ar gyfer ymchwil a datblygiad aerofod. Ymhlith y prif awyrenwyr eraill a hanai o Gymru y mae **Lewis Boddington**, a ddatblygodd y bwrdd hedfan onglog ar longau awyrennau, a Syr **Morien Morgan**, a astudiodd effaith yr offer rheoli ar ddynameg awyren, er ei fod yn fwy adnabyddus fel arweinydd y project uwchsonig a esgorodd ar Concorde (gw. hefyd **Brian Trubshaw**).

## HEDDLU, Yr

Ceir tystiolaeth am drefn blismona yng Nghymru mor bell yn ôl â 1284 (gw. **Goresgyniad Edwardaidd**), pan gyflwynwyd trefn siryfion **Lloegr** yn y wlad. Ymysg dyletswyddau'r siryfion yr oedd ymchwilio i lofruddiaethau a lladradau yn eu **siroedd**, arestio drwgweithredwyr a'u dwyn gerbron ustusiaid y brenin, a threfnu llysoedd i farnwyr ar eu taith. Yn ddiweddarach roedd llai o ran i'r siryfion yn y gwaith o blismona a chynnal y **gyfraith**, gyda dyfodiad yr ynadon heddwch a ddaeth yn gyfrifol am y materion hyn ym mhob ardal.

Y Deml Heddwch ac Iechyd, Caerdydd

Yn 1285 bu i Statud Caer-wynt sefydlu trefn 'y wyliadwriaeth' yng Nghymru. O dan y drefn hon, roedd gwylwyr i'w gosod ar bob gât mewn tref, gan gadw'r wyliadwriaeth o fachlud haul tan y wawr. Roedd yn rhaid hefyd i bob gŵr rhydd ymateb os oedd y siryf yn 'codi gwaedd ac ymlid' yn erbyn troseddwyr a oedd yn cael eu hamau yn yr ardal. Cadarnhawyd trefn 'y wyliadwriaeth' gan y **Deddfau 'Uno'** yn yr 16g. Erbyn hynny gweithredid y drefn gan wylwyr lleol a chwnstabliaid di-dâl (gydag un ohonynt wedi'i ddewis bob blwyddyn gan drigolion pob plwyf). Parhaodd y drefn bron yn ddigyfnewid tan y 19g.

Yn 1835 pasiwyd deddf a ganiatâi i **fwrdeistrefi** yng Nghymru a Lloegr sefydlu heddluoedd cyflogedig, ac yn 1838 cafwyd deddfwriaeth a ganiatâi i ynadon wneud yr un modd yn y siroedd. O dipyn i beth y daeth yr heddluoedd lleol hyn o dan oruchwyliaeth y Swyddfa Gartref. Yn y 1840au bu i bum sir a chanddynt hanes o anniddigrwydd cymdeithasol – **Sir Aberteifi**, **Sir Gaerfyrddin**, **Sir Drefaldwyn**, **Sir Ddinbych** a **Sir Forgannwg** – sefydlu eu heddluoedd eu hunain. Roedd gan **Abertawe** heddlu o saith swyddog; ceid pump yng **Nghaerdydd** a dim ond un yng **Nghastell-nedd**. Yn Sir Gaerfyrddin, adwaenid y 12 'coper' fel 'swllt' **Caerfyrddin**.

Nid hyd 1856 y gorfodwyd pob sir a bwrdeistref, o dan y Ddeddf Heddlu Sir a Bwrdeistref, i drefnu heddluoedd proffesiynol cyflogedig, gyda phrif gwnstabl yn ben ar bob un. Fesul dipyn, cafodd y lluoedd eu canoli a'u huno i ffurfio'r heddluoedd sy'n bodoli heddiw. Yn y de, er enghraifft, nid hyd 1969, yn sgil diwygiadau Deddf yr Heddlu 1964, y cafodd heddluoedd Morgannwg, Caerdydd, Abertawe a **Merthyr Tudful** eu huno i ffurfio Heddlu De Cymru. Y lluoedd eraill yw Heddlu Gogledd Cymru, Heddlu **Dyfed-Powys** a Heddlu **Gwent**.

## HEDDYCHIAETH

Dylid gwahaniaethu rhwng 'heddychiaeth', y gred ei bod yn anfoesol cymryd rhan mewn rhyfel, a 'heddwchgarwch', sef y gred y dylid gwneud pob ymdrech i osgoi rhyfel, ond bod modd cyfiawnhau defnyddio lluoedd arfog. Roedd elfen o heddychiaeth mewn Cristnogaeth o'r dechrau cyntaf, ond datblygiad a berthyn i'r 20g. yw heddychiaeth fel credo wleidyddol. Bu'r **Crynwyr** yn gyson o blaid heddwch, yn eu plith y perchennog gwaith haearn **Joseph Tregelles Price** o **Gastell-nedd**, un o sefydlwyr Cymdeithas Heddwch Llundain yn 1816. Wrth i'r 19g. fynd rhagddi, daeth **Anghydffurfwyr** a Rhyddfrydwyr Cymru (gw. **Plaid Ryddfrydol**) yn gynyddol wrthwynebus i ryfel. Siaradai **Samuel Roberts** yn huawdl ar y pwnc, a bu **Henry Richard**, yr 'Apostol Heddwch', yn ysgrifennydd y Gymdeithas Heddwch o 1848 hyd 1885.

Cynnyrch y **Rhyfel Byd Cyntaf** yw heddychiaeth fodern. Gwrthwynebwyd y rhyfel gan leiafrif o Gristnogion a Sosialwyr, a ymaelododd â mudiadau megis **Cymdeithas y Cymod**, y No Conscription Fellowship ac **Urdd y Deyrnas**. Wrth i ewfforia diwedd y rhyfel gilio, mynegwyd gwrthwynebiad i ryfel trwy ethol y gwrthwynebydd cydwybodol **Morgan Jones** yn aelod seneddol **Caerffili** yn 1921 a **George M. Ll. Davies** yn aelod seneddol **Prifysgol Cymru** yn Heddychwr Cristnogol yn 1923. Roedd elfen heddychol gref yn rhengoedd **Plaid [Genedlaethol] Cymru**, a sefydlwyd yn 1925, ac roedd heddychiaeth yn un ffactor yn hanes helynt Ysgol Fomio **Penyberth** yn 1936. Bu cryn gefnogaeth i **Gyngor Cymreig Undeb Cynghrair y Cenhedloedd**, a sefydlwyd yn 1922 o dan nawdd David Davies (gw. **Davies, Teulu (Llandinam)**), gyda **Gwilym Davies**, lluniwr Neges Ewyllys Da Plant Cymru, yn ysgrifennydd. Denodd Pleidlais Heddwch 1935 – ymgyrch heddwchgarol, nid un basiffistaidd – bleidleisiau 62% o oedolion Cymru, o gymharu â 38% ym **Mhrydain** yn gyffredinol. Bu heddychwyr Cymreig yn flaenllaw yn y Peace Pledge Union, a sefydlwyd **Cymdeithas Heddychwr Cymru** yn 1936. Yn 1938 agorwyd y Deml Heddwch ac Iechyd ym **Mharc Cathays**, **Caerdydd**, yn rhodd gan David Davies i bobl Cymru. Roedd ef am i'r adeilad fod yn gofeb i bawb, o ba genedl bynnag, a gollodd eu bywydau yn y Rhyfel Byd Cyntaf.

Gyda dyfodiad yr **Ail Ryfel Byd** yn 1939, collodd heddychiaeth gryn dipyn o'i hapêl. Serch hynny, parhaodd Cymdeithas Heddychwyr Cymru gyda'i hymgyrchoedd, ac roedd gwrthwynebiad i orfodaeth filwrol yn fwy eang yng Nghymru nag ydoedd ym Mhrydain yn gyffredinol (gw. **Gwrthwynebwyr Cydwybodol**). Wedi'r rhyfel bu protestiadau, yn enwedig gan aelodau Plaid Cymru, yn erbyn gorfodaeth filwrol mewn cyfnod o heddwch ac yn erbyn meddiannu tir yng Nghymru gan y Swyddfa Ryfel. Roedd heddychwyr a heddwchgarwyr Cymreig yn weithgar yn y mudiad yn erbyn arfau niwclear (gw. **CND Cymru**), a gorymdaith o Gaerdydd a roes gychwyn i ymgyrch menywod **Comin Greenham** yn erbyn taflegrau niwclear.

## HELA

Bu hela â **chŵn** neu fytheiaid yn weithgaredd poblogaidd yng nghefn gwlad er dechrau hanes. Ym Muchedd Illtud (12g.; gw. **Illtud**) cofnodir sut y cafodd carw loches rhag helwyr yng nghell y sant, a'i hamddiffynnodd rhag helgwn y brenin Meirchion Wyllt. Mae cainc gyntaf y Mabinogi (gw. **Mabinogion**) yn agor â hanes **Pwyll Pendefig Dyfed** yn hela carw â chŵn; hela'r **Twrch Trwyth** yw thema ganolog chwedl 'Culhwch ac Olwen'; ac mae delweddau hela a chyfeiriadau at hela i'w cael yn 'Peredur' ac yn rhai o'r chwedlau eraill. Mae stori **Melangell** yn sôn am hela **ysgyfarnogod**. Canodd **Dafydd ap Gwilym** yn y 14g. gerddi i'r llwynog a'r iwrch.

Nodir rheolau, defodau a moesau hela yng Nghymru'r Oesoedd Canol yn fanwl mewn llawysgrifau o'r cyfnod, yn arbennig ymhlith cyfreithiau'r llys (gw. **Cyfraith**). Ceir manylion, er enghraifft, am statws a breintiau'r prif heliwr fel un o swyddogion y llys, am y mathau o fytheiaid (milgwn a hyddgwn) a'u gwerth, ac am werth y brif ysglyfaeth, sef y carw coch (gw. **Ceirw**).

Sefydlodd y **Normaniaid** barciau niferus lle cedwid y carw coch a'r hydd brith, a gellid defnyddio nifer fechan o gŵn i hela anifeiliaid dethol o fewn ffiniau'r parc. Aethant ati hefyd i neilltuo lleiniau mawr o dir ar gyfer hela, er enghraifft **Fforest Clud**, lle'r oedd deddfau llym yn gwarchod y coetir a'r ceirw. Gwelir parhad yr ymddifyrru mewn defodau hela yn y 'Y Naw Helwriaeth', testun o'r 16g. sy'n ymgorffori deunydd o'r llyfrau cyfraith ac o lawlyfrau **Ffrangeg** a **Saesneg** ar hela. Fodd bynnag, o'r 16g. ymlaen, wrth i boblogaethau'r prif anifeiliaid a gâi eu hela leihau – nes darfod am rai ohonynt yn llwyr – dechreuodd y defodau hela canoloesol a gysylltir yn bennaf â hela ceirw fynd yn angof. Ar wahân i geirw parc, trodd helwyr fwyfwy at yr anifeiliaid hela llai yr oedd digonedd ohonynt i'w cael o hyd – **llwynogod**, ysgyfarnogod a **dyfrgwn** – a daeth hela yn ddifyrrwch nid yn gymaint i frenhinoedd ond i drawstoriad ehangach o'r gymdeithas. Ceid helfeydd hynod ffurfiol ynghyd â rhai tra anffurfiol, a heidiau preifat o helgwn ynghyd â rhai a gynhelid trwy danysgrifiad. Criwiau bychain a byrhoedlog o helwyr oedd rhai, heb fawr o arian y tu cefn iddynt, ond er bod criwiau yn aml yn newid eu henwau, yn cael eu cyfuno neu eu diddymu, erbyn yr 20g. gallai sawl haid enwog o gŵn hela llwynogod – er enghraifft y Wynnstay, y Tivyside ac Ynysfor – frolio hanes di-dor yn ymestyn yn ôl ymhell dros 200 mlynedd.

O'r dechreuadau cynharaf, mae hela wedi bod yn ddifyrrwch cymdeithasol. Roedd printiau a pheintiadau o helgwn, **ceffylau** a golygfeydd hela yn *genre* artistig hynod boblogaidd. Yn y 19g. ymddangosodd **llenyddiaeth** helaeth yn ymwneud â hela, gan gynnwys llawer o ganeuon hela a pheth barddoniaeth, yn **Gymraeg** a Saesneg. Câi'r darnau hyn wrandawiad brwd mewn dawnsfeydd, ciniawau hela a digwyddiadau hwyliog eraill. Mae'r caneuon yn canmol nid yn unig rinweddau'r helgwn, y wlad y byddent yn hela ynddi a'r cymeriadau canolog, ond hefyd yr ysglyfaeth – yng Nghymru y cadno a'r ysgyfarnog, ond ym **Mhatagonia** yr *huanaco* a'r estrys.

Yn 1900 roedd bron 40 o helfeydd wedi'u trefnu'n ffurfiol yng Nghymru (bytheiaid yn bennaf, ond hefyd cŵn hela ysgyfarnogod a chŵn hela dyfrgwn), ac roedd gan bob helfa ei hardal a'i gwisg unigryw ei hun. Erbyn 2000, fodd bynnag, roedd newidiadau ym mherchnogaeth tir ac mewn perthynas ag arferion amaethyddol, ynghyd â newid mewn agweddau gwleidyddol a chymdeithasol, yn bygwth y traddodiad, ac yn 2005 daeth hela llwynogod â chŵn yn anghyfreithlon yng Nghymru a **Lloegr**.

## HELA'R DRYW

Arfer a gysylltid yn arbennig â Nos Ystwyll (5 Ionawr). Ar ôl dal dryw cludid ei gorff mewn elor fechan addurnedig o dŷ i dŷ i'w ddangos er mwyn derbyn arian neu ddiod. Wrth gario'r elor pwysleisiai'r pedwar a oedd yn ei gario mor drwm oedd eu baich a chyfeirient yn eu penillion wrth y drws at y dryw fel brenin yr adar – adlais o bosibl o Satwrnalia'r **Rhufeiniaid** pan gâi'r drefn arferol ei throi â'i phen i waered. Ffynnai'r arfer yn **Sir Benfro**, ond ceir caneuon gwerin o **siroedd** eraill sy'n crybwyll y ddefod.

## HELEDD Tywysoges

Y prif gymeriad mewn cylch o englynion o'r 9g. neu'r 10g., 'Canu Heledd'. Fe'i darlunnir fel yr aelod olaf o deulu brenhinol **Powys** sydd yn galaru oherwydd colli ei brodyr, yn arbennig ei harglwydd **Cynddylan**, ei chartref a'i gwlad.

## HELYGAIN (Halkyn), Sir y Fflint (2,860ha; 2,876 o drigolion)

Prif ganolfan diwydiant **plwm** Sir y Fflint oedd Helygain, a saif yn union i'r de-orllewin o dref y **Fflint**. Roedd bryngaer drawiadol Moel y Gaer, a godwyd *c.*650 CC, yn cynnwys pentref o dai crynion (gw. **Bryngaerau**). Bu'r **Rhufeiniaid** yn cloddio mwyn plwm yn Helygain, fel y gwnaeth tywysogion Cymru a swyddogion y Tywysog Du. Bu cloddio helaeth yn ystod y 18g. a'r 19g. Yn 1896 dechreuwyd y gwaith o gloddio twnnel ar lefel y môr i ddraenio'r mwyngloddiau. Daeth y gwaith mwyngloddio i ben yn 1977, gan adael y tir yn frith o siafftiau a thomennydd rwbel. Roedd rhan helaeth o Fynydd Helygain yn eiddo i deulu Grosvenor, a oedd yn ymelwa'n fawr ar y mwyngloddiau. Yn ôl traddodiad, adeiladwyd Castell Helygain (1827) er mwyn i'r Arglwydd Grosvenor gael lle i aros yn ystod rasys **Treffynnon**. Mae Eglwys y Santes Fair (1878), a gynlluniwyd gan **John Douglas**, yn un o eglwysi harddaf y 19g. yn y gogledd-ddwyrain. Ceir chwareli **calchfaen** mawr ym Mhant ac ym Mhant-y-pwll-dŵr, a phwll tywod a graean enfawr yn Rhosesmor. Cartref teulu Davies (Davies-Cooke yn ddiweddarach) oedd Gwysane; roedd y teulu hwn gyda'r cyntaf i fabwysiadu'r cyfenw Davies (gw. **Cyfenwau**). Adeiladwyd y tŷ gwreiddiol yn 1603, ond y mae wedi'i atgyweirio'n helaeth.

## HEMANS, Felicia [Dorothea] (1793–1835) Bardd

Ganed Felicia Hemans yn **Lerpwl** ond treuliodd ran dda o'i phlentyndod yn **Llanddulas**, ac yn ddiweddarach bu'n byw yn **Llanelwy**. Ei cherdd enwocaf yw 'Casabianca', sy'n agor gyda'r geiriau, 'The boy stood on the burning deck'. Ymddangosodd ei llyfr tra phoblogaidd *Welsh Melodies* yn 1821 a'i *Collected Poems* mewn saith cyfrol yn 1839. Er ei bod yn uchel ei pharch ymhlith ei chyfoeswyr, prin fod unrhyw werth parhaol i'w barddoniaeth flodeuog. Er hynny, cyfrannodd ei chariad tuag at y tirlun Cymreig a'i hymdriniaeth â themâu Cymreig at adfywiad yn y diddordeb yng Nghymru ymhlith **Saeson**.

'Hen Wlad Fy Nhadau': Tich Gwilym

**HEMP, Wilfrid [James] (1882–1962)** Archaeolegydd
Brodor o Richmond, Surrey, oedd Hemp, ond yn ystod ei blentyndod bu ar wyliau teuluol mynych yng ngogledd Cymru. Yn 1913 fe'i penodwyd yn arolygydd henebion Cymru ar ran y Weinyddiaeth Waith. Arbenigai ar yr Oes Neolithig (gw. **Oesau Cynhanesyddol**). Yn 1928 daeth yn ysgrifennydd **Comisiwn Brenhinol Henebion Cymru** ac yn 1937 goruchwyliodd gyhoeddi arolwg o henebion **Môn** – cyfrol a oedd yn gosod safonau newydd yn y maes o ran ysgolheictod a gwaith darlunio.

**HEN BENILLION**
Gwelir y penillion hyn gyntaf yn llawysgrifau'r 17g. er ei bod bron yn sicr iddynt fod ar gof ac ar lafar am gyfnod cyn hynny. Penillion unigol, hunangynhaliol, anhysbys eu hawduraeth yw'r mwyafrif, a'u naws yn syml a gwerinol. Fe'u cenid i gyfeiliant **telyn** mewn nosweithiau llawen (gw. **Noson Lawen**) ac achlysuron tebyg, ac fe'u gelwir weithiau'n benillion telyn. A hwythau'n cwmpasu holl brofiadau bywyd yn y Gymru wledig, gyn-ddiwydiannol, ceir ynddynt ffraethineb ac afiaith, ond hefyd (chwedl **T. H. Parry-Williams**) ddwyster hiraeth, dyheadau angerddol a thristwch calon.

**HEN BERSONIAID LLENGAR, Yr**
Deuai'r garfan hon o offeiriaid Anglicanaidd, gwladgarol (a gwrth-Fethodistaidd ar y cyfan) ynghyd yn ystod hanner cyntaf y 19g. i gynllunio sut i warchod y diwylliant Cymraeg. Hwy a sefydlodd y cymdeithasau a gynhaliodd eisteddfodau taleithiol 1819–34 (gw. **Eisteddfod**), cylchgrawn *Y Gwyliedydd* (1822–37), Cymdeithas Llawysgrifau Cymru (1837), Coleg Dewi Sant, **Llanbedr Pont Steffan** (1827; gw. **Prifysgol Cymru, Llanbedr Pont Steffan**) a Choleg **Llanymddyfri**. Gwnaethant gyfraniad gwerthfawr yn eu dydd i fywyd Cymru, ond disodlwyd eu hawdurdod maes o law gan ddylanwad gweinidogion Anghydffurfiol. **R. T. Jenkins** a fathodd yr enw.

**HEN GOLWYN**, Conwy (392ha; 7,926 o drigolion)
Yn y 1870au rhoddodd Colwyn ei henw i'r dref wyliau newydd a oedd yn tyfu i'r gorllewin iddi – **Bae Colwyn**. Wedi hynny, gelwid Colwyn yn Hen Golwyn ac yn y pen draw fe'i llyncwyd gan y dref newydd. Mae'r **gymuned** yn cynnwys nifer o adeiladau diddorol a gynlluniwyd gan y pensaer nodedig **Colwyn Foulkes**.

**HEN OGLEDD, Yr**
Dyma enw'r Cymry ar gadwyn o deyrnasoedd Brythonaidd ôl-Rufeinig a oedd yn ymestyn dros ran helaeth o dde'r **Alban** a gogledd **Lloegr**. Crëwyd **Rheged**, Al Clud (Dumbarton), bro'r **Gododdin** a theyrnasoedd llai megis **Elfed** ac Aeron (Ayr), o diriogaethau'r hen lwythau Brythonaidd, y Novantae, y Selgovae, y Votadini a'r Brigantes. Olrheiniai arweinyddion y teyrnasoedd hyn, a adwaenid yng Nghymru fel Gwŷr y Gogledd, eu tras naill ai o Coel Hen neu o Dyfnwal Hen. Credir i'w hachau, eu hanes, eu chwedloniaeth a'u barddoniaeth gael eu cadw yn **Ystrad Clud** a gadwodd ei hannibyniaeth am ganrifoedd ar ôl colli'r teyrnasoedd eraill yn y 7g. Trosglwyddwyd y deunyddiau hyn i Gymru o'r 9g. ymlaen a'u cadw fel rhan o draddodiad dysg y Cymry ymhell ar ôl i'r iaith Frythoneg ddiflannu o'r gogledd.

**'HEN WLAD FY NHADAU'** Anthem genedlaethol Cymru

Cyfansoddwyd 'Hen Wlad fy Nhadau' ym **Mhontypridd** yn 1856, y geiriau gan Evan James (Ieuan ap Iago; 1809–78) a'r alaw ('Glanrhondda') gan ei fab, James (Iago ap Ieuan; 1833–1902); **John Owen** (Owain Alaw; 1821–83) a gyfansoddodd yr harmonïau yn 1860. Erbyn *c.*1874, oherwydd ei phoblogrwydd eithriadol mewn eisteddfodau o'r 1860au ymlaen, roedd wedi ennill ei phlwyf fel yr enwocaf o'r caneuon gwladgarol Cymreig. Ceir cofeb drawiadol (1930) o waith **Goscombe John** yn coffáu'r tad a'r mab ym Mharc Ynysangharad, Pontypridd.

Yn 1884 bu'r gân yn destun cynnen chwerw yn sgil honiad mai alaw werin Seisnig oedd y dôn. Ymatebodd James James trwy gyhoeddi llythyr yn y *South Wales Daily News* yn gwrthod yr honiad ac yn disgrifio'r modd y cyfansoddwyd y gân. Prawf pellach o'i dilysrwydd yw'r llawysgrif yn llaw James James a gedwir yn y **Llyfrgell Genedlaethol**. Ymddengys mai'r alaw a ysgrifennwyd gyntaf, ond i'r geiriau ddilyn yn fuan wedyn.

Er bod tri phennill i'r anthem, fel rheol dim ond y cyntaf a genir.

Mae hen wlad fy nhadau yn annwyl i mi,
Gwlad beirdd a chantorion, enwogion o fri;
Ei gwrol ryfelwyr, gwladgarwyr tra mad,
Dros ryddid collasant eu gwaed.

*Cytgan:*

Gwlad, gwlad, pleidiol wyf i'm gwlad;
Tra môr yn fur i'r bur hoff bau,
O bydded i'r hen iaith barhau.

Hen Gymru fynyddig, paradwys y bardd,
Pob dyffryn, pob clogwyn, i'm golwg sy'n hardd;
Trwy deimlad gwladgarol mor swynol yw si
Ei nentydd, afonydd i fi.

*Cytgan*

Os treisiodd y gelyn fy ngwlad dan ei droed,
Mae hen iaith y Cymry mor fyw ag erioed;
Ni luddiwyd yr awen gan erchyll law brad,
Na thelyn berseiniol fy ngwlad.

*Cytgan*

Yn 1902 fe'i mabwysiadwyd yn anthem genedlaethol **Llydaw**, dan y teitl '*Bro Goz Ma Zhadou*', a bu'n anthem hefyd i drigolion **Bryniau Casia** yng ngogledd-ddwyrain India ers dros gan mlynedd; ysgrifennwyd eu fersiwn hwy, '*Ri Khasi, Ri Khasi*' (llyth. 'Gwlad Casia, Gwlad Casia'), gan y cenhadwr John Roberts (1842–1908). Yn y 1970au nid oedd unrhyw noson gyda Geraint Jarman a'r Cynganeddwyr yn gyflawn heb i gitarydd y band, Tich Gwilym (Robert Gwilliam; 1950–2005), chwarae ei fersiwn arbennig ef ei hun o'r alaw yn null Jimi Hendrix. Cafodd ymdrechion chwithig John Redwood (**ysgrifennydd gwladol** Cymru, 1993–5) i gymryd arno ei fod yn gwybod geiriau'r anthem eu dal ar gamera teledu mewn darn ffilm a ddangosir yn bur aml.

**HEN ŴR PENCADER**

Pan oresgynnwyd **Deheubarth** gan Harri II yn 1163, dywedir iddo ofyn i hen ŵr ym Mhencader (**Llanfihangel-ar-arth**) sut y gwelai ef y dyfodol. Atebodd yntau, er cymaint yr ymosodid ar Gymru a'i gorchfygu gan ei chymdogion, na ellid ei dinistrio ond gan ddicter Duw, a chredai mai'r Cymry, yn eu hiaith eu hunain, a fyddai'n ateb dros eu gwlad ar Ddydd y Farn. Adroddir yr hanes gan **Gerallt Gymro** ar ddiwedd ei *Disgrifiad o Gymru* a chyfeirir at yr hen ŵr yn aml fel symbol o reddf y Cymry i oroesi. Ceir carreg yn ei goffáu ym Mhencader.

**HENDY-GWYN (Whitland)**, Sir Gaerfyrddin (629ha; 1,643 o drigolion)

Lleolir y **gymuned** hon o boptu afon **Taf** ar y ffin rhwng **Sir Gaerfyrddin** a **Sir Benfro**. Saif tref fechan Hendy-gwyn ar ochr ogleddol yr afon a maestref Trefychan i'r de. Yn draddodiadol, tybir mai yn Hendy-gwyn ar Daf y cynullodd **Hywel Dda**, yn y 940au efallai, gynrychiolwyr o bob rhan o'r wlad i roi trefn ar **gyfraith** y Cymry. Mae canolfan Hywel Dda, a'r ardd ysblennydd a gynlluniwyd gan y cerflunydd Peter Lord (g.1948), yn ddathliad o'r traddodiad. Roedd Hufenfa United Dairies yn un o'r hufenfeydd mwyaf yn Ewrop a thrafodai laeth 2,700 o ffermydd yn y 1960au. Pan gaewyd yr hufenfa yn 1994 crëwyd diweithdra uchel yn yr ardal; dymchwelwyd ei hadeiladau yn 2003. (Am fynachlog Sistersaidd Hendy-gwyn, gw. **Llanboidy**.)

**HENFYNYW**, Ceredigion (1,347ha; 1,067 o drigolion)

Lleolir y **gymuned** hon yn union i'r de o **Aberaeron**, ac mae'n cynnwys Henfynyw, Ffos-y-ffin, Llwyncelyn a Derwen-gam (Oakford). Mae'r enw'n cynnwys yr elfen *Mynyw* (Menevia) a gysylltir â **Dewi Sant**; y traddodiad yw iddo dderbyn ei addysg yn Henfynyw. Cilfach hyfryd yw Cilfach-yr-halen. Agorwyd ysgol yn Neuadd Lwyd yn 1810 gan y gweinidog Annibynnol Thomas Phillips (1772–1842) er mwyn paratoi gweinidogion ar gyfer y rhan fwyaf o'r enwadau, a bu'n neilltuol o weithgar yn hyfforddi **cenhadon** ar gyfer **Madagasgar**. Yn 1973 daeth Derwen-gam yn ganolbwynt i ymrafael chwerw ynglŷn â gwerthu **tai** fel **tai haf**.

**HENLLAN**, Sir Ddinbych (465ha; 745 o drigolion)

Yn y **gymuned** hon, sydd yn union i'r gogledd-orllewin o **Ddinbych**, ceir nifer o dai hanesyddol, yn eu plith Foxhall, cartref teuluol **Humphrey Lhuyd**, Garn, cartref teulu Griffith a fu'n amlwg yn y cylch, a Phlas Heaton. Cychwynnwyd adeiladu Foxhall Newydd *c.*1600 ar gyfer teulu Panton. Pe bai wedi cael ei gwblhau, byddai wedi bod yn dŷ trawiadol iawn. Mae gan Eglwys Sant Sadwrn dŵr o'r 15g. sy'n sefyll ar wahân i'r eglwys.

**HENLLAN FALLTEG**, Sir Gaerfyrddin (1,624ha; 423 o drigolion)

Lleolir y **gymuned** ar y ffin rhwng **Sir Gaerfyrddin** a **Sir Benfro** ac i'r gogledd-orllewin o **Hendy-gwyn**. Mae'n cynnwys pentrefi Gorllewin Llanfallteg a Llanfallteg. Roedd y gynulleidfa yn Henllan Amgoed, a sefydlwyd yn 1697, ymhlith y cynharaf o achosion yr Anghydffurfwyr (gw. **Anghydffurfiaeth**) yn **Sir Gaerfyrddin**. Fe'i rhwygwyd yn fynych gan ddadleuon diwinyddol. O amgylch y capel enfawr llwm ei wedd y mae mynwent eang.

**HENLLYS**, Torfaen (1,075ha; 2,695 o drigolion)

Roedd y **gymuned** hon, sydd i'r gogledd-orllewin o **Gasnewydd**, bron yn gwbl wledig hyd at y 1980au. Yn yr

Oesoedd Canol, mae'n bosibl mai Henllys oedd un o lysoedd arglwyddi **Gwynllŵg**, damcaniaeth y gellir rhoi rhywfaint o goel arni gan fod ffermdy Cwrt Henllys yn cynnwys nodweddion canoloesol. Saif Eglwys Sain Pedr, adeilad canoloesol syml, ar ei phen ei hun; felly hefyd Capel Soar (1836) sydd heb ei ddifetha. Er bod yr ardal yn hynod Seisnigedig, hawliodd **Bradney** fod pob un o'r 392 o drigolion yn Henllys yn 1891 yn medru'r **Gymraeg**. A chynnydd pumplyg wedi bod yn y **boblogaeth** rhwng 1991 a 2001, Henllys oedd y gymuned a oedd yn tyfu gyflymaf yng Nghymru bryd hynny. Daeth y cynnydd yn gyfan gwbl yn sgil codi maestref fawr yn union i'r de o **Gwmbrân**.

## HENRY, Thomas (1734–1816) Cemegydd

Ganed Thomas Henry yn **Wrecsam**. Yno bu'n brentis apothecari a magodd ddiddordeb mewn **cemeg**. Daeth yn feddyg ym Manceinion, ond parhaodd â'i arbrofion cemegol, yn enwedig ar wrteithiau nitrogen. Roedd ei fab, William Henry (1774–1836), yntau'n feddyg a chemegydd, ac ef a fformiwleiddiodd 'Ddeddf Henry' – yr egwyddor fod y swm o nwy a doddir mewn cydbwysedd mewn swm penodol o hylif yn gymesur â phwysedd y nwy mewn cyswllt â'r hylif. Roedd ei ŵyr, William Charles Henry (1804–92), yn gemegydd o fri hefyd. Etholwyd y tri yn Gymrodyr o'r Gymdeithas Frenhinol, camp ryfeddol mewn un teulu.

## HENRYD, Conwy (1,914ha; 694 o drigolion)

Mae'r **gymuned** hon, sydd yn union i'r de o **Gonwy**, yn cynnwys pentrefi Henryd, Llangelynnin a Llechwedd. Yn Eglwys Sant Celynnin (15g. a diweddarach) mae cofebau i deulu **Bulkeley**. Ceir yn yr ardal nifer o **fryngaerau**, 'cytiau Gwyddelod' (aneddiadau o'r Oes Haearn) ac olion caeau cynhanesyddol. Mae'r meini hirion ym Maen Penddu yn dynodi llwybr pwysig a arweiniai, yn yr Oes Neolithig, i ganolfan gwneud bwyeill Graig Lwyd uwchben **Penmaenmawr**. (Gw. **Oesau Cynhanesyddol**.)

## HERBERT, Teulu (ieirll Pembroke o'r greadigaeth gyntaf) Tirfeddianwyr

Roedd William (m.1469), mab Syr **William ap Thomas** o **Raglan** a Gwladys, merch **Dafydd Gam**, ymhlith y Cymry cyntaf i fabwysiadu cyfenw parhaol. Llwyddodd William Herbert i ddod yn arweinydd milwrol amlwg, a bu'n ymladd yn Normandi gyda **Mathau Goch**. Roedd yn adeiladwr brwd fel y tystia Castell Rhaglan, 'creiglys deg' yn ôl **Guto'r Glyn**. Yn 1450 cafodd ei urddo'n farchog, a daeth llawer o diroedd atafaeledig dug **York** ac iarll Warwick i'w feddiant (1460). Ond er iddo fanteisio ar anffodion llinach York, daeth, yn y man, yn brif gynheiliad plaid York yn y de. Rhoddwyd iddo rymoedd helaeth a daeth yn ffefryn mawr gan Edward IV (gw. **Rhyfeloedd y Rhos**). Fe'i gwnaed yn aelod o'r Cyfrin Gyngor ac yn 1461 fe'i hurddwyd yn Farwn Herbert o Raglan, y Cymro cyntaf o waed coch cyfan i ddod yn aelod o'r bendefigaeth Seisnig. Rhoddwyd yr Harri Tudur ifanc dan ei ofal (gw. **Tuduriaid**), ac wedi iddo gipio Castell **Harlech** fe'i hurddwyd yn iarll Pembroke (1468). Y flwyddyn ganlynol fe'i trechwyd gan y Lancastriaid (gw. **Lancaster, Teulu**) ym mrwydr Edgecote a'i ddienyddio. Roedd yn un o noddwyr Guto'r Glyn, a fu'n ei annog i achub y Cymry rhag gormes swyddogion Seisnig, ac roedd ei farw yn achos galar cenedlaethol i'r beirdd. Gadawodd ei etifedd, yr ail Iarll William (m.1491), ferch, sef Elizabeth, a briododd â Syr Charles Somerset, iarll cyntaf Worcester; trwy hynny daeth stad Rhaglan i feddiant teulu **Somerset**, a ddaeth yn ddiweddarach yn ddugiaid Beaufort.

## HERBERT, Teulu (ieirll Pembroke o'r ail greadigaeth) Tirfeddianwyr

Roedd William Herbert (*c*.1501–70) yn fab i Richard Herbert o Ewias, mab anghyfreithlon William Herbert, iarll Pembroke (m.1469; gw. **Herbert, Teulu (ieirll Pembroke o'r greadigaeth gyntaf)**). Daeth yn un o wasanaethwyr Syr Charles Somerset (gw. **Somerset, Teulu**) a chynyddodd ei ddylanwad yn y llys pan briododd ei chwaer yng nghyfraith, Katherine Parr, â Harri VIII (hi oedd yr olaf o'i wragedd). Derbyniodd diroedd yng Nghymru ac yn Wiltshire ac, fel un o ysgutorion Harri, roedd ymhlith y rhai yr ymddiriedwyd iddynt y gofal am yr Edward VI ifanc. Daeth yn llywydd **Cyngor Cymru a'r Gororau** (1550–3, 1555–8). Yn 1551 fe'i gwnaed yn Farwn Herbert ac yn iarll Pembroke, a rhoddwyd iddo'r stadau Cymreig a fu gynt yn eiddo i Siasbar Tudur (gw. **Tuduriaid**). Llwyddodd rywsut i aros yn ffafr Mari I ac Elizabeth I, ac ychwanegodd at ei diroedd a'i ddylanwad yn ystod eu teyrnasiadau. **Cymraeg** oedd ei iaith gyntaf; cyflwynodd **Gruffydd Robert**, yr ysgolhaig Catholig, ei *Gramadeg Cymraeg* (1567) iddo ac yr oedd yn noddwr i Syr **John Price** (John Prys). Fe'i holynwyd gan ei fab Henry (*c*.1534–1601), yr ail iarll. Adnewyddodd hwnnw Gastell **Caerdydd**; noddodd **lenyddiaeth** a rhoi cychwyn hefyd i fentrau diwydiannol. Roedd gan fab Henry, William (1580–1630), y trydydd iarll, ac un o noddwyr **Shakespeare**, gryn lawer o ddylanwad etholiadol yn **Sir Fynwy**, **Sir Forgannwg**, **Sir Faesyfed** a **Sir Drefaldwyn**. Gwanhaodd y cysylltiadau Cymreig ar ôl marwolaeth Philip, y pedwerydd iarll (1584–1650). Yn 1703 aeth y tiroedd teuluol ym Morgannwg i Thomas, is-iarll cyntaf Windsor, ar ei briodas â Charlotte Herbert, merch Philip, y seithfed iarll. Yn 1776 daethant i feddiant Charlotte, wyres Thomas, a'i gŵr, John Stuart, ardalydd cyntaf Bute yn ddiweddarach (gw. **Stuart, Teulu**).

## HERBERT, Teulu (ieirll Powis) Tirfeddianwyr

Yn 1587 prynwyd y Castell Coch (Castell Powys; gw. **Trallwng, Y**) gan Edward Herbert (m.1595), mab William Herbert, iarll Pembroke (*c*.1501–70; gw. **Herbert, Teulu (ieirll Pembroke o'r ail greadigaeth)**). Daeth ei fab, William (1573–1656), yn farwn cyntaf Powis yn 1629. Roedd yn Frenhinwr i'r carn, ac amddiffynnodd y Castell Coch dros Charles I, gyda chymorth ei fab Percy (m.1666), yr ail farwn. Gwnaed y trydydd barwn (*c*.1626–96) yn iarll Powis (1674) ac yna'n ardalydd Powis (1687). Fe'i hystyrid yn arweinydd y pendefigion Catholig, a llosgwyd ei dŷ yn **Llundain** yn ystod yr aflonyddwch a gododd yn sgil honiadau Titus Oates fod Cynllwyn Pabaidd ar droed. Ymddiriedodd James II ei fab i'r ardalydd a'i wraig a smyglodd y baban-dywysog i Ffrainc yn 1688. Bu'r ardalydd yn alltud gyda'r brenin, a'i gwnaeth yn ddug Powis yn 1689. Adenillodd yr ail ardalydd (*c*.1665–1745) ei stadau a'i deitlau (ar wahân i'r ddugiaeth) yn 1722. Ar farwolaeth y trydydd ardalydd (*c*.1698–1749) aeth yr iarllaeth, ond nid yr ardalyddiaeth, i ŵr ei nith, Henry Arthur Herbert. Yn 1801 aeth stadau Powis trwy briodas i Edward Clive (1754–1839), mab Clive o India, yr adfywiwyd iarllaeth Powis ar ei gyfer.

Mabwysiadwyd y cyfenw Herbert gan fab Edward (1785–1875), a fu'n flaenllaw yn gwastrodi aflonyddwch yn **Sir Drefaldwyn** yn 1839 (gw. **Llanidloes** a **Siartiaeth**). Mae ei ddisgynyddion yn parhau i fyw yn y Castell Coch, sydd ym meddiant yr **Ymddiriedolaeth Genedlaethol**. Yn 1873 roedd gan iarll Powis 13,575ha o dir yn Sir Drefaldwyn, a stad o 10,921ha yn **Swydd Amwythig**, gan gynnwys Castell **Llwydlo**.

**HERBERT, Edward (Y Barwn Herbert o Cherbury; 1583–1648)** Llenor ac athronydd

Ganed Edward Herbert yn **Swydd Amwythig**. Ef oedd brawd hynaf **George Herbert**. Mae ei *Life*, gwaith rhyfedd a ddarganfuwyd mewn llawysgrif yn 1737, yn adrodd hanes ei anturiaethau yn yr Iseldiroedd a'i waith fel llysgennad yn Ffrainc; yn dilyn hynny fe'i hurddwyd yn Farwn Herbert o Cherbury (1629). Yn *De Veritate* (1623) dadleuodd fod ffydd grefyddol yn ddibynnol ar reswm yn hytrach na datguddiad, ac ar sail y gwaith hwn y'i hystyrir yn sylfaenydd deistiaeth (gw. **Agnostigiaid ac Anffyddwyr**). Yn y **Rhyfeloedd Cartref**, cefnogodd y brenin i ddechrau ac yna'r Senedd, ond ni bu iddo ran weithredol yn yr ymrafael. Ei ŵyr, y pedwerydd barwn (m.1691), a sylfaenodd y **Ffiwsilwyr Brenhinol Cymreig**.

**HERBERT, George (1593–1633)** Bardd

Roedd George Herbert yn fab i Richard Herbert, y gwelir ei feddrod ysblennydd yn Eglwys Sant Nicolas, **Trefaldwyn**; roedd yn orwyr i Richard Herbert, brawd William Herbert (m.1469) (gw. **Herbert, Teulu (ieirll Pembroke o'r greadigaeth gyntaf)**), ac yn frawd i **Edward Herbert** (1583–1678). Bu'n aelod seneddol **Trefaldwyn** (1624–5), ond anogodd John Donne ef i roi heibio gwleidyddiaeth a chymryd urddau eglwysig. Yn 1630 daeth yn offeiriad Anglicanaidd, a hynny yn Wiltshire, ond bu farw dair blynedd yn ddiweddarach.

Ychydig iawn o'i waith a gyhoeddwyd yn ystod ei oes, ond roedd cyfeillion wedi darllen rhai o'i gerddi mewn llawysgrif. Rai misoedd wedi ei farw cyhoeddwyd *The Temple* (1633), casgliad o gerddi yn trafod tensiynau'r ffydd Gristnogol, ei amheuon ynghylch ei alwedigaeth a chariad Duw at ddyn. Cafodd ddylanwad pwysig ar feirdd eraill a ganai yn **Saesneg** yn ystod yr 17g., yn enwedig **Henry Vaughan**. Gellir clywed adleisiau o'i waith ym marddoniaeth **R. S. Thomas**.

**HERBERT, John (*c*.1540–1617)** Gwleidydd

Ganed John Herbert yn **Abertawe**; roedd yn ŵyr i George Herbert, a oedd yn frawd i William Herbert (*c*.1501–70; gw. **Herbert, Teulu (ieirll Pembroke o'r ail greadigaeth)**). Ac yntau'n ieithydd medrus, byddai'n aml yn holi carcharorion estron, a bu'n llysgennad mewn sawl gwlad. Roedd yn agos at deulu **Cecil** yn y llys; yn y diwedd daeth yn glerc i'r cyfrin gyngor (1590), yn aelod o'r cyfrin gyngor ei hun (1600) ac fe'i penodwyd fel yr ail o'r ddau ysgrifennydd gwladol a wasanaethai'r Goron (1600). Roedd Herbert yn daer dros uno seneddau'r **Alban** a **Lloegr** wedi uno'r ddwy goron yn 1603. Bu'n aelod seneddol dros chwe etholaeth yn eu tro – **Sir Forgannwg** a **Sir Fynwy** yn eu plith – ac mae hynny'n record yn hanes senedd Lloegr. Etifeddodd dymer benboeth ei deulu, a bu farw, efallai, o'r clwyfau a gafodd mewn gornest gleddyfau. Fe'i claddwyd yn Eglwys Sant Ioan Fedyddiwr, **Caerdydd**.

Josef Herman, *Pithead, Three Miners*, 1945

**HERBRANDSTON**, Sir Benfro (562ha; 401 o drigolion)

Nodwedd amlycaf y **gymuned** hon, sy'n union i'r gorllewin o dref **Aberdaugleddau**, yw purfa **olew** Elf-Murco; mae pibell yn cysylltu'r burfa â glanfa sy'n ymestyn 715m i ganol yr aber. Yn Eglwys y Santes Fair ceir delw dreuliedig o farchog o'r 14g. Bu South Hook Fort (1850–70), un o **Ffoleddau Palmerston**, ar un adeg yn glwb gwledig, ond mae'n segur bellach. Nid oes yn Herbrandston yr un gofeb ryfel, gan na chollwyd unrhyw un o'i thrigolion yn ystod y naill ryfel byd na'r llall. Mae Stack Rock yn berygl mawr i **longau** yn yr aber.

**HERKOMER, Hubert von (1849–1914)** Arlunydd

Ganed Hubert von Herkomer yn Waal yn Bafaria ac enillai ei fywoliaeth fel peintiwr yn **Llundain**. Daeth i Gymru ar ôl cyfarfod â **Charles Mansel Lewis** o **Lanelli**. Roedd ei waith yn nodweddiadol o'r cyfnod: pobl mewn lleoliadau rhamantus neu bictiwrésg, a pheintiadau o gymeriadau o fyd mytholeg Brydeinig; peintiodd bortreadau hefyd. Daeth i gysylltiad â'r **Eisteddfod Genedlaethol**; bu'n beirniadu ynddi ac ef a ailgynlluniodd regalia **Gorsedd Beirdd Ynys Prydain**.

**HERMAN, Josef (1911–2000)** Peintiwr

Brodor o Wlad Pwyl oedd Herman, a bu'n arddangos ei ddarluniau mynegiadol yn ei wlad enedigol, ond yn 1938 aeth i fyw i Frwsel. Roedd bob amser un cam ar y blaen i drasiedïau ei gyfnod; gadawodd Wlad Belg a mynd i Ffrainc, ac yna wrth i fyddin yr Almaen ysgubo trwy Ewrop, fe'i canfu ei hun yn yr **Alban**. Collodd bob aelod o'i deulu yn yr Holocost.

Tra oedd ar wyliau yng Nghymru y darganfu Herman ei wir ddawn greadigol, a hynny yn **Ystradgynlais** lle bu'n byw rhwng 1944 ac 1955. Dywed yn ei hunangofiant, *Related Twilights* (1975), iddo weld glowyr yn croesi pont ar ôl iddynt fod yn gweithio, a siâp eu cyrff yn gysgodion yn erbyn yr haul – delwedd a wnaeth argraff arhosol arno. Roedd popeth a greodd yn Ystradgynlais yn llawn o'r hud carbonifferaidd hwn. Roedd ei banel ar gyfer arddangosfa 'Minerals of the Islands' yng Ngŵyl Prydain yn 1951 yn darlunio glowyr Cymreig, a bu ei ddylanwad yn aruthrol ar gelfyddyd yng Nghymru. Treuliodd gyfnod olaf ei oes yn **Llundain** a daliodd ati i **beintio**, gyda chynnwys ei luniau'n amrywio o flodau i bobl ym myd chwaraeon.

## HERODRAETH

Cyfeiria'r term herodraeth at y defnydd systematig o arwyddion etifeddol, ar darianau yn bennaf. Yng Nghymru, teuluoedd y tywysogion oedd y rhai cyntaf i fabwysiadu arfbeisiau; ar ôl *c.*1350 lledaenodd yr arfer i fyd y **boneddigion**, yn enwedig y rhai a oedd yn gyfarwydd â chymdeithas lysaidd Seisnig; erbyn canol y 15g. roedd yn arfer cyffredin.

Yr arfbeisiau cynharaf a gofnodwyd yw rhai **Gruffudd ap Llywelyn ap Iorwerth** (m.1244) o **Wynedd**, ei feibion **Llywelyn ap Gruffudd**, Tywysog Cymru, a **Dafydd ap Gruffudd** (m.1283), a hefyd Gruffudd ap Gwenwynwyn (m.1286) o **Bowys**.

Ar y cyfan, ni roddodd y beirdd fawr o sylw i herodraeth hyd at y 15g., pan welir beirdd megis **Lewys Glyn Cothi** yn cyfeirio'n wybodus at yr wyddor yn eu gwaith. Bryd hynny, daeth yn rhan o ddysg y beirdd. Gelwid y beirdd a gymerai ddiddordeb arbennig mewn herodraeth yn arwyddfeirdd. Byddai'r rhain yn cofnodi arfbeisiau a welent mewn eglwysi a thai, ac yn gwneud casgliadau ohonynt. Penodwyd dau o'r beirdd hyn, sef **Gruffudd Hiraethog** (m.1564) a Lewys Dwnn (*fl.*1568–1616) yn ddirprwy herodron dros Gymru.

Bellach, ar arwyddion tafarn y gwelir arwyddion herodrol fynychaf, gydag enwau megis 'Dinevor Arms' yn ymddangos ochr yn ochr ag arfbais y teulu a goffeir yn yr enw. Hen **ddiarhebion** Cymraeg yw llawer o'r arwyddeiriau a geir ar yr arfbeisiau. Mabwysiadwyd arwyddair teulu Williams o Aberpergwm (**Glyn-nedd**), 'A ddioddefws a orfu', gan Gyngor Sir Forgannwg.

## HEY, Donald Holroyde (1904–87) Cemegydd

Fel y gwyddonydd a ddaeth o hyd i radicalau rhydd mewn toddiant, gwnaeth Donald Hey gyfraniad enfawr i **gemeg** organig. O **Abertawe** yr hanai ac yno y cwblhaodd ei radd gyntaf cyn mynd yn ddarlithydd i Fanceinion. Yn 1950 daeth yn bennaeth cemeg Coleg y Brenin, **Llundain**.

Yn 1934 cyhoeddodd Hey ei bapur enwog a gynigiai fod perocsid bensoil wrth ddadelfennu yn rhoi inni radicalau ffenyl rhydd. Roedd hwn yn gynnig chwyldroadol a oedd yn groes i'r theori a goleddid bryd hynny, sef bod adweithio organig yn ymwneud â radicalau rhyngol ac electronau wedi eu pario yn hytrach na rhai unigol. Ond bu'n rhaid aros ugain mlynedd cyn i theori radicalau rhydd gael ei derbyn. Bellach cydnabyddir bod radicalau rhydd yn chwarae rhan allweddol mewn llawer o adweithiau cemegol, a dyma sail sawl proses yn y diwydiannau petrocemegol a pholymer. At hynny, cydnabyddir rhan radicalau rhydd mewn prosesau biolegol: radicalau rhydd sy'n rhoi ei rinweddau meddygol gwerthfawr i win coch.

## HEYCOCK, Llewellyn (1905–90) Arweinydd mewn llywodraeth leol

Fel gyrrwr trenau yn y Dyffryn Yard Loco Sheds y cychwynnodd Arglwydd Heycock o Dai-bach ei yrfa, a hynny yn ei dref enedigol, **Port Talbot**. Bu'n aelod blaenllaw o Gyngor Sir Forgannwg (1937–74), gan wasanaethu fel cadeirydd y pwyllgor addysg (1944–74) a chadeirydd y cyngor ei hun (1962–3). Ef hefyd oedd cadeirydd cyntaf cyngor sir newydd **Gorllewin Morgannwg** (1973–5). Bu ei bersonoliaeth rymus, ei ddylanwad dros fyd **addysg** a'i ran ganolog yn hegemoni'r **Blaid Lafur** mewn llywodraeth leol yn **Sir Forgannwg** yn fodd i greu cyfeillion a gelynion iddo. Bu'n gefnogol iawn i sefydlu ysgolion Cymraeg, ac yn 1964, pan chwenychai rhai ei gweld yn datgymalu, bu'n daer ei gefnogaeth i barhad ac undod **Prifysgol Cymru**.

## HICKS, Henry (1837–99) Meddyg a daearegydd

Hyfforddwyd Henry Hicks, a oedd yn frodor o **Dyddewi**, yn Ysbyty Guy, **Llundain**, a bu'n feddyg gwlad yn Nhyddewi cyn dod yn bennaeth ar ysbyty meddwl preifat yn Hendon. Fel daearegydd, ymddiddorai'n fawr yng nghreigiau Cyn-Gambriaidd a Chambriaidd Cymru, ac yng ngwaddodion a ffawna **ogofâu** Dyffryn **Clwyd**. Hicks oedd y Cymro cyntaf i gael ei ethol yn Llywydd Cymdeithas Ddaearegol Llundain a Chymdeithas y Daearegwyr.

## HIGHER KINNERTON, Sir y Fflint (925ha; 1,634 o drigolion)

Er bod y **ffin** rhwng Cymru a **Lloegr** yn gwahanu Higher Kinnerton oddi wrth Lower Kinnerton (**Swydd Gaer**), dyma ardal sy'n debycach i wastadeddau Swydd Gaer nag i **Sir y Fflint** ddiwydiannol. Tyfodd pentref Higher Kinnerton yn sylweddol tua diwedd yr 20g. Mae Eglwys yr Holl Saint (1893) yn enghraifft anarferol o ddi-nod o waith **John Douglas**.

## HILL, Teulu Meistri haearn

Yn Llys y Siawnsri yn 1788 sicrhaodd Richard Hill (m.1806) yr hawliau gweithredol dros waith **haearn** Plymouth, Troed-y-rhiw (gw. **Merthyr Tudful**), a hynny yn dilyn marwolaeth ei frawd yng nghyfraith, **Anthony Bacon**. Yn ddiweddarach daeth y gwaith yn eiddo i Hill ac, yn dilyn ei farwolaeth ef, bu dan ofal ei fab, Anthony (1784–1862). Fel y rhan fwyaf o feistri haearn Merthyr, bu'r tad a'r mab yn ymwneud â'r gwelliannau hynny i'r rhwydwaith cludiant, yn enwedig Camlas Morgannwg (1790au) a Rheilffordd Cwm Taf (1830au), a sicrhaodd ffyniant masnachol mentrau diwydiannol ar rimyn gogleddol y maes **glo**. Pan fu farw Anthony gwerthwyd y gwaith i Fothergill, Hamley a Bateman am £250,000. Fe'i caewyd *c.*1880.

## HINSAWDD

Mae Cymru'n un o'r gwledydd gwlypaf yn Ewrop, fel y dengys yr amrywiaeth o enwau am wahanol fathau o law yn y **Gymraeg**. Eto i gyd, er gwaethaf yr hen goel yn **Abertawe** – dinas wlypaf Cymru (a **Phrydain**) – ei bod ar fin bwrw os yw **Lloegr** yn y golwg ar draws Môr Hafren a'i bod eisoes yn bwrw pan nad yw Lloegr i'w gweld, mae'r tywydd yng Nghymru yn anwadal iawn. Fe'i nodweddir gan gryn amrywiaeth lleol ac mae'n gyfnewidiol bob amser. Achosir yr amrywiaeth mawr yn y tywydd gan y gwrthgyferbyniad rhwng hinsoddau arfordirol ffafriol ardaloedd megis **Bro Morgannwg**, **Sir Benfro** a **Llŷn**, a hinsoddau gerwin, agored yr ucheldiroedd sy'n ymestyn o **Fannau Brycheiniog** i **Eryri**.

Wedi i'r Oes Iâ ddiweddaraf ddod i ben tua 11,500 o flynyddoedd yn ôl, cynhesodd yr hinsawdd yn raddol dros

Hinsawdd: Castell Cynffig yn codi o'r twyni tywod, 1804

3,500 o flynyddoedd, gan alluogi coedwigoedd i feddiannu'r tir. Rhwng 6500 CC a 3000 CC daeth cyfnod sefydlog o dywydd cynnes, sych, ond wedi hynny dechreuodd cyfnod oerach a barhaodd hyd ail hanner yr 20g. Roedd y claearu yn amlwg iawn yn ystod yr Oes Efydd ddiweddar (*c*.1000–700 CC; gw. **Oesau Cynhanesyddol**), pan welwyd gwyntoedd cryfach, glawiad llawer trymach a gostyngiad yn nhymheredd cymedrig yr haf o 2°C o leiaf. Arweiniodd yr amodau hyn at ffurfio **mawn** ac arafwyd, o bosibl, dwf coed ar lwyfandiroedd arfordirol ac ar diroedd uwch. Gorfodwyd ffermwyr cynnar Cymru i symud o'r ucheldiroedd a chartrefu ar lawr gwlad ac ar orlifdiroedd, a gyfoethogid gan silt a chlai afonol ond lle ceid fflachlifau dinistriol yn gyson. Roedd gan law y fath ddylanwad ar fywydau trigolion cyn-Gristnogol Cymru nes iddynt wneud dŵr yn dduw, a chyflwyno anrhegion cymod wrth bistylloedd, **ffynhonnau**, **afonydd** a **llynnoedd**, yr ystyrir llawer ohonynt yn sanctaidd hyd heddiw.

Ddwy fil o flynyddoedd yn ôl roedd yr amodau'n ddigon ffafriol i'r **Rhufeiniaid** ddechrau plannu **gwinllannoedd** yng Nghymru, traddodiad a barhawyd gan y mynachlogydd yn yr Oesoedd Canol cynnar, hyd nes i'r hinsawdd oeri ymhellach. Ar sawl achlysur tua diwedd y 14g. ysgubodd stormydd garw dywod tua'r tir, gan orchuddio aneddiadau megis yr hen **Rosili** a thref gaerog Cynffig (**Corneli**) a chreu twyni tywod enfawr ger Niwbwrch (**Rhosyr**), **Môn**.

Credir mai cynhesu byd-eang sy'n gyfrifol am aeafau mwynach – ond stormus yn aml – diwedd yr 20g a dechrau'r 21g. Proffwydir y bydd tymereddau yng Nghymru wedi cynyddu rhwng 1.1 a 2.9°C erbyn 2080; mae gaeafau gwlypach a hafau sychach yn debygol, a disgwylir stormydd amlach ynghyd â glawiad uwch a llifogydd. Dadleuwyd bod llifogydd difrifol Tywyn (**Bae Cinmel a Thywyn**) yn Chwefror 1990, pan oedd 26km sgwâr dan ddŵr am wythnos bron, yn rhagflas o'r anawsterau y bydd cymunedau arfordirol yn debyg o'u hwynebu wrth i lefel y môr godi. Er bod y rhan fwyaf o **boblogaeth** Cymru yn byw'n agos at yr arfordir a bod y rhan fwyaf o ddiwydiannau a gorsafoedd pŵer pwysicaf y wlad wedi'u lleoli wrth ymyl y môr, dim ond tua 30% o'r arfordir sydd â rhyw ffurf ar amddiffynfeydd môr.

## *Yr hinsawdd heddiw*

GLAWIAD – Nid oes patrwm unffurf i lawiad yng Nghymru, oherwydd caiff y gorllewin 40% yn fwy o law na'r dwyrain. Y rheswm am hyn yw bod y llif aer o'r Iwerydd, a brofir yn fwyaf cyson yng Nghymru, yn cwrdd â rhwystr yr ucheldir sy'n ymestyn yn ddi-dor o **Gonwy** i lannau Môr Hafren, rhwystr sy'n peri i'r llif aer godi a gollwng ei wlybaniaeth. Felly, caiff copa'r **Wyddfa** tua 5,000mm o law y flwyddyn o gymharu â 630mm ar begwn mwyaf gogleddol **Sir y Fflint**. O blith trefi Cymru, y sychaf yw'r **Rhyl** (640mm) a'r wlypaf yw Blaenau **Ffestiniog** (3,000mm); yn wir, cyfeirir at law mawr weithiau fel 'glaw Stiniog'.

Ychydig o law Cymru sy'n cael ei amsugno i'r ddaear, gan nad oes gan y wlad ond ychydig o ddyfrhaenau – haenau o graig sy'n dal dŵr. At hynny, ychydig o law sy'n cael ei amsugno gan lwyfandiroedd uchel y canolbarth, gan eu bod wedi'u gorchuddio gan orgorsydd cymharol anathraidd. Caiff cyfran sylweddol o law ei choli trwy anweddiad, sydd ar ei isaf mewn ardaloedd o lawiad uchel. O'r 2,400mm o law sy'n disgyn yn flynyddol ar yr **Elenydd**, mae 400mm yn anweddu; y ffigurau cyfatebol ar gyfer **Trefaldwyn** yw 700mm a 500mm. Felly, gan ddiystyru colledion eraill, megis dŵr a amsugnir gan lystyfiant, mae gan ganolbarth Cymru warged flynyddol o 2,000mm, ddengwaith yr hyn sydd ar gael ar hyd llawer o diroedd y **ffin**. Mae'r digonedd hwn o ddŵr yn yr ucheldir yn gwneud yr ardaloedd hyn yn fan amlwg i godi **cronfeydd dŵr**.

Er bod glaw yn nodweddu pob cyfnod o'r flwyddyn, mae'r wlad yn tueddu i gael cyfnodau sych yn gynnar yn yr haf ac yn gynnar yn yr hydref – ffactorau allweddol wrth sicrhau cynaeafau gwair ac ŷd llwyddiannus. Tra caiff ardaloedd megis de Sir Benfro, gogledd-orllewin Môn a llawer o Sir y Fflint hyd at 200 o ddiwrnodau sych mewn blwyddyn, pur anaml y bydd cyfanswm y fath ddiwrnodau yn yr ucheldiroedd dros 130. Yn yr 20g. digwyddai sychder – a ddiffinnir fel 15 diwrnod di-dor heb odid ddim glaw – bob pedair blynedd yn yr iseldiroedd a phob chwe blynedd yn yr ucheldiroedd.

EIRA – Er bod eira, cawodydd ysgafn gan amlaf, yn eithaf cyffredin yn yr ucheldiroedd, yn arbennig Eryri, mae'n gymharol brin mewn ardaloedd eraill. Amrywia'r nifer o ddiwrnodau pan fydd yn bwrw eira, a thrwch yr eira ei hun, yn enfawr o flwyddyn i flwyddyn – o flynyddoedd heb eira o gwbl mewn llawer man, i fwy na 30 diwrnod yn ystod gaeafau 1946–7 a 1962–3. Dim ond yn achlysurol y bydd eira yn effeithio ar fywyd bob dydd ar lawr gwlad. Digwyddodd un o stormydd eira gwaethaf yr 20g. ar 7 ac 8 Ionawr 1982, pan gafodd nifer o ardaloedd fwy na metr o eira; caewyd **ffyrdd**, gan gynnwys yr **M4**, a bu llawer o gymunedau gwledig a hyd yn oed rai arfordirol yn anhygyrch am ddiwrnodau. Gall eira gwanwyn, fel ag a gafwyd dros rannau helaeth o'r ucheldiroedd yn Ebrill 1950 ac Ebrill 1981, gael effaith ddifrifol iawn ar anifeiliaid fferm, yn arbennig ŵyn newydd eu geni (gw. **Defaid**).

HEULWEN – Y rhan fwyaf heulog o Gymru yw'r llain arfordirol yn y de-orllewin, ardal ac iddi gyfartaledd blynyddol o dros 1,700 awr o heulwen, a chyfartaledd dyddiol o heulwen lachar o oddeutu 4.5 awr. **Dinbych-y-pysgod** yw tref fwyaf heulog Cymru. Yr ardaloedd lleiaf heulog yw'r ardaloedd mynyddig, sy'n cael llai na 1,100 awr ar gyfartaledd, a llai na 3.5 awr y dydd. Ym Mai a Mehefin y ceir y mwyaf o heulwen, ac ym mis Rhagfyr y lleiaf.

TYMHEREDD – Ar diroedd isel, mae'r tymheredd blynyddol cymedrig – sy'n gostwng tua 0.5°C am bob 100m mewn uchder – yn amrywio o tua 9.5 i 10.5°C; Chwefror yw'r mis oeraf a Gorffennaf yw'r mis cynhesaf. Yn y gaeaf, pan mae'r tymereddau i raddau helaeth dan ddylanwad tymereddau wyneb y môr – sydd ar ei oeraf yn niwedd Chwefror/dechrau Mawrth, ond eto'n cael ei gynhesu gan Lif y Gwlff – bydd y tymereddau uchaf cymedrig yn cyrraedd tua 8°C ar arfordir y gogledd a'r de, a 7°C ar y Gororau. Cofnodir y tymereddau isaf ar loriau dyffrynnoedd sy'n bell o'r môr: yr isaf a gofnodwyd erioed yng Nghymru oedd –23.3°C yn **Rhaeadr Gwy** ar 21 Ionawr 1940. Er bod microhinsawdd Sir Benfro, fel eiddo Môn, fel arfer yn ei chadw ychydig yn gynhesach na gweddill Cymru, cafwyd adegau ysbeidiol o rewi yn ystod y dydd a'r nos, fel yn Ionawr 1987. Yn groes i hynny, cofnodwyd rhai o dymereddau gaeaf uchaf Prydain (cyn uched ag 20°C ar adegau) ar arfordir y gogledd, o ganlyniad i effaith *föhn*, pan fo llif aer llaith o'r de neu'r de-orllewin yn cynhesu ar ôl croesi **mynyddoedd** Eryri. Yn yr haf, mae'r tymereddau cymedrig uchaf i'w cael yn **Sir Fynwy**, tua 21°C, ac maent ar eu hisaf ar arfordir y gorllewin, tua 18°C. Yn ystod cyfnodau poeth, gall tymereddau gyrraedd 27–8°C ymhell o'r môr, a chofnodwyd tymheredd uwch na 33°C ar yr arfordir rhwng **Casnewydd** a **Phort Talbot**. Y tymheredd uchaf a gofnodwyd yng Nghymru oedd 35.2°C ar Bont **Penarlâg** ar 2 Awst 1990.

GWELEDEDD – Mae yn y rhan fwyaf o Gymru welededd ardderchog. Ac ardaloedd diwydiannol y wlad ger yr arfordir, daw awelon y môr i wasgaru unrhyw fwg a allai amharu ar welededd. Gall niwl môr fod yn bla ar yr arfordir, yn arbennig yn y gwanwyn a'r haf cynnar, ac mae niwl mynydd, a all ymestyn yn aml dros ardaloedd eang, yn gallu bod yn berygl i gerddwyr yn yr ucheldiroedd.

GWYNT – Daw prifwyntoedd Cymru o gyfeiriad y de-orllewin, gan ddod ag aergyrff llaith o'r Iwerydd a pheri mai arfordir Môr Iwerddon a Môr Hafren yw ardaloedd mwyaf gwyntog y wlad. Yn y gaeaf, daw aergyrff o'r Arctig, yn aml gyda gwyntoedd gogleddol cryfion, â thywydd oer, cesair ac eira. Mae aergyrff pegynol cyfandirol o'r dwyrain, sy'n dod â thywydd rhewllyd ynghyd ag awyr glir, yn llai aml. Bu gwynt ar lechweddau'n wynebu'r gorllewin a'r gogledd yn ffactor pwysig wrth gyfyngu ar dwf llystyfiant. Mae'r ffaith fod aergyrff yn cael eu codi a'u gwyro gan y bryniau a'r mynyddoedd yn achosi amrywiaethau lleol eang yng nghyflymder a chyfeiriad y gwynt. Digwydd tymhestloedd fynychaf yn ystod y gaeaf a gallant achosi ambell gwthwm o wynt dros 180kya, yn arbennig ar bentiroedd agored; yr hyrddwynt uchaf a gofnodwyd ar lawr gwlad oedd 199.5kya yn y **Rhws** ar 28 Hydref 1989 (nid oes gorsafoedd cofnodi gwynt ar safleoedd uchel yng Nghymru). Mewn blwyddyn nodweddiadol, gellir disgwyl 15 i 20 diwrnod tymhestlog. Gwyntoedd cryfion yr ucheldiroedd sydd wedi denu entrepreneuriaid y ffermydd gwynt, o'r 1990au ymlaen, i godi cannoedd o dyrbinau gwynt dadleuol iawn ar draws llawer o dirweddau gwylltaf Cymru (gw. **Melinau Gwynt**).

## HIRFRYN Cwmwd

Roedd canolfan weinyddol Hirfryn, y mwyaf gogleddol o dri **chwmwd** y **Cantref Bychan**, yn **Llanymddyfri**. Pan grëwyd arglwyddiaeth Llanymddyfri roedd yn cynnwys cymydau Hirfryn a **Pherfedd**.

## 'HIRLAS OWAIN'

Cerdd fawl anghyffredin yw hon a briodolir i'r tywysog **Owain Cyfeiliog** ond a oedd, o bosibl, yn waith ei fardd, **Cynddelw Brydydd Mawr**. Fe'i lluniwyd i ddathlu cyrch a wnaeth Owain yn 1156 i achub ei frawd, Madog, o garchar. Gosodir y gwrandawr mewn gwledd er anrhydedd i Owain a'i osgordd lle dosberthir diodydd mewn llestri drudfawr i bob un o'r rhyfelwyr yn eu tro.

## HIRWAUN, Rhondda Cynon Taf (5,910ha; 4,851 o drigolion)

Lleolir y **gymuned** hon i'r gogledd-orllewin o **Ferthyr Tudful**. Mae'n ymestyn i'r gogledd a'r de o heol blaenau'r cymoedd (yr A465), ac roedd y rhan fwyaf ohoni hyd at 1974 yn rhan o blwyf Penderyn yn **Sir Frycheiniog**. Fel yr awgryma'r enw, roedd Hirwaun am ganrifoedd yn ddarn eang o **dir comin** a

Yr Hob: Plas Teg

oedd yn enwog am frîd arbennig o **geffylau** bychain. Mae'n bosibl fod ffwrneisiau **haearn** yn Hirwaun cyn gynhared â'r 1660au. Daeth y gwaith haearn helaethach a sefydlwyd yn 1757 i feddiant **Anthony Bacon** yn 1780 ac i ddwylo teulu **Crawshay** yn 1819. Ni fu'r fenter erioed mor llwyddiannus â gweithfeydd eraill y teulu, ac fe'i caewyd yn ystod y 1880au; mae olion pedair ffwrnais chwyth wedi goroesi. I'r dwyrain ohonynt mae sarn gerrig sych (1808), yr adeiladwaith hiraf o'i fath yn y de, a adeiladwyd i gario tramffordd ar draws afon Cynon. Er bod rhan helaeth o'r gymuned i'r gogledd o frig gogleddol y maes **glo**, daeth Hirwaun yn ddiweddarach yn y 19g. yn gartref i lawer o'r glowyr a gâi eu cyflogi yng nglofeydd y **Rhigos**. Yn 2004 dymchwelwyd dau flocdwr deuddeg llawr a adeiladwyd yn ystod y 1960au. (Am Stad Fasnachol Hirwaun, gw. Rhigos, Y.)

Yng nghyffiniau Penderyn, pentref a anfarwolwyd yn y gân werin adnabyddus, y cloddiwyd llawer o'r **calchfaen** a ddefnyddiwyd yn y diwydiant haearn. Ailadeiladwyd Eglwys Sant Cynog i raddau helaeth yn y 19g., ond erys ei thŵr canoloesol. Mae llyncdyllau, sef pantiau mawr a bach, yn britho brig y calchfaen i'r dwyrain a'r gorllewin o'r pentref. Ceir **rhaeadrau** hardd ar afon Hepste, neu sgydau fel y'u gelwir yn lleol.

## *HISTORIA BRITTONUM* ('Hanes y Brytaniaid')

Cyfuniad o destunau hanes a dadogwyd yn y gorffennol, ond heb unrhyw sicrwydd, ar Nennius yw *Historia Brittonum*, a dyddir y ffurf gynharaf *c.*829/830. Ynddo adroddir hanes y Brytaniaid (y Cymry'n arbennig) o ddiwedd cyfnod y **Rhufeiniaid** hyd at ymosodiadau'r **Eingl-Sacsoniaid**, gan dynnu ar amrywiaeth o ffynonellau megis blwyddnodion, rhestri o frenhinoedd, hanes **seintiau**, traddodiadau llenyddol, llên gwerin a chwedlau. Defnyddiwyd yr *Historia* gan haneswyr o gyfnod **Sieffre o Fynwy** hyd heddiw gan mai yma y ceir y cofnodion cynharaf am **Arthur** a'i frwydrau, am ddyfodiad yr Eingl-Sacsoniaid ac am yr ymrafael rhwng **Gwrtheyrn** a Hengist a Horsa. Ynddo hefyd y ceir y cyfeiriad cynharaf at rai o **Gynfeirdd** yr **Hen Ogledd**. Erbyn hyn, fodd bynnag, bwrir amheuaeth ar ddull yr awdur o drin ei ffynonellau ac ystyrir *Historia Brittonum* yn fwy o gyfansoddiad bwriadus nag o gasgliad moel o ffeithiau gwrthrychol. Nid yw'r crynhoad yn dyst diogel i hanes y 6g. er y gall ddweud llawer am ysgolheictod Cymreig y 9g.

## HOB, Yr (Hope), Sir y Fflint (1,397ha; 4,172 o drigolion)

Dyma'r **gymuned** sy'n ffinio â therfyn gogleddol bwrdeistref sirol **Wrecsam**. Craidd **cwmwd** yr Hob (neu Hopedale) oedd yr ardal yn wreiddiol, sef un o gymydau **Powys Fadog** a ddaeth yn 1284 yn rhan o **Sir y Fflint**. Mae Cawg Caergwrle o'r Oes Efydd a **bryngaerau** Caer Estyn a Bryn Caergwrle o'r Oes Haearn yn brawf fod pobl wedi ymsefydlu yma'n gynnar (gw. **Oesau Cynhanesyddol**). Mae **Clawdd Wat** yn croesi'r ardal. Dechreuodd **Dafydd ap Gruffudd** adeiladu Castell Caergwrle *c.*1278 ac fe'i hatgyweiriwyd gan Edward I yn 1282. Bu tân yno yn 1283 ac mae'n debyg na chafodd ei adnewyddu wedi hynny. Yng Nghaergwrle yn 1863 y bu farw'r brodor cyntaf erioed o **Fryniau Casia** i ymweld â Chymru, yr efengylydd U Larsing Khongwir, a hynny ar ôl taith **bregethu** drom; mae wedi'i gladdu ym mynwent gyhoeddus Caer. Enillodd yr Hob statws bwrdeistref yn 1351. Câi **plwm** ei gloddio yno yn ystod y 14g. Tŷ neuadd o ddiwedd yr 16g. yw Fferm. Tŷ neuadd arall yw Bryn Iorcyn, y gosodwyd wyneb carreg arno yn ystod yr 17g. Adeiladwyd Plas Teg, plasty mwyaf nodedig Cymru o gyfnod y **Dadeni**, *c.*1610 ar gyfer John Trevor (m.1630), a oedd wedi ymelwa'n fawr ar ei swydd fel syrfëwr i'r Llynges. Gwelir ei feddrod addurnedig yn Eglwys Sant Cyngar. Cyfeiriodd **Thomas Pennant** at

Hoci iâ: Matus Petricko o'r Cardiff Devils ar drothwy tymor 2007–8

ffynhonnau halwynog Rhydyn, lle bu sba byrhoedlog ar ddechrau'r 20g.

## HOBBES, Thomas (1757?–1820) Seiciatrydd

Hobbes oedd y seiciatrydd Cymreig cyntaf y mae hanes ar gael amdano. Bu'n byw yn **Nhrefynwy**, ond symudodd *c.*1804 i **Abertawe**, lle bu'n gofalu am wallgofdy preifat cyntaf Cymru, May Hill's House (gw. **Iechyd**). Yn ogystal, bu'n ffisigwr mygedol i Fferyllfa Abertawe, ac yn ddiweddarach i Ysbyty Abertawe.

## HOCI

Ganed y gêm fodern pan ffurfiwyd y Gymdeithas Hoci (**Lloegr**) yn 1886. Ffurfiwyd Cymdeithas Hoci Cymru yn 1897 a Chymdeithas Hoci Menywod Cymru yn 1898. Sefydlwyd clwb cyntaf Cymru yn y **Rhyl** yn 1885, a'r clwb hwnnw a drefnodd y gêm ryngwladol gyntaf yn y byd – rhwng Cymru ac **Iwerddon** – yng Ngerddi'r Palas, y Rhyl, yn Ionawr 1895 (Iwerddon a enillodd 3–0). Daeth gêm y dynion yn rhan o'r Gemau Olympaidd yn 1908, pan enillodd Cymru y fedal efydd.

Y 1960au a'r 1970au oedd oes aur hoci Cymru. Yn 1963 tîm **menywod** Cymru oedd y cyntaf i guro Lloegr yn Wembley. Erbyn 1975 roeddynt yn ail ymhlith detholion y byd. Yn 1973 enillodd tîm dynion Cymru y Goron Driphlyg a churo Lloegr am y tro cyntaf erioed. Yn ystod y cyfnod hwn roeddynt ymysg yr 20 uchaf o blith dros 100 o genhedloedd y byd a oedd yn chwarae'r gêm. Unwyd y ddwy gymdeithas i ffurfio Undeb Hoci Cymru yn 1995.

Yn ystod y blynyddoedd llwyddiannus hyn gwelwyd Anne Ellis yn chwarae 138 o gemau yn olynol i Gymru; bu hefyd yn gapten ar dîm **Prydain**. Austin Savage oedd y cyntaf i ennill dros 100 o gapiau i dîm dynion Cymru; enillodd hefyd 20 o gapiau i Brydain gan gynnwys rhai yn y Gemau Olympaidd ym Munich yn 1972.

## HOCI IÂ

Mae tarddiad hoci iâ yn aneglur, ond mae'r gêm wedi ei chwarae ym **Mhrydain** oddi ar ddiwedd y 19g. o leiaf. Cyrhaeddodd Gymru mor ddiweddar â 1974, pan agorwyd llawr sglefrio yn **Queensferry**. Y Deeside Dragons oedd unig dîm hŷn y wlad hyd at lansio'r Cardiff Devils yn 1986. Bu'r ddau dîm yn cystadlu â'i gilydd am gyfnod byr yng Nghynghrair Prydain a Chwpan Cymru, nes i dîm **Caerdydd** ennill dyrchafiad i'r lefel uchaf.

Camp fawr gyntaf Caerdydd oedd ennill yng Nghynghrair Prydeinig Heineken a'r bencampwriaeth yn 1989/90, cyn llwyddo ymhellach yn yr Uwchgynghrair a chystadlaethau Ewropeaidd. Er bod Caerdydd wedi dibynnu'n bennaf ar ddoniau o Ganada a **Lloegr**, mae chwaraewyr o Gymru fel Nicky Chinn a Stevie Lyle wedi cael llwyddiant rhyngwladol, gyda'r ail yn serennu ar ran Prydain ym Mhencampwriaethau y Byd yn 1999.

## HOGG, A[lexander] H[ubert] A[rthur] (1908–89) Archaeolegydd

Fel peiriannydd sifil y dechreuodd Hogg ei yrfa, gan ddarlithio ym Mhrifysgolion Newcastle a **Chaergrawnt**, ond bu ganddo ddiddordeb brwd mewn **archaeoleg** er pan oedd yn ifanc iawn. Yn 1949 fe'i penodwyd yn ysgrifennydd **Comisiwn Brenhinol Henebion Cymru**, corff a ehangodd ei staff a'i weithgareddau yn sylweddol o dan ei arweiniad. Yn rhinwedd yr un swydd goruchwyliodd gyhoeddi arolwg o henebion **Sir Gaernarfon** (tair cyfrol, 1956, 1960, 1964). Gwnaeth waith arloesol wrth ddosbarthu clystyrau o gytiau cerrig a gwneud arolwg o **fryngaerau**.

**HOGGAN, Frances Elizabeth (1843–1927)** Meddyg
Merch i gurad o **Aberhonddu** oedd Frances Hoggan (*née* Morgan), a hi oedd y fenyw gyntaf o Gymru i raddio fel meddyg. Gan na chaniateid iddi wneud hynny ym **Mhrydain**, bu'n rhaid iddi fynd i Brifysgol Zurich, lle enillodd radd MD yn 1870. Dychwelodd i **Lundain** i weithio, ond ni chafodd ei henw ei gynnwys ar y gofrestr feddygol am saith mlynedd wedi hynny. Bu'n frwd dros ennill hawliau cyfartal i **fenywod** ym myd addysg uwch.

**HOLT**, Wrecsam (1,802ha; 1,762 o drigolion)
Mae'r **gymuned** hon, yn union i'r dwyrain o **Wrecsam**, yn swatio ar lan afon **Dyfrdwy** mewn man lle mae honno'n ffurfio'r **ffin** rhwng Cymru a **Lloegr**. Roedd yr odynau yn Holt yn cynhyrchu teils a llestri clai ar gyfer y lleng-gaer Rufeinig yng Nghaer. Yn fuan ar ôl derbyn arglwyddiaeth **Brwmffild ac Iâl** yn 1282, cododd teulu de Warenne (gw. **Warenne, Teulu**) Gastell Holt, adeilad pumochr rheolaidd a gynlluniwyd o bosibl gan **James o St George**. Roedd bwrdeistref yn gysylltiedig â'r castell, ac mae'r cynllun bastid yn dal yn amlwg yng nghynllun hirsgwar Holt. Mae rhai o nodweddion yr hyn a elwir yn eglwysi Stanley (gw. **Stanley, Teulu**) i'w gweld yn Eglwys Sant Chad. Mae pont wyth bwa o'r 15g. yn cysylltu – yn wir, bron iawn yn uno – Holt â Farndon yn **Swydd Gaer**. Ceir nifer o dai bonedd deniadol yn yr ardal gan gynnwys Neuadd Cornish, Neuadd Llwyn Onn, Neuadd Borras a Phen Borras. Mae Holt yn enwog am ei gaeau mefus, cnwd a blannwyd yno gyntaf yn 1860. Prif nodwedd rhan orllewinol y gymuned yw pwll graean enfawr. I'r de o'r pwll mae Bryn Estyn, ysgol i droseddwyr ifainc ar un adeg, lle cafodd nifer o'r preswylwyr eu cam-drin yn rhywiol. Fe'i hailenwyd yn Dŷ Erlas, a daeth yn ganolfan technoleg gwybodaeth.

**HOMFRAY, Teulu** Meistri haearn
Ar anogaeth John Guest (gw. **Guest, Teulu**) gadawodd Francis Homfray (1726–98) waith Calcott ger Broseley, **Swydd Amwythig**, er mwyn sefydlu gwaith **haearn** Penydarren, **Merthyr Tudful**, yn 1784. Jeremiah (1759–1833), mab hynaf Francis, a roddodd gychwyn ar gynhyrchu haearn yng **Nglynebwy**. Roedd yn gysylltiedig hefyd â gweithfeydd haearn yn **Hirwaun** ac Aber-nant (**Aberdâr**). Fodd bynnag, erbyn 1813 roedd yn fethdalwr. Daeth Samuel (1762–1822), ail fab Francis, yn rheolwr ar waith Penydarren; sefydlodd waith haearn **Tredegar** a chwaraeodd ran flaenllaw yn y gwaith o adeiladu Camlas Sir Forgannwg. Gwŷr busnes hynod o ymosodol oedd teulu Homfray; aent benben â mentrau cyfagos, a hawlient, ar seiliau ansicr, mai hwy a fu'n gyfrifol am sefydlu'r broses buro. Yn 1804 sicrhaodd gwaith Penydarren ei le mewn llyfrau hanes pan yrrodd **Richard Trevithick** yr injan ager gyntaf yn y byd ar hyd y cledrau o'r gwaith i **Abercynon**. Yn 1814 gwerthodd y teulu waith Penydarren i Bartneriaeth Foreman a Thompson.

**HONDDU ISAF**, Sir Frycheiniog, Powys (3,058ha; 395 o drigolion)
Mae'r ffordd o **Aberhonddu** i **Lanfair-ym-Muallt** dros **Fynydd Epynt** yn croesi'r **gymuned** hon, gan arwain trwy Gapel Isaf. Adeiladwyd plasty Castell Madog yn 1588 ar gyfer Thomas Powel a bu llawer o addasu arno yn ystod y 19g.; mae hanes y lle fel safle amddiffynnol yn mynd yn ôl i'r 11g., a hyd heddiw erys olion dau gastell. Yn ystod y 18g. roedd Castell Madog yn gartref i'r hynafiaethydd Charles Powel, cyfaill i **Howel Harris** ac un o sylfaenwyr Cymdeithas Amaethyddol Brycheiniog (gw. **Cymdeithasau Amaethyddol**). Mae tŵr Eglwys Garthbrengi yn dyddio o'r 17g. Yn Eglwys Llandyfaelog

Holt: casglu mefus ar gaeau Bellis Brothers, 1953

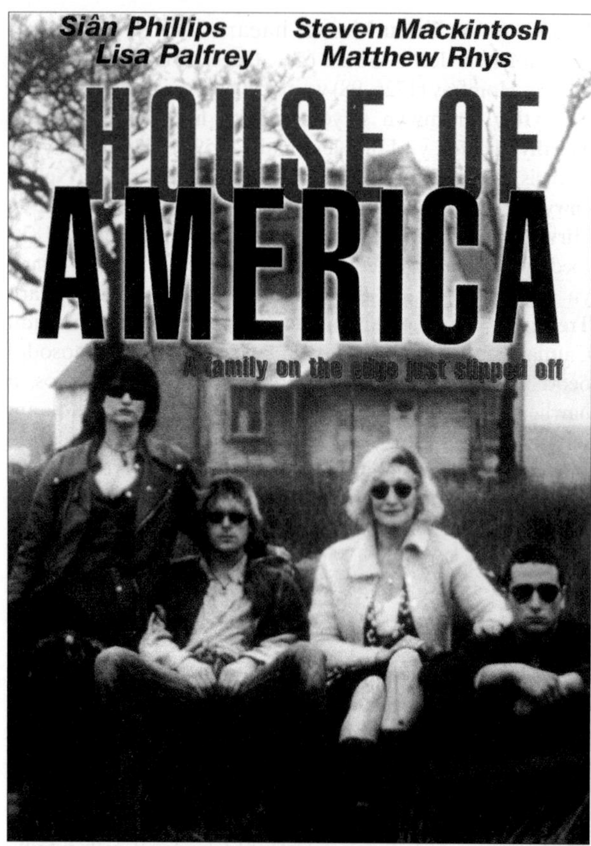


*House of America*, 1996

Fach, sy'n sefyll mewn man gogoneddus uwchlaw dyffryn Honddu, ceir carreg arysgrifedig o'r 10g.

**HOOD, Archibald (1823–1902)** Perchennog glofeydd
Mab i swyddog mewn glofa yn yr **Alban** oedd Hood, a ymsefydlodd yng Nghymru yn 1860. Yn ddiweddarach daeth yn berchennog glofeydd yn y **Gilfach-goch** a Llwynypia (gw. **Rhondda, Y**). Daeth Cwmni'r Glamorgan Colliery yn Llwynypia yn adnabyddus am ei weithwyr o'r Alban ('Scotch Colliery') ac am ansawdd da ei olosg, a ddyfarnwyd y gorau yn y byd gan ddadansoddwyr y **llywodraeth** yn 1900. Hood oedd un o hyrwyddwyr Cwmni Rheilffordd y Barri.

**HOOK**, Sir Benfro (304ha; 656 o drigolion)
Mae'r **gymuned** hon, a oedd yn rhan o **Langwm** hyd 1999, yn cyffwrdd â glannau deheuol Cleddau Wen (gw. **Cleddau**), lle mae Hook Bight yn nodi tro sydyn yn yr afon. O Hook Quay y byddai **glo** o lofa Hook yn cael ei allforio – un o'r glofeydd olaf a fu'n gweithio yn **Sir Benfro**. Y mae i blasty East Hook nodweddion o'r 18g.

**HOOSON, I[saac] D[aniel] (1880–1948)** Bardd
Roedd I. D. Hooson yn delynegwr a baledwr poblogaidd, a bu adrodd mawr ar ei waith ar lwyfannau eisteddfodol. Hanai o **Rosllannerchrugog** a chafodd yrfa fel cyfreithiwr yn **Wrecsam**. Cyhoeddwyd dwy gyfrol o'i gerddi, sef *Cerddi a Baledi* (1936) ac *Y Gwin a Cherddi Eraill* (1948). Canai'n felys i **adar**, anifeiliaid a blodau yn ei gyfrol gyntaf, ond ceir mwy o ddwyster yn ei gerddi diweddar. Roedd ei gerddi i blant yn hynod o boblogaidd.

**HOPKINS, Gerard Manley (1844–89)** Bardd
Bardd o Sais oedd Hopkins, ond un y bu ei brofiadau yng Nghymru yn allweddol iddo. Wedi graddio yn **Rhydychen** ymbaratôdd ar gyfer mynd yn offeiriad Catholig, gan gwblhau ei hyfforddiant yng Ngholeg Sant Beuno (**Tremeirchion**). Yn ystod ei dair blynedd yno y datblygodd ei syniadau neilltuol am fydryddiaeth. Bu barddoniaeth Gymraeg a'r **gynghanedd** yn ddylanwad arno ac fe'i hysbrydolwyd gan dirlun Cymru. Dysgodd **Gymraeg** a llwyddodd hyd yn oed i lunio **cywydd** yn yr iaith, ond un alaethus wael ysywaeth.

**HORNER, Arthur [Lewis] (1894–1968)** Undebwr llafur
Ganed Horner ym **Merthyr Tudful**, ond â Maerdy (y **Rhondda**) y cysylltir ei enw. Ef oedd y mwyaf poblogaidd ac effeithiol o blith arweinwyr y glowyr yng Nghymru, ac roedd teitl ei hunangofiant, *Incorrigible Rebel* (1960), yn un hynod o briodol. Yn 1916 fe'i carcharwyd am ei ran yng Ngwrthryfel y Pasg yn **Iwerddon**. Ar sail ei ddehongliad arbennig ef o Gomiwnyddiaeth, Horner oedd y cyswllt mwyaf ystyrlon rhwng **syndicaliaeth** a byd diwydiannol blynyddoedd canol yr 20g. Bu'n llywydd **Ffederasiwn Glowyr De Cymru** (1936–44) ac Adran De Cymru o **Undeb Cenedlaethol y Glowyr** (1945–6), ac yn ysgrifennydd cyffredinol yr NUM (1946–59).

***HOUSE OF AMERICA* (1996)** Ffilm
Ffilm bryfoclyd ond hanfodol ddwys wedi'i gosod mewn cymuned lofaol yn y de yw *House of America.* Gan ganolbwyntio ar frawd a chwaer (Steven Mackintosh a Lisa Palfrey) sydd ag obsesiwn ynglŷn â'r awdur Americanaidd Jack Kerouac, mae'n ymdrin â materion megis hunaniaeth Gymreig, y cymhleth israddoldeb sydd gan y genedl yn ôl rhai, ei hangen am arwyr cynhenid a'r modd yr Americaneiddiwyd ac y Seisnigwyd ei diwylliant. Sgriptiwyd y ffilm gan Ed Thomas ar sail ei ddrama lwyfan ef ei hun, a'r cyfarwyddwr oedd Marc Evans. Ymddengys Matthew Rhys a Siân Phillips ynddi hefyd.

**HOUSTON, Donald (1923–91)** Actor
Donald Houston, a hanai o'r **Rhondda**, oedd arwr cyhyrog y fersiwn sgrîn gwreiddiol, poblogaidd o'r rhamant *The Blue Lagoon* (1949) a phartner gwrthgyferbyniol ei gydlöwr **Meredith Edwards** yng nghomedi Ealing *A Run For Your Money* (1949). Bu tuedd, wedi hynny, i'w gastio mewn rhannau braidd yn ddiflas, megis y gŵr cenfigennus yn ffilm drawiadol Ealing, *Dance Hall* (1950). Bu â rhan hefyd yn *Room at the Top* (1959). Mae'n bosibl mai pinacl ei yrfa oedd fel y prif lais yn fersiwn teledu D. J. Thomas o *Under Milk Wood* (1957). Chwaraeodd ei frawd Glyn Houston (g.1926) brif rannau mewn sawl ffilm B Brydeinig, yn arbennig *Payroll* (1960) a *Solo for Sparrow* (1962), a gwnaeth argraff yn nwy ddrama Alan Clayton/Robert Pugh ar gyfer HTV, *Ballroom* (1988) a *Better Days* (1988).

***HOW GREEN WAS MY VALLEY* (1941)** Ffilm
Mae'r ffilm hon, a wnaed gan Twentieth Century-Fox ac a enillodd bum Oscar, yn seiliedig ar nofel Richard Llewellyn o'r un enw (gw. **Richard Herbert Vivian Lloyd**). Mae'n canolbwyntio ar hanes teulu'r Morganiaid sy'n byw mewn cymuned lofaol yn y de, ond roedd gan ei chyfarwyddwr,

Y lofa ryfeddol ar ben bryn yn *How Green Was My Valley*, 1941

John Ford, fwy o ddiddordeb mewn archwilio mythau a'i gefndir teuluol ef ei hun nag mewn cyflwyno darlun dilys o'r gymdeithas dan sylw. Canlyniad hynny yw ffilm sy'n amddifad o unrhyw gynnwys gwleidyddol ac sy'n cyflwyno darlun gor-ramantus o'r glowyr. Dim ond un Cymro a gafodd ran o bwys yn y ffilm, sef Rhys Williams fel Dai Bando; chwaraeir y prif rannau eraill gan y Sais, Roddy McDowall, y Canadiad, Walter Pidgeon a'r Albanwr, Donald Crisp; **Gwyddelod** neu Americaniaid o dras Gwyddelig yw amryw o weddill y cast. Er mor wych yw'r gwaith ffilmio, a wnaed gan Arthur C. Miller ar ransh yng Nghaliffornia, ac er bod rhai rhagoriaethau yn sgript Philip Dunne, mae'r ffilm yn llawn elfennau sy'n datgelu diffyg gwybodaeth am Gymru, gan gynnwys y lofa sydd wedi'i gosod ar ben mynydd. Serch hynny, rhoddodd y ffilm fwynhad i filoedd a llyncwyd ei darlun sentimental o fywyd y glowyr 'Cymreig' gan lawer yn America, **Lloegr** a Chymru ei hun.

**HOWARD-JONES, Ray** (enw cyntaf gwreiddiol, **Rosemary) (1903–96)** Arlunydd

Er iddi gael ei geni yn Swydd Berkshire, roedd Ray Howard-Jones yn ymuniaethu â Chymru. Aeth i ysgolion ym **Mhenarth** a **Llundain** cyn astudio celfyddyd gain yn y Slade. Câi ei thynnu at destunau yn ymwneud â byd **archaeoleg** a'r theatr. Gwnaeth ddarluniau meddygol a dogfennol, ac fel artist rhyfel bu'n gysylltiedig â'r Llynges Frenhinol. Teithiodd yn helaeth a bu'n byw mewn mannau anghysbell, gan gynnwys Sgomer (gw. **Ynysoedd**). Mae ei gwaith yn adlewyrchu ei chred fod rhyw hud ysbrydol, Celtaidd yn perthyn i ynysoedd a phentiroedd Cymru.

**HOWELL, David (Llawdden; 1831–1903)** Clerigwr

Ganed David Howell yn **Llan-gan**, yn un o deulu o Anghydffurfwyr (gw. **Anghydffurfiaeth**), ac fe'i hordeiniwyd yn offeiriad gyda'r **Anglicaniaid** yn 1855. Gwnaed defnydd helaeth o'i ddawn **bregethu** yn ystod diwygiad 1859 (gw. **Diwygiadau**). Cyfeiriwyd yn aml at ei waith eithriadol yn gweinidogaethu yng **Nghaerdydd** (1864–75) a **Wrecsam** (1875–1891) fel tystiolaeth o adfywiad yr Eglwys Anglicanaidd, ond roedd ei wir arwyddocâd yn ei ddiddordeb mewn Eglwys Gymreig frodorol a'i awydd am undod crefyddol. Ysgrifennai farddoniaeth dan y ffugenw Llawdden.

**HOWELL, James (*c*.1593–1666)** Awdur

Ganed James Howell yn **Aber-nant** (**Sir Gaerfyrddin**), a'i addysgu yn **Rhydychen**. Rhwng 1616 ac 1620 bu'n teithio tir mawr Ewrop ar ran cwmni gwneud **gwydr** Syr Robert Mansel (gw. **Mansel, Teulu**). Fe'i cyflogwyd gan **lywodraeth** Charles I, fel ysbïwr o bosibl, ac fe'i carcharwyd yn y Fflyd o 1642 hyd 1650. Pan ddaeth yr Adferiad fe'i penodwyd yn hanesydd brenhinol, swydd a grëwyd yn arbennig ar ei gyfer. Cyhoeddodd dros 40 o lyfrau ar bynciau hanesyddol a gwleidyddol, ac efallai mai ef oedd y Cymro cyntaf i fod yn awdur proffesiynol yn yr ystyr fodern.

**HOWELL, James (1835–1909)** Perchennog siop

Dyma'r gŵr a roddodd ei enw i un o'r brandiau mwyaf adnabyddus yng Nghymru. Fe'i ganed yng Nghwm-cath ger **Abergwaun**, yn fab i ffermwr a gof. Bu'n gweithio i wahanol ddilledyddion cyn sefydlu yng **Nghaerdydd**, yn 1865, siop a ddeuai ymhen amser yn un o'r siopau adrannol

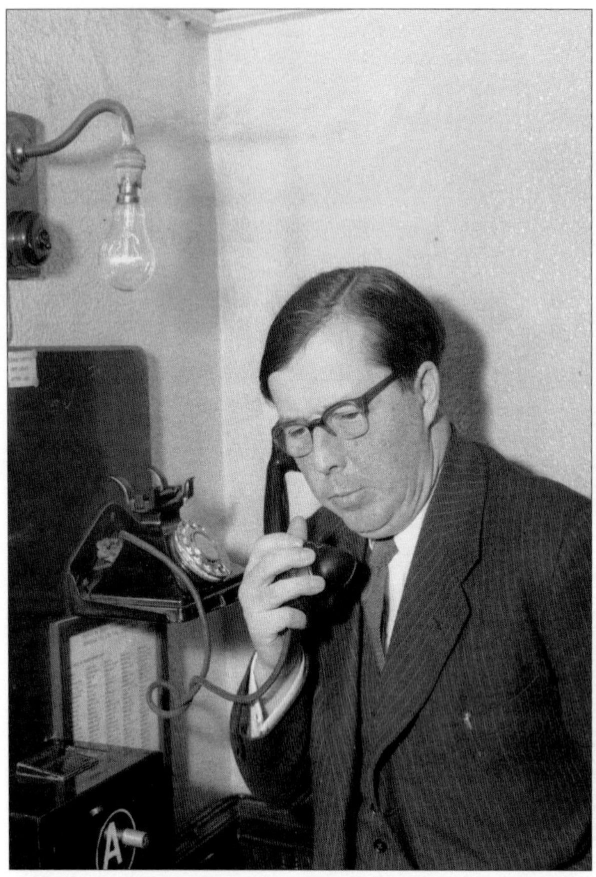

Cledwyn Hughes (1916–2001)

mwyaf ym **Mhrydain** (y mae bellach yn eiddo i House of Fraser). Ef hefyd a sefydlodd Neuadd a Gwesty'r Parc, a chwaraeai ran flaenllaw ym mywyd y dref, gan gynorthwyo i ddod â chasgliad llyfrau Cymreig Salisbury i Gaerdydd a chefnogi cynigion Caerdydd i fod yn gartref i **Amgueddfa [Genedlaethol] Cymru** a'r **Llyfrgell Genedlaethol**. Roedd yn berchen ar sawl fferm, gan gynnwys gre o **geffylau** hur.

**HOWELLS, Geraint [Wyn] (1925–2004)** Gwleidydd
Ganed Geraint Howells ym Mhonterwyd (**Blaenrheidol**), a daeth yn ffermwr **defaid** tra llewyrchus gan ymroi i yrfa wleidyddol yr un pryd. Blaenoriaethau cyson yr yrfa honno oedd **economi** a diwylliant cefn gwlad Cymru, yr iaith **Gymraeg** a **datganoli**. Bu'n aelod seneddol dros y **Blaid Ryddfrydol** (y Democratiaid Rhyddfrydol o 1988 ymlaen) yn etholaeth **Ceredigion** (Ceredigion a Gogledd Penfro o 1983 ymlaen) o 1974 hyd 1992, pan gollodd y sedd i Cynog Dafis a safai dros **Blaid [Genedlaethol] Cymru** a'r Blaid Werdd. Bu'n arweinydd y Rhyddfrydwyr yng Nghymru o 1979 hyd 1988, ac yn 1992 fe'i gwnaed yn arglwydd am oes (yr Arglwydd Geraint o Bonterwyd). Roedd yn ddirprwy lefarydd Tŷ'r Arglwyddi (1994–9), a rhoddai'r argraff yn aml ei fod yn ailymgnawdoliad o un o radicaliaid gwledig Cymru'r 19g. A throsi geiriau Bruce Anderson, roedd 'yn gymysgedd Cymreig nodweddiadol o hynawsedd a chyfrwystra'. Pan oedd yn llefarydd **amaethyddiaeth**, gofynnodd ffermwr ariannog o Suffolk iddo beth oedd polisi'r Rhyddfrydwyr ar losgi sofl, ac atebodd yntau mai'r unig beth a losgid yng nghefn gwlad Cymru oedd **tai haf**.

**HOWELLS, Jack (1913–90)** Gwneuthurwr ffilmiau
Hanai Jack Howells o Abertyswg (**Rhymni**) a bu'n athro ysgol cyn dod yn olygydd a chyfarwyddwr ffilmiau. Am ei raglenni dogfen yr oedd yn fwyaf adnabyddus, ac yn eu plith y mae *Dylan Thomas* (TWW/BBC, 1962) a *Nye!* (TWW, 1965). Yn *Dylan Thomas,* yr unig ffilm Gymreig i ennill Oscar (am y Rhaglen Ddogfen Fer Orau, 1963), gwelir **Richard Burton**, fel traethydd, yn ymweld â hoff lecynnau **Dylan Thomas**.

**HOYLE, W[illiam] Evans (1855–1926)** Cyfarwyddwr amgueddfa
Brodor o Fanceinion oedd Hoyle, a derbyniodd ei addysg ym Manceinion, **Rhydychen** a **Llundain**. Maes ei arbenigedd oedd anifeiliaid di-asgwrn-cefn, a chafodd ei benodi'n gyfarwyddwr Amgueddfa Manceinion (1899–1909) ac yn gyfarwyddwr cyntaf **Amgueddfa [Genedlaethol] Cymru** (1908–1924). Bu'n gryn ddylanwad adeg cynllunio'r adeilad newydd ym **Mharc Cathays**.

**HUET, Thomas (m.1591)** Cyfieithydd
Brodor o **Sir Frycheiniog** oedd Huet. Fe'i haddysgwyd yn **Rhydychen** a chafodd nifer o fywoliaethau. Cofleidiodd Brotestaniaeth a goroesodd bolisïau crefyddol Mari I. Yn 1560 fe'i penodwyd yn brif gantor **Tyddewi** ac yn 1561 fe'i hetholwyd yn ganon yn yr eglwys gadeiriol. Mae'n fwyaf adnabyddus fel un o'r rhai a gynorthwyodd **William Salesbury** i gyfieithu'r Testament Newydd Cymraeg (1567). Ef a gyfieithodd Lyfr y Datguddiad, a hynny mewn arddull a adlewyrchai dafodiaith y de-orllewin.

**HUGH O AVRANCHES, iarll Caer (Huw Fras; m.1101)** Un o'r arglwyddi yn y Mers
Derbyniodd Hugh o Avranches iarllaeth Caer gan Gwilym I yn y 1070au. Ef a Robert o Ruddlan a arweiniodd ymosodiadau'r **Normaniaid** ar ogledd Cymru tua diwedd yr 11g. Bu iarllaeth Caer yn nwylo'i ddisgynyddion hyd 1237, pan aeth i feddiant coron **Lloegr** – ffaith a rwyddhaodd y ffordd i'r **Goresgyniad Edwardaidd**.

**HUGHES, [Emyr] Alun Moelwyn (1905–78)** Cemegydd
Ganed Alun Moelwyn Hughes yn **Aberteifi**, yn fab y mans – ei dad oedd yr emynydd John Gruffydd Hughes (Moelwyn; 1866–1944), awdur 'Pwy a'm dwg i'r ddinas gadarn?' ymhlith **emynau** poblogaidd eraill. Addysgwyd Alun Moelwyn yn **Lerpwl** a **Rhydychen** cyn cael ei benodi i swydd yng **Nghaergrawnt**. Roedd yn gemegydd damcaniaethol disglair a ymhyfrydai mewn pynciau astrus ac mewn barddoniaeth Gymraeg. Roedd lawn mor gartrefol yng nghymdeithas Gymraeg y brifysgol, Cymdeithas y Mabinogi, ag ydoedd wrth fyrddau cinio colegau Caergrawnt.

**HUGHES, Annie Harriet (Gwyneth Vaughan; 1852–1910)** Nofelydd
Ganed Gwyneth Vaughan yn **Nhalsarnau**, yn ferch i felinydd, a daeth yn enwog ledled Cymru fel nofelydd, siaradwraig gyhoeddus, newyddiadurwraig, cenedlaetholwraig a threfnydd gyda'r mudiad **dirwest** a'r **Blaid Ryddfrydol**. Ei gwaith pwysicaf yw'r nofelau *O Gorlannau y Defaid* (1905) a *Plant y Gorthrwm* (1908).

## HUGHES, Arwel (1909–88) Cerddor

Ganed Arwel Hughes yn **Rhosllannerchrugog**, yn fab i löwr. Fe'i haddysgwyd yn y Coleg Cerdd Brenhinol, **Llundain**, lle bu'n astudio gyda Vaughan Williams. Yn 1935 ymunodd ag adran gerdd BBC Cymru (gw. **Darlledu**), a bu'n bennaeth arni o 1965 hyd ei ymddeoliad yn 1971. Roedd cysylltiad agos rhyngddo ac **Opera Cenedlaethol Cymru**, ac arweiniodd lawer perfformiad a chyfansoddi dwy opera i'r cwmni, sef *Menna* (perfformiwyd yn 1954) a *Serch yw'r Doctor* (perfformiwyd yn 1960) – lluniwyd libreto yr olaf gan **Saunders Lewis**. Roedd yn gyfansoddwr medrus a chanddo ddawn arbennig ar gyfer gweithiau corawl gyda cherddorfa, fel y tystia'r ddwy oratorio *Dewi Sant* (1950) a *Pantycelyn* (1963). Efallai mai ei gyfansoddiad enwocaf yw'r emyn-dôn '**Tydi a roddaist**' (1938), gyda geiriau **T. Rowland Hughes**. Mae'r arweinydd Owain Arwel Hughes yn fab iddo.

## HUGHES, Cledwyn (Yr Arglwydd Cledwyn o Benrhos; 1916–2001) Gwleidydd

Brodor o **Gaergybi** ac un o feibion y mans oedd Cledwyn Hughes. Graddiodd yn y **gyfraith** yn **Aberystwyth** yn 1937, gan ddod yn gyfreithiwr yn 1940. Gwasanaethodd yn yr Awyrlu Brenhinol yn ystod yr **Ail Ryfel Byd**, a bu'n gyfreithiwr yn ei sir enedigol o 1946 ymlaen. Safodd fel yr ymgeisydd Llafur ym **Môn** yn erbyn y Fonesig **Megan Lloyd George** yn 1945 ac 1950; cipiodd yr etholaeth yn 1951, gan ddal ei afael arni hyd nes iddo ymddeol yn 1979. Bu'n frwd ei gefnogaeth i **ddatganoli** ac, fel yr ail **ysgrifennydd gwladol** dros Gymru (1966–8), llwyddodd i ymestyn pwerau ac awdurdod y **Swyddfa Gymreig**. Bu'n weinidog **amaethyddiaeth** (1968–1970), ac yn gadeirydd y **Blaid Lafur** (1974–9). Yn dilyn ei ymddeoliad o Dŷ'r Cyffredin, daeth yn Arglwydd Cledwyn o Benrhos, ac arweiniodd yr wrthblaid yn Nhŷ'r Arglwyddi (1982–92). Bu'n llywydd gweithgar Coleg Prifysgol Cymru, **Aberystwyth** (1975–85; gw. **Prifysgol Cymru, Aberystwyth**) ac yn ddirprwy ganghellor **Prifysgol Cymru** (1985–94). Ac yntau'n Gymro dysgedig, diwylliedig a gwlatgar, roedd yn frwd ei gefnogaeth i'r **Eisteddfod** Genedlaethol.

## HUGHES, Cledwyn (1920–78) Llenor

Rhoddodd Cledwyn Hughes, a aned yn **Llansanffraid (Sir Drefaldwyn)**, y gorau i fod yn fferyllydd yn 1947 er mwyn canolbwyntio ar ysgrifennu. Roedd yn byw yn **Arthog (Sir Feirionnydd)**, ac ysgrifennodd 27 o lyfrau, gan gynnwys y nofel nodedig *Civil Strangers* (1949), portread sensitif o lencyndod y prif gymeriad dan gysgod prifathro diegwyddor. Ysgrifennodd yn ogystal sawl llyfr defnyddiol am dopograffeg Cymru, gan gynnwys *A Wanderer in North Wales* (1949) a *Portrait of Snowdonia* (1967).

## HUGHES, David (1820–1904) Adeiladwr

Hanai David Hughes o **Fôn**, a daeth yn un o'r adeiladwyr Cymreig cyfoethocaf ar Lannau Mersi. Cododd nifer helaeth o adeiladau yn Anfield a Bootle. Roedd hefyd yn berchennog warysau a mentrau eraill. Adeiladodd dai mawr iddo'i hun yn **Lerpwl**, lle arferai dreulio'r gaeaf, ac yn yr Wylfa (**Cylch y Garn**, **Môn**). Ac yntau'n Fethodist Calfinaidd i'r carn ac yn llwyrymwrthodwr, ni chaniatâi i unrhyw dafarndai gael eu codi yn y strydoedd a ddatblygwyd ganddo. Roedd hyn yn dwyn elw iddo hefyd, oherwydd byddai tenantiaid sobor yn talu eu rhent yn brydlon.

David Hughes (1831–1900)

## HUGHES, David [Edward] (1831–1900) Gwyddonydd a dyfeisydd

Ganed David Hughes yn **Sir Feirionnydd** i deulu o gerddorion, ac roedd yn enwog fel telynor yn ddim ond chwech oed. Pan oedd yn ddeg oed ymfudodd y teulu i berfformio i'r cymunedau o Gymry yng **Ngogledd America**. Mae'n fwyaf enwog fel dyfeisydd y teledeipiadur (1855), dyfais a'i gwnaeth yn gyfoethog, a'r meicroffon (1878). Yn 1875 ymsefydlodd yn **Llundain**, ond gan barhau'n ddinesydd Americanaidd.

Cyflawnodd David Hughes ei gamp bwysicaf yn 1879 pan ddangosodd brawf ymarferol o ymbelydredd electromagnetig, yn dilyn theori J. C. Maxwell. Trosglwyddodd signalau radio o'r naill ben i Great Portland Street i'r llall, a dyma'r prawf cyntaf i ddangos tonnau electromagnetig, wyth mlynedd cyn darganfyddiad Heinrich Hertz (gw. **Gwyddorau Ffisegol**). Roedd hyn hefyd ugain mlynedd cyn darllediad radio Marconi. Fodd bynnag, diystyrodd y panel o ddyfarnwyr a benodwyd gan y Gymdeithas Frenhinol, **W. H. Preece** yn eu plith, y cwbl fel 'anwythiad Faraday', er iddynt ei ethol yn gymrawd i wneud peth iawn am hynny. Yn eironig ddigon, aeth David Hughes yn ei flaen i wneud gwaith arloesol ar 'anwythiad Faraday' mewn perthynas â chanfod metelau. Ystyrir o hyd fod y methiant i gydnabod gwaith Hughes ar ymbelydredd electromagnetig yn anghyfiawnder mawr ym myd **gwyddoniaeth**.

## HUGHES, E[dward] D[avid] (1906–63) Cemegydd

Mab i dyddynnwr o chwarelwr o **Gricieth** oedd E. D. Hughes. Bu iddo ran arloesol yn y gwaith o ddatblygu theori i egluro

John Hughes (1814–89)

adweithiau organig yng nghyd-destun fframwaith electronig atomau a moleciwlau. Gwnaeth y rhan fwyaf o'i ymchwil yng Ngholeg y Brifysgol, **Llundain**, ond dychwelodd i Gymru yn bennaeth yr adran **gemeg** ym **Mangor** (1943–8). Roedd ei wraig ac yntau yn fridwyr milgwn hynod o frwdfrydig, adlewyrchiad o'i hoffter yn fachgen o anifeiliaid.

**HUGHES, Edward (1856–1925)** Undebwr llafur
Ganed Edward Hughes yn **Sir y Fflint** a bu'n gweithio mewn nifer o byllau **glo** lleol a hefyd ym maes glo Durham. Dychwelodd i Gymru yn 1887, ac yn 1897 daeth yn ysgrifennydd cyffredinol **Cymdeithas Glowyr Gogledd Cymru**, swydd a ddaliodd am 27 mlynedd. Ar ei farwolaeth, fe'i holynwyd yn y swydd gan ei fab Hugh.

**HUGHES, Elizabeth Phillips (1850–1925)** Addysgwraig
Ganed Elizabeth Phillips Hughes yng **Nghaerfyrddin**, yn ferch i feddyg, a'i haddysgu yn Cheltenham a **Chaergrawnt**. Yn 1885 fe'i penodwyd yn bennaeth cyntaf coleg hyfforddi athrawesau yng Nghaergrawnt. Fel yr unig fenyw ar y pwyllgor a luniodd siarter **Prifysgol Cymru**, ymroes i hybu **addysg** ar gyfer **menywod** yng Nghymru. Hi oedd awdur *The Education of Welsh Women* (1887) a *The Education of a Nation* (1919).

**HUGHES, Ellen (Elen Engan; 1862–1927)** Awdur
Hanai Ellen Hughes o **Lanengan**, a chyfrannai'n gyson i **gylchgronau** megis *Y Gymraes* a'r *Frythones* gan fynegi ei syniadau radical am safle **menywod** mewn cymdeithas. Fel swyddog gydag Undeb Dirwestol Merched y De (gw. **Dirwest**) anogai fenywod eraill i lenydda. Cyhoeddwyd dwy gyfrol o straeon, cerddi ac ysgrifau ganddi: *Sibrwd yr Awel* (1887) a *Murmur y Gragen* (1907).

**HUGHES, Gareth (1894–1965)** Actor
Er i Gareth Hughes, a aned yn **Llanelli**, ddechrau a diweddu ei yrfa ar lwyfan, fe wnaeth dros 30 o ffilmiau yn Hollywood rhwng 1918 ac 1932. Chwaraeodd ran myfyriwr sy'n rhoi'r clwyf gwenerol i'w gariad yn *And The Children Pay* (1918). Ond, ac yntau'n fychan o gorffolaeth, câi ei gastio'n aml fel llanc a wyddai sut i hudo'r merched neu gnaf drygionus a ddôi at ei goed trwy ddylanwad eraill. Cafodd adolygiadau ardderchog am y ffilm *Sentimental Tommy* (1921), ffilm sydd wedi bod ar goll ers blynyddoedd maith, a chafodd gytundeb tymor hir gyda chwmni Metro ar sail ei berfformiad yn *The Chorus Girl's Romance* (1925). Yn ddiweddarach bu'n weinidog ar Indiaid y Paiute yn Nevada.

**HUGHES, Griffith (1707–60?)** Naturiaethwr
Bu Griffith Hughes, a aned yn **Nhywyn**, yn offeiriad gyda'r gwladfawyr o Gymry ym **Mhensylfania** ond fe'i hystyrid yn bregethwr anysbrydoledig. Ef a fu'n gyfrifol am un o'r llyfrau Cymraeg cyntaf i'w gyhoeddi yng **Ngogledd America**. Ar ôl symud i Barbados yn 1736 daeth i ymddiddori ym myd natur, gan gyhoeddi ei *Natural History of the Island of Barbados* yn 1750. Er iddo gael ei ethol yn gymrawd o'r Gymdeithas Frenhinol yn 1747, beirniadwyd ei waith gwyddonol gan nifer o'i gyd-naturiaethwyr.

**HUGHES, Hugh (1790–1863)** Arlunydd
Mae i Hugh Hughes le canolog yn niwylliant gweledol Cymru ar sail ei bortreadau o bobl a oedd yn amlwg ym merw **Anghydffurfiaeth** Cymru'r 19g. Fe'i ganed i deulu o ffermwyr ym Mhwll-y-gwichiad, **Llandudno**, a symudodd gyda'i deulu i **Lerpwl**, lle dysgodd sut i engrafu coed a **pheintio** gydag olew.

Yn 1819–21 teithiodd o gwmpas Cymru yn gwneud brasluniau, ac yng nghartref ei deulu yn y Meddiant, **Llansanffraid Glan Conwy**, engrafodd 60 o blatiau o'i waith mwyaf adnabyddus, *The Beauties of Cambria* (1821). Yng **Nghaerfyrddin** yn y 1820au cyhoeddodd lyfrau a **chylchgronau**, a phriododd â Sarah, merch **David Charles**. Tra bu'n byw yn **Llundain**, tramgwyddodd yn erbyn **John Elias** trwy arwyddo deiseb o blaid rhyddfreinio'r **Catholigion**; gan i Elias fynnu bod y rhai a oedd wedi arwyddo'r ddeiseb yn cael eu diarddel, trodd Hughes yn ymgyrchydd chwyrn yn erbyn awdurdodau'r **Methodistiaid Calfinaidd**. Wedi hynny bu'n byw yng **Nghaernarfon**, Caer, **Abermaw**, **Aberystwyth** a Malvern, lle bu farw. Cynhyrchodd Hughes dirluniau, portreadau, darluniau a chartwnau gwleidyddol a chrefyddol. Roedd yn idealydd a roddai bwyslais ar ddyletswydd yr unigolyn i'w wella'i hun yn foesol, yn faterol ac yn ddeallusol a hynny trwy ffydd a thrwy astudio.

**HUGHES, Hugh Price (1847–1902)** Gweinidog
Ganed Hugh Price Hughes yng **Nghaerfyrddin** a'i addysgu yn **Llundain**. Bu'n weinidog ar nifer o gynulleidfaoedd Wesleaidd cyn ymsefydlu yn Llundain yn 1884. Fe'i hysgogwyd gan ddioddefaint y dosbarth gweithiol (gw. **Dosbarth**) a'u pellter oddi wrth Gristnogaeth gyfundrefnol. Cyfuniad o dröedigaeth bersonol a chydwybod gymdeithasol a'i harweiniodd i sefydlu Cenhadaeth Gorllewin Llundain yn 1886. Bu'n olygydd ar y *Methodist Times* ac, yn 1898, yn llywydd Cymanfa'r **Wesleaid**. Roedd yn un o brif ladmeryddion y 'gydwybod anghydffurfiol' (gw. **Anghydffurfiaeth**),

a bu ei sylwadau llym ynghylch Charles Stewart Parnell a'i odineb gyda Kitty O'Shea yn ddinistriol o ddylanwadol.

**HUGHES, John (1814–89)** Diwydiannwr
Brodor o **Ferthyr Tudful** oedd John Hughes, a chafodd ei hyfforddi yn beiriannydd yng ngwaith **haearn** Cyfarthfa. Daeth yn enwog am ei waith ym meysydd peirianneg môr a chynhyrchu arfau. Ar ôl cael ei wahodd gan lywodraeth y Tsar i gynorthwyo i ddatblygu **rheilffyrdd** a diwydiant trwm yn Rwsia, symudodd Hughes i'r Wcráin yn 1870. Y gweithfeydd dur a sefydlwyd ganddo yn Hughesovka (Yuzovka) oedd sylfaen yr ardal ddiwydiannol enfawr a dyfodd o amgylch afon Don. Ailenwyd Yuzovka yn Stalino ac yna'n Donets'k.

**HUGHES, John Ceiriog (Ceiriog; 1832–87)** Bardd
Ganed Ceiriog, awdur cerddi Cymraeg enwocaf y 19g., yn Llanarmon Dyffryn Ceiriog (**Ceiriog Ucha**). Treuliodd gyfnod ym Manceinion (1849–65), yn siopwr ac yn glerc ar y rheilffordd, ac wedi dychwelyd i Gymru yn 1868 bu'n orsaf-feistr yn **Llanidloes** ac yna, o 1871, yn oruchwyliwr y lein a oedd newydd ei hagor o **Gaersŵs** i'r Fan (**Llanidloes Allanol**).

Gwnaeth cerddi eisteddfodol Ceiriog – y rhieingerdd 'Myfanwy Fychan' (1858) a'r fugeilgerdd 'Alun Mabon' (1861) – ef yn fardd cenedlaethol ei boblogrwydd a gwerthwyd dros 20,000 o'i gyfrol gyntaf, *Oriau'r Hwyr* (1860). Fe'i dilynwyd gan *Oriau'r Bore* (1862), *Cant o Ganeuon* (1863), *Y Bardd a'r Cerddor* (1864), *Oriau Eraill* (1868), *Oriau'r Haf* (1876) ac (ar ôl ei farw) *Yr Oriau Olaf* (1888). Cyfansoddodd hefyd eiriau Cymraeg ar gyfer rhyw 50 o'r alawon traddodiadol yng nghasgliad enwog Brinley Richards, *The Songs of Wales* (1873). Daeth i'r amlwg fel bardd pan oedd y genedl yn ceisio adfer ei henw da ar ôl ymosodiad adroddiad addysg 1847 (gw. **Brad y Llyfrau Gleision**) ar ei chymeriad. Fe'i dyrchafwyd am ganu i sicrhau ei gydwladwyr o'u gwerth fel Cymry a Phrydeinwyr. Mae ei awen delynegol, gysurlon yn fawr ei hapêl o hyd mewn cerddi megis 'Cân yr Aradr Goch', 'Nant y Mynydd' ac 'Aros a Mynd'.

**HUGHES, R[ichard] S[amuel] (1855–93)** Cerddor
Un o gerddorion proffesiynol cyntaf Cymru yn ystod oes Victoria. Teithiai'n gyson o'i gartref yn **Aberystwyth** i **Lundain** i berfformio a chyfeilio cyn cael ei benodi'n organydd Capel Bethesda, **Bethesda**. Cyfansoddodd oddeutu trigain o ganeuon, gan gynnwys ffefrynnau megis 'Elen Fwyn' a 'Bwthyn bach melyn fy nhad', sy'n nodweddiadol iawn o'i arddull a'i gyfnod.

**HUGHES, Richard (Dic Huws; *c.*1565–1619)** Bardd
Ganed Richard Hughes yng Nghefn Llanfair, **Llanbedrog**, i deulu o fân uchelwyr a noddwyr. Fe'i penodwyd yn ffwtman i Elizabeth I yn 1599 a pharhaodd yng ngwasanaeth James I hyd ei farw. Fe'i claddwyd yn Llanbedrog. Tadogir amryw o englynion masweddus arno, ond ei bennaf pwysigrwydd yw ei gerddi serch yn y mesurau rhydd.

**HUGHES, Richard (1900–76)** Awdur
Er iddo gael ei eni yn Surrey, ystyriai Richard Hughes ei hun yn Gymro a threuliodd ddegawdau olaf ei oes yn **Nhalsarnau** (1946–76). Ysgrifennodd ei ddrama orau, *A Comedy of Good and Evil* (1924), ar gyfer y Portmadoc Players,

John Ceiriog Hughes

cwmni a sefydlwyd ganddo ef ei hun, ac fe'i lleolir yng Nghylfant, pentref dychmygol yn **Eryri**; mae *Danger* (1924), y ddrama gyntaf erioed i gael ei darlledu ar y radio, yn digwydd mewn pwll **glo**. Ystyrir ei nofel enwocaf, *A High Wind in Jamaica* (1929), yn glasur, ac fe wnaed ffilm lwyddiannus ohoni. Gwaith mawr ei fywyd oedd *The Human Predicament*, a fwriadwyd fel nofel amlgyfrol; er mai dim ond dwy ran a gyhoeddwyd, sef *The Fox in the Attic* (1961) a *The Wooden Shepherdess* (1973), y maent, o ran ehangder eu cynfas, ymhlith y gweithiau gorau i gael eu hysgrifennu gan awduron Cymreig yn **Saesneg**.

**HUGHES, Stephen (1622–88)** Gweinidog, cyfieithydd, golygydd a chyhoeddwr
Yn 1654 penodwyd y gŵr hwn, a oedd yn fab i sidanwr o **Gaerfyrddin**, yn ficer **Meidrim**, a bu'n pregethu'r efengyl mor ddiflino yn ei sir enedigol nes ei alw'n 'Apostol Sir Gaerfyrddin'. Fe'i trowyd allan o'i fywoliaeth adeg Adferiad y Stiwartiaid (1660), ond gan iddo gydymffurfio'n achlysurol llwyddodd i osgoi digofaint y **gyfraith**. Oddeutu 1665 priododd wraig gyfoethog o **Abertawe** ac ar ôl ymsefydlu yn y dref honno dechreuodd hybu gwaith elusennol yr **Ymddiriedolaeth Gymreig** a chyhoeddi a dosbarthu cyfieithiadau Cymraeg o lyfrau awduron Piwritanaidd (gw. **Piwritaniaid**). Cyhoeddodd argraffiadau o gerddi cofiadwy **Rhys Prichard** yn 1658, 1659 ac 1672, a bu'n gyfrifol hefyd am roi'r teitl enwog *Canwyll y Cymru* i argraffiad 1681. Un o'i gyfraniadau pennaf oedd paratoi argraffiad 1678 o'r **Beibl** Cymraeg a threfnu dosbarthu 8,000 o gopïau ohono. Mae'r

Llewelyn Morris Humphreys

ffaith fod mwy o Anghydffurfwyr (gw. **Anghydffurfiaeth**) yn byw yn Abertawe nag yn holl esgobaeth **Bangor** yn tystio'n groyw i'w ddylanwad yn ystod blynyddoedd yr erlid ar Ymneilltuwyr.

**HUGHES, T[homas] McK[enny] (1832–1917)** Daearegydd
Er i McKenny Hughes, a oedd yn frodor o **Aberystwyth**, ymgymryd â llawer iawn o waith ymchwil yng Nghymru, daeth yn fwyaf adnabyddus fel y gŵr a ddatblygodd adran **ddaeareg Caergrawnt**, yr enghraifft gynharaf ym Mhrydain o uned ymchwil fawr.

**HUGHES, T[homas] Rowland (1903–49)** Nofelydd, bardd a darlledwr
Ac yntau'n fab i chwarelwr o **Lanberis**, tynnodd T. Rowland Hughes yn y rhan fwyaf o'i nofelau ar ei atgofion am ei fagwraeth yn un o ardaloedd y **llechi**. Wedi astudio ym **Mangor** a **Rhydychen** bu mewn nifer o swyddi dysgu. Yn 1935 daeth yn gynhyrchydd radio yng **Nghaerdydd**. Ddeng mlynedd yn ddiweddarach bu'n rhaid iddo gefnu ar waith cyflogedig oherwydd ei fod yn dioddef o barlys ymledol, ac fel dihangfa rhag pruddglwyf y dechreuodd ysgrifennu nofelau. Ymddangosodd pump ohonynt mewn pum mlynedd yn olynol: *O Law i Law* (1943), *William Jones* (1944), sy'n symud o'r gogledd chwarelyddol i'r de glofaol; *Yr Ogof* (1945), sy'n adrodd hanes Joseff o Arimathea; *Chwalfa* (1946), sef nofel fwyaf yr awdur, sy'n darlunio dioddefaint y chwarelwyr adeg **Streic Fawr y Penrhyn**; ac yn olaf *Y Cychwyn* (1947), sy'n olrhain atgofion chwarelwr a drodd at y weinidogaeth. Yn eu cyfuniad o'r trist a'r digrif bu'r nofelau hyn gyda'r mwyaf poblogaidd yn yr 20g. Enillasai'r awdur fri fel bardd cyn bod yn nofelydd, gan ennill cadair yr **Eisteddfod** Genedlaethol yn 1937 ac 1940. Mae ei gyfrol *Cân neu Ddwy* (1948) yn cynnwys cerddi poblogaidd megis 'Tydi a Roddaist', 'Harddwch' a 'Ras'.

**HUMPHREY, John (1819–88)** Pensaer
Ganed John Humphrey yn Nhreforys (**Abertawe**), yn fab i löwr. Dysgodd ei grefft trwy brofiad yn hytrach nag unrhyw hyfforddiant ffurfiol, gan ddechrau fel saer coed cyn mynd yn adeiladwr; ni chyfeiriodd ato'i hun erioed fel pensaer. Er hynny, bu'n gyfrifol am gynllunio nifer o gapeli'r **Annibynwyr**, yn bennaf o gwmpas Abertawe a **Llanelli**, ond hefyd yn **Sir Aberteifi** ac yn **Llanidloes**. Cynlluniodd ysgolion yn Abertawe hefyd. Nodweddir ei gapeli mwyaf diddorol gan fwâu Eidalaidd enfawr sy'n cysylltu â'i gilydd ar du blaen yr adeilad fel yng nghapel mawreddog y Tabernacl (1873) yn Nhreforys – 'Y Cathedral Anghydffurfiol Cymraeg', fel y'i galwyd.

**HUMPHREYS, E[dward] Morgan (1882–1955)** Golygydd a llenor
E. Morgan Humphreys oedd un o brif ffigyrau'r wasg Gymraeg yn chwarter cyntaf yr 20g. Brodor o **Ddyffryn Ardudwy** ydoedd, ac wedi prentisio fel gohebydd gyda'r *Barmouth Advertiser* a threulio cyfnodau ar staff y *Liverpool Courier* a'r *North Wales Observer* bu'n olygydd *Y Genedl Gymreig* yng **Nghaernarfon** am bron ugain mlynedd (1908–1914 a 1918–30) (gw. **Papurau Newydd**). Bu'n olygydd *Cymru* a'r *Goleuad* am gyfnodau byr. Bu'n cyfrannu colofnau i'r *Liverpool Daily Post* a'r *Manchester Guardian*, a daeth i'r amlwg fel darlledwr. Roedd hefyd yn un o arloeswyr y nofel ddirgelwch Gymraeg, gyda llyfrau fel *Dirgelwch Gallt y Ffrwd* (1938).

**HUMPHREYS, Llewelyn Morris neu Murray (1899–1965)** Gangster
Ganed Llewelyn Morris Humphreys yn Chicago; Cymry Cymraeg o **Garno** oedd ei rieni. Daeth yn un o brif gynghreiriaid Al Capone, ac roedd ganddo gryn synnwyr busnes ynghyd â dealltwriaeth o'r gyfraith. Pan ddaeth y Gwaharddiad (ar alcohol) i ben, aeth yn rhan o fyd gamblo Las Vegas, gan ymhel hefyd â diwydiant ffilm Hollywood a gwleidyddiaeth arlywyddol America. Buddsoddodd yr arian a gafodd trwy dwyll mewn mentrau cyfreithlon. Fe'i hadwaenid fel 'Y Camel' a 'Murray the Hump', a chredir mai ef a oedd y tu ôl i 'gyflafan Dydd Gŵyl Sant Ffolant', pan gafodd gangsters o griw arall eu llofruddio mewn garej. Unwaith yn unig y cafodd ei arestio ac ni ddaeth erioed o flaen ei well. *No Gangster More Proud* (1985) yw teitl cofiant iddo gan John Morgan. Perthynas pell iddo yw'r gwleidydd Dafydd Wigley.

Cartŵn gan Richard Huws, 1932

## HUNDLETON, Sir Benfro (3,074ha; 780 o drigolion)

**Cymuned** a saif yn union i'r gorllewin o dref **Penfro** yw hon ac mae'n cynnwys pentrefi Hundleton, Maiden Wells, Pwllcrochan a Rhoscrowther. Mae purfa **olew** Texaco yn traarglwyddiaethu dros yr ardal, yn enwedig pentref Rhoscrowther, lle dymchwelwyd nifer o dai, ynghyd â ficerdy, gan y cwmni. Gall yr angorfa fwyaf sy'n rhan o'i glanfeydd dderbyn tanceri hyd at 280,000 tunnell fetrig. Pan gwblhawyd hi yn 1972 Gorsaf Bŵer Penfro oedd yr orsaf drydan olew fwyaf yn Ewrop; fe'i dymchwelwyd yn 2000.

Ceir grŵp hynod o grugiau o'r Oes Efydd (gw. **Oesau Cynhanesyddol**) yn ymyl fferm Lightapipe. Trowyd Eglwys y Santes Fair, Pwllcrochan (1342), eglwys a chanddi rai nodweddion o'r 14g., yn dŷ yn 1994. Tŷ tŵr trawiadol o'r 14g. yw Easington. Orielton House (1810) oedd cartref teulu Owen, yr eisteddodd ei aelodau mewn 76 o seneddau; bu John Owen (1776–1861) yn aelod seneddol am 51 mlynedd. Yn 1954 daeth Orielton yn gartref i'r naturiaethwr **R. M. Lockley**; dywedir mai ei astudiaeth o fywyd **cwningod** y stad a ysbrydolodd *Watership Down* gan Richard Adams (1972).

## HUWS, Richard [Llywelyn] (1902–80) Arlunydd a cherflunydd

O'i ddyddiau cynnar ym **Môn** – ym Mhen-y-sarn (**Llaneilian**) ac yna'n ddiweddarach yn **Llangoed** – dangosodd Huws ddyfeisgarwch creadigol a ddaeth yn nodwedd ar ei holl waith wedi hynny. Wrth hyfforddi fel pensaer morwrol, sylweddolodd fod ganddo dalent i wneud cartwnau a'i galluogodd i dalu am deithio o gwmpas Ewrop ac astudio celf yn Fienna, lle cafodd ei radicaleiddio wrth weld twf Natsïaeth. Bu'n byw ym Mharis, **Llundain** a Môn, darlithiodd mewn **pensaernïaeth** yn **Lerpwl**, a chynlluniodd gerflunwaith ar gyfer Gŵyl Prydain. Ymddangosodd ei gartwnau mewn cyhoeddiadau fel *The Listener*, *The Radio Times*, *Y Ddraig Goch* a *Heddiw*. Roedd yn aelod cynnar o **Blaid [Genedlaethol] Cymru**, ac ef a gynlluniodd y Triban, hen arwyddlun y blaid (pabi, cwbl anfotanegol, yw'r arwyddlun bellach). Roedd ei wraig Edrica (*née* Tyrwhitt; 1907–99) yn fardd nodedig ac yn artist **tecstilau**. Mae Daniel Huws, eu mab, yn brif awdurdod ar lawysgrifau canoloesol Cymreig ac yn fardd Saesneg medrus.

**HWLFFORDD (Haverfordwest)**, Sir Benfro (719ha; 10,808 o drigolion)

Saif tref Hwlffordd ynghanol **Sir Benfro**, ar lan yr hyn a arferai fod y man uchaf y gellid ei fordwyo ar afon Cleddau Wen (gw. **Cleddau**). Codwyd castell yno tua'r flwyddyn 1110 gan y Ffleminiad Tancred, ac roedd wedi'i ailgodi yn gaer sylweddol o waith cerrig erbyn 1220, pan fu dan warchae gan **Lywelyn ap Iorwerth**. Fe'i helaethwyd yn y 1290au, ac mae tri o'r tyrau wedi goroesi. Yn ddiweddarach bu'n garchar, yn ysbyty meddwl ac yna, hyd 1962, yn swyddfa'r **heddlu**. Yno bellach y mae Archifdy Sir Benfro.

Hwlffordd oedd canolbwynt yr ardal yr ymsefydlodd **Ffleminiaid** ynddi yn gynnar yn y 12g. Gan fod y **Saesneg** a'r Fflemeg yn bur debyg i'w gilydd bryd hynny, daeth y newydd-ddyfodiaid i siarad Saesneg yn y man, er i drigolion Hwlffordd gael eu disgrifio fel 'male Anglice loquentes' (siaradwyr Saesneg gwael) mor ddiweddar â'r 16g.

A barnu yn ôl nifer y tiroedd bwrdais (lleiniau trefol) yn y dref ar ddiwedd y 13g, roedd Hwlffordd yn ail i **Gaerdydd** o ran ei maint ymhlith **bwrdeistrefi** Cymru. Hwlffordd oedd yr unig dref ganoloesol yng Nghymru a oedd wedi'i rhannu'n dri phlwyf (gw. **Plwyfi**); mae'r eglwysi plwyf – Sant Thomas, Sant Martin a'r Santes Fair – i gyd wedi cadw rhywfaint o'r adeiladwaith canoloesol, ac mae hynny'n wir hefyd am Eglwys Dewi Sant, Prendergast. Hyd at 1981 roedd adfeilion y priordy a sefydlwyd gan y **Canoniaid Awgwstinaidd**, *c*.1210, ynghudd dan orchudd o iorwg a phrysgwydd. Mae gwaith gan **Cadw** wedi datgelu sylfeini bron pob un o'r adeiladau mynachaidd.

Yn ystod yr 16g. Hwlffordd, efallai, oedd y dref fwyaf yng Nghymru. Yn 1543 rhoddwyd iddi statws sirol a'i haelod seneddol ei hun; hi hefyd oedd yr unig dref yn nhiriogaeth coron **Lloegr** a chanddi ei harglwydd raglaw ei hun. Hanfod ffyniant y dref oedd y porthladd ar lan afon Cleddau, lle gallai **llongau** hyd at 40 tunnell fetrig angori. Bu'r porthladd yn ganolfan fasnachol fywiog hyd ddyfodiad y rheilffordd yn 1853, ac nid nepell o'r priordy mae ambell warws ar lan yr afon wedi goroesi. Erys y cof am Hwlffordd fel tref farchnad a wasanaethai ran helaeth o Sir Benfro mewn enwau megis Pig Bank a Horse Fair. Cododd sawl teulu bonheddig lleol dai Sioraidd ysblennydd yn y dref, gan gynnwys Tŷ Foley, a gynlluniwyd o bosibl gan **John Nash**. Mae tafarndai a chapeli hardd yn ychwanegu at gymeriad Hwlffordd – yr enghraifft orau o bosibl, o ran ei hadeiladau, o dref wledig Gymreig. Mae'r Tabernacl gyda'r mwyaf nodedig o gapeli'r **Annibynwyr** yng Nghymru. Dymchwelwyd tŷ cwrdd y **Morafiaid** – yr olaf yng Nghymru – yn 1961.

Yn 1885 unwyd etholaeth Hwlffordd ag etholaeth Bwrdeistrefi **Penfro**. Yn 1889 daeth y dref yn gartref i Gyngor Sir Benfro. Ar lannau afon Cleddau Wen gwelir yr adeiladau castellog eu gwedd (1999) a godwyd yn swyddfeydd ar gyfer cyngor atgyfodedig Sir Benfro. Ysbyty Llwynhelyg (Withybush) yw prif ysbyty'r sir.

**HWNDRWD**

Yn sgil y **Deddfau 'Uno'** rhannwyd **siroedd** Cymru yn 90 hwndrwd, uned y gellid ei holrhain yn ôl yn **Lloegr** i'r cyfnod cyn-Normanaidd, ac a oedd mae'n debyg yn cynrychioli tiriogaeth yr oedd cant o deuluoedd yn byw ynddi. Roedd i'r hwndrwd lawer o'r un nodweddion â'r **cantref** Cymreig, ac yn aml etifeddodd yr un ffiniau. Byddai ynadon heddwch preswyl yn llywyddu yn sesiynau bach yr hwndrwd, a'r uchel gwnstabl a fyddai'n rheoli'r **heddlu** bychan. Roedd swyddogaeth hwndrydau fwy neu lai wedi darfod erbyn diwedd y 19g., ond etifeddwyd eu ffiniau gan rai o'r **dosbarthau gwledig** a sefydlwyd yn 1894.

**HWYL**

Pan ddefnyddir ef yng nghyd-destun **pregethu** Anghydffurfiol y 19g. a dechrau'r 20g. (gw. **Anghydffurfiaeth**), dynoda'r gair 'hwyl' oslef y llais wrth gyrraedd uchafbwynt dramatig, ac weithiau ecstatig, y bregeth. Yn rhythmig ac yn gerddorol ei naws, roedd yn arwyddocáu eneiniad yr Ysbryd ar y genadwri.

**HWYLIO**

Mae hwylio yn ddifyrrwch poblogaidd ar hyd arfordir Cymru ac yn rhan bwysig o'r diwydiant **twristiaeth**. Afraid nodi bod gwreiddiau'r difyrrwch i'w canfod yn nhraddodiadau mordwyol y wlad (gw. **Mordeithio**). Yn gynnar yn y 19g., os nad cyn hynny, byddai pysgotwyr a pheilotiaid môr yn cystadlu mewn regatas i brofi eu medr ar y môr, a chyn hir roedd pobl a chanddynt fodd yn comisiynu cychod hwylio er pleser. Y clwb hwylio cyntaf yng Nghymru oedd y Royal Welsh yng **Nghaernarfon** (1847).

Yn y 1930au daeth hwylio yn ddifyrrwch a oedd o fewn cyrraedd rhagor o bobl. Er enghraifft, yn 1937 comisiynodd Ben Williams, capten llong o **Fiwmares**, gwch newydd fel y gallai hwylio gyda'i blant ar afon **Menai**; dilynodd eraill ei esiampl, a chyn hir roedd fflyd rasio Menai Strait One Designs wedi dod i fodolaeth. Mae'r cychod hyn i'w gweld yn rasio o hyd ym Miwmares.

Erbyn y 1930au roedd deunyddiau adeiladu newydd ar gael, a gwnâi hyn hi'n bosibl i unrhyw un adeiladu cwch hwylio bach. O ganlyniad bu cynnydd mawr yn niferoedd y clybiau hwylio ac yn yr arfer o rasio dingis – ar **lynnoedd** a chronfeydd **dŵr** yn ogystal ag ar y môr. Amcangyfrifwyd bod 30,000 o bobl yng Nghymru yn hwylio er pleser erbyn dechrau'r 21g., ac mai dim ond 15% o'r rheini a oedd yn aelodau o glybiau hwylio'r wlad, y ceir dros gant ohonynt. Un o lwyddiannau mawr Cymru ar lefel pencampwriaethau Ewrop a'r byd yw Ian Barker, a enillodd fedal arian Olympaidd yn y flwyddyn 2000.

**HYDER** Cwmni

Sefydlwyd Hyder yn 1996, yn sgil prynu cwmni trydan SWALEC gan Ddŵr Cymru wedi i hwnnw gael ei breifateiddio. Ychwanegodd gwmnïau cyflenwi a dosbarthu nwy rhanbarthol at ei bortffolio o fusnesau. Bu hefyd yn weithredol ar lefel fyd-eang mewn sectorau dadreoledig megis ymgynghori peirianyddol, adeiladu a rheolaeth. Gyda'i bencadlys yng **Nghaerdydd**, tyfodd Hyder i fod y cwmni brodorol mwyaf yng Nghymru. Yn ei anterth cyflogai dros 9,000 o bobl, gan gynnwys 1,500 mewn gwledydd tramor, ac roedd ganddo drosiant o ragor nag £1 biliwn. Ond dechreuodd Hyder wynebu problemau ariannol yn wyneb treth ffawdelw'r **llywodraeth** a'r orfodaeth arno i ostwng ei brisiau yn sylweddol o ganlyniad i ddau adolygiad rheoleiddio. Cyd-ddigwyddodd hyn â rhaglen fuddsoddi fawr i gydymffurfio â gofynion amgylcheddol ynghyd â dyled drom a oedd yn gysylltiedig, yn bennaf, â phrynu SWALEC. Ar ôl gwerthu peth eiddo prynwyd Hyder

'Hymns and Arias': Max Boyce

gan y cwmni Americanaidd Western Power Distribution yn 2000. Daliodd y perchnogion newydd eu gafael ar SWALEC, y busnes dosbarthu trydan, gan ei integreiddio â'u gweithgareddau eu hunain yn ne-orllewin **Lloegr**. Gwerthwyd Dŵr Cymru i gwmni Glas Cymru. Mae hwnnw'n gwmni cyfyngedig trwy warant ac yn eiddo i'w aelodau, a dirprwyir ei weithgarwch, ynghyd â'i wasanaethau cynnal a chadw a'i wasanaethau i gwsmeriaid, i gwmnïau eraill.

### HYDDGEN, Brwydr

Yn haf 1401 enillodd **Owain Glyndŵr** fuddugoliaeth bwysig yn Hyddgen (gw. **Cadfarch**) ar lethrau **Pumlumon** yn erbyn llu llawer mwy niferus. Rhoddodd y fuddugoliaeth hwb sylweddol i fri Owain yng Nghymru, yn ogystal â'i alluogi i dorri llwybr newydd tua'r de.

### 'HYMNS AND ARIAS' Cân

Efallai mai hon yw'r enwocaf o **faledi**'r canwr a'r cyfansoddwr Max Boyce. Fe'i rhyddhawyd ar ei albwm *Live at Treorchy* yn 1974 a buan yr enillodd y gytgan, 'And we were singing / hymns and arias / Land of my Fathers / Ar Hyd y Nos', ei lle fel cân werin ymhlith cefnogwyr **rygbi**.

### HYWEL AB OWAIN GWYNEDD (*fl.*1139–70) Bardd a thywysog

Mab gordderch i **Owain Gwynedd** a Gwyddeles o'r enw Ffynnod oedd Hywel ab Owain Gwynedd, awdur y caneuon serch Cymraeg cynharaf ar glawr. Ymddengys i'w dad roi de **Ceredigion** o dan ei ofal ac i Hywel ennill sawl buddugoliaeth yn erbyn y **Normaniaid** yn ystod y 1140au. Erbyn 1153, fodd bynnag, roedd wedi colli Ceredigion a phrin yw'r cyfeiriadau ato yn ystod 15 mlynedd olaf ei fywyd. Lluniodd **Cynddelw Brydydd Mawr** awdl fawl fawreddog iddo. Ymddengys i Hywel gael ei benodi'n etifedd i'w dad, ond yn fuan wedi marw Owain fe'i lladdwyd gan ei hanner brawd, **Dafydd ab Owain Gwynedd**, mewn brwydr ym **Mhentraeth**. Priodolir iddo chwech o gerddi serch, a hefyd ddau ddarn o farddoniaeth sy'n cyfeirio at fuddugoliaethau Owain yn 1157. Ac yntau'n taro nodyn personol sy'n anarferol yng nghanu'r **Gogynfeirdd**, mae Hywel yn enwog am ei fawl i olygfeydd gwyllt a menywod **Meirionnydd**. Ef yw arwr nofel Ellis Peters *The Summer of the Danes* (1991) (gw. **Edith Pargeter**).

### HYWEL AP GRUFFUDD (Syr Hywel y Fwyall; m.*c.*1381) Milwr

Gŵr o **Eifionydd** ac un o ddisgynyddion **Ednyfed Fychan** oedd Syr Hywel y Fwyall, fel y daethpwyd i'w adnabod, ac enillodd fri yn ystod y **Rhyfel Can Mlynedd**. Arweiniodd garfan o Gymry yn Crécy (1346), a pharodd gymaint o ddinistr â'i fwyell ym mrwydr Poitiers (1356) nes i'r Tywysog Du, yn ôl John Wynn (gw. **Wynn, Teulu (Gwydir)**), roi man anrhydeddus iddi yn ei neuadd, gan orchymyn i fwyd gael ei weini o'i blaen a'i ddosbarthu wedyn i'r tlodion. Treuliodd ran olaf ei oes yn gwnstabl Castell **Cricieth**.

**HYWEL DDA (Hywel ap Cadell; m.949/950)** Brenin a deddfroddwr

Etifeddodd Hywel **Seisyllwg**, rhan ddeheuol teyrnas ei daid, **Rhodri Mawr**, a daeth **Dyfed** i'w feddiant *c.*904 wedi marwolaeth ei dad yng nghyfraith Llywarch ap Hyfaidd, brenin Dyfed. Dichon iddo gipio **Brycheiniog** *c.*930 a **Gwynedd** a **Phowys** pan laddwyd Idwal Foel 12 mlynedd yn ddiweddarach; o deyrnasoedd Cymru, dim ond **Morgannwg** a barhâi allan o'i afael.

Oherwydd y bygythiad o du'r **Llychlynwyr** ildiodd i ben-arglwyddiaeth Seisnig a datblygodd berthynas glòs â Wessex; digwydd ei enw'n gyson yn nogfennau llys Wessex yn ystod y cyfnod rhwng 928 a 949. Mae peth tystiolaeth fod darnau arian yn dwyn ei enw wedi'u bathu. Honnir iddo fynd ar bererindod i Rufain yn 928.

Yn ôl traddodiad a gofnodwyd yn llyfrau **cyfraith** yr Oesoedd Canol, galwyd cynrychiolwyr o bob **cantref** yn nhiriogaeth Hywel i **Hendy-gwyn** i roi trefn ar gyfreithiau ac arferion y tiroedd a oedd o dan ei lywodraeth. Mae'n debyg mai'r traddodiad ei fod yn ddeddfroddwr a barodd ychwanegu'r ansoddair 'Da' at ei enw. Er mai o'r 13g. y daw'r llawysgrifau cyfraith cynharaf, mae'n ddichonadwy i waith diwygio o'r fath ddigwydd o dan awdurdod Hywel, a hynny efallai yn ystod y 940au. Yr oedd felly'n gyfrifol am roi trefn a ffurf ar un o'r prif elfennau yn ymwybyddiaeth genedlaethol Cymru'r Oesoedd Canol.

# I

Mynwent yr Iddewon, Cefncoedycymer, Merthyr Tudful

## IÂL Cwmwd

Daeth y **cwmwd** hwn ym **Mhowys Fadog** yn rhan o un o arglwyddiaethau'r **Mers**, sef **Brwmffild ac Iâl**, yn 1284. Yn yr 16g. mabwysiadwyd ffurf Seisnigedig yr enw – Yale – gan deulu lleol blaenllaw, yr oedd ei aelodau'n cynnwys **Thomas Yale** ac Elihu Yale, yr enwyd Prifysgol Yale ar ei ôl.

## IDDEWON

Roedd rhai Iddewon yn byw mewn trefi yng Nghymru yn y 13g., a chyfeirir at Iddewon – yn aml yn ddirmygus – ym marddoniaeth Gymraeg yr Oesoedd Canol. Cafodd yr Iddewon eu derbyn yn ôl i **Brydain** yn 1655 (ar ôl cael eu halltudio o diriogaethau coron **Lloegr** yn 1290); pedleriaid oeddynt yng Nghymru heb yr un gymuned sefydlog tan *c.*1750 pan ffurfiwyd un yn **Abertawe**. Cafwyd eraill wedyn yng **Nghaerdydd** yn 1813 ac ym **Merthyr Tudful** yn 1848. Tyfodd **Bae Colwyn** yn hoff dref wyliau Iddewon Glannau Mersi. Erbyn dechrau'r 20g. roedd yr Iddewon yng Nghymru yn byw yma ac acw yn hytrach na chyda'i gilydd, ac roedd ganddynt fonopoli fwy neu lai ar siopau gwystlo, peth anghyffredin ym Mhrydain. Ymosodwyd ar gymunedau'r Iddewon ym maes **glo**'r de yn Awst 1911, a difrodwyd llawer o eiddo. Serch hyn, teimlai llawer o Gymry bod tebygrwydd rhyngddynt eu hunain a'r Iddewon – er bod sylwadau echrydus o wrth-Semitaidd wedi'u gwneud gan **O. M. Edwards**, arwr mawr y **werin** Gymraeg.

Mae *Solomon a Gaenor* (1998) gan Paul Morrison, ffilm a enwebwyd am Oscar, yn adrodd stori ramantus am y berthynas anniddig rhwng y Cymry a'r Iddewon mewn cymuned ddiwydiannol yn y de yn 1911. Yn ystod y **Dirwasgiad** edwinodd y cymunedau Iddewig yn y maes glo a symudodd llawer o'u haelodau i Gaerdydd neu i **Lundain**. Daeth Cyncoed yn ganolbwynt cymuned yr Iddewon yng Nghaerdydd, a chodwyd synagog newydd yno yn 1955. Yng Nghymru, tueddai'r Iddewon i fod yn newydd-ddyfodiaid a gadwai at **grefydd** uniongred, yn wahanol i'r Iddewon mwy integreiddiedig a gefnogai Iddewiaeth Ddiwygiedig. Daeth yr Iddewiaeth honno yn fwy arwyddocaol ar ôl 1945. O ddiwedd y 1930au ymlaen gwnaeth ffoaduriaid o dir mawr Ewrop gyfraniad pwysig i'r **economi** Gymreig. Magwyd y ffisegwr Brian Josephson (g.1940), un o'r tri Chymro a enillodd wobr Nobel, yn aelod o gymuned Iddewig Caerdydd. Felly hefyd ddau o awduron Saesneg mwyaf adnabyddus Cymru, Dannie

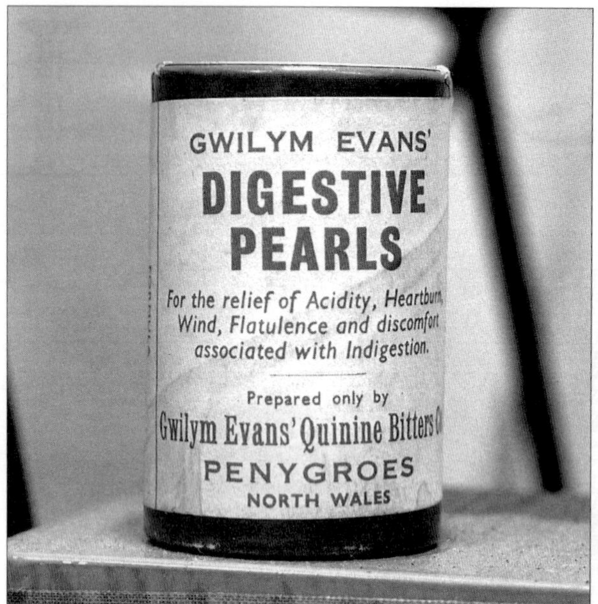


Iechyd: moddion a hysbysebwyd yn helaeth ym mlynyddoedd olaf y 19g.

Abse (g.1923) a **Bernice Rubens**. Iddewes o'r Almaen a ymgartrefodd yng Nghymru ac a ysgrifennodd yn **Gymraeg** yn bennaf oedd y nofelydd a'r ysgolhaig Kate Bosse-Griffiths (gw. **J. Gwyn Griffiths**), a gwnaeth Judith Maro (gw. **Jonah Jones**), Iddewes o Jerwsalem a ddaeth i fyw i Gymru, enw iddi ei hun fel llenor trwy gyfrwng y **Saesneg**, ond gan sicrhau bod ei gwaith yn cael ei gyfieithu i'r Gymraeg. Roedd brwdfrydedd Anghydffurfwyr Cymru dros 'Bobl y Llyfr' yn draddodiad yr oedd **Lloyd George** wedi ei fagu ynddo, ac roedd hynny'n rhannol gyfrifol am iddo awdurdodi Datganiad Balfour (1917), a rwyddhaodd y ffordd at sefydlu gwladwriaeth Israel.

## IECHYD

### *Iechyd y Cymry o'r cyfnod ôl-Rufeinig hyd y cyfnod modern*

Mae carreg fedd Melus – *medicus* – yn Llangïan (**Llanengan**) yn brawf fod meddygon i'w cael yng Nghymru yn y canrifoedd yn union wedi ymadawiad y **Rhufeiniaid**, cyfnod pan oedd un pla ar ôl y llall yn ysgubo trwy'r wlad. Er gwaethaf ymdrechion rhai megis **Meddygon Myddfai**, pur aneffeithiol oedd meddygaeth yr Oesoedd Canol. Yng ngolwg llawer o Gymry, tystiolaeth o ddigofaint Duw oedd heintiau fel y **Pla Du** yn 1349, yr achosion pellach o'r pla yn 1361, 1369, 1593 ac 1652, a'r dioddefaint a geid yn sgil clefydau marwol fel y **frech wen**, teiffws a'r **colera**.

Mae tystiolaeth o'r 16g. yn awgrymu mai rhyw 35 mlynedd, ar gyfartaledd, oedd hyd disgwyliedig einioes pobl bryd hynny, er mai'r ffaith fod hanner y plant yn marw yn ystod eu blwyddyn gyntaf sy'n bennaf cyfrifol am yr ystadegyn hwnnw. (Byddai'r rhai a oroesai'r flwyddyn honno yn fynych yn byw i oedran teg.) Mae'n debyg fod trigolion trefi cynyddol y cyfnod, er bod y trefi hynny yn arwydd o ffyniant economaidd, yn fwy afiach na phobl yn yr ardaloedd cefn gwlad, lle'r oedd y rhan fwyaf o ddigon o'r **boblogaeth** yn dal i fyw. Roedd clefydau peryglus yn fygythiad enbyd, a gallai amodau economaidd gwael, yn enwedig cyfnodau heb gynhaeaf da, fod yn angheuol, yn arbennig i'r tlotaf. Serch hynny, cododd poblogaeth Cymru, a oedd oddeutu 360,000 yn gynnar yn yr 17g., i oddeutu 500,000 erbyn 1770.

Yn ystod y 19g. ymfudodd cannoedd o filoedd o'r **siroedd** gwledig i weithio ym maes **glo**'r de, a daeth yr ardaloedd diwydiannol yno yn gartref i'r mwyafrif llethol o bobl y wlad. Yno cafodd llygredd diwydiannol, **tai** diffygiol, gorboblogi, carthffosiaeth wael a dŵr llygredig effaith andwyol ar eu hiechyd, a cheid epidemig bob hyn a hyn o glefydau ffyrnig fel y colera.

Nid tan y cyhoeddwyd *General Report on the Sanitary Condition of the Labouring Population of Great Britain* gan Edwin Chadwick yn 1842 y daeth iechyd y cyhoedd yn fater polisi o bwys. Sefydlwyd Bwrdd Iechyd canolog yn 1848, ac erbyn 1856 roedd gan 25 o leoedd yng Nghymru fyrddau iechyd lleol a oedd yn gyfrifol am draenio, palmentu, glanhau strydoedd a darparu carthffosydd a phibellau dŵr.

Cafodd twf cyflym trefi fel **Caerdydd** a **Merthyr Tudful** yn ystod y 19g. effaith enbyd ar iechyd cyhoeddus. 'The overcrowding', meddai ymchwilydd swyddogol yn 1850 mewn perthynas â Chaerdydd, 'is fearful beyond anything of the kind I have ever seen'. Penodwyd swyddog iechyd cyntaf Merthyr yn 1853, ac erbyn 1885 roedd y gyfradd farwolaethau yno wedi gostwng o 33 i 22 ym mhob 1,000. Yng Nghaerdydd, cafodd y Dr H. J. Paine lwyddiant tebyg; adeg ei ymddeoliad yn 1887 amcangyfrifwyd bod mesurau iechyd cyhoeddus wedi arbed 15,480 o fywydau yng Nghaerdydd yn unig.

Er gwaethaf gwelliannau lleol, ychydig o newid a welwyd yng nghyfradd farwolaethau Cymru gyfan. Cofnodwyd fod 20.2 ym mhob 1,000 yn marw yn 1841, a chymerodd tan ddiwedd y ganrif i'r gyfradd sefydlogi o dan 20. Arhosodd marwolaethau ymhlith babanod yn uwch na 120 o blith pob 1,000 o enedigaethau trwy gydol y ganrif bron, heb ostwng yn gyson o dan 100 tan y **Rhyfel Byd Cyntaf**. Ceir rhywfaint o dystiolaeth fod pobl y broydd gwledig ychydig yn iachach na phobl y trefi. Fodd bynnag, roedd tai tlodion cefn gwlad ymhell o fod yn lleoedd iach; yn y 1860au cofnodwyd sut y byddai meddygon yn suddo yn lloriau llaid tai eu cleifion, ac yn y 1890au roedd carthbyllau **Sir Benfro** yn gorlifo'n gyson gan beryglu iechyd trigolion y sir. Eto i gyd, yn ôl Cymdeithas Feddygol Prydain roedd y llech, salwch plentyndod a geid yn fynych ym maes glo'r de tua diwedd y 19g., yn gymharol brin yn ardaloedd gwledig y gogledd.

Wrth i'r wladwriaeth ymyrryd mwy ym mywydau pobl yn ystod y Rhyfel Byd Cyntaf, cafwyd rhywfaint o welliant yn narpariaeth yr ysbytai ac mewn gofal iechyd. Yn y blynyddoedd rhwng y ddau ryfel, er gwaethaf **dirwasgiad** economaidd difrifol, gwelwyd gwelliant pendant yn iechyd y Cymry. Bu gostyngiad sylweddol iawn ym marwolaethau babanod, yn rhannol am fod gostyngiad arwyddocaol yn y gyfradd enedigaethau yn golygu bod modd gofalu'n well am blant. Hyd yn oed wedyn, roedd cyfradd farwolaethau **menywod** wrth esgor yn llawer uwch o hyd yng Nghymru na **Lloegr** (5.43 am bob mil o gymharu â 3.81 yn 1922). Ymhellach, er bod gostyngiad o 27% yng nghyfradd y marwolaethau oddi wrth y ddarfodedigaeth (gw. **Twbercwlosis**) yn y 1920au yn Lloegr, parhaodd y clefyd hwn, a oedd yn annatod glwm â thlodi a thai gwael, i gael ei gysylltu yn benodol â Chymru, lle'r oedd y gostyngiad dros yr un cyfnod yn llai na 17%. Erbyn diwedd y 1930au roedd 1% o boblogaeth Cymru yn dal ar gofrestr y ddarfodedigaeth, ac yn 1939 adroddodd pwyllgor ymchwilio o dan gadeiryddiaeth **Clement Davies** fod y saith sir yn ne **Prydain** lle ceid y marwolaethau mwyaf niferus oherwydd y clefyd i gyd yng Nghymru. Yn y gogledd a'r gorllewin gwledig yr oedd pob un o'r saith, sefyllfa a oedd yn rhannol yn ganlyniad agwedd ddi-hid yr awdurdodau lleol gwledig. Dim ond ar ôl yr **Ail Ryfel Byd** y daethpwyd â'r ddarfodedigaeth a chlefydau heintus eraill o dan reolaeth.

Bu sefydlu'r Gwasanaeth Iechyd Gwladol yn 1948, ynghyd â gwelliannau sylweddol mewn safonau byw, lefelau cyflogaeth uwch, gwell tai, datblygiadau mewn technoleg feddygol a chyflwyno cyffuriau newydd, i gyd yn bwysig o ran sicrhau bod iechyd pobl Cymry yn cynyddol wella (gw. **Gwladwriaeth Les**).

Yn sgil rhaglenni brechu ac imiwneiddio parhaus, mae clefydau fel y frech wen, difftheria a pholio wedi'u dileu, ond mae ambell achos o'r pâs yn cael ei gofnodi bob blwyddyn. Roedd Meningitis Grŵp C yn broblem ymhlith plant a myfyrwyr prifysgol nes i frechlyn effeithiol gael ei ddatblygu yn 1999. Erbyn 2002 roedd gostyngiad yng nghanran y plant a ddiogelwyd rhag y frech goch, clwy'r pennau a rwbela – o 95% i 80% neu lai – yn destun pryder, yn enwedig yn y de-orllewin. Mae achosion o'r ddarfodedigaeth yn dal i gael eu cofnodi.

Gwelwyd cynnydd yng nghanran y babanod a aned yn isel eu pwysau, o 6.8 yn 1994 i 7.7 yn 1999, yn bennaf oherwydd ymyriadau meddygol i achub babanod cynamserol ac am fod triniaethau ffrwythlondeb cynyddol yn arwain at fwy o enedigaethau lluosog.

Ym mrawddeg agoriadol astudiaeth gan Ymddiriedolaeth Nuffield o iechyd y Cymry, *Freeing the Dragon* (1999), datganwyd bod cyflwr iechyd cyhoeddus yng Nghymru ymhell o fod yn foddhaol, ac yn 2001 cadarnhaodd arolwg gan Gyngor Defnyddwyr Cymru fod y Cymry, sy'n byw bywyd mwyfwy segur, ymhlith y bobl fwyaf afiach yn Ewrop, gyda bron traean o'r boblogaeth heb fod yn gwneud unrhyw ymarfer corff rheolaidd. Yn 2004 dangosodd adroddiad gan y Global Initiative for Asthma mai Cymru oedd y man gwaethaf ar gyfer asthma neu'r fogfa, gyda bron 30% o oedolion rhwng 20 a 44 oed, ac un o bob tri o blant 13 i 14 oed, yn dioddef o'r clefyd; y prif achosion, meddid, oedd tlodi ac ysmygu. Yn Ebrill 2007 cyflwynodd y **Cynulliad Cenedlaethol** waharddiad ar ysmygu mewn mannau cyhoeddus a hynny dri mis cyn i waharddiad cyffelyb ddod i rym yn **Lloegr**. Yn sgil y gwaharddiad daeth ysmygu goddefol yn llai o broblem na chynt, ac roedd adroddiadau cynnar yn awgrymu bod y gwaharddiad hefyd yn symyblu rhai ysmygwyr i roi'r gorau i'r arfer.

## *Marwolaethau*

Erbyn hyn ni cheir y math o fynwentydd aflêr a gorlawn, a gysylltid mewn theori fiasmatig â drewdod a heintiau, a chyflymwyd y newid hwnnw gan y symudiad cyffredinol tuag at amlosgi, yr arfer a arloeswyd gan y Dr **William Price** o **Lantrisant**. Yn 1893 Caerdydd oedd yr awdurdod lleol cyntaf i adeiladu amlosgfa, ar Ynys Echni (gw. **Ynysoedd**), lle gallai morwyr claf gael eu hynysu mewn ysbyty ar gyfer trin y colera. Unwaith yn unig y defnyddiwyd yr amlosgfa a hynny yn 1900 i amlosgi llongwr a fu farw o'r pla biwbonig. Agorwyd ail amlosgfa ym **Mhontypridd** yn 1924, ac erbyn diwedd 2005 roedd 13 ohonynt, yn llosgi cyfanswm o 20,182 o gyrff – dros 60% o'r holl farwolaethau a gofrestrwyd y flwyddyn honno.

Yn 2002 roedd y gymhareb marwolaethau safonedig (SMR) ar gyfer Cymru yn 105, yn uwch na Lloegr (100) a Gogledd Iwerddon (99) ond yn is na'r **Alban** (114). O fewn y wlad, ceid amrywio sylweddol yn y gymhareb o un awdurdod unedol i'r llall – o 122 ym Merthyr Tudful i 89 yng **Ngheredigion**. Yn 2004 prif achosion marwolaeth oedd clefydau cylchredol (38%) ac amrywiol fathau o ganser (27%). Yn ystod y cyfnod 1994–2003 bu cynnydd arwyddocaol yn hyd disgwyliedig einioes, o 73.3 i ddynion a 78.8 i fenywod yn 1992 i 75.4 i ddynion a 80.1 i fenywod yn 2001.

**Hyd disgwyliedig einioes (mewn blynyddoedd) adeg geni**

| | 1994 | 1995 | 1996 | 1997 | 1998 |
|---|---|---|---|---|---|
| Gwrywod | 73.4 | 73.7 | 73.8 | 74.2 | 74.4 |
| Menywod | 79.0 | 79.1 | 79.1 | 79.3 | 79.4 |
| | **1999** | **2000** | **2001** | **2002** | **2003** |
| Gwrywod | 74.7 | 74.9 | 75.4 | 75.6 | 76.0 |
| Menywod | 79.6 | 79.8 | 80.1 | 80.2 | 80.4 |

Mae'n werth nodi bod y nifer o bobl 85 oed neu hŷn bum gwaith yn uwch na'r hyn ydoedd yng nghanol yr 20g.; roedd y ffigur yn 59,000 yn 2001. O blith siroedd Cymru yn y flwyddyn honno, **Conwy** a oedd â'r gyfran uchaf o bobl mewn oed pensiwn (26%) a **Chaerdydd** a oedd â'r gyfran isaf (17%).

## *Darpariaeth gofal iechyd*

### MEDDYGAETH CYN Y CYFNOD MODERN

Mae cofnodion am arferion meddygol cyn y cyfnod modern yn dyddio yn ôl i gyfnod y **derwyddon**. Yn ôl Pliny (1g. OC) roedd gan y derwyddon ddefod grefyddol-ledrithiol ar gyfer casglu uchelwydd (gw. **Planhigion**) a ddefnyddid i greu trwyth a allai 'adfer ffrwythlondeb anifeiliaid hesb' ac a oedd yn 'wellhad ar gyfer pob gwenwyn'.

Yn sgil y Rhufeiniaid cafwyd ysbytai, megis yr un sylweddol yng **Nghaerllion**, a ailgodwyd o feini yn yr 2g. Arferid therapi breuddwydion, fel yng nghwlt Asclepius, duw iachâd y Groegiaid, yn nheml Nudd yn Lydney ar afon **Hafren**. Mae allor o Gaer wedi'i chysegru mewn Groeg i'r 'duwiau gwaredol mawr' gan Hermogenes, y credir ei fod yn *medicus* yn y Ddeuddegfed Leng.

Bu lledaeniad Cristnogaeth yn fodd i feithrin traddodiadau brodorol ynghylch gwyrthiau a gwellhad trwy ffydd, megis eiddo Sant **Samson** a ddisgrifir yn ***Liber Landavensis***. Ceid cannoedd o **ffynhonnau** sanctaidd, a oedd yn aml yn parhau â thraddodiadau iacháu cyn-Gristnogol. Roedd Ffynnon Tegla yn **Llandegla**, er enghraifft, yn cynnig iachâd ar gyfer 'clwyf Tegla' (epilepsi).

Mae **cyfraith** Hywel (gw. **Hywel Dda**) yn disgrifio meddyg y llys, ei hawliau a'i gyfrifoldebau, ac yn cynnig golwg ar y modd y câi ei dalu, a'r driniaeth a'r iawndal a roddid i'r sawl a gâi ei anafu. Yn yr Oesoedd Canol diweddar cynhyrchid llawysgrifau cain yn y **Gymraeg** yn ymdrin â materion meddygol. Mae'r rhain yn cynnwys Mostyn 88, llawysgrif o eiddo **Gutun Owain**, sy'n cwmpasu maes astroleg feddygol ac yn cynnwys darluniau o Ddyn y Sidydd, y Mannau Gwaedu a Chylch Iwrosgopi, a Llawysgrif Wellcome 417 – *Lhyfr o fedheginiaeth a physygwriaeth* – sy'n cynnwys llawer o ryseitiau a thriniaethau.

Yn yr 16g. gwelwyd llyfrau yn ymddangos a oedd yn rhagflaenwyr i'r 'meddygon cartref' poblogaidd. Lluniodd Syr Thomas Elyot (1499?–1546) *The Castel of Helth* (1536), a droswyd i'r Gymraeg gan **Elis Gruffydd**. O'r **Lladin**, cyfieithodd Humfre Lloyd (*fl.*16g., ond nid **Humphrey Lhuyd**, y lluniwr mapiau, fe ymddengys) ddau waith meddygol poblogaidd, *The Judgement of Urines* (1552) a *The Treasury of Health* (1585). Ysgrifennwyd yr *Urinal of Physic*, sef gwaith cynnar ar gydweithredu rhwng y meddyg a'r claf, gan **Robert Recorde** o **Ddinbych-y-pysgod** (*c.*1510–58), a oedd yn fwy adnabyddus fel mathemategydd. Credir mai **William Salesbury** (*c.*1520–1584?) a luniodd y *Llysieulyfr*, sef aralleiriad o rai o lysieulyfrau amlycaf yr 16g., yn enwedig felly *De Historia Stirpium* a'r *New Herball*. Roedd **Siôn Dafydd Rhys** yn feddyg medrus er ei fod yn fwy adnabyddus fel ieithydd. Thomas Phaer (1510?–60) o **Gilgerran** a ysgrifennodd y llyfr Saesneg cyntaf am bediatreg a hynny yn 1545; a Chymro arall, **John Jones** (1645–1709), a luniodd yr ail, *On the preservation of Bodie and Soule*.

Yn y cyfnod canoloesol a'r cyfnod modern cynnar roedd gan Gymru sawl teulu o iachawyr, a'r amlycaf o'r rhain oedd Meddygon Myddfai. Ceir llawer enghraifft o feddygaeth werin nad oes sicrwydd pa mor hen ydyw. Nid anhwylder ar y galon oedd 'clefyd y galon', ond iselder ysbryd, a elwid hefyd yn 'glwyf yr edau wlân' gan fod edau wlân yn cael ei defnyddio wrth ei ddiagnosio a'i drin. Yn Amgueddfa Sir Gaerfyrddin gellir gweld enghraifft o faen y Gilfach-wen a ddefnyddid at y gynddaredd, a'r maen magl neu'r maen glain, sef cylch gwydr cyfriniol.

Parhaodd rhai o'r Cymry i roi coel ar feddyginiaethau a medrau'r dyn hysbys tan ddechrau'r 20g. (gw. **Gwrachod a Dynion Hysbys**). Yn wir, ymhlith cefnogwyr cyfoes meddyginiaeth amgen, ceir parodrwydd i gredu bod llawer o feddyginiaethau ddoe yn rhagori mewn rhai ffyrdd ar feddyginiaeth heddiw.

## GWASANAETHAU IECHYD

Gyda'r Rhufeiniaid y dechreuodd gwasanaethau meddygol ffurfiol yng Nghymru, er nad oes fawr o wybodaeth ar gael amdanynt. Cynigiai mynachlogydd yr **Eglwys Geltaidd** driniaethau sylfaenol, a daeth y ddarpariaeth yn fwy ffurfiol trwy ysbytai tai crefydd yr Oesoedd Canol. Ceid ysbytai i wahangleifion, fel yr un yng Nghaerdydd. Urdd filwrol yn bennaf oedd Marchogion Sant Ioan, ond roedd ganddi gysylltiadau meddygol; **Ysbyty Ifan** yn Nyffryn **Conwy** a **Slebets** yn ymyl **Hwlffordd** oedd dau dŷ'r urdd yng Nghymru. (Erbyn hyn, Eglwys Sant Ioan Fedyddiwr yng Nghaerdydd yw prif eglwys yr urdd.)

Nid tan y 18g., o leiaf, y cafodd meddygon, fel dosbarth proffesiynol, eu dyrchafu i statws uchel. Gan nad oedd addysg feddygol uwch ar gael yng Nghymru, daeth y wlad i ddibynnu'n helaeth ar feddygon a hyfforddid ym mhrifysgolion yr **Alban**. Yn y 18g. hefyd y sefydlwyd nifer o fferyllfeydd; cynigiai'r rhain driniaeth i gleifion allanol yn unig ond dechreuodd rhai dderbyn cleifion preswyl gan ddod yn elfen felly yn narpariaeth yr ysbytai gwirfoddol a ddatblygodd, ar hap, yn ystod y 19g. Roedd y tlotai a sefydlwyd o dan Ddeddf Newydd y Tlodion 1834 hwythau'n cynnig triniaeth feddygol, a daeth llawer yn ysbytai i'r tlodion (gw. hefyd **Deddf y Tlodion**).

Yn hanner cyntaf yr 20g. gwelwyd gwelliant amlwg yn y gwasanaethau iechyd a ddarperid. Yn sgil Deddf Yswiriant Gwladol **David Lloyd George** yn 1911 cafwyd **yswiriant** iechyd i'r rhai a oedd mewn gwaith ac, er gwaethaf ei ddiffygion, ceisiodd **Bwrdd Iechyd Cymru**, a sefydlwyd yn 1919, oruchwylio'r gwasanaeth iechyd cydlynol a gâi ei ddarparu ar gyfer y wlad yn ei chrynswth. Yn y 1920au dechreuodd yr awdurdodau lleol ymwneud fwyfwy â maes iechyd, a chynyddodd eu cyfrifoldebau yn fawr yn sgil dileu **Undebau Deddf y Tlodion** yn 1929. Mewn llawer ardal ddiwydiannol sefydlwyd **cymdeithasau cymorth meddygol**. Bu'r un yn **Nhredegar** yn arbennig o effeithiol ac, wrth sefydlu'r Gwasanaeth Iechyd Gwladol, honnodd **Aneurin Bevan** mai ei brif nod oedd estyn y manteision a gâi aelodau'r gymdeithas yn Nhredegar i'r cyfan o boblogaeth Prydain.

Ac eto, hyd at orchest arloesol Bevan, tameidiog oedd y gwasanaethau iechyd o hyd. Er bod yswiriant iechyd yn talu costau meddygol sylfaenol y rhai a yswiriwyd, roedd eraill yn methu fforddio unrhyw driniaeth feddygol oni bai fod y meddygon yn fodlon codi mwy ar gleifion cefnog er mwyn cynnig triniaeth am ddim i'r anghenus – a dyna a wnâi llawer ohonynt. Roedd darpariaeth yr ysbytai yn arbennig o annigonol. Roedd rhai ysbytai mewn dwylo preifat; câi eraill eu rhedeg gan sefydliadau gwirfoddol neu gan awdurdodau lleol, neu roeddynt wedi'u codi ar frys i drin clwyfedigion rhyfel. Roedd y mwyafrif ohonynt yn hynafol, a llawer ohonynt yn hen dlotai o ganol y 19g. Ysbytai cyffredinol newydd a godwyd gan awdurdodau lleol goleuedig oedd y goreuon yn eu plith, gan gynnwys **Llandoche** yn ymyl Caerdydd a Phentre'r Eglwys (**Llanilltud Faerdref** ger **Pontypridd**).

Wrth greu'r Gwasanaeth Iechyd Gwladol, daethpwyd â gwasanaethau iechyd newydd y wladwriaeth yng Nghymru o dan reolaeth Bwrdd Iechyd Cymru. Bwrdd Rhanbarthol Ysbytai Cymru (**Bwrdd Ysbytai Cymru** yn ddiweddarach) a ysgwyddodd y cyfrifoldeb dros weinyddu ysbytai'r wladwriaeth. Dirprwywyd llawer o waith y Bwrdd i bwyllgorau rheoli ysbytai; roedd gan bob pwyllgor ei ardal ei hun, er bod ysbytai seiciatryddol ac Ysbytai Unedig Caerdydd (Ysbyty Brenhinol Caerdydd ac Ysbyty Llandoche) yn cael eu rheoli ar wahân.

Oddi ar 1948 y mae strwythur gweinyddol y Gwasanaeth Iechyd Gwladol wedi'i ad-drefnu sawl gwaith. Yn sgil ad-drefnu llywodraeth leol yn 1974, cafwyd wyth awdurdod iechyd rhanbarthol a oedd yn rhannu ffiniau'r wyth cyngor sir newydd (bryd hynny). Yn sgil ad-drefnu pellach yn 1996, cafodd Cymru ei gwasanaethu, hyd 2003, gan bum awdurdod iechyd, ac yn sgil Deddf y Gwasanaeth Iechyd Gwladol a Gofal Cymunedol 1990, daeth 26 o ymddiriedolaethau yn gyfrifol am berchnogaeth a rheolaeth ysbytai a chyfleusterau eraill y gwasanaeth iechyd a oedd gynt o dan reolaeth yr awdurdodau iechyd dosbarth. Datganolwyd y cyfrifoldeb cyffredinol dros iechyd (ond nid deddfwriaeth gynradd) i'r Cynulliad Cenedlaethol yn 1999. Yn sgil ad-drefnu yn Ebrill 2003, daeth 13 o ymddiriedolaethau ysbytai ac un ymddiriedolaeth ambiwlans ar gyfer Cymru gyfan i fod. Yr un pryd, crëwyd 22 o fyrddau iechyd lleol yn rhannu ffiniau'r siroedd

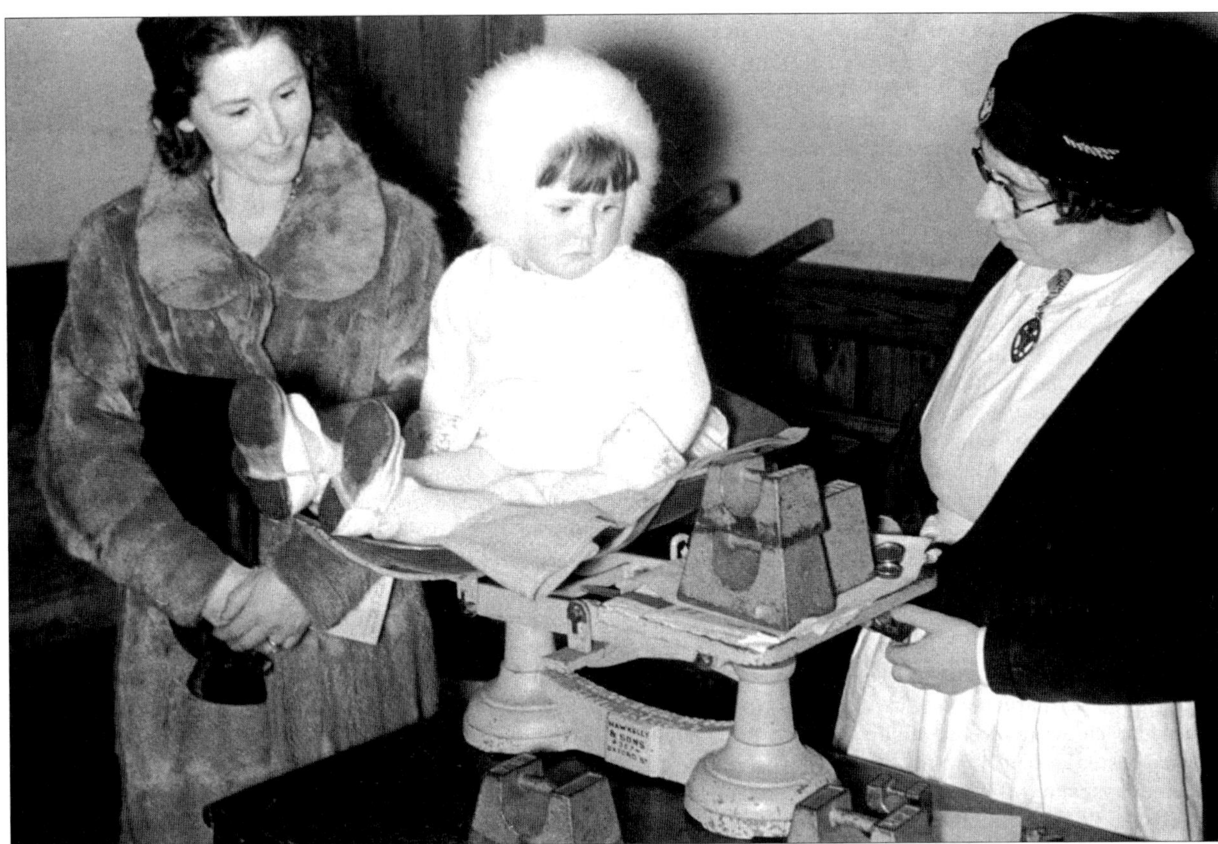

Iechyd: pwyso plentyn, 1941

a grëwyd yn 1996; mae'r byrddau a'r awdurdodau yn gydgyfrifol am lunio a gweithredu strategaethau ar gyfer iechyd cyhoeddus.

Mae bron 40% o gyllideb y Cynulliad yn cael ei wario ar ofal iechyd, ac mae rhyw 75,000 o bobl (6.5% o weithlu Cymru) yn cael eu cyflogi yn y Gwasanaeth Iechyd. Roedd cyllideb 2005–6 o £4.9 biliwn ar gyfer iechyd bron ddwywaith yn fwy na'r gyllideb a fabwysiadwyd gan y Cynulliad pan agorodd yn 1999. Mae **datganoli** wedi creu gwahaniaethau bach ond arwyddocaol rhwng Cymru a Lloegr. Gan ddychwelyd at egwyddorion sylfaenol y Gwasanaeth Iechyd, yn 2007 pleidleisiodd y Cynulliad, a oedd eisoes wedi rhewi ac yna ostwng ffioedd presgripsiwn, dros ddiddymu'r ffioedd yn gyfan gwbl – polisi tra gwahanol i'r un yn Lloegr, lle cafodd ffioedd presgripsiwn eu codi i £6.85. Ceir archwiliadau deintyddol am ddim i rai o dan 25 oed a thros 60 oed, a cheir profion golwg am ddim i'r rhai mewn grwpiau y bernir eu bod mewn perygl o gael problemau. Cydnabuwyd anghenion iechyd penodol cymunedau tlawd a'r rhai sy'n byw mewn ardaloedd anghysbell gan adolygiad manwl o ddyraniad adnoddau, a arweiniodd at greu Cronfa Anghydraddoldebau Iechyd i roi sylw i faterion iechyd, megis atal clefyd y galon, yn y cymunedau mwyaf difreintiedig: gyda chyllideb flynyddol o £5.8 miliwn, roedd y gronfa'n cefnogi 62 o brojectau yn Chwefror 2006.

Mae'r nifer o feddygon teulu yn ôl maint y boblogaeth yn uwch yng Nghymru na gweddill y Deyrnas Unedig, ond nid ydynt wedi'u dosbarthu'n wastad, ac mae'r pwysau gwaith, yn enwedig ymhlith y rhai sy'n gweithio ar eu pen eu hunain yn yr ardaloedd mwyaf poblog, yn creu straen. Ym mis Hydref 2002 amcangyfrifodd Llywodraeth y Cynulliad y byddai angen 175 yn fwy o feddygon teulu yn yr wyth mlynedd canlynol. Mae creu ysgolion clinigol Gwent a Gogledd Cymru, sy'n gysylltiedig â **Choleg Meddygaeth, Bioleg, Gwyddorau Iechyd a Bywyd Cymru**, a sefydlu cynllun mynediad ar gyfer graddedigion, a ganolwyd ym **Mhrifysgol Cymru Abertawe**, wedi caniatáu cynnydd, rhwng 2001 a 2006, o 190 i 360, yn y nifer o fyfyrwyr meddygol a dderbynnir bob blwyddyn. Gyda chynnydd hefyd yn y nifer o fyfyrwyr deintyddol, roedd dros 1,500 o fyfyrwyr meddygol a 300 o fyfyrwyr deintyddol yn hyfforddi yng Nghymru yn 2006/7. Erbyn 2010 bwriedir cael 525 yn rhagor o ymgynghorwyr ysbyty, 4,752 yn rhagor o nyrsys ysbyty a 250 yn rhagor o barameddygon.

Oherwydd y galwadau cynyddol erbyn hyn ar y Gwasanaeth Iechyd Gwladol, mae llawer o ysbytai wedi cael anawsterau yn recriwtio a chadw staff, yn enwedig nyrsys. Rhwng 1996/7 a 2005/6 cododd canran y gwelyau a ddefnyddid o 78% i 82.9%, ac mae cynnydd yn nhrosiant gwelyau ac yn y swyddi gwag wedi creu sialens o ran safonau glanweithdra, gan ddwysáu'r perygl y bydd cleifion yn dal haint yn yr ysbyty.

Yn nechrau'r 21g. roedd beirniadu cyson ar y gwasanaeth iechyd oherwydd fod rhai cleifion yn gorfod aros cyhyd am driniaeth; roedd y nifer o gleifion ar y rhestrau aros yn codi'n barhaus a'r cyfnodau aros yn mynd yn hwy hefyd, er bod y sefyllfa wedi gwella erbyn canol degawd cyntaf y ganrif. Mabwysiadodd y Cynulliad Cenedlaethol gyfres o dargedau ar gyfer lleihau rhestrau aros ar gyfer gwahanol driniaethau. O ganlyniad i hynny, erbyn diwedd Hydref 2006 nid oedd unrhyw gleifion yn aros mwy na 6 mis am lawdriniaeth ar y galon ac nid oedd neb yn aros mwy na 4 mis am angiograffeg nac i gael tynnu pilen oddi ar y llygad.

Amcangyfrifir bod ar 5,200 o blant – 1% o'r holl blant yn y boblogaeth – angen gwasanaethau iechyd arbenigol bob blwyddyn, ar gost o £20 miliwn o leiaf. Mae plant y gogledd yn cael eu trin yn **Lerpwl**, ac arferid gyrru plant y de i Fryste am driniaeth. Yn 2006, fodd bynnag, agorwyd rhan gyntaf Ysbyty Plant Cymru ar safle Ysbyty Athrofaol Cymru, gan ei gwneud yn bosibl trin pob cyflwr meddygol, ar wahân i ddyrnaid o rai difrifol, yng Nghymru. Mae adroddiadau pwysig am blant yng Nghymru – ynghylch llawfeddygaeth gardiaidd i blant, cadw organau a chamdrin plant – wedi arwain at gamau i geisio gwella'r sefyllfa, gan gynnwys penodi Comisiynydd Plant yn 2001, y cyntaf o'i fath ym Mhrydain. Mewn adroddiad gan Gronfa Achub y Plant yn 2002 datgelwyd mai plant Cymru, y mae traean ohonynt yn byw mewn tlodi, yw'r tlotaf ym Mhrydain.

Un o'r materion mwyaf dadleuol a wynebir erbyn hyn yw parhad yr ysbytai bychain niferus a geir yng Nghymru. Fe'u hadeiladwyd, fel rheol, fel sefydliadau gwirfoddol, ac mae gan gymunedau lleol yn aml feddwl mawr ohonynt. Gan fod llai o driniaethau ar gael yn y cyfnod pan godwyd hwy, roedd modd darparu mwy o wasanaethau yn lleol. Yn ddiweddarach, wrth i dechnegau diagnostig a thriniaethau newydd costus gael eu cyflwyno, trosglwyddwyd mwy o adnoddau i'r ysbytai cyffredinol mawr a mwy newydd; roedd gan Gymru 17 o'r ysbytai hyn yn 2006. Fodd bynnag, roedd dogfen bolisi Llywodraeth Cynulliad Cymru, *Cynllun Oes* (2005), yn nodi cychwyn cyfnod o newid pellach yn siâp gwasanaethau iechyd Cymru. Mae cynlluniau'n mynd rhagddynt i gwblhau saith ysbyty cymunedol newydd yng Nghymru erbyn 2010 – yn **Ninbych-y-pysgod**, **Trefynwy**, **Glynebwy**, y **Rhondda**, **Cwm Cynon**, **Porthmadog** a **Threffynnon**.

**Yr 17 ysbyty cyffredinol yng Nghymru**

| | |
|---|---|
| Ysbyty Singleton, Abertawe | Ysbyty Nevill Hall, Y Fenni |
| Ysbyty Treforys, Abertawe | Ysbyty Llwynhelyg, Hwlffordd |
| Ysbyty Bronglais, Aberystwyth | Ysbyty Llandoche ger Caerdydd |
| Ysbyty Gwynedd, Bangor | Ysbyty'r Tywysog Philip, Llanelli |
| Ysbyty Glan Clwyd, Bodelwyddan | Ysbyty Brenhinol Morgannwg, Llantrisant |
| Ysbyty Athrofaol Cymru, Caerdydd | Ysbyty'r Tywysog Charles, Merthyr Tudful |
| Ysbyty Gorllewin Cymru, Caerfyrddin | Ysbyty Tywysoges Cymru, Pen-y-bont ar Ogwr |
| Ysbyty Brenhinol Gwent, Casnewydd | Ysbyty Maelor, Wrecsam |
| Ysbyty Castell-nedd Port Talbot | |

Un ffaith anwadadwy nas pwysleisir yn ddigon aml yw bod y Gwasanaeth Iechyd Gwladol, o'r cychwyn, wedi bod â'i fryd ar leihau'r gwahaniaethau yn safon y gwasanaeth meddygol a gynigid o le i le. O ystyried y cyfyngiadau ariannol, mae'r hyn a gyflawnwyd yn nodedig, er bod mannau llewyrchus fel Caerdydd yn gallu cynnig gwasanaeth gwell na'r hyn sydd ar gael yn yr ardaloedd ôl-ddiwydiannol llwm neu yn y rhannau mwyaf anghysbell o gefn gwlad.

Y GWASANAETHAU SEICIATRIG

Mae i'r gosodiad fod gan seiciatreg orffennol hir ond nad oes iddi ond hanes byr arwyddocâd arbennig yn y cyswllt Cymreig. Gellir priodoli hyn i raddau helaeth i'r prinder adnoddau a oedd yn bod ar gyfer trin problemau seiciatrig. Bu natur hollol wahanol symptomau salwch meddwl, ac effeithiau canrifoedd o ofergoeledd ynglŷn â natur y salwch, hefyd yn ffactor o bwys yn y modd y tueddwyd i ddiystyru anghenion llawer o gleifion. Yn aml câi cleifion o Gymru, gan gynnwys Cymry uniaith, eu hanfon i wallgofdai yn Lloegr.

Charles Watkin Williams Wynn (1775–1850; gw. **Williams Wynn, Teulu**), aelod seneddol **Sir Drefaldwyn** (1799–1850), a oedd yn gyfrifol am sefydlu pwyllgor dethol i ymchwilio i amodau byw cleifion seiciatrig. Yn sgil hynny pasiwyd deddf seneddol yn 1808 a oedd yn caniatáu i'r llysoedd chwarter sefydlu gwallgofdai sirol yng Nghymru a Lloegr. Yr unig sir a fanteisiodd ar hyn oedd Hwlffordd (a oedd â statws sirol ar y pryd). Defnyddiwyd hen adeilad carchar y dref ar gyfer y sefydliad newydd, gan agor cyfnod a oedd gyda'r tywyllaf erioed yn hanes seiciatreg yng Nghymru. Ni wnaed unrhyw newidiadau strwythurol i'r adeilad, ac er na fu, yn ôl pob golwg, unrhyw gyhuddiadau o greulondeb bwriadol tuag at y cleifion, roedd safon y gofal yn druenus o isel, ac ni chymerai'r ynadon, a oedd yn gyfrifol am gynnal a chadw'r seilam, fawr o ddiddordeb yn y modd y câi ei redeg. Fe'i caewyd yn 1866.

Agorwyd tri seilam preifat yng Nghymru: yn Abertawe (1815–20?), **Llansawel** ger **Castell-nedd** (1843–96) ac **Amroth** (1851–6). Yn ogystal â derbyn rhai cleifion preifat, derbyniai'r sefydliadau gleifion tlawd y telid am eu gofal gan yr awdurdodau sirol. Gofelid am rai cleifion mewn tai preifat, a châi eraill eu carcharu neu eu hanfon i'r tlotai.

Yn ddiweddarach adeiladodd siroedd eraill eu sefydliadau eu hunain. Agorwyd Ysbyty Gogledd Cymru, **Dinbych**, yn 1849, ac yn ystod ail hanner y 19g. agorwyd ysbytai meddwl eraill yn y **Fenni**, Caerfyrddin (gan ddisodli'r un yn Hwlffordd), **Pen-y-bont ar Ogwr** a **Thalgarth**. Yn yr 20g. yr adeiladwyd Ysbyty'r Eglwys Newydd, Caerdydd, ac Ysbyty Cefn Coed, Abertawe. A hwythau'n meddu ar benaethiaid meddygol llawn-amser a hyfforddedig, perthynai'r sefydliadau hyn i draddodiad hollol wahanol. Agorwyd hwy yn y gred fod eu cleifion yn haeddu amgenach gofal na chael eu carcharu a'u cam-drin, a gosodwyd sylfeini ar gyfer gwasanaeth llawer gwell.

Wedi'u haddasu ar gyfer gofynion oes newydd, bu'n rhaid i'r adeiladau hyn wneud y tro fel ysbytai seiciatrig trwy gydol rhan dda o'r 20g. Agorwyd drysau a fu gynt ynghlo, a thrawsnewidiwyd yr holl ethos. Cynhyrchwyd cyffuriau newydd a fu'n gymorth i drawsnewid bywydau miloedd o gleifion. Erbyn diwedd yr 20g. roedd cyfleusterau seiciatrig mewn sawl lle wedi'u trosglwyddo i'r ysbytai cyffredinol, a chafwyd mwy o bwyslais ar drin cleifion yn y gymuned, er nad oedd digon o gyllid i sicrhau llwyddiant y datblygiad hwn.

Ar ddechrau'r 21g. roedd alcoholiaeth a chamddefnyddio cyffuriau, ymhlith pobl ifainc yn arbennig, yn parhau yn broblem fawr mewn cymunedau trefol. Yn ystod 2005–6 Abertawe a oedd â'r gyfran uchaf o gleientau a oedd yn derbyn sylw oherwydd eu bod yn camddefnyddio alcohol a chyffuriau, gyda Merthyr Tudful a **Chasnewydd** yn dilyn; ym **Môn** y ceid y gyfradd isaf.

Ysbyty Glanrhyd, ar gyrion Pen-y-bont ar Ogwr, sy'n cynnig gofal iechyd meddwl

**IESTYN AP GWRGANT (*fl.*1081–1100)** Brenin Morgannwg

Cymeriad annelwig yw Iestyn ap Gwrgant, a gofir yn unig fel y brenin y cipiwyd **Morgannwg** oddi arno gan **Robert Fitz Hammo**, yn y 1090au yn fwy na thebyg. Ymddengys i'r deyrnas ddod i'w ddwylo yn sgil marwolaeth Caradog ap Gruffudd ym Mrwydr **Mynydd Carn** yn 1081. Dywed un cofnod diweddarach o'r goresgyniad ei fod wedi gofyn am gymorth Fitz Hammo yn erbyn ei gymydog **Rhys ap Tewdwr** o **Ddeheubarth**, ond nid oes tystiolaeth gadarn i gefnogi hyn. Roedd yn hynafiad i arglwyddi canoloesol **Afan**, a honnai llawer o deuluoedd blaenllaw Morgannwg eu bod yn ddisgynyddion iddo. Daeth Iestyn yn enw poblogaidd ymysg gwladgarwyr Morgannwg.

**IEUAN AP HYWEL SWRDWAL (*fl.c.*1436–70)** Bardd

Mab ydoedd i'r bardd Hywel Swrdwal; disgynnent o deulu Eingl-Normanaidd a ymsefydlodd yn arglwyddiaeth **Brycheiniog**. Bu Hywel yn feili'r **Drenewydd**; mewn marwnad i Ieuan cysylltodd Hywel Dafi ef â'r dref honno, Brycheiniog a **Rhydychen**. Canodd Ieuan yn bennaf i noddwyr yn y canolbarth; mewn un gerdd disgrifiodd blasty Bryndraenog (**Bugeildy**), un o dai neuadd godidocaf Cymru. Ei gerdd enwocaf oedd ei awdl Saesneg i Fair, a ysgrifennwyd mewn orgraff Gymraeg:

O michti ladi, owr leding – tw haf
At hefn owr abeiding:
Yntw ddy ffest efrlesting
I set a braents ws tw bring.

Dywed rhai llawysgrifau i'r bardd gyfansoddi'r gerdd i ateb ensyniadau Saeson yn Rhydychen 'nad oedd un ysgolhaig da o Gymro'. Honnir yn aml mai dyma'r enghraifft gynharaf o **lenyddiaeth** Saesneg, neu **Eingl-Gymreig**, Cymru.

**IEUAN AP RHYDDERCH (*fl.*1430–70)** Bardd

Hanai Ieuan ap Rhydderch o deulu diwylliedig yn **Sir Aberteifi**; ei dad, Rhydderch ab Ieuan Llwyd, oedd piau ***Llyfr Gwyn Rhydderch***, ac mae'n bosibl mai ef a'i comisiynodd. Yn 'Cywydd y Fost' ymffrostiodd Ieuan ynghylch ei ddysg brifysgol. Ymhlith ei gerddi eraill y mae **cywydd** i **Dewi Sant**, cywydd brud (gw. **Darogan**) ac **awdl** yn dychanu'r bardd Y Prol.

**IFOR BACH (Ifor ap Meurig; *fl.c.*1158)** Arglwydd Cymreig

Roedd Ifor ap Meurig yn arglwydd **Senghennydd** ac yn frawd yng nghyfraith i **Rhys ap Gruffudd** (yr Arglwydd Rhys; m.1197). Yn 1158 lladdodd Morgan ab Owain, arglwydd **Caerllion**, a'i fardd Gwrgant ap Rhys. Yn yr un flwyddyn gwnaeth gyrch beiddgar ar Gastell **Caerdydd** gan gipio ei arglwydd, William, iarll Gloucester, yr oedd yn ymrafael ag ef, ynghyd â'i wraig a'i fab. Rhyddhawyd yr iarll yn fuan a gwnaed iawn ag Ifor, ond arhosodd y cyrch yn hir yn y cof. (Enwyd Clwb Ifor Bach yng Nghaerdydd ar ôl Ifor.) Efallai fod **Llywelyn Bren**, arweinydd gwrthryfel 1316 ym **Morgannwg**, ymhlith ei ddisgynyddion.

**IFORIAID, Yr**

Sefydlwyd cymdeithas gyfeillgar Urdd Ddyngarol y Gwir Iforiaid (a enwyd ar ôl Ifor Hael, noddwr **Dafydd ap Gwilym**) yn **Wrecsam** yn 1836. Ar ôl symud ei phencadlys i

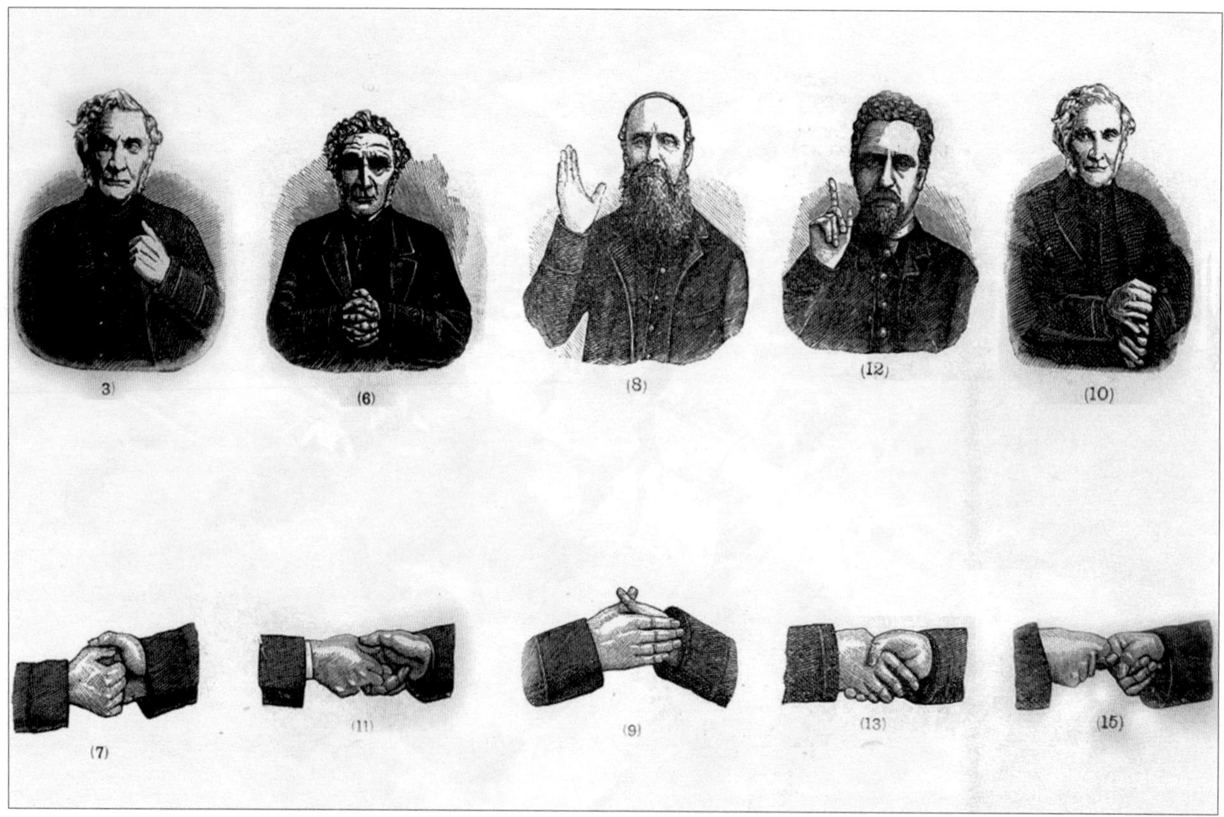


Arwyddion a dulliau ysgwyd llaw Urdd Ddyngarol y Gwir Iforiaid

**Gaerfyrddin** yn 1838 ehangodd yr urdd yn gyflym yn y gorllewin, gan sefydlu cyfrinfeydd i **fenywod** yn ogystal ag i ddynion. Yn ychwanegol at ddarparu budd-daliadau salwch a chladdu yn gyfnewid am gyfraniadau rheolaidd, prif nod yr Iforiaid oedd hyrwyddo'r iaith **Gymraeg** a'i diwylliant. Cynhalient eisteddfodau (gw. **Eisteddfod**), a bu ymdrechion hefyd i gyhoeddi **cylchgronau** i'r aelodau. O'r 1850au ymlaen symudodd canolbwynt gweithgarwch yr Iforiaid i gyfeiriad y dwyrain, i blith y cymunedau a oedd yn prysur dyfu o amgylch y pyllau **glo**. Yn ei hanterth, mae'n bosibl fod gan yr urdd gynifer ag 20,000 o aelodau. Tua diwedd y 19g., fodd bynnag, wynebodd yr urdd yr un dynged â mudiad y **cymdeithasau cyfeillgar** yn gyffredinol. Newidiwyd y rheolau yn y 1920au, gan gael gwared â'r pwyslais ar y Gymraeg, ond ni lwyddodd hyn i atal y dirywiad. Erbyn 1955 dim ond ychydig dros fil o aelodau a oedd ar ôl, a chafodd yr urdd ei dirwyn i ben ar 31 Rhagfyr 1959. Mae'r enw wedi goroesi fel enw ar nifer o dafarnau.

## ILLINGWORTH, Leslie Gilbert (1902–79)
Cartwnydd

Ganed Illingworth, un o brif gartwnwyr yr 20g., yn y **Barri** a mynychodd Ysgol Gelf **Caerdydd** cyn ymuno â'r *Western Mail* (gw. **Papurau Newydd**). Ar ôl cyfnod pellach o astudio, yn Ysgol Gelf Slade, dychwelodd i weithio i'r *Western Mail* ac yna, yn 1939, ymunodd â'r *Daily Mail*. Daeth yn brif gartwnydd y cyfnodolyn dychanol *Punch* yn 1945, ond arhosodd gyda'r *Daily Mail* hyd nes iddo ymddeol yn 1969. Cafodd bron 5,000 o'i gartwnau – sy'n cofnodi cyfnod allweddol yn hanes Cymru, **Prydain** a'r byd – eu digideiddio yn 2004 gan **Lyfrgell Genedlaethol Cymru**, a'u gosod ar wefan Illingworth.

## ILLTUD (5g./6g.) Sant

Yn ôl Buchedd Samson (*c*.610; gw. **Samson**), roedd Illtud yn un o ddisgyblion Germanus (**Garmon**) o Auxerre. Mae'n debyg mai ef oedd olynydd **Dyfrig** fel arweinydd Cristnogion Cymru, a daeth yr ysgol fynachaidd a sefydlwyd ganddo yn **Llanilltud Fawr** yn ganolfan allweddol bwysig yn hanes datblygiad Cristnogaeth yn y gwledydd Celtaidd eu hiaith (gw. **Celtiaid** ac **Eglwys Geltaidd**). Yn ôl Buchedd Samson, Illtud oedd 'hyglod feistr' y Brythoniaid; roedd yn hyddysg yn athrawiaeth yr Eglwys, yn y traddodiadau Lladinaidd ac yn nhraddodiadau ei bobl ei hun. Ymddengys i'r genhedlaeth ddilynol o arweinwyr Cristnogol – **Dewi** yn eu plith – droi cefn ar draddodiadau dyneiddiol Llanilltud Fawr a ffafrio dull mwy asgetig o fyw. Mewn Buchedd a luniwyd gan glerigwr Normanaidd yn y 12g., nad oes unrhyw sail hanesyddol iddi, darlunnir Illtud fel gŵr priod sy'n ymwrthod â'i wraig mewn modd creulon. Adlewyrcha'r Fuchedd ymgyrch y **Normaniaid** yn erbyn y traddodiad Cymreig o offeiriaid priod a swyddi eglwysig etifeddol. Dydd gŵyl Illtud yw 6 Tachwedd.

## INDIAID

Yn 2001 roedd dros 8,000 o bobl o dras Indiaidd yn byw yng Nghymru, ac roedd bron chwarter y rheini wedi'u geni yng Nghymru. Mae'r mwyafrif ohonynt yn byw yng **Nghaerdydd**, ac mae eraill wedi'u gwasgaru yn gymunedau llai mewn lleoedd fel **Abertawe**. Mae dros 90% o'r gwrywod ymhlith y Cymry Indiaidd sy'n perthyn i'r grŵp oedran 17–74 mewn gwaith; mae nifer ohonynt mewn swyddi proffesiynol, yn feddygon neu'n academyddion neu'n gweithio ym myd busnes, ac mae bron eu hanner wedi'u categoreiddio fel

J. D. Innes, *The Heavy Cloud, Arenig*, *c.*1910

aelodau o ddosbarthiadau cymdeithasol I a II. Mae 68.6% yn berchen eu **tai**. Hwy yw'r lleiaf tebygol, o blith holl grwpiau ethnig Cymru sydd â'u gwreiddiau y tu allan i Ewrop, o fod heb wres canolog, a'r mwyaf tebygol, o blith grwpiau ethnig Asiaidd, o dderbyn addysg uwch ac o fod yn berchen car.

## INNES, J[ames] D[ickson] (1887–1914) Arlunydd

Dangosodd Innes addewid gynnar fel un o artistiaid mwyaf dawnus yr 20g. yng Nghymru, ond bu farw o'r diciâu (gw. **Twbercwlosis**) yn 27 oed. Fe'i ganed yn **Llanelli** a derbyniodd hyfforddiant yn Ysgol Gelf **Caerfyrddin** cyn cwblhau ei astudiaethau yn Ysgol y Slade yn **Llundain**. Teithiodd i **Iwerddon**, Sbaen a Ffrainc, gan beintio yn Collioure, lle gynt yr oedd y *Fauves* wedi dechrau edrych ar dirwedd yn uniongyrchol a mynegiannol. Defnyddiodd Innes eu dylanwad i greu iaith ddarluniol arbennig a phersonol, gan greu peintiadau disglair, gyda lliwiau clir ac eglur. Enynnodd yn ei gyfaill **Augustus John** ddiddordeb ym mynyddoedd **Eryri**, a dangoswyd peintiadau gan y ddau ohonynt yn arddangosfa enwog Amory yn Efrog Newydd yn 1913. Roedd **Winifred Coombe Tennant** yn noddwraig bwysig i Innes.

## IOLO GOCH (*c.*1325–*c.*1403) Bardd

Roedd tir hynafiaid Iolo Goch yn Lleweni (**Dinbych**), ond tebyg mai yn Llechryd (**Llanefydd**) yr oedd Iolo yn byw. Derbyniodd **addysg** eglwysig, efallai yn **Llanelwy**; canodd **awdl** i Dafydd ap Bleddyn, esgob Llanelwy, cyn 1345. Ond cywyddwr oedd Iolo'n bennaf; ei gamp yn y traddodiad barddol oedd sefydlu'r mesur newydd fel cyfrwng ar gyfer canu mawl yn y dull traddodiadol (gw. **Cywydd**). Canodd gywyddau i wŷr amlwg yr oes fel Edward III, Syr Rhys ap Gruffudd (m.1356), aelodau o deulu Penmynydd (gw. **Tuduriaid**), Rhosier Mortimer (gw. **Mortimer, Teulu**) ac **Owain Glyndŵr**, a hefyd i'r llafurwr di-nod. Fel bardd Owain Glyndŵr y'i cofir fynychaf; mae ei gywydd i Sycharth, llys Owain yn **Llansilin**, yn enwog. Arferid meddwl i Iolo farw cyn **Gwrthryfel Glyndŵr**, ond dangoswyd bellach iddo ganu cywydd i Owain yn ystod y gwrthryfel *c.*1401–3.

## IORWERTH AP MADOG (*fl.*1230–40) Ynad

Un o deulu o gyfreithwyr yn y gogledd a adwaenid fel 'tylwyth Cilmin Droetu'. Mae'r llyfr **cyfraith** a gafodd ei alw yn 'Ddull Gwynedd' gan Aneurin Owen yn ei *Ancient Laws and Institutes of Wales* (1841) bellach yn cael ei adnabod fel Llyfr Iorwerth, ac mae'n cynnwys ffurf ddatblygedig ar y gyfraith a esblygodd yng **Ngwynedd** yn hanner cyntaf y 13g. yn oes **Llywelyn ap Iorwerth**.

## IORWERTH DRWYNDWN (m.*c.*1174) Tywysog

Iorwerth oedd yr hynaf o feibion cyfreithlon **Owain Gwynedd**. Yn ôl traddodiad, cafodd ei gau allan o'r olyniaeth i'r frenhiniaeth oherwydd nam corfforol (ei drwyn *twn* 'toredig' yn ddiau). Mae'n debyg iddo dderbyn cwmwd **Nantconwy** fel ei ran o'r dreftadaeth. Roedd yn dad i **Lywelyn ap Iorwerth**.

## IS CENNEN Cwmwd

Y mwyaf deheuol o dri **chwmwd** y **Cantref Bychan**. Roedd yn cynnwys Castell Carreg Cennen (**Dyffryn Cennen**). Daeth Is Cennen yn un o arglwyddiaethau'r **Mers** ac yn ddiweddarach yn **hwndrwd**.

## IS COED Cwmwd

Roedd Is Coed, un o'r deg **cwmwd** yng **Ngheredigion**, yn ne-orllewin yr hen deyrnas. Fe'i rhennid yn Is Hirwern ac Uwch Hirwern. Roedd Is Hirwern a thref **Aberteifi** dan reolaeth coron **Lloegr** erbyn y 1240au, pan ddaethant yn gnewyllyn **Sir Aberteifi**. Fel disgynnydd i brif deulu **Deheubarth**, roedd **Owain Glyndŵr** yn meddu ar dir yn Uwch Hirwern.

## ISAAC, Bert (1923–2006) Arlunydd

Cafodd Bert Isaac ei eni yng **Nghaerdydd** a'i fagu yng Ngartholwg (**Llanilltud Faerdref**) ar gyrion maes **glo**'r de. O 1940 hyd 1944 bu'n astudio dan **Ceri Richards** yng Nghaerdydd, a datblygodd arddull a gyfunai elfennau rhamantaidd, haniaethol a swrealaidd, gan arddangos tynfa at y telynegol a oedd yn gymharol brin yng ngwaith arlunwyr Cymreig y cyfnod. Un o'i hoff themâu oedd y ffordd y mae natur yn adfeddiannu hen safleoedd diwydiannol. Treuliodd lawer o'i oes yn dysgu celf yn **Llundain**, ond yn 1986 dychwelodd i Gymru gan ymgartrefu yn y **Fenni**, man geni ei wraig, Joan. Yn 1992 cyhoeddodd *The Landscape Within*, set o dorluniau pren ynghyd â thraethawd ar y broses o'u creu.

## ISLÂM

**Crefydd** a sefydlwyd gan y proffwyd Mwhamad, a aned ym Mecca yn OC 570. Cafodd Mwhamad ei ddatguddiad cyntaf gan Allah (Duw) yn 610 a chofnodwyd hwn a gweledigaethau diweddarach yn llyfr sanctaidd y Moslemiaid, y Corân. Mae gan Islâm, sy'n rhoi pwyslais digyfaddawd ar undduwiaeth, dros 1,200 miliwn o ddilynwyr trwy'r byd. Ceir tua 24,000 yng Nghymru, gan gynnwys Cymry cynhenid sydd wedi cael tröedigaeth at y grefydd. Mae'r Cymry Moslemaidd yn byw'n bennaf yn ninasoedd **Caerdydd**, **Casnewydd** ac **Abertawe**, er bod o leiaf rai teuluoedd Moslemaidd i'w cael yn y rhan fwyaf o drefi Cymru, yn enwedig ymysg gweithwyr mewn tai bwyta a busnesau mân-werthu. **Bangladeshiaid**, **Somaliaid** neu **Yemeniaid** yw'r rhan fwyaf. Mae tua 30 mosg yng Nghymru, nifer ohonynt mewn hen gapeli Anghydffurfiol wedi'u haddasu.

## ISLAND FARM, Gwersyll

Codwyd gwersyll Island Farm ym **Mhen-y-bont ar Ogwr** ar gyfer gweithwyr arfau ac fe'i defnyddiwyd yn ddiweddarach gan filwyr Americanaidd. Yn 1944 fe'i trowyd yn wersyll ar gyfer 2,000 o garcharorion rhyfel. Ar 10–11 Mawrth 1945 dihangodd 67 ohonynt, ond cafodd y cyfan eu dal maes o law; dyma'r nifer mwyaf o garcharorion Almaenig i ddianc gyda'i gilydd yn ystod yr **Ail Ryfel Byd**, a'r digwyddiad hwn yw testun llyfr Herbert Williams, *Come Out, Wherever you Are* (1976; ail argraffiad, 2004). Wedi hynny defnyddiwyd y gwersyll i gaethiwo swyddogion yr Almaen a oedd yn aros i sefyll eu prawf yn Nuremberg.

## ISLWYN Etholaeth a chyn-ddosbarth

Mabwysiadwyd yr enw, talfyriad o Fynyddislwyn – y plwyf hynafol a ymestynnai dros ran helaeth o orllewin **Sir Fynwy** – yn 1974 fel enw un o ddosbarthau sir newydd **Gwent**. Roedd yn cwmpasu pedwar o gyn-**ddosbarthau trefol**, sef **Aber-carn**, **Bedwellte**, Mynyddislwyn a **Rhisga**. Yn 1996 unwyd y dosbarth â dosbarth **Cwm Rhymni** i greu bwrdeistref sirol newydd, sef **Caerffili**. Cymerwyd yr enw barddol Islwyn gan y bardd blaenllaw **William Thomas** (1832–78). Ailenwyd etholaeth Bedwellte yn etholaeth Islwyn yn 1983.

Bert Isaac, 'Blue Landscape' allan o *The Landscape Within*, 1992

Gwersyll Island Farm, Pen-y-bont ar Ogwr

**IS-Y-COED** (1,360ha; 348 o drigolion)
Mae'r **gymuned** hon i'r dwyrain o **Wrecsam**, lle mae afon **Dyfrdwy** ar ei mwyaf troellog, ac mae'n cynnwys rhan ddwyreiniol Stad Ddiwydiannol Wrecsam. Mae coron haearn ar frig Eglwys Sant Paul (1829).

**IWERDDON A CHYMRU**
Lluniwyd y Gymru gynnar i raddau helaeth gan yr elfennau diwylliannol a ledaenwyd gan y rheini a hwyliai fôrlwybrau'r gorllewin. Roedd dylanwadau o Iwerddon o bwys canolog felly. Yn yr Oes Neolithig (gw. **Oesau Cynhanesyddol**), er enghraifft, codwyd cromlechi **Môn** yn nhraddodiad diwylliant coeth Dyffryn Boyne. O dan y **Rhufeiniaid** daeth Cymru'n rhan o dalaith Britannia. Ond, gyda dirywiad yr Ymerodraeth, daeth môr-lwybrau'r gorllewin eto i amlygrwydd. Bu cryn ymfudo o Iwerddon. Daeth teuluoedd brenhinol o dras Gwyddelig i rym yn **Nyfed** a **Brycheiniog**, ond honnwyd bod **Cunedda** wedi gyrru'r **Gwyddelod** o **Wynedd**. Yn ystod 'Oes y Saint' (gw. **Seintiau**) roedd y berthynas rhwng Cymru ac Iwerddon yn arbennig o glòs, ac yn **llenyddiaeth** gynnar Cymru – y **Mabinogion** yn arbennig – ceir aml i gyfeiriad at y Gwyddelod. Tynnwyd Cymru i mewn i fyd y **Llychlynwyr** yn bennaf trwy gyfrwng setliadau'r Northmyn yn Iwerddon. Adeg y goresgyniadau Normanaidd (gw. **Normaniaid**) cynigiai Iwerddon loches i reolwyr Cymreig dan warchae, fel yn achos **Gruffudd ap Cynan**. Antur Normanaidd-Gymreig yn ei hanfod oedd goresgyniad Iwerddon yn 1169, a bu gafael brenin **Lloegr** ar Ddulyn yn ffactor yn narostyngiad Cymru.

Wedi'r **Diwygiad Protestannaidd**, gydag ymlyniad y Gwyddelod wrth Gatholigiaeth Rufeinig (gw. **Catholigion Rhufeinig**), a'r ofnau y defnyddid yr ynys fel sylfaen i ymosodiad ar Gymru, cododd arswyd ymhlith **boneddigion** Cymru ynglŷn ag Iwerddon; eto, ar yr un pryd, gobeithient y byddai llwyddiant ymgyrchoedd y goron Seisnig yno yn cynnig iddynt gyfleoedd proffidiol. Yn ystod rhyfeloedd Elizabeth yn Iwerddon roedd canran anghymesur o Gymry yn ei byddinoedd, a llwyddodd aml i Gymro i gael meddiant ar stadau yn Iwerddon. Roedd cefnogaeth yng Nghymru i ymgyrch **Cromwell** yn Iwerddon, a hefyd i ymgyrch William III, achlysur sefydlu'r **Ffiwsilwyr Brenhinol Cymreig**. Parhaodd gelyniaeth y Cymry am genedlaethau, ac fe ddwysaodd yn y 19g. o ganlyniad i ymfudiad y Gwyddelod i froydd diwydiannol Cymru (gw. **Mewnfudo**). Angen **Llundain** i fod â chysylltiad hwylus ag Iwerddon oedd y cymhelliad pennaf dros adeiladu **ffyrdd** a **rheilffyrdd** ar draws gogledd Cymru.

Ddiwedd y 19g. lleihaodd yr amheuaeth o'r Gwyddelod wrth i wladgarwyr Cymreig ddod i edmygu eu llwyddiannau ar bynciau megis **datgysylltu**'r Eglwys, diwygio deddfau'r tir, gwella addysg uwch (gw. **Addysg**) ac – i rai – **ymreolaeth**. 'Iwerddon', datganodd **Lloyd George** yn 1890, 'yw coleg Ewrop, sy'n dysgu pob cenedl orthrymedig sut i sicrhau cyfiawnder'. Wrth i genedlaetholdeb Iwerddon symud at wrthryfel a gweriniaetholdeb herfeiddiol, ciliodd cydymdeimlad lliaws o Gymry, ond cafodd brwydr y Gwyddelod ac adfywiad llenyddol Iwerddon gryn ddylanwad ar sylfaenwyr **Plaid [Genedlaethol] Cymru**. O'r braidd y bu'r Dalaith Rydd, gyda'i mewnblygrwydd a'i **heconomi** wan, yn ysbrydoliaeth i gefnogwyr **cenedlaetholdeb** Cymreig, ac arswyd i'r Cymry oedd y trais yn y gogledd. Yn ddiweddar, fodd bynnag, daeth Iwerddon, gyda'i hegni a'i ffyniant, a'i rôl fel ffynhonnell waith i gymudwyr o'r gogledd-orllewin, yn destun eiddigedd yng Nghymru. Ystyrid penodiad Uwch-Gonswl Gwyddelig yng Nghymru yn 1998 yn ddatblygiad tra arwyddocaol, ac arwyddocaol hefyd oedd sefydlu'r Cyngor Prydeinig-Gwyddelig yn 1999, corff yn cynnwys cynrychiolwyr o **Gynulliad Cenedlaethol Cymru**.

**IŴL ac AARON (3g. neu 4g.)** Merthyron
Dau Gristion a laddwyd yn 'Ninas y Llengoedd' (**Caerllion**). Fe'u henwir gan **Gildas** ymhlith y rhai y mae'n debygol iddynt gael eu lladd yn ystod yr erlid a fu o dan yr ymerawdwr Diocletian (303–5). Tuedd haneswyr cyfoes yw dyddio eu merthyrdod i'r erledigaethau cynharach o dan Decius (250–1) neu Valerian (257–9).

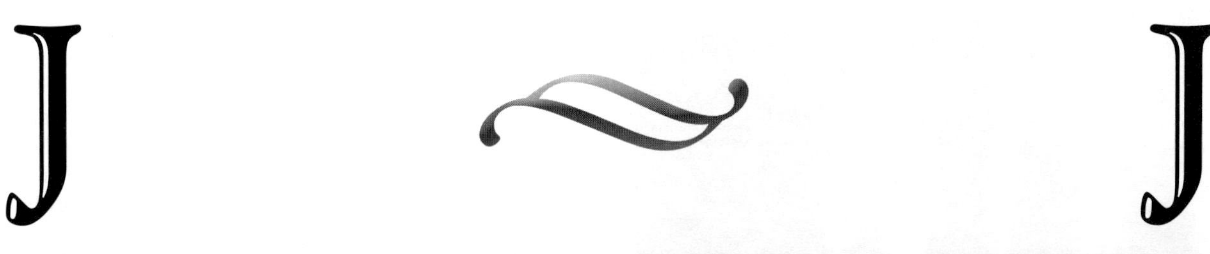

Cofrestr troseddwyr Caerfyrddin, 1870, yn cofnodi dedfryd Hannah ac Evan Jacob am ddynladdiad eu merch, Sarah Jacob

**JACKSON, Kenneth [Hurlstone] (1909–91)** Ysgolhaig
Pan wysiwyd Kenneth Jackson yn ystod yr **Ail Ryfel Byd** i wasanaethu gyda'r British Imperial Censorship yn Bermwda, dywedir iddo ymgymhwyso'n sensor mewn 23 iaith. Yr ieithoedd Celtaidd, serch hynny, oedd ei gariad mawr, a'i orchest sicr oedd y gyfrol *Language and History in Early Britain* (1953) lle ceisiodd ddyddio'r newidiadau ffonolegol a ddigwyddodd wrth i'r Frythoneg esblygu'n **Gymraeg**, Cernyweg a Llydaweg. Brodor o Surrey ydoedd, ac fe'i haddysgwyd yng **Nghaergrawnt**, **Bangor** a Dulyn. Bu'n ddarlithydd ac yna'n Athro yn Harvard, ond treuliodd y rhan orau o'i yrfa yn Athro Astudiaethau Celtaidd yng Nghaeredin (1950–79).

**JACOB, Sarah (1857–69)** 'Y ferch ymprydiol Gymreig'
Bu sylw mawr yn y wasg i hanes Sarah Jacob o Lethr-neuadd Uchaf (**Llanfihangel-ar-Arth**) – y 'Welsh fasting girl', fel y'i gelwid ym mhapurau **Llundain**, neu'r 'ferch ymprydiol Gymreig' yng ngeiriau *Baner ac Amserau Cymru*. Yn ôl ei rhieni, ni chymerodd na bwyd na diod yn y ddwy flynedd a arweiniodd at ei marwolaeth, yn 11 oed, yn Rhagfyr 1869. Credai eraill fod Hannah ac Evan Jacob yn ei bwydo yn y dirgel, ac felly'n twyllo'r ymwelwyr a ddeuai i ryfeddu a gadael rhoddion, a honnodd un meddyg mai'r ferch ei hun a oedd yn twyllo. Dangosodd y post-mortem mai llwgu i farwolaeth a wnaethai, a chafodd ei rhieni garchar am ddynladdiad. Dau achos arall tebyg yng Nghymru oedd Gaenor Hughes o Fodelith, **Llandderfel**, gwraig y dywedir iddi fyw am bron i chwe blynedd ar ddŵr ffynnon cyn marw yn 1780, ac Ann Morgan o'r **Borth**, merch fach a aeth am wythnosau heb fwyd na diod, fe honnid, yn y 1870au cyn ailddarganfod ei harchwaeth yn yr ysbyty.

**JACOBINIAETH**
Yr elfen wrtharistocrataidd a gweriniaethol yn y Chwyldro Ffrengig a geisiodd roi syniadau Jean-Jacques Rousseau ac eraill ar waith yn ystod y chwyldro. Tarddodd yr enw o'r ffaith mai man cyfarfod gwreiddiol y grŵp oedd cyn-fynachlog St Jacques ym Mharis. Roedd y slogan Jacobinaidd 'Rhyddid, Cydraddoldeb a Brawdgarwch' yn symbyliad grymus i ddemocratiaid radicalaidd ledled y byd. Poblogeiddiwyd elfennau Jacobinaidd yng Nghymru gan *Y Cylchgrawn Cynmraeg* dan olygyddiaeth **Morgan John Rhys** ac ym mhamffledi Jac Glan-y-gors (**John Jones**; 1766–1821). Ond roedd y rhan fwyaf o radicaliaid Cymreig, **Richard Price** a **David Williams** (1738–1816) yn eu plith, yn cydymdeimlo gyda'r Girondiaid mwy cymedrol.

Alfred Janes, *Salome*, 1938

## JACOBITIAETH

Roedd y Jacobitiaid yn gwrthwynebu hawl y llinach Hanoferaidd i orsedd **Prydain**. Cefnogent yn hytrach hawl mab James II, James Edward (yr Hen Ymhonnwr), a'i fab yntau, Charles Edward ('Bonnie Prince Charlie', yr Ymhonnwr Ifanc). Yng Nghymru cafodd Jacobitiaeth gefnogaeth ymysg y mân offeiriaid – câi'r esgobion eu penodi gan yr Hanoferiaid – a'r **boneddigion** Toriaidd. Sefydlwyd Cylch y Rhosyn Gwyn yn y gogledd-ddwyrain yn 1710 a chafodd hwb o'r newydd yn 1723 dan arweinyddiaeth Syr Watkin Williams Wynn o Wynnstay (**Rhiwabon**; gw. hefyd **Williams Wynn, Teulu**). Yn y de-orllewin, roedd Cymdeithas Rhingylliaid y Môr, a sefydlwyd yn 1726, yn cynnal yr achos Jacobitaidd. Disgwyliai cynghorwyr yr Ymhonnwr Ifanc gefnogaeth gref o Gymru yn ystod Gwrthryfel Jacobitaidd 1745. Ond roedd diffyg cymorth o'r fath yn un o'r rhesymau pam nad aeth y tywysog ymhellach i'r de na Derby. I raddau helaeth nid oedd Jacobitiaeth yng Nghymru yn ddim mwy na mater o gymdeithasau cudd yn cyfarfod i yfed llwncdestun i'r 'brenin dros y dŵr', a hynny o wydrau ac arwydd y Stiwartiaid, sef rhosyn gwyn, wedi'i gerfio arnynt. Ciliodd yn raddol ar ôl methiant gwrthryfel 1745.

## JAMES O ST GEORGE (*c.*1230–1309) Pensaer

Y grym pensaernïol y tu ôl i'r **Goresgyniad Edwardaidd** yng Nghymru oedd James o St George, athrylith o bensaer milwrol a gyfarwyddodd adeiladu bron y cwbl o brif gestyll blynyddoedd olaf y 13g. yng Nghymru. Ef oedd goruchwyliwr gwaith y brenin yng Nghymru, ac enillasai brofiad trwy weithio ar amryfal gestyll ar dir mawr Ewrop, yn eu plith gaer St George d'Esperanche yn Safwy (Savoie) yn yr Alpau, y cymerodd ei enw llawn oddi wrthi. Gydag adnoddau aruthrol at ei wasanaeth, dechreuodd ei waith yng Nghymru yn **Rhuddlan** gan ei ddwyn i ben ym **Miwmares** gyda'r enghraifft fwyaf soffistigedig o **bensaernïaeth** filwrol yr Oesoedd Canol – er na orffennwyd y castell hwnnw. Gorchmynnodd Edward I naill ai godi, ailgodi neu atgyfnerthu 17 o gestyll, ac roedd James yn uniongyrchol gyfrifol am 12 ohonynt. Bu hefyd â rhan yng nghestyll rhai o brif arglwyddi'r **Mers**, yn **Ninbych** yn fwyaf arbennig. Ei gestyll gwychaf oedd **Conwy**, **Harlech** a **Chaernarfon**, y dechreuwyd eu codi yn 1283, a Biwmares, y dechreuwyd ei godi yn 1296. Maent yn gyfuniad celfydd o harddwch a grym arswydlon, ac roedd Caernarfon yn bwriadol ddwyn i gof furiau Caergystennin ac yn creu symbol newydd o drefn ymerodrol ar gyrion gorllewin Ewrop.

## JAMES, Carwyn (1929–83) Chwaraewr a hyfforddwr rygbi

Mewn byd mor wrywaidd a garw â'r byd **rygbi**, roedd Carwyn James, a aned yng Nghefneithin (**Gors-las**), yn eithriad oherwydd ei sensitifrwydd, ei ddeallusrwydd a'i ddiddordebau diwylliannol eang. Yn yr ysgol ac yn y coleg yn **Aberystwyth** disgleiriodd yn academaidd ac ar y maes chwarae. Datblygodd hefyd gariad arhosol at **lenyddiaeth** Gymraeg ac Ewropeaidd; yn ystod ei wasanaeth milwrol dysgodd Rwsieg.

Roedd yn wib-hanerwr gosgeiddig ond gwydn, a chanddo hunanfeddiant a gallu cicio adlam arbennig. Ond roedd ei yrfa ryngwladol yn cyd-daro ag un Cliff Morgan, chwaraewr cryfach yn gorfforol, a dau gap yn 1958 oedd yr unig rai a gafodd. Er cymaint a gyflawnodd fel chwaraewr, fel hyfforddwr y daeth yn adnabyddus. Ysbrydolodd ei baratoi manwl, ei arbenigedd technegol a'i ddadansoddi treiddgar ar y gwrthwynebwyr, ynghyd â'i ddull tawel o reoli, dîm Llewod Prydeinig 1971 i ennill eu cyfres gyntaf erioed o gemau Prawf yn erbyn y Crysau Duon. Yna arweiniodd ei glwb, **Llanelli**, i fuddugoliaeth yn eu herbyn y flwyddyn ganlynol. Yn niwedd y 1970au hyfforddodd Rovigo gan sicrhau buddugoliaeth iddynt hwythau ym mhencampwriaeth yr Eidal.

Roedd yn ŵr hael i'r eithaf ond yn ddyn preifat ac anghymdeithasgar yn y bôn, ac ni chymerodd y frawdoliaeth rygbi Gymreig at ei safiad gwrthapartheid na'i **genedlaetholdeb** a'i huodledd diwylliedig. Cyfathrebai'n rhwydd yn y ddwy iaith, ac roedd wedi ennill ei le fel sylwebydd pan amddifadodd ei farwolaeth gynamserol Gymru a'r byd rygbi o un o'u meddylwyr praffaf.

## JAMES, David [John] (1887–1967) Gŵr busnes a dyngarwr

Er iddo gael ei eni yn **Llundain**, magwyd David James ym Mhantyfedwen, hen aelwyd y teulu ym Mhontrhydfendigaid (**Ystrad-fflur**). Roedd â'i fryd ar fynd i'r weinidogaeth, ond rhoddodd y gorau i'w astudiaethau gan ddychwelyd i Lundain er mwyn rhedeg busnes llaeth y teulu. Gwnaeth ei ffortiwn ar gorn y busnes hwn a mentrau eraill; roedd yn berchen ar 13 o **sinemâu**, a chododd y gyntaf o 'arch-sinemâu'

Llundain (1920). Trwy gyfrwng Ymddiriedolaeth Pantyfedwen (1952) ac ymddiriedolaethau eraill, rhoddodd symiau sylweddol o arian i gyrff crefyddol, addysgol a diwylliannol yng Nghymru, gan gynnwys yr **eisteddfod** a gynhelir yn flynyddol ym Mhontrhydfendigaid. Fe'i hurddwyd yn farchog yn 1959.

**JAMES, Emrys (1930–89)** Actor
Mae'n bosibl mai Emrys James oedd actor cymeriad gorau'r Royal Shakespeare Company, cwmni y bu'n aelod ohono am dros 20 mlynedd. Fe'i ganed ym **Machynlleth**, astudiodd yn **Aberystwyth** ac enillodd ysgoloriaeth i'r Royal College of Dramatic Art (RADA). Roedd yn actor beiddgar a fyddai bob amser yn pwysleisio'r elfennau cymhleth a gwrthgyferbyniol yn anian y cymeriadau a bortreadai. Disgrifiodd y beirniad Americanaidd Homer Swander ei ddull o actio fel un arswydlon. Ymddangosodd Emrys James mewn nifer o ddramâu teledu ac ambell ffilm. Roedd yn briod â'r nofelydd Siân James (g.1932).

**JANES, Alfred (1911–99)** Arlunydd
Ganed Alfred Janes uwchben siop ffrwythau ei deulu yn **Abertawe**. Astudiodd yn yr ysgol gelf leol cyn ennill ysgoloriaeth i Ysgolion yr Academi Frenhinol, **Llundain**. Mae ei beintiadau'n adlewyrchu disgyblaeth fathemategol ac egnïol, er iddo arbrofi llawer. Adlewyrchant hefyd ei ddiddordeb mewn **cerddoriaeth** a **gwyddoniaeth**, gan roi pwys yn aml ar drefn ac adeiledd, er eu bod, o bryd i'w gilydd, yn llwyddo i ogleisio. Mae ei bortreadau cywrain o ffrindiau agos – **Dylan Thomas**, **Daniel Jones**, **Vernon Watkins** a **Mervyn Levy** – i'w gweld yn Oriel Gelf Glynn Vivian, Abertawe.

**JAPANIO**
Yr unig gynnyrch ymwybodol artistig i gael ei greu yn sgil diwydiannau trwm Cymru oedd y nwyddau Japaneaidd eu diwyg a ddatblygwyd ym **Mhont-y-pŵl** yn gynnar yn y 18g. Dechreuwyd japanio, fel y gelwid y grefft, ar ôl i John Allgood a'i fab Edward ddatblygu dull o gynhyrchu **tunplat** wedi'i lacro a oedd yn ymdebygu i bren Japaneaidd wedi'i lacro. Roedd y ffatrïoedd ym Mhont-y-pŵl, lle'r agorodd Gwaith 'Japan' yn 1720, ac yn ddiweddarach ym **Mrynbuga**, yn cynhyrchu nwyddau ar gyfer y cartref y gallai **poblogaeth** gynyddol y Gymru ddiwydiannol eu fforddio.

Roedd y nwyddau yn cael eu haddurno â llaw, gan amlaf gyda motiffau o **adar**, anifeiliaid a **phlanhigion**. Gwnaethpwyd pob math o nwyddau Japaneaidd fel **clociau**, hambyrddau, llestri, cistiau **te**, blychau snisin ac eitemau eraill ar gyfer y cartref. Denwyd arlunwyr i'r ardal yn sgil y diwydiant, a bu rhai ohonynt, er enghraifft teulu **Barker**, yn ddylanwad mawr ar ddatblygiad celfyddyd yng Nghymru. Daeth y diwydiant i ben yng nghanol y 19g. gyda dyfodiad lithograffeg ac yn sgil mecaneiddio'r dulliau o **argraffu**. Mae enghreifftiau o'r nwyddau i'w gweld yn yr **Amgueddfa Genedlaethol**.

**JARMAN, A[lfred] O[wen] H[ughes] (1911–98)** Ysgolhaig
Gwnaeth A. O. H. Jarman fwy na neb i ddatrys y dryswch ynghylch tarddiad chwedl **Myrddin**. Cyhoeddodd hefyd ar y **Cynfeirdd** a'r '**Gododdin**', ac ar lenyddiaeth Arthuraidd (gw. **Arthur**), yn ogystal ag ar y **Morrisiaid** a hanesyddiaeth y 18g. Ar ôl cyfnod fel darlithydd dan nawdd yr adran efrydiau allanol ym **Mangor**, sef ei ddinas enedigol, treuliodd ei yrfa yn yr adran Gymraeg yng **Nghaerdydd**, a hynny fel Athro o 1956 hyd 1979. Ef oedd golygydd *Llên Cymru* o 1963 hyd 1986. Gyda'i wraig Eldra Jarman (1917–2000), a ymhyfrydai yn y ffaith ei bod o dras y **sipsiwn**, cyhoeddodd *Y Sipsiwn Cymreig* (1979).

**JEFFREYS, George (*c*.1645–89)** Barnwr
Roedd 'Jeffreys y Barnwr Gwaedlyd' yn enedigol o Actwn (**Wrecsam**), ac mae'n enwog am iddo gondemnio 320 o bobl i farwolaeth yn 1685 yn dilyn gwrthryfel dug Monmouth. Er bod y nifer, mae'n bur debyg, wedi ei chwyddo, prin fod Jeffreys yn farnwr diduedd o bell ffordd mewn achosion o ddiddordeb brenhinol, yn enwedig achosion o deyrnfradwriaeth. Yn dilyn ei benodi'n brif ustus Mainc y Brenin (1683), magodd yr enw o fod yn rhagfarnllyd a llym wrth gynnal achosion o'r fath. Fel barnwr mewn achosion sifil, fodd bynnag, roedd yn batrwm o uniondeb barnwrol. Llwyddodd i ymddyrchafu yn arglwydd ganghellor (1685), ond wedi i James II ffoi fe'i gorfodwyd i ymddiswyddo a chwilio am loches yn Nhŵr **Llundain**, lle bu farw.

**JEFFREYS, John Gwyn (1809–85)** Swolegydd
Hanai Jeffreys o **Abertawe**, a bu'n gyfreithiwr yno ac yn fargyfreithiwr yn **Llundain**. Er pan oedd yn fachgen, treuliai'r rhan fwyaf o'i amser hamdden yn casglu molysgiaid. Bu ynglŷn â sawl mordaith i dir mawr Ewrop ac America, a llwyddodd i gasglu molysgiaid o ddyfnderoedd y tybid gynt na ellid eu cyrraedd. Trwy ymddeol o fyd y **gyfraith** yn 57 oed, cafodd amser i gwblhau *British Conchology* (5 cyfrol, 1862–69), gwaith diffiniol hyd y dydd heddiw. Mae cyfraniad Jeffreys i fioleg môr eto i'w gloriannu'n iawn.

**JEFFREYSTON**, Sir Benfro (1,967ha; 540 o drigolion)
Mae'r **gymuned** hon i'r gogledd-orllewin o **Ddinbych-y-pysgod** yn cynnwys pentrefi Jeffreyston, Cresselly, Loveston a Yerbeston. Eglwys ganoloesol na ddifethwyd mohoni yw

Gwaith lacro Japaneaidd o Bont-y-pŵl

Eglwys Sant Leonard, Loveston. Yn Yerbeston, mae'r eglwys fechan (Sant Lawrens), ac iddi glochdwr o'r 18g., yn segur bellach. Amgylchynir Eglwys Sant Jeffrey, Jeffreyston, gan fynwent gron, sy'n awgrymu iddi gael ei chodi ar safle cyn-Gristnogol, a bu adnewyddu mawr arni yn ystod oes Victoria. Gerllaw ceir croes bregethu o'r 14g. Ceir gwaith plastr gwych yn Cresselly House (1771, 1816). Jeffreyston oedd man geni'r emynyddwyr James a John Kelly, a aeth ati ar ddiwedd y 18g. i sefydlu sect weithgar ac annibynnol (y 'Kellites') yn yr ardal. Arferai glo carreg (gw. **Glo**) gael ei gloddio yn yr ardal a'i allforio o Cresswell Quay. Yn 1936 lladdwyd saith o ddynion yn nhrychineb lofaol Loveston.

**JEHU, Thomas John (1871–1941)** Daearegydd

Graddiodd Jehu, a oedd yn frodor o **Lanfair Caereinion**, mewn meddygaeth yng Nghaeredin a **daeareg** yng **Nghaergrawnt**. Cafodd ei benodi i swydd darlithydd yn St Andrews yn 1903, ei ddewis yn aelod o'r Comisiwn Brenhinol ar Erydiad Arfordirol yn 1906, ac yna, yn 1913, fe'i penodwyd yn Athro brenhinol daeareg a mwynoleg yng Nghaeredin. Ei broject ymchwil pwysig cyntaf oedd astudiaeth o fathymetreg (mesur dyfnder) **llynnoedd** Eryri. Aeth ati wedyn i astudio gwaddodion rhewlifol gogledd **Sir Benfro** a gorllewin **Sir Gaernarfon**. Yn ddiweddarach canolbwyntiodd ar astudio creigiau hŷn ucheldiroedd ac ynysoedd yr **Alban**.

**JENKIN, Thomas James (1885–1965)** Botanegydd

Er na chafodd fanteision addysg uwchradd cyn astudio yn **Aberystwyth**, roedd Jenkin, a oedd yn fab fferm o **Faenclochog**, yn meddu ar lygad craff y gwladwr a chwilfrydedd gwyddonol anghyffredin. Fel swyddog ymchwil yn y Fridfa Blanhigion (gw. **Sefydliad Ymchwil Tir Glas a'r Amgylchedd**), ei lwyddiant mawr oedd darganfod math o rygwellt parhaol yn **Sir Benfro** y gellid ei bori hyd y bôn heb ei wanhau, ac yna datblygu'r hadyd S.23 a wnaeth gymaint i wella tir glas ledled y byd. Fe'i penodwyd yn gyfarwyddwr y Fridfa ac yn Athro botaneg amaethyddol yn Aberystwyth yn dilyn ymddeoliad Syr **George Stapledon** yn 1942.

**JENKINS, Albert [Edward] (1895–1953)** Chwaraewr rygbi

Trwy gydol y 1920au, pan oedd **rygbi** rhyngwladol Cymru mor ddiflas a difflach â'r **economi**, disgleiriai un seren. Er gwaethaf cicio goliau a thaclo a cheisiadau rhyfeddol Jenkins dros **Lanelli**, lle y'i ganed a lle yr oedd yn eilun, ni chafodd erioed ei werthfawrogi'n iawn gan y detholwyr cenedlaethol, a dim ond 14 cap a roddwyd iddo rhwng 1920 ac 1928.

**JENKINS, Arthur (1882–1943)** Undebwr llafur ac aelod seneddol

Ganed Arthur Jenkins yn y Farteg, **Abersychan**, a dechreuodd weithio fel glöwr yn 12 oed. Yn 1908 aeth i Goleg Ruskin, **Rhydychen**, ac yno cymerodd ran yn y streic a arweiniodd at greu'r **Coleg Llafur Canolog**. Yna treuliodd naw mis ym Mharis, lle magodd ddiddordeb yn niwylliant Ffrainc, diddordeb a oedd i barhau gydol ei oes. Yno hefyd y daeth i adnabod Laura Lafargue, merch Karl Marx. O 1918 ymlaen bu'n asiant i'r glowyr, ac yn 1926 fe'i dedfrydwyd i naw mis o garchar am gynulliad terfysglyd. Ac yntau'n ŵr cymodlon, parodd y ddedfryd syndod; dan bwysau arweinwyr y **Blaid Lafur** lleihawyd hyd y ddedfryd i bedwar mis. Yn 1934 fe'i hetholwyd yn is-lywydd **Ffederasiwn Glowyr De Cymru** a chydweithredodd â'r llywydd, **James Griffiths**, yn y frwydr yn erbyn **undebaeth cwmnïau**. Fe'i hetholwyd yn aelod seneddol dros **Bont-y-pŵl** yn 1935, ac o 1940 hyd 1946 ef oedd ysgrifennydd seneddol preifat Clement Attlee. Y ddolen gydiol rhwng y Blaid Lafur a mudiad yr undebau llafur (gw. **Undebaeth Lafur**) oedd y grym canolog yn ei fywyd.

Bu ei fab, Roy Jenkins (1920–2003), yn ysgrifennydd cartref (1965–7), yn ganghellor y trysorlys (1967–70), yn arweinydd yr ymgyrch 'ie' yn y refferendwm ar fynediad **Prydain** i Ewrop ac yn llywydd y Comisiwn Ewropeaidd. Ef hefyd oedd y prif ffigwr y tu ôl i sefydlu Plaid y Democratiaid Cymdeithasol. Oherwydd ei ffordd dra chwrtais a phendefigaidd fel llywydd y Comisiwn Ewropeaidd cafodd y glasenw 'le roi Jean Quinze'. Ar ôl ei fagwraeth yn Abersychan a blwyddyn yng Ngholeg y Brifysgol, **Caerdydd** (gw. **Prifysgol Caerdydd**), prin fu ei gysylltiadau â Chymru. Yn wir, wedi iddo gael ei ethol yn aelod dros yr SDP i gynrychioli Hillhead, Glasgow, dywedir iddo fynegi ei ddiolchgarwch fod yr Albanwyr yn barod i ethol Sais. Er hynny, gwasanaethodd am gyfnod fel llywydd Athrofa Gwyddoniaeth a Thechnoleg **Prifysgol Cymru**, cyfnod a ystyriai'n brentisiaeth ar gyfer ei dymor yn ganghellor Prifysgol Rhydychen, swydd a roddodd foddhad mawr iddo. Roedd Jenkins yn chwaraewr croce ffyrnig ac yn gofiannydd o fri – cafodd *Churchill* (2002) ganmoliaeth arbennig – ac mae ei hunangofiant, *A Life at the Centre* (1991), yn fyfyrgar ac yn ddifyr yr un pryd. Gwnaeth ei fam, merch i un o reolwyr Gwaith Haearn **Blaenafon**, ymdrech fawr i sicrhau na fyddai'n dod i wybod i'w dad fod yn y carchar.

**JENKINS, Cyril (1889–1978)** Cerddor

Ac yntau'n feirniad dadleuol a diflewyn-ar-dafod, daeth Cyril Jenkins yn enwog yn genedlaethol trwy ei ymosodiadau chwyrn ar gerddoriaeth a dylanwad **Joseph Parry**. Cafodd yrfa gerddorol faith a aeth ag ef o bentref **Dynfant**, lle y'i ganed, i Gilfynydd (**Pontypridd**), lle y'i maged, ac yna i **Awstralia** ac i'r Unol Daleithiau lle daeth yn gyfarwyddwr côr enwog y **Mormoniaid**, Côr y Deml, yn Ninas y Llyn Heli. Roedd yn gyfansoddwr toreithiog, a'i waith yn amrywio o ddarnau i'r piano i weithiau mawr corawl a cherddorfaol; erys ei *Life Divine* a 'Coriolanus' yn ffefrynnau gan **fandiau pres**.

**JENKINS, David (1582–1663)** Barnwr

Dyma aelod enwocaf teulu a ddaliai dir yn Hensol (**Pendeulwyn**). Roedd yn farnwr y Sesiwn Fawr (gw. **Cyfraith**) yn ne-orllewin Cymru, ond yn ystod y **Rhyfeloedd Cartref** surodd ei berthynas â'r Senedd. Fe'i galwyd gerbron y Senedd yn 1650, a dywedir iddo eu herio i'w grogi gan ddweud yr âi ar y crocbren gyda'r **Magna Carta** o dan un fraich a'r **Beibl** o dan y llall. Cyhoeddodd lawer o ddatganiadau brenhinol herfeiddiol, a lluniodd gasgliad o adroddiadau cyfraith (1661) a gwmpasai wyth ganrif ac a dorrai dir newydd ym myd cyhoeddi cyfreithiol.

**JENKINS, David (1848–1915)** Cerddor

Ganed David Jenkins yn Nhrecastell (**Llywel**). Er iddo gael ei brentisio'n deiliwr, dewisodd yrfa mewn **cerddoriaeth** gan ddod, yn 1874, yn un o fyfyrwyr cyntaf **Joseph Parry** yn

**Aberystwyth**. Wedi graddio yng **Nghaergrawnt** dychwelodd i'w hen adran yn hyfforddwr ac yn ddarlithydd, gan ddod yn Athro yn 1910. Fe'i cofir yn bennaf am emyn-donau rhywiog ('Builth', 'Penlan' a 'Bod Alwyn', er enghraifft) a sawl gwaith corawl mawr, fel *Job*, a fu'n boblogaidd yn ystod ei oes. Roedd yn adnabyddus ledled **Prydain** a'r Unol Daleithiau fel beirniad ac arweinydd (cyfeirid ato'n aml fel 'Kaiser y Gymanfa'). Mae ei hen gartref – Castell Brychan – a saif yn uchel uwchben Bae Ceredigion, bellach yn bencadlys i **Gyngor Llyfrau Cymru**.

**JENKINS, John (Gwili; 1872–1936)** Diwinydd a bardd
Roedd Gwili yn awdur cyfrol arloesol ar hanes **diwinyddiaeth** Gymreig, *Hanfod Duw a Pherson Crist* (1931). Fe'i ganed yn yr Hendy (**Llanedi**) a'i addysgu ym **Mangor**, **Caerdydd** a **Rhydychen**. Gwnaeth ei gyfraniad mwyaf sylweddol o 1923 ymlaen yng nghadair y Testament Newydd, Coleg y Bedyddwyr, Bangor. Fel bardd telynegol, enillodd goron **Eisteddfod** Genedlaethol 1901, a bu'n **Archdderwydd** (1932–6). Roedd yn gyfaill i'r bardd **Edward Thomas**.

**JENKINS, Joseph (1818–98)** Dyddiadurwr
Ar fympwy, yn Rhagfyr 1868, symudodd Jenkins, ffermwr a chanddo denantiaeth sylweddol yn **Nhregaron**, i Victoria, **Awstralia**. Yno y bu am 25 mlynedd gan fyw'r rhan fwyaf o'r amser fel labrwr crwydrol neu *swagman*. Fe'i cofir yn bennaf am y dyddiaduron Saesneg hynod y bu'n eu cadw bob dydd o 1839 hyd ei farwolaeth, a'r sylwadau craff sydd ynddynt am fywyd yng Nghymru a'r drefedigaeth. Teitl y dyddiaduron, sy'n adnabyddus iawn yn Awstralia, yw *The Diary of a Welsh Swagman 1869–1894* (1975).

**JENKINS, Leoline (1623–85)** Cyfreithiwr
Yn **Llantrisant** y ganed Leoline Jenkins, a dichon mai ef oedd cyfreithiwr sifil mwyaf blaenllaw ei oes. Gweithiai lawer fel diplomydd wedi Adferiad y Stiwartiaid yn 1660. Bu'n brifathro Coleg Iesu, **Rhydychen** (1661/2–73), ac fe'i hystyrir yn ail sylfaenydd y coleg hwnnw. Roedd yn gyfrifol, gydag eraill, am lunio Statud y Twyllau (1667), statud hynod bwysig.

**JENKINS, R[obert] T[homas] (1881–1969)**
Hanesydd a llenor
Ganed R. T. Jenkins yn **Lerpwl** a chafodd ei fagu gan ei daid a'i nain yn y **Bala**. Fe'i haddysgwyd yn **Aberystwyth** a **Chaergrawnt**. Ar ôl cyfnodau yn athro ysgol yn **Llandysul**, **Aberhonddu** a **Chaerdydd**, fe'i penodwyd yn ddarlithydd yn hanes Cymru ym **Mangor** (1930), ac wedyn yn Athro (1946). Hanes **Anghydffurfiaeth** a Methodistiaeth oedd prif faes ei arbenigedd, ond ysgrifennodd i **gylchgronau** megis *Y Beirniad* a'r *Llenor* ar amrywiaeth o bynciau hanesyddol a llenyddol, ar deithio ac ar fywyd a diwylliant Ffrainc. Cyhoeddwyd rhai o'i ysgrifau yn ddiweddarach mewn cyfrolau fel *Yr Apêl at Hanes* (1930), *Ffrainc a'i Phobl* (1930), *Casglu Ffyrdd* (1956) ac *Ymyl y Ddalen* (1973). Lluniodd ddau werslyfr ar hanes Cymru'r 18g. a'r 19g., a deil eu hapêl oherwydd eu harddull ddifyr a'u sylwadau treiddgar; felly hefyd ei hunangofiant, *Edrych yn Ôl* (1968). Ar gyfer plant yr ysgrifennodd *Y Ffordd yng Nghymru* (1933), ond apelia at bob oed. Mae ei nofel fer *Orinda* (1943) wedi'i seilio ar hanes **Katherine Philipps**, a chyhoeddodd nofel fer arall, *Ffynhonnau Elim* (1945), dan y ffugenw Idris Thomas. Arno ef y disgynnodd rhan drymaf y baich o olygu'r ***Bywgraffiadur Cymreig*** (1953), a'r holl ofal am *The Dictionary of Welsh Biography* (1959).

**JENKINS, Vivian (Gordon James) (1911–2004)**
Chwaraewr rygbi
Magwyd Vivian Jenkins yn y **Coety** ger **Pen-y-bont ar Ogwr**; aeth i'r ysgol yn **Llanymddyfri**, ac enillodd ddau 'las' yn **Rhydychen**. Chwaraeodd **griced** dros Forgannwg rhwng 1931 ac 1937, ond fel chwaraewr **rygbi** y daeth i fri. Roedd yn aelod o'r Llewod Prydeinig yn 1938, ac yn 1933 enillodd y cyntaf o'i 14 cap yn y gêm gyntaf i Gymru ei hennill yn Twickenham. Roedd yn daclwr nerthol ac ef, yn 1934, oedd y chwaraewr rhyngwladol cyntaf i sgorio cais dros Gymru o safle cefnwr, camp nas ailadroddwyd hyd 1967. Ef hefyd a drosodd ddau o geisiau Cymru yn y fuddugoliaeth gyffrous o 13–12 dros y Crysau Duon yn 1935. Roedd ei steil a'i frwdfrydedd ar y cae chwarae hefyd ymhlith nodweddion ei yrfa ddiweddarach fel prif ohebydd rygbi'r *Sunday Times*.

**JERNEGAN, William (1751–1836)** Pensaer
Ychydig sy'n hysbys am fywyd cynnar Jernegan, er y credir ei fod yn hanu o Ynysoedd y Sianel. Sefydlodd bractis llewyrchus yn **Abertawe**, ac fe'i cydnabuwyd yn brif bensaer y dref. Chwaraeodd ran amlwg yn y gwaith o gynllunio ardal y dociau yn Abertawe, a chynlluniodd yr Ystafelloedd Ymgynnull (1810–21), Neuadd y Dref newydd (1825; ond ni chafodd ei hadeiladu) a Goleudy'r Mwmbwls (1793). Bu hefyd yn gyfrifol am nifer o dai bonedd yn yr ardal, fel y Marino wythonglog (1783; daeth wedyn yn rhan o Abaty Singleton) a Stouthall (1787–90), yn ogystal â chomisiynau yng **Nghaerdydd** ac **Aberdaugleddau**.

**JOHANNES WALLENSIS (neu John of Wales neu Siôn o Gymru neu Johannes Gallensis neu John Waleys; *fl.c.*1260–*c.*83)** Ffransisiad
Roedd Johannes Wallensis, a ymunodd ag urdd Sant Ffransis (gw. **Brodyr Cardod**) rywbryd cyn 1258, yn ysgolhaig sylweddol. Fe'i hyfforddwyd yn **Rhydychen** a Pharis, lle daeth yn rhaglyw-feistr mewn **diwinyddiaeth**. Yn 1282 roedd yn gysylltiedig â thrafodaethau **John Pecham**, archesgob Caergaint, â **Llywelyn ap Gruffudd**.

**JOHN, Augustus [Edwin] (1878–1961)** Arlunydd
Pan fu farw ei chwaer yn 1939, datganodd Augustus John, a aned yn **Ninbych-y-pysgod**, mai dim ond fel brawd i **Gwen John** y byddai pobl yn y dyfodol yn cofio amdano ef. Amser a ddengys a fydd hynny'n dod yn wir ai peidio, ond roedd arwyddion erbyn dechrau'r 21g. fod enw Augustus John fel arlunydd dan gysgod ei chwaer. Dadlennol oedd arddangosfa yn **Amgueddfa [Genedlaethol] Cymru** yn 2004 yn dangos gwaith y ddau ochr yn ochr.

Ar ôl astudio yn Ysgol y Slade yn **Llundain**, dangosodd Augustus John fedr arbennig fel dyluniwr a phortreadwr, a dawn reddfol i ymdrin â phaent gyda dychymyg ac antur. Fodd bynnag, wrth i'w fywyd fynd rhagddo, mynnai ymddwyn fwyfwy fel yr arlunydd bohemaidd ystrydebol. Cymerai arno fyw bywyd sipsi wrth iddo grwydro o fan i fan gyda'i deulu estynedig. Eto, roedd yn ei elfen yn troi gyda'r bobl fawr, a hynny'n aml ar draul ei gelfyddyd, gan dynnu sylw ato'i hun yn y colofnau clecs. Cafodd ei barodïo gan **Dylan**

Augustus John, *Lyric Fantasy*, 1913–14

**Thomas**, a gyflwynwyd gan John i'w ddarpar wraig, Caitlin Macnamara, fel Hercules Jones yn *The Death of the King's Canary* (1976).

Cafodd ei waith ei arddangos yn Arddangosfa Amory Efrog Newydd yn 1913, gyda chefnogaeth ei noddwr John Quinn. Dan ddylanwad yr Ôl-Argraffiadwyr, y Symbolwyr a Puvis de Chavannes, roedd yn gwrthryfela'n barhaus yn erbyn ceidwadaeth academaidd, ond dibynnai ar ei sgiliau academaidd, yn hytrach na dyfeisgarwch, i barhau â'i **beintio**. Yn ei flynyddoedd olaf roedd yn ymwybodol o'i ddiffygion, gan sylweddoli ei fod wedi gwastraffu ei dalent, er gwaethaf ei enwogrwydd. Ei ddarluniau cynnar, yn hytrach na'i bortreadau o artistiaid, beirdd, gwladweinwyr a chyfansoddwyr, yw'r rhai y'i cofir amdanynt.

## JOHN, Bob (Robert Frederick John; 1899–1982) Pêl-droediwr

Yn y **Barri** y ganed Bob John, ac wedi prentisio fel gof yn y dociau, cyfnod pan oedd hefyd yn chwaraewr **pêl-droed** proffesiynol rhan-amser i dîm Barry Town, aeth ymlaen i fod yn un o hanerwyr mwyaf **Prydain**. Roedd ei 421 o gemau dros Arsenal – a oedd yn record ynddo'i hunan – yn cynnwys gêm derfynol y Cwpan yn 1927 yn erbyn **Caerdydd**. Enillodd 15 o gapiau dros Gymru.

## JOHN, [David] Dilwyn (1901–95) Swolegydd môr a chyfarwyddwr amgueddfa

Graddiodd Dilwyn John, a oedd yn frodor o **Saint-y-brid**, mewn swoleg ac **amaethyddiaeth** yn **Aberystwyth**. Y gŵr hwn, a enillodd Fedal y Pegwn, oedd arweinydd y gwyddonwyr ar y llong ymchwil *Discovery II* yn 1931–3, ar achlysur y fordaith gyntaf o amgylch yr Antarctig yn ystod misoedd y gaeaf, a bu'n dacsidermydd a churadur ecinodermiaid (creaduriaid megis sêr môr a draenogod môr) yn yr Amgueddfa Byd Natur, **Llundain**. Roedd yn gyfarwyddwr **Amgueddfa [Genedlaethol] Cymru** (1948–68) ar adeg pan oedd Amgueddfa Werin Cymru (gw. **Sain Ffagan**), Gwasanaeth Ysgolion yr Amgueddfa a'r adran ddiwydiannol i gyd yn newydd.

## JOHN, E[dward] T[homas] (1857–1931) Gwleidydd

Roedd E. T. John yn hanu o **Bontypridd** a daeth yn feistr **haearn** ym Middlesbrough. Trodd at wleidyddiaeth yn ei ganol oed gan gynrychioli Dwyrain **Sir Ddinbych** fel aelod seneddol Rhyddfrydol (1910–18). Roedd yn gefnogwr di-ildio i achos **ymreolaeth** i Gymru, ac aeth ati'n ddiwyd i gasglu tystiolaeth ystadegol gyda'r bwriad o gryfhau'r ddadl economaidd dros hunanlywodraeth. Yn 1914 cyflwynodd Fesur Ymreolaeth i Gymru yn Nhŷ'r Cyffredin. Ymunodd â'r **Blaid Lafur** yn 1918. Roedd yn llywydd Undeb Cenedlaethol y Cymdeithasau Cymreig a'r Gymdeithas Heddwch.

## JOHN, [William] Goscombe (1860–1952) Cerflunydd

Yn y degawdau o gwmpas 1900 gwelwyd twf sylweddol mewn gwneud cofadeiliau (gw. **Cerflunio**), wrth i ysbryd gwladgarol newydd gydio yng Nghymru. Aethpwyd ati i ddathlu cyfraniad pobl o bwys a phrif ddigwyddiadau'r genedl. Un a gyfrannodd yn helaeth i'r deffroad hwn oedd Goscombe John; mae'n debyg bod mwy o bobl – a hynny'n aml yn ddiarwybod iddynt eu hunain – yn gyfarwydd â'i waith nag eiddo unrhyw artist Cymreig arall. Ef a gynlluniodd y **Corn hirlas** ar gyfer yr **Eisteddfod** Genedlaethol yn ogystal â'r gofeb i awduron **'Hen Wlad fy Nhadau'** ym Mharc Ynysangharad, **Pontypridd.**

Fe'i ganed yng **Nghaerdydd**, yn aelod o deulu a oedd ag ymlyniad cryf wrth **grefft**. Roedd ei dad a'i frawd yn gweithio i **William Burges** yng ngweithdai Bute (gw. **Stuart, Teulu**) ac ar ôl astudio yn Ysgol Gelf Caerdydd, ymunodd John â hwy. Yno y cyfarfu â Thomas Nicholls, y bu'n ddiweddarach yn gweithio iddo yn ei stiwdio yn **Llundain**, gan ymgymryd â chomisiynau a'i gwnaeth yn enwog. Cafodd ei urddo'n farchog yn 1911. Clasurydd oedd Goscombe John yn ei hanfod, ac roedd ei arddull at chwaeth ei gyfnod. Dau o'i weithiau mwyaf cofiadwy yw ei gerflun o **Owain Glyndŵr** yn Neuadd y Ddinas, Caerdydd, a'i gofeb wych i feirw'r **Rhyfel Byd Cyntaf** yn Llandaf (gw. Caerdydd).

## JOHN, Griffith (1831–1912) Cenhadwr

Roedd yr Annibynnwr Griffith John, a aned yn **Abertawe**, yn un o ddau genhadwr Cymreig a chanddynt gysylltiad cryf â China; y llall oedd **Timothy Richard**. Gan iddo briodi â Jane, merch David Griffiths, **Madagasgar** (1792–1863), y bwriad gwreiddiol oedd ei anfon i Fadagasgar, ond i China yr aeth yn 1855. Ei ganolfan o 1855 hyd 1911 oedd Hankow, ond teithiodd yn eang, gan **bregethu** a sefydlu eglwysi, ysgolion, cartref ar gyfer gwahangleifion a choleg diwinyddol. Ymddangosodd ei Destament Newydd Wen-li yn 1885, a'r fersiwn Mandarin yn 1889. Dychwelodd i **Lundain** yn 1911, ac yno y bu farw; fe'i claddwyd yn Sgeti, Abertawe.

## JOHN, Gwen[dolen Mary] (1876–1939) Arlunydd

Ganed Gwen John yn **Hwlffordd**, ond symudodd gyda'i theulu i **Ddinbych-y-pysgod** yn 1884. Dilynodd ei brawd iau enwog, **Augustus John**, i Ysgol y Slade, **Llundain**, yn 1896. Ni ddaeth yn ei hôl i Gymru ar ôl symud yn 1903 i Ffrainc, ac yno y bu'n byw ar ei phen ei hun, ym Mharis yn gyntaf, lle'r oedd wedi astudio'n gynharach yn *Académie Carmen* Whistler, ac yna ym maestref Meudon ar gyrion y ddinas. Mae cryn sôn wedi bod am ei pherthynas â Rodin, y peintiwr a'r cerflunydd y bu'n modelu iddo; ond, a barnu oddi wrth ei llythyrau, mae lle i gredu ei bod yn gymeriad gwytnach nag y credid gynt.

Roedd ganddi bersonoliaeth dawel ac encilgar, ac mae ei pheintiadau – sy'n fyfyrgar eu naws ac yn gynnil o ran lliw a gwaith brwsh – yn adlewyrchu'r bersonoliaeth honno. Mabwysiadodd arddull sy'n fersiwn o 'Fewnoliaeth', gydag un ffigwr fel arfer yn amlwg iawn yn y llun. Mae cynnwys ei pheintiadau'n amrywio o bortreadau o leianod ym Meudon i ferched ifainc, cathod, tu mewn adeiladau, tirluniau a bywyd llonydd. Mae llawer bellach yn gosod mwy o werth ar ei gwaith hi nag eiddo'i brawd.

## JOHN AP JOHN (1625?–97) Crynwr

Syrthiodd yr iwmon hwn o **Riwabon** dan gyfaredd George Fox yn 1653 a daethpwyd i'w adnabod fel 'apostol y Crynwyr yng Nghymru'. Hebryngodd Fox ar ei daith enwog trwy Gymru yn 1657 ac fe'i taflwyd i garchar lawer gwaith. Eto i gyd, aeth ati'n ddiflino i ennill cefnogwyr. Yn wahanol i nifer o'i gyfeillion, ymwrthododd â'r demtasiwn i ymfudo i **Bensylfania**, gan ymrwymo dros gyfnod o fwy na 40 mlynedd i hyrwyddo achos y **Crynwyr** yn ei famwlad.

## JOHNES, Thomas (1748–1816) Tirfeddiannwr ac ysgolhaig

Ac yntau'n ddisgynnydd i hen deulu Cymreig, etifeddodd Thomas Johnes stad adfeiliedig ac anghysbell yr Hafod yng Nghwmystwyth (**Pontarfynach**) yn y 1780au. Roedd â'i fryd ar greu stad baradwysaidd a fyddai'n ymgorfforiad o egwyddorion mudiad y **pictiwrésg**, ac aeth ati i fuddsoddi ei adnoddau ei hun a'i deulu yn yr Hafod mewn modd a oedd yn nhyb llawer yn gwbl afradlon. Gan werthu eiddo'r teulu yn **Swydd Henffordd**, **Sir Faesyfed** a **Sir Aberteifi**, arllwysodd arian i mewn i'r erwau gwlyb a diffaith; ac yntau ar fin mynd yn fethdalwr, ymneilltuodd yn y diwedd i Dawlish yn Nyfnaint lle bu farw. Erbyn canol yr 20g. roedd plas yr Hafod yn adfail, ac fe'i dymchwelwyd yn 1962. Mae'r gerddi yn cael eu hadnewyddu.

Gwen John, hunanbortread, *c.*1902

Mae cyfraniad Thomas Johnes i fudiad y pictiwrésg yn un cydnabyddedig, ac roedd plas yr Hafod, gwaith Thomas Baldwin o Gaerfaddon a **John Nash**, yn adnabyddus trwy **Brydain** fel hafan wâr yng nghanol yr hyn a ymddangosai i rai yn ddiffeithwch diwylliannol Sir Aberteifi. Roedd Thomas Johnes yn landlord trugarog ac ystyriol, a'i arbrofion amaethyddol – yn eu plith yr oedd cyflwyno **defaid** Merino a gwneud caws Parmesan – yn rhai arloesol ond anobeithiol o anymarferol. Roedd yn un o'r casglwyr llyfrau a llawysgrifau blaenaf yng Nghymru (er i lawer o'r deunydd gael ei ddifrodi gan dân yn 1807), a byddai ysgolheigion, hynafiaethwyr a *dilettanti* o bob rhan o Ewrop yn ymweld â'i lyfrgell; mae'n bosibl, yn wir, mai'r Hafod a ysbrydolodd Coleridge i ysgrifennu 'Kubla Khan'. Bu'n aelod seneddol Bwrdeistrefi **Aberteifi** (1775–80), Sir Faesyfed (1780–96) a Sir Aberteifi (1796–1816). At hyn roedd yn ysgolhaig diflino – yr unig un hyd heddiw i gyfieithu'r cyfan o *Chronicles* Froissart i'r **Saesneg**. Argraffwyd y rhain, a chyfieithiadau eraill, yn arbennig o waith Joinville a Monstrelet, yng Ngwasg yr Hafod ym Mhwllpeiran, heb fod ymhell o'r plasty ei hun (gw. **Argraffu a Chyhoeddi**). Mae'r cyfrolau ymhlith campau mwyaf cofiadwy un o freuddwydwyr mawr oes **Rhamantiaeth**.

## JOHNS, Mervyn (1899–1992) Actor

Byddai Mervyn Johns, a aned ym **Mhenfro**, yn aml yn chwarae rhan y dyn bach unplyg ac anorchfygol, ond roedd yr un mor llwyddiannus mewn rhannau mwy sinistr. Rhoddodd berfformiad cofiadwy yn ffilm Thorold Dickinson *Next of Kin* (1942) fel yr ysbïwr Natsïaidd sy'n cymryd arno ei fod yn ddyn o **Gaerdydd**. Chwaraeodd ran ganolog yn ffilm lofruddiaeth iasoer Ealing, *Pink String and Sealing Wax*

Mervyn Johns yn *Halfway House* gyda'i ferch Glynis, 1944

(1945), ac roedd yn garcharor rhyfel o Gymro yn *The Captive Heart* (1946). Ef oedd y traethydd ac un o'r prif gymeriadau yn ffantasi afaelgar Basil Dearden, *Halfway House* (1944), a chyflwynodd bortread heb ei ail o Bob Cratchit, ochr yn ochr ag Alistair Sim fel Scrooge, yn *A Christmas Carol* (1951). Mae'r actores Glynis Johns (g.1923) yn ferch iddo.

**JOHNSTON**, Sir Benfro (546ha; 1,778 o drigolion)
Mae'r **gymuned** hon, i'r de-orllewin o **Hwlffordd**, wedi'i threfoli i raddau helaeth iawn ac oddi yma mae pobl yn cymudo i Hwlffordd ac **Aberdaugleddau**. Goroesodd llawer o adeiladwaith canoloesol Eglwys Sant Pedr. Johnston Hall oedd un o breswylfeydd teulu Edwardes, Barwniaid Kensington (gw. **Marloes a Sain Ffraid**); aelodau o'r teulu hwn oedd y mwyafrif o aelodau seneddol Hwlffordd rhwng 1747 ac 1885. Arferai lein fach gysylltu **Hook**, ar lannau afon Cleddau Wen (gw. **Cleddau**), a Johnston.

**JONES, Alfred Lewis (1845–1909)** Entrepreneur
Ganed Alfred Lewis Jones yng **Nghaerfyrddin** ond symudodd i **Lerpwl** yn ddwy oed, gan ddod ymhen amser yn ŵr mawr ym myd masnach a **llongau**. Fel aelod blaenllaw o gwmni llongau Elder Dempster, datblygodd fasnach â gorllewin Affrica ac roedd yn un o sylfaenwyr Ysgol Meddygaeth Drofannol Lerpwl. Fe'i hurddwyd yn farchog yn 1901 ac, ym marn **Lloyd George**, nid dyn mohono ond syndicet.

**JONES, Alice Gray (Ceridwen Peris; 1852–1943)** Dirwestwraig ac awdures
Ganed Alice Gray Jones yn **Llanllyfni**. Roedd yn un o sefydlwyr Undeb Dirwest(ol) Merched Gogledd Cymru yn 1892. Cyfrannodd yn gyson i **gylchgronau** megis *Y Frythones* ac, wedi i hwnnw ddarfod, sefydlodd fisolyn newydd i **fenywod**, *Y Gymraes* (1896–1934). Cyhoeddodd hefyd gyfrol o farddoniaeth (1934).

**JONES, [Thomas] Artemus (1871–1943)** Barnwr
Mab i saer maen o **Ddinbych** oedd Artemus Jones. Astudiodd y **gyfraith** pan oedd yn gweithio ar bapurau newydd ym Manceinion a **Llundain**, a chafodd ei alw i'r bar yn 1901. Daeth yn farnwr y llys sirol yn 1930 cyn cael ei urddo'n farchog yn 1931. Yn ystod yr **Ail Ryfel Byd** roedd yn gadeirydd Tribiwnlys Gwrthwynebwyr Cydwybodol Gogledd Cymru (gw. **Gwrthwynebwyr Cydwybodol**). Ef oedd y pleintydd llwyddiannus yn achos enllib enwog *Hulton* v *Jones* (1910) y daeth yn arfer yn ei sgil i gyhoeddwyr nofelau wadu unrhyw debygrwydd rhwng cymeriadau dychmygol a phobl o gig a gwaed. Anogai ddefnyddio'r **Gymraeg** yn y llysoedd, a gwnaeth hynny lawer i hwyluso

pasio **Deddf Llysoedd Cymru (1942)**. Roedd ei wraig, Mildred Mary David, yn ffigwr blaenllaw yn y mudiad heddwch rhwng y ddau ryfel (gw. **Heddychiaeth**).

**JONES, Arthur (Arthur Machen; 1863–1947)** Awdur
Daeth Arthur Machen, a aned yng **Nghaerllion**, yn feistr ar y stori iasoer a straeon am y byd goruwchnaturiol, gan ddefnyddio enw morwynol ei fam o'r **Alban** yn ffugenw. Newyddiadurwr llenyddol ydoedd am y rhan fwyaf o'i yrfa, er iddo dreulio cyfnod yn actor yn **Llundain**. Roedd tirlun **Gwent**, bro ei eni, ymhlith y dylanwadau pwysicaf arno fel awdur, ynghyd â llên gwerin Gymreig a Cheltaidd, a gweithiau gothig, ocwlt a Rhosgroesog. Un o'i straeon mwyaf poblogaidd oedd 'The Bowmen', lle gwelir rhith o fyddin yn ymuno â milwyr **Prydain** yn ffosydd Mons; ail-weithiwyd y stori hon ganddo droeon. Mae ei lyfrau niferus yn cynnwys dwy gyfrol o hunangofiant, sef *Far Off Things* (1922) a *Things Near and Far* (1923). Erbyn y 1920au roedd yn ffigwr cwlt yng **Ngogledd America**, lle mae parch iddo o hyd.

**JONES, Bedwyr Lewis (1933–92)** Ysgolhaig
Roedd stiwdio'r BBC ym **Mangor** a llwyfan pabell lên yr **Eisteddfod** Genedlaethol fel ail gartref i Bedwyr Lewis Jones yn sgil ei allu i drafod meysydd academaidd megis **enwau lleoedd** a tharddiadau geiriau mewn dull a oedd yn ystyrlon i leygwyr. Brodor o **Laneilian** ydoedd, ac fe'i haddysgwyd ym Mangor a Choleg Iesu, **Rhydychen**. Dychwelodd i Fangor yn ddarlithydd yn 1959 ac fe'i dyrchafwyd yn Athro'r **Gymraeg** yno yn 1974. Roedd ei ddiddordebau ysgolheigaidd yn rhychwantu holl gyfnodau **llenyddiaeth** Gymraeg, a dengys arddull ei gyhoeddiadau ei fod ef ei hunan hefyd yn llenor wrth reddf.

**JONES, Bryn[mor] (1912–85)** Pêl-droediwr
Yr enwocaf o bêl-droedwyr **Merthyr Tudful**. Ar y pryd, ef oedd chwaraewr mwyaf costus **Prydain** yn sgil ei drosglwyddiad o Wolverhampton i Arsenal yn 1938 am ffi o £14,000. Ni welodd Arsenal y chwaraewr byr a bywiog hwn ar ei orau, ond parhaodd yn seren i Gymru gan ennill 17 o gapiau. Roedd Cliff Jones, y chwaraewr o'r 1960au, yn nai iddo.

**JONES, C[adwaladr] Bryner (1872–1954)** Arbenigwr amaethyddol
Ganed C. Bryner Jones yn y **Brithdir**, a bu'n dysgu yng Ngholeg Prifysgol Cymru, **Bangor**, a Choleg y Brenin, Newcastle-upon-Tyne, cyn dod yn Athro **amaethyddiaeth** yn **Aberystwyth**, ac wedi hynny yn gadeirydd y **Cyngor Amaethyddol i Gymru**. O 1919 hyd 1944 bu'n ysgrifennydd **Adran Gymreig y Weinyddiaeth Amaeth a Physgodfeydd**. Roedd yn boblogaidd ymhlith ffermwyr ac fe'i hurddwyd yn farchog yn 1947 am ei wasanaeth i amaethyddiaeth Cymru. Roedd y gwasanaeth hwnnw'n cynnwys rhan yn y gwaith o sefydlu Bridfa Blanhigion Cymru (**Sefydliad Ymchwil Tir Glas a'r Amgylchedd**), ffurfio'r adran economeg amaethyddol yn Aberystwyth yn 1924 a lansio'r Arolwg Pridd Cenedlaethol ym Mangor.

**JONES, Calvert Richard (1802–77)** Arloeswr ffotograffiaeth
Cafodd Calvert Jones, a hanai o **Abertawe**, ei ordeinio'n offeiriad Anglicanaidd, er na fu mewn gofal plwyf ond am ychydig amser. Trwy ei gysylltiad â William Henry Fox Talbot (1800–77) enynnwyd ei ddiddordeb mewn **ffotograffiaeth**, a bu'r ddau yn cydweithio. Mae ei waith yn arwyddocaol yn hanes cynnar ffotograffiaeth, yn arbennig ei astudiaethau o **longau**. Ef a dynnodd y ffotograff Cymreig cynharaf sydd wedi'i ddyddio, sef daguerreotype o Gastell **Margam** (1841) a gedwir yn y **Llyfrgell Genedlaethol**.

Arthur Machen

**JONES, Cliff (1914–90)** Chwaraewr a gweinyddwr rygbi
Wedi gyrfa ddisglair fel chwaraewr daeth Cliff Jones, a aned yn y **Rhondda**, yn weinyddwr **rygbi** nodedig. Gwnaeth ei gyflymdra o'r marc, ei ochrgamu ysgubol a'i feistrolaeth ar y gic bwt bryfoclyd lawer i oleuo prynhawniau Sadwrn tywyll y **Dirwasgiad**. Enillodd 13 o gapiau rhyngwladol rhwng 1934 ac 1939, gan gynnwys buddugoliaeth 13–12 Cymru dros y Crysau Duon yn 1935. Daeth yn ddetholwr cenedlaethol (1956–78) ac yn lladmerydd brwd dros y cynlluniau hyfforddi a oedd yn sylfaen i lwyddiant rygbi Cymru yn y 1970au.

**JONES, D[avid] James (1886–1947)** Athronydd
Brodor o **Bontarddulais** a ddisgleiriodd fel myfyriwr yng **Nghaerdydd** a **Chaergrawnt**, cyn gweinidogaethu gyda'r **Methodistiaid Calfinaidd** ym **Mryn-mawr** ac **Abertawe**, a chyda'r fyddin yn 1916–18. Bu'n diwtor yng **Ngholeg Harlech** (1928–38) ac yn Athro **athroniaeth** ym **Mangor** (1938–47). Roedd yn un o sefydlwyr adran athronyddol Urdd Graddedigion **Prifysgol Cymru** (1931) a bu'n ysgrifennydd iddi (1932–47). Cyfrannodd ysgrifau sylweddol i *Efrydiau Athronyddol*, *Y Traethodydd* a'r *Efrydydd*. Ei gyhoeddiad pwysicaf oedd *Hanes Athroniaeth: Y Cyfnod Groegaidd* (1939).

David Jones, *Capel-y-ffin*, 1926–7

**JONES, D[avid] J[ohn] V[ictor] (1941–94)** Hanesydd
Roedd D. J. V. Jones, a hanai o **Garreghwfa**, yn un o brif haneswyr ei ddydd. Ymunodd â staff yr adran hanes yn **Abertawe** yn 1966 a chafodd gadair bersonol ddwy flynedd cyn ei farwolaeth. Ei ddiddordeb pennaf oedd hanes gwrthryfel a therfysg yn y Gymru wledig a diwydiannol. Ei gyhoeddiadau pwysicaf oedd *Before Rebecca* (1973), *Chartism and the Chartists* (1975), *The Last Rising* (1985), *Rebecca's Children* (1989), *Crime in Nineteenth-Century Wales* (1992) a *Crime and Policing in the Twentieth Century: The South Wales Experience* (1996).

**JONES, Dafydd (Dafydd Jones o Gaeo; 1711–77)** Emynydd
Ac yntau'n borthmon bu'n rhaid i Dafydd Jones o Gaeo (**Cynwyl Gaeo**) ddysgu **Saesneg**. Fe'i hadwaenid hefyd fel **bardd gwlad**, ac wedi iddo gael tröedigaeth gofynnwyd iddo drosi **emynau** Isaac Watts i'r **Gymraeg**. Ymddangosodd y rhain, a'i drosiadau o waith emynwyr Saesneg eraill, ynghyd â'i emynau gwreiddiol ef ei hun rhwng 1753 ac 1770. Enillodd amryw o'i emynau, megis 'Wele cawsom y Meseia', le sicr yng nghaniadaeth y cysegr. Yn ei gerddi crefyddol meithach rhoddodd rym ysbrydol i idiom y canu serch seciwlar.

**JONES, Daniel [Jenkyn] (1912–93)** Cyfansoddwr
Ganed Daniel Jones ym **Mhenfro** a'i fagu yn **Abertawe**. Graddiodd mewn llenyddiaeth Saesneg yn Abertawe cyn astudio **cerddoriaeth** yn yr Academi Gerdd Frenhinol, **Llundain**, lle enillodd Ysgoloriaeth Mendelssohn am weithiau yr oedd wedi eu hysgrifennu'n fachgen ysgol. Roedd yn gyfaill agos i **Dylan Thomas**, **Vernon Watkins** ac **Alfred Janes**. Cyfansoddodd 13 symffoni, 8 pedwarawd llinynnol, cerddoriaeth siambr, gweithiau i gerddorfa, darnau corawl ac operâu. Mae ei gyfundrefn o fesurau cymhleth yn adlewyrchu ei ddiddordeb gydol ei oes mewn patrwm, a'i gynnyrch, sy'n gyweiraidd at ei gilydd, yn nodedig am ei egni deallusol. Arferai hysbysebu ei wasanaethau yn y *Yellow Pages*, yr unig gofnod dan 'Cyfansoddwyr' yn argraffiad Abertawe o'r cyfeirlyfr.

**JONES, David (Dafydd Jones o Drefriw; 1708?–85)** Cyhoeddwr a bardd
Ac yntau'n werinwr o gefndir tlawd, nod mawr Dafydd Jones o **Drefriw** oedd denu'r werin bobl i ddarllen yn eu mamiaith. I'r perwyl hwn bu wrthi'n ddyfal trwy ei oes yn casglu hen lawysgrifau. Ei brif gyfraniad oedd cyhoeddi *Blodeu-gerdd Cymry* (1759), blodeugerdd sylweddol o waith y beirdd o ddiwedd yr 17g. ymlaen, gan gynnwys rhywfaint o'i waith ei hun. Ef oedd awdur *Egluryn Rhyfedd* (1750) a *Cydymaith Diddan* (1766), dau *chap-book* (pamffledi'n cynnwys baledi a straeon ac ati). Sefydlodd wasg **argraffu** yn Nhrefriw yn 1776 a chyhoeddi lliaws o **faledi** a nifer o'i gerddi ei hun.

**JONES, David (1895–1974)** Bardd ac artist
David Jones oedd un o brif fodernwyr yr 20g. Er mai Cymro oedd ei dad, fe'i ganed yn Brockley, Swydd Gaint (Saesnes oedd ei fam). Mynychodd Ysgol Gelf Camberwell ac yn 1915 ymunodd â'r **Ffiwsilwyr Brenhinol Cymreig** gan wasanaethu fel preifat ar Ffrynt y Gorllewin. Yn ystod y 1920au bu'n aelod o gymuned a gâi ei harwain gan Eric Gill yn Ditchling, Swydd Sussex, ac yna yng Nghapel-y-ffin (**Llanigon**), yn y **Mynydd Du** (**Sir Fynwy** a **Phowys**), lle datblygodd ei syniadau am gelfyddyd fel gweithred sagrafennaidd. Tynnodd ar ei brofiad o ymladd yn y ffosydd wrth ysgrifennu *In Parenthesis* (1937), cerdd hir sy'n dilyn catrawd o filwyr, yn Gymry a Llundeinwyr, ar eu ffordd i frwydr Mametz, lle caiff y rhan fwyaf eu clwyfo neu eu lladd. Trwy gyfoeth o gyfeiriadau hanesyddol, chwedlonol a llenyddol, yn enwedig at Malory, **Shakespeare** a'r '**Gododdin**', mae'r gerdd yn gosod y rhyfel yng nghyd-destun brwydrau cynharach y bu Cymry a **Saeson** yn rhan ohonynt, ac yn cyflwyno'r syniad fod y ddwy garfan yn ail-greu undod sylfaenol **Prydain** trwy ymladd ochr yn ochr.

Y digwyddiad allweddol arall ym mywyd David Jones oedd ei dderbyn i Eglwys Rufain yn 1921 (gw. **Catholigion Rhufeinig**). Ei ffydd grefyddol oedd sail *The Anathémata* (1952), cerdd hir – unwaith eto yng nghyd-destun Prydain Rufeinig unedig – sy'n dathlu'r dirgelion Cristnogol, yn enwedig y sagrafen a'i symbolau. Dywedodd W. H. Auden mai hon, o bosibl, oedd yr orau o gerddi hir Saesneg yr 20g. Cyhoeddodd hefyd ddau gasgliad o ysgrifau, *Epoch and Artist* (1959) a *The Dying Gaul* (1978), y ddau yn trafod 'Mater Prydain' o safbwynt Cymreig, yn ogystal â phroblemau'r artist yn y byd modern. Ymhlith ei weithiau barddonol diweddarach y mae *The Tribune's Visitation* (1969), *The Sleeping Lord* (1974) a *The Roman Quarry* (1981).

Fel plentyn gwantan, cawsai David Jones ei annog gan ei fam i dynnu lluniau, a datblygodd yn feistr ar sawl math o gelfyddyd weledol, yn enwedig gwaith dyfrlliw, ysgythru pren ac, yn ddiweddarach, llythrennu ac addurno llawysgrifau.

Fel yn ei waith ysgrifenedig, mae elfennau hynafol, canoloesol a chyfoes yn gwau trwy'r cyfan.

Er ei fod, oherwydd ei agroffobia, yn gaeth i'w lety yn **Llundain** tua diwedd ei oes, cadwodd David Jones gysylltiad â chylch eang o gyfeillion, gan gynnwys **Saunders Lewis**, **Vernon Watkins** ac **Aneirin Talfan Davies**; cyhoeddwyd detholiad o'i lythyrau o dan y teitl *Dai Great-coat* yn 1980. Bu'n fwriad ganddo adael cymynrodd sylweddol i **Gymdeithas yr Iaith Gymraeg**, ond, oherwydd oedi gan gyfreithwyr, rhwystrwyd y bwriad.

**JONES, David Ivon (1893–1924)** Ymgyrchydd gwleidyddol
Daeth David Ivon Jones, a aned i deulu o **Undodwyr** yn **Aberystwyth**, yn un o arweinwyr y mudiad sosialaidd yn **Ne Affrica** wedi iddo gyrraedd yno yn 1910. Aelod o'r **Blaid Lafur** ydoedd i ddechrau, ond daeth yn un o sylfaenwyr Plaid Gomiwnyddol De Affrica gan arloesi gyda'r gwaith o drefnu'r gweithwyr croenddu yno. Gwasanaethodd hefyd fel 'cynrychiolydd Affrica' ar bwyllgor gweithredol y Drydedd Gyngres Ryngwladol ym Moscow, ac ef oedd y cyntaf i gyfieithu gwaith Lenin i'r **Saesneg**. Fe'i claddwyd ym Mynachlog Nova-Dyevitchi ym Moscow.

**JONES, David James (Gwenallt; 1899–1968)** Bardd
Magwyd Gwenallt yn yr Allt-wen (**Cilybebyll**) yng Nghwm **Tawe** ddiwydiannol. (O'r Allt-wen y cymerodd ei enw barddol.) Er bod ei deulu'n Anghydffurfwyr selog, daeth i deimlo bod **Marcsiaeth** yn amgenach credo na Christnogaeth, yn enwedig a'i dad wedi'i ladd gan fetel tawdd mewn damwain yn y gwaith. Carcharwyd ef am ei safiad fel gwrthwynebydd cydwybodol (gw. **Gwrthwynebwyr Cydwybodol**) adeg y **Rhyfel Byd Cyntaf**. Bu'n fyfyriwr yn **Aberystwyth**, ac fel darlithydd yn y **Gymraeg** yn ei hen goleg y treuliodd y rhan fwyaf o'i yrfa. Dychwelodd i'r gorlan Gristnogol, ac fel bardd Cristnogaeth a **chenedlaetholdeb** y'i hadwaenir bellach, er iddo ddal i gredu bod 'lle i ddwrn Karl Marcs yn Ei Eglwys Ef'. Enillodd gadair yr **Eisteddfod** Genedlaethol yn 1926 ac 1931, ond ataliwyd y wobr yn 1928 am y teimlai'r beirniaid fod ei awdl 'Y Sant' yn anweddus. Cyhoeddodd bum casgliad o gerddi, gan gynnwys *Ysgubau'r Awen* (1939) ac *Eples* (1951). Ceir yn ei holl waith ddelweddu lliwgar a grymus. Er gwaetha'i gefndir diwydiannol, ymhyfrydai mai yn **Sir Gaerfyrddin** yr oedd ei wreiddiau, a'i ddelfryd oedd asio 'Tawe a Thywi, Canaan a Chymru, daear a nef'. Cyhoeddodd ddwy nofel, *Plasau'r Brenin* (1934) a *Ffwrneisiau* (1982).

**JONES, Dill (Dilwyn Owen Paton Jones) (1923–84)** Pianydd jazz
Bu Dill Jones, a aned yng **Nghastellnewydd Emlyn**, yn recordio ar gyfer Rhwydwaith Lluoedd Prydain yn ystod yr **Ail Ryfel Byd**, cyn mynd i astudio yng Ngholeg Cerdd y Drindod, **Llundain**, a throi'n broffesiynol yn 1947. Bu'n aelod o fand **Harry Parry** yn 1949/50, a darlledodd gyda'r BBC. Yn 1961 mudodd i Efrog Newydd – i archwilio '**hwyl**' y bobl groenddu, chwedl yntau – a dod yn aelod uchel ei barch o'r gymuned jazz yno. Yno y bu farw, gan adael cyfoeth o recordiadau ar ei ôl.

**JONES, Dyfrig (1940–89)** Gwyddonydd y gofod
Hanai Dyfrig Jones o **Landudoch**, ac ar ôl ennill graddau doethuriaeth yn **Aberystwyth** a **Chaergrawnt** bu'n gweithio i Asiantaeth Ofod Ewrop yn Nordwijk ac yna i Arolwg Prydain o'r Antarctig yng Nghaergrawnt. Yn y 1970au cynigiodd ddamcaniaeth i egluro'r allyriadau radio ar donfeddi cilometr o'r planedau Iau a Sadwrn. Roedd y ddamcaniaeth yn rhagdybio pethau penodol ynghylch ffynhonnell yr ymbelydredd. Ddeng mlynedd yn ddiweddarach aeth y llong ofod *Voyager* heibio i'r ddwy blaned gan gadarnhau ei ddamcaniaeth ym mhob manylyn. Datgelwyd y canlyniad pwysig hwn gyntaf yn yr **Eisteddfod** Genedlaethol yn **Abergwaun** (1986) cyn ei gyhoeddi yn *Nature*. Roedd marw annhymig Dyfrig Jones yn golled fawr i **wyddoniaeth**.

**JONES, Edmund (1702–93)** Gweinidog ac awdur
Cafodd Edmund Jones ei eni ym mhlwyf Aberystruth (**Nant-y-glo a Blaenau**). Dechreuodd **bregethu** yn 20 oed a chafodd ei ordeinio'n weinidog gyda'r **Annibynwyr** ym **Mhenmaen** yn 1734. Symudodd i **Bont-y-pŵl** yn 1740. Er ei fod yn feirniadol o rai agweddau ar y **Diwygiad Methodistaidd**, roedd yn gefnogol iddo ar y cyfan. Roedd ei syniadau yn gyfuniad od o athrawiaeth Brotestannaidd uniongred ac ofergoeliaeth, ac oherwydd hynny bu cryn ddirmygu arno. Er hynny, daethpwyd i weld maes o law fod ei gyfrol *A Relation of Apparitions in Wales* (1780) yn cynnwys gwybodaeth gynnar a gwerthfawr am arferion a chredoau gwledig yng Nghymru. Mae ei *Historical Account of the Parish of Aberystruth* (1779) yn llyfr hanes lleol arloesol.

**JONES, Edward (Bardd y Brenin; 1752–1824)** Telynor a hynafiaethydd
Ganed Edward Jones yn **Llandderfel**, a'i hyfforddi mewn **cerddoriaeth** gan ei dad. Symudodd i **Lundain** yn 1775. Daeth yn delynor i dywysog Cymru, George IV yn ddiweddarach, a daethpwyd i'w alw yn 'Fardd y Brenin'. Roedd yn awdur toreithiog ac yn gasglwr llyfrau brwd. Mae ei weithiau ef ei hun, yn arbennig *The Musical and Poetical Relicks of the Welsh Bards* (1784), yn gyfraniad gwerthfawr i'r ddealltwriaeth o gerddoriaeth Cymru.

**JONES, Edward (Edward Jones, Maes-y-plwm; 1761–1836)** Emynydd
Ganed Edward Jones yn **Llanrhaeadr-yng-Nghinmeirch** ond symudodd i Faes-y-plwm ger **Dinbych** *c.*1796, a glynodd enw'r ffermdy hwnnw wrtho er iddo weithio mewn mannau eraill a hynny mewn amrywiol swyddi. Canai gerddi cynganeddol yn bennaf, ond fe'i cofir fel awdur dyrnaid o **emynau** sy'n parhau'n boblogaidd. Yn eu plith y mae 'Mae'n llond y nefoedd, llond y byd' a 'Pob seraff, pob sant'.

**JONES, Eifionydd (1934–90)** Gwyddonydd
Roedd Eifionydd Jones, a aned yng **Nghlydach**, ymhlith y cyntaf o nifer fawr o fyfyrwyr ymchwil **Frank Llewellyn Jones** yn **Abertawe** a enillodd fri yn y Sefydliad Ewropeaidd ar gyfer Ymchwil Niwclear (CERN) yng Ngenefa. Cofir amdano yn bennaf am ei waith arloesol wrth ddylunio, cynllunio a rheoli cyflymyddion enfawr. (Mae angen y peiriannau hyn ar gyfer astudio nodweddion gronynnau sy'n ffurfio gwir hanfod mater trwy'r bydysawd.) Ei gred ysol ym mhwysigrwydd ffiseg gronynnau a barodd iddo arwain ymgyrch egnïol, a llwyddiannus yn y pen draw, yn 1987 yn erbyn bwriad **llywodraeth** Prydain i atal ei chefnogaeth i CERN. Cydnabuwyd ei waith yn hael gan Carlo Rubbia mewn ysgrif

Ernest Jones yn 1909. Fe'i gwelir yma, yng nghanol y rhes gefn, yng nghwmni Abraham Brill (cefn, chwith), Sándor Ferenczi (cefn, de) ac, o'r chwith i'r dde yn y rhes flaen, Sigmund Freud, Granville Stanley Hall a C. G. Jung

goffa yn yr *Independent* (19 Mawrth 1990): 'This proved to be a crucial element in the experiment which led to the Nobel Prize I shared with Simon van der Meer in 1984'.

**JONES, Elen Roger (1910–99)** Actores

Fel athrawes yr hyfforddwyd Elen Roger Jones a bu'n dysgu am gyfnodau. Ond, a hithau'n chwaer i **Hugh Griffith**, roedd actio yng ngwaed y ferch o Farian-glas (**Llaneugrad**). Er na chafodd hyfforddiant ffurfiol, cafodd brofiad gwerthfawr gyda Theatr Fach Llangefni, ac yn ganol oed teithiodd yn helaeth gyda Chwmni Theatr Cymru. Ar lwyfan, ar y radio ac ar deledu, disgleiriodd mewn dramâu clasurol a chomedïau yn arbennig. Un o'i rhannau olaf oedd 'Hannah Haleliwia' yn y gyfres deledu *Minafon*.

**JONES, Elizabeth Mary (Moelona; 1877–1953)** Awdures

Merch fferm o ardal Rhydlewis (**Troed-yr-aur**) oedd Elizabeth Mary Jones (*née* Owen). Cafodd yrfa fel athrawes cyn priodi John Tywi Jones (1870–1948), gweinidog gyda'r **Bedyddwyr** yn y Glais (**Clydach**), dramodydd a golygydd y papur newydd *Tarian y Gweithiwr*. Ysgrifennodd dros 30 o lyfrau i blant ac oedolion, a'r enwocaf yw'r nofel *Teulu Bach Nantoer* (1913), a werthodd ddegau o filoedd. Mynegodd ei chefnogaeth i hawliau **menywod** mewn nofelau fel *Cwrs y Lli* (1927) a *Ffynnonloyw* (1939). Cyhoeddodd hefyd werslyfrau a chyfrol o'i chyfieithiadau o straeon Alphonse Daudet, sef *Y Wers Olaf* (1921).

**JONES, [Frederick] Elwyn (1909–89)** Cyfreithiwr

Ganed Elwyn Jones yn **Llanelli**, ac roedd yn aelod blaenllaw o dîm yr erlyniaeth yn yr achosion yn Nuremberg yn erbyn troseddwyr rhyfel Natsïaidd ar ôl yr **Ail Ryfel Byd**. Fe'i hetholwyd yn aelod seneddol Llafur West Ham (1945) a dilynodd alwedigaeth wrth y bar. Bu'n gofiadur **Merthyr Tudful** (1949–53), **Abertawe** (1953–60) a **Chaerdydd** (1960–4) yn eu tro. Daeth yn dwrnai cyffredinol yn **llywodraeth** Harold Wilson (1964–70) ac yn arglwydd ganghellor pan ddychwelodd Llafur i rym (1974–9). Cafodd ei urddo'n farchog yn 1964 a'i wneud yn Arglwydd Elwyn-Jones yn 1974. Cyhoeddodd ei hunangofiant, *In My Time,* yn 1983.

**JONES, Elwyn (1923–82)** Dramodydd

Brodor o Gwmaman (**Aberaman**) oedd Elwyn Jones, ac ymunodd â Gwasanaeth Teledu'r BBC yn **Llundain** yn 1957. Ei waith mwyaf adnabyddus oedd y gyfres *Softly, Softly* (1966–70), a ddatblygodd o'r gyfres *Z Cars* (1962–78). Cyhoeddodd sawl llyfr wedi'u seilio ar brif gymeriad *Softly, Softly*, sef Inspector Barlow, yn ogystal â'r astudiaethau dogfennol *The Last Two to Hang* (1966), *The Ripper File* (1975) a *Death Trials* (1981).

**JONES, Emyr Wyn (1907–99)** Cardiolegydd ac awdur

Ganed Emyr Wyn Jones yn **Waunfawr** a derbyniodd ei addysg feddygol yn **Lerpwl**. Gweithiodd yn ysbytai'r ddinas honno am weddill ei yrfa. Bu'n gadeirydd y Gymdeithas Gardiolegol Brydeinig, yn is-gadeirydd **Bwrdd Ysbytai Cymru** ac yn gadeirydd Awdurdod Iechyd Clwyd. Ar wahân i'w waith ymchwil cardiolegol, ysgrifennodd lawer am hanes meddygaeth yng Nghymru ac am bynciau hanesyddol eraill. Bu'n gadeirydd cyngor yr **Eisteddfod** Genedlaethol, yn llywydd ei llys ac yn un o'i chymrodyr.

**JONES, [Alfred] Ernest (1879–1958)** Seicdreiddiwr a chofiannydd

Ganed Ernest Jones yn **Nhre-gŵyr**, a derbyniodd ei addysg yng **Nghaerdydd** ac yn Ysbyty Coleg y Brifysgol, **Llundain**, lle graddiodd yn feddyg. Ef yn anad neb a gyflwynodd waith Sigmund Freud i'r byd **Saesneg** ei iaith. Ei gofiant i Freud, *Sigmund Freud: Life and Work* (3 cyfrol, 1954–7), oedd ei waith pwysicaf, a thrwy ei ymdrechion ef yn bennaf y rhyddhawyd Freud a'i deulu o ddwylo'r Natsïaid yn 1938. Fel hyfforddwr medrus yn ei faes, ef a sefydlodd yr Athrofa Seicdreiddiol yn Llundain, a bu'n arweinydd y mudiad seicdreiddiol rhyngwladol am gryn 30 mlynedd. Ei wraig gyntaf oedd y cerddor **Morfydd Llwyn Owen**. Roedd yn aelod teyrngar o **Blaid [Genedlaethol] Cymru**, a gresynai nad oedd yn rhugl yn y **Gymraeg**.

**JONES, Evan (Ieuan Gwynedd; 1820–52)** Awdur

Brodor o gyffiniau **Dolgellau** oedd Ieuan Gwynedd, ac fe'i cofir yn bennaf fel prif amddiffynnydd **menywod** Cymru rhag ensyniadau awduron adroddiad **addysg** 1847 (gw. **Brad y Llyfrau Gleision**). Dadleuodd yn rymus o'u plaid mewn ysgrifau i'r wasg yr ailgyhoeddwyd rhai ohonynt ar ffurf pamffledi, sef *A Vindication of the Educational and Moral Condition of Wales* (1848), a *Facts and Statements in Illustration of the Dissent and Morality of Wales* (1849). Ar ôl mynychu Coleg yr Annibynwyr, **Aberhonddu**, bu'n weinidog yn **Nhredegar** o 1845 hyd 1847, ond symudodd i **Gaerdydd** yn 1848 pan benodwyd ef yn olygydd y newyddiadur wythnosol *The Principality*. Aeth oddi yno yr un flwyddyn i **Lundain** i weithio ar *The Standard of Freedom*. Yn 1849 dychwelodd i Gaerdydd, lle bu'n golygu cylchgrawn llenyddol *Yr Adolygydd* a'r cyfnodolyn cyntaf yn **Gymraeg** ar gyfer menywod, *Y Gymraes*.

**JONES, Ewart [Ray Herbert] (1911–2002)** Cemegydd

Roedd Ewart Jones, a aned yn **Wrecsam** ac a astudiodd **gemeg** ym **Mangor**, yn un o wyddonwyr mwyaf dylanwadol ei genhedlaeth. Esgorodd ei waith ar adeiledd sylweddau naturiol – terpenau, steroidau a fitaminau – ar swydd yng Ngholeg Imperial, **Llundain** (1938–45), a chadeiriau ym Manceinion (1945–55) a **Rhydychen** (1955–78). Fe'i hurddwyd yn farchog yn 1963, ac arweiniodd ei ymgyrch i uno'r cymdeithasau cemegol at sefydlu Cymdeithas Frenhinol Cemeg yn 1980. Roedd yn ŵr a oedd yn ymwybodol o'i gyfrifoldebau cymdeithasol ac un o'i orchwylion wedi iddo ymddeol oedd dosbarthu prydau 'pryd ar glud'.

**JONES, Frank Llewellyn (1908–97)** Ffisegydd

Brodor o **Benrhiw-ceibr** oedd Frank Llewellyn Jones, a bu'n fyfyriwr yn **Rhydychen** cyn cael ei benodi'n ddarlithydd **ffiseg** yn **Abertawe**. Yn ystod yr **Ail Ryfel Byd** cafodd ei drosglwyddo i'r Sefydliad Awyr Brenhinol, Farnborough, lle bu'n astudio systemau tanio peiriannau awyrennau. Arweiniodd hyn at waith oes a gyfrannodd i'r ddealltwriaeth o'r cyswllt trydanol rhwng arwynebeddau metel a gollyngiadau trydanol mewn nwyon. Ar ôl 20 mlynedd yn bennaeth yr adran ffiseg yn Abertawe, bu'n brifathro'r coleg o 1965 hyd 1974.

**JONES, G[wyn] O[wain] (1917–2006)** Ffisegydd, cyfarwyddwr amgueddfa ac awdur

Ganed G. O. Jones yng **Nghaerdydd** ac fe'i haddysgwyd yn **Rhydychen**. Gwnaeth enw iddo'i hun ym Mhrifysgol **Llundain** fel ffisegydd a arbenigai ar dymereddau isel, ar ôl gweithio ar broject y bom atomig yn ystod yr **Ail Ryfel Byd** (profiad a barodd iddo ddod, yn ddiweddarach, yn aelod gweithgar o gynhadledd heddwch ryngwladol Pugwash). Dychwelodd i Gymru yn 1968 ar ôl ei benodi'n gyfarwyddwr yr **Amgueddfa Genedlaethol**. Ymhlith ei gyflawniadau yn y swydd honno, y bu ynddi hyd 1977, yr oedd sefydlu'r Amgueddfa Diwydiant a Môr yn ardal y dociau, Caerdydd. Bu'n gadeirydd adain Saesneg yr **Academi Gymreig** o 1978 hyd 1981, y flwyddyn pan gyhoeddodd ei lyfr *The Conjuring Show*, sy'n dra hunangofiannol. Ysgrifennodd lyfrau gwyddonol, nofelau a straeon byrion hefyd.

**JONES, Gareth [Richard] Vaughan (1905–35)** Newyddiadurwr

Ganed Gareth Vaughan Jones yn y **Barri**, a chafodd ei addysgu yn **Aberystwyth** a **Chaergrawnt** lle daeth yn ieithydd o fri. Bu'n ysgrifennydd personol **Lloyd George** (1929–31) cyn mynd yn ohebydd teithiol. Roedd gyda'r cyntaf i adrodd ar y newyn yn yr Wcráin ac ef oedd un o'r ychydig bobl a gafodd gyfweld gweddw Lenin. (Yn 2006 dadorchuddiodd llysgennad yr Wcráin ym **Mhrydain** gofeb iddo yn yr hen goleg ym **Mhrifysgol Cymru, Aberystwyth**.) Wedi cyfnod ar y *Western Mail* arwyddodd gytundeb gyda'r *Manchester Guardian* yn 1934 cyn cychwyn ar daith o gwmpas y byd. Cafodd ei lofruddio ym Mongolia yn Awst 1935, a chredir mai milwyr Japaneaidd a'i lladdodd am ei fod yn gwybod gormod am gynlluniau Japan i ehangu ei grym yng ngogledd China.

Ei dad oedd Edgar Jones, prifathro ysgol uchel ei barch yn y Barri; penodiad Edgar Jones yn ymgynghorydd Cymreig i'r BBC yn 1931 oedd yr arwydd cyntaf fod y Gorfforaeth yn sylweddoli bod dimensiwn Cymreig i **ddarlledu**. Roedd mam Gareth Jones, Gwen, wedi treulio cyfnod yn yr Wcráin yn diwtor i blant **John Hughes** (1814–1899), Hughesovka.

**JONES, Glyn (1905–95)** Bardd a llenor

Ganed Glyn Jones ym **Merthyr Tudful** a bu'n athro mewn ysgolion yng **Nghaerdydd**, lle gadawodd tlodi ei ddisgyblion argraff arhosol arno. Er nad oedd o oedran cymwys i wasanaethu, yn 1940 cofrestrodd fel gwrthwynebydd cydwybodol (gw. **Gwrthwynebwyr Cydwybodol**). Collodd ei swydd o ganlyniad, ond cafodd waith mewn ysgol arall yn fuan wedyn. Mae Cymreictod a Christnogaeth Glyn Jones yn hydreiddio ei holl waith creadigol. Casgliadau o straeon oedd ei lyfrau cyntaf, sef *The Blue Bed* (1937) a *The Water Music* (1944); cyhoeddwyd ei *Collected Stories* yn 1999. O'i dair nofel, y bwysicaf yw *The Island of Apples* (1965). Cyhoeddodd dair cyfrol o gerddi (1939, 1954, 1975); ymddangosodd ei *Collected Poems*, sy'n cynnwys y gerdd enigmatig 'Seven Keys to Shaderdom' yn 1996, ar ôl ei farw. Dangosodd gryn fedr wrth gyfieithu barddoniaeth **Gymraeg** i'r **Saesneg**. Mae ei hunangofiant, *The Dragon Has Two Tongues* (1968), yn astudiaeth werthfawr o **lenyddiaeth** Saesneg Cymru ac yn trafod ei gyfeillgarwch gyda nifer o lenorion megis Caradoc Evans (**David Evans**), **Dylan Thomas**, **Idris Davies**, **Jack Jones**, **Keidrych Rhys**, **Gwyn Thomas** a **Gwyn Jones**.

Cartŵn gan Gren: *Our Finest Hour* yn nodi buddugoliaeth Clwb Rygbi Llanelli dros Seland Newydd yn 1972

## JONES, Gren[fell] (1934–2007) Cartwnydd

Brodor o'r Hengoed (**Gelli-gaer**) oedd Gren, fel y llofnodai ei waith bob amser. Dechreuodd wneud cartwnau yn ifanc, ac wedi cyfnod yn gweithio fel dylunydd aeth ar ei liwt ei hun fel cartwnydd yn 1963. Ymunodd â staff y *South Wales Echo* yng **Nghaerdydd** yn 1968, a thros y 38 mlynedd dilynol cynhyrchodd filoedd o ddarluniau doniol o gymeriadau megis Ponty an' Pop, Bromide Lil, y **defaid** gwybodus Neville a Nigel, a'r dref ddychmygol ym maes **glo**'r de, Aberflyarff. **Rygbi** a ysbrydolodd rai o'i gartwnau mwyaf poblogaidd, a sicrhaodd edmygwyr y tu allan i Gymru gyda'i galendr rygbi a'i 25 o lyfrau. Bedair gwaith yn y 1980au dewiswyd Gren yn gartwnydd y flwyddyn gan **bapurau newydd** Prydain.

## JONES, Griffith (Griffith Jones, Llanddowror; 1683–1761) Sylfaenydd yr ysgolion cylchynol

Griffith Jones, yn anad neb, a fu'n gyfrifol am alluogi'r Cymry i fod yn genedl lythrennog. Fe'i ganed ym Mhenboyr (**Llangeler**). Cafodd ei ordeinio'n offeiriad Anglicanaidd yn 1708 ac yn 1711 daeth yn rheithor Llandeilo Abercywyn (**Llangynog**, **Sir Gaerfyrddin**). Yn 1716 rhoddwyd iddo reithoriaeth **Llanddowror** gan Syr John Philipps (1666?–1737; gw. **Philipps, Teulu**). Oherwydd iddo dreulio gweddill ei yrfa yn gweinidogaethu yno, gan briodi chwaer John Philipps, â'r lle hwnnw yn bennaf y cysylltir ei enw.

Roedd Griffith Jones ymhlith cefnogwyr cynnar y **Gymdeithas er Taenu Gwybodaeth Gristnogol** (SPCK), ond daeth yn amheus o bwyslais y gymdeithas ar yr angen i ddisgyblion ddysgu **Saesneg**. Gan sylweddoli y byddai Cymry **Cymraeg** ar eu hennill o gael eu dysgu trwy gyfrwng eu mamiaith, aeth ati yn 1731 i wireddu hynny trwy drefnu cynllun **ysgolion cylchynol**. I hybu'r gwaith cyhoeddodd dros 30 o weithiau i'w defnyddio yn ei ysgolion, y rhan fwyaf ohonynt yn gatecismau neu'n llyfrau defosiynol. Amcangyfrifir bod tua 250,000 – dros hanner trigolion y wlad – wedi mynychu'r ysgolion cylchynol erbyn 1761, blwyddyn marwolaeth Griffith Jones.

Er ei fod yn gefnogol i'r **Diwygiad Methodistaidd** ar y dechrau, oerodd ei frwdfrydedd pan sylweddolodd y gallai'r diwygiad dramgwyddo ei noddwyr. Er i amryw o'r diwygwyr fynd ato i ofyn am gyngor, nid oedd yn cymeradwyo **pregethu** gan rai nad oeddynt wedi'u hordeinio.

Wedi marwolaeth ei wraig, Margaret, yn 1755, gwnaeth ei gartref yn nhŷ ei brif noddwraig, **Bridget Bevan**, yn **Nhalacharn**. Bu farw chwe blynedd yn ddiweddarach, yn ddyn a oedd wedi gweld gwireddu breuddwyd a fyddai'n cael effaith bellgyrhaeddol ar fywyd ei wlad. Fe'i claddwyd yn Llanddowror.

## JONES, Griffith Rhys (Caradog; 1834–97) Arweinydd corau

Yn Nhrecynon, **Aberdâr**, y ganed Caradog, fel y câi ei adnabod gan amlaf. Cafodd ei brentisio'n of, ond roedd yn adnabyddus fel arweinydd, organydd a ffidlwr erbyn iddo gyrraedd ei arddegau hwyr. Yn 1872 ac 1873 arweiniodd

Undeb Corawl De Cymru, côr cyfansawdd o tua 400 o leisiau yn cynrychioli pob rhan o'r de diwydiannol, i fuddugoliaeth mewn cystadlaethau yn y Palas Grisial, **Llundain**. Trwy orchestion y côr hwn, a adwaenid fel y 'Côr Mawr', daeth yn arwr cenedlaethol. Roedd hefyd yn ŵr busnes llwyddiannus a wnaeth gryn ffortiwn iddo'i hun trwy ei gwmnïau bragu. Saif cerflun ohono yng nghanol Aberdâr.

**JONES, Gwilym R[ichard] (1903–93)** Bardd a newyddiadurwr

Gwilym R. Jones yw'r unig un hyd yma a lwyddodd i ennill tair prif wobr lenyddol yr **Eisteddfod** Genedlaethol, sef y goron (1935), y gadair (1938) a'r fedal ryddiaith (1941). Roedd yn frodor o Dal-y-sarn (**Llanllyfni**), a dechreuodd ar ei yrfa fel newyddiadurwr ar *Yr Herald Cymraeg* yng **Nghaernarfon**. Rhwng 1945 ac 1977 bu'n olygydd *Baner ac Amserau Cymru*, papur a oedd, yn ystod y 1960au, yn daer ei gefnogaeth i weithredoedd torcyfraith **Cymdeithas yr Iaith Gymraeg**.

**JONES, Gwyn (1907–99)** Ysgolhaig a llenor

Brodor o **Goed-duon** oedd Gwyn Jones. Ef oedd yr Athro Saesneg yn **Aberystwyth** rhwng 1940 ac 1964, ac yng **Nghaerdydd** o 1964 hyd 1975. Cyhoeddodd bum nofel, yn cynnwys *Richard Savage* (1935) a *Times Like These* (1936), a thair cyfrol o straeon; ymddangosodd ei *Collected Stories* yn 1998. Ymhlith ei weithiau ysgolheigaidd ceir y gyfrol awdurdodol *A History of the Vikings* (1968), a ddygodd i'w ran yr anrhydedd uchaf y gall Gweriniaeth Gwlad yr Iâ ei rhoi. Cafodd glod hefyd am ei gyfieithiad Saesneg o'r **Mabinogion** (1948) a luniodd ar y cyd â **Thomas Jones** (1910–72), y priododd ei weddw yn ddiweddarach. Golygodd sawl blodeugerdd, yn eu plith *Welsh Short Stories* (1956) a *The Oxford Book of Welsh Verse in English* (1977).

**JONES, H[ugh] R[obert] (1894–1930)** Gwladgarwr

Ganed H. R. Jones yn Ebenezer, pentref y llwyddodd i'w ailenwi'n Deiniolen (gw. **Llanddeiniolen**). Trafaeliwr ydoedd wrth ei alwedigaeth, ac roedd yn frwd dros **ymreolaeth** i Gymru. Yn 1924 sefydlodd Fyddin Ymreolwyr Cymru a daeth yn ysgrifennydd cyntaf **Plaid [Genedlaethol] Cymru** yn 1925. Edmygai genedlaetholwyr Gwyddelig ac roedd o blaid defnyddio tactegau torcyfraith di-drais, ond cafodd ei ffrwyno gan arweinwyr mwy cymedrol ei blaid. Ym marn **Saunders Lewis**, H. R. Jones 'a sylfaenodd y Blaid Genedlaethol Gymreig'.

**JONES, Harry Longueville (1806–70)** Addysgwr a hynafiaethydd

Yn **Llundain** y ganed Harry Longueville Jones ond roedd o dras Cymreig, a Chymru a hawliodd ei amser a'i egni wedi iddo symud i **Fôn** yn 1846. Cafodd ei benodi'n arolygydd ysgolion y **Gymdeithas Genedlaethol** yn 1848, a galwodd am gydnabod anghenion addysgol arbennig Cymru ar gyfrif ei hiaith a'i diwylliant, safiad a ddaeth ag ef i wrthdrawiad â'i benaethiaid yn Llundain: fe'i gorfodwyd i ymddiswyddo yn 1864. Gwnaeth lawer i hyrwyddo astudiaethau archaeolegol a hanesyddol Cymreig fel cyd-sefydlydd **Cymdeithas Hynafiaethau Cymru**, a bu'n golygu cylchgrawn y gymdeithas, *Archaeologia Cambrensis*, am ddau gyfnod.

Taflen emynau angladd Griffith Rhys Jones (Caradog), 1897

**JONES, Henry (1852–1922)** Athronydd

Mab i grydd o **Langernyw** oedd Henry Jones. Gadawodd yr ysgol yn 12 oed, ond yn 1871 aeth i'r **Coleg Normal, Bangor**. Ar ôl cyfnod fel ysgolfeistr aeth i Brifysgol Glasgow lle astudiodd **athroniaeth** dan Edward Caird. Bu'n ddarlithydd yn **Aberystwyth** a daliodd gadeiriau athroniaeth ym Mangor, St Andrews a Glasgow. Coleddai Idealaeth Hegelaidd ei hen athro. Ei lyfrau pwysicaf yw *Browning as a Philosophical and Religious Teacher* (1891), *Idealism as a Practical Creed* (1909), *The Working Faith of the Social Reformer* (1910) a *A Faith that Enquires* (1922). Ymgyrchodd dros sefydlu cyfundrefn addysg uwchradd yng Nghymru, ac roedd ei farn ar addysg uwch yn ddylanwadol ym mlynyddoedd ffurfiannol **Prifysgol Cymru** (gw. hefyd **Addysg**). Bu'n gefnogwr brwd i **Brydain** yn y **Rhyfel Byd Cyntaf**, ac yn gyfaill agos i **David Lloyd George**. Ymddangosodd ei hunangofiant, *Old Memories*, yn 1922. Fe'i gwnaed yn farchog yn 1912 ac yn Gydymaith Anrhydedd yn 1922. Mab iddo oedd Elias Henry Jones (1883–1942), cofrestrydd Coleg y Brifysgol, Bangor (gw. **Prifysgol Cymru, Bangor**), ac awdur y gyfrol gyffrous *The Road to En-dor* (1920).

**JONES, Humphrey Owen (1878–1912)** Cemegydd

Humphrey Owen Jones oedd cemegydd disgleiriaf ei genhedlaeth. Fe'i ganed yng Ngoginan (**Melindwr**), cyn i'r teulu symud i **Lynebwy**. Yn 1897 roedd ymysg y graddedigion **gwyddoniaeth** cyntaf yn **Aberystwyth**. Aeth yn ei flaen i **Gaergrawnt**, a chafodd ei benodi yn 1902 yn arddangoswr yn labordy **cemeg** y brifysgol a'i wneud yn gymrawd yng Ngholeg Clare. Gwnaeth waith arloesol ar y modd y mae atomau yn gweithio mewn moleciwl a daeth yn awdurdod cydnabyddedig ar stereocemeg nitrogen. Priododd â Muriel Edwards o **Fangor**, cemegydd arall. Ar eu mis mêl yn yr Alpau syrthiodd y ddau i'w tranc oddi ar Mont Rouge de Peuteret.

**JONES, Idwal (1895–1937)** Dramodydd ac awdur llenyddiaeth ddoniol
Credai Idwal Jones nad oedd Cymru'n 'cymryd ei digrifwch yn ddigon difrifol', ac aeth ati i lunio degau o ganeuon ysgafn, parodïau, limrigau a cherddi dwli – pethau go newydd bryd hynny yn y **Gymraeg**. Cyhoeddodd lawer o'r rhain, ynghyd â nifer o straeon, mewn tair cyfrol. Ei ddramâu gorau yw *Pobol yr Ymylon* (1927), dadl yn erbyn parchusrwydd, ac *Yr Anfarwol Ifan Harris* (1928). Bu farw yn ei dref enedigol, **Llanbedr Pont Steffan**, yn 42 oed, o effeithiau salwch a gawsai yn ystod y **Rhyfel Byd Cyntaf**.

**JONES, [James] Ira [Thomas] (1896–1960)** Peilot awyrennau rhyfel
Brodor o **Sanclêr** oedd Ira Jones. Fel aelod o'r Royal Flying Corps yn ystod y **Rhyfel Byd Cyntaf**, dinistriodd 37 o awyrennau'r gelyn mewn cwta dri mis yn 1918. Roedd yn enwog am ddryllio awyrennau wrth geisio glanio. Derbyniodd y DSO, MC, DFC, MM a Medal San Siôr Rwsia.

**JONES, Ivor (1901–82)** Chwaraewr rygbi
Blaenasgellwr chwim ac ymosodol a aned yng Nghasllwchwr (**Llwchwr**) ac a enillodd 16 o gapiau **rygbi** rhwng 1924 ac 1930. Cafodd ei chwarae bywiog ei ganmol yn gyffredinol yn ystod taith y Llewod Prydeinig i **Seland Newydd** yn 1930. Gweithiwr ffwrnais ydoedd wrth ei alwedigaeth, a bu'n gapten ar **Lanelli** am saith tymor.

**JONES, J[ohn] E[dward] (1905–70)** Gwladgarwr
Cofir 'J.E.', fel y'i hadwaenid, am ei ymrwymiad oes i achos **Plaid [Genedlaethol] Cymru** ac am ei ran mewn sawl menter wladgarol mewn meysydd fel **amaethyddiaeth**, **darlledu** ac **addysg**. Roedd yn frodor o Felin-y-wig (**Betws Gwerful Goch**), ac ef oedd ysgrifennydd cyffredinol Plaid Cymru o 1930 hyd 1962, cyfnod a welodd ragolygon y blaid yn cael eu gweddnewid. Mae ei gyfrol *Tros Gymru: J.E. a'r Blaid* (1970) yn ffynhonnell amhrisiadwy o wybodaeth am y blaid.

**JONES, J[ohn] R[obert] (1911–70)** Athronydd a gwladgarwr
Yn ystod y 1960au daeth J. R. Jones yn ffigwr cwlt annisgwyl ymysg ymgyrchwyr ifainc **Cymdeithas yr Iaith Gymraeg**. Er bod ei ddiddordebau fel athronydd yn eang, fe'i cofir yn bennaf yng Nghymru yn sgil ei drafodaethau ar argyfwng Cymreictod. Creodd ei ysgrifau ar farwolaeth Duw a'r argyfwng gwacter ystyr gryn drafod, yn arbennig ymysg yr enwadau Cymreig. Fe'i ganed ym **Mhwllheli**, ac ar ôl astudio yn **Aberystwyth** a **Rhydychen** bu'n darlithio yn Aberystwyth cyn dod yn Athro **athroniaeth** yn **Abertawe** (1952–70), lle dylanwadodd ei gydweithiwr **Rush Rhees** ar ei syniadau. Ei brif weithiau yw *Ac Onide* (1970) a *Gwaedd yng Nghymru* (1970).

**JONES, Jack (1884–1970)** Nofelydd
Cafodd Jack Jones ei eni ym **Merthyr Tudful** a dechreuodd weithio fel glöwr pan oedd yn 12 oed. Yn ddiweddarach bu'n gwasanaethu yn y fyddin yn **Ne Affrica**, India a Fflandrys. Yn ystod y 1920au a'r 1930au bu'n weithgar yn ei dro gyda'r **Blaid Gomiwnyddol**, y **Blaid Lafur**, y **Blaid Ryddfrydol** a Phlaid Newydd Oswald Mosley; yn y 1940au roedd yn areithiwr poblogaidd ar lwyfannau'r Mudiad Ailarfogi Moesol. Ei nofelau gorau yw *Black Parade* (1935), *Rhondda Roundabout* (1934), *Bidden to the Feast* (1938), *Off to Philadelphia in the Morning* (1947), *Some Trust in Chariots* (1948) a *River out of Eden* (1951). Mae ei hunangofiant, sydd mewn tair cyfrol (1937, 1946, 1950), yn gampwaith. Yn ei lyfrau adlewyrchir bywyd yn ardaloedd diwydiannol y de, ynghyd â'i bersonoliaeth ddewr a hael ef ei hun.

**JONES, John (John Jones, Gellilyfdy; cyn 1585–1658/9)** Casglwr a chopïydd llawysgrifau
Ganed John Jones yn y Gellilyfdy, **Ysgeifiog**, i deulu o gasglwyr a chopïwyr llawysgrifau a oedd hefyd yn noddwyr beirdd. Am flynyddoedd bu'n ymgyfreitha gyda'i deulu ynghylch tiroedd, a threuliodd gyfnodau mewn **carchardai** – yn **Llwydlo** a'r **Fflint**, ac yn arbennig y Fflyd yn **Llundain** – yn bennaf oherwydd ei ddyledion. Defnyddiodd yr amser i gopïo ac ad-drefnu llawysgrifau. Goroesodd dros 80 ohonynt, yn gyfan neu'n rhannol, ac fe'u cedwir yn y **Llyfrgell Genedlaethol**. Maent mewn llawiau cywrain, addurnol, ac weithiau mewn orgraff ecsentrig, ond oherwydd yr inc asidig mae'r papur wedi'i ddinistrio mewn llawer ohonynt. Mae amryw o'i lawysgrifau yn cynnwys testunau cwbl unigryw.

**JONES, John (1597?–1660)** Teyrnleiddiad
Perthynai John Jones i deulu uchelwrol Maesygarnedd (**Llanbedr**), ac roedd ei ail wraig yn chwaer i **Oliver Cromwell**. Ac yntau'n Biwritan pybyr, ymladdodd dros y Senedd yn y **Rhyfeloedd Cartref**; yn 1647 daeth yn aelod seneddol dros **Sir Feirionnydd**. Roedd yn un o'r rhai a lofnododd y warant i ddienyddio Charles I ac fe'i dienyddiwyd yn dilyn Adferiad y Stiwartiaid.

**JONES, John (1645–1709)** Meddyg, diwinydd a dyfeisiwr
Gŵr o Ben-tyrch (**Caerdydd**) oedd John Jones, ac ysgrifennodd weithiau meddygol gan gynnwys *The Mysteries of Opium Revealed* (1700). Cafodd ei unig lyfr Cymraeg, *Holl Dd'ledswydd Christion*, ei gyhoeddi ar ôl ei farw, yn 1716. Dyfeisiodd gloc rhyfeddol 'a symudid gan awyr wedi ei gwasgu'n gyfartal allan o fegin ar ffurf silindr, a'i phlygion yn syrthio wrth ddisgyn yn ôl dull lanternau papur'. Yn 1691 fe'i penodwyd yn ganghellor esgobaeth Llandaf, ac mae wedi'i gladdu ger porth gorllewinol Eglwys Gadeiriol Llandaf (gw. Caerdydd).

**JONES, John (Jac Glan-y-gors; 1766–1821)** Awdur radicalaidd
Cafodd John Jones ei eni a'i fagu ar fferm Glan-y-gors (**Cerrigydrudion**), ond treuliodd ran helaeth o'i oes yn dafarnwr yn **Llundain**. Daeth yn aelod blaenllaw o Gymdeithas y **Gwyneddigion** ac yn un o sylfaenwyr y **Cymreigyddion**. Cefnogai syniadau Tom Paine, ac fe'i herlidiwyd am fynegi ei wrthwynebiad i'r frenhiniaeth, i'r **llywodraeth** ac i'r Eglwys Anglicanaidd. Cyhoeddodd ei syniadau mewn dau bamffledyn: *Seren Tan Gwmmwl* (1795) a *Toriad y Dydd* (1797). Yn ei ddychangerddi bu'n hallt ei feirniadaeth o Gymry Llundain ac ef a greodd y cymeriad **Dic Siôn Dafydd**.

**JONES, John (Ioan Tegid neu Tegid; 1792–1852)** Ysgolhaig

Brodor o'r **Bala** oedd Tegid a daeth yn glerigwr yn **Rhydychen**. Cofir amdano'n bennaf am gefnogi syniadau ecsentrig **William Owen Pughe** ynglŷn ag orgraff y **Gymraeg**. Achosodd ei argraffiad o'r *Testament Newydd* (1828), a fabwysiadodd yr orgraff honno, ddadl faith rhyngddo a chlerigwyr o Gymry amlwg. Er hynny, glynodd at yr un orgraff wrth baratoi'r argraffiad (1837–9) o farddoniaeth **Lewys Glyn Cothi** a gydolygodd gyda Gwallter Mechain (**Walter Davies**).

**JONES, John (John Jones, Tal-y-sarn; 1796–1857)** Pregethwr

Ganed John Jones, un o bregethwyr grymusaf Cymru, yn **Nolwyddelan**, ond fe'i cysylltir fel arfer â Thal-y-sarn (**Llanllyfni**), lle gweithiai fel chwarelwr. Wedi'i ysbrydoli gan ddiwygiad ym **Meddgelert** (1819; gw. **Diwygiadau**), ymunodd â chynulleidfa'r **Methodistiaid Calfinaidd** yn **Llangernyw**, ac yn 1821 dechreuodd **bregethu**; fe'i hordeiniwyd yn 1829.

Câi ef a chenhedlaeth iau o arweinwyr Methodistaidd eu tramgwyddo gan geidwadaeth ac awtocratiaeth **John Elias**, ac ni hoffent duedd llawer o bregethwyr diddawn i ddynwared dulliau dramatig sêr y pulpud. Roedd yn drawiadol o olygus, gyda llais peraidd a geirfa goeth, a ffafriai ddull cynhesach o bregethu a bwysleisiai'r agweddau ymarferol yn hytrach nag athrawiaethol ar **grefydd**. Ac yntau'n gerddor dawnus, cyfansoddodd emyn-donau ac **emynau**. Mae ei gofiant (1874), gan **Owen Thomas** (1812–91), yn astudiaeth bwysig o fywyd crefyddol Cymraeg y 19g.

**JONES, John (Talhaiarn; 1810–69)** Canwr, bardd a phensaer

Roedd Talhaiarn, mab tafarn yr Harp yn **Llanfair Talhaearn**, yn un o gymeriadau mwyaf lliwgar Cymru barchus oes Victoria. Ysai am ennill cadair yr **Eisteddfod** a dywedir iddo neidio ar y llwyfan yn Eisteddfod **Aberffraw** a rhwygo ei **awdl** wrthodedig yn ddarnau. Bu'n fwy llwyddiannus fel awdur geiriau caneuon; un sy'n boblogaidd o hyd yw 'Mae Robin yn swil'. Roedd yn enwog am **ganu penillion**, yn aelod o'r **Orsedd** ac yn arweinydd eisteddfodau. Fel pensaer, bu'n gweithio i Thomas Penson (gw. **Penson, Teulu**) yng Nghroesoswallt ac i Gilbert Scott a Joseph Paxton yn **Llundain**, gan oruchwylio ar ran yr olaf y gwaith o adeiladu'r Palas Grisial a phlastai teulu Rothschild yn **Lloegr** a Ffrainc. Dychwelodd i Gymru, ac i'r Harp, pan dorrodd ei iechyd. Yno fe'i saethodd ei hun a bu farw rai dyddiau'n ddiweddarach.

**JONES, John (Coch Bach y Bala neu Jac Llanfor; 1854–1913)** Lleidr

Adwaenid John Jones fel 'The Little Welsh Terror' a 'The Little Turpin' oherwydd ei allu i ddianc o **garchardai**. Daeth yn gryn arwr i'r **werin**, yn enwedig ar ôl iddo ddianc o garchar **Rhuthun** yn 1913. Bu ymateb cyhoeddus ffyrnig pan fu farw o'i glwyfau ar ôl cael ei saethu gan fab sgweier Euarth, **Llanfair Dyffryn Clwyd**.

**JONES, John Gwilym (1904–88)** Dramodydd

Gyda **Saunders Lewis**, mae John Gwilym Jones yn un o ddau brif ddramodydd Cymraeg yr 20g., er bod eu hagweddau llenyddol yn wahanol iawn. Fe'i ganed yn y Groeslon (**Llandwrog**) a'i addysgu ym **Mangor**. Ar ôl cyfnod fel athro ysgol bu'n gweithio gyda'r BBC fel cynhyrchydd dramâu radio (1949–53) cyn dod yn ddarlithydd yn y **Gymraeg** ym Mangor (1953–71).

Lluniodd ddramâu realaidd yn seiliedig yn bennaf ar dyndra teuluol, dramâu ac iddynt ddyfnder seicolegol a barodd iddo gael ei alw'n 'ddramodydd nofelyddol'. Seiliwyd ei weithiau ar y syniad fod pob gweithgarwch dynol wedi'i sbarduno gan deimlad yn hytrach na'r deall. Saif dwy o'i amryw ddramâu allan fel campweithiau: seiliwyd *Hanes Rhyw Gymro* (1964) ar fywyd **Morgan Llwyd**, y Piwritan o'r 17g., ac eto nid yw'n ddrama hanes yn yr ystyr fanwl, nac yn Biwritanaidd o ran ysbryd; mae *Ac Eto Nid Myfi* (1976) yn ymdrin â chymhlethdodau'r hydeimledd modern. Defnyddia'r awdur dechnegau Brechtaidd i ddibenion an-Frechtaidd iawn, a gwelir ei arbrofi eto yn ei gyfrol o straeon byrion, *Y Goeden Eirin* (1946) a'i ddwy nofel, *Y Dewis* (1942) a *Tri Diwrnod ac Angladd* (1979). Dylanwadodd ar lawer fel darlithydd a beirniad llenyddol.

**JONES, John Owen (Ap Ffarmwr; 1861–99)** Ymgyrchydd dros weision ffermydd

Llwyddodd Ap Ffarmwr, a hanai o Drefdraeth (**Bodorgan**), i greu ymwybyddiaeth o amodau gwaith gwael **gweision ffermydd**. Ofer fu ei dair ymgais i sefydlu undeb i weithwyr amaethyddol **Môn**, ac yn 1894 symudodd i **Ferthyr Tudful** lle parhaodd yn wleidyddol weithgar; ef a gadeiriodd gyfarfod cyntaf y **Blaid Lafur Annibynnol** yn y dref. Yn 1897 symudodd i Nottingham ac yno y bu farw.

**JONES, John Puleston (1862–1925)** Gweinidog ac awdur

Ganed John Puleston Jones yn **Llanbedr Dyffryn Clwyd** a'i fagu yn y **Bala**. Cafodd ei addysgu yn Glasgow a **Rhydychen**, lle'r oedd yn un o sylfaenwyr Cymdeithas Dafydd ap Gwilym. Yn 1888 fe'i hordeiniwyd gan y **Methodistiaid Calfinaidd**. Collodd ei olwg pan oedd yn ddim ond 18 mis oed, o ganlyniad i ddamwain, ac ef a ddyfeisiodd y system Braille ar gyfer yr iaith **Gymraeg**, system sy'n dal i gael ei defnyddio. Câi ei ystyried gan Syr **John Morris-Jones** 'ymysg cymwynaswyr pennaf diwylliant a chrefydd Cymru trwy gyfrwng ei hiaith'. Cyhoeddwyd ei bregethau yn *Gair y Deyrnas* (1924) a'i ysgrifau yn *Ysgrifau Puleston* (1926).

**JONES, John Tudor (John Eilian; 1904–85)** Golygydd a bardd

Treuliodd John Eilian, a oedd yn frodor o **Laneilian**, gyfnodau yn newyddiadurwr yn **Llundain**, Irac a Ceylon cyn dychwelyd i Gymru a sefydlu *Y Ford Gron*, misolyn poblogaidd, yn 1930. Yn ddiweddarach bu'n golygu *Y Cymro* a'r *Herald Cymraeg*. Bu'n bennaeth rhaglenni y BBC yng Nghymru (1938–40) cyn dod yn bennaeth uned olygyddol y BBC yn gyffredinol (1940–3) (gw. **Darlledu**). Fel bardd, cyhoeddodd gyfrol feiddgar, *Gwaed Ifanc* (1923), ar y cyd ag **E. Prosser Rhys**; enillodd gadair yr **Eisteddfod** Genedlaethol yn 1947 a'r goron yn 1949. John Eilian oedd un o'r ychydig lenorion Cymraeg i arddel teyrngarwch agored i'r **Blaid Geidwadol**; safodd fel ymgeisydd seneddol **Môn** yn 1964, 1966 ac 1970.

**JONES [Leonard] Jonah (1919–2004)** Cerflunydd ac awdur
Mab i löwr o Swydd Durham oedd Jonah Jones, a gŵr y daeth ei wreiddiau teuluol Cymreig yn gynyddol bwysig iddo. Yn ystod yr **Ail Ryfel Byd** gwasanaethodd gydag uned ambiwlans ar dir mawr Ewrop ac ym Mhalesteina, lle priododd Judith Maro (g.1927), brodor o Jerwsalem, yn 1946. Wedi'r rhyfel daethant i Gymru lle'r ymunodd Jonah Jones â'r arlunydd **John Petts** yng Ngwasg Caseg cyn sefydlu ei weithdy ei hun yn Nhremadog (**Porthmadog**). Bu'n gweithio am rai blynyddoedd yn Rhufain ac **Iwerddon**, ond dychwelai o hyd i Gymru, a buan y gwnaeth enw iddo'i hun fel crefftwr yn nhraddodiad Eric Gill. Ymhlith ei weithiau Cymreig y mae ei gofeb i dywysogion **Aberffraw**, ei gerfluniau efydd o **O. M. Edwards** a'i fab **Ifan ab Owen Edwards** yn **Llanuwchllyn**, a phenddelwau amryw o Gymry adnabyddus eraill. Ymhlith ei gyhoeddiadau y mae dwy nofel a chyfrol o ysgrifau. Mae Judith Maro hithau'n awdures, a'i gweithiau yn adlewyrchu ei chydymdeimlad dwfn â'r mudiad Seionaidd.

**JONES, Ken[neth Jeffrey] (1921–2006)** Chwaraewr rygbi ac athletwr
Ken Jones, a aned ym **Mlaenafon**, oedd un o'r asgellwyr gorau yn hanes **rygbi**, ac yn sicr y cyflymaf. Bu'n gapten timau rygbi **Casnewydd** a Chymru, ac yn gapten tîm **athletau** Prydain. Cafodd 44 o gapiau i Gymru rhwng 1947 ac 1957, record a fu'n ddiguro am flynyddoedd; ef a sgoriodd y cais buddugol enwog yn erbyn y Crysau Duon yn 1953, yn dilyn cic groes gan **Clem Thomas**. Yn ogystal â'i gyflymder rhyfeddol, gallai ochrgamu'n ddeheuig, amddiffyn yn gadarn a darllen y gêm yn dda – rhinweddau a sicrhaodd iddo 145 o geisiadau dros Gasnewydd a 17 dros Gymru. Bu'n aelod o'r tîm cenedlaethol a enillodd y Gamp Lawn ddwywaith (1950, 1952) ac o dîm y Llewod Prydeinig yn 1950. Yng Ngemau Olympaidd 1948 cyrhaeddodd y ras 100-metr gynderfynol ac enillodd y fedal arian fel aelod o dîm ras wib gyfnewid. Ef oedd capten tîm **Prydain** yng Ngemau Ewropeaidd 1954.

**JONES, Lewis (1897–1939)** Nofelydd
Ganed Lewis Jones yng Nghwm Clydach (y **Rhondda**), a dechreuodd weithio yng Nglofa'r Cambrian pan oedd yn 12 oed. Ymunodd â'r **Blaid Gomiwnyddol** yn 1923. Yn ystod y 1930au bu'n arwain **gorymdeithiau newyn** i **Lundain** ac yn trefnu protestiadau yn erbyn y **prawf moddion**. Bu'n flaenllaw yn yr ymgyrch Gymreig o blaid Gweriniaeth Sbaen (gw. **Rhyfel Cartref Sbaen**) a bu farw yng **Nghaerdydd** o drawiad ar y galon wedi iddo annerch rhyw 30 o gyfarfodydd stryd yn ystod yr wythnos y syrthiodd Barcelona i luoedd Franco. Ysgrifennodd ddwy nofel, sef *Cwmardy* (1937) a'r dilyniant iddi, *We Live* (1939), ac maent yn adlewyrchu ei ddaliadau Marcsaidd yn glir.

**JONES, Mai (1899–1960)** Cerddor
Mai Jones a gyfansoddodd alaw'r gân boblogaidd '**We'll keep a welcome**'. Fe'i ganed yng **Nghasnewydd** a bu'n astudio **cerddoriaeth** yng **Nghaerdydd** ac yn yr Academi Gerdd Frenhinol, **Llundain**. Bu'n aelod o sawl band cerddoriaeth ysgafn yn Llundain, a gwnaeth ei darllediad radio cyntaf yn 1928 gyda band Jack Payne. Ymunodd â'r BBC yng Nghaerdydd yn 1941, gan ennill bri fel cynhyrchydd rhaglenni radio poblogaidd fel ***Welsh Rarebit***; roedd arwyddgan piano y rhaglen hon, 'Rhondda Rhapsody', ymhlith ei chyfansoddiadau niferus. Roedd ei phersonoliaeth afieithus, ynghyd â'i harddull gynhyrchu Americanaidd, yn cynnig rhywbeth hollol newydd i wrandawyr Cymreig. Roedd yn briod â'r cyfansoddwr a'r cerddor Davey Davies (m.1964), a oedd yn ewythr i John Cale, cyd-sylfaenydd Velvet Underground (gw. **Cerddoriaeth**). Rhoddodd y cwpwl anogaeth allweddol i'r cerddor ifanc o'r Garnant (gw. **Cwmaman**).

**JONES, Margaret (Y Gymraes o Ganaan; 1842?–1902)** Awdur llyfrau taith
A hithau'n enedigol o **Rosllannerchrugog**, yn 1863 aeth Margaret Jones i weini i deulu o **Iddewon** a oedd wedi troi at Gristnogaeth ac a dderbyniodd alwad i genhadu yn Jerwsalem. Cyhoeddwyd y llythyrau a anfonodd adref at ei rhieni yn *Y Tyst Cymreig*, ac yn 1869 fe'u casglwyd yn y gyfrol *Llythyrau Cymraes o Wlad Canaan*. Derbyniodd y gyfrol gryn glod fel darlun byw a difyr o Balesteina. Ar ôl gweithio am gyfnod pellach fel athrawes genhadol ym Mogador (Essaouira, Morocco erbyn hyn), cyhoeddodd ail lyfr taith mwy confensiynol, *Moroco a'r hyn a welais yno* (1882).

**JONES, Mary (1784–1864)** Arwres werin
Er iddi dreulio ei bywyd mewn tlodi a dinodedd yn **Llanfihangel-y-Pennant** a **Bryn-crug**, mae Mary Jones ymhlith yr enwocaf o holl ferched Cymru. Daeth yn eicon oherwydd iddi, yn 1800, gerdded (yn droednoeth yn ôl yr hanes) o'i chartref i'r **Bala** i brynu **Beibl** gan **Thomas Charles** – taith o tua 45km dros fynydd-dir caregog. Dywedir i'r daith hon ysbrydoli Charles i chwarae rhan bwysig yn sefydlu **Cymdeithas y Beibl** yn 1804. Mae hanes ei thaith, sydd bellach ar gael mewn tua 40 o ieithoedd, wedi aros yn un o werthwyr gorau'r fasnach lyfrau Gristnogol byth oddi ar ei gyhoeddi'n llyfr am y tro cyntaf yn 1879.

**JONES, Michael D[aniel] (1822–98)** Gwladgarwr
Ganed Michael D. Jones yn **Llanuwchllyn** ac fe'i hordeiniwyd yn weinidog gyda'r **Annibynwyr** yn Cincinnati, lle sefydlodd Gymdeithas y Brython i fod o gymorth i ymfudwyr Cymreig. Pryderai eu bod yn cael eu Hamericaneiddio'n gyflym, a dadleuai y dylid anelu at sefydlu cymunedau Cymreig hunangynhaliol, ond teimlai fod **Gogledd America** yn datblygu'n rhy gyflym i gynllun o'r fath allu gweithio yno.

Wedi dychwelyd i Gymru yn 1850 daeth i'r penderfyniad y dylai ymfudwyr Cymreig ymsefydlu mewn rhan fwy anghysbell o'r byd. Er nad oedd ef ei hun yn un o'r trefedigaethwyr, ei weledigaeth, ei arweiniad ac, yn rhannol, ei gefnogaeth ariannol, a arweiniodd at sefydlu gwladfa Gymreig ym **Mhatagonia** (1865). Yn 1882 ymwelodd â'r Wladfa Gymreig, lle byddai ei fab, **Llwyd ap Iwan**, yn cael ei lofruddio yn 1906.

Fe'i penodwyd yn brifathro'r Coleg Annibynnol yn y **Bala** yn 1853, fel olynydd i'w dad, a daeth yn rhan o'r ffrwgwd a elwir yn 'frwydr y ddau gyfansoddiad', yn erbyn presbytereiddio enwad yr Annibynwyr. Yr oedd hierarchaeth yn anathema iddo, ac yn yr un modd ag y pwysleisiai werth cymuned o gynulleidfaoedd crefyddol cyfartal, felly hefyd yr ymgyrchai dros gymuned o genhedloedd cyfartal. Er ei fod yn Rhyddfrydwr i'r carn, gwrthwynebai athrawiaeth *laissez-faire*: 'Nid oes un cysondeb', meddai, 'mewn bod dros ryddid personol, ac ymladd yn erbyn annibyniaeth a rhyddid cenedlaethol'.

Gydag Emrys ap Iwan (**Robert Ambrose Jones**), ystyrir Michael D. Jones yn dad **cenedlaetholdeb** Cymreig. Ysgrifennodd yn helaeth i'r wasg, gan ddadlau yn arbennig fod darostwng y Cymry fel cenedl ynghlwm wrth eu darostyngiad fel tenantiaid ar ffermydd neu weithwyr diwydiannol, ac na ddeuai achubiaeth oni bai eu bod yn herio'r drefn wleidyddol a'u caethiwai. Ymysg yr arweinwyr diweddarach a ddaeth dan ei ddylanwad yr oedd **T. E. Ellis**, **David Lloyd George** ac **O. M. Edwards**.

**JONES, Morgan (1885–1939)** Gwleidydd ac addysgwr
Roedd Morgan Jones yn athro yn Ysgol y Gilfach yn ei dref enedigol, **Bargod**, pan gafodd ei ddiswyddo am fod yn wrthwynebydd cydwybodol yn ystod y **Rhyfel Byd Cyntaf** a'i garcharu oherwydd ei ddaliadau (gw. **Gwrthwynebwyr Cydwybodol**). Ef oedd y gwrthwynebydd cydwybodol cyntaf i gael ei ethol i'r Senedd. Bu'n aelod seneddol Llafur dros **Gaerffili** o 1921 hyd ei farwolaeth, a gwasanaethodd yn y ddwy **lywodraeth** Lafur gyntaf (1923–4 a 1929–31) fel ysgrifennydd seneddol i'r Bwrdd Addysg.

**JONES, O[wen] R[ogers] (1922–2004)** Athronydd
Brodor o **Lanrhaeadr-yng-Nghinmeirch** oedd O. R. Jones. Astudiodd ym **Mangor** a **Rhydychen**, a chafodd swydd darlithydd yn **Aberystwyth** yn 1957. Ei brif ddiddordebau oedd athroniaeth crefydd, athroniaeth iaith ac athroniaeth y meddwl (gw. **Athroniaeth**). Ei gyhoeddiadau pwysicaf oedd *The Concept of Holiness* (1961) ac, ar y cyd â Peter Smith, *The Philosophy of Mind* (1986).

**JONES, O[wen] T[homas] (1878–1967)** Daearegydd
Ar achlysur cyflwyno iddo Fedal Frenhinol y Gymdeithas Frenhinol yn 1956, disgrifiwyd 'O.T.' fel y mwyaf amryddawn ymhlith daearegwyr Prydeinig ei ddydd. Fe'i ganed yn **Beulah** a graddiodd mewn ffiseg yn **Aberystwyth** ac mewn **daeareg** yng **Nghaergrawnt**. Bu'n un o swyddogion yr Arolwg Daearegol cyn dod yn Athro daeareg yn Aberystwyth, Manceinion a Chaergrawnt yn eu tro.

Amlygwyd ei ddealltwriaeth feistraidd o esblygiad creigiau Palaeosöig Isaf Cymru yn ei araith lywyddol nodedig gerbron Cymdeithas Ddaearegol Llundain yn 1938, yn ei adluniad medrus (ar y cyd â **W. J. Pugh**) o draethlin llosgfynydd Ordofigaidd yn ardal **Llanfair-ym-Muallt–Llandrindod** yn 1949, ac yn ei amgyffrediad o esblygiad **tirffurfiau** amlycaf Cymru yn y ddarlith a draddodwyd gerbron Cymdeithas Ddaearegol Llundain yn 1954. Gwyddai fwy am ddaeareg Cymru a chyfrannodd fwy i ddaeareg ei wlad nag unrhyw un arall yn hanes ei wyddor. Ef a **T. W. E. David** oedd y daearegwyr Cymreig ehangaf eu gwybodaeth a'u gallu yn ystod y cyfnod cyn cyhoeddi damcaniaeth Tectoneg Platiau.

**JONES, Owen (Owain Myfyr; 1741–1814)** Noddwr llên a golygydd
Ganed Owain Myfyr yn **Llanfihangel Glyn Myfyr** ond symudodd yn gynnar i **Lundain**. Yno sefydlodd fusnes hynod lewyrchus fel crwynwr a dod yn ŵr cyfoethog. Roedd yn un o sefydlwyr Cymdeithas y **Gwyneddigion** yn 1770. Ynghyd â **William Owen Pughe**, golygodd *Barddoniaeth Dafydd ab*

Owen Jones: tudalen allan o *The Grammar of Ornament*, 1856

*Gwilym* (1789) ac, ynghyd â Pughe ac Iolo Morganwg (**Edward Williams**), ***The Myvyrian Archaiology of Wales*** (1801–7). Buddsoddodd lawer iawn o arian yn y ddwy fenter. Enwyd yr *Archaiology* ar ei ôl i gydnabod ei haelioni.

**JONES, Owen (1809–74)** Pensaer
Ganed Owen Jones yn **Llundain**, yn fab i Owain Myfyr (**Owain Jones**; 1741–1814), a mynychodd yr Academi Frenhinol. Bu ganddo ran bwysig yng nghynllunio ac addurno'r ddau Balas Grisial a godwyd yn Llundain ar gyfer y ddwy Arddangosfa Fawr (1851 ac 1854). Ymhlith yr adeiladau eraill y cyfrannodd at eu creu y mae gorsaf Paddington, Llundain (1849–55). Meistrolodd dechneg argraffu mewn lliw a chynhyrchodd lyfrau hardd sy'n bwysig yn hanes **argraffu**. Bu ei syniadau am gelfyddyd a **phensaernïaeth** yn dra dylanwadol, yn enwedig fel y'u mynegwyd yn *The Grammar of Ornament* (1856), sy'n ymdrin ag addurnwaith rhai o brif wareiddiadau'r byd. Bron 200 mlynedd wedi ei eni, cynyddu y mae'r diddordeb ynddo, fel y tystia cyfrol Gareth Alban Davies, *Y Llaw Broffwydol* (2004), a chyfrol Carol A. Hrvol Flores, *Owen Jones: Design, Ornament, Architecture and Theory* (2006).

**JONES, Percy Mansell (1889–1968)** Ysgolhaig
Brodor o **Gaerfyrddin** oedd Mansell Jones. Bu'n Athro Ffrangeg ym **Mangor** ac yna'n Athro llenyddiaeth Ffrangeg ym Manceinion (1951–6). Ymhlith ei lyfrau niferus y mae *Tradition and Barbarism* (1930), *Background to Modern French Poetry* (1951), *The Oxford Book of French Verse* (1957) a *The*

*Assault on French Literature* (1963), yn ogystal ag astudiaethau o Emile Verhaeren, Racine a Baudelaire. Cyhoeddodd ei atgofion o dan y teitl *How They Educated Jones* (1974), lle disgrifiodd ei ymwneud ag Ezra Pound, André Gide, **Saunders Lewis**, **Morfydd Llwyn Owen** ac **Ernest Jones**.

**JONES, Philip (1618–74)** Seneddwr

Daeth y Cyrnol Jones, a hanai o **Langyfelach**, yn aelod o Gyngor y Wladwriaeth ac yn oruchwyliwr preswylfa **Oliver Cromwell**. Am gyfran helaeth o'r 1650au ef, i bob pwrpas, a reolai dde Cymru. Cronnodd ffortiwn sylweddol a phan ddaeth yr Adferiad (1660), caniatawyd iddo ymddeol i'w stad, Castell Ffwl-y-mwn (y **Rhws**).

**JONES, R[obert] Gerallt (1934–99)** Awdur

Mab i offeiriad yn **Llŷn** oedd R. Gerallt Jones, a bu'n bennaeth coleg addysg yn Jamaica, yn warden Coleg Llanymddyfri ac yn warden Gregynog (gw. **Tregynon**) ymhlith swyddi eraill. Enillodd fedal ryddiaith yr **Eisteddfod** Genedlaethol am *Triptych* (1977) a *Cafflogion* (1979), a chyhoeddodd dair nofel arall. Ei gasgliad o straeon, *Gwared y Gwirion* (1966), oedd sail y gyfres deledu *Joni Jones*. Ymddangosodd casgliad o'i gerddi yn 1989, a chyhoeddodd hefyd weithiau beirniadol a chyfrolau **Saesneg** megis *Jamaican Landscape* (1969). Wedi ei farw cyhoeddwyd casgliad o'i erthyglau am India (2003) a chyfrol hunangofiannol, *A Place in the Mind: A Boyhood in Llŷn* (2004).

**JONES, R[obert] Tudur (1921–98)** Hanesydd a diwinydd

R. Tudur Jones oedd diwinydd Cristnogol mwyaf ei genhedlaeth yng Nghymru. Cafodd ei eni yn Rhos-lan (**Llanystumdwy**) a'i fagu yn y **Rhyl**. Fe'i haddysgwyd ym **Mangor**, **Rhydychen** a Strasbourg, a bu'n weinidog Annibynnol yn **Aberystwyth** am ddwy flynedd cyn ei benodi, yn 1950, yn Athro hanes Coleg Bala–Bangor, coleg diwinyddol ei enwad ym Mangor. Daeth yn brifathro'r coleg hwnnw yn 1966 ac ymddeolodd yn 1988. Roedd yn awdur toreithiog a gyfunodd ymrwymiad cenedlaetholgar i Gymru, safbwynt Calfinaidd (gw. **Calfiniaeth**) ac adnabyddiaeth drwyadl o'r traddodiad ysbrydol Cymraeg er mwyn creu gweledigaeth gyfannol a fu'n bwysig yng **nghrefydd** y genedl yn ail hanner yr 20g. Mae camp fawr ar ei gyfrolau ar hanes Annibyniaeth yn **Lloegr**, hanes yr **Annibynwyr** yng Nghymru a hanes crefyddol Cymru yn nechrau'r 20g.

**JONES, Richard Robert (Dic Aberdaron; 1780–1843)** Ieithgi

'Nid yw pawb yn gwirioni'r un fath,' meddai **T. H. Parry-Williams** yn ei gerdd i'r ieithgi hunanaddysgedig hwn. Treuliodd Dic, mab i saer yn **Aberdaron**, ei oes yn crwydro Cymru a thu hwnt gyda'i gath a'i lyfrau. Dywedir iddo ddysgu **Lladin** yn 12 oed a nifer o ieithoedd hen a diweddar ar ôl hynny. Ei gamp fwyaf oedd llunio geiriadur Cymraeg–Groeg–Hebraeg anghyhoeddedig a gedwir yn y **Llyfrgell Genedlaethol**. Ar ei fedd ym mynwent y plwyf **Llanelwy** ceir yr englyn a ganlyn o waith Ellis Owen (1789–1868):

Ieithydd uwch ieithwyr wythwaith, — gwir ydoedd,
Geiriadur pob talaith:
Aeth Angau â'i bymthengiaith;
Obry'n awr mae heb 'r un iaith.

**JONES, Robert (1560–1615)** Offeiriad

Roedd Robert Jones yn frodor o'r **Waun**, **Sir Ddinbych** (**Wrecsam** bellach), ac yn ddisgybl i **Richard Gwyn**, mae'n debyg. Ymunodd â Chymdeithas yr Iesu yn Rhufain yn 1583. Bu'n Athro mewn **athroniaeth** yn y Coleg Rhufeinig (yr Università Gregoriana yn ddiweddarach) o 1590 hyd 1595, pan anfonwyd ef yn ôl i **Brydain** yn genhadwr. Ymsefydlodd yn **Llantarnam**, gan drefnu rhwydweithiau reciwsantaidd ar hyd y Gororau. Ar diroedd fferm y Cwm, Llanrothal (**Swydd Henffordd**), sefydlodd ganolfan astudiaethau ar gyfer yr Iesuwyr. O 1609 hyd 1613 ef oedd is-bennaeth cenhadaeth y Gymdeithas yng Nghymru a **Lloegr**.

**JONES, Robert (Robert Jones, Rhos-lan; 1745–1829)** Pregethwr ac awdur

Roedd Robert Jones yn ffigwr allweddol yn nhwf Methodistiaeth yn y gogledd (gw. **Methodistiaid Calfinaidd**). Fe'i ganed yn y Suntur, **Llanystumdwy**, ac fe'i cysylltir fel rheol â Rhos-lan (Llanystumdwy) lle cynullodd **seiat** gref.

Dechreuodd **bregethu** yn 1768 ond gwrthododd gymryd ei ordeinio yn 1811 gan y daliai ei fod yn rhy hen. Ac yntau'n gyn-ddisgybl yn un o'r **ysgolion cylchynol** a sefydlwyd gan **Griffith Jones**, perswadiodd **Bridget Bevan** i ailagor yr ysgolion cylchynol yn y gogledd, a bu'n athro mewn saith ohonynt. Ymhlith ei gyhoeddiadau y mae'r llyfr dychanol *Lleferydd yr Asyn* (1770), *Grawnsyppiau Canaan* (1795), sef llyfr **emynau** cyntaf y Methodistiaid yn y gogledd, a'i gampwaith *Drych yr Amseroedd* (1820), disgrifiad angerddol, os hygoelus, o'r **Diwygiad Methodistaidd**.

**JONES, Robert (1809–79)** Golygydd a llyfrbryf

Brodor o **Lanfyllin** oedd Robert Jones. Treuliodd y rhan fwyaf o'i oes yn ficer yn **Llundain**, ac ymdaflodd i lawer agwedd ar y bywyd Cymreig yno ac yng Nghymru. Roedd yn un o sefydlwyr trydedd gymdeithas y **Cymmrodorion** yn 1873 ac fel golygydd cyntaf *Y Cymmrodor* sicrhaodd fod gan y cylchgrawn hwnnw seiliau ysgolheigaidd cadarn o'r cychwyn. Roedd yn awdurdod ar **Goronwy Owen** a chyhoeddodd argraffiad o'i waith yn 1876. Prynwyd ei lyfrgell helaeth o lyfrau Cymraeg a Llydaweg gan lyfrgell gyhoeddus **Abertawe** ar ôl ei farw. Roedd ymhlith yr olaf o'r **hen bersoniaid llengar**.

**JONES, Robert (1857–1933)** Llawfeddyg

Ganed Robert Jones yn y **Rhyl**, ond treuliodd ran sylweddol o'i blentyndod yn **Llundain**. Wedi iddo gwblhau ei addysg feddygol yn **Lerpwl** bu'n brentis, ac wedyn yn gynorthwyydd, i'w ewythr, **Hugh Owen Thomas**, gŵr y byddai'n cydnabod ei ddyled iddo ar hyd ei oes. Cafodd ei ethol yn llawfeddyg mygedol i Ysbyty'r Royal Southern, Lerpwl, a *c.*1900 trodd ei sylw yn llwyr at lawfeddygaeth yr esgyrn. Cafodd brofiad helaeth o drin milwyr a glwyfwyd yn ystod y **Rhyfel Byd Cyntaf**, a daeth yn un o'r arbenigwyr enwocaf yn ei faes. Derbyniodd sawl anrhydedd, gan gynnwys cael ei urddo'n farchog.

**JONES, Robert Ambrose (Emrys ap Iwan; 1848–1906)** Gweinidog ac awdur

Brodor o **Abergele** oedd Robert Ambrose Jones. Astudiodd yng Ngholeg y Bala gyda golwg ar weinidogaeth y **Methodistiaid Calfinaidd**, a threuliodd hefyd gyfnodau yn dysgu ac astudio yn Ffrainc, yr Almaen a'r Swistir. I ddechrau bu ei gyfundeb crefyddol yn anfodlon ei ordeinio, oherwydd ei wrthwynebiad, ar dir gwladgarol, i sefydlu **achosion Saesneg** mewn ardaloedd **Cymraeg**, ond derbyniodd yn y man alwadau gan eglwysi yn **Rhuthun** a Rhewl (**Llanynys**).

Cyfrannodd yr Ewropead Cymreig hwn (fel y'i hystyriai ei hun) yn doreithiog i'r wasg Gymraeg ac mae ei erthyglau yn tystio i'w annibyniaeth meddwl. Yn ei erthyglau ar iaith a **llenyddiaeth**, aeth ati i ddiffinio teithi'r traddodiad rhyddiaith Cymraeg ac ailsefydlu'r safonau a oedd wedi'u colli yn ystod y 19g. Ysgrifennodd hefyd erthyglau gwleidyddol a osododd gyfeiriad **cenedlaetholdeb** Cymreig modern gyda'u hosgo Ewropeaidd, wrthimperialaidd. Wedi ei farw cyhoeddwyd dwy gyfrol o'i *Homiliau* (1906, 1909), pregethau llenyddol coeth o ran meddwl a mynegiant. Ffigwr dadleuol yn ei oes oedd Emrys ap Iwan, ond câi ei barchu gan ei gydnabod fel pregethwr, athro a gweledydd. Bu'r cofiant iddo (1912) gan **T. Gwynn Jones** yn ysgogiad i genhedlaeth newydd o wladgarwyr Cymreig. Mae Ysgol Emrys ap Iwan, Abergele, yn coffáu ei enw.

### JONES, Rowland (1722–74) Ieithydd

'Touched in the head' oedd barn ei gyfoeswr Lewis Morris (gw. **Morrisiaid**) am Rowland Jones, a oedd yn frodor o blwyf **Llanbedrog**; fe'i disgrifiwyd hefyd fel 'linguistic lunatic'. Galluogodd ei briodas gydag etifeddes gyfoethog iddo roi'r gorau i'w waith fel twrnai yn **Llundain** a chanolbwyntio ar astudiaethau ieithyddol. Ffrwyth y gwaith hwnnw oedd pum llyfr llawn damcaniaethau ffantasïol am darddiad iaith a tharddiad y **Gymraeg**. Credai mai Celteg oedd iaith gysefin y byd ac mai derwydd oedd Japheth, syniadau a ddarganfu yng ngwaith y Llydawr Paol Pezron (Paul-Yves Pezron). Dylanwadodd ei syniadau ef yn eu tro ar rai **William Owen Pughe**.

### JONES, Rhydderch [Thomas] (1935–87) Dramodydd teledu

Blodeuodd gyrfa Rhydderch Jones, brodor o Aberllefenni (**Corris**), yn sgil yr ehangu ym myd **darlledu** yng Nghymru o'r 1960au ymlaen. Ar ôl hyfforddi yn y **Coleg Normal, Bangor**, bu'n dysgu yn **Llundain** ac yng Nghymru cyn ymuno â'r BBC yn 1965 a dod yn gynhyrchydd adloniant ysgafn yn 1973. Ef a **Gwenlyn Parry** oedd awduron y gyfres boblogaidd ***Fo a Fe***. Ymhlith ei ddramâu teledu unigol gorau y mae *Mr Lollipop MA* (1970 yn **Gymraeg**; 1978 yn **Saesneg**) a *Gwenoliaid* (1986). Ysgrifennodd gofiant i **Ryan Davies** (1979).

### JONES, Rhys (1941–2001) Archaeolegydd

Rhys Jones oedd un o'r awdurdodau pennaf ar hanes a diwylliant brodorion **Awstralia**. Fe'i magwyd ym Mlaenau **Ffestiniog** a **Chaerdydd**. Astudiodd **archaeoleg** yng **Nghaergrawnt** cyn mynd i ddysgu ym Mhrifysgol Sydney. Yno y dechreuodd ar waith ei fywyd yn astudio cynhanes Awstralia, gwaith a oedd i ymestyn dros dri degawd yn Canberra. Chwaraeodd ran allweddol wrth ddyddio'r aneddiadau hynaf yn Nhir Arnhem, gan ddefnyddio mesuriadau egni ymoleuol i ddangos i'r boblogaeth frodorol fod ar y cyfandir am o leiaf 60,000 o flynyddoedd a bod peintiadau ar greigiau yno cyn hyned â pheintiadau ogofeydd yr oes Balaeolithig yn Ffrainc. Roedd y canfyddiadau hyn yn allweddol wrth sefydlu hawliau tir ynyswyr Torres Strait, ymysg eraill.

Sam Jones

### JONES, Sam[uel] (1898–1974) Darlledwr

Sam Jones, yn 1932, oedd y Cymro Cymraeg cyntaf i'w benodi i swydd cynhyrchydd gyda'r BBC, a hynny i weithio ar raglenni radio Cymraeg. Cyn hynny roedd y gŵr o **Glydach** wedi bod yn dysgu yn **Lerpwl** (1924–7) ac yn newyddiadura ar y *Western Mail* (1927–32). Pan ffurfiwyd Rhanbarth Cymreig o'r BBC yn 1935 fe'i penodwyd yn gynrychiolydd y gorfforaeth yn y gogledd, ac ym **Mangor** y bu o hynny hyd ei ymddeoliad yn 1963. Yno cynhyrchodd raglenni poblogaidd iawn, gan gynnwys ***Noson Lawen*** ac *Ymryson y Beirdd*, a ddatblygodd yn ddiweddarach yn ***Talwrn y Beirdd*** (gw. **Darlledu**).

### JONES, Samuel (1628–97) Athro a gweinidog

Hanai Samuel Jones o'r **Waun**, **Sir Ddinbych** (**Wrecsam** erbyn hyn). Bu'n weinidog Anglicanaidd yn **Llangynwyd** cyn colli ei fywoliaeth o ganlyniad i Ddeddf Unffurfiaeth 1662. Aeth i fyw i Frynllywarch yn yr un plwyf a sefydlu academi yno i hyfforddi gweinidogion – y gyntaf o'r **academïau Anghydffurfiol** yng Nghymru, ac un a ddaeth yn fawr ei bri.

### JONES, T[homas] G[eorge] (1917–2004) Pêl-droediwr

Roedd T. G. Jones, 'tywysog y canolwyr' fel y câi ei adnabod, yn hanu o **Gei Connah**, ac roedd yn chwaraewr amlwg iawn yn hen Adran Gyntaf Cynghrair Lloegr a thîm cenedlaethol Cymru yn y 1930au a'r 1940au. Yn 1936, ar ôl chwe gêm i dîm cyntaf **Wrecsam**, ymunodd ag Everton a chyfrannodd at ddadeni'r clwb o **Lerpwl**. Ar ôl yr **Ail Ryfel Byd**, pan ychwanegodd 11 ymddangosiad i Gymru at yr 17 cap a gawsai cyn y rhyfel, parhaodd i ddisgleirio gydag Everton, ond bu anghytuno niweidiol rhyngddo a'r rheolwyr. Pan na fyddai wedi ei gynnwys hyd yn oed ymhlith y chwaraewyr wrth gefn, byddai'n chwarae ar y slei i dîm Cyn-ddisgyblion Ysgol Ramadeg **Penarlâg**. Aeth ymlaen i reoli tîm **Pwllheli** ac yn 1962, fel rheolwr tîm Dinas **Bangor**, enillwyr Cwpan Cymru, gwelodd ei dîm yn curo cewri'r Eidal, Napoli, o ddwy gôl i ddim yng Nghwpan Enillwyr Cwpanau Ewrop.

## **JONES, T[homas] Gwynn (1871–1949)** Bardd a llenor

Ganed T. Gwynn Jones, llenor Cymraeg mwyaf cynhyrchiol ac amryddawn yr 20g. o bosibl, yn y Gwyndy Uchaf, **Betws-yn-Rhos**. Yn 19 oed dechreuodd ar yrfa fel newyddiadurwr, ac yn 1909 cafodd swydd yn y **Llyfrgell Genedlaethol**. Yn 42 oed fe'i penodwyd yn ddarlithydd yn y **Gymraeg** yn **Aberystwyth**, a chwe blynedd yn ddiweddarach fe'i dyrchafwyd i Gadair Gregynog mewn **llenyddiaeth** Gymraeg – er na chawsai ef ei hun **addysg** ffurfiol er pan oedd yn 14 oed. D.Litt. oedd ei radd gyntaf.

Cyhoeddodd bedair nofel ar ffurf cyfrolau, yn ogystal â nofelau cyfresol a chofiannau i Emrys ap Iwan (**Robert Ambrose Jones**) (1912) a **Thomas Gee** (1913); ysgrifennodd ddramâu, llyfr taith am yr Aifft, cyfrolau beirniadol, cyfrol o atgofion, astudiaethau ysgolheigaidd, llawer o ganeuon, a thoreth o ysgrifau ac erthyglau achlysurol ar amrywiaeth o bynciau. Cyfieithodd o nifer o ieithoedd, ac yn 1940 cyhoeddwyd ei gyfieithiad Saesneg o *Weledigaetheu y Bardd Cwsc* **Ellis Wynne** gan Wasg Gregynog (gw. **Tregynon**).

Ei **awdl** 'Ymadawiad Arthur', a enillodd y gadair yn **Eisteddfod** Genedlaethol 1902, oedd carreg filltir bwysicaf dadeni llenyddol dechrau'r 20g. Enillodd y gadair eto gyda 'Gwlad y Bryniau' (1909). Lluniodd nifer o gerddi hir yn seiliedig ar chwedloniaeth Gymraeg a Cheltaidd, gan gynnwys 'Tir na n-Óg' (1910), 'Madog' (1917), 'Broseliawnd' (1922), 'Anatiomaros' (1925), 'Argoed' (1927) a 'Cynddilig' (1944). Er iddo gael ei ddisgrifio fel 'bardd dihangfa' ar sail ei benillion i **Ynys Afallon**, pesimist a realydd o fardd ydoedd mewn gwirionedd. Tua chanol y 1930au newidiodd ei drywydd ac ysgrifennu cerddi am fywyd cyfoes, a hynny'n bennaf yn y wers rydd gynganeddol; fe'u cyhoeddwyd ynghyd yn *Y Dwymyn* (1944). Cyhoeddodd Gwasg Gregynog argraffiad cain o'i gerddi yn 1926, sef *Detholiad o Ganiadau*, a rhwng 1932 ac 1937 cyhoeddodd Hughes a'i Fab (gw. **Argraffu a Chyhoeddi**) chwe chasgliad unffurf o'i weithiau.

## **JONES, T[homas] H[enry] neu Harri (1921–65)** Bardd

Ganed Harri Jones ger **Llanafan Fawr**. Wedi cyfnod yn dysgu yn **Lloegr**, ymfudodd i **Awstralia** yn 1959 pan benodwyd ef yn ddarlithydd Saesneg ym Mhrifysgol New South Wales. Câi byliau o yfed trwm ac o iselder, a bu farw trwy foddi mewn hen bwll nofio ar y creigiau ger ei gartref. Gellir dadlau mai ef oedd bardd Saesneg ôl-fodern cyntaf Cymru. Cyhoeddwyd pedair cyfrol o'i gerddi rhwng 1957 ac 1966. Mae'r bardd yn rhoi lle canolog yn y cerddi i'w atgofion am Gymru ac am fagwraeth dlawd mewn cymdeithas biwritanaidd, gul, ond mae hefyd yn canu'n angerddol am serch cnawdol. Ymddangosodd ei *Collected Poems* yn 1977.

## **JONES, Theophilus (1759–1812)** Hanesydd

Bu Theophilus Jones, a oedd yn ŵyr i **Theophilus Evans**, yn gyfreithiwr ac yn ddirprwy gofrestrydd archddeoniaeth **Aberhonddu**. Ei *History of the County of Brecknock* (2 gyfrol; 1805, 1809) yw'r orau o blith astudiaethau'r hynafiaethwyr Cymreig o hanes **siroedd**.

## **JONES, Thomas (Thomas Johns, Tomas Siôn Dafydd Madoc neu Twm Siôn Cati; *c.*1530–1609)** Herwr, hynafiaethydd a herodr

Mân uchelwr a drigai ym Mhorth-y-ffynnon (**Tregaron**) oedd Twm Siôn Cati, fel y'i hadwaenir orau er ei oes ei hun. Roedd yn ŵr o gryn ddiwylliant; barddonai'n achlysurol ond fel arwyddfardd y gwnaeth enw iddo'i hun. Fel stiward arglwyddiaeth Caron, bu mewn gwrthdaro chwerw ag offeiriad y plwyf. Fe'i disgrifir fel hynafgwr moel, musgrell yn 1597, ond yn 1607 priododd Joan Price, gweddw gyfoethog Thomas Rhys Williams o Ystrad-ffin, merch **John Price**, **Aberhonddu**. Bu farw ddwy flynedd yn ddiweddarach.

Bu'n arweinydd ar gang o herwyr yn ystod ei lencyndod gan dorri i mewn i dai a dwyn **gwartheg** o bell ac agos, cyn derbyn pardwn gan Elizabeth I yn 1559 am drosedd anhysbys. Cylchredai straeon amdano fel herwr direidus yn ardal Tregaron yn y canrifoedd dilynol, a chynhwyswyd nifer o'r rhain gan Samuel Rush Meyrick yn *The History of the County of Cardigan* (1809) a chan **George Borrow** yn *Wild Wales* (1862). Daeth i amlygrwydd fel ffigwr cenedlaethol yn sgil poblogrwydd rhyfeddol nofel **Thomas Jeffery Llewelyn Prichard** *The Adventures and Vagaries of Twm Shon Catti* (1828).

## **JONES, Thomas (1648–1713)** Argraffydd ac almanaciwr

Aeth Thomas Jones, mab i deiliwr o Dre'r-ddôl (**Corwen**), i **Lundain** yn 1666, ac ennill bri fel cyhoeddwr a llyfrwerthwr. Yn 1695 sefydlodd y wasg Gymraeg gyntaf yn Amwythig. Gŵr pruddglwyfus a phiwis ydoedd, ac o 1681 hyd ei farwolaeth bu'n difyrru darllenwyr ei almanaciau Cymraeg â hanesion am ei anhwylderau a'i feddyginiaethau. Roedd ei almanac yn llawer mwy darllenadwy na dim o waith ei olynwyr yn y 18g. Wfftiai ei elynion ato a'i alw'n 'Twm y teiliwr' a 'Tom-ass', ond dros gyfnod o 30 mlynedd cyhoeddodd doreth o lyfrau defosiynol a holwyddorol, geiriadur Cymraeg–Saesneg yn dwyn y teitl ysblennydd *Y Gymraeg yn ei Disgleirdeb* (1688) a llawer o **faledi** poblogaidd.

## **JONES, Thomas (1742–1803)** Arlunydd

Roedd Thomas Jones wedi bwriadu mynd yn offeiriad, ond gadawodd ei gartref ym Mhencerrig, **Llanelwedd**, yn 1763 i fynd i astudio yn Academi St Martin's Lane, **Llundain**, ac yn ddiweddarach dan ei gyd-Gymro **Richard Wilson**. Bu i ffwrdd am dros 20 mlynedd, ac eithrio ambell ymweliad â chartref y teulu. Bu'n byw yn yr Eidal rhwng 1776 ac 1783, ac yno y peintiodd ei luniau enwog *Wal yn Napoli* (1782) ac *Adeiladau yn Napoli* (1782), ymhlith eraill. Roedd ei ddull trawiadol o uniongyrchol mewn gwrthgyferbyniad llwyr â thueddiadau **pictiwrésg** y cyfnod, a chreodd bosibiliadau newydd, naturiolaidd ar gyfer **peintio** tirwedd, posibiliadau na chawsant eu harchwilio'n iawn hyd ganrif yn ddiweddarach; fe'i hystyrir yn dad peintio *plein air*. Yn 1786 ymwelodd â'r Hafod, lle bu'n peintio golygfeydd o'r stad a'r **gerddi** i **Thomas Johnes**. Y flwyddyn ddilynol etifeddodd gartref

Thomas Jones (1742–1803), *Adeiladau yn Napoli*, 1782

ei hynafiaid ym Mhencerrig, ac yno y bu farw. Gwnaeth arddangosfa o'i waith yn **Amgueddfa [Genedlaethol] Cymru** yn 2003 lawer i gadarnhau ei bwysigrwydd fel arlunydd.

## JONES, Thomas (1756–1820) Diwinydd a bardd

Ganed Thomas Jones ym Mhenucha, **Caerwys**, ac ef, yn ei ddydd, oedd prif feddyliwr y **Methodistiaid Calfinaidd**. Cafodd addysg glasurol yng Nghaerwys a **Threffynnon**, a dechreuodd **bregethu** yn 1783. Yn 1810 – ac yntau'n lleygwr – gweinyddodd sagrafennau'r cymun a'r bedydd yn ei gapel yn **Ninbych**, a dyna fu'r ysgogiad i'r Methodistiaid Calfinaidd ddechrau ordeinio gweinidogion yn 1811. Roedd ef ei hun ymhlith y rhai cyntaf i gael eu hordeinio. Ac yntau wedi etifeddu eiddo'r gyntaf o'i dair gwraig, bu'n byw'n gyfforddus yn yr **Wyddgrug** (1795–1804), **Rhuthun** (1804–6) a Dinbych (1806–20).

Bu'n cydolygu cylchgrawn chwarterol *Y Drysorfa* gyda'i gyfaill agos **Thomas Charles**. Ysgrifennai mewn **Cymraeg** cyhyrog, ac ymysg ei gynnyrch llenyddol toreithiog ceir hanes Eglwys Loegr (1813), hunangofiant (1814), cofiant Thomas Charles (1816), nifer o **emynau** a **chywydd** godidog i'r fronfraith. Roedd yn hen ewythr i'r gwleidydd **John Herbert Lewis**, a etifeddodd Benucha.

## JONES, Thomas (1810–49) Cenhadwr

Thomas Jones oedd y cyntaf i fynd i genhadu ar ran y **Methodistiaid Calfinaidd** i **Fryniau Casia** yng ngogledd-ddwyrain India. Yno mae'n parhau'n arwr, er mai ychydig sy'n gwybod amdano yng Nghymru. Yn 1840 gadawodd ef a'i wraig Anne eu cartref yn **Aberriw**, lle'r oedd ef yn gweithio fel melinydd, a dechrau ar y gwaith o droi degau ar filoedd o bobl Casia yn Gristnogion. Er i warth a thrychinebau gymylu ei flynyddoedd olaf, fe'i perchir fel tad llenyddiaeth Casia, gan mai ef oedd y cyntaf i roi ffurf ysgrifenedig i'r iaith, gan ddefnyddio orgraff y **Gymraeg**, a'r cyntaf hefyd i gyhoeddi llyfrau yn yr iaith ac agor ysgolion.

## JONES, Thomas (1870–1955) Ffigwr cyhoeddus

Roedd Thomas Jones yn frodor o'r **Rhymni**, a dechreuodd weithio fel clerc yng Ngwaith Dur y Rhymni pan oedd yn 14 oed. Yn 1890 aeth yn fyfyriwr i **Aberystwyth** ac yna cafodd yrfa academaidd ddisglair yn Glasgow a Belfast, lle penodwyd ef yn Athro economeg yn 1909. Dychwelodd i Gymru yn 1910 i fod yn ysgrifennydd Cymdeithas Goffa'r Brenin Edward VII, cymdeithas a oedd wedi ymgysegru i ddileu'r ddarfodedigaeth (gw. **Twbercwlosis**), swydd a ddaeth ag ef i gysylltiad clòs â theulu **Davies** o **Landinam**. Fe'i penodwyd yn ysgrifennydd Comisiwn Yswiriant Cymru yn 1912, ac ef oedd un o sylfaenwyr ynghyd â golygydd cyntaf y misolyn dylanwadol *The Welsh Outlook* (1914). Yn 1916 daeth yn ysgrifennydd cynorthwyol y cabinet, gan wasanaethu dan **David Lloyd George**, Bonar Law, **Ramsay MacDonald** a Baldwin; ysgrifennodd rai o areithiau mwyaf cofiadwy Baldwin. Cymerodd ran yn y trafodaethau a ragflaenodd y cytundeb Gwyddelig-Brydeinig yn 1921 a chwaraeodd ran bwysig yn ystod yr helbulon diwydiannol a arweiniodd at y **Streic Gyffredinol** yn 1926. Ef, yn 1927, oedd sylfaenydd **Coleg Harlech**. Yn 1929 fe'i gwnaed yn Gydymaith Anrhydedd (*Companion of Honour*), a hoffai gellwair mai Coleg Harlech a ddynodid gan y llythrennau CH.

Pan ymddeolodd o'i swydd gyda'r **llywodraeth** yn 1930, daeth yn ysgrifennydd Ymddiriedolaeth Pilgrim, lle datblygodd y syniadau a fyddai yn y pen draw yn ffurfio sylfaen Cyngor y Celfyddydau. Bu'n gadeirydd Pwyllgor Caledi Maes Glo De Cymru (1929–39), ond collodd beth o'i hygrededd fel sosialydd Ffabiaidd rhwng 1934 ac 1940 pan oedd yn aelod o'r Bwrdd Nawdd i'r Di-waith, a weinyddai bolisi **prawf moddion** anhyblyg. O 1944 hyd 1954 roedd yn llywydd Coleg Prifysgol Cymru, Aberystwyth (gw. **Prifysgol Cymru, Aberystwyth**), y coleg a'i gwrthododd fel prifathro yn 1919, yn bennaf oherwydd nad oedd yn Gristion uniongred. Mae ei dair cyfrol o hunangofiant, ei bedair cyfrol o ddyddiaduron cyhoeddedig a'r 300 o gyfrolau o'i bapurau sydd yn y **Llyfrgell Genedlaethol** ymysg y ffynonellau pwysicaf ar gyfer hanes Cymru yn yr 20g. Credai ei gofiannydd, E. L. Ellis, mai'r tri Chymro mwyaf ym mywyd cyhoeddus yr 20g. oedd David Lloyd George, **Aneurin Bevan** a Thomas Jones. Pan benodwyd ef yn weinidog **iechyd** yn 1945, sylw cyntaf Bevan oedd: 'I'll go to see that old bugger from Rhymney'. Roedd y gwleidydd Llafur **Eirene White** yn ferch iddo.

**JONES, Thomas (1910–72)**
Ysgolhaig

Rhyddiaith Gymraeg Canol oedd diddordeb pennaf Thomas Jones, ac mae'n fwyaf adnabyddus y tu allan i Gymru am y cyfieithiad Saesneg o'r **Mabinogion** (1948) a luniwyd ganddo ef a **Gwyn Jones**. Cyfrannodd ei ysgolheictod creadigol yn ddirfawr at lwyddiant y cyfieithiad. Cyhoeddodd hefyd olygiadau safonol o amrywiol fersiynau'r cronicl ***Brut y Tywysogyon*** ynghyd ag ymdriniaethau manwl â'r llawysgrifau. Brodor o'r Allt-wen (**Cilybebyll**) ydoedd ac ar wahân i gyfnod o wasanaeth milwrol treuliodd ei holl yrfa yn adran y **Gymraeg** yn **Aberystwyth**, a hynny fel Athro o 1952 hyd 1970.

**JONES [John] Viriamu (1856–1901)**
Ffisegydd ac addysgwr

Cafodd Viriamu Jones, a aned ym Mhentre-poeth, **Abertawe**, ei enwi ar ôl John Williams a aeth yn genhadwr i Ynysoedd Môr y De: 'Viriamu' oedd yr ynganiad o 'Williams' ar ynys Erromango. Ar ôl iddo ennill anrhydeddau lawer ym mhrifysgolion **Llundain** a **Rhydychen**, a gosod seiliau cadarn i ddatblygiad Prifysgol Sheffield, yn 1883 daeth yn brifathro cyntaf Coleg y Brifysgol, **Caerdydd** (gw. **Prifysgol Caerdydd**), ac yntau'n ddim ond 27 oed. Chwaraeodd ran allweddol yn y gwaith o lunio siarter **Prifysgol Cymru**, ac ef oedd ei isganghellor cyntaf yn 1893. Yn 1894 cafodd ei ethol yn Gymrawd o'r Gymdeithas Frenhinol (FRS) ar sail ei ymchwil gwyddonol, ymchwil yr ymgymerai ag ef yn bennaf yn ei amser hamdden ac a oedd yn ymwneud â mesuriadau trydanol a ffisegol. Ni cheir gwell dealltwriaeth o ddyheadau addysgol y mudiad cenedlaethol nag yn ei areithiau huawdl. Roedd ganddo bersonoliaeth enillgar tu hwnt, ac roedd yn fynyddwr penigamp. Hyd yn hyn ni bu ei debyg fel arweinydd addysgol yng Nghymru. Brawd hŷn iddo oedd David Brynmor Jones (1852–1921), aelod seneddol Rhyddfrydol Rhanbarth Abertawe a chyd-awdur *The Welsh People* (1900) gyda **John Rhŷs**. Roedd ei frawd iau, Leifchild Stratten Jones (1862–1939), yntau'n aelod seneddol Rhyddfrydol, ac fe'i dyrchafwyd yn arglwydd dan y teitl Barwn Rhayader yn 1932.

**JONES, Walter Idris (1900–71)** Cemegydd a chwaraewr rygbi

Mab i roliwr mewn gwaith **tunplat** yn **Llanelli** oedd Walter Idris Jones. Bu'n fyfyriwr yn **Aberystwyth** a **Chaergrawnt**. Bu mewn swyddi uchel ym maes cemeg tanwydd, yn ICI a **Powell Duffryn** (lle datblygodd y tanwydd artiffisial ffwrnaseit), cyn cael ei benodi'n gyfarwyddwr cyffredinol ymchwil i'r egin **Fwrdd Glo Cenedlaethol** (1946), ac yno y bu hyd nes iddo ymddeol yn 1962. Bu'n gapten tîm **rygbi** Cymru yn 1924 ac 1925. Brawd iddo oedd yr Arglwydd Elwyn-Jones (**Frederick Elwyn Jones**).

**JONES, William (1675?–1749)** Mathemategydd

Ganed William Jones yn Llanfihangel Tre'r-beirdd (**Llanddyfnan**), ar fferm y drws nesaf i gartref y **Morrisiaid**. Ac yntau yn yr ysgol, daeth ei allu mewn rhifyddeg i sylw'r Iarll Bulkeley (gw. **Bulkeley, Teulu**), ac anfonodd hwnnw ef i **Lundain** lle daeth yn diwtor **mathemateg** i deuluoedd bonheddig. William Jones oedd y cyntaf i ddefnyddio'r llythyren Roeg $\pi$ (llythyren gyntaf *periphereia* – amgant neu gylchfesur) i gynrychioli'r rhif trosgynnol 3.14159 . . . sef cymhareb cylchedd cylch i'w ddiamedr. Ef hefyd a awgrymodd ddefnyddio dot ar ben llythyren i gynrychioli d/dt mewn calcwlws. Roedd yr ieithydd nodedig Syr **William Jones** (1764–94) yn fab iddo.

**JONES, William (1726–95)** Radical, gwladgarwr a hynafiaethydd

Disgrifiwyd William Jones, brodor o Langadfan (**Banw**), yn edmygus gan un o'i gyfoedion fel 'y Cymro mwya tinboeth a welsai erioed'. Ac yntau'n gefnogwr brwd i'r chwyldroadau yn America a Ffrainc, pleidiai **Jacobiniaeth** mor egnïol fel y daethpwyd i'w adnabod fel 'y Voltaire gwledig'. Brithir ei lawysgrifau â sylwadau miniog ar **foneddigion**, stiwardiaid ac offeiriaid gormesol. Ceisiodd gryfhau balchder cenedlgarol ei gydwladwyr trwy gyfansoddi anthem genedlaethol i'r Cymry a thrwy ymgyrchu o blaid sefydlu **llyfrgell genedlaethol** ac **eisteddfod** genedlaethol. Nid y lleiaf o'i gymwynasau oedd cofnodi a diogelu'r dawnsfeydd traddodiadol bywiog a gysylltir â phlwyf Llangadfan a darparu ar gyfer ysgolheigion Cymreig yn **Llundain** ddeunydd llenyddol a cherddorol prin. Rhoddodd ei fryd ar ddianc rhag 'oes arswyd' William Pitt trwy ymfudo i America, ond fe'i rhwystrwyd gan dlodi ac afiechyd. Bu ysbiwyr y **llywodraeth** yn ei wylio'n fanwl hyd ei farwolaeth.

**JONES, William (William 'Oriental' Jones; 1746–94)** Ysgolhaig a barnwr

Addysgwyd William Jones, a oedd yn fab i **William Jones** (1675?–1749) y mathemategydd, yn **Rhydychen**. Yno, ac yntau eisoes yn hyddysg yn y clasuron ac yn gallu Hebraeg ac ieithoedd Ewropeaidd modern, dysgodd Arabeg a Pherseg (ni siaradai **Gymraeg** serch hynny, a dywedir i lysgennad Prydeinig ei gyflwyno i frenin Ffrainc fel 'gŵr a fedr bob iaith ond ei iaith ei hunan'). Cyfreithiwr ydoedd wrth ei alwedigaeth, ac fe'i penodwyd yn 1783 i Oruchaf Lys Bengal; yn Bengal, y flwyddyn ddilynol, sefydlodd y Gymdeithas Asiatig, gan roi cychwyn i astudiaethau Indoleg, sef astudiaethau o ieithoedd, llenyddiaeth, athroniaeth a hanes India. Yn 1786 daeth ei ddatganiad enwog fod ieithoedd clasurol India ac Ewrop i gyd yn deillio o'r un ffynhonnell, a adwaenir erbyn hyn fel Indo-Ewropeg. Er bod eraill o'i flaen wedi dynesu at yr un casgliad, gellir edrych ar y datganiad hwn fel sylfaen ieitheg fodern. Roedd ei lyfr *Hymns to Hindu Deities* (1784–8) ymhlith y gweithiau a ddaeth â gogoniannau llenyddiaeth de Asia i sylw Ewrop. Ni chwblhaodd ei grynhoad arfaethedig o gyfraith yr Hindŵiaid a Moslemiaid, ond chwaraeodd y ddwy gyfrol a gyhoeddodd fel rhan o'r cynllun hwnnw, sef *Al Sirájiyyah: or the Mohammedan Law of Inheritance* (1792) a *The Institutes of Hindu Law* (1794), ran bwysig yn y broses o lywodraethu pobloedd India yn unol â'u cyfreithiau hwy eu hunain.

**JONES, William (Ehedydd Iâl; 1815–99)** Bardd
Fel y dengys ei enw barddol, gŵr o **Sir Ddinbych** ydoedd. Hanai o bentref **Derwen** a bu'n felinydd, yn ffermwr ac yn dafarnwr anfoddog. Roedd yn fardd cynhyrchiol yn y mesurau caeth a rhydd, ac fe'i cofir fel awdur un emyn cadarn ei ddelweddu, 'Er nad yw 'nghnawd ond gwellt'.

**KAPPEN, Joseph William (1941–90)** Llofrudd
Bownser clwb nos a aned ym **Margam** oedd Joe Kappen. Yn 2002 codwyd ei gorff o'i fedd gan yr **heddlu** a dangosodd samplau DNA mai ef, yn 1973, oedd llofrudd tair merch yn eu harddegau o ardal **Castell-nedd** – ac y gallai fod wedi lladd mewn lleoedd eraill. Roedd Kappen wedi marw 17 mlynedd ar ôl 'llofruddiaethau Llandarcy'. Dyma'r tro cyntaf ym **Mhrydain** i gorff rhywun a amheuid o fod yn llofrudd gael ei godi er mwyn gwneud profion DNA.

**KEATING, Joseph (1871–1934)** Nofelydd
Nofelydd o dras Gwyddelig o **Aberpennar** oedd Joseph Keating, a'i gyfraniad pennaf oedd paratoi'r ffordd ar gyfer nofelwyr mwy nodedig o faes **glo**'r de. Dechreuodd weithio dan ddaear yn 12 oed, ond symudodd i **Lundain** yn ddiweddarach, lle bu'n byw mewn tlodi. Dychwelodd i'w dref enedigol yn 1923 a dod yn weithgar mewn gwleidyddiaeth leol. Ei nofel orau yw *Maurice: the Romance of a Welsh Coalmine* (1905).

**KEENOR, Fred[erick Charles] (1894–1972)** Pêl-droediwr
Roedd Keenor, mab i friciwr o **Gaerdydd**, yn hanerwr cadarn a mawr ei barch ac yn gapten ysbrydoledig, a daeth yn eicon ym myd **pêl-droed** Cymru ym mlynyddoedd anodd y **Dirwasgiad**. Yn ystod y **Rhyfel Byd Cyntaf** cafodd ei anafu ddwywaith ar y Ffrynt Gorllewinol ond dychwelodd i Gaerdydd a dod yn gapten ar dîm a oedd ar drothwy cyfnod gogoneddus. Bu'n gapten ar y tîm yn y ddwy gêm Gwpan derfynol a chwaraewyd ganddynt yn Wembley (1925, 1927) ac enillodd 32 o gapiau rhyngwladol.

**KELSEY, Jack (Alfred John Kelsey; 1929–92)** Pêl-droediwr
Yn Llansamlet, **Abertawe**, y ganed gôl-geidwad mwyaf Cymru, ac ymunodd ag Arsenal yn 1949 o Winch Wen. Chwaraeodd 351 o gemau i Arsenal a 41 dros Gymru, gan wneud enw iddo'i hun am ei fedr wrth ddal peli uchel ac fel un a godai fraw ar flaenwyr ymosodol. Chwaraeodd dros **Brydain** yn erbyn Gweddill Ewrop (1955) ac yng Nghwpan y Byd yn 1958 gwnaeth argraff ar y Brasiliaid. Daeth anaf a gafodd wrth chwarae yn erbyn Brasil yn 1962 â'i yrfa i ben.

**KILVERT, Francis (1840–79)** Dyddiadurwr
Roedd y saith mlynedd (1865–72) a dreuliodd y gŵr hwn o Wiltshire yn gurad **Cleirwy** wrth galon y dyddiadur a'i gwnaeth yn enwog. Er ei fod yn aml yn sentimental, roedd ganddo lygad craff am fanylion a disgrifiodd fywyd y pentref a'r bryniau cyfagos mewn arddull syml a lliwgar sy'n ei osod ymhlith y dyddiadurwyr Saesneg gorau. Roedd yn arbennig o hoff o blant ac o hen bobl, ond yn fwy swil a llai llwyddiannus gyda merched ifainc. Yn 1872 cafodd fywoliaeth **Saint Harmon**, ac wedyn Brodorddyn, ychydig dros y **ffin** yn **Swydd Henffordd**. Yn 1879 bu modd iddo briodi o'r diwedd, ond bu farw bum wythnos wedyn o beritonitis. Bu ei ddyddiaduron ym meddiant ei weddw hyd ei marwolaeth yn 1911, a phan gyhoeddwyd hwy yn 1938–40 roedd darnau helaeth ohonynt wedi'u dinistrio.

**KYFFIN, Morris (*c.*1555–98)** Awdur
Brodor o ardal Croesoswallt (**Swydd Amwythig**) oedd Morris Kyffin a bu'n ddisgybl barddol i **Wiliam Llŷn**. Bu'n swyddog gyda byddinoedd **Lloegr** yn yr Iseldiroedd, Ffrainc ac **Iwerddon**. Cyhoeddodd *The Blessednes of Brytaine* (1587), cerdd yn moli Elizabeth I, a chyfieithiad Saesneg (1588) o *Andria*, comedi Ladin Terens. Ei gampwaith oedd *Deffynniad Ffydd Eglwys Loegr* (1595), cyfieithiad Cymraeg o *Apologia Ecclesiae Anglicanae* yr Esgob John Jewel (1562), gwaith yn amddiffyn Eglwys Loegr (gw. **Anglicaniaid**) rhag **Piwritaniaid** a **Chatholigion**.

# L

L

Tîm lacrosse merched Cymru ym mhencampwriaeth Ewrop, 2004, lle buont yn fuddugol

## LACROSSE

Cafodd y gêm hon, a ddyfeisiwyd gan frodorion **Gogledd America** fel hyfforddiant ar gyfer rhyfela, ei chefnogi gan y Frenhines Victoria a'i hystyriai'n gamp weddaidd a syber i ferched mewn ysgolion bonedd. Hyd ran olaf yr 20g. roedd y gêm wedi'i chyfyngu bron yn llwyr i'r ysgolion hynny, ond mae bellach yn cael ei chwarae ym mhob rhan o'r byd ac yn un o'r campau sydd fwyaf ar gynnydd yng Nghymru.

Roedd gan Gymru dîm **menywod** rhyngwladol cyn gynhared â'r 1920au, ac yn y 1930au sefydlwyd Cymdeithas Lacrosse Cymru i weinyddu'r gêm. Cafodd tîm dynion Cymru, a oedd wedi methu ag ennill ei blwyf yn y 1940au, ei ailsefydlu yn 1991. Mae Cymru'n cystadlu fel cenedl annibynnol yng ngemau rhyngwladol **Prydain** ac ym mhencampwriaethau Ewrop a'r byd. Enillodd tîm menywod Cymru bencampwriaeth Ewrop yn 1999 ac yn 2004. Un chwaraewraig a wnaeth ei marc yw Vivien Jones, capten tîm menywod Cymru am flynyddoedd lawer a'r Gymraes sydd wedi ennill y nifer fwyaf o gapiau mewn unrhyw gamp tîm.

## LACY, Teulu Arglwyddi yn y Mers

Roedd gwreiddiau'r teulu yn Lassy, Normandi. Meddiannodd Walter (m.1095) dir yn nyffryn afon Mynwy, cnewyllyn yr hyn a fyddai'n arglwyddiaeth **Ewias** Lacy. Chwaraeodd ei ŵyr, Hugh (m.1186), ran flaenllaw yn y gwaith o oresgyn **Iwerddon** ac roedd yn gyndad ieirll Ulster a Meath. Rhoddodd y teulu nawdd i fynachlog Llanddewi Nant Hodni (gw. **Crucornau**), a bu Ewias Lacy yn eu meddiant hyd nes i'r arglwyddiaeth fynd i deulu Geneville trwy briodas. Priododd William Lacy (m.1233) â Gwenllian, merch **Llywelyn ap Iorwerth**. Perthynai John Lacy (m.1240), iarll cyntaf Lincoln, i gangen iau o'r teulu. Wedi'r **Goresgyniad Edwardaidd** derbyniodd y trydydd iarll (m.1311), cydymaith agos i Edward I, arglwyddiaeth **Dinbych**, ac ef a gomisiynodd y castell godidog yno. Wedi'i farw aeth Dinbych, trwy briodas, yn eiddo i ieirll **Lancaster**, ac yna i feddiant teulu **Mortimer**.

## LANCASTER, Teulu Arglwyddi yn y Mers

Dechreuodd cysylltiad y teulu â Chymru yn 1267 pan roddodd Harri III arglwyddiaethau Mynwy (gw. **Trefynwy**) a **Theirtref** (Y Castell Gwyn, Ynysgynwraidd a'r **Grysmwnt**) i'w fab, Edmund, iarll Lancaster (m.1296). Etifeddwyd yr arglwyddiaethau gan ei fab, Thomas, a gafodd feddiant hefyd ar arglwyddiaeth **Dinbych** trwy ei briodas ag Alice, merch ac aeres Henry de Lacy, iarll Lincoln (gw. **Lacy, Teulu**). Dienyddiwyd Thomas yn 1322, ond llwyddodd ei fab, Henry o'r Grysmwnt (m.1345), i adfeddiannu Mynwy a Theirtref. Trwy ei briodas â Maud, aeres Patrick de Chaworth, daeth Henry hefyd yn arglwydd **Cydweli** ac **Ogwr**, a chafodd yn ogystal **Is Cennen**. Priododd ei wyres a'i aeres, Blanche, â John o Gawnt, dug Lancaster, mab Edward III. Pan ddaeth eu mab yn Frenin Harri IV yn

Y fynedfa i'r Eisteddfod Genedlaethol a gynhaliwyd yn Lerpwl yn 1884

1399, daeth yr arglwyddiaethau Lancastraidd yn eiddo i'r Goron. Yn ystod **Rhyfeloedd y Rhos** roedd yr arglwyddiaethau Cymreig o bwys canolog i'r Lancastriaid. Er ei bod yn rhan o diriogaethau'r Goron, cafodd Dugiaeth Lancaster ei gweinyddu ar hyd y canrifoedd yn uned ar wahân. Gan fod ei chofnodion wedi'u cadw'n ofalus yn yr archifau brenhinol, maent yn hanfodol i unrhyw astudiaeth o hanes y **Mers** Cymreig.

## LANGSTONE, Casnewydd (1,482ha; 2,770 o drigolion)

Mae'r **gymuned** hon, sydd yn union i'r gogledd o **Lan-wern**, yn cynnwys pentrefi Langstone, Llandevaud, Llan-bedr, Llanfarthin a Chemais. Ceir eglwysi canoloesol yn Langstone a Llanfarthin. Yn sgil lledu'r A449 yn 1962 dymchwelwyd Eglwys yr Holl Saint yng Nghemais; ailddefnyddiwyd y meini i godi'r gangell newydd yn Eglwys Gadeiriol Sant Gwynllyw, **Casnewydd**. Mae Eglwys Llandevaud (1843) yn cynnwys ffenestr **gwydr lliw** yn darlunio ffrwydrad niwclear. Cafodd Castell Pen-coed, tŷ canoloesol a ail-luniwyd yn yr 16g. ar gyfer cangen o deulu **Morgan**, ei adfer gan **D. A. Thomas** (Arglwydd Rhondda) yn 1914. Erbyn hyn mae'r tŷ wedi'i esgeuluso; mae ysguboriau hardd o'r 16g. yn dal i sefyll. Mae tŵr o'r 13g. a neuadd hir o'r 16g. yn rhan o Kemeys House; mae wedi'i amgylchynu gan weddillion gardd o'r 17g. Cafodd Kemeys Folly (17g.), lle ceir golygfa wych o Ddyffryn **Wysg**, ei ailgodi yn dŷ annedd.

## *LAST DAYS OF DOLWYN, The* (1949) Ffilm

Ffilm atgofus am bentref yn cael ei foddi yng ngogledd Cymru yn niwedd y 19g. er mwyn cyflenwi dŵr ar gyfer **Lloegr**. Fe'i sgriptiwyd gan **Emlyn Williams**, ac ef hefyd a chwaraeodd un o'r prif rannau a chyfarwyddo'r ffilm (yr unig un iddo'i chyfarwyddo). Canolbwyntia'r stori ar un o'r teuluoedd sy'n wynebu gorfod symud o'r pentref, gan gynnwys y fam urddasol, gariadus (a chwaraewyd gan Edith Evans). Ceir perfformiad gwych gan Emlyn Williams fel dihiryn sy'n dychwelyd o'i alltudiaeth i dalu hen bwyth yn ôl, a llwyddodd i berswadio'r cynhyrchydd, Alexander Korda, i ddefnyddio'r **Gymraeg** mewn rhai golygfeydd. Yn y ffilm hon y gwelwyd **Richard Burton** ar y sgrîn fawr am y tro cyntaf. Mae'n ffilm hudolus sy'n elwa ar waith camera gwych Otto Heller, ond prin gyffwrdd a wna â goblygiadau gwleidyddol boddi cymoedd a phentrefi yng Nghymru (gw. **Cronfeydd Dŵr**).

## LAUGHARNE, Rowland (m.1676?) Milwr

Brodor o Sain Ffraid (**Marloes a Sain Ffraid**) a ddaeth i'r amlwg yn y **Rhyfeloedd Cartref**, gan amddiffyn **Penfro** yn erbyn y Brenhinwr Richard Vaughan (gw. **Vaughan, Teulu (Gelli Aur)**) yn 1643. Yn 1644 cipiodd ei luoedd **Hwlffordd** a **Dinbych-y-pysgod**, a meddiannu Castell **Aberteifi**. Yn 1646 fe'i penodwyd yn brif gadlywydd lluoedd y Senedd yn ne Cymru. Yn 1648, ar ddechrau'r Ail Ryfel Cartref, trodd i gefnogi'r brenin, ond fe'i trechwyd ym Mrwydr **Sain Ffagan**. Cafodd bardwn ac yn 1660 daeth yn aelod seneddol Bwrdeistrefi Penfro.

## LEE, Rowland (m.1543) Swyddog brenhinol

Roedd Lee, esgob Caerlwytgoed, yn arglwydd lywydd **Cyngor Cymru a'r Gororau** o 1534 hyd 1543. Câi ei gydnabod fel un didostur o lawdrwm ar ddrwgweithredwyr a choleddai ragfarnau gwrth-Gymreig; roedd ei lywodraeth greulon yn pwysleisio grym y goron Seisnig ac oferedd unrhyw ymgais i wrthryfela yn ei herbyn. Gwrthwynebodd Ddeddf 'Uno' 1536 (gw. **Deddfau 'Uno'**) gan fod ganddo fwy o ffydd yn effeithlonrwydd ei ddulliau llymach ef ei hun.

## LELAND, John (1506–52) Hynafiaethydd

Cofir y Sais hwn ar gyfrif ei *Itinerary*, a gyhoeddwyd yn 1710–12, sy'n disgrifio ei deithiau trwy **Loegr** a Chymru rhwng 1536 ac 1539. Yn rhinwedd ei swydd fel hynafiaethydd y brenin, ei dasg oedd chwilio am eglwysi cadeiriol, abatai, priordai a cholegau, a chofnodi eu trysorau. Mae ei lyfr yn ffynhonnell werthfawr o wybodaeth am Gymru yn fuan wedi Deddf 'Uno' 1536 (gw. **Deddfau 'Uno'**).

## LERPWL A CHYMRU

Am ran dda o'r 19g. a dechrau'r 20g., yn Lerpwl y ceid y gymuned Gymreig fwyaf a'r un fwyaf dylanwadol y tu allan i Gymru. Yn 1901 roedd tua 87,000 o bobl a aned yng Nghymru yn byw yng ngogledd-orllewin **Lloegr**, ac roeddynt ar eu dwysaf yn Lerpwl a Phenbedw (trigai tua 20,000 ohonynt ar Lannau Mersi). Bu dylanwad y Cymry hyn yn fawr nid yn unig oddi mewn i bair amlddiwylliannol Lerpwl, ond hefyd yng nghyd-destun hanes Cymru ei hunan a'i diwylliant. A Lerpwl mor agos i'r gogledd, cyfeirid ati'n aml fel 'prifddinas gogledd Cymru'.

Y diwydiant adeiladu a ddenai lawer o ddynion o Gymru i Lerpwl, ac i weini y dôi **menywod** yno'n bennaf; byddai'r capeli Cymraeg yn aml iawn yn gweithredu fel cyfnewidfeydd llafur ar eu cyfer, a bu'r capel hefyd yn fan cyfarfod yn hanes cyplau dirifedi. Trwy gyfrwng y diwydiant adeiladu, llwyddodd nifer helaeth o grefftwyr o Gymru i ymddyrchafu i fod yn berchnogion ar gwmnïau adeiladu bychain, a daeth rhai o'u plith, **Owen Elias** er enghraifft, i dra-arglwyddiaethu dros ddiwydiant adeiladu'r ddinas. Llwyddodd Cymry eraill i wneud enw iddynt eu hunain mewn meysydd cysylltiedig megis cymdeithasau adeiladu, **bancio** a'r byd ariannol. Roedd eraill, megis Syr Alfred Lewis Jones (1845–1909), yn amlwg iawn ym myd y **llongau** a môr-fasnach. Daeth siopwyr hynod o lwyddiannus o blith y Cymry hefyd, yn enwedig Owen Owen (1847–1910) a sefydlodd y gyntaf o'i siopau adrannol yn Lerpwl.

Caniataodd cyfoeth cyfran nid ansylweddol o Gymry Lerpwl, ynghyd â darbodusrwydd cyffredinol y gymuned Gymreig, iddynt wneud cyfraniad sylweddol i fywyd Cymru. Cynhaliwyd yr **Eisteddfod** Genedlaethol ar Lannau Mersi yn 1884, 1900, 1917 ac 1929, ynghyd ag eisteddfod hynod lwyddiannus siop John Lewis yn y 1930au a'r 1940au; sefydlwyd Cymdeithas Gymraeg Lerpwl yn 1885 ynghyd â changen ddylanwadol o fudiad **Cymru Fydd** yn 1893. Yn Lerpwl y golygai Gwilym Hiraethog (**William Rees**; 1802–83) ei bapur newydd arloesol *Yr Amserau*, a thrwy gyfraniad rhai megis **Isaac Foulkes** a Hugh Evans (1854–1934) daeth Lerpwl yn ganolfan o bwys yn hanes y wasg Gymraeg (gw. **Argraffu a Chyhoeddi**). Capel Princess Road (*c.*1868) oedd y mwyaf urddasol o holl gapeli'r **Methodistiaid Calfinaidd**, a denid llawer o bregethwyr mawr eu hoes gan bulpudau Lerpwl. Trwy gyfrwng ei hadran Astudiaethau Celtaidd (fe'i caewyd yn y 1970au) gwnaeth Prifysgol Lerpwl hefyd gyfraniad gwerthfawr i astudiaethau Cymreig.

Roedd **Saunders Lewis**, a faged yn Wallasey ac a fynychodd Brifysgol Lerpwl, yn dra ymwybodol o hyfywedd y gymdeithas Gymraeg o'i amgylch. Fodd bynnag, roedd parhad yr iaith yn ddibynnol ar lif cyson o ymfudwyr o Gymru, gan fod tueddiad i blant yr ymfudwyr, sef yr ail genhedlaeth o Gymry, gofleidio'r **Saesneg**. Serch hynny, mae'r **Gymraeg** a'r gymuned Gymreig wedi parhau ar Lannau Mersi; ar ddechrau'r 21g. parheir i gynnal eisteddfod flynyddol ynghyd â phapur bro bywiog *Yr Angor*. Ond yn sgil dirywiad economaidd Lerpwl ei hunan er yr **Ail Ryfel Byd** a'r newid ym mhatrymau allfudo o Gymru, crebachu'n anorfod a wnaeth y presenoldeb Cymreig ar Lannau Mersi. Yn y 1950au surwyd y berthynas rhwng y ddinas a phobl Cymru gan helynt boddi Cwm **Tryweryn**; ond yn 2005 bu i Gyngor Lerpwl ymddiheuro'n ffurfiol am y boddi.

## **LEVI, Thomas (1825–1916)** Awdur a golygydd

Brodor o Benrhos, **Ystradgynlais**, oedd Thomas Levi. Ychydig o addysg a gafodd, ac nid oedd ond wyth oed pan aeth i weithio yng ngwaith **haearn** Ynysgedwyn. Serch hynny, erbyn tua 1855 roedd yn weinidog gyda'r **Methodistiaid Calfinaidd**. Roedd yn emynydd o bwys, ac yn awdur toreithiog a ysgrifennodd 30 o lyfrau ar bynciau hanesyddol a chrefyddol, yn ogystal â chyfieithu 60 o lyfrau o'r **Saesneg** i'r **Gymraeg**. Fe'i cofir yn bennaf, fodd bynnag, fel sefydlydd *Trysorfa y Plant*, cylchgrawn ei enwad ar gyfer plant y bu'n ei olygu am gyfnod maith (1862–1911), a chylchgrawn mor eang ei apêl nes iddo gyrraedd cylchrediad misol o 44,000 – record i gylchgrawn Cymraeg bryd hynny.

Ei fab, Thomas Arthur Levi (1874–1954), oedd Athro cyntaf cyfraith Lloegr ym **Mhrifysgol Cymru**, pan agorodd

Alun Lewis

adran y **gyfraith** yn **Aberystwyth** yn 1901. Yn ystod ei 40 mlynedd yn y gadair gosododd yr adran ar seiliau sicr a sicrhau ei henw da. Roedd yn Rhyddfrydwr pybyr, ac fel un a oedd yn erbyn gorfodaeth filwrol bu'n llafar ei wrthwynebiad i **David Lloyd George**, yn enwedig yn isetholiad enwog **Sir Aberteifi** yn 1921. Yn groes i'r gred gyffredin ei fod o dras Iddewig, enghraifft oedd ei gyfenw o arfer y Cymry o fabwysiadu enwau Beiblaidd; cymharer Isaac, Moses a Tobias.

## **LEVY, Mervyn (1914–96)** Arlunydd

Roedd Levy'n ffrindiau gyda **Dylan Thomas** pan oeddynt yn blant ac fe'i cysylltir gyda chriw artistig enwog **Abertawe**. Astudiodd yn Ysgol Gelf Abertawe dan **Grant Murray**, ac yn y Coleg Celf Brenhinol, **Llundain**. Ar ôl yr **Ail Ryfel Byd**, pan fu'n gwasanaethu fel capten yng Nghorfflu Addysg Brenhinol y Fyddin, bu mewn nifer o swyddi prifysgol gan arddangos ei beintiadau ledled y deyrnas. Roedd gyrfa ddiweddar Levy yn canolbwyntio'n bennaf ar ysgrifennu a **darlledu**. Mae ei lyfrau niferus yn cynnwys ei gyfrol hunangofiannol *Reflections in a Broken Mirror* (1982).

## **LEWIS, Alun (1915–44)** Bardd a llenor

Alun Lewis oedd bardd Saesneg gorau'r **Ail Ryfel Byd** ym marn llawer. Cafodd ei eni yng Nghwmaman (**Aberaman**), ac wedi'i addysgu yn **Aberystwyth** a Manceinion daeth yn athro yn Ysgol Lewis i Fechgyn, **Pengam**. Ymunodd â'r fyddin yn 1940 er ei fod yn heddychwr, ac fe'i hanfonwyd i India yn 1942 gyda'r **South Wales Borderers**. Wrth ymladd yn erbyn y Japaneaid ger Chittagong (sydd bellach yn Bangladesh) bu farw o anafiadau a achoswyd gan ei lawddryll ei hun.

Er iddo gael cydnabyddiaeth gynnar fel awdur, ni chafodd gyfle i adeiladu ar hynny cyn ei farw trasig. Un casgliad yn unig o'i gerddi a ymddangosodd yn ystod ei oes, sef *Raiders' Dawn* (1942), ac un gyfrol o'i straeon, *The Last Inspection* (1943); flwyddyn ar ôl ei farwolaeth ymddangosodd cyfrol arall o'i gerddi, *Ha! Ha! Among the Trumpets*, a chyhoeddwyd rhagor o'i straeon yn *In the Green Tree* yn 1948. Cyhoeddwyd ei *Collected Stories* yn 1990, ei *Collected Poems* yn 1994 a chyfrol o'i lythyrau a olygwyd gan ei weddw, Gweno Lewis, *Letters to my Wife* yn 1989. Apeliodd ei gerddi a'i straeon at eu darllenwyr cyntaf ar gyfrif eu gweledigaeth o ryfel a dioddefaint, eu hangerdd a'u natur delynegol. Ar ôl diflastod y gwersylloedd hyfforddi yn **Lloegr**, daeth ei brofiad o India ag aeddfedrwydd cynnar i'w waith, ond ni wnaeth unrhyw beth i leddfu ei iselder ysbryd; ac ni liniarwyd mo'i hiraeth am ei wraig gan ei berthynas â menyw arall yn India. Ei farwolaeth, mewn amgylchiadau sydd yn aneglur o hyd, oedd yr ergyd fwyaf i **lenyddiaeth** Saesneg Cymru yn ystod y rhyfel.

**LEWIS, Charles [William] Mansel (1845–1931)** Arlunydd

Er iddo gael ei eni yn **Llundain**, magwyd y peintiwr hwn, a oedd hefyd yn noddwr, yn gasglwr ac yn athro celf achlysurol, yng Nghastell y Strade, **Llanelli**. Etifeddodd y castell yn ddiweddarach, ac yno yr ymgartrefodd. Mae llawer o'i beintiadau a'i ysgythriadau'n darlunio tir a gweithwyr y stad, ac mae ei waith ffigurol yn fersiwn rhamantaidd o realaeth gymdeithasol Fictoraidd. Teithiodd yn y gogledd gan beintio tirluniau – a hynny weithiau yng nghwmni ei gyfaill, **Hubert von Herkomer** – mewn wagen a oedd wedi'i chynllunio'n bwrpasol ar gyfer **peintio**, gyda stiwdio a lle i fyw ynddi.

**LEWIS, David (*c.*1520–84)** Cyfreithiwr

Cafodd David Lewis, a oedd yn frodor o'r **Fenni**, ei benodi'n brifathro cyntaf Coleg Iesu, **Rhydychen**, pan sefydlwyd hwnnw yn 1571. Ymddiswyddodd yn 1572 er mwyn dilyn ei yrfa fel barnwr yng Nghwrt y Morlys. Roedd yn gyfreithiwr morwrol blaenllaw, ac ymchwiliodd i gwynion am fôrladrad yn erbyn Frobisher a Hawkins. Mae wedi ei gladdu mewn bedd ysblennydd yn Eglwys Fair, y Fenni.

**LEWIS, E[dward] A[rthur] (1880–1942)** Hanesydd

Ganed Edward Arthur Lewis yn **Llangurig**, ac fe'i haddysgwyd yn **Aberystwyth** a **Llundain**. Fe'i penodwyd yn Athro cyntaf hanes Cymru yn Aberystwyth yn 1931, a'i waith arloesol ef ar hanes masnach yng Nghymru yw'r astudiaeth safonol o hyd. Ymhlith ei gyhoeddiadau y mae *Medieval Boroughs of Snowdonia* (1912) a *The Welsh Port Books, 1550–1603* (1927).

**LEWIS, George Cornewall (1806–63)** Gwleidydd

George Cornewall Lewis oedd gwleidydd Cymreig mwyaf llwyddiannus y 19g. heb amheuaeth. Yn ei dro bu'n ganghellor y trysorlys (1855–8), yn ysgrifennydd cartref (1859–61) ac yn ysgrifennydd rhyfel (1861–3), a chafodd ei enwi fel prif weinidog posibl. Roedd yn fab i **Thomas Frankland Lewis**, Harpton Court, **Pencraig** (Old Radnor), a bu'n aelod seneddol dros Henffordd (1847–52) a thros Fwrdeistrefi **Maesyfed** (1855–63). Dilynodd ei dad fel cadeirydd comisiynwyr **Deddf y Tlodion** (1839–47) a bu'n olygydd *The Edinburgh Review* (1852–5). Roedd yn bruddglwyfus wrth natur, ac ymysg ei sylwadau yr oedd 'buasai bywyd yn oddefadwy oni bai am ei bleserau'. Codwyd cofeb 24m o uchder iddo ger yr A44 ym Maesyfed.

**LEWIS, Harriet [Mary] (1911–99)** Actores

Y wraig lawen, barablus hon o Drebannws (**Pontardawe**) oedd Magi Post yn y gyfres deledu ***Pobol y Cwm***. Ymddangosodd yn rhaglen gyntaf y gyfres yn 1974 a pharhaodd i bortreadu postfeistres fusneslyd pentref Cwm Deri hyd ei marwolaeth chwarter canrif yn ddiweddarach. Hi hefyd oedd y gyrrwr bws yn y ffilm *Bus to Bosworth* (1976), gyda **Kenneth Griffith**. A hithau wedi dychwelyd at **addysg** yn hwyr, ar ôl gadael yr ysgol yn 14 oed, bu'n brifathrawes yng **Nglyn-nedd** a Phontardawe.

**LEWIS, Henry (1889–1968)** Ysgolhaig

Brodor o Ynystawe, **Abertawe**, oedd Henry Lewis, ac fe'i haddysgwyd yng **Nghaerdydd** a **Rhydychen**. Bu'n ddarlithydd yn adran y **Gymraeg** yng Nghaerdydd (1918–21) cyn ei benodi'n Athro cyntaf y Gymraeg yn **Abertawe** (1921). Ef a benododd **Saunders Lewis** i'r adran, ond prin oedd y cariad rhyngddynt erbyn 1936 pan ddiswyddwyd yr olaf (gw. **Penyberth**, **Llosgi Ysgol Fomio**). Er iddo olygu canu crefyddol y **Gogynfeirdd** ynghyd â gweithiau rhai cywyddwyr a thestunau rhyddiaith, fel hanesydd iaith a chystrawen y gwnaeth ei brif gyfraniad. Roedd yn athro nodedig a'r ddawn ganddo i gyflwyno pynciau astrus yn effeithiol megis yn ei glasur, *Datblygiad yr Iaith Gymraeg* (1931).

**LEWIS, [John] Herbert (1858–1933)** Gwleidydd

Ganed Herbert Lewis ym **Mostyn**, ac roedd yn or-nai i **Thomas Jones** (1756–1820). Ef oedd cadeirydd cyntaf Cyngor Sir y Fflint, a bu'n aelod seneddol Rhyddfrydol Bwrdeistrefi **Fflint** (1892–1906), **Sir y Fflint** (1906–18) a thros sedd newydd **Prifysgol Cymru** (1918–22). Gweithiodd yn egnïol dros y **Blaid Ryddfrydol** a thros **addysg**, gan ymgyrchu i sicrhau pensiynau i athrawon a grantiau i gyn-aelodau'r lluoedd arfog, ac yn enwedig dros greu a chynnal y **Llyfrgell Genedlaethol** ac **Amgueddfa [Genedlaethol] Cymru**. Tra enynnai **David Lloyd George** edmygedd ewfforig a chasineb dwfn, gwasanaethodd Herbert Lewis Gymru a'r Deyrnas Unedig gyda defosiwn tawel a chryn lwyddiant, ac fe'i hurddwyd yn farchog yn 1922. Roedd ei ferch, Kitty Idwal Jones, yn gasglwraig caneuon gwerin a'i fab, Mostyn Lewis, yn awdurdod ar **wydr lliw** gogledd Cymru.

**LEWIS, Howell Elvet (Elfed; 1860–1953)** Emynydd

Elfed yw awdur nifer o'r **emynau** Cymraeg mwyaf poblogaidd, megis 'Cofia'n Gwlad', 'Rho im yr Hedd' a 'Glanha dy Eglwys'. Ysgrifennodd emynau Saesneg hefyd. Gyda'u harddull delynegol, a'u pwyslais cymdeithasol yn hytrach nag athrawiaethol, y mae i'w emynau fwy o arbenigrwydd nag sydd i'w farddoniaeth, er i R. M. (Bobi) Jones haeru mai ef oedd 'llofrudd yr emyn'. Enillodd goron yr **Eisteddfod** Genedlaethol yn 1888 ac 1891, a'r gadair yn 1894. Brodor o Flaen-y-coed, **Cynwyl Elfed**, ydoedd, ac wedi mynychu Coleg Presbyteraidd Caerfyrddin bu'n weinidog gyda'r **Annibynwyr** yng Nghymru a **Lloegr**. Bu'n **Archdderwydd** rhwng 1923 ac 1927. Er iddo golli ei olwg erbyn 1930, parhaodd i **bregethu** a darlithio hyd ei farw.

**LEWIS, Hywel D[avid] (1910–92)** Athronydd
Hywel D. Lewis oedd un o athronwyr amlycaf Cymru yn ail hanner yr 20g., a gwnaeth ei gyfraniad pennaf ym maes athroniaeth crefydd. Fe'i magwyd yn **Waunfawr**, graddiodd ym **Mangor** a **Rhydychen**, a bu'n ddarlithydd **athroniaeth** ym Mangor cyn dod yn Athro yno yn 1947. Bu wedyn yn Athro hanes ac athroniaeth crefydd yng Ngholeg y Brenin, **Llundain**, o 1955 hyd 1977. Rhoddai bwys mawr ar le rheswm mewn **crefydd**, a bu'n drwm ei lach ar rai megis Barth, Brunner a Niebuhr a gynrychiolai, yn ei farn ef, 'ddogmatiaeth wrth-resymol'. Cyhoeddodd yn eang yn **Saesneg** ac yn **Gymraeg**, ac ymhlith ei lyfrau y mae *Gwybod am Dduw* (1952), *Our Experience of God* (1959) a *The Elusive Mind* (1969).

**LEWIS, Ivor (1895–1982)** Llawfeddyg
Ganed Ivor Lewis yn **Llanddeusant (Sir Gaerfyrddin)**, a bu'n astudio yng **Nghaerdydd** a **Llundain**. Ar ôl bod yn gweithio yn Llundain, aeth yn llawfeddyg ymgynghorol i ysbytai y **Rhyl**, **Abergele** a Llangwyfan (**Llandyrnog**). Roedd yn awdurdod blaenllaw ar drin canser y sefnig, ac yn 1938 ef oedd y cyntaf ym **Mhrydain** i gyflawni embolectomi llwyddiannus ar yr ysgyfaint, sef llawdriniaeth i godi ceulad gwaed, neu fater estron arall, o un o bibellau gwaed yr ysgyfaint. Yn 1946 daeth yn Athro Hunter yng Ngholeg Brenhinol Llawfeddygon Lloegr.

**LEWIS, Lewis (Lewsyn yr Heliwr; 1793–1848?)** Arwr gwerin
Halier a gariai **lo** o byllau **Llwytgoed** i Benderyn (**Hirwaun**). Chwaraeodd ran flaenllaw yng ngwrthryfel Merthyr (1831; gw. **Merthyr, Gwrthryfel**), gan annog y dyrfa y tu allan i Westy'r Castell. Fe'i dedfrydwyd i farwolaeth am ffeloniaeth a therfysg, ond cafodd ei arbed a'i alltudio i **Awstralia** am weddill ei oes. Mae'n ymddangos fod ei lysenw, 'yr Heliwr', yn cyfeirio at ei ddoniau **hela** yn hytrach na'i yrfa fel halier, a'i fod wedi'i achub rhag y crocbren gan aelodau amlwg o deuluoedd uchelwrol a edmygai ei fedr fel heliwr. Mae'n wrthrych baled boblogaidd gan Iorwerth H. Lloyd.

**LEWIS, Lewis William (Llew Llwyfo; 1831–1901)** Perfformiwr ac awdur
Ac yntau'n fardd a bariton nerthol ar lwyfan **eisteddfod** a chyngerdd, yn olygydd a cholofnydd i sawl papur, y gŵr hwn a aned ym Mhen-sarn, Llanwenllwyfo (**Llaneilian**), oedd yr ymgorfforiad rhyfeddaf o'r egni a nodweddai ddiwylliant Cymraeg oes Victoria. Ymroddodd i gyfansoddi arwrgerdd genedlaethol ond bardd anniben ydoedd fel y profa *Gemau Llwyfo* (1868). Yn 1855 gwobrwywyd ei nofel **ddirwest**, *Llewelyn Parry: neu, Y Meddwyn Diwygiedig*, yn Eisteddfod **Merthyr Tudful**, ond roedd yn fwy o gefnogwr i'r nofel nag ydoedd o nofelydd. Brenin y llwyfan ydoedd yn bennaf ac arwr y **werin**.

**LEWIS, [Edward] Morland (1903–43)** Arlunydd
Roedd Morland Lewis yn fab i gyfreithiwr o Lanyfferi (**Llanismel**) ac aeth i Ysgol Gelf **Caerfyrddin** cyn parhau â'i astudiaethau yn Ysgolion yr Academi Frenhinol, **Llundain**. Tirluniau a beintiai yn bennaf, ac maent yn dawel a thra sensitif, fel pe baent yn perthyn i gyfnod cynharach. Bu farw o falaria wrth wasanaethu yn y fyddin adeg yr **Ail Ryfel Byd**.

**LEWIS, Owen (1533–95)** Reciwsant
Brodor o Langadwaladr (**Bodorgan**) oedd Owen Lewis, a derbyniodd ei **addysg** yn **Rhydychen**. Oherwydd ei ymlyniad wrth Gatholigiaeth Rufeinig (gw. **Catholigion Rhufeinig**), aeth yn alltud ar ôl i Elizabeth I esgyn i'r orsedd yn 1559. Yn 1568 chwaraeodd ran yn y gwaith o sefydlu prifysgol Douai, lle enillodd ddoethuriaethau yng nghyfraith yr Eglwys a **diwinyddiaeth**. Aeth i Rufain *c*.1578. Yno roedd ymhlith sylfaenwyr Coleg y Saeson, gan gymell **Morys Clynnog** yn rheithor arno. Wedi hynny fe'i penodwyd gan y Cardinal Carlo Borromeo yn Ficar Cyffredinol ar esgobaeth Milan, ond wedi marw Borromeo yn 1584 dychwelodd i Rufain, lle bu'n byw weddill ei oes, er iddo gael ei ddyrchafu'n esgob Cassano, Calabria, yn 1588.

**LEWIS, Richard (Dic Penderyn; 1807/8–31)** Merthyr
Brodor o **Aberafan** a oedd yn löwr ym **Merthyr Tudful** adeg Gwrthryfel Merthyr (1831; gw. **Merthyr, Gwrthryfel**). Fe'i cyhuddwyd o achosi niwed corfforol troseddol i Donald Black o'r 93ain Gatrawd (yr Ucheldiroedd), ac fe'i cafwyd yn euog a'i ddedfrydu i farwolaeth. Ar 13 Awst 1831 fe'i crogwyd yng **Nghaerdydd**, er gwaethaf deiseb a lofnodwyd gan ryw 11,000 o bobl yn galw am ei arbed. Dywedir mai ei eiriau olaf ar y crocbren oedd 'O Arglwydd, dyma gamwedd'. Dilynwyd gorymdaith ei angladd gan filoedd o Gaerdydd i Aberafan. Yn ddiweddarach yn ystod y ganrif cyffesodd dyn arall mai ef a gyflawnodd y drosedd y crogwyd Lewis amdani.

**LEWIS, [John] Saunders (1893–1985)** Dramodydd, bardd, nofelydd, beirniad ac arweinydd gwleidyddol
Saunders Lewis oedd un o ffigyrau amlycaf a mwyaf dadleuol Cymru'r 20g., dyn â'i fryd ar newid cwrs hanes Cymru. Fe'i ganed yn Wallasey yn **Swydd Gaer**, yn fab i weinidog Methodist. Cafodd fagwraeth Gymraeg ond **addysg** Seisnig mewn ysgol breifat leol, a **Saesneg** oedd ei bwnc ym Mhrifysgol **Lerpwl**. Gwasanaethodd gyda'r fyddin yn ystod y **Rhyfel Byd Cyntaf**, gan ddarllen gwaith Maurice Barrés yn y ffosydd a chofiant Emrys ap Iwan (**Robert Ambrose Jones**) pan oedd gartref ar seibiant. Bu'n ddarlithydd yn y **Gymraeg** yn **Abertawe** o 1922 hyd 1936 pan gafodd ei ddiswyddo am ei ran yn llosgi Ysgol Fomio **Penyberth**. Yn gynharach, yn 1925, roedd ef ac eraill wedi sefydlu **Plaid [Genedlaethol] Cymru**, a bu'n llywydd arni o 1926 hyd 1939. Wedi'i ddiswyddo bu'n newyddiadura, dysgu, arolygu ysgolion a ffermio. Dychwelodd i'r byd academaidd fel darlithydd yn y Gymraeg yng **Nghaerdydd** yn 1952, a bu yno tan ei ymddeoliad yn 1957.

Mae ei gyhoeddiadau'n syfrdanol o amrywiol. Maent yn cynnwys astudiaethau beirniadol (er enghraifft *A School of Welsh Augustans* (1924), *William Williams Pantycelyn* (1927), *Braslun o Hanes Llenyddiaeth Gymraeg* (1932) a *Daniel Owen* (1936)), casgliadau o ysgrifau llenyddol a diwylliannol (*Ysgrifau Dydd Mercher* (1945), *Meistri'r Canrifoedd* (1973), *Meistri a'u Crefft* (1981) ac *Ati, Wŷr Ifainc* (1986); dwy nofel (*Monica* (1930) a *Merch Gwern Hywel* (1964)) a'r casgliad cyflawn o'i gerddi (1986; argraffiad diwygiedig 1992).

Fodd bynnag, fel dramodydd y'i hystyriai ei hun a chyhoedd-wyd 21 o'i ddramâu, o *The Eve of St. John* (1921) hyd *1938* (1989). Creodd theatr glasurol ei naws, theatr ddeallusol a ofynnai am ddoniau actio soffistigedig ac am gynulleidfa

Saunders Lewis yn 1936

ymenyddol effro. Rhagorodd ym maes y ddrama fydryddol, fel y dengys ***Blodeuwedd*** (1948), sy'n ddehongliad o un o chwedlau'r **Mabinogion**, a hynny ar y mesur moel. Symudodd gan bwyll at y wers rydd (megis yn *Siwan* (1956)), ac yna at ryddiaith, ond rhyddiaith â'i rhythmau a'i delweddau'n rymus farddonol (megis yn *Gymerwch Chi Sigaret?* (1956)). Cymerodd ei brif themâu o fyd chwedloniaeth a hanes, o hanes cyfoes Ewrop yng nghanol yr 20g, ac o'i Gymru gyfoes ef ei hun (fel yn *Cymru Fydd* (1967)). Mae ei ddramâu yn codi cwestiynau sydd o bwys i'r Gymru fodern, ond ymdriniant hefyd â themâu eang megis anrhydedd, a'r gwrthdaro rhwng serch a chariad. Cyhoeddwyd casgliad cyflawn o'i ddramâu mewn dwy gyfrol (1996, 2000). Yn 1985 cyhoeddwyd cyfieithiadau Saesneg gan Joseph Clancy o 12 ohonynt.

Er cymaint ei gyfraniad at **lenyddiaeth**, efallai mai fel prif ladmerydd **cenedlaetholdeb** gwleidyddol modern Cymreig y'i cofir yn bennaf. Iddo ef, pwrpas gwleidyddiaeth oedd amddiffyn gwareiddiad; daw gwareiddiad dan fygythiad pan fo pobl heb eiddo, heb draddodiad a heb gyfrifoldeb, ac felly'n agored i ddylanwadau llwgr, boed economaidd neu wleidyddol. Dyheai Saunders, uwchlaw popeth, am drefn gymdeithasol a fyddai'n diogelu'r cymunedau Cymraeg eu hiaith, a chredai mai yn yr Oesoedd Canol yr oedd canfod y patrwm delfrydol ar gyfer y fath gymunedau, cyn dyfod gwladwriaeth ganoledig a chyfundrefn gyfalafol i'w peryglu. Roedd yn chwyrn ei wrthwynebiad i **sosialaeth**, gan ffafrio yr hyn y cyfeiriai ato fel '**perchentyaeth**'. Ac yntau wedi troi at y ffydd Gatholig (gw. **Catholigion Rhufeinig**) yn 1932, daeth yn fwyfwy gofidus ynglŷn â bygythiad Comiwnyddiaeth (gw. **Plaid Gomiwnyddol**), ac fe'i cyhuddwyd o boeni llai am ledaeniad Ffasgaeth. Yn wir, parodd ei agweddau elitaidd a'i agwedd ddibrisiol tuag at draddodiadau Anghydffurfiol, radical, piwritanaidd a heddychol Cymru i rai ddadlau ei fod yn ceisio arwain y wlad i gyfeiriad a oedd yn gwbl estron iddi. Ar ôl ymddiswyddo o fod yn llywydd ei blaid yn 1939, dychwelodd i'r byd gwleidyddol yn 1943 pan enillodd 25.5% o'r bleidlais yn isetholiad seneddol enwog **Prifysgol Cymru**. Wedi hynny, canolbwyntiodd ei egnïon ar waith llenyddol, ar wahân i un ymyriad. Yr ymyriad hwnnw oedd ei ddarlith radio *Tynged yr Iaith* (1962), y ddarlith a fu'n sbardun i sefydlu **Cymdeithas yr Iaith Gymraeg**.

### LEWIS, Thomas (1881–1945) Cardiolegydd

Cofir am Thomas Lewis yn bennaf am ei waith arloesol ar ddatblygiad yr electrocardiogram (ECG). Brodor o **Gaerdydd** ydoedd, ac fe'i haddysgwyd yno ac yn Ysbyty Coleg y Brifysgol, **Llundain**. Yn yr ysbyty hwnnw y treuliodd ei holl yrfa, ar wahân i gyfnod yng Nghaerdydd yn ystod yr **Ail Ryfel Byd**. Adeg ei farwolaeth dywedwyd yn y *Times* (19 Mawrth 1945) mai 'ei sicrwydd fod meddygaeth glinigol yn agored i ddisgyblaeth gwyddoniaeth . . . a ysbrydolodd holl waith ei fywyd. [Roedd] ganddo bob cymhwyster i arwain chwyldro meddyliol'.

**LEWIS, Thomas Frankland (1780–1855)** Gwleidydd
Perthynai Thomas Frankland Lewis i deulu Lewis, y Plas Mawr yn Nhre'rdelyn (Harpton Court yn ddiweddarach) ym **Mhencraig** (Old Radnor), a bu'n aelod seneddol dros **Fiwmares**, Ennis (Swydd Clare) a **Sir Faesyfed**. Cafodd swydd fechan yn y **llywodraeth** ac ef a ddarparodd yr adroddiad dylanwadol ar **Ddeddf y Tlodion** (1817). Yn 1834 daeth yn gadeirydd Comisiwn Deddf y Tlodion a oedd newydd ei sefydlu, gan chwarae rhan ganolog hyd ei ymddeoliad yn 1839 pan olynwyd ef gan ei fab **George Cornewall Lewis**. Cadeiriodd gomisiwn ymchwil i Derfysgoedd **Rebeca** (1834–4), a ystyrid ganddo yn 'rhan gymeradwy o hanes Cymru'.

**LEWIS, Timothy Richards (1841–86)** Meddyg a pharasitolegydd
Ganed Timothy Richards Lewis yn Llan-gan (**Henllan Fallteg**) ac ymgymhwysodd yn feddyg yn **Llundain**. O ganlyniad i gyfnod yn India, lle daeth yn ymgynghorwr i'r llywodraeth, cyhoeddodd waith ymchwil pwysig ar y **colera** a'r gwahanglwyf. Arbenigodd mewn parasitoleg, gan ddisgrifio presenoldeb *Filaria sanguinis hominis* yn y gwaed ac ef a ddarganfu'r parasit *Trypanosoma lewisi*. Bu'n gryn arloeswr hefyd ym myd maetheg gan gyhoeddi cymhariaeth wyddonol rhwng gwahanol ddietau gyda sylw arbennig i ddiet carcharorion. Achos ei farwolaeth annhymig oedd un o'r microbau y bu'n eu hastudio mor ddyfal.

**LEWIS, Titus (1773–1811)** Gweinidog ac awdur
Ganed Titus Lewis yng **Nghilgerran** a daeth yn weinidog y **Bedyddwyr** yn **Llandudoch** (1798) cyn symud i **Gaerfyrddin** (1801). Cyhoeddodd *A Welsh–English Dictionary* (1805), cyfrol 624 o dudalennau o'r enw *Hanes Prydain Fawr* (1810), cyfrolau o **emynau** ac amryw esboniadau beiblaidd.

**LEWIS, W[illiam] T[homas] (1837–1914)** Rheolwr stad a pherchennog glofeydd
Fel asiant i stad Bute (gw. **Stuart, Teulu**), mae'n debyg mai W. T. Lewis oedd y gŵr mwyaf grymus ym myd diwydiant Cymru yn y blynyddoedd cyn 1914. Dinod oedd ei swydd ar ddechrau ei yrfa yn 1855, ond erbyn 1880 ef a reolai holl fuddiannau teulu Bute mewn mwynau, dociau, **rheilffyrdd**, ac eiddo trefol ac amaethyddol. Daeth yn un o brif berchnogion pyllau **glo**'r de, gan sefydlu Lewis Merthyr Consolidated Collieries Cyf., cwmni a oedd yn berchen ar lofa'r Universal, lle digwyddodd trychineb **Senghennydd** yn 1913. Bu'n gadeirydd Cymdeithas Perchnogion Glofeydd y de am flynyddoedd (gw. **Cymdeithasau Perchnogion Glofeydd**), a rhwng 1880 ac 1898 ef a lywiodd Gyd-bwyllgor Graddfa Lithrig y diwydiant, a reoleiddiai gyfraddau cyflogau; hefyd, cynrychiolodd ei gyd-gyflogwyr ar sawl Comisiwn Brenhinol. Er ei fod yn hynod ddiwyd, gallai fod yn drahaus; nid heb reswm y cafodd ei ddisgrifio – a hynny gan edmygydd – fel cymeriad 'brawychus' ac, yng ngeiriau Sidney a Beatrice Webb, ef oedd 'the best-hated man in the Principality'.

Gwrthwynebai **undebaeth lafur** yn chwyrn, ac erbyn 1900 roedd ei anhyblygrwydd mewn perthynas â'i weithwyr yn anghydnaws ag ysbryd yr oes. Yn yr un modd, ar ôl ei fuddugoliaeth dros y glowyr wedi'r streic chwe mis yn 1898 (gw. **Streiciau Glowyr**), bu ei drahauster yn fodd i ddod â therfyn ar ei ddylanwad llethol dros gysylltiadau diwydiannol yn y diwydiant glo. Y fuddugoliaeth honno a barodd i'r glowyr gefnu ar eu gwrthwynebiad hir i fod yn rhan o **Ffederasiwn Glowyr Prydain Fawr** (yr undeb 'Seisnig'), gan arwain hefyd at golli cydymdeimlad y cyhoedd a chreu rhaniadau rhwng perchnogion y glofeydd.

Urddwyd W. T. Lewis yn Farwn Merthyr yn 1911. Erbyn hynny roedd wedi ymgartrefu yn Hean Castle, **Saundersfoot**, lle mae ei ddisgynyddion yn byw o hyd.

**LEWIS, William Vaughan (1907–61)** Geomorffolegydd
Brodor o **Bontypridd** a addysgwyd yng **Nghaergrawnt**, lle cafodd ei benodi'n ddarlithydd mewn **daearyddiaeth**. Ymchwiliodd i brosesau geomorffolegol, a chyhoeddodd bapurau arloesol yn ymdrin â **thirffurfiau** arfordirol. Ym maes astudiaethau rhewlifol newidiodd gyfeiriad ymchwil ym **Mhrydain** trwy ei waith manwl ar symudiad rhewlifau ac erydiad rhewlifol yng Ngwlad yr Iâ, Norwy a'r Swistir.

**LEWYS GLYN COTHI (Llywelyn y Glyn; *c.*1420–89)** Bardd
Fforest Glyn Cothi yn ardal **Llanybydder** a roddodd ei enw iddo. Cefnogodd Siasbar Tudur (gw. **Tuduriaid**), ac ar ôl brwydr Mortimer's Cross (1461) bu ar herw yng **Ngwynedd** ac yn ardal **Pumlumon**. Cadwyd 238 o'i gerddi; dangosant iddo grwydro Cymru gyfan yn cyflwyno'i gerddi yn nhai uchelwyr. Ei gerdd enwocaf yw ei farwnad ingol i'w fab Siôn y Glyn a fu farw'n bum mlwydd oed, un o farwnadau gorau'r **Gymraeg**. Canodd awdl ddychan fustlaidd i wŷr Caer a'i camdriniodd yn sgil y **côd penyd** a wahaniaethai'n hiliol yn erbyn y Cymry.

**LHUYD, Edward (*c.*1660–1709)** Naturiaethwr ac ieithydd
Ni wyddys pryd nac ymhle y ganed Edward Lhuyd (mabwysiadodd ffurf Gymraeg ei gyfenw tua 1688 ac arferai hefyd y ffurf 'Lhwyd') ond cafodd ei fagu yn **Swydd Amwythig**, a hynny'n rhannol ar stad ddirywiedig ei dad, Edward Lloyd, yn Llanforda, Croesoswallt. Ei fam oedd Bridget Pryse o Lan-ffraid (**Ceulan-a-Maesmor**). Tebyg iddo fynychu ysgol Croesoswallt ond pwysicach i'w yrfa ddiweddarach oedd yr hyfforddiant botanegol a gafodd gan arddwr a botanegydd maes profiadol, Edward Morgan, yn Llanforda ac, mae'n ymddangos, trwy ddiddordebau ymarferol ei dad mewn **cemeg** a garddio.

Aeth i Goleg Iesu, **Rhydychen**, yn 1682, ond ymadawodd heb gwblhau ei radd er mwyn cymryd swydd yn Amgueddfa Ashmole, Rhydychen. Daeth yn geidwad yr amgueddfa yn 1691, a threuliodd weddill ei oes gymharol fer yn y swydd honno. Daeth i amlygrwydd gyntaf fel aelod o gymdeithas wyddonol y brifysgol ac yna fel botanegydd, palaeontolegydd a naturiaethwr craff a gwybodus. Yn 1693 fe'i gwahoddwyd i lunio disgrifiadau o **siroedd** Cymru ar gyfer fersiwn Saesneg diwygiedig o *Britannia* **William Camden**. Bu'n teithio trwy Gymru yn ystod 1693–4 yn casglu deunyddiau hynafiaethol ac arysgrifol, ac yn sgil ei gyfraniadau nodedig i

*Britannia* derbyniodd wahoddiad pellach yn 1695 i baratoi cyfrol ar amgylchedd naturiol a dynol Cymru. Bwriadai gyhoeddi cyfres o astudiaethau naturiaethol, ieithyddol, diwylliannol a hynafiaethol o Gymru a'r gwledydd Celtaidd eraill a hynny dan y teitl cyffredinol *Archaeologia Britannica* (gw. **Celtiaid**). Trwy anfon holiaduron i holl **blwyfi** Cymru, a thrwy dreulio pum mlynedd, o 1697 ymlaen, yn teithio Cymru (yn bennaf) a'r gwledydd Celtaidd eraill, llwyddodd i gasglu gwybodaeth a deunyddiau o bob math. Ar y daith, llwyddodd hefyd i gwblhau ei gatalog darluniadol arloesol o ffosilau **Prydain** (*Litholphylacii Britannici Ichnographia*, 1699) ac i lunio pedair o ysgrifau yn trafod tarddiad y ffosilau. Dychwelodd i Rydychen, ac i Amgueddfa Ashmole, yn 1702 gan fynd ati i baratoi cyfrol gyntaf yr *Archaeologia*, sef *Glossography*, casgliad o ddeunyddiau a thrafodaethau ar ieithoedd y gwledydd Celtaidd, yn ramadegau, geiriaduron, rhestri o lawysgrifau a hen destunau. Mae'r llyfr hwn, a ymddangosoddd yn 1707, yn astudiaeth arloesol gan fod Lhuyd wedi ceisio cyfundrefnu'r gwahaniaethau seinegol rhwng yr ieithoedd hyn a'i gilydd a dangos sylwedd y term 'ieithoedd Celtaidd', gwaith a sicrhaodd iddo'r teitl 'tad ieitheg gymharol'.

Etholwyd Edward Lhuyd yn Gymrawd o'r Gymdeithas Frenhinol yn 1708. Yn ei ddydd fe'i cydnabyddid yn naturiaethwr gorau Ewrop, yn un o'r pennaf awdurdodau ar fflora alpaidd Prydain – ef a ddarganfu lili'r Wyddfa (gw. **Planhigion**) a elwir yn *Lloydia serotina* ar ei ôl; roedd hefyd yn archaeolegydd deallus. Ond tecach ei ddisgrifio fel yr ysgolhaig Celtaidd cyntaf, am mai ym maes ieitheg y gwelir ei athrylith gliriaf.

### LHUYD neu LLWYD, Humphrey (*c*.1527–68)
Hynafiaethydd a chartograffydd

Ganed Humphrey Lhuyd, gŵr amlwg yn hanes y **Dadeni** yng Nghymru, a ffigwr allweddol bwysig yn hanes llunio **mapiau** yng Nghymru, yn **Ninbych** a'i addysgu yn **Rhydychen**. Cynrychiolodd Fwrdeistrefi Dinbych yn y Senedd (1563–1571) a chefnogodd yr ymgyrch a arweiniodd at Ddeddf 1563 a awdurdododd gyfieithu'r **Beibl** i'r **Gymraeg**. Roedd yn awdur nifer o gyhoeddiadau **Lladin** a **Saesneg**, yn eu plith y cyfrolau a ddaeth yn sail i *Historie of Cambria* (1584) **David Powel**.

Ei fap ysgythredig cywrain, *Cambriae Typus*, oedd y map printiedig cyntaf o Gymru. Fe'i cyhoeddwyd, ynghyd â'i fap o **Loegr** a Chymru, yn Antwerp yn 1573 yn *Theatrum Orbis Terrarum* gan Abraham Ortelius, yr atlas modern cyntaf. Roedd y map yn welliant sylweddol ar fapiau blaenorol, ac yn cyflwyno gwybodaeth werthfawr ar leoliad ac enwau unedau gweinyddol, lleoedd a nodweddion daearyddol; fe'i hadargraffwyd bron 50 o weithiau hyd 1741. Ceir glôb ar ben ei feddrod yn Llanfarchell, hen eglwys blwyf Dinbych.

### *LIBER LANDAVENSIS* (*Llyfr Llandaf*)

Prif gynnwys y llawysgrif hon, a gedwir yn **Llyfrgell Genedlaethol Cymru**, yw 158 o siarteri yr honnir eu bod yn ddogfennau sy'n cadarnhau rhoddion o dir i esgobaeth Llandaf (gw. **Caerdydd**) rhwng y 6g. a'r 12g. Lluniwyd y rhan fwyaf o'r llawysgrif yn y 1120au, yn ystod anghydfod rhwng **Urban**, esgob Llandaf, a gâi ei gefnogi gan y **Normaniaid**, ac esgobion Mynyw (**Tyddewi**) a Henffordd. Mae'r llawysgrif hefyd yn cynnwys bucheddau **Dyfrig**, **Teilo** ac Euddogwy, sef sylfaenwyr honedig esgobaeth Llandaf, a chredid ar un adeg mai casgliad ffug ydoedd, wedi'i lunio'n bwrpasol er mwyn hyrwyddo amcanion Urban. Fodd bynnag, mae ymchwil diweddarach wedi dangos mai addasiadau yw'r siarteri o ddogfennau hŷn sy'n cofnodi rhoddion o dir dros gyfnod o ganrifoedd. Maent o bwysigrwydd allweddol i'r astudiaeth o gymdeithas ac **economi** Cymru, ynghyd â'r iaith **Gymraeg**, yn yr Oesoedd Canol cynnar.

### *LIFE OF CHARLES PEACE, The* (1905)
Ffilm

Mae'r ffilm fer, rymus hon gan y cyfarwyddwr a'r difyrrwr **William Haggar** yn seiliedig ar hanes y llofrudd a'r lleidr Charles Peace, a ddienyddwyd yn 1879, ac yn enghraifft gynnar iawn o ffilm fywgraffyddol (*biopic*). Cyfunodd Haggar dechnegau theatr a melodrama gyda thechnegau golygu ffilm blaengar, gan ddefnyddio lleoliadau yng ngorllewin Cymru yn ddyfeisgar. Mae'n ffilm wrthsefydliadol yn y modd y mae'n ochri at gydymdeimlo â'r troseddwr.

### *LIFE STORY OF DAVID LLOYD GEORGE, The* (1918) Ffilm

Yn 1994 ailddarganfuwyd y ffilm fud hon a fu ar goll am dri chwarter canrif ar ôl diflannu mewn amgylchiadau amheus. Mae'r ffilm, a wnaed gan Maurice Elvey gyda Norman Page yn chwarae rhan y prif weinidog, yn dathlu'r hyn a gyflawnodd **David Lloyd George** fel diwygiwr cymdeithasol ac arweinydd rhyfel. Tynnodd cwmni Ideal o **Lundain** y ffilm yn ôl cyn ei rhyddhau, a hynny, mae'n ymddangos bellach, dan bwysau gwleidyddol; ar ôl iddi gael ei hadfer fe'i dangoswyd am y tro cyntaf erioed yng **Nghaerdydd** yn 1996. Ceir effeithiau arbennig ardderchog ynddi, gyda golygfeydd credadwy o drais yn ystod araith gan Lloyd George yn Birmingham a therfysgoedd y swffragetiaid yn Llundain.

### LINDSAY, Lionel [Arthur] (1861–1945)
Heddwas

Olynodd y Capten Lionel Lindsay ei dad yn brif gwnstabl **Sir Forgannwg** yn 1891, ar ôl bod yn aelod o'r *Gendarmerie* yn yr Aifft (1884–9). Erbyn iddo ymddeol yn 1936 roedd yn enwog am ei ddull cïaidd o gadw trefn mewn anghydfodau diwydiannol chwerw a gwrthdystiadau gwleidyddol. Yn addas iawn, chwaraeodd ran y Prif Ddihiryn ym Mhasiant Cenedlaethol Cymru yng **Nghaerdydd** yn 1909.

### LINTON, Arthur (1868–1896)
Beiciwr

Arthur Linton, a aned yn **Aberaman**, oedd un o athletwyr mwyaf Cymru yn negawd olaf y 19g. Ef oedd aelod mwyaf blaenllaw Clwb Seiclo enwog **Aberdâr**, a ffurfiwyd yn 1884, a daeth yn bencampwr **seiclo**'r byd yn 1895/6. Bu farw wythnosau'n unig ar ôl dod yn gydradd gyntaf yn ras seiclo'r rhuban glas rhwng Bordeaux a Pharis, sef ei gamp fwyaf. Teiffoid oedd y rheswm swyddogol a roddwyd dros ei farwolaeth, ond os oes coel ar y sibrydion a oedd ar led ar y pryd, efallai mai marwolaeth Linton oedd y gyntaf ym myd chwaraeon modern i gael ei hachosi gan ddefnydd anghyfreithlon o gyffuriau, a roddwyd iddo gan ei hyfforddwr.

**LIVESEY, Roger (1906–76)** Actor
Roedd Roger Livesey, a aned yn y **Barri**, yn un o deulu enwog o actorion Cymreig. Gyda'i ddull trwynol, cyfoethog o lefaru, roedd ganddo bresenoldeb grymus ar y sgrîn, a byddai'n aml yn cyfuno awdurdod gyda rhadlonrwydd braf. Gwnaeth enw iddo'i hun yn rhyngwladol fel actor ar y sgrîn fawr, gan chwarae'r brif ran mewn tair ffilm gan Michael Powell ac Emeric Pressburger: *The Life and Death of Colonel Blimp* (1943), *I Know Where I'm Going* (1945); ac *A Matter of Life and Death* (1948). Gwnaeth argraff hefyd fel tad oedrannus Laurence Olivier yn y fersiwn ffilm o ddrama John Osborne, *The Entertainer* (1960).

**LLOYD, Teulu (Dolobran)** Diwydianwyr a bancwyr
O'r 17g. ymlaen bu cyfraniad teulu Lloyd o Ddolobran (**Llangynyw**) fel diwydianwyr, bancwyr a gweinyddwyr cyhoeddus yn nodedig iawn. Daeth y teulu, a oedd yn hawlio eu bod yn ddisgynyddion Aleth, un o frenhinoedd **Dyfed**, i amlygrwydd yn hanes datblygiad diwydiannol Cymru pan sefydlodd Charles Lloyd (1613–57) efail **Mathrafal** yn 1651–2. Yna, *c.*1720, adeiladodd ei fab, Charles II (1637–98), yr Efail Newydd yn Nolobran a ffwrnais chwyth newydd yn y **Bers** a ddefnyddiai **lo** ar gyfer mwyndoddi mor gynnar â 1721, diolch i'w gysylltiadau fel Crynwr â Darby yn Coalbrookdale.

Eu ffydd fel **Crynwyr** a oedd wrth wraidd pwysigrwydd ehangach y teulu hefyd, ffydd a arweiniodd at ddal Charles yn gaeth i'w dŷ gan yr awdurdodau am gyfnod hir wedi 1660, ac a barodd i'w frawd Thomas (1640–94) ymfudo i **Bensylfania**, lle daeth yn ddirprwy i William Penn. Bu Sampson (1664–1724), mab Charles II, yn ymwneud â gweithgareddau diwydiannol yng nghyffiniau Birmingham cyn troi at **fancio** a sefydlu Banc Lloyds. Cafodd ei ddisgynnydd, George Ambrose Lloyd (1879–1941), ei urddo'n Farwn Lloyd o Ddolobran yn 1925.

**LLOYD, [Thomas] Alwyn (1881–1960)** Pensaer a chynllunydd tref
Brodor o **Lerpwl** oedd Alwyn Lloyd, a bu'n gweithio dan Raymond Unwin yng Ngardd-Faestref Hampstead, **Llundain** (1907–12), cyn dod yn bensaer i Ymddiriedolaeth Tai a Chynllunio Trefol Cymru. Sefydlodd bractis yng **Nghaerdydd**, a bu'n gyfrifol (ar y cyd ag Unwin) am gynllunio Gardd-Faestref y **Barri** (1915), ac am gynlluniau tai ar gyfer gardd-bentrefi ym **Machynlleth** a **Wrecsam** (y ddau yn 1914) a setliadau ar gyfer cyn-lowyr ym **Mhen-llin** ger y **Bont-faen**, a Threbefered (**Llanilltud Fawr**) (y ddau yn 1936). Roedd ôl dylanwad y mudiad *Arts and Crafts* ar bob un o'r rhain. Gyda Herbert Jackson, lluniodd Lloyd y *South Wales Outline Plan* (1949) ar gyfer y Weinyddiaeth Cynllunio Gwlad a Thref.

**LLOYD, D[avid] Tecwyn (E. H. Francis Thomas; 1914–92)** Llenor
Cofir D. Tecwyn Lloyd fel ysgrifwr celfydd eang iawn ei ddiddordebau, beirniad llenyddol craff a thynnwr coes llenyddol. Fe'i ganed yng Nglan-yr-afon (**Llandderfel**), a graddiodd ym **Mangor**. Gweithiodd ym myd addysg oedolion, newyddiaduraeth a chyhoeddi. Cyhoeddwyd cyfrol gyntaf ei gofiant i **Saunders Lewis** yn 1988, ond bu farw cyn cwblhau'r ail.

Roger Livesey yn *A Matter of Life and Death*, 1948

**LLOYD, David [George] (1912–69)** Canwr
Ganed David Lloyd yn Nhrelogan (**Llanasa**), yn fab i löwr. Wedi bwrw prentisiaeth fel saer enillodd ysgoloriaeth i Ysgol Gerdd y Guildhall, **Llundain**, yn 1933, ac ennill y Fedal Aur yno yn 1937. Canodd yn Glyndebourne a Sadler's Wells, ac ailafaelodd yn ei yrfa wedi'r **Ail Ryfel Byd**. Torrwyd eilwaith ar yr yrfa honno oherwydd damwain yn 1954, ond daeth i fri drachefn ar ôl 1960 gan ddod yn adnabyddus am ei ddeongliadau o ganeuon ac **emynau** Cymreig.

**LLOYD, J[ohn] E[dward] (1861–1947)** Hanesydd
Ganed J. E. Lloyd yn **Lerpwl** a'i addysgu yn **Aberystwyth** a **Rhydychen**. Yn 1885 fe'i penodwyd yn ddarlithydd mewn **Cymraeg** a hanes yn Aberystwyth, ac yn 1892 daeth yn gofrestrydd ac yn ddarlithydd yn hanes Cymru ym **Mangor**, gan ddod yn Athro hanes yno saith mlynedd yn ddiweddarach. Ei ddau gampwaith yw *A History of Wales from the earliest times to the Edwardian Conquest* (2 gyfrol, 1911) ac *Owen Glendower* (1931). Y cyntaf o'r rhain, a ysgrifennwyd mewn arddull gyhyrog, oedd yr arolwg cynhwysfawr cyntaf o hanes Cymru'r Oesoedd Canol cynnar. Cyfrannodd Lloyd at fywyd Cymru mewn sawl ffordd, er enghraifft fel golygydd ymgynghorol ***Y Bywgraffiadur Cymreig*** (1953). Yn ei farwnad iddo, cyfeiriodd **Saunders Lewis** ato fel 'llusernwr y canrifoedd coll'.

**LLOYD, John Ambrose (1815–1874)** Cyfansoddwr
Roedd J. Ambrose Lloyd, a aned yn yr **Wyddgrug**, yn ffigwr pwysig ym mywyd cerddorol Cymru yn y 19g. Bu'n athro yn y Mechanics' Institute, **Lerpwl**, ond rhoddodd y gorau i'w swydd oherwydd afiechyd a rhoi cynnig ar sawl menter fusnes. Cyfrannodd yn aruthrol i gerddoriaeth grefyddol yng Nghymru, gydag emyn-donau fel 'Wynnstay', 'Wyddgrug'

David Lloyd George

ac 'Eifionydd' (yr emyn-dôn Gymreig odidocaf, yn ôl **Walford Davies**), y gantawd *Gweddi Habacuc* (y gyntaf o'i bath yn **Gymraeg**) a'r anthem 'Teyrnasoedd y Ddaear', un o'r gosodiadau mwyaf poblogaidd yn Gymraeg o destun crefyddol.

**LLOYD, Richard Herbert Vivian (Richard Llewellyn; 1906–83)** Nofelydd

Richard Llewellyn yw awdur y nofel fwyaf adnabyddus a ysgrifennwyd am Gymru. Cymry oedd ei rieni, ond mae'n debyg mai yn **Llundain** y'i ganed. Pan oedd yn 20 oed ymunodd â'r fyddin, gan wasanaethu yn India a Hong Kong. ***How Green Was My Valley*** (1939; gw. hefyd **Ffilm**) oedd ei nofel gyntaf, a gellir priodoli ei henwogrwydd yn rhannol i'r ffaith iddi gael ei throi'n ffilm yn Hollywood gan John Ford flwyddyn ar ôl ei chyhoeddi; daeth y llyfr a'r ffilm â digon o arian i goffrau'r awdur iddo allu byw ar y breindaliadau am weddill ei oes. Lleolir y nofel mewn pentref glofaol yn y de – tybir yn gyffredinol mai'r **Gilfach-goch** ydyw – tua diwedd y 19g., ac mae'n adrodd hanes teulu'r Morganiaid o safbwynt Huw, y plentyn ieuengaf. Heb ymboeni fawr am gywirdeb hanesyddol, mae'r awdur yn disgrifio cymuned ddelfrydol lle difethir gwaith caled ac undod trigolion y cwm gan drachwant ar ran y meistri a'r gweithwyr fel ei gilydd, a chan y gwrthdaro rhwng yr hen Ryddfrydiaeth ac ysbryd milwriaethus newydd y mudiad Llafur. Er gwaethaf ei sentimentaliaeth, mae gan y nofel lawer o olygfeydd grymus a chymeriadau cofiadwy; porthodd hefyd y ddelwedd ystrydebol o Gymru fel gwlad lawn glowyr cerddorol, myth sydd wedi dal ei dir yn **Lloegr** a thu hwnt. Er i Richard Llewellyn ysgrifennu 21 o nofelau eraill, gan gynnwys *Into the Singing Mountain* (1963), sydd wedi'i lleoli ymhlith Cymry **Patagonia**, nid oes iddynt yr un swyn ac angerdd â'i nofel gyntaf, ac ansylweddol yw'r rhan fwyaf.

**LLOYD GEORGE, David (1863–1945)** Gwleidydd

Ganed Lloyd George ym Manceinion, ond cafodd ei fagu yn **Llanystumdwy** gan ei fam weddw a'i brawd Richard Lloyd, a fu'n ddylanwad mawr ar fywyd ei nai. Gwnaeth y Lloyd George ifanc ei farc yn lleol fel cyfreithiwr, ac yn 1888 cafodd ei fabwysiadu yn ymgeisydd Rhyddfrydol dros Fwrdeistrefi **Caernarfon**, sedd a enillodd yn 1890 gyda mwyafrif o 18 pleidlais; daliodd y sedd hyd 1945.

Yn ystod ei flynyddoedd cynnar yn y Senedd, pynciau Cymreig a oedd yn mynd â'i fryd, yn arbennig **datgysylltu Eglwys Loegr yng Nghymru** a **phwnc y tir**; yr oedd hefyd ymysg arweinwyr mudiad **Cymru Fydd**. Lleisiodd ei wrthwynebiad i'r Ail Ryfel yn erbyn y Boeriaid (1899–1902; gw. **Rhyfeloedd De Affrica**) ac arweiniodd y gwrthwynebiad Anghydffurfiol a radical i Ddeddf Addysg Balfour (1902). Yn 1905 fe'i penodwyd yn llywydd y bwrdd masnach ac yn 1908 yn ganghellor y trysorlys, lle'r oedd mewn sefyllfa i wthio amrywiaeth o ddiwygiadau cymdeithasol, yn arbennig cyflwyno pensiynau'r henoed yn 1908 ac **yswiriant** cenedlaethol yn 1911. Pan gyflwynodd 'Gyllideb y Bobl' yn 1909 – y gyllideb fwyaf dadleuol yn hanes **Prydain** – bu argyfwng cyfansoddiadol ynglŷn â swyddogaeth Tŷ'r Arglwyddi gan arwain at ddau etholiad cyffredinol yn 1910. O ganlyniad i gyfyngu ar feto'r Arglwyddi, rhwyddhawyd y ffordd ar gyfer datgysylltu Eglwys Loegr yng Nghymru. Yn 1913 cychwynnodd Lloyd George ar ymgyrch radical i ddiwygio'r tir, wedi'i ysbrydoli yn rhannol gan ei atgofion am y gymdeithas wledig yn **Sir Gaernarfon** a oedd dan fawd y landlordiaid.

Ar ddechrau'r **Rhyfel Byd Cyntaf** yn Awst 1914, daeth Lloyd George i gefnogi rhan Prydain yn yr ymrafael, er yn anfoddog. Fe'i penodwyd yn weinidog arfau ym Mai 1915, a buan y dangosodd yr egni a'r reddf angenrheidiol ar gyfer trafodaethau diwydiannol. Daeth i bleidio gorfodaeth filwrol, safiad a ddaeth ag ef yn agos at y Ceidwadwyr. Yng Ngorffennaf 1916 daeth yn ysgrifennydd gwladol dros ryfel, ac ym mis Rhagfyr olynodd Asquith fel prif weinidog, gan arwain cabinet rhyfel bychan. Oherwydd ei feiddgarwch a'i fedrusrwydd diamheuol, enillodd glod fel 'y gŵr a enillodd y rhyfel'. Yn 1916 chwaraeodd ran allweddol yn setlo'r streic ym maes **glo**'r de. Flwyddyn yn ddiweddarach awdurdododd gyhoeddi Datganiad Balfour, y ddogfen sylfaenol yn hanes sefydlu gwladwriaeth Israel, a mater y dylanwadwyd yn fawr arno gan Feiblgarwch yr **Anghydffurfiaeth** Gymreig yr oedd ef wedi'i fagu ynddi.

Yn Rhagfyr 1918 ailetholwyd Lloyd George yn arweinydd **llywodraeth** glymblaid a reolid gan y Ceidwadwyr, a bu mewn grym hyd Hydref 1922. Yr oedd yn un o'r prif arweinwyr y tu ôl i arwyddo Cytundeb Heddwch Versailles yn 1919. Bu ei ddull cyfrwys o ddelio â streic y glowyr yn 1919 (gw. **John Sankey**) yn un o'r prif resymau pam y collodd y **Blaid Ryddfrydol** gefnogaeth ym maes glo'r de. Yn y trafodaethau gyda gweriniaethwyr **Iwerddon** yn 1921 – trafodaethau a arweiniodd at sefydlu Talaith Rydd Iwerddon – cyfeiriai'n gyson at ei wreiddiau Cymreig, ond ni wnaeth fawr i gefnogi'r ymchwydd o gefnogaeth i 'Ymreolaeth i Bawb' a welwyd yn ystod ei brif weinidogaeth (gw. **Ymreolaeth**). Pan dynnodd y Ceidwadwyr eu cefnogaeth yn ôl yn hydref 1922 chwalwyd y glymblaid a chollodd Lloyd George ei rym.

Ni ddychwelodd byth at galon gwleidyddiaeth Prydain, er iddo olynu Asquith yn arweinydd y Blaid Ryddfrydol ailunedig yn 1926. Yng nghanol y 1920au defnyddiodd ei gronfa ariannol wleidyddol, a gasglwyd mewn dulliau braidd yn amheus yn ystod cyfnod y glymblaid wedi'r rhyfel, i gyllido astudiaethau polisi o bwys. Aflwyddiannus fu ei ymgyrch i adennill grym yn etholiad cyffredinol Mai 1929, ymgyrch yr oedd y pamffled *We Can Conquer Unemployment* yn ganolog iddi.

O hynny ymlaen, daeth Lloyd George yn fwyfwy ymylol ym mywyd gwleidyddol Prydain. Fe'i trawyd gan afiechyd yn Awst 1931, pan ffurfiwyd y llywodraeth genedlaethol yr oedd ef yn wrthwynebydd mor ffyrnig iddi, ac arwain ei blaid fach o chwe aelod seneddol fu ei hanes yn y blynyddoedd dilynol. Daeth ei ymgyrch wleidyddol olaf o bwys yn 1935, gyda'i alwad ar i Brydain efelychu 'Dêl Newydd' yr Americanwyr, ac ar sail hynny y sefydlodd y Cyngor Gweithredu dros Heddwch ac Ail-lunio. Ei araith fawr olaf yn Nhŷ'r Cyffredin oedd honno yn 1940 pan alwodd yn gwbl ddiamwys am ymddiswyddiad Chamberlain. Yn Ionawr 1945, lai na thri mis cyn ei farwolaeth, achosodd y 'Gwerinwr Mawr' syndod cyffredinol trwy ddod yn Iarll Lloyd-George o Ddwyfor. Dychwelodd i Lanystumdwy i farw; cynlluniwyd ei fedd ar lannau afon **Dwyfor** gan **Clough Williams-Ellis**.

Gwleidydd dadleuol fu Lloyd George yn ystod ei fywyd ac wedi hynny. Fe'i cyhuddwyd gan rai o droi cefn ar achosion Cymreig ei flynyddoedd cynnar, ac eto, yng ngolwg llawer, daeth ei yrfa â sylw a chydnabyddiaeth gynyddol i Gymru.

Gwnaeth ei frawd, William George (1865–1967), lawer i ariannu gyrfa wleidyddol gynnar David Lloyd George. Roedd yn gefnogwr brwd i'r iaith **Gymraeg** ac yn flaenllaw ym myd llywodraeth leol, ac ef oedd y cyfreithiwr hynaf yn hanes **Prydain** a oedd yn parhau i weithio. Enillodd ei fab, William Richard Philip George (1912–2006), goron **Eisteddfod** Genedlaethol 1974 a bu'n **Archdderwydd** (1990–3). Ysgrifennodd W. R. P. George yn helaeth am yrfa ei ewythr a bu'n is-lywydd **Plaid [Genedlaethol] Cymru**.

**LLOYD GEORGE, Gwilym (1894–1967)** Gwleidydd

Roedd Gwilym Lloyd George yn fab i Margaret a **David Lloyd George**, a gwasanaethodd fel milwr yn y **Rhyfel Byd Cyntaf**. Bu'n aelod seneddol Rhyddfrydol dros **Sir Benfro** (1922–4, 1929–50); ar ôl cael ei drechu yn Sir Benfro yn 1950, daeth yn aelod seneddol Rhyddfrydol Cenedlaethol a Cheidwadol dros Newcastle-upon-Tyne North yn 1951. Tra oedd yn ysgrifennydd cartref a gweinidog dros faterion Cymreig (1954–7), cyhoeddodd ar ran y **llywodraeth** mai **Caerdydd** fyddai prifddinas Cymru. Fe'i hurddwyd yn Is-iarll Tenby o Bulford (gw. **Tiers Cross**) yn 1957. O 1955 hyd 1965 ef oedd llywydd Coleg Abertawe (gw. **Prifysgol Cymru Abertawe**).

**LLOYD GEORGE, Megan (1902–66)** Gwleidydd

A hithau'n ferch i Margaret a **David Lloyd George**, cafodd Megan Lloyd George ei magu yn rhifau 11 a 10 Stryd Downing, a theithiodd gyda'i thad i Gynhadledd Heddwch Paris yn 1919. Fe'i hystyrid yn gyffredinol erbyn canol y 1920au yn etifeddes wleidyddol naturiol Lloyd George, ac fe'i hetholwyd yn aelod seneddol Rhyddfrydol dros **Fôn** yn 1929, y fenyw gyntaf i gynrychioli Cymru yn y Senedd. Yn

Megan Lloyd George

1931 daeth yn un o griw bach o Ryddfrydwyr Lloyd George ac yn ystod y 1930au siaradai yn gyson yn Nhŷ'r Cyffredin ar **amaethyddiaeth**, diweithdra a materion Cymreig.

Yn ystod yr **Ail Ryfel Byd** daeth yn fwyfwy adnabyddus am ei chefnogaeth i hawliau **menywod** ac am ei huodledd ar bynciau'n ymwneud â Chymru. Roedd yn amlwg yn symud i'r chwith o fewn y sbectrwm gwleidyddol, a chlywid sibrydion parhaus ei bod ar fin ymaelodi â'r **Blaid Lafur**. Yn 1949 penododd **Clement Davies** y Fonesig Megan (teitl a ddaeth iddi yn 1945 pan ddyrchafwyd ei thad yn iarll) yn ddirprwy arweinydd ar y Blaid Ryddfrydol Seneddol, ond yn 1951 fe'i gorchfygwyd ym Môn gan **Cledwyn Hughes**, ac ymunodd â'r Blaid Lafur yn 1955. Bu'n llywydd yr ymgyrch Senedd i Gymru (1950–56) ac yn 1957 fe'i hetholwyd yn aelod seneddol Llafur dros **Gaerfyrddin**, a daliodd ei gafael ar yr etholaeth hyd ei marwolaeth yn 1966. Ar y meinciau cefn y bu trwy gydol ei gyrfa. Fel darlledwraig ddisglair, hi oedd yr un a ddyfeisiodd y syniad o 'ranbarth cenedlaethol', y cysyniad a roddodd fod i **Gyngor Darlledu Cymru**.

**LLOYD-JONES, [David] Martyn (1899–1981)** Pregethwr ac awdur

Er iddo gael ei eni yng **Nghaerdydd**, treuliodd Martyn Lloyd-Jones ei ieuenctid yn **Llangeitho** a **Llundain**. Dechreuodd ar yrfa addawol iawn ym myd meddygaeth, ond gadawodd ei swydd ar ôl blwyddyn er mwyn mynd yn weinidog gyda'r **Methodistiaid Calfinaidd**. Bu'n gweinidogaethu yn Sandfields, **Aberafan** (1927–38), ac yn Westminster, **Llundain** (1938–68). Yn ôl y diwinydd Emil Brunner, ef oedd un o bregethwyr mwyaf yr 20g. Ymhlith ei gyhoeddiadau niferus ceir pregethau, esboniadau, llyfrau athrawiaethol a darlithoedd hanesyddol. Prin fod mwy o ddarllen ar weithiau unrhyw awdur Cymreig arall. Dylanwadodd yn drwm ar **Fudiad Efengylaidd Cymru**.

## LOCKLEY, R[onald] M[athias] (1903–2000) Naturiaethwr

Brodor o **Gaerdydd** oedd R. M. Lockley, arloeswr astudiaethau o adar môr a chadwraeth natur. Teithiai lawer ac roedd yn hoff iawn o **ynysoedd**. Cofnododd hanes ei fywyd a'i waith mewn deugain a mwy o lyfrau, gan gynnwys *The Private Life of the Rabbit* (1965), ei gyfrol fwyaf adnabyddus. Bydd ei enw bob amser yn gysylltiedig â **Sir Benfro**: sefydlodd yr arsyllfa **adar** gyntaf ym **Mhrydain**, ar Sgogwm; darbwyllodd Julian Huxley ac Alexander Korda i ffilmio bywyd bob dydd huganod Gwales; cynorthwyodd i ffurfio Cymdeithas Gwarchod Adar Sir Benfro (Ymddiriedolaeth Bywyd Gwyllt Gorllewin Cymru bellach), ac ef a sefydlodd **Lwybr Arfordir Sir Benfro**.

## LOGAN, William Edmond (1798–1875) Daearegydd

Ganed Logan yng Nghanada ond treuliodd ddeng mlynedd yn **Abertawe** yn rheolwr mentrau mwyndoddi **copr** a chloddio **glo** a oedd yn eiddo i'r teulu. Nodwedd amlycaf ei **fapiau** daearegol ar raddfa fawr o ran o faes glo'r de oedd eu cywirdeb a'u manylder, priodoleddau a ddarbwyllodd yr Arolwg Daearegol i'w hymgorffori yn eu cyhoeddiadau. Yn sgil y gwaith hwn fe'i penodwyd yn gyfarwyddwr cyntaf Arolwg Daearegol Canada. Enwyd Mount Logan (6,050m), mynydd uchaf Canada, ar ei ôl, yn ogystal â Mont Logan (1,135m), Quebec. Yn 1974 gosododd Cymdeithas Ddaearegol Canada blac ar ei garreg fedd yng **Nghilgerran**, lle treuliodd chwe blynedd olaf ei fywyd.

## LOLARDIAID

Mudiad a arweinid gan John Wycliffe (m.1384) oedd Lolardiaeth. (Deillia'r gair o air Iseldireg a oedd yn golygu 'mwmian' [gweddïau].) Credai Wycliffe fod yr Eglwys yn groes i ddysgeidiaeth Crist a'i apostolion. Yr heretic Cymreig mwyaf llafar oedd **Walter Brut**, gŵr a geryddodd yr eglwys yn chwyrn oherwydd ei phwyslais ar ddefodaeth, trachwant ac erledigaeth, ac a gredai mai'r Cymry oedd dewis bobl Duw er dymchwel y Pab, y Gwrth-Grist. Ar wahân i hynny, prin yw'r dystiolaeth am weithgareddau'r Lolardiaid yng Nghymru, efallai oherwydd y bylchau niferus yng nghofnodion yr **esgobaethau** Cymreig. Nid oes unrhyw sail hanesyddol i'r traddodiad fod a wnelo'r bardd **Siôn Cent** â'r Lolardiaid.

## LORAINE, Robert (1876–1935) Awyrennwr arloesol

Actor o **Loegr** â'i fryd ar antur oedd Loraine; dysgodd **hedfan** yn 1910 ac ar 4 Awst y flwyddyn honno hedfanodd o Blackpool ac ar hyd arfordir gogledd Cymru, gyda'r bwriad o fod y cyntaf i hedfan ar draws Môr Iwerddon, o **Gaergybi** i Ddulyn. Er mai methiant fu ei ymgais i gipio'r record, roedd yn un o'r awyrenwyr cyntaf i hedfan yng Nghymru – y cyntaf oll os diystyrir honiadau **William Frost** a **Horace Watkins**.

## LOVE, Christopher (1618–51) Gweinidog

Brodor o **Gaerdydd** oedd Love ac fe'i haddysgwyd yn **Rhydychen** cyn dod yn weinidog gyda'r **Presbyteriaid**. Gwasanaethodd fel caplan i gatrawd Cyrnol John Venn yn ystod y **Rhyfeloedd Cartref** cyn dod yn weinidog diwyd ar amrywiol eglwysi yn **Llundain**. Ym mis Mai 1651 fe'i cyhuddwyd o ohebu'n fradwrus â'r alltudiedig Charles Stuart ac ym mis Awst fe'i dienyddiwyd ar y Gwynfryn yn Llundain.

## LYNE, Joseph [Leycester] (Y Tad Ignatius; 1837–1908) Mynach

Uchelgais fawr Ignatius oedd impio urdd grefyddol y **Benedictiaid** ar yr Eglwys Anglicanaidd (gw. **Anglicaniaid**). Offeiriad Anglicanaidd ydoedd a daeth yn adnabyddus am ei ymlyniad wrth syniadau **Mudiad Rhydychen**. Wedi sawl ymgais aflwyddiannus, sefydlodd gymuned grefyddol yng Nghapel-y-ffin (**Llanigon**) yn y **Mynydd Du** (**Sir Fynwy** a **Phowys**). Cododd fynachlog yno – Llanthony Tertia fel y'i galwai (gw. **Crucornau**) – ond daeth y gymuned i ben yn fuan wedi ei farw. Ysgrifennodd weithiau poblogaidd am fynachaeth, a lluniwyd sawl cofiant iddo.

# Ll

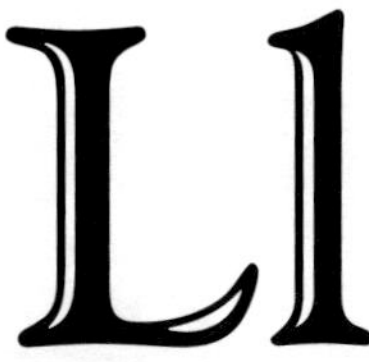

PWY·YW·R·GWR·PIAV·R·GORON
QVIS·EST·VIR·QVI·HABET·CORONAM
DVW·WYN·A·I·FRATH·DAN·EI·FRON
DEVS·CANDIDVS·VVLNERATVS·SVB·PECTORE

HOSTIAM+PVRAM·HOSTIAM+SANCTAM
ABERTH · PVR · ABERTH·GLAN
HOSTIAM+IMMACVLATAM
ABERTH · DIFRYCHEVLYD

David Jones, *Pwy yw'r gŵr*, 1956, yn seiliedig ar linellau gan Gruffudd Gryg (1357–70) a rhan o ganon yr offeren yn Lladin

## LLADIN

Ar wefusau milwyr y goresgyniad Rhufeinig y cyrhaeddodd yr iaith Ladin dir Cymru, ymhell cyn bod Cymru'n unrhyw fath o uned diriogaethol na'r iaith **Gymraeg** wedi datblygu o'r Frythoneg. Gwelir olion y **Rhufeiniaid** mewn arysgrifau Lladin yng **Nghaerllion** a chanolfannau eraill, a hefyd yn y cannoedd o eiriau Lladin a fenthyciwyd i'r Frythoneg cyn dod, ymhen amser, yn eiriau Cymraeg.

Erbyn dechrau'r 5g. gadawsai milwyr Rhufain Gymru. Fodd bynnag, bu parhad ar y defnydd o Ladin, a oedd bellach yn iaith yr eglwys Gristnogol. Daeth lleoedd fel **Llanilltud Fawr** a **Llancarfan** yn ganolfannau dysg Ladin, ac yn Lladin y cyfansoddodd **Gildas** *De Excidio Britanniae* ('Distrywiad Prydain') yn y 6g. Mae arysgrifau Cristnogol, yn ogystal â bodolaeth llawysgrifau crefyddol a llenyddol yng Nghymru, er enghraifft Efengylau ***Llyfr St Chad*** a llyfr cyntaf *Ars Amatoria* Ofydd, yn tystio i barhad dysg Ladin rhwng y 7g. a'r 10g. Ar drothwy'r cyfnod Normanaidd roedd rhai clasau (gw. **Clas**) megis **Llanbadarn Fawr** (**Ceredigion**) yn ganolfannau pwysig ar gyfer astudio ac ysgrifennu'r iaith.

Rhoddodd dyfodiad y **Normaniaid** gyfle pellach i'r diwylliant Lladinaidd wreiddio yng Nghymru. Lladin yw iaith y testunau cynharaf a oroesodd o Gyfraith Hywel (gw. **Cyfraith** a **Hywel Dda**). Ceir hefyd groniclau (gw. ***Brut y Tywysogyon***) a gweithiau crefyddol megis bucheddau'r saint yn Lladin. Bu Cymru'n fagwrfa, yn ogystal, i ddau lenor Lladin o bwys rhyngwladol, **Sieffre o Fynwy** a **Gerallt Gymro**. Cyfieithwyd nifer o weithiau Lladin canoloesol i'r Gymraeg. Dylanwadodd gweithiau Lladin clasurol ar rai awduron, **Dafydd ap Gwilym** yn arbennig.

Yn ystod y **Dadeni Dysg** rhoddwyd bri arbennig ar ddysg glasurol, ac ar ysgrifennu cywrain yn Lladin. Ymhlith awduron Lladin o bwys yr oedd **John Price**, **David Powel**, **Siôn Dafydd Rhys**, Henry Salusbury (1561–1637?; gw. **Salusbury, Teulu**) a **John Davies** (*c.*1567–1644). Cynhwyswyd talfyriad o eiriadur Lladin–Cymraeg **Thomas Wiliems** yn *Dictionarium Duplex* John Davies (1632) (gw. **Geiriaduraeth**). Ymhlith beirdd o Gymru a gyfansoddai yn Lladin yr oedd John Stradling (gw. **Stradling, Teulu**) a **Thomas Vaughan**, a'r enwocaf ohonynt oll, John Owen (The British Martial; 1564?–1628?). Bu hefyd beth cyfieithu gweithiau clasurol i'r Gymraeg. Parhaodd ysgrifennu yn Lladin yn arfer ymysg dysgedigion hyd at y 18g., a cheir enghreifftiau pwysig o hynny yng ngwaith **Goronwy Owen** ac Ieuan Fardd (**Evan Evans**; 1738–88).

Am genedlaethau rhoddodd ysgolion gramadeg Cymru, ynghyd â **Phrifysgol Cymru**, le anrhydeddus i ddysgu'r iaith yn eu cwricwlwm. Yn ystod yr 20g. cafwyd cyfieithiadau Cymraeg o nifer o weithiau Lladin a darparwyd Geiriadur Lladin–Cymraeg ar gyfer ysgolion. Ar ddechrau'r 21g. prin yw'r ysgolion sy'n dysgu Lladin, ac mewn dau yn unig o

Bryngaer Tre'r Ceiri, Llanaelhaearn

sefydliadau addysg uwch y wlad y gellir dilyn cyrsiau gradd yn yr iaith a'i llên.

**LLAI**, Wrecsam (909ha; 4,905 o drigolion)
Roedd y **gymuned** hon, sydd yn union i'r gogledd o **Wrecsam**, yn gwbl wledig hyd at 1873, pan agorwyd Pwll Glo Llay Hall. Lansiwyd cynllun llawer mwy uchelgeisiol yn 1914 gyda suddo'r Llay Main Colliery. Daeth yn bwll **glo** mwyaf Cymru, ac ef oedd y dyfnaf yn Ewrop, yn ymestyn 730m i'r ddaear. Adeiladwyd y pentref o 1920 ymlaen, ar gynllun Barry Parker, un o ladmeryddion mudiad y gardd-bentref, ac fe'i disgrifiwyd fel fersiwn rhatach o Port Sunlight neu Bourneville. Caewyd y pwll yn 1966. Adlewyrchir y cyfoeth a gynhyrchwyd yno ar un adeg yng nghanolbwynt y pentref, Sefydliad y Glowyr (1929–31). Mae parc gwledig mwyaf Sir **Wrecsam**, Dyfroedd Alun, yn ffinio â'r pentref.

**LLAN**
Ystyr wreiddiol *llan* oedd unrhyw ddarn o dir wedi'i amgáu (megis yn *gwinllan*, *perllan* ac *ydlan*), ond yn ystod yr Oesoedd Canol cynnar magodd yr ystyr benodol o ddarn o dir cysegredig wedi'i amgáu, neu fynwent, a maes o law fe'i defnyddiwyd wrth gyfeirio at yr eglwys a godwyd yno. Mae'n elfen gyffredin mewn **enwau lleoedd**, wedi'i gyfuno fel arfer ag enw (treigledig) sant, megis yn **Llandeilo** (*llan* + *Teilo*). O blith y 1,132 o enwau **plwyfi** neu ran-blwyfi a geir ym mapiau **degwm** y 1830au a'r 1840au, mae 457 (40%) yn dechrau gyda 'Llan'. Er hynny, llygriad o *glan* neu *nant* yw'r *llan* yn rhai o'r enwau hyn, er enghraifft **Llanfarian**.

**LLANAELHAEARN**, Gwynedd (2,741ha; 1,067 o drigolion)
Mae'r **gymuned** hon o boptu ffordd **Caernarfon–Pwllheli** (yr A499), a'r nodwedd fwyaf trawiadol ynddi yw'r Eifl (564m), copa uchaf mynyddoedd yr **Eifl** (gw. hefyd **Clynnog** a **Phistyll**). Ar lethrau'r Eifl mae Tre'r Ceiri, bryngaer hynod drawiadol o'r Oes Haearn (gw. **Oesau Cynhanesyddol**) sy'n cynnwys rhagfuriau uchel o amgylch tua 150 o dai cerrig crwn – gyda rhai o'r muriau'n dal i sefyll hyd at 2m o uchder (gw. **Bryngaerau**). Parheid i ddefnyddio'r rhain yng nghyfnod y **Rhufeiniaid**. Yn Eglwys Sant Aelhaearn (12g. hyd yr 16g.) ceir tair carreg gynnar ac arnynt arysgrifau. Mae un ohonynt yn coffáu Aliortus, y dywedir ei fod yn frodor o **Elfed**, sef teyrnas Frythonig a fodolai ger y Leeds presennol. Prif anheddiad y gymuned yw Trefor, a ddatblygodd yn sgil chwareli **gwenithfaen** yr Eifl. Câi'r garreg ei hallforio fel sets palmantu, ac ystyrid bod ithfaen yn garreg heb ei hail ar gyfer gwneud cerrig **cwrlo**. Yn y 1970au sefydlwyd corff cydweithredol Antur Aelhaearn, i greu swyddi a mynd i'r afael â phroblem diboblogi cefn gwlad; bu diddordeb rhyngwladol yn y fenter. Mae band arian Trefor yn dra adnabyddus.

**LLANAFAN FAWR**, Sir Frycheiniog, Powys (8,249ha; 475 o drigolion)
Mae'r **gymuned** hon, darn enfawr o dir i'r gorllewin o afon **Gwy**, yn ymestyn i gopa'r Gorllwyn (613m). Yn yr eglwys mae bedd Afan, un o **seintiau** pwysicaf y canolbarth. Gwreiddiodd **Anghydffurfiaeth** yn gynnar yn yr ardal.

Pregethodd **Walter Cradock** a **Vavasor Powell** ill dau yn Llanafan Fawr. Sefydlwyd eglwys Annibynnol yno rhwng 1640 ac 1660. Adeiladwyd y capel cyntaf yng Nghribarth yn 1689; yn 1714 symudodd y gynulleidfa i Droedrhiwdalar. Ganed Carnhuanawc (**Thomas Price**) yn Llanfihangel Brynpabuan yn 1787. Teulu Venables-Llewelyn, disgynyddion teuluoedd **Dillwyn** a **Dillwyn-Llewelyn** a fu'n amlwg yn hanes **Abertawe**, piau Llysdinam, plasty uwchlaw Gwy. Ynddo ceir ystafell wely a gludwyd yn ei chyfanrwydd o **Benlle'r-gaer**. Brodor o Lanafan Fawr oedd y bardd **T. Harri Jones**.

**LLANANDRAS (Presteigne)**, Sir Faesyfed, Powys (2,494ha; 2,463 o drigolion)
Lleolir y **gymuned** hon i'r de o afon Llugwy ac mae'n ymwthio tua **Lloegr**. Fel y nododd **Ffransis Payne**, ystyrid Llanandras yn 'un o eithafion traddodiadol daearyddiaeth Cymru'. Roedd y dref wrth fodd Saxton: 'For beauteous building', meddai yn 1575, 'it is the best in the shire'. Er hynny, cafodd ei siâr o drychinebau: fe'i dinistriwyd gan **Lywelyn ap Gruffudd** yn 1262 a chan **Owain Glyndŵr** yn 1402; fe'i hanrheithiwyd gan y pla yn ystod y 14g., yr 16g. a'r 17g., a'i difrodi gan dân yn 1681. Er gwaethaf yr helyntion hyn, erys yn dref ddymunol sydd wedi cadw llawer o'i chymeriad. Mae'r **tai** yn dyddio'n bennaf o'r 17g. a'r 18g. ac mae'r Radnorshire Arms, a adeiladwyd yn 1616, yn arbennig o hardd. Eglwys Sant Andreas, sy'n dyddio'n bennaf o'r 14g. a'r 15g., ond sy'n cynnwys rhai nodweddion Sacsonaidd cynharach, yw'r wychaf o eglwysi **Sir Faesyfed**. Ni roddwyd unrhyw statws i Lanandras gan y **Deddfau 'Uno'**. Ni ddaeth yn un o drefi etholaeth Bwrdeistrefi Maesyfed tan 1832. **Maesyfed** (New Radnor) a ddaeth yn dref sirol, a chynhaliwyd y llys sirol ym Maesyfed a **Rhaeadr Gwy** bob yn ail. Fodd bynnag, cafodd un o'r barnwyr cyntaf i ymweld â Rhaeadr Gwy ei lofruddio, a throsglwyddwyd y llys i Lanandras. Erbyn canol yr 17g. cynhelid y Sesiwn Fawr (gw. **Cyfraith**) yno hefyd, a'r Brawdlys ar ôl 1830. Cofnodir statws Llanandras fel canolfan gyfreithiol Sir Faesyfed gan Lety'r Barnwr yn yr hen neuadd sirol, adluniad godidog o'r llety a ddarperid ar gyfer yr ustus yn ystod oes Fictoria. Yn 1889 disodlwyd Llanandras gan **Landrindod** fel canolfan weinyddol Sir Faesyfed. Mae naws Fictoraidd i bentref Norton; ailadeiladwyd yr eglwys gan George Gilbert Scott.

**LLANARMON-YN-IÂL**, Sir Ddinbych (2,785ha; 1,069 o drigolion)
Mae'r **gymuned** hon, sydd i'r de-ddwyrain o **Ruthun**, yn cynnwys nifer fawr o **ogofeydd**, a darganfuwyd gweddillion dynol o'r Oes Neolithig (gw. **Oesau Cynhanesyddol**) yn rhai ohonynt. Mae'n debyg mai safle mwnt oedd Tomen y Faerdre ar un adeg; fe'i codwyd efallai yn yr 11g. Yn Eglwys Sant Garmon, sy'n eglwys ddeugorff, ceir cerfluniau diddorol ar rai o'r beddrodau, ynghyd â chanhwyllyr pres gwych o'r cyfnod cyn y **Diwygiad Protestannaidd**. Saif cofeb i John Parry (1835–97), a ymgyrchodd yn erbyn y **degwm**, y tu allan i Gapel Rhiw Iâl. Mae'r ardal yn frith o siafftiau hen weithfeydd **plwm**.

**LLAN-ARTH**, Sir Fynwy (2,855ha; 878 o drigolion)
Mae'r **gymuned** hon, sy'n ymestyn o boptu'r A40 i'r dwyrain o'r **Fenni**, yn cynnwys pentrefi bach Llan-arth, Cleidda, Betws Newydd, Bryngwyn a Llanfable. Llanarth Court, sydd bellach yn ysbyty, oedd cartref teulu reciwsantaidd y Jonesiaid (yr Herbertiaid yn ddiweddarach). Mae i gapel y teulu (18g.) le pwysig yn hanes adfywiad Catholigiaeth yng Nghymru (gw. **Catholigion Rhufeinig**). Comisiynwyd adeilad neo-Gothig Castell Cleidda (1790) gan William Jones, er mwyn lleddfu 'a Mind sincerely afflicted by the Loss of a most excellent Wife'. Ef, hefyd, a fu'n gyfrifol am Barc Cleidda, creadigaeth ryfeddol yn null yr Adfywiad Groegaidd. Mae gan Eglwys Betws Newydd groglen a chroglofft hynod drawiadol. Mae Eglwys Llanfable, sy'n dyddio o'r 13g., wedi goroesi bron yn gyfan. Ceir bryngaer anferth yng Nghoed y Bwnydd.

**LLANARTHNE**, Sir Gaerfyrddin (2,792ha; 738 o drigolion)
Mae'r **gymuned** hon, sydd i'r de o afon **Tywi** a hanner ffordd rhwng **Caerfyrddin** a **Llandeilo**, yn cynnwys pentrefi Llanarthne a Chapel Dewi. Mae tŵr Eglwys Dewi Sant (1826) yn dyddio o'r Oesoedd Canol. Comisiynwyd tŵr trionglog Paxton, un o dirnodau gwychaf Cymru, gan **William Paxton** (1744–1824) i anrhydeddu Horatio Nelson. Dinistriwyd ei gartref, Plasty Middleton (1790au), gan dân yn 1931. Yn ei stablau hardd y mae swyddfeydd **Gardd Fotaneg Genedlaethol Cymru**, a sefydlwyd ar 277ha o dir stad Middleton ac a agorodd yn 2000. Cynlluniwyd ei chromen **wydr**, y fwyaf yn y byd, gan Norman Foster ac mae'n cynnwys 5,000 metr sgwâr o wydr.

**LLANASA**, Sir y Fflint (2,453ha; 4,820 o drigolion)
Mae'r **gymuned** hon, sydd ym mhen mwyaf gogleddol **Sir y Fflint**, yn cynnwys pentrefi Llanasa, Talacre, Gronant, Gwesbyr, Trelogan, Glan-yr-afon, Pen-y-ffordd a Ffynnongroyw. Mae pentref tlws Llanasa wedi derbyn nifer o wobrau cadwraeth. Cysegrwyd eglwys y pentref, sy'n eglwys ddeugorff, i Asa(ff) a Chyndeyrn, ac ynddi ceir arcêd Berpendicwlar chwe bae. Gerllaw'r eglwys mae Henblas, tŷ hardd (1645) a godwyd o **galchfaen**. Mae'n bosibl fod Golden Grove, plasty ac iddo dalcenni grisiog, yn dyddio o 1578. Mae tŵr cloc uchel ar Gastell Gyrn, plasty a ailadeiladwyd ar ffurf gastellog yn 1824.

Y man mwyaf adnabyddus yn y gymuned yw'r Parlwr Du (Point of Ayr), lle codwyd goleudy (1777) ar lecyn mwyaf gogleddol tir mawr Cymru. Suddwyd pwll **glo**'r Parlwr Du yn ystod y 18g. Hon oedd y lofa fwyaf ffyniannus yn **Sir y Fflint** ac roedd rhai o'i thalcenni glo yn ymestyn o dan y môr. Roedd y pwll yn adnabyddus am ei wrthwynebiad i wrthdaro diwydiannol – bu ar agor trwy gydol streic 1926 (gw. **Streiciau'r Glowyr**), roedd yma undeb cwmni yn y 1930au (gw. **Undebaeth Cwmnïau**), a daliodd y rhan fwyaf o'r gweithwyr i weithio yn ystod streic 1984–5. Am gyfnod byr cyn i lofa'r **Tŵr** gael ei hailagor yn 1995, hwn oedd yr unig bwll glo dwfn yng Nghymru. Fe'i caewyd yn 1996.

Ger yr hen lofa mae pentref Talacre. Talacre Hall oedd cartref cangen Gatholig teulu **Mostyn**; ymhlith aelodau'r teulu yr oedd **Francis Mostyn** (1860–1939), esgob Mynyw (Menevia) ac ail archesgob **Caerdydd**. Er 1920 bu'n gartref i gymuned o leianod Benedictaidd (gw. **Lleiandai**). Yng nghanol y twyni tywod rhwng Talacre a Gronant ceir un o warchodfeydd y Gymdeithas Frenhinol er Gwarchod Adar a nifer o feysydd carafanau. Gerllaw mae canolfan ymwelwyr terfynell nwy naturiol BHP. Bu gorsaf bad achub bwysig

Llanbadarn Fawr: engrafiad gan Samuel Lacey yn seiliedig ar waith Henry Gastineau, 1830

yng Ngronant (1803–74) ac yna yn Nhalacre (1874–1923). Datblygodd Gronant Uchaf yn ganolfan cloddio **plwm** a chalchfaen yn ystod y 19g. Pentref chwarelyddol oedd Gwesbyr, a roddodd ei enw i'r tywodfaen lleol. O'r 17g. hyd y 19g. bu gweithfeydd plwm cynhyrchiol yn Nhrelogan. Bu tad y dramodydd **Emlyn Williams** yn cadw'r dafarn yng Nglan-yr-afon. Datblygodd Ffynnongroyw yn sgil agor Rheilffordd Caer–**Caergybi** yn 1848. O 1870 hyd 1922 gweinidog yr **Annibynwyr** yno oedd yr awdur a'r golygydd Dr Evan Pan Jones.

### **LLANBADARN FAWR**, Ceredigion (314ha; 2,899 o drigolion)

Ceid yn Llanbadarn, sy'n union i'r dwyrain o **Aberystwyth**, **glas** a gysylltir â **Phadarn**. Ar ddiwedd yr 11g., diolch i weithgarwch Rhigyfarch (m.1099) ac Ieuan (m.1137), meibion yr Esgob **Sulien** o **Dyddewi**, Llanbadarn oedd canolfan diwylliant eglwysig Cymru. Ar dro, awgrymwyd y gwnâi Eglwys Sant Padarn (13g. ac 1869–84) eglwys gadeiriol deilwng ar gyfer esgobaeth Anglicanaidd yng nghanolbarth Cymru; mae lle ynddi i gynulleidfa o 700. Mae ei harddangosfa gynhwysfawr yn cynnwys dwy garreg arysgrifedig o'r 9g.–11g. Ymestynnai plwyf gwreiddiol Llanbadarn dros ran helaeth o ogledd **Ceredigion**, ac roedd **degwm** y plwyf yn dod â chryn gyfoeth i'r coffrau. Am ganrifoedd âi degwm Llanbadarn i goffrau teulu barus Chichester o Arlington, Dyfnaint. Ymhen amser, daeth y mân eglwysi a chapeli a oedd o dan ofal Llanbadarn yn **blwyfi** ar wahân. Yn yr eglwys hon y llygadodd **Dafydd ap Gwilym** 'Ferched Llanbadarn'. Mae'n cynnwys bedd Lewis Morris (1701–65; gw. **Morrisiaid**) a chofebau i deulu **Pryse (Gogerddan)**, teulu **Powell (Nanteos)** a Phuwiaid Aber-mad a Gelli Angharad. Yn Eglwys Gadeiriol Sant Paul, Calcutta, ceir plac sy'n dweud fel yr aed â'r brodyr Pugh, a fu'n weinyddwyr yn India, i'w claddu 'to the land of their fathers at Llanbadarn Fawr in Wales'. Oddi mewn i'r **gymuned** ceir Sefydliad Astudiaethau Gwledig Cymru, adran astudiaethau gwybodaeth a llyfrgellyddiaeth **Prifysgol Cymru, Aberystwyth**, a Choleg Ceredigion. Yn 2001 roedd 59.76% o drigolion Llanbadarn Fawr heb unrhyw wybodaeth o'r **Gymraeg** ac felly, yn ieithyddol, hon yw'r fwyaf Seisnigedig o holl gymunedau Ceredigion.

### **LLANBADARN FAWR**, Sir Faesyfed, Powys (1,476ha; 654 o drigolion)

Mae'r **gymuned** hon yn cwmpasu'r tir tonnog i'r gogledd-ddwyrain o **Landrindod**. Cafodd ei heglwys ei hadfer gan S. W. Williams o **Raeadr Gwy**, gŵr a fu'n gyfrifol am adeiladu o leiaf bump o eglwysi braidd yn hyll yn y rhan hon o **Sir Faesyfed**, yn ôl y *Shell Guide to Mid Wales*. Er hynny, mae'r tympanwm Romanésg uwchben drws deheuol yr eglwys wedi goroesi. Mae'n un o ddau yn unig yng Nghymru ac wedi'i addurno â dau anifail bywiog tebyg i lewod. Cafodd **Gerallt Gymro** loches yn yr eglwys yn 1176. Cynhaliwyd gornest **focsio** heb fenig (am wobr o £50) yn Llanbadarn Fawr mor ddiweddar ag 1896.

### **LLANBADARN FYNYDD**, Sir Faesyfed, Powys (6,010ha; 323 o drigolion)

'Dreary and wild' oedd disgrifiad Samuel Lewis o'r gweundir o boptu'r ffordd rhwng **Llandrindod** a'r **Drenewydd** (yr A483). Ceir clwstwr o grugiau o'r Oes Efydd (gw. **Oesau Cynhanesyddol**) ar Riw Porthnant, ac amddiffynfa gylch a safleoedd pedwar o anheddau hynafol yng Nghastell-y-blaidd. Trysor pennaf y **gymuned** yw'r groglen yn eglwys fechan Llananno. Mae'r groglen goeth a chywrain hon yn dyddio o *c.*1500 ac yn un o'r ychydig enghreifftiau sydd wedi goroesi o gynnyrch ysgol y Drenewydd o gerfwyr sgriniau. Roedd Castell Dinbawd, y saif ei weddillion 410m uwchlaw afon Ieithon, yn un o'r cestyll uchaf ei leoliad yng Nghymru; mae'n bosibl mai o'r gair *twmpath* 'bryncyn' y tarddodd yr enw. Nid oes unrhyw sail hanesyddol i'r ffurf ogleisiol Castell Tinboeth.

**LLANBADOG**, Sir Fynwy (2,569ha; 887 o drigolion)
Adeilad amlycaf y **gymuned** hon, sydd wedi'i lleoli'n union i'r gorllewin o **Frynbuga**, yw storfa arfau Glasgoed a sefydlwyd yn ystod yr **Ail Ryfel Byd**. Gerllaw iddi mae Coleg Trydyddol Gwent, Athrofa Amaethyddol Sir Fynwy yn wreiddiol. Y dyddiad ar y tollty ger y bont dros afon **Wysg** yw 1837.

**LLANBADRIG**, Ynys Môn (1,371ha; 1,392 o drigolion)
Gorsaf ynni niwclear yr **Wylfa** yw nodwedd fwyaf cyfarwydd y **gymuned** hon, sy'n union i'r gorllewin o **Amlwch**. Gyda'r awyr a'r môr yn gefndir iddi, mae'r orsaf enfawr, a agorwyd yn 1971, yn olygfa drawiadol. Mae **Cemais**, a oedd yn safle Cristnogol cynnar ac yn ganolfan **cantref** canoloesol, yn bentref mawr. Tyfodd o amgylch yr harbwr deniadol, yn ganolfan ar gyfer gwneud brics, **adeiladu llongau** a mewnforio coed, adnodd y mae **Môn** yn brin ohono. Caer bentir fawr sy'n dyddio o'r Oes Haearn (gw. **Oesau Cynhanesyddol**) yw Dinas Gynfor. Ynys Badrig yw'r rhan fwyaf gogleddol o Gymru (gw. **Ynysoedd**). Yn Eglwys Sant Padrig, a atgyweiriwyd yn 1884, ceir teils Islamaidd eu patrwm, a osodwyd yn yr adeilad gan y Barwn Stanley o Alderley a gawsai dröedigaeth at **Islâm** (gw. hefyd **Trearddur**). Yn 2007 plannwyd gwinllan olewydd fasnachol gyntaf Cymru yn Llanbadrig gan y cynhyrchwyr olew coginio Calon Lân o **Langefni**, a hynny mewn ymateb i gynhesu bydeang; credir mai hon yw'r winllan olewydd fwyaf gogleddol yn Ewrop.

**LLANBEDR**, Gwynedd (5,031ha; 531 o drigolion)
Mae'r **gymuned** hon, sydd i'r de o **Harlech**, yn cynnwys copaon Rhinog Fawr (720m) a Rhinog Fach (712m), craidd Cromen Harlech (gw. **Rhinogydd, Y**). Yn y gadwyn y mae dau fwlch, hen lwybrau a oedd yn fynedfeydd i **Ardudwy**; mae'r un mwyaf gogleddol yn dilyn llwybr canoloesol sy'n cael ei adnabod ar gam fel y Grisiau Rhufeinig, ac mae'r un deheuol yn arwain i'r Crawcwellt (gw. **Trawsfynydd**) trwy Fwlch Drws Ardudwy. Mae Cwm Nantcol yn arwain at y bwlch deheuol; yno y mae Maesygarnedd, cartref **John Jones** (1597?–1660), y teyrnleiddiad. Capel **Bedyddwyr** Salem yw'r capel a welir yn llun enwog Curnow Vosper, ***Salem***. Saif pentref Llanbedr ar lannau afon Artro, sy'n tarddu o lyn hyfryd Cwm Bychan. Mae'r maen hir ger y pentref ymhlith y talaf yng Nghymru (3.3m). Yr ochr draw i'r afon mae maes awyr y Sefydliad Aerofod Brenhinol (caeodd yn 2004). Mae Ynys Mochras, gyda'i bywyd gwyllt a'i chyfleusterau gwersylla, yn benrhyn poblogaidd gan ymwelwyr. I'r de oddi yno y mae un o'r ychydig fannau swyddogol yng Nghymru ar gyfer noethlymunwyr.

**LLANBEDR CASTELL-PAEN (Painscastle)**, Sir Faesyfed, Powys (5,488ha; 483 o drigolion)
Darn eang o dir yn ne **Sir Faesyfed** yw'r **gymuned** hon, sy'n cynnwys pentref Llanbedr Castell-paen. Saif y pentref dan gysgod twmpath enfawr y castell sydd wedi'i amgylchynu gan ffosydd dyfn a llydan. Y castell oedd prif gadarnle cwmwd **Elfael** Is Mynydd. Mae'r enw'n deillio o enw Payn Fitz John (m.1136), ond wedi i William de Breos (gw. **Breos, Teulu**) gipio Elfael ailenwodd ef y castell yn Castrum Matilidis ar ôl ei wraig. Ehangwyd y castell gan Harri III yn ystod ei ymgyrchoedd yn erbyn **Llywelyn ap Iorwerth**. Yn Llanbedr a Llandeilo Graban ceir eglwysi sy'n dyddio o'r 14g. Ailadeiladwyd Eglwys Bryngwyn yn y 1870au; yn y gangell ceir colofnfaen ac arno groes wedi'i cherfio *c.*700.

**LLANBEDR DYFFRYN CLWYD**, Sir Ddinbych (1,649ha; 866 o drigolion)
Oddi mewn i'r **gymuned** hon, sydd yn union i'r dwyrain o **Ruthun**, ceir **bryngaerau** mawr Foel Fenlli a Moel y Gaer. Codwyd Eglwys Sant Pedr (1863) yn lle eglwys gynharach, y gwelir ei hadfeilion gerllaw. Ceir ynddi sawl cofeb neoglasurol, gan gynnwys un cerflun a wnaed gan **John Gibson** yn Rhufain (1863). Yn Eglwys Sant Meugan, Llan-rhudd, mameglwys Rhuthun, ceir croglen a nifer o gofebau. Roedd y cerflunydd Robert Wynne (*c.*1655–1731) yn frodor o Lanbedr. Cartref Edward Jones (1778–1837), un o arloeswyr Methodistiaeth Wesleaidd yng Nghymru, oedd Bathafarn, a rhoddodd y tŷ ei enw i gylchgrawn hanesyddol yr enwad (gw. **Wesleaid**). Roedd Llanbedr Hall yn gartref i'r dyngarwr Joseph Ablett (1773–1848), a oedd yn gyfaill i Southey a Wordsworth. Dyma safle'r sanatoriwm a brynwyd gan y llawfeddyg arloesol **Hugh Morriston Davies** yn 1918. Yn 1977 yr adeiladwyd Castell Gyrn, er ei fod yn edrych yn debyg i dŵr canoloesol. Saif mewn llecyn gogoneddus.

**LLANBEDR FELFFRE (Lampeter Velfrey)**, Sir Benfro (2,936 ha; 1,097 o drigolion)
Ynghyd â **Llanddewi Felffre**, roedd y **gymuned** hon, sydd yn union i'r de-orllewin o **Hendy-gwyn**, yn ffurfio **cwmwd** canoloesol **Efelffre**. Yn Eglwys Sant Pedr ceir arcêd o'r 13g. a beddrod allor o'r 17g. Brodor o Lanbedr Felffre oedd Nun Morgan Harry (1800–42), gweinidog gyda'r **Annibynwyr** ac ymgyrchydd dros heddwch. Gorffwysfan i bererinion ar eu ffordd i **Dyddewi** oedd Tafarn-sbeit, sef *hospitium* Abaty **Hendy-gwyn** (gw. hefyd **Llanboidy**). Mae chwareli **calchfaen** yr Eglwys Lwyd wedi esgor ar dirffurfiau hynod. Yn Eglwys Sant Elidyr, yr Eglwys Lwyd, ceir arcêd hardd sy'n dyddio o'r 15g.

**LLANBEDR PONT STEFFAN (Lampeter)**, Ceredigion (1,265ha; 2,894 o drigolion)
Hon yw'r ganolfan drefol drydedd fwyaf o ran maint yng **Ngheredigion** a'r dref brifysgol leiaf ym **Mhrydain**. Dyfelir mai Norman a oedd â chyfrifoldeb dros gynnal a chadw'r bont oedd Steffan. Ceir olion sawl fferm gaerog o'r Oes Haearn (gw. **Oesau Cynhanesyddol**) yn y **gymuned**. Saif olion y castell, caer Normanaidd o ddechrau'r 12g. a ddinistriwyd gan y Cymry yn 1137, ar domen fawr ar dir y coleg. Erbyn 1304 roedd Llanbedr wedi ennill statws bwrdeistref iddi ei hun. O'r gyntaf o'r **Deddfau 'Uno'** yn 1536 hyd 1885 roedd yn rhan o etholaeth Bwrdeistrefi **Aberteifi**. Erbyn yr 17g. roedd y dref dan reolaeth Llwydiaid Maesyfelin, plasty mawr nad yw'n bod erbyn hyn. Yn y 18g. aeth y dref i ddwylo teulu Llwydiaid Ffynnon-bedr. Aelod o'r teulu hwn oedd Herbert Lloyd (1719–69), gŵr a chanddo gryn enw fel unben. Yn

Richard Wilson, *Castell Dolbadarn*, 1762–4

1819 aeth stad Ffynnon-bedr i ddwylo teulu Harford, sef y teulu a gododd Falcondale (1859), plasty sydd bellach yn westy. Am fod J. S. Harford yn barod i werthu Maes y Castell yn safle ar gyfer coleg arfaethedig **Thomas Burgess**, perswadiwyd yr esgob i sefydlu Coleg Dewi Sant yn y dref (gw. **Prifysgol Cymru, Llanbedr Pont Steffan**). Ffactor arall yn y penderfyniad oedd enw da John Williams (1792–1858) fel prifathro'r ysgol ramadeg leol – hon oedd yr ysgol a ddewiswyd gan Syr Walter Scott ar gyfer ei fab. Mae'r coleg – Llanbedr a Bangor yw'r unig golegau yng Nghymru lle ceir cwad ar lun colegau **Rhydychen** a **Chaergrawnt** – a'i fyfyrwyr yn meddiannu'r dref, ond bob yn ail ddydd Mawrth, diwrnod y farchnad, daw Llanbedr yn gyrchfan i drigolion yr ardaloedd gwledig cyfagos. Hyd nes ei ddiddymu yn 1971 eisteddai brawdlys **Sir Aberteifi** yn Llanbedr Pont Steffan.

## LLANBEDROG, Gwynedd (929ha; 1,020 o drigolion)

Mae'r **gymuned** hon wedi'i lleoli i'r de-orllewin o **Bwllheli**, ac mae'r prif bentref ynddi, sef Llanbedrog, yn edrych dros draeth hyfryd. Yn Eglwys Sant Pedrog, sy'n dyddio o'r 15g. yn bennaf, ceir oriel ar gyfer cantorion. Ar ddechrau'r 20g. adeiladwyd ffordd dram a cheffyl er mwyn cysylltu Llanbedrog a Phwllheli. Cludai ymwelwyr i blas Glyn-y-weddw, a adeiladwyd yn 1856 ar gyfer gweddw Love Jones-Parry o Fadryn (gw. **Buan**). Yn ddiweddarach cafodd y plasty ei droi'n oriel gan **Solomon Andrews**, a fu'n gyfrifol am ddatblygu tref Pwllheli. Erbyn heddiw mae'r tŷ unwaith eto'n oriel, ac yn arbenigo mewn gwaith modern. Ger ffin orllewinol y gymuned y mae Capel Newydd, a adeiladwyd yn 1769 ar gyfer y gynulleidfa a sefydlwyd gan Richard Edwards o Nanhoron (m.1704; gw. **Botwnnog**). Credir mai hwn yw capel Anghydffurfiol hynaf y gogledd. Cafodd ei adfer yn 1958 a gofelir amdano gan ymddiriedolaeth. Chwalwyd ffermdy hanesyddol Penyberth yn 1936 er mwyn codi maes awyr i'r Llu Awyr. Rhoddwyd y safle ar dân ar 8 Medi 1936 (gw. **Penyberth, Llosgi Ysgol Fomio**). Wedi'r **Ail Ryfel Byd** sefydlwyd cartref i ffoaduriaid o Wlad Pwyl yno (gw. **Pwyliaid**). Gerllaw mae safle trin carthion mawr ar gyfer tref Pwllheli. Yn 2001 cyfartaledd oedran trigolion Llanbedrog oedd 52.11 – yr uchaf yng Nghymru.

## LLANBEDR-Y-FRO (Peterston-super-Ely), Bro Morgannwg (960ha; 865 o drigolion)

Mae'r **gymuned** hon ar lan ddwyreiniol afon **Elái**, ac i'r de o'r **M4**. Mae pentref Llanbedr wedi tyfu'n sylweddol yn ddiweddar ac mae bellach yn gartref i rai o drigolion enwocaf **Caerdydd**. Mae gardd-bentref Wyndham Park, a sefydlwyd gan deulu **Cory** yn 1909, bellach ynghudd i bob pwrpas ynghanol adeiladau sy'n dyddio o ddiwedd yr 20g. O'r mil o **dai** a ragwelwyd yn y cynllun gwreiddiol, 22 yn unig a oedd wedi eu codi erbyn 1914. Yn eu plith yr oedd deg o dai to fflat sy'n drawiadol o fodern o ystyried eu cyfnod. Tafarn y pentref – y Sportsman's Rest – yw tafarn y Deri Arms yn y gyfres deledu ***Pobol y Cwm***. Dyddia corff Eglwys Sant Pedr o'r Oesoedd Canol diweddar. Mae Capel Bedyddwyr Croes-y-parc (1843) yn symbol deniadol o **Anghydffurfiaeth** Fictoraidd gynnar. Ceir llifogydd yn yr ardal yn bur aml, a chofnodir lefelau'r dŵr ym mar y Sportsman's Rest.

**LLANBERIS**, Gwynedd (4,614ha; 2,018 o drigolion)

Mae'r **gymuned** hon, sydd wedi'i lleoli wrth droed yr **Wyddfa**, yn cynnwys rhan uchaf basn afon Seiont (neu Saint). Er bod copa'r Wyddfa (1085m) o fewn cymuned **Betws Garmon**, gyda Llanberis y'i cysylltir. Bwlch Llanberis a ystyryir yn draddodiadol yn brif ffordd trwy ganol **Eryri**, a chadarnhad o hyn yw i **Lywelyn ap Iorwerth** gomisiynu'r gwaith o adeiladu Castell Dolbadarn i warchod mynediad i'r bwlch *c.*1230. Mae iddo leoliad strategol ar esgair rhwng Llyn Peris a Llyn Padarn (gw. **Llynnoedd**), ac yn nhŵr crwn y castell y carcharwyd Owain, brawd hynaf **Llywelyn ap Gruffudd**. Bu'n destun poblogaidd iawn gan arlunwyr oes **Rhamantiaeth**, gyda **J. M. W. Turner** yn flaenaf yn eu plith.

Tyfodd Llanberis yn sgil chwareli **llechi** Dinorwig (gw. **Llanddeiniolen**) a Glynrhonwy. Ceir portread byw o'r gymuned chwarelyddol yn nofelau **T. Rowland Hughes**, brodor o Lanberis. Datblygodd y gwaith yn y chwarel ochr yn ochr â **thwristiaeth**, gan mai Llwybr Llanberis yw'r llwybr hawsaf i fyny'r Wyddfa. Er 1896 mae'r unig reilffordd rac-a-phiniwn ym **Mhrydain** wedi dilyn yr un llwybr 7km i'r copa. Ceir creigiau a chlogwyni gwych yn yr ardal ar gyfer dringwyr, yn arbennig Clogwyn Du'r Arddu. Llanberis yw prif bentref mynydda Cymru, gyda'i siopau offer dringo a'i dai bynciau. Mae cynlluniau ar droed i'w ddatblygu i fod yn brif ganolfan antur awyr-agored **Prydain**.

**LLANBISTER**, Sir Faesyfed, Powys (5,819ha; 414 o drigolion)

Mae'r **gymuned** hon yn cwmpasu'r tir bryniog o boptu'r ffordd rhwng **Llandrindod** a'r **Drenewydd** (yr A483), a dyma graidd cantref **Maelienydd** gynt. Ei phrif atyniad yw eglwys anghyffredin Sant Cynllo gyda'i thŵr anferth ym mhen dwyreiniol yr adeilad, a grisiau'n esgyn o'r prif ddrws hyd lawr yr eglwys. Mae'r gwaith coed yn nodedig ac yn cynnwys croglen o'r 15g. ac oriel cerddorion sy'n dyddio o 1716. Nodwedd annisgwyl arall yw bedyddfa ar gyfer bedydd trochiad.

**LLANBOIDY**, Sir Gaerfyrddin (6,246ha; 988 o drigolion)

Mae'r **gymuned** hon, sy'n ymestyn o **Hendy-gwyn** hyd ffin **Sir Gaerfyrddin** a **Sir Benfro**, yn cynnwys pentrefi Llanboidy a Llanglydwen. Siambr gladdu o'r Oes Neolithig (gw. **Oesau Cynhanesyddol**) yw Gwâl y Filiast, a saif uwchlaw afon **Taf** gerllaw rhan hyfryd o'r dyffryn. Safai mynachlog Sistersaidd Hendy-gwyn ar lannau afon Gronw ym mhen deheuol y gymuned. Fe'i sefydlwyd *c.*1157 a'i diddymu yn 1539, a hi oedd mamfynachlog Sistersiaeth yn ***Pura Wallia*** (gw. **Sistersiaid**). Nid yw ei hadeiladau wedi goroesi, ar wahân i rai sylfeini. Ffermdy, bellach, yw plasty Sioraidd Maesgwynne, a fu unwaith yn ganolfan i stad 1,500ha teulu'r Powelliaid. Ym mynwent Eglwys Sant Brynach, coffeir aelod o'r teulu, W. R. H. Powell (1819–89), gan gofeb a naddwyd gan **Goscombe John**. Yn Eglwys Sant Clydwen, Llanglydwen, ceir cofebau teulu Protheroe o blasty Dolwilym, a fu ers blynyddoedd yn adfail. Mae **caws** Llanboidy bellach yn dra enwog.

**LLANBRADACH A PHWLL-Y-PANT**, Caerffili (622ha; 4,622 o drigolion)

Mae'r **gymuned** hon wedi'i lleoli i'r gogledd o **Gaerffili**. Codwyd ei strydoedd tai, sy'n gorchuddio llawr Cwm **Rhymni**, ar gyfer gweithwyr glofa Llanbradach (1894–1961). Canolbwynt y gymuned yw tŵr Eglwys yr Holl Saint (1897) sydd bellach wedi hen gau. Plasty Llanbradach Fawr, a

Llanboidy, *c.*1885

Eglwys Cadog, Llancarfan

adeiladwyd yn wreiddiol yn ystod yr 16g., oedd cartref y Thomasiaid, teulu o sgweieriaid cyfoethog.

**LLANBRYN-MAIR**, Sir Drefaldwyn, Powys (12,954ha; 958 o drigolion)

Mae'r **gymuned** helaeth hon, sydd i'r dwyrain o Ddyffryn **Dyfi**, yn ymestyn am 18km o'r gogledd i'r de. Mae canolbwynt gwreiddiol pentref Llanbryn-mair (Llan) 2km i'r de o'r pentref presennol. Dyma bentref sy'n enwog am ei grefftwyr, ei **Annibynwyr** a'i feirdd gwlad (gw. **Bardd Gwlad**). Yn ôl Richard Haslam, mae Eglwys y Santes Fair, eglwys o'r 15g. a saif ar ben bryncyn, wedi elwa o'r ffaith na chafodd erioed ei 'thwtio' gan benseiri dysgedig. Clodforir yr Hen Gapel Annibynnol (1729) mewn soned gan **Iorwerth C. Peate**, curadur cyntaf Amgueddfa Werin Cymru (gw. **Sain Ffagan**). Eraill a fagwyd yn yr Hen Gapel oedd y gwyddoniadurwr Abraham Rees (1743–1825) a'r gweinidogion a'r golygyddion **John Roberts** (J.R.; 1804–84) a'i frawd **Samuel Roberts** (S.R.; 1800–85 ). Disgrifiwyd anghyfiawnder y meistr tir yn achos y Diosg, fferm y teulu, ym mhamffled S.R., *Diosg Farm* (1854) (gw. **Boneddigion a Landlordiaid**). Roedd yr hanesydd Methodistaidd Richard Bennett (1860–1937) yn hanu o Lanbryn-mair.

Gerllaw'r pentref modern yn Nhafolwern – prif ganolfan cwmwd **Cyfeiliog** gynt – ceir olion castell mwnt a beili a godwyd, mae'n debyg, gan **Owain Cyfeiliog** *c.*1150. Rhed y rheilffordd i **Fachynlleth** trwy fwlch Talerddig, y toriad trwy graig dyfnaf yn y byd adeg cwblhau'r gwaith yn 1861 gan David Davies (gw. **Davies, Teulu (Llandinam)**). Yn y **mynyddoedd** i'r de y mae'r ychydig dai sy'n weddill o bentref Dylife, canolfan gweithfeydd **plwm** yn y 19g., lle'r oedd 500 o weithwyr yn byw mewn barics. Ceir ffermydd gwynt mawr (gw. **Melinau Gwynt**) ar weundir Trannon a Mynydd Cemais.

**LLANCARFAN**, Bro Morgannwg (2,597ha; 736 o drigolion)

Mae'r **gymuned** hon a leolir i'r de o'r A48, ac i'r dwyrain o'r **Bont-faen**, yn cynnwys pentrefi Llanbydderi, Llancarfan, Llancatal, Llantrithyd, Moulton, Pen-onn, Tre-Aubrey a Threwallter (Walterston), mannau lle mae datblygiadau diwedd yr 20g. yn llai amlwg nag yng ngweddill **Bro Morgannwg**. Roedd **clas** yn Llancarfan (Nantcarfan yn wreiddiol) a gysylltir â **Chadog**. Mae'n bosibl mai mynwent helaeth Eglwys Sant Cadog – adeilad eang yn dyddio o'r 13g. a'r 14g. – oedd tiriogaeth amgaeedig y sefydliad mynachaidd hwn. Yn dilyn y goresgyniad Normanaidd rhoddwyd y clas i fynachlog Fenedictaidd Sant Pedr, Caerloyw. Yn ei flynyddoedd olaf roedd cysylltiad rhyngddo a **Charadog o Lancarfan** ac â Lifris, awdur un o fucheddau Cadog. Mae'n bosibl i aelodau o'r clas gyfrannu at lunio ***Liber Landavensis*** (**Llyfr Llandaf**). Ceir henebion yn frith trwy'r ardal, yn eu plith fryngaer Castle Ditches, fferm Rufeinig Moulton, yr amddiffynfa gylch ym Moulton a thai ac iddynt nodweddion canoloesol neu fodern cynnar yn Nhrewallter-fawr, Garn-llwyd, Tregruff, Crosstown a Llanfeuthin. Nodwedd hynotaf y gymuned yw'r adfail, Plas Llantrithyd, a godwyd yn gynnar yn yr 16g. a'i addurno yn nechrau'r 17g. Mae amlinell ei ardd i'w gweld o hyd. Mae Eglwys Sant Illtud, Llantrithyd, yn cynnwys bwa cangell o'r 14g. a chofebau cain i deuluoedd Basset ac Aubrey. Ganed Iolo Morganwg (**Edward Williams**) ym Mhennon.

**LLAN-CRWYS**, Sir Gaerfyrddin (1,363ha; 221 o drigolion)

Yr unig le o unrhyw faint yn y **gymuned** hon i'r deddwyrain o **Lanbedr Pont Steffan** yw Ffaldybrenin, lle ceir capel Annibynnol (1873) hardd. Yn Ffaldybrenin y ganed

Gyrru defaid dros bont Llandeilo, 1903

**Timothy Richard**, cenhadwr i'r **Bedyddwyr** yn China; bu am gyfnodau yn rheoli rhannau helaeth o'r wlad honno – ffaith sydd, mae'n debyg, yn golygu iddo fod â mwy o rym nag unrhyw frodor arall o Gymru. Mae *Cerddi Ysgol Llanycrwys* (1934) yn gasgliad diddorol o lên gwerin lleol.

## LLANDEGLA, Sir Ddinbych (4,219ha; 494 o drigolion)

Mae'r **gymuned** hon, sydd i'r de-ddwyrain o **Ruthun**, yn ymestyn hyd gopa Cyrn-y-Brain (563m) ac yn cynnwys Parc Gwledig y Rugiar Goch. Ar un adeg roedd Ffynnon Tegla yn gyrchfan boblogaidd i rai'n dioddef o epilepsi (gw. **Ffynhonnau'r Saint**). Mae'n debyg mai **Owain Gwynedd** a adeiladodd gastell mwnt a beili gwych Tomen y Rhodwydd yn 1149. Yn Eglwys Sant Tegla (1866) ceir canhwyllyr pres o ddiwedd yr Oesoedd Canol sydd bron cystal ei ansawdd â hwnnw yn **Llanarmon-yn-Iâl**. Adeiladwyd gwesty Bodidris yn wreiddiol *c.*1600. Ganed y nofelydd **E. Tegla Davies** (1880–1967) yn Hen Giât, Llandegla.

## LLANDEILO, Sir Gaerfyrddin (515ha; 1,731 o drigolion)

Mae'r **gymuned** hon, yng nghalon Dyffryn **Tywi**, yn cynnwys yr hyn a oedd, hyd 1974, yn ddosbarth trefol Llandeilo a phlwyf sifil Llandyfeisant. Yn y 6g. sefydlodd Teilo **glas** neu fynachlog 'Geltaidd' yn Llandeilo, a hon maes o law fyddai'r fwyaf o eglwysi **Teilo**. Oherwydd cysylltiadau'r sant â **Llandaf**, ceisiodd yr esgobaeth honno feddiannu Llandeilo a rhan helaeth o ddwyrain **Deheubarth**. Ailgodwyd yr eglwys bresennol yn 1848–50, ond mae'r tŵr yn dyddio o'r 13g. Yn yr eglwys mae dwy groes faen a naddwyd *c.*900. Mae'n bosibl mai o Landeilo y daeth ***Llyfr St Chad*** (*c.*750) sy'n cynnwys yr enghreifftiau cynharaf o **Gymraeg** ysgrifenedig. Pan godwyd y bont ar draws afon Tywi yn 1848 roedd ei bwa (44m) gyda'r hiraf ym **Mhrydain**. Mae'r rhes o dai ar ochr y ffordd sydd yn arwain o'r bont i'r dref yn hynod ddeniadol.

Yn ôl traddodiad, yn **Ninefwr**, tua 2km i'r gorllewin o Eglwys Sant Teilo, yr oedd prif ganolfan tywysogion Deheubarth. Gwaith **Rhys ap Gruffudd** (yr Arglwydd Rhys; m.1197) a'i ddisgynyddion oedd Castell Dinefwr, gyda'r rhan helaethaf ohono'n dyddio o ddiwedd y 12g. a dechrau'r 13g.; gerllaw'r castell yr oedd bwrdeistref Gymreig a lwyr ddiflannodd. Wedi i goron **Lloegr** gipio'r castell yn 1277 sefydlwyd bwrdeistref Seisnig – Newton – i'r gogledd. Yn y 1490au rhoddwyd y castell i **Rhys ap Thomas**. Cefnodd Rhys ar y castell ac ymsefydlu mewn plasty newydd yn Newton, a ddaeth yn ganolfan i'w ddisgynyddion, teulu Rice, Barwniaid Dynevor. Daeth y tŷ presennol (1660au, 1850au) yn eiddo i'r **Ymddiriedolaeth Genedlaethol** yn 1989. Yn y parc, a ganmolwyd gan Lancelot (Capability) Brown yn 1775, ceir **gwartheg** gwynion a gysylltir yn ôl traddodiad â chwedl **Llyn y Fan Fach**. Yn 2003 darganfu archaeolegwyr weddillion dwy gaer Rufeinig yn y parc; mae un ohonynt yn ymestyn dros 4ha bron, a hi yw'r fwyaf yng Nghymru ar wahân i'r lleng-gaer yng **Nghaerllion**.

Roedd Llandeilo yn ganolfan amaethyddol a masnachol bwysig i Ddyffryn Tywi, ac o 1974 hyd 1996 yn bencadlys i ddosbarth Dinefwr.

## LLANDEILO BERTHOLAU, Sir Fynwy (1,909ha; 3,965 o drigolion)

Prif nodwedd y **gymuned** hon, yn union i'r gogledd o'r **Fenni**, yw bryn trawiadol Ysgyryd Fawr (486m). Yn ystod yr 17g. ymgasglai **Catholigion** yn Eglwys Sant Mihangel, sydd bellach yn adfail, i ddathlu'r offeren yn y dirgel. Adeilad

Llandinam: cerflun David Davies (copi o'r cerflun yn y Barri)

hardd yn dyddio o'r 13g. a'r 14g. yw Eglwys Sant Teilo. Am flynyddoedd roedd bwyty tafarn y Walnut Tree yn Llanddewi Ysgyryd, dan reolaeth yr Eidalwr Franco Taruschio, ymhlith y gorau yng Nghymru. Mae Triley Court yn blasty prydferth sy'n dyddio o ddechrau'r 19g. Bu Rudolf Hess yn garcharor yn Maindiff Court. Codwyd y plas yn gartref i deulu Crawshay Bailey (gw. **Bailey, Teulu**); fe'i dymchwelwyd yn 2006.

**LLANDEILO FERWALLT (Bishopston)**, Abertawe (596ha; 3,341 o drigolion)
Mae'r **gymuned** hon, sy'n union i'r gorllewin o **Abertawe**, yn cynnwys dau o faeau brafiaf **Gŵyr**, sef Caswell a Phwll-du. Roedd yma safle eglwysig cynnar a gysegrwyd i **Deilo** (mae'r enw Llandeilo Ferwallt, neu Llanferwallt gynt, yn cadw'r cof am ŵr o'r enw Merwallt a fu'n abad yno yn ôl pob tebyg). Er bod y safle yn rhan o esgobaeth **Tyddewi** hyd at 1923, pan grëwyd esgobaeth Abertawe ac **Aberhonddu**, erbyn yr 17g. dyma'r unig fywoliaeth yn **Sir Forgannwg** a oedd yn dal yn llaw esgob Llandaf. Mae gan yr eglwys rai nodweddion canoloesol, ac mae'n cynnwys cofeb i un o'i hoffeiriaid, y Celtegydd **Edward Davies**. Er mai un o faestrefi Abertawe yw'r lle bellach, nid yw'r datblygiadau wedi llwyr orchuddio olion y llain-gaeau canoloesol. Hafn goediog hyfryd yn y tir calch yw Cwm Llandeilo Ferwallt.

**LLANDEILO GRESYNNI**, Sir Fynwy (4,201ha; 680 o drigolion)
Prif nodwedd y **gymuned** hon, tua 10km i'r dwyrain o'r **Fenni**, yw'r Castell Gwyn, y mwyaf o'r tri chastell a geid yn **Nheirtref** gogledd **Gwent**. Fe'i codwyd yn wreiddiol yn y 1180au a chafodd ei atgyfnerthu'n sylweddol yn y 1250au er mwyn amddiffyn yr ardal rhag **Llywelyn ap Gruffudd**. Garsiwn brenhinol ydoedd yn hytrach na chartref un o arglwyddi'r **Mers**, ac fe'i cadwyd mewn cyflwr da hyd *c.*1450. Roedd gan esgob Llandaf faenordy yn Hen Gwrt. Mae Eglwys Sant Teilo, sy'n dyddio o'r 13g. a'r 14g., yn drawiadol. Ceir eglwysi llai yn Llanfihangel Ystum Llywern a Llanfair Cilgoed. Mae Cil-llwch Fawr yn enghraifft brin o neuadd agored ganoloesol. Ffermdy o'r 17g. mewn cyflwr rhyfeddol o gyflawn yw Tre-rhiw Fawr. Tal-y-coed (1882) oedd cartref **Joseph Bradney**, hanesydd **Sir Fynwy**.

**LLANDINAM**, Sir Drefaldwyn, Powys (7,070ha; 942 o drigolion)
Mae'r **gymuned** hon rhwng **Llanidloes** a'r **Drenewydd** yn ymestyn dros ddarn hyfryd o Ddyffryn **Hafren**. Saif Eglwys Sant Llonio ar safle **clas** neu fynachlog 'Geltaidd', a chadwyd olion o'r adeilad canoloesol wrth ei hail-lunio yn 1865. Enillodd pentref Llandinam nifer o wobrau am y pentref taclusaf. Ganed David Davies (1818–90; gw. **Davies, Teulu (Llandinam)**) – adeiladydd **rheilffyrdd** a Dociau'r **Barri**, a pherchennog pyllau **glo** – yn Nraintewion. Saif cerflun ohono, copi o'r un a geir yn y Barri, ger pont Llandinam (1846), pont **haearn** gynharaf **Sir Drefaldwyn**. Yn 1864 adeiladodd Froneirion, a ddaeth yn ddiweddarach yn ganolfan astudio ar gyfer y geidiau (Girl Guides). Trwy ei haelioni ef hefyd y codwyd capel urddasol, lled-Gothig y **Methodistiaid Calfinaidd** (1873) yn Llandinam. Yn 1884 prynodd Blas Dinam (1874), tŷ a gynlluniwyd ar batrwm canoloesol; mae ei ddisgynyddion, y Barwniaid Davies, yn dal i fyw yno. Cafodd Neuadd Plasdinam, a godwyd gyntaf *c.*1680, ei throi'n dŷ du a gwyn llawer mwy yn ddiweddarach. Mae Cefn Carnedd yn un o **fryngaerau** mwyaf trawiadol Cymru. Mae'n debyg i fwnt Rhos Ddiarbed gael ei godi *c.*1082 gan Roger de Montgomery (gw. **Montgomery**, **Teulu**); dyma'r mwnt a roddodd ei enw i Moat Lane (gw. **Caersŵs**). Bu **Howel Harris** a **John Wesley** yn aros yn y Tyddyn, ffermdy ar derfyn gorllewinol y gymuned. Fferm wynt Llandinam yw'r fwyaf yng Nghymru (gw. **Melinau Gwynt**).

**LLANDOCHE**, Bro Morgannwg (162ha; 1920 o drigolion)
Lleolir y **gymuned** hon yn union i'r gogledd o **Benarth**, a chymudwyr yw trwch ei thrigolion bellach. Ei nodwedd amlycaf yw'r ysbyty neo-Sioraidd a godwyd yn 1934, ac sydd â'r coridor hiraf yn Ewrop. Roedd Llandoche (neu Landochau) yn safle eglwysig pwysig yn yr Oesoedd Canol cynnar. Fel yn achos **Llanilltud Fawr**, safai'r fynachlog gerllaw olion fila Rufeinig, ffaith a enynnodd ddyfalu ynglŷn â'r berthynas rhwng trefniadaeth diriogaethol yng nghyfnod y **Rhufeiniaid** ac yn y cyfnod ôl-Rufeinig. Dyddia'r eglwys bresennol o 1865, ac mae'r bricwaith y tu mewn iddi yn drawiadol; yn y fynwent ceir croes ac arni'r enw Irbic (3m o uchder), cofadail addurnedig trawiadol yn dyddio o *c.*1000.

**LLANDRILLO**, Sir Ddinbych (6,231ha; 587 o drigolion)
Mae'r **gymuned** hon, sydd i'r dwyrain o'r **Bala**, yn cwmpasu basn afon Ceidiog ac yn ymestyn o Ddyffryn **Dyfrdwy** i gopa uchaf mynyddoedd y **Berwyn**, sef Cadair Berwyn (827m). Ynghyd â chymunedau **Betws Gwerful Goch**, **Corwen**, **Cynwyd** a **Gwyddelwern**, roedd Llandrillo yn rhan o gwmwd **Edeirnion**; roedd y **cwmwd** hwnnw yn rhan o **Sir Feirionnydd** hyd 1974.

Bu'r bardd Llygad Gŵr (*fl.*1256–93) yn canu yn yr Hendwr, a fu hefyd yn gartref i Dafydd ab Ieuan ab Einion (*fl.*1440–68) a ddaliodd Gastell **Harlech** dros deulu **Lancaster** (1460–8) yn ystod **Rhyfeloedd y Rhos**. Mae meindwr hardd ar Eglwys Sant Trillo.

## LLANDRILLO-YN-RHOS (Rhos-on-Sea), Conwy (309ha; 7,110 o drigolion)

Mae'r **gymuned** hon yn cynnwys maestrefi gorllewinol **Bae Colwyn**. Fe'i lleolir dan gysgod Bryn Euryn, sydd â bryngaer wedi'i herydu'n arw ar ei gopa. Gwelir gweddillion Llys Euryn, sy'n dyddio o'r 16g., ar y safle lle'r oedd prif lys **Ednyfed Fychan**, a dderbyniodd y dreflan yn 1230. Mae'n bosibl fod Capel Trillo ar lan y môr yn dyddio'n wreiddiol o'r 6g. Yn eglwys ddeugorff Sant Trillo gwelir nodweddion o'r 13g. y gellir eu cysylltu o bosibl ag Ednyfed Fychan. Yn Llandrillo-yn-Rhos yr oedd un o'r naw pier a geid yng Nghymru; daethpwyd ag ef yno o Douglas, **Ynys Manaw**, yn 1895 ond fe'i dymchwelwyd yn 1954 (gw. **Pierau**).

## LLANDRINDOD, Sir Faesyfed, Powys (1,268ha; 5,024 o drigolion)

Darganfuwyd ffynhonnau halwynog a sylffwr Llandrindod yn ystod yr 17g. Yn 1756 cyhoeddodd Dr Wessel Linden lyfr yn canmol eu rhinweddau meddyginiaethol, a chafwyd disgrifiad manwl o'u heffeithiolrwydd mewn llawysgrif a luniwyd gan sylwebydd anhysbys ond brwd ei ganmoliaeth. Broliwyd rhagoriaethau Llandrindod yn y *Gentleman's Magazine* a throwyd Neuadd Llandrindod yn westy lle ceid dawnsfeydd, cyngherddau a **biliards**, a lle gwerthid nwyddau moethus mewn cyfres o siopau bach. Byddai'r ymwelwyr a fynychai *Race Balls* y 1750au wedi cael Llandrindod yn dref fywiog, ond y bywiogrwydd hwn fu achos ei chwymp. Denwyd cymeriadau amheus i'r dref a daeth gamblo am symiau mawr yn ddigwyddiad cyffredin; dywedir bod £70,000 wedi newid dwylo ar un achlysur yn y gwesty, a gaewyd yn 1787.

Newidiodd pethau er gwell ar ddechrau'r 19g., yn dilyn ailadeiladu'r Ystafell Bwmp, ond ni wawriodd y cyfnod mwyaf llewyrchus yn hanes Llandrindod hyd nes i'r rheilffordd gyrraedd y dref yn 1865. Rhwng 1890 ac 1910 yr adeiladwyd y rhan fwyaf o ganol y dref, sy'n gymesur a threfnus. Mae'n bosibl profi'r dyfroedd o hyd, ond bellach darparu ar gyfer cynadleddau a theithiau bws yn bennaf y mae'r gwestai niferus. Er 1974 Llandrindod yw prif dref **Powys**. Dethlir ei hoes aur mewn Gŵyl Fictoraidd flynyddol, a drefnwyd am y tro cyntaf yn 1981. Mae Eglwys y Drindod wedi cael ei defnyddio ar achlysur ethol archesgobion yr **Eglwys yng Nghymru**. Oddi mewn i ffiniau'r **gymuned** ceir 18 o wersylloedd ymarfer Rhufeinig, y clwstwr mwyaf yn yr Ymerodraeth.

## LLANDRINIO, Sir Drefaldwyn, Powys (2,750ha; 1,137 o drigolion)

Mae'r **gymuned** hon, sydd yn union i'r gogledd o'r **Trallwng**, yn cynnwys pentrefi Llandrinio, Sarnau ac Ardd-lin ('yr ardd lin', sef *llin* – y ffibr a ddefnyddir i wneud lliain). Mae Eglwys Sant Trunio yn cynnwys nodweddion neo-Romanésg. Canodd **Guto'r Glyn** (*c.*1435–*c.*1493) **gywydd** i'r rheithordy, gan ddweud amdano 'Neuadd hir newydd yw hon, / Nawty'n un a'r tai'n wynion'. Ceir cofebau neo-Roegaidd nodedig yn Eglwys y Drindod Sanctaidd, Pen-rhos, a gafodd

Capel Trillo, Llandrillo-yn-Rhos

Y promenâd yn Llandudno

ei hailadeiladu yn 1845. Mae pont hardd (1775) dros **Hafren**, y bont garreg gynharaf rhwng tarddle'r afon ac Amwythig. Ceir yn yr ardal nifer o dai trawiadol, yn eu plith Trederwen (*c.*1616), Neuadd Llandrinio (*c.*1670) ac – ar safle'r rheithordy a ddisgrifiodd Guto'r Glyn – yr Henblas (17g.)

## LLANDUDNO, Conwy (1,931ha; 20,090 o drigolion)

Mae'r **gymuned** hon, sy'n cynnwys y rhan fwyaf o'r hyn a fu gynt yn gwmwd **Creuddyn**, wedi'i lleoli rhwng baeau Penrhyn a **Chonwy** ac o'r herwydd mae ganddi arfordir sy'n wynebu tua'r dwyrain a'r gorllewin. Tref Llandudno, sydd yn y canol rhwng y Gogarth a Rhiwledyn (neu Drwyn y Fuwch), yw'r enghraifft orau yng Nghymru o **gynllunio trefol** gofalus, ac mae'n un o drefi glan môr mwyaf urddasol **Prydain**.

Cloddiwyd y Gogarth yn helaeth yn ystod yr Oes Efydd (gw. **Oesau Cynhanesyddol**), ac yma yr oedd y mwynglawdd **copr** mwyaf yn y byd. Yn y 6g. dywedir i Tudno sefydlu capel ar ochr ogleddol y Gogarth; ar yr ochr ddeheuol roedd tŷ yn perthyn i esgobion **Bangor** a elwid yn gyffredin yn Abaty Gogarth. I'r de o Riwledyn roedd Hen Neuadd y Penrhyn, cartref y Pughiaid. Chwaraeodd un aelod o'r teulu hwn, y reciwsant Catholig Robert Pugh, ran yn y gwaith o sefydlu'r wasg **argraffu** gyntaf yng Nghymru. Mewn lleoliad dirgel mewn ogof ar ei dir, defnyddiwyd y wasg i argraffu rhan gyntaf ***Y Drych Cristianogawl*** (1586–7). Hyd at y 1850au roedd pentref Llandudno yn ddibynnol ar **amaethyddiaeth**, pysgota a'r mwyngloddiau copr a oedd yn prysur ddod i ddiwedd eu hoes. Caewyd y mwynglawdd olaf yn 1854.

Am ganrifoedd, prif adeilad penrhyn y Creuddyn oedd Gloddaith, un o blastai teulu **Mostyn**. Sylweddolodd E. M. L. Mostyn (1830–61) pa mor bwysig fyddai cwblhau rheilffordd Caer–**Caergybi** yn 1849, yn arbennig ar gyfer cludo ymwelwyr i Landudno – datblygiad y byddai'r teulu'n elwa'n fawr arno. Bu'n gyfrifol am lywio Deddf Gwella Llandudno (1854) trwy'r Senedd a dyna ddechrau tref wyliau Llandudno. Prif ogoniant y dref, a gynlluniwyd ar ffurf grid gan bensaer stad Mostyn, Owen Williams, yw'r promenâd arbennig o lydan ac yn gefn iddo res o westai ar dro mewn arddull a ddisgrifiwyd gan **Clough Williams-Ellis** fel 'Pimlico Palladaidd'. Yn ei hanterth (1880–1910) roedd gan Landudno lu o atyniadau: theatrau, pier 427m o hyd (1875; gw. **Pierau**), peiriannau ymdrochi, **gerddi** cyhoeddus, cyrsiau **golff**, adloniant awyr agored yn y Fach (Happy Valley), teithiau cwch i **Ynys Manaw**, teithiau ceffyl a throl ar hyd Rhodfa'r Môr a theithiau tram (1903) i gopa'r Gogarth. Ymhlith yr ymwelwyr yr oedd y Frenhines Elizabeth o Rwmania a hefyd deulu Liddell. Eu merch hwy, Alice, oedd Alice wreiddiol *Alice in Wonderland* – gan beri i Landudno orfanteisio ar y cysylltiad cymharol denau â Lewis Carroll. Roedd **Lewis Valentine**, llywydd cyntaf **Plaid [Genedlaethol] Cymru**, yn weinidog ar y Tabernacl, capel y **Bedyddwyr**, o 1921 hyd 1947.

Yn ystod yr **Ail Ryfel Byd** symudwyd pencadlys Cyllid y Wlad i Landudno. Gyda'r dirywiad ym mhoblogrwydd gwyliau glan môr ym Mhrydain, bu'n rhaid i Landudno, sy'n meddu ar un rhan o bump o leiaf o'r holl welyau ar gyfer ymwelwyr yng Nghymru, feithrin swyddogaeth newydd fel canolfan ar gyfer cynadleddau a theithiau bws. Fodd bynnag, yn ôl yr awdur llyfrau taith o'r Almaen, Peter Sager, mae Llandudno mewn perygl o droi'n 'Old Mother Riley of Costa Geriatrica'.

## LLANDUDOCH (St Dogmaels), Sir Benfro (1,113ha; 1,318 o drigolion)

Dyma ran fwyaf gogleddol **Sir Benfro**, ac mae'r **gymuned** yn ffinio â'r rhan honno o dref **Aberteifi** sy'n gorwedd i'r de o afon **Teifi**, lle bu newidiadau yn y ffiniau yn 2002. Mae'r ffurf Saesneg ar yr enw yn coffáu'r sant Dogfael, ond tywyll a chymhleth yw tarddiad y ffurf Gymraeg. Prif nodwedd pentref Llandudoch yw adfeilion yr abaty a sefydlwyd ar safle **clas** 'Celtaidd'. Mae saith carreg arysgrifedig (5g.–11g.) yn tystio i bwysigrwydd y clas, yr ymosodwyd arno gan y **Llychlynwyr** yn 988. Disodlwyd y clas yn 1120 pan gododd Robert Fitz Martin, arglwydd **Cemais**, yr unig fynachlog yng Nghymru a berthynai i urdd Tiron, sef cangen ddiwygiedig o urdd y **Benedictiaid** a sefydlwyd yn Tiron ger Chartres. Esgorodd y fynachlog ar dri phriordy dibynnol – Ynys Bŷr (gw. **Ynysoedd**), Pill (gw. **Aberdaugleddau**) a Glascarreg yn **Iwerddon**. A hwythau'n hoff o ddiota a mercheta, byddai'r mynachod yn tarfu ar heddwch Aberteifi. Ymhlith adeiladau'r fynachlog, yr adfeilion mwyaf sylweddol yw rhannau o'r groesfa ogleddol, y cabidyldy a'r ysbyty. Gerllaw'r adfeilion saif Eglwys Sant Thomas y Merthyr (1850), lle cedwir dwy o'r cerrig arysgrifedig.

Mae gan Landudoch draddodiad morwrol hir fel porthladd a chanolfan ar gyfer y diwydiant **pysgota** ac **adeiladu llongau**. Ychydig o'r gweithgaredd hwn sydd wedi goroesi, heblaw pysgota â rhwydi ar aber afon Teifi. Mae Castell Albro yn ffrwyth addasiad medrus o dloty Aberteifi. Traeth Poppit, sydd oddi mewn i gymuned Llandudoch, yw terfyn gogleddol **Llwybr Arfordir Sir Benfro**. Mae pentref Llandudoch yn dioddef o dirlithriadau.

## LLANDŴ, Bro Morgannwg (1,594ha; 754 o drigolion)

Mae'r **gymuned** hon, sydd yn union i'r gorllewin o'r **Bont-faen**, yn cynnwys pentrefi Llandŵ, Llyswyrny, Tresigin a Llanfihangel y Bont-faen. Ym mhentref Llandŵ, gyda'i eglwys Normanaidd, ei Church Farm ganoloesol a'r Great House o'r 18g., ceir ymdeimlad cryf o hanes. I'r de saif Sutton, plasty a fu'n eiddo i deulu Turberville ac un o'r plastai harddaf o'r 16g. yn **Sir Forgannwg**. Saif Stad Ddiwydiannol Llandŵ ar safle hen wersyll yr Awyrlu. Gerllaw mae cylch **rasio ceir**. I'r gogledd o Landŵ saif Fferm Stembridge; hyd at 1974 roedd y fferm yn cwmpasu'r lleiaf o **blwyfi** sifil Cymru, ac ynddo **boblogaeth** o bump yn 1971.

Roedd Llyswyrny, prif ganolfan cantref **Gwrinydd**, yn lle o bwys cyn dyfodiad y **Normaniaid**. Clwstwr o dai o amgylch Eglwys Santes Tudful yw'r pentref, ac ymhlith ei atyniadau y mae tafarn y Carne Arms o'r 16g. a Moat Farm o'r 17g. Bu Nash Manor tua'r de unwaith yn eiddo i esgobion Llandaf, ond wedi'r **Diwygiad Protestannaidd** daeth i feddiant teulu **Carne**, teulu o reciwsantiaid.

Yr adeilad harddaf yn yr ardal yw plasty Llanfihangel, gyda'i neuadd ysblennydd ar y llawr cyntaf, ei fentyll tân gwych a'i banelau godidog. Codwyd yr adeilad gwreiddiol yn gynnar yn yr 16g. ac ymddengys fod anghenion amddiffyn wedi dylanwadu ar ei gynllun cymhleth. Gerllaw, mae ysgubor Elisabethaidd odidog a chanddi saith cowlas. Adeiladwyd plasty Llanfihangel gan deulu'r Tomosiaid a'i brynu *c*.1687 gan y gŵr busnes o Anghydffurfiwr, Humphrey Edwin. Etholwyd Edwin yn arglwydd faer **Llundain** yn 1697, a bu ei bresenoldeb yn holl lifrai'r arglwydd faer mewn capel Ymneilltuol yn fodd i beri i'r **Blaid Dorïaidd** gryfhau'r ddeddfwriaeth a oedd yn gwahardd Anghydffurfwyr (gw. **Anghydffurfiaeth**) rhag dal swyddi cyhoeddus. Ceir cofeb addurnedig iddo yn Eglwys Llanfihangel, sy'n eglwys drawiadol gyda'i thŵr caerog o'r 15g. Yn 1950 **Tresigin** oedd lleoliad y drychineb awyr waethaf yn hanes Cymru.

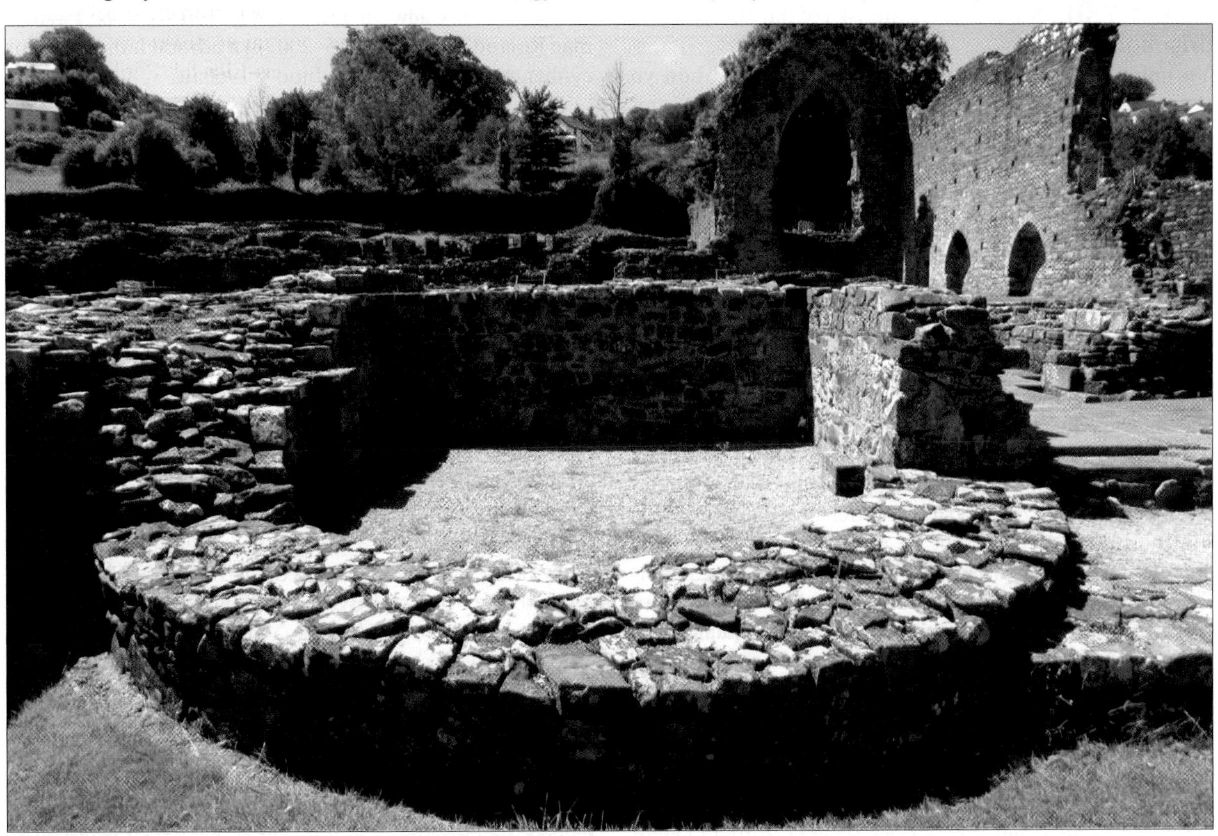

Abaty Llandudoch

**LLANDWROG,** Gwynedd (2,991ha; 2,466 o drigolion)

Mae'r **gymuned** hon yn ymestyn o'r Foryd – aber afon Gwyrfai – at gopa Mynydd Mawr (698m), ac mae'n cynnwys pentrefi Llandwrog, Carmel, y Groeslon a'r Fron. Mae Dinas Dinlle, bryngaer o'r Oes Haearn (gw. **Oesau Cynhanesyddol**), yn edrych dros draeth hardd. Yn y **Mabinogion** ceir cyfeiriad at Gaer Arianrhod, craig ger y môr sy'n diflannu dan y tonnau ar benllanw. Fel yn **Llanwnda**, crëwyd nifer o dyddynnod yma trwy feddiannu **tir comin**. Yn 1827 ceisiodd Thomas John Wynn, yr ail Arglwydd Newborough, gau'r tir a dadfeddiannu'r tyddynwyr. Ond fe'i rhwystrwyd gan Griffith Davies (1788–1855), mab i dyddynnwr, a chanddo gyfeillion dylanwadol yn **Llundain** yn sgil ei fri fel mathemategwr. Yng Nglynllifon, a fu unwaith yn gartref i deulu Newborough, codwyd pedwar plasty yn eu tro; mae'r diweddaraf yn blasty anferth mewn arddull neo-glasurol (1836; ehangwyd yn 1890). Mae'r parc o'i gwmpas – sydd o dan ofal Cyngor Gwynedd – yn llawn ffoleddau, gan gynnwys cromlech ffug. Adeiladodd y teulu eglwys neo-Gothig Sant Twrog (1860), sy'n sefyll yng nghanol pentref Llandwrog. Codwyd Amddiffynfa Williamsburg (1761) ar gyfer byddin breifat y teulu. Codwyd Caer Belan (1770au ymlaen) i amddiffyn aber afon **Menai**. Pan addaswyd Glynllifon yn goleg, daeth Caer Belan yn gartref i deulu Newborough. Ar draws y twyni oddi yno y mae Maes Awyr Caernarfon (gw. **Meysydd Awyr**); yma y sefydlwyd Gwasanaeth Achub Mynydd y Llu Awyr. Yn y Groeslon y ganed y dramodydd **John Gwilym Jones**, a deuai'r ysgolhaig **Thomas Parry** o Garmel. Mae cwmni recordio Sain wedi'i leoli yn Llandwrog (gw. **Cwmnïau Recordio**).

**LLANDYBÏE**, Sir Gaerfyrddin (4,165ha; 9,634 o drigolion)

Yn union i'r gogledd o **Rydaman**, mae'r **gymuned** hon yn cynnwys pentrefi Llandybïe, Blaenau, Capel Hendre, Cwmgwili, Pen-y-groes a Saron. Roedd y plwyf gwreiddiol yn hynafol iawn, a'i ffiniau yw rhai **maenor** Meddyfnych a ddisgrifir yn ***Llyfr St Chad*** (*c*.750). Mae Eglwys Santes Tybïe (13g. a'r 14g.) yn llawn cofebau. Mae'r Derwydd, un o dai **Rhys ap Thomas**, yn cynnwys lleoedd tân a phaneli hardd o'r 17g. Bu plasty Glyn-hir, sydd heddiw'n glwb **golff**, yn eiddo i deulu Du Buisson, teulu o Huguenotiaid. Gerllaw'r plasty, mae rhaeadr hardd ar afon **Llwchwr**. Caiff y rhimyn o **Galchfaen** Carbonifferaidd sy'n amgylchynu maes **glo**'r de ei gloddio'n helaeth yn Llandybïe. Cynlluniwyd Odynau Calch Cilyrychen (1857) gan y pensaer eglwysi R. K. Penson (gw. **Penson, Teulu**); maent yn enghraifft ysblennydd o'r arddull Gothig diwydiannol, a pharhânt i gynhyrchu calch. Cloddio glo, fodd bynnag, a roddodd fod i bentrefi diwydiannol niferus y gymuned. Er bod pob un o'r pyllau glo wedi cau, mae cloddio glo brig yn parhau. Ym Mhen-y-groes y mae canolfan yr Eglwys Apostolaidd, a ddatblygodd wedi diwygiad crefyddol 1904–5 (gw. **Pentecostaliaeth** a **Diwygiadau**).

**LLANDYFAELOG**, Sir Gaerfyrddin (3,517ha; 1,273 o drigolion)

Mae'r **gymuned** hon sydd yn union i'r de-ddwyrain o **Gaerfyrddin** yn cynnwys pentrefi Llandyfaelog, Bancycapel, Croesyceiliog, Cwm-ffrwd ac Idole. O'i mewn mae rhan hyfryd o lan ddwyreiniol afon **Tywi**. Roedd Gruffydd Dwnn (*c*.1500–*c*.1570), copïwr, casglwr llawysgrifau a noddwr beirdd, yn byw yn Ystradferthyr. Gellilednais oedd cartref yr esboniwr beiblaidd **Peter Williams** (1723–96). Ganed y Dr David Daniel Davis (1777–1841), a ddaeth â'r Frenhines Victoria i'r byd, yn Llandyfaelog. Dyma leoliad Ysgol Bro Myrddin, ysgol uwchradd Gymraeg Caerfyrddin.

**LLANDYFÁI (Lamphey)**, Sir Benfro (1,125ha; 852 o drigolion)

Mae'r **gymuned** hon, sydd wedi'i lleoli'n union i'r dwyrain o dref **Penfro**, yn ffinio â'r môr yn Freshwater East – lle sydd, o bosibl, gyda'r mwyaf annymunol yng Nghymru ar gyfrif ei gasgliad anniben o gabanau, carafanau a hysbysfyrddau. Plas Llandyfái oedd Castel Gandolpho esgobaeth **Tyddewi**, lle byddai'r esgobion yn treulio eu horiau hamdden. Er bod y safle, yn ôl pob tebyg, yn dir eglwysig cyn dyfodiad y **Normaniaid**, mae'r adeilad cynharaf sydd wedi goroesi – yr Hen Neuadd – yn dyddio o ddechrau'r 13g. Yr adeilad harddaf yw'r neuadd a godwyd ar gyfer **Henry de Gower**, esgob Tyddewi rhwng 1328 ac 1347. Mae paraped bwaog ysblennydd y neuadd yn debyg i'r gwaith a gyflawnwyd ym mhlas yr esgob, Tyddewi, ac yng Nghastell **Abertawe**, a hynny, mae'n debyg, gan bensaer a weithiai i de Gower. Yn nyddiau ei anterth ar ddiwedd yr Oesoedd Canol, roedd y plas wedi'i amgylchynu gan bysgodlynnoedd, **gerddi** toreithiog a pharc lle porai 60 o **geirw**.

Daeth y plas i feddiant Walter Devereux (gw. **Devereux, Teulu**) yn 1546, ac yna fe'i trosglwyddwyd yn 1559 i'w fab, Walter, iarll cyntaf Essex, ac yn 1576 i'w ŵyr, Robert, yr ail iarll, a dreuliodd ran o'i ieuenctid yn Llandyfái. Wedi i Robert gael ei ddienyddio yn 1601, dadfeiliodd y plas. Daeth o dan warchodaeth y Weinyddiaeth Waith yn 1925, ac o dan ofal **Cadw** yn 1984. Yn ei stori fer 'The Palace', mae Roland Mathias (1915–2007) yn adrodd hanes porthor cynhennus dychmygol o gyfnod y 1960au.

Mae tŵr Eglwys Sant Tyfái (y dywedir ei fod yn nai i **Deilo**) yn dyddio o'r 12g. Erbyn hyn, gwesty yw Lamphey Court, plasty hardd yn null yr adfywiad Groegaidd a fu unwaith yn ganolbwynt stad 1,850ha. Mae'r eglwys (cysegriad anhysbys) ym mhentref cryno Hogeston yn meddu ar dŵr o'r 13g. a changell o'r 14g.

**LLANDYFRÏOG**, Ceredigion (2,984ha; 1,821 o drigolion)

Lleolir y **gymuned** hon yn union i'r gorllewin o **Landysul** ac mae'n cynnwys pentrefi Llandyfrïog, Aber-banc, Trerhedyn (Atpar), Henllan a Phenrhiw-llan. Bu Trerhedyn, sydd bellach yn faestref i **Gastellnewydd Emlyn** i bob pwrpas, yn rhan o etholaeth Bwrdeistrefi **Aberteifi**. Collodd y statws hwnnw yn 1742 a'i adennill yn 1832. Yn Nhrerhedyn, yn 1718, y sefydlodd Isaac Carter y wasg **argraffu** gyfreithlon gyntaf yng Nghymru. Cilgwyn (1870au) oedd cartref teulu Fitzwilliams. Yn ystod yr **Ail Ryfel Byd** cododd carcharorion rhyfel o'r Eidal gapel hyfryd yn Henllan. Yma hefyd, lle mae Dyffryn Teifi ar ei fwyaf prydferth, ailagorwyd 3km o'r rheilffordd rhwng Llandysul a Chastellnewydd Emlyn (1895) i ddenu ymwelwyr.

**LLANDYGÁI,** Gwynedd (3,382ha; 2,522 o drigolion)

Mae'r **gymuned** hon, sydd wedi'i lleoli'n union i'r dwyrain o **Fangor**, yn ymestyn yr holl ffordd o aber afon Ogwen ac ar hyd glan orllewinol yr afon hyd at gopa'r **Gluder Fawr**

(999m). Mae'n cynnwys pentrefi Llandygái, Tre-garth, Dob a Sling. Ym mhen uchaf yr ardal ceir Llyn Idwal a Chwm Idwal, sy'n gynefinoedd botanegol o bwys, ac mae'r Twll Du a Chreigiau Idwal yn cynnig her i ddringwyr. Ar y gwastatir darganfuwyd olion dau hengor (safle mawr crwn wedi'i amgylchynu gan ffos a chlawdd allanol) o'r Oes Neolithig (gw. **Oesau Cynhanesyddol**), un o'r safleoedd mwyaf o'i fath yng Nghymru. Yn Eglwys Sant Tegai, Llandygái (15g., 1853), y mae bedd **John Williams** (1582–1650), archesgob Caerefrog.

Ni ellir osgoi presenoldeb chwarel y Penrhyn. Dechreuwyd cloddio am **lechi** yma yn 1782, ac ar ôl 200 mlynedd o chwarela mae twll enfawr wedi'i greu; awgrymwyd mai dyma'r unig wrthrych o waith dyn yng Nghymru y gellir ei weld o'r lleuad. Yn chwarel y Penrhyn y bu'r anghydfod diwydiannol meithaf yn hanes Cymru (gw. **Streic Fawr y Penrhyn**). Câi'r llechi eu hallforio o Borth Penrhyn. Roedd y porthladd wedi'i leoli ar ochr ddwyreiniol aber afon Cegin – y ffin rhwng Bangor a Llandygái – ac fe'i cysylltwyd â'r chwarel gan ffordd dram a cheffyl yn 1800. Gerllaw'r porthladd mae toiledau dynion 12-sedd mewn adeilad sy'n ymdebygu i golomendy.

Roedd Chwarel y Penrhyn yn eiddo i deulu Douglas-Pennant, Barwniaid Penrhyn (gw. **Pennant, Teulu**), a greodd bentref stad yn Llandygái sy'n enghraifft arbennig o'i fath. Cwblhawyd cartref y teulu, Castell Penrhyn, yn 1830 gan y pensaer Thomas Hopper. Mae'r clamp o blasty Romanésg mewn llecyn braf, ond symbol o ormes y tirfeddiannwr ydoedd i lawer o'r chwarelwyr. Daeth yn eiddo i'r **Ymddiriedolaeth Genedlaethol** yn 1951.

## LLANDYRNOG, Sir Ddinbych (1,804ha; 962 o drigolion)

Mae'r **gymuned** hon, sydd yn union i'r dwyrain o **Ddinbych**, yn ymestyn i uchelfannau **Bryniau Clwyd**. Yn Eglwys Sant Tyrnog, sy'n eglwys ddeugorff, ceir ffenestr **gwydr lliw** yn darlunio'r saith sacrament (*c*.1500). Plas Ashpool (18g.) oedd cartref y Methodist selog Robert Llwyd (1716–92). Mae cofeb yn dynodi safle Tŷ Modlen, lle cynhaliwyd y cyfarfodydd Methodistaidd cyntaf yn yr ardal (gw. **Methodistiaid Calfinaidd**). Codwyd capel Methodistaidd cynnar yng Nghefn Bithel (1776). Mae Hufenfa Llandyrnog yn enwog am ei **chaws**. Yn 1981 caewyd Ysbyty Llangwyfan (1920), un o'r sanatoria mwyaf yng Nghymru ar gyfer trin **twbercwlosis**. Un o blwyf Llandyrnog oedd Gwen ferch Ellis, y wrach gyntaf yng Nghymru i gael ei **dienyddio** (gw. **Gwrachod a Dynion Hysbys**).

## LLANDYSILIO, Sir Benfro (707ha; 475 o drigolion)

Holltir y **gymuned** hon, sydd ar y ffin rhwng **Sir Benfro** a **Sir Gaerfyrddin** i'r gogledd o **Arberth**, gan heol **Dinbych-y-pysgod–Aberteifi** (yr A478). Yn Eglwys Sant Tysilio, a ailgodwyd i raddau helaeth yn y 1890au, ceir carreg arysgrifedig o'r 5g. sydd yn coffáu Clutorix (Clodri), brenin ar **Ddyfed** efallai. Mae Pisgah a Blaenconin yn gapeli urddasol.

## LLANDYSILIO, Sir Drefaldwyn, Powys (1,350ha; 962 o drigolion)

Mae'r **gymuned** hon, sydd yng nghornel ogledd-ddwyreiniol **Sir Drefaldwyn**, yn swatio ar lan ddwyreiniol afon Efyrnwy. Saif Eglwys Sant Tysilio (1868) oddi mewn i fynwent gron. Yn Four Crosses ceir tafarn ddeniadol y Llew Aur (*c*.1750). Mae pont Pentre Heilyn (*c*.1773) yn un hyfryd o gymesur. Bryngaer o'r Oes Haearn (gw. **Oesau Cynhanesyddol**) yw Bryn Mawr ym Mhentre Heilyn, ac yn Four Crosses ceir castell mwnt a beili, sef Rhysnant Domen.

## LLANDYSILIOGOGO, Ceredigion (4,944ha; 1,167 o drigolion)

Mae'r **gymuned** hon i'r de o **Geinewydd** yn cynnwys pentrefi Bwlchyfadfa, **Caerwedros**, Llwyndafydd, Plwmp a Thalgarreg. Bu cysylltiad ar un adeg rhwng hafan fechan, dlos Cwm-tudu a **smyglo**. Mae enw'r gymuned yn cyfuno dwy eglwys, sef eglwys anghysbell **Tysilio** (1890) a Gogof, hen enw'r plwyf agosaf, sef **Llangrannog** (Ogof Crannog yw'r ogof y cyfeirir ati). Ucheldir moel, agored yw Banc **Siôn Cwilt**. Ar dro yn yr A487 saif Ffynnonddewi. Bu'r crwydryn o fardd David Emrys James (Dewi Emrys; 1881–1952) yn byw yn Nhalgarreg. Ym Mwlchyfadfa saif un o brif gapeli'r **Undodwyr** yng **Ngheredigion**.

## LLANDYSILIO-YN-IÂL, Sir Ddinbych (2,796ha; 472 o drigolion)

Mae'r **gymuned** hon, sydd yn union i'r gogledd o **Langollen**, yn cynnwys Creigiau Eglwyseg a Bwlch yr Oernant, a groesir gan yr A452 sy'n arwain i un o rannau hyfrytaf Dyffryn **Dyfrdwy**. Wrth ochr y ffordd gwelir Piler Eliseg, y cwbl a erys o groes uchel a godwyd gan Cyngen, brenin **Powys** (m.854) er cof am ei hen daid Eliseg. Mae'r arysgrif wreiddiol, sydd bellach yn amhosibl ei darllen, yn clodfori teulu brenhinol Powys ac yn hawlio **Macsen Wledig** a **Gwrtheyrn** ymysg ei hynafiaid.

Ger y piler gwelir adfeilion Abaty Glyn-y-groes (neu Glynegwestl), a sylfaenwyd yn 1201 gan Madog ap Gruffudd (m.1236), rheolwr **Powys Fadog**. Daeth y mynachod gwreiddiol o Ystrad Marchell (gw. **Trallwng, Y**), yr abaty a wasanaethai **Bowys Wenwynwyn**. Dyma'r fynachlog olaf i gael ei sefydlu gan y **Sistersiaid** yng Nghymru. Fe'i hadeiladwyd yn nechrau'r 13g., gyda rhai ychwanegiadau diweddarach, ac mae llawer o'r gwaith cerrig wedi goroesi, gan gynnwys y ffasâd gorllewinol, y seintwar, y croesfâu, y cabidyldy ac ystafell gysgu'r mynachod. Ymysg nifer o feddfeini y mae un godidog yn coffáu Madog ap Gruffudd (m.*c*.1306), ŵyr y sylfaenydd a thaid **Owain Glyndŵr**. Wrth ochr yr adfeilion gwelir yr unig bwll pysgod sydd wedi goroesi mewn mynachlog yng Nghymru. Roedd beirdd blaenllaw, yn eu plith **Gutun Owain**, **Tudur Aled** a **Guto'r Glyn**, yn ymhyfrydu yn y croeso a gaent yn yr abaty.

Yn Eglwys Sant **Tysilio** gwelir **gwydr lliw** da yn yr arddull Gyn-Raffaëlaidd. Claddwyd yr aelod seneddol Rhyddfrydol **George Osborne Morgan** yn y fynwent. Mae Rhaeadr y Bedol, cored a gynlluniwyd gan **Thomas Telford**, yn cyflenwi dŵr i Gamlas Llangollen sy'n cychwyn ger yr eglwys (gw. **Camlesi**). Mae Llantysilio Hall (1874), tŷ neo-Elisabethaidd, yn enghraifft drawiadol o blasty gwledig Fictoraidd. Cartref Theodore Martin, cofiannydd y Tywysog Albert, oedd Bryn Tysilio, a daeth y Frenhines Victoria i'r tŷ i weld y ddesg lle bu'n ysgrifennu hanes bywyd ei gŵr.

## LLANDYSUL, Ceredigion (6,670ha; 2,902 o drigolion)

Mae'r **gymuned** yn ymestyn tua'r gogledd o rannau isaf afon **Teifi**, ac yn cynnwys tref Llandysul a phentrefi Capel Dewi,

Horeb, Pont-siân, Pren-gwyn, Tre-groes a Rhydowen. Mae map o'r 18g., sy'n dangos lleiniau rheolaidd o dir, yn awgrymu y gallasai Llandysul fod yn fwrdeistref ganoloesol a fethodd. Yn eglwys ganoloesol Sant Tysul, a atgyweiriwyd yn helaeth, ceir carreg arysgrifedig o'r 6g., a chofebau i deulu Llwydiaid Alltyrodyn. Mae'r eglwys yn cynnal gwasanaeth arbennig i ddathlu'r Hen Galan (13 Ionawr; gw. **Calan**). Bu tŵr yr eglwys yn ganolbwynt mewn gemau **cnapan**. Adeilad nodedig yw Capel Seion (1871), a gynlluniwyd gan **Thomas Thomas**.

Enwyd Castell Hywel ar ôl **Hywel ab Owain Gwynedd** (m.1170), a atgyweiriodd yr adeilad. Hwn oedd safle ysgol David Davis (Dafis Castellhywel; 1745–1827), ffigwr allweddol yn natblygiad Undodiaeth yn ne **Sir Aberteifi**. Yn 1876 amddifadwyd **Undodwyr** Llwynrhydowen o'u tŷ cwrdd gan dirfeddiannwr dialgar oherwydd **radicaliaeth** eu gweinidog, William Thomas (Gwilym Marles; 1834–79), hen ewythr i **Dylan Thomas**. Sefydlwyd Gwasg Gomer, cyhoeddwyr mwyaf toreithiog Cymru erbyn dechrau'r 21g., yn Llandysul yn 1892. Bu Pont-siân yn gartref i'r digrifwr Eirwyn Jones (Eirwyn Pontshân; 1922–94); mae ei *Hyfryd Iawn* (1966) yn llyfr gosod i fyfyrwyr y **Gymraeg** yn Harvard. Mae afon Teifi yn Llandysul yn denu pysgotwyr a chanŵwyr.

## LLANDYSUL, Sir Drefaldwyn, Powys (2,896ha; 1,218 o drigolion)

Mae'r **gymuned** hon, sydd yn union i'r dwyrain o'r **Drenewydd**, yn cynnwys pentrefi bychain Llandysul, Aber-miwl, Aberbechan a Llamyrewig. Yn 1273 dechreuodd **Llywelyn ap Gruffudd** adeiladu Castell Dolforwyn ar grib uchel uwchben Dyffryn **Hafren** – y castell olaf i'w godi gan dywysog Cymreig. Ystyriai Edward I y castell yn her i'r castell Seisnig yn **Nhrefaldwyn**. Mae ateb Llywelyn i wrthwynebiad y brenin yn ddatganiad gwerthfawr o'i ddehongliad o'i statws fel tywysog Cymru. Datgelodd gwaith cloddio **Cadw**, a gwblhawyd yn 2002, fod olion y castell yn helaethach nag a dybiwyd. Yn ôl **Sieffre o Fynwy**, yn Nolforwyn y boddwyd y forwyn Sabrina (Hafren) yn yr afon ar orchymyn y frenhines eiddigeddus Gwendolen.

Yn y 1920au bu'r cyfansoddwr Philip Heseltine (Peter Warlock; 1894–1930) yn byw yng Nghefn Bryntalch, tŷ a fu'n gychwyn i adfywiad Sioraidd y 1870au. Ailadeiladwyd Eglwys Sant Tysul yn 1866; gerllaw mae porth eglwys gynharach wedi goroesi. Dinistriwyd llawer o waith ecsentrig y rheithor a'r dyfrlliwiwr **John Parker** (1798–1860) yn Eglwys Sant Llwchaearn, Llamyrewig, ond mae'r hyn sy'n aros yn nodedig. Roedd ysgol gynradd Aber-miwl (1951) yn adeilad blaengar yn ei gyfnod. Yn 1921 aeth dau o drenau'r Cambrian benben â'i gilydd ger Aber-miwl, gan ladd 17 o deithwyr (gw. **Abermiwl, Damwain Drên**).

## LLANDDANIEL-FAB, Ynys Môn (1,349ha; 699 o drigolion)

Mae'r **gymuned** hon, sy'n union i'r de-orllewin o **Lanfair Pwllgwyngyll**, yn cynnwys Bryn Celli Ddu, hengor a chromlech ysblennydd o'r Oes Neolithig (gw. **Oesau Cynhanesyddol**). Plas Newydd oedd canolfan stad a ymestynnai dros 2,500ha o dir **Môn** ac a ddaeth i feddiant teulu **Paget** (teulu Bayly hyd 1769) trwy briodas ag aelod o deulu **Griffith (Penrhyn)**. Cafodd y tŷ, sy'n eiddo i'r **Ymddiriedolaeth Genedlaethol**, ei ailadeiladu (1795–1806) gan James Wyatt ar gyfer Henry Bayly Paget, cyd-berchennog mwynglawdd copr **Mynydd Parys** (gw. hefyd **Amlwch** a **Copr**). Ynddo ceir y goes osod a gynlluniwyd gan Henry William Paget, ardalydd cyntaf Môn (1815), i gymryd lle honno a gollodd ym mrwydr Waterloo, ynghyd â chyfres enwog o furluniau gan Rex Whistler (1936–7). Cynlluniwyd y **gerddi** gan Humphrey Repton. Mae Plas Coch, a adeiladwyd yn 1569 ar gyfer y cymwynaswr lleol, David Hughes (m.1609), yn enghraifft dda o blasty bach Elisabethaidd. O Foel-y-don yr âi un o'r chwe fferi ar draws afon **Menai**.

## LLANDDAROG, Sir Gaerfyrddin (1,655ha; 1,095 o drigolion)

Mae'r **gymuned** hon, sydd i'r de-ddwyrain o **Gaerfyrddin** ac sydd wedi'i rhannu gan yr A48, yn cynnwys pentrefi Llanddarog a Phorth-y-rhyd. Mae meindwr Eglwys Sant Twrog (1856) yn nodwedd amlwg. Gerllaw'r eglwys mae tafarn yr Hydd Gwyn a'i tho gwellt, ffurf ar do sydd bellach yn olygfa anarferol yn **Sir Gaerfyrddin**. Mae'r achos yng Nghapel Newydd, capel y **Methodistiaid Calfinaidd**, yn dyddio o 1795 a'r adeilad o 1903. Mewn pleidlais yn 2002, barnwyd mai Llanddarog oedd y lle mwyaf cyfeillgar yng Nghymru.

## LLANDDEINIOLEN, Gwynedd (4,153ha; 4,885 o drigolion)

Mae **cymuned** Llanddeiniolen yn ymestyn o ffin ddwyreiniol tref **Caernarfon** hyd Elidir Fawr (924m). O fewn y gymuned ceir pentrefi Bethel, Brynrefail, Clwt-y-bont, Dinorwig, Rhiwlas, Penisa'r-waun a Deiniolen (Ebenezer gynt). Mae Dinas Dinorwig yn fryngaer gron o'r Oes Haearn (gw. **Oesau Cynhanesyddol**). Islaw mae Ffynnon Cegin Arthur, ond ni fu'r ymgais i'w datblygu fel sba yn llwyddiannus. Ailadeiladwyd Eglwys Llanddeiniolen yn 1843. Ym mynwent yr eglwys hon y mae **W. J. Gruffydd** wedi'i gladdu, ac yno y mae'r ywen y canodd amdani yn ei gerdd. Yng nghornel dde-ddwyreiniol yr ardal ceir ponciau eang chwarel Dinorwig. Dechreuwyd cloddio am **lechi** ar raddfa fawr yma yn 1809. Wedi i'r chwarel gau yn 1969 daeth ei gweithdai yn rhan ganolog o Amgueddfa Lechi Cymru, sy'n rhan o **Amgueddfa [Genedlaethol] Cymru**. Mae rhan o reilffordd y chwarel, sy'n rhedeg ar hyd glannau Llyn Padarn, wedi'i hailagor yn atyniad i dwristiaid. Yma hefyd ceir gorsaf bŵer trydan dŵr Dinorwig, a agorwyd yn 1984. Yn ystod cyfnodau tawel pan nad oes llawer o alw am drydan, caiff dŵr ei bwmpio o Lyn Peris (100m uwchlaw lefel y môr) i Lyn Marchlyn Mawr (580m uwchlaw lefel y môr) ar lethrau gogleddol Elidir Fawr; yna yn ystod cyfnodau o alw mawr, gollyngir y dŵr yn ôl i Lyn Peris er mwyn gweithio'r generaduron. Dyma'r cynllun storfa bwmp mwyaf yn Ewrop; byddai digon o le i Eglwys Gadeiriol St Paul, **Llundain**, yn ei neuadd beiriannau (gw. **Peirianneg** ac **Ynni**). Ym mhen isaf Llyn Padarn y mae Penllyn, lle trigai'r rhyfeddol Farged uch Ifan (**Margaret Evans**).

## LLANDDERFEL, Gwynedd (11,533ha; 1,052 o drigolion)

Mae'r **gymuned** hon, sydd i'r gogledd a'r dwyrain o'r **Bala**, yn cynnwys cyn-blwyf sifil Llandderfel a rhan o un Llanfor. Hyd nes y diddymwyd **plwyfi** sifil Cymru yn 1974, Llanfor (13,280ha) oedd yr helaethaf ohonynt. O fewn y gymuned y mae pentrefi Llandderfel, Llanfor, Fron-goch, Sarnau a

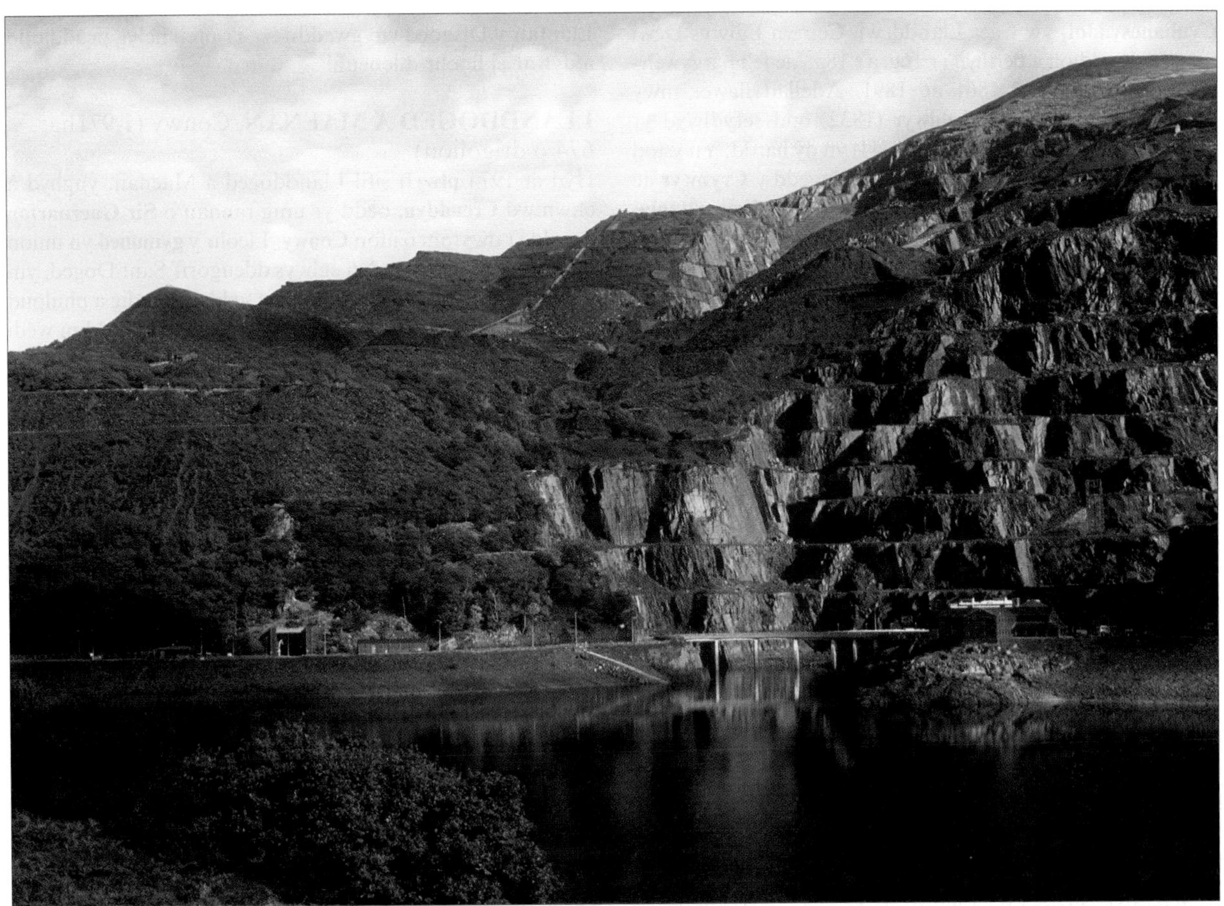

Olion Chwarel Dinorwig a mynedfa Gorsaf Bŵer Dinorwig (yng nghymuned Llanddeiniolen)

Glanrafon ac ardaloedd Bethel, Cefnddwysarn a Chwmtirmynach. Roedd Eglwys Derfel Gadarn, a adnewyddwyd yn helaeth yn y 1870au, yn fangre i bererinion (gw. **Pererindota**). Llosgwyd y ddelw bren o'r sant yn **Llundain** yn 1538, ond mae'r rhan o'r greirfa a adwaenir fel Ceffyl Derfel Gadarn wedi goroesi. Ceir cyfeiriad at Lanfor yng ngherddi **Llywarch Hen**. Ar dir Eglwys Sant Deiniol, Llanfor (1874), ceir mawsolëwm teulu **Price** (**Rhiwlas**), a godwyd gydag enillion un o geffylau'r teulu, Bendigo, yn ras Jiwbilî Kempton Park yn 1887. Yn 1873 rhoddwyd bod i **dreialon cŵn defaid** gan R. J. Lloyd Price, Rhiwlas (1843–1923), ac yn 1887 sefydlodd ddistyllfa **wisgi** yn Fron-goch, a ddaeth, yn 1916, yn Wersyll Carcharorion **Fron-goch**. Mae'r gymuned yn cynnwys rhan o Lyn Celyn, y gronfa ddŵr a grëwyd yn dilyn boddi Cwm **Tryweryn**, ac ar lannau'r gronfa ceir capel coffa i'r pentref a foddwyd. Ceir yno hefyd lechfaen yn coffáu'r **Crynwyr** o **Benllyn** a ymfudodd i **Bensylfania** ar ddiwedd yr 17g. Cynhelir cystadlaethau canŵio rhyngwladol ar afon Tryweryn. Yn 1800 helaethwyd Crogen, Llandderfel, tŷ sy'n perthyn i'r Oesoedd Canol diweddar. Codwyd plasty Pale (1870), sydd bellach yn westy, gan Henry Robertson, un o wŷr blaenllaw'r rheilffordd; arhosodd y Frenhines Victoria yno yn 1887. Mae **T. E. Ellis** wedi'i gladdu yng Nghefnddwysarn.

**LLANDDEUSANT**, Sir Gaerfyrddin (6,152ha; 233 o drigolion)

Mae'r **gymuned** hon, i'r de o **Lanymddyfri**, yn ymestyn hyd at y ffin rhwng **Sir Gaerfyrddin** a **Sir Frycheiniog**, ac mae'n cynnwys **Llyn y Fan Fach**, lleoliad un o chwedlau gwerin mwyaf adnabyddus Cymru. Uwchlaw'r llyn mae copaon Bannau Sir Gaer, sy'n rhan o'r **Mynydd Du**. Ceir to baril wedi'i blastro yn Eglwys Sant Simon a Sant Jwdas (14g. a'r 15g.). Rhoddodd yr awdur **Ernest Lewis Thomas** (Richard Vaughan; 1904–83), brodor o Landdeusant, ddarlun o fywyd y Mynydd Du yn ei nofelau.

**LLAN-DDEW**, Sir Frycheiniog, Powys (918ha; 246 o drigolion)

Lleolir y **gymuned** hon yn union i'r gogledd o **Aberhonddu**. Bu yno fynachlog 'Geltaidd' neu **glas**. Adeiladodd esgob **Tyddewi** balas yno yn ystod y 12g. Yn yr adeilad hwnnw yr ymgartrefodd **Gerallt Gymro** yn 1175 pan benodwyd ef yn archddiacon **Brycheiniog**; bellach, mae'r fangre, a ystyriai ef yn addas ar gyfer myfyrdod a gwaith, yn adfeilion. Mae Eglwys y Drindod Sanctaidd, eglwys sylweddol sy'n cynnwys cangell hardd o'r 13g. lle ceir dau ysbïendwll, yn tystio i bwysigrwydd eglwysig Llan-ddew. Pytin-du (ynghyd â Phytin-gwyn a Phytin-glas yn **Honddu Isaf**) yw un o'r tri mwnt a adeiladwyd gan Roger Peyton yn y 1090au.

**LLANDDEWI FELFFRE**, Sir Benfro (1,630ha; 348 o drigolion)

Ynghyd â **Llanbedr Felffre**, mae'r **gymuned** hon, sy'n gorwedd o boptu'r A40 yn union i'r de-orllewin o **Hendygwyn**, yn cynnwys y rhan fwyaf o **gwmwd** canoloesol **Efelffre**. Caer bentir fawr yn dyddio o'r Oes Haearn (gw. **Oesau**

Cynhanesyddol**) yw Caer Llanddewi. Ceir yn Eglwys Dewi Sant nodweddion a berthyn i'r 16g. a'r 18g., ac fe'i hatgyweiriwyd yn helaeth yn 1861 ac 1891. Adeilad llawer mwy diddorol yw capel y **Bedyddwyr** (1832, ond sefydlwyd yr achos yn 1723). Mae Pant-teg (*c.*1744) yn dŷ hardd. Yn ystod yr 17g. roedd yr ardal yn un o gadarnleoedd y **Crynwyr** ac yn gartref i Lewis David a brynodd dir ym **Mhensylfania**, yn 1681, ar gyfer Crynwyr **Sir Benfro**.

**LLANDDEWI YSTRADENNI**, Sir Faesyfed, Powys (2,503ha; 301 o drigolion)

A hithau'n ymestyn o boptu afon Ieithon i'r gogledd o **Landrindod**, mae'r **gymuned** hon yn cynnwys dwy fryngaer ar grib Cwm Cefn-y-gaer. Prif ganolfan teulu **Mortimer** ym **Maelienydd** oedd Castell Cymaran, sydd wedi'i leoli mewn man anghysbell a phrydferth. Fe'i codwyd ar gyfer Ralph Mortimer (m.1181); cafodd ei ailadeiladu yn 1195 a'i gipio gan **Lywelyn ap Iorwerth** yn 1202. Adeilad ffrâm nenfforch hardd o'r 17g. yw Dôl-y-dre.

**LLANDDEWIBREFI**, Ceredigion (11,343ha; 723 o drigolion)

Mae'r **gymuned** hon, yr helaethaf yng **Ngheredigion**, yn ymestyn o Ddyffryn **Teifi** i rannau uchaf afon **Tywi**. Saif Eglwys Dewi Sant (14g.; ail-luniwyd yn 1873–86) ar safle Cristnogol cynnar, yn ôl tystiolaeth chwe charreg arysgrifedig sy'n dyddio o'r 6g.–9g. Yn ôl traddodiad, saif yr eglwys ar y bryncyn a gododd dan draed **Dewi Sant** pan oedd wrthi'n **pregethu**. (A hithau'n ardal mor fryniog, prin y gellir dychmygu gwyrth fwy di-alw-amdani na chreu bryn arall yn Llanddewi.) Yn 1287 ad-drefnwyd yr eglwys gan yr Esgob **Bek** o **Dyddewi** yn goleg i ganoniaid lleyg, a wasanaethai 13 o eglwysi'r cylch. Yn 1346 copïwyd casgliad gwerthfawr o destunau crefyddol Cymraeg gan feudwy yn Llanddewi – ***Llyfr Ancr Llanddewibrefi*** – sydd ar gadw yn Llyfrgell Bodley, **Rhydychen**. Bu milwyr Rhufeinig yng nghaer Bremia (Llanio) o OC *c.*75 hyd *c.*160. Cynhaliwyd y gladdedigaeth olaf ym mynwent y **Crynwyr** yn Werndriw yn 1790. Adeilad trawiadol yw Bethesda, capel y **Methodistiaid Calfinaidd** (1873). Capel Soar-y-mynydd (1828) yw'r un mwyaf anghysbell yng Nghymru. O fewn y gymuned y lleolir cronfa ddŵr Llyn Brianne, a gwblhawyd yn 1973 (gw. **Cronfeydd Dŵr**). Tyfodd y sylw ar raglen gomedi'r BBC, *Little Britain*, mai dim ond un gŵr hoyw sy'n byw yn Llanddewibrefi, i fod yn ymadrodd llafar hynod o boblogaidd.

**LLANDDEWI-YN-HWYTYN (Whitton)**, Sir Faesyfed, Powys (3,321ha; 310 o drigolion)

Mae'r **gymuned** hon, sy'n union i'r gorllewin o **Lanandras**, yn cynnwys pentrefi bach Llanddewi-yn-Hwytyn, Disgoed, Casgob a Phyllalai. Mae Pyllalai (Pilleth) yn un o'r ychydig leoedd yng Nghymru a grybwyllir yn Llyfr Domesday. Enillodd lluoedd **Owain Glyndŵr** fuddugoliaeth nodedig ym Mhyllalai yn 1402 (gw. **Pyllalai, Brwydr**). Credir mai gweddillion y milwyr a laddwyd yn y frwydr yw'r pentyrrau o esgyrn a ddarganfuwyd yn 1870 ger yr eglwys, sydd mewn lleoliad hyfryd. Mae Casgob ar gyrion **Fforest Clud**, lle'r oedd gan y plwyfolion hawl pori er cyn cof. Roedd William Jenkins Rees (1772–1855), yr ysgolhaig a'r hynafiaethydd ac un o'r **hen bersoniaid llengar**, yn ficer Casgob o 1805 hyd ei farwolaeth. Yn ôl **Ffransis Payne**, mae eglwys adferedig Llanfair y Disgoed yn 'gweddu . . . i'r pren helyg pruddaidd a dyf ar ei hochr ddeheuol'.

**LLANDDOGED A MAENAN**, Conwy (1,971ha; 674 o drigolion)

Hyd at 1974 **plwyfi** sifil Llanddoged a Maenan, ynghyd â chwmwd **Creuddyn**, oedd yr unig rannau o **Sir Gaernarfon** a oedd i'r dwyrain o afon **Conwy**. Lleolir y **gymuned** yn union i'r gogledd o **Lanrwst**. Yn eglwys ddeugorff Sant Doged, ym mhentref bychan Llanddoged, mae seddau caeedig a phulpud tair lefel anarferol wedi eu cadw. Nid oes nemor ddim wedi goroesi o'r fynachlog Sistersaidd a symudwyd o **Gonwy** i Faenan yn 1283; safai gerllaw'r fan lle mae Gwesty Abaty Maenan heddiw. Safai tŷ canoloesol o'r enw Maenan ar dir y fynachlog. Fe'i hadferwyd gan Farwn Aberconway (gw. **Eglwys-bach**) ac mae'n cynnwys gwaith plastr nodedig o'r 16g.

**LLANDDONA**, Ynys Môn (1,621ha; 639 o drigolion)

Mae'r **gymuned** hon, yn union i'r gogledd o **Fiwmares**, ar ochr dde-ddwyreiniol Traeth Coch. Bryngaer drawiadol sy'n dyddio o'r Oes Haearn (gw. **Oesau Cynhanesyddol**) yw Bwrdd Arthur neu Ddinsylwy, ond mast trosglwyddydd teledu yw'r tirnod amlycaf. Saif eglwysi Llaniestyn (14g.), Llanfihangel Dinsylwy (15g.) a Llanddona (1873) mewn mannau diarffordd.

**LLANDDOWROR**, Sir Gaerfyrddin (2,878ha; 809 o drigolion)

Mae'r ffordd o **Gaerfyrddin** i **Ddinbych-y-pysgod** (yr A477) yn croesi'r **gymuned** hon sydd i'r de-orllewin o Gaerfyrddin ac sy'n cynnwys pentrefi Llanddowror a Llanmiloe. Mae tŵr Eglwys Sant Teilo yn dyddio o'r 15g. neu'r 16g. ac fe ailgodwyd ei chorff a'i changell yn 1865. Yn yr eglwys hon y mae bedd **Griffith Jones**, rheithor Llanddowror rhwng 1716 ac 1761, ac arloeswr llythrennedd yng Nghymru. Estyniad o **Bentywyn** yw Llanmiloe mewn gwirionedd. Cwmbrwyn yw'r fila Rufeinig fwyaf gorllewinol a ddarganfuwyd yng Nghymru.

**LLANDDULAS A RHYD-Y-FOEL**, Conwy (512ha; 1,572 o drigolion)

Lleolir y **gymuned** hon, sy'n nythu rhwng **Abergele** a maestrefi dwyreiniol **Bae Colwyn**, dan gysgod bryngaer Penycorddyn-mawr lle ceir olion amddiffynfeydd trawiadol. Yr adeilad amlycaf yw 'castell' rhyfeddol Gwrych (1816–53). Gyda'i borthordai a'i gysylltfuriau, mae'r ffug-gastell hwn yn ymestyn am bron 2km. Fe'i hadeiladwyd yn dŷ annedd crand ar gyfer Lloyd Bamford Hesketh, a oedd hefyd yn gyfrifol am gomisiynu eglwys atyniadol Sant Cynbryd (1869) a'r eglwys, y ficerdy a'r ysgol sy'n ffurfio clwstwr hardd o adeiladau ym **Mae Cinmel a Thywyn**. Yn 2007 cyhoeddwyd bod cynlluniau i droi Castell Gwrych yn westy pum seren. Roedd **Lewis Valentine** (1893–1986), llywydd cyntaf **Plaid [Genedlaethol] Cymru**, yn frodor o Landdulas.

**LLANDDUNWYD (Welsh St Donats)**, Bro Morgannwg (1,207ha; 485 o drigolion)

Lleolir y pentref taclus hwn ar dir tonnog i'r gogledd-ddwyrain o'r **Bont-faen**, ac mae'n cynnwys y Tŷ Mawr (Great

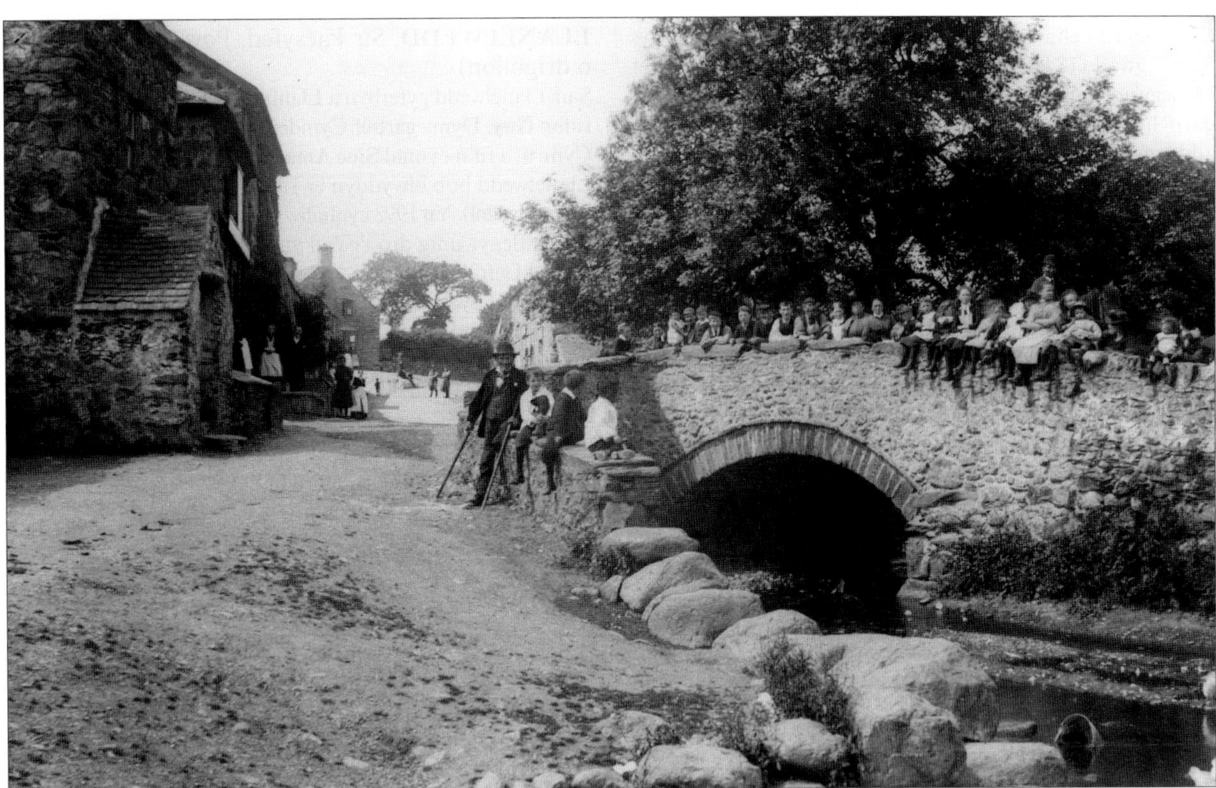

Llanegryn, *c.*1885

House) o'r 18g. a chlwstwr braf o ffermydd. Cafodd yr eglwys, a godwyd tua diwedd yr Oesoedd Canol, ei haddasu yn yr 16g. I'r gogledd saif Castell Tal-y-fan, a fu unwaith yn ganolbwynt i un o arglwyddiaethau helaethaf **Bro Morgannwg**.

## LLANDDYFNAN, Ynys Môn (4,323ha; 1,027 o drigolion)

Mae'r **gymuned** hon, yn union i'r dwyrain a'r gogledd o **Langefni**, yn cynnwys pentrefi Talwrn, Llangwyllog a Chapel Coch. Mae patrwm anheddiad cymhleth yn nodweddu Mynydd Bodafon (178m), sy'n codi'n serth uwchlaw'r tir tonnog o'i gwmpas. Ceir yma dai diddorol, gan gynnwys Marian (16g.), Plas Llanddyfnan (16g., 18g.) a Thregaean (17g.). Dymchwelwyd plasty enfawr Hirdre-faig (18g. a chynharach). Ganed y **Morrisiaid** ger Maenaddwyn rhwng 1701 ac 1706.

## LLANEDI, Sir Gaerfyrddin (2,631ha; 5,195 o drigolion)

Mae'r **gymuned** hon, ar lan orllewinol afon **Llwchwr** rhwng **Rhydaman** a **Llanelli**, yn cynnwys pentrefi Llanedi, y Fforest, yr Hendy a Thŷ-croes. Efallai fod sylfaen tŵr Eglwys y Santes Edi, a ailgodwyd yn 1860, yn dyddio o'r Oesoedd Canol. Yn ail hanner y 19g. arweiniodd twf cynhyrchu **tunplat** a chloddio glo carreg (gw. **Glo**) at sefydlu pentrefi diwydiannol y gymuned. Ganed y geiriadurwr John Walters (1721–97; gw. **Geiriaduraeth**) yn y Fforest. Brodor o'r Hendy oedd y bardd a'r ysgolhaig **John Jenkins** (Gwili; 1872–1936).

## LLANEFYDD, Conwy (3,075ha; 562 o drigolion)

Lleolir y **gymuned** hon i'r gogledd-orllewin o **Ddinbych** ac mae'n ffinio â Dyffryn Elwy; mewn **ogofâu** yno y cafwyd hyd i dystiolaeth sy'n allweddol i gynhanes Cymru (gw. **Cefn Meiriadog**, **Archaeoleg a Hynafiaetheg** ac **Oesau Cynhanesyddol**). Mae eglwys ddeugorff Sant Nefydd, sy'n dyddio o'r 15g., yn olau ac eang. Neuadd ganoloesol oedd Berain, cartref teuluol **Catrin o Ferain**, a ehangwyd yn yr 16g. Bu cryn addasu ar y tŷ dros y canrifoedd, er bod rhai nodweddion cynnar i'w gweld o hyd. Penporchell Isaf oedd man geni Twm o'r Nant (**Thomas Edwards**; 1739–1810). Yn 1888, yn sgil gwrthdystiadau yn erbyn talu'r **degwm**, cyrchwyd milwyr y 'Ninth Lancers' i Lanefydd. Ceir golygfeydd bendigedig o fryngaer Mynydd y Gaer.

## LLANEGRYN, Gwynedd (2,352ha; 303 o drigolion)

Gogoniant y **gymuned** hon, sydd yn union i'r gogledd o **Dywyn**, yw'r grog a'r groglen yn dyddio o'r 15g. a geir yn Eglwys Sant Egryn a'r Santes Fair. Mae'r eglwys hefyd yn cynnwys beddau teulu **Wynne** (**Peniarth**). Ym Mheniarth (1700), yr adeilad brics cynharaf yng ngorllewin **Sir Feirionnydd**, yr oedd un o lyfrgelloedd gorau Cymru. Llawysgrifau Peniarth, sef casgliad **Robert Vaughan** o Hengwrt yn wreiddiol, yw craidd trysorau llenyddol **Llyfrgell Genedlaethol Cymru**. Daeth W. W. E. Wynne (1801–80), yr ysgolhaig o dirfeddiannwr, o dan ddylanwad **Mudiad Rhydychen**, ac o'r herwydd fe'i gwrthwynebwyd yn llym gan Anghydffurfwyr radical Meirionnydd yn etholiad cyffredinol 1859. Trowyd tenantiaid o'u cartrefi o ganlyniad i'r etholiad, digwyddiad o bwys yn hanes **cynrychiolaeth seneddol**. Yng Nghapel Ebeneser ceir cofeb i un o arloeswyr Annibyniaeth, Hugh Owen (1639–1700).

## LLANEGWAD, Sir Gaerfyrddin (5,383ha; 1,388 o drigolion)

Lleolir y **gymuned** hon i'r gogledd o afon **Tywi** rhwng **Llandeilo** a **Chaerfyrddin**, ac mae'n cynnwys pentrefi Llanegwad,

Cwrt-henri, Felin-gwm, Pontargothi a Nantgaredig. Eglwys Sant Egwad (1849; bellach ar gau) yw canolbwynt pentref Llanegwad. Saif Eglwys y Drindod Sanctaidd (1878) uwchlaw darn hyfryd o ran isaf Dyffryn Cothi. Mae coethder yr addurno a'r ffenestri lliw yn ei gwneud yn unigryw ymhlith eglwysi Cymru. Fe'i codwyd ar dir plasty teulu Bath, Alltyferin, a ddymchwelwyd *c*.1960. Yn Abercothi y ganed Erasmus Lewis (1671–1754); ef, yn 1726, a drefnodd gyhoeddi *Gulliver's Travels*, gwaith ei gyfaill Jonathan Swift.

**LLANENGAN**, Gwynedd (3,352ha; 2,124 o drigolion)

Y **gymuned** hon, sydd wedi'i lleoli i'r de-orllewin o **Bwllheli**, yw rhan fwyaf deheuol **Llŷn**. Mae'n cynnwys pentrefi Llanengan, Abersoch, Bwlchtocyn, Llangïan a Mynytho. Mae carreg arysgrifedig o'r 6g. yn Llangïan yn coffáu Melus, *medicus* (meddyg) (gw. **Cofebau Cristnogol Cynnar**). Yn Eglwys Sant Engan (14g.–16g.) ceir croglen a chroglofft nodedig. Mae Ynysoedd Tudwal yn cysgodi Hafan Studwals, neu St Tudwal's Roads, lle câi llongau **hwylio** loches yn ystod stormydd rhag peryglon Porth Neigwl; nid heb reswm y gelwir y bae yn Hell's Mouth yn Saesneg. Addurnwyd muriau Castellmarch (1630au), Llangïan, ag arfbeisiau teuluoedd uchelwrol Cymreig; cysylltir y safle â chwedl y brenin March ap Meirchion a'i glustiau ceffyl, chwedl a ysbrydolodd faled ddramatig gan Cynan (**Albert Evans-Jones**). Roedd Mynytho, sydd wedi'i leoli yng nghanol clytwaith o gaeau bach a fu unwaith yn **dir comin**, yn gartref i chwarelwyr a mwynwyr manganîs. Lluniwyd **englyn** adnabyddus iawn gan **R. Williams Parry** ar achlysur agor neuadd y pentref. Mae Abersoch yn ganolfan **hwylio** boblogaidd.

**LLANEILIAN**, Ynys Môn (1,668ha; 1,192 o drigolion)

Mae'r **gymuned** hon yng nghornel ogledd-ddwyreiniol **Môn** yn cynnwys pentref Pen-y-sarn a'r clwstwr o dai yn Llaneilian. Mae gan Eglwys Sant Eilian dŵr o'r 12g. a chroglen wych o'r 15g. ynghyd â chroglofft. Adeiladwyd y goleudy ar Drwyn Eilian yn 1835, er bod golau wedi bod yno er 1781. Llysdulas, sydd bellach yn adfail, oedd cartref teulu Hughes, a wnaeth eu cyfoeth o'u rhan ym mwyngloddiau copr **Mynydd Parys** (gw. hefyd **Copr**). Craig fawr yn y môr yw Ynys Dulas. Yn Llaneilian y maged y newyddiadurwr a'r bardd John Eilian (**John Tudor Jones**) a'r ysgolhaig **Bedwyr Lewis Jones**, ac un o Ben-y-sarn oedd yr actor amryddawn Glyn Williams (1926–82).

**LLANELIDAN**, Sir Ddinbych (2,150ha; 315 o drigolion)

Yn y **gymuned** hon, sydd i'r de o **Ruthun**, ceir heneb o'r enw Bwrdd y Tri Arglwydd, sy'n nodi safle'r tir a fu, yn ôl traddodiad, yn achos y gynnen wreiddiol rhwng **Owain Glyndŵr** a Reginald Grey (gw. **Grey, Teulu**). Ceir beddrodau trawiadol yn Eglwys Sant Elidan, sy'n eglwys ddeugorff. Ym mynwent yr eglwys hon y claddwyd Coch Bach y Bala (**John Jones**; 1854–1913), lleidr a saethwyd ar ôl iddo ddianc o garchar Rhuthun ac a fu farw o'i glwyfau. Yn y 1960au a'r 1970au cymerodd **Clough Williams-Ellis** ran flaenllaw yn y gwaith o ail-lunio Plas Nantclwyd. Mae Glan Hesbin (1641, 1698) yn cynnwys 'drws pregethwyr', un o olion **Anghydffurfiaeth** y 18g.

**LLANELWEDD**, Sir Faesyfed, Powys (1,721ha; 436 o drigolion)

Saif Llanelwedd gyferbyn â **Llanfair-ym-Muallt**, yr ochr draw i afon **Gwy**. Dyma gartref Cymdeithas Amaethyddol Frenhinol Cymru, a fu'n cynnal **Sioe Amaethyddol Frenhinol Cymru** yn Llanelwedd bob blwyddyn er 1963 (gw. hefyd **Cymdeithasau Amaethyddol**). Yn 1993 cynhaliwyd yr **Eisteddfod** Genedlaethol ar y safle, yr unig dro i'r ŵyl ymweld â **Sir Faesyfed**. Adeiladwyd Cefndyrys yn 1785 ar gyfer David Thomas, tâl-feistr cyffredinol byddin **Prydain** yn Rhyfel Annibyniaeth America. Pencerrig oedd cartref yr arlunydd **Thomas Jones** (1742–1803), un o ddisgyblion **Richard Wilson**. Saif yr eglwys fechan a hynafol yn Llanfaredd mewn man hyfryd uwchlaw afon Gwy. Yn ei mynwent ceir yr ywen fwyaf yn Sir Faesyfed, yn ogystal â cherrig beddau ac arnynt lythrenwaith hardd. Mae un ohonynt yn coffáu 'A virgin in her blossom nipt'. Hendre Einion oedd man geni'r ysgolhaig a'r bardd **Edward Davies**, a lysenwyd yn 'Celtic Davies' o achos ei frwdfrydedd dros y **derwyddon**. Builth Road oedd y gyffordd reilffordd gynt a gysylltai lein Canolbarth Cymru â'r rheilffordd i Henffordd ac i Moat Lane (**Caersŵs**).

**LLANELWY (St Asaph)**, Sir Ddinbych (645ha; 3,491 o drigolion)

Yn ôl traddodiad, bu esgob yn Llanelwy er cyfnod Sant Cyndeyrn (Kentigern neu Mungo) yn niwedd y 6g. Serch hynny, mae'n fwy tebygol fod esgobaeth Llanelwy wedi ei sefydlu gan y **Normaniaid** yn 1143. Ailadeiladwyd Eglwys Gadeiriol Llanelwy, yr eglwys gadeiriol Anglicanaidd leiaf ym **Mhrydain**, ar ôl iddi gael ei llosgi gan filwyr Edward I yn 1282. Fe'i llosgwyd eto gan **Owain Glyndŵr** yn 1402, ond mae'r rhan fwyaf o waith carreg y corff a'r croesfâu o'r 14g. wedi goroesi. Codwyd y tŵr yn 1391. Adferwyd rhannau helaeth o'r adeilad gan George Gilbert Scott yn y 1870au. Mae'n cynnwys yr unig seddau côr gyda chanopi sydd wedi goroesi o'r Oesoedd Canol yng Nghymru. Claddwyd **William Morgan**, esgob Llanelwy (1601–04), yn yr eglwys gadeiriol. Yn 1892 codwyd Cofeb y Cyfieithwyr yn y fynwent er cof amdano ef a chyfieithwyr eraill y **Beibl** Cymraeg. Ar 1 Mehefin 1920 urddwyd **A. G. Edwards** yn Llanelwy yn archesgob cyntaf yr **Eglwys yng Nghymru**. Cynhelir Gŵyl Gerdd Gogledd Cymru yn yr eglwys gadeiriol bob blwyddyn. Claddwyd cyfarwyddwr cyntaf yr ŵyl, y cyfansoddwr **William Mathias** (1934–92), yn y fynwent.

Cysegrwyd eglwys y plwyf, sy'n dyddio o'r 14g. yn bennaf, i Sant Cyndeyrn a Sant Asaff; yn y fynwent ceir bedd yr ieithgi Dic Aberdaron (**Richard Robert Jones**; 1780–1843). Enwyd Ysbyty H. M. Stanley, a godwyd yn 1837 fel tloty Llanelwy, ar ôl y fforiwr a dreuliodd ran o'i blentyndod yno (gw. **H. M. Stanley**). Y **Rhyl** oedd cartref gwreiddiol Ysgol Glan Clwyd, yr ysgol uwchradd Gymraeg gyntaf yng Nghymru, cyn ei symud i Lanelwy yn 1969. Mae ffatri ddeniadol Pilkington (1977) yn cynhyrchu systemau electro-optig. Ganed yr alltud a'r awdur Catholig Roger Smyth (1541–1625) yn Llanelwy.

**LLANELLI**, Sir Fynwy (1,827ha; 3,810 o drigolion)

Lleolir **cymuned** Llanelli rhwng **Bryn-mawr** a'r **Fenni**, ac mae'n cynnwys pentrefi Gilwern, Clydach a'r Darren Felen. Hyd at 1974 roedd yn rhan o **Sir Frycheiniog**. O Eglwys Llanelli (13g. yn bennaf) ceir golygfeydd ysblennydd o Ddyffryn **Wysg**. Mae ceunant Clydach, sy'n cysylltu'r dyffryn â threfi

Yr Eglwys Gadeiriol a'r bont dros afon Elwy yn Llanelwy

diwydiannol **Blaenau Gwent**, yn frith o olion diwydiannol. Yn eu plith ceir olion ffwrnais chwyth a gefail o'r 18g., cyfres o dramffyrdd cynnar, dau waith calch, gwaith **haearn** Clydach a thraphontydd a thwneli Rheilffordd Merthyr, Tredegar a'r Fenni (1861). Er mwyn gosod Camlas **Aberhonddu** a'r Fenni ar ben arglawdd enfawr bu'n rhaid dargyfeirio afon Clydach trwy dwnnel. Ym Mhlas Clydach (1693) y ganed Bartle Frere (1815–84), un o brif weision yr Ymerodraeth Brydeinig; roedd ei deulu'n gysylltiedig â gwaith haearn Clydach ers amser maith. Yng Ngellifelen y sefydlodd Carnhuanawc (**Thomas Price**), curad Llanelli o 1816 hyd 1825, ysgol gynradd Gymraeg – yr unig un yng Nghymru ar y pryd, yn ôl y sôn. Yn y 1930au ceisiodd **D. J. Davies** a'i wraig Noëlle sefydlu ysgol uwchradd i'r **werin**, ar batrwm ysgolion Denmarc, ym mhlasty Pantybeiliau.

**LLANELLI**, Sir Gaerfyrddin (938ha; 23,422 o drigolion) Tref a **chymuned** Llanelli ym mhen mwyaf deheuol **Sir Gaerfyrddin** yw canolfan drefol fwyaf y sir. (Rhoddir sylw i faestrefi allanol Llanelli dan **Llanelli Wledig**.) Datblygodd Llanelli, canolfan weinyddol cwmwd **Carnwyllion** yn ôl pob tebyg, o amgylch Eglwys Sant Elli, a adnewyddwyd yn helaeth yn 1904–6, er bod rhai elfennau o'r Oesoedd Canol yn rhan ohoni o hyd. Gerllaw'r eglwys mae Tŷ Llanelli (*c.*1700), a fu'n gartref i deulu Stepney am genedlaethau. Mae'r gwaith o adfer yr adeilad ar droed.

Yn ôl **John Leland**, roedd **glo**'n cael ei allforio o Lanelli yn y 1530au. Daeth y lle yn ganolfan mwyndoddi **copr** a **phlwm**, ond y diwydiant **tunplat**, yn anad dim, a ddaeth â bri i Lanelli yn ddiwydiannol. Roedd 31 o felinau tunplat yn y dref a'r cyffiniau erbyn y 1870au. Defnyddiwyd peth o'r tunplat i gynhyrchu sosbenni; mae sosban ar arfbais Llanelli; mae sosbenni'n coroni'r pyst ym Mharc y Strade, cartref Clwb Rygbi Llanelli (gw. **Rygbi**), ac mae cefnogwyr y clwb yn gwirioni ar y gân '**Sosban Fach**'. Adlewyrchir cysylltiad Llanelli â'r diwydiant tunplat yn enw'r cwmni teledu lleol – Tinopolis. O 1840 hyd 1923 bu Llanelli'n gartref i grochendy adnabyddus (gw. **Crochenwaith**); mae enghreifftiau o'r porslen a gynhyrchai i'w gweld yn Oriel ac Amgueddfa Parc Howard. Daeth Llanelli yn enwog hefyd fel canolfan fragu (gw. **Cwrw**). Dechreuodd Henry Childe fragu yno *c.*1760; trwy briodas aeth ei fusnes yn eiddo i'r Parchedig James Buckley (m.1839), yr unig weinidog Methodist (Wesleaidd) y mae ei lun yn ymddangos ar botel **gwrw**.

Daeth Llanelli yn nodedig am ei **radicaliaeth**. Un o'r arweinwyr amlycaf oedd **David Rees** (1801–69), gweinidog Capel Als a golygydd *Y Diwygiwr* – y 'Cynhyrfwr' fel y'i hadwaenid am iddo fabwysiadu slogan Daniel O'Connell, 'Agitate! Agitate! Agitate!'. Yn Llanelli y bu gwrthdaro diwydiannol mwyaf gwaedlyd yr 20g. ym **Mhrydain** – streic gwŷr y **rheilffyrdd** yn 1911, pan saethwyd dau ddyn yn farw gan filwyr a phan laddwyd pedwar arall mewn ffrwydrad (gw.

**Llanelli, Terfysgoedd**). Yn 1945 cafodd ymgeisydd Llafur Llanelli, **James Griffiths**, y mwyafrif mwyaf i'r **Blaid Lafur** yn hanes **Prydain** (34,117).

Daeth Llanelli yn ddosbarth trefol yn 1894 ac yn fwrdeistref yn 1913. Erbyn hynny roedd yno 5 doc, 30 o gapeli – gan gynnwys capel addurnedig y Tabernacl (1873) – parc deniadol a chyfoeth o dai teras cyforiog o fanylion cain. Caeodd y dociau yn 1952, ac erbyn diwedd yr 20g. aed ati i'w hailddatblygu fel rhan o Barc Arfordir y Mileniwm. Caeodd y gweithfeydd tunplat bach i gyd yn dilyn agor gwaith enfawr Trostre yn y 1950au. Yr unig beth a oedd fel petai'n aros o gyfnod cynharach oedd hoffter pobl y dref o rygbi. Sefydlwyd Clwb Rygbi Llanelli yn 1872; mae tua 150 o'r 'Scarlets' wedi gwisgo crys coch Cymru oddi ar yr **Ail Ryfel Byd**, a 12 o'r rheini wedi cynrychioli Llewod Prydain mewn gemau prawf. Yn 2007 rhoddwyd sêl bendith ar gynlluniau i godi stadiwm newydd yn ardal Pemberton ar gyrion y dref, ac roedd cynlluniau dadleuol i godi tai ar Barc y Strade.

Ganol yr 20g. Llanelli oedd y dref fwyaf yn y byd a allai hawlio bod hanner ei thrigolion yn siarad iaith Geltaidd. Yn 2001, fodd bynnag, roedd y ganran o'i thrigolion a chanddynt rywfaint o afael ar y **Gymraeg** wedi gostwng i 47.87% a chanran y rhai a siaradai'r iaith yn rhugl i 19.33%. Ei hysgol gynradd Gymraeg, Ysgol Dewi Sant (1947), oedd yr ysgol gyntaf o'i bath i gael ei sefydlu gan awdurdod lleol. Cafodd Michael Howard (g.1941), a fu'n arweinydd y **Blaid Geidwadol** (2003–5), ei fagu yn Llanelli. Hanai'r teulu, a gymerodd ei gyfenw o Barc Howard, o Rwmania.

## LLANELLI Etholaeth a chyn-ddosbarth

Wedi diddymu **Sir Gaerfyrddin** yn 1974 crëwyd Llanelli yn ddosbarth oddi mewn i sir newydd **Dyfed**. Roedd yn cynnwys bwrdeistrefi **Llanelli** a **Chydweli**, dosbarth trefol Porth Tywyn a dosbarth gwledig Llanelli. Yn 1996 daeth y dosbarth yn rhan o'r Sir Gaerfyrddin newydd. Mae ffiniau etholaeth Llanelli yn cyfateb i ffiniau'r cyn-ddosbarth.

## LLANELLI, Terfysgoedd

Ar 19 Awst 1911, pan welwyd gweithwyr rheilffordd y Deyrnas Unedig yn cydatal eu llafur am y tro cyntaf, bu gwrthdaro rhwng milwyr o Gatrawd Swydd Gaerwrangon a phicedwyr lleol ar reilffordd strategol bwysig **Llanelli**. Saethwyd dau ŵr ifanc yn farw gan y milwyr, a thros yr oriau dilynol bu trais ac ysbeilio a difrodwyd siopau a chyfarpar rheilffordd; bu farw pedwar dyn arall pan ffrwydrodd tryc a oedd wedi'i roi ar dân. Yn dilyn yr helynt cafodd nifer o'r gwrthdystwyr eu dwyn gerbron y llysoedd barn. Bu trafod ar y mater yn y Senedd a chyhoeddodd **Keir Hardie** bamffled yn condemnio'r defnydd o'r fyddin mewn helyntion diwydiannol. Cyfyngedig, serch hynny, fu effaith y cythrwfl ar wleidyddiaeth leol y dref.

## LLANELLI WLEDIG, Sir Gaerfyrddin (6,214ha; 21,043 o drigolion)

Mae'r **gymuned** yn cynnwys saith o faestrefi **Llanelli**, sef Bynea, Cwmcarnhywel, Dafen, Felin-foel, Ffwrnais, Llwynhendy a Phwll, hen bentrefi glofaol Pont-henri a Phont-iets, a phentref Pump-hewl. Roedd yr ardal yn gadarnle cynnar i **Anghydffurfiaeth**. Yn rhannau uchaf Dyffryn Lliedi mae dwy gronfa ddŵr a grëwyd i ddarparu dŵr ar gyfer Llanelli; yr enw lleol ar yr ardal ddeniadol hon yw Swiss Valley. Sefydlwyd bragdy Felin-foel *c*.1835; y bragdy hwn, a oedd

Angladd y ddau a saethwyd yn farw gan filwyr yn Nherfysgoedd Llanelli

wedi'i amgylchynu â gweithfeydd **tunplat**, oedd y cyntaf ym **Mhrydain** i ddefnyddio caniau **cwrw**. Dyma'r unig fragdy yng Nghymru sy'n dal yn eiddo i'r teulu a'i sefydlodd. Caeodd Cynheidre, y pwll glo carreg enfawr a suddwyd ger Pont-iets yn 1951 ac a gostiodd £10 miliwn, yn y 1980au. Mae Canolfan Gwlyptir Genedlaethol Cymru, Penclacwydd, a agorodd yn 1991, yn denu 70,000 o **adar** mudol y flwyddyn. Mae'r 22km rhwng aber afon **Llwchwr** a **Phen-bre**, cyfran helaeth ohono oddi mewn i gymuned Llanelli Wledig, yn cael ei ddatblygu fel Parc Arfordirol y Mileniwm; o'r holl gynlluniau adfer tir ym **Mhrydain**, dyma'r helaethaf.

**LLANELLTUD**, Gwynedd (4,305ha; 495 o drigolion)
Mae'r **gymuned** hon, sydd yn union i'r gogledd o **Ddolgellau**, yn ymestyn hyd at gopa'r Diffwys (750m), pwynt uchaf Cromen Harlech, ac o'i mewn hefyd ceir cymer afonydd **Mawddach** ac Wnion. Ger y cymer y mae adfeilion abaty Sistersaidd Cymer a sefydlwyd yn 1199 gan fynachod o **Abaty Cwm-hir**. Rhan o eglwys yr abaty yw'r unig furiau sydd ar ôl bellach, ond gellir gweld cwpan cymun a phlât cymundeb yr abaty yn yr **Amgueddfa Genedlaethol**. Daethpwyd o hyd iddynt ar hap, a bron yn wyrthiol, mewn daear llwynog yng Nghwm Mynach. Mae'r ffaith fod eglwys wedi'i chysegru i **Illtud** Sant yng ngheg aber Mawddach yn arwydd o'r modd y lledaenodd defodau'r **seintiau** ar hyd môrlwybrau'r gorllewin. Codwyd yr adeilad presennol, sydd o fewn mynwent gron, yn 1900. Difrodwyd Hengwrt, cartref **Robert Vaughan** (1592–1667), y casglwr llawysgrifau, gan dân yn y 1960au. Ar ddiwedd y 18g. roedd busnes **adeiladu llongau** llewyrchus ym Maesygarnedd. O bentref y Bont-ddu, lle bu pryder am gryn amser yn ystod y 1990au ynghylch petrol yn gollwng o fodurfa, ceir golygfa wych dros ran o aber afon Mawddach. I'r gogledd mae Gwaith Aur y Clogau, lle cloddiwyd 120,000 owns (3,402,000 gram) o **aur**; defnyddiwyd peth ohono ar gyfer modrwyau priodas teulu brenhinol **Prydain**.

**LLANERFYL**, Sir Drefaldwyn, Powys (6,137ha; 402 o drigolion)
Lleolir y **gymuned** hon yn Nyffryn Banw, i'r gorllewin o **Lanfair Caereinion**, ac mae'n ymestyn dros ddarn llydan o weundir canol **Sir Drefaldwyn**. Mae Eglwys y Santes Erfyl, a ailadeiladwyd yn 1870, yn cynnwys creirfa o'r 15g. Yn y fynwent gron ceir ywen hynafol ac unigryw ei ffurf; oddi tani cafwyd carreg fedd Gristnogol o'r 5g. neu'r 6g. yn cofnodi marwolaeth merch 13 oed. Mae rhan ddeheuol y gymuned yn cynnwys Cwm Nant yr Eira, a gafodd ei ddiboblogi'n enbyd yn ystod yr 20g.

**LLANEUGRAD**, Ynys Môn (1,141ha; 273 o drigolion)
Mae'r **gymuned** hon i'r gogledd-ddwyrain o **Langefni** yn cynnwys pentref Marian-glas, man geni'r actor **Hugh Griffith**. Adeiladwyd Eglwys Sant Eugrad yn y 12g. Yn y fynwent ceir beddau nifer o'r rhai a foddodd yn dilyn llongddrylliad y ***Royal Charter*** yn 1859. Ger Parciau mae colomendy (gw. **Colomendai**) sy'n dyddio o'r 17g. Yn y gorffennol roedd chwareli marmor yn yr ardal. Bu trychineb yn y môr oddi ar Draeth Bychan yn 1939 pan fethodd llong danfor y *Thetis* ag ailgodi i'r wyneb, gan arwain at foddi 99 o ddynion.

**LLANEURGAIN (Northop)**, Sir y Fflint (1,136ha; 2,983 o drigolion)
Nodwedd amlycaf y **gymuned** hon yn union i'r gogledd o'r **Wyddgrug** yw tŵr hardd (16g.) Eglwys y Santes Eurgain a Sant Pedr. Ym mynwent yr eglwys mae adeilad hen ysgol ramadeg a godwyd *c.*1608. Tŷ gyda ffos o'i amgylch oedd Llys Edwin ac i'r lloches hon, yn ôl traddodiad, y ffodd Edwin, iarll **Mersia**, ar ôl y Goresgyniad Normanaidd. Y drws nesaf i'r tŷ mae Coleg Garddwriaethol Cymru, a sefydlwyd yn 1955. Yn y pentref y trigai'r clerigwr cyfoethog, Hywel ap Dai, un o noddwyr **Guto'r Glyn**, **Dafydd ab Edmwnd** a **Gutun Owain**. Ailwampiwyd Sychdyn, plasty Baróc yn dyddio'n wreiddiol o chwarter cyntaf y 18g., gan Charles Barry yn 1835. Agorwyd pyllau **glo** cyntaf ardal Sychdyn yn 1796 gan **John Wilkinson** i gyflenwi ei waith smeltio **plwm** yn Llyn-y-pandy. Un o drigolion Sychdyn, yr arweinydd llafur enwog **Huw T. Edwards**, a symudodd ymaith yr arwydd Saesneg, Soughton, gan osod yn ei le un yn dwyn yr enw Cymraeg, Sychdyn (er mai Cymreigiad o Soughton ydyw mewn gwirionedd).

**LLANFACHES**, Casnewydd (763ha; 365 o drigolion)
Hynodrwydd y **gymuned** hon, sy'n ffurfio cornel ogledd-ddwyreiniol bwrdeistref sirol **Casnewydd**, yw mai dyma fan cyfarfod cynulleidfa Anghydffurfiol gyntaf Cymru (gw. **Anghydffurfiaeth**). Yn 1638 rhoddodd William Wroth (1576–1641) y gorau i reithoriaeth Llanfaches ac, yn y flwyddyn ganlynol, daeth yn weinidog Annibynnol cyntaf Cymru. Denodd achos Llanfaches gefnogaeth **Piwritaniaid** eraill, yn eu plith **William Erbery** a **Walter Cradock**. Pan gychwynnodd y Rhyfel Cartref yn 1642 (gw. **Rhyfeloedd Cartref**), bu'n rhaid i'r gynulleidfa ffoi. Mae Eglwys Ddiwygiedig Unedig y Tabernacl (1924) yn sefyll ar safle'r hen addoldy. Yn Eglwys Sant Dyfrig (13g.–14g.) ceir llechen a gerfiwyd gan Eric Gill. Adeiladwyd cronfa ddŵr Coed Gwent yn y 1840au i gyflenwi dŵr i **Gasnewydd**. Mae Wentwood Lodge yn cynnig golygfeydd trawiadol o ardal Coed Gwent. Yng Ngwinllan Andrac cynhyrchir gwin Llanfaches – gwin gwyn pefriol.

**LLANFACHRETH**, Ynys Môn (844ha; 566 o drigolion)
Rhed y briffordd rhwng **Caergybi** ac **Amlwch** (yr A5025) trwy ganol y **gymuned** hon sy'n wynebu Caergybi yr ochr draw i Fae Caergybi. Roedd yn gartref i'r bardd Gruffudd ap Maredudd ap Dafydd (*fl.*1352–82), y mae ei waith ar gof a chadw yn ***Llyfr Coch Hergest***. Mae'r dyddiadur a gadwyd gan Robert Bulkeley, sgweier Dronwy, rhwng 1630 ac 1636 yn ddogfen hanesyddol o bwys.

**LLANFAELOG**, Ynys Môn (1,216ha; 1,679 o drigolion)
Mae'r **gymuned** hon, yn union i'r gogledd-orllewin o **Aberffraw**, yn cynnwys pentref glan môr Rhosneigr, a ddatblygodd yn sgil dyfodiad y rheilffordd yn 1849, a phentrefi Llanfaelog a Phenconisiog. Yn Eglwys Sant Maelog (19g.) gwelir maen o'r 6g. sy'n coffáu Conws neu Cunogusus, enw a roddodd fod i Benconisiog. Gerllaw Tŷ Newydd saif cromlech wych o'r Oes Neolithig (gw. **Oesau Cynhanesyddol**). Yn ystod y 18g. cysylltid yr ardal â Lladron Crigyll, criw o longddryllwyr ysgeler a geisiai hudo **llongau** i'w tranc ar y

Swyddfa Bost Llanfair Caereinion, *c.*1885

creigiau peryglus i'r de o Draeth Crigyll (gw. hefyd **Llongddrylliadau**).

**LLAN-FAES**, Bro Morgannwg (447ha; 418 o drigolion)

Lleolir **cymuned** Llan-faes yn union i'r gogledd o **Lanilltud Fawr**, ac mae'r pentref o'r un enw yn un o'r rhai prydferthaf ym **Mro Morgannwg**. Yn Eglwys Sant Catwg ceir croglofft a chroglen ganoloesol. Adeilad amlycaf y pentref yw Tŷ Mawr, a ailgynlluniwyd i'r rheithor, Illtyd Nicholl, yn gynnar yn y 18g., ond sy'n cynnwys llawer o nodweddion cynharach. Gerllaw'r eglwys mae olion tŷ tŵr canoloesol.

**LLANFAETHLU**, Ynys Môn (1,681ha; 574 o drigolion)

Mae'r **gymuned** hon ar arfordir gogledd-orllewinol **Môn** yn cynnwys pentrefi Llanfaethlu a Llanfwrog. Awgrymwyd bod caer arfordirol Castell Trefadog yn deillio o gyfnod y **Llychlynwyr**. Roedd Carreg-lwyd (17g.–18g.) yn gartref i deulu Griffiths, un o brif deuluoedd Môn. Ganed **Siôn Dafydd Rhys**, un o ysgolheigion y **Dadeni**, yn Llanfaethlu. Ceir baeau hyfryd ar hyd yr arfordir.

**LLANFAIR**, Gwynedd (1,808ha; 474 o drigolion)

Mae'r **gymuned** hon, sydd yn union i'r de o **Harlech**, yn cynnwys pentrefi Llanfair a Llandanwg. Yn yr ardal ceir nifer o siambrau claddu o'r Oes Neolithig, crugiau a meini hirion o'r Oes Efydd a 'chytiau Gwyddelod' o'r Oes Haearn (gw. **Oesau Cynhanesyddol**). Mae to hardd Eglwys y Santes Fair yn perthyn i'r 15g.; bu **Gerallt Gymro** a'r Archesgob Baldwin yn aros yn y fan hon yn 1188. Tan 1841 Eglwys Sant Tanwg (13g.), sydd mewn llecyn hyfryd uwchben y môr, oedd eglwys blwyf Harlech. Mae ynddi ddwy garreg arysgrifedig o'r 5g. a'r 6g. Dywedir yn aml, a hynny ar gam, mai'r Gerddi Bluog oedd man geni **Edmwnd Prys**. Roedd **Ellis Wynne** yn rheithor Llanfair a Llandanwg. Mae Chwarel Hen yn cynnig teithiau trwy geudyllau llechi trawiadol.

**LLANFAIR CAEREINION**, Sir Drefaldwyn, Powys (6,254ha; 1,616 o drigolion)

Lleolir y **gymuned** hon yng nghalon **Sir Drefaldwyn**, ac mae'n ymestyn dros ran ganol basn afon Banw. Ni chafodd tref fechan Llanfair Caereinion erioed siartr gorffori, ond yn y 18g. a'r 19g. bu'n gymuned eithaf llewyrchus, ar waethaf tân mawr 1758 a ddinistriodd nifer o adeiladau. Yr adeg honno roedd yn ganolfan crefftwyr, yn eu plith y gwneuthurwr **clociau** medrus, Samuel Roberts (*c.*1720–1800); bu yma hefyd argraffweisg yn y 1820au a'r 1830au, a'r rheini'n gysylltiedig yn wreiddiol â Llyfrfa'r Wesleaid, ond yn adnabyddus yn bennaf am *Y Geirlyfr Cymraeg*, gwyddoniadur a gyhoeddwyd rhwng 1830 ac 1835.

Ceir yn y dref amryw o adeiladau deniadol o'r 18g. a'r 19g. Er iddi gael ei hailadeiladu'n sylweddol yn 1868, mae rhai nodweddion canoloesol wedi goroesi yn Eglwys y Santes Fair, gan gynnwys corffddelw o farchog mewn arfogaeth lawn (*c.*1400). Ceir yno hefyd feddrod David Davies (m.1790), a adawodd chwe cheiniog i bawb anghenus a fyddai'n mynychu ei angladd; daeth 1,030 o bobl i'r cynhebrwng. Bu'r dref yn un o ganolfannau cynnar a phwysig y **Methodistiaid Calfinaidd**. Yn 1903 adeiladwyd rheilffordd gul i'w chysylltu â'r **Trallwng**, un o'r **rheilffyrdd** olaf i gael ei hadeiladu yng Nghymru. Ar ôl cael ei chau yn 1956, ailagorwyd Rheilffordd Gul y Trallwng a Llanfair yn 1963 fel atyniad twristaidd. Ceir yn y fro amryw o ffermdai hynafol. Gweinidog yn Llanfair Caereinion oedd **Islwyn Ffowc Elis** pan ysgrifennodd ei nofel dra phoblogaidd *Cysgod y Cryman* (1953).

**LLANFAIR CLYDOGAU**, Ceredigion (3,232ha; 770 o drigolion)
Mae'r **gymuned** hon, yn union i'r gogledd-ddwyrain o **Lanbedr Pont Steffan**, yn cynnwys dalgylchoedd afonydd Clywedog-isaf, -ganol ac -uchaf; ystyr *clywedog* yw 'hyglyw' neu 'swnllyd' a chyfeirio at yr afonydd a wna *Clydogau* (*Clywedogau* yn wreiddiol). Yma hefyd yr oedd mwynglawdd **plwm** ac arian mwyaf deheuol **Sir Aberteifi**, a oedd yn gynhyrchiol iawn yn y 1760au. Bragdy oedd Ebeneser, capel yr **Annibynwyr** (1799), yn wreiddiol. Brodor o Gellan oedd **G. J. Williams** (1892–1963), llywydd cyntaf yr **Academi Gymreig**.

**LLANFAIR DINBYCH-Y-PYSGOD (St Mary Out Liberty)**, Sir Benfro (509ha; 603 o drigolion)
Mae'r **gymuned** hon, sef y rhan honno o blwyf eglwysig **Dinbych-y-pysgod** a oedd y tu allan i'r fwrdeistref, yn cynnwys yr ardal rhwng Dinbych-y-pysgod a **Saundersfoot** a nodweddir gan feysydd carafanau yn bennaf. Un o gartrefi teulu **Perrot** oedd Scotsborough House (15g. yn wreiddiol).

**LLANFAIR DYFFRYN CLWYD**, Sir Ddinbych (2,991ha; 1,070 o drigolion)
Saif bryngaer Craig Adwy Wynt mewn safle godidog oddi mewn i'r **gymuned** hon, sydd yn union i'r de-ddwyrain o **Ruthun**. Mae olion croglen i'w gweld yn Eglwys Sant Cynfarch a'r Santes Fair, sy'n eglwys ddeugorff. Neuadd a godwyd *c.*1500 yw Plas Uchaf. Saif capel Anglicanaidd anarferol ar ffurf llythyren L mewn cae i'r de o'r eglwys. Fe'i sefydlwyd yn 1619 ac fe'i hadwaenir fel Capel y Gloch (Jesus Chapel yn **Saesneg**). Bu'r copïydd llawysgrifau Roger Morris (*fl.*1590) yn byw yng Nghoed-y-talwrn. Bu Llysfasi, sydd erbyn hyn yn goleg amaethyddol, yn eiddo yn ei dro i deuluoedd Thelwall, Llwyd (Bodidris), **Myddelton** a West.

**LLANFAIR LLYTHYNWG (Gladestry)**, Sir Faesyfed, Powys (5,365ha; 419 o drigolion)
Lleolir y **gymuned** hon ar y **ffin** â **Lloegr**, i'r de o **Faesyfed** (New Radnor). Yn Eglwys Llanfair Llythynwg (13g.–16g.), ceir cwt clychau *sanctus*. Roedd The Court of Gladestry yn gartref i **Gelly Meyrick**; ffermdy diweddarach sydd yno bellach. Mae **Llwybr Clawdd Offa** yn rhedeg trwy'r pentref, a hefyd trwy'r Eglwys Newydd tua'r de. Yno yr oedodd Charles I i yfed gwydraid o laeth ar ei orymdaith trwy **Sir Faesyfed**, ac yno hefyd y synnodd **Kilvert** o weld merched i glerigwr yn cynorthwyo i ysbaddu ŵyn. Mae Great House yn yr Eglwys Newydd yn neuadd nenfforch a godwyd *c.*1490; ei tho yw'r lletaf (8.6m) yng Nghymru. Mae gan eglwys fechan Llanfihangel Dyffryn Arwy foglynnau nenfwd sy'n dyddio o ddechrau'r 15g. ynghyd â chroglen a chiboriwm o'r cyfnod cyn y **Diwygiad Protestannaidd**. Oherwydd fod y **Gymraeg** yn cael ei dysgu mor effeithiol yn yr ysgol leol, y gymuned hon sydd â'r ganran uchaf o siaradwyr Cymraeg yn Sir Faesyfed (12.4%). Awgryma enw'r gymuned fod Llythynwg neu Lwythyfnwg unwaith yn **gwmwd** oddi mewn i gantref **Elfael**, ond yn sgil goresgyn yr ardal yn gynnar collwyd hen ffiniau gweinyddol. Credir mai'r Bryn Du (517m) yw lleoliad nofel Bruce Chatwin, *On The Black Hill* (1982).

**LLANFAIR MATHAFARN EITHAF**, Ynys Môn (1,512ha; 3,408 o drigolion)
Mae'r **gymuned** hon ar ganol arfordir dwyreiniol **Môn** yn cynnwys pentrefi Benllech, Tyn-y-gongl, Bryn-teg, Llanbedr-goch a Thraeth Coch. Er 1994 mae gwaith cloddio yn y Glyn, Llanbedr-goch, wedi datgelu olion anheddiad o gyfnod y **Llychlynwyr**, y cyntaf i'w ddarganfod ym Môn. O'r 14g. ymlaen roedd nifer o chwareli meini melin yn yr ardal yn cyflenwi **melinau gwynt** Môn; câi'r meini hefyd eu hallforio o gei Traeth Coch. Roedd chwareli marmor yn y cyffiniau yn ogystal. Ganed y bardd **Goronwy Owen** yn Rhos-fawr a bu'n gurad yn Llanfair Mathafarn Eithaf.

**LLANFAIR PWLLGWYNGYLL**, Ynys Môn (365ha; 3,040 o drigolion)
Mae'r **gymuned** hon, yn union i'r gorllewin o **Borthaethwy**, yn enwog ar gyfrif ei henw hir, sef Llanfairpwllgwyngyll-gogerychwyrndrobwll-llantysiliogogogoch. Er bod Llanfair Pwllgwyngyll yn hen enw, cwbl ffug yw'r ffurf hirfaith; fe'i crëwyd yn 1869 gan deiliwr lleol, yn ôl pob tebyg, gyda'r bwriad o ddenu ymwelwyr. Adwaenir y pentref yn gyffredinol fel Llanfair-pwll neu Lanfair PG. Y tu mewn i Dŵr Marcwis, a godwyd yn 1816 i anrhydeddu Henry William Paget, un o arwyr Waterloo a'r cyntaf i ddwyn y teitl ardalydd Anglesey (gw. **Paget, Teulu**), mae 115 o risiau yn arwain at gerflun ohono (1860). Un o'i feibion, yr Arglwydd Lyngesydd Clarence Paget, a gododd y cerflun o Nelson (1873) a saif ar lan afon **Menai**. Roedd yn byw ym Mhlas Llanfair, a ddaeth yn ysgol hyfforddi morwyr (caeodd hon yn 1995). Sefydlwyd cangen gyntaf **Sefydliad y Merched** ym **Mhrydain** yn Llanfair-pwll yn 1915.

Rhoddodd y gwaith o adeiladu ffordd **Telford** i **Gaergybi** hwb i ddatblygiad y pentref. Yn y 1970au addaswyd pont reilffordd **Stephenson** (1849) ar draws y Fenai i gario ffordd hefyd. O ganlyniad, mae'r briffordd i Gaergybi – yr **A55** erbyn hyn – yn cysylltu â Môn yn Llanfair-pwll, yn hytrach na dilyn yr hen lwybr dros y bont grog a thrwy Borthaethwy.

**LLANFAIR TALHAEARN**, Conwy (4,252ha; 979 o drigolion)
Mae'r **gymuned** hon, sydd yn union i'r de o **Abergele**, yn meddiannu rhan ganol Dyffryn Elwy. Yn eglwys ddeugorff y Santes Fair (15g., 1876), ceir tanc ar gyfer bedydd trochiad a chofebau i deulu Wynne a hanai'n wreiddiol o Felai – tŷ o'r 18g. sydd wedi'i amgylchynu gan adeiladau fferm helaeth yn dyddio o *c.*1804. Priododd Robert Wynne o Felai (m.1682) ag aeres teulu Price, Garthewin, lle bu eu disgynyddion yn byw hyd ddiwedd yr 20g. Cafodd Garthewin, a ailadeiladwyd yn y 18g. ond sy'n cynnwys rhannau cynharach, sylw

Ogof Twm Siôn Cati, Ystrad-ffin, Llanfair-ar-y-bryn

gan **Clough Williams-Ellis** yn 1930. Yn 1937 penderfynodd R. O. F. Wynne (1901–93), gŵr pybyr ei Gatholigiaeth a'i genedlaetholdeb, droi un o'r ysguboriau yn theatr ac yno y perfformiwyd pump o ddramâu ei gyfaill agos, **Saunders Lewis**, am y tro cyntaf. Roedd Talhaiarn (**John Jones**; 1810–1869) yn frodor o'r pentref. Ar ffin ogleddol y gymuned mae Ysbyty Abergele (1912, 1931), a adeiladwyd fel sanatoriwm ar gyfer Manceinion. Mae Plas Newydd a'r Faerdre yn dyddio'n wreiddiol o'r 16g.

**LLANFAIR-AR-Y-BRYN**, Sir Gaerfyrddin (9,701ha; 635 o drigolion)

Mae'r **gymuned** hon, sy'n ffurfio cornel ogledd-ddwyreiniol **Sir Gaerfyrddin**, yn ymestyn o **Lanymddyfri** i gronfa ddŵr Llyn Brianne (gw. **Cronfeydd Dŵr**). O'i mewn ceir pentrefi Cynghordy, Pentre-tŷ-gwyn a Rhandir-mwyn. Fe'i holltir gan heol Llanymddyfri–**Llanwrtyd** (yr A483), sy'n nadreddu ei ffordd o amgylch copa Dinas-y-bwlch. Yn Llanymddyfri y mae Eglwys y Santes Fair a rydd ei henw i'r gymuned. Codwyd eglwys Anglicanaidd y plwyf, un arall a gysegrwyd i'r Santes Fair, yn 1883. Yn Ystrad-ffin mae ogof a gysylltir yn draddodiadol â Twm Siôn Cati (**Thomas Jones**; *c.*1530–1609). Gerllaw'r ogof mae Gwarchodfa Dinas sy'n eiddo i'r Gymdeithas Frenhinol er Gwarchod Adar; erbyn y 1940au hon oedd un o noddfeydd olaf y barcud coch yng Nghymru (gw. **Adar**). Yn ogof gyfagos Castell Craig y Wyddon cynhaliai Rhys Prydderch (1620?–99) wasanaethau Ymneilltuol. Codwyd Cefnarthen, un o gapeli cynharaf yr Anghydffurfwyr yng Nghymru (gw. **Anghydffurfiaeth**), yn fuan wedi pasio Deddf Goddefiad 1689. Yng Nghefn Coed y ganed yr emynydd **William Williams**, **Pantycelyn** (1717–91); yn 1748 symudodd 1km i'r de i Bantycelyn, a gysylltwyd byth er hynny â'i enw. Cynhaliwyd **sasiwn** gyntaf **Methodistiaid** Cymru yn ffermdy Dugoedydd yn 1742. Yn niwedd y 18g. gweithiai 400 o fwynwyr yng nghloddfa **blwm** Nant-y-mwyn. Roedd Cynghordy yn enwog am ei frics. Mae traphont Cynghordy (1868), sy'n cludo rheilffordd **Abertawe**–Amwythig, yn drawiadol.

**LLANFAIR-YM-MUALLT (Builth)**, Sir Frycheiniog, Powys (304ha; 2,352 o drigolion)

Ddiwedd yr 11g. adeiladwyd castell mwnt a beili yng nghantref **Buellt** i warchod man croesi afon **Gwy**. Fe'i dinistriwyd gan **Lywelyn ap Gruffudd** yn 1260, ac roedd yr amddiffynfeydd a godwyd wedi hynny, ar gyfer Edward I, yn dilyn cynllun consentrig a fyddai'n nodweddu cestyll **Gwynedd** maes o law. Dinistriwyd tref Llanfair-ym-Muallt bron yn gyfan gwbl gan dân yn 1691, a chyfeiriodd **Theophilus Jones** yn ddilornus at yr un stryd hir o siopau a thafarnau a nodweddai'r dref wedi iddi gael ei hailadeiladu. Ymhlith y rhai a ymwelai â thafarn y Royal Oak (y Lion bellach) yr oedd yr Arglwyddes Hester Stanhope (1776–1839) – a gefnodd ar Gymru yn ddiweddarach gan ymgartrefu yn Libanus – a thri awdur adroddiad **addysg** 1847 (gw. **Brad y Llyfrau Gleision**); yno, yn wir, yr ysgrifennwyd llawer o'r adroddiad hwnnw. (Mae'r ddrama ddychan *Brad y Llyfrau Gleision* gan **R. J. Derfel** wedi'i lleoli yn

Llanfair-ym-Muallt.) Sefydlwyd achos Capel Alpha gan **Howel Harris** yn 1747, er mai 1903 yw dyddiad yr adeilad presennol. 'Most of the People here are drunk with Religion,' meddai Lewis Morris yn sur (gw. **Morrisiaid**). **Amaethyddiaeth** a **thwristiaeth** yw sylfaen **economi** Llanfair-ym-Muallt. Er bod y dyddiau da pan dyrrai gweithwyr o'r de i'r dref er mwyn yfed dyfroedd meddyginiaethol y ffynhonnau lleol wedi hen fynd heibio, mae'r lle yn orlawn o bobl bob mis Gorffennaf pan gynhelir **Sioe Frenhinol Amaethyddol Cymru** gerllaw yn **Llanelwedd**.

## LLANFAIR-YN-NEUBWLL, Ynys Môn (1,602ha; 1,688 o drigolion)

Mae'r **gymuned** hon, gyferbyn ag Ynys Gybi (gw. **Ynysoedd**), yn cynnwys pentrefi Llanfair-yn-neubwll, Llanfihangel-yn-Nhywyn a Chaergeiliog. Oherwydd fod yma wyth o **lynnoedd**, adwaenir yr ardal fel 'Ardal y Llynnoedd', a hi yw lleoliad nofel W. D. Owen *Madam Wen* (1925). Ynys fach greigiog rhwng traethau Cymyran a Chrigyll yw Ynys Feirig.

Sefydlwyd gorsaf yr Awyrlu, RAF Valley, ar Dywyn Trewan yn ystod yr **Ail Ryfel Byd** ac fe'i defnyddir hyd heddiw (gw. **Meysydd Awyr**). Wrth adeiladu'r maes awyr yn 1943, darganfuwyd yn Llyn Cerrig Bach 144 o wrthrychau metel yn dyddio o'r Oes Haearn (gw. **Oesau Cynhanesyddol**), gan gynnwys arfau, harneisiau, offer, utgorn a gweddillion cerbydau rhyfel, sydd bellach i'w gweld yn yr **Amgueddfa Genedlaethol**; yn ôl pob tebyg, offrymau oedd y rhain, sy'n awgrymu bod rhyw arwyddocâd crefyddol i'r llyn. Oherwydd presenoldeb y maes awyr, y gymuned hon yw'r fwyaf Seisnigedig o gymunedau **Môn**; 30.93% o'r trigolion sydd yn gwbl rugl yn y **Gymraeg**, gyda 45.6% â rhywfaint o afael ar yr iaith. Mae'r newid ieithyddol wedi creu problemau yn ysgolion cynradd yr ardal.

## LLAN-FAIR, Bro Morgannwg (1,127ha; 619 o drigolion)

Mae'r **gymuned** hon yn union i'r de o'r **Bont-faen** yn cynnwys pentrefi Llan-fair, Llandochau'r Bont-faen a Saint Hilari. Mae Llan-fair ei hun yn bentref hyfryd o dwt. Bu gwaith adfer sylweddol ar yr eglwys yno yn 1862 ond erys y to canoloesol hardd. Codwyd y rheithordy yn gynnar yn yr 17g. ar gyfer Thomas Wilkins (m.1623), y cyntaf o olyniaeth o reithorion o'r un teulu yn Llan-fair. Roedd Thomas Wilkins (m.1699) yn llyfrbryf blaenllaw ac, yn ystod ei gyfnod ef, roedd y rheithordy yn gartref i drysorau fel ***Llyfr Coch Hergest***. I'r de o'r pentref mae Fishweir, tŷ o ganol yr 16g. a gysylltir â Bassetiaid y Bewpyr. Ynghlwm ag ef mae ysgubor dalaf **Sir Forgannwg**, adeilad o'r 16g. ac iddo wyth cowlas.

Mae Llandochau'r Bont-faen yn bentref mwy gwasgaredig. Rhwng 1759 ac 1797, y rheithor yno oedd y geiriadurwr John Walters (1721–97) (gw. **Geiriaduraeth**). Yn yr eglwys ceir cofeb bres gynharaf Morgannwg (1427). Ar ochr orllewinol yr eglwys mae darnau o dŷ tŵr o ddechrau'r 15g. a ymgorfforwyd yng Nghastell Llandochau'r Bont-faen, plasty caerog a godwyd *c.*1600 ac a ehangwyd *c.*1803.

Saif Saint Hilari ar lethrau bryn ac oddi yno ceir golygfeydd eang tua'r de. Mae'r pentref yn fwyaf adnabyddus am ei orsaf **ddarlledu** sy'n eiddo i ITV, mast a saif, mewn gwirionedd, o fewn cymuned y Bont-faen. Yn y pentref ceir casgliad da o fythynnod a ffermdai o ddiwedd yr 16g. a'r 17g. a chwt mochyn crwn o garreg o'r 18g. Gwnaed gwaith adfer helaeth ar yr eglwys yn 1862 gan George Gilbert Scott, yr unig waith o'i eiddo yn yr hen Sir Forgannwg. O'i mewn mae beddrod o'r 12g., beddrod allor marchog arfog (1423), a chofeb i Daniel Jones (m.1841), sylfaenydd Ysbyty Caerdydd.

Nodwedd odidocaf y gymuned yw'r Bewpyr, yr unig adeilad ym Morgannwg sy'n wirioneddol drawiadol ei **bensaernïaeth**

Mynedfa'r Bewpyr, Llan-fair, sy'n dyddio o 1600

yn ôl John Newman. Ei brif ogoniant yw'r fynedfa wych (1600), sy'n cynnwys parau o golofnau ar dair lefel wahanol a'r rheini wedi'u cerfio yn y tair brif arddull glasurol – Dorig, Ïonaidd a Chorinthaidd. Bu'r Bewpyr yn eiddo i deulu Basset o'r 13g. hyd y 18g. Tŷ ar ffurf L a godwyd *c.*1300 oedd yr adeilad gwreiddiol. Fe'i hailwampiwyd yn sylweddol yn gynnar yn yr 16g., ac uchafbwynt yr adeiladu oedd y gwaith ysblennydd a gomisiynwyd gan Richard Basset yn niwedd yr 16g. sy'n cynnwys yr enghraifft gynharaf ym Morgannwg o ddefnyddio brics. Ymhen amser, aeth etifeddiaeth y Bassetiaid i feddiant teulu Jones a ymgartrefodd ym mhlasty digymeriad y Bewpyr Newydd.

## LLANFAIRFECHAN, Conwy (1,792ha; 3,755 o drigolion)

Mae'r **gymuned** hon yn union i'r gorllewin o **Benmaen-mawr** ond gwahenir y ddau le gan y penmaen ysgithrog ei hun. Ceir yn yr ucheldiroedd gyfoeth o 'gytiau Gwyddelod' (aneddiadau crwn o'r Oes Haearn (gw. **Oesau Cynhanesyddol**)), twmpathau cerrig llosg ac olion safleoedd tai hynafol. Mae system gaeau gymhleth, sy'n dyddio o'r cyfnod cynhanesyddol o bosibl, yn arwydd o'r amaethu dwys a arferai gynnal **economi'r** ardal, nes i'r chwareli **gwenithfaen** a **thwristiaeth** ddatblygu o ganol y 19g. ymlaen. Mae'r ddau ddiwydiant wedi diflannu i raddau helaeth a bellach lle i ymddeol iddo neu i gymudo i **Fangor** ohono yw Llanfairfechan. Bolnhurst, a gynlluniwyd gan **Herbert North** yn 1899, yw'r enghraifft orau yng Nghymru o dŷ yn y traddodiad *Arts and Crafts*.

## LLANFARIAN, Ceredigion (3,352ha; 1,442 o drigolion)

**Cymuned** yn union i'r de o **Aberystwyth** yw hon ac mae'n cynnwys pentrefi Llanfarian, Blaen-plwyf, Capel Seion, Rhydgaled, Moriah a Rhydyfelin. Nid yw Llanfarian yn '**llan**' go iawn; mae'n debyg mai gwreiddyn yr enw yw *nant* a *marian*. Adeiladwyd yr amddiffynfa gylch uwchlaw aber afon **Ystwyth** gan Gilbert de Clare *c.*1110 (gw. **Clare, Teulu**). Trosglwyddwyd yr enw Aberystwyth i'r dref a'r castell a godwyd yn ddiweddarach wrth geg afon Rheidol, er y byddai Aber Rheidol wedi bod yn enw mwy priodol. Dechreuwyd adeiladu Nanteos, plasty hyfryd yn yr arddull Baladaidd a safai yng nghanol stad o 9,000ha, yn 1739. Bu'n gartref i'r Jonesiaid ac wedi hynny i deulu **Powell**, dau dylwyth a fu'n flaenllaw yn hanes **Sir Aberteifi**. Honnir weithiau mai cwpan pren treuliedig Nanteos – a ddefnyddiwyd yn ystod y Swper Olaf yn ôl traddodiad – a ysbrydolodd Wagner i gyfansoddi *Parsifal*. Erbyn hyn mae ar gadw mewn banc yn Henffordd. Yn 1970 daeth arbenigwyr i'r casgliad na chafodd y cawg, a wnaed o bren llwyfen yn hytrach na phren olewydden – fel y credid gynt – ei lunio cyn y 14g. Yn Rhydgaled y mae Gwesty'r Conrah, plasty Fictoraidd Ffosrhydgaled gynt. Bu'n gartref i'r wraig a etifeddodd gyfoeth cwmni creision tatws Smiths Crisps. Yn Eglwys Sant Llwchaearn, a ailadeiladwyd i raddau helaeth yn 1880, ceir cofebau i deuluoedd tiriog y fro. Mae Stad Ddiwydiannol Glanyrafon, Aberystwyth, o fewn y gymuned.

## LLANFECHAIN, Sir Drefaldwyn Powys (1,685ha; 521 o drigolion)

Mae'r **gymuned** hon, a leolir yn union i'r dwyrain o **Lanfyllin**, yn ymestyn dros ran ganol basn afon Cain. Yng nghanol pentref tlws Llanfechain saif Eglwys Sant Garmon, y peth agosaf sydd gan **Sir Drefaldwyn** at eglwys Romanésg (diwedd y 12g.). Ceir ynddi waith nodedig gan **John Douglas**. Ymhlith tai hynafol yr ardal y mae Tŷ Coch (yn wreiddiol o'r 15g.), Pentre (16g.) a Bodynfoel (diwedd yr 17g.). Yn Llanfechain y ganed y llenor a'r hynafiaethydd Gwallter Mechain (**Walter Davies**; 1761–1849) a'r addysgwr **David Thomas** (1880–1967). Bu'r nofelydd **James Hanley** (1901–85) yn byw yn y pentref o 1940 hyd 1964.

## LLANFERRES, Sir Ddinbych (1,536ha; 676 o drigolion)

Yn y **gymuned** hon, sydd i'r de-orllewin o'r **Wyddgrug**, ceir dwy chwarel **galchfaen** fawr. Ar y ffin rhwng **Sir Ddinbych** a **Sir y Fflint** ceir maen sydd, yn ôl traddodiad, yn dwyn ôl carn march y Brenin **Arthur**. Brodor o Lanferres oedd yr ysgolhaig **John Davies** (1570–1644), er mai â **Mallwyd** y'i cysylltir. Ar un adeg bu arwydd yn hongian y tu allan i dafarn y Loggerheads a beintiwyd, yn ôl y sôn, gan **Richard Wilson**. Mae Colomendy, lle treuliodd Wilson ei flynyddoedd olaf, bellach yn ganolfan astudiaethau'r amgylchedd.

## LLANFIHANGEL ABERBYTHYCH, Sir Gaerfyrddin (2,640ha; 1,241 o drigolion)

Mae'r **gymuned** hon, i'r de o lan ddeheuol afon **Tywi** ac yn union i'r de-orllewin o **Landeilo**, yn cynnwys pentrefi Llanfihangel Aberbythych a Charmel. Ceir nifer o feddau o'r Oes Efydd (gw. **Oesau Cynhanesyddol**) yn yr ardal. Saif Eglwys Sant Mihangel (1849) mewn man hyfryd. Prif nodwedd y gymuned yw'r Gelli Aur a fu'n gartref i'r Fychaniaid, ieirll Carbery (gw. **Vaughan, Teulu (Gelli Aur)**), ac yna i deulu **Campbell**, ieirll Cawdor. Yn 1952 sefydlwyd coleg amaethyddol yn y plasty, adeilad Elisabethaidd a godwyd rhwng 1826 ac 1834. Ceir gyr o **geirw** yn ei barc deniadol. Yn y Gelli Aur, pan oedd yn gaplan i'r Fychaniaid, y lluniodd Jeremy Taylor (1613–67) ei *Holy Living* a'i *Holy Dying*.

## LLANFIHANGEL CWM DU GYDA BWLCH A CHATHEDIN, Sir Frycheiniog, Powys (4,497ha; 918 o drigolion)

Mae'r **gymuned** hon, sydd wedi'i lleoli yn union i'r gogledd-orllewin o **Grucywel**, yn cynnwys pentrefi Bwlch, Cwm-du a Thretŵr. (Mae pentref Cathedin yng nghymuned **Llangors**.) Arferai'r ffordd Rufeinig o'r **Fenni** i **Aberhonddu** ddilyn dyffryn Rhiangoll cyn troi tua Bwlch; darganfuwyd gweddillion caer Rufeinig ym Mhen-y-gaer. I'r gogledd o bentref Bwlch ceir adfeilion Castell **Blaenllynfi**, canolfan arglwyddiaeth a oedd yn cynnwys Tretŵr a Chrucywel. Adeiladwyd Castell Tretŵr ar gyfer Picard, un o ddilynwyr **Bernard de Neufmarché**. Cefnodd y teulu ar y castell *c.*1300 gan ymgartrefu yng Nghwrt Tretŵr, eiddo a drosglwyddwyd o ddwylo teulu Picard i deulu **Herbert** ac yna i deulu **Vaughan (Tretŵr)**; bellach, trwy waredu'r adeilad o ychwanegiadau mwy diweddar, datgelwyd adeiladwaith canoloesol gwych, sydd dan ofal **Cadw**. Yn Middle Gaer ceir murluniau yn dyddio o oes Elizabeth. Rhwng 1825 ac 1848 Cwm-du oedd cartref Carnhuanawc (**Thomas Price**), awdur *Hanes Cymru*, polymath, pan-Geltegydd ac un taer ei frwdfrydedd dros hyrwyddo'r **Gymraeg**; ceir plac i gofio am yr ysgol Gymraeg a sefydlodd yno. Mae wedi'i gladdu ym mynwent Eglwys

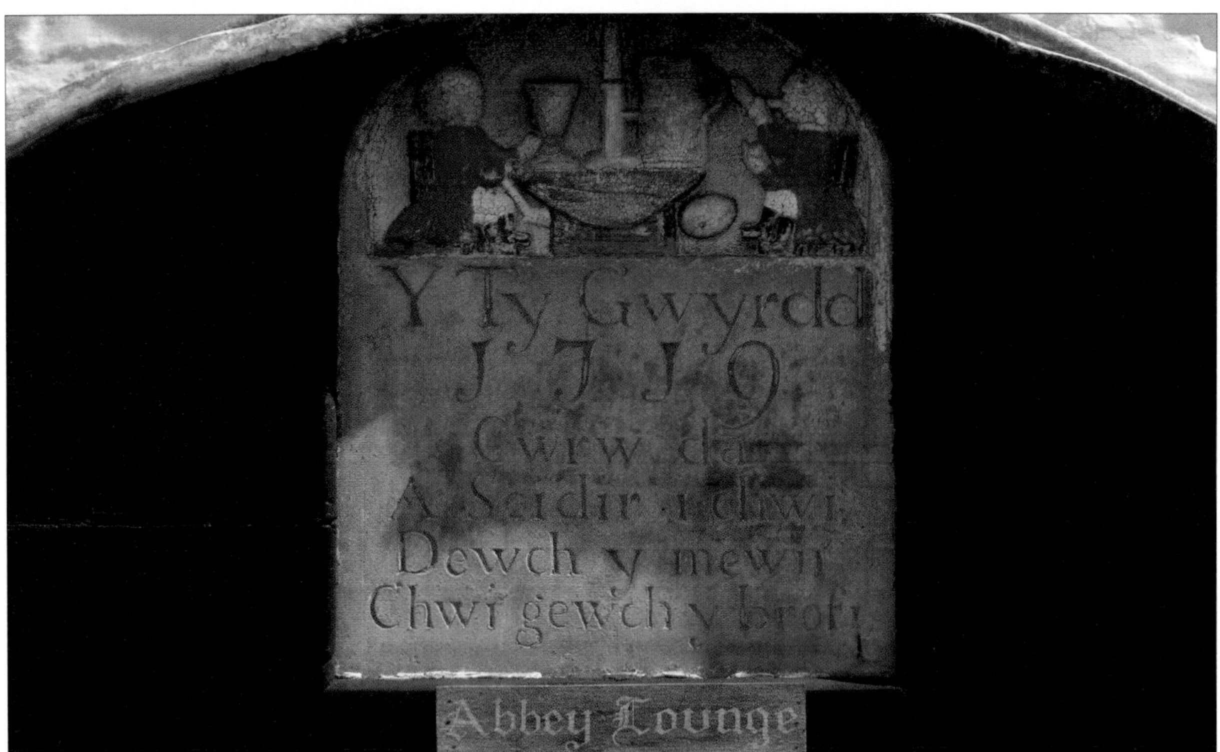


Tafarn y Green House, Llanfihangel Llantarnam

Sant Mihangel. Cysegrwyd yr eglwys yn yr 11g., ond fe'i hailadeiladwyd i raddau helaeth yn 1831–2. Mae'r bont dros afon Rhiangoll yn Felindre yn dyddio o *c.*1700. Yn Eglwys Penmyarth ceir cofeb i Syr Joseph Bailey (gw. **Bailey, Teulu**), un o'r meistri **haearn** a'r gŵr a gomisiynodd yr eglwys yn 1852. Ar un adeg roedd Buckland House yn gartref i deulu Games, ond yn ddiweddarach fe'i cysylltid â'r diwydiannwr a'r ariannwr Seymour Berry, Barwn Buckland (gw. **Berry, Teulu**), ac yna aeth i feddiant y Lleng Brydeinig a newidiwyd ei enw'n Crossfield House. Plasty wedi'i adeiladu mewn arddull Eidalaidd yw Gliffaes, sydd bellach yn westy; ceir golygfeydd hyfryd oddi yno o afon **Wysg**. Saif Pen Allt-mawr (719m), un o gopaon y **Mynydd Du** (**Sir Fynwy** a **Phowys**), ar ffin ddwyreiniol y gymuned.

## LLANFIHANGEL GLYN MYFYR, Conwy (2,352ha; 195 o drigolion)

Mae'r **gymuned** hon, sydd ar ffin ddwyreiniol sir **Conwy** i'r de-ddwyrain o **Ruthun**, yn cwmpasu rhan ganol Dyffryn Alwen. Tystia Caer Ddunod a Chaer Caradog, **bryngaerau** o'r Oes Haearn (gw. **Oesau Cynhanesyddol**), fod pobl wedi byw yn yr ardal o gyfnod cynnar. Bu llawer o newid ac addasu ar Eglwys Sant Mihangel, sy'n dyddio'n wreiddiol o'r 15g. yn ôl pob tebyg. Daeth Botegyr (17g.–19g., gyda rhagflaenydd cynharach) yn gartref i William Salusbury (Yr Hen Hosanau Gleision; 1580–1659; gw. **Salusbury, Teulu**) wedi iddo ildio Castell **Dinbych** i fyddin y Senedd yn ystod y Rhyfel Cartref (gw. **Rhyfeloedd Cartref**). Yn Nhyddyn Tudur y ganed Owain Myfyr (**Owen Jones**; 1741–1814), y crwynwr cyfoethog o **Lundain** a ariannodd y gwaith o gyhoeddi llawysgrifau Cymraeg yn ***The Myvyrian Archaiology of Wales*** (1801–7) ac a oedd ymhlith sylfaenwyr Cymdeithas y **Gwyneddigion**.

## LLANFIHANGEL LLANTARNAM (Llantarnam), Torfaen (656ha; 3,299 o drigolion)

Dyma **gymuned** fwyaf deheuol **Torfaen**, ac mae'r rhannau gogleddol ohoni wedi'u trefoli'n helaeth ac i bob pwrpas yn ffurfio un o faestrefi **Cwmbrân**. Yn 1179 sefydlodd Hywel ap Iorwerth, arglwydd **Caerllion**, fynachlog Sistersaidd; daeth y mynachod gwreiddiol o **Ystrad-fflur**. Mae'n bosibl mai yng Nghaerllion y'i lleolwyd gyntaf, ond yn sicr yr oedd yn Llanfihangel Llantarnam erbyn y 13g. Dim ond ysgubor gerrig a chanddi 11 bae sy'n sefyll o'r holl adeiladau. Roedd y fynachlog yn deyrngar iawn i'r tywysogion Cymreig. Cafodd John ap Hywel, abad Llantarnam yn nechrau'r 15g. ac un o brif gefnogwyr **Owain Glyndŵr**, ei ladd ym mrwydr Pwllmelyn (**Brynbuga**) yn 1405. Adeg ei **diddymu** yn 1536 roedd gan y fynachlog chwe mynach ac incwm blynyddol o £71. Daeth yr adeiladau i feddiant William Morgan (m.1582), a oedd hefyd yn berchen ar graens (*grange*) yr abad ym Mhentrebach, lle mae'r gwaith adeiladu a wnaeth y teulu yn y 16g. a'r 17g. i'w weld o hyd. Roedd Morganiaid Llanfihangel Llantarnam, cangen o deulu **Morgan (Tredegyr)**, yn **Gatholigion** pybyr ac, ynghyd â'u perthnasau, teulu **Somerset** o **Raglan**, yn ganolog i barhad yr hen ffydd yn **Sir Fynwy**. Yng nghanol y 1830au ailgododd T. H. Wyatt yr abaty fel plasty neo-Elisabethaidd, a fu er 1946 yn gartref i Chwiorydd Sant Joseff. Mae bwâu yn Eglwys Llanfihangel Llantarnam a achubwyd o bosibl o'r abaty. Ceir arwydd ar dafarn y Green House (1719) yn hysbysebu **cwrw** da a **seidr** da yn **Gymraeg**. Yn yr ardal ceir darn hyfryd o Gamlas Sir Fynwy (gw. **Camlesi**).

## LLANFIHANGEL RHOS-Y-CORN, Sir Gaerfyrddin (5,096ha; 498 o drigolion)

Lleolir y **gymuned** hon, sydd i'r gogledd-orllewin o **Landeilo**, yng nghalon gogledd **Sir Gaerfyrddin**. O'i mewn ceir pentrefi

Abergorlech, Brechfa, Gwernogle a Llidiartnennog. Ei ffin ddeheuol yw afon Cothi, ond mae tir bryniog a chymharol uchel y gymuned yn cael ei ddraenio gan un o sawl afon yn dwyn yr enw Clydach a geir yng Nghymru. O fewn ei ffiniau mae tair eglwys sy'n dyddio'n bennaf o'r 19g.; ger eglwys Brechfa saif Tŷ-mawr, adeilad sy'n dyddio o'r Oesoedd Canol. Mae Fforest (16g. a'r 17g.) yn adeilad diddorol. Gorchuddir rhan helaeth o'r ardal gan Fforest Brechfa, coedwig enfawr a blannwyd gan y **Comisiwn Coedwigaeth** yn y blynyddoedd wedi'r **Ail Ryfel Byd** (gw. **Coedwigaeth**). Mae Abergorlech yn bentref cymen.

**LLANFIHANGEL RHYDIEITHON**, Sir Faesyfed, Powys (2,418ha; 243 o drigolion)

**Cymuned** yw hon i'r dwyrain o **Landrindod** ac mae'n ymestyn i barthau **Fforest Clud**. Ailadeiladwyd yr eglwys yn gyfan gwbl yn 1838, a bellach mae'n un o'r 'neat edifices' bondigrybwyll y cyfeiria **Ffransis Payne** yn resynus atynt wrth drafod yr eglwysi newydd a godwyd yn lle rhai o 'emau eglwysig' hynafol y sir. Yn y fynwent ceir carreg fedd yn coffáu tri bugail a gollwyd mewn storm eira yn Fforest Clud yn 1767. Yn ôl *Y Gwyliedydd*, roedd trigolion hŷn y fro yn dal i siarad **Cymraeg** mor ddiweddar â 1829.

**LLANFIHANGEL TRODDI (Mitchel Troy)**, Sir Fynwy (4,464ha; 1,159 o drigolion)

Mae'r **gymuned** hon, sydd yn union i'r de-orllewin o **Drefynwy**, yn cynnwys dalgylch afon Troddi. Ceir eglwysi deniadol yn Llanfihangel Troddi, Llanddingad, Cwmcarfan a Llanwarw (bu cryn adnewyddu arnynt oll). Roedd Dingestow Court, cartref i deulu Huguenotaidd Bosanquet, yn un o brif dai bonedd y sir. Yn ei lyfrgell ceid fersiwn Cymraeg coeth o *Historia* **Sieffre o Fynwy**; fe'i cyhoeddwyd dan y teitl *Brut Dingestow* (gol. **Henry Lewis**) yn 1942. Yn yr ardal ceir nifer o dai sy'n dyddio o'r 16g. a'r 17g. Treowen yw'r pwysicaf o'r plastai hynny yn **Sir Fynwy** sy'n dyddio o ddechrau'r 17g. Mae Troy House, a adeiladwyd ar gyfer dugiaid Beaufort (gw. **Somerset, Teulu**), yn glamp o dŷ o'r 17g. Ym mhlasty High Glannau ger Cwmcarfan ceir gardd gywrain o'r 20g.

**LLANFIHANGEL YSGEIFIOG**, Ynys Môn (2,086ha; 1,599 o drigolion)

**Cymuned** yn union i'r de o **Langefni** sy'n cynnwys pentrefi Pentreberw a'r Gaerwen ac a dyfodd ar hyd y ffordd wreiddiol i **Gaergybi**. Bu'r caffi yn y Gaerwen, sydd bellach wedi cau, yn destun cân boblogaidd gan Tony ac Aloma. Adfail yw Eglwys Llanfihangel Ysgeifiog. Plas Berw oedd cartref teulu Holland gynt. O'r 15g. hyd ddiwedd y 19g. cloddiwyd am **lo** ar raddfa fach ym **Môn**; roedd y rhan fwyaf o'r gweithfeydd ar dir Cors Ddyga yng nghyffiniau Llanfihangel Ysgeifiog. Roedd Llynnau Gwaith Glo yn gysylltiedig â'r gweithfeydd.

**LLANFIHANGEL YSTRAD**, Ceredigion (4,647ha; 1,427 o drigolion)

Lleolir y **gymuned** hon ar ddwy lan afon **Aeron** lle mae'r dyffryn ar ei letaf, ac mae'n cynnwys pentrefi Cribyn, Dihewyd, Felin-fach ac Ystrad Aeron. Llanllŷr oedd safle lleiandy Sistersaidd bychan a sefydlwyd *c*.1180. Er nad oes dim o'i ôl, ceir yno garreg arysgrifedig o'r 8g. Am flynyddoedd lawer bu plasty Llanllŷr (19g. yn bennaf) yn gartref i deulu Lewes. Roedd teulu Vaughan, Green Grove, yn ddisgynyddion i Edward Vaughan (1733–96), mab Dorothy Vaughan, Is-iarlles Lisburne, ond mae'n eithaf sicr nad yr Is-iarll oedd ei dad (gw. **Vaughan, Teulu (Trawsgoed)**). Ymddengys i Edward etifeddu Green Grove oddi wrth ei dad tybiedig, David Lloyd, o blasty cyfagos Brynog (neu, yn fwy cywir, Braenog) – gan roi deunydd sgandal o'r iawn ryw i bobl **Sir Aberteifi** yn ystod y 18g. Theatr Felin-fach yw canolfan ddiwylliannol canolbarth **Ceredigion**. Agorodd y Bwrdd Marchnata Llaeth hufenfa yn Felin-fach yn 1951, ond o ganlyniad i ddiddymu'r Bwrdd yn 1994 helbulus fu hanes y diwydiant hwn yn Nyffryn Aeron. Trwy'r teirw a gedwid yn Felin-fach, cyflwynwyd y 'tarw potel' i ffermydd Ceredigion.

**LLANFIHANGEL-AR-ARTH**, Sir Gaerfyrddin (6,253ha; 2,051 o drigolion)

Mae'r **gymuned** hon, sydd i'r de o afon **Teifi** ac i'r dwyrain o **Landysul**, yn cynnwys pentrefi Llanfihangel-ar-arth, Alltwalis, Gwyddgrug, Pencader, Pont-tyweli a New Inn. Oherwydd gwaith adfer gorfrwdfrydig yn 1873 nid oes modd rhoi dyddiad ar nodweddion canoloesol Eglwys Sant Mihangel. Ceir ynddi ddwy garreg arysgrifedig (*c*.500 a *c*.700). Yn 1041 gorchfygwyd Hywel ab Edwin, brenin **Deheubarth**, gan **Gruffudd ap Llywelyn**, brenin **Gwynedd**, ym Mrwydr Pencader. Ym Mhencader yn 1145 codwyd castell mwnt a beili gan Gilbert de Clare (gw. **Clare, Teulu**); erbyn hyn ymdebyga ei olion i bwdin â'i ben i lawr. Yn ôl **Gerallt Gymro**, dywedodd **hen ŵr Pencader** wrth Harri II mai'r **Gymraeg** a fyddai'n 'ateb dros y gornel fach hon o'r ddaear' hyd Ddydd y Farn. Codwyd cofeb i'r hen ŵr yn y 1950au. Bu i Ymneilltuaeth (gw. **Anghydffurfiaeth ac Ymneilltuaeth**) fwrw gwreiddiau ym Mhencader yn 1650; mae Capel y Tabernacl (1909) yn adeilad arbennig o ddeniadol. Roedd Pencader yn ganolfan bwysig i'r diwydiant **gwlân**. Llethr-neuadd Uchaf oedd cartref **Sarah Jacob**, y 'ferch ymprydiol Gymreig'.

**LLANFIHANGEL-Y-FEDW (Michaelstone-y-fedw)**, Casnewydd (664ha; 316 o drigolion)

Cymuned ar ffin orllewinol Sir **Casnewydd** yw hon. Ynddi lleolir y gyffordd rhwng yr **M4** a'r ffordd sy'n arwain i **Gaerdydd** o'r dwyrain. Er hynny, mae'n dal yn hynod o wledig. Yn Eglwys Sant Mihangel, adeilad sylweddol ei faint o'r 13g., mae capel claddu teulu Kemeys-Tynte o Gefnmabli (gw. **Rhydri**). Yn ei soned 'Cefn Mabli', gresyna **W. J. Gruffydd** mai'r cyfan sy'n aros o'r teulu yw 'ychydig lwch yn Llanfihangel draw'. Yn y fynwent ceir beddfaen gwraig o Lanfihangel, Elizabeth Mackie; fe'i gosodwyd gan ei gŵr, Carl Hess, ac ef, trwy briodas ddiweddarach, oedd tad dirprwy Hitler, Rudolf Hess. Mae'r maen hir o'r **Oes** Efydd (gw. **Oesau Cynhanesyddol**) yn Druidstone House yn 2.7m o uchder.

**LLANFIHANGEL-YNG-NGWYNFA**, Sir Drefaldwyn, Powys (5,365ha; 516 o drigolion)

Mae enw'r **gymuned** hon, a saif yn nyffryn Efyrnwy i'r de o **Lanfyllin**, yn adlewyrchu ei lleoliad hyfryd; tir teg, neu hyd yn oed nefoedd neu baradwys, yw ystyr *gwynfa*. Bu'r ardal yn destun astudiaeth gymdeithasegol ddylanwadol gan **Alwyn D. Rees**, *Life in a Welsh Countryside* (1950). Yma,

Castell y Bere, Llanfihangel-y-pennant, fel yr oedd yn y 13g.

ar yr ail Sul yn y flwyddyn newydd, y cynhelir plygain enwocaf Cymru, y Blygain Fawr (gw. **Canu Plygain**). Ailadeiladwyd Eglwys Sant Mihangel yn 1862, ond y mae tair carreg arysgrifedig o'r hen eglwys wedi goroesi; dyddia'r rhain o'r 14g. ac mae un yn dwyn enw Madog ap Celynin, un o gyndadau teulu Fychaniaid Llwydiarth (gw. **Vaughan, Teulu (Llwydiarth)**). Yn 1718 aeth stad Llwydiarth trwy briodas i feddiant teulu **Williams Wynn**; bellach mae'r plasty wedi'i ddymchwel. Ceir eglwysi o'r 19g. ym Mhont Llogel a Dolanog. Ym mynwent eglwys Llanfihangel y mae bedd **Ann Griffiths**, ac mae ei chartref, fferm Dolwar-fach, Dolanog, yn gyrchfan pererindodau cyson (gw. **Pererindota**). Mae ei chapel coffa yn Nolanog (1903) yn adeilad dymunol, wedi'i godi yn yr arddull *Arts and Crafts*. Pendugwm, yng nghornel dde-ddwyreiniol y gymuned, oedd cartref **John Davies** (1772–1855), a aeth yn genhadwr i Tahiti ac a sefydlodd orgraff iaith yr ynys. Efallai nad cyd-ddigwyddiad yw'r ffaith nad oes ond 3km rhwng Pendugwm a Than-y-ffridd, **Llangynyw**, lle ganed **Thomas Jones** (1810–49), a wnaeth gymwynas debyg ag iaith Casia (gw. **Bryniau Casia**). Yn 2001 roedd 72.51% o drigolion y gymuned yn gallu rhywfaint o **Gymraeg**, gyda 56.18% yn gwbl rugl yn yr iaith – y canrannau uchaf o blith holl gymunedau **Powys**, ac yn yr hen **Sir Drefaldwyn**.

## LLANFIHANGEL-Y-PENNANT, Gwynedd (7,750ha; 402 o drigolion)

Mae'r **gymuned** hon, sy'n ymestyn ar draws darn eang o ganol de **Sir Feirionnydd**, yn cynnwys llyn hardd Tal-y-llyn, sef Llyn Myngul, a chopa **Cadair Idris** (893m), y nesaf mewn uchder at fynydd uchaf Meirionnydd, **Aran Fawddwy** (903m). Mae Craig yr Aderyn uwchlaw Dyffryn Dysynni yn fan nythu i **adar** y môr. Dechreuwyd adeiladu Castell y Bere, castell carreg mwyaf deheuol tywysogion **Gwynedd**, gan **Lywelyn ap Iorwerth** yn 1221. Dyma'r amddiffynfa Gymreig olaf i ildio yn rhyfel 1282–3. Pennwyd cynllun y castell, sy'n ymdebygu i Château Gaillard ar ffiniau Normandi, gan siâp y graig y saif arni. Wrth droed y castell mae Caerberllan, maenordy perffaith o'r 17g. Ceir ymdeimlad cryf â'r gorffennol yn Eglwys Sant Mihangel, a godwyd yn y 15g. Gerllaw ceir cofeb i'r enwog **Mary Jones**. Mae to Eglwys y Santes Fair ar lan Tal-y-llyn yn dyddio o'r 13g. Codwyd Gwesty Ty'n y Cornel ger y llyn yn 1844. Ym mhen pellaf rheilffordd Tal-y-llyn (1865) mae Abergynolwyn, un o bentrefi chwarelyddol y 19g.

## LLANFIHANGEL-Y-PWLL (Michaelston-le-pit), Bro Morgannwg (859ha; 306 o drigolion)

Mae'r **gymuned** hon, sy'n union i'r gorllewin o **Gaerdydd**, yn cynnwys hen **blwyfi** sifil Llanfihangel-y-pwll a Lecwydd.

Mae ei choetiroedd helaeth yn rhan o lain las Caerdydd. O'r ddwy eglwys blwyf, Eglwys Sant Mihangel yn unig sy'n werth ymweld â hi; dyddia o'r 14g. yn bennaf. Saif plasty Cwrtyrala, adeilad neo-Sioraidd (1939) a gynlluniwyd gan **Percy Thomas**, mewn lleoliad trawiadol. Mae ei enw yn dynodi ei gyswllt â theulu Raleigh, perchnogion y safle yn yr Oesoedd Canol diweddar. Mae bryngaer **Dinas Powys** (gw. **Bryngaerau**) o fewn ffiniau'r gymuned, ac felly hefyd ran o bont ganoloesol Lecwydd.

**LLANFROTHEN**, Gwynedd (3,368ha; 436 o drigolion)
Mae'r **gymuned** hon, sydd yn union i'r gogledd-ddwyrain o **Benrhyndeudraeth**, yn cynnwys pentrefi Llanfrothen, Croesor, Garreg a Rhyd. O fewn ei ffiniau mae copaon Moelwyn Mawr (770m), Moelwyn Bach (710m) a'r **Cnicht** (690m). Erys rhai nodweddion o'r 13g. yn Eglwys Sant Brothen. Achos Claddedigaeth Llanfrothen (1886) – yn erbyn ficer a oedd wedi gwrthod caniatáu gwasanaeth Anghydffurfiol yn y fynwent – a ddaeth â **David Lloyd George** i sylw'r cyhoedd am y tro cyntaf. Plas Brondanw oedd cartref **Clough Williams-Ellis**. Mae enghreifftiau o'i waith, yn eu plith adfeilion castell ffug, i'w gweld yn Llanfrothen. Pentref chwarelyddol Croesor oedd cartref Bob Owen (**Robert Owen**; 1885–1962), y llyfrbryf hynod. Mae Ynysfor, a fu unwaith yn ynys yng nghors Traeth Mawr (gw. **Porthmadog**), yn enwog am ei chŵn hela (gw. **Hela**). Erbyn y 1970au roedd y tai ym mhentref Rhyd bron i gyd yn **dai haf**. Mae tafarn y Brondanw Arms (Y 'Ring') ym mhentref Garreg yn dra phoblogaidd.

**LLANFRYNACH**, Sir Frycheiniog, Powys (6,706ha; 577 o drigolion)
Mae'r **gymuned** hon, sy'n cynnwys pentrefi Llanfrynach, Llanhamlach, Cantref a Llechfaen, yn ymestyn o Ddyffryn **Wysg** i Ben y Fan (886 m), copa uchaf **Bannau Brycheiniog**. Yn 1775 darganfuwyd gweddillion baddondy Rhufeinig (sydd bellach yn yr **Amgueddfa Genedlaethol**) yn Llanfrynach ac yma, yn ôl **Theophilus Jones**, 'the British youth were first taught the luxuries of the warm bath, and other effeminacies'. Yn Nhŷ Mawr, gerllaw Eglwys Sant Brynach, ceir cerfiadau pren o waith Carnhuanawc (**Thomas Price**). Abercynrig oedd cartref William Aubrey, y cyfreithiwr enwog o oes Elizabeth. Gerllaw mae Camlas Aberhonddu a'r Fenni yn croesi afon Wysg trwy gyfrwng traphont ddeniadol. Tŷ Sioraidd hardd a adeiladwyd yn 1741 yw Peterstone Court, Llanhamlach. Ceir nifer o **raeadrau** trawiadol ym mhen uchaf Cwm Oergwm.

**LLANFYLLIN**, Sir Drefaldwyn, Powys (4,175ha; 1,407 o drigolion)
Ymestynna'r **gymuned** dros ran uchaf basn afon Cain. Derbyniodd tref Llanfyllin, y dref fwyaf yng ngogledd **Sir Drefaldwyn**, ei siartr yn 1294. Brics coch lleol yw deunydd y rhan fwyaf o'i hadeiladau ac maent yn gyforiog o fanylion pensaernïol o'r 18g. a'r 19g. Er bod y lle yn bur wahanol yr olwg ers dymchwel neuadd Sioraidd y dref a'r rheithordy o gyfnod y Frenhines Anne, gwnaed rhyw gymaint o iawn am hynny ganol y 1990au trwy dacluso canol y dref gyda chymorth grantiau. Adeilad o frics yw Eglwys Sant Myllin, ac un o'r ychydig eglwysi mawr o'r 18g. a geir yng Nghymru. Gyferbyn â hi, uwchben y fferyllfa, mae ystafell wedi'i haddurno â 13 o furluniau rhamantaidd a beintiwyd *c.*1812 gan garcharor rhyfel Ffrengig, y Capten Augeraud. Adeiladwyd Pen-dref, un o'r capeli Annibynnol hynaf yng Nghymru, yn 1701; fe'i llosgwyd gan y Jacobitiaid (gw. **Jacobitiaeth**) yn 1715 ac fe'i hailgodwyd yn 1717 ar draul y wladwriaeth. Yma, a hithau wedi mynd i Lanfyllin i **ddawnsio**, y cafodd yr emynyddes **Ann Griffiths** ei thröedigaeth. Tŷ harddaf Llanfyllin yw Manor House (1737), gyda'i bum bae. Tloty mawr y dref (1838) yw'r adeilad amlycaf o deithio i Lanfyllin o gyfeiriad y de. I'r gogledd-orllewin o'r dre y mae Bodfach (1767, 1870), hen gartref teulu Kyffin, gyda'i **erddi** rhododendron. Ceir amryw o ffermdai hynafol yn y cyffiniau.

**LLANFYNYDD**, Sir Gaerfyrddin (4,394ha; 538 o drigolion)
Mae'r **gymuned** hon, i'r gogledd-orllewin o **Landeilo**, yn ffinio â glan ddwyreiniol afon Cothi. Yr unig bentref o unrhyw faint o'i mewn yw Llanfynydd. Y mae i Eglwys Sant Egwad (13g. a 15g.) dŵr gorllewinol hardd. Claddwyd yr emynydd **Morgan Rhys** (1716–79) yn ei mynwent, lle ceir cofeb iddo. Bu plasty Pant-glas yn gartref i David Jones, sylfaenydd Banc yr Eidion Du, **Llanymddyfri** (gw. **Bancio a Banciau**). Difrodwyd y plasty gan dân yn y 1970au, a daeth yn ganolfan wyliau a hamdden. Yn Llanfynydd y ganed yr ysgolheigion **D. Simon Evans** a'i frawd D. Ellis Evans.

**LLANFYNYDD**, Sir y Fflint (1,947ha; 1,752 o drigolion)
Ar un adeg roedd y **gymuned** hon yng nghornel ddeorllewinol **Sir y Fflint** yn cynnwys gweithfeydd **glo** a **haearn** yng Nghoed-talon a Phontybotgin; erbyn y 20g., fodd bynnag, roedd bron yn gyfan gwbl wledig. Saif pentref Llanfynydd yn Nyffryn Cegidog lle mae'r B5101 wedi'i hadeiladu ar ben **Clawdd Offa**. Ceunant cul yw Nant y Ffrith ac ynddo **raeadrau** prydferth. Yn ôl pob tebyg, roedd yr adeilad Rhufeinig a gloddiwyd yn y Ffrith, ac a oedd yn cynnwys hypocawst (system dwymo), yn gysylltiedig â gweithfeydd **plwm** ym **Mwynglawdd** (Minera). Ymgais i ddehongli egwyddorion pensaernïol y **Dadeni** mewn dull brodorol yw Neuadd Trimley (1653).

**LLAN-FFWYST FAWR (Llanfoist Fawr)**, Sir Fynwy (3,756ha; 3,017 o drigolion)
Mae'r **gymuned** hon, sy'n gorwedd o boptu afon **Wysg** i'r gorllewin o'r **Fenni**, yn cynnwys pentrefi Gofilon, Llanelen a Llan-ffwyst, copa Mynydd Pen-y-Fâl (596m) a bryn mawr Blorens (559m). Ar lethrau gorllewinol Blorens mae Garnddyrys, safle dan drwch o sorod **haearn** sy'n dynodi lleoliad yr hen efail a ddisgrifir yn *Rape of the Fair Country* gan Alexander Cordell (gw. **George Alexander Graber**). Bellach, mae Llan-ffwyst, sydd ar derfyn y dramffordd a gludai haearn o **Flaenafon** cyn belled â Chamlas Aberhonddu a'r Fenni, yn un o faestrefi'r Fenni. Roedd y dramffordd o **Nant- y-glo** yn arwain i'r cei yng Ngofilon; mae'r warws a adeiladwyd i storio haearn yn dal yno. O fewn ffiniau'r gymuned mae chwech o bontydd, sy'n dyddio o ddiwedd y 18g., yn croesi'r gamlas. Mae enghraifft wych o dŷ nenfforch o'r 16g. wedi goroesi yn Llanelen, ac mae gan eglwys y pentref feindwr hardd (1851) a gynlluniwyd gan **John Prichard**. Tŷ bonedd trawiadol o'r 16g. yw Plas Llanwenarth. Mae addoldy'r

Llangadog, *c.*1885

**Bedyddwyr** a godwyd yn Llanwenarth yn 1695 wedi hen ddiflannu, ond roedd ymhlith y cynharaf o'r capeli Anghydffurfiol pwrpasol yng Nghymru.

**LLANGADOG**, Sir Gaerfyrddin (7,660ha; 1,303 o drigolion)

Mae'r **gymuned** hon rhwng **Llandeilo** a **Llanymddyfri** yn cynnwys pentrefi Llangadog, Bethlehem a Chapel Gwynfe. Mae'n ymestyn o afon **Tywi** i ganol y **Mynydd Du** ac fe'i croesir gan y ffordd ddramatig (yr A4069) sy'n cysylltu Llangadog â Brynaman (**Cwarter Bach**). Ei nodwedd amlycaf yw'r Garn Goch – dwy fryngaer o'r Oes Haearn (gw. **Oesau Cynhanesyddol**), sef y Garn Fawr (11ha) a'r Garn Fach (1.5ha) ac iddynt ragfuriau carreg enfawr (gw. **Bryngaerau**); oddi yma ceir golygfeydd gwych ar draws Dyffryn Tywi.

Llangadog oedd canolfan weinyddol cwmwd **Perfedd** ac roedd yno gastell a ddinistriwyd yn 1204. Yn 1326 roedd gan *villa* (bwrdeistref) Llangadog – a oedd yn eiddo i esgobion **Tyddewi** – 33 o fwrdeisiaid. Er i'r fwrdeistref fynd yn angof, parhaodd Llangadog yn bwysig fel canolfan fasnach; cwynodd sylwebydd yn 1842 fod y **porthmyn** a fynychai ei marchnad mor anwar 'fel na wrandawent ar na chyfraith na rheswm'. Ailgodwyd Eglwys Sant Cadog i bob pwrpas yn 1898, ond erys ei thŵr canoloesol. Caewyd hufenfa Llangadog yn 2005; collwyd tua 200 o swyddi, ergyd enbyd i'r **economi** leol. Flwyddyn yn ddiweddarach, fodd bynnag, agorodd ffatri ar y safle, un sy'n rhoi bwydydd anifeiliaid anwes mewn tuniau.

Ym mhentref Bethlehem, a gymerodd enw ei gapel Annibynnol (1800, 1834, 1872), mae swyddfa bost sy'n denu pobl o bell ac agos i bostio cardiau Nadolig (fe'i rhedir bellach ar raddfa fach a hynny o'r Hen Ysgol, sydd erbyn hyn yn ganolfan gymunedol). Ym Methlehem hefyd y mae fferm Newfoundland, a enwyd, mae'n debyg, gan y sawl a fu'n gysylltiedig â'r ymgais gan **William Vaughan** i sefydlu gwladfa Gymreig – **Cambriol** – yn Newfoundland rhwng 1616 a *c.*1630. Yng Ngwynfe y ganed **John Williams** (1840–1926), prif noddwr y **Llyfrgell Genedlaethol**. Bu'r Dalar Wen, tŷ mewn man bendigedig a gynlluniwyd gan **Dewi-Prys Thomas**, yn gartref am flynyddoedd i **Gwynfor Evans**. Ceir cofeb iddo ar y Garn Goch.

**LLAN-GAIN**, Sir Gaerfyrddin (1,175ha; 574 o drigolion)

Mae'r **gymuned** hon, i'r de-orllewin o **Gaerfyrddin**, yn ymestyn ar hyd glan orllewinol afon **Tywi**. O'i mewn ceir dwy gromlech wedi'u malurio a thri maen hir. Mae Castell Moel (Green Castle), tŷ o'r 15g. sy'n adfail bellach, yn edrych dros afon Tywi; bu'n gartref i deulu Reed y canodd **Lewys Glyn Cothi** iddynt.

**LLANGAMARCH**, Sir Frycheiniog, Powys (6,933ha; 505 o drigolion)

Lleolir dros hanner y **gymuned** hon, sy'n ymestyn o ddyffryn Irfon i ucshelderau **Mynydd Epynt**, oddi mewn i 'Ardaloedd Peryglus' maes tanio Mynydd Epynt. Fel y tystia'r enw **Saesneg** Llangammarch Wells, datblygodd Llangamarch fel sba yn niwedd y 19g. a chredid bod y dyfroedd yn arbennig o llesol wrth drin clefyd y galon. Ym mynwent yr eglwys mae bedd **Theophilus Evans**, a fu'n ficer y plwyf o 1738 hyd 1763, ac yma hefyd y claddwyd ei ŵyr, **Theophilus Jones**, hanesydd **Sir Frycheiniog**. Ganed **John Penry**, y merthyr Piwritanaidd

Cynulliad yr Automobile Club ym mhlasty Hendre, cartref teulu Rolls, yn 1900

a'r pamffledwr, yng Nghefn-brith. Tŷ hir yw ffermdy'r Parc; ac yntau'n 44m o hyd, mae'n un o'r rhai hiraf yng Nghymru. Amgylchynir Tirabad, pentref bychan sy'n gartref i weithwyr **coedwigaeth**, gan blanigfeydd conwydd enfawr.

## LLAN-GAN, Bro Morgannwg (1,126ha; 764 o drigolion)

Lleolir y **gymuned** hon, sy'n cynnwys pentrefi Llan-gan, Eglwys Fair y Mynydd a Thre-os, i'r de-ddwyrain o **Pen-y-bont ar Ogwr**. Cysegrwyd Eglwys Llan-gan i Ganna, sydd efallai'n awgrymu cysylltiadau â Threganna (Canton) a Phontcanna yng **Nghaerdydd**. O 1767 hyd ei farwolaeth yn 1810, ei rheithor oedd David Jones, ac oherwydd ei gydymdeimlad ef â Methodistiaeth arferai pobl dyrru i Langan ar Sul Cymundeb. Ei farwolaeth oedd un o'r ffactorau a barodd i'r **Methodistiaid Calfinaidd** fynd ati i ordeinio eu gweinidogion eu hunain yn 1811. Roedd **John Prichard**, pensaer mwyaf toreithiog Cymru yn y 19g., yn fab i reithor diweddarach. Saif eglwys Eglwys Fair y Mynydd ar ei phen ei hun mewn mynwent fawr gron. Ceir traddodiad sy'n cysylltu'r lle ag **Arthur**. Clwstwr o dai yw Rhuthun erbyn hyn, ond roedd gynt yn enw ar un o arglwyddiaethau'r **Normaniaid** ym **Morgannwg**.

## LLANGATWG, Sir Frycheiniog, Powys (3,142ha; 1,006 o drigolion)

Mae'r **gymuned** hon ar lan ddeheuol afon **Wysg** gyferbyn â **Chrucywel**, ac mae'n cynnwys pentref Llangatwg ynghyd â Dardy a Ffawyddog. Ar un adeg roedd yma nifer o dramffyrdd a gysylltai Gamlas Aberhonddu a'r Fenni â'r ardaloedd cynhyrchu **haearn** a'r chwareli **calchfaen** tua'r de. Yn yr eglwys ceir cyffion, postyn chwipio a chasgliad trawiadol o gofebau yn dyddio o ddiwedd y 18g, gan gynnwys un sy'n coffáu'r fydwraig Anne Lewis, a ddaeth â 716 o blant i'r byd. Glanusk (sydd bellach wedi'i ddymchwel) oedd plasty Joseph Bailey, un o'r meistri haearn a chyndad Barwniaid Glanusk (gw. **Bailey, Teulu**). Adeiladwyd Dan-y-parc (sydd hefyd wedi'i ddymchwel) gan deulu Kendall, a fu'n gyfrifol am ddiwydiannu **Cendl** (Beaufort). Mae Llangatwg Cwrt yn dyddio'n ôl i ddiwedd yr 17g. Llangattock Park (1838) oedd cartref teulu **Somerset**, dugiaid Beaufort, yn **Sir Frycheiniog**. Cynlluniwyd Glanwysc gan **John Nash**. Darren Ciliau, sy'n Warchodfa Natur Genedlaethol, yw'r unig fan ym **Mhrydain** lle ceir *Sorbus minima*, y gerddinen wen leiaf (gw. **Planhigion**). Mae'r warchodfa'n cynnwys rhwydwaith o **ogofâu**, yn eu plith Agen Allwedd ac Eglwys Faen. Brithir Mynydd Llangatwg gan lyncdyllau.

## LLANGATWG FEIBION AFEL, Sir Fynwy (5,395ha; 955 o drigolion)

Ni wyddys pwy oedd yr Afel (Abel) a'i feibion a roddodd eu henwau i'r **gymuned** hon, sy'n union i'r gogledd-orllewin o **Drefynwy**. Castell Ynysgynwraidd, un o **Deirtref** gogledd **Gwent**, yw prif ganolbwynt rhan ogleddol yr ardal. Fe'i hadeiladwyd yn y 1220au ac mae'n cynnwys enghraifft gynnar o orthwr crwn. Mae eglwys Ynysgynwraidd yn adeilad uchelgeisiol sy'n dyddio o'r 13g. a'r 14g. Ceir eglwysi canoloesol hardd a adnewyddwyd yn Llangatwg, Llanfocha (St Maughans) a Rockfield (Llanoronwy gynt). Adeiladwyd yr Hendre, yr unig blasty Fictoraidd o faint llawn yn **Sir Fynwy**, ar gyfer J. A. Rolls, a gafodd ei ddyrchafu'n Farwn Llangattock yn 1892. Ei drydydd mab oedd **Charles Stewart Rolls**, yr awyrennwr a chyd-sylfaenydd cwmni Rolls-Royce. Barwn Llangattock a gomisiynodd elusendai deniadol Rockfield yn 1906. Yn y 1960au sefydlwyd y stiwdios recordio preswyl cyntaf yn y byd yn Rockfield. Mae nifer o artistiaid enwog o Gymru a thu hwnt wedi recordio yno.

## LLANGATHEN, Sir Gaerfyrddin (2,311ha; 475 o drigolion)

**Cymuned** i'r gogledd o afon **Tywi** ac yn union i'r gorllewin o **Landeilo**. O'i mewn ceir pentrefi Llangathen, Derwen-fawr a Felindre. Roedd brwydr Coed Llathen (gw. **Cymerau, Brwydr**) ger Derwen-fawr yn 1257 yn fuddugoliaeth nodedig i'r Cymry. Ffermdy hynod o'r 16g. yw Cadfan. Roedd Castell Dryslwyn, a saif ar fryn creigiog uwchlaw afon Tywi, yn un o gadarnleoedd tywysogion **Deheubarth**. Yn 1287 cododd ei arglwydd, **Rhys ap Maredudd**, mewn gwrthryfel yn erbyn Edward I. Cofnodwyd yr ymosodiad brenhinol ar y castell yn rhyfeddol o lawn: gyda chymorth byddin o 11,000 o filwyr a pheiriant gwarchae, llwyddwyd i danseilio ei sylfeini. Fe'i hatgyweiriwyd yn ddiweddarach. Roedd y fwrdeistref gyfagos yn cynnwys 48 llain drefol yn 1359. Yn dilyn ymosodiad gan **Owain Glyndŵr**, dirywio'n gyflym a wnaeth y castell a'r fwrdeistref. Pan gloddiwyd y safleoedd yn y 1990au cafwyd bod y naill a'r llall yn fwy cymhleth a helaeth eu cynllun nag y tybiwyd gynt.

Mae gan Eglwys Sant Cathen dŵr o'r 13g. ac yn yr eglwys ceir beddrod cywrain Anthony Rudd, esgob **Tyddewi** (1594–1615). Daeth Aberglasne, cartref Rudd, i feddiant teulu Dyer yn 1710. Saif y tŷ islaw'r Grongaer; disgrifiwyd yr olygfa o'r bryn hwn gan **John Dyer** yn 1726 mewn cerdd sy'n rhagargoel o ysbryd **Rhamantiaeth**. Tŷ Sioraidd yw'r Aberglasne presennol ac mae'n amgáu adfeilion tŷ Rudd. Erbyn y 1990au roedd yn adfail, ond mae wedi'i adnewyddu gan Ymddiriedolaeth Aberglasne. Mae gwaith yr ymddiriedolaeth ar yr ardd yn arbennig o nodedig; datguddiwyd yr hyn a allasai fod yn ardd glwysty o'r 16g. a thwnnel rhyfeddol o goed yw (gw. **Gerddi**).

Cwrt Henri (15g. a'r 18g.) oedd cartref Henry ap Gwilym y canodd **Lewys Glyn Cothi** folawd iddo. Yn 1833 cododd ei berchnogion diweddarach Eglwys y Santes Fair ar safle trawiadol ar fryn cyfagos.

**LLANGEDWYN**, Sir Drefaldwyn, Powys (2,523ha; 380 o drigolion)
Hyd at 1996 rhan o ddosbarth **Glyndŵr** yng **Nghlwyd** oedd y **gymuned** hon, sydd yn union i'r gogledd-ddwyrain o **Llanfyllin**. Yn Eglwys Sant Cedwyn, a gafodd ei hailadeiladu yn 1870, ceir cofeb i Edward Vaughan o Lwydiarth a Llangedwyn (gw. **Vaughan, Teulu (Llwydiarth)**), yr aeth ei stadau, pan fu farw yn 1718, i feddiant teulu **Williams Wynn**. Mae Neuadd Llangedwyn, canolbwynt yr hyn sy'n weddill o stadau'r teulu hwnnw, yn enghraifft ddiddorol o blasty o'r 17g. a'r 18g. a addaswyd yn y 1950au i ateb anghenion bywyd mewn plasty gwledig yn yr 20g. Mae ei **erddi** terasog o'r 17g. mewn cyflwr da. Yn Neuadd Llangedwyn y cyfansoddodd Southey rannau o'i gerdd hir *Madoc* (1805). Roedd yr arlunydd J. H. M. Bonnor (1875–1916) yn aelod o deulu Bonnor, Bryn-y-Gwalia. Ar sail ei gynlluniau ef y codwyd cofeb ryfel drawiadol Llangedwyn. Mae Henblas (15g. yn wreiddiol) a Phlas Uchaf (18g.) yn dai diddorol. Sefydlwyd Antur Tanat Cain yn y pentref yn 1987 fel y telebwthyn cyntaf yng Nghymru. Yn yr un clwstwr o adeiladau ceir canolfan grefftau.

**LLANGEFNI**, Ynys Môn (1,111ha; 4,662 o drigolion)
Cafodd Llangefni, a saif yng nghanol **Môn**, ei dynodi'n dref sirol yn 1889. Roedd eisoes yn ganolfan fasnach o bwys, gan iddi ddisodli **Llannerch-y-medd** fel prif farchnad y sir yn ystod y 18g. Cysylltir Tregarnedd ag **Ednyfed Fychan**, a gall fod y safle gerllaw gyda ffos o'i amgylch yn dyddio o'r 13g. Ym mlynyddoedd cynnar y 19g. Llangefni oedd cartref **Christmas Evans**, gweinidog mwyaf blaenllaw **Bedyddwyr** Cymru yn y cyfnod hwnnw, a **John Elias**, gweinidog amlycaf y **Methodistiaid Calfinaidd**. Y capeli a wasanaethid ganddynt, ynghyd â neuadd y sir, yw'r adeiladau amlycaf yn y dref. Mae Llangefni wedi tyfu'n sylweddol oddi ar yr **Ail Ryfel Byd**, yn rhannol oherwydd presenoldeb stad ddiwydiannol. Roedd y Theatr Fach, a sefydlwyd yn 1953 gan George Fisher (1909–70), ysgolfeistr lleol, yn fenter arloesol. Yn Oriel Ynys Môn ceir arddangosfa yn portreadu hanes Môn a chasgliad mawr o beintiadau o **adar** gan **Charles Tunnicliffe**. Yn 2001 roedd 89.24% o drigolion y **gymuned** yn gallu rhywfaint o **Gymraeg**, gyda 69.72% yn gwbl rugl yn yr iaith – y canrannau uchaf ar yr ynys.

**LLANGEITHO**, Ceredigion (3,829ha; 874 o drigolion)
Mae'r **gymuned** hon sy'n cwmpasu rhan ganol Dyffryn Aeron yn ymestyn hyd at Lyn Fanod ar y Mynydd Bach, ac yn cynnwys pentref Llangeitho a mân bentrefi Capel Betws Leucu, Llanbadarn Odwyn, Llwynpiod a Phen-uwch. Bu Parc Rhydderch yn gartref i Rhydderch ap Ieuan (m.1400), y cysylltir ei enw â ***Llyfr Gwyn Rhydderch***. Bu **Daniel Rowland** (1713–90), curad Llangeitho o 1735, yn gyfrifol am wneud y pentref yn ganolbwynt i'r **Diwygiad Methodistaidd**, a daeth miloedd o bob rhan o Gymru i dderbyn y cymun ganddo. Ar ôl iddo gael ei amddifadu o'i swydd fel curad *c.*1763, codwyd Capel Llangeitho ar ei gyfer. Codwyd cofgolofn iddo yn 1883, er gwaethaf gwrthwynebiad esgob **Tyddewi**, a waredai at 'y drygioni anferth' yr oedd Rowland wedi'i achosi 'i'r eglwys y derbyniwyd ef i'w gwasanaethu'. Magwyd yr efengylydd **Martyn Lloyd-Jones** yn Llangeitho. Mae un o flaen-nentydd afon **Aeron** yn tarddu yn Llyn Fanod. Y Cwrt Mawr (*c.*1845) oedd cartref **J. H. Davies**, un o brif gymwynaswyr **Llyfrgell Genedlaethol Cymru**.

**LLANGELER**, Sir Gaerfyrddin (6,032ha; 3,222 o drigolion)
Mae'r **gymuned** hon, sydd ar y ffin rhwng **Sir Gaerfyrddin** a **Cheredigion** ac yn union i'r de-ddwyrain o **Gastellnewydd Emlyn**, yn cynnwys mân bentrefi Llangeler, Pen-boyr, Pentrecagal a Rhos, a phentrefi mwy Dre-fach Felindre, Pentre-cwrt a Saron. Oddi mewn i ffiniau'r gymuned mae nifer helaeth o feddau o'r Oes Efydd (gw. **Oesau Cynhanesyddol**). Dymchwelwyd plasty Llysnewydd, a gynlluniwyd gan **John Nash** *c.*1800, yn 1971. Ddiwedd y 19g. a dechrau'r 20g. bu'r ardal yn ganolfan bwysig i'r **diwydiant gwlân**, ac roedd 23 o ffatrïoedd gwlân yn Dre-fach Felindre a'r cyffiniau yn unig. Er 1976 bu ffatri'r Cambrian (1902) yn gartref i Amgueddfa Wlân Cymru, un o ganghennau **Amgueddfa [Genedlaethol] Cymru**. Ym Mhen-boyr y ganed **Griffith Jones, Llanddowror**.

**LLANGELYNNIN**, Gwynedd (2,154ha; 708 o drigolion)
Mae'r **gymuned** hon, sydd yn union i'r gogledd o **Dywyn**, yn cynnwys pentref Llwyngwril ac ardaloedd Llangelynnin a Rhoslefain. Ceir enghreifftiau gwych o **waliau sychion** yn yr ardal. Saif Eglwys Sant Celynnin, sy'n dyddio o'r 13g., yn uchel uwchben y môr. Gerllaw mae rheilffordd y Cambrian a rhai o'i golygfeydd mwyaf godidog. Ym mynwent yr eglwys y mae bedd Abram Wood (1799) (gw. **Wood, Teulu**). Bryngaer o'r Oes Haearn (gw. **Oesau Cynhanesyddol**) yw Castell y Gaer ger Llwyngwril. Gwelir y dyddiad 1646 ar gât mynwent y **Crynwyr**, sy'n rhagflaenu dyddiad sefydlu Cymdeithas y Cyfeillion. O'r 1940au hyd at y 1960au roedd Tonfannau yn wersyll milwrol mawr.

**LLANGENNECH**, Sir Gaerfyrddin (1,222ha; 4,510 o drigolion)
Mae'r **gymuned** hon yn union i'r gogledd-ddwyrain o **Lanelli**, ac i bob diben maestrefi'r dref honno yw'r ddau brif bentref, sef Llangennech a Bryn. Mae gan Eglwys Sant Cennych (neu Cennech), a ailadeiladwyd i raddau helaeth yn 1900, dŵr canoloesol. O ganol y 19g. ymlaen cynyddodd y **boblogaeth** yn sylweddol yn sgil datblygu'r diwydiant **glo** a **thunplat**. Yn ystod yr **Ail Ryfel Byd** roedd Stordai Morwrol Brenhinol Llangennech yn cyflogi dros fil o weithwyr. Caeodd y stordai yn 1988, gan ddwysáu'r problemau a oedd eisoes wedi'u creu gan gau'r pyllau glo a'r gweithfeydd tunplat. Sefydlwyd diwydiannau ysgafn, ond mae'r rhan fwyaf o weithwyr y gymuned yn cymudo i Lanelli neu **Abertawe**. Roedd **Trefor Beasley** a'i wraig Eileen, y bu eu protest o blaid y **Gymraeg** yn batrwm i **Gymdeithas yr Iaith Gymraeg**, yn byw yn Llangennech.

**LLANGERNYW**, Conwy (7,005ha; 982 o drigolion)
Mae'r **gymuned** hon, sydd mewn gwlad fryniog i'r dwyrain o Ddyffryn **Conwy**, yn cynnwys pentrefi Llangernyw, Pandy

Plasty Hafodunos, Llangernyw, 1954

Tudur a Gwytherin. Mae cerrig arysgrifedig (6g.–9g.) ym mynwentydd Gwytherin a Llangernyw yn tystio i bresenoldeb Cristnogol cynnar, a gysylltir yn draddodiadol â **Gwenfrewi**. Yr ywen ym mynwent Llangernyw, sy'n 4,000 o flynyddoedd oed, yw'r goeden fyw hynaf yng Nghymru (gw. **Planhigion**). Yn Eglwys Gwenfrewi, Gwytherin (1869), ceir dwy garreg fedd yn dyddio o'r 14g. Yn eglwys groesffurf Sant Digain, Llangernyw, a ailadeiladwyd i bob pwrpas yn y 19g., ceir cofebau i deulu Sandbach, perchnogion **llongau** o **Lerpwl**. Hwy hefyd a adeiladodd Eglwys Llanddewi (1875), sydd bellach wedi'i throi yn dŷ. Cafodd plasty teulu Sandbach, Hafodunos (1866) – o bosibl y mwyaf dylanwadol o'r plastai gwledig i George Gilbert Scott eu cynllunio – ei ddifrodi'n enbyd gan dân yn 2004. Mewn dyddiau a fu, ceid cyfoeth o wahanol blanhigion yn y **gerddi**. Mae'r Cwm, y bwthyn lle maged yr athronydd **Henry Jones** yn fab i grydd, bellach yn amgueddfa. Ganed yr ieithegydd **Robert Roberts** (Y Sgolor Mawr, 1834–85) ym Mhandy Tudur.

**LLANGOED**, Ynys Môn (902ha; 1,275 o drigolion)
Mae'r **gymuned** hon, yng nghornel fwyaf dwyreiniol **Môn**, yn cynnwys Ynys Seiriol (gw. **Ynysoedd**). Roedd Penmon yn safle **clas** neu fynachlog 'Geltaidd' o'r 6g. a gysylltir â **Seiriol**; mae cell a ffynnon sanctaidd wedi goroesi. Saif dau faen o'r 10g. ac arnynt batrymau plethedig yn Eglwys Sant Seiriol. Mae corff yr eglwys yn dyddio o *c.*1140 a'r croesfâu o'r 1160au. Ychwanegwyd cangell fawr *c.*1220, pan ddaeth y fynachlog yn ganondy Awgwstinaidd (gw. **Canoniaid Awgwstinaidd**). Mae adfeilion yr adeiladau mynachaidd trillawr i'w gweld wrth yr eglwys. Yn dilyn **diddymu'r mynachlogydd** daeth y safle yn eiddo i deulu **Bulkeley**; *c.*1600 cododd Richard Bulkeley golomendy hardd, sy'n cynnwys mil o nythod, gerllaw'r eglwys. Mwnt o'r 11g. yw Castell Aberlleiniog, a adeiladwyd o bosibl gan **Hugh o Avranches**, iarll Caer, ac ar ei ben ceir adeiladwaith carreg a godwyd efallai adeg y **Rhyfeloedd Cartref**. Ar hyd y glannau ceir olion sawl chwarel, lle cafwyd y cerrig ar gyfer codi Castell **Biwmares**, Castell Penrhyn a phontydd **Menai** a Britannia. Adeiladwyd y goleudy ar Drwyn Du gyntaf yn 1834.

**LLANGOEDMOR**, Ceredigion (1,942ha; 1,174 o drigolion)
Lleolir y **gymuned** hon yn union i'r dwyrain o **Aberteifi**, ac mae'n cynnwys rhan hyfryd o lannau afon **Teifi** lle ceir golygfeydd gwych o Gastell **Cilgerran**. Yn 1801 daeth Plas Llangoedmor (1760, 1830) yn eiddo i Benjamin Millichamp (1756–1829), caplan ym Madras a gynullodd gasgliad o lawysgrifau o dde Asia. Aeth y plas yn ei dro yn eiddo i'w orwyr, H. M. Vaughan (1870–1948), un o gymwynaswyr y **Llyfrgell Genedlaethol** ac awdur *The South Wales Squires* (1926). Ym mhentref Llechryd, codwyd yn 1881 un o'r ychydig gapeli Swedenborgaidd yng Nghymru; mae wedi cau bellach. Mae pont Llechryd gyda'r hyfrytaf o'r pontydd sy'n croesi afon Teifi.

**LLANGOLLEN**, Sir Ddinbych (2,532ha; 3,412 o drigolion)
Lleolir y **gymuned** hon mewn man prydferth ar lannau afon **Dyfrdwy** ac mae ei henw yn coffáu Collen, sant na wyddys fawr ddim amdano. Mae to ysblennydd o'r 15g. ar Eglwys Sant Collen. Claddwyd y bardd **Gruffudd Hiraethog** (m.1546) yn y fynwent. Yno hefyd y mae bedd neo-Gothig **Eleanor**

**Butler a Sarah Ponsonby**, 'The Ladies of Llangollen'. Adeiladwyd Pont Llangollen (*c.*1500), un o **Saith Rhyfeddod Cymru**, yn y 1280au yn wreiddiol. Mae teithiau cychod yn boblogaidd ar Gamlas Llangollen (1808), a gynlluniwyd gan **Thomas Telford** (gw. **Camlesi**). Ef hefyd a aeth â ffordd **Caergybi** (yr **A5**) trwy'r dref yn 1819.

Yn 1780 ymgartrefodd Eleanor Butler a Sarah Ponsonby ym Mhlas Newydd; ychwanegwyd nodwedd fwyaf adnabyddus y tŷ, ei wyneb ffrâm bren, gan y Cadfridog Yorke a fu'n byw yno'n ddiweddarach. Daeth enwogion i ymweld, a thrwy hynny denwyd mwy o ymwelwyr i'r dref. Yn Llangollen, lle treuliodd dri mis yn 1854, y cychwynnodd **George Borrow** ar y daith trwy Gymru a ddisgrifiwyd ganddo yn *Wild Wales*. Yn 1858 cynhaliwyd yr **eisteddfod** wirioneddol genedlaethol gyntaf yn y dref, ac er 1947 cafodd yr **Eisteddfod Gerddorol Gydwladol** ei chynnal yno. Yn 1992 codwyd pafiliwn parhaol i'r eisteddfod. Roedd llawer o lwyddiant cynnar yr eisteddfod yn deillio o weledigaeth a gweithgarwch **W. S. Gwynn Williams** (1896–1978), cyhoeddwr **cerddoriaeth** yn Llangollen. Mae'r dref hefyd yn gartref i ECTARC (Canolfan Hyfforddiant a Chydweithrediad Rhanbarthol Ewropeaidd).

Ar fryn uchel yn edrych dros y dref, ar safle bryngaer gynharach o bosibl, saif adfeilion Castell Dinas Brân, a adeiladwyd gan Gruffudd ap Madog (m.1269), rheolwr **Powys Fadog**. Efallai fod yr enw'n dwyn atgof am y duw Celtaidd Brân neu **Bendigeidfran**. Roedd Pengwern (17g.) yn gartref i'r bardd Jonathan Hughes (1721–1805). Gerllaw gorsaf reilffordd Berwyn ceir pont grog hyfryd. Yn yr un ardal y mae dau dŷ arloesol o'r 19g. – Vivod a Phlas Berwyn.

## LLANGOLLEN WLEDIG, Wrecsam (122ha; 1,999 o drigolion)

Yn 1996 daeth cymunedau **Llangollen** a Llangollen Wledig yn rhan o'r **Sir Ddinbych** newydd, ond yn 1998 trosglwyddwyd Llangollen Wledig i fwrdeistref sirol **Wrecsam**. O fewn ffiniau'r **gymuned** – sydd yn ei hanfod yn estyniad o **Cefn** – y mae Trevor Hall, plasty brics hardd o'r 18g., a thraphont ddŵr Pontcysyllte (gerllaw Froncysyllte), creadigaeth ryfeddol **Telford** (1805). Mae'r bont yn cludo camlas anorffenedig Ellesmere mewn cafn haearn bwrw ar draws Dyffryn Llangollen, a saif y 'nant yn y nen' 39m uwchben afon **Dyfrdwy** (gw. **Camlesi**). Mae ymgyrch ar droed i geisio sicrhau statws Safle Treftadaeth y Byd i'r bont. Codwyd Argoed ar gyfer R. F. Graesser, sylfaenydd Gwaith Cemegol Monsanto a Bragdy Wrexham Lager (gw. **Cwrw, Bragu a Bragdai**).

## LLAN-GORS, Sir Frycheiniog, Powys (3,694ha; 1,045 o drigolion)

Mae'r **gymuned** hon i'r dwyrain o **Aberhonddu**, ac mae'n cynnwys pentrefi Llanfihangel Tal-y-llyn, Llangasty Tal-y-llyn a Llan-gors, ynghyd â Chathedin a Llan-y-wern. Llyn Syfaddan yw'r llyn naturiol mwyaf yn ne Cymru (gw. **Llynnoedd**). Yn ôl traddodiad a gofnodwyd gan **Gerallt Gymro**, gerbron tywysog cyfreithlon Cymru yn unig y canai adar Llyn Syfaddan. Yr annedd gaerog yn y llyn – un o gartrefi brenhinol **Brycheiniog** – yw'r unig grannog yng Nghymru, hyd y gwyddys, ac mae'n brawf o gysylltiadau Brycheiniog ag **Iwerddon**, lle ceir cranogau dirifedi. Cofnoda'r Cronicl Eingl-Sacsonaidd fel y cafodd Brenhines Brycheiniog ei chipio ger *Brecenan Mere* (Llyn Syfaddan) yn 916. Mae eglwys, ficerdy ac ysgol Llangasty Tal-y-llyn, a gynlluniwyd gan

Y bont dros afon Dyfrdwy yn Llangollen

J. L. Pearson, yn glwstwr hynod o adeiladau a ysbrydolwyd gan ddelfrydau Tractaraidd (gw. **Mudiad Rhydychen**) Robert Raikes a drigai ym mhlasty trawiadol Treberfedd (1852). Yn Nhal-y-llyn yr oedd cyffordd y **rheilffyrdd** a arweiniai i'r **Gelli**, **Merthyr** ac **Aberhonddu**. Ddechrau'r 19g. parodd cyflwr corslyd mynwent Llan-y-wern i **Theophilus Jones** argymell y dylid agor ffosydd draenio, fel y gallai'r bobl a oedd wedi'u claddu yno bydru mewn diddosrwydd ('dryly, snugly and comfortably together', yn ei eiriau ef).

**LLANGRALLO UCHAF (Coychurch Higher)**, Pen-y-bont ar Ogwr (1,521ha; 835 o drigolion)
Yn y **gymuned** hon i'r gogledd-ddwyrain o **Ben-y-bont ar Ogwr** y mae safle glofa Wern Tarw, yr arweiniodd ei chau yn 1951 at y streic fawr gyntaf gan lowyr yn y cyfnod yn dilyn gwladoli'r diwydiant **glo**.

**LLANGRANNOG**, Ceredigion (1,966ha; 796 o drigolion)
Lleolir y **gymuned** hon ar yr arfordir hanner ffordd rhwng **Aberaeron** ac **Aberteifi**, ac mae'n cynnwys pentrefi Llangrannog, Pontgarreg a Phentregât. Mae Llangrannog, sy'n swatio mewn dyffryn cul, gyda'r prydferthaf o holl bentrefi glan môr **Ceredigion**, a magodd sawl to o forwyr glew (gw. **Mordeithio**). Cynhaliai **Sarah Jane Rees** (Cranogwen), y llenor a'r ffeminydd gynnar, ysgol yn Llangrannog lle dysgai elfennau mordwyaeth. Bu Plasty Rhydycolomennod (1775) yn eiddo i deulu Jordan. Sefydlwyd gwersyll parhaol cyntaf **Urdd Gobaith Cymru** yn Llangrannog yn 1932. Bu'r **Cilie** yn gartref i'r enwocaf o deuluoedd barddol Cymru yn y cyfnod modern. Ceir caer arfordirol ar safle trawiadol Pen Dinas Lochdyn. Mae'r gaer yn eiddo i'r **Ymddiriedolaeth Genedlaethol**, ac felly hefyd yr hudol Ynys Lochdyn.

**LLANGRISTIOLUS**, Ynys Môn (2,543ha; 1,217 o drigolion)
Mae'r **gymuned** hon, yn union i'r de-orllewin o **Langefni**, yn cynnwys pentrefi Llangristiolus, Cerrigceinwen a Rhostrehwfa. Ceir sawl hen waith **glo** yn y cyffiniau. Roedd taeogdref ganoloesol bwysig Lledwigan o fewn plwyf Llangristiolus a gall mai dyna'r esboniad am y bwa cangell trawiadol o'r 13g. yn Eglwys Sant Cristiolus. Tŷ oedd Paradwys yn wreiddiol; tarddai ei enw o'r gair Perseg am ardd furiog a oedd yn rhan ohono unwaith. Yn ddiweddarach daethpwyd i ddefnyddio'r enw wrth gyfeirio at y gymdogaeth – ardal a oedd yn gartref i Ifan Gruffydd (1896–1971), awdur *Gŵr o Baradwys* (1963). Bellach mae Henblas (17g.) yn ganolbwynt parc gwledig.

**LLANGURIG**, Sir Drefaldwyn, Powys (12,769ha; 670 o drigolion)
Mae **cymuned** eang Llangurig, sydd yn union i'r gorllewin o **Lanidloes**, yn cynnwys tarddle afon **Gwy** a rhan uchaf ei basn. Ffermydd **defaid** sydd yma fwyaf, ynghyd â thir yn perthyn i'r **Comisiwn Coedwigaeth**. Prin fod toiled mwy anghysbell na'r un a geir ar y llwybr beic yn Nantybenwch. Ger yr A44, sy'n cysylltu Llangurig ag **Aberystwyth**, ceir caer Rufeinig Cae Gaer. Saif mwnt Rhyd-yr-onnen, a godwyd gan y Cymry, i'r gorllewin o Gwmbelan, lle bu unwaith ffatri **wlân**. Saif Eglwys Sant Curig ar safle **clas** neu fynachlog 'Geltaidd'. Ar ben tŵr yr eglwys – tŵr sy'n dyddio, mae'n debyg, o'r 12g. – ceir tŵr bach cyfylchiog, rhan o'r gwaith adnewyddu yn 1878 a wnaeth i ffwrdd â'r rhan fwyaf o gorff a changell yr eglwys, a oedd yn dyddio o'r 15g.

**LLANGWM**, Conwy (4,114ha; 516 o drigolion)
Mae'r **gymuned** hon, sy'n ffurfio cornel dde-ddwyreiniol sir **Conwy**, yn un o dair yng Nghymru yn dwyn yr enw Llangwm, a'r tair yn meddu ar eglwysi wedi'u cysegru i Sant Jerôm. Ail-luniwyd yr eglwys yn y Llangwm hwn yn 1747 a'i hadfer wedyn yn 1874. Cynlluniwyd Eglwys y Santes Catrin yn Ninmael (1878) gan y pensaer amatur William Kerr, a oedd yn byw ym mhlasty neo-Duduraidd Maesmor (*c.*1830), sydd ar safle hynafol lle cafwyd hyd i dystiolaeth gynhanesyddol bwysig. Yn **Ninmael**, sy'n dwyn enw **cwmwd** canoloesol, ceir enghraifft nodedig o allu **Thomas Telford** fel peiriannydd sifil (gw. **Ffyrdd**). Yn 1887 gwelwyd yn Llangwm rai o wrthdystiadau ffyrnicaf Rhyfel y **Degwm**, gan arwain at ddwyn 31 o 'Ferthyron y Degwm', fel y'u gelwid, gerbron y llys.

**LLANGWM**, Sir Benfro (828ha; 854 o drigolion)
Mae'r **gymuned** hon yn edrych dros gymer afonydd Cleddau Wen a Chleddau Ddu (gw. **Cleddau**). Mae Eglwys Sant Jerôm yn cynnwys beddrodau cilfach dan ganopïau (i mewn yn nyfnder y mur) a gweddillion croglen a chroglofft. Am flynyddoedd lawer bu pentref Llangwm yn adnabyddus ar gownt annibyniaeth falch y trigolion. Casglu cocos, cregyn gleision ac wystrys oedd y prif ddiwydiant yno am ganrifoedd, a pheth cyffredin iawn, hyd flynyddoedd cynnar y 20g., oedd gweld gwragedd Llangwm yn gwerthu pysgod cregyn (gw. **Pysgod**) o'u basgedi ym marchnadoedd **Hwlffordd**, **Penfro** a **Dinbych-y-pysgod**. Daeth Peregrine Phillips, a drowyd allan o fywoliaeth Llangwm yn 1662, yn weinidog ar garfan o Anghydffurfwyr (gw. **Anghydffurfiaeth**) yn Hwlffordd. Yn 1999 daeth rhan ogleddol y gymuned yn gymuned yn ei hawl ei hunan, sef **Hook**.

**LLAN-GWM**, Sir Fynwy (1,785ha; 400 o drigolion)
Lleolir y **gymuned** hon ar dir tonnog i'r dwyrain o dref **Brynbuga**. Ei phrif atyniad yw'r groglen ysblennydd (*c.*1500) yn Eglwys Sant Jerôm. Ceir eglwys ganoloesol arall ym mhentref Llanfihangel Torymynydd. Y Gaer Fawr yw'r fryngaer fwyaf yn **Sir Fynwy**. Ceir bryngaer arall yn Llan-soe. Ganed y Piwritan **Walter Cradock** yn Llan-gwm.

**LLANGWYRYFON**, Ceredigion (3,190ha; 625 o drigolion)
Lleolir y **gymuned** hon ar lethrau gorllewinol y Mynydd Bach ac mae'n cynnwys copa'r mynydd – Hafod Ithel (361m). Saif pentref Llangwyryfon yn rhan uchaf Dyffryn Wyre. Roedd Eglwys y Santes Wrswla yn un o sawl bywoliaeth a sicrhawyd gan deulu Chichester yn ei awch am ddegymau (gw. **Degwm**). Yn wreiddiol, pentref o **dai unnos** gwasgaredig oedd Trefenter, ac fe'u hamddiffynnwyd yn ddygn gan y rhai a drigai ynddynt rhag bwriadau Augustus Brackenbury i'w cau yn **Rhyfel y Sais Bach** (1820–6). Trefenter oedd cartref hynafiaid y bardd a'r ysgolhaig **Gwyn Williams** (1904–90).

**LLANGYBI**, Ceredigion (2,852ha; 779 o drigolion)
**Cymuned** yn union i'r gogledd o **Lanbedr Pont Steffan** sy'n cynnwys pentrefi Llangybi, Betws Bledrws a Silian. Ceir yn Eglwys Sant Sulien, Silian, ddwy garreg arysgrifedig gynnar, un ohonynt (*c.*9g.) yn dwyn patrymau cnotiog cywrain. Derry

Ormond (1824) oedd cartref teulu Inglis-Jones; mae'r adeilad bellach wedi'i ddymchwel. Cododd y teulu ffoledd – Tŵr y Dderi – er mwyn creu gwaith yn yr ardal. Daeth yr achos a sefydlwyd yng Nghilgwyn yn 1654 yn fameglwys i'r **Annibynwyr** yn **Sir Aberteifi**. Glan-Denys oedd cartref Julian Cayo Evans (1937–95), sylfaenydd **Byddin Rhyddid Cymru**. Mae Ysgol y Dderi yn enghraifft nodedig o ysgol gynradd gymunedol sy'n gwasanaethu nifer o bentrefi.

**LLANGYBI**, Sir Fynwy (2,666ha; 865 o drigolion)
Mae'r **gymuned** hon, sydd i'r de o dref **Brynbuga**, yn ymestyn o lawr gwastad dyffryn afon **Wysg** hyd at gronfa ddŵr Llandegfedd, a gwblhawyd yn 1966 i gyflenwi dŵr i **Gwmbrân**. Roedd Castell Llangybi, sydd bellach yn dra adfeiliedig, yn adeilad anferth a godwyd yn ôl pob tebyg gan deulu **Clare** ar ddechrau'r 14g. Mae'r rhodfa hyfryd sy'n arwain at Blas Llangybi wedi goroesi, er bod y tŷ wedi'i ddymchwel. Mae Eglwys Sant Cybi yn werth ei gweld ac yn cynnwys cofebau cywrain a murluniau canoloesol.

**LLANGYFELACH**, Abertawe (1,169ha; 2,351 o drigolion)
Roedd Llangyfelach ar un adeg yn blwyf enfawr a gynhwysai lawer o hen frodoriaeth y Cymry yn arglwyddiaeth **Gŵyr**, ond mae'r **gymuned** bresennol yn gorwedd o boptu'r **M4**. Ailgodwyd Eglwys Cyfelach a Dewi yn y 1830au ar safle newydd yn y fynwent, gan adael tŵr yr hen eglwys yn sefyll ar ei ben ei hun. Yn yr eglwys ceir croglen o waith W. D. Caröe (1916) sy'n efelychu patrwm croglenni canoloesol **Powys** a **Gwent**. Caewyd Gwaith Tunplat **Felindre** (1952–6), gwaith enfawr a gynlluniwyd gan **Percy Thomas**, yn 1995 a chafodd ei ddymchwel. Safle'r gwaith oedd lleoliad **Eisteddfod** Genedlaethol 2006. Enwir Llangyfelach mewn cân werin adnabyddus sy'n achwyn am greulondeb y presgang (gw. **Presgangiau**), a dyma fan geni'r arlunydd **Evan Walters**. Er bod **Abertawe**, wrth dyfu, yn prysur draflyncu'r lle, mae'r golygfeydd tua'r bryniau yn dal i fod yn rhai gwych.

**LLANGYNDEYRN**, Sir Gaerfyrddin (4,720ha; 2,953 o drigolion)
Mae'r **gymuned** hon yng nghanol Cwm Gwendraeth Fach, yn union i'r gogledd-ddwyrain o **Gydweli**. O'i mewn ceir pentrefi Llangyndeyrn, Carwe, Crwbin, Pedair-hewl, Meinciau a Phontantwn. Ceir cyfoeth o henebion cynhanesyddol ar Fynydd Llangyndeyrn. Mae gan Eglwys Sant Cyndeyrn (13g., 1888) dŵr main. O'i mewn mae cofeb i **William Vaughan** (1575–1641) a geisiodd sefydlu gwladfa Gymreig – **Cambriol** – yn Newfoundland. Mae'r ardal ar gyrion maes **glo**'r de, ac yn sgil datblygu ei chwareli **calchfaen**, ei hodynau calch a'i phyllau glo yn ail hanner y 19g., bu cryn gynnydd yn ei **phoblogaeth**. Yn 1963 bu'n fwriad gan Gorfforaeth **Abertawe** godi argae i foddi rhannau uchaf Cwm Gwendraeth Fach, ond pan ddaeth peirianwyr i archwilio'r tir llwyddodd y trigolion i'w hatal drwy gloi clwydi pob cae. Dadorchuddiwyd maen i goffáu'r gwrthsafiad ger neuadd yr eglwys ym mhentref Llangyndeyrn yn 1983.

**LLANGYNFELYN**, Ceredigion (2,314ha; 641 o drigolion)
Lleolir y **gymuned** yn union i'r dwyrain o'r **Borth** ar lan ddeheuol moryd afon **Dyfi**. Mae'n cynnwys pentrefi Llangynfelyn, Tre'r-ddôl a Thre Taliesin. Bathiad o oes Victoria yw'r olaf, wedi'i ysbrydoli gan y gred fod carnedd o'r Oes Efydd (gw. **Oesau Cynhanesyddol**) gerllaw yn fedd i'r bardd **Taliesin**. Rhoddodd y pensaer Americanaidd Frank Lloyd Wright, a ddaliai fod ei hynafiaid yn dod o'r ardal, yr enw Taliesin ar ei dŷ. Yn Bodfagedd, a fu unwaith yn eiddo i deulu **Pryse**, Gogerddan, ceir olion parc **ceirw**. Cychwynnodd diwygiad crefyddol 1859 yn Nhre'r-ddôl dan arweiniad Humphrey Jones (1832–95), brodor o Langynfelyn (gw. **Diwygiadau**). Yn dilyn llwyddiant y diwygiad codwyd capel Wesleaidd newydd yn Nhre'r-ddôl; daeth y capel gwreiddiol (1835) yn amgueddfa yn ystod y 1980au. Glasfryn oedd cartref W. Basil Jones, esgob **Tyddewi** (1874–97). Yn ôl traddodiad, a gofnodir yn rhai o'r llyfrau **cyfraith**, ar Draeth Maelgwn y dewiswyd **Maelgwn Gwynedd** yn frenin 'pennaf' ymhlith rheolwyr Cymru.

**LLANGYNHAFAL**, Sir Ddinbych (1,191ha; 673 o drigolion)
Mae'r **gymuned** hon, sydd i'r de-ddwyrain o **Ddinbych**, yn cynnwys Parc Gwledig Moel Famau, a enwyd ar ôl copa uchaf **Bryniau Clwyd** (554m). Yn Eglwys Sant Cynhafal mae cerfiad (1690) o belican yn bwydo'i chywion – symbol o Grist yn yr Ewcharist. Yn 1791 ac 1793 bu Wordsworth yn aros gyda'i ffrind Robert Jones ym Mhlas-yn-Llan, tŷ ffrâm bren ger yr eglwys. Ganed yr hynafiaethydd Ab Ithel (**John Williams**; 1811–62) yn Nhŷ Nant, Llangynhafal. Yn 1964 ailgodwyd Hendre'r Ywydd Uchaf, tŷ ffrâm nenfforch o'r 15g., yn Amgueddfa Werin Cymru (gw. **Sain Ffagan**).

**LLANGYNIDR**, Sir Frycheiniog, Powys (4,949ha; 1,005 o drigolion)
Mae'r **gymuned** hon, sy'n ymestyn o afon **Wysg** i **Flaenau Gwent**, yn cynnwys darn hyfryd o Gamlas Aberhonddu a'r Fenni. Mae'r pentref wedi tyfu llawer yn ystod y blynyddoedd diwethaf. Y bont chwe bwa (*c.*1600) yw un o'r pontydd hynaf a harddaf sy'n croesi afon **Wysg**. Mae'r ffordd dros Fynydd Llangynidr i **Gendl** (Beaufort) gyda'r uchaf yng Nghymru. Ar un adeg câi'r **calchfaen** o chwareli'r mynydd ei ddefnyddio'n helaeth yng ngweithfeydd **haearn** Blaenau Gwent. Brithir Mynydd Llangynidr gan lyncdyllau. Mae Ogof Fawr yn rhan o lên gwerin y Siartwyr (gw. **Siartiaeth**).

**LLANGYNIN**, Sir Gaerfyrddin (1,313ha; 270 o drigolion)
Yr unig bentref o unrhyw faint yn y **gymuned** hon, sy'n union i'r gogledd-orllewin o **Sanclêr**, yw Llangynin. Mae tri bwa canoloesol anghelfydd yn eglwys anghysbell Sant Cynin. Daeth Castell Gorfod, a fu'n gartref i nifer o deuluoedd bonheddig oddi ar yr 16g., i feddiant teulu Buckley, **Llanelli**, yn 1871. Mae llyfrgell y teulu, sydd bellach yn y **Llyfrgell Genedlaethol**, yn cynnwys yr unig gopïau hysbys o'r *Cambrian Magazine* (1773), y cyfnodolyn Saesneg cyntaf i'w gyhoeddi yng Nghymru (gw. **Cylchgronau**).

**LLANGYNLLO**, Sir Faesyfed, Powys (4,825ha; 377 o drigolion)
Mae'r **gymuned** hon, a leolir ar dir mynyddig i'r gorllewin o **Drefyclo**, yn cynnwys pentrefi bychain Llangynllo a Bleddfa. Pan oedd **Edward Lhuyd** yn hel deunydd at ei *Parochalia* yn 1696, roedd y rhan fwyaf o'r trigolion yn Gymry **Cymraeg**, ond erbyn y 1730au roedd y **Saesneg** yn prysur ennill tir.

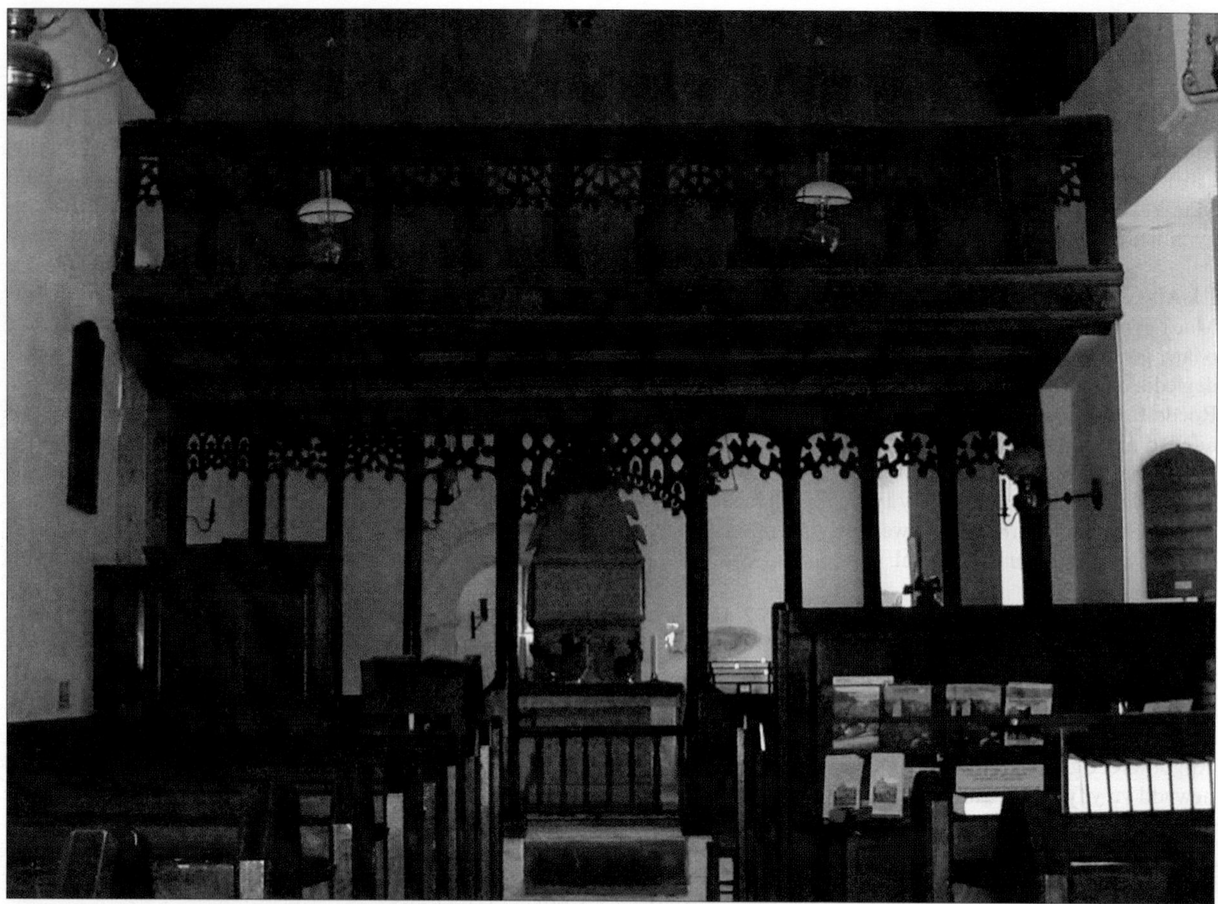

Llangynog, Sir Drefaldwyn: Eglwys Santes Melangell

Mae gan Eglwys Mair Magdalen ym Mleddfa do hardd o'r 14g. Oddi ar y 1970au bu'r holl gelfi y tu mewn i'r eglwys yn symudol, sy'n golygu y gall perfformiadau gael eu cynnal yn ddidrafferth ar lawr agored. Mynachdy yw'r tŷ mwyaf yn **Sir Faesyfed** o ddiwedd yr 16g.; fe'i henwyd ar ôl graens (*grange*) a oedd yn eiddo i **Abaty Cwm-hir**.

**LLANGYNNWR**, Sir Gaerfyrddin (2,342ha; 2,282 o drigolion)

Mae'r **gymuned** hon, sy'n union i'r de-ddwyrain o **Gaerfyrddin**, yn cynnwys pentrefi bychain Llangynnwr a Nant-y-caws, dwy o faestrefi Caerfyrddin sef Pen-sarn a Thregynnwr, a'r stad ddiwydiannol o amgylch gorsaf reilffordd Caerfyrddin. Saif Eglwys Sant Ceinwr (14g a'r 15g.) mewn man unig ac o'i mewn mae cofeb i'r ysgrifwr o Sais, Richard Steele (1671–1729), y daeth plasty Tŷ-gwyn i'w feddiant trwy briodas yn 1707. Ffermdy yw Tŷ-gwyn bellach. Mae'r emynydd **David Charles** a'r bardd **Lewis Morris** wedi'u claddu ym mynwent yr eglwys. Bellach, un o safleoedd Coleg Sir Gâr yw Pibwr-lwyd, a fu unwaith yn eiddo i deulu Dwnn. Mae pencadlys Heddlu Dyfed Powys o fewn y gymuned.

**LLANGYNOG**, Sir Drefaldwyn, Powys (4,353ha; 321 o drigolion)

Mae'r **gymuned** hon wedi'i lleoli yng nghornel ogledd-orllewinol **Sir Drefaldwyn** ac yn cynnwys rhan uchaf basn afon Tanad. Mae'n ymestyn bron at gopa'r **Berwyn**, ac mae'r B4391– un o'r unig ddwy ffordd sy'n croesi'r Berwyn – yn cysylltu pentref Llangynog gyda'r **Bala**. Ceir bryngaer drawiadol ei lleoliad ar ben Craig Rhiwarth a cheir yno hefyd olion cloddio am **blwm** yn y cyfnod cynhanesyddol. Dechreuwyd cloddio yno drachefn tua diwedd yr 17g., ac o'r 1690au hyd y 1740au roedd Llangynog yn ganolfan i weithfeydd plwm mwyaf cynhyrchiol Ewrop, a'r **boblogaeth** weithiau'n codi dros 2,000. O *c.*1850 ymlaen bu'r chwareli **llechi** a **gwenithfaen** yn bur llewyrchus, ac yn 1904 agorwyd rheilffordd o Langynog i **Groesoswallt**; fe'i caewyd yn 1960.

I'r gorllewin o bentref Llangynog mae Cwm Pennant, cwm cul a hyfryd lle saif Eglwys Santes Melangell. Yn ôl traddodiad, pan oedd Brochwel Ysgithrog, brenin **Powys** yn y 6g., allan yn **hela**, daeth at gell **Melangell**, merch i frenin Gwyddelig, ac fe warchododd hi ysgyfarnog rhag ei **gŵn**. Rhoddodd yntau dir iddi i sefydlu lleiandy. Mae'r eglwys fechan gyfareddol yn dyddio'n wreiddiol o'r 12g. Mae'n cynnwys creirfa garreg Melangell (*c.*1165; adferwyd 1959), creirfa Romanésg gywrain sy'n unigryw ym **Mhrydain**.

**LLANGYNOG**, Sir Gaerfyrddin (2,690ha; 559 o drigolion)

Llangynog yw'r unig bentref o unrhyw faint yn y **gymuned** hon, sy'n ymestyn hyd at foryd afon **Taf** i'r de-orllewin o **Gaerfyrddin**. Mae maen capan beddrod siambr Twlc-y-filiast, o'r Oes Neolithig (gw. **Oesau Cynhanesyddol**), bellach yn gorffwys yn rhannol ar y ddaear. Adfail yw Eglwys Sant Teilo, Llandeilo Abercywyn. Tra oedd yn rheithor yno (1711–16) yr enillodd **Griffith Jones**, **Llanddowror**, enw iddo'i hun fel pregethwr. Codwyd eglwys anghysbell Sant Cynog *c.*1879. Coomb, plasty mawr o'r 19g. a fu'n gartref i gangen o deulu'r Philippiaid (gw. **Philipps, Teulu**), oedd y Cheshire Home cyntaf i'w sefydlu yng Nghymru. Fernhill oedd cartref modryb **Dylan Thomas**; treuliodd y bardd ei wyliau yno pan oedd yn blentyn a daeth wedyn yn destun ei gerdd fwyaf adnabyddus.

**LLANGYNWYD GANOL**, Pen-y-bont ar Ogwr (1,352ha; 2,843 o drigolion)

Y **gymuned** hon yw cnewyllyn hen blwyf Llangynwyd, a'i henw, yn draddodiadol, oedd yr Hen Blwyf. Roedd yn un o'r ardaloedd cyntaf yn ucheldir **Morgannwg** i gael ei rheoli'n uniongyrchol gan y **Normaniaid**, a chafodd yr enw **Tir Iarll**. Yn 1257 dinistriwyd y castell, yn ôl pob tebyg gan **Lywelyn ap Gruffudd**. Fe'i hailgodwyd gan Gilbert de Clare (gw. **Clare, Teulu**) yn y 1260au, ac mae olion y porthdy yn ymdebygu i adeiladwaith Gilbert yn yr un cyfnod yng **Nghaerffili**. Er mor gynnar y'i goresgynnwyd, mae traddodiadau Cymreig wedi parhau yn yr ardal. Bu'n ganolog i weithgarwch llenyddol Cymraeg ucheldir Morgannwg, ac mae'r gymuned yn nodedig am ei theyrngarwch i hen ddefod Nadolig y **Fari Lwyd**.

Bellach, mae'r rhan fwyaf o'r trigolion yn byw ym mhentrefi Cwmfelin a Phont-rhyd-y-cyff ar lannau afon Llynfi. Fodd bynnag, ar grib uwchlaw'r cwm yr oedd canolfan hanesyddol y lle – enghraifft anarferol o blwyf yn yr ucheldir gyda phentref cnewyllol yn ei ganol. Cafodd Eglwys Sant Cynwyd, a godwyd yn ystod y 14g. ac sy'n cynnwys tŵr trawiadol, ei newid yn sylweddol pan aethpwyd ati i atgyweirio'r adeilad yn y 19g. Mae Ann Maddocks (*née* Thomas; 1704–27) wedi'i chladdu yn y fynwent (gw. '**Bugeilio'r Gwenith Gwyn**' a **Llangynwyd Isaf**). Gerllaw'r eglwys mae tafarn yr Old House, sy'n honni ei bod yn cynnig y dewis helaethaf o **wisgi** brag yng Nghymru.

**LLANGYNWYD ISAF**, Pen-y-bont ar Ogwr (889ha; 467 o drigolion)

Mae'r **gymuned** hon, yn rhan ddeheuol hen blwyf Llangynwyd, yn cynnwys Plas Coetre Hen – adeilad o'r 18g. a fu unwaith yn llawn urddas – olion sawl tŷ o'r Oesoedd Canol a rhan o Ffordd y Bryniau, **Ogwr**. Ger ei ffin ogleddol y mae fferm Cefn Ydfa, cartref Ann Maddocks (*née* Thomas; 1704–27), a orfodwyd, yn ôl y chwedl, i briodi'r Anthony Maddocks cefnog yn hytrach na'i chariad honedig, y bardd Wil Hopcyn. Dywedir iddi farw o dorcalon a'i fe'i coffeir yn y gân '**Bugeilio'r Gwenith Gwyn**', mewn opera gan **Joseph Parry** ac mewn nofel gan Isaac Hughes (Craigfryn; 1852–1928).

**LLANGYNYDD, LLANMADOG A CHERITON**, Abertawe (2,722ha; 822 o drigolion)

Mae'r **gymuned** hon, yng nghornel ogledd-orllewinol penrhyn **Gŵyr**, yn cynnwys ynys lanw Burry Holms – lleoliad caer o'r Oes Haearn (gw. **Oesau Cynhanesyddol**) a meudwyfa Sant Cennydd. Eglwys Sant Catwg, Cheriton, yw'r fwyaf trawiadol ar y penrhyn. O ddechrau'r 12g. hyd 1414 mameglwys Eglwys Sant Cennydd oedd Abaty Evreux. Yn Eglwys Llanmadog ceir carreg ac arni arysgrif o'r 5g. Mae yn yr ardal gyfoeth o henebion. Codwyd y goleudy o haearn bwrw sydd yn Whiteford Point yn 1865 i arwain **llongau** i harbwr **Llanelli**. Mae'r maenordy caerog o'r 15g. yn Landimôr yn edrych dros Gors Landimôr, sy'n un rhwydwaith o ffrydiau.

**LLANGYNYW**, Sir Drefaldwyn, Powys (2,157ha; 539 o drigolion)

Oddi mewn i'r **gymuned** hon, sydd yn union i'r gogledd o **Lanfair Caereinion**, y mae cymer **afonydd** Banw ac Efyrnwy. Saif Eglwys Sant Cynyw ar fryn ac mae ganddi groglen sydd bron yn gyfan a phorth pren o'r 15g. Ceir mwnt 8m o uchder ym **Mathrafal**; honnid mai yma yr oedd prif lys tywysogion **Powys**, ond siomedig fu canlyniadau'r gwaith cloddio ar y safle. Neuadd Dolobran oedd cartref y Llwydiaid (gw. **Lloyd, Teulu**) a oedd yn enwog fel **Crynwyr**, fel diwydianwyr ac fel bancwyr. Nid oes ond un rhan o'r plasty yn dal i sefyll a hwnnw'n dyddio o'r 18g. Mae'r rhan fwyaf o rannau mewnol Tŷ Cwrdd Crynwyr Dolobran wedi'u symud i **Bensylfania**, lle daeth Thomas Lloyd yn ddirprwy-lywodraethwr i William Penn.

Pentref mwyaf y gymuned yw Pontrobert, lle bu John Hughes (1775–1854), awdur cofiant i **Ann Griffiths**, yn weinidog gyda'r **Methodistiaid Calfinaidd** o 1814 hyd ei farw; ei wraig Ruth, morwyn Ann, a gofnododd **emynau** ei meistres oddi ar ei chof.

**LLANGYWER**, Gwynedd (7,778ha; 212 o drigolion)

Mae'r **gymuned** hon, sydd yn union i'r de o'r **Bala**, yn ymestyn o Lyn Tegid (gw. **Llynnoedd**) i fynyddoedd y **Berwyn** ym Moel Cwm Siân Llwyd (648m). Cafodd Eglwys Llangywer, sy'n dyddio'n wreiddiol o'r 13g., ei hailadeiladu i raddau helaeth yn 1871. Yn y fynwent y mae un o'r coed yw hynaf yng Nghymru (gw. **Planhigion**). Roedd teulu Lloyd, Plas Rhiwaedog (1664), yn olrhain eu tras i **Owain Gwynedd**, a bu aelodau'r teulu yn noddwyr hael i'r beirdd. Mae 6km o reilffordd Bala–**Dolgellau** (1868) ar hyd glannau Llyn Tegid wedi'u hailagor yn atyniad i dwristiaid. Treuliodd y bardd **Euros Bowen** gyfran dda o'i yrfa yn rheithor Llangywer. Yn y gymuned hon, sydd hefyd yn cynnwys coedwigoedd helaeth, y mae Clwb Hwylio'r Bala. Mae 'Ffarwél i blwyf Llangywer' yn gân werin adnabyddus.

**LLANHARAN**, Rhondda Cynon Taf (2,346ha; 7,104 o drigolion)

Mae'r **gymuned** hon, sydd yn union i'r gorllewin o **Lantrisant**, yn cynnwys pentrefi Llanharan, Bryn-cae, Brynna, Llanilid, Llanbedr-ar-fynydd ac Ynysmaerdy. Mae'r ardal yn gorwedd wrth odre Mynydd Garthmaelwg, lle ceir ffynnon sylffyraidd a arferai ddenu ymwelwyr lu. Ceir tŵr sy'n dyddio o'r 12g. yn Eglwys Llanilid, ac wrth ymyl yr eglwys ceir amddiffynfa gylch o'r un ganrif. Dim ond sylfeini a beddrodau eglwys ganoloesol Sant Pedr sydd wedi goroesi. Cartref teulu Jenkins, perchnogion stad 2,500ha, oedd Llanharan House; fe'i codwyd *c.*1750 a gosodwyd grisiau gwych ynddo *c.*1806. Yn 1857 ariannodd y teulu y gwaith o ailadeiladu eglwys y seintiau **Iŵl ac Aaron**, adeilad deniadol a gynllunïwyd gan **John Prichard** a J. P. Seddon.

Bu glofeydd Meiros a Brynna, a suddwyd gyntaf yn y 1870au, yn gyfrwng i sbarduno **mewnfudo** sylweddol, yn enwedig o Fforest y Ddena. Mae hen adeiladau glofaol trawiadol wedi goroesi yn Ynysmaerdy. Er i'r glofeydd ddiflannu, bu Mynydd Hywel Deio, un o'r tyllau mwyaf o wneuthuriad dyn yng Nghymru, yn safle glo brig cynhyrchiol iawn. Yn 2007, wedi hir oedi, dechreuwyd adeiladu stiwdio **ffilm** ar y safle hwn; yr actor a'r cyfarwyddwr Richard

Castell Llanhuadain

Attenborough a oedd y tu cefn i gynllun Dragon International Film Studios a'r bwriad oedd creu 1,700 o swyddi parhaol yn Valleywood, fel y llysenwyd y datblygiad.

**LLANHARI**, Rhondda Cynon Taf (737ha; 2,919 o drigolion)

Mae'r **gymuned** hon, yn union i'r de-orllewin o **Lantrisant**, yn enghraifft dda o dirwedd cyrion **Bro Morgannwg**. Gan fod **glo** i'w gael yn agos i'r wyneb, ynghyd â gwythïen o fwyn **haearn** (hematit), bu Llanhari yn ganolfan ddiwydiannol o'r 16g. ymlaen o leiaf. Yma yr oedd mwynglawdd mwyn haearn olaf Cymru, a gaeodd yn 1976. Yn Eglwys Sant Illtud (1868) ceir slab o haearn bwrw ac arno arfbais teulu Gibbon. Ysgol Gyfun Llanhari (1974) oedd yr ail ysgol uwchradd Gymraeg a sefydlwyd yn **Sir Forgannwg**.

**LLANHENWG**, Sir Fynwy (1,538ha; 454 o drigolion)

Nodwedd harddaf y **gymuned** hon, sydd yn union i'r gogledd-ddwyrain o **Gasnewydd**, yw'r bont dros afon **Wysg**, y credir iddi gael ei hadeiladu yn 1779 gan aelod o deulu Edwards a arbenigai ar adeiladu pontydd (gw. **William Edwards**). Mae eglwysi hardd yn Llanhenwg a Thredynog. Fila neo-glasurol wych yw Glen Usk (*c.*1820). Mae Colomendy Wood (1914) yn enghraifft o'r traddodiad *Arts and Crafts* ar ei orau.

**LLANHILEDD**, Blaenau Gwent (742ha; 4,776 o drigolion)

Yn y **gymuned** hon, yn rhan fwyaf deheuol bwrdeistref sirol **Blaenau Gwent**, y mae cymer afonydd **Ebwy** Fawr ac Ebwy Fach. O ddiwedd yr 17g. ymlaen câi **glo** ei weithio mewn lefelau bychan. Erbyn diwedd y 19g. roedd pentref mawr wedi tyfu yno, un a ddibynnai ar lofa Llanhiledd a oedd yn eiddo i Partridge, Jones a'u Cwmni. Mae rhesi o dai teras ar hyd gwaelod y cwm a hyd y llethrau. Yn uchel uwch eu pennau saif Eglwys Sant Illtud, a sefydlwyd gan **Sistersiaid** Llantarnam, a hynny, yn ôl traddodiad, ar safle sy'n dyddio o'r 5g. Yr eglwys ganoloesol hon yw'r adeilad hynaf yng ngogledd-orllewin **Gwent**. Fe'i datgysegrwyd yn 1957 ac yna ei hadfer gan Gyngor Dosbarth Blaenau Gwent. I'r gogledd o'r eglwys y mae adeilad ac iddo'r enw rhyfedd Castell Taliorum, lle darganfuwyd olion tŵr o'r Oesoedd Canol ac adeilad arall tebyg i orthwr. Yn Hafodarthen Uchaf ceir enghraifft o'r drefn lle'r oedd dau ffermdy yn rhannu un buarth.

**LLANHUADAIN (Llawhaden)**, Sir Benfro (1,630ha; 634 o drigolion)

Llanhuadain a Robeston Wathen yw'r ddau bentref yn y **gymuned** hon, yn union i'r gorllewin o **Arberth**. Yn yr Oesoedd Canol barwniaeth Llanhuadain oedd y gyfoethocaf o'r tiriogaethau a oedd ym meddiant esgobaeth **Tyddewi**. Tua 1120 cododd **Bernard**, esgob Normanaidd cyntaf Tyddewi, amddiffynfa gylch yn Llanhuadain a ddaeth yn rhan o gyfres o amddiffynfeydd a grëwyd i amddiffyn y tiroedd a gipiwyd gan y goresgynwyr. Cafodd yr amddiffynfa ei meddiannu yn 1192 gan **Rhys ap Gruffudd** (yr Arglwydd Rhys; m.1197), a'i hadennill yn gynnar yn y 13g. gan yr esgobion a aeth ati i'w hailgodi o garreg. Fe'i hailadeiladwyd ar ffurf plasty caerog gan **Thomas Bek**, esgob Tyddewi rhwng 1280 ac 1293, a'r gŵr a sefydlodd fwrdeistref ac ysbyty

Llanhuadain. Wedi'r **Diwygiad Protestannaidd** aeth y castell â'i ben iddo ond câi ei adfeilion eu gwerthfawrogi gan arlunwyr rhamantaidd y 18g. Daeth y safle dan warchodaeth y Weinyddiaeth Waith yn 1931 a than ofal **Cadw** yn 1984.

Cafodd Llawhaden House, tŷ a oedd yn dyddio'n wreiddiol o'r 16g., ei ddinistrio bron yn llwyr gan dân yn 2000. Mae gan Eglwys Sant Huadain ddau dŵr. Adeilad hardd yw capel yr **Annibynwyr**, Bethesda, a godwyd gyntaf yn 1797. Ym mhentref cryno Robeston Wathen, mae'r eglwys (anhysbys ei chysegriad) wedi'i hailwampio'n chwaethus yn y dull Fictoraidd.

**LLANIDAN**, Ynys Môn (1,399ha; 979 o drigolion)
Mae'r **gymuned** hon ar lannau'r **Fenai**, gyferbyn â'r **Felinheli**, yn cynnwys pentref mawr Brynsiencyn, a gysylltir â'r pregethwr enwog **John Williams** (1854–1921). Dymchwelwyd yr eglwys blwyf ganoloesol yn 1844 ac adeiladwyd eglwys newydd yn y pentref mewn ymgais i gystadlu â'r capeli newydd Anghydffurfiol. Gerllaw Bodowyr mae beddrod siambr o'r Oes Neolithig (gw. **Oesau Cynhanesyddol**). Caeadle yw Castell Bryn-gwyn a bu defnydd ar y lle o'r Oes Neolithig hyd gyfnod y **Rhufeiniaid**. Yn ôl pob tebyg, adeiladwyd caeadle petryal Caer Lêb gan y Rhufeiniaid. Acwariwm modern yw'r Sŵ Môr, sy'n dangos bywyd y môr o gwmpas **Môn** mewn dull dychmygus.

**LLANIDLOES**, Sir Drefaldwyn, Powys (540ha; 2,807 o drigolion)
Mae'r **gymuned** hon yn cynnwys tref Llanidloes a'r ardal yn union o'i chwmpas. (Am yr ardal sydd y tu hwnt i ffiniau'r dref, gw. **Llanidloes Allanol**.) Cafodd Llanidloes, a oedd ag amddiffynfeydd pridd, ei siarter yn 1280. Yng nghanol y dref y mae'r hen Neuadd Farchnad (*c.*1600), yr unig neuadd o'i bath ar ôl yng Nghymru. Pregethodd John Wesley oddi ar garreg gerllaw, a **Howel Harris** o dan dderwen heb fod ymhell. Mae eglwys nodedig Sant Idloes yn cynnwys rhes o fwâu o'r 13g. a gludwyd o **Abaty Cwm-hir** yn 1542; efallai mai oddi yno hefyd y daeth y to godidog. Yn Llanidloes y ganed **Richard Gwyn**, merthyr Catholig cyntaf Cymru (gw. **Merthyron Catholig**).

Yn ystod hanner cyntaf y 19g. roedd Llanidloes yn ganolfan bwysig i'r diwydiant **gwlân**, a chanddi **boblogaeth** yn ymylu ar 4,000. Yn dilyn anghydfod yn Ebrill 1839 anfonwyd tri phlismon yno o **Lundain**; buont dan warchae yng ngwesty Trewythen, ac am rai dyddiau bu'r dref dan reolaeth y gwrthdystwyr. Er i'r helynt gael ei ystyried yn enghraifft o **Siartiaeth**, mae'n fwy tebygol mai protest yn erbyn **Deddf y Tlodion** ydoedd. Ceir cyfoeth o adeiladau diddorol ar hyd strydoedd y dref, yn eu plith capel hardd Seion (1878).

**LLANIDLOES ALLANOL**, Sir Drefaldwyn, Powys (5,843ha; 593 o drigolion)
Mae'r **gymuned** hon yn cynnwys yr ardal wledig sydd i'r gorllewin, i'r gogledd ac i'r dwyrain o dref **Llanidloes**. Yn ei chornel ogledd-orllewinol y mae tarddiad afon **Hafren**. Roedd gwaith **plwm** y Fan yn dra llewyrchus rhwng 1869 ac 1881, pan gyflogai dros 500 o weithwyr. Yn 1871 adeiladwyd rheilffordd i'w gysylltu â **Chaersŵs**. Mae simneiau ac olion tai teras wedi goroesi. Mae argae Clywedog (1967), yr uchaf ym **Mhrydain**, yn cynnwys bwtresi gwag sy'n uwch na rhai unrhyw eglwys gadeiriol. Boddwyd bron 10km o'r cwm, nid yn unig i gyflenwi dŵr ond hefyd i reoli llif Hafren (gw. **Cronfeydd Dŵr**). Mae gwaith plwm Bryn Tail, wrth droed yr argae, dan ofal **Cadw**.

**LLANIGON**, Sir Frycheiniog, Powys (4,832ha; 525 o drigolion)
Yn y **gymuned** hon, sydd am y **ffin** â **Lloegr** i'r de o'r **Gelli**, ceir nifer o feddrodau o'r Oes Neolithig (gw. **Oesau Cynhanesyddol**). Gwreiddiodd **Anghydffurfiaeth** yn gynnar yn yr ardal. Yn 1672 dechreuodd Henry Maurice bregethu i'r gynulleidfa yn Llanigon, cenhadaeth a enillodd iddo'r teitl 'Apostol Brycheiniog'. Yn 1707 addaswyd ysgubor ym Mhen-yr-wrlodd yn gapel Anghydffurfiol. Sefydlodd David Price ysgol yn Llwyn-llwyd, lle bu **Howel Harris** a **William Williams**, Pantycelyn, yn ddisgyblion. Ymhellach i'r de, yr ochr draw i Fwlch yr Efengyl, deuir i gysylltiad â thraddodiad crefyddol tra gwahanol. Yn 1869 sefydlodd y Tad Ignatius (y Parchedig **Joseph Lyne**) fynachlog Fenedictaidd Anglicanaidd yng Nghapel-y-ffin ym mhen uchaf Dyffryn **Ewias**, gan beri diflastod i **Francis Kilvert** (gw. hefyd **Benedictiaid**). Cafodd Ignatius ei gladdu ar y safle a alwyd ganddo yn Llanthony Tertia (gw. **Crucornau**). Yn 1924 daeth y fynachlog yn eiddo i Eric Gill, a sefydlodd gymuned fach ac adeiladu capel yno. Ar fur y ffreutur ceir llun o'r Croeshoeliad gan **David Jones** (1895–1974). Adfail peryglus yw eglwys y fynachlog bellach, ond mae cynlluniau ar droed i'w hadfer. Ceir golygfeydd gwych o gopa'r Twmpa (696m) a Phenybegwn (677m).

**LLANILAR**, Ceredigion (2,828ha; 1,055 o drigolion)
Lleolir y **gymuned** hon ar lan ddeheuol afon **Ystwyth** ac mae ei hunig bentref – Llanilar – yn un o brif bentrefi cymudo dalgylch **Aberystwyth**. Mae i Eglwys Sant Ilar dŵr cadarn o'r 14g. Uwchlaw'r pentref y mae Castle Hill, safle caer o'r Oes Haearn (gw. **Oesau Cynhanesyddol**), yn ôl pob tebyg, a addaswyd gan y **Normaniaid**; mae'r hen enw Cymraeg, Garth Grugyn, yn cael ei grybwyll yn chwedl 'Culhwch ac Olwen' (gw. **Mabinogion**). Trwy briodas aeth plasty Castle Hill (1777) yn eiddo i deulu Loxdale, ac mae'n dal yn ei feddiant. Erbyn hyn, cartref hen bobl yw Aber-mad (1872), a fu unwaith yn gartref i deulu Pugh. Hyd ganol yr 20g. Llidiardau, a godwyd yn yr 17g. a'i ailadeiladu yn y 19g., oedd cartref teulu Parry. Treuliodd y nofelydd Saesneg Rose Macaulay (1881–1958) ran o'i hieuenctid yn Nhŷ Isaf.

**LLANILLTUD FAERDREF (Llantwit Fardre)**, Rhondda Cynon Taf (1,762ha; 13,993 o drigolion)
**Cymuned** a leolir yn union i'r de o **Bontypridd**. Mae'n cynnwys pentrefi Llanilltud Faerdref, Gartholwg, Efailisaf a Thonteg. Yng nghanol y gymuned ceir mwnt a dyfrffos o'r 12g., y naill a'r llall mewn cyflwr da. Dechreuwyd diwydiannu'r ardal ar ddiwedd yr 17g. trwy gloddio am **lo** a charreg ar gyfer teils toi, ond gellir priodoli twf diweddaraf y **boblogaeth** i'r ffaith fod yr ardal yn rhan o ddalgylch cymudo **Caerdydd**. Yma yr oedd Ysbyty Dwyrain Morgannwg (1939–1999) a ddisodlwyd gan Ysbyty Brenhinol Morgannwg, **Llantrisant**. Mae'r gymuned yn cynnwys rhan ogledd-orllewinol Stad Ddiwydiannol Trefforest.

**LLANILLTUD FAWR (Llantwit Major)**, Bro Morgannwg (1,737ha; 9687 o drigolion)
O ddiwedd y 5g. ymlaen Llanilltud Fawr oedd lleoliad y **clas** a sefydlwyd gan **Illtud**. Y clas hwn oedd echel Cristnogaeth

fore y gwledydd Celtaidd. Mae'n debyg i'w leoliad mewn dyffryn 2km o'r môr gael ei ddewis, fel yn achos clasau eraill, oherwydd ei fod yn cynnig llwybr hwylus i'r môr, ac yn ei guddio rhag ysbeilwyr y glannau. Rhaid fod arwyddocâd, yn ogystal, i'r ffaith ei fod lai na 1km o fila Rufeinig. Arwydd o barhad pwysigrwydd y clas yw bod Eglwys Sant Illtud yn cynnwys casgliad o gerrig arysgrifedig o'r 9g. a'r 10g. (gw. **Cofebau Cristnogol Cynnar**), ac yn eu plith gofeb i Hywel ap Rhys, brenin **Glywysing** (m.886). Wedi'r Goresgyniad Normanaidd, diddymwyd y clas a rhoddwyd yr eglwys i Abaty'r Santes Fair, Tewkesbury.

Eglwys Sant Illtud yw'r eglwys blwyf fwyaf yn **Sir Forgannwg**. Mae'n cynnwys cangell, corff ac ynddo bedwar rhaniad a thŵr uwch ei ben, rhan hirsgwar a elwir yn Eglwys Orllewinol ac adfeilion capel siantri. Mae'n cynrychioli sawl cyfnod adeiladu o'r 12g. hyd y 15g. Ymhlith y cofadeiliau niferus y mae cilfach hardd o'r 13g. gyda choeden Jesse gerfiedig yn ei hamgylchynu, ynghyd â murluniau o'r Oesoedd Canol diweddar. Yn y fynwent ceir tŷ offeiriad siantri, a'r tu draw iddo mae olion graens (*grange*) Abaty Tewkesbury, yn cynnwys porthdy, ysgubor a cholomendy (gw. **Colomendai**).

Roedd **maenor** ganoloesol Llanilltud a Threbefered yn cynnwys tir âr o ansawdd da, a gâi ei ffermio'n uniongyrchol gan arglwyddi **Morgannwg**. O fewn ffiniau'r faenor, datblygodd Llanilltud yn bentref mawr – yn wir, bron yn dref fechan – a nodweddid gan batrwm lled drefol o alwedigaethau a chrefftau, er nad enillodd statws bwrdeistref (gw. **Bwrdeistrefi**). Arwydd o'i ffyniant cynyddol yw'r enghreifftiau niferus o dai a bythynnod o'r 16g. a'r 17g. Roedd **boneddigion** lleol yn byw yn Llanilltud, mewn tai fel Great House, Plymouth House ac Old Place. Mae'r Hen Reithordy yn dyddio'n ôl i'r Oesoedd Canol diweddar, er ei fod bellach yn edrych yn debycach i'r ysgol a wnaed ohono yn 1878. Saif neuadd y dref – adeilad o'r 16g. yn wreiddiol a ddefnyddiwyd fel llys, ac adeilad y bu gormod o adnewyddu arno – ar y sgwâr gerllaw enghreifftiau da o dai iwmyn o'r 16g., yn arbennig y White Hart a'r Old Swan. Un o hynodion y **gymuned** yw arfbais frenhinol mawr Sweden sydd ar flaen tŷ conswl y wlad honno yng Nghymru.

O ganlyniad i sefydlu gorsaf yr Awyrlu yn **Sain Tathan**, ehangodd Llanilltud Fawr yn sylweddol, a daeth yn hunllef i fodurwyr. Yn dilyn datblygiad mwy diweddar, mae wedi traflyncu pentref Trebefered, safle olion sylweddol hen blasty o'r un enw o ddiwedd yr 16g. Gerllaw, mae clwstwr o dai a gynlluniwyd gan **T. Alwyn Lloyd** yn 1936 fel anheddiad amaethyddol i lowyr di-waith. Ar yr arfordir mae dwy gaer bentir fawr o'r Oes Haearn (gw. **Oesau Cynhanesyddol**). Ger ffiniau gogleddol y gymuned saif capel **Annibynwyr** Bethesda'r Fro; o 1806 hyd 1844, yma y gweinidogaethai'r emynydd **Thomas William**.

## LLANILLTUD GŴYR (Ilston), Abertawe (1,901ha; 538 o drigolion)

Mae'r **gymuned** yn ymestyn o hyfrydwch Three Cliffs Bay i Faes Awyr **Abertawe** ar Fynydd Llwynteg, ac mae'n cynnwys gweddillion capel canoloesol Sant Cennydd. Rhwng 1649 ac 1660 y capel hwn oedd addoldy'r gynulleidfa gyntaf o **Fedyddwyr** yng Nghymru. O dan arweiniad **John Miles** symudodd y gynulleidfa i Swansey, Massachusetts, yn sgil Adferiad y Stiwartiaid yn 1660. Yn Eglwys Sant Illtud, sydd wedi'i hadfer yn helaeth, ceir ffenestr orllewinol o'r 14g. Ceir canolfan ymwelwyr yn hen felin Parkmill. Mae llwybrau troed yn arwain tua'r gogledd at y Cwm Gwyrdd neu gwm Parc le Breos (gw. **Breos, Teulu**), a fu unwaith yn rhan o barc **hela** arglwyddi **Gŵyr**, at feddrod siambr trawiadol Parc Cwm o'r Oes Neolithig (gw. **Oesau Cynhanesyddol**) ac at Ogof Cathole. Ym Mharc Cwm darganfuwyd gweddillion o leiaf 20 o bobl, ac yn Ogof Cathole cafwyd amrywiaeth o offer o'r Oes Balaeolithig (gw. Oesau Cynhanesyddol). Capel Mynydd Pisgah, Parkmill (1822), yw un o'r capeli cynharaf yng Nghymru lle mae'r pulpud wedi'i leoli ym mur y talcen. Yn nhwyni Penmaen ceir olion beddrod megalithig, castell Normanaidd cynnar ac eglwys ganoloesol a gladdwyd dan y tywod. Cafodd eglwys fach Nicholaston ei hailadeiladu'n helaeth yn y 1890au trwy nawdd Olive Talbot (gw. **Talbot, Teulu**).

## LLANISAN-YN-RHOS (St Ishmael's), Sir Benfro (1,107ha; 490 o drigolion)

Un o henebion y **gymuned** hon, sydd i'r gorllewin o dref **Aberdaugleddau** ac ychydig i'r dwyrain o benrhyn **Dale**, yw maen hir Langstone Field sy'n dyddio o'r Oes Efydd (gw. **Oesau Cynhanesyddol**). Mae rhai nodweddion o'r Oesoedd Canol yn perthyn i Eglwys Sant Isan ond adeilad Fictoraidd ydyw'n bennaf. Yn ôl traddodiad, ym Mullock y gorweddodd **Rhys ap Thomas** o dan y bont tra marchogodd Harri Tudur (gw. **Tuduriaid**) drosti, gan gadw at adduned a wnaethai. Tŷ tŵr canoloesol oedd Sandyhaven House yn wreiddiol.

## LLANISMEL (St Ishmael), Sir Gaerfyrddin (1,857ha; 1,319 o drigolion)

Mae'r **gymuned** hon yn union i'r gogledd-orllewin o **Gydweli** ac yn cwmpasu'r pentir rhwng aberoedd **Tywi** a Gwendraeth. Mae'n cynnwys pentref bychan Llanismel a phentrefi mwy Glanyfferi a Llan-saint. Gorchuddiwyd pentref Llanismel â thywod yn 1606; mae maint eglwys hardd Sant Ismael (14g.) yn awgrymu ei fod yn bentref sylweddol ar un adeg. Yn y fynwent claddwyd Hugh Williams (1796–1874), arweinydd honedig Terfysgoedd **Rebeca**. Mae Llan-saint yn bentref twt a deniadol. Adfail yw Penallt. Ddiwedd y 15g. yr oedd yn gartref i John Dwnn; portread Memling o deulu Dwnn yw'r llun cynharaf o Gymry y gwyddys amdano. Am flynyddoedd maith bu fferi'n mordwyo aber afon Tywi rhwng Glanyfferi a **Llansteffan**. Roedd traethau'r gymuned unwaith yn enwog am eu cocos (gw. **Pysgod a Physgota**).

## LLANLLAWDDOG, Sir Gaerfyrddin (3,207ha; 687 o drigolion)

Mae'r **gymuned** hon, y rhed yr A485 drwyddi, i'r gogledd-ddwyrain o **Gaerfyrddin** ac mae'n cynnwys pentrefi Pont-ar-sais a Rhydargaeau. Ailgodwyd eglwys ddiarffordd Sant Llawddog yn 1849. Dim ond tŵr yn dyddio o 1838 sy'n weddill o Blas Glangwili, a fu yn y 19g yn ganolfan stad 1,600ha teulu'r Lloydiaid.

## LLANLLECHID, Gwynedd (4,609ha; 885 o drigolion)

Ymestynna'r **gymuned**, sydd wedi'i lleoli rhwng **Bangor** a **Llanfairfechan**, o aber afon Ogwen at gopaon Carnedd Llywelyn (1064m) a Charnedd Dafydd (1044m) (gw. **Carneddau**). Mae dros hanner yr ardal yn eiddo i'r **Ymddiriedolaeth Genedlaethol**. Ystyrir yr Ysgolion Duon ym mhen uchaf Cwm Llafar yn gryn her gan ddringwyr, ac yma hefyd daw naturiaethwyr sydd â diddordeb mewn

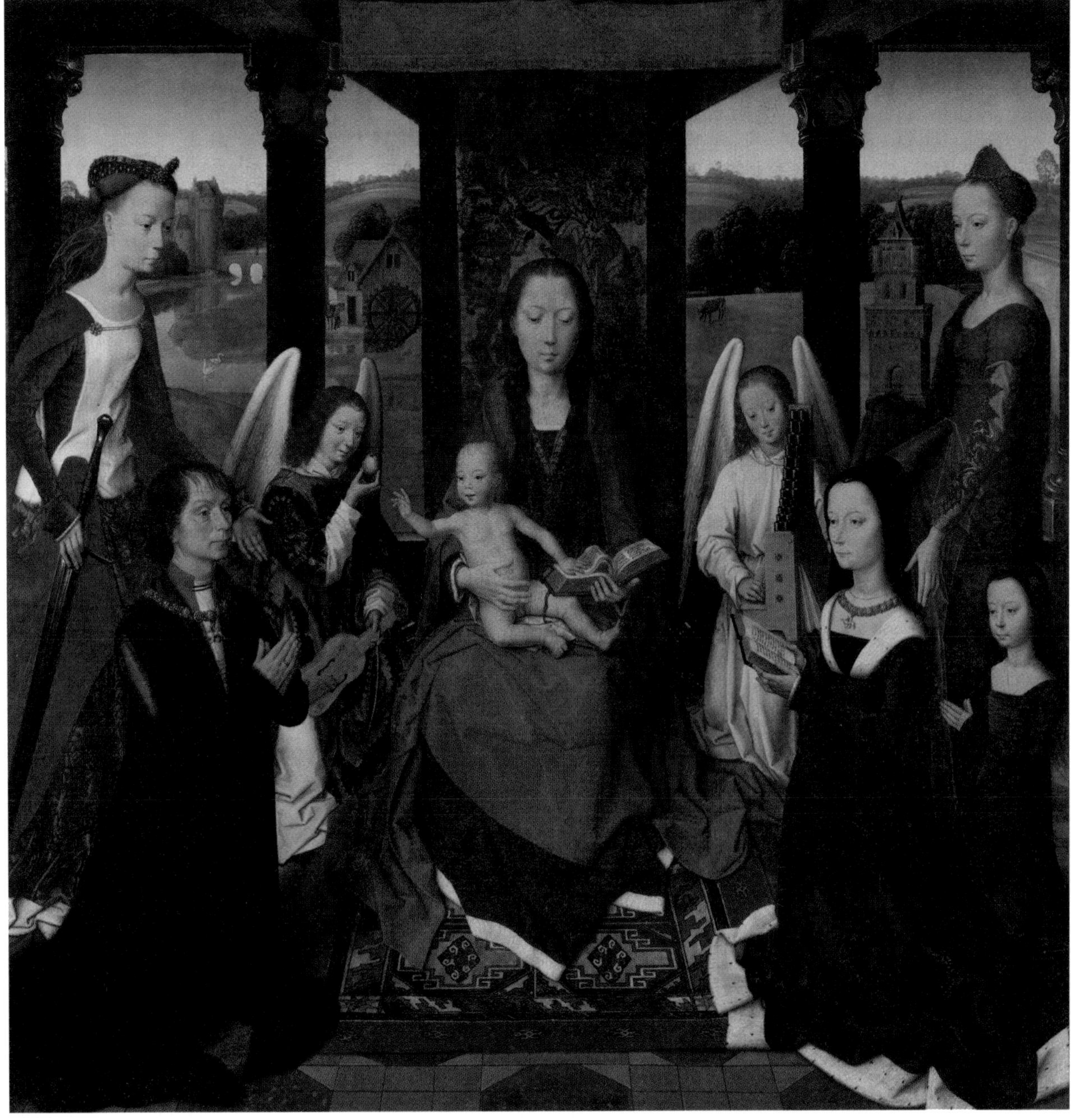

Llanismel: panel canol triptych Hans Memling, *c.*1478, yn dangos teulu Dwnn wrth draed y Forwyn Fair a'r Baban Iesu

**planhigion** arctig-alpaidd. Cwmpasa'r gymuned ochr ddwyreiniol y darn hynod hwnnw o Ddyffryn Ogwen a elwir yn Nant Ffrancon; mae'r ochr orllewinol yng nghymuned gyfochrog **Llandygái**. Mae Rhaeadr Ogwen, sy'n llifo o Lyn Ogwen, ar y ffin rhyngddynt. Mae ffordd **Caergybi** (yr **A5**), sy'n dilyn glan ddwyreiniol yr afon, yn dyst i sgiliau peirianyddol rhyfeddol **Thomas Telford**. Bu Cochwillan, neuadd ysblennydd o'r 15g. sydd wedi'i hadfer, yn gartref i **John Williams** (1582–1650), archesgob Caerefrog, a chwaraeodd ran amlwg yn ystod **Rhyfeloedd Cartref** yr 17g.

## **LLANLLWCHAEARN**, Ceredigion (1,729ha; 786 o drigolion)

Plwyf oedd Llanllwchaearn yn wreiddiol y deilliodd dosbarth trefol y **Ceinewydd** ohono yn 1894. Mae'r **gymuned** yn cynnwys pentrefi Cross Inn a Llanina, a bae hyfryd Cei Bach. Mae Tŷ Llanina, a ailadeiladwyd yn gywrain yng nghanol y 18g., yn cael ei adfer.

## **LLANLLWNI**, Sir Gaerfyrddin (2,672ha; 676 o drigolion)

Mae'r **gymuned** hon yn cyffwrdd â glan ddeheuol afon **Teifi** rhwng **Llandysul** a **Llanybydder**, ac yn ymestyn hyd at gopa Mynydd Llanybydder (408m). Strimyn o dai gwasgaredig ar hyd 4km o'r A485 yw pentref Llanllwni. Mae sawl beddrod o'r Oes Efydd yn yr ardal (gw. **Oesau Cynhanesyddol**). Ceir rhai elfennau sy'n dyddio o'r 16g. yn Eglwys Sant Luc neu Sant Llwni, a saif ar ei phen ei hun uwchlaw afon Teifi. O'i mewn mae côr a fu unwaith yn eiddo preifat i deulu'r Manseliaid a oedd yn byw ym mhlasty mawr Maesycrugiau (1903).

**LLANLLYFNI**, Gwynedd (4,276ha; 3,919 o drigolion)
Mae'r **gymuned** hon, sydd rhwng **Caernarfon** a **Phorthmadog**, yn ymestyn hyd Drum y Ddysgl (710m) ac yn cynnwys y rhan fwyaf o fasn afon Llyfni, ardal a adwaenir yn gyffredin fel Dyffryn Nantlle. O fewn y gymuned y lleolir Llanllyfni, Drws-y-coed, Nantlle, Nasareth, Nebo, Pen-y-groes a Thal-y-sarn, pentrefi a ddatblygodd yn ystod y 19g. yn sgil y gwaith yn chwareli **llechi** Penyrorsedd a Dorothea. (Enwyd yr olaf ar ôl gwraig Richard Garnons, perchennog tir lleol.) Oherwydd cyfeiriad yr wythïen, cloddiwyd tyllau mawr yn y ddaear yma, yn hytrach na'r dull arferol o gloddio ar bonciau ar ochr y bryn. Un o berchnogion Chwarel Dorothea oedd **John Jones**, Tal-y-sarn (1796–1857), un o bregethwyr mwyaf adnabyddus ei ddydd (gw. hefyd **Pregethu a Phregethwyr**). Ganed **R. Williams Parry** yn Nhal-y-sarn. Ym mhedwaredd gainc y Mabinogi (gw. **Mabinogion**), deuir o hyd i **Lleu Llawgyffes** yn Nantlle, wedi'i droi'n eryr. *Lleu* yw enw papur bro hynod fywiog yr ardal (gw. **Papurau Bro**).

**LLANLLŶR-YN-RHOS (Llanyre)**, Sir Faesyfed, Powys (2,987ha; 1,061 o drigolion)
Mae'r **gymuned** wedi'i lleoli i'r gorllewin o **Landrindod**, rhwng afonydd Ieithon a **Gwy**. Stribedi hir o **dai** yw Llanllŷr a'r Bontnewydd ar Wy – dau brif bentref y gymuned. Am gyfnod bu'r Bontnewydd – un o ganolfannau terfysgwyr **Rebeca** yn y canolbarth – yn adnabyddus fel sba. Cwblhawyd eglwys sylweddol y pentref yn 1883. Prif heneb y gymuned yw caer Rufeinig Castell Collen. Fe'i hadeiladwyd tua OC 78 i letya 500 o filwyr, ac roedd yn rheoli'r brif ffordd Rufeinig rhwng gogledd a de Cymru. Rhwng 1811 ac 1813 bu Carnhuanawc (**Thomas Price**) yn gurad yn Llanfihangel Helygen. Mae'r goleuadau traffig parhaol ym Mhont-ar-Ieithon yn tystio i annigonolrwydd yr **A470**.

**LLANNARTH**, Ceredigion (4,591ha; 1564 o drigolion)
Lleolir **cymuned** Llannarth rhwng **Aberaeron** a **Cheinewydd**, ac mae'n cynnwys pentrefi Llannarth, Gilfachreda, Mydroilyn a Phost-mawr (Synod Inn). Codwyd Eglwys Dewi Sant (canoloesol ond fe'i hadnewyddwyd yn helaeth yn 1871–2) mewn lle amlwg ar allt serth, sef y *garth* sy'n rhoi ei enw i'r llan. Saif Plas y Wern (17g., 19g.) ar safle tŷ cynharach y dywedir i Harri Tudur (gw. **Tuduriaid**) aros ynddo yn 1485 ar ei ffordd i Faes **Bosworth**. Ceir ym mhentref Llannarth nifer o dai Sioraidd yn yr un traddodiad â thai yn Aberaeron.

**LLANNERCH** Cwmwd
Roedd Llannerch yn un o dri **chwmwd** cantref **Dyffryn Clwyd**, a gorweddai o fewn cymunedau diweddarach **Llanfair Dyffryn Clwyd** a **Llanelidan**. Roedd y rhan fwyaf o'r cwmwd yn eiddo i esgob **Bangor**; dyna'r prif reswm pam yr oedd Dyffryn Clwyd, er ei fod wedi'i amgylchynu gan esgobaeth **Llanelwy**, yn rhan o esgobaeth Bangor.

**LLANNERCH, Trychineb Glofa'r**
Yn y lofa hon ger **Abersychan**, a oedd ar brydles i Partridge, Jones a'u Cwmni gan Gwmni Glo, Haearn a Dur Glynebwy, lladdwyd 176 o ddynion ar 6 Chwefror 1890. Yn wahanol i byllau eraill a oedd wedi profi tanchwa, nid oedd Llannerch yn sych nac yn llychlyd, ac nid oedd fawr o nwy yn y gwythiennau **glo**. Fodd bynnag, priodolwyd y drychineb i gwmwl mawr annisgwyl o nwy a ddihangodd ac a daniwyd gan y fflamau agored a ddefnyddid mewn rhan o'r pwll.

**LLANNERCH HUDOL** Cwmwd
**Cwmwd** bychan ar lan orllewinol afon **Hafren**, rhwng y **Trallwng** ac **Aberriw**, oedd hwn. Ynghyd â chymydau **Deuddwr** ac **Ystrad Marchell**, roedd yn rhan o'r ardal a adwaenid fel y Teirswydd. Yn dilyn y **Deddfau 'Uno'** daeth Llannerch Hudol yn rhan o **hwndrwd** Ystrad Marchell. Mae plasty Llannerchhudol (gw. **Trallwng, Y**) yn cadw'r enw.

**LLANNERCH-Y-MEDD**, Ynys Môn (2,986ha; 1,185 o drigolion)
Mae'r rhan fwyaf o drigolion y **gymuned** hon, sy'n ymestyn dros ran helaeth o ganolbarth gogledd **Môn**, yn byw ym mhentref mawr Llannerch-y-medd, lle cynhelid ffeiriau yn rheolaidd mor gynnar â'r 14g. Mae'r stryd fawr lydan yn dyst i bwysigrwydd y lle fel marchnad (fel tref y'i hystyrid gynt), ond fe'i disodlwyd gan farchnad **Llangefni** ddiwedd y 18g. Yn ystod y 19g. roedd gwneud esgidiau a chlocsiau yn ddiwydiant o bwys (gw. **Lledr**); gweithiai 250 o gryddion yn y pentref yn 1833, ond dirywiodd y diwydiant ar ôl *c.*1870 yn sgil cystadleuaeth o du ffatrïoedd Northampton a gynhyrchai esgidiau parod rhad. Arferid cynhyrchu snisin yma hefyd. Mae rhan ogleddol y gymuned yn cynnwys rhan o Lyn Alaw (gw. **Cronfeydd Dŵr**).

**LLANNEWYDD A MERTHYR (Newchurch and Merthyr)**, Sir Gaerfyrddin (2,507ha; 623 o drigolion)
Mae'r **gymuned** hon, sy'n union i'r gogledd-orllewin o **Gaerfyrddin**, yn cynnwys mân bentrefi Llannewydd, Merthyr a Bwlchnewydd ynghyd â rhai o faestrefi allanol Caerfyrddin. Codwyd yr eglwys newydd (Sant Mihangel) yn 1829. Saif capel Annibynnol hardd Cana (1821, 1862) gerllaw'r A40. Yng Nghwrt Derllys (gw. **Derllys**) y magwyd **Bridget Bevan**, noddwraig a chydweithwraig **Griffith Jones**, **Llanddowror**.

**LLAN-NON**, Sir Gaerfyrddin (3,846ha; 4,999 o drigolion)
Cymuned a leolir yn union i'r gogledd-ddwyrain o **Lanelli**. O'i mewn ceir pentrefi Llan-non, Cross Hands a'r Tymbl ynghyd â gwasanaethau Pont Abraham ar derfyn gorllewinol yr **M4**. Mae cyfoeth o henebion o'r Oes Efydd (gw. **Oesau Cynhanesyddol**) yn yr ardal, gan gynnwys Maen Hir (4.6m), yr uchaf o feini hirion **Sir Gaerfyrddin**. Cafodd Eglwys y Santes Non, a godwyd yn wreiddiol yn y 15g., ei newid yn sylweddol yn 1841; mae ei thŵr yn drawiadol. Datblygodd y Tymbl a Cross Hands i gartrefu'r glowyr a gloddiai'r glo carreg ym mhyllau Dynant a'r Mynydd Mawr. Yn sgil tranc y diwydiant **glo**, sefydlwyd mentrau newydd fel Parc Busnes Cross Hands. Magwyd nifer o chwaraewyr **rygbi** yn yr ardal, yn eu plith Archie Skym, a chwaraeodd i Gymru 21 o weithiau, a Gareth Davies.

**LLANNOR**, Gwynedd (4,817ha; 2,244 o drigolion)
Mae'r **gymuned** hon, sydd yn union i'r gogledd o **Bwllheli**, yn cynnwys pentrefi Llannor, Aber-erch, Efailnewydd a'r

Diwrnod marchnad yn Llannerch-y-medd, *c*.1885

Ffôr (Four Crosses gynt). Mae gan Eglwys y Grog Sanctaidd, Llannor (13g.), dŵr sy'n dyddio o'r 15g. a cheir to hardd yn eglwys ganoloesol Sant Cawrdaf, Aber-erch. Ceir nifer o fân blastai yn yr ardal, gan gynnwys Bodfel, man geni **Hester Lynch Piozzi**, ffrind Dr Johnson – parc antur i blant bellach. Mae Hufenfa De Arfon yn Rhydygwystl yn enwog am ei **chaws**, sef Caws Llŷn.

## LLANOFER, Sir Fynwy (4,903ha; 1,373 o drigolion)

Mae'r **gymuned** hon, sydd i'r de-ddwyrain o'r **Fenni**, yn cwmpasu chwech o **blwyfi**. Yn ei chanol y mae stad Llanofer, a grëwyd yn y 1820au yn dilyn priodas Augusta Waddington (**Augusta Hall**) o stad Tŷ Uchaf, â Benjamin Hall, perchennog stad Plas Llanofer. Yn 1859 daethant yn Arglwydd ac Arglwyddes Llanover. Dymchwelwyd y plasty yn 1935. Mae'r teulu yn dal i fyw yn Nhŷ Uchaf, adeilad neo-glasurol a godwyd yn y 1790au ac sydd wedi'i amgylchynu gan **erddi** braf a pharc mawr. Rhoddodd Arglwyddes Llanover arian i godi capel (1898) ar gyfer gwasanaethau Cymraeg y **Methodistiaid Calfinaidd** yn Rhyd-y-meirch. Pentref bach wedi'i gynllunio yn y dull *Arts and Crafts* yw Tre Elidyr (1920au).

Mae gan Eglwys Sant Bartholomew dŵr hardd o'r 15g., ac wrth ei hymyl mae arch garreg enfawr Arglwydd Llanover. Ceir eglwysi atyniadol eraill yn Llanofer, Llangatwg Dyffryn Wysg, Llanfihangel-y-gofion, Llanddewi Rhydderch, Llanfair Cilgedin a Llansanffraid. Mae nifer o ffermdai a phlastai gwledig diddorol yn yr ardal. Ar gyrion gogleddol y gymuned ceir bryn hyfryd Ysgyryd Fach.

## LLANPUMSAINT, Sir Gaerfyrddin (2,610ha; 595 o drigolion)

Canolbwynt y **gymuned** hon i'r gogledd o **Gaerfyrddin** yw pentref Llanpumsaint. Y pum sant y cysegrwyd yr eglwys (1882) iddynt yw Ceitho, Celynnin, Gwyn, Gwynno a Gwynoro. Yn Llanpumsaint y ganed Brutus (**David Owen**; 1795–1866), golygydd a dychanwr, ynghyd â William Williams (1788–1865), aelod seneddol dros Coventry, yr arweiniodd ei gwestiwn yn Nhŷ'r Cyffredin yn 1846 at yr adroddiad ar **addysg** yng Nghymru (gw. **Brad y Llyfrau Gleision**). Roedd rheilffordd Caerfyrddin–**Llanbedr Pont Steffan**, y mae rhan ohoni wedi'i hailagor, yn arfer rhedeg trwy'r ardal. Mae canolfan Hindŵaidd Skanda Vale yn denu 70,000 o ymwelwyr y flwyddyn.

## LLANRUG, Gwynedd (1,571ha; 2,755 o drigolion)

Mae'r **gymuned** hon, sydd wedi'i lleoli'n union i'r dwyrain o **Gaernarfon**, yn cynnwys y rhan fwyaf o fasn afon Seiont (neu Saint). Ym mhen uchaf y gymuned ceir llawer o henebion cynhanesyddol. Mae'r to gwreiddiol o'r 15g. yn parhau i fod ar Eglwys Sant Mihangel. Tŷ anghyffredin a godwyd *c*.1835 yw Castell Bryn Bras. Datblygodd pentref Llanrug yn sgil twf chwarel Dinorwig (gw. **Llanddeiniolen**); datblygodd ymhellach fel cartref i bobl sy'n gweithio yng Nghaernarfon a **Bangor**. Mae'r enw 'Mrs Jones, Llanrug' wedi dod i olygu'r Gymraes nodweddiadol, gyffredin o ran chwaeth a diddordebau.

**LLANRWST**, Conwy (524ha; 3,037 o drigolion)
Hyd nes yr adeiladwyd pont **Telford** yng **Nghonwy** (1826), Llanrwst oedd y man isaf ar afon **Conwy** lle ceid pont – sef y bont hardd (1634) sydd wedi'i phriodoli'n draddodiadol, ar gam mae'n bur debyg, i Inigo Jones. Mae'r bont yn codi'n fwa mor serth fel na all gyrrwr yn un pen iddi weld cerbyd gyrrwr yn y pen arall. Ceir croglen gain yn Eglwys Sant Grwst (*c.*1500). Mae Capel Gwydir (1634) ynghlwm wrth yr eglwys ac yn cynnwys beddau aelodau o deulu **Wynn** o Wydir ynghyd ag arch garreg **Llywelyn ap Iorwerth** a gludwyd o Abaty Maenan wedi i'r abaty gael ei ddiddymu. Gerllaw'r eglwys mae elusendai (*c.*1612), a adeiladwyd gan John Wynn, yn wreiddiol ar gyfer 11 henwr ac un hen wraig i gyweirio'u gwlâu. Yng Nghae'r Berllan, sy'n dyddio o'r 17g. yn wreiddiol, ceir ychwanegiadau o'r 20g. a gardd yn yr arddull *Arts and Crafts*. Yn y 18g. roedd Llanrwst yn gartref i nifer o wneuthurwyr **clociau** nodedig. Mae Capel Seion (1883) yn adeilad trawiadol. Brodor o'r dref oedd y nofelydd, y bardd a'r newyddiadurwr **T. Glynne Davies**. Hyd at 1974 roedd y **gymuned** yn ddosbarth trefol.

**LLANRHAEADR-YNG-NGHINMEIRCH**, Sir Ddinbych (4,479ha; 1,080 o drigolion)
Mae'r **gymuned** hon, sydd yn union i'r de o **Ddinbych**, yn ymestyn o gymer afon Clywedog ac afon **Clwyd** hyd gronfa ddŵr Brenig, yn uchel ar **Fynydd Hiraethog**. Yn Eglwys Sant Dyfnog mae ffenestr Jesse odidog (1533) a bedd addurnedig Maurice Jones o Blas Llanrhaeadr (1702). Yn y fynwent gwelir beddau aelodau o gangen teulu **Wynn (Gwydir)**, ynghyd â beddau'r aelod seneddol Syr Henry Morris-Jones (1885–1972) a'r emynydd **Edward Jones**, Maes-y-Plwm (1761–1836). Mae carreg fedd hynod John ap Robert (m.1642, yn 95 oed) yn olrhain ei linach yn ôl cyn belled â Chadell, brenin **Powys**. Adeilad hardd ac iddo nodweddion yn perthyn i'r 16g., y 18g. a'r 19g. ynghyd â gardd wych yw Plas Llanrhaeadr. Yng nghornel orllewinol bellaf y gymuned y mae Hen Ddinbych, gwrthglawdd sgwâr o gyfnod y **Rhufeiniaid** o bosibl. Gerllaw ceir adfeilion hafotai (gw. **Hafod a Hendre**), a llwybr yn cysylltu olion o'r Oes Efydd (gw. **Oesau Cynhanesyddol**) a ddarganfuwyd cyn creu Llyn Brenig (gw. **Cerrigydrudion**).

**LLANRHAEADR-YM-MOCHNANT**, Sir Drefaldwyn, Powys (7,456ha; 1,223 o drigolion)
Pan rannwyd **Powys** ar ôl 1160 daeth **Mochnant** Is Rhaeadr yn rhan o **Bowys Fadog** a Mochnant Uwch Rhaeadr yn rhan o **Bowys Wenwynwyn**; cadwyd at y rhaniad pan grëwyd **Sir Ddinbych** a **Sir Drefaldwyn** a phan sefydlwyd siroedd **Clwyd** a **Phowys**. Fodd bynnag, yn 1996 daeth Mochnant yn ei gyfanrwydd yn rhan o Faldwyn, ac unwyd dau blwyf sifil Llanrhaeadr i greu un **gymuned**. Mae Eglwys Sant Dogfan, y bu adfer helaeth arni, yn cynnwys tameidiau o greirfa Romanésg y gellir ei chymharu â honno ym Mhennant Melangell (gw. **Llangynog** (Sir Drefaldwyn)). O 1578 hyd 1595 y ficer oedd **William Morgan**, ac yn ficerdy Llanrhaeadr y paratôdd ei gyfieithiad o'r **Beibl** (1588).

Wyth km i'r gogledd-orllewin o bentref Llanrhaeadr y mae Pistyll Rhaeadr, lle mae afon Disgynfa yn plymio 75m i ffurfio pwll, cyn syrthio 25m yn is eto; dyma'r uchaf o **raeadrau** Cymru, ac un o **Saith Rhyfeddod Cymru**. Yn y dyffryn islaw'r pistyll y mae meini mawr, Baich y Cawr a Ffedogaid y Forwyn, a gysylltir â chwedl am Berwyn Gawr a'i deulu. Y pistyll hwn dan rew yw lleoliad nofel ffantasi **Tegla Davies**, *Tir y Dyneddon* (1921). Bu Tegla yn weinidog yma gyda'r **Wesleaid** – enwad cryfaf y pentref a chanddo gapel wedi'i godi yn y dull *Arts and Crafts* (1904). Yn Llanrhaeadr y ffilmiwyd *The Englishman who went up a Hill but came down a Mountain* (1995). Mae ucheldir y gymuned yn frith o garneddau a meini hirion o'r Oes Efydd (gw. **Oesau Cynhanesyddol**).

**LLANRHIAN**, Sir Benfro (2,301ha; 897 o drigolion)
**Cymuned** yw hon yn union i'r gogledd-ddwyrain o **Dyddewi** sy'n cynnwys pentrefi Llanrhian, Croes-goch, Porth-gain a Thre-fin. Mae tŵr Eglwys Sant Rhian yn dyddio o'r 13g. Ceir capel hardd o eiddo'r **Bedyddwyr** (1816, 1858) yng Nghroes-goch. Câi **llechi** o chwareli Abereiddi, Porth-gain a Thrwyn Llwyd eu hallforio o borthladd Porth-gain a allai dderbyn 20 o **longau** y dydd; caeodd y porthladd yn 1931. Rhan o hen gloddfa Abereiddi yw'r 'pwll glas' adnabyddus. Mae adfeilion y felin yn Nhre-fin yn destun cerdd adnabyddus gan Crwys (**William Williams**; 1875–1968). Yn Nhre-fin, yn 1964, y dechreuodd ymgyrch **Cymdeithas yr Iaith Gymraeg** i sicrhau bod **enwau lleoedd** Cymraeg ar arwyddion ffyrdd yn cael eu sillafu'n gywir; Trevine oedd y sillafiad ar y pryd. Mae gan Lanrhian dîm **criced** o fri.

**LLANRHIDIAN ISAF**, Abertawe (2,391ha; 537 o drigolion)
Mae'r **gymuned** hon, sydd yn union i'r de-orllewin o **Lanrhidian Uchaf**, yn dangos y cyferbyniad amlwg sydd rhwng arfordiroedd gogledd a de penrhyn **Gŵyr**. Tarren **galchfaen** yw'r naill a'r llall fel ei gilydd, ond mae gan glogwyni'r de fôr bywiog Hafren wrth eu traed, tra mae clogwyni'r gogledd yn edrych i lawr ar ehangder o dir pori corsiog, sy'n denu llawer o adar dŵr (gw. **Adar**). Ym mhentref Llanrhidian y mae'r rhan fwyaf o drigolion y gymuned yn byw; saif y pentref ar y darren, gan edrych dros gors Llanrhidian a phan fydd y môr ar drai, dros draeth eang Llanrhidian. Yn yr eglwys, y fwyaf ar y penrhyn, ceir carreg ac arni arysgrif o'r 9g. Maenordy carreg a godwyd gan deulu de la Bere yn y 14g. yw Castell Weble, a saif yn uchel uwchlaw'r corsydd; cafodd ei ehangu gan **Rhys ap Thomas** yn niwedd y 15g. Ym mhen deheuol y **gymuned** y mae Maen Ceti, beddrod siambr o'r Oes Neolithig (gw. **Oesau Cynhanesyddol**) ac arno faen capan sy'n pwyso 40 tunnell fetrig.

**LLANRHIDIAN UCHAF**, Abertawe (2,251ha; 5,138 o drigolion)
**Cymuned** sy'n ffinio â glan ddeheuol aber afon **Llwchwr**. Yma, gynt, yr oedd y ffin rhwng **Gŵyr** Gymraeg a Gŵyr Saesneg. Dechreuwyd cloddio am **lo** yn yr 16g., ac yn 1788 sefydlwyd gwaith **copr** ym Mhen-clawdd. Dechreuodd John Vivian doddi copr yno yn 1800 – menter gyntaf y teulu yng Nghymru (gw. **Vivian, Teulu**). Cyrhaeddodd y rheilffordd Ben-clawdd yn 1867 a chafodd ei hymestyn i Lanmorlais yn

Llanrhian: Edward Bawden, *Aber Eiddy, Pembrokeshire*, 1961

y 1870au. Dyma ben draw rheilffordd penrhyn Gŵyr, a bu'r fenter yn gymorth i ddatblygu gwaith casglu cocos yn aber Llwchwr (gw. **Pysgod a Physgota**). Capeli yw prif adeiladau pentrefi'r gymuned, yn enwedig Bethel a'r Tabernacl ym Mhen-clawdd, a Chapel y Crwys ym mhentref y Crwys (Three Crosses).

## LLANRHYSTUD, Ceredigion (2,776ha; 865 o drigolion)

Lleolir y **gymuned** ar yr arfordir i'r de o **Aberystwyth** ac mae'n cynnwys pentref Llanrhystud a mân bentrefi Joppa a Llanddeiniol. Mae Eglwys Sant Rhystud (R. K. Penson, 1857; gw. **Penson, Teulu**), adeilad hynod hyderus yn y dull Gothig, yn dyst i gryfder yr **Anglicaniaid** yn Llanrhystud – sy'n enghraifft brin o bentref Cymreig heb yr un capel ynddo. Mae Eglwys Sant Deiniol, a ailadeiladwyd i raddau helaeth yn 1883, wedi cadw ei thŵr canoloesol. Ar un adeg roedd plasty Mabws yn ganolbwynt stad a oedd yn ddigon sylweddol i'w pherchnogion fod yn uchel siryfion ac yn aelodau seneddol. Gellir cerdded ar hyd hafn gul afon Wyre. Ceir gardd braf yng Ngharrog.

## LLANSADWRN, Sir Gaerfyrddin (2,990ha; 461 o drigolion)

Mae'r **gymuned** hon, sy'n ffinio â glan orllewinol afon **Tywi** rhwng **Llandeilo** a **Llanymddyfri**, yn cynnwys mân bentrefi Llansadwrn a Felindre. Honnir i'r Garreg Fawr, maen hir mawr o'r Oes Efydd (gw. **Oesau Cynhanesyddol**), gael ei hailgodi gan **Rhys ap Thomas** (1449–1525) yn nhir ei blasty, Abermarlais (dymchwelwyd 1970), i goffáu Brwydr **Bosworth**. Ailgodwyd y rhan helaethaf o Eglwys Sant Sadwrn, a saif yng nghanol pentref bychan twt, yn 1884. Mae Libanus, capel y **Bedyddwyr** (1841), yn adeilad deniadol. Dyma'r capel cyntaf i gael ei adfer gan Ymddiriedolaeth Adeiladau Crefyddol Cymru. Mae adeiladau fferm Aberdeunant yn eiddo i'r **Ymddiriedolaeth Genedlaethol**. Fferm Brownhill oedd man geni'r awdur a'r aelod seneddol **W. Llewelyn Williams**.

## LLANSANFFRAID, Ceredigion (1,703ha; 1,241 o drigolion)

Lleolir y **gymuned** hon ar yr arfordir i'r gogledd o **Aberaeron** ac mae'n cwmpasu dalgylchoedd afonydd Cledan a Pheris. Mae tŵr Eglwys San Ffraid yn dyddio o'r 15g. ac mae ei thu mewn yn debyg i gapel; yn ei mynwent ceir sawl cofeb i rai a fu farw ar y môr. Ar fur mewnol y Capel Mawr yn Llan-non, mae'r geiriau 'Cofiwch y Morwyr' wedi'u peintio. Llyncwyd Llansanffraid i raddau helaeth gan bentref Llan-non. Bu Morfa Esgob, y tir rhwng Llan-non a'r môr, yn eiddo i esgob **Tyddewi** ar un adeg. Mae dros gant o'r lleiniau (ar batrwm canoloesol) yn dal yn nwylo ugeiniau o berchnogion, ac felly mae'r tirwedd yn unigryw yng Nghymru. Codwyd plasty Brynawelon ar gyfer teulu Alban-Davies, y Cymry mwyaf blaenllaw yn y diwydiant llaeth yn **Llundain**.

Cofgolofn y gwŷr llên yn Llansannan

**LLANSANFFRAID**, Sir Drefaldwyn, Powys (2,502ha; 1,215 o drigolion)
Mae'r **gymuned** hon yng nghornel ogledd-ddwyreiniol **Sir Drefaldwyn** yn cynnwys rhannau o gymydau **Mechain** a **Deuddwr**. Yng nghanol pentref Llansanffraid-ym-Mechain y mae Eglwys San Ffraid; mae'n debyg fod ei chnewyllyn yn dyddio o'r 12g. ond bu llawer o newid arni ers hynny. Dadorchuddiwyd un o'i ffenestri gan William Morris Hughes, prif weinidog **Awstralia** (1915–23), er cof am ei fam a hanai o'r ardal. Mae pont hardd (diwedd y 18g.) yn croesi afon Efyrnwy gan arwain i bentref Deuddwr. Ar ben Plas yn Dinas ceir olion castell o'r 12g.

**LLANSANFFRAID-AR-OGWR (St Brides Minor)**, Pen-y-bont ar Ogwr (1,034ha; 5,575 o drigolion)
Nodwedd amlycaf y **gymuned** hon i'r gogledd-ddwyrain o **Ben-y-bont ar Ogwr** yw'r stadau mawr o dai a godwyd yn Sarn, lleoliad gorsaf wasanaethau ar yr **M4**.

**LLANSANFFRAID GLAN CONWY**, Conwy (1,745ha; 2,290 o drigolion)
Canolbwynt y **gymuned** hon, sydd i'r de-ddwyrain o **Gonwy** ar lan ddwyreiniol yr afon, yw pentref sylweddol o'r un enw. Mae'n cynnwys Eglwys y Santes Ffraid (1839) a'r neuadd eglwys fwy diddorol a gynlluniwyd gan **Colwyn Foulkes** (1932). I'r de mae beddrod siambr o'r Oes Neolithig (gw. **Oesau Cynhanesyddol**) yn dwyn yr enw rhagorol Allor Moloch. Yn Felin Isaf ceir melin feillion, melin rawn ac enghraifft brin o odyn **geirch**, ac mae llawer o'u peirianwaith yn dal yn gyfan. Hen dai diddorol yw Plas Isaf a Phlas Uchaf.

**LLANSANFFRAID GLYNCEIRIOG**, Wrecsam (2,959ha; 1,086 o drigolion)
Mae'r **gymuned** hon, i'r de-orllewin o **Langollen**, yn ymestyn o afon Ceiriog hyd at gynefin y grugieir ar fynyddoedd y **Berwyn**. Er mor hyfryd o wledig yr ymddengys yr ardal, o'r 16g. hyd ddechrau'r 20g. roedd yn llawn prysurdeb yn sgil cloddio am **lechi**, **gwenithfaen** dolerit, clai at wneud tsieni a silica. Tomen gladdu fawr o'r Oes Efydd (gw. **Oesau Cynhanesyddol**) yw Tomen y Meirw, a bu straeon rhyfedd yn dilyn ei hysbeilio. Ailgodwyd Eglwys y Santes Ffraid o fewn ei mynwent gron ar y llethr uwchlaw pentref Glynceiriog *c.*1790. Dywedir bod Lowri, chwaer **Owain Glyndŵr**, wedi bod yn byw ym Mlaen Nantyr. Mae Sefydliad Coffa Ceiriog (1911, 1929) yn coffáu **Huw Morys** (1662–1709), Cynddelw (Robert Ellis; 1812–75) a Cheiriog (**John Ceiriog Hughes**; 1822–87), beirdd Dyffryn Ceiriog.

**LLANSANNAN**, Conwy (9,537ha; 1,291 o drigolion)
Mae i'r **gymuned** hon, sy'n ymestyn o Ddyffryn Aled i ucheldir **Mynydd Hiraethog**, le arbennig yn hanes diwylliant Cymru. Mae cofgolofn (1899), a luniwyd gan **Goscombe John**, yn coffáu pump o wŷr llên a gysylltir â'r ardal: y bardd **Tudur Aled**; cyfieithydd y Testament Newydd, **William Salesbury**; y gweinidog gyda'r **Methodistiaid Calfinaidd** Henry Rees (1798–1869); ei frawd, y gweinidog gyda'r **Annibynwyr** a'r newyddiadurwr **William Rees** (Gwilym Hiraethog); a'r gweinidog gyda'r **Bedyddwyr** a'r bardd Edward Roberts (Iorwerth Glan Aled; 1819–67). Roedd yr aelod seneddol Rhyddfrydol Watkin Williams (1828–84), a gyflwynodd y Mesur **Datgysylltu** cyntaf gerbron y Senedd, yn fab i reithor Llansannan.

Mae Plas Isaf ac Ereifiat yn blastai diddorol. Cafodd Eglwys Sant Sannan, a ail-luniwyd yn 1778, ei diwyg trwyadl Fictoraidd yn 1879. Cynlluniwyd eglwys ddiaddurn Sant Tomos (1857), Bylchau, gan George Gilbert Scott. Ceir golygfeydd eang o Fynydd Hiraethog o gaban saethu Gwylfa Hiraethog (1913), sydd 500m uwchlaw lefel y môr. Dywedir mai Tafarn Bryn Trillyn neu'r Sportsman's Arms gerllaw, 455m uwchlaw lefel y môr, yw'r dafarn uchaf ei safle a'r fwyaf anghysbell yng Nghymru.

**LLANSAWEL (Briton Ferry)**, Castell-nedd Port Talbot (777ha; 5,759 o drigolion)
Mae enw Saesneg y **gymuned** hon, sydd yn union i'r de o **Gastell-nedd**, yn dwyn i gof fferi a arferai groesi afon **Nedd**. Bellach, mae pontydd yr A483 a'r **M4** yn croesi'r afon. Ar un adeg cloddiwyd **glo** a chynhyrchwyd **haearn**, dur a **thunplat** yn yr ardal. Dociau Llansawel (1861), a gynlluniwyd gan **Brunel**, oedd porthladd Castell-nedd. Fe'u caewyd wedi i'r M4 eu rhannu'n ddwy ran. Nid yw gwaith datgymalu llongau Giant's Grave ond cysgod o'r hyn a fu. Yn Llansawel y ganed yr emynyddes Mary Owen (1796–1875). Ailgysegrwyd Eglwys Sant Sawel i'r Santes Fair gan y **Normaniaid**.

**LLANSAWEL**, Sir Gaerfyrddin (4,080ha; 413 o drigolion)
Yr unig bentref o unrhyw faint yn y **gymuned** hon i'r gogledd o **Landeilo** yw Llansawel. Mae ffenestri lansed Eglwys Sant Sawel, a adnewyddwyd yn helaeth yn y 1880au, yn dyddio o'r 14g. Plasty Rhydodyn (17g. ond adfail bellach) oedd cartref teulu Williams-Drummond, a gynhyrchodd wyth Uchel Siryf a thri aelod seneddol. Mae gan Beili-Ficer (16g.) gorn simnai enfawr. Mae'r rhan fwyaf o fryn Pen y Dinas wedi ei gloddio ymaith. Ceir oddi mewn i'r gymuned ran hyfryd o Ddyffryn Cothi.

**LLANSILIN**, Sir Drefaldwyn, Powys (4,744ha; 648 o drigolion)
Rhan o **Sir Ddinbych** oedd y **gymuned** hon o 1536 hyd at 1974, pan ddaeth yn rhan o ddosbarth **Glyndŵr** yn sir **Clwyd**. Fe'i trosglwyddwyd i **Sir Drefaldwyn** yn 1996. Mae pentref Llansilin yn un hardd a llawn cymeriad. Mae'n bosibl fod y tir lle saif Eglwys Sant Silin yn safle **clas** neu fynachlog 'Geltaidd'. Er iddi gael ei hail-lunio yn y 15g. yn eglwys ddeugorff, gwelir olion adeilad cynharach o'r 13g. a oedd ar ffurf croes. Saif Eglwys Llangadwaladr, a gafodd ei hailadeiladu'n helaeth yn 1883, ar ei phen ei hun mewn llecyn hyfryd, ac felly hefyd Eglwys Crist, Rhydycroesau (1838). Mae Llansilin yn llawn tai a godwyd rhwng y 15g. a'r 18g.; y mwyaf diddorol ohonynt yw Pen-y-bryn, tŷ neuadd o'r 15g. a adferwyd yn 1972.

Yn Llansilin y claddwyd **Huw Morys** (Eos Ceiriog), bardd medrusaf yr 17g. a Brenhinwr brwd. Galwad ar i ddarpar-feirdd gyfarfod wrth ei fedd oedd achlysur cychwyn Eisteddfod Powys yn 1819 (gw. **Eisteddfod**). Brodorion o Lansilin hefyd oedd **Charles Edwards**, awdur un o glasuron rhyddiaith Gymraeg, *Y Ffydd ddi-ffuant* (1667, 1671, 1677) a William Maurice (m.1680), hynafiaethydd a chasglwr llawysgrifau. Roedd pamffled a gyhoeddwyd yn **Llundain** yn 1677, *Wonderful News from Wales, a True Narrative of an Old Woman living near Lanselin in Wales,* yn honni bod y cyfryw wraig yn 130 mlwydd oed.

Tua 2km i'r de o bentref Llansilin safai Sycharth, un o lysoedd **Owain Glyndŵr**, a folwyd mewn **cywydd** gan **Iolo Goch** *c.*1390; mae gwaith cloddio ar y safle wedi dangos bod sail rhannol i ddisgrifiad y bardd. Llosgwyd Sycharth i'r llawr gan elynion Seisnig Glyndŵr ym mis Mai 1403.

**LLANSTADWEL**, Sir Benfro (1,029ha; 904 o drigolion)
Prif nodwedd y **gymuned** hon, rhwng tref **Aberdaugleddau** a **Neyland**, yw Caer Scoveston (1861–8), y fwyaf o Ffoleddau Palmerston yn **Sir Benfro** (gw. **Palmerston, Ffoleddau**); bellach, mae coed yn gorchuddio llawer ohoni. Cafodd purfa **olew** Gulf, a agorwyd yn swyddogol gerllaw pentref Waterston yn 1968, ei chau yn 1997.

**LLANSTEFFAN**, Sir Gaerfyrddin (2,120ha; 1,076 o drigolion)
Ar y penrhyn rhwng aberoedd **Tywi** a **Thaf** y mae'r **gymuned** hon sy'n cynnwys pentrefi Llansteffan, Llan-y-bri a Morfa Bach. Cipiwyd yr ardal yn gynnar yn y 12g. gan y **Normaniaid** a gododd amddiffynfa gylch ar safle bryngaer o'r Oes Haearn (gw. **Oesau Cynhanesyddol**). Daeth arglwyddiaeth Llansteffan yn eiddo i deulu de Camville, a gododd y castell carreg a'i borthdy deudwr trawiadol rhwng *c.*1220 a *c.*1280. Mae cyfoeth o gofebau yn Eglwys Sant Steffan (13g.). Atgof o statws Llansteffan fel bwrdeistref yn y gorffennol yw parhad y seremoni a gynhelir i ethol maer. Bu **John Williams** (1840–1926), meddyg brenhinol, yn byw ym Mhlas Llansteffan (1780au) o 1903 hyd 1909, gan gasglu yno y llyfrau a'r llawysgrifau a ddaeth yn gnewyllyn casgliad **Llyfrgell Genedlaethol Cymru**. Bu'r pentref yn gyrchfan i lenorion, yn eu plith **Glyn Jones**, **Keidrych Rhys** a'i wraig, **Lynette Roberts**, Raymond Garlick (g.1926) a'r Cymro Americanaidd o fardd, Jon Dressel (g.1934). Ymhlith yr artistiaid sy'n byw yno y mae Osi Rhys Osmond a Julia Jones. Yn yr 17g. trowyd yr eglwys ganoloesol yn Llan-y-bri yn gapel Ymneilltuol; caeodd yn 1960 a mynd yn adfail.

**LLANTRISAINT FAWR**, Sir Fynwy (2,283ha; 369 o drigolion)
Mae'r **gymuned** hon, sydd i'r de-ddwyrain o **Frynbuga**, yn cynnwys pentrefi bach Llantrisaint, Llanllywel, Llangyfiw a Gwernesni. Ym mhob un ohonynt ceir eglwysi canoloesol adferedig ac mae eglwys Llangyfiw wedi cadw ei ffitiadau o'r 18g. Cysegrwyd eglwys Llantrisaint yn wreiddiol i Euddogwy, **Teilo** a **Dyfrig**, ond fe'i hailgysegrwyd yn ddiweddarach i Ioan, Paul a Phedr. Ceir yn yr ardal doreth o ffermdai sy'n dyddio o'r 16g. a'r 17g. Mae llethr sgïo glaswellt yn Llanllywel.

**LLANTRISANT**, Rhondda Cynon Taf (1,782ha; 14,915 o drigolion)
Mae **cymuned** Llantrisant, yn union i'r de-orllewin o **Bontypridd**, yn cynnwys pentrefi Llantrisant, Beddau, Cross Inn, Gwaun Meisgyn, Tonysguboriau a Phenycoedcae. Efallai mai Llantrisant yw'r enghraifft orau o dref pen bryn yng Nghymru. Mae'n debyg mai dyma ganolbwynt cwmwd **Meisgyn**, a gipiwyd *c.*1246 gan Richard de Clare (gw. **Clare, Teulu**). Ef a gododd Gastell Llantrisant, nad oes fawr ohono wedi goroesi. Mae'n debyg mai Richard de Clare hefyd a sefydlodd fwrdeistref Llantrisant, er bod y siarter gynharaf sydd mewn bod yn dwyn y dyddiad 1346. Yn dilyn y gyntaf o'r **Deddfau 'Uno'** yn 1536, daeth y fwrdeistref yn un o wyth a ffurfiai etholaeth fwrdeistrefol **Morgannwg**, statws a gadwodd hyd 1918. Mae eglwys y tri sant (**Illtud**, Gwynno a Thyfodwg) wedi cadw ei thŵr anferth o'r 15g. Mae'r tu mewn (1874) – gwaith **John Prichard** – yn cynnwys delw rhyfelwr o'r 13g., sef Cadwgan, arglwydd Meisgyn, o bosibl. Adeilad atyniadol yw Capel Penuel (1826).

Bull Ring (neu Bull Square) yw enw man canol Llantrisant ei hun a'r adeilad amlycaf yno yw canolfan grefftau Tŷ Model (*c.*1989). Ar y sgwâr ceir cerflun (1981) o **William Price**, a drefnodd ei gorfflosgiad ei hun (1893) ar Gaeau Cae'r-lan, i'r gorllewin o Lantrisant. Bryngaer gron enfawr o'r Oes Haearn (gw. **Oesau Cynhanesyddol**) yw Caerau. Honnir mai yng nghyffiniau Llantrisant y cafodd Edward II ei gipio yn 1326. Fila wych yw Castellau (*c.*1807).

Mae'r **Bathdy Brenhinol**, a drosglwyddwyd i Lantrisant yn 1967, wedi'i leoli mewn adeiladau hir ac isel a gwblhawyd yn 1968. Gyda'r bathdy a mentrau eraill ym Mharc Busnes Llantrisant daeth cyfleoedd newydd am gyflogaeth, gan greu ardal drefol ddi-dor ymron sy'n cysylltu **Pont-y-clun** â Thonysguboriau a Beddau. Yn Nhonysguboriau y crëwyd y Gilbern, yr unig gar i gael ei gynhyrchu yng

Nghymru (gw. **Ceir**). Daeth Beddau i fodolaeth ar ôl agor glofa'r Cwm yn 1914; caewyd y lofa yn 1986. Cafodd Ysbyty Brenhinol Morgannwg ei agor yn 1999 ar safle hen fwynglawdd **plwm** Ynys-y-plwm (gw. **Iechyd**).

**LLANUWCHLLYN**, Gwynedd (11,712ha; 622 o drigolion)
Mae'r **gymuned** hon, sy'n ymestyn dros holl fasn rhan uchaf afon **Dyfrdwy** a'r ddwy isafon, Lliw a Thwrch, yn cynnwys copa-on Aran Benllyn (885m; gw. **Aran Fawddwy**) a Moel Llyfnant (751m). Roedd milwyr yn y gaer Rufeinig yng Nghaer-gai o OC *c*.75 i *c*.120. Erbyn yr 16g. roedd Caer-gai yn gartref i deulu Vaughan, a'r enwocaf ohonynt oedd y Brenhinwr a'r awdur **Rowland Vaughan** (m.1667). Llosgwyd y tŷ gan y Seneddwyr, ond fe'i hailadeiladwyd yn y 1650au. Mae'n bur debyg mai **Llywelyn ap Iorwerth** a fu'n gyfrifol am godi Castell Carn-dochan fel rhan o'i ymgyrch i feddiannu **Penllyn**, a ystyrid yn draddodiadol yn rhan o **Bowys**. Bu'r gwaith **aur** gerllaw yn gweithio hyd ddechrau'r 20g. Ganed **Michael D. Jones** yn nhŷ capel yr Hen Gapel, capel yr **Annibynwyr** lle bu ei dad yn weinidog mewn cyfnod o ddadleuon diwinyddol chwerw. Coed-y-pry oedd cartref **O. M. Edwards**, a adeiladodd Neuadd Wen ym mhentref Llanuwchllyn. Ceir cofadail ger y ffordd iddo yntau a'i fab, **Ifan ab Owen Edwards**, sylfaenydd **Urdd Gobaith Cymru**. Yn addas iawn, mae Glan-llyn, un o'r tai a fu'n gartref i deulu **Williams Wynn**, yn ganolfan i'r Urdd. Roedd Tom Jones Llanuwchllyn (Thomas Jones; 1910–85) yn wleidydd hirben ym myd llywodraeth leol ac ef oedd arwein-ydd cyntaf Côr Godre'r Aran. Mae'r ffordd i fyny Cwm Cynllwyd yn croesi Bwlch y Groes (545m) i gyfeiriad Llan-ymawddwy. Ystyrir Llanuwchllyn fel y Gymru Gymraeg wledig ar ei mwyaf diwylliedig – darlun a feithrinwyd gan y portread a geir yn *Cofiant Owen M. Edwards* (1937) o waith **W. J. Gruffydd**. Er bod gan **Gaernarfon** (91.76%) ganran uwch o drigolion a chanddynt ryw afael ar y **Gymraeg** na Llanuwch-llyn (86.88%), o ran trigolion sy'n gwbl rugl yn yr iaith, Llan-uwchllyn sy'n hawlio'r ganran uchaf yng Nghymru (81.06%).

**LLANWDDYN**, Sir Drefaldwyn, Powys (10,040ha; 310 o drigolion)
Nodwedd amlycaf y **gymuned** hon yn rhan uchaf Dyffryn Efyrnwy, yng nghornel ogledd-orllewinol **Sir Drefaldwyn**, yw Llyn Efyrnwy (Llyn Llanwddyn), a grëwyd yn 1888 i sicrhau cyflenwad dŵr i **Lerpwl**. Cododd corfforaeth y ddinas honno bentref newydd yn lle'r un a foddwyd. Hon oedd y gronfa ddŵr fwyaf yn Ewrop ar y pryd (gw. **Cronfeydd Dŵr**). Gyda chonwydd o'i amgylch, mae'r llyn erbyn hyn yn olygfa hardd, ac mae'r tŵr hidlo ar lun un o dyrau Neuschwanstein yn hynod drawiadol. Corfforaeth Ddŵr Hafren a Thrannon yw'r perchnogion er 1974.

Perthynai'r hen eglwys a foddwyd i Farchogion Sant Ioan ac mae olion sefydliad yr urdd ar y grib i'r dde o'r llyn. Bu Llanwddyn yn ganolfan i'r **Crynwyr** yn yr 17g.

**LLANWENOG**, Ceredigion (4,505ha; 1,391 o drigolion)
Lleolir y **gymuned** hon yn union i'r gorllewin o **Landysul** ac mae'n cynnwys pentrefi Llanwenog, Cwrtnewydd, Gors-goch a Rhuddlan Teifi. Yn yr **Amgueddfa Genedlaethol** ceir carreg o Lanwenog ac arni arysgrif o'r 5g. mewn **Lladin** ac **Ogam** er cof am Trenacatus, mab Maglagnus. Mae Eglwys Sant Gwenog ymhlith yr eglwysi mwyaf atyniadol yng **Ngheredig-ion**; mae'n cynnwys bedyddfaen gyda deuddeg delwedd o'r un wyneb wedi'u naddu arno. Yn Llanwenog y ganed **Evan Williams** (1903–45), un o ffisegwyr mwyaf nodedig Cymru. Ceir sôn am Ruddlan Teifi yng nghainc gyntaf y Mabinogi (gw. **Mabinogion**). Ar un adeg bu Highmead yn gartref i deulu Davies-Evans. Ceir chwe chapel yn y gymuned, a'r mwyaf adnabyddus ohonynt yw eiddo'r **Undodwyr** yn Alltyblaca, lle bu'r llenor a'r darlledwr **D. Jacob Davies** yn weinidog. Mae Llanwenog yn enw ar frîd adnabyddus o **ddefaid**.

**LLAN-WERN**, Casnewydd (684ha; 333 o drigolion)
**Cymuned** yw hon ar ffin ddwyreiniol dinas **Casnewydd**. Yn 1962 adeiladwyd yma waith dur enfawr a oedd yn ymestyn am 4.8km i mewn i gymuned **Trefesgob** (gw. **Llan-wern, Gwaith Dur**).

Roedd **W. H. Davies** yn hiraethu am bentref glas Llan-wern. Mae'r elfen wledig yn parhau yn rhan uchaf y gymuned, i'r gogledd o'r rheilffordd. Cafodd Llan-wern House, cartref **D. A. Thomas** (Arglwydd Rhondda), ei ddymchwel, ond mae'r neuadd yn yr arddull *Arts and Crafts* a ariannwyd ganddo (*c*.1906) yn dal i harddu'r pentref. Mae **gwydr lliw** ysblen-nydd o waith Celtic Studios i'w weld yn Eglwys y Santes Fair, sy'n dyddio o'r 15g.

**LLAN-WERN, Gwaith Dur**, Casnewydd
Er mwyn sicrhau cyflenwadau digonol o ddur dalennog (gw. **Haearn a Dur**) i gwrdd â'r cynnydd yn y galw am **geir** ac am nwyddau i'r cartref, cododd cwmni gwladoledig **Richard Thomas a Baldwins** Waith Spencer yn Llan-wern a dechreu-odd gynhyrchu dur yn 1962. Hwn oedd y gwaith dur integredig cyntaf ym **Mhrydain** a lwyr ddibynnai ar chwyth ocsigen. Er iddo gael ei godi ar dir glas ac er bod ei gynllun yn fodern, dioddefodd Llan-wern anawsterau cynhyrchu a thrafferthion diwydiannol parhaus. Arweiniodd hynny at roi'r gorau i gynhyrchu dur yn 2001 a diswyddo 1,300 o weithwyr. Daeth y gwaith yn ffatri gorffennu gan gyflogi, yn 2004, bron 2,000 o weithwyr a rholio dros 50,000 tunnell fetrig o ddur bob wythnos. Yn 2004 cyhoeddwyd bwriad i wario £200 miliwn ar ailddatblygu oddeutu 240ha o'r safle mewn cynllun sy'n cynnwys tai, diwydiannau a busnesau.

**LLANWINIO**, Sir Gaerfyrddin (2,930ha; 432 o drigolion)
Mae'r **gymuned** hon i'r gogledd o **Sanclêr** yn ymestyn hyd at y ffin rhwng **Sir Gaerfyrddin** a **Sir Benfro** ac ynddi ceir pentrefi Blaen-waun, Cwm-bach a Chwmfelinmynach. Ail-adeiladwyd eglwys ddiarffordd Sant Gwynio yn 1846. Cilsant (18g.) oedd crud teulu **Philipps** (Castell Pictwn).

**LLANWNDA** (1,573ha; 1,893 o drigolion)
Mae'r **gymuned** hon, sydd i'r de o **Gaernarfon**, yn cynnwys pentrefi Llanwnda, Rhosgadfan a Rhostryfan. Datblygodd Llanwnda ar hyd ffordd yr A487; yn Eglwys Sant Gwyndaf (1847) ceir cofadeiladau diddorol. Tyfodd Rhosgadfan a Rhostryfan yn sgil y diwydiant **llechi**; mae'r ardal o'u cwmpas yn frith o gaeau bach sy'n nodweddiadol o dyddynnod y chwarelwyr. Ganed yr awdures **Kate Roberts** yn Rhos-gadfan. Adferwyd ei chartref, Cae'r Gors, ac yn 2007 fe'i hagorwyd yn ganolfan dreftadaeth i'r ardal. Mae llawer o 'gytiau Gwyddelod' (aneddiadau o'r Oes Haearn (gw. **Oesau Cynhanesyddol**)) yn yr ardal.

**LLANWNNEN**, Ceredigion (2,339ha; 1,391 o drigolion)

**Cymuned** yn union i'r gorllewin o **Lanbedr Pont Steffan** sy'n cwmpasu dalgylch afon Grannell, un o isafonydd **Teifi**. Mae tŵr Eglwys y Santes Gwnnen yn dyddio o'r 15g. Mae Capel-y-Groes (1802) yn un o ddwsin neu ragor o achosion Undodaidd yn ne **Ceredigion** – cadarnle Undodiaeth wledig sy'n unigryw trwy **Brydain**. Cyfeirid at yr ardal gan wrthwynebwyr yr **Undodwyr** fel 'y smotyn du', ond maent hwy eu hunain bellach yn arddel yr enw gyda chryn falchder.

**LLANWRDA**, Sir Gaerfyrddin (2,316ha; 513 o drigolion)

Mae'r **gymuned** hon, ar lan orllewinol afon **Tywi** ac yn union i'r gorllewin o **Lanymddyfri**, yn cynnwys pentrefi Llanwrda a Phorth-y-rhyd. Ceir rhai nodweddion canoloesol yn Eglwys Sant Cawrdaf. Bu Pentre Meurig a Neuadd Lwyd yn gartrefi i deulu'r Powelliaid. Bu cyn-dafarn y Drovers ym Mhorth-y-rhyd unwaith yn ganolbwynt i'r **porthmyn** a'r fasnach **wartheg**.

**LLANWRTYD**, Sir Frycheiniog, Powys (10,874ha; 762 o drigolion)

Ar un adeg roedd Llanwrtyd, sy'n honni mai hi yw'r dref leiaf ym **Mhrydain**, yn un o brif ganolfannau'r diwydiant **gwlân**; ailgodwyd ffatri wlân Esgair-moel ar dir Amgueddfa Werin Cymru (gw. **Sain Ffagan**). Daeth y dref yn enwog yn sgil darganfod rhinweddau meddyginiaethol ei ffynhonnau. Yn 1732 sylwodd y ficer, **Theophilus Evans**, ar froga yn nofio'n braf yn nyfroedd Ffynnon Ddrewllyd; penderfynodd roi cynnig ar yfed y dyfroedd sylffyraidd ac o ganlyniad cafodd ei iacháu o'r clefri poeth (sgyrfi). Darganfuwyd ffynhonnau eraill a daeth Llanwrtyd yn sba o fri, yn enwedig wedi i'r rheilffordd gyrraedd y dref yn 1886. Arferai'r ymwelwyr, Cymry Cymraeg gan mwyaf, drefnu eisteddfodau (gw. **Eisteddfod**), cyngherddau ac ysgolion haf. Y prif atyniadau twristaidd heddiw yw gwyliau **cwrw**, **rasys dyn a cheffyl** a Phencampwriaeth Snorcelu Cors y Byd. Mae'r **gymuned**, sy'n ymestyn cyn belled â tharddle afon **Tywi**, yn cynnwys rhan o Lyn Brianne (gw. **Cronfeydd Dŵr**) a rhai o ffermydd **defaid** mwyaf anghysbell Cymru. Mae'r ffordd i **Dregaron**, trwy Abergwesyn, yn croesi darn o wlad anial a gwyllt nad oes mo'i debyg yn unman arall yng Nghymru. Yn ôl traddodiad, roedd David Jones, a ailadeiladodd Lwynderw yn 1796, yn berchen ar 10,000 o ddefaid.

**LLANWRTHWL**, Sir Frycheiniog, Powys (7,953ha; 201 o drigolion)

Saif pentref Llanwrthwl ar lannau afon **Gwy** ond mae'r **gymuned** yn ymestyn dros ogledd **Sir Frycheiniog** i gyd, gan gwmpasu mynydd-dir eang. Drygarn Fawr (641m) yw'r copa uchaf rhwng **Pumlumon** a'r **Mynydd Du** (**Sir Fynwy** a **Phowys**). Mae **cronfeydd dŵr** wedi boddi rhannau helaeth o ddyffrynnoedd Claerwen ac Elan ar gyrion gogleddol y gymuned. Yn ôl pob tebyg, mae safle eglwys Llanwrthwl yn dyddio o'r cyfnod cyn-Gristnogol. Ceir nifer o garneddau a meini hirion o'r Oes Efydd (gw. **Oesau Cynhanesyddol**) ar weundiroedd Gamriw, Cefn-y-ffordd a Drum-ddu. Mae Llannerch-y-cawr yn enghraifft dda o **dŷ hir** ac iddo ffrâm nenfforch.

Pentref Llanwddyn wedi'r dymchwel a chyn y boddi, *c*.1887

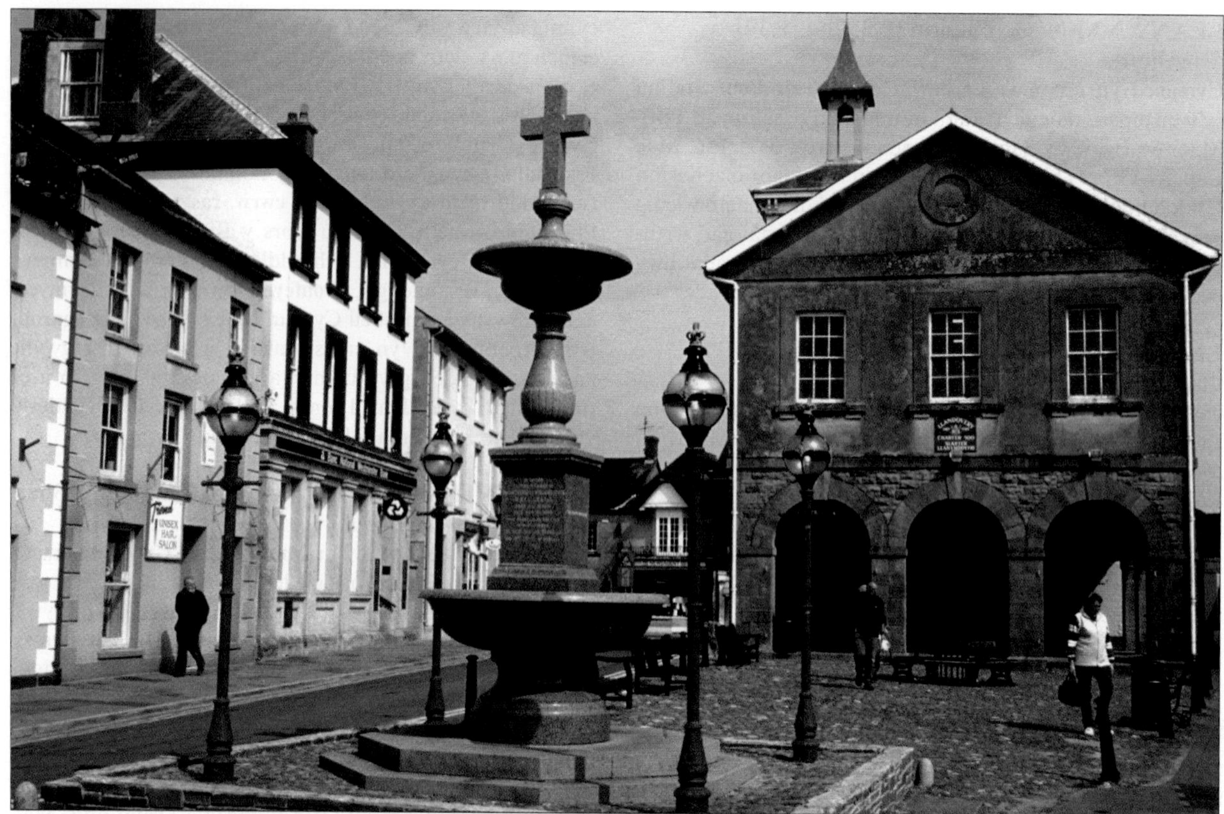

Sgwâr y Farchnad a Neuadd y Dref, Llanymddyfri

**LLANYBYDDER**, Sir Gaerfyrddin (3,670ha; 1,420 o drigolion)
Mae'r **gymuned** hon, sy'n ffinio â glan ddeheuol afon **Teifi** i'r de-orllewin o **Lanbedr Pont Steffan**, yn cynnwys pentref mawr Llanybydder a phentref bychan Rhydcymerau. At ei gilydd, adeilad Fictoraidd anniddorol yw Eglwys Sant Pedr ond mae ganddi dŵr canoloesol isel. Cynhelir un o arwerthiannau **ceffylau** mwyaf **Prydain** yn Llanybydder, ar ddydd Iau olaf pob mis. Ceir traddodiad i'r bardd **Lewys Glyn Cothi** gael ei eni ym Mhwllcynbyd. Rhydcymerau, milltir sgwâr y llenor **D. J. Williams**, a ysbrydolodd gyfran dda o'i waith.

**LLANYCIL**, Gwynedd (8,727 ha, 426 o drigolion)
Mae'r **gymuned** hon, sydd yn union i'r gorllewin o'r **Bala**, yn ymestyn o Lyn Tegid i Lyn Celyn (gw. **Llynnoedd** a **Tryweryn, Boddi Cwm**). Mae'n cynnwys copaon **Arennig Fawr ac Arennig Fach** (854m a 689m) a llynnoedd Arennig Fawr ac Arennig Fach, ynghyd â rhan o Lyn Tryweryn. Denwyd yr arlunwyr **Augustus John** a **J. D. Innes** gan Lyn Arennig Fawr. Tan 1868 Eglwys Sant Beuno (a ailgodwyd yn 1881) oedd eglwys blwyf y Bala, ac mae beddau llawer o enwogion y dref i'w gweld yn y fynwent, **Thomas Charles** yn eu plith. Yr unig bentref o faint yn y gymuned yw Parc, lle sefydlwyd **Merched y Wawr** yn 1967.

**LLANYMDDYFRI**, Sir Gaerfyrddin (1,914ha; 2,235 o drigolion)
Yn y man lle mae afon **Tywi** yn cefnu ar yr ucheldir, ac yn troi tua'r de-orllewin, y mae **cymuned** Llanymddyfri sy'n cynnwys y fwrdeistref a fodolai hyd at 1974 ynghyd â hen blwyf sifil Llandingad. Fe'i cipiwyd *c.*1116 gan y **Normaniaid**, a gododd gastell mwnt a beili yma, ond adenillwyd Llanymddyfri gan reolwyr **Deheubarth**. Yn 1277 daeth i feddiant Edward I a'i rhoddodd i John Giffard a fu'n bennaf cyfrifol am y castell o garreg, nad oes fawr o'i ôl. Yn Hydref 1401 bu Harri IV yn Llanymddyfri yn dyst i ddienyddio Llywelyn ap Gruffudd Fychan o **Gaeo**, un o gynghreiriaid **Owain Glyndŵr**. Saif cofeb urddasol i Lywelyn, wedi'i gwneud o ddur gloyw, ar fwnt y castell.

Mae gan Lanymddyfri ddwy eglwys blwyf. O 1602 hyd ei farw yn 1644, **Rhys Prichard**, sef y Ficer Prichard y cyhoeddwyd ei benillion crefyddol yn 1659, oedd ficer Eglwys Sant Dingad (1906, ond â thŵr canoloesol). Enw Eglwys y Santes Fair (12g.), a godwyd ar safle caer Rufeinig, oedd Llanfair-ar-y-bryn. (Ni ddylid cymysgu rhwng yr eglwys hon ac Eglwys y Santes Fair a godwyd o fewn cymuned bresennol **Llanfair-ar-y-bryn** yn 1883.) Mae'r emynydd a'r diwygiwr **William Williams**, Pantycelyn (1717–91), wedi'i gladdu ym mynwent Eglwys y Santes Fair, Llanymddyfri. Mae capel y Methodistiaid Saesneg yn y Stryd Fawr (1886) yn ei goffáu.

Yn y 18g. a dechrau'r 19g. roedd Llanymddyfri yn ganolfan bwysig i **borthmyn**. Daeth hefyd yn ganolfan **fancio**; aeth Banc yr Eidion Du (1799) i feddiant Banc Lloyds yn 1909. Yn 1829 sefydlodd William Rees, o blasty bychan Tonn gerllaw, wasg **argraffu** yn Llanymddyfri. Bu'n gyfrifol am weithiau fel cyfieithiad Charlotte Guest (gw. **Guest, Teulu**) o'r **Mabinogion**, a daeth yn wasg fwyaf nodedig Cymru'r 19g. Gwelir y wasg a pheth o'i chynnyrch yng Nghanolfan Dreftadaeth Llanymddyfri. Codwyd neuadd farchnad ddeniadol y dref yn 1840. Mae cofeb ar fin yr A40 rhwng Llanymddyfri a Threcastell yn coffáu **coets fawr** a gwympodd i afon Gwydderig. Sefydlwyd Coleg Llanymddyfri yn 1848 gan Thomas Phillips (1760–1851), a fu'n feddyg yn India. Bwriad Phillips oedd i'r coleg fod yn sefydliad Cymreig unigryw, ond maes o law daeth y coleg i gydymffurfio â'r hyn a nodweddai ysgolion bonedd Seisnig.

## LLANYNYS, Sir Ddinbych (1,738ha; 784 o drigolion)

Yn y 6g. roedd Llanynys, sydd yn union i'r gogledd-orllewin o **Ruthun**, yn ganolbwynt cymuned eglwysig neu **glas**. Bellach, saif eglwys ddeugorff Sant Saeran ar y safle; yno ailddarganfuwyd murlun Sant Cristoffer (15g.) yn 1967. Cangen o deulu **Salusbury** a oedd yn berchen ar Bachymbyd (fe'i hailadeiladwyd yn 1666). Plas-y-ward oedd prif gartref teulu Thelwall. Cysylltir Rhyd-y-Cilgwyn â'r bardd Edward ap Raff (*fl.*1578–1606). Claddwyd yr awdur a'r cenedlaetholwr Emrys ap Iwan (**Robert Ambrose Jones**) yn Rhewl.

## LLANYSTUMDWY, Gwynedd (6,013ha; 1,919 o drigolion)

Lleolir y **gymuned** hon yn union i'r gogledd-orllewin o **Gricieth**. Mae'n cynnwys rhannau isaf basn afonydd Dwyfor a Dwyfach ynghyd â phentrefi Llanystumdwy, Afon-wen, Chwilog, Llanarmon, Llangybi, Pencaenewydd a Rhos-lan. Cysylltir Llanystumdwy yn ddi-ffael â **David Lloyd George** a gyrhaeddodd yno yn 1864 yn 19 mis oed. Gadawodd y pentref yn 1878 gan ddychwelyd yn 1939, ar ôl prynu Tŷ Newydd (canol y 18g. ond canoloesol ei graidd), lle bu farw yn 1945. Mae Highgate, y cartref y bu'n byw ynddo'n blentyn, yn agored i'r cyhoedd. Mae ei fedd, a gynlluniwyd gan **Clough Williams-Ellis**, yn gorwedd uwchlaw afon Dwyfor; yn y pentref hefyd y mae Amgueddfa Lloyd George. Datblygodd Tŷ Newydd yn ganolfan ar gyfer cyrsiau ysgrifennu.

Eglwys ganoloesol yw Eglwys Sant Cybi, Llangybi, ac mae'n ffinio â Ffynnon Sant Cybi ac elusendai deniadol (1760). Yn Eglwys Sant Garmon (15g.) yn Llanarmon ceir croglen hardd. Mae Penarth Fawr ger Chwilog yn dŷ neuadd nodedig o ddiwedd y cyfnod canoloesol. Y Gwynfryn oedd cartref Ellis Nanney, gwrthwynebydd Ceidwadol Lloyd George yn 1890; bu Shelley yn byw yn y tŷ yn 1813, wedi i rywrai ymosod arno yn Nhremadog (gw. **Porthmadog**). Aeth ar dân yng nghanol y 1980au ac y mae bellach yn adfail. Yng nghalon yr ardal ceir y Lôn Goed, hen ffordd drol a anfarwolwyd gan **R. Williams Parry**. Yn 1946 addaswyd hen wersyll y fyddin ger Chwilog yn Wersyll Gwyliau Butlins **Pwllheli**; caeodd hwnnw yn 1998 a pharc carafanau sydd yno bellach.

Ymysg y ffigyrau amlwg a gysylltir â'r ardal y mae'r arlunydd Elis Gwyn (1918–99), ei frawd, y dramodydd W. S. Jones (Wil Sam; g.1920), yr awdures Jan Morris (g.1926) a'r actor Guto Roberts (1925–99). Yn perthyn i gyfnod cynharach yr oedd **Robert Jones** (1745–1829), hanesydd y **Diwygiad Methodistaidd**, a'r beirdd Robert ap Gwilym Ddu (**Robert Williams**), Siôn Wyn o Eifion (John Thomas; 1786–1859) ac Eben Fardd (**Ebenezer Thomas**).

## *LLAWYSGRIF HENDREGADREDD*

Blodeugerdd yw'r llawysgrif o waith **Beirdd y Tywysogion** a luniwyd gan un brif law ac amryw o rai eraill ar ddechrau'r 14g., yn Abaty **Ystrad-fflur** yn ôl pob tebyg. Yn ystod y 1330au, pan oedd y llawysgrif ym meddiant Ieuan Llwyd o Barcrhydderch, **Llangeitho**, ychwanegwyd nifer o gerddi cyfoes, gan gynnwys rhai gan **Ddafydd ap Gwilym**. Ailganfuwyd y llawysgrif yn 1910 mewn cwpwrdd yn Hendregadredd, plasty ger Pentre'r-felin (**Dolbenmaen**). Fe'i cedwir yn y **Llyfrgell Genedlaethol**.

## LLECHI

Mae rhai o greigiau hynaf Cymru wedi cael eu cloddio am lechfeini er cyfnod y **Rhufeiniaid** o leiaf, er nad oes cofnodion ysgrifenedig sy'n hŷn na diwedd y 14g. Ar y cychwyn, nid oedd y cloddio yn fwy technolegol ei ddulliau na'r gwaith o dorri **mawn**. Fodd bynnag, o ddiwedd y 18g. ymlaen datblygodd dulliau cloddio mwy soffistigedig wrth i'r farchnad dyfu. Er bod llechi yn cael eu cynhyrchu yn Cumbria, **Cernyw**, yr **Alban**, **Iwerddon**, Ffrainc a **Gogledd America**, daeth Cymru yn brif gyflenwr y byd. Deuai rhai o lechi Cymru o **Sir Benfro** (gw. **Clydau** a **Llanrhian**), ond cynhyrchid y gyfran fwyaf o ddigon yn y gogledd-orllewin, gyda'r chwareli mwyaf yng nghanol **Sir Gaernarfon** – lle manteisiwyd ar gyfoeth y Gwregys Llechfaen yn dyddio o'r cyfnod Cambriaidd cynnar – ac yn yr ardal o gwmpas Blaenau **Ffestiniog** (**Sir Feirionnydd**), lle mae'r creigiau yn dyddio o'r cyfnod Ordofigaidd cynnar. Er ei fod yn llawer llai na'r diwydiant **glo**, dynoda'r diwydiant llechi bennod o bwys yn hanes Cymru; yn sicr ddigon, nid oes yr un diwydiant cloddio arall wedi gadael ôl mor arhosol ar y tirwedd.

Dibynnai lleoliad y prif chwareli i raddau helaeth ar y gallu i harneisio grym dŵr ac ar **reilffyrdd** a oedd o fewn cyrraedd. Roedd y dulliau cloddio yn dibynnu ar gyfuniad o ffactorau daearegol a geomorffolegol. Yn chwareli enfawr y Penrhyn (**Llandygái**) a Dinorwig (**Llanddeiniolen**) câi'r llechfaen ei gloddio ar bonciau neu lwyfannau mawr, wedi'u cysylltu ag incleiniau ac wedi'u creu pob 18m hyd uchder o tua 550m. Yn achos chwareli Dorothea a Phenyrorsedd yn Nyffryn Nantlle (**Llanllyfni**), câi'r clytiau o lechfaen eu codi o byllau dwfn gyda chymorth ceblffyrdd (*blondins*) niferus a oedd yn pontio'r gweithfeydd. Yn chwareli Oakeley a Llechwedd (Blaenau Ffestiniog) – lle mae'r llechfaen yn llai gwydn ond yn fanach ac yn llyfnach nag yn Sir Gaernarfon – cloddid y graig mewn siambrau tanddaearol enfawr. Llechi toi oedd y prif gynnyrch, ond arbenigai rhai chwareli – gan gynnwys **Corris**, Aberllefenni (Corris) ac Abergynolwyn (**Llanfihangel-y-Pennant**) – ar gynhyrchu slabiau.

Mae llechfaen yn ddeunydd addas ar gyfer toi am fod modd ei hollti gyda graen naturiol y graig, ac yn sgil ei natur anhydraidd, ei wytnwch a'i allu i wrthsefyll hindreuliad. Cafodd llechfeini eu defnyddio at ddibenion eraill hefyd, megis ffensio, **waliau sychion**, byrddau labordai, ysgriflechi a phensiliau carreg, cerrig beddau, lloriau a nwyddau cartref. Oherwydd fod modd llifio llechfaen yn slabiau mawr unffurf, ac am nad yw'n crebachu mewn gwres, fe'i defnyddir i greu byrddau biliards, ac yn y gorffennol fe'i defnyddid i greu byrddau du mewn ysgolion. Am ei fod yn sefydlog dan bob amgylchiad bron, yn anllosgadwy ac yn ddargludydd trydan gwael, mae llechfaen hefyd yn addas iawn ar gyfer switsfyrddau trydanol.

Roedd gan y rheilffyrdd cul a nodweddai'r ardaloedd chwarelyddol swyddogaeth driphlyg: cysylltu'r chwareli â'r **porthladdoedd** – er enghraifft, chwarel y Penrhyn â Phorth Penrhyn (Llandygái), chwarel Dinorwig â'r **Felinheli**, a

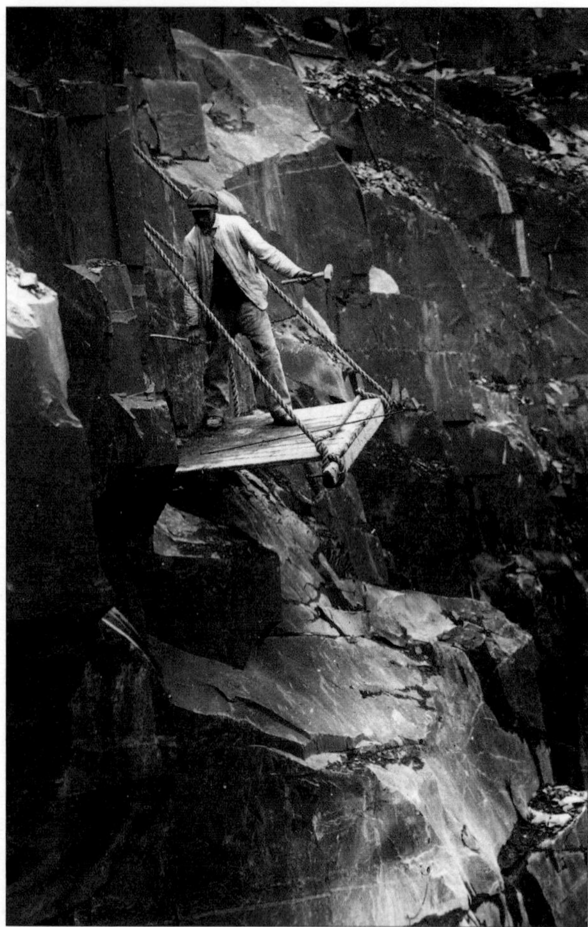

Tyllu â llaw ar lwyfan yn Chwarel y Penrhyn

Blaenau Ffestiniog â **Phorthmadog**; cysylltu'r chwareli â'r rhwydwaith rheilffyrdd safonol; a chludo llwythi o lechfaen oddi mewn i'r chwareli.

Dechreuwyd cynhyrchu llechi ar raddfa fawr yng Nghymru yn chwarel y Penrhyn yn 1782; erbyn y 1790au, gweithiai 400 o ddynion yno, ffigur a gododd i 3,000 erbyn y 1890au. Pan oedd y diwydiant yn ei anterth ar ddiwedd y 19g., roedd dwsinau o chwareli yn cyflogi cyfanswm o oddeutu 15,000 o ddynion. Y farchnad fwyaf i'r llechi oedd trefi gogledd **Lloegr**, a oedd yn prysur dyfu ar y pryd, ond câi llwythi eu hallforio ledled y byd hefyd. Un farchnad dra phwysig oedd yr Almaen, lle darganfuwyd rhagoriaethau llechi Cymru yn sgil y tân a ddinistriodd Hambwrg yn 1842. Dioddefodd y diwydiant yn sgil y problemau a oedd yn gysylltiedig â llanw a thrai'r diwydiant adeiladu: yn ystod cyfnodau o ddirwasgiad, cynhyrchid gormod a bu gostyngiad yn y prisiau; yn ystod cyfnodau o dwf economaidd, ni ellid cynhyrchu digon i ddiwallu'r galw, a manteisiodd cystadleuwyr o wledydd tramor, a'r rhai a gynhyrchai ddeunyddiau eraill, ar y farchnad. Crebachodd y diwydiant yn ddirfawr yn ystod y **Rhyfel Byd Cyntaf**. Bu peth adferiad yn y cyfnod rhwng y ddau ryfel byd, pan gynhyrchid rhwng 75% ac 80% o gynnyrch **Prydain** yng Nghymru. Bu problemau difrifol ar ôl yr **Ail Ryfel Byd** oherwydd y cynnydd yn y defnydd o deils parod a chodiad cyflym ym mhris llechi; yn hyn o beth, roedd yr angen i hollti a llunio pob llechen yn unigol â llaw yn ffactor hollbwysig. Ergyd drom oedd cau chwarel Dinorwig yn 1969. Fodd bynnag, roedd chwarel y Penrhyn, a brynwyd gan gwmni McAlpine, yn dal i gynhyrchu ac erbyn diwedd yr 20g. roedd yn fusnes llewyrchus.

Oherwydd fod ardaloedd y chwareli mor anghysbell, tirfeddianwyr lleol oedd yr entrepreneuriaid fel arfer, teuluoedd megis **Pennant** ac **Assheton Smith**. Fodd bynnag, ym Mlaenau Ffestiniog, gwŷr busnes o dras Seisnig, fel teulu **Oakeley**, a oedd yn flaenllaw. Yn wahanol i'r gweithlu Anghydffurfiol a Rhyddfrydol, **Anglicaniaid** a Cheidwadwyr oedd y perchnogion yn bennaf.

Un o nodweddion amlycaf y dull o weithio oedd trefn y fargen, lle byddai criw o bump neu chwech o ddynion a feddai ar sgiliau amrywiol yn trafod gyda'r rheolwyr bob mis er mwyn pennu'r cyflogau am weithio rhan neilltuol o wyneb y chwarel. Y penderfyniad i lynu wrth y drefn hon – lle byddai chwarelwr yn debycach i gontractwr na gweithiwr cyflog – oedd prif achos y cyfnodau o gloi allan hir a chwerw yn hanes chwarel y Penrhyn (1896–7, 1900–3; gw. **Streic Fawr y Penrhyn**).

At ei gilydd, gwael oedd yr amodau gwaith, a bu damweiniau mynych. Achosid silicosis (gw. **Niwmoconiosis a Silicosis**) trwy anadlu llwch llechfaen, ac yn y 1920au dioddefai'r pentrefi chwarelyddol y cyfraddau marwolaeth uchaf yn ne Prydain o achos y diciâu (gw. **Twbercwlosis**). Yn 1979 cyflwynwyd cynllun a fyddai'n cynnig iawndal i chwarelwyr a oedd yn dioddef o silicosis, ond erbyn hynny roedd y diwydiant a'r dynion a oedd wedi gweithio ynddo yn prysur ddarfod o'r tir.

Oherwydd natur y gweithlu, a ddeuai bron yn gyfan gwbl o'r ardaloedd gwledig cyfagos, roedd y cymunedau chwarelyddol yn **Gymraeg** eu hiaith i raddau helaeth iawn, gan beri mai'r diwydiant llechi, ym marn yr hanesydd **A. H. Dodd**, oedd y Cymreiciaf o holl ddiwydiannau Cymru. Yn wir, y gred yn gyffredinol oedd na allai'r graig ddeall **Saesneg**. Roedd cyfraniad yr ardaloedd chwarelyddol i fywyd diwylliannol Cymru ymhell y tu hwnt i'w maint, a brodorion o'r cymunedau hyn oedd y rhan fwyaf o brif lenorion Cymraeg yr 20g., sef **T. Rowland Hughes** (**Llanberis**), **R. Williams Parry** (Tal-y-sarn, Llanllyfni), **T. H. Parry-Williams** (Rhyd-ddu, **Betws Garmon**), **Thomas Parry** (Carmel, **Llandwrog**), **W. J. Gruffydd** (Bethel, Llanddeiniolen), **Kate Roberts** (Rhosgadfan, **Llanwnda**), **John Gwilym Jones** (Y Groeslon, Llandwrog), **Caradog Prichard** (**Bethesda**), Gwyn Thomas (g.1936) ac Eigra Lewis Roberts (g.1939) (y ddau olaf o Flaenau Ffestiniog).

Dehonglir agweddau ar hanes y diwydiant llechi mewn dwy brif ganolfan: Amgueddfa Lechi Cymru (gw. **Amgueddfa [Genedlaethol] Cymru**) yn Llanberis (1972), sydd â gweithdai chwarel Dinorwig (1809–1969) yn ganolbwynt iddi; a Cheudyllau Llechwedd (y fenter fasnachol gyntaf o'i bath ym Mhrydain, 1972) yn chwarel Llechwedd (neu Greaves), Blaenau Ffestiniog (1846–).

## LLEDR

Am ganrifoedd roedd lledr yn elfen bwysig yn **economi** Cymru ac o bwys fel cynnyrch i'w allforio. Gan fod crwyn **gwartheg** a **defaid** ar gael yn rhwydd, a chan fod digonedd o risgl coed derw, ynghyd â digonedd hefyd o ddŵr rhedegog, sy'n hanfodol i'r broses o drin crwyn, roedd gan y rhan fwyaf o gymunedau gwledig, gan gynnwys rhai o'r prif fynachlogydd, eu tanerdai a'u barctai. Ymhlith y tanerdai mawr enwocaf yr oedd rhai **Dolgellau**, **Aberystwyth**, y **Drenewydd**, **Rhaeadr Gwy** a **Llanidloes**.

Roedd y broses o baratoi crwyn i'w trin yn un hir a chymhleth a gymerai wythnosau ac weithiau fisoedd. Wedi golchi'r crwyn caent eu rhoi mewn pydewau calch i lacio'r blew a'r cnawd cyn tynnu'r rheini â chyllell. Yna rhoddid y crwyn i sefyll mewn cyfres o bydewau barcio lle'r oedd yr hylif barcio, sef dŵr a rhisgl derw mâl, yn cryfhau o bydew i bydew. Wedi rholio a sychu'r crwyn, byddai'r cwrier yn meddalu ac yn ystwytho ac yn caboli'r lledr caled gan ddefnyddio amrywiol hylifau yn cynnwys olew penfras neu wêr, ynghyd â chyfres o offer llaw.

Câi'r lledr gorffenedig ei ddefnyddio gan leng o grefftwyr, gan gynnwys cryddion, clocswyr, cyfrwywyr a harneiswyr, rhai ohonynt â'u gweithdai eu hunain ac eraill yn crwydro'r wlad. Ymhlith y cryddion enwocaf yr oedd rhai **Llannerch-y-medd**: dywedir bod yno 250 ohonynt hyd y 1880au.

Erbyn y 1920au, fodd bynnag, nid oedd fawr o angen bellach am y dulliau traddodiadol o drin lledr, ac yn raddol diflannodd y crefftau cysylltiedig hefyd. Caewyd y tanerdy olaf yng Nghymru, sef un Rhaeadr Gwy, yn y 1950au, ac mae bellach wedi'i ailgodi yn Amgueddfa Werin Cymru (gw. **Sain Ffagan**).

## LLEDROD, Ceredigion (3,795ha; 736 o drigolion)

Lleolir y **gymuned** hon i'r de-ddwyrain o **Aberystwyth** ac mae'n cynnwys pentrefi Lledrod, Blaenpennal a Bronnant, ynghyd â rhan ddwyreiniol y Mynydd Bach, sy'n estyniad gorllewinol o'r **Elenydd**. Yn ei chôl gorwedd Llyn Eiddwen, lle daw gwyddau gwyllt i dreulio'r gaeaf. Ceir cofeb i bedwar o feirdd yr ardal uwchlaw'r llyn, a choffeir Ieuan Brydydd Hir (**Evan Evans**; 1731–88) yn Eglwys Sant Mihangel, Lledrod. Ynghyd â **Llangwyryfon**, yr ardal oedd lleoliad **Rhyfel y Sais Bach**.

## LLEIANDAI

Tri lleiandy hirhoedlog yn unig a gafwyd yng Nghymru'r Oesoedd Canol: roedd gan y **Sistersiaid** ddau dŷ yn Llanllŷr (**Llanfihangel Ystrad**) a Llanllugan (**Dwyriw**), ac roedd gan y **Benedictiaid** briordy ym **Mrynbuga**. Sefydlwyd y lleiandy yn Llanllŷr *c.*1197 gan yr Arglwydd Rhys (**Rhys ap Gruffudd**; m.1197), ac fe'i rhoddwyd dan oruchwyliaeth y famfynachlog **Ystrad-fflur**. Maredudd ap Rhobert a sefydlodd y lleiandy yn Llanllugan, rhwng 1170 ac 1190, ac fe'i rhoddwyd dan oruchwyliaeth Abaty Ystrad Marchell (gw. **Trallwng, Y**). Mae'n debyg i'r lleiandy Benedictaidd ym **Mrynbuga** gael ei sefydlu gan Richard de Clare (m.1136; gw. **Clare, Teulu**), ac mae eglwys hardd y lleiandy hwnnw (eglwys sy'n perthyn yn bennaf i'r 12g.) yn dal i sefyll. Honnai **Gerallt Gymro** fod lleiandy arall yn Llansanffraid-yn-Elfael (**Glasgwm**) a bod Enoc, abad Ystrad Marchell, wedi rhedeg i ffwrdd gydag un o'r lleianod. Tua 17 lleian a oedd yn byw yng Nghymru erbyn adeg **diddymu'r mynachlogydd**.

Yn y cyfnod modern ymddangosodd nifer o gymunedau crefyddol i **fenywod** a berthynai i amrywiaeth o urddau, gan gynnwys yr abaty Sistersiaidd yn Hendy-gwyn, y Clariaid Tlodion yng **Nghastell-nedd**, y Carmeliaid yn **Nolgellau** a **Phenarlâg** a'r chwiorydd Wrswlaidd yn **Llanelli**, **Abertawe** ac **Aberhonddu**.

## LLENYDDIAETH

Mae Cymru, fel **Iwerddon**, yn meddu ar un o'r traddodiadau llenyddol mwyaf hirhoedlog a di-dor yn Ewrop. O'r 6g. hyd at y presennol y mae'r traddodiad cyfoethog hwn wedi cyfrannu'n sylweddol tuag at fywiogrwydd yr iaith **Gymraeg**, ac wrth i lenyddiaeth **Saesneg** Cymru ennill ei thir yn ystod yr 20g. gellir honni'n ddibetrus fod gan y Cymry, ar ddechrau'r 21g., ddau ddiwylliant llenyddol eithriadol o hyfyw. Yn ychwanegol at hynny, o Gymru yr hanai dau o awduron **Lladin** enwog yr Oesoedd Canol, sef **Sieffre o Fynwy** a **Gerallt Gymro**.

### *Barddoniaeth y cyfnod cynnar a'r Oesoedd Canol*

Priodolir y farddoniaeth Gymraeg gynharaf i **Aneirin** (*fl.*6g.) a **Thaliesin** (*fl.*6g.), dau o'r **Cynfeirdd**, ond mewn fersiynau diweddaredig o'r Oesoedd Canol, ac nid yn ei ffurf wreiddiol, y goroesodd eu gwaith hwy. Canu mawl a marwnad, arwrol ei gywair, i ryfelwyr aristocrataidd yw cynnyrch y ddau, ac y mae'n ymwneud, i raddau helaeth iawn, â **Hen Ogledd** y traddodiad Cymraeg. Goroesodd o leiaf dair cerdd fawl arall o'r cyfnod yr arferid ei alw'n 'Oesoedd Tywyll', a thrwy gydol y 12g. a'r 13g. – cyfnod **Beirdd y Tywysogion** neu'r **Gogynfeirdd** – parhaodd mawl yn rhan annatod o'r traddodiad barddol Cymraeg. Er gwaethaf diwedd llywodraeth frodorol yn 1282–3, cafodd y canu mawl Cymraeg fywyd o'r newydd yng nghyfnod **Beirdd yr Uchelwyr**. Yn ychwanegol at gynnig difyrrwch defodol yn neuaddau eu noddwyr, y beirdd hefyd, yn ystod yr holl ganrifoedd hyn, oedd ceidwaid dysg frodorol. Hwy oedd yn mowldio ac yn cynnal ideoleg y **dosbarth** llywodraethol Cymreig, ac mewn cymdeithas a roddai'r fath bwys ar gysyniadau megis sarhad ac anrhydedd, roedd y ffaith fod dychan hefyd yn rhan o'u harfogaeth yn cadarnhau eu hawdurdod ymhellach.

Ond er mor bwysig yw'r canu mawl, roedd traddodiad barddol yr Oesoedd Canol yn un tra amrywiol mewn gwirionedd. Yn ystod y 9g. a'r 10g. cyfansoddwyd corff o ganu chwedlonol am gymeriadau megis **Heledd** a **Llywarch Hen**, a cheir enghreifftiau o ganu natur a gwirebol sy'n lled gysylltiedig ag ef. Tua'r un cyfnod ymddangosodd traddodiadau am **Arthur**, **Myrddin** a'r Taliesin chwedlonol mewn barddoniaeth, a rhwng y 10g. a'r 16g. lluniwyd corff helaeth o ganu **darogan**. Drwy gydol yr Oesoedd Canol ymroes y beirdd hefyd i lunio cerddi crefyddol. Er bod rhai o'r cerddi crefyddol cynharaf, megis '**englynion y Juvencus**' a pheth o'r deunydd yn ***Llyfr Du Caerfyrddin***, wedi cael eu cyfansoddi, o bosibl, gan wŷr eglwysig, mae'n ymddangos bod yr holl gynnyrch barddol amrywiol hwn yn adlewyrchu gwahanol agweddau ar weithgarwch y beirdd mawl swyddogol, ac mae hynny'n arbennig o wir mewn perthynas â'r canu serch. Ceir elfennau o serch cwrtais yn rhai o'r cerddi a luniodd Beirdd y Tywysogion i wragedd a merched eu noddwyr. Erbyn y 14g. roedd y beirdd yn ymdrin yn amlycach â serch yn y math hwn o ganu ac yng ngwaith **Dafydd ap Gwilym**, bardd rhagoraf Cymru mewn unrhyw gyfnod, cafodd y traddodiad hwn ei drawsffurfio wrth i Ddafydd ei ieuo â lleng o elfennau islenyddol a'i fywiogi gyda disgrifiadau godidog o fyd natur. Yr oedd i Ddafydd hefyd, y mae'n sicr, ran ganolog yn natblygiadau mydryddol mawr y 14g., sef creu'r **cywydd** deuair hirion a sefydlogi'r **gynghanedd**.

*Rhyddiaith yr Oesoedd Canol*

Yng Nghymru, fel ag yn Iwerddon a Gwlad yr Iâ, rhyddiaith yn hytrach na barddoniaeth oedd y cyfrwng ar gyfer adrodd stori trwy gydol yr Oesoedd Canol. Roedd gan yr ystoriwyr proffesiynol (gw. **Cyfarwydd**) ystorfa helaeth o chwedlau ar gof a chadw, ond dim ond darnau briw a oroesodd. Serch hynny, a'r ystorfa lafar hon yn un o ffynonellau eithaf llên Arthuraidd Ewrop (y *Matière de Bretagne*), gellir dal iddi gael dylanwad pellgyrhaeddol ar lên yr Oesoedd Canol yn Ewrop. O'r un ystorfa y tarddodd llawer o'r deunydd a ymgorfforwyd yn chwedlau enwog y **Mabinogion**, er mai creadigaethau bwriadol lenyddol yn hytrach nag enghreifftiau ffyddlon o chwedlau llafar y Cyfarwyddiaid ydynt hwy. Yn y Pedair Cainc, er enghraifft, mae rhai o arwyr mytholegol y **Celtiaid** yn rhodianna, ond cymhwyswyd y traddodiadau amdanynt gan yr awdur i archwilio themâu penodol, megis natur cyfeillgarwch, priodas a dialedd.

Yn ystod yr Oesoedd Canol diweddar mae'n ymddangos na luniwyd unrhyw destunau ystoriol gwreiddiol yn y Gymraeg, ond troswyd llawer o destunau **Ffrangeg** a Lladin i'r iaith. Er gwaethaf apêl y Mabinogion yn y cyfnod diweddar, y testunau uchaf eu bri yng Nghymru o'r 13g. ymlaen oedd amrywiol gyfieithiadau o *Historia Regum Britanniae* Sieffre o Fynwy, gwaith a adwaenid yn y Gymraeg wrth yr enw *Brut y Brenhinedd*. Gwnaeth darlun Sieffre o orffennol gwych y Brythoniaid argraff annileadwy ar ddychymyg cenedlaethol y Cymry, ac roedd ei ddylanwad arnynt yn llawer mwy na ***Brut y Tywysogyon*** a oedd yn ymwneud â gorffennol agosach. Ymhlith gweithiau eraill a gyfieithwyd i'r Gymraeg yn ystod y 13g. a'r 14g. yr oedd *Ystoryaeu y Seint Greal*, sef fersiwn o chwedlau'r Greal Sanctaidd a oedd yn seiliedig ar ddau destun Ffrangeg, ac *Ystorya de Carolo Magno*, casgliad o ramantau am Siarlymaen a oedd yn tarddu o ffynonellau Ffrangeg a Lladin. Lladin hefyd oedd ffynhonnell y gyfran helaethaf o ryddiaith grefyddol Gymraeg yr Oesoedd Canol. Cynhwysai hon enghreifftiau niferus o fucheddau'r saint (rhai brodorol a rhyngwladol eu bri), ond mae'n ymddangos bod y testun *Ymborth yr Enaid*, gwaith cyfriniol o'r 13g., yn gyfansoddiad Cymraeg gwreiddiol. I bwrpasau hyfforddiadol y cyfieithwyd y testunau crefyddol hyn, a cheir hefyd mewn Cymraeg Canol doreth o destunau ymarferol eu gogwydd yn ymwneud â meysydd megis y **gyfraith**, meddygaeth (gw. **Meddygon Myddfai**) ac **addysg** y beirdd.

*O gyfnod y Tuduriaid hyd Oes Victoria*

Cafodd newidiadau crefyddol a gwleidyddol cyfnod y Tuduriaid gryn effaith ar lenyddiaeth Gymraeg. Er bod noddi helaeth ar y beirdd yn ystod yr 16g., erbyn cyfnod y **Rhyfeloedd Cartref** roedd oes y beirdd proffesiynol yn dirwyn i ben ac olion ymseisnigo i'w canfod ymhlith yr uchelwyr (gw. **Boneddigion a Landlordiaid**). Serch hynny, nid drwg digymysg fu cyfathrach gynyddol yr uchelwyr â bywyd **Lloegr**. Yn ystod yr 16g. dychwelodd gwŷr ifainc megis **William Salesbury** a **John Davies** (*c.*1567–1644) o brifysgolion Lloegr yn llawn sêl dros ddelfrydau'r **Dadeni Dysg**, a thrwy gyhoeddi llyfrau gramadeg, geiriaduron (gw. **Geiriaduraeth**) a gweithiau crefyddol daethant â'r Gymraeg i gysylltiad byw â'r wasg argraffu (gw. **Argraffu a Chyhoeddi**). A'u Dyneiddiaeth yn annatod glwm wrth anghenion y **Diwygiad Protestannaidd**, uchafbwynt y gweithgarwch hwn fu gweld cyhoeddi'r **Beibl** yn Gymraeg yn 1588, gorchest bellgyrhaeddol ei heffaith a gyflawnwyd yn bennaf gan **William Morgan**. O gyfnod y Dadeni ymlaen rhoddwyd cryn fri hefyd ar gyfieithu ac addasu llyfrau didactig a phregethol i'r Gymraeg. Roedd hyn yn gyfrwng i ledaenu dylanwad y sefydliad Anglicanaidd ond daeth hefyd yn nodwedd ar weithgarwch y reciwsantiaid yng Nghymru fel y dengys cynnyrch toreithiog Robert Gwyn (*c.*1540/50–1592/1604), awdur tebygol ***Y Drych Cristianogawl*** (1585). Yn ystod yr 17g. cydnabu'r Anghydffurfwyr a'r **Piwritaniaid** werth y gair printiedig, ac ym **Morgan Llwyd** cawsant lenor eithriadol o rymus. Crefyddol a moesolaidd yn ogystal oedd cymhellion yr Anglican opiniynus **Ellis Wynne**, y cyhoeddwyd ei gampwaith dychanol, *Gweledigaetheu y Bardd Cwsc*, yn 1703. Mae dau o glasuron y cyfnod modern cynnar, *Y Ffydd ddi-ffuant* (1667, 1671, 1677) gan **Charles Edwards** a *Drych y Prif Oesoedd* (1716 ac 1740) gan **Theophilus Evans**, yn sefyll rywfaint ar wahân i'r traddodiad hwn gan eu bod yn ymhonni'n llyfrau 'hanes'; ond a hwythau'n ddeongliadau amlwg Brotestannaidd o hanes Cymru, perthynant yn ddiau i'r un byd.

O'r 16g. ymlaen y datblygiad mwyaf arwyddocaol ym maes barddoniaeth fu lledaeniad y 'canu rhydd', dosbarth tra eang sy'n cwmpasu'r canu carolaidd moesolaidd ei naws ynghyd â chanu serch, mawl a marwnad, yr **hen benillion** hyfryd eu trawiad, yn ogystal â sawl *genre* yn ymwneud ag arferion gwerin a thro'r tymhorau (gw. **Canu Gŵyl Fair**, **Carolau Haf** a **Gwaseila**). Yn wreiddiol, absenoldeb cynghanedd oedd yr unig wahaniaeth rhwng y canu rhydd a'r mesurau caeth clasurol, ond o ddiwedd yr 16g. daeth lleng o fesurau rhythmig a oedd yn seiliedig ar alawon o Loegr yn boblogaidd, ac aeth beirdd megis **Huw Morys** ati i addurno'r mesurau 'rhydd' newydd hyn â chynghanedd. Erbyn y 18g. daethai'r canu trwyadl gymdeithasol hwn yn eiddo i'r beirdd gwlad (hynafiaid **bardd gwlad** yr oes bresennol) a chafodd gylchrediad eang mewn **baledi** argraffedig ac **almanaciau**. Yr oedd hefyd gysylltiad agos rhwng y traddodiad hwn a'r **anterliwt** fel y dengys gwaith yr enwocaf o'r anterliwtwyr, Twm o'r Nant (**Thomas Edwards**). Yn ystod y 18g. chwaraeodd barddoniaeth, a hynny ar lun **emynau**, ran bwysig yn y **Diwygiad Methodistaidd**. Er i **William Williams** (1717–91) lunio dwy epig, a sawl testun rhyddiaith tra bywiog, sicrhawyd ei le yn y canon llenyddol gan ei emynau a'i allu cwbl ryfeddol i gyfleu mewn geiriau angerdd ac emosiwn ei brofiadau ysbrydol. Genhedlaeth yn ddiweddarach dangosodd **Ann Griffiths** fod ganddi hithau yr un ddawn.

Prin oedd diddordeb William Williams a'r **Methodistiaid** yn llenyddiaeth yr Oesoedd Canol, ond mae gweithgarwch hynafiaethol Ieuan Fardd (**Evan Evans**; 1731–88) a'r **Morrisiaid**, ynghyd â'r ddwy gymdeithas Lundeinig, y **Cymmrodorion** a'r **Gwyneddigion**, yn arwydd o'r diddordeb adfywiedig yn y traddodiad llenyddol a oedd yn rhan mor annatod o ddadeni diwylliannol Cymreig y 18g. Roedd dylanwad neo-glasuriaeth Lloegr yn drwm ar y 'mudiad' hwn, fel y prawf cynnyrch **Goronwy Owen**. Er na luniodd Goronwy yr epig Gristnogol Gymraeg y bu'n sôn gymaint amdani, cafodd y dyhead hwnnw ddylanwad pellgyrhaeddol ar farddoniaeth y 19g. Drwy gyfrwng yr **Eisteddfod** a'i chystadlaethau llenyddol (gw. **Awdl** a **Pryddest**) trodd yr ymdrech i greu cerdd epig ddyrchafol yn obsesiwn cenedlaethol. Ond, ar y cyfan, wrth geisio cyrchu at y nod hwnnw, bu beirdd megis Gwallter Mechain (**Walter Davies**), Eben Fardd (**Ebenezer Thomas**) a Gwilym Hiraethog (**William Rees**; 1802–83) yn llafurio'n ofer. Er bod dylanwad neo-glasuriaeth yn amlwg ar ddadeni Cymreig y 18g., mae breuddwydion derwyddol Iolo Morganwg (**Edward Williams**) yn arwydd eglur o dwf **Rhamantiaeth** yng Nghymru. O ganu Ieuan Glan Geirionydd (**Evan Evans**; 1795–1855) hyd at Alun (**John Blackwell**) a **John Ceiriog Hughes**, gellir olrhain traddodiad telynegol melys. Yn achos Islwyn (**William Thomas**; 1832–78), arweiniodd y tueddfryd rhamantaidd at waith llenyddol llawer mwy uchelgeisiol, ond, ac yntau'n blentyn ei oes, nid rhyfedd fod Rhamantiaeth ei bryddest *Y Storm* wedi ei thymheru gan **Galfiniaeth**.

Ac Ymneilltuaeth (gw. **Anghydffurfiaeth**) ar awr ei hanterth, cyfnod Victoria oedd oes aur argraffu a chyhoeddi yn Gymraeg. Dylifodd esboniadau Beiblaidd o'r wasg ynghyd â chofiannau i arwyr y pulpud megis cofiant enwog **Owen Thomas** yn 1874 i **John Jones**, Tal-y-sarn (1796–1857). Ymddangosodd gweithiau ffuglenol gan awduron megis yr Anglican Brutus (**David Owen**), a'r radical Gwilym Hiraethog, a hynny ar ffurf cyfresi ym **mhapurau newydd** a **chylchgronau** yr oes, ac o'r 1830au ymlaen cyhoeddwyd nifer helaeth o storïau sentimental er mwyn hyrwyddo achos **dirwest**. Serch hynny, ar wahân i un eithriad, methiant llwyr fu hanes y nofel Gymraeg i ymddihatru oddi wrth y fath ddechreuadau didactig a choegfeddal. Yr eithriad oedd **Daniel Owen**. Er bod plotiau ei nofelau yn fynych yn anghelfydd, gwneir iawn am y fath ddiffygion gan ei gymeriadau crwn a'r modd cofiadwy y cyfleant ragrith noeth yr oes.

### *Yr ugeinfed ganrif*

Yn sgil sefydlu colegau prifysgol (gw. **Prifysgol Cymru**) yng Nghymru rhwng 1872 ac 1884 a dyrchafu'r Gymraeg yn y man yn ddisgyblaeth academaidd, lledaenwyd gorwelion y byd llenyddol Cymraeg, ac yn ystod yr 20g. cyrhaeddodd llenyddiaeth Gymraeg uchelfannau nodedig. Yn baradocsaidd ddigon grymuswyd y creadigrwydd hwn o'r 1920au ymlaen gan angst awduron a ysgrifennai mewn iaith a oedd yn gynyddol o dan fygythiad a chan y rhwystredigaethau o weld dryllio yr hyn a ystyrid yn undod diwylliannol y genedl.

Yr enghraifft ragoraf o'r rhamantiaeth esthetaidd a roddodd gyfeiriadau newydd i farddoniaeth Gymraeg cyn y **Rhyfel Byd Cyntaf** yw 'Ymadawiad Arthur' gan **T. Gwynn Jones**, sef yr awdl a gipiodd iddo'r gadair yn eisteddfod enwog **Bangor** yn 1902. Drwy ymdrechion rhai megis Emrys ap Iwan (**Robert Ambrose Jones**) a **John Morris-Jones**, bu cryn ymosod hefyd ar arddull chwyddedig rhyddiaith y 19g. Rhoddwyd bri ar eglurder a symlrwydd, yn enwedig yn ysgrifau **O. M. Edwards** a gynrychiolai agwedd bwysig arall ar ramantiaeth tro'r ganrif gyda'i bortread delfrydol a dyrchafol o **werin** Cymru.

Er i ddigwyddiadau 1914–18 esgor ar gorff diddorol o lenyddiaeth ryfel, roedd effeithiau anuniongyrchol y Rhyfel Byd Cyntaf ar lenyddiaeth Gymraeg yn llawer mwy arwyddocaol. Yng Nghymru, fel mewn mannau eraill, fe chwalwyd hen werthoedd a chredoau gan laddfa'r ffosydd, ac yn ystod y 1920au a'r 1930au, trwy gyfrwng ei farddoniaeth a'i ysgrifau cyffrous o newydd, llwyddodd **T. H. Parry-Williams**, yn anad unrhyw lenor arall, i gyfleu dryswch dynoliaeth mewn byd o ansicrwydd ysbrydol. Daeth beirdd fel **R. Williams Parry** a T. Gwynn Jones hefyd i sylweddoli mai perthyn i'r gorffennol bellach a wnâi estheteg ramantaidd dechrau'r ganrif, a gwaddol pennaf y rhyfel yn eu gwaith hwy oedd pesimistiaeth a dadrithiad. Cafodd datblygiadau ym maes gwleidyddiaeth effaith ar lenyddiaeth yn ogystal. Oddi ar ei sefydlu yn 1925 hyd at y 1960au prin fu llwyddiannau etholiadol **Plaid [Genedlaethol] Cymru**, ond bu dylanwad ei phrif feddyliwr, **Saunders Lewis**, ar fywyd deallusol Cymru yn un sylweddol. Yn ei ddramâu (gw. **Drama**), ei farddoniaeth, ei feirniadaeth a'i wleidyddiaeth, ceir yr un adwaith chwyrn yn erbyn y byd modern ag a geir yng ngwaith T. S. Eliot, a chyda'i gerdd ddadleuol 'Y Dilyw' gwelir barddoniaeth Gymraeg yn cofleidio rhai o brif nodweddion y mudiad modernaidd. Cyhoeddwyd llawer o'i ysgrifau beirniadol yn y chwarterolyn *Y Llenor* (1922–55), ac yno, yn ogystal, y bwriwyd cryn amheuaeth ar ei ddaliadau gan y golygydd, **W. J. Gruffydd**, a chan yr ysgrifwr hynod braff hwnnw, **R. T. Jenkins**. Lleisiwyd amheuon cyffelyb gan gymrodyr y chwith ar dudalennau *Tir Newydd* (1935–9), er bod cerddi cosmopolitan golygydd ifanc y cylchgrawn hwnnw, **Alun Llywelyn-Williams**, yn arddangos llawer o ddelfrydau llenyddol Saunders Lewis ei hunan.

Wedi'r **Ail Ryfel Byd** rhoddwyd cryn amlygrwydd gan feirdd megis Gwenallt (**David James Jones**) a **Waldo Williams** i faterion yn ymwneud â ffydd a chenedligrwydd, ac yng ngherddi'r ddau dyrchafwyd y traddodiad Cristnogol Cymreig i fod yn wrthglawdd yn erbyn materoliaeth remp a militariaeth y byd Gorllewinol. O ran arddull, gwelir bod rhai o brif gerddi'r ddau fardd yn amlygu ysbryd modernaidd llawer o farddoniaeth Gymraeg diwedd y 1940au a'r 1950au. Daeth y wers rydd yn briod gyfrwng yr *avant-garde*, a bu ieithwedd arbrofol **Euros Bowen** a Bobi Jones (g.1929) yn destun dadleuon ffyrnig ynghylch priod swyddogaeth barddoniaeth. O'r 1960au ymlaen, a hynny'n bennaf o dan ddylanwad Gwyn Thomas (g.1936), yng ngwaith beirdd iau megis Iwan Llwyd (g.1957) canfyddir ymagweddu mwy cymodlon tuag at ddiwylliant poblogaidd America ac yn gynyddol yn eu gwaith ymglywir â rhai o bryderon cymdeithas y Gorllewin yn gyffredinol, tueddiad a gadarnhawyd gan lais benywaidd eglur Menna Elfyn (g.1951). I raddau, gwrthbwyswyd y datblygiad hwn gan y diddordeb newydd a enynnwyd yn y gynghanedd gan waith Dic Jones (g.1934), Gerallt Lloyd Owen (g.1944) ac Alan Llwyd (g.1948). Fodd bynnag, ar ddechrau'r 21g. mae'r ffiniau yn dra annelwig, gyda rhai o feirdd y gynghanedd fel Emyr Lewis (g.1957) yn arddangos yr amwysedd a'r eironi hwnnw a gysylltir â'r tueddfryd ôl-fodernaidd.

Ym maes ffuglen, yr awdur mwyaf dylanwadol rhwng y 1920au a'r 1970au oedd **Kate Roberts**, ac erys ei straeon byrion a'i nofelau yn gyfraniad heb ei ail i lenyddiaeth Gymraeg. Mewn perthynas â deunydd crai ei gwaith cynnar, sef bywyd y gymdeithas chwarelyddol y'i ganed iddi, roedd yr awdur straeon byrion Dic Tryfan (**Richard Hughes Williams**) yn rhagflaenydd arwyddocaol. Llwyddodd **D. J. Williams** hefyd, o'r 1930au ymlaen, i hyrwyddo bri'r stori fer Gymraeg fel ag y gwnaeth **John Gwilym Jones** yntau gyda'i gyfrol *Y Goeden Eirin* (1946). Fodd bynnag, dengys y croeso brwd a roddwyd i nofelau **T. Rowland Hughes** rhwng 1943 ac 1947 fod awch anniwall ymhlith darllenwyr Cymraeg, fel mewn gwledydd eraill, am ffurf lenyddol hanfodol yr 20g. Yn ystod y 1950au rhoddwyd bywyd pellach i'r nofel Gymraeg gan **Islwyn Ffowc Elis**. Cydiodd ei straeon gafaelgar am wrthryfel y genhedlaeth iau yn erbyn arfer a thraddodiad yn nychymyg cenhedlaeth newydd o ddarllenwyr ifainc, ac erbyn y 1960au a'r 1970au daethai'r nofel Gymraeg, yn enwedig o dan law Jane Edwards (g.1938), John Rowlands (g.1938) ac Eigra Lewis Roberts (g.1939), i adlewyrchu Cymru amlwg fodern a seciwlar. Ar wahân i nofel fawr **Caradog Prichard**, *Un Nos Ola Leuad* (1961), a *Mae Theomemphus yn Hen* (1977), gwaith gan **Dafydd Rowlands** na chafodd y clod dyladwy, parhaodd ffuglen Gymraeg yn driw i bob pwrpas i'r confensiwn naturiolaidd hyd at y 1980au. Ond yn *Bingo!* (1985) a *Y Pla* (1987) gan Wiliam Owen Roberts (g.1960), ac yn fwyaf arbennig yng ngwaith Mihangel Morgan (g.1955) a Robin Llywelyn (g.1958), aethpwyd ati'n ymwybodol i danseilio trefn a realaeth. Yn nofelau a straeon byrion Mihangel Morgan bwrir y darllenydd bendramwnwgl i ganol Cymru ôl-Ymneilltuol lle gwelir trawswisgwyr a sado-fasocistiaid yn ymgymysgu gydag Athrawon cadeiriol yr Adrannau Cymraeg a gyrwyr lori sy'n dyheu'n ddyddiol am gael cipio cadair yr Eisteddfod Genedlaethol.

### *Llenyddiaeth yn Saesneg*

'Ei sik, ei sing, ei siak, ei sae': honnir fel arfer mai 'A hymn to the virgin' (*c.*1470), gan **Ieuan ap Hywel Swrdwal**, yw cerdd Saesneg gyntaf Cymru. Myfyriwr yn **Rhydychen** oedd yr awdur, ac mae ei ddefnydd o fesurau cerdd dafod ac o orgraff y Gymraeg yn rhoi naws 'ôl-drefedigaethol' i'w gerdd, gan ei bod yn gwatwar iaith y gwladychwyr trwy ei dynwared a'i hystumio fel ei bod yn cydymffurfio â theithi'r iaith frodorol. Mae'r gerdd yn cyferbynnu, felly, â llenyddiaeth Saesneg Cymru am y pedair canrif nesaf, llenyddiaeth y mae'r term '**Eingl-Gymreig**' yn gweddu iddi am ei bod (eithr efallai i raddau yn unig, ac yn anuniongyrchol) yn gynnyrch dosbarth o ymsefydlwyr, fel llenyddiaeth Eingl-Wyddelig.

Er mai'r Gymraeg oedd mamiaith trwch **poblogaeth** Cymru bron hyd at ddiwedd y 19g., Saesneg oedd iaith **llywodraeth**, masnach, addysg a'r gyfraith o gyfnod Deddf 'Uno' 1536 ymlaen (gw. **Deddfau 'Uno'**). Yn yr iaith fain, felly, y cynhyrchodd y **boneddigion** a'r dosbarth proffesiynol lyfrau yn y meysydd hynny; Saesneg hefyd oedd iaith y cerddi mursennaidd braidd a gafwyd gan glerigwyr ac ysgolheigion, yn ogystal â'r nofelau ffasiynol a gyhoeddwyd, maes o law, gan aelodau o ddosbarth canol lled estron. Yn y corff hwn o waith, sy'n rhychwantu tua phedair canrif, ceir cip ar yr ansefydlogrwydd diwylliannol a oedd yn esgor ar elfennau rhyfeddol o gymysgryw: y bardd **John Davies** (o Henffordd; 1565?–1618), a fedrai'r Gymraeg, yn cyflwyno ei gerdd 'Cambria' (1603) i James I; y bardd Metaffisegol pwysig, **Henry Vaughan**, yn ceisio 'diwyllio' ei fro enedigol trwy ei llunio ar wedd tirlun clasurol; **John Dyer**, yn *Grongar Hill* (1716), yn cydymffurfio â'r diddordeb newydd yn Lloegr yn y tirlun rhamantaidd; awduron Cymraeg nodedig, megis Morgan Llwyd a William Williams, yn troi i'r Saesneg er mwyn efengylu. Ac o ddiwedd y 18g. ymlaen, rhoddir mynegiant newydd i'r ansefydlogrwydd diwylliannol hwn yn y nofelau rhamant a theimladrwydd a ysgrifennwyd yn aml gan **fenywod** (am fod eu statws cymdeithasol hwythau'n ansicr), a llawer ohonynt (megis 'Ann of Swansea' (**Julia Ann Hatton**)) yn ymfudwragedd diwylliannol. O bryd i'w gilydd, ymddangosai cerddi Rhamantaidd (ac yna rai Fictoraidd) yn moli harddwch gwlad, gan anwybyddu ei phobl, ac yn clodfori glewion y gorffennol mewn ffyrdd pur annelwig. Fodd bynnag, aeth un o awduron y cerddi hyn, **Thomas Jeffrey Llewelyn Prichard**, yn ei flaen i gyhoeddi *The Adventures and Vagaries of Twm Shon Catti* (1828), nofel bicarésg, liwgar, a'r nofel 'Gymreig' gyntaf yn ôl pob tebyg.

Roedd y Gymru Gymraeg, erbyn canol y 19g., yn meddu ar ddosbarth canol, ac er bod y Saesneg yn iaith gynyddol bwysig yng ngolwg y dosbarth hwnnw, ym maes llên a **chrefydd** y Gymraeg oedd y prif gyfrwng mynegiant o hyd. Ond yn sgil y **Chwyldro Diwydiannol** a weddnewidiodd Gymru yn economaidd ac yn ddiwylliannol, ac a ddenodd gynifer o fewnfudwyr, lleiafrif yn unig o'r boblogaeth a siaradai'r Gymraeg erbyn dechrau'r 20g. Mynegwyd y gweddnewidiadau hyn yn anuniongyrchol yng ngherddi gwladgarol yr unoliaethwr Syr **Lewis Morris**, yn nofelau cenedlaetholaidd Mallt Williams (**Alice Matilda Langland Williams**) a'i chwaer Gwenffreda, ac yn nofelau rhamant hynod boblogaidd Allen Raine (**Anne Adaliza Beynon Puddicombe**). Ceir hefyd ansicrwydd diwylliannol yng ngwaith awduron y 'genhedlaeth goll', megis Arthur Machen (**Arthur Jones**) a'r telynegwr Sioraidd, **W. H. Davies**.

Gellir dadlau mai ar ddechrau'r 20g. yr ymddangosodd 'llenyddiaeth Saesneg Gymreig' (o'i chyferbynnu â 'llenyddiaeth Eingl-Gymreig'), ac mai cynnyrch y Gymru newydd – y Gymru ddiwydiannol, drefol, Seisnigedig – ydoedd. Yn 1912 ceisiodd **J. O. Francis** bortreadu brwydr y dosbarthiadau yn ei ddrama *Change*, ac yn 1915 heriodd Caradoc Evans (**David Evans**; 1878–1945) awdurdod y 'sefydliad' Anghydffurfiol Cymraeg yn ei gasgliad ffrwydrol o straeon, *My People*. Erbyn diwedd y 1930au roedd nifer o awduron hynod ddawnus wedi ymddangos, a meithrinwyd yr ymwybyddiaeth o Gymreigrwydd Saesneg yn eu plith gan gylchgronau megis *Wales* a *The Welsh Review*. Ac eithrio ambell un megis **Vernon Watkins**, uniaethai llawer ohonynt ag argyfwng eu cymunedau diwydiannol, eithr gan amrywio'n ddirfawr yn eu dull o fynegi'r ymwybyddiaeth honno – mae gweithiau modernaidd **Dylan Thomas** a **Glyn Jones** yn bur wahanol i nofelau epig poblogaidd **Jack Jones**, ffuglen realaidd **Gwyn Jones** a nofelau *engagé* y Comiwnydd **Lewis Jones**. Mae barddoniaeth **Idris Davies** yn enghreifftio'r ffordd yr aeth llawer ohonynt ati i addasu dulliau Seisnig o ysgrifennu er mwyn mynegi profiadau Cymreig – nodwedd a fyddai'n apelio, maes o law, at **Raymond Williams**, awdur y dylanwadwyd arno gan y diwylliant hwn. Ond oherwydd fod yr awduron disglair hyn o'r cymoedd dirwasgedig yn hawlio cymaint o sylw, tueddwyd i anwybyddu agweddau eraill pwysig ar ddiwylliant llên y cyfnod – y fflach o ddawn a welir yng ngwaith **Dorothy Edwards**; ffenomen y Cymry dewisol, er enghraifft **Richard Hughes** (1900–76), **David Jones**, **John Cowper Powys**, **Lynette Roberts**, **Margiad Evans** a Richard Llewellyn (**Richard**

**Herbert Vivian Lloyd**) (awdur y nofel 'nodweddiadol' Gymreig, *How Green Was My Valley*); cerddi a straeon dadlennol **Alun Lewis** am India; ystumio cynnil **Rhys Davies** ar rolau traddodiadol y rhywiau; y cyflwyniad newydd i'r 'Gymru gudd', y tu hwnt i'r de-ddwyrain diwydiannol, a geir yng ngwaith **Geraint Goodwin**, a **Brenda Chamberlain** yn ddiweddarach.

Gan i lawer o'r genhedlaeth hon farw'n annhymig, a chan i'r diwylliant diwydiannol a'u cynhyrchodd ddatgymalu, teimlai llawer o awduron Saesneg Cymru yn y cyfnod ar ôl yr Ail Ryfel Byd yn ddigyfeiriad: mynegir y profiad hwnnw yng ngwaith awduron megis **T. Harri Jones**, **Gwyn Thomas** a **Ron Berry**, ac yng ngwaith ymchwil yr ysgolheigion a'r beirdd Raymond Garlick (g.1926) a Roland Mathias (1915–2007). Er i feirdd megis Dannie Abse (g.1923), **Leslie Norris** a **John Ormond** ffieiddio ymrwymedigaeth wleidyddol o unrhyw fath, rhoddodd **R. S. Thomas** ac Emyr Humphreys (g.1919) eu cefnogaeth gadarn i'r mudiad cenedlaethol, a bu hynny'n fodd i feithrin cyd-ddealltwriaeth well rhwng dau ddiwylliant Cymru – datblygiad a hybwyd gan waith awduron megis Tony Conran (g.1931) a beirniaid fel M. Wynn Thomas (g.1944). Lleddfwyd yr amheuaeth o ysgrifennu Saesneg yng Nghymru a oedd wedi'i choleddu gan awduron Cymraeg er dyddiau Caradoc Evans yn sgil gwladgarwch agored rhai beirdd a ysgrifennai yn Saesneg, megis **Harri Webb** a **John Tripp**, ac fe'i claddwyd unwaith ac am byth yn 1968 pan grëwyd adran Saesneg o'r **Academi Gymreig**, cymdeithas a oedd wedi'i ffurfio yn 1959 i feithrin llenydda yn Gymraeg. Mwy arwyddocaol byth oedd sefydlu Cyngor y Celfyddydau yn 1967 (gw. **Cyngor Celfyddydau Cymru**). Trwy hynny cafwyd arian cyhoeddus i gynorthwyo awduron ac i gefnogi sefydlu gweisg cyhoeddi (yn 1981 cychwynnwyd Poetry Wales Press a ddaeth yn Seren Books yn ddiweddarach), ac am y tro cyntaf medrai awduron Saesneg ddewis cyhoeddi eu gwaith yng Nghymru (gw. Argraffu a Chyhoeddi). Esgorodd y datblygiadau hyn ar genhedlaeth newydd o awduron, gan gynnwys nifer o fenywod, a'r bardd Gillian Clarke (g.1937) yn amlwg yn eu plith.

Eithr er bod awduron degawdau olaf yr 20g. i gyd yn etifeddion chwyldro'r 1960au, ychydig ohonynt sydd bellach yn arddel gwerthoedd gwleidyddol a diwylliannol y cyfnod hwnnw. Tra mae rhai ohonynt yn olrhain nychdod y Gymru ddiwydiannol a diflaniad arwyddnodau traddodiadol y Cymreictod hwnnw, mae eraill yn ymhyfrydu yn y mudoledd cymdeithasol, a'r lluosogrwydd diwylliannol, sy'n nodweddu'r cyfnod ôl-fodernaidd. Mae'r gair mwys *Shifts* (teitl nofel ôl-ddiwydiannol bwysig Chris Meredith (g.1954), a gyhoeddwyd yn 1988) yn dal naws y corff hwn o ysgrifennu diymrwymiad, eclectig – ysgrifennu sydd weithiau'n lled-ymdebygu, o ran ei amwysedd diwylliannol, i'r gerdd honno gan Ieuan ap Hywel Swrdwal a gychwynnodd y cyfan, yn agos i chwe chanrif yn ôl.

## LLEU LLAWGYFFES

Cymeriad ym mhedwaredd gainc y Mabinogi (gw. **Mabinogion**) yw Lleu neu Llew Llawgyffes ('llaw fedrus'). Gosodir tair tynged arno gan ei fam, **Arianrhod**, sef na chaiff nac enw nac arfau na gwraig o blith merched dynion. Llwydda ei ewythr, **Gwydion**, trwy ddulliau hud, i oresgyn y ddwy dynged gyntaf, ac mewn ateb i'r drydedd mae Gwydion a **Math fab Mathonwy** yn creu gwraig i Lleu o flodau, sef **Blodeuwedd**. Ar ôl i Gronw Pebr, cariad Blodeuwedd, ei daro â gwaywffon, daw Gwydion o hyd iddo yn rhith eryr clwyfedig ar frig derwen yn Nant Lleu (Nantlle; gw **Llanllyfni**). Mae ei enw yn gytras ag enw'r duw Gwyddelig *Lugh* (*Lugus* mewn Galeg).

## LLEWELLYN, David [Richard] (1879–1940) Perchennog glofeydd

Ar ôl cael ei hyfforddi'n beiriannydd mwyngloddio yng **Nghaerdydd** ac yn America, daeth Llewellyn yn berchen ar sawl gwaith glo drifft bach yng nghyffiniau **Aberdâr**. Penderfyniad allweddol yn hanes ei yrfa oedd hwnnw i ymuno â Seymour Berry (gw. **Berry, Teulu**), *c.*1916, mewn ymgais lwyddiannus i ymestyn goruchafiaeth **D. A. Thomas** dros y diwydiant **glo** trwy gyfuno a meddiannu cwmnïau eraill. Fel Berry, arbenigedd Llewellyn oedd cyllid a marchnata ac, i bob pwrpas, y tri dyn hyn a gyflwynodd ddulliau rheoli'r 20g. i faes glo'r de. Yn 1930 cadarnhawyd y cyfuniadau pan ffurfiwyd Welsh Associated Collieries Cyf., cwmni a ymgyfunodd â **Powell Duffryn** yn 1935 i reoli 90 o byllau a gynhyrchai dros 20 miliwn o dunelli metrig o lo.

Roedd Llewellyn, a urddwyd yn farchog yn 1922, yn heliwr brwd; un o'i feibion oedd y neidiwr ceffylau **Harry Llewellyn**. Er iddo fyw am gyfnod maith yn The Court, Sain Ffagan, Caerdydd, fe'i ganed yn Aberdâr ac yno y bu farw.

## LLEWELLYN, Harry (Henry Morton Llewellyn; 1911–99) Neidiwr ceffylau

Gwnaeth Syr Harry Llewellyn gyfraniad canolog yn ystod y 1950au at godi camp neidio â **cheffylau** ym **Mhrydain** o ddinodedd i fri rhyngwladol. Fe'i ganed yn **Aberdâr**, yn fab i'r perchennog pyllau glo **David Llewellyn**, ac ymgartrefodd ger y **Fenni**. Dechreuodd fel rasiwr ar draws gwlad (gw. **Rasio Ceffylau**) a daeth yn ail yn 1936 yn y Grand National. Enillodd fedal efydd yng Ngemau Olympaidd **Llundain** yn 1948, a medal aur am neidio gyda'r tîm Prydeinig yng Ngemau Olympaidd Helsinki yn 1952, wrth farchogaeth Foxhunter, ei geffyl gwinau enwog. Yn ystod ei yrfa enillodd Llewellyn 78 cystadleuaeth ryngwladol. Fe'i cydnabuwyd hefyd am yr hyn a gyflawnodd yn filwrol yn ystod yr **Ail Ryfel Byd**. Mae gweddillion Foxhunter wedi eu claddu ar fynydd Blorens (**Llan-ffwyst Fawr**), lle ceir cofeb i'r ceffyl; gwasgarwyd llwch Llewellyn gerllaw.

## LLEWELLYN, Willie (1878–1973) Chwaraewr rygbi

Pan orchfygodd Cymru y Crysau Duon yn 1905 roedd Willie Llewellyn, fferyllydd a aned yn y **Rhondda**, yn un o'r pedwar aelod o'r tîm a oedd yn gyn-ddisgyblion Coleg Crist, **Aberhonddu**. Yn ei gêm gyntaf yn 1899 chwalodd amddiffyn y **Saeson** a sgorio pedwar cais. Sgoriodd 18 cais mewn 20 ymddangosiad rhyngwladol rhwng 1899 ac 1905. Cymaint oedd ei fri fel chwaraewr nes i'r protestwyr a ymosododd ar Stryd Fawr Tonypandy yn 1910 (gw. **Tonypandy, Terfysgoedd**) adael llonydd i siop fferyllydd Llewellyn.

## LLEWELYN, Desmond [Wilkinson] (1914–99) Actor

Chwaraeodd Desmond Llewelyn, a hanai o **Gasnewydd**, lawer o fân rannau mewn ffilmiau Prydeinig o 1935 ymlaen.

Ymddangosodd mewn 19 o ffilmiau James Bond, gan ddechrau gyda'r ail, *From Russia With Love* (1963). Daeth yn adnabyddus fel y gwyddonydd ecsentrig Major Boothroyd neu 'Q', a luniai ddyfeisiau od a rhyfeddol ar gyfer Bond.

## LLIFON Cwmwd

Roedd y **cwmwd** hwn yng ngorllewin **Môn**, ynghyd â chwmwd **Malltraeth**, yn rhan o gantref **Aberffraw**. Ni wyddys i sicrwydd ymhle yr oedd llys y cwmwd ond gall mai ym **Modedern** yr oedd. Goroesodd yr enw fel enw ar **hwndrwd** wedi'r **Deddfau 'Uno'**.

## LLOEGR A CHYMRU

Lloegr – neu **Mersia**, yn fwy penodol – yn ymestyn ei therfynau a bennodd **ffin** ddwyreiniol Cymru. Er gwaethaf codi **Clawdd Offa**, roedd y ffin yn fwy o ardal nag o linell ar fap, a dyna oedd y sefyllfa hyd nes pennu ffiniau'r **siroedd** trwy Ddeddf 'Uno' 1536 (gw. **Deddfau 'Uno'**). Drwy gydol yr Oesoedd Canol ac wedi hynny, roedd ardaloedd cyfan gwbl Gymraeg eu hiaith a'u trefniant cymdeithasol yn **Swydd Amwythig** a **Swydd Henffordd**. Yn yr un modd, roedd ardaloedd a oedd bron yn hollol Saesneg eu hiaith ar ochr Cymru i'r ffin, yn arbennig yn y gogledd-ddwyrain. Llwyddodd teyrnas Lloegr i sicrhau undod a chydlyniad yn gynt ac i raddau helaethach na gweddill gwladwriaethau Ewrop, ac roedd grym honno yn un o'r prif achosion pam na lwyddodd llywodraethwyr Cymru i sicrhau iddynt eu hunain deyrnas unol fel yr **Alban,** teyrnas a oedd ymhellach o gyrraedd canolbwynt dylanwad Lloegr.

O'r amser pan oedd Alfred yn teyrnasu (871–99), gorfu i lywodraethwyr Cymru gydnabod penarglwyddiaeth **brenhinoedd Lloegr**. Gwnâi'r gydnabyddiaeth honno hi'n bosibl i'r brenhinoedd hynny ymhel fwyfwy â materion yng Nghymru. Er gwaethaf y **Goresgyniad Edwardaidd**, a gwblhawyd yn y 1280au, ni ddaeth Cymru – er ei bod hi'n rhan o diroedd coron Lloegr – yn rhan fewnol o deyrnas Lloegr ei hun. Eto, erbyn yr 16g. roedd economïau'r ddwy wlad wedi hen ymblethu i'w gilydd, yn enwedig trwy'r fasnach **wartheg** a'r fasnach **wlân**, a daethai **Llundain** yn dynfa fawr i Gymry uchelgeisiol. Denai rhannau eraill o Loegr, Bryste a threfi'r Gororau yn enwedig, nifer sylweddol o ymfudwyr o Gymru.

O ddiwedd yr 18g., wrth i'r **boblogaeth** gynyddu, wrth i ddiwydiant ddatblygu ac wrth i ddulliau teithio wella, cynyddodd y llif i Loegr yn fawr, a disodlwyd Llundain gan Lannau Mersi fel y gyrchfan fwyaf poblogaidd i'r rhai a oedd yn gadael Cymru. Erbyn 1901 roedd 265,000 o bobl a aned yng Nghymru yn byw yn Lloegr, gyda 35,000 ohonynt yn Llundain ac 87,000 yn **Swydd Gaer** a Swydd Gaerhirfryn (gw. hefyd **Lerpwl**). Ceisiai llawer o'r allfudwyr greu bychanfydoedd Cymreig yn eu hamgylchedd newydd, ond tueddai'r rhain i edwino gyda threigl y cenedlaethau. Yn ystod y **dirwasgiad** rhwng y ddau ryfel collodd Cymru 390,000 o bobl trwy ymfudo, gyda'r mwyafrif llethol ohonynt yn ymgartrefu yn Lloegr. Mor ddiweddar â'r 1930au siaradwyr Cymraeg oedd lleiafrif ieithyddol mwyaf Lloegr o bell ffordd. Yn 1951 roedd yn Lloegr 649,275 o rai a aned yng Nghymru, ac erbyn hynny roedd ardal Llundain wedi adennill ei safle fel y brif gyrchfan i ymfudwyr o Gymru. Ar ddechrau'r 21g. roedd pobl yn dal i ymfudo, a hynny o'u dewis eu hunain yn hytrach nag adweithio ar raddfa eang i ddiffyg cyfleoedd gwaith gartref.

Ers mil o flynyddoedd a mwy, mae Lloegr wedi bod yn ffactor aruthrol ym mhrofiad y Cymry. Yn sgil twf yr Undeb Ewropeaidd a mwy o deithio tramor, mae gwledydd eraill wedi dechrau dod yn rhan o'u profiad. Serch hyn, Lloegr yw'r gymdoges agosaf, ac mae ganddi boblogaeth sy'n ddwy waith ar bymtheg maint poblogaeth Cymru. Ni ellir ystyried dyfodol Cymru heb gofio am ei phresenoldeb amlwg hithau.

## LLOFRUDDIAETHAU CLYDACH

Arweiniodd y llofruddiaethau hyn, yng **Nghlydach** ger **Abertawe** yn 1999, at yr ymchwiliad llofruddiaeth mwyaf yn hanes Cymru. Cafodd Mandy Power, 34 oed, Doris Dawson, ei mam 80 oed, a'i dwy ferch, Katie ac Emily, 10 ac 8 oed, eu pastynu i farwolaeth gyda bar haearn, ar ôl i Mandy Power wrthod cael ei denu gan David George Morris (g.1962), adeiladwr o Graig-cefn-parc (**Mawr**). Aeth 21 mis heibio cyn i Heddlu De Cymru arestio David Morris, yn dilyn ymchwiliad gyda 50 ditectif a gostiodd £6 miliwn. Dedfrydwyd Morris i garchar am oes yn 2002 wedi achos a barhaodd am 11 wythnos, ond yn ddiweddarach diddymwyd y ddedfryd. Bu'n rhaid cynnal ail brawf yn 2006 pan ddyfarnwyd Morris yn euog drachefn.

## LLONGAU A PHERCHNOGION LLONGAU

Tan tua chwarter olaf y 19g., llongau oedd cynhaliaeth y rhan fwyaf o gymunedau arfordirol Cymru. Roedd llawer ohonynt – yn **Sir Aberteifi**, **Llŷn** a **Môn**, er enghraifft – yn eiddo i'w capteiniaid, ac eraill yn eiddo'n llwyr i rai nad oeddynt yn forwyr. Roedd ffermwyr, yn arbennig, â rhan fawr ym mherchnogaeth llongau, gan ei bod o fantais fawr iddynt fod â rheolaeth dros fewnforio tanwydd ar gyfer eu tanau a chalch i wrteithio eu tir, ac i fod â llongau i allforio eu cynnyrch. Byddai masnachwyr, grwpiau o berthnasau, cwmnïau o bobl leol, crefftwyr a gweinidogion Anghydffurfiol hefyd yn ymwneud â'r fasnach, ac yn cyfrannu at batrwm perchenogaeth cymhleth.

Llongau hwyliau oedd llongau perchnogion y rhannau mwyaf gwledig o'r gorllewin a'r gogledd, a chyn gynted ag y disodlwyd llongau hwyliau gan rai stêm, daeth trai ar ffyniant y teuluoedd hynny a fu unwaith mor llwyddiannus. O'r 37 o berchnogion llongau a oedd yn rhedeg 89 o longau o'u swyddfeydd yn y **Ceinewydd** yn 1865, roedd bron pob un wedi diflannu erbyn 1900. Er hynny, yn ystod cyfnod tranc y llong hwyliau yn chwarter olaf y 19g., buddsoddodd llawer mewn llongau mwy, a'r rheini'n aml wedi'u hadeiladu yng **Ngogledd America** i hwylio ledled y byd. Câi llongau mawr y cefnfor a llongau rigin llawn eu rheoli o **borthladdoedd** fel **Pwllheli**, **Porthaethwy**, **Amlwch**, **Aberystwyth**, y Ceinewydd ac **Aberdaugleddau** – er na fyddent byth braidd yn ymweld â'r porthladdoedd cartref hynny. Capteiniaid a chriw o'r porthladdoedd cofrestru a oedd yn gweithio ar lawer o'r llongau a fasnachai o borthladdoedd mawr **Prydain** – **Lerpwl** a **Chaerdydd**, Newcastle-upon-Tyne a Glasgow. Ymhen amser, byddai rhai o'r perchnogion, fel y llongwyr hwythau, yn symud eu canolfannau i un o'r porthladdoedd hynny.

Tan ddechrau'r **Rhyfel Byd Cyntaf** o leiaf, roedd llawer o berchnogion llongau yn dal i ddefnyddio llongau hwyliau wedi'u gwneud o bren. Roedd **llechi** yn dal i gael eu cludo ar longau hwyliau ymhell wedi tro'r ganrif, ac roedd yn well gan berchnogion llongau **Abertawe**, a oedd â rhan fawr yn

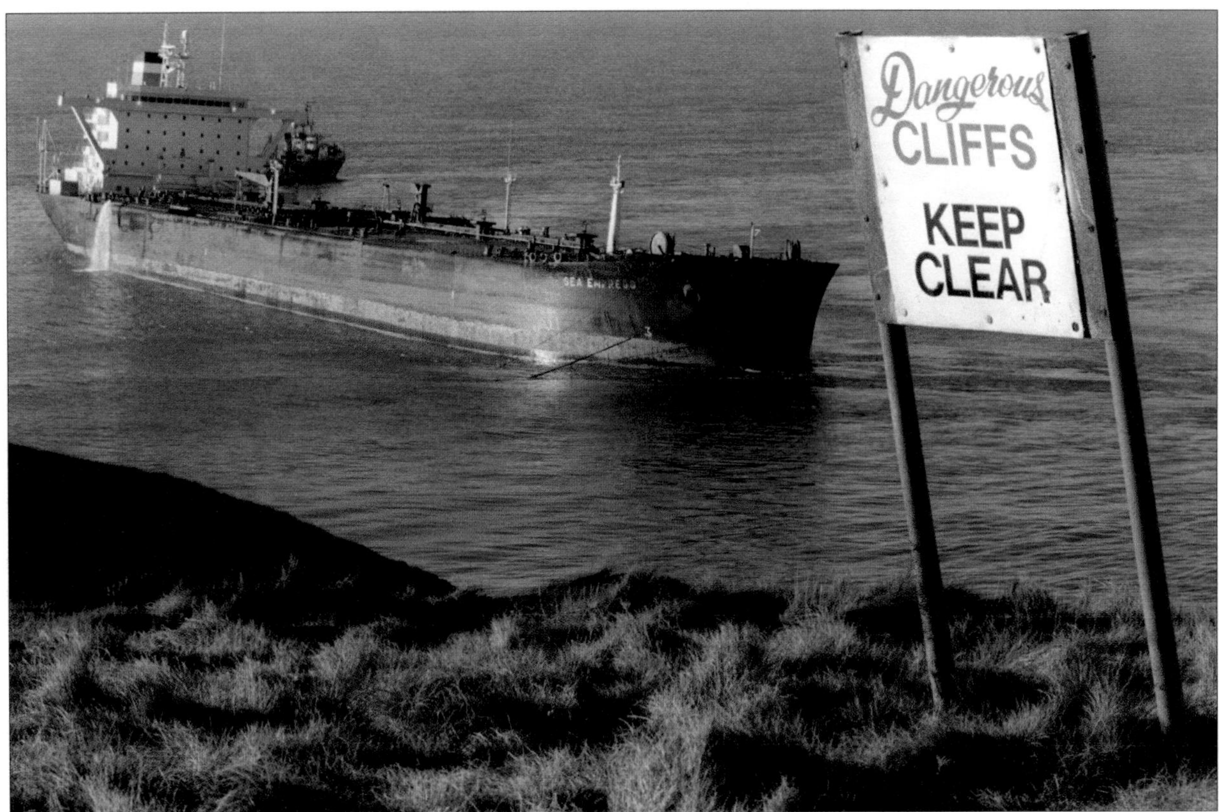


Tancer olew y *Sea Empress*, 1996

y fasnach **gopr** â De America, longau pren, a oedd yn rhad i'w hadeiladu o bren meddal, fel arfer mewn iardiau llongau ar Ynys Prince Edward yng Nghanada. Mae'n sicr i longau gwael eu gwneuthuriad, criwiau esgeulus a pherchnogion barus beri colledion mawr ymhlith llongau Abertawe: rhwng 1873 ac 1895 collwyd cynifer â 200 ohonynt ar y môr.

Dirywio'n gyflym fu hanes Abertawe fel canolfan perchnogion llongau pan ddaeth y llongau stêm haearn, ond tyfodd Caerdydd yn un o brif borthladdoedd Prydain. Denodd nid yn unig y perchnogion a oedd tan hynny wedi gweithredu o bentrefi anghysbell glannau **Sir Benfro** a Sir Aberteifi, ond hefyd wŷr busnes o bob rhan o Ewrop a'r tu hwnt. O Ynysoedd y Sianel y daeth y Brodyr Morel, J. B. Hacquoil a H. B. Marquand; o orllewin **Lloegr** y daeth John Cory a'i gefndryd pell y Brodyr Cory (gw. **Cory, Teuluoedd**), Edward Nicholl, John Angel Gibbs, W. J. Tatem a William Reardon Smith. Daeth llawer o berchnogion llongau o gefn gwlad Cymru, gan gynnwys John Mathias, groser a masnachwr o Aberystwyth, a'r brodyr Owen a Watkin Williams o Bwll-parc, fferm yn Edern (**Nefyn**). Tarddodd nifer o gwmnïau llwyddiannus Caerdydd o **Aber-porth**, ond y mwyaf, a'r mwyaf llwyddiannus o bell ffordd, oedd yr un a sefydlwyd gan y Capten Evan Thomas o Ddolwen, ar y cyd â Henry Radcliffe o **Ferthyr Tudful**: roedd y cwmni hwn yn berchen ar gynifer â 35 o longau cargo yn 1914, a chriwiau o Sir Aberteifi a weithiai arnynt i raddau helaeth. Yn union wedi'r Rhyfel Byd Cyntaf profodd Caerdydd ffyniant rhyfeddol; cynyddodd y nifer o gwmnïau llongau a oedd wedi'u lleoli yno o 57 yn 1919 i 150 yn 1920. Erbyn hynny roedd 500 o longau a allai gludo, rhyngddynt, ddwy filiwn o dunelli metrig wedi'u cofrestru yno – mwy nag yn unman arall yn y byd. Roedd y cwymp, pan ddaeth yn 1921, yn ddramatig.

Yn y gogledd, Lerpwl oedd y prif atyniad i longwyr a pherchnogion llongau **Gwynedd** a Môn. Bu teulu Davies o **Borthaethwy**, Robert Thomas o **Gricieth**, ynghyd ag eraill â'u dechreuadau yng Nghymru, yn hynod lwyddiannus, ond yma hefyd daeth tro ar fyd erbyn y 1920au.

## LLONGDDRYLLIADAU

Oherwydd tywydd garw, camgymeriadau mordwyo a rhyfeloedd, collwyd **llongau** hyd lannau Cymru ar hyd yr oesoedd. Ymhlith y cynharaf y cafwyd hyd iddynt y mae cwch gwaelod gwastad o'r 4g. ym **Magwyr** (1994), a llong hir Lychlynnaidd yn llaid y doc yng **Nghasnewydd** (1878). O ran llongau hwyliau, roedd y sefyllfa ar ei gwaethaf yng nghanol y 19g., pan fyddai dros gant o longddrylliadau y flwyddyn oddi ar arfordir Cymru, a phan foddai, ar gyfartaledd, tua 78 o forwyr bob blwyddyn. Achosodd un storm, yn 1859, 111 o longddrylliadau o gwmpas glannau'r wlad (gw. ***Royal Charter***). Er 1852 mae'r Bwrdd Masnach wedi cadw cofrestr o longddrylliadau, a chyn hynny roedd Rhestr Lloyds, o 1760 ymlaen, yn nodi manylion colledion. Ni oroesodd fawr ddim cofnodion o longddrylliadau cyn y dyddiadau hyn, ond roedd gan arglwyddi maenorau (gw. **Maenor**) hawliau i longau drylliedig, a barai ymryson chwerw ac weithiau ddryllio bwriadol. Yn 1773 drylliwyd llong o Ddulyn ger **Caergybi** oherwydd i ffugoleuadau gael eu dangos o'r lan, a chrogwyd un dyn am ei hysbeilio. Yr un oedd tynged ysbeilwyr Crigyll (**Llanfaelog**), eto ym **Môn**, yn 1741 – digwyddiad a ddisgrifiwyd yn fyw gan Lewis Morris (gw. **Morrisiaid**) yn ei gerdd, 'Lladron

Taith Shon-ap-Morgan, Unnafred Shones a Morgan-ap-Shones i Lundain, 1747

Grigyll'. Ceir hanesion eraill am ddenu llongau ar y creigiau ym **Marloes** yn **Sir Benfro**, **Pen-bre** yn **Sir Gaerfyrddin**, **Gŵyr** a'r As Fach (**Sain Dunwyd)** yn **Sir Forgannwg**.

Achosodd y ddau ryfel byd golledion ger Caergybi, **Aberdaugleddau** ac **Abertawe**. Mae Môn a Phenfro, sydd â llawer o greigiau ac **ynysoedd** heb oleuadau ger eu harfordir, yn enwog am longddrylliadau, ac mae trychinebau yn dal i ddigwydd yn yr ardaloedd hyn: yn 1991, er enghraifft, suddodd y *Kimya*, llong o Malta, ger arfordir Môn, a boddwyd deg o'i chriw; ac yn 1996 tyllwyd y tancer olew, y *Sea Empress*, a gwasgarwyd dros 73,000 tunnell fetrig o **olew** Môr y Gogledd ar hyd arfordir Sir Benfro.

Mae llongddrylliadau bellach yn denu deifwyr hamdden, a chyda dyfeisiau darganfod a lleoli newydd, mae safleoedd llongddrylliadau a fu ynghudd ers blynyddoedd yn cael eu darganfod bob tymor.

## LLUNDAIN A CHYMRU

Yn yr Oesoedd Canol denid y Cymry i Lundain i fod yn filwyr, yn fasnachwyr a chyfreithwyr. Yn sicr, oddi ar gyfnod y **Tuduriaid**, mae cymuned sylweddol o Gymry wedi bod yno, yn bennaf oherwydd mai dyma'r unig ganolfan fetropolitaidd a oedd o fewn cyrraedd gwlad heb fawr ddim trefi mawr ynddi tan y 19g. Edrychid ar Lundain fel ffynhonnell grym politicaidd ac **addysg** ac fel y lle i godi yn y byd. Roedd y bonedd, y gweinyddwyr a'r entrepreneuriaid, a'r tlodion yn arbennig, yn cael eu denu yno. Cerddai'r **porthmyn** â'u da byw yno, anfonai'r cyfoethog eu meibion i Ysbytai'r Frawdlys, ac yno y deuai'r uchelgeisiol am eu huchelswyddi – a'r merched tlawd i chwynnu'r gerddi masnachol.

Yn y 18g. rhoddodd sefydliadau a chymdeithasau newydd hunaniaeth a fframwaith sicrach i Gymry Llundain. Agorwyd ysgol Gymraeg yn 1717, ac yn 1751 sefydlwyd Cymdeithas y **Cymmrodorion**, ac yna'r **Gwyneddigion** a'r **Cymreigyddion**. Mewn tai tafarnau yr oedd y cymdeithasau hyn yn cyfarfod ac roedd ganddynt ddiddordeb byw mewn gwarchod **llenyddiaeth** Gymraeg a hybu gwybodaeth am y gorffennol. Cawsant ddylanwad ar ddatblygiad yr **Eisteddfod**, a chynhaliwyd yr **Orsedd** gyntaf ar Fryn y Briallu (Primrose Hill) yng ngogledd Llundain yn 1792.

Oherwydd tlodi yn yr ardaloedd gwledig, gorfodwyd miloedd i gefnu ar Gymru yn y 19g. gan fwydo anghenion dinas ar gynnydd. Roedd y Cymry yn gynhyrchwyr a gwerthwyr llaeth arbennig o lwyddiannus (efallai i hyn ddod yn sgil porthmona) ac roeddynt yn enwog hefyd am werthu dillad – dolen gyswllt gyda'r diwydiant **gwlân**. Roedd y Cardis (llysenw cyffredin ar bobl o **Sir Aberteifi**) yn amlwg yn y diwydiant llaeth, a daeth rhai o'r busnesau gwerthu dillad yn siopau adrannol enwog y mae adlais o'u gwreiddiau Cymreig yn eu henwau hyd heddiw, megis John Lewis a Dickens and Jones. Roedd y gymuned hon yn troi o amgylch y capeli niferus, a oedd yn ynysoedd o Gymreictod i newydd-ddyfodiaid o Gymru. Roedd cymeriadau amlwg ymhlith Cymry Llundain yn awyddus i wasanaethu eu mamwlad, a gwnaethant lawer, trwy'r Cymmrodorion yn fwyaf arbennig, i sefydlu **Prifysgol Cymru**, **Llyfrgell Genedlaethol Cymru** ac **Amgueddfa [Genedlaethol] Cymru**.

Cynyddodd nifer Cymry Llundain yn ystod y **dirwasgiad** rhwng y ddau ryfel, a rhoddodd y gorlif o athrawon o Gymry egni newydd yn y gymdeithas. Prin fod yr un ysgol yn Llundain heb ddau neu dri o athrawon o Gymru. Ond dirywiodd y bywyd cymdeithasol cryf hwn yn gyflym ar ôl y 1970au, a chaeodd llawer o gapeli wrth i gynulleidfaoedd grebachu. Erbyn diwedd yr 20g. roedd **Caerdydd** yn llyncu llawer o'r 'hufen' a wnâi Lundain mor bwysig i Gymru ar un adeg. Mae'r Cymry yn Llundain ar hyd ac ar led (ni fuont erioed wedi'u crynhoi gyda'i gilydd), er bod yno gymdeithasau llewyrchus o hyd, megis Cymdeithas Cymry Llundain, y Cymmrodorion, tîm **rygbi** Cymry Llundain a'r clwb cymdeithasu ffasiynol SWS. Erbyn heddiw mae llawer o bobl yn dibynnu ar gysylltiadau rhyngrwyd i fodloni eu hawydd i gadw eu hunaniaeth Gymreig ym mhrifddinas **Lloegr**.

Cyn sefydlu'r Amgueddfa Genedlaethol, byddai'r rhan fwyaf o'r trysorau a ganfyddid yn naear Cymru yn dod yn eiddo i'r Amgueddfa Brydeinig. Ymysg y rhain y mae'r fantell aur ryfeddol o'r **Wyddgrug** a darn arian y credir iddo gael ei fathu ar gyfer **Hywel Dda**. Ceir defnyddiau yn y Llyfrgell Brydeinig ac yn yr Archifdy Cenedlaethol (Kew) sy'n hanfodol ar gyfer astudio hanes Cymru.

## LLWCH YMBELYDROL

Cofnodwyd y llwch ymbelydrol cyntaf – o'r elfen artiffisial Strontiwm-90 – yn dilyn dechrau arbrofion gyda bomiau niwclear yn 1952. Lledaenodd y deunydd yn fyd-eang, a chofnodwyd crynodiadau ohono mewn rhai mannau yng Nghymru. Oherwydd y glawiad uchel a **phriddoedd** sy'n brin o galsiwm, arhosodd yr Sr-90 (sy'n debyg iawn i galsiwm) yn y pridd, ac oddi yno fe'i trosglwyddwyd i mewn i laeth ac i mewn i esgyrn plant ifainc. Erbyn 1964, wrth i arbrofion niwclear barhau, cofnodwyd, ar gyfartaledd, 48 uned o strontiwm mewn llaeth yng Nghymru, gyda 224 uned yn **Sir Feirionnydd** a 375 yn **Sir Gaernarfon**. Yn 1958 cyhoeddodd y Cyngor Ymchwil Meddygol y byddai'n fater o bryder mawr pe cofnodid 10 uned neu fwy o Sr-90.

Wythnos wedi'r ffrwydrad yng ngorsaf ynni niwclear Chernobyl, yng ngogledd yr Wcráin, ar 26 Ebrill 1986, ymledodd y cwmwl o lwch ymbelydrol, a ryddhawyd i'r atmosffer, tua'r gogledd ar draws **Prydain**. Achosodd glaw trwm ar 2 a 3 Mai i radiocesiwm gael ei ddyddodi dros oddeutu 4.1 miliwn hectar o **Wynedd** a **Phowys**. Oherwydd natur y pridd dros rannau helaeth o'r ardal hon câi'r llygredd ei amsugno gan weiriau mewn byr o dro. O ganlyniad, gosodwyd cyfyngiadau'n ddiymdroi ar werthu, symud a lladd tua dwy filiwn o **ddefaid** ar 5,000 o ffermydd yng ngogledd-orllewin y wlad. Er gwaetha'r proffwydoliaethau y byddai'r effeithiau a'r cyfyngiadau'n fyrhoedlog, roeddynt yn dal i effeithio ar 53,000ha a 359 o ffermydd yn 2004, pan gyhoeddwyd y gallai'r cyfyngiadau fod mewn grym am 50 mlynedd ychwanegol. Dim ond yn 2004 y dechreuwyd ymchwilio i'r effeithiau ar **iechyd** pobl; cofnodir cyfraddau uwch o lawer o ganser yng Ngwynedd nag yn unman arall yng Nghymru.

## LLWCHWR, Abertawe (729ha; 9,080 o drigolion)

Tua OC 70 sefydlodd y **Rhufeiniaid** gaer – Leucarum – wrth y man isaf lle gellid croesi afon **Llwchwr**. Yn y 12g. cododd y **Normaniaid** amddiffynfa gylch o fewn y gaer ac fe'i cipiwyd gan y Cymry yn 1115, 1136 ac 1213. Tua 1300 gosodwyd ar ben yr amddiffynfa dŵr carreg, y mae rhan ohono wedi goroesi. Wrth i **Abertawe** flodeuo gwelwyd Llwchwr, ail fwrdeistref arglwyddiaeth **Gŵyr**, yn edwino. Y draphont (1852) sy'n cario'r rheilffordd ar draws afon Llwchwr yw'r olaf i oroesi o'r traphontydd pren a gynlluniwyd gan **Brunel**. Yng Nghasllwchwr y ganed **Evan Roberts**, prif arweinydd diwygiad crefyddol 1904–5 (gw. **Crefydd** a **Diwygiadau**). Ceir llechen i'w goffáu ar Gapel Moriah, lle rhoddodd gychwyn ar gyfnod dwysaf y diwygiad. Mae'r coleg ar Heol Belgrave (*c*.1955) ymhlith yr enghreifftiau cynharaf o **bensaernïaeth** fodernaidd yn **Sir Forgannwg**. Pan grëwyd **cymuned** Llwchwr yn 1974 disodlodd blwyf sifil Bwrdeistref Casllwchwr.

## LLWCHWR, Afon (45km)

Mae Llwchwr yn tarddu ar lechweddau gorllewinol y **Mynydd Du** (**Sir Gaerfyrddin** a **Phowys**) yng nghymuned **Dyffryn Cennen**. Wrth lifo tua'r de-orllewin, mae'r afon yn croesi brig y **Calchfaen** Carbonifferaidd, y Grut Melinfaen a'r Cystradau **Glo**. I'r de o **Rydaman**, mae'n ymuno ag Aman, sy'n tarddu ar lechweddau deheuol y Mynydd Du. Mae'n afon lanw i'r de o **Bontarddulais** a gerllaw Castell **Casllwchwr** mae pont ffordd a phont reilffordd yn ei chroesi. Yn nhywod y foryd lydan ceir y gwelyau cyfoethocaf o gocos yng Nghymru (gw. **Pysgod a Physgota**).

## LLWY SERCH neu LLWY GARU

Llwy bren a gerfid yn gywrain fel arwydd o serch i'w chyflwyno gan y llanc a'i cerfiodd i'w gariad. Diau fod yr arfer yn hŷn nag 1667, sef y flwyddyn sydd ar yr enghraifft ddyddiedig gynharaf y gwyddys amdani. Roedd yn arferiad naddu llwyau pren cyffredin gyda'r nos ar yr aelwyd yn ystod misoedd y gaeaf, ond weithiau ychwanegid amrywiol symbolau o gariad, megis calonnau, angorau, cadwyni, **adar** a **phlanhigion**, er mwyn eu gwneud yn addas i fod yn anrhegion serch. Daeth y llwy i ddangos gorchest y cerfiwr yn sgil ymgorffori elfennau cywrain megis panel llydan tyllog yn lle'r goes fain arferol; weithiau ceid dau ben i'r llwy, a'i gwnâi yn gwbl anymarferol ar gyfer bwyta. Bryd arall cerfid cadwyni o beli mewn blychau agored, y cyfan allan o un darn o bren. Gellir tybio mai wrth ddechrau carwriaeth y cyflwynid y rhodd gan y 'sboner', ond nid oedd unrhyw reol bendant. Cafwyd cystadlaethau cerfio llwy serch mewn eisteddfodau lleol yn y 19g., ac yn ddiweddarach, yn ystod yr 20g., daethpwyd i gynhyrchu llwyau serch (yn rhannol trwy ddefnyddio peiriant) ar gyfer eu gwerthu i dwristiaid neu ar gyfer eu cyflwyno mewn priodas.

## LLWYBR ARFORDIR SIR BENFRO

Agorwyd y llwybr hwn yn 1970. Mae'n ymestyn am 295km o **Amroth** yn y de i **Landudoch** yn y gogledd gan fynd heibio clogwyni harddaf Cymru, yn arbennig o gwmpas **Pen-caer**, **Tyddewi**, Staciau Heligog a Phont y Creigiau (**Castellmartin**). Pleser pur yw cerdded ar ei hyd ym mis Mai, gyda'r **morloi** yn bwrw eu lloi ym maeau anhygyrch y gogledd a **phlanhigion** y gwanwyn a'r **adar** ar eu gorau. Ond mae diffygion sylweddol i'r llwybr. Ceir meysydd carafanau gormesol o fawr yn y de, a gwaharddiadau milwrol a mympwyol ar hyd rhan helaeth o benrhyn Castellmartin – y darn mwyaf trawiadol o arfordir **calchfaen** ym **Mhrydain** – sy'n peri i'r llwybr wyro trwy burfeydd **olew** ac ardaloedd diwydiannol. Cyhuddwyd awdurdod y Parc Cenedlaethol (gw. **Parciau Cenedlaethol**) yn **Sir Benfro** o fod yn amharod i ymestyn a rheoleiddio mynediad at yr arfordir hwn; y peth gorau, felly, yw dewis a dethol yn y de, a cherdded rhan ogleddol y llwybr yn unig yn ei chyfanrwydd.

## LLWYBR CLAWDD OFFA

Mae'r llwybr hwn, sy'n dilyn yn rhannol **Clawdd Offa**, yn ymestyn am 290km ar hyd y **ffin**, o **Brestatyn** yn y gogledd

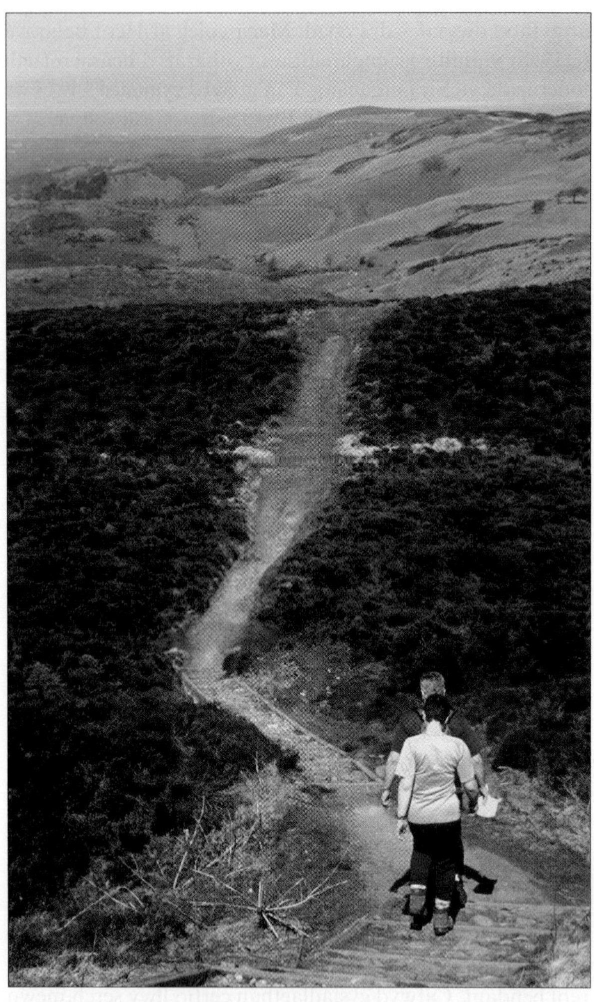

Llwybr Clawdd Offa

hyd at Fôr Hafren yn Slimeroad Pill (Beachley, Swydd Gaerloyw) yn y de. Fe'i hagorwyd yn swyddogol yn 1971. O ran tirwedd y mae gyda'r harddaf o lwybrau hir **Prydain**. Mae'r golygfeydd ar ei hyd yn rhyfeddol o ddeniadol ac amrywiol, a'r cerdded at ei gilydd yn rhwydd a hamddenol, er bod rhannau uwch a mwy garw yn croesi'r gweundir i'r de-orllewin o **Wrecsam** a chrib uchel y **Mynydd Du** (**Sir Fynwy** a **Phowys**) ymhellach i'r de. Mae nifer o hen drefi difyr – **Llangollen**, **Trefaldwyn**, **Trefyclo**, **Llanandras**, y **Gelli**, **Trefynwy**, **Cas-gwent** – ar hyd y llwybr neu'n gyfleus o agos iddo, a'r rheini'n ychwanegu at fwynhad y cerdded a'r awyrgylch hanesyddol. Ar wahân i gyfnodau gwyliau, mae'r llwybr hefyd yn rhyfeddol o dawel.

## LLWYD AP IWAN (1862–1909) Arloeswr

Gŵr a gyfrannodd at wireddu gweledigaeth ei dad, **Michael D. Jones**, o wladfa Gymreig ym **Mhatagonia**. Wedi'i fagu yn y **Bala** a'i hyfforddi'n beiriannydd ac yn dirfesurydd yn **Lloegr** a'r Almaen, ymfudodd i'r Wladfa yn 1886 ac yno bu'n arolygu'r gwaith o greu rheilffordd a chamlesi ac yn arwain teithiau i'r Andes i chwilio am diroedd newydd a mwynau. Yn 1909 cafodd ei saethu'n farw gan fanditiaid – neb llai na Butch Cassidy a'r Sundance Kid yn ôl un traddodiad, ond tebyg mai dau a oedd yn gysylltiedig â hwy, William Wilson a Bob Evans, a oedd yn gyfrifol.

## LLWYD, Angharad (1780–1866) Hynafiaethydd a llenor

Angharad Llwyd oedd un o brif gasglwyr llawysgrifau a chopïwyr ei dydd. Fe'i ganed yng **Nghaerwys** lle'r oedd ei thad yn rheithor. Etifeddodd ei lyfrgell ef ac ychwanegodd yn sylweddol at ei gasgliad o lawysgrifau a dogfennau. Ymwelai'n gyson â phlastai **Sir Ddinbych**, **Sir y Fflint** a **Sir Feirionnydd** gan chwilota am ddeunydd ar gyfer ei hymchwil ar hanes Cymru ac achau'r hen deuluoedd bonheddig. Yn ddiweddarach diogelwyd llawer o'i hadysgrifau a'i llawysgrifau gwreiddiol yn y **Llyfrgell Genedlaethol**. Cefnogai'r eisteddfodau taleithiol (gw. **Eisteddfod**) gan gystadlu'n frwd, ac ar sail ei thraethodau eisteddfodol a'i chyhoeddiadau ar hanes Cymru fe'i derbyniwyd i'r **Orsedd** yn 1821.

## LLWYD, Morgan (1619–59) Llenor a bardd Piwritanaidd

Ganed Morgan Llwyd yng Nghynfal Fawr, **Maentwrog**. Aeth i'r ysgol yn **Wrecsam** yn 16 oed ac yno, dan ddylanwad pregethu'r Piwritan **Walter Cradock**, cafodd dröedigaeth. Ynghyd â Cradock ac eraill, bu â rhan, yn 1639, yn sefydlu'r eglwys annibynnol gyntaf (gw. **Annibynwyr**) yn **Llanfaches**; yno hefyd y priododd ag Ann Herbert, a ganed iddynt o leiaf 11 o blant. Yn 1643 dilynodd Llwyd yr eglwys i Fryste ac yna i **Lundain**, lle ymrestrodd yn gaplan ym myddin y Senedd, y bu'n ei dilyn o gwmpas de **Lloegr**. Ar ôl y **Rhyfeloedd Cartref** dychwelodd i Wrecsam ac fe'i penodwyd yn brofwr dan y **Ddeddf er Taenu'r Efengyl yng Nghymru (1650)** ac yn weinidog (1656). Yn Wrecsam y bu farw.

Er ei fod wedi ysgrifennu barddoniaeth yn **Gymraeg** ac yn **Saesneg**, gan gynnwys cerdd astrolegol, fel un o bencampwyr rhyddiaith Gymraeg yr ystyrir Llwyd yn bennaf (cynhyrchodd bum gwaith yn ei famiaith a thri yn Saesneg). Yn 1653 ysgrifennodd dair cyfrol gyda'r bwriad o baratoi'r Cymry ar gyfer ailddyfodiad Crist, sef *Llythur ir Cymru cariadus*, *Gwaedd ynghymru yn wyneb pob Cydwybod* a *Llyfr y Tri Aderyn*, ei gyfrol enwocaf. Ynddynt gwelir milflwyddiaeth Llwyd a dylanwad cyfriniaeth Jakob Böhme, yr Almaenwr, ar ei feddwl, ond yn ei Gymraeg trosiadol, grymus ef ei hun y mynegir y syniadau.

## LLWYDLO A CHYMRU

Gellir olrhain hanes Llwydlo, sydd bellach yn dref dawel o tua 7,500 o drigolion ym mherfeddion **Swydd Amwythig**, yn ôl i *c.*1085 pan sefydlwyd y castell a'r fwrdeistref. Tua 1306 daeth y dref, trwy briodas, i feddiant Roger Mortimer (m.1330), perchennog arglwyddiaethau helaeth yn y **Mers** (gw. **York, Teulu**). Yn 1425 cyflwynodd Anne, yr olaf o'r Mortimeriaid, diroedd y teulu i'w gŵr, Richard, iarll Cambridge, yna i'w mab Richard, dug York ac yn 1460 i'w hŵyr, Edward IV, gan sicrhau mai'r brenin Iorcaidd fyddai'r pwysicaf ymhlith arglwyddi'r Mers. Yn 1471 daeth Llwydlo, a fu'n ganolfan weinyddol tiroedd y Mortimeriaid ers tro byd, yn bencadlys y drefn frenhinol yng Nghymru, ac ymgartrefodd tywysog Cymru a'i gyngor yn y castell. O 1471 hyd 1689 (ac eithrio'r blynyddoedd 1483–9 ac 1642–61), Llwydlo, fel cartref **Cyngor Cymru a'r Gororau**, oedd prifddinas answyddogol Cymru, er ei bod yn gwbl Seisnig ei hawyrgylch. Elwodd y dref ar ei statws, fel y tystia ei gwestai hardd, y cofebau gwych yn ei heglwys a'r neuadd drawiadol a godwyd o fewn muriau'r castell yn 1561.

## LLWYNOGOD neu CADNOID

Fel ei gefnder y blaidd (gw. **Bleiddiaid**), roedd y llwynog (neu gadno yn y de) yn bresennol yng Nghymru yn ystod y cyfnod rhyngrewlifol 225,000 o flynyddoedd yn ôl. Er gwaethaf canrifoedd o erlid gan ffermwyr, helwyr llwynogod (gw. **Hela**) a chiperiaid, mae'r llwynog coch yn ffynnu bron ym mhobman ar wahân i'r **ynysoedd** oddi ar yr arfordir. Bu'n absennol dros gyfnod hir ym **Môn**, ond fe'i hailsefydlodd ei hun ar yr ynys yn gynnar yn y 1960au, tua'r un adeg ag y dechreuodd ymaddasu i amgylcheddau trefol, gan ddod erbyn diwedd yr 20g. yn greadur nid anghyffredin mewn dinasoedd a threfi. Ar ôl blynyddoedd o ddadlau, daeth hela llwynogod â **chŵn** yng Nghymru a **Lloegr** yn anghyfreithlon yn 2005.

Chwaraeodd y llwynog ran amlwg mewn llên gwerin, **llenyddiaeth** ac **enwau lleoedd** Cymraeg. Mewn rhai ardaloedd fe'i hystyrid yn ysbïwr y diafol, a chredid bod gweld nifer o lwynogod gyda'i gilydd yn dwyn anlwc; ond roedd gweld un ar ei ben ei hun yn y bore yn arwydd da. Caiff cyfaredd y fath gyfarfyddiad ei ddal yn soned enwog **R. Williams Parry**, 'Y Llwynog'.

## LLWYTGOED, Rhondda Cynon Taf (820ha; 1,382 o drigolion)

Mae'r **gymuned** hon, sydd i bob pwrpas yn un o faestrefi **Aberdâr**, yn ymestyn hyd at gopa Mynydd Aberdâr (457m). Dyma safle'r gwaith **haearn** cynharaf o bwys yn ardal Aberdâr (1801–66). Mae olion y mwyngloddiau bach lle câi'r haearnfaen ei gloddio yn britho rhannau helaeth o'r ardal hyd heddiw. Mae pont hardd (1834), a gludai dramffordd dros afon Cynon, wedi goroesi. Tua diwedd y 19g. roedd Llwytgoed yn ddibynnol ar lofa Dulas. Mae Tai Scale (1912–14) yn glwstwr hardd o dai a ysbrydolwyd gan egwyddorion yr ardd-bentref. Agorwyd Amlosgfa Llwytgoed yn 1971.

## LLYCHLYNWYR

Mae'r cofnodion Cymreig cynharaf am y rhai a elwid yn **Gymraeg** yn *Gynt* (y cenhedloedd, h.y. paganiaid) yn cyfeirio atynt yn ymosod ar arfordir Cymru yng nghanol y 9g. Ymddengys iddynt ymsefydlu mewn dwy ardal. Mae tystiolaeth **enwau lleoedd** (ond heb yr un cofnod cyfoes) yn awgrymu eu bod wedi ymsefydlu ar diroedd yn ardal **Abertawe**: deillia'r enw Saesneg Swansea o'r Hen Norseg, *Sveinn* (enw priod) + *ey* 'ynys'. Mae'n bosibl fod **Môn** wedi cael ei llywodraethu'n barhaol neu'n ysbeidiol gan y llinach Wyddelig-Sgandinafaidd a fu'n rheoli Dulyn o *c*.902 hyd at adeg **Gruffudd ap Cynan** (m.1137), a oedd ei hunan yn ŵyr i frenin Llychlynnaidd Dulyn. Mae darganfyddiadau archaeolegol diweddar o Lanbedr-goch (**Llanfair Mathafarn Eithaf**) yn tueddu i gadarnhau'r dybiaeth hon, a daw'r enw Saesneg ar Fôn, Anglesey, o'r Norseg – yr enw priod *Ongull* + *ey* 'ynys'. Ymysg enwau lleoedd eraill yng Nghymru y mae eu ffurfiau Saesneg o darddiad Norseg y mae Fishguard (**Abergwaun**), ac **ynysoedd** megis Bardsey (Enlli), Caldey (Ynys Bŷr) a Skomer (Sgomer).

Yn 853 gwnaeth y Llychlynwyr gyrch ar Ynys Môn, ond yn 856 gorchfygodd Rhodri ap Merfyn (**Rhodri Mawr**) eu harweinydd, Horm, a'i ladd er mawr bleser i lys yr ymerodraeth Ffrancaidd. Yn wir, mae'n debyg mai llwyddiant Rhodri yn erbyn y Llychlynwyr a enillodd iddo'r epithed 'Mawr'. Llwyddodd Anarawd ap Rhodri i oresgyn llawer o'r gogledd gyda chymorth y Llychlynwyr a oedd wedi gwladychu Northumbria. Mae'n ymddangos bod ei fab, Idwal Foel, wedi ochri'n gyson â'r Gwyddelod Sgandinafaidd yn erbyn y **Saeson**, yn arbennig yn 937 a 940–2. Mae'n debyg fod parodrwydd Hywel ap Cadell (**Hywel Dda**) i gynghreirio gyda brenhinoedd Wessex – ac efallai i dderbyn eu penarglwyddiaeth –yn deillio o awydd teyrnasoedd Cristnogol i gydweithredu yn erbyn ymosodwyr paganaidd. Bu'n rhaid i'r de-ddwyrain, a oedd dan warchodaeth y Saeson o'r 880au, ddioddef ymosodiadau gan y Llychlynwyr a oedd yn gweithredu o orllewin **Lloegr**. Yn 914 cafodd Cyfeiliog, esgob **Morgannwg**, ei gipio ganddynt a bu'n rhaid i Edward yr Hynaf (899–924) dalu pridwerth amdano. Yn niwedd y 10g. ymosododd Maccus a Gofraid, a oedd â'u canolfan ar Ynysoedd Heledd (yr Hebrides), ar nifer o fynachlogydd yng Nghymru, gan gynnwys **Caergybi**, **Tywyn**, **Llanbadarn Fawr** (**Ceredigion**), **Llancarfan** a **Thyddewi**. Yn 989 talodd Maredudd ab Owain dreth o geiniog y pen i'r 'Cenhedloedd Duon' (sef y Daniaid, mae'n debyg), tâl a ddehonglir orau fel llwgrwobr i gael gwared arnynt. Dengys llinach Gruffudd ap Cynan fod y teuluoedd o Lychlyn a fu'n rheoli ym **Mhrydain** ac **Iwerddon** wedi rhyngbriodi'n helaeth gyda theuluoedd brenhinol brodorol dros y cenedlaethau. Felly, erbyn yr 11g., efallai nad oedd cysylltiadau gwleidyddol bellach yn adlewyrchu tarddiadau ethnig. Gellir ystyried mai cam olaf yr ymosodiadau gan y Llychlynwyr ar Gymru oedd goresgyniadau'r **Normaniaid**, disgynyddion Northmyn a oedd wedi ymsefydlu yn ardaloedd isaf dyffryn Seine.

## LLYDAW A CHYMRU

Rhwng y 5g. a'r 7g. gwladychwyd Armorica gan siaradwyr Brythoneg o **Brydain**, a daethpwyd i alw'r wlad yn Brydain Fach neu Lydaw. Er mai o dde-orllewin Prydain y deuai'r mwyafrif o'r ymfudwyr, yn ôl pob tebyg, ymddengys fod gan yr arweinyddion gysylltiadau â theuluoedd brenhinol Cymru. Mae bucheddau'r saint a'r cyfeiriadau at Lydawyr yn y gerdd *Armes Prydein* (gw. **Darogan**) o'r 10g. yn dangos bod Cymru, **Cernyw** a Llydaw yn endid diwylliannol, crefyddol ac ieithyddol yn yr Oesoedd Canol cynnar. O ail hanner yr 11g. ymlaen daeth llawer o Lydawyr i Gymru wrth i'r **Normaniaid** ymledu. Yn eu plith yr oedd cyndadau **Sieffre o Fynwy**, awdur y rhoddodd ei waith gychwyn i gwlt y brenin **Arthur**, cwlt y gwnaeth y Llydawyr gymaint i'w ledaenu.

Tua diwedd yr Oesoedd Canol arferai Cymru a Llydaw fasnachu llawer â'i gilydd, ac yn Llydaw y cafodd Harri Tudur (gw. **Tuduriaid**) loches wrth ffoi o **Ddinbych-y-pysgod** yn 1471. O'r 17g. ymlaen roedd ysgolheigion fel **John Davies** (*c*.1567–1644) ac **Edward Lhuyd** yn ymchwilio i'r tebygrwydd rhwng ieithoedd y Cymry a'r Llydawyr, a bu llawer o ddiddordeb yng Nghymru yn syniadau'r Llydawr Paol Pezron (Paul-Yves Pezron) ynglŷn â tharddiad y **Celtiaid**.

Erbyn y 19g. roedd diddordeb cynyddol mewn pan-Geltigiaeth; rhoddodd prif ladmerydd yr ymdeimlad hwn yng Nghymru, Carnhuanawc (**Thomas Price**), gymorth i Ar Gonideg wrth i hwnnw gyfieithu'r Testament Newydd (1827) – a gwerthwyd mwy ohono yng Nghymru nag yn Llydaw. Cynigiodd y Foneddiges Charlotte Guest hithau nawdd i Villemarqué, a gyfieithai farddoniaeth Lydaweg o'r Oesoedd Canol, ac a fu'n llên-ladrata ei gwaith hi yn ddiweddarach (gw. **Guest, Teulu**). I'r Cymry, fodd bynnag, cartref **Sioni**

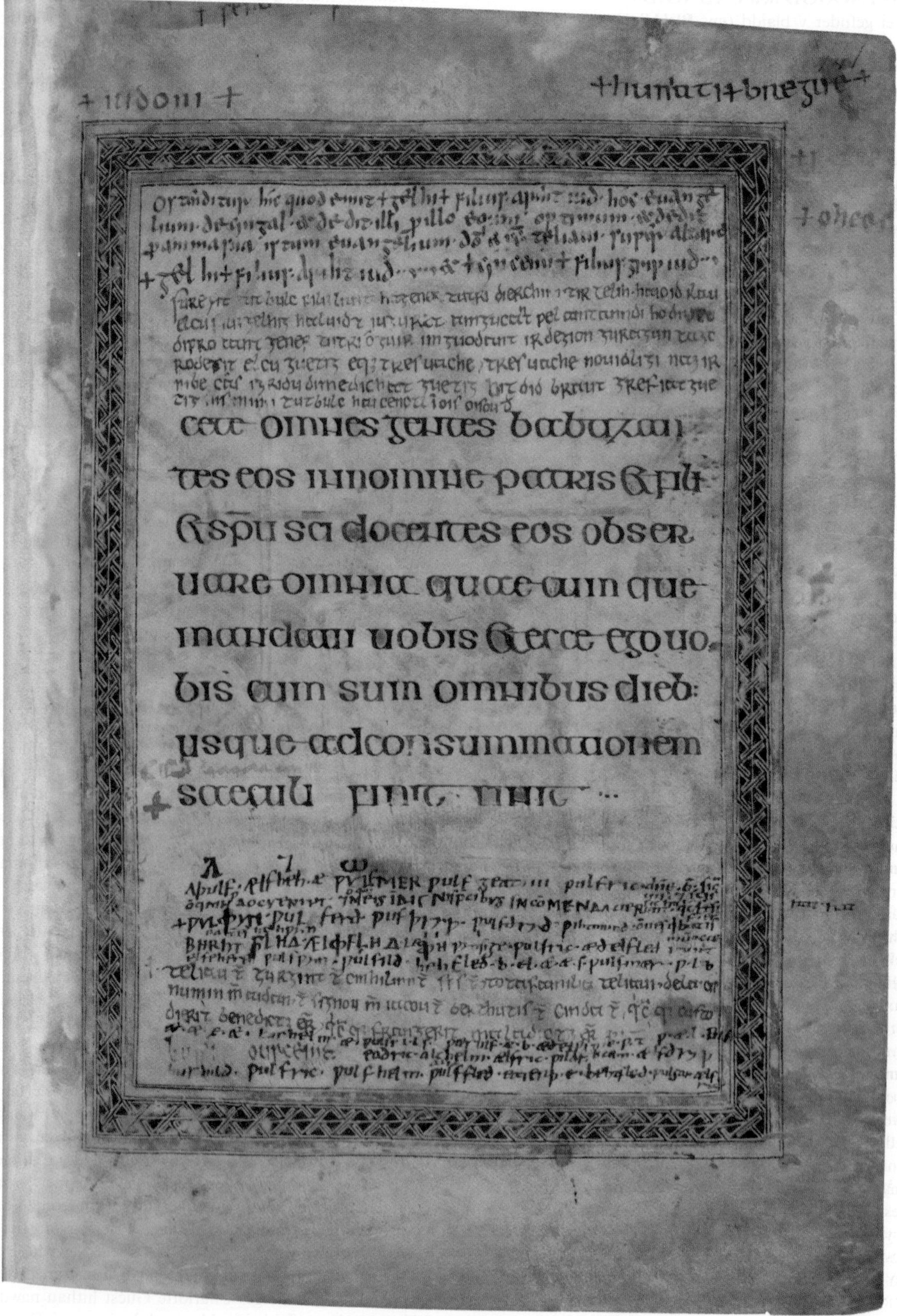

Cofnod 'Surexit' yn *Llyfr St Chad*

**Wynwns** oedd Llydaw yn anad dim arall, ac i'r Protestaniaid defosiynol yn eu plith, cartref Catholigion anwybodus. Anfonwyd cenhadon Protestannaidd i Lydaw, ac yn eu tro daeth offeiriaid Catholig o Lydaw i efengylu i Gymru.

Yn yr 20g. ysgrifennodd Llydawyr megis Taldir, Abeozen a Per Denez am Gymru tra bu i awduron o Gymry, fel **Ambrose Bebb**, J. Dyfnallt Owen a **J. E. Caerwyn Williams** ddwyn Llydaw i sylw'r Cymry. Bu gwerth ymarferol i'r cysylltiadau rhwng y ddwy wlad ar derfyn yr **Ail Ryfel Byd**, pan gynorthwyodd rhai Cymry Lydawyr a oedd wedi eu cyhuddo o gydweithio gyda'r Almaenwyr a oedd wedi meddiannu'r wlad. Yn 1987 sefydlwyd cymdeithas i hybu'r cysylltiadau rhwng Cymru a Llydaw. (Gw. hefyd **Cymdeithasau Celtaidd**.)

### *LLYFR ANCR LLANDDEWIBREFI*

Llawysgrif yn cynnwys y casgliad cynharaf a helaethaf o destunau crefyddol Cymraeg yw hon. Nodir gan ei hysgrifennwr iddi gael ei llunio yn 1346 ar gais Gruffudd ap Llywelyn ap Phylip, uchelwr o Rydodyn, **Talyllychau**. Y tebyg yw mai cyfraniad yr ysgrifydd profiadol o **Landdewibrefi** a roddodd ei enw i'r llawysgrif oedd copïo a chrynhoi testunau a fodolai eisoes yn y **Gymraeg**. Cedwir y llawysgrif bellach yn Llyfrgell Bodley, **Rhydychen**. Mae'n cynnwys fersiwn Cymraeg o Fuchedd **Dewi Sant**.

### *LLYFR ANEIRIN*

Mae'r llawysgrif fechan hon o ail hanner y 13g. yn cynnwys yr unig gopi canoloesol o'r '**Gododdin**', cerdd a briodolir i **Aneirin** (*fl.*6g.) Mae'r testun yn anghyflawn ac yn cynnwys dau fersiwn annibynnol o'r gerdd a ysgrifennwyd gan ddau gopïwr a oedd yn gyfoes â'i gilydd. Ymddengys fod fersiwn llaw B wedi ei chopïo o gynsail a ysgrifennwyd mewn Hen Gymraeg (gw. **Cymraeg**) ond mae orgraff ac iaith fersiwn llaw A yn ddiweddarach. Cedwir y llawysgrif bellach yn Llyfrgell Ganolog Caerdydd.

### *LLYFR COCH HERGEST*

Casgliad helaeth a threfnus yw hwn o bron pob math o **lenyddiaeth** Gymraeg a ysgrifennwyd yn yr Oesoedd Canol, yn rhyddiaith a barddoniaeth, gweithiau brodorol a chyfieithiadau. Fe'i hysgrifennwyd tua 1400, yn bennaf gan Hywel Fychan ap Hywel Goch, ysgrifydd proffesiynol o **Fuellt**, ar gyfer yr uchelwr Hopcyn ap Tomas ab Einion o Ynysforgan ger Ynystawe yng Nghwm **Tawe**. Mae'n debyg i'r llawysgrif ddod i feddiant teulu'r Fychaniaid, Tretŵr (gw. **Llanfihangel Cwm Du** a **Vaughan, Teulu (Tretŵr)**), ac yna i ddwylo Fychaniaid Hergest (gw. **Vaughan, Teulu (Hergest)**). Fe'i cedwir bellach yn Llyfrgell Bodley, **Rhydychen**. Cafodd *Llyfr Gwyn Hergest*, yr oedd o leiaf rannau ohono yn llaw **Lewys Glyn Cothi**, ei ddinistrio gan dân yn 1810.

### *LLYFR DU CAERFYRDDIN*

Y llawysgrif hon yw'r casgliad ysgrifenedig hynaf o farddoniaeth Gymraeg. Fe'i lluniwyd dros gyfnod o nifer o flynyddoedd yng nghanol y 13g. gan ysgrifydd anhysbys. Cymysgedd o gerddi crefyddol a seciwlar yn dyddio o'r 9g. hyd y 12g. a geir ynddi. Ar adeg **diddymu'r mynachlogydd** yn yr 16g., achubwyd y llawysgrif o briordy Awgwstinaidd **Caerfyrddin**. Anodd bod yn sicr ai yno y'i hysgrifennwyd, ond awgryma diddordeb yr ysgrifydd yng nghanu mawl y de-orllewin ac mewn cerddi a gysylltid â **Myrddin** y gallai hynny fod yn wir. Cedwir y Llyfr Du yn y **Llyfrgell Genedlaethol**.

### *LLYFR GWEDDI GYFFREDIN, Y*

Cyfieithwyd fersiwn 1552 o'r Llyfr Gweddi **Saesneg** i'r **Gymraeg** gan **William Salesbury** yn 1567, yn unol â Deddf Cyfieithu'r Beibl i'r Gymraeg (1563). Yn 1599 cyhoeddodd **William Morgan** argraffiad newydd yn unol â safonau ei gyfieithiad o'r **Beibl**. Yn dilyn ei waith yn diwygio'r Beibl Cymraeg ar gyfer argraffiad 1620, cyhoeddodd **John Davies** o Fallwyd (*c.*1567–1644) fersiwn arall o'r Llyfr Gweddi Cymraeg yn 1621. Gwaharddwyd y defnydd o'r Llyfr Gweddi gan y Senedd Faith yn 1645 ond fe'i hadferwyd gan y Ddeddf Unffurfiaeth (1662). Rhwng 1660 ac 1730 ymddangosodd 19 fersiwn o'r Llyfr Gweddi Cymraeg, yn cynnwys un diwygiedig (1664) ac argraffiadau **Stephen Hughes** (1678) a'r **Gymdeithas er Taenu Gwybodaeth Gristnogol** (1709). Mabwysiadwyd fersiwn diwygiedig o'r Llyfr Gweddi gan yr **Eglwys yng Nghymru** yn y 1960au.

### *LLYFR GWYN RHYDDERCH*

Llawysgrif yw hon o ganol y 14g. sy'n cynnwys casgliad pwysig o destunau rhyddiaith Cymraeg yr Oesoedd Canol, yn eu plith chwedlau'r **Mabinogion** a nifer o weithiau crefyddol. Credir iddi gael ei llunio *c.*1350 ar gyfer yr uchelwr Rhydderch ab Ieuan Llwyd o Barcrhydderch, **Llangeitho**, gan dîm o bum ysgrifydd ac iddynt gysylltiad ag Abaty **Ystrad-fflur**. Mae'r llawysgrif, sydd wedi'i rhwymo yn ddwy gyfrol mewn **lledr** gwyn, yn rhan o gasgliad Peniarth (gw. **Llanegryn**) yn **Llyfrgell Genedlaethol Cymru**.

### *LLYFR ORIAU LLANBEBLIG*

Dyma'r unig Lyfr Oriau sydd o darddiad Cymreig sicr. Ysgrifennwyd y llawysgrif hon, sy'n perthyn i ddiwedd y 14g., yn **Lloegr** ar gyfer noddwraig Gymreig, yn fwy na thebyg Isobel Godynough o Lanbeblig (gw. **Caernarfon**), ac fe'i cedwir yn y **Llyfrgell Genedlaethol**. Ychwanegwyd pedwar ffolio o finiaturau tudalen llawn at y llyfr a gwnaed hyn yn lleol, enghraifft brin o gelfyddyd lawysgrifol Gymreig; yn eu plith ceir darlun posibl o **Macsen Wledig**.

### *LLYFR ST CHAD*

Llawysgrif Ladin addurnedig yw *Llyfr St Chad*, y cyfeirir ato weithiau fel *Llyfr Teilo* ac fel *Efengylau Caerlwytgoed*. Mae'n cynnwys testunau Efengylau Sant Mathew a Sant Marc ynghyd â rhan o Efengyl Luc. Credir bod y llawysgrif yn dyddio o hanner cyntaf yr 8g., ac mae'n bosibl iddi gael ei chadw yn **Llandeilo Fawr**. Ond erbyn diwedd y 10g. roedd yn eiddo i eglwys gadeiriol y Santes Fair a Sant Chad yng Nghaerlwytgoed yn Swydd Stafford; fe'i cedwir bellach yn llyfrgell yr eglwys gadeiriol yno, lle ceir arddangosfa sy'n egluro ei harwyddocâd. Mae'r llawysgrif yn cynnwys cofnod enwog 'Surexit', sef darn byr o ryw 64 o eiriau, wedi'i ysgrifennu yn bennaf mewn Hen Gymraeg ac yn ymwneud â mater cyfreithiol – credir yn gyffredinol mai dyma'r darn hynaf o **Gymraeg** ysgrifenedig sydd wedi goroesi mewn llawysgrif.

### *LLYFR TALIESIN*

Llawysgrif yw hon sy'n cynnwys casgliad o'r cerddi a dadogwyd ar **Taliesin** (*fl.*6g.) a hefyd farddoniaeth amrywiol ei natur a gysylltid â phersona'r bardd hwnnw. Gwaith beirdd anhysbys yw'r rhan fwyaf o'r cerddi, ond gall mai Taliesin, y bardd hanesyddol, oedd awdur rhai ohonynt. Copi o gynsail goll yw'r llawysgrif a wnaed gan ysgrifydd dienw yn gynnar yn y 14g., rhywle yn y de-ddwyrain. Y mae bellach yn rhan o gasgliad Peniarth y **Llyfrgell Genedlaethol**.

## LLYFRGELL GENEDLAETHOL CYMRU

Roedd creu casgliad cynhwysfawr o ddeunydd ysgrifenedig Cymraeg a Cheltaidd yn un o gynlluniau uchelgeisiol cynnar y **Cymmrodorion** yng nghanol y 18g., ond ni chafodd ei wireddu. Yn y 1850au bu'r llyfrgarwr o Sais, Thomas Phillipps (1792–1872), yn chwilio am gartref i'w gasgliad sylweddol o lyfrau a llawysgrifau Cymreig: bu'n ystyried sawl lleoliad gwahanol, gan gynnwys **Abertawe**, **Llanymddyfri** a Chastell **Maenorbŷr**, ond mynd i'r gwellt a wnaeth ei gynllun yntau ar y pryd. Yn **Eisteddfod** Genedlaethol yr **Wyddgrug** yn 1873 y cychwynnwyd o ddifrif ar ymgyrch i sicrhau llyfrgell hawlfraint genedlaethol i Gymru ac ystorfa i'w thrysorau diwylliannol. Yn y 1890au bu **Herbert Lewis** yn ymgyrchu'n galed dros gael Llyfrgell ac **Amgueddfa Genedlaethol** i'r genedl. Yn 1896, yn dilyn marwolaeth Thomas Phillipps, roedd llyfrgell Caerdydd wedi prynu rhan orau ei gasgliad Cymreig, gan gynnwys ***Llyfr Aneirin***, yn y gobaith y byddai'r Llyfrgell Genedlaethol yn cael ei sefydlu yno. Yn 1905, fodd bynnag, argymhellodd pwyllgor o'r Cyfrin Gyngor sefydlu'r llyfrgell yn **Aberystwyth** a'r amgueddfa yng **Nghaerdydd**. Rhoddwyd siarteri brenhinol i'r ddau sefydliad yn 1907.

Cartref y Llyfrgell pan agorodd gyntaf yn Ionawr 1909 oedd yr hen Neuaddau Cynnull yn Aberystwyth, ond yn 1916 symudodd i'w chartref presennol mewn adeilad pwrpasol a gynlluniwyd gan Sidney Kyffin Greenslade uwchlaw'r dref. Ychwanegwyd adeiladau newydd at yr un gwreiddiol dros y blynyddoedd, ac agorwyd y diweddaraf o'r rhain yn 2004. Yn sgil Siartr Atodol 2006 disodlwyd Llys a Chyngor y Llyfrgell gan Fwrdd yr Ymddiriedolwyr y mae iddo 15 o aelodau. Y Trysorlys a fu'n gyfrifol am ariannu'r sefydliad tan 1965; fe'i dilynwyd gan y **Swyddfa Gymreig** ac yna'r **Cynulliad Cenedlaethol**.

Bu gan Goleg Prifysgol Cymru (gw. **Prifysgol Cymru, Aberystwyth**) ran amlwg yn natblygiad y llyfrgell, gan drosglwyddo ei Lyfrgell Gymreig a chasgliadau eraill i'w gofal. Mae'n arwyddocaol hefyd i **John Williams** o Blas Llansteffan (1840–1926), perchennog y llyfrgell fwyaf i'w chynnull yng Nghymru, addo ei chyflwyno i'r genedl pe sefydlid y Llyfrgell Genedlaethol yn Aberystwyth. Ordeiniwyd yn siarter y llyfrgell mai ei phrif ddyletswydd yw cadw a chasglu llawysgrifau, llyfrau a darluniau o bob math sy'n ymwneud â Chymru neu'r gwledydd Celtaidd, yn ogystal â gweithiau mewn ieithoedd eraill. Rhoddwyd i'r llyfrgell yr hawl i gasglu deunyddiau sain a chlyweledol yn ôl telerau siarter atodol 1978. Ar hyn o bryd mae iddi dair adran: Adran Casgliadau, Adran Gwasanaethau Cyhoeddus ac Adran Gwasanaethau Corfforaethol. Amcangyfrifir bod ei daliadau'n cynnwys tua 4 miliwn o ddeunyddiau printiedig, 4 miliwn o ddogfennau a gweithredoedd, 40,000 o lawysgrifau a chasgliad enfawr o ddarluniau, **mapiau**, recordiau sain a thapiau fideo.

Casgliad pwysicaf y Llyfrgell yw llyfrgell John Williams o tua 25,000 o gyfrolau. Mae'r llyfrgell hon yn cynnwys casgliad Castell Shirburn a gynullwyd gan Moses Williams (gw. **Samuel a Moses Williams**) y ceir ynddo gopïau o'r mwyafrif o'r llyfrau Cymraeg cynharaf. Mae llyfrgelloedd Edward Owen (1850–1904) a **J. H. Davies** hefyd yn perthyn i'r casgliadau sylfaenol, a chyflwynwyd nifer o gasgliadau pwysig i'r llyfrgell dros y blynyddoedd, fel eiddo F. W. Bourdillon, A. R. Llewellin-Taylor a **G. J. Williams**. Galluogwyd y Llyfrgell i adeiladu casgliad cynhwysfawr o gyhoeddiadau Prydeinig modern trwy weithrediad Deddf Hawlfraint 1911 a roddodd hawl iddi gael copi rhad ac am ddim o bob llyfr a chylchgrawn a gyhoeddir yn y Deyrnas Unedig a Gweriniaeth Iwerddon.

Ymhlith trysorau pennaf y Llyfrgell y mae casgliad Hengwrt–Peniarth, a oedd eto'n rhodd gan John Williams. Mae'r casgliad hwn o dros 500 o gyfrolau, a fu'n eiddo i **Robert Vaughan**, Hengwrt (**Llanelltud**), yn cynnwys y rhan fwyaf o'r prif destunau llenyddol a hanesyddol Cymraeg. Yn 1926 cymeradwywyd y Llyfrgell gan Feistr y Rholiau fel man i gadw cofysgrifau maenorol, ac yn 1944 trosglwyddwyd iddi gofysgrifau esgobaethol ac eglwysig yr **Eglwys yng Nghymru** gan Gorff Cynrychioliadol yr Eglwys. Mae'r Archif Wleidyddol Gymreig yn cynnwys papurau pleidiau a mudiadau gwleidyddol a phrif wleidyddion Cymru.

Ceir yn y Llyfrgell ddeunyddiau graffig o bob math, yn lluniau a phrintiau topograffaidd, portreadau a ffotograffau fel eiddo **John Thomas** (1838–1905), **Lerpwl**, a **Geoff Charles**, darluniau olew a dyfrlliw, cartwnau, effemera fel posteri a chardiau post, a mapiau **degwm** a'r Arolwg Ordnans. Bu cynnydd aruthrol yng nghasgliadau'r adran o ddeunyddiau clyweledol, yn dapiau sain, fideo a **ffilm**. Yn 2001 sefydlwyd Archif Genedlaethol Sgrîn a Sain Cymru sy'n tynnu ynghyd y casgliadau sain a delweddau symudol.

Mae'r Llyfrgell yn gyfrifol am gynnull a chyhoeddi amrywiaeth o gatalogau a llyfryddiaethau, er enghraifft *Bibliotheca Celtica* (1909–84) a'r *Subject Index to Welsh Periodicals* (1968–84). Mae *Llyfryddiaeth Cymru* (1985–) yn gyfuniad o'r ddau gyhoeddiad hyn. Yn 1987 cyhoeddwyd *Libri Walliae* (gwaith Eiluned Rees), llyfryddiaeth o lyfrau Cymraeg a llyfrau a argraffwyd yng Nghymru o 1546 hyd 1820. Rhestrir y llawysgrifau yn *Handlist of Manuscripts in the National Library of Wales* (1940–), a chyhoeddir *Cylchgrawn Llyfrgell Genedlaethol Cymru* ddwywaith y flwyddyn. Mae'r datblygiadau mewn technoleg gyfrifiadurol wedi galluogi'r llyfrgell i ehangu ei gwasanaethau i ddefnyddwyr ac ysgolheigion ledled y byd.

Y llyfrgellydd cenedlaethol cyntaf oedd John Ballinger (1909–30); fe'i holynwyd ef gan William Llewelyn Davies (1930–52), **Thomas Parry** (1953–8), Evan David Jones (1958–1969), David Jenkins (1969–79), R. Geraint Gruffydd (1980–5), Brynley F. Roberts (1985–94), Lionel Madden (1994–8) ac Andrew Green (1998–).

## LLYFRGELLOEDD CYHOEDDUS

O dan Ddeddfau Llyfrgelloedd Cyhoeddus 1850 ac 1855 cafodd awdurdodau lleol (yn **fwrdeistrefi** a **phlwyfi**) yr hawl i sefydlu llyfrgelloedd cyhoeddus trwy drethi lleol, ond dim ond chwe awdurdod yng Nghymru a oedd wedi manteisio ar hynny erbyn 1886. Y cyntaf o'r rhain oedd **Caerdydd** yn 1862 ac fe'i dilynwyd gan **Gasnewydd**, **Abertawe** a **Wrecsam**, ac yna drefi llai fel **Bangor** ac **Aberystwyth**. Roedd rhai o'r llyfrgelloedd a sefydlwyd yn y lleoedd hyn wedi etifeddu casgliadau sefydliadau megis cymdeithasau llenyddol a sefydliadau'r gweithwyr, ac roedd dyngarwyr lleol – tirfeddianwyr

Porth Neigwl yn Llŷn

a diwydianwyr fel rheol – yn aml yn annog awdurdodau i sefydlu llyfrgelloedd. Crëwyd yn rhai o'r llyfrgelloedd cynnar gasgliadau ymchwil nodedig o ddeunyddiau Cymreig. Araf, serch hynny, fu'r cynnydd ac anwastad y ddarpariaeth. Yn 1913 roedd mwy na hanner **poblogaeth** Cymru (54%) allan o gyrraedd llyfrgell gyhoeddus, er bod nifer o awdurdodau wedi manteisio ar haelioni Andrew Carnegie er 1897 a'r Carnegie United Kingdom Trust (CUKT) o 1913 ymlaen. Er bod cynghorau sirol wedi eu sefydlu yn 1889, ni chawsant hawl i weithredu fel awdurdodau llyfrgell hyd nes i Ddeddf Llyfrgelloedd Cyhoeddus 1919 ddod i rym. Roedd gan gynghorau plwyf, fodd bynnag, yr hawl i sefydlu llyfrgelloedd a chafwyd yr enghraifft gyntaf yn **Llanuwchllyn** yn 1895. Yn dilyn deddf 1919, **Sir Gaernarfon** oedd y sir gyntaf i sefydlu gwasanaeth llyfrgell sirol ac erbyn 1932 roedd gweddill **siroedd** Cymru wedi dilyn ei hesiampl. Yn sgil Deddf Llyfrgelloedd Cyhoeddus ac Amgueddfeydd 1964, daeth gorfodaeth gyfreithiol ar bob awdurdod lleol i ddarparu gwasanaeth 'cynhwysfawr ac effeithiol'. Effeithiwyd yn sylweddol ar gyfundrefn llyfrgelloedd cyhoeddus Cymru gan ad-drefnu llywodraeth leol yn 1974 ac 1996 (gw. **Llywodraeth**), ac mae rhai gwasanaethau wedi dioddef oherwydd diffyg adnoddau digonol. Bellach gweinyddir y gwasanaethau gan y 22 awdurdod unedol, gyda **Chynulliad Cenedlaethol Cymru** yn gyfrifol am gynnal safonau. Yn y 1950au dechreuodd faniau llyfrgell ymweld ag ardaloedd gwledig; **Sir Aberteifi** a arloesodd gyda'r gwasanaeth hwn. Bu llyfrgellydd y sir honno, **Alun R. Edwards**, yn gyfrifol am ddatblygiadau arloesol ym myd **argraffu a chyhoeddi** yng Nghymru. Erbyn dechrau'r 21g. roedd llyfrgelloedd cyhoeddus yn cynnig ystod ehangach o wasanaethau, gan gynnwys defnydd o gyfrifiaduron.

## LLŶN Penrhyn, cantref a chyn-ddosbarth gwledig

Gorwedd gorllewin penrhyn **Llŷn** ar greigiau Cyn-Gambriaidd sy'n barhad o'r rhai hynny a geir ym **Môn**. Mae gweddill y penrhyn yn gorwedd gan fwyaf ar greigiau Ordofigaidd a dyllwyd gan ddeunydd igneaidd gan roi bod i fryniau megis Garn Boduan (**Nefyn**). Yn yr Oesoedd Canol roedd ochr ddwyreiniol y penrhyn o fewn cantref **Arfon** a chwmwd **Eifionydd**; cantref Llŷn oedd y rhan orllewinol, yn cynnwys cymydau **Dinllaen**, **Cymydmaen** a **Chafflogion** – enwau a oroesodd fel enwau ar hwndrydau yn y cyfnod ar ôl y **Deddfau 'Uno'**. Daeth Llŷn yn ddosbarth gwledig yn 1894; daeth yn rhan o ddosbarth **Dwyfor** yn 1974.

## LLYN Y FAN FACH, Chwedl

Mae'r chwedl yn gysylltiedig â Llyn y Fan Fach (**Llanddeusant**) a leolir mewn llecyn prydferth ar ochr ddwyreiniol y **Mynydd Du** (**Sir Gaerfyrddin** a **Phowys**). Mae'r stori yn adrodd sut y bu i un o feibion fferm Blaen Sawdde briodi merch dlos a ymddangosodd o ddyfroedd y llyn. Buont yn byw'n hapus ar fferm Esgair Llaethdy, **Myddfai**, gan fagu tri mab. Ar ôl i'w gŵr ei tharo'n ysgafn a difeddwl â **haearn** ar dri achlysur, gan dorri felly addewid a roddwyd cyn y briodas, dihangodd yn ôl i'r llyn ac fe'i dilynwyd gan yr anifeiliaid a roddwyd iddi yn waddol adeg ei phriodas. Yn ddiweddarach, ymddangosodd i'w meibion yn Llidiard y

Llyn y Fan Fach

Meddygon gan ddatguddio i'w mab hynaf, Rhiwallon, rinweddau **planhigion** a'u defnydd meddygol. Daeth Rhiwallon a'i dri mab yntau yn feddygon enwog, gan roi bod, meddir, i linach hir **meddygon Myddfai**.

## LLYNNOEDD

Y tu hwnt i **Eryri**, prin yw llynnoedd Cymru; yn **Sir Ddinbych**, **Sir Fynwy**, **Sir Drefaldwyn** a **Sir Faesyfed**, nid oes nemor un pwll naturiol o ddŵr yn haeddu'r enw llyn. Mae'r rhan fwyaf o lynnoedd Cymru yn fach; ym Mharc Cenedlaethol Eryri (gw. **Parciau Cenedlaethol**) ceir o leiaf 250 o lynnoedd, ond mae arwynebedd ymhell dros eu hanner yn llai na 3.5ha. Y llyn mwyaf yng Nghymru yw Llyn Tegid, y **Bala**, ac er ei fod yn 6km o hyd, yn 454ha o ran ei arwynebedd ac yn cynnwys tua 45,000 megalitr o ddŵr, mae'n llai o ran ei hyd, ei arwynebedd a'i gyfaint na nifer o **gronfeydd dŵr** y wlad. Y tu hwnt i ucheldiroedd y gogledd a'r gorllewin, y llyn mwyaf yw Llyn Syfaddan, sydd tua 2km o hyd ac iddo arwynebedd o 140ha. Gyda'i gilydd, y mae i lynnoedd a chronfeydd dŵr Cymru arwynebedd o 130km sgwâr, sef 0.626% o arwynebedd y wlad.

Yn yr ardaloedd mynyddig, erydiad rhewlifol a fu'n bennaf cyfrifol am greu'r basnau y mae llynnoedd yn eu llenwi. Yn wir, bu'r peiran islaw copa'r **Gluder Fawr**, sy'n cynnwys Llyn Idwal, yn destun astudiaethau rhewlifol oddi ar y 1840au. Mae'r basnau ar loriau nifer o'r peiranau wrth odre'r **Wyddfa** yn cynnwys llynnoedd, nifer ohonynt yn ddwfn iawn, megis Llyn Glaslyn (39m) a Llyn Llydaw (57m). Y dyfnaf o lynnoedd Cymru yw Llyn Cowlyd (67.7m), fry uwchlaw Dyffryn **Conwy**. Cronnodd rhai llynnoedd peiran y tu ôl i argaeau o waddodion rhewlifol, marianau a ddyddodwyd o amgylch trwynau rhewlifau bach. Cyfuniad o fasnau creigiog neu greicafnau ac argaeau marianol sy'n gyfrifol am lynnoedd megis Llyn Cau, dan gopa **Cadair Idris**, Llyn Llygad Rheidol dan gopa **Pumlumon**, Llyn y Fan Fach (gw. **Mynydd Du (Sir Gaerfyrddin a Phowys)**) a Llyn Fawr (gw. **Rhigos, Y**).

Ac eithrio Llyn Tegid a Llyn Myngul (Tal-y-llyn; gw. **Llanfihangel-y-Pennant**), mae llynnoedd hirgul yn gyfyngedig i gyffiniau'r Wyddfa lle'r oedd erydiad rhewlifol ar ei ddwysaf. Mae nifer ohonynt yn llenwi creicafnau dwfn ar loriau cafnau rhewlifol, megis llynnoedd Cwellyn (37m), Peris (55m) a Phadarn (27m). Bas yw Llyn Myngul yn Nyffryn Dysynni, sydd wedi cronni y tu ôl i falurion tirlithriad enfawr a ymgasglodd pan ddymchwelodd y llethrau serth dan gopa'r Graig Goch. Bas hefyd yw Llyn Syfaddan ac, fel nifer o lynnoedd eraill yng Nghymru, mae'n llenwi pant mewn dyddodion rhewlifol.

Ar hyd yr arfordir ceir rhai enghreifftiau o lynnoedd a gronnodd y tu ôl i dafodau, bariau a thwyni tywod, megis Pwll Cynffig (**Corneli**) a rhai o'r llynnoedd yn **Llanfaelog** a **Llanfair-yn-neubwll** (**Môn**).

Yn ddaearegol, nodweddion byrhoedlog yw llynnoedd. Mae'r llyn 3km o hyd a lanwai'r creicafn ar lawr Nant Ffrancon, yn dilyn enciliad rhewlif Ffrancon, wedi hen lenwi â gwaddodion. Datblygodd Cors Caron wrth i'r llyn a gronnwyd y tu ôl i farian ar lawr Dyffryn **Teifi** araf lenwi â llaid a mawn yn ystod y 10,000 o flynyddoedd a aeth heibio. Diflannu hefyd fu hanes dau o'r llynnoedd bach rhwng Llyn y Fan Fawr a Llyn y Fan Fach, fel y tystia'r **enwau lleoedd** Pwll yr Henllyn a Sychlwch. Gall llynnoedd gael eu rhannu hefyd; yn wreiddiol, un llyn hirgul oedd Llyn Padarn a Llyn Peris ond fe'i rhannwyd gan waddodion a ysgubwyd i mewn iddo gan afon Arddu.

Bordhwylio ar Lyn Tegid

*Fflora a ffawna llynnoedd Cymru*

Cymharol ychydig o **blanhigion**, megis beistonnell ferllyn, bidoglys y dŵr a'r frwynen oddfog, a gynhelir gan lynnoedd yr ucheldiroedd, sy'n cynnwys dŵr asidig, prin ei faetholion. Mewn llynnoedd y mae eu dŵr wedi'i liwio'n frown gan fawn corsydd cyfagos, mae migwyn a mwsoglau eraill yn dra chyffredin, a'r rheini'n tyfu, yn amlach na pheidio, mewn cysylltiad â chwysigenddail cigysol. Gall llynnoedd cynhesach yr iseldiroedd, ac ynddynt fwy o faetholion, gynnal amrywiaeth o blanhigion, rhai'n tyfu dan y dŵr, eraill ar ei wyneb a rhai'n codi eu pennau uwchlaw'r dŵr. Ymhlith y rhain ceir gwahanol rywogaethau o ddyfrllys, lili'r dŵr, bwyd yr hwyaid, myrddail tywysennaidd a'r gorsen. Ystyrir mai Cymru yw un o brif gynefinoedd y dŵr-lyriad nofiadwy, sy'n gynyddol brin.

Yr enwocaf o **bysgod** llynnoedd Cymru yw gwyniad Llyn Tegid (*Coregonus clupeoides pennantii*), pysgodyn mudol a esblygodd yn rhywogaeth wahanol wedi iddo gael ei gaethiwo yn y llyn ar ddiwedd yr Oes Iâ ddiwethaf. Pysgodyn arall sydd â hanes tebyg yw torgoch Llyn Cwellyn. Tra mae'r rhan fwyaf o lynnoedd Cymru yn gynefin i'r brithyll brodorol, mae llawer ohonynt yn cynnwys rhywogaethau dieithr, y brithyll seithliw yn bennaf ond hefyd frithyll Loch Leven yn Llyn Idwal. Mae Llyn Syfaddan yn nodedig ar gyfrif nifer o wahanol rywogaethau o bysgod; yn 1188 cofnododd **Gerallt Gymro** fod y llyn yn diwallu galw'r wlad am benhwyaid, draenogiaid dŵr croyw, brithyllod, sgretenod a llysywod. Yn ddiweddar, mae'r falwen ludiog, sy'n brin iawn, wedi'i hailddarganfod yn Llyn Tegid. Mae llynnoedd y wlad hefyd yn gynefin i'r rhan fwyaf o'r gwahanol **famaliaid**, **adar** ac anifeiliaid eraill sy'n gysylltiedig ag **afonydd** Cymru.

*Llynnoedd a mytholeg*

Mae'r diddordeb mewn llynnoedd yn nodwedd amlwg ar fytholeg Cymru. Un o'r hoff fotiffau yw hwnnw am briodferch y tylwyth teg, stori sy'n gysylltiedig ag o leiaf ddau ddwsin o lynnoedd Cymru (gw. **Llyn y Fan Fach**, **Chwedl**). Ffefryn arall yw hwnnw am y ddinas suddedig. Yn ôl yr hanes, boddwyd plas Tegid dan ddyfroedd Llyn Tegid, a honnid bod modd clywed clychau'r ddinas ar wely Llyn Syfaddan pan gâi'r dyfroedd eu cynhyrfu. Gall fod rhywfaint o wirionedd yn rhai o'r chwedlau, gan fod tref Cynffig ynghladd dan Lyn Cynffig a'r twyni tywod cyfagos. Hawliwyd mai ar lan Llyn Tegid y treuliodd **Arthur** ei lencyndod, a bod ei gleddyf, Caledfwlch, wedi cael ei daflu i mewn i Lyn Llydaw, y dyfroedd yr hebryngwyd y brenin drostynt. Yn ôl traddodiad a gofnodwyd gan Gerallt Gymro, gerbron tywysog cyfreithlon Cymru yn unig y canai adar Llyn Syfaddan. Fel y dengys y darganfyddiadau yn Llyn Fawr a Llyn Cerrig Bach (Llanfair-yn-neubwll), roedd y **Celtiaid** o'r farn fod llynnoedd yn safleoedd cysegredig lle gellid cymodi â'r duwiau trwy daflu gwrthrychau gwerthfawr i mewn i'r dyfroedd.

*Defnydd dyn o lynnoedd a'i oblygiadau*

Dengys tystiolaeth archaeolegol fod glannau llynnoedd ar lawr gwlad, lle ceid digonedd o bysgod, wedi bod yn safleoedd aneddiadau oddi ar yr Oes Neolithig (gw. **Oesau Cynhanesyddol**). Gallai ynysoedd caerog o waith dyn neu granogau mewn llynnoedd fod yn safleoedd ar gyfer aneddiadau y gellid eu hamddiffyn. Yn ôl pob tebyg, roedd y crannog yn Llyn Syfaddan yn un o gartrefi llinach frenhinol **Brycheiniog**;

mae Cronicl yr **Eingl-Sacsoniaid** yn cofnodi ymosodiad y **Saeson** ar y 'cadarnle' yn *Brecenan Mere* yn 916. Bu llynnoedd yn bwysig yn hanes diwydiant; câi mwyn **copr** ei gludo ar draws Llyn Llydaw a **llechi** ar hyd Llyn Padarn.

Y defnydd dwysaf a wnaed o lynnoedd oedd eu helaethu er mwyn creu cronfeydd dŵr. Codwyd argaeau ar draws yr afonydd sy'n draenio nifer o lynnoedd Eryri, megis Llyn Cwellyn, Llyn Cowlyd a Llyn Llydaw, er mwyn eu gwneud yn gronfeydd effeithiolach ar gyfer dibenion domestig a diwydiannol, ac i ddarparu dŵr digonol ar gyfer cynlluniau trydan dŵr (gw. **Ynni**). Y defnydd mwyaf dyfeisgar o lynnoedd yw cynllun Dinorwig (**Llanddeiniolen**) lle manteisir ar y gwahaniaeth rhwng uchder Llyn Marchlyn Mawr (580m) a Llyn Peris (100m) i gynhyrchu trydan.

Mwy ymwthgar yw'r defnydd o lynnoedd ar gyfer **twristiaeth**, datblygiad sy'n amlwg iawn o amgylch Llyn Tegid a Llyn Syfaddan, lle mae'r garthffosiaeth sy'n deillio o wersylloedd ar lannau'r llyn, a gweithgareddau megis sgïo dŵr yn achos yr olaf, yn bygwth difetha'r cydbwysedd ecolegol bregus. Mae gweithgareddau dynol eraill wedi difetha rhai llynnoedd. Mwyngloddio copr a fu'n gyfrifol am ddifa'r brithyllod yn Llyn Llydaw a Llyn Glaslyn. Mae plannu conwydd ar raddfa eang yn creu dŵr asidig iawn. Gall gorddefnydd o wrteithiau hefyd beri bod y dŵr sy'n llifo i mewn i lynnoedd yn llawn maetholion, ac o ganlyniad mae'n hyrwyddo tyfiant toreithiog sy'n llygru wrth iddo bydru. Er 1974, pan ddaeth popeth yn ymwneud â dŵr yn gyfrifoldeb yr Awdurdod Afonydd Cenedlaethol, aethpwyd i'r afael â'r fath broblemau ond ni chawsant eu datrys yn gyfan gwbl.

## LLYSFAEN, Conwy (562ha; 2,652 o drigolion)

Mae gan y **gymuned** hon, sydd yn ei hanfod yn faestref ddwyreiniol i **Fae Colwyn**, hanes hir o gloddio am **galchfaen**. Yn 1399 ymosodwyd ar Richard II yn Nhrwyn Penmaen; y canlyniad fu cyfres o ddigwyddiadau a arweiniodd at ei ddiorseddu. Hyd at 1923, pan drosglwyddwyd yr ardal i **Sir Ddinbych**, roedd Llysfaen yn rhan o **Sir Gaernarfon**. Adferwyd eglwys ddeugorff Sant Cynfran yn llwyr yn 1870. Ar fryn uwchlaw mae gorsaf **delegraff** a godwyd yn 1841 i anfon negeseuon semaffor i **longau** a oedd yn hwylio i **Lerpwl**.

## LLYTHYR PENNAL

Dogfen a anfonwyd o **Bennal** gan **Owain Glyndŵr** at Charles VI, brenin Ffrainc, ar 31 Mawrth 1406. Cytunodd Owain i drosglwyddo ufudd-dod eglwysig Cymru oddi wrth bab Rhufain i bab Avignon. Hawliai Owain ddwy brifysgol ar gyfer Cymru, un yn y gogledd ac un yn y de, eglwys annibynnol i'r wlad ac offeiriaid yn rhugl yn y **Gymraeg**. Cedwir y llythyr yn archifau cenedlaethol Ffrainc, ac fe'i harddangoswyd ar fenthyg yn **Llyfrgell Genedlaethol Cymru** yn 2000.

## LLYWARCH AP LLYWELYN (Prydydd y Moch; *fl.*1175–1225) Bardd

Bu Llywarch Brydydd y Moch yn fardd llys i dywysogion **Gwynedd** am dros hanner canrif. Yn ystod ei flynyddoedd cynnar canodd i o leiaf bump o ddisgynyddion **Owain Gwynedd** a fu'n ymgiprys am rym, sef ei feibion Rhodri a **Dafydd ab Owain Gwynedd**, eu neiaint, Maredudd a Gruffudd ap Cynan, ac ŵyr Owain, **Llywelyn ap Iorwerth**. Pan lwyddodd Llywelyn i gipio'r awenau tua 1200, daeth Llywarch yn fardd iddo a'i wasanaethu hyd ddiwedd ei oes gan lunio cerddi grymus o gefnogaeth i'w bolisi o uno Cymru oll o dan ei awdurdod. Cerddi mawl a marwnad i dywysogion yw'r rhan fwyaf o'i waith, ond cadwyd hefyd **awdl** grefyddol, rhieingerdd a cherdd enigmatig i'r Haearn Twym sydd yn ymddangos fel swyn-weddi. Mae arwyddocâd llysenw hynod y bardd yn ddirgelwch.

## LLYWARCH HEN Ffigwr chwedlonol

Y prif gymeriad mewn cylch o englynion o'r 9g. neu'r 10g., 'Canu Llywarch Hen'. Fe'i darlunnir fel hen ŵr blin ac unig a yrrodd bob un o'i 24 mab i'w tranc ar faes y gad trwy ei ymffrost a'i wawd.

## LLYWEL, Sir Frycheiniog, Powys (10,770ha; 524 o drigolion)

Mae'r **gymuned** hon yn cynnwys rhannau uchaf afonydd **Tawe** ac **Wysg**, Fan Brycheiniog (802m; copa uchaf y **Mynydd Du (Sir Gaerfyrddin** a **Phowys))**, Llyn y Fan Fawr a rhan o gronfa ddŵr **Wysg**. Mae Eglwys Dewi Sant, a saif ar ei phen ei hun ar lan Nant Gwydderig, yn enghraifft dda o **bensaernïaeth** Berpendicwlar Gothig. Ynddi ceir colofnfaen ac arno arysgrif **Ogam** a chopi plastr o Garreg Llywel – carreg Ogam arall y daethpwyd o hyd iddi yng Nghwm **Crai** ac sydd bellach yn yr Amgueddfa Brydeinig. Ar fur yr eglwys ceir plac i goffáu'r dychanwr deifiol Brutus (**David Owen**), sydd wedi'i gladdu yn y fynwent, ac mae'r pâr o gyffion sydd i'w gweld yn yr addoldy hefyd yn ennyn diddordeb. Bu pentref Trecastell yn rhan o etholaeth bwrdeistref **Aberhonddu**, a bu ambell ysgarmes rhwng pobl y ddau le gan fod trigolion Trecastell yn tueddu i fod yn wahanol i fwrdeisiaid y dref sirol o ran eu teyrngarwch gwleidyddol. Ar Fynydd Bach Trecastell saif clwstwr o gylchoedd cerrig o'r Oes Efydd (gw. **Oesau Cynhanesyddol**) ac olion dau wersyll Rhufeinig ar gopa'r Pigwn – mannau aros dros nos ar y ffordd Rufeinig o Aberhonddu i **Lanymddyfri**.

## LLYWELYN AP GRUFFUDD (m.1282) Tywysog Cymru

Ail fab i **Gruffudd ap Llywelyn ap Iorwerth**. Ymddengys ei enw mewn cofnodion hanesyddol am y tro cyntaf yn 1243. Pan fu farw ei ewythr, **Dafydd ap Llywelyn**, yn 1246, ef oedd yr olynydd amlwg, ond wedi i'w frawd hŷn, Owain, ddychwelyd o **Loegr**, rhannwyd **Gwynedd** rhyngddynt, trefniant a gadarnhawyd yng **Nghytundeb Woodstock** (1247), a osododd amodau darostyngol arnynt. Derbyniodd trydydd brawd, **Dafydd ap Gruffudd**, ran o'r etifeddiaeth yn 1252. Yn 1255 gorchfygodd Llywelyn ei ddau frawd a'i sefydlu ei hun yn unig reolwr Gwynedd Uwch **Conwy**. Yn 1256 ychwanegodd Llywelyn y **Berfeddwlad** at ei diroedd, ac yn ystod y ddwy flynedd ganlynol daeth â'r rhan fwyaf o'r Gymru frodorol (***Pura Wallia***) dan ei reolaeth. Mae'n bosibl fod y rhan fwyaf o'r arweinwyr Cymreig eraill wedi gwneud gwrogaeth iddo yn 1258, y flwyddyn pan alwodd ei hun yn dywysog Cymru am y tro cyntaf. Yn gynnar yn y 1260au cafodd enillion pellach yn y **Mers**, a phan ddaeth yn rhyfel cartref yn **Lloegr** yn 1264 cynghreiriodd gydag arweinydd y barwniaid, Simon de Montfort (gw. **Montfort, Teulu**). Yn Pipton (**Bronllys**) yn 1265 cyflwynodd Llywelyn yr amodau yr oedd wedi bod yn eu ceisio gan y brenin er 1259: cael ei gydnabod yn dywysog Cymru ac yn arglwydd ar y rheolwyr Cymreig eraill.

Arweiniodd diwedd y rhyfel cartref at **Gytundeb Trefaldwyn** (1267). Cydnabu Harri III Lywelyn yn dywysog Cymru ac yn arglwydd ar yr arweinwyr brodorol Cymreig eraill; roedd yr un gydnabyddiaeth i'w hymestyn i'w olynwyr. Cytunodd Llywelyn i dalu 25,000 marc (£16,667) dros ddeng mlynedd a gwnaeth wrogaeth i'r brenin. Ond daeth cyfres o argyfyngau yn y 1270au, gydag anghydfod ym **Morgannwg** a hefyd yn Nyffryn **Hafren** oherwydd codi castell yn Nolforwyn (**Llandysul (Sir Drefaldwyn)**). Bu farw Harri III yn 1272; methodd Llywelyn â gwneud gwrogaeth i'w olynydd, Edward I, ac ni fynychodd y coroni na pharhau â'r taliadau a oedd yn ddyledus yn ôl Cytundeb Trefaldwyn. Yn 1274 cynllwyniodd ei frawd, Dafydd, gyda **Gruffudd ap Gwenwynwyn** i lofruddio Llywelyn. Nid dyma'r tro cyntaf i Ddafydd drosglwyddo'i deyrngarwch; cafodd y cynllwyn ei rwystro gan dywydd drwg, ac erbyn diwedd y flwyddyn roedd y cynllwynwyr wedi dianc i Loegr. Gwrthododd Llywelyn wneud gwrogaeth i Edward hyd nes y byddent wedi eu trosglwyddo i'w ofal. Gan ei fod bellach heb etifedd, cafodd hen gynllun i briodi â merch Simon de Montfort, Eleanor, ei adfer, ac yn 1275 cychwynnodd Eleanor o Ffrainc. Cafodd ei chipio gan longwyr Seisnig, gan ychwanegu at gwynion Llywelyn. Apeliodd y ddwy ochr at y pab, ond yn Nhachwedd 1276 aeth Edward i ryfel. Dadfeiliodd **tywysogaeth** Llywelyn wrth i'r arglwyddi Cymreig gytuno ar heddwch gyda'r brenin. Cafodd **Môn**, gyda'i meysydd ŷd sylweddol, ei chipio gan y llynges frenhinol, colled a dagodd brif ffynhonnell fwyd y tywysog. O dan amodau **Cytundeb Aberconwy** yn Nhachwedd 1277 collodd bron y cyfan a enillodd yn Nhrefaldwyn; cadwodd y teitl tywysog Cymru ond fe'i cyfyngwyd i'w etifeddiaeth wreiddiol, sef Gwynedd Uwch Conwy. Gwellodd y berthynas ar ôl Aberconwy; gwnaeth Llywelyn wrogaeth i Edward a phriododd ag Eleanor. Ond daeth sawl anghydfod newydd ac achosodd ymddygiad swyddogion brenhinol gryn chwerwedd. Daeth y danchwa ar 21 Mawrth 1282 pan gychwynnodd Dafydd y rhyfel olaf trwy ymosod ar Gastell **Penarlâg**. Efallai nad ymunodd Llywelyn â'r rhyfel hyd nes i Eleanor farw ar enedigaeth ei merch, **Gwenllian** (1282–1337), ym Mehefin. Defnyddiodd Edward yr un strategaeth ag yn 1276–7. Methodd ymgais at gymod gan **John Pecham**, archesgob Caergaint. Ar 11 Rhagfyr 1282 lladdwyd Llywelyn mewn sgarmes yng **Nghilmeri** ger **Llanfair-ym-muallt**.

Cyflawnodd Llywelyn ap Gruffudd fwy nag unrhyw arweinydd Cymreig o'i flaen. Ond er mwyn gosod sylfeini cadarn i'w dywysogaeth newydd roedd arno angen amser ac arian, ac nid oedd ganddo ddigon o'r naill na'r llall. Creodd elynion yn sgil y rheolaeth gadarn yr oedd ei hangen i gynnal ei dywysogaeth, ac ni chafodd y cysyniad amser i fwrw gwreiddiau. Bu'n rhaid iddo wynebu cyfres o argyfyngau yn ei berthynas â'r Goron yn y 1270au, pan nad oedd modd iddo ef nac Edward I ddangos unrhyw hyblygrwydd. Ond fe lwyddodd, er byrred y parhaodd hynny, i uno'r rhan fwyaf o Gymru o dan un tywysog gan gyfrannu tuag at ddatblygiad yr ymwybyddiaeth genedlaethol Gymreig.

## LLYWELYN AP IORWERTH (Llywelyn Fawr; *c*.1173–1240) Tywysog

Roedd Llywelyn yn fab i **Iorwerth Drwyndwn** ac yn ŵyr i **Owain Gwynedd**. Bu benben â'i ewythrod, Rhodri a **Dafydd ab Owain Gwynedd**, er pan oedd yn ifanc. Rhwng 1194 ac 1197 gyrrodd y ddau o'u tiroedd ac erbyn 1201 roedd yn rheoli **Gwynedd** gyfan. Yn 1201 seliodd ef a'r Brenin John y cytundeb ffurfiol cyntaf rhwng arweinydd Cymreig a choron **Lloegr**. Priododd Llywelyn ferch anghyfreithlon John, sef **Siwan**, yn 1205 o bosibl; roedd cywely cynharach, Tangwystl, merch Llywarch Goch, wedi dwyn o leiaf ddau o blant iddo, ond erbyn 1205 roedd yn chwennych trefniant priodasol a fyddai'n dwyn mwy o fanteision gwleidyddol i'w linach.

Yn 1208 meddiannodd Llywelyn **Bowys**; yn 1209 ymunodd â'i dad yng nghyfraith mewn ymgyrch yn yr **Alban**, ond cythruddwyd y brenin gan Lywelyn oherwydd ei ymwneud â William de Breos (m.1211; gw. **Breos, Teulu**), a chymerodd John fantais ar yr ofn a'r anniddigrwydd a oedd ar gynnydd ymhlith yr arglwyddi Cymreig eraill. Gorfododd ymosodiad John ar Wynedd yn 1211 y tywysog i ildio'n gyflym. Fodd bynnag, cychwynnodd rhyfel arall yn 1212, pan barodd y gwrthdaro rhwng John a Ffrainc a'r babaeth i Philip Augustus, brenin Ffrainc, gynnig ymuno mewn cynghrair â Llywelyn. Yn 1213 adenillodd Llywelyn y tiroedd yr oedd wedi eu hildio ddwy flynedd ynghynt ac yn dilyn ymgyrch lwyddiannus arall yn y de yn 1215 cynhaliodd gynulliad o'r holl arweinwyr Cymreig yn **Aberdyfi**, ac mae'n bosibl eu bod wedi gwneud gwrogaeth iddo; i bob pwrpas roedd bellach yn dywysog Cymru.

Cadoediad oedd y cytundeb a seliwyd yng Nghaerwrangon yn 1218. Nod Llywelyn oedd sicrhau olyniaeth ei fab, **Dafydd ap Llywelyn**, y cafodd ei safle fel etifedd y tywysog ei gydnabod gan y goron Seisnig (1220), y babaeth (1222) a'r arweinwyr Cymreig eraill (1226). Mab Siwan oedd Dafydd; roedd mab Tangwystl, Gruffudd ap Llywelyn (m.1244), yn hŷn ond roedd amheuaeth ynglŷn â'i gyfreithlondeb fel etifedd, ac roedd gan Ddafydd, fel nai Harri III, well cysylltiadau teuluol. Yn ystod y 1220au cynyddodd grym ac uchelgais **Hubert de Burgh** yn Lloegr a bu'n rhaid i Lywelyn ymateb i fygythiad Hubert. Roedd yn ddigon grymus a hyderus yn 1230 i grogi un o arglwyddi mwyaf blaenllaw'r **Mers**, Gwilym Brewys (William de Breos, ŵyr y William de Breos uchod), a fu'n gariad i Siwan tra bu'n garcharor yn llys y tywysog. Tua'r un adeg mabwysiadodd deitl newydd; yn hytrach na'i alw ei hun yn dywysog gogledd Cymru roedd bellach yn dywysog **Aberffraw** ac arglwydd **Eryri**. Roedd y teitl newydd yn arwydd o sylfaen ei rym; efallai iddo ymatal rhag ei alw ei hun yn dywysog Cymru hyd nes y medrai sicrhau cydnabyddiaeth y goron Seisnig i'w safle trwy gytundeb. Yr ymgais i sicrhau cytundeb oedd nod llawer o'i ddiplomyddiaeth yn ystod y 1230au, ond nid oedd y brenin, Harri III, yn barod i drafod.

Daeth y gwrthdaro â Hubert de Burgh i ben gyda chwymp y prif ustus yn 1232 ac roedd **Cytundeb Middle** (1234) yn golygu na fyddai rhyfela pellach am weddill oes Llywelyn. Yn 1237 bu farw Siwan a dioddefodd y tywysog strôc; yn yr un flwyddyn bu farw ei fab yng nghyfraith, iarll Caer, yn ddietifedd ac aeth Caer i ddwylo'r Goron, gan adael ffin ddwyreiniol Llywelyn yn agored i ymosodiad. Mae'n ymddangos ei fod wedi trosglwyddo grym i Ddafydd; yn 1238 galwyd ar yr arweinwyr eraill i ddod i **Ystrad-fflur** i wneud gwrogaeth i'w fab. Mae'n bosibl mai'r bwriad y tu ôl i'r cynulliad oedd nodi ymddeoliad ffurfiol Llywelyn, ond cafodd hyn ei wahardd gan y brenin. Cafodd trafferthion

Dafydd eu dwysáu gan Gruffudd, y brawd hŷn y credai llawer ei fod wedi ei ddietifeddu'n anghyfiawn; er bod Llywelyn wedi rhoi llawer o diroedd iddo, ymddengys na fu i Gruffudd erioed ddygymod â pheidio â bod yn etifedd. Bu farw Llywelyn yn abaty Sistersaidd Aberconwy ar 11 Ebrill 1240 a chafodd ei gladdu yno.

Roedd Llywelyn yn un o dywysogion mwyaf y Gymru annibynnol; ei nod oedd creu un **dywysogaeth** Gymreig, wedi ei seilio ar wrogaeth yr arweinwyr Cymreig eraill; priododd ei ferched ag arglwyddi Eingl-Normanaidd y Mers, gan geisio efallai greu rhwymau o gyd-ddibyniaeth; bu'n hybu newid yng Ngwynedd ac roedd yn hael tuag at yr eglwys. Ni oroesodd ei dywysogaeth; roedd popeth y llwyddodd i'w gyflawni yn dibynnu ar ei bersonoliaeth ef a bu'n amhosibl cynnal yr hyn a gyflawnasai unwaith y bu farw. Er y gellid yng ngoleuni hynny alw ei yrfa yn fethiant, dangosodd hefyd fod creu tywysogaeth Gymreig yn ddichonadwy, a darparodd hynny yr ysbrydoliaeth ar gyfer gyrfa ŵyr Llywelyn, **Llywelyn ap Gruffudd**.

### LLYWELYN BREN (m.1318) Gwrthryfelwr

Mae'n bosibl fod Llywelyn Bren yn fab i Gruffudd ap Rhys ac felly'n ororwyr i **Ifor Bach**. Fe'i disgrifiwyd fel 'gŵr mawr a nerthol yn ei wlad', ac mae'n sicr ei fod yn hanu o deulu a oedd wedi bod yn rymus ers hir amser yn ucheldir **Morgannwg**. Ar farwolaeth Gilbert de Clare, iarll Gloucester (gw. **Clare, Teulu**), yn 1314, daeth Morgannwg am gyfnod i feddiant coron **Lloegr**. Cythruddwyd Llywelyn gan drahauster swyddogion Edward II; cafodd ei alw gerbron y Senedd ond gwrthododd fynd. Ar 28 Ionawr 1316 ymosododd ar Gastell **Caerffili** a llosgi'r dref. Anrheithiodd ei luoedd **Fro Morgannwg** a sawl tref, gan gynnwys **Caerdydd**. A hwythau'n wynebu byddin o dan arweiniad Humphrey de Bohun, iarll Hereford (gw. **Bohun, Teulu**), ildiodd Llywelyn a dau o'i feibion yn **Ystradfellte** yn hytrach na pheryglu bywydau eu dilynwyr. Cawsant eu carcharu yn Nhŵr **Llundain**, a dygwyd eiddo Llywelyn, a oedd yn cynnwys dogfennau a llyfrau Cymraeg a Ffrangeg, oddi arno. Yn 1318 symudwyd Llywelyn i Gastell Caerdydd ac fe'i crogwyd ar orchymyn arglwydd newydd Morgannwg, Hugh Despenser yr ieuengaf (gw. **Despenser, Teulu**). Ar ôl marwolaeth Despenser yn 1327 cafodd meibion Llywelyn eu tiroedd yn ôl. Roedd gwrthryfel Llywelyn yn fwy na gwrthwynebiad arglwydd Cymreig i lywodraeth Seisnig: roedd yn bennod yn hanes y rhyfela dinistriol ymhlith arglwyddi'r **Mers** ac yn hanes eu gwrthwynebiad i reolaeth frenhinol yn y Mers.

### LLYWELYN GOCH AP MEURIG HEN (*fl.*1346–90) Bardd

Hanai'r bardd hwn o deulu **Nannau**, **Sir Feirionnydd**. Canodd awdlau (gw. **Awdl**) i noddwyr fel Goronwy ap Tudur o **Benmynydd** (gw. **Tuduriaid**), Rhydderch ab Ieuan Llwyd o **Sir Aberteifi** a Hopcyn ap Tomas o Ynystawe (**Abertawe**). Ond fel un o feirdd cynharaf mesur y **cywydd** y'i cofir. Canodd nifer o gerddi serch i Leucu Llwyd, gwraig briod o **Bennal**. Mae'r farwnad deimladwy a ganodd iddi ar batrwm y serenâd yn gampwaith.

### LLYWELYN-WILLIAMS, Alun (1913–88) Bardd a beirniad

Magwyd Alun Llywelyn-Williams, bardd pendant ddinesig ei awen, yng **Nghaerdydd**. Dan ddylanwad **R. T. Jenkins** yn Ysgol Uwchradd Caerdydd ymddiddorodd yn hanes a **llenyddiaeth** Cymru, a graddiodd mewn **Cymraeg** a hanes yng Nghaerdydd. Torrwyd ar draws ei yrfa gyda'r BBC (gw. **Darlledu**) gan yr **Ail Ryfel Byd**, pan fu'n gwasanaethu gyda'r **Ffiwsilwyr Brenhinol Cymreig**. O 1948 hyd 1979 roedd yn gyfarwyddwr yr adran efrydiau allanol ym **Mangor**. Bu'n golygu'r cylchgrawn *Tir Newydd* rhwng 1935 ac 1939, a theimlai fod yr oes a oedd ohoni yn galw am ehangu gorwelion a thorri ffiniau llenyddol. Casglodd ynghyd ei gerddi pwysicaf, y clywir ynddynt lais gwâr a llawn tosturi, yn *Y Golau yn y Gwyll* (1979). Cyhoeddodd astudiaeth bwysig o **ramantiaeth** Gymraeg (1960), cyfrolau o ysgrifau beirniadol (1968, 1988), disgrifiad o'i ieuenctid a'i yrfa gynnar (1975), llyfrau taith am **Arfon** a **Sir Frycheiniog** (1959 ac 1964), a monograff ar R. T. Jenkins (1977).

## LLYWODRAETH A GWEINYDDIAETH

### *O'r cyfnod ôl-Rufeinig hyd 1830*

Yn dilyn dadfeiliad ymerodraeth y **Rhufeiniaid** yn y 5g., casgliad o deyrnasoedd oedd **Cymru**. Y rhai mwyaf blaenllaw oedd **Gwynedd**, **Powys**, **Dyfed** a **Glywysing**; llyncwyd nifer o rai llai yn raddol gan eu cymdogion mwy. Ceryddodd **Gildas** (6g.) bum brenin am eu pechodau, yn eu plith Vortiporius o Ddyfed (gw. **Gwrthefyr**) a **Maelgwn Gwynedd**. Gwelai'r rheolwyr hyn eu hunain fel etifeddion cyfreithlon grym Rhufain ym **Mhrydain**; ni ddechreuasant feddwl yn nhermau Cymru hyd at ddyfodiad yr **Eingl-Sacsoniaid** ac adeiladu **Clawdd Offa** i ddiffinio **ffin** Cymru a **Lloegr**. O fewn y teyrnasoedd roedd unedau llai, y cantrefi ac yn ddiweddarach y cymydau (gw. **Cwmwd**), er bod llawer **cantref** wedi bod unwaith yn deyrnas yn ei hawl ei hun.

Gyda dyfodiad y **Normaniaid** yng nghanol yr 11g. daeth newidiadau. Seiliwyd y broses o goncwest ar unedau gwleidyddol a fodolai eisoes fel bod arglwyddiaethau newydd Eingl-Normanaidd y **Mers** yn cynnwys cantrefi a chymydau o hyd, o leiaf yn yr ucheldir. Mewn rhai arglwyddiaethau sefydlwyd maenorau Seisnig yn yr iseldir (gw. **Maenor**), er bod trefn nid annhebyg, efallai, wedi bodoli yno o dan reolaeth frodorol. Daeth newidiadau hefyd mewn llywodraeth a gweinyddiaeth i ***Pura Wallia*** neu'r Gymru frodorol, yn enwedig o dan reolwyr Gwynedd yn y 13g. (gw. **Brenhinoedd a Thywysogion**). Ceisiodd y rheolwyr hyn greu trefn fwy unffurf o lywodraethu ac iddi beirianwaith cyllidol a milwrol llawer mwy soffistigedig. Eu nod oedd creu un dywysogaeth Gymreig lle byddai'r rheolwyr eraill yn gwneud gwrogaeth iddynt hwy, a hwythau yn eu tro yn gwneud gwrogaeth i frenin Lloegr. Cyflawnwyd yr amcan hwn trwy gyfrwng **Cytundeb Trefaldwyn** yn 1267; ond, yn sgil y **Goresgyniad Edwardaidd** yn 1282–3, daeth y **Dywysogaeth** honno (neu'r hyn a oedd yn weddill ohoni) i feddiant coron Lloegr.

Yn 1301 rhoddodd Edward I y Dywysogaeth i'w etifedd, Edward II yn ddiweddarach. I ddibenion gweinyddol roedd dwy dywysogaeth – tywysogaeth y de, wedi ei chanoli ar **Gaerfyrddin**, a thywysogaeth y gogledd, wedi ei chanoli ar **Gaernarfon**. Yn y tiroedd a oedd newydd eu goresgyn yn y gogledd cadwyd yr hen gymydau, ond trwy gyfrwng **Statud Rhuddlan** (1284) fe'u dosbarthwyd yn dair sir newydd – **Sir Gaernarfon**, Sir Fôn (gw. **Môn**) a **Sir Feirionnydd**; yn y de roedd **Sir Gaerfyrddin** a **Sir Aberteifi** yn lled-fodoli er 1241. Er nad oedd tiriogaethau **Tegeingl**, Cwmwd yr **Hob** a **Maelor Saesneg** yn ymffurfio'n uned diriogaethol, daethant yn **Sir y Fflint**, sir a roddwyd o dan reolaeth prif ustus Caer (gw. **Swydd Gaer**).

Nid oedd awdurdod cyfreithiol Edward I yn ymestyn dros Gymru gyfan. Roedd arglwyddiaethau'r Mers yn lled annibynnol, a dim ond hawl i wrogaeth a theyrngarwch eu harglwyddi a oedd gan y brenin. Cadarnhaodd statud yn 1354 nad oedd eu harglwyddi yn ddarostyngedig mewn unrhyw fodd i'r Dywysogaeth. Parhâi'r cantrefi neu'r cymydau a'r trefgorddau a oedd yn rhan ohonynt fel yr oeddynt cyn y Goncwest, gyda'r trefgorddau yn unedau sylfaenol ar gyfer pennu taliadau a gwasanaethau. Yr oedd i dywysogaethau'r gogledd a'r de, ynghyd ag arglwyddiaethau'r Mers, eu priod gyfundrefnau gweinyddol – o dan awdurdod y prif ustusiaid yn y dywysogaeth, ac o dan awdurdod y stiwardiaid neu'r disteiniaid yn y Mers.

Yn ystod yr Oesoedd Canol diweddar daeth llawer o arglwyddiaethau'r Mers – trwy briodas, etifeddiaeth neu atafaeliad – yn eiddo i goron Lloegr. Ni olygai hyn, fodd bynnag, unrhyw fath o resymoli gweinyddol. Cadwodd yr arglwyddiaethau hyn eu hunaniaeth, er y ceid trefniadau ar gyfer cydweithredu a pheirianwaith ar gyfer cyd-drafod rhwng arglwyddiaethau a oedd yn ffinio â'i gilydd (arfer a ddeilliai o gyfnod y rheolwyr brodorol). Roedd y 15g. yn gyfnod pan welid llywodraeth wan yn y canol yn esgor ar gryn anhrefn – er nad oedd hyn yn ddim gwaeth yng Nghymru nag yn nhiriogaethau eraill brenin Lloegr. Gan fod llawer o'r prif ustusiaid a'r arglwyddi yn rhai absennol, bu llawer o ymrafaelio lleol am rym, a rhoddodd hynny lwyfan ac awdurdod i benaethiaid lleol megis yr enwog **Gruffudd ap Nicolas**. Dibynnai Edward IV ar ei was ffyddlon William Herbert (m.1469; gw. **Herbert, Teulu**) i lywodraethu Cymru. Dilynwyd ei esiampl ar ôl 1485 gan Harri VII a adawodd Gymru yng ngofal gwŷr megis Syr **Rhys ap Thomas**, er y ceid mwy o arolygiaeth ganolog o dan Harri. Roedd Edward IV wedi sefydlu cyngor yn **Llwydlo** i lywodraethu Cymru yn enw ei fab ifanc; fe'i hatgyfodwyd gan Harri VII pan wnaed ei fab ef, Arthur, yn Dywysog Cymru yn 1489. Goroesodd y cyngor farwolaeth Arthur yn 1502 gan ddod yn **Gyngor Cymru a'r Gororau** ac iddo'r dasg o oruchwylio'r Dywysogaeth a'r Mers.

Yng nghyfnod Harri VIII cymerwyd camau o'r diwedd i aildrefnu llywodraeth Cymru. Roedd arglwyddiaethau'r Mers wedi hen golli eu defnyddioldeb. Roedd cwymp a dienyddiad pendefig olaf y Mers, dug Buckingham, yn 1521, a'r bygythiad a ofnid o du Sbaen ar ôl ysgariad y brenin oddi wrth Catrin o Aragon, ymhlith y rhesymau a ddarbwyllodd brif gynghorwr Harri, Thomas Cromwell, fod yn rhaid gweithredu. Rhoddwyd i **Rowland Lee**, esgob Coventry a Chaerlwytgoed, a llywydd Cyngor Cymru a'r Gororau, 1534–43, y cyfrifoldeb o greu trefn.

Daeth deddf 1536, a adwaenir fel y Ddeddf 'Uno' gyntaf, â'r gwahaniaeth rhwng y Dywysogaeth a'r Mers i ben (gw. **Deddfau 'Uno'**). Unwyd y rhan fwyaf o arglwyddiaethau'r Mers i ffurfio saith sir newydd – **Sir Benfro**, **Sir Drefaldwyn**, **Sir Ddinbych**, **Sir Faesyfed**, **Sir Forgannwg**, **Sir Frycheiniog** a **Sir Fynwy** – ychwanegwyd yr arglwyddiaethau eraill at **siroedd** yng Nghymru neu yn Lloegr a fodolai eisoes. O hynny ymlaen byddai Cymru'n cael ei chynrychioli yn y Senedd gan 27 aelod (gw. **Cynrychiolaeth Seneddol**), a byddai deddfau'r senedd a'i threthiant yn weithredol yng Nghymru fel ag yn Lloegr. Gellid dadlau bod pawb a oedd yn byw yng Nghymru o hyn allan yn Sais neu'n Saesnes yng ngolwg y **gyfraith**; ar y llaw arall, gan nad oedd bellach unrhyw fantais o ymffrostio yn y cyflwr o fod yn Sais yng Nghymru, gellid yr un mor ddilys ddadlau bod pawb a oedd yn byw yng Nghymru o hyn ymlaen yn Gymro neu'n Gymraes.

Deddf 1536 a ddiffiniodd diriogaeth y Gymru fodern am y tro cyntaf. Pasiwyd ail ddeddf yn 1542–3 a ymestynnodd y gyfundrefn lysoedd a fodolai yn y Dywysogaeth er y 13g. i weddill y wlad (gw. Cyfraith). Rhannwyd Cymru yn bedair cylchdaith o dair sir yr un; ychwanegwyd Sir Fynwy at gylchdaith **Rhydychen** yn Lloegr, cam a roddodd fod i'r gred anghywir fod Sir Fynwy yn perthyn i Loegr. Goroesodd y gyfundrefn lysoedd hon, a elwid yn Llys y Sesiwn Fawr, hyd 1830 (gw. Cyfraith). Adwaenir deddfau 1536 ac 1542–3 fel y Deddfau 'Uno'; ond, mewn gwirionedd, uno Cymru o'i mewn ei hun a wnaethant yn hytrach na'i huno â Lloegr.

Yn sgil deddfwriaeth y 1530au cyflwynwyd ynadon heddwch i Gymru. Daeth yr ynadon, yn y Llysoedd Chwarter, yn gorff llywodraethol y siroedd, fel ag y buont yn Lloegr ers cryn amser. Dôi'r aelodau seneddol a'r ynadon heddwch o rengoedd y **boneddigion**. Ar y lefel weinyddol isaf, disodlwyd y drefgordd yn raddol gan y plwyf; y plwyf a oedd yn gyfrifol am swyddogaethau megis darparu cymorth i'r tlodion (gw. **Plwyfi** a **Deddf y Tlodion**) a chynnal y priffyrdd (gw. **Ffyrdd**). Parhaodd Cyngor Cymru a'r Gororau i oruchwylio llywodraeth Cymru. Roedd hefyd yn llys, ac yn union fel y llysoedd uchelfraint eraill, ymosodwyd arno gan y Senedd yn y 1630au ac fe'i diddymwyd yn 1641. Fe'i hatgyfodwyd yn sgil Adferiad y Stiwartiaid (1660); ond nid adferwyd ei fri blaenorol ac fe'i diddymwyd yn derfynol yn 1689. Llys y Sesiwn Fawr oedd yr unig sefydliad unigryw Gymreig bellach.

### *O 1830 hyd 1884*

Pasiwyd deddf yn diddymu Llys y Sesiwn Fawr yn 1830, er gwaethaf gwrthwynebiad aelodau seneddol Cymreig. Daeth Cymru yn rhan o'r drefn Seisnig o frawdlysoedd a throsglwyddwyd rhai o gyfrifoldebau'r Sesiwn Fawr i'r llysoedd uwch yn Westminster. Ar y lefel sirol, parhaodd gweinyddiad i fod yn gyfrifoldeb yr ynadon heddwch yn y Llysoedd Chwarter. Ymdrinient hefyd â materion lles neu fân achosion troseddol yn eu hardaloedd eu hunain, a hynny fel arfer yn fisol yn llysoedd y Sesiwn Fach. Erbyn y 1820au roedd yn orfodol i bob sir greu dalgylchoedd gweinyddol yn seiliedig ar y llysoedd hyn; sefydlwyd 97 o'r cyfryw ardaloedd yng Nghymru, a chyfatebent yn gyffredinol i'r cantrefi neu'r hwndrydau a fodolai'n barod (gw. **Hwndrwd**).

Yn sgil y Ddeddf Ddiwygio yn 1832 cafwyd cyfnod o ddiwygio gweinyddol a chymdeithasol. Roedd Deddf Newydd y Tlodion (1834), a ddaeth i fod i raddau helaeth fel adwaith i aflonyddwch 1829–31, yn pennu bod y rhai a dderbyniai gymorth y tlodion yn gorfod byw mewn tlotai. Rhoddwyd i'r 48 (yn ddiweddarach 50) o **Undebau Deddf y Tlodion** yng Nghymru, a oedd yn cwmpasu clystyrau o blwyfi, gyfrifoldeb am adeiladu tlotai, a daethant hefyd yn unedau gweinyddol yn eu hawl eu hunain, yn arbennig mewn perthynas â chasglu ystadegau.

Y flwyddyn ganlynol pasiwyd Deddf y Corfforaethau Bwrdeistrefol. Yng Nghymru roedd 56 o leoedd a chanddynt ryw lun o hawl i statws bwrdeistref, ond dim ond 20 a gafodd eu dynodi'n gynghorau bwrdeistrefol o dan y drefn newydd (gw. **Bwrdeistrefi**). Rhoddwyd i'r cynghorau, a gâi eu hethol gan drethdalwyr gwrywaidd, bwerau eang i ddarparu gwasanaethau cyhoeddus, ond gan nad oedd darparu'r fath wasanaethau yn orfodol, ychydig iawn a wnaed. Hepgorwyd o'r drefn rai o'r ardaloedd trefol a oedd wedi hen ymsefydlu, megis **Wrecsam**, a hefyd leoedd a oedd newydd eu diwydiannu, fel **Merthyr Tudful**. Fodd bynnag, arweiniodd trefoli cyflym y cyfnod at rai datblygiadau mewn llywodraeth leol. Rhoddwyd i'r canolfannau trefol mwyaf fyrddau **iechyd** yn sgil Deddf Iechyd y Cyhoedd yn 1848. Dan Ddeddf Iechyd y Cyhoedd yn 1875 crëwyd byrddau glanweithiol ar gyfer yr holl ardaloedd trefol a bwrdeistrefol, a rhoddwyd yr un swyddogaethau i fyrddau deddf y tlodion yn yr ardaloedd gwledig. Daeth byrddau claddu i fod hefyd i sicrhau bod darpariaeth ddigonol o ran mynwentydd (gw. **Marwolaeth ac Angladdau**).

Rhoddwyd dyletswyddau ychwanegol i'r Llysoedd Chwarter. Er enghraifft, roedd gorfodaeth arnynt i gydweithredu gyda byrddau gwarcheidwaid deddf y tlodion i ddarparu gofal iechyd meddwl ac i ymgymryd â dyletswyddau cynyddol dros ddiogelu trefn, yn enwedig yn dilyn deddfwriaeth 1839, a ganiatâi i siroedd sefydlu heddluoedd proffesiynol. Yn y 1840au cynnar sefydlwyd **heddlu** mewn pum sir – Sir Forgannwg, Sir Gaerfyrddin, Sir Drefaldwyn, Sir Ddinbych a Sir Aberteifi – a hynny am fod pob un ohonynt wedi profi anesmwythyd cymdeithasol sylweddol; daeth rheidrwydd ar yr wyth sir arall i ddilyn eu hesiampl yn 1856. Bu gan rai o'r bwrdeistrefi trefol eu heddluoedd eu hunain er 1835, ond cafodd pob un ond wyth eu llyncu gan y corffluoedd sirol erbyn 1888.

Cyfrifoldeb yr ymddiriedolaethau tyrpeg fu ffyrdd, gyda'r Llysoedd Chwarter yn eu harolygu. Ond yn dilyn Terfysgoedd **Rebeca** bu'n rhaid i chwech o'r siroedd deheuol (gadawyd Sir Fynwy allan) sefydlu byrddau sirol yn 1845 er mwyn uno'r ymddiriedolaethau a gweinyddu eu gwaith. Fodd bynnag, yn y gogledd ac yn Sir Fynwy parhaodd yr hen drefn tan y 1870au. Roedd ffyrdd lleol yn gyfrifoldeb y plwyfi, dan arolygiaeth yr ynadon heddwch. Ond yn dilyn deddfwriaeth yn 1849 ac 1860 daethant o dan oruchwyliaeth ardaloedd gweinyddol llysoedd y Sesiwn Fach.

Roedd creu byrddau ysgol etholedig dan Ddeddf Addysg 1870 yn gam pwysig tuag at ddemocratiaeth leol (gw. **Addysg**). Gan i ymgecru enwadol fod yn faen tramgwydd wrth geisio darparu addysg elfennol, cynigiai'r ddeddf gyfle i sefydlu ysgolion anenwadol a gâi eu cynnal gan drethi lleol a'u gweinyddu gan fyrddau etholedig. Trethdalwyr – gan gynnwys **menywod** trethiannol am y tro cyntaf – a oedd i ethol aelodau'r byrddau, ac arweiniai'r etholiadau hyn at ymrysonau enwadol. Roedd gan Gymru 288 o ysgolion bwrdd erbyn 1887 ac 893 erbyn 1900.

### *O 1884 hyd at y presennol*

Yn dilyn ymestyn yr etholfraint yn 1884 bu galw cynyddol am gamau i ddiwygio llywodraeth sirol, ac un o'r rhai taeraf ei gefnogaeth i'r ymdrechion hyn oedd William Rathbone, aelod seneddol Rhyddfrydol **Arfon** (gogledd Sir Gaernarfon). O safbwynt cymdeithasol a gwleidyddol, dadleuid mai dosbarth anghynrychioliadol oedd yr ynadon heddwch, a rhoddwyd cryn dipyn o garn i'r ddadl honno yn sgil eu hymateb llym i Ryfel y **Degwm**. Fodd bynnag, hyd yn oed ar ôl pasio Deddf Cynghorau Sir 1888, cyfrifoldeb rhannol yr ynadon o hyd oedd cynnal y drefn gyhoeddus. Drwy gyfrwng y ddeddf crëwyd 13 o gynghorau sir yng Nghymru ynghyd â thri chyngor ar gyfer y **bwrdeistrefi sirol** newydd – **Caerdydd**, **Abertawe** a **Chasnewydd**. Rhwng hynny ac 1974, yr unig newid i'r drefn hon fu caniatáu statws bwrdeistref sirol i Ferthyr Tudful yn 1908. Pan gynhaliwyd yr etholiadau sirol cyntaf yn 1889 cafwyd mwyafrifoedd Rhyddfrydol yn 11 o'r 13 sir, ynghyd â chynghorau 'crog' yn siroedd Brycheiniog a Maesyfed (gw. **Plaid Ryddfrydol**); roedd cynghorwyr Cymru hefyd yn adlewyrchu trawstoriad ehangach o'r gymdeithas na'u cymrodyr yn Lloegr. Cryfhawyd natur gynrychioliadol llywodraeth leol ymhellach pan grëwyd cynghorau dosbarth (gw. **Dosbarthau Gwledig** a **Dosbarthau Trefol**) a chynghorau plwyf yn 1894. Cafodd cylch gorchwyl cynghorau sir ei ymestyn gan **Ddeddf Addysg Ganolradd Cymru (1889)** a sefydlodd gydbwyllgorau addysg sirol yr oedd y rhan fwyaf o'u haelodau yn gynghorwyr. Yn sgil pasio Deddf Addysg 1902, a ddiddymodd fyrddau ysgolion, daeth cydbwyllgorau addysg sirol hefyd yn gyfrifol am addysg elfennol. Bu i anghenion cymdeithas gynyddol gymhleth osod cyfrifoldebau pellach ar awdurdodau lleol, gan gynnwys cyflenwi dŵr glân, cyflenwi trydan a nwy (gw. **Ynni**), sefydlu systemau cludiant lleol effeithiol ac, yn yr 20g., codi **tai** ar gyfer y dosbarth gweithiol.

Roedd y datblygiadau hyn yn cyd-daro â'r galw am gorff etholedig ar gyfer Cymru gyfan. Ond ofer fu rhethreg **T. E. Ellis** a **David Lloyd George** ynghyd ag ymdrechion **Cymru Fydd**. Ofer hefyd fu ymdrechion deddfwriaethol megis Mesur Sefydliadau Cenedlaethol (Cymru) yn 1891–2 ac ymgyrchoedd **E. T. John**. Er hynny, yn y blynyddoedd yn union cyn y **Rhyfel Byd Cyntaf** sefydlwyd **Adran Gymreig y Bwrdd Addysg** ynghyd â Chomisiwn Yswiriant Cymru (craidd **Bwrdd Iechyd Cymru** yn ddiweddarach). Yn ogystal, crëwyd swydd comisiynydd amaethyddol ar gyfer Cymru a'r Pwyllgor Sefydlog Cymreig i ystyried mesurau yn ymwneud â Chymru'n unig (er mai prin fyddai'r gwaith ar ei gyfer).

Yn ystod y blynyddoedd yn union ar ôl y Rhyfel Byd Cyntaf daeth hawliau cenhedloedd bychain yn bwnc o bwys, a rhoddodd hyn hwb i'r galw am fesur o **ymreolaeth** i Gymru. Eto, ar wahân i sefydlu Bwrdd Iechyd Cymru, a buddugoliaeth derfynol yr ymgyrch dros **ddatgysylltu Eglwys Loegr yng Nghymru**, ni ddaeth yn sgil cyfnod Lloyd George fel prif weinidog unrhyw gydnabyddiaeth ychwanegol o arwahanrwydd Cymru; roedd hyn yn un o'r rhesymau a arweiniodd yn 1925 at sefydlu **Plaid [Genedlaethol] Cymru**.

Rhoddodd **dirwasgiad** y blynyddoedd rhwng y ddau ryfel bwysau mawr ar weinyddiaeth leol. Wrth geisio lleddfu cyni yn ystod cyfnod o ddiweithdra enfawr, wynebai Undebau Deddf y Tlodion anawsterau difrifol, ac yn 1927 ataliwyd Bwrdd Gwarcheidwaid **Bedwellte** rhag gweithredu a rhoddwyd ei ddyletswyddau i gomisiynwyr. Diddymwyd y byrddau yn 1929, a chafodd eu cyfrifoldebau eu trosglwyddo i ofal pwyllgorau nawdd cyhoeddus y cynghorau sir a chynghorau'r bwrdeistrefi sirol. Ychydig iawn o welliant a ddaeth yn sgil y newid, fel y dangosodd adroddiad y comisiwn brenhinol ar gyflwr Merthyr Tudful yn 1935 yn dra amlwg. Er gwaethaf yr anawsterau, ymegnïodd awdurdodau lleol y Gymru ddiwydiannol i leddfu'r caledi. Tra gwahanol fu ymateb yr awdurdodau lleol yn yr ardaloedd gwledig; datgelwyd eu hunanfodlonrwydd a'u haneffeithiolrwydd hwy mewn modd cwbl ddiflewyn-ar-dafod yn 1939 gan adroddiad **Clement Davies** ar yr ymdrechion i drechu'r diciâu (gw. **Twbercwlosis**) yng Nghymru.

Roedd Clement Davies ac eraill yn edrych yn eiddigeddus tuag at yr **Alban**. Bu ganddi hi ei hysgrifennydd gwladol ei hun er 1885, ond ni chafodd y mesurau yn cynnig penodi **ysgrifennydd gwladol** ar gyfer Cymru unrhyw lwyddiant. Yn y 1940au, fodd bynnag, ac mewn modd hynod o gyfyngedig mae'n ddigon gwir, fe gydnabuwyd bodolaeth Cymru. Yn 1942 sefydlwyd y Cyngor Ymgynghorol ar Ail-lunio Cymru, ac o 1944 ymlaen cynhaliwyd dadl flynyddol y 'Diwrnod Cymreig' yn Nhŷ'r Cyffredin; yn ogystal â hynny, yn 1948 crëwyd **Cyngor Cymru a Mynwy**, er mai swyddogaethau ymgynghorol yn unig a oedd iddo. Ac eithrio **Bwrdd Ysbytai Cymru** a Bwrdd Nwy Cymru, ni sefydlwyd unrhyw strwythurau gweinyddol penodol ar gyfer Cymru yn sgil rhaglen wladoli helaeth y llywodraeth Lafur ar ôl y rhyfel (gw. **Plaid Lafur**). Yn rhannol oherwydd y rhwystredigaeth a achoswyd yn sgil hyn, lansiwyd yr ymgyrch Senedd i Gymru yn 1950, a chyflwynodd **S. O. Davies** ei Fesur Llywodraeth Cymru yn 1955.

Y **Blaid Geidwadol**, y fwyaf unoliaethol o'r pleidiau, a fentrodd newid y ffordd yr oedd Cymru'n cael ei llywodraethu. Yn Hydref 1951 cafodd David Maxwell Fyfe, ysgrifennydd cartref y Ceidwadwyr, ei benodi yn weinidog dros faterion Cymreig, a phenodwyd David Llewellyn (aelod seneddol Gogledd Caerdydd) yn weinidog gwladol ychwanegol yn y swyddfa gartref er mwyn ei gynorthwyo. Olynwyd Fyfe – Dai Bananas fel y'i hadwaenid yn gyffredin – gan **Gwilym Lloyd George** yn 1954. Cafodd y swydd ei chysylltu â'r Weinyddiaeth Dai a Llywodraeth Leol yn 1957; daliwyd y swydd gan Henry Brooke o 1957 hyd 1961 a chan Keith Joseph o 1961 hyd 1964. Roedd cyfnod Brooke yn y swydd yn un arbennig o gythryblus (gw. **Tryweryn**). Nid oedd dyletswyddau'r gweinidog wedi eu diffinio'n fanwl, ond yn ystod y 13 blynedd y parhaodd y swydd cymerwyd camau i roi i weinyddiaeth Cymru fesur bychan o unoliaeth a chydlyniad. Ymhlith y camau hyn yr oedd cyhoeddi'r Crynhoad o Ystadegau Cymreig (o 1954 ymlaen), cydnabod Caerdydd yn brifddinas (1955), a sefydlu'r **Uwch-bwyllgor Cymreig** (1960).

Yn ei maniffesto yn 1959 addawodd y Blaid Lafur y byddai'n creu swydd ysgrifennydd gwladol ar gyfer Cymru. Pan ddaeth i rym yn 1964 cadwodd at yr addewid a daeth **James Griffiths** yn ysgrifennydd cyntaf (gw. **Swyddfa Gymreig** ac **Ysgrifennydd Gwladol Cymru**). Un o'r prif faterion a oedd yn wynebu'r swyddfa newydd oedd dyfodol llywodraeth leol yng Nghymru. Bu'r mater hwn yn destun dadl o leiaf er 1939 pan gyhoeddwyd adroddiad damniol Clement Davies (gw. uchod). Credai llawer fod nifer o'r bwrdeistrefi a'r dosbarthau gwledig a threfol yn rhy fach i fod yn effeithiol a bod Morgannwg – cartref bron hanner trigolion Cymru – yn meddu ar rym anghymesur. Yn 1963 roedd comisiwn wedi argymell ad-drefnu cynhwysfawr, ond roedd aelodau mwyaf gwladgarol y Blaid Lafur yn amharod i newid y drefn oni sefydlid corff etholedig ar gyfer Cymru gyfan yr un pryd. Ar y mater hwn trechwyd **Cledwyn Hughes**, yr ysgrifennydd gwladol rhwng 1966 ac 1968, a hynny'n bennaf oherwydd gwrthwynebiad o'r Alban.

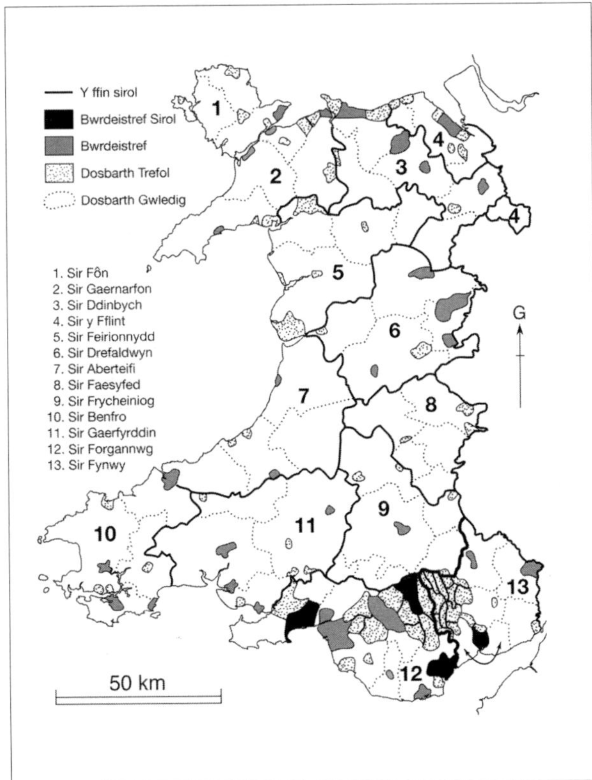


Llywodraeth leol Cymru cyn 1974

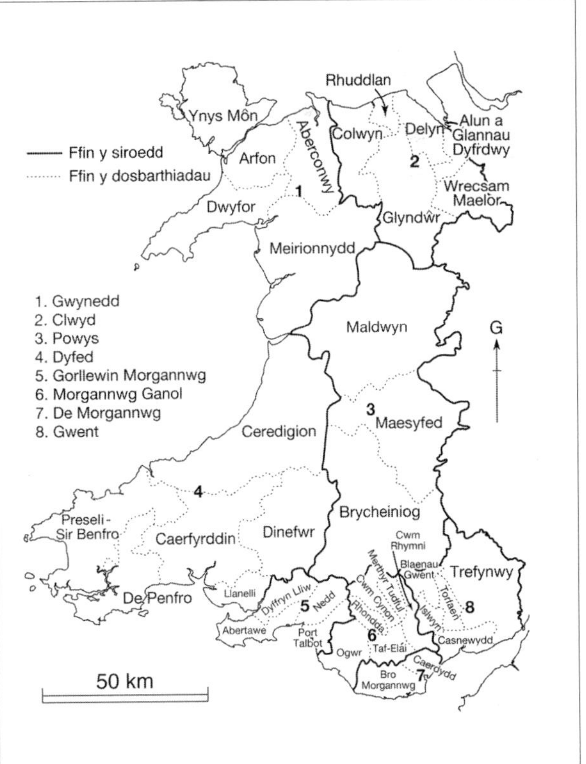


Unedau llywodraeth leol yng Nghymru, 1974–96

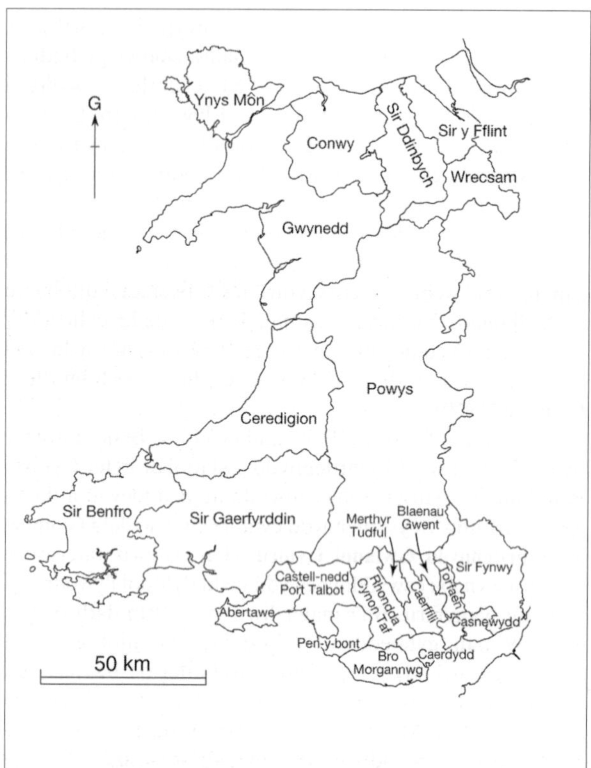


Unedau llywodraeth leol yng Nghymru er 1996

Etholaethau a rhanbarthau etholiadol Cynulliad Cenedlaethol Cymru

Yn y pen draw, y llywodraeth Geidwadol a etholwyd yn 1970 a weithredodd yr ad-drefnu. Yn 1974 crëwyd wyth sir newydd – **Gwynedd**, **Clwyd**, **Powys**, **Dyfed**, **Gwent**, **Morgannwg Ganol**, **De Morgannwg** a **Gorllewin Morgannwg**. O blith y siroedd a oedd yn bodoli gynt, dim ond Gwent – ailbobiad o Sir Fynwy i bob pwrpas – a oedd mewn unrhyw ffordd yn ymdebygu i un o'r hen siroedd. Crëwyd hefyd 37 o ddosbarthau yn lle'r 164 o fwrdeistrefi a dosbarthau gwledig a threfol a fodolai cyn hynny. Ychydig iawn a gymeradwyai'r newidiadau. Roedd Morgannwg Ganol yn dlawd ac yn dannod colli ei chysylltiad â De Morgannwg gyfoethog. Roedd Powys, a oedd yn ymestyn bron iawn o **Langollen** i Ferthyr, yn cael ei hystyried yn chwerthinllyd o fawr. Roedd yn gas gan Sir Benfro gael ei rhannu'n ddau ddosbarth. Ac yn fwy na dim, roedd dryswch ynglŷn â meysydd gwaith y siroedd a'r dosbarthau. Yn 1974 daeth terfyn hefyd ar blwyfi sifil Cymru, a oedd yn amrywio'n enfawr o ran maint a **phoblogaeth**. Cafodd Cymru ei rhannu'n gymunedau, y rhan fwyaf ohonynt yn cwmpasu nifer o'r hen blwyfi (gw. **Cymuned**). Cafodd y Gymru drefol hefyd ei rhannu'n gymunedau, gyda ffiniau llawer ohonynt yn cyfateb i wardiau etholiadol.

Roedd y strwythurau gweinyddol newydd a grëwyd gan ddeddfwriaeth 1974 yn ffactor yn nadleuon y refferendwm ar **ddatganoli** yn 1979. Yng ngolwg beirniaid y cynllun, roedd gan Gymru bum haen o weinyddiaeth yn barod – Brwsel, y llywodraeth ganol yn **Llundain**, y siroedd, y dosbarthau a'r cynghorau cymuned (a oedd yn prysur golli'u grym). Roedd yr awydd hwn i ychwanegu haen arall at lywodraeth Cymru yn ymddangos i lawer fel sêl orffwyll dros fiwrocratiaeth, ac roedd yn un o'r rhesymau pam y trechwyd cynlluniau datganoli 1979 mewn modd mor ysgubol.

Yn 1996 diddymwyd yr wyth sir a'r 37 dosbarth a grëwyd yn 1974. Yn eu lle daeth 22 o awdurdodau unedol, a elwid yn siroedd neu'n fwrdeistrefi sirol, a thrwy hynny cafwyd gwared ar un haen o weinyddiaeth yng Nghymru; bu hynny'n rhannol gyfrifol am yr ymateb llawer mwy cadarnhaol yn y bleidlais yn y refferendwm ar ddatganoli a gynhaliwyd yn 1997. Sefydlwyd **Cynulliad Cenedlaethol Cymru** yn sgil refferendwm y flwyddyn honno, ac esgorodd hynny ar newidiadau sylfaenol yn y modd y llywodraethir Cymru. Am sawl blwyddyn, ni chafodd y Cynulliad effaith ddofn ar fywyd beunyddiol trigolion Cymru. Ond, a datganoli, yn ôl y wireb, yn 'broses yn hytrach nag yn ddigwyddiad', erbyn 2007 daethai arwyddocâd sefydlu'r Cynulliad yn gynyddol amlycach.

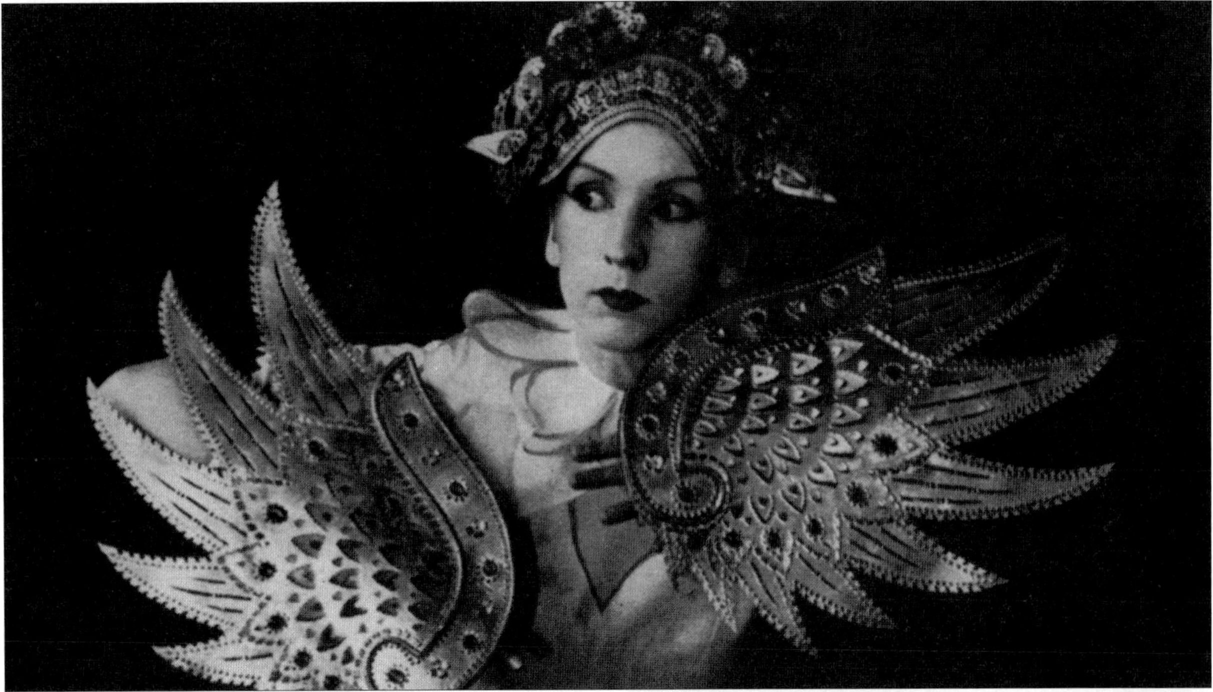

Y Mabinogion: Cwmni Theatr Brith Gof, *Blodeuwedd*, 1982

## M4, Yr

Trafforddyr M4 yw'r brif ffordd i dde Cymru o **Lundain**, ac mae'n ymestyn am 309km o bont Chiswick hyd wasanaethau Pont Abraham (**Llan-non**, **Sir Gaerfyrddin**); mae 118km o'r daith hon yng Nghymru. Agorodd pont Chiswick yn 1959, a'r darn cyntaf o'r ffordd yng Nghymru, o aber afon **Hafren** i Goldra, **Casnewydd**, yn 1967. Ymhlith ei phrif hynodion peirianyddol y mae twneli Bryn-glas, Casnewydd, a **phontydd Hafren**. Yn 2004, pan oedd 112,000 o gerbydau y dydd yn defnyddio'r M4 trwy Gasnewydd, cyhoeddwyd cynlluniau ar gyfer ffordd liniaru'r M4 i'r de o'r ddinas, un a fyddai'n ymestyn am 22km ac yn costio £350 miliwn i'w hadeiladu; y bwriad yw ei hagor yn 2012, a hon fyddai traffordd doll gyntaf Cymru a'r ail ym **Mhrydain**.

## MABELFYW Cwmwd

Un o saith **cwmwd** y **Cantref Mawr** (**Ystrad Tywi**); mae'n bosibl mai **Llanybydder** oedd ei ganolfan weinyddol.

## MABINOGION, Y

Casgliad o 11 stori ryddiaith Gymraeg o'r Oesoedd Canol, gan amrywiol awduron anhysbys, a gadwyd yn ***Llyfr Gwyn Rhydderch*** a ***Llyfr Coch Hergest***. Mewn diwyg llenyddol y'u diogelwyd, ond ceir ynddynt rai nodweddion arddull sy'n profi mai o blith traddodiadau llafar ystoriwyr yr Oesoedd Canol y tarddodd eu deunyddiau crai (gw. **Cyfarwydd**). Ceir cyswllt agos rhwng y pedair chwedl a adwaenir fel 'Pedair Cainc y Mabinogi'. Ar ddiwedd un o'r ceinciau hyn llithrodd y ffurf wallus *mabynnogyon* i'r testun, a'r ffurf honno a fabwysiadwyd gan Charlotte Guest (gw. **Guest, Teulu**) yn derm cyffredinol am yr holl chwedlau brodorol pan gyhoeddodd ei chyfieithiad Saesneg ohonynt rhwng 1838 ac 1849. Cafodd yr enw gylchrediad ehangach pan gyhoeddodd **Gwyn Jones** a **Thomas Jones** (1910–72) eu cyfieithiad hwy yn 1948 a pharheir i'w ddefnyddio am yr 11 chwedl gan neilltuo *mabinogi* ('mebyd', 'hanes mebyd' ac yna 'stori' yn gyffredinol) ar gyfer y 'Pedair Cainc' yn unig.

Cyfansoddwyd 'Pedair Cainc y Mabinogi' *c.*1050–1120, a hynny efallai yng **Ngwynedd** fel y tybir bellach. Yn y gainc gyntaf, 'Pwyll Pendefig Dyfed', ceir hanes ymweliad **Pwyll** ag **Annwfn**, ac yna hanes ei gyfarfyddiad a'i briodas â **Rhiannon**. Hanes trasig priodas **Branwen** â Matholwch, brenin **Iwerddon**, a geir yn yr ail gainc, 'Branwen ferch Llŷr'. Rhydd 'Manawydan fab Llŷr' hanes yr hud ar **Ddyfed** a dyfalbarhad **Manawydan** yn achub Rhiannon a **Phryderi**. Y brif elfen yn y gainc olaf, '**Math fab Mathonwy**', yw castiau hud y dewin **Gwydion** (gw. hefyd **Blodeuwedd** a **Lleu**). Er bod y chwedlau hyn yn cynnwys elfennau Celtaidd, mytholegol eu tarddiad, ymglywir ynddynt hefyd â llais moesol eu hawdur. Mewn oes pan oedd yr ethos arwrol yn parhau'n rym yn y tir, y rhinweddau y rhoddai ef bwys arnynt oedd tosturi, cyfiawnder a'r gallu i gyfaddawdu.

O ran ysbryd ac arddull mae 'Culhwch ac Olwen', y rhoddwyd ffurf led derfynol arni yn y de-orllewin *c.*1100, yn chwedl wahanol iawn i'r Pedair Cainc. Yn y stori liwgar hon, y chwedl ysgrifenedig gyntaf mewn unrhyw iaith ag **Arthur** yn arwr ynddi, adroddir am wŷr Arthur yn cynorthwyo Culhwch i ennill Olwen ferch Ysbaddaden Bencawr yn wraig (gw. hefyd **Twrch Trwyth**). Ceir hanesion pellach am wŷr Arthur yn 'Owain' (neu 'Iarlles y Ffynnon'), 'Geraint fab Erbin' a 'Peredur fab Efrog', sef 'Y Tair Rhamant', ond yn y rhain mae dylanwad sifalri yn amlwg a llys Arthur i'w gael bellach yng **Nghaerllion** ar Wysg yn hytrach nag yng Nghelli-wig yng **Nghernyw**. Yn y gyntaf ohonynt cawn hanes Owain fab Urien (gw. **Urien Rheged**), yng ngwedd marchog o lys Arthur, yn taro ar ffynnon hud ac yn dod yn ŵr i'r Iarlles sydd piau'r ffynnon. Yn yr ail ceir hanes cyfarfyddiad a phriodas Geraint ac Enid, y modd y bu iddynt ymddieithrio ac fel yr ailsefydlwyd eu perthynas ar ôl cyfnod maith o brawf. Yn 'Peredur fab Efrog' olrheinir twf yr arwr, o fod yn llanc a gysgodwyd gan ei fam rhag y byd i fod yn farchog pennaf llys Arthur. Mae'r chwedlau hyn yn cyfateb mewn rhai pethau i ramantau'r awdur Ffrangeg Chrétien de Troyes (*fl.c.*1160–82). Adlewyrcha hynny'r ffaith eu bod oll yn tynnu ar draddodiadau Celtaidd cyffredin, ac mae'r dylanwad Ffrengig ar y testunau Cymraeg i'w briodoli nid i fenthyca uniongyrchol o waith Chrétien, ond i'r ffaith eu bod wedi esblygu yn ystod y 12g. mewn amgylchfyd amlddiwylliannol.

Angus McBean, hunanbortread, 1947

Yn 'Breuddwyd Rhonabwy' ceir golwg bur wahanol ar fyd sifalrïaidd chwedlau Arthur. Gŵr o **Bowys** yw Rhonabwy, ac mewn breuddwyd daw iddo weledigaeth ddoniol, ddychanol o'r oes aur Arthuraidd. Mae'n bosibl fod ergyd wleidyddol i'r chwedl hon a'i bod yn adlewyrchu safle bregus Powys, naill ai yn niwedd y 12g. neu yn ystod degawdau cyntaf y 13g. pan oedd **Llywelyn ap Iorwerth** o Wynedd yn ehangu ei awdurdod. Gwedd ar ffug-hanes yr Oesoedd Canol a geir yn y ddwy chwedl sydd yn weddill. Yn 'Breuddwyd Macsen Wledig', sydd hefyd efallai yn perthyn i oes Llywelyn ap Iorwerth, mae **Macsen**, Ymerawdwr Rhufain, yn gweld arglwyddes hardd sy'n byw mewn gwlad bell. Elen ferch Eudaf o **Arfon** yw hi, a daw Macsen i'w cheisio'n wraig. Mae'n colli coron Rhufain er ei mwyn, ond yn ei hennill yn ôl trwy ymyrraeth effeithiol brodyr Elen. Yn 'Cyfranc Lludd a Llefelys' dau frawd yw'r ddau arwr, brenhinoedd ar **Brydain** ac ar Ffrainc a roddodd eu pennau ynghyd i drechu tair 'gormes' ar Ynys Brydain. Ceir yn y chwedl hon hen draddodiadau Cymreig, a daeth i'w ffurf bresennol erbyn 1200 pan gynhwyswyd fersiwn ohoni mewn cyfieithiad Cymraeg o *Historia Regum Britanniae* **Sieffre o Fynwy**.

## MABUDRUD Cwmwd

Un o saith **cwmwd** y **Cantref Mawr** (**Ystrad Tywi**); yn ôl pob tebyg roedd ei ganolfan weinyddol ym Mhencader (gw. **Llanfihangel-ar-Arth**).

## McBEAN, Angus (1904–90) Ffotograffydd

Yn **Nhrecelyn** y ganed McBean, ac fe'i disgrifiodd ei hun unwaith fel rhywun a oedd wedi gwirioni ar y llwyfan a'r camera (gw. **Ffotograffiaeth**). O 1934 hyd 1963 gweithiai'n llawrydd fel ffotograffydd theatr a phortreadau. Roedd galw mawr am ei waith ar gyfer cloriau recordiau, gan gynnwys *Please Please Me* ar gyfer y Beatles.

## MACDONALD, [James] Ramsay (1866–1937) Gwleidydd

Daeth MacDonald yn arweinydd y **Blaid Lafur** yn 1911, a mynegodd ei gefnogaeth i **ymreolaeth** i Gymru ac i **ddatgysylltu**. Gwrthwynebai'r **Rhyfel Byd Cyntaf**, ac ymddiswyddodd o'r arweinyddiaeth yn 1914. Yn 1922 fe'i hailetholwyd yn arweinydd a daeth yn aelod seneddol **Aberafan**. Daeth yn brif weinidog Llafur cyntaf **Prydain** ar 22 Ionawr 1924. Yn 1929 rhoddodd y gorau i Aberafan a chael sedd yn Swydd Durham. Pan benderfynodd ffurfio clymblaid gyda'r Ceidwadwyr yn 1931 bu cryn chwerwedd ymysg cefnogwyr Llafur, yn arbennig yng Nghymru, lle nad oedd prin ddim cefnogaeth i Blaid Lafur Genedlaethol MacDonald. Ynghyd â **David Lloyd George** a **James Callaghan**, roedd MacDonald yn un o dri aelod seneddol Cymreig a fu'n dal swydd prif weinidog Prydain. Ynghyd â **Keir Hardie**, James Callaghan, Neil Kinnock a Michael Foot, roedd yn un o bum aelod seneddol Cymreig a ddaliodd swydd arweinydd y Blaid Lafur Brydeinig.

## McGRATH, Michael [Joseph] (1882–1961) Archesgob

Brodor o Kilkenny, **Iwerddon**, oedd McGrath a hyfforddodd i fod yn offeiriad Catholig yn Waterford, Paris a Rhufain, ac a ddechreuodd ei weinidogaeth ym Mryste. Yn 1919 fe'i trosglwyddwyd i esgobaeth Mynyw (Menevia) yng Nghymru, a bu'n gwasanaethu yn y **Fflint**, **Aberystwyth**, a **Bangor**, cyn cael ei benodi'n esgob Mynyw yn 1935. Olynodd **Francis Mostyn** yn archesgob **Caerdydd** yn 1940. Roedd ei gyfnod fel archesgob yn nodedig oherwydd ei ymroddiad i'r **Gymraeg**, ei bwys ar gadw'r **Sul Cymreig**, a'i gydymdeimlad agored â **chenedlaetholdeb** Cymreig. Ymhlith cyfeillion agos McGrath yr oedd **T. Gwynn Jones** a **Saunders Lewis**, y bu'n ymweld ag ef tra oedd yn Wormwood Scrubs a hynny yn urddwisg lawn yr archesgob. Fe'i cofir hefyd am ei feirniadaeth ddiflewyn-ar-dafod ar briodasau cymysg, ei bwyslais ar addysg Gatholig a'i amddiffyniad llym o athrawiaeth foesol Gatholig.

**MACKWORTH, Humphrey (1657–1727)** Diwydiannwr a gwleidydd

Ganed Mackworth yn **Swydd Amwythig**, a chafodd ei alw i'r bar yn 1682 a'i urddo'n farchog yn 1683. Priododd â Mary Evans o'r Gnoll, **Castell-nedd**, yn 1686, gan etifeddu'r stad ymhen amser. Datblygodd byllau **glo** a gweithfeydd mwyndoddi **copr** a **phlwm** yng nghyffiniau'r dref a daeth yn berchennog ar fwyngloddiau **plwm** yn **Sir Aberteifi**. Aeth ei Company of Mine Adventurers yn fethdalwr yn 1709 yng nghanol sgandal ariannol, ond sefydlodd gwmni arall, Company of Mineral Manufacturers, yn 1713, a oroesodd hyd 1719. Bu'n aelod seneddol dros Sir Aberteifi (1701, 1702–5, 1710–13) a Totnes (1705–7). Roedd Mackworth yn Dori ucheleglwysig ac yn un o sylfaenwyr y **Gymdeithas er Taenu Gwybodaeth Gristnogol** (SPCK).

**MACSEN WLEDIG (Magnus Maximus) (m.388)** Trawsfeddiannwr

Milwr o Galisia a ymwelodd â **Phrydain** yn y 360au cyn dychwelyd yn gadlywydd y **Rhufeiniaid** *c*.380. Arweiniodd wrthryfel milwrol yn erbyn yr ymerawdwr Gratian yn 383 a bu'n llywodraethu rhan helaeth o orllewin Ewrop o Trier cyn cael ei ladd gan ei gyn-noddwr, Theodosius, yn Aquileia.

Ym marn **Gildas** Maximus oedd yr ymerawdwr Rhufeinig dilys olaf i lywodraethu ym Mhrydain a dyma, mae'n debyg, fan cychwyn ei yrfa lawer mwy arwyddocaol fel y Macsen Wledig chwedlonol (gw. **Mabinogion**). Yn ôl y traddodiad Cymreig, priododd Macsen ag Elen ferch Eudaf Hen o **Wynedd** a delid mai ef oedd hynafiad llawer o linachau brenhinol yr Oesoedd Canol ym Mhrydain. (Cyffelyb hefyd oedd swyddogaeth Míl Espáine 'y milwr o Sbaen', hynafiad y prif linachau yn nhraddodiadau **Iwerddon**.) Efallai fod y traddodiadau rhyfedd hyn yn adlewyrchu peth o lwyddiant Maximus ym Mhrydain nad oedd yn hysbys i groniclwyr cyfoes ag ef. Ar ôl ymadael am dir mawr Ewrop yn 383, efallai ei fod wedi cadarnhau awdurdod yr arweinwyr Prydeinig brodorol, cred a arweiniodd at y syniad mai ef oedd tad y genedl Gymreig.

**MACHYNLLETH**, Sir Drefaldwyn, Powys (506ha; 2,147 o drigolion)

Saif tref fwyaf gorllewinol **Sir Drefaldwyn** ger aber afon **Dyfi**, ar y rheilffordd rhwng Amwythig ac **Aberystwyth** a'r ffordd o **Ddolgellau** i'r de. Derbyniodd siarter yn 1291 a roddodd hawl iddi gynnal marchnad wythnosol ar y stryd, fel y gwneir hyd heddiw. Cynhaliodd **Owain Glyndŵr** senedd yn y dref yn 1404, achlysur a goffeir yn llyfr Jan Morris, *Machynlleth Trilogy* (1994), lle mae'r awdur hefyd yn dychmygu Cymru rydd, yn y dyfodol, yn cael ei llywodraethu o Fachynlleth. Ar hyd stryd lydan Maengwyn ceir amryw o adeiladau diddorol, yn eu plith y 'Senedd-dy', fel y'i gelwir; er gwaetha'r honiadau mai dyma leoliad senedd 1404, adeilad diweddarach ydyw, ond un sydd, serch hynny, yn perthyn i'r 15g. yn ôl pob tebyg. Wrth ei ymyl saif Sefydliad Glyndŵr (1911). Y tu mewn i'r Senedd-dy ceir murlun o Owain Glyndŵr sy'n dangos wyneb David Davies (gw. **Davies, Teulu (Llandinam)**), sef y gŵr a dalodd am godi'r adeilad.

Ramsay MacDonald

Adeilad o'r 19g. yn bennaf yw Plas Machynlleth, cyngartref teulu Vane-Tempest, ardalyddion Londonderry. Rhwng 1995 a 2006 bu'n gartref i Celtica, canolfan uchelgeisiol yn dehongli hanes a diwylliant y **Celtiaid**; bu'n rhaid cau'r ganolfan am nad oedd yn denu digon o ymwelwyr. Mae tŵr cloc y dref yn adeilad trawiadol a godwyd yn 1873 ar ddyfodiad aer teulu Londonderry, Arglwydd Castlereagh, i'w oed. Mae gan Eglwys Sant Pedr, a gafodd ei hailadeiladu'n helaeth yn 1827, dŵr o'r 15g. Addaswyd hen gapel y **Wesleaid**, y Tabernacl, yn Amgueddfa Gymreig ar gyfer Celfyddyd Fodern (gw. **Orielau Celf**), a chynhelir Gŵyl Machynlleth yno'n flynyddol. Trowyd yr hen dloty (1834) yn ysbyty'r frest. Mae gardd-bentref **T. Alwyn Lloyd** (1913) yn glwstwr cymen o dai talcennog. Adeilad syml, llawn golau yw eglwys Gatholig y dref, a gynlluniwyd gan **Percy Thomas** (1965). Priodol yw presenoldeb y siopau 'gwyrddion' yn y prif strydoedd o ystyried mai Machynlleth yw'r dref agosaf at y **Ganolfan Dechnoleg Amgen**.

Cau a sychu'r Traeth Mawr, Porthmadog, dan oruchwyliaeth William Alexander Madocks

## MADAGASGAR A CHYMRU

Llwyddodd **cenhadon** o Gymry, o blith Cymdeithas Genhadol Llundain, i gynnal perthynas gyda phobl Madagasgar, dwyrain Affrica, trwy gydol y cyfnod 1818–1977. Bu i'r arloeswyr o **Annibynwyr**, David Jones (1797–1841), David Griffiths (1792–1863) a David Johns (1796–1843), gofnodi iaith y wlad mewn sgript Rufeinig am y tro cyntaf, hybu llythrennedd yno a chyfieithu'r **Beibl** i'r iaith Malagasi. Prin fod y gwaith o argraffu'r Beibl wedi ei gwblhau yn 1835, pan ddechreuodd brenhines Madagasgar erlid y Cristnogion, a pharhaodd yr erlid hwnnw am 26 o flynyddoedd. Alltudiwyd y cenhadon, merthyrwyd tua chant o'r trigolion a chafodd llawer mwy eu cosbi'n greulon. Pan gafodd y cenhadon ddychwelyd, cawsant fod Cristnogaeth wedi bwrw gwreiddiau dwfn yn y wlad, yn sgil ei chryfhau gan yr erlid. Ac felly, o'r cychwyn cyntaf, roedd cysylltiad cryf rhwng y ffydd Brotestannaidd ym Madagasgar a'r diwylliant brodorol.

O blith y boblogaeth bresennol o 15 miliwn, mae 41% yn Gristnogion, ac ychydig llai na hanner y rhai hynny yn Brotestaniaid. Y dystiolaeth fwyaf parhaol o'r cysylltiad â Chymru yw bod yr iaith Malagasi yn gwbl ffonetig. (Gw. hefyd **Bryniau Casia** ac **Ynys Manaw**.)

## MADDOCK, Ieuan (1917–88) Ffisegwr

Deuai Syr Ieuan Maddock o **Orseinon** a graddiodd yn **Abertawe**. Roedd yn wyddonydd a wnaeth gyfraniad mawr at ddatblygu bom atomig **Prydain**. Dechreuodd ei waith ymchwil ar fesuriadau optegol ac yna aeth i weithio ar fecanwaith tanio'r bom atomig cyntaf. Ef oedd â'r cyfrifoldeb cyffredinol dros y chwe phrawf cyntaf gan Brydain. Yn ddiweddarach roedd a wnelo â'r Cytundeb Gwahardd Profion Niwclear, a bu'n gweithio ar fesuryddion seismograffig sensitif a allai ganfod ffrwydradau niwclear dan ddaear. Yn 1964 ymunodd â'r Weinyddiaeth Dechnoleg newydd a dod wedyn yn brif wyddonydd y **llywodraeth**. Yn y swydd hon beirniadodd orwario ar amddiffyn a phwysleisiai bwysigrwydd buddsoddi mewn uwchdechnoleg ar gyfer y diwydiant gweithgynhyrchu.

## MADDOX, G[eorge] V[aughan] (1802–64) Pensaer

Ganed G. V. Maddox yn **Nhrefynwy**. Sefydlodd bractis yno fel pensaer ac adeiladwr. Ei waith pwysicaf oedd datblygu Stryd y Priordy, Trefynwy, yn 1837, gan gynnwys Neuadd y Farchnad gyda'i cholofnau Dorig-Groegaidd, y cwbl wedi'i godi uwchben fowtiau brics gyda bwâu tywodfaen, lle ceid lladd-dai. Bu'n gyfrifol hefyd am gapel a thai eraill yn y dref, ynghyd ag ambell blasty gwledig, a siopau ym **Mhont-y-pŵl**.

## MADOCKS, William Alexander (1773–1828) Entrepreneur

Ganed Madocks yn **Llundain** a bu'n aelod seneddol Radicalaidd dros Boston (1802–18) a Chippenham (1820–6). Prynodd stad Tan-yr-allt, Penmorfa (**Dolbenmaen**) yn 1798, gan ddefnyddio'i gyfoeth i gau a sychu'r Traeth Mawr, a chodi Tremadog (**Porthmadog**). Rhan o'i weledigaeth oedd hybu'r diwydiant **gwlân** a cheisio sicrhau bod y llong bost o Ddulyn yn defnyddio porthladd Porth Dinllaen (**Nefyn**), ond methiant fu ei gynlluniau mwyaf uchelgeisiol. Yn 1821 sicrhaodd ddeddf seneddol ar gyfer adeiladu harbwr Porthmadog. Er i'w fentrau greu trafferthion ariannol iddo yn aml, bu llawer ohonynt o fudd i'r ardal yn y tymor hir. Un o'i ddisgynyddion oedd Diana, tywysoges Cymru. Denodd daliadau radicalaidd Madocks y bardd Shelley i Dan-yr-allt a thra oedd yno, yn ôl y sôn, cynllwyniodd bugeiliaid lleol i'w ladd ar gorn ei syniadau am les anifeiliaid.

**MADOG AB OWAIN GWYNEDD** Cymeriad chwedlonol

Un o'r storïau mwyaf pwerus a hirhoedlog yn hanes y Cymry yw'r gred mai Madog ab Owain Gwynedd oedd yr Ewropead cyntaf i ddarganfod America a hynny *c.*1170, tua thair canrif cyn Christopher Columbus. Er bod ysgolheictod fodern, o ddyddiau **Thomas Stephens** ymlaen, wedi hen ddangos nad oes sail gwirioneddol i'r stori, mor ddiweddar ag 1953, ger Fort Morgan yn Mobile Bay, Alabama, codwyd cofeb i Fadog gan Ferched Chwyldro America (Daughters of the American Revolution), am mai yno, meddid, y daeth ei fintai i'r lan.

Nid oes dim oll i awgrymu bod gan **Owain Gwynedd** fab o'r enw Madog. Ond dengys cyfeiriad yng ngwaith y bardd Maredudd ap Rhys (*fl.c.*1450–*c.*1483) fod traddodiadau i'w cael yng Nghymru erbyn y 15g. am ryw Fadog a fentrodd i'r môr a chysylltir Owain Gwynedd ag ef. **Humphrey Lhuyd** yn ei *Cronica Wallia* (gwaith a gwblhawyd yn 1559, ond nas cyhoeddwyd bryd hynny) oedd y cyntaf i gofnodi fersiwn lled lawn o'r stori, a rhoddwyd mwy o gig ar yr asgwrn gan **David Powel** yn ei *Historie of Cambria* (1584), cyfrol a oedd yn tynnu'n drwm ar waith Lhuyd. Dywed yr hanes fel y bu i Fadog droi ei gefn ar **Wynedd** yn sgil yr ymladd ymhlith ei frodyr am yr olyniaeth yn dilyn marwolaeth Owain Gwynedd yn 1170. Hwyliodd y tu hwnt i **Iwerddon** a dod o hyd i wlad baradwysaidd. Daeth yn ôl i Wynedd cyn dychwelyd drachefn i'r wlad y tu hwnt i'r lli, y tro hwn yng nghwmni cydwladwyr eraill a fynnai ddianc rhag y trais yng Ngwynedd.

Fel y dangosodd yr hanesydd **Gwyn A. Williams**, nid â llinyn mesur ffeithiol y mae dehongli gwir arwyddocâd hanesyddol stori Madog, ond yn hytrach yng nghyd-destun y defnydd a wnaed ohoni gan y Cymry eu hunain, a'r modd rhyfeddol y daeth yn bropaganda hwylus i gefnogi buddiannau geo-wleidyddol ac ymerodrol ymerodraethau **Prydain**, Sbaen a'r Unol Daleithiau. Gwnaed defnydd o'r hanes gan **John Dee** er mwyn hyrwyddo hawl y frenhines Elizabeth i diriogaethau yng ngogledd yr Iwerydd a chreu'r cysyniad o Ymerodraeth Frythonig neu 'Brydeinig' a bontiai'r cefnfor. Ond oes aur y chwedl, yn ddiau, oedd y 18g. pan gymhellwyd **John Evans** (1770–99) o'r **Waunfawr** i ymgymryd â'i siwrnai seithug mewn ymchwil am y Madogion neu'r Madogwys, yr Indiaid Cymreig y tybid eu bod yn ddisgynyddion i Madog a'i ddilynwyr.

**MADOG AP GRUFFUDD MAELOR (m.1236)** Tywysog

Daeth Madog yn dywysog gogledd **Powys** (sef **Powys Fadog**, a enwyd ar ei ôl) yn 1191. Roedd yn un o gefnogwyr mwyaf dibynadwy **Llywelyn ap Iorwerth**, er nad oedd ei deyrngarwch yn llwyr bob amser. Ef a sefydlodd abaty Sistersaidd Glyn-y-groes (**Llandysilio-yn-Iâl**).

**MADOG AP GWALLTER (*fl.*1250–1300)** Bardd

Mae'n bosibl mai brodor o **Lanfihangel Glyn Myfyr** oedd Madog ap Gwallter. Ef oedd awdur y gerdd 'Geni Crist', y garol Gymraeg hynaf sydd ar glawr. Lluniodd hefyd awdl-weddi am waredigaeth cyn marwolaeth ac englynion i Mihangel, nawddsant ei blwyf.

**MADOG AP LLYWELYN (*fl.*1278–1312)** Arglwydd Cymreig

Roedd Madog yn aelod o un o ganghennau iau brenhinllin **Gwynedd**. Roedd yn fab i arglwydd olaf **Meirionnydd**, a yrrwyd o'i diroedd gan **Lywelyn ap Gruffudd** yn 1256. Efallai i Fadog wasanaethu'r brenin yn rhyfel 1276–7 ac yn 1278 ceisiodd, yn aflwyddiannus, adfer ei etifeddiaeth trwy fynd i gyfraith. Yng **ngwrthryfel Cymreig** 1294 arweiniodd wŷr y gogledd a chyfeirir ato fel tywysog Cymru mewn o leiaf un ddogfen. Erbyn haf 1295 roedd yn garcharor ac roedd yn parhau i fod dan glo yn 1312, ond ni wyddys pryd y bu farw. Bu ei fab yng ngwasanaeth brenin **Lloegr**.

**MADOG AP MAREDUDD (m.1160)** Rheolwr Powys

Roedd Madog yn ŵyr i **Fleddyn ap Cynfyn**, a daeth **Powys** i'w feddiant yn 1132. Ef oedd y mwyaf o reolwyr Powys, a llwyddodd i gadarnhau ei rym a'i fri ar ôl ymrafaelion gwaedlyd dechrau'r 12g. Yn ôl 'Breuddwyd Rhonabwy' (gw. **Mabinogion**), ymestynnai ei deyrnas o Bwlffordd (Pulford) ger Caer i **Arwystli**. Gan ei fod yn ymwybodol o'r peryglon i Bowys o fod wedi'i lleoli rhwng **Gwynedd** a **Lloegr**, cadwodd berthynas dda â choron Lloegr. Pan fu farw ni oroesodd y deyrnas rymus a adeiladasai; bu farw ei fab, Llywelyn, a ddewiswyd i'w olynu, yn 1160 hefyd, a rhannwyd y deyrnas – rhaniad a fu'n un parhaol. Enillodd Madog enwogrwydd fel noddwr beirdd, yn eu mysg Gwalchmai ap Meilyr (gw. **Meilyr Brydydd**) a **Chynddelw Brydydd Mawr**.

**MAELGWN AP RHYS FYCHAN (m.1295)** Gwrthryfelwr

Yr oedd Maelgwn yn fab i **Rhys Fychan ap Rhys ap Maelgwn**, ac arweiniodd y **Gwrthryfel Cymreig** (1294–5) yn **Sir Aberteifi**, er bod ei dad yng ngwasanaeth coron **Lloegr**. Fe'i lladdwyd ger **Caerfyrddin** yn haf 1295; treuliodd ei frodyr, Rhys a Gruffudd, weddill eu hoes yng ngharchar.

**MAELGWN GWYNEDD (m.*c.*547)** Brenin Gwynedd

Roedd Maelgwn yn fab i Gadwallon Lawhir ac yn orwyr i **Gunedda**; bu'n teyrnasu dros **Wynedd** yn ail chwarter y 6g. Yng ngwaith **Gildas** y mae Maelgwn neu Maglocunus – *insularis draco* 'draig yr ynys' – yn un o bum brenin a gondemnir yn hallt am eu camweddau; haera Gildas iddo lofruddio ei wraig a'i nai ac yna cymryd gweddw'r nai hwnnw yn wraig iddo'i hunan. Roedd Maelgwn, yn ôl Gildas, yn elyn anghymodlon i fynachaeth, a rhydd ddarlun dilornus hefyd o'r beirdd llys yn canu'n llawn gweniaith ger ei fron. Er bod Gildas yn cysylltu Maelgwn â **Môn** yn bennaf, yn y chwedl 'Hanes **Taliesin**' lleolir ei lys yn Negannwy (gw. **Conwy**). Yn ôl traddodiad a gadwyd yn rhai o'r testunau **cyfraith**, dywedir iddo hawlio gwrogaeth brenhinoedd eraill Cymru ar Draeth Maelgwn (gw. **Llangynfelyn**) ar aber afon **Dyfi** trwy arnofio ar y tonnau mewn cadair o blu. Bu farw, meddir, o'r fad felen yn eglwys **Rhos** gerllaw Degannwy, a dywed traddodiad iddo gael ei gladdu ar Ynys Seiriol (**Llangoed**).

**MAELIENYDD** Cantref ac arglwyddiaeth
Roedd y **cantref** yn cynnwys yr hyn a ddeuai maes o law yn ogledd a chanolbarth **Sir Faesyfed**. Fe'i rhennid yn dri **chwmwd**, sef **Rhiwlallt**, **Buddugre** a **Dinieithon**. Canolfan eglwysig y cantref oedd Eglwys Sant Cynllo, **Llanbister**, yr eglwys gyfoethocaf yn archddiaconiaeth **Brycheiniog**. O ddiwedd yr 11g. ymlaen daeth y cantref, a gâi ei lywodraethu gan ddisgynyddion **Elystan Glodrydd**, dan bwysau o du'r **Normaniaid**. Daeth yn un o arglwyddiaethau teulu **Mortimer**, er i **Lywelyn ap Iorwerth** a **Llywelyn ap Gruffudd** ill dau herio ei hawl arni. Yn ystod y 15g. daeth i feddiant dugiaid **York**, disgynyddion y Mortimeriaid, a thrwyddynt hwy aeth i goron **Lloegr**. Ei phrif gadarnleoedd oedd Cymaran (**Llanddewi Ystradenni**) a Chastell Dinbawd (**Llanbadarn Fynydd**).

**MAELOR** Cantref, hwndrwd a dosbarth gwledig
Roedd dau **gwmwd** yn perthyn i'r rhan fwyaf dwyreiniol hon o **Bowys Fadog**, sef **Maelor Gymraeg** a **Maelor Saesneg**. Daeth Maelor yn enw ar **hwndrwd** a dosbarth gwledig; o 1974 hyd 1996 roedd **Wrecsam Maelor** yn ddosbarth oddi mewn i sir **Clwyd**. Yn 1996 daeth Wrecsam Maelor, ynghyd â rhan o hen ddosbarth **Glyndŵr**, yn fwrdeistref sirol **Wrecsam**.

**MAELOR GYMRAEG** Cwmwd
Roedd y **cwmwd** hwn yn rhan o gantref **Maelor**, ynghyd â **Maelor Saesneg**. Yn dilyn y **Goresgyniad Edwardaidd** daeth Maelor Gymraeg – a elwid yn Bromfield yn **Saesneg** – yn rhan o un o arglwyddiaethau'r **Mers**, sef **Brwmffild ac Iâl**. Yn 1536 daeth yr arglwyddiaeth yn rhan fwyaf dwyreiniol **Sir Ddinbych**. Yn ei hanfod cyfuniad o gymydau Maelor Gymraeg a Maelor Saesneg oedd **Wrecsam Maelor**, a sefydlwyd yn 1974 yn ddosbarth oddi mewn i sir **Clwyd**.

**MAELOR SAESNEG** Cwmwd
O'r 7g. ymlaen ymgartrefodd y Sacsoniaid dros rannau helaeth o'r ardal hon ar gyrion mwyaf dwyreiniol gogledd-ddwyrain Cymru, ac fe'i hystyrid yn rhan o **Fersia**. Yn Llyfr Domesday cafodd ei chynnwys yn **hwndrwd** Dudestan yn **Swydd Gaer**, ond erbyn y 13g. roedd yn rhan o **Bowys Fadog**. Yn 1284 daeth yn rhan o sir newydd y Fflint (gw. **Sir y Fflint**). Yn 1894 daeth yn ddosbarth gwledig **Owrtyn**. Yn 1974 unwyd y dosbarth gwledig hwnnw – a elwid yn Maelor erbyn hynny – gyda rhai Wrecsam a Cheiriog, ynghyd â bwrdeistref **Wrecsam**, i ffurfio **Wrecsam Maelor**, un o chwe dosbarth oddi mewn i sir newydd **Clwyd**.

**MAEN LLOG, Y**
Y Maen Llog yw'r brif garreg yng nghanol Cylch yr **Orsedd**, lle saif yr **Archdderwydd** wrth arwain seremonïau awyr agored. Un o ddyfeisiau Iolo Morganwg (**Edward Williams**) ydyw. Gall 'llog' yma olygu 'siglo' neu 'aberth'.

**MAENCLOCHOG**, Sir Benfro (3,128ha; 679 o drigolion)
Mae'r **gymuned** hon, sy'n ymestyn o gopa uchaf **Mynydd Preseli** (Foel Cwmcerwyn, 536m) hyd at rannau canol afon Cleddau Ddu (gw. **Cleddau**), yn cynnwys pentrefi Maenclochog, Llan-y-cefn a Rosebush. Ar ben Foel Cwmcerwyn ceir nifer o garneddau a gloddiwyd gan **Richard Fenton** yn 1806. Yn Eglwys y Santes Fair (1806, 1881) ym mhentref Maenclochog, ceir dwy garreg arysgrifedig o'r 6g. yn coffáu dau frawd yn ôl pob tebyg; arysgrif mewn **Lladin** sydd ar y naill garreg, ac arysgrifau Lladin ac **Ogam** ar y llall. Fe'u cludwyd i Faenclochog o adfeilion hen eglwys gyfagos, sef Llandeilo Llwydarth, y câi ei ffynnon ei chydnabod am ei grymoedd iachusol hyd yn ddiweddar iawn. Adeilad traw-iadol yw'r Hen Gapel (1790, 1870, 1904) ym Maenclochog; caeodd yn 1999. Y chwareli **llechi** yn Rosebush oedd y rhai mwyaf yn **Sir Benfro** yn y 1870au, pan oedd rheilffordd yn eu cysylltu â **Chlunderwen**. Ceisiodd eu perchennog, Edward Cropper, greu sba yn Rosebush ac ef a adeiladodd yr enwog Dafarn Sinc, sy'n cynnal **eisteddfod** flynyddol. Mae Pen-rhos yn enghraifft o dŷ unnos (gw. **Tai Unnos**) sydd wedi'i gadw fel amgueddfa. Cafodd ysgol Llan-y-cefn (1876) ei haddasu (1982, 1989) yn gyfres hynod o adeiladau ar gyfer ysgol Steiner Nant-y-cwm.

**MAENOR (MAENOL) A *MANOR***
Uned diriogaethol a oedd yn israniad o'r **cantref** neu'r **cwmwd** oedd y faenor neu'r faenol Gymreig. Roedd rhai o'r maenorau hyn yn hynafol iawn; disgrifir ffiniau maenor Meddyfnych – a oedd â'r un ffiniau yn fras â rhai plwyf **Llandybïe** (gw. hefyd **Plwyfi**) – mewn cofnod yn ***Llyfr St Chad*** (hanner cyntaf yr 8g.). Erbyn diwedd oes y tywysogion roedd yr unedau hyn wedi peidio â bod, er i'r ffurfiau *maenor* (yn y de) a *maenol* (yn y gogledd) oroesi mewn rhai **enwau lleoedd**. Daw'r cyfeiriad cyntaf at y *manor* Seisnig yng Nghymru o gyfnod teyrnasiad Edward I (1272–1307). Roedd rhannau o'r wlad, yn arbennig **Bro Morgannwg** a de **Sir Benfro**, yn drwm dan ddylanwad y gyfundrefn faenor-aidd Seisnig, ond nid yw'r *manor* mor gyffredin yng Nghymru ag ydoedd yn iseldiroedd **Lloegr**. Ar ôl dadfeiliad yr hen faenor Gymreig, yr uned a oedd debycaf i'r *manor* Seisnig oedd y dref neu'r faerdref.

Tir a oedd yn eiddo i arglwydd lleyg neu eglwysig oedd y *manor*; roedd gan yr arglwydd hwnnw awdurdod dros drigolion y *manor* a derbyniai amrywiaeth helaeth o daliadau a gwasanaethau oddi wrth ei denantiaid. Gallai'r rhain gynnwys taliadau wrth i denantiaid dderbyn a gwerthu tir, hawliau i lafur, ebediwiau, duwroddion, hawl i froc môr, rheolaeth ar ffeiriau a marchnadoedd, a phwerau dros diroedd diffaith a thiroedd comin (gw. **Tir Comin**). Mae cofnodion llysoedd maenoraidd yn ffynhonnell hanesyddol o bwys. Erbyn y 19g. roedd y rhan fwyaf o hawliau perchnogion maenorau wedi diflannu, er i bwerau dros diroedd comin gyfoethogi prif dirfeddianwyr ardaloedd diwydiannol Cymru yn aruthrol. Yn y **dywysogaeth** wreiddiol, y Goron oedd piau'r rhan fwyaf o'r *manors*. Ar ôl **datgysylltu**'r Eglwys aeth y 41 a oedd yn eiddo i Eglwys Loegr (gw. **Anglicaniaid**) i feddiant **Prifysgol Cymru**. Mae maenorau'r Brifysgol, a'r rhai a oedd yn eiddo i berchnogion eraill fel iarll Cawdor (gw. **Campbell, Teulu**), wedi eu gwerthu. Ychydig o fudd a ddaeth i ran eu prynwyr ac eithrio'r hawl i'w galw eu hunain yn arglwydd neu'n arglwyddes y faenor.

**MAENORBŶR**, Sir Benfro (1,481ha; 1,288 o drigolion)
Mae'r **gymuned** hon, sydd wedi'i lleoli rhwng **Penfro** a **Dinbych-y-pysgod**, yn cynnwys King's Quoit, siambr gladdu o'r Oes Neolithig (gw. **Oesau Cynhanesyddol**) a saif ar safle godidog uwchlaw traeth Bae Maenorbŷr. Ar y traeth hwnnw

y cododd **Gerallt Gymro** eglwysi tywod, tra oedd ei frodyr yn codi cestyll tywod. Taid Gerallt, Odo de Barri, a gododd Gastell Maenorbŷr yn wreiddiol a chafodd ei ailadeiladu o gerrig yn y 1140au, a hynny, fe ymddengys, cyn i Gerallt gael ei eni (1147) o fewn ei furiau. Ymgymerwyd â rhagor o waith adeiladu yn ystod y 13g., y 14g. a'r 15g. Gyda'i dyrau a'i lenfuriau cadarn, a'i leoliad ar ben bryn, mae'n gastell hynod drawiadol. Yn 1670 daeth i feddiant teulu **Philipps** (Castell Pictwn), sy'n berchen arno hyd heddiw. Honglaid o adeilad canoloesol gwasgarog ei rannau yw Eglwys Sant Iago, sy'n cynnwys delw (14g.) o aelod o deulu de Barri. Ym marn Gerallt, Maenorbŷr oedd y llecyn hyfrytaf yng Nghymru. Yn ystod ei phlentyndod arferai Virginia Woolf dreulio ei gwyliau yno; yn ei gofiant iddi disgrifiodd Quentin Bell ef fel lle gwyllt ac anial.

## MAENORDEIFI, Sir Benfro (1,811ha; 478 o drigolion)

Maenordeifi yw'r **gymuned** fwyaf gogledd-ddwyreiniol yn **Sir Benfro** ac mae'n cynnwys pentrefi Aber-cuch, Capel Newydd a Phont-rhyd-y-ceirt. Sonnir am ddyffryn hardd Cwm Cuch yn y **Mabinogion**. Yn Eglwys Dewi Sant, a gaiff ei bygwth o dro i dro gan lifogydd afon **Teifi**, ceir addurniadau o'r 18g; mae hefyd yn cynnwys cofeb i **John Blackwell**, ficer Maenordeifi rhwng 1833 ac 1840. Yn gynnar yn y 18g. agorwyd un o **gamlesi** cynharaf Cymru i wasanaethu gwaith **haearn** ger Castell Malgwyn, a fu'n gartref i'r haearnfeistr ac sydd bellach yn westy. Yn gynnar yn y 19g. ychwanegwyd blaen Dorig Groegaidd at Ffynhonnau, plasty a gynlluniwyd gan **John Nash** yn 1793. Ffynhonnau yw cartref yr Iarll Lloyd-George; mae gerddi rhagorol yn amgylchynu'r plas.

## MAENORDEILO Cwmwd

Un o saith **cwmwd** y **Cantref Mawr (Ystrad Tywi)**; roedd yn cynnwys **Dinefwr**, prif ganolfan rheolwyr **Deheubarth** yn ôl traddodiad.

## MAENORDEILO A SALEM, Sir Gaerfyrddin (4,691ha; 1,587 o drigolion)

Mae'r **gymuned** hon, sy'n ffinio â glan orllewinol afon **Tywi** i'r gogledd-ddwyrain o **Landeilo**, yn cynnwys pentrefi Maenordeilo, Salem, Capel Isaac, Cwmifor, Maesteilo a Rhosmaen. Trowyd plasty Taliaris (17g., 18g.) yn fflatiau. O'i flaen y mae talwrn ceiliogod wythonglog. Mae Hermon (1812, 1848, 1868), i'r gogledd o Faenordeilo, a chapel y **Bedyddwyr** yng Nghwmifor (1789, 1836, 1864) yn adeiladau hardd.

## MAENTWROG, Gwynedd (3,958 ha, 585 o drigolion)

Mae'r **gymuned** hon, sydd yn union i'r de o **Ffestiniog**, yn cynnwys pentrefi Maentwrog a Gellilydan a Gorsaf Ynni Niwclear Trawsfynydd (gw. **Trawsfynydd, Gorsaf Ynni Niwclear**), sydd bellach wedi'i datgomisiynu. Cafodd pentref Maentwrog ei enwi ar ôl y maen hir yn Eglwys Sant Twrog, a digwydd yr enw yn chwedl '**Math fab Mathonwy**' yn y **Mabinogion**. Roedd milwyr yng nghaer Rufeinig Tomen-y-mur o OC *c*.78 hyd *c*.140; maes hyfforddi, yn ôl pob tebyg, oedd y tir caeedig cyfagos. Erbyn cyfnod ymweliad Gwilym II â Thomen-y-mur yn 1095 roedd mwnt wedi'i godi yno. Cynfal Fawr, sy'n dyddio o'r 17g., oedd man geni **Morgan Llwyd**.

Cynlluniwyd pentref Maentwrog mewn arddull Swisaidd gan W. E. Oakeley, gŵr blaenllaw yn natblygiad y diwydiant **llechi** ym Mlaenau Ffestiniog (gw. **Oakeley, Teulu**). Adeiladodd Blas Tan-y-bwlch mewn arddull neo-Gothig; canolfan astudiaethau amgylcheddol Parc Cenedlaethol Eryri ydyw bellach. Gyferbyn â'r plas mae'r coed yng Nghoed Camlyn yn amlygu llythrennau blaen Oakeley. Yng Ngellilydan ceir eglwys Gatholig ddiddorol, ac wrth fynd trwy'r ardal hon y ceir y rhan fwyaf cyffrous o'r daith ar reilffordd Ffestiniog. Codwyd Gorsaf Trydan Dŵr Maentwrog yn 1930 ac mae'n defnyddio dŵr o Lyn **Trawsfynydd** (gw. **Ynni**).

## MAERUN (Marshfield), Casnewydd (584ha; 2,636 o drigolion)

Mae'r **gymuned** hon, sydd rhwng yr M48 a'r rheilffordd ac yn glynu'n glòs wrth ffin ddwyreiniol **Caerdydd**, yn cynnwys datblygiadau gwasgarog Maerun a Chas-bach (Castleton), y gellir eu hystyried yn faestrefi **Casnewydd**, neu efallai Gaerdydd. Mae Eglwys y Santes Fair – yn wreiddiol o'r 13g., ond a ailadeiladwyd yn helaeth yn y 15g. – yn un o eglwysi harddaf iseldir **Gwent**. Yn ystod llifogydd mawr 1606 boddwyd Jane Morgan o'r Gelli-bêr – sy'n ffermdy hyd heddiw – wrth i'r dyfroedd draflyncu ei thŷ (gw. **Daeargrynfeydd**). Enghraifft o'r arddull aml-liwiog neo-Romanésg yw capel y **Bedyddwyr** (1858) yng Nghas-bach; mae capel y **Wesleaid** gerllaw (1854) bron iawn yr un mor flodeuog.

## MAES MOYDOG, Brwydr

Rhoddwyd her ddifrifol i awdurdod coron **Lloegr** yng Nghymru gan y **Gwrthryfel Cymreig** yn 1294–5. Arweiniodd Edward I fyddin o 35,000 i drechu'r gwrthryfel. Ar 5 Mawrth 1295 cafodd y lluoedd Seisnig fuddugoliaeth lwyr ym Maes Moydog yng **Nghaereinion**.

## MAES-CAR, Sir Frycheiniog, Powys (9,900ha; 998 o drigolion)

Pontsenni a Defynnog yw prif ganolfannau'r **gymuned** hon, sydd wedi'i lleoli ym mhen uchaf Cwm Senni. Nodwedd amlycaf Pontsenni yw'r gwersyll ar gyfer milwyr a hyfforddir ar **Fynydd Epynt**. Eglwys Sant Cynog yn Nefynnog yw un o eglwysi plwyf mwyaf **Sir Frycheiniog**, a'i ficer rhwng 1716 ac 1732 oedd yr ysgolhaig Moses Williams (1685–1742; gw. **Samuel Williams**). Yn yr eglwys hon yn 1737 y cyfarfu **Howel Harris** a **Daniel Rowland** am y tro cyntaf. Mae gan Eglwys Llandeilo'r-fân do gwych yn dyddio o'r 16g. Nodwedd hynotaf y bwlch ym mhen uchaf Cwm Senni, sy'n arwain i **Ystradfellte**, yw Maen Llia, maen hir 4m o uchder a 2.5m o led.

## MAESTEG, Pen-y-bont ar Ogwr (2,721ha; 17,859 o drigolion)

Mae'r **gymuned** hon yn cwmpasu rhan uchaf dalgylch afon Llynfi, ac o'i mewn trefolwyd ardal dros bellter o 6km ar hyd glannau'r afon. Gellir olrhain twf Maesteg a'r treflannau cyfagos i agor gwaith **haearn** yno yn 1826 a'i gysylltu yn 1828 â **Phorth-cawl** gan dramffordd geffylau. Agorwyd gwaith haearn Llynfi yn 1837; mae adeilad y chwyth-beiriant, ffwrnais chwyth a rhesi o dai'r gweithwyr haearn wedi goroesi. Yn ogystal roedd gwaith **tunplat** yn

Llwydarth. Daeth yr ardal i ddibynnu ar lofeydd cwmni North's Navigation a sefydlwyd yn 1889. Fel cynrychiolydd glowyr Maesteg y daeth **Vernon Hartshorn**, y Cymro cyntaf i fod yn aelod o gabinet y **Blaid Lafur**, i amlygrwydd. Cafodd Maesteg ei fwrw'n galed gan **ddirwasgiad** y cyfnod rhwng y ddau ryfel byd, a bu gostyngiad o 24% yn ei **boblogaeth** rhwng 1921 ac 1931. Erbyn dechrau'r 1980au dim ond 250 o lowyr a oedd ar ôl ym Maesteg, ac wedi streic y glowyr yn 1984–5 nid oedd yr un.

Amlygir balchder dinesig y dref yn y swyddfeydd cyngor addurnedig (1914), ynghyd â neuadd y dref (1881) a marchnad urddasol (1881). Cynlluniwyd sawl un o'r capeli, gan gynnwys Bethania (1908) – adeilad nodedig ac ynddo fil o eisteddleoedd – gan bensaer lleol, **W. Beddoe Rees**, a enillodd fri cenedlaethol fel cynlluniwr capeli. Yr eglwys Anglicanaidd fwyaf nodedig yw Eglwys Sant Mihangel (G. E. Halliday, 1895). Plannwyd coedwigoedd helaeth dros ucheldiroedd yr ardal.

## MAESYCWMER, Caerffili (751ha; 2,141 o drigolion)

Mae'r **gymuned** hon, sydd ar lan ddwyreiniol afon **Rhymni**, yn cynnwys traphont reilffordd 260m o hyd sy'n croesi'r cwm. Cynlluniwyd Tabor (1876), a gaeodd yn 2002, capel hardd a chlasurol ei arddull, gan y pensaer a'r gweinidog **Thomas Thomas** o **Abertawe**. Rhed llwybr Ffordd Las Cwm Rhymni ar draws y cwm.

## MAESYFED (New Radnor), Sir Faesyfed, Powys (5,101ha; 410 o drigolion)

Mae'r **gymuned** hon yn cwmpasu rhan helaeth o **Fforest Clud**, gan gynnwys y Rhos Fawr (660m), sef y copa, a Water-break-its-neck, rhaeadr nad oes iddi enw Cymraeg. Patrwm sgwarog sydd i'r pentref, a fu unwaith yn fwrdeistref arglwyddiaeth **Maesyfed**, ac mae'n enghraifft glasurol o dref gynlluniedig a fethodd â chyflawni ei photensial. Yn 1188 ymwelodd yr Archesgob Baldwin a **Gerallt Gymro** â Maesyfed er mwyn codi milwyr ar gyfer y Drydedd Groesgad. Maesyfed oedd tref sirol **Sir Faesyfed** hyd nes iddi gael ei disodli gan **Lanandras** yn ystod yr 17g. Ym marn Richard Haslam, llwyr ddifethwyd harddwch eglwys y dref pan gafodd ei hailadeiladu yn 1845. Yn ôl pob tebyg, comisiynwyd y castell *c.*1096 gan Philip de Breos (gw. **Breos, Teulu**), ac fe'i dinistriwyd gan **Owain Glyndŵr**. Mae cofeb 24m o uchder ar fin y ffordd yn coffáu **George Cornewall Lewis**, gwleidydd mwyaf llwyddiannus Cymru'r 19g. Castell Crug Eryr, tua'r gogledd, oedd cartref Llywelyn Crug Eryr, yr oedd ei ddisgynyddion yn y 15g. yn noddwyr parod barddoniaeth a dysg Gymraeg.

## MAESYFED Arglwyddiaeth

Roedd arglwyddiaeth Maesyfed (yr un oedd ei ffiniau'n fras â ffiniau **cwmwd** Llwythyfnwg; gw. **Llanfair Llythynwg**) yn cynnwys **Fforest Clud**, **Pencraig** a'r rhan fwyaf o barthau mwyaf dwyreiniol yr hyn a ddeuai'n ddiweddarach yn **Sir Faesyfed**. Erbyn *c.*1095 roedd Philip de Breos (gw. **Breos, Teulu**) wedi'i sefydlu ei hun yn arglwydd Maesyfed. Yn 1230 daeth yr arglwyddiaeth yn eiddo i Roger Mortimer (gw. **Mortimer, Teulu**) trwy ei briodas â Maud de Breos. Yn ystod y 15g. daeth i feddiant dugiaid **York**, a thrwyddynt hwy aeth i goron **Lloegr**.

## MAGNA CARTA

Ystyriwyd y Siarter Fawr a seliwyd gan y Brenin John yn Runnymede ar 15 Mehefin 1215 yn sylfaen rhyddfreiniau'r **Saeson**, cred a fu'n ddylanwadol yn **Rhyfeloedd Cartref** yr 17g. Oherwydd y cynghrair rhwng **Llywelyn ap Iorwerth** a phlaid y barwniaid yn **Lloegr**, cynhwyswyd pedwar cymal yn ymwneud â Chymru. Maent yn ymwneud ag adfer tir i wŷr o Gymry a gollasai eu heiddo, maes awdurdod **cyfraith** Cymru, Lloegr a'r **Mers** (y cyfeiriad hynaf a oroesodd at yr *hybrid* hwnnw), dychwelyd gwystlon Cymreig ynghyd â diddymu'r amodau a orfodwyd ar arweinwyr Cymru yn dilyn ymgyrch lwyddiannus John yng Nghymru yn 1211.

## MAGWYR GYDA GWNDY, Sir Fynwy (1,530ha; 6,070 o drigolion)

Nodwedd fwyaf adnabyddus y **gymuned** hon i'r dwyrain o **Gasnewydd** yw Gorsaf Gwasanaethau Magwyr ar yr **M4** (1991). Mae Eglwys y Santes Fair, Magwyr, a adeiladwyd yn ystod y 13g. a'r 14g., yn adeilad trawiadol. Gerllaw iddi mae adfail mawr a oedd, yn ôl pob tebyg, yn dŷ offeiriad yn dyddio o ddiwedd yr Oesoedd Canol. Adeilad dirodres ac ynddo fedyddfaen hardd o'r 13g. yw Eglwys y Santes Fair, Gwndy. Mae Ebenezer, Magwyr, yn enghraifft dda o gapel o ddechrau'r 19g. Ar y gofeb ryfel gwelir teyrnged i **D. A. Thomas**, Is-iarll Rhondda. Mae'r gymuned yn cynnwys rhannau o **Wastadeddau Gwent**. Bragdy Magwyr (1979), sy'n bragu **cwrw** rhyngwladol megis Carlsberg, yw'r mwyaf yng Nghymru.

## MALKIN, Benjamin Heath (1769–1842) Awdur

Yn **Llundain** y ganed Malkin a deilliai ei ddiddordeb yng Nghymru o'i briodas â Charlotte Williams, merch prifathro ysgol ramadeg y **Bont-faen**, priodas a ddaeth ag ef i gysylltiad ag Iolo Morganwg (**Edward Williams**). Mae'n parhau'n enw adnabyddus oherwydd ei lyfr *The Scenery, Antiquities and Biography of South Wales* (1804) sy'n seiliedig ar ddwy daith y bu arnynt yn 1803. Yng Nghwm **Rhondda**'r cyfnod cynddiwydiannol, nododd y gwrthgyferbyniad rhwng y dolydd cyfoethog ir a'r **mynyddoedd** gwyllt a rhamantaidd a'u hamgylchynai ar bob tu.

## MALTHOUSE, Eric (1914–97) Arlunydd

Ganed Malthouse yn Birmingham a bu'n dysgu yn Ysgol Gelf **Caerdydd.** Chwaraeodd ran amlwg yn sefydlu'r 56 Group (gw. **Fifty-Six Group, The**) gyda'i bwyslais ar foderneiddio celfyddyd. Roedd ei beintiadau lliwgar mewn arddull Gyfandirol – a oedd ar y dechrau'n ffigurol, er iddynt ddatblygu'n haniaethol yn ddiweddarach – yn darlunio pobl ddosbarth gweithiol ac, yn fwyaf enwog, colomennod dychwel.

## MALLAEN Cwmwd

Un o saith **cwmwd** y **Cantref Mawr** (**Ystrad Tywi**). Yn ôl pob tebyg, roedd ei ganolfan weinyddol yng **Nghil-y-cwm**. Mynydd Mallaen (448m) oedd canol y cwmwd.

## MALLTRAETH Cwmwd

Roedd y **cwmwd** hwn yng ngorllewin **Môn**, ynghyd â chwmwd **Llifon**, yn rhan o gantref **Aberffraw**. Yn Aberffraw yr oedd llys y cwmwd. Goroesodd Malltraeth yn enw ar **hwndrwd** wedi'r **Deddfau 'Uno'**.

Eric Malthouse, *A Flurry of Pigeons*, 1954

## MAM GYMREIG

Delwedd archdeipaidd a ddeilliodd o dde diwydiannol Cymru'r 19g. Roedd y Fam Gymreig draddodiadol yn wraig tŷ ddiwyd a thwymgalon yr oedd ei gŵr a'i meibion – ac weithiau ei lletywyr – yn falch o gyflwyno iddi'r cyflog wythnosol a enillent yn y pyllau **glo**. Byddai hithau yn ei thro yn ymroi'n llwyr i ofalu am eu lles corfforol a moesol hwy, gan gynnal aelwyd a oedd yn batrwm o ddarbodaeth, glendid a duwioldeb. Y 'Fam' fytholegol hon a deyrnasai dros yr aelwyd a chaiff ei phortreadu yn aml fel y ffigwr mwyaf grymus mewn cymdeithas fatriarchaidd. Mae'r darlun hanesyddol, fodd bynnag, yn bur wahanol, a phrin fod gan y **menywod** hyn rym gwirioneddol; yn hytrach, wynebent y cyfrifoldeb a'r baich o gynnal teulu ar gyflogau annigonol, ac roeddynt yn dioddef yn fawr oherwydd tlodi a phroblemau **iechyd**, problemau a gâi eu dwysáu yn sgil beichiogrwydd aml.

## MAMALIAID

Darganfuwyd peth o'r dystiolaeth gynharaf am famaliaid y byd yng Nghymru, yn enwedig ym **Mro Morgannwg** mewn chwareli i'r de o **Ben-y-bont ar Ogwr**. Yn 1947, er enghraifft, y darganfuwyd, am y tro cyntaf, weddillion *Morganucodon watsoni*, mamal tebyg i lyg a oedd ar dir y byw 200 miliwn o flynyddoedd yn ôl, a hynny mewn gwaddodion a lanwai agennau yng **Nghalchfaen** Carbonifferaidd ardal **Ewenni**. Roedd yr hyn a ddeuai, ymhen amser maith, yn **Forgannwg** yn gynefin i'r mamal cyntefig hwn (a oedd yn perthyn yn agos i'w hynafiaid ymlusgol), ynghyd ag amryfal ymlusgiaid bychain a'r **deinosoriaid** a oedd newydd esblygu.

Mae llawer o rywogaethau a oedd yn bod 225,000 o flynyddoedd yn ôl wedi hen ddiflannu o Gymru, ond mae archwiliadau archaeolegol o'u holion, ynghyd â chofnodion ysgrifenedig sydd wedi goroesi o'r cyfnod Rhufeinig ymlaen, yn ffynhonnell gwybodaeth am famaliaid ddoe a heddiw – ac am eu perthynas gyda'r mamal hynod ymyrgar hwnnw, *Homo sapiens*. Ceir cyfeiriad cynnar at famaliaid mewn **llenyddiaeth** Gymraeg yn yr hwiangerdd 'Pais Dinogad', a luniwyd efallai yn y 7g. ac a gorfforwyd oddi mewn i'r '**Gododdin**': mae'n cyfeirio at **fele'r coed**, y **baedd gwyllt**, y llwynog (gw. **Llwynogod**), y gath wyllt (gw. **Cathod**) a'r iwrch (gw. **Ceirw**). Mae'r testunau **cyfraith** Cymreig a storïau'r **Mabinogion** weithiau'n bwrw goleuni ar famaliaid, fel y gwna **enwau lleoedd,** cofrestri plwyf a sylwadau ysgrifenwyr megis **Gerallt Gymro**, **John Leland**, **George Owen** a **Thomas Pennant**.

Y carw coch

Cafwyd hyd i weddillion mamaliaid mewn gwaddodion rhyngrewlifol ac ôl-rewlifol yn **ogofâu** Cefn a Bont Newydd (**Cefn Meiriadog**) yn **Sir Ddinbych**. Mae tystiolaeth o'r Oes Balaeolithig estynedig fod mamaliaid sydd bellach wedi hen ddiflannu, megis y mamoth a'r rhinoseros blewog, yn byw yng Nghymru yr adeg honno, ond roedd anifeiliaid mwy cyfarwydd megis y ceffyl, y blaidd, y llwynog, yr ysgyfarnog a'r carw i'w cael hefyd, ynghyd â'r bual a'r udfil (gw. **Oesau Cynhanesyddol**, **Ceffylau**, **Bleiddiaid** ac **Ysgyfarnogod**). Mewn cyfnodau cynhesach, rhyngrewlifol, roedd y llew, yr eliffant ysgithrsyth a'r rhinoseros trwyngul yn crwydro Cymru. Ymhlith cnofilod yr Oes Balaeolithig ceid mathau amrywiol o lygod pengrwn a lemingiaid. O *c*.9,500 CC ymlaen, pan ddiflannodd y rhewlifau o **fynyddoedd** Cymru, disodlwyd glaswelltiroedd gan goedwigoedd trwchus (gw. **Coedwigaeth**) a chafodd ffawna tra gwahanol eu hynysu wrth i **Brydain** ddod yn ynys. Ymysg mamaliaid cyffredin ceid bualod mawr (math o **wartheg**), a fyddai'n diflannu ym Mhrydain yn ystod yr Oes Efydd (gw. Oesau Cynhanesyddol), y baedd gwyllt a'r blaidd, a fyddai'n goroesi yng Nghymru hyd *c*.1600, y carw coch a'r iwrch, y ddau'n absennol o Gymru ar ôl y 18g., a'r afanc, a gofnodwyd yn afon **Teifi** ar ddiwedd y 12g. ond a oedd bron yn sicr wedi diflannu erbyn y 18g (gw. **Afancod**).

Cafodd lledaeniad **amaethyddiaeth** yn yr Oes Neolithig ddylanwad chwyldroadol ar fywyd mamaliaid (gw. Oesau Cynhanesyddol). Erbyn hynny roedd **cŵn** a cheffylau eisoes yn anifeiliaid domestig. Daeth **geifr**, a gyflwynwyd o dir mawr Ewrop, yn anifeiliaid domestig yn gynharach na gwartheg, **defaid** a **moch**, ac roeddynt yn fwy lluosog na defaid yng Nghymru hyd yr Oesoedd Canol cynnar. Er mwyn sicrhau tir pori ar gyfer eu hanifeiliaid a thir ar gyfer tyfu **cnydau**, aeth ffermwyr cynnar Cymru ati i glirio'r coedwigoedd cysefin ar raddfa enfawr – proses a oedd wedi dechrau yn y cyfnod Mesolithig (gw. Oesau Cynhanesyddol). Bu mwy fyth o frwdfrydedd i ddatgoedwigo yn ystod y 12g. a'r 13g., ac eto o'r 16g. ymlaen, gweithgaredd a oedd yn anorfod yn dinistrio cynefinoedd llawer o **adar** a mamaliaid megis eirth, bleiddiaid, ceirw, llwynogod, gwiwerod a moch daear. Yn gyffredinol, ni fu'r ailgoedwigo yn yr 20g., yn aml trwy blannu sbriws Sitca yn unig, yn fodd i adfer cynefinoedd anifeiliaid.

Erbyn yr Oes Efydd, câi gwartheg eu defnyddio ar gyfer aredig, ac erbyn yr Oes Haearn, os nad yn gynharach, roedd gwartheg, geifr a defaid yn cael eu symud yn dymhorol rhwng anheddau'r iseldiroedd a phorfeydd mynyddig (gw. **Hafod a Hendre** ac Oesau Cynhanesyddol); câi moch redeg yn rhydd yn y goedwig fel arfer, a chyflwynwyd ieir a gwyddau domestig o dir mawr Ewrop (gw. **Dofednod**).

Wrth i diriogaeth anifeiliaid domestig ymestyn, crebachai tiriogaethau anifeiliaid gwyllt, a dechreuodd bwystfilod ysglyfaethus ddiflannu – yr arth frown cyn y Goresgyniad

Y llygoden fronfelen

Normanaidd, yna'r blaidd ac, yn y 19g., y gath wyllt. Câi moch daear eu baetio o gyfnodau cynnar, fel y tystir yn y Mabinogion, ac mae cloddio am foch daear yn parhau hyd heddiw, er bod hynny wedi'i wahardd gan y gyfraith er 1973. Câi **dyfrgwn**, llwynogod, belaod y coed a hyd yn oed ddraenogod eu **hela** o ran pleser neu eu herlid am eu bod yn cael eu hystyried yn bla. Ar ôl datblygu'r dryll llwytho-trwy-fwlch, dinistriwyd yn systematig niferoedd mawr o greaduriaid a hynny i rwyddhau magu anifeiliaid ar gyfer eu hela. Mae cofnodion y cyfnod yn dangos bod aelodau o bob haen o gymdeithas â rhan yn y lladdfa.

Cyflwynwyd nifer o rywogaethau o famaliaid gwyllt a lled wyllt o'r tu allan i Brydain, fel arfer yn fwriadol ond yn ddamweiniol mewn rhai achosion. Dianc oddi ar longau fu hanes y llygoden ddu, a gyrhaeddodd tua'r 12g., a'r llygoden ffyrnig, a gyrhaeddodd yn y 18g. Erbyn yr 21g. mae'r llygoden ffyrnig wedi disodli'r llygoden ddu, a feiwyd am y **Pla Du** yn y 14g. oherwydd y chwain a gariai. Un a gyrhaeddodd yn fwy diweddar yw'r minc, a ddihangodd o ffermydd minc ac sy'n cystadlu'n ecolegol â rhywogaethau brodorol fel y dyfrgi; mae wedi effeithio'n ddirfawr ar lygoden bengron y dŵr sy'n prysur ddiflannu.

Ymhlith anifeiliaid a gyflwynwyd i Gymru'n fwriadol, am resymau iwtilitaraidd neu esthetig, y mae'r danas a'r gwningen (gw. **Cwningod**), a fewnforiwyd gan y **Normaniaid**, a'r ysgyfarnog fynydd, a gyflwynwyd i **Eryri** yn yr 20g. er mwyn ei hela. Mewnforiwyd y wiwer lwyd o **Ogledd America** yn y 19g., gyda chanlyniadau trychinebus i'r wiwer goch frodorol.

Dim ond yn y cyfnod modern y ceir y cofnodion cyntaf am rai mamaliaid er eu bod yn rhywogaethau brodorol. Ni wahaniaethwyd rhwng y 15 rhywogaeth o ystlum sydd i'w cael yng Nghymru heddiw hyd nes bod y dull Linnaeaidd o ddosbarthu, ynghyd â chynnydd mewn gwybodaeth wyddonol, wedi caniatáu i'r rhywogaethau mwyaf anhysbys gael eu disgrifio'n systematig (gw. **Ystlumod**). Yn yr un modd, ni wahaniaethwyd rhwng yr amrywiol fathau o lygod bach (pedwar), llygon (tri) a llygod pengrwn (tri) tan yn ddiweddar. Ni wnaed unrhyw waith genynnol i olrhain gwreiddiau llygoden bengron Sgomer, sef math o lygoden bengron goch sydd wedi datblygu nodweddion arbennig am iddi fod ar wahân ar ynys Sgomer, fel ei bod yn fwy, yn ddofach ac yn gochach na'i chyfnither ar y tir mawr. Mae dosbarthiad dau fath o gnofil bychan, sef y llygoden fronfelen a'r pathew, o ddiddordeb arbennig, gan nad ydynt i'w cael – yn y cyd-destun Prydeinig – yn unman ond yng nghefn gwlad ardaloedd y **ffin**, bro sydd, yn hanesyddol, yn un nad aflonyddwyd llawer arni. Mae'r twrch daear a'r draenog, y ddau'n perthyn i'r llyg, ond yn fwy o ran maint, mor lluosog heddiw ag y buont erioed, yn ôl pob tebyg, mewn tiroedd coediog ac ar dir amaethyddol. Yn y fath gynefinoedd mae'r carlwm a'r wenci hefyd yn lluosog, er na welir hwy'n aml gan eu bod yn greaduriaid y nos i raddau helaeth.

**MANAFON**, Sir Drefaldwyn, Powys (1,593ha; 336 o drigolion)
**Cymuned** yw hon sydd yn union i'r de-ddwyrain o **Lanfair Caereinion** yn Nyffryn Rhiw. Mae Eglwys Sant Mihangel yn dyddio o'r 14g. yn wreiddiol; newidiwyd llawer arni yn ystod gwaith atgyweirio trwyadl yn 1859 a thrachefn yn 1898, ac mae'r gwaith coed a ychwanegwyd gan **John Douglas** yn 1898 yn ddeniadol. Bu yn y plwyf nifer o lenorion yn guradiaid a rheithoriaid, yn eu plith Ieuan Brydydd Hir (**Evan Evans**;1754–6), Gwallter Mechain (**Walter Davies**; 1807–37) ac **R. S. Thomas** (1942–54). Ysbrydolwyd llawer o gerddi enwocaf yr olaf gan fannau yn y cylch. Bu pentref y Felin Newydd (New Mills) yn llewyrchus yn y 18g. a'r 19g. ar sail ei felinau **gwlân** ac ŷd a yrrid gan lif afon Rhiw.

**MANAW GODODDIN**
Is-dalaith i'r **Gododdin** yn ardal Clackmannan a Falkirk yn yr **Alban** bresennol. Dywedir mai o'r ardal hon, yn y 5g., y teithiodd **Cunedda** a'i feibion i **Wynedd** er mwyn gyrru'r **Gwyddelod** oddi yno.

**MANAWYDAN FAB LLŶR**
Yn nhrydedd gainc y Mabinogi, sy'n dwyn ei enw, bodlona Manawydan i dderbyn meddiant Saith Cantref **Dyfed** trwy briodas â **Rhiannon**, mam ei gyfaill **Pryderi** (gw. **Mabinogion**). Daw hud ar Ddyfed ac yn y stori caiff Rhiannon a Phryderi eu cipio gan bwerau anhysbys. Mewn cyfarfyddiad dramatig â'r dewin Llwyd fab Cilcoed, llwydda Manawydan i beri eu rhyddhau a chodi'r hud. Mae ei enw yn cyfateb i Manannán mhac Lir, duw'r môr yn chwedloniaeth **Iwerddon**.

**MANSEL, Teulu** Tirfeddianwyr
Honnir mai sylfaenydd y teulu oedd Henry Mansel a ymsefydlodd yng **Ngŵyr** yn y 13g. Priododd ei ddisgynnydd, Hugh, ag aeres stad Pen-rhys, ac yno y bu prif gartref y teulu hyd nes i Rice Mansel (m.1559) brynu Abaty **Margam** yn sgil **diddymu'r mynachlogydd**. Erbyn y 1880au Pen-rhys –Margam, gyda'i 13,600ha, oedd stad helaethaf **Sir Forgannwg**. Dyrchafwyd Thomas (m.1733), gorwyr Rice, yn Farwn Mansel. Am wyth mlynedd bu'n arolygwr cartref y Frenhines Anne. Roedd yn gyfaill i **Edward Lhuyd**, a gyflwynodd ei Glossography iddo, a hefyd i Jonathan Swift. Wedi i dri Barwn Mansel yn olynol farw'n ddietifedd, etifeddwyd y stad gan Mary, merch y barwn cyntaf. Ei phriodas hi â John Talbot o Wiltshire a barodd i deulu **Talbot** ddod yn brif deulu tiriog Morgannwg. Ymhlith aelodau eraill y teulu yr oedd Robert (1573–1656), islyngesydd **Lloegr** ac un o arloeswyr y diwydiant **gwydr**, Francis Mansell (1579–1665), pennaeth Coleg Iesu, **Rhydychen**, 'y ffigwr mwyaf lliwgar o ddigon yn hanes y Coleg', a Bussy Mansel (1623–99), arweinydd y lluoedd Seneddol ym Morgannwg adeg y **Rhyfeloedd Cartref** ac aelod seneddol Morgannwg (1679–99).

The Principality of WALES Exactly Described

*In a Compleat Sett of Maps of all its County's Wherein are Express'd the Cheif Roads and Distances in each County with the Names and Limits of every Hundred; Being very Usefull for Gentlemen and Travellers;*

Printed *and Sold by* Tho: Taylor *Map and Printseller at the Golden Lyon Overagainst Serjants Inn in Fleet-street, Where are Sold all Sorts of the best Maps and French Dutch and Italian Prints at Reasonable Rates*

Cyhoeddi argraffu'r atlas cyntaf o Gymru gan Thomas Taylor, 1718

**MAP neu MAHAP neu MAPES, Walter (Gwallter Map; *c*.1140–*c*.1209)** Awdur

Mae'n bosibl mai brodor o **Erging** oedd yr awdur Lladin hwn a addysgwyd ym Mharis cyn dal swyddi pwysig mewn byd ac eglwys. Cadwyd ei *De Nugis Curialium* (Lloffion y Llys), casgliad o anecdotau lled ddychanol, mewn llawysgrif o'r 14g., ac fe'i disgrifiwyd gan ei olygydd fel 'cynnyrch anhrefnus meddwl anhrefnus'. Serch hynny, mae'r straeon yn ddifyr dros ben ac yn bwrw goleuni gwerthfawr ar hanes Cymru, yn enwedig gyrfa **Gruffudd ap Llywelyn**.

## MAPIAU

Mae mapiau yn ddogfennau hanesyddol, yn adroddiadau cyfredol, yn offerynnau ymchwil, yn ddogfennau sy'n cofnodi hanes celfyddyd dechnegol ac, yn fynych, yn ddarnau o gelfyddyd. Maent yn ffurf hanfodol ar gyfathrebu, a bathwyd y term 'graffigedd' gan W. G. V. Balchin, o **Brifysgol Cymru Abertawe**, i gymryd ei le ochr yn ochr â llythrennedd, rhifedd a llafaredd fel sgil sylfaenol.

Ymddangosodd portreadau amherffaith o Gymru ar amryw o fapiau canoloesol, gan gynnwys map Matthew Paris o **Brydain** ac **Iwerddon** (*c*.1250) a'r murfap mawr o'r byd, y *Mappa Mundi* (*c*.1290), y ceir fersiwn nodedig ohono yn eglwys gadeiriol Henffordd. Lluniodd **Gerallt Gymro** fap cynharach o Gymru, yn gydymaith i'w gyfrol *Descriptio Kambriae* (*c*.1194); disgrifiwyd y map ychydig cyn iddo gael ei losgi yn 1694.

Map printiedig hynaf Cymru yw *Cambriae Typus* (1573) gan **Humphrey Lhuyd**, a gyhoeddwyd yn Antwerp mewn atodiad i *Theatrum* Abraham Ortelius sy'n cyfeirio at deyrnasoedd traddodiadol Cymru mewn **Lladin**, **Cymraeg** a **Saesneg**. Cyhoeddwyd atlas Christopher Saxton, sy'n cynnwys mapiau o'r 13 o **siroedd** Cymru, yn 1579. Yna cyhoeddwyd y map 'proflen' o Gymru (*c*.1580) y mae ei amlinell o ffurf y wlad yn welliant sylweddol ar yr hyn a welwyd ar fapiau cynharach.

Roedd argraffiad 1607 o gyfrol **William Camden**, *Britannia*, yn cynnwys map **George Owen** o **Sir Benfro** (1602), ynghyd â mapiau Saxton o siroedd eraill Cymru. Dylanwadodd mapiau Lhuyd a Saxton yn uniongyrchol ar *Theatre of the Empire of Great Britain* (1611), gan John Speed, sy'n cynnwys map o Gymru, a mapiau o'r 13 sir, gyda phlaniau o drefi yn gymar i bob un – peth newydd iawn.

Ymhlith mapiau mwyaf diddorol yr 17g. y mae'r mapiau **ffyrdd** ar ffurf stribedi a luniwyd gan John Ogilby. Fe'u cyhoeddwyd yn 1675 a rhoesant gryn sylw i Gymru. Atlas cyntaf Cymru oedd *The Principality of Wales Exactly Described* (1718) gan Thomas Taylor. Lluniwyd mapiau rhanbarthol o'r de (1729) gan Emanuel Bowen ac o'r gogledd (1795) gan John Evans (1723–95). Lluniodd Lewis Morris (1701–65; gw. **Morrisiaid**) arolwg o arfordir Cymru o **Landudno** i ddyfrffordd **Aberdaugleddau** (gw **Aberdaugleddau, Dyfrffordd**). Fe'i cyhoeddwyd yn 1748 ac ymddangosodd fersiwn diwygiedig, a oedd yn cynnwys arfordir Cymru yn ei grynswth, yn 1801.

Erbyn hynny roedd cynlluniau ar droed ar gyfer mapio Cymru ar sail dulliau gwyddonol. Sefydlwyd yr Arolwg Trigonometrig (yr Arolwg Ordnans yn ddiweddarach) o Gymru a **Lloegr** yn 1791, gwaith a olygai sefydlu rhwydwaith o drionglau ar draws y ddwy wlad. Nodweddiadol o'r gwaith oedd yr hyn a gyflawnwyd yn ardal **Abertawe**, a oedd yn cynnwys sefydlu gorsaf drigonometrig ar Gefn Bryn yng **Ngŵyr** a thrafodaethau hir ar bynciau megis pa un ai Cilfrwch ynteu Kilvrough oedd y sillafiad priodol ar gyfer 'cartref hardd gŵr bonheddig' (gw. **Pennard**). Cyhoeddwyd map un-filltir-i'r-fodfedd Abertawe (rhif 37 yn y gyfres) yn 1830, ac ymddangosodd mapiau o Gymru gyfan erbyn 1870. Felly y lansiwyd y cofnod gorau o ddigon o dirwedd Cymru. Cyrhaeddodd gwaith yr Arolwg Ordnans ei benllanw pan gyhoeddwyd mapiau 1:25,000 cyfres Explorer yn y 1990au, campweithiau o fapiau, a rhai sy'n gwneud iawn, i ryw raddau, am y camsillafiadau o **enwau lleoedd** Cymraeg a nodweddai waith cynnar yr Arolwg; mae'r gwaith safoni yn parhau.

Mae mapiau llawysgrif a gedwir yn y **Llyfrgell Genedlaethol**, yr archifdai sirol a'r Archifdy Gwladol (Kew) yn cynnwys arolwg o faenor **Crucywel** (1587), sef atlas stadau cynharaf Cymru, mapiau **degwm**, mapiau amgáu tir (gw. **Cau Tiroedd**), cynlluniau rheilffordd, mapiau gwasanaethau cyhoeddus, a mapiau o fwyngloddiau a chwareli. Cynhyrchir mapiau o Gymru, mewn ffurfiau printiedig, meicroffilm a digidol, gan asiantaethau **llywodraeth** heblaw'r Arolwg Ordnans, a chan gwmnïau masnachol.

Un o nodweddion hynod mapiau yw'r modd y gellir eu haddasu ar gyfer amcanion tra gwahanol i'w diben fel portreadau o wyneb y tir. Yn dilyn cyhoeddi'r mapiau daearegol swyddogol cyntaf yn ystod degawdau cyntaf y 19g., mae mapiau thematig wedi amlhau, fel y dengys *Atlas Cenedlaethol Cymru* (Harold Carter (gol.), Gwasg Prifysgol Cymru, 1980–7).

**MARCHWIAIL**, Wrecsam (1,488ha; 1,418 o drigolion)

Mae'r **gymuned** hon, yn union i'r de o **Wrecsam**, yn wledig ar y cyfan, er bod y rhannau gorllewinol yn llawn o hen weithfeydd tanddaearol sy'n achosi problemau ymsuddo difrifol. Mae pentref Marchwiail yn prysur ehangu'n un o faestrefi allanol Wrecsam. Ailgodwyd Eglwys Sant Marchell neu'r Santes Farchell (mae ansicrwydd pa un ai sant ynteu santes ydoedd) yn 1778 a cheir ynddi sawl cofeb i deulu Yorke. Mae Bryn-y-grog, Old Sontley a Marchwiail Hall (sydd bellach yn ganolfan weithgareddau awyr agored) yn dai bonedd deniadol, ond gogoniant y gymuned yw Erddig. Roedd y tŷ (*c*.1687, 1720) yn eiddo i deulu Yorke o 1733 hyd 1973 pan drosglwyddwyd ef i ofal yr **Ymddiriedolaeth Genedlaethol**. Mae wyneb y tŷ, gyda'i 19 bae, yn edrych dros yr ardd; mae'n un o'r **gerddi** pwysicaf o ddechrau'r 18g. i oroesi ym **Mhrydain**, ac fe'i hamgylchynir gan y rheiliau ysblennydd a ddaeth yn wreiddiol o Barc Stansty, **Gwersyllt** – gwaith Robert Davies o bosibl (gw. **Davies, Teulu**), **Gofaint Haearn** a **Haearn, Gwaith**). Roedd aelodau teulu Yorke yn enwog am eu haelioni wrth eu gweision, ac mae portreadau'r rheini yn nodwedd bwysig ar y tŷ. Yn wir, yn wahanol i nifer o adeiladau'r Ymddiriedolaeth Genedlaethol, y dygwyd eu trysorau cyn iddynt ddod i feddiant yr Ymddiriedolaeth, trosglwyddwyd Erddig yn gyfan, yn unol â dymuniad y rhoddwr, Philip Yorke, a barhaodd i fyw yn y tŷ a gweithredu fel tywysydd hyd ei farw yn 1978. Daeth ei gyfnod yn Erddig (1966–78) yn rhan o chwedloniaeth leol, sy'n ei bortreadu fel crwydryn tlawd ond dihafal a oedd yn frwd dros y celfyddydau perfformio. Yn y 1970au roedd ymsuddiad y tir yn bygwth dymchwel y tŷ; bu'r gwaith adfer hir a chostus yn hynod lwyddiannus, ac mae

Cyfieithiad Cymraeg gan William James Rees o'r Maniffesto Comiwnyddol a gyhoeddwyd adeg canmlwyddiant y cyhoeddiad gwreiddiol

Erddig bellach yn un o dai mwyaf poblogaidd yr Ymddiriedolaeth. Mae'r gerddi, sy'n cynnwys rhaeadr wneud drawiadol a rhan hyfryd o Ddyffryn Clywedog, hefyd yn cynnwys safle Castell Wristlesham neu Wrecsam, a enwir yn Rhôl Siecr 1161. Mae Pickhill Hall (1720au), enghraifft dda o'r arddull faróc wledig, yn cael ei adfer yn dilyn tân yn 1985. (Am Ffatri Ordnans Marchwiail, gw. **Abenbury**.)

## MARCSIAETH

**Athroniaeth** faterolaidd yn ymwneud â hanes a ddeilliodd o'r dadansoddiad beirniadol o gyfalafiaeth a gafwyd yn ysgrifau Karl Marx a Friedrich Engels. Dadleuasant hwy fod cymdeithasau dynol wedi'u hollti gan anghysondebau mewnol sy'n eu trawsffurfio i fod y gwrthwyneb iddynt eu hunain. Byddai cyfalafiaeth y 19g. felly'n arwain at gymdeithas a fyddai dan awdurdod nid y cyfalafwyr ond eu gweithwyr, yn union fel roedd y drefn ffiwdalaidd wedi arwain at gymdeithas a reolid gan fasnachwyr ac entrepreneuriaid. Honnai Marcsiaeth mai **dosbarth** a oedd yn diffinio'r rhwyg a redai trwy gymdeithasau modern, ac mai'r frwydr rhwng dosbarthiadau oedd prif ysgogiad newidiadau hanesyddol.

Cafodd syniadau Marcsaidd ynglŷn â newid cymdeithasol ddylanwad mawr ar fudiadau chwyldroadol Ewrop ar ddechrau'r 20g., yn arbennig Bolsieficiaeth yn Rwsia. Sefydlwyd **Plaid Gomiwnyddol** Prydain Fawr yn 1920–1, gyda gweithwyr ym maes **glo**'r de ymysg ei chefnogwyr cryfaf. Bu syniadau Marcsaidd yn cylchredeg yng Nghymru er y 1890au a buont yn ysbrydoliaeth ar gyfer y **Syndicaliaeth** a oedd yn ysgogiad i'r aflonyddwch diwydiannol wedi 1910, ac a roddodd danwydd i'r **Plebs' League**, y Pwyllgor Diwygio Answyddogol a Chymdeithas Sosialaidd y Rhondda (De Cymru yn ddiweddarach).

Bu cryfder cyfalafiaeth ar ôl yr **Ail Ryfel Byd**, y Rhyfel Oer a dymchwel yr Undeb Sofietaidd yn y 1980au hwyr, yn fodd i wanhau Marcsiaeth 'swyddogol' Sofietaidd yn ddifrifol. O'r 1960au, fodd bynnag, parhaodd syniadau'n deillio o Farcsiaeth yn helaeth eu dylanwad, yn arbennig gyda golwg ar fudiadau protest, ymrafaelion gwrthdrefedigaethol ac mewn cylchoedd academaidd. Cafodd astudiaethau o ddiwylliant a chymdeithas gan ysgrifenwyr Marcsaidd eu traddodiad, gan gynnwys **Raymond Williams** a **Gwyn A. Williams**, gryn ddylanwad ar waith llenyddol, hanesyddol a gwleidyddol Cymru. Erys rhai yn gefnogol i'r traddodiad hwn, er bod cefnogaeth i bleidiau penodol Farcsaidd wedi gwanhau'n ddirfawr.

## MARGAM, Castell-nedd Port Talbot (3,754ha; 2,389 o drigolion)

Lleolir y **gymuned** hon yn y man lle mae ucheldiroedd **Sir Forgannwg** yn cyrraedd y môr, ardal a fu o bwys strategol ers canrifoedd lawer. Mae nifer fawr o henebion ar Fynydd Margam, ac mae'r casgliad gwych o gerrig arysgrifedig yn yr Amgueddfa Gerrig yn dyst i'r ffaith fod Margam yn un o ganolfannau crefyddol pwysicaf Cymru yn ystod y cyfnod Cristnogol cynnar (gw. **Cofebau Cristnogol Cynnar**). Datblygodd pentref Margam o amgylch yr abaty Sistersaidd a sefydlwyd yn 1147 gan Robert, iarll Gloucester (gw. **Sistersiaid**). Er mai sefydliad Normanaidd ydoedd, daeth yr abaty yn ganolfan ddiwylliannol Gymreig – efallai i *Lyfr Gwyn Hergest* gael ei gopïo yno. Diddymwyd y fynachlog *c.*1540 a daeth corff ei heglwys, a godwyd yn y 12g., yn eglwys blwyf Margam. Dyma'r unig eglwys Sistersaidd sydd wedi goroesi yng Nghymru a cheir delweddau a cherfiadau hardd ar rai o'i beddrodau. Daeth gweddill y safle i feddiant Rice Mansel (gw. **Mansel, Teulu**), a drawsnewidiodd yr adeiladau'n blasty. Fe'i dymchwelwyd yn y 1770au, a daeth Margam yn ardd bleser. Ei nodwedd amlycaf oedd yr orendy (1790) 100m o hyd, yr adeilad harddaf i gael ei godi yng Nghymru yn ail hanner y 18g. Yn 1824 etifeddwyd stad Pen-rhys–Margam – y stad fwyaf ym Morgannwg, yn ymestyn dros 13,600ha – gan C. R. M. Talbot, a fu'n aelod seneddol o 1830 hyd 1890 – y cyfnod hwyaf erioed i unrhyw un fod yn Nhŷ'r Cyffredin (gw. **Talbot, Teulu**). Ef a fu'n gyfrifol am adeiladu Castell Margam, clamp o adeilad yr arweiniodd y gwaith o'i godi at symud pentref Margam i'r Groes, 1km i'r gorllewin. Yn y fan honno y cododd Talbot Gapel Beulah, enghraifft brin o gapel wythonglog. (Ar ôl adeiladu'r **M4** ailgodwyd y capel ger cyffordd 39.) Bellach mae'r castell, yr orendy, adfeilion yr abaty a theml drawiadol o ddiwedd yr 17g. yn rhan o Barc Gwledig Margam, a weinyddir gan fwrdeistref sirol **Castell-nedd Port Talbot**. Yn y parc ceir arddangosiadau awyr agored o gerfluniau. Yn 2006 dechreuwyd adfer y castell; bwriedir sefydlu Canolfan Ffotograffiaeth Genedlaethol yno. (Am Gwaith Margam, gw. **Port Talbot**.)

## MARI LWYD

Ffurf ar **waseila** a arferai ddigwydd yn y de. Câi penglog ceffyl, sef y Fari, ei chludo ar bolyn, wedi'i gorchuddio â chynfas wen laes i guddio'r gŵr a'i cludai. Yng nghwmni cymeriadau fel Sergeant, Merryman, Pwnsh a Siwan, âi'r Fari o dŷ i dŷ liw nos trwy wyliau'r Nadolig. Cenid penillion yn gofyn am gael mynd i'r tŷ ac atebai'r teulu ar gân, gan wrthod mynediad i ddechrau. Dilynai ymryson byrfyfyr rhwng y ddwy ochr cyn i'r Fari a'i gosgordd o'r diwedd gael mynediad. Byddai'r Fari wedi'i haddurno â rhubanau, a gallai'r cludwr weithio'r genau gan beri i'r dannedd glician i ychwanegu at y dychryn a deimlai'r bobl wrth iddi gerdded i mewn trwy'r drws. Rhedai ar ôl y merched ifainc a oedd yn bresennol gan weryru a'u cusanu, ac weithiau ceid **dawnsio**, hwnnw hefyd yn fyrfyfyr heb unrhyw stepiau gosod. Wedi mwynhau **bwyd a diod**, ymadawai'r Fari a'i gosgordd am y tŷ nesaf. Erbyn yr 21g. roedd yr arfer wedi peidio ac eithrio mewn ambell ardal, yn enwedig **Llangynwyd** a **Maesteg**.

## MARLOES A SAIN FFRAID, Sir Benfro (2,155ha; 323 o drigolion)

Mae'r **gymuned** hon, sef rhan ogleddol penrhyn **Dale** sy'n ymwthio i geg Aberdaugleddau (gw. **Aberdaugleddau, Dyfrffordd**), yn cynnwys **ynysoedd** Sgomer, Gwales a'r Smalls. Ar un adeg roedd un o **oleudai** cynharaf Cymru i'w weld ar y Smalls; fe'i hadeiladwyd yn 1774, a hwn oedd y goleudy mwyaf proffidiol ym **Mhrydain** am gyfnod. Nab Head yw un o'r safleoedd Mesolithig pwysicaf yng Nghymru (gw. **Oesau Cynhanesyddol**). Yma cafwyd hyd i amrywiaeth o wrthrychau carreg yn dyddio o *c.*7000 CC, gan gynnwys 'Fenws Nab Head', yr unig gerflun Mesolithig yn ei grynder y gwyddys amdano ym Mhrydain (gw. **Cerflunio**), er bod anghytundeb bellach ynghylch ei ddilysrwydd.

Ym mhen gorllewinol y gymuned ceir caer bentir fawr. Ar Gateholm, sy'n ynys pan fo'r môr ar drai, mae gweddillion adeiladau canoloesol cynnar. Cadwyn o ynysoedd bach trawiadol yw Stack Rocks. Mae rhai o nodweddion canoloesol Eglwys Sain Ffraid ac Eglwys Sant Pedr, Marloes, wedi goroesi; yn y gyntaf ceir bedyddfa sydd wedi'i gosod yn llawr yr adeilad. Yn ffermdy Philbeach ceir simdde 'Ffleminaidd' fawr. Sain Ffraid oedd cartref teulu Laugharne, yn eu plith **Rowland Laugharne**, prif arweinydd lluoedd y Senedd yn y de yn ystod y cyntaf o'r **Rhyfeloedd Cartref**, ac un o brif gymeriadau'r ail. Yn ddiweddarach daeth Sain Ffraid i feddiant teulu Edwardes (gw. **Johnston**). Etifeddodd William Edwardes (1711–1801) dir yng ngorllewin **Llundain** ac yn 1779 derbyniodd y teitl Barwn Kensington ym mhendefigaeth **Iwerddon**. Cafodd St Bride's House (1833, 1905), honglaid o dŷ a ailenwyd yn Kensington Castle, ei droi'n ysbyty ac yna'n ganolfan wyliau. Ceir strydoedd yn Kensington ac Earl's Court, Llundain, ac iddynt enwau megis Pembroke, Marloes, Philbeach a Penywern sy'n dwyn i gof y cysylltiad â theulu Edwardes. Ym mhentref Marloes mae tŵr cloc (1904) a godwyd er cof am Farwn Kensington. Sain Ffraid a roddodd ei enw i Fae Sain Ffraid.

## *MARS, The*

Wrth gludo teithwyr a da byw o Waterford i Fryste ar 1 Ebrill 1862, trawodd y stemar olwyn hon graig mewn niwl trwchus ar Drwyn Linney (**Castellmartin**), penrhyn a fu'n enwog am ei **longddrylliadau**. Suddodd yn gyflym, ac er i'w chychod gael eu lansio fe'u maluriwyd ar y creigiau. Boddwyd 35 o bobl.

## MARSHAL, Teulu Arglwyddi yn y Mers

Priododd William Marshal (m.1219), *rector* teyrnas Loegr (h.y. gwarcheidwad y brenin a'i deyrnas fel ei gilydd), ag Isabella, aeres Richard de Clare (Strongbow), arglwydd **Penfro** a **Chas-gwent** (gw. **Clare, Teulu**). (Daeth Marshal yn iarll Pembroke yn dilyn marwolaeth Strongbow yn 1176.) Bu'n wrthwynebydd dygn i'r rheolwyr Cymreig, gan gipio **Cilgerran** a **Chaerllion**, a cheisiodd lesteirio uchelgais **Llywelyn ap Iorwerth**. Darfu i'w bum mab, y cwbl yn ddiblant, ei olynu yn eu tro, a buont yn flaenllaw yng ngwleidyddiaeth Cymru. Wedi marwolaeth yr olaf ohonynt, Anselm (1245), rhannwyd tiroedd y teulu rhwng Munchensey, **Bigod** a **Breos**, gwŷr ei chwiorydd a'i nithod.

Y Fari Lwyd

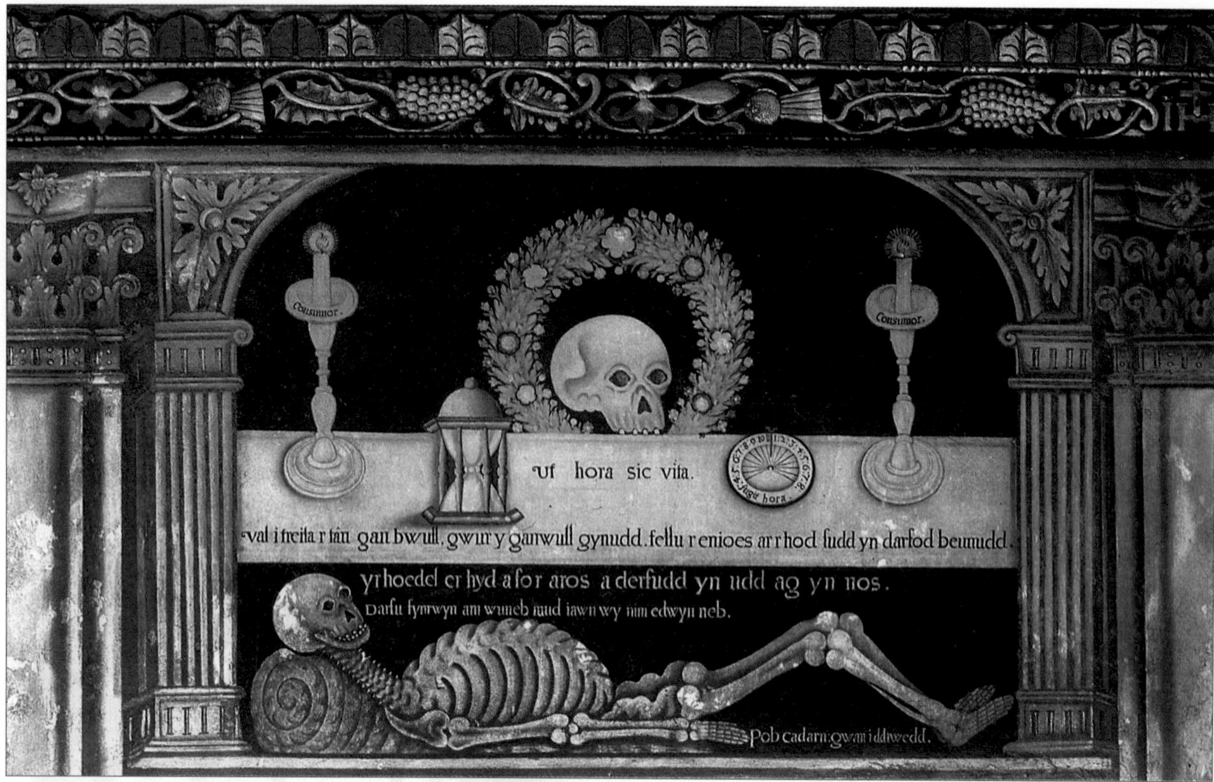


Marwolaeth ac angladdau: murlun yng Nghapel y Rug, Corwen, *c*.1637

**MARSHALL, Walter Charles (1932–96)** Ffisegydd
Roedd yr Arglwydd Marshall o Goring yn ffisegydd damcaniaethol disglair ac yn ddadleuwr taer o blaid ynni niwclear. Fe'i ganed yn Llanrhymni (gw. **Caerdydd**); enillodd ddoethuriaeth ac yntau'n 22 oed cyn ymuno â'r Sefydliad Ymchwil Ynni Niwclear yn Harwell. Ei waith ef ar wasgaru newtronau thermol oedd y gwaith safonol am flynyddoedd maith, yn enwedig ei gyfraniad ar wasgaru newtronau ar gyfer astudio magnetedd. Fel cyfarwyddwr Harwell, arloesodd gyda'r gwaith o ddefnyddio labordai'r **llywodraeth** i gynnig gwasanaethau i ddiwydiant ar sail fasnachol. Ymddiddorai fwyfwy mewn polisi **ynni**, a bu'n gadeirydd Awdurdod Ynni Atomig Prydain (1981) a'r Bwrdd Cynhyrchu Trydan Canolog (1983). Bwriadai wneud cyfraniad mawr at gynhyrchu ynni trwy adweithyddion dŵr dan bwysedd, ond bu'n rhaid rhoi'r gorau i'r rhaglen oherwydd goblygiadau ariannol preifateiddio a chanlyniadau trychineb Chernobyl (gw. **Llwch Ymbelydrol**).

**MARTIN, Edward (m.1818)** Syrfëwr mwynau
Ganed Martin yn Cumberland ond yn ystod y 1770au, ac yntau bellach yn syrfëwr mwynau, ymgartrefodd yn Nhreforys, **Abertawe**. Daeth yn brif asiant mwyngloddio dug Beaufort (gw. **Somerset**, **Teulu**), gan ddatblygu busnes preifat fel peiriannydd sifil a mwyngloddio, a châi ei gydnabod fel yr awdurdod pennaf ar **lo** a chloddio am lo yn y de. Cyhoeddwyd crynodeb o'i wybodaeth, ynghyd â'r map cyntaf o **ddaeareg** maes glo'r de, mewn papur a gyflwynwyd gerbron Cymdeithas Frenhinol Llundain (1808).

**MARTLETWY**, Sir Benfro (3,786ha; 523 o drigolion)
Mae'r **gymuned** hon, a leolir ar lan ddwyreiniol afon **Cleddau**, yn cynnwys pentrefi Martletwy, Lawrenny a Landshipping. Yn Eglwys Sant Marchell, Martletwy (fe'i hailadeiladwyd yn helaeth yn 1848–50), ceir penddelw o offeiriad. Yn Eglwys Sant Caradog, Lawrenny (13g.), ceir delw o farchog. Mae yn y gymuned gapeli sylweddol sy'n eiddo i'r **Bedyddwyr**, yr **Annibynwyr** a'r **Methodistiaid Calfinaidd**. Ar un adeg câi glo carreg (gw. **Glo**), **calchfaen**, ŷd ac wystrys eu hallforio o geiau Lawrenny a Landshipping. Lladdwyd 40 o weithwyr mewn trychineb lofaol yn Landshipping yn 1844. Cartref teulu Lort-Phillips oedd Lawrenny Hall (fe'i dymchwelwyd yn 1950). Mae canolfan Oakwood, gyda'i sleidiau, ei reidiau ac atyniadau eraill, yn hynod boblogaidd.

**MARWOLAETH AC ANGLADDAU**
Yn ôl tystiolaeth o'r 19g. yn bennaf, credai'r Cymry mewn llu o ragarwyddion marwolaeth. Deuai'r 'aderyn corff', ar ffurf robin neu dylluan wen gyda'i sgrech annaearol, i darfu ar gartref y claf, neu ymddangosai fel bod goruwchnaturiol. Byddai udo 'ci corff' neu sŵn morthwylio anamserol 'y tolaeth' yng ngweithdy'r saer yn codi arswyd hefyd. Roedd bri arbennig, yn enwedig yn esgobaeth **Tyddewi**, ar ragarwydd y 'gannwyll gorff', sef golau yn teithio o enau claf ar union lwybr yr angladd i'r fynwent, a drychiolaeth o angladd cyfan oedd y 'toili' dychrynllyd.

Cyn dyfodiad cyfarwyddwyr angladdau proffesiynol, syrthiai baich y trefniadau ar ysgwyddau'r teulu. Gelwid ar wraig lawdde i 'droi heibio' neu 'olchi'r corff' ac ar saer lleol i wneud arch dderw neu lwyfen, yn ôl statws yr ymadawedig. Lluniai seiri **Powys** a'r Gororau 'sgriniau' ar ffurf cynffon pysgodyn. I buro'r corff rhoddid halen ar blât piwtar, neu dywarchen, ar fynwes yr ymadawedig. Roedd hi'n hollbwysig galw'r gymdogaeth ynghyd i dalu'r gymwynas olaf, ac yn y

David Cox, *The Welsh Funeral*, 1848

de-orllewin gwaith y rhybuddiwr angladdau, prudd ei wisg a'i osgo, oedd hyn. Cloch y llan yn cnulio, gan amrywio'r patrwm i ddynodi oed a rhyw yr ymadawedig, fyddai'r arwydd i eraill. Tasg arall fyddai sicrhau dillad mwrning du newydd, i'r teulu cyfan. Tra oedd y corff 'dan ei grwys', yn aros i gael ei gladdu, ofnid y cipiai ysbrydion drwg enaid y marw ac felly cedwid canhwyllau ynghyn a deuai cymdogion i'w 'wylad'. Tyrrent i gydymdeimlo, gan estyn rhodd ymarferol o **fwyd**, neu 'ddanfon' arian yn ardaloedd y chwareli **llechi**, ac i 'weld y corff'. Yna, y noson cyn yr angladd, cedwid gwylnos, dathliad llawen o fywyd yr ymadawedig, gydag yfed, ysmygu a chwarae gemau, megis yr 'Hirwen gwd', arfer wedi'i gofnodi yn **Sir Benfro**, pan dynnid y corff yn ei amwisg i fyny'r simnai fawr. Llwyddodd diwygwyr crefyddol y 18g. i droi'r wylnos yn gyfarfod gweddi gwlithog.

Fore'r angladd rhennid 'cwrw brwd' a theisennau i'r angladdwyr ar dro, a derbyniai'r tlawd gardod dros yr arch. Dyma pryd y deuai'r bwytawr pechodau heibio i dalu am ei luniaeth trwy fynd yn fwch dihangol dros bechodau'r ymadawedig. Bregus yw'r dystiolaeth am y ddefod, ond ceir cyfeiriadau ati yn **Sir Gaerfyrddin**, **Sir Frycheiniog** a **Sir Gaernarfon**. Cyn cychwyn o'r cartref, yn ardaloedd y chwareli, byddai pawb yn ''ffrymu' chwecheiniog ar y 'bwr' 'n drws' tuag at gostau'r cynhebrwng. Ymgasglai cannoedd i gynhebrwng mawr, oherwydd y nod oedd sicrhau 'angladd tywysogaidd' i wrêng yn ogystal â bonedd. Tan yr 17g. herodron y Coleg Arfau Brenhinol a drefnai angladdau'r pendefigion, ond dechreuodd y **werin** efelychu'r rhwysg, gan bwysleisio cyd-ddibyniaeth y gymdeithas trwy orymdeithio'n urddasol gyda'r arch a chanu **emynau** ar y daith. Yn yr ardaloedd diwydiannol, ddiwedd y 19g., fodd bynnag, tyfodd bri angladdau gwrywod yn unig, gyda'r **menywod** yn aros gartref i gydalaru a pharatoi lluniaeth i'r dynion. Yma, hefyd, y dechreuwyd defnyddio hersiau ceffylau wedi'u haddurno mewn dull prudd ac yr agorwyd claddfeydd cyhoeddus i gymryd lle'r mynwentydd plwyf gorlawn. Yng Nghymru, yn y cyfnod hwn, yr arloeswyd y dull modern o gorfflosgi, pan achosodd yr enwog Ddr **William Price** gynnwrf mawr trwy losgi corff ei fab bychan yn **Llantrisant** yn 1884.

Mewn angladdau eglwys yn y gogledd, cesglid 'offrwm' i'r offeiriad am ei wasanaeth, arfer amhoblogaidd gan yr Anghydffurfwyr, ond roedd cyfrannu at dorri'r bedd trwy gasglu 'offrwm rhaw' i'r clochydd, wrth ganu'r emyn olaf ar lan y bedd, yn gymeradwy gan bawb. Yna ymlwybrai'r dorf i'r wledd angladdol, i 'dalu'r siot' os oedd y wledd yn cael ei chynnal mewn tafarn, trwy gydgyfrannu at gost y bwyd a'r ddiod.

Disgwylid i alarwyr goffáu eu meirw trwy barhau mewn 'mwrning' am gyfnod gweddus, mynychu pregeth goffa cyn pen mis, anfon cardiau mwrning ac yn arbennig trwy addurno'u beddau ar Sul y Blodau; mae mynwent sy'n felyn llachar gan gennin Pedr (gw. **Cenhinen Bedr**) yn olygfa gyfarwydd o hyd, ym mhob rhan o Gymru, ar y diwrnod arbennig hwn.

Erbyn dechrau'r 21g. amlosgiadau oedd o leiaf dri chwarter angladdau Cymru. Perthyn i'r gorffennol, bellach, yr oedd angladdau mawr torfol a fu unwaith mor gyffredin yn yr ardaloedd diwydiannol, a gwelwyd symudiad oddi wrth y syniad ei bod yn rhaid wrth gerrig beddau i goffáu'r meirw. Clerigwyr a oedd yn cynnal gwasanaethau angladdol o hyd, ar y cyfan, ond roedd niferoedd cynyddol o bobl yn dewis angladd seciwlar, heb unrhyw gyfeiriad at fywyd y tu hwnt i'r daearol. Efallai mai'r datblygiad mwyaf diddorol oedd y twf ym mhoblogrwydd claddedigaethau 'gwyrdd', gyda'r galarwyr yn cael eu gwahodd i ddod â rhawiau gyda hwy er mwyn palu twll ar gyfer arch bydradwy.

### *MARY, The*

Llong frenhinol Charles II oedd y *Mary*, ac wrth fynd â theithwyr o Ddulyn i Gaer ar 25 Mawrth 1675, trawodd greigiau Ynysoedd y Moelrhoniaid (**Cylch y Garn**), ger arfordir **Môn**, mewn niwl, a suddo. Collwyd 36 o'r 75 o bobl a oedd ar ei bwrdd. Yr ysbeilio a fu ar safle'r llongddrylliad yn 1971 a arweiniodd at Ddeddf Diogelu Llongau Drylliedig 1973. Mae'r llong wedi'i dynodi yn Safle Llong Ddrylliedig Hanesyddol.

### MATHESON, Colin (1898–1977) Swolegydd

Ganed ac addysgwyd Matheson yn Aberdeen, a threuliodd 45 o flynyddoedd yn **Amgueddfa [Genedlaethol] Cymru**, gan arbenigo ar y berthynas rhwng anifeiliaid a'r ddynoliaeth, gyda golwg arbennig ar **borthladdoedd** y de. Roedd gyda'r cyntaf i gofnodi'r newidiadau mawr yng nghyfansoddiad poblogaethau **mamaliaid** ac **adar** Cymru yn ystod y cyfnod hanesyddol.

### MATTAN, Mahmood Hussein (1923–52) Gŵr a grogwyd ar gam

Yn 2001, yn yr achos cyntaf o'i fath, talwyd £1.4 miliwn – yr iawndal uchaf erioed ar y pryd – i deulu Mahmood Mattan, un o Somaliaid **Caerdydd**, am iddo gael ei **ddienyddio** ar gam yn 1952. Fe'i cafwyd yn euog o dorri corn gwddw siopwraig er mwyn dwyn dim ond £100. Arestiwyd Mattan ar ôl i un a gariai straeon i'r **heddlu** ddweud iddo weld morwr o Somaliad yn yr ardal ychydig funudau cyn y llofruddiaeth. Ni chafodd y rheithgor yn **Abertawe** wybod bod y tyst o dan sylw wedi cael tâl gan yr heddlu am ei dystiolaeth, na bod tystiolaeth am Somaliad arall wedi ei datgelu. Ni ddatgelwyd iddynt ychwaith fod pedwar tyst wedi methu ag adnabod Mattan. Ef oedd yr olaf i gael ei grogi yng ngharchar Caerdydd. Cafodd bardwn 45 mlynedd yn ddiweddarach.

### MATH FAB MATHONWY

Yn stori 'Math fab Mathonwy' ym Mhedair Cainc y Mabinogi (gw. **Mabinogion**) Math yw brenin **Gwynedd**. Mae ganddo alluoedd hud, ond mae hefyd amod ryfedd ar ei fywyd, sef fod rhaid iddo bob amser orffwys â'i draed ar arffed morwyn – ac eithrio yn amser rhyfel. Wedi i'w ddau nai, **Gwydion** a Gilfaethwy, dreisio Goewin, y forwyn sy'n dal ei draed, mae'n eu cosbi'n llym. Yn nes ymlaen mae fel petai wedi cymodi â Gwydion pan â'r ddau ati gyda'i gilydd i greu'r wraig o flodau, **Blodeuwedd**.

### MATHARN, Sir Fynwy (1,447ha; 990 o drigolion)

**Cymuned** a leolir yn union i'r de-orllewin o **Gas-gwent**. Honnir bod Matharn yn un o faenorau esgob Llandaf (gw. **Caerdydd**) mor gynnar â 600. Plas Matharn oedd unig gartref yr esgob am gyfnod maith. Cartref esgobol arall oedd Moynes Court a godwyd yn gynnar yn yr 17g. Helaethwyd Eglwys Sant Tewdrig yn sylweddol gan John Marshall, esgob Llandaf o 1475 hyd 1496. Ynddi ceir cofeb o'r 17g. i'r Brenin Tewdrig o **Went**; ef, yn ôl *Llyfr Llandaf* (***Liber Landavensis***), a orchfygodd y Sacsoniaid a geisiai oresgyn y wlad *c*.620. Merthyr Tewdrig oedd hen enw'r plwyf. Yn Eglwys Sant Pedr ceir cofebau i deulu'r Lewisiaid y mae eu cartref, Sain Pŷr (St Pierre), yn westy moethus erbyn hyn. Mounton House (1914), sydd bellach yn ysgol, oedd y plasty gwledig olaf o lawn faint i gael ei adeiladu yn **Sir Fynwy**; fe'i codwyd ar gyfer **H. Avray Tipping**, a gomisiynodd y gwaith o adfer plas yr esgob. Yn y 13g. roedd o leiaf 25 o dai yn Runston ond gadawyd y lle yn anghyfannedd *c*.1785; mae adfeilion yr eglwys wedi goroesi a gellir gweld y cloddiau pridd sy'n dangos safle'r hen bentref. Mae Runston dan ofal **Cadw**.

### MATHAU GOCH (Mathew Gough; m.1450) Milwr

Roedd Mathau Goch yn frodor o **Sir y Fflint**, ac yn perthyn i **Owain Glyndŵr**. Roedd yn un o'r capteiniaid pwysicaf ym myddinoedd **Lloegr** yn Ffrainc o *c*.1423 hyd at drechu'r **Saeson** yn derfynol yn Formigny yn 1450. Yn yr un flwyddyn fe'i lladdwyd tra oedd yn amddiffyn Pont **Llundain** yn erbyn Jack Cade a'i wrthryfelwyr. Galarnad ar ei ôl yw'r geiriau cofiadwy 'Morte Matthei Goghe / Cambria clamitavit, Oghe!' ('Mae Mathau Goch yn farw / Galarnada Cymru, Och!').

### MATHEMATEG

**Robert Recorde** (m.1558) o **Ddinbych-y-pysgod**, oedd mathemategydd amlwg cyntaf Cymru. Cyhoeddodd y llyfr Saesneg cyntaf ar algebra a chyflwyno'r arwydd hafal (=) yn rhan o nodiant bob dydd mathemateg. Roedd **William Jones** (1675?–1749), a aned ym **Môn**, yntau yn ysgrifennu llyfrau ar fathemateg a golygodd beth o waith ei gyfaill Isaac Newton. William Jones oedd y cyntaf i ddefnyddio'r llythyren Roeg $\pi$ i gynrychioli cymhareb cylchedd cylch i'w ddiamedr (3.14159...) ac i awgrymu defnyddio smotyn uwchben llythyren fel ffordd hwylus i gynrychioli d/dt mewn calcwlws. Dyma'r nodiant a ddefnyddiwyd gan John Harries, un o Gymry **Llundain**, a gyhoeddodd y llyfr Saesneg cyntaf ar galcwlws (neu 'ddarlifiadau' fel y galwai ef y pwnc o ran teyrngarwch i Newton).

Mae mathemategwyr o Gymry hefyd wedi gwneud cyfraniadau o bwys at sawl cangen o fathemateg gymhwysol. Yn y 18g. a'r 19g. sefydlwyd sylfeini ystadegol y diwydiant **yswiriant** gan dri o Gymry hynod, gan ddechrau gyda **Richard Price** o Langeinwyr (**Cwm Garw**). Richard Price hefyd, yn ei swydd fel ysgutor stad y Parchedig Thomas Bayes, a welodd arwyddocâd nodiadau wedi eu gadael gan ei gyfaill marw, ac a'u cyhoeddodd yn nhrafodion y Gymdeithas Frenhinol fel Theorem Bayes, sylfaen pob ystadegaeth fodern. Ym maes ystadegau **iechyd**, arbenigwr mwyaf **Prydain** yw Brian T. Williams a aned yn Nhreorci (y **Rhondda**) yn 1938.

Ymysg y canghennau eraill o fathemateg gymhwysol y cyfrannodd Cymry yn sylweddol iddynt y mae aerodeinameg ddamcaniaethol (gw. **Awyrennau ac Awyrenneg**) a chyfrifiadureg. Yn yr ail faes, **Donald Davies** o Dreorci a ddyfeisiodd 'switsio pecynnau' sy'n rhannu ffeiliau data mawr yn becynnau llai o 1024 bit, er mwyn eu storio ar gof cyfrifiadur neu eu trosglwyddo ar hyd sianel gyfathrebu sy'n cael ei rhannu. Ar ddechrau'r 21g. hefyd daeth gwaith Samuel Braunstein (g.1961) ar gludiant cwantwm ag amlygrwydd byd-eang i **Fangor**.

### MATHIAS, William [James] (1934–92) Cyfansoddwr

Ganed William Mathias yn **Hendy-gwyn ar Daf**. Bu ar staff yr adran gerdd ym **Mangor** rhwng 1959 ac 1988, yn gyntaf

Aber afon Mawddach

fel darlithydd ac yna fel Athro. Daeth yn adnabyddus yn gynnar yn ei yrfa. Mae ei waith yn amrywiol a chatholig ac yn cynnwys corff mawr o weithiau i gerddorfa, cyfansoddiadau siambr, cerddoriaeth achlysurol a gwaith corawl. Yn y cyfan clywir arddull eclectig ond hynod wreiddiol, er ei bod yn arddangos amrywiaeth eang o ddylanwadau – o Britten, Copland, Tippett a Messiaen i rythmau jazz America Ladin a barddoniaeth o'r gwledydd Celtaidd. Mae gweithiau fel *Ave Rex*, *Lux Aeterna* ac *Elegy for a Prince* yn amlygu ei ddiddordeb yn ei wreiddiau Cymreig, ac yn natur ddefodol neu ddathliadol **cerddoriaeth**, ynghyd ag ymdeimlad o lonyddwch, ac maent yn debygol o barhau'n boblogaidd, yn arbennig yn America lle ffolodd gwrandawyr ar ei rythmau hwyliog a'i sgorau jazzaidd. Bu am flynyddoedd yn gyfarwyddwr artistig Gŵyl Gerddoriaeth Gogledd Cymru yn **Llanelwy**, ac yno y dewisodd gael ei gladdu.

## MATHRAFAL

Yn ôl traddodiad, Mathrafal oedd prif lys **Powys**. Roedd wedi'i leoli yn **Llangynyw** ger **Meifod**, man claddu rheolwyr cynnar Powys, a rhoddodd ei enw i'r llinach a ddisgynnai o **Bleddyn ap Cynfyn**. Fodd bynnag nid yw statws Mathrafal mor ddiamwys ag eiddo llysoedd brenhinol eraill Cymru – **Aberffraw** a **Dinefwr** – a siomedig fu canlyniadau cloddio yno. Erbyn y 13g., pan oedd prif ganolfan de Powys yn y Castell Coch (gw. **Trallwng, Y**), nid oedd statws Mathrafal yn ddim amgen na maerdref cwmwd **Caereinion.**

## MATHRI, Sir Benfro (2,972ha; 564 o drigolion)

**Cymuned** hanner ffordd rhwng **Abergwaun** a **Thyddewi** yw hon, a saif y pentref mwyaf, Mathri, ar ben bryn. Mae maen capan anferth yn coroni Carreg Samson, cromlech drawiadol o'r Oes Neolithig (gw. **Oesau Cynhanesyddol**) a saif ger Abercastell. Yng nghyntedd Eglwys y Merthyron Sanctaidd (a ailgodwyd yn 1867) ceir carreg arysgrifedig (5g.–6g.) ddwyieithog (**Lladin/Ogam**). Mae cilfach Abercastell yn gwbl nodweddiadol o arfordir godidog **Sir Benfro**. Un o nodweddion tafodiaith Gymraeg y gymuned yw bod ei siaradwyr yn cyfarch ei gilydd yn y trydydd person yn hytrach na'r ail.

## MAWDDACH, Afon (35km)

Mae Mawddach yn tarddu ar uchder o tua 450m yng nghymuned **Llanuwchllyn**, i'r de-orllewin o'r **Bala**. Yng Nghoed y Brenin (gw. **Ganllwyd, Y**) llifa afonydd Cain ac Eden – sy'n draenio rhan helaeth o ogledd **Meirionnydd** – i mewn iddi. Creigiau Cambriaidd ac Ordofigaidd sy'n brigo yn nalgylch yr afon; cafodd gwythiennau mwynol yn rhai o'r cerrig llaid Cambriaidd eu cloddio am **aur**. Mae Rhaeadr Ddu a Phistyll Cain gyda'r harddaf o **raeadrau**'r dalgylch. Ymuna afon Wnion, sy'n llifo trwy **Ddolgellau**, â Mawddach ger **Llanelltud**. I'r gorllewin o Lanelltud daw Mawddach yn afon lanwol; yn llifwaddodion y foryd eang ceir aur a ddaeth i'r amlwg wrth badellu. Mae'r Ro Wen yn enghraifft wych o dafod o raean a thywod sy'n ymestyn o'r Friog (**Arthog**) i gyfeiriad **Abermaw**, ar lan ogleddol yr aber. Rhwng Morfa Mawddach ac Abermaw mae rheilffordd y Cambrian yn croesi pont nodedig ar draws y foryd.

## MAWDDWY, Gwynedd (11,596ha; 603 o drigolion)

Nodweddion amlycaf tirlun y **gymuned** hon, sy'n cynnwys rhan uchaf basn afon **Dyfi**, yw wyneb trawiadol y graig ym mlaen Cwm Cywarch a chopa **Aran Fawddwy** (905m), mynydd uchaf Cymru y tu allan i gadwyn **Eryri**. Mae'r gymuned yn cynnwys pentrefi Aberangell, Dinas

Mawddwy, Llanymawddwy a Mallwyd. Yn y ddau bentref olaf mae eglwysi wedi'u cysegru i'r sant Llydewig Tydecho. Yn eglwys Mallwyd ceir cofeb i brif ysgolhaig cyfnod y **Dadeni** yng Nghymru, **John Davies** (*c.*1567–1644), a fu'n rheithor yno o 1604 hyd 1644. Roedd **A. G. Edwards**, archesgob cyntaf Cymru, yn fab i reithor Llanymawddwy. Tyfodd Dinas Mawddwy, pentref mwyaf y gymuned, yn sgil y gwaith **plwm** a'r chwareli **llechi**, gan ddod yn un o ganolfannau'r diwydiant **gwlân** yn ddiweddarach. Mae Pont Minllyn (neu Pont y Ffinnant), sy'n dyddio o'r 17g. ac y dywedir iddi gael ei chynllunio gan John Davies, o dan ofal **Cadw**. Deil enw tafarn y Brigands Inn i ddwyn i gof hanes **gwylliaid cochion Mawddwy**. Bu trigolion brodorol Aberangell yn gadarn eu cefnogaeth i berchennog y siop yno – Asiad sy'n siarad **Cymraeg** – yn wyneb bygythiadau hiliol newydd-ddyfodiaid.

## MAWDDWY Cwmwd

**Cwmwd** yng ngorllewin **Powys** oedd Mawddwy, sef rhannau uchaf basn afon **Dyfi**. Yn unol â'r **Deddfau 'Uno'** daeth yn rhan o **Sir Feirionnydd** yn hytrach nag o **Sir Drefaldwyn**, yn ôl pob tebyg am fod llunwyr y ddeddf yn credu y byddai'n well cynnwys ardal mor afreolus yn sir hirsefydlog Meirionnydd yn hytrach nag mewn sir newydd ei sefydlu fel Sir Drefaldwyn. Daeth natur anarchaidd ei thrigolion i'r amlwg yn 1555 pan lofruddiwyd y Barnwr Lewis Owen gan **wylliaid cochion Mawddwy**. Yr un yn fras yw ffiniau **cymuned** Mawddwy (gw. isod), a ffurfiwyd yn 1974, â rhai'r cwmwd.

## MAWN A MAWNOGYDD

Gweddillion tyfiant llysieuol yw mawn a hwnnw wedi pydru'n rhannol ac wedi crynhoi dan amodau gwlyb, asidig. Mae mawnogydd sy'n cael eu bwydo fwy neu lai'n gyfan gwbl gan lawiad (mawnogydd glaw) i'w cael trwy Gymru benbaladr mewn dau brif fath – cyforgorsydd iseldirol a gorgorsydd. Ffen neu fignen sydd fel arfer yn rhoi bod i gyforgors iseldirol wrth i gynnydd graddol mewn mawn a fwydir gan law godi wyneb y gors i lefel uwchlaw'r dŵr daear. Ymhen amser, gall y mawn gyrraedd trwch o 10m neu fwy, gan greu cofnod o newidiadau llystyfiannol a hinsoddol ar ffurf gwaddodion biogenig ac anorganig a ddyddodwyd fesul haen dros filoedd o flynyddoedd. Mae corsydd o'r fath i'w cael mewn nifer o wahanol leoliadau, gan gynnwys gorlifdiroedd **afonydd**, ymylon morydau a lloriau dyffrynnoedd. Amrywiant yn fawr o ran eu ffurf a'u maint, o'r tirweddau a gysylltir â chyforgorsydd trawiadol **Cors Caron** a **Chors Fochno** i gyforgorsydd llai na 5ha o ran arwynebedd sy'n meddiannu basnau bach.

Yng Nghymru, y math mwyaf cyffredin o fawnog o ddigon yw'r orgors, sy'n gorchuddio tua 70,000ha o'r ucheldiroedd. Daeth nifer o'r gorgorsydd hyn i fodolaeth yn sgil gweithgarwch dynol wrth i ffermwyr yr Oes Efydd ddinoethi'r bryniau o'u coed, gan brysuro'r broses o wlychu ac asideiddio'r tir (gw. **Oesau Cynhanesyddol**). Mawn gorgors yw tarddle'r rhan fwyaf o'r afonydd sy'n deillio o ganolbarth Cymru. Yn gyffredinol, mae gan y fath fawnogydd amrywiaeth cyfyngedig o lystyfiant, er bod rhai ohonynt wedi'u meddiannu i raddau helaeth gan *Rhododendron ponticum*, sy'n gorchuddio ardaloedd eang o'r ucheldiroedd.

Llawer prinnach na mawnogydd glaw yw mawnogydd mwyndroffig – sef y rheini yr effeithiwyd arnynt gan ddŵr sydd wedi cael ei gyfoethogi gan fwynau wrth lifo trwy'r tir neu drosto. Mae'r categori cymysgryw hwn yn cwmpasu amrywiaeth eang o gynefinoedd ffen mewn pantiau, gorlifdiroedd afonydd, a chylchfâu tryddiferiad ar dir sy'n goleddfu. Mae ffeniau sy'n cael eu bwydo gan ddŵr llawn maetholion basig yn cynnal nifer o rywogaethau a gwahanol fathau o **blanhigion** sydd o ddiddordeb arbennig o safbwynt gwarchodaeth natur; ymhlith y safleoedd allweddol y mae Cors Crymlyn (**Abertawe/Coed-ffranc**) a Chors Goch (**Môn**).

Yn draddodiadol, câi mawn, a oedd yn gyffredin iawn ar **dir comin**, ei dorri ar gyfer tanwydd, deunydd toi ac i'w roi o dan dda byw. Hyd ganol yr 20g. roedd hawl gwerinwr i dorri mawn (*turbary*) yn cael ei harddel yn eang; yn wir, dim ond y pryd hwnnw y peidiodd mawn – neu dywarch, a defnyddio gair **Ceredigion** – â bod yn brif danwydd twymo ar lawer o ffermydd mynydd. Ni ddaeth yr arfer o dorri mawn ar raddfa fawr ar gyfer dibenion garddwriaethol neu er mwyn cynhyrchu tanwydd ar raddfa fasnachol – diwydiannau cyffredin yn **Iwerddon** – yn boblogaidd yng Nghymru. Yn wir, erbyn hyn ystyrir mawnogydd yn amgylcheddau bregus sy'n haeddu cael eu diogelu ar gorn eu planhigion a'u creaduriaid, a'r deunydd archaeolegol sydd weithiau ynghudd ynddynt.

## MAWR, Abertawe (5,781ha; 1,800 o drigolion)

Lleolir y **gymuned** hon ar dir bryniog eang i'r gogledd o **Langyfelach**, ac mae'n cynnwys rhan helaeth o frodoriaeth **Gŵyr**. (Deillia'r enw o'r ffaith mai Mawr oedd y parsel mwyaf o dir oddi mewn i hen blwyf Llangyfelach.) Ceir llwybrau cerdded rhagorol ar y bryniau agored. Rhwng yr esgeiriau y mae cymoedd dwfn, ffrwythlon ac ynddynt ffermydd gwasgaredig sy'n nodweddiadol o'r ardal er y cyfnod cynnar. Cafodd Penlle'rcastell, un o brif gestyll arglwyddi Gŵyr a safai mewn llecyn anghysbell 370m uwchlaw lefel y môr, ei losgi gan y Cymry yn 1252 a'i ailgodi wedyn o gerrig. Mae'r felin ŷd yn Felindre, sy'n dyddio o'r 18g., yn parhau'n gyfan. Cloddio am **lo** yn yr ardal a arweiniodd at dwf Craig-cefn-parc, pentref a saif uwchben rhan isaf Cwm Clydach. Yn 2001 roedd 56.27% o drigolion Mawr yn gallu rhywfaint o **Gymraeg**, gyda 35.78% yn gwbl rugl yn yr iaith – y ganran uchaf o blith holl gymunedau Sir Abertawe (gw. **Abertawe, Sir**).

## MEBWYNION Cwmwd

Roedd Mebwynion neu Mabwynion yn un o'r deg **cwmwd** yng **Ngheredigion**, ac ymestynnai o lan ddeheuol afon **Aeron** hyd ran ganol afon **Teifi**. Mae'n debyg fod Mebwynion yn tarddu o enw personol gwrywaidd.

## MECHAIN Cantref

Roedd y **cantref** hwn yn cynnwys talp da o ogledd-ddwyrain yr hyn a ddeuai'n ddiweddarach yn **Sir Drefaldwyn**, gan ymestyn dros ddyffryn afon Cain (gwastadedd afon Cain yw ystyr yr enw). Fe'i rhennid yn ddau **gwmwd**, sef Is Coed ac Uwch Coed, gyda'i brif eglwys ym **Meifod**. Roedd yr **hwndrwd** o'r un enw a grëwyd yn sgil y **Deddfau 'Uno'** yn cynnwys y cantref, ynghyd â **Mochnant** Uwch Rhaeadr. Mae cymuned **Llanfechain** a phentref **Llansanffraid**-ym-Mechain wedi cadw'r enw.

## MECHELL, Ynys Môn (2,352ha; 1,282 o drigolion)

Mae'r **gymuned** hon, yn union i'r de-orllewin o **Amlwch**, yn cynnwys pentref Llanfechell a thir caregog Mynydd Mechell. Mae rhai nodweddion yn Eglwys Sant Mechell yn dyddio o'r 12g. Brynddu oedd cartref William Bulkeley (1691–1760) y mae ei ddyddiadur manwl yn ffynhonnell bwysig ar gyfer hanes cymdeithasol **Môn** yn y 18g. (gw. **Bulkeley, Teulu**). Yn ystod y ganrif honno cynhelid tair ffair y flwyddyn a marchnad wythnosol yn Llanfechell. Mae Plas Boderwyd (15g.–18g) yn dŷ deniadol.

## MEDD

Roedd medd, diod feddwol a wneid trwy eplesu mêl a dŵr, yn boblogaidd ar draws Ewrop, ac mae ffynonellau clasurol yn tystio i'w boblogrwydd ymhlith y **Celtiaid**. Yn y gerdd o'r 6/7g., '**Y Gododdin**', mae'r ymadrodd 'talu medd' yn cyfeirio at ymrwymiad milwr i'w arglwydd, gyda'r cyntaf yn talu'n ôl i'r olaf am ei nawdd trwy ffyddlondeb hyd at angau iddo ar faes y gad.

Trwy gydol yr Oesoedd Canol roedd medd, ynghyd â **chwrw** a bragod (diod a wneid o gwrw a mêl), yn rhan hanfodol o ymborth y Cymry, ac yn y **gyfraith** frodorol caiff y gwneuthurwr medd (y meddydd) ei restru ymhlith swyddogion llys y brenin. Roedd y Cymry hefyd yn defnyddio perlysiau a sbeis i roi blas ar eu medd. Ymddengys mai eu henw arno oedd *meddyglyn*, gair a oedd hefyd yn golygu diod feddyginiaethol. Benthycwyd y gair i'r **Saesneg** yn y 1530au, ac felly y cafwyd *metheglin*, a ddefnyddid am fedd plaen a medd wedi'i sbeisio fel ei gilydd. Wrth i siwgr rhatach ddisodli mêl tua diwedd yr Oesoedd Canol, disodlwyd medd yn ei dro gan gwrw.

## MEDDYGON MYDDFAI

Y meddygon enwocaf yng Nghymru'r Oesoedd Canol. Fe'u cysylltir â **Myddfai** yn y **Cantref Bychan**, a gellir olrhain dechreuadau'r teulu yn ôl i'r 13g. (O ddiwedd yr Oesoedd Canol cadwyd tystiolaeth am deulu cyffelyb o feddygon o gyffiniau Dyffryn Clwyd, teulu Bened Feddyg.)

Goroesodd nifer o destunau meddygol Cymraeg o'r 14g. a'r 15g. ac ar ddechrau rhai ohonynt, y testun meddygol yn ***Llyfr Coch Hergest*** er enghraifft, cofnodwyd gwybodaeth am feddygon Myddfai. Y cynharaf ohonynt, meddir, oedd Rhiwallon Feddyg, ac roedd ef a'i dri mab yn feddygon i **Rhys Gryg**, mab yr Arglwydd Rhys (**Rhys ap Gruffudd**; m.1197). Parhaodd cyswllt rhwng y llinach ag ardal Myddfai am ganrifoedd ar ôl hynny – honnir mai ar ôl aelodau o'r teulu yr enwyd ffermydd Llwyn Ifan Feddyg a Llwyn Maredudd Feddyg – ac mae carreg fedd y ddau feddyg olaf, David Jones (m.1719) a'i fab John Jones (m.1739), i'w gweld yn eglwys y plwyf. Yn y gyfrol *The Physicians of Myddvai* (1861), a olygwyd gan **John Williams** (Ab Ithel; 1811–62), cyplysir y traddodiadau am y teulu â chwedl **Llyn y Fan Fach**.

Roedd y deunyddiau meddygol a gysylltir â meddygon Myddfai yn y *Llyfr Coch* a mannau eraill yn gyffredin i Ewrop gyfan yn ystod yr Oesoedd Canol. Ynddynt disgrifir clwyfau ac anhwylderau – o'r ddannodd hyd at ddefaid yn y rhefr – a thrafodir dulliau o'u trin trwy gyffuriau (defnyddid **planhigion** a llysiau i baratoi llawer o'r rhain), llawfeddygaeth, serio â haearn, a thrwy ollwng gwaed. Sylfaen llawer o'r triniaethau oedd y gred mai anghydbwysedd rhwng gwlybyrau'r corff (gwaed, fflem, bustl melyn a bustl du) a achosai anhwylderau, ac yn hynny o beth roedd meddygon Myddfai yn etifeddion i Hippocrates (m.377 CC) a Galen (m.OC 200). Yr oedd i astroleg le pwysig hefyd wrth bennu natur triniaeth a'r amser mwyaf cyfaddas ar ei chyfer.

## MEFENYDD Cwmwd

Roedd Mefenydd neu Myfenydd yn un o'r deg **cwmwd** yng **Ngheredigion**, ac ymestynnai o'r arfordir i'r de o aber afon **Ystwyth** hyd at ffin ddwyreiniol y deyrnas hynafol. Mae'n debyg fod y ffurf yn cynnwys enw personol – Mafan neu Myfan, yn ôl rhai damcaniaethau.

## MEGÁNE, Leila (Margaret Hughes, *née* Jones; 1891–1961) Cantores

Leila Megáne oedd cantores fwyaf adnabyddus Cymru yn ystod y cyfnod rhwng y ddau ryfel byd, a hithau'n perfformio mewn operâu a chyngherddau ar lwyfannau enwog mewn sawl gwlad ac yn recordio'n helaeth. Wedi'i geni ym **Methesda**, fe'i magwyd ym **Mhwllheli** a chafodd hyfforddiant lleisiol yn **Llundain** a Pharis. Yn ystod ei chyfnod yn Ffrainc bu'n diddanu milwyr a oedd wedi'u clwyfo yn y **Rhyfel Byd Cyntaf**. Ysbrydolodd ei gŵr cyntaf, y cyfansoddwr a'r pianydd Thomas Osborne Roberts, i gyfansoddi unawdau fel 'Y Nefoedd', 'Y Gwanwyn Du' a 'Cymru Annwyl'.

## MEIBION GLYNDŴR

Carfan genedlaetholgar danddaearol a gynhaliodd ymgyrch losgi eang yn ystod y 1980au yn erbyn **tai haf ac ail gartrefi** yn ardaloedd gwledig gogledd a gorllewin Cymru. Cynyddu a wnaeth ei gweithgareddau wrth i'r **llywodraeth** Geidwadol wrthod cyflwyno deddfwriaeth a roddai flaenoriaeth yn y farchnad dai i Gymry lleol. Llofnodwyd llawer o lythyrau Meibion Glyndŵr gan un a'i galwai ei hun yn Rhys Gethin, enw un o gapteiniaid **Owain Glyndŵr**.

## MEIDRIM, Sir Gaerfyrddin (2,651ha; 601 o drigolion)

Yr unig bentref o unrhyw faint yn y **gymuned** hon i'r gogledd o **Sanclêr** yw Meidrim. Mae Bethel (1904), capel y **Methodistiaid Calfinaidd**, yn adeilad trawiadol. Y Piwritan **Stephen Hughes**, a gafodd yr enw Apostol Sir Gaerfyrddin, oedd deiliad bywoliaeth Meidrim hyd nes y cafodd ei droi allan yn 1661.

## MEIFOD, Sir Drefaldwyn, Powys (6,840ha; 1,323 o drigolion)

Mae **cymuned** Meifod, sydd i'r gogledd-orllewin o'r **Trallwng**, yn ymestyn dros ran hyfryd o Ddyffryn Efyrnwy – neu Ddyffryn Meifod fel y gelwir y rhan hon o'r dyffryn yn aml. 'Harddaf lle'r wy'n allu 'nabod / Yn y byd yw dyffryn Meifod', meddai'r hen bennill. Mae'n bosibl mai Meifod oedd prif ganolfan esgobion cynnar **Powys**. Roedd y fynwent fawr sy'n ymestyn dros 4ha yn safle **clas** neu fynachlog 'Geltaidd', a daeth yn fan claddu ar gyfer tywysogion Powys. Bu tri addoldy ar y safle – Capel Sant Gwyddfarch (*c.*550), Eglwys Sant Tysilio (7g.) ac Eglwys y Santes Fair, a gafodd ei chysegru yn 1156, ei hail-lunio'n sylweddol yn y 14g. a'r 15g a'i hatgyweirio'n drwm drachefn yn 1872. Yn yr adeilad presennol mae croesfaen ac arno fotiffau ac addurniadau Celtaidd a Llychlynnaidd, ac awgrymir mai beddfaen **Madog** ap **Maredudd** (m.1160) ydyw. Madog oedd noddwr **Cynddelw Brydydd Mawr**, a ganodd i harddwch a chyfoeth tymhorol ac ysbrydol Meifod. Mae Eglwys Crist (1864) ym Mwlch-ycibau yn adeilad deniadol a gynlluniwyd gan George Gilbert Scott. Tai diddorol yw Glascoed (*c.*1600), Bryngwyn (*c.*1776) a Phenylan (*c.*1810). Yn 2003 cynhaliwyd yr **Eisteddfod** Genedlaethol ym Meifod, y pedwerydd tro i'r ŵyl ymweld â **Sir Drefaldwyn**.

## MEILYR BRYDYDD A'I DDISGYNYDDION Beirdd

Meilyr (*fl.*1100–37), awdur marwnad i **Gruffudd ap Cynan**, yw'r cynharaf o **Feirdd y Tywysogion** y gwyddom amdano wrth ei enw. Nid oes tystiolaeth fod yr un o'i hynafiaid yn feirdd, ond cadwyd gwaith tri, os nad pedwar, o'i ddisgynyddion, sef ei fab Gwalchmai (*fl.*1130–80), ei wyrion, Einion (*fl.*1203–23) a Meilyr ap Gwalchmai (*fl.* ail hanner y 12g.) ac, o bosibl, Elidir Sais (*fl.*1195–1246). Yn ystod ei yrfa faith a chythryblus, gwasanaethodd Gwalchmai **Fadog ap Maredudd** o **Bowys** yn ogystal ag **Owain Gwynedd** a'i feibion, Rhodri a **Dafydd ab Owain Gwynedd**. I bob golwg, **Llywelyn ap Iorwerth** oedd prif noddwr Elidir ac Einion. Prin yw'r wybodaeth am Meilyr gan mai cerddi crefyddol yn unig a gadwyd o'i waith. Dichon i Drefeilyr a **Threwalchmai** ym **Môn** gael eu henwi ar ôl aelodau o'r teulu hwn gan gofnodi rhoddion o dir a dderbyniasant gan eu noddwyr brenhinol.

## MEIRIONNYDD Cantref

Roedd y **cantref**, sef yr ardal rhwng afon **Dyfi** ac afon **Mawddach**, yn cynnwys cymydau **Tal-y-bont** ac **Ystumanner**. Yn ôl traddodiad, fe'i henwyd ar ôl Meirion, ŵyr i **Cunedda**. Am gyfnod maith roedd gan y cantref ei linach frenhinol ei hunan. Ond diau fod ei reolwyr wedi gorfod cydnabod uchafiaeth **Gwynedd** o gyfnod cynnar, ac erbyn y 12g. traflyncwyd y cantref gan Wynedd. Mae'n bosibl mai harddwch Meirionnydd a ysbrydolodd y bardd-dywysog **Hywel ab Owain Gwynedd** i lunio'i 'Orhoffedd'. Yn 1220, pan benderfynodd **Llywelyn ap Iorwerth** ddyrchafu Dafydd (gw. **Dafydd ap Llywelyn**) yn etifedd iddo, rhoddodd stad helaeth i'w fab arall, **Gruffudd ap Llywelyn**, ym Meirionnydd (ac **Ardudwy**). Ond yn 1221, cododd anghydfod rhwng Gruffudd a'i dad mewn perthynas â'r tiroedd hyn a'r canlyniad fu i Lywelyn ei ddiarddel o Feirionnydd. Yn 1284 rhoddwyd yr un enw ar y sir a oedd newydd ei chreu ac a gynhwysai gantrefi Meirionnydd a **Phenllyn** a chymydau **Ardudwy** ac **Edeirnion** (gw. **Sir Feirionnydd**).

## MEIRIONNYDD Cyn-ddosbarth

Yn 1974 diddymwyd **Sir Feirionnydd** a daeth dosbarth Meirionnydd i gymryd ei lle, dosbarth a ddaeth yn rhan o sir newydd **Gwynedd**. Ar wahân i golli dosbarth gwledig **Edeirnion**, a ddaeth yn rhan o ddosbarth **Glyndŵr** yn sir newydd **Clwyd**, roedd gan y dosbarth newydd yr un ffiniau â'r hen sir. Yn 1996 daeth Gwynedd, wedi'i lleihau gryn dipyn, yn sir unedol, a chynhwysai hen ddosbarthau **Arfon**, **Dwyfor** a Meirionnydd. Felly peidiodd Meirionnydd â bod yn uned llywodraeth leol (gw. **Llywodraeth**), er bod yr enw wedi goroesi fel enw ar sawl sefydliad, yr archifdy a'r gymdeithas hanes yn eu plith.

## MEISGYN Cwmwd

Roedd y **cwmwd** hwn yn rhan o gantref **Penychen**, ac ymestynnai o Gwm Cynon i ddyffryn **Elái**. Mae'r enw wedi goroesi yn enw pentref Meisgyn (gw. **Pont-y-clun**). Ar ôl y **Deddfau 'Uno'** daeth Meisgyn yn un o hwndrydau **Sir Forgannwg**. Ym mlynyddoedd cynnar y **Chwyldro Diwydiannol** roedd **maenor** Meisgyn yn cynnig ffurf elfennol ar lywodraeth leol (gw. **Llywodraeth**) i ardal **Aberdâr**.

## MELANGELL (6g./7g.) Santes

Honnir i Felangell, nawddsantes **ysgyfarnogod**, ffoi o **Iwerddon** i Gymru er mwyn osgoi priodas a drefnwyd ar ei chyfer gan ei thad. Yn ôl ei buchedd Ladin, *Historia Divae Monacellae*, sefydlodd leiandy (gw. **Lleiandai**) a lloches ar dir a roddwyd iddi gan Frochwel Ysgithrog, tywysog **Powys**, ym Mhennant Melangell (**Llangynog, Sir Drefaldwyn**). Un diwrnod daeth Brochwel o hyd i'r santes wrth **hela** ysgyfarnog yn y coed. Cuddiodd yr ysgyfarnog o dan sgert Melangell a gwrthododd y cŵn hela fynd yn agos at y forwyn sanctaidd. Yn ei heglwys ym Mhennant Melangell mae creirfa Romanésg bwysig a darlunnir yr hanes ar sgrin bren o'r 15g. Ei dydd gŵyl yw 27 Mai.

## MELINAU DŴR

Mae **hinsawdd** a thirwedd Cymru yn ei gwneud yn wlad ddelfrydol ar gyfer melinau dŵr gan fod yr **afonydd** a'r nentydd sy'n llifo o'r ucheldiroedd yn darparu ffynhonnell **ynni** ddibynadwy y rhan fwyaf o'r amser. Yn ôl pob tebyg, roedd melinau dŵr elfennol ar waith yng Nghymru erbyn y 10g. ac yn sicr roeddynt yn gyfarwydd erbyn diwedd yr 11g. Yn y rhan fwyaf ohonynt, câi'r olwyn ei throi gan ddŵr a lifai o lyn melin ar hyd cafn, neu o afon ar hyd sianel, ac i lawr drosti. Lle nad oedd digon o gwymp yn y tir, câi'r olwyn ei throi gan ddŵr a lifai oddi tani.

Yn ystod yr Oesoedd Canol chwyldrodd ynni dŵr y diwydiant **gwlân** trwy'r defnydd o forthwylion pannu a oedd yn tewhau'r gwlân ac yn gwaredu'r saim ynddo. Defnyddid ynni dŵr hefyd i yrru peiriannau cribo, nyddu a gweu mewn ffatrïoedd gwlân, ac ar gyfer amryw o ddibenion eraill ym myd crefft a diwydiant, gan gynnwys gwneud papur, gyrru meginau ffwrneisi a ffowndrïau a phympiau dŵr mewn pyllau **glo** a mwyngloddiau **copr** a **phlwm**, a throi llifiau at lifio coed a cherrig. Meini Ffrengig wedi'u mewnforio a ddefnyddid gan amlaf i falu gwenith, ond câi meini brodorol – o **Fôn**, Pen-allt (**Tryleg**), **Tyddewi** a llechweddau'r **Mynydd Du** (**Sir Gaerfyrddin a Phowys**) – eu defnyddio ar gyfer malu haidd, **ceirch** ac india-corn. Oherwydd y tywydd llaith, roedd gan y rhan fwyaf o'r melinau odynau crasu ceirch.

Erbyn yr 20g. cynhyrchid blawd mewn melinau diwydiannol mawr ac o'r herwydd daeth dyddiau'r melinau traddodiadol i ben. Mae nifer o felinau wedi cael eu hadfer, ond atyniadau twristaidd yw'r rhan fwyaf ohonynt. Ceir enghraifft yn Amgueddfa Werin Cymru (gw. **Sain Ffagan**).

## MELINAU GWYNT

Ymddangosodd melinau gwynt am y tro cyntaf yng Nghymru yn ystod y 1260au, tua 80 mlynedd wedi iddynt gael eu dyfeisio naill ai yn **Lloegr** neu Fflandrys. Rhai gyda ffrâm goed oedd y melinau gwynt cynharaf, wedi'u gosod ar ben postyn derw cadarn fel bod modd eu troi i wynebu'r

J. M. W. Turner, *Aberdulais Mill*, 1796–7

gwynt. Erbyn yr 16g. disodlwyd y rhain gan dyrau bach crwn wedi'u hadeiladu o gerrig. Roedd tyrau diweddarach yn uwch ac yn graddol feinhau tua'r brig. Codwyd y rhan fwyaf o felinau gwynt mewn ardaloedd agored megis **Môn**, ac ar diroedd **calchfaen** y de a'r gogledd-ddwyrain lle câi ŷd ei dyfu, ond hyd yn oed yma nid oeddynt mor niferus â **melinau dŵr**. Dim ond melin wynt adferedig Llynnon yn Llanddeusant (**Tref Alaw**), Môn, sy'n dal i weithio.

Roedd ambell felin wynt hefyd yn cael ei defnyddio i yrru peiriannau fferm ar gyfer nithio, malu us a dyrnu. Mewn diwydiant fe'u defnyddid i yrru pympiau dŵr, peiriannau malu ocr ar gyfer cynhyrchu paent, peiriannau malu rhisgl derw ar gyfer y diwydiant barcio a llifiau coed.

Bach iawn o ran eu maint a'u nifer yw hynny o hen felinau adfeiliedig sydd i'w gweld o hyd o'u cymharu â'r holl dyrbinau gwynt a ddechreuodd amlhau ar draws ucheldiroedd Cymru tua diwedd yr 20g. ar gyfer cynhyrchu trydan, gan arwain at ddadlau mawr (gw. **Ynni**). Yn dilyn argyfwng **olew** canol y 1970au, y pryderon ynglŷn ag ynni niwclear a disbyddiad tanwydd ffosil, cafodd tyrbinau gwynt arbrofol eu codi ym Mhorth Tywyn (gw. **Pen-bre**). Erbyn 2006 roedd gan Gymru 24 o ffermydd gwynt a'r gallu ganddynt i gynhyrchu 300.60MW o drydan. Y fwyaf cynhyrchiol ohonynt oedd Cefn Croes a gwblhawyd yn 2005 (gw. **Pontarfynach**). Ceir y casgliad mwyaf o dyrbinau yn **Llandinam**, er bod y 104 o dyrbinau a geir yno yn llawer llai na'r 39 a geir yng Nghefn Croes. Ceir eraill yn **Llangwyryfon** ac mewn rhannau agored o Fôn a **Sir Forgannwg**. Yn 2004 roedd 36% o holl dyrbinau'r Deyrnas Unedig ar dir Cymru; gan nad yw Cymru'n ymestyn ond dros 8.5% o arwynebedd y Deyrnas Unedig, mae'r crynhoad o felinau gwynt oddi mewn i ffiniau'r wlad yn tystio i'w photensial fel ffynhonnell ynni gwynt. Mae tyrbinau gwynt yn rhan annatod o'r olygfa oddi ar arfordir y gogledd-ddwyrain ac mae trafodaethau ar y gweill ynglŷn a chodi eraill oddi ar arfordir **Porth-cawl** ac ym Mae Ceredigion.

## MELINDWR, Ceredigion (4,083ha; 1,189 o drigolion)

Mae **cymuned** Melindwr i'r dwyrain o **Aberystwyth**, ac o boptu i ran ganol afon **Rheidol**. O'i mewn ceir pentrefi Aber-ffrwd, Capel Bangor, Goginan, Pen-llwyn a Phisgah. Roedd Goginan yn ganolfan bwysig ar gyfer y diwydiant **plwm**. Rhed y rhan fwyaf o Reilffordd Cwm Rheidol o fewn ffiniau Melindwr. Mae Pwerdy Cwmrheidol yn rhan o'r cynllun trydan dŵr sy'n cynnwys **cronfeydd dŵr** Nant-y-moch a Dinas (gw. **Ynni**). Priododd etifeddes Pen-y-bryn â Lewis Morris (1701–65; gw. **Morrisiaid**). Ganed **Lewis Edwards** ym Mhwllcenawon; saif ei benddelw ar blinth y tu allan i Gapel Pen-llwyn. Mae Rhaeadrau Rheidol yn olygfa drawiadol.

## MENAI, Afon

Culfor rhwng **Môn** a thir mawr Cymru yw afon Menai, sy'n dynodi'r ffin rhwng y creigiau Cyn-Gambriaidd y naddwyd y rhan fwyaf o'r ynys ohonynt a chreigiau Cambriaidd ac Ordofigaidd, yn bennaf, y tir mawr. Dyfnhawyd y cafn gan weithgaredd erydol iâ a dŵr tawdd yn ystod oesoedd iâ'r cyfnod daearegol diweddar, ond cymerodd arno ei ffurf bresennol tua 7,000 o flynyddoedd yn ôl, ymhell wedi diwedd yr Oes Iâ ddiwethaf, wrth i'r môr gyrraedd ei lefel bresennol a chreu culfor y Fenai a'r ynys.

Tua 20km yw hyd y Fenai ond mae mor gul â 230m mewn mannau; ymdebyga, felly, i afon lydan. Mae'r amrediad llanw yn sylweddol – hyd at 8m ym **Miwmares** – ac mae'r cerhyntau a grëir ar eu cryfaf rhwng Pont Menai neu Bont y Borth (a agorwyd yn 1826) a Phont Britannia (a agorwyd yn 1850), lle gallant lifo ar gyflymder o dros 14kya. Ond ceir hefyd nifer o fannau cysgodol, uwchlaw ac islaw wyneb y dŵr, sy'n gynefinoedd nodedig o bwys rhyngwladol i dros fil o rywogaethau o anifeiliaid a **phlanhigion** môr a warchodir dan amodau nifer o ddynodiadau cadwraethol.

Am ganrifoedd lawer bu'r Fenai'n strategol bwysig. Sefydlwyd caer Segontium (**Caernarfon**) yn rhannol er mwyn i'r **Rhufeiniaid** sicrhau rheolaeth dros ei dyfroedd. Comisiynodd Edward I y gwaith o godi Castell Caernarfon ym mhen gorllewinol y Fenai, a Chastell Biwmares ar lan ei phen dwyreiniol. Yn y 1770au adeiladwyd Caer Belan (**Llandwrog**) i amddiffyn ei dyfroedd. Ers tro byd mae'r Fenai wedi darparu **bwyd** a bywoliaeth ar gyfer pobl leol ac mae'r diwydiant pysgota yn dal yn bwysig, yn enwedig ger **Bangor**, lle ceir gwelyau o gregyn gleision. Ymhlith yr atyniadau twristaidd ar ei glannau ceir sw môr ym Mrynsiencyn (**Llanidan**) a mordeithiau mewn cychod pleser.

## MENAI Cwmwd

Roedd y **cwmwd** hwn yn ne-orllewin **Môn**, ynghyd â chwmwd **Dindaethwy**, yn rhan o gantref Rhosyr. Mae gwaith cloddio wedi datgelu gweddillion llys y cwmwd yng nghymuned **Rhosyr** ger Niwbwrch. Goroesodd yr enw wedi'r **Deddfau 'Uno'** yn enw ar **hwndrwd**.

## MENELAUS, William (1818–82) Peiriannydd

Yn fuan wedi i'r Albanwr Menelaus ddod i weithio fel peiriannydd i Gwmni Haearn Dowlais, **Merthyr Tudful**, yn 1851, fe'i gwnaed yn gyfrifol am efeiliau a melinau'r gwaith. Daeth yn rheolwr arno yn 1856, a blwyddyn yn ddiweddarach cyflwynodd ei adroddiad dylanwadol, a amlinellai'r amodau ar gyfer datblygu gwaith Dowlais. Golygai hyn newid o gynhyrchu haearn bwrw i gynhyrchu dur, yn ogystal â buddsoddi'n helaeth yn y dechnoleg ddiweddaraf. Mewn byr o dro daeth yn gymeriad o bwys ym mrawdoliaeth cynhyrchwyr haearn yr ardal, gan roi prawf ymarferol a llwyddiannus ar ddarganfyddiadau Bessemer ym maes cynhyrchu dur. Yn 1857, wedi i Menelaus gynorthwyo i sefydlu Sefydliad Peirianwyr De Cymru, fe'i hetholwyd yn llywydd cyntaf y sefydliad. Bu'n flaenllaw hefyd o ran sefydlu'r Sefydliad Haearn a Dur; ef oedd ei bedwerydd llywydd, gan olynu gwŷr mor nodedig â dug Devonshire, Henry Bessemer ac Isaac Lowthian Bell.

## MENYWOD

Mae cyfraniad menywod wedi ei wthio i'r cyrion yn hanes Cymru fel yn achos y rhan fwyaf o wledydd. Dim ond 1.8% o'r cofnodau yn ***Y Bywgraffiadur Cymreig*** a luniwyd ar fenywod a phan gynhaliwyd pleidlais yn 2004 i ddewis cant o arwyr/arwresau Cymru, dim ond naw menyw a gafodd eu dewis. Er hynny, dengys tystiolaeth gynnar nad oedd menywod yn gwbl ddiawdurdod. Anrhydeddid duwiesau megis Epona, Andraste a Brigantia (Brigid y **Gwyddelod**) gan y **Celtiaid** a'r Brythoniaid. Disgrifia'r **Rhufeiniaid** fenywod grymus a lywodraethai ym **Mhrydain** – gan gynnwys **Buddug** a Cartimandua (43–70) – ac roedd swyddogaeth anrhydeddus i fenywod sanctaidd yn yr **Eglwys Geltaidd** yng Nghymru. Ond wrth i Gristnogaeth batriarchaidd ddatblygu, aeth awdurdod lleyg ac eglwysig i ddwylo dynion. (Eithriad ydoedd **Gwenllian ferch Gruffudd ap Cynan** a arweiniodd fyddin yn erbyn y **Normaniaid** yng **Nghydweli** yn 1136.)

Yn yr un modd ag mewn mannau eraill yn Ewrop, roedd statws menywod yng Nghymru'r Oesoedd Canol ynghlwm wrth statws eu tadau, neu eu gwŷr ar ôl iddynt briodi. O dan **gyfraith** y Cymry, ni allai gwraig fod yn berchen ar dir na throsglwyddo hawliau tir i'w phlant. Ond mewn rhai ffyrdd roedd statws menywod o dan gyfraith y Cymry yn uwch nag ydoedd o dan gyfundrefnau cyfreithiol eraill yn Ewrop. Nid oedd merch yn gwbl ddihawliau yn wyneb awdurdod ei thad, fel ag yr oedd yn y gwledydd hynny a oedd wedi etifeddu cyfraith Rhufain, ac nid oedd gŵr yn cael rheolaeth lwyr dros eiddo ei wraig, fel y câi o dan gyfraith **Lloegr**. Câi gwraig rywfaint o iawndal pe byddai ei gŵr yn anffyddlon iddi; a phe byddai hithau'n anffyddlon iddo yntau yn ei thro, nid oedd ei ffawd mor erchyll ag y byddai wedi bod yn y rhan fwyaf o wledydd Ewrop. Roedd trefnu priodasau â menywod o dras aruchel – er enghraifft priodas **Llywelyn ap Gruffudd** ag Elinor de Montfort (gw. **Montfort de, Teulu**) – yn allweddol i statws rheolwyr brodorol Cymru yn yr Oesoedd Canol. Ymhlith arglwyddi'r **Mers**, roedd priodasau ag aeresau yn fodd o ehangu yn ogystal â chwalu tiroedd teuluoedd megis **Clare** a **Mortimer**. Wrth i'r gyfraith Gymreig ddadfeilio, daeth menywod Cymru fwyfwy o dan yr un darpariaethau cyfreithiol â menywod Lloegr, proses a gwblhawyd i bob pwrpas trwy'r **Deddfau 'Uno'**.

Yn ystod y blynyddoedd ar ôl yr 'Uno' daeth lle canolog priodas yn y broses o gynnull stadau yn fwy amlwg, ac ystyrid merched uchelwrol yn bennaf oll fel cyfryngau i gynyddu eiddo a dylanwad teulu. Roedd gan fenywod is eu tras swyddogaeth economaidd fwy uniongyrchol. Ysgwyddent waith y fferm gyda dynion, ac yn aml rhoddai'r ffaith eu bod yn gyfrifol am brynu a gwerthu yn y farchnad reolaeth iddynt dros y pwrs – ffynhonnell grym ac awdurdod o fewn **economi** a oedd yn prysur ddatblygu i fod yn seiliedig ar arian. Cyn priodi, gweithiai llawer o fenywod ar ffermydd neu fel morynion, ond gan ennill hanner cyflog y dynion. Bechgyn yn unig a gâi eu prentisio, er mai menywod yn amlach na pheidio a fyddai'n canlyn y grefft o nyddu. Roedd rhai menywod yn iacháu trwy swyngyfaredd, ond er gwaetha'r ffin denau rhwng hyn a dewiniaeth yng ngolwg yr awdurdodau o'r 16g. hyd y 18g., ni fu'r erlyn am ddewiniaeth mor enbyd yng Nghymru ag y bu mewn rhannau o Loegr a'r **Alban** (gw. **Gwrachod a Dynion Hysbys**).

Er bod rhai menywod annibynnol, dibriod i'w cael o ganol yr 17g ymlaen, priodi a wnâi'r rhelyw. I'r bonheddig, cynnal etifeddiaeth, nid serch, oedd nod priodas er bod tynerwch diffuant i'w ganfod yng ngohebiaeth sawl teulu o'r cyfnod. Erbyn canol yr 16g. mynegai rhai menywod bwysigrwydd atyniad corfforol a than ddylanwad piwritaniaeth yr 17g. rhoddwyd mwy o le i ewyllys unigolyn. Ymhlith haenau is ceid mwy o ryddid wrth ddewis cymar, ond disgwylid i bâr ymgynnal yn annibynnol ar rieni ac – mewn egwyddor o leiaf – gohirid priodasau'r 16g. a'r 17g. hyd nes

Menywod yn cynhyrchu arfau yng Ngwaith Cambrian y Brodyr Powell, Wrecsam, yn ystod y Rhyfel Byd Cyntaf

fod adnoddau digonol wedi'u crynhoi gan y pâr. Ac eto, o gofio bod dros hanner y gwragedd yn esgor ar blant o fewn llai na naw mis ar ôl priodi, ymddengys nad ystyriaethau o'r fath a oedd yn pennu'n ddieithriad pryd y cynhelid priodas.

Roedd llawer o fenywod ifainc yn marw wrth eni plant, ac roedd yn gyffredin i fenywod briodi gwŷr gweddwon llawer hŷn na hwy eu hunain. Yn ystod y 18g. daethpwyd i ddisgwyl ymddygiad mwy llednais oddi mewn i briodasau bonheddig, syniadaeth a hyrwyddwyd ar gyfer yr haenau is gan fudiadau elusengar a chan y Methodistiaid (gw. **Diwygiad Methodistaidd**). Roedd hyn, ynghyd â thwf **Rhamantiaeth**, yn wrthbwynt i'r rhagfarnau ynghylch moesau'r Gymraes a amlygid gan ddychanwyr yr oes yn Lloegr. Er hynny, cafodd y sylwadau difrïol a wnaed yn 1847 am foesau menywod Cymru yn Adroddiad y Comisiynwyr ar Gyflwr Addysg yng Nghymru (gw. **Brad y Llyfrau Gleision)** lawer iawn o sylw. Hyrwyddo lles menywod Cymru oedd nod cyfnodolyn *Y Gymraes* (1850–1), a olygid gan Ieuan Gwynedd (**Evan Jones)** ac a noddid gan Arglwyddes Llanover (**Augusta Hall**). Aeth *Y Frythones* (1878–91) a *Y Gymraes* (1896–1934) i'r afael â'r un dasg, gan roddi sylw neilltuol i'r mudiad **dirwest** a gefnogid gan lawer iawn mwy o fenywod nag o ddynion.

Wrth i Gymru ymddiwydiannu, câi menywod swyddi mewn gweithfeydd metel ac yn cloddio **glo**, a daethant yn arbennig o amlwg yn y diwydiannau **copr** a **thunplat**. Pan waharddwyd menywod rhag gweithio dan ddaear yn 1842 parodd hynny galedi mawr i deuluoedd a chanddynt ferched niferus. Gan nad oedd nemor ddim gwaith ar gyfer menywod yn y diwydiant glo, prif ddiwydiant Cymru, ailddiffiniwyd y cysyniad o waith a chyflogaeth mewn cyd-destun a oedd i bob pwrpas yn gyfan gwbl wrywaidd – datblygiad hollol wahanol i'r hyn a gafwyd yn nhrefi'r melinau cotwm yn Swydd Gaerhirfryn lle'r oedd mwy na digon o waith ar gyfer menywod. Dichon mai hyn, ynghyd â syniadaeth batriarchaidd y cyfnod, a greodd y pwyslais mawr ar swyddogaeth y fenyw ym myd 'preifat' y cartref gan roi bod i'r delfryd ohoni fel 'angel yr aelwyd'. Cyd-darodd hyn ag ymddangosiad y **Fam Gymreig**, cymeriad stoïcaidd, ystrydebol a boblogeiddiwyd mewn **cylchgronau**, nofelau, ac yn ddiweddarach mewn ffilmiau. O ganlyniad i safle cwbl ganolog y diwydiant glo yn yr economi Gymreig, datblygodd sefyllfa lle'r oedd dynion yn symud i mewn i'r wlad a menywod yn symud allan. Yn wir, Cymru oedd yr unig wlad yn Ewrop lle'r oedd menywod yn cynrychioli llai na hanner y **boblogaeth** – sefyllfa a ddatguddiwyd gan bum cyfrifiad yn olynol rhwng 1881 ac 1921.

Menywod yr 21g. ar res gydosod yng ngwaith Sony, Pen-coed, ger Pen-y-bont ar Ogwr

Parai'r diffyg cyfleoedd gwaith fod merched yn fwy awyddus na bechgyn i lwyddo ym myd **addysg**. Hyd at ddiwedd y 19g., ar wahân i hyfforddiant yn ymwneud â materion domestig, amddifadwyd menywod pob **dosbarth** yn ddiwahân o addysg ffurfiol. Gyda thwf ysgolion uwchradd o'r 1890au ymlaen, manteisiodd menywod ar eu cyfle, a daeth athrawesau yn un o brif allforion Cymru. Cafwyd rhagor o agoriadau yn ystod y **Rhyfel Byd Cyntaf** wrth i fenywod ymuno â'r gweithlu i gymryd lle'r dynion hynny a anfonwyd i faes y gad. Erbyn hynny roedd yng Nghymru gryn nifer o fenywod gwleidyddol effro – cangen **Caerdydd** o'r *Suffragettes* oedd yr un fwyaf mewn unrhyw fan heblaw am **Lundain**. Cawsant fuddugoliaeth rannol yn 1918 pan roddwyd y bleidlais i fenywod dros 30 oed. Yn 1928, y flwyddyn pan ddaeth menywod yn fwyafrif ymhlith yr etholwyr ym mhob etholaeth ac eithrio o fewn maes glo'r de, cafodd menywod yr un hawliau pleidleisio â dynion. Yn 1929 daeth **Megan Lloyd George**, a etholwyd dros **Fôn**, yn aelod seneddol benywaidd cyntaf Cymru. (Rhwng 1929 a'r 1990au bu tair menyw arall yn cynrychioli etholaethau yng Nghymru – nifer truenus o isel.)

Bu cynnydd mewn meysydd eraill yn y cyfnod rhwng y ddau ryfel byd. Penodwyd menywod yn ynadon a bargyfreithwyr a chydnabuwyd fod awdurdod mamau dros eu plant yn gyfartal ag eiddo tadau. Derbyniwyd, yn ogystal, fod gan fenywod yr un hawliau â dynion i eiddo, a phylodd y ddelwedd fursennaidd o fenyweidd-dra a hyrwyddwyd yn ystod oes Victoria. Mwy arwyddocaol fyth oedd y datblygiadau ym maes cynllunio teulu, er mor araf y bu hynny ar y cychwyn. Rhwng 1921 ac 1931 bu gostyngiad yng nghyfradd y genedigaethau yng Nghymru o 25.2 i bob 1,000 o drigolion i 16.7, a bu lleihad o ganlyniad yn nifer y menywod a gâi eu llwyr lethu gan feichiogrwydd cyson a'r gwaith diarbed o fagu plant. Eto, ni ddylid honni gormod. Ni fu fawr o gynnydd mewn cyflogaeth i fenywod rhwng y ddau ryfel byd. Roedd eu cyflogau, ar y cyfan, tua hanner cyflogau dynion, a châi menywod a briodai eu diswyddo fel mater o drefn. Ymhellach, ar yr aelwydydd hynny a ddibynnai ar y dôl, byddai menywod yn eu hanner llwgu eu hunain er mwyn gwneud yn siŵr fod eu gwŷr a'u plant yn cael digon i'w fwyta.

Daeth yr **Ail Ryfel Byd** â gwaredigaeth economaidd i lawer, gyda channoedd o filoedd o fenywod yn gweithio mewn **ffatrïoedd arfau** neu'n gwasanaethu yn y lluoedd arfog. Ehangodd y cyfleoedd gwaith i fenywod yn ddramatig ar ôl y rhyfel, ac erbyn diwedd yr 20g. menywod oedd bron hanner y gweithlu yng Nghymru. Mae'r cynnydd mewn gwaith cyflogedig i fenywod, y ffaith fod dulliau atal cenhedlu ar gael i bawb a datblygiad y mudiad ffeminyddol – a fu'n araf, serch hynny, i gael ei draed dano yng Nghymru – wedi newid y cysyniadau o foesoldeb rhywiol yn llwyr ac wedi tanseilio'r syniadau traddodiadol am y teulu. Er bod menywod yng Nghymru yn dal i ddioddef cryn anfanteision, bu newid chwyldroadol yn eu statws economaidd, gwleidyddol a chymdeithasol dros y can mlynedd diwethaf.

Yn yr etholiadau ar gyfer y **Cynulliad Cenedlaethol** ym Mai 2003, sefydlwyd record byd gan Gymru pan etholwyd yr un faint o ddynion ag o fenywod i'r Cynulliad, y tro cyntaf erioed i hynny ddigwydd yn hanes unrhyw gorff llywodraethol. Yn hynny o beth roedd y Cynulliad ar y blaen i senedd Sweden a oedd â 45.3% o'r aelodau yn fenywod bryd hynny.

## MERCHED Y WAWR

Pan fynnodd pencadlys **Sefydliad y Merched** mai **Saesneg** fyddai iaith swyddogol y WI yng Nghymru, yn 1967 gadawodd aelodau cangen Parc (**Llanycil**) y mudiad a chychwyn mudiad newydd a fyddai'n gweithredu trwy gyfrwng y **Gymraeg** yn unig. Mudiad gwirfoddol, amhleidiol yw Merched y Wawr, a'i amcanion yw hybu achosion sydd er budd **menywod** a hyrwyddo diwylliant, **addysg** a'r celfyddydau yng Nghymru.

Tyfodd y mudiad newydd yn gyflym ac ymhen 20 mlynedd roedd ganddo 10,000 o aelodau mewn tua 275 o ganghennau. Cychwynnwyd cylchgrawn *Y Wawr* yn 1968 a chyfansoddwyd anthem i'r mudiad: 'Fy Iaith, Fy Ngwlad' – a hynny gan ddau ddyn, sef **D. Jacob Davies** ac Elfed Owen (1907–77). Er bod y mudiad yn ei alw ei hun yn un anenwadol, bu'r ffaith iddo droi yn gynyddol Gristnogol ei fryd yn ofid i'w sylfaenydd, Zonia Bowen (g.1926), anffyddwraig a ddewisodd adael y mudiad yn 1975.

Dros y blynyddoedd mae'r mudiad wedi ymgyrchu dros faterion yn ymwneud ag **iechyd** menywod, pobl anabl, a menywod yn y Trydydd Byd (gan efeillio â rhai yn Lesotho). Hyrwyddodd yr iaith Gymraeg trwy gefnogi dysgwyr ac ysgolion meithrin (gw. **Mudiad Ysgolion Meithrin**). Yn 1994 lansiwyd adain y Clybiau Gwawr ar gyfer aelodau ifainc ac yn 2000 agorwyd canolfan genedlaethol yn **Aberystwyth**. Yn 2007 roedd gan y mudiad bron 6,500 o aelodau.

## MEREDITH, Billy (William Henry Meredith; 1874–1958) Chwaraewr pêl-droed

Disgrifiwyd Billy Meredith, a enwyd trwy bleidlais yn chwaraewr pêl-droed mwyaf poblogaidd 1904, fel seren fawr gyntaf y gêm. Enillodd fedal Cwpan Cymru gyda chlwb ei bentref ei hun, y **Waun** (**Sir Ddinbych** yn wreiddiol ond **Wrecsam** erbyn hyn), ond treuliodd ei holl yrfa broffesiynol ym Manceinion, gyda Manchester City (1894–1905, 1921–4) a Manchester United (1907–21). Ymestynnodd ei yrfa dros 30 mlynedd gan gynnwys 670 o gemau cynghrair – record ar y pryd, a Stanley Matthews yw'r unig chwaraewr allfaes i chwarae am gyfnod hirach. Chwaraeodd Billy Meredith yn un o gemau cynderfynol Cwpan yr FA ychydig cyn ei ben-blwydd yn 50, sy'n ei wneud yn chwaraewr hynaf y gystadleuaeth. Fel asgellwr roedd yn enwog am groesi'r bêl yn gelfydd, ac am ei sgorio mynych yn rhan gynnar ei yrfa. Roedd ei 48 o gapiau rhyngwladol – y cyfan yn y Bencampwriaeth Gartref – yn record ar y pryd; felly hefyd ei 11 gôl i Gymru. Roedd yn unigolyn penderfynol, a chafodd ei wahardd am 18 mis o ganol 1905 am geisio llwgrwobrwyo gwrthwynebydd.

## MERFYN FRYCH (Merfyn ap Gwriad; m.844) Brenin Gwynedd

Roedd Esyllt, mam Merfyn, yn ddisgynnydd i **Faelgwn Gwynedd**, a haerid bod ei dad, Gwriad, a oedd mae'n debyg o dras brenhinoedd **Ynys Manaw**, yn ddisgynnydd i **Lywarch Hen**. Pan ddaeth llinach wrywaidd disgynyddion Maelgwn i ben yn 825, cipiodd Merfyn orsedd **Gwynedd**. Priododd Nest, o deulu brenhinol **Powys**, a **Rhodri Mawr** oedd eu mab. Ymddengys fod llys Merfyn yn ganolfan diwylliant.

## MERLIN'S BRIDGE, Sir Benfro (674ha; 2,184 o drigolion)

Prif bentref y **gymuned** hon, yn union i'r de o **Hwlffordd**, yw Merlin's Bridge, maestref i'r dref honno yn ei hanfod. Mae'n bosibl fod Capel y Santes Fair Magdalen, sydd wedi hen ddadfeilio, yn noddfa i wahangleifion tua diwedd yr Oesoedd Canol. Y capel a roddodd ei enw gwreiddiol i'r pentref – *Mawdyns bridge* neu *Mawdlyns brydge* yn ôl cofnod o 1564 – cyn i'r ffurf lwgr ddiweddar ei ddisodli. Mae rhannau o Haroldston, plasty a oedd yn eiddo i deulu **Perrot**, yn dyddio'n ôl i'r 13g.

## MERRIFIELD, Leonard (1880–1943) Cerflunydd

Er i Leonard Merrifield, a astudiodd gyda **Goscombe John**, gael ei eni yn **Lloegr**, chwaraeodd ran amlwg yn y broses o wneud cofadeiliau yng Nghymru (gw. **Cerflunio**). Ef a greodd y cerflun o **William Williams**, Pantycelyn (1717–91) ar gyfer y Pantheon o Arwyr Cenedlaethol yn Neuadd y Ddinas, **Caerdydd**, a nifer o gofadeiliau ym **Merthyr Tudful**. Fe'i cofir yn bennaf am ei gerflun o'r bardd Hedd Wyn (**Ellis Humphrey Evans**) yn **Nhrawsfynydd**.

## MERS, Y

Daw'r gair *mers* (neu *mars*), naill ai'n uniongyrchol neu drwy **Saesneg** Canol, o'r gair Hen **Ffrangeg** *march(e)*, a olygai 'ffin' neu 'diriogaeth y ffin'. Yng Nghymru daethpwyd i ddefnyddio'r gair am yr arglwyddiaethau hynny a sefydlwyd yn yr 11g. a'r 12g. gan oresgynwyr Normanaidd megis teuluoedd **Mortimer**, de **Lacy**, a de **Breos**. Erbyn

Billy Meredith

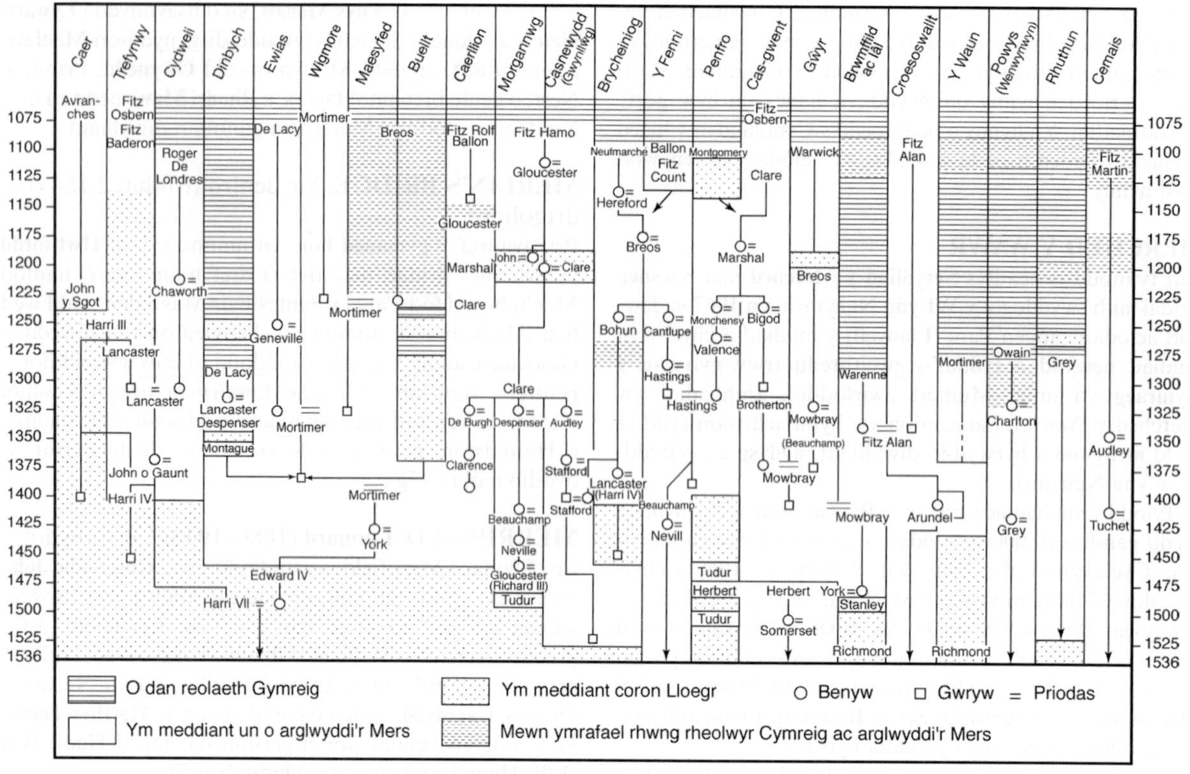


Daliadaethau'r prif arglwyddi yn y Mers (yn seiliedig ar John Davies, 1990)

cyfnod teyrnasiad Harri I (1100–35), ymestynnai'r arglwyddiaethau hyn dros rannau helaeth o ddwyrain a de'r wlad, o **Degeingl** yn y gogledd-ddwyrain hyd at **Benfro** yn y de-orllewin. Dyma'r diriogaeth a elwid yn *Marchia Wallie* yn nogfennau'r cyfnod, o'i chymharu â ***Pura Wallia*** – y tiroedd hynny a oedd yn parhau o dan reolaeth frodorol. Deiliaid yn unig i frenin **Lloegr** oedd arglwyddi'r Mers; gwnaent wrogaeth iddo, ond roeddynt yn annibynnol ar y brenin ac nid ystyrid y Mers yn rhan o deyrnas Lloegr (gw. **Brenhinoedd Lloegr a Chymru**). O ganlyniad, nid oedd i wŷs y brenin unrhyw rym yn y Mers, ac oddi mewn i'w harglwyddiaethau gallai arglwyddi'r Mers fynd i ryfel, codi cestyll a chynnal llysoedd heb ganiatâd y Goron. Dadleuodd **J. Goronwy Edwards** mai'r **cwmwd** oedd uned sofraniaeth yn nheyrnasoedd y Gymru gyn-Normanaidd. O feddiannu cwmwd, cipiai'r arglwyddi Normanaidd yr hen hawliau brenhinol drosto. Ar un ystyr, felly, roedd pwerau eithriadol arglwyddi'r Mers wedi eu 'hetifeddu' gan eu rhagflaenwyr, y brenhinoedd Cymreig. Fodd bynnag, mae'n bosibl fod mwy o sylwedd yn nadl **Rees Davies** nad mater o 'etifeddiaeth' oedd pŵer arglwyddi'r Mers, ond yn hytrach amod sylfaenol eu bodolaeth.

Nodwedd amlwg iawn ar y Goresgyniad Normanaidd yn y Mers oedd y castell. Gan eu bod yn gadarnleoedd milwrol ynghyd â chanolfannau **llywodraeth**, roedd cestyll arglwyddi'r Mers yn arwydd eglur o'u hawdurdod. O amgylch y castell byddai tref fel arfer yn datblygu, a dôi'r trigolion cyntaf yn aml iawn o diroedd yr arglwydd yn Lloegr; dyna ddechreuadau **bwrdeistrefi** fel **Trefaldwyn**, **Aberhonddu**, y **Fenni** a Phenfro. Byddai mewnfudwyr eraill yn aml yn ymsefydlu ar wastatiroedd ffrwythlon oddi mewn i'r arglwyddiaethau – y Saesonaethau – lle byddai trefn y **faenor** Seisnig yn fynych yn cael ei chyflwyno. Ond mewn rhannau eraill o'r arglwyddiaethau, sef y brodoriaethau, byddai tenantiaid o Gymry yn parhau i fyw yn ôl cyfreithiau (gw. **Cyfraith**) ac arferion Cymru, a'r un oedd eu taliadau a'u hymrwymiadau i'r arglwyddi Normanaidd â'r hyn a oedd yn ddisgwyliedig o dan y rheolwyr Cymreig gynt.

Yn niffyg etifeddion gwrywaidd, daeth y rhan fwyaf o arglwyddiaethau, a hynny trwy briodas, i feddiant cyfres o wahanol deuluoedd; er enghraifft, daliwyd **Morgannwg** gan **Robert Fitz Hammo**, yna gan Robert Fitz Henry, iarll Gloucester, ac wedi hynny gan deuluoedd **Clare**, **Despenser**, **Beauchamp** a Neville. Trwy briodasau hefyd daeth rhai o arglwyddiaethau'r Mers yn rhan o stadau llawer helaethach; er enghraifft, yn ogystal â bod yn arglwyddi **Brycheiniog**, roedd teulu **Bohun** yn ieirll Hereford ac Essex. Ar ôl cwymp tywysogaeth **Llywelyn ap Gruffudd** yn 1282 collodd y Mers ei *raison d'être*. Gan nad oedd *Pura Wallia* yn bodoli bellach nid oedd angen *cordon sanitaire* rhyngddi a Lloegr. Ond er bod y **Goresgyniad Edwardaidd** wedi cyd-daro ag ymdrechion o du'r brenin i gyfyngu ar bwerau arglwyddi'r Mers, nid oedd gan Edward I yr adnoddau i ddiddymu'r pwerau hynny. Yn wir, yn y gogledd-ddwyrain, creodd arglwyddiaethau newydd, sef arglwyddiaethau **Dinbych**, **Rhuthun**, y **Waun**, a **Brwmffild ac Iâl**.

Yn niwedd yr Oesoedd Canol roedd arglwyddi'r Mers wrth wraidd llawer o'r ansefydlogrwydd sy'n nodweddu hanes Lloegr yn y cyfnod. Roedd hynny'n arbennig o amlwg yn ystod teyrnasiad Edward II ac yn ddiweddarach yn ystod **Rhyfeloedd y Rhos**. Trwy gydol y cyfnod hwn hefyd gwelwyd arglwyddiaethau'r Mers yn dod yn gynyddol i feddiant coron Lloegr. Serch hynny, mae'r darlun o'r Mers yn y cyfnod fel nythle torcyfraith yn ymylu ar fod yn ystrydeb. Er bod diffygion amlwg yn nhrefn y llysoedd a diffyg goruchwyliaeth o du swyddogion lleol, yr oedd, mewn gwirionedd, gryn dipyn o gydweithredu rhwng y gwahanol arglwyddiaethau, yn arbennig o ran dwyn drwgweithredwyr i gyfraith. Wrth i Harri IV, dug Lancaster (gw. **Lancaster, Teulu**) ac arglwydd Brycheiniog, **Trefynwy**, **Teirtref** a **Chydweli**, feddiannu'r orsedd yn 1399, daeth arglwyddiaethau o bwys yn y Mers i ddwylo coron Lloegr. Y teulu y daeth y nifer mwyaf o arglwyddiaethau yn y Mers i'w meddiant oedd y Mortmeriaid (yn 1328 cymerodd Roger Mortimer y teitl iarll March (Mers)). Daeth arglwyddiaethau'r teulu – cadwyn doredig yn ymestyn o Ddinbych i **Gaerllion** – yn eiddo i'r Goron yn dilyn esgyniad Edward IV, dug York (gw. **York, Teulu**), i'r orsedd yn 1461. Yn 1473 sefydlodd Edward gyngor yn **Llwydlo** a oedd yn gyfrifol am gadw trefn yn y Mers ac yn y **Dywysogaeth** (gw. **Cyngor Cymru a'r Gororau**).

Cafodd arglwyddiaethau'r Mers eu diddymu gan y Ddeddf 'Uno' gyntaf (1536; gw. **Deddfau 'Uno'**), a chan fod y rhan fwyaf o'r arglwyddiaethau erbyn y cyfnod hwnnw ym meddiant y Goron llwyddwyd i wneud hynny'n ddidrafferth. Ceir rhestr o'r arglwyddiaethau yn y Ddeddf, ond gan ei bod yn rhestr sy'n cynnwys is-arglwyddiaethau a maenorau yn gymysg â thiriogaethau lled annibynnol, mae'n anodd barnu faint yn union o arglwyddiaethau a fodolai erbyn hynny. Cafodd rhai o'r arglwyddiaethau eu hychwanegu at **siroedd** a oedd eisoes mewn bod yng Nghymru a Lloegr. O'r gweddill, ffurfiwyd **Sir Benfro**, **Sir Drefaldwyn**, **Sir Ddinbych**, **Sir Faesyfed**, **Sir Forgannwg**, **Sir Frycheiniog** a **Sir Fynwy**. Yn wyneb diddymiad y Mers a thwf y syniad fod y Dywysogaeth ar ôl 1536 yn cwmpasu Cymru gyfan, dadleuodd J. Goronwy Edwards mai'r undod rhwng y Dywysogaeth a'r Mers oedd y gwir undod a sefydlwyd yn 1536 yn hytrach na'r un rhwng Cymru a Lloegr.

## MERSIA A CHYMRU

Daeth Mersia i fodolaeth *c.*610 ym mlaenau Dyffryn Trannon, ardal a fyddai'n ddiweddarach yn rhan o Swydd Stafford. Roedd wedi'i lleoli ar y **ffin** rhwng tiriogaethau'r **Saeson** a'r Brythoniaid, ac ystyr yr enw, a ddaw o *Mierce*, yw pobl y ffin. Yn 633 lladdwyd Edwin, brenin Northumbria, gan Penda, brenin paganaidd Mersia, a oedd wedi ymgynghreirio â **Chadwallon** o **Wynedd**. Roedd canolfan grefyddol Mersia, a Gristioneiddiwyd ddiwedd y 7g., yng Nghaerlwytgoed a'i phrifddinas yn Tamworth. Yn yr 8g. enillodd ei brenhinoedd benarglwyddiaeth dros **Loegr** gyfan i'r de o afon Humber, a phennwyd ffin Cymru gan y Brenin Offa (757–96) a gomisiynodd adeiladu **Clawdd Offa**. Yn ystod y 9g. gwanhawyd y deyrnas gan ymosodiadau'r Daniaid; erbyn 920 roedd wedi'i meddiannu gan Wessex ac wedi'i diraddio i fod yn iarllaeth. Ganol yr 11g. anrheithiwyd ei pharthau gorllewinol gan **Gruffudd ap Llywelyn** a oedd wedi ymgynghreirio â'r herwr Aelfgar, mab Leofric, iarll Mersia, a'i wraig, Godiva. Yn sgil y Goresgyniad Normanaidd (gw. **Normaniaid**), daeth Mersia i ben fel uned wleidyddol.

## MERTHYR, Gwrthryfel

Mae Gwrthryfel Merthyr, a ddigwyddodd ym Mehefin 1831, yn enghraifft glasurol o wrthryfel o du'r gweithwyr yn ystod blynyddoedd cynnar y **Chwyldro Diwydiannol**, ac mae iddo statws eiconig yn hanes diwydiannol Cymru.

Y tensiynau a ddeilliodd o'r ymdrechion i ddiwygio'r Senedd yn 1831–2 oedd y cefndir i'r gwrthryfel (gw. **Cynrychiolaeth Seneddol**). Roedd trwch y 22,000 o bobl a drigai ym **Merthyr Tudful** yn frwd dros ddiwygio, a bwydid eu hawydd am hawliau gwleidyddol a gwell amodau byw gan gyni a diweithdra yn sgil dirwasgiad 1829. Ym mis Mai 1831 bu toriadau cyflog gan William Crawshay (gw. **Crawshay, Teulu**), perchennog gwaith **haearn** Cyfarthfa – yntau'n ddiwygiwr ymroddgar – a rhoddwyd nifer o weithwyr ar y clwt. Yn dilyn cyfarfod mawr a chynhyrfus dros ddiwygio ar Dwyn y Waun uwchlaw'r dref ar 30 Mai, ymgasglodd tyrfaoedd mawr ar strydoedd Merthyr i fynegi eu dicter. Yn ystod y dyddiau dilynol, yn nechrau Mehefin, torrwyd i mewn i siopau a thai, dinistriwyd y Llys Deisyfion, a oedd yn gyfrifol am gasglu mân ddyledion, a chwifiwyd y faner goch – y tro cyntaf i hynny ddigwydd ym **Mhrydain**. Ar un adeg defnyddiwyd baner a oedd wedi'i throchi yng ngwaed llo a aberthwyd. Gyda'r ynadon ynghyd â masnachwyr a rhai o'r meistri haearn dan warchae yng Ngwesty'r Castell, bu'r dref yn nwylo'r gweithwyr a'u cefnogwyr – rhwng 7,000 a 10,000 ohonynt, gyda rhai cannoedd yn arfog – am chwe diwrnod. Ar 3 Mehefin anfonwyd 68 o filwyr i'r dref, ac yn ystod y cythrwfl a ddilynodd hynny lladdwyd o leiaf 24 o aelodau o'r cyhoedd a chlwyfwyd 16 o filwyr. Llwyddodd y gwrthdystwyr i ddiarfogi'r *Yeomanry* a ddaeth o **Abertawe**, ond gyrrwyd rhagor o filwyr – aelodau o'r Argyll and Sutherland Highlanders – i Ferthyr a daeth y cythrwfl i ben ar 7 Mehefin wrth i'r awdurdodau adfeddiannu'r dref.

Gwnaeth y gwrthryfel argraff arhosol ar gof gwlad, yn bennaf oherwydd i Dic Penderyn (**Richard Lewis**) gael ei **ddienyddio** am glwyfo milwr. Roedd Dic yn ddieuog ond er gwaethaf ymgyrch i'w ryddhau, fe'i crogwyd yng **Nghaerdydd** ar 13 Awst 1831, a thrwy hynny daethpwyd i'w ystyried yn ferthyr dros y dosbarth gweithiol. Condemniwyd gwir arweinydd y gwrthryfel, Lewsyn yr Heliwr (**Lewis Lewis**; 1793–1848?), i farwolaeth hefyd, ond newidiwyd y ddedfryd i alltudiaeth am oes.

## MERTHYR CYNOG, Sir Frycheiniog, Powys (7,202ha; 257 o drigolion)

Mae Merthyr Cynog yn ymestyn dros ran helaeth o **Fynydd Epynt**, gan gynnwys y copa uchaf ond un, Drum-ddu (474m). Mae rhan sylweddol o'r **gymuned** yn gorwedd o fewn ffiniau maes tanio Epynt. Yn ôl traddodiad, claddwyd Cynog, y sant, yn yr eglwys, ac yn y gangell ceir carreg fedd ac arni amlinell arfog Roger Vaughan o Ysgyr Fechan (m.*c.*1514), tŷ mwyaf y fro (*c.*1670 gan mwyaf). Mae'r fynwent gron yn dynodi safle crefyddol cyn-Gristnogol. Ganed David Price (1762–1835), y dwyreinydd, ym Merthyr Cynog.

## MERTHYR MAWR, Pen-y-bont ar Ogwr (1,467ha; 256 o drigolion)

Nodwedd amlycaf y **gymuned** hon, yn union i'r dwyrain o **Borth-cawl**, yw'r twyni tywod mawr ger aber afon **Ogwr**. Fe'u defnyddiwyd wrth ffilmio epig David Lean, *Lawrence of Arabia* (1962), a seiliwyd ar fywyd T. E. Lawrence a hanai o Dremadog (**Porthmadog**). Mae tywod wedi gorchuddio llawer o'r ardal gan gladdu safleoedd sy'n dyddio o'r cyfnod Mesolithig hyd yr Oes Efydd (gw. **Oesau Cynhanesyddol**), ac yn bygwth claddu Castell Tregawntlo, y maenordy caerog o'r 14g. a oedd yn gartref i deulu de Cantilupe.

Ym mhentref Merthyr Mawr mae tai a bythynnod pert wedi'u codi yn y dull traddodiadol lleol, nifer ohonynt â thoeau gwellt. Yn wahanol i'r rhan fwyaf o bentrefi **Bro Morgannwg**, nid oes iddo ychwanegiadau diweddar. Ailgodwyd eglwys ddeniadol Sant **Teilo** yn 1851. Yn ei mynwent mae clwstwr o gerrig beddau o'r 11g. a'r 12g. a cholofn garreg arysgrifedig o'r 5g. Codwyd plasty Merthyr Mawr yn 1806 i deulu Nicholl. Fe'i hamgylchynir gan barc helaeth. Gerllaw mae Capel Sant Roch o'r 15g. Pont ganoloesol yw pont New Inn; mae ffermdy Newbridge, sy'n ymdebygu i dŵr, yn dyddio o *c.*1600.

I'r gorllewin o Ferthyr Mawr mae pentref twt Llandudwg. Adferwyd ei eglwys fechan – y corff a'r gangell yn unig – gan **John Prichard** yn 1876. Mae'r pentref yn nodedig am y clwstwr hardd o dai o'r 16g. a'r 17g. a'r modd y maent i gyd yn sefyll â'u talcenni at y stryd. Ailwampiwyd Tythegston Court ar gyfer teulu Knight ddiwedd y 18g.

**MERTHYR TUDFUL** Bwrdeistref sirol (11,102ha; 55,981o drigolion)

Ceir 12 **cymuned** ym Merthyr Tudful (gw. isod).

*Martyrium* neu fan cysegredig y Santes Tudful, a oedd yn ôl traddodiad yn ferch i **Brychan**, oedd Merthyr Tudful. (Ymddengys mai ffrwyth dychymyg Iolo Morganwg (**Edward Williams**) oedd y syniad iddi gael ei merthyru.) Mae'n fwy adnabyddus yng Nghymru a'r tu hwnt fel prifddinas cynhyrchu **haearn** yn oes y **Chwyldro Diwydiannol**, tua 13 canrif ar ôl dyddiau Tudful. Ymestynna'r fwrdeistref o gymer afonydd Taf Fawr a Thaf Fechan (gw. **Taf, Afon** (**Sir Frycheiniog** a **Sir Forgannwg**)) i gyffiniau **Pontypridd**. O ran

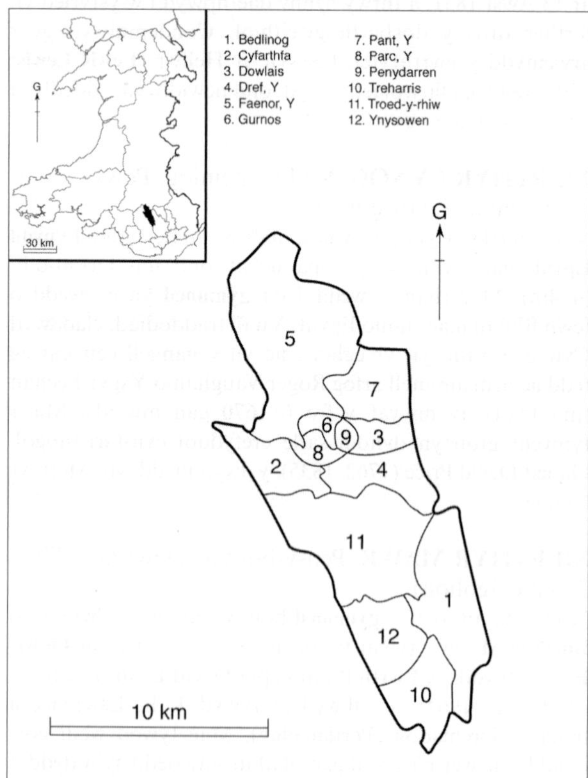


Cymunedau Bwrdeistref Sirol Merthyr Tudful

uchder, mae'r ardal yn amrywio o 100m uwchlaw'r môr yn ei man mwyaf deheuol i fwy na 400m ar odreon **Bannau Brycheiniog**. Bu ei **daeareg** yn ganolog i'w hanes diweddar, gan fod creigiau'r ardal yn cynnwys y **glo**, y mwyn haearn a'r **calchfaen** a oedd yn hanfodol i ddiwydiant haearn. Roedd glawiad trwm yn bwydo'r nentydd, a hynny'n darparu ffynhonnell **ynni**; at hynny, roedd y **priddoedd** tenau a gwlyb ar y tir uwch yn ffactor a barodd mai diwydiannol yn hytrach na gwledig fyddai hanes yr ardal.

Mae crugiau, carneddau, cylchoedd cerrig a thomenni ar y bryniau cyfagos yn dystiolaeth o anheddiad dynol sy'n dyddio'n ôl i'r Oes Efydd o leiaf (gw. **Oesau Cynhanesyddol**). Sefydlodd y **Rhufeiniaid** gaer ym Mhenydarren, yn ystod y cyfnod pan oeddynt yn adeiladu eu **ffyrdd** trwy Gymru. Yn union wedi'r canrifoedd Rhufeinig, mae'n debyg i greirfa Tudful ddod yn ganolfan pentref bychan. Roedd Merthyr yng nghantref **Senghennydd**, ac yn rhan o deyrnas **Morgannwg**. Yn dilyn goresgyniad y **Normaniaid** arhosodd Senghennydd dan reolaeth y Cymry hyd ail hanner y 13g., pan gafodd ei ddarostwng gan Gilbert de Clare (gw. **Clare, Teulu**) a'i ddwyn dan reolaeth ei gastell ef yng **Nghaerdydd**. Mae Castell Morlais (gw. isod) yn brawf o rym Clare yn yr ardal.

Hyd ail hanner y 18g. tir amaethyddol tenau ei **boblogaeth** oedd plwyf mawr Merthyr. Roedd llawer o'r trigolion yn cael eu denu gan ymneilltuaeth grefyddol, ac roedd gan yr **Annibynwyr** a'r **Crynwyr** gynulleidfaoedd yno erbyn diwedd yr 17g. Ymwelodd yr arweinwyr Methodistaidd John Wesley a **Howel Harris** ill dau â'r plwyf. Ynys-gau oedd y capel cyntaf i'w godi ym mhentref Merthyr, a hynny yn 1749. Yn niwedd y 18g. denodd yr **Undodwyr** gryn gefnogaeth yn yr ardal, ffactor allweddol yn **radicaliaeth** y fro.

O'r 16g. o leiaf bu rhyw gymaint o weithgarwch diwydiannol yn yr ardal. Cynhyrchwyd haearn i ddiwallu'r galw lleol, gan losgi coed o goedlannau'r fro er mwyn cynhyrchu'r siarcol ar gyfer y broses fwyndoddi. Cloddiwyd calchfaen a glo brig a sefydlwyd ffatrïoedd **gwlân** ar lannau Taf a'i llednentydd. Câi ffeiriau a marchnadoedd eu cynnal yn gyson o'r Oesoedd Canol ymlaen, yn arbennig Ffair y Waun ar y llechweddau uwchben Dowlais.

Ganol y 18g. y cychwynnodd y newid chwyldroadol. Yn 1748 cytunodd is-iarll Windsor, perchennog stad Castell Caerdydd ac arglwydd **maenor** Senghennydd, i roi prydles ar yr holl fwynau ar dir comin Senghennydd Uwch Caeach, dros gyfnod o 99 mlynedd, am bris o £23 y flwyddyn. Hon oedd prydles gychwynnol gwaith haearn Dowlais, ac wedi i'r gwaith hwnnw ddod dan reolaeth John Guest (gw. **Guest, Teulu**) yn 1760, buan y cynyddodd ei gynnyrch, wrth i lo yn hytrach na siarcol gael ei ddefnyddio i fwyndoddi'r metel. Roedd y brydles rad, ynghyd â digonedd o lo, calchfaen a mwyn haearn yn lleol, yn golygu bod yr amodau ar gyfer cynhyrchu haearn ar raddfa fawr yn berffaith. Bu ffactorau tebyg o gymorth i Gwmni Haearn Cyfarthfa ehangu, cwmni a oedd erbyn y 1790au wedi dod yn eiddo i Richard Crawshay (gw. **Crawshay, Teulu**). Bu ef hyd yn oed yn fwy dyfeisgar na John Guest, a dechreuodd ddefnyddio'r broses **bwdlo** i gynhyrchu haearn, proses a oedd yn golygu y gellid troi haearn bwrw yn haearn gyr. Dowlais a Chyfarthfa oedd y cewri, ond roedd gweithfeydd haearn llwyddiannus yn Abercannaid – gwaith Plymouth ar dir a gafwyd ar brydles gan iarll Plymouth o Gastell Sain Ffagan (gw. Caerdydd) – ac ym Mhenydarren hefyd.

George Childs, *Dowlais Ironworks*, 1840

Roedd cyflenwadau parod o ddeunyddiau crai a meistri haearn dyfeisgar yn hanfodol i lwyddiant y diwydiant, ond roedd gweithlu medrus a dull hwylus o gyrraedd marchnadoedd yr un mor angenrheidiol. Llifodd gweithwyr i Ferthyr, o'r **plwyfi** cyfagos yn gyntaf ond yna o'r tu draw i'r ardaloedd hynny hefyd. Erbyn 1801 Merthyr, gyda'i boblogaeth o 7,705, oedd y plwyf mwyaf poblog yng Nghymru. (Fodd bynnag, roedd dros 10,000 o drigolion yn **Abertawe**, tref a ymestynnai dros nifer o blwyfi.) Roedd sicrhau dull hwylus o gyrraedd marchnadoedd yn fwy o broblem. I ddechrau câi'r haearn ei gludo i borthladd Caerdydd (gw. **Porthladdoedd**) mewn basgedi ar gefn **ceffylau** a mulod. Adeiladwyd ffordd y gellid mynd â wagenni arni yn y 1770au, ond y cam mawr ymlaen oedd adeiladu Camlas Sir Forgannwg, a gysylltai Ferthyr â Chaerdydd, yn y 1790au (gw. **Camlesi**). Er mor hir oedd y siwrnai 38km ar hyd camlas ac arni 52 o lociau, gallai cwch a gâi ei dynnu gan un ceffyl gario 25 tunnell fetrig, o gymharu â'r 2 dunnell y gallai wagen a dynnid gan bedwar ceffyl ei gludo.

Sicrhaodd y gwelliannau mawr i'r system drafnidiaeth, ynghyd â'r galw am haearn a grëwyd gan **Ryfeloedd y Chwyldro Ffrengig a Rhyfeloedd Napoleon**, lwyddiant gweithfeydd haearn Merthyr. Pan fu farw Richard Crawshay yn 1810 roedd ef ymhlith y cynharaf o filiwnyddion diwydiannol **Prydain**. Er i'r galw am haearn leihau pan ddaeth heddwch yn 1815, cafwyd defnydd newydd ar ei gyfer, yn arbennig mewn gwaith adeiladu – ym Mhenydarren, er enghraifft, y gwnaed cadwyni Pont Menai (gw. **Menai, Afon**). Yn 1804 gwelwyd **Richard Trevithick** yn arbrofi â locomotif ager ar gledrau tramffordd Penydarren (gw. **Rheilffyrdd**) – digwyddiad a oedd yn rhagargoel o'r hyn a fyddai'n brif gynnyrch Merthyr Tudful yn y 1840au, sef cledrau haearn. Yn 1841 agorwyd Rheilffordd Cwm Taf, a gysylltai Ferthyr â Chaerdydd, gan greu hyd yn oed fwy o chwyldro mewn cludiant nag a grëwyd gan y gamlas, oherwydd gallai trên gludo mwy o dunelli i Gaerdydd mewn awr nag y gallai cwch ar gamlas ei gario mewn mis. Y ffactorau hyn a wnaeth Ferthyr yn brif ganolfan cynhyrchu haearn y byd, a chredai ymwelwyr fod fflamau ei ffwrneisi yn ddarlun o uffern ei hun.

Yn 1851 roedd 46,378 o drigolion ym Merthyr, o gymharu â 31,461 yn Abertawe, 19,323 yng **Nghasnewydd** a 18,351 yng Nghaerdydd: Merthyr, felly, oedd tref fwyaf Cymru o bell ffordd. Heidiai mewnfudwyr o **Wyddelod** yno, ac erbyn y 1850au cynrychiolent 10% o'r boblogaeth. Ymhlith y mewnfudwyr diweddarach roedd **Sbaenwyr** ac **Eidalwyr**. Roedd nifer sylweddol yn hanu o **Loegr**, yn enwedig ymhlith y trefolion mwyaf cefnog, er mai yng Nghymru y ganed y rhan fwyaf o drigolion Merthyr ar hyd y blynyddoedd. Trefol yn hytrach na dinesig ei natur oedd Merthyr, gan nad oedd ganddi unrhyw fath o drefn weinyddol na'r cyfleusterau a gysylltir â statws dinesig. Perthyn i'r dosbarth gweithiol yr oedd trwch y boblogaeth, a'r tai teras bach gorlawn a'r diffyg carthffosiaeth effeithiol a dŵr yfed glân yn golygu bod pob math o afiechydon yn cylchredeg. Yn y 1820au roedd 49.7% o'r plant a gâi eu geni ym Merthyr yn marw cyn cyrraedd pump oed, a bu farw 1,682 o'r **colera** yn 1848–9. Roedd y gweithfeydd haearn a'r pyllau a'r lefelau glo cysylltiedig yn llawn peryglon marwol, ac roedd trafferthion

Ffwrneisi gwaith Cyfarthfa, *c.*1900

Merthyr gymaint â hynny'n waeth oherwydd fod canran uchel o bobl y dref yn ddynion ifainc dibriod heb unman ond y tafarnau i dreulio'u horiau hamdden ynddynt. Roedd y problemau hyn ar eu gwaethaf yn ardal China, nythfa o ladron a phuteiniaid ar hyd glannau afon Taf yn agos i ganol y dref. Ac eto, er gwaethaf popeth, llifai ymfudwyr i Ferthyr, sy'n tystio i'r ffaith fod amodau byw hyd yn oed yn waeth yng nghefn gwlad. Roedd cyflogau yn y dref o leiaf deirgwaith yn fwy na rhai **gweision ffermydd** – gallai hyd yn oed weithiwr cyffredin ym Merthyr fforddio oriawr. Roedd y tai yn gynnes, oherwydd fod glo yn rhad. Cynigiai'r dref gwmnïaeth cymdeithas dorfol a oedd yn brofiad newydd i'r Cymry. Roedd yno falchder hefyd – balchder mewn deall sut i drin y ffwrnais a throeon mympwyol yr wythïen lo.

Y cyfuniad hwn o densiynau cymdeithasol a balchder a oedd wrth wraidd y digwyddiad mwyaf cynhyrfus yn hanes y dref – Gwrthryfel Merthyr yn 1831 (gw. **Merthyr, Gwrthryfel**). Yn fuan wedi'r gwrthryfel pasiwyd Deddf Diwygio'r Senedd 1832, a roddodd sedd seneddol i Ferthyr (ynghyd ag **Aberdâr**) – a hynny'n rhannol oherwydd yr anghydfod. O 1832 hyd 1852 John Guest o Ddowlais, aelod o'r **Blaid Chwigaidd**, a gynrychiolai'r dref.

Er gwaethaf ei hanfanteision, magodd Merthyr fywyd diwylliannol cyfoethog. Cyhoeddodd dau o drigolion y dref gyfrolau a fu'n gerrig milltir yn hanes diwylliant Cymru, sef cyfieithiad Saesneg Charlotte Guest o'r **Mabinogion** (1838–49) a chyfrol **Thomas Stephens**, *The Literature of the Kymry* (1849). Roedd y llu o gapeli Anghydffurfiol, yn arbennig, yn cyfoethogi bywyd cymdeithasol a diwylliannol y dref (gw. **Anghydffurfiaeth**). Ffynnai corau di-rif, a Merthyr oedd magwrfa hoff gyfansoddwr Cymru, **Joseph Parry** (1847–1903). Bu ymdrechion i wella diffygion y dref. Yn 1850 cyhoeddwyd adroddiad egr ei fanylion ar gyflwr carthffosiaeth a glanweithdra Merthyr. Yn sgil hynny bu ymgyrch i ddarparu system garthffosiaeth ddigonol a dŵr glân, ac yn 1858 cwblhawyd cronfa ddŵr Pen-twyn yn nyffryn Taf Fechan. Rhoddwyd mynegiant i'r ymdeimlad o frawdgarwch dosbarth gweithiol, a oedd yn gymaint nodwedd o wrthryfel 1831, yn *Y Gweithiwr* (1834), papur newydd cyntaf y dosbarth gweithiol yng Nghymru (gw. **Papurau Newydd**), ym mudiad y Siartwyr (gw. **Siartiaeth**), ac yn y gefnogaeth gynyddol i **undebaeth lafur** (gw. **Morgan Williams**). O ganlyniad i Ddeddf Diwygio'r Senedd 1867, a roddodd aelod seneddol ychwanegol i Ferthyr, cynyddodd nifer ei phleidleiswyr o 1,387 i 14,577, gan wneud yr etholaeth yr un fwyaf 'democrataidd' ym Mhrydain. Daeth y cynnydd trawiadol hwn â buddugoliaeth yn 1868 i **Henry Richard**, a lwyddodd i gipio un o ddwy sedd Merthyr, diolch i gefnogaeth y dosbarth gweithiol Anghydffurfiol.

Wrth i'r 19g. fynd rhagddi dechreuodd Merthyr golli ei manteision fel canolfan cynhyrchu haearn. Disodlwyd haearn crai gan ddur, metel yr oedd angen mwyn cyfoethocach na'r hyn a oedd ar gael yn lleol i'w gynhyrchu, ac felly wynebai gweithfeydd Merthyr y draul o gludo mwyn 38km yr holl ffordd o Ddociau Caerdydd. O'r pedwar gwaith mawr, Dowlais yn unig a fuddsoddodd mewn technegau cynhyrchu dur. Er i Gyfarthfa frwydro ymlaen hyd 1910, caeodd Penydarren yn 1859 ac roedd Plymouth wedi rhoi'r gorau i gynhyrchu erbyn 1880. Roedd poblogaeth Merthyr – 51,949 yn 1861 – wedi gostwng i 48,861 yn 1871. Ymfudodd llawer o weithwyr haearn medrus Merthyr i'r Unol Daleithiau, lle'r oedd galw mawr amdanynt. Aeth rhai i'r Wcráin, lle sefydlodd **John Hughes** (1814–99) o Ferthyr waith haearn yn 1869.

Ffatri Hoover ym Mhentre-bach, Merthyr Tudful, 1948

Yng nghanol y 1870au daeth ffyniant newydd i Ferthyr ar ôl suddo siafftiau dyfnion trwy'r gwythiennau o lo ager mewn mannau i'r de o'r dref; yma y datblygodd cymunedau glofaol newydd Ynysowen, Treharris a Bedlinog. Bu'r cynnydd yn nifer y glowyr yn hwb i undebaeth lafur, yn enwedig ar ôl ffurfio **Ffederasiwn Glowyr De Cymru** yn 1898. Rhoddwyd mynegiant i undod y dosbarth gweithiol adeg etholiad 1900 pan gafodd **Keir Hardie**, aelod seneddol sosialaidd cyntaf Cymru, 5,745 o bleidleisiau ym Merthyr gan ddod yn aelod seneddol iau dros yr etholaeth. (Cafodd yr aelod hŷn, y Rhyddfrydwr **D. A. Thomas**, 8,598 o bleidleisiau.) O ganlyniad i ffyniant y diwydiant glo cynyddodd y boblogaeth, a chyrhaeddodd uchafbwynt o 80,990 yn 1911. Roedd y dref yn ddigon mawr i deilyngu bod yn fwrdeistref sirol, ac wedi peth anghydfod rhoddwyd iddi'r statws hwnnw yn 1908 (gw. **Bwrdeistrefi Sirol**).

Daeth y **Rhyfel Byd Cyntaf** â pheth adfywiad i ddiwydiannau cynhyrchu metel Merthyr, ond bu **dirwasgiad** y cyfnod rhwng y ddau ryfel yn brofiad dirdynnol i'r dref. Roedd Cwmni Dowlais wedi sefydlu gwaith **East Moors** yng Nghaerdydd yn 1891, ac yno y canolbwyntiodd ei fuddsoddiadau; caewyd y rhan helaethaf o waith Dowlais yn 1930. Erbyn 1932 roedd diweithdra ymhlith gwrywod yswiriedig Dowlais dros 80%, ac yn y fwrdeistref sirol yn gyfan roedd 13,000 o deuluoedd heb unrhyw incwm o swyddi cyflogedig. Oherwydd cost y nawdd i'r di-waith, bu'n rhaid gosod treth leol o 27s 6d (137c) yn y bunt, ac oherwydd y baich o drethu'r di-waith i gynnal y di-waith, llethwyd y fwrdeistref sirol â phroblemau. Yn 1935 argymhellodd Comisiwn Brenhinol y dylai Merthyr golli ei statws fel bwrdeistref sirol. Ni wnaed dim ynghylch hynny, fodd bynnag, gan fod derbyn cyfrifoldeb am Ferthyr yn peri arswyd i Gyngor Sir Forgannwg. Ymadael a wnaeth y bobl hynny a allai, a rhwng 1921 ac 1939 ymfudodd 27,000 o drigolion o Ferthyr. Bu'r gred mai dim ond trwy **ymfudo** i Loegr y gellid cael gwaith yn ergyd greulon i'r **Gymraeg**. Yn 1921 roedd 50% o drigolion Merthyr yn siarad yr iaith, ond erbyn 1951 roedd y ganran wedi cwympo i 25%. Erbyn hynny iaith yr henoed ydoedd yn bennaf ac, wrth i'w rhengoedd deneuo, gostyngodd y canrannau yn gyflym iawn. Erbyn dechrau'r 21g., fodd bynnag, yr oedd ysgolion Cymraeg eu cyfrwng wedi gwella peth ar sefyllfa'r iaith.

Bu dechrau'r **Ail Ryfel Byd** yn fodd i ddatrys problem diweithdra, dros dro o leiaf. Wedi'r rhyfel roedd y **llywodraeth** Lafur (gw. **Plaid Lafur**) yn benderfynol o gynnal cyflogaeth lawn ac anogodd sefydlu ffatri peiriannau golchi y cwmni Americanaidd, Hoover, yn Abercannaid yn 1948. Yn 2005 daeth y ffatri yn eiddo i Candy – cwmni o'r Eidal – ac ar ddechrau'r 21g. cyflogai lawer llai nag a wnâi ar awr ei hanterth yn ystod y 1970au. Yn ail hanner yr 20g. daeth Merthyr i ddibynnu fwyfwy ar gwmnïau gweithgynhyrchu ysgafn, a oedd gan amlaf wedi eu lleoli ar stadau masnach pwrpasol ac a oedd yn fynych yn darparu mwy o waith i **fenywod** nag i ddynion, yn wahanol iawn i'r diwydiannau haearn a glo. Mae lleoliad daearyddol y dref yn ei gwneud yn ganolfan gymudo hwylus i'r rhai sy'n manteisio ar y cyfleoedd gwaith llawer helaethach yng Nghaerdydd ac ar hyd yr **M4**. Gan ei bod hefyd ar gyrion Parc Cenedlaethol Bannau Brycheiniog, byddai modd i Ferthyr ddatblygu yn ganolfan ymwelwyr a hamdden lewyrchus yn ogystal. Er cwblhau'r ffordd osgoi yn y 1990au, fodd bynnag, gellid maddau i'r sawl sy'n dynesu at y parc o gyfeiriad y de am beidio â sylwi ar Ferthyr Tudful wrth wibio heibio iddi.

Er yr holl ergydion a ddaeth i ran Merthyr, dangosodd ei phobl wytnwch rhyfeddol. Roedd dau o nofelwyr Cymreig pwysicaf yr 20g., **Jack Jones** a **Glyn Jones**, yn hanu o Ferthyr. Cafodd tîm **rygbi** Merthyr, un o aelodau gwreiddiol Undeb Rygbi Cymru, gyfnodau llwyddiannus, ac roedd tîm **pêl-droed** y dref ar y brig yng Nghymru yn y 1950au. Ond y gamp y rhagorodd gwŷr Merthyr ynddi yw **bocsio**, a chofir yn hir am lwyddiannau **Howard Winstone** a Dai Dower, a thynged drist **Johnny Owen**.

Roedd buddugoliaeth **Keir Hardie** yn 1900 yn rhagargoel o dra-arglwyddiaeth y Blaid Lafur am flynyddoedd ym Merthyr. Ac eto, rhoddwyd mynegiant i safbwyntiau gwleidyddol eraill hefyd, yn arbennig yn y 1930au pan oedd yno bleidwyr i'r Chwith eithafol a'r Dde eithafol. Yn 1974 peidiodd y fwrdeistref sirol â bod a daeth Merthyr, wedi'i hymestyn trwy ychwanegu rhan o hen ddosbarth gwledig y Faenor a Phenderyn ati, yn ddosbarth yn sir **Morgannwg Ganol**. Yn 1976 aeth rheolaeth dros y dosbarth dros dro i afael **Plaid [Genedlaethol] Cymru**, y tro cyntaf i'r blaid honno ennill llwyddiant o'r fath yn unman yng Nghymru. Yn 1996 diddymwyd Morgannwg Ganol ac unwaith eto gwnaed Merthyr yn fwrdeistref sirol. Yn 2001 roedd 17.74% o drigolion Merthyr yn gallu rhywfaint o Gymraeg, gyda'r canrannau yn amrywio o 21.28% yn y Faenor i 12.19% yn y Gurnos; roedd 10.15% o drigolion y fwrdeistref sirol yn gwbl rugl yn yr iaith. O blith holl **siroedd** Cymru, Merthyr Tudful sydd â'r boblogaeth leiaf – mor fach, yn wir, fel bod rhaid ei chyfuno â **Rhymni** er mwyn creu etholaeth seneddol.

*Cymunedau Merthyr Tudful*

BEDLINOG (1,521ha; 3,399 o drigolion)
Mae'r gymuned yn cwmpasu dalgylch afon Bargod Taf. Datblygodd y lle fel cartref i weithwyr glofeydd Bedlinog a Thaf-Merthyr. (Nid oes sail i'r gred gyffredin mai llygriad o 'Bedd Llwynog' yw Bedlinog.) Yn ystod y frwydr yn erbyn **undebaeth cwmnïau** yn y 1930au bu sawl gwrthdaro yma. Disgrifiodd John Newman bensaernïaeth yr ysgol gynradd leol (1911) fel 'a piece of abnormal fantasy'.

CYFARTHFA (705ha; 6,141 o drigolion)
Mae cymuned Cyfarthfa, sy'n ymestyn hyd gopa Mynydd Aberdâr (457m), yn cynnwys pentrefi Heolgerrig a Gellideg. Adnewyddwyd tŷ peiriant gwaith haearn Cyfarthfa yn Ynys-fach a'i droi'n amgueddfa. Mae tai o Ryd-y-car bellach ymhlith pennaf atyniadau Amgueddfa Werin Cymru (gw. **Sain Ffagan**). (Yng nghymuned y Parc y mae Castell Cyfarthfa.)

DOWLAIS (331ha; 3,990 o drigolion)
Dowlais, yn anad unman arall, sy'n costrelu rhin cyfnod arwrol y gweithfeydd haearn. Yn y 1840au, pan gyflogai Cwmni Haearn Dowlais hyd at 5,000 o weithwyr, ei waith haearn oedd yr un mwyaf yn y byd. Ar wahân i dŷ peiriant, a drowyd yn ffatri siocled, mae safle'r gwaith wedi'i gladdu. Mae'r stablau (1820), a godwyd ar gyfer ceffylau'r cwmni ac sydd bellach wedi'u haddasu'n dai lloches, yn adeilad mawr trawiadol. Dymchwelwyd Tŷ Dowlais, lle cyfieithodd Charlotte Guest y Mabinogion, ac felly hefyd yr ysgol neo-Gothig a gomisiynodd yn 1855. Ond goroesodd Llyfrgell Goffa Guest (1863), adeilad ysblennydd a gafodd ei gynllunio, fel yr ysgol, gan Charles Barry. Ar un adeg roedd llethrau noeth Tomen Fawr Dowlais, tip enfawr y gwaith haearn, yn ymgodi uwchlaw Merthyr.

FAENOR, Y (2,808ha; 3,465 o drigolion)
Dyma ran ogleddol y fwrdeistref sirol ac mae'n cynnwys Trefechan, treflan a godwyd yn 1947 yn gymuned integredig. Roedd yr Hen Dŷ Cwrdd, Cefncoedycymer, a adeiladwyd gyntaf yn 1747, yn ganolfan i un o gynulleidfaoedd Undodaidd mwyaf dylanwadol Cymru. Mae traphont reilffordd Cefn (1866) yn un o'r goreuon yng Nghymru. Ar garreg fedd enfawr Robert Thompson Crawshay (gw. Crawshay, Teulu) ym mynwent Eglwys y Faenor ceir y geiriau 'God forgive Me'. Mynwent yr **Iddewon** ger yr **A470** yw'r fynwent fwyaf o'i bath yng Nghymru.

GURNOS, Y (153ha; 5,034 o drigolion)
Stad enfawr o dai a godwyd wedi'r Ail Ryfel Byd yw'r Gurnos, ac yn ei chanol saif Ysbyty'r Tywysog Charles, y dechreuwyd ei adeiladu yn 1965.

PANT (749ha; 2,656 o drigolion)
Yn y gymuned hon i'r gogledd o Ffordd Blaenau'r Cymoedd y mae prif orsaf Rheilffordd Bannau Brycheiniog, lein fach a agorwyd yn 1980 ac sy'n dilyn rhan o'r hen reilffordd rhwng **Aberhonddu** a Merthyr. Ceir golygfeydd braf o Gastell Morlais, a godwyd yn y 1280au gan Gilbert de Clare, ac a fu'n destun ymrafael chwerw rhyngddo a Humphrey de Bohun, arglwydd Brycheiniog (gw. **Bohun, Teulu**). Mae crypt bwaog cain y castell wedi goroesi.

PARC, Y (206ha; 4,307 o drigolion)
Nodwedd amlycaf cymuned y Parc, i'r gogledd o Gylch Pontmorlais, yw Castell Cyfarthfa, y plasty castellog enfawr a godwyd ar gyfer William Crawshay yn y 1820au. Fe fu'n ysgol, ond bellach mae rhan ohono'n amgueddfa sy'n cynnwys deunydd hynod ddiddorol yn ymwneud â hanes Merthyr. O'r castell roedd golygfa drawiadol o waith haearn Cyfarthfa yn y dyffryn islaw; mae'r rhes o ffwrneisi mawr wedi goroesi. Disgrifiwyd traphont ddŵr haearn Pont y Cafnau (1793) yn Georgetown fel dyfais newydd ac iddi arwyddocâd technolegol rhyngwladol. Roedd pont haearn Rhyd-y-car bron yr un mor ddyfeisgar, ac mae wedi'i hailgodi ger y draphont ddŵr. Yn Chapel Row ceir enghreifftiau o dai gweithwyr haearn Merthyr sy'n dyddio o hanner cyntaf y 19g., ac yn eu plith fan geni Joseph Parry. Roedd Georgetown yn gadarnle cynnar i'r **Mormoniaid**; eu heglwys yno (1969) yw'r eglwys Formonaidd fwyaf yng Nghymru.

PENYDARREN (113ha; 5,253 o drigolion)
Swatia Penydarren rhwng Cyfarthfa a Dowlais, a pharc hamdden y gymuned oedd safle'r gaer atodol Rufeinig (2ha) a godwyd OC *c*.75 ac a ddefnyddiwyd am oddeutu hanner canrif. Sefydlwyd gwaith haearn Penydarren, y trydydd o ran maint o'r pedwar gwaith mawr ym Merthyr, gan deulu **Homfray** yn 1784; mae sylfeini ei ffwrneisi chwyth i'w gweld o hyd. Penydarren oedd man cychwyn y dramffordd a ddefnyddiwyd gan Richard Trevithick ar gyfer profi ei locomotif ager yn 1804.

TREF MERTHYR TUDFUL (764ha; 6,554 o drigolion)
Lleolir y gymuned hon ar ochr ddwyreiniol afon Taf ac i'r de o'r ffordd i Ddowlais. Yn y Dref ceir enghreifftiau da o **bensaernïaeth** capeli'r 19g., ynghyd â'r synagog bwrpasol gynharaf yng Nghymru (1875). Mae tu mewn deniadol Eglwys y Santes Tudful, yr honnir ei bod ar safle *martyrium* Tudful, wedi ei adeiladu yn y dull neo-Romanésg. Gerllaw ceir ffynnon gyda chanopi ysblennydd o haearn bwrw. Thomastown oedd y peth agosaf a fu gan Ferthyr at ardal ddosbarth canol yn ystod y 19g. Mae Sinema'r Castell, a gaeodd yn 2003 ac sydd gyferbyn â hen neuadd y dref, yn edrych dros y fan a oedd yn ganolbwynt Gwrthryfel Merthyr, 1831. Plasty Gwaelod-y-garth, sydd bellach wedi'i ddymchwel, oedd man geni'r brodyr **Berry**, y Barwniaid Camrose, Kemsley a Buckland.

TREHARRIS (806ha; 6,252 o drigolion)
Treharris yw cymuned fwyaf deheuol y fwrdeistref sirol ac mae'n cynnwys y man claddu a roddodd ei enw i bentref bychan Mynwent y Crynwyr neu Quakers Yard (gw. **Crynwyr**). Gan mor serth a chul oedd Cwm Taf yn Nhreharris adeiladwyd yno nifer fawr o bontydd a thraphontydd.

TROED-Y-RHIW (2,116ha; 5,005 o drigolion)
Yn y gymuned hon, sydd yn union i'r de o'r dref, mae safle gwaith haearn Plymouth, y lleiaf o'r pedwar gwaith mawr ym Merthyr. Roedd Y Triangle, tair rhes o dai gweithwyr a godwyd *c.*1800, yn broject adeiladu nodedig; fe'u dymchwelwyd yn 1973. Codwyd ffatri Hoover yn 1948, ac ar y pryd credid mai dyma'r ateb i broblem ddiweithdra Merthyr. Yn 1804, y flwyddyn y cynhaliodd Richard Trevithick ei arbrawf ar dramffordd Penydarren, y twnnel ger Abercannaid oedd yr un cyntaf yn y byd i gael ei ddefnyddio gan locomotif. Mae yno blac i goffáu'r achlysur.

YNYSOWEN (*Merthyr Vale*) (829ha; 3,925 o drigolion)
Y gymuned hon o boptu afon Taf yn rhan ddeheuol y fwrdeistref sirol oedd lleoliad trychineb erchyll **Aber-fan**. Prin fod lle tristach yng Nghymru na Mynwent Aber-fan, lle claddwyd y rhai a laddwyd yn y drychineb.

## MERTHYRON CATHOLIG

Ceir cofnodion am oddeutu 68 o **Gatholigion Rhufeinig** o dras Cymreig a ddienyddiwyd yn ystod y 16g. a'r 17g., y rhan fwyaf ohonynt yn offeiriaid. Yng ngolwg yr awdurdodau – Elizabeth I yn arbennig – nid oherwydd eu ffydd y câi'r rhain eu cosbi, ond oherwydd eu bradwriaeth. Eto i gyd, er bod ymhlith y 68 rai a fuasai â rhan mewn gweithgarwch bradwrus yn erbyn coron **Lloegr**, roedd bod yn offeiriad Catholig yn cael ei ystyried yn brawf ynddo'i hun o genhadu ar ran pŵer estron. Mae sail, felly, i'r ddadl fod rhai o'r unigolion a dderbyniodd y gosb eithaf wedi mynd yn ferthyron dros eu ffydd; yn wir, roedd rhai ymhlith yr offeiriaid cenhadol yn deisyfu'r bri a'r anrhydedd a ddeuai yn sgil merthyrdod. Mae'n debyg na ddiogelwyd hanesion ond am ganran yn unig o'r gwir nifer a erlidiwyd. Detholiad o blith cannoedd o achosion a fu dan ystyriaeth oedd y 40 merthyr o Gymru a Lloegr a ganoneiddiwyd yn Rhufain yn 1970. Ysbrydolodd merthyrdod pedwar o Gatholigion Cymreig **Waldo Williams** i ysgrifennu ei gerdd drawiadol, 'Wedi'r

Robert Thompson Crawshay

Canrifoedd Mudan' (gw. **John Roberts** (1576–1610), **Nicholas Owen**, **Richard Gwyn** a **William Davies** (m.1593)).

## MERTHYRON PROTESTANNAIDD

Yng Nghymru rhwng 1555 ac 1558, yn ystod teyrnasiad Mari I, llosgwyd tri wrth y stanc oherwydd eu daliadau Protestannaidd. Y cyntaf oedd Robert Ferrar, brodor o Swydd Efrog a addysgwyd yn **Rhydychen** ac a ddaeth yn esgob **Tyddewi** yn 1548. Roedd yn ffefryn gan ddug Somerset, ac ar ôl cwymp hwnnw fe'i cyhuddwyd o heresi gan ganonwyr Tyddewi. Collodd ei esgobaeth, ond gwrthododd ddatgyffesu ac fe'i llosgwyd yn gyhoeddus yng **Nghaerfyrddin** ar 31 Mawrth 1555. Yr ail ferthyr oedd Rawlins White, pysgotwr dinod o **Gaerdydd** (*c.*1485–1555/6). Er ei fod yn anllythrennog, gyda chymorth ei fab dysgodd rannau o'r **Beibl** a daeth yn Brotestant. Fe'i carcharwyd ond gwrthododd ildio ac fe'i llosgwyd yng **Nghaerdydd** yn 1555 (neu 1556). Gosodwyd cofeb iddo ar fur allanol Capel Bethany, Caerdydd, yn 1829. Yn y 1960au llyncwyd y capel gan siop Howells ond mae'r gofeb i'w gweld o hyd yn yr adran dillad dynion. Y trydydd merthyr, na wyddys fawr ddim amdano, oedd William Nichol o **Hwlffordd**, a losgwyd yno ar 9 Ebrill 1558.

## METHODISTIAID CALFINAIDD

Cafodd Methodistiaeth Galfinaidd – neu Eglwys Bresbyteraidd Cymru fel y'i gelwir heddiw – ddylanwad pellgyrhaeddol ar ddatblygiad y Gymru fodern. Dechreuodd y mudiad yng Nghymru y tu mewn i'r Eglwys Anglicanaidd (gw. **Anglicaniaid**) yn y 1730au, gan wreiddio'n gyntaf yn yr ardaloedd hynny lle'r oedd **Anghydffurfiaeth** eisoes wedi ymsefydlu (gw. **Diwygiad Methodistaidd**). Mewn diffyg amynedd at farweidd-dra ymddangosiadol yr eglwys sefydledig, deuai

Anglicaniaid ifainc at ei gilydd yn gynulliadau tanbaid, yn aml yn yr awyr agored, i dystio i Grist ac i gyffesu eu pechodau. Byddai criw o ddychweledigion yn dod at ei gilydd mewn **seiat**, a daeth trefn y mudiad cyfan yn gyfrifoldeb i'r **Sasiwn**. Y nod, ar y dechrau, oedd ailfywiogi'r eglwys sefydledig, yn hytrach na thorri'n rhydd oddi wrthi, a gwrthodai'r arweinwyr cynnar – **Howel Harris** yn **Sir Frycheiniog**, **Daniel Rowland** yn **Sir Aberteifi** a **William Williams**, Pantycelyn (1717–91) yn **Sir Gaerfyrddin** – ystyried ymadael â'r Eglwys o'u gwirfodd.

Yn 1740 bu hollt mewn Methodistiaeth yn **Lloegr** – mudiad yr oedd ei wreiddiau'n wahanol i rai Methodistiaeth Gymreig – wrth i'r ddau arweinydd, y Calfinydd George Whitefield (1714–70) a'r Arminiad John Wesley (1703–91), ddilyn eu ffyrdd eu hunain (gw. **Calfiniaeth** ac **Arminiaeth**). Cefnogai'r Methodistiaid Cymreig Whitefield. Er i Fethodistiaeth Wesleaidd (gw. **Wesleaid**) gael peth llwyddiant mewn ardaloedd Saesneg eu hiaith yng Nghymru, y Fethodistiaeth Galfinaidd ei **diwinyddiaeth** a enillodd gefnogaeth boblogaidd yng Nghymru.

Roedd **pregethu** a chanu **emynau** yn rhan anhepgor o apêl Methodistiaeth, ac roedd **diwygiadau** yn elfen arwyddocaol – cafwyd rhyw 15 yn ystod y 150 mlynedd nesaf. Roedd y wasg **argraffu** hefyd yn bwysig. Argraffodd Williams Pantycelyn ei emynau, ac argraffodd **Peter Williams** yntau ei **Feibl** Esboniadol. Yn 1789 ymddangosodd holwyddoreg gyntaf **Thomas Charles**, ac fe'i dilynwyd gan ei eiriadur ysgrythurol (1805–11). Ymysg y cyhoeddiadau dylanwadol a Methodistaidd (yn bennaf) yr oedd y cylchgrawn chwarterol *Trysorfa Ysprydol* (1799–1827), misolyn *Y Drysorfa* (1830–1968), cylchgrawn llenyddol chwarterol *Y Traethodydd* (1845–) a phapur wythnosol yr enwad *Y Goleuad* (1869–).

Ymwahanodd y Methodistiaid Calfinaidd oddi wrth Eglwys Loegr yn 1811, pan ordeiniasant eu gweinidogion cyntaf. Cyhoeddwyd Cyffes Ffydd yr enwad yn 1823 a'i Weithred Gyfansoddiadol yn 1826. Agorwyd colegau yn y **Bala** (1836) a Threfeca (**Talgarth**; 1842), a dechreuodd y genhadaeth dramor yn 1840 pan anfonwyd **Thomas Jones** (1810–49) i **Fryniau Casia** yn India.

Datblygodd y Methodistiaid Calfinaidd ddull neilltuol o lywodraethu eglwys. Ar y dechrau, y Sasiwn a benodai swyddogion y seiadau, ond rhoddodd Thomas Charles hawl i'r seiadau ethol eu blaenoriaid eu hunain, gan roi i'r enwad, felly, strwythur a oedd yn ei hanfod yn Bresbyteraidd. (Fodd bynnag, nid oes unrhyw gysylltiad organig rhwng yr enwad a **Phresbyteriaid** cynnar Cymru.) Blaenoriaid a gweinidogion yr eglwysi sy'n ffurfio'r cyfarfod misol (yr henaduriaeth), sy'n goruchwylio'r eglwysi lleol. Mae'r Sasiwn (y Gymdeithasfa), sy'n arolygu gwaith yr eglwysi a'r henaduriaethau, ac yn ordeinio gweinidogion, yn cyfarfod mewn tair talaith – y gogledd, y de a'r dwyrain. Yn 1865 sefydlwyd y Gymanfa Gyffredinol.

Datblygodd Methodistiaeth Galfinaidd mewn modd penodol Gymreig, gan gynnig i'r Cymry – mewn cyfnod o drawsnewid cymdeithasol ac ansicrwydd mawr – reolau buchedd a strwythurau ar gyfer trefnu bywyd personol, cymdeithasol a gwleidyddol, a oedd, mae'n debyg, mor bwysig i lawer â'r buddiannau ysbrydol. Bu'n rym a ddylanwadodd yn ddwfn ar **addysg** a bywyd cyhoeddus, ac o'i rhengoedd hi y daeth llawer o lenorion pwysicaf Cymru, gan gynnwys **Ann Griffiths**, **Daniel Owen**, Gwenallt (**David James Jones**), **Kate Roberts** ac Emyr Humphreys (g.1919).

Yn ystod yr 20g. gwelodd Methodistiaeth Galfinaidd yng Nghymru – fel yr enwadau eraill – leihad dybryd mewn aelodaeth, a chau a chwalu ugeiniau o gapeli. Yn 2005 roedd gan Eglwys Bresbyteraidd Cymru (a ailenwyd felly'n ffurfiol yn 1928, ond a elwir ar lafar yn 'Hen Gorff') 740 o eglwysi, 78 o weinidogion a 31,838 o aelodau.

Methodistiaid Calfinaidd: Cwrdd y Mynydd, Mynydd Bach, Ceredigion, 1915

**MEURUG, Rhys (Rhys Amheurug neu Rice Merrick; *c.*1520–86/7)** Hanesydd ac achydd
Rhys Meurug oedd perchennog stad y Cotrel (**Sain Nicolas a Thresimwn**). Ei brif waith yw *A Booke of Glamorganshire Antiquities,* a ysgrifennwyd rhwng 1578 ac 1584 ond nas cyhoeddwyd hyd 1825. Dyma'r pwysicaf o'r hen astudiaethau o **Sir Forgannwg**, nid yn unig ar gyfrif ei disgrifiad o'r modd y goresgynnwyd y sir gan y **Normaniaid** ond hefyd oherwydd ei darlun o'r gymdeithas yno yn yr 16g.

**MEWNFUDO**
A **ffin** Cymru'n agored at **Loegr**, bu mewnfudo yn nodwedd gyson ar hanes y wlad, a byddai'n codi i uchafbwynt pan fyddai adnoddau arbennig yn denu dieithriaid. Ar wahân i fewnfudo yn y cyfnodau cynhanesyddol a'r cyfnod yn union wedi ymadawiad y **Rhufeiniaid**, gellir nodi tri chyfnod o'r fath.

Yn ystod y 12g. a'r 13g. y bu'r cyntaf, yn sgil y Goresgyniad Normanaidd, wrth i'r arglwyddi estron gipio'r tiroedd amaethyddol mwyaf cynhyrchiol, gan ddod â'u dilynwyr gyda hwy i ymgartrefu a sicrhau rheolaeth effeithiol (gw. **Normaniaid**). Tiroedd y **Mers**, yn y dwyrain a'r de, yr effeithiwyd fwyaf arnynt, yn enwedig de **Dyfed** lle cyflwynodd Harri I gymuned o **Ffleminiaid** *c.*1108. Crynhoai mewnfudwyr yn nhrefi castellog yr Eingl-Normaniaid hefyd, lle nad oedd caniatâd, yn wreiddiol, i Gymry ddal tir.

Yr ail gyfnod oedd cyfnod y **Chwyldro Diwydiannol**, a ddechreuodd ganol y 18g. Y tu mewn i Gymru ei hun y digwyddodd y symud cynharaf, fodd bynnag. Yn 1851 dim ond 12.1% o boblogaeth **Merthyr Tudful** a oedd wedi eu geni y tu allan i Gymru, a **Gwyddelod** oedd mwy na'u hanner. Roedd hi'n tynnu at ddiwedd y 19g. cyn bod mwyafrif y mewnfudwyr yn dod o Loegr. Yn 1891, o gyfanswm y mewnfudwyr ym maes **glo** Morgannwg (gw. **Sir Forgannwg**), roedd 98,569 wedi eu geni yng Nghymru a 71,687 heb fod yn Gymry. Ond rhwng 1901 ac 1911 deuai 63% o'r rhai a fewnfudodd i faes glo Morgannwg o Loegr, a deuai 3.9% ar ben hynny o'r **Alban** ac **Iwerddon.** Bu mwy fyth o symud i drefi'r arfordir, gyda **Chaerdydd** yn cofnodi'r nifer mwyaf o fewnfudwyr o'r tu allan i Gymru; felly y crëwyd yr enwog Tiger Bay. Yn 1891 cofnodwyd bod 24,396 wedi symud o rannau eraill o Gymru i'r rhannau hynny o Forgannwg a oedd y tu allan i'r maes glo, ond bod 57,597 wedi dod yno o'r tu allan i Gymru. Denai'r Gymru ddiwydiannol gymunedau o **Sbaenwyr**, **Eidalwyr** ac **Iddewon** yn ogystal. Bu mewnfudo i faes glo'r gogledd hefyd, yn enwedig o Swydd Gaerhirfryn, ac o'r sir honno yr hanai nifer dda o drigolion trefi glan môr y gogledd. Fodd bynnag, roedd hynny o fewnfudo a fu i ardaloedd **llechi**'r gogledd ar raddfa lawer mwy lleol, ac efallai mai dyna sy'n egluro'r cyfraniad anghymesur o fawr a wnaeth trigolion yr ardal honno i **lenyddiaeth** Gymraeg.

Mae'r trydydd cyfnod yn ymestyn dros ail hanner yr 20g. hyd y presennol. Yn y trefi mwyaf, amlhaodd y cymunedau y daw eu haelodau o'r Trydydd Byd, ac yn eu plith ceir **Chineaid, Affricaniaid**, **Caribïaid**, **Indiaid, Bangladeshiaid** a **Somaliaid**. Yng nghefn gwlad, y nodwedd amlycaf fu gwrthdrefoli wrth i lawer o drigolion y dinasoedd mwyaf gefnu ar y dinasoedd hynny ac ymsefydlu mewn ardaloedd gwledig. Yn 2001, pan oedd **poblogaeth** Cymru yn 2,903,085, roedd tua 715,000 (bron 25%) wedi'u geni y tu allan i'r wlad. O blith y mewnfudwyr, roedd 598,000 wedi'u geni yn Lloegr, 45,000 yn yr Alban neu Iwerddon a 24,000 mewn gwledydd eraill oddi mewn i'r Undeb Ewropeaidd. O'r 56,000 a oedd yn weddill, roedd cyfran sylweddol yn hanu o dde Asia. Roedd canrannau'r rhai hynny a aned y tu allan i Gymru yn amrywio o 42% yn **Sir y Fflint** i 7.9% ym **Mlaenau Gwent**.

Mae ymfudo wedi cyfrannu'n sylweddol i'r newid cymdeithasol a ddigwyddodd yng Nghymru, ac wedi prysuro'r Seisnigeiddio – yr agwedd fwyaf dadleuol ar fewnfudo. Mae hyn yn arbennig o wir am y cyfnod mwyaf diweddar, pan welwyd y mewnfudo trymaf i'r Gymru wledig ac i gadarnleoedd y **Gymraeg.**

**MEWNFUDDSODDI**
Bu buddsoddiad o'r tu allan, gan gwmnïau o dramor, yn enwedig rhai o Unol Daleithiau America, yn un o nodweddion **economi** Cymru ers dros ganrif. Daeth yn ffactor arbennig o bwysig yn ystod chwarter olaf yr 20g. wrth i nifer fawr o gwmnïau o sawl rhan o'r byd, yn arbennig Japan, sefydlu ffatrïoedd a chanolfannau yng Nghymru, gan gyfrannu at y sector gweithgynhyrchu a'r sector gwasanaethau. Roedd lle amlwg i gynhyrchu nwyddau trydanol ac electronig, yn ogystal ag i gynhyrchu rhannau **ceir a cherbydau** a chemegau, mewn patrwm diwydiannol cynyddol amrywiol.

Erbyn 1990 roedd Cymru yn derbyn 20% o gyfanswm blynyddol y buddsoddiad o'r tu allan a dderbyniai'r Deyrnas Unedig; gan mai dim ond 5% o **boblogaeth** y deyrnas sy'n byw yn y wlad, roedd yn amlwg yn gwneud yn well na rhannau eraill o **Brydain**. Priodolwyd y llwyddiant hwn i amryw o ffactorau yn ymwneud â lleoliad a chost, ynghyd â chyfraniad yr asiantaethau datblygu a'r **Swyddfa Gymreig** tuag at ddarparu pecynnau deniadol, gan gynnwys cymhellion ariannol. Yn 2003 roedd tua 64,000 o bobl yn gweithio mewn rhyw 340 o fentrau a oedd yn eiddo i gwmnïau o dramor, swyddi a oedd wedi'u lledaenu mewn tua 540 o ffatrïoedd gweithgynhyrchu. Ar y cyfan roedd y ffatrïoedd hyn yn fwy na ffatrïoedd cwmnïau brodorol, a'r mwyafrif ohonynt wedi'u lleoli ar hyd coridor yr **M4** ac yn **Sir y Fflint**. Ond mynegwyd amheuon i ba raddau yr oeddynt yn ymgymathu â'r economi leol. Roedd natur anwadal syndrom y 'ffatri gangen' hefyd yn achos pryder ynghyd ag ansawdd a chyflog gwael llawer o swyddi ar lawr y ffatri, a diffyg cymharol swyddi a oedd yn gwneud defnydd o dechnoleg uwch. Mynegwyd pryder hefyd ynghylch costeffeithiolrwydd denu buddsoddiad o dramor ar draul hyrwyddo busnesau brodorol.

Yn dilyn sefydlu'r **Cynulliad Cenedlaethol**, ail-luniwyd y polisi economaidd, sydd bellach yn adlewyrchu gogwydd newydd tuag at ardaloedd mwy gorllewinol, agwedd fwy gochelgar at fuddsoddwyr o'r tu allan a mwy o bwyslais ar ddatblygu busnesau brodorol. Pan gaewyd ffatri Sony ym **Mhen-y-bont ar Ogwr** yn 2005, gan beri colli 400 o swyddi, ystyriai rhai economegwyr fod hynny'n ddiwedd ar oes y projectau mewnfuddsoddi mawr yng Nghymru.

**MEYRICK, Gelly (Gelli Meurig; *c.*1556–1601)** Milwr
Brodor o **Sir Benfro** oedd Gelly Meyrick. Daeth stadau yn **Sir Faesyfed** i'w feddiant trwy briodas, ac ymgartrefodd yn **Llanfair Llythynwg**. Gwasanaethodd fel milwr dan ail iarll

Ray Milland

Essex (gw. **Devereux, Teulu**) ac fe'i dienyddiwyd am ei ran weithredol ac amlwg yng ngwrthryfel Essex yn 1602.

## MEYSYDD AWYR

Er mai cymharol fyr yw hanes **hedfan**, mae tua 50 o feysydd awyr wedi bod yn weithredol ar wahanol adegau yng Nghymru. Ymhlith y cynharaf yr oedd gorsafoedd awyrlongau gerllaw **Penfro** a **Bangor** ac ym Mona (**Bodffordd, Môn**). Prif faes awyr Cymru yw Maes Awyr Rhyngwladol **Caerdydd**, gorsaf yr Awyrlu yn wreiddiol a agorwyd yn Ebrill 1942. Mae nifer o wahanol safleoedd wedi gwasanaethu'r brifddinas; saif yr un presennol ar gyrion y **Rhws**, 16km i'r de-orllewin o Gaerdydd. Maes Awyr Rhyngwladol Caerdydd sydd ag un o lwybrau glanio hiraf (2.354km) meysydd awyr sifil **Prydain**, a'r record ail orau am dywydd da. Yn 2006 teithiodd 2 filiwn o bobl oddi yno, y mwyafrif ohonynt ar wasanaeth siarter. Er bod y gwasanaethau rheolaidd yn gyfyngedig, maent ar gynnydd; mae hediadau cyson i Amsterdam yn caniatáu i deithwyr o'r Rhws fanteisio ar wasanaethau KLM a chwmnïau eraill sy'n defnyddio maes awyr Schipol. Yn 2004 cyflwynwyd hediadau trawsiwerydd i Florida. Ar wahanol adegau, mae Maes Awyr **Abertawe** wedi diwallu anghenion aelodau clybiau hedfan, hofrenyddion, parasiwtwyr a'r diwydiant yn gyffredinol. Diddymwyd gwasanaethau masnachol yn y 1970au ond fe'u hailsefydlwyd yn 2001, gan ddarparu hediadau cyson i Gorc a Dulyn ac, yn ddiweddarach, i Jersey, Amsterdam a **Llundain**, ond ni lwyddodd y fenter i ddenu digon o deithwyr a rhoddwyd y gorau iddi yn 2004.

Caiff anghenion milwrol eu diwallu gan orsafoedd yr Awyrlu. Yn y **Fali**, Môn, ceir ysgol hyfforddi hedfan a hofrenyddion achub, tra mae maes awyr Mona yn faes atodol i'r Fali ac yn ganolfan ar gyfer awyrennau ysgafn. Yn 2007 dechreuodd hediadau sifil rheolaidd rhwng y Fali a Chaerdydd; mae'r siwrnai yn hanner awr o hyd o gymharu â phedair awr a hanner mewn car. Yn **Sain Tathan**, ym **Mro Morgannwg**, hyd at 2007 roedd holl awyrennau ymladd blaenaf a mwyaf pwerus yr Awyrlu a'r Llynges yn cael eu cynnal a'u cadw ac yno, hefyd, y mae gleiderau a sgwadron awyr **Prifysgol Cymru**. Yn 2003 daeth yr orsaf yn gartref i Fataliwn Cyntaf y **Gwarchodlu Cymreig** wedi iddynt ymadael ag Aldershot. Mae'r ffatri ger Maes Awyr **Penarlâg** (gw. **Brychdyn a Bretton**) yn enwog am gynhyrchu adenydd i gonsortiwm y Bws Awyr Ewropeaidd, ac mae yno hefyd glybiau hedfan ffyniannus a gwasanaethau dosbarthu corfforaethol. Yn y **Waun** (Sir **Wrecsam**) ceir canolfan adfer awyrennau a chaiff Maes Awyr Canolbarth Cymru yn y **Trallwng** (**Sir Drefaldwyn**) ei ddefnyddio gan awyrennau ysgafn. Cafodd meysydd awyr **Llanbedr**, ger **Harlech**, ac **Aber-porth** eu defnyddio fel sefydliadau milwrol a arbenigai mewn targedau drôg a phrofi taflegrau. Mae **Hwlffordd** yn ganolfan ar gyfer hediadau awyrennau ysgafn a phreifat. Bellach caiff hen orsaf yr Awyrlu ym **Mreudeth** ei defnyddio gan y fyddin.

Ymhlith y cwmnïau awyr Cymreig, mae Cambrian Airways, a ddechreuodd wasanaethu'r cyhoedd yn 1935, yn haeddu sylw arbennig. Dyma'r cwmni awyrennau annibynnol cyntaf ym Mhrydain i dderbyn trwydded i gynnal gwasanaeth rheolaidd – rhwng Caerdydd a Weston-super-Mare. Yn 1968 ymunodd y cwmni â BKS gan ffurfio British Air Services ac erbyn 1970 gwasanaethai eu llynges awyr, a oedd yn cynnwys awyrennau jet, rwydwaith o feysydd awyr mewn deg o wledydd. Daeth y cwmni i ben yn 1976 o ganlyniad i'r argyfwng **olew**.

## MILES, John (1621–83) Arloeswr gyda'r Bedyddwyr

Ganed John Miles yn **Erging**, **Swydd Henffordd**, a'i addysgu yn **Rhydychen**. Daeth i arddel argyhoeddiadau Bedyddiedig rywbryd yn y 1640au a sefydlodd yr eglwys gyntaf o **Fedyddwyr** 'Neilltuol' (neu Galfinaidd) yng Nghymru yn **Llanilltud Gŵyr** yn 1649. Sefydlodd rwydwaith o eglwysi eraill yng **Nghaerfyrddin**, **Llantrisant**, **Llanigon** a'r **Fenni**, gan ddod, ynghyd â gwŷr fel **Walter Cradock**, **Vavasor Powell** a **Morgan Llwyd**, yn arweinydd ymhlith y **Piwritaniaid** Cymreig a chwaraeodd ran bwysig yn y gyfundrefn grefyddol newydd adeg y **Werinlywodraeth**. Gydag adferiad y Frenhiniaeth yn 1660 ymfudodd i **Ogledd America**, ond erbyn hynny roedd y seiliau ar gyfer twf diweddarach y Bedyddwyr Cymreig wedi'u gosod – ganddo ef, yn anad neb. Yn Massachusetts, *c.*1667, sefydlodd achos arall o'r enw Swansea, a roddodd ei enw i'r dref bresennol. Yno y bu farw.

## MILLAND, Ray (Reginald Truscott-Jones; 1907–86) Actor

O'r holl actorion **ffilm** o Gymru, ni fu neb yn fwy cynhyrchiol na mwy cyson ei safon na'r gŵr hwn o **Castell-nedd**. Ef oedd y Cymro cyntaf i ennill Oscar yr actor gorau, a hynny am ei ran fel Billy Wilder yn *The Lost Weekend*

(1945). Y portread hwn o awdur sydd wedi taro'r botel oedd perfformiad gorau ei yrfa.

Gwelwyd Ray Milland mewn ffilm am y tro cyntaf yn 1929, a chwaraeodd fân rannau mewn ffilmiau Prydeinig cyn cyrraedd Hollywood, lle bu'n perfformio mewn comedïau i ddechrau. Ac yntau mor olygus ac urddasol, cafodd rannau ochr yn ochr â nifer fawr o actoresau enwog. Bu'n actio gyda Deanna Durbin yn *Three Smart Girls* (1937), ffilm a achubodd gwmni Universal rhag mynd yn fethdalwr, ac yn yr un flwyddyn ymddangosodd fel arwr Sapper yn *Bulldog Drummond Escapes*.

O'r 1940au ymlaen cafodd rannau a gynigiai fwy o her iddo – yn arbennig fel dyn a oedd wedi colli ei gof ac wedi'i ddal yng nghanol helynt ysbïo yn ffilm Fritz Lang, *Ministry of Fear* (1944), ac fel swyddog milwrol sy'n ymhél â merch wamal, lawer iau nag ef (Ginger Rogers) yn *The Major and the Minor* (1942). Chwaraeodd brif rannau mewn dwy ffilm bwysig arall yn y 1940au, sef y stori ysbryd *The Uninvited* (1941) a'r ffilm iasoer *The Big Clock* (1948). Ymddangosodd hefyd yn unig ffilm dri dimensiwn Hitchcock, *Dial M for Murder* (1954). Dim ond unwaith y bu'n ffilmio yng Nghymru, a hynny yn ffilm siomedig Jacques Tourneur, *Circle of Danger* (1951).

Wrth iddo heneiddio, trodd Ray Milland at gyfarwyddo gan wneud pedair ffilm, gan gynnwys *The Safecracker* (1958), yn seiliedig ar stori fer gan **Rhys Davies**, a'r ddrama am fygythiad niwclear, *Panic in the Year Zero* (1962). Yn ddiweddarach rhoddodd berfformiadau rhagorol dan arweiniad Roger Carman, cynhyrchydd a chyfarwyddwr ffilmiau arswyd, gan ymddangos yn *Premature Burial* (1962) a *The Man With X Ray Eyes* (1963).

## MILLER, W[illiam] H[allowes] (1801–80) Crisialegydd

Ganed Miller yn Felindre (**Llangadog**). Ef a ystyrir yn sylfaenydd crisialegaeth fodern. Graddiodd mewn **mathemateg** yng **Nghaergrawnt**, ac aeth ati i gymhwyso mathemateg at y gwahanol wyddorau.

Fe'i penodwyd i gadair mwynoleg Caergrawnt yn 1832, a chysylltir ei enw â dwy gangen o wyddoniaeth. Yn gyntaf, yn ei *Treatise on Crystallography* (1839), er ei fod wedi'i seilio ar weithiau blaenorol, gan gynnwys cyfraniad ei ragflaenydd William Whewell, amlinellodd theori crisialegaeth yn ei ffordd neilltuol ei hun. Roedd 'system Miller' i draarglwyddiaethu ar grisialegaeth y 19g., ac mae'n dal yn ddylanwad pwysig heddiw. Âi system Miller i'r afael â'r holl broblemau sydd ynghylch crisial mewn modd a apeliai at synnwyr cymesuredd y mathemategydd.

Yn ail, ef oedd y dylanwad pennaf y tu ôl i ailsefydlu safonau mesuriadau a phwysau'r Senedd, ar ôl i'r tân a ddinistriodd adeiladau'r Senedd yn 1834 ddifetha'r safonau a oedd cynt. Fe'i penodwyd ar bwyllgor y **llywodraeth** a arolygai roi'r safonau newydd at ei gilydd yn 1834 ac wedyn ar y Comisiwn Brenhinol.

Fe'i hetholwyd yn aelod o'r Gymdeithas Frenhinol yn 1838. Ef oedd ysgrifennydd tramor y gymdeithas (1856–1873) a chafodd y Fedal Frenhinol yn 1870, y flwyddyn y'i penodwyd ar y Commission Internationale du Metre.

## MILLS, Robert Scourfield (Arthur Owen Vaughan, Owen Rhoscomyl; 1863–1919) Anturiaethwr ac awdur

Ganed Owen Rhoscomyl yn Southport a chafodd ei fagu yn **Nhremeirchion**. Dihangodd i'r môr pan oedd yn 15 oed, ac fe'i henwogodd ei hun fel arweinydd catrawd o wŷr meirch yn Rhyfel y Boer (gw. **Rhyfeloedd De Affrica**) ac yn sgil ei anturiaethau yn y Gorllewin Gwyllt. Ei genhadaeth fawr fel awdur oedd mynnu cydnabyddiaeth i ran Cymru yn ffurfiant yr Ymerodraeth Brydeinig, a'i lyfr mwyaf adnabyddus yw *Flamebearers of Welsh History* (1905), un o'r llyfrau hanes Cymreig cyntaf yn y cyfnod modern i gymryd safbwynt ymosodol wladgarol. Yr un oedd ei gymhelliad wrth lunio sgript Pasiant Cenedlaethol Cymru, a lwyfannwyd yng nghastell **Caerdydd** yn 1909.

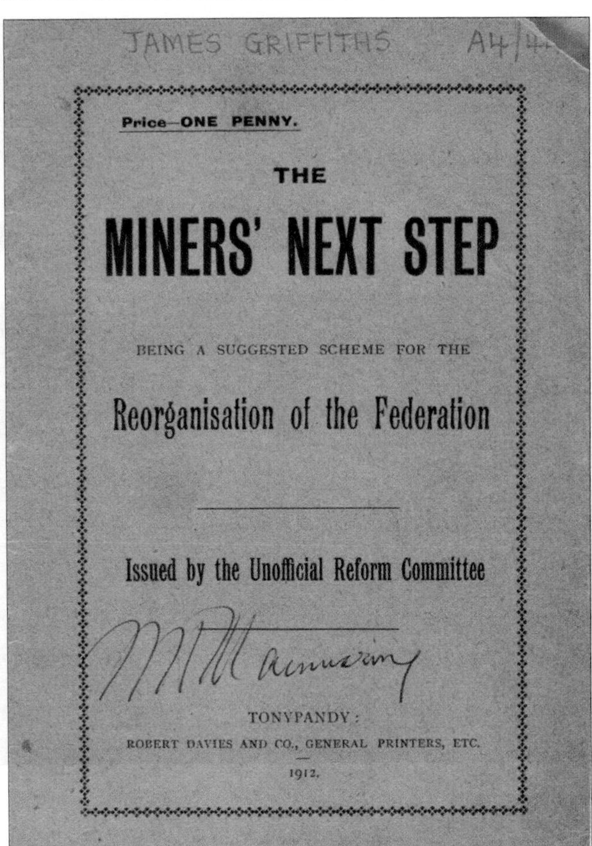
JAMES GRIFFITHS A4/4

Price—ONE PENNY.

THE

MINERS' NEXT STEP

BEING A SUGGESTED SCHEME FOR THE

Reorganisation of the Federation

Issued by the Unofficial Reform Committee

TONYPANDY:

ROBERT DAVIES AND CO., GENERAL PRINTERS, ETC.

1912.

*The Miners' Next Step*, 1912

## *MILWR BYCHAN* (*Boy Soldier*; 1986) Ffilm

Mae'r ffilm deimladwy hon gan Karl Francis yn canolbwyntio ar Gymro Cymraeg ifanc o faes **glo**'r de sy'n gwasanaethu gyda'r fyddin Brydeinig yng Ngogledd Iwerddon. Gwneir Wil (Richard Lynch) yn fwch dihangol gwleidyddol pan gaiff dyn lleol ei ladd yn ystod gwyliadwriaeth. Awgrymir fod y milwr yn uniaethu mwy gyda'r **Celtiaid** yn **Iwerddon** na chyda'i gyd-filwyr o Saeson a'i uwch-swyddogion yn y fyddin. Bu helynt yn y wasg ar y pryd oherwydd y modd digyfaddawd y mae'r ffilm yn darlunio trais o du'r sefydliad.

## *MINERS' NEXT STEP, The*

*The Miners' Next Step*, a gyhoeddwyd yn Nhonypandy (y **Rhondda**) yn 1912, yw'r pamffled Cymreig enwocaf. Fe'i hysgrifennwyd yn bennaf gan **Noah Ablett**, gyda chymorth criw bychan a oedd yn rhan o'r ***Plebs' League*** a streic y Cambrian Combine yn 1910–11 ac a oedd yn weithredol yn

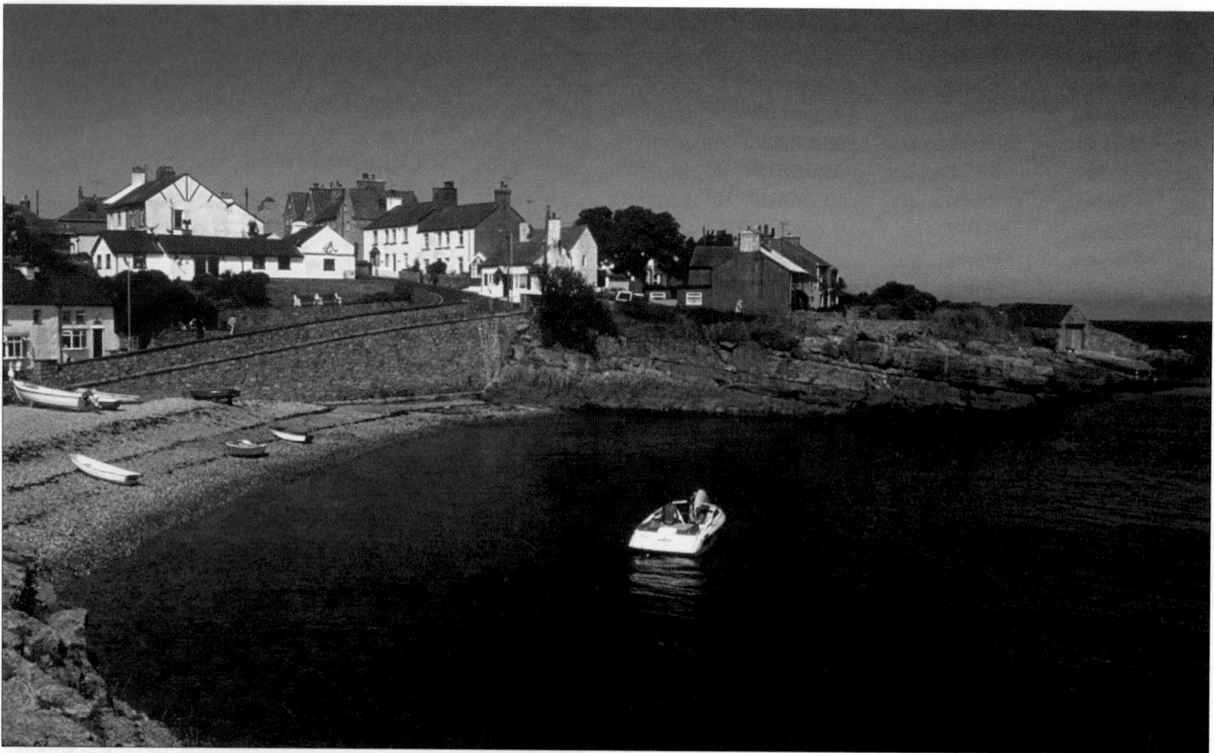

Moelfre

y Pwyllgor Diwygio Answyddogol. A'r pamffled yn dra beirniadol o arweinyddiaeth bwyllog **William Abraham** (Mabon), mynnai atebion ar fyrder i faterion fel cyflogau ac oriau gwaith, ond yn fwy dadleuol âi yn ei flaen i gynnig cysyniad newydd o **undebaeth lafur** 'wyddonol' a gweledigaeth o ddiwydiant wedi ei reoli gan yr undeb lle byddai'r cyflogwyr yn cael eu 'diddymu'.

Er na fyddai'r Syndicaliaid (gw. **Syndicaliaeth**) fyth yn rheoli eu hundeb eu hunain, sicrhaodd y dicter a'r hyder a fagwyd ganddynt y byddai i lowyr de Cymru ran flaengar yn yr ymdaro diwydiannol yng ngwledydd **Prydain** a gyrhaeddodd ei uchafbwynt yn 1926. Fel amlinelliad o botensial undebau llafur i fod yn offerynnau chwyldro gwleidyddol, ni bu dogfen debyg i *The Miners' Next Step*.

## MOCH

Anifeiliaid yr iseldir yw moch ac nid yw **hinsawdd** laith Cymru yn addas ar eu cyfer. Er nad ydynt bellach yn cyfrannu'n sylweddol at yr **economi** amaethyddol, bu i'r mochyn, a'i berthynas y **baedd gwyllt**, chwarae eu rhan yn chwedlau, **llenyddiaeth** a llên gwerin y Cymry, ac yn ymffurfiad rhai **enwau lleoedd**.

Roedd moch canoloesol yn meddu ar nifer o nodweddion cyntefig gan iddynt gael eu croesi'n aml â'r baedd gwyllt. Gollyngid moch i hel eu bwyd yn y goedwig o ŵyl Ifan hyd ganol gaeaf, ond wrth i'r coedwigoedd ddiflannu daethant yn anifeiliaid y caeau a'r buarth. Erbyn y 18g. roedd sawl math o foch Cymreig: rhai golau yn fwyaf cyffredin, ond hefyd rai duon, cochion neu smotiog; roeddynt oll yn hir eu trwynau, yn fain eu cefnau ac yn araf i ddod i'w llawn dwf. I ffermwyr tlawd, hunangynhaliol, bendith ddiymwad oedd gallu'r mochyn i gynhyrchu cig o safon ar borthiant gwael ei ansawdd. Roedd diwrnod lladd mochyn yn un o'r diwrnodau pwysicaf yng nghalendr y fferm, a châi'r cig wedyn ei halltu ar gyfer y gaeaf. Ond byddai cryn loddesta ar y rhannau na ellid mo'u halltu – arferiad a ddaeth i ben pan ddaeth rhewgelloedd yn gyffredin.

Yn ystod y **Chwyldro Diwydiannol** cynyddodd y galw am gig moch. Byddai **porthmyn** yn eu gyrru i **Loegr** neu fe'u cludid ar **longau**, er enghraifft o **Lŷn** i **Lerpwl**. Bu gwella mawr ar y bridiau yn ystod y 19g., a hyd ganol yr 20g. roedd cwt neu dwlc mochyn yn dal yn nodwedd nid yn unig o bob fferm a thyddyn, ond hefyd o ardd aml i dŷ teras yn yr ardaloedd diwydiannol.

Mae'r brîd gwyn Cymreig, y bu cryn wella arno trwy gydol yr 20g., yn cynhyrchu cig heb fawr o fraster, a gellir ei fagu dan do neu yn yr awyr agored. Ceir dau ddull o gynhyrchu: y dull dwys, lle cedwir moch gwyn mawr Cymreig neu foch clustiog dan do, neu'r dull awyr agored, lle cedwir moch cyfrwyog, moch Cymreig neu fridiau cymysg. Fodd bynnag, mae dibyniaeth dulliau magu modern ar foch cymysgryw a grawnfwyd wedi'i brosesu yn golygu bod magu moch wedi'i ganoli yn yr ardaloedd tyfu grawn y tu allan i Gymru.

## MOCHDRE, Conwy (282ha; 1,862 o drigolion)

Mae'r **gymuned** hon, a leolir ar esgeiriau **calchfaen** i'r de o'r **A55**, yn cynnwys maestrefi mwyaf gorllewinol **Bae Colwyn**. Enwir *Mochtref* yn chwedl '**Math fab Mathonwy**' yn y **Mabinogion**.

## MOCHDRE, Sir Drefaldwyn, Powys (2,605ha; 482 o drigolion)

Lleolir y **gymuned** hon yn union i'r de-orllewin o'r **Drenewydd**. Mae'r enw i'w gael gyntaf yn 1200 ac efallai nad rhy ffansïol yw awgrymu mai yma, yng ngolwg y chwedleuwr, 'rhwng Ceri ac Arwystli', y noswyliodd **Pryderi** a **Gwydion** gyda'u **moch** ar eu taith trwy Gymru (gw. **Mabinogion**). Ailwampiwyd Eglwys yr Holl Saint yn 1867 ond erys y to hynod o hanner cyntaf yr 16g. Trosglwyddwyd dwy ddelw bren ganoloesol o Grist a'r Forwyn i'r **Amgueddfa Genedlaethol**.

## **MOCHNANT** Cwmwd

Tua diwedd y 12g. rhannwyd y **cwmwd** hwn, a ymestynnai dros fasn afon Mochnant, rhwng Uwch Rhaeadr ym **Mhowys Wenwynwyn** ac Is Rhaeadr ym **Mhowys Fadog** – rhaniad y cadwyd ato pan grëwyd **Sir Drefaldwyn** a **Sir Ddinbych** yn 1536 a phan sefydlwyd siroedd **Powys** a **Chlwyd** yn 1974. Yn 1996 unwyd dau blwyf sifil a oedd yn dwyn yr enw **Llanrhaeadr-ym-Mochant** i greu un **gymuned** o'r un enw. Roedd yr hen gwmwd yn cynnwys y gymuned honno ynghyd â **Llangynog**, **Llanwddyn** a **Phen-y-bont-fawr**.

## **MODEL Y TAIR CYMRU**

Yn ôl 'Model y Tair Cymru', ceir oddi mewn i Gymru dair ardal wleidyddol wahanol. 'Y Fro Gymraeg', sydd â chanran uchel o siaradwyr **Cymraeg**, yw'r ardal lle mae'r gefnogaeth fwyaf i **Blaid Cymru**. 'Y Gymru Gymreig' – sef maes **glo**'r de – yw'r ardal sydd wrth galon y bleidlais i'r **Blaid Lafur**. 'Y Gymru Brydeinig' yw'r wlad ar hyd arfordir y de-ddwyrain a'r gogledd-ddwyrain, **Sir Benfro** a'r rhannau o'r canolbarth sydd ar y **ffin** â **Lloegr**; dyma'r ardal lle mae cefnogaeth sylweddol i'r **Blaid Geidwadol**, a lle bu'n tra-arglwyddiaethu am y rhan fwyaf o'r 1980au a'r 1990au. Seiliwyd y model ar arolwg o hunaniaeth a gynhaliwyd ym **Mhrifysgol Cymru**, **Aberystwyth**, yn 1979 dan arweiniad Dennis Balsam. Ar y cyfan, roedd 57% o'r etholwyr yn ystyried eu bod yn Gymry, 34% yn ystyried eu bod yn Brydeinwyr a 8% yn eu hystyried eu bod yn **Saeson**. Roedd yr ymwybyddiaeth o fod yn Gymry yn debyg yn y 'Y Fro Gymraeg' a'r 'Gymru Gymreig' (62.1% a 63%); roedd yn sylweddol is yn y 'Gymru Brydeinig' (50.5%). Yn 'Y Fro Gymraeg' roedd cryfder yr iaith Gymraeg yn cryfhau'r ymwybyddiaeth o Gymreictod; yn y 'Gymru Gymreig' roedd yr ymwybyddiaeth o Gymreictod yn cael ei chryfhau oherwydd fod y mwyafrif helaeth o drigolion yr ardal honno wedi eu geni yng Nghymru.

Cafodd y rhanbartholdeb hwn ei adlewyrchu yn y refferendwm ar **ddatganoli** (1997), gan fod y bleidlais o blaid cynulliad yn llawer uwch yn y 'Y Fro Gymraeg' a'r 'Gymru Gymreig' nag yn y 'Gymru Brydeinig'. Erbyn 2002, fodd bynnag, pan oedd 57% o etholwyr 'Y Fro Gymraeg', 58% o etholwyr y 'Gymru Gymreig' a 54% o etholwyr y 'Gymru Brydeinig' o blaid rhoi mwy o rym i'r **Cynulliad Cenedlaethol**, ymddengys fod y gwahaniaethau rhwng y tair ardal yn lleihau.

## **MOEL SIABOD** Mynydd

Mae Moel Siabod (872m), y mwyaf dwyreiniol o gopaon **Eryri**, yn codi ei phen megis anghenfil i'r de o **Gapel Curig**. Naddwyd copa'r mynydd a'i gribau ysgithrog o dalpiau trwchus o ddolerit yn bennaf – craig igneaidd lwydlas a gâi ei chloddio i gynhyrchu cerrig hogi. Mae'r gefnen gul sy'n ymestyn tua'r gogledd-ddwyrain yn enghraifft wych o grib. Gan nad oes unrhyw **fynyddoedd** uchel eraill yn y cyffiniau, ceir o'r copa olygfeydd heb eu hail o'r **Wyddfa**, y **Carneddau**, y **Gluder Fawr**, **Y Gluder Fach**, **Y Garn**, **Elidir Fawr a Thryfan**.

## **MOELFRE**, Ynys Môn (1,390ha; 1,129 o drigolion)

Mae'r **gymuned** hon ar arfordir dwyreiniol **Môn** yn cynnwys pentref glan môr Moelfre a phentref Dinas Dulas, lle ceir cofeb i'r **Morrisiaid**. Bu presenoldeb dynol yn yr ardal ers amser maith. Nodweddir beddrod Llugwy, o'r Oes Neolithig, gan faen capan mawr; mae cytiau Dinllugwy yn dyddio o OC *c*.300 (gw. **Oesau Cynhanesyddol**). Yn ôl pob tebyg adeiladwyd Hen Gapel Llugwy, sydd bellach yn adfail, *c*.1120. Penrhosllugwy oedd canolfan weinyddol **cwmwd** canoloesol **Twrcelyn**. Gerllaw Moelfre y bu un o **longddrylliadau** mwyaf trychinebus **Prydain** yn y 19g. pan gollwyd y ***Royal Charter*** yn Hydref 1859. Claddwyd nifer o'r 452 a foddwyd ym mynwent Llanallgo, lle ceir cofeb iddynt. Mae gan Foelfre draddodiad morwrol cryf a theithiai gwŷr o'r ardal ledled y byd. Hir ac anrhydeddus hefyd yw traddodiad arwrol y bad achub lleol, a derbyniodd un llywiwr, **Richard Evans**, fedal aur yr RNLI ddwywaith (gw. **Badau Achub**). Saif cerflun ohono yng nghanol y pentref.

## **MÔN (Anglesey)** Ynys, sir, etholaeth a chyn-ddosbarth (74,889ha; 66,829 o drigolion)

Mae Ynys Môn, y drydedd fwyaf o ynysoedd **Prydain**, yn baradwys i ddaearegwyr oherwydd ei bod yn cynnwys amrywiaeth o greigiau Palaeosöig a chyn-Gambriaidd. Mae'n anarferol o wastad o'i chymharu â gweddill Cymru; copa uchaf yr ynys yw Mynydd Twr (Holyhead Mountain) (220m). Ceir ym Môn gyfoeth o olion archaeolegol o bob cyfnod oddi ar yr Oes Neolithig (gw. **Oesau Cynhanesyddol**). Yr ynys oedd cadarnle'r **derwyddon**, a laddwyd gan y **Rhufeiniaid** yn OC 61. Wedi ymadawiad y Rhufeiniaid bu'n gadarnle tywysogion **Gwynedd**, gyda'u prif lys yn **Aberffraw**.

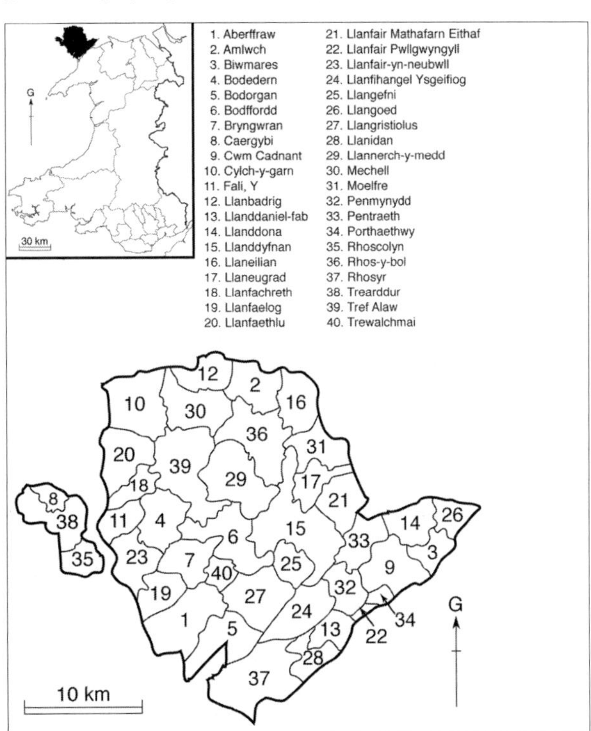


Cymunedau Sir Ynys Môn

Alfred Mond

Yr ynys oedd prif darged ymosodiadau'r **Llychlynwyr** ar Gymru, a hwy, mae'n debyg, a roddodd iddi'r enw Llychlynnaidd Ongulsey (*Ongull*, sef enw personol + *ey* (ynys)) y tarddodd yr enw Saesneg ohono. Enw Celtaidd yw Môn, er mai'r ffurf Ladin *Mona* a gofnodwyd gynharaf. Roedd adnoddau Môn – yn enwedig y grawn a dyfid yn nhir ffrwythlon yr ynys – yn ganolog yn natblygiad pwysigrwydd Gwynedd. Cofnodwyd yr ymadrodd poblogaidd 'Môn Mam Cymru' gan **Gerallt Gymro**. Ffrwythlondeb y tir a roddodd fod i **blwyfi** niferus yr ynys, cyfanswm o 76 yn y diwedd.

Yn dilyn y **Goresgyniad Edwardaidd**, daeth Môn yn un o dair sir **tywysogaeth** gogledd Cymru. O'r 1890au ymlaen roedd y sir yn cynnwys bwrdeistref **Biwmares**, dosbarthau trefol **Amlwch**, **Caergybi**, **Llangefni** a **Phorthaethwy**, a **dosbarthau gwledig** Aethwy, **Twrcelyn** a'r **Fali**. Yn 1974 diddymwyd yr unedau hyn i gyd a daeth Môn, ynghyd ag **Aberconwy**, **Arfon**, **Dwyfor** a **Meirionnydd**, yn ddosbarth oddi mewn i sir newydd **Gwynedd**. Ar yr un pryd, disodlwyd plwyfi sifil yr ynys gan 39 **cymuned**, nifer ohonynt yn cynnwys sawl un o'r plwyfi blaenorol. Yn 1996 adferwyd statws sirol yr ynys a mabwysiadodd y sir newydd yr enw swyddogol Ynys Môn.

Dynodwyd rhannau helaeth o'r arfordir yn Ardal o Harddwch Naturiol Eithriadol yn 1967. Mae'r ardaloedd arfordirol wedi denu nifer fawr o fewnfudwyr o **Loegr**, gan achosi i'r ganran o siaradwyr sy'n gwbl rugl yn y **Gymraeg** gwympo dan 50% mewn cymunedau megis **Trearddur** a **Llanfair Mathafarn Eithaf** (gw. hefyd **Llanfair-yn-neubwll** a Llangefni). Yn 2001, o blith trigolion y sir yn ei chyfanrwydd, roedd 70.4% â rhywfaint o afael ar y Gymraeg, gyda 50.51% yn gwbl rugl yn yr iaith. Yn yr 20g. Ynys Môn oedd yr unig etholaeth yng Nghymru a gynrychiolwyd gan bedair plaid wahanol.

## MOND, Alfred [Moritz] (1868–1930) Diwydiannwr a gwleidydd

Ganed Mond yn Swydd Gaerhirfryn i deulu o dras Almaenig ac Iddewig. Yn 1895 ymunodd â bwrdd Brunner-Mond, busnes **cemegion** ei dad, Ludwig (1839–1909). Ynghyd â'i dad a'i frawd, Robert (1867–1938), sefydlodd Gwmni Nicel Mond (gw. **Copr**, **Sinc a Nicel**) yng **Nghlydach** yn 1900, gan ddod yn rheolwr-gyfarwyddwr y gwaith yn 1902 ac yn gadeirydd yn 1923. Datblygodd i fod y gwaith nicel mwyaf yn y byd. Bu hefyd yn gadeirydd Cwmni Amalgamated Anthracite pan ffurfiwyd hwnnw yn 1923, ac yn gadeirydd ICI, cwmni a sefydlwyd yn 1926 (Brunner-Mond oedd un o'r cwmnïau a ymgyfunodd i'w sefydlu). Roedd Mond yn bleidiol iawn i resymoli diwydiannol a chydweithredu diwydiannol, ac ef a hwylusodd y gynhadledd rhwng y cyflogwyr a Chyngres yr Undebau Llafur (TUC) (trafodaethau Mond-Turner) yn 1927 yn sgil y **Streic Gyffredinol**. Bu'n aelod seneddol Rhyddfrydol dros Gaer (1906–10), **Abertawe** (1910–1918), Gorllewin Abertawe (1918–23) a **Chaerfyrddin** (1924–8), ac yn weinidog iechyd (1921–2). Fe'i gwnaed yn Farwn Melchett yn 1928. Defnyddid pele mond, sef tanwydd a gynhyrchid trwy gymysgu **glo** mân â sment, yn helaeth yng nghartrefi gorllewin Cymru.

## MONTFORT, DE, Teulu Barwniaid

Roedd Simon de Montfort, iarll Leicester (*c.*1200–65), yn fab i'r Simon de Montfort a arweiniodd y groesgad yn erbyn yr Albigensiaid, gan ddinistrio diwylliant Profensaleg de Ffrainc yn y broses. Priododd y Simon ieuengaf ag Eleanor, chwaer Harri III, a dod yn arweinydd yr wrthblaid farwnol i'r brenin yn ystod rhyfel cartref y 1260au, a chwaraeodd ran bwysig yn y gwaith o sefydlu'r senedd gyntaf yn **Lloegr**. Roedd y cytundeb a seliwyd yn Pipton (gw. **Bronllys**) yn 1265 rhwng Simon a'i gynghreiriad, **Llywelyn ap Gruffudd**, yn rhagflas o **Gytundeb Trefaldwyn**. Cafodd y trefniant priodasol posibl rhwng merch Simon, Eleanor a Llywelyn, ei ddiddymu ar farwolaeth Simon yn Evesham yn 1265, pan yrrwyd y ferch yn alltud i Ffrainc. Ond adferwyd y trefniant ar ôl i frawd ac etifedd Llywelyn, sef **Dafydd ap Gruffudd**, ochri gyda'r brenin yn 1274. Cafodd Eleanor ei chipio gan longwyr Seisnig ar ei ffordd i ymuno â Llywelyn, ond priododd y ddau yn y pen draw yng Nghaerwrangon yn 1278. Bu farw Eleanor ym Mehefin 1282, ar enedigaeth ei merch, **Gwenllian** (1282–1337).

## MONTGOMERY, Teulu Arglwyddi yn y Mers

Tua 1071 cafodd Roger (m.1094) o Montgomery, Normandi, feddiant ar arglwyddiaeth Amwythig (gw. **Swydd Amwythig**), a ddefnyddiwyd ganddo yn fan cychwyn i'w ymosodiadau ar Gymru. Rhoddwyd yr enw Montgomery ar ei gastell yn Rhyd Chwima ar afon **Hafren** (gw. hefyd **Trefaldwyn**). Goresgynnwyd **Ceredigion** gan Roger, a chododd gastell yn **Aberteifi**. Roedd ganddo dri mab. Ymosododd Arnulf ar **Ddyfed**, a chododd gastell ym **Mhenfro**. Lladdwyd Hugh gan Magnus, brenin Norwy, yn ystod cyrch ar **Wynedd**. Cododd Robert mewn gwrthryfel yn erbyn Gwilym II yn 1102. Fe'i trechwyd, a daeth cysylltiad y teulu â Chymru i ben.

## MORAFIAID

Sect Brotestannaidd, bietistaidd y gellir olrhain ei dechreuadau i Forafia'r 15g. (Mae Morafia bellach yn rhan o'r

Dadlwytho coed yn Aberdyfi, *c.*1885

Weriniaeth Tsiec.) Roedd yr aelodau yn argyhoeddedig eu bod wedi'u galw i ledaenu'r efengyl trwy'r byd. Cafodd eu traddodiad ddylanwad arwyddocaol ar fywyd crefyddol Cymru, fel y profir gan weithgareddau cymeriadau fel **Morgan Llwyd**, **Griffith Jones** ac, yn anad neb, **Howel Harris**, yr oedd ei 'Deulu' yn Nhrefeca (**Talgarth**) wedi'i ysbrydoli i raddau gan esiampl y Morafiaid. Cysylltir y Morafiaid yn bennaf gyda dau le yng Nghymru: Drws-y-coed (**Llanllyfni**) a **Hwlffordd**. Cafodd eu capel olaf yng Nghymru – hwnnw yn Hwlffordd – ei ddymchwel yn 1961.

## MORDEITHIO

Er gwaethaf y rhamant a gysylltir â **llongau**, llongau hwyliau yn arbennig, ni fu bywyd ar y cefnfor erioed yn ddim llai na pheryglus. Mewn llongau â hwyliau sgwâr, a oedd ar drugaredd y gwynt a'r cerrynt, roedd mordeithiau fel rheol yn hir ac enbyd, y **bwyd** yn wael ac undonog, a'r amodau byw yn aml cynddrwg ag yn slymiau gwaethaf dinasoedd oes Victoria. Fel rheol, byddai criw llong hwyliau yn cysgu yn y ffocsl, a oedd yn aml yn cynnwys y winsh a honno wedi'i chysylltu â'r cadwynau a weithiai'r angorion. Cyfyng iawn oedd y man cysgu, gyda bynciau pren neu grogwelyau a matres wellt fynychaf. Roedd yn rhaid bod yn heini iawn i ddringo'r rigin, trin yr hwyliau a gwneud tasgau peryglus eraill mewn tymhestloedd garw a'r llong yn cael ei thaflu gan y tonnau.

Ac eto, er gwaethaf yr holl beryglon, parhaodd y môr i ddenu llanciau pentrefi lawer ar lannau Cymru. Er bod gweithgarwch masnachol yr arfordir wedi lleihau gryn dipyn erbyn chwarter olaf y 19g., roedd y môr yn dal i gynnig bywoliaeth ac antur; yn wir, mordeithio, yn aml, oedd yr unig waith a fyddai ar gael. Câi cymunedau'r arfordir eu hynysu fwyfwy oddi wrth gymunedau a ddibynnai ar y tir; a'u golygon fwyfwy tuag allan, datblygent gymdeithas a chymeriad unigryw. Morwyr neu bobl a ddibynnai ar fasnach forwrol oedd y rhan fwyaf o wyrywod pentrefi fel **Llangrannog** ac **Aberporth** yn **Sir Aberteifi**, **Nefyn** ac **Aberdaron** yn **Llŷn**, a **Moelfre** ac **Amlwch** ym **Môn**.

Gyda dyfodiad llongau stêm yn niwedd y 19g. a dechrau'r 20g., parhaodd traddodiadau mordeithio yn y rhannau mwyaf gwledig o Gymru, er mai **porthladdoedd** mawr fel **Lerpwl** a **Chaerdydd**, Newcastle a Glasgow oedd porthladdoedd cartref y llongau stêm yr hwyliai'r Cymry arnynt. Roedd yn bur gyffredin yn nechrau'r 20g. i long gargo a chanddi berchennog o Gaerdydd fod â chriw cyfan bron o forwyr o un pentref yn Sir Aberteifi. Yr arfer oedd i longwyr roi eu henwau i gapten llong lleol yn hytrach nag ymrestru ar long arbennig, ac yn aml iawn, pan fyddai capten yn newid llong, byddai criw cyfan yn ei ddilyn. A chyflogau cwmnïau'r llongau stêm i'w cynnal, arhosai teuluoedd ym mhentrefi'r glannau ar adeg pan oedd poblogaethau pentrefi eraill yn gostwng wrth i bobl **ymfudo**.

Nid oedd amodau byw ar y llongau stêm fawr gwell na'r hyn a oeddynt yn nyddiau'r llongau hwyliau. Roedd criwiau'n dal i fyw mewn ffocsl cyfyng; ychydig o longau a oedd ag oergelloedd; ac ychydig hefyd a oedd â chysgod ar y bont lywio, gan mai pontydd llywio agored oedd yr arfer hyd 1939 o leiaf, yn enwedig ar y fflydoedd mawr o longau cargo a gludai **lo** o borthladdoedd y de. Yn ôl un capten a fwriodd ei brentisiaeth ar stemar o Gaerdydd yn y 1930au, 'Roedden ni'n cael pymtheg swllt i bunt y mis ac yn aml yn gweithio oriau dros amser heb gael ein talu amdanynt. Fe fyddem ni ar lwgu, ac unwaith y byddai cynnwys y gist fôr gymunedol ar y bwrdd wedi dadmer yn y trofannau, fyddai dim cig ffres, ac fe fyddem ni'n dibynnu ar gig eidion a phorc hallt'. Mor ddiweddar ag 1955, byddai un cwmni llongau o

Gaerdydd yn neilltuo cyn lleied â 1s 4d (tua saith geiniog heddiw) y pen yn ddyddiol i fwydo criw llong.

Erbyn chwarter olaf yr 20g. roedd fflyd fasnach Prydain wedi crebachu'n arw, ac nid yw'r môr bellach yn denu gwŷr glannau Cymru. Yn wir, prin fod llongwyr o gwbl mewn pentrefi y bu'r môr unwaith yn brif gynhaliaeth iddynt. Mae criwiau llong yn dod o bob rhan o'r byd a byddant yn ymadael â'u llongau mewn unrhyw fan ymhen ychydig wythnosau neu fisoedd, ar ôl cwblhau contract. At hynny, mae lleoliad aml i borthladd wedi newid er mwyn ymgodymu â llongau mwy, a phrin yw'r porthladdoedd a geir yng nghanol canolfannau trefol, fel yn y gorffennol. O ganlyniad, mae sawl cymuned forwrol, fel Tiger Bay yng Nghaerdydd a Phort Tennant yn **Abertawe**, wedi colli ei chymeriad unigryw, a daeth traddodiad i ben.

## MORFA RHUDDLAN, Brwydr

Ym Morfa Rhuddlan (**Bae Cinmel a Thywyn**) yn 796 cafodd y Cymry, dan arweiniad Caradog, brenin **Gwynedd**, grasfa lem gan fyddinoedd Offa o **Fersia**, er i Offa ei hun gael ei ladd yn y brwydro. Galwodd y bardd Saesneg Robert Graves (1895–1985) Forfa Rhuddlan yn 'Flodden of Wales'.

## MORFILOD, DOLFFINIAID A LLAMHIDYDDION

O blith y mamaliaid hynny sy'n perthyn i dylwyth y *Cetacea*, y morfil sy'n ymweld leiaf aml â dyfroedd Cymru. Er 1973 cafodd rhai morfilod, megis y morfil pengrwn, y morfil trwyn potel, y morfil pigfain, y morfil danheddog a'r morfil asgellog, eu gweld yn y môr neu'n ddiymgeledd ar draethau Cymru. Mae dolffiniaid a llamhidyddion yn llawer iawn mwy cyffredin, yn arbennig ym Mae Ceredigion. Y rhywogaethau a welir amlaf yw'r llamhidydd a'r dolffin trwyn potel, a chydnabuwyd bod gwarchod y rhain yn dasg o bwysigrwydd rhyngwladol. Mae'r bae hefyd yn gynefin addas ar gyfer y dolffin cyffredin a dolffin Risso, gyda'i gorff llwyd a'i asgell gefn fel crymgledd; gellir gweld y dolffin ystlyswyn yng nghanol haf. Yn 2005 gwelwyd haig o ddwy fil o ddolffiniaid cyffredin ger arfordir **Sir Benfro**, golygfa na chofnodwyd ei thebyg erioed o'r blaen yn nyfroedd Cymru. Ymhlith cymunedau arfordirol Bae Ceredigion ceir cred fod llamhidyddion, a elwir yn bysgod duon, yn darogan tywydd teg.

Ni fu erioed lynges forfila gynhenid Gymreig, er bod morwyr o Gymry wedi cael eu rewcriwtio ar longau morfila o **Loegr**. Sefydlwyd tref **Aberdaugleddau** yn y 1790au yn wreiddiol ar gyfer helwyr morfilod o Nantucket, Massachusetts.

## MORGAN, Teulu (Tredegyr) Tirfeddianwyr

Roedd gwreiddiau'r teulu yn **Sir Gaerfyrddin**, ac erbyn y 15g. roeddynt wedi creu stad helaeth o gwmpas Tredegyr (**Coedcernyw** ger **Casnewydd**). (Cafodd tref **Tredegar**, 28km i ffwrdd, ei henwi ar ôl Gwaith Dur Tredegar, a sefydlwyd yn 1799 ar dir yn rhan uchaf Cwm Sirhywi a roddwyd ar les gan stad Tredegyr.) Ymsefydlodd canghennau eraill o'r teulu ym Machen (**Graig**), Gwernyclepa (Coedcernyw), **Langstone**, **Llanfihangel Llantarnam**, Llanrhymni (**Caerdydd**), Rhiw'rperrai (**Rhydri**), Basaleg (Graig) a mannau eraill. William Morgan (m.1680), a gafodd stad y Dderw (**Bronllys**) yn **Sir Frycheiniog** trwy briodas, a roddodd gychwyn ar ailadeiladu plasty Tredegyr (*c.*1664). Fe'i cwblhawyd erbyn 1718, ac nid oes adeilad o'r cyfnod hwn i'w gymharu ag ef yng Nghymru. Trwy gydol y 18g. y Morganiaid oedd teulu mwyaf gwleidyddol weithredol y de-ddwyrain, gan i 13 aelod o'r teulu wasanaethu fel aelodau seneddol mewn etholaethau sirol a bwrdeistrefol yn **Sir Fynwy** a Sir Frycheiniog.

Pan ddaeth y llinach wrywaidd i ben yn 1771 aeth y stad i ddwylo Jane Morgan. Priododd hi â Charles Gould, a fabwysiadodd ei chyfenw. Yn 1859 dyrchafwyd eu hŵyr, Charles Morgan (1792–1875), yn Farwn Tredegar. Chwaraeodd ei fab, Godfrey (1831–1913), ran yng nghyrch y *Light Brigade* yn **Rhyfel y Crimea**. Bu'n noddwr hael i Gasnewydd a **Chaerdydd**, a cheir cofgolofn i'w goffáu ym **Mharc Cathays**. Fe'i dyrchafwyd yn is-iarll yn 1905; yn 1911 cyhoeddodd ei areithiau dan y teitl *The Wit and Wisdom of Lord Tredegar*, cyfrol a brofai nad oedd wedi'i ddonio'n fawr â'r naill rinwedd na'r llall. Fe'i holynwyd gan ei nai, Courtenay Morgan (1867–1934), ac adnewyddwyd yr is-iarllaeth ar gyfer hwnnw yn 1926, ond fe ddaeth i ben gyda mab Courtenay, Evan Frederic (1893–1949) – arlunydd, bardd, gŵr a lynai'n ddiwyro wrth ei ffydd Gatholig ac un a breswyliai ar ynys Bali.

Elwodd y teulu'n fawr ar ddatblygiad Casnewydd a maes **glo**'r de. Un o'r ffactorau a wnaeth gymaint o radical o **John Frost** oedd y taliad hawl tramwy a dderbyniodd y teulu am y 'filltir aur' – darn o reilffordd a groesai Barc Tredegyr. Yn sgil ymddangosiad Courtenay Morgan gerbron Comisiwn **Sankey** ar y Diwydiant Glo yn 1919, pan geisiodd amddiffyn y breindaliadau a dderbyniodd o'i 7,500ha o dir mwyngloddio, cafodd ei bortreadu, nid yn gwbl deg, fel ymgorfforiad o'r landlord barus. (Roedd ei fab a'i olynydd yn gwrthwynebu breindaliadau mwynfeydd yn gyfan gwbl.) Yn 1873 roedd y teulu'n berchen ar 10,300ha yn Sir Fynwy, 2,950ha yn Sir Frycheiniog a 2,490ha yn **Sir Forgannwg**.

## MORGAN, David (1833–1919) Adwerthwr

Brodor o **Sir Frycheiniog** oedd David Morgan, a dderbyniwyd yn 14 oed yn brentis i ddilledydd yng **Nghasnewydd**, cyn iddo gychwyn ei fusnes ei hun yn **Rhymni**. Yn 46 oed, symudodd i **Gaerdydd** lle yr aeth ati i brynu adeiladau yn Yr Ais a ddeuai maes o law yn siop adrannol ail fwyaf y ddinas. Bu'r siop yn nwylo'r teulu hyd nes iddi gau yn 2005.

## MORGAN, Diana (1910–86) Awdur sgriptiau

Hanai Diana Morgan o **Gaerdydd**, a bu'n actio ac yn canu mewn corws cyn dod yn un o hoelion wyth stiwdio Ealing fel sgriptwraig. Cyfrannodd yn helaeth at sgriptiau'r gomedi Gymreig *A Run For Your Money* (1949), *Dance Hall* (1950), ffilm Calvacanti *Went The Day Well?* (1943) a *Pink String And Sealing Wax* (1945) Robert Hamer, gyda Googie Withers fel y ferch fwyaf didrugaredd a welwyd erioed yn holl gynnyrch Ealing. Diana Morgan hefyd a sgriptiodd *Hand in Hand* (1960), ffilm Philip Leacock am gyfeillgarwch yn llwyddo i bontio gwahaniaethau hil.

## MORGAN, Dyfnallt (1917–94) Bardd a llenor

Brodor o Ddowlais (**Merthyr Tudful**) oedd Dyfnallt Morgan. Fe'i cofir fel darlledwr cyfoethog ei lais ac fel awdur un o'r cerddi gorau i ddeillio o gystadleuaeth y goron yn yr **Eisteddfod** Genedlaethol, er na chafodd ei gwobrwyo ym mhrifwyl 1953. Mae 'Y Llen' wedi'i hysgrifennu mewn tafodiaith ac yn ddarlun o dranc y bywyd Cymraeg mewn cwm diwydiannol yn **Sir Forgannwg**. Fel un o'r **gwrthwynebwyr cydwybodol** yn ystod yr **Ail Ryfel Byd**, aeth Dyfnallt Morgan gydag Uned Ambiwlans y **Crynwyr** i'r Eidal, Awstria a China. Wedi hynny bu'n gynhyrchydd gyda'r BBC ac yn ddarlithydd yn yr adran efrydiau allanol ym **Mangor**. Yn ogystal â chyfrol o farddoniaeth, cyhoeddodd feirniadaeth lenyddol a chyfieithiadau o ddramâu a chaneuon, ac wedi ei farw cyhoeddwyd detholiad o'i waith gan ei fab, Tomos Morgan (2003).

**MORGAN, Elena Puw (1900–73)** Nofelydd
Bu Elena Puw Morgan yn byw yng **Nghorwen** trwy gydol ei hoes. Ymhlith ei straeon i blant y mae *Kitty Cordelia* a ymddangosodd yn *Cymru'r Plant* yn 1930, *Angel y Llongau Hedd* (1931) a *Tan y Castell* (1939). Defnyddiodd ei hadnabyddiaeth a'i phrofiad o fywyd y **sipsiwn** wrth greu'r nofel *Nansi Lovell* (1933). Ei dwy nofel aeddfetaf yw *Y Wisg Sidan* (1939) ac *Y Graith* (1943), a gwnaed cyfresi teledu llwyddiannus yn seiliedig arnynt. Enillodd *Y Graith* y fedal ryddiaith yn **Eisteddfod** Genedlaethol 1938. Mae'r ddwy'n cyfleu hagrwch a chreulondeb cymdeithasau gwledig yn y 19g.

**MORGAN, Eluned (1870–1938)** Llenor
Roedd Eluned yn ferch i Lewis Jones (1836–1904), un o sylfaenwyr gwladfa Gymreig **Patagonia**, ac fe'i cyfenwyd yn Morgan oherwydd ei geni ar y môr. Treuliodd gyfnodau ysbeidiol ym Mhatagonia a Chymru cyn ymsefydlu'n derfynol ym Mhatagonia yn 1918, ac fel athrawes a golygydd papur newydd *Y Drafod* disgynnodd arni lawer o gyfrifoldeb am gynnal bywyd Cymraeg y Wladfa. Ymhlith ei chyhoeddiadau y mae llyfrau yn disgrifio'r antur ym Mhatagonia, gan gynnwys *Dringo'r Andes* (1904), a dwy gyfrol o ohebiaeth, *Gyfaill Hoff* (1972) a *Tyred Drosodd* (1977).

**MORGAN, George (1834–1915)** Pensaer
Ganed George Morgan yn fab fferm ger **Talacharn** ac fe'i magwyd yn **Sir Benfro**. Tua 1855 ymunodd â chwmni adeiladu yng **Nghaerfyrddin**. Erbyn 1871 roedd ganddo ei bractis ei hun, a bu'n adeiladwr a syrfëwr cyn dod yn bensaer, gan weithio mewn sawl lle yn y de a'r canolbarth. Ei adeiladau enwocaf yw ei gapeli, sy'n cynnwys capel ysblennydd y **Bedyddwyr** Saesneg (1872) yng Nghaerfyrddin. Cynlluniodd lawer o ysgolion a thai mawr yn yr ardal hefyd.

**MORGAN, George Osborne (1826–97)** Gwleidydd
Yn 1868 enillodd George Osborne Morgan, mab ficer **Conwy**, un o ddwy sedd **Sir Ddinbych** dros y **Blaid Ryddfrydol**. Yn 1885 rhannwyd yr etholaeth, a'r flwyddyn ddilynol etholwyd Morgan ar gyfer y sedd ddwyreiniol; curodd Syr Watkin Williams Wynn (gw. **Williams Wynn, Teulu**), gan roddi terfyn ar fwy na 180 o flynyddoedd o oruchafiaeth teulu Wynnstay dros wleidyddiaeth Sir Ddinbych. Morgan oedd fwyaf gweithredol wrth ddod â'r Ddeddf Gladdu (1880) ar y llyfr statud. Ymddiddorai mewn **addysg** yng Nghymru ac yn y wladfa Gymreig ym **Mhatagonia**, ac roedd yn un a gefnogai **ddatgysylltu** a'r Ddeddf **Cau'r Tafarnau ar y Sul** yng Nghymru (1881).

**MORGAN, Griffith (Guto Nyth-brân; 1700–37)** Rhedwr
Roedd rhedeg ras o rai milltiroedd am arian, a'r gwylwyr yn betio ar y canlyniad, yn ddifyrrwch poblogaidd yn y 18g a'r 19g., yn enwedig yn y de. Roedd Guto, a fagwyd yn Nyth-brân, tyddyn ger y Porth, y **Rhondda**, ymhlith y rhedwyr enwocaf, a cheir chwedlau lawer am ei gampau. Cofnodwyd un gan **I. D. Hooson** yn ei faled amdano. Cystadlai mewn rasys **dyn a cheffyl**, ond ei ras enwocaf oedd ei ras olaf un, pan redodd o **Gasnewydd** i **Fedwas**, pellter o 19km, mewn 53 munud gan drechu Sais o'r enw Prince. Yn ôl y stori, curwyd ei gefn mor frwdfrydig gan gefnogwraig nes iddo syrthio'n farw. Gwelir ei fedd yn Llanwynno (**Ynys-y-bŵl a Choed-y-cwm**). Er mwyn cofio am ei gamp y cynhelir Ras Dydd Calan **Aberdâr**, sydd mewn gwirionedd yn cael ei chynnal yn **Aberpennar**.

**MORGAN, Gwenllian Elizabeth Fanny (1852–1939)** Ffigwr cyhoeddus a hynafiaethydd
Yn Nefynnog (**Maes-car**) y ganed 'Miss Philip Morgan' – fel y câi ei galw, ar ôl ei thad – a bu'n flaenllaw ym mywyd cyhoeddus **Aberhonddu**, lle bu'n byw o 1868 ymlaen. Hi oedd y fenyw gyntaf yng Nghymru i wasanaethu ar gyngor bwrdeistref ac i fod yn faer (1910–11). Ei phrif ddiddordebau oedd **addysg**, hanes ei sir enedigol – y byddai'n ysgrifennu amdani ar gyfer **cylchgronau** hynafiaethol – a'r bardd **Henry Vaughan**, y gwnaeth arno waith ymchwil arloesol. Yn 1894 rhoddodd dystiolaeth bwysig, yn arbennig ar amgylchiadau **menywod**, i'r Comisiwn Tir yng Nghymru. Mae stad dai yn Aberhonddu yn coffáu ei henw.

**MORGAN, Henry (*c.*1635–88)** Môr-leidr
Yn ôl traddodiad, mab i rydd-ddeiliad o ffermwr o ardal Llanrhymni (gw. **Caerdydd**) oedd Henry Morgan, ac roedd yn perthyn i Forganiaid Tredegyr (gw. **Morgan, Teulu**). Ymfudodd i India'r Gorllewin a gwneud enw iddo'i hun fel un o **fôr-ladron** amlycaf yr 17g. Ymsefydlodd yn Port Royal, Jamaica, un o borthladdoedd mwyaf iselfoes a pheryglus y byd, a bu'n gyfrifol am sawl cyrch gwaedlyd yn erbyn llongau Sbaen, porthladdoedd masnachol ac eiddo yn y Caribî. Er gwaethaf ei hanes fel môr-leidr nodedig o greulon, fe'i hurddwyd yn farchog yn 1674 a'i benodi'n ddirprwy lywodraethwr Jamaica. Cynhyrchir rŷm tywyll sy'n dwyn ei enw.

**MORGAN, Mary (1788–1805)** Llofrudd
Esgorodd Mary Morgan, cogyddes yng nghartref Walter Wilkins, aelod seneddol **Sir Faesyfed**, ar blentyn siawns, cyn lladd y ferch fach ymron yn syth. Fe'i cafwyd yn euog o lofruddiaeth, a'i chrogi yn Gallows Lane, **Llanandras**, ym mis Ebrill 1805, a hithau prin yn 17 oed. Hi oedd y fenyw olaf yng Nghymru i gael ei chrogi'n gyhoeddus (gw. **Dienyddio**). Mae dwy garreg ar ei bedd yn Eglwys Llanandras. Mae'r naill feddargraff yn raslon, a'r llall, a godwyd gan iarll Ailesbury, cyfaill i'r barnwr, yn fwy ceryddgar.

**MORGAN, Morien (1912–78)** Peiriannydd awyrennau
Syr Morien Morgan oedd arweinydd y project i ddatblygu Concorde (gw. hefyd **Brian Trubshaw**). Fe'i ganed ym **Mhen-y-bont ar Ogwr**, a chafodd ei addysg yng **Nghaergrawnt**. Awyrennau a âi â'i fryd; yn 1935 cafodd waith yn y

Sefydliad Awyr Brenhinol, Farnborough – ac, yn ei eiriau ei hun, 'bu fyw'n ddedwydd byth wedyn'.

Er ei fod yn fyr ei olwg, llwyddodd i oresgyn y rhwystrau swyddogol i gael prawf-hedfan awyrennau. Arweiniodd ei fedr academaidd ynghyd â'i brofiad fel peilot at waith ar sefydlogrwydd aerodynamig, ac arweiniodd y gwaith hwn yn ei dro at wella dyluniad adenydd y *Spitfire*. Yn y pen draw daeth yn gyfarwyddwr y sefydliad yn Farnborough. Ond fe'i cofir yn bennaf am arwain y project ar awyren uwchsonig a roddodd fod i Concorde. Ef oedd yn bennaf cyfrifol am yr asesu peirianyddol cychwynnol ac am gynnal brwdfrydedd y fenter. (Gw. hefyd **Hedfan ac Awyrenneg**.)

**MORGAN, T[homas] J[ohn] (1907–86)** Ysgolhaig a llenor

Campwaith mawr T. J. Morgan fel ysgolhaig oedd *Y Treigladau a'u Cystrawen* (1952) sy'n llyfr rhyfeddol o ddarllenadwy ar bwnc mor ymddangosiadol sychlyd. Cyhoeddodd hefyd ysgrifau llenyddol niferus, gan gynnwys astudiaeth estynedig (1972) o ddiwylliant **gwerin** y Gymru ddiwydiannol sy'n tynnu'n helaeth ar brofiadau ei fagwraeth yn y Glais (**Clydach**). Wedi'i addysgu yn **Abertawe**, fe'i penodwyd yn ddarlithydd yng **Nghaerdydd** yn 1930 a bu'n was sifil yn ystod yr **Ail Ryfel Byd**. Yn 1951 daeth yn Gofrestrydd **Prifysgol Cymru** cyn dychwelyd i'w hen goleg yn Abertawe fel Athro'r **Gymraeg** yn 1962. Gyda'i fab, yr awdur a'r hanesydd nodedig Prys Morgan (g.1937), cyhoeddodd y gyfrol bwysig *Welsh Surnames* (1985). Mab arall iddo yw'r gwleidydd Llafur Rhodri Morgan (g.1939), prif weinidog y **Cynulliad Cenedlaethol** er 2000.

**MORGAN, Teddy (Edward Morgan; 1880–1949)** Chwaraewr rygbi

Enillodd Teddy Morgan, a hanai o **Aberdâr**, anfarwoldeb yn y byd **rygbi** pan sgoriodd y cais a'i gwnaeth yn bosibl i Gymru guro tîm y Crysau Duon yn 1905, tîm a oedd yn ddiguro cyn hynny. Roedd 'Dr Teddy', fel y'i gelwid – gweithiai yn Ysbyty Guy's yn **Llundain** – yn fychan a chwim, yn daclwr penderfynol ac yn medru croesi'r bêl yn gelfydd. Bu'n chwaraewr cyson yn nhimau oes aur gyntaf Cymru, a sgoriodd 14 cais mewn 16 o gemau rhyngwladol. Pan ymddangosodd am y tro olaf yn 1908, ef oedd capten Cymru yn eu gêm gyntaf erioed yn erbyn Ffrainc, a sgoriodd ddau gais.

**MORGAN, Thomas (Y Cor; 1604–79)** Milwr

Ganed Thomas Morgan yn Llangatwg Lingoed (y **Grysmwnt**) i'r un teulu, mae'n debyg, â **Henry Morgan**, y môr-leidr. Gŵr bychan o gorffolaeth ydoedd a chanddo enw trwy Ewrop fel un o filwyr mwyaf ei gyfnod. Ymladdodd yn y Rhyfel Deng Mlynedd ar Hugain hyd 1643, a thros luoedd y Senedd ar ôl dychwelyd i **Brydain**. Ei waith tanseilio ef yng Nghastell **Rhaglan** a seliodd ffawd y cadarnle hwnnw o eiddo'r Brenhinwyr. Er nad oedd yn llwyr lythrennog, roedd yn weinyddwr galluog a threuliodd ei 14 blynedd olaf yn llywodraethwr Jersey.

**MORGAN, William (*c*.1545–1604)** Esgob a chyfieithydd

Ganed William Morgan yn y Tŷ-mawr, Wybrnant, Penmachno (**Bro Machno**). Roedd ei rieni'n ffermwyr lled gefnog, er mai tenantiaid ar stad teulu **Wynn (Gwydir)** oeddynt. Addysgwyd William yng **Nghaergrawnt**. Fe'i hordeiniwyd yn 1568 a chafodd fywoliaethau **Llanbadarn Fawr** (1572–5), y **Trallwng** (1575–8) a **Llanrhaeadr-ym-Mochnant** (1578–95), ynghyd ag amryw apwyntiadau eraill. Yn 1595 fe'i gwnaed yn esgob Llandaf (gw. **Caerdydd**) a'i drosglwyddo i **Lanelwy** yn 1601. Bu farw yn 1604, yn ŵr cymharol dlawd, a'i gladdu yn ei eglwys gadeiriol, er na wyddys ym mha le yn union.

Campwaith William Morgan yw ei **Feibl** (1588) – y llyfr pwysicaf i ymddangos erioed yn **Gymraeg**. Yn Llanrhaeadr y gwnaed y gwaith, a hynny ar waethaf y ffaith fod rhai o blwyfolion pwerus Morgan yn aflonyddu arno'n barhaus: nid yw'n annichon nad oedd cymhelliad crefyddol i'r aflonyddu. Tasg Morgan oedd diwygio Testament Newydd a Salmau **William Salesbury** a'i gyd-weithwyr, a chyfieithu o'r newydd yr Hen Destament (ac eithrio'r Salmau) a'r Apocryffa. I'w helpu yn y dasg gallai fanteisio ar yr arfogaeth ddiweddaraf ym maes ysgolheictod Beiblaidd, yn enwedig Beibl Amlieithog Antwerp (1572), Beibl **Lladin** John Immanuel Tremellius (1579), Beibl **Saesneg** Genefa (1560) a Thestament Newydd Groeg a Lladin Theodore Beza (1582). Pwysicach hyd yn oed na hyn oedd fod Morgan yn Gymreigiwr rhagorol, wedi'i drwytho yn **llenyddiaeth** Cymru, yn enwedig waith y beirdd proffesiynol. Hoffai Salesbury roi gwedd hynafol ar ei iaith a'i orgraff; moderneiddio a safoni oedd prif amcanion Morgan wrth ddiwygio ei waith, a hynny, at ei gilydd, yn ôl arfer y beirdd: yn naturiol cymhwysai'r un egwyddorion ieithyddol at ei gyfieithiadau gwreiddiol ef ei hun. Creodd glasur o gyfieithiad, a fu'n batrwm i ysgrifenwyr rhyddiaith y canrifoedd dilynol, a ehangodd yn fawr rychwant y Gymraeg fel cyfrwng rhyddiaith, ac a barodd na ellid diystyru hawl y Gymraeg i'w hystyried yn iaith ddysgedig yng ngolwg y byd. Pwysig hefyd oedd diwygiad Morgan o'r ***Llyfr Gweddi Gyffredin*** (1599).

**MORGANNWG** Arglwyddiaeth

Sefydlwyd yr arglwyddiaeth gan **Robert Fitz Hammo** (m.1107) wedi iddo orchfygu **Iestyn ap Gwrgant** yn y 1080au, a bu ym meddiant disgynyddion Fitz Hammo – yn eu plith deuluoedd **Clare** a **Despenser** – hyd 1485. Yn 1486 fe'i rhoddwyd i Siasbar Tudur (gw. **Tuduriaid**), a daeth i feddiant y Goron pan fu farw Siasbar yn 1496. **Caerdydd** oedd prif ganolfan yr arglwyddiaeth, a ymestynnai o afon **Tawe** hyd afon **Rhymni**, ac felly dim ond rhan o hen deyrnas **Morgannwg** a gwmpasai. O ddiwedd yr 11g. ymgartrefodd marchogion Normanaidd a gwerinwyr Seisnig mewn rhannau helaeth o'r iseldiroedd lle sefydlwyd nifer o faenorau. Roedd yr ucheldiroedd dan ryw gymaint o reolaeth Gymreig hyd ail hanner y 13g. Yn 1536 cysylltwyd yr arglwyddiaeth ag un **Gŵyr** a Chilfái i greu **Sir Forgannwg**.

**MORGANNWG** Teyrnas

Enwyd y deyrnas ar ôl un o frenhinoedd cynnar de-ddwyrain Cymru – naill ai Morgan ab Athrwys (m.*c*.700) neu Morgan ab Owain (m.974). Ffurf arall ar yr un enw oedd *Gwlad Morgan*, a roddodd *Glamorgan*, yr hyn a ystyrir, yn gamarweiniol, fel y ffurf 'Saesneg' ar yr enw. Cnewyllyn y deyrnas oedd **Glywysing**, ond ymddengys ei bod hefyd yn cynnwys **Gwent** ac, ar adegau, ddau o gantrefi **Ystrad Tywi**. Prif ffynhonnell hanes y deyrnas yw ***Liber Landavensis*** (***Llyfr Llandaf***). Diddymwyd y deyrnas yn y 1080au yn dilyn goresgyniad **Robert Fitz Hammo**. Ei brenin olaf oedd **Iestyn ap Gwrgant**, y cadwodd rhai o'i ddisgynyddion beth awdurdod yn ucheldiroedd Morgannwg hyd ddechrau'r 14g.

## MORGANNWG GANOL Cyn-sir

Sefydlwyd sir Morgannwg Ganol yn 1974 ar ôl diddymu'r hen **siroedd**. Cynhwysai yr hyn a fu gynt yn fwrdeistref sirol **Merthyr Tudful**, bwrdeistref y **Rhondda**, dosbarthau trefol **Aberdâr**, **Pen-y-bont ar Ogwr**, **Caerffili**, **Gelli-gaer**, **Maesteg**, **Aberpennar**, Ogwr a Garw (gw. **Cwm Ogwr a Chwm Garw**), **Pontypridd** a **Phorth-cawl**, dosbarthau gwledig **Llantrisant a Llanilltud Faerdref** ynghyd â Phen-y-bont a rhannau o ddosbarth gwledig **Caerdydd** (y cwbl yn yr hen **Sir Forgannwg**); yr hyn a fu'n ddosbarth trefol **Rhymni**, rhannau o **ddosbarthau trefol** Bedwas a Machen (gw. **Bedwas, Tretomas a Machen**) a **Bedwellte** a rhan o ddosbarth gwledig Magwyr a Llaneirwg (i gyd yn yr hen **Sir Fynwy**); a'r hyn a fu'n rhan o ddosbarth gwledig y Faenor a Phenderyn (yn yr hen **Sir Frycheiniog**). Fe'i rhannwyd yn ddosbarthau **Cwm Cynon**, Merthyr Tudful, **Ogwr**, y Rhondda, **Cwm Rhymni** a **Thaf-Elái**. Ar ôl ei diddymu yn 1996 fe'i disodlwyd gan **fwrdeistrefi sirol** Pen-y-bont ar Ogwr, Merthyr Tudful a **Rhondda Cynon Taf** a rhan orllewinol bwrdeistref sirol **Caerffili**.

## MÔR-LADRON

Wrth i fasnachu ar y môr gynyddu o gwmpas arfordir Cymru a'r tu draw yn yr 16g. a'r 17g., felly hefyd y datblygodd gweithgarwch y morwyr llai egwyddorol hynny a geisiai wneud elw cyflym, a sylweddol yn aml, trwy ysbeilio **llongau** a oedd yn masnachu'n gyfreithlon. Yng Nghymru, roedd problem môr-ladrata enbyd yn **Sir Benfro** yn niwedd yr 16g., a'r sefyllfa wedi'i chymhlethu fwyfwy am fod pob haen o gymdeithas, o'r uchelwr i'r pysgotwr, yn ymwneud mewn rhyw ffordd neu'i gilydd â masnachu'n anghyfreithlon. Yn 1563, er enghraifft, talodd masnachwyr **Dinbych-y-pysgod** i'r *Thesus* fynd ar daith a alwent yn daith bysgota i'r Grand Banks ger Newfoundland. Nid aeth y llong ddim pellach nag Ynysoedd Gorllewin yr **Alban**, lle'r aeth ati i ysbeilio llongau'r Almaen a'r Alban a oedd yn dychwelyd o ddyfroedd pysgota ffrwythlon Gogledd yr Iwerydd. Byddai môr-ladron a weithiai o dde Sir Benfro hefyd yn ysbeilio llongau a oedd yn masnachu ym Môr Hafren. Anaml y llwyddai ymdrechion i ffrwyno gweithgarwch o'r fath oherwydd fod nifer o fân swyddogion yn ymhel eu hunain ag ef, er enghraifft George Clark o **Benfro** a oedd yn cadw tafarn yn **Angle**, cyrchfan adnabyddus i fôr-ladron fel **John Callice**.

Mae gweithredoedd y môr-ladron a hwyliai oddi ar arfordir **Prydain** yn ymddangos yn ddiniwed iawn o'u cymharu â champau'r rhai hynny a ysbeiliai longau ac eiddo'r Sbaenwyr – 'Brothers of the Coast' fel y'u gelwid. Roedd Cymry fel **Henry Morgan** a **Bartholomew Roberts (Barti Ddu)** yn aelodau nodedig o'r frawdoliaeth enwog honno.

## MORLOI

Mae'r morlo llwyd, rhywogaeth gynhenid i **Brydain**, yn dyddio'n ôl o leiaf i'r cyfnod Mesolithig (gw. **Oesau Cynhanesyddol**). Er mai poblogaeth gogledd-ddwyrain yr Iwerydd o forloi llwyd yw'r fwyaf o dair poblogaeth ohonynt ar draws y byd, mae'r boblogaeth ar hyd arfordir Cymru yn gymharol fach: tua 2,000 o anifeiliaid, neu 2% o boblogaeth morloi llwyd **Prydain**. Fe'u ceir ar eu mwyaf lluosog ar hyd arfordir **Sir Benfro** a phenrhyn **Llŷn**. Mae arnynt angen traethau tawel i eni eu rhai bach yn yr hydref, ac felly maent yn ffafrio baeau neilltuedig dan gysgod clogwyni, **ogofâu** ac ynysoedd tenau iawn eu poblogaeth megis Sgomer ac Enlli.

Mae'r morlo a gamenwyd yn forlo cyffredin yn brin yng Nghymru, ac fe'i ceir yn bennaf ym Môr Hafren. Golchwyd corff morlo ysgithrog (*walrus*) – sydd, fel y morlo, yn perthyn i'r is-ddosbarth adeindroed o **famaliaid** – ar draeth Cefn Sidan (**Pen-bre a Phorth Tywyn**) yn 1986, ac ymwelodd morlo cycyllog â dyfrffordd **Aberdaugleddau** yn 2001.

## MORMONIAID

Yr enw poblogaidd a roddir ar aelodau Eglwys Iesu Grist o Saint y Dyddiau Diwethaf a sefydlwyd gan Joseph Smith (1805–44) ym Manchester, Talaith Efrog Newydd, yn 1830. Mae credoau'r Eglwys yn seiliedig ar gynnwys *The Book of Mormon,* dogfen yr honnodd Smith i angel o'r enw Moroni ei datguddio iddo. Llofruddiwyd Smith mewn terfysg yn Illinois yn 1844 wedi iddo gymeradwyo amlwreiciaeth i'w aelodau; ar y pryd roedd yng nghwmni'r Capten Dan Jones (1810–61) o **Helygain**. Dilynwyd Smith fel arweinydd gan Brigham Young, a symudwyd canolfan yr eglwys i Ddinas y Llyn Heli yn Utah yn 1847. Yn 1845 dechreuodd Daniel Jones ymgyrch genhadol yng Nghymru ac yn 1849 arweiniodd 249 o Formoniaid Cymreig i Utah, y gyntaf o sawl mintai o'r fath. Yn 1851, pan oedd gan Gymru 20 o eglwysi Catholig (gw. **Catholigion Rhufeinig**), roedd ganddi 28 addoldy Mormonaidd. Cyhoeddwyd dau gylchgrawn Cymraeg gan y mudiad: *Prophwyd y Jubili* (1846–8) ac *Udgorn Seion* (1849–62), ac ymddangosodd *Llyfr Mormon* yn **Gymraeg** o wasg John Davis ym **Merthyr Tudful** yn 1852. Ymhlith Cymry amlycaf yr eglwys yr oedd Evan Stephens, brodor o Bencader (**Llanfihangel-ar-arth**), a benodwyd yn arweinydd Côr y Deml yn Ninas y Llyn Heli yn 1890. Mae **cenhadon** Mormonaidd ifainc yn parhau'n weithgar yng Nghymru heddiw, ac mae gan yr eglwys nifer o ganghennau llewyrchus yn y wlad. Gan fod Mormoniaid yn ailfedyddio'u hynafiaid, ceir yn Ninas y Llyn Heli gyfoeth o ddeunydd achyddol sy'n ymwneud â Chymru.

## MOROEDD, YR ARFORDIR A MORYDAU

Mae arfordir Cymru yn 1,562km o hyd; mewn cyferbyniad, dim ond 400km o hyd yw ei **ffin** droellog â **Lloegr**. Ar ben hynny, nid oes unrhyw ran o Gymru ymhellach na 75km o'r môr. Mae'n rhyfedd, felly, nad yw'r môr mor bwysig ym meddylfryd y Cymry ag ydyw ym meddylfryd pobloedd megis y Llydawiaid a'r Norwyaid. Fodd bynnag, oni bai am y môr a Llif y Gwlff byddai Cymru, sy'n rhannu'r un lledred â Labrador, bron â bod yn anghyfannedd. Yn ystod y mil blynyddoedd diwethaf mae'r dylanwadau sydd wedi bod yn ganolog i brofiad y Cymry wedi dod o'r dwyrain, yn bennaf, ar draws y ffin â Lloegr. Yn ystod milenia blaenorol, fodd bynnag, y dylanwadau o du'r môr yn aml a oedd o'r pwys mwyaf. Roedd cysylltiad amlwg rhwng dosbarthiad beddrodau siambr o'r Oes Neolithig a môr-lwybrau'r gorllewin, ac roedd cysylltiadau cryf hefyd rhwng diwylliant yr Oes Efydd yng Nghymru ac **Iwerddon** (gw. **Oesau Cynhanesyddol**). Câi Cristnogaeth 'Oes y Saint' ei lledaenu gan **genhadon** a hwyliai'r

Clogwyni calchfaen carbonifferaidd Pentir Sant Gofan, Sir Benfro

llwybrau hyn, a gwanhawyd y gwareiddiad a grëwyd ganddynt gan y **Llychlynwyr** mordwyol. Hyd yn oed mewn canrifoedd mwy diweddar, mae'r môr wedi bod â dylanwad – yn hynt **llongau'r** glannau yn ystod y 18g., er enghraifft, ac yn bennaf oll yn ystod blynyddoedd ffyniannus y diwydiant **glo** pan oedd o leiaf chwarter masnach y byd yn y ffynhonnell honno o wres ac **ynni** yn tarddu o **borthladdoedd** Cymru.

Sefydlwyd ffurf neu forffoleg arfordir Cymru – yn enwedig siâp ei phrif faeau – yn ystod y cyfnod Permaidd-Triasig, rhwng 290 miliwn a 206 miliwn o flynyddoedd yn ôl. Fodd bynnag, lluniwyd ei fanylion yn ystod y cyfnod Cwaternaidd – yr 1.75 miliwn o flynyddoedd a aeth heibio (gw. **Daeareg**). Tua 20,000 o flynyddoedd yn ôl, pan oedd y rhewlifiant diwethaf yn ei anterth, roedd lefel y môr tua 135m yn is nag ydyw heddiw. Wedi hynny, wrth i'r llenni iâ ddadmer, cododd lefel y môr. Cyrhaeddodd ei lefel bresennol tua 7,000 o flynyddoedd yn ôl, proses a greodd nodweddion nodedig megis Dyfrffordd **Aberdaugleddau**, morydau afonydd **Dyfi** a **Mawddach** a thraeth **Rhosili**, ac a arweiniodd at foddi Bae Ceredigion.

Mae'r hyn y gellir ei ystyried yn amgylchedd y môr yn cwmpasu'r ardal rynglanwol – yr ardal rhwng pwynt uchaf y penllanw a phwynt isaf y trai – ynghyd â gwely'r môr y tu hwnt i fynd a dod y llanw, sef y môr islanwol y gellir ei olrhain cyn belled â therfyn dyfroedd yr arfordir. Mae maint arwynebedd amgylchedd môr Cymru yn cyfateb i dri chwarter arwynebedd tir mawr y wlad. Dyfroedd cysgodol a bas Môr Iwerddon a'i faeau mawr, Bae Ceredigion a Bae Lerpwl, yw'r rhan helaethaf ohono. Mae Môr Hafren, lle ceir yn aml lai na thair tymestl y flwyddyn, hyd yn oed yn fwy bas a chysgodol. Mwy agored o lawer yw'r dyfroedd tua'r de-orllewin sy'n rhan o gefnfor y gellir ei olrhain cyn belled â Newfoundland; o'r cefnfor hwn y daw egni rhyfeddol y tonnau uchel sy'n morthwylio'r glannau creigiog a digysgod.

Mae'r môr islanwol yn gynefin y bydd nifer o ffactorau yn dylanwadu arno, yn eu plith natur gwely'r môr, cerhyntau'r cefnfor, maint trai a llanw'r môr, cryfder y tonnau ac ansawdd a chemeg y dŵr. Mae'n gynefin i anifeiliaid a **phlanhigion** dyfnforol (benthig) – sef y rhai hynny a ymgyfaddasodd i fyw naill ai yng ngwely'r môr, ar wely'r môr, neu yn nyfnderoedd isaf y dŵr – yn ogystal ag i blanhigion ac anifeiliaid pelagig, y rhai hynny sy'n byw ar wyneb y dŵr neu'n agos ato yn nyfroedd uchaf y môr islanwol. Yn eu plith y mae **pysgod**, **morfilod**, **dolffiniaid a llamhidyddion**, crwbanod y môr, **morloi** ac adar môr (gw. **Adar**). Llai amlwg yw'r ffytoplancton ungell a'r bacteria sydd â swyddogaethau hollbwysig y naill ben a'r llall i'r gadwyn **fwyd** (sef cipio ynni'r haul a'i ryddhau trwy bydrad anifeiliaid marw). Gall mannau islanwol gerllaw arfordiroedd creigiog ac **ynysoedd** fod yn gynefinoedd tra amrywiol ac yn gartref i sbyngau, anemonïau môr, sêr môr a draenogod môr. Mae planhigion môr Cymru yn llawer llai amrywiol. Yn eu plith ceir yn bennaf nifer helaeth o wahanol wymonau, rhai cennau ac ychydig o blanhigion môr sy'n blodeuo, megis gwellt y gamlas (ffynna'r planhigyn hwn mewn mannau tywodlyd yn Nyfrffordd Aberdaugleddau).

Mae'r ardaloedd rhynglanwol – y rheini mewn morydau megis **Hafren**, **Dyfrdwy**, **Llwchwr**, Dyfi a Mawddach, yn enwedig – yn gartref i rywogaethau megis abwyd melys, abwyd du a chramenogion bach, creaduriaid sy'n denu adar

Cedric Morris, *Pontypridd*, 1945

mudol a'r adar hynny sy'n treulio'r gaeaf ar y gwastadeddau. Yn aml, bydd planhigion y cynefinoedd hyn yn ymffurfio'n barthau o liwiau gwahanol ac ym mhob parth ceir clwstwr o rywogaethau neilltuol. Mae'r planhigion sydd agosaf at bwynt eithaf y trai yn cynnwys rhywogaethau megis llyrlys a throed yr ŵydd arfor a all ddygymod â chyfnodau hir o dan y môr. Ond wrth symud o barth i barth i gyfeiriad y tir canfyddir rhywogaethau sy'n llai a llai abl i ddygymod â'r fath orlifo. Ym mharthau canol y morfeydd, ceir planhigion lliwgar megis seren y morfa a lafant y môr ynghyd â gweunwellt arfor, ond yn y parthau uwch daw marchwellt arfor yn fwyfwy cyffredin.

Mae parthau amlwg yn nodwedd hefyd o ecoleg glannau creigiog. Ar lannau cysgodol fel y **Fenai**, gwymonau yw'r prif rywogaethau fel arfer. Ceir morwyal rhychog ar yr uwchdraeth, gwymon codog mân ar ganol y traeth a gwymon codog bras ar yr is-draeth. Mewn cyferbyniad, tiriogaethau creaduriaid y môr, sef cregyn llongau a llygaid meheryn yn bennaf, yw glannau agored a digysgod fel Pentir Sant Gofan (**Stackpole**).

Mae twyni tywod a chlogwyni hefyd yn gynefinoedd arfordirol. Yng Nghymru ceir tua 50 clwstwr o dwyni tywod, a'r rhai mwyaf yw twyni Niwbwrch (**Rhosyr**) a thwyni Cynffig (**Corneli**). Gall twyni symud ac ymledu, bod yn lled sefydlog neu'n gwbl sefydlog. Yr hyn a all fod o gymorth i'w sefydlogi yw cyflwyno planhigion megis moresg ac amdowellt, a all feddiannu'r tywod gan ei sefydlogi. Gall twyni asidig a hŷn ddatblygu'n rhostir tywodlyd wedi'i orchuddio â grug, er enghraifft twyni Crymlyn (**Abertawe/Coed-ffranc**). Ymhlith planhigion prinnaf twyni Cymru y mae tegeirian y fign galchog yng Nghynffig a chaldrist y twyni yn Niwbwrch.

Mae clogwyni'r môr yn gartref i amrywiaeth mawr o blanhigion ac anifeiliaid. Mewn mannau agored iawn, megis Trwyn Cilan (**Llanengan**), gall llystyfiant arforol ymestyn tua'r tir dros bellter o 500m, a gall lwyr orchuddio ynysoedd a phentiroedd. Yn y cynefinoedd mwyaf arforol eu cymeriad, sy'n gyfyngedig yn aml i silffoedd clogwyni digysgod, ceir corn-carw'r môr a chlustog Fair fel arfer, ond ar glogwyni **calchfaen**, megis y Gogarth (**Llandudno**), gall y fresychen wyllt – y tarddodd nifer o lysiau ohoni – fod yn drech na phlanhigion eraill. Gall glaswelltiroedd arforol ar bennau'r clogwyni fod yn gynefin i foronen y maes, cedowydd suddlon, llyriad corn carw a gludlys arfor, yn ogystal â'r peiswellt coch, y brif rywogaeth fel arfer. Yn anad dim, mae clogwyni arfordirol Cymru yn gartref i boblogaethau enfawr o adar môr (gw. Adar); ar ynysoedd **Sir Benfro**, yn enwedig, ceir nythfeydd o bwys rhyngwladol.

## MORRIS, Cedric (1889–1982)

Arlunydd

Roedd Cedric Morris yn ddisgynnydd i sefydlydd Treforys, **Abertawe**. Gwnâi beintiadau crefftus a gofalus o fywyd llonydd, pobl, blodau ac **adar**, ynghyd â thirluniau. Astudiodd gelf ym Mharis, a bu'n byw yn East Anglia, lle'r agorodd ei ysgol gelf ei hun. Teithiodd yn helaeth a daeth i Gymru yn beintiwr tirluniau ar ddiwedd y 1920au. Cafodd ei gyffwrdd wrth weld y tlodi o'i gwmpas, a pharodd hyn iddo fynd i Ganolfan Addysgol Dowlais (gw. **Dowlais, Canolfan Addysgol**), lle dechreuodd ddysgu celf, gan ddylanwadu ar genhedlaeth o beintwyr Cymreig. Yn y 1930au bu'n ymwneud â'r **Eisteddfod** Genedlaethol.

## MORRIS, John William (1896–1979)
Barnwr

Ganed a magwyd John William Morris yn **Lerpwl** yn fab i Gymry. O dan y teitl yr Arglwydd Morris o Borth-y-gest, daeth yn arglwydd apêl disglair gan wasanaethu yn yr Uchel Lys (1945), y Llys Apêl (1951) a Thŷ'r Arglwyddi (1960–75). Enillodd y Groes Frenhinol yn y **Rhyfel Byd Cyntaf**, a chefnogodd **ddatganoli** yn Nhŷ'r Arglwyddi wedi iddo ymddeol. Roedd yn un o golofnau cymdeithas Cymry **Llundain**, ac yn ddirprwy ganghellor **Prifysgol Cymru**.

## MORRIS, Johnny (1916–99) Darlledwr

Mab i bostfeistr o **Gasnewydd** oedd Ernest John Morris, fel y'i bedyddiwyd, a daeth yn un o'r wynebau mwyaf cyfarwydd ar deledu. Ymunodd â'r cwmni theatr lleol cyn symud, yn 17 oed, i **Lundain**, â'i fryd ar actio'n broffesiynol. Ni ddaeth dim o'r uchelgais hwn tan 1946, pan glywodd un o gynhyrchwyr radio'r BBC ef yn adrodd stori mewn tafarn yn Wiltshire. Ar ôl hynny, aeth o nerth i nerth fel darlledwr ar y radio ac mewn rhaglenni teledu i blant. Ymddangosodd ar lun sawl cymeriad, gan gynnwys gwerthwr cnau castan poeth a oedd yn adrodd straeon, a gofalwr sw yn yr enwog *Animal Magic*, a fu'n rhedeg am 23 blynedd.

## MORRIS, Lewis (1833–1907) Bardd a hyrwyddwr addysg

Brodor o **Gaerfyrddin** oedd Lewis Morris, a chyfreithiwr wrth ei alwedigaeth. Chwaraeodd ran flaenllaw yn y mudiad i sefydlu **Prifysgol Cymru**. Cafodd ei urddo'n farchog yn 1895 a gobeithiai ddod yn *Poet Laureate* wedi marwolaeth Tennyson, ond yn ôl yr hanes drylliwyd y gobaith pan glywodd y Frenhines Victoria fod ganddo wraig ordderch a thri o blant. Ei gerdd enwocaf yw *The Epic of Hades* (1876–7), ond merfaidd yw'r rhan fwyaf o'i gerddi.

## MORRIS, Rhys Hopkin (1888–1956)
Gwleidydd

Ganed Rhys Hopkin Morris ym **Maesteg** ac fe'i haddysgwyd ym **Mangor**. Daeth yn swyddog gyda'r **Ffiwsilwyr Brenhinol Cymreig** yn ystod y **Rhyfel Byd Cyntaf**. Cymerodd ran weithredol yn isetholiad **Sir Aberteifi** yn 1921; yn 1923 fe'i hetholwyd i'r Senedd fel Rhyddfrydwr Annibynnol dros yr etholaeth honno, ond ymddiswyddodd yn 1932 pan benodwyd ef yn ynad cyflogedig yn **Llundain**. Trwy gydol y blynyddoedd hyn roedd yn elyn chwyrn i **Lloyd George**. Yn Hydref 1936 fe'i penodwyd yn gyfarwyddwr cyntaf Rhanbarth Cymreig newydd y BBC, a rhoddodd gefnogaeth ddiildio i **ddarlledu** yn yr iaith **Gymraeg**. Yn 1945 fe'i hetholwyd yn aelod seneddol dros **Gaerfyrddin**, yr unig sedd i'r Rhyddfrydwyr ei hennill oddi ar Lafur yn yr etholiad; cadwodd y sedd hyd ei farw. Fe'i hurddwyd yn farchog yn 1954, ac fe'i cofir am ei annibyniaeth barn.

## MORRISIAID, Y Hynafiaethwyr a llythyrwyr

Un o'r ffynonellau mwyaf cyfoethog ar gyfer hanes diwylliannol a chymdeithasol y 18g. yw llythyrau'r brodyr Morris o Bentre-eiriannell, Penrhosllugwy (**Moelfre**, **Môn**). Roedd yr hynaf, Lewis Morris (1701–65), yn dirfesurydd ac yn fapiwr medrus (gw. **Mapiau**) a luniodd siartau o arfordir Cymru. Bu'n byw yn **Sir Aberteifi** ar ôl tua 1742, yn ddirprwy stiward maenorau'r Goron yno. Er i'w gyfnod yno fod yn un pur helbulus, llwyddodd i ymroi i'w astudiaethau o iaith, llên a hanes Cymru. Ei freuddwyd oedd dod â gogoniant **llenyddiaeth** Cymru i gyrraedd **gwerin** gwlad. Cyhoeddodd *Tlysau yr Hen Oesoedd* ar ei wasg ei hun yng **Nghaergybi** mor gynnar â 1735, ond ni chafodd ddigon o gefnogaeth i wireddu ei gynlluniau i lunio geiriadur safonol a geiriadur **enwau lleoedd**. Bu'n gefn ac yn fentor i gylch o lenorion ac ysgolheigion, gan gynnwys **Goronwy Owen**, Ieuan Fardd (**Evan Evans**; 1731–88) ac **Edward Richard**.

Treuliodd Richard Morris (1703–79) ran helaeth o'i oes yn **Llundain**, lle'r oedd mewn swydd bur uchel yn Swyddfa'r Llynges. Roedd yn un o sefydlwyr Cymdeithas y **Cymmrodorion** yn 1751 a golygodd argraffiadau newydd o'r **Beibl** a'r *Llyfr Gweddi Gyffredin* i'r **Gymdeithas er Taenu Gwybodaeth Gristnogol**.

Aros ym Môn fu hanes William Morris (1705–63). Enillai ei fara menyn fel swyddog y dollfa yng **Nghaergybi**, ond ei brif ddiddordebau, ochr yn ochr â **cherddoriaeth**, oedd garddio a llysieueg, ac roedd yn wybodus iawn ynglŷn â **phlanhigion** yr **Wyddfa**. Cyhoeddwyd ei lawysgrif bwysig ar arddio yn *Nhrafodion* y Cymmrodorion (1979).

Clywir llai o sôn am **John Morris** (1706–40) er ei fod yn rhannu diddordebau diwylliedig ei frodyr i raddau. Aeth ef i'r môr a bu farw mewn cyrch yn Cartagena yn Sbaen.

## MORRIS-JONES, Huw (1912–89) Academydd a ffigwr cyhoeddus

Addysgwyd Huw Morris-Jones, brodor o'r **Wyddgrug**, ym **Mangor** a **Rhydychen**. Wedi cyfnod o waith cymdeithasol, fe'i penodwyd yn ddarlithydd **athroniaeth** ym Mangor (1942). Yn 1945 bu'n ymgeisydd Llafur yn **Sir Feirionnydd**. Gwasanaethodd ar nifer o gyrff cyhoeddus. Hyn, ynghyd â'i arbenigedd mewn athroniaeth cymdeithas a chymdeithaseg, a'i gwnaeth yn ddewis mor addas fel Athro cyntaf Gwyddor Cymdeithas a'i Sefydliadau (1966) ym Mangor. Bu'n aelod o **Gyngor Darlledu Cymru**; ef a **Gwynfor Evans** oedd y ddau a ymddiswyddodd yn 1960 pan benodwyd Rachel Jones, gwraig ddi-Gymraeg a oedd wedi treulio'r rhan fwyaf o'i bywyd y tu allan i Gymru, yn gadeirydd y Cyngor. Bu hefyd yn aelod o'r Awdurdod Darlledu Annibynnol ac o fwrdd cyntaf **S4C**. Ac yntau'n ŵr a allai ymddangos yn orffurfiol ei ymarweddiad, roedd pobl a ddeuai i'w adnabod o'r newydd yn synnu o ddeall ei fod yn cael ei adnabod fel Humorous Jones.

## MORRIS-JONES, John (1864–1929) Ysgolhaig, beirniad a bardd

Brodor o **Fôn** oedd John Morris-Jones. Graddiodd mewn **mathemateg** yn **Rhydychen**, ond trodd i astudio'r **Gymraeg** dan ddylanwad **John Rhŷs**. Wedi cyfnod fel darlithydd ym **Mangor** fe'i penodwyd yn Athro cyntaf y Gymraeg yno yn 1895. Gyda John Rhŷs cyhoeddodd argraffiad o ***Llyfr Ancr Llanddewibrefi*** (1894), ac yn 1896 golygodd argraffiad newydd o *Gweledigaetheu y Bardd Cwsc* **Ellis Wynne**. Ei waith pwysicaf oedd *A Welsh Grammar* (1913). Cyfraniad arall oedd *Cerdd Dafod* (1925), sy'n dadansoddi'r **gynghanedd** a'r mesurau caeth. Bwriodd amheuaeth ar ddilysrwydd yr **Orsedd**, cyhoeddodd astudiaeth o waith **Taliesin**, a bu'n golygu *Y*

*Beirniad* (1911–19). Ar ôl ei farw cyhoeddwyd ei *Welsh Syntax* (1931). Gosododd seiliau cadarn i Gymraeg llenyddol yr 20g., a'i 'phuro', yn ei olwg ef, o gamdybiaethau'r 19g. Gwelir ei ddylanwad ar *Welsh Orthography* (1893) ac *Orgraff yr Iaith Gymraeg* (1928). Roedd yn bwysig fel beirniad eisteddfodol, ac yn un o feirdd pwysicaf dadeni llenyddol dechrau'r 20g. Mae ei gyfrol *Caniadau* (1907) yn cynnwys ei awdlau, 'Cymru Fu: Cymru Fydd' a 'Salm i Famon', yn ogystal â chywyddau a thelynegion. Ceir ynddi hefyd gyfieithiadau, gan gynnwys cathlau Heine a gwaith Omar Khayyám.

## MORTIMER, Teulu Arglwyddi yn y Mers

Daeth y teulu i gysylltiad â Chymru *c.*1075, pan roddwyd tiroedd o gwmpas Wigmore (**Swydd Henffordd**) i Ralph Mortimer. Ymosododd ar arweinwyr Cymreig **Maelienydd**, **Elfael** a **Maesyfed**. Yn 1230 priododd ei ddisgynnydd, Ralph Mortimer arall, â Gwladus Ddu, merch **Llywelyn ap Iorwerth**. Efallai mai eu hŵyr hwy, Edmund Mortimer, a hudodd **Lywelyn ap Gruffudd** i'w farwolaeth yng **Nghilmeri**. Mab Edmund, Roger (m.1330), oedd arglwydd mwyaf y **Mers**, ac adlewyrchwyd hynny yn 1327 pan ddyrchafwyd ef yn iarll March (Mers). Roedd yn gariad i wraig Edward II, Isabella, ac o 1326 hyd 1330 ef mewn gwirionedd a oedd yn llywodraethu ar **Loegr**. Bu â rhan yn llofruddiaeth Edward II (1327), ond yn 1330 fe'i dienyddiwyd fel bradwr. Cafodd ei ewythr, Roger arall (m.1326), arglwyddiaeth y **Waun** yn 1282.

Daeth Roger, ail iarll March (m.1360), yn ôl i ffafr y Goron. Priododd ei fab, Edmund (1351–81), â Philippa, a etifeddodd hawl ei thad, Lionel, ail fab Edward III, i'r orsedd. Daliwyd eu mab hwythau, Edmund, gan **Owain Glyndŵr** yn 1402 a phriododd ferch Owain, Catrin. Dan y Cytundeb Tridarn (gw. **Gwrthryfel Glyndŵr**), roedd nai Edmund, Edmund arall, i ddod yn llywodraethwr de Lloegr. Etifeddodd ei nith, Anne, diroedd helaeth Mortimer, gan gynnwys **Dinbych**, **Cedewain**, **Ceri**, Maelienydd, Maesyfed, **Buellt**, **Blaenllynfi**, **Ewias** ac **Arberth**, gyda'u prif ganolfan yn **Llwydlo**. Priododd â Richard (m.1415), etifedd hawliau Edmund, pedwerydd mab Edward III, ac roedd eu llinach gyfun yn sail i hawl yr Iorciaid i'r orsedd (gw. **York, Teulu**). Pan ddaeth eu hŵyr i'r orsedd yn 1461 fel Edward IV, aeth eiddo teulu Mortimer i ddwylo'r Goron. Gwnaed llawer o'r ffaith fod Edward yn ddisgynnydd i Lywelyn ap Iorwerth trwy Gwladus Ddu a'r Mortimeriaid. Yn wir, dadleuodd **David Powel** fod Harri VII wedi etifeddu Lloegr oddi wrth ei dad, etifedd y Lancastriaid (gw. **Lancaster, Teulu**), a'i fod wedi etifeddu Cymru oddi wrth ei fam, Elizabeth, merch Edward IV ac etifeddes yr Iorciaid, y Mortimeriaid a Llywelyn ap Iorwerth.

## MORYS (Morus), Huw (Eos Ceiriog; 1622–1709) Bardd

Huw Morys oedd bardd mwyaf dawnus a chynhyrchiol yr 17g. Mae'n debyg iddo gael ei eni ger **Llangollen**, ond bu'n byw am y rhan fwyaf o'i oes gyda theulu ei frawd ym Mhontymeibion, **Llansilin**. Ac yntau'n hen lanc, cafodd hamdden i glera yn nhai bonedd y gogledd. Canai yn y mesurau caeth ond disgleiriai yn y mesurau rhydd a gywreiniodd gyda **chynghanedd** ac odlau, ac enwir tonau ar gyfer amryw gerddi. Roedd yn frenhinwr ac eglwyswr pybyr a fwriodd ei sen ar **Cromwell** a'r **Piwritaniaid** ar ôl yr Adferiad.

John Morris-Jones

## MOSCOW FACH

Erbyn y 1930au cyfeirid at nifer o gymunedau ym **Mhrydain**, naill ai yn gymeradwyol neu'n feirniadol, fel 'Moscow Fach'. Ond dichon mai dim ond Lumphinnans yn Nyffryn Leven yn yr **Alban** a deilyngai'r enw gymaint â'r Maerdy ym mhen uchaf **Rhondda** Fach. Fel sen y bwriadwyd yr enw yn wreiddiol, ond derbyniodd y Maerdy'r enw gyda balchder. Wedi'r cwbl, rhoddwyd cartref yn yr ardal i'r faner wych a gyflwynwyd i lowyr **Prydain** gan wragedd Krasnaya Presna, Moscow, yn ystod y **Streic Gyffredinol**. Byddai'r cyswllt cyntaf hwnnw gyda'r Undeb Sofietaidd yn cael ei adlewyrchu ymhen amser gan gryfder y **Blaid Gomiwnyddol** yn y Maerdy, a'r cysylltiadau agos ag **Arthur Horner**, a fu'n byw yno o 1919 hyd 1934. Yn fwy na dim, adlewyrchai'r enw undod y dosbarth gweithiol yn lleol a maint dylanwad cyfrinfa'r glowyr ar faterion lleol. Yn 1930 datgysylltodd y gyfrinfa ei hun i bob pwrpas oddi wrth **Ffederasiwn Glowyr De Cymru**. Dros hanner canrif yn ddiweddarach, yn 1985, swyddogion Comiwnyddol y gyfrinfa a arweiniodd yr orymdaith enwog yn ôl i'r gwaith ar ddiwedd y streic a welodd lowyr y Maerdy yn aros yn gwbl unedig unwaith yn rhagor.

## MOSTYN, Sir y Fflint (1,170ha; 2,012 o drigolion)

Lleolir y **gymuned** hon ar lan aber afon **Dyfrdwy** yn union i'r gogledd-orllewin o **Dreffynnon**. Yma yr oedd cartref Ithel Fychan (*fl.c.*1350), a'i ddisgynnydd Thomas ap Richard (m.1558) a fabwysiadodd y cyfenw Mostyn. Mae teulu **Mostyn** yn dal i fyw yn Neuadd Mostyn, y tŷ mwyaf yn **Sir y Fflint**, a ailwampiwyd yn 1847. Mae rhodfa'r tŷ yn mynd trwy dwnnel dan Drybridge Lodge (1849). Dechreuwyd cloddio am **lo** yn ystod yr 17g. a daeth Mostyn yn ganolfan mwyndoddi **plwm** hefyd. Roedd Llannerch-y-môr, y gwaith plwm mwyaf, ar agor o'r 1680au hyd 1898 ac roedd ganddo ei ddoc ei hun. Mae adeiladau ei felin wedi'u cadw. Er bod dyddiau Dociau Mostyn fel y prif borthladd ar gyfer allforio glo'r sir i **Iwerddon** wedi hen fynd heibio, daeth tro ar fyd a llewyrch erbyn diwedd yr 20g. yn sgil datblygu masnach amrywiol. Dim ond cragen sydd ar ôl o'r orsaf reilffordd Eidalaidd ei harddull a fu ym Mostyn (gw. **Fflint** a Threffynnon).

**MOSTYN, Teulu** Tirfeddianwyr
Deil y Mostyniaid i fod yn un o deuluoedd tiriog mwyaf blaenllaw'r gogledd. Deillia'r teulu o gyfres o briodasau yn y 14g. a'r 15g. a dynnodd at ei gilydd y 'Pum Llys': Pengwern (**Llangollen**), **Mostyn** yn **Sir y Fflint**, Gloddaith (**Llandudno**) a Threcastell a Thregarnedd (y ddau ym **Môn**). Y cyntaf i etifeddu pob un o'r pump a mabwysiadu'r cyfenw oedd Thomas ap Richard (Thomas Mostyn I) a hynny yn 1540. Roedd gan y teulu berthynas arbennig ag urdd y beirdd fel y gwelwyd oddi wrth y rhan a chwaraeodd yn eisteddfodau **Caerwys** yn 1523 ac 1567. Roedd llyfrgell Mostyn yn enwog; mae'r rhan fwyaf o'i llawysgrifau Cymraeg yn awr yn y **Llyfrgell Genedlaethol** a llyfrgell **Prifysgol Cymru, Bangor**. Daeth y llinach wrywaidd i ben yn 1831 ac aeth y stad i ddwylo nai a grëwyd yn farwn cyntaf Mostyn. Datblygwyd tref Llandudno ar stad Gloddaith yn sgil dyfodiad rheilffordd **Caergybi** yn 1849. **Francis Mostyn**, o gangen Gatholig Talacre (gw. **Llanasa**) y teulu, oedd ail archesgob **Caerdydd** (1921–39). Yn 1873 roedd y teulu yn berchen ar 2,210ha yn Sir y Fflint a 620ha yn **Sir Gaernarfon**.

**MOSTYN, Francis [Joseph] (1860–1939)** Archesgob
Ganed Francis Mostyn yn Nhalacre (**Llanasa**), yn aelod o gangen Gatholig Talacre o deulu **Mostyn**, a'i hyfforddi'n offeiriad yn Durham. Yn 1884 fe'i hordeiniwyd i esgobaeth Amwythig a oedd ar y pryd yn cynnwys chwe sir ogleddol Cymru. Yn 1895 daeth yn ficer apostolaidd ficeriaeth newydd Cymru, a ddaeth yn esgobaeth Mynyw (Menevia) yn 1898. Fel esgob Mynyw, dechreuodd cydymdeimlad Mostyn at y **Gymraeg** duedd ymhlith esgobion Catholig Cymreig. Yn 1921 fe'i penodwyd yn ail archesgob Catholig **Caerdydd**. Ymhlith y materion y rhoddodd sylw iddynt yn ei swydd yr oedd crwsâd yn erbyn 'anfoesoldeb' mewn ffilmiau, ac ymdrechion diflino i ddarparu eglwysi ac ysgolion Catholig (gw. **Catholigion Rhufeinig**).

**MOT, Y (New Moat)**, Sir Benfro (2,840ha; 426 o drigolion)
Mae'r **gymuned** hon, sy'n ymestyn o gyrion deheuol **Mynydd Preseli**, hyd at ffin **Sir Benfro–Sir Gaerfyrddin**, yn cynnwys pentrefi y Mot, Trefelen, Llys-y-frân a Phen-ffordd. Dynoda **enwau lleoedd** fod hanner gogleddol y Mot yn perthyn i'r fro Gymraeg a'r hanner deheuol i'r rhan honno o Sir Benfro sy'n Saesneg ei hiaith. Mae'r mwnt (*motte*) a roddodd i'r lle ei enw yn glasurol ei siâp, fel dysgl â'i phen i lawr. Cafodd Eglwys Sant Nicolas ei hailadeiladu i raddau helaeth yn ystod y 1880au ond mae'r tŵr canoloesol a beddrod allor o'r 17g. wedi goroesi. Mae'r plasty a fu'n gartref i deulu Scourfield wedi'i ddymchwel. Mae cronfa ddŵr Llys-y-frân (1968–72) yn warchodfa natur, ac mae'r llyn 75ha yn llawn brithyllod.

**MOWBRAY, Teulu** Arglwyddi yn y Mers
Man cychwyn cysylltiad y teulu â Chymru oedd priodas John Mowbray (m.1322) ag Aline, aeres William de Breos (m.1326; gw. **Breos, Teulu**), arglwydd **Gŵyr**. Priododd eu hŵyr, John (m.1368), ag Elizabeth, wyres ac aeres Thomas, iarll Norfolk, hanner brawd Edward II ac arglwydd **Casgwent**. Dyrchafwyd eu mab, John (m.1399), yn ddug Norfolk yn 1397 a phriododd ag Elizabeth, cyd-aeres Richard Fitz Alan arglwydd **Brwmffild ac Iâl** (gw. **Fitz Alan, Teulu**). Daeth y llinach wrywaidd i ben yn 1476, ac aeth arglwyddiaethau Cymreig teulu Mowbray yn eiddo i'r Goron; yn ddiweddarach rhoddwyd Gŵyr i deulu **Herbert**. Adfywiwyd y ddugiaeth yn 1483 pan roddwyd hi i John Howard, ŵyr dug cyntaf Mowbray.

**MOXHAM, Glendinning (*c.*1860–*c.*1935)** Pensaer
Brodor o **Abertawe** oedd Moxham. Astudiodd yn Nottingham a sefydlodd bartneriaeth gyda James Buckley Wilson o Gaerfaddon yn 1888. Gyda'i gilydd buont yn gyfrifol am lawer o dai mewn arddull bictiwrésg yn ardal Abertawe, yn ogystal â sawl adeilad arall gan gynnwys Marchnad Abertawe (1889). Moxham a gynlluniodd Oriel Glynn Vivian (1911), Abertawe, a chyhoeddodd *Country Houses and Cottages* (1914).

**MUDIAD AMDDIFFYN CYMRU (MAC)**
Daeth y sôn cyntaf am y mudiad cenedlaetholgar a chyfrinachol hwn yn 1963 yn dilyn ffrwydro bom ar safle argae Cwm **Tryweryn**. Rhwng 1966 ac 1969 trefnwyd cyfres bellach o ffrwydradau gan y garfan, yn eu plith yr ymosodiad beiddgar ar safle argae Clywedog yn 1966 (gw. **Llanidloes Allanol**). Bu'r mudiad yn ffyrnig ei wrthwynebiad i'r arwisgiad yng **Nghaernarfon** yn 1969 (gw. **Tywysogion Cymru**) ac ar fore'r seremoni lladdwyd dau o'r aelodau (gw. '**Abergele, Merthyron**'). Daeth terfyn ar y bomio yn 1970 pan ddedfrydwyd John Barnard Jenkins (g.1933) – arweinydd carismatig y mudiad – i ddeng mlynedd o garchar.

**MUDIAD CENEDLAETHOL Y GWEITHWYR ANGHYFLOGEDIG**
Sefydlwyd y mudiad yn 1921, ac ef a arweiniai'r ymgyrch yn erbyn diweithdra ym **Mhrydain** rhwng y rhyfeloedd. Dylanwadwyd arno'n drwm gan y **Blaid Gomiwnyddol**, a hybai bolisi o brotestiadau a gweithredu uniongyrchol, gan gynnwys y **gorymdeithiau newyn** o ardaloedd trallodus. Roedd arweinwyr fel **Will Paynter** yn trefnu gwrthsafiad y di-waith ac yn ennyn cryn gydymdeimlad ymhlith y cyhoedd. Yn 1935 bu'r mudiad yn ymwneud ag un o uchelfannau'r ymgyrch yn erbyn y **prawf moddion**, pan fu dros 300,000 o bobl yn protestio ar strydoedd y de. Bu'r mudiad hefyd yn trefnu apeliadau unigol di-rif ar ran y di-waith.

**MUDIAD CYDWEITHREDOL, Y**
Symbylwyd y mudiad gan **Robert Owen** o'r **Drenewydd**, ac fe'i sefydlwyd gan arloeswyr yn Rochdale yn 1844; cafwyd cefnogaeth iddo yng Nghymru gan Dr **William Price**. Rhoddwyd statws cyfreithiol i'r mudiad yn 1852. Datblygodd yn gyflym yn y 1860au a bu'n gymorth i wrthsefyll pwysau'r siopau cwmni (gw. **Trwco**). Agorwyd y siop gydweithredol gyntaf yng Nghymru yng **Nghwm-bach** ger **Aberdâr** yn 1860; roedd 20,000 o aelodau yn y de erbyn 1892 a 115,000 erbyn 1915. Yn ystod y **Dirwasgiad** rhwng y ddau ryfel byd,

roedd gweithwyr anghyflogedig yn dibynnu ar y siopau am nwyddau a chredyd parod. Magodd y Blaid Gydweithredol, a ffurfiwyd yn 1917, berthynas glòs â'r **Blaid Lafur**.

## MUDIAD EFENGYLAIDD CYMRU

Ffrwyth cyffro ysbrydol yn y colegau ym **Mangor** yn ystod 1947/8 yw'r Mudiad Efengylaidd. Mae'n cyhoeddi dau gylchgrawn – *Y Cylchgrawn Efengylaidd* (1948–) a *The Evangelical Magazine of Wales* (1957–). Mae ei wasg, sef Gwasg Bryntirion, yn cyhoeddi llenyddiaeth Gristnogol; gwerthodd ei *Christian Hymns* (1977) dros 120,000 o gopïau bellach. Mae'r mudiad hefyd yn trefnu cynadleddau, gwersylloedd ac encilion, ac mae ganddo ddwy ganolfan, sef Bryn-y-groes, y **Bala**, a Bryntirion, **Pen-y-bont ar Ogwr**. Saif y Mudiad Efengylaidd dros awdurdod terfynol y **Beibl**, ac ar sail hynny pwysleisir tröedigaeth bersonol, sancteiddrwydd a'r angen am ddiwygiad ysbrydol (gw. **Diwygiadau**). Nid yw'n cefnogi'r Mudiad Eciwmenaidd.

## MUDIAD RHYDYCHEN

Yn ei hanfod, dadl y tu mewn i Brifysgol **Rhydychen** a roddodd fod i gyfnod cyntaf Mudiad Rhydychen (1833–45). Nod y Mudiad oedd adnewyddu bywyd Eglwys Loegr (gw. **Anglicaniaid**), trwy ailddatgan ei natur Gatholig mewn materion yn ymwneud â ffydd, defod a threfn eglwysig. Tynnai ar draddodiad Ucheleglwysig yr 17g., traddodiad a gynrychiolir orau gan William Laud, esgob **Tyddewi** (1621–6) ac archesgob Caergaint (1633–45). Denodd y mudiad nifer o Gymry galluog, yn eu plith Isaac Williams o Langorwen (gw. **Tirymynach**).

Cefnogaeth W. W. E. Wynne (gw. **Wynne, Teulu (Peniarth)**) i syniadau'r mudiad a'i gwnaeth yn wrthrych y fath wrthwynebiad pan safodd fel ymgeisydd Ceidwadol yn **Sir Feirionnydd** yn etholiad cyffredinol 1859.

Yng Nghymru, tanlinellodd lledaeniad y Mudiad y gwahaniaethau rhwng **Anglicaniaid** ac Anghydffurfwyr (gw. **Anghydffurfiaeth**), gan sbarduno'r **Methodistiaid Calfinaidd** i ochri gyda'r enwadau Ymneilltuol yr oedd eu gwreiddiau yn yr 17g. Yn yr 20g. cafodd y credoau Ucheleglwysig a darddodd o Fudiad Rhydychen ddylanwad ar awduron fel **Aneirin Talfan Davies** ac arweinwyr eglwysig fel **Timothy Rees**, **Glyn Simon** a Rowan Williams, Archesgob Cymru (2000–3) ac Archesgob Caergaint (2003–). Mae credoau Ucheleglwysig yn arbennig o gryf ymysg clerigwyr Llandaf (gw. **Caerdydd**), y fwyaf o **esgobaethau** yr **Eglwys yng Nghymru**, a dyna pam nad ordeiniwyd **menywod** gan yr Eglwys honno hyd 1996, pedair blynedd ar ôl i Eglwys Loegr gymryd y cam hwnnw.

## MUDIAD YSGOLION MEITHRIN

Mudiad gwirfoddol a sefydlwyd yn 1971 i osod trefn genedlaethol ar y datblygiadau cyffrous ym maes **addysg** feithrin trwy gyfrwng y **Gymraeg**. Mabwysiadwyd polisi drws-agored, gan dderbyn plant o gartrefi Cymraeg a di-Gymraeg, a chan amcanu at drwytho'r di-Gymraeg yn yr iaith. Llwyddwyd i ennill cefnogaeth ariannol adrannau gwasanaethau cymdeithasol ac addysg y **Swyddfa Gymreig** (llywodraeth **Cynulliad Cenedlaethol Cymru** bellach) ac wedi hynny **Bwrdd yr Iaith Gymraeg**. Mae prif swyddfa'r mudiad yn **Aberystwyth** a chyflogir arbenigwyr yn y blynyddoedd cynnar ym mhob rhan o Gymru, ond pery'r gwirfoddolwyr ac arweinyddion y cylchoedd meithrin yn asgwrn cefn y mudiad. O'r cychwyn, sylweddolodd y mudiad ei gyfrifoldeb tuag at blant ag anghenion addysgol arbennig a'r angen i gefnogi rhieni a gofalwyr plant mewn 'cylchoedd Ti a Fi'. Bu twf syfrdanol yn nifer y grwpiau, o 65 ysgol feithrin yn 1971 i fwy na 500 cylch meithrin a thros 400 cylch Ti a Fi yn 2007. Cyfrifir y mudiad ymhlith y cyfranwyr pwysicaf i'r ymdrechion i adfywio'r Gymraeg a sicrhau dyfodol addysg Gymraeg, a bu ei waith yn ysbrydoliaeth i'r rhai a fyn adfer ieithoedd llai eu defnydd ledled y byd.

## MURPHY, Jimmy (James Patrick; 1910–89) Pêl-droediwr a rheolwr

Chwaraeodd Murphy, a aned yn y **Rhondda**, i West Bromwich Albion ac enillodd 15 o gapiau rhyngwladol fel hanerwr ymosodol. Yn 1946 ymunodd â Manchester United fel hyfforddwr, gan ddod yn rheolwr cynorthwyol (1955–1971). Rheolodd dîm Cymru (1956–64). Yn dilyn y ddamwain awyren ym mis Chwefror 1958 pan laddwyd wyth aelod o dîm Manchester United, cymerodd le Matt Busby ac aeth ag United i Gêm Derfynol y Cwpan cyn gadael am Gwpan y Byd yn Sweden, lle cyrhaeddodd Cymru yr wyth olaf.

## MURRAY, [William] Grant (1877–1950) Addysgwr ac arlunydd

Ganed Grant Murray yn yr **Alban**. Er ei fod yn **peintio** mewn gwahanol arddulliau sylwadol, fel athro llawn gweledigaeth y gwnaeth ei farc yng Nghymru. Erbyn 1909, pan benodwyd ef yn bennaeth Ysgol Gelf Abertawe, roedd y system ysgoloriaeth yn bodoli ac felly'n gyfle i'r dosbarth gweithiol diwydiannol astudio celf. Daeth Grant Murray yn fentor i grŵp pwysig o arlunwyr Cymreig a oedd yn dod i'r amlwg, ac ehangodd ar gwricwlwm yr ysgol gan benodi athrawon a allai ysbrydoli'r myfyrwyr. Bu'r un mor ddylanwadol fel cyfarwyddwr cyntaf Oriel Gelf Glynn Vivian, **Abertawe**, a threfnodd adran gelf a chrefft **Eisteddfod** Genedlaethol Abertawe yn 1926. O dan gyfarwyddyd Grant Murray, Ysgol Gelf Abertawe oedd y sefydliad a wnaeth y cyfraniad addysgol mwyaf sylweddol i gelfyddyd Gymreig yn yr 20g.

## MWYNGLAWDD (Minera), Wrecsam (1,177ha; 1,608 o drigolion)

Mae'r **gymuned** hon, i'r gorllewin o **Wrecsam**, ym mhen uchaf Dyffryn Clywedog. Mae'r cofnod cynharaf i oroesi o'r enw Minera (**Lladin** am 'waith mwyn') yn dyddio o 1343; mae'r enw Mwynglawdd yn dyddio o *c.*1700. Cyfeiria'r ddau enw at y cyfoeth o fwynau a gloddiwyd yn yr ardal, a'i mwynau **plwm** yn arbennig. Mwynglawdd yw man cychwyn Llwybr Clywedog, sy'n arwain cerddwyr ar daith trwy dreftadaeth ddiwydiannol y dyffryn ac a ddaw i ben ym Melinau'r Brenin (gw. **Wrecsam**). O'r ganolfan ymwelwyr ym Mharc Gwledig Mwynglawdd gellir ymweld ag adeiladau o'r 18g. a'r 19g. a oedd yn gysylltiedig â mwyngloddio am blwm ac sydd bellach wedi eu hadfer. Cafodd y rhwydwaith o **ogofâu** a ddarganfuwyd yn 1964 yn rhan uchaf yr ardal ei ddynodi yn safle o ddiddordeb gwyddonol arbennig.

## MYDDELTON, Teulu Entrepreneuriaid a thirfeddianwyr

Tua 1394 priododd Rhirid ap Dafydd o **Benllyn** â merch Syr Alexander Myddelton o Myddelton, **Swydd Amwythig**, a mabwysiadu cyfenw ei wraig. Bu gan ei ddisgynyddion swyddi dan y Goron yn **Ninbych**. Ymfudodd tri o naw mab Richard Myddelton (*c*.1508–75) i **Lundain**. Daeth Syr Thomas Myddelton (1550–1631) yn ddyn busnes blaenllaw; bu'n arglwydd faer Llundain (1613) a chynorthwyodd i gyhoeddi'r *Beibl Bach* (1630), y **Beibl** Cymraeg poblogaidd cyntaf. Roedd Syr Hugh Myddelton (1560–1631) yn of aur, ac adeiladodd y '*New Cut*' 64km nodedig i ddatrys problem prinder dŵr difrifol Llundain, gan ariannu'r fenter yn rhannol ei hun; yn ddiweddarach bu'n weithgar yn y diwydiannau **plwm ac arian** yn **Sir Aberteifi**. Roedd cefnder i'r teulu, Wiliam Midleton neu Myddelton (*c*.1550–*c*.1600), yn filwr, yn forwr ac yn fardd; cyhoeddodd ramadeg barddol (1593), a fersiwn cynganeddol o'r Salmau (1603). Arweiniodd Syr Thomas Myddelton (1586–1666) o'r **Waun** (**Sir Ddinbych**, ond **Wrecsam** erbyn hyn), mab arglwydd faer Llundain, luoedd y Senedd yn y gogledd-ddwyrain gyda pheth llwyddiant yn y cyntaf a'r ail o'r **Rhyfeloedd Cartref**, ond wedi iddo wrthwynebu prawf Charles I fe'i bwriwyd o'r Senedd ac ymddeolodd i'r Waun. Roedd yn Anglicaniad selog, a chroesawodd adferiad Charles II. Gwnaed ei fab Thomas, (*c*.1624–63), yn farwnig yn 1660 am ei wasanaeth i'r Goron. Daeth y llinach wrywaidd i ben yn 1796; erbyn hynny roedd aelodau o'r teulu wedi cynrychioli naill ai sedd Sir Ddinbych neu sedd Bwrdeistrefi Dinbych am fwy na 150 o flynyddoedd. Trwy briodasau etifeddesau rhannwyd y stad rhwng teulu Cornwallis West yn **Rhuthun** a theulu Myddelton-Biddulph yn y Waun. Yn y 1870au roedd y naill o'r teuluoedd hyn yn berchen ar 2,200ha yn Sir Ddinbych a'r llall yn berchen ar 2,230ha.

**MYDDFAI**, Sir Gaerfyrddin (5,500ha; 415 o drigolion)
Yr unig le o unrhyw faint yn y **gymuned** hon i'r de o **Llanymddyfri** yw pentref bychan Myddfai. Mae copa Mynydd Myddfai yn cyrraedd uchder o 440m. Ar y Pigyn ym mhen dwyreiniol eithaf y gymuned y mae dau wersyll cyrch Rhufeinig, y naill wedi'i godi ar ben y llall; maent yn dyddio, mae'n debyg, o OC *c*.75. Cafodd Eglwys Sant Mihangel (14g. a 15g.) ei difetha braidd gan adferwyr y 19g. Bu **Meddygon Myddfai** yn arfer eu crefft ym Myddfai. Yma y ganed John Thomas (1730–1804?), gweinidog gyda'r **Annibynwyr** yn **Rhaeadr Gwy** (1767–94) ac awdur *Rhad Ras*, un o'r hunangofiannau Cymraeg cynharaf. Mae hen blasty Cilgwyn bellach yn gartref nyrsio. Aeth plasty Llwyn-y-wermwd (Llwyn-y-Wormwood) yn adfail, ond yn 2006 prynwyd y stad 80ha gan ddugiaeth **Cernyw** gyda'r bwriad o ddarparu llety yno ar gyfer y Tywysog Charles yn ystod ei ymweliadau â Chymru. (Ffurf Saesneg led gyfatebol i'r enw yw Wormwood Scrubs.)

**'MYFANWY'** Cân
Rhan-gân i leisiau meibion gan **Joseph Parry** a gyhoeddwyd *c*.1880 yw hon. Mae'r alaw a'r geiriau ymhlith yr enwocaf o gyfansoddiadau Cymreig. Awdur y geiriau Cymraeg oedd **Richard Davies** (Mynyddog; 1833–77), a gydweithiodd â Joseph Parry ar ei opera *Blodwen* hefyd.

**MYNACHLOG-DDU**, Sir Benfro (3,387ha; 489 o drigolion)
Mae **cymuned** Mynachlog-ddu yn cynnwys y rhan fwyaf o lechweddau deheuol **Mynydd Preseli**, ac efallai mai oddi yma y daeth cerrig gleision Côr y Cewri. Mae'r cylch o 16 o gerrig yng Nghors Fawr yn dyddio o'r Oes Efydd (gw. **Oesau Cynhanesyddol**). Ym mynwent Bethel, capel y **Bedyddwyr** (ailadeiladwyd 1877), mae carreg fedd Twm Carnabwth (Thomas Rees; 1806?–76), arweinydd ymosodiad cyntaf Terfysgoedd **Rebeca**; yn ôl yr arysgrif, bu farw wrth gasglu bresych. Rhwng ei seithfed a'i unfed pen-blwydd ar ddeg, bu'r bardd **Waldo Williams** yn byw ym Mynachlog-ddu, blynyddoedd a fu'n ganolog i'w olwg ar y byd. Ar ei gofeb drawiadol dyfynnir llinellau agoriadol ei gerdd 'Preseli'. Ar ddiwedd y 1940au, pan oedd bwriad i sefydlu maes tanio ar Fynydd Preseli, trefnodd trigolion Mynachlog-ddu ymgyrch lwyddiannus i wrthwynebu'r cynllun. Tyngodd eu harweinydd, y gweinidog lleol, R. Parry Roberts, y cyfeirid ato fel 'Gandhi'r Preseli', yr âi i fyw i ganol y maes tanio pe câi ei sefydlu. Nid mynachlog yn llythrennol a ddynodir gan yr enw. Yn hytrach dynoda'r graens (*grange*) yn yr ardal a oedd yn eiddo i fynachod Abaty **Llandudoch** (cyfeirio at natur lom y tirwedd a wna'r ansoddair *du*). Mae nodweddion canoloesol i'w cael o hyd yn Eglwys Sant Dogfael.

**MYNYDD CARN, Brwydr**
Parhaodd effaith y frwydr hon, a ymladdwyd yn 1081 yn y de-orllewin (ni lwyddwyd i olrhain union leoliad Mynydd Carn) am ganrifoedd. Ymunodd **Gruffudd ap Cynan** a **Rhys ap Tewdwr** â'i gilydd i drechu Trahaearn ap Caradog, rheolwr **Gwynedd**, a Charadog ap Gruffudd, rheolwr **Gwynllŵg**, a thrwy hynny sefydlu'r ddwy linach a fu wedyn yn teyrnasu yng Ngwynedd a **Deheubarth**.

**MYNYDD DU, Y (Black Mountain)** (Sir Gaerfyrddin a Phowys)
Darn helaeth o fynydd-dir yn cwmpasu tua 15,000ha ac yn codi hyd gopa Fan Brycheiniog (802m; **Llywel**) a Bannau Sir Gaer (749m; **Llanddeusant**). Mae tarren serth yr Hen Dywodfaen Coch y mae Bannau Sir Gaer a Fan Brycheiniog yn rhan ohoni yn ymestyn o ben gorllewinol **Llyn y Fan Fach** i ben deheuol Fan Hir. Ymhlith y **planhigion** nodedig a geir ar silffoedd y clogwyni y mae rhywogaethau arctig-alpaidd megis pren y ddannoedd, yr helygen fach a llygaeren. Ar ddiwrnodau clir, ceir oddi ar gopaon y Mynydd Du olygfeydd o **Fynydd Preseli** tua'r gorllewin, **Pumlumon** a **Chadair Idris** tua'r gogledd, a Môr Hafren, Ynys Wair (Lundy) ac Exmoor tua'r de. Mae'r A4069 rhwng **Llangadog** a **Brynaman** yn codi i uchder o 493m, gan groesi creigiau Ordofigaidd, Silwraidd, Hen Dywodfaen Coch, **Calchfaen** Carbonifferaidd a Grut Melinfaen. Mae nofelau Richard Vaughan (**Ernest Lewis Thomas**) yn portreadu bywyd ar y Mynydd Du, sy'n rhan o Barc Cenedlaethol Bannau Brycheiniog (gw. **Parciau Cenedlaethol**).

**MYNYDD DU, Y (Black Mountains)** (Sir Fynwy a Phowys)
Cwyd y Mynydd Du, sy'n rhan o Barc Cenedlaethol Bannau Brycheiniog (gw. **Parciau Cenedlaethol**), i'r dwyrain o'r Bannau a Dyffryn **Wysg** ac fe'i naddwyd o greigiau'r Hen Dywodfaen Coch. Mae'r mynydd-dir, y gellir ei olrhain dros bellter o oddeutu 16km o'r de i'r gogledd a 13km o'r gorllewin i'r dwyrain, ar ffurf tair trum led gyfochrog, gyda'r uchaf ohonynt yn codi hyd gopa Pen y Gadair Fawr (800m; **Dyffryn Grwyne**). Rhwng y trumau ceir dyffrynnoedd **afonydd** Grwyne Fawr, Grwyne Fechan a

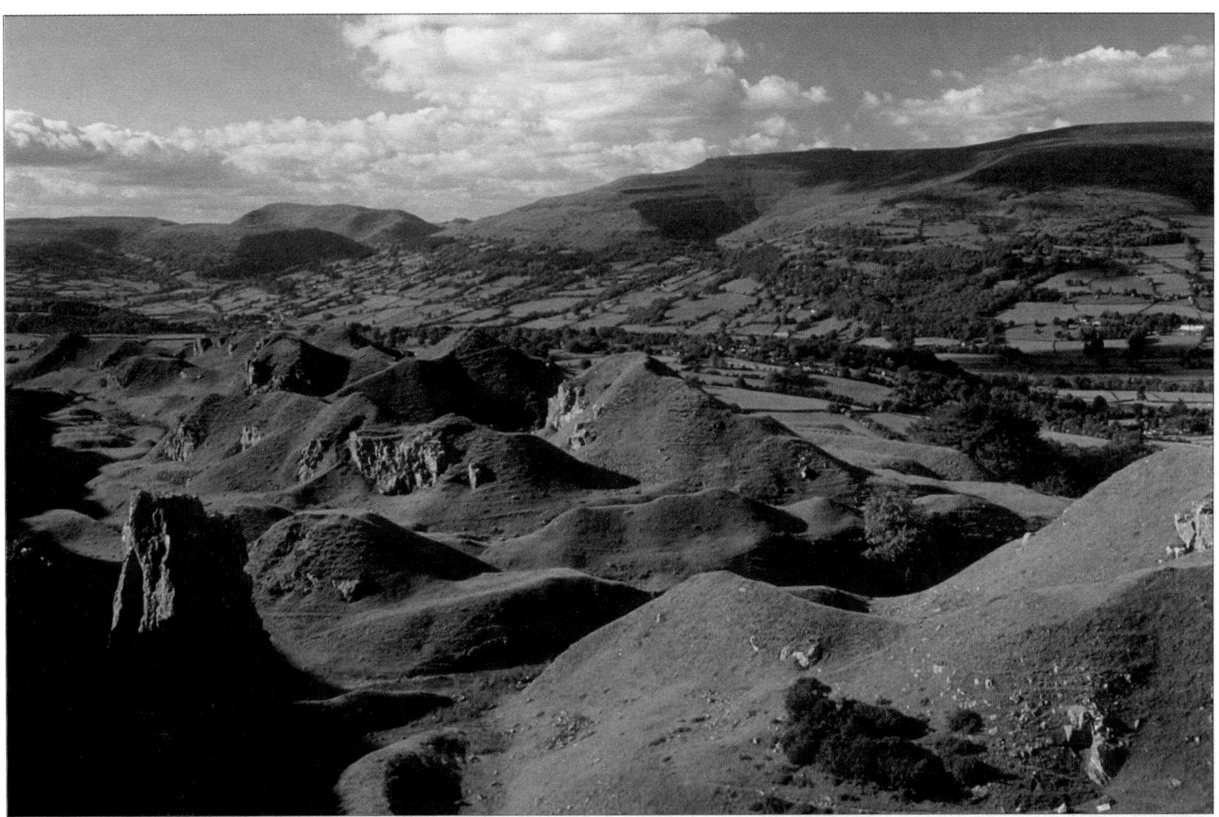

Y Mynydd Du (Sir Fynwy a Phowys) o gyfeiriad Llangatwg

Honddu, ill tair yn ymuno ag afon Wysg. Mae'r **ffyrdd** sy'n dilyn dyffrynnoedd Grwyne Fawr a Fechan yn dod i ben, ond mae honno yn Nyffryn Honddu, sy'n arwain trwy Fwlch yr Efengyl, yn ddolen gyswllt rhwng y **Fenni** a'r **Gelli**. Mae'n ymlwybro i fyny Dyffryn Ewias, cwm hyfryd 'sydd yn dri ergyd saeth â bwa o led' yng ngeiriau **Gerallt Gymro**, ac wedi ei gau 'ar bob tu gan fynyddoedd uchel'. Mae'r ddau gopa uchaf, y Twmpa (Lord Hereford's Knob; 690m) a Phenybegwn (Hay Bluff; 677m) – y naill a'r llall yng nghymuned **Llanigon** – yn codi o boptu Bwlch yr Efengyl, a cheir o'r ddau olygfeydd godidog ar draws Dyffryn **Gwy**.

Mae'r Mynydd Du yn ymgorfforiad o dir goror, gyda'r absenoldeb awdurdod canolog a awgrymir gan y term hwnnw. Ger glannau Grwyne Fawr y llofruddiwyd Richard de Clare (gw. **Clare, Teulu**) yn 1136. Ymhlith y rhai a ddenwyd gan natur anghysbell yr ardal y mae William de Lacy, sylfaenydd Priordy Llanddewi Nant Hodni yn y 12g. (gw. **Lacy, Teulu** a **Crucornau Fawr**), y Tad Ignatius (gw. **Joseph Lyne** a **Llanigon**), sylfaenydd sefydliad mynachaidd arall yn y 19g., a'r artistiaid Eric Gill a **David Jones** yn yr 20g. Y neilltuedigrwydd hwn hefyd a ganiataodd oroesiad Eglwys Patrisio (gw. **Dyffryn Grwyne**), sydd gyda'r fwyaf deniadol o eglwysi plwyf Cymru. Roedd y Mynydd Du yn noddfa ar gyfer pob math o anghydffurfwyr crefyddol; cafodd **Lolardiaid** loches yno, a bu'n fan diogel ar gyfer **Bedyddwyr** cynnar ac yn ganolfan i Iesuwyr dan erledigaeth. Er bod **poblogaeth** yr ardal gyfan yn llai na 500 erbyn yr 20g., mae'r diddordeb ym mywyd trigolion y Mynydd Du wedi ysbrydoli gweithiau llenyddol nodedig megis y ddwy gyfrol gyntaf o drioleg **Raymond Williams**, *People of the Black Mountains* (1989, 1999) a gyhoeddwyd wedi iddo farw.

## MYNYDD EPYNT

Mae'r mynydd-dir hwn, rhwng **Aberhonddu** a **Llanfair-ym-Muallt**, yn codi i uchder o 475m yng nghymuned **Llangamarch** a 472m yng nghymuned **Erwd**, 13km i'r dwyrain. Ei sylfaen ddaearegol yw tywodfeini a cherrig llaid yr Hen Dywodfaen Coch yn bennaf. Mae llechweddau serth y darren, sy'n wynebu'r gogledd-orllewin ac a fowldiwyd gan rym erydol iâ, yn cyferbynnu â llethrau addfwynach, deddwyreiniol y mynydd. Caiff yr ardal ei draenio gan **afonydd** Brân, Ysgir a Honddu, y tair yn isafonydd i afon **Wysg**, ynghyd â Duhonw a Dulas, sy'n ymuno ag afon **Gwy**. Ar hyd crib y mynydd – a oedd yn y dyddiau gynt yn un o lwybrau'r **porthmyn** – mae cyfres o hen chwareli lle arferid cloddio'r cerrig a ddefnyddid yn lleol i wneud teils toi. Hyd at 1940 Epynt oedd cadarnle'r iaith **Gymraeg** yn **Sir Frycheiniog** wledig, ond yn y flwyddyn honno gorfodwyd y trigolion – tua 400 ohonynt – i ymadael â'r ardal. Dinistriwyd eu cartrefi ac anrheithiwyd eu tir pan sefydlwyd maes tanio 16,000ha y fyddin (gw. **Canolfannau Milwrol**), digwyddiad a fu'n gyfrifol am wthio ffin y fro Gymraeg ei hiaith 15km tua'r gorllewin. Eiddo'r fyddin yw'r tir hyd heddiw, ac mae hen ffrwydron a fethodd â thanio yn berygl bywyd ac yn atalfa i'r sawl sy'n dymuno mwynhau gogoniannau'r ucheldir.

## MYNYDD HIRAETHOG

Foel Goch (519m) yng nghymuned **Llanrhaeadr-yng-Nghinmeirch** yw copa uchaf y mynydd-dir hwn sy'n ymestyn am 21km o **Fro Garmon** yn y gorllewin i **Glocaenog** yn y dwyrain, ac am 24km o **Lanfair Talhaearn** yn y gogledd i **Langwm (Conwy)** yn y de. Tywodfeini a sialau Silwraidd

Mynydd Parys

(Grutiau Sir Ddinbych) yw sylfaen y llwyfandir hwn a gaiff ei ddraenio gan isafonydd **Clwyd**, **Conwy** a **Dyfrdwy**, a chronnwyd nifer ohonynt er mwyn creu **cronfeydd dŵr** Llyn Aled, Llyn Aled Isaf, Llyn Alwen, Llyn Brân a Llyn Brenig. Cyn codi argae Llyn Brenig aed ati i archwilio'n fanwl **archaeoleg** y dyffryn ac o ganlyniad mae'r ardal, bellach, yn darparu'r wybodaeth fwyaf cyflawn am fywyd dynol yn ucheldir Cymru yn ystod yr Oes Efydd (gw. **Oesau Cynhanesyddol**). Oni bai am ymyrraeth dyn, grug, plu'r gweunydd, brwyn a gweiriau'r mynydd a fyddai'n nodweddu Mynydd Hiraethog. Fodd bynnag, mae ail-hadu wedi creu tiroedd pori helaeth ar gyfer **defaid**, ac o amgylch Clocaenog yn arbennig ceir planigfeydd helaeth o gonwydd (gw. **Coedwigaeth**). Yn draddodiadol, mae'r pentrefi – yn enwedig **Llansannan** a Llangwm – sy'n swatio ar lawr y dyffrynnoedd wedi cynnal bywyd diwylliannol cyfoethog. Ar un adeg câi rhannau helaeth o'r gweundiroedd eu defnyddio ar gyfer saethu grugieir; saif Gwylfa Hiraethog (Llansannan), caban saethu adfeiliedig, ar uchder o 496m uwchlaw Llyn Brân. O 1894 hyd 1974 Hiraethog oedd enw un o ddosbarthau gwledig **Sir Ddinbych**.

## MYNYDD LLANGATWG

Naddwyd Mynydd Llangatwg, sy'n codi i uchder o 529m rhwng **Crucywel** a **Bryn-mawr**, o galchfeini a thywodfeini'r cyfnod Carbonifferaidd. Dynodwyd clogwyni **calchfaen** trawiadol Darren Ciliau yn Warchodfa Natur Genedlaethol Craig y Ciliau, sy'n gynefin i gyfoeth o **blanhigion**, gan gynnwys y gerddinen wen fach (*Sorbus minima*). Yng nghrombil y mynydd ceir un o'r rhwydweithiau hiraf o **ogofâu** ym **Mhrydain**. Mae'r rhwydwaith, sy'n ymestyn dros bellter o 70km, yn cynnwys tair ogof yn bennaf: Ogof Agen Allwedd (34km), Ogof Darren Ciliau (27km) ac Ogof Craig a Ffynnon (9km). Mae'r ogofâu'n darparu clwydi pwysig ar gyfer **ystlumod**, gan gynnwys yr ystlum pedol lleiaf sy'n brin iawn. Ar wyneb y mynydd-dir hwn, nodwedd amlycaf cymuned **Llangatwg**, ceir nifer fawr o lyncdyllau.

## MYNYDD PARYS

Yn ôl traddodiad lleol, bu'r **Rhufeiniaid** yn cloddio am **gopr** ger **Amlwch**, **Môn**, ond ofer fu pob ymdrech i ddarganfod yr wythïen hyd 1768. Er mor fawr oedd y gwaddodyn, roedd y mwyn ei hun o ansawdd wael. Fodd bynnag, roedd modd ei weithio'n economaidd mewn pyllau mawr agored. Datblygodd y gwaith dan ofal **Thomas Williams** (1737–1802), ac o ganlyniad Amlwch oedd un o **blwyfi** mwyaf poblog Cymru erbyn 1801. Erbyn hyn roedd llawer o'r mwyn wedi cael ei godi o'r ddau bwll agored, a bu'n rhaid suddo siafftiau. O ganlyniad, roedd y mwynglawdd yn llai economaidd, a daeth y gwaith i ben, er bod ambell ymgais ysbeidiol i gloddio wedi bod yno ar ôl hynny. Yn 2005, wrth i brisiau metel godi a pheri ei bod, unwaith yn rhagor, yn economaidd ddichonadwy cloddio am **aur**, sinc, copr a **phlwm** ar Fynydd Parys, dechreuodd Cwmni Cloddio Môn ar gynllun i gloddio mwyn o'r safle sydd yn ddiffeithwch arallfydol yr olwg.

## MYNYDD PRESELI Mynyddoedd

Copa uchaf y gadwyn hon o fryniau, sy'n ymestyn dros bellter o 20km o Garn Ingli (347m; **Trefdraeth**) yn y gorllewin i'r

Frenni Fawr (395m; **Boncath**) a'r Frenni Fach yn y dwyrain, yw Foel Cwmcerwyn (536m; **Maenclochog**). Sylfaen y tyrrau neu'r carnau ysgythrog sydd mor nodweddiadol o'r ardal yw'r dalenni lled drwchus o greigiau igneaidd mewnwthiol a chwistrellwyd i ganol cerrig llaid a llechfeini Ordofigaidd, a gafodd eu dyddodi yn wreiddiol ar ffurf haenau o laid ar wely'r môr. Ymhlith y creigiau igneaidd ceir doleritau brych, a chred llawer o arbenigwyr fod blociau ohonynt wedi cael eu cludo o Garn Meini i Gôr y Cewri yn gynnar yn yr Oes Efydd. Tystio i weithgarwch pobloedd cynhanesyddol y mae beddrod siambr trawiadol Pentre Ifan (**Nyfer**), sy'n dyddio o'r Oes Neolithig, y carneddau a'r meini hirion niferus o'r Oes Efydd, a'r **bryngaerau** o'r Oes Haearn, megis honno sy'n goron ar gopa Foel Drygarn (**Crymych**) (gw. hefyd **Oesau Cynhanesyddol**). Ganrifoedd yn ddiweddarach, yn ystod y 19g. yn bennaf, cloddiwyd llechfeini, yn enwedig yn chwareli'r Glog (**Clydau**) a Rosebush (Maenclochog). Bu ymdrech y fyddin i sefydlu maes tanio (gw. **Canolfannau Milwrol**) ar y mynydd ar ddiwedd y 1940au yn ysgogiad i **Waldo Williams**, y saif cofeb iddo ym **Mynachlog-ddu**, lunio 'Preseli', un o'i gerddi mwyaf adnabyddus. Bu cryn anghytuno ynglŷn â sillafiad yr enw; ochr yn ochr â Preseli ceir Presely a Preselau. Ymddengys mai *pres* (o *prys* 'prysglwyn') a *Seleu* (amrywiad ar Selyf) yw tarddiad yr enw.

## MYNYDDOEDD

Yn ei gyfrol *Wales* (1900) mynnodd **O. M. Edwards** fod Cymru yn wlad o fynyddoedd, ond gan fod y mynyddoedd mewn sawl un o wledydd Ewrop dair neu bedair gwaith yn uwch na'r mynydd uchaf yng Nghymru – yr **Wyddfa** (1,085m), copa uchaf **Eryri** – y mae'n ddatganiad dadleuol. Ys dywedodd un o frodorion y Swistir, wrth syllu ar fynyddoedd Cymru ddiwedd y 19g., 'Anghofiodd y Bod Mawr roi copaon arnynt'. Eto i gyd, mae rhywfaint o wirionedd yn yr ateb parod fod 'ein mynyddoedd ni'n codi o lefel is'; gall mynydd 4,000m o uchder sy'n codi uwchlaw llwyfandir ar uchder o 3,500m edrych yn llai trawiadol na chopa 1,000m o uchder sy'n codi uwchlaw llawr dyffryn ar uchder o 100m. O ran ei phryd a'i gwedd y mae'r Wyddfa yn fynydd go iawn, a gellir dweud yr un peth am gopaon y ddwy **Gluder**, Tryfan, y **Carneddau**, **Cadair Idris** a **Bannau Brycheiniog**.

Hyd yn oed os nad yw Cymru yn wlad fynyddig o'i chymharu â Norwy neu'r Swistir, mae'r ffaith fod mwy na hanner ei harwynebedd tros 200m uwchlaw'r môr yn golygu mai ei hucheldiroedd yw ei nodwedd amlycaf. Ac eithrio **Môn**, **Sir y Fflint** a **Sir Benfro**, roedd y gweddill o'r 13 hen sir yn cynnwys tir tros 600m o uchder. O ran y creigiau sy'n sail iddynt, y **Rhinogydd**, a naddwyd o'r dilyniant trwchus o strata Cambriaidd sy'n ffurfio Cromen Harlech, yw mynyddoedd hynaf Cymru (gw. **Daeareg**). Amgylchynir y gromen gan greigiau Ordofigaidd mwy diweddar, llawer ohonynt yn gynnyrch gweithgaredd folcanig. Caledwch a gwytnwch y creigiau folcanig hyn sy'n bennaf cyfrifol am natur serth a chreigiog **Eryri** a'r mynyddoedd eraill y cerfiwyd eu copaon ohonynt, sef **Arennig Fawr**, y ddwy **Aran** a Chadair Idris. Tua'r dwyrain mae amlinell addfwynach copaon y **Berwyn** i'w phriodoli i'r ffaith fod llai o lawer o ddeunydd igneaidd yng nghorff creigiau Ordofigaidd yr ardal. Creigiau gwaddod y cyfnod Ordofigaidd Uchaf a Silwraidd yw sylfaen daearegol y llwyfandiroedd uchel eang sy'n ymestyn i'r gogledd, y de a'r gorllewin o'r Berwyn, ardal sy'n cwmpasu **Mynydd Hiraethog**, Bryniau **Ceri**, **Fforest Clud**, **Pumlumon** a'r **Elenydd**. Mwy diweddar yw creigiau'r Hen Dywodfaen Coch sy'n sail i **Fynydd Epynt**, Bannau Brycheiniog a'r **Mynydd Du** (**Sir Fynwy** a **Phowys**). Mwy diweddar fyth yw creigiau'r Cystradau **Glo**, sylfaen daearegol ucheldiroedd maes glo'r de. Yna, yn y de-orllewin, mae'r creigiau Ordofigaidd sy'n sail i **Fynydd Preseli** yn cynnwys trwch o ddeunydd igneaidd mewnwthiol.

Yn ôl pob tebyg, bu pum cyfnod rhewlifol yn hanes Cymru a bu pob rhewlifiant, yn ei dro, yn gyfrifol am ddinistrio llawer o dystiolaeth am yr un blaenorol. Gyda'i gilydd, mae'r cyfnodau rhewlifol wedi chwarae rhan allweddol wrth lunio pryd a gwedd presennol mynyddoedd y wlad – peirannau Eryri a Bannau Brycheiniog, er enghraifft, neu ddrymlinoedd Mynydd Hiraethog. Ar ddiwedd y cyfnod rhewlifol diweddaraf, a ddaeth i ben tua 11,500 o flynyddoedd yn ôl, daeth y mynyddoedd dan ddylanwad gweithgaredd dyn. Erbyn *c*.5500 CC roedd llechweddau ucheldiroedd Cymru wedi'u gorchuddio â choedwigoedd trwchus, ond wrth ddringo'n uwch câi'r coed eu disodli gan brysgwydd ac yna gan laswelltiroedd a rhostiroedd mynyddig. O'r Oes Neolithig ymlaen esgorodd y difa a fu ar goed a'r arfer o gadw da byw ar ddatgoedwigo a chreu gorgorsydd (gw. **Mawn a Mawnogydd** ac **Oesau Cynhanesyddol**). Felly, mewn gwirionedd, mae mynyddoedd Cymru, a ystyrir yn aml yn ardaloedd o harddwch naturiol sydd heb eu difetha, yn dirwedd y dinistriwyd ei gyflwr naturiol gan weithgareddau dyn. Roedd y fath drawsffurfiad yn nodwedd arbennig o'r Oes Efydd gynnar, cyfnod o **hinsawdd** ffafriol pan godwyd carneddau ar gopaon nifer o fryniau'r wlad a phan gâi cnydau grawn eu tyfu ar Fynydd Hiraethog (gw. Oesau Cynhanesyddol).

Mae mynyddoedd Cymru wedi chwarae rhan bwysig iawn yn hanes y wlad. Mae i ddamcaniaeth **Cyril Fox**, sy'n hawlio bod diwylliannau newydd yn tueddu i ddisodli'r hen yn yr iseldiroedd tra deil yr hen eu tir yn yr ucheldiroedd, gryn berthnasedd yng nghyd-destun Cymru. Tirwedd y wlad a fu'n gyfrifol am y ffaith i'r **Rhufeiniaid** orfod treulio degawdau yn ei goresgyn ac a sicrhaodd fod Cymru yn oror yn hytrach na rhanbarth sifil yn ystod y cyfnod Rhufeinig. Daeth symudiad yr **Eingl-Sacsoniaid** tua'r gorllewin i ben wedi iddynt gyrraedd ucheldiroedd Cymru, a bu uchder y tir yn allweddol bwysig yn hanes gwladychiad Cymru gan y **Normaniaid**, a chreu brodoraethau ucheldirol a Saesonaethau iseldirol. Yn wyneb cyrchoedd brenhinoedd Lloegr, encilio'n strategol i ddiogelwch Eryri fu hanes tywysogion Gwynedd ar fwy nag un achlysur yn y 12g. a'r 13g.

Fel rheol, cyfeirir at y mynyddoedd fel prif achos methiant Cymru'r Oesoedd Canol rhag datblygu'n uned wladwriaethol ac iddi undod teyrnasol. Ond, gan gofio bod yr **Alban** – gwlad fwy mynyddig o lawer – wedi llwyddo i gyrraedd y nod hwnnw, efallai ei bod hi'n fwy perthnasol priodoli methiant Cymru i absenoldeb un iseldir amlwg iawn y gellir ei gymharu â dalgylchoedd cysylltiedig afonydd Tay, Forth a Chlud, perfeddwlad teyrnas yr Albanwyr. Yn wir, mae'r syniad fod mynyddoedd Cymru yn rhwystrau anodd eu gorchfygu yn gallu bod yn gamarweiniol, oherwydd trwyddynt ceir rhwydwaith o ddyffrynnoedd wedi'u cysylltu â'i gilydd gan fylchau tramwyadwy sy'n golygu bod Cymru, o bosibl, yn fwy o wlad o ddyffrynnoedd nag o fynyddoedd.

Richard Wilson, *Cader Idris, Llyn y Cau*, 1765

Yr ucheldiroedd sy'n gyfrifol am y ffaith fod **amaethyddiaeth** Cymru yn seiliedig ar fagu **anifeiliaid** yn hytrach na ffermio tir âr. Adnoddau'r mynyddoedd – llechfeini (gw. **Llechi**) a mwynau **haearn**, **copr** a **phlwm**, a'i dyfroedd a yrrai beiriannau cynnar (gw. **Melinau Dŵr** ac **Ynni**) – a alluogodd y wlad i chwarae ei rhan yn y **Chwyldro Diwydiannol**. Yn ne Cymru y ceir yr unig faes glo ucheldirol ym **Mhrydain**, ffactor o bwys yn natblygiad y cymunedau glofaol ac yng ngolwg unigryw'r trefi a'r pentrefi.

Wedi i bobl gefnu ar eu cartrefi yn yr ucheldiroedd wrth i'r hinsawdd waethygu ar ddiwedd yr Oes Efydd ac yn ystod yr Oes Haearn, tueddent i dreulio misoedd yr haf yn unig ar lechweddau uchaf yr ucheldiroedd (gw. Oesau Cynhanesyddol a **Hafod a Hendre**). Erbyn diwedd yr Oesoedd Canol, fodd bynnag, wrth i **ddefaid** ddisodli'r **gwartheg** a'r **geifr** a arferai bori'r porfeydd mynyddig, dirywiodd yr arfer o drawstrefa. Yn ystod y canrifoedd dilynol, dan bwysau twf y **boblogaeth**, trodd yr hafotai yn ffermydd annibynnol, datblygiad a arweiniodd at **gau tiroedd** a chreu ym mynyddoedd Cymru y nodwedd fwyaf trawiadol o wneuthuriad dyn – y cannoedd o gilometrau o **waliau sychion**. Amgaewyd tiroedd lawer yn y dirgel – gwaith sgwatwyr a godai **dai unnos** ar **dir comin**, gan beri i un sylwebydd gyffelybu llethrau deheuol Bannau Brycheiniog i 'an Irish estate [that] had been transferred and filled in as a patchwork amongst the Welsh mountains'.

Roedd y broses o ailfeddiannu'r mynyddoedd yn ei hanterth ddiwedd y 18g. a hynny mewn cyfnod pan ddaethpwyd, yn raddol, i werthfawrogi eu harddwch. Cyn dyddiau **Rhamantiaeth**, arferai teithwyr sensitif a dramwyai'r **ffyrdd** mynyddig gau llenni eu coetsys rhag gorfod edrych ar y gwylltineb o'u cwmpas. Arweiniodd chwyldro o ran teimladrwydd at glodfori'r gwyllt, yr addurnol a'r pictiwrésg ac o ganlyniad sbardunwyd ymwelwyr lu i heidio i'r mynyddoedd – thema bwysig yn eu hanes yn ystod y 250 o flynyddoedd a aeth heibio (gw. **Pictiwrésg, Mudiad y**). Yr arloeswyr oedd yr arlunwyr; llwyddodd darlun **Richard Wilson**, *Cader Idris, Llyn y Cau* (1765), yn anad unrhyw lun arall i ymgorffori ysbryd yr uchelfannau. Yn eu sgil y daeth y cerddwyr ac erbyn 1831 dywedwyd nad oedd unman mwy cyhoeddus na llechweddau'r Wyddfa ganol haf. Daeth clogwyni serth Eryri yn un o feithrinfeydd pwysicaf y grefft o **ddringo**, ond roedd yn well gan rai lechweddau a chopaon yr ucheldiroedd addfwynach a llai poblogaidd i'r dwyrain a'r de o Eryri; cyfareddwyd **George Borrow** gan Bumlumon.

Ar wahân i gerddi **Hywel ab Owain Gwynedd**, prin yw'r ymhyfrydu ym mynyddoedd Cymru mewn **llenyddiaeth** Gymraeg cyn y 19g. Ond o dan ddylanwad Rhamantiaeth daeth yr 'Hen Gymru fynyddig' (gw. '**Hen Wlad fy Nhadau**') yn rhan o falchder gwladgarol y ganrif honno. Yn ystod yr 20g. cafwyd hefyd ymateb hynod o sensitif i fynyddoedd Eryri yng ngwaith **T. H. Parry-Williams**.

Mae mynyddoedd yn hoff gan fotanegwyr, a bu copaon Eryri o ddiddordeb arbennig iddynt. Er eu bod yn is o lawer na'r Alpau, mae eu lledred mwy gogleddol yn golygu eu bod yn gynefinoedd i **blanhigion** arctig-alpaidd sy'n nodweddu eu llechweddau digysgod, di-haul ac oer. Ymhlith y planhigion hyn y mae lili'r Wyddfa, a enwyd yn *Lloydia serotina* er clod i'r naturiaethwr o Gymro **Edward Lhuyd**, o ddiddordeb arbennig ond ceir, yn ogystal, heboglys y mynydd, clust-y-llygoden alpaidd a derig. Mae mynyddoedd eraill y wlad hefyd yn gynefin i blanhigion prin, megis mwyaren y Berwyn, tormaen porffor Bannau Brycheiniog a cherddinen wen fach **Mynydd Llangatwg**. Yn ystod yr 20g., fodd bynnag, bu'r **Comisiwn Coedwigaeth** yn gyfrifol am orchuddio rhannau helaeth o ucheldir Cymru â rhywogaethau estron, megis pyrwydden Sitca a fewnforiwyd o **Ogledd America**.

Un wedd yn unig ar y newidiadau a ddylanwadodd ar bryd a gwedd mynyddoedd Cymru yn ystod y canrifoedd diweddar fu plannu coed. Mae enghreifftiau lu o domennydd llechi yn Eryri, a nodweddir mynyddoedd yr Elenydd gan domennydd rwbel mwy gwenwynig yr hen weithfeydd plwm. Cronnwyd dyfroedd **afonydd** yr ucheldiroedd i greu **cronfeydd dŵr**. Mae Mynydd Epynt yn faes tanio a Bannau Brycheiniog yn faes ymarfer ar gyfer y fyddin (gw. **Canolfannau Milwrol**), ac ar rannau o lwyfandiroedd uchel Cymru sefydlwyd ffermydd gwynt (gw. **Melinau Gwynt**). Mae effaith erydol troedio trwm y cerddwyr bron yr un mor weladwy; gwelir ôl amlwg y traul hwn ar lwybrau llechweddau'r Wyddfa, copa a gyrchir yn flynyddol gan o leiaf filiwn o gerddwyr. Eto i gyd, mae modd gorbwysleisio'r graddau y mae mynyddoedd Cymru yn orlawn o ymwelwyr; ar dir yr Elenydd – anialdir mwyaf deheudir Prydain – gall cerddwr grwydro am ddiwrnod cyfan heb weld yr un enaid byw.

## MYRDDIN Bardd a daroganwr chwedlonol

Cadwyd deunydd storïol am Myrddin mewn cyfres o gerddi darogan dyrys a briodolir iddo yn ***Llyfr Du Caerfyrddin*** a ***Llyfr Coch Hergest***, sef yr 'Afallennau', yr 'Hoianau', 'Cyfoesi Myrddin a Gwenddydd ei Chwaer' a 'Gwasgargerdd Fyrddin yn y bedd'. Cesglir bod Myrddin yn aelod o lys Gwenddolau fab Ceido a laddwyd ym mrwydr Arfderydd yn 573. Collodd ei bwyll o ganlyniad i gael gweledigaeth arswydus yn y frwydr, a ffoi i Goed Celyddon lle bu'n byw yn ddyn gwyllt mewn ofn rhag Rhydderch, gelyn Gwenddolau. Yn ei wallgofrwydd cafodd y ddawn i broffwydo (gw. **Darogan**). Cred ysgolheigion fod cysylltiad rhwng thema'r dyn gwyllt yn yr hanes am Fyrddin a'r gerdd Wyddeleg am Suibne Gelt ac â'r stori am Lailoken a gedwir ym Muchedd Sant Cyndeyrn. Tybir mai yn yr **Hen Ogledd** y tarddodd yr hanes a'i fod wedi'i ail-leoli yng Nghymru a'r prif gymeriad wedi ei ailenwi yn Myrddin ar ôl enw'r dref **Caerfyrddin**. Mabwysiadodd gymeriad daroganwr a chysylltir ef â **Thaliesin** yn y gerdd gynnar 'Ymddiddan Myrddin a Thaliesin'. Creodd **Sieffre o Fynwy** Fyrddin arall yn yr *Historia Regum Britanniae*, sef y bachgen rhyfeddol heb dad y seiliwyd ei gymeriad ar Ambrosius yn ***Historia Brittonum***. Yn ei gerdd ddiweddararach, *Vita Merlini*, ceisiodd gysylltu'r cymeriad hwn â daroganwr y traddodiad Cymraeg yr oedd, mae'n ymddangos, wedi dysgu amdano yn y cyfamser. Tystia cyfeiriadau beirdd yr Oesoedd Canol at Fyrddin o'r 10g. ymlaen i boblogrwydd y chwedlau amdano yng Nghymru ac i amlochredd ei gymeriad. Dan yr enw Merlinus a grëwyd gan Sieffre o Fynwy, a thrwy gyfrwng ei gyswllt ag **Arthur**, daeth yn un o brif gymeriadau'r chwedl Arthuraidd ar dir mawr Ewrop.

## *MYVYRIAN ARCHAIOLOGY OF WALES, The*

Casgliad yw hwn o hen destunau Cymraeg a gyhoeddwyd mewn tair cyfrol, dwy yn 1801 ac un yn 1807, dan olygyddiaeth Owain Myfyr (**Owen Jones**; 1741–1814), Iolo Morganwg (**Edward Williams**) a **William Owen Pughe**. Enwyd y gwaith ar ôl Owain Myfyr a dalodd am y fenter. Ynddo ceir detholiadau o waith y **Cynfeirdd** a'r **Gogynfeirdd**, ac o'r Brutiau a thestunau eraill, ond llygrwyd y cyfanwaith gan destunau a ffugiwyd gan Iolo Morganwg.

Nanheudwy: Castell Dinas Brân, 1794

**NANCWNLLE**, Ceredigion (3,961ha; 819 o drigolion)

Mae'r **gymuned** hon yn cwmpasu rhan ganol dyffryn **Aeron** i'r gorllewin o **Dregaron**. Mae'n cynnwys pentrefi Abermeurig, Bwlch-llan, Gartheli, Llundain-fach, Llwyn-y-groes, Tal-sarn a Threfilan. Roedd gan Drefilan, gyda'i fwnt mawr, le i hawlio statws trefol, a cheisiodd gydnabyddiaeth fel rhan o etholaeth Bwrdeistrefi **Aberteifi**. Pantybeudy, Bwlch-llan, oedd man geni **Daniel Rowland**. Un o Nancwnlle oedd y wraig olaf yn **Sir Aberteifi** i gael ei chyhuddo'n ffurfiol o fod yn wrach, a hynny yn 1693 (gw. **Gwrachod a Dynion Hysbys**).

**NANHEUDWY** Cwmwd

**Cwmwd** yn ymestyn ar draws yr ardal rhwng dyffrynnoedd **Dyfrdwy** a Cheiriog. Ei brif ganolfan oedd Castell Dinas Brân uwchlaw **Llangollen**. Yn 1283 daeth y darn o Nanheudwy i'r gogledd o afon Dyfrdwy yn rhan o arglwyddiaeth **Brwmffild ac Iâl**, a daeth y darn i'r de o'r afon yn rhan o arglwyddiaeth y **Waun**.

**NANNAU, Teulu** Tirfeddianwyr

A hwythau'n ddisgynyddion honedig i reolwyr **Powys**, roedd y teulu hwn, erbyn diwedd yr 16g., yn berchnogion stad sylweddol Nannau (**Brithdir a Llanfachreth**) i'r gogledd o **Ddolgellau**. Roeddynt yn noddwyr i'r beirdd, ac ystyrir marwolaeth eu bardd teulu, Siôn Dafydd Las (neu Laes) (*c*.1695), fel diwedd traddodiad hirhoedlog y beirdd mawl proffesiynol yn y gogledd. Yn 1719 aeth Nannau, trwy briodas, i deulu Vaughan, Hengwrt (**Llanelltud**), ac yn 1874 i John Vaughan, Dolmelynllyn (y **Ganllwyd**); ei fab ef, yr Uwchfrigadydd John Vaughan (1871–1956), oedd awdur *Cavalry and Sporting Memories* (1955), golwg ysmala ar fyd yn darfod.

**NANNERCH**, Sir y Fflint (1,435ha; 531 o drigolion)

Mae'r **gymuned** hon i'r gogledd-orllewin o'r **Wyddgrug** yn ymestyn hyd at grib **Bryniau Clwyd** a chopa Moel Arthur, safle bryngaer sy'n ymestyn dros 5ha a chanddi amddiffynfeydd cadarn. Ceir cofeb gan Grinling Gibbons (1652) yn Eglwys y Santes Fair. Ceir ffenestri myliynog deniadol ym mhlastai Wal-goch a Phenbedw Uchaf. Pentref bychan oedd Nannerch hyd 1969 ond tyfodd yn gyflym wedi i stad Penbedw gael ei phrynu gan gwmni datblygu eiddo.

**NANT CONWY** Cwmwd a chyn-ddosbarth gwledig

Roedd Nant Conwy'n un o gymydau cantref **Arllechwedd**, gyda glannau gorllewinol rhan uchaf afon **Conwy** yn ffin

Cumberland Terrace, Regent's Park, Llundain, a gynlluniwyd gan John Nash

iddo. Roedd yn ymestyn i ganol **Eryri**. Ei brif gadarnle'n wreiddiol oedd **Dolwyddelan**, ac roedd ei faerdref (canolfan weinyddol) yn **Nhrefriw**. Goroesodd yr enw yn enw ar **hwndrwd** wedi'r **Deddfau 'Uno'**. Roedd dosbarth gwledig Nant Conwy, a oedd yn bodoli o'r 1930au hyd 1974, yn cynnwys y rhan fwyaf o **ddosbarthau gwledig** blaenorol Conwy, Geirionnydd a Glaslyn. Yn dilyn ad-drefnu etholaethau yn 1983 adfywiwyd yr enw yn rhan o enw etholaeth **Meirionnydd** Nant Conwy. Mae Nant Conwy bellach yn rhan o etholaeth **Aberconwy**.

### NANTGLYN, Sir Ddinbych (3,458ha; 331 o drigolion)

Mae'r **gymuned** hon, sydd ym mharthau mwyaf gorllewinol **Sir Ddinbych**, yn cynnwys cronfa ddŵr Llyn Brân a rhan uchaf cronfa ddŵr Brenig. Ym mynwent Eglwys Sant Iago gwelir bedd yr ieithegydd **William Owen Pughe**, sy'n dwyn arysgrif yn yr wyddor dderwyddol a ddyfeisiwyd gan Iolo Morganwg (**Edward Williams**), a bedd y bardd Robert Davies (Bardd Nantglyn; 1769–1835). Mab i ficer yn Nantglyn oedd y bardd a'r llawfeddyg yn y llynges **David Samwell** (Dafydd Ddu Feddyg), a fu'n dyst i farwolaeth Capten Cook (1797).

### NANTMEL, Sir Faesyfed, Powys (5,598ha; 686 o drigolion)

Mae'r **gymuned** hon ar lain o dir mynyddig i'r de-ddwyrain o **Raeadr Gwy**. Saif eglwys y pentref mewn safle dymunol, ond adeilad anniddorol ydyw. Rhan o'r un gymuned, yn Nyffryn **Gwy**, yw Doldowlod, lle ymsefydlodd James Watt (1736–1819), dyfeisiwr yr injan ager, a lle cronnodd ei ddisgynyddion stad o 2,445ha gan adeiladu plasty neo-Elisabethaidd trawiadol a phlannu cyfoeth o goed o'i gwmpas. Mae'r un teulu yno o hyd. Mae ymweliad â'r ganolfan bwydo barcutiaid yng Ngigrin yn brofiad gwefreiddiol (gw. **Adar**).

### NANT-Y-GLO A'R BLAENAU, Blaenau Gwent (1,533ha; 9,123 o drigolion)

Roedd y **gymuned** hon, ym mhen uchaf Cwm Ebwy Fach (gw. **Ebwy, Afon**), yn rhan o Aberystruth, plwyf y croniclwyd ei hanes yn 1779 gan **Edmund Jones**. Safai eglwys blwyf ganoloesol Aberystruth yng nghanol y Blaenau; fe'i hailadeiladwyd yn 1856, ond cafodd ei dymchwel yn y 1960au. Yng nghanol y 1790au sefydlodd Hill, Harford a'u Cwmni waith **haearn** yn Nant-y-glo. Yn 1813 fe'i prynwyd gan Joseph a Crawshay Bailey (gw. **Bailey, Teulu**), a'i gwnaeth yn un o weithfeydd haearn mwyaf y byd. Mae sylfeini plasty Joseph Bailey, sef Tŷ Mawr, i'w gweld o hyd. Mwy trawiadol yw'r Tai Crynion, tyrau silindraidd cadarn a godwyd yn ôl pob tebyg yn ystod helyntion diwydiannol 1816 er mwyn darparu noddfa i weithwyr haearn teyrngar. Bu cymdeithas ddyngarol, Cymdeithas Dynolwyr Nant-y-glo, a sefydlwyd yn 1829, yn dadlau o blaid ffurf radicalaidd ar **genedlaetholdeb** Cymreig. Cyfrannodd yr ardal garfan sylweddol i gyrch y Siartwyr ar **Gasnewydd** yn 1839 (gw.

**Siartiaeth**); arweiniwyd y cyrch hwnnw gan **Zephaniah Williams**, tafarnwr y Royal Oak, a alltudiwyd i Van Diemen's Land (Tasmania). Datblygodd y Blaenau yn dilyn sefydlu gwaith haearn Cwmcelyn yng nghanol y 19g. Erbyn dechrau'r 20g. y prif gyflogwyr oedd glofeydd Rose Heyworth, South Griffin, Henwaun a North Blaina a oedd yn eiddo i Gwmni Lancaster. O ganlyniad i dranc y diwydiant **glo** mae'r gymuned yn un o'r rhai mwyaf dirwasgedig yng ngorllewin Ewrop.

## NASH, John (1752–1835) Pensaer

Roedd John Nash o dras Cymreig, ac fe'i ganed un ai yn **Aberteifi** neu yn **Llundain**. Wedi iddo gael ei wneud yn fethdalwr yn 1783 symudodd i **Gaerfyrddin** a sefydlu swyddfa yno. Yn ogystal â chynllunio nifer o dai bonedd lleol, fel Ffynhonnau (**Maenordeifi**; 1792) a Phlas Llannerch Aeron (**Ciliau Aeron**; *c.*1794), cynlluniodd **garchardai** yng Nghaerfyrddin (1789), Aberteifi (1791) a Henffordd (1792), ynghyd â nifer o bontydd. Ef hefyd a ailadeiladodd wyneb gorllewinol Eglwys Gadeiriol **Tyddewi** (1790–3). Hybwyd ei ddiddordeb ym mudiad y **pictiwrésg** trwy ei gysylltiadau â **Thomas Johnes** a Syr Uvedale Price. Cynlluniodd lyfrgell wythonglog yn Hafod Uchdryd (**Pontarfynach**) ar gyfer y naill a fila gastellog yn **Aberystwyth** ar gyfer y llall, a chyn bo hir ef oedd prif bensaer y mudiad. Ymgartrefodd yn Llundain yn 1796 a datblygu practis ffasiynol yno. Derbyniodd nawdd brenhinol, ac ef a fu'n gyfrifol am gynllunio Regent's Park a Regent's Street, ac am ailfodelu'r Pafiliwn Brenhinol, Brighton.

## NASH-WILLIAMS, V[ictor] E[rle] (1897–1955) Archaeolegydd

Brodor o Fleur-de-lys (**Pengam**) oedd Nash-Williams. Daeth yn geidwad **archaeoleg** yn **Amgueddfa [Genedlaethol] Cymru** yn 1926, a gwnaeth waith arloesol ar y cyfnodau Rhufeinig a Christnogol Cynnar. Cloddiodd yn helaeth ar safleoedd yng Nghymru, yn enwedig yng **Nghaerllion** a **Chaer-went**. Ei gyhoeddiadau pwysicaf yw ei weithiau diffiniol, *The Early Christian Monuments of Wales* (1950), a *The Roman Frontier in Wales* (1954).

## NATIONAL, Trychineb Glofa'r, Wattstown, Y Rhondda

Am 11.45 y bore ar 11 Gorffennaf 1905 lladdwyd pob un ond un o'r 120 o ddynion ar y shifft ddydd pan ddefnyddiwyd gelignit i danio rhwystr dan ddaear er mwyn caniatáu i'r dŵr a'r llaid y tu ôl iddo ddraenio ymaith. Tynnwyd sylw at nifer o ddiffygion mewn perthynas â'r digwyddiad hwn, ac nid y lleiaf ohonynt oedd defnyddio gelignit, ffrwydryn na chaniateid defnydd ohono dan ddaear yn y lofa.

## NATIONAL MILK BARS

Roedd y rhain yn fannau ymgynnull ffasiynol i bobl ifainc yn ystod y 1950au a'r 1960au; syniad ffermwr llaeth o Gymro oeddynt yn wreiddiol. Agorodd R. W. Griffiths y National Milk Bar cyntaf yn 1933 ym **Mae Colwyn**, er mwyn gwerthu'r llaeth a'r hufen o'i fferm yn **Ffordun** yn uniongyrchol i'r cyhoedd. Bu'r fenter yn boblogaidd, ac aeth Griffiths ymlaen i agor 17 bar i gyd yng Nghymru a gogledd-orllewin **Lloegr**, pob un gyda'r un nodweddion cyfarwydd – lloriau sgwariau du a gwyn, stolion bar, jiwcbocsys a chelfi crôm sgleiniog.

## NAVAL, Trychineb Glofa'r, Pen-y-graig, Y Rhondda

Ar 10 Rhagfyr 1880 bu ffrwydrad yn y pwll glo ager hwn a oedd yn eiddo i'r Meistri Rowlands a Morgan, a lladdwyd 100 o ddynion. Roedd nwy yn broblem yn y lofa a bu ffrwydradau cyn hynny, ond cymharol ychydig o lowyr a oedd wedi colli eu bywydau. Cyfeiriodd adroddiad yr ymchwiliad swyddogol at gamgymeriadau ar ran y rheolwyr.

## NAWDD A NODDFA

Yng Nghymru'r Oesoedd Canol câi'r eglwysi pwysicaf estyn diogelwch dros dro (sef nawdd) o fewn cylch penodol (sef noddfa) i unigolion ar ffo rhag eu gelynion neu eu hymrwymiadau cyfreithiol. A'i wreiddiau yng **nghyfraith** Cymru, roedd y diogelwch hwn – a elwid yn *seintwar* – yn llawer ehangach na'r noddfa arferol a ganiateid gan y gyfraith eglwysig.

## NEDD, Afon (47km)

Daw afon Nedd i fodolaeth ym Mhontneddfechan (**Ystradfellte**), lle mae tair afon – Nedd Fechan, Mellte a Hepste – sy'n draenio Fforest Fawr, i'r gorllewin o **Fannau Brycheiniog**, yn ymuno â'i gilydd. Nodweddir ceunentydd coediog yr **afonydd** hyn gan gyfres o **raeadrau** neu sgydau trawiadol. Yn y mannau hynny lle maent yn croesi brig y **calchfaen**, diflannant dan ddaear gan lifo trwy rwydwaith o **ogofâu**. Mae Porth yr Ogof, ar lawr dyffryn afon Mellte, yn enghraifft nodedig a thrawiadol. Dilyna Cwm Nedd duedd Ffawt Nedd o'r gogledd-ddwyrain i'r de-orllewin. Rhwng Pontneddfechan a **Thonna**, llechweddau coediog sydd i'r cwm ac wrth eu godre ceir cadwyn o bentrefi a fu gynt yn ganolfannau'r diwydiant **glo**. Ymuna Dulais ag afon Nedd ger Aberdulais, safle rhaeadr atyniadol a arferai gynhyrchu pŵer ar gyfer un o weithfeydd **copr** cynharaf **Sir Forgannwg** (1584). Llifa rhan isaf afon Nedd trwy ardal ddiwydiannol iawn, a datblygodd porthladdoedd **Castell-nedd** a **Llansawel** yn sgil y ffaith y gellid mordwyo'r afon dros bellter o 7km o'i haber ym Mae Baglan.

## NEDD Cwmwd

Roedd y **cwmwd** hwn yn nheyrnas **Morgannwg** yn cynnwys dalgylch afon **Nedd** a rhan o lan ddwyreiniol afon **Tawe**. Wedi'r goresgyniad Normanaidd (gw. **Normaniaid**) daeth yn rhan fwyaf gorllewinol arglwyddiaeth **Morgannwg**. Yn dilyn sefydlu **Sir Forgannwg** daeth yn **hwndrwd**.

## NEFYN, Gwynedd (1,523ha; 2,619 o drigolion)

Mae'r **gymuned** hon, sydd wedi'i lleoli hanner ffordd ar hyd arfordir gogleddol **Llŷn**, yn cynnwys pentrefi Nefyn, Edern a Morfa Nefyn. Mae traeth Porth Dinllaen yn gorwedd rhwng penrhyn creigiog Nefyn a Thrwyn Porth Dinllaen. Nefyn oedd maerdref (canolfan weinyddol) cwmwd **Dinllaen** ac un o gartrefi tywysogion **Gwynedd**. Bu Edward I yno ar ŵyl Ifan yn 1284, a threfnwyd gwledd ar ei gyfer ar lun bord gron **Arthur** i ddathlu ei fod wedi goresgyn Gwynedd; dymchwelodd y llawr yng nghanol y rhialtwch. O dan y tywysogion Cymreig roedd Nefyn wedi datblygu i fod yn borthladd ac egin dref. Rhoddodd Edward I statws bwrdeistref iddi, a hyd 1950 roedd yn un o'r **bwrdeistrefi** a oedd yn rhan o etholaeth fwrdeistrefol **Caernarfon**. Wrth ailadeiladu Eglwys Sant Edern (1868), ym mhentref Edern, ailddefnyddiwyd y coed o'i tho canoloesol gwych. Cyn i'r ardal ddechrau denu

Nefyn

twristiaid, dibynnai'r **economi** leol ar y môr (roedd pysgota penwaig yn weithgarwch tymhorol pwysig); yn wir, dywedid bod capten llong yn byw ym mhob tŷ mewn ambell stryd. Mae Porth Dinllaen yn enwog am ei fad achub a chrybwyllir y lle yn sianti 'Fflat Huw Puw' o waith **J. Glyn Davies**. Bu ymdrechion yn y 1770au, y 1820au a'r 1830au i wneud Porth Dinllaen yn brif borthladd ar gyfer hwylio i **Iwerddon**, ond methiant fu pob ymgais am na lwyddwyd i godi digon o gyfalaf i adeiladu ffordd (neu'n ddiweddarach reilffordd) trwy'r **Drenewydd** a **Dolgellau** i Lŷn.

## NELSON, Caerffili (1,098ha; 4,577 o drigolion)

Mae'r **gymuned** hon – a adwaenir hefyd fel Ffos y Gerddinen – yn ymestyn dros dir tonnog rhwng cymoedd afonydd **Taf** a **Rhymni**, a bu gynt yn rhan o blwyf Llanfabon. Cafodd ei henwi ar ôl gwesty sy'n coffáu Horatio Nelson. Ceir enghraifft brin o gwrt **chwarae pêl** y tu allan i westy'r Royal Oak.

## NERCWYS, Sir y Fflint (1,296ha; 566 o drigolion)

Yn y **gymuned** hon yn union i'r de o'r **Wyddgrug**, ceir un o dai tŵr prin Cymru. Fe'i codwyd yng nghanol y 15g. ar gyfer Rheinallt ap Gruffydd, un o nifer o uchelwyr a folwyd gan **Lewys Glyn Cothi**. Mae Eglwys y Santes Fair yn cynnwys nodweddion Romanésg a Pherpendicwlar a gweddillion croglen. Mae mentyll simneiau rococo hardd yn Neuadd Nercwys (1638). Ymhlith y tai hanesyddol eraill ceir Plas Onn (tŷ neuadd o'r 15g.), Glan Terrig (1629), Hendre Ucha (1635) a Hendre Isa (canol yr 17g.).

## NEST FERCH RHYS AP TEWDWR (*fl.c.*1090–1130) Tywysoges

Disgrifir Nest ferch **Rhys ap Tewdwr**, brenin olaf **Deheubarth**, ambell dro fel 'Elen o Droea Cymru' ac fe'i cofir fel un o gymeriadau mwyaf lliwgar a rhamantus hanes Cymru. Roedd ei phriodas â Gerald o Windsor, cwnstabl **Penfro**, fwy na thebyg yn drefniant gwleidyddol ar gyfer rhoi troedle i Gerald yng nghymdeithas uchelwrol de-orllewin Cymru; un o'u hwyrion oedd **Gerallt Gymro** a chwaraeodd y teulu ran flaenllaw yng ngoresgyniad **Iwerddon** gan y **Normaniaid**. Achosodd cipio Nest gan **Owain ap Cadwgan** yn 1109 gyfres o argyfyngau gwleidyddol; esgorodd ar blant i o leiaf dri dyn arall, gan gynnwys Harri I.

## NEUADD LLANEURGAIN (Northop Hall), Sir y Fflint (353ha; 1,685 o drigolion)

Mae'r **gymuned** hon rhwng **Llaneurgain** a **Chei Connah**. Adeiladwyd plasty Llyseurgain yn ystod y 15g. ar gyfer Dafydd ab Ithel Fychan. Ar un adeg Pentre Moch oedd enw rhan ddwyreiniol y gymuned. Dechreuodd cwmni **glo** Dublin & Irish gloddio yn yr ardal yn 1790. Gelwid y rhesi o dai'r glowyr a godwyd gan y cwmni yn Dublin, Cork a Vinegar. Allforid y rhan fwyaf o gynnyrch glofeydd Dublin Main (1873–86), Galchog (1876–1913) ac Elm (1876–1934) i **Iwerddon** o Gei Connah.

## NEVILL, Teulu (ardalyddion Abergavenny) Arglwyddi yn y Mers

Dechreuodd cysylltiad y teulu â Chymru yn sgil priodas Elizabeth (m.1448), etifeddes teulu **Beauchamp**, perchnogion arglwyddiaeth y **Fenni**, ag Edward Nevill, mab Ralph, iarll Westmorland. Mae barwniaeth Abergavenny (neu Bergavenny) yn dyddio o'r 14g., yr iarllaeth o 1784 a'r ardalyddiaeth o 1876. Roedd tiroedd teulu Nevill yn cynnwys safle gwaith haearn **Blaenafon**. Mae enw ysbyty'r Fenni, Ysbyty Nevill Hall, yn coffáu'r teulu. Am gyfnod byr yng nghanol y 15g. bu arglwyddiaeth **Morgannwg** ym meddiant teulu Neville, a oedd yn perthyn i deulu Nevill.

## NEVIN, Edward Thomas (Ted Nevin; 1925–92) Economegydd

Roedd Ted Nevin yn economegydd o fri rhyngwladol, ac ef oedd y prif awdurdod ar **economi** Cymru am yn agos i 40 mlynedd. Gwnaeth gyfraniadau pwysig mewn sawl maes arall, gan gynnwys polisi ariannol ac integreiddio Ewropeaidd, ac roedd yn awdur toreithiog. Fe'i ganed yn **Noc**

**Penfro** a bu'n Athro economeg yn **Aberystwyth** (1963–8) ac yn **Abertawe** (1968–85). Yn *The Social Accounts of the Welsh Economy* (1956, 1957) dangosodd fod Cymru'n talu mwy mewn trethi nag yr oedd y **llywodraeth** yn ei wario yng Nghymru – canfyddiad croes i'r disgwyl a roddodd hwb sylweddol i hygrededd **Plaid [Genedlaethol] Cymru**.

## NEW RISCA, Trychineb Glofa, Rhisga, Sir Fynwy (Caerffili bellach)

Ystyrid bod y lofa hon, a ddechreuodd gynhyrchu ddwy flynedd yn unig cyn y ddamwain, yn cael ei rheoli'n dda a bod ynddi system awyru foddhaol. Ond bu ffrwydrad yno ar 15 Gorffennaf 1880, a laddodd bob un o'r 120 o ddynion a weithiai ar y shifft atgyweirio. Priodolwyd y ffrwydrad i nwy a ddihangodd yn dilyn cwymp creigiau, ac a daniwyd gan lamp ddiogel Clanny – gan godi amheuon ynglŷn â diogelwch y fath lampau.

## NEYLAND, Sir Benfro (195ha; 3,276 o drigolion)

**Cymuned** a leolir 5km i'r dwyrain o dref **Aberdaugleddau**. Hyd at y 1850au rhan denau ei **phoblogaeth** o blwyf **Llanstadwel** oedd yr ardal. Yma, yn 1856, agorwyd gorsaf derfynol Rheilffordd De Cymru, a dyma'r porthladd a ddewiswyd gan **Isambard Kingdom Brunel** ar gyfer y **gwasanaeth post** i dde **Iwerddon**. Yn 1860 glaniodd y *Great Eastern*, llong Brunel a bwysai 19,216 tunnell fetrig, yn Neyland. Am gyfnod byr gelwid y porthladd yn Milford Haven ac yna New Milford, cyn mabwysiadu'r enw Neyland yn 1906, chwe blynedd wedi i'r lle dderbyn statws dosbarth trefol. Pan agorwyd y **rheilffyrdd** i Aberdaugleddau (1863), **Doc Penfro** (1864) ac **Abergwaun** (1899), peidiodd Neyland â bod yr unig borthladd yn **Sir Benfro** a oedd wedi'i gysylltu â'r rhwydwaith rheilffyrdd ac felly ni wireddwyd gobeithion Brunel; caewyd y rheilffordd yn 1964. Ceir cerflun gwych o Brunel, gyda'i het silc am ei ben, ar y promenâd. Rhan hanfodol o **economi** Neyland yw marina Cei Brunel (1999).

## NICHOLAS, T[homas] E[van] (Niclas y Glais; 1878–1971) Bardd

Ganwyd T. E. Nicholas yn Llanfyrnach (**Crymych**), ond fe'i cysylltir yn amlach â'r Glais (**Clydach**) yng Nghwm **Tawe**, lle bu'n byw am gyfnod (1904–14). Roedd yn weinidog gyda'r **Annibynwyr**, ond fel sosialydd a drodd yn gomiwnydd pybyr ar ôl Chwyldro Rwsia (1917), gadawodd y weinidogaeth oherwydd yr adwaith i'w syniadau gwleidyddol a mynd yn ddeintydd. Yn etholiad cyffredinol 1918 safodd fel ymgeisydd Llafur yn **Aberdâr** gan golli'n druenus i **C. B. Stanton**. Yn ystod yr **Ail Ryfel Byd** carcharwyd ef a'i fab Islwyn am bedwar mis ar gyhuddiad cwbl ffug o ysbïo.

Ac yntau'n cael ei ystyried yn well bardd na deintydd, cyhoeddodd ddeg casgliad o gerddi sosialaidd eu pwyslais. Roedd yn lladmerydd angerddol a huawdl dros y dosbarth gweithiol (gw. **Dosbarth**), fel bardd ac fel colofnydd papur newydd. Yn 1949 disgrifiodd yr arweinydd Comiwnyddol Harry Pollit ef fel 'dyn mwyaf Cymru'.

## NICHOLLS, [Erith] Gwyn (1874–1939) Chwaraewr rygbi

Er mai yn Flaxley, Swydd Gaerloyw, y'i ganed, daeth Gwyn Nicholls yn gymeriad allweddol yn oes aur gyntaf **rygbi** Cymru (1900–11), ac ef oedd capten y tîm cenedlaethol pan

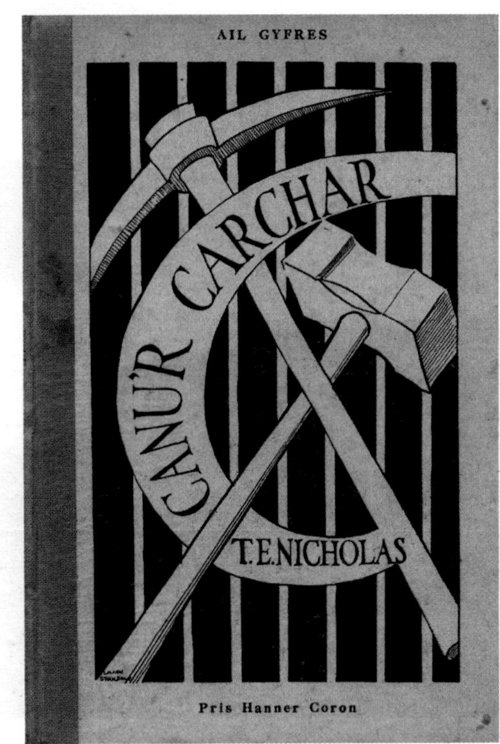


T. E. Nicholas, *Canu'r Carchar*, 1941

gafodd ei fuddugoliaeth unigol fwyaf, yn erbyn **Seland Newydd** yn 1905. Roedd yn ganolwr tal, ymwthgar ac roedd ei le digwestiwn yn y tîm, ei synnwyr tactegol a'i hunanhyder cymdeithasol – roedd yn ŵr busnes llwyddiannus – yn ei wneud yn ddewis naturiol fel capten. Ar ôl ymddeol fe'i darbwyllwyd ddwywaith i ddod yn ôl i arwain Cymru, a bu'n gapten y tîm mewn 10 ymddangosiad o'i gyfanswm o 24. Ef oedd y Cymro cyntaf i gynrychioli Llewod Prydain (yn **Ne Affrica** yn 1899); chwaraeodd 417 o gemau i **Gaerdydd**, ac yn 1908 cyhoeddodd *The Modern Rugby Game*, llyfr hyfforddi cyntaf Cymru. Yn ddiweddarach bu'n pwyllgora ac yn dethol i Undeb Rygbi Cymru, ac fe'i coffeir gan Glwydi Gwyn Nicholls yn Stadiwm y Mileniwm, Caerdydd.

## *NIMROD, The*

Wrth iddi fynd â theithwyr a nwyddau cyffredinol o **Lerpwl** i Gorc ar 28 Chwefror 1860, torrodd injan y stemar olwyn hon. Hwyliodd am **Aberdaugleddau** ond chwythwyd hi gan storm yn erbyn clogwyni ar Benmaendewi (gw. **Tyddewi**) a'i malu'n dair rhan. Collwyd pob un o'r 20 o griw a'r 25 o deithwyr.

## NIWMOCONIOSIS A SILICOSIS neu CLEFYD Y LLWCH neu LLWCH AR YR YSGYFAINT

Term generig am glefyd ar yr ysgyfaint sy'n deillio o anadlu llwch yw niwmoconiosis, clefyd sydd, ar ffurf Niwmoconiosis Gweithwyr Glo (CWP) – *pneumo* neu *diffyg ana'l* ar lafar – wedi bod yn felltith ar gymunedau glofaol Cymru, yn enwedig yn ardaloedd y glo carreg. O'r 22,000 o lowyr ym **Mhrydain** a orfodwyd yn y cyfnod 1931–48 i roi'r gorau i'w gwaith o achos niwmoconiosis, roedd 85% ohonynt yn gweithio ym maes glo'r de. Ar ffurf niwmoconiosis hematit, bu hefyd yn effeithio ar fwyngloddwyr mwyn **haearn**.

Traeth Nolton Haven

Mae silicosis, sy'n glefyd ar wahân, yn brin ymhlith glowyr, ond mae'n eironig fod y llwch carreg anadweithiol a ddefnyddid o dan ddaear yn y dyddiau cynnar i leihau perygl ffrwydradau llwch **glo** (gw. **Trychinebau Glofaol**) weithiau yn cynnwys siâl neu lechfaen. Golygai hyn y gallai'r glowyr wynebu perygl o du silicosis yn ychwanegol at niwmoconiosis. Ymhlith chwarelwyr y ceir silicosis fynychaf, yn enwedig os yw'r cerrig yn cynnwys swm anarferol o uchel o gwarts (silica), megis yn chwareli Blaenau **Ffestiniog**. Bydd **twbercwlosis** yn aml yn cymhlethu silicosis ond nid yw mor gyffredin mewn CWP. Mae achosion o ganser yr ysgyfaint yn is na'r cyfartaledd yn achos dioddefwyr CWP, ond yn achos silicosis mae'n uwch ar y cyfan.

Mae symptomau'r ddau glefyd yn ddigon tebyg, sef creithiau ac weithiau gnepynnau mawr ar yr ysgyfaint sy'n arwain at ddiffyg anadl, a hynny'n gwaethygu nes arwain yn y pen draw at fethiant y galon. Bu modd i ddioddefwyr niwmoconiosis hawlio iawndal er 1929, ond profiad trofaus oedd hynny'n aml hyd nes y sicrhawyd Cynllun Niwmoconiosis y Glowyr yn 1974. Yn 1979, caniataodd Deddf Clefyd y Llwch (Digolledu Gweithwyr) i gyn-chwarelwyr a ddioddefai o silicosis hawlio iawndal gan y llywodraeth. Ond yn achos y ddau glefyd mae'r iawndal diwydiannol yn dibynnu ar hyd a lled y cnepynnau ar yr ysgyfaint. Er bod broncitis ac emphysema (gofod aer wedi'i ledu) yn glefydau tebyg a gydnabuwyd yn rhai diwydiannol ers cryn amser, dim ond er 1999 – yn sgil achosion Uchel Lys yn 1998 – y derbyniwyd bod y ddau hyn yn gymwys ar gyfer iawndal. Yn aml mae'r broses o sicrhau iawndal mor hir a chymhleth fel mai gweddwon y gweithwyr a fydd wrthi, yn y pen draw, yn ceisio'i hawlio.

Er iddi fod yn araf i gydnabod graddfa aruthrol problemau niwmoconiosis, yn 1945 ariannodd y **llywodraeth** Uned Niwmoconiosis y Cyngor Ymchwil Meddygol yng **Nghaerdydd**. Gwnaed ymchwil nodedig yng nghwm **Rhondda** Fach gan **Archibald Cochrane** a fu'n olrhain tynged 3,000 o lowyr dros gyfnod o 30 mlynedd.

Mae asbestos, a ddefnyddiwyd yn helaeth gynt yn y diwydiant adeiladu, yn golygu bod gweithwyr yn parhau i fod mewn perygl o ddatblygu niwmoconiosis. Mae'n achosi creithiau helaeth ar yr ysgyfaint, ac yn fynych yn achosi canser yr ysgyfaint a mesothelioma, tiwmor anghyffredin ar leinin yr ysgyfaint.

## NOD CYFRIN, Y neu NOD PELYDR GOLEUNI

Y Nod Cyfrin yw'r arwydd **/ | ** a ddyfeisiwyd gan Iolo Morganwg (**Edward Williams**) yn symbol **Gorsedd Beirdd Ynys Prydain**, yn cynrychioli Cariad, Cyfiawnder a Gwirionedd yn ei seremonïau ac ar ei regalia. Dynoda hefyd dri phaladr haul neu 'lygad goleuni', er i Talhaiarn (**John Jones**; 1810–69) weld y symbol fel 'tair o lythrennau fel traed brain'.

## NOFIO

Mae pobl wedi nofio yng Nghymru er cyn dechreuadau hanes, pan gâi ei ystyried yn fedr hanfodol ar gyfer croesi **afonydd** niferus y wlad. Cyfeiria barddoniaeth yr Oesoedd Canol at nofio fel un o'r **pedair camp ar hugain**, a châi nofiwr medrus ei ystyried yn unigolyn crwn a chyflawn.

Paratowyd y ffordd ar gyfer y cynnydd mewn nofio cystadleuol gan boblogrwydd ymdrochi yn y môr ddiwedd y 18g., ac o ddiwedd y 19g. ymlaen dechreuwyd agor baddonau dan do. Daeth nofio ffurfiol mewn ysgolion a cholegau yn fwyfwy poblogaidd a phan gysylltwyd sawl clwb Cymreig â chymdeithasau yn **Lloegr** galluogwyd datblygiad pellach. Ffurfiwyd Cymdeithas Nofio Amatur Cymru (WASA), i reoli a hyrwyddo pob agwedd ar y gamp, yng **Nghaerdydd** yn 1897, a'r flwyddyn honno hefyd y cynhaliwyd Pencampwriaeth gyntaf Cymru (canllath dull rhydd y dynion). **Paul Radmilovic**, a aned yng Nghaerdydd, a serennodd yn y gystadleuaeth hon gydol y cyfnod hwn, gan ennill y teitl 15 gwaith rhwng 1901 ac 1922. Er na chafwyd ras dull rhydd i **fenywod** hyd 1905, roedd menywod wedi cystadlu yn y dŵr er y 1890au, gan eu bod, fel y dynion, wedi chwarae gemau polo-dŵr yn rheolaidd.

Hyd ddechrau'r 1930au yn y de y cynhelid y rhan fwyaf o gystadlaethau nofio – yng Nghaerdydd, **Casnewydd**, **Penarth** ac **Abertawe** yn bennaf. Ymhlith yr uchafbwyntiau yr oedd tair medal aur Olympaidd Radmilovic a chyfres o fuddugoliaethau gan ddwy ferch o Gaerdydd, Irene Steer a Valerie Davies. Roedd Irene Steer yn aelod o'r tîm buddugol a greodd record byd wrth ennill y ras gyfnewid 4x100-llath dull rhydd yn y gemau Olympaidd yn Stockholm yn 1912. Enillodd Valerie Davies fedal aur i **Brydain** yn y ras gyfnewid 4x100-llath ym Mhencampwriaethau Ewrop yn 1927, a hi oedd yr unig un o Gymru i gystadlu ar nofio yng Ngemau Olympaidd Los Angeles yn 1932 pan enillodd fedal efydd am nofio ar y cefn. Daeth diwedd ar lwyddiannau o'r fath pan ddaeth yr **Ail Ryfel Byd**; daeth y rhan fwyaf o gystadlaethau i ben bryd hynny a chaewyd llawer o byllau nofio. Yn ystod y 1950au, fodd bynnag, gwelwyd pyllau'n ailagor, diddordeb cynyddol mewn nofio yn yr ysgolion a sefydlu trefn hyfforddi ffurfiol.

Cafodd nofio yng Nghymru hwb arall pan adeiladwyd pwll 50m o hyd, yr Empire Pool, yng Nghaerdydd ar gyfer **Gemau'r Gymanwlad** 1958. Ffurfiwyd clybiau newydd yn sgil hynny a daeth mwy eto o fri ar y gamp wrth i ragor o byllau agor yn ystod y 1960au a'r 1970au. Mae'r diddordeb wedi parhau, ac yn 2007 roedd gan WASA dros 9,000 o aelodau mewn rhagor na 90 o glybiau. Effeithiodd dymchwel yr Empire Pool yn 1997 yn ddifrifol ar berfformiadau rhyngwladol Cymru, ond adferwyd cyfleusterau hyfforddi 50m pan agorwyd y Ganolfan Nofio Genedlaethol yn Abertawe yn 2003. Mae David Davies o Gaerdydd wedi gwneud argraff fawr ar lefel ryngwladol, gan ennill medalau mewn pencampwriaethau Ewropeaidd, yng Ngemau'r Gymanwlad ac mewn pencampwriaethau byd. Amlwg iawn hefyd yw'r nofiwr paralympaidd David Roberts o **Bontypridd** sydd wedi cipio nifer o fedalau aur.

## NOLTON A'R GARN, Sir Benfro (2,447ha; 746 o drigolion)

Mae'r **gymuned** hon, sy'n edrych dros Fae Sain Ffraid, yn cynnwys pentrefi Nolton, Nolton Haven, y Garn (Roch), Druidston, Cuffern a Simpson. Castell y Garn (13g.) yw'r mwyaf gorllewinol o'r amddiffynfeydd ar hyd y landsger, y ffin ieithyddol rhwng ardal Saesneg de **Sir Benfro** ac ardal Gymraeg gogledd y sir. Yn 1601 prynwyd y castell gan William Walter yr oedd ei ferch **Lucy Walter** yn ordderch i Charles II ac yn fam i ddug Monmouth. Trawsnewidiwyd y castell yn gelfydd iawn yn dŷ preifat *c.*1910. Mae nodweddion canoloesol yn rhan o Eglwys Sant Madog, Nolton, ac Eglwys Dewi Sant, y Garn. I'r de o draeth Niwgwl ceir adfeilion glofa Trefrân, pwll mwyaf gorllewinol maes **glo**'r de. Mae hen borthladd glofaol Nolton Haven yn fae hyfryd. Tŷ sy'n gweddu i'r tirlun yw Malator (1998), diolch i'w do tywyrch.

## NORMANIAID, Y

Cyrhaeddodd marchogion o Normandi yng ngogledd Ffrainc Gymru yn 1051, pan ddaeth nai Edward Gyffeswr, Ralph o Mantes, yn iarll Henffordd a phan ymsefydlodd rhai o'i ddilynwyr ar y **ffin**. Wedi i Gwilym I ennill gorsedd **Lloegr**, sefydlodd iarllaethau yng Nghaer, Amwythig a Henffordd (gw. **Swydd Gaer**, **Swydd Amwythig** a **Swydd Henffordd**) a'u rhoi yng ngofal **Hugh o Avranches**, Roger Montgomery (gw. **Montgomery, Teulu) a William Fitz Osbern**. Cafodd yr iarllaethau hyn ar y ffin eu hystyried droeon yn fannau cychwyn ymosodiadau'r Normaniaid ar Gymru, ond roedd iddynt ddefnydd amddiffynnol yn gymaint ag ymosodol. Prif nod Gwilym oedd diogelu ei ffin; nid oedd yn dymuno meddiannu Cymru, gan mai fel olynydd cyfreithiol brenhinoedd y Sacsoniaid Gorllewinol y'i hystyriai ei hun, ac etifedd eu perthynas gydag arweinwyr Cymru a'r **Alban**. Er mwyn cadw'r heddwch roedd yn barod i wneud cytundebau gyda'r arweinwyr brodorol, fel ag y gwnaeth gyda **Rhys ap Tewdwr**, yn ôl pob tebyg, yn dilyn ei ymweliad â **Thyddewi** yn 1081. Roedd y fath gytundebau yn gwarchod yr arweinwyr Cymreig rhag anrhaith yr ysbeilwyr Normanaidd.

Ceir y cyfeiriad cyntaf at y Normaniaid mewn ffynhonnell Gymreig yn 1072, pan laddwyd Maredudd ab Owain o **Ddeheubarth** gan Normaniaid a oedd yn cynorthwyo Caradog ap Gruffudd o **Wynllŵg**. Yn y cyfnod cynnar nid oeddynt fel arfer yn cipio tir ar draul yr arweinwyr brodorol. Ond pan fyddai anghytundeb ynglŷn ag olyniaeth neu ddiffyg canolbwynt grym yn un o'r teyrnasoedd Cymreig, arall oedd y stori, ac mae tystiolaeth Llyfr Domesday yn 1086 yn cadarnhau hyn. Cofnodir yno fod y de yn nwylo rhyw *Riset*, sef, yn ddiamau, Rhys ap Tewdwr o Ddeheubarth a oedd yn talu treth flynyddol o £40 i'r brenin, tra oedd y gogledd yn nwylo'r anturiwr Normanaidd Robert o Ruddlan a oedd yn talu'r un swm. Roedd Robert wedi cipio'r gogledd yn dilyn marwolaeth brenin **Gwynedd**, sef **Bleddyn ap Cynfyn**, yn 1075 ac ymddengys ei fod yn cael ei gydnabod gan Gwilym fel brenin Gwynedd trwy hawl concwest.

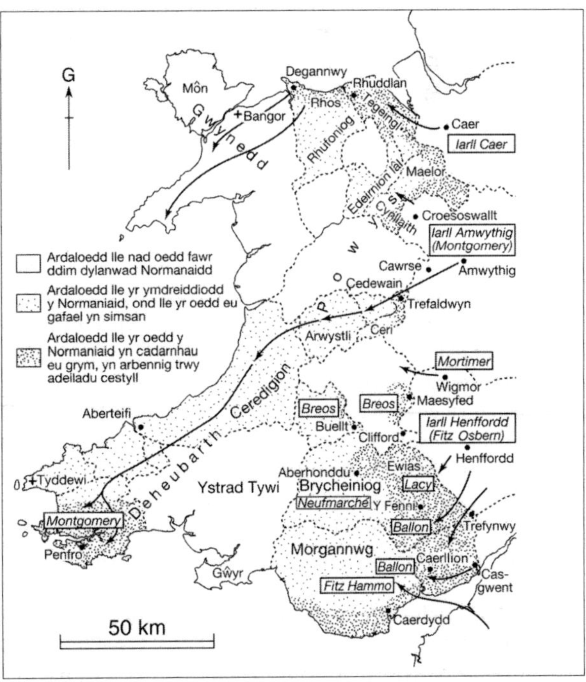

Ymosodiadau'r Normaniaid ar Gymru, 1067–99 (yn seiliedig ar William Rees, 1959)

Ymestynnodd gafael y Normaniaid ymhellach ar ôl marw Gwilym I yn 1087, gan nad oedd ei fab a'i olynydd, Gwilym II, yn gaeth i gytundebau ei dad; roedd arno hefyd angen cefnogaeth arglwyddi'r **Mers** yn erbyn ei frawd, Robert o Normandi. Dechreuodd **Bernard de Neufmarché** ymwthio i mewn i **Frycheiniog**. Gwelai Rhys ap Tewdwr hyn fel bygythiad ac ymatebodd; fe'i lladdwyd ger **Aberhonddu** yn 1093, gan adael Deheubarth yn agored i'r Normaniaid. Cafodd ei oresgyn gan Arnulf Montgomery; cododd ef gastell ym **Mhenfro** a phenodi Gerald o Windsor, taid **Gerallt Gymro**, yn gwnstabl yno. Yng nghanolbarth Cymru, sefydlodd Philip de Breos y teulu a fyddai'n tra-arglwyddiaethu ar y Mers yn y 12g. (gw. **Breos, Teulu**), a syrthiodd **Morgannwg**, un o bedair prif deyrnas Cymru, i ddwylo **Robert Fitz Hammo**. Y goresgyniadau Normanaidd hyn a ffurfiodd y Mers, a ddisgrifir orau fel nifer o arglwyddiaethau Cymreig annibynnol a reolid gan arglwyddi Eingl-Normanaidd ac nad oeddynt yn rhan o'r deyrnas Seisnig. Creadigaethau unigolion oeddynt; nid goresgyn Cymru gyfan oedd bwriad unrhyw un o ymgyrchoedd coron Lloegr yng Nghymru yn yr 11g. a'r 12g. Erbyn marw Harri I yn 1135 roedd y rhan fwyaf o'r de o dan lywodraeth y Normaniaid, ond gwelodd y blynyddoedd dilynol adferiad yng ngrym y Cymry.

Roedd dylanwad y Normaniaid ar Gymru yn sylweddol. Yn wleidyddol bu'n gyfrifol am y rhaniad rhwng y Mers a ***Pura Wallia***, a barhaodd hyd 1536. Dysgodd yr arweinwyr brodorol wersi milwrol yn fuan iawn, gan godi cestyll a'u gwarchae, a chan ddefnyddio marchogion arfog fel y Normaniaid. Yn y 12g. gwelwyd newidiadau mawr yn yr eglwys yng Nghymru, a hynny i raddau helaeth oherwydd dylanwad y Normaniaid. Datblygodd **esgobaethau** a **phlwyfi** tiriogaethol a daeth mynachaeth tir mawr Ewrop i Gymru yn sgil y **Benedictiaid** ac yn ddiweddarach y **Sistersiaid**, urdd a gydiodd yn nychymyg y Cymry; hefyd gwelwyd yr eglwys yn dod o dan awdurdod archesgob Caergaint. Bu dylanwadau diwylliannol yn ogystal; mae'n bosibl fod dylanwad cynulliadau beirdd a cherddorion gogledd Ffrainc ar yr **eisteddfod** a gynhaliwyd gan yr Arglwydd Rhys (**Rhys ap Gruffudd**; m.1197) yn **Aberteifi** yn 1176, ac efallai mai cyfieithwyr proffesiynol yn y Mers a fu'n gyfrifol am drosglwyddo chwedl **Arthur** i dir mawr Ewrop.

Nid oedd y berthynas rhwng y Cymry a'r Normaniaid yn elyniaethus gydol yr amser; roedd cryn dipyn o barch gan y naill ochr at y llall, rhwng dwy bendefigaeth filwrol. Yn y de-orllewin arweiniodd y briodas rhwng Gerald o Windsor a **Nest**, merch Rhys ap Tewdwr, at y bendefigaeth Gambro-Normanaidd a oedd i chwarae cymaint o ran yn y gwaith o oresgyn **Iwerddon**, a disgynnydd iddynt oedd Gerallt Gymro.

Gyda dyfodiad Harri II, brenin o linach Angyw, i'r orsedd yn 1154, ac yn enwedig wedi i goron Lloegr golli Normandi yn 1204, nid oedd sylwedd bellach i'r syniad fod llawer o Gymru dan reolaeth Normanaidd. Er hynny, byddai'r iaith, y diwylliant a'r cyfundrefnau milwrol a llywodraethol a ddaeth i ganlyn y Normaniaid o Ffrainc yn parhau'n ddylanwadau ffurfiannol ym mywyd Cymru a Lloegr am ganrifoedd.

## **NORRIS, Leslie (1921–2006)** Bardd ac awdur straeon byrion

Ganed Leslie Norris ym **Merthyr Tudful**. Wedi gwasanaethu gyda'r Awyrlu yn yr **Ail Ryfel Byd**, symudodd i **Loegr** yn 1948 gan weithio fel athro a darlithydd; o 1973 ymlaen bu'n byw yn bennaf yn America, gan ennill bywoliaeth fel awdur preswyl mewn amryfal sefydliadau academaidd.

Daeth i amlygrwydd fel bardd yn y 1960au, yn bennaf trwy dudalennau'r cylchgrawn *Poetry Wales*, a buan y'i sefydlodd ei hun fel un o'r prif enwau yn yr ailflodeuo a welwyd yn hanes **llenyddiaeth** Saesneg Cymru, gan gyhoeddi dros ugain o gyfrolau o farddoniaeth, straeon byrion, cyfieithiadau a beirniadaeth lenyddol. Er gwaethaf ei alltudiaeth hir, gwelir dylanwad ei fagwraeth ym maes **glo**'r de ar lawer o'i waith. Dylanwadodd ei brofiad o America ar ei waith diweddarach, ac felly hefyd yr amgylchedd naturiol yn ardal **Llandysul** lle bu ganddo dŷ haf. Ymhlith ei brif themâu y mae plentyndod, y gorffennol, alltudiaeth, byd natur ac isfyd tywyll y greddfau sy'n llechu dan normalrwydd bywyd bob dydd.

## **NORTH, Frederick John (1889–1968)** Daearegydd a churadur amgueddfa

Bu North, a gafodd ei eni a'i addysgu yn **Llundain**, yn bennaeth adran ddaeareg **Amgueddfa Genedlaethol Cymru** am 45 o flynyddoedd, ac ef oedd un o sylfaenwyr yr adran ddiwydiant. Chwaraeodd ran flaenllaw yn y gwaith arloesol o hyrwyddo swyddogaeth amgueddfeydd ym maes **addysg** ffurfiol ac anffurfiol. Pwysleisiodd hefyd berthnasedd gwybodaeth a thechnegau daearegol yng nghyd-destun **archaeoleg**, **pensaernïaeth** a hanes tirwedd, yn ogystal â hanes gwerin.

## **NORTH, Herbert [Luck] (1871–1941)** Pensaer

Ganed Herbert North yng Nghaerlŷr, a derbyniodd ei addysg yng **Nghaergrawnt** gan brentisio yn **Llundain**. Bu'n gynorthwyydd i Syr Edwin Lutyens cyn ymgartrefu yn **Llanfairfechan** yn 1900 a sefydlu ei bractis ei hun yno. Roedd yn un o hyrwyddwyr yr arddull *Arts and Crafts*, a gwnâi ddefnydd sensitif o ddeunyddiau lleol yn ei adeiladau. Cynlluniodd nifer fawr o dai, gan gynnwys stad breifat (1910) yn Llanfairfechan, yn ogystal ag eglwysi, ysbyty (**Dolgellau**, 1928) a Hostel Eglwysig **Bangor** (1930au). Ef oedd cydawdur (gyda Harold Hughes) *The Old Cottages of Snowdonia* (1908) a *The Old Churches of Snowdonia* (1924).

## **NOSON LAWEN**

Yn draddodiadol, noson o adloniant anffurfiol a gynhelid mewn rhannau o gefn gwlad Cymru, ac a oedd yn cynnwys canu, adrodd straeon a **dawnsio**. Cofnodwyd yr enghraifft gynharaf o'r enw yn 1856, ond mae'r traddodiad yn hŷn ac mae'n bosibl fod y noson lawen wreiddiol yn rhan o achlysuron megis gwylnosau neu bartïon i groesawu pobl adref. Mae'r traddodiad wedi goroesi mewn gwedd fwy ffurfiol, ac mae'r noson lawen fodern yn fwy o gyngerdd mewn gwirionedd. Bu'n fodd i feithrin doniau rhai fel Bob Roberts Tai'r Felin (**Robert Roberts**; 1870–1951), yr arweinydd dihafal Llwyd o'r Bryn (Robert Lloyd; 1886–1961) a Thriawd y Coleg. *Noson Lawen* oedd enw cyfres radio boblogaidd yn y 1940au, ac ysbrydolodd honno yn ei thro ffilm fer o'r un enw a wnaed yn 1949 ar gyfer y Pwyllgor Cynilion Cenedlaethol. Mae **S4C** yn darlledu cyfres wedi'i seilio ar yr un syniad.

## **NOTT, William (1782–1845)** Milwr

Ymunodd William Nott, a aned ger **Castell-nedd**, â'r corfflu gwirfoddol yng **Nghaerfyrddin**. Yn ystod rhyfel Afghanistan daeth yn gadlywydd y fyddin yno ac fe'i penodwyd yn breswylydd swyddogol ar ran y Goron yn llys Lucknow. Saif cerfddelw o Syr William, a wnaed o fagnelau efydd a gipiwyd yn Maharanjpur, ar Sgwâr Nott yng Nghaerfyrddin, lle treuliodd flynyddoedd ei ymddeoliad.

## NOVELLO, Ivor (David Ivor Davies; 1893–1951)
Cerddor, dramodydd ac actor

Ganed Ivor Novello i deulu cerddorol yng **Nghaerdydd**. Cymerodd ei enw proffesiynol gan ei fam, Clara Novello Davies, a oedd yn un o brif gantoresau ac athrawesau cerdd oes Victoria a'i henw'n adnabyddus yn rhyngwladol. Cyhoeddodd ei gân gyntaf ac yntau'n ddim ond 17 oed, a gwnaeth enw sicr iddo'i hun ar ddechrau'r **Rhyfel Byd Cyntaf** gyda'i gân boblogaidd 'Keep the home fires burning' (1914).

Nid pob un o'i gofianwyr sydd wedi rhoi'r sylw dyledus i gyfraniad Ivor Novello i 22 o ffilmiau sinema rhwng 1919 ac 1934, a hynny fel actor ac weithiau fel awdur. Serch hynny, yn niwedd y 1920au ef oedd actor gwrywaidd mwyaf poblogaidd ffilmiau Prydeinig. Elwodd ffilm Hitchcock, *The Lodger* (1926), ar ei bresenoldeb amwys ond iasol fel un dan amheuaeth o fod yn Jack the Ripper, a rhoddodd berfformiad carismataidd fel jigolo clwb nos ym Mharis yn *The Rat* (1925). Bu'r felodrama hon gan Gainsborough Studios, a seiliwyd ar ddrama lwyfan lwyddiannus gan Novello a Constance Collier, yn fodd i gadw Gainsborough rhag suddo yng nghanol trafferthion ariannol. Ailchwaraeodd Novello ran y Rat mewn dwy ffilm arall, ac ymddangosodd yn *Downhill* (1927), eto gan Hitchcock, fel bachgen ysgol wedi'i ddiarddel yn byw bywyd afradlon ym Marseilles.

Ni fu ei ymweliad cynnar â Hollywood, yn dilyn gwahoddiad gan y cyfarwyddwr enwog D. W. Griffith i ymddangos yn ei ffilm *The White Rose* (1923), yn llwyddiant, nac ychwaith gyfnod diweddarach fel awdur i MGM, ond roedd yn fythgofiadwy fel y Rwsiad alltud direidus yn ffilm Brydeinig Maurice Elvey, *I Lived With You* (1933), ffilm a sgriptiodd o'i ddrama lwyfan ei hun.

Byr fu gyrfa Novello ar y sgrin oherwydd ei ymrwymiadau i'r theatr. Fe'i cofir orau am ei ddramâu cerdd, yn arbennig *Glamorous Night* (1935), *The Dancing Years* (1939) a *King's Rhapsody* (1949) a dorrodd bob record yn swyddfeydd tocynnau **Llundain**. Ystyrir Novello yn un o awduron dramâu cerdd mwyaf llwyddiannus **Prydain** yn yr 20g. a throsglwyddodd amryw yn llwyddiannus i'r sinema, gan beri iddo fod yn seren ryngwladol. Cafodd sylw llai ffodus yn ystod yr **Ail Ryfel Byd** pan gafwyd ef yn euog o ddefnyddio petrol y farchnad ddu, digwyddiad a goffeir yn y gân ddychanol, 'Keep the Home Tyres Turning'.

Ivor Novello

## NYFER (Nevern), Sir Benfro (6,132ha; 822 o drigolion)

Mae'r **gymuned** hon, i'r de-orllewin o **Aberteifi**, yn cwmpasu darn godidog o arfordir clogwynog **Sir Benfro** a llechweddau gorllewinol **Mynydd Preseli**. Pentre Ifan yw'r fwyaf adnabyddus o gromlechi Cymru o'r Oes Neolithig. Llai nodedig yw beddrodau siambr Trellyffaint a Llech y Drybedd. Clwstwr o garneddau yn dyddio o'r Oes Efydd yw Crugiau Cemais. I'r gorllewin o Drewyddel (Moylgrove) ceir dwy gaer bentir drawiadol o'r Oes Haearn. Yng Nghastell Henllys codwyd tai ar batrwm rhai'r Oes Haearn ar seiliau tai gwreiddiol y gaer. Yn y ganrif gyntaf CC, mae'n bosibl fod y safle yn gartref i ryw gant o bobl. (Am yr Oes Neolithig, yr Oes Efydd a'r Oes Haearn, gw. **Oesau Cynhanesyddol**.) Mae'r ganolfan ymwelwyr gerllaw yn adeilad sydd wedi'i gynllunio'n ofalus. Ganed yr hanesydd **George Owen** yn yr Henllys, nid nepell o'r gaer.

Ym mynwent Eglwys Sant Brynach (14g., 1864) saif croes gerfiedig wych ac arni blethwaith cymhleth a gerfiwyd *c.*1030; yma hefyd cofnodwyd 147 o wahanol rywogaethau o **blanhigion**, gan gynnwys ywen 'waedlyd'. Castell Nyfer oedd canolfan wreiddiol arglwyddiaeth **Cemais** yn nyddiau'r **Mers**; fe'i dinistriwyd gan feibion **Rhys ap Gruffudd** yn 1195. Mae plasty Llwyn-gwair, yng nghanol maes carafannau, yn cynnwys elfennau o'r 16g. hyd y 19g. Honnai **Saunders Lewis** fod y gerdd i sgweier Cwm-gloyn (17g.) a gyfansoddwyd gan Ioan Siencyn ar ddiwedd y 18g. yn brawf fod traddodiad **Taliesin** yn fyw ac yn iach Ym Mae Ceibwr ceir cofeb i **Wynford Vaughan Thomas**, a brynodd y tir o amgylch y bae a'i gyflwyno i'r **Ymddiriedolaeth Genedlaethol**. Bu Fachongle yn gartref i John Seymour (1914–2004), gwrw mudiad hunangynhaliaeth y 1960au, mudiad a wnaeth lawer i Seisnigo ardaloedd Cymraeg cefn gwlad Cymru.

Samuel Walters, *Burning of the Ocean Monarch off the Great Orme, 24 August 1848*, 1848

## OAKELEY, Teulu Diwydianwyr

Teulu o dirfeddianwyr Ceidwadol a drigai ym Mhlas Tan-y-bwlch (**Maentwrog**). Daethant yn berchen ar chwareli **llechi** ym Mlaenau **Ffestiniog**, gan gynnwys chwareli Holland a Rhiwbryfdir yn 1878, ac fe'u helaethwyd i greu chwarel Oakeley, y gloddfa danddaearol fwyaf yn y byd (o'i chyferbynnu â chwarel agored), a gyflogai 1,600 o ddynion yn 1891. Bellach, Plas Tan-y-bwlch yw canolfan astudiaethau amgylcheddol Parc Cenedlaethol Eryri.

## *OCEAN MONARCH, The*

Roedd y llong Americanaidd hon, a gludai ymfudwyr, yn hwylio am y môr mawr ar 24 Awst 1848 pan aeth ar dân ger Penygogarth (**Llandudno**). A'r llong yn wenfflam, ceisiwyd defnyddio'i chychod i gludo'r 354 o deithwyr i ddiogelwch, ond nid oedd digon ohonynt. Daeth dwy long i estyn cymorth, ond collwyd 175 o bobl, a suddodd y *Monarch*.

## OESAU CYNHANESYDDOL

### *Yr Oes Balaeolithig a'r Oes Fesolithig (Hen Oes ac Oes Ganol y Cerrig; c.250,000–c.4000 CC)*

Credir i ddisgynyddion y cynddyn cyntefig *Homo erectus* gyrraedd **Prydain** rhwng 750,000 a 500,000 CC. Yng Nghymru, mae'r dystiolaeth gynharaf o bresenoldeb dynol – deunydd o ogof Bont Newydd yn Nyffryn Elwy (**Cefn Meiriadog**) – wedi'i dyddio i *c.*250,000 CC.

Ogof Bont Newydd yw un o'r ychydig safleoedd yn ucheldir Prydain lle ceir olion o'r cyfnod Is-Balaeolithig (cyfnod cynharaf Hen Oes y Cerrig). Fe'u darganfuwyd yn y 19g., ond ni lawn sylweddolwyd eu harwyddocâd tan chwarter olaf yr 20g. Tystia'r olion fod cymuned o helwyr wedi llochesu yn yr ogof, ac wedi hela eu prae yn y dyffryn cul islaw. Mae'n debyg fod y safle ar y pryd yn rhan o stepdir agored, lled oer, lle crwydrai heidiau o gigysyddion a llysysyddion. Mae presenoldeb fflint llosg yn yr ogof yn tystio i fodolaeth aelwyd, sef man ar gyfer coginio, bwyta, cymdeithasu a gorffwys. Mae'n amlwg mai arteffactau carreg a fflint oedd y prif offer, yn cynnwys llawfwyeill, cyllyll, blaenau a chrafwyr. Ymddengys fod y rhan fwyaf o'r deunydd crai wedi tarddu'n lleol, ond gallasai peth ohono fod wedi dod o **Eryri**. Awgryma hyn naill ai fod rhyw fath o drefn gyfnewid nwyddau ar waith neu fod ardal **hela**'r grŵp yn eithriadol o eang. Ymhlith yr olion y cafwyd hyd iddynt yn yr ogof y mae esgyrn llysysyddion mawr, sy'n awgrymu cryn fedrusrwydd ar ran yr helwyr. Mae'r gweddillion dynol yn cynnwys esgyrn rhwng tri a chwe unigolyn, un ohonynt yn blentyn. Mae'n debyg mai pobl Neanderthalaidd cynnar oeddynt, llinach hynafol y credir iddi darddu o ffurfiau hwyr *Homo erectus*.

Diflannu fu hanes y dyn Neanderthalaidd gyda dyfodiad *Homo sapiens* i Ewrop. Ymgartrefodd y rheini gyntaf yng Nghymru *c.*30,000 CC, yn ystod y cyfnod o oerni eithafol a chyfnewidiadau hinsoddol mawr sy'n nodweddu cyfnod diweddaraf yr Oes Iâ Bleistosenaidd. Er nad oedd pobl ym Mhrydain o gwbl, efallai, yn anterth cyfnod y rhewlifiant, llwyddodd y cymdeithasau hela newydd hyn i ymgyfaddasu'n rhyfeddol i erwinder eu hamgylchfyd. Cafwyd tystiolaeth o'u harteffactau o nifer o **ogofâu** calchfaen Cymru. Y casgliadau pwysicaf yw'r rheini o'r cyfnod Uwch-Balaeolithig cynnar a gafwyd yn Nhwll yr Afr ym Mhen-y-fai (Paviland; gw. **Rhosili**), Hoyle's Mouth (**Penalun**), Ffynnon Beuno a Chae Gwyn (**Tremeirchion**), a'r rhai o'r cyfnod Uwch-Balaeolithig diweddar a gafwyd mewn sawl ogof ar arfordir **Sir Benfro**, ar y Gogarth (**Llandudno**) ac yn Nyffryn **Clwyd**. Ymdebyga peth o'r deunydd – rhai o'r crafwyr, er enghraifft – i ddeunydd Aurignacaidd o dde-orllewin Ffrainc. Mae rhai o'r darnau addurnol – yn eu plith, yr ên ceffyl engrafiedig a chyfres o ddannedd carw endoredig o'r Gogarth, a'r sbatwlâu a ffyn ifori o Ben-y-fai – yn debycach i ddeunydd Uwch-Balaeolithig mwy eang ei ddosbarthiad. Ym Mhen-y-fai hefyd y mae'r unig fedd o'r cyfnod a ddarganfuwyd ym Mhrydain. Yn wreiddiol, tybiwyd mai gweddillion gwraig o'r cyfnod Rhufeinig a oedd yn y bedd – 'Dynes Goch Paviland', fel y'i galwyd gan fod yr esgyrn wedi'u staenio ag ocr coch. Gwyddys bellach mai corff gŵr ifanc sydd yn y bedd, ac fe'i dyddiwyd i 24,000 CC, cyfnod cyn anterth y rhewlifiant. Mae'n debyg fod bedd yr un mor bwysig o'r cyfnod Uwch-Balaeolithig diweddar wedi'i ddistrywio mewn ogof ar y Gogarth; yno y cafwyd yr ên ceffyl a'r mwclis dannedd carw y cyfeiriwyd atynt eisoes.

Yn dilyn yr Oes Iâ ddiwethaf, *c.*11,500 CC, cafwyd cyfres o'r newidiadau yn yr **hinsawdd** sy'n nodweddu cyfnodau ôl-rewlifol. Wrth i'r rhew gilio cododd y tymheredd ar draws y byd gan beri i lefel y môr godi a chan effeithio'n ddirfawr

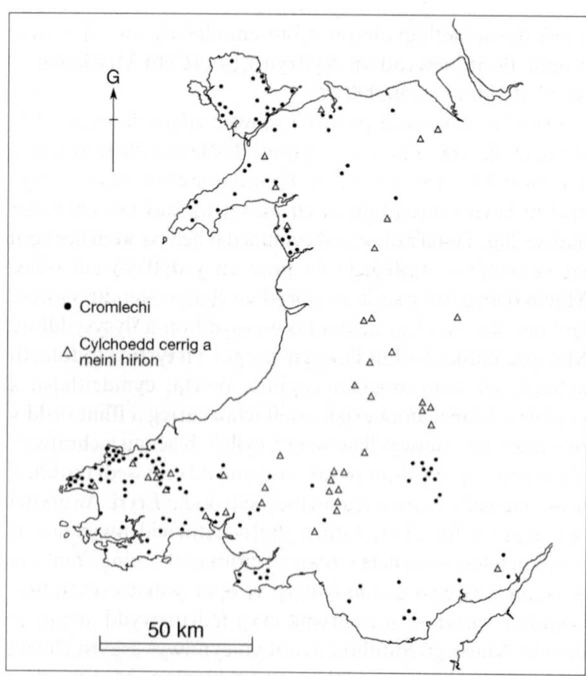


Dosbarthiad cromlechi, cylchoedd cerrig a meini hirion yng Nghymru (yn seiliedig ar fapiau'r AO)

ar fywyd naturiol. Yng ngorllewin Ewrop, trodd porfeydd agored y cyfnod Pleistosenaidd yn fforestydd trwchus erbyn *c.*7000 CC (gw. **Coedwigaeth**), gan orfodi cymunedau helwriaethol y cyfnod Mesolithig (Oes Ganol y Cerrig) i feithrin dulliau mwy deheuig o hela, a hynny'n bennaf gyda bwa saeth. Erbyn *c.*8500 CC roedd Prydain yn ynys, ac o hynny allan cymdeithasau mwy mewnblyg ac ynysig a ddatblygodd yno, heb gysylltiad clòs â'u cymdogion ar dir mawr Ewrop.

Yng Nghymru, ceir safleoedd Mesolithig yn bennaf ar hyd yr arfordir ac mewn dyffrynnoedd lle'r oedd y goedwig yn llai trwchus. Prae pennaf y trigolion oedd ewigod, **ceirw** coch, **gwartheg** gwyllltion a baeddod gwyllt (gw. **Baedd Gwyllt**), a byddai **adar**, **pysgod** a physgod cregyn wedi bod yn gynhaliaeth bellach. Mae'n ymddangos bod yr helwyr yn ymfudo gyda'r tymhorau, yn arbennig tua diwedd y cyfnod Mesolithig. Dilynent eu prae o'r gwastadeddau, lle treulient y gaeaf, i borfeydd mwy agored yr ucheldir yn yr haf. Ceir tystiolaeth o'r fath ymfudo mewn safleoedd isel megis yn Ogwr (**Saint-y-brid**), **Prestatyn** a **Rhuddlan**, a rhai uchel megis Gwaun Fignen Felen (**Llywel**), Brenig (**Llanrhaeadr-yng-Nghinmeirch**) a Llyn Aled Isaf (**Llansannan**). Yn y ddau leoliad olaf, caregos fflint glan-môr a siert du o Gronant (**Llanasa**) oedd prif ddeunydd crai yr offer. Yng Ngwaun Fignen Felen, mae ffynhonnell agosaf un math o garreg a ddefnyddiwyd cyn belled â 80km o'r safle. Prif offer y cyfnod Mesolithig oedd microlithau bychain a ddefnyddid fel blaenau saethau a chyllyll, ond lluniwyd hefyd grafwyr, mynawydau a bwyeill carreg trwm gyda llafnau lletraws. Nodweddiadol yn ogystal oedd blaenau picellau adfachog wedi'u gwneud o asgwrn neu gorn carw, a phennau batog o gorn carw fel yr un a gafwyd ar draeth y **Rhyl**. Yn Rhuddlan, darganfuwyd cyfresi o gerrig ac arnynt riciau pwrpasol yr olwg. Mae'r rhain yn unigryw o'u cyfnod ym Mhrydain, ac ystyrir bod iddynt swyddogaeth ddefodol. Awgryma dosbarthiad y dystiolaeth Fesolithig mai rhyw dri neu bedwar llwyth yn unig a fodolai yng Nghymru ar unrhyw adeg benodol, a'r rheini'n symud trwy rannau helaeth o'r wlad gan fanteisio ar ysbail ac ar lysiau a ffrwythau tymhorol.

Yr Oes Balaeolithig oedd yr hwyaf o ddigon o oesoedd dynolryw. Mewn cymhariaeth, nid oedd yr Oes Fesolithig ond ysbaid fer. Serch hynny, yn ystod yr oes honno o newid amgylcheddol tyngedfennol y bu i gymunedau o helwyr crwydrol yn y Dwyrain Agos ddatblygu'n raddol i fod yn ffermwyr ymsefydledig. Felly y rhoddwyd cychwyn ar y broses a fyddai'n sicrhau mai **amaethyddiaeth** fyddai sail pob gwareiddiad o hynny ymlaen.

### *Yr Oes Neolithig (Oes Newydd y Cerrig; c.4400–c.2300 CC)*

Prif nodwedd yr Oes Neolithig oedd datblygiad amaethyddiaeth i fod yn weithgarwch i drwch y **boblogaeth**. Ni wyddai pobl yr oes sut i wneud gwrthrychau metel. O ganlyniad, credid gynt fod agendor rhyngddynt a phobl yr oesoedd dilynol – yr Oes Efydd a'r Oes Haearn (gw. isod). Bellach, tueddir i bwysleisio parhad yn hytrach nag agendor, ac er bod y term Oes Neolithig yn cael ei arfer o hyd, fe'i defnyddir fel ffordd hwylus o gyfeirio at gyfnod a oedd – yn bennaf oll – yn rhan o gontinwwm. Trwy amaethyddiaeth,

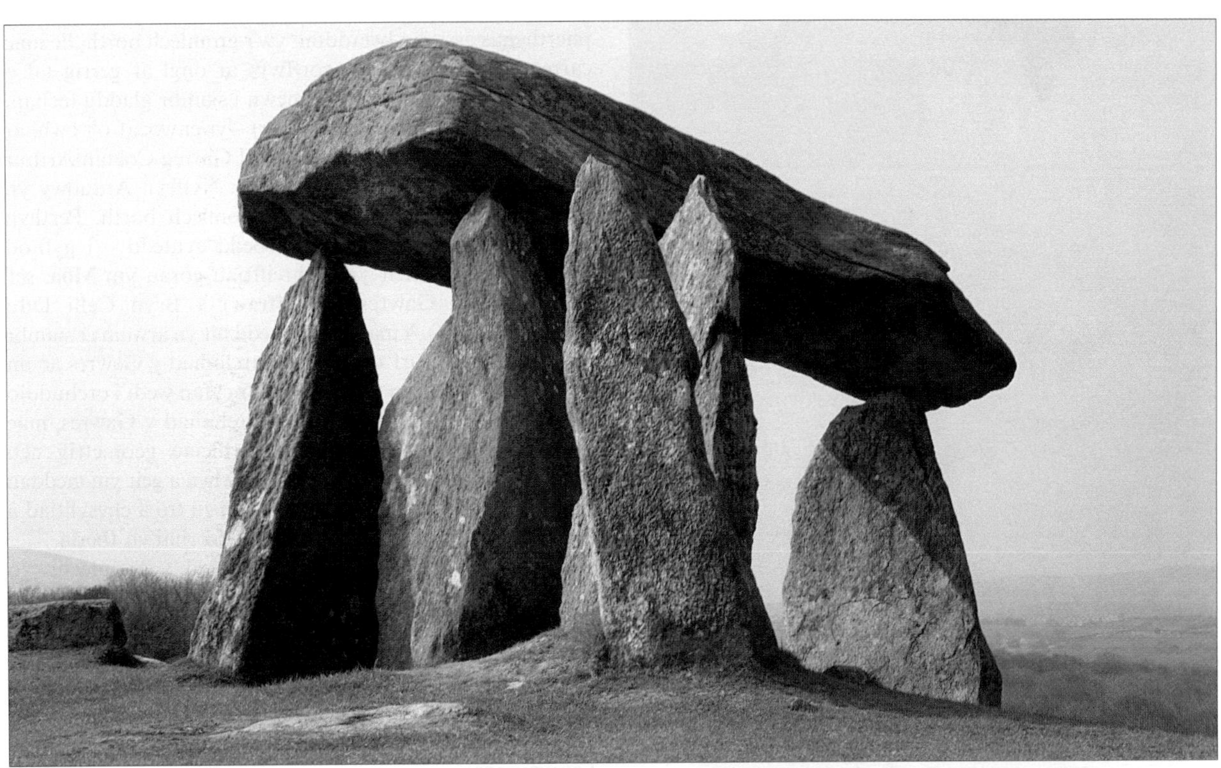

Cromlech Neolithig Pentre Ifan, Nyfer

gellid creu sail economaidd a ddarparai gyflenwad trefnus a chyson o **fwyd**. Roedd ymlediad amaethyddiaeth ar draws Ewrop yn y chweched a'r pumed mileniwm CC yn cyd-daro â'r hinsawdd fwynaf hyd yma yn y diweddaraf o'r cyfnodau daearegol, sef cyfnod yr Holosen (gw. **Daeareg**). Dechreuwyd amaethu ym Mhrydain yn y pumed mileniwm, a hynny, mae'n debyg, gan ymfudwyr o dir mawr Ewrop, yn hytrach na thrwy ymaddasiad ar ran brodorion Mesolithig yr ynys (gw. yr Oes Balaeolithig a'r Oes Fesolithig uchod).

Dosbarthiad arteffactau Neolithig, fel bwyeill carreg a **chrochenwaith**, yw'r arwyddion cliriaf o ledaeniad cyflym amaethyddiaeth. Yng Nghymru, mae'n ddosbarthiad sy'n perthyn yn bennaf i'r tiroedd mwyaf ffrwythlon a hawdd eu trin – tiroedd a chanddynt orchudd ysgafn o goed, a thiroedd graeanog neu rai'n gorwedd ar **galchfaen** lle nad oedd draenio'n broblem. Gellid defnyddio technoleg syml, wedi'i seilio ar offer carreg, i glirio'r coed a chreu clytwaith o gaeau bychain. Yn y caeau hynny, datblygodd amaethyddiaeth gymysg yn seiliedig ar fridio **defaid**, **geifr**, **moch** a gwartheg, a thyfu cnydau megis gwenith emer a mathau cyntefig o farlys. Mae'n anodd gwybod erbyn hyn pa gaeau sy'n perthyn yn benodol i'r cyfnod Neolithig, oherwydd fod nifer wedi'u llyncu gan gaeau diweddarach ac yn aml yn cael eu galw, yn gyfeiliornus, yn gaeau 'Celtaidd'. Prin hefyd yw unrhyw dystiolaeth bendant am anheddau Neolithig, ond darganfuwyd olion tai yn **Llandygái**, Moel y Gaer (**Helygain**), Notais (**Porthcawl**) a Chlegyrfwya (**Tyddewi**).

Offer carreg oedd prif offer y cyfnod, a bwyeill trwm yn arbennig. Yn y cyfnod Neolithig y dechreuwyd cloddio creigiau Cymru ar raddfa eang. Roedd cynhyrchu bwyeill yn weithgaredd pwysig yn Graig Lwyd (**Penmaen-mawr**), ac i raddau llai ym Mynydd y Rhiw (**Aberdaron**) a Charn Meini (**Mynachlog-ddu**). Darganfuwyd nifer o fwyeill carreg wedi'u gwneud yng Nghymru mewn safleoedd yn ne, canolbarth a dwyrain **Lloegr**. Mae hyn, ynghyd â'r ffaith i fwyeill carreg o **Gernyw**, Cumbria a gogledd **Iwerddon**, a bwyeill fflint o dde-ddwyrain Lloegr, gael eu darganfod yng Nghymru, yn awgrymu bodolaeth llwybrau masnach a dulliau cyfnewid. Mae Carn Meini yn bwysig hefyd fel ffynhonnell bosibl y cerrig gleision y cred llawer iddynt gael eu cludo i ffurfio rhannau o Gôr y Cewri yn Wiltshire ar ddechrau'r Oes Efydd. Yn hwyr yn yr Oes Neolithig, dechreuwyd llunio offer mwy arbenigol, megis cadfwyeill, bwyeill-forthwylion a brysgyllau ac ynddynt dwll ar gyfer coes – gwrthrychau a oedd yn perthyn i elfennau pendefigaidd cymdeithas, mae'n debyg, a datblygiad sy'n awgrymu bod haenau cymdeithasol yn graddol ymffurfio. Olrheiniwyd y graig a ddefnyddiwyd ym mheth o'r offer hwn i Garn Meini ac i Gwm Mawr (yr **Ystog**). Gyda'r hynotaf o wrthrychau carreg y cyfnod y mae'r brysgyll fflint soffistigedig a ddarganfuwyd ar stad Maesmor (**Llangwm**, **Sir Ddinbych**), gyda 170 o ffasedau wedi'u cerfio'n gywrain arno. Roedd crochenwaith hefyd yn newydd yn y cyfnod, a darganfuwyd enghreifftiau o lestri plaen ym Môn a Sir Benfro.

Y brif dystiolaeth archaeolegol o'r Gymru Neolithig yw'r cromlechi – yr esiamplau cynharaf o **bensaernïaeth** ym Mhrydain. Siambrau o gerrig enfawr oddi mewn i garnedd bridd neu gerrig ydynt, a cheir ynddynt dystiolaeth o gladdedigaethau torfol. Perthyn y rhai cynharaf, mae'n debyg, i'r cyfnod 3600–3000 CC. Gwyddys am oddeutu 150 ohonynt yng Nghymru. Fe'u lleolir yn bennaf ar dir isel ar hyd yr arfordir, ond ceir rhai clystyrau gryn bellter o'r môr mewn broydd megis dyffrynnoedd **Conwy** a **Gwy**. Mae'n anorfod fod creu'r cromlechi wedi bod yn llafur hir a chaled i nifer sylweddol o ddynion – hyd at 200, fe dybir, yn achos ambell un. Dyma dystiolaeth o fodolaeth cymunedau pur boblog

Wyneb dyn Neolithig, a grëwyd ar gyfrifiadur ar sail penglog o *c.*3500 CC a ganfuwyd ym meddrod siambr Pen-yr-wrlodd ger Talgarth

mewn rhannau o Gymru erbyn *c.*3000 CC, cymunedau a oedd â'r gallu i gydweithredu'n effeithlon. Damcaniaethir fod gan y gromlech swyddogaeth gymdeithasol a defodol yn ogystal â bod yn ffordd o ddangos parch at hynafiaid ymadawedig. Darganfuwyd gweddillion o leiaf ddeugain o bobl, yn oedolion, plant a babanod, yng nghromlech Parc le Breos (**Llanilltud Gŵyr**). Dros y blynyddoedd ehangwyd nifer ohonynt i gynnwys siambrau ychwanegol, megis yn Nhrefignath (**Trearddur**), **Dyffryn Ardudwy** a Thŷ Isaf (**Talgarth**).

Yn y mwyafrif o'r cromlechi, dim ond y siambr sydd wedi goroesi, gyda'r garnedd wedi'i difrodi. Un o'r ychydig eithriadau yw beddrod unigryw Pen-yr-wrlodd (Talgarth), sydd mewn cyflwr rhyfeddol. Yno, darganfuwyd penglog dyn; ail-luniwyd yr wyneb fel delwedd gyfrifiadurol sy'n cynnig argraff o olwg hynod fodern un o drigolion yr Oes Neolithig. Ceir carneddau sydd gymaint â 75m o hyd, a gellir gwerthfawrogi eu maint a'u mawredd yng nghromlechi adffurfiedig Parc le Breos, Dyffryn Ardudwy, Trefignath, Tinkinswood (**Sain Nicolas**), Gwernvale (**Crucywel**), Capel Garmon (**Bro Garmon**) a Llety'r Filiast (Llandudno).

Rhennir y cromlechi yn grwpiau, a hynny ar sail ffurf a phensaernïaeth y siambr a'i lleoliad yn y domen. Mewn grŵp y cyfeirir ato fel Hafren-Cotswold, ceir siambr wedi'i lleoli ar flaen y garnedd (Tinkinswood) neu un neu fwy o siambrau wedi'u lleoli ar ochr y garnedd (Gwernvale, Capel Garmon a Phen-yr-wrlodd). Gall y siambr ei hun fod yn un gistfaen hirsgwar (Tinkinswood), ond ceir hefyd siambrau croes neu dranseptaidd (Parc le Breos a Thŷ Isaf). Mae'r cromlechi hyn yn debyg i rai yn y Cotswolds, sydd â chysylltiad gyda beddrodau megalithig yn **Llydaw**. Ffurf arall, sydd â pherthynas agos ag Iwerddon, yw'r gromlech borth, lle mae carreg gapan enfawr yn gorffwys ar ongl ar gerrig tal o boptu'r porth, sy'n arwain i mewn i siambr gladdu fechan. Mae cromlech Pentre Ifan (**Nyfer**) – yr enwocaf o'r cwbl ar gyfrif ei huchder (3.12m) – a hefyd Garreg Coetan Arthur (**Trefdraeth**) a'r chwe chromlech yn Nyffryn Ardudwy yn enghreifftiau nodweddiadol o'r gromlech borth. Perthyn trydydd math o gromlech – y bedd cyntedd – i gyfnod diweddarach, a cheir yr enghreifftiau gorau ym **Môn**, sef Barclodiad y Gawres (**Aberffraw**) a Bryn Celli Ddu (**Llanddaniel-fab**). Yma, mae cyntedd hir yn arwain i'r siambr gladdu – un ar ffurf croes ym Marclodiad y Gawres ac un amlonglog ym Mryn Celli Ddu – a'r cyfan wedi'i orchuddio gan domen gron o bridd. Ym Marclodiad y Gawres, mae pum carreg wedi'u haddurno â rhiciau geometrig neu droellog, math o addurn sy'n debyg i'r hyn a geir ym meddau Dyffryn Boyne yn Iwerddon, sydd yn eu tro â chysylltiad â beddau yn Llydaw ac, yn y pen draw, â rhai yn Iberia.

Ceir bylchau amlwg yn nosbarthiad y cromlechi, yn arbennig ar arfordir **Ceredigion**, yn y gogledd-ddwyrain ac yn y canoldir mynyddig. Dichon y bodolai arferion claddu gwahanol yn y broydd hyn. Yn ardaloedd calchfaen y gogledd-ddwyrain, er enghraifft, daethpwyd o hyd i olion claddiadau lluosog mewn ogofâu ym Mherthi Chwarae (**Llanarmon-yn-Iâl**), Rhosddigre (**Llandegla**) ac ar y Gop (**Trelawnyd a Gwaunysgor**).

Nodweddiadol hefyd o gyfnod diweddar yr Oes Neolithig yw'r hengorau, sef safleoedd mawr crwn wedi'u hamgylchynu gan ffos a chlawdd allanol, a chydag un neu ddwy o fynedfeydd. Tybir bod yr hengor yn safle cysegredig ac iddo swyddogaeth ddefodol. Yn aml, fe'i cysylltir â chwrsws (caeadle unionlin hir rhwng dwy ffos gyfochrog) neu gaeadle crwn llai gyda ffos. Cafwyd hyd i glwstwr nodedig o'r fath henebion yn Llandygái, yn cynnwys dau hengor a chwrsws. Yn ychwanegol at y safle hwnnw, ceir hengorau ym Môn – Castell Bryngwyn (**Llanidan**), Bryn Celli Ddu ac, o bosibl, Bryn Celli Wen gerllaw, sy'n brawf fod clwstwr pwysig o'r safleoedd hyn wedi bodoli o boptu afon **Menai**. Ymddengys fod clwstwr tebyg wedi bodoli yn Nyffryn **Hafren** ger y **Trallwng**. Dichon i lafur sawl cymuned gyfrannu at greu safleoedd mor helaeth, ac maent yn awgrymu bodolaeth rhyw fath o offeiriadaeth. Yn Walton (**Pencraig**), canfuwyd yn ddiweddar olion palisâd o goed sy'n amgáu 35ha o dir – un o'r rhai mwyaf i oroesi o'r Brydain Neolithig – ac mae'n bosibl fod caeadle arall, bron yr un mor helaeth, yn yr un gymdogaeth.

A derbyn mai hanfod yr Oes Neolithig yw cymunedau o ffermwyr a ddefnyddiai offer carreg, yna ni fu iddi lwyr ddod i ben yng Nghymru tan *c.*1400 CC, pan oedd rhywfaint o offer metel o fewn cyrraedd pawb, mae'n debyg. Eto i gyd, roedd dyfodiad metel, *c.*2300 CC, yn rhagargoel o'r hyn a fyddai yn y pen draw yn newid cymdeithasol a diwylliannol cwbl sylfaenol, ac felly ystyrir y dyddiad hwnnw fel diwedd yr Oes Neolithig a dechrau'r Oes Efydd.

### *Yr Oes Efydd (c.2300–c.700 CC)*

Mae dechreuadau gweithio mewn metel yn Ewrop – rywbryd oddeutu 2500 CC – yn cyd-daro ag ymddangosiad crochenwaith o fath newydd. Darganfuwyd amrywiol arfau ac offer **copr**, ynghyd ag enghreifftiau o'r llestri, mewn rhannau helaeth o Ewrop gan gynnwys Prydain, a hynny mewn beddau

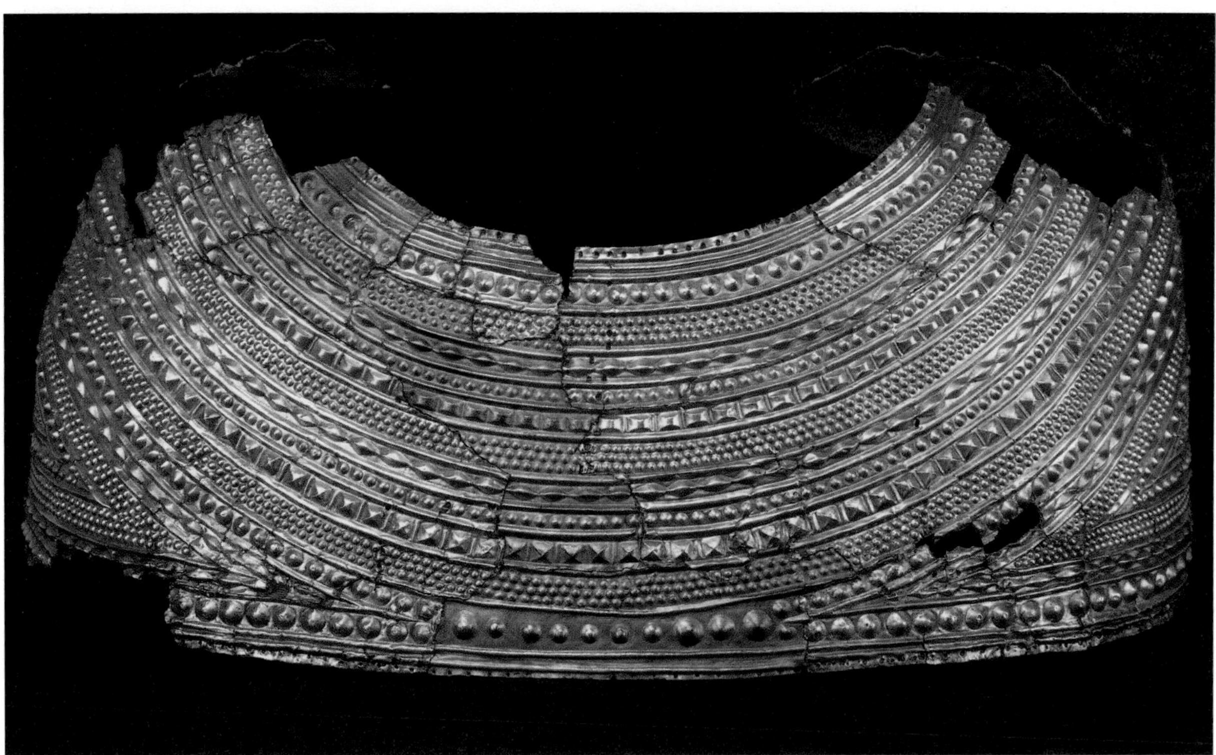

Mantell aur yr Wyddgrug o'r Oes Efydd

o'r cyfnod 2300–1400 CC. Dyma'r cyfnod a ystyrir fel yr Oes Efydd Gynnar, er mai term mympwyol braidd ydyw. Yn sicr, byddai dyfodiad metel yn trawsnewid cymdeithas yn y pen draw, ond nid oedd presenoldeb ambell wrthrych metel yn gyfystyr â newid sylweddol yn yr economi. Yn wir, hanfodion trefn yr Oes Neolithig (gw. uchod) a fyddai'n pennu amgylchiadau byw trigolion Cymru am gyfran helaeth o'r cyfnod a elwir yr Oes Efydd, prawf mai gweithred artiffisial braidd yw rhannu cynhanes yn 'oesoedd' didoledig.

Eto i gyd, gwelwyd newid yn ystod y cyfnod *c.*2500–2000 CC, newid a fyddai'n cyflymu wrth i wrthrychau metel ddod yn fwyfwy cyffredin. Daeth arferion claddu gwahanol yn amlwg, gyda'r meirw, neu o leiaf rai detholedig o'u plith, yn cael eu gosod mewn beddau unigol, syml – gwrthgyferbyniad trawiadol â beddau torfol, mawreddog yr Oes Neolithig. Yn y math newydd hwn o fedd, roedd ymdrech i adlewyrchu hunaniaeth a statws yr unigolyn, boed wryw neu fenyw, trwy gynnwys eiddo personol – diodlestri yn arbennig – ochr yn ochr â'r gweddillion, a hynny mewn cist a oedd wedi'i gorchuddio dan garnedd gron o bridd. Hyd yn gymharol ddiweddar, credid mai ymfudwyr yn wreiddiol o ardal y Rhein ac Iberia – Pobl y Diodlestri neu'r Biceri, fel y'u galwyd – a gyflwynodd y diodlestri, y traddodiad o ddefnyddio metel a'r dull claddu newydd i rannau helaeth o Ewrop. Fodd bynnag, tueddir bellach i dderbyn mai trwy ymledaeniad syniadau a gwybodaeth, yn hytrach na thrwy oresgyniad, y lledodd y fath newidiadau technolegol a diwylliannol, er bod cryn gefnogaeth o hyd i'r ddamcaniaeth fod Pobl y Diodlestri yn ymfudwyr a enillodd rym fel elît milwrol.

Prin yw'r dystiolaeth o safleoedd o'r Oes Efydd Gynnar yng Nghymru o gymharu â rhannau eraill o Brydain. Yn y rhan fwyaf o'r beddau ceir cist garreg ynghyd â detholiad llwm braidd o eiddo'r ymadawedig, megis cyllyll fflint, gleiniau muchudd ac, yn anaml iawn, gyllell gopr. Beddau o'r fath yw'r rheini ym **Mrymbo** a **Llanhari**. Fodd bynnag, darganfuwyd nifer fawr o ddiodlestri mewn cromlechi (gw. yr Oes Neolithig uchod), megis yng Nghapel Garmon (Bro Garmon), Pen-yr-wrlodd a Thŷ Isaf (Talgarth) a Tinkinswood (Sain Nicolas), sy'n awgrymu mai gwneuthurwyr neu berchnogion y diodlestri a gaeodd y beddau cynharach hyn yn derfynol. Mae'n debyg mai'r un yw'r esboniad ar fodolaeth diodlestri yn un o hengorau Neolithig Llandygái, sy'n arwydd pellach o'r cymathu rhwng yr hen ddiwylliant a'r newydd. Darganfuwyd enghreifftiau o ddiodlestri mewn mannau yn yr ucheldir hefyd, yn enwedig yng nghyffiniau Brenig ar **Fynydd Hiraethog**, sy'n awgrymu bod amaethwyr am y tro cyntaf yn gweld defnydd i'r lleoedd anial hyn.

Wrth i'r Oes Efydd fynd rhagddi gwelwyd datblygiad mewn crochenwaith, o'r diodlestri cynnar i gyfresi o yrnau amrywiol eu ffurf, yn eu plith rai a fyddai'n dal gweddillion amlosgedig y meirw. Mewn crugiau claddu megis Bedd Branwen (**Tref Alaw**) a'r un yn **Llanddyfnan** (y ddau ym Môn), darganfuwyd parau o yrnau, y naill yn cynnwys y llwch a'r llall yn wag, fel pe i ddal enaid yr ymadawedig. Roedd mynwentydd bychain yn gyffredin. Ar safle Brenig, ceir mynwent a ddatblygodd dros gyfnod o amser, o'r crugiau pridd mawr cynnar yn cynnwys esgyrn unigolion neu yrnau yn dal eu llwch, i garneddau cerrig diweddarach. Ceir carneddau mawr ar gopaon nifer o fryniau a **mynyddoedd**, megis ar y Drosgl (**Llanllechid**) ac ar Ben y Fan a'r Corn Du (**Bannau Brycheiniog**). Dichon fod lleoliad y fath garneddau, mewn mannau amlwg ac eang eu golygfeydd, yn adlewyrchu statws uchel y claddedigion; ategir hynny gan y gwrthrychau a ddarganfuwyd ynddynt. Yn bur aml, ceir casgliad o amryfal henebion gyda'i gilydd, ffaith sy'n awgrymu cysylltiad rhwng safleoedd claddu a safleoedd seremonïol y cyfnod. Enghreifftiau da yw'r casgliad

Cawg Caergwrle o'r Oes Efydd Ddiweddar

ar lethrau'r Penmaen-mawr, gyda chylch y Meini Hirion yn ganolbwynt iddo, a'r casgliad yn Glandy Cross (**Cilymaen-llwyd**), gyda chylch y Meini Gŵyr yn ganolog iddo.

I gyfnod Cynnar a Chanol yr Oes Efydd hefyd y perthyn llawer o'r meini hirion unigol sy'n nodwedd mor amlwg o **archaeoleg** Cymru. Dengys archwiliadau yn Sir Benfro fod safleoedd seremonïol megis Devil's Quoit (**Stackpole**) a Langstone Field (**Llanisan-yn-Rhos**) yn rhai pur gymhleth yn eu dydd, er mai'r garreg unigol yw'r unig arwydd gweledol ohonynt bellach. Mae rhai o'r cerrig yn dynodi llwybrau cynhanesyddol o bwys. Yn eu plith, y mae Bwlch y Ddeufaen (**Caerhun**), y meini yng nghyffiniau Glandy Cross sy'n nodi lleoliad y llwybr o **Fynydd Preseli** i aber afon **Cleddau**, y gyfres o gerrig o **Dalsarnau** i **Drawsfynydd**, a'r rheini o afon Dysynni, ger **Tywyn**, i'r Ffordd Ddu uwchlaw **Arthog**. Arbennig o ddiddorol yw'r twmpathau o gerrig llosg, a leolir fel arfer yn agos at ddŵr rhedegog neu mewn cors. Credir fod dŵr yn cael ei ferwi ar y safleoedd hyn trwy ddefnyddio cerrig gwynias – er mwyn coginio cig, mae'n debyg, er y gallasai fod sawl diben arall i'r broses.

Yn 2006, yn Sant Buddog (St Botolphs) ger **Aberdaugleddau**, daeth archaeolegydd a oedd yn arolygu gwaith adeiladu ar bibell nwy naturiol Aberdaugleddau–Aberdulais (**Blaenhonddan**) o hyd i'r hyn y tybir ei fod yn ganŵ o'r Oes Efydd. Y mae wedi'i naddu o foncyff derwen ac yn pwyso un dunnell fetrig.

Roedd y gallu i gastio metel yn ddatblygiad technolegol allweddol. Copr a ddefnyddiwyd yn yr offer cynharaf, sy'n dyddio o *c.*2300 CC, ond buan y dechreuwyd ei gymysgu gyda **thun** i greu aloi newydd, sef efydd. O *c.*2000 CC ymlaen, hwn a ddefnyddid yn bennaf i lunio llu o arteffactau. Dros amser, datblygwyd amrywiaeth o offer ac arfau – rhai syml i gychwyn, megis bwyeill fflat, cyllyll a dagerau, ac yna rai mwy cymhleth fel palstafau, bwyeill socedog, meingleddyfau, cleddyfau slaesio a blaenau gwaywffyn.

Dengys astudiaethau diweddar o gyfansoddiad yr efydd fod aloiau a berthynai yn benodol i Gymru, a bod copr craidd o fwyngloddiau Cymru wedi cyfrannu'n helaeth at gynnal y diwydiant. Gwyddys bellach am sawl mwynglawdd yng Nghymru sy'n dyddio o *c.*2000–1750 CC ac sydd felly ymhlith y rhai cynharaf ym Mhrydain. Yn eu plith, ceir **Mynydd Parys**, y Gogarth (Llandudno), Nant yr Eira (**Pumlumon**) a Mynydd Gopa ym mlaenau Cwm **Ystwyth**; mae nifer o safleoedd eraill yn aros i'w harchwilio ymhellach. Mae'n debyg mai mwynglawdd y Gogarth yw'r mwyaf yn y byd o'r cyfnod cynhanesyddol, gyda'r lefelau tanddaearol yn cyrraedd hyd at 36m dan yr wyneb ac yn ymestyn hyd at 8km i mewn i grombil y mynydd. Mwynglawdd brig hynod ddwfn sydd ar Fynydd Gopa, ac yno darganfuwyd cwndidau wedi'u gwneud o foncyffion coed, tystiolaeth fod cyflenwad dŵr wedi'i sianelu i'r safle o bellter. Hyd yma, perthyn yr holl dystiolaeth o'r mwyngloddiau hyn i'r cyfnod cynhanesyddol; yn groes i'r gred flaenorol, ni chafwyd prawf pendant fod y **Rhufeiniaid** wedi cloddio copr ar raddfa fawr yng Nghymru, ac eithrio ym mwynglawdd Llanymynech (**Carreghwfa**). Dichon fod y poblogi pur eang a fu ar rannau helaeth o'r ucheldir yng Nghymru'r Oes Efydd yn gysylltiedig â'r ymchwil am fwynau.

Yn ystod yr Oes Efydd y sefydlwyd swyddogaeth a statws arbennig y gof. Tystir i'w grefft nid yn unig gan y gwrthrychau sydd wedi goroesi ond hefyd gan yr offer a ddefnyddid i'w llunio. Canfuwyd mowld carreg ar gyfer gwneud bwyeill fflat ym Mhont Gethin (**Betws-y-coed**), ac un ar gyfer gwneud bwyeill socedog yn Aber-mad (**Llanilar**). Yng Nghaellepa, **Bangor**, cafwyd dau fowld efydd ar gyfer gwneud palstafau. Credir bod gofaint Cymru wedi chwarae rhan yn natblygiad ffurf gynnar o'r palstaf, fel y dengys celciau o **Fetws-yn-Rhos** a Pharc Acton (**Wrecsam**). Roedd enghreifftiau o'r fath balstafau wedi cyrraedd cyn belled â gogledd yr Almaen erbyn *c.*1400 CC. Mae'n debyg mai yn neddwyrain Cymru, *c.*1000 CC, y datblygwyd y fwyell socedog sy'n nodweddiadol o'r cyfnod yng Nghymru, a chanolbarth a de-orllewin Lloegr. Yn wir, nid yw'n amhosibl fod eisoes, yn nosbarthiad bwyeill yng Nghymru erbyn *c.*700 CC, ryw frith awgrym o'r rhaniad hwnnw rhwng pedwar llwyth a ganfu'r Rhufeiniaid – rhaniad a adlewyrchir yn nheyrnasoedd Cymru'r Oesoedd Canol cynnar.

Agwedd arall ar grefft y gofaint efydd oedd eu gallu i wneud creiriau o lenfetel, megis y tarianau a ddarganfuwyd ar **Foel Siabod** (**Capel Curig**), yn Llanychaearn (**Llanfarian**) ac yn **Llanbedr**. Gan mor denau yw'r metel, credir mai tarianau addurnol i ddynodi statws eu perchnogion oeddynt – adlewyrchiad cynnar o feddylfryd cymdeithas arwrol. Gwrthrychau eraill yr un mor drawiadol oedd y peiriau a'r pwcedi efydd, megis pwced Arthog a'r ddau bair a ganfuwyd yng nghelc Llyn Fawr (y **Rhigos**). Mae'n debyg mai swyddogaeth seremonïol, ddefodol a oedd i'r creiriau hyn, fel sydd i'r pair yn **llenyddiaeth** gynnar Cymru. Canfuwyd amryw ohonynt mewn mannau dyfrllyd, a chredir mai offrymau i'r duwiau oeddynt.

Bu Cymru yn agored i ddylanwadau o'r tu allan trwy gydol ei chynhanes, a gwelir y dylanwadau hyn ar eu cryfaf yn ystod yr Oes Efydd. Mae blaen saeth efydd sy'n rhan o gelc **Pennard** a chyllell efydd sy'n perthyn i gasgliad Ffynhonnau (**Aberhonddu**), ill dau yn tarddu o ganolbarth Ewrop. Credir i bwced Arthog gael ei mewnforio o Hwngari, a bod gan y fwyell fain, socedog a ganfuwyd yn Nhrawsfynydd gysylltiad â de Llychlyn. Yn y casgliad o gêr ceffyl o Barc-y-Meirch (**Abergele**), ceir jangl (darn o harnais sy'n gwneud sŵn tincial) o ogledd yr Almaen, wedi'i wneud o gopr. Mae celc Llyn Fawr yn cynnwys offer sy'n tystio i gysylltiad agos â gwrthrychau o dde-ddwyrain Ffrainc a de'r Almaen. Yn Llyn Fawr, hefyd, daethpwyd o hyd i dair enghraifft gynnar o wrthrychau **haearn** – cleddyf, cryman a gwaywffon – sy'n awgrymu bod gofaint haearn Cymru yn gryn arloeswyr.

Yn yr Oes Efydd y ceir y dystiolaeth gynharaf o grefft y gof **aur**. Mae harddwch a hydrinedd aur yn ei wneud yn ddeunydd rhagorol ar gyfer gwneud tlysau. Eurlen denau a ddefnyddiwyd yn y tlysau cynharaf, megis y lwnwla a ddarganfuwyd ar lan afon Dwyfor yn **Nolbenmaen**, ond yn ddiweddarach lluniwyd torchau o wifrau a bariau aur plethedig, gwrthrychau sydd â chysylltiad agos ag Iwerddon. Ceir enghreifftiau Cymreig o'r torchau yn y celciau o **Lanwrthwl**, **Tiers Cross** a Llanddewi-yn-Heiob (**Bugeildy**). Credir bod y pedair breichled aur o Gapel Isaac (**Maenordeilo**) yn dangos dylanwadau Llydewig, ond dichon fod yr aur wedi'i gloddio'n lleol. Ceir enghreifftiau o freichledau a chlipiau gwallt aur mewn celciau diweddarach o'r Gaerwen (**Llanfihangel Ysgeifiog**) a'r Gogarth; mae gan y rhain eto gysylltiad cryf ag Iwerddon, prawf fod llwybr masnach yn rhedeg ar draws arfordir gogleddol Cymru.

Perthyn i Gymru ddau wrthrych o'r Oes Efydd nad oes mo'u tebyg trwy Ewrop gyfan, ond sy'n bur anodd eu dyddio'n fanwl. Un yw'r fantell aur gwbl ryfeddol a ddarganfuwyd mewn carnedd ym Mryn yr Ellyllon, yr **Wyddgrug**, yn 1833, a hynny ar ysgwyddau gŵr ifanc a oedd wedi'i gladdu yno. Mae'r fantell yn perthyn, mae'n debyg, i'r Oes Efydd Ganol. Fe'i lluniwyd o eurlen wedi'i haddurno â chyfresi o foglynnau ac mae'n pwyso tua 450g. Mewn mawnog heb fod ymhell o Gastell Caergwrle (yr **Hob**) y darganfuwyd yr ail greiryn, a hynny yn 1820. Cawg ar ffurf cwch ydyw, ac mae'n debyg ei fod yn dyddio o ddiwedd yr Oes Efydd. Fe'i naddwyd o siâl a'i addurno ag aur i ddangos tonnau'r môr a rhwyfau a tharianau'r cychwyr, a cheir pâr o lygaid enfawr ar ei ddeuben.

Cyrhaeddodd crefft y gof efydd ei hanterth nid yn yr Oes Efydd ond yn yr Oes Haearn (gw. isod). Ymhellach, mae gwreiddiau rhai o nodweddion amlycaf yr Oes Haearn – y **bryngaerau** yn arbennig – i'w canfod yn yr Oes Efydd. Dyma dystiolaeth bellach fod y rhaniadau rhwng yr 'oesoedd' yn medru bod yn artiffisial. Yn wir, twf diwnïad yw prif nodwedd pedwar mileniwm olaf cynhanes Cymru, ffaith sy'n cael ei derbyn fwyfwy wrth i'r pwyslais ar ddatblygiad cynhenid ennill y blaen ar yr hen syniad o ran ganolog goresgyniadau.

### *Yr Oes Haearn (c.700 CC–c.50 OC)*

Mae haearn yn dra chyffredin yng nghrawen y ddaear; er enghraifft, haearn yw o leiaf 5% o'r graig igneaidd. Yn wahanol i aur a chopr, nid yw bron byth yn bodoli heb fod mewn cyfuniad ag elfen arall, ac felly mae creu'r metel yn broses gymhleth. Darganfuwyd y broses yn y Dwyrain Agos ar ddechrau'r mileniwm olaf CC, ac roedd yn hysbys ym Mhrydain erbyn *c.*700 CC. A'r ddaear yn gyforiog o fwyn haearn, mae'r gallu i wneud y metel yn sicrhau cyflenwad dihysbydd bron o ddeunydd at greu offer, arfau a chyfarpar. I'r arbenigwr ar gynhanes Gordon Childe, haearn oedd y 'metel democrataidd', a chymaint ei ddefnyddioldeb nes i'r Oes Haearn barhau, ar un ystyr, hyd heddiw. Roedd y rhai a feddai gyfrinach haearn yn fygythiad i'r rhai nas meddai, a cheir adlais o hynny yn stori **Llyn y Fan Fach**, lle mae tri thrawiad â haearn yn rhybudd i'r ferch – cynrychiolydd yr hen fyd gyda'i hud a'i gwartheg gwynion – i encilio i'w chynefin. Ymhlith y darnau gwaith haearn cynharaf i'w darganfod ym Mhrydain y mae'r offer y cafwyd hyd iddo yn Llyn Fawr (y Rhigos).

Mewn rhannau helaeth o Ewrop, mae'r Oes Haearn yn cyd-ddigwydd ag ymddangosiad y **Celtiaid**, pobl y bu i'w diwylliant a'u hieithoedd ymledu trwy rannau helaeth o Iberia i Dwrci ac o'r Eidal i Brydain ac Iwerddon. Serch hynny, mae uniaethu'r Oes Haearn â'r Celtiaid yn destun cryn anghytundeb bellach, gyda rhai ysgolheigion yn ymwrthod â'r holl gysyniad o ddiwylliant Celtaidd ymledol. Bylchog yw'r dystiolaeth archaeolegol o'r Oes Haearn yng Nghymru. Nid oes bron dim olion o arferion claddu'r oes. Prin hefyd yw crochenwaith – awgrym, efallai, o brinder deunydd crai addas, neu o hoffter yr oes o lestri pren a **lledr**. Ymddengys, felly, fod cymunedau'r Oes Haearn yng Nghymru yn dlotach yn faterol nag yr oeddynt mewn rhannau eraill o Brydain. Yn sicr, roeddynt yn llai soffistigedig na theyrnasoedd de-ddwyrain Prydain. Erbyn y ganrif olaf CC, roedd y teyrnasoedd hynny ar gyrion y byd Rhufeinig ac felly roedd modd i'w rheolwyr gael gafael ar y moethau a ddeisyfent er mwyn pwysleisio eu statws.

Eto i gyd, ceir yng Nghymru nifer o fryngaerau helaeth sy'n awgrymu bodolaeth cymunedau hierarchaidd, pwerus. Y mae hefyd nifer o gaerau helaeth ar yr arfordir, yn aml ar glogwyn serth neu bentir, fel mai dim ond ar un ochr yr oedd angen adeiladu gwrthglawdd. Dichon fod trigolion rhai o'r caerau hynny yn ymgymryd â masnach forwrol. Mae aml i gaer arfordirol – Porth y Rhaw (Tyddewi), er enghraifft, a Dinas Dinlle (**Llandwrog**) – bellach wedi'u herydu gan y môr. Yn ogystal â'r bryngaerau a'r caerau arfordirol, mae nifer o aneddiadau wedi goroesi o'r Oes Haearn, yn rhai unigol a rhai clystyrog, a hynny'n cadarnhau'r argraff o gymdeithas fywiog a hyderus. Yn y de-orllewin a'r gogledd-orllewin, yn arbennig, roedd mân ffermdai, rhai heb amddiffynfeydd, yn niferus. Weithiau mae modd olrhain cynllun yr uned gyfan – y ffermdy, y caeadle a'r caeau – a hynny yn olion y **waliau sychion**, fel y rhai sydd wedi goroesi mewn ardaloedd ar gyrion calon Eryri. Ar y gwastadeddau mwy ffrwythlon, mae amaethyddiaeth fodern wedi chwalu'r rhan fwyaf o olion, ond o bryd i'w gilydd deuir ar draws tystiolaeth o ffermdai o dywyrch a phren, a hynny ar hap neu drwy ffotograffau o'r awyr. Yng **Ngwynedd** a Môn, llwyddwyd ar sail archwiliadau diweddar ym Moel y Gerddi (**Llanfair** ger **Harlech**), Graeanog (**Clynnog**), Bryn Eryr (**Pentraeth**) a Thŷ Mawr (**Caergybi**) i osod yr aneddiadau mewn trefn gronolegol. Perthyn yr aneddiadau cynharaf, gyda chaeadleoedd crwn ar y cyfan, i gyfnod cyn 400 CC. Yn ddiweddarach, datblygodd ffurfiau mwy cymhleth, megis y caeadleoedd onglog a geir yng Ngraeanog, Dinllugwy (**Moelfre**) a Chae Meta (**Llanddeiniolen**, caeadleoedd a grëwyd, mae'n debyg, yn ystod y goresgyniad Rhufeinig.

Amaethyddiaeth gymysg a gynhaliai'r ffermydd hyn. Roedd tyfu cnydau grawn wedi dod yn gyffredin, fel y tystia'r gwahanol fathau o freuanau (melinau llaw) a ganfuwyd. Daethpwyd o hyd i farciau gwŷdd pren yn Stackpole, a darganfuwyd swch gwŷdd pren mewn ffos yn Walesland, **Camros**. Mae tystiolaeth balaeobotanegol o Raeanog a mannau eraill yn dangos mai sbelt oedd y prif wenith, er bod emer yn gyffredin hefyd, fel yn Nhŷ Mawr a Breiddin (**Bausley a Chrugion**). Y prif gnydau grawn eraill oedd

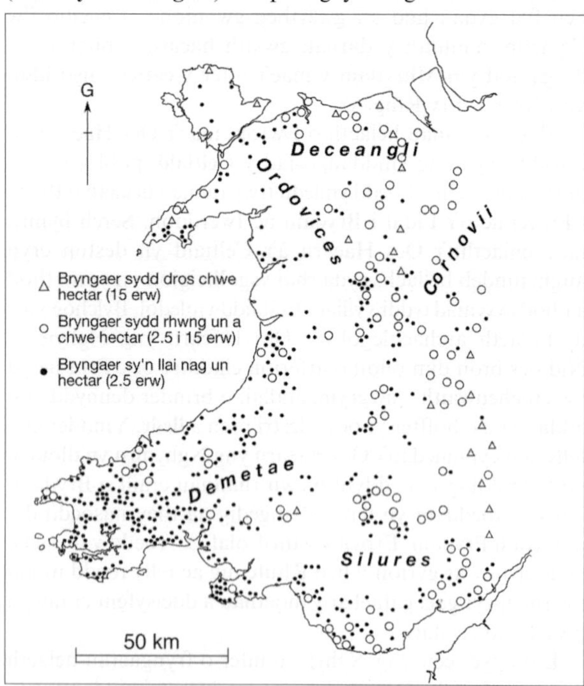


Dosbarthiad bryngaerau yng Nghymru (yn seiliedig ar fapiau'r Arolwg Ordnans)

haidd a **cheirch**. Er bod asidrwydd y rhan helaethaf o dir Cymru yn golygu mai prin yw'r esgyrn anifeiliaid sydd wedi goroesi, mae'n sicr fod defaid, geifr, moch a gwartheg yn bwysig. Mewn rhyfel roedd bri ar y merlod bach cyhyrog a dynnai'r cerbydau rhyfel a ddisgrifir gan Cesar – darganfuwyd darnau o'r fath gerbyd yn Llyn Cerrig Bach (**Llanfair-yn-neubwll**). Roedd caeadleoedd helaeth yn gysylltiedig â nifer o fryngaerau amlycaf yr ucheldir; dichon mai yn yr haf y defnyddid y rheini'n bennaf, a hynny gan gymunedau a arferai drawstrefa (gw. **Hafod a Hendre**). Ar y gwastadeddau ceid llawer o gaeau bychain, llai na hanner hectar fel arfer, gyda'u cloddiau cerrig neu bridd, ac weithiau gyda rhimyn terasog o bridd ar hyd yr ochr isaf yn dangos ôl aredig parhaus. Fodd bynnag, diau fod nifer o'r caeau hyn yn llawer hŷn na'r Oes Haearn.

Nid yw'r ychydig wrthrychau sydd wedi goroesi yn aneddiadau crwn yr Oes Haearn (aneddiadau a elwir ar lafar, yn gamarweiniol, yn 'gytiau Gwyddelod') yn llawn adlewyrchu ansawdd ac amrywiaeth diwylliant materol yr oes. Prin fod unrhyw grochenwaith wedi'i ganfod y tu allan i'r de-ddwyrain a'r Gororau, ac yn nhir asidaidd Cymru anaml y mae darnau o waith haearn yn goroesi. Lle ceir enghreifftiau ohonynt, fel yng nghelc Llyn Cerrig Bach, maent o safon uchel. Prawf pellach o grefft neilltuol y gofaint haearn yw'r haearn aelwyd, gyda phen tarw ar bob pen iddo, a ddarganfuwyd mewn cors yng Nghapel Garmon (Bro Garmon).

Daw'r ffaith mai ar dir mawr Ewrop yr oedd gwreiddiau diwylliant materol yr Oes Haearn yn amlwg wrth ystyried y gwrthrychau addurnol a wnaed o efydd. Er mai prin ydynt, gall fod iddynt gryn arwyddocâd, gan fod rhai ohonynt yn perthyn i ddosbarth o gelfyddyd Geltaidd o Brydain sy'n adleisio arddull La Tène, a enwyd ar ôl y safle glan llyn enwog yn y Swistir. Yn ogystal â bod yn hardd, mae'n bur sicr fod i'r gwrthrychau hyn arwyddocâd symbolaidd, gyda'u motiffau yn consurio delweddau awgrymog sy'n hofran yn barhaus ar y ffin rhwng y naturiol a'r goruwchnaturiol. Enghreifftiau nodedig yw'r boglynnau tarian o Dal-y-llyn (**Llanfihangel-y-Pennant**) a Llyn Cerrig Bach, a'r plac trisgell godidog o'r safle olaf. Mae'r ddysgl grog efydd anghyflawn o **Gerrigydrudion** yn un o'r enghreifftiau cynharaf o gelfyddyd La Tène ym Mhrydain; yn wir, mae'n bosibl iddi gael ei mewnforio o'r tir mawr. Yn hwyr yn natblygiad celfyddyd Geltaidd ym Mhrydain, dechreuwyd harddu'r motiffau gydag enamel lliw, techneg a ddefnyddiwyd yn effeithiol iawn yn yr wyneb cath sydd ar y ddysgl a ganfuwyd ar lethrau'r **Wyddfa**, yn yr wynebau anthropomorffaidd ar bob pen i harnais ceffyl o **Flaendulais**, ac yn y ffris rhedegog ar yr afwyngylch o Ben-tyrch (**Caerdydd**).

Mewn mannau llaith y darganfuwyd nifer o'r gwrthrychau hyn, yn gelciau fel yn Llyn Fawr a Llyn Cerrig Bach, ac yn wrthrychau unigol fel tancard Trawsfynydd a haearn aelwyd Capel Garmon. Dichon eu bod wedi'u taflu i **lynnoedd** ac **afonydd** fel offrwm i'r duwiau. Yn wir, mae cyfoeth celc Llyn Cerrig Bach yn ategu'r dystiolaeth ysgrifenedig mai Môn oedd un o brif gadarnleoedd y **derwyddon**. Ymddengys mai mewn corsydd, llynnoedd neu afonydd y byddai'r Celtiaid yn cyflwyno'u haberthau dynol hefyd, sydd efallai'n egluro presenoldeb y tri chorff a ddarganfuwyd ym mawnog Whixall ar y **ffin** ger Wem yn **Swydd Amwythig**. Roedd celfyddyd y Celtiaid yn rhoi bri mawr ar y pen dynol. Mae pennau carreg cerfiedig, megis hwnnw o

Hendy (**Llanfair Pwllgwyngyll**), a'r enghraifft ddiweddarach o **Gaer-went**, yn brawf o boblogrwydd y cwlt.

Cynhanes yw'r cyfnod cyn dyfod tystiolaeth ysgrifenedig. Gan i'r ymosodiad Rhufeinig, a ddechreuodd yn OC 43, esgor ar rywfaint o wybodaeth ysgrifenedig ynglŷn â Chymru, mae cynhanes Cymru yn dod i ben yng nghanrif gyntaf y cyfnod Cristnogol. Yn wir, rhoddodd yr ymosodiad hwnnw derfyn ar yr Oes Haearn ac ar y gwareiddiad Celtaidd ym Mhrydain. Erbyn diwedd y ganrif gyntaf roedd Cymru, fel endid daearyddol yn hytrach nag un diwylliannol, wedi ildio i rym Rhufain ac yn cael ei hymgorffori'n rhan o drefn glasurol, ymerodraethol.

## OGAM neu OGHAM

'Ogam' yw'r enw Gwyddeleg am y sgript a darddodd o **Iwerddon** ond sydd i'w gweld hefyd ar gerrig mewn ardaloedd ym **Mhrydain** – de-orllewin Cymru yn enwedig – lle bu cryn gyfathrach ag Iwerddon ac ymfudo oddi yno tua diwedd y cyfnod Rhufeinig ac yn y cyfnod ôl-Rufeinig (gw. **Cofebau Cristnogol Cynnar**). Goroesodd tua deugain o gerrig Ogam yng Nghymru.

Mae'r wyddor Ogam yn cynnwys ugain o lythrennau ac ychwanegwyd pum llythyren arall atynt yn ddiweddarach. Mae pob llythyren yn cynnwys rhwng un a phump o linellau syth neu letraws sy'n cwrdd â llinell ganol, sef ymyl y garreg, neu'n ei chroesi. Mae'r arysgrifau, sy'n cofnodi enw'r sawl a gaiff ei goffáu mewn geiriau fformiwläig, fel arfer yn darllen o'r gwaelod i fyny, a chan fod cyfieithiad Lladin mewn sgript Rufeinig i'w gael hefyd yn y rhan fwyaf o achosion, dyma arwyddion dwyieithog cyntaf Cymru. Y garreg sy'n coffáu Voteporix (gw. **Gwrthefyr**) yw'r unig enghraifft sy'n dwyn enw rhywun y mae modd ei adnabod erbyn hyn. Cafwyd hyd i'r garreg hon yng Nghastelldwyran (**Clunderwen**) ac fe'i cedwir yn awr yn Amgueddfa Sir Gaerfyrddin (**Abergwili**).

Credir i Ogam gael ei seilio ar yr wyddor Ladin ac iddi gael ei chreu yn y 4g. (neu'n gynharach) o ganlyniad i gyfathrach rhwng **Gwyddelod** a Brythoniaid llythrennog o Gymru a oedd wedi'u Rhufeineiddio. Pan ddechreuodd aelodau o lwyth y Déisi o dde-ddwyrain Iwerddon ymsefydlu yn ne-orllewin Cymru yn y 4g., daethant â thraddodiad o gerfio Ogam ar bren a charreg i'w canlyn. Cerfiwyd y rhan fwyaf o gerrig Ogam Cymru rhwng y 5g. a'r 7g.

## OGOFÂU

Ac eithrio llochesau creigiog megis Ogof Twm Siôn Cati (**Llanfair-ar-y-bryn**), ac ogofâu môr a grëir o ganlyniad i weithgaredd erydol tonnau, mewn **calchfaen** yn unig y ceir ogofâu. Mae rhimyn di-dor o Galchfaen Carbonifferaidd yn amgylchynu maes **glo**'r de a cheir brigiadau llai yn y gogledd-ddwyrain a'r gogledd-orllewin.

Y cyfuniad o graig hydawdd, llif dŵr ac amser sy'n gyfrifol am ffurfiant ogofâu. Wrth ddod i gysylltiad â charbon deuocsid atmosfferig mae dŵr glaw yn troi'n asid carbonig gwan. Mae'r dŵr yn tryddiferu ar hyd craciau yn y calchfaen, sy'n lled hydawdd mewn dŵr asidig. Pan fydd lled crac yn cyrraedd maint arbennig, bydd modd iddo gipio dŵr o graciau yn y graig gyfagos. Wrth i lif y dŵr gynyddu, mae'r broses hon yn cynyddu ac yn araf bach caiff agen ddwrlawn y gall dŵr drylifo ar ei hyd ei thrawsffurfio'n ogof.

Yn ystod cyfnod cynnar datblygiad ogof – y cyfnod ffreatig – mae'r tramwyfeydd tanddaearol yn llawn dŵr. Mae rhannau

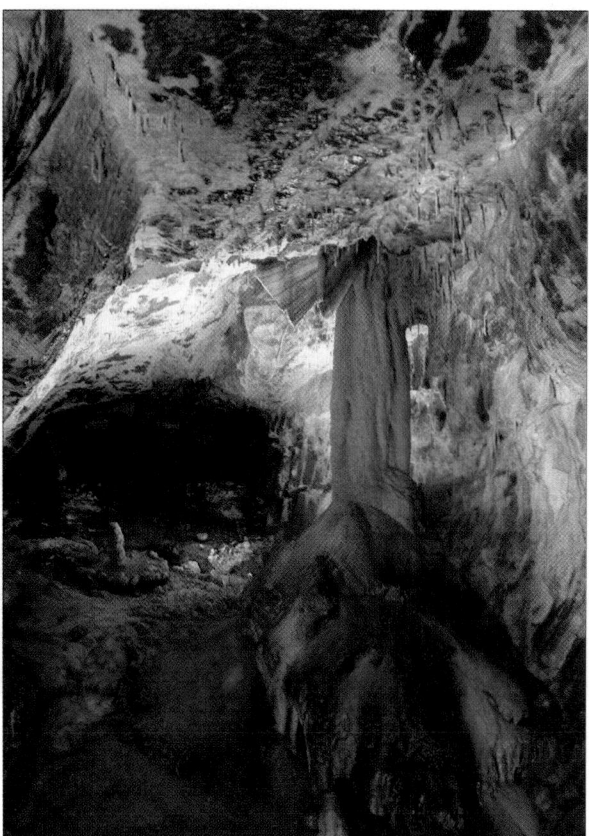

Dan yr Ogof

sylweddol o Dan yr Ogof (**Tawe Uchaf**) yn cynnwys enghreifftiau clasurol o'r math hwn o rwydwaith. Pan fo lefel y dŵr yn gostwng – sy'n digwydd, er enghraifft, wrth i'r prif **afonydd** yng nghyffiniau'r ogofâu raddol ddyfnhau eu dyffrynnoedd neu pan fo rhewlifau'n erydu a gorddyfnhau dyffrynnoedd – caiff rhai tramwyfeydd eu draenio'n rhannol. O ganlyniad, yn ystod cyfnod yn natblygiad ogof a elwir yn gyfnod uwch lefel trwythiad – bydd nant yn llifo ar hyd ei llawr, islaw gofod awyr. Yn aml, mae llwybrau draeniad tanddaearol yn gyfochrog â'r prif ddyffrynnoedd y llifa'r dŵr i mewn iddynt yn y pen draw. Dengys y rhwydwaith ogofâu sy'n nodweddu afonydd **Nedd** Fechan, Mellte a Hepste y berthynas agos hon yn gwbl glir. Ymhen amser, gall nentydd ymadael â'u sianeli yn gyfan gwbl a gelwir y fath dramwyfeydd yn ogofâu ffosil. Mae'r systemau o dan **Fynydd Llangatwg** – rhwydwaith o dwneli mawr a ffurfiwyd filiynau lawer o flynyddoedd yn ôl – yn cynnwys enghreifftiau cymhleth iawn o'r fath dramwyfeydd.

Nodweddion eraill sy'n gysylltiedig â'r gweithgaredd erydol yw siafftiau dwfn neu geubyllau a siambrau mawr neu geudyllau. Ceir ceubyllau mewn mannau lle mae dŵr, ar ryw adeg neu'i gilydd, wedi cael hyd i lwybr fertigol parod trwy'r graig. Ceubwll dyfnaf Cymru yw Pwll Dwfn uwchlaw Dan yr Ogof; yno, ceir cyfres o bum siafft sy'n plymio i ddyfnder o oddeutu 93m, gan derfynu mewn tramwyfa lawn dŵr. Gall nifer o ffactorau – megis croestorfan dwy agen fawr – fod yn gyfrifol am greu ceudyllau; yn aml mae meini, sydd wedi cwympo o'r to, wedi'u gwasgaru ar draws eu lloriau. Mae'r ceudyllau ym mherfeddion Mynydd Llangatwg ymhlith y rhai mwyaf trawiadol ym **Mhrydain**.

Purfa olew yn Aberdaugleddau, 2001

Wrth i'r calchfaen gael ei erydu, mae proses naturiol arall ar waith hefyd, sef dyddodiad. Pan fo dŵr yn llifo trwy galchfaen mae'n hydoddi'r graig ac yn cludo'r hydoddiant calchaidd. Os llifa'r dŵr i mewn i ofod awyr mewn ogof, caiff peth o'r graig hydoddedig ei waddodi ar ffurf crisialau gwyn o galsit. Fel rheol, mae'r broses hon yn esgor ar stalactit, sef ffurfiant pigfain, gwag a chain iawn sy'n hongian o do'r ogof. Pan fo'r diferyn dŵr yn disgyn ar lawr yr ogof, mae'r calsit a waddodir yn ffurfio stalagmit. Pan fo stalactit a stalagmit yn uno â'i gilydd, ffurfir piler neu golofn. Ceir enghreifftiau nodedig o'r fath ffurfiannau yn ogofâu Dan yr Ogof, Mynydd Llangatwg ac Ogof Gofan (**Stackpole**).

Bob blwyddyn mae tua 200,000 o bobl yn ymweld â Dan yr Ogof, yr ogof arddangos wychaf ym Mhrydain. Yn 2004 fe'i dynodwyd yn Warchodfa Natur Genedlaethol, y safle cyntaf yng Nghymru i gael ei ddynodi'n warchodfa genedlaethol ar gorn ei nodweddion daearegol. Mae i'r rhwydwaith o ogofâu dair elfen: Dan yr Ogof ei hun, a archwiliwyd gyntaf yn 1912 gan y brodyr Morgan o Aber-craf; Ogof y Gadeirlan a enwyd ar gyfrif anferthedd y siambr; ac Ogof yr Esgyrn sy'n cynnwys canolfan ddehongli archaeolegol. Y tu hwnt i'r rhan sy'n agored i'r cyhoedd mae Dan yr Ogof yn ymdreiddio i grombil y **Mynydd Du (Sir Gaerfyrddin a Phowys)** ac yn cynnwys rhwydwaith o dramwyfeydd dros 16km o hyd. Yn yr ogof daw ogofegwyr profiadol wyneb yn wyneb â **llynnoedd** dwfn, **rhaeadrau** ewynnog, tramwyfeydd hir a chyfyng y mae'n rhaid cropian ar eu hyd, pyllau dwfn a cheudyllau wedi'u haddurno â ffurfiannau craig rhyfeddol.

Mae'r rhwydwaith ogofâu dan Fynydd Llangatwg yn helaethach ond yn llai hygyrch. Bu'r rhwydwaith hwn, sy'n cynnwys tair ogof wahanol yn ymestyn dros bellter o 70km, yn dyst i sawl archwiliad arwrol. Ynghyd â rhan helaeth o Fynydd Llangatwg, mae'r ogofâu, sy'n cynnwys clwydi pwysig a ddefnyddir gan **ystlumod**, wedi'u dynodi yn Safle o Ddiddordeb Gwyddonol Arbennig.

Ymhlith yr ogofâu hynny y cafwyd hyd i dystiolaeth archaeolegol bwysig ynddynt (gw. **Archaeoleg a Hynafiaetheg**) y mae Bont Newydd (**Cefn Meiriadog**), Ffynnon Beuno (**Tremeirchion**), Hoyle's Mouth (**Penalun**), Coygan (**Talacharn**) a Thwll yr Afr (**Rhosili**).

## OGWR, Afon (25km)

Tardda afon Ogwr Fawr yng Nghraig Ogwr (527m) yng nghymuned **Cwm Ogwr**, ac mae Ogwr Fach yn ymuno â hi ym Melin Ifan Ddu. Yn **Ynysawdre**, i'r gogledd o **Ben-y-bont ar Ogwr**, ymuna **afonydd** Garw a Llynfi â hwy; tardda'r gyntaf o'r rhain i'r gogledd o Flaengarw (**Cwm Garw**) a'r ail ym Mlaencaerau (**Maesteg**). I'r de o Ben-y-bont ar Ogwr, ymuna afon Ewenni ag Ogwr; croesir Ewenni gan gerrig sarn prydferth ger Castell Ogwr (**Saint-y-brid**). Gerllaw aber afon Ogwr y mae twyni helaeth **Merthyr Mawr**.

## OGWR Arglwyddiaeth, hwndrwd ac etholaeth

Is-arglwyddiaeth oddi mewn i arglwyddiaeth **Morgannwg** oedd Ogwr. Roedd yn cynnwys Saesonaeth ar ochr ddwyreiniol afon **Ogwr** a brodoriaeth yng Nglynogwr. Oddeutu 1116 daeth i feddiant teulu de Londres, sylfaenwyr priordy Benedictaidd **Ewenni** a'r teulu a gododd Gastell Ogwr (**Saint-y-brid**). Fel **Cydweli**, a oedd hefyd ym meddiant teulu de Londres, daeth yr arglwyddiaeth yn eiddo trwy briodas i deulu Chaworth. Yn 1296, yn sgil priodas Maud Chaworth, daeth Ogwr i afael Harri, iarll **Lancaster**, ac yn 1399 aeth i feddiant coron **Lloegr**. Fel y gwneir hyd heddiw, gweinyddid tiroedd dugiaeth Lancaster yn uned ar wahân i weddill tiroedd y Goron. Cadwyd deunydd helaeth ynglŷn â hwy yn yr archif wladol, ac o ganlyniad, o holl arglwyddiaethau Cymru'r Oesoedd Canol diweddar, Ogwr yw'r un y ceir y dystiolaeth ysgrifenedig lawnaf amdani. Daeth Ogwr yn **hwndrwd** yn sgil y **Deddfau 'Uno'**; bu'n etholaeth er 1918.

**OGWR** Cyn-ddosbarth

Yn sgil diddymu **Sir Forgannwg** yn 1974, crëwyd Ogwr yn ddosbarth oddi mewn i sir newydd **Morgannwg Ganol**. Roedd yn cynnwys yr hyn a fu yn ddosbarthau trefol **Pen-y-bont ar Ogwr**, **Maesteg**, **Porth-cawl** ac Ogwr a Garw (gw. **Cwm Ogwr** a **Cwm Garw**), ynghyd â dosbarth gwledig Pen-y-bont. Yn 1996 daeth y dosbarth (ar ôl colli tair **cymuned** a drosglwyddwyd i **Fro Morgannwg**) yn fwrdeistref sirol Pen-y-bont ar Ogwr.

**OLDFIELD-DAVIES, Alun (1905–88)**
Darlledwr

Magwyd Alun Oldfield-Davies yn fab y mans yng **Nghlydach**, ac ymunodd â'r BBC fel cynorthwyydd rhaglenni i ysgolion yn 1937. Daliodd nifer o swyddi gyda'r gorfforaeth cyn cael ei benodi yn gyfarwyddwr y Rhanbarth Cymreig yn 1945, swydd a ailenwyd yn rheolwr Cymru yn 1948. Trwy gydol ei gyfnod hir yn y swydd hon (1945–67), ceisiodd sicrhau safonau uchel a mwy o adnoddau i ddarlledwyr yng Nghymru ar gyfer darparu rhaglenni radio ac, yn ddiweddarach, rhai teledu. Er bod rhai yn ei ystyried yn rhy biwritanaidd ac anfentrus, roedd ei deyrngarwch i'r BBC ac i Gymru yn ddiysgog. Enwyd Tŷ Oldfield, rhan o bencadlys y BBC yng **Nghaerdydd** (gw. **Darlledu**), ar ei ôl.

**OLEW**

Er gwaethaf yr ymchwilio ym Môr Iwerddon yn y 1990au, yn enwedig ym Mae Ceredigion, ni ddarganfuwyd cyflenwadau o olew y gellid eu gweithio'n fasnachol. Olew a fewnforiwyd fu sylfaen y diwydiant puro olew a ddatblygodd yng Nghymru yn ail hanner yr 20g.

Agorwyd y burfa olew gyntaf yng Nghymru yn 1919 yn Llandarcy (**Coed-ffranc** rhwng **Abertawe** a **Chastell-nedd**). Hon oedd y burfa fawr gyntaf i'w hadeiladu ym **Mhrydain** a ddibynnai ar olew a fewnforiwyd. O ddociau Abertawe, câi'r olew ei gludo i Landarcy mewn loriau ac ar y rheilffordd. Daeth diffygion ymarferol y safle yn fwyfwy amlwg yn ystod y 1930au, pan na fu fawr o lewyrch ar weithgarwch y burfa. Fodd bynnag, cynyddodd y gweithgarwch yn sylweddol yn ystod yr **Ail Ryfel Byd**, ac felly y bu yn ystod y degawdau dilynol. (Amcan yr ymosodiadau didrugaredd ar Abertawe yn 1941 gan awyrennau bomio'r Almaen oedd niweidio'r porthladd er mwyn atal olew rhag cael ei fewnforio.) Erbyn dechrau'r 1970au gallai'r burfa gynhyrchu dros wyth miliwn tunnell fetrig y flwyddyn, a châi cyfran sylweddol ohono ei gludo trwy bibellau i gyflenwi gweithfeydd petrocemegol (gw. **Cemegion**) a oedd yn cael eu datblygu ar lan Bae **Baglan**, ar ochr ddwyreiniol aber afon **Nedd**. Hwn hefyd oedd safle ffatri a gynhyrchai nwy o olew, a godwyd yn bennaf i gynyddu cyflenwadau Bwrdd Nwy Cymru – er mwyn diwallu'r galw cynyddol am nwy, ac ychwanegu at y cyflenwadau a ddarparwyd yn flaenorol gan ffyrnau golosg **Cwmni Dur Cymru** ym **Margam** (gw. **Ynni**). Ar gyfrif amrywiaeth ei weithgarwch, safle diwydiannol Llandarcy/Bae Baglan oedd un o'r rhai pwysicaf o'i fath ym Mhrydain.

Arweiniodd y broblem o gyflenwi'r burfa yn Llandarcy trwy ddociau Abertawe at greu datblygiad arall ar lannau dyfrffordd Aberdaugleddau (gw. **Aberdaugleddau, Dyfrffordd**); oddi yma, câi olew crai a fewnforid ei gludo trwy bibell 97km o hyd i Landarcy tua'r dwyrain. Er mai trwy **Aberdaugleddau** y derbyniai purfa Llandarcy y rhan fwyaf o'i holew crai, dociau Abertawe a ddarparai'r cyfleusterau ar gyfer allforio holl gynnyrch y burfa a'i fasnachu ar hyd yr arfordir.

Bu Aberdaugleddau ei hun yn dyst i ddatblygiadau sylweddol yn hanes y diwydiant puro olew yn ystod y 1960au. Gallai dyfroedd dwfn yr harbwr naturiol ddarparu angorfeydd ar gyfer hyd yn oed yr archdanceri mwyaf, adnoddau y manteisiodd y prif gwmnïau olew arnynt drwy sefydlu purfeydd ar lannau'r ddyfrffordd. Comisiynwyd y burfa gyntaf gan Esso yn 1960, ac fe'i dilynwyd gan derfynfa Ocean BP yn 1961, Texaco yn 1964, Gulf yn 1966 ac Elf yn 1973. Ger **Doc Penfro** codwyd pwerdy 450MW yn cael ei danio ag olew. Er bod y 1960au a'r 1970au yn gyfnod llewyrchus yn hanes y diwydiant olew, dechreuodd pethau ddirywio ddechrau'r 1980au, wrth i burfa olew Esso gau yn 1983, a therfynfa BP yn 1986. Ddiwedd y 1990au caeodd purfa Gulf hefyd, er i gwmni Petroplus ddal ei afael arni er mwyn ei defnyddio ar raddfa lai. Caewyd purfa Llandarcy yn y 1990au.

O bryd i'w gilydd câi olew ei ollwng i'r môr yn ddamweiniol, ond gwireddwyd y pryderon amgylcheddol ynghylch cludo cyflenwadau mawr o olew mewn ffordd ddramatig iawn ym mis Chwefror 1996, pan ollyngwyd 72,000 tunnell fetrig o olew crai o dancer y *Sea Empress* a aeth yn gaeth ar y creigiau. Cafodd y strimynnau olew effaith andwyol ar fywyd gwyllt a llygrwyd traethau de **Sir Benfro**, digwyddiad ac iddo oblygiadau difrifol i **dwristiaeth** yr ardal.

Yn y gogledd, yr unig weithgarwch o bwys mewn perthynas ag olew oedd sefydlu angorfa i danceri yn **Amlwch**. Câi'r olew ei bwmpio i storfa yn Rhos-goch (**Rhos-y-bol**) gerllaw. Rheolwyd y cyfleusterau hyn gan Shell o 1972 hyd 1990, ac o Ros-goch câi'r olew ei bwmpio ar hyd pibell danddaearol i burfa Stanlow ger Ellesmere Port yn **Swydd Gaer**.

***ON THE BLACK HILL* (1988)** Ffilm

Seiliwyd y ffilm afaelgar hon ar nofel Bruce Chatwin o'r un enw, sydd wedi'i lleoli ar y Bryn Du (yng nghymuned **Llanfair Llythynwg**). Mae'r ffilm yn pontio cyfnod o 80 mlynedd, gan ganolbwyntio ar berthynas dau frawd sy'n efeilliaid, ac ar y gwahaniaethau **dosbarth** sy'n gyrru hollt rhwng eu rhieni. Mae'r actio yn wych, yn arbennig gan y ddau frawd sy'n portreadu'r efeilliaid, Mike Gwilym a Robert Gwilym, ynghyd â Gemma Jones fel eu mam. Cyfarwyddwyd y ffilm gan Andrew Grieve, sy'n hanu o **Gaerdydd**.

***ONLY TWO CAN PLAY* (1962)**
Ffilm

Addasiad yw'r ffilm ddoniol a phoblogaidd hon o *That Uncertain Feeling* (1955), nofel gan Kingsley Amis (1922–1995), ac mae wedi'i gosod yn **Abertawe**, lle bu'r nofelydd yn darlithio o 1949 hyd 1959. Yn y ffilm, a wnaed gan Frank Launder a Sidney Gilliat ac a sgriptiwyd gan Bryan Forbes, gwelir Peter Sellers a **Kenneth Griffith** mewn dwy o'u rhannau mwyaf cofiadwy, y naill yn actio llyfrgellydd dadrithiedig a merchetwr anobeithiol o aflwyddiannus, a'r llall yn portreadu ei gydweithiwr, gŵr sydd dan fawd ei wraig. Dwy nofel arall o waith Kingsley Amis sy'n dwyn cysylltiad ag Abertawe ac a addaswyd ar gyfer y sgrîn yw *Lucky Jim* (1954) a *The Old Devils* (1986) – er i Amis honni bod y gyntaf wedi'i seilio'n bennaf ar brofiadau ei gyfaill Philip Larkin ym Mhrifysgol Caerlŷr.

Opera Cenedlaethol Cymru: *Don Carlos*, 2005

## ONLLWYN, Castell-nedd Port Talbot (1,087ha; 1,214 o drigolion)

Mae'r **gymuned** hon, a leolir o boptu'r wahanfa ddŵr rhwng rhannau uchaf afonydd **Tawe** a **Nedd**, yn cynnwys caer Rufeinig a adeiladwyd o dywyrch a phren yn y 70au OC ac sy'n ymestyn dros 2ha. Cefnwyd ar y safle *c.*150. Gwaith **haearn** Banwen, a fu'n weithredol am gyfnod byr yn y 1840au, yw'r mwyaf cyflawn i oroesi yn y maes glo carreg (gw. **Glo**). Yn 1862 y dechreuwyd cloddio am lo ar raddfa fawr yn yr ardal, a hynny yn sgil agor rheilffordd rhwng **Castell-nedd** ac **Aberhonddu**. Duges Beaufort (gw. **Somerset, Teulu**) oedd noddwraig y sefydliad unigryw hwnnw, Helfa Glowyr Banwen. Yn Onllwyn y ganed **Dai Francis**, arweinydd y glowyr, ac yno y sefydlodd ei fab, Hywel Francis, Brifysgol Gymunedol y Cymoedd.

## ONUFREJCZYK, Michal (1895–1967) Llofrudd

**Pwyliaid** oedd Onufrejczyk a Stanislaw Sykut a'r ddau yn ffermio Cefnhendre, Cwm-du (**Talyllychau**), ar y cyd. Yn Rhagfyr 1953 diflannodd Sykut a honnai Onufrejczyk iddo gael ei gipio. Ffugiodd Onufrejczyk ddogfen yn dangos bod siâr Sykut o'r fferm wedi ei gwerthu iddo ef. Cafwyd Onufrejczyk yn euog o lofruddio Sykut er na chafwyd hyd i'r corff, ac fe'i carcharwyd am oes. Fe'i rhyddhawyd yn 1966 a chafodd ei ladd mewn damwain ffordd yn Bradford.

## OPERA CENEDLAETHOL CYMRU

Sefydlwyd y cwmni yn 1946 gan amaturiaid brwd, yn arbennig Idloes Owen (1895–1954) o Ynysowen (**Merthyr Tudful**), a daeth yn un o brif gwmnïau opera Ewrop. Daeth yn gwbl broffesiynol yn y 1970au, gan ychwanegu at ei fri rhyngwladol gyda pherfformiadau o waith Janáček ac o *Midsummer Marriage* Michael Tippett (1976). Mae'r trefniant cyllido unigryw rhwng **Cyngor Celfyddydau Cymru** a Chyngor Celfyddydau Lloegr wedi galluogi'r cwmni i dyfu i fedru cyflwyno cynyrchiadau llawn, er na fu'n rhydd rhag trafferthion ariannol achlysurol. Yn 2004 symudodd y cwmni i'w gartref parhaol cyntaf yng Nghanolfan Mileniwm Cymru, Caerdydd. Y mae wedi ennill llu o wobrau rhyngwladol pwysig, ac mae llawer o arweinyddion mwyaf blaenllaw'r byd wedi gweithio gyda'r cwmni.

## ORDOFIGIAID

Ymosodwyd ar yr Ordofigiaid, prif lwyth gogledd-orllewin Cymru yn yr Oes Haearn (gw. **Oesau Cynhanesyddol**), gan **Suetonius Paulinus** yn OC 59, a chyrhaeddodd yr ymgyrch ei hanterth ddwy flynedd yn ddiweddarach pan ymosodwyd ar ganolfan y **derwyddon** ym **Môn**. Torrodd gwrthryfel **Buddug** ar draws llif yr ymladd, a dim ond yn OC 78, ar ôl iddynt ddinistrio uned o farchfilwyr Rhufeinig ar eu tiriogaeth, y trechwyd yr Ordofigiaid yn y diwedd mewn lladdfa fawr. Ansicr yw'r awgrym mai deillio o hen enw yn golygu 'Caer yr Ordofigiaid' a wna Dinorwig (**Llanddeiniolen**).

## ORIELAU CELF

Er bod cyfoeth o ddiwylliant celfyddydol yng Nghymru, mae diffyg cyson wedi bod o ran neilltuo lle i arddangos gweithiau celf yn gyhoeddus. Yn ystod y cyfnodau canoloesol ac ôl-ganoloesol arddangoswyd celf mewn cestyll, plastai ac eglwysi. Yna, yn sgil y **Chwyldro Diwydiannol**, cododd to o bobl gyfoethog a ddaeth yn gasglwyr gweithiau celf, os nad yn noddwyr, a bu eu dylanwad yn arwyddocaol i ddatblygiad celf. Erbyn diwedd y 19g. a dechrau'r 20g., gwelwyd yr orielau cyhoeddus cyntaf yn cael eu sefydlu o ganlyniad i fentrau preifat a balchder dinesig.

Er bod arweinyddion dinesig **Caerdydd** yn hyrwyddo'r ddinas fel canolfan o ragoriaeth artistig, nid yw'r lleoedd arddangos sydd ar gael ynddi yn cyfateb i'w statws fel prifddinas. Ar ôl iddi gau fel llyfrgell yn y 1980au, daeth Llyfrgell Rydd Caerdydd (1895) yn fenter lwyddiannus a gâi ei rheoli gan arlunwyr; yn 1999 daeth yn Ganolfan Diwylliant Gweledol, ond daeth y fenter aflwyddiannus honno i ben pan gaewyd y ganolfan yn 2001. Ceir un o gasgliadau gorau'r byd o gelf Ôl-Argraffiadol yn yr **Amgueddfa Genedlaethol**, ond cafodd yr amgueddfa honno drafferth i gynnal ymddiriedaeth y gymuned artistig. Mae'n bosibl fod y casgliad enfawr o beintiadau Ffrengig, gan mwyaf, a roddwyd gan y chwiorydd Davies (gw. **Davies, Teulu (Llandinam)**) fel sylfaen i'r casgliad cenedlaethol, wedi arwain at bolisi prynu ac arddangos celf sydd, yn ôl rhai, yn esgeuluso celfyddyd gynhenid Gymreig.

Yn y 19g. gwelwyd ymdrechion sylweddol gan noddwyr preifat i ledaenu celf ymysg y **boblogaeth** drefol. Rhoddodd teulu **Vivian** arian tuag at sefydlu Oriel Gelf Glynn Vivian yn **Abertawe**, oriel a agorodd yn 1911 ac a reolir erbyn hyn gan y ddinas. Gan yr oriel hon y mae'r prif gasgliad o waith arlunwyr lleol a weithiai yn nechrau'r 20g., yn ogystal ag enghreifftiau pwysig o **grochenwaith a phorslen**. Cafodd Oriel Mostyn yn **Llandudno** – sef yr oriel sydd erbyn hyn yn rhoi'r lle mwyaf blaenllaw i dueddiadau cyfoes mewn celf – ei sefydlu yn 1901 gan y Fonesig Augusta Mostyn (gw. **Mostyn, Teulu**) yn fan cyfarfod ar gyfer y Gwynedd Ladies' Art Society, y gwaherddid ei haelodau rhag arddangos eu gwaith gyda dynion yr **Academi Frenhinol Gymreig**. Credir mai hon oedd yr oriel gelf gyntaf yn y byd i gael ei hadeiladu'n benodol ar gyfer arddangos gwaith artistiaid benywaidd. (Mae'r Academi yn dal i gynnal arddangosfeydd yng **Nghonwy**, ond nid yw'n gwahaniaethu rhwng dynion a **menywod** erbyn hyn.)

Yn sgil newidiadau cymdeithasol wedi'r **Ail Ryfel Byd** gwelwyd sefydlu canolfannau celf a llyfrgelloedd ar y cyd; er enghraifft, Canolfan Gelf Llantarnam Grange yng **Nghwmbrân**. Mae neuadd y ddinas yn **Abertawe** a Chanolfan Ddinesig **Casnewydd** yn enghreifftiau o adeiladau gweinyddol sy'n cynnwys casgliadau o bwys yn ogystal â murluniau mawr. Ceir lle i arddangos mewn canolfannau fel Chapter yng Nghaerdydd a Thaliesin yn Abertawe, ac mae colegau **Prifysgol Cymru** ac ysgolion celf y wlad yn cynnwys orielau sy'n agored i'r cyhoedd. Mae dwy oriel yn **Aberystwyth** a ddefnyddir i addysgu ac ymchwilio; rhyngddynt hwy, Canolfan y Celfyddydau, Amgueddfa Ceredigion a'r **Llyfrgell Genedlaethol**, mae'n debyg fod mwy o ofod arddangos yn y dref *pro rata* nag yn unrhyw dref arall yng Nghymru. Un oriel sydd heb gartref parhaol, a'r fwyaf cynrychioliadol a dylanwadol ohonynt i gyd, yw pabell celfyddydau gweledol yr **Eisteddfod** Genedlaethol (y babell gelf a chrefft gynt).

Ceir orielau annibynnol fel yr Amgueddfa Gymreig ar gyfer Celfyddyd Fodern yn y Tabernacl, **Machynlleth**, orielau Albany a Martin Tinney yng Nghaerdydd, yr Attic yn Abertawe a Chanolfan Celfyddydau Gorllewin Cymru yn **Abergwaun**, ac mae twf mewn **twristiaeth** ar ddiwedd yr 20g. wedi arwain at sefydlu yn y prif drefi orielau masnachol sy'n cael eu rheoli gan artistiaid. Mae Oriel Washington, sy'n perthyn i Oriel Tŷ Turner ym **Mhenarth**, yn enghraifft dda o fenter sy'n derbyn cyllid preifat a chyhoeddus.

Wrth i'r hen ddiffiniadau o gelf ddiflannu, gwelir cymysgedd o waith newydd mewn **ffilm**, fideo a gwaith gosod yn ymuno â **cherflunio** a **pheintio** gan greu amrywiaeth cyffrous, ac mae arlunwyr yn aml yn chwilio y tu allan i'r oriel draddodiadol am fforwm ar gyfer eu gwaith. Er hynny, mae neilltuo lle addas i arddangos y gwaith celf cyfoes gorau yng Nghymru yn parhau i fod yn flaenoriaeth ddiwylliannol o bwys.

## ORMOND, John (1923–90) Bardd a gwneuthurwr ffilmiau

Ganed John Ormond yn **Nynfant**. Wedi graddio yn **Abertawe** ymunodd â staff y *Picture Post* yn **Llundain** yn 1945. Ymddangosodd ei gerddi cynnar (o dan yr enw Ormond Thomas) yn y llyfr *Indications* (1943), gyda rhai James Kirkup a John Bayliss, ac yn *Modern Welsh Poetry* (1944) a olygwyd gan **Keidrych Rhys**. Dychwelodd i Gymru yn 1949 a chychwyn ar yrfa nodedig gyda'r BBC fel cynhyrchydd a chyfarwyddwr ffilmiau dogfen.

Wedi derbyn cyngor **Vernon Watkins** i beidio â chyhoeddi rhagor nes ei fod yn 30 oed, trodd mor hunanfeirniadol nes iddo ddinistrio ei holl gerddi anghyhoeddedig. Ailgydiodd mewn barddoni yn ystod y 1960au, a dilynwyd ei gasgliad cyntaf, *Requiem and Celebration* (1969), gan *Definition of a Waterfall* (1973), a sefydlodd ei enw fel bardd. Mae naws farwnadol i nifer o'i gerddi, ac mae rhai'n archwilio ei gefndir a'i wreiddiau fel Cymro ac fel mab i grydd y pentref, tra mae eraill yn ymdrin ag agweddau ar fyd natur. Ymddangosodd ei *Selected Poems* yn 1987.

Fel gwneuthurwr ffilmiau, cofir Ormond am ei bortreadau sensitif o Gymry megis **Dylan Thomas**, **Ceri Richards**, **Graham Sutherland**, **Daniel Jones** ac **Alfred Janes**, ac am ffilmiau dogfen yn ymwneud â bywyd y dosbarth gweithiol a ffoaduriaid yng Nghymru, yn enwedig *Borrowed Pasture* (1960), sy'n darlunio dau gyn-filwr Pwylaidd yn crafu bywoliaeth ar dyddyn yn **Sir Gaerfyrddin**.

## ORMSBY-GORE, Teulu (Barwniaid Harlech) Tirfeddianwyr

Yn 1777 priododd Owen Ormsby â Margaret, merch ac aeres William Owen (m.1768), ŵyr Owen Wynn (m.1682), Glyncywarch (**Talsarnau**), a gorwyr **John Owen** (1600–66), Clenennau (**Dolbenmaen**) a Brogyntyn (**Swydd Amwythig**). Priododd merch Margaret, Mary Ormsby, â William Gore. Yn 1876 dyrchafwyd eu mab, Ralph Ormsby-Gore (1816–76), yn aelod o Dŷ'r Arglwyddi fel Barwn Harlech. David, y pumed barwn (1918–85), llysgennad Prydain yn Washington, oedd sylfaenydd a chadeirydd cyntaf Cwmni Teledu Harlech (HTV yn ddiweddarach; gw. **Darlledu**). Yn 1873 roedd y teulu yn berchen ar 3,470ha yn **Sir Gaernarfon** a 2,800ha yn **Sir Feirionnydd**, yn ogystal â thiroedd helaeth yn **Lloegr** ac **Iwerddon**.

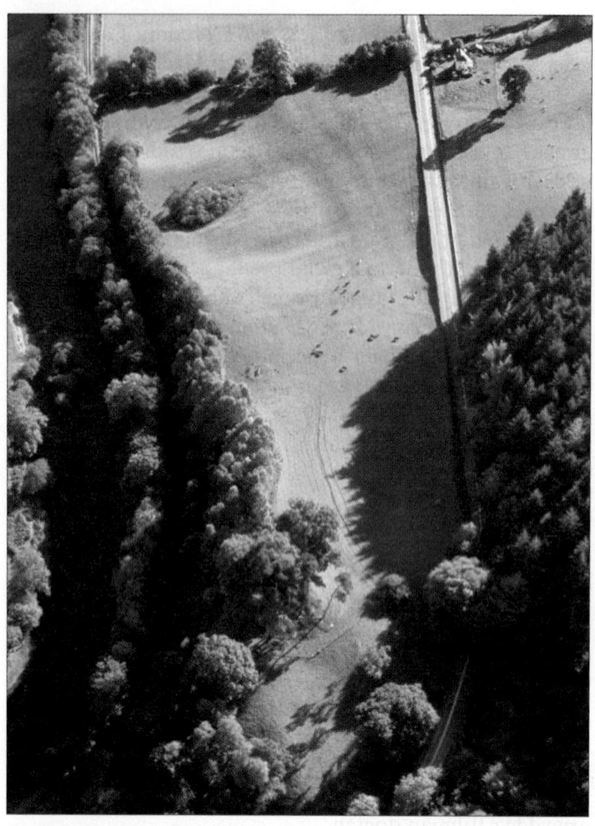

Safle llys Owain Glyndŵr yng Ngharrog, yn Arglwyddiaeth Glyndyfrdwy

**ORSEDD, Yr (Rossett),** Wrecsam (2,555ha; 3,336 o drigolion)

Yr Orsedd, sydd i'r gogledd-ddwyrain o **Wrecsam** ac sy'n cael ei rhannu'n ddwy gan y briffordd o Wrecsam i **Gaer** (yr A483), yw'r fwyaf gogleddol o gymunedau sir **Wrecsam**. Oherwydd y tir ffrwythlon, mae yno nifer o dai bonedd a dwy felin ŷd fawr. Gogoniant y gymuned yw Neuadd Trefalun, plasty gwychaf Cymru o oes Elizabeth, a adeiladwyd yn 1576 ar gyfer John Trevor (gw. **Trevor, Teulu**). Gyda'i gymesuredd gwych a'i ffenestri pediment, mae Trefalun (ynghyd â Phlas Clwch, **Dinbych**) yn brawf fod cysyniadau'r **Dadeni** ynglŷn â **phensaernïaeth** wedi cyrraedd Cymru.

**ORTON, Kennedy (Joseph Previté) (1872–1930)** Cemegydd ac addysgwr

Daeth Orton i **Fangor** yn 1903, o **Gaergrawnt** a Heidelberg, ac yno y bu'n Athro **cemeg** hyd ei farwolaeth. Fe'i hetholwyd yn Gymrawd o'r Gymdeithas Frenhinol yn 1921 am ei waith arloesol ar natur adweithiau cemegol organig, gwaith a ddatblygwyd yn ddiweddarach gan un o'i fyfyrwyr, **E. D. Hughes**. Trwy ddadansoddiadau cemegol manwl o greigiau **Môn**, bu hefyd yn cynorthwyo **Edward Greenly** a geisiai ddeall ac egluro **daeareg** yr ynys. Roedd yn gerddor ac yn adaregwr o fri ac mae Darlith Orton, a draddodir yn flynyddol gan naturiaethwr adnabyddus, yn ei goffáu.

**O'SHEA, Tessie (1913–95)** Diddanwraig

Gwnaeth yr actores a'r gantores luniaidd o **Gaerdydd** gryn argraff mewn ffilmiau Prydeinig yn ystod y 1940au. Yn ddiweddarach, a hithau'n llawnach ei chroen, magodd ddelwedd fwy corffol mewn ffilmiau fel *The Blue Lamp* (1949). Gwnaeth ei ffortiwn wrth iddi ddatblygu'n ffigwr cwlt yng **Ngogledd America**, gan ddod yn enwog am berfformiadau llawn bywyd i gyfeiliant iwcalili a chan ymddangos mewn nifer helaeth o ffilmiau amlwg.

**OWAIN AP CADWGAN (m.1116)** Tywysog

Roedd yn fab i **Cadwgan ap Bleddyn**, ac achosodd argyfwng dybryd ym mherthynas Cymru a **Lloegr** yn 1109 pan gipiodd **Nest**, merch **Rhys ap Tewdwr** a gwraig Gerald o Windsor, cwnstabl **Penfro**. Roedd hyn yn sarhad yn erbyn y brenin, Harri I, yn ogystal â Gerald; bu'n rhaid i Owain ffoi i **Iwerddon** ac amddifadwyd ei dad o'i diroedd. Parodd yr ansefydlogrwydd a ddilynodd ym **Mhowys** ac ar hyd y **ffin** i'r brenin adfer Cadwgan, ond fe'i llofruddiwyd yn 1111 a daeth Owain yn olynydd iddo. Yn 1114 aeth yng nghwmni'r brenin i Normandi; fe'i hurddwyd yn farchog – mae'n debyg mai ef oedd y Cymro cyntaf i dderbyn yr anrhydedd. Yn 1116, pan oedd yn ymgyrchu yn erbyn **Gruffudd ap Rhys ap Tewdwr** o **Ddeheubarth**, ymosodwyd arno a'i ladd gan fintai o **Ffleminiaid**, a hynny o bosibl ar orchymyn Gerald o Windsor a wnaed yn gwcwallt ganddo saith mlynedd cyn hynny.

**OWAIN CYFEILIOG (Owain ap Gruffudd ap Maredudd; m.1197)** Tywysog

Efallai fod Owain, mab i Gruffudd (m.1128), mab hynaf Maredudd ap **Bleddyn ap Cynfyn** o **Bowys**, yn rhy ifanc i dderbyn yr olyniaeth ar farwolaeth ei daid yn 1132, pan ddaeth ail fab Maredudd, **Madog** (m.1160), yn rheolwr Powys. Yn 1149 rhoddodd Madog gwmwd **Cyfeiliog** i Owain a'i frawd yn gynhaliaeth; cafodd Owain ei adnabod oddi ar hynny fel Owain Cyfeiliog er mwyn gwahaniaethu rhyngddo a'i gyfoed, **Owain Gwynedd**. Yn dilyn marwolaeth Madog a'i fab Llywelyn yn 1160, defnyddiodd Owain ei gadarnle yng Nghyfeiliog i ennill awdurdod dros dde Powys, y daethpwyd i'w alw yn ddiweddarach yn **Bowys Wenwynwyn**. Yn 1165 ymunodd â'r arweinwyr Cymreig eraill i wrthsefyll ymosodiad aflwyddiannus Harri II. Dywedir iddo sefydlu abaty Sistersaidd Ystrad Marchell (gw. **Trallwng, Y**), lle cafodd ei gladdu. Clodforodd **Gerallt Gymro** ei ddoethineb a'i allu fel arweinydd. Arferid ei ystyried yn fardd o gryn ddawn, ond mae ymchwil diweddar yn awgrymu mai'r bardd llys o Bowys, **Cynddelw Brydydd Mawr**, oedd awdur y cerddi a briodolwyd iddo.

**OWAIN GLYNDŴR (Owain ap Gruffudd Fychan; *c.*1359–*c.*1416)** Arwr cenedlaethol

Yn nychymyg hanesyddol y Cymry, prin fod i unrhyw gymeriad le mor amlwg ag Owain Glyndŵr. Prin, ychwaith, y llwyddodd unrhyw Gymro arall i gamu mor ddiymdrech o fyd hanes i ganol niwloedd chwedl a myth. Yn ystod deffroad gwladgarol yr 19g. sicrhaodd Owain le sicr iddo'i hunan yn brif arwr y genedl, a chan **J. E. Lloyd**, yn ei astudiaeth enwog *Owen Glendower* (1931), fe'i dyrchafwyd yn dad **cenedlaetholdeb** modern Cymreig.

Roedd Owain yn ddisgynnydd uniongyrchol i dywysogion **Powys Fadog**, a daliai ei brif stadau yng Nglyndyfrdwy (**Corwen**) ac yng **Nghynllaith** fel barwn Cymreig. Trwy Elen, ei fam, daeth iddo hefyd diroedd yng nghymydau **Is Coed** Uwch Hirwen a **Gwynionydd** Is Cerdyn yng **Ngheredigion**. Yn ystod y 14g. roedd hanes teulu Owain yn enghraifft o'r modd y daethai arweinwyr brodorol Cymru i lwyr delerau â'r drefn Seisnig (gw. **Boneddigion**), a hyd at 1400 parhau â'r traddodiad hwnnw fu ei hanes yntau. Tua 1383 priododd â Margaret, merch Syr David Hanmer (m.*c.*1388) o **Faelor Saesneg**, un o wŷr cyfraith amlycaf yr oes, ac mae'n ddichonadwy iddo yntau dderbyn hyfforddiant yn Ysbytai'r Frawdlys yn **Llundain**. Bu'n gwasanaethu fel milwr ar fwy nag un achlysur yn ystod yr 1380au gan fod â rhan yn ymgyrch forwrol ei gymydog, iarll Arundel (gw. **Fitz Alan, Teulu**), yn erbyn y Ffrancwyr yn 1387. Er nad oedd ei gyfoeth i'w gymharu ag eiddo'r bendefigaeth yn **Lloegr**, fel y dengys **cywydd** enwog **Iolo Goch** i'w brif lys yn Sycharth (**Llansilin**), cynigiai ei stadau gynhaliaeth ddigonol iddo; yn ôl y bardd, ni cheid 'na gwall, na newyn, na gwarth, / na syched fyth yn Sycharth'.

O gofio hanes ei deulu, roedd penderfyniad Owain i godi baner gwrthryfel yng Nglyndyfrdwy ar 16 Medi 1400 yn doriad dramatig â chanrif o deyrngarwch i goron Lloegr. Ar lefel genedlaethol, roedd y rhesymau a roddodd fod i'r gwrthryfel yn dra chymhleth (gw. **Gwrthryfel Glyndŵr**). Yn achos Owain, haerir mai ffrae rhyngddo a Reginald Grey, arglwydd **Dyffryn Clwyd**, oedd y sbardun (gw. **Grey, Teulu**). Ond yn dilyn llofruddiaeth **Owain Lawgoch** yn 1378 roedd yn anochel, oherwydd ei ach dywysogaidd, mai o'i gylch ef y byddai unrhyw obeithion am adfer **llywodraeth** frodorol yng Nghymru yn crynhoi. Yn ychwanegol at linach Powys, trwy ei fam roedd yn ddisgynnydd uniongyrchol i deulu brenhinol **Deheubarth**. Roedd cysylltiad Owain â llinach **Aberffraw** yn fwy anuniongyrchol, ond yn anterth y gwrthryfel pais arfau tywysogion **Gwynedd** a fabwysiadwyd ganddo ar ei sêl fawr. Mae'n gwbl eglur hefyd fod Owain wedi'i drwytho yn y mythau cenedlaethol hynny a geir yng ngwaith **Sieffre o Fynwy** ac ym mhroffwydoliaethau'r beirdd (gw. **Darogan**), a hawdd tybio mai gŵr a gredai fod arwyddion yr amserau yn llwyr o'i blaid a roddodd ei arweinyddiaeth i'r gwrthryfelwyr yn 1400.

Er bod i'r gwrthryfel amryfal arweinyddion lleol, roedd sylwebyddion yr oes yn unfryd mai gwrthryfel *Glyndŵr* oedd hwn. Oherwydd natur y ffynonellau hanesyddol a oroesodd, rhyw gip ysbeidiol yn unig a geir ar Owain ei hunan ynghanol stori'r gwrthryfel (gw. Gwrthryfel Glyndŵr). Y dystiolaeth lawnaf a oroesodd am ei ymwneud gweithredol â'r gwrthryfel yw cyfres o lythyrau gan swyddogion Seisnig yn adrodd hanes ei gyrch trwy Ddyffryn **Tywi** yng Ngorffennaf 1403. Ynddynt cyfleir yr arswyd y llwyddai i'w greu yng nghalonnau ei elynion a cheir awgrym o natur ddiwyro ei bersonoliaeth yn y modd y gwrthododd gais am saffcwndid i'r **menywod** a oedd o dan warchae yng Nghastell Carreg Cennen (gw. **Dyffryn Cennen**). Bu i'r gwrthryfel fagu mwy o aeddfedrwydd gwleidyddol yn y cyfnod 1403–6, ond amhosibl bellach yw dweud ai gweledigaeth bersonol Owain ei hun a geir yn **Llythyr Pennal** ynteu ffrwyth myfyrdod rhai o'i gynghorwyr megis **John Trefor** a **Gruffydd Young**. Gellir bod yn gwbl sicr, serch hynny, fod gan Owain allu rhyfeddol i ennyn a chadw teyrngarwch ei gefnogwyr: mae hyd y gwrthryfel, a'r ffaith na fradychwyd mohono erioed gan ei wŷr ei hun, yn tystio'n huawdl i hynny. Roedd hefyd ryw chwa o ddirgelwch eisoes yn troelli o'i gylch yn ei oes ei hun. Yn dilyn trechu byddin Harri IV gan stormydd enbyd ym Medi 1402, awgrymwyd mewn cylchoedd Seisnig fod Owain yn meddu ar alluoedd goruwchnaturiol – agwedd ar ei gymeriad y rhoddwyd mynegiant mor gofiadwy iddi gan **Shakespeare** yn ei *Henry IV, Part One*.

Pan ildiwyd Castell **Harlech** yn 1409 daeth terfyn i bob pwrpas ar y gwrthryfel. Ar herw, yng nghwmni ei fab, Maredudd, y bu Owain o hynny allan. Bu'r pris a dalodd am antur fawr 1400 yn un tra sylweddol. Llosgwyd ei lysoedd yng Ngharrog a Sycharth yn 1403; lladdwyd ei frawd, Tudur, ym Mrwydr Pwllmelyn (1405; gw. **Brynbuga**), ac yno hefyd y daliwyd ei fab, Gruffudd. Bu farw Gruffudd yn 1411 yn y Tŵr yn Llundain, ac yn yr un man yn 1413, ar ôl eu dwyn yno o Harlech yn 1409, y bu farw Margaret Hanmer a dwy o'i merched. Cynigiwyd pardwn brenhinol i Owain yn 1415 a thrachefn yn 1416, ond parhau'n ddi-ildio fu ei hanes. Mae'n bosibl iddo dreulio'i ddyddiau olaf ar aelwyd un o'i ferched, Alis, a briodasai â John Scudamore o Lan-gain (Kentchurch) a Monnington Straddel yn **Swydd Henffordd**. Bu farw *c.*1416, ond erys union fan ei gladdu yn ddirgelwch.

Gyda'i farw, dechreuodd Owain ar yr hyn a eilw **Rees Davies** yn 'ail yrfa'. Yng ngolwg y daroganwyr nid marw a wnaeth ond encilio, fel Cadwaladr (gw. **Cadwaladr ap Cadwallon**), Cynan ac **Arthur**, i ddisgwyl yr alwad i ddychwelyd drachefn i waredu ei bobl. Ar gof gwlad yn ogystal – er mai diweddar yw llawer o'r dystiolaeth – goroesodd traddodiadau niferus amdano. Golwg gondemniol ar Owain a geir gan haneswyr a hynafiaethwyr Cymru yn y cyfnod Tuduraidd. Ym marn **David Powel** yn ei *Historie of Cambria, now called Wales* (1584), gŵr ydoedd a rwydwyd gan broffwydoliaethau gau a breuddwydion ffôl. Ond gan bortread cynnes **Thomas Pennant**, yn ei *Tours in Wales* (1778), gosodwyd y llwyfan ar gyfer y bri rhyfeddol y llwyddodd Owain i'w hawlio yn yr oes fodern.

### OWAIN GWYNEDD (Owain ap Gruffudd ap Cynan; m.1170) Brenin Gwynedd

Olynodd Owain Gwynedd ei dad, **Gruffudd ap Cynan**, yn 1137, ac roedd eisoes wedi bod yn brysur yn ymestyn terfynau **Gwynedd**. Erbyn 1157 roedd wedi goresgyn ac ailwladychu'r gogledd-ddwyrain ac yn bygwth Caer, gan achosi i Harri II oresgyn gogledd Cymru. Bu ond y dim i fyddin Harri â chael ei threchu (gw. **Penarlâg**), ond bu'n rhaid i Owain gilio hyd at afon **Clwyd** a gwneud gwrogaeth iddo, y tro cyntaf i un o arweinwyr Gwynedd wneud hynny. Yn 1160 manteisiodd ar farwolaeth **Madog ap Maredudd** o **Bowys** trwy gipio rhai o diroedd y deyrnas honno a oedd ar ffin Gwynedd. Gofalai Owain fel arfer nad oedd yn ennyn llid Harri, ond yn 1165, pan oedd y brenin yn cynllunio ymgyrch fawr yn erbyn y Cymry, derbyniodd yr arweinwyr brodorol i gyd Owain yn arweinydd milwrol arnynt a pharatoi i wynebu lluoedd y brenin yng **Nghorwen**; cafodd Harri ei yrru'n ôl gan stormydd ac ni fu ymosodiadau pellach. Yn ystod degawd olaf ei deyrnasiad heriodd Owain archesgob Caergaint a'r pab yn achos penodi a chysegru esgob newydd **Bangor** ac ar fater gwrthod ysgaru ei gyfnither Cristin; cafodd ei esgymuno, ond er hynny fe'i claddwyd yn Eglwys Gadeiriol Bangor. Cynigiodd gymorth milwrol i Louis VII o Ffrainc yn erbyn Harri, yr enghraifft gyntaf o dywysog Cymreig yn ceisio cynghrair â rheolwr ar dir mawr Ewrop. Yn dilyn ei farw yn 1170 bu ymgiprys hir rhwng ei ddisgynyddion, ac yn y pen draw llwyddodd ei ŵyr, **Llywelyn ap Iorwerth**, i gipio grym. Roedd Owain Gwynedd yn dywysog a gwladweinydd nodedig a atgyfnerthodd ei deyrnas a gosod y seiliau a alluogodd dywysogion y 13g. i adeiladu arnynt. Ef oedd y cyntaf i'w alw ei hun yn dywysog Cymru.

Alun Owen: *A Hard Day's Night*, 1964

**OWAIN LAWGOCH (Owain ap Thomas ap Rhodri; Owen o Gymru; m.1378)** Capten hurfilwyr

Ac yntau'n ŵyr i Rhodri, brawd ieuengaf **Llywelyn ap Gruffudd**, Owain oedd etifedd olaf **Gwynedd** drwy'r llinach wrywaidd uniongyrchol. Roedd dramor pan fu farw ei dad yn 1363 a daeth adref i hawlio ei etifeddiaeth – tiroedd yn **Lloegr** ac ym **Mechain** a **Llŷn**. Erbyn 1369 roedd wedi trosglwyddo'i gefnogaeth i'r Ffrancwyr, a chafodd ei diroedd eu hatafaelu. Am weddill ei oes bu'n arwain cwmni o filwyr rhydd, yn cynnwys Cymry gan mwyaf, i wasanaethu Ffrainc. Yn 1369 ceisiodd, gyda chymorth Ffrainc, hawlio ei etifeddiaeth ond cafodd ei **longau** eu gyrru'n ôl gan stormydd y gaeaf. Bu ymdrech arall yn fethiant, yn ystod haf 1372, pan gafodd Owain ei alw'n ôl i fynd yn gennad diplomyddol i Castilia. Yn 1375 fe'i cyflogwyd i orchfygu dug Awstria, ond cafodd ei gwmni eu trechu gan lu o'r Swistir. Yn 1378, wrth gynnal gwarchae ar Mortagne-sur-Gironde, fe'i lladdwyd gan John Lamb, Albanwr a gyflogwyd gan y **Saeson**. Mae tystiolaeth fod pryder swyddogol ynglŷn â'r gefnogaeth i Owain yng Nghymru, a dichon mai hynny a oedd y tu cefn i weithred Lamb. Ni chafodd Owain ei anghofio; roedd chwedlau ar droed ei fod yn cysgu mewn ogof, yn aros am alwad ei bobl i ddychwelyd ac arwain y genedl. Cafodd ei fedd yn St Leger, ar lan afon Garonne, ei ddinistrio yn ystod y **Chwyldro Ffrengig**. Yn 2003 ymunodd Cymdeithas Owain Lawgoch a'r **Cynulliad Cenedlaethol** gyda chymuned Mortagne i godi cofeb lle bu farw.

**OWEN, Alun (1925–95)** Dramodydd

Ganed Alun Owen i deulu o Gymry **Lerpwl**. Yn ystod yr **Ail Ryfel Byd** bu'n gweithio fel un o'r '**Bevin Boys**' ym mhyllau **glo**'r de cyn ailafael mewn gyrfa fel actor a chyfarwyddwr yn **Lloegr**. Ysgrifennodd liaws o ddramâu ar gyfer y llwyfan, y radio a'r teledu. Lleolir nifer ohonynt yn Lerpwl neu yng ngogledd Cymru; yn eu plith mae'r dramâu teledu *No Trams to Lime Street* (1959), *Lena, Oh my Lena* (1960), *After the Funeral* (1960) a *Maggie May* (1964). Ysgrifennodd sgriptiau ffilm hefyd, gan gynnwys *A Hard Day's Night* (1964), ffilm am y Beatles.

**OWEN, Daniel (1836–95)** Nofelydd

Ganed prif nofelydd Cymraeg y 19g. yn yr **Wyddgrug**. Lladdwyd ei dad a dau o'i frodyr mewn damwain mewn pwll **glo** yn 1837, trychineb a daflodd gysgod hir dros fywyd y fam amddifad a'i theulu. Bach iawn o **addysg** ffurfiol a gafodd Daniel Owen ond, meddai, 'cawsom addysg Feiblaidd ac Ysgol Sul'.

Cafodd Daniel le fel prentis teiliwr gydag Angel Jones, blaenor gyda'r **Methodistiaid Calfinaidd**. Bu gweithdy'r teiliwr yn 'fath o goleg' iddo. Dan ddylanwad un o'i gydweithwyr darllengar dechreuodd Daniel farddoni. Gan ddefnyddio'r ffugenw 'Glaslwyn' cyhoeddodd gerddi mewn **cylchgronau** a chystadlu mewn eisteddfodau. Rhoddodd y gorau i'r ffugenw yn 1866, ond parhaodd i farddoni'n achlysurol tan ddiwedd ei oes. Yn 1859 cyfieithodd nofel ddirwestol Americanaidd boblogaidd – *Ten Nights in a Barroom* (1854) gan Timothy Shay Arthur – ac yn y 1860au dechreuodd bregethu, gan dreulio cyfnod yng Ngholeg y Bala. Daeth o'r coleg cyn diwedd ei gwrs a rhwng 1867 ac 1876 bu'n gweithio fel teiliwr, yn pregethu ar y Sul, ac yn ymroi i fywyd cyhoeddus yr Wyddgrug.

Y trobwynt yn ei fywyd oedd y salwch difrifol a'i trawodd yn 1876. Yn sgil hwn y dechreuodd lenydda o ddifrif, gan fanteisio ar y llwyfan a gynigiwyd iddo gan ei weinidog, **Roger Edwards**, golygydd *Y Drysorfa*. Cyhoeddi ei bregethau i ddechrau, yna mentro gyda straeon am fyd a chymeriadau'r capel cyn ennill hyder a bwrw iddi i lunio'r nofelau a'i gwnaeth yn arwr cenedl. Rhwng 1877 ac 1885 cyhoeddodd bopeth o bwys ar ffurf cyfresi yn *Y Drysorfa* ac yna'n gyfrolau, sef *Offrymau Neilltuaeth* (1879), *Y Dreflan* (1881) a *Rhys Lewis* (1885). Roedd y cyfrolau hyn yn cyfuno atgofion a sylwebaeth gyfoes a thrwy ei ddawn i bortreadu cymeriadau amrywiol a'u ffordd o siarad, llwyddodd Daniel Owen i gyfleu symudiadau a thensiynau ei gyfnod. Y byd crefyddol oedd y canolbwynt, ond roedd lle hefyd, yn *Rhys Lewis* er enghraifft, i ddarluniau cofiadwy o fyd addysg ac anghydfod diwydiannol.

Casglwyd manion llenyddol ynghyd yn *Y Siswrn* (1886) ac erbyn hynny roedd Daniel Owen wrthi'n cynllunio ei nofel nesaf, *Profedigaethau Enoc Huws* (1891). Yn y campwaith hwn defnyddiodd ddychan a choegni i ddangos bod rhagrith yn rhan o wead pob agwedd o'r gymdeithas. Tuag at ddiwedd ei oes mae'r awydd i gofnodi'r hen ddyddiau a'r hen gymeriadau yn cryfhau, a gwelir hyn yn *Gwen Tomos* (1894), nofel am ddechreuadau Methodistiaeth yng nghefn gwlad **Sir y Fflint**, ac yn *Straeon y Pentan* (1895). Y farn gyffredin am y rhain yw eu bod yn gynnyrch darllenadwy gan awdur profiadol, ond eu bod yn brin o angerdd ei waith blaenorol. Fe'u hysgrifennwyd hefyd ar adeg pan oedd iechyd eu hawdur yn dirywio.

Cyfuno addysg a difyrrwch oedd nod Daniel Owen fel llenor, a gwelir yn ei waith gymhelliad moesol cryf ynghyd â dogn o hwyl a ffraethineb. Ar y cerflun a luniwyd yn gofeb iddo gan **Goscombe John**, ac a ddadorchuddiwyd yn yr Wyddgrug yn 1902, ceir geiriau'r nofelydd ei hun: 'Nid i'r doeth a'r deallus yr ysgrifennais, ond i'r dyn cyffredin'. Mae canolfan ddiwylliannol a chanolfan siopa yn y dref hefyd yn ei goffáu.

### OWEN, David (Brutus; 1795–1866) Newyddiadurwr a phregethwr

Ym mrwydrau crefyddol y 19g., Brutus oedd un o'r dychanwyr mwyaf deifiol. Fe'i ganed yn **Llanpumsaint**, ac er iddo gael ei godi ymhlith yr **Annibynwyr**, trodd at y **Bedyddwyr** ac yna at yr Eglwys Sefydledig. Bu'n olygydd medrus *Lleuad yr Oes* (1827–30), *Yr Efangylydd* (1831–5) a'r misolyn eglwysig *Yr Haul* (1835–66). Wedi ymuno â'r **Anglicaniaid** bu'n fawr ei lach ar **Anghydffurfiaeth** yn *Yr Haul*, a bu brwydro cyson rhyngddo a **David Rees,** golygydd *Y Diwygiwr,* cylchgrawn yr Annibynwyr.

### OWEN, Dickie (Richard Morgan Owen; 1876–1932) Chwaraewr rygbi

Er nad oedd fawr mwy na 1.5m o daldra nac yn pwyso llawer mwy na 60kg, yn ystod ei 35 o ymddangosiadau rhyngwladol rhwng 1901 ac 1911 llwyddodd Dickie Owen, mewnwr disglair **Abertawe**, i wrthsefyll pwnio didrugaredd gan flaenwyr dwywaith ei faint. Cafodd enwau fel 'the Bullet' a 'the Pocket Oracle', ac ef a gychwynnodd y symudiad a arweiniodd at y cais gan **Teddy Morgan** a sicrhaodd fuddugoliaeth i Gymru yn erbyn y Crysau Duon yn 1905.

### OWEN, George (*c.*1552–1613) Hynafiaethydd

George Owen oedd sgweier Henllys (**Nyfer**) yng ngogledd **Sir Benfro**. Fe'i cofir yn bennaf ar gyfrif ei waith 'The Description of Penbrokshire' (1603), gwaith anorffenedig a wnaeth lawer i ennyn diddordeb mewn hynafiaethau Cymreig (gw. **Archaeoleg a Hynafiaetheg**). Ymddangosodd mewn print am y tro cyntaf yn 1795–6 a hynny yn *The Cambrian Register*; cafwyd golygiadau pellach yn 1892–1936 ac 1994.

Roedd gan George Owen ddiddordeb arbennig yng nghreigiau a mwynau Sir Benfro. Trwy ddangos bod modd dilyn haenau o wahanol galchfeini ar draws y sir, a thrwy olrhain a disgrifio'r rhimyn o **galchfaen** (Calchfaen Carbonifferaidd bellach) sy'n brigo o gwmpas holl faes **glo**'r de, ef oedd y cyntaf i 'fapio' ffurfiant daearegol Prydeinig, petai dim ond mewn geiriau. Lluniodd fap o Sir Benfro a gyhoeddwyd yn chweched argraffiad *Britannia* **William Camden** (gw. **Mapiau**).

### OWEN, Goronwy (Goronwy Ddu o Fôn; 1723–69) Bardd

Ganed Goronwy Owen ym mhlwyf **Llanfair Mathafarn Eithaf** i deulu o eurychiaid a chrefftwyr gwlad tlawd. Cafodd ryw gymaint o grap ar gerdd dafod gan ei dad a'i daid a gynrychiolai'r hyn a oedd yn weddillion traddodiad y canu caeth, a derbyniodd **addysg** glasurol yn Ysgol Friars, **Bangor**. Er iddo gael ei ordeinio'n ddiacon yn 1746, methodd â chael gofalaeth barhaol yng Nghymru ac yn y man derbyniodd swydd athro yn Virginia. Hwyliodd yno yn 1757, ond bu farw ei wraig a'r ieuengaf o'u tri phlentyn ar y daith. Ailbriododd yn America, ond ar ôl i'w ail wraig farw trodd at

Daniel Owen: bathodyn canmlwyddiant ei eni

y ddiod a cholli ei swydd. Treuliodd naw mlynedd olaf ei oes fel offeiriad a thyfwr tobaco yn Brunswick County, Virginia, gan briodi am y trydydd tro yn 1763. Fe'i claddwyd ar ei blanhigfa.

Fel aelod o gylch hynafiaethol y **Morrisiaid**, a fu'n gefn iddo, ymrodd Goronwy i astudio'r farddoniaeth draddodiadol Gymraeg, yn enwedig waith cywrain ac aruchel y **Gogynfeirdd** a lluniodd gorff o feirniadaeth a oedd yn gosod llunio epig yn bennaf nod i'r beirdd. Ni lwyddodd ef ei hun i wneud hynny, ond cyfansoddodd nifer o gerddi caeth grymus. Ei themâu pwysicaf oedd poen ei alltudiaeth oes o **Fôn** a Chymru, ac amgylchiadau anodd ei fyw. Mae ei bwysigrwydd yn ddeublyg: y mae'n ddolen yng nghadwyn hir y canu caeth traddodiadol, a chafodd ei syniadau ar lunio epig ddylanwad pellgyrhaeddol, ond niweidiol yn aml, ar feirdd a'i dilynodd.

**OWEN, Hugh (*c.*1575–1642)** Reciwsant ac ysgolhaig
Ganed Hugh Owen yng Ngwenynog, Llanfflewin (**Mechell**), ac roedd yn uchelwr blaengar yn ei ardal. Trodd at y **Catholigion Rhufeinig** *c.*1620 ac ar ôl mynd yn alltud i osgoi erledigaeth, ymgartrefodd maes o law yn **Rhaglan** dan nawdd teulu **Somerset**. Ac yntau'n ieithydd medrus, Hugh Owen oedd llenor amlycaf reciwsantiaid Cymraeg yr 17g., a chyfieithodd gyfrolau defosiynol megis *De Imitatione Christi* Thomas à Kempis. Cyhoeddwyd y cyfieithiad hwnnw, *Dilyniad Crist*, yn 1684 gan ei fab ieuengaf, **Hugh Owen** (1615–86), offeiriad Iesuaidd a adwaenid fel y Tad John Hughes ac a ymgartrefodd yn **Nhreffynnon**. Cyhoeddodd Hugh Owen yr ieuengaf gyfrol hyfforddiadol bwysig o'i waith ei hun dan y teitl *Allwydd neu Agoriad Paradwys i'r Cymry* yn Liège yn 1670.

Johnny Owen

**OWEN, Hugh (1804–81)** Hyrwyddwr addysg
O Langeinwen (**Rhosyr**), aeth Hugh Owen i **Lundain**, lle cafodd ei benodi, yn 1853, yn brif glerc Comisiwn **Deddf y Tlodion**, a ddaeth, yn 1871, yn atebol i'r Bwrdd Llywodraeth Leol, gyda Hugh Owen i bob pwrpas yn ysgrifennydd parhaol iddo. I'w gydwladwyr, ei brif wasanaeth oedd hyrwyddo **addysg** yng Nghymru. Yn 1843 anogodd y Cymry i sefydlu ysgolion Brutanaidd (gw. **Cymdeithas Frutanaidd**) ar gyfer Anghydffurfwyr. Prinder athrawon a barodd iddo ymgyrchu'n egnïol i sefydlu'r **Coleg Normal, Bangor** (1858). Gwaredai nad oedd prifysgol yng Nghymru a thrwy ei ddyfalbarhad eithriadol ef yn bennaf yr agorwyd Coleg Prifysgol yn Aberystwyth yn 1872 (gw. **Prifysgol Cymru, Aberystwyth**). Teithiodd y wlad i gasglu arian a llawenychodd pan benodwyd Pwyllgor Aberdare, y cyflwynodd iddo dystiolaeth amhrisiadwy (gw. **Adroddiad Arglwydd Aberdare**). Fodd bynnag, ni welai reswm i wneud darpariaeth yn y brifysgol ar gyfer yr iaith **Gymraeg**, ac mae'n anodd dadlau â'r farn mai tipyn o philistiad ydoedd. Roedd ei frwdfrydedd dros hybu adran gwyddor cymdeithas yr **Eisteddfod** Genedlaethol (neu'r *social science section*, fel y'i gelwid) yn nodweddiadol o'i ddiddordebau. Ceir cerflun ohono ar y Maes yng **Nghaernarfon**, ac mae Ysgol Syr Hugh Owen yn y dref honno a Llyfrgell Hugh Owen ym Mhrifysgol Cymru, Aberystwyth, yn coffáu ei enw.

**OWEN, [Herbert] Isambard (1850–1927)** Meddyg a hyrwyddwr prifysgolion
Ganed Isambard Owen yng **Nghas-gwent**, graddiodd ym Mhrifysgol **Caergrawnt** a bu'n ddeon ysbyty meddygol St George, **Llundain**. Bu'n frwd dros ddefnyddio'r **Gymraeg** a chreu ysgolion canolradd yng Nghymru. Ei gynlluniau ef oedd sylfaen siarter **Prifysgol Cymru** (1893). Fel dirprwy ganghellor hŷn yng nghyfnod tri changhellor cyntaf y Brifysgol, roedd ei arweiniad doeth yn amhrisiadwy yn y blynyddoedd cynnar, anturus. Yn 1904 daeth yn brifathro Coleg Armstrong, Newcastle upon Tyne, a bu'n is-ganghellor Prifysgol Bryste o 1909 hyd 1921. Fe'i hurddwyd yn farchog yn 1902. Ef oedd cadeirydd cyntaf **Cymdeithas yr Iaith Gymraeg** (1885).

**OWEN, John (1600–66)** Milwr a thirfeddiannwr
Roedd Syr John Owen, disgynnydd i deulu Maurice o Glenennau (**Dolbenmaen**) a Brogyntyn (**Swydd Amwythig**), ymysg y mwyaf llwyddiannus o gynullwyr stadau Cymru'r 17g. Yn 1642 daeth yn arweinydd lluoedd y Goron yn y gogledd-orllewin. Fel gwarchodwr Castell **Conwy** bu benben â **John Williams** (1582–1650), archesgob Caerefrog. Yn yr ail o'r **Rhyfeloedd Cartref** ysgogodd **Sir Feirionnydd** i godi o blaid y brenin. Fe'i condemniwyd i farwolaeth am deyrnfradwriaeth yn 1649, ond cafodd bardwn yn fuan. Treuliodd ei flynyddoedd olaf yn talu'r pwyth yn ôl i'w elynion seneddol. Yn y pen draw, etifeddwyd ei stadau gan deulu **Ormsby-Gore**, Barwniaid Harlech.

**OWEN, John (1698–1755)** Clerigwr
Penodwyd John Owen, a oedd yn enedigol o **Lanidloes**, yn ficer **Llannor** a Deneio (**Pwllheli**) yn 1723, yn ganon ym **Mangor** yn 1742 ac yn ganghellor yn 1743. Pan gyrhaeddodd y **Diwygiad Methodistaidd** y gogledd yn y 1740au, gwrthwynebodd ei ledaeniad gydag egni anghyffredin gan erlyn ei gefnogwyr. Er ei fod yn bregethwr grymus, mae sôn hefyd ei fod yn ŵr cyfreithgar a chynhennus. Profodd beth erlid ei hunan – gan wraig o'r enw Dorothy Ellis (Dorti Ddu), a oedd yn ei gasáu gymaint nes iddi, ar ôl ei farw, gerdded i Lanidloes yn unswydd i halogi ei fedd.

**OWEN, John (Owain Alaw; 1821–83)** Cerddor
Yn 1844 cefnodd Owain Alaw ar ei waith fel cyllellwr i fod yn gerddor proffesiynol. Bu'n organydd yn nifer o eglwysi Caer, ei ddinas enedigol. Erbyn canol y 19g. roedd yn flaenllaw ym mywyd cerddorol Cymru, ac yn dra dylanwadol yn natblygiad y cyngerdd Cymreig. Roedd yn gyfansoddwr toreithiog, yn athro, yn feirniad, yn unawdydd, yn gyfeilydd ac yn impresario, ac ef oedd awdur *Gems of Welsh Melody* (1860–64), un o gyfrolau mwyaf poblogaidd y cyfnod. Cenir 'Mae Robin yn Swil' a 'Myfi sy'n Magu'r Baban' ar alawon o'i eiddo hyd heddiw. Bu ei oratorio *Jeremiah* (1878) mewn bri am gyfnod maith.

**OWEN, John (1854–1926)** Esgob
Hanai John Owen o deulu o Ymneilltuwyr yn **Llŷn**, ac enillodd ysgoloriaeth i Goleg Iesu, **Rhydychen**, yn 1872. Yno, daeth yn eglwyswr. Yn 1879 fe'i penodwyd yn Athro'r **Gymraeg** yng Ngholeg Dewi Sant, **Llanbedr Pont Steffan** (gw. **Prifysgol Cymru, Llanbedr Pont Steffan**). Yn 1885 daeth yn warden Coleg Llanymddyfri (gw. **Llanymddyfri**), ac, fel un o bobl yr Esgob **A. G. Edwards**, gwasanaethodd fel deon **Llanelwy** (1889), prifathro Llanbedr Pont Steffan (1892), ac esgob **Tyddewi** (1897–1926). Roedd yn un o amddiffynwyr amlycaf yr Eglwys Anglicanaidd (gw. **Anglicaniaid**) yn ystod yr ymgyrch **ddatgysylltu**, a chryfhawyd ei ddadleuon gan ei ddealltwriaeth o **Anghydffurfiaeth** a'i gydymdeimlad ati ynghyd â'i gonsýrn dros yr iaith Gymraeg. Ef ac A. G. Edwards oedd prif benseiri'r **Eglwys yng Nghymru**.

**OWEN, Johnny (1956–80)** Bocsiwr
Johnny Owen oedd y pedwerydd plentyn o wyth mewn teulu dosbarth gweithiol o **Ferthyr Tudful**, a dechreuodd **focsio** yn wyth oed. Erbyn iddo gyrraedd ei 24 oed, ac yntau'n wynebu dyrnau haearn Lupe Pintor o Fecsico ym mhencampwriaeth pwysau bantam y byd, roedd yn bencampwr Cymru, **Prydain**, y Gymanwlad ac Ewrop. Cymeriad swil, caredig a diymhongar ydoedd, ond yn y cylch bocsio roedd corff esgyrnog y 'Dyn Matsys' yn celu gwytnwch a stamina rhyfeddol. Ond ni fu hynny'n ddigon iddo ar noson ym mis Medi 1980 yn Los Angeles pan drawodd Pintor ef yn anymwybodol yn y 12fed rownd a'i adael mewn coma; bu farw chwe wythnos yn ddiweddarach.

**OWEN, Morfydd Llwyn (1891–1918)**
Cyfansoddwraig
Ganed Morfydd Llwyn Owen yn Nhrefforest (**Pontypridd**) ac ar ôl astudio yng **Nghaerdydd**, ac yn yr Academi Gerdd Frenhinol, **Llundain**, buan y daeth i'r amlwg fel cyfansoddwraig ddawnus. Mae ei chynnyrch amrywiol yn cynnwys emyn-donau, cerddoriaeth siambr, gweithiau corawl a cherddorfaol, unawdau piano a chaneuon, llawer ohonynt wedi'u hysbrydoli gan **lenyddiaeth** ac alawon gwerin Cymru. Roedd yn wraig hardd eithriadol, a chafodd fywyd lliwgar, yn arbennig yn Llundain lle'r oedd yn troi mewn cylchoedd tra amrywiol. Yn 1917 priododd y seicdreiddiwr **Ernest Jones**. Pan fu farw y flwyddyn ganlynol, yn ddim ond 26 oed, collodd Cymru gyfansoddwraig ifanc eithriadol o addawol.

Morfydd Llwyn Owen

**OWEN, Nicholas (1550?–1606)** Merthyr
Ganed Nicholas Owen yn **Rhydychen** i deulu o dras Cymreig a fu'n fawr ei ymroddiad i'r Hen Ffydd, ac ymunodd â Chymdeithas yr Iesu *c.*1577. Fe'i hadwaenid fel 'little John' gan mor fychan ydoedd, a chyfeiriodd **Waldo Williams** ato fel 'John Owen' yn ei gerdd 'Wedi'r Canrifoedd Mudan'. Ac yntau'n saer maen a choed, bu crefft Owen wrth ddyfeisio cuddfannau yn fodd i gadw einioes sawl lleygwr ac offeiriad Catholig, gan hyrwyddo'r genhadaeth Gatholig gêl yn **Lloegr**. Cafodd ei garcharu deirgwaith; yn 1605 fe'i daliwyd a'i arteithio sawl gwaith drosodd. Bu farw o'i anafiadau ym Mawrth 1606. Fe'i canoneiddiwyd yn 1970 (gw. **Merthyron Catholig**).

**OWEN, Owen (1847–1910)** Gŵr busnes
Roedd Owen Owen, a aned ym **Machynlleth**, yn un o entrepreneuriaid mwyaf llwyddiannus Cymru oes Victoria. Bwriodd ei brentisiaeth fel dilledydd yng Nghaerfaddon cyn symud i **Lerpwl**. Yno, wedi iddo agor ei siop ei hun,

bu'n un o arloeswyr y siopau adrannol mawr ym myd mânwerthu. Yn ddiweddarach symudodd i **Lundain**, ond roedd ganddo dŷ haf ym **Mhenmaen-mawr**.

**OWEN, R[obert] Llugwy (1836–1906)** Gweinidog ac ysgolhaig

Ym **Metws-y-coed** y ganed Llugwy Owen. Bu'n chwarelwr cyn ymgymhwyso – yng Ngholeg y Bala, Prifysgol Llundain a Phrifysgol Tübingen – at waith gweinidog gyda'r **Methodistiaid Calfinaidd**. Cyhoeddodd gyfrolau o farddoniaeth a phregethau, ond ei lyfr pwysicaf yw *Hanes Athroniaeth y Groegiaid* (1899), cyfrol swmpus – ac arloesol yn y **Gymraeg** – ar athroniaeth Groeg o'r dechreuadau hyd at y cyfnod Cristnogol.

**OWEN[S], Richard (1831–91)** Pensaer

Ganed Richard Owen yn y Ffôr (**Llannor**) a bu'n brentis saer gyda'i dad cyn ymuno â chwmni adeiladu yn **Lerpwl**. Ar ôl astudio dylunio mewn dosbarthiadau nos agorodd swyddfa yn 1862, ac o fewn dwy flynedd derbyniodd ei gontract cyntaf i gynllunio capel. O hynny ymlaen arbenigodd mewn cynllunio capeli: dywedir iddo gynllunio dros 250 ohonynt i gyd (i'r **Methodistiaid Calfinaidd** gan mwyaf) yng ngogledd Cymru a Glannau Mersi, yn ogystal ag ambell un yn y canolbarth a **Sir Gaerfyrddin**. Bu hefyd yn gyfrifol am nifer o adeiladau seciwlar, gan gynnwys Llyfrgell Rydd **Caernarfon** (1888).

**OWEN, Robert (1771–1858)** Diwydiannwr a sosialydd

Sefydlodd Robert Owen, a hanai o'r **Drenewydd**, fusnes nyddu cotwm, ac yn 1799 prynodd felinau cotwm New Lanark yn yr **Alban**. Dros y chwarter canrif nesaf tyfodd y busnes hwnnw nes ei fod y mwyaf ym **Mhrydain**, a'r mwyaf arloesol o ran dulliau cynhyrchu a chysylltiadau diwydiannol. O *c.*1812 ymlaen, ac yn arbennig yn y cyfnod wedi **Rhyfeloedd y Chwyldro Ffrengig a Rhyfeloedd Napoleon**, dechreuodd Owen ddadlau y gellid cymhwyso ei raglenni addysgol a **lles** ef yn New Lanark – lle'r oedd wedi cwtogi oriau gwaith y gweithwyr, darparu gofal meddygol am ddim iddynt a sefydlu ysgol i blant y ffatri – at gymdeithas Prydain yn gyffredinol. Ymatebodd llawer yn ffafriol i'w gynlluniau ar gyfer ailadeiladu cymdeithasol (a alwai ef yn **sosialaeth**), hyd nes i'w feirniadaeth o'r teulu a **chrefydd** fel sefydliadau fynd yn rhy lawdrwm. Gadawodd Brydain am **Ogledd America** yn 1824, a buddsoddodd ei arian mewn stad yn Indiana. Yno sefydlodd gymuned gydweithredol New Harmony, ond diweddodd y fenter mewn chwerwedd yn 1827. Wedi dychwelyd i Brydain daeth Owen yn ffigwr blaengar yn y mudiad **undebaeth lafur** (1829–35); parhaodd i hybu ei ddelfrydau trwy amryfal fentrau ac arbrofion, a daliodd ati i ysgrifennu a chyhoeddi'n doreithiog (1835–45). Ymwelodd â Pharis yn ystod chwyldro 1848 a daeth yn ysbrydegwr. Yn 1858 dychwelodd i'r Drenewydd, lle bu farw. Yn 1902 cododd y **Mudiad Cydweithredol** gofeb iddo ym mynwent Eglwys y Santes Fair, y Drenewydd, lle mae wedi'i gladdu; yn 1956 codwyd cerflun ohono yn y dref ac yn 1983 agorwyd amgueddfa goffa Robert Owen yno.

**OWEN, Robert (Bob Owen Croesor; 1885–1962)** Hynafiaethydd a llyfrbryf

Gwas fferm a chlerc mewn chwarel a ddaeth yn ddarlithydd diarhebol o boblogaidd gyda **Chymdeithas Addysg y Gweithwyr** oedd Bob Owen Croesor. Roedd yn enedigol o **Lanfrothen** ac ymgartrefodd ym mhentref cyfagos Croesor, ac yno y crynhodd ei lyfrgell anferth o 47,000 o lyfrau. Rhannai ef a'i wraig eu llofft gyda chlasuron **Charles Edwards** a hen **gylchgronau** gwerthfawr. Roedd galw mawr am ei wasanaeth fel achyddwr, yn enwedig gan Americaniaid Cymreig (gw. **Achyddiaeth**). Wedi ei farw, gwasgarwyd ei lyfrau i wahanol leoedd, gan gynnwys **Llyfrgell Genedlaethol Cymru** a llyfrgell Coleg Prifysgol Abertawe (gw. **Prifysgol Cymru Abertawe**). Enwyd cymdeithas i lyfrgarwyr, Cymdeithas Bob Owen, ar ei ôl, a hi sy'n cyhoeddi cylchgrawn *Y Casglwr*.

**OWEN PUGHE, William (Idrison; 1759–1835)** Geiriadurwr a hynafiaethydd

Fe'i ganed yn William Owen yn **Llanfihangel-y-Pennant** a mabwysiadodd y cyfenw Pughe o barch i berthynas pell a adawodd stad iddo yn **Nantglyn**. Treuliodd ran helaethaf ei fywyd yn **Llundain** lle bu'n flaenllaw gyda'r **Gwyneddigion** a'r cymdeithasau Cymreig eraill. Daeth yn un o ddilynwyr selocaf y broffwydes Joanna Southcott.

Gydag Owain Myfyr (**Owen Jones**) golygodd *Barddoniaeth Dafydd ab Gwilym* (1789) ac ymunodd Iolo Morganwg (**Edward Williams**) â hwy i olygu ***The Myvyrian Archaiology of Wales*** (1801–7). Y mwyaf adnabyddus o'i ymdrechion barddonol tila yw *Coll Gwynfa* (1819), ei gyfieithiad o *Paradise Lost* Milton. Bu ei Eiriadur a'i Ramadeg (1793–1803) yn ddylanwad andwyol ar arddull a sillafu cenhedlaeth o Gymry oherwydd ei syniadau cyfeiliornus am orgraff a geirdarddiad, ond, yn y dyfyniadau esboniadol ar y geiriau, gwelir yn eglur wybodaeth ddofn Pughe o'r hen destunau. Ymhlith y 100,000 o eiriau yn ei eiriadur ceir nifer o fathiadau rhyfedd, ond mae ambell un – 'awyren' a 'pwyllgor' er enghraifft – wedi ennill ei blwyf yn yr iaith **Gymraeg** (gw. **Geiriaduraeth**).

**OWENS, Arthur George (1899–1976)** Ysbïwr dwbl

Achos Arthur Owens oedd carreg sylfaen ymdrechion hynod lwyddiannus MI5 yn ystod yr **Ail Ryfel Byd** i daflu llwch i lygaid yr Almaenwyr trwy eu cyflenwi â gwybodaeth ffug. Daeth Owens i gysylltiad â byd yr ysbiwyr yn sgil teithiau busnes mynych i rai o iardiau llongau'r Almaen yn ystod y 1930au. Er iddo gael ei eni yn **Abertawe**, ymfudodd ei deulu i Ganada pan oedd yn ifanc, ond symudodd i **Loegr** yn 1933 gan sefydlu'r Owens Battery Company. Yng ngolwg ei feistri hygoelus yn yr *Abwehr* (gwasanaeth cudd byddin yr Almaen) roedd Owens yn wladgarwr Cymreig tanbaid ac yn ystod blynyddoedd cynnar yr Ail Ryfel Byd fe'i hanogasant i recriwtio rhagor o ysbiwyr a chuddfilwyr o blith rhengoedd **Plaid [Genedlaethol] Cymru**. Fodd bynnag, roedd Owens hefyd yn was cyflog i MI5 ac, ar wahân i'r cynblismon o Abertawe, Gwilym Williams (1886–1949), a oedd hefyd yn gweithredu ar ran MI5, nid oedd ei gylch o 'ysbiwyr' Cymreig ond dychymyg pur. Cymeriad di-ddal a llawn trachwant oedd Owens; fe'i caethiwyd gan yr awdurdodau Prydeinig yn 1941 a bu o dan glo hyd ddiwedd y rhyfel.

**OWRTYN (Overton),** Wrecsam (1,832ha; 1,276 o drigolion)

Y **gymuned** hon, ar lan ddwyreiniol afon **Dyfrdwy**, yw rhan fwyaf gorllewinol **Maelor Saesneg**. Mae statws bwrdeistref Owrtyn, a roddwyd gan Edward I yn 1292, wedi hen fynd,

Y bont ar draws afon Dyfrdwy yn Owrtyn: acwatint yn seiliedig ar waith Paul Sandby, 1776

ond mae i'r pentref, sy'n ehangu, naws drefol, gyda'i gynllun hirsgwar a'i Stryd Fawr lydan. Mae corff Eglwys y Santes Fair yn perthyn i'r 15g. ac mae ynddi gyfoeth o hen gofebau. Mae rhigwm o'r 18g. yn hawlio bod y coed yw yn y fynwent yn un o **Saith Rhyfeddod Cymru**. Dim ond y stablau a'r porthordai sy'n sefyll o Fryn-y-pys, plasty mawr a ail-luniwyd gan Alfred Waterhouse yn 1883. Mae pont Owrtyn yn adeiladwaith cywrain yn dyddio o *c.*1815.

# P

Plas Newydd: cartref ysblennydd teulu Paget

## PADARN (6g.) Sant

Rhestrir Padarn gyda **Dewi** a **Theilo** yn **Nhrioedd Ynys Prydain** fel y 'Tri Gwestai Gwynfydedig o Ynys Prydein'. Disgrifia Rhigyfarch (gw. **Sulien**) eu hymweliad â Jerwsalem. Adlewyrcha'r traddodiad bwysigrwydd y **clas** a sefydlodd Padarn yn **Llanbadarn Fawr** (**Ceredigion**) yn y 6g., cymuned a oedd yn dal mewn bodolaeth pan ymwelodd **Gerallt Gymro** â'r cylch yn 1188. Ymestynnodd dylanwad Padarn o Geredigion i **Faelienydd**. Cyfansoddwyd Buchedd Padarn yn Llanbadarn Fawr *c.*1120, ond nid yw'n hanesyddol ddibynadwy. Cymysgodd yr awdur fywyd ei wrthrych gyda straeon am **seintiau** eraill. Ei ddydd gŵyl yw 15 Ebrill.

## PADRIG (m.461?) Nawddsant Iwerddon

Brodor o arfordir gorllewinol **Prydain** oedd Padarn, a threuliodd ei lencyndod yn gaethwas yn **Iwerddon**. Aeth yn ôl yno o'i wirfodd *c.*432, neu efallai'n ddiweddarach, i genhadu ymhlith y **Gwyddelod**. Cymraeg Cynnar (gw. **Cymraeg**) oedd ei famiaith yn ôl rhai ysgolheigion, ac awgrymir mai ef yw'r cyntaf o'r siaradwyr Cymraeg sy'n wybyddus. Ei ddydd gŵyl yw 17 Mawrth.

## PAGET, Teulu (ardalyddion Anglesey) Tirfeddianwyr

Roedd y teulu yn disgyn o **Lewis Bayly** (m.1631) a briododd Ann, aeres Henry Bagenal, a etifeddasai diroedd gan ei fam, Eleanor, cyd-aeres Edward Griffith o'r Penrhyn. Priododd Nicholas, ŵyr Lewis, â Caroline, aeres teulu Paget, tirfeddianwyr o sylwedd yn Swydd Stafford. Mabwysiadodd eu mab, Henry (1744–1812), y cyfenw Paget; fe'i dyrchafwyd yn iarll Uxbridge (1784) a bu'n arloesi yn y diwydiant **copr** ym **Môn**. Ei fab, Henry (1768–1854), oedd cadlywydd y cafalri Prydeinig ym mrwydr Waterloo, lle collodd goes. Fe'i dyrchafwyd yn ardalydd Anglesey, ac mae'r tŵr a godwyd (1816) yn **Llanfair Pwllgwyngyll** i'w anrhydeddu yn dirnod trawiadol. Roedd gan y teulu gysylltiad agos â'r Frenhines Victoria ifanc a hwy oedd perchnogion Plas Newydd (**Llanddaniel-fab**), sydd wedi'i leoli mewn man ysblennydd ar lan afon **Menai**. Chwaraeasant ran amlwg yng ngwleidyddiaeth Môn a **Sir Gaernarfon**. Daeth methdaliad dramatig i ran y pumed ardalydd (1875–1905) yn 1904. Mae'r seithfed (g.1922) yn nodedig fel hanesydd milwrol. Yn 1873 roedd y teulu yn berchen ar 3,435ha ym Môn.

## PAIR DADENI

Llestr hud yn ail gainc y Mabinogi yw'r Pair Dadeni a'i hynodrwydd yw bod pob rhyfelwr marw a roddir ynddo yn atgyfodi, ond heb ei leferydd (gw. **Mabinogion**). Rhoddir y pair gan **Fendigeidfran** yn offrwm hedd i Fatholwch, wedi i Efnysien sarhau'r **Gwyddelod** adeg priodas **Branwen**. Yn y diwedd llwydda Efnysien i hollti'r pair a'i ddinistrio, gan golli ei fywyd ei hun yn yr ymdrech.

## PALMER, Alfred Neobard (1847–1915) Hanesydd

Ymfudodd Palmer, a hanai o Suffolk, i **Wrecsam** yn 1880. Fe'i hyfforddwyd fel cemegydd dadansoddol, ac fe'i cyflogwyd am gyfnod yng Ngwaith Dur **Brymbo**. Ac yntau wedi dod i ymddiddori'n ddwfn mewn hanes lleol ac wedi dysgu **Cymraeg**, cyhoeddodd weithiau gwreiddiol ar **John Wilkinson** a Gwaith Haearn y **Bers**, tirddaliadaeth gynnar, dechreuadau Ymneilltuaeth (gw. **Anghydffurfiaeth**) yn Wrecsam a hanes eglwysi plwyf Wrecsam a **Gresffordd**. Ailgyhoeddwyd rhai o'r rhain yn y 1980au.

## PALMERSTON, Ffoleddau

Yng nghanol y 19g. codwyd cyfres o amddiffynfeydd enfawr ar hyd arfordir de Cymru a de **Lloegr** er mwyn rhwystro ymosodiadau posibl o Ffrainc. Fe'u henwyd ar ôl Arglwydd Palmerston, y prif weinidog (1855–8; 1859–65). Ymhlith y rhai yng Nghymru y mae 12 o gaerau a thyrau Martello o gwmpas ceg Aberdaugleddau (gw. **Aberdaugleddau, Dyfrffordd**), a adeiladwyd i amddiffyn iard longau **Doc Penfro** ac i rwystro **llongau**'r gelyn rhag angori yn yr aber. Y fwyaf o'r caerau oedd Caer Scoveston (**Llanstadwel**). Ceid hefyd gaer ar St Catherine's Island (**Dinbych-y-pysgod**), amddiffynfeydd yn Nhrwyn y Mwmbwls (**Abertawe**) ac yn Nhrwyn Larnog (**Sili** ger **Penarth**), a chaer a thair magnelfa ar Ynys Echni (gw. **Ynysoedd**) ym Môr Hafren.

## PAPURAU BRO

Un o'r ffenomenâu mwyaf nodedig yn hanes y wasg Gymraeg yn ystod chwarter olaf yr 20g. oedd twf y papurau bro. Rhwng 1973 ac 1983 ymddangosodd 50 ohonynt i wasanaethu broydd ar hyd a lled Cymru, ac roedd 52 mewn cylchrediad ar ddechrau'r 21g. Y prif gymhelliad dros eu sefydlu oedd awydd ymhlith caredigion y **Gymraeg** i sicrhau ei pharhad fel iaith gymunedol trwy roi sylw teilwng i weithgareddau diwylliannol yn eu broydd. Dibynna pob un o'r papurau misol hyn ar dîm o wirfoddolwyr i hel a golygu newyddion, tynnu lluniau, casglu hysbysebion a dosbarthu'r papur. Er bod y broydd a wasanaethir gan y papurau yn amrywio'n fawr o ran eu natur, mae elfennau cyffredin yn eu cynnwys – pytiau newyddion, adroddiadau gan sefydliadau a chymdeithasau lleol, lluniau, hysbysebion lleol, ynghyd â cholofnau rheolaidd. Yn ail hanner y 1970au disgrifiwyd twf y papurau bro fel 'gwyrth y ganrif', ond y wir wyrth yw bod canran mor uchel ohonynt wedi goroesi am dros chwarter canrif gan ddod yn rhan annatod o fywyd diwylliannol a chymunedol eu broydd.

## PAPURAU NEWYDD

Araf fu datblygiad y wasg newyddiadurol yng Nghymru, o gymharu â **Lloegr** drefol. Cyn dyfod y **rheilffyrdd** roedd hi'n anodd dosbarthu newyddiaduron ac roedd y trethi ar bapur, hysbysebion a'r newyddiaduron eu hunain yn llestair hefyd. Ond bu chwyldro cymdeithasol ym mywyd Cymru yn ystod hanner cyntaf y 19g. Cafwyd twf aruthrol yn y **boblogaeth**, trawsnewidiwyd yr **economi** o ganlyniad i ddatblygiadau diwydiannol, denwyd y mwyafrif o Gristnogion y wlad at **Anghydffurfiaeth** a daeth **radicaliaeth** yn rhan o ymwybyddiaeth wleidyddol y genedl. Ymateb i'r newidiadau cymdeithasol hyn oedd twf y wasg newyddiadurol.

Yn 1804 yr ymddangosodd y newyddiadur wythnosol cyntaf yng Nghymru pan gyhoeddwyd *The Cambrian* yn **Saesneg** ym mhrif drefi'r de, ond profodd y fenter yn llwyddiant ac fe'i dilynwyd gan wythnosolion eraill fel *The North Wales Gazette* (**Bangor**, 1808) a *The Carmarthen Journal* (**Caerfyrddin**, 1810). Yn 1814 y cyhoeddwyd *Seren Gomer*, y newyddiadur Cymraeg wythnosol cyntaf, gan Gomer (**Joseph Harris**), a hynny yn Abertawe. Ei amcan oedd cyhoeddi newyddion cartref a thramor, gwleidyddol a chrefyddol, yn ogystal â chyfraniadau llenyddol a dueddai at amddiffyn a lledaenu'r **Gymraeg**. Er bod iddo gylchrediad cymharol eang, daeth oes *Seren Gomer* i ben ar ôl 85 o rifynnau, a hynny am fod y dreth ar bapur yn ei wneud yn rhy ddrud a bod yr incwm a dderbyniai o hysbysebion yn rhy fychan. Fe'i hailddechreuwyd fel papur pythefnosol yn 1818, a throdd yn fisolyn yn 1820 (gw. **Cylchgronau**).

Ychydig o newyddiaduron a sefydlwyd yng Nghymru yn ystod y 1820au a'r 1830au. Byrhoedlog fu *The Cardiff Weekly Reporter* (**Caerdydd**, 1822), *The Newport Review* (Caerdydd, 1822), *Cronicl yr Oes* (yr **Wyddgrug**, 1836–9) a *The Cambrian Gazette: Y Freinlen Gymroaidd* (**Aberystwyth**, 1836), ond bu eraill fel *The Monmouthshire Merlin* (**Casnewydd**, 1829–91) a *The Welshman* (Caerfyrddin, 1832–1984) yn fwy llwyddiannus. *Yr Amserau*, a sefydlwyd gan Gwilym Hiraethog (**William Rees**; 1802–53) yn **Lerpwl** yn 1843, oedd y newyddiadur Cymraeg cyntaf i lwyddo. Fe'i prynwyd gan **Thomas Gee** o **Ddinbych** yn 1859 a'i uno â *Baner Cymru* a oedd wedi'i sefydlu ddwy flynedd ynghynt. Daeth *Baner ac Amserau Cymru*, yn bennaf trwy waith newyddiadurol John Griffith (Y Gohebydd), a oedd yn ohebydd i'r papur yn **Llundain**, yn ddylanwad grymus ar fywyd Cymru; bu'n gefn cyson i achosion radicalaidd gan amddiffyn Anghydffurfwyr ar bob cyfle.

Bu cynnydd yn nifer y papurau newydd gyda dileu'r dreth ar hysbysebion yn 1853, a'r dreth stamp ar gopïau o newyddiaduron yn 1855, ac yn y cyfnod hwn y sefydlwyd y mwyafrif o'r newyddiaduron enwadol: *Seren Cymru* (**Bedyddwyr**, 1851), *Y Tyst Cymreig* (**Annibynwyr**, 1867), *Y Goleuad* (**Methodistiaid Calfinaidd**, 1869), *Y Gwyliedydd* (**Wesleaid**, 1877) a'r *Llan a'r Dywysogaeth* (yr **Anglicaniaid**, 1881). Roedd y rhain yn bapurau cenedlaethol yn yr ystyr eu bod yn darparu newyddion cartref a chenedlaethol a'u bod yn cynnig arweiniad mewn materion gwleidyddol a chymdeithasol. Datblygodd **Aberdâr** a **Merthyr Tudful** yn ganolfannau newyddiadurol pwysig. Yn Aberdâr y cyhoeddid *Y Gwron Cymreig* (1854–60) a *The Aberdare Times* (1861–1902) gan Josiah Thomas Jones a'r *Gwladgarwr* (1858–82), a blediai achos y gweithiwr, gan David Williams (Alaw Goch). Hwyrach mai *Tarian y Gweithiwr* (1875–1934) oedd y pwysicaf o'r holl bapurau hyn, ac fel wythnosolyn Llafur-Rhyddfrydol apeliai'n arbennig at lowyr a gweithwyr **tunplat** y de. Gerllaw, ym Merthyr Tudful, cyhoeddid *The Cardiff and Merthyr Guardian* (1845–74; sefydlwyd fel *The Merthyr Guardian* yn 1832), *The Merthyr Star* (1859–1881) a'r *Fellten* (1868–76). Yno, hefyd, yn 1873, y sefydlwyd *The Workman's Advocate: Amddiffynydd y Gweithiwr* fel papur dwyieithog, gan barhau'r traddodiad a gychwynnwyd gan *Y Gweithiwr: The Workman* ac *Udgorn Cymru: The Trumpet of Wales*, dau bapur yn pledio achos y Siartwyr (gw. **Siartiaeth**) a gyhoeddwyd yn y dref rhwng 1832 ac 1842.

Yn y gogledd, datblygodd **Bangor** a **Chaernarfon** yn ganolfannau newyddiadurol prysur. Sefydlwyd *The North*

**Cylchrediad papurau newydd Cymru (ffigurau 2006)**

| Teitl | Amlder | Sefydlwyd | Cylchrediad |
|---|---|---|---|
| *Western Mail* (6 argraffiad; Trinity Mirror) | Dyddiol | 1869 | 42,578 |
| *Daily Post* (Argraffiad Cymreig; Trinity Mirror) | Dyddiol | 1955 | 39,651 |
| *South Wales Argus* (4 argraffiad; South Wales Argus Ltd) | Prynhawnol | 1892 | 30,282 |
| *South Wales Echo* (2 argraffiad; Trinity Mirror) | Prynhawnol | 1889 | 53,780 |
| *South Wales Evening Post* (1 argraffiad; South West Wales Publications Ltd) | Dyddiol | 1932 | 56,104 |
| *Wales on Sunday* (5 argraffiad; Trinity Mirror) | Wythnosol | 1989 | 44,591 |
| *Y Cymro* (Cambrian News) | Wythnosol | 1932 | 6,000 |

*Wales Gazette* ym Mangor yn 1808 gan deulu Broster o Gaer, a newidiwyd ei deitl i *The North Wales Chronicle* yn 1827. Cyhoeddwyd *The Carnarvon Herald* gan William Potter yng Nghaernarfon yn 1831 ac erbyn 1836 ymddangosai o dan y teitl *The Caernarvon and Denbigh Herald.* Bu gelyniaeth fawr rhwng y ddau bapur hyn a hwythau'n cynrychioli safbwyntiau gwrthgyferbyniol, gyda'r *Chronicle* yn Doriaidd ac yn Eglwysig a'r *Herald* yn Rhyddfrydol ac yn Ymneilltuol. Parheir i'w cyhoeddi heddiw. Ym Mangor hefyd y cyhoeddwyd *Y Cymro* (1848–51), *Cronicl Cymru* (1866–72), *Llais y Wlad* (1874–84), *Gwalia* (1886–1921) a'r *Chwarelwr Cymreig* (1893–1902).

Bu ymgais i sefydlu newyddiadur Cymraeg yng Nghaernarfon yn y 1830au pan gyhoeddwyd *Y Papyr Newydd Cymraeg* (1836–7), ond James Rees oedd y pwysicaf o gyhoeddwyr newyddiaduron y dref. Ef a sefydlodd *Yr Herald Cymraeg* yn 1855 fel newyddiadur Rhyddfrydol. Rhoddwyd lle amlwg i **lenyddiaeth** yn ei golofnau, a bu Llew Llwyfo (**Lewis William Lewis**), **Richard Hughes Williams**, **T. Gwynn Jones**, Meuryn (**Robert John Rowlands**) a John Eilian (**John Tudor Jones**) ar staff ei swyddfa. Yng Nghaernarfon hefyd y sefydlwyd *Y Genedl Gymreig* yn 1877, papur a brynwyd gan nifer o wleidyddion amlwg gan gynnwys **David Lloyd George** yn 1892, pan benodwyd **Beriah Gwynfe Evans** yn olygydd iddo. Bu Ap Ffarmwr (**John Owen Jones**), Eifionydd (John Thomas) ac **E. Morgan Humphreys** ymhlith ei olygyddion. Unwyd *Yr Herald Cymraeg* a'r *Genedl* yn 1937 o dan y teitl cyntaf; daeth i ben fel papur yn ei hawl ei hun yn 2005, ac atodiad i'r *Daily Post* ydyw bellach. Ymhlith eraill o bapurau Caernarfon y mae *Yr Amseroedd* (1882–5), *Briwsion i Bawb* (1885–6), *Y Werin* (1889–1914), *Y Gadlef* (1887–92; papur Byddin yr Iachawdwriaeth), *Papur Pawb* (1893–1916) a'r *Eco Cymraeg* (1889–1914).

Roedd gan bob un o brif drefi Cymru ei phapurau wythnosol erbyn chwarter olaf y 19g., ond gallai trefi llai fel **Castellnewydd Emlyn**, **Pwllheli** ac **Ystalyfera** gynnal eu newyddiaduron yn ogystal. Yn Ystalyfera y cyhoeddid *Llais Llafur* (1898–1915) yn wythnosol, papur a fu'n fawr ei gyfraniad i dwf y mudiad Llafur yn ardaloedd glofaol gorllewin **Sir Forgannwg** a dwyrain **Sir Gaerfyrddin**. Cyhoeddwyd *Y Cymro* (1890–1909) yn Lerpwl gan **Isaac Foulkes** (Llyfrbryf), ac er mai ar gyfer Cymry'r ddinas honno y sefydlwyd ef, roedd iddo gylchrediad eang yng Nghymru. Yn Lerpwl hefyd y cyhoeddai Hugh Evans *Y Brython* (1906–39), a than olygyddiaeth John Herbert Jones ('Je Aitsh') roedd darllen mawr ymhlith y Cymry ar y papur hwn yn ogystal. Sefydlwyd ail bapur dan y teitl *Y Cymro* fel papur cenedlaethol gan Rowland Thomas o Gwmni Woodall, Minshall a Thomas yng Nghroesoswallt yn 1932, gyda John Eilian yn olygydd. Bu'n araf yn ei sefydlu ei hun, ond daeth i anterth ei boblogrwydd dan olygyddiaeth **John Roberts Williams**, a sicrhaodd iddo golofnwyr a ffotograffwyr proffesiynol bywiog a medrus, yn enwedig **Geoff Charles**. Fe'i cyhoeddir bellach gan gwmni'r Cambrian News.

*The Cambria Daily Leader* (1861–1930), a sefydlwyd yn Abertawe fel papur Rhyddfrydol, oedd papur dyddiol cyntaf Cymru. Fe'i dilynwyd yn 1869 gan *The Western Mail* a sefydlwyd fel newyddiadur Ceidwadol yng Nghaerdydd, a hynny er hyrwyddo buddiannau gwleidyddol ardalydd Bute (gw. **Stuart, Teulu**). Fe'i gwerthwyd i Henry Lascelles Carr yn 1879, a than ei olygyddiaeth ef, ac wedyn William Davies, daeth yn bapur dylanwadol yn y de. Fe'i prynwyd gan Gwmni Thomson yn 1959. Roedd yn frwd dros **ddatganoli** yn 1979 ac 1997, a datblygodd yn bapur Cymreiciach dros y blynyddoedd diwethaf. Trinity Mirror sy'n ei gyhoeddi bellach, a hwy hefyd yw perchnogion *The Daily Post* (Cyffordd Llandudno, **Conwy**), papur sydd â chylchrediad eang yn y gogledd. Perthyn y papur prynhawnol *The South Wales Echo* a'r wythnosolyn *Wales on Sunday*, a sefydlwyd yn 1989, i'r un cwmni, yn ogystal â'r Celtic Press Group sy'n gyfrifol am gyhoeddi nifer o bapurau wythnosol yn y de.

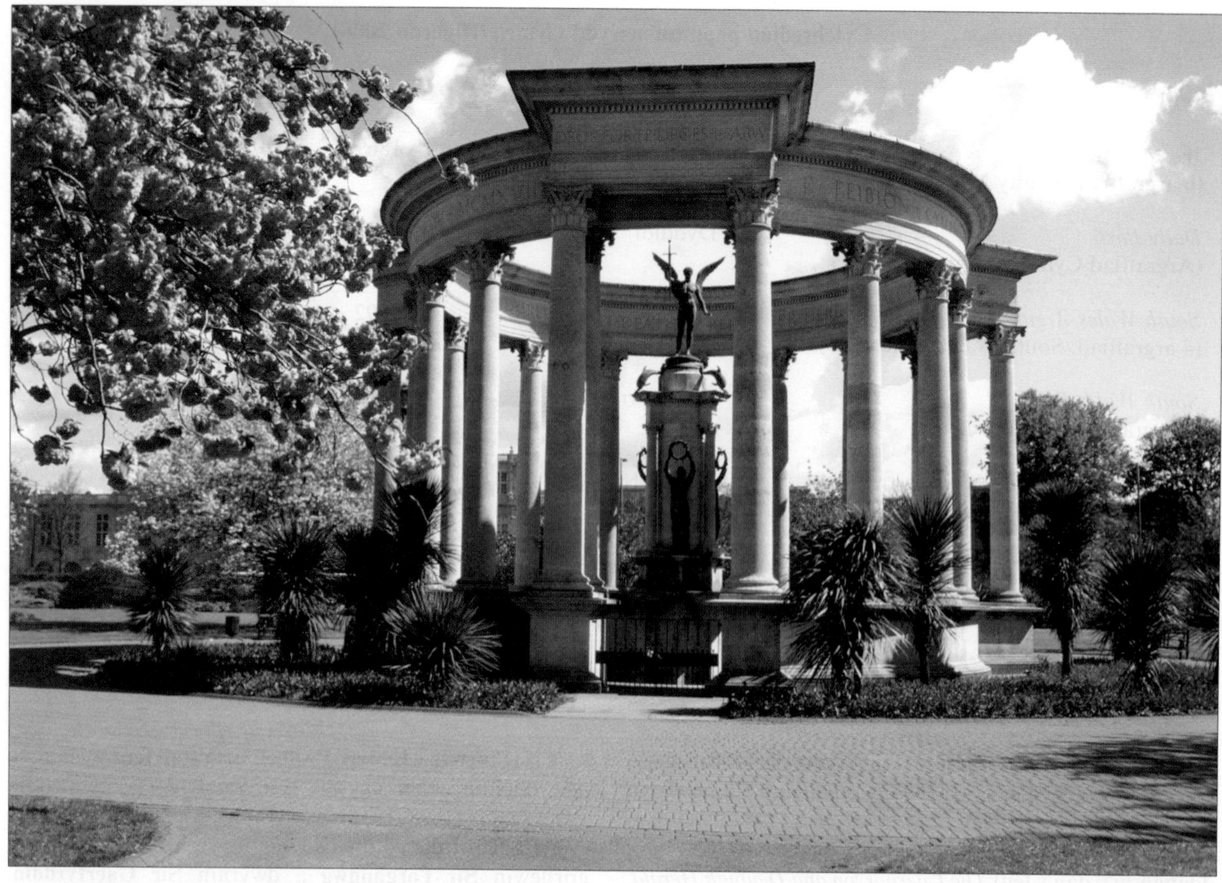

Cofeb Ryfel Genedlaethol Cymru ym Mharc Cathays, Caerdydd

Bu'n arfer gan rai papurau newydd dyddiol yn Lloegr – yn eu plith *The Manchester Guardian* a'r *Daily Herald* – gyhoeddi argraffiadau ar gyfer Cymru, ac fe'u dilynwyd yn hynny o beth gan *The Daily Mirror* am gyfnod byr yn niwedd y 1990au.

Er i *Baner ac Amserau Cymru* golli'r dylanwad a fu ganddo gynt erbyn dechrau'r 20g., adfywiodd dan olygyddiaeth **E. Prosser Rhys** rhwng 1923 ac 1945 pan oedd **Saunders Lewis** ymhlith ei golofnwyr selocaf. Yn 1935 fe'i prynwyd gan **Kate Roberts** a Morris T. Williams a daeth yn eiddo i Wasg y Sir, y **Bala**, yn 1958. **Gwilym R. Jones** a fu'n ei olygu o 1945 hyd 1977. Y flwyddyn honno trodd yn gylchgrawn wythnosol dan olygyddiaeth Geraint Bowen. Dilynwyd yntau gan **Jennie Eirian Davies**, Emyr Price a Hafina Clwyd, ond daeth oes *Y Faner* i ben yn 1992 pan ddiddymwyd ei nawdd gan **Gyngor Celfyddydau Cymru**.

Bu ymgais i sefydlu papur Sul Cymraeg yn 1982. Gwasanaethu **Gwynedd**, yn arbennig, oedd nod *Sulyn*, dan olygyddiaeth Dylan Iorwerth ac Eifion Glyn, ac un o'i brif nodweddion oedd ei ddefnydd o dafodiaith ac iaith lafar. Er iddo gyrraedd cylchrediad o 9,000, daeth i ben wedi ychydig fisoedd oherwydd diffyg cyfalaf. Cafwyd llwyddiant mwy parhaol gyda'r **papurau bro**, a fu mewn bri yn yr ardaloedd Cymraeg er dechrau'r 1970au. Bu dyhead ers degawdau lawer i weld papur dyddiol Cymraeg, a bydd yn cael ei wireddu yn 2008 pan ddechreuir cyhoeddi *Y Byd*.

Ffynnodd y wasg newyddiadurol Gymraeg dramor hefyd, yn enwedig yng **Ngogledd America**. Yno y sefydlwyd *Y Drych* yn 1851; yn 2003 fe'i hymgorfforwyd yn rhan o *Ninnau* a gychwynnwyd yn 1975. Sefydlwyd *Y Dravod* yn 1891 i wasanaethu Cymry **Patagonia**, ac mae'r papur hwnnw yn parhau i ymddangos fel chwarterolyn, er bod mwy o Sbaeneg na Chymraeg ynddo bellach.

## PARC CATHAYS, Caerdydd

Saif y ganolfan ddinesig wych hon, yr orau ym **Mhrydain**, i'r gogledd o ganolfan fasnachol **Caerdydd**. Mae yno ddwsin a rhagor o adeiladau dinesig, adeiladau'r **llywodraeth** ac adeiladau **addysg** – i gyd wedi'u gorchuddio â charreg Portland neu garreg yr honnir ei bod yn garreg Portland – ac wedi'u trefnu o amgylch **gerddi** canolog. Prynwyd y tir gan Gorfforaeth Caerdydd yn 1897 oddi wrth John Crichton Stuart (gw. **Stuart, Teulu**), trydydd ardalydd Bute, a'r bwriad oedd codi adeiladau arno i ddiwallu anghenion gweinyddol, cyfreithiol ac addysgol Caerdydd, a hynny fel tref ac fel prif dref **Sir Forgannwg**. Yn ymhlyg yn hyn roedd bwriad hefyd i ddefnyddio'r ardal i gryfhau safle Caerdydd fel 'metropolis Cymru'. Mae'r adeiladau eu hunain, a godwyd o 1901 ymlaen, yn amlygu amrywiaeth o arddulliau pensaernïol. Neuadd y Ddinas (1901–5) yw'r canolbwynt, ac i'r dde ohoni gwelir y Llysoedd Barn (1901–4). Mae'r naill adeilad mewn arddull faròc rwysgfawr a'r llall ar gynllun mwy cynnil, y ddau wedi'u cynllunio gan Lanchester, Stewart a Rickards. I'r chwith ceir Amgueddfa Caerdydd (gw. **Amgueddfa [Genedlaethol] Cymru**) (Smith a Brewer, 1913–1993), gyda'i hurddas tawel. Ar ochr ddwyreiniol y parc ceir Coleg y Brifysgol (gw. **Prifysgol Caerdydd**) (W. D. Caröe, 1905–12), adeilad mewn arddull rococo. Mae'r coleg wedi sicrhau hefyd dri adeilad ar yr ochr orllewinol – hen Neuadd

Sir Morgannwg (Harris a Moodie, 1908–12) sy'n feiddgar ac eto'n urddasol, yr hen Athrofa Dechnegol (Ivor Jones a **Percy Thomas**, 1913–16), sy'n adeilad tawelach ei gynllun, a'r adeiladau modernaidd a godwyd ar gyfer Coleg Uwchdechnoleg Cymru fel yr oedd ar y pryd (Percy Thomas, 1960–1). Mae Teml Heddwch ac Iechyd **Percy Thomas** (1937–8) mewn arddull glasurol wedi'i symleiddio, yr un arddull ag a ddefnyddiwyd ganddo yn Neuadd y Ddinas, **Abertawe**. Mae swyddfeydd **Bwrdd Iechyd Cymru** (P. K. Hampton, 1934–8), a ddaeth yn rhan o'r **Swyddfa Gymreig**, yn edrych allan dros Gofeb Ryfel Genedlaethol Cymru (N. Comper, 1924–8).

Codwyd holl adeiladau'r parc yn unol â chyfyngiad uchder a oedd yn cyfateb i linell cornis Neuadd y Ddinas, rheol a roddodd i'r cynllun cyfan undod a chydlynedd a gollwyd, ysywaeth, wrth gefnu ar y cyfyngiad yn ystod y 1960au. Aeth Coleg y Brifysgol ati i godi honglaid o adeilad yng nghornel ogledd-ddwyreiniol y parc (Percy Thomas ac eraill, 1958 ymlaen). Yn 1999 daeth y Swyddfa Gymreig (Alex Gordon, 1972–9), a ddisgrifiwyd fel 'symbol o lywodraeth gaeëdig, anghysbell . . . biwrocratiaeth o dan warchae', yn swyddfeydd gweithredol i **Gynulliad Cenedlaethol Cymru**. Mae adeiladau eraill y parc yn cynnwys Cofrestrfa hyfryd Prifysgol Cymru (Wills ac Anderson, 1903–40) a Swyddfa Ganolog yr **Heddlu** (John Dryburgh, 1966–8). Dadleuodd Harold Carter (1965) fod y ffaith mai gardd yn hytrach na sgwâr sydd yng nghanol casgliad hyfrytaf Cymru o adeiladau o'r 20g. yn awgrymu nad yw'r Cymry yn genedl drefol wrth reddf.

**PARC SLIP, Trychineb Glofa**
Castellnewydd ger Pen-y-bont ar Ogwr
Lladdwyd 112 o ddynion mewn ffrwydrad yn y lofa hon am 8.30 o'r gloch y bore ar 26 Awst 1892. Roedd y pwll, a safai ar frigiad deheuol maes **glo**'r de, dan reolaeth Cwmni Glofeydd North's Navigation (1889). Priodolwyd y ffrwydrad i daniad llosgnwy (methan), a achoswyd yn ôl pob tebyg gan lamp ddiffygiol neu anniogel, ond oherwydd i'r danchwa effeithio ar rannau sych a llychlyd y pwll yn unig, barnwyd bod llwch glo hefyd yn ffactor o bwys.

**PARCIAU CENEDLAETHOL**
Rhyngddynt mae tri Pharc Cenedlaethol Cymru yn ymestyn dros 412,900ha, sef tua 20% o arwynebedd y wlad. Sefydlwyd y tri o dan Ddeddf Parciau Cenedlaethol 1949, sef Parc Cenedlaethol Eryri (1951; 218,850ha), Parc Cenedlaethol Arfordir Penfro (1952; 59,373ha) a Pharc Cenedlaethol Bannau Brycheiniog (1957; 134,677ha). Cafodd argymhellion ar gyfer pedwerydd parc, Parc Cenedlaethol Mynyddoedd y Cambrian (gw. **Elenydd, Yr**) eu gwrthod, ond o ran gwarchod y tirwedd mae achos cryf o'i blaid o hyd. Mae statws Parc Cenedlaethol (fel ag yn achos y pum ardal yng Nghymru a ddynodwyd yn Ardaloedd o Harddwch Naturiol Eithriadol: penrhynnau **Gŵyr** a **Llŷn**, **Bryniau Clwyd**, arfordir **Môn** a Dyffryn **Gwy**) yn sicrhau gradd dybiedig o warchodaeth amgylcheddol trwy reoli cynllunio. Ond yn ymarferol mae'r rheidrwydd i gwrdd ag anghenion y **llywodraeth** yn aml yn golygu bod yn rhaid cyfaddawdu, fel ag y dangoswyd wrth ganiatáu defnyddio rhannau helaeth o Barc Cenedlaethol Arfordir Penfro a Pharc Cenedlaethol Bannau Brycheiniog ar gyfer meysydd ymarfer milwrol (gw. **Canolfannau Milwrol**). Dan lywodraeth Geidwadol y 1980au rhyddhawyd y prif feysydd gweithgarwch sy'n effeithio ar dirwedd y Gymru fodern – **amaethyddiaeth**, **coedwigaeth** a **thwristiaeth** – hyd yn oed ymhellach o afael rheolaeth gynllunio a oedd eisoes yn annigonol, a bu hynny'n niweidiol iawn i ran helaeth o dirwedd Parciau Cenedlaethol Cymru.

Mae'r term 'parc cenedlaethol' ei hun yn gamarweiniol, gan fod y tir o fewn y parciau ar y cyfan mewn perchnogaeth breifat, a chyn gweithredu Deddf Cefn Gwlad a Hawliau Tramwy 2000 roedd y cytundebau mynediad iddo yn annibynadwy ac yn gyfyngedig. Eto i gyd, mae'r dynodiad wedi sicrhau elfen o warchodaeth ar gyfer cyfran o dirwedd pwysicaf Cymru, o harddwch gwyllt mynyddoedd **Eryri** yn y gogledd i weundiroedd eang y de, a draw i arfordir y deorllewin, lle mae clogwyni llwydlas **Castellmartin** yn cyferbynnu'n drawiadol â phenrhynnau creigiog **Pen-caer** a **Thyddewi**. Yn 2006 amcangyfrifwyd bod y Parciau Cenedlaethol yn cynnal 12,000 o swyddi a'u bod yn creu incwm blynyddol o £177 miliwn i **economi** Cymru.

**PARGETER, Edith (Ellis Peters; 1913–95)** Nofelydd
O dan yr enw Ellis Peters, ysgrifennodd y wraig hon o **Swydd Amwythig** 19 o nofelau ditectif, wedi'u gosod yn Abaty Amwythig a'r ardal gyfagos yng nghyfnod teyrnasiad y Brenin Steffan. Y prif gymeriad ynddynt yw Cadfael, un o filwyr y Groes a drodd yn fynach. Mae gwybodaeth, synnwyr cyffredin ac adnabyddiaeth y gŵr ffraeth hwn o'r gymdeithas Gymreig yn fodd i ddatrys dirgelwch sawl llofruddiaeth. Arweiniodd poblogrwydd Cadfael at gyhoeddi *Cadfael Country* (1990), arweinlyfr i dwristiaid, a *The Cadfael Companion* (1994). O dan ei henw iawn, cyhoeddodd yr awdures gyfres o bedair nofel am **Lywelyn ap Gruffudd** (m.1282) a'i frawd **Dafydd ap Gruffudd** (m.1283), ynghyd â thriawd o nofelau am fywyd canoloesol ar y Gororau.

**PARKER, John (1798–1860)** Arlunydd
Rheithor Llamyrewig (**Llandysul**, **Sir Drefaldwyn**) oedd John Parker yn ystod y blynyddoedd 1827–44. Roedd ganddo ddiddordeb ysol mewn **pensaernïaeth** Gothig, a bu'n ddyfal yn cynhyrchu darluniau a pheintiadau dyfrlliw. Peintiodd luniau o'r holl groglenni yng Nghymru a chofnododd amrywiaeth o fedyddfeini, yn ogystal â chwblhau llawer o dirluniau, yn arbennig o'r **Wyddfa**. Ychydig iawn o'i waith artistig yn Eglwys Llamyrewig sydd wedi goroesi.

**PARKHOUSE, Gilbert (William Gilbert Anthony Parkhouse; 1925–2000)** Cricedwr
Efallai mai Parkhouse, a aned yn **Abertawe**, oedd y mwyaf gosgeiddig o fatwyr Cymru. Daeth i'r amlwg gyda Morgannwg ym mlwyddyn eu pencampwriaeth yn 1948 ac o fewn dwy flynedd roedd wedi'i ddewis i chwarae i **Loegr**. Ef oedd y Cymro cyntaf i'w ddewis i deithio i **Awstralia**, yn 1950–1, ond mewn cyfnod o gryfder mawr ar yr ochr fatio, dim ond saith gêm brawf y byddai'n eu chwarae. Ei chwarae celfydd llaw-dde oedd nodwedd fwyaf deniadol criced Morgannwg hyd 1964, a chafodd gyfanswm o 23,508 o rediadau. Chwaraeodd **rygbi** hefyd i Abertawe.

**PARRI, Dafydd (1926–2001)** Awdur
Brodor o'r Ro-wen (**Caerhun**) oedd Dafydd Parri. Yn 1955 sefydlodd ef a'i wraig, Arianwen Parri, un o'r siopau llyfrau

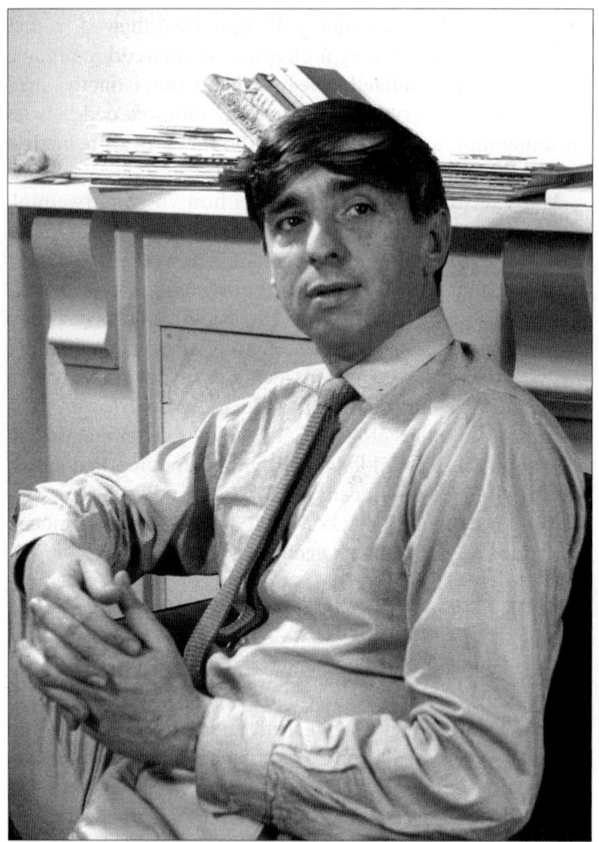

Gwenlyn Parry

Cymraeg cynharaf a hynny yn **Llanrwst**. Dechreuodd ysgrifennu – nofelau i blant yn bennaf – tra oedd yn gweithio fel athro, gan gyhoeddi'r nofel gyntaf yn 1961. Yn 1975 rhoddodd y gorau i ddysgu er mwyn canolbwyntio'n llwyr ar ysgrifennu. Rhwng hynny ac 1991 cyhoeddodd dros 36 o lyfrau, gan gynnwys cyfres dra phoblogaidd Y Llewod, cyfres o nofelau antur yn null y *Famous Five* ond mewn cyd-destun cwbl Gymreig. Meibion iddo yw'r bardd Myrddin ap Dafydd (g.1956) a'r newyddiadurwr Iolo ap Dafydd (g.1964).

**PARRY, David Hughes (1893–1973)** Academydd
Brodor o **Lanaelhaearn** oedd Hughes Parry. Ef oedd cadeirydd y Pwyllgor ar Statws Cyfreithiol yr Iaith Gymraeg a luniodd yr adroddiad a arweiniodd at **Ddeddf yr Iaith Gymraeg (1967)**, er nad oedd honno'n gweithredu ar brif argymhellion yr adroddiad. Bu'n Athro Cyfraith Lloegr ym Mhrifysgol **Llundain** (1930–59), ac ef oedd cyfarwyddwr cyntaf ei Sefydliad Uwchastudiaethau Cyfreithiol; bu hefyd yn is-ganghellor y Brifysgol (1945–8). Fe'i hurddwyd yn farchog yn 1951. Roedd yn awdur llyfrau pwysig ar gyfraith eiddo ac etifeddu. Edmygir yn arbennig ei ddarlithoedd Hamlyn ar *The Sanctity of Contracts in English Law*.

**PARRY, [William] Gwenlyn (1932–1991)** Dramodydd
Un o Ddeiniolen (**Llanddeiniolen**) oedd Gwenlyn Parry. Yn ystod ei gyfnod yn dysgu yn **Llundain**, lle daeth yn gyfeillgar gyda **Rhydderch Jones** a **Ryan Davies**, y cynheuwyd ei ddiddordeb yn y theatr. Ymunodd â'r BBC yng **Nghaerdydd** yn 1966, gan ddod yn brif olygydd sgriptiau yn y man. *Saer Doliau* (1966) a ddaeth ag ef i amlygrwydd fel dramodydd llwyfan, drama Binterésg wedi'i seilio ar wrthdaro rhwng **crefydd** a **gwyddoniaeth**. Daliodd i arbrofi, ac i droedio ffin denau rhwng doniolwch a thrasiedi, mewn dramâu megis *Tŷ ar y Tywod* (1968), *Y Ffin* (1973) a *Y Tŵr* (1978). Gwnaeth gyfraniad yr un mor allweddol ym myd teledu, fel cynhyrchydd, golygydd a sgriptiwr ar raglenni megis ***Fo a Fe*** a ***Pobol y Cwm*** a'r ddrama *Grand Slam* (1978).

**PARRY, Harry (1912–56)** Cerddor jazz
Roedd Harry Parry, a aned ym **Mangor**, yn gyfansoddwr ac yn arweinydd bandiau o fri rhyngwladol, a chanai'r clarinét a'r sacsoffon. O'i ganolfan yn **Llundain**, lle byddai'n chwarae mewn clybiau a neuaddau dawns ac yn darlledu'n fynych gyda'r BBC, arweiniodd fandiau teithiol o dir mawr Ewrop, y Dwyrain Canol ac India hyd y 1950au. Ymhlith yr enwocaf o'i *combos* niferus yr oedd y Radio Rhythm Club Sextet, y bu **Dill Jones** yn bianydd iddo am gyfnod. Mae *Harry Parry and His Radio Rhythm Club Sextet* (1984) yn gasgliad o rai o'i recordiadau mwyaf poblogaidd.

**PARRY, John (Y Telynor Dall; *c.*1710–82)** Telynor
Ganed John Parry, telynor Cymreig enwocaf y 18g., ger **Nefyn** a thrigai yn **Rhiwabon**. Ef oedd telynor teulu **Williams Wynn (Wynnstay)**, ac yn 23 oed roedd yn chwarae cerddoriaeth Vivaldi a Corelli yn Theatr Drury Lane, **Llundain**. Rhwng 1742 ac 1781 cyhoeddodd dri chasgliad pwysig o gerddoriaeth **telyn**. Fe'i hedmygid fel telynor trwy **Brydain**, a symbylwyd y bardd Thomas Gray gan ei ddawn ryfeddol i gwblhau ei gerdd 'The Bard' (gw. **Cyflafan y Beirdd**).

Roedd ei fab, John William Parry (1742–91), yn arlunydd a phortreadwr a fu'n hyfforddi gyda Shipley a Reynolds ac yn Ysgolion yr Academi Frenhinol cyn derbyn swydd yn Wynnstay yn 1770. Yn ystod y 1770au cynnar roedd yn byw yn Rhufain, ac ar ôl iddo ddychwelyd fe'i hetholwyd yn Aelod Cysylltiol o'r Academi Frenhinol. Mae'n debyg mai ei bortread o'i dad yw ei waith enwocaf.

**PARRY, John (Bardd Alaw; 1776–1851)** Cerddor
Ganed John Parry yn fab i saer maen yn **Ninbych**, ac fe'i hyfforddwyd i ganu'r clarinét gan athro dawnsio; roedd hefyd yn canu'r **delyn**. Ymunodd â band milisia **Sir Ddinbych** yn 1793, a dod yn arweinydd arno ddwy flynedd yn ddiweddarach. Yn 1807 symudodd i **Lundain**, ac yn 1809 dechreuodd weithio fel cyfansoddwr a threfnydd ym myd theatr ac opera, gan ysgrifennu ei **gerddoriaeth** gyntaf i Vauxhall Gardens. Un o'i **faledi** mwyaf poblogaidd oedd 'Jenny Jones'. Bu hefyd yn casglu ac yn trefnu alawon Cymreig, ac yn ysgrifennu am gerddoriaeth. At hyn, bu'n arwain ac yn beirniadu mewn eisteddfodau, a chafodd yr enw 'Bardd Alaw' yn **Eisteddfod** Powys yn 1820.

**PARRY, Joseph (Pencerdd America; 1841–1903)** Cyfansoddwr
Ganed Joseph Parry ym **Merthyr Tudful** a bu'n gweithio pan oedd yn blentyn mewn pwll **glo** ac yna yng ngwaith **haearn** Cyfarthfa. Yn 1854 mudodd gyda'i deulu i Danville, **Pensylfania**, lle bu'n gweithio mewn melin haearn. Astudiodd **gerddoriaeth** yno hefyd a dechrau cystadlu mewn eisteddfodau. Yn **Eisteddfod** Aberystwyth yn 1865 fe'i derbyniwyd i'r **Orsedd** a rhoddwyd iddo'r enw barddol 'Pencerdd America'. Yn 1868 fe'i galluogwyd gan nawdd o gronfa y

cyfrannwyd ati gan y cyhoedd i fynd i'r Academi Gerdd Frenhinol yn **Llundain**, ac yn 1871 ef oedd y cyntaf o Gymru i dderbyn MusB gan Brifysgol **Caergrawnt**. Yn 1874 fe'i penodwyd yn Athro cerddoriaeth cyntaf Coleg y Brifysgol, **Aberystwyth** (**Prifysgol Cymru, Aberystwyth**). Ymddiswyddodd yn 1880, a dod yn ddiweddarach yn bennaeth cerddoriaeth yng Ngholeg Prifysgol newydd **Caerdydd** (gw. **Prifysgol Caerdydd**).

Am ei emyn-donau, yn enwedig 'Aberystwyth', ynghyd â'r rhan-gân '**Myfanwy**', y mae'n fwyaf adnabyddus, ond roedd yn gyfansoddwr toreithiog, a'i gynnyrch yn cynnwys chwe opera. Un o'r rhain, *Blodwen* (1878), oedd yr opera gyntaf yn **Gymraeg**; bu'r ddeuawd 'Hywel a Blodwen' o'r opera honno yn hynod boblogaidd ar lwyfan yr eisteddfod ac mewn cyngherddau. Cyfansoddodd Joseph Parry *Agorawd Tydfil* (*c*.1879) i **Fand Cyfarthfa**, gan honni mai'r band hwn a enynnodd ei ddiddordeb mewn cerddoriaeth.

**PARRY, Sarah Winifred (Winnie Parry; 1870–1953)** Awdures

Ganed Winnie Parry yn y **Trallwng** ond fe'i magwyd yn y **Felinheli**, a darlunio bywyd merch ifanc yn **Sir Gaernarfon** ar ddiwedd y 19g. y mae ei gwaith enwocaf, sef *Sioned* (1906). Roedd y nofel hon, a ymddangosodd gyntaf fesul pennod yn y cylchgrawn *Cymru* yn 1895, yn torri tir newydd yn y **Gymraeg**, yn enwedig yn ei defnydd o dafodiaith. Aeth Winnie Parry ymlaen i gyhoeddi rhagor o waith mewn **cylchgronau**, megis *Y Ddau Hogyn Rheiny,* straeon i blant a ymddangosodd yn gyfrol yn 1928. Treuliodd y rhan fwyaf o'i hoes yn **Lloegr**, gan olygu *Cymru'r Plant* o Croydon (1908–1912).

**PARRY, Thomas (1904–85)** Ysgolhaig

Mab i chwarelwr o Garmel (**Llandwrog**) oedd Thomas Parry, gŵr a lanwodd gyfres o'r swyddi uchaf yn y byd diwylliannol Cymreig: Athro'r **Gymraeg** ym **Mangor**, llyfrgellydd cenedlaethol yn **Llyfrgell Genedlaethol Cymru** a phrifathro yn **Aberystwyth**. Fel awdur *Hanes Llenyddiaeth Gymraeg* (1945), a golygydd *Gwaith Dafydd ap Gwilym* (1952) a *The Oxford Book of Welsh Verse* (1962), cyflawnodd rai o'r tasgau mwyaf sylfaenol oll ym myd **llenyddiaeth** Gymraeg. Cyfansoddodd ddrama hanesyddol *Llywelyn Fawr* (1954), ac mae camp ar ei drosiad o waith T. S. Eliot, *Lladd wrth yr Allor.* Ceir detholiad o'i ysgrifau llenyddol yn *Amryw Bethau* (1996). Roedd ei frawd Gruffudd Parry (1916–2002) yn ffigwr llai amlwg ond o bosibl yn llenor mwy greddfol; ymhlith ei lyfrau gorau y mae'r arweinlyfr *Crwydro Llŷn ac Eifionydd* (1960).

**PARRY, W[illiam] J[ohn] (1842–1927)** Dyn busnes, awdur a gŵr cyhoeddus

Brodor o **Fethesda** a oedd yn ŵr blaengar mewn amryw o feysydd – busnes, **undebaeth lafur**, gwleidyddiaeth, **crefydd**, newyddiaduraeth, cyhoeddi a chwilio am **aur** ym **Mhatagonia**. Ef oedd ysgrifennydd cyffredinol cyntaf **Undeb Chwarelwyr Gogledd Cymru** yn 1874 a daeth yn llywydd yn ddiweddarach. Roedd yn aelod Rhyddfrydol ar Gyngor Sir Gaernarfon, a bu'n gadeirydd yn 1892–3. Roedd yn awdur toreithiog, a chyhoeddodd lawer o weithiau crefyddol, yn ogystal â chyfrolau ar anawsterau'r diwydiant **llechi**, megis *Chwareli a Chwarelwyr* (1897) a *Cry of the People* (1906). Yn 1901, yng nghyfnod **Streic Fawr y Penrhyn**, fe'i herlynwyd yn llwyddiannus am enllib gan Arglwydd Penrhyn (gw. **Pennant, Teulu**).

Joseph Parry

**PARRY-JONES, Daniel (1891–1981)** Awdur

Brodor o **Langeler** oedd Daniel Parry-Jones, a bu'n glerigwr gydol ei oes, yn **Llanelli** (**Sir Frycheiniog**; **Sir Fynwy** bellach) yn bennaf. Fe'i cofir fel awdur nifer o lyfrau am draddodiadau gwledig Cymru. Yn eu plith y mae pedair cyfrol o hunangofiant, a ysgrifennwyd yn rhannol fel gwrthymateb i'r darlun negyddol o fywyd yng Nghymru a gafwyd gan Caradoc Evans (**David Evans**; 1878–1945).

**PARRY-WILLIAMS, T[homas] H[erbert] (1887–1975)** Bardd ac ysgrifwr

Roedd T. H. Parry-Williams yn fab i ysgolfeistr Rhyd-ddu (**Betws Garmon**), ac ysgrifennodd soned enwog i dŷ'r ysgol lle y'i magwyd. Cafodd yrfa ddisglair, gan raddio mewn **Cymraeg** a **Lladin** yn **Aberystwyth**, a mynd ymlaen i **Rydychen**, Freiburg a'r Sorbonne. Ieithyddol oedd ei ysgolheictod cynnar (cyhoeddwyd *The English Element in Welsh* yn 1923), ond gwnaeth gyfraniad arloesol ym maes y canu rhydd (gan gynnwys *Canu Rhydd Cynnar,* 1932), a bu ei gyfrol *Elfennau Barddoniaeth* (1935) yn boblogaidd. Ei swydd gyntaf oedd darlithydd yn y **Gymraeg** yn Aberystwyth, ond gan na phenodwyd ef yn Athro yn 1919 (oherwydd ei safiad fel gwrthwynebydd cydwybodol (gw. **Gwrthwynebwyr Cydwybodol**)), penderfynodd droi'n fyfyriwr gwyddonol gyda'r bwriad o fynd yn feddyg. Fodd bynnag, fe'i croesawyd yn ôl i Adran y Gymraeg yn 1920, a hynny fel Athro, ac arhosodd yno hyd ei ymddeoliad yn 1952. Roedd yn ffigwr amlwg ym mywyd cyhoeddus Cymru a chafodd ei urddo'n farchog yn 1958.

Enillodd y gadair a'r goron mewn dwy **Eisteddfod** Genedlaethol, sef yn 1912 ac 1915. Roedd ei bryddest 'Y Ddinas' (1915) yn gerdd realaidd, ac yn ei phortread o agweddau llai

T. H. Parry-Williams a'i feic modur KC16, pwnc un o'r enwocaf o'i ysgrifau

parchus ar fywyd Paris âi'n groes i estheteg ramantaidd **John Morris-Jones**. Gwnâi ymwrthodiad Parry-Williams ag ieithwedd farddonol i'w lais swnio fel 'brân fawr ddu', yn ôl Bobi Jones. Yn ei rigymau – megis 'Hon', 'Dic Aberdaron', 'Yr Esgyrn Hyn', 'Carol Nadolig' a 'Bro' – mae'n cymryd agwedd ymddangosiadol ffwrdd-â-hi, ond dan yr ysgafalwch ceir eironi a chryn ddyfnder athronyddol. Mewn cyferbyniad â'r rhigymau, mae'r sonedau'n llyfn a grymus, a cheir ynddynt hwythau fyfyrdod ar gwestiynau sylfaenol byw a bod. Ymysg yr enwocaf y mae 'Moelni', 'Llyn y Gadair' a 'Dychwelyd'. Trodd gyfrwng distadl yr ysgrif yn gyfrwng i dreiddio'n ddirfodol at y dirgeleddau dan yr wyneb. Er mai bro ei febyd yn **Eryri** yw testun mwyaf cyson ei waith creadigol, ymwneud ag ystyr – neu ddiffyg ystyr – bywyd y mae ei gerddi a'i ysgrifau yn y pen draw.

**PASK, Alun [Islwyn Edward] (1937–95)** Chwaraewr rygbi
Er na adawodd erioed mo'i glwb anffasiynol, **Abertyleri**, enillodd Alun Pask 26 o gapiau olynol dros Gymru rhwng 1961 ac 1967, a theithiodd ddwywaith gyda'r Llewod Prydeinig. Roedd ei allu i ragweld a'i daclo diflino ar draws cae, ynghyd â'i daldra yng nghefn y llinell a'i hoffter o fod â'r bêl yn ei law (ac mewn un llaw fel rheol), yn ei wneud yn batrwm o flaenwr rheng-ôl modern. Yn 1965, pan lwyddodd Cymru i drechu **Iwerddon** a chipio'r Goron Driphlyg, dangosodd ei amlochredd trwy ddirprwyo'n hyderus fel cefnwr. Bu farw mewn tân yn ei gartref yn y **Coed-duon**.

## PATAGONIA A CHYMRU

Yn ystod y 19g., pan oedd llawer o Ewropeaid yn **ymfudo** i geisio gwell byd, roedd y Cymry yn ffafrio **Gogledd America**, ond tueddent i golli eu hunaniaeth genedlaethol yn fuan ar ôl symud yno. Roedd hynny'n wir hefyd am griw bychan a ymsefydlodd yn Rio Grande do Sul ym Mrasil, yn y drefedigaeth y daethpwyd i'w hadnabod fel Nova Cambria. Dyna pam y ceisiodd arweinwyr y mudiad gwladfaol, rhai fel **Michael D. Jones**, Lewis Jones, Hugh Hughes (Cadfan Gwynedd) ac Edwin Cynrig Roberts, diriogaeth ymhell oddi wrth ddylanwadau cenhedloedd eraill, a chredent eu bod wedi dod o hyd i diriogaeth o'r fath yn ne'r Ariannin.

Hwyliodd y fintai gyntaf o ryw 160 o Gymry o **Lerpwl** ar y *Mimosa* ar 25 Mai 1865 a glanio yn y Bae Newydd ar 28 Gorffennaf. Oddi yno aethant tua'r de at afon Chubut (Camwy i'r ymfudwyr) gan mai dyma'r unig ddŵr croyw. Eu cartref cyntaf oedd y fan a elwir heddiw yn Rawson (fe'i henwyd ar ôl gweinidog cartref yr Ariannin, a oedd wedi gwneud addewidion annelwig i'r ymfudwyr), ac oddi yno yr aethant i sefydlu eu ffermydd i fyny dyffryn yr afon. Cawsant broblemau dirfawr ar y dechrau gan i'w cnydau fethu o ddiffyg dŵr hyd nes iddynt lwyddo i gloddio camlesi ar gyfer dyfrhau. Cafwyd llifogydd yn aml yn ystod y blynyddoedd cynnar a difethwyd y cyfan o'u cynnyrch ynghyd â'u tai, ond ymhen blynyddoedd bu codi argae yn fodd i wella'r sefyllfa.

Yn 1886 adeiladwyd rheilffordd o Ddyffryn Camwy i Borth Madryn (Puerto Madryn bellach), fel y galwyd y fan lle glaniodd y Cymry cyntaf a hynny ar ôl Madrun (**Buan**), cartref Love Jones-Parry, un o gefnogwyr y fenter. Yno y datblygodd Trelew, a enwyd ar ôl Lewis Jones. Yn Nhrelew, y Gaiman, Dolavon a'r wlad o boptu'r afon y ceir y rhan fwyaf o'r siaradwyr Cymraeg heddiw.

Porth Madryn, Patagonia, gyda'r ogofâu y bu'r Cymry yn llochesu ynddynt

Buan y gwelodd y Cymry y byddai angen iddynt gael rhagor o dir, a bu chwilio dyfal am ardal arall i'w phoblogi. Daethpwyd o hyd i'r fan a alwyd gan y gwladfawyr yn Gwm Hyfryd, wrth droed yr Andes. Yno, yn ardal Trevelin ac Esquel, o 1885 ymlaen, ymsefydlodd llawer cangen o'r hen deuluoedd o ymfudwyr. Yr ardal hon ynghyd â Dyffryn Camwy yw'r Wladfa, fel y'i gelwir. Ymhlith awduron Cymraeg a gysylltir â'r Wladfa y mae **Eluned Morgan**, R. Bryn Williams ac Irma Hughes de Jones.

Cafodd y freuddwyd am wladfa gyfan gwbl Gymraeg ei hiaith ei gwireddu dros dro. Ond cyrhaeddodd mewnfudwyr o wledydd eraill, ac ymyrrodd y llywodraeth yn Buenos Aires fwyfwy ym mywyd y Wladfa, na lwyddwyd i ennill statws talaith iddi; roedd yr ymfudwyr Cymreig yn arbennig o wrthwynebus i alwad y llywodraeth arnynt i ymgymryd â hyfforddiant milwrol ar ddydd Sul. Felly collodd yr iaith ei thir, er i nifer o draddodiadau Cymreig barhau. Bu'r **eisteddfod** yn rhan o fywyd y Wladfa o'r dechrau bron, ac er iddi edwino ganol yr 20g. ailgydiwyd ynddi ac fe'i cynhaliwyd yn ddi-fwlch er 1965. Dathlwyd canmlwyddiant y Wladfa y flwyddyn honno, ac adferwyd y cysylltiad â Chymru a oedd wedi'i dorri ar ddechrau'r **Ail Ryfel Byd**. Yr eisteddfodau, y nosweithiau llawen (gw. **Noson Lawen**), y capeli, y **te** Cymreig a dathliadau Gŵyl y Glaniad oedd y symbolau gweladwy o Gymreictod y Wladfa erbyn dechrau'r 21g.

Yn ystod y 1990au bu adfywiad ieithyddol yn y Wladfa, gyda dosbarthiadau Cymraeg yn cael eu cynnal trwy Ddyffryn Camwy, yng Nghwm Hyfryd ac yn nhref Comodoro Rivadavia yn ne talaith Chubut, lle aeth llawer o'r dyffryn i weithio yn y maes olew. Ddiwedd y 1990au sefydlwyd project Cymraeg gan y Cyngor Prydeinig a chyflogwyd athrawon o Gymru i ddysgu trwy'r Dyffryn a'r Cwm, gan ddal ymlaen â'r gwaith a wnaed gynt gan wirfoddolwyr. Bydd nifer o ymwelwyr o Gymru yn mynd i'r Wladfa, yn enwedig pobl ifainc, ac yn 2001 aeth yr **Archdderwydd** yno i sefydlu **Gorsedd**.

## PATTI, Adelina (1843–1919)
Cantores opera

Ganed y soprano fyd-enwog hon, a oedd o dras Eidalaidd, ym Madrid a'i magu yn Efrog Newydd, a bu farw yn ei chartref yng Nghymru, sef Craig-y-nos (**Tawe Uchaf**). Cafodd yrfa ryfeddol a aeth â hi i'r holl dai opera mawr, ac ar un adeg hi oedd y diddanydd a enillai fwyaf yn y byd. Prynodd Graig-y-nos er mwyn dianc rhag pwysau enwogrwydd, a dychwelai yno ar drên arbennig wedi pob taith ryngwladol. Cyfrannodd y Fonesig Adelina yn helaeth at fywyd yr ardal wedi iddi ymddeol i Graig-y-nos, ac adeiladodd theatr ar y safle – fersiwn bychan o'r un yn Bayreuth. (Symudwyd adeilad o'i gardd i **Abertawe**, yn rhodd gan y gantores i drigolion y dref honno, ac fe'i hadwaenir fel Pafiliwn Patti.) Cafodd ei llais pur, llais gorau'r cyfnod ym marn Verdi, ei recordio yng Nghraig-y-nos tua diwedd ei hoes. Fe'i claddwyd ym Mharis.

## PAXTON, William (*c.*1744–1824) Tirfeddiannwr a gwleidydd

Wedi iddo ymgyfoethogi fel masnachwr yn Bengal prynodd Paxton stad Middleton (**Llanarthne**) lle enynnodd ddicter oherwydd y rhagfarn yn erbyn y rhai a wnaeth eu ffortiwn yn India. Yn etholiad 1802 yn **Sir Gaerfyrddin** yfodd ei gefnogwyr 200,000 peint o **gwrw** ac 11,000 o boteli o wirod, ond, er gwaethaf ei wariant enfawr, colli'r dydd a wnaeth.

Fe'i hetholwyd yn ddiwrthwynebiad dros Fwrdeistrefi Sir Gaerfyrddin yn 1803 a thros y sir yn 1806, ond collodd ei sedd yn 1807 ac aflwyddiannus fu ei ymgais i gipio'r sedd fwrdeistrefol yn 1821. Mae ei ffoledd, Tŵr Paxton, yn dirnod hyfryd, a'i **erddi** ym Middleton oedd cynsail **Gardd Fotaneg Genedlaethol Cymru**. Bu'n flaenllaw yn natblygiad **Dinbych-y-pysgod**.

**PAYNE, Ffransis [George] (1900–92)** Hanesydd
Ganed Ffransis (Francis yn wreiddiol) Payne yng Ngheintun (**Swydd Henffordd**), a chafodd ei addysg yng **Nghaerdydd**. Bu'n gweithio am rai blynyddoedd ar y tir ac wedyn bu'n guradur ac yn llyfrgellydd cyn ymuno, yn 1936, ag **Amgueddfa [Genedlaethol] Cymru**; yn 1962 daeth yn bennaeth yr adran diwylliant materol yn Amgueddfa Werin Cymru (gw. **Sain Ffagan**). Ymhlith ei gyhoeddiadau y mae *Yr Aradr Gymreig* (1954), astudiaeth bwysig o hanes cynnar **amaethyddiaeth** yng Nghymru, dwy gyfrol fendigedig ar **Sir Faesyfed** – *Crwydro Sir Faesyfed* (1966, 1968), y llyfrau cyntaf i gael eu hysgrifennu yn **Gymraeg** ar y sir honno – a dau gasgliad o ysgrifau.

**PAYNTER, Will[iam] (1903–84)** Undebwr llafur
Ac yntau'n enedigol o'r Eglwys Newydd, **Caerdydd**, symudodd Will Paynter i'r **Rhondda** pan oedd yn 11 oed, ac roedd yn gweithio o dan ddaear yn 14. Ymunodd â'r **Blaid Gomiwnyddol** yn 1929, cafodd ei garcharu am ymosod ar yr **heddlu** yn 1930, a chymerodd ran mewn **gorymdeithiau newyn** a threfnu cefnogaeth i'r Frigâd Ryngwladol yn ystod **Rhyfel Cartref Sbaen**. Bu'n llywydd **Ffederasiwn Glowyr De Cymru** (1951–9) ac yn ysgrifennydd cyffredinol **Undeb Cenedlaethol y Glowyr** (1959–68). Un o'i ddiddordebau mawr oedd pwnc diwygio'r undebau llafur (gw. **Undebaeth Lafur**), ac fe fu am gyfnod byr yn aelod o'r Comisiwn Cysylltiadau Diwydiannol.

**PEARSON, James Denning (1908–92)** Peiriannydd
Mynychodd Pearson Ysgol Dechnegol Caerdydd gan ennill ysgoloriaeth, a graddiodd mewn **peirianneg** cyn ymuno â Rolls-Royce (gw. **Charles Stewart Rolls**). Yn y pen draw daeth yn gadeirydd y cwmni hwnnw ac yn brif weithredwr arno yn 1963. Yn ystod ei yrfa gwelodd y newid o'r injan bistonau i'r injan jet, ac roedd ganddo'r weledigaeth hir dymor a'r hyder i hyrwyddo cyfres newydd arloesol yr injan RB211, a ganiataodd i Rolls-Royce arwain y maes. Fe'i hurddwyd yn farchog yn 1963.

**PEATE, Iorwerth C[yfeiliog] (1901–82)** Bardd ac ysgolhaig
Iorwerth C. Peate, ynghyd â **Cyril Fox**, a sefydlodd Amgueddfa Werin Cymru yn **Sain Ffagan** (**Caerdydd**), ac ef oedd ei churadur cyntaf (1948–71). Hanai o **Lanbryn-mair**, ac enynnwyd ei ddiddordeb mewn astudiaethau **gwerin** pan oedd yn fyfyriwr yn **Aberystwyth**, dan ddylanwad yr anthropolegydd **H. J. Fleure** a'r bardd **T. Gwynn Jones**. Wedi ei ysbrydoli gan amgueddfeydd awyr-agored yng ngwledydd Llychlyn, gwireddodd ei freuddwyd yn Sain Ffagan er nad pawb oedd yn gefnogol iddo, hyd yn oed yn yr **Amgueddfa Genedlaethol** ei hun. Cyhoeddodd weithiau arloesol yn **Gymraeg** a **Saesneg** ar ddiwylliant gwerin, ac yn sgil ei waith ef a'i debyg y daeth y maes yn ddisgyblaeth academaidd gydnabyddedig ym **Mhrydain**. Credai'n gryf mewn **heddychiaeth** a Chymru uniaith Gymraeg. Mae ei farddoniaeth, y ceir detholiad ohoni yn *Canu Chwarter Canrif* (1957), yn rhamantaidd ei naws a cheidwadol ei harddull.

**PEBIDIOG** Cantref
Roedd Pebidiog (Dewisland) yn un o saith **cantref** Dyfed, ac yn ymestyn o **Abergwaun** i **Dyddewi**. Yn ôl un fersiwn o'r cyfreithiau Cymreig (gw. **Cyfraith**), nid oedd Pebidiog i gyflwyno dim i arglwydd **Dyfed**, ac yn ôl **J. E. Lloyd** ni fu arglwydd ar y cantref o'r dyddiau cynnar ac eithrio'r gwŷr eglwysig a ystyrid yn olynwyr i **Ddewi** Sant ei hun. Erbyn y 12g. roedd y cantref yn farwniaeth esgobol a gâi ei dal gan esgob Tyddewi o dan goron **Lloegr**, a daeth rhannau sylweddol ohoni yn ddeg maenor fên o fewn y farwniaeth. Yn sgil **datgysylltu Eglwys Loegr yng Nghymru** yn 1920, daeth y teitlau maenoraidd yn eiddo i **Brifysgol Cymru**. Mewn ocsiynau a gynhaliwyd yn 1987, 1988 a 2000, fe'u prynwyd gan rai a oedd yn chwennych yr hawl i'w galw'u hunain yn arglwyddi ac arglwyddesau'r faenor.

**PECHAM neu PECKHAM, John (m.1292)** Archesgob Caergaint
Fel pennaeth (1279–92) yr archesgobaeth a gynhwysai Gymru, bu gan Pecham ran yn y **Goresgyniad Edwardaidd**. Fe'i penododd ei hun yn gyfryngwr rhwng **Llywelyn ap Gruffudd** ac Edward I (gw. **Brenhinoedd Lloegr a'u perthynas â Chymru**), ac ymwelodd â Llywelyn ym mis Tachwedd 1282. Ffrwyth hynny oedd datganiad gan ddeiliaid Llywelyn nad ildient i deyrn yr oedd ei iaith a'i gyfreithiau'n anghyfarwydd iddynt. Nawddoglyd oedd agwedd Pecham at y Cymry a disgrifiodd eu cyfreithiau (gw. **Cyfraith**) fel gwaith y diafol. Yn 1284 ymwelodd â'r pedair esgobaeth Gymreig gan ddangos sêl dros ddisgyblaeth a thros hawliau'r Eglwys yng Nghymru.

**PEDAIR CAMP AR HUGAIN, Y**
Cyfres o ymarferion, gorchestion a champau y cyfeirir atynt gan sawl bardd o'r 15g. ymlaen, ac a restrir gan hynafiaethwyr, yn enwedig **Edward Jones** (Bardd y Brenin; 1752–1824), fel rhai y dylai gŵyr bonheddig Cymru yn yr Oesoedd Canol fedru eu cyflawni er mwyn teilyngu eu statws a dangos eu hymlyniad wrth werthoedd sifalri'r cyfnod. Cyfeiriai beirdd y cyfnod at alluoedd eu noddwyr yn yr amryfal gampau hyn fel arwydd o'u statws. Roedd y campau'n cynnwys amrediad o dasgau llenyddol, chwaraeon megis pysgota (gw. **Pysgod a Physgota**) a heboca, trin arfau a champau corfforol megis bwrw'r maen, marchogaeth, neidio, **nofio** ac ymaflyd codwm. (Gw. hefyd **Athletau a Mabolgampau**.)

**PEERS, Donald (1909–73)** Canwr
Roedd Donald Peers, mab i löwr o **Rydaman**, yn ganwr eithriadol o boblogaidd yng nghanol yr 20g., ac yn un a barai berlewyg ymhlith cynulleidfaoedd o **fenywod** ledled **Prydain**. Roedd ei deulu yn aelodau o'r Plymouth Brethren a'r bwriad oedd iddo fynd yn athro, ond trodd ei gefn ar hynny oll ac yn 1927 dechreuodd ar yrfa **ddarlledu**. Ei lwyddiant mawr cyntaf oedd 'In a Shady Nook (By a Babbling Brook)' (1944), cân a ddaeth yn arwyddgan iddo. Ar ôl hynny daeth sawl cân o'i eiddo yn boblogaidd; cyrhaeddodd y Deg Uchaf am y tro olaf yn 1968.

## PEINTIO

A bwrw mai ystyr peintio yw creu naws ddwyfolaidd gyda lliwiau heb anelu at ddefnyddioldeb, yna gellir dweud bod pobl wedi dechrau peintio yng Nghymru 26,000 o flynyddoedd yn ôl, pan staeniwyd esgyrn 'Menyw Goch Pen-y-fai' gydag ocr coch (gw. **Rhosili** ac **Oesau Cynhanesyddol**: yr Oes Balaeolithig a'r Oes Fesolithig). Flynyddoedd lawer yn ddiweddarach crëwyd lliwiau gan y **Celtiaid**, ac yn wir gan bobloedd cyn-Geltaidd, er mwyn addurno'u **crochenwaith**, a lliwur glas i'w haddurno'u hunain a'u harteffactau.

Darganfuwyd murluniau a darluniau mosaig ar safleoedd Rhufeinig, yn arbennig yng **Nghaerllion** a **Chaer-went**. Heb os, roedd peintwyr i'w cael yng Nghymru yng nghyfnod y tywysogion; gwnaent waith mewn llysoedd ac eglwysi, er nad oes unrhyw enghraifft o'r gwaith hwnnw wedi goroesi. Mae rhai o'r murluniau cynharaf yn perthyn i'r 15g.; fe'u ceir yn Eglwys Sant Teilo (**Pontarddulais**), a ailgodwyd yn Amgueddfa Werin Cymru (gw. **Sain Ffagan**), ac yn Eglwys yr Holl Saint, Llangar (**Cynwyd**). Mae ***Llyfr Oriau Llanbeblig*** yn un o'r enghreifftiau prin yng Nghymru o lyfr goliwiedig canoloesol. Adeg **diddymu'r mynachlogydd** amddifadwyd y celfyddydau gweledol o nawdd ac yn sgil hyn collwyd llawer o furluniau; yn ddiweddarach bu eiconoclastiaeth yn ystod cyfnod y **Werinlywodraeth** yn gyfrifol am ddifa llawer mwy.

Portread Hans Memling o deulu Dwnn (gw. **Llanismel**), mewn triptych yn dyddio o'r 1470au, yw'r portread cynharaf o deulu Cymreig y gwyddys amdano. Mae'n bosibl mai peintiad o ddiwedd y 15g. yn Llan-gain (Kentchurch) (**Swydd Henffordd**) yw'r enghraifft gynharaf o bortread cludadwy Cymreig, er ei bod yn dra annhebygol mai **Siôn Cent** neu **Owain Glyndŵr** yw'r gwrthrych fel y credid ar un adeg. Erbyn yr 16g. roedd portreadau'n dod fwyfwy yn arwydd o gyfoeth a grym. Mae rhestrau o bortreadau mewn plastai Cymreig yn brawf o'r cynnydd mewn casgliadau o ganol yr 16g. ymlaen, er mai ychydig ohonynt a oedd yn waith peintwyr brodorol. Yn eu plith y mae portreadau o deulu **Goodman** o **Ruthun**, a hefyd y Fychaniaid (gw. **Vaughan, Teulu (Tretŵr)**). Mae peintiad a wnaed yn 1590 o Syr Edward a'r Fonesig Agnes Stradling (gw. **Stradling, Teulu**) yn **Sain Dunwyd** yn gyfuniad diddorol o ddelwedd, arysgrif a deunydd herodrol. Mae'r portreadau o Syr Thomas Mansel o Fargam a'i wraig Jane, a beintiwyd yn chwarter cyntaf yr 17g., yn dyst i ddylanwad a grym teulu **Mansel**.

Yn yr 17g. a'r 18g., yn sgil gwell technoleg a mwy o noddwyr, gwelwyd cynnydd enfawr mewn gwneud lluniau, a gwnaed nifer o ddelweddau Cymreig, nid yn unig fel gweithiau celf unigol, ond hefyd fel engrafiadau. Ar y cyfan arlunwyr ar ymweliad a beintiai ar gyfer y **boneddigion** – gyda llawer ohonynt erbyn diwedd y 18g. dan ddylanwad gwaith ysgrifenedig **William Gilpin** a mudiad y **pictiwrésg** – ond roedd artistiaid lleol hefyd yn cael eu noddi, gyda'u gwaith wedi'i wreiddio yn nhraddodiad y crefftwyr. Aeth **Moses Griffith**, gŵr na chafodd unrhyw hyfforddiant fel peintiwr, ar daith o gwmpas Cymru yng nghwmni **Thomas Pennant** yn 1770. O blith peintwyr Cymru a dderbyniodd hyfforddiant academaidd, **Richard Wilson** yw'r un a ystyrir fel tad peintio tirluniau ym **Mhrydain**, a daeth ei ddisgybl, **Thomas Jones** (1742–1803) – er bod aml adlais o'r pictiwrésg yn ei waith – â ffresni naturiolaidd i'w luniau, gan ragweld datblygiadau diweddarach. Trodd **J. M. W. Turner** ac arlunwyr Seisnig eraill eu golygon tuag at Gymru ar gyfer profi'r 'egsotig'. Gyda thwf **Rhamantiaeth** a phwyslais Celtigiaeth ar y dychymyg, daeth y Gymru 'wyllt' yn gefndir i ffantasïau melodramatig. Sefydlwyd 'Yr Arlunfa Gymreig' ym **Metws-y-coed** yn sgil yr awydd hwn i beintio tirweddau hardd a dangoswyd diddordeb mawr yng ngolygfeydd **Eryri**. Datblygiad pellach oedd sefydlu'r **Academi Frenhinol Gymreig** yn 1881.

Nid oedd yr Eglwys Anglicanaidd a ddaeth i fodolaeth yn sgil y **Diwygiad Protestannaidd** yn noddi celf i'r un graddau â'i rhagflaenydd canoloesol, er bod peintiadau o'r 17g. yn Llangar ac mewn mannau eraill yn brawf na lwyddodd adferwyr gorfrwdfrydig y 19g. i gael eu dwylo ar bopeth. Er bod yr Anghydffurfwyr (gw. **Anghydffurfiaeth**) wedi cael eu hystyried, yn draddodiadol, fel pobl a oedd yn wrthwynebus i lunio delweddau gweledol, creodd eu hangen i goffáu eu harwyr fywoliaeth i beintwyr portreadau fel **Hugh Hughes** a **William Roos**. Yn ogystal â hyn, wrth i'r wasg ddatblygu yn sgil y cynnydd a fu mewn llythrennedd, daeth marchnad ehangach i engrafiadau o waith peintwyr (gw. **Argraffu a Chyhoeddi, Cylchgronau** a **Papurau Newydd**).

Gyda diwydiannu a threfoli daeth cyfoeth newydd, a gwelwyd yn **Abertawe**, yn arbennig, do o beintwyr yn codi a chanddynt ddiddordeb amlwg mewn golygfeydd morwrol. Daeth **Merthyr Tudful** yn sylfaen i yrfa **Penry Williams**, a ddaeth yn enwog maes o law yn Rhufain. Dengys llwyddiant teulu **Harris** o Ferthyr bwysigrwydd y cysylltiad rhwng **economi** a diwylliant, wrth i berchnogion y gweithfeydd **haearn** newydd, y gweithfeydd **glo** a'r boneddigion ddod yn noddwyr ac yn wrthrychau peintiadau. Trwy ei incwm o faes glo'r de daeth yn bosibl i drydydd ardalydd Bute (gw. **Stuart, Teulu**) gomisiynu **William Burges** i addurno Castell **Caerdydd** a Chastell Coch, menter a gafodd ddylanwad sylweddol ar hanes celf Caerdydd. Yn sgil gofynion cymdeithas ddiwydiannol sefydlwyd ysgolion celf a thechnegol o ganol y 19g. ymlaen, a hynny'n bennaf i hyfforddi crefftwyr, ond daethant hefyd yn ganolfannau ar gyfer gweithgaredd creadigol mynegiannol.

Ar ddechrau'r 20g. cynhyrchwyd eicon o Gymru pan ddosbarthwyd y peintiad a wnaed gan y Sais Sidney Curnow Vosper o Siân Owen Ty'n y Fawnog yng Nghapel Salem, Cefncymerau (**Llanbedr**), fel print gyda sebon Sunlight; cyn bo hir y llun hwn oedd y ddelwedd fwyaf poblogaidd a oedd gan y Cymry ohonynt eu hunain (gw. ***Salem***). Roedd **mynyddoedd** Cymru hefyd yn ysbrydoliaeth wrth i **Augustus John** a'i gyfaill **J. D. Innes** ddehongli Eryri trwy fath egwan o Ffofyddiaeth.

Yn sgil y **Rhyfel Byd Cyntaf** ysgogwyd rhai peintwyr i gofnodi erchyllterau'r rhyfel. Peintiodd **Christopher Williams** furlun i goffáu brwydr Coed Mametz, a chynhyrchodd **David Jones** (1895–1974), a oedd wedi ymladd yn y frwydr honno, waith artistig ac ysgrifenedig a oedd yn llawn atgofion am y ffosydd.

Y ddelwedd o'r bywyd diwydiannol a aeth â bryd arlunwyr eraill. Roedd llawer ohonynt, fel **Evan Walters** a Vincent Evans (1896–1976), yn beintwyr dosbarth gweithiol wedi'u hyfforddi yn Ysgol Gelf Abertawe, a thrwy eu cyfraniad datblygodd Abertawe yn ganolfan flaenllaw yn hanes artistiaid brodorol. Cafodd **dirwasgiad** y blynyddoedd rhwng y ddau ryfel byd effaith ddofn ar lawer o'r gwaith celf a ddilynodd. Erbyn 1943 roedd y Dirwasgiad wedi cilio, a dechreuodd **Josef Herman**, y mwyaf amlwg o'r **artistiaid ar**

Ceri Richards, *The Cycle of Nature*, 1944

**ffo** yng Nghymru, gymhwyso math dramatig iawn o fynegiadaeth at fywyd diwydiannol maes glo'r de. Ar y llaw arall, ysbrydolwyd **Ceri Richards** gan ysbryd telynegol a esgynnai ymhell uwchlaw'r amlwg a'r rhagweladwy a'r hyn a oedd yn prysur ddatblygu'n thema bruddglwyfus mewn llawer o beintiadau Cymreig. Bu **Graham Sutherland** a **John Piper**, y ddau yn fodernwyr rhamantaidd, yn byw ac yn gweithio yng Nghymru am gyfnodau hir, a thorrodd **Will Roberts** ei gwys ei hun trwy beintio portreadau o weithwyr amaethyddol a chwsmeriaid ei siop emwaith yng **Nghastell-nedd**.

Erbyn y 1960au llwyddodd syniadau modernaidd a phwyslais ar waith haniaethol i dreiddio trwodd er gwaethaf cyfyngiadau system yr ysgol gelf. Gyda nawdd swyddogol gan Gyngor y Celfyddydau (gw. **Cyngor Celfyddydau Cymru**), aeth peintio yng Nghymru trwy sawl cyfnod, gyda diffyg cysondeb o ran safon y gwaith a gynhyrchid. Yr hyn a yrrai bethau ymlaen bob amser oedd ewyllys annibynnol unigolion allweddol. Mae gweithiau John Selway (g.1937) ac **Ernest Zobole** – sy'n canolbwyntio ar agweddau lleol, er bod iddynt weledigaeth fyd-eang – yn meddu ar gryfder naratif y nofel a nodweddion telynegol barddoniaeth, sy'n atgyfnerthu thema gyson mewn peintio Cymreig, a hynny hyd yn oed yn fwy amlwg yn nhirluniau Mary Lloyd Jones (g.1934) – hynny yw, y berthynas rhwng y llun a'r gair.

Yn y 1960au, o dan ddylanwadau Americanaidd, cafwyd peintio a gynigiai fersiynau lleol o bron pob arddull ryngwladol, er bod y tirlun yn dal yn amlwg yng ngwaith **Kyffin Williams**, gyda'i grawenau o baent yn amlygu perthynas ddaearegol â'r mynyddoedd yr oedd yn eu peintio; câi gweledigaethau mynegiannol **Peter Prendergast** hefyd eu hysbrydoli gan y sylw dwys a roddai i'w amgylchedd Cymreig.

Tua diwedd yr 20g. gwelwyd diddordeb newydd ysol mewn celfyddyd Gymreig, diddordeb a esgorodd ar nifer o raglenni teledu, llyfrau a chryno-ddisgiau. Roedd hyn i raddau yn ganlyniad anghenion y Cwricwlwm Cenedlaethol ar gyfer addysg celf, ond y sbardun allweddol oedd gwaith arloesol yr artist a'r academydd Peter Lord (g.1948). Mae ei ailasesiad radical ef o hanes celfyddyd Gymreig, fel y'i mynegwyd mewn toreth o erthyglau a chyfrolau, ynghyd â phrosiect Diwylliant Gweledol **Canolfan Uwchefrydiau Gymreig a Cheltaidd Prifysgol Cymru**, wedi trawsnewid agweddau tuag at gelfyddyd Gymreig ar lefelau academaidd a phoblogaidd. Datblygiad pwysig arall fu'r cynnydd yn y nifer o **fenywod** sy'n rhan o'r byd celf. Gresynus o fychan yw'r nifer o gofnodau ar artistiaid benywaidd yn y *Gwyddoniadur* hwn, yn bennaf oherwydd fod eu cyfraniad hyd at ddegawdau olaf yr 20g. wedi'i gyfyngu gan ddisgwyliadau teuluol a chymdeithasol; ond erbyn dechrau'r 21g. roedd llawn cymaint o fenywod ag o ddynion yn weithredol ac yn llwyddo fel artistiaid.

Wrth i'r celfyddydau gweledol ddod yn gyfuniad o **ffotograffiaeth**, **ffilm**, gwaith gosod, rhyngddodi, sain ac unrhyw ddull arall sy'n dod i law, mae'r hen raniadau rhwng y *genres* yn cael eu chwalu. Nid peintio a **cherflunio** yn unig yw celf bellach; yn wir, rhagwelodd rhai y byddai peintio wedi dod i ben erbyn diwedd yr 20g. Er hynny, ffurfiwyd grwpiau i hyrwyddo peintio, yn y gred mai paent yn unig a all fynegi rhai pethau. Roedd theorïau ôl-fodern ar ddiwedd yr 20g. yn peri bod yr elfen leol yn dderbyniol, a dechreuodd peintio, fel gweithgareddau artistig eraill, roi sylw i hunaniaeth, iaith, mytholeg a **chenedligrwydd**, ochr yn ochr â materion cyfoes rhyngwladol. Mewn gwaith diweddar mae Ivor Davies (g.1935) yn cymryd lliwiadau'r ddaear o fynydd-dir Cymru ac yn eu cymysgu gyda phaent, gan beintio stori barhaus Cymru mewn ocr coch.

## PEIRIANNEG

Mae hanes peirianneg yng Nghymru yn cynnwys amrywiaeth eang o weithgareddau a hynny ar draws y canrifoedd, gan amrywio o waith ffowndri trwm i gynhyrchu cydrannau electronig manwl (gw. **Electroneg**). Mae'r diwydiant peirianyddol wedi cyflenwi a chefnogi cynhyrchu cynradd ac eilaidd, o ran peiriannau ac offer, ac wedi darparu offer ac isadeiledd ar gyfer trafnidiaeth, dulliau cyfathrebu a gwasanaethau cyhoeddus.

Roedd diwydiannau **haearn**, **copr** a **llechi** cynnar Cymru (gw. **Chwyldro Diwydiannol**) wedi eu seilio ar ddulliau syml o godi neu gloddio a phrosesu, heb brin angen am ddiwydiant peirianyddol mawr yn gefn iddynt. Yn fras, mae'r un peth yn wir am flynyddoedd cynnar y diwydiant **glo**. Roedd y cloddio, y cludo a'r allforio i gyd yn ddigon syml a phroffidiol fel nad oedd unrhyw ysgogiad i ddatblygu diwydiant peirianyddol brodorol. Gyda thwf anhygoel y cloddio am lo yn y 1860au a'r 1870au, cyflenwid y galw am beiriannau mwyngloddio a pheiriannau eraill gan gwmnïau a oedd wedi hen ymsefydlu mewn rhannau eraill o **Brydain**. Yr oedd, serch hynny, rai cwmnïau brodorol nodedig, megis Gwaith Haearn yr Abaty (**Castell-nedd**), Uskside (**Casnewydd**), Llewellyn a Cubitt (y **Rhondda**), Waddle (**Llanelli**) a De Winton (**Caernarfon**). Yn y pen draw, roedd galwadau diwydiant yn mynnu gwelliannau radical mewn dulliau trafnidiaeth a chyflenwadau **ynni**, ac arweiniodd llawer ohonynt at ddatblygiadau blaengar a sawl camp aruthrol ym myd peirianneg.

Roedd **camlesi**'r de, a hwythau wedi eu hadeiladu'n bennaf i wasanaethu'r diwydiant haearn, yn dilyn llwybrau i lawr ar hyd y cymoedd, ond roedd Camlas Llangollen yn y gogledd yn torri ar draws y tir, a chodwyd pontydd dŵr yn y **Waun** (**Sir Ddinbych**) (1801) a Phontcysyllte (**Llangollen Wledig**) (1805), rhai a gynlluniwyd gan **Thomas Telford**. Yr ail o'r pontydd hyn, gyda'i chafn haearn bwrw, yw'r bont ddŵr uchaf ym Mhrydain.

Prin gyrraedd ei hanterth yr oedd oes y camlesi pan gynlluniodd Telford y ffordd o Amwythig i **Gaergybi**, gan ddatrys y broblem o groesi afon **Menai** gyda Phont y Borth (1826), pont grog ysblennydd a ddefnyddir hyd heddiw (gw. **Porthaethwy**). Ar y dechrau, goresgynnid cyfyngiadau'r camlesi trwy adeiladu tramffyrdd. Defnyddid y rhain yn yr ardaloedd diwydiannol, a daeth y meistr haearn Samuel Homfray (gw. **Homfray, Teulu**) â **Richard Trevithick** i waith haearn Penydarren, **Merthyr Tudful**, i wneud peiriannau. Yno yr adeiladodd Trevithick yr injan reilffordd gyntaf yn y byd (1804).

Ivor Davies, *Tirwedd*, 1995–6

Wrth i oes y rheilffordd fynd rhagddi o nerth i nerth, codwyd strwythurau nodedig ar hyd y ddau lwybr ar draws Cymru i **Iwerddon** (gw. **Rheilffyrdd**). Yn y gogledd, roedd rheilffordd **Robert Stephenson** yn croesi afon **Conwy** (1848) ac afon Menai (1850) ar bontydd tiwbiau haearn arloesol, rhagflaenwyr pontydd trawstiau bocs heddiw (gw. **Pentir**). **Brunel** oedd peiriannydd y rheilffordd ar draws y de, a chroesodd afon **Gwy** yng **Nghas-gwent** (1852) trwy gyfrwng dyfais newydd arall, gyda dec y bont yn crogi wrth diwb haearn. Ychydig gilometrau o Gas-gwent y mae pen Cymru i **Dwnnel Hafren** (gw. hefyd **Porth Sgiwed**). Ac yntau'n 7km o hyd, dyma'r twnnel rheilffordd hiraf ym Mhrydain. Fel gyda'r camlesi, roedd y rhan fwyaf o'r rheilffyrdd a oedd wedi eu hadeiladu at ddibenion diwydiant yn dilyn llwybr y cymoedd tua'r môr. Eithriad nodedig oedd Pont **Crymlyn** (1857; dymchwelwyd yn 1985) ar y lein o **Bont-y-pŵl** i **Aberdâr**, y bont reilffordd dalaf ym Mhrydain. Roedd Cwmni Rheilffordd Cwm Taf (TVR) yn unigryw ymysg cwmnïau rheilffyrdd Cymru gan iddo adeiladu nifer o'i locomotifau ei hun yng **Nghaerdydd**, ac mae un o'r rhain wedi goroesi.

Gwaith cysylltiedig â datblygiad y diwydiant glo yn y de fu adeiladu nifer o **borthladdoedd** sylweddol. Ymestynnai'r rhain o Gasnewydd i Borth Tywyn (gw. **Pen-bre**). Ar adeg eu hadeiladu, y dociau cyntaf ac olaf i'w hadeiladu yng Nghaerdydd, Gorllewin Bute (1839) a'r Frenhines Alexandra (1907), oedd y dociau cerrig mwyaf yn y byd.

Bu codi argaeau mawr ar draws dyffrynnoedd i greu **cronfeydd dŵr** yn fater dadleuol gan amlaf, ond fel gorchestion peirianyddol mae llawer o argaeau Cymru, gan gynnwys rhai cynlluniau trydan dŵr, yn drawiadol. Argae Llyn Brianne (1972) ger **Llanymddyfri** (gw. **Llanddewibrefi**) yw'r uchaf ym Mhrydain (273m).

Yn negawdau olaf yr 20g. bu gwaith ar ddau broject peirianyddol mawr. Cynllun trydan dŵr Dinorwig (agorwyd yn 1984) yw'r cynllun storfa bwmp mwyaf yn Ewrop (gw. **Llanddeiniolen**). Gan fod bron y cyfan o'r gwaith adeiladu wedi digwydd o dan ddaear, mae'n anodd amgyffred maint y brif neuadd beiriannau sy'n 180m o hyd a 60m o uchder. Dangoswyd cryn ddyfeisgarwch hefyd wrth adeiladu twnnel yr **A55** o dan aber afon Conwy (agorwyd yn 1991). Bron yr un mor ddyfeisgar yw'r bont dros afon **Wysg** yng Nghasnewydd (cwblhawyd yn 2004). (Gw. hefyd **Pontydd Hafren**.)

Ar lefel academaidd, llwyddodd adrannau peirianneg Caerdydd ac **Abertawe** (fe'u sefydlwyd yn 1890 ac 1920) i hyrwyddo agweddau newydd ar y maes. Dysgir peirianneg electronig ym **Mangor**, a chrëwyd cadair yno yn 1947. Yng Nghaerdydd cafodd cadair ei chreu ar gyfer peirianneg sifil yn 1950, a chyflwynwyd cyrsiau peirianneg fecanyddol ac adeileddol yn y 1970au. Sefydlwyd cadair peirianneg electronig yn 1954 (gan droi'n beirianneg trydanol ac electroneg yn 1964), ac fe'i dilynwyd gan gadair peirianneg fecanyddol yn 1961; sefydlwyd uned ynni'r haul yn 1974. Sefydlwyd adran ar gyfer y pwnc perthynol meteleg yn 1907; esblygodd i fod yn feteleg a thechnoleg tanwydd yn 1933 a pheirianneg fecanyddol a gwyddoniaeth deunyddiau yn 1970. Yn Abertawe, sefydlwyd cadeiriau mewn peirianneg sifil, trydanol (ac electroneg) a mecanyddol yn y 1950au, cadair peirianneg gemegol yn 1955 a pheirianneg ddiwydiannol yn 1965. Peirianneg, hefyd, yw un o'r prif bynciau a ddysgir ym **Mhrifysgol Morgannwg**.

Pont reilffordd Cas-gwent

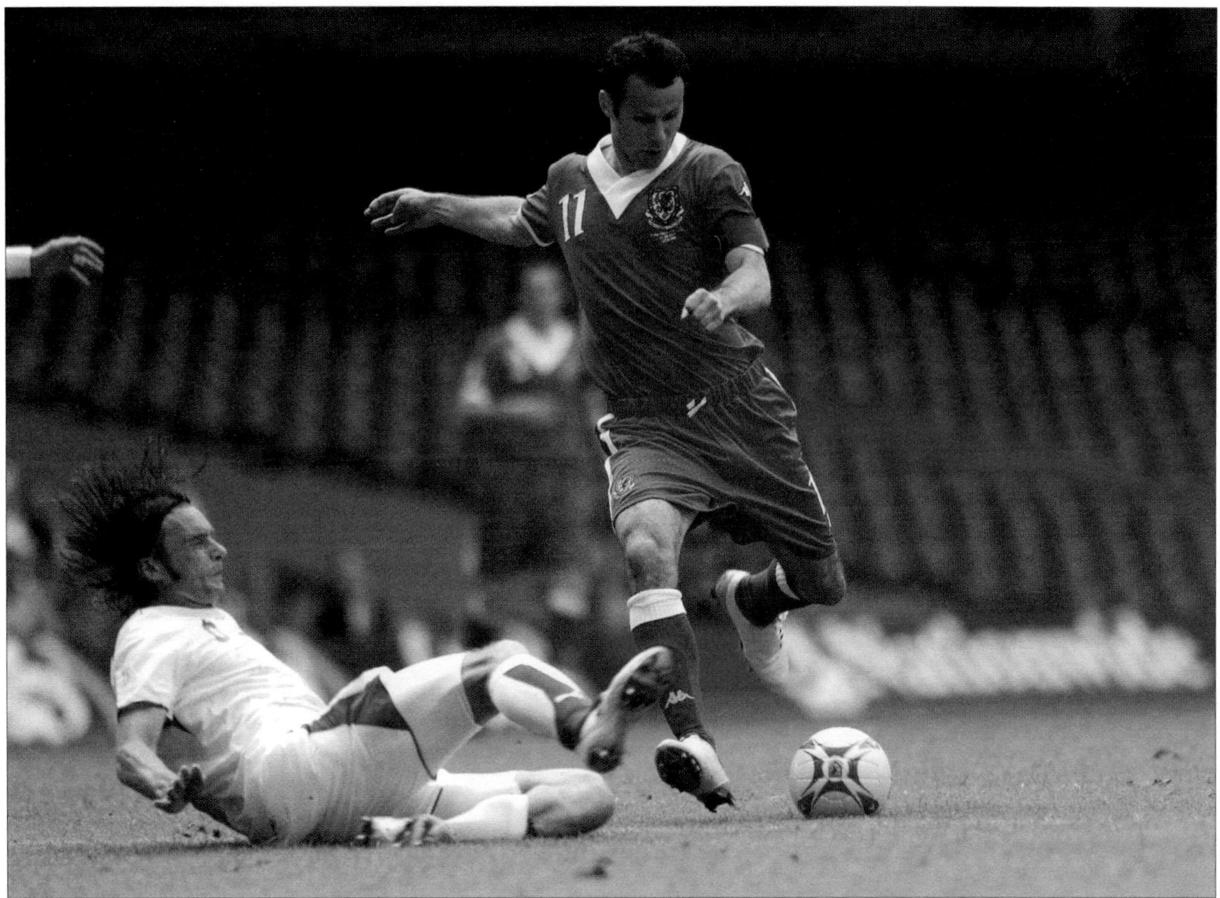

Ryan Giggs yn ei gêm olaf dros Gymru, yn erbyn y Weriniaeth Tsiec, 2 Mehefin 2007

Yn negawdau olaf yr 20g. ychwanegwyd at ystod y gweithgareddau peirianneg yng Nghymru trwy dwf cynhyrchu **ceir** ac electroneg. Cyfrannodd hyn at greu sector mwy amrywiol gan ddisodli'r gorddibynnu ar y math trymach a mwy traddodiadol o weithgaredd peirianyddol. Effeithiwyd yn fawr ar y sector gan ddirwasgiad economaidd y 1980au cynnar. Erbyn tua 1990 roedd y gweithlu wedi ei leihau o 30% i tua 75,000. Roedd hyn yn dal i gyfrif am tua 9% o'r holl gyflogaeth yng Nghymru a bron 30% o'r holl gynhyrchu diwydiannol.

## PÊL-DROED

Ar ddiwedd yr 20g., a phob cenedl fel petai'n awyddus i fod yn rhengoedd timau pêl-droed blaenaf y byd, ni allai Cymru gyrraedd i blith y cant uchaf. Serch hynny, roedd cryn falchder cenedlaethol mewn hanes a welsai sefydlu Cymdeithas Pêl-droed Cymru (FAW) cyn gynhared â 1876, y flwyddyn y chwaraeodd Cymru ei gêm ryngwladol gyntaf, yn erbyn yr **Alban** yn Glasgow.

Ers hynny, mae dwy thema wedi tra-arglwyddiaethu ar y gêm yng Nghymru. Er gwaetha'r syniad mai **rygbi**, gêm y de at ei gilydd, oedd y gamp genedlaethol, câi pêl-droed ei chwarae gan filoedd mewn clybiau lleol ym mhob rhan o Gymru, ac mae cefnogwyr bob amser wedi ymddiddori'n fawr yn hynt a helynt y timau hynny o Gymru a chwaraeai yng nghynghreiriau **Lloegr** ac yng ngyrfa chwaraewyr unigol a chwaraeai i brif glybiau Lloegr. At hynny, bu'r gemau a chwaraeai tîm Cymru yn y Bencampwriaeth Ryngwladol Gartref ac yn erbyn cenhedloedd eraill y byd yn fodd i gadarnhau statws cenedlaethol y wlad ym meddyliau'r dilynwyr. Dim ond yn 1958 y mynnodd Cymru le blaenllaw ym mhêl-droed y byd, ond roedd y ffaith bod chwaraewyr unigol fel **John Charles**, Ian Rush a Ryan Giggs ymhlith y chwaraewyr rhyngwladol gorau bob amser yn gysur.

Yn Lloegr, yn yr ysgolion bonedd yr oedd y gêm fodern wedi'i chyfundrefnu gyntaf a hynny yn hanner gyntaf y 19g., a dim ond yn y 1860au a'r 1870au yr ymsefydlodd yn nhrefi diwydiannol gogledd a chanolbarth y wlad. Oherwydd agosrwydd y gogledd-ddwyrain diwydiannol at Swydd Gaerhirfryn a Birmingham y cychwynnodd clybiau mewn trefi fel **Wrecsam** a **Rhiwabon**. Y gweithgarwch lleol hwn a ysgogodd ffurfio'r FAW, dethol tîm cenedlaethol a sefydlu Cwpan Cymru yn 1877. Am ryw ugain mlynedd, ardal Wrecsam a dra-arglwyddiaethai ac a reolai bêl-droed Cymru. Dechreuodd timau ymddangos yng nghanolbarth Cymru, ond roedd y de, a oedd yn bell nid yn unig o Wrecsam ond hefyd o Loegr ddiwydiannol, yn cael ei ystyried yn diriogaeth hynod o anaddawol i bêl-droed, gan i'r rhanbarth syrthio i ddwylo'r dosbarth canol uwch a fu'n chwarae rygbi yn yr ysgolion bonedd. Gwelwyd ambell i fenter genhadol, serch hynny, a chwaraewyd 46ed gêm ryngwladol Cymru – a'r gyntaf yn y de – yn 1894 yn **Abertawe**, tref lle'r oedd y tîm Criced a Phêl-droed enwog a oedd â'i gartref yn Sain Helen wedi troi at rygbi yn 1874 wedi cyfnod byr o chwarae pêl-droed. Y gêm bêl-droed ryngwladol gyntaf i'w chwarae yng **Nghaerdydd** (1896) oedd y

Hugh Ferguson yn sgorio i ennill cwpan yr FA i Gaerdydd yn erbyn Arsenal yn Wembley, 23 Ebrill 1927

53edd i Gymru ei chwarae, ac ni ddewiswyd chwaraewr o dde Cymru tan y 67fed gêm.

Gydol y 1890au a dechrau'r 20g. roedd pêl-droed cystadleuol, ar lefel cynghrair a chwpan, yn tyfu'n gyflym yn y de. Un datblygiad allweddol oedd derbyn clybiau Cymru i gynghreiriau Lloegr. Dechreuodd cyfnod modern y gêm yng Nghymru yn 1909–10 pan ymunodd Abertawe, **Casnewydd**, Tonpentre (y **Rhondda**), **Merthyr Tudful**, **Aberdâr** a thîm â'r enw blaenorol Riverside – ond a gafodd ar y trydydd cais ganiatâd i'w alw ei hun yn Cardiff City – â chynghrair newydd De Lloegr. Yn y cyfamser roedd y tyrfaoedd yn cynyddu, noddwyr dosbarth canol newydd yn ymddangos a thimau'n ennill gemau tyngedfennol. Pan orchfygodd Abertawe Bencampwyr y Gynghrair Bêl-droed, Blackburn Rovers, yng Nghwpan yr FA yn Ionawr 1915, roedd hi'n glir fod y de yn dod i'w oed ym myd pêl-droed. Yn union wedi'r rhyfel gwelwyd addewid y cyfnod Edwardaidd yn dwyn ffrwyth. Ymunodd tîm dinas Caerdydd â'r Gynghrair Bêl-droed yn 1920, a chyn hir daeth Aberdâr, Wrecsam, Abertawe, Merthyr a Chasnewydd yno atynt. Nid yn unig yr oedd gan Gymru chwe thîm yn y gynghrair, ond buan y daeth tîm cefnog Caerdydd yn un o'r goreuon ym **Mhrydain**. Enillodd y tîm ddyrchafiad i'r Adran Gyntaf yn 1921 a dim ond gwahaniaeth cyfartaledd goliau o 0.024 a'i rhwystrodd rhag ennill y bencampwriaeth yn 1924. Cwpan yr FA a oedd wedi mynd â bryd y cyhoedd, a sicrhawyd apêl ramantaidd pêl-droed Cymru gan ymddangosiad Caerdydd yn y gêm derfynol yn Wembley yn 1925, gan fuddugoliaeth Abertawe dros Arsenal i gyrraedd y rownd gynderfynol yn 1926 ac, yn fwyaf arbennig, gan fuddugoliaeth Caerdydd dros Arsenal yn y gêm derfynol yn Wembley yn 1927. Yr achlysur enwog hwn oedd yr unig dro i dîm o'r tu allan i Loegr ennill gwobr fwyaf pêl-droed Lloegr, ond roedd hanfod Prydeinig (a Gwyddelig) y gamp yn cael ei adlewyrchu yn y ffaith fod Caerdydd ar y diwrnod hwnnw o Ebrill yn 1927 wedi dewis tri Chymro, pedwar chwaraewr o **Iwerddon**, tri Albanwr ac un Sais, a bod tîm Arsenal yn cynnwys dau Gymro.

Mae'r hanesydd Martin Johnes wedi dadlau bod cyfnod euraidd tîm dinas Caerdydd wedi dod ar adeg pan oedd pêl-droed Cymru yn dechrau edwino, gan fod **dirwasgiad** y cyfnod rhwng y ddau ryfel eisoes yn taflu'r gêm yng Nghymru i gysgodion dinodedd. Chwalodd tîm disglair Caerdydd ac erbyn 1931 roedd yn chwarae yn y Drydedd Adran. Yn y cyfamser collodd trefi'r maes **glo**, Aberdâr a Merthyr, eu statws cynghrair, y naill yn 1927 a'r llall yn 1930, ac felly hefyd Gasnewydd am gyfnod byr (1931–2). Yr unig gysur oedd bod y tîm cenedlaethol, er bod timau Lloegr yn ei lyffetheirio trwy wrthod rhyddhau'r sêr, wedi ennill y Bencampwriaeth Ryngwladol Gartref dair gwaith yn y 1920au ac, yn fwy rhyfeddol fyth, ar dri achlysur arall yn y 1930au yn ogystal â'i rhannu yn 1939. Lliniarwyd peth ar y felan gymdeithasol gan fuddugoliaethau dros Loegr yn 1933, 1936 ac 1938 pan oedd **Dai Astley** a **Bryn Jones**, y ddau yn gynnyrch Merthyr y Dirwasgiad, yn flaenllaw.

Dychwelodd ffyniant yn y 1950au ac erbyn hynny roedd y pedwar tîm Cymreig a chwaraeai yng nghynghrair Lloegr wedi ennill eu plwyf, gyda dau gyfnod Caerdydd yn yr Adran Gyntaf (1952–7 ac 1960–2) yn uchafbwyntiau. Yn y cyfamser ffynnai pêl-droed y tu allan i'r gynghrair mewn trefi fel y **Barri**, Merthyr a **Bangor**. Amlycach, fodd bynnag, oedd ymddangosiad sêr unigol, y câi'r mwyafrif ohonynt eu denu ymaith gan glybiau mawr Lloegr. Hoeliwyd y sylw ar y gemau rhyngwladol cartref pan ddeuai'r arwyr ynghyd mewn gornestau cofiadwy yn erbyn Lloegr a'r Alban yn arbennig. Nid oedd y canlyniadau bob amser yn adlewyrchu hynny, ond roedd y wasg Brydeinig yn fodlon addef bod gan Gymru, mewn chwaraewyr fel **Ivor Allchurch**, Ron Burgess, Roy Paul, **Trevor Ford**, Cliff Jones, **Jack Kelsey** ac, yn arbennig John Charles, bêl-droedwyr a oedd gyda'r gorau yn y byd. Un o nodweddion rhyfeddol y blynyddoedd hyn oedd medr a dawn cenhedlaeth o chwaraewyr a aned ac a fagwyd o fewn ychydig gilometrau i'w gilydd yn Abertawe, tref lle'r oedd hyd yn oed y tîm bechgyn ysgol yn denu tyrfa o 20,000. A Chymru'n dechrau gofidio am lenwi esgidiau ei chwaraewyr hŷn, cafodd y tîm cenedlaethol ei awr fawr. Bu Cymru'n hynod ffodus i gael lle yn Rowndiau Terfynol Cwpan y Byd yn 1958 yn Sweden. O'r pum gêm a chwaraeodd yn y twrnameint hwnnw dim ond un a enillodd; serch hynny, gyda chnewyllyn o chwe chwaraewr a aned yn Abertawe, enillodd y tîm le yn y rownd go-gynderfynol, ac yno (heb John Charles a oedd wedi'i anafu) collodd i Brasil, y tîm a fyddai'n mynd ymlaen i ennill y bencampwriaeth, a thîm y sgoriodd dyn ifanc – anhysbys ar y pryd – o'r enw Pelé gôl hynod ffodus iddynt.

Yn y degawdau a ddilynodd roedd pêl-droed yng Nghymru yn gymysg o lwyddiannau prin, trychineb a ffars. Cafodd Abertawe a Wrecsam gyfresi cofiadwy o gemau llwyddiannus yng nghystadleuaeth y Cwpan, ond yn y gynghrair dilynwyd llwyddiant Abertawe i ddringo o'r Bedwaredd Adran i'r Gyntaf gan siom cwymp y tîm wedi hynny yn ôl i'r dyfnderoedd a chan ymadawiad Casnewydd o'r Gynghrair Bêl-droed yn 1988. Pan ddaeth y Bencampwriaeth Ryngwladol Gartref i ben yn 1984 roedd yr angen i ennill lle yn rowndiau terfynol cwpanau'r Byd ac Ewrop yn fwyfwy pwysig. Mawr fu'r rhwystredigaeth wrth i'r tîm cenedlaethol golli cyfres o gemau yn y 1980au gan sicrhau na fyddai Cymry disglair o safon ryngwladol fel Ian Rush, Neville Southall a Mark Hughes fyth yn chwarae yn rowndiau terfynol aruchaf y gamp. Yn 1992 sefydlwyd Cynghrair Genedlaethol Cymru, er mai parhau i chwarae yn y gynghrair yn Lloegr a wnaeth Abertawe, Caerdydd a Wrecsam. Troi eu cefnau ar y gynghrair Gymreig yn ogystal a wnaeth Casnewydd, **Bae Colwyn** a Merthyr Tudful.

Ar ddechrau'r 21g. roedd siom gyffredinol fod Cymru wedi methu â sicrhau lle iddi ei hun ym myd newydd a hynod broffidiol **darlledu** pêl-droed ar lefel clwb ac ar lefel ryngwladol, a hynny er gwaetha'r holl frwdfrydedd a phresenoldeb stadiwm genedlaethol newydd, ysblennydd yng Nghaerdydd. Roedd clybiau unigol fel petaent yn mynd o un argyfwng ariannol i'r llall, ond o leiaf roedd digon o optimistiaeth i Abertawe allu adeiladu stadiwm newydd Liberty ac i Sam Hammam, cyn-berchennog tîm Dinas Caerdydd, allu sôn am eu huchelgais i gyrraedd yr Uwch Gynghrair. Yn 2004, o dan reolaeth Mark Hughes, methodd y tîm cenedlaethol, a hynny o drwch blewyn, â chyrraedd rowndiau terfynol Pencampwriaeth Ewrop. Methu a wnaeth tîm Hughes yng ngemau rhagbrofol Cwpan y Byd 2006 hefyd ac fe'i holynwyd fel rheolwr gan John Toshack.

## PÊL FAS

Yn y 1860au y rhoddwyd trefn am y tro cyntaf ar y gêm bêl fas neu rownderi draddodiadol, ond yn 1892 y cyfundrefnwyd y gêm fodern, y gollyngwyd y term 'rownderi' ac y sefydlwyd Cymdeithas Bêl Fas De Cymru. Roedd pêl fas yn boblogaidd yng **Nghaerdydd** a **Chasnewydd**, ac roedd brwdfrydedd arbennig ynglŷn â'r gêm ryngwladol reolaidd yn erbyn **Lloegr**. Ceir 11 o chwaraewyr ym mhob tîm, sy'n gwisgo dillad **pêl-droed** ac yn taflu'r bêl dan ysgwydd. Daeth y gêm i anterth ei phoblogrwydd yn y 1930au pan fodolai cynghreiriau ysgolion a **menywod**. Roedd timau fel Splott US, Pill Harriers a Grange Albion yn dra amlwg yn eu cymunedau.

## PELAGIAETH

Cred a enwyd ar ôl y Cristion Brythonig Pelagius (*c.*360–*c.*420) ac sy'n gwrthod y syniad o bechod gwreiddiol, gan ddal fod unigolyn yn cymryd y camau cyntaf tuag at ennill iachawdwriaeth trwy ei ymdrechion ei hun ac nid trwy ras Duw yn unig. Collfarnwyd y gred optimistaidd hon yng Nghyngor Carthag yng ngogledd Affrica (418), ac o hynny ymlaen ystyriwyd Pelagiaeth yn heresi. I wrthweithio Pelagiaeth yr ymwelodd Germanus (**Garmon**), esgob Auxerre, â **Phrydain** yn 429 ac eto, mae'n debyg, yn 447.

Daeth Pelagiaeth i fri yng Nghymru yn niwedd y 18g. gyda thwf **Arminiaeth** ac **Ariaeth**, a hefyd yn yr 20g. gyda dylanwad rhyddfrydiaeth ddiwinyddol ymhlith Anghydffurfwyr Cymreig (gw. **Anghydffurfiaeth**). Cafodd ladmerydd tra ysgolheigaidd yn y diwinydd a'r awdur **Pennar Davies**.

## PELENNA, Castell-nedd Port Talbot (2,001ha; 1,173 o drigolion)

Lleolir y **gymuned** hon o fewn dalgylch afon Pelenna, un o isafonydd afon Afan, ac mae'n cynnwys pentrefi Pont-rhyd-y-fen, Efail-fach a Thon-mawr. Dechreuwyd cloddio am **lo** o ddifrif wedi i Reilffordd Fwynau De Cymru, un o fentrau **Brunel**, gysylltu Ton-mawr â'r lein fawr. Mae coedwig dros rannau helaeth o'r ardal. Ym Mhont-rhyd-y-fen, lle ganed **Richard Burton** ac **Ivor Emmanuel**, ceir traphont drawiadol (1827). Saif Canolfan Fynydd Pelenna gerllaw twnnel rheilffordd Gyfylchi, sy'n arwain i **Lyncorrwg**.

## PENALUN, Sir Benfro (881ha; 856 o drigolion)

Mae'r **gymuned** hon, yn union i'r de-orllewin o **Ddinbych-y-pysgod**, yn cynnwys rhan o **Lwybr Arfordir Sir Benfro**. Cafwyd hyd i offer cerrig o'r cyfnod Uwch-Balaeolithig yn ogof Hoyle's Mouth (gw. **Oesau Cynhanesyddol**: yr Oes Balaeolithig). Yn ôl traddodiad, Penalun, a oedd, mae'n bosibl, yn safle **clas** neu fynachlog 'Geltaidd', oedd man geni **Teilo**. Mae croes wych Penalun, gyda'i phlethwaith gleiniog triphlyg (*c.*930 yn ôl pob tebyg), yn sefyll yng nghroesfa ddeheuol Eglwys Sant Nicolas (13g. a 14g.); yn y festri ceir darn o groes gynnar arall (gw. **Cofebau Cristnogol Cynnar**). Gerllaw'r ffin â **St Florence** ceir tai canoloesol Carswell a West Tarr. Yn ystod y **Rhyfeloedd Cartref** Trefloyne (Treflwyn Teilo) oedd pencadlys Richard Vaughan, iarll Carbery,

Alfred Sisley, *Môr Hafren o Benarth, gyda'r nos*, 1897

un o arweinwyr lluoedd y brenin (gw. **Vaughan, Teulu (Gelli-aur)**). Bu aelodau o deulu Trefloyne yn noddwyr hael iawn i **Brifysgol Cymru**, **Aberystwyth**. Nodwedd amlycaf bae tywodlyd braf Lydstep Haven yw parc carafanau mawr. Gerllaw y mae Plas Lydstep, neuadd ganoloesol.

## **PENARLÂG (Hawarden)**, Sir y Fflint (1,730ha; 13,539 o drigolion)

Mae'r **gymuned** hon, i'r dwyrain o **Fwcle** ac i'r de o **Gei Connah**, yn cynnwys pentrefi Ewlo, Aston, Penarlâg a Mancot. Yn Llyfr Domesday rhestrir *Haordine* ac Aston (*Estone*). Yng ngheunant Gwepra, yn ôl pob tebyg, y ceisiodd **Owain Gwynedd** ymosod ar Harri II (1157). Yn edrych dros y ceunant y mae Castell Ewlo, a adeiladwyd gan **Lywelyn ap Iorwerth** *c.*1210 a'i ehangu gan **Lywelyn ap Gruffudd** yn 1257. Cafodd Castell Penarlâg, a adeiladwyd yn wreiddiol *c.*1075 gan Hugh Lupus, iarll Caer, ei gipio gan **Ddafydd ap Gruffudd** yn 1282, ymosodiad a roddodd gychwyn ar y rhyfel a arweiniodd at ddinistrio **tywysogaeth** Llywelyn ap Gruffudd. Fe'i dymchwelwyd yn dilyn y **Rhyfeloedd Cartref** ac fe'i hadwaenir bellach fel Hen Gastell Penarlâg. Roedd Castell (Newydd) Penarlâg, Neuadd Broadlane gynt, a ail-adeiladwyd *c.*1756, yn gartref i deulu Glynne. Yn dilyn marwolaeth yr hynafiaethydd adnabyddus Syr Stephen Glynne yn 1874, daeth y castell yn eiddo i'w chwaer Catherine a'i gŵr, **W. E. Gladstone**. Wrth dorri coeden ym mharc Penarlâg yn 1868, y flwyddyn y daeth yn brif weinidog, y dywedodd Gladstone mai ei genhadaeth oedd dwyn heddwch i **Iwerddon**. Mae teulu Gladstone yn dal i fyw yn y tŷ. O ddiddordeb arbennig y mae stydi Gladstone – ei Deml Heddwch – sy'n cynnwys casgliad nodedig o fwyeill. Gladstone, yn 1895, a sefydlodd Lyfrgell Sant Deiniol, yr unig adeilad cyhoeddus o bwys a gynlluniwyd gan **John Douglas**; mae'n cynnig cyfleusterau preswyl, ac ymysg ei chasgliadau y mae 30,000 o lyfrau o lyfrgell Gladstone ei hun. Cafodd cerflun Gladstone, a gomisiynwyd ar gyfer Dulyn yn 1910, ei wrthod gan Gyngor Dinas Dulyn wedi iddo gael ei gwblhau yn 1923; fe'i codwyd o flaen y llyfrgell yn 1925. Yn Eglwys Sant Deiniol, a atgyweiriwyd yn helaeth gan George Gilbert Scott yn dilyn tân yn 1857, ceir cerfluniau o Gladstone a'i wraig a ffenestr **gwydr lliw** wych a gynlluniwyd gan Edward Burne-Jones (1898). Daeth yr Hen Reithordy, a adeiladwyd yn wreiddiol ar ddechrau'r 18g., yn Archifdy **Sir y Fflint** yn 1958. Yn ystod y 18g. a'r 19g. roedd Mancot ac Ewlo yn ardaloedd glofaol pwysig ac mae olion pyllau **glo** a thramffyrdd wedi goroesi. Adeiladwyd pentref Mancot ar gyfer gweithwyr ffatri arfau (1916–18), ac roedd yn cynnwys hosteli, neuadd eglwys ac ysbyty.

## **PENARTH**, Bro Morgannwg (714ha; 20,396 o drigolion)

Cred rhai o drigolion Penarth eu bod yn byw yng **nghymuned** fwyaf cefnog, breintiedig a dethol Cymru – syniad nad yw'n cydweddu â'r realiti mewn rhannau helaeth o'r dref. Diau fod enw'r dref yn deillio o'r pentir (garth) sy'n codi uwchlaw aberoedd afonydd **Taf** ac **Elái**. Hyd ganol y 19g. yr unig adeiladau o sylwedd yn yr ardal oedd Eglwys Sant Awstin ar y pentir – a'i thŵr trumiog yn amlwg i forwyr – eglwys Normanaidd Sant Pedr, Cogan, a Cogan Pill, tŷ sylweddol o'r 16g.

Dechreuodd pethau newid yn 1859 pan noddodd Cwmni Rheilffordd Cwm Taf (TVR) y gwaith o adeiladu harbwr llanw ar afon Elái. Yna codwyd doc cerrig yn 1865 ac fe'i hehangwyd yn 1884. Cyrhaeddodd y gweithgarwch ei benllanw yn 1913 pan allforiwyd 4.5 miliwn tunnell o **lo** o Ddociau Penarth, 17% o gyfanswm allforion glo Porthladd **Caerdydd** (Dociau Bute Caerdydd, ynghyd â Phenarth a'r **Barri**). Sicrhaodd adeiladu'r dociau mai cymuned ddosbarth gweithiol oedd y dref i ddechrau, ffaith a amlygir o hyd yn nhai teras Cogan. Fodd bynnag, roedd teulu **Windsor-Clive**, a oedd yn berchen y rhan fwyaf o'r tiroedd lleol, yn awyddus i sicrhau y deuai Penarth yn gyrchfan glan môr ac yn drigfan i bwysigion Caerdydd. Mae uchelgais y dref i'w gweld yng ngwesty'r Railway (*c.*1860), y baddonau cyhoeddus (1885), y pier (1894) (gw. **Pierau**) ac Ystafelloedd Paget (1906). Mae'r tai mawreddog yn ategu hynny; cynlluniwyd y rhan fwyaf ohonynt gan Harry Snell, pensaer stad Windsor-Clive, ond gwaith y pensaer *Arts and Crafts* **J. C. Carter** yw'r rhai hynotaf yn eu plith; ef hefyd a gynlluniodd neuadd y plwyf, sy'n adeilad afieithus ei gynllun. Gogoniant pennaf y dref yw Eglwys Sant Awstin (1866) o waith William Butterfield, gyda'i thu mewn amryliw syfrdanol. Ymhlith yr adeiladau cyhoeddus eraill y mae Tŷ Turner, a godwyd yn 1888 yn gartref i gasgliad celfgarwr lleol, **James Pyke Thompson**, ac a ddaeth yn un o adrannau allanol **Amgueddfa [Genedlaethol] Cymru** yn 1921.

Wrth i'r porthladd ddirywio daeth Penarth yn fwy amlwg fel prif gylchdref Caerdydd. Caewyd y doc yn 1963 a buan y dirywiodd yr ardaloedd o'i gwmpas. O 1984 ymlaen cafodd y doc ei droi'n farina a'i amgylchynu â thai a fflatiau deniadol. Mae'r Tolldy baróc hardd a'r Adeiladau Morwrol, gyda'u to pafiliwn Ffrengig (ill dau o 1865), wedi gorocsi. Gerllaw iddynt y mae pen deheuol Morglawdd Bae Caerdydd, a gwblhawyd yn 2001.

O fewn ffiniau Penarth y mae Parc Gwledig Llynnoedd Cosmeston a grëwyd mewn hen chwarel. Mae'r pentref canoloesol gerllaw o fewn ffiniau cymuned **Sili**.

## PEN-BRE A PHORTH TYWYN (Pembrey and Burry Port), Sir Gaerfyrddin (4,266ha; 7,957 o drigolion)

Mae'r **gymuned** hon, a leolir i'r gorllewin o **Lanelli**, yn cynnwys pentrefi mawr Porth Tywyn a Phen-bre. Enw hyfryd y gymuned hyd 2000 oedd Cefn Sidan, sef enw'r traeth eang sy'n ymestyn rhwng aberoedd afonydd **Llwchwr** a Gwendraeth. Yn 2005 cafwyd gwared ar bigau mawr a osodwyd yn y tywod yn ystod yr **Ail Ryfel Byd** i rwystro'r gelyn rhag glanio, a dechreuodd yr Awyrlu Brenhinol ddefnyddio'r traeth er mwyn i beilotiaid awyrennau Hercules gael profiad o lanio a chodi mewn amodau tebyg i anialwch. Mewn dyddiau cynharach bu **llongddrylliadau** mynych ar y traeth, rhai ohonynt wedi'u hachosi gan drigolion lleol a ddefnyddiai oleuadau i hudo **llongau** i'w tranc. Câi'r llongau eu hysbeilio trwy falurio'r howldiau â bwyeill, arfer a arweiniodd at fathu'r ymadrodd 'Gwŷr y Bwyelli Bach' am drigolion y fro. Ymhlith y llongau a gollwyd yr oedd *La Jeune Emma* (1828), a goffeir â phlac yn Eglwys Sant Illtud; roedd nith i'r Ymerodres Josephine ymhlith y rhai a foddodd. Yn yr eglwys (13g. a 14g.) mae nifer o gofebau i deuluoedd bonedd lleol. Mae ffermdy Cwrt-y-dre yn adfail sy'n cynnwys nodweddion pensaernïol o'r Oesoedd Canol hyd yr 17g.

Pen-bre a Phorth Tywyn: Amelia Earhart

Pen-bre oedd yr hen blwyf, ond i'r dwyrain ym Mhorth Tywyn y bu'r twf mwyaf yn y **boblogaeth**. Bu Porth Tywyn yn ddosbarth trefol o 1903 hyd 1974. O ganol y 19g. ymlaen datblygodd yn ganolfan gweithfeydd **copr** a **thunplat**, ac adeiladwyd yno ddoc a allai drafod llongau hyd at 1,860 o dunelli metrig. Daeth y diwydiant cynhyrchu ffrwydron, a gychwynnodd yn 1881, i'w anterth yn ystod yr **Ail Ryfel Byd** pan oedd dros 2,000 o weithwyr yn y ffatri. Erbyn diwedd yr 20g. roedd bron y cwbl o'r diwydiannau a oedd wedi gwneud yr ardal yn un drefol wedi dod i ben. Mae yn yr ardal faes tanio, planhigfa helaeth o eiddo'r **Comisiwn Coedwigaeth**, parc arfordirol a pharc gwledig sydd â llethr sgïo sych a rheilffordd fechan. Ger y parc gwledig roedd maes awyr sydd wedi'i droi bellach yn ganolfan genedlaethol ar gyfer **rasio ceir a beiciau modur**. Ym Mhorth Tywyn, yn 1928, y glaniodd Amelia Earhart ar ôl hedfan ar draws yr Iwerydd – y tro cyntaf i fenyw wneud hynny.

## PENBRYN, Ceredigion (3,358ha; 1,283 o drigolion)

Ymestynna'r **gymuned** hon tua'r dwyrain o'r arfordir rhwng **Llangrannog** ac **Aber-porth** ac mae'n cynnwys pentref glan môr Tre-saith, Penbryn ei hunan a phentrefi Brynhoffnant, Glynarthen, Sarnau a Than-y-groes. Ceir ym Mhenbryn garreg arysgrifedig o'r 6g. yn coffáu Corbalengus yr 'Ordofigiad', cofnod sy'n awgrymu ei fod yn falch o'i wreiddiau yn y gogledd (gw. **Ordofigiaid**). Yn Nhre-saith ceir rhaeadr sy'n rhuthro dros glogwyn i'r bae hyfryd islaw. Tre-saith oedd cartref y nofelydd Allen Raine (**Anne Puddicombe**).

## PEN-CAER, Sir Benfro (3,588ha; 424 o drigolion)

Mae'r **gymuned** hon, sy'n cwmpasu penrhyn gwych i'r gorllewin o **Abergwaun**, yn cynnwys pentrefi Treopert (Granston), Llangloffan, Llanwnda a Thremarchog (St Nicholas). Ceir cromlechi Neolithig yn Llanwnda a Thremarchog, maen hir o'r Oes Efydd yn Nhremarchog a dwy fryngaer o'r Oes Haearn uwchlaw Pwll Deri (gw. **Bryngaerau** ac **Oesau Cynhanesyddol**). Mae eglwysi Llanwnda a Thremarchog wedi

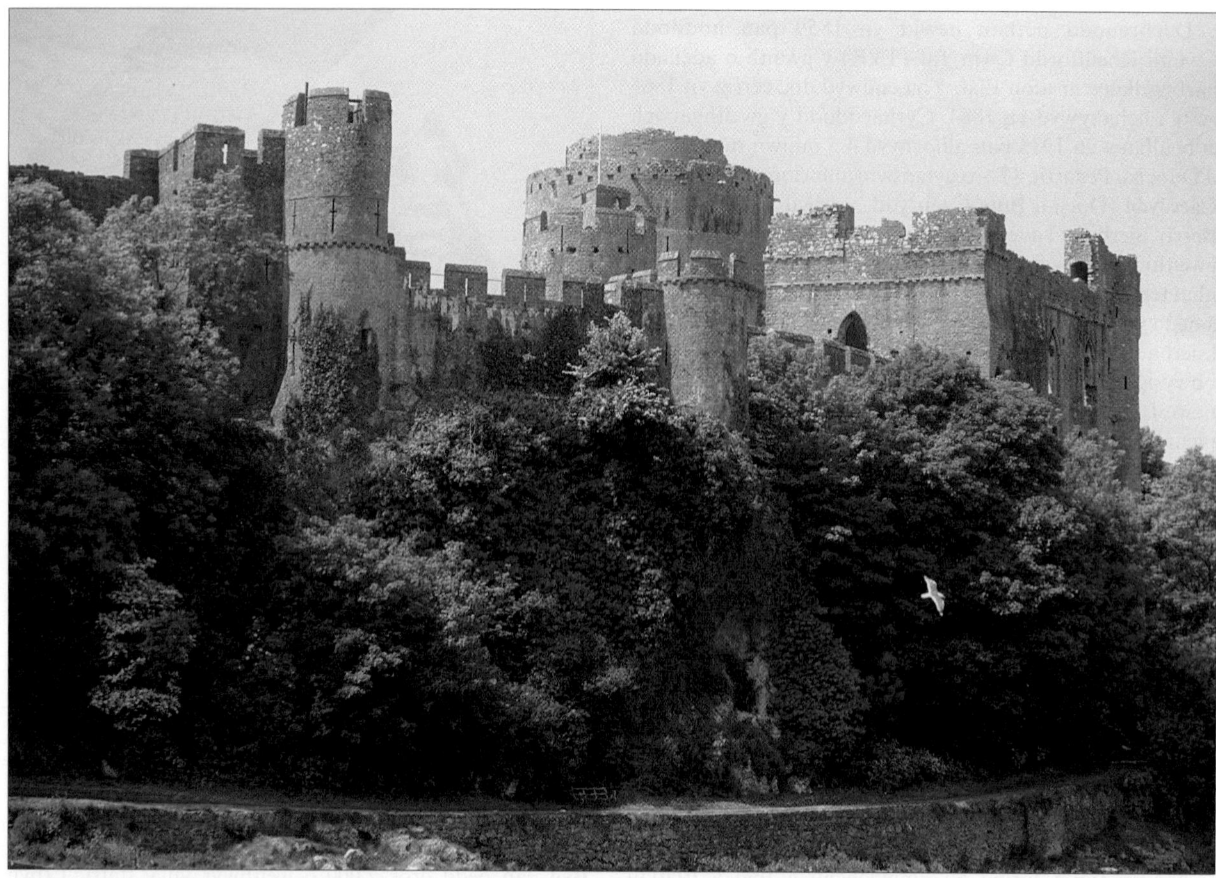

Castell Penfro

cadw eu symlrwydd canoloesol; yn yr olaf gwelir carreg arysgrifedig ddwyieithog (**Lladin** ac **Ogam**). Gerllaw'r Garregwastad yn 1797 y bu **glaniad y Ffrancod**. Y goleudy (1908) ar Ynys Meical yw'r pwynt agosaf at **Iwerddon** yng Nghymru. Adeilad hardd iawn yw capel y **Bedyddwyr** yn Llangloffan (1862–3). Uwchlaw 'hen grochon dwfwn' Pwll Deri ceir cofeb i Dewi Emrys (David Emrys James; 1881–1952), awdur 'Pwllderi', ond odid y gerdd hyfrytaf am le yn holl **lenyddiaeth** Cymru. Tre-gwynt yw un o'r ychydig ffatrïoedd **gwlân** yng Nghymru sy'n dal i weithio.

## PENCARREG, Sir Gaerfyrddin (3,461ha; 1,123 o drigolion)

Mae'r **gymuned** hon, yr ochr draw i afon **Teifi** o **Lanbedr Pont Steffan**, yn cynnwys pentrefi Pencarreg ac Esgairdawe a hefyd Cwm-ann, sy'n faestref i Lanbedr Pont Steffan. Yn Eglwys Sant Pedr (1878) ceir bedyddfaen o'r 12g. Ymgasglodd yr **Annibynwyr** am y tro cyntaf yn Esgairdawe yn 1690. Yn 1979 ymosododd tri Chymro adnabyddus ar y mast teledu ar Fynydd Pencarreg (415m) fel rhan o'r ymgyrch i sicrhau sianel deledu Gymraeg (gw. **S4C**). Mae **caws** Pencarreg bellach yn bur enwog.

## PENCERDD

Term canoloesol am fardd a oedd yn swyddog yn nhiriogaeth y brenin ac a ddaeth yn ddiweddarach, o bosibl, yn un o swyddogion y llys. Roedd ganddo'i gadair ei hun yn y llys, a'i ddyletswydd, yn ôl cyfraith **Hywel Dda**, oedd canu gerbron y brenin, yn gyntaf i Dduw ac yn ail i'r brenin.

## PEN-COED, Pen-y-bont ar Ogwr (877ha; 8,623 o drigolion)

Lleolir y **gymuned** drwchus ei phoblogaeth hon o boptu'r **M4** i'r gogledd-ddwyrain o **Ben-y-bont ar Ogwr**. Bu Sony Electronics yn un o brif gyflogwyr yr ardal, ond diswyddwyd cannoedd o weithwyr yn 2005 (gw. **Electroneg**). Mae Dyffryn yn dŷ diddorol o'r 16g.

## PENCRAIG (Old Radnor), Sir Faesyfed, Powys (5,101ha; 741 o drigolion)

Mae'r tirwedd yng nghyffiniau Pencraig yn rhyfeddol o hardd ac o'r pentref, sy'n gorwedd rhwng **Llanandras** a **Maesyfed**, ceir golygfeydd gwych o **Fforest Clud**. Mae'r eglwys, sy'n dyddio o'r 15g., gyda'r orau yn **Sir Faesyfed**; ynddi mae cyfoeth o nodweddion diddorol, gan gynnwys y cas organ hynaf ym **Mhrydain**. Llai deniadol yw'r eglwysi eraill yn yr ardal; yn ôl Richard Haslam, sy'n ategu beirniadaeth ddeifiol Goodhart-Rendel, soled a hyll yw Eglwys Evenjobb, a ailadeiladwyd yng nghanol y 19g. Mae'r palisâd o goed a ganfuwyd yn ddiweddar yn Walton yn un o'r henebion Neolithig mwyaf ym Mhrydain (gw. **Oesau Cynhanesyddol**). Yn Womaston ceir mwnt wedi'i amgylchynu â ffos; mae'n dyddio o ganol yr 11g. Fe'i codwyd cyn 1066, a dichon mai dyma'r mwnt cynharaf yng Nghymru. Ceir un arall yn Kinnerton a adeiladwyd yn y 12g. Cafodd eglwys Ednol ei dymchwel *c.*1910. Mae'r bryn creigiog a elwir yn Stanner Rocks yn safle sydd o ddiddordeb i fotanegwyr (gw. **Planhigion**).

Harpton Court, neu'r Plas Mawr yn Nhre'rdelyn fel y'i gelwid ar un adeg, oedd cartref teulu'r Lewisiaid, ac fe'i dymchwelwyd yn 1956. Yr un enwocaf a fu'n byw yno oedd **George Cornewall Lewis**, a fu'n dal y rhan fwyaf o brif swyddi gwladwriaeth Prydain ac a fu o fewn dim i gael ei benodi'n brif weinidog.

## PENDEULWYN, Bro Morgannwg (1,490ha; 508 o drigolion)

Prif nodwedd y **gymuned** hon ar lan orllewinol afon **Elái** yw Castell Hensol. Codwyd yr adeilad i ddechrau yn gartref cymharol ddinod i'r barnwr Brenhinol tanbaid, **David Jenkins** (1582–1663). Fe'i hetifeddwyd ymhen blynyddoedd gan William Talbot a ychwanegodd ddwy adain yn 1735; mae'r rhain ymhlith yr enghreifftiau cynharaf ym **Mhrydain** o adeiladu yn y dull neo-Gothig. Bu ymestyn pellach yn y 1790au, y 1840au, y 1880au a'r 1900au, nes creu plasty enfawr. Yn y 1950au daeth yn breswylfan i bobl ag anawsterau meddyliol. Bellach mae'n ganolfan gynadleddau, ac yn rhan o gynlluniau ar gyfer gwesty a sba. I'r gogledd y mae Llannerch, gwinllan fwyaf llwyddiannus Cymru. Mae gan Eglwys Sant Catwg ym Mhendeulwyn dŵr gorllewinol mawr sy'n dyddio o *c.*1500. Gerllaw y mae bythynnod a godwyd yn elusendai yn 1817 ac enghreifftiau deniadol o dai cyngor o'r 1950au.

## PENFRO Cantref

Penfro, sef yr ardal i'r de o foryd Aberdaugleddau (gw. **Aberdaugleddau, Dyfrffordd**), oedd y mwyaf deheuol o'r saith **cantref** yn **Nyfed**. Yn dilyn goresgyniad y **Normaniaid** daeth yn graidd un o arglwyddiaethau'r **Mers** a oedd yn dwyn yr un enw (gw. isod).

## PENFRO Un o arglwyddiaethau'r Mers

Sefydlwyd yr arglwyddiaeth yn 1093 wedi i **Ddyfed** gael ei goresgyn gan Roger Montgomery, iarll Amwythig (gw. **Montgomery, Teulu**) ac ymddiriedwyd y castell i Gerald o Windsor, taid **Gerallt Gymro**. Methiant fu ymdrechion y Cymry i gipio Castell **Penfro**, a bu ei gadernid yn allweddol i rym yr arglwyddiaeth. Mynnai arglwyddi Penfro fod ganddynt hawliau cyfreithiol hanfodol frenhinol dros yr arglwyddiaeth ei hun – sef hen **gantref** Penfro yn y bôn (gw. uchod) – a hefyd arglwyddiaethau **Daugleddau**, **Rhos**, **Castell Gwalchmai** ac **Arberth**. Ymhlith arglwyddiaethau'r **Mers** yng Nghymru, roedd Penfro yn ail o ran ei maint i **Forgannwg** ac enillodd statws sir balatin. Daeth i feddiant teulu **Clare** yn 1138, ac yna fe'i trosglwyddwyd yn ei thro i deuluoedd **Marshal**, Munchensey, **Valence** a **Hastings**. Rhoddwyd yr arglwyddiaeth i Siasbar Tudur (gw. **Tuduriaid**) yn 1452 ac i William Herbert (gw. **Herbert, Teulu**) yn 1458, cyn dod yn derfynol yn eiddo i'r Goron yn 1495. Yn 1536 daeth yr arglwyddiaeth, ynghyd â rhai ychwanegiadau, yn **Sir Benfro**.

## PENFRO, Sir Benfro (1,169ha; 7,241 o drigolion)

Ymsefydlodd pobl yn yr ardal hon, ar lan ddeheuol cangen o foryd Aberdaugleddau (gw. **Aberdaugleddau, Dyfrffordd**), yn ystod y cyfnod Mesolithig (gw. **Oesau Cynhanesyddol**: yr Oes Balaeolithig a'r Oes Fesolithig), yn ôl tystiolaeth offer callestr a ddarganfuwyd yn ogof Wogan. Yn 1093, ar y gefnen uwchlaw'r ogof, adeiladwyd castell a fyddai'n ddiweddarach yn dwyn yr enw Penfro, yr un enw â **chantref** mwyaf deheuol **Dyfed** (gw. uchod). Codwyd y castell yn wreiddiol gan Arnulf Montgomery, iarll Amwythig (gw. **Montgomery, Teulu**). Ni chafodd erioed mo'i gipio gan y Cymry a bu'n allweddol yn y gwaith o'u gorchfygu yn ne-orllewin Dyfed. Y cadarnle hwn oedd canolfan weinyddol arglwyddiaeth fawr Penfro (gw. uchod) ac oddi yma y lansiodd yr Eingl-Normaniaid (neu, yn hytrach, y Cambro-Normaniaid) eu hymosodiad ar **Iwerddon** yn 1169. Nodwedd fwyaf ysblennydd y castell yw'r tŵr crwn 22m o uchder (*c.*1204), a godwyd pan oedd William Marshal yn iarll Penfro (gw. **Marshal, Teulu**). Yn y 13g. roedd Penfro yn un o drefi mwyaf Cymru, gyda **phoblogaeth** o hyd at 2,000; mae rhannau o furiau'r dref wedi goroesi ac felly hefyd ran helaeth o adeiladwaith Eglwys y Santes Fair sy'n dyddio o'r 14g. Yn ogystal â chael ei rheibio gan y **Pla Du**, dioddefodd y dref hefyd pan ddiddymwyd iarllaeth Penfro dros dro yn 1399. Rhoddwyd yr iarllaeth i Siasbar Tudur (gw. **Tuduriaid**) yn 1452, ac yn 1457 ganed ei nai, Harri Tudur (Harri VII), yn y castell.

Cefnogi'r Senedd a wnaeth Penfro yn ystod y cyntaf o'r **Rhyfeloedd Cartref**, a'r Goron yn yr ail; yn 1648 gosododd **Oliver Cromwell** y dref dan warchae a barhaodd am saith wythnos, cyn gorchymyn ffrwydro rhan helaeth o'r castell. O ddiwedd yr 17g. hyd ganol y 19g. bu'r dref yn bur lewyrchus; yn ôl Daniel Defoe yn 1727, Penfro oedd y fwyaf a'r gyfoethocaf a'r fwyaf ffyniannus o holl drefi'r de. Perthyn i'r 18g. a'r 19g. y mae'r tai hardd yn y brif stryd hir (Main Street), y capeli niferus ac eglwysi Sant Mihangel, Penfro, a Sant Daniel, Windmill Hill. Rhwng y **Deddfau 'Uno'** ac 1918 Penfro oedd y rhan bwysicaf o etholaeth Bwrdeistrefi Penfro.

Ym Monkton, maestref orllewinol **cymuned** Penfro, saif Eglwys Sant Nicolas, a sefydlwyd *c.*1098 yn gell i fynachdy'r **Benedictiaid** yn Seez yn Normandi. Ynddi ceir cofebau teuluoedd Meyrick ac Owen. Llety'r priordy oedd Monkton Old Hall yn wreiddiol, a cheir yno grypt bwaog nodedig o'r 14g.

## PENGAM, Caerffili (239ha; 3,842 o drigolion)

Lleolir y **gymuned** hon ar lan afon **Rhymni** i'r gorllewin o'r **Coed Duon**. Mae ysgol adnabyddus Lewis Pengam yng nghymuned **Gelli-gaer**. Mae Pengam yn cynnwys pentref Fleur-de-lys (Trelyn); ymddengys mai enw tafarn oedd Fleur-de-lys yn wreiddiol, ac mae limrig **Harri Webb** yn taflu goleuni ar yr ynganiad lleol:

> There was a young fellow from Fleur-de-lys
> Whose motorbike was of great peur-de-lys.
> Sometimes, just for fun,
> He'd knock up a ton,
> That's a hundred miles an heure-de-lys.

## PENGELLI (Grovesend), Abertawe (456ha; 1,181 o drigolion)

**Cymuned** yw hon yn union i'r de o **Bontarddulais**, ac mae'n cynnwys Castell Tal-y-bont (*c.*1106), mwnt amlwg sy'n ffinio â'r **M4**. Pentref glofaol oedd Pengelli yn wreiddiol yn y 19g., ond daeth yn ganolfan hefyd i gynhyrchu dur (gw. **Haearn a Dur**) a **thunplat**. Yng nghanol yr 20g. agorwyd pwll dwfn Bryn Lliw i fanteisio ar lo carreg yr ardal (gw. **Glo**). Caewyd y pwll yn y 1980au ac mae'r adeiladau gweithfaol helaeth a fu yno wedi'u clirio ymaith.

**PEN-HŴ**, Casnewydd (796ha; 770 o drigolion)
Mae'r **gymuned** hon ar ffin ddwyreiniol sir **Casnewydd**. Y prif bentref ynddi yw Parc-Seymour, enw sy'n deillio o St Maur yn Normandi – oddi yno yr hanai'r teulu a oedd yn berchen ar Gastell Pen-hŵ o'r 12g. hyd y 14g., teulu y gallai Jane Seymour, trydedd wraig Harri VIII, olrhain ei hach yn ôl ato.

Cafodd y castell, gyda'i dŵr hirsgwar o'r 12g. a'i neuadd o'r 14g., ei ail-lunio fel plasty tua 1700. Mae'n cynnwys ystafelloedd panelog hardd a lleoedd tân ysblennydd. Yn 1973 prynwyd y plasty gan y cyfarwyddwr **ffilm**, Stephen Weeks, ac fe'i hadnewyddwyd yn helaeth a'i agor i'r cyhoedd. Cafodd y bwrdd llwyfen 4m o hyd yn y neuadd fawr ei lunio yn y fan a'r lle – yn ôl yr arfer canoloesol – yn 1977. Mae'r castell a'r eglwys a'r rheithordy gerllaw yn glwstwr deniadol o adeiladau. Bu gwaith cloddio ar dai gwerinol o'r Oesoedd Canol gerllaw'r eglwys, tai a godwyd, efallai, ar safle fila Rufeinig. Pan gerddodd **George Borrow** trwy Ben-hŵ yn 1854, canfu fod llawer o blith y trigolion na wyddent unrhyw iaith heblaw'r **Gymraeg**.

**PENLLE'R-GAER**, Abertawe (602ha; 2,434 o drigolion)
Ardal o fythynnod gwasgaredig ar gyrion comin **Gorseinon** oedd y **gymuned** hon ar un adeg ond, a hithau o fewn cyrraedd hwylus i'r **M4**, aeth yn gynyddol drefol a diwydiannol. Safai pencadlys hen Gyngor Dosbarth **Dyffryn Lliw** ar safle Penlle'r-gaer, plasty mawr a godwyd yn y 1830au. Dyma gartref **Lewis Weston Dillwyn** a'i fab, **John Dillwyn-Llewelyn**, a dirluniodd y cwm sy'n rhedeg tua'r de o'r plasty, gan greu un o **erddi** mawr Cymru. Goroesodd lluniau gwych o'r stad yng nghanol y 19g., rhai a dynnwyd gan Llewelyn a oedd yn arloeswr ym myd **ffotograffiaeth**. Aeth y plasty â'i ben iddo, a chafodd ei ffrwydro yn 1961 fel rhan o ymarferion hyfforddi'r fyddin. Mae porthdy ac arsyllfa Dillwyn wedi goroesi. Ail-luniwyd un o brif ystafelloedd gwely'r plasty yn Llysdinam, **Powys** (gw. **Llanafan Fawr**). Er gwaethaf blynyddoedd o ddiffyg defnydd ac esgeulustod, ac er bod y llyn (8ha) wedi'i ddraenio, mae llawer o brif nodweddion y tirlun i'w gweld o hyd ac yn cael eu hadfer.

**PEN-LLIN**, Bro Morgannwg (2,312ha; 1516 o drigolion)
Mae'r **gymuned** hon i'r gogledd o'r **Bont-faen** yn cynnwys pentrefi Pen-llin, Llansanwyr, Pentremeurig, Trerhingyll ac Ystradowen. Yn ôl pob tebyg, canolfan wreiddiol yr ardal oedd Llanfrynach, sydd bellach yn bentref anghyfannedd. Yn wahanol i weddill eglwysi canoloesol **Bro Morgannwg**, cafodd Eglwys Sant Brynach, sy'n sefyll ar ei phen ei hun, lonydd gan adferwyr oes Victoria. Mae'n debyg i Gastell Pen-llin gael ei godi ar gyfer Robert le Norris, siryf **Morgannwg** yn 1126. Gerllaw iddo y mae plasty caerog, a godwyd yn wreiddiol yn gartref i deulu Turberville ddiwedd yr 16g. ac a ailadeiladwyd ar gyfer y Gwinnettiaid rhwng 1789 ac 1804. I'r gogledd saif Fferm Goch, 24 o dai a gynlluniwyd gan **T. Alwyn Lloyd** ac a godwyd *c.*1936 yn anheddiad amaethyddol i lowyr di-waith.

I'r dwyrain mae Ystradowen, pentref sy'n prysur dyfu. Yno mae'r mwnt mwyaf ond un ym Morgannwg yn edrych dros yr eglwys, a godwyd gan **John Prichard** yn 1868 ar ffurf ei rhagflaenydd canoloesol. Canol y gymuned yw pentref Llansanwyr lle mae'r eglwys adferedig, sy'n dyddio o'r 13g., yn cynnwys cerflun carreg hardd o farchog arfog a gerfiwyd *c.*1400. Mae Cwrt Llansanwyr, plasty o ddiwedd yr 16g., yn wrthgyferbyniad trawiadol i Court Drive, wyth o dai llym o fodernaidd a godwyd yn y 1970au.

**PENLLYN** Cantref a chyn-ddosbarth gwledig
Canol y **cantref** hwn oedd Llyn Tegid. Cynhwysai gymydau Penllyn Is Tryweryn a Phenllyn Uwch Tryweryn, a bu cymydau **Dinmael** ac **Edeirnion** hefyd â chysylltiad â'r cantref. Er ei fod, yn draddodiadol, yn rhan o **Bowys**, daeth Penllyn yn rhan o **Wynedd** dan **Lywelyn ap Iorwerth**. Yn 1284 daeth y cantref yn rhan o'r **Sir Feirionnydd** newydd. Ystyrir Penllyn yn galon y Gymru Gymraeg wledig, ac mae ei gyfraniad i fywyd Cymru wedi bod yn eithriadol. Er na fu'r **boblogaeth** erioed yn fwy na 4,000, oddi yma y daeth tri o chwe warden cyntaf urdd graddedigion **Prifysgol Cymru**. Rhwng 1894 ac 1974 roedd Penllyn yn un o **ddosbarthau gwledig** Sir Feirionnydd.

**PEN-MAEN**, Caerffili (482ha; 4,478 o drigolion)
Mae **cymuned** Pen-maen, a leolir i'r gorllewin o afon Sirhywi, yn cynnwys Oakdale, gardd-bentref wedi'i gynllunio gan A. F. Webb ar gyfer Cwmni Haearn a Glo Tredegar a agorodd lofa Oakdale yn 1907. Mae'n cynnwys 660 o **dai** ar ffurf cynllun cymesur cymhleth, ac yn ôl John Newman dyma'r ymgais fwyaf uchelgeisiol o lawer gan unrhyw gwmni **glo** yn y de i ddarparu tai wedi'u cynllunio i'w weithlu. Datgymalwyd Sefydliad y Glowyr, Oakdale, a'i ailgodi ar dir Amgueddfa Werin Cymru (gw. **Sain Ffagan**). Roedd y gynulleidfa a ddechreuodd addoli dan arweiniad Henry Walter ym Mhen-maen *c.*1640 yn un o'r carfanau cynharaf o Ymneilltuwyr yng Nghymru.

**PENMAEN-MAWR**, Conwy (1,524ha; 3,857 o drigolion)
Mae'r **gymuned** hon, sydd yn union i'r gorllewin o **Gonwy**, yn cynnwys pentrefi Penmaen-mawr, Dwygyfylchi a Chapel Ulo. Yn yr Oes Neolithig (gw. **Oesau Cynhanesyddol**) roedd Graig Lwyd yn ganolfan bwysig ar gyfer gwneud bwyeill carreg. Mae gwaith cloddio am **wenithfaen** ar gyfer cerrig sets i greu **ffyrdd** wedi dinistrio bryngaer Braich y Dinas (gw. **Bryngaerau**). Hanai'r undebwr llafur **Huw T. Edwards** o deulu o chwarelwyr ym Mhenmaen-mawr. Erbyn y 1860au roedd y lle yn cael ei hybu fel pentref glan môr. Cymerodd **William Gladstone** ato ac mae ei benddelw'n addurno canol y pentref; cafodd fod ymdrochi yn y môr yno yn ddiweddarach na mis Mai yn ormod o dreth arno. Roedd dau benrhyn Penmaen-mawr a Phenmaen-bach yn rhwystr ar gyfer creu ffordd gyfleus ar hyd yr arfordir i gyrraedd calon **Gwynedd**. Yn wir, bu'n rhaid aros nes cwblhau twneli cyntaf yr **A55** yn 1935 cyn i deithwyr i'r gorllewin o Gonwy allu rhoi'r gorau i ddilyn y ffordd ddigon arswydus dros Ben y Clip. Mae Capel Annibynwyr Horeb (1813) yn adeilad hardd.

**PENMYNYDD**, Ynys Môn (1,300ha; 422 o drigolion)
Star yw'r unig bentref o faint yn y **gymuned** hon, yn union i'r gogledd o **Lanfair Pwllgwyngyll**. Roedd Penmynydd ymhlith y tiroedd a roddwyd gan **Lywelyn ap Iorwerth** i'w ddistain, **Ednyfed Fychan**, un o hynafiaid y **Tuduriaid**. Yma

Thomas Pennant: plât allan o'i *Genera of Birds*, 1773 (ail argraffiad 1781)

yr oedd cartref llinach hŷn y teulu. Saif Plas Penmynydd (1576, 17g.) ar safle'r tŷ canoloesol, ond digon di-nod oedd y teulu ym **Môn** ar ôl 1485 ac ni wnaeth unrhyw ymdrech i elwa ar ei gysylltiadau brenhinol. Daeth y llinach wrywaidd uniongyrchol i ben yn hwyr yn yr 17g. Mae Eglwys Sant Gredifael yn cynnwys beddrod cywrain Goronwy ap Tudur (m.1382). Gerllaw'r eglwys ceir elusendai deniadol (1620). Ystyrir mai'r gefnen uwchlaw Dyffryn Cefni yw'r ffin rhwng Sir Fôn Fach a Sir Fôn Fawr.

**PENNAL**, Gwynedd (4,171ha; 355 o drigolion)

Mae'r **gymuned** hon, sydd rhwng **Machynlleth** ac **Aberdyfi**, yn cynnwys rhan uchaf aber afon **Dyfi**. Wrth i'r tir gael ei drin, diflannodd olion caer Rufeinig Pennal bron yn llwyr. Y Domen Las, mae'n debyg, oedd canolfan weinyddol cwmwd **Ystumanner**. O Bennal yr anfonodd **Owain Glyndŵr** ei lythyr enwog at Charles VI, Brenin Ffrainc, yn 1406 (gw. **Llythyr Pennal**), digwyddiad sy'n cael ei goffáu mewn darlun trawiadol yn Eglwys San Pedr, eglwys a godwyd yn 1769 ac sy'n cynnwys llawer o goed a cherrig yr hen eglwys ganoloesol. Yn ôl **Llywelyn Goch**, 'merch wen o Bennal' oedd Lleucu Llwyd, gwrthrych ei farwnad enwog a ystyrir yn un o gerddi serch gorau'r iaith **Gymraeg**. Am genedlaethau roedd gan Blas Talgarth, sy'n ganolfan wyliau erbyn hyn, gysylltiadau â theulu Thurston. I'r gogledd o'r ardal, saif cadwyn fryniau'r Tarennau.

**PENNANT, Teulu** Tirfeddianwyr a diwydianwyr

Dyma un o'r teuluoedd mwyaf pwerus yng Nghymru'r 19g., a'r grym amlycaf yn natblygiad y diwydiant **llechi**. Daeth Richard Pennant (1737?–1808), marsiandïwr ac aelod seneddol dros **Lerpwl** a chanddo fuddiannau yn Jamaica (gw. **Caethwasiaeth**), yn berchen ar stadau'r Penrhyn trwy briodas yn 1765. Aeth ati i gloddio'r llechfeini ar ei dir gan greu chwarel y Penrhyn, a gerllaw iddi sefydlwyd tref **Bethesda**. Wedi'i urddo'n Farwn Penrhyn yn y bendefigaeth Wyddelig yn 1783, buddsoddodd mewn mentrau megis **ffyrdd** a harbwr ym Mhorth Penrhyn (**Llandygái**) i allforio'r llechi, ac erbyn dechrau'r 1790au cyflogai 400 o ddynion. Datblygodd chwarel y Penrhyn i fod yn gynhyrchle llechi pwysicaf y byd. Etifeddwyd stadau'r Penrhyn gan gefnder Pennant, George Hay Dawkins (1764–1840), a gymerodd yr enw Dawkins-Pennant yn 1816, ac ef a fu'n gyfrifol am godi Castell Penrhyn (Llandygâi), clamp o adeilad ffug-Normanaidd (y pensaer oedd Thomas Hopper). Wedi iddo farw daeth y stad yn eiddo i Edward Gordon Douglas (1800–86), a gymerodd yr enw Douglas-Pennant a bu ef yn aelod seneddol dros **Sir Gaernarfon** o 1841 hyd nes iddo gael ei urddo'n Farwn Penrhyn yn y bendefigaeth Brydeinig yn 1866. Yn 1886 fe'i holynwyd gan George Sholto Douglas-Pennant (1836–1907), gŵr y bu ganddo ran mewn sawl streic a chload allan chwerw yn hanes chwarelwyr Bethesda (gw. **Streic Fawr y Penrhyn**). Roedd y teulu – gyda'i diroedd helaeth, ei gastell mawreddog, ei stadau yn Northampton a'i dŷ yn Belgravia, ei ymlyniad wrth y **Blaid Geidwadol** a'r Eglwys Anglicanaidd – yn symbol o bopeth a oedd yn atgas gan Gymry radicalaidd y 19g. Yn 1949 gwahanwyd y stad oddi wrth y teitl, ac yn 1951 trosglwyddwyd y castell a'r rhan fwyaf o'r stad i'r **Ymddiriedolaeth Genedlaethol**. Yn 1873 roedd y teulu yn berchen ar 17,795ha o dir yn Sir Gaernarfon a **Sir Ddinbych**.

**PENNANT, Thomas (1726–98)** Naturiaethwr a hynafiaethwr

Yn y Downing yn **Chwitffordd** y ganed Thomas Pennant, ac yno y bu farw hefyd (cafodd y tŷ ei ddifa gan dân yn 1922). Fe'i cofir yn bennaf ar gyfrif ei *Tours in Wales*, a gyhoeddwyd yn wreiddiol mewn dwy gyfrol (1778 ac 1781; cyhoeddwyd argraffiad tair cyfrol dan olygyddiaeth **John Rhŷs** yn 1883). Er mai **siroedd** y gogledd yn unig a drafodir ynddynt, bu'r cyfrolau hyn yn batrwm ar gyfer llyfrau tebyg am deithiau yng Nghymru am ddegawdau wedyn, a gwnaethant lawer i hybu diddordeb teithwyr o **Saeson** yng Nghymru. Gwas yr awdur, **Moses Griffith**, a wnaeth y lluniau. Ymhlith gweithiau eraill Thomas Pennant y mae *The History of the Parishes of Whiteford and Hollywell* (1796), sy'n gyfrol arloesol ym maes hanes lleol yng Nghymru. Roedd yr awdur hefyd yn swolegydd o fri, ac ef oedd y cyntaf ym **Mhrydain** i ddefnyddio'r dull enwi binomaidd (enwi **planhigion** ac anifeiliaid gan ddefnyddio dau enw Lladin). Yn ôl Syr Gavin de Beer, Thomas Pennant oedd y swolegydd pwysicaf rhwng John Ray a Charles Darwin.

**PENNARD**, Abertawe (1,164ha; 2,648 o drigolion)

Mae'r **gymuned** hon, sy'n ymestyn o Faes Awyr Abertawe i benrhyn Pwll-du, wedi'i threfoli yn helaeth yn Kittle a Southgate, ond amaethyddol yw'r rhan fwyaf ohoni, ac erys tystiolaeth o'r stribedi a nodweddai ddulliau amaethu maes-agored yr Oesoedd Canol. Saif Castell Pennard uwchlaw'r cwm sy'n arwain i Three Cliffs Bay. Fe'i codwyd *c.*1300 ar safle caer symlach a godwyd *c.*1150. Gerllaw ceir gweddillion eglwys wreiddiol Pennard a gladdwyd gan y tywod yn y 14g. Defnyddiwyd darnau ohoni i godi eglwys arall 2km i'r dwyrain; yno y claddwyd y bardd **Harri Webb**, ac o fewn yr eglwys ceir llechen i goffáu bardd arall, **Vernon Watkins**. Mae gan Blasty Cil-frwch, a godwyd ar gyfer teulu Penrice yn y 1770au, ond sy'n ymgorffori gwaith cynharach, wyneb pum bae a cheir mynediad trwy borth o golofnau Tysganaidd o haearn bwrw.

### PENNARDD Cwmwd

Roedd Pennardd yn un o'r deg **cwmwd** yng **Ngheredigion**, ac ymestynnai dros ran eang o'r hen deyrnas. Cynhwysai safle crefyddol hynafol **Llanddewibrefi** a'r fynachlog a godwyd wedi hynny yn **Ystrad-fflur**. Wedi'r **Deddfau 'Uno'** goroesodd yn enw ar **hwndrwd** Penarth.

### PENRY, John (1563–93) Merthyr

Fel merthyr Piwritanaidd y cofir am John Penry. Fe'i ganed yng Nghefn-brith, ffermdy yn **Llangamarch**, ac fel myfyriwr yn **Rhydychen** a **Chaergrawnt** bu'n troi mewn cylchoedd Piwritanaidd (gw. **Piwritaniaid**). Roedd prinder 'gwybodaeth achubol' yn ei famwlad yn ei boeni cymaint fel y cyhoeddodd dri thraethawd (1587–8) yn annog y Frenhines Elizabeth a'r Senedd i sefydlu gweinidogaeth **bregethu** effeithiol yng Nghymru. Mynegodd ei farn yn ddiflewyn-ar-dafod: disgrifiodd esgobion fel 'llofruddion a llindagwyr eneidiau dynion' ac offeiriaid fel 'cŵn mudion a thrachwantus'. Bu'n weithredol yn y gwaith o gynhyrchu tractiau Marprelate, cyfres o weithiau dychanol a wnâi hwyl am ben esgobion, ac ysai'r awdurdodau am ei waed. Yn 1589 ffodd i'r **Alban** ac ar ôl dychwelyd i **Loegr** yn 1592 ymunodd â'r ymwahanwyr. Ym mis Mawrth 1593 fe'i harestiwyd ac, er iddo honni mai ei unig nod fu ceisio achub eneidiau pobl Cymru, fe'i crogwyd yn **Llundain** ym mis Mai 1593. Gadawodd ar ei ôl weddw, Eleanor, a phedair merch fach y mae eu henwau – Comfort, Deliverance, Safety a Sure Hope – yn enghraifft brin o'r defnydd o 'enwau-rhinwedd' gan Biwritan o Gymro yn ystod yr 16g.

### PENRHIW-CEIBR, Rhondda Cynon Taf (213ha; 6,265 o drigolion)

Lleolir y **gymuned** ar lan orllewinol afon Cynon i'r de o **Aberpennar**, tref y mae Penrhiw-ceibr yn rhan ohoni i bob pwrpas. Enw fferm oedd Penrhiw-ceibr yn wreiddiol; ystyr *ceibr* yw trawst neu ddist – cyfeiriad, mae'n debyg, at ganghennau trwchus y coed yno. Datblygodd yr ardal pan agorwyd glofa Penrikyber yn 1878. Yn ei hanterth, yn 1913, cyflogai'r lofa tua 2,000 o ddynion; fe'i caewyd yn 1985. Sefydliad y Gweithwyr (1888), sydd bellach yn ganolfan gymunedol, yw'r unig sefydliad sydd ar ôl ym mhen isaf Cwm Cynon. Adeiladwyd tŵr y cloc yn gofeb i'r rhai a laddwyd yn y **Rhyfel Byd Cyntaf**.

### PENRHYN Cwmwd

Un o gymydau'r **Cantref Gwarthaf** a oedd yn cwmpasu'r penrhyn rhwng aberoedd **Tywi** a **Thaf** (**Sir Benfro** a **Sir Gaerfyrddin**). Roedd ei ganolfan weinyddol yn **Llansteffan**. Yn sgil dyfodiad y **Normaniaid** daeth yn arglwyddiaeth Llansteffan.

### PENRHYNDEUDRAETH, Gwynedd (774ha; 2.031 o drigolion)

Mae'r **gymuned** hon, sydd i'r dwyrain o **Borthmadog**, ar benrhyn rhwng aberoedd Dwyryd a **Glaslyn**. Tyfodd Penrhyndeudraeth yn sgil adeiladu'r cob ar draws aber afon Glaslyn yn 1810 (gw. **Porthmadog**), ac ehangodd ymhellach o ganlyniad i dwf y diwydiant **llechi** yn **Ffestiniog** a dyfodiad Rheilffordd Ffestiniog (1836), sy'n croesi'r cob. Nodwedd hynotaf y gymuned yw Portmeirion, y pentref Eidalaidd unigryw a grëwyd rhwng 1925 ac 1972 gan y pensaer **Clough Williams-Ellis**. Daeth plasty Aber Iâ ar benrhyn aber Dwyryd i'w feddiant, ac ar y llethrau uwchben cododd dros 40 o adeiladau, rhai ohonynt yn cynnwys rhannau a achubwyd o adeiladau mewn mannau eraill. O amgylch y pentref, ceir gerddi'r Gwyllt sy'n llawn o goed rhododendron. Ym Mhortmeirion y ffilmiwyd y gyfres deledu gwltaidd *The Prisoner*. Gerllaw y mae Castell Deudraeth, sy'n westy chwaethus erbyn hyn, ac a godwyd, efallai, ar safle castell y cyfeiriwyd ato gan **Gerallt Gymro** yn 1188. Bu'n gartref i David Williams (1800–69), aelod seneddol Rhyddfrydol cyntaf **Sir Feirionnydd**. Treuliodd yr athronydd **Bertrand Russell**, a aned yn **Nhryleg**, flynyddoedd olaf ei oes ym Mhlas Penrhyn. Mae tollbont yn cysylltu Penrhyndeudraeth â ffordd arfordirol yr A496.

### PEN-RHYS (Penrice), Abertawe (1,422ha; 454 o drigolion)

Mae'r **gymuned** hon yn ymestyn o bentref glan môr Horton i ehangder ysblennydd Bae Oxwich. Mae gan Eglwys Sant Illtud, Oxwich, dŵr gwych o'r 14g.; saif yr eglwys bron ar y traeth i'r de o bentref Oxwich – rhuban hir o fythynnod gyda chabanau a charafanau y tu cefn iddynt. Plasty yw Castell Oxwich; dechreuwyd ei godi gan Rice Mansel (gw. **Mansel, Teulu**) yn y 1530au a'i gwblhau gan Edward Mansel yn y 1590au, ac yn ôl John Newman dyma'r unig enghraifft yn **Sir Forgannwg** o dŷ rhyfeddol (*prodigy house*) o oes Elizabeth. Codwyd y castell mawr, anhygyrch ym Mhenrhys yn niwedd y 13g. Gerllaw gwelir y plasty pum bae a godwyd gan Thomas Mansel Talbot yn y 1770au (gw. **Talbot, Teulu**). O'i gwmpas ceir parc wedi'i dirlunio (18g.) sy'n cynnwys orendy – fersiwn llai o'r un a godwyd gan Talbot ym **Margam**. Yn Eglwys Sant Andreas, Pen-rhys, ceir cangell o'r 12g. a chroesfâu llydan o'r 14g. I'r gorllewin gwelir amddiffynfa gylch fawr o'r 12g., rhagflaenydd y castell canoloesol.

### PENSAERNÏAETH

#### *Cynhanesyddol*

Yr enghreifftiau cynharaf o waith adeiladu sydd wedi goroesi yng Nghymru yw'r cromlechi megalithig a godwyd dros 5,000 o flynyddoedd yn ôl yn ystod yr Oes Neolithig. Adeiladwyd y cromlechi o gerrig wedi'u gorchuddio â thomenni o bridd. Roeddynt yn hirsgwar eu siâp gan mwyaf, ond yn grwn ym **Môn**. Roedd siambrau claddu i'w cael yn yr Oes Efydd hefyd, er nad oedd y rhain fawr mwy na thwmpathau crwn wedi'u gorchuddio â glaswellt gyda beddau unigol oddi mewn iddynt. Yn ystod y cyfnod hwn, codwyd hefyd nifer o gylchoedd cerrig, o bosibl ar gyfer dibenion astronomegol. Er nad oes unrhyw anheddau wedi goroesi o Oes y Cerrig na'r Oes Efydd, awgryma tystiolaeth

Castell Cricieth: adluniad dychmygol o waith Alan Sorrell

archaeolegol mai cynllun hirsgwar, yn fras, a oedd i'r anheddau cynnar, ac i hwnnw gael ei ddatblygu'n ddiweddarach yn siâp cylch ran amlaf (gw. **Tai**). Mae'n debyg fod llwythau'r Oes Haearn, na adawsant unrhyw feddau ar eu holau, wedi byw, ar y dechrau o leiaf, mewn pentrefi caerog ar safleoedd uchel fel bryniau neu glogwyni. (Ar gyfer yr Oes Neolithig, yr Oes Efydd a'r Oes Haearn, gw. **Oesau Cynhanesyddol**.) Adeiladwyd cannoedd o'r **bryngaerau** hyn ledled Cymru, ac roedd rhai wedi'u hamddiffyn yn gadarn gan gloddiau o bridd a ffosydd (neu waliau cerrig yn y gogledd-orllewin). Yn ddiweddarach yn yr Oes Haearn daeth ffermydd agored neu led gaeedig yn fwy cyffredin. Roedd yr anheddau eu hunain yn grwn fel arfer, ac wedi'u codi o gerrig gan amlaf yn y gogledd-orllewin (fel yn Nhre'r Ceiri (**Llanaelhaearn**), gyda'i 150 o gytiau o fewn wal amddiffynnol), ond o goed mewn mannau eraill (fel y modelau sydd wedi'u creu ar batrwm yr anheddau gwreiddiol yng Nghastell Henllys (**Nyfer**) ac yn Amgueddfa Werin Cymru (gw. **Sain Ffagan**)).

## *Rhufeinig ac ôl-Rufeinig*

Pan ddaeth y **Rhufeiniaid** i Gymru yn y ganrif gyntaf OC, daethant â'u dulliau adeiladu hwy eu hunain i'w canlyn. Codent demlau, baddonau ac amffitheatrau fel rhan o gaerau a threfi geometrig eu cynllun, yn ogystal â thai gwledig ar batrwm fila. Gwneid adeiladau Rhufeinig o goed a cherrig wedi'u trin, neu o frics wedi'u plastro â stwco, ac roedd ganddynt doeau isel gyda theils clai. Y tu mewn ceid addurniadau megis murluniau a gwaith mosäig. Pan ddaeth teyrnasiad y Rhufeiniaid i ben, gadawyd y caerau. A hwythau bellach yn ddiamddiffyn, a heb **economi** hyfyw yn sail iddynt, cefnwyd ar y trefi a'r tai gwledig, ac yn raddol aeth dulliau adeiladu'r concwerwyr yn angof.

Wedi hynny gwelwyd canolfannau grym yn ymddangos drachefn mewn safleoedd hawdd eu hamddiffyn – yn enwedig bryngaerau, fel **Dinas Powys**. Un eithriad o ddiwedd y 9g. yw'r crannog (ynys wneud) a adeiladwyd, wedi'i chynnal gan domenni coed, yn Llyn Syfaddan (**Llan-gors**). Nodwedd arall ar y cyfnod ôl-Rufeinig oedd lledaeniad yr eglwys Gristnogol (gw. **Eglwys Geltaidd**), ac ymddangosodd sefydliadau mynachaidd mewn sawl ardal, yn bennaf ar yr arfordir (Ynys Seiriol, **Llangoed**; Burry Holms, **Llangynydd**) (gw. **Clas**). Yno ceid nifer o adeiladau bychain wedi'u hamgylchynu gan wal gromlinog y **llan**. Adeiladau wedi'u gwneud o goed oedd y mwyafrif ac o'r herwydd nid ydynt wedi goroesi, ond mae'n bosibl iawn fod unrhyw adeiladau cerrig a geid yn dilyn patrwm y cromenni corbelog a ganfuwyd ym mannau addoli Cristnogion cynnar Iwerddon.

## *Oesoedd canol: milwrol*

Yn union ar ôl gorchfygu **Lloegr** ceisiodd y **Normaniaid** oresgyn Cymru. Yn yr ardaloedd a oresgynnwyd ganddynt, aethant ati i godi cestyll er mwyn cadarnhau eu grym. Yng **Nghas-gwent** (Tŵr Mawr, *c*.1071), adeiladodd y Normaniaid un o'r cestyll cerrig cynharaf ym **Mhrydain**, ar safle dramatig uwchben clogwyni serth fel y gellid gweld unrhyw rai a fentrai groesi afon **Gwy**. Er hynny, cestyll mwnt a beili, wedi'u gwneud o bridd a phren oedd y mwyafrif o'r cestyll cynnar. Yn ddiweddarach ailadeiladwyd nifer o'r cestyll cynnar gyda cherrig, fel ag yng **Nghaerdydd**, lle codwyd, yn hanner cyntaf y 12g., dŵr carreg ysblennydd yn lle'r tŵr pren gwreiddiol. Digymeriad oedd waliau cestyll y Normaniaid oni bai am ambell hollt ar gyfer saethu a bwtresi gwastad fel pilastrau. Roedd y ffenestri'n fach, gyda phennau crynion, ac ni cheid llawer ohonynt. Gallai'r brif fynedfa, ar y llaw arall, fod yn ddigon rhwysgfawr, fel mynedfa addurnedig a thrawiadol y Castellnewydd, **Pen-y-bont ar Ogwr**.

Erbyn dechrau'r 13g. roedd arglwyddi'r **Mers** yn rheoli'r tir ar hyd arfordir y de a dyffrynnoedd **Wysg** a Gwy. Codwyd cestyll newydd, ac ailgodwyd hen rai, gyda thyrau crynion yn hytrach na rhai hirsgwar; o'r rhain roedd hi'n haws saethu i bob cyfeiriad ac nid ar chwarae bach y gallai hwrdd-beiriannau eu difrodi. Mae'n debyg mai tŵr mawreddog Castell **Penfro** a ysbrydolodd lawer o'r tyrau hyn. Codwyd hwnnw yn fuan ar ôl 1200 gan William Marshal (gw. **Marshal, Teulu**), yntau yn ei dro wedi'i ysbrydoli gan gestyll a godwyd yn gynharach yng ngogledd Ffrainc. Y castell mwyaf o ran maint, a'r mwyaf ysblennydd o holl gestyll arglwyddi'r Mers, oedd Castell **Caerffili**, y dechreuwyd ei godi gan Gilbert de Clare yn 1268 (gw. **Clare, Teulu**).

Ceir tystiolaeth fod bron 40 o gestyll cerrig a chlodd-waith wedi'u hadeiladu gan y tywysogion Cymreig. Mae'r rhai sy'n dal i sefyll i gyd yn dyddio o'r 13g., a'r mwyafrif ohonynt wedi'u lleoli draw oddi wrth y môr, a hynny'n aml ar safleoedd creigiog a oedd yn galw am gynllun afreolaidd. Roedd cynllun y tŵr yn amrywio o gastell i gastell. Tyrau hirsgwar a geid yng nghestyll gogleddol **Dolwyddelan** (*c.*1210–40), y Bere (**Llanfihangel-y-Pennant**), Dinas Brân (**Llangollen**) a Dolforwyn (**Llandysul** ger y **Drenewydd**, 1273). Mae'n debyg fod y tyrau crynion yng nghestyll **Dinefwr** (**Llandeilo**, *c.*1220–33) a Dryslwyn, yn nyffryn **Tywi**, yn arddangos dylanwad cestyll arglwyddi'r Mers yn y de-ddwyrain. Yn **Eryri**, roedd tŵr crwn Castell Dolbadarn (**Llanberis**), gyda'i leoliad dramatig, wedi'i adeiladu ar gynllun soffistigedig a gynhwysai risiau troellog oddi mewn i'r wal drwchus (*c.*1230–40). Roedd gan Gastell Ewlo (**Penarlâg**), yn **Sir y Fflint**, dŵr siâp D (1257) a oedd yn edrych dros y fynedfa ac yn rhoi gwell cyfle i ymosod ar y gelyn nag y byddai tŵr hirsgwar. Roedd mynedfeydd cadarn yn brin, er bod gan Gastell **Cricieth** fynedfa enfawr i'w amddiffyn (*c.*1230–40), gyda phâr o dyrau cromfannol, o bosibl dan ddylanwad cestyll Lloegr.

Wedi'r ymgyrchoedd yn 1277 ac 1282–3 adeiladodd Edward I, brenin Lloegr, gadwyn o gestyll cydnerth, ger yr arfordir yn bennaf, o Gastell y **Fflint** (1277–84) yn y gogledd-ddwyrain i Gastell **Aberystwyth** yn y gorllewin. Cynlluniwyd y cestyll diweddaraf gan **James o St George**, pensaer o Safwy (Savoie). Roedd y cestyll hyn wedi'u codi ar ffurf caerau arbennig o gadarn, gan ddefnyddio'r dechnoleg filitaraidd ddiweddaraf. Roedd i Gastell **Conwy** (1283–87) gynllun hirgul wedi'i rannu'n ddwy ward, ill dwy wedi'u hamddiffyn gan bedwar tŵr crwn mawr. Roedd Castell **Biwmares** (1295–*c.*1306) yn enghraifft wych o gynllun consentrig – rhan fewnol ar ffurf octagon gyda dwy fynedfa enfawr, wedi'i hamgylchynu gan ran allanol debyg. Roedd castell **Caernarfon** (1283–*c.*1330) yn symbol rhwysgfawr o rym imperialaidd, gyda'r gwaith cerrig llorweddol a'r tyrau onglog yn arddangos dylanwad muriau Caer Gystennin, mae'n debyg. Bron yr un mor drawiadol yw rhai o'r cestyll a gododd James o St George ar gyfer sawl un o arglwyddi'r Mers; efallai mai'r tri thŵr wyth-onglog sy'n ffurfio'r Porthdy Mawr yn **Ninbych** yw'r darn mwyaf nodedig o bensaernïaeth yn dyddio o Gymru'r 13g.

## *Oesoedd Canol: tai*

Ar ôl dinistr y Gymru annibynnol ar ddiwedd y 13g., nid oedd angen amddiffynfeydd milwrol i'r un graddau ac yn raddol disodlwyd y castell gan y plasty. Er enghraifft, ar ddechrau'r 14g., yn Nhretŵr (**Llanfihangel Cwm-du**), adeiladwyd tŷ newydd ger safle'r castell, gyda chyntedd canolog a oedd yn agored i'r to. Yn ddiweddarach, yn y 15g., fe'i rhannwyd yn ddau lawr ac ychwanegwyd adain a chyntedd newydd. Codai'r tirfeddianwyr cyfoethocaf dai sylweddol. Cododd yr Esgob **Henry de Gower**, er enghraifft, balasau ysblennydd yn **Llandyfái** a **Thyddewi** yn y 14g.; roedd parapetau bwaog addurnedig ar yr adeiladau ac roedd y prif ystafelloedd wedi'u lleoli ar y llawr cyntaf uwchben llawr gwaelod bwaog. Adeilad mwyaf uchelgeisiol Cymru'r 15g. oedd Castell **Rhaglan**. Amgylchynid ei dŵr mawr chwe-onglog (1435–45) gan ffos ac fe'i cynlluniwyd i wrthsefyll saethu gan ynnau mawr. Ychydig iawn o dai tŵr go iawn a adeiladwyd yng Nghymru. Er hynny, mae'n ymddangos bod gan Lancaeach Fawr (**Gelli-gaer**) gysylltiadau gyda'r ddau draddodiad, sef y tŷ tŵr a'r traddodiad yn y de-orllewin o gael neuadd ar y llawr cyntaf. Nodwedd hynod o'r adeilad hwn yw'r rhesi o risiau sydd wedi'u hadeiladu i mewn yn y waliau trwchus, nodwedd sy'n awgrymu bod yr angen i amddiffyn yn dal i fod yn ystyriaeth bwysig wrth gynllunio hyd yn oed ar ddechrau'r 16g.

## *Oesoedd Canol: eglwysig*

Adeiladwyd llawer o eglwysi wedi i'r Normaniaid ddod i Gymru. Ar y dechrau roedd y mwyafrif ohonynt yn gymharol syml, heb ddim eiliau. Roedd y waliau'n drwchus, gyda bwtresi isel a gwastad, a phrin oedd yr agoriadau. Yn y de-ddwyrain, lle lleolid y mwyafrif o adeiladau'r Normaniaid, defnyddid gwaith cerrig mewn patrwm saethben fel ag a geid yn adeiladau'r Sacsoniaid gynt. Adeiladai'r Normaniaid yn yr arddull Romanésg, ac roedd y siâp hanner cylch i'w weld ym mhobman: mewn mynedfeydd, ffenestri, bwâu canghellau a bwâu ar hyd ystlys yr eglwys (Eglwys y Santes Fair, Cas-gwent; Abaty **Margam**) ac mewn nenfydau ar ffurf fowtiau baril (Priordy **Ewenni**). Roedd y tu mewn yn dywyll ac yn drymaidd, gyda'r agoriadau wedi'u naddu o garreg solat i bob golwg. Mewn adeiladau diweddarach, addurnid mynedfeydd yn gelfydd gyda rhesi o fwâu, pob un yn llai na'r un o'i flaen, a phob un wedi'i addurno â mowldinau.

Lleolwyd mynachlogydd Normanaidd cynharaf Cymru mewn trefi a pherthynent i urdd y **Benedictiaid**. Roedd y **Sistersiaid**, ar y llaw arall, yn gosod cryn bwyslais ar fyw'n syml a phlaen a lleolid eu habatai hwy mewn mannau diarffordd (**Tyndyrn**; **Ystrad-fflur**). Mewn mynachlog nodweddiadol, ceid clwstwr o adeiladau cymunedol a'r rheini wedi'u gosod o gylch clos bwaog y fynachlog ar un ochr i'r eglwys.

Yn y 13g. medrai adeiladwyr elwa ar well dealltwriaeth o egwyddorion adeiladu a gwell safonau adeiladu. Yn raddol, sylweddolodd adeiladwyr canoloesol nad oedd angen i waliau fod yn drwchus ac eithrio pan oedd rhaid iddynt gynnal

J. M. W. Turner, *Ewenny Priory*, *c.*1797

pwysau toeau neu wrthsefyll gwthiad bwâu. Dechreuwyd adeiladu bwtresi ar ffurf stepiau er mwyn rhoi mwy o gynhaliaeth a dyfnder. Nodwedd amlycaf pensaernïaeth Gothig yw'r defnydd o fwâu pigfain ar gyfer ffenestri, mynedfeydd a chromenni (Eglwys Gadeiriol **Aberhonddu**). Ar y dechrau cafwyd ffenestri lansed hir a chul, naill ai'n unigol ar waliau ochr neu mewn grwpiau ar dalcen yr adeilad. Yn ddiweddarach lleolid y ffenestri lansed yn un clwstwr, a cheid agoriadau bychain yn y waliau rhwng y bwâu er mwyn creu rhwyllwaith trydyllog. Wrth i'r **boblogaeth** gynyddu, ehangwyd yr eglwysi pwysicaf trwy ychwanegu eiliau a oedd wedi'u gwahanu oddi wrth gorff yr eglwys gan golofnau cul, a'r rheini wedi'u cydgysylltu â bwâu pigfain.

Rhoddodd y gwelliannau mewn dulliau adeiladu gyfle i adeiladwyr y 14g. arbrofi, a chael mwy o ryddid o ran addurno a cherflunio. Roedd bwtresi dyfnach yn golygu nad oedd angen i waliau fod mor drwchus, ac roedd hyn, ynghyd â datblygiad rhwyllwaith, yn caniatáu i ffenestri fod yn lletach. Datblygodd rhwyllwaith ffenestri yn batrymau geometrig, ysgafn, ac yn eu tro trodd y rheini yn ffurfiau cromlinog naturiolaidd gyda bwâu pigfain troellog a bariau rhwydog croestoriadol. Roedd y drysau'n lletach, a chanddynt weithiau fwâu pigfain gosgeiddig. Ychwanegwyd tyrau at nifer o eglwysi a daeth meindyrau serth yn fwy cyffredin (Eglwys Sain Nicolas, y **Grysmwnt**).

Yn sgil cyfoeth cynyddol diwedd y 15g. a dechrau'r 16g. aeth eglwysi yn fwy cymhleth eu cynllun, a chafodd nifer o rai a fodolai eisoes eu hehangu neu eu hailadeiladu. Codwyd eglwysi newydd ysblennydd fel Eglwys Sant Beuno, **Clynnog**, ac Eglwys yr Holl Saint, **Gresffordd**. Aeth waliau yn llai trwchus o lawer a ffenestri yn fwy sgwarog, gan lenwi'r gofod rhwng bwtresi yn aml. Roedd y tŵr yn aml yn un a oedd yn tynnu sylw, ac wedi'i addurno'n gywrain gyda phinaclau a pharapetau (Eglwys Sant Giles, **Wrecsam**). Yn rhai o'r eglwysi ceid nenfydau cain gyda phaneli coed, wedi'u haddurno â thrawstiau gordd neu grogaddurnau (Eglwys Gadeiriol Tyddewi). Prin oedd y defnydd o fowtiau cerrig, a dim ond mewn amgylchiadau arbennig y defnyddid ffanfowtiau (Capel Santes Gwenfrewi, **Treffynnon**). Roedd bri ar groglenni wedi'u cerfio'n gywrain, ac mae enghreifftiau gwych wedi goroesi mewn mannau diarffordd megis Patrisio (**Dyffryn Grwyne**) a Llananno (**Llanbadarn Fynydd**).

### *Yr unfed ganrif ar bymtheg*

Ychydig iawn o eglwysi a adeiladwyd yn ystod y ddwy ganrif wedi'r **Diwygiad Protestannaidd**. O'r 16g. hyd y 18g. tai o ryw fath neu'i gilydd oedd y rhan fwyaf o adeiladau newydd. Arddull drawsnewidiol, yn ei hanfod, oedd i bensaernïaeth oes y **Tuduriaid**, a hithau'n dod rhwng y pwyslais Gothig hwyr ar linellau fertigol ar un llaw a delfrydau'r **Dadeni** a hoffter y cyfnod hwnnw o gynllunio ffurfiol ar y llall. Yn ystod y cyfnod hwn roedd yn ffasiynol cynllunio tai mawr ar siâp E, gyda mynedfa a dwy adain yn ymwthio

Tŷ Tredegyr

o bob ochr iddi. Felly roedd tu blaen y tai yn gymesur yr olwg waeth beth fyddai'r cynllun mewnol. Diflannodd ffenestri pwynt bron yn gyfan gwbl, ac yn eu lle daeth agoriadau hirsgwar. Y tu mewn i'r tŷ Tuduraidd roedd mwy o bwyslais ar foethusrwydd a phreifatrwydd: gwnaed defnydd helaeth o baneli plastr a choed addurnedig yn y prif ystafelloedd; adeiladwyd nenfydau gwastad yn lle'r rhai agored gynt; a daeth lleoedd tân yn fwy cyffredin (gw. **Tai**). Gan fod mwy o gyfoeth, a chan ei bod yn haws teithio, roedd cyfle i'r *nouveaux-riches* ailadeiladu yn ôl y ffasiwn diweddaraf. Yng Nghastell **Caeriw**, ychwanegodd Syr John Perrot (gw. **Perrot, Teulu**) adain newydd wych at yr adeilad gyda ffenestri enfawr a ffenestri bae ar ffurf hanner cylch, yn ogystal â darparu cyflenwad dŵr i'r gegin trwy bibellau. Ym Mhlas Clwch, **Dinbych**, cododd Syr Richard Clough (m.1570) – gŵr a chanddo fuddiannau yn yr Iseldiroedd – dalcenni grisiog yn y dull Iseldiraidd, nodwedd a ddaeth yn boblogaidd yn y gogledd wedi hynny. Hynotach fyth oedd tŷ arall Clough, Bachegraig (**Tremeirchion**); gyda'i do siâp pyramid, roedd yn unigryw ym Mhrydain yr 16g., ond fe'i dymchwelwyd yn 1817.

## *Yr ail ganrif ar bymtheg*

Yn hwyr yn y dydd y daeth pensaernïaeth y Dadeni i Gymru. Ymdeimlir â'i ddechreuadau petrusgar ym mhlasty'r Bewpyr, **Llan-fair**, lle adeiladwyd estyniad yn cynnwys porthdy allanol Tuduraidd (1586) wedi'i addurno â philastrau a phaneli mewn arddull glasurol ddirywiedig; 14 blynedd yn ddiweddarach ychwanegwyd mynedfa anghyffredin, gyda cholofnau clasurol wedi'u cerfio'n hyderus ar dair lefel wahanol. Nodweddion pwysig ar bensaernïaeth y Dadeni oedd natur gywasgedig a chytbwys yr adeiladau, a'r modd y câi popeth ei gynllunio yn unol â chysyniadau manwl. Adlewyrchir hyn yng nghynllun Plas Teg (1610) yn yr **Hob**, adeilad pedwar sgwâr gyda thyrau cornel militaraidd. Mae Great Castle House (1673) yn **Nhrefynwy**, tŷ tref cryno, yn ffurfiol a chymesur, wedi'i godi i greu argraff. Adeiladwyd Erddig (1684), ym **Marchwiail**, ar raddfa lawer mwy, ac mae symlrwydd a chysondeb rhan flaen y tŷ, gyda'i res hir o ffenestri codi, yn pwysleisio'i fawredd. Mae Tredegyr (1670) ger **Casnewydd** (gw. **Coed-cernyw**) yn fwy cywrain fyth, ac, fel Erddig, wedi'i amgylchynu gan **erddi** sy'n cyd-fynd â chynllun ffurfiol y tŷ. Cynlluniwyd y tu mewn i dai bonedd, yn ogystal, yn ôl egwyddorion ffurfiol gyda chynteddau mawr a grisiau amlwg. Yn aml roedd y prif ystafelloedd ar y llawr cyntaf a chaent eu plastro neu eu panelu â choed. Weithiau câi paneli coed eu gosod ar y nenfydau hefyd, neu câi'r nenfydau eu plastro'n addurniadol.

## *Y ddeunawfed ganrif*

Ar ôl cyfnod baróc byrhoedlog, dychwelodd penseiri at arddull fwy syml a phlaen yn seiliedig ar gynlluniau Eidalaidd gan Palladio. Sefydlwyd rheolau pendant ynghylch cymesuredd ynghyd â safonau chwaeth, ac yn raddol ymdreiddiodd y rhain i fyd adeiladwyr cyffredin. Trwy gydol y 18g. roedd **Rhamantiaeth** yn cyniwair dan yr wyneb, a chyn hir adlewyrchwyd yr ysgafnder newydd hwn ym myd pensaernïaeth (Orendy Margam, 1787). Roedd diddordeb cynyddol yn y canoloesol hefyd. Un datblygiad arwynebol braidd a darddodd o'r diddordeb mewn rhamantiaeth oedd neo-Gothigiaeth (Castell Cleidda, **Llan-arth**, 1790). Ond mwy dylanwadol oedd mudiad y **pictiwrésg** a oedd yn annog penseiri i gefnu ar gymesuredd perffaith a meddwl yn hytrach am godi adeiladau a oedd mewn cytgord â'r tirlun o'u hamgylch; sefydlwyd yr egwyddorion gan Syr Uvedale Price a'u gweithredu gan **Thomas Johnes** a **John Nash**. Tua diwedd y ganrif datblygodd John Nash ei arddull ramantaidd glasurol mewn adeiladau syml a syber yr olwg. Er i sawl plasty newydd gael ei godi yng nghefn gwlad, roedd y 18g. hefyd yn gyfnod pwysig o safbwynt adeiladu mewn trefi, yn arbennig mewn canolfannau rhanbarthol fel **Caerfyrddin**, Trefynwy, **Abertawe** a'r **Trallwng** (gw. **Tai**). A chyfleusterau teithio'n gwella, cododd yr angen am bontydd a chodwyd llawer ohonynt, gan gynnwys pont feiddgar **William Edwards** ym **Mhontypridd** (1756).

*Y bedwaredd ganrif ar bymtheg*

Mae llawer o dai bonedd o'r 19g. yn tystio i adfywiad mewn arddulliau Gothig a chlasurol. Ar y dechrau, ffafriwyd arddull Gothig wrth adeiladu 'cestyll' yr entrepreneuriaid a'r diwydianwyr cyfoethog newydd, fel yng Nghastell Cyfarthfa (1825) ym **Merthyr Tudful** a Chastell Gwrych (1819–22) yn **Llanddulas**. Adeilad mwy argyhoeddiadol ei bensaernïaeth oedd Castell Penrhyn (1827–40), **Llandygái**, plasty ffug-Normanaidd, gyda'i dŵr anferth yn seiliedig ar dŵr Castell Hedingham (12g.) yn Essex. Yr enghraifft fwyaf trawiadol yn y 19g. o waith ailadeiladu oedd y gwaith a wnaed yn unol â chynlluniau **William Burges** yng Nghastell Caerdydd (1868–1900); gyda'i dŵr cloc uchel, ei amlinell ddramatig a'i ystafelloedd rhodresgar, dyma'r freuddwyd Fictoraidd ar ei ffurf fwyaf eithafol. Arbrofwyd gydag arddulliau eraill hefyd, fel ym mhlasty Gregynog (*c.*1870), **Tregynon**, lle cafodd y tŷ gwreiddiol ei drawsnewid yn adeilad amldalcennog, gyda wyneb concrid yn ffugio tŷ 'du-a-gwyn' Tuduraidd. Roedd pensaernïaeth glasurol bur yn cael ei hystyried yn rhy gyfyng ei hapêl, a chymharol brin oedd y plastai a adeiladwyd yn yr arddull hon, er bod Parc Cleidda, Llan-arth (1820–8), yn eithriad nodedig. Rhoddwyd ambell gynnig ar efelychu arddull ddeniadol y Dadeni Ffrengig, er enghraifft ym mynedfa Parc Cinmel (*c.*1870), **Abergele**.

Ymhlith adeiladau mwyaf diddorol y 19g. y mae'r adeiladau cyhoeddus ac addysgol a godwyd yn yr ardaloedd trefol a oedd ar eu twf. Fel adeiladau eraill y cyfnod, roeddynt yn adlewyrchu arddulliau pensaernïol y gorffennol. Roedd stamp yr Adfywiad Groegaidd yn glir ar rai o'r adeiladau mwyaf llwyddiannus (fe'i Sefydliad Brenhinol De Cymru, Abertawe, 1841; Neuadd y Sir, Aberhonddu, 1842; Neuadd y Dref, Pen-y-bont ar Ogwr, 1843 (fe'i dymchwelwyd yn 1971). Roedd hon yn arddull academaidd bur a ddaethai'n boblogaidd yn Ffrainc a'r Almaen tua diwedd y 18g. Yn ystod ail hanner y 19g. disodlwyd y dylanwad Groegaidd gan arddull drymach a oedd, serch hynny, yn glasurol o hyd ac o darddiad Rhufeinig. Gan amlaf, câi'r adeiladau addysgol mwyaf eu codi yn ôl cynllun Gothig neu Duduraidd o ryw fath (Coleg Dewi Sant, **Llanbedr Pont Steffan** (1829)), er bod ambell adeilad yn adlewyrchu arddull y Frenhines Anne, arddull a ddeilliodd o'r Iseldiroedd (Ysgol Severn Road, Caerdydd, 1882). Yn Aberystwyth, mae'r Hen Goleg, a godwyd yn wreiddiol yn 1864 fel gwesty glan môr, wedi cadw ei olwg neo-Gothig ar waethaf y tân yn 1885 a'r ailadeiladu a ddigwyddodd wedi hynny (gw. **Prifysgol Cymru, Aberystwyth**).

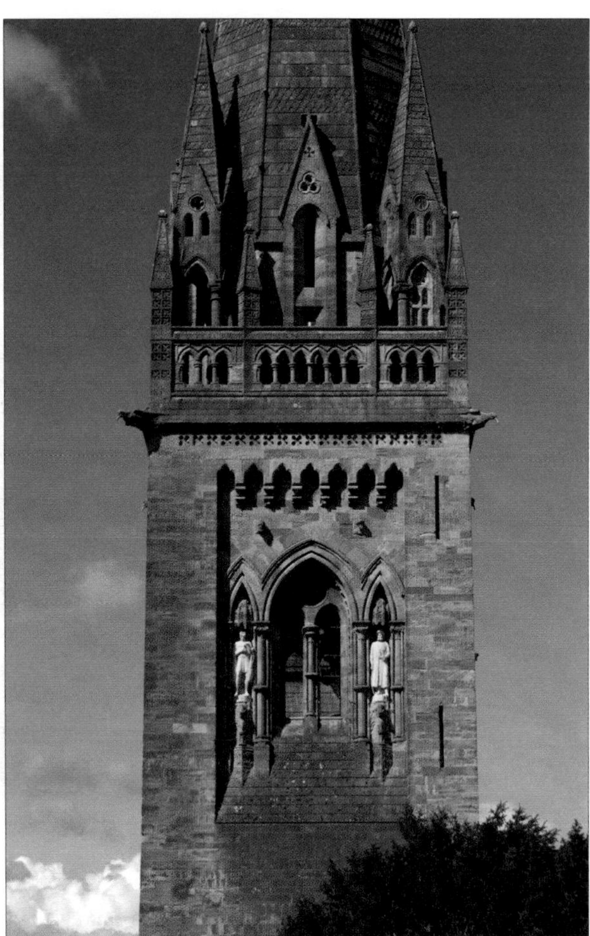

Rhan o'r gwaith adnewyddu o ganol y 19g. ar Eglwys Gadeiriol Llandaf

Adeiladwyd eglwysi cynharaf y 19g. (Tremadog, **Porthmadog**, 1806; **Aberdaugleddau**, 1808) mewn arddull Gothig er eu bod yn tueddu i fod yn syml a phlaen, fel pe bai eu cynllunwyr yn ansicr o'r manylion cywir. Yn nhrefi diwydiannol y de, a oedd yn tyfu'n gyflym, roedd yr arddull Romanésg i'w gweld yn aml yn yr eglwysi newydd a gâi eu codi gan y cwmnïau **haearn**. Cafodd yr un arddull ei mabwysiadu ar gyfer yr eglwysi hynny a godwyd yn y 1830au a'r 1840au gyda chymorth grantiau'r Senedd (Eglwys y Santes Fair yng Nglyn-taf, **Pontypridd**, 1837). Er hynny, yr arddull Gothig, yn ei holl amrywiaeth, oedd yr arddull fwyaf poblogaidd o hyd. Yr arddull Gothig gynnar oedd dewis **John Prichard**, pensaer Cymreig mwyaf adnabyddus y 19g., wrth wneud ei waith adnewyddu dychmygus (1843–67) ar Eglwys Gadeiriol Llandaf (Caerdydd). Daeth yr arddull Gothig Addurnedig yn fwy ffasiynol fyth, fel y tystia rhai o eglwysi mwyaf mawreddog canol a diwedd y 19g. (Eglwys y Santes Fargred, **Bodelwyddan**, 1860; Eglwys y Santes Fair, **Helygain**, 1878; Eglwys Sant German, Caerdydd, 1884). Nodwedd boblogaidd mewn sawl eglwys ar ddiwedd oes Victoria oedd y defnydd bwriadus o liwiau, gan fanteisio ar liwiau naturiol y deunyddiau crai i greu effaith liwgar a chynnes (Eglwys Sant Awstin, **Penarth**, 1866; Eglwys y Santes Gatrin, **Baglan**, 1882).

Er bod tai cwrdd Anghydffurfiol cynharaf Cymru yn dyddio o ddiwedd yr 17g., adeiladwyd y mwyafrif helaeth o gapeli yn ystod y 19g. Unllawr a syml eu cynllun oedd y

Ffatri rwber Bryn-mawr, 1953; fe'i dymchwelwyd yn 2001

capeli cynharaf. Fel arfer byddai'r prif ffasâd ar un o waliau hir y capel, a thu mewn byddai'r pulpud wedi'i osod ar ganol y wal hir, yn gymesur rhwng dwy ffenestr uchel. Oherwydd fod lle mor brin mewn trefi a oedd ar eu twf, câi capeli eu lleoli ar ongl sgwâr i'r ffordd gyda'r fynedfa yn y piniwn. A chynulleidfaoedd yn cynyddu, ni fyddai'n anghyffredin o gwbl i gapel yn y 19g. gael ei ehangu unwaith, ddwywaith a hyd yn oed deirgwaith; yn aml ychwanegid galeri i gael mwy o le. Arbenigodd penseiri fel **John Humphrey**, **George Morgan**, **Richard Owen** a **Thomas Thomas** (Glandwr; 1817–88) mewn cynllunio capeli. Daeth capeli yn fwy o ran maint ac yn fwy cywrain. Adeiladwyd y mwyafrif ohonynt mewn arddull glasurol – yn hytrach na Gothig – a phan fyddai digon o arian yn y coffrau, manteisid i'r eithaf ar yr holl nodweddion clasurol er mwyn pwysleisio urddas a phwysigrwydd y capel (Capel y Bedyddwyr Saesneg, Caerfyrddin, 1870).

Rhoddodd y **Chwyldro Diwydiannol** fod i fathau newydd o adeiladau a dulliau newydd o'u codi, o draphontydd gyda fframwaith haearn neu fwâu maen, wrth i'r **rheilffyrdd** ddatblygu o 1840 ymlaen, i **bierau** haearn bwrw yn y trefi glan môr newydd. Yng ngweithfeydd **haearn** niferus y de a'r gogledd-ddwyrain, codwyd ffwrneisiau chwyth mawr, a chragen allanol garreg pob un yn culhau tuag at y brig, gan ddilyn siâp y siamberi chwyth oddi mewn. Roedd y gweithiau haearn mwyaf, fel Cyfarthfa a Dowlais ym Merthyr Tudful, yn cynnwys cyfresi o ffwrneisiau wedi'u lleoli'n ddramatig yng nghysgod clogwyni a oedd wedi'u cloddio allan o lethrau'r bryniau. Er mai'n llwyr i ddibenion ymarferol y câi mwyafrif llethol o adeiladau'r diwydiant haearn eu codi, roedd rhai wedi'u cynllunio i greu argraff, fel y ffwrneisiau chwyth Eifftaidd yr olwg yng Ngwaith Haearn Bute (1825), yn **Rhymni**, y cwt-injan pedwar llawr yng Ngwaith Haearn Cyfarthfa (1836) yn Ynys-fach (Merthyr Tudful) a'r tŵr cydbwysedd dŵr ysblennydd (1839) yng Ngwaith Haearn **Blaenafon**.

Yn y de a'r gogledd-ddwyrain, y diwydiant **glo** oedd y prif ddiwydiant yn ystod y rhan helaethaf o'r 19g. a dechrau'r 20g. Daeth tyrau weindio uchel, fel ag a geir yng Nglofa Lewis Merthyr, Porth (Parc Treftadaeth y **Rhondda** erbyn hyn), yn symbolau o'r diwydiant glo. Yn wreiddiol, adeiladwyd y tyrau weindio o goed neu haearn bwrw, ond yn ddiweddarach fe'u gwnaed o ddur neu goncrid. Yn y cwt-injan aml-lawr nodweddiadol, gyda'i simnai uchel, byddai injan stêm i gynhyrchu pŵer ar gyfer offer codi a phwmpio. Ar ôl y **Rhyfel Byd Cyntaf** daeth baddonau o frics neu goncrid yn gyffredin mewn sawl glofa, fel yn y Pwll Mawr, Blaenafon. Ymhlith adeiladau mwyaf diddorol y diwydiant **llechi** y mae melin-lechi Ynyspandy (1855) ger Porthmadog a gweithdai clasurol o gymesur y Gilfach Ddu (1870) ger **Llanberis**. Nodedig hefyd yw'r odynau calch Gothaidd yr olwg (1856) sydd i'w cael yn ardal **Llandybïe**.

## *Yr ugeinfed ganrif*

Yn bensaernïol, roedd dechrau'r 20g. yn gyfnod o arbrofi ac o edrych yn ôl yn hiraethus yr un pryd. Roedd y mudiad *Arts and Crafts* yn rhoi pwyslais ar grefftwaith a dulliau traddodiadol ond eto heb fod yn gaeth i'r gorffennol, ac yn hynny o beth yr oedd yn rhagflaenydd y mudiad modern. Un o brif ddehonglwyr y traddodiad hwn oedd **Herbert North**. Dylanwad arall, dros dro, ar bensaernïaeth anhraddodiadol oedd *Art Nouveau*, gyda'i linellau hir, troellog. Mae dylanwad y ddau fudiad i'w gweld yng ngwaith **J. C.**

**Carter**. Er hynny, ni chefnwyd yn llwyr ar yr hanesyddol a pharhawyd i adfer arddulliau traddodiadol, yn arbennig ar gyfer adeiladau cyhoeddus fel Coleg Prifysgol Gogledd Cymru, Bangor (1911) (gw. **Prifysgol Cymru, Bangor**) ac **Amgueddfa [Genedlaethol] Cymru** (1910–93) yng Nghaerdydd. Yn y 1930au aeth pensaernïaeth i gyfeiriad newydd, gyda llai a llai o fanylion a ddatgelai ddylanwad cyfnodau arbennig. Yn hytrach, roedd bri ar adeiladau syml a phlaen ac iddynt naws fodernaidd, fel neuadd y dref, Abertawe, o waith Syr **Percy Thomas**.

Yn ystod yr 20g. aeth diwydiant yn fwy amrywiol a chodwyd llawer rhagor o ffatrïoedd. Er nad oedd y rhelyw ohonynt yn ddim amgenach na siediau anferth, codwyd ambell adeilad mwy diddorol. Dwy enghraifft dda, un o droad y ganrif a'r llall o'i diwedd, yw'r ffatri foeler Eifftaidd yr olwg (1901) yn **Queensferry** ac adeilad modern ac arloesol ffatri microsglodyn Inmos (1982) yng **Nghasnewydd**.

Dull pensaernïol a ddaeth yn boblogaidd yn ystod ail chwarter yr 20g. oedd y dull Adeiladu Ymarferol, gyda'i ffurfiau geometrig, diaddurn. Cafwyd ambell enghraifft ohono yng Nghymru'r 1930au, weithiau mewn tai, ond yn fwy nodedig mewn adeiladau cyhoeddus megis Ysbyty **Sili** (1932–6) ger y **Barri**. Daeth y dull yn fwy ffasiynol ar ôl yr **Ail Ryfel Byd**, yn enwedig wrth godi adeiladau addysgol ac ysbytai (er enghraifft, Ysgol Uwchradd y Betws, Casnewydd, 1972, ac Ysbyty Athrofaol Cymru, Caerdydd, 1971), ond yn ymarferol roedd yn anodd cymhwyso'r egwyddorion esthetig mewn ffordd bur. Canlyniad hyn oedd y blociau swyddfeydd a ddaeth mor gyffredin, lle defnyddid symbolau o bensaernïaeth fodern, megis y llen wydr, heb fawr o ystyriaeth i'w haddasrwydd. Daeth concrid yn un o'r hoff ddeunyddiau oherwydd fod modd ei ddefnyddio ar gyfer adeiladau mawr a rhai cymhleth eu cynllun. Enghraifft nodedig o ddefnyddio concrid mewn modd a oedd yn ymarferol ac yn greadigol yr un pryd oedd Ffatri Rwber **Bryn-mawr** (1951; fe'i dymchwelwyd yn 2001), gyda naw cromen fawr dros y brif adran gynhyrchu. Yn raddol, fodd bynnag, ciliodd yr agwedd resymegol bur hon at gynllunio ac yn ei lle daeth pwyslais newydd ar y mynegiannol a'r cyfeiriadol, fel yn rhai o'r adeiladau crefyddol a godwyd yn ystod y 1960au a'r 1970au.

Yn niwedd yr 20g. parhaodd pensaernïaeth i ddatblygu mewn gwahanol ffyrdd. Ar wahân i'r arddull 'ôl-fodernaidd', fel y'i gelwir, gyda'i phwyslais ar addurno a symbolaeth, ymddangosodd dwy duedd groes i'w gilydd. Ym myd uwch-dechnoleg, roedd bri ar ddeunyddiau modern, strwythurau tra ffurfiol ac offer soffistigedig. Ar y llaw arall, roedd adeiladau'r 'dechnoleg werdd' yn galw am ddeunyddiau 'naturiol', cynaliadwy. Roedd hynny, ynghyd â'r angen i ddefnyddio llai o **ynni** trwy ddulliau ailgylchu a thrwy ddefnyddio waliau wedi'u hinswleiddio'n dda (ac o bryd i'w gilydd do glaswellt fel yng Nghanolfan Addysg Castell Henllys (**Nyfer**), 1993), yn rhoi stamp gwaith llaw ar yr adeiladau 'gwyrdd'.

## PENSON, Teulu Penseiri

Roedd Thomas Penson yr hynaf (*c.*1760–1824), sylfaenydd llinach o benseiri, yn byw yn **Wrecsam** a daeth yn syrfëwr sirol **Sir y Fflint**. Sefydlodd ei fab hynaf, Thomas (1791–1859), gwmnïau yn Wrecsam a Chroesoswallt, a daeth yn syrfëwr sirol **Sir Ddinbych** a **Sir Drefaldwyn**. Mae ei waith yn yr ardaloedd hyn yn cynnwys sawl pont a nifer o eglwysi. Ganed Richard Kyrke Penson (1815–85), ei fab hynaf, yn **Owrtyn**; sefydlodd bractis yng Nglanyfferi (**Llanismel**), **Sir Gaerfyrddin**, gan gynllunio ysgolion ac arbenigo mewn adnewyddu plastai (er enghraifft Dinefwr (**Llandeilo**) a Bronwydd (**Troed-yr-aur**)) ac eglwysi. Daeth yn syrfëwr sirol Sir Gaerfyrddin a **Sir Aberteifi**. Ganed Thomas Mainwaring Penson (1818–64), ei fab ieuengaf, yn Owrtyn hefyd; wedi sefydlu practis yng Nghaer, ef a adeiladodd y gorsafoedd ar hyd rheilffordd Caer–Amwythig, a daeth yn syrfëwr sirol Sir y Fflint.

Ysbyty Sili

## PENSYLFANIA A CHYMRU

O gadw mewn cof y cysylltiadau clòs a fu rhwng y Cymry a Phensylfania o ddiwedd yr 17g. ymlaen, byddai wedi bod yn addas pe bai ei sylfaenydd, William Penn, wedi cael caniatâd i alw ei drefedigaeth yn New Wales, yn ôl ei ddymuniad. Mae mwy o Gymry wedi ymgartrefu ym Mhensylfania nag yn unrhyw dalaith arall yn yr Unol Daleithiau (gw. **Gogledd America**), gan chwarae rhan bwysig yn ei hanes. Sefydlwyd rhai o'r cymunedau Cymreig cyntaf yng Ngogledd America yn y 1680au ym maestrefi Meirion a Gwynedd, yn y 'Llain Gymreig' fel y'i gelwid, ar gyrion Philadelphia. Yma y cyhoeddwyd y llyfr Cymraeg cyntaf (o waith **Ellis Pugh**) yn America. Yn 1890, pan oedd y nifer o ymfudwyr o Gymru i'r Unol Daleithiau ar ei uchaf, roedd 37% ohonynt yn byw ym Mhensylfania. Yn eu plith yr oedd y tair ardal ddwysaf o Gymry yn America, yn siroedd Luzerne a Lackawanna (a'u priod ganolfannau, Wilkes Barre a Scranton) ar ochr ogledd-ddwyreiniol maes glo carreg Pensylfania, ac yn Swydd Allegheny (Pittsburgh). Yn y ddau leoliad cyntaf, yn arbennig, roedd y Cymry'n ffurfio cyfran fwy o lawer o'r boblogaeth gyfan na'r hyn a geid yn gyffredinol yn yr Unol Daleithiau.

Gellir priodoli atyniad Pensylfania yn hanes y Cymry i'r un ffactorau ag a'i gwnâi'n ddeniadol i fewnfudwyr o genhedloedd eraill. Roedd y ffaith i'r dalaith, o'i dyddiau cynnar, gael ei sylfaenu ar oddefgarwch crefyddol, ynghyd â photensial ei thir amaethyddol, yn ffactorau allweddol i ysgogi'r **Crynwyr** o Gymry ac ymneilltuwyr crefyddol eraill i fwrw gwreiddiau yno *c.*1680–1720 (gw. **Anghydffurfiaeth**). Yn y 19g. y prif ysgogiad i'r Cymry fewnfudo yno oedd y ffaith ei bod hi'n dalaith gyfoethog mewn mwynau. O'r 1820au ymlaen roedd arbenigedd a sgiliau diwydiannol y Cymry yn allweddol i'r gwaith o sefydlu a chynnal diwydiannau pwysig Pensylfania, sef **glo**, **haearn**, **llechi** a **thunplat**. Yn y cyfnod 1850–1920 roedd llawer o'r cymunedau diwydiannol Americanaidd-Gymreig newydd hyn yn ganolfannau pwysig i'r diwylliant Cymraeg a amlygid yn yr **eisteddfod**, mewn canu corawl ac mewn Anghydffurfiaeth grefyddol. Roedd y dalaith hefyd yn gartref i nifer o **bapurau newydd** a **chylchgronau** Cymraeg ynghyd â rhai Saesneg a oedd yn Gymreig eu cynnwys a'u pwyslais.

Yn y blynyddoedd rhwng y ddau ryfel ychydig o Gymry a ymsefydlodd ym Mhensylfania, a hynny oherwydd y cyfyngu ar ymfudwyr i'r Unol Daleithiau, ond oddi ar 1945 mae Cymry wedi parhau i ymgartrefu yn y dalaith, er nad yw'r niferoedd yn cymharu â'r hyn a geid yn ystod y 19g. Yn 1990 honnai tua 221,964 o drigolion Pensylfania – sef tua 2% o boblogaeth y dalaith – eu bod yn ddisgynyddion i'r Cymry. Ar ddechrau'r 21g. mae nifer o gymdeithasau Cymreig Pensylfania yn parhau i chwarae rhan bwysig ym mywyd Cymry America, a rhwng 1929 a 2002 cynhaliwyd y Gymanfa Ganu Genedlaethol Gymreig yn y dalaith 12 o weithiau i gyd (gw. **Cymanfa Ganu**). Cymdeithas Cymry Philadelphia, a sefydlwyd yn 1729, yw'r fwyaf hirhoedlog trwy'r byd.

## PENTECOSTALIAETH

Tuedd oddi mewn i Gristnogaeth sy'n pwysleisio agweddau carismataidd **crefydd** ac sy'n arddel agwedd ffwndamentalaidd tuag at y **Beibl**. Er bod diwygiadaeth grefyddol yn rhan o'r traddodiad Cymreig, nid hyd yr 20g. y datblygodd Pentecostaliaeth yn fudiad penodol. Gwelwyd ffenomenâu cynhyrfus ryfeddol o dan weinidogaeth **Evan Roberts** yn ystod Diwygiad 1904–5 (gw. **Diwygiadau**), a chredai rhai fod doniau ysbrydol megis siarad â thafodau (*glossolalia*), proffwydo a doniau iacháu yn cael eu hadfer i'r Eglwys. Sefydlodd y glöwr Daniel P. Williams (1883–1927) brif ganolfan yr Eglwys Apostolaidd yn ei bentref genedigol, Pen-y-groes (**Llandybïe**). Erbyn y cyfnod rhwng y ddau ryfel byd roedd ffrydiau Pentecostalaidd eraill, megis mudiad Elim a'r Assemblies of God, wedi cyrraedd Cymru. Erbyn y 1970au dechreuodd y pwyslais pentecostalaidd effeithio ar rai o'r enwadau traddodiadol a hynny o dan ddylanwad y mudiad carismataidd, a bellach daeth ei emynyddiaeth a'i addoli anffurfiol yn gyfarwydd i lawer.

## PENTIR, Gwynedd (1,887ha; 2,403 o drigolion)

Mae'r **gymuned** hon yn cwmpasu'r rhan honno o hen blwyf sifil **Bangor** a oedd y tu hwnt i ardal adeiledig y ddinas. Y lle hynotaf ynddi yw'r Faenol, a fu unwaith yn gartref i deulu **Assheton Smith**, perchnogion chwarel **lechi** Dinorwig (gw. **Llanddeiniolen**). Mae adeiladau'r Faenol yn cynnwys plasty o'r 16g., un arall a adeiladwyd yn y 19g., capel o'r 16g., ysgubor anferth o'r 17g. a'r wal uchel ddi-ben-draw sy'n amgylchynu'r parc. Erbyn hyn hyfforddir arbenigwyr adfer hen adeiladau yn y Faenol, ac mae'r canwr opera Bryn Terfel yn cynnal gŵyl gerddorol flynyddol yn y parc; yno hefyd y cynhaliwyd **Eisteddfod** Genedlaethol 2005. Treborth oedd cartref Richard Davies (1818–96), y perchennog **llongau**, yr aelod seneddol a noddwr achosion Anghydffurfiol. Ym Mhenrhosgarnedd, sy'n faestref i Fangor, y codwyd Ysbyty Gwynedd, sef y prif ysbyty ar gyfer gogledd-orllewin Cymru. Yn Nhy'n Llwyn, gerllaw pentref bychan Pentir, ceir enghreifftiau nodedig o adeiladau fferm o gyfnod 'Uchel Amaethu' y 19g.

Ger y Faenol y mae Pont Britannia – neu Bont y Tiwb fel y'i gelwid ar lafar gynt – y bont arloesol a gynlluniwyd gan **Robert Stephenson** ac a agorwyd yn 1850 i fynd â'r rheilffordd dros afon **Menai**. Cafodd ei henwi ar ôl Britannia Rock, yr enw Saesneg ar Graig y Fyrdan (neu Carreg y Frydain) y codwyd y piler canolog arni. Gan y byddai pont fwa yn rhwystr i longau a chan nad oedd pont grog yn beirianyddol addas ar gyfer cludo rheilffordd, lluniwyd dau diwb cyfochrog o haearn gyr rhybedog (defnyddiwyd 2,190,100 o rybedion ynddynt), a hynny ar batrwm y bont lawer llai ei maint a gwblhawyd gan Stephenson yng **Nghonwy** yn 1848. Er na fu pontydd tiwb yn ffasiynol yn hir, bu'r profiad a gafwyd wrth gynllunio ac adeiladu Pont Britannia yn gyfraniad cwbl allweddol i fyd **peirianneg** a hyrwyddodd y defnydd o haearn gyr rhybedog mewn ystod eang o strwythurau o hynny allan. Ar ôl tân yn 1970 ailgynlluniwyd Pont Britannia a'i throi'n bont fwaog sydd bellach yn cludo ffordd (gw. **A55**) yn ogystal â rheilffordd. Ond cadwyd y llewod cerfiedig ar y naill ben a'r llall iddi (gw. **Bardd Cocos**).

## PENTRAETH, Ynys Môn (1,469ha; 1,148 o drigolion)

**Cymuned** yn ne-ddwyrain **Môn** yw hon. Dyma safle'r frwydr yn 1170 dros yr olyniaeth yng **Ngwynedd**, pan laddwyd y bardd-dywysog **Hywel ab Owain Gwynedd**. Roedd Plas Gwyn, tŷ mawr o'r 18g. a godwyd o frics coch, yn gartref i'r ddau hynafiaethydd, Paul Panton (1727–97) a'i fab Paul (1758–1822). Mae sawl clwstwr cytiau ar Fynydd Llwydiarth. Cafodd Traeth Coch ei enw oherwydd lliw ei dywod.

## PENTREFOELAS, Conwy (5,386ha; 339 o drigolion)

Mae'r **gymuned** hon, sy'n ymestyn dros ran eang o **Fynydd Hiraethog** i'r dwyrain o **Fetws-y-coed**, yn cynnwys Llyn Alwen a rhannau uchaf Cronfa Ddŵr Alwen (gw. **Cronfeydd Dŵr**). Mae'n bur debyg mai **Owain Gwynedd** a adeiladodd fwnt y Foelas *c.*1164. Gerllaw, saif copi o garreg ac arni arysgrif er anrhydedd i **Lywelyn ap Iorwerth**; aed â'r garreg wreiddiol i'r **Amgueddfa Genedlaethol**. O 1545 hyd nes ei ddymchwel yn 1819, roedd yr Hen Foelas yn gartref i deulu Wynne (Wynne-Finch yn ddiweddarach). Gwelir yno o hyd rodfeydd o goed ffawydd a phisgwydd, ac amlinell gardd furiog. Symudodd y teulu i'r Foelas, 2km i'r gorllewin; y tŷ presennol (1961), a gynlluniwyd gan **Clough Williams-Ellis**, yw'r trydydd ar y safle. Ailadeiladwyd tafarn y Foelas yn 1839 pan drosglwyddwyd y drwydded o Gernioge, arhosfan y **Goets Fawr** ar yr **A5** ar un adeg a man y gwelir ei enw ar sawl carreg filltir. Plas Iolyn, a ailadeiladwyd yn y 18g.,

Tri Penyberth: Lewis Valentine, Saunders Lewis a D. J. Williams

oedd cartref **Elis Prys** a **Tomos Prys**. Gerllaw gwelir y Giler, sy'n dyddio o'r 16g. ac a fu'n gartref i'r bardd Rhys Wyn ap Cadwaladr (*fl.c.*1600); tafarn ydyw bellach. Ceir carneddau hynod yn Hafod y Dre a Maes Myrddin. Yr A543, sy'n cysylltu Pentrefoelas â'r Bylchau (**Llansannan**), yw un o'r **ffyrdd** mwyaf anghysbell yng Nghymru.

## PENTYWYN (Pendine), Sir Gaerfyrddin (410ha; 351 o drigolion)

Prif nodwedd y **gymuned** hon ar yr arfordir i'r de-orllewin o **Sanclêr** yw ei thraeth, sy'n rhan o'r 10km o dywod sy'n ymestyn ar hyd arfordir Bae Caerfyrddin. Yn 1927 ceisiodd Malcolm Campbell a **Parry Thomas** dorri record cyflymdra'r byd ar y traeth. Lladdwyd Parry Thomas pan wyrodd ei gar *Babs* oddi ar ei lwybr a bwrw tin-dros-ben. Bu *Babs* ynghladd dan y tywod hyd 1969; bellach, caiff y car adferedig ei arddangos yn achlysurol yn yr Amgueddfa Gyflymder gerllaw. Mae'r Weinyddiaeth Amddiffyn yn defnyddio'r traeth fel maes arbrofi arfau. Mae ei gwersyll gerllaw parc carafanau mawr. Yn 2001 nid oedd gan 71.47% o boblogaeth Pentywyn unrhyw afael ar y **Gymraeg**; dyma, felly, y gymuned fwyaf Seisnigedig, yn ieithyddol, yn **Sir Gaerfyrddin**.

## PENWEDDIG Cantref

Disgrifiwyd **Ceredigion** fel gwlad y pedwar **cantref**, ond Penweddig yw'r unig un y mae tystiolaeth ysgrifenedig gynnar amdano. Cynhwysai'r tiroedd i'r gogledd o afon **Ystwyth**, ac fe'i rhennid yn dri **chwmwd**, sef **Genau'r-glyn**, **Perfedd** a **Chreuddyn**. Atgyfodwyd yr enw ar gyfer ysgol uwchradd Gymraeg **Aberystwyth**, Ysgol Penweddig.

## PENYBERTH, Llosgi Ysgol Fomio

Yn Awst 1935 cyhoeddodd y Weinyddiaeth Awyr fod gorsaf ar gyfer hyfforddi peilotiaid awyrennau bomio i'w sefydlu ar safle hen ffermdy Penyberth (**Llannor**) ar benrhyn **Llŷn**. Enynnodd y bwriad gryn wrthwynebiad o du heddychwyr (gw. **Heddychiaeth**) ynghyd â'r rhai hynny a uniaethai fywyd gwledig Llŷn â'r Gymru Gristnogol Gymraeg ar ei phuraf. Gwrthododd y **llywodraeth** dderbyn dirprwyaeth o Gymru i drafod y mater, ac ar 8 Medi 1936 cynheuwyd tân yn rhai o'r cytiau ar y safle gan dri aelod blaenllaw o **Blaid [Genedlaethol] Cymru** – **Saunders Lewis**, ei llywydd, **Lewis Valentine** a **D. J. Williams**. Wedi'r weithred aeth y tri ar eu hunion i swyddfa'r heddlu ym **Mhwllheli** i gydnabod eu gweithred. Yn y prawf ym mrawdlys **Caernarfon**, methodd y rheithgor â chytuno ar ddyfarniad a throsglwyddwyd yr achos i'r Old Bailey yn **Llundain**, lle dedfrydwyd y tri i naw mis o garchar. Cyn yr ail brawf roedd Saunders Lewis eisoes wedi ei ddiswyddo gan awdurdodau Coleg y Brifysgol, **Abertawe** (gw. **Prifysgol Cymru Abertawe**). Pan ryddhawyd y tri fe'u croesawyd ym Mhafiliwn Caernarfon ym Medi 1937 gan dorf frwd o 12,000; ond ni welwyd cynnydd sylweddol yn y gefnogaeth i Blaid Cymru yn sgil y weithred. Serch hynny, yn yr achos llys yng Nghaernarfon rhoddodd agwedd ddirmygus y barnwr tuag at yr iaith **Gymraeg** fod i'r ymgyrch a fyddai'n arwain at basio **Deddf Llysoedd Cymru**

**(1942)**. Cafodd y digwyddiad effaith bellgyrhaeddol ar fywyd deallusol y Gymru Gymraeg. Crybwyllwyd y llosgi droeon yn ystod y protestio yn erbyn boddi Cwm **Tryweryn**.

## PEN-Y-BONT, Sir Faesyfed, Powys (3,698ha; 403 o drigolion)

Lleolir y **gymuned** hon ar dir tonnog i'r dwyrain o **Landrindod**. Oddi mewn iddi, ar ben bryn sy'n codi'n serth y tu mewn i dro pedol yn afon Ieithon, ceir olion Castell Cefnllys. Dywedir bod y castell yn un o gadarnleoedd **Elystan Glodrydd**, cyndad honedig un o bum llwyth brenhinol Cymru. Cipiwyd y castell gan deulu **Mortimer** yn ystod y 12g. a'i ailadeiladu o gerrig. Datblygodd bwrdeistref o amgylch y castell, a glodforwyd gan **Lewys Glyn Cothi** mewn **cywydd** i'w gwnstabl, Ieuan ap Phylib. Dan Ddeddf 'Uno' 1536 (gw. **Deddfau 'Uno'**), daeth Cefn-llys yn un o bum bwrdeistref etholaeth fwrdeistrefol **Sir Faesyfed**. Yn y pen draw, daeth yn enghraifft glasurol o dref fethiannus. Roedd ffynhonnau Llandeglau yn boblogaidd yn ystod y 18g. ac ar ddechrau'r 19g., ond fe'u disodlwyd gan ffynhonnau rhagorach Llandrindod. Ganed Thomas Phillips, sylfaenydd Coleg Llanymddyfri, yn Llandeglau. Mae moelni a dwys ddistawrwydd y Pales, tŷ cwrdd y **Crynwyr**, yn drawiadol.

## PEN-Y-BONT AR OGWR (Bridgend) Bwrdeistref sirol (25,521ha; 128,645 o drigolion)

Yn 1974 cyfunwyd dosbarthau trefol **Pen-y-bont ar Ogwr**, **Maesteg** a **Phorth-cawl**, ynghyd ag un Ogwr a Garw (gw. **Cwm Ogwr** a **Cwm Garw**), a dosbarth gwledig Pen-y-bont ar Ogwr, i ffurfio dosbarth **Ogwr** o fewn sir **Morgannwg Ganol**. Yn 1996, pan ddiddymwyd Morgannwg Ganol, daeth y dosbarth, ac eithrio tair **cymuned** a drosglwyddwyd i **Fro Morgannwg**, yn fwrdeistref sirol dan yr enw Pen-y-bont ar Ogwr. Yn 2001 roedd 19.92% o'i thrigolion yn gallu rhywfaint o **Gymraeg**, gyda'r canrannau yn amrywio o 28.1% yn **Llangynwyd Ganol** i 17.63% yng **Nghwm Ogwr**; roedd 8.09% o drigolion y fwrdeistref sirol yn gwbl rugl yn yr iaith.

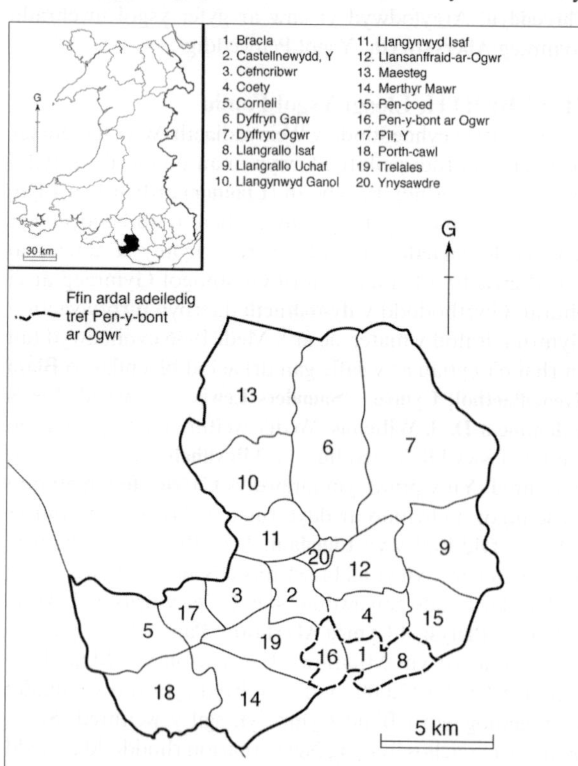


Cymunedau Bwrdeistref Sirol Pen-y-bont ar Ogwr

## PEN-Y-BONT AR OGWR, Tref, Pen-y-bont ar Ogwr (1,148ha; 25,269 o drigolion)

Gorwedda tref Pen-y-bont ar Ogwr o fewn ffiniau tair **cymuned** (gw. isod).

Roedd Pen-y-bont â'i bryd ar fod yn dref sirol Morgannwg (gw. **Sir Forgannwg**). Yn gynnar yn y 19g. roedd pobl a bryderai am y gystadleuaeth rhwng **Caerdydd** ac **Abertawe** yn dadlau mai hi a ddylai fod yn ganolfan gyfreithiol ac etholiadol y sir. Roedd neuadd enfawr y dref, a godwyd yn y dull Dorig Groegaidd yn 1843 (ac a ddymchwelwyd yn 1971), yn ddrych o uchelgais y dref. (Daeth Pen-y-bont maes o law yn ganolfan i Heddlu Morgannwg ac i ddarpariaeth y sir ar gyfer pobl ansad eu meddwl.) O'r 16g. ymlaen bu'n gymharol ffyniannus fel tref farchnad rhan orllewinol **Bro Morgannwg**. Cyflymodd y twf o ddechrau'r 19g. ymlaen yn dilyn datblygiad diwydiant yng nghymoedd **Ogwr**, Garw a Llynfi ac agor Rheilffordd De Cymru yn 1850. Ni fu'r blynyddoedd rhwng y ddau ryfel byd mor drychinebus i Ben-y-bont ar Ogwr ag y buont mewn mannau eraill ym Morgannwg, a daeth sefydlu ffatri arfau enfawr yn ystod yr **Ail Ryfel Byd** â chryn ffyniant (gw. **Ffatrïoedd Arfau'r Goron**). Addaswyd y ffatri yn stad ddiwydiannol ac mae'r dref wedi elwa ar ei lleoliad wrth ochr yr **M4**.

Ceir tystiolaeth o arwyddocâd cynharach y safle ar ffurf y castell yng Nghastellnewydd ar Ogwr, adeilad trawiadol a godwyd mewn man deniadol, yn y 1180au yn ôl pob tebyg. Yr unig ran o Eglwys Sant Illtud gerllaw sydd wedi goroesi yw'r tŵr. Mae'r hosbis ar y ffordd rhwng y Castellnewydd ac afon Ogwr yn adeilad o'r 16g. sy'n parhau mewn cyflwr da. Mae canol y dref yn dyddio o ddiwedd y 19g. a dechrau'r 20g. yn bennaf, ac fe'i difethwyd braidd gan waith adeiladu modern. Yr adeilad harddaf yw Eglwys y Santes Fair (1887), un o gampau pennaf **John Prichard**. Yn 1995 roedd cyflwr Llys yr Ynadon, adeilad arall a gynlluniwyd gan Prichard, yn destun pryder i John Newman yn ei gyfrol ar Forgannwg yn y gyfres ***The Buildings of Wales***, ac yn ddiweddar mae wedi'i droi'n swyddfeydd mewn modd dyfeisgar. Y cynharaf o gapeli niferus y dref yw Tŷ Cwrdd yr **Undodwyr** (1795), a'r harddaf ohonynt yw Hermon (1862). Mae rhan helaeth o orsaf reilffordd **Brunel** (1850) wedi goroesi.

### *Cymunedau Pen-y-bont ar Ogwr*

BRACLA (246ha; 10,113 o drigolion)
Mae'r gymuned hon yn cynnwys y rhan helaethaf o ddwyrain tref Pen-y-bont.

PEN-Y-BONT AR OGWR (439ha; 13,950 o drigolion)
Mae'r gymuned hon yn cynnwys rhan orllewinol tref Pen-y-bont a'r rhan fwyaf o ganol y dref.

LLANGRALLO ISAF (Coychurch Lower) (463ha; 1,206 o drigolion)
Estyniad de-ddwyreiniol tref Pen-y-bont yw'r gymuned hon. Mae'n cynnwys Stad Ddiwydiannol Pen-y-bont ar Ogwr sydd ar safle cyn-ffatri arfau. Yn ystod yr Ail Ryfel Byd câi

Pererindota: stamp Tyddewi a ddosbarthwyd yn Sbaen yn 1971

hyd at 40,000 o bobl eu cyflogi yn y ffatri honno, a hi oedd y ffatri arfau fwyaf yn y byd. Eglwys Sant Crallo (13g.) yw un o eglwysi mwyaf Morgannwg – mae o faint eglwys gadeiriol fechan mewn gwirionedd. Efallai iddi gael ei chodi ar safle **clas** neu fynachlog 'Geltaidd'. Mae'n cynnwys cofeb i'r geiriadurwr Thomas Richards (1710–90) (gw. **Geiriaduraeth**). Yr Amlosgfa (1970), gyda'i ffenestri **gwydr lliw** cain, yw'r harddaf yng Nghymru. Mae plasty Coed-y-mwstwr, adeilad neo-Tuduraidd (1888), bellach yn westy. Wrth ochr yr A48, ger Ysgol Gyfun Brynteg, mae ffens ddur yn amgylchynu cyn-wersyll carcharorion rhyfel **Island Farm**. O'r carchar hwn, ym mis Mawrth 1945, y dihangodd y nifer fwyaf o garcharorion Almaenig yn ystod yr Ail Ryfel Byd – cyfanswm o 67 o swyddogion. Mae'r cwt y dihangodd y milwyr ohono bellach yn adeilad cofrestredig.

**PEN-Y-BONT-FAWR**, Sir Drefaldwyn, Powys (2,349ha; 361 o drigolion)
Mae'r **gymuned** hon, sydd yn union i'r gogledd-orllewin o **Lanfyllin**, yn ymestyn dros ran ganol basn afon Tanad. Ceir amryw o ffermdai hynafol yn yr ardal. Hirnant oedd y prif anheddiad yn wreiddiol. Yno, goroesodd rhai o nodweddion canoloesol Eglwys Sant Illog er iddi gael ei hailadeiladu i raddau helaeth yn 1892. Ynddi ceir gwaith coed o'r eglwys a foddwyd yn **Llanwddyn**. Ymfudodd nifer o **Grynwyr** o Hirnant i **Bensylfania** yn y 1680au i osgoi gorthrwm.

Pen-y-bont-fawr oedd cartref **Nansi Richards** (Telynores Maldwyn; 1888–1979). Brodor arall oedd Robert Ellis (Cynddelw; 1810–75), bardd a beirniad dylanwadol.

**PEN-Y-CAE**, Wrecsam (1,912ha; 3,463 o drigolion)
Mae'r **gymuned** hon, gerllaw **Rosllannerchrugog** ac i'r de o **Wrecsam**, yn ymestyn hyd at gopa Mynydd **Rhiwabon**. Datblygodd pentref Pen-y-cae, sydd islaw dwy gronfa ddŵr ar nant Trefechan, yn sgil codi tai i lowyr a gwneuthurwyr brics, ac mae'r rhannau hynaf ohono yn ardal gadwraethol. Mae Wynn Hall o'r 17g. wedi'i addurno â derw cerfiedig yn null Plas Newydd, **Llangollen**.

**PENYCHEN** Cantref
**Cantref** yn nheyrnas **Morgannwg** oedd Penychen, rhwng **Gwrinydd** a **Senghennydd**. Cynhwysai'r hyn sydd bellach yn fwrdeistref sirol **Rhondda Cynon Taf**, y rhan fwyaf o sir **Bro Morgannwg** a rhan orllewinol **Caerdydd**.

**PEN-Y-FFORDD**, Sir y Fflint (888ha; 3,715 o drigolion)
Datblygodd yr ardal hon, yn union i'r de-ddwyrain o **Fwcle**, yn ganolfan lofaol yn ystod y 19g. Mae muriau Eglwys Sant Ioan (1843) wedi'u haddurno â phaentiadau John Troughton, curad cyntaf yr eglwys. Yn 1891 datganodd **J. E. Southall** fod pob un a oedd yn barchus o blith trigolion Pen-y-ffordd yn medru siarad **Cymraeg**.

**PEN-Y-WAUN**, Rhondda Cynon Taf (372ha; 3,322 o drigolion)
Un o faestrefi **Aberdâr** yw'r **gymuned** hon i bob pwrpas. Saif i'r gogledd-orllewin o'r dref a'i phrif nodwedd yw Ysgol Gyfun Gymraeg Rhyd-y-waun a gwblhawyd yn 2002.

**PERCHENTYAETH**
Ym marddoniaeth **Beirdd yr Uchelwyr** cysylltir y gair perchentyaeth â'r ymdeimlad o ddyletswydd ymhlith y **boneddigion** tuag at eu deiliaid a'u cymdogaeth. Yn ei ddeongliadau o ganu'r beirdd rhoddwyd cryn bwys arno gan **Saunders Lewis**, ac aeth ati i gymhwyso'r gair ar gyfer y drefn gymdeithasol y dymunai ei gweld yng Nghymru'r 20g. gydag eiddo wedi'i rannu mor eang â phosibl a'r **economi** yn seiliedig ar fân gyfalafwyr. Ond er mor Gymreig y term, ailbobiad o ddosraniaeth Hilaire Belloc a G. K. Chesterton oedd y syniadau hyn, syniadau a gefnogid gan gylchlythyrau yr Eglwys Gatholig Rufeinig.

**PERERINDOTA**
Yn 326 aeth Elen (Helena), mam Cystennin, yr Ymerawdwr Cristnogol cyntaf, i Jerwsalem i ddarganfod y mannau sanctaidd a oedd yn gysylltiedig â bywyd Iesu. Dros y canrifoedd aeth llu o bererinion yno yn ei sgil, gan gynnwys rhai o

Gymru. Ceir hen draddodiad am ymweliad y 'Trisant', sef **Dewi**, **Teilo** a **Phadarn**, â Jerwsalem. Cyrchfan gynnar arall i bererinion o Gymru oedd Rhufain, i ymweld â bedd Pedr, ceidwad allweddi'r nef; ymhlith y rhai a fu yno, yn ôl traddodiad, yr oedd **Hywel Dda**. Erbyn yr 8g. roedd pererindota yn rhan o gyfundrefn benydiol yr Eglwys. Trwy gydol yr Oesoedd Canol aeth pererinion o Gymru i Sain Siâm (Santiago de Compostella) yn Sbaen. (Yn y 1960au a'r 1970au dosbarthodd Swyddfa'r Post yn Sbaen stampiau yn darlunio mannau cychwyn y bererindod; ar un ohonynt ceid llun o eglwys gadeiriol **Tyddewi**.) Yn ôl yr hanes, cyhoeddodd y babaeth fod dau ymweliad â Thyddewi yn gyfwerth ag un bererindod i Rufain, a thri ymweliad yn gyfwerth â phererindod i Jerwsalem. Denwyd llawer o bererinion i Ynys Enlli (gw. **Ynysoedd**) gan y traddodiad fod 20,000 o **seintiau** wedi'u claddu yno. Roedd **ffynhonnau'r saint** hefyd yn gyrchfannau amlwg i bererinion, yn enwedig yr un yn **Nhreffynnon** a Ffynnon Fair ym Mhen-rhys (y **Rhondda**). Gwelir dylanwad pererindota ar ddiwylliant Cymru ym marddoniaeth grefyddol yr Oesoedd Canol. Ymosod ar yr arfer o bererindota a wnaeth pleidwyr y **Diwygiad Protestannaidd**, ond parhaodd y traddodiad o ymweld â mannau cysegredig, yn enwedig Treffynnon (bu James II ar ymweliad yno yn 1687). Yn y 19g. denwyd pererinion i leoedd a gysylltid â gwreiddiau **Anghydffurfiaeth**, ac erbyn dechrau'r 21g. roedd apêl safleoedd hynafol megis Tyddewi ac Enlli yn gynyddol amlwg.

**PERFEDD** Cwmwd (Cantref Bychan)

**Cwmwd** canol (*perfedd*) y **Cantref Bychan**; roedd ei ganolfan weinyddol yn **Llangadog**. Daeth Perfedd, ynghyd â'r **Hirfryn**, yn rhan o arglwyddiaeth **Llanymddyfri**. Goroesodd Perfedd yn enw ar **hwndrwd** wedi'r **Deddfau 'Uno'**.

**PERFEDD** Cwmwd (Penweddig)

**Cwmwd** canol (*perfedd*) cantref **Penweddig** yng **Ngheredigion**, cwmwd a oedd yn ymestyn o aber afon **Rheidol** i gopa **Pumlumon**. O'i fewn yr oedd **Llanbadarn**, mameglwys Penweddig gyfan, a hefyd ail gastell **Aberystwyth**.

**PERRI neu PARRY, Henry (1560/1–1617)** Ysgolhaig

Brodor a Faes-glas (**Treffynnon**) oedd Henry Perri. Fe'i haddysgwyd yn **Rhydychen** a daliodd nifer o fywoliaethau ym **Môn**. Roedd ganddo ddiddordeb deallus yn y **Gymraeg** a'i llên, ac ysgrifennodd (ar sail gwaith cynharach **William Salesbury**) *Eglvryn Phraethineb sebh Dosparth ar Retoreg* (1595), llyfr a oedd yn cymhwyso pwyslais y **Dadeni** ar gelfyddyd rhethreg at waith y beirdd Cymraeg.

**PERROT, Teulu** Tirfeddianwyr

Credid bod Syr John Perrot (1530–92) yn fab anghyfreithlon i Harri VIII a Mary Berkeley a briododd â Syr Thomas Perrot o Haroldson (gw. **Merlin's Bridge**). Roedd yn ŵr nerthol, byr ei dymer a oedd yn hoff o ymgyfreithio. Bu'n is-lyngesydd arfordir de Cymru, yn aelod seneddol dros **Sir Benfro** (1562) ac yn faer **Hwlffordd** ddwywaith. Ymroddodd yn egnïol i roi terfyn ar fôr-ladrata (gweithgaredd yr oedd ef ei hun yn ddigon parod i ymelwa arno) (gw. **Môr-ladron**). Yn dilyn ei gyfnod yn arglwydd raglaw **Iwerddon** (1584–8) fe'i cyhuddwyd o deyrnfradwriaeth (cyhuddiad ffug, fe ymddengys); bu farw yn Nhŵr **Llundain**. Ef a fu'n gyfrifol am adeiladu adain ogleddol wych Castell **Caeriw**. Roedd ei fab anghyfreithlon, Syr James Perrot (1571–1636), aelod seneddol dros Hwlffordd a Sir Benfro, yn Seneddwr amlwg a ymosododd ar bolisïau crefyddol William Laud. Fe'i penodwyd yn is-lyngesydd Sir Benfro (1626). Bu'n erlid llongddryllwyr ac anogodd gryfhau amddiffynfeydd dyfrffordd Aberdaugleddau (gw. **Aberdaugleddau, Dyfrffordd**). Roedd yn aelod o Gwmni Virginia ac yn awdur gweithiau megis *Meditations and Prayers on the Lord's Prayer and Ten Commandments* (1630).

**PETERSEN, Jack (John Charles Petersen; 1911–90)** Bocsiwr

Ar ôl ennill pencampwriaeth pwysau godrwm amatur **Prydain** yn 1931, trodd Jack Petersen o **Gaerdydd** yn focsiwr proffesiynol. Câi ei hyfforddi gan ei dad a'i ariannu gan syndicet, a daeth yn un o ymladdwyr mwyaf poblogaidd y 1930au. Roedd yn dal ac ystwyth, ac yn rhannol o dras Danaidd. Fe'i câi yn anodd cyrraedd y pwysau priodol (yn ei siwt y byddai'n cael ei bwyso cyn gornest); serch hynny, llwyddodd y pencampwr pwysau ysgafn hwn i ddod yn bencampwr pwysau trwm Prydain a'r Ymerodraeth (1932–3), ac roedd ei ornestau ef yn erbyn Len Harvey a Walter Neusel ymhlith uchafbwyntiau'r degawd yn y byd **bocsio**. Un o'i feibion yw'r artist a'r ymgyrchydd dros **Blaid [Genedlaethol] Cymru**, David Petersen (gw. **Gwaith Haearn**).

**PETTS, John (1914–91)** Arlunydd a gwneuthurwr printiadau

Ganed John Petts yn **Llundain**, astudiodd yn Ysgolion yr Academi Frenhinol a daeth i Gymru ar ôl priodi **Brenda Chamberlain** yn 1936. Yn **Llanllechid** sefydlwyd Gwasg Caseg ganddynt, ac aethant ati i gyhoeddi taflenni a chardiau post wedi'u darlunio gyda'u hengrafiadau eu hunain ac wedi'u lliwio â llaw. Daeth y briodas i ben yn 1946. Yn 1951 ymunodd Petts â Phwyllgor Cymreig newydd Cyngor Celfyddydau Prydain Fawr (gw. **Cyngor Celfyddydau Cymru**), ond gadawodd yn 1956 er mwyn canolbwyntio ar ei waith ei hun a oedd yn ymwneud fwyfwy â **gwydr lliw** a mosaig.

**PEULINOG** Cwmwd

Un o gymydau'r **Cantref Gwarthaf**; ymddengys ei fod yn cynnwys cwmwd **Amgoed** a ddatblygodd o'i fewn. **Hendy-gwyn** oedd ei ganolfan weinyddol. Yn sgil dyfodiad y **Normaniaid**, allan o'r cwmwd hwn y crëwyd arglwyddiaeth **Sanclêr**.

**PHILIPPS, Teulu** Tirfeddianwyr

Tua 1490 priododd Thomas Philipps o Gilsant â Joan, aeres cangen o Ddwnniaid **Cydweli** a Woganiaid **Cas-wis**. Roedd y teulu yn chwannog i gronni tir, ac elwasant yn arbennig ar gwymp Rhys ap Gruffudd (gw. **Rhys ap Thomas**). O'u cartref yng Nghastell Pictwn (gw. **Slebets**), mawr oedd eu dylanwad ar wleidyddiaeth **Hwlffordd** a **Sir Benfro**. Rhoddwyd barwnigiaeth i'r teulu yn 1621. Roedd John Philipps (m.1737), y pedwerydd barwnig, a noddwr **Griffith Jones, Llanddowror**, gyda'r amlycaf o ddiwygwyr crefyddol ac addysgol Cymru. Roedd y chweched barwnig (m.1764) yn Jacobitiad selog (gw. **Jacobitiaeth**). Bu farw'r seithfed yn

John Petts a Brenda Chamberlain, *Yr Heuwr*, 1941–2

ddi-blant yn 1823, ac aeth y stad yn ei thro i deuluoedd Grant, Gwyther a Fisher (ond mabwysiadodd pob un ohonynt y cyfenw Philipps). Ymhlith aelodau eraill y teulu yr oedd gŵr **Katherine Philipps**, a'r brodyr, Is-iarll St Davids (cefnogwr **Lloyd George**) a Barwn Milford (yr arbenigwr amaethyddol; gw. **Sefydliad Ymchwil Tir Glas a'r Amgylchedd**). Yn 1873 roedd y teulu'n berchen ar 5,176ha o dir yn Sir Benfro.

**PHILIPPS, Katherine (The Matchless Orinda; 1631–64)** Bardd

Ar ôl priodi James Philipps o Briordy **Aberteifi** rhannodd y Saesnes hon ei hamser rhwng Cymru a **Llundain**, ei dinas enedigol. Magodd, trwy lythyrau, gylch eang o gyfeillion o fyd **llenyddiaeth** ac **athroniaeth**; Orinda oedd ei ffugenw ymhlith y bobl hyn, a'i hedmygwyr niferus a ychwanegodd '*the Matchless*'. Casglwyd ei cherddi ynghyd am y tro cyntaf yn 1664; yr argraffiad safonol modern yw *The Collected Works of Katherine Philips* (3 cyfrol, 1990–3). Ceir portread hyfryd ohoni yn nofel **R. T. Jenkins**, *Orinda* (1943).

**PHILLIMORE, Egerton [Grenville Bagot] (1856–1937)** Ysgolhaig

Bu'r Sais hwn yn ymddiddori yn y **Gymraeg** a'i diwylliant trwy gydol ei yrfa er gwaethaf problemau personol dybryd. Bu'n golygu *Y Cymmrodor* (1889–91) ac yn cydolygu *Bye-gones* (1891–3), ac yn y **cylchgronau** hyn ac eraill cyhoeddodd liaws o erthyglau craff ar Gymru, yr iaith, ei **llenyddiaeth**, ei hanes a'i diwylliant. Lluniodd hefyd nodiadau gwerthfawr ar **enwau lleoedd** a hanes Cymru ar gyfer argraffiad o *Penbrokshire* **George Owen** (4 cyfrol, 1892–1936). Ond efallai mai ei waith mwyaf diddorol yw ei gasgliad o eiriau Cymraeg masweddus a gyhoeddwyd ganddo mewn cylchgrawn yn yr Almaen yn 1884. Ymgartrefodd yng **Nghorris** yn 1902, ac yno y treuliodd weddill ei oes.

**PHILLIPS, Dewi Z[ephaniah] (1934–2006)** Athronydd

Dewi Z. Phillips oedd yr athronydd Cymreig mwyaf cynhyrchiol erioed. Cyhoeddodd dros ugain o lyfrau a thros gant o erthyglau, yn **Saesneg** ac yn **Gymraeg**, ac ef oedd golygydd y cylchgrawn dylanwadol *Philosophical Investigations*. Fe'i ganed yn Nhreforys (**Abertawe**) a'i addysgu yn Abertawe a **Rhydychen**. Ar ôl cyfnod byr fel gweinidog gyda'r **Annibynwyr** bu'n darlithio yn Dundee, **Bangor** ac Abertawe, gan olynu **J. R. Jones** yn y gadair **athroniaeth** yn Abertawe, cadair a ddaliodd o 1971 hyd ei ymddeoliad yn 1996. O 1992 ymlaen daliai gadair hefyd yn Ysgol Raddedigion Claremont, Califfornia. Arbenigai mewn athroniaeth crefydd a moeseg, ac roedd yn rhan o'r chwyldro athronyddol a sicrhaodd le amlwg i Abertawe fel canolfan ar gyfer astudiaethau Wittgensteinaidd. Ymddiddorai'n fawr mewn **llenyddiaeth** ac ymhlith ei gyhoeddiadau y mae astudiaethau o safbwynt athronyddol o waith beirdd a llenorion megis **Gwenlyn Parry** ac **R. S. Thomas**. Roedd yn gymeriad llachar ac yn ddynwaredwr penigamp a ddiddanai ei gyfeillion â straeon doniol (a beiddgar o goch yn aml). Bu gweld athroniaeth fel disgyblaeth ym mhrifysgolion Cymru yn cael ei thanseilio gan y masnacheiddio ar addysg uwch yn loes calon iddo.

**PHILLIPS, John (1810–67)** Addysgwr

Ganed John Phillips mewn tlodi ym Mhontrhydfendigaid (**Ystrad-fflur**). Ac yntau heb fawr ddim addysg ffurfiol, fe'i derbyniwyd i Brifysgol Caeredin yn 1833. Ymadawodd yn 1835 i ofalu am un o eglwysi'r **Methodistiaid Calfinaidd** yn **Nhreffynnon**. Aeth oddi yno yn weinidog i **Fangor** yn 1847, ond roedd cenhadaeth arall yn galw. Er 1843 roedd wedi ymgymryd â swydd ychwanegol fel cynrychiolydd y **Gymdeithas Frutanaidd** yn y gogledd, a chyn bo hir ymneilltuodd o'r weinidogaeth er mwyn canolbwyntio ar agor ysgolion. Teithiodd ar droed ac ar gefn ceffyl i chwilio am safleoedd a chasglu arian. Cydweithiodd yn frwd gyda **Hugh Owen** i sefydlu'r **Coleg Normal**, **Bangor**, yn 1858, ac ef oedd ei brifathro cyntaf.

**PHILLIPS, Thomas (1801–67)** Maer ac amddiffynnydd y Cymry

Thomas Phillips, a aned ym mhlwyf **Llanelli** (**Sir Frycheiniog**, ond **Sir Fynwy** bellach), ac a fagwyd yn Nhrosnant, **Pont-y-pŵl**, oedd maer **Casnewydd** yn ystod cyrch y Siartwyr ar y dref yn 1839 (gw. **Casnewydd, Gwrthryfel**). Er iddo gael ei urddo'n farchog am ei ran yn y gwaith o orchfygu'r gwrthryfelwyr, nid oedd bob amser ar ochr y sefydliad: ef oedd un o brif amddiffynwyr y Cymry yn erbyn haeriadau maleisus awduron adroddiad 1847 ar **addysg** yng Nghymru (gw. **Brad y Llyfrau Gleision**). Ymosododd ar eu honiadau yn ei lyfr pwysig *Wales: the Language, Social Condition, Moral Character, and Religious Opinions of the People considered in relation to Education* (1849). Ac yntau'n Anglicaniad pybyr, roedd yn gefnogwr brwd i'r **Gymdeithas Genedlaethol** a'i hysgolion eglwysig, ynghyd â Choleg Dewi Sant, **Llanbedr Pont Steffan** (**Prifysgol Cymru, Llanbedr Pont Steffan** bellach).

**PIBGOD neu PIBA CWD neu SACHBIB**

Er nad oes yr un offeryn cyfan wedi goroesi, mae tystiolaeth i'r bibgod gael ei chanu yng Nghymru o'r Oesoedd Canol hyd at ganol y 19g. Ceir cyfeiriadau at bibau (o fath amhenodol) yn nhestunau'r **gyfraith** ac yng ngherddi'r Oesoedd Canol; ceir cerfiadau o bibgod yn dyddio o bosibl o'r 15g. yn Eglwys **Llaneilian**; ac mae llawysgrif o'r 16g. yn cynnwys dau ddarlun o bibgod, y naill gydag un sianter ac un byrdwn a'r llall gyda sianter dwbl a heb fyrdwn. Mae'n bosibl mai sianter dwbl i bibgod (yn dyddio o 1701) yw'r darn offeryn a gedwir yn Amgueddfa Werin Cymru (gw. **Sain Ffagan**). Gan amlaf, mae tystiolaeth o'r 18g. a'r 19g. yn cysylltu'r bibgod â ffair neu ddathliad priodas. Mae'n annhebygol mai un ffurf safonol a fu i'r bibgod yng Nghymru erioed; lluniwyd a chwaraewyd mathau amrywiol arni yn ystod y blynyddoedd diweddar.

**PIBGORN**

Bu'r pibgorn yn offeryn cyffredin iawn yng Nghymru am ganrifoedd. Offeryn chwyth gyda chorsen ydyw, ac un twyllodrus o syml ei wneuthuriad: pibell o bren neu asgwrn â thyllfedd silindrig, chwe thwll i'r bysedd ac un i'r bawd; a chorsen sengl (yn wreiddiol o ysgawen, ond bellach o wialen gan amlaf), gyda chap i'r gorsen a chloch wedi'u ffurfio o gorn buwch. Cenid yr offeryn yn helaeth gan **weision ffermydd** ym **Môn** hyd at ddiwedd y 18g., ac mae'n debyg iddo oroesi yn **Sir Benfro** ymhell i'r 19g. Cedwir y tri offeryn sydd wedi goroesi yn Amgueddfa Werin Cymru (gw. **Sain Ffagan**). Mae nifer o gopïau modern llwyddiannus wedi'u gwneud gan Jonathan Shorland o **Gaerdydd**.

**PICE AR Y MAEN neu CACENNI CRI**

Un o hoff ddanteithion amser te'r Cymry er diwedd y 19g. Yn yr ardaloedd hynny lle'r oedd modd cael gafael ar flawd gwyn, peth cyffredin oedd pobi bara crai ar faen neu radell uwchben tân agored. Cam naturiol wedyn oedd ychwanegu rhywfaint o saim, siwgr a ffrwythau sych at y toes. Fel arfer, gelwid y cacenni yn unol â'r enw a arferid ar y maen neu'r radell o ardal i ardal, gan gynnwys 'tishan lechwan', 'tishan ar y ma'n', 'pice lap', 'pice bach' a 'cacenni cri'. *Welsh cakes* yw'r enw cyffredin yn **Saesneg**. Fe'u bwyteid yn gyson mewn ffermdai a thyddynnod, a gallai'r glöwr ddisgwyl eu gweld yn ei focs bwyd.

## PICTIWRÉSG, Mudiad y

Mudiad oedd hwn a ddaeth i'r amlwg tua diwedd y 18g., yn arbennig ym maes cynllunio **gerddi** ac mewn **pensaernïaeth** a oedd yn gysylltiedig â hynny, ac un a gyrhaeddodd Gymru yn gynnar. Symbylwyd y mudiad pan gyhoeddwyd *Observations on the River Wye* **William Gilpin** yn 1782 ac *An Essay on the Picturesque* Syr Uvedale Price yn 1794, gyda chyfrolau ychwanegol yn 1798 ac 1810. Bu dadlau hir rhwng Uvedale Price a Richard Payne Knight, ei gymydog yn **Swydd Henffordd**, am nod ac amcanion y mudiad, ond yn y pen draw diffiniwyd y 'pictiwrésg' fel nodwedd esthetaidd a oedd rhwng 'yr aruchel a'r 'hardd', gyda phwyslais ar dirlun gwyllt a garw ac ar adeiladau anghymesur eu cynllun a weddai i'r tirlun hwnnw. Bu Uvedale Price yn ddylanwad ar ei gyfaill **Thomas Johnes**, a fu ymhlith y cynharaf i ddilyn egwyddorion y mudiad wrth wneud gwaith tirlunio arbrofol yn Hafod Uchdryd (**Pontarfynach**) o 1786 ymlaen. Daeth **John Nash** yntau dan ddylanwad Uvedale Price pan gafodd ei gomisiynu ganddo i gynllunio Tŷ'r Castell, **Aberystwyth** (*c*.1791), ar ffurf fila gastellog yn seiliedig ar gynllun trionglog – adeilad a ddaeth yn rhan o'r gwesty a ddeuai, yn 1871, yn gartref i Goleg Prifysgol Cymru (gw. **Prifysgol Cymru, Aberystwyth**).

## PICTON, Thomas (1758–1815) Milwr

Ymunodd Thomas Picton, a oedd yn bumed mab i Thomas Picton o Poyston Hall (**Rudbaxton**), â 12fed Gatrawd y Troedfilwyr yn 1771. Fel llywodraethwr milwrol Trinidad yn y 1790au, daeth yn dra enwog am ei greulondeb. Enillodd fri yn Rhyfel Iberia, lle bu'n arwain y Drydedd Adran, ond siom enbyd iddo fu'r ffaith na chafodd ei urddo'n arglwydd fel y cafodd ei gyd-gadfridogion ar ddiwedd y rhyfel. Wedi iddo gael ei urddo'n farchog yn 1815 bu'n arwain y Bumed Adran yn Quatre Bras; er ei fod wedi'i glwyfo, arweiniodd y cyrch ar faes Waterloo lle y'i lladdwyd. Gorwedd ei weddillion yn Eglwys Gadeiriol St Paul, **Llundain**. Mae cofgolofn iddo yno, a rhai eraill yng **Nghaerfyrddin** a Neuadd y Ddinas, **Caerdydd**.

## PIECH, Paul Peter (1920–96) Arlunydd a gwneuthurwr printiadau

Daeth Piech i **Gaerdydd** o'r Unol Daleithiau fel milwr yn ystod yr **Ail Ryfel Byd**. Priododd â menyw leol, ac ar ôl gyrfa mewn hysbysebu ac fel athro mewn gwahanol fannau ym **Mhrydain**, ymgartrefodd ym **Mhorth-cawl**. Daeth ei brintiadau pren a leino, a edrychai'n dwyllodrus o syml, yn ffasiynol fel posteri o'r 1960au ymlaen, pan ddaeth eiconograffiaeth mudiadau protest cyfoes i sylw rhyngwladol. Yn ddiweddarach cyhoeddodd waith a adlewyrchai ddiwylliant a phrotest yng Nghymru.

## PIERAU

Adeiladwyd y pierau cyntaf ar gyfer llongau stêm yr arfordir. Yn ddiweddarach daethant yn boblogaidd gyda

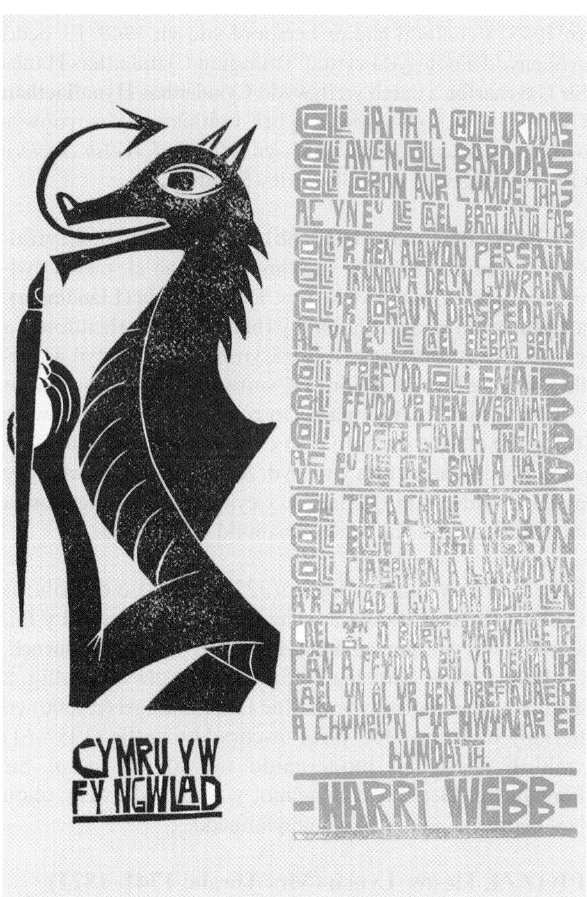


Cerdd enwog Harri Webb, 'Colli Iaith', mewn poster gan Paul Peter Piech

thwristiaid a allai fynd am dro ar eu hyd. Wrth i nifer yr ymwelwyr gynyddu yn sgil ymlediad y **rheilffyrdd** o ganol y 19g. ymlaen, aed ati i adeiladu pierau fel lleoedd i hamddena a daethant yn nodwedd amlwg ar y trefi glan môr a oedd yn tyfu'n gyflym ar hyd glannau Cymru. Adeiladwyd y cynharaf o'r naw pier pleser yng Nghymru yn **Aberystwyth** yn 1865; golchwyd rhan ohono ymaith gan storm y flwyddyn ddilynol, ac yn ddiweddarach diflannodd rhan arall o ganlyniad i dân. Pier y **Rhyl**, a godwyd yn 1867, oedd yr hiraf yng Nghymru (717.5m) cyn iddo gael ei ddymchwel yn 1972. Bellach, y ddau bier hiraf yw'r rhai yn **Llandudno** (699m; codwyd yn 1876–8) a **Bangor** (457m; codwyd yn 1896). Ceir pierau hir, yn ogystal, ym **Mhenarth** (1892–4), y Mwmbwls, **Abertawe** (1897–8) a **Bae Colwyn** (1898–1900). Cafod y pier yn **Llandrillo-yn-Rhos** ei adeiladu yn Douglas, **Ynys Manaw**, a'i gludo i Landrillo-yn-Rhos yn 1895; fe'i dymchwelwyd yn 1954. Codwyd pier yn **Ninbych-y-pysgod** yn 1899; fe'i dymchwelwyd yn 1953.

## PIERCE, T[homas] Jones (1905–64) Hanesydd

Ganed T. Jones Pierce yn **Lerpwl** ac yno y cafodd ei addysg. Fe'i penodwyd yn diwtor yn yr adran efrydiau allanol ac yn ddarlithydd cynorthwyol yn yr adran hanes ym **Mangor** (1930), lle bu'n ymchwilio i fframwaith cymdeithasol Cymru'r Oesoedd Canol. Fe'i penodwyd yn ddarlithydd arbennig yn hanes Cymru'r Oesoedd Canol yn **Aberystwyth** yn 1945, a chafodd gadair bersonol yno yn 1948. Ef oedd sylfaenydd a golygydd cyntaf Trafodion Cymdeithas Hanes **Sir Gaernarfon** a daeth yn llywydd **Cymdeithas Hynafiaethau Cymru** (1964). Cyhoeddwyd ei brif weithiau – sy'n cynnwys astudiaethau craff dros ben – yn *Medieval Welsh Society* (1972), a olygwyd gan J. Beverley Smith.

**PIERCY, Benjamin (1827–88)** Peiriannydd rheilffyrdd
Ganed Benjamin Piercy yn **Nhrefeglwys** ac ef, mewn cydweithrediad â David Davies (gw. **Davies, Teulu (Llandinam)**) a **Thomas Savin**, a adeiladodd y rhan fwyaf o'r rheilffordd a gysylltai'r Gororau ag arfordir Cymru. Piercy hefyd a gynlluniodd Reilffordd Arfordir Cymru ynghyd â'i thraphont 731.5m o hyd ger **Abermaw**. Un o'i orchestion oedd bwlch Talerddig (1861), sef hafn 35m o ddyfnder trwy'r graig – ar y pryd, y dyfnaf o'i fath yn y byd. Adeiladodd **reilffyrdd** yng ngogledd-ddwyrain Cymru, ar y cyd â **Henry Robertson**, a chynlluniodd drac ar draws tir anodd yn Sardinia.

**PÎL, Y**, Pen-y-bont ar Ogwr (323ha; 7,205 o drigolion)
Datblygu ar hyd yr A48 a wnaeth pentref sylweddol y Pîl, a arferai fod yn rhan o **gymuned** Cynffig, ynghyd â **Chorneli**. Codwyd Eglwys Sant Iago (15g.) yn lle Eglwys Cynffig, a gladdwyd dan dwyni tywod. Mae Llanmihangel (*c*.1600) yn ffermdy nodedig. Mae ysgol uwchradd Cynffig (1957–61) ymhlith adeiladau modernaidd mwyaf trawiadol Sir Forgannwg. Ger ffin ddwyreiniol y gymuned gwelir olion hen bentref a adawyd yn anghyfannedd.

**PIOZZI, Hester Lynch (Mrs Thrale; 1741–1821)** Awdures
Fe'i ganed ym mhlasty Bodfel (**Llannor**) i deulu a oedd yn ddisgynyddion i gangen Lleweni (**Dinbych**) o deulu **Salusbury**, a phan oedd yn 22 oed priododd â Henry Thrale, bragwr cefnog o **Lundain**. Fe'i cofir yn bennaf ar gyfrif ei chyfeillgarwch â Samuel Johnson; cyhoeddodd gasgliad o anecdotau amdano (1786) a hi hefyd a gyhoeddodd y casgliad cyntaf o'i lythyrau (1788). Yn 1784, ar ôl marwolaeth ei gŵr, ac er mawr siom i'r Doctor, priododd â Gabriel Piozzi, cerddor o'r Eidal, ac ymgartrefodd y ddau ym Mrynbella (**Tremeirchion**). Roedd yn wraig atyniadol a bywiog, a bu'n gohebu gyda chylch eang o enwogion; cedwir casgliad o'i llythyrau yn y **Llyfrgell Genedlaethol**.

**PIPER, John (1903–92)** Arlunydd ac awdur
Modernydd a aned yn **Lloegr** oedd John Piper. Daeth i Gymru yn 1937 gan briodi â'r arlunydd a'r awdur Myfanwy Evans (1911–97) yr un flwyddyn, a throdd yn rhamantydd. Darluniai, peintiai, gwnâi ludweithiau, tapestrïau a **gwydr lliw**, a chynlluniai ar gyfer y theatr. Yn ei beintiadau, hoffai gyfleu'r elfennau dramatig yn y tirlun, gyda'r pwyslais ar awyrgylch. Tra oedd yn ymwneud â chynllun 'Recording Britain' yn ystod yr **Ail Ryfel Byd**, gweithiai yng **Nghaerdydd** ac yn **Abertawe**. Rhwng 1949 a dechrau'r 1960au roedd yn byw yn Nant Ffrancon (**Llanllechid**), a symudodd yn ddiweddarach i **Sir Benfro**.

**PISTYLL**, Gwynedd (2,069ha; 492 o drigolion)
Mae **cymuned** Pistyll wedi'i lleoli ger **Nefyn**, hanner ffordd ar hyd arfordir gogleddol **Llŷn**. Yr unig bentref o faint ynddi yw Llithfaen, a dyfodd yn y 19g. yn sgil datblygu chwareli **gwenithfaen** ar yr **Eifl**. Prynwyd Gwesty Victoria gan gwmni cydweithredol o drigolion lleol. Yn eglwys ganoloesol Sant **Beuno**, Pistyll, mae bedyddfaen o'r 12g. Mewn cwm cul a serth ar yr arfordir datblygodd Nant Gwrtheyrn yn bentref i chwarelwyr, ond erbyn 1959 roedd y tai i gyd yn wag. Yn 1978 daeth Nant Gwrtheyrn yn ganolfan iaith lle cynhelir cyrsiau Cymraeg, a hynny mewn ardal lle mae'r **Gymraeg** yn brif iaith.

**PIWRITANIAID**
Disgrifiwyd Piwritaniaeth gan yr Americanwr H. L. Mencken fel 'yr ofn hunllefus y gallai rhywun yn rhywle fod yn hapus'. Er bod hon yn ddedfryd lem, mae'n cyfleu i ryw raddau deithi meddwl y 'math poethaf ar Brotestaniaid', fel y gelwid y Piwritaniaid. Daeth Piwritaniaeth i'r amlwg am y tro cyntaf yn ystod yr 16g. ac mae gyrfa **John Penry**, ei phleidiwr enwocaf yng Nghymru, yn ddrych i'r dewisiadau a wynebid gan y sawl a geisiai ddiwygio'r Eglwys Sefydledig. Galwai'r rhai a arhosodd yn deyrngar i'r Eglwys Anglicanaidd (gw. **Anglicaniaid**) am ddiwygiad eglwysig, fel arfer i gyfeiriad Presbyteriaeth (gw. **Presbyteriaid**). Ond, a'u hamynedd wedi pallu, trodd rhai tebyg i Penry eu cefn ar yr eglwys ac ymuno â'r ymwahanwyr. A siarad yn fras, gelwid y ddau grŵp yn Biwritaniaid ac, yn eu ffyrdd gwahanol, ceisient ddileu olion Catholig (gw. **Catholigion Rhufeinig**), sefydlu traddodiad cadarn o bregethu'r Gair, dwyn perswâd ar bobl i ddarllen yr Ysgrythurau a meithrin cymdeithas dduwiol, weithgar, ddarbodus a bucheddol. Yn nechrau'r 17g. ideoleg yr haenau canol oedd Piwritaniaeth ac fe'i lledaenwyd ar hyd ffyrdd masnachol y de a **siroedd** y Gororau. Adfywiwyd y mudiad gan y **Rhyfeloedd Cartref** a'r **Werinlywodraeth**. Hybwyd y ffydd Biwritanaidd yn egnïol gan rai fel **Walter Cradock**, **Morgan Llwyd** a **Vavasor Powell**. Enillwyd cryn dir, weithiau trwy drais, yn ystod cyfnod y **Ddeddf er Taenu'r Efengyl** (1650–3), a ffynnai sectyddiaeth yn y 1650au ymhlith **Bedyddwyr**, **Annibynwyr** a **Chrynwyr**. Ond roedd trwch y boblogaeth yn llugoer neu'n elyniaethus i Biwritaniaeth ac fe'u cythruddwyd yn arbennig gan yr ymgais i wahardd **dawnsio**, baetio eirth, **ymladd ceiliogod**, rhegi a thyngu. Pan adferwyd y frenhiniaeth yn 1660 taflwyd llawer o weinidogion Piwritanaidd o'u bywoliaethau, ac wedi'r Ddeddf Unffurfiaeth (1662) gorfodwyd pobl i benderfynu a oeddynt am barhau i fod yn eglwyswyr ynteu cefnu ar Eglwys Loegr. O 1662 ymlaen byddid yn galw y rhai a ffarweliodd â'r Eglwys yn Ymneilltuwyr neu, yn ddiweddarach, yn Anghydffurfwyr (gw. **Anghydffurfiaeth**). Fodd bynnag, parhaodd elfen Biwritanaidd gref oddi mewn i'r Eglwys Anglicanaidd, fel y tystia penillion moesolgar **Rhys Prichard**.

**PLA DU, Y**
Bu'r clefyd hwn – y Farwolaeth Fawr fel y'i gelwid – yn felltith ledled Ewrop yn y 14g., a lladdwyd rhyw 25 miliwn o bobl rhwng 1347 ac 1350. Delid ffurf niwmonig y clefyd trwy anadlu'r heintiad, a'r ffurf fiwbonig trwy frathiad chwain y llygoden fawr ddu. Byddai'r claf yn cael twymyn ac yn cyfogi, a byddai'n sicr o farw o fewn dyddiau. Yng Nghymru, lladdwyd tua chwarter y trigolion mewn un flwyddyn yn unig (1349–50).

Daeth y pla i'r de, dros y môr yn ôl pob tebyg, ym mis Mawrth 1349. Roedd casglwyr tollau **Caerfyrddin** ymhlith y cyntaf i ddioddef, ynghyd â 36 o'r 40 o denantiaid ym

John Piper, *Coast of Pembroke*, 1938–40 (manylyn)

maenor **Caldicot**. Yn ystod 1349 fe'i gwelwyd yn lledu trwy'r de ac ar hyd Dyffryn **Hafren** a'r Gororau i **Swydd Gaer**. Trawodd y pla arglwyddiaeth **Penfro** mor galed nes i'r rhent blynyddol yno ostwng o chwarter (1350). Cafwyd cyfradd farwolaethau uchel yn **Rhuthun** a **Dinbych**, a lladdwyd nifer o fwynwyr plwm **Treffynnon**. Ffodd llawer o bobl mewn ofn, er i rai ddychwelyd, fel y gŵr o Ruthun yn 1354 – gŵr a oedd wedi 'ymadael â'i dir yn ystod y Pla oherwydd ei dlodi, ond a ddaeth yn ôl bellach a chael ei dderbyn trwy ffafr yr arglwydd i ddal y tir hwnnw oherwydd y gwasanaeth a oedd yn ddyledus arno'. Roedd y pla hwn a phlâu diweddarach – yn 1361–2 ('Yr Ail Bla') ac 1369 – yn bygwth incwm landlordiaid, yn peri mudoledd cymdeithasol ac yn dryllio rhwymedigaethau, gan rwyddhau hynt newidiadau cymdeithasol.

Arweiniodd y pla at obeithion milflwyddol ac obsesiwn â **marwolaeth**, ond cynigiodd gyfleoedd yn ogystal â pheri caledi, megis marchnad dir fywiog a ffermydd **defaid** ffyniannus ar Ororau'r canolbarth. Arweiniodd y newidiadau cymdeithasol ac economaidd mawr yn y trefi ac yng nghefn gwlad at gynnydd yn safon byw'r taeogion, a hynny yn sgil y galw cynyddol am eu gwasanaeth (ymddengys fod deiet y mwyaf difreintiedig yn y gymdeithas yn cynnwys mwy o galorïau yn 1430 nag eiddo'r un **dosbarth** yn 1914).

A bwrw bod gan Gymru ryw 300,000 o drigolion ar ddechrau'r 14g., y gred yw bod hynny wedi gostwng 100,000 o leiaf erbyn diwedd y ganrif, a hynny'n bennaf oherwydd y pla.

## PLAID [GENEDLAETHOL] CYMRU

Ffurfiwyd Plaid Genedlaethol Cymru ar 5 Awst 1925 yn sgil uno'r Mudiad Cymreig a Byddin Ymreolwyr Cymru, dwy garfan fechan o wladgarwyr a oedd o'r farn na allai hawliau cenedlaethol Cymru gael eu hyrwyddo bellach trwy'r hen **Blaid Ryddfrydol** na'r **Blaid Lafur** fwy newydd. Mudiad o blaid ymreolaeth a sefydlwyd gan **H. R. Jones** yng **Nghaernarfon** oedd y naill, a chymdeithas ddirgel o dan arweiniad yr academyddion **Saunders Lewis** ac **Ambrose Bebb** oedd y llall.

Am flynyddoedd hirfaith ni chafodd Plaid Genedlaethol Cymru – newidiwyd yr enw i Plaid Cymru yn 1945 – fawr ddim llwyddiant gwleidyddol. Cymry Cymraeg oedd trwch ei haelodau, a'i ffigwr mwyaf dylanwadol cyn yr **Ail Ryfel Byd** oedd Saunders Lewis. Bu ef yn llywydd ar y blaid rhwng

Ysgol Haf Plaid Genedlaethol Cymru yn Llangollen, 1927. O'r chwith i'r dde: Lewis Valentine, W. Ambrose Bebb, D. J. Williams, Mai Roberts, Saunders Lewis, Kate Roberts, H. R. Jones ac E. Prosser Rhys

1926 ac 1939, a phan grisialwyd ei hathroniaeth wleidyddol tua 1931 adlewyrchai ei feddylfryd ceidwadol ef. Ymhlith amcanion y blaid yr oedd sicrhau statws dominiwn i Gymru ac aelodaeth o Gynghrair y Cenhedloedd, creu economi ddosrannol (gw. **Perchentyaeth**), a sicrhau statws swyddogol i'r iaith **Gymraeg**. Ymladdodd y blaid ei hetholiad seneddol cyntaf yn 1929, pan sicrhaodd **Lewis Valentine** 609 o bleidleisiau (1.6%) yn **Sir Gaernarfon**. Ymladdodd y blaid yn Sir Gaernarfon drachefn yn 1931 ac 1935 gan gynyddu ei phleidlais ryw fymryn. Cafodd beth llwyddiant, fodd bynnag, ym maes **darlledu**, a hi oedd prif hyrwyddwr y ddeiseb i sicrhau statws swyddogol i'r iaith Gymraeg (gw. **Deddf Llysoedd Cymru (1942)**).

Yn 1936, 400 mlynedd er Deddf 'Uno' Cymru a **Lloegr** (gw. **Deddfau 'Uno'**), llosgodd Saunders Lewis, ynghyd â **D. J. Williams** a Lewis Valentine, gytiau gweithwyr ar safle newydd o eiddo'r Awyrlu Brenhinol ym Mhenyberth (gw. **Penyberth, Llosgi Ysgol Fomio**). Carcharwyd y tri, ond ni wireddwyd gobeithion Saunders Lewis y byddai'r weithred yn dwyn llwyddiant gwleidyddol hirdymor i'r blaid. Bu hyn yn achos cryn rwystredigaeth yn ei hanes, ac fe'i siomwyd ymhellach gan benderfyniad cynhadledd 1938 i goleddu dulliau di-drais ac i wrthod ei syniadau ar berchentyaeth. Fe'i cythruddwyd hefyd gan sosialwyr o fewn y blaid a fu'n feirniadol o'r datganiadau cymdeithasol ac economaidd hynny o'i eiddo a ganolbwyntiai'n bennaf ar gomiwnyddiaeth fel prif fygythiad Ewrop, er iddo hefyd feirniadu Ffasgaeth – ac ymddiswyddodd fel llywydd yn 1939.

Gobeithiai Saunders Lewis y byddai polisi'r blaid o niwtraliaeth Gymreig yn ystod yr Ail Ryfel Byd yn cymell ugeiniau o ddynion a **menywod** ifainc i wrthod ymladd ym 'myddin Lloegr', ond dim ond 12 a garcharwyd am wrthwynebiad cydwybodol ar dir cenedlaethol yn unig (gw. **Gwrthwynebwyr Cenedlaethol**). Fodd bynnag, rhoddwyd hwb annisgwyl i'r blaid gan bleidlais sylweddol Saunders Lewis (22.5%) yn isetholiad seneddol **Prifysgol Cymru** yn 1943. Yn etholiad cyffredinol 1945 safodd aelodau o'r blaid mewn 7 o etholaethau o gymharu â dim ond 5 yn ystod yr 20 mlynedd blaenorol.

Gyda gweithgarwch o'r fath ar gynnydd, ac ethol **Gwynfor Evans** yn llywydd yn 1945, cychwynnodd Plaid Cymru ar gyfnod newydd. O dan arweiniad Gwynfor Evans, Anghydffurfiwr o ran **crefydd** a rhyddfrydwr a heddychwr o ran tueddfryd gwleidyddol, daeth twf cyson, os araf, i ran y blaid. Yn etholiad 1959 roedd ganddi ymgeiswyr ar gyfer 20 o'r 36 sedd seneddol a oedd yng Nghymru bryd hynny; yr adeg honno roedd yn llawer cryfach plaid na Phlaid Genedlaethol yr Alban (dim ond mewn 5 etholaeth allan o 72 y safodd honno yn 1959). Yn y cyfnod hwn hefyd llwyddodd y blaid i ddenu aelodau newydd mwy gwleidyddol effro o'r de-ddwyrain, a dechreuasant hwy bwyso am gamau i'w moderneiddio. Yn ogystal â hynny, arweiniodd pryder am ddirywiad yr iaith Gymraeg at sefydlu **Cymdeithas yr Iaith Gymraeg** yn ysgol haf y blaid yn 1962.

Yn 1964 cadwodd y Blaid Lafur ei haddewid i benodi ysgrifennydd gwladol i Gymru (gw. **Ysgrifennydd Gwladol Cymru**). Canlyniadau siomedig a gafodd Plaid Cymru yn etholiadau cyffredinol Hydref 1964 a Mawrth 1966, ond ar 14 Gorffennaf 1966 sicrhaodd Gwynfor Evans fuddugoliaeth seneddol gyntaf y blaid yn isetholiad rhyfeddol **Caerfyrddin**. A'r mudiad cenedlaethol fel petai'n mynd o nerth i nerth, daeth ymgeiswyr y blaid yn agos at gipio dwy o seddau mwyaf diogel y Blaid Lafur mewn isetholiadau yng Ngorllewin y **Rhondda** (1967) a **Chaerffili** (1968). Yn etholiad cyffredinol 1970, am y tro cyntaf erioed, safodd ymgeiswyr y blaid ym mhob un etholaeth yng Nghymru; gwnaed hynny ym mhob etholiad cyffredinol fyth er hynny. Cynyddodd pleidlais Plaid Cymru o 61,071 yn 1966 i 175,016 yn 1970, ond collodd Gwynfor Evans ei sedd yn yr etholiad a siomedig oedd y bleidlais a gafwyd yn y de-ddwyrain. Yn Chwefror 1974 cipiodd Dafydd Wigley (g.1943) Sir Gaernarfon ac enillodd Dafydd Elis Thomas (g.1946) **Sir Feirionnydd**, seddau a gadwyd ganddynt yn Hydref 1974, pan gipiodd Gwynfor Evans Gaerfyrddin drachefn. Serch hynny, gostwng a wnaeth cyfanswm pleidlais y blaid yn y ddau etholiad, ac felly y bu hyd y 1990au. Er iddi gael rhai llwyddiannau mewn etholiadau llywodraeth leol ym maes **glo**'r de, roedd y blaid fel petai'n analluog i wneud cynnydd y tu allan i ardaloedd Cymraeg y gorllewin.

Bu canlyniad y refferendwm ar **ddatganoli** yn 1979 yn ergyd ddifrifol i'r blaid. Yn sgil hynny, ac yn dilyn ymddeoliad Gwynfor Evans fel llywydd yn 1981, bu'n rhaid iddi ei hailddiffinio ei hunan a mabwysiadwyd 'sosialaeth ddatganoledig' fel polisi. Yn ystod llywyddiaeth radical Dafydd Elis Thomas (1984–91), gwnaed ymdrechion arbennig i ddenu cefnogwyr o gefndiroedd gwahanol. Bu gwelliant hefyd mewn trefniadaeth leol, ac adlewyrchwyd hynny gan enillion seneddol pellach ar Ynys **Môn** (1987) ac yng **Ngheredigion** (1992).

Yn ystod ail gyfnod Dafydd Wigley fel llywydd (1991–2000), gwnaeth Plaid Cymru gynnydd trawiadol. Ym Mai 1999, gan ddefnyddio'r enw dwyieithog, Plaid Cymru / The Party of Wales, sicrhaodd 28.4% o'r bleidlais etholaethol a chipio 17 o'r 60 sedd yn etholiad cyntaf y **Cynulliad Cenedlaethol**. Roedd wyth o'r seddau yn rhai rhanbarthol a naw ohonynt yn rhai etholaethol, yn eu mysg seddau **Islwyn**, **Llanelli** a'r Rhondda yn hen faes glo'r de. Daeth Plaid Cymru yn wrthblaid swyddogol yn y Cynulliad, a chryfhawyd ei sefyllfa ymhellach gan iddi sicrhau rheolaeth dros gynghorau sir **Gwynedd**, Caerffili a **Rhondda Cynon Taf**; yn fuan wedyn cipiodd ddwy o'r pum sedd Gymreig ar gyfer senedd Ewrop. Fodd bynnag, yn etholiad cyffredinol 2001 ni lwyddodd y blaid i ailadrodd llwyddiannau 1999 ym maes glo'r de. Llwyddwyd i gipio Dwyrain Caerfyrddin a Dinefwr, ond collwyd Ynys Môn. Ni chafwyd llwyddiant mawr ychwaith yn ail etholiad y Cynulliad (2003). Trwy golli **Conwy**, Islwyn, Llanelli a'r Rhondda ynghyd ag un sedd ranbarthol, tociwyd ei phresenoldeb yn y Cynulliad i 12 aelod a gostyngodd ei phleidlais etholaethol i 21.2%. Yn sgil y canlyniad siomedig hwn ymddiswyddodd Ieuan Wyn Jones (g.1949), llywydd ac arweinydd y blaid yn y Cynulliad er 2000. Etholwyd Dafydd Iwan (g.1943) yn llywydd cenedlaethol y blaid; ond llwyddodd Ieuan Wyn Jones drachefn i sicrhau swydd arweinydd y blaid yn y Cynulliad. Yn ychwanegol atynt hwy gweithredai Elfyn Llwyd (g.1951), aelod Meirionnydd Nant Conwy, fel arweinydd seneddol y blaid. Yn etholiad 2005 collodd Plaid Cymru sedd Ceredigion a gafodd ei hadennill gan y Democratiaid Rhyddfrydol (gw. **Plaid Ryddfrydol**), ac ni lwyddodd i adfeddiannu Môn. Yn 2007, yn nhrydydd etholiad y Cynulliad Cenedlaethol, sicrhaodd y blaid 15 sedd. Nid oedd y 26 sedd a sicrhawyd gan y Blaid Lafur yn ddigon i'w galluogi i ffurfio llywodraeth ar ei phen ei hun. Bu ymdrechion i greu clymblaid 'enfys' o dan arweiniad Plaid Cymru, clymblaid a fyddai'n cynnwys y blaid honno ynghyd â'r Ceidwadwyr a'r Democratiaid Rhyddfrydol. Methiant fu'r ymdrechion ac ymunodd Plaid Cymru mewn clymblaid gyda'r Blaid Lafur. Daeth Ieuan Wyn Jones yn ddirprwy brif weinidog ac yn aelod o'r cabinet, ac ymunodd Elin Jones (Ceredigion), Rhodri Glyn Thomas (Dwyrain Caerfyrddin a Dinefwr) a Jocelyn Davies (De-ddwyrain Cymru) gydag ef yn y llywodraeth.

## PLAID DORÏAIDD

Rhwng 1689 a chanol y 19g. y Torïaid oedd un o'r ddwy blaid seneddol a gwleidyddol fawr yng Nghymru a **Lloegr**; y llall oedd **Plaid y Chwigiaid**. Yn rhyfedd iawn, daw'r enw o'r Wyddeleg *toraidhe* 'herwr'. Roedd gwreiddiau'r blaid yn rhengoedd Brenhinwyr yr 17g., a hyd esgyniad George III yn 1760 fe'i huniaethai ei hun yn agos â'r Stiwartiaid alltud. Credai'r gwir Dori mai rhodd gan Dduw oedd awdurdod brenhinol ac mai pechod oedd gwrthryfela yn erbyn y Goron. Pleidiai'r Blaid Dorïaidd fuddiannau'r **boneddigion**; cefnogai'n gryf awdurdod yr Eglwys a'r Wladwriaeth, a rhwystrai bob ymgais i ehangu rhyddid gwleidyddol a chrefyddol. Erbyn y 1830au disodlwyd yr enw 'Tori' gan yr ansoddair 'Ceidwadol' (gw. isod), er bod y traddodiadwyr ar yr adain dde yn dal i ymhyfrydu yn y gair.

## PLAID GEIDWADOL

Cefnogid y **Blaid Dorïaidd**, a sefydlwyd yn hwyr yn yr 17g., gan y mwyafrif o **foneddigion** Cymru. Hyd at ail hanner y 19g. roedd y **dosbarth** hwnnw yn tra-arglwyddiaethu dros y rhan fwyaf o etholaethau Cymru, a chefnogi'r Torïaid, o ganlyniad, a wnâi trwch aelodau seneddol Cymru (yn y 1830au mabwysiadodd y blaid yr enw 'Ceidwadol'). Yn etholiad cyffredinol 1865 gwelwyd Cymru am y tro cyntaf erioed yn ethol mwyafrif o aelodau seneddol nad oeddynt yn Geidwadwyr. O hynny ymlaen, wrth i'r drefn etholiadol droi'n fwyfwy democrataidd, encilio i gyrion y byd gwleidyddol Cymreig fu hanes y blaid. Roedd ei haelodau yn bleidwyr cyson i'r achosion hynny a wrthwynebid gan Anghydffurfwyr Cymru (gw. **Anghydffurfiaeth**); ffafrient addysg grefyddol Anglicanaidd yn yr ysgolion; rhoddwyd cefnogaeth ganddynt i safiad y bragwyr yn erbyn Deddf **Cau'r Tafarnau ar y Sul** yng Nghymru; ac, yn fwy na dim, roeddynt yn wrthwynebus i **ddatgysylltu Eglwys Loegr yng Nghymru**. Yn ychwanegol at hyn, llwyddodd eu hamheuaeth o fasnach rydd i elyniaethu diwydianwyr, a chodid gwrychyn tenantiaid gan eu cred yn hawliau landlordiaid; roeddynt hefyd yn amharod i gefnogi unrhyw symudiad a ychwanegai at statws gwleidyddol y genedl Gymreig. Er gwaethaf peth cefnogaeth i'r Unoliaethwyr (gw. **Plaid y Rhyddfrydwyr Unoliaethol**), ni wnaeth hyd yn oed yr hollt a achoswyd yn y **Blaid Ryddfrydol** gan benderfyniad **Gladstone** i gefnogi **ymreolaeth i Iwerddon** fawr ddim i gynyddu'r gefnogaeth i'r Ceidwadwyr. Fodd bynnag, yn 1895 bu rhywfaint o gynnydd yn eu hanes pan lwyddasant i gipio 9 allan o 34 sedd seneddol yng Nghymru; ond byddai'n rhaid iddynt ddisgwyl hyd 1979 er mwyn rhagori ar hyn. Digon dilewyrch hefyd fu eu perfformiad yn etholiadau cyntaf y cynghorau sir yn 1889; etholwyd dau Ryddfrydwr am bob un Ceidwadwr.

Yn ystod blynyddoedd cynnar yr 20g. esgorodd polisïau **addysg** y Ceidwadwyr ar anfodlonrwydd pellach yng Nghymru. Cafodd y Rhyddfrydwyr fuddugoliaeth ysgubol yn 1906. Yn yr etholiad hwnnw ni lwyddodd y Ceidwadwyr i gipio unrhyw sedd yng Nghymru, er iddynt sicrhau 33.8%

o'r bleidlais. Bu ymraniadau chwerw oddi mewn i'r Blaid Ryddfrydol yn ystod y 1920au a'r 1930au, ond prin oedd y manteision a ddaeth i ran y Ceidwadwyr yn sgil hynny. O gofio mai boneddigion Seisnigedig a barhâi, i bob pwrpas, i arwain y blaid, nid yw hynny'n annisgwyl; aneffeithiol hefyd oedd ei threfniadaeth yn y rhan fwyaf o Gymru. Dim ond mewn ardaloedd fel **Caerdydd**, **Trefynwy**, **Casnewydd** a **Bro Morgannwg**, lle'r oedd nifer o Ryddfrydwyr dosbarth canol wedi troi at y Ceidwadwyr mewn ymgais i orchfygu'r Blaid Lafur, y gwelwyd y blaid yn gwneud peth cynnydd etholiadol cyn yr **Ail Ryfel Byd**. Yn y saith etholiad cyffredinol a gynhaliwyd rhwng 1918 ac 1935, enillodd lai o seddau na'r Rhyddfrydwyr a Llafur, er iddi gael peth llwyddiant mewn etholiadau llywodraeth leol. Yn 1945 enillodd y Ceidwadwyr lai na chwarter y bleidlais Gymreig, canlyniad a olygai fod Cymru yn ail i ddwyrain Llundain fel yr ardal leiaf Toriaidd ym **Mhrydain**. O hynny ymlaen, fodd bynnag, bu newid arwyddocaol; erbyn 1951 roedd gan y Ceidwadwyr chwe sedd, ac roeddynt ar y blaen i'r Rhyddfrydwyr, prif blaid Cymru ychydig ddegawdau ynghynt.

Un o nodweddion gwleidyddiaeth Cymru er yr Ail Ryfel Byd fu cysondeb y bleidlais Geidwadol mewn etholiadau cyffredinol (ar wahân i etholiadau 1945, 1997 a 2001 pan sicrhaodd Llafur fuddugoliaethau ysgubol). Yn 1979, pan wrthodwyd **datganoli** yn llwyr, ymddangosai o'r diwedd fod cytgord rhwng y Ceidwadwyr a dyheadau pobl Cymru, ac yn etholiad cyffredinol y flwyddyn honno enillodd y blaid 11 o seddau, ei pherfformiad gorau er y 1860au. Serch hynny, dim ond 2% yn uwch na'r hyn ydoedd yn 1959 oedd cyfran y blaid o'r bleidlais, sef 35% (o ran y nifer o seddau a ddaeth i'w rhan, gwelir mai anfantais ar y cyfan i'r Ceidwadwyr Cymreig fu'r drefn etholiadol Brydeinig). Erbyn dechrau'r 1980au roedd cynnydd amlwg yn y gefnogaeth i bolisïau'r Ceidwadwyr, yn arbennig oddi mewn i'r gymuned amaethyddol. Yn etholiad cyffredinol 1983 enillodd y blaid 14 o'r 38 sedd seneddol yng Nghymru, ac fe'i cynorthwywyd yn hyn o beth gan Gynghrair y Democratiaid Cymdeithasol a'r Rhyddfrydwyr a ddenodd bleidleisiau oddi ar Lafur.

Daeth pall, serch hynny, ar y cynnydd hwn. Yr oedd i'r newidiadau economaidd mawr a hyrwyddwyd o dan faner Thatcheriaeth oblygiadau cymdeithasol difrifol yng Nghymru. Yn ogystal â hynny, o 1987 ymlaen, bu penodi cyfres o ysgrifenyddion gwladol i Gymru a gynrychiolai etholaethau yn **Lloegr** yn achos ymddieithrio pellach rhwng y blaid a Chymru (gw. **Ysgrifennydd Gwladol Cymru**). Yn 1987 gostyngodd nifer y seddau Ceidwadol i 8, ac yn etholiadau cyffredinol 1997 a 2001 ni lwyddodd y blaid i sicrhau unrhyw sedd Gymreig yn San Steffan. Lleihaodd cefnogaeth y Ceidwadwyr o 28.6% yn 1992 i 19.6% yn 1997, ond cododd ychydig i 20.87% yn 2001. Roedd y blaid yn llai deniadol byth yn etholiadau cyntaf y **Cynulliad Cenedlaethol** yn 1999, pan na sicrhawyd ganddi ond 15.8% o'r bleidlais. Fodd bynnag, enillodd un sedd etholaethol (Trefynwy) ac wyth o'r seddau rhanbarthol. Yn yr etholiadau i'r Senedd Ewropeaidd ym Mehefin 1999 cynyddodd y gefnogaeth i'r blaid i 22.8%, a chipiodd un o'r pum sedd Gymreig. (Yn 2004, pan ostyngwyd y nifer o seddau Cymreig yn y Senedd Ewropeaidd i bedair, enillodd y Ceidwadwyr un sedd drachefn, gan sicrhau 19.37% o'r bleidlais.) Gwelwyd cynnydd bychan yn apêl y blaid yn ail etholiadau'r Cynulliad Cenedlaethol yn 2003. Enillodd 19.9% o'r bleidlais etholaethol, dal Trefynwy gyda 57.52% o'r bleidlais a sicrhau deg sedd ranbarthol. Yn etholiad cyffredinol 2005 llwyddodd y blaid i gipio tair sedd (Gorllewin **Clwyd**, Trefynwy a **Phreseli Penfro**) er mai aros yn yr unfan fwy neu lai a wnaeth ei chyfran o'r bleidlais yng Nghymru, sef 21.4%.

O ganol y 1970au ymlaen ymdrechodd y blaid i gael gwared â'i delwedd Seisnig; o dan gryn bwysau, yn 1980 cadwodd ei haddewid etholiadol i sefydlu sianel deledu Gymraeg (**S4C**), a llywodraeth Geidwadol a basiodd **Ddeddf yr Iaith Gymraeg 1993**. Yng nghanol y 1980au rhoddodd y blaid heibio ei harfer o ystyried etholaethau seneddol Cymreig fel meysydd hyfforddi gwleidyddol ar gyfer ymgeiswyr addawol o Loegr. Yn 1998 ail-lansiwyd y blaid fel Plaid Geidwadol Cymru, a sefydlwyd bwrdd rheoli Cymreig annibynnol. Mae'n destun cryn eironi mai'r Ceidwadwyr, ymhlith y pedair prif blaid yng Nghymru, a ymgyfaddasodd gyflymaf i anghenion gwleidyddol newydd y Gymru ôl-ddatganoledig. Yn etholiad y Cynulliad yn 2007 etholwyd 12 Ceidwadwr. A Llafur, gyda 26 o aelodau, yn methu â llywodraethu ar ei phen ei hun, ystyriwyd ffurfio clymblaid rhwng y Ceidwadwyr, **Plaid [Genedlaethol] Cymru** a'r Democratiaid Rhyddfrydol. Ni ddaeth unrhyw beth o'r syniad hwnnw. Wrth i'r ail blaid fwyaf yn y Cynulliad – Plaid Cymru – ffurfio clymblaid gyda Llafur, cydnabuwyd y Ceidwadwyr yn wrthblaid swyddogol y Cynulliad.

## PLAID GOMIWNYDDOL

Pan sefydlwyd Plaid Gomiwnyddol Prydain Fawr yn 1920 llwyddodd ar unwaith i ennyn cefnogaeth nifer o Farcswyr yng Nghymru (gw. **Marcsiaeth**). Roedd syniadau Marcsaidd wedi bod yn cylchredeg yng Nghymru er y 1890au, ac roedd y Blaid Gomiwnyddol yn etifedd i'r traddodiad Syndicalaidd (gw. **Syndicaliaeth**). Chwaraeodd y blaid ran amlwg ym mrwydrau gwleidyddol a diwydiannol y 1920au a'r 1930au. Pan etholwyd **Arthur Horner** yn llywydd **Ffederasiwn Glowyr De Cymru** yn 1936, bu cynnydd mawr ym mri'r blaid. Enillodd ymgeiswyr Comiwnyddol rai dwsinau o seddau ar gynghorau lleol y de, a defnyddid yr enw '**Moscow Fach**' am rai pentrefi glofaol fel y Maerdy yn y **Rhondda** a Bedlinog (**Merthyr Tudful**).

Er mai plaid gymharol fechan fu'r Blaid Gomiwnyddol yng Nghymru, nid ansylweddol fu ei dylanwad. O dan ei hadain hi y datblygodd **Mudiad Cenedlaethol y Gweithwyr Anghyflogedig** a drefnodd y **gorymdeithiau newyn** a'r protestiadau yn erbyn y **Prawf Moddion**. Bu'r blaid hefyd ar flaen y gad yn ei gwrthwynebiad i Ffasgaeth; Comiwnyddiaeth, i raddau helaeth iawn, a ysbrydolodd 174 o Gymry i frwydro gyda'r Frigâd Ryngwladol yn **Rhyfel Cartref Sbaen**.

Pan ddechreuodd yr **Ail Ryfel Byd** roedd y Comiwnyddion yn wrthwynebus i'r rhyfel, safiad tra amhoblogaidd ar eu rhan. Ond yn dilyn ymosodiad yr Almaen ar yr Undeb Sofietaidd yn 1941, daethant yn gefnogwyr brwd i ymdrech ryfel y Cynghreiriaid. Mewn etholiadau seneddol yn etholaeth Dwyrain y Rhondda câi ymgeiswyr comiwnyddol bleidlais gyson dda; daeth Harry Pollit o fewn 972 pleidlais i ennill y sedd yn 1945. Ond er bod gan y blaid wreiddiau dwfn yn yr undebau, yn wleidyddol nid oedd yn peryglu fawr ddim ar y **Blaid Lafur**. Yn ail hanner yr 20g. bu'r blaid yn gefnogol i'r iaith **Gymraeg** ac i **ddatganoli**, a pharhaodd Comiwnyddion megis Dai Dan Evans, **Dai Francis** a D. Ivor Rees yn amlwg ym mywyd Cymru; yn 1979 etholwyd **Annie Powell** yn faer Bwrdeistref y Rhondda, yr unig Gomiwnydd ym **Mhrydain** i gael ei ethol i swydd o'r fath. Yn raddol, fodd bynnag, ymdoddi fu hanes Comiwnyddiaeth yng Nghymru yn rhan o draddodiad radicalaidd ehangach, ac yn sgil edwiniad y blaid cafodd llawer o'i chefnogwyr gartref yn y Blaid Lafur.

## PLAID LAFUR

Yn 1906 cafodd y Pwyllgor Cynrychioli Llafur, a ffurfiwyd yn 1900, ei ailenwi yn Blaid Lafur. **Keir Hardie** ac eraill a sylfaenodd y mudiad, a hynny er mwyn sicrhau y byddai modd i gynrychiolwyr etholedig y dosbarth gweithiol weithredu fel gwir blaid seneddol ar wahân i'r Rhyddfrydwyr (gw. **Plaid Ryddfrydol**). Yn etholiad cyffredinol 1906 cafodd Hardie ei ailethol ym **Merthyr Tudful** ac yr oedd ymhlith 29 o aelodau seneddol Llafur a etholwyd; ond ef oedd yr unig un a etholwyd yng Nghymru, lle enillodd y Rhyddfrydwyr (gan gynnwys y *Lib-Labs*) bob un o'r 33 sedd arall. Yn 1908, pan ymgysylltodd **Ffederasiwn Glowyr Prydain Fawr** yn ffurfiol â'r Blaid Lafur, daeth pedwar o'r aelodau seneddol Cymreig a gâi eu cefnogi'n ffurfiol gan y Ffederasiwn yn aelodau seneddol Llafur swyddogol. Cryfhawyd trefniadaeth leol y blaid a bu cynnydd cyson yn nifer y cynghorwyr Llafur. Cryfhawyd ymhellach yr angen am blaid annibynnol i gynrychioli'r dosbarth gweithiol o ganlyniad i'r anniddigrwydd diwydiannol yn ystod y blynyddoedd yn union cyn y **Rhyfel Byd Cyntaf** a phrofiadau'r rhyfel ei hunan.

Yn 1918 mabwysiadodd y Blaid Lafur gyfansoddiad sosialaidd a daeth hefyd yn bosibl i unigolion ymaelodi â hi. Datblygodd y blaid bresenoldeb llawnach yn sgil hyn, yn arbennig yn yr etholaethau. Cafodd 10 o aelodau Llafur eu hethol yng Nghymru yn 1918. Yn 1922 cynyddodd y nifer i 18, sef hanner cyfanswm y seddau, a gwelwyd dechrau goruchafiaeth wleidyddol a fyddai'n parhau am genedlaethau. Golygai hyn fod cyfleoedd newydd yn dod i ran arweinwyr Llafur yng Nghymru. Yn ystod y rhyfel, bu **William Brace** (aelod seneddol De Morgannwg) yn is-ysgrifennydd yn y Swyddfa Gartref; pan ffurfiwyd y **llywodraeth** Lafur gyntaf yn 1924, rhoddodd y prif weinidog **Ramsay MacDonald**, a oedd yn aelod seneddol dros **Aberafan**, sedd yn y cabinet i **Vernon Hartshorn**, aelod seneddol **Ogwr**. Wrth i argyfyngau enbyd ddod i ran y cymunedau glofaol yn ystod y 1920au, cryfhaodd y gefnogaeth i Lafur yn y Gymru ddiwydiannol. Hyd yn oed yn yr etholiad a ddilynodd gwymp yr ail lywodraeth Lafur yn 1931, llwyddodd y blaid i ennill 44.1% o'r bleidlais yng Nghymru o gymharu â 30.8% ym **Mhrydain** gyfan. Yn Nhŷ'r Cyffredin, o blith y 46 o aelodau seneddol Llafur a etholwyd yn 1931, roedd 16 yn cynrychioli etholaethau yng Nghymru, er nad oedd yr un o'r rheini ar fainc flaen y blaid. Ar lefel llywodraeth leol, roedd goruchafiaeth Llafur yn amlycach fyth. Erbyn y 1920au hwyr roedd pob awdurdod lleol ym maes **glo**'r de dan reolaeth Llafur; yn wir, aelodau Llafur yn unig a geid ar ambell gyngor, er bod ardaloedd lle'r oedd her arwyddocaol o du'r **Blaid Gomiwnyddol**.

Yn ystod y 1930au, ac yn arbennig yn sgil y dadleuon seneddol niferus ynglŷn â diweithdra a'r **Prawf Moddion**, daethpwyd i ystyried Llafur fel y blaid naturiol i gynrychioli'r Gymru ddiwydiannol. Ond bu i broblemau dyrys y degawd hwnnw – yn Brydeinig ac yn rhyngwladol – arwain at ymatebion cymysg yn rhengoedd Llafur ac at gryn anfodlonrwydd ag arweinwyr cymedrol y blaid. Ym mrwydrau

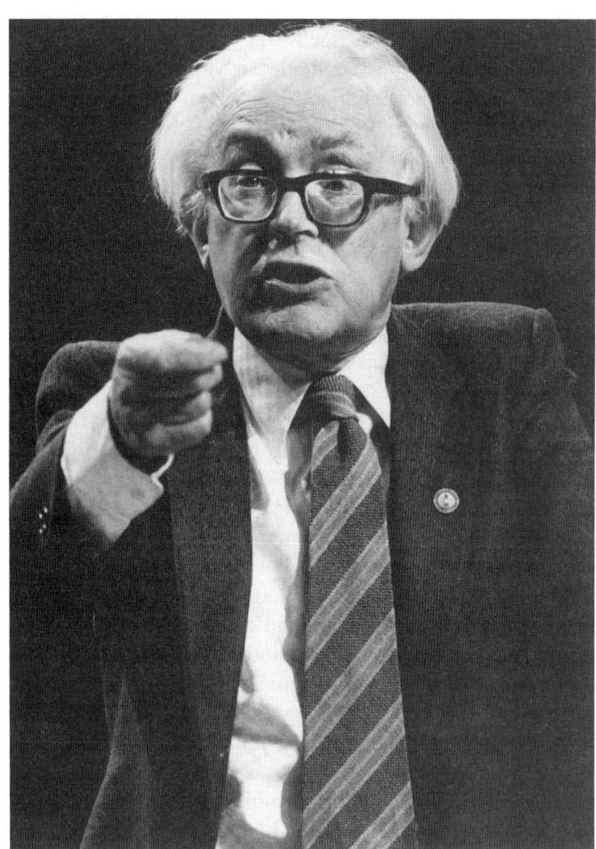

Michael Foot yn annerch ei blaid yng Nghynhadledd y Blaid Lafur, 1981

**Ffederasiwn Glowyr De Cymru**, ynghyd â'r gwrthdystiadau i gefnogi'r di-waith a'r safiad yn erbyn ffasgaeth, gwelwyd aelodau o'r blaid yn cydweithio â'r Comiwnyddion a chefnogi'r syniad o Ffrynt Boblogaidd. Ar un cyfnod bu i'r Blaid Lafur ei datgysylltu'i hun oddi wrth y blaid yn etholaeth y **Rhondda**, ac yn 1939 cafodd **Aneurin Bevan** ei ddiarddel. Er hynny, sicrhawyd elfen o deyrngarwch i'r blaid gan y ffaith fod cymaint o'i chefnogwyr yn weithredol mewn llywodraeth leol; mae cryn wirionedd yn honiad yr hanesydd Duncan Tanner mai plaid 'radical ar lafar ond ffyrnig o ymarferol o ran ei pholisïau' oedd y Blaid Lafur yn y cyfnod hwn. Cynrychioli maes glo'r de a'i **borthladdoedd** cysylltiedig a wnâi'r mwyafrif mawr o aelodau seneddol Llafur Cymru, ond daeth maes glo'r gogledd- ddwyrain yn gadarnle iddi hefyd, ac am gyfnod yr un oedd yr hanes yn ardaloedd y chwareli **llechi** yn y gogledd-orllewin. Yn yr ardaloedd trwyadl wledig, yr oedd hefyd gefnogaeth sylweddol i'r Blaid Lafur; yn wir, **Sir Drefaldwyn** yw'r unig ran o Gymru na chafodd erioed ei chynrychioli gan aelod seneddol Llafur.

Yng ngolwg y Blaid Lafur Brydeinig, ei rhaglen ddeddfwriaethol rhwng 1945 ac 1951 fyddai ei gorchest fwyaf. Cyflwynwyd y mesurau mwyaf arwyddocaol yn ystod y cyfnod hwnnw gan Aneurin Bevan a **James Griffiths**, ac o gofio i'r ddau gychwyn ar eu gyrfaoedd fel glowyr ym maes glo'r de, roedd hynny'n achos cryn falchder yng Nghymru. I'r lliaws, ffrwyth ymdrech wleidyddol a barhaodd am genhedlaeth gyfan oedd y Gwasanaeth Iechyd Gwladol newydd (gw. **Iechyd**), y **Wladwriaeth Les** a'r diwydiannau a wladolwyd. Ond twf economaidd a chyflogaeth lawn oedd y ffactorau a ganiataodd i bobl wir ymelwa ar y drefn newydd wedi'r rhyfel. Roedd hyn yn arbennig o wir ym maes llywodraeth leol lle gwelwyd goruchafiaeth Llafur yn cael ei chadarnhau yn sgil ariannu o du'r Trysorlys na welwyd ei debyg o'r blaen, a hynny'n bennaf ar gyfer **tai** ac **addysg**.

Am genhedlaeth gyfan bu goruchafiaeth Llafur yng Nghymru yn ddibynnol ar y ffyniant newydd hwn. Arweiniodd hynny at elfen o gonsensws oddi mewn i blaid a gâi, yn gynyddol, ei harwain yng Nghymru gan Gyngor Llafur Rhanbarthol Cymru a sefydlwyd yn 1947. Yng Nghymru llwyddwyd i osgoi llawer o chwerwder y gwrthdaro rhwng Gaitskell a Bevan, ac yn 1956 cafodd y pum aelod seneddol a oedd yn cefnogi'r Mesur Senedd i Gymru eu hanwybyddu'n rhwydd. Cyrhaeddodd y gefnogaeth i'r Blaid Lafur yng Nghymru ei huchafbwynt yn etholiad cyffredinol 1966 pan enillodd 32 o'r 36 sedd a denu 61% o'r bleidlais. Gyda charfan gref o aelodau seneddol Cymreig o fewn y llywodraeth, ymddangosai fel petai'r blaid ar fin cychwyn ar gyfnod o lwyr reolaeth yng Nghymru.

Ond, mewn gwirionedd, cyfnod o ansicrwydd a oedd ar gychwyn. Tolciwyd hyder y blaid gan fuddugoliaeth **Plaid [Genedlaethol] Cymru** yn isetholiad **Caerfyrddin** yn 1966, a bu'n rhaid iddi hefyd ymgodymu â chyfnod hir o farweidddra economaidd. Yn 1979 gwelwyd cynigion **datganoli** James Callaghan yn methu'n drychinebus, gan danlinellu rhaniadau'r blaid yng Nghymru, ac o ganlyniad i fuddugoliaeth Margaret Thatcher yn yr etholiad cyffredinol gostyngodd nifer yr aelodau seneddol Llafur yng Nghymru i 22. Roedd gwaeth i ddod yn etholiad 1983; ni dderbyniodd Llafur ond 38% o'r bleidlais, a dim ond 20 o seddi a enillwyd ganddi. Wedi hynny cychwynnodd y blaid ar gyfnod poenus o adferiad o dan arweiniad Neil Kinnock, aelod seneddol **Bedwellte** (**Islwyn** yn ddiweddarach). Ef yn 1983 a ddilynodd Michael Foot, yr aelod seneddol dros **Lynebwy**, fel arweinydd. (O'r 13 arweinydd a fu gan y Blaid Lafur yn yr 20g., roedd pump – Keir Hardie, Ramsay MacDonald, **James Callaghan**, Neil Kinnock a Michael Foot – yn cynrychioli etholaethau Cymreig; byddai'r nifer wedi bod yn chwech petai Tony Blair wedi llwyddo yn ei gais i fod yn ymgeisydd Llafur yn **Wrecsam**.)

Yn 1997 rhoddodd buddugoliaeth Llafur Newydd Tony Blair gyfle newydd i'r blaid. Yn yr etholiad hwnnw llwyddodd i ennill 34 o'r 40 sedd yng Nghymru a 54.7% o'r bleidlais; yn ychwanegol at hynny rhoddwyd sêl bendith trwy fwyafrif bychan ar ei chynlluniau ar gyfer datganoli. A hithau'n dynesu at ei chanmlwyddiant, roedd yn ymddangos bod goruchafiaeth wleidyddol y Blaid Lafur yng Nghymru yn gwbl gadarn. Fodd bynnag, yn yr etholiadau cyntaf ar gyfer **Cynulliad Cenedlaethol Cymru** bu cynrychiolaeth gyfrannol, ynghyd â rhaniadau mewnol a sgandalau, yn faen tramgwydd i'r blaid ac ni lwyddodd i sicrhau mwyafrif dros yr holl bleidiau eraill. Gyda dim ond 28 o'r 60 sedd yn y Cynulliad, gorfodwyd Llafur yn 2000 i ffurfio clymblaid gyda'r **Democratiaid Rhyddfrydol**. Bu colli tair sedd ym maes glo'r de i Blaid Cymru yn brofiad ingol i'r blaid, ond nid ailadroddwyd y golled honno yn etholiadau San Steffan yn 2001, pan enillodd Llafur unwaith eto 34 sedd yng Nghymru. Yn ail etholiad y Cynulliad yn 2003 enillodd y blaid 30 sedd, a daeth diwedd ar y glymblaid gyda'r Democratiaid Rhyddfrydol pan ffurfiodd y prif weinidog, Rhodri Morgan, gabinet a gynhwysai aelodau Llafur yn unig. Roedd y grym yn y Cynulliad ei hun wedi'i rannu'n gyfartal rhwng Llafur a'r gwrthbleidiau i gyd gyda'i gilydd (30:30). Collwyd y cydbwysedd hwnnw pan gefnodd Peter Law, aelod **Blaenau Gwent**, ar y blaid cyn etholiad cyffredinol 2005, fel safiad yn erbyn gorfodi'r blaid yn lleol i dderbyn rhestr fer o ymgeiswyr benywaidd yn unig; safodd yn yr etholiad fel aelod annibynnol. Trechodd Law yr ymgeisydd Llafur o fwy na 9,000 o bleidleisiau, a thrwy hynny collodd Llafur ei sedd fwyaf diogel yng Nghymru. Collodd y blaid bum sedd Gymreig i gyd yn etholiad cyffredinol 2005, gan ddod â chyfanswm y seddau Llafur yng Nghymru i lawr o 34 i 29, a gostyngodd ei chyfran o'r bleidlais yng Nghymru i 42.7%. Yn dilyn marwolaeth Peter Law yn 2006, fe'i holynwyd yn y Cynulliad Cenedlaethol gan ei weddw, Trish, ac yn y senedd Brydeinig gan ei asiant, Dai Davies – buddugoliaethau etholiadol a awgrymai fod anniddigrwydd gyda Llafur Newydd yn y cymoedd diwydiannol yn rhywbeth mwy na thân siafins. O'r pleidleisiau a fwriwyd yn etholiad y Cynulliad Cenedlaethol yn 2007, enillodd y Blaid Lafur 32.2% o'r bleidlais yn yr etholaethau a 29.6% o'r bleidlais ar y lefel ranbarthol, ond cafodd 43.3% (26) o'r seddau yn y Cynulliad. Methiant fu ymgais Llafur i gynghreirio gyda'r Democratiaid Rhyddfrydol a methiant hefyd fu'r ymgais i greu clymblaid 'enfys' rhwng Plaid Cymru, y Ceidwadwyr a'r Democratiaid Rhyddfrydol, clymblaid a fyddai wedi amddifadu'r Blaid Lafur o rym. Er syndod i lawer, ac ar ôl cryn wewyr, crëwyd clymblaid rhwng y Blaid Lafur a Phlaid Cymru, pleidiau a chanddynt, rhyngddynt, 41 o 60 sedd y Cynulliad.

## PLAID LAFUR ANNIBYNNOL (ILP)

Sefydlwyd yr ILP mewn cynhadledd yn Bradford yn 1893. Yno llwyddodd yr Albanwr **Keir Hardie** i ddwyn ynghyd nifer o undebwyr llafur a sosialwyr (gw. **Undebaeth Lafur** a **Sosialaeth**), a daethant i rannu ei frwdfrydedd dros sicrhau cynrychiolaeth wleidyddol annibynnol i'r dosbarth gweithiol. Yn eironig ddigon, bu i'r unig gynrychiolydd o Gymru a fwriadai fod yn y gynhadledd fethu â chyrraedd gan iddo golli ei drên yng **Nghaerdydd**.

Er na ddenodd y blaid aelodau niferus yng Nghymru, trwy ei changhennau a'i chyhoeddiadau lledaenwyd syniadau radical ynglŷn â democratiaeth, yr ymerodraeth a hawliau **menywod**, yn ogystal â materion diwydiannol. Bu ymweliadau Keir Hardie â Chymru yn ystod streic 1898 (gw. **Streiciau'r Glowyr**) yn sbardun i ganghennau'r ILP ym **Merthyr Tudful** ac **Aberdâr** ei enwebu yn ymgeisydd yn eu hetholaeth yn 1900. Hon hefyd oedd y flwyddyn pan welwyd yr ILP, mewn cynghrair ag arweinwyr yr undebau llafur, yn llwyddo i sefydlu'r Pwyllgor Cynrychioli Llafur. O hynny allan byddai llais annibynnol Hardie yn y Senedd yn fodd i danseilio safle'r *Lib-Labs*, a chaniataodd hynny i'r ILP chwarae rhan allweddol yn y bleidlais yn 1908 a arweiniodd at gyswllt ffurfiol rhwng y **Blaid Lafur** a **Ffederasiwn Glowyr Prydain Fawr**. Rhwng 1908 ac 1914 sefydlwyd canghennau gweithgar yn y gogledd-orllewin a hynny trwy weledigaeth Silyn (**Robert Roberts**). Llwyddodd ef i gyfuno sosialaeth â dyheadau anghydffurfiol a gwladgarol Cymreig, ac roedd rhai yn **Sir Forgannwg** yn ymgyrraedd at yr un nod, gan gynnwys **John Davies** (1882–1937).

Yn ystod degawdau cynnar y Blaid Lafur bu gan aelodau'r ILP ran allweddol yn y gwaith o ymladd etholiadau lleol, sefydlu pwyllgorau lleol ac annog ymwrthod â Lib-Labiaeth.

Gadawodd yr ILP hefyd ei stamp yn drwm ar genhedlaeth newydd o arweinwyr y glowyr, yn eu plith **Vernon Hartshorn**, James Winstone a **James Griffiths**. Ei gwrthwynebiad i'r **Rhyfel Byd Cyntaf** oedd cyfraniad arwyddocaol olaf yr ILP i'r mudiad Llafur. Parhaodd yr ILP i weithredu fel carfan bwyso adain chwith, ond yn 1932 datgysylltodd y Blaid Lafur ei hun oddi wrthi. Yn 1934 ac 1935 safodd ymgeisydd ar ran yr ILP yn erbyn yr ymgeisydd Llafur ym Merthyr Tudful. Yn 1937 ymunodd yr ILP gyda'r Comiwnyddion a Chynghrair y Sosialwyr yn yr Ymgyrch Undod.

## PLAID RYDDFRYDOL (Y DEMOCRATIAID RHYDDFRYDOL)

Hyd at ail hanner y 19g. roedd bywyd gwleidyddol Cymru o dan reolaeth y **boneddigion**, a chefnogai'r rhan fwyaf ohonynt hwy y **Blaid Doriaidd**. Yr oedd, fodd bynnag, rai a gefnogai **Blaid y Chwigiaid** a roddodd fod yn rhannol i'r Blaid Ryddfrydol (teitl a fabwysiadwyd yn gyffredinol yn ystod y 1830au oedd hwnnw). Roedd cydymdeimlad y Chwigiaid â'r Anghydffurfwyr (gw. **Anghydffurfiaeth**) yn un o'r rhesymau pam y bu i'r blaid a'u holynodd ennyn cefnogaeth y mwyafrif mawr o gapelwyr Cymru. Roedd diwydianwyr hefyd yn frwd eu cefnogaeth i'r egwyddor Ryddfrydol o fasnach rydd, ac enynnwyd cefnogaeth bellach gan ymosodiad yr elfen radical oddi mewn i'r blaid ar rym y boneddigion a charfanau breintiedig eraill.

Enillodd y Rhyddfrydwyr fwyafrif seneddol am y tro cyntaf yng Nghymru yn 1865, a pharhaodd yr oruchafiaeth honno hyd 1922 pan oddiweddwyd hwy gan y **Blaid Lafur**. Yn 1868 – ac yn gynharach yn 1859 – gwelwyd dialedd o du landlordiaid o Geidwadwyr yn erbyn y rhai hynny a aeth yn groes i'w hewyllys a phleidleisio dros y Rhyddfrydwyr. Trowyd nifer o denantiaid o'u cartrefi, a bu'r dial hwn yn rhannol gyfrifol am Ddeddf y Bleidlais Gudd, neu'r tugel, yn 1872. Yn 1880 enillodd y Rhyddfrydwyr 29 o'r 34 sedd seneddol yng Nghymru, ac aeth cyfran o'r aelodau Cymreig ati i geisio gwireddu rhaglen genedlaethol Gymreig a oedd yn ymwneud â materion megis **datgysylltu Eglwys Loegr yng Nghymru**, y drefn **addysg**, **pwnc y tir**, **dirwest**, a'r angen am sefydliadau cenedlaethol Cymreig. Daeth Ffederasiynau Rhyddfrydol Gogledd a De Cymru i fod yn 1886–7, a chawsant gefnogaeth frwd gan wleidyddion megis **T. E. Ellis**, **David Lloyd George**, **Ellis Jones Griffith**, **J. Herbert Lewis** a **D. A. Thomas**. Ffrwyth hyn oll fu **Deddf Addysg Ganolradd Cymru (1889)**, y Comisiwn Brenhinol ar y Tir yng Nghymru (1892) a benodwyd gan **Gladstone**, sicrhau siarter i **Brifysgol Cymru** yn 1893, a chyfres o fesurau i ddatgysylltu'r Eglwys yng Nghymru. Serch hynny, ni lwyddoddd ymdrechion mudiad **Cymru Fydd** i feithrin unfrydedd barn oddi mewn i'r blaid ar fater **ymreolaeth** i Gymru. Yn sgil etholiadau'r cynghorau sir yn 1889, enillodd y Rhyddfrydwyr reolaeth dros y rhan fwyaf o **siroedd** Cymru, gan lwyddo i gadw'r rheolaeth honno hyd y 1920au.

Yn dilyn etholiad cyffredinol 1906 roedd holl aelodau seneddol Cymru – ar wahân i **Keir Hardie** ym **Merthyr Tudful** – yn Rhyddfrydwyr. Oddi mewn i'r etholaethau, asgwrn cefn y blaid oedd gwŷr proffesiynol y dosbarth canol; roedd ganddi gysylltiadau clòs hefyd â nifer o **bapurau newydd** lleol a **chylchgronau**, a chadarnheid grym y blaid trwy ei chyfathrach agos â **llywodraeth** leol ynghyd â phrif ddiwydiannau Cymru. Roedd egwyddorion masnach rydd, rhyddid yr unigolyn a chydraddoldeb cymdeithasol wedi ymdreiddio'n ddwfn i wead y gymdeithas Gymreig, a hynny gyda chefnogaeth lwyr yr Anghydffurfwyr. Eto i gyd, erbyn 1906 roedd anghydfodau diwydiannol a gwleidydda mwy milwriaethus eisoes wedi dechrau tanseilio'r consensws Rhyddfrydol ym maes **glo**'r de. Roedd Lloyd George, ers tro byd, wedi troi ei olygon ymhell y tu hwnt i Gymru, a chafodd y rhwyg rhyngddo ef ac Asquith yn 1916 gryn ddylanwad ar etholaethau Cymru. Yn etholiad cyffredinol 'y Cwpon' yn Rhagfyr 1918 etholwyd 20 o gefnogwyr clymblaid Lloyd George a'r Ceidwadwyr; ond dim ond un sedd a ddaeth i ran y Rhyddfrydwyr annibynnol a gefnogai Asquith. Mewn cyfres o isetholiadau allweddol mewn etholaethau diwydiannol, cafodd y Blaid Lafur lwyddiannau mawr. Erbyn 1922, a hynny bron dros nos, troesai'r Rhyddfrydwyr yn blaid y Gymru wledig yn bennaf. Pan geisiwyd adfywio'r blaid drachefn gan Lloyd George nid esgorodd yr ymdrech fawr i adennill tir yn 1929 ond ar 10 sedd yng Nghymru. Bu argyfwng gwleidyddol 1931 yn gyfrifol am greu anghydfod a rhwygiadau pellach, ac ymrannodd yr aelodau seneddol Rhyddfrydol o Gymru yn dair carfan (gw. **Rhyddfrydwyr Cenedlaethol**). Ychydig iawn o ddylanwad a gafodd rhaglen 'y Ddêl Newydd', sef y cynigion economaidd a chymdeithasol a ddatgelwyd gan Lloyd George mewn modd mor gyffrous ym **Mangor** yn Ionawr 1935.

Y Gymru wledig oedd prif gadarnle'r Rhyddfrydwyr yn 1945; cynrychioli etholaethau Cymreig a wnâi 7 allan o'r 12 Aelod Seneddol Rhyddfrydol a etholwyd y flwyddyn honno, a dewiswyd **Clement Davies (Sir Drefaldwyn)**, gwleidydd cymharol anadnabyddus ar y pryd, yn arweinydd y Blaid Ryddfrydol Seneddol. Ar ôl hynny gwelwyd lleihad pellach, ac erbyn 1951 nid oedd ond chwe Aelod Seneddol Rhyddfrydol yn San Steffan, gan gynnwys tri o Gymru – Clement Davies, Roderic Bowen (**Sir Aberteifi**) a **Rhys Hopkin Morris (Caerfyrddin)**, tri aelod a oedd yn gadarn ar adain dde eu plaid fechan. Ar ddechrau'r 1960au bu rhywfaint o adfywiad; llwyddodd Emlyn Hooson i ddal gafael y blaid ar Sir Drefaldwyn yn dilyn marwolaeth Clement Davies, a phenodwyd trefnydd cyffredinol ar gyfer Cymru yn 1962. Bu ymdrechion rhannol hefyd i roi bywyd o'r newydd yng ngweithgarwch y blaid yn y de diwydiannol.

Yn 1966 sefydlwyd Plaid Ryddfrydol Gymreig, ond dim ond seddau Sir Drefaldwyn a Sir Aberteifi a barhâi yn ei meddiant. Mewn llywodraeth leol bu cwymp y Rhyddfrydwyr yn fwy dramatig fyth, a hyd yn oed lle ceid o hyd rai o gefnogwyr naturiol y blaid, tueddent i gymryd eu seddau fel aelodau annibynnol. Roedd y ddau aelod seneddol Rhyddfrydol o Gymru – Emlyn Hooson (Sir Drefaldwyn) a Geraint Howells (**Ceredigion**) – yn flaenllaw o fewn y garfan 'Ie' yn ystod yr ymgyrch a ragflaenodd refferendwm Mawrth 1979 ar **ddatganoli**, ond ychydig iawn o gefnogaeth a ddaeth i ran eu plaid o ganlyniad i hyn. Gorchfygwyd Hooson yn etholiad cyffredinol 1979, er i Alex Carlile lwyddo i adennill y sedd yn 1983. Yn 1987 ymunodd y Blaid Ryddfrydol â Phlaid y Democratiaid Cymdeithasol gan fabwysiadu'r enw Rhyddfrydwyr Democrataidd. Cipiwyd Ceredigion gan **Blaid [Genedlaethol] Cymru** yn 1992. Yn 1997 a 2001 roedd Sir Drefaldwyn a Brycheiniog a Maesyfed yn seddau Rhyddfrydol diogel. Enillwyd y seddau hyn ganddynt drachefn yn etholiad 1999 ar gyfer **Cynulliad Cenedlaethol Cymru**. Llwyddodd y blaid hefyd i

Geraint Howells, aelod seneddol dros y Blaid Ryddfrydol 1974–92

gipio sedd fwyaf trefol Cymru, sef Canol **Caerdydd**, a thrwy sicrhau tair sedd ranbarthol roedd ganddi gyfanswm o chwe aelod yn ystod tymor cyntaf y Cynulliad. Yn 2000 ymunodd yr aelodau hyn â'r aelodau Llafur i ffurfio llywodraeth glymblaid. Daeth y glymblaid i ben yn dilyn ail etholiadau'r Cynulliad yn 2003, pan ddaliodd y Rhyddfrydwyr Democrataidd eu gafael ar eu chwe sedd. Yn etholiad cyffredinol 2005 sicrhaodd y blaid bedair sedd, gan adennill Ceredigion oddi ar Blaid Cymru a chipio Canol Caerdydd oddi ar y Blaid Lafur. Roedd eu cyfran o'r bleidlais yn 18.5% – cynnydd o 4.5%. Ym mlynyddoedd cynnar yr 21g. cafodd y blaid gryn lwyddiant yn etholiadau'r cynghorau lleol, a daeth yn brif blaid yng nghynghorau **Abertawe**, Caerdydd, **Pen-y-bont ar Ogwr** a **Wrecsam**.

Yn etholiad y Cynulliad Cenedlaethol yn 2007 enillodd y blaid chwe sedd drachefn, ac ymddangosai'n debygol y byddai'r Democratiaid Rhyddfrydol unwaith eto yn clymbleidio gyda'r Blaid Lafur. Fodd bynnag, yn y trafodaethau a ddilynodd yr etholiad, daeth yn amlwg fod y blaid yn amharod i ymgynghreirio â'r Blaid Lafur nac ychwaith ag unrhyw blaid arall.

## PLAID Y CHWIGIAID

O ran olaf yr 17g. hyd ganol y 19g. roedd y Chwigiaid yn un o ddwy blaid wleidyddol rymus yng Nghymru a **Lloegr**. Mae'r enw'n tarddu o air Sgoteg am y **Presbyteriaid** hynny yn yr **Alban** a aeth benben â'r Goron. Gellir olrhain dechreuadau'r blaid yn ôl at y gwaharddwyr – sef y rhai hynny a geisiodd wahardd James, dug York (James II yn ddiweddarach), rhag dod yn frenin ar y tir ei fod yn arddel Catholigiaeth Rufeinig (gw. **Catholigion Rhufeinig**). Pan ddaeth William III a Mari II i'r orsedd yn 1688 dechreuwyd ar gyfnod maith o reolaeth gan y Chwigiaid, er mai prin oedd y gwahaniaethau ideolegol rhyngddynt a'r **Blaid Dorïaidd** erbyn diwedd y 18g. Dim ond lleiafrif bychan o'r **dosbarth** tiriog Cymreig a gefnogai'r blaid, ac roedd ganddi gryn gydymdeimlad â'r alwad am hawliau i'r Ymneilltuwyr (gw. **Anghydffurfiaeth**). Erbyn y 1830au roedd y gair 'Chwig' wedi'i ddisodli i raddau helaeth gan yr ansoddair 'Rhyddfrydol', ond hyd at y 1880au cyfeirid yn aml at yr elfennau aristocrataidd oddi mewn i'r **Blaid Ryddfrydol** fel Chwigiaid.

## PLAID Y RHYDDFRYDWYR UNOLIAETHOL

Yng Ngorffennaf 1886 derbyniodd Mesur Ymreolaeth i Iwerddon **Gladstone** ei ail ddarlleniad yn Nhŷ'r Cyffredin; pleidleisiodd 93 o Ryddfrydwyr (gw. **Plaid Ryddfrydol**) yn erbyn y **llywodraeth**, ac o ganlyniad aethant ati i ffurfio Plaid y Rhyddfrydwyr Unoliaethol. Achosodd hyn i lawer o Ryddfrydwyr Cymru ailystyried eu hagwedd tuag at **Gladstone** ac arweinyddiaeth y blaid.

Ymhlith y Rhyddfrydwyr gwrthryfelgar yr oedd saith o Gymru; ataliodd Richard Davies (Sir Fôn) ei bleidlais. Ymunodd nifer o Ryddfrydwyr blaenllaw o Gymru â'r Loyal and Patriotic Union, yn eu plith Syr Robert Cunliffe, David Davies (gw. **Davies, Teulu (Llandinam)**) a Syr Hussey Vivian (gw. **Vivian, Teulu**), ac enillasant gefnogaeth rhai Anghydffurfwyr radicalaidd megis **Thomas Gee**. Ond barn trwch Rhyddfrydwyr Cymru oedd mai ymddiried yn Gladstone a fyddai ddoethaf mewn perthynas â'r holl fater hwn. Adlewyrchwyd yr agwedd hon yn etholiad 1886; dim ond un Rhyddfrydwr Unoliaethol cwbl agored a etholwyd, sef William Cornwallis West (Gorllewin **Dinbych**). Er bod rhai megis C. R. M. Talbot (gw. **Talbot, Teulu**) (Canol Morgannwg) a Syr Hussey Vivian (Dosbarth **Abertawe**) yn simsanu, dychwelyd i'r gorlan Ryddfrydol fu eu hanes. Ar i waered yr aeth y Rhyddfrydwyr Unoliaethol yng Nghymru. Etholwyd Syr John Jones Jenkins yn aelod seneddol ar eu rhan dros Fwrdeistrefi **Caerfyrddin** yn 1895, ond yn fuan wedyn ymunodd gweddillion y blaid â'r **Blaid Geidwadol** ac Unoliaethol.

## PLANHIGION

Yng Nghymru mae oddeutu 1,500 o rywogaethau o blanhigion, sy'n cynrychioli tua 70% o'r rhywogaethau sydd i'w cael ym **Mhrydain**. Ychydig iawn o blanhigion a oroesodd yr Oes Iâ ddiwethaf, ac mae'r mwyafrif ohonynt yng Nghymru heddiw yn rhai a ymledodd yno o fannau eraill.

Pan oedd yr Oes Iâ ddiwethaf yn ei hanterth, tua 20,000 o flynyddoedd yn ôl, roedd y rhan fwyaf o Gymru wedi'i gorchuddio gan len iâ tua 800m o drwch. Dim ond ar hyd llain o dir yn union i'r de o'r iâ yr oedd planhigion yn tyfu, ac o bosibl ar gopaon y **mynyddoedd** uchaf, sef nwnatacau, a ymwthiai uwchlaw'r iâ. Wrth i'r iâ araf ddiflannu rhwng 18,000 ac 11,500 o flynyddoedd yn ôl, dechreuodd planhigion yr ardaloedd ffinrewlifol a'r rheini yng nghyffiniau'r nwnatacau raddol adfeddiannu'r tir, ac yn eu plith yr oedd coed megis bedw, helyg a meryw, ynghyd â gweiriau a hesg, a sawl rhywogaeth o blanhigion arctig-alpaidd (sef y rheini sy'n tyfu uwchlaw'r goedlin yn yr Arctig a'r Alpau). Roedd y **priddoedd** a ffurfiwyd gan y dyddodion rhewlifol yn gyfoethog mewn maetholion, a gallai planhigion feddiannu tir agored heb unrhyw gystadleuaeth. Cyn i Brydain ddod yn ynys, gallai planhigion fudo i dir mawr Ewrop ac ymledu oddi yno. Ymhlith y rhai a fudodd i Brydain yr oedd y planhigion dyfrdrig, a ddaeth i feddiannu **llynnoedd** fel y rheini a gronnwyd y tu ôl i farianau rhewlifol, ac amryw fathau o goed. Erbyn tua 8,500 o flynyddoedd yn ôl roedd Prydain wedi dod yn ynys, ac erbyn hynny roedd coedwigoedd, a oedd wedi disodli'r glaswelltiroedd, yn gorchuddio'r rhan fwyaf o Gymru (gw. **Coedwigaeth**). Yn wir, cafodd y coetiroedd eang a dyfai ar wastadeddau arfordirol eu boddi tua 7,000 o flynyddoedd yn ôl: yn y **Borth**, er enghraifft, gellir gweld bonion coed gwern, bedw, derw a phîn yn ymwthio trwy'r mwd ar lanw isel.

Daw'r wybodaeth am y planhigion a oroesodd y rhewlifiant diwethaf, ac am y rhai a gyrhaeddodd Cymru yn ystod y cyfnod ôl-rewlifol, o'u gweddillion a geir mewn corsydd, haenau o **fawn** a llaid mewn llynnoedd. Ar y dechrau, canolbwyntiai'r gwaith o'u hastudio ar facroffosilau, megis bonion coed, rhisgl, dail, hadau, ffrwythau a chonau conwydd, ond yna trodd y sylw tuag at beilleg (dadansoddi paill), term a fathwyd gan Harold Augustus Hyde, cyn-geidwad botaneg **Amgueddfa [Genedlaethol] Cymru**. Llwyddodd y peillegwyr i ganfod tystiolaeth am ddau lwyn o ddiwedd y cyfnod rhewlifol – y gorfedwen a'r eilgorosyn – sydd bellach wedi diflannu o Gymru. Trwy ddadansoddi dyddodion o **Gors Caron**, sydd bellach yn gyforgors, llwyddwyd i gael tystiolaeth am blanhigion o'r cyfnod, dros 11,000 o flynyddoedd yn ôl, pan oedd yn llyn. Yn rhai o'r gwaddodion hynaf cafwyd prawf o fodolaeth y gorsen, y fedwen, y binwydden, y gollen a'r ferywen. Tua 700 o flynyddoedd yn ddiweddarach roedd y llwyfen a'r dderwen wedi cyrraedd. Ond erbyn tua 8,000 o flynyddoedd yn ôl dechreuodd y binwydden brinhau ac yn y pen draw diflannodd fel coeden frodorol. Lledaenodd y dderwen (gw. isod), y llwyfen a'r gollen yn gyflym ar draws y wlad, gan nad oedd y fedwen arloesol yn cynnig unrhyw gystadleuaeth. Er i'r ffawydden a'r oestrwydden gyrraedd Prydain ymhell cyn iddi ddod yn ynys, llesteiriwyd eu lledaeniad gan y coedydd derw cymysg; yn ne-ddwyrain Cymru yn unig, gan hynny, y maent yn goed brodorol. Bu'r torri coed a ddechreuodd yn ystod y cyfnod Mesolithig, ac a barhawyd yn ddiarbed gan ffermwyr y cyfnod Neolithig a chyfnodau diweddarach (gw. **Oesau Cynhanesyddol**), yn rhannol gyfrifol am y gostyngiad yn nifer y llwyfenni.

Nid oes fawr ddim o'r coetir gwreiddiol wedi goroesi i'r cyfnod modern. Er bod rhostiroedd eang yn nodweddiadol o dirweddau gwyllt a mynyddig y Gymru sydd ohoni, nid cynefinoedd naturiol mohonynt o gwbl, ond tiroedd a ddatgoedwigwyd ar raddfa sy'n peri i'r difrod a wnaed gan y diwydiannau **glo** a **llechi** ymddangos yn fychan iawn. Coetiroedd derw a bedw agored yr ucheldiroedd – yn hytrach na'r drysfeydd o goedwigoedd corslyd ar lawr gwlad – oedd y cyntaf i gael eu cwympo a'u clirio. Esgorodd yr **hinsawdd** wlypach ar ddiwedd yr Oes Efydd (gw. Oesau Cynhanesyddol) ar dir llawn dŵr, priddoedd asidig a lledaeniad mawn ar draul porfeydd yr ucheldir. Roedd yr amodau gweundirol hyn yn hybu lledaeniad grug, llus, llus coch, eithin, peiswellt, brwyn, plu'r gweunydd (gw. isod) a glaswellt y gweunydd, y ddau olaf yn troi'n goch tanllyd yn yr hydref.

Er bod cyfnodau o ddatgoedwigo dwys wedi bod o bryd i'w gilydd hyd ddegawdau cynnar yr 20g., mae cyfreithiau Cymru (gw. **Cyfraith**) yn awgrymu bod ymdeimlad sicrach o gydbwysedd rhwng cymunedau a'r tiroedd coediog o'u cwmpas wedi datblygu erbyn yr Oesoedd Canol. Roedd y ffawydden yn werth 60 ceiniog a'r dderwen yn werth 120 ceiniog, swm a oedd yn cyfateb i werth ysgubor brenin; gwahaniaethid rhwng y gwahanol fathau o goetiroedd a rheolid swyddogaethau coediwr yn ofalus. Roedd yn fwy anodd deddfu mewn perthynas ag effaith anifeiliaid domestig. Erbyn yr Oesoedd Canol roedd y **geifr** a'r **defaid** a borai ar yr ucheldiroedd wedi lleihau'n sylweddol yr amrywiaeth o blanhigion a fu yno, ac mae pori di-ben-draw diadelloedd y cyfnod presennol yn dal i atal coed megis y gerddinen a'r aethnen rhag ennill tir, er y gallent fod yn ddigon llewyrchus pe caent lonydd.

Llai deniadol i ddefaid yw'r llethrau sgri a chreigleoedd y copaon, lle mae'r glaw trwm, y gwyntoedd di-baid a llymder y rhewogydd yn arwain at lai o lawer o lystyfiant. Nodweddir y llystyfiant a geir yno yn bennaf gan redyn (gw. isod), mwsoglau, cnwpfwsoglau, cennau, corhelyg, gweunwellt, brwyn, hesg, llus a grug. Cafodd botanegwyr fodd i fyw wrth archwilio mynyddoedd Cymru, yn arbennig **Eryri**. Un ymwelydd cynnar oedd Thomas Johnson (*c.*1600–1644) a gofnododd ludlys mwsoglog, suran y mynydd, lliflys y mynydd, y gorhelygen a thri thormaen – ynghyd â dau blanhigyn arforol, gludlys arfor a chlustog Fair, sy'n ymddangos fel pe baent yn hoff o'r diffyg cystadleuaeth, fel yn achos hen domennydd gweithfeydd **plwm** Rhandir-mwyn (**Llanfair-ar-y-bryn**) a mannau eraill. Ar ôl pedwar ymweliad ag Eryri, ni chofnododd y botanegwr o Sais John Ray (1627–1705) ond un planhigyn, sef y rhedynen bersli, ond mae ei waith cyhoeddedig, sy'n manylu ar yr holl blanhigion Prydeinig y gwyddai amdanynt, yn cynnwys nifer o Gymru, a chawsai'r wybodaeth am y rheini o gofnodion **Edward Lhuyd**. Ymhlith y planhigion arctig-alpaidd eraill y cafwyd hyd iddynt yn Eryri y mae lili'r Wyddfa (gw. isod), tywodlys y gwanwyn, derig, helyglys dail gwlydd, pumnalen y mynydd, pren y ddannoedd ac arianllys y mynydd.

Yn y de, ar **Fannau Brycheiniog**, y **Mynydd Du** (**Sir Gaerfyrddin** a **Phowys**) a Chraig y Llyn (y **Rhigos**), ceir planhigion arctig-alpaidd megis tywodlys y gwanwyn, y gorhelygen, y tormaen porffor, pren y ddannoedd a'r llusen goch. Yn ogystal â'r rhywogaethau hyn, ceir ar glogwyni'r Hen Dywodfaen Goch blanhigion megis y dduegredynen werdd, y tormaen llydandroed, briwydd y gogledd, briallen Fair, y friweg Gymreig a'r gorfiaren.

Amgylchedd ymddangosiadol ddigroeso arall yw'r morfeydd heli a ffurfir o ganlyniad i ddyddodiad llaid mewn aberoedd. Yma ffynna'r llyrlys, planhigyn salad a gâi gynt ei ddefnyddio hefyd, ar ôl ei droi'n lludw, i gynhyrchu **gwydr**. Mae rhai o blanhigion y morfeydd yn gallu goddef dŵr hallt yn hwy nag eraill, ac o ganlyniad maent yn byw o fewn pellteroedd gwahanol i'r lan, gan greu parthau pendant ar gyfer gwahanol blanhigion. Dau blanhigyn prydferth sydd i'w cael tua chanol y morfa yw seren y morfa a lafant y môr. Ar ran uchaf y morfa gellir gweld brwynen Gerard a brwynen arfor.

Gerllaw'r morfeydd yn aml bydd twyni tywod, cynefin lled gyffredin yng Nghymru. Er bod wyneb y twyni yn sych, ac er nad ydynt yn cynnwys fawr ddim maetholion, gall rhywogaethau megis hesgen y tywod a pheiswellt coch dyfu yma gan gyfrannu at sefydlogi'r twyni. Yn y pantiau rhwng y twyni, sy'n aml yn llawn dŵr yn y gaeaf, gellir dod

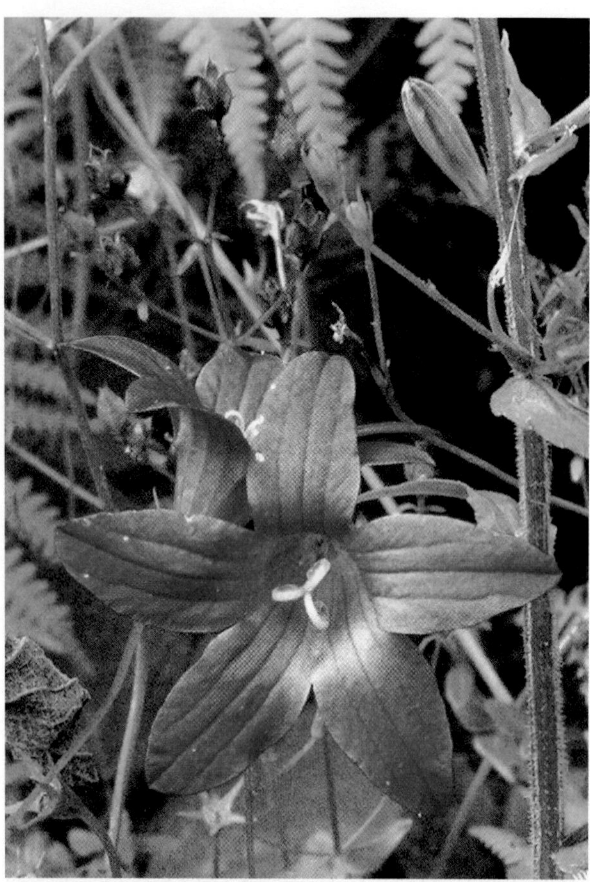

Clychlys ymledol (*campanula patula*)

o hyd i'r gorhelygen, glesyn-y-gaeaf deilgrwn, crwynllys yr hydref a chrwynllys Cymreig; ac eithrio **siroedd** deheuol Cymru, ni cheir crwynllys Cymreig yn unman arall ym Mhrydain. Mae'r twyni hefyd yn gartref i dri thegeirian prin (gw. isod): tegeirian y fign galchog, a geir yn y de yn unig; tegeirian-y-gors Cymreig, a geir yng **Ngheredigion**, **Môn** a **Gwynedd**; a chaldrist y twyni, sydd i'w gael yn llaciau twyni Niwbwrch (**Rhosyr**), Môn, ei unig gynefin yng Nghymru.

Yn ystod yr 20g. bu gostyngiad yn amrywiaeth y planhigion. Yn sgil y prinder pren yn ystod y **Rhyfel Byd Cyntaf**, gorchuddiwyd rhannau helaeth o ucheldir Cymru gan blanigfeydd catrodaidd eu gwedd o sbriws Sitca **Gogledd America** (yn bennaf). Dyma goed sy'n sugno maetholion o'r pridd ac yn troi cyrsiau dŵr yn asidig. Mewn sawl rhan o Gymru, mae'r llenni dail mewn coedwigoedd wedi cael eu teneuo'n ddirfawr gan law asid. Diflannodd nifer o rywogaethau o blanhigion a arferai ffynnu mewn **gwrychoedd** a dolydd yn sgil aredig cyson ac ailhadu. Bu dadwreiddio ar wrychoedd, a gwnaed niwed pellach gan wrteithiau, chwynladdwyr a phlaladdwyr a chan ddefaid yn pori ar ddolydd. Nid yw caeau ŷd yn goch gan flodau pabi a dolydd yn wyn ac euraid gan lygad-llo mawr a melyn Mair yn ddim mwy nag atgof bellach. Arferai briallu Mair fod yn gyffredin ond bellach maent yn brin, fel y mae pysen-y-ceirw, mantell Mair, cribell felen, triaglog y gors, tamaid y cythraul, marchrawnen y coed, dant y pysgodyn, y lloer-redynen, yr amrywiol degeirianau a llawer math o ffacbys a hesg. Yn 2005 rhybuddiodd *The Vascular Plant Red Data List for Great Britain* fod un o bob pump o rywogaethau blodau gwyllt yng Nghymru ar fin diflannu, yn eu plith y cotoneaster Cymreig (gw. isod), blodyn-ymenyn yr ŷd (sydd i'w gael ar un safle yn unig, ym **Mro Morgannwg**), merywen y gorllewin (o blith saith planhigyn sydd ar ôl ym Mhrydain, mae dau yn tyfu ar Ynys Dewi, **Sir Benfro**), clychlys ymledol a phenigan y porfeydd.

Mae rhai planhigion a gyflwynwyd yn fwriadol neu'n ddamweiniol yn lluosogi ar draul rhywogaethau llai gwydn, ac anodd yw eu rheoli neu eu dileu. Mae'r *Rhododendron ponticum*, a fewnforiwyd yn y 19g. i greu cynefin ar gyfer adar hela, bellach yn peri bod llawer llethr yn borffor, yn arbennig yn y gogledd-orllewin, lle mae wedi tyfu'n wyllt a thrwchus. O lwybrau **rheilffyrdd**, ochrau **camlesi** ac ymylon nentydd yr ymledodd clymog Japan, sydd bellach yn rhedeg yn wyllt dros dir diffaith ac aml i fynwent. Cyflwynwyd cordwellt yn gynnar yn yr 20g. i sefydlogi llaid mewn aberoedd, ond erbyn hyn mae'n mygu planhigion llaid eraill ar hyd yr arfordir megis llyrlys, helys unflwydd a throellig arfor mawr a bach.

### *Planhigion o arwyddocâd arbennig yng Nghymru*

AFAL – Afal Enlli oedd y rhywogaeth brinnaf ymhlith afalau'r byd yn 2000, gan i'r ffrwythau o liw hufen ac arnynt streipiau pinc amlwg gael eu darganfod y flwyddyn honno yn tyfu ar goeden unigol ar Enlli wyntog (gw. **Ynysoedd**), a hynny ar safle perllan hen briordy'r ynys. Bellach, mae'r rhywogaeth yn cael ei gwerthu'n fasnachol. Ymhlith y rhywogaethau eraill a geir yng Nghymru y mae afal gwyrdd Sir Fynwy, cawr y berllan, bysedd Mair, Marged Nicholas (gogoniant y gorllewin), pig yr ŵydd a thwll tin gŵydd (Lord Grosvenor).

CENHINEN-BEDR PENFRO – Planhigyn a gyflwynwyd i Sir Benfro a **Sir Gaerfyrddin** yw'r genhinen hon, ond mae wedi hen gynefino bellach, ac mae'n blodeuo yn Ebrill. Yn wahanol i'r genhinen wyllt gyffredin, mae ei phetalau a'i sepalau o'r un melyn dwfn â'r corongylch (neu'r trwmped) ac mae'r dail yn wastad a heb droadau.

CERDDINEN MORGANNWG – Pan gafodd yr unig gerddinen Morgannwg (*Sorbus domestica*) yng Nghoedwig Wyre, Swydd Gaerwrangon, ei llosgi yn 1862, derbyniwyd mai dyma ddiwedd rhywogaeth frodorol y goeden hon ym Mhrydain. Fodd bynnag, ym Mai 1983, rywle ar arfordir de Morgannwg (cafodd yr union leoliad ei gelu am resymau cadwraethol), canfuwyd clwstwr o goed a ymdebygai i'r gerddinen (*Sorbus aucuparia*), ond cafwyd mai enghreifftiau o rywogaeth *Sorbus domestica* oeddynt – un o'r darganfyddiadau mwyaf cyffrous yn hanes botaneg Cymru. Ddeng mlynedd yn ddiweddarach canfuwyd yr un rhywogaeth 4km i'r dwyrain o'r safle cyntaf. Mae'r ddau safle yn wynebu'r de ac ar **galchfaen** Liasig. Tyfu i uchder o 3–5m yn unig a wna'r coed, a hynny yn nannedd y gwynt.

CERDDINEN WEN – Ceir dwy rywogaeth sy'n gyfyngedig i Gymru ac fe'u cofnodwyd gyntaf ar ddiwedd y 19g. gan Augustine Ley, ficer Sellack, **Swydd Henffordd**. Mae'r gerddinen wen leiaf (*Sorbus minima*) yn tyfu ar glogwyni calchfaen Craig y Ciliau, yn y Warchodfa Natur Genedlaethol ar **Fynydd Llangatwg**. Cafodd y llwyn gryn sylw yn 1947 pan rybuddiodd Tudor Watkins, aelod seneddol Brycheiniog a Maesyfed, y Senedd fod ymarferion milwrol yng nghyffiniau Craig y Ciliau yn fygythiad i *Sorbus minima*; gorchmynnwyd y milwyr i ddychwelyd i'r barics. Mae cerddinen y Darren Fach (*Sorbus leyana*), a enwyd ar ôl ei chofnodwr, yn tyfu ar Darren Fach (y Faenor, **Merthyr Tudful**) a Phenmoelallt (**Hirwaun**). Mae'r ddwy rywogaeth yn tyfu i uchder o 3m, gan flodeuo yn ystod Mai a Mehefin, a dwyn ffrwyth ym Medi.

COTONEASTER CYMREIG – Dyma un o'r planhigion prinnaf yn y byd. Chwe llwyn sydd ar ôl yn y gwyllt, ac mae'r cwbl ar y Gogarth (**Llandudno**) lle maent dan fygythiad gan eifr yn pori.

CYPRESWYDDEN LEYLAND – Croesiad rhwng dwy rywogaeth, *Cupressus* a *Chamaecyparis*, yw'r gonwydden hon, a daeth i fod ym Mharc Tre'r-llai (**Ffordun**) a brynwyd gan John Naylor yn 1848, gŵr yr oedd ei gyfoeth yn deillio o Fanc Leyland, **Lerpwl**. Mae'r gypreswydden hon yn tyfu 30m mewn 50 mlynedd, a gall gwrych ohoni greu cynnen rhwng cymdogion.

DERWEN – A hithau'n gysegredig i'r **derwyddon** ac yn amlwg mewn llên gwerin a straeon **tylwyth teg**, y dderwen oedd prif goeden frodorol Cymru am 7,000 o flynyddoedd, cyn yr aed ati i blannu conwydd ar hyd a lled y wlad yn y 19g. a'r 20g. Cysylltir derw mes di-goes yn bennaf â'r ucheldiroedd, a derw mes coesynnog â'r iseldiroedd a chynefinoedd dwyreiniol. Mae'r dderwen yn elfen amlwg yn nhirwedd y wlad, a hi yw'r goeden fwyaf gwerthfawr a restrir yng nghyfreithiau Cymru'r Oesoedd Canol. Darparai fes i dewychu **moch**, rhisgl barcio ar gyfer gwneud **lledr** a phren ar gyfer nifer fawr o gynhyrchion.

GWEIRIAU – Yn fasnachol, gweiriau yw planhigion pwysicaf Cymru o bell ffordd, gan eu bod yn meddiannu 80% o'r tir a ddefnyddir ar gyfer **amaethyddiaeth**. Mae 42% o'r porfeydd yn rhai parhaol a 13% ohonynt yn cael eu defnyddio i gynhyrchu gwair; porfeydd garw a **thir comin** yw'r gweddill. Daeth y glaswelltiroedd i fod trwy broses a ddechreuwyd yn yr Oes Neolithig – clirio'r coed gwyllt a chreu caeau. Gyda'i hinsawdd fwyn a'i glawiad uchel, mae Cymru yn un o'r gwledydd gorau yn y byd ar gyfer tyfu gweiriau.

Fel arfer rhennir glaswelltiroedd yn dri dosbarth. Glaswelltiroedd asidig – sef y rheini sy'n ddiffygiol mewn calch – sydd amlycaf yng Nghymru; cwmpasant borfeydd garw'r ucheldiroedd yn ogystal â llawer o'r porfeydd parhaol a'r gweirgloddiau yn yr ardaloedd mwy ffafriol. Mae porfeydd basig – sef y rheini sydd â chalch digonol – yn llawer prinnach, er bod enghreifftiau da i'w cael ar y Gogarth (Llandudno) ac yng **Ngŵyr**. Prin hefyd yw'r glaswelltiroedd niwtral ar briddoedd lled asidig, sef rhai o borfeydd mwyaf cynhyrchiol y wlad. Dioddefodd yr amrywiaeth cyfoethog o rywogaethau a gysylltir yn draddodiadol â glaswelltiroedd – glaswelltiroedd basig a niwtral, yn arbennig – o ganlyniad i ffermio dwys, ond gwneir ymdrechion i ailsefydlu cynefinoedd cyfoethog eu rhywogaethau.

Bu Cymru'n flaengar iawn ym maes ymchwil i laswelltiroedd, yn arbennig trwy waith Bridfa Blanhigion Cymru a sefydlwyd yn **Aberystwyth** yn 1919 gan **George Stapledon**, ac a ailenwyd yn **Sefydliad Ymchwil Tir Glas a'r Amgylchedd** (IGER); daeth enwogrwydd byd-eang i'r math S23 o rygwellt lluosflwydd a ddatblygwyd yno.

HEBOGLYS YR WYDDFA – Tybid bod *Hieracium snowdoniense* wedi diflannu yn fuan wedi canol yr 20g., ond ailddarganfuwyd y planhigyn lluosflwydd hwn a chanddo flodau melyn disglair yn 2002 ar lechweddau Cwm Idwal (**Llandygái**); fe'i darganfuwyd yno gyntaf yn 1887 gan y botanegwr **J. E. Griffith**, ac fe'i gwelwyd am y tro olaf yn 1953. Fe'i cydnabuwyd yn rhywogaeth yn 1955, ac mae'n un o'r planhigion prinnaf yn y byd.

LILI'R WYDDFA – Eryri yw'r unig fan ym Mhrydain lle ceir y planhigyn lluosflwydd arctig-alpaidd hwn a gofnodwyd gyntaf yng Nghymru gan Edward Lhuyd (1660–1709); er anrhydedd iddo ef fe'i henwyd yn 1812 yn *Lloydia serotina*. Yn fersiwn Gibson o *Britannia* **Camden** (1695) y cafwyd y sôn cyntaf mewn print am y planhigyn hwn. Mae'n unigryw ym Mhrydain fel planhigyn oddfog sydd wedi'i gyfyngu i'r ucheldirau, ac mae'n blodeuo yn yr ail a'r drydedd wythnos o Fehefin ac yn tyfu i uchder o 15cm. Ymdebyga ei ddail cul i laswellt ac mae ei flodyn chwesegment yn wyn gyda gwythiennau cochlyd. Er bod lili'r Wyddfa yn gallu lluosogi trwy atgynhyrchiad llysieuol, bu pryder am ei dyfodol oherwydd nad oedd unrhyw dystiolaeth ei bod yn peillio na'i bod yn hau hadau yng Nghymru. Yn 2000, fodd bynnag, adroddwyd ei bod yn lluosogi trwy atgynhyrchiad rhywiol a'i bod yn hau hadau hyfyw.

Lili'r Wyddfa (*Lloydia serotina*)

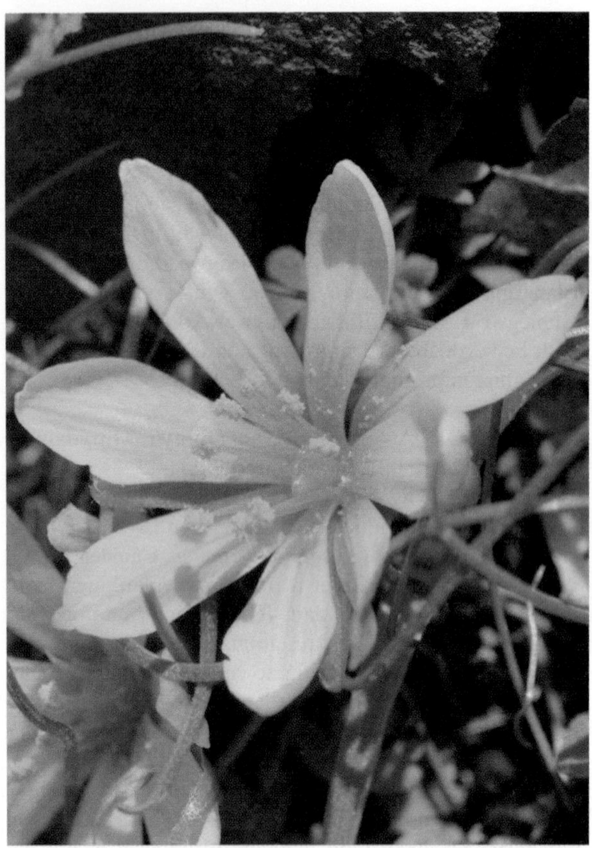

Seren-Fethlehem gynnar (*Gagea bohemica*)

MWYAREN Y BERWYN – Fe'i cofnodwyd gyntaf ar y **Berwyn** gan Edward Lhuyd, ac yna yn **Swydd Amwythig** yn 1998 ac ar **Bumlumon** yn 2000. Mae blodau gwyn y llwyn yn rhai deuoecaidd (hynny yw, mae'r rhannau gwrywaidd a benywaidd ar blanhigion gwahanol), a'i ffrwyth yn oren; mae'n tyfu cyn uched ag 20cm. Enw arall arno yw mwyaren Ddoewan.

PABI CYMREIG – Mae'r pabi melyn hwn, sy'n gynhenid i Gymru, de-orllewin **Lloegr** a gorllewin **Iwerddon**, yn ffafrio llecynnau gwlyb, cysgodol dan goed neu ar greigiau. Mae'n tyfu i uchder o 61cm. Yn 2006 fe'i mabwysiadwyd yn arwyddlun gan **Blaid [Genedlaethol] Cymru**.

PLU'R GWEUNYDD – Mae pen gwyn y planhigyn lluosflwydd hwn yn debyg i wlân cotwm ac yn amlwg iawn ar dir corsiog pan fo'r planhigyn, sy'n tyfu i uchder o 20–75cm, wedi dwyn ffrwyth; enw arall arno yw sidan y waun. Dyma'r planhigyn a roddodd olwg newydd i **O. M. Edwards** ar Gors Caron; dywed yn un o'i ysgrifau fel yr arferai gasáu mynd heibio i'r gors – 'Âi cryndod drwy fy nghnawd wrth ei gweled' – nes iddo fynd heibio iddi un diwrnod braf o Orffennaf a'i gweld 'yn ei gogoniant gwyn' a phlu'r gweunydd yn ei goleuo drwyddi draw.

RHEDYN A'U TEBYG – Mae'r cnwpfwsoglau (gallent fod cyn uched â 45m), y rhedyn a'r marchrawn anferthol a dyfai yng Nghymru 300 miliwn o flynyddoedd yn ôl, bellach yn ffosilau yn y Cystradau Glo; ond mae eu perthnasau llai yn tyfu'n lluosog heddiw. Yng nghoetiroedd llaith a cheunentydd creigiog Cymru ceir amodau delfrydol ar eu cyfer, ac mae hinsawdd yr Iwerydd o'u plaid hefyd. Y rhedynen ungoes, sy'n tyfu i uchder o 3m, yw'r math mwyaf cyffredin o redyn, ac er ei bod yn felltith i ffermwyr mae'n arwydd sicr o dir cynhyrchiol. Ymysg y rhedyn prinnaf, sydd i'w cael mewn agennau gwlyb ac ar sgriau yn Eryri, y mae'r Woodsia Alpaidd, yr Woodsia hirgul a'r rhedynen gelyn. Cofnodwyd y rhedynen gelyn gyntaf gan Edward Lhuyd yn 1690 a bu bron iddi ddiflannu oherwydd gorgasglu yn y 19g. Mwy cyffredin ar weundiroedd a chynefinoedd mynyddig trwy Gymru gyfan yw cnwpfwsoglau bythwyrdd a lluosflwydd megis cnwpfwsogl corn carw; y prinnaf o'r planhigion hyn yw cnwpfwsogl y gors, sydd i'w gael ar weundiroedd gwlyb yn y gogledd-orllewin ac yn Sir Benfro. Mae'r marchrawn yn blanhigion lluosflwydd a chanddynt goesau cymalog a sborau mewn conau ar ben rhai coesau. Un math cyffredin, ac un sy'n fwrn ar arddwyr, yw marchrawnen yr ardir. Mae marchrawnen y gaeaf yn brin iawn, ac ar un amser fe'i defnyddid i lathru metel, pren ac asgwrn. Mae dau o dri gwair merllyn brodorol Prydain yn gyffredin yng Nghymru, sef gwair merllyn a gwair merllyn bach; ffurfiant rosglymau o ddail cul ar welyau llynnoedd hyd at ddyfnder o 6m a mwy.

SEREN-FETHLEHEM GYNNAR – Pan gasglwyd hi yn ddamweiniol yn 1965 ar Stanner Rocks (**Pencraig**) – safle eithriadol o gyfoethog o ran planhigion – tybiwyd yn anghywir mai lili'r Wyddfa ydoedd. Ond yn 1978 cadarnhawyd mai seren-Fethlehem gynnar (*Gagea bohemica*) oedd y planhigyn. Nid yw wedi'i gofnodi mewn unrhyw safle arall ym Mhrydain.

TEGEIRIANAU – Mae tegeirian y wenynen, un o degeirianau prydferthaf Cymru, i'w gael mewn porfeydd calchaidd. Planhigyn yr un mor eang ei ddosbarthiad – ar ymylon **ffyrdd**, mewn porfeydd a choetiroedd – yw tegeirian coch y gwanwyn. Mae llaciau twyni arfordir y de yn gartref i'r rhywogaeth brin, tegeirian y fign galchog. Yr un mor anghyffredin, er iddo gael ei gofnodi ar hyd a lled Cymru mewn llecynnau llaith dan gysgod coed ffawydd, yw'r tegeirian nyth aderyn sy'n frown golau o ran lliw; oherwydd diffyg dail gwyrdd, mae'n dibynnu'n gyfan gwbl ar ffwngau sy'n gysylltiedig â'i wreiddiau i gynhyrchu ei fwyd.

UCHELWYDD – Priodolwyd pwerau dewinol i'r planhigyn hwn a berchid yn fawr gan y derwyddon, a defnyddiwyd ei briodoleddau meddyginiaethol i wella pobl ac anifeiliaid. Mae'r llwyn bythwyrdd lled barasitig hwn, sy'n byw ar amrywiaeth mawr o goed eraill, yn blodeuo o Chwefror hyd Ebrill, ac mae ei aeron gwyn a gludiog yn ymddangos o Dachwedd hyd Ragfyr. Y tu hwnt i ddwyrain **Sir Frycheiniog** a **Gwastadeddau Gwent**, prin yw uchelwydd yng Nghymru.

YWEN – Ar wahân i'r ferywen, yr ywen yw'r unig gonwydden sy'n gynhenid i Gymru a gall fyw am gannoedd o flynyddoedd. Efallai ei bod yn goeden gysegredig yn y cyfnod cyn-Gristnogol ac fe'i ceir yn aml mewn mynwentydd; mae'r 'goeden yw waedlyd' anghyffredin yn **Nyfer** yn enghraifft enwog. Y goeden fyw hynaf yng Nghymru yw'r ywen ym mynwent **Llangernyw**, sy'n 4,000 o flynyddoedd oed. O bren yw gan amlaf y gwneid y **bwa hir**.

## PLEBS' LEAGUE, The

Mudiad addysgiadol a gwleidyddol a sefydlwyd yn dilyn y streic yn 1909 yng Ngholeg Ruskin, **Rhydychen**. Deilliodd y streic o ddadl ffyrnig ynghylch priod le syniadau Marcsaidd yn y maes llafur; cymaint oedd sêl y gwrthryfelwyr – a chymaint fu ysbrydoliaeth **Noah Ablett** – nes iddynt sefydlu'r **Coleg Llafur Canolog** a dechrau cyhoeddi'r *Plebs' Magazine*. Crëwyd rhwydwaith o ddosbarthiadau gan y mudiad. Ynddynt câi glowyr eu trwytho mewn **Marcsiaeth** ac yna, ar ôl 1910, mewn **Syndicaliaeth**. Daeth y dosbarthiadau hyn yn eu tro yn rhan o draddodiad ehangach **addysg** oedolion.

## PLETHU GWELLT A MORESG

Roedd plethu gwellt gwenith yn un o grefftau gwerin pwysicaf Cymru wledig mewn dyddiau a fu. Er bod ambell i grefftwr yn byw ar y gwaith, **crefft** amatur, ran-amser oedd hi ar y cyfan. Byddai ffermwyr, tyddynwyr, **gweision ffermydd**, **menywod** a phlant wrthi, fin nos neu rhwng gorchwylion eraill, yn gwneud amrywiaeth o nwyddau yn cynnwys basgedi, cychod **gwenyn** a hetiau gwellt ynghyd ag ambell gadair esmwyth neu grud.

Mewn ardaloedd arfordirol roedd plethu moresg yn bosibl hefyd. Ym mhentref Niwbwrch (**Rhosyr**), tyfodd y gweithgaredd hwnnw yn ddiwydiant bychan ffyniannus iawn, gyda basgedi a matiau yn cael eu hanfon ar ddechrau'r 20g. i bob rhan o **Brydain**.

## PLWM AC ARIAN

Bu cloddio am blwm ym mhob sir yng Nghymru rywbryd neu'i gilydd; yn aml, roedd arian yn sgilgynnyrch i'r mwyngloddiau plwm, gan fod ychydig ohono i'w gael yn fynych yn yr un gwythiennau. Mae cloddio am blwm yn dyddio yn ôl i gyfnod y **Rhufeiniaid**, a **Sir y Fflint** – lle cyfoethog o ran mwynau ac arian yn ôl **Gerallt Gymro** – oedd canolfan gynnar y diwydiant. Mae hanes hir i'r diwydiant yn **Sir Ddinbych** hefyd, fel yr awgryma enw pentref **Mwynglawdd** (bellach ym mwrdeistref sirol **Wrecsam**), a'i enw 'Saesneg', sef Minera. Rhoddwyd hwb i'r diwydiant plwm yn dilyn trwyddedu Cwmni'r Mwyngloddiau Brenhinol (a enillodd ei siartr yn 1568) a oedd â monopoli ar fwyndoddi yn ystod oes Elizabeth. O 1660 ymlaen bu cynhyrchu parhaus yn y gogledd-ddwyrain, ac roedd **Edward Lhuyd** o'r farn fod ardal **Helygain** yn fwy cynhyrchiol na'r cwbl o weddill Cymru.

Erbyn yr 17g. roedd cynhyrchu ar gynnydd hefyd yng ngogledd **Sir Aberteifi**, y brif ganolfan arall, lle chwaraeai Syr **Humphrey Mackworth** ran bwysig yn y datblygiadau. Ar gorn y cyflenwad digonol o arian y cafwyd hyd iddo mewn cysylltiad â'r plwm, sefydlwyd bathdy yng Nghastell **Aberystwyth** a oedd ar waith o 1637 hyd 1642. Ffactor allweddol oedd yr her gan Syr Carbury Pryse, Gogerddan (**Trefeurig**), i'r monopoli brenhinol dros hawliau mwyngloddio (gw. **Pryse, Teulu**). Cafodd y mater ei ddatrys gan ddeddf seneddol yn 1693, a neilltuai **aur** ac arian yn unig i'r Goron.

Erbyn canol y 19g. daethai gorllewin **Sir Drefaldwyn** yn ganolfan gynhyrchu plwm o bwys. Yno, roedd mwyngloddiau megis Dylife (**Llanbryn-mair**) a'r Fan (**Llanidloes Allanol**) yn flaenllaw iawn. Cyflogid dros 500 o bobl yn y Fan ddechrau'r 1870au, ac ni chaeodd y gwaith tan 1921. Mae'r pentref a grëwyd yno wedi goroesi am ei fod yn agos i **Llanidloes**, ond roedd Dylife, 16km i ffwrdd, yn rhy anghysbell i barhau'n bentref hyfyw wedi i'r gwaith gau.

Yn y gogledd-ddwyrain, fodd bynnag, parhaodd y diwydiant i ffynnu a rhwng 1845 ac 1938 cynhyrchwyd dros filiwn o dunelli metrig (a dwywaith y cyfanswm hwn, efallai, cyn 1845), sef 13% o gynnyrch **Prydain** gyfan; dim ond ardal gogledd y Pennines a gynhyrchai gyfran uwch. Canolbwynt y gwaith oedd mwyngloddiau Mwynglawdd, a grëwyd trwy gyfuno mentrau llai yn 1849 ac a oedd yn parhau i weithio ar ôl 1945. O ganol y 19g. ymlaen crëwyd cyfres o dwneli draenio cymhleth er mwyn gweithio'r gwythiennau. Ni chystadlodd arian â phlwm erioed o ran y swm o fwyn a gynhyrchid; yn ystod oes mwynglawdd y Fan, er enghraifft, codwyd bron 98,000 tunnell fetrig o blwm o gymharu â thua 21 tunnell fetrig o arian. Mae gwastraff gwenwynig mwyngloddiau plwm wedi llygru ardaloedd helaeth yng **Ngheredigion**, Sir Drefaldwyn a Sir y Fflint. Mae amgueddfa Llywernog (**Blaenrheidol**) yn cyflwyno hanes y diwydiant plwm ac arian.

## PLWYFI

Isadran o esgobaeth sydd â'i heglwys a'i hoffeiriad ei hun yw plwyf yn ei ystyr wreiddiol, grefyddol. Gan fod y bywyd Cristnogol yng Nghymru wedi'i drefnu o amgylch mam-eglwysi neu glasau (gw. **Clas**) a oedd yn aml yn gwasanaethu **cantref** cyfan, nid oedd yn y wlad, ar drothwy'r goresgyniadau Normanaidd (gw. **Normaniaid**), rwydwaith o blwyfi tebyg i'r hyn a oedd wedi'i sefydlu yn y rhan fwyaf o **Loegr** erbyn y 10g. Erbyn dechrau'r 11g. roedd plwyfi'n cael eu creu mewn ardaloedd fel **Bro Morgannwg**. Yn ôl *Historia Gruffud vab Kenan* (gw. **Gruffudd ap Cynan**) daeth **Môn** yn ystod ei deyrnasiad ef (*c.*1100–37) i ddisgleirio fel ffurfafen o sêr oherwydd yr eglwysi gwyngalchog a godwyd ar yr ynys. Mae'n debyg fod codi eglwys yn golygu dynodi'r diriogaeth – y plwyf – yr oedd ei hoffeiriad yn gyfrifol amdani. Erbyn diwedd yr Oesoedd Canol roedd y rhan fwyaf o blwyfi Cymru wedi'u creu. Roedd yr holl wlad, ar wahân i ardaloedd o **dir comin** helaeth fel Cefn Bryn yng **Ngŵyr**, wedi'i rhannu'n blwyfi, pob un yn cael ei wasanaethu, o leiaf mewn egwyddor, gan eglwys ac offeiriad a gynhelid gan dir yr eglwys (clastir) a thaliadau **degwm**. Po fwyaf ffrwythlon y tir, lleiaf y plwyf; yn wir, amrywiai maint plwyfi Cymru o 15ha (Stembridge ym Mro Morgannwg; gw. **Llandŵ**) i 13,280ha (Llanfor (gw. **Llandderfel**)). Amcangyfrifir bod yng Nghymru'r 15g. 850 o offeiriaid plwyf ac, mae'n debyg, yr un nifer o blwyfi, er y byddai israniadau diweddarach yn cynyddu'r rhif.

O 1538 ymlaen roedd yn rhaid i blwyfi gadw cofrestr o enedigaethau, priodasau a marwolaethau. Y gofrestr blwyf gynharaf a oroesodd yng Nghymru yw un **Conwy** (1541). Prin yw cofrestri'r 16g. yng Nghymru, ond goroesodd nifer helaeth o'r 17g. ac maent yn ffynhonnell werthfawr ar gyfer astudio hanes y **boblogaeth**. Yn yr 16g. daeth plwyfi yn unedau seciwlar yn ogystal â chrefyddol, gan dderbyn cyfrifoldebau mewn meysydd fel **ffyrdd** a **Deddf y Tlodion**, a daeth festri'r plwyf yn sylfaen llywodraeth leol (gw. **Llywodraeth**). Felly y datblygodd plwyfi sifil, y byddai eu ffiniau dros y blynyddoedd yn datblygu'n wahanol i ffiniau'r plwyfi eglwysig. O'r cyfrifiad swyddogol cyntaf (1801) ymlaen, defnyddiwyd y plwyf sifil yn uned ystadegol sylfaenol. Erbyn hynny roedd 1,132 ohonynt yng Nghymru, ac yn aml nid oedd unrhyw berthynas rhwng eu ffiniau a phatrymau demograffig yr oes. Pan sefydlwyd cynghorau plwyf yn 1894, cydnabuwyd mai dim ond mewn cyd-destun gwledig yr oedd plwyfi sifil yn ystyrlon. Yn y 1930au aildrefnodd amryw o'r **siroedd** Cymreig eu plwyfi sifil; yn **Sir Fynwy**, er enghraifft, lleihawyd y nifer o 145 i 58.

Yn 1974 diddymwyd plwyfi sifil Cymru (ond nid rhai Lloegr) a sefydlwyd **cymunedau** yn eu lle. Parhaodd y plwyfi eglwysig, llawer ohonynt yn cynnwys clystyrau o blwyfi hynafol, gydag enwau fel Llan-faes a Phenmon, a **Llangoed** gyda Llanfihangel Dinsylwy. Yn sgil adfer yr hierarchiaeth Gatholig (gw. **Catholigion Rhufeinig**) yn 1850, sefydlwyd plwyfi Catholig, rhai ohonynt yn fawr iawn.

## POBLOGAETH A DEMOGRAFFEG

Gan nad oes gan Gymru ei hawdurdod cyfrifiad annibynnol ei hun, daw o dan adain y Swyddfa Ystadegau Gwladol. Yn 2001 roedd y boblogaeth yn 2,903,085 o gymharu â 2,835,073 yn 1991, cynnydd o 2.39%.

Ymranna'r ystadegau sy'n ymwneud â'r boblogaeth yn ddau gyfnod. Cyn 1801 amcangyfrifon yw'r holl ffigurau, wedi eu seilio ar ffurflenni treth, cofrestri plwyf (gw. **Plwyfi**) a ffynonellau anfanwl eraill. Ar ôl 1801 ffigurau'r cyfrifiad bob deng mlynedd a geir. Mae peth amheuaeth wedi ei godi ynghylch cywirdeb cyfrifiadau 1801, 1811, 1821 ac 1831. Oherwydd poblogaeth sy'n fwyfwy symudol, gall fod cyfrifiad 2001 hefyd yn annibynadwy, yn enwedig mewn cymunedau lle ceir cyfradd uchel o amlbreswyliaeth.

O reidrwydd, yn ddigon petrus y cynigir amcangyfrifon am y cyfnodau cyn y cyfrifiad. Ar gyfer cyfnod y **Rhufeiniaid** mae'r amcangyfrif poblogaeth yn amrywio o 100,000 i 250,000. Efallai fod trychinebau o ganlyniad i'r **hinsawdd** yn y cyfnod yn syth ar ôl ymadawiad y Rhufeiniaid wedi arwain at ddirywiad demograffig enfawr. Mae sylwadau gan **Gerallt Gymro** yn awgrymu bod tua 160,000 o drigolion yng Nghymru erbyn y 1190au. Efallai i hinsawdd ffafriol y 13g. beri cynnydd sylweddol yn eu nifer, ac mae ffigur o 300,000 wedi cael ei awgrymu ar gyfer oes **Llywelyn ap Gruffudd**. Bu gostyngiad mawr yn y 14g. oherwydd newid eto yn yr hinsawdd, gorweithio'r tir, a'r **Pla Du** yn bennaf oll, gyda'r boblogaeth yn gostwng cyn ised â 150,000 o bosibl. Yn araf, cododd y niferoedd eto gan gyrraedd amcangyfrif o 278,000 yn 1536. Cafwyd cyfnod wedyn o gynnydd araf ond anwastad. Roedd y cyfraddau geni yn uchel, ond felly hefyd y cyfraddau marwolaethau; roedd marwolaethau babanod yn arbennig o uchel. Erbyn yr 17g. cyrhaeddwyd ffigur o tua 400,000, ac mae amcangyfrif o 489,000 ar gyfer 1750. Y boblogaeth adeg y cyfrifiad cyntaf (1801) oedd 587,245. Poblogaeth wledig ydoedd yn ei hanfod yn y cyfnod hwn, gyda'r trefi'n fychan a heb ddatblygu.

Gellir rhannu datblygiad y boblogaeth yn bedwar cyfnod o ganol y 18g. ymlaen. Y cyfnod cyntaf yw 1750–1851, a dyma gyfnod twf cyflym y diwydiannau metel yn y gogledd ddwyrain a'r de ddwyrain fel ei gilydd (gw. **Haearn a Dur**). Dengys y pum cyfrifiad cyntaf fod y boblogaeth wedi codi ym mhob un o'r **siroedd**, ond erbyn 1821 roedd y cynnydd yn arafu yn y siroedd gwledig, ac erbyn 1851, roedd **Sir Drefaldwyn** a **Sir Faesyfed** yn cofnodi gostyngiad. Mae canol y ganrif, felly, yn drobwynt, gyda rhai siroedd gwledig yn dechrau cofnodi colledion. Dyna oedd eu hanes i gyd erbyn 1881, ac wele ddechrau'r cyfnod hir o ddiboblogi cefn gwlad a fyddai'n nodweddu Cymru am y can mlynedd i ddod. Mae'r achosion yn gymhleth, ond roedd y newid o amaethu ymgynhaliol (hynny yw, ffermio a oedd yn cynnal y ffermwyr eu hunain heb fawr ddim gwarged) i amaethu cyfalafol yn ganolog i'r datblygiad, ynghyd â'r dynfa o du'r ardaloedd diwydiannol wrth iddynt hwy flodeuo. Ochr arall y geiniog i ddirywiad cefn gwlad oedd twf diwydiant; tyfodd poblogaeth **Sir Forgannwg** o ddim ond 70,879 yn 1801 i 231,849 erbyn 1851. Yn 1801 **Merthyr Tudful** oedd y plwyf mwyaf poblog yng Nghymru, gyda 7,705 o drigolion. Fodd bynnag, roedd gan ardal adeiledig **Abertawe**, a oedd yn ymestyn dros sawl plwyf, 10,117 o drigolion, a hi oedd yr ardal drefol fwyaf yn y wlad. Plwyf **Treffynnon**, gyda 5,567 o drigolion, a oedd yn drydydd. Ymgorfforai'r mannau hyn yr ymdrefoli cynyddol a'r trawsnewid yn nosbarthiad y boblogaeth, gyda mwy a mwy o grynhoi yn y de-ddwyrain a'r gogledd-ddwyrain.

Mae'r ail gyfnod, pan oedd cloddio **glo** yn tra-arglwyddiaethu ar bob diwydiant arall, yn ymestyn o 1850 hyd 1920. Yng Nghwm **Rhondda** y gwelir hyn orau. Yn 1851 roedd y boblogaeth yno yn 1,998; erbyn 1921 roedd yn 162,717. Yn ystod yr un cyfnod cynyddodd poblogaeth Morgannwg gyfan o 231,849 i 1,252,418, poblogaeth **Sir Fynwy** o 157,418 i 450,794, a phoblogaeth **Sir Ddinbych** o 92,583 i 154,842. Tyfodd y **porthladdoedd** allforio glo yn ddirfawr, ac erbyn 1881 roedd **Caerdydd**, gyda 82,761 o drigolion, wedi tyfu i fod yn ganolfan drefol fwyaf Cymru. Felly, erbyn 1914, roedd y boblogaeth wedi crynhoi yn y meysydd glo a'r porthladdoedd allforio glo. Ceid crynoadau poblogaeth bychain yn ardaloedd llechi **Sir Gaernarfon** a **Sir Feirionnydd**, ac ar hyd arfordir y gogledd. Erbyn 1914 roedd poblogaeth Cymru wedi cyrraedd 2.5 miliwn. Roedd dynion yn symud i mewn i'r ardaloedd diwydiannol ac yn symud allan o'r ardaloedd gwledig. Felly, yn 1891, pan oedd gan y Rhondda 1,314 o drigolion gwrywaidd am bob 1,000 o drigolion benywaidd, roedd y gymhareb yn **Sir Aberteifi** yn 776:1000.

Y trydydd cyfnod yw hwnnw rhwng y ddau ryfel, pan achoswyd diweithdra gan y **Dirwasgiad** diwydiannol, ac arweiniodd hynny, ar y cyd â'r parhad ar ddiboblogi cefn gwlad, at **ymfudo** sylweddol. Ar ôl 1921 lleihaodd poblogaeth Sir Gaernarfon, Sir Forgannwg a Sir Fynwy ill tair o'r pinacl a gyrhaeddwyd y flwyddyn honno. Dilynodd **Sir Gaerfyrddin** yn 1931, pan welwyd gostyngiad ym mhoblogaeth gofnodedig Cymru am y tro cyntaf. Gadawai'r ymfudo boblogaeth a oedd yn heneiddio fwyfwy. Roedd hynny'n un o'r ffactorau a arweiniodd at ostyngiad yn y cyfraddau genedigaethau o tua 35 y 1,000 yn y 1870au i lai nag 20 erbyn 1925. Ac felly, rhwng 1921 ac 1931, lleihaodd poblogaeth

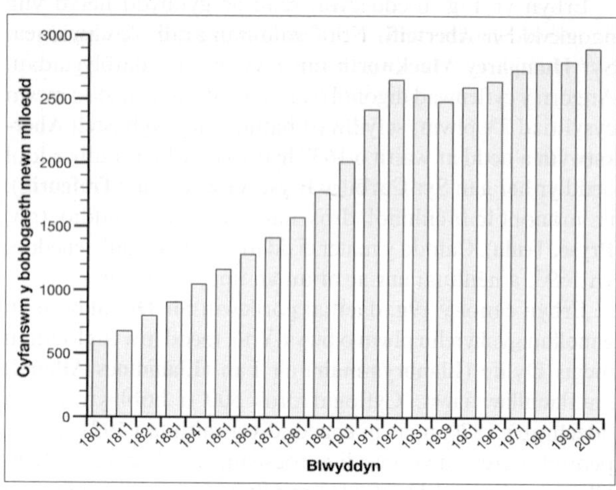


Poblogaeth Cymru, 1801–2001

Sir Aberteifi o 1.58% trwy golled naturiol (hynny yw, mwy o farwolaethau nag o enedigaethau), ac o 7.78% trwy ymfudo, gyda chyfanswm y boblogaeth yn gostwng 5,697 neu 9.36%. Dros Gymru gyfan, gostyngodd amcangyfrif y boblogaeth o 2,736,800 yn 1925 i 2,487,000 yn 1939. Gan fod twf naturiol o 140,171 yn y boblogaeth yng Nghymru yn y blynyddoedd hyn, roedd y golled net trwy ymfudo yn 389,971. Er profi peth gwelliant yn sgil galwadau economaidd yr **Ail Ryfel Byd**, parhaodd y patrymau hyn hyd y 1950au.

Rhwng 1951 ac 1961 dechreuodd poblogaeth Cymru gynyddu unwaith eto, ac mae'r patrwm hwn yn parhau. Er hynny, mae'r ffigurau cyfan yn celu llawer o amrywiaeth. Mae'r hen ardaloedd diwydiannol yn dal i golli pobl. Rhwng 1971 a 2001 gostyngodd poblogaeth y Rhondda o 88,994 i 72,435. Yn yr un modd, ceid yr hen ddiboblogi yng nghefn gwlad, ond fe'i celid gan duedd arwyddocaol arall. Yn ystod y cyfnod hwn symudai llawer o bobl allan o'r dinasoedd mwyaf gan greu proses o wrthdrefoli. Mae llif o fewnfudo wedi bod i gefn gwlad Cymru sydd wedi trawsnewid ei hanes demograffig mewn modd dramatig. Rhwng 1971 a 2001 cynyddodd poblogaeth tair sir y de-orllewin o 45,802. Gan fod cyfraddau marwolaethau'r siroedd hyn yn fwy na'u cyfraddau genedigaethau yn ystod y cyfnod hwn, mewnfudo fu achos yr holl gynnydd.

Mae newidiadau mewn patrymau cyflogaeth hefyd wedi arwain at ailddosbarthu'r boblogaeth. Disodlwyd y diwydiannau trymion hŷn gan ddiwydiannau electronig ysgafnach a diwydiannau cydosod, a bu twf mawr yn y sector gwasanaethau. Digwyddodd hyn yn bennaf ar hyd y prif wythiennau trafnidiaeth, yn arbennig yr **M4** a'r **A55**, sy'n croesi'r rhanbarthau hynny lle bu'r cynnydd poblogaeth mwyaf. Er y twf ym mhoblogaeth yr ardaloedd gwledig, poblogaeth drefol i raddau helaeth iawn sydd gan Gymru. Yn 2001 roedd gan y ddinas fwyaf, Caerdydd, 305,353 o drigolion, ac roedd 158,139 yn ninas Abertawe. Mae gogwydd amlwg yn y boblogaeth; mae hi ar ei dwysaf yn y de-ddwyrain, Glannau **Dyfrdwy** ac ar hyd arfordir y gogledd.

## *POBOL Y CWM* Cyfres deledu

Ym mis Hydref 1974 y dechreuodd BBC Cymru ddarlledu'r ddrama gyfres boblogaidd hon am bentref dychmygol Cwm Deri, a ddarlledwyd er 1982 ar **S4C**. Ym Medi 1988 trodd y rhaglen wythnosol yn un ddyddiol, i'w gweld o ddydd Llun hyd ddydd Gwener. Am gyfnod byr yn 1991 darlledwyd y gyfres yn yr Iseldiroedd gydag is-deitlau Iseldireg, ac fe'i defnyddiwyd fel patrwm ar gyfer drama gyfres mewn Gaeleg, *Machair*, a gynhyrchid gan BBC yr **Alban**. Gyda rhifyn omnibws wythnosol sy'n dwyn is-deitlau **Saesneg**, dyma'r rhaglen **Gymraeg** sy'n denu'r nifer uchaf o wylwyr yn gyson – hyd at 89,000 yn 2007 (gan gynnwys ailddarllediadau). (Gw. hefyd **Darlledu**.)

## PONTARDAWE, Castell-nedd Port Talbot (3,095ha; 6,440 o drigolion)

Y **gymuned** hon yw cnewyllyn plwyf hynafol Llan-giwg a oedd ar un adeg yn ymestyn dros ran helaeth o ogledd-orllewin **Sir Forgannwg**. Saif eglwys ganoloesol Sant Ciwg ar ei phen ei hun ar gyrion gogleddol tref Pontardawe. Tŵr pigfain 60m Eglwys Sant Pedr (1860) yw nodwedd amlycaf y dref ei hun. O 1860 hyd nes iddynt gau yn 1962, y gweithfeydd dur (gw. **Haearn a Dur**) a **thunplat** oedd asgwrn cefn yr **economi** leol, gwaith a ddaeth yn llwyr i feddiant un teulu, sef teulu **Gilbertson**. O ganlyniad, daeth Pontardawe yn enghraifft glasurol o dref un-cwmni. Ar wahân i un adeilad, sy'n cynnwys enghraifft brin o faeau tunio, dymchwelwyd adeiladau'r gwaith ac yn eu lle saif Canolfan Hamdden a Theatr Tawe, ynghyd â Pharc Ynysderw, lle cynhelir Gŵyl Gerdd Ryngwladol Pontardawe a sefydlwyd yn 1977. Mae un o ddociau llwytho ac un o ddociau sych Camlas **Abertawe** i'w gweld yn Ynysmeudwy. Ar y mynydd i'r gorllewin saif Carn Llechart, siambr gladdu Neolithig (gw. **Oesau Cynhanesyddol**), a Gellionnen, capel Undodaidd a sefydlwyd yn 1692, ac arno faen coffa a gerfiwyd gan Iolo Morganwg (**Edward Williams**). Ganed y bardd **Dafydd Rowlands** ym Mhontardawe.

## PONTARDDULAIS, Abertawe (1,562ha; 5,293 o drigolion)

Mae'r **gymuned** hon, ar ochr ogleddol yr **M4**, yn ymestyn am 5km ar hyd glan ddwyreiniol afon **Llwchwr**. Bu yma bont yn croesi'r afon er y cyfnod canoloesol o leiaf. Bu rheilffordd Llanelli–Pontarddulais (1839) – y gynharaf yng Nghymru i'w hadeiladu ar gyfer y locomotif – o gymorth i sefydlu gweithfeydd brics, **tunplat**, **haearn** a **chemegion**. Yn yr 20g. diflannodd y diwydiannu hyn i raddau helaeth, colled y mae cysylltiadau cyfleus y draffordd â chyfleoedd ehangach am gyflogaeth wedi gwneud rhywfaint o iawn amdani. Gwasgaredig oedd yr aneddiadau lleol yn yr Oesoedd Canol, ond eglwys blwyf Llandeilo Tal-y-bont, a safai ar dro yn yr afon, oedd y canolbwynt. Disodlwyd hen 'eglwys y gors' yn 1851 gan eglwys ym Mhontarddulais ei hun, ond fe'i hailgodwyd yn Amgueddfa Werin Cymru (gw. **Sain Ffagan**). Mae'r murluniau canoloesol gwych a ddatgelwyd yn ystod y gwaith hwnnw wedi'u cadw yn yr amgueddfa.

## PONTARFYNACH, Ceredigion (6,938ha; 491 o drigolion)

Nodweddion amlycaf y **gymuned** hon, sy'n ymestyn o afonydd **Rheidol** a Mynach hyd afon **Ystwyth**, yw **rhaeadrau** Mynach a'r bont ei hun. Codwyd y bont driphlyg hynod hon (*c.*1188, 1753, 1901) dros afon Mynach ac mae'r chwedl amdani'n enghraifft nodweddiadol o ddefnyddio stori werin i hyrwyddo lle fel cyrchfan ymwelwyr (cymharer **Beddgelert**). Comisiynwyd Gwesty'r Hafod Arms (1830) sy'n sefyll uwchlaw'r rhaeadrau gan ddug Newcastle, perchennog stad yr Hafod. Perchennog mwyaf adnabyddus y stad oedd **Thomas Johnes**. Ceisiodd ef droi'r Hafod yn ganolfan gyhoeddi a diwylliannol o bwys a chreu tirwedd rhamantaidd delfrydol yn rhannau uchaf Cwm Ystwyth. Dymchwelwyd plasty'r Hafod ond mae cynlluniau ar droed i adfer y **gerddi**.

Cysylltir Eglwys-newydd, a adeiladwyd yn wreiddiol yn 1620, â chofeb gywrain Francis Chantry (1815) i Mariamne, merch Thomas Johnes. Ar ôl tân yn 1932, y cyfan sydd ar ôl ohoni yw talpiau di-lun o farmor llosgedig. Ceir bwa ar draws y ffordd rhwng Pontarfynach a Chwmystwyth; fe'i codwyd yn 1810 i ddathlu esgyniad George III i'r orsedd. Yng Nghwm Ystwyth ceir olion mwyngloddio **copr** sy'n dyddio o'r Oes Efydd (gw. **Oesau Cynhanesyddol**). Datblygodd Cwmystwyth fel canolfan cloddio **plwm** a cheir yno adfeilion **tai** diwydiannol cynnar. Mwyngloddiau'r ardal a arweiniodd at agor y rheilffordd rhwng **Aberystwyth** a Phontarfynach yn 1902, ond daeth yn ddibynnol yn fuan ar

**dwristiaeth** yn hytrach na chludo mwyn. Cwblhawyd fferm wynt Cefn Croes, ar ffin ogledd-ddwyreiniol y gymuned, yn 2005. Mae'n cynnwys 39 o dyrbinau 1.5MW, a hi yw'r fwyaf cynhyrchiol o holl ffermydd gwynt Cymru (gw. **Ynni a Melinau Gwynt**). Bu'r modd yr anrheithiwyd y tirlun wrth ei chodi yn destun gwrthwynebiad ffyrnig.

## PONT-HIR, Torfaen (343ha; 1,455 o drigolion)

Yn ei hanfod, mae'r **gymuned** hon, sydd yn union i'r gogledd o **Gaerllion**, yn cyfateb i hen blwyf sifil Llanfrechfa. Yn Eglwys yr Holl Saint, yr ailgodwyd y rhan fwyaf ohoni yn 1874, ceir tŵr Perpendicwlar; mae ffenestri **gwydr lliw** hardd yn y gangell. Cynlluniwyd y ficerdy aml-liwiog hardd gan **John Prichard** a John Pollard Seddon (1827–1906). Mae'r rhan fwyaf o drigolion y gymuned yn byw ym mhentref Pont-hir, a ehangodd yn sylweddol yn niwedd yr 20g.

## PONTLLAN-FRAITH, Caerffili (576ha; 7,773 o drigolion)

Mae **cymuned** Pontllan-fraith yn ymestyn ar draws Cwm Sirhywi i'r de o'r **Coed Duon**. O'i mewn ceir treflan Penllwyn a gynlluniwyd gan A. F. Webb, yn fersiwn eilradd o'i ardd-bentref yn Oakdale (**Pen-maen**). Yng nghanol y dreflan saif hen blasty Penllwyn sy'n dyddio o ddechrau'r 17g. Yn y 1950au roedd yr adeilad yn eiddo i Chwiorydd Ffransisgaidd yr Iawn; erbyn hyn mae'n dafarn. Mae Capel Siloh (1813) gyda'r gorau, o ran ei gyflwr, o'r capeli hynny yng **Ngwent** sy'n dyddio o ddechrau'r 19g. Dŵr sy'n dal i yrru'r felin ŷd yng Ngelli-groes, a adeiladwyd yn wreiddiol *c.*1625.

## PONT-LLIW, Abertawe (543ha; 2,075 o drigolion)

Mae'r **gymuned** hon yn cwmpasu dwy ochr **Dyffryn Lliw**, a roddodd ei enw rhwng 1974 ac 1996 i ddosbarth oddi mewn i hen sir **Gorllewin Morgannwg**. Tyfodd pentref Pont-lliw ar hyd yr A48 pan oedd honno'n brif ffordd i **Gaerfyrddin**, ond mae bywyd yno wedi tawelu yn sgil dargyfeirio trafnidiaeth i'r **M4** gerllaw. Gellir gweld ychydig o olion hen Efail Lliw a fu'n gwneud llawer o'r peiriannau ar gyfer y diwydiannau lleol yn y 19g. a dechrau'r 20g. Mae yno hen felin ddŵr hefyd, a hynny ar safle melin ganoloesol.

## PONTYBEREM, Sir Gaerfyrddin (1,337ha; 2,829 o drigolion)

Yng Nghwm Gwendraeth Fawr, ar gyrion maes **glo**'r de, y mae'r **gymuned** hon sy'n cynnwys pentrefi Pontyberem a Bancffosfelen. Dechreuwyd cloddio am lo yn yr 17g., ond ni fu datblygu mawr hyd ddiwedd y 19g. Erbyn 1921 roedd 3,025 o drigolion yn yr ardal, a oedd yn wreiddiol yn rhan o blwyf sifil **Llan-non**. Daeth y diwydiant glo i ben yn dilyn streic 1984–5. Sefydlwyd mentrau a busnesau newydd ar safleoedd yr hen byllau. Mae'n gred gyffredinol mai Pontyberem oedd y lleoliad ym meddyliau crëwyr cyfres hirhoedlog y BBC, ***Pobol y Cwm***.

## PONT-Y-CLUN, Rhondda Cynon Taf (1,167ha; 5,794 o drigolion)

**Cymuned** yn union i'r de o **Lantrisant** yw hon ac mae'n cynnwys pentrefi Pont-y-clun, Brynsadler, y Groes-faen a Meisgyn. Mwyngloddio am **blwm** a **haearn** yn ystod yr 16g. oedd dechrau'r diwydiannu yn yr ardal hon. Dilynwyd hyn gan waith **tunplat**, a chafwyd twf mawr yn y **boblogaeth** yn sgil ffyniant y pyllau **glo** ar ddiwedd y 19g. Erbyn diwedd yr 20g., fodd bynnag, roedd yr ardal yn rhan o ddalgylch cymudo **Caerdydd**. Yn ystod y 1870au rhoddwyd enw'r **cwmwd** canoloesol, **Meisgyn**, i bentref New Mill, a hynny gan y Cymro gwladgarol, y Barnwr Gwilym Williams (1839–1906), y gwelir cerflun ohono y tu allan i Neuadd y Ddinas, Caerdydd. Bu'n byw ym Miskin Manor, plasty neo-Tuduraidd (1864) a drowyd yn westy yn ddiweddarach. Yn Eglwys Dewi Sant, Meisgyn (1907), a godwyd trwy nawdd gan weddw'r barnwr, ceir llawer o arysgrifau Cymraeg. Tŷ gwychach o lawer na Miskin Manor yw Tal-y-garn a gynlluniwyd gan **G. T. Clark**. Dechreuwyd ei godi yn 1865, gwaith a aeth rhagddo hyd farwolaeth Clark yn 1898. Bu gan rai o addurnwyr Eidalaidd amlycaf yr oes ran yn y gwaith. Erbyn hyn mae'r tŷ wedi'i droi'n fflatiau moethus. Clark hefyd a gynlluniodd Eglwys y Santes Anne, Tal-y-garn (1887).

## PONTYDD HAFREN

Mae'r ddwy dollbont ar draws aber afon **Hafren** yn rhannau allweddol o'r rhwydwaith traffyrdd sy'n cysylltu de Cymru â gorllewin **Lloegr** a **Llundain**. Agorodd y bont gyntaf yn 1966, gan ddisodli'r fferi geir araf a thrafferthus o Beachley i Aust. Costiodd y bont grog hon £8 miliwn, ac ar y pryd adlewyrchwyd y ffaith mai hwn oedd y project peirianyddol mwyaf blaenllaw o'i fath yn y byd gan y gwobrau a enillodd. Mae i'r bont ddau dŵr 123m o uchder; mae'r prif rychwant yn 997m o hyd a rhychwantau'r ddau ben yn 307m o hyd. Croesawodd y bardd **Harri Webb** y bont – sydd â'i dau ben yn Lloegr, fel mae'n digwydd – trwy gyfansoddi pennill pedair llinell yn nodi bod yr holl dollau yn cael eu casglu 'on the English side'. Erbyn y 1980au roedd cymaint o draffig yn defnyddio'r **M4** nes y penderfynwyd bod angen ail bont. Mae'r ail bont, a agorwyd yn 1996 – ac sydd bellach yn cario'r M4 (M48 yw rhif y ffordd sydd yn awr yn defnyddio'r bont gyntaf) – yn croesi'r aber yn agos at drywydd **Twnnel Hafren**, ac mae ei phen gorllewinol yng Nghymru (gw. **Caldicot**). Mae'n ymestyn dros 5km ar draws yr aber yng nghyffiniau'r English Stones trwy gyfrwng traphontydd a'r brif bont, sef Pont Shoots, sy'n 947m o hyd ac a gynhelir â cheblau. Roedd angen dulliau adeiladu arbennig er mwyn croesi'r gwaddodion aberol meddal ac osgoi achosi niwed i dwnnel rheilffordd Hafren. Llwyddodd cynllunwyr y pontydd i oresgyn problemau a oedd wedi bod yn drech na pheirianwyr **Prydain** am dros ganrif; roedd **Thomas Telford** wedi cynnig y syniad o bont grog cyn gynhared ag 1824.

## PONTYPRIDD, Rhondda Cynon Taf (3,288ha; 33,233 o drigolion)

Y **gymuned** hon o amgylch cymer afon **Taf** ac afon Rhondda yw'r gymuned ail uchaf ei **phoblogaeth** yng Nghymru, ar ôl y **Barri**. Mae'n cynnwys tref Pontypridd a'i maestrefi, a phentrefi cyfagos Cilfynydd, Glyn-taf, Glyn-coed, y Ddraenen Wen (Hawthorn), Rhydfelen, Trefforest a Glan-bad (Upper Boat). Hyd at ddiwedd y 18g. unig arwyddocâd yr ardal oedd bod ynddi le cyfleus i groesi afon Taf. Wrth i bontydd pren gael eu hysgubo i ffwrdd a'u hailgodi drachefn, dechreuwyd cyfeirio at y lle fel y Bontnewydd neu Newbridge, er bod yr enw Pont-y-tŷ-pridd – a dalfyrrwyd i roi Pontypridd – hefyd yn cael ei ddefnyddio. Codwyd pont barhaol, a gynlluniwyd gan **William Edwards** (1719–89), yn 1756. Hon oedd ei bedwaredd ymgais i bontio'r afon. Mae meinder cain y bont,

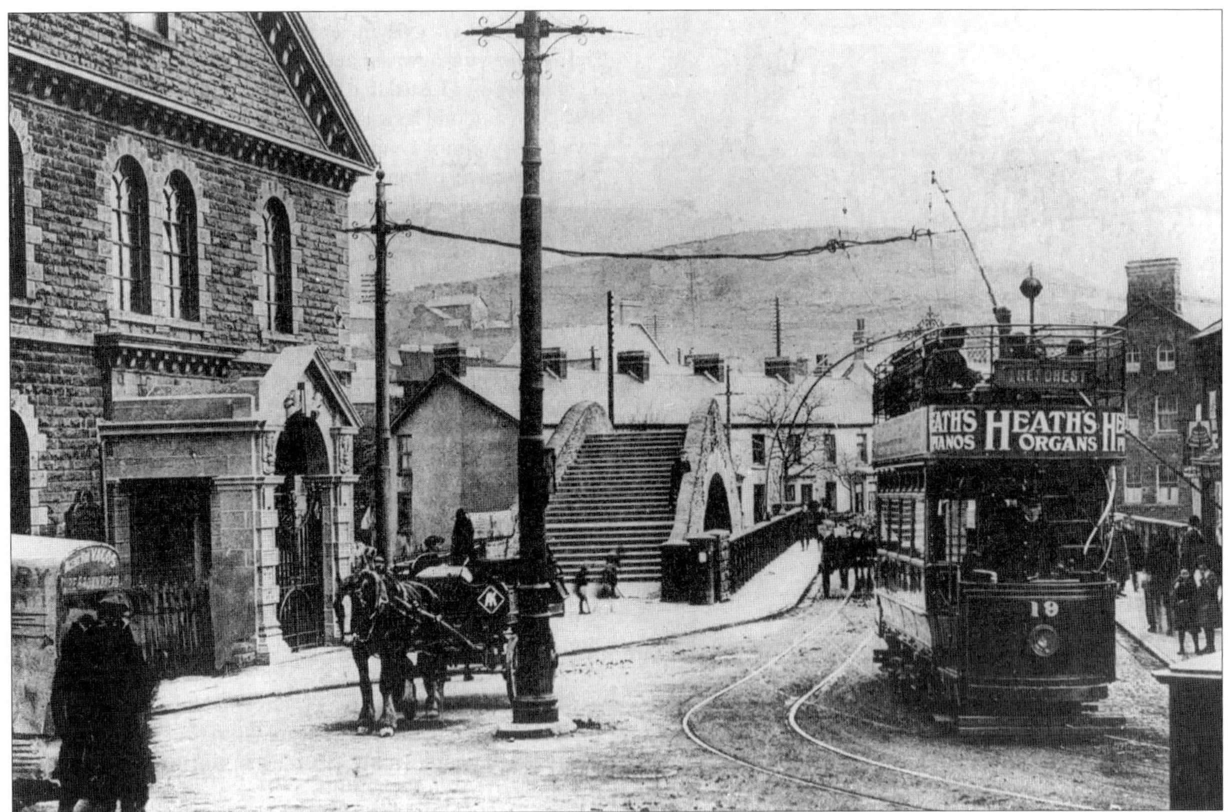


Pontypridd, *c.*1910

a'i bwa sengl 42.3m o hyd – o bosibl yr hiraf yn Ewrop ar y pryd – yn ei gwneud yn olygfa i'w chofio. Gan ei bod yn rhy serth ar gyfer unrhyw drafnidiaeth heblaw pobl a cheffylau pwn, codwyd pont dri bwa wrth ei hochr yn 1857, gan ddifetha golwg yr hen bont i raddau helaeth. Y Bont-newydd neu Newbridge oedd enw arferol y dref hyd at 1856, pan fabwysiadwyd Pontypridd fel yr enw swyddogol i osgoi dryswch gyda Newbridge yn **Sir Fynwy** (**Trecelyn**).

Yn 1794 y dechreuwyd datblygu'r ardal yn sgil dyfodiad Camlas Sir Forgannwg (gw. **Camlesi**). Sefydlwyd prif fenter ddiwydiannol Pontypridd, gwaith cadwynau Brown Lenox, yn 1816 ond ni thyfodd y dref yn gyflym hyd nes y dechreuwyd datblygu Cwm **Rhondda**. Datblygiad diwydiannol y cwm hwnnw a ganiataodd i Bontypridd ddod yn ganolbwynt masnachol rhan ganol maes **glo**'r de, a bu ei marchnad yn boblogaidd fyth oddi ar hynny. Arwydd o dwf y dref oedd codi Eglwys y Santes Gatrin (1870), eglwys fawr ac iddi feindwr amlwg. Yn 1894 daeth Pontypridd yn ddosbarth trefol, ac yn 1904 codwyd swyddfeydd urddasol y cyngor dosbarth. Yn y dref ceir sawl capel hardd ac mae un ohonynt – y Tabernacl (1861) – yn gartref i Ganolfan Hanes Pontypridd.

Mae i'r ardal le blaenllaw yn hanes y diwylliant Cymraeg. Yn 1815 cynhaliodd Iolo Morganwg (**Edward Williams**) **orsedd** ar safle'r Maen Chwŷf (neu'r Garreg Siglo), mangre a fagodd arwyddocâd cyfrin yn llygaid y nifer helaeth o lengarwyr lleol a ymddiddorai yn y **derwyddon**. Wrth gerdded glannau afon Rhondda yn 1856 y cyfansoddodd James James dôn '**Hen Wlad fy Nhadau**' yr ysgrifennodd ei dad, Evan James, y penillion ar ei chyfer. Ceir cofeb (1930) gan **Goscombe John** i goffáu'r tad a'r mab ym Mharc Ynysangharad. Er i'r dref Seisnigo'n gyflym ddiwedd y 19g., croesawodd Pontypridd yr **Eisteddfod** Genedlaethol yn 1893. Yn 1962 agorwyd Ysgol Rhydfelen, yr ysgol Gymraeg swyddogol gyntaf i'w sefydlu yn ne Cymru, ac ar ddiwedd yr 20g. chwaraeodd Ysgol Gynradd Pont Siôn Norton ran arwyddocaol yn y galw am fwy o **addysg** Gymraeg. Erbyn dechrau'r 21g. roedd chwarter disgyblion Pontypridd yn derbyn addysg Gymraeg.

Gyda'r pwysicaf o'r pentrefi mawr cyfagos y mae Trefforest, lle sefydlodd teulu **Crawshay** waith **tunplat** o bwys yn 1835. Ni cheir yn unman arall yn **Sir Forgannwg** gynifer o adeiladau sy'n gysylltiedig â'r diwydiant **haearn**. Dros y blynyddoedd bu sawl newid yn swyddogaeth ac enw'r hen Ysgol Fwyngloddiau, a sefydlwyd yn Nhrefforest yn 1911, hyd at greu **Prifysgol Morgannwg** ar y safle yn 1992. Mae Stad Ddiwydiannol Trefforest, a sefydlwyd yn 1937, yn gorwedd o fewn ffiniau cymunedau **Ffynnon Taf** a **Llanilltud Faerdref**. Yng Nglyn-taf, ar lan ddwyreiniol afon Taf, ceir amlosgfa gyntaf Cymru a hynny, yn briodol ddigon, wrth ochr y Tai Crynion, a godwyd fel amgueddfa dderwyddol yn 1839 gan arloeswr amlosgi, **William Price** (1800–1903). O blith y pyllau glo dwfn yng nghyffiniau Pontypridd, yr Albion oedd y mwyaf, sef y lofa a roddodd fod i bentref Cilfynydd, man geni'r ddau ganwr opera **Geraint Evans** a Stuart Burrows (g.1933).

**PONT-Y-PŴL**, Torfaen (3,433ha; 29,186 o drigolion)
Saif tref Pont-y-pŵl o fewn ffiniau pum **cymuned**, sef New Inn, Pant-teg, Pen Tranch, Pont-y-moel a Threfddyn Catwg (gw. isod).

Roedd Pont-y-pŵl yn un o ganolfannau diwydiannol arloesol Cymru; roedd yno waith **haearn** o bwys erbyn 1425, ac roedd ei ffwrnesi chwyth, a godwyd yn y 1570au,

Rheng flaen chwedlonol Pont-y-pŵl

ymhlith y cynharaf yn y wlad. Y mwyaf blaenllaw o'r meistri haearn cynnar oedd Richard Hanbury (gw. **Hanbury, Teulu**), a ddaeth i Bont-y-pŵl yn y 1560au. Byddai ei ddisgynyddion yn ddylanwad mawr ar yr ardal hyd nes iddynt werthu eu plasty, Parc Pont-y-pŵl, yn 1914. Yn 1697 dywedodd **Edward Lhuyd**, 'One Major John Hanbury of this Pont-y-pŵl shew'd us an excellent invention of his own, for driving hot iron . . . into as thin plates as tin'. Byddai dyfais Hanbury yn ganolog i gynhyrchu **tunplat** trwy'r byd hyd nes i'r felin stribed boeth barhaol gyntaf agor yn Kentucky yn 1924. Cafodd y grefft o **japanio**, sef lacro platiau haearn ar gyfer gwneud hambyrddau a darnau eraill o offer tŷ, ei dyfeisio ym Mhont-y-pŵl gan Thomas Allgood *c.*1705. Parhaodd y grefft o dan oruchwyliaeth aelodau o deulu Allgood ym Mhont-y-pŵl ac mewn mannau eraill yn **Sir Fynwy** hyd y 1820au. Yn 1730 agorwyd neuadd farchnad ym Mhont-y-pŵl (mae rhan helaeth ohoni, gan gynnwys ei llechfaen ddwyieithog wreiddiol, yn dal i sefyll), ac yn 1740 sefydlwyd gwasg **argraffu** yno. Bwriodd **Anghydffurfiaeth** wreiddiau dwfn yn y dref, gyda theulu Allgood ymysg ffyddloniaid y **Crynwyr**. Cododd y **Bedyddwyr** gapel ym Mhen-y-garn yn 1727 ac yn Nhrosnant yn 1779. Daeth Academi'r Bedyddwyr i Bont-y-pŵl o'r **Fenni** yn 1836. Agorodd Capel Annibynnol Ebenezer ym Mhont-y-moel yn 1742; ei weinidog cyntaf oedd yr awdur **Edmund Jones**.

Yn 1799 cysylltwyd Pont-y-pŵl â **Chasnewydd** trwy gyfrwng Camlas Sir Fynwy (gw. **Camlesi**), digwyddiad o bwys yn nhwf yr **economi** leol. Cafodd **Siartiaeth** gefnogaeth frwd ym Mhont-y-pŵl, er na lwyddodd William Jones, arweinydd y Siartwyr yn lleol, i sicrhau bod ei wŷr yn cymryd rhan yng Ngwrthryfel Casnewydd (gw. **Casnewydd, Gwrthryfel**) yn 1839. Ym mlynyddoedd cynnar y 19g. **Cymraeg** oedd iaith y mwyafrif o drigolion yr ardal – yn 1815 Cymraeg oedd unig iaith y gwasanaethau yn Eglwys Trefddyn Catwg. Erbyn 1846, fodd bynnag, dywedwyd wrth y comisiynwyr a oedd yn paratoi'r adroddiad ar **addysg** yng Nghymru (gw. **Brad y Llyfrau Gleision**) fod yr iaith **Saesneg** yn ennill tir yn gyflym, er i'r Gymraeg barhau i gael ei defnyddio yng ngwasanaethau Trefddyn Catwg hyd 1890. Cynhaliwyd yr **Eisteddfod** Genedlaethol ym Mhont-y-pŵl yn 1924, a symudodd Ysgol Gwynllŵg, ysgol uwchradd Gymraeg fwyaf dwyreiniol Cymru, a sefydlwyd yn wreiddiol (1988) yn **Aber-carn**, i Bont-y-pŵl yn gynnar yn y 1990au. Yn chwedloniaeth **rygbi** Cymru, y mae i 'reng flaen Pont-y-pŵl' statws arwrol. Erbyn diwedd yr 20g. roedd Pont-y-pŵl wedi colli'r rhan fwyaf o'i diwydiannau trymion. Gyda'i rhwydwaith da o gysylltiadau **ffyrdd**, fodd bynnag, a chan ei bod mewn lleoliad mor gyfleus ar gyfer crwydro cefn gwlad gogoneddus Sir Fynwy, mae pob argoel y bydd y dref yn datblygu'n ganolfan ar gyfer y sector gwasanaethau a diwydiannau ysgafn.

*Cymunedau Pont-y-pŵl*

LLANFIHANGEL PONT-Y-MOEL (209ha; 4,794 o drigolion)
Cymuned Llanfihangel Pont-y-moel, sef de-orllewin Pont-y-pŵl, ynghyd â gorllewin Pen Tranch, yw'r unig rannau o'r dref sydd o fewn y maes **glo**. Yn Upper Race ceir tystiolaeth brin am y dull cyntefig o gloddio glo ar wyneb y tir trwy sgwrio'r tir â dŵr. Mae'r tŷ peiriant yng Nghoed Golynos yn unigryw yng Nghymru. Saif Ysgol Gorllewin Mynwy (1898), a sefydlwyd gan Gwmni Haberdashers, ar Ffordd Blaendâr.

NEW INN (1,197ha; 6,349 o drigolion)
Mae'r gymuned hon, sef ardal ddwyreiniol Pont-y-pŵl, yn ymestyn hyd at Gronfa Ddŵr Llandegfedd. Mae eglwysi canoloesol deniadol ym Mhant-teg (pentref ar wahân i'r gymuned o'r un enw) ac yn Llanfihangel Pont-y-moel, yr olaf y drws nesaf i dafarn do gwellt yr Horse and Jockey. Cafodd Amlosgfa Gwent (1960) ei chynllunio gan **Percy Thomas**, a'i waith ef hefyd yw adeilad enfawr Ffatri Dupont a Chanolfan Ymchwil Fferylliaeth Parke-Davis. Mae Tŷ-mawr yn ffermdy deniadol o *c.*1600.

PANT-TEG (322ha; 6,882 o drigolion)
Mae'r gymuned hon, sef de Pont-y-pŵl, yn cynnwys Griffithstown, a luniwyd yn y 1860au ar gyfer Cwmni Rheilffordd y Great Western gan ei oruchwyliwr, Henry Griffiths. Cafodd Gwaith Dur Pant-teg, a agorwyd yn 1873, ei gau yn 2004.

PEN TRANCH (1,207ha; 5,872 o drigolion)
Mae'r gymuned hon yn cynnwys gorllewin Pont-y-pŵl a chanol y dref. Ei phrif nodwedd yw Parc Pont-y-pŵl, sy'n rhoi i'r dref ganol gwyrdd helaeth nad oes ei well yng Nghymru ac eithrio yng **Nghaerdydd**. Mae'r plasty, cartref teulu Hanbury hyd at 1914, yn dipyn o gybolfa bensaernïol, ac yn cynnwys nodweddion o'r 17g., y 18g. a'r 19g. Mae'n gartref i ysgol uwchradd Gatholig, ac yn y stablau ceir amgueddfa hanes lleol ragorol. Ceir cell meudwy o fewn y parc (1830–44), a'i llawr wedi'i wneud o esgyrn cefn ychen.

TREFDDYN CATWG (498ha; 5,289 o drigolion)
Yn y gymuned hon, sef gogledd Pont-y-pŵl, y mae Eglwys Sant Cadog, lle ceir beddau teulu Hanbury. Cafodd y ffug-dŵr, a godwyd gan y teulu yn 1762, ei ddymchwel yn 1939 rhag iddo fod o gymorth i awyrennau bomio'r Almaenwyr. Fe'i hailgodwyd yn 1994 a cheir oddi arno olygfeydd gwych.

Mae'r Ardd Americanaidd, estyniad o Barc Pont-y-pŵl, yn cynnwys porthordy rhyfeddol yn dyddio'n ôl i 1841.

**PORT EINON**, Abertawe (1,472ha; 574 o drigolion)
Er mai canolbwynt i fasnach gwyliau hunanarlwyo **Gŵyr** yw'r **gymuned** bellach, bu pentref glan môr Port Einon unwaith yn ddibynnol ar y môr a sawl diwydiant anghyffredin. Yn yr 16g. roedd yma waith gwneud halen hynod o ddatblygedig mewn adeilad mawr ger y traeth y gwelir ei weddillion o hyd. Bu'r chwarel **galchfaen** ar agor hyd ddiwedd y 19g., ac felly hefyd waith cynhyrchu paent. Byddai hwnnw'n defnyddio'r pridd mwynol lleol, ac ymhlith y cwsmeriaid yr oedd Cwmni Rheilffordd y Great Western, a ddefnyddiai'r lliw siocled ar ei gerbydau. Mae cofeb yn y fynwent yn talu teyrnged i ddewrder dynion bad achub Port Einon wrth iddynt ymateb i longddrylliad yn 1916.

Hyd *c.*1950 nid oedd ond ambell fferm wasgaredig yn Scurlage; bellach mae yma bentref gweddol fawr. Yn Llanddewi, lle nad oes bentref, ceir eglwys ac iddi gorff o'r 12g. ynghyd â phlasty o'r 16g. sydd o bosibl yn cynnwys rhannau o blas a godwyd yn y 14g. gan **Henry de Gower**, esgob **Tyddewi**. Cyfeiria enw Eglwys Llan-y-tair-mair (Knelston), sydd bellach yn adfail, at draddodiad apocryffaidd fod gan Anna, mam y Forwyn Fair, dair merch o'r enw Mair.

**PORT TALBOT**, Castell-nedd Port Talbot (2,204ha; 9,860 o drigolion)
Mae tref Port Talbot yn gorwedd o fewn ffiniau tair **cymuned**, sef Morfa Margam, Port Talbot a Thai-bach (gw. isod).

I'r rhan honno o blwyf hynafol **Margam** sy'n gorwedd ar lan orllewinol rhannau isaf afon Afan y daeth diwydiant gyntaf, pan sefydlwyd gwaith **copr** yno yn 1770. Yn 1848 suddwyd pwll **glo** Morfa, glofa a fyddai'n dioddef sawl trychineb, gan gynnwys honno yn 1890 pan laddwyd 87 o lowyr. Agorwyd y doc yn 1839. Cafodd yr enw Port Talbot er anrhydedd i deulu **Talbot** o Gastell Margam, enw a roddwyd ar y dref gyfagos hefyd maes o law. Yn wir, pan sefydlwyd bwrdeistref Port Talbot yn 1921, daeth Port Talbot yn enw ar ardal eang a oedd yn cynnwys Margam, **Aberafan** a **Chwmafan**. Agorwyd Gwaith Dur Margam (gw. **Haearn a Dur**) gerllaw'r dociau yn 1916, ond daeth y newid mawr yn 1952 pan gwblhawyd gwaith dur yr Abaty, a oedd yn eiddo i **Gwmni Dur Cymru**. Gyda gweithlu o 18,000 (cyfanswm sydd wedi gostwng yn sylweddol ers hynny), hwn oedd gwaith dur mwyaf Ewrop a'r cyflogwr mwyaf o ddigon yng Nghymru. Bu'r diwydiant dur o dan drefn wladoledig o 1967 hyd 1988. Yn dilyn ei ddadwladoli daeth gwaith Margam i feddiant British Steel, sef y cwmni cyfyngedig cyhoeddus a olynodd y gorfforaeth o'r un enw. Prynwyd British Steel gan Corus yn 1999, ac yn 2007 prynwyd Corus gan gwmni Tata o India. Gwaith Porth Talbot, sy'n edrych yn ddramatig iawn liw nos, yw nodwedd amlycaf yr ardal ac mae'n gadael haen o lwch mân dros bopeth. Ym Mhort Talbot y ganed yr ysgolhaig a'r bardd **Gwyn Williams** (1904–1990) a'r actor Anthony Hopkins (g.1937).

*Cymunedau Port Talbot*

MORFA MARGAM (1,260ha; dim trigolion)
Nid oes neb yn byw yn y gymuned hon, gan fod y gwaith dur yn meddiannu'r safle cyfan. Mae golwg y gwaith, a

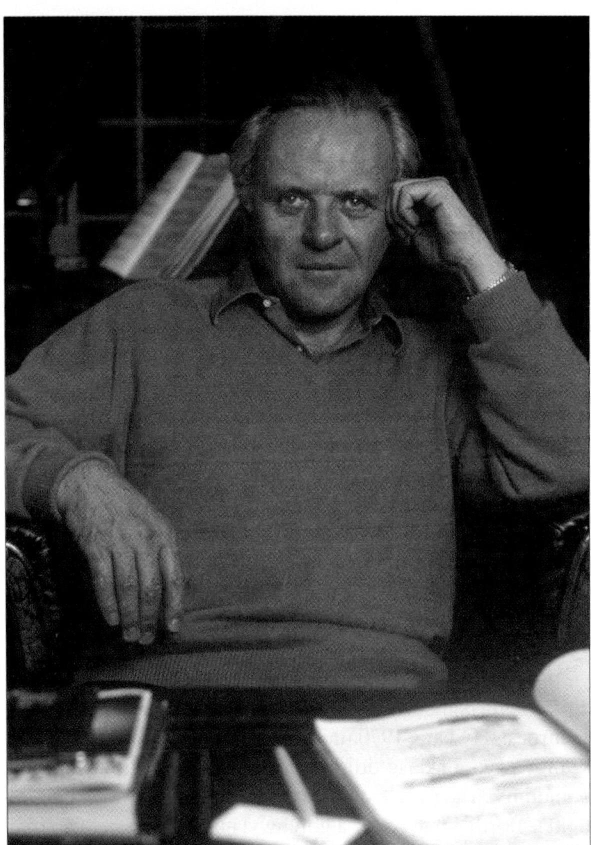

Anthony Hopkins, un o feibion Port Talbot

gynlluniwyd yn wreiddiol gan **Percy Thomas,** wedi newid yn ddirfawr. Yn 1972 adeiladwyd y porthladd llanw dŵr dwfn enfawr ar gyfer dadlwytho'r llongau sylweddol a oedd yn cludo mwyn.

PORT TALBOT (394ha; 5,277 o drigolion)
Mae'r gymuned hon yng ngwaelodion Cwm Afan yn rhwydwaith tyn o strydoedd. Rhed yr **M4** trwyddi ar gantilifrau. Ei phrif nodwedd yw Eglwys Sant Theodore, a gwblhawyd yn 1897 i goffáu Theodore Talbot.

TAI-BACH (550ha; 4,583 o drigolion)
Mae'r gymuned hon ym mhen deheuol Port Talbot yn cynnwys ardal o'r enw Margam, sy'n peri tipyn o ddryswch. Agorwyd gwaith copr yma yn 1770 a chafodd pentref Tai-bach ei enw o'r rhes o fythynnod bychain a safai yno'n wreiddiol. Magwyd **Richard Burton** yn Nhai-bach, a hefyd ŵr blaenllaw iawn mewn llywodraeth leol, yr Arglwydd **Heycock** o Dai-bach. Yn 2001, pan oedd 84.72% o drigolion Tai-bach yn amddifad o unrhyw wybodaeth o'r **Gymraeg**, hi oedd y gymuned fwyaf Seisnigedig ym mwrdeistref sirol **Castell-nedd Port Talbot**.

**PORT TALBOT** Cyn-ddosbarth
Wedi diddymu **Sir Forgannwg** yn 1974 sefydlwyd Port Talbot yn un o bedwar dosbarth sir newydd **Gorllewin Morgannwg**. Roedd yn cynnwys bwrdeistref **Port Talbot** a dosbarth trefol **Glyncorrwg**. Yn 1996 daeth y dosbarth, ynghyd â dosbarth **Castell-nedd** a rhan o ddosbarth **Dyffryn Lliw**, yn fwrdeistref sirol **Castell-nedd Port Talbot**.

## PORTHAETHWY (Menai Bridge), Ynys Môn (343ha; 3,146 o drigolion)

Saif y dref fechan hon ar lannau'r **Fenai** uwchlaw cerhyntau peryglus Pwll Ceris. Cyn codi pont grog **Thomas Telford** (Pont Menai neu Bont y Borth), a gwblhawyd yn 1826, yma yr oedd glanfa'r bwysicaf o'r chwe fferi ar draws y Fenai. Er byrred y siwrnai, roedd peryglon lu wrth groesi'r Fenai, ac yn y cyfnod 1664–1820 boddwyd dros 250 o deithwyr mewn cyfres o drychinebau. Fodd bynnag, y cysylltiadau ag **Iwerddon**, ac nid diogelwch y Monwysion, a oedd flaenaf ym meddwl llywodraeth y dydd pan basiwyd mesur yn 1818 'to build a Bridge over the Menai Straits and to make a new road from Bangor Ferry to Holyhead' (gw. hefyd **A5**). Aeth Telford ati'n ddiymdroi i adeiladu'r bont gan agor chwarel ym Mhenmon (**Llangoed**) i gyflenwi carreg galch ar gyfer y ddau biler mawr a fyddai'n cynnal y cadwynau. Roedd y 33,264 o farrau haearn ar gyfer cadwynau'r bont (pedair cyfres yn wreiddiol) yn gynnyrch ffowndri yn Upton Magna (**Swydd Amwythig**) a chrogwyd y gyntaf ohonynt ar draws yr afon ar 26 Ebrill 1825 yng ngŵydd tyrfa fawr. Yn 1938–40 bu gwaith adnewyddu sylweddol ar y bont; disodlwyd y cadwynau haearn gwreiddiol gan y cadwynau dur presennol (mae'r cadwynau gwreiddiol yn parhau i fod ar y bont grog lawer llai ei maint a gododd Telford yng **Nghonwy**); ar 31 Rhagfyr 1939 dilewyd y doll am ei chroesi. Hyd at y 1970au cyflogid dau weithiwr yn barhaol i ymgymryd â'r dasg ddiddiwedd o beintio'r cadwynau i'w hamddiffyn rhag yr elfennau, a daeth yr ymadrodd 'fel peintio Pont y Borth' yn gyfystyr â gorchwyl nad oes terfyn arno (fe'i defnyddir yn aml gan eiriadurwyr a gwyddoniadurwyr).

Roedd Ffair y Borth (24 Hydref) yn un o ffeiriau esgob **Bangor**, a gynhelid yn wreiddiol ar y tir mawr cyn iddi gael ei symud i'r ochr arall i'r afon ddiwedd yr 17g. Mae **cymuned** Porthaethwy yn cwmpasu pedair prif ynys y Fenai; ar Ynys Sant Tysilio saif Eglwys Sant Tysilio (15g.), lle mae **Henry Rees**, **J. E. Lloyd** a Chynan (**Albert Evans-Jones**) wedi'u claddu. Bridfa ieir bach yr haf yw Pili Palas ar gyrion y dref. Sefydlwyd Ysgol David Hughes ym **Miwmares** (1603) cyn symud i Borthaethwy (1962). Tyfodd y dref gan mai Porthaethwy oedd y fynedfa i **Fôn**, ond dros Bont Britannia (gw. **Pentir**) ac ar hyd yr **A55** yr â'r rhan fwyaf o deithwyr i'r ynys bellach.

## PORTH-CAWL, Pen-y-bont ar Ogwr (1,337ha; 15,669 o drigolion)

Prif ganolfan y **gymuned** hon yn wreiddiol oedd y Drenewydd, porthladd a allforiai ran o warged amaethyddol **Bro Morgannwg**; erbyn 1800 anelai hefyd at ddenu ymwelwyr. Yn y 1820au daeth Pwll neu Drwyn Porth-cawl yn ben draw tramffordd geffylau a gludai **haearn** ac, yn ddiweddarach, **lo** o Gwm Llynfi. Yn 1865 adeiladwyd doc a ymestynnai dros 3ha, ond gan mor anodd oedd mynd i mewn iddo ar dywydd garw fe'i caewyd yn 1907. Mae doc llanw, morglawdd, warws a goleudy wedi goroesi i dystio i hanes Porth-cawl fel porthladd.

Erbyn 1907 roedd Porth-cawl wedi datblygu'n ganolfan lan môr. Daeth yn ddosbarth trefol yn 1893; 1,872 oedd ei **boblogaeth** yn 1901 ond roedd wedi codi i 6,642 erbyn 1921. The Rest, adeilad annymunol yr olwg a godwyd yn gartref ymadfer i lowyr (1878), a roddodd ei enw i Rest Bay. Mae'r Royal Porthcawl yn un o brif glybiau **golff** Cymru. Y Pafiliwn Mawr (1932) ar yr Esplanade oedd cartref Eisteddfod Glowyr De Cymru (1948–2001). Bu ffair bleser Coney Island, ar lan Sandy Bay, yn un o hoff atyniadau **Sir Forgannwg** am flynyddoedd lawer. Mae'r maes carafanau yn Trecco Bay ymhlith y mwyaf yn Ewrop, ond bu i newidiadau ym mhatrymau gwyliau arwain at ddirywiad Porth-cawl fel canolfan wyliau, er ei bod yn dal i ddenu ymwelwyr. Erbyn hyn, fodd bynnag, cartref i gymudwyr ac i bobl wedi ymddeol yw'r dref yn bennaf.

Mae Eglwys yr Holl Saint, Porth-cawl, yn adeilad uchelgeisiol a gwblhawyd yn 1914. Mae gan Eglwys Sant Ioan, y Drenewydd yn Notais (*c.*1500), dŵr enfawr. Ar y pulpud, sy'n dyddio o gyfnod cyn y **Diwygiad Protestannaidd**, mae cerflun yn darlunio Crist yn cael ei fflangellu. Ceir enghreifftiau da o dai lleol eu cymeriad yn Notais. Mae gan Gwrt Notais (*c.*1608), gyda'i bum bae, ffasâd hardd. Yng ngardd y tŷ y mae carreg Gordianus, carreg filltir Rufeinig ac arni sawl arysgrif (daethpwyd â hi yno o Aberafon yn y 19g. ar ôl i un o longau'r cylch fod yn ei defnyddio fel balast). Treuliodd y nofelydd Saesneg R. D. Blackmore (1825–1900), awdur *Lorna Doone* (1869) a *The Maid of Sker* (1872), lawer o'i blentyndod yng Nghwrt Notais, lle'r oedd perthnasau iddo yn byw. Bu'r emynydd W. Rhys Nicholas (gw. **Emynau**) yn weinidog ym Mhorth-cawl rhwng 1965 a 1983.

## PORTHLADDOEDD

Er pan fu i bobl yn yr Oes Balaeolithig (gw. **Oesau Cynhanesyddol**) ganfod eu bod yn gallu hwylio, mae'n rhaid bod lleoedd yng Nghymru lle gellid llwytho a dadlwytho nwyddau i'w cludo ar y môr a lle gallai mordeithwyr gychwyn a glanio ar eu siwrneiau. Serch hynny, ni fyddai'r cyfryw fangreoedd wedi bod yn ddim amgen na thraethau lle gellid llusgo'r cychod o gyrraedd y dŵr. Sefydlwyd porthladd yng **Nghaerllion** gan y **Rhufeiniaid**, ac mae'r ffaith fod nwyddau moethus o wledydd Môr y Canoldir i'w cael mewn lleoedd fel **Dinas Powys** a Degannwy (**Conwy**) yn y canrifoedd yn syth wedi ymadawiad y Rhufeiniaid yn arwydd fod porthladdoedd i'w cael bryd hynny. Awgrymir hynny hefyd gan y ffaith fod **pererindota** o dramor i **Dyddewi**, **Llanilltud Fawr** a mannau eraill. Cafodd safleoedd y rhan fwyaf o brif gestyll y **Normaniaid** a'u holynwyr – **Cas-gwent**, **Casnewydd**, **Caerdydd**, **Abertawe**, **Cydweli**, **Caerfyrddin**, **Dinbych-y-pysgod**, **Penfro**, **Aberystwyth**, **Caernarfon**, **Biwmares**, **Conwy** a'r **Fflint** yn eu plith – eu dewis am eu bod mor hygyrch o'r môr. Yn wir, gafael brenin **Lloegr** ar fasnach llwybrau'r môr oedd un o'r prif resymau yn y pen draw dros fethiant **Gwrthryfel Glyndŵr**.

Erbyn diwedd yr Oesoedd Canol roedd masnach gynyddol ym mhorthladdoedd Cymru. Ceid masnachu ar hyd yr arfordir rhwng porthladdoedd y wlad a'i gilydd a masnachu rhyngddynt hefyd a phorthladdoedd yn Lloegr yn ogystal â phorthladdoedd mewn gwledydd dros y môr. Mae'n debyg mai Caerfyrddin, a ddaeth yn borthladd swyddogol drwy awdurdod y Goron (porthladd stapl) yn 1326, oedd y pwysicaf ohonynt, ond roedd cryn lewyrch ar rai eraill hefyd, yn enwedig Casnewydd, Abertawe, Dinbych-y-pysgod, Caernarfon a Biwmares. Porthladd ar aber afon oedd ambell un – megis Caerfyrddin a Chasnewydd – lle gallai **llongau** gael eu clymu wrth y cei. Yn y gweddill roedd y llongau wrth angor, a gwneid y llwytho a'r dadlwytho gan gychod bychain. Er mai cynnyrch **gwlân** a'r **gwartheg** a yrrid ar draws gwlad i Loegr oedd y rhan fwyaf o fasnach Cymru cyn oes y **Chwyldro Diwydiannol**, y fasnach ar y môr a gynrychiolai sectorau twf yr **economi**. Oes aur porthladdoedd bychain Cymru oedd y 18g. a hanner cyntaf y 19g. Adlewyrchir hyn yn y gwaith a wnaeth Lewis Morris (gw. **Morrisiaid**) yn cyhoeddi yn 1748 siart o arfordir Cymru o **Landudno** i Aberdaugleddau (gw. **Aberdaugleddau, Dyfrfforddd**). Roedd **Abermaw** yn allforio nwyddau gwlân, Aberystwyth yn allforio **plwm** crai ac **Amlwch** yn allforio **copr** crai. Tyfodd Caernarfon yn borthladd allforio **llechi**, a dyna hefyd swyddogaeth y porthladdoedd newydd ym Mhorth Penrhyn (gw. **Llandygái**), y **Felinheli** a **Phorthmadog**. Ymhell cyn tyfu'n atyniad i dwristiaid, roedd y **Rhyl** yn bwysig o ran mewnforio coed i'r glanfeydd ar y Foryd. Roedd mordwyo wedi bod ar afon **Dyfrdwy** ers cenedlaethau, a'r adeg hon gwelwyd cadwyn o borthladdoedd yn tyfu ar hyd ei glannau i allforio cynnyrch diwydiannau **Sir y Fflint** a **Sir Ddinbych**. Glanfa gydag ochr y cei neu res o lanfeydd oedd gan y rhan fwyaf, ond adeiladwyd doc cerrig bychan mewn porthladdoedd eraill – ym **Mostyn**, er enghraifft.

Roedd rhai porthladdoedd yng Nghymru nad oeddynt yn dibynnu ar y wlad o'u cwmpas am fasnach, gan eu bod yno ar gyfer teithwyr, rhai'n teithio'n bennaf rhwng Prydain ac **Iwerddon**. **Caergybi** oedd man cludo'r post i Ddulyn er yr 17g. o leiaf, ac yn dilyn Deddf Uno'r ddwy wlad yn 1801 aeth y dref honno'n fwyfwy prysur, a methiant oedd ymgais Porth Dinllaen (**Nefyn**) i ddwyn y busnes hwn oddi arni. Cafodd **Neyland** ei sefydlu yn unswydd yn ganolfan ar gyfer y gwasanaeth post i Gorc a Waterford, swyddogaeth a drosglwyddwyd i **Abergwaun** yn y pen draw. Ymysg y gweithgareddau eraill a geid yn y porthladdoedd yr oedd hela morfilod, pysgota (gw. **Pysgod a Physgota**) ac **adeiladu llongau**. Wrth sefydlu tref **Aberdaugleddau** yn y 1790au y bwriad oedd datblygu porthladd morfila yno, ac er mai methiant fu'r antur honno daeth Aberdaugleddau maes o law yn brif borthladd pysgota Cymru. Daeth pysgota penwaig, yr oedd gan y **Gwyddelod** fonopoli arno bron ar un adeg, yn agwedd bwysig ar weithgaredd porthladdoedd Bae Ceredigion ac arfordir gogledd **Llŷn** – Nefyn yn enwedig. Roedd holl borthladdoedd Cymru bron wedi bod wrthi'n adeiladu llongau hwyliau o goed am amser maith, a chyrhaeddodd hyn ei anterth ym Mhorthmadog yn y 1870au a'r 1880au.

Ar wahân i'r porthladdoedd ar gyfer Iwerddon, ymwneud â masnach o amgylch arfordir Prydain a wnâi porthladdoedd bychain Cymru yn bennaf. Dyma'r fasnach a gafodd ergyd farwol pan ddaeth y rheilffordd (gw. **Rheilffyrdd**). Am y tro cyntaf yn hanes dyn roedd modd cludo nwyddau a phobl yn gyflymach ar dir nag ar fôr. Aeth **Aberdyfi** ar i waered fel porthladd wedi i Reilffordd y Cambrian gyrraedd yno yn 1867, a gwywo fu hanes masnach longau **Aberteifi** ar ôl i'r rheilffordd ei chyrraedd hithau yn 1885. Mewn gwrthgyferbyniad llwyr, roedd porthladdoedd pwysicaf Cymru – Caerdydd, Abertawe, Casnewydd, a'r **Barri** yn ddiweddarach – yn dibynnu fwyfwy ar fasnach ryngwladol ac felly'n ehangu yn hytrach na chrebachu wrth i ragor a rhagor o reilffyrdd gael eu hadeiladu. Roedd Abertawe wedi bod yn borthladd **glo** pwysig oddi ar yr 16g., a Chasnewydd hithau er dechrau'r 19g. Yn wreiddiol, porthladd yn allforio cynnyrch amaethyddol **Bro Morgannwg** oedd Caerdydd. Erbyn diwedd y 18g. roedd wedi dod yn borthladd ar gyfer **haearn** o **Ferthyr Tudful** ac erbyn y 1880au Caerdydd oedd porthladd glo mwya'r byd, safle a gollodd i'r Barri yn 1901. Erbyn dechrau'r 20g. roedd Abertawe, y Barri, Caerdydd a Chasnewydd, gyda'u dociau cerrig a'u cilometrau o geiau (ynghyd â chanolfannau llai fel **Llanelli**, **Llansawel**, **Port Talbot** a **Phenarth**), yn ffurfio ardal a chanddi grynhoad gyda'r dwysaf yn y byd o borthladdoedd

Daeth **dirwasgiad** y blynyddoedd rhwng y ddau ryfel â ffyniant y dociau sylweddol hyn i ben. Erbyn ail hanner yr 20g. Aberdaugleddau oedd yr unig un lle ceid twf. Erbyn 1974, oherwydd mewnforio **olew**, roedd masnach Aberdaugleddau (58 miliwn o dunelli metrig) yn dair gwaith masnach pob un o borthladdoedd eraill Cymru gyda'i gilydd. Afraid dweud nad oedd masnach ar y raddfa honno i barhau, ond ar ddechrau'r 21g. dim ond Port Talbot a allai gystadlu ag Aberdaugleddau, a hynny oherwydd mewnforio symiau enfawr o haearn crai bob blwyddyn. Mae Caergybi, Abergwaun a **Doc Penfro** yn dal yn borthladdoedd i Iwerddon, ond mae'r traddodiad morwrol Cymreig a oedd yn gysylltiedig â phorthladdoedd lluosog yr arfordir fwy neu lai wedi dod i ben. Yn wir, yn achos Caerdydd, a ddaeth yn ddinas fwyaf Cymru bron yn gyfan gwbl ar sail ei phorthladd, ac a oedd yn brif borthladd y byd yn y 1890au yn ôl faint o dunelli a allforiai, gellid dweud bod y ddinas wedi troi ei chefn ar y môr yn sgil codi'r morglawdd newydd sydd bellach yn ei gwahanu oddi wrth yr heli.

## **PORTHMADOG**, Gwynedd (1,630ha; 4,187 o drigolion)

Saif Porthmadog, tref nad yw eto'n 200 oed, yng nghornel ogledd-ddwyreiniol Bae Ceredigion. Fe'i hadeiladwyd ar dir a adenillwyd o'r môr wedi i **William Alexander Madocks** godi morglawdd – y Cob (1808–12) – ar draws aber afon **Glaslyn**. Yn sgil codi'r Cob draeniwyd Traeth Mawr, er mawr siom i'r nofelydd Saesneg Thomas Love Peacock (1785–1866), a hiraethai am weld adlewyrchiad o'r **Wyddfa** yn y dŵr. Roedd yn rhaid i'r rhai a groesai'r Cob dalu toll, ond peidiodd yr arfer hwn yn 2003. Mae enw'r dref yn ffodus o amwys: coffáu Madocks, y gŵr a greodd yr harbwr, y mae'r ffurf Saesneg wreiddiol *Porthmadoc* yn sicr, ond dylanwadwyd ar y ffurf Gymraeg gan y chwedl am **Madog ab Owain Gwynedd** a'r traddodiad mai o'r ardal hon yr hwyliodd Madog am **Ogledd America** *c.*1170. Datblygodd y porthladd yn brif ganolfan ar gyfer allforio llechi **Ffestiniog**. Yn 1836 cysylltwyd y chwareli â'r cei gan reilffordd arloesol Ffestiniog. Caeodd y rheilffordd yn 1946, gan ailagor yn raddol fel atyniad i dwristiaid rhwng 1955 ac 1982. Yn yr 19g. daeth Porthmadog yn ganolfan bwysig ar gyfer **adeiladu llongau**. Mae llongau Porthmadog, neu'r *Western Ocean Yachts* fel y'u gelwid, ymysg y llongau pren harddaf a adeiladwyd erioed. Roedd y gwaith hwn ar ei anterth rhwng 1860 ac 1890. Croniclwyd yr hanes yn yr amgueddfa forwrol ar y cei.

Gerllaw Porthmadog y mae treflan wreiddiol Madocks, sef Tremadog. Mae'n enghraifft wych o **gynllunio trefol** o ddechrau'r 19g., gyda'i sgwâr, neuadd y dref, eglwys fechan a chapel clasurol ei gynllun. Pan ymosododd esgob **Bangor** ar Madocks am roi safle mwy blaenllaw i **Anghydffurfiaeth** nag Anglicaniaeth, nododd Madocks fod yr eglwys wedi'i chodi ar graig ond fod y capel wedi'i godi ar dywod. Bu Madocks yn byw yn Nhan-yr-allt (1800), sydd dros y ffin yng nghymuned **Beddgelert**. Arhosodd Shelley yn ei dŷ o Fedi 1812 hyd Chwefror 1813; ar ôl i rywun geisio'i ladd, ffodd i **Lanystumdwy**. Ganed T. E. Lawrence (Lawrence o Arabia; 1888–1935) yn Nhremadog. Mae'r graig y tu ôl i'r pentref yn boblogaidd ymysg dringwyr.

Yn rhan orllewinol y **gymuned** y mae Moel y Gest (282m) i'w gweld yn amlwg. Wrth droed y bryn y mae pentrefi glan

Porthmadog, Moel-y-gest a'r Cob

môr Borth-y-gest a Morfa Bychan, ger traeth hyfryd y Greigddu. Garreg-wen oedd cartref y telynor Dafydd Owen (1710–1739 neu 1720–49), y priodolir iddo (ar gam, mae'n debyg) yr alaw boblogaidd '**Dafydd y Garreg Wen**'.

## PORTHMYN

Cyn i lu o ddatblygiadau technolegol arwain yn yr 20g. at borthiant o well ansawdd ar lastiroedd Cymru, câi'r mwyafrif o'r **gwartheg** a gâi eu magu yn y gorllewin a'r gogledd ar gyfer eu cig eu gyrru i **Loegr**. Roedd y fasnach hon yn un o'r ychydig ffynonellau arian mewn **economi** amaethyddol a oedd, ym mannau mwyaf diarffordd y wlad, yn dal yn un led ymgynhaliol (hynny yw, heb fod yn gwneud fawr mwy na chynnal y ffermwyr eu hunain, heb lawer iawn o gynnyrch dros ben i'w werthu). Porthmyn a delwyr a gynhaliai'r fasnach, a gychwynasai o bosibl cyn yr Oesoedd Canol. Byddent yn gyrru gwartheg wedi'u pedoli ynghyd â diadellau o ddefaid a heidiau o wyddau ar hyd llwybrau cyfarwydd i borfeydd breision canoldir Lloegr, corau ac iardiau East Anglia, neu hyd yn oed yn syth i farchnadoedd **Llundain** ei hun.

Er i borthmona dros bellteroedd byr a chanolig barhau'n un o nodweddion bywyd y wlad yng Nghymru hyd ddechrau'r 20g., newidiodd cyfeiriad llwybrau'r porthmyn – mae modd olrhain rhannau ohonynt o hyd – gyda dyfodiad y **rheilffyrdd** yng nghanol y 19g., pan fu tuedd i'r ffeiriau lleol tymhorol symud i gyffiniau gorsafoedd rheilffyrdd; yn y cyffiniau hynny hefyd y sefydlwyd yn ddiweddarach y martiau wythnosol.

Yn ogystal â'u cyfraniad i'r economi, chwaraeodd y porthmyn ran bwysig yn natblygiad cymdeithasol a diwylliannol cefn gwlad Cymru. Yn aml, ymddiriedai tirfeddianwyr lleol ynddynt i gludo arian a dogfennau cyfreithiol cyfrinachol drostynt i gyfrifdai Lloegr. Byddai'r porthmyn hefyd yn dwyn newyddion am newid gwleidyddol a chymdeithasol, ynghyd â gwybodaeth am ddatblygiadau newydd mewn **amaethyddiaeth**, yn ôl i **siroedd** anghysbell y gorllewin. Nid oes, er hynny, fawr o sail i'r gred i'r porthmyn fod â rhan yn y gwaith o ffurfio'r gyfundrefn **fancio** yng Nghymru.

Fel pobl eraill a deithiai, câi'r porthmyn eu drwgdybio gan lawer ac roedd yn rhaid iddynt gael trwydded flynyddol gan y Llys Chwarter; hebddi gellid eu harestio am fod yn grwydriaid. Cyfyngid hefyd ar eu gweithgareddau gan amrywiaeth o statudau yn ymwneud ag oedran a statws priodasol ac yn pennu dulliau o brynu a gwerthu mewn marchnadoedd. Mae'r ffaith i lawer o borthmyn ymddyrchafu i fod yn dirfeddianwyr cefnog, yn hoelion wyth y gymuned Anghydffurfiol neu, mewn ambell achos, hyd yn oed yn Uchel Siryfion eu siroedd, yn awgrymu y gallasai'r fasnach dalu ar ei chanfed i'r sawl a allai gadw at y llwybr cul, yn ariannol ac yn foesol.

## PORTH SGIWED neu PORTH YSGEWIN, Sir Fynwy (740ha; 2,041 o drigolion)

Oddi mewn i'r **gymuned** hon i'r de-orllewin o **Gas-gwent** y mae pen gorllewinol **Twnnel Hafren** a gwblhawyd yn 1886. Am ganrif, fwy neu lai, hwn oedd y twnnel tanfor hwyaf yn y byd. Ceir beddrod Neolithig ger Heston Brook, caer o'r Oes Haearn ar lan Môr Hafren a gweddillion fila Rufeinig ar Fryn Porth Sgiwed (am yr Oes Neolithig a'r Oes Haearn, gw. **Oesau Cynhanesyddol**). Yn ôl traddodiad, codwyd y gwrthgloddiau yng nghanol Porth Sgiwed gan Harold Godwinesson wedi iddo oresgyn Cymru yn 1065. Yn ôl

**Gerallt Gymro**, ymestynnai Cymru yn ei hyd o Borth Wygyr ym **Môn** i Borth Ysgewin yng **Ngwent**. Yng nghangell Eglwys y Santes Fair mae bwa hyfryd o'r 12g. Nodwedd amlycaf Sudbrook yw'r adeilad lle mae'r pympiau sy'n atal dŵr rhag boddi Twnnel Hafren.

## POST, Y Gwasanaeth

Sefydlwyd y gwasanaeth post gan Harri VIII a benododd, yn 1516, 'Feistr y Postau'. Trefnodd ei gyfundrefn bost ei hun – sef y Post Brenhinol – nad agorwyd mohono i'r cyhoedd hyd 1635. Roedd pob un o bum llwybr post Harri yn cychwyn o **Lundain**, ac un yn cludo'r post brenhinol i Ddulyn unwaith yr wythnos trwy Gaer, **Rhuddlan** a **Biwmares** ac i **Gaergybi**.

Yn niwedd yr 16g. sefydlwyd ail lwybr i **Iwerddon**, trwy Fryste i ddyfrffordd Aberdaugleddau (gw. **Aberdaugleddau, Dyfrffordd**), ar gyfer y llong bost i Waterford. Roedd y gwasanaeth hwn, a alwai yng **Nghas-gwent**, **Casnewydd**, **Caerdydd**, **Pen-y-bont ar Ogwr**, **Abertawe**, **Caerfyrddin**, **Hwlffordd** a **Dale**, yn nodedig o anghyson, oherwydd postfeistri diddal. Yn y 1670au ysgrifennodd Roger Whitley, y dirprwy Bostfeistr Cyffredinol a hanai ei hun o ogledd Cymru, 'Noe letters are so Uncertaine and Irregular as those from South Wales'. Erbyn 1675 roedd trydydd llwybr ar draws Cymru, trwy Lanllieni i **Aberystwyth**.

Roedd anfon un llythyr i Gymru o Lundain yn costio chwe cheiniog, cymaint â chyflog diwrnod gweithiwr cyffredin. Cyn 1700 byddai llythyr o ogledd i dde Cymru yn mynd (gyda cheffyl) i Lundain, ar lwybr Caer, ac yn dod yn ôl ar lwybr Bryste neu Gaerloyw. Yn 1700, o ganlyniad i bwyso gan drigolion Amwythig, crëwyd llwybr gogledd-de ar hyd y Gororau, trwy Gaerloyw, Henffordd, Amwythig a Chaer.

Gyda gwelliannau i'r tollffyrdd (gw. **Ffyrdd**), trawsnewidiwyd dulliau cludiant, ac yn 1785 dechreuwyd gwasanaeth **coets fawr** rhwng Llundain a Chaergybi ac o Lundain i ddyfrffordd Aberdaugleddau. Ar ôl agor rhan o ffordd **Telford**, ffordd newydd i bob pwrpas, trwy'r gogledd yn 1808, gellid teithio'n gyflymach (gw. **A5**): erbyn y 1830au roedd y rhan fwyaf o goetsys mawr yn teithio ddwywaith cyn gyflymed ag yr oeddynt yn y 1780au.

Dyfodiad y **rheilffyrdd** oedd dechrau'r diwedd i'r goets fawr. Trosglwyddwyd rhan Llundain–Birmingham o lwybr Caergybi i'r rheilffordd yn 1838, ac o 1848 ymlaen ar y trên yn gyfan gwbl y teithiai'r post i Gaergybi. Bu newidiadau tebyg yn hanes llwybr y de. Newidiwyd llwybr y daith o Lundain i Aberdaugleddau a Waterford yn 1676, gan beri mai drwy **Aberhonddu** a Chaerfyrddin yr âi, gydag is-lwybr yn cysylltu **Trefynwy**, Abertawe a Chaerdydd. Ddiwedd y 18g. newidiwyd y llwybr eto, gan ddefnyddio Bryste yn hytrach na Chaerloyw i groesi **Hafren**. Hyd 1822 roedd yr oedi wrth groesfan Hafren yn golygu bod y daith o Lundain i Abertawe yn cymryd 32 awr, ac roedd llawer o gwyno ynghylch hynny; yn 1835, felly, symudwyd y groesfan i fyny'r afon, a chroesi o Gas-gwent i Aust. Yn 1851, fodd bynnag, disodlwyd llwybr y post trwy Aust gan y rheilffordd.

O 1797 hyd 1848 un yn unig a oedd yn dosbarthu'r post yn Abertawe; hyd at 1822 Mary John a gyflawnai'r gwaith hwnnw, menyw a godai ddimai am y gwasanaeth ac a ddisgrifiwyd fel 'hen fenyw fusgrell a gymerai'r diwrnod ar ei hyd i wneud ei gwaith'. Cymerwyd ei lle gan 'ddyn egnïol' a wnâi'r gwaith mewn teirawr. Rhoddwyd y gorau i godi am dderbyn y post a dechreuwyd gwasanaeth casglu (byddai'r gweithiwr newydd yn teithio trwy'r dref gyda chloch fin nos); i'r perwyl hwn rhifwyd y tai yn y prif strydoedd. Erbyn 1838 roedd tua 2,000 o lythyrau yr wythnos yn cael eu dosbarthu yn Abertawe.

Yn 1840 cychwynnwyd post Rowland Hill a godai geiniog ymlaen llaw yn ddiwahân, newid y pwyswyd yn daer amdano gan radicaliaid o Gymry, **Samuel Roberts** yn arbennig. Roedd radicaliaid o'r fath hefyd yn awyddus i'r casglu a'r dosbarthu fod ar gael ym mhobman, yn hytrach na dim ond yn yr ardaloedd hynny lle'r oedd pobl ddylanwadol wedi llwyddo i sicrhau cludwyr llythyrau lleol. Darparwyd gwasanaeth o'r fath yn y 1850au, pan fu'r nofelydd Anthony Trollope, a weithredai fel syrfëwr ar ran Swyddfa'r Post, yn teithio o gwmpas y de yn pennu lleoliad blychau post ac yn mesur pa mor bell y byddai angen i bostmon gerdded. At hynny, crëwyd o leiaf fil o is-swyddfeydd post, swyddfeydd a ysgwyddodd ddyletswyddau newydd pan ffurfiwyd Banc Cynilion Swyddfa'r Post yn 1861 a phan ddechreuwyd darparu pensiynau'r wladwriaeth yn 1909. Cynyddodd nifer y gweithwyr post yng Nghymru o ychydig gannoedd yn 1839 i tua 15,000 erbyn 1910. I'r rhelyw o drigolion Cymru ddechrau'r 20g., plismyn a phostmyn oedd yr unig dystiolaeth bron o fodolaeth y wladwriaeth Brydeinig.

Cynyddodd nifer y llythyrau a bostiwyd yng Nghymru o ryw bedair miliwn yn 1840 i fwy na hanner can miliwn yn 1910, cynnydd a gyfrannodd at lawer o'r newidiadau cymdeithasol yn y cyfnod – lledaenu syniadau radicalaidd, er enghraifft, a'r hwb a roddai llythyrau pobl a oedd wedi **ymfudo** i ragor o ymfudo. Mae'r gwasanaeth post yn dal i dyfu; postiwyd 380 miliwn o lythyrau yng Nghymru yn 1950, a 491 miliwn yn 2000–1. Ond erbyn 2007 roedd cludwyr eraill ar wahân i'r Post Brenhinol a Parcelforce yn hawlio cyfran gynyddol o'r farchnad, ac ymddangosai mai parhau i gau fyddai tynged yr is-swyddfeydd post. Gyda dyfodiad y **teleffon**, bu dirywiad dramatig yn yr arfer o ysgrifennu llythyrau, yn enwedig rhai personol, a daeth mwy a mwy o bost papurach i gymryd eu lle. Arweiniodd dyfodiad e-bost at adfywiad mewn llythyru, a daeth dull arall eto o ohebu i fodolaeth ar ffurf y neges destun, er mai bod yn gryno yn hytrach nag yn huawdl yw nod amgen y dull hwnnw.

## POWEL, David (1552–98) Hanesydd

Brodor o **Sir Ddinbych** oedd David Powel, a dywedir mai ef oedd y myfyriwr cyntaf i raddio o Goleg Iesu, **Rhydychen**, yn 1572/3. Treuliodd ei oes yn glerigwr, gan ddal amrywiol fywoliaethau. Fe'i cofir fel awdur *Historie of Cambria, now called Wales* (1584) a oedd yn ddyledus iawn i waith **Humphrey Lhuyd** ac sy'n adlewyrchu'r dehongliad Tuduraidd o hanes Cymru. Daliodd y llyfr hwn ei dir fel y gwaith safonol ar hanes y wlad am ganrifoedd, ac fe'i hailgyhoeddwyd mor ddiweddar â 1811. Powel oedd y cyntaf i gyhoeddi gweithiau **Gerallt Gymro** ar Gymru, ond hepgorodd rannau a adlewyrchai'n anffafriol ar y wlad.

## POWEL, Thomas (1845–1922) Ysgolhaig

Penodwyd Thomas Powel, a oedd yn frodor o **Lanwrtyd**, i'r Gadair Geltaidd yng **Nghaerdydd** yn 1884 (y gadair gyntaf o'i bath i'w sefydlu yng Nghymru) a daliodd y swydd hyd 1918. Bu'n golygu *Y Cymmrodor* (1879–86) a chyhoeddodd

Annie Powell

olygiadau o destunau Cymraeg, gan gynnwys *Ystorya de Carolo Magno* (1883). Llwyddodd i ddiogelu Llyfrgell Salisbury ar gyfer y coleg yn 1886 a chwaraeodd ran flaenllaw yn y gwaith o drefnu i Lyfrgell Ganolog Caerdydd dderbyn ei chasgliad gwych o lyfrau a llawysgrifau Cymraeg, gan gynnwys ***Llyfr Aneirin***.

**POWELL, Teulu (Nanteos)** Tirfeddianwyr
Sylfaenydd y teulu oedd Phylip ap Hywel o Ysbyty Cynfyn (**Blaenrheidol**), a fu farw yn 1589 yn ddyn cyfoethog ac yn berchen ar nifer o ffermydd yn nyffrynnoedd Paith ac **Ystwyth**. Am dair cenhedlaeth bu ei etifeddion yn byw yn Llechwedd Dyrys, gyferbyn â Nanteos (**Llanfarian**). Daeth Thomas Powell (1631–1705) yn un o farnwyr Mainc y Brenin ac yn farchog. Priododd ei fab, William (1658–1738), ag aeres Nanteos, Avarina le Brun. Parhaodd y stad i gynyddu; priododd mab William, Thomas (m.1752), i mewn i deulu cyfoethog, ac ar ôl dod i feddiant stad teulu Stedman yn ardal **Ystrad-fflur** adeiladodd blasty Paladaidd ysblennydd Nanteos. Bu tri Powell yn aelodau seneddol, gan gynnwys W. E. Powell (1788–1854); yn ei amser ef cynyddodd dyledion y stad. Roedd ei ŵyr, George Powell (Miölnir Nanteos; 1842–82), yn fardd, yn ysgolhaig ac yn hynafiaethydd a gydweithiodd gyda'r ysgolhaig Eirikr Magnusson i gyfieithu *The Legends of Iceland* (1864/6); cyflwynodd ei gasgliad enfawr o lyfrau printiedig a'i lawysgrifau **cerddoriaeth**, sydd o bwysigrwydd rhyngwladol, i Goleg Prifysgol Cymru, **Aberystwyth** (**Prifysgol Cymru, Aberystwyth**). Bu farw'r sgweier olaf, E. A. Powell, yn 1930; roedd ei unig fab eisoes wedi'i ladd yn y **Rhyfel Byd Cyntaf**. Yn 1873 roedd y teulu'n berchen ar 8,876ha o dir yn **Sir Aberteifi**.

**POWELL, Annie (1906–86)** Cynghorydd
Bu Annie Powell, a oedd yn athrawes wrth ei galwedigaeth, yn weithgar yn lleddfu cyflwr y di-waith yn ystod y **dirwasgiad** rhwng y ddau ryfel. Fe'i hetholwyd i gynrychioli ward Pen-y-graig ar Gyngor Bwrdeistref y **Rhondda** yn 1955 ac, yn 1979, hi oedd y Comiwnydd cyntaf – a hyd yn hyn yr unig un – i wasanaethu fel maer mewn bwrdeistref ym **Mhrydain**. Safodd fel ymgeisydd Comiwnyddol yn etholaeth Dwyrain y Rhondda yn etholiadau cyffredinol 1955, 1959 ac 1964, pan oedd ei chanran o'r bleidlais yn 15.1, 14.5 ac 11.8 – y bleidlais uchaf a gafodd unrhyw ymgeisydd Comiwnyddol ym Mhrydain yn yr etholiadau hynny.

**POWELL, Thomas (1779–1863)** Perchennog glofeydd
Marsiandïwr coed oedd Thomas Powell yn wreiddiol, a hanai o **Gasnewydd**. Dechreuodd ei gysylltiad â'r fasnach **lo** oddeutu 1810, ac erbyn tua 1860 ef, yn ôl pob tebyg, oedd yr allforiwr glo mwyaf yn y byd. Bu'n weithgar i gychwyn yn **Sir Fynwy**, yn enwedig yng Nghwm **Rhymni**; yno, dros y 30 mlynedd dilynol, fe'i sefydlodd ei hun fel y gŵr pwysicaf o ddigon yn y fasnach glo rhwym. Yna trodd ei olygon tuag ardal **Aberdâr** ac yno suddodd sawl pwll i gyrraedd gwythiennau'r glo ager, gan gychwyn trwy agor glofa Duffryn yn 1840. Yn dilyn ei lwyddiant yn yr ardal hon aeth ati i ehangu'r diwydiant yng Nghwm Rhymni. Wedi ei farwolaeth trosglwyddwyd ei byllau glo ager i'w dri mab, ond fe'u gwerthwyd yn 1864 i Gwmni Glo Ager **Powell Duffryn** a sefydlwyd gan George Elliot yn benodol er mwyn rhedeg y glofeydd.

**POWELL, Vavasor (1617–70)** Pregethwr a milflwyddwr
Brodor o'r Cnwclas (**Bugeildy**) oedd y cennad tanbaid hwn. Profodd dröedigaeth at achos y **Piwritaniaid** tra oedd yn ysgolfeistr yng Ngholunwy, **Swydd Amwythig**. Fe'i hamlygodd ei hun yn ystod y **Rhyfeloedd Cartref** fel pregethwr ymosodol a milwr dewr, ac wedi hynny gwasanaethodd fel cymeradwywr dan y **Ddeddf er Taenu'r Efengyl yng Nghymru (1650)**. Fe'i cyhuddwyd gan ei elynion o dwyll ariannol difrifol ac o ymddwyn yn fygythiol, ond ni chyflwynwyd unrhyw dystiolaeth gadarn i brofi hynny. Datblygodd Powell syniadau milflwyddol grymus ac ymunodd â'r blaid radical a elwid yn Bumed Frenhinwyr oherwydd eu cred fod teyrnasiad personol Crist ar y ddaear ar fin digwydd. Ac yntau'n bleidiol iawn i Senedd Barebones neu Senedd y Saint yn 1653, ymosododd yn filain ar **Cromwell** am feiddio dirwyn y Sanhedrin byrhoedlog hwnnw i ben. Roedd ei ymosodiad mor ddifrïol fel y'i taflwyd i garchar yn **Llundain** am gyfnod byr. Ar ôl ei ryddhau dechreuodd drefnu propaganda yn erbyn Cromwell ar ffurf deiseb o'r enw *A Word for God* (1655). Collodd Piwritaniaid cymedrol bob ffydd ynddo, ond daliai Powell i floeddio 'A Roundhead I will be'. Dioddefodd yn enbyd yn ystod erledigaethau'r 1660au a bu farw yng ngharchar y Fflyd.

**POWELL DUFFRYN, Cwmni Glo Ager**
Sefydlwyd y cwmni yn 1864 i redeg glofeydd a fu dan reolaeth **Thomas Powell**. Roedd y rhan fwyaf ohonynt yng nghyffiniau **Aberdâr**, a chynhyrchent tua 412,000 o dunelli

metrig o **lo**'r flwyddyn (sef 4% o gynnyrch maes glo'r de). Dan awdurdod George Elliot i gychwyn, a than ddylanwad rheolwr cyffredinol glofeydd y cwmni, E. M. Hann, ehangodd y cwmni yn gyflym o ddiwedd y 1880au ymlaen. Suddwyd pyllau newydd megis **Bargod**, Penallta a Britannia, gan symud gweithgareddau'r cwmni fwyfwy i Gwm **Rhymni**. Erbyn 1913 cyflogai Powell Duffryn 14,779 o lowyr a chynhyrchu bron i 4 miliwn o dunelli metrig o lo (sef 6.9% o gynnyrch y de). Ar ôl y **Rhyfel Byd Cyntaf** parhaodd y cwmni i ehangu, yn bennaf trwy gyfuno a phrynu cwmnïau eraill. Yn 1946, ar drothwy gwladoli'r diwydiant glo, Powell Duffryn oedd y cwmni cloddio glo mwyaf yn Ewrop, yn cyflogi tua 27,000 o lowyr ac yn cynhyrchu dros 9 miliwn tunnell fetrig o lo (sef 37% o gynnyrch maes glo'r de). Ers hynny, mae wedi arallgyfeirio i feysydd eraill ac yn ymwneud yn bennaf bellach â **phorthladdoedd** a **pheirianneg**.

**POWYS** Sir (519,617ha; 126,345ha o drigolion)
Yn sgil ad-drefnu llywodraeth leol yn 1974 daeth Powys yn enw ar un o wyth sir newydd Cymru. Mae'n cynnwys yr hen **Sir Drefaldwyn**, yr hen **Sir Faesyfed** a'r rhan fwyaf o'r hen **Sir Frycheiniog**. (Daeth y rhannau hynny o Frycheiniog sy'n ffinio â **Merthyr Tudful** yn rhan o **Forgannwg Ganol**; daeth **Bryn-mawr** a **Llanelli** yn rhan o **Went**.) Yn y cyfnod a arweiniodd at ad-drefnu pellach yn 1996 bu ymgyrchu dygn o blaid adfer yr hen siroedd a draflyncwyd gan Bowys, fel ag y bu yn achos **Dyfed**. Methiant fu'r ymgyrch, a pharhaodd Powys yn sir; fe'i helaethwyd trwy ychwanegu ati ran o sir flaenorol **Clwyd** (cymunedau **Llangedwyn**, **Llansilin** a rhan ogleddol cymuned **Llanrhaeadr-ym-Mochnant**). Roedd y sir a ddaethai i fodolaeth yn 1974 yn cynnwys dosbarthau Brycheiniog, Maldwyn a Maesyfed, ond hunaniaeth mewn enw yn unig oedd gan y cyn-ddosbarthau hyn wedi i Bowys ddod yn awdurdod unedol yn 1996. O ran arwynebedd, Powys yw'r fwyaf o ddigon o'r **siroedd** Cymreig presennol. Yn 2001 roedd 30.09% o drigolion Powys yn gallu rhywfaint o **Gymraeg**, ac roedd 12.94% yn gwbl rugl yn yr iaith. (Gw. hefyd **Llanfihangel-yng-Ngwynfa** a'r **Gelli [Gandryll]**.)

**POWYS** Teyrnas ac arglwyddiaeth
Gellir olrhain dechreuadau teyrnas Powys yn ôl i flynyddoedd olaf cyfnod y **Rhufeiniaid** ym **Mhrydain** (ar yr enw, gw. **Cornovii**). Oherwydd ei safle roedd Powys yn agored i ymosodiadau ac yn y 7g. a'r 8g. teimlodd lach ymosodiadau'r Mersiaid (gw. **Mersia**), y ceir cof amdanynt yng nghanu **Llywarch Hen** a **Heledd**. Cafodd campau milwrol y Brenin Eliseg o'r 8g. eu coffáu ar y piler yn **Llandysilio-yn-Iâl** sy'n dwyn ei enw. Ar ôl marw'r Brenin Cyngen yn 856 daeth Powys o dan reolaeth **Rhodri Mawr**; ychydig o'i hanes diweddarach sydd wedi goroesi, hyd gwymp **Gruffudd ap Llywelyn** yn 1064. Daeth hanner brawd Gruffudd, Rhiwallon ap Cynfyn, yn frenin Powys wedyn; roedd tywysogion diweddarach yn ddisgynyddion i frawd Rhiwallon, sef **Bleddyn ap Cynfyn**.

Yn gynnar yn y 12g. Powys oedd y deyrnas fwyaf nerthol yng Nghymru. Gadawodd cwymp Robert, iarll Amwythig (gw. **Montgomery, Teulu**), yn 1102 wagle ar y **ffin** ac roedd Harri I yn ystyried Powys o dan **Gadwgan ap Bleddyn** yn deyrnas a fyddai'n cynnal sefydlogrwydd. Ond roedd tensiynau llinachol yn hollti'r deyrnas; yn 1109 cipiwyd **Nest**, gwraig Gerald o Windsor, gan **Owain ap Cadwgan** (*fl. c.*1090–1130). Roedd hyn yn sarhad ar y brenin a chafodd Cadwgan ei

John Cowper Powys: darlun gan Augustus John

ddisodli, er i'r anhrefn a ddilynodd arwain at ganiatáu iddo adfer ei safle. Cafodd Cadwgan ei lofruddio yn 1111 a lladdwyd Owain yn 1116. Bu brawd Cadwgan, Maredudd ap Bleddyn, yn teyrnasu hyd ei farwolaeth yn 1132. Cafodd ei olynu gan ei fab, **Madog ap Maredudd**, a ehangodd y deyrnas a chynnal polisi o gyfeillgarwch gyda choron **Lloegr**. Ond bu farw ei fab ef a'i etifedd, Llywelyn, yn union ar ôl marwolaeth Madog ei hun yn 1160, ac o ganlyniad rhannwyd Powys yn derfynol. Aeth y de (**Powys Wenwynwyn**) i afael nai Madog, **Owain Cyfeiliog**, a'r gogledd (**Powys Fadog**) i'w fab, Gruffudd Maelor. Felly dynodai 1160 ddiwedd y Bowys unedig yng ngwleidyddiaeth a hanes Cymru.

**POWYS, John Cowper (1872–1963)** Nofelydd
A'i dad yn honni ei fod o dras Cymreig, roedd John Cowper Powys yn ei ystyried ei hun yn Gymro, er iddo gael ei eni yn Shirley yn Swydd Derby a threulio'i blentyndod yn Swydd Dorset a Gwlad yr Haf. Roedd dau o'i frodyr yn llenorion: T. F. Powys (1875–1953) a Llywelyn Powys (1884–1939). Ar ôl cyfnod o ddysgu yn **Lloegr**, ac yn dilyn sawl taith ddarlithio yn America, ymgartrefodd yng **Nghorwen** yn 1935, ac yn 1955 symudodd i Flaenau **Ffestiniog**. Yno dysgodd ddarllen **Cymraeg** ac ymroi i astudio hanes a mytholeg Cymru. Ymhlith ei nofelau y mae *Wolf Solent* (1929), *A Glastonbury Romance* (1932) a *Maiden Castle* (1936), rhamantau hir wedi'u lleoli yn Wessex y dylanwadwyd arnynt gan Thomas Hardy. Lleolir dwy o'i nofelau yng Nghymru, sef *Owen Glendower* (1940) a *Porius* (1951). Mae'r gyntaf wedi'i seilio

Pregethu a phregethwyr: Christmas Evans

ar **Wrthryfel Glyndŵr**, ond ffrwyth dychymyg yr awdur ei hun yw'r rhan fwyaf o'r naratif a'r cymeriadau. Yng Nghymru hefyd yr ysgrifennodd John Cowper Powys beth o'i feirniadaeth lenyddol orau, gan gynnwys *The Pleasures of Literature* (1938), a chyhoeddwyd detholiad o'i ysgrifau dan y teitl *Obstinate Cymric* (1947).

## POWYS FADOG Arglwyddiaeth

Enwyd yr arglwyddiaeth ar ôl **Madog ap Gruffudd** (m.1236) ac fe'i crëwyd pan gafodd **Powys** ei rhannu yn dilyn marwolaeth taid Madog, **Madog ap Maredudd**, yn 1160. Roedd yn cynnwys **Maelor Gymraeg**, **Maelor Saesneg**, **Iâl**, **Edeirnion**, **Nanheudwy**, **Cynllaith** a rhan o **Fochnant**. Ei phrif gadarnle oedd Castell Dinas Brân (**Llangollen**) a'i chanolfan ysbrydol oedd mynachlog y **Sistersiaid** yng Nglyn-y-groes (**Llandysilio-yn-Iâl**). Roedd ei rheolwyr fel arfer yn cynghreirio gyda **Gwynedd** a daeth awdurdod y llinach i ben pan fu farw **Llywelyn ap Gruffudd** yn 1282. Ychwanegwyd rhannau o Bowys Fadog at **Sir Feirionnydd** a **Sir y Fflint**, a daeth y gweddill yn ddwy o arglwyddiaethau'r **Mers**, sef y **Waun** a **Brwmffild ac Iâl**. Yn ei ddydd, **Owain Glyndŵr** oedd disgynnydd hŷn y brif linach, a goroesodd canghennau iau fel barwniaid Cymreig, yn enwedig yn Edeirnion.

## POWYS WENWYNWYN Arglwyddiaeth

Yn dilyn marwolaeth **Madog ap Maredudd** yn 1160, collodd prif linach teulu **Powys** ran ddeheuol Powys o ganlyniad i ymdrechion nai Madog, **Owain Cyfeiliog** (m.1197). Daeth yn arglwyddiaeth yn ei hawl ei hun ac fe'i henwyd ar ôl mab Owain, **Gwenwynwyn**. Roedd ei chantrefi yn cynnwys **Arwystli**, **Caereinion**, **Cedewain** a **Chyfeiliog**, a daeth y Castell Coch (y **Trallwng**) yn brif gadarnle iddi. Fel y tystia gweithgareddau **Gwenwynwyn ab Owain** a **Gruffudd ap Gwenwynwyn**, roedd arweinwyr Powys Wenwynwyn yn tueddu i ochri â'r goron Seisnig yn erbyn tywysogion **Gwynedd**, a dyma'r unig linach Gymreig o bwys i oroesi'r **Goresgyniad Edwardaidd**. Yn 1311 aeth Powys Wenwynwyn trwy briodas i feddiant teulu Charlton a daeth yn un o arglwyddiaethau'r **Mers**. Yn 1536 daeth yn graidd **Sir Drefaldwyn**.

## PRAWF MODDION, Y

Roedd y Prawf Moddion yn ymateb i'r ymchwydd dramatig mewn diweithdra ac i'r gost gynyddol o leddfu'r cyni. Roedd rhai Pwyllgorau Cymorth Cyhoeddus wedi ceisio gweinyddu'r rheolau'n hael, ond sefydlodd y Ddeddf Ddiweithdra (1934) gomisiwn statudol, Bwrdd Cymorth y Di-waith, er mwyn sicrhau bod unffurfiaeth trwy'r Deyrnas Unedig ac i fynnu bod y rhai cwbl iach o blith y di-waith yn dibynnu'n gyntaf ar enillion y teulu, heb unrhyw gymorth gan y wladwriaeth. Ymysg aelodau'r bwrdd yr oedd **Thomas Jones** (1870–1955). Taniodd y ddeddf, a wrthwynebwyd gan **Aneurin Bevan** ac eraill yn Nhŷ'r Cyffredin, y gwrthdystiadau mwyaf a welwyd yng Nghymru erioed. Ar 3 Chwefror 1935 gwrthdystiodd tua 300,000 o bobl yn y **Rhondda**, **Aberdâr**, **Pont-y-pŵl** a mannau eraill. Y diwrnod canlynol ymosodwyd ar swyddfeydd y Bwrdd Cymorth ym **Merthyr Tudful** a gwelwyd digwyddiadau treisiol yn **Abertyleri** a'r Blaenau (**Nant-y-glo a'r Blaenau**). Gohiriwyd cyflwyno'r mesur newydd tan fis Tachwedd, a hyd yn oed wedyn ni chafodd ei orfodi i'w lymder eithaf. Bu helynt y Prawf Moddion yn un o'r ffactorau a arweiniodd at sefydlu'r **Wladwriaeth Les**, a thalu budd-daliadau yn ôl un gyfradd.

## PREECE, William Henry (1834–1913) Gwyddonydd radio

Un o **Waunfawr** ger **Caernarfon** oedd Preece, peiriannydd trydanol a chwaraeodd ran bwysig yn y gwaith o hybu lledaeniad telegraffiaeth (gw. **Telegraff**) a'r **teleffon** ym **Mhrydain**. Astudiodd yn y Sefydliad Brenhinol, **Llundain**, o dan Michael Faraday, ac ysgogwyd ei ddiddordeb mewn cymhwyso trydan a pheirianneg delegraffig. Am 29 o flynyddoedd, o 1870 ymlaen, roedd yn beiriannydd gyda system delegraffig y Swyddfa Bost. Cyflwynodd sawl dyfais a gwelliant, gan gynnwys system signalau a oedd i wella diogelwch ar y **rheilffyrdd**. Yn 1892, ac yntau bellach yn brif beiriannydd y Swyddfa Bost, dyfeisiodd ei system ei hun o delegraffiaeth ddiwifrau. Ei gyfraniad pwysicaf oedd yr anogaeth a roddodd, trwy'r Swyddfa Bost, i Guglielmo Marconi (gw. **Gwyddorau Ffisegol**). Ef a gyflwynodd y teleffonau cyntaf i Brydain, dan batent Alexander Graham Bell. Fe'i hetholwyd yn Gymrawd o'r Gymdeithas Frenhinol yn 1881 a'i urddo'n farchog yn 1899. Fodd bynnag, yr oedd Preece hefyd yn un o'r dyfarnwyr ar y panel a wrthododd dderbyn dilysrwydd yr arddangosiad cyntaf erioed o donnau electromagnetig gan **David Hughes** (1831–1900).

## PREGETHU A PHREGETHWYR

Ychydig a wyddys am y pregethu Cristnogol cynharaf yng Nghymru. Er bod y gynharaf o fucheddau'r saint (gw. **Seintiau**), sef Buchedd **Samson**, yn disgrifio gweithgareddau'r cymunedau mynachaidd, nid yw'n cyfeirio at bregethu fel y cyfryw. Mae Buchedd **Dewi** gan Rhigyfarch (1056–99; gw. **Sulien**) yn cyfeirio at Ddewi yn pregethu yn synod

Peter Prendergast, *Approaching Storm*, 1996

**Llanddewibrefi**, ond mae'n anodd tynnu unrhyw gasgliadau oddi wrthi am natur pregethu Oes y Saint.

Wrth i'r Oesoedd Canol fynd rhagddynt mae'r dystiolaeth yn cynyddu. Gellid tybio bod y diwygiadau eglwysig a darddodd o'r Pedwerydd Cyngor Lateran (1215), ynghyd â'r symudiad ysbrydol a ddaeth â'r urddau pregethwrol – y **Brodyr Cardod** – i Gymru yn fuan wedyn, wedi hybu pregethu yn y llannau. Gwyddys hefyd fod Cymry megis **Johannes Wallensis**, Roger o Gonwy (m.1360) ac, yn fwyaf arbennig, y Dominiciad Thomas Wallensis (*fl.*1300–50) wedi ennill cryn fri yn y prifysgolion fel arbenigwyr ar gelfyddyd pregethu. Lluniwyd traethawd dylanwadol ar lunio pregethau, *De modo componendi sermonis,* gan Thomas Wallensis cynharach (*fl.*1230au–55), Ffransisiad a ddaeth yn esgob **Tyddewi** (1248–55). Ond y statudau a gyhoeddwyd gan **John Pecham**, Archesgob Caergaint, yn 1281, oedd fwyaf allweddol er sicrhau codi safonau pregethu yn y **plwyfi**. Mae'r ffaith fod amryfal foeswersi, homilïau a deunyddiau eraill ar gyfer y pulpud ar gael yn **Gymraeg** erbyn dechrau'r 15g. yn dangos bod rhai clerigwyr o Gymry yn awyddus i gael cymorth wrth ddarparu ar gyfer eu praidd.

Yn sgil y **Diwygiad Protestannaidd** newidiwyd y pwyslais yn ddirfawr. Cyhoeddwyd *Llyfr yr Homilïau* yn 1606, cyfieithiad o lyfr Saesneg yr Archesgob Cranmer, ac o hynny ymlaen sefydlwyd traddodiad o bregethu yn Gymraeg a oedd yn drwyadl Brotestannaidd. Rhoddodd y **Piwritaniaid** bwyslais mawr ar bregethu, a bu **Anglicaniaid** fel **Rhys Prichard** a **Griffith Jones, Llanddowror**, yr un mor frwd i gymell iachawdwriaeth trwy bregethu'r Gair. Er gwaethaf effeithiolrwydd eithriadol pregethwyr Methodistaidd fel **Daniel Rowland**, y 19g. oedd oes aur pregethu yng Nghymru. Rhaid cynnwys **John Elias**, **Christmas Evans**, **William Williams** o'r Wern (1781–1840), **John Jones**, Tal-y-sarn (1796–1857) a **Henry Rees** ymhlith cewri'r ganrif. Er i'r traddodiad ddirywio erbyn yr 20g., roedd rhai fel **Martyn Lloyd-Jones** yn dangos y gallai pregethu nerthol o hyd fod yn ffordd effeithiol o gyfleu'r genadwri Gristnogol, hyd yn oed mewn oes seciwlar.

**PREMONSTRATENSIAID** Urdd o ganoniaid

Sant Norbert a sefydlodd urdd y Premonstratensiaid, a adwaenid hefyd fel y Canoniaid Gwynion neu'r Norbertiniaid, a hynny yn Prémontré ger Laon yn 1120. Eu hunig dŷ yng Nghymru oedd Abaty **Talyllychau** yn y **Cantref Mawr**, a sefydlwyd yn 1184–9 gan yr Arglwydd Rhys (**Rhys ap Gruffudd**; m.1197) fel cangen o St Jean, Amiens. Tua diwedd y 13g. collodd canoniaid Talyllychau eu henw da a chafodd y tŷ ei ddiwygio, gan ddod o dan awdurdod Welbeck yn 1291 a Halesowen yn ddiweddarach.

**PRENDERGAST, Peter (1946–2007)** Arlunydd

Roedd Peter Prendergast yn un o dirlunwyr gorau Cymru. Fe'i ganed yn Abertridwr (**Cwm Aber**) lle'r oedd ei dad yn löwr. Bu cael ei fagu yn yr ardal ddiwydiannol hon yn allweddol yn natblygiad ei weledigaeth unigryw o'r tirlun, gweledigaeth a ddechreuodd ei hamlygu ei hun yn ei waith pan oedd mor ifanc â 14 oed. Astudiodd yn Ysgol Gelf Caerdydd, Ysgol Gelf Slade (lle'r oedd Frank Auerbach yn diwtor iddo) a Phrifysgol Reading cyn mynd yn athro celfyddyd, yn gyntaf yn Ysgol Dyffryn Ogwen, **Bethesda**, yn 1974 ac yna, o 1980 ymlaen, yng Ngholeg Menai, **Bangor**. Ac yntau'n byw yn Neiniolen (**Llanddeiniolen**), fe'i cyfareddwyd gan dirlun ardaloedd y chwareli **llechi** yng **Ngwynedd** ac aeth ati i'w 'ailddyfeisio' yn ei luniau grymus, llawn egni, gyda'u lliwiau llifeiriol a'u disgleirdeb mewnol.

## PRESBYTERIAID

Pleidwyr trefn eglwysig sydd dan awdurdod henaduriaid neu flaenoriaid lleyg, a phobl a oedd, yn wreiddiol o leiaf, yn driw i **Galfiniaeth**. Yn wahanol i'r **Annibynwyr** a'r **Bedyddwyr**, ffafria'r Presbyteriaid eglwysi sefydledig canoledig, fel eiddo'r **Alban**. Prin fod neb yng Nghymru wedi clywed am Bresbyteriaeth cyn y 1640au. Ond yn 1646 gorfodwyd y drefn hon ar Gymru a **Lloegr** gan y Senedd. Fodd bynnag, yn ystod y Rhyfel Cartref (gw. **Rhyfeloedd Cartref**) ac o dan y **Werinlywodraeth**, rhoddwyd llawer mwy o bwyslais yng Nghymru ar sofraniaeth cynulleidfaoedd unigol nag ar Bresbyteriaeth. Prif lefarydd y Presbyteriaid yng Nghymru oedd Philip Henry (1631–96) o **Sir y Fflint**, ond ychydig o ddilynwyr a ddenodd ef a'i gyd-ymgyrchwyr, a dengys cyfrifiad crefydd 1676 fod yr Annibynwyr a'r Bedyddwyr yn lluosocach o lawer na'r Presbyteriaid. Yn y 18g. trodd y rhan fwyaf o Bresbyteriaid Cymru eu cefn ar Galfiniaeth, gan symud oddi wrth **Arminiaeth** at **Ariaeth** ac ymlaen at Undodiaeth (gw. **Undodwyr**) – datblygiad y chwaraeodd yr academi Anghydffurfiol yng **Nghaerfyrddin** (gw. **Academïau Anghydffurfiol**) ran bwysig ynddo. Erbyn diwedd y 18g. roedd Presbyteriaeth wedi diflannu o Gymru i bob pwrpas. Cafwyd rhywfaint o adfywiad yn y 19g. pan sefydlodd ymfudwyr o Loegr a'r Alban eglwysi yng Nghymru. Yn 1962 ymunodd y rhan fwyaf o'r eglwysi hynny â'r Eglwys Ddiwygiedig Unedig.

Pan ymwahanodd y **Methodistiaid Calfinaidd** oddi wrth Eglwys Loegr (gw. **Anglicaniaid**) yn 1811, mabwysiadodd yr enwad newydd drefn eglwysig Bresbyteraidd. Presbyteraidd, yn ei hanfod, oedd eu Cyffes Ffydd (1823). Yn 1928 mabwysiadodd yr enw Eglwys Bresbyteraidd Cymru fel ei henw ffurfiol. Fodd bynnag, ni all hawlio unrhyw berthynas uniongyrchol â Phresbyteriaeth yr 17g.

## PRESELI PENFRO Etholaeth a chyn-ddosbarth

Ar ôl diddymu **Sir Benfro** yn 1976 crëwyd Preseli Penfro yn ddosbarth oddi mewn i sir newydd **Dyfed**. Roedd yn cynnwys yr hyn a fu yn fwrdeistref **Hwlffordd**, dosbarthau trefol **Abergwaun**, **Aberdaugleddau** a **Neyland**, a dosbarthau gwledig Hwlffordd a **Chemais**. Yn ddiweddarach ychwanegwyd ato bum **cymuned** a fu gynt yn rhan o **Dde Sir Benfro**. Yn 1996 daeth y dosbarth, ynghyd â dosbarth De Sir Benfro, yn sir atgyfodedig Penfro. Mae'r enw wedi goroesi fel enw etholaeth.

## PRESGANGIAU

Y broblem recriwtio a ddaeth yn sgil **Rhyfeloedd y Chwyldro Ffrengig a'r Rhyfeloedd Napoleonaidd** a roddodd fod i bolisi swyddogol o bresgangio, er bod hurfilwyr ar eu liwt eu hunain wedi bod yn dilyn yr un arfer ymhell cyn hynny. Pan dorrwyd Cytundeb Amiens ym Mai 1803 daeth yr heddwch simsan rhwng **Prydain** a Ffrainc i ben, a dilynwyd hynny gan ddegawd a rhagor o ryfela agored. Anfonwyd presgangiau i bob rhan o Gymru i orfodi dynion ifainc i wasanaeth y llynges. Er i ddynion dibrofiad gael eu dal yn y rhwyd, cael gafael ar forwyr profiadol y llongau masnach oedd y nod. Dengys cyfrifon llongau fod arian yn aml yn cael ei dalu er diogelu aelodau o'r criw rhag gorfodaeth. Gallai'r ffi amrywio o 2s 6d i 11s 6d, gan ddibynnu ar statws llongwr. Daeth yr arfer i ben yn 1815, er bod hawl gan y wladwriaeth o hyd i orfodi dynion i wasanaeth y llynges. Fodd bynnag, mabwysiadwyd trefn yn 1853 lle'r oedd dynion yn ymrwymo i wasanaethu am gyfnod penodol, a bu hynny'n fodd i sicrhau bod digon o wirfoddolwyr ar gyfer y llynges Brydeinig.

## PRESTATYN, Sir Ddinbych (1,188ha; 18,496 o drigolion)

Datblygwyd Prestatyn yn dref wyliau glan môr o *c.*1880 ymlaen gan H. D. Pochin o Fodnant (gw. **Eglwys-bach**). Bu ymsefydlu cynnar yn yr ardal, ac roedd gan y **Rhufeiniaid** gaer fechan yno, a adeiladwyd o bosibl i warchod y **llongau** a oedd yn cario mwyn **plwm**. Prestatyn, a oedd hyd 1974 yn rhan o **Sir y Fflint**, yw terfyn gogleddol Llwybr **Clawdd Offa**, er nad oes unrhyw olion o'r clawdd i'r gogledd o **Dreuddyn**. Codwyd castell yno gan Harri II yn 1157 ac fe'i dinistriwyd gan **Owain Gwynedd** yn 1166. Adeiladwyd un o'r gwersylloedd gwyliau cynharaf ym Mhrestatyn. Oherwydd newidiadau mewn **twristiaeth** mae mwy o bobl yn ymddeol i'r dref nag sy'n mynd yno ar wyliau erbyn hyn. Roedd **cwmwd** Prestatyn yn un o dri chwmwd yng nghantref **Tegeingl**.

## PRICE, Teulu (Rhiwlas) Tirfeddianwyr

Roedd y teulu yn disgyn o Rhys Fawr ap Maredudd, cludwr baner Harri Tudur (gw. **Tuduriaid**) ym Mrwydr **Bosworth** yn ôl traddodiad. Cafodd mab Rhys, y clerigwr **Robert ap Rhys** (m.*c.*1534), nawdd Wolsey, a meddiant ar lawer o diroedd y mynachlogydd. Ymhlith ei ddeuddeg mab yr oedd dau abad, ynghyd ag **Elis Prys** (Y Doctor Coch), Plas Iolyn (**Pentrefoelas**), a Chadwaladr, sylfaenydd teulu Price Rhiwlas (**Llandderfel**) (gw. hefyd **Tomos Prys**). Roedd Richard Lloyd (1780–1860), disgynnydd pell i Gadwaladr, yn un o'r landlordiaid a drodd denantiaid allan o'u cartrefi am bleidleisio i'r ymgeisydd Rhyddfrydol yn etholiad cyffredinol 1859. Roedd **T. E. Ellis** yn casáu ŵyr Richard Lloyd, R. J. Lloyd Price (1843–1923), perchennog 7,170ha o dir yn **Sir Feirionnydd**, yn bennaf oherwydd ei hoffter o helwriaeth. Honnir iddo fentro hanner ei stad ar y ceffyl Bendigo, a gwario ei enillion ar fawsolëwm teuluol yn Llanfor (Llandderfel). Sefydlodd ddistyllfa wisgi yn **Fron-goch** (Llandderfel), lle a ddaeth yn garchar i wrthryfelwyr Gwyddelig yn 1916. Roedd ei orwyr, Kenrick (1912–82), perchennog rhan helaeth o Gwm **Tryweryn**, yn cyd-fynd â'r cynllun i foddi Capel Celyn. Mae'r teulu, un o'r ychydig deuluoedd bonheddig Cymreig sy'n dal i fyw yng nghartref eu hynafiaid, yn medru'r **Gymraeg** unwaith eto, a mawr oedd eu haelioni tuag at yr **Eisteddfod** Genedlaethol pan ddaeth y brifwyl i'r **Bala** yn 1967 ac 1997.

## PRICE neu PRYS, John (1502?–1555) Ysgolhaig a gweinyddwr

Perthynai John Prys i deulu amlwg yn arglwyddiaeth **Brycheiniog** a chafodd yrfa lwyddiannus fel swyddog i'r brenin, gan ddod yn ysgrifennydd materion brenhinol yng Nghymru (1540) ac yn aelod o **Gyngor Cymru a'r Gororau** (1551). Roedd ganddo ran yn y mesurau gweinyddol a arweiniodd at yr hollt gyda Rhufain a **diddymu'r mynachlogydd**, ac yn sgil hynny daeth Priordy **Aberhonddu** yn ogystal â thiroedd yn **Swydd Henffordd** i'w feddiant. Bu'n siryf **Sir Frycheiniog** yn 1543, a chafodd ei urddo'n farchog yn 1546/7. Roedd yn gasglwr brwd ar hen lawysgrifau, ac ef sy'n gyfrifol am y ffaith fod nifer o'r llawysgrifau Cymraeg pwysicaf, megis ***Llyfr Du Caerfyrddin***, wedi goroesi. Amddiffynnodd **Sieffre o Fynwy** yn erbyn ymosodiadau Polydore Vergil. Yn 1546 cyhoeddodd y llyfr cyntaf, fe ymddengys, i'w argraffu yn y **Gymraeg**, sef ***Yny lhyvyr hwnn***. Cafodd ei ddisgrifiad o Gymru yn yr iaith **Ladin**, a gyfieithwyd gan **Humphrey Lhuyd**, ei ddefnyddio gan **David Powel** yn ei *Historie of Cambria*. Roedd un o'i ferched yn briod â **Thomas Jones** (Twm Siôn Cati; *c*.1530–1609).

## **PRICE, Joseph Tregelles (1784–1854)** Crynwr, dyngarwr ac un o'r meistri haearn

Brodor o **Gernyw** a ddaeth yn gyfarwyddwr-reolwr ar waith **haearn** Abaty Nedd (**Dyffryn Clydach**) ym 1818, busnes yr oedd nifer o deuluoedd o **Grynwyr** â diddordeb ynddo. Roedd yn gwbl deyrngar i egwyddorion Crynwrol, gan fynnu na ddylid cynhyrchu unrhyw ganonau, pelenni tân na gynnau yn ei waith. Roedd yn un o sylfaenwyr y mudiad heddwch cyntaf a sefydlwyd yn **Llundain** yn 1816 ac yn noddwr amlwg i'r mudiad gwrthgaethwasiaeth (gw. **Caethwasiaeth**). Gan fod Price yn argyhoeddedig fod Dic Penderyn (**Richard Lewis**) yn ddieuog, daeth yn un o'i amddiffynwyr selocaf.

## **PRICE, Richard (1723–91)** Gweinidog Anghydffurfiol, athronydd ac ystadegydd

Mae lle i ddadlau mai Richard Price yw'r meddyliwr pwysicaf a gynhyrchodd Cymru erioed. Fel amddiffynnydd rhyddid y'i cofir orau ar ddechrau'r 21g. Ond fel y dengys astudiaeth sylweddol D. O. Thomas, *The Honest Mind: The Thought and Work of Richard Price* (1977), gwnaeth gyfraniadau tra phwysig hefyd ym maes moeseg, **diwinyddiaeth** ac ystadegaeth.

Ganed Price ar fferm Tyn-ton, Llangeinwyr (**Cwm Garw**). Roedd yn gefnder i Ann Maddocks, y ferch o Gefn Ydfa (gw. **Llangynwyd Isaf** a '**Bugeilio'r Gwenith Gwyn**'). Fe'i haddysgwyd yn rhannol yn Academi Vavasor Griffiths (m.1741) yn Chancefield ger **Talgarth**, ond yn dilyn marwolaeth ei rieni symudodd i **Lundain**. Yno addysgwyd Price yn Academi Tenter Alley, ac yn Llundain y treuliodd weddill ei ddyddiau gan ddod i gysylltiad â rhai o gylchoedd deallusol blaenaf yr oes. Ymsefydlodd yn Newington Green yn 1758, lle bu'n bregethwr gyda'r **Presbyteriaid**.

O ran diwinyddiaeth, ymwrthododd Price yn gynnar â **Chalfiniaeth** ei fagwraeth gan gofleidio **Ariaeth**. Ym maes moeseg ei gyfraniad pwysicaf yw *A Review of the Principal Questions and Difficulties in Morals* (1758). Yn groes i athronwyr fel Hume a Hutcheson, deil fod ymwybyddiaeth o foesoldeb yn gysylltiedig â'r deall ac nid yn fater o synnwyr neu reddf gynhenid. O feddu ar y gallu i adnabod gweithred dda, mae gan unigolyn y rhyddid a'r cyfrifoldeb i'w chyflawni. Ceir pwyslais cyffelyb ar ewyllys rydd a dyletswyddau'r unigolyn yn **athroniaeth** wleidyddol Price.

Yng nghyfnod Rhyfel Annibyniaeth America bu'n daer ei gefnogaeth i'r gwrthryfelwyr, fel y dengys ei *Observations on the Nature of Civil Liberty* (1776) a'i *Observations on the Importance of the American Revolution* (1784), gwaith a ddylanwadodd ar gyfansoddiad yr **Unol Daleithiau** (1787). Barnai Price mai'r bobl eu hunain yw tarddle awdurdod pob **llywodraeth**. Ni all unigolion fod yn atebol i lywodraeth heb eu cydsyniad a heb iddynt fod â rhyw ran yng ngweithrediad y llywodraeth honno. Hawl pob cymdeithas, o ganlyniad, yw'r hawl i'w llywodraethu ei hun. Yn ei gyhoeddiad mwyaf adnabyddus, *A Discourse on the Love of Our Country* (1789), rhoddodd groeso brwd i'r Chwyldro yn Ffrainc, ac ynddo crynhodd ei egwyddorion gwleidyddol o gylch 'yr hawl i ryddid cydwybod ym materion crefyddol . . . yr hawl i wrthsefyll grym a gamddefnyddir . . . yr hawl i ddewis ein llywodraethwyr, i'w diswyddo am gamymddwyn, ac i lunio llywodraeth i ni ein hunain'. Cafwyd ymateb hynod o feirniadol i'r gwaith hwn gan Edmund Burke yn ei *Reflections on the Revolution in France* (1790), traethawd sy'n cynnwys un o'r diffiniadau clasurol o geidwadaeth wleidyddol. Ymatebwyd i gyfrol Burke gan Thomas Paine yn ei *Rights of Man* (1791), llyfr a wnaeth argraff ddofn ar rai o radicaliaid Cymru.

Ac yntau'n fathemategydd medrus, gwnaeth Price waith sylfaenol bwysig ar ddeddfau tebygolrwydd gan adeiladu ar ddamcaniaethau ei gyfaill Thomas Bayes (m.1761). Bu'r ystadegau a baratowyd ganddo mewn perthynas â disgwyliad einioes yn sail i dwf **yswiriant** bywyd, a cheisiwyd ei gyngor ariannol gan wleidyddion megis Iarll Shelburne a Pitt, yn enwedig ar gwestiwn y ddyled wladol. Yn 1778 daeth iddo wahoddiad gan Gyngres yr Unol Daleithiau, a hynny trwy law Benjamin Franklin ac eraill, i groesi'r Iwerydd i'w cynghori ar faterion ariannol ac i dderbyn dinasyddiaeth y wlad, ond gwrthododd y cynnig.

Derbyniodd Price anrhydeddau pellach o Unol Daleithiau America, gan gynnwys gradd Ll.D. er anrhydedd yn 1781 gan Brifysgol Yale – anrhydedd a estynnwyd yr un pryd i George Washington. Pan fu farw cafwyd galaru swyddogol ar ei ôl ymhlith Jacobiniaid Paris. Ym Mhrydain, serch hynny, pylu'n gyflym a wnaeth ei fri fel athronydd a hynny'n rhannol yn sgil ymosodiad Burke arno a'r adwaith cyffredinol a fu wrth i'r Chwyldro yn Ffrainc droi'n Deyrnasiad Braw. Ond yn ystod yr 20g. daethpwyd i sylweddoli o'r newydd fod gweithiau Richard Price yn crisialu llawer o'r egwyddorion sydd wrth galon democratiaeth ryddfrydol gwledydd y gorllewin.

## **PRICE, Thomas (Carnhuanawc; 1787–1848)** Gwladgarwr

Carnhuanawc oedd gwladgarwr mwyaf pybyr Cymru yn hanner cyntaf y 19g. Fe'i ganed yn Llanfihangel Brynpabuan (**Llanafan Fawr**), **Sir Frycheiniog**, a threuliodd ei oes yn glerigwr Anglicanaidd yn ei sir enedigol. Rhwng 1836 ac 1842 cyhoeddodd, fesul rhan, ei *Hanes Cymru*, gwaith sy'n gyforiog o'i frwdfrydedd, anfeirniadol ar brydiau, dros Gymru. Roedd yn ffigwr amlwg yn eisteddfodau Cymreigyddion y Fenni (gw. **Cymreigyddion**) ac roedd ymhlith y rhai a gynorthwyodd y Fonesig Charlotte Guest (gw. **Guest, Teulu**) i gyfieithu'r **Mabinogion**. Bu hefyd yn cynorthwyo Ar Gonideg gyda'i gyfieithiad i Lydaweg o'r Testament Newydd, ac ef oedd tad pan-Geltigiaeth. Ac yntau'n fawr

'A weleisty Dominus Fortis—?
Darogan dwfn Dominus?
Budyant Uffern?
Hic nemor i por progenii?
Ef a dilbyngys ei thwrf—
Dominus Virtictum!
Kaeth nawt kyn hulhwys, estis, iste—est,
(Est) a chyn, buasswn, as im sei.
Rwyf derwin, y Duw diheu!
A chyn mynnwyf derfyn creu,
A chyn dél, ewyn friw, ar vyggeneu,
A chyn vyg kyf alle, ar y latheu pren,
Poet ym heneit yd a kyfadeu.
Abreid, om dyweit, llythyr llyfreu,
Kystud dygyn, gwedv, gwely agheu,
Ar sawl a gigleu vy mardh Lyfreu.
Ry bryn hwynt wlat Nef, adef goreu,
Ry prynhwynt wlat Nef, adef goreu!"
"Myfi sydh Dhewin,
A Phrifardh cyffredin,
Mi adwen pob corsin
Ynogof gorthewin,
My a rydhaf Elphin,
O fol Twr meinin,
Mi a fynegaf ich Brenin.
Ac i'r bobl gyffredin.
Edhaw pryf ryfedh,
O Forfa rhiannedh!
I dhial cawiredh,
Ar Faelgwn Gwynedh!
Ai flew, ai dhannedh,
Ai Lygaid, yn euredh!
A hwn a wna dhiwedh
Ar Faelgwyn Gwynedh!

William Price yn ei wisg seremonïol

ei sêl dros ddefnyddio'r **Gymraeg** wrth addoli ac mewn **addysg**, daeth ei ysgol Gymraeg yng Ngellifelen (**Llanelli, Sir Fynwy**; Sir Frycheiniog bryd hynny) dan lach awduron adroddiad addysg 1847 (gw. **Brad y Llyfrau Gleision**). Roedd hefyd yn artist, yn naturiaethwr, yn gerfiwr coed ac yn gerddor. Fe'i claddwyd yn **Llanfihangel Cwm Du** a bu mynych **bererindota** at ei fedd hyd at yr **Ail Ryfel Byd**; ailgydiodd Cymdeithas Carnhuanawc yn yr arfer yn y 1990au.

**PRICE, W[illiam] C[harles] (1909–93)**
Ffisegydd

Gwnaeth W. C. Price gyfraniad pwysig at ddeall adeiladwaith electronig moleciwlau. Ganed ac addysgwyd ef yn **Abertawe**, ac aeth ati i wneud gwaith ymchwil yn Baltimore, **Caergrawnt**, Chicago a King's College, **Llundain**, lle daeth yn Athro Wheatstone mewn ffiseg. Roedd llawer yn ystyried bod ei waith arloesol ar spectroscopeg uwchfioled ac isgoch a spectroscopeg ffotoelectronau yn haeddu gwobr Nobel. Trwy ganfod bod spectra uwchfioled moleciwlau yn ffurfio cyfresi tebyg i'r rhai y sylwir arnynt mewn atomau, sefydlodd briodweddau cylchdroadau'r electronau allanol mewn moleciwl. Yn ddiweddarach defnyddiodd spectroscopeg ffotoelectronau i astudio cylchdroadau mewnol electronau falensi. Roedd yn gweithio hefyd ar gyflyrau dirgrynu moleciwlau a bondio hydrogen – gwaith a oedd yn hanfodol ar gyfer deall moleciwlau megis DNA.

**PRICE, William (1800–93)** Meddyg, Siartydd ac ymgyrchydd dros amlosgi

Ganed y Dr William Price, un o wŷr hynotaf y 19g., yn **Rhydri**, ac roedd yn byw yn **Llantrisant**. Fel ei dad, bu'n dioddef o sgitsoffrenia ac mae'n bosibl mai hynny, ynghyd â methiant llawer i freuddwyd chwyldroadol ond anymarferol, sy'n esbonio ei ymddygiad anghyffredin.

Roedd yn feddyg teulu llwyddiannus ac adnabyddus. Yn 1823 cafodd ei ethol yn feddyg gwaith yng ngwaith cadwynau **Pontypridd**, y tro cyntaf ym **Mhrydain** i weithlu ethol a thalu ei feddyg ei hun, yn gyfnewid am driniaeth feddygol am ddim – a hyn ddegawdau lawer cyn sefydlu **cymdeithasau cymorth meddygol y glowyr**. Ond enynnai feirniadaeth lem oherwydd ei elyniaeth tuag at yr eglwys, y **gyfraith** a'r meistri **haearn**, ac oherwydd ei syniadau anarferol mewn sawl maes. Roedd yn annog cariad rhydd, a daeth yn llysieuwr a ystyriai mai canibaliaeth oedd bwyta cig. Yn 1840 bu Price, fel arweinydd Siartwyr Pontypridd (gw. **Siartiaeth**), yn flaenllaw yn y gwaith o sefydlu'r Pontypridd Provision Company, yr enghraifft gyntaf yng Nghymru o fenter gydweithredol a sefydlwyd at ddibenion gwleidyddol agored.

Datblygodd ddiddordeb ysol yn y **derwyddon** ac erbyn diwedd y 1840au rhodiai'r cymoedd diwydiannol mewn trowsus gwyrdd, gwasgod ysgarlad a het o groen llwynog, gan ei alw'i hun yn **Archdderwydd**. Yn 1839 adeiladodd bâr o dyrau crwn yng Nglyn-taf (Pontypridd) lle bwriadai sefydlu amgueddfa dderwyddol. Er ei fod o blaid gwrthryfel arfog, roedd yn absennol, yn rhyfedd ddigon, o orymdaith y Siartwyr i **Gasnewydd**; wedi'r orymdaith, ffodd i Ffrainc wedi'i wisgo fel menyw. Roedd yn ymgyfreithiwr brwd, a'r achos enwocaf iddo fod yn rhan ohono oedd hwnnw yn 1884 ar ôl iddo geisio llosgi corff ei faban bach, Iesu Grist. Fe'i cafwyd yn ddieuog o unrhyw drosedd, a bu hyn yn drobwynt yn hanes y mudiad o blaid cyfreithloni amlosgi. Yn 83 oed dechreuodd Price berthynas â Gwenllian Llewelyn, a ganed iddynt ddau o blant, Iesu Grist yr Ail a Penelopen. Daeth miloedd i amlosgiad Price ei hun ar Gaeau Cae'r-lan, Llantrisant.

**PRICE-THOMAS, Clement (1893–1973)**
Llawfeddyg

Ganed Price-Thomas yn **Aber-carn**. Dechreuodd ar ei addysg feddygol yng **Nghaerdydd** a'i chwblhau yn Ysbyty Westminster, lle daeth dan ddylanwad Arthur Tudor Edwards, un o arloeswyr llawfeddygaeth y thoracs. Daeth yntau'n flaenllaw yn yr un maes. Dyfeisiodd ffyrdd newydd o drin **twbercwlosis** a chanser yr ysgyfaint, ac ef, yn 1946, oedd y cyntaf ym **Mhrydain** i gywiro culhad y brif rydweli sy'n codi o'r galon. Fe'i hurddwyd yn farchog yn 1951 wedi iddo godi un o ysgyfaint George VI yn llwyddiannus. Bu'n llywydd Ysgol Feddygol Genedlaethol Cymru (gw. **Coleg Meddygaeth, Bioleg, Gwyddorau Iechyd a Bywyd Cymru**).

**PRICHARD, Caradog (1904–80)** Llenor, bardd a newyddiadurwr

Daeth Caradog Prichard i amlygrwydd gyntaf fel enillydd hynod ifanc coron yr **Eisteddfod** Genedlaethol mewn tair blynedd yn olynol, yn 1927, 1928 ac 1929, camp a barodd i drefnwyr yr ŵyl newid y rheolau fel na allai neb ailadrodd ei lwyddiant. Ond fe'i cofir yn bennaf fel awdur *Un Nos Ola Leuad* (1961), y nofel Gymraeg orau ym marn llawer. Fe'i seiliodd ar ei blentyndod ef ei hun ym **Methesda** a'r profiad a gafodd, yn ystod ei lencyndod, o wylio'i fam yn syrthio i afael salwch meddwl. Y profiad hwnnw, a'i ymateb ef iddo, sydd wrth wraidd y rhan fwyaf o'i farddoniaeth gynnar hefyd. Daliodd i gystadlu yn yr Eisteddfod, gan ennill y gadair yn 1962. Eto i gyd ni fu'r Tori a'r brenhinwr hwn, a dreuliodd dros hanner ei oes yn **Llundain** yn gweithio'n bennaf ar y *Daily Telegraph*, erioed yn rhan mewn gwirionedd o'r sefydliad llenyddol Cymraeg.

## PRICHARD, John (1817–86) Pensaer

Roedd John Prichard, mab i reithor **Llan-gan**, yn un o benseiri neo-Gothig mwyaf dychmygus ei gyfnod. Ar ôl cael ei hyfforddi gan A. C. Pugin, sefydlodd bractis yn Llandaf (**Caerdydd**), a chafodd ei benodi'n bensaer yr esgobaeth. Rhwng 1852 ac 1863 bu mewn partneriaeth gyda John Pollard Seddon. Ei waith mwyaf oedd adfer Eglwys Gadeiriol Llandaf (1843–69), ac mae'n debyg mai'r fwyaf trawiadol o blith ei eglwysi newydd oedd Eglwys y Santes Gatrin, **Baglan** (1875–82). Ef hefyd a gynlluniodd Ysgol Ramadeg y **Bont-faen** (1849–52), y Swyddfa Brofiant, Llandaf (1860–3), cartref ymadfer i lowyr The Rest ym **Mhorth-cawl** (1874–8) a Llys Ynadon **Pen-y-bont ar Ogwr** (1880–1).

## PRICHARD, Rhys (Rice Prichard neu Y Ficer Prichard neu Yr Hen Ficer; 1579?–1644/5) Clerigwr a bardd

Ganed Rhys Prichard yn **Llanymddyfri** a'i addysgu yn **Rhydychen**. Bu'n ficer eglwys Llandingad, Llanymddyfri, o 1602 hyd ei farw. Yn 1617 cyhoeddodd ddau waith, *Y Catechism*. . . a cherdd i'w fab, *Cyngor Episcob y bob enaid oddi vewn y Episcopeth*. Mae'r ddau yn dangos sêl y Ficer dros addysgu ei blwyfolion yn y ffydd Gristnogol a hyn hefyd a'i symbylodd i gyfansoddi ei benillion poblogaidd. Ond yr oedd i'r cerddi amcan ymarferol yn ogystal, oherwydd trafodent fywyd y plwyfolion yn ei holl amrywiaeth o sut i wella clefydau i rinweddau bwyta llysiau, o'r modd priodol o ddewis gwraig i beryglon difaol meddwdod. Cyhoeddwyd y cerddi o 1658 ymlaen gan **Stephen Hughes**, ac ef a'u casglodd ynghyd a'u cyhoeddi dan y teitl *Canwyll y Cymru* yn 1681. Gwerthodd y gyfrol wrth y miloedd ac roedd mor boblogaidd ymhlith y **werin** â *Taith y Pererin*, y cyfieithiad **Cymraeg** o *The Pilgrim's Progress* Bunyan. Fe'i cyfieithwyd i'r **Saesneg** hefyd.

## PRICHARD, Thomas Jeffery Llewelyn (1790–1862) Llenor

Bu T. J. Llewelyn Prichard, brodor o **Lanfair-ym-Muallt**, yn llyfrwerthwr yn ei dref enedigol ac yn actor crwydrol nes iddo golli ei drwyn wrth ymladd â chlefyddau (wedi hynny gwisgai drwyn wedi'i wneud o gwyr a gynhelid gan ei sbectol). Fe'i cofir fel awdur *The Adventures and Vagaries of Twm Shon Catti, descriptive of life in Wales* (1828). Dyma'r llyfr a wnaeth fwyaf i ledaenu myth Twm Siôn Cati (gw. **Thomas Jones**; *c.*1530–1609), a chyfeiriwyd ato fel 'nofel gyntaf Cymru yn Saesneg'. Er gwaethaf poblogrwydd y llyfr, diweddodd yr awdur ei oes mewn rhan dlawd o **Abertawe** a bu farw o'i losgiadau ar ôl cwympo i'w dân ei hun.

## PRIDDOEDD

Er na sylweddolir hynny yn aml, mae priddoedd gyda'r pwysicaf o adnoddau sylfaenol dynolryw. Maent yn sylfaen i bob ecosystem ddaearol, gan gynnwys **amaethyddiaeth** a **choedwigaeth**, a darparant ddolen bwysig rhwng yr amgylchedd ffisegol a byd natur. Ffurfir priddoedd ar wyneb y ddaear ac maent yn datblygu o ganlyniad i'r rhyngweithiad rhwng yr **hinsawdd** a llystyfiant, ar y naill law, a deunyddiau daearegol hindreuliedig ar y llall. Mae oed creigiau Cymru yn amrywio o'r cyfnod Cyn-Gambriaidd hyd y cyfnod Diweddar (gw. **Daeareg**), ond yng nghyd-destun ffurfiant pridd mae eu cyfansoddiad mwynyddol yn bwysicach na'u hoed. Mae hindreuliad yn chwalu creigiau'n ddarnau llai a llai, gan ffurfio, ymhen amser, ronynnau o dywod, silt a chlai, sef yr elfen anorganig mewn pridd. Pydrad **planhigion** sy'n gyfrifol am yr elfen organig ynddo. Gall glaw drwytholchi priddoedd, proses sy'n esgor ar ddeunyddiau anffrwythlon ac asidig iawn sy'n cynnwys tywod silicaidd, silt a chleiau actifedd isel. Dan amodau gwlyb iawn, gall deunydd organig ymgasglu gan ffurfio **mawn**.

Mae Cymru wedi chwarae rhan bwysig yn natblygiad gwyddor pridd, yn bennaf dan ddylanwad Gilbert Wooding Robinson (1889–1950), Athro cadeiriol cemeg amaethyddol ym **Mangor** (1926–50). Ef a roddodd gychwyn ar arolygon pridd ym **Môn**, **Gŵyr** a mannau eraill, ac roedd yn llywydd Cymdeithas Ryngwladol Gwyddor Pridd. Ei arolygon ef a sefydlodd y fethodoleg ar gyfer arolygon pridd ym **Mhrydain**.

Yr hinsawdd a natur y priddoedd sy'n rheoli ansawdd tir. Nid oes gan Gymru fawr ddim tir yng nghategori'r dosbarth cyntaf – yn wir, nid oes ganddi dir o gwbl yng ngrŵp 1A a 2A, sy'n cwmpasu'r math o briddoedd sy'n gyffredin iawn yn y rhannau o ddwyrain **Lloegr** lle tyfir grawn. Fodd bynnag, ceir tiroedd helaeth o ansawdd da sy'n perthyn i grwpiau 2AG, 3G a 4G – priddoedd sy'n addas iawn ar gyfer tyfu porfa ac, mewn mannau neilltuol, **gnydau tir âr** – yn **Sir y Fflint**, Môn, **Sir Benfro** a **Bro Morgannwg**. Ystyrir bod priddoedd y rhan fwyaf o iseldiroedd y de-orllewin a'r gogledd-ddwyrain o ansawdd cymedrol ac yn perthyn yn bennaf i grŵp 6AG o briddoedd amlbwrpas. Mae'r rhan fwyaf o ucheldir Cymru yn cynnwys tir o ansawdd gwael grŵp 8H; mae'r fath dir yn ymestyn dros bron hanner arwynebedd y wlad ac yn cynnwys priddoedd na fedrant gynnal fawr mwy na phorfeydd bras.

### *Mathau o bridd*

Caiff priddoedd eu hadnabod a'u henwi yn ôl eu proffil – y dilyniant fertigol o haenau neu haenlinau pridd sy'n gorchuddio'r deunydd crai y ffurfiwyd y pridd ohono. Ar yr wyneb ceir yr uwchbridd wedi'i gyfoethogi â deunydd organig. Gall yr isbridd fod yn ddarnau o greigiau hindreuliedig yn unig, neu gall fod wedi'i gyfoethogi â chlai, **haearn**, alwminiwm neu ddeunydd organig. Gan ddefnyddio terminoleg Arolwg Pridd Lloegr a Chymru, rhestrir priddoedd Cymru isod:

PRIDDOEDD BROWN – Mae priddoedd sy'n draenio'n dda neu'n gymharol dda, a nodweddir gan haenlin o isbridd amlwg iawn – deunydd crai a weddnewidiwyd – yn gyffredin iawn ar lethrau ledled canolbarth a gorllewin Cymru. Maent dros 30cm o ddyfnder, yn gorchuddio unrhyw fath o graig ac yn gymharol ffrwythlon. Llwyddodd rhai priddoedd brown i oroesi'r Oes Iâ ddiwethaf gan eu bod yn gorwedd y tu hwnt i derfynau'r rhewlifau. Er iddynt ddioddef erydiad, mae gweddillion y priddoedd brown hyn, sy'n meddu ar haenlinau is wedi'u cyfoethogi â chlai, i'w cael yng Ngŵyr a Bro Morgannwg hyd heddiw.

PRIDDOEDD CRAI – Mae deunyddiau'r priddoedd hyn naill ai'n denau neu heb haenlinau ynddynt. Ni fedrant gynnal amaethyddiaeth na choedwigaeth, a thenau iawn yw eu llystyfiant. Nodweddant dwyni tywod a rhannau allanol morydau.

PRIDDOEDD GLEI DŴR-WYNEB A DŴR-DAEAR – Pan fo dŵr yn llenwi holl fandyllau'r pridd, caiff yr aer ei yrru allan, gan greu pridd anerobig, cyflwr sy'n peri i nodweddion priddoedd glei (clai glas) ddatblygu. Yn y broses hon, caiff mwynau haearn eu rhydwytho'n gemegol gan droi'n llwyd eu lliw. Datblyga patrwm brith pan fo'r amodau'n sych ac yn ddwrlawn am yn ail â'i gilydd. Gelwir priddoedd sydd yn llawn dŵr glaw, dros dro, yn briddoedd glei dŵr-wyneb. Gelwir priddoedd dan ddylanwad parhaol lefel trwythiad uchel yn briddoedd glei dŵr-daear. Mae gan y rhan fwyaf o'r priddoedd glei hyn, fel y rheini ar ucheldiroedd maes **glo**'r de, haenlinau arwynebol llawn deunydd organig.

PRIDDOEDD LITHOMORFFIG – Priddoedd tenau, neu garegog iawn, sy'n nodweddu llethrau serth ac ardaloedd mynyddig yw'r rhain, ac mae'r creigiau caled sy'n sail iddynt ar ddyfnder o 25cm neu lai. Ceir dau is-grŵp: mae rendsinau yn briddoedd tenau ar galchfeini neu sgrïau ac maent wedi datblygu ar Galchfaen Carbonifferaidd y Gogarth (**Llandudno**) a chalchfeini Mesosöig Bro Morgannwg (gw. **Calchfaen**). Mae ranciau yn briddoedd tenau ar greigiau neu sgrïau anghalchaidd sy'n nodweddiadol o ardaloedd mynyddig megis **Eryri**.

PRIDDOEDD MAWN – Yn wahanol i briddoedd mwynol, datblyga'r rhain o fawn a ymffurfiodd o ganlyniad i dymheredd isel ac amodau dwrlawn sy'n atal pydrad planhigion. Yn ôl y diffiniad, mae'n rhaid bod gan bridd mawn ddeunydd organig ac iddo ddyfnder o 40cm neu fwy. Ar lwyfandiroedd uchel mae priddoedd mawn crai, asidig iawn, yn datblygu ar orgorsydd, ac ar lawr gwlad ceir enghreifftiau o briddoedd tebyg ar gyforgorsydd.

PRIDDOEDD O WNEUTHURIAD DYN – Mae'r rhan fwyaf o ddigon o briddoedd Cymru wedi cael eu newid gan weithgareddau dyn – er enghraifft, trwy ychwanegu calch, mawn a gwrteithiau atynt. Fodd bynnag, mae rhai priddoedd wedi cael eu newid yn ddirfawr gan weithgareddau dyn, fel y rheini a ddinistriwyd gan waith cloddio neu wrth iddynt gael eu claddu, neu a newidiwyd o ganlyniad i ychwanegu deunyddiau eraill atynt.

PRIDDOEDD PODSOLIG – Mae glawiad uchel, a deunydd crai nad oes ynddo fawr ddim calsiwm carbonad – amodau sy'n nodweddu ucheldiroedd Cymru – yn golygu bod priddoedd yn cael eu trwytholchi'n drylwyr, yn enwedig pan fo'r draeniad yn dda, gan ffurfio priddoedd podsolig. Caiff yr haenlin uchaf ei chyfoethogi â deunydd organig du sydd wedi rhannol bydru; mae asidau yn golchi ymaith haearn ac alwminiwm yr haenlinau arwynebol ac yn cludo'r elfennau hyn ar i lawr gan ffurfio haenlin is amlwg iawn a brown ei lliw. Yn y de-orllewin, mae pridd podsolig brown yn gyffredin, ond weithiau ceir podsol cyflawn ar ddeunydd tywodlyd, pridd ac ynddo haenlin dywodlyd, lwyd yn gorchuddio haenlin is a honno'n frown tywyll iawn neu ddu ei lliw.

### *Y defnydd a'r camddefnydd o bridd*

Mae priddoedd ucheldiroedd Cymru yn addas, yn anad dim, ar gyfer tyfu porfa a chnydau porthi sy'n rhan o drefn amaethu bugeiliol yn bennaf. Ac eithrio cyfnod byr yn ystod y gaeaf, tyf y borfa trwy gydol y flwyddyn. Porfa yw prif gnwd priddoedd ffrwythlonach iseldiroedd y de a'r gorllewin hefyd er bod rhai cnydau eraill yn cael eu tyfu, yn enwedig llysiau a thatws newydd. Yn amlach na pheidio, mae draeniad yn angenrheidiol. Yn yr un modd, mae coedwigaeth yn ddibynnol ar natur y pridd sy'n bresennol. Caiff sbriws Sitca eu plannu'n helaeth ar lwyfandiroedd uchel, gwlyb, a phinwydd camfrig, pinwydd Corsica a choed llydanddail ar briddoedd y llechweddau, lle mae'r draeniad yn well.

Fel rheol, nid yw erydiad pridd yn broblem yng Nghymru, ond os caiff tir ei orbori neu os gadewir tir âr ar lechweddau yn ddiamddiffyn, gall effaith erydiad fod yn ddramatig. Yr unig ffordd i drin llechweddau serth, ac osgoi damweiniau, yw trwy yrru tractor i fyny ac i lawr y llethr. O ganlyniad, gall hyd yn oed gaeau porfa ddioddef erydiad difrifol os ceir glaw trwm cyn bod had porfa a ailheuwyd yn egino a magu gwreiddiau. Mewn ambell fan, mae gweithgareddau coedwigaeth ar yr ucheldiroedd wedi bod yr un mor niweidiol o ganlyniad i erydiad ar hyd y rhychau plannu.

Mewn sawl man yng Nghymru, mae diwydiannu dwys wedi gadael ei ôl ar y priddoedd. Bu i waith cloddio am **gopr**, **plwm** a sinc gan y **Rhufeiniaid** lygru'r tir yn lleol. O ganol y 18g. ymlaen achoswyd mwy o lygredd yn y mannau hynny lle câi'r mwynau eu crynodi a'u mwyndoddi. Yn rhannau isaf Cwm **Tawe**, yn anad unman arall, esgorodd dwy ganrif o fwyndoddi metelau ar dir diffaith a llygredd pridd difrifol iawn. (Am y gwaith o adfer rhannau isaf Cwm Tawe, gw. **Abertawe, Dinas**.)

Yn dilyn cau gweithfeydd glo brig ar hyd a lled maes glo'r de, cafodd priddoedd a osodwyd o'r neilltu tra câi'r glo ei gloddio eu gwasgaru ar draws y tiroedd adferedig. Tasg anodd ar adegau fu ailsefydlu'r pridd ar ffurf haenen organig, fyw ar wyneb y tir. Bu'r broses yn llwyddiannus lle'r oedd trwch o bridd yn wreiddiol, ond ar safleoedd uwch, araf fu tyfiant porfa ar briddoedd tenau ac asidig iawn, ac mae peth erydiad wedi digwydd.

## PRIFYSGOL AGORED YNG NGHYMRU

Sefydlwyd y Brifysgol Agored yng Nghymru yn 1970, fel un o 'ranbarthau cenedlaethol' y Brifysgol Agored trwy **Brydain**, yn gwasanaethu myfyrwyr a gofrestrwyd yng Nghymru. Mae ei phencadlys yng **Nghaerdydd** yn cynnal tua 20 o ganolfannau astudio, 350 o ddarlithwyr cysylltiol a 6,000 o fyfyrwyr israddedig. Cyflwynir ei holl gyrsiau trwy gyfrwng technegau addysgu o bell, gyda chymorth sesiynau tiwtorial lleol, cysylltiadau trwy gyfrwng **teleffon** a rhwydweithiau cyfrifiadurol, ac ysgolion preswyl a gynhelir ar benwythnos a thros yr haf. Nid oes angen cymwysterau mynediad ffurfiol a bydd llawer o fyfyrwyr yn dechrau gyda chwrs sylfaen cyn symud ymlaen i astudiaethau gradd. Mae rhaglen ddatblygedig o waith ôl-radd, yn cynnwys graddau ymchwil. Astudio yn eu hamser hamdden y bydd y rhan fwyaf o bobl, gan barhau i weithio. Mae chwe chyfadran, a'u penaethiaid yn academyddion yng Nghaerdydd sy'n cyfrannu at lunio cyrsiau ac at raglen ymchwil a chyhoeddi'r Brifysgol, yn arbennig ar themâu'n ymwneud â Chymru. O'r 1970au ymlaen cynigiodd **Prifysgol Cymru, Aberystwyth**, gyda'i Gradd Allanol, gyfleoedd tebyg trwy gyfrwng y **Gymraeg**.

## PRIFYSGOL CAERDYDD (Prifysgol Cymru, Caerdydd gynt)

Nid annisgwyl oedd y penderfyniad i sefydlu Coleg Prifysgol De Cymru a Sir Fynwy (fel y'i galwyd yn wreiddiol) yng **Nghaerdydd**, er iddo greu cryn ddrwgdeimlad yn **Abertawe**. Derbyniodd ei siarter frenhinol yn 1883. Annheilwng iawn oedd ei gartref cyntaf mewn hen ysbyty, a bu'n rhaid aros hyd 1909 ar gyfer agoriad adeilad urddasol W. D. Caröe, sy'n cydweddu'n briodol â'r safle ym **Mharc Cathays**. Yn fuan wedi sefydlu'r coleg datganodd y staff eu hawydd i'w weld yn ymddihatru oddi wrth **Brifysgol Cymru** a dod yn brifysgol annibynnol megis prifysgolion dinesig **Lloegr** – awydd a fyddai'n cael ei fynegi'n aml yn y blynyddoedd dilynol. Gan fod y coleg wedi arloesi gydag addysg feddygol yn y Brifysgol, chwerw oedd y dadleuon a arweiniodd at greu ysgol feddygol ar wahân – Ysgol Feddygol Genedlaethol Cymru (gw. **Coleg Meddygaeth, Bioleg, Gwyddorau Iechyd a Bywyd Cymru**). Diflas hefyd oedd argyfwng y 1980au pan lithrodd y coleg i ddyled enbyd ar ôl dilyn polisïau anghyfrifol. Serch hynny, datblygodd yn gadarn a cham pwysig oedd y briodas yn 1988 ag Athrofa Gwyddoniaeth a Thechnoleg Prifysgol Cymru (UWIST) a olrheiniai ei hanes yn ôl i 1866. Yn Awst 2004 unodd y coleg gyda Choleg Meddygaeth Prifysgol Cymru i greu Prifysgol Caerdydd gan ymwahanu oddi wrth y brifysgol ffederal, Prifysgol Cymru. Mae gan y sefydliad newydd ddau goleg – **Coleg Meddygaeth, Bioleg, Gwyddorau Iechyd a Bywyd Cymru** a Choleg y Dyniaethau a'r Gwyddorau, ill dau â'u pennaeth eu hunain. Yn 2006/7 roedd cyfanswm y myfyrwyr yn 22,000. Dengys asesiadau annibynnol fod Caerdydd yn un o'r sefydliadau dysgu ac ymchwil mwyaf llwyddiannus ym **Mhrydain**.

## PRIFYSGOL CYMRU

Pe bai **Owain Glyndŵr** wedi llwyddo yn ei nod o greu dwy brifysgol, anodd dirnad beth fuasai ffawd addysg uwch yng Nghymru. Aeth dros bedair canrif heibio cyn tanio brwdfrydedd cenedlaethol i sicrhau prifysgol. Un o'r ysgrifenwyr mwyaf dylanwadol ar y pwnc oedd Thomas Nicholas (1816–1879), a daeth ei huodledd i sylw **Hugh Owen** (1804–81), a ddaeth yn ŵr allweddol ym mywyd addysgol Cymru. Roedd hi'n amlwg hefyd fod gan nifer helaeth o'r bobl gyffredin barch dwfn at **addysg**. Un o'r arwyddion hynotaf o hynny oedd y casgliadau mewn eglwysi ar 'Sul y Brifysgol', sef y Suliau olaf yn Hydref 1875, 1876 ac 1877. Wedi brwydro arwrol sefydlwyd coleg prifysgol yn **Aberystwyth** yn 1872 (gw. **Prifysgol Cymru, Aberystwyth**). Erbyn 1884 roedd dau goleg prifysgol yng Nghymru, sef **Caerdydd** a **Bangor**, yn paratoi myfyrwyr ar gyfer graddau Prifysgol Llundain (gw. **Prifysgol Caerdydd** a **Prifysgol Cymru, Bangor**). Roedd rhaniad anfoddhaol rhwng dysgu (yn y colegau) ac arholi (gan **Lundain**) nes i Brifysgol Cymru dderbyn ei siarter sylfaenol yn 1893. Bellach addysgid pob myfyriwr yn ei goleg ei hun a'i arholi gan Brifysgol Cymru. Ymhlith y poenau tyfu yr oedd dadlau chwerw ynghylch lleoliad Cofrestrfa'r Brifysgol, a agorwyd ym **Mharc Cathays**, Caerdydd, yn 1904. Prinder ariannol a diffygion eraill a barodd i'r **llywodraeth** yn 1916 benodi'r Arglwydd Haldane i gadeirio comisiwn brenhinol i archwilio addysg brifysgol yng Nghymru. Adroddiad Haldane (1918) yw'r ddogfen fwyaf dylanwadol a gwerthfawr yn hanes y Brifysgol. Datganwyd yn glir mai un brifysgol ffederal a chenedlaethol oedd y ddelfryd, ond y dylid cryfhau awtonomi'r colegau cyfansoddol. Crëwyd cyngor canolog gweithredol a bwrdd academaidd yn lle'r hen senedd lafurus. Paratowyd y ffordd i dderbyn coleg cyfansoddol newydd, Coleg Prifysgol **Abertawe**, i'r Brifysgol (1920; gw. **Prifysgol Cymru Abertawe**). Ar ôl dadlau blin agorwyd Ysgol Feddygol Genedlaethol Cymru yn 1931 (gw. **Coleg Meddygaeth, Bioleg, Gwyddorau Iechyd a Bywyd Cymru**). O gofio'u gwreiddiau, naturiol ydoedd i'r colegau ddarparu addysg allanol; yn 1920 ffurfiwyd bwrdd estyn i gydlynu eu gweithgareddau. Bu datblygiadau sylweddol, yn enwedig ym mlynyddoedd y **Dirwasgiad**.

O 1945 ymlaen ehangwyd nifer y myfyrwyr, a'r rheini'n gynyddol o **Loegr**, gan beri tensiynau mewn mannau. Bu ymgyrch, yn bennaf gan aelodau staff, i ddadffederaleiddio'r Brifysgol, ond wedi dadlau miniog cadarnhaodd y llys yn 1964 nad oedd newid i fod. Ychwanegwyd at aelodaeth y llys a'r cyngor gan siarter atodol 1967. Daeth Athrofa Gwyddoniaeth a Thechnoleg Prifysgol Cymru (UWIST) yn 1967 yn goleg cyfansoddol (gan uno â Chaerdydd yn 1988). Felly hefyd Coleg Dewi Sant, **Llanbedr Pont Steffan**, yn 1971 (gw. **Prifysgol Cymru, Llanbedr Pont Steffan**) a **Phrifysgol Cymru, Casnewydd** yn 2004.

Yn ystod y 1980au roedd Coleg Caerdydd mewn trafferthion ariannol dyrys a ysgytwodd brifysgolion trwy'r Deyrnas Unedig. Nid oedd hawl gan y Brifysgol i ymyrryd a gofynnwyd i bwyllgor o dan gadeiryddiaeth **Goronwy Daniel** archwilio strwythur ac effeithiolrwydd y Brifysgol. Mabwysiadwyd argymhellion y pwyllgor, ac yn fuan rhoddodd gweithgor **Melvyn Rosser** (a adroddodd yn 1993) sylw i ddatblygiadau diweddar, megis sefydlu **Cyngor Cyllido Addysg Uwch Cymru** a **Phrifysgol Morgannwg**. Penderfynwyd creu corff pwerus yr is-ganghellorion, penodi is-ganghellor hŷn ac ysgrifennydd cyffredinol, ac annog partneriaeth ffederal rhwng y sefydliadau cyfansoddol a'r colegau sy'n rhan o'r Brifysgol.

Cododd hen fwgan dadffederaleiddio ei ben drachefn yn 2004. Y flwyddyn honno unodd Coleg Meddygaeth Prifysgol Cymru â Phrifysgol Cymru, Caerdydd, i ffurfio sefydliad newydd, sef Prifysgol Caerdydd, gan ymwahanu oddi wrth Brifysgol Cymru. Yr un pryd, fodd bynnag, daeth pedwar sefydliad arall yn rhan o Brifysgol Cymru, sef **Athrofa Addysg Uwch Gogledd-Ddwyrain Cymru (Wrecsam)**; **Athrofa Addysg Uwch Abertawe**; **Coleg y Drindod (Caerfyrddin)** a **Choleg Cerdd a Drama Cymru** (Caerdydd). Felly, cododd y nifer o sefydliadau cyfansoddol a gorfforwyd yn annibynnol ac a ariennid yn uniongyrchol o chwech i ddeg; y colegau

Gregynog

cyfansoddol eraill ar y pryd oedd Prifysgol Cymru, Aberystwyth; Prifysgol Cymru, Bangor; **Athrofa Prifysgol Cymru, Caerdydd**; Prifysgol Cymru Abertawe; Prifysgol Cymru, Llanbedr Pont Steffan a Phrifysgol Cymru, Casnewydd.

Erbyn dechrau'r 21g. roedd y Brifysgol yn gweithredu fel awdurdod dyfarnu graddau nid yn unig ar gyfer ei sefydliadau cyfansoddol ei hunan, ond hefyd ar gyfer tua 50 o sefydliadau addysg uwch eraill yn y Deyrnas Unedig a thramor. Yn flynyddol golygai hyn ddyfarnu bron 15,000 o raddau cyntaf a thros 4,000 o raddau uwch; hi, felly, oedd y corff dyfarnu graddau mwyaf ond un yn y Deyrnas Unedig (Prifysgol Llundain oedd y mwyaf). Rhwng ei cholegau cyfansoddol a'r cynlluniau astudio a ddilysid ganddi mewn mannau eraill, roedd ganddi bron 90,000 o fyfyrwyr ym mhob rhan o'r byd. Fodd bynnag, yn 2007 daeth newid radical i ran Prifysgol Cymru; peidiodd â bod yn gorff ffederal ac allan o'i gwasanaethau canolog crëwyd sefydliad addysg uwch yn ei hawl ei hun (penododd is-ganghellor yr un flwyddyn). Trodd ei haelodau cyfansoddol gynt yn gonffederasiwn o sefydliadau addysg uwch a fyddai'n cael eu hachredu ganddi i ddyfarnu ei graddau. Ond, ac Abertawe, Aberystwyth a Bangor oll erbyn 2007 wedi sicrhau hawliau i ddyfarnu eu graddau eu hunain, crëwyd ansicrwydd ynghylch eu hymrwymiad hirdymor i radd Prifysgol Cymru.

Yn ei ffurf newydd mae Prifysgol Cymru yn parhau i fod â chyfrifoldeb arbennig i hybu astudiaethau Cymreig, yn bennaf trwy'r **Ganolfan Uwchefrydiau Cymreig a Cheltaidd** a Gwasg Prifysgol Cymru (gw. **Argraffu a Chyhoeddi**); traflyncwyd y **Bwrdd Gwybodau Celtaidd** gan y Ganolfan yn 2007. Rhodd hael i'r Brifysgol gan Margaret Davies (gw. **Davies, Teulu (Llandinam)**) yn 1960 oedd Gregynog (**Tregynon**), canolfan hardd yn **Sir Drefaldwyn** ar gyfer cynnal cynadleddau preswyl.

## PRIFYSGOL CYMRU ABERTAWE (PRIFYSGOL ABERTAWE)

Siom ddirfawr i **Abertawe** oedd y penderfyniad yn 1882 i sefydlu coleg prifysgol y de yng **Nghaerdydd** (gw. **Prifysgol Cymru a Phrifysgol Caerdydd**). Yn 1916 daeth cyfle i osod hawliau Abertawe gerbron Comisiwn Haldane fel canolbwynt ardal ddiwydiannol helaeth a ffyniannus. Mantais ddiamheuol oedd presenoldeb coleg technegol yno er 1903. Wedi cydymffurfio ag amodau'r Comisiwn derbyniodd Coleg Prifysgol Abertawe ei siarter yn 1920. Nid oedd y lleoliad cyntaf ym Mount Pleasant yn foddhaol ac wedi derbyn rhodd gan gorfforaeth Abertawe daeth yr holl goleg ynghyd ym Mharc Singleton. Ar y gwyddorau y canolbwyntiwyd i ddechrau ond buan y meithrinwyd y celfyddydau hefyd. Ac eithrio achos blin **Saunders Lewis** yn 1936–7 (gw. **Penyberth, Llosgi Ysgol Fomio**), tyfodd y coleg yn ddiffwdan. Bu adeiladu brwd yn y 1960au ac roedd y coleg, ar ei safle gwych yn edrych dros Fôr Hafren, yn ymdebygu fwyfwy i gampws. Gwelwyd newidiadau mawr ers hynny. Yn nechrau'r 21g., yn wyneb gwrthwynebiad mawr, caewyd rhai adrannau ac iddynt hanes clodwiw, yn enwedig **athroniaeth** a **chemeg**. Ymhlith y datblygiadau diweddar bu agor, yn 2007, y Sefydliad Gwyddorau Bywyd a grëwyd ar gost o £50 miliwn – y buddsoddiad mwyaf erioed gan y coleg mewn gwaith ymchwil. Yn 2005 cafodd y coleg yr hawl i ddyfarnu ei raddau ei hunan yn hytrach na rhai Prifysgol

Darllenfa Shankland, Prifysgol Cymru, Bangor

Cymru. A'r coleg eisoes wedi mabwysiadu'r enw Prifysgol Abertawe fel ei deitl cyhoeddus, erbyn dechrau'r flwyddyn academaidd 2007/8 daethai'n brifysgol annibynnol, cwbl ar wahân i Brifysgol Cymru. Yn 2006/7 roedd gan y coleg gyfanswm o tua 12,000 o fyfyrwyr.

## PRIFYSGOL CYMRU, ABERYSTWYTH

Mudiad cenedlaethol cryf a arweiniodd at sefydlu coleg prifysgol cyntaf Cymru yn 1872. Roedd gobeithion cynharach o sefydlu prifysgol a ddyfarnai ei graddau ei hun wedi methu â dwyn ffrwyth. Felly, coleg, nid prifysgol, a agorwyd yn **Aberystwyth**, gyda'i fyfyrwyr yn astudio ar gyfer graddau Prifysgol Llundain. Am ganrif a rhagor, ymfalchïai yn y teitl Coleg Prifysgol Cymru, enw priodol gan ei fod, o ran denu myfyrwyr, yn tynnu ar Gymru gyfan yn hytrach na rhanbarthau o Gymru, fel y gwnâi'r colegau eraill. Roedd ystyriaeth wedi'i rhoi i sawl safle hyd oni ddaeth cyfle annisgwyl i brynu gwesty mawreddog ar lan y môr yn Aberystwyth, un a fu'n eiddo i **Thomas Savin** cyn iddo fynd yn fethdalwr. Casglwyd arian o Gymru benbaladr a thu hwnt, ac fel y pwysleisiai prif sefydlydd y coleg, **Hugh Owen**, roedd aberth rhyfeddol y tlodion yn achos cywilydd i'r cyfoethog. Eto i gyd, parhaodd y trafferthion ariannol; llosgwyd darn helaeth o'r coleg yn 1885, a theyrngarwch hynod cyn-fyfyrwyr a fu'n bennaf cyfrifol am sicrhau ei barhad, yn enwedig ar ôl sefydlu colegau a gâi nawdd i'w cynnal yng **Nghaerdydd** a **Bangor**. Yn 1893 ymunodd Aberystwyth gyda'r ddau goleg arall i ffurfio **Prifysgol Cymru**. Galwyd y coleg yn 'Goleg ger y Lli' am flynyddoedd oherwydd safle'r Hen Goleg wrth y môr; mae'r adeilad hwnnw yn gartrefo hyd i'r adrannau addysg a Chymraeg a'r Gofrestrfa. Yn 1929 derbyniodd y coleg 36ha o dir ym Mhenglais, uwchben y dref, ac yn ystod ail hanner yr 20g. lleolwyd y rhan fwyaf o'r adrannau academaidd yno. Fel ym **Mangor**, mae sylw arbennig wedi'i roi i **amaethyddiaeth** a materion gwledig. Mantais sylweddol i astudiaethau Cymreig a Chymraeg yw presenoldeb y **Ganolfan Uwchefrydiau Cymreig a Cheltaidd** a'r **Llyfrgell Genedlaethol** gerllaw. Rhan o'r coleg yw Canolfan y Celfyddydau, sy'n cynnwys Neuadd Fawr, Theatr y Werin, Oriel Gelf a Theatr Ffilm. Mae'r coleg wedi gwneud cyfraniad anghymesur i fywyd Cymru, yn enwedig ym myd **llenyddiaeth**, **hanesyddiaeth**, **daearyddiaeth** a'r **gyfraith**. Y teitl presennol yw Prifysgol Cymru, Aberystwyth. Roedd cyfanswm y myfyrwyr yn 2006/7 dros 7,000. Ym Mhantycelyn, ei neuadd breswyl Gymraeg, y ceir y gymuned fwyaf o Gymry Cymraeg o dan un to.

## PRIFYSGOL CYMRU, BANGOR

Wedi cystadleuaeth danbaid a chan ystyried brwdfrydedd chwarelwyr dros greu'r sefydliad, dewiswyd **Bangor** fel safle Coleg Prifysgol Gogledd Cymru (fel y'i galwyd yn wreiddiol). Y cartref cyntaf yn 1884 oedd y Penrhyn Arms, hen westy'r **goets fawr**. Pan oedd angen adeiladau ychwanegol rhoddodd dinas Bangor i'r coleg yn 1903 safle godidog Penrallt uwchben y ddinas. Agorwyd adeilad nobl yn 1911 wedi'i gynllunio gan H. T. Hare – 'Y Coleg ar y Bryn', fel y'i gelwir yn aml. Bu'n rhaid i adrannau'r gwyddorau aros tan 1926 cyn symud i adeiladau priodol. O'r 1950au ymlaen chwyddodd nifer y myfyrwyr, yn enwedig o **Loegr**, gan danlinellu'r angen i lunio polisi dwyieithog cadarn. Ymunodd Coleg y

Coleg Dewi Sant, Llanbedr Pont Steffan, *c.*1830

Santes Fair â'r Coleg yn 1976 a'r **Coleg Normal** yn 1996. Datblygiad arloesol yn y 1990au oedd darparu cyrsiau newydd mewn addysg nyrsys. O gofio'r hir draddodiad o ddysgu oedolion, arwyddocaol ydoedd Concordat 1998 i gysylltu wyth coleg addysg bellach a dau goleg addysg uwch i ffurfio Prifysgol Gymuned Gogledd Cymru. Datblygir perthynas glos â diwydiant, yn enwedig yn y gogledd. Ac eithrio'r **Llyfrgell Genedlaethol**, yma y mae'r casgliadau llawysgrif cyfoethocaf yng Nghymru. Roedd gan y coleg gyfanswm o tua 12,000 o fyfyrwyr yn 2006/7.

## PRIFYSGOL CYMRU, CASNEWYDD

Sefydlwyd Athrofa Dechnegol Casnewydd yn 1910 ac ohoni, yn 1958, ffurfiwyd Coleg Celfyddyd a Choleg Technegol ar wahân. Agorwyd Coleg Caerllion, sef Coleg Hyfforddi Sir Fynwy, yn 1914 a datblygodd yn ystod y 1960au yn un o'r prif ganolfannau yng Nghymru i hyfforddi athrawon. Fel canlyniad i uno Coleg Addysg Caerllion, Coleg Celfyddyd a Dylunio Casnewydd a Choleg Technegol Gwent, ffurfiwyd Coleg Addysg Uwch Gwent yn 1975 gan roi iddo statws corfforaethol. Fel un o'r prif sefydliadau yng Nghymru a ddarparai addysg uwch, enillodd yr hawl yn 1995 i ddyfarnu graddau. Yn 1996 daeth yn un o golegau cysylltiol **Prifysgol Cymru** o dan y teitl Coleg Prifysgol Cymru, Casnewydd. Mabwysiadodd ei enw presennol yn 2004 pan ddaeth yn un o golegau cyfansoddol y Brifysgol. Yn 2006/7 roedd cyfanswm y myfyrwyr yn 9,000.

## PRIFYSGOL CYMRU, LLANBEDR PONT STEFFAN

Bu **Thomas Burgess**, esgob **Tyddewi**, wrthi'n ddyfal yn casglu arian i godi coleg i ddarpar glerigwyr yn ei esgobaeth. Hwn yw'r sefydliad addysg uwch hynaf yn **Lloegr** a Chymru ar wahân i **Rydychen** a **Chaergrawnt**. Sylfaenwyd Coleg Dewi Sant (a adwaenir bellach fel Prifysgol Cymru, Llanbedr Pont Steffan) yn 1822 a'i agor yn 1827. Cafodd yr hawl i ddyfarnu gradd Baglor mewn Diwinyddiaeth yn 1852 a gradd Baglor yn y Celfyddydau yn 1865. Oherwydd gwahaniaethau enwadol ni lwyddwyd i gynnwys y Coleg yn y Brifysgol ffederal (1893) (gw. **Prifysgol Cymru**). **Anglicaniaid** yn paratoi at yr offeiriadaeth oedd y rhelyw mawr o'r myfyrwyr am ddegawdau. Cynigiwyd cyrsiau gradd mewn nifer o bynciau gan gynnwys y gwyddorau a **Chymraeg**. Nid oedd yn derbyn grant gan y wladwriaeth ac oherwydd cyfyngderau ariannol yn y 1950au ansicr oedd y dyfodol. Yn 1960 estynnodd Coleg y Brifysgol, **Caerdydd** (gw. **Prifysgol Caerdydd**) nawdd i'r Coleg a gorfforwyd yn 1971 yn un o sefydliadau cyfansoddol Prifysgol Cymru, gyda'r teitl Coleg Prifysgol Dewi Sant. Ymwadodd â'r hawl i ddyfarnu ei raddau ei hun er mwyn i'w fyfyrwyr dderbyn graddau Prifysgol Cymru. Cyflwynwyd pynciau newydd ac ychwanegwyd at yr adeiladau gwreiddiol, sy'n cynnwys cwadrangl yn nhraddodiad Rhydychen a Chaergrawnt. Yn y llyfrgell mae casgliad nodedig o lyfrau a llawysgrifau. Dywedir mai dyma'r sefydliad prifathrofaol lleiaf yn Ewrop; yn 2006/7 roedd mil o fyfyrwyr ar y campws er bod miloedd

Adeilad Aneurin Bevan, Prifysgol Morgannwg

yn rhagor yn dilyn cyrsiau rhan-amser, rhai ohonynt yn dilyn cyrsiau dysgu-o-bell.

## PRIFYSGOL MORGANNWG, Trefforest, Pontypridd

Mae Prifysgol Morgannwg â'i gwreiddiau yn yr Ysgol Fwyngloddiau a sefydlwyd yn 1913 gan garfan o berchnogion blaenllaw pyllau **glo** yn Nhŷ Trefforest, hen gartref un o'r meistri **haearn**, Francis Crawshay (gw. **Crawshay, Teulu**). Ariannwyd yr ysgol honno trwy godi degfed ran o geiniog ar bob tunnell o lo a gynhyrchid gan y cwmnïau a oedd yn rhan o'r fenter. Yn ystod y **Dirwasgiad** daeth yr ysgol dan ofalaeth Cyngor Sir Forgannwg. Yn 1949 fe'i hailenwyd yn Goleg Technegol Morgannwg, ac yn ddiweddarach yn Goleg Technoleg Morgannwg (1969). Wedi'r uno â Choleg Addysg Morgannwg a Sir Fynwy yn y **Barri**, fe'i hailenwyd yn Bolytechnig Cymru. Yn 1992 daeth y Polytechnig yn Brifysgol Morgannwg, gyda'r hawl i ddyfarnu ei graddau ei hun. Mae gan y brifysgol 11 o ysgolion, yn cwmpasu'r celfyddydau a'r dyniaethau, gwyddorau cymdeithasol a'r **gyfraith**, yn ogystal â **gwyddoniaeth**, technoleg a busnes. Nid yw mwyngloddio bellach yn rhan o'r cwricwlwm, sy'n arwydd o'r newid sylfaenol yn **economi** Cymru wedi'r rhyfel. Mae'r sefydliad wedi gwneud cyfraniad nodedig i ddysgu **Cymraeg** i oedolion dros y blynyddoedd, gan sefydlu, yn 1967, y cwrs dwys cyntaf erioed i'r pwrpas hwnnw. Yn 2006/7 roedd gan y brifysgol gyfanswm o tua 21,000 o fyfyrwyr, 10,000 ohonynt yn fyfyrwyr rhan-amser.

## *PRIMROSE HILL, The*

Roedd y llong hwylio fawr haearn hon yn cychwyn am Ganada noswyl y Nadolig 1900 ac yn cael ei halio pan ddaeth yn rhydd ger Ynys Enlli (gw. **Ynysoedd**). Fe'i chwythwyd ar y creigiau ger Ynys Lawd (South Stack), **Caergybi**, ac yno, ar 28 Rhagfyr, fe'i maluriwyd mewn byr o dro. Collodd 33 o'r bobl ar ei bwrdd eu bywydau.

## PRINCE OF WALES, Trychineb Glofa'r, Aber-carn, Sir Fynwy (Caerffili bellach)

Ar 11 Medi 1878 bu ffrwydrad yng nglofa'r Prince of Wales (**Aber-carn**) a laddodd 268 o ddynion. Ni ddarganfuwyd yr union achos, ond fe'i priodolwyd i ollyngiad sydyn o nwy. Yn adroddiad swyddogol yr ymchwiliad, beirniadwyd yr arfer o rannol ail-lenwi y bylchau y tynnwyd **glo** ohonynt, ynghyd â rhai dulliau newydd o gloddio, gan gynnwys y dull o weithio ffasys hir a'r defnydd o dyniant mecanyddol.

## PROTHEROE, Daniel (1866–1934) Cyfansoddwr

Ganed y cyfansoddwr toreithiog hwn yn **Ystradgynlais** ac ymfudodd yn 1886 i America, lle bu'n byw yn Scranton, Milwaukee a Chicago. Golygodd gasgliad o **emynau** a thonau, *Cân a Mawl* (1918), i Fethodistiaid Calfinaidd **Gogledd America**, ac roedd yn arweinydd ac yn feirniad poblogaidd. Clywir canu mynych o hyd ar ei emyn-donau, 'Price' a 'Cwmgïedd', a'i gytganau i **gorau meibion**, 'Milwyr y Groes' a 'Nidaros'.

*The Proud Valley*: Paul Robeson yn y canol, gyda'r nofelydd Jack Jones ar y dde

## *PROUD VALLEY, The* (1940) Ffilm

Mae'r ffilm felodramatig hon gan Ealing, sydd wedi'i lleoli'n bennaf mewn cymuned lofaol yn ne Cymru, yn rhoi lle canolog i **Paul Robeson**, y canwr a'r ymgyrchydd gwleidyddol croenddu o America, a oedd wedi creu cysylltiadau agos gyda'r glowyr yn niwedd y 1920au ac wedi canu mewn cyngherddau ym maes **glo**'r de yn ystod y 1930au. Yng nghymeriad David Goliath daw Paul Robeson yn gyfaill triw i deulu canolog y ffilm ac yn y diwedd mae'n talu'r pris eithaf am hynny. Mae'n debyg i'r awydd i fanteisio i'r eithaf ar ddawn canu Paul Robeson arwain at lastwreiddio gwleidyddiaeth y stori wreiddiol a'r ymgais i greu darlun realistig o'r gymuned dan sylw. Er hynny, mae'r ffilm o flaen ei hamser yn ei hymdriniaeth â hiliaeth, ac mae'r golygfeydd canolog o'r **trychinebau glofaol** yn effeithiol er mai yn **Llundain** y cawsant eu ffilmio. Roedd y ffilm yn seiliedig ar stori gan y gwneuthurwr ffilmiau dogfen adain chwith, Herbert Marshall, a chyfrannodd y nofelydd a'r cyngomiwnydd **Jack Jones** at y sgript, er i'r cynhyrchydd, Michael Balcon, wrthod y syniad o gael diweddglo mwy 'sosialaidd'. Yn y ffilm hon y gwelwyd **Rachel Thomas** ar y sgrîn fawr am y tro cyntaf.

## PRYCE, Tom (Thomas Maldwyn Pryce; 1949–77) Rasiwr ceir

Mab i blismon oedd Tom Pryce, peiriannydd amaethyddol o **Ruthun** a ddechreuodd roi ei fryd ar rasio Formula 1 pan enillodd Formula Ford 1600 mewn cystadleuaeth yrru. Gwnaeth ei ymddangosiad cyntaf yn Grand Prix yr Iseldiroedd yn Zandvoort yn 1974, gan fynd ymlaen i ennill Ras Pencampwyr 1975 yn Brands Hatch, cael y safle cychwyn mwyaf ffafriol yn Grand Prix **Prydain** a chasglu wyth o bwyntiau pencampwriaeth Formula 1. Yn Grand Prix **De Affrica** yn Kylami yn 1977, wrth i Pryce yrru ar gyflymder o 257kya heibio'r fan lle'r oedd car ei gyd-yrrwr Shadow ar dân, fe'i trawyd yn ei ben gan ddiffoddydd a oedd yn cael ei gario gan farsial dibrofiad, a chafodd ei ladd yn y fan.

## PRYDAIN Ynys, gwladwriaeth a drychfeddwl

Tardda'r enw *Prydain* o'r ffurf Frythoneg *Prytanī* 'trigolion Prydain'. *Britannia* oedd yr enw a ddefnyddiwyd gan Iŵl Cesar ac awduron Rhufeinig eraill am yr ynys a *Britanni* oedd enw'r **Rhufeiniaid** ar y bobl. Mae'r enw Saesneg *Britain* yn seiliedig ar y ffurf Hen Ffrangeg *Bretaigne*.

Tom Pryce

Drwy gydol yr Oesoedd Canol parhâi'r Cymry i gyfeirio atynt eu hunain fel *Brython* (o'r Frythoneg *Brittones*) a *Brytaniaid* (o'r Saesneg Canol *Britan*), ac aeth canrifoedd heibio cyn i'r ffurf *Cymry* (gw. **Cymru** (yr enw)) eu llwyr ddisodli mewn croniclau a barddoniaeth Gymraeg. Yn **Saesneg**, roedd *British* neu *Cambro-British* yn cael eu defnyddio'n eang i ddisgrifio'r Cymry mor ddiweddar â'r 18g. Yn y 14g. y ceir y cofnod cynharaf o'r ffurf *Prydeiniwr* y daethpwyd i'w ddefnyddio yn y cyfnod modern mewn ystyr bur wahanol. Ymddengys mai **Humphrey Lhuyd** oedd y cyntaf i ddefnyddio'r ymadrodd *British Empire*, ac yn y 1580au fe'i poblogeiddiwyd gan **John Dee** a'i defnyddiodd wrth sôn am ymerodraeth honedig y Brenin **Arthur**. Defnyddid yr enw *Prydain Fawr* yn wreiddiol er mwyn gwahaniaethu rhwng yr ynys a *Prydain Fechan*, sef **Llydaw**. Ond pan goronwyd James I yn 1604 rhoed arwyddocâd amgen i'r ffurf a daeth yn fwy poblogaidd yn sgil yr undeb seneddol rhwng **Lloegr** a'r **Alban** yn 1707.

Bu'r syniad o Ynys Brydain – a oedd fel cysyniad yn cyfateb i Britannia, sef y rhan o Brydain a feddiannwyd gan y Rhufeiniaid (Cymru, Lloegr a de'r Alban) – yn rhan bwysig o **lenyddiaeth** a meddwl y Cymry o'u cychwyniad. Gellir yn wir ddadlau mai 'gwlad fythaidd' neu 'wlad y galon' fu hon i'r Cymry trwy'r cenedlaethau. Y wlad ddychmygol hon yw lleoliad llawer o ddigwyddiadau'r **Mabinogion**, ac mae testunau eraill fel **Trioedd Ynys Prydain** a **Thri Thlws ar Ddeg Ynys Prydain** yn cofnodi darnau o'r traddodiad a fu ynghlwm wrthi. Yn y Brutiau a ffynonellau eraill ceir drychfeddwl lled gyson o'r Ynys, gyda'i Hwyth ar hugain (neu Ddeuddeg ar hugain) o Brif Ddinasoedd, ei Thair Prif Afon, ei Thair Rhagynys a'i dau eithafbwynt traddodiadol, Pen Blathaon yn yr **Hen Ogledd** a Thrwyn Pengwaedd (Penwith yn ôl pob tebyg) yng **Nghernyw**. Ystyrid **Rhydychen** yn ganol iddi, ac ymddengys fod Llundain–Gwynedd yn rhyw fath o 'echel grym' o fewn yr ynys.

Oddi ar eu cychwyniad cyntaf meithrinodd y Cymry gred fod eu hynafiaid hwy, y Brytaniaid, wedi colli Ynys Brydain i'r **Saeson**, oherwydd un ai eu pechodau neu eu ffolineb gwleidyddol neu gyfuniad o'r ddau. Fel y dywed cofnod y flwyddyn 682 ym **Mrut y Tywysogyon**: 'o hynny allan y colles y Brytaniaid goron y deyrnas ac ydd enillodd y Saeson hi'. Gellir olrhain cychwyniad a datblygiad y gred hon trwy hen destunau hanes megis gwaith **Gildas**, ***Historia Brittonum*** a gwaith **Sieffre o Fynwy**. Ynghlwm wrth y *brut*, sef hanes Prydain, y mae'r *brud*, sef y darogan y bydd y Cymry, y 'gwir Frytaniaid', ryw ddydd yn adennill yr Ynys: daeth y thema hon i gael ei chyhoeddi a'i hailadrodd yn y *canu brud*, y canu **darogan** canoloesol. Creodd hwnnw ddisgwyliadau y credid eu bod wedi eu gwireddu ym muddugoliaeth Harri Tudur (Harri VII; gw. **Tuduriaid**) ar Faes **Bosworth**. Un o ganlyniadau'r digwyddiad hwnnw fu teyrngarwch trwch y Cymry, dros y pum canrif ddilynol, i'r Goron ac i'r drychfeddwl o Ynys Brydain.

Heddiw mae cryn drafod a gofyn cwestiynau ynghylch yr hunaniaeth Brydeinig. Mae hyn oll yn berthnasol i sefyllfa a rhagolygon y Cymry. Da cadw mewn cof yr hyn a ddywedodd yr hanesydd **Gwyn A. Williams**: 'Y tebyg yw mai ni'r Cymry fydd yr olaf o'r Prydeinwyr. Mae rhyw resymeg yn hyn. Wedi'r cyfan, ni oedd y cyntaf.'

## PRYDERI

Cymeriad sy'n ymddangos ym mhob un o geinciau'r Mabinogi (gw. **Mabinogion**). Ef yw mab **Pwyll Pendefig Dyfed** a **Rhiannon**, ac adrodda'r gainc gyntaf hanes ei gipio oddi ar ei fam ar noson ei eni. Fe'i darganfuwyd yng **Ngwent** a'i fagu gan Teyrnon a'i wraig, a'i dychwelodd i'w fam. Yn yr ail gainc mae'n un o'r seithwyr a ddychwelodd o ymgyrch

**Bendigeidfran** yn **Iwerddon**, ac yn y drydedd caiff ef a'i fam eu cipio gan bwerau anweledig cyn i **Manawydan** eu rhyddhau. Yn y gainc olaf lleddir Pryderi gan **Gwydion**.

## PRYDLESOEDD TREFOL

Mae tri dewis gan landlord sydd am godi **tai** ar ei dir: gall eu codi ei hun, gall werthu'i dir i adeiladwr, neu gall osod ei dir ar brydles. Ganol y 19g., pan oedd datblygu trefol yn digwydd ar garlam yng Nghymru, prif ddewis tirfeddianwyr oedd y brydles, gan amlaf am ganrif namyn blwyddyn, a hynny ar batrwm y prydlesoedd a ddatblygasai yn **Llundain** wedi'r Tân Mawr yn 1666. Roedd i'r system ei rhinweddau; fel y dengys hanes **Llandudno**, gallai sicrhau bod gan y landlord reolaeth oleuedig dros ddatblygiad trefol. Erbyn y 1850au y perchennog a gyllidai **ffyrdd**, palmentydd, goleuadau a draeniad y tir, gan adennill ei gostau trwy'r grwndrent a godai; yng **Nghaerdydd**, roedd hwnnw tua £3 y flwyddyn am dŷ teras cyffredin. O blith derbynwyr grwndrent Cymru, yr amlycaf oedd teulu **Stuart**, ardalyddion Bute; pan drosglwyddwyd tir trefol y teulu i gwmni Western Ground Rents yn 1938, gwerthwyd prydlesoedd 20,000 o dai a 1,000 o siopau yng Nghaerdydd yn unig. Anfantais y system oedd y ffaith fod y landlord, ar derfyn y brydles, yn cael meddiant, nid yn unig ar y tir, ond hefyd ar yr adeilad ar y tir. Gan amlaf, adnewyddid y brydles pan ddeuai i ben, a hynny am rent gryn dipyn yn uwch. Gan i'r prydlesoedd canrif namyn blwyddyn a ganiatawyd ganol y 19g. ddod i ben ganol yr 20g., daeth y pwnc yn fater llosg; priodolwyd buddugoliaeth y **Blaid Lafur** yng **Nghonwy** yn 1966 i bryderon prydleswyr Llandudno. Trwy Ddeddf Breiniad Prydlesoedd 1967, caniatawyd i brydleswr brynu'r rhyddfraint ond, er gwaethaf y ddeddf, nid yw'r pwnc eto wedi'i ddatrys yn llwyr.

## PRYDDEST

Cerdd hir ar un neu ragor o'r mesurau rhydd. Cafwyd cerddi cynharach o'r fath, ond daeth y bryddest i'w theyrnas yn **Eisteddfod** Rhuddlan, 1850, pan gadeiriwyd bardd y bryddest, sef Ieuan Glan Geirionydd (**Evan Evans**; 1795–1855), nid heb wrthwynebiad croch. Yn Eisteddfod **Caerfyrddin**, 1867, trefnwyd i roi coron am bryddest a chadair am **awdl**.

## PRYS, Edmwnd (1543–1623) Bardd a dyneiddiwr

Hanai Edmwnd Prys o **Lanrwst** ac roedd yn berthynas i **William Salesbury**. Fe'i haddysgwyd yng **Nghaergrawnt**, lle daeth i gysylltiad â delfrydau llenyddol y **Dadeni Dysg**. Fe'i penodwyd yn archddiacon Meirionnydd yn 1576 ac ymgartrefodd yn y Tyddyn Du, **Maentwrog**. Mewn ymryson hir (1581–7) â **Wiliam Cynwal**, beirniadodd gelwydd cerddi mawl y beirdd proffesiynol a'u hannog i ganu cerddi dysgedig a cherddi a seiliwyd ar y **Beibl**. Roedd ei *Salmau Cân* (salmau mydryddol; 1621), prif gyfrwng canu cynulleidfaol Cymru hyd y **Diwygiad Methodistaidd**, yn gampwaith. Cyhoeddodd Prys y salmau yn atodiad i'r ***Llyfr Gweddi Gyffredin*** a chynhwysodd 12 tôn ar eu cyfer, y tro cyntaf i nodiant cerddorol gael ei argraffu mewn llyfr Cymraeg. Cenir rhai o'r salmau mewn eglwysi hyd heddiw.

## PRYS, Elis (Y Doctor Coch; 1512?–95?) Gweinyddwr ac aelod seneddol

'Y Doctor Coch' oedd yr enw poblogaidd ar Elis Prys o Blas Iolyn, **Pentrefoelas**, enw a ysbrydolwyd gan liw ei ŵn. Roedd yn frwd o blaid hyrwyddo **diddymu'r mynachlogydd** a chymerodd ran amlwg mewn bywyd cyhoeddus; bu'n aelod seneddol **Sir Feirionnydd** deirgwaith, yn siryf y sir saith gwaith, yn siryf **Sir Ddinbych** bedair gwaith, yn siryf **Môn** ddwywaith a **Sir Gaernarfon** unwaith, yn ogystal â bod yn *custos rotulorum* Sir Feirionnydd am y rhan fwyaf o deyrnasiad Elizabeth. Roedd yn gyfaill agos i iarll Leicester, a chafodd ei ddisgrifio gan **Thomas Pennant** fel 'creadur' yr iarll, '. . . yn ffyddlon i'w holl gynlluniau drwg'. Roedd yn noddwr i'r beirdd, ac yn un o hyrwyddwyr eisteddfod **Caerwys** (1567). Ei frawd, Cadwaladr, oedd hynafiad teulu **Price (Rhiwlas)**, ac roedd y bardd **Tomos Prys** yn fab iddo.

## PRYS, Tomos (*c*.1564–1634) Bardd, milwr a herwlongwr

Mab **Elis Prys** o Blas Iolyn, **Pentrefoelas**, ydoedd a bu'n ymladd ar dir mawr Ewrop ac yn herwlongwra am gyfnod oddi ar arfordir Sbaen. Er mai confensiynol yw nifer o'i gerddi, ac yntau'n un o'r beirdd a ganai ar eu bwyd eu hunain mae eraill yn sôn am ei brofiadau personol – yn **Llundain**, fel milwr a herwlongwr. Yn wir un o'i gerddi enwocaf yw cywydd sy'n croniclo ei helyntion fel herwlongwr mewn iaith facaronig, lawn dychan a ffraethineb nodweddiadol. Er nad oedd yn fardd mawr, gadawodd ei ôl dihafal ei hun ar draddodiad barddol Cymru.

## PRYS-JONES, A[rthur] G[lyn] (1888–1987) Bardd a golygydd

Cafodd A. G. Prys-Jones ei fagu yn **Ninbych** a **Phontypridd**, a bu'n arolygydd ysgolion am flynyddoedd lawer. Ef a olygodd y flodeugerdd gyntaf o gerddi Saesneg gan feirdd Cymreig, sef *Welsh Poems* (1917). Traddodiadol yw ei ganu ef ei hun, a'r rhan fwyaf ohono yn genedlaetholgar ei gynnwys: cyhoeddodd chwe chyfrol o gerddi, ac ymddangosodd ei *Collected Poems* yn 1988.

## PRYSE, Teulu (Gogerddan) Tirfeddianwyr

Syr John Pryse (m.1584) oedd yr aelod cyntaf o deulu Gogerddan (**Trefeurig**) i ddefnyddio'r cyfenw Pryse, ar ôl ei dad Richard ap Rhys. Cyn ei amser ef bu'r teulu'n gymharol ddibwys, er ei fod yn wrthrych mawl llawer o feirdd y 15g. a'r 16g., ond cafodd Syr John lwyddiant fel aelod seneddol ac aelod o **Gyngor Cymru a'r Gororau**. Ei or-nith, Bridget Pryse, oedd mam (ddibriod) **Edward Lhuyd**. Tyfodd y stad yn sylweddol trwy gyfres o briodasau. Yn 1873 roedd y teulu'n berchen ar 11,608ha o dir yn **Sir Aberteifi**. Daeth y llinach uniongyrchol i ben gyda marwolaeth Syr Carbery Pryse (m.1694); roedd ef wedi torri monopoli Cymdeithas y Mwyngloddiau Brenhinol ar fwyngloddiau **plwm** Sir Aberteifi. Yr etifedd oedd ei gefnder Jacobitaidd, Lewis Pryse (m.1720), ac aeth y stad wedyn, trwy fwy o neiaint, i Lewis Pryse (m.1779), Woodstock, Swydd Rhydychen. Bu i'w etifeddes ef briodi Edward Loveden, Buscot, a chymerodd eu mab, Pryse Loveden, y cyfenw Pryse. Bu farw'r olaf o'r llinach, sef Syr Pryse Loveden Saunders Pryse, yn ddi-blant yn 1962. Er na ddaeth enwogrwydd i ran unrhyw aelod o'r teulu (heblaw Edward Lhuyd), y Prysiaid oedd y teulu mwyaf blaenllaw yng ngwleidyddiaeth Sir Aberteifi o 1550 hyd fachlud y **boneddigion** yn niwedd y 19g.

**PRYSE, R[obert] J[ohn] (Gweirydd ap Rhys; 1807–89)** Llenor a hanesydd
Brodor o blwyf **Llanbadrig** oedd Gweirydd, ac roedd ei ddiwydrwydd fel llenor proffesiynol yn nodedig. Ac yntau wedi'i adael yn amddifad yn 11 oed ac wedi'i addysgu ei hunan, gweithiodd yn ddi-baid fel golygydd a chyfrannwr i lawer o gyhoeddiadau, gan gynnwys ***Y Gwyddoniadur Cymreig***. Cyhoeddodd *Hanes y Brytaniaid a'r Cymry* (1872, 1874) a *Hanes Llenyddiaeth Gymreig, 1300–1650* (1883). Ei fab oedd John Robert Pryse (Golyddan; 1840–62), bardd addawol a fu farw'n ifanc. Roedd ei ferch Catherine Jane Prichard (Buddug; 1842–1909) hithau'n fardd; ei cherdd enwocaf yw 'O na byddai'n haf o hyd'.

**PUDDICOMBE, Anne Adaliza Beynon (Allen Raine; 1836–1908)** Nofelydd
Gwraig o **Gastellnewydd Emlyn** ydoedd a briododd fancer o'r enw Beynon Puddicombe yn 1872, gan ymgartrefu gydag ef yn **Llundain**, ac yna, yn 1900, yn Nhre-saith (**Penbryn**). Wedi ennill gwobr am stori yn yr **Eisteddfod** Genedlaethol yn 1894, cyhoeddodd ei nofel gyntaf, *A Welsh Singer*, yn 1897. Ysgrifennodd ddeg o nofelau rhamantaidd eraill a ddaeth ag enwogrwydd a chyfoeth iddi; maent yn cynnwys *By Berwyn Banks* (1899), *On the Wings of the Wind* (1903), *Hearts of Wales* (1905) a *Queen of the Rushes* (1906). Dylanwadodd ei gwaith, yn enwedig yr elfennau melodramatig ynddo, ar lenorion diweddarach, yn enwedig **Emlyn Williams**.

**PUGH, Ellis (1656–1718)** Gweinidog ac awdur o Grynwr
Ymsefydlodd Pugh, o Dyddyn-y-garreg, **Dolgellau**, yng ngwladfa Gymreig **Pensylfania** yn 1686. Ef a ysgrifennodd y llyfr Cymraeg cyntaf i'w gyhoeddi yn yr Unol Daleithiau, *Annerch i'r Cymry*, a ymddangosodd yn 1721, tair blynedd ar ôl ei farw. Cyhoeddwyd y cyfieithiad Saesneg cyntaf ohono yn 1727 dan y teitl *A Salutation to the Britains*.

**PUGH, W[illiam] J[ohn] (1892–1974)** Daearegwr
Ganed Pugh yn Westbury, **Swydd Amwythig**, ac fe'i haddysgwyd yn **Aberystwyth**. Cafodd ei benodi i'r gadair **ddaeareg** yn Aberystwyth ac yna ym Manceinion, gan olynu **O. T. Jones**, ei athro a'i gyfaill, yn y naill le a'r llall. Roedd y cysylltiad rhwng y ddau yn agos iawn a llwyddai Pugh i roi gwedd ymarferol ar syniadau llifeiriol Jones. Cydnabuwyd pwysigrwydd eu gwaith ar achlysur cyhoeddi cyfrol deyrnged iddynt yn 1969. Derbyniodd Pugh ganmoliaeth uchel am ei allu gweinyddol ac yn 1950 fe'i penodwyd yn gyfarwyddwr Arolwg Daearegol Prydain Fawr (Arolwg Daearegol Prydain bellach).

**PUMLUMON** Mynyddoedd
Cyfeiria enw'r ucheldir – y tir uchaf rhwng **Cadair Idris** a **Bannau Brycheiniog** – at bum corn neu bigyn y clwstwr hwn o foelydd y mae creigiau Ordofigaidd yn sail iddynt. Y copa uchaf yw Pen Pumlumon Fawr (752m; **Blaenrheidol**). Yng nghyffiniau'r pum copa llifa blaen-nentydd afonydd **Hafren**, **Gwy** a **Rheidol** allan o orgorsydd y gweundiroedd. I'r gogledd o Lyn Llygad Rheidol, sy'n swatio dan gysgod Pen Pumlumon Fawr, mae Cerrig Cyfamod Glyndŵr (**Cadfarch**), dwy garreg wen y credir eu bod yn dynodi lleoliad buddugoliaeth **Owain Glyndŵr** yn 1401 ym mrwydr **Hyddgen**. Yn ystod y 19g. manteisiwyd i'r eithaf ar y gwythiennau **plwm** yng nghreigiau'r ardal. Yn y 1970au cronnwyd dyfroedd rhannau uchaf Rheidol yn dilyn codi cronfa ddŵr Nant-y-moch, sy'n rhan o gynllun trydan dŵr mawr. Y llyn yw nodwedd amlycaf y tir a ddisgrifiwyd gan **George Borrow** fel 'this waste of russet-coloured hills'.

***PURA WALLIA***
*Pura Wallia* oedd y term a ddefnyddid yn aml yn yr Oesoedd Canol am y rhannau hynny o Gymru a arhosodd hyd 1282 dan reolaeth frodorol Gymreig, yn wahanol i *Marchie Wallie* (gw. **Mers, Y**), sef y tiriogaethau a orchfygwyd gan y goresgynwyr Eingl-Normanaidd. Er bod y ffin rhwng y ddwy yn amrywio o dro i dro, cynhwysai *Pura Wallia* yn gyffredinol (a defnyddio'r enwau sirol fel ag yr oeddynt cyn 1974) Sir Fôn (gw. **Môn**), **Sir Gaernarfon**, **Sir Feirionnydd**, **Sir Ddinbych**, llawer o **Sir y Fflint**, **Sir Drefaldwyn**, **Sir Aberteifi** a chanolbarth a gogledd **Sir Gaerfyrddin**. Yn dilyn y **Goresgyniad Edwardaidd** daeth y rhan fwyaf o *Pura Wallia* yn **siroedd** tywysogaethau gogledd a de Cymru; fodd bynnag, daeth y gyfran helaethaf o'r tiroedd a gipiwyd oddi ar lywodraethwyr Cymreig brodorol yn y gogledd-ddwyrain yn arglwyddiaethau yn y Mers.

**PURNELL, [John] Howard (1925–96)** Cemegydd
Cymaint oedd disgleirdeb Purnell fel gwyddonydd fel y bu iddo, ar ôl cael ei addysgu yn y **Rhondda**, gael ei benodi'n ddarlithydd prifysgol yng **Nghaerdydd**, lle y graddiodd, yn 21 oed. Symudodd i **Gaergrawnt** ac, mewn ychydig dros ddegawd, defnyddiodd ei wybodaeth am gineteg nwyon i ddatblygu cromatograffeg nwy fesurol. Buan y daeth hyn yn dechneg ddadansoddi safonol a oedd i drawsnewid monitro ar yr amgylchedd ac ar ddiwydiant. Bu'n dal cadair yn **Abertawe** (1965–92), a daeth yn isbrifathro yno. Roedd yn gymeriad afieithus, yn bianydd jazz ac yn gyfathrebwr tan gamp.

**PWDLO, Y Broses**
Yn y 1820au de Cymru oedd y brif ardal yn y byd o ran cynhyrchu haearn gyr, a gellir priodoli ei bri i'r broses pwdlo, a ddaeth yn adnabyddus i lawer fel 'y dull Cymreig' – er mai Sais, Henry Cort (1740–1800), a ddyfeisiodd y broses yn 1783. Gweddnewidiodd y dechnoleg o wneud **haearn**, ond ni phrofwyd ei gwerth cynhyrchiol ac economaidd yn llawn hyd nes i'r broses gael ei gwella a'i rhoi ar waith gan Richard Crawshay (gw. **Crawshay, Teulu**) pan ddaeth hwnnw yn gyfrifol am waith haearn Cyfarthfa, **Merthyr Tudful**, yn 1791.

I droi haearn bwrw yn haearn gyr mae'n rhaid gwaredu'r carbon. Methodd yr ymdrechion cynnar i ddefnyddio **glo** yn y broses hon oherwydd fod amhureddau, yn enwedig sylffwr, yn cael eu cynnwys yn yr haearn wrth i'r glo ddod i gysylltiad â'r metel. Roedd y defnydd o ffwrnais Cort yn osgoi'r cysylltiad hwn. Rhan o'r broses wedyn oedd troi'r haearn tawdd er mwyn sicrhau bod y carbon yn dod i gysylltiad ag ocsigen ac yn ymgyfuno â'r nwy yn y chwyth awyr. Ar sail y troi hwn y daeth 'pwdlo' yn enw ar y broses gyfan. Nid elwodd Cort fawr ddim ar ei ddarganfyddiad, a bu farw'n gymharol dlawd.

**PWLLHELI**, Gwynedd (533ha; 3,861 o drigolion)
Y **gymuned** hon, sydd wedi'i lleoli ar arfordir deheuol **Llŷn**, yw prif ganolfan fasnachol y penrhyn. Roedd eisoes yn

ganolfan drefol o fath yn ystod cyfnod tywysogion **Gwynedd**. Cafodd statws bwrdeistref yn 1355, a hyd 1950 roedd yn rhan o etholaeth Bwrdeistrefi **Caernarfon**. Bu'n borthladd prysur, ond edwino fu ei hanes yn y cyswllt hwnnw ar ôl i Reilffordd y Cambrian agor yn 1867. Ond daeth y rheilffordd â llewyrch newydd i'r ardal, yn arbennig wedi i **Solomon Andrews,** yr entrepreneur o **Gaerdydd**, ddod ar ymweliad yn 1893 a sylweddoli bod potensial ym Mhwllheli ar gyfer gwyliau teuluol. Buddsoddodd lawer o arian yn y dref, yn arbennig yn y gwaith o adeiladu promenâd. Mae'r marina a agorwyd ar safle'r hen borthladd wedi denu nifer o rasys **hwylio** rhyngwladol i Bwllheli. Ar gyrion y dref, yn y capel bychan (1859) ym mynwent Deneio, ceir cyfoeth o gofebau o'r 17g. ymlaen; fe'u trosglwyddwyd yno o Eglwys Sant Beuno a safai gynt o fewn yr un fynwent. Wrth roi tystiolaeth i'r ymchwiliad **addysg** yn 1846–7, bwriwyd sen gan ficer plwyf Deneio ar foesau'r Cymry (gw. **Brad y Llyfrau Gleision**).

Ym Mhwllheli y ganed y bardd a'r **Archdderwydd** Cynan (**Albert Evans-Jones**) a'r gantores **Leila Megáne**. Mae plac ar wal un o siopau'r Maes yn coffáu sefydlu **Plaid [Genedlaethol] Cymru** mewn gwesty ar y safle yn 1925.

## PWNC

Defnyddir y term 'adrodd Pwnc' (a 'canu Pwnc' hefyd, yn fwy diweddar) i ddynodi'r arfer o gydadrodd neu gydganu rhyw ran o'r Ysgrythurau (sef 'y Pwnc' a ddewiswyd) gan ddosbarthiadau oedolion mewn cymanfaoedd **Ysgol Sul** neu gymanfaoedd Pwnc. O'r 19g. ymlaen cynhelid cymanfaoedd felly – ar y Llungwyn neu tua'r Pasg – gan grwpiau bychain o eglwysi plwyf Anglicanaidd a chapeli Anghydffurfiol fel ei gilydd. Erbyn yr 20g. y de-orllewin oedd cadarnle'r traddodiad hwn, ond buasai'n ehangach ei ddosbarthiad daearyddol cyn hynny. Dichon fod dull ambell gyflwyniad cerddorol ar y Pwnc yn dra chynnar ei wreiddiau, ac yn atseinio hen ffordd o ddatgan wrth lefaru'r catecism.

## PWNC Y TIR

Yn 1887 roedd 89.8% o'r tir yng Nghymru yn cael ei amaethu gan denantiaid a dim ond 10.2% gan rydd-ddeiliaid. Cafodd yr elyniaeth tuag at dra-arglwyddiaeth y landlordiaid – teimlad a oedd yn gryfach yng Nghymru nag yn **Lloegr** – fynegiant yn nherfysgoedd **cau'r tiroedd comin** yn niwedd y 18g. a dechrau'r 19g., ac roedd yn ffactor yn Nherfysgoedd **Rebeca**. O ganol y 19g. ymlaen, trwy gyfrwng erthyglau **Samuel Roberts** ac eraill, daeth materion yn ymwneud â phwnc y tir yn rhan o raglen y Radicaliaid (gw. **Radicaliaeth**), a fynnai gael deddfwriaeth ynglŷn â sicrwydd daliadaeth, rhenti teg a chymorth i denantiaid a ddymunai brynu eu daliadau. Yn y rhan fwyaf o Loegr roedd syniadau cyfalafol wedi cael gafael ar fyd amaeth, a phan ddaeth y dirwasgiad amaethyddol yn niwedd y 19g. methodd llawer o dirfeddianwyr â sicrhau tenantiaid ar gyfer eu ffermydd. Yng Nghymru, fodd bynnag, parhaodd yr awch am dir trwy gydol y dirwasgiad, a thrwy hynny daeth pwnc y tir yn amlycach o lawer nag yn Lloegr. Miniogwyd yr holl fater gan yr hollt ddiwylliannol a chrefyddol rhwng y tirfeddianwyr a'r tenantiaid (gw. **Boneddigion**) a chan y ffaith i nifer o denantiaid gael eu troi allan o'u cartrefi am resymau gwleidyddol yn dilyn etholiadau 1859 ac 1868. Daeth hefyd yn rhan annatod o'r gwrthdystiadau yn erbyn y **degwm** a'r galw am **ddatgysylltu**'r Eglwys Anglicanaidd yng Nghymru. **T. E. Ellis** oedd y lladmerydd amlycaf o blaid y tenantiaid, ac roedd y frwydr hon hefyd yn thema ganolog yng ngyrfa gynnar **David Lloyd George**. Cyrhaeddodd y mater ei anterth gyda'r Comisiwn Brenhinol ar y Tir yng Nghymru a Sir Fynwy, a gyflwynodd ei adroddiad yn 1896. Yn wahanol i'r terfysgoedd yn **Iwerddon** ac Ucheldiroedd yr **Alban**, nid arweiniodd yr helyntion yng Nghymru at unrhyw ddeddfwriaeth, yn rhannol oherwydd fod llai o bwys bellach yn cael ei roi ar broblemau gwledig yn wyneb y twf cyflym mewn diwydiannaeth. Yn ystod yr 20g., yn sgil chwalfa'r stadau mawrion, nid oedd perthynas y landlord a'r tenant mwyach yn hawlio lle mor ganolog mewn materion cefn gwlad.

## PWYLIAID

Ymfudodd Pwyliaid i Gymru yn sgil y berthynas rhwng **Prydain** a Gwlad Pwyl yn ystod yr **Ail Ryfel Byd**. Gadawyd aelodau lluoedd Gwlad Pwyl, a'r bobl a oedd wedi gorfod ffoi, heb unman i fynd wedi i donnau Ffasgiaeth a Chomiwnyddiaeth olchi dros y wlad. Ar ôl y rhyfel derbyniwyd 80,000 o bobl a oedd wedi ffoi o Wlad Pwyl i Brydain fel Gweithwyr Gwirfoddol o dir mawr Ewrop. Cymerodd **Sir Forgannwg** a **Sir y Fflint** 1,700 ohonynt yr un, adlewyrchiad o'r ffaith mai cyn-lowyr oedd llawer o'r Pwyliaid hyn. I ddechrau roedd peth gwrthwynebiad iddynt weithio yn y pyllau **glo**, a chafwyd streiciau byrion yn y **Rhondda** yn 1949. Roedd **Undeb Cenedlaethol y Glowyr** am i'r gweithwyr lleol gael cynnig swyddi'n gyntaf, ac ymddengys fod y Comiwnyddion yn elyniaethus tuag at y Pwyliaid am eu bod yn eu gweld yn elynion i'r Undeb Sofietaidd. Fodd bynnag, cawsant eu derbyn yn y pen draw fel gweithwyr da ac undebwyr llafur dygn (gw. **Undebaeth Lafur**). Dechreuwyd ffurfio canghennau o Undeb y Crefftwyr a'r Gweithwyr Pwylaidd yn y de yn 1948, ac roedd deg ohonynt erbyn 1950. Ymgartrefodd y Pwyliaid yn ddigon bodlon yn y cymunedau amaethyddol a glofaol fel ei gilydd. Ceir cymuned Bwylaidd yn **Ne Maelor** (**Wrecsam**) ac un arall yn **Llannor** ger **Pwllheli**, ar safle Ysgol Fomio **Penyberth**. Cartref nyrsio sydd yn Ne Maelor bellach a chartref ymddeol ym Mhenyberth. Wedi i Wlad Pwyl ymuno â'r Undeb Ewropeaidd yn 2004 ymfudodd nifer o Bwyliaid i Gymru, gan ddod yn amlwg yn y diwydiannau arlwyo ac adeiladu.

## PWYLL PENDEFIG DYFED

Stori Pwyll Pendefig Dyfed yw'r gyntaf o Bedair Cainc y Mabinogi (gw. **Mabinogion**). Ynddi mae Pwyll yn cyfnewid lle ag Arawn Frenin **Annwfn** a theyrnasu yn ei le am flwyddyn. Cawn wedyn hanes cyfarfyddiad a phriodas Pwyll â **Rhiannon**. Yn ddifeddwl, ildia Pwyll ei hawl ar Rhiannon i ymgeisydd arall am ei llaw, Gwawl fab Clud; ond ymhen y flwyddyn twyllir Gwawl i'w hildio'n ôl. Genir mab i Bwyll a Rhiannon, ond diflanna mewn amgylchiadau rhyfedd ar noson ei eni. Fe'i hadferir yn y man i'w rieni, ac fe'i henwir yn **Pryderi**.

## PWYLLGOR DETHOL AR FATERION CYMREIG, Y

Sefydlwyd y pwyllgor yn 1979 i archwilio gwaith y **Swyddfa Gymreig**. Mae ei aelodaeth o 11 aelod seneddol yn adlewyrchu cydbwysedd y pleidiau yn Nhŷ'r Cyffredin.

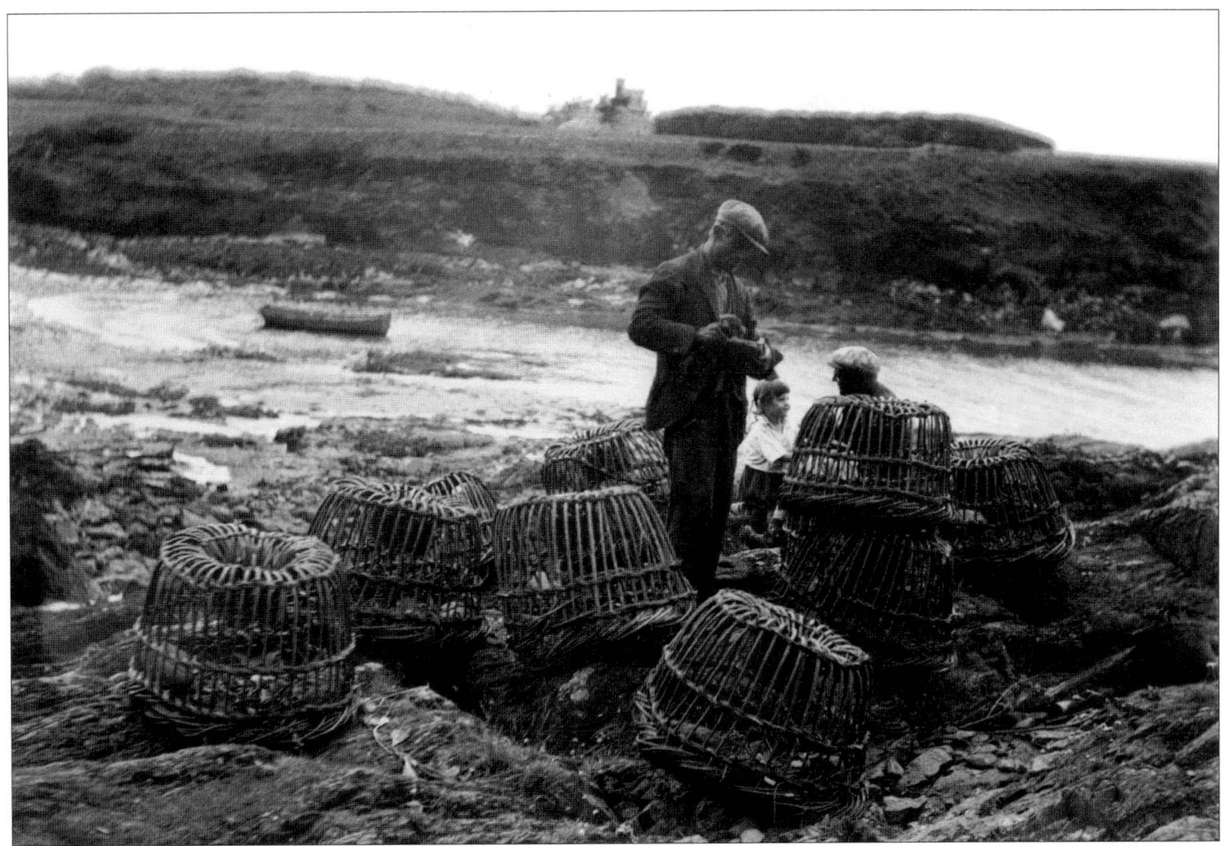

Paratoi cewyll cimychiaid ym Mae Sain Ffred (Ffraid), Sir Benfro, 1936

Oherwydd prinder aelodau seneddol Ceidwadol o Gymru – yn wir, eu habsenoldeb llwyr rhwng 1997 a 2005 – bu aelodau seneddol yn cynrychioli etholaethau y tu allan i Gymru yn eistedd ar y pwyllgor. Er pan sefydlwyd ef bu ei gadeiryddion – Leo Abse, Donald Anderson, Gareth Wardell, Martyn Jones a Hywel Francis – i gyd yn aelodau seneddol Llafur. Bydd y pwyllgor yn cyfarfod fel arfer yn **Llundain**, ond cynhaliwyd sesiynau yng Nghymru ac y mae hefyd wedi mynd ar deithiau tramor. Fe'i sefydlwyd yn rhannol i wneud iawn am y methiant i sicrhau Cynulliad Cymreig yn 1979. Pan sefydlwyd **Cynulliad Cenedlaethol Cymru** yn 1999 trosglwyddwyd y rhan fwyaf o waith y pwyllgor i aelodau'r cynulliad.

## PYLLALAI (PILLETH), Brwydr

Ar 22 Mehefin 1402 cafodd **Owain Glyndŵr** fuddugoliaeth enwog ym Mryn Glas ar gyrion pentref Pyllalai (**Llanddewi-yn-Hwytyn**). Trechodd ei filwyr garfan o filwyr sirol o **Swydd Henffordd** o dan arweiniad Edmund Mortimer (gw. **Mortimer, Teulu**). Cafodd cannoedd o **Saeson** eu lladd ac yn ôl yr hanes bu'r **menywod** Cymreig yn ymyrryd â'u cyrff.

## PYSGOD A PHYSGOTA

Bu **afonydd** a **llynnoedd** Cymru, a'r môr o'i hamgylch, yn gyforiog o bysgod er y cyfnodau cynharaf oll, a bu'r diwydiant pysgota yn fywoliaeth i genedlaethau lawer o Gymry. Yn y gorffennol câi amrywiaeth helaeth o bysgod eu dal, ond y canlynol fu'r prif rywogaethau neu'r rhai mwyaf nodedig.

### *Pysgod afonydd a llynnoedd*

BRWYNIAD – Pysgodyn a geir yn afonydd y gogledd yn unig, ond sy'n cael ei ddal heddiw yn afon **Conwy** yn unig. Mae llawer o chwedlau yn ymwneud â'r pysgodyn hwn, sy'n sawru o giwcymerau; yn ôl traddodiad lleol dim ond yn afon Conwy y'i ceir, ac nid yw'n ymddangos hyd nes y bydd yr holl eira ar y copaon wedi diflannu. Mae chwedl yn cysylltu'r pysgodyn â'r Santes **Ffraid**. Yn ôl y stori, pan ddaeth newyn mawr i'r gogledd taflodd Ffraid lond llaw o frwyn i'r afon a throdd y brwyn yn frwyniaid, ac yn **fwyd** i'r bobl newynog.

EOG – Ceir eogiaid yn y moroedd a'r afonydd ar ddwy ochr yr Iwerydd. Mae'r rhai aeddfed yn nofio i fyny'r afonydd, yn bennaf ym misoedd yr haf, i'r dyfroedd bas, graeanog lle byddant yn epilio rhwng Medi a Chwefror. Nid yw eogiaid sydd yn eu llawn dwf yn bwyta o gwbl mewn dŵr croyw ac, o ganlyniad, maent yn llegach erbyn iddynt gyrraedd y mannau epilio. Mae'r fenyw yn dodwy rhwng 800 a 900 o wyau am bob hanner cilo o'i phwysau ei hun, a ffrwythlonir yr wyau gan y gwryw cyn eu gorchuddio â gro. Yn y gwanwyn mae'r wyau yn deor a'r eogiaid bychain neu'r silod yn dechrau tyfu wrth amsugno'u cydau melynwy. Ar ôl bwrw eu grawn bydd yr eogiaid sydd yn eu llawn dwf yn dychwelyd i'r môr; bydd llawer yn marw cyn cyrraedd y môr; daw ychydig yn ôl i'r un man i fwrw grawn mewn blynyddoedd i ddod. Yn y cyfamser bydd y silod yn tyfu ac yn dechrau bwydo yn yr afon. Bydd y silyn yn troi'n leisiad, pysgodyn tebyg i frithyll

Torgoch: engrafiad allan o gyfrol William Houghton, *British Fresh-Water Fishes*, 1879

sydd â chyfres o farciau porffor golau ar hyd ei ochr. Mae'n aros yn yr afon am flwyddyn neu ragor ac yn graddol newid ei liw yn arian. Yna bydd y gleisiaid yn ymgynnull yn heigiau mawr ac yn mudo tua'r môr, lle gwneir y rhan helaethaf o'r bwydo a'r tyfu. Wedi blwyddyn yn y môr dychwelant – weithiau i'r afon lle y'u ganed – yn eogiaid blwydd, ac yn pwyso rhwng 1.8 a 4kg. Ond mae rhai na ddônt yn ôl am ddwy flynedd neu ragor, a bydd y rheini o ganlyniad yn llawer mwy a thrymach na'r eogiaid blwydd. Mae newid yn yr **hinsawdd** wedi peri bod llai o fwyd i'r pysgod yn y môr a bod lefel y dŵr yn yr afonydd yn is. Mae hynny wedi arwain at ostyngiad dramatig yn y niferoedd o eogiaid sydd i'w cael; ar afon **Gwy**, er enghraifft, gostyngodd y nifer o eogiaid a gafodd eu dal â gwialen o 7,684 yn 1967 i 357 yn 2002.

GWYNIAD (*Coregonus clupeoides pennantii*) – Yn Llyn Tegid (y **Bala**) yn unig y ceir y gwyniad, sy'n perthyn i'r eog a'r torgoch. Pysgodyn anymfudol ydyw sy'n cael ei bysgota â gwialen a lein. Mae Gŵyl y Gwyniad yn y Bala yn atyniad blynyddol i ymwelwyr.

HERLYN a GWANGEN – Pysgod ymfudol a thra esgyrnog yw'r rhain, sy'n nofio i fyny'r afonydd mwyaf yn heigiau ddiwedd y gwanwyn a dechrau'r haf, i fagu mewn dŵr croyw. Bu rhwydo'r pysgod hyn yn arfer cyffredin ar aber afon **Hafren**, er mai ychydig a ddaliwyd yno er 1900.

LAMPRAI – Mae lamprai'r môr, neu lysywen bendoll y môr, yn dod ddechrau'r flwyddyn i afonydd Cymru, yn enwedig Hafren, i fagu mewn dŵr croyw, lle mae'r pysgod ifainc yn aros am rhwng tair a phum mlynedd; yna maent yn newid eu ffurf ac yn magu dannedd miniog, corniog. Dyma pryd y mudant i'r môr a throi'n lled barasitig, gan fwyta pysgod eraill. Ddwy flynedd yn ddiweddarach dychwelant i ddŵr croyw i fwrw grawn. Er bod pastai lamprai yn cael ei hystyried yn ddanteithfwyd yn yr Oesoedd Canol, dirmygir y pysgodyn fel parasit bellach. Mae lamprai'r afon yn llai na lamprai'r môr ond tebyg yw cylch ei fywyd.

LLYSYWEN – Ceir llyswennod ledled gorllewin Ewrop, ac mewn afonydd a dyfrffyrdd trwy **Brydain** gyfan. Lle bynnag y'u ceir, mae'n sicr iddynt deithio o'u magwrfeydd ym Môr Sargaso. Yn syth ar ôl deor mae'r larfâu yn cychwyn ar eu taith hir. Wrth iddynt agosáu at arfordir Ewrop yn hydref eu trydedd flwyddyn, mae'r llysywenogion bychain, tryloyw hyn yn troi'n llyswennod ifainc, tua 5 i 8cm o hyd. Gall llysywen dyfu hyd at 1.5m o hyd.

SEWIN (*Salmo trutta*) – Mae cylch bywyd y sewin (neu'r brithyll môr ymfudol) yn debyg i un yr eog, ac mae ei gnawd hefyd yn debyg, ond ychydig yn oleuach. Mewn rhai afonydd, yn arbennig **Tywi**, **Dyfi** a Chonwy, mae rhwydo sewin cyn bwysiced â physgota am eog, os nad yn bwysicach.

TORGOCH – Aelod lliwgar o'r un teulu â'r eog. Fe'i ceir mewn saith o lynnoedd yn **Eryri**, ond nid yn llyn Peris, un o'i brif gynefinoedd gynt. Mae ei fol yn goch neu'n oren; glas neu wyrdd yw ei gefn, yn ôl y cynefin y mae'n byw ynddo. Yn ei lawn dwf y mae'n 14–24cm o hyd.

PYSGOD ERAILL – Mae pysgod afon breision megis y penhwyad, y draenog, yr ysgreten a'r cerpyn i'w cael yn y rhan fwyaf o afonydd. Câi'r pysgod hyn, o bosibl, eu bwyta'n gyffredin yn y gorffennol.

*Pysgod cregyn a chramenogion*

CIMWCH – Mae cramennog mwyaf Prydain, sy'n pwyso ar gyfartaledd tua 1.5kg ac yn mesur rhwng 20 a 50cm o hyd, yn byw ar hyd rhannau creigiog arfordir Cymru; yn fyw, mae'n las a marciau brown arno, ond mae'n troi'n goch pan gaiff ei goginio.

CIMWCH MAIR – Enw arall arno yw'r cimwch coch ac mae fel arfer ychydig yn llai na'r gwir gimwch, a'i grafangau yn llai. Fel y cimwch, y mae i'w gael mewn mannau creigiog ger arfordir y gorllewin.

COCOS – Mae'r molysgiaid bwytadwy hyn yn byw yn agos i wyneb y tywod ar draethau llanw cysgodol. Ym Mae Caerfyrddin y ceir y gwelyau helaethaf, yn arbennig yn aber afon **Llwchwr**.

CRAGEN FYLCHOG – Mae'r cregyn bylchog yn byw mewn dŵr dwfn ar dywod neu raean ac yn cael eu casglu'n fasnachol ym Mae Ceredigion, yn draddodiadol gan gychod o Ffrainc neu Sbaen.

CRAGEN LAS – Mae cregyn gleision i'w cael ar arfordir Cymru lle bynnag y ceir creigiau addas iddynt lynu wrthynt. Yn yr aberoedd y ceir y rhan fwyaf o'r casglu masnachol ar y cregyn gleision cyffredin. Hyd at ddiwedd y 1970au yn aber afon Conwy, lle cesglir y cregyn gleision naill ai ar y traeth neu o'r dŵr dwfn, yr oedd y bysgodfa bwysicaf oll.

CRANC – Mae'r cranc yn mesur hyd at 25cm ar draws y gragen ac yn pwyso cymaint â 5.5kg. Mae'n byw ychydig bellter o'r lan ac, fel y cimwch, yn cael ei ddal mewn basgedi neu gewyll o wiail neu wifren, neu mewn potiau plastig.

GWICHIAD – Malwoden frownddu sy'n gyffredin ar lannau creigiog. Roedd gwichiaid yn fwyd at raid a gesglid o Fedi hyd Ebrill, yn enwedig ar arfordir creigiog **Llŷn**.

LLYGAD – Malwoden gyda chragen gonigol sy'n glynu wrth y graig yw hon ac mae'n gyffredin ar y glannau. Ni fu erioed yn arfer eu casglu'n fasnachol, ond byddai pobl arfordiroedd **Ceredigion** a Llŷn, yn arbennig, yn eu bwyta pan fyddai raid.

PERDYSEN a CHORGIMWCH – Mae'r berdysen yn mesur hyd at 7.5cm o hyd ac mae ganddi un pâr o grafangau a chorff gwastad a all newid ei liw o felyn i ddu ymron, a hynny i gyfateb i liw'r tywod yn ei chynefin. Mae perdys i'w cael yn gyffredin ar lawer rhan o arfordir Cymru. Mae'r corgimwch yn debyg i'r berdysen ond mae'n fwy a chanddo ddau bâr o grafangau.

WYSTRYSEN – Roedd yr wystrysen fwytadwy, a geir mewn dŵr bas allan yn y môr, yn bur bwysig yn economaidd hyd ddechrau'r 20g. ym Mae Abertawe ac i raddau llai ar arfordir de **Sir Benfro**.

*Pysgod y môr*

Mae dau brif ddosbarth o bysgod yn nyfroedd arfordir Cymru, sef pysgod cefnforol a physgod dyfnforol. Perthyn i'r pysgod cefnforol y mae rhywogaethau fel penwaig, mecryll a morleisiaid sy'n byw ac yn bwydo'n agos i'r wyneb. Pysgota'r rhain, gyda rhwydi drifft yn arbennig, fu prif waith pysgotwyr y glannau erioed. Mae pysgod dyfnforol yn byw gan amlaf ar waelod neu'n agos i waelod y môr, ac yn cynnwys rhywogaethau fel y cegddu, y penfras, y lleden a'r corbenfras. Fel arfer caiff pysgod dyfnforol eu dal gan lusgrwydi llongau pysgota'r prif **borthladdoedd**, fel **Aberdaugleddau**, **Abertawe** a **Chaerdydd**.

CEGDDU – Roedd llawer o lewyrch Aberdaugleddau fel porthladd pysgota yn seiliedig ar bysgota'r cegddu oddi ar arfordir de-ddwyrain **Iwerddon**. Arweiniodd gorbysgota ar y dyfroedd ffrwythlon hyn, gan bysgotwyr o Sbaen a Ffrainc yn bennaf, at ddinistr sydyn tiriogaeth y cegddu ac, o ganlyniad, at ddirywiad Aberdaugleddau fel un o borthladdoedd pysgota pwysicaf Prydain.

MACRELL – Mae heigiau o fecryll yn ymddangos ar hyd yr arfordir ym misoedd yr haf, ac er y gellir eu rhwydo, fel y gwneir yn aml heddiw, y ffordd draddodiadol o'u dal oedd â leiniau hir o fachau ac abwyd arnynt. Pysgod ymfudol yw mecryll sy'n dod yn agos i'r lan mewn heigiau enfawr i fwrw eu grawn ac yna'n dychwelyd yn heigiau llai i ddyfroedd dyfnion Gogledd yr Iwerydd.

PENNOG – Roedd y pennog, neu'r sgadenyn, yn cael ei bysgota'n helaeth ar un adeg o amgylch arfordir Cymru, a physgota penwaig ger y glannau oedd prif gynhaliaeth pentrefi ar hyd arfordir Bae Ceredigion. Câi'r pysgod eu dal fel rheol rhwng diwedd Awst a dechrau Rhagfyr.

PYSGOD ERAILL –Ymhlith y pysgod eraill a gâi eu dal gan bysgotwyr yn y dyfroedd o amgylch Cymru yr oedd cŵn gleision, cathod môr, draenogiaid neu bysgod garw, penfreision, morleisiaid, lledod chwithig a honosiaid; yn ystod yr haf byddai llymrïaid yn cael eu casglu ar draethau'r gorllewin.

*Pysgota mewn afonydd*

Pysgota am eog, 'Brenin y Pysgod', a'i berthynas agos, y brithyll ymfudol neu'r sewin, fu'r cyfan bron o'r pysgota masnachol ar aberoedd ac yn afonydd Cymru ar hyd yr oesoedd. Parhaodd llawer o'r dulliau dal samwn bron hyd ddiwedd yr 20g., a gellir olrhain nifer ohonynt yn ôl i'r Oesoedd Canol o leiaf, pan oedd afonydd Cymru yn ferw o bysgod a ddisgrifiwyd, yn 1603, fel 'one of the cheefest worldlie goods wherewith God hath blessed this countrye'. Disgrifir isod y prif ddulliau o bysgota eog yng Nghymru.

RHWYD DRIPHLYG – Ar aber afon **Dyfrdwy** yn unig y defnyddir y rhwyd driphlyg, sef rhwyd ddrifft gymhleth yn cynnwys llen o rwyd fân – y 'lint' – rhwng dwy len o rwyllau mawr. Wrth i'r rhwyd ddrifftio gyda'r trai neu'r llanw, mae pysgodyn sy'n mynd trwy'r llen gyntaf o rwyllau yn taro'r lint ac yna'n cael ei fwrw yn erbyn yr ail len o rwyllau. Mae un teulu o dref y **Fflint** wedi bod yn defnyddio rhwydi triphlyg er y 18g. o leiaf.

RHWYD DDRIFFT – Llen o rwyd a deflir o gwch ar draws y llif a'i gadael i nofio'n rhydd. Mae un pen i'r rhwyd ynghlwm wrth y cwch, a'r llall wrth fwi yn y dŵr. Yng Nghymru, mae pysgota â rhwyd ddrifft yn arbennig o bwysig ar aber afon Hafren, o gychod a gedwir yng **Nghasnewydd** a **Chas-gwent**.

RHWYD GWMPAWD – Rhwyd fawr ar ffurf cwdyn, yn hongian ar ddau bolyn trwm sy'n ffurfio ffrâm siâp 'V'. Pysgotir yn erbyn y llanw, o gychod trymion sydd wedi'u hangori neu sydd wedi'u clymu gan raff wrth ddwy lan afon. Yng Nghymru, ar ddwy afon yn unig y defnyddir y dull hwn o bysgota bellach, sef Gwy yng Nghas-gwent a Chleddau Ddu (gw. **Cleddau, Afonydd**) yn Sir Benfro.

RHWYD GWRWGL – Ar dair afon yn unig, bellach, y defnyddir y **cwrwgl** i bysgota eog a sewin, sef **Teifi**, **Taf** (**Sir Gaerfyrddin**) a Thywi. Mae'r rhwyd a ddefnyddir yn debyg i rwyd driphlyg y Fflint, gyda rhwyllwaith bras a rhwyd fân, a chaiff ei hongian rhwng dau gwrwgl, gan adael i'r rheini symud gyda llif yr afon. Cyfyngir yn llym ar yr afonydd y ceir defnyddio cwryglau arnynt; er 1945, maent wedi diflannu o afonydd fel Dyfrdwy, Hafren, Cleddau a Chonwy.

RHWYD SÂN – Y dull hwn, a ddefnyddir yn arbennig mewn aberoedd, yw'r dull mwyaf cyffredin o bell ffordd o ddal eogiaid. Mae'r llen o rwyd, sydd fel arfer tua 250m o hyd, wedi'i chysylltu wrth raff waelod a phlwm arni ac wrth raff uchaf a chyrc arni. Saif un aelod o griw sân o dri neu bedwar ar lan yr afon, ac â'r cwch sy'n cario'r rhwyd i ran ddyfnaf yr afon, gan ddychwelyd i'r lan mewn hanner cylch; yna tynnir y rhwyd i mewn gyda'i helfa o eogiaid.

TRAPIAU PYSGOD – Ar aber afon Hafren defnyddir basgedi gwiail ar ffurf côn, a elwir yn *putchers*, i ddal pysgod. Gosodir tair neu bedair rhes o fasgedi, pob rhes yn cynnwys rhai cannoedd, i ffurfio cored a fydd dan ddŵr pan ddaw'r llanw i mewn. Dull arall yw defnyddio basgedi enfawr – *putts* – sef tair basged wiail fawr wedi'u cydblethu. Gall rhes o'r basgedi hyn gynnwys cynifer â 120 o fasgedi. Rheolir y defnydd o drapiau basged yn llym, a rhaid i'r sawl sy'n eu defnyddio brofi bod 'defnydd ers cyn cof' ar ran arbennig o lan afon. Yn y gorffennol ceid trapiau pysgod cludadwy ar lawer o afonydd Cymru, ac mae'r gair 'cored' mewn **enwau lleoedd** yn arwydd fod yno ar un adeg gored i ddal pysgod.

*Pysgota môr*

Pan ddeuai heigiau enfawr o benwaig i ymweld ag arfordir y gorllewin bob hydref, roedd pysgota am benwaig â rhwydi drifft yn ddiwydiant mawr ar y glannau; ond gyda'r pysgod yn mynd yn brinnach o flwyddyn i flwyddyn, a rheolau llym wedi'u cyflwyno yn ystod ail hanner yr 20g., diflannodd y gweithgarwch i bob pwrpas. Mae mecryll, fodd bynnag, yn dal i ymweld mewn niferoedd anferth ym misoedd yr haf; ers tua 1970 mae myrddiynau ohonynt yn cael eu dal ym Môr Iwerddon gan longau ffatri mawr o lawer gwlad. Cludir rhai i'r lan yn Aberdaugleddau i'w rhewi'n syth a'u hallforio, yn bennaf i wledydd Gorllewin Affrica.

**Conwy** ac Aberdaugleddau yw'r prif borthladdoedd ar gyfer pysgota – gyda llusgrwydi neu trwy ddrifftio – am bysgod fel y lleden, y penfras a'r lleden chwithig, er bod porthladdoedd eraill, o Abertawe i **Gaergybi** ac aber afon Dyfrdwy, yn ymwneud â physgota hyd y glannau i ryw raddau. Serch hynny, yn Aberdaugleddau, a fu unwaith yn bedwerydd porthladd pysgota pwysicaf Prydain, daeth tro ar fyd er y dyddiau pan oedd y dref yn anterth ei ffyniant. Yn 1914 glaniwyd dros 30,000 tunnell fetrig o bysgod yno, ond er 1945 mae'r diwydiant wedi crebachu, a heddiw **llongau** o borthladdoedd eraill yng ngorllewin Ewrop sy'n defnyddio cyfleusterau helaeth harbwr Aberdaugleddau.

Gellir pysgota am gimychiaid a chrancod, â photiau a chewyll, ar unrhyw adeg o'r flwyddyn, ond mae prisiau uchel a gorbysgota diweddar wedi gwneud y cimwch yn greadur llawer prinnach.

Mae cregyn gleision yn cael eu pysgota'n fasnachol ar aber afon Conwy ac ar afon **Menai**. Fe'u cesglir naill ai o'r gwelyau a ddaw i'r golwg pan fydd y môr ar drai, neu o waelod yr afon o gwch, gan ddefnyddio cribyn pwrpasol ac iddo goes hir. Yn ôl traddodiad, dim ond pedwar teulu yng Nghonwy sydd â hawl gyfreithiol i gasglu cregyn gleision yn yr aber.

Cesglir cocos yn bennaf ar draeth Llanrhidian (**Llanrhidian Isaf**) ar aber afon Llwchwr ym Mae Caerfyrddin, gan gasglwyr cocos trwyddedig o bentrefi Pen-clawdd, Croffty a Llanmorlais (y tri yn **Llanrhidian Uchaf**) yng ngogledd penrhyn **Gŵyr**. Yn y gorffennol, roedd pentrefi eraill ym Mae Caerfyrddin fel **Talacharn**, Llan-saint a Glanyfferi (y ddau olaf yn **Llanismel**) hefyd yn ganolfannau pwysig i'r diwydiant hwn. (Gw. hefyd **Genweirio**.)

**QUEENSFERRY**, Sir y Fflint (431ha; 1,923 o drigolion)

Mae'r **gymuned** hon, i'r de o 'sianel newydd' afon **Dyfrdwy** (*c.*1734–37), yn cynnwys cyfres o ffatrïoedd sy'n ymestyn rhwng pentrefi Pentre a Sandycroft. Enw gwreiddiol y gymuned oedd Lower Ferry ac yna King's Ferry, ond fe'i newidiwyd i Queensferry yn 1837 er anrhydedd i'r Frenhines Victoria. Yn 1897 disodlwyd y fferi gan bont droi, a chodwyd pont arall yn lle honno yn 1926. Cwblhawyd pont fwy cymhleth, sy'n cludo'r A494 ar draws afon Dyfrdwy, yn 1962. Yn ystod y 19g. datblygodd nifer o wahanol ddiwydiannau yn yr ardal, gan gynnwys cloddio am **lo**, cynhyrchu tar, a gwneud rhaffau weiar a pheiriannau mwyngloddio. Roedd **adeiladu llongau** yn arbennig o bwysig, a sefydlwyd iard

John Rigby (Cram yng Nghaer yn ddiweddarach) yn 1820 ac iard Abdella a Mitchell (1908–38). Yn Queensferry yn 1855 y lansiwyd y ***Royal Charter***, llong fwyaf glannau Dyfrdwy ac un a fyddai'n cwrdd â thynged drychinebus. Yn ôl Nikolaus Pevsner, y ffatri (*c.*1901–5) a gynlluniwyd gan H. B. Cresswell ar gyfer Williams a Robinson oedd adeilad mwyaf blaengar ei gyfnod ym **Mhrydain**. Agor ffatri arfau fawr (1916–18) a arweiniodd at adeiladu pentref Mancot (gw. **Penarlâg**). Mae Canolfan Hamdden Glannau Dyfrdwy (1970–74) yn cynnwys llawr sglefrio iâ o safon ryngwladol.

# R

# R

Radicaliaeth: y dyrfa yn Nhregaron adeg dadorchuddio'r gofeb i Henry Richard, 1893

**RABY, Alexander (1747–1835)** Diwydiannwr
Ganed Raby yn **Llundain** ac ef a adeiladodd Reilffordd Sir Gaerfyrddin yn **Llanelli**, yn 1803, y rheilffordd gyntaf yn y byd i'w hariannu trwy danysgrifiadau cyhoeddus. Mentrodd yr haearnfeistr hwn o Surrey ei holl gyfoeth ar droi pentref bach pysgota Llanelli yn dref ddiwydiannol o bwys. Ar hyd ei reilffordd câi **calchfaen** a mwyn **haearn** o'r Mynydd Mawr eu cludo mewn wageni a dynnid gan **geffylau** i'w waith haearn yn y Ffwrnais (a sefydlwyd yn 1796); yn y gwaith hwn cynhyrchid gynnau a chanonau ar gyfer **Rhyfeloedd y Chwyldro Ffrengig a Rhyfeloedd Napoleon**. Gorlethwyd Raby gan broblemau ariannol wedi i Napoleon gael ei drechu yn Waterloo. Yr unig gof gweladwy amdano yw gweddillion gwaith haearn y Ffwrnais a Stryd Raby, Llanelli.

## RADICALIAETH

Ystyr lythrennol y gair *radical* yw 'yn mynd at y gwreiddyn', ac yn wreiddiol defnyddid y term mewn ystyr wleidyddol i ddynodi rhywun sy'n hyrwyddo diwygiadau gwleidyddol blaengar mewn ysbryd democrataidd. Yn **Saesneg**, dyddia'r cofnod cynharaf o'r gair yn yr ystyr honno i 1802, ac 1836 yw dyddiad y cofnod cynharaf yn **Gymraeg**. Yng Nghymru, y radicaliaid cyntaf oedd yr anghydffurfwyr crefyddol a oedd yn gysylltiedig â'r traddodiadau Deistaidd ac Undodaidd (gw. **Undodwyr**), ond erbyn y 1830au roedd y frwydr o blaid diwygio'r Senedd a'r gwrthwynebiad i'r dreth Eglwys yn denu aelodau'r enwadau Anghydffurfiol eraill i bledio achos radicaliaeth. Nid oedd radicaliaeth yn gysyniad cwbl gyson; o'i fewn ceid haen wledig ac adweithiol, haen ramantaidd fel y tystia gyrfa Iolo Morganwg (**Edward Williams**), a haen fwy parchus ac ystumgraff yn nhraddodiad Bentham. Trawodd y traddodiadau gwahanol hyn dannau amrywiol yng Nghymru. Yng nghanol y 19g. pwysleisiodd **Samuel Roberts** bwysigrwydd cydwybod yr unigolyn a hyrwyddodd heddwch a masnach rydd, gan ddadlau o blaid cyfyngu ar rym y wladwriaeth. Erbyn diwedd y 19g. roedd **Michael D. Jones** yn tueddu tuag at gysyniadau cynulliadol a oedd yn cwmpasu **sosialaeth** a **chenedlaetholdeb**.

Er bod y radicaliaid cynnar yn gysylltiedig â **Phlaid y Chwigiaid** ac â'r **Blaid Doriaidd**, erbyn canol y 19g. roeddynt yn gynyddol gysylltiedig ag adain chwith y **Blaid Ryddfrydol**. Yng Nghymru, amlygwyd radicaliaeth y blaid honno mewn rhaglen wleidyddol a oedd yn ymwneud nid yn unig â **datgysylltu Eglwys Loegr yng Nghymru** a chael gwared ar y **degwm**, ond hefyd â **dirwest**, masnach rydd, **pwnc y tir** ac, yn arbennig yng ngwaith **Henry Richard**, â heddwch bydeang. Llefarydd mwyaf huawdl radicaliaeth yng Nghymru rhwng 1890 a'r **Rhyfel Byd Cyntaf** oedd **David Lloyd George**, a oedd, fel y dengys ei ddeddfwriaeth, yn credu y dylai'r wladwriaeth ysgwyddo cyfrifoldeb dros wella byd ei thrigolion (gw. **Gwladwriaeth Les**). Erbyn y 1920au, fodd bynnag, daeth y term yn gynyddol gysylltiedig â sosialaeth y **Blaid Lafur**

Rasio ceffylau: ras ffos a pherth ym Mangor Is-coed, 1953

a'r **Blaid Gomiwnyddol**, a'r mudiadau a'r undebau llafur (gw. **Undebaeth Lafur**) a'u cefnogai. Ar ôl 1945 mabwysiadodd **Plaid [Genedlaethol] Cymru** hefyd agwedd fwy radical a oedd i'r chwith o'r canol. Mae'r term yn parhau'n label defnyddiol i'r Blaid Lafur a Phlaid Cymru gan ddynodi parodrwydd i ymgyrchu mewn modd nad yw'n gaeth wrth unrhyw ddogma. Rhwng 1983 ac 1991 cyhoeddai Plaid Cymru gylchgrawn yn dwyn yr enw *Radical Wales*.

Nid yw'r term o angenrheidrwydd i'w gysylltu â rhan benodol o'r sbectrwm gwleidyddol, fel y gwelwyd yn y 1970au a'r 1980au pan ddaeth 'Radicaliaid y Dde' yn enw poblogaidd ar gefnogwyr Margaret Thatcher.

## RADMILOVIC, Paul (1886–1968) Nofiwr

Cafodd Paul Radmilovic o **Gaerdydd** yrfa **nofio** ddisglair a oedd yn ymestyn dros 30 mlynedd. Cipiodd 15 teitl Cymreig rhwng 1901 ac 1922 am nofio 100 llath (91.44m) yn y dull rhydd, a gwnaeth bum ymddangosiad yn y Gemau Olympaidd rhwng 1908 ac 1928, a ddaeth â thair medal aur iddo. Roedd hefyd yn chwaraewr polo dŵr rhagorol, ac arweiniodd dîm **Prydain** i fuddugoliaeth yng Ngemau Olympaidd 1912 ac 1920.

## RAMSAY, Andrew [Crombie] (1814–91) Daearegydd a chartograffydd

Yn rhinwedd ei swydd fel un o ddaearegwyr maes yr Arolwg Daearegol roedd Ramsay, a hanai o Glasgow, yn gyfrifol am baratoi nifer o'r **mapiau** un-fodfedd-i'r-filltir o Gymru, ac am y clasur *The Geology of North Wales* (1866; 1881). Cyfraniad pwysig arall o'i eiddo oedd cydnabod arwyddocâd y llwyfandiroedd uchel y gellir eu holrhain dros rannau helaeth o Gymru – nodwedd hynotaf daearyddiaeth ffisegol Cymru, yn ôl Ramsay. Yn dilyn ei ymddeoliad ymgartrefodd ym **Môn**, cartref ei wraig, ac fe'i claddwyd yn Llansadwrn (**Cwm Cadnant**).

## RASIO CEFFYLAU

Mae tri math o rasio **ceffylau,** sef rasio ar y gwastad, rasio hela cenedlaethol (hynny yw, rasio ar draws gwlad a thros glwydi) a rasio harnais, sy'n fwy adnabyddus fel 'trotian' neu 'duthio' yng Nghymru.

Ymhlith y **boneddigion** y datblygodd rasio ar y gwastad a rasio ar draws gwlad yn wreiddiol. Ymhlith y rasys cyntaf i'w trefnu yr oedd cyfarfodydd rasio 'o fan i fan' lle'r oedd gwahanol helfeydd yn cystadlu ar draws tir agored (mae'r rasys hyn yn dal yn boblogaidd heddiw, ond yn cael eu rheoli'n well). Erbyn 1833 roedd rasys a gydnabyddid yn rhyngwladol yn cael eu cynnal ar y gwastad yn y **Bont-faen**, **Hwlffordd**, **Conwy**, **Aberystwyth**, **Aberhonddu**, **Caerfyrddin**, **Trefyclo** a **Wrecsam**. Dechreuodd rasio ar draws gwlad ym **Mangor Is-coed** yn y 1850au, ac mae rasys yn dal i gael eu cynnal yno.

Byddai rasys y Bont-faen yn denu ymgeiswyr o leoedd cyn belled â Swydd Efrog. Yn gysylltiedig â'r rhan fwyaf o rasys byddai betio trwm ac amrywiol weithgareddau eraill – o ddawnsfeydd mawreddog i rasio **moch** a phuteindra. Byddai'r sioeau ymylol a'r cyffro cyffredinol yn denu pobl o bob **dosbarth** cymdeithasol i'r rasys, ond y boneddigion a oedd yn eu rheoli a byddent yn eu defnyddio i ddangos eu

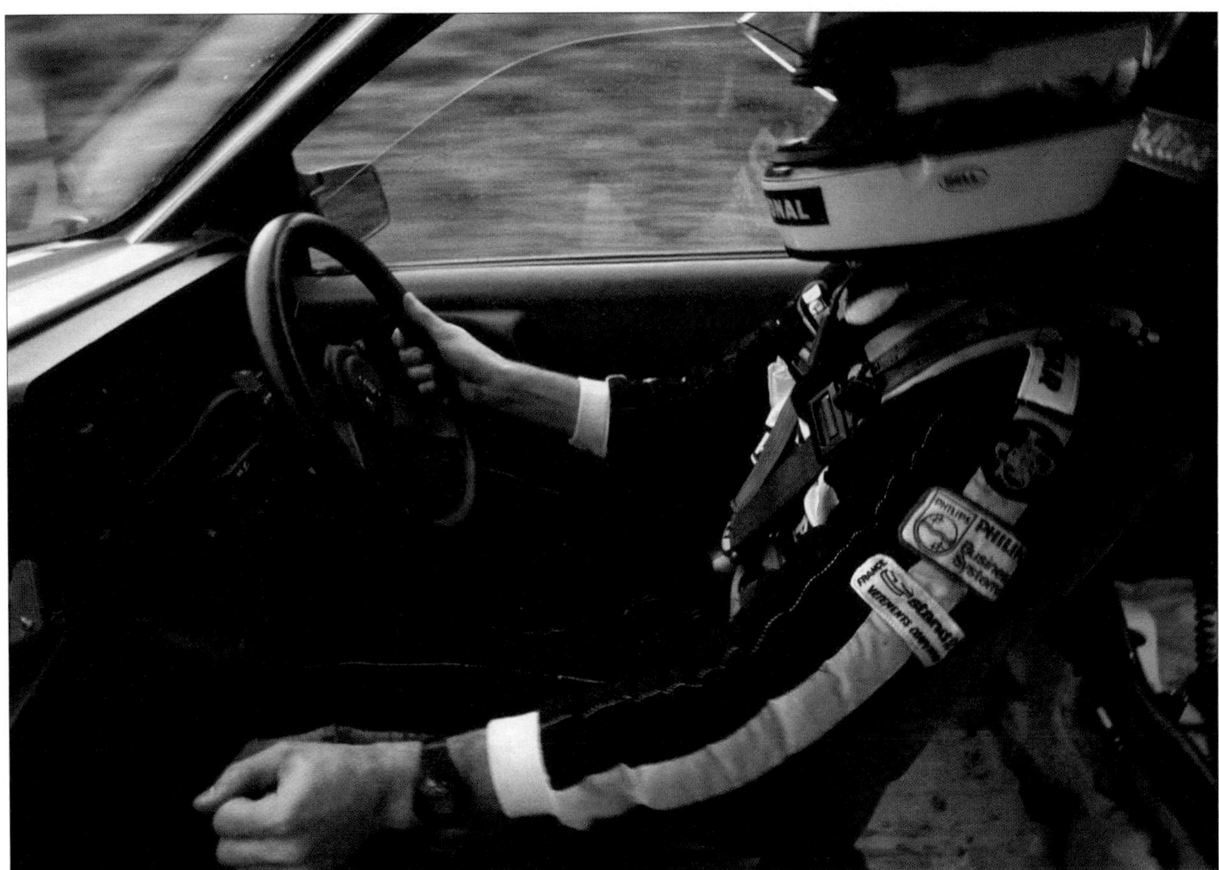

Rasio ceir a beiciau modur: Ayrton Senna yn ralïo yng nghanolbarth Cymru, 1985

statws cymdeithasol a'u diddordebau mewn materion lleol. A hwythau'n awyddus i ennill ffafr ymhlith eu cyd-foneddigion yn **Lloegr** – a hyd yn oed eu cymheiriaid ar dir mawr Ewrop – ymhyfrydai boneddigion Cymru yn y ffaith fod rasio yn rhan mor boblogaidd o ddiwylliant uchelwrol Prydain yn gyffredinol. Ond gwgu ar y gamp a wnâi llawer o grefyddwyr, oherwydd yr ymddygiad meddw ac afreolus a ddeuai yn ei sgil. Canlyniad hyn fu rhoi'r gorau i rasys Wrecsam o 1862 hyd 1890.

Ymddiddorodd y dosbarth gweithiol yng Nghymru'r 20g. fwyfwy mewn rasio yn sgil sylw'r **papurau newydd** ac agor siopau betio y tu hwnt i ffiniau'r cyrsiau rasio. Yn 1926 agorwyd cwrs mawr ar gyfer rasio ar y gwastad yn **St Arvans** ger **Cas-gwent**, er na ddaeth yn ganolog mewn rasio ym **Mhrydain** hyd nes yr agorwyd y gyntaf o **Bontydd Hafren** yn 1966. Grand National Cymru, a gynhelir yng Nghas-gwent rhwng y Nadolig a'r **Calan**, yw uchafbwynt y calendr rasio Cymreig. Yn wyneb yr amrywiaeth o gyf-leoedd hamdden a oedd yn datblygu, a chost cadw a bridio ceffylau, dirywio'n raddol a wnaeth rasio ar y gwastad a rasio hela cenedlaethol yng Nghymru o ddiwedd y 19g. ymlaen, ac erbyn canol yr 20g. roedd y rhan fwyaf o gyrsiau rasio Cymru wedi cau.

Mae sawl joci o fri rhyngwladol wedi hanu o Gymru gan gynnwys **Jack Anthony** a Hywel Davies (g.1957) o **Aberteifi**, a enillodd y Grand National ar Last Suspect yn 1985. Enillodd Carl Llewellyn (g.1965) o **Angle** y Grand National ddwywaith, yn 1992 ar Party Politics ac yn 1998 ar Earth Summit.

Math o rasio sy'n llai cyfarwydd ond sy'n dra phoblogaidd yng Nghymru yw trotian neu duthio, lle bydd ceffylau'n rasio heb garlamu ac yn cael eu llywio gan yrrwyr sy'n eistedd ar 'drapiau' dwy olwyn. Dechreuodd y gamp yng Nghymru ddiwedd yr 19g. pan fyddai cobiau Cymreig yn cystadlu ar hyd **ffyrdd**. Tua diwedd y ganrif trosglwyddwyd y rasys i draciau porfa, ac yn lle'r stoc cynhenid Gymreig dechreuwyd defnyddio ceffylau wedi'u bridio i'r safon, a gâi eu mewn-forio o America'n bennaf. Mae cyfarfod rasio harnais hynaf Cymru, yn **Llangadog**, wedi ei gynnal bob Llun y Pasg er 1884, ac mae bri hefyd ar rasys **Tregaron**. Un o'r mentrau mwyaf newydd yw'r trac rasio Americanaidd yr olwg yn Nhir Prince (**Bae Cinmel a Thywyn**), a sefydlwyd yn 1990; caiff ei rasys wythnosol eu dangos yn rheolaidd ar y teledu.

## RASIO CEIR A BEICIAU MODUR

O rasio **ceffylau** a beiciau (gw. **Seiclo**) y tyfodd y math hwn o rasio a hynny ym mlynyddoedd cynnar yr 20g. Sonia un o'r cofnodion cynharaf am 'Ras Arddangos Beiciau Modur' ym Mharc **Caerfyrddin** ar y Llungwyn, 1905, ac fe'i dilynwyd gan ras arall i feiciau modur ar draeth **Pentywyn**, fel rhan o chwaraeon a rasys a gynhelid yn flynyddol ar ŵyl banc mis Awst. Profion cyflymder yr Undeb Moduron yn 1909 ym Mhentywyn oedd rali geir gyntaf Cymru.

Cyn 1925 câi profion cyflymder ar **ffyrdd** cyhoeddus, fel y rhai yng **Nghaerffili** ac Arnold's Hill, **Hwlffordd**, eu cynnal ar ffurf rasys dringo bryniau neu rasys gwib, yn ôl doeth-ineb prif gwnstabliaid a'r RAC. Câi profion porfa a sgrial-feydd beiciau modur eu trefnu gan glybiau lleol dan reolau'r

Rasio trac: Grand Prix Prydain yn Stadiwm y Mileniwm, Caerdydd, 2001

Auto Cycle Union. O'r 1920au cynnar ymlaen **Llandrindod** oedd canolbwynt y Profion Chwe Diwrnod Rhyngwladol i feiciau modur, digwyddiad o bwys yn y calendr chwaraeon. Byddai TT Cymru, a gynhelid dros dri diwrnod ym Mhentywyn o 1922 ymlaen, yn denu gyrwyr disglair **Ynys Manaw** a Brooklands ar beiriannau gwaith, a thorfeydd o oddeutu 40,000.

Heddiw, defnyddir ffyrdd coedwig garw'r canolbarth a'r gogledd ar gyfer camau arbennig mewn ralïau moduro, a hynny ar lefel clybiau lleol ac ar lefel ryngwladol. Mae'r camau a gynhelir yng Nghymru bob amser ymhlith y mwyaf heriol i yrwyr sy'n cystadlu yn Rali'r RAC (Network Q bellach).

Nid oes gan Gymru drac Grand Prix achrededig. Er yr **Ail Ryfel Byd** cynhaliwyd rasys ffyrdd ar darmac mewn **canolfannau milwrol**, megis maes tanio **Mynydd Epynt** a hen feysydd awyr segur, gan gynnwys **Llandŵ**, **Pen-bre** a Mynydd Llwynteg (**Llanilltud Gŵyr**).

## RASIO COLOMENNOD

Dofwyd math o golomen a ddisgynnai o golomen y graig – nid oedd fawr ddim perthynas rhyngddi a'r ysguthan neu'r golomen wyllt – a'i defnyddio gan y rhan fwyaf o fyddinoedd i gludo negeseuon, o gyfnod y **Rhufeiniaid** hyd ganol yr 20g. Yn gynnar yn y 19g. dechreuodd bridwyr colomennod yng Ngwlad Belg a **Phrydain** rasio eu hadar. Sefydlwyd Cymdeithas Genedlaethol Frenhinol Colomennod Dychwel yn 1896 ac yna Undeb Colomennod Dychwel Cymru a Chymdeithas Frenhinol Rasio Colomennod, a oedd â'i chanolfan yn y **Trallwng** (**Sir Drefaldwyn**). Roedd y gamp yn hynod boblogaidd yng Nghymru, yn enwedig rhwng y 1930au a'r 1950au, pan fyddai adar rasio yn eu cratiau yn olygfa gyffredin mewn gorsafoedd rheilffordd. Crisialwyd y ddelwedd o golomennod yn cylchu tai teras Cymru gan gri'r bardd **Idris Davies**, 'Send out Your Homing Pigeons, Dai'. Cafwyd delwedd debyg gan Gwenallt (**David James Jones**).

## RASIO MILGWN

Rheolir rasio milgwn ym **Mhrydain** gan y Clwb Rasio Milgwn Cenedlaethol (NGRC), ond er pan gaewyd Parc Somerton, **Casnewydd**, yn 1963 a Pharc yr Arfau, **Caerdydd**, yn 1977, ni fu gan Gymru unrhyw draciau trwyddedig cysylltiedig â'r NGRC. Er hynny, yn 2007 roedd tri thrac preifat – yn **Abertawe**, **Bedwellte** (**Bargod**) a Hengoed (**Gelli-gaer**).

Daeth rasio milgwn i **Loegr** o America yn 1925 a buan yr ymsefydlodd yng Nghymru. Agorwyd sawl trac yn niwedd y 1920au. Daeth y cystadlu i ben yn ystod yr **Ail Ryfel Byd**, ond wedi hynny ffynnodd y gamp, ar adeg pan nad oedd canolfannau betio cyfreithiol ar wahân i draciau milgwn. Cynhaliwyd Derby cyntaf Cymru yn 1951 yn ystod un o gyfnodau mwyaf llewyrchus rasio milgwn ar draws Prydain, a ffynnodd y gamp hyd ddiwedd y degawd. Fodd bynnag, gydag agor siopau betio o 1961 ymlaen ac wrth i'r cynnydd yng ngwerth tir arwain at werthu llawer trac, daeth gostyngiad yn y niferoedd a fynychai rasys milgwn.

Bu peth adfywiad yng nghanol y 1970au, ond ni lwyddodd rasio milgwn yng Nghymru i adfer ei boblogrwydd blaenorol. Bu adeg pan allai glowyr a gweithwyr dur fforddio milgi a gwneud arian da yn y rasys, ond erbyn dechrau'r 21g. roedd y gamp yn rhy ddrud i'w mwynhau fel hobi. Er bod Derby Cymru yn dal yn ddigwyddiad blynyddol pwysig yn y byd rasio, lleihau y mae'r torfeydd, caeodd llawer trac mewn blynyddoedd diweddar, ac anodd yw denu cenhedlaeth newydd o gefnogwyr.

## RASIO TRAC

Daeth rasio beiciau modur (gw. **Rasio Ceir a Beiciau Modur**) ar lwybrau lludw, neu rasio trac (*speedway*) fel y daethpwyd i'w alw maes o law, i **Brydain** o **Awstralia** yn 1928. Cynhaliwyd y cyfarfod cyntaf yng Nghymru yng **Nghaerdydd** ar ŵyl San Steffan y flwyddyn honno, o flaen 25,000 o wylwyr. Buan y lledodd y gamp newydd i **Bontypridd**, **Tredegar** a **Chaerffili**, a daeth Caerdydd yn gartref i dîm Cymreig llwyddiannus a fu'n fuddugol yn Wembley yn 1929; ond mewn llai na deng mlynedd roedd y gamp wedi diflannu o Gymru. Dychwelodd yn sgil timau byrhoedlog yng Nghaerdydd (1951–3) ac yng **Nghastell-nedd** (1962) cyn i **Gasnewydd** (1964–77 a 1997–) ddod yn gartref mwy sefydlog i'r gamp yng Nghymru. Agorodd trac arall yng **Nghaerfyrddin** yn 2002, ac er 2001 mae rownd Prydain ym mhencampwriaeth y byd wedi'i chynnal yn Stadiwm y Mileniwm yng Nghaerdydd.

Er na rasiodd erioed yn nhîm Cymru, Freddie Williams (g.1926) o **Bort Talbot** yw rasiwr trac enwocaf Cymru; enillodd bencampwriaeth y byd yn 1950 ac 1953.

## RASYS DYN A CHEFFYL

Yn ôl y chwedl, un o gampau mawr y rhedwr Guto Nythbrân (**Griffith Morgan**) yn y 18g. oedd trechu ceffyl mewn ras. Yr unig un i gyflawni'r un gamp oddi ar hynny yw'r athletwr rhyngwladol o Gymro, Dic Evans, a lwyddodd yng nghanol y 1980au i drechu ceffyl mewn ras 8 milltir (12.9km) ym Mhonterwyd (**Blaenrheidol**).

Er 1980 mae marathon dros 22 milltir (35.4km) wedi'i chynnal yn flynyddol yn **Llanwrtyd** er cof am gamp Guto; er bod y rhedwyr yn cael cychwyn 15 munud cyn y **ceffylau**, hyd yma dim ond un ohonynt – Huw Lobb o **Lundain**, yn 2004 – a lwyddodd i ennill y ras. Gyda gwobr ariannol o filoedd o bunnau i unrhyw un sy'n trechu'r ceffyl gorau, mae'r hyn a ddechreuodd fel her amatur leol bellach yn gystadleuaeth broffidiol sy'n denu diddordeb a chyhoeddusrwydd helaeth.

## REBECA, Terfysgoedd

Roedd amodau byw mân ffermwyr a thyddynwyr y deorllewin cynddrwg yn ail chwarter y 19g. nes peri iddynt godi yn erbyn eu gormeswyr mewn ffrwydrad o ddicter na welwyd mo'i debyg na chynt nac wedyn. Yn y 18g. roedd y cwmnïau tyrpeg wedi codi tollbyrth ar ffyrdd tyrpeg, ac roedd y tollau niferus yn fwrn ar y ffermwyr tlawd a oedd yn gorfod defnyddio'r **ffyrdd** i gludo eu cynnyrch i'r farchnad ac i gario calch o'r odynau (gw. **Calchfaen**).

Ar 13 Mai 1839 ymosodwyd ar dollborth yn yr Efailwen (**Cilmaenllwyd**), ar y ffin rhwng **Sir Gaerfyrddin** a **Sir Benfro**; 13 diwrnod yn ddiweddarach daeth cyfnod cyntaf Terfysgoedd Rebeca (neu Beca) i ben pan ddinistriwyd tollborth Heol y Dŵr yng **Nghaerfyrddin**. Gwelwyd terfysgoedd pellach a mwy difrifol yng ngaeaf 1842, ac erbyn hydref 1843 roedd tollbyrth wedi'u dinistrio yn Sir Gaerfyrddin, Sir Benfro, **Sir Aberteifi**, **Sir Forgannwg**, **Sir Frycheiniog** a **Sir Faesyfed** (rhwng 1839 ac 1844 bu 293 o ymosodiadau i gyd). Mae'n ymddangos bod y gwrthryfelwyr – Plant Beca fel y cyfeirid atynt – wedi mabwysiadu'r henw ar sail adnod yn y **Beibl** (Genesis 24: 60: 'Ac a fendithiasant Rebeccah, ac a ddywedasant wrthi . . . "etifedded dy had borth ei gaseion"'). Roedd gan bob ymosodiad ei 'Rebeca', yr arweinydd ar y pryd, sef gŵr wedi'i wisgo fel menyw gan amlaf. Yn ôl traddodiad, y paffiwr Thomas Rees (Twm Carnabwth; 1806?–1876; gw. **Mynachlog-ddu**), oedd y Rebeca yn yr ymosodiad cyntaf yn yr Efail-wen. Dau gymeriad lliwgar a ddaethai o Sir Forgannwg ac a fu'n amlwg yn yr helyntion yn nwyrain Sir Gaerfyrddin oedd David Davies (1812?–74; Dai Cantwr) a John Jones (*fl.*1811–58; Shoni Sgubor Fawr). Ond nid oes sail i'r awgrym fod un arweinydd dirgel yn cydlynu'r holl ymosodiadau, er i enw'r siartydd Hugh Williams (1796–1874) – cyfreithiwr yn Sir Gaerfyrddin ar y pryd – gael ei grybwyll mewn cysylltiad â hynny.

Roedd yr anniddigrwydd a roddodd fod i'r terfysgoedd yn deillio o drafferthion cymdeithas amaethyddol a oedd yn gynyddol orboblog ac yn gorfod ymgodymu â dyfodiad **economi** gyfalafol. Ar yr un pryd, yr oedd yn atebol i drefn lywodraethol geidwadol nad oedd bellach yn addas i ofynion yr oes (gw. **Llywodraeth**). Er gwaethaf lleihad sylweddol mewn prisiau amaethyddol, yr un oedd treuliau traddodiadol y ffermwyr. Ni chafwyd fawr o ostyngiadau mewn rhenti ffermydd, ac roedd y **degwm** a threthi'r tlodion wedi cynyddu yn dilyn deddfwriaeth seneddol yn ystod y 1830au – deddfwriaeth hynod amhriodol o safbwynt ffermwyr y de-orllewin. Roedd eu dull hwy o ffermio o hyd yn un lled ymgynhaliol nad oedd yn cynhyrchu fawr o warged. Y tollbyrth oedd gwrthrychau mwyaf cyffredin eu dicter, ond ymosodwyd hefyd ar dlotai (gw. **Deddf y Tlodion**), a choredau a oedd yn cyfyngu ar bysgota. Deuai sawl carfan o dan lach y ffermwyr:

Terfysgoedd Rebeca: print, *c.*1842

*The Arte*

as their workes doe extende) to diſtincte it onely into twoo partes. Whereof the firſte is, *when one nomber is equalle vnto one other*. And the ſeconde is, *when one nomber is compared as equalle vnto. 2. other nombers.*

Alwaies willyng you to remẽber, that you reduce your nombers, to their leaſte denominations, and ſmalleſte formes, before you procede any farther.

And again, if your *equation* be ſoche, that the greateſte denomination *Coßike*, be ioined to any parte of a compounde nomber, you ſhall tourne it ſo, that the nomber of the greateſte ſigne alone, maie ſtande as equalle to the reſte.

And this is all that neadeth to be taughte, concernyng this woorke.

Howbeit, for eaſie alteratiõ of *equations*. I will propounde a fewe exãples, bicauſe the extraction of their rootes, maie the more aptly bee wroughte. And to auoide the tediouſe repetition of theſe woordes: is equalle to: I will ſette as I doe often in woorke vſe, a paire of paralleles, or Gemowe lines of one lengthe, thus: ═════, bicauſe noe. 2. thynges, can be moare equalle. And now marke theſe nombers.

1. 14.ze.—+—.15.ϑ=====71.ϑ.
2. 20.ze.——.18.ϑ=====.102.ϑ.
3. 26.ʒ—+—10ze=====9.ʒ—10ze—+—213.ϑ.
4. 19.ze—+—192.ϑ=====10ʒ—+—108ϑ—19ze
5. 18.ze—+—24.ϑ.=====8.ʒ.—+—2.ze.
6. 34ʒ——12ze=====40ze—+—480ϑ—9.ʒ.

1. In the firſte there appeareth. 2. nombers, that is 14.ze.

Robert Recorde: ei esboniad o'r hafalnod yn *The Whetstone of Witte*

eu landlordiaid di-hid a oedd yn gwrthod gostwng y rhent (gw. **Boneddigion a Landlordiaid**); yr ynadon lleol, a oedd yn trin y tlodion 'fel cŵn' pan ddeuent o flaen y fainc; meistri'r tlotai lle câi'r tlodion eu carcharu; derbynwyr y degwm, beilïaid ac offeiriaid Anglicanaidd a oedd yn codi'r degwm drud ar blwyfolion a oedd gan mwyaf yn mynychu'r capel; a chasglwyr tollau. Protest y mân ffermwyr oedd Terfysgoedd Rebeca yn ei hanfod, a phan gydiodd y dwymyn brotestio yn y **gweision ffermydd**, buan y daeth yr helynt i ben.

Cymaint oedd y gefnogaeth i Rebeca fel na fyddai prin neb yn cynnig tystiolaeth yn erbyn y terfysgwyr hynny a gâi eu harestio. Yn dilyn comisiwn i ymchwilio i achosion yr helynt, dan arweiniad **Thomas Frankland Lewis**, rhoddwyd cwmnïau tyrpeg chwech o **siroedd** y de yng ngofal byrddau ffyrdd sirol a chafodd y tollau eu gostwng a'u symleiddio. Roedd Terfysgoedd Rebeca yn anghydfod cymdeithasol o bwys; roeddynt hefyd yn wrthryfel hynod a llwyddiannus.

## RECORDE, Robert (m.1558) Mathemategydd

Brodor o **Ddinbych-y-pysgod** oedd Recorde. Ymgartrefodd yn **Llundain** fel meddyg, a dywedir bod Edward VI a'r Frenhines Mary ymhlith ei gleifion. Yn 1549 fe'i penodwyd yn bennaeth y **bathdy** ym Mryste; ddwy flynedd yn ddiweddarach daeth yn arolygydd cyffredinol gweithfeydd mwyn arian yn **Lloegr** ac **Iwerddon**, ond cafodd ei ddiswyddo ar sail amheuaeth ei fod yn aneffeithiol neu'n anonest; bu farw yng ngharchar Mainc y Brenin. Ei waith cynharaf, *The Grounde of Artes* (1540), oedd y llyfr rhifyddeg Saesneg cyntaf, y cyntaf i ddefnyddio'r rhifolion Arabeg a'r cyntaf o'i fath ar gyfer y darllenydd cyffredin. Recorde a ddyfeisiodd yr arwydd 'hafal' (=) gan ei ddisgrifio fel a ganlyn: 'a paire of paralleles or gemowe lines [pâr o linellau] of one lengthe, thus: =, bicause noe 2. thynges can be moare equalle.' Roedd ei lyfr *The Pathway to Knowledge* (1551), gwerslyfr ar geometreg ac **astronomeg**, yn ddefnyddiol i forwyr, a gwerslyfr ar algebra oedd ei *The Whetstone of Witte* (1557). Dadorchuddiwyd penddelw ohono yn Eglwys y Santes Fair, Dinbych-y-pysgod, yn 1910.

## REDWICK, Casnewydd (1,199ha; 194 o drigolion)

Mae'r **gymuned** hon, sy'n ffurfio cornel dde-ddwyreiniol Sir **Casnewydd**, yn edrych draw dros y Welsh Grounds, banciau tywod enfawr ym moryd afon **Hafren** sy'n dod i'r golwg ar y distyll. Saif Redwick ar ymyl gorllewinol Gwastadeddau **Caldicot**, tir sy'n rhwydwaith o ffosydd neu ddraeniau ac iddynt enwau fel Ynys Mead a Newcut. Mae Eglwys Sant Thomas gyda'r harddaf o eglwysi **Gwastadeddau Gwent**; fe'i codwyd o **galchfaen** llwyd-binc, ac mae ei ffenestr ddwyreiniol yn enghraifft nodedig o'r arddull Addurnedig. Ym mhentref Redwick ceir arosfan bysiau ar ffurf gwasg **seidr** a godwyd gan grefftwr lleol, Hubert Jones, tua 1975. Mae gan ffermdy Brick House, a godwyd yn gynnar yn y 19g., saith o faeau a chyrn simnai enfawr.

## REDWOOD, Theophilus (1806–92) Fferyllydd

Ganed Redwood yn Nhrebefered (**Llanilltud Fawr**) yn fab i ysgolfeistr a barciwr, ac yno hefyd y bu farw. Fe'i prentisiwyd fel apothecari yn **Llundain**, a dechreuodd ddilyn darlithoedd **cemeg** y Sefydliad Brenhinol. Roedd yn un o sylfaenwyr Cymdeithas Fferyllwyr Prydain Fawr (1841) a bu'n Athro cemeg a fferylliaeth y gymdeithas hyd nes ei fod yn 79 mlwydd oed. Ef oedd llywydd cyntaf Cymdeithas y Dadansoddwyr Cyhoeddus (1874). Urddwyd un o'i feibion, Thomas Boverton Redwood (1846–1919), cemegydd diwydiannol, yn farchog (1901) ac yn farwn (1911). Enwyd un o brif adeiladau **Prifysgol Caerdydd** ar ôl y teulu.

## REES, Abraham (1743–1825) Gwyddoniadurwr

Ganed Abraham Rees yn **Llanbryn-mair**, yn fab i'r gweinidog **Annibynwyr** Lewis Rees (1710–1800). Roedd yntau hefyd yn weinidog a threuliodd y rhan fwyaf o'i fywyd yn **Llundain**. Yn 1778 ailolygodd waith arloesol Ephraim Chambers, *Cyclopaedia* (1728), gwyddoniadur mewn dwy gyfrol a oedd wedi ysbrydoli *Encyclopédie* mawr d'Alembert a Diderot (1751–76). Cafwyd golygiad pedair cyfrol ganddo yn ddiweddarach (1781–6). Bu hwnnw'n llwyddiant mawr ac etholwyd Abraham Rees i'r Gymdeithas Frenhinol o'i herwydd. Arweiniodd hefyd at waith llawer mwy uchelgeisiol, *The New Cyclopaedia*, a ysgrifennwyd yn bennaf ganddo ef ei hun. Ymddangosodd yn 45 cyfrol rhwng 1802 ac 1820, a bu'n ddylanwad ar y gwaith o lunio gwyddoniaduron ar dir mawr Ewrop; am amser maith, dyma'r unig waith a allai gystadlu â'r *Encyclopaedia Britannica*.

## REES, Alwyn D[avid] (1911–74) Golygydd a chymdeithasegydd

Am ei waith fel golygydd y cylchgrawn *Barn* yn y cyfnod 1966–1974 y cofir yn bennaf am Alwyn D. Rees (gw. **Cylchgronau**).

Bu'n gadarn ei gefnogaeth i ymgyrchoedd **Cymdeithas yr Iaith Gymraeg** gan gynnig cyd-destun deallusol i'r gweithredu. Hanai o **Orseinon** a threuliodd y rhan fwyaf o'i yrfa yn adran efrydiau allanol Coleg Prifysgol Cymru, **Aberystwyth**, lle bu hefyd yn fyfyriwr. Roedd ei waith ymchwil ar blwyf **Llanfihangel-yng-Ngwynfa**, a gyhoeddwyd fel *Life in a Welsh Countryside* (1950), yn arloesol. Cyd-olygodd *Welsh Rural Communities* (1961) gydag **Elwyn Davies**, ac ysgrifennodd *Celtic Heritage* (1961) ar y cyd â'i frawd, Brinley Rees (1916–2001), ysgolhaig Celtaidd hynod ddisglair.

**REES, [William] Beddoe (1877–1931)** Pensaer
Mab i ŵr busnes o **Faesteg** oedd Beddoe Rees a bu ganddo swyddfa yng **Nghaerdydd** o *c.*1900 ymlaen. Cyhoeddodd *Chapel Building: Hints and Suggestions* (1903), ac fel cynllunydd capeli y'i cofir, yn y de gan mwyaf, er mai yn y gogledd, yn **Llandudno**, y mae ei gapel crwn nodedig (Ebeneser, 1909; Canolfan Gristnogol Emmanuel bellach). Cynlluniodd ardd-bentref (1913–16) yn Abercwmboi (**Aberaman**), a bu'n rheolwr-gyfarwyddwr Welsh Garden Cities Ltd. Yn ddiweddarach buddsoddodd mewn cwmnïau gwaith **glo** ac yn y fasnach **longau**. Fe'i hurddwyd yn farchog yn 1917, a bu'n aelod seneddol Rhyddfrydol dros Dde Bryste (1922–9).

**REES, Dai (1913–83)** Golffiwr
Dai Rees oedd golffiwr Prydeinig mwyaf adnabyddus ei gyfnod. Fe'i ganed yn Ffontygari (y **Rhws**), yn fab i'r golffiwr proffesiynol yng nghlwb **Aberdâr**. Daeth o fewn trwch blewyn i ennill y Bencampwriaeth Agored sawl gwaith. Daethpwyd i'w gysylltu'n arbennig â Chwpan Ryder, cystadleuaeth y chwaraeodd gyntaf ynddi yn 1937. Ni lwyddodd **Prydain** i ennill y Cwpan rhwng 1933 ac 1985 – ac eithrio yn 1957 pan oedd Rees yn gapten ar y tîm a fu'n fuddugol yn Lindrick yn Swydd Efrog.

**REES, David (1801–69)** Golygydd a gweinidog
Roedd David Rees, a hanai o **Dre-lech**, yn un o benseiri **radicaliaeth** Gymreig. Fe'i haddysgwyd yn academi'r **Annibynwyr** yn y **Drenewydd**, a bu'n weinidog Capel Als, **Llanelli**, o 1829 hyd ddiwedd ei oes, gan ddod i fri fel pregethwr. Yn 1835 sefydlodd gylchgrawn *Y Diwygiwr* i wasanaethu Annibynwyr y de, a bu'n fawr ei ddylanwad fel golygydd y misolyn hwn am 30 mlynedd, gan amddiffyn egwyddorion **Anghydffurfiaeth** a dadlau dros ryddid crefyddol, gwleidyddol, cymdeithasol ac economaidd (gw. **Cylchgronau**).

**REES, Dorothy (*née* Jones; 1898–1987)**
Gwleidydd
Cysegrodd Dorothy Rees ei hoes i faterion yn ymwneud ag **addysg** a lles y cyhoedd yn ei thref enedigol, y **Barri** – lle'r oedd ei thad yn un o weithwyr y dociau – ac yn **Sir Forgannwg** yn gyffredinol. Cafodd ei hethol yn aelod o Gyngor Sir Morgannwg am y tro cyntaf yn 1934 (gan ddod yn henadur yn y pen draw) a daeth yn aelod o Gyngor Dosbarth Trefol y Barri yn 1936. Bu'n aelod seneddol y Barri (1950–1) – yr ail fenyw i gael ei hethol yn aelod seneddol yng Nghymru a'r gyntaf o gefndir difreintiedig. Bu'n ysgrifennydd seneddol i Edith Summerskill, y gweinidog dros yswiriant gwladol.

**REES, Goronwy (1909–79)** Awdur ac academydd
Ganed Goronwy Rees yn **Aberystwyth** a chafodd ei fagu yng **Nghaerdydd**. Bu'n newyddiadura yn **Llundain** ac yn gweithio ym myd diwydiant cyn dod yn drysorydd eiddo yng Ngholeg yr Holl Eneidiau, **Rhydychen**. O 1953 hyd 1957 ef oedd prifathro Coleg Prifysgol Cymru, **Aberystwyth** (gw. **Prifysgol Cymru, Aberystwyth**), ond ymddiswyddodd dan amgylchiadau chwerw. Ar ôl ei farwolaeth bu sibrydion mai ef oedd 'y pumed dyn' a gysylltir ag enwau'r ysbïwyr Sofietaidd Philby, Burgess, Maclean a Blunt; yn *The Mitrokhin Archive* (2000), cadarnhaodd Vasili Mitrokhin, y cyrnol gyda'r KGB a oedd yn ysbïwr ar ran y Gorllewin, fod Rees wedi cael ei recriwtio gan yr Undeb Sofietaidd, er iddo droi ei gefn ar Fosgo yn ddiweddarach. Ymhlith ei lyfrau y mae tair nofel, dwy gyfrol o hunangofiant a detholiad o ysgrifau.

**REES, [Florence] Gwendolen (1906–94)** Sŵolegydd
Un o Landaf, **Caerdydd**, oedd Gwendolen Rees. Graddiodd mewn sŵoleg yn **Aberystwyth**, ac yno y bu am weddill ei gyrfa. Daeth ei gwaith yn ei dau brif faes – llyngyr parasitig a chylch bywyd llyngyr iau endoparasitig – â chydnabyddiaeth ryngwladol iddi hi ei hun ac i Aberystwyth fel canolfan helmintholeg (astudio llyngyr parasitig). Hi oedd y fenyw gyntaf yng Nghymru i gael ei hethol i'r Gymdeithas Frenhinol, a bu ganddi gadair bersonol o 1970 hyd 1973. Roedd yn wraig ddeniadol dros ben, ac ymddangosodd ar dudalennau'r cylchgrawn *Vogue*.

**REES, Henry (1798–1869)** Gweinidog
Ystyrid Henry Rees yn bregethwr grymusaf ei oes. Fe'i ganed yn **Llansannan**; ef oedd brawd hynaf yr Annibynnwr Gwilym Hiraethog (**William Rees**; 1802–83). Fel pregethwr gyda'r **Methodistiaid Calfinaidd**, ef, yn 1818, a ysbrydolodd **John Jones**, Tal-y-sarn (1796–1857), i ymuno â'r weinidogaeth. Fe'i hyfforddwyd fel rhwymwr llyfrau yn Amwythig, cafodd ei ordeinio yn 1827, ac yn 1836 symudodd i **Lerpwl**, lle daeth yn ddylanwad pwerus ar yr eglwysi Cymraeg. Yn 1864 fe'i hetholwyd yn llywydd cyntaf Cymanfa Gyffredinol y Methodistiaid Calfinaidd.

**REES, Ioan Bowen (1929–99)** Gweinyddwr ac awdur
Ioan Bowen Rees, a oedd yn enedigol o **Ddolgellau**, oedd prif weithredwr cyntaf Cyngor Sir Gwynedd pan gafodd ei sefydlu yn 1974, ac roedd yn ganolog i waith arloesol **Gwynedd** yn defnyddio'r **Gymraeg** mewn llywodraeth leol (gw. **Llywodraeth**). Safodd fel ymgeisydd **Plaid [Genedlaethol] Cymru** yn etholiadau cyffredinol 1959 ac 1964. Gwnaeth ei gyfrol *Government by Community* (1971), sy'n dadansoddi llywodraeth leol yn y Swistir, gyfraniad pwysig at y ddadl ar **ddatganoli**. Fel mynyddwr brwd, cyhoeddodd bedwar llyfr Cymraeg ar **fynyddoedd** a golygu'r antholeg *The Mountains of Wales* (1992).

**REES, James Frederick (1883–1967)** Hanesydd
Ganed James Frederick Rees yn **Aberdaugleddau** ac fe'i haddysgwyd yng **Nghaerdydd** a **Rhydychen**. Ar ôl dal swyddi academaidd ym **Mangor**, Belfast, Caeredin a Birmingham, fe fu, o 1929 hyd 1949, yn brifathro Coleg y Brifysgol, Caerdydd (gw. **Prifysgol Caerdydd**), lle'r oedd ei ynni a'i ddoethineb yn destun edmygedd. Bu'n gadeirydd y Pwyllgor Ymgynghorol ar Broblemau Ail-lunio yng Nghymru ac yn

Sarah Jane Rees (Cranogwen)

llywydd **Cymdeithas Hynafiaethau Cymru**. Ymhlith ei gyhoeddiadau ceir *Studies in Welsh History* (1947), *The Story of Milford* (1954) a *The Problem of Wales and other essays* (1963), ynghyd â *The Cardiff Region* (1960), cyfrol a olygwyd ganddo.

**REES, Leighton (1940–2003)** Chwaraewr dartiau
Un o **Ynys-y-bŵl** oedd Leighton Rees, storman ffatri a ddaeth yn bencampwr **dartiau** proffesiynol cyntaf y byd ac a enillodd record o 77 cap dros Gymru. Pan adawodd yr ysgol, yn 15 oed, dywedodd un o'i athrawon na fyddai'n 'dda i ddim ond i ddarllen tudalennau chwaraeon y *South Wales Echo*'. Yn 1976 daeth yn chwaraewr dartiau proffesiynol. Y flwyddyn ganlynol enillodd ei dîm Gwpan Byd cyntaf Ffederasiwn Dartiau'r Byd, ac fe'i cydnabuwyd yn bencampwr senglau Cwpan y Byd. Daeth uchafbwynt ei yrfa yn 1978 pan enillodd y gyntaf o Bencampwriaethau Dartiau'r Byd Embassy, cystadleuaeth a ddenodd gynulleidfa deledu enfawr i'r gamp.

**REES, [William] Linford [Llewelyn] (1914–2004)** Seiciatrydd
Ym Mhorth Tywyn (**Pen-bre a Phorth Tywyn**) y ganed Linford Rees, awdurdod rhyngwladol ar ddefnyddio cyffuriau i drin salwch meddwl ac, ar ôl yr **Ail Ryfel Byd**, un o brif hyrwyddwyr seiciatreg fel disgyblaeth yn seiliedig ar **wyddoniaeth**. Fe'i haddysgwyd yn Ysgol Feddygaeth Genedlaethol Cymru (gw. **Coleg Meddygaeth, Bioleg, Gwyddorau Iechyd a Bywyd Cymru**) a hyfforddodd mewn meddygaeth seicolegol yn Ysbyty Maudsley, **Llundain**. Arloesodd ym maes gwasanaethau seiciatrig y Gwasanaeth Iechyd Gwladol yng Nghymru cyn ymuno, yn 1954, â staff y Maudsley. Yn 1966 fe'i penodwyd i'r gadair waddoledig mewn seiciatreg yn Ysbyty St Bartholomew, ac oddi yno yr ymddeolodd yn 1980 i ymsefydlu mewn practis preifat. Roedd yn awdur toreithiog yn ei faes a derbyniodd lu o anrhydeddau.

**REES, Robert (Eos Morlais; 1841–92)** Cerddor
Ganed Eos Morlais, tenor cenedlaethol cyntaf Cymru, yn Nowlais (**Merthyr Tudful**), a dechreuodd weithio fel glöwr yn naw oed. Datblygodd yn gerddor yng Nghapel Bethania, ac yn 1867 enillodd ar yr unawd tenor yn yr **Eisteddfod** Genedlaethol. O hynny ymlaen bu'n canu ledled Cymru, yn **Lloegr** ac – yn 1879 – yng **Ngogledd America**. Pan fu farw yn **Abertawe**, galarodd cenedl gyfan ar ôl y canwr dihafal ei garisma.

**REES, Sarah Jane (Cranogwen; 1839–1916)** Bardd, awdures a dirwestwraig
Ganed Cranogwen yn **Llangrannog** ac athrawes ydoedd wrth ei galwedigaeth. Cyhoeddodd *Caniadau Cranogwen* yn 1870 a hi oedd golygydd *Y Frythones*, cylchgrawn i **fenywod** (1879–1891). Pregethai a darlithiai'n gyson, ac yn 1901 sefydlodd Undeb Dirwestol Merched y De a'i arwain hyd ei marwolaeth. Roedd ymhlith hyrwyddwyr cyntaf y tonic sol-ffa (gw. **Cerddoriaeth**). Ar ôl bod ar y môr gyda'i thad, a oedd yn gapten llong, dechreuodd ysgol yn Llangrannog lle dysgai elfennau llythrennedd a mordwyaeth.

**REES, Thomas (1815–85)** Gweinidog a hanesydd
Bu Thomas Rees, a oedd yn enedigol o **Lanfynydd**, **Sir Gaerfyrddin**, yn gweinidogaethu gyda'r **Annibynwyr** yng Nghraig-y-fargod (Bedlinog), **Aberdâr**, **Llanelli**, **Cendl** (Beaufort) ac **Abertawe**. Er ei fod yn bregethwr grymus, yn esboniwr Beiblaidd, yn llenor ac yn emynydd, fe'i cofir fel hanesydd Ymneilltuaeth (gw. **Anghydffurfiaeth**). Gwneir defnydd o hyd o'i *History of Protestant Nonconformity in Wales* (1861; argraffiad llawnach yn 1883) ac o'r pedair cyfrol a ysgrifennodd gyda John Thomas (1821–92), **Lerpwl**, *Hanes Eglwysi Annibynol Cymru* (1870–75).

**REES, Thomas (1869–1926)** Gweinidog a diwinydd
Ganed Thomas Rees yn Llanfyrnach (**Crymych**), a gweithiodd am gyfnod fel gwas fferm a glöwr. Ar ôl disgleirio fel myfyriwr yng **Nghaerfyrddin**, **Caerdydd** a **Rhydychen**, daeth yn Athro **diwinyddiaeth** yn y Coleg Coffa, **Aberhonddu**, yn 1899. Yr un flwyddyn fe'i hordeiniwyd yn weinidog gyda'r **Annibynwyr**. Yn 1909 daeth yn brifathro coleg yr Annibynwyr ym **Mangor** (Bala-Bangor). Yno, arweiniodd ymgyrch lwyddiannus i ddiwygio siarter **Prifysgol Cymru** er mwyn caniatáu dysgu diwinyddiaeth ac ef, i bob pwrpas, a sefydlodd ysgol ddiwinyddol nodedig Bangor. Cefnogai fudiadau a alwai am ddiwygiadau cymdeithasol a heddwch (gw. **Heddychiaeth**), ac fe'i diarddelwyd o glwb **golff** Bangor oherwydd ei safiad yn ystod y **Rhyfel Byd Cyntaf**. O 1916 hyd 1919 bu'n golygu *Y Deyrnas*, misolyn yr heddychwyr Cymraeg a chylchgrawn a ddisgrifiwyd gan **W. J. Gruffydd** fel 'un o'r achosion cryfaf na chollodd Cymru ei henaid yn hollol yn nydd y gwallgofrwydd mawr'. Rees, yn anad neb, a oedd yn gyfrifol am gyhoeddi'r *Geiriadur Beiblaidd* (1924–6).

**REES, Timothy (1874–1939)** Esgob

Hanai Timothy Rees o Lanbadarn Trefeglwys (**Dyffryn Arth**), a bu'n gweithredu fel cennad yn yr eglwysi yn esgobaeth **Tyddewi** ar ôl dod dan ddylanwad Diwygiad 1904–5 (gw. **Diwygiadau**). Yn 1906 ymunodd â Chymuned yr Atgyfodiad, Mirfield – urdd grefyddol Anglicanaidd – a daeth yn enwog fel pregethwr grymus a chennad yr efengyl. Ef oedd esgob Llandaf (**Caerdydd**) o 1931 hyd ei farw, a daeth â gobaith newydd i esgobaeth a wynebai galedi'r **Dirwasgiad**. Sefydlodd dîm o offeiriaid cenhadol, a gweithiai'n ymarferol i geisio dod o hyd i atebion economaidd i gyflwr ei braidd.

**REES, William (Gwilym Hiraethog; 1802–83)** Golygydd, llenor a bardd

Gŵr helaeth ei gyfraniad oedd Gwilym Hiraethog, brodor o **Lansannan** a brawd i **Henry Rees**. Bu'n weinidog gyda'r **Annibynwyr** yn **Ninbych** a **Lerpwl**. Bu'n olygydd neu'n gyd-olygydd amryw o **gylchgronau**: fe'i cofir yn arbennig fel golygydd radicalaidd *Yr Amserau* (1843–59) (gw. **Papurau Newydd**). Cyhoeddodd gyfrol o farddoniaeth (1855) ac arwrgerdd, *Emmanuel* (1862, 1867). Yn ei weithiau rhyddiaith rhoddodd arweiniad ar bynciau cymdeithasol a pharatôdd y ffordd ar gyfer y nofel **Gymraeg**, gan dorri cwys newydd trwy ddefnyddio'r iaith lafar. Lluniodd gyfaddasiad gwreiddiol o nofel Stowe, *Uncle Tom's Cabin* (1851), poblogeiddiodd y ddarlith gyhoeddus, ac ysgrifennodd **emynau** (gan gynnwys 'Dyma gariad fel y moroedd'), gweithiau crefyddol a hyd yn oed ddrama grefyddol.

**REES, William (1887–1978)** Hanesydd

Ganed William Rees yn Aberysgir (**Ysgyr**), ac yn 1920 daeth yn ddarlithydd yn yr adran hanes yng **Nghaerdydd**. Yn 1930 fe'i penodwyd i gadair hanes Cymru – y gadair gyntaf yn y pwnc; o 1935 hyd ei ymddeoliad yn 1953 daliodd y gadair hanes yn ogystal â'r gadair hon. Ei gyhoeddiad sylweddol cyntaf oedd *South Wales and the March, 1284–1415)* (1924). Roedd yn gartograffydd gwych: mae ei fap, *South Wales and the Border in the Fourteenth Century* (1933), o bwysigrwydd allweddol, ac felly hefyd ei *Historical Atlas of Wales* (1951). Ymhlith ei gyhoeddiadau eraill y mae *Cardiff, A History of the City* (1962), *Industry Before the Industrial Revolution* (2 gyfrol, 1968) ac *A Calendar of Ancient Petitions relating to Wales* (1975), cyfrol a gyflwynodd i'w wraig ar achlysur eu priodas ddiemwnt.

**REES, William James (Bill Rees; 1914–95)** Athronydd

Athroniaeth gwleidyddiaeth oedd prif ddiddordeb Bill Rees, a hanai o **Dyddewi**. Astudiodd yn **Aberystwyth**, **Rhydychen** a **Llundain**, ac wedi cyfnodau byr o ddarlithio yn Aberystwyth a Bryste, treuliodd weddill ei yrfa ym Mhrifysgol Leeds. Gwnaeth astudiaeth fanwl o waith y rhyddfrydwr Rwsiaidd o'r 18g., A. N. Raishchev. Yn **Gymraeg**, cyhoeddodd lyfryn ar Lenin (1981) yng nghyfres *Y Meddwl Modern*, cyfieithiadau o waith Marx gan gynnwys y Maniffesto Comiwnyddol (1948) ac erthyglau niferus i amryfal gyfnodolion. Ei gyfraniad pwysicaf yw ei erthyglau, yn Gymraeg ac yn **Saesneg**, ar y cysyniad o sofraniaeth wleidyddol.

William Rees (Gwilym Hiraethog)

**REICHEL, Henry Rudolf (Harry Reichel; (1856–1931)** Un o sylfaenwyr Prifysgol Cymru

Ar ôl gyrfa hynod ddisglair yn **Rhydychen**, penodwyd y Gwyddel hwn o Belfast, yn 28 oed, yn brifathro cyntaf Coleg Prifysgol Gogledd Cymru, **Bangor** (gw. **Prifysgol Cymru, Bangor**). Bu yno o 1884 hyd 1927. Fe'i huniaethodd ei hun yn ebrwydd â'r mudiad cenedlaethol cryf a roddodd fod i brifysgol ffederal Cymru (1893; gw. **Prifysgol Cymru**), y bu'n is-ganghellor iddi chwe gwaith. Rhoddodd gefnogaeth barod i nifer o ddatblygiadau diwylliannol megis **addysg** ganolradd a chanu gwerin. Fe'i hurddwyd yn farchog yn 1907. Er ei fod braidd yn bell wrth natur, pan fu farw talwyd teyrngedau lawer iddo, yn enwedig yn ei wlad fabwysiedig.

**RENDEL, Stuart (1834–1913)** Gwleidydd

Roedd Rendel yn enedigol o Plymouth, a chasglodd gryn gyfoeth trwy gwmni arfau'r teulu. Cafodd ei ethol yn aelod seneddol Rhyddfrydol **Sir Drefaldwyn** yn 1880, gan roi terfyn ar 81 mlynedd o afael ddi-dor teulu Ceidwadol **Williams Wynn** ar y sedd – meddiant a oedd â'i wreiddiau ym muddugoliaeth cyndad y teulu hwnnw, Edward Vaughan (gw. **Vaughan, Teulu (Llwydiarth)**), yn 1647. Yn 1889 daeth yn arweinydd yr aelodau seneddol Rhyddfrydol Cymreig. Ymgyrchodd yn frwd o blaid y **Ddeddf Addysg Ganolradd Gymreig** (1889) a bu'n ddylanwadol hefyd yn ei gefnogaeth i'r mesurau ar gyfer **datgysylltu**'r Eglwys, er mai Anglicaniad ydoedd. Roedd yn gyfaill agos i **Gladstone**, a chafodd ei urddo'n farwn yn 1894. Roedd yn amlwg yn yr ymgyrch i ddarparu addysg brifysgol yng Nghymru (gw. **Addysg** a

Rush Rhees

**Prifysgol Cymru**), a bu'n noddwr hael i Goleg Prifysgol Cymru, **Aberystwyth** (gw. **Prifysgol Cymru, Aberystwyth**), gan wasanaethu fel llywydd y coleg o 1895 ymlaen a gwaddoli cadair mewn **Saesneg** sy'n dal i ddwyn ei enw. Yn 1897 rhoddodd ddarn o dir ar gyfer adeiladu **Llyfrgell Genedlaethol Cymru**.

**RESOLFEN**, Castell-nedd Port Talbot (2,038ha; 2,313 o drigolion)
Mae'n debyg mai ffurf wreiddiol yr enw oedd *Rhos-soflen* (o *sofl*, sef y bonion sy'n aros ar ôl torri ŷd). Mae'r **gymuned**, a leolir i'r gogledd-ddwyrain o **Gastell-nedd**, wedi'i choedwigo i raddau helaeth iawn. Mae'n cynnwys tair traphont ddŵr a oedd yn gysylltiedig â Chamlas Nedd (gw. **Camlesi**). Ar ddiwedd y 19g. glofeydd y brodyr **Cory** oedd prif gynhaliaeth **economi**'r ardal. Yn ystod yr **Ail Ryfel Byd** agorwyd un o ffatrïoedd alwminiwm mwyaf **Prydain** yn Resolfen.

***RESURGAM II, The***
*Resurgam II*, ar ffurf sigâr, oedd y llong danfor gyntaf yn y byd i fod â'i hinjan ei hun. Mae ei sgerbwd yn gorwedd 8km oddi ar yr arfordir ger y **Rhyl** lle suddodd yn 1880. Cynlluniwyd y llong 14m o hyd, a bwysai 30 tunnell, gan y Parchedig George Garrett a'i hadeiladu am £1,538. Suddodd mewn storm wrth gael ei halio i Portsmouth am brofion môr, ac ni chafwyd hyd iddi tan 1995.

**REYNOLDSTON**, Abertawe (431ha; 430 o drigolion)
Mae Reynoldston, yng nghanol penrhyn **Gŵyr**, gyda'i eglwys, ei dafarn a'i ddwy lain las, yn parhau yn un o bentrefi 'Seisnig' Gŵyr. Yn Eglwys Sant Siôr, sydd wedi'i hadfer yn helaeth, ceir colofn garreg o'r 9g. Cynlluniwyd Stouthall, plasty a godwyd yn y 1780au ac sydd bellach yn ganolfan astudiaethau maes, gan **William Jernegan** ar gyfer teulu Lucas.

**RHEES, Rush (1905–89)** Athronydd
Americanwr o dras Gymreig, a disgynnydd i **Morgan John Rhys**, a gafodd ddylanwad pellgyrhaeddol ar **athroniaeth** yng Nghymru. Wedi cael ei daflu allan o'r dosbarth athroniaeth ym Mhrifysgol Rochester, Efrog Newydd, graddiodd yng Nghaeredin. Cyfarfu â Wittgenstein yng **Nghaergrawnt** a dod yn ffrind mynwesol ac yn ysgutor llenyddol iddo. Pan oedd Rush Rhees yn darlithio yn **Abertawe** (1940–66), ymwelai Wittgenstein ag ef yn aml, a daeth 'Ysgol Athroniaeth Abertawe', dan ddylanwad Rush Rhees, i fri rhyngwladol (gw. hefyd **Dewi Z. Phillips**). Ymhlith ei gyhoeddiadau pwysicaf y mae *Discussions of Wittgenstein* (1970), *Without Answers* (1970) ac, ar ôl ei farw, *On Religion and Philosophy* (1997) a *Moral Questions* (1999).

**RICHARD, Edward (1714–77)**
Ysgolhaig a bardd
Bardd yw Edward Richard â'i enwogrwydd yn gorffwys bron yn llwyr ar un gerdd, 'Bugeilgerdd Gruffudd a Meurig', a gyhoeddwyd yn 1767. Llai adnabyddus yw ei fugeilgerdd arall, 'Hywel ac Iwan', er bod ynddi benillion da. Wedi cyfnod yn Ysgol Ramadeg **Caerfyrddin**, treuliodd y cyfan o'i yrfa yn ysgolfeistr yn ei bentref genedigol, **Ystradmeurig**, gan ennill cryn fri am ei waith yn dysgu Groeg a **Lladin**. Ei ddisgybl enwocaf oedd Ieuan Fardd (**Evan Evans**; 1731–88).

**RICHARD, Henry (1812–88)**
Gwleidydd
Brodor o **Dregaron** oedd Henry Richard, a gweinidog gyda'r **Annibynwyr**. Yn 1848 cafodd ei benodi'n ysgrifennydd y Gymdeithas Heddwch Ryngwladol, mudiad a oedd o blaid datrys gwrthdaro rhyngwladol trwy drafod a chymodi; cyfrannodd yn helaeth at gynadleddau a chyhoeddiadau'r gymdeithas. Cafodd ei *Letters on the Social and Political Condition of Wales* (1866) ddylanwad mawr, yn arbennig ar **Gladstone**. Yn 1868 fe'i hetholwyd yn un o ddau aelod seneddol Rhyddfrydol **Merthyr Tudful**. Yn y Senedd parhaodd i hyrwyddo mesurau heddychol, gan lwyddo ym mis Gorffennaf 1873 i gario mesur o blaid cyflafareddu rhyngwladol. Roedd hefyd o blaid cael gwared ag addysg grefyddol enwadol yn yr ysgolion, ac roedd yn hynod feirniadol o Ddeddf Addysg Forster yn 1870 (gw. **Addysg**). Fodd bynnag, roedd yn llai parod na rhai o'i gyd-aelodau seneddol Rhyddfrydol Cymreig i bwyso am **ddatgysylltu** yn benodol i Gymru. Bu ganddo ran amlwg yn yr ymgyrch i sicrhau nawdd gan y wladwriaeth ar gyfer Coleg Prifysgol Cymru, **Aberystwyth** (gw. **Prifysgol Cymru, Aberystwyth**), ac yn 1880 gwasanaethodd ar bwyllgor a ymchwiliai i addysg ganolradd ac uwch yng Nghymru (gw. **Adroddiad Arglwydd Aberdare**). Ceir cofgolofn iddo yn Nhregaron (gw. **Radicaliaeth**).

**RICHARD, Timothy (1845–1919)**
Cenhadwr
Yn aml iawn, roedd y **cenhadon** a anfonwyd o Gymru i wahanol wledydd yn ystod y 19g. a dechrau'r 20g. ymhlith

unigolion galluocaf eu dydd. Efallai mai'r mwyaf dawnus ohonynt oll oedd Timothy Richard, a aned yn Ffaldybrenin (**Llan-crwys**). Yn 1869 fe'i hanfonwyd gan Gymdeithas Genhadol y Bedyddwyr i China, ac yno y bu'n llafurio hyd 1915, yn gyntaf yn Chafoo, yna yn Shantung a Shansi, ac yn olaf yn Shanghai. Daeth ei enw, 'Li T'i-mo-tai', yn adnabyddus trwy'r wlad o ganlyniad i'r hyn a gyflawnodd fel ysgolhaig, athro, awdur, dyngarwr, gwladweinydd cenhadol, mandarin a chynghorydd i'r llys (bu i bob diben yn llywodraethu China am gyfnod; yn wir, bu ganddo fwy o rym gwleidyddol na'r un Cymro heblaw am **David Lloyd George**). Anrhydeddodd y Chineaid ef trwy ei wneud yn aelod o Urdd y Ddraig Ddwbl.

## RICHARD THOMAS A BALDWINS (RTB)

Ar ddiwedd yr **Ail Ryfel Byd**, a oedd wedi amharu ar gynlluniau i ddatblygu'r diwydiannau dur (gw. **Haearn a Dur**) a **thunplat**, cyfunwyd **Richard Thomas a'i Gwmni** – y prif gynhyrchwyr tunplat a dur dalennog yn y de – â Baldwins, cwmni dur o ganolbarth **Lloegr** (a oedd yn eiddo yn rhannol i deulu'r gwleidydd Stanley Baldwin). Ymhlith asedau'r cwmni hwnnw yng Nghymru yr oedd gweithfeydd dur **Llansawel** (Briton Ferry), **Port Talbot** a **Margam**. Bu cyfuno pellach, ac o fewn dwy flynedd chwaraeodd RTB ran flaenllaw yn y gwaith o sefydlu **Cwmni Dur Cymru**.

Parhaodd RTB i weithredu'n annibynnol yng **Nglynebwy**, gwaith Redbourne yn Swydd Lincoln a gweithfeydd dur a thunplat llai yng Nghymru. Gwladolwyd y diwydiant dur Prydeinig yn 1949; er gwaethaf y dadwladoli yn 1951, parhaodd RTB yn y sector cyhoeddus ac fe'i defnyddiwyd i gyflenwi dur dalennog pan gododd waith dur **Llan-wern** (1962). Pan ailwladolwyd y diwydiant dur yn 1967 traflyncwyd RTB gan y Gorfforaeth Ddur Brydeinig.

## RICHARD THOMAS A'I GWMNI

Dyma'r cwmni mwyaf blaenllaw yn y diwydiant **tunplat** yn ystod hanner cyntaf yr 20g. Fe'i sefydlwyd gan y marsiandïwr metel Richard Thomas (1838–1916), a aned yn **Llundain** ac a fentrodd i'r fasnach dunplat ym **Margam** yn 1865 trwy fenthyg arian i brynu gweithfeydd **haearn** a thunplat. Yn 1884, gyda'i bum mab, ffurfiodd gwmni annibynnol Richard Thomas a'i Feibion a dyfodd i ddechrau trwy ailfuddsoddi elw, ac yn ddiweddarach trwy draflyncu cystadleuwyr llai megis Cwmni Grovesend a'i ddeuddeg o weithfeydd (1923), a gwaith Melingriffith (1934). Erbyn y 1930au roedd y cwmni'n rheoli bron 70% o'r gallu i gynhyrchu dur dalennog a thunplat ym **Mhrydain**, gan draflyncu Cwmni Glynebwy yn 1934 a'i drawsffurfio'n felin strip ddi-dor – y gyntaf ym Mhrydain. Yn 1945 cyfunodd y cwmni â chwmni dur Baldwins yng nghanolbarth **Lloegr** i ffurfio **Richard Thomas a Baldwins**.

## RICHARDS, Alun [Morgan] (1929–2004)

Llenor

Roedd Alun Richards yn un o awduron Cymreig mwyaf toreithiog yr 20g. Fe'i ganed ym **Mhontypridd** a'i addysgu yn **Abertawe** lle'r ymgartrefodd yn y pen draw – yn ardal y Mwmbwls – ar ôl gyrfa amrywiol fel swyddog profiannaeth, athro a morwr. Mae'n debyg mai am y pethau a ysgrifennodd am y môr y mae'n cael ei gofio orau – sgriptiau ar gyfer y gyfres deledu boblogaidd yn y 1970au, *The Onedin Line*, er enghraifft, a'i nofel yn seiliedig ar fad achub y Mwmbwls, *Ennal's Point* (1977), a gafodd hefyd ei haddasu ar gyfer y teledu. Ond croniclwr miniog a doniol bywyd cymdeithasol Cymru yn y cyfnod o ddad-ddiwydiannu wedi'r **Ail Ryfel Byd** ydoedd yn anad dim. Er bod y rhan fwyaf o'i weithiau gorau – yn eu plith y nofel *Home to an Empty House* (1973) a'r casgliadau o straeon byrion *Dai Country* (1973) a *The Former Miss Merthyr Tydfil* (1979) – fel petaent yn canolbwyntio ar yr hyn a alwai ef yn 'the immensely unnattractive world of men', o enau'r **menywod** yn ei ffuglen y ceir y gwir yn y pen draw. Mae ei lyfrau eraill yn cynnwys *The Penguin Book of Welsh Short Stories* (1976), a olygwyd ganddo, a chofiant i **Carwyn James** (1984).

## RICHARDS, Aubrey (1920–2000)

Actor

Er mor welw a phrudd yr olwg oedd yr actor hwn, a hanai o **Abertawe**, roedd yn argyhoeddi lawn cystal mewn rhannau comig ag yr oedd fel ymgorfforiad o ariangarwch a drygioni. Ef a gymerodd ran Mog Edwards yn y fersiwn llwyfan o ddrama radio **Dylan Thomas**, *Under Milk Wood,* a welwyd yn **Llundain** yn 1950, a hefyd yn y fersiwn byw cyntaf ar y teledu yn 1957. Portreadodd y Parchedig Eli Jenkins yn ddoniol o ddwys yn y fersiwn **ffilm** o'r ddrama yn 1971, a blaenor gwenwynllyd yn fersiwn teledu 1960 o ***How Green Was My Valley***.

## RICHARDS, [Henry] Brinley (1819–1885)

Cerddor

Mab i organydd a pherchennog siop **gerddoriaeth** yng **Nghaerfyrddin** oedd Brinley Richards. Gyda nawdd gan ddug Newcastle aeth i'r Academi Gerdd Frenhinol yn **Llundain** yn 1835, a daeth yn bianydd a beirniad corawl o fri. Roedd yn aelod blaenllaw o'r **Cymmrodorion**, a gwnaeth ei *Songs of Wales* (1873), a oedd yn cynnwys '**God Bless the Prince of Wales**', lawer i feithrin darlun neilltuol o Gymreictod ymhlith Cymry alltud oes Victoria.

## RICHARDS, Ceri (1903–71)

Arlunydd

Caiff Ceri Richards ei gydnabod yn rhyngwladol fel un o beintwyr mwyaf arwyddocaol **Prydain** yn yr 20g. Fe'i ganed yn **Nynfant**, yn fab i weithiwr **tunplat** a cherddor, ac mae'n tynnu ar ei gefndir cerddorol mewn llawer o'i waith.

Astudiodd Ceri Richards yn Ysgol Gelf **Abertawe** a'r Coleg Brenhinol yn **Llundain**, lle bu'n byw am y rhan fwyaf o'i fywyd, er iddo ddysgu yng **Nghaerdydd** yn ystod yr **Ail Ryfel Byd**. Roedd ei ddawn arbennig i gynllunio lluniau'n sail i'w holl waith; ac yntau'n ymwybodol o'r holl ddylanwadau modern o dir mawr Ewrop, llwyddodd i roi ei stamp artistig ei hun ar ei gynnyrch. Gweithiodd ym myd y theatr, **gwydr lliw**, **pensaernïaeth** a darlunio. Mae ei waith dylunio ar gyfer cerddi **Dylan Thomas** a **Vernon Watkins** yn drawiadol iawn.

Erbyn y 1930au gwelwyd tueddiadau Swrealaidd yn ei waith, dan ddylanwad Max Ernst a Jean Arp yn fwyaf arbennig, ac ar adegau roedd yn ymylu ar fod yn haniaethol. Yn Llundain, cynhyrchodd luniau trawiadol o rai o 'frenhinoedd a brenhinesau perlog' y ddinas (stondinwyr a'u haddurnai eu hunain â botymau perl), a chyfrannodd i'r arddangosfa

Ceri Richards, *Costerwoman*, 1939

'Objective Abstractions' yn oriel Zwemmer yn 1934. Bu'n arlunydd rhyfel am gyfnod, a darluniodd weithwyr tunplat wrth eu gwaith bob dydd. Dehonglodd y berthynas rhwng y celfyddydau gweledol a **cherddoriaeth** mewn sawl modd. Wrth ymateb i *La Cathédrale Engloutie* Debussy, creodd rai o ddarluniau mwyaf godidog ei gyfnod.

**RICHARDS, Elfyn (1914–95)** Peiriannydd awyrennau a dirgryniant

Ganed Elfyn Richards yn y **Barri** ac fe'i haddysgwyd yn **Aberystwyth** a **Chaergrawnt**. Treuliodd flynyddoedd lawer yn gweithio yn y diwydiant **hedfan** ym **Mhrydain**, gan ennill bri fel peiriannydd awyrennau. Yn 1950 fe'i penodwyd yn Athro peirianneg awyrennau ym Mhrifysgol Southampton. Yno rhoddodd gychwyn i Sefydliad Ymchwil Dirgryniant a daeth i gael ei gydnabod yn rhyngwladol yn awdurdod ar ddirgryniant, acwsteg a sŵn. Bu'n is-ganghellor Prifysgol Loughborough o 1967 hyd 1973.

**RICHARDS, [Grafton] Melville (1910–73)** Ysgolhaig

Melville Richards oedd yr arbenigwr pennaf a gafodd Cymru erioed ar **enwau lleoedd** a'i waddol pwysicaf yw'r gronfa ryfeddol o 300,000 o slipiau enghreifftiol o enwau lleoedd a gedwir bellach ym **Mhrifysgol Cymru, Bangor**, lle bu'n Athro'r **Gymraeg** (1965–73). Mae'r fersiwn ar-lein o'r archif honno yn adnodd hwylus i bawb sy'n ymddiddori yn enwau lleoedd Cymru. Ganed Melville Richards yn Ffair-fach (**Dyffryn Cennen**) a graddiodd yn **Abertawe**. Yn 1936 fe'i penodwyd yn ddarlithydd yn Abertawe, ond camargraff yw'r dyb mai ef a lanwodd swydd wag **Saunders Lewis**, gan fod y cynlluniau i'w benodi eisoes ar droed cyn tân **Penyberth**. Bu hefyd yn ddarlithydd Celteg yn **Lerpwl** (1948–65).

**RICHARDS (Jones), Nansi (Telynores Maldwyn; 1888–1979)** Telynores

Ganed Nansi Richards (Jones oedd ei chyfenw ar ôl priodi) ym **Mhen-y-bont-fawr**, ac enillodd gyda'r delyn deires (gw. **Telyn**) yn yr **Eisteddfod** Genedlaethol dair gwaith yn olynol (1908–10). Wedi troi at y delyn bedal fodern tra oedd yn Ysgol Gerdd y Guildhall, **Llundain**, dechreuodd berfformio ar lwyfan, yn cynnwys theatrau cerdd a theatrau adloniant; bu'n teithio yn America yn 1923–5. Gyda'i phersonoliaeth liwgar ac annibynnol, roedd yn annwyl gan selogion yr **eisteddfod** a'r **noson lawen**, a daeth i gael ei hadnabod fel Brenhines y Delyn. Yn ei blynyddoedd olaf dychwelodd at ei chariad cyntaf, y delyn deires, a hudo Cymru gyfan gyda'i dull unigryw o chwarae.

**RICHARDS, Paul [Westmacott] (1908–95)** Botanegydd

Ganed Paul Richards yn Surrey ond cafodd ei fagu yng **Nghaerdydd**. Datblygodd ddiddordeb yn ifanc mewn botaneg, a graddiodd yng **Nghaergrawnt**. Yn dilyn sawl taith dramor daeth yn argyhoeddedig o bwysigrwydd y fforestydd glaw, ac roedd yn daer dros eu diogelu. Ysgrifennodd y llyfr diffiniadol *Tropical Rain Forest: an ecological study* (1952; adolygiad llwyr, 1996). Enillodd Fedal Aur y Gymdeithas Linneaidd mewn botaneg, a bu'n Athro botaneg ym **Mangor** (1949–76).

**RICHARDS, Thomas (1878–1962)** Llyfrgellydd a hanesydd

Daeth 'Doc Tom', fel y'i gelwid, yn llyfrgellydd Coleg Prifysgol Gogledd Cymru, **Bangor** (gw. **Prifysgol Cymru, Bangor**) yn 1926, ac mae ei gatalogau o archifau'r llyfrgell yn ddeunydd darllen rhyfeddol o ddifyr. Ymhlith ei wyth o lyfrau ceir *Religious Developments in Wales, 1654–62* (1923), *Wales under the Penal Code, 1662–87* (1925) a *Cymru a'r Uchel Gomisiwn* (1929); cyhoeddodd hefyd ddwy gyfrol hunangofiannol sy'n rhoi darlun gwych o'i blentyndod yn Nhal-y-bont (**Ceulan-a-Maesmor**).

**RICHARDSON, Dick (Richard Alexander; 1934–99)** Bocsiwr

Daeth y gŵr hwn o **Gasnewydd** – 'Dynamite Dick' fel y'i gelwid – yn brif focsiwr pwysau trwm **Prydain** yn 1960, pan enillodd bencampwriaeth Ewrop a'i chadw am ddwy flynedd. Roedd yn ymladdwr eofn a chanddo bwniad penigamp ac ergyd dde bwerus, ond yn aml câi 'Marciano Maes-glas' ei hun yng nghanol helyntion, fel y sgarmes ar ôl yr ornest i amddiffyn ei deitl yn erbyn Brian London ym **Mhorth-cawl** yn 1960.

**RICHES, Norman [Vaughan Hurry] (1883–1975)** Cricedwr

Bu Riches, a aned yng **Nghaerdydd**, yn fatiwr eithriadol am dros 30 mlynedd wedi ei ymddangosiad cyntaf, yn fachgen ysgol, ar ran Morgannwg (gw. **Sir Forgannwg**). Roedd ei waith fel deintydd yn cyfyngu ar nifer ei ymddangosiadau, ond yn 45 oed roedd yn dal yn ddigon da i sgorio 140 yn erbyn bowlwyr Swydd Gaerhirfryn dan arweiniad yr Awstraliad enwog Ted McDonald.

**RISMAN, Gus (Augustus Risman; 1911–94)**
Chwaraewr rygbi
Un arall o wŷr **Caerdydd**, sef **Jim Sullivan**, yw'r unig un a all gystadlu â hirhoedledd a champ eithriadol Gus Risman yn **rygbi'r gynghrair**, gêm y bu'n ei chwarae am 25 o dymhorau (1929–54). Chwaraeodd 18 gwaith i Gymru (1931–45) a theithio trwy Awstralasia gyda thîm **Prydain** dair gwaith (1932, 1936 ac 1946), a hynny fel capten y trydydd tro. Ar lefel clwb, bu'n gapten Salford a Workington Town gan eu harwain i fuddugoliaeth yn yr Her Gwpan yn Wembley ac ym Mhencampwriaeth Rygbi'r Gynghrair. Roedd yn fawr ac yn gryf, yn gynnil a medrus, ac oherwydd ei ymddygiad bonheddig yn un o'r cymeriadau a enynnai fwyaf o barch yn y gêm.

**ROBERT AP HUW (*c.*1580–1665)** Telynor a chopïydd
Roedd Robert ap Huw yn ŵyr i'r bardd Siôn Brwynog ac yn perthyn i **Duduriaid** Penmynydd. Yn Llanddeusant (**Tref Alaw**) y'i magwyd, ac ymgartrefodd maes o law yn Llandegfan (**Cwm Cadnant**) lle daeth tir i'w feddiant. Roedd yn fardd medrus ac yn delynor celfydd, ac wedi graddio'n **bencerdd** erbyn *c.*1615; mae'n debyg iddo ganu'r **delyn** yn llys James I o bryd i'w gilydd. Yn ystod un o'i deithiau clera yn y gogledd-ddwyrain yn 1599–1600 fe'i cyhuddwyd o ladrata eiddo rhai mân uchelwyr ac o gipio merch Ieuan ab Ithel o Blas Llelo (**Gwyddelwern**) heb ei ganiatâd. Fe'i cofir yn bennaf am iddo gopïo llawysgrif unigryw o **gerddoriaeth** i'r delyn (*c.*1613) a oedd yn deillio o gyfnodau cynharach, yr unig ffynhonnell ddibynadwy o gerdd dant draddodiadol (gw. **Canu Penillion**) i oroesi. Ynghyd â 31 o gyfansoddiadau mewn tabl nodiant, ceir yn y llawysgrif gyfres o ymarferion ar 24 mesur cerdd dant, tabl o addurniadau, ac amrywiol restrau. Ymddengys i'r holl ddarnau gael eu llunio rhwng *c.*1340 a *c.*1500, ac mae cysylltiadau eglur rhyngddynt a'r rhai hynny a grybwyllir yn Statud Gruffudd ap Cynan yn yr 16g. (gw. **Eisteddfod**).

**ROBERT AP RHYS (m.c.1534)** Offeiriad a gweinyddwr
Ŵyr i Rhys Fawr ap Maredudd, a gododd faner y **ddraig goch** ym mrwydr **Bosworth** yn ôl traddodiad. Cafodd nawdd Thomas Wolsey, yr oedd yn gaplan iddo. Yn y blynyddoedd yn union cyn y **Diwygiad Protestannaidd**, ef oedd yr enghraifft orau yng Nghymru efallai o offeiriad a oedd wedi'i seciwlareiddio bron yn gyfan gwbl. Daliai brydlesoedd y rhan fwyaf o diroedd mynachlogydd y gogledd-ddwyrain, ac fe'i cyhuddid gan ei elynion o feddu ar 18 o fywoliaethau. Ym Mhlas Iolyn (**Pentrefoelas**) rhoddai groeso mawr i'r beirdd. Er bod cwymp Wolsey yn 1529 wedi ei ansefydlogi, bu'n hynod lwyddiannus wrth drefnu dyfodol ei 16 plentyn. Yn eu mysg yr oedd abadau mynachlogydd Sistersaidd **Conwy** ac Ystrad Marchell (y **Trallwng**; gw. hefyd **Sistersiaid**), **Elis Prys** a sefydlwyr nifer o deuluoedd uchelwrol **Sir Ddinbych** a **Sir Feirionnydd**, gan gynnwys teulu **Price** (**Rhiwlas**).

**ROBERT, Gruffydd (cyn 1532–ar ôl 1598)**
Offeiriad a gramadegydd
Brodor o **Lŷn**, mae'n dra thebyg, oedd Gruffydd Robert. Fe'i haddysgwyd yn **Rhydychen** a'i benodi yn ystod teyrnasiad y Frenhines Mari yn archddiacon **Môn**. Yn sgil esgyniad

Norman Riches

Elizabeth i'r orsedd aeth yn alltud Catholig i dir mawr Ewrop. Wedi cyfnod yn Rhufain fe'i gwnaed yn ganon ddiwinydd yn Eglwys Gadeiriol Milan ac yn gyffeswr i'r Cardinal Carlo Borromeo. Ym Milan, hyd y gwyddys, y treuliodd weddill ei oes, yn fawr ei hiraeth am Gymru.

Yn yr Eidal cyfansoddodd *Gramadeg Cymraeg*, y gwaith y'i cofir amdano bellach. Cyhoeddwyd y rhan gyntaf, y 'Dosbarth Byrr', ym Milan yn 1567, a chyfansoddwyd rhannau eraill o 1584 ymlaen. Roedd dylanwad **Dadeni Dysg** yr Eidal yn drwm ar Gruffydd Robert. Dymunai ryddhau'r **Gymraeg** o hualau'r Oesoedd Canol a'i galluogi i fod yn iaith a fyddai'n abl i sefyll gyfysgwydd ag ieithoedd modern Ewrop.

**ROBERTS, Bartholomew (Barti Ddu neu Black Bart; *c.*1682–1722)** Môr-leidr
Roedd y môr-leidr enwog hwn, a aned yn **Sir Benfro**, yn ysbeilio llongau yn yr Iwerydd a'r Caribî yn y cyfnod 1719–21. Anfonodd y Llynges Frenhinol ddwy long ryfel i'w ddal, ac yn 1722 fe'i lladdwyd yn y frwydr a ddilynodd ger arfordir Affrica. Cyhuddwyd 169 o'i wŷr o fôr-ladrata, a chrogwyd 52 ohonynt am eu troseddau. Yn ogystal â'r Faner Ddu roedd ganddo ei faner bersonol, yn ei ddangos ei hun yn sefyll ar ddwy benglog; mewn brwydr, gwisgai wasgod goch, trowsus pen-glin, pluen goch yn ei het a chroes ddiemwnt ar gadwyn aur am ei wddf. Honnir iddo ddweud mai 'bywyd byr a llawen fydd f'arwyddair i'. Meddylir amdano'n gyffredinol fel yr olaf o'r **môr-ladron** mawr.

**ROBERTS, [John] Bryn (1848–1931)** Gwleidydd
Bu Bryn Roberts yn aelod seneddol Rhyddfrydol dros Eifion neu ddosbarth deheuol **Sir Gaernarfon** o 1885 hyd

Ffotograff Isaac Roberts o nifwl Andromeda

1906, pan benodwyd ef yn farnwr llys sirol. Rhyddfrydwr o'r hen deip ydoedd ac un tra annibynnol ei farn; gwrthwynebai **sosialaeth** a **chenedlaetholdeb** Cymreig fel ei gilydd, yn ogystal â'r rhyfel yn erbyn y Boeriaid, y **Rhyfel Byd Cyntaf** a **llywodraeth** glymblaid **David Lloyd George**. Nid oedd yn siaradwr cyhoeddus huawdl, ac ni wnaeth fawr o argraff yn San Steffan. Fel barnwr, fe'i hystyrid yn elyniaethus tuag at fuddiannau'r dosbarth gweithiol (gw. **Dosbarth**).

**ROBERTS, Caradog (1878–1935)** Cerddor
Ganed Caradog Roberts yn **Rhosllannerchrugog** a'i hyfforddi fel saer. Daeth i'r amlwg fel pianydd ac organydd dawnus yn gynnar, ac astudiodd **gerddoriaeth** yn **Rhydychen**. Bu'n gyfarwyddwr cerdd Coleg y Brifysgol, **Bangor** (gw. **Prifysgol Cymru, Bangor**), o 1914 hyd 1920, a golygodd lyfrau **emynau** yr **Annibynwyr**, *Y Caniedydd Cynulleidfaol Newydd* (1921) a *Caniedydd Newydd yr Ysgol Sul* (1930). Mae nifer o'i donau yn parhau'n boblogaidd, yn arbennig 'In Memoriam' a 'Rachie', y cenir arni'r emyn dirwestol 'I bob un sydd ffyddlon' gan Henry Lloyd (Ap Hefin; 1870–1946).

**ROBERTS, Eleazar (1825–1912)** Cerddor ac awdur
Ganed Eleazar Roberts ym **Mhwllheli** a threuliodd y rhan fwyaf o'i oes yn **Lerpwl**, lle bu'n brif glerc i'r ynad cyflogedig. Cyhoeddodd fywgraffiad **Henry Richard** (1907) a nofel, *Owen Rees* (1894), yn darlunio bywyd Cymraeg Lerpwl. Arloesodd yn y dull tonic sol-ffa o ddysgu **cerddoriaeth** trwy addasu gweithiau John Curwen i'r **Gymraeg**.

**ROBERTS, Elis (Elis y Cowper; *c*.1712–89)** Awdur
Trigai Elis Roberts yn **Llanddoged**. Ef oedd y mwyaf toreithiog o awduron yr **anterliwt**; honna iddo ysgrifennu 69 ohonynt, ac o'r rhain goroesodd 8, yn cynnwys *Y Ddau Gyfamod* (1777; yr anterliwt gyntaf i'w hargraffu yng Nghymru), *Gras a Natur* (1769) a *Cristion a Drygddyn* (1788). Cyhoeddodd nifer fawr o **faledi** a chyfres o lythyrau duwiol.

**ROBERTS, Evan (1878–1951)** Diwygiwr crefyddol
Ganed Evan Roberts yng Nghasllwchwr (**Llwchwr**). Bu'n löwr cyn penderfynu ymbaratoi am y weinidogaeth gyda'r **Methodistiaid Calfinaidd**, ond rhoddodd y gorau i'w astudiaethau yng **Nghastellnewydd Emlyn** mewn gwewyr meddwl a mynd ati i genhadu. Dychwelodd i Gasllwchwr ac fe'i cafodd ei hun yn arweinydd yn y diwygiad crefyddol a oedd eisoes wedi ymledu o dde **Sir Aberteifi** (gw. **Diwygiadau**). O Dachwedd 1904 hyd Ionawr 1906 cynhaliodd wyth ymgyrch genhadol trwy Gymru a gwelwyd ynddynt olygfeydd hynod o ran eu dwyster a'u cynnwrf ysbrydol. Fe'i beirniadwyd yn hallt gan rai oherwydd ei bwyslais mawr ar brofiad a theimlad, ond tystiodd eraill i'w weinidogaeth fod yn gyfrwng bendith iddynt. Erbyn 1909 roedd wedi cilio o olwg y cyhoedd; 42 mlynedd yn ddiweddarach bu farw mewn dinodedd yng **Nghaerdydd**.

**ROBERTS, Evan (Ifan Gelli; 1906–91)** Chwarelwr a botanegydd
Treuliodd Evan Roberts ei oes yng **Nghapel Curig**, gan weithio fel chwarelwr am flynyddoedd lawer. Yn ŵr ifanc dechreuodd ymddiddori ym mlodau ucheldir **Eryri** a chaniatâi ei allu

fel dringwr iddo archwilio llawer o'r **planhigion** prinnaf. Fe'i penodwyd yn warden cyntaf Gwarchodfa Natur Cwm Idwal yn 1954, ac er na dderbyniodd erioed hyfforddiant ffurfiol ym maes botaneg fe'i hystyrid yn awdurdod ar blanhigion arctig-alpaidd.

**ROBERTS, Glyn (1904–62)** Hanesydd
Brodor o **Fangor** oedd Glyn Roberts, ac yn 1946 daeth yn gofrestrydd Coleg y Brifysgol yno (gw. **Prifysgol Cymru, Bangor**), gan ddod yn Athro Hanes Cymru yn yr un coleg yn 1949. Ysgrifennodd yn bennaf am gymdeithas Gymreig yn yr Oesoedd Canol diweddar, a chasglwyd ei waith pwysicaf ynghyd yn y gyfrol *Aspects of Welsh History* (1969). Ymhlith ei gyfraniadau mwyaf swmpus yr oedd ei astudiaethau o wreiddiau teulu'r **Tuduriaid** a'i erthygl 'Wales and England; antipathy and sympathy' (1963).

**ROBERTS, Goronwy [Owen] (1913–81)** Gwleidydd
Tra oedd yn fyfyriwr ym **Mangor** daeth Goronwy Roberts, a hanai o **Fethesda**, yn arweinydd y mudiad **Gwerin**. Bu'n aelod seneddol **Caernarfon** (1945–74). Perthynai i adain wladgarol y **Blaid Lafur** yng Nghymru, ac yn 1956 ef a gyflwynodd y ddeiseb i Dŷ'r Cyffredin a alwai am senedd i Gymru (gw. **Datganoli**). Bu'n weinidog gwladol yn y **Swyddfa Gymreig** (1964–6) a chafodd ei urddo'n Arglwydd Goronwy-Roberts yn 1974.

**ROBERTS, Isaac (1829–1904)** Astronomegydd
Ganed 'tad astroffotometreg' yn **Nantglyn**. Gwnaeth ei ffortiwn fel adeiladydd yn **Lerpwl**, ond ei ddiddordebau mawr oedd **daeareg** ac **astronomeg**, a symudodd dŷ ddwywaith i ddod o hyd i safle mwy addas ar gyfer ei arsyllfa. Roedd yn arloeswr yn ei ddefnydd o **ffotograffiaeth** mewn astronomeg. Ei ffotograff enwog ef o nifwl Andromeda, sy'n dangos ei ffurf droellog, oedd y ffotograff cyntaf erioed o rywbeth y tu draw i'n galaeth ni'n hunain.

**ROBERTS, John (1576–1610)** Merthyr
Ganed John Roberts yn **Nhrawsfynydd**. Fe'i magwyd yn Brotestant, ond ar ôl graddio yn **Rhydychen** yn 1598 aeth i Baris ac ymuno â'r **Catholigion Rhufeinig**. Oddi yno aeth i Valladolid ac ymaelodi ag urdd y **Benedictiaid**. Fe'i hurddwyd yn offeiriad yn 1602, ac yn 1607 daeth yn brior cyntaf Coleg Sant Gregori, Douai. Yn 1610, ac yntau'n cenhadu yn **Lloegr**, fe'i cafwyd yn euog o deyrnfradwriaeth ac fe'i dienyddiwyd. Ef oedd merthyr Benedictaidd cyntaf **Prydain**, ac fe'i canoneiddiwyd yn 1970.

**ROBERTS, John (Ieuan Gwyllt; 1822–77)** Cerddor
Daeth John Roberts, a aned ger **Aberystwyth**, yn weinidog gyda'r **Methodistiaid Calfinaidd** ym Mhant-tywyll, **Merthyr Tudful** yn 1859, ac, yn 1865, yng Nghapel Coch, **Llanberis**. Roedd ei lyfrau **emynau**, yn cynnwys *Llyfr Tonau Cynulleidfaol* (1859), yn hynod boblogaidd, ac yn bwysig iawn yn natblygiad canu emynau cynulleidfaol. Ymhlith ei donau enwocaf ef ei hun y mae 'Moab'. O 1861 hyd 1873 cyhoeddodd *Y Cerddor Cymreig*, un o'r **cylchgronau** cerddoriaeth pwysicaf yn **Gymraeg**. (Gw. **Cerddoriaeth**.)

Kate Roberts

**ROBERTS, John (Telynor Cymru; 1816–94)** Telynor
Dysgodd John Roberts, a aned yn **Llanrhaeadr-yng-Nghinmeirch**, ganu'r **delyn** ar ôl treulio naw mlynedd yn y fyddin. Fe'i hyfforddwyd gan ei ewythr, Archelaus Wood, aelod o deulu **Wood**, y **sipsiwn** enwog; roedd ef ei hun yn siarad Romani yn rhugl. Canai ei naw mab yr offeryn hefyd, a buont yn canu'n gôr o delynau i'r Frenhines Victoria yn y Pale, **Llandderfel**, yn 1889. Roedd John Roberts yn ŵr tal, golygus, a chrwydrai'r wlad gyda'i delyn deires ar ei gefn. Fe'i hurddwyd â'r teitl 'Telynor Cymru' mewn arwest farddol ar lan Llyn Geirionnydd (**Trefriw**) yn 1886.

**ROBERTS, Kate (1891–1985)** Llenor
Roedd 'brenhines ein llên', fel y'i gelwir yn aml, yn ferch i chwarelwr a thyddynnwr o ardal Rhosgadfan (**Llanwnda**). Mae ei hunangofiant, *Y Lôn Wen* (1960), yn portreadu'r diwylliant gwerin cyfoethog a ffynnai ym mhentrefi chwarelyddol **Sir Gaernarfon** yn ystod ei phlentyndod. Aeth Kate Roberts i **Fangor** i astudio'r **Gymraeg**, ac yna bu'n athrawes yn **Llanberis**, **Ystalyfera** ac **Aberdâr**. Priododd â Morris T. Williams yn 1928, a phrynasant Wasg Gee yn 1935 gan wneud eu cartref yn **Ninbych**. Bu farw ei phriod yn 1946, a hi a gariodd faich y cwmni **argraffu** yn ystod y deng mlynedd dilynol.

Bydd beirniaid yn rhannu gyrfa lenyddol Kate Roberts yn ddau gyfnod: y cyntaf o *Deian a Loli* (1925) at *Ffair Gaeaf* (1937) yn 'gyfnod Rhosgadfan', a'r ail o *Stryd y Glep* (1949) hyd *Haul a Drycin* (1981) yn 'gyfnod Dinbych'. Marw ei brawd ieuengaf yn y **Rhyfel Byd Cyntaf** a'i sbardunodd i

Rachel Roberts gyda Richard Harris yn *This Sporting Life*, 1963

lenydda yn y lle cyntaf, a'r stori fer oedd ei hoff gyfrwng. Ond i gyfnod Rhosgadfan hefyd y perthyn y nofel rymus *Traed Mewn Cyffion* (1936). Yn y gweithiau hyn trafodir bywyd llwm y gymdeithas chwarelyddol, yr ymdrech i gael deupen llinyn ynghyd yn ogystal â dewrder stoicaidd y cymeriadau. Nid tlodi yw'r bwgan yn yr ail gyfnod. Y sbardun y tro hwn oedd afiechyd olaf a marwolaeth ei gŵr, a'i hunigrwydd hithau yn sgil hynny. Yn awr deuir yn fwy ymwybodol o'r hyn a alwodd Bobi Jones yn 'frenhines ddioddefus'. Canolbwyntir yn y tair nofel *Stryd y Glep* (1949), *Y Byw Sy'n Cysgu* (1956) a *Tywyll Heno* (1962) ar brofiadau emosiynol tair gwraig mewn argyfwng. Mae'r ymdriniaeth bellach yn llawer mwy seicolegol a hunan-ddadansoddol. Er bod techneg storïol *Tegwch y Bore* (1967) yn atgoffa rhywun o *Traed Mewn Cyffion*, mae gogwydd mwy modernaidd i'r nofel hon. Ceir yn yr ail gyfnod rai straeon sy'n tynnu ar atgofion am Rosgadfan, megis *Te yn y Grug* (1959), ond unigrwydd y canol oed a'r hen sydd amlycaf bellach. Ni ddiflannodd y stoiciaeth gynnar yn llwyr, ond teimlir mwy o anesmwythyd dan yr wyneb, ac yn wir disgrifiwyd Kate Roberts unwaith fel ffeminydd embryonig.

**ROBERTS, Lynette (1909–95)** Bardd
Gellir disgrifio Lynette Roberts fel modernydd hwyr ond hefyd fel rhywun a oedd o flaen ei hamser yn ei thynfa at fath o waith a elwir bellach yn realaeth hudol. Cymry oedd ei rhieni, ond fe'i ganed yn Buenos Aires. Priododd â **Keidrych Rhys** yn 1939 ac ymgartrefodd y ddau yn Llan-y-bri (**Llansteffan**); cawsant ysgariad ddeng mlynedd yn ddiweddarach a symudodd Lynette i **Loegr**. Cyhoeddodd ddwy gyfrol o gerddi, *Poems* (1944) a *Gods with Stainless Ears* (1951), ynghyd ag astudiaeth o iaith Llan-y-bri, *Village Dialect* (1944). Wedi dioddef afiechyd meddyliol dychwelodd i Gymru yn 1969, gan ymroi i genhadu dros **Dystion Jehovah**. Ar ddechrau'r 21g. gwelwyd diddordeb o'r newydd yn ei gwaith, a chyhoeddwyd *Collected Poems*, wedi'i olygu gan Patrick McGuinness, yn 2005.

**ROBERTS, Owen Elias (1908–2000)**
Awdur
Arloeswr ym myd dehongli **gwyddoniaeth** yn y **Gymraeg**. Fe'i ganed yn **Llanystumdwy**, a bu'n gweithio mewn labordy ysbyty yn **Lerpwl** cyn ymddeol i **Gricieth**, ac wedyn i **Gaerdydd**. Dilynwyd ei lyfrau ar feicrobioleg a ffiseg atomig gan *Cyfrinachau Natur* (1952) a *Y Gŵr o Ystradgynlais ac Erthyglau Eraill* (1954), a enillodd iddo fedal ryddiaith yr **Eisteddfod** Genedlaethol yn 1952 ac 1954. Yna trodd ei sylw at wyddonwyr Cymreig yn *Gwyddonwyr o Gymru* (1956), *Rhai o Wyddonwyr Cymru* (1980) ac yn ei fywgraffiad i'r Dr **John Dee** (1980).

**ROBERTS, R[obert] Alun (1894–1969)**
Botanegydd amaethyddol
Brodor o Ddyffryn Nantlle (**Llanllyfni**) oedd R. Alun Roberts a bu'n fyfyriwr, yn ddarlithydd ac yn Athro botaneg amaethyddol ym **Mangor**. Roedd 'Doctor Alun', fel y'i gelwid gan ei fyfyrwyr a gwrandawyr y rhaglen radio boblogaidd *Byd Natur*, yn ecolegydd, yn naturiaethwr ac yn hanesydd arferion amaethyddol. Gwnaeth lawer i ad-drefnu **amaethyddiaeth** yn **Sir Gaernarfon** yn ystod yr **Ail Ryfel Byd**, ac roedd yn meddu ar wybodaeth ddigyffelyb am agweddau gwyddonol, hanesyddol ac ecolegol ar ddefnydd tir yr ardal. Ysgrifennodd yn helaeth yn **Gymraeg** a **Saesneg**.

**ROBERTS, R[obert] D[avies] (1851–1911)**
Addysgwr a daearegwr
Ganed R. D. Roberts yn **Aberystwyth**, ac fe'i haddysgwyd yn **Llundain** a **Chaergrawnt**. Darlithydd **daeareg** ydoedd ar ddechrau ei yrfa a chyhoeddodd *Earth's History: an Introduction to Geology* (1893). Yna trodd ei olygon at addysg oedolion a gwnaeth waith arloesol fel ysgrifennydd Bwrdd Prifysgol Caergrawnt ar gyfer trefnu darlithoedd allanol (1894–1902) ac fel cofrestrydd adran allanol Prifysgol Llundain (1902–11). Credai'n ddiysgog y dylai prifysgolion ddarparu cyrsiau gradd i oedolion heb ddisgwyl iddynt fynychu darlithoedd mewnol, fel y gwneid yn Llundain. Er nad oedd ei ddadleuon yn dderbyniol i sylfaenwyr **Prifysgol Cymru** (1893), gwasanaethodd y sefydliad hwnnw'n ffyddlon ac erbyn 1903 roedd yn ddirprwy ganghellor iau.

**ROBERTS, Rachel (1927–80)** Actores
Roedd Rachel Roberts, a oedd yn enedigol o **Lanelli**, ar ei gorau yn actio menywod lysti, trwblus, a'u hanniddigrwydd yn aml yn deillio o'r ffaith eu bod yn gorfod ffrwyno eu rhywioldeb. Rhoddodd berfformiad trawiadol yn ei rhan gyntaf mewn ffilm a hynny fel 'Bessie the Milk' yn y gomedi Gymreig *Valley of Song* (1953), ond yn sgil ei rhannau yn ffilmiau Karel Reisz (*Saturday Night and Sunday Morning,* 1962) a Lindsay Anderson (*This Sporting Life,* 1963, ac *O Lucky Man!* 1973) y gwnaeth ei henw. Enillodd wobrau Actores Orau yr Academi Ffilm Brydeinig am ei pherfformiadau yn y ddwy gyntaf o'r ffilmiau hyn. Yn y fersiwn sgrîn o *Alpha Beta* (1972) fe'i gwelwyd yn ailadrodd ei rhan wreiddiol yn llwyfaniad y ddrama honno, a chwaraeodd dair rhan yn *O Lucky Man!* Ond hepgorwyd o'r fersiwn Americanaidd o'r ffilm honno ei phortread o wraig anhapus sy'n cyflawni hunanladdiad, a hynny ar ôl marwolaeth yr actores ei hunan yng Nghaliffornia, yn dilyn problemau goryfed. Bu'n briod ar un adeg gyda Rex Harrison, ac enillodd Wobr BAFTA i'r actores ategol orau am ei rhan yn *Yanks* (1979).

**ROBERTS, Richard (1789–1864)** Dyfeisiwr
Cafodd Richard Roberts ei alw'n 'athrylith fecanyddol aruthrol' gan lywydd Peirianyddion Manceinion. Fe'i ganed yn Llanymynech (**Carreghwfa**), yn fab i geidwad tollborth a chrydd. Yn ddeg oed, gwnaeth droell nyddu i'w fam, a daeth wedyn yn ddyfeisiwr pwysig yn y diwydiant cotwm, gan ddyfeisio'r peiriant nyddu hunanysgogol yn 1825. Roedd a wnelo â nifer o fentrau yn **Lerpwl**, **Llundain** ac, yn bennaf, ym Manceinion. Dyfeisiwr 'pur' ydoedd, a chan nad oedd ganddo ben busnes, eilradd oedd ystyriaethau ariannol iddo.

Robert Roberts (Bob Tai'r Felin)

Rhoddodd batent ar rywbeth bron bob blwyddyn am gyfnod o 28 o flynyddoedd, gan ddyfeisio gwelliannau ar beiriannau gwehyddu, peiriannau ager, **rheilffyrdd**, **llongau**, **goleudai** a **chlociau** – ac ar ben popeth, dyfeisiodd gar (amhroffidiol) a gâi ei yrru gan ager.

**ROBERTS, Robert (Y Sgolor Mawr; 1834–85)**
Offeiriad ac ysgolhaig
Ganed Robert Roberts yn Llanddewi (**Llangernyw**) a'i addysgu yng Ngholeg y Bala. Ar ôl troi at yr Eglwys Anglicanaidd a'i hyfforddi fel athro yng **Nghaernarfon**, bu'n ysgolfeistr mewn sawl man cyn mynd i'r offeiriadaeth. Pan benodwyd ef i ofalaeth Rug (**Corwen**) cafodd y cyfle i feithrin ei ddiddordebau ysgolheigaidd, ond aeth yn gaeth i'r ddiod a dianc i **Awstralia**. Yno yr ysgrifennodd ei hunangofiant enwog gyda'i ddarlun byw o fywyd cymdeithasol Cymru yng nghanol y 19g.; fe'i cyhoeddwyd yn 1923 fel *The Life and Opinions of Robert Roberts, a Wandering Scholar, as told by himself.* Ar ôl dychwelyd i **Brydain** methodd ag adfer ei enw da a bu farw mewn tlodi. Cofir amdano hefyd fel geiriadurwr, a honna rhai i D. Silvan Evans fanteisio'n annheg ar ei waith (gw. **Geiriaduraeth**).

**ROBERTS, Robert (Bob Tai'r Felin; 1870–1951)**
Canwr gwerin
Gyda'i lais unigryw a'i ddull cartrefol a gwerinol, roedd Bob Tai'r Felin, ffermwr a melinydd o Gwm Tirmynach (**Llandderfel**), yn un o hoelion wyth byd y **noson lawen** a'r **eisteddfod**. O 1944 ymlaen roedd yn adnabyddus trwy Gymru fel un o gyfranwyr rhaglenni radio megis *Noson Lawen* ac, yn ddiweddarach, fel wyneb cyfarwydd ar **ffilm** a theledu. Bu'r cyhoeddusrwydd hwn yn fodd i ledaenu poblogrwydd amryw o'r caneuon a ganai, yn eu plith 'Mari fach fy nghariad', 'Moliannwn' ac 'Yr Asyn a Fu Farw'.

Samuel Roberts

**ROBERTS, Robert (Silyn; 1871–1930) a ROBERTS, Mary (1877–1972)** Addysgwyr

Craig Cwmsilyn, clogwyn y'i ganed wrth ei droed yn **Llanllyfni**, a roddodd i Silyn ei enw barddol . Fe'i haddysgwyd ym **Mangor** ac yn y **Bala**. Daeth i amlygrwydd yn 1900 pan gyhoeddodd, ar y cyd ag **W. J. Gruffydd**, y gyfrol *Telynegion*. Enillodd goron yr **Eisteddfod** Genedlaethol yn 1902. Bu'n weinidog gyda'r **Methodistiaid Calfinaidd** (1901–1912), yn ysgrifennydd penodiadau **Prifysgol Cymru** (1912–1918), yn was sifil (1918–22) ac yn ddarlithydd efrydiau allanol ym Mangor (1922–5). Roedd yn sosialydd o argyhoeddiad, ac ymhlith cynghorwyr **Plaid Lafur** cynharaf gogledd-orllewin Cymru. Yn dilyn ei ymweliad â'r Undeb Sofietaidd, gresynai na châi 'fyw am ddeugain mlynedd arall i weld ffrwyth yr arbraw aruthrol yma yn Rwsia'. (Y brathiadau a gafodd gan fosgitos ar y ffordd adref o Rwsia fu achos y malaria a'i lladdodd yn ddiweddarach.) Bu ganddo gysylltiad agos â gweithgareddau dyngarol **Thomas Jones** (1870–1955). Pan ffurfiwyd cangen gogledd Cymru o **Gymdeithas Addysg y Gweithwyr** (WEA) yn 1925, fe'i penodwyd yn drefnydd iddi. Bu ei angladd yn destun un o gerddi **R. Williams Parry**.

Fe'i holynwyd yn ysgrifennydd y WEA yn y gogledd gan ei wraig, Mary Parry, a aned yn **Llundain**. Hi oedd y fenyw gyntaf ym **Mhrydain** i gael ei phenodi i swydd o'r fath, swydd y bu ynddi hyd 1951. O dan ei harweiniad, roedd y gymhareb yng ngogledd Cymru rhwng mynychwyr dosbarthiadau a'r **boblogaeth** deirgwaith yr hyn ydoedd trwy weddill Prydain; ei rhanbarth hi, felly, oedd rhanbarth mwyaf llwyddiannus y WEA ym Mhrydain. Yn ôl **R. T. Jenkins**, ni feiddiai'r un darlithydd anufuddhau iddi.

**ROBERTS, Samuel (S.R.; 1800–85)** Awdur

Ganed S.R., fel y'i gelwid, yn **Llanbryn-mair**, a chafodd ddylanwad mawr ar Anghydffurfwyr Cymru trwy gyfrwng ei gyfnodolyn, *Y Cronicl*, a gychwynnodd yn 1843. Gwrthwynebai **gaethwasiaeth**, imperialaeth Seisnig, **Rhyfel y Crimea**, landlordiaeth, undebaeth, y gosb eithaf ac ymyrraeth y wladwriaeth mewn **addysg**; cefnogai **ddirwest**, y post ceiniog, adeiladu **rheilffyrdd**, pleidlais i bawb, gan gynnwys **menywod**. Roedd yn Annibynnwr i'r carn, a dadleuai dros ryddid cynulleidfaoedd oddi wrth awdurdod canolog. Protestiodd yn groch yn erbyn adroddiad addysg 1847 (gw. **Brad y Llyfrau Gleision**). Yn 1857, mewn ymgais i ffoi rhag gelyniaeth stad **Williams Wynn**, y perthynai ei fferm iddi, ymfudodd i'r Unol Daleithiau, lle prynodd dir yn Tennessee. Methodd y fenter, a phan ddaeth Rhyfel Cartref America, fe'i gorfodwyd i ddychwelyd i Gymru yn 1867. Ei gyhoeddiadau pwysicaf yw *Diosg Farm* (1854), *Crynodeb o Helyntion ei Fywyd* (1875) a *Farmer Careful* (1881).

**ROBERTS, Thomas (Thomas Roberts Llwyn'rhudol; 1765/6–1841)** Pamffledwr

Ganed Thomas Roberts yn Aber-erch, **Llannor**, ac aeth i **Lundain** yn ifanc, gan weithio fel gof **aur**. Gydag eraill, sefydlodd Gymdeithas y **Cymreigyddion** yn 1796, ac roedd yn amlwg gyda'r **Gwyneddigion**. Yn 1798 cyhoeddodd *Cwyn yn erbyn gorthrymder*, pamffled yn ymosod ar esgobion, cyfreithwyr, meddygon a thollwyr fel gormeswyr y **werin**, ac yn mynegi gwrthwynebiad i'r **degwm**. Edmygai hawliau cydwybod yn yr Unol Daleithiau a gwrthwynebai'r rhyfel yn erbyn Gweriniaeth Ffrainc. Dychanodd y **Methodistiaid Calfinaidd**, ond yn 1806 trodd o'u plaid.

**ROBERTS, Tom [Aerwyn] (1924–99)** Athronydd

Ganed Tom Roberts yn **Llanbedr**, a chafodd ei addysg ym **Mangor** a **Rhydychen**. Yn ystod ei gyfnod fel darlithydd mewn diwinyddiaeth hanesyddol yn Keele, cyhoeddodd *History and Christian Apologetic* (1960). Yna bu'n ddarlithydd yn yr adran **athroniaeth** yn **Aberystwyth**, gan ddod yn Athro yn 1969. Ei brif ddiddordeb oedd diwinyddiaeth foesegol ac athroniaeth Kant, a'i gyhoeddiadau pwysicaf yw *Butler's Fifteen Sermons* (1970) a *The Concept of Benevolence* (1973).

**ROBERTS, Will (1907–2000)** Arlunydd

Treuliodd Will Roberts ei fywyd cynnar yng nghefn gwlad **Sir y Fflint**, cyn symud i'r de i Gimla, **Castell-nedd**. Yno yr arhosodd am weddill ei fywyd hir, ac eithrio cyfnod o wasanaethu gyda'r Llu Awyr yn ystod yr **Ail Ryfel Byd**. Ac yntau'n emydd wrth ei alwedigaeth, astudiodd gelf yn rhan-amser. Roedd **Josef Herman**, a oedd yn byw gerllaw yn **Ystradgynlais** rhwng 1944 ac 1955, yn ffrind dylanwadol a chefnogol iddo. Mae peintiadau tawel Will Roberts o fywyd yn adlewyrchu ei ymlyniad wrth gymdeithas, y teulu, **crefydd**, lleoedd a phwrpas sylfaenol bywyd. Roedd **cerddoriaeth** yn mynd law yn llaw â'i waith celf: gallai chwarae'r ffidil, ac er bod ei waith yn gyffredinol yn brudd a di-liw, gallai, pan fynnai, wneud i liwiau'r ddaear ganu. Cafodd lwyddiant masnachol, er na phlesiai'r beirniaid bob amser, ac arddangosodd ei waith yn **Llundain** ac yn y mwyafrif o brif sefydliadau ac **orielau celf** Cymru.

Paul Robeson gyda Chôr Meibion Cwm-bach, *c.*1960

**ROBERTS, William (Nefydd; 1813–72)** Addysgwr a chasglwr llyfrau a llawysgrifau

Brodor o **Lanefydd** oedd William Roberts a phrentisiodd fel crydd cyn cael ei ordeinio'n weinidog eglwys y **Bedyddwyr** yn Stanhope Street, **Lerpwl**, yn 1837. Symudodd i Eglwys Salem, **Abertyleri**, yn 1845 ac yno y bu am weddill ei yrfa. Fel cynrychiolydd y **Gymdeithas Frutanaidd** yn y de (1853–1864), bu'n gyfrifol am greu rhwydwaith o ysgolion elfennol anenwadol. Mae ei gasgliad helaeth o gyfrolau a llawysgrifau, sydd bellach yn y **Llyfrgell Genedlaethol**, yn llawn gwybodaeth werthfawr am **grefydd** a diwylliant Cymru'r 19g.

**ROBERTS, William (1830–99)** Meddyg

Ganed William Roberts ym **Môn**, ac enillodd gymwysterau meddygol yn Ysbyty Coleg y Brifysgol, **Llundain**. Roedd yn hyfforddwr meddygaeth glinigol o fri, ac ef oedd Athro meddygaeth cyntaf Prifysgol Victoria, Manceinion. Efallai mai ei gyfraniad mwyaf nodedig oedd ei sylw yn y *Philosophical Transactions* (1874) fod y ffwng *penicillium glaucum* yn rhwystro twf bacteria. Fe'i hurddwyd yn farchog yn 1885.

**ROBERTS, William [John] (Gwilym Cowlyd; 1828–1904)** Sylfaenydd Gorsedd amgen

Cymysgedd o gamp a rhemp oedd Gwilym Cowlyd, a hanai o **Drefriw**. Fe'i cofir yn bennaf fel un a sefydlodd ei ŵyl ei hun mewn gwrthwynebiad i'r **Eisteddfod** Genedlaethol; yn ei farn ef roedd yr ŵyl honno yn defnyddio llawer gormod o **Saesneg** ac roedd ei **Gorsedd** wedi bradychu gweledigaeth wreiddiol Iolo Morganwg (**Edward Williams**). Cafodd yr Arwest, fel y galwodd ei ŵyl amgen gyfan gwbl **Gymraeg** ei hiaith, ei chynnal yn flynyddol am 40 mlynedd o 1863 ymlaen ar lannau Llyn Geirionnydd (Trefriw). Roedd ganddi ei Gorsedd ei hun, ac yn 1901 derbyniwyd Ymerawdwr Japan yn aelod – *in absentia*.

**ROBERTSON, Henry (1816–88)** Peiriannydd rheilffyrdd

Ganed Henry Robertson yn Banff, yr **Alban**, ac astudiodd beirianneg fwyngloddio cyn canolbwyntio ei sylw ar **reilffyrdd**. Daeth i Gymru yn 1842 gan hyrwyddo'r North Wales Mineral Railway. Yn rhinwedd ei swydd fel peiriannydd rheilffordd Caer–Amwythig bu'n gyfrifol am godi dwy bont hynod drawiadol, sef y draphont 460m o hyd a 45m o uchder dros afon **Dyfrdwy** ger **Cefn**, a'r draphont 30m o uchder dros afon Ceiriog gerllaw'r **Waun** (**Sir Ddinbych**). Yn 1882 sefydlodd waith dur **Brymbo** (gw. **Haearn a Dur**) a bu'n aelod seneddol Rhyddfrydol, gan gynrychioli Amwythig yn y lle cyntaf ac yna etholaeth **Meirionnydd** (1885–6). Yn 1889 cafodd y Frenhines Victoria lety yn ei gartref, sef plasty Pale, **Llandderfel**.

**ROBESON, Paul (1898–1976)** Actor a chanwr

Prin ddyrnaid hyd yn oed o actorion brodorol Cymreig a fu'n gymaint o eicon yn llygaid y Cymry â Paul Robeson, yr actor a'r canwr du, carismataidd o America. Am 40 mlynedd a mwy bu perthynas arbennig rhwng y cawr addfwyn a gwâr hwn a glowyr Cymru, a hynny ar ôl i'r canwr ddod ar draws glowyr di-waith yn canu ar strydoedd **Llundain** yn ystod **Dirwasgiad** y 1920au. Cryfhaodd y berthynas yn y 1950au ar ôl i lywodraeth America fynd â'i basbort oddi arno am

Yr awyrennwr Charles Stewart Rolls

wyth mlynedd oherwydd ei ddaliadau Comiwnyddol a'i ymgyrchu egnïol dros hawliau sifil. Gwnaeth ddarllediad, trwy gyswllt radio, ar gyfer **Eisteddfod** y Glowyr ym **Mhorthcawl** yn 1957. Y flwyddyn ddilynol canodd yng **Nglynebwy** ar noswyl yr Eisteddfod Genedlaethol, gydag **Aneurin Bevan** yn ei gyflwyno. Ailgrëwyd y berthynas rhyngddo a'r Cymry yn y ffilm ***The Proud Valley*** (1940).

## ROBIN CLIDRO (*fl.*1547–53) Bardd

Clerwr (gw. **Clêr**) neu fardd isradd oedd Robin Clidro, a brodor o ardal **Rhuthun**. O ran mesurau a chynnwys, cynrychiolai draddodiad o farddoniaeth 'answyddogol' na chadwyd ond ychydig ohono cyn yr 16g. Ei gyfansoddiadau difyrraf oedd 'Awdl y gath', marwnad i'w gwrcath, ac 'Awdl y daith glera'.

## ROGIET, Sir Fynwy (847ha; 1,620 o drigolion)

Hyd at ail hanner y 18g. roedd gan y **gymuned** hon, nid nepell o lannau Môr Hafren a gerllaw cyffordd yr **M4** a'r M48, dair o eglwysi plwyf a safai brin 500m oddi wrth ei gilydd – y Santes Fair (Rogiet), Sant Mihangel (Llanfihangel Rogiet; diddefnydd bellach) ac Ifftwn (dymchwelwyd *c.*1755). Tyfodd y pentref yn dilyn sefydlu'r gyffordd reilffordd sy'n gwasanaethu **Twnnel Hafren**, a gwblhawyd yn 1885.

## ROLLS, Charles Stewart (1877–1910) Peiriannydd ac awyrennwr

Er i Charles Rolls gael ei eni yn **Llundain**, cartref y teulu oedd yr Hendre, **Llangatwg Feibion Afel**, lle'r oedd ei dad, Arglwydd Llangattock, yn berchen ar stad fawr. Yn groes i arferiad meibion gwŷr bonheddig, graddiodd mewn **peirianneg** yng **Nghaergrawnt** a daeth yn arloeswr yn y diwydiant ceir a'r diwydiant awyrennau. Yn 1904 aeth yn bartner gydag F. H. Royce gan ffurfio cwmni Rolls-Royce. Yn 1910 roedd gyda'r cyntaf i dderbyn tystysgrif fel awyrennwr ac, yn fuan wedi hynny, ef oedd y cyntaf i hedfan o **Loegr** i Ffrainc ac yn ôl heb oedi. Yn yr un flwyddyn fe'i lladdwyd pan gwympodd ei awyren ddwbl – y ddamwain awyren angheuol gyntaf ym **Mhrydain**. Codwyd cofgolofn iddo yn Sgwâr Agincourt, **Trefynwy**.

## ROOS, William (Gwilym Rosa; 1808–78) Arlunydd

Derbyniodd William Roos hyfforddiant morwrol, ond fel arlunydd hunanaddysgedig y gwnaeth ei enw. Yn 1834 symudodd o Fodgadfa (**Amlwch**), lle ganed ef, i **Gaernarfon**, gan ymuno â'r nifer cynyddol o arlunwyr proffesiynol yn y dref. Treuliodd amser ymysg y Cymry alltud yn **Llundain** a gwnaeth bortreadau o nifer o hoelion wyth y gymuned honno gan gynnwys Talhaiarn (**John Jones**; 1810–69). Peintiodd anifeiliaid, digwyddiadau hanesyddol, portreadau a miniaturau. Roedd y mesotint a engrafodd o'i bortread o **John Elias** yn un o luniau mwyaf poblogaidd y cyfnod.

## ROSSER, Melvyn (1926–2001) Cyfrifydd a ffigwr cyhoeddus

Wrth ei alwedigaeth, cyfrifydd gyda chwmni Deloitte's oedd Melvyn Rosser; yn 1950 ymunodd â'u swyddfa yn **Abertawe**, ei ardal enedigol, gan ymddeol yn 1985 yn un o'r pum prif bartner yn **Llundain**. O'r 1960au ymlaen daeth yn enw cyfarwydd yn sgil ei ymwneud ag ystod eang o gyrff cyhoeddus. Yn ystod y 1970au ef oedd cadeirydd Cyngor Economaidd Cymru. Bu hefyd yn gadeirydd Grŵp HTV Cymru ac yn llywydd **Prifysgol Cymru, Aberystwyth**. Roedd yn denor soniarus, ac etifeddwyd ei ddawn gerddorol gan ei fab, y canwr a'r cyfansoddwr dychmygus Neil Rosser.

***ROTHSAY CASTLE*, The**

Roedd y stemar olwyn hon – un o'r rhai cyntaf a adeiladwyd – mewn cyflwr gwael ac yn mynd â phobl o **Lerpwl** i **Fiwmares** am y dydd ar 18 Awst 1831. Cododd storm a chan i'r capten meddw wrthod troi'n ôl, maluriwyd y llong ar gefnen dywod ger Biwmares. Nid oedd offer achub bywyd arni a boddwyd 127 o bobl.

**ROWLAND, Daniel (1711–90)** Arweinydd Methodistaidd

Roedd Daniel Rowland yn enedigol o Fwlch-llan (**Nant-cwnlle**). Fe'i hurddwyd yn offeiriad yn 1735, ond oherwydd ei dueddiadau Methodistaidd fel curad yn unig y bu iddo wasanaethu yn ei blwyf genedigol ac yn **Llangeitho**. Yn dilyn tröedigaeth dan bregethu **Griffith Jones, Llanddowror**, cyfarfu â **Howel Harris** a bu cydweithio rhwng y ddau ohonynt am gyfnod, ac yn ddiweddarach rhyngddynt hwy a **William Williams**, Pantycelyn (1717–91), a ddaeth yn gynorthwyydd i Rowland yn 1743. Oherwydd gwahaniaethau rhwng Rowland a Harris, cafwyd ymraniad ymhlith **Methodistiaid** Cymru yn 1750, ac yn dilyn ymddeoliad Harris o waith y diwygiad yn 1752, daeth Rowland yn unig arweinydd y mudiad.

Yn 1762 penderfynwyd gwahodd Harris yn ôl i'w hen safle, a chyd-darodd y datblygiad hwnnw â dechrau diwygiad newydd yn Llangeitho. Ymateb yr awdurdodau eglwysig i hynny oedd amddifadu Rowland o'i guradaeth yn 1763, ond codwyd 'Capel Newydd' iddo yn Llangeitho gan ei gefnogwyr. Yno y bu'n gweinidogaethu, yn llwyddiannus iawn, hyd ddiwedd ei oes. Tyrrai pobl yno o bob cyfeiriad i wrando arno'n **pregethu**. Erys ychydig o'i bregethau, ei emynau a'i gyfieithiadau. Mab Rowland, Nathaniel Rowland (1749–1831), a arweiniodd yr ymosodiad ar **Sabeliaeth** honedig **Peter Williams** yn 1791.

**ROWLAND, John Cambrian (1819–90)** Arlunydd

Er na chafodd John Rowland unrhyw hyfforddiant fel arlunydd, daeth yn bortreadwr enwog. Fe'i ganed yn **Lledrod**, a dechreuodd ar ei yrfa artistig yn **Aberystwyth** cyn ymsefydlu yn y gogledd. Bu'n dysgu yng **Nghaernarfon** a pheintiodd bortreadau, tirluniau a thestunau poblogaidd. Cyhoeddwyd nifer fawr o'i brintiadau o draddodiadau a dillad Cymreig (gw. **Gwisg Gymreig**); defnyddiwyd rhai o'r lluniau ar lestri yn y diwydiant cerameg (gw. **Crochenwaith**).

**ROWLANDS, Dafydd (1931–2001)** Bardd, llenor ac archdderwydd

Ganed Dafydd Rowlands ym **Mhontardawe**. Bu'n weinidog gyda'r **Annibynwyr** ac yn athro cyn cael ei benodi'n ddarlithydd yn y **Gymraeg** yng **Ngholeg y Drindod**, **Caerfyrddin**, yn 1968; trodd yn awdur llawn-amser yn 1983. Enillodd goron yr **Eisteddfod** Genedlaethol yn 1969 a thrachefn yn 1972, ac yn y flwyddyn honno, yn ogystal, enillodd y fedal ryddiaith

John Cambrian Rowland, *Edward Morgan*, *c.*1850

am *Ysgrifau yr Hanner Bardd* (1972). Archwiliad treiddgar o'i berthynas â'i dad yw *Mae Theomemphus yn Hen* (1977). Cyhoeddodd dair cyfrol o farddoniaeth a lluniodd nifer o sgriptiau teledu, gan gynnwys y gyfres gomedi boblogaidd *Licrys Olsorts*. Gyda'i lais hudolus o ddwfn a'i urddas naturiol, gwnaeth **Archdderwydd** cofiadwy (1996–8).

**ROWLANDS, Henry (1655–1723)** Hynafiaethydd a naturiaethwr

Offeiriad o Lanedwen (**Llanddaniel-fab**) oedd Henry Rowlands. Mae'n wir fod ei wybodaeth yn fwy na'i ddysg, ac eto roedd yn wiw gan **Edward Lhuyd** ymgynghori ag ef ynglŷn ag iaith a hynafiaethau **Môn**. Mae ei draethawd ar ddulliau amaethu, *Idea Agriculturae,* a'i lyfryn ar darddiad ffosilau yn dangos cryn gynefindra â'r gwyddorau hynny, ond ei waith enwocaf yw *Mona Antiqua Restaurata* (1723, ond a luniwyd cyn 1710), sy'n ceisio profi mai Môn oedd prif ganolfan y **derwyddon**. Nid oes gwerth hanesyddol i'r gwaith, ond o safbwynt hanes syniadau am y derwyddon y mae iddo gryn arwyddocâd. Gwelir gwir graffter Henry Rowlands yn *Antiquitates Parochiales,* traethawd ar hanes **plwyfi** cwmwd **Menai** nas cyhoeddwyd tan 1846–8, a lle nad yw'r chwiw dderwyddol mor amlwg.

**ROWLANDS, Robert John (Meuryn; 1880–1967)** Bardd, awdur a newyddiadurwr

Bu R. J. Rowlands, a hanai o **Aber[gwyngregyn]**, yn newyddiadura yn **Lerpwl** a **Chaernarfon** gan ddod yn olygydd *Yr Herald Cymraeg* yn 1921. Yr un flwyddyn enillodd gadair yr **Eisteddfod** Genedlaethol am ei **awdl** felys 'Min y Môr'.

John Josiah Dodd, *The Royal Charter*, 1859

Cyhoeddodd lyfrau antur ar gyfer plant yn ogystal â chyfrol o farddoniaeth. Daeth yn enw mor gyfarwydd fel beirniad ar raglen radio'r BBC *Ymryson y Beirdd* nes i'w enw barddol, Meuryn, gael ei fabwysiadu ar ôl ei ddyddiau yn derm ffurfiol am y beirniad mewn ymrysonfeydd barddol (gw. hefyd ***Talwrn y Beirdd***). Mab iddo oedd yr ysgolhaig testunol Eurys I. Rowlands (1926–2006), un o'r gwreiddiolaf ei ddadansoddiadau o farddoniaeth Gymraeg yr Oesoedd Canol.

## *ROYAL CHARTER, The*

Daeth storm ar warthaf y gliper hon o **Lerpwl**, a adeiladwyd yn **Queensferry**, wrth iddi ddychwelyd o **Awstralia**, a'i bwrw yn erbyn arfordir Môn ger **Moelfre** ar 26 Hydref 1859. Dywedir i donnau cyfuwch â 18m ddryllio'r llong, gan olchi cannoedd o deithwyr a chriw i'r môr. O'r 110 o griw a'r 388 o deithwyr a oedd ar ei bwrdd, collwyd 459. Bu'r un dymestl yn gyfrifol am 110 o longddrylliadau eraill o gwmpas arfordir Cymru. Ysgrifennodd Charles Dickens, a ymwelodd â'r fan ddeng wythnos yn ddiweddarach a gwylio deifwyr yn chwilio am farrau aur, am y llongddrylliad yn *The Uncommerical Traveller* (1861). Mae cyfrolau diweddarach am y digwyddiad yn cynnwys *The Golden Wreck* gan Alexander McKee (1961) ac *Ofnadwy Nos* T. Llew Jones (1971).

## **RUBENS, Bernice (1928–2004)** Awdures a gwneuthurwraig ffilmiau

Iddew o Lithwania oedd tad Bernice Rubens a gredai, wrth ffoi rhag gwrth-Semitiaeth a dringo ar fwrdd llong tua'r flwyddyn 1900, ei fod ar ei ffordd i America; ond yng **Nghaerdydd** y glaniodd, ac roedd yn bythefnos cyn iddo sylweddoli nad yn Efrog Newydd yr oedd. Cododd deulu nodedig o gerddorol yng Nghaerdydd. Ond astudio **Saesneg** yng Nghaerdydd fu hanes Bernice Rubens; bu'n athrawes Saesneg yn Birmingham a daeth yn wneuthurwraig ffilmiau dogfen, gan ennill gwobrau yn y maes hwnnw. Ysgrifennodd 25 o nofelau, ac enillodd y bedwaredd, *The Elected Member* (1969), wobr Booker yn 1970. Addaswyd dau o'i llyfrau, *Madame Souzatzka* (1962) ac *I Sent a Letter To My Love* (1975), yn ffilmiau llwyddiannus. Er mai yn **Llundain** y treuliodd y rhan fwyaf o'i hoes, roedd cefndir Cymreig i rai o'i llyfrau – er enghraifft ei ffefryn ei hun, *Brothers* (1983) – ac roedd llawer yn trafod hunaniaeth Iddewig, gyda goroesi ac euogrwydd etifeddol yn themâu pwysig ynddynt. Cwblhaodd ei hunangofiant yn union cyn ei marwolaeth.

## **RUDBAXTON,** Sir Benfro (2,036ha; 1,062 o drigolion)

Mae'r **gymuned** hon, yn union i'r gogledd-ddwyrain o **Hwlffordd**, yn cynnwys pentrefi Rudbaxton, Crundale a Poyston Cross. Fferm gaerog o'r Oes Haearn (gw. **Oesau Cynhanesyddol**) yw'r rath ger Crundale. Yn Eglwys Sant Mihangel, Rudbaxton (11g. yn wreiddiol) ceir cofeb faróc hynod (1668) sy'n cynnwys delwau o faint llawn, bron, o bedwar aelod o deulu Howard o Fletherhill. Yn yr eglwys hefyd ceir plac sy'n nodi mai William Laud, pan oedd yn esgob **Tyddewi** (1621–6), oedd rheithor Rudbaxton. Poyston Hall (diwedd y 18g.) oedd cartref cynnar **Thomas Picton**, arwr brwydr Waterloo. Gerllaw, mae maes awyr Llwynhelyg.

**RUSSELL, [Arthur William] Bertrand (1872–1970)**
Athronydd a mathemategydd

Er iddo gael ei eni yng Nghymru a marw yno, prin y gellir galw Russell, un o feddylwyr mwyaf yr 20g., yn 'athronydd Cymreig', gan iddo ddilyn ei yrfa mewn cyd-destun a oedd bron yn gwbl anghymreig. Fe'i ganed yn Ravenscroft, **Tryleg**, yn fab i John, Arglwydd Amberley, ac yn ŵyr i'r Arglwydd John Russell a fu'n brif weinidog Rhyddfrydol **Prydain** ddwywaith. Ac yntau wedi'i adael yn amddifad cyn iddo gyrraedd ei bedair oed, fe'i magwyd gan ei nain a'i addysgu yng **Nghaergrawnt**. Daeth i amlygrwydd gyda *The Principles of Mathematics* (1903) ac – ar y cyd ag A. N. Whitehead – *Principia Mathematica* (1910–13), a mynd rhagddo i gyhoeddi nifer fawr o lyfrau, yn eu plith *A History of Western Philosophy* (1945). Yn 1950 enillodd wobr Nobel am **lenyddiaeth**. (Dim ond dau arall o Gymru sydd wedi ennill gwobr Nobel, sef yr economegydd o **Abertawe**, Clive Granger (g.1934), a'r ffisegydd Brian D. Josephson (g.1940) o **Gaerdydd**.) Fe'i carcharwyd ddwywaith am ei weithgareddau yn erbyn rhyfel, ac yn 1958 daeth yn llywydd cyntaf yr Ymgyrch dros Ddiarfogi Niwclear (**CND**). Treuliodd ei flynyddoedd olaf ym Mhlas Penrhyn, **Penrhyndeudraeth**. O swyddfa'r post ym Mhenrhyndeudraeth yr anfonodd delegramau at Khrushchev a Kennedy yn ystod argyfwng taflegrau Ciwba yn 1962, ac ym Mhlas Penrhyn yr ysgrifennodd *The Autobiography of Bertrand Russell* (3 cyfrol, 1967–9). Yn y rhagair i'r gwaith, nododd: 'Three passions . . . have governed my life: the longing for love, the search for knowledge, and unbearable pity for the suffering of humanity'.

***RYAN A RONNIE*** Cyfres deledu

*Ryan a Ronnie* yw'r gyfres gomedi fwyaf poblogaidd erioed i gael ei dangos ar deledu Cymraeg. Syniad Meredydd Evans (g.1919), pennaeth blaengar adran adloniant ysgafn BBC Cymru ar y pryd, oedd dod â **Ryan Davies** a Ronnie Williams (Ronald Clive Williams; 1939–97), cyflwynydd ac actor o Gefneithin (**Gors-las**), at ei gilydd yn 1967 i greu rhaglen o ganu, **dawnsio** a sgetsys. Cafodd y gyfres ei haddasu'n llwyddiannus i'r **Saesneg** ar gyfer rhwydwaith y BBC (1971–3). Un o'i huchafbwyntiau oedd sgets reolaidd 'Teulu Ni', gyda Ryan fel **Mam Gymreig**, Ronnie fel y tad a Derek Boote (Bryn Williams yn ddiweddarach) a **Myfanwy Talog** fel y plant; llinell o'r sgets honno yw 'Paid â galw Wil ar dy dad', sydd wedi magu statws dihareb. Yn sgil y rhaglen, daeth galw mawr am Ryan a Ronnie ar lwyfannau ledled Cymru a thu hwnt. Daeth y bartneriaeth i ben yn 1974 yn sgil problemau iechyd Ronnie. Yn wahanol i Ryan, ni chafodd ef, serch ei ddoniau amlwg fel actor a sgriptiwr, lawer o lwyddiant ar ei ben ei hun. Brwydro yn erbyn alcoholiaeth, iselder a phroblemau ariannol fu ei hanes, a chyflawnodd hunanladdiad yn 1997.

**RYGBI'R GYNGHRAIR**

Nid yw rygbi'r Gynghrair erioed wedi ymsefydlu'n barhaol yng Nghymru, ond bu effaith y gêm yn ddwfn serch hynny. Yn 1895 y'i ganed, pan adawodd clybiau blaenllaw yng ngogledd **Lloegr** yr Undeb Rygbi a wrthododd iddynt yr hawl i dalu iawn i'w chwaraewyr am golli cyflog. Buan y datblygodd yn gêm ar wahân a ganiatâi broffesiynoldeb agored, ac yn 1907 gostyngwyd nifer y chwaraewyr mewn tîm o 15 i 13.

*Ryan a Ronnie*

Rygbi'r gynghrair: Billy Boston

Bu bodolaeth rygbi'r Gynghrair yn gyfrwng i droi amaturiaeth **rygbi'r Undeb** o fod yn fater o reolau i fod yn ideoleg – ideoleg, serch hynny, a gâi ei dehongli'n fwy hyblyg yng Nghymru nag yn Lloegr. Hybwyd oes aur gyntaf rygbi'r Undeb yng Nghymru (1900–11) yn rhannol gan wendid Lloegr yn y cyfnod wedi 1895; yn y cyfamser roedd y Gynghrair yn gyfle i chwaraewyr elwa'n ariannol ar eu sgiliau.

Mae naw clwb Cymreig – **Glynebwy** (1907–12), **Merthyr Tudful** (1907–11), **Aberdâr** (1908–9), y **Barri** (1908–9), Treherbert (y **Rhondda**) (1908–10), **Pontypridd** (1926–8), **Caerdydd** (1951–2), Dreigiau Gleision Caerdydd/**Pen-y-bont** (1981–5) a De Cymru (1996) – wedi chwarae yn y Gynghrair. Fe'u llyffetheiriwyd gan gostau teithio, amharodrwydd cefnogwyr gêm yr Undeb i dalu am wylio gemau 'israddol' y Gynghrair, a'r ffaith fod y chwaraewyr Cymreig mwyaf llachar eu doniau yn dal i ddewis ymuno â chlybiau gorau gogledd Lloegr.

Mae dros 150 o chwaraewyr rhyngwladol Cymru wedi troi tua gogledd Lloegr, gan wneud sgowt y Gynghrair yn ffigwr pur amhoblogaidd a gaiff ei weld fel rhywun sy'n bachu arwyr lleol. Dechreuodd y llif cyn 1895, gyda chwaraewyr fel y brodyr James o **Abertawe**, a chyrhaeddodd uchafbwynt rhwng y ddau ryfel. Fe'i gwyrdrowyd, wedi i rygbi'r Undeb droi'n broffesiynol yn 1995, pan ddychwelodd chwaraewyr fel Jonathan Davies a Scott Gibbs, a phan lofnododd un o sêr y Gynghrair, Iestyn Harris, a aned yn Oldham, gytundeb ag Undeb Rygbi Cymru yn 2001. Roedd amryw o'r chwaraewyr mwyaf o Gymru i droi at y Gynghrair wedi gwneud hynny cyn dod yn sêr yng ngêm yr Undeb. Aeth y tri Chymro sydd ymhlith wyth aelod siarter oriel anfarwolion rygbi'r Gynghrair – Billy Boston, **Gus Risman** a **Jim Sullivan** – tua'r gogledd yn eu harddegau, ac felly hefyd **Clive Sullivan**.

Cymru a groesawodd gêm ryngwladol gyntaf y Gynghrair, gan drechu **Seland Newydd** 9–8 yn Aberdâr yn 1908. Oddi ar hynny mae tîm Cymru wedi pendilio rhwng llwyddiant, gan ennill tair pencampwriaeth Ewropeaidd yn niwedd y 1930au, a segurdod, gan na chwaraeodd o gwbl rhwng 1954 ac 1967. Cyrhaeddodd y gêm gynderfynol yng nghystadlaethau Cwpan y Byd yn 1995 ac 1999, ond mae'n dibynnu fwyfwy ar chwaraewyr a chanddynt hynafiaid Cymreig yn hytrach na rhai sydd wedi'u geni yng Nghymru.

Dim ond ar lefel myfyrwyr amatur y mae gêm y Gynghrair wedi gwireddu ei nod o fod yn wirioneddol genedlaethol. Y sêr yn hyn o beth fu **Athrofa Prifysgol Cymru, Caerdydd**, a fu'n bencampwyr Cymdeithas Chwaraeon Prifysgolion Prydain bedair gwaith rhwng 1998 a 2002.

## RYGBI'R UNDEB

Am dros gan mlynedd mae rygbi wedi ennyn teimladau cryfion ac wedi denu dilynwyr niferus a diddordeb brwd y cyfryngau yng Nghymru. Mae llawer yn ystyried y gêm yn symbol o hunaniaeth Cymru ac yn fynegiant o ymdeimlad cenedlaethol.

Bu chwarae ar gemau pêl anffurfiol yng Nghymru ers canrifoedd lawer, ond rhoddwyd ei ffurf fodern i rygbi pan sefydlwyd Undeb Rygbi **Lloegr** (1871) a luniodd gyfres o reolau ar sail y rhai a oedd eisoes ar waith mewn rhai ysgolion bonedd ac yng **Nghaergrawnt**. Roedd math o **bêl-droed** eisoes yn cael ei chwarae yng ngholegau **Llanbedr Pont Steffan** a **Llanymddyfri** er canol y 19g., a sefydlwyd clybiau cyntaf Cymru, rhai megis **Castell-nedd** (1871), **Llanelli** (1872), **Abertawe** (1874), **Casnewydd** (1875) a **Chaerdydd** (1876), i gyd gan gyfreithwyr, dynion busnes, syrfëwyr, athrawon a diwydianwyr, pob un ohonynt yn gynnyrch yr ysgolion a'r colegau a chwaraeai rygbi. Ond buan y dechreuodd y dosbarth gweithiol chwarae'r gêm. Roedd datblygiad diwydiannol Cymru yn ail hanner y 19g. yn allweddol i'r twf hwn, ynghyd â'r cynnydd enfawr mewn **poblogaeth** a ddaeth yn ei sgil. Roedd y gêm nid yn unig yn weithgaredd amser hamdden corfforol adloniadol ond yn gyfrwng hefyd i fynegi balchder a hunaniaeth leol a chymunedol. Yn sgil cwtogi oriau gwaith, caniatáu hanner dydd gŵyl ar ddydd Sadwrn, cynyddu cyflogau ac ehangu'r rhwydwaith **rheilffyrdd**, roedd yr amodau'n ddelfrydol ar gyfer datblygiad gêm ddramatig a chynhyrfus a allai ddenu'r torfeydd.

Sefydlwyd cystadleuaeth her-gwpan yn 1877 dan adain Undeb Pêl-droed De Cymru, rhagflaenydd Undeb Rygbi Cymru, a sefydlwyd yng Nghastell-nedd ym mis Mawrth 1881 gan Richard Mullock, gŵr uchelgeisiol o glwb Casnewydd, a oedd y mis blaenorol wedi trefnu'r tîm cenedlaethol cyntaf erioed i gynrychioli Cymru yn erbyn Lloegr.

Gydol y degawd nesaf tyfodd y gêm yn gyflym yn **siroedd** poblog y de diwydiannol. Wedi cychwyn rhyngwladol tila, roedd y gêm wedi datblygu digon i Gymru gipio'r Goron Driphlyg am y tro cyntaf yn 1893. Trwy ddefnyddio dull pedwar tri chwarter Caerdydd – dyfais a oedd yn symbol o dde Cymru hyderus a mentrus diwedd y 19g. – ynghyd â nerth corfforol glowyr a gweithwyr **tunplat** yn y pac, gosodwyd y llwyfan ar gyfer yr oes aur gyntaf (1900–11), pan enillwyd chwe Choron Driphlyg arall. Yr unig ffordd i orchfygu **Saeson** ac Albanwyr o **ddosbarth** cymdeithasol uwch, gwŷr mwy o gorffolaeth a fagwyd ar well bwyd, ond a chwaraeai â llai o ddychymyg, oedd meddwl a gweithredu'n gyflymach na hwy. Datblygodd rygbi Cymru draddodiad o

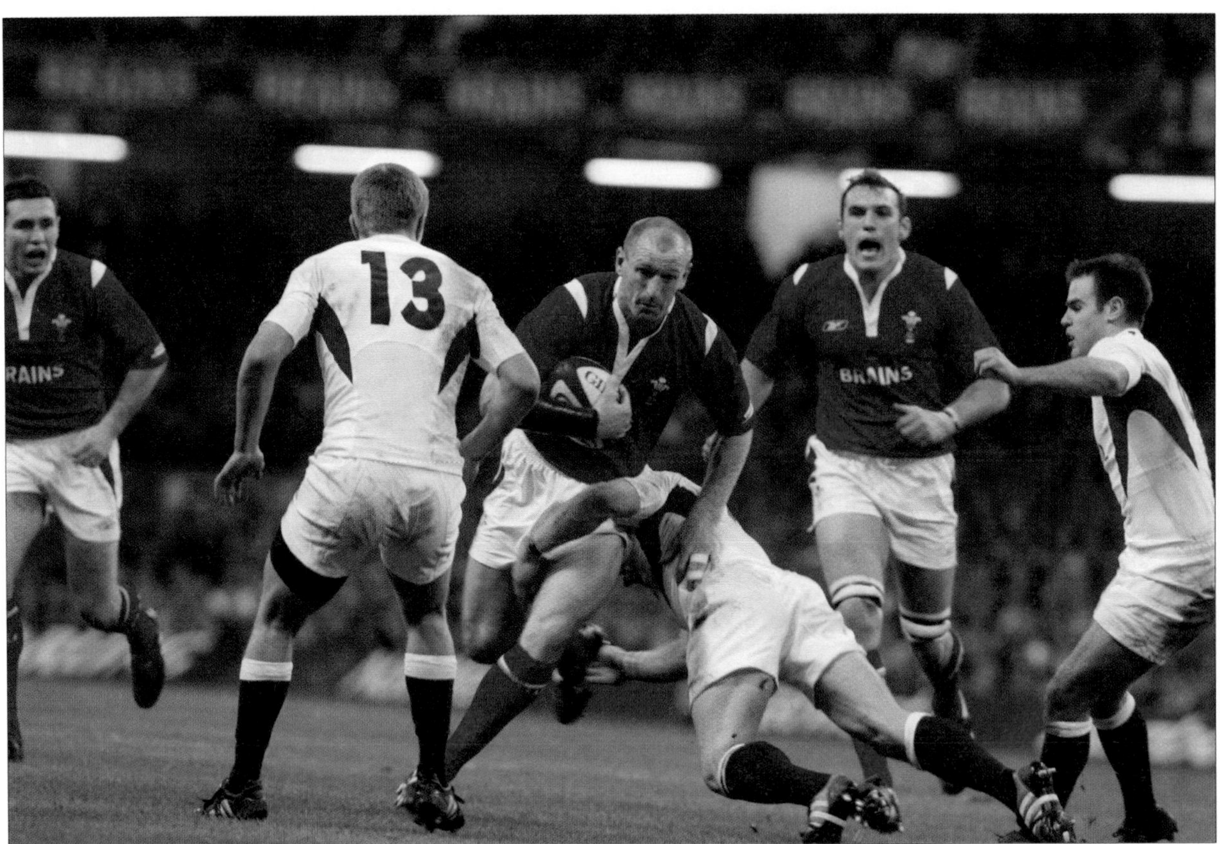


Rygbi'r undeb: Gareth Thomas yn arwain Cymru i'r Gamp Lawn yn 2005

fagu cefnwyr chwim a llithrig a lwyddai, o dderbyn y bêl gan flaenwyr nerthol a fedrai ei rhwygo o'r sgarmesoedd, i ddod â dimensiwn esthetaidd a gwyddonol i'r gêm a edmygid yn fawr. Nid llawn mor gymeradwy gan bawb oedd y ffordd y tybid bod y Cymry'n torri rheolau amaturiaeth, ond byddai gweinyddwyr hirben y gêm oddi mewn i Gymru yn goddef lefel dderbyniol o gydnabyddiaeth er mwyn ei chadw'n gêm a gofleidiai bob dosbarth cymdeithasol. Ym Mharc yr Arfau yng Nghaerdydd ar 16 Rhagfyr 1905, trechwyd Crysau Duon **Seland Newydd** am yr unig dro mewn taith o 32 gêm gan dîm tanbaid Cymru. Roedd yn ddigwyddiad o arwyddocâd cenedlaethol. Daeth **Teddy Morgan**, a sgoriodd y cais buddugol, **Dickie Owen**, a ddyfeisiodd y symudiad a arweiniodd ato, a chapten y tîm, **Gwyn Nicholls**, yn arwyr yng nghartrefi Cymru, a daeth rygbi Cymru yn symbol o optimistiaeth a ffyniant cenedlaethol y cyfnod Edwardaidd, ochr yn ochr â chynnydd addysgol, diwylliannol, economaidd a gwleidyddol.

Pan ddaeth **dirwasgiad** y cyfnod rhwng y ddau ryfel, teimlodd rygbi Cymru ias yr oerfel. Effeithiodd yr argyfwng yn y maes **glo** ar y **porthladdoedd** hefyd, a gwrthdrowyd llif mewnfudwyr y cyfnod cyn y rhyfel, wrth i 390,000 o bobl adael Cymru, cyfran uchel ohonynt yn ddynion ifainc 15–29 oed. Lle gynt y bu clybiau rygbi yn agor – a hynny bron mor fynych â phyllau glo a chapeli oes Victoria – cau a wnaent bellach, yn enwedig yng nghymoedd trallodus dwyrain **Sir Forgannwg** a **Sir Fynwy**. Wrth i nifer y gwylwyr leihau, crebachu hefyd a wnaeth adnoddau ariannol a nifer y chwaraewyr, a bu cwymp yn safon Cymru ar y maes rhyngwladol. Wedi 1911 bu'r Goron Driphlyg allan o gyrraedd Cymru am flynyddoedd. Aeth Undeb Rygbi Cymru, a frwydrai i ddal ei ben uwchben y dŵr, yn fwyfwy dihyder. Aeth dethol ar gyfer gemau rhyngwladol yn fwyfwy mympwyol, gydag **Albert Jenkins** o Lanelli, chwaraewr gorau ei gyfnod, yn un o'r rhai mwyaf nodedig a gafodd gam. Bu penderfyniad dros 700 o chwaraewyr, gan gynnwys 70 o chwaraewyr rhyngwladol, i ymuno â rhengoedd proffesiynol **rygbi'r Gynghrair** yng ngogledd Lloegr rhwng 1919 ac 1939 yn ergyd arall. Yn y 1930au trodd y detholwyr am achubiaeth at yr ysgolion gramadeg a'r prifysgolion, a buont yn ffodus yng ngalluoedd eithriadol myfyrwyr timau **Rhydychen** a Chaergrawnt fel **Vivian Jenkins**, **Cliff Jones** a **Wilfred Wooller**, a chynnyrch colegau prifysgol Cymru megis **Claude Davey**, **Watcyn Thomas** a Haydn Tanner. Y rhain, ar y cyd â gweithwyr corfforol cydnerth yn y rheng flaen, a sicrhaodd fuddugoliaethau hanesyddol yn Twickenham am y tro cyntaf erioed yn 1933 ac, mewn gêm o rygbi ymosodol disglair, dros y Crysau Duon yn 1935. Cyfarchwyd y cymysgedd cymdeithasol ar y cae, yng ngeiriau'r *Western Mail*, fel 'a victory for Wales . . . that probably is impossible in any other sphere'. Unwaith eto, roedd arwyddocâd rygbi yn ymestyn ymhell y tu hwnt i'r cae ei hun.

Buan y daeth y dychweliad at gyflogaeth lawn yn y cyfnod wedi 1945 â chanlyniadau a oedd yn gyson well. Dan lygad barcud y disgyblwr llym, John Gwilliam, a chwaraeai rygbi yn Lloegr a'r **Alban**, ailgipiodd Cymru'r Goron Driphlyg yn 1950 ac yn 1952. Safai Gwilliam ar wahân i danbeidrwydd teimladol gêm clybiau Cymru, ac roedd hynny, ynghyd â dealltwriaeth dactegol graff, yn tynnu'r gorau allan o chwaraewyr eithriadol fel Lewis Jones, Bleddyn Williams,

Stadiwm y Mileniwm, y maes cenedlaethol

Cliff Morgan a Roy John. Roedd rygbi clwb hefyd yn hynod boblogaidd, ond erbyn diwedd y 1950au roedd y gêm wedi dirywio i fod yn gyfres o ymdrechion hirfaith, isel eu sgôr. Roedd angen ysbrydoliaeth newydd a syniadau newydd, a chafwyd hynny yn y 1960au. Trwy ysbrydoliaeth Clive Rowlands, cipiodd Cymru'r Goron Driphlyg yn 1965. Yn 1967 penodwyd Ray Williams i swydd newydd trefnydd hyfforddi, penodiad allweddol a ffrwyth gweledigaeth gweinyddwyr craff megis Kenneth Harris, Hermas Evans a Cliff Jones. Bu trawsnewid stadiwm hanesyddol Parc yr Arfau yng Nghaerdydd yn Faes Cenedlaethol yn yr un cyfnod yn fodd i roi llwyfan teilwng i'r clwstwr o ddoniau syfrdanol a sicrhaodd Goron Driphlyg arall yn 1969.

Yn y 1970au y gwelwyd ail oes aur rygbi Cymru, gyda dulliau hyfforddi blaengar **Carwyn James** yn chwarae rhan allweddol yn y llwyddiant ar lefel clwb ac ar lefel Brydeinig (ond nid ar lefel genedlaethol Gymreig, yn anffodus). Cymro alltud oedd y capten ysbrydoledig John Dawes, fel Watcyn Thomas a Gwilliam o'i flaen. Bu'n gapten ar Gymry **Llundain**, tîm o ddoniau enfawr ac addewid mwy fyth. Pan gyfunwyd doniau gwŷr ifainc hyderus, cadarn eu cefndir addysgol megis Gerald Davies, Mervyn Davies a J. P. R. Williams (a oedd hefyd yn chwaraewr **tennis** eithriadol) â thalentau disglair rhai fel Gareth Edwards, Barry John a Phil Bennett a oedd yn chwarae gartref, daeth eu campau ag enwogrwydd byd-eang i dimau Cymru'r 1970au. Enillwyd tair Camp Lawn a chwe Choron Driphlyg rhwng 1969 ac 1979, pedair ohonynt yn olynol (1976–9). Cymry hefyd oedd y mwyafrif o chwaraewyr timau buddugoliaethus y Llewod yn Seland Newydd (1971) a **De Affrica** (1974). Dawes oedd capten y cyntaf o'r ddau dîm hyn a'r hyfforddwr oedd Carwyn James.

Byddai dau ddegawd olaf yr 20g. yn poenus ddwyn i gof gyfnod cynharach o ddihoeni economaidd ac argyfwng cymdeithasol. Roedd diwedd yr ail oes aur yn 1979 yn cyddaro â gwrthod **datganoli** a dechrau dau ddegawd o Geidwadaeth Thatcheraidd. Gorchfygwyd y glowyr yn y diwedd yn 1984–5, datgymalwyd y diwydiannau trwm traddodiadol, a chododd cyfraddau diweithdra i'r entrychion. Yn y degawd hwnnw llwyddodd rygbi'r Gynghrair i recriwtio 13 o chwaraewyr rhyngwladol o Gymru; manteisiodd chwaraewr mwyaf dawnus ei genhedlaeth, Jonathan Davies, ar y cyfle i chwarae rygbi o safon lawer uwch nag a fodolai yng Nghymru ar y pryd, ac o symud i ogledd Lloegr yn 1989 ni fu raid iddo fod yn rhan o argyfwng y gêm yng Nghymru ddechrau'r 1990au. Yn weinyddol, achubwyd y gêm gan y bargyfreithiwr Vernon Pugh (1945–2003) y bu ei allu cyfreithiol a'i ddeallusrwydd o fawr gymorth i'r gwaith o ddiwygio strwythur Undeb Rygbi Cymru; yn ddiweddarach, fel cadeirydd y Bwrdd Rhyngwladol, daeth yn llais mwyaf awdurdodol rygbi rhyngwladol. Pugh a fu'n bennaf cyfrifol am broffesiynoleiddio rygbi'r Undeb yng Nghymru. Dyma ddatblygiad chwyldroadol na ddaeth cyn pryd ac a fu'n fodd i ddwyn meibion afradlon fel Jonathan Davies yn ôl. Ar y llaw arall, creodd anawsterau mawr i'r gêm yng Nghymru gan fod y rhwydwaith dwys o glybiau yn anaddas i ofynion y cyfnod proffesiynol newydd. Roedd dymchwel y Stadiwm Cenedlaethol yn symbol clir o'r cefnu ar y gorffennol; cwblhawyd Stadiwm y Mileniwm gyda'i 72,000 o seddi – ffrwyth gweledigaeth cadeirydd a thrysorydd Undeb Rygbi Cymru,

Glanmor Griffiths – ar yr un safle, mewn pryd ar gyfer pedwerydd Cwpan Rygbi'r Byd, a groesawyd gan Gymru yn 1999.

Ar ddechrau'r 21g., a'r cyfryngau torfol yn parhau i fod â diddordeb obsesiynol yn y gamp, roedd rygbi yn parhau i fod yn elfen allweddol yn niwylliant poblogaidd Cymru. Er hynny, ni châi'r gêm ei dathlu mor frwd â chynt ar gân, mewn barddoniaeth, mewn cartwnau nac mewn cerfluniau. Yr hyn a oedd ar goll yn rygbi Cymru oedd tîm cenedlaethol teilwng o'r stadiwm newydd ysblennydd. Arweiniodd dau ddegawd o ganlyniadau siomedig at benodi – a hynny ar gost fawr – ddau ŵr o Seland Newydd, Graham Henry (hyfforddwr cenedlaethol, 1998–2002) a Steve Hansen (2002–2004), er mwyn atal y dirywiad. Ond roedd rygbi Cymru wedi llithro'n ôl yn rhy bell i'w adfer dros nos, hyd yn oed wedi penodi Cymro unwaith eto, sef Mike Ruddock, yn brif hyfforddwr yn 2004. Bu ymdrechion taer gan weinyddiaeth gorfforaethol newydd dan arweiniad yr Awstraliad David Moffet (2002–5) i adfywio'r gêm, neu'n hytrach ei sefyllfa ariannol, trwy greu trefn ranbarthol newydd i ddisodli'r clybiau traddodiadol. Arweiniodd hynny at ailenwi rhai o'r clybiau hanesyddol gorau (trodd Casnewydd yn Ddreigiau Gwent). Gorfodwyd eraill i uno dan enwau anghyfarwydd (megis Gweilch Tawe–Nedd) ac, yn fwy anfaddeuol byth, cefnwyd ar rai clybiau megis **Pontypridd** a **Phen-y-bont ar Ogwr**. Roedd tranc gorfodol rygbi o'r safon uchaf i'r gogledd o'r **M4** yn bygwth pellhau'r gamp oddi wrth filiwn o bobl mewn ardal a fu unwaith yn gymaint o gadarnle i'r gêm yng Nghymru ag a oedd i economi'r wlad. Am y tro cyntaf er 1978, enillwyd y Gamp Lawn yn 2005 a hynny mewn dull a oedd yn deilwng o'r gêm Gymreig ar ei gorau afieithus. Ond cafodd unrhyw obaith yr arweiniai hynny at adfer ffydd y dadrithiedig rai eu chwalu'n fuan gan ymadawiad annisgwyl Ruddock hanner ffordd trwy'r tymor dilynol. Yn Ebrill 2006 daeth Gareth Jenkins, rheolwr Llanelli, yn olynydd poblogaidd i Ruddock. Roedd y gadwyn o ddigwyddiadau anffodus a arweiniodd at ei benodiad yn brawf pellach i bob golwg fod rygbi Cymru, er gwaethaf y gefnogaeth enfawr i'r gêm ar lawr gwlad – neu efallai'n wir oherwydd y gefnogaeth honno – yn cael trafferth i oroesi yn y cyfnod ôl-ddiwydiannol heb angor y cymunedau a fu'n ei chynnal gyhyd. Tystiai hynny hefyd fod hynt a helynt y gamp, fel erioed, yn parhau'n faromedr o gyflwr y genedl.

# Rh

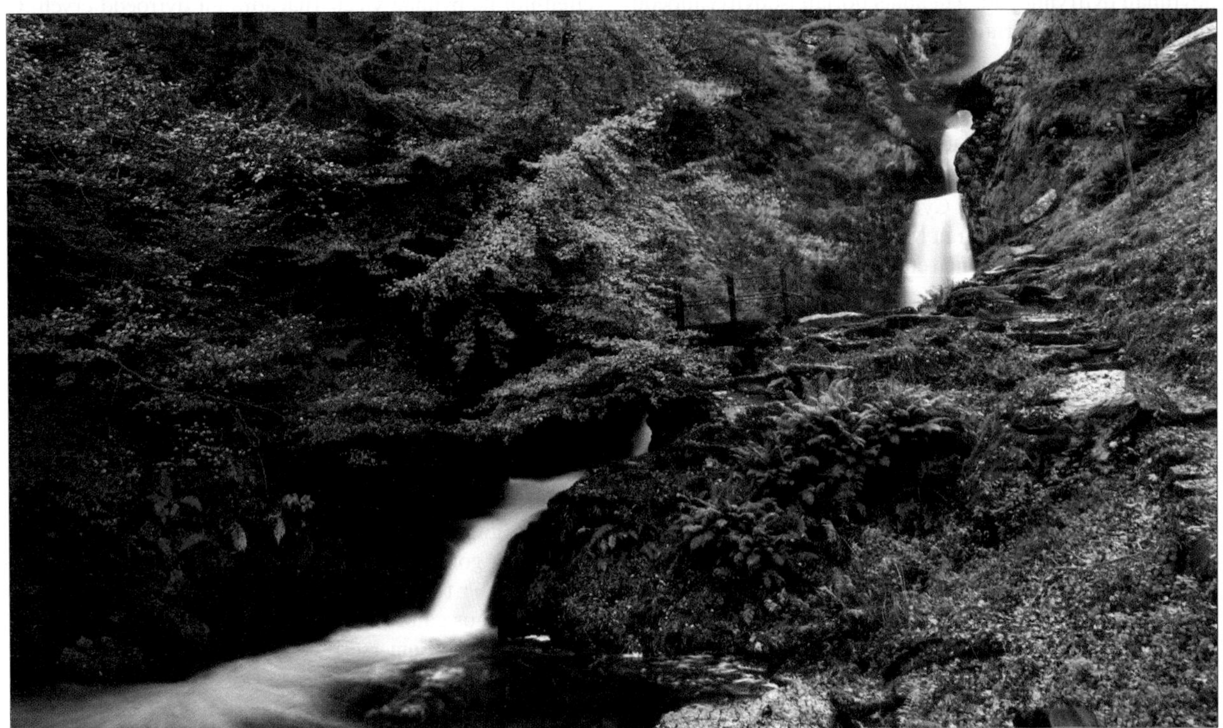

Pistyll Rhaeadr, Llanrhaeadr-ym-Mochant

**RHAEADR GWY**, Sir Faesyfed, Powys (13,945ha; 2,075 o drigolion)

Saif Rhaeadr Gwy ar lan ddwyreiniol afon **Gwy**. Daw'r awgrym cynharaf fod yma dref o'r flwyddyn 1304, ac erbyn ail hanner y 14g. roedd yma fwrdeistref. Bryd hynny y lluniodd y bardd Dafydd y Coed awdl ddychan fustlaidd i'r dref a'i thrigolion gan ddymuno 'Tanfflam drwy Raeadr Gwy gas'. Yn sgil y **Deddfau 'Uno'** daeth Rhaeadr Gwy yn un o bum bwrdeistref etholaeth fwrdeistrefol **Maesyfed**. Yn y dref heddiw, saif hen fythynnod cerrig ochr yn ochr ag adeiladau diweddarach o oes Victoria, ac ar y groesffordd yng nghanol y dref ceir tŵr cloc amlwg (1924). Mae'r hen dollbyrth yn dal yn eu lle, ond symudwyd y tanerdy i Amgueddfa Werin Cymru (gw. **Sain Ffagan**). Mae gweddill **cymuned** Rhaeadr Gwy, darn o dir mynyddig sy'n cynnwys yr hen **Gwmwd Deuddwr**, yr ochr draw i afon Gwy. Fel 'an absolute desert' y disgrifiodd Thomas Evans yr ardal yn 1801, ond yn ddiweddarach yn y 19g. canmolodd Jonathan Williams ffrwythlondeb y pridd ac ansawdd y da byw. Oddi ar hynny trawsnewidiwyd y fro nes ei bod, ym marn y *Shell Guide to Mid Wales*, yn ail Ardal y Llynnoedd. Yn 1892 sicrhaodd Corfforaeth Birmingham ddeddfwriaeth a oedd yn caniatáu adeiladu cyfres o **gronfeydd dŵr**. Adeiladwyd pedwar argae ar draws afon Elan (1894–1904) ac un ar draws afon Claerwen (1946–1952). Y canlyniad oedd boddi eglwys, capel, melin, ffermydd, bythynnod a chaeau Cwm Elan a chwalu'r gymuned Gymraeg. Boddwyd dau blasty hefyd, Nant-gwyllt a Chwm Elan, digwyddiad trist a ysbrydolodd Francis Brett Young i ysgrifennu *The House under the Water* (1932). Bu'r bardd Shelley yn aros yn y naill blasty a'r llall, a cheir ei argraffiadau o harddwch yr ardal yn ei gerdd 'The Retrospect: Cwm Elan 1812'. Yn 1903 adeiladwyd eglwys newydd yn lle'r un a foddwyd, a chodwyd pentref newydd rhwng 1906 ac 1909 ar gyfer staff cynnal a chadw'r cronfeydd dŵr. Symudwyd Cilewent, ffermdy ffrâm nenfforch sy'n dyddio o'r 15g. yn ôl pob tebyg, o Gwm Claerwen i Amgueddfa Werin Cymru. Mae'r rhes o bum maen ar Ros y Gelynnen yn dyddio o'r Oes Efydd (gw. **Oesau Cynhanesyddol**), ond mae ei harwyddocâd yn ddirgelwch. Roedd pentref Llansanffraid Cwmteuddwr yn gartref i Francis Morgan, dewin enwog o'r 18g. y cyfeirir ato yn llythyrau **John Wesley**. Yn 2001 roedd 22.46% o drigolion Rhaeadr â rhywfaint o afael ar y **Gymraeg**, gydag 11.60% yn gwbl rugl yn yr iaith – y canrannau uchaf o blith holl gymunedau'r hen **Sir Faesyfed**.

**RHAEADRAU**

Roedd rhaeadrau ymhlith y 'rhyfeddodau natur' yr oedd ymwelwyr o **Saeson**, ac ambell Gymro megis **Thomas Pennant**, yn dotio arnynt wrth grwydro Cymru. Rhaeadr uchaf Cymru yw Pistyll Rhaeadr (**Llanrhaeadr-ym-Mochnant**), lle mae afon

Disgynfa yn plymio 75m i mewn i bwll a 25m ychwanegol y tu hwnt iddo. Mae'n un o **Saith Rhyfeddod Cymru**.

Yn ei gyfrol *The Waterfalls of Wales* (1986) mae John Llewelyn Jones yn cofnodi 121 o raeadrau ond pe cyfrifid pob rhaeadr ar holl ragnentydd dyffrynnoedd rhewlifol serth y wlad byddai'r cyfanswm yn uwch o lawer. Roedd gwaith erydol iâ yn ganolog yn eu ffurfiant oherwydd bu rhewlifau nid yn unig yn gyfrifol am greu llethrau serth ond hefyd am ddyfnhau dyffrynnoedd, gan adael lloriau isddyffrynnoedd yn crogi uwchlaw lloriau'r prif gafnau rhewlifol. O ganlyniad, mae crognentydd, megis y rheini sy'n nodweddu Nant Gwynant yn **Eryri** a dyffryn Dysynni i'r de o **Gadair Idris**, yn plymio dros gyfresi o raeadrau a dyfroedd crych (geirw) i gyrraedd lloriau'r prif ddyffrynnoedd.

Yn Nyffryn **Conwy**, ger **Betws-y-coed**, ceir rhai o raeadrau a dyfroedd crych enwocaf Cymru: Rhaeadr Ewynnol (neu Raeadr y Wennol), rhaeadrau Machno a Chonwy a dyfroedd crych Ffos Anoddun. Yma eto, gorddyfnhau rhewlifol a fu'n bennaf cyfrifol am eu ffurfiant, er ei bod yn bosibl i'r 'grisiau' neu gnicynnau gael eu ffurfio yn ystod cyfnod cynharach pan gafodd afonydd Llugwy, Lledr a Machno eu cipio gan afon Conwy. Yn yr un modd, adnewyddwyd afon Twymyn, un o isafonydd **Dyfi**, pan gipiodd hithau flaenddyfroedd afon Clywedog, digwyddiad a roddodd fod i gnicyn gerllaw safle presennol y Ffrwd Fawr. Yn ddiweddarach dyfnhawyd y rhan honno o ddyffryn Twymyn islaw'r cnicyn gan iâ, gweithgaredd erydol a greodd y dibyn 50m o uchder y mae dyfroedd y Ffrwd Fawr yn plymio drosto.

Gellir priodoli Rhaeadr Ogwen hefyd i erydiad rhewlifol. Cyn i iâ fylchu'r wahanfa ddŵr rhwng copaon Pen yr Ole Wen a'r Garn roedd y nentydd i'r dwyrain o'r wahanfa yn rhan o flaenddyfroedd afon Llugwy, sy'n llifo tua'r dwyrain. Yn dilyn y bylchiad a diflaniad yr iâ, dargyfeiriwyd ei blaenddyfroedd. Er bod Llyn Ogwen ar lawr pen uchaf dyffryn Llugwy, mae afon Ogwen yn llifo tua'r gorllewin ac yn plymio 90m cyn cyrraedd llawr gwastad Nant Ffrancon, un o gafnau rhewlifol mwyaf trawiadol Eryri.

Yn ôl y farn gyffredinol, afonladrad a fu'n gyfrifol am ffurfiant rhaeadrau Mynach (gw. **Pontarfynach**), cyfres o chwe chwymp yn disgyn 120m, wedi i afon Rheidol gipio blaenddyfroedd afon Teifi. Yn yr un modd, wrth i afon **Nedd** gipio blaenddyfroedd Cynon, crëwyd cyfres o gnicynnau ar afonydd Pyrddin, Nedd Fechan, Mellte, Hepste a Sychryd. Dyfnhawyd llawr y prif ddyffryn ymhellach gan rym erydol rhewlifau'r Pleistosen, gweithgaredd a ychwanegodd at natur serth proffiliau hydredol yr isafonydd a pheri i afon Mellte ddisgyn 140m dros bellter o 4km yn unig. Fodd bynnag, mae'r sgydau deniadol yng ngheunentydd dyfnion blaenddyfroedd Nedd, sy'n rhan o'r ardal gyntaf yng Nghymru a gafodd ei hystyried ar gyfer ei dynodi'n Barc Cenedlaethol, hefyd i'w priodoli i ymateb llif yr afonydd i wytnwch tywodfeini caled a breuder cerrig llaid meddal. Gall y tywodfeini wrthsefyll grym erydol y llif ond caiff y cerrig llaid eu herydu a'u sgubo ymaith. Yn achos Sgwd Gwladys ar afon Pyrddin a Sgwd yr Eira ar afon Hepste, ceir trwch o gerrig llaid rhwng yr haenau o dywodfaen lled-lorweddol sy'n ffurfio'r sgafell y mae'r dŵr yn plymio drosto yn ogystal â gwely'r afon islaw'r rhaeadr. Wrth i rym y llif dreulio'r creigiau meddal, achosir i dalpiau o'r capgreigiau caled ddisgyn, o bryd i'w gilydd, gan beri i'r rhaeadrau hyn a rhai tebyg iddynt encilio i fyny eu dyffrynnoedd.

Yn adeileddol, mae Sgwd Henryd ger y Coelbren (**Tawe Uchaf**) yn hynod debyg i Sgwd yr Eira. Wedi i Nant Llech ymdaflu allan dros sgafell o dywodfeini caled, sy'n gorchuddio haenau o gerrig llaid meddal, mae'n cwympo dros 27m ar ei phen i mewn i blymbwll cymharol ddwfn wrth droed y sgwd ym mhen uchaf ceunant coediog.

Po fwyaf serth yw sianel afon, mwyaf i gyd o waith a gyflawnir gan y llif ac felly mae'r prosesau erydol ar eu mwyaf effeithiol lle bynnag y ceir rhaeadrau a dyfroedd crych. O ganlyniad, mae rhaeadrau yn nodweddion byrhoedlog yn hanes afon gan fod y prosesau erydol sy'n rhoi bod iddynt yn eu dinistrio ymhen amser.

Roedd rhaeadrau ymhlith hoff destunau arlunwyr y 18g. a'r 19g. Yng nghanol y 19g. byddai **David Cox** yn dod i Fetws-y-coed bron bob blwyddyn i **beintio** rhaeadrau'r ardal. Peintiodd **J. M. W. Turner** Raeadrau Aberdulais (**Blaenhonddan**), un o'r ychydig raeadrau yr harneisiwyd ei lif at ddibenion diwydiannol, a chafodd sawl artist ei ddenu gan Water-break-its-neck (**Maesyfed** (New Radnor)).

**RHAGLAN**, Sir Fynwy (3,725ha; 1,706 o drigolion)
Nodwedd amlycaf y **gymuned** hon, sy'n ymestyn o boptu'r A40 rhwng y **Fenni** a **Threfynwy**, yw Castell Rhaglan, un o adfeilion mwyaf urddasol y 15g. ym **Mhrydain**. Adeiladwyd Tŵr Melyn Gwent gan **William ap Thomas**, y daeth arglwyddiaeth Rhaglan i'w feddiant erbyn 1432. Ei fab, William Herbert (gw. **Herbert, Teulu (ieirll Pembroke o'r greadigaeth gyntaf)**), a gomisiynodd nifer fawr o wahanol adeiladau y drws nesaf i'r tŵr. Ddiwedd yr 16g. ychwanegwyd ystafelloedd moethus gan ei ddisgynnydd, William Somerset, iarll Worcester (gw. **Somerset, Teulu**). Treuliodd Harri VII ei blentyndod yn y castell. Yn 1645 ymwelodd Charles I deirgwaith â'i gefnogwyr selog, y Somersetiaid o Raglan. Wedi i'r Seneddwyr osod y castell dan warchae yn 1646 dadfeiliodd yr adeilad ac ni fu neb yn byw yno byth wedyn. Er hynny, mae llawer iawn o'r gwaith carreg gwych wedi goroesi.

Yn Eglwys Sant Cadog ceir nifer fawr o nodweddion canoloesol, ynghyd â thair delw alabastr ddrylliedig, sef y cyfan sy'n aros o feddrodau teuluoedd Herbert a Somerset yn dilyn fandaliaeth y Seneddwyr. Enwyd math o gôt – côt a chanddi lewys yn ymestyn yr holl ffordd hyd at y goler – ar ôl Barwn Rhaglan, aelod o deulu Somerset; ef oedd y cadfridog a orchmynnodd ymosodiad y Light Brigade yn ystod **Rhyfel y Crimea**. Prynodd ei edmygwyr blasty Cefntilla ar gyfer ei fab, yr ail farwn – adeilad sy'n cynnwys neuadd Jacobeaidd ysblennydd. Cefntilla – Cefntyle yn wreiddiol – oedd cartref y pedwerydd barwn, a oedd yn awdurdod ar dai **Sir Fynwy** ac yn elyn caredigion yr iaith **Gymraeg**. Ceir eglwysi atyniadol ym Mhen-y-clawdd a Llandenni. Mae ffermdy Pen-y-clawdd, adeilad sy'n dyddio o'r 16g. a'r 17g., mewn cyflwr da. Oddi mewn i ffermdy sy'n dwyn yr enw Cayo ceir tŷ cwrdd (17g.) o eiddo'r **Crynwyr**.

## RHAMANTIAETH

Er mai ar ddiwedd y 18g. yr ymddangosodd Rhamantiaeth yng Nghymru, mae gwreiddiau'r mudiad i'w canfod yng ngwaith hynafiaethwyr diwedd yr 17g. a dechrau'r 18g. a'u hoffter o'r cynfyd Celtaidd a derwyddol pell (gw. **Archaeoleg a Hynafiaetheg**).

Rhoddodd Rhamantiaeth hwb i'r **Gymraeg** fel iaith, gyda'r pwyslais ar wreiddiau cyntefig yr iaith, a hynny, o bosibl, yn ôl y gred gyfeiliornus, ymhlith y Patriarchiaid. Câi elfennau geiriol yr iaith eu defnyddio i esbonio tarddiad honedig geiriau ym mhob iaith arall. Gyrrwyd yr ysgolheigion gan y damcaniaethau hyn i chwilio hen destunau'r Gymraeg am eiriau ac i ddyfeisio llu o eiriau newydd. Trawsffurfiwyd **llenyddiaeth** Gymraeg yn ogystal gan Ramantiaeth, gan fod pwyslais ar ddarganfod a chyhoeddi trysorau llenyddol o'r Oesoedd Canol. Bu mudiad yr **eisteddfod** yn gyfrwng i adfywio ffurfiau llenyddol canoloesol.

Rhamantiaeth a greodd y ddelwedd o Gymru fel **gwlad y gân**. Honnodd y telynor John Parry 'Ddall' (1710–82) y gellid olrhain cerddoriaeth y **delyn** Gymreig yn ôl at yr hen **dderwyddon**. O ddiddordeb yr oes yn noethineb y **werin** gyffredin y cododd yr ysfa i gasglu penillion telyn a'r hwb i'r hen gelfyddyd o ganu gyda'r tannau, neu **ganu penillion**.

Daeth yn ffasiwn ymddiddori yn hanes cynnar y Cymry. Dyrchafwyd **Owain Glyndŵr** yn arwr cenedlaethol, ac roedd bri ar chwedlau megis honno am **Madog ab Owain Gwynedd** yn darganfod America *c*.1170, honno am Edward I yn lladd y beirdd Cymraeg (gw. **Cyflafan y Beirdd**) a'r un am Ynys Brydain (gw. **Prydain**) yn cael ei meddiannu gan yr **Eingl-Sacsoniaid** yn helynt **Brad y Cyllyll Hirion**.

Dysgwyd pobl gan Ramantiaeth i hoffi tirwedd anial mynydd-dir Cymru. Daeth teithwyr i astudio adfeilion ac olion y cynfyd (a ystyrid bryd hynny yn olion y derwyddon); yna cafwyd darluniau godidog o dirwedd Cymru gan artistiaid megis **Richard Wilson** a **Thomas Jones** (1742–1803), ac erbyn 1800 roedd **mynyddoedd** y wlad yn ffasiynol (gw. **Peintio** a **Twristiaeth**). Erbyn y 1840au a'r 1850au gwelai'r genedl fod modd troi'r mynyddoedd yn symbol o'i chenedligrwydd.

Ysgogodd y mudiad hefyd ddiddordeb yn y bersonoliaeth ddynol. Gwelir hyn yn y **Diwygiad Methodistaidd**, yn arbennig yn **emynau** telynegol **William Williams**, Pantycelyn (1717–91). Datblygwyd geirfa neilltuol gan y Gymraeg yn y cyfnod hwn i fynegi teimladau – er enghraifft, bathwyd llu o eiriau yn dechrau gyda *hunan-*. Am y tro cyntaf fe gafwyd nifer fawr o bortreadau o unigolion o Gymry, ac ambell hunangofiant.

Roedd dyfodiad gwleidyddiaeth ddemocrataidd, diwydiant ac **Anghydffurfiaeth** yn gryn her i Ramantiaeth. Ond trwy sefydliadau megis yr eisteddfod llwyddodd llenorion Rhamantaidd i oroesi trwy gydol y 19g., ac yn wir yn y cyfnod rhwng tua 1890 ac 1914 cafwyd mudiad llenyddol neo-Ramantaidd cryf yn y Gymraeg, dan ddylanwad beirdd megis **T. Gwynn Jones**.

## RHEGED Teyrnas

Un o deyrnasoedd Brythonaidd ôl-Rufeinig yr **Hen Ogledd**. Yn ei hanterth credir ei bod yn cynnwys y cyfan o'r Cumbria fodern, ardal eang i'r dwyrain o'r Pennines (gan gynnwys Catraeth; gw. **Gododdin**), yn ogystal â Dumfriesshire, Galloway ac o bosibl Ayrshire (teyrnas Aeron). Y mwyaf adnabyddus o'i rheolwyr oedd **Urien** a'i fab Owain a goffeir mewn barddoniaeth a chwedloniaeth Gymraeg. Daeth y deyrnas i ben *c*.635 pan briododd gorwyres Urien â'r tywysog Oswiu o Northumbria. Croniclir hanes y deyrnas yng Nghanolfan Rheged yn Penrith, Cumbria.

## RHEIDOL, Afon (45km)

Mae blaenddyfroedd afon Rheidol, sy'n cynnwys y nant a ddaw o Lyn Llygad Rheidol, yn draenio llechweddau deheuol a gorllewinol **Pumlumon**. Cronnir y dyfroedd yng nghronfa ddŵr Nant-y-moch, a grëwyd yn y 1960au fel rhan o gynllun trydan dŵr Cwm Rheidol (gw. **Ynni**). O'r argae, llifa'r afon trwy gymuned **Blaenrheidol** i Bonterwyd. I'r de o Bonterwyd mae Rheidol yn plymio dros **raeadrau** Gyfarllwyd ar lawr 'dyffryn o fewn dyffryn', tirwedd a ffurfiwyd o ganlyniad i newidiadau yn lefel y môr yn ystod Oes Iâ'r Pleistosen. Ym **Mhontarfynach**, mae cwymp dramatig afon Mynach – unig isafon sylweddol afon Rheidol – i mewn i Reidol yn enghraifft wych o afonladrad, yn ôl y farn gyffredinol. Ymhellach i lawr y dyffryn, ceir **llynnoedd** gwneud gerllaw prif bwerdy'r cynllun trydan dŵr. Câi **plwm** ei gloddio ar raddfa fawr o fewn dalgylch afon Rheidol. Mae rhannau isaf yr afon yn ymddolennu ar draws gorlifdir gwastad cyn cyrraedd y môr yn **Aberystwyth**, sydd mewn gwirionedd ar lannau Rheidol yn hytrach nag **Ystwyth**. Mae un o drenau bach Cymru (gw. **Rheilffyrdd**) yn dilyn Cwm Rheidol rhwng Aberystwyth a Phontarfynach.

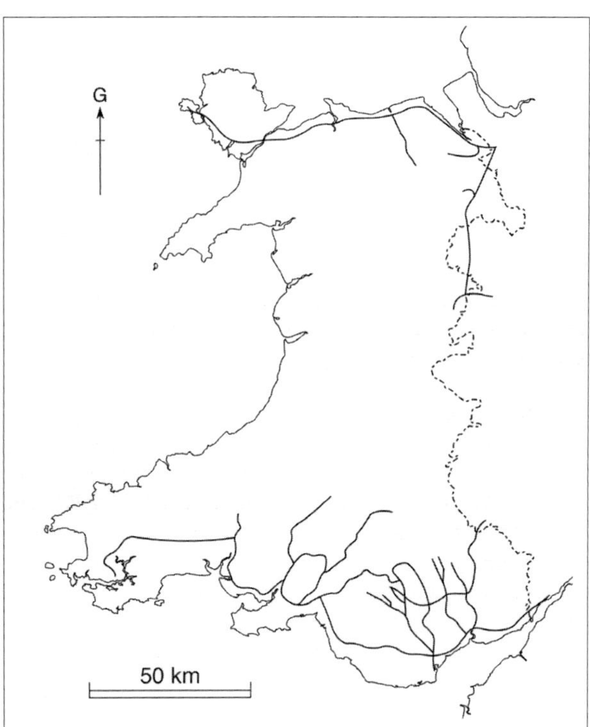

Rheilffyrdd a adeiladwyd yng Nghymru rhwng 1839 ac 1860

## RHEILFFYRDD

Roedd rheilffyrdd yn bod ganrifoedd lawer cyn dyfeisio locomotifau a châi'r cerbydau a deithiai ar hyd-ddynt eu tynnu gan **geffylau**, fel arfer, er mai nerth bôn braich neu raddiannau a ddarparai'r grym symudol weithiau. Ceir peth tystiolaeth fod cerbydau a deithiai ar draciau pren yn cael eu defnyddio yng ngweithfeydd **plwm** Sir Aberteifi yn y 1660au ac mae'n dra sicr fod **glo** yn cael ei gario ar draciau pren ym **Mhenarlâg** yn y 1770au. Gyda thwf y diwydiant **haearn** ddiwedd y 18g., cledrau haearn a ddefnyddid yn gyffredinol. Mae cledrau modern, sydd wedi'u cynllunio ar gyfer olwynion cantelog, yn fflat, ond roedd gan gledrau'r cyfnod cyn dyfodiad locomotifau ymylon allanol uchel er mwyn sicrhau y byddai'r olwynion heb gantel yn aros ar y trac.

Gorsaf reilffordd Pen-y-groes (yng nghymuned Llanllyfni), *c.*1875

Fel arfer, cyfeirir at reilffyrdd cyn dyddiau locomotifau fel tramffyrdd. Gwasanaethai'r mwyafrif ohonynt safleoedd diwydiannol, ond credir mai Rheilffordd y Mwmbwls (**Abertawe**), a agorwyd yn 1804 ar gyfer cludo mwynau, oedd y rheilffordd gyntaf yn y byd i gynnig gwasanaeth rheolaidd ar gyfer teithwyr a hynny yn 1807. Roedd oes aur y tramffyrdd yn cyd-daro ag Oes y **Camlesi**, a'r tramffyrdd, a gâi eu defnyddio i gludo cynnyrch gweithfeydd haearn a phyllau glo i'r ceiau, a fu'n gyfrifol am lwyddiant camlesi maes glo'r de. Er bod maes glo'r de yn cynnwys tua 240km o gamlesi, a adeiladwyd ar gost o £800,000, roedd yno tua 560km o dramffyrdd a adeiladwyd ar gost o £700,000. Y fwyaf rhyfeddol ohonynt oedd Tramffordd Hill a ymlwybrai i lawr llechweddau'r Blorens, rhwng **Blaenafon** a **Llan-ffwyst**, a thrwy dwnnel Pwll-du (2km), sef yr hiraf yn y byd pan grëwyd ef *c.*1815. Roedd tramffyrdd hefyd yn bwysig yn hanes diwydiant **llechi**'r gogledd-orllewin; yno roedd **Bethesda** wedi'i gysylltu â **Bangor** (Port Penrhyn) (**Llandygái**; 1800), **Llanberis** â'r **Felinheli** (1825), a Blaenau **Ffestiniog** â **Phorthmadog** (1836). Yn y gogledd-ddwyrain, roedd rhwydwaith o leiniau bach yn ymestyn ar draws y tir yn ardaloedd **Rhiwabon**, y **Fflint** a **Threffynnon**, ac adeiladodd Cwmni Camlas Ellesmere dramffyrdd i gysylltu ceiau â phyllau glo a chwareli **calchfaen** Sir Ddinbych.

O holl dramffyrdd Cymru, y bwysicaf yn hanesyddol oedd honno a oedd yn cysylltu gwaith haearn Penydarren (gw. **Merthyr Tudful**) â Chamlas Sir Forgannwg ger **Abercynon**. Adeiladodd **Richard Trevithick** locomotif ager yn y gwaith haearn a'i brofi ar y dramffordd yn Chwefror 1804 – yr arbrawf cyntaf o'i fath yn y byd. Er na fu'r fenter yn fasnachol lwyddiannus, gwaith Trevithick a roddodd gychwyn ar oes y rheilffyrdd ager a wawriodd yn dilyn agor rheilffordd ddiwydiannol Darlington–Stockton (1825) a rheilffordd Lerpwl–Manceinion (1830), a gludai deithwyr. Rheilffordd Doc Llanelli–Pontarddulais, a agorwyd yn 1839, oedd y gyntaf yng Nghymru a adeiladwyd yn arbennig ar gyfer locomotifau ager.

Llawer mwy arwyddocaol, fodd bynnag, oedd Rheilffordd Cwm Taf (TVR) a gysylltai **Gaerdydd** â Merthyr Tudful (1841). Y rheilffordd hon, a chanddi ganghennau i **Aberdâr** (1846) a'r **Rhondda** (1854, 1862), oedd cwmni rheilffordd mwyaf proffidiol **Prydain** erbyn y 1870au. Rheilffordd ddiwydiannol ydoedd yn bennaf; yn wir, nid oedd y lein i'r Rhondda Fach, a gwblhawyd yn 1862, yn cludo teithwyr hyd 1876. Yn yr un modd, mwynau a gâi'r flaenoriaeth ar bobl ar y rheilffyrdd yng nghymoedd eraill maes glo'r de, a'r pwysicaf ohonynt oedd y rheini a wasanaethai gymoedd **Nedd** (1851), Llwyd (1854), **Ebwy** (1855), **Rhymni** (1858), **Tawe** (1860) a Llynfi (1861). Mewn rhannau eraill o Gymru, roedd y rheilffyrdd a adeiladwyd i gario mwynau yn bennaf yn cynnwys y leiniau o **Fwynglawdd** i **Wrecsam** (1855), Blaenau Ffestiniog i Lanffestiniog (1866), **Caersŵs** i'r Fan (**Llanidloes Allanol**; 1871), **Aberystwyth** i **Bontarfynach** (1902) a Llanymynech (**Carreghwfa**) i **Langynog** (1904). Ni theithiodd unrhyw deithwyr o gwbl ar rai o reilffyrdd Cymru, gan iddynt gael eu hadeiladu i ddiwallu anghenion safleoedd diwydiannol neilltuol, megis rheilffyrdd chwarel lechi Dinorwig (gw. **Llanddeiniolen**) a Gwaith Dur **Shotton**, a'r rheini a wasanaethai nifer o'r glofeydd. Hyd ddiwedd yr 20g. gwnaed defnydd o leiniau ac arnynt wageni, rhai a gâi eu tynnu weithiau gan geffylau, mewn mwyngloddiau drifft preifat.

O blith y rheilffyrdd hynny a adeiladwyd ar gyfer teithwyr yn bennaf, y bwysicaf ohonynt oedd honno o Gaer i **Gaergybi** (1849) a honno o Gaerloyw trwy **Gasnewydd** a Chaerdydd i Abertawe (1850). Roedd y lein o Gaer i Gaergybi, a adeiladwyd yn benodol er hwyluso'r cysylltiad rhwng **Llundain** a Dulyn, yn cynnwys dau ryfeddod peirianyddol o waith **Robert Stephenson**, sef Pont Britannia dros y **Fenai** a'r fersiwn llai ohoni ar draws afon **Conwy**. Adeiladwyd y lein i Abertawe, a estynnwyd i **Gaerfyrddin** yn 1852 ac i **Neyland** yn 1856, gan Gwmni Rheilffordd De Cymru a unodd â Chwmni Rheilffordd y Great Western yn 1863. Gwnaeth y lein hon, a gynlluniwyd gan **Isambard Kingdom Brunel**, ddefnydd o'r lled llydan (2.053m) a oedd yn cael ei ffafrio gan Brunel a'r GWR; fe'i culhawyd i'r lled safonol (1.435m) yn 1872. Megis y rheilffordd yn y gogledd, adeiladwyd yr un yn y de gyda golwg ar **Iwerddon**, oherwydd yn ôl bwriad Brunel Neyland fyddai'r prif borthladd ar gyfer **llongau** a hwyliai i dde Iwerddon. (Ymhen amser bu'n rhaid i Neyland ildio'i le i **Abergwaun**.)

Er nad oeddynt yn cludo cynifer o deithwyr, cwblhawyd rheilffyrdd cymharol hir rhwng Casnewydd a Henffordd yn 1854, Abertawe ac **Aberhonddu** yn 1856, Amwythig ac Aberystwyth yn 1864, Merthyr ac Aberhonddu yn 1866, Caerfyrddin ac Aberystwyth yn 1867, Cyffordd **Dyfi** (**Cadfarch**) a **Phwllheli** yn 1867 a Rhiwabon ac Abermaw yn 1869. Bu gan David Davies (gw. **Davies, Teulu (Llandinam)**) ran amlwg yn natblygiad y lein rhwng Amwythig ac Aberystwyth, a oedd yn cynnwys hafn 35m Talerddig (**Llanbryn-mair**), yr hafn ddyfnaf o'i math yn y byd pan gwblhawyd y rheilffordd yn 1861. Roedd rheilffordd Aberhonddu–Merthyr yn cynnwys traphontydd trawiadol Cefncoedycymer a Phontsarn (i gyd ym Merthyr Tudful), ac ym Mhontsticill agorwyd yr uchaf o orsafoedd de Prydain ar lein safonol ei lled. Roedd rheilffordd Caerfyrddin–Aberystwyth yn cynnwys un darn 65km o hyd o reilffordd arfaethedig Manceinion ac Aberdaugleddau, sef y cyfan a oedd yn weddill o gynllun uchelgeisiol i adeiladu rheilffordd o Fanceinion i **Aberdaugleddau**, lle credid ar un adeg fod modd datblygu porthladd traws-Iwerydd i achub y blaen ar **Lerpwl**. Wrth groesi **Mawddach** dros draphont bren hynod câi teithwyr ar lein Cyffordd Dyfi–Afon-wen gyfle i fwynhau golygfeydd godidog o Fae Ceredigion.

Rhwng 1839 ac 1870 cafodd tua 2,300km o draciau rheilffordd eu hadeiladu yng Nghymru, gwaith a olygai, yng nghyd-destun canol y 19g., fuddsoddiad o oddeutu 20 miliwn o bunnoedd. Adeiladwyd rhai rheilffyrdd gwledig ar ôl 1870, ac yn eu plith yr oedd y *Cardi Bach*, rhwng **Hendy-gwyn** ac **Aberteifi** (1885), a lein **Bro Morgannwg** (1897) a'i thraphont wych ger Porthceri (y **Rhws**). Un o'r rheilffyrdd olaf i'w hadeiladu yng Nghymru oedd honno rhwng **Llanbedr Pont Steffan** ac **Aberaeron**, a gwblhawyd yn 1911.

Er bod y gwaith o adeiladu rheilffyrdd wedi arafu erbyn y 1880au, yn ystod y degawd hwnnw gwelwyd dau o'r datblygiadau mwyaf rhyfeddol yn hanes rheilffyrdd Cymru. Un oedd agor **Twnnel Hafren**, a olygai fod y siwrnai o Lundain i dde Cymru yn cymryd llai o amser, gan fod y daith yn fwy uniongyrchol na honno trwy Gaerloyw. Ar ochr Cymru, mae ceg ogleddol y twnnel 7.078km o hyd ym **Mhorth Sgiwed**, a phan agorwyd ef yn 1885 hwn oedd yr hiraf o holl dwneli tanfor y byd.

Datblygiad pwysig arall y 1880au oedd agoriad rheilffordd y **Barri** yn 1888, fel rhan o gynllun David Davies, Llandinam,

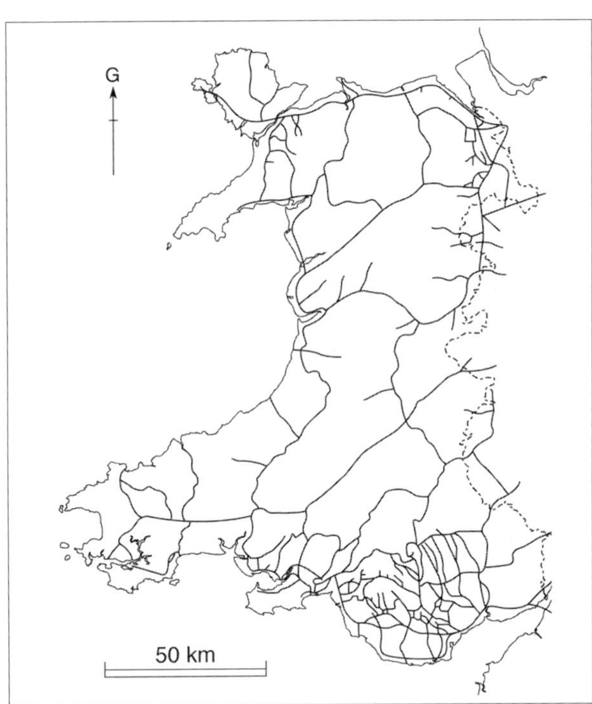


Rheilffyrdd Cymru erbyn 1914

i greu'r unig system reilffordd a dociau integreiddiedig ym maes glo'r de. Gwrthwynebwyd y cynllun yn chwyrn gan Gwmni Dociau Bute, Caerdydd, a Chwmni Rheilffordd Cwm Taf, ac o ganlyniad treuliwyd mwy o amser seneddol ar fesur y Barri nag ar unrhyw fesur rheilffordd arall yn hanes Prydain. Gyda'i reolaeth dros fynedfa i'r maes glo yn ogystal â dociau, roedd cwmni'r Barri, erbyn 1901, wedi llwyddo i greu yn y Barri borthladd glo mwyaf y byd, llwyddiant a arafodd dwf Caerdydd. Ceisiodd awdurdodau Bute dalu'r pwyth yn ôl trwy adeiladu rheilffordd Caerdydd, lein 15km hynod o ddrud ac un o'r buddsoddiadau mwyaf annoeth yn hanes rheilffyrdd Cymru. Roedd datblygu'r Barri yn bennod yn y gystadleuaeth a fu rhwng y mentrau cludiant a wasanaethai faes glo'r de, ardal a oedd, erbyn 1914, yn meddu ar rwydwaith o reilffyrdd a oedd gyda'r dwysaf yn y byd. Chwaraeodd y TVR rôl ganolog yn hanes **undebaeth lafur**. Yn sgil **Streic Rheilffordd Cwm Taf** (1900) penderfynodd Tŷ'r Arglwyddi y câi cwmni erlyn undeb llafur am golledion yn deillio o streiciau, dyfarniad a fu bron ag amddifadu gweithwyr o'u hawl i streicio. Roedd yr angen i newid y penderfyniad hwn yn ffactor canolog yn nhwf y **Blaid Lafur**.

Mae'n anodd darganfod unrhyw wedd ar fywyd Cymru na chafodd ei thrawsnewid gan ddyfodiad y rheilffyrdd. Roedd eu dylanwad ar ei gryfaf ym maes glo'r de. Gallai trên gario mewn awr yr hyn y gallai cwch ar gamlas ei gario mewn mis. Y gwelliant syfrdanol hwn yn y dull o gludo nwyddau a achosodd i gloddio am lo ar gyfer y fasnach allforio ddisodli cynhyrchu haearn fel prif weithgaredd cymoedd diwydiannol y de. Fodd bynnag, cyn i hyn ddigwydd, ffynnodd y diwydiant haearn o ganlyniad i'r galw am gledrau. Prynodd bron pob un o gwmnïau rheilffordd Prydain gledrau o weithfeydd haearn fel Dowlais, Cyfarthfa a **Glynebwy**. Roedd galw mawr o wledydd tramor hefyd, yn enwedig o'r Unol Daleithiau, Rwsia, India ac Ymerodraeth Awstria, ac felly

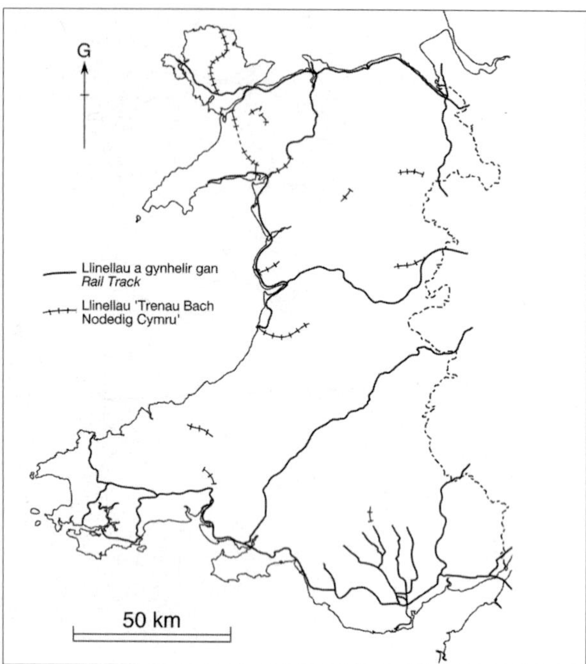


Rheilffyrdd Cymru yn 2002

roedd anghenion cwmnïau rheilffyrdd yn ganolog i ffyniant y Gymru ddiwydiannol yng nghanol y 19g.

Yn sgil y rheilffyrdd daeth lleoedd megis **Llandudno**, Aberystwyth, **Abermaw**, **Dinbych-y-pysgod**, **Porth-cawl** a **Llandrindod** yn ganolfannau twristiaeth o bwys yn **economi** Cymru. Ar yr un pryd, cysylltu **porthladdoedd** bychain y gorllewin â'r rhwydwaith rheilffyrdd a achosodd dranc eu masnach forwrol. Cafodd dyfodiad y rheilffyrdd bron cymaint o ddylanwad ar **amaethyddiaeth** ag a gafodd ar y byd diwydiannol. Y rheilffyrdd a arweiniodd at ddiwedd yr hen arfer o borthmona (gw. **Porthmyn**) a galluogi ardaloedd amaethyddol y de-orllewin i fanteisio ar farchnadoedd ardaloedd diwydiannol y de-ddwyrain, yn ogystal â hyrwyddo cludiant a dosbarthiad calch a gwrtaith.

Credai rhai y byddai'r rheilffyrdd yn difetha diwylliant unigryw Cymru, oherwydd yr hyn a wnaed oedd datblygu rhwydwaith a gysylltai wahanol ranbarthau o'r wlad ag ardaloedd poblog **Lloegr**, yn hytrach na chreu cynllun cyflawn a fyddai wedi uno Cymru. Fel y dywedodd golygydd *The Welsh Outlook* yn 1920: 'From a national point of view, our railway system is the worst in the world'. Er hynny, roedd dyfodiad y rheilffyrdd yn ffactor adeiladol yn hanes diwylliant Cymru. Yn wir, gellir priodoli poblogrwydd cynyddol yr **Eisteddfod** Genedlaethol, dosbarthiad llyfrau a chyfnodolion ar raddfa eang, a dyrchafiad rhai o weinidogion yr efengyl i statws arwyr cenedlaethol, i ddatblygiad y rhwydwaith rheilffyrdd. Yn ogystal, dwysaodd yr ymwybyddiaeth genedlaethol wrth i'r rheilffyrdd ddwyn ynghyd gymunedau a fu gynt yn ynysig.

Ar ddechrau'r **Rhyfel Byd Cyntaf** daeth y rhan fwyaf o reilffyrdd Prydain dan reolaeth y **llywodraeth**. Ar ddiwedd y rhyfel gwrthododd y llywodraeth eu gwladoli gan ffafrio uniad gorfodol dan Ddeddf y Rheilffyrdd, 1921. Ad-drefnwyd yr holl gwmnïau annibynnol gan greu pedwar cwmni mawr – y Great Western (GWR), London Midland and Scottish (LMS), London and North Eastern (LNER) a'r Southern. Wedi hyn, byddai teithiau trên yng Nghymru – ac eithrio ar rai rheilffyrdd cul – yn golygu teithio ar y GWR neu'r LMS. Roedd lein Caergybi a rheilffyrdd canolbarth Cymru yn eiddo i'r LMS ond y GWR oedd y cwmni pennaf. Ymddangosodd ei injans dosbarth 'Castle' am y tro cyntaf yn 1923, a hawliwyd mai'r *Caerphilly Castle* oedd yr injan fwyaf pwerus ym Mhrydain. Erbyn 1938 cymerai'r siwrnai o Gaerdydd i Lundain 152 o funudau, o gymharu â 170 munud yn 1914. Roedd cerbydau bwffe a cherbydau cysgu yn gyffredin erbyn y cyfnod hwn.

Wedi rheolaeth lem y llywodraeth yn ystod yr **Ail Ryfel Byd** gwladolwyd y rheilffyrdd yn 1948. Rhannwyd y cyfrifoldeb tros reilffyrdd Cymru rhwng rhanbarthau London Midland a Western y Rheilffyrdd Prydeinig, y rhanbarth cyntaf yn etifeddu'r hen LMS a'r ail y GWR. Cafodd elfen o'r hunaniaeth ei chadw yn y lifrai, gyda lliw siocled y Western yn cyferbynnu â marŵn London Midland. Roedd ymddangosiad unedau diesel dau-gerbyd ar rai o wasanaethau lleol y gogledd yn 1956 yn arwydd o'r hyn a fyddai'n digwydd yn y dyfodol, oherwydd erbyn y 1960au roedd y gwasanaethau ar brif reilffyrdd y wlad yn ddibynnol ar drenau diesel. (Nid oes yr un lein yng Nghymru wedi'i thrydaneiddio.) Arweiniodd colledion ariannol at gyhoeddi Adroddiad Beeching yn 1963 ac yn ei sgil caewyd aml i lein a gorsaf. Yn wir, erbyn y 1970au dim ond 1,381km o drac a oedd yng Nghymru, o gymharu â 3,500km yn 1914. Rhoddwyd y pwyslais ar wella gwasanaethau ar y rheilffyrdd a ddefnyddid fwyaf. Yn dilyn cyflwyno trenau cyflym Inter-City 125 yn 1976, cwtogwyd yr amser a gymerai'r daith o Gaerdydd i Lundain i 105 munud.

Preifateiddiwyd British Rail yn Ebrill 1994, pan roddwyd isadeiledd y rheilffyrdd ym meddiant Railtrack. Rhannwyd y cyfrifoldeb am draciau'r rheilffyrdd yng Nghymru rhwng Railtrack Great Western, a gâi ei redeg o Swindon, Railtrack Midland, a gâi ei redeg o Birmingham, a Railtrack North West, a gâi ei redeg o Fanceinion. Rhannwyd y cyfrifoldeb am redeg trenau yng Nghymru rhwng sawl cwmni: First Great Western, Wales & West Passenger Trains, Valley Lines (Cwmni Rheilffordd Caerdydd Cyf.), Central Trains, North Western Trains ac EWS (English, Welsh a Scottish). Yn 2004, yn sgil ad-drefnu pellach, roedd First Great Western yn gyfrifol am drenau Llundain–Abertawe a Virgin Trains am drenau Llundain–Caergybi; caiff y trenau eraill yng Nghymru a'r Gororau eu rhedeg gan Arriva.

### *Trenau Bach Cymru*

Nodwedd arbennig ar y rhwydwaith rheilffyrdd yng Nghymru yw'r rheilffyrdd cul, a wasanaethai'r chwareli llechi, y mwyngloddiau plwm ac anghenion masnachol eraill yn wreiddiol, ond sydd bellach yn rhan o'r diwydiant twristiaeth. Datblygodd y gyfundrefn yn dilyn penderfyniad Cymdeithas Ddiogelu Rheilffordd Tal-y-llyn, yn 1951, i brynu rheilffordd Tal-y-llyn, a oedd mewn trafferthion ariannol. Yn fuan wedi hynny, yn 1955, ailagorwyd Rheilffordd Ffestiniog (a gaewyd yn 1946) gan Gymdeithas Rheilffordd Ffestiniog Cyf. Roedd y ddwy lein hon a rheilffyrdd bychain eraill yn dibynnu, i raddau helaeth, ar lafur llu o weithwyr gwirfoddol.

Rheilffordd Cwm Rheidol, rhwng Aberystwyth a Phontarfynach, oedd y rheilffordd ager olaf a oedd yn eiddo i British Rail cyn i'r fenter gael ei phreifateiddio yn 1989. Yn

Trên bach Rheilffordd Ffestiniog yng ngorsaf Tanygrisiau

wreiddiol, roedd rheilffordd hynod gul y Friog (38mm) (**Arthog**) yn dramffordd gul (61mm) y tynnid y cerbydau ar ei hyd gan geffylau. Rheilffordd yr Wyddfa, a agorwyd yn 1896 ac a seiliwyd ar system Dr Roman Abt yn y Swistir, yw'r unig reilffordd rac a phiniwn ym Mhrydain. Cafodd y lein yr agoriad gwaethaf posibl, gan i deithiwr neidio mewn ofn a dychryn o'r trên i'w farwolaeth. Gweddill rheilffyrdd cul Cymru yw Rheilffordd Llyn Tegid, Rheilffordd Bannau Brycheiniog, Rheilffordd Llyn Peris, Rheilffordd Ucheldir Cymru (neu Reilffordd Eryri), Rheilffordd Dyffryn Teifi a Rheilffordd y Trallwng a Llanfair Caereinion. Lein safonol ei lled yw Rheilffordd Gwili, a agorwyd yn 1978 ac sy'n dilyn 1.6km o'r hen lein rhwng Caerfyrddin ac Aberystwyth; felly hefyd Rheilffordd Llangollen sy'n rhedeg hyd at Garrog (**Corwen**) ar ran o hen lein y GWR rhwng Rhiwabon ac Abermaw.

*Damweiniau*

Y damweiniau trên gwaethaf a gafwyd yng Nghymru fu damwain **Abergele** (1868; lladdwyd 33) a damwain **Abermiwl** (1921; lladdwyd 17). Digwyddodd damweiniau drwg eraill ym **Mhontypridd** (1878; lladdwyd 12), **Llantrisant** (1893; lladdwyd 13), Trehopcyn, Pontypridd (1911; lladdwyd 11) a **Phenmaen-mawr** (1950; lladdwyd 6).

## RHIANNON

Cymeriad chwedlonol a'i henw'n tarddu o'r ffurf Geltaidd *Rīgantōna* (Y Frenhines Ddwyfol). Yn y gyntaf o geinciau'r Mabinogi (gw. **Mabinogion**) daw Rhiannon ferch Hefeydd Hen yn wraig i **Pwyll Pendefig Dyfed**. Genir plentyn i Riannon a Phwyll, ond ar noson ei eni fe'i cipir ymaith gan bwerau anweledig, a chyhuddir ei fam o'i ladd. Adferir y plentyn ac fe'i henwir gan ei fam yn **Pryderi**. Yn y drydedd gainc daw Rhiannon yn wraig i **Manawydan**.

## RHIGOS, Y, Rhondda Cynon Taf (1,901ha; 865 o drigolion)

Yng nghornel ogledd-orllewinol **Rhondda Cynon Taf** y lleolir y **gymuned** hon, a thrwy ei chanol mae'r A4061 yn igam-ogamu i fyny llethrau serth Craig-y-llyn i gyfeiriad y **Rhondda**. Yn Llyn Fawr, yn 1908, cafwyd hyd i gasgliad rhyfeddol o waith metel gan gynnwys rhan o gleddyf o *c.*600 CC, sydd ymhlith y gwrthrychau **haearn** cynharaf i'w ddarganfod ym **Mhrydain** (gw. hefyd **Oesau Cynhanesyddol**: yr Oes Efydd a'r Oes Haearn). Am flynyddoedd lawer câi **glo** ei gloddio mewn pyllau bas yng nghyffiniau'r Rhigos, ond agorwyd y lofa gyntaf gan John Crichton Stuart, ail ardalydd Bute (gw. **Stuart, Teulu**), yn y 1830au. Erbyn blynyddoedd cynnar yr 20g. roedd yr ardal wedi ei phrydlesu i gwmni glo Duffryn Aberdare, perchnogion glofeydd Coronation a'r **Tŵr**. Caewyd Glofa'r Tŵr gan y **Bwrdd Glo Cenedlaethol** yn 1994, ond fe'i prynwyd gan y gweithlu a bellach mae'n fenter gydweithredol ffyniannus sy'n cyflogi dros 300 o weithwyr. Saif Stad Fasnachol **Hirwaun**, a ddatblygwyd ar safle ffatri arfau o gyfnod yr **Ail Ryfel Byd**, o fewn ffiniau'r gymuned.

## RHINOGYDD, Y Mynyddoedd

Mae'r gadwyn hon o **fynyddoedd** yn ymestyn am 13km tua'r dwyrain rhwng **Harlech** a **Thrawsfynydd** ac am 20km tua'r de rhwng **Talsarnau** ac **Abermaw**. Maent yn rhan o

Gromen Harlech, yr enghraifft helaethaf yng Nghymru o greigiau gwaddod Cambriaidd ymgodol a threuliedig (gw. **Daeareg**). Saif y ddau gopa uchaf, Rhinog Fawr (720m) a Rhinog Fach (712m; y naill a'r llall yn **Llanbedr**), ar ystlys orllewinol y gromen a naddwyd gan iâ. Mae meini dyfod o grutiau Cambriaidd a chreigiau estron eraill yn nodwedd amlwg o dirwedd garw'r gromen. Yng ngheseiliau'r mynyddoedd ceir sawl llyn bach, rhai ohonynt, megis Llyn Eiddew Mawr (Talsarnau) a Gloywlyn (Llanbedr), yn llenwi creicafnau a gerfiwyd gan iâ. Mae **priddoedd** mawn a thenau'r ardal yn cynnal gorchudd toreithiog o rug a llus, sy'n tyfu mewn cynefin lled naturiol. Brithir llechweddau'r mynyddoedd gan nifer fawr o henebion, gan gynnwys beddrodau siambr Neolithig, meini hirion a charneddau o'r Oes Efydd a **bryngaerau** sy'n dyddio o'r Oes Haearn (gw. **Oesau Cynhanesyddol**). Weithiau, wrth edrych tua'r gorllewin o gopa'r Moelfre (583m; **Dyffryn Ardudwy**), mae modd gweld Sarn Badrig, marian tanfor a fu'n rhannol gyfrifol am roi bod i chwedl **Cantre'r Gwaelod**. Fel rheol, nid yw cerddwyr sy'n dilyn hen lwybr y **porthmyn** trwy Fwlch Tyddiad, sef y darn a gamenwyd yn Risiau Rhufeinig (Roman Steps), yn ymwybodol o bresenoldeb y **geifr** hanner gwyllt sy'n pori'n hamddenol ar hyd silffoedd agored y clogwyni uwch eu pennau.

**RHISGA**, Caerffili (790ha; 11,455 o drigolion)
A hithau'n ymestyn o boptu afon **Ebwy** i'r gogledd-orllewin o **Gasnewydd**, mae ardal adeiledig Rhisga yn gorchuddio llawr y cwm. Pan ddymchwelwyd eglwys ganoloesol y Santes Fair yn 1852 darganfuwyd llawr teils a dystiai fod y safle wedi bod ym meddiant y **Rhufeiniaid**. Ar ben Twmbarlwm (419m), copa uchaf y **gymuned**, ceir caeadle o'r Oes Haearn (gw. **Oesau Cynhanesyddol**) a mwnt canoloesol. Yn Rhisga ceir y darn hiraf sydd wedi goroesi o gangen **Crymlyn** o Gamlas Sir Fynwy (gw. **Camlesi**). Dechreuwyd cloddio am lo rhwym yn yr ardal tua diwedd y 18g., gwaith a ddisodlwyd yng nghanol y 19g. gan gloddio dwfn am lo ager (gw. **Glo**). Arferid cynhyrchu brics a **thunplat** yma hefyd. Ddiwedd y 19g. cafodd y gwaith o gynhyrchu tunplat ei ddisodli gan ddur (gw. **Haearn a Dur**). Yn 1897 crëwyd Gwaith Dur a Thunplat Sir Fynwy trwy gyfuno gwaith Rhisga â Ffowndri Britannia ym Mhontymister. Y mae i Oxford House hanes anrhydeddus fel canolfan addysg oedolion.

**RHISGA, Trychineb Glofa**, Sir Fynwy (Caerffili bellach)
Roedd enw drwg i wythïen lo'r 'Black Vein' yn **Rhisga** ar gyfrif y nwy a oedd ynddi a'r methan a ollyngai yn fynych ohoni. Roedd ffrwydradau yn ddigwyddiadau cyson, ac o ganlyniad i'r ffrwydrad ar 1 Rhagfyr 1860 yn hen lofa Rhisga lladdwyd 142 o ddynion. Priodolwyd y ffrwydrad i lamp ddiogel ddiffygiol a daniodd ollyngiad sydyn o nwy.

**RHIWABON**, Wrecsam (2,315ha; 3,515 o drigolion)
Rhiwabon, ar lan ogleddol afon **Dyfrdwy** gyferbyn â'r **Waun (Wrecsam)**, oedd calon stad Wynnstay, y fwyaf o bell ffordd o stadau Cymru'r 19g. (ymestynnai dros 57,000ha). Fe'i crynhowyd gan deulu **Williams Wynn**, a gafodd dŷ a stad ar **Glawdd Wat** yn 1740 trwy briodas. Enw gwreiddiol y lle oedd Watstay ond fe'i hailenwyd yn Wynnstay gan ei berchnogion newydd. Lluniodd y pedwerydd barwnig barc enfawr a chynllunio plas ysblennydd yn uchel uwchlaw afon Dyfrdwy, cynlluniau na chawsant eu llwyr wireddu. Yn dilyn tân yn 1859 ailadeiladwyd y tŷ fel dynwarediad Fictoraidd anghelfydd o blasty Ffrengig. Ar ôl ei werthu yn 1949 daeth Wynnstay yn ysgol ac yna'n floc o fflatiau. Mae cyfoeth o lynnoedd a rhodfeydd yn y parc ynghyd â pharlwr godro addurnedig, colofn Ddorig, porthordai, tŵr ac – ar gyfer cŵn Helfa Wynnstay – y cytiau cŵn lle carcharodd Syr Watkin Williams Wynn (1693–1749) yr efengylwr Methodistaidd **Peter Williams**.

Yn wreiddiol, nid oedd Rhiwabon yn ddim mwy na phentref stad ger gatiau'r barwnig, ond datblygodd yn bentref o gryn faint ar gyfer glowyr a gwneuthurwyr brics yn ogystal â gweithwyr y stad. Gwaith brics Rhiwabon, a sefydlwyd yn 1860, a gyflenwodd y deunydd ar gyfer y rhan fwyaf o adeiladau **Wrecsam**, ac enillodd hefyd farchnad ryngwladol. Yn y pen draw daeth y gwaith i arbenigo mewn cynhyrchu teils chwarel o safon uchel. Chwaraeodd Rhiwabon ran allweddol yn natblygiad **pêl-droed** yng Nghymru. Drwy ysgogiad cyfreithiwr lleol, Llewelyn Kenrick (1848–1933), y sefydlwyd Cymdeithas Bêl-droed Cymru (yr FAW) yn 1876, a hynny efallai yng ngwesty'r Wynnstay (er bod gwesty'r Wynnstay yn Wrecsam hefyd yn hawlio'r un fraint). Brodor o Riwabon yw Mark Hughes (g.1963), ymosodwr cadarn yn ei ddydd a chyn-reolwr tîm pêl-droed cenedlaethol Cymru. Mae gan Eglwys y Santes Fair dŵr o'r 14g. a murlun o'r 15g. ac mae yno lu o gofebau, yn enwedig rhai i deulu Wynnstay. Er 1980 mae'n cael ei defnyddio ar y cyd gan yr **Anglicaniaid** a'r **Catholigion**. I'r gorllewin, uwchben **Clawdd Offa**, mae Caer Gardden o'r Oes Haearn (gw. **Oesau Cynhanesyddol**).

**RHIWLALLT, Swydd** Cwmwd
Un o gymydau cantref **Maelienydd**; yn Rhiwlallt (Weston) yr oedd ei ganolbwynt, i'r de o **Langynllo**.

***RHODD MAM***
Hyfforddlyfr ar ffurf cyfres o gwestiynau ac atebion yn seiliedig ar yr Ysgrythur yw *Rhodd Mam*, a gyhoeddwyd gyntaf yn 1811; roedd yn bur debyg i *Shorter Catechism* Eglwys yr Alban. Fe'i defnyddid i holi plant yn nosbarthiadau **Ysgol Sul** y **Methodistiaid Calfinaidd**. Y peth enwocaf ynddo yw ei ddosbarthiad simplistig o blant yn ddau gategori, sef 'plant da a phlant drwg', a ddyfynnir mewn cyd-destun dychanol yn aml. Cafwyd nifer o argraffiadau o'r llyfryn yn y 19g.; fe'i cyfieithwyd i'r **Saesneg** yn 1813 ac i iaith Casia (gw. **Bryniau Casia**) yn 1842. Cyhoeddwyd fersiwn newydd yn 1925. Awdur y fersiwn gwreiddiol oedd John Parry (1775–1846), a gyhoeddodd hefyd *Rhodd Tad i'w Blant* (1837).

**RHOI AR FAETH**
Roedd rhoi plentyn ar faeth yn arfer a oedd i'w ganfod mewn nifer o wledydd ar hyd y canrifoedd, ond roedd yn arbennig o gyffredin yn y gwledydd Celtaidd yn ystod yr Oesoedd Canol. Mae'n amlwg fod dau fath o drefniant, sef rhoi baban (bachgen neu ferch) i'w fwydo ar fron gwraig heblaw ei fam naturiol, a gyrru'r plentyn (bechgyn fel arfer) i'w fagu gan deulu heblaw ei eiddo ei hun. Enynnodd yr arfer gymeradwyaeth a beirniadaeth yn yr Oesoedd Canol. Dadleuid ei fod yn creu cwlwm parhaol nid yn unig rhwng y plentyn a'r teulu y'i rhoddwyd ar faeth iddo, ond hefyd

Blaenrhondda a Blaen-y-cwm

rhwng y ddau dylwyth. Ond fe'i gwelid hefyd, yn enwedig gan **Gerallt Gymro**, fel arfer a rwygai deuluoedd gan fod y plentyn yn aml yn dod yn agosach at ei frodyr maeth nag at ei frodyr naturiol.

## RHODRI MAWR (Rhodri ap Merfyn; m.878) Brenin Gwynedd

Daeth tad Rhodri, **Merfyn Frych**, i rym yng **Ngwynedd** yn 825. Roedd Merfyn yn fab i Gwriad (a oedd, mae'n debyg, yn frodor o **Ynys Manaw**) ac Esyllt, aelod o deulu brenhinol gwreiddiol Gwynedd, a ddisgynnai o **Faelgwn Gwynedd** a **Chunedda**. Priododd Merfyn â Nest, aelod o deulu brenhinol **Powys**. Olynodd Rhodri ei dad fel brenin Gwynedd yn 844 a hawliodd deyrnas Powys *c.*856. Roedd yn briod ag Angharad, aelod o deulu brenhinol **Seisyllwg**, a chipiodd y deyrnas honno *c.*871. Roedd bellach yn teyrnasu dros Gymru gyfan ac eithrio **Dyfed**, **Brycheiniog** a **Morgannwg**. Ymddengys iddo fanteisio ar wendid y **Saeson** yn wyneb ymosodiadau'r **Llychlynwyr**, ond llwyddodd ef ei hun i'w gwrthsefyll yng Nghymru ar y cyfan. Roedd yn frenin ac arweinydd milwrol medrus, a chyrhaeddodd y newyddion am un o'i fuddugoliaethau dros y Llychlynwyr lys brenin y Ffranciaid, Siarl Foel. Yn 877, fodd bynnag, cafodd ei drechu ganddynt, a bu'n rhaid iddo ffoi i **Iwerddon**. Dychwelodd y flwyddyn ganlynol ac adennill ei deyrnas, ond yna fe'i lladdwyd mewn brwydr yn erbyn y Saeson. Gadawodd nifer o feibion; etifeddodd Anarawd Wynedd a Phowys, ac etifeddodd Cadell Seisyllwg. Mae'n ymddangos bod Anarawd wedi ceisio cynnal uwch-arglwyddiaeth ei dad dros y rhan fwyaf o Gymru, a cheisiodd arweinyddion Cymreig eraill gymorth Alfred o Wessex yn ei erbyn; bu hefyd mewn cynghrair am gyfnod byr â theyrnas Lychlynnaidd Efrog. Roedd teulu brenhinol Gwynedd yn y 12g. a'r 13g. yn ddisgynyddion i Anarawd ac un **Deheubarth** yn ddisgynyddion i Gadell, sef tad **Hywel Dda**.

## RHONDDA, Y (Rhondda Cynon Taf) Etholaeth, cyn-fwrdeistref a chyn-ddosbarth

Mae'r cofnod hwn yn ymwneud â'r 16 o gymunedau (gw. **Cymuned**) a oedd, hyd 1996, yn ffurfio dosbarth y **Rhondda** yn sir **Morgannwg Ganol**.

Er bod y **glo** sy'n gorwedd o dan dir y Rhondda yn dal i gael ei gloddio yng nglofa'r **Tŵr**, nid oes pyllau gweithredol yn y cwm oddi ar i lofa'r Maerdy gau yn 1990. Roedd hynny'n ddiwedd cyfnod; am dros gan mlynedd cyn hynny bu enw'r Rhondda yn gyfystyr â'r diwydiant glo. Mae'r twf dramatig yn y **boblogaeth** yn dangos fel y bu i ddyfodiad diwydiant drawsnewid y cwm. Yn 1841 roedd ym mhlwyf Ystradyfodwg – sef y rhan helaethaf o'r hyn a ddeuai wedi hynny yn fwrdeistref y Rhondda – lai na mil o drigolion. Pan gyrhaeddodd twf y boblogaeth benllanw yn 1924, roedd gan y fwrdeistref 167,900 o drigolion – mwy na phoblogaethau **Sir Aberteifi**, **Sir Frycheiniog** a **Sir Faesyfed** gyda'i gilydd.

Yn yr Oesoedd Canol cynnar un o gymydau cantref **Penychen** yn nheyrnas **Morgannwg** oedd Glynrhondda. Erbyn dechrau'r 13g. ymddengys ei fod dan reolaeth Hywel ap Maredudd, un o ddisgynyddion llinach frenhinol Morgannwg.

Ond yn ddiweddarach yn y ganrif honno cafodd ei ymgorffori yn rhan o arglwyddiaeth **Morgannwg** a oedd ym meddiant teulu **Clare**. Tenau oedd poblogaeth yr ardal, a'r unig safle nodedig oedd Ffynnon Fair ym Mhen-rhys, cyrchfan boblogaidd i bererinion a thestun nifer o gerddi (gw. **Pererindota**). Hyd at y 19g. cymoedd diarffordd oedd y ddau gwm, y Rhondda Fawr a'r Rhondda Fach, a'u harddwch yn swyno'r ychydig ymwelwyr a ddeuai yno.

Mae'n debyg mai **Walter Coffin**, gŵr busnes o **Ben-y-bont ar Ogwr**, oedd y cyntaf i ymelwa'n fasnachol ar lo'r Rhondda, a hynny yn ystod degawd cyntaf y 19g. Agorodd bwll glo bach yn Ninas, gan weithio'r gwythiennau hynny a oedd yn agos i'r wyneb. Câi'r glo hwn – a elwid yn lo gwerthu, i wahaniaethu rhyngddo a'r glo a gâi ei gloddio ar gyfer y diwydiant **haearn** – ei gario ar geffylau pwn i **Bontypridd**, ac oddi yno i borthladd **Caerdydd** ar hyd Camlas Sir Forgannwg. Dros y degawdau canlynol dilynwyd esiampl Coffin gan entrepreneuriaid eraill, yn arbennig yn y Cymer gan George Insole o Gaerdydd.

Cloddiwyd mwy a mwy ar y gwythiennau a oedd yn agos i'r wyneb, ond roedd y gwythiennau cyfoethog o lo ager, y credid yn gyffredinol eu bod yn rhy ddwfn i'w cloddio, heb eu cyffwrdd. Yn y 1850au suddwyd pwll ar fferm Cwmsaerbren gan weinyddwyr stad Bute (gw. **Stuart, Teulu**), a oedd yn awyddus i ymelwa ar y glo a geid yn y 3,000ha o dir y stad yn y Rhondda. Dechreuodd pwll Bute Merthyr, glofa glo ager gyntaf y Rhondda, gynhyrchu glo yn 1855. Codwyd **tai** i'r glowyr yn Nhreherbert, tref newydd a enwyd ar ôl hynafiaid teulu Bute, sef teulu **Herbert**, ieirll Pembroke.

Roedd gan lo ager rhagorol y de eisoes enw da ymhlith defnyddwyr cynnyrch pyllau **Aberdâr**, yn arbennig y Morlys Prydeinig. O ganol y 1850au ymlaen esgorodd y posibilrwydd y byddai gwythiennau cyfoethog o lo tebyg ar gael yn y Rhondda ar ddatblygiadau ar hyd a lled y cwm. Bu estyn Rheilffordd Cwm Taf (TVR) yn 1854 i Dreherbert yn y Rhondda Fawr ac i Ferndale yn y Rhondda Fach yn allweddol i dwf y diwydiant yn y blynyddoedd i ddod (gw. **Rheilffyrdd**). Yn y Rhondda Fach, y prif berchennog pwll glo ar y dechrau oedd David Davis o Aberdâr a agorodd lofeydd yn Ferndale a Tylorstown. Ymhlith yr entrepreneuriaid niferus yn y Rhondda Fawr, y mae enw David Davies (gw. **Davies, Teulu (Llandinam)**), a suddodd byllau'r Parc a'r Dâr yng Nghwm-parc a Threorci, yn arbennig o amlwg. Yn wahanol i'r meistri **haearn**, arloeswyr y cyfnod cyntaf o ddiwydiannu yng Nghymru ganrif ynghynt, Cymry brodorol oedd y cyfalafwyr hyn. Prin, fodd bynnag, y gwnaeth hynny hwy fymryn yn fwy hoff gan eu gweithwyr, yn arbennig wrth i berchnogion unigol gael eu disodli maes o law gan gyfunedau diwydiannol fel yr Ocean Coal Company, a gâi ei reoli gan deulu Llandinam, a'r Cambrian Combine, dan arweiniad y diwydiannwr a'r gwleidydd o Aberdâr, **D. A. Thomas** (Arglwydd Rhondda). Erbyn 1914 roedd cynifer â 53 o byllau glo mawr yn y Rhondda, a 21 ohonynt yn cyflogi dros 1,000 o ddynion yr un.

Wrth i'r siafftiau gael eu suddo'n ddyfnach, roedd peryglon nwy, llifogydd a chwympiadau yn dwysáu. Mae'r rhestr enbyd o **drychinebau glofaol** yn y ddau gwm yn cynnwys y 114 o lowyr a laddwyd yn y **Cymer** yn 1856, y 178 a laddwyd yn **Ferndale** yn 1867, y 100 a laddwyd yng nglofa'r **Naval**, Pen-y-graig, yn 1880, a'r 81 o ddynion a laddwyd gan y danchwa ym mhwll y Maerdy yn 1885. Ar wahân i'r tipiau sy'n dal i anharddu'r tirwedd mewn mannau, yr unig dystiolaeth weledol amlwg o'r diwydiant bellach yw Parc Treftadaeth y Rhondda a sefydlwyd ar safle glofa Lewis Merthyr yn y Cymer. Mae'r Parc yn tystio'n huawdl i allu peirianyddol a chrefft ryfeddol glowyr y Rhondda a hynny dan amgylchiadau peryglus.

Un o nodweddion sylfaenol **economi** sy'n llwyr ddibynnu ar gloddio glo yw prinder gwaith cyflog i **fenywod**. Creadigaeth y Rhondda i raddau helaeth oedd delwedd y '**fam Gymreig**' – y wraig a'r fam a oedd bob amser gartref ac yn cael ei chydnabod yn frenhines yr aelwyd. Ond roedd digon o waith digyflog i fenywod, oherwydd gorchwyl llafurus oedd sicrhau tŷ glân, dillad glân i'r dynion a glendid y dynion eu hunain yn y dyddiau cyn dyfodiad y baddonau pen pwll (gw. **Elizabeth Andrews**). At hynny, gan fod y glowyr yn ennill eu cyflogau mwyaf yn gynnar yn ystod eu gyrfa, tueddai teuluoedd i fod yn fawr, ac ychwanegai hynny at feichiau'r menywod. Y gyfradd genedigaethau uchel a oedd yn rhannol gyfrifol am dwf cyflym poblogaeth y Rhondda, ond pwysicach oedd y mewnlifiad o bobl a oedd yn barod i ateb anghenion y diwydiant glo llafurddwys. Yn ystod y cyfnod pan oedd y diwydiant cynhyrchu haearn yn tra-arglwyddiaethu, roedd maes glo'r de wedi dibynnu i raddau helaeth ar ymfudwyr o'r Gymru wledig. Ar y dechrau roedd hyn yn wir am y Rhondda, ond erbyn diwedd y 19g. daethpwyd i ddibynnu fwyfwy ar weithwyr a ymfudai o **siroedd** Seisnig am y **ffin** â Chymru ac o dde-orllewin **Lloegr**. Ynghyd â'r niferoedd llai o **Wyddelod** ac **Eidalwyr** a ddenwyd i'r Rhondda, creodd hyn y boblogaeth gymysgryw a ddaeth yn nod amgen y gymdeithas yno. Honnwyd yn y 1880au mai pyllau'r Rhondda oedd yr ysgolion Cymraeg gorau yn y byd, ond, yn y diwedd, niweidiol i'r iaith fu'r patrymau mewnfudo cyfnewidiol. Er hynny, ar drothwy'r **Rhyfel Byd Cyntaf**, roedd y mwyafrif o boblogaeth y Rhondda yn dal i siarad **Cymraeg**, sefyllfa a fyddai'n parhau mewn lleoedd megis Treorci a'r Maerdy bron hyd at ganol yr 20g. (Oddi ar y 1960au mae'r gostyngiad amlwg yn y nifer sy'n gallu'r iaith yn y Rhondda wedi'i atal i raddau gan ddatblygiad ysgolion Cymraeg eu cyfrwng.)

Creodd y twf cyflym yn y boblogaeth angen enfawr am **dai** newydd. Codwyd y tai hyn yn rhyfeddol o gyflym. Roeddynt yn dai gwell o lawer na'r rheini a geid yn y trefi haearn cynnar, a hefyd yn gartrefi a oedd, at ei gilydd, yn eiddo i'r trigolion. Mae rhesi tai teras maes glo'r de yn rhoi gwedd unigryw i'r rhanbarth, ac yn y Rhondda y gwelir y patrwm hwn ar ei ffurf fwyaf datblygedig. Ar lawr dyffrynnoedd mor gul, prin oedd y safleoedd addas ar gyfer codi tai, ac felly roedd yr adeiladu ar lethrau isaf y cymoedd yn ddwys iawn; erbyn dechrau'r 20g. ceid cynifer â 450 o bobl yr hectar yn Tylorstown a Ferndale.

Tai teras cyffredin yw bron y cyfan o stoc dai y Rhondda ac mae hynny'n dystiolaeth weledol o'r ffaith mai i un **dosbarth**, i bob pwrpas, y perthynai trigolion y ddau gwm. Yr unig adeiladau, fwy neu lai, y gellid hawlio eu bod o wir werth pensaernïol oedd yr addoldai, gyda chapeli Anghydffurfiol – roedd 151 ohonynt yn y Rhondda erbyn 1911 – yn amlycach o lawer nag adeiladau enwadau eraill. Ynddynt hwy câi'r mynychwyr nid yn unig gysur ysbrydol ond hefyd flas ar y bywyd diwylliannol a oedd ynghlwm wrth y corau a'r cerddorfeydd ynghyd ag achlysuron megis y **gymanfa ganu** a'r **eisteddfod**. Mae nifer fawr ohonynt bellach wedi'u

Rhesi trawiadol o dai teras yn y Rhondda

dymchwel, eraill wedi'u haddasu at ddibenion gwahanol a llawer o'r gweddill yn wynebu dyfodol ansicr iawn.

Roedd neuaddau'r gweithwyr hwythau yr un mor helaeth, er yn llai niferus, ac yn eu plith mae Neuadd y Parc a'r Dâr yn Nhreorci yn nodedig iawn. Efallai fod eu neuaddau **biliards** a'u mathau eraill o adloniant yn cynnig diwylliant llai aruchel nag eiddo'r capeli, ond roedd eu llyfrgelloedd – llyfrgell Sefydliad Gweithwyr Glofa'r Cymer yn y Porth, er enghraifft – yn cynnig cyfle i ymddiwyllio ac ehangu gorwelion, yn ogystal â bod yn fannau cyfarfod i gorau a **bandiau pres** (gw. **Sefydliadau'r Glowyr**).

Mae'r capeli a sefydliadau'r gweithwyr, ynghyd â sefydliadau fel y **cymdeithasau cyfeillgar**, yn tystio i'r traddodiad cryf o weithgarwch cymunedol a oedd wedi gwreiddio mewn lleoedd fel y Rhondda. Bu agwedd arall ar weithgarwch cymunedol, sef **undebaeth lafur**, yn fwy hwyrfrydig i ddatblygu. Yn y 1870au cynnar enillodd yr Amalgamated Association of Miners gefnogaeth, ond lladdwyd y mudiad gan elyniaeth cyflogwyr. Bu Undeb Glowyr Dyffryn Rhondda, undeb lleol, yn fwy llwyddiannus, a'r mudiad hwn a roddodd gyd-destun i yrfa **William Abraham** (Mabon). Roedd sefydlu **Ffederasiwn Glowyr De Cymru** (y *Fed*) yn 1898 yn drobwynt o bwys. O fewn degawd i'w sefydlu roedd glowyr de Cymru wedi cael enw am fod yn undebwyr milwriaethus, datblygiad y chwaraeodd glowyr y Rhondda ran ganolog ynddo.

Cafodd **radicaliaeth** y dosbarth gweithiol fynegiant hefyd mewn gwleidyddiaeth etholiadol. Erbyn etholiad cyffredinol 1885 roedd gan y Rhondda ei sedd ei hun yn y Senedd, a enillwyd gan William Abraham pan drechodd y perchennog pwll glo o Ryddfrydwr, Lewis Davis. Abraham oedd yr aelod seneddol 'Llafur' cyntaf i gynrychioli etholaeth yng Nghymru, er iddo, fel cefnogwr y traddodiad Rhyddfrydol-Lafurol, gymryd ei le'n rhwydd ar adain chwith y **Blaid Ryddfrydol**. Dibynnai ar y glowyr am gefnogaeth ac felly bu'n rhaid iddo ddod yn aelod seneddol ar ran y **Blaid Lafur** yn 1908 pan ymgysylltodd y *Fed* â'r blaid honno. Ac felly y dechreuodd olyniaeth ddi-dor y Rhondda, hyd yma, o aelodau seneddol Llafur.

Ni châi cymedroldeb Abraham ei adlewyrchu ym marn y mwyaf huawdl o arweinwyr glowyr y Rhondda. Erbyn dechrau'r 20g. roedd syniadau sosialaidd ac, yn gynyddol, rai syndicalaidd (gw. **Sosialaeth** a **Syndicaliaeth**) yn ennill cefnogaeth wrth i W. H. Mainwaring, Noah Rees, **A. J. Cook**, Will Hay a **Noah Ablett** ddadlau eu hachos yn yr Aberystwyth Café yn Nhonypandy. Daeth y frwydr ddiwydiannol a'r gwrthdaro dosbarth i'w hanterth yn Nherfysgoedd **Tonypandy** yn 1911, a chafodd syniadau'r syndicalwyr fynegiant yn ***The Miners' Next Step***, a gyhoeddwyd yn Nhonypandy yn 1912. Yn ystod y flwyddyn honno glowyr y Rhondda – yr uned unigol fwyaf yn y *Fed*, a'r ffederasiwn hwnnw yn ei dro yn uned unigol fwyaf **Ffederasiwn Glowyr Prydain Fawr** – oedd symbylwyr streic a gynhaliwyd yn holl feysydd glo **Prydain**. Dyma'r tro cyntaf i lowyr Prydain gydatal eu llafur. Yr isafswm cyflog oedd asgwrn y gynnen, ac enillodd y glowyr fuddugoliaeth, gan i Fesur Isafswm Cyflog y Glowyr ddod yn ddeddf gwlad yn ddi-oed. Bu digwyddiadau 1911–12 yn ganolog i'r twf ym mri'r Rhondda fel un o gadarnleoedd cryfaf traddodiad milwriaethus y dosbarth gweithiol ym Mhrydain.

Yr orymdaith gan lowyr pwll y Maerdy a'u cefnogwyr adeg ei gau yn 1990

Gyda dyfodiad y **Rhyfel Byd Cyntaf**, roedd rhai ymhlith syndicalwyr y Rhondda a ddadleuai y dylid troi'r hyn a ystyrient hwy yn rhyfel imperialaidd yn rhyfel dosbarth. Fodd bynnag, penderfynodd y rhan fwyaf o lowyr y Rhondda ufuddhau i orchymyn y **llywodraeth**, sef y dylent gynhyrchu mwy o lo, yn arbennig er mwyn sicrhau bod y Llynges Brydeinig – a ddibynnai'n drwm ar lo ager Cymru – yn parhau'n weithredol; efallai fod hyn yn dangos nad oedd syniadau syndicalaidd mor gyffredin ag yr awgryma rhai astudiaethau diweddarach. Roedd glowyr y Rhondda, serch hynny, yn flaenllaw yn streic 1915, a oedd yn ei hanfod yn brotest yn erbyn yr elw aruthrol a dderbyniai'r perchnogion wrth i bris glo esgyn i'r entrychion. Roeddynt yn frwd hefyd o blaid y Chwyldro Bolsieficaidd yn Rwsia, ac roedd Cymdeithas Sosialaidd y Rhondda yn elfen allweddol yn y cynghrair a sefydlodd **Blaid Gomiwnyddol** Prydain Fawr yn 1921. Bu chwerwder ynglŷn â methiant Comisiwn **Sankey** yn 1919 i dynnu'r glofeydd allan o reolaeth gyfalafol yn ffactor arall yn y gogwydd barn yn y Rhondda tua'r chwith, ac felly hefyd y digwyddiadau a arweiniodd at streic 1921 (gw. **Streiciau'r Glowyr**) a **Streic Gyffredinol** 1926.

Cyrhaeddodd y nifer o lowyr a oedd yn byw yn y Rhondda uchafbwynt o 41,508 yn 1921. Roedd y gred fod galw parhaol a chynyddol am lo yn ganolog i frwdfrydedd byrlymus radicaliaid y Rhondda, ond chwalwyd y gred honno gan y **Dirwasgiad**, a lethodd yr ardal o ganol y 1920au ymlaen. Erbyn 1932, a diweithdra ymhlith dynion yswiriedig yn 72.8% yn Ferndale ac yn 62.8% yn Nhonypandy, roedd grym nodedig y glowyr wedi'i ddinistrio. Fel mewn mannau eraill ym maes glo'r de, **ymfudo** oedd yr unig ateb amlwg; gadawodd hyd at 50,000 o bobl y Rhondda rhwng 1924 ac 1939. I lawer, canlyniad i fethiant cyfalafiaeth oedd y Dirwasgiad, ac yn y Rhondda, yn fwy nag unrhyw ran arall o faes glo'r de, roedd Comiwnyddiaeth yn cael ei ystyried yn ateb – er i'r mwyafrif barhau'n driw i'r Blaid Lafur. (Parhaodd cefnogaeth i Gomiwnyddiaeth yn hir ar ôl diwedd y Dirwasgiad. Yn 1979 etholwyd **Annie Powell** o Lwynypia yn faer, yr unig Gomiwnydd erioed i gael ei ethol i swydd o'r fath ym Mhrydain.)

Daeth yr **Ail Ryfel Byd** i ddatrys problem diweithdra dros dro. Wedi'r rhyfel roedd gwladoli'r pyllau glo fel petai'n cynnig ateb, a gwnaed hynny ar 1 Ionawr 1947. Dros y degawdau dilynol chwalwyd y gobeithion. Yn 1947 roedd gan y Rhondda dros 15,000 o lowyr. Erbyn 1984 dim ond yn y Maerdy yr oedd glowyr, dynion a chwaraeodd ran arwrol yn streic fawr 1984–5. Yn wir, efallai mai'r ddelwedd fwyaf cofiadwy o'r Rhondda yw'r darlun o lowyr y Maerdy, ar 5 Mawrth 1985, yn gorymdeithio cyn toriad gwawr i'w pwll condemniedig, i gyfeiliant eu bandiau a'u baneri'n chwifio. Bellach, nid oes yr un pwll glo yn y Rhondda. Bu'r ymdrechion i greu mathau eraill o waith yn rhannol lwyddiannus, ac mae cymudo i Gaerdydd a mannau eraill wedi cynnig cyfleoedd newydd. Ac eto, mae'r gostyngiad mawr yn y boblogaeth – o 167,900 yn 1924 i 72,443 yn 2001 – yn awgrymu bod y Rhondda, a feddai ar economi fwyaf deinamig Cymru ar un adeg, yn ddrych o'r problemau a ddaeth yn sgil tranc yr hyn a fu'n brif ddiwydiant Cymru.

Mae hanes gweinyddol y Rhondda yn adlewyrchu ei hanes demograffig. I ddechrau, yr unig gorff gweinyddol oedd cyfarfod festri plwyf Ystradyfodwg. Yn 1870 daeth y rhan fwyaf o'r ardal adeiledig yn gyfrifoldeb Bwrdd Iechydol Ystradyfodwg. Yn 1894, pan ychwanegwyd rhannau o blwyfi **Llantrisant** a Llanwynno (gw. **Ynys-y-bŵl**) at Ystradyfodwg, ffurfiwyd Cyngor Dosbarth Trefol y Rhondda. Gan fod dros 100,000 o bobl yn y dosbarth rhoddwyd pwerau i'r cyngor nad oeddynt yn annhebyg i'r rhai a feddai bwrdeistref sirol (gw. **Bwrdeistrefi Sirol**) – ei gyfarwyddwr **addysg** ei hun, er enghraifft. Yn 1918 arweiniodd y twf ym mhoblogaeth y Rhondda at rannu etholaeth y Rhondda yn ddwy, sef Gorllewin y Rhondda a Dwyrain y Rhondda. Yn 1955, pan oedd gobaith o hyd ynghylch dyfodol y diwydiant glo, cafodd y dosbarth trefol statws bwrdeistref. Yn 1974, o ganlyniad i'r gostyngiad yn y boblogaeth, dynodwyd y Rhondda unwaith eto yn un etholaeth seneddol. Yn ystod yr un flwyddyn collodd ei statws fel bwrdeistref a daeth yn un o chwe dosbarth o fewn sir newydd **Morgannwg Ganol**. Diraddiwyd y Rhondda ymhellach yn 1996 pan wnaed hi yn rhan o fwrdeistref sirol **Rhondda Cynon Taf**, newid a olygai nad oedd ganddi bellach unrhyw strwythur llywodraeth leol penodol iddi ei hun. Yn etholiad llywodraeth leol 1999 daeth **Plaid Cymru**, a oedd wedi cael canlyniad da mewn isetholiad yng Ngorllewin y Rhondda yn 1968, yn blaid fwyaf Cyngor Rhondda Cynon Taf, gan dorri ar draarglwyddiaeth y Blaid Lafur ar wleidyddiaeth y Rhondda dros gyfnod o oddeutu can mlynedd. Hefyd yn 1999 cynhaliwyd etholiadau cyntaf **Cynulliad Cenedlaethol Cymru**, yr oedd pobl y Rhondda wedi pleidleisio o blaid ei sefydlu yn refferendwm 1997. Yn yr etholiad, Geraint Davies, ymgeisydd Plaid Cymru, a oedd yn fuddugol. Ond ofer fu gobeithion y blaid honno y câi fuddugoliaeth debyg yn yr etholiad cyffredinol Prydeinig yn 2001; ailgipiodd Llafur sedd y Cynulliad yn 2003, ac fe'i cadwodd yn etholiad 2007.

Gall fod parodrwydd trigolion y Rhondda i bleidleisio dros **ddatganoli** a chefnogi Plaid Cymru, ynghyd â'u cefnogaeth gynyddol i ysgolion Cymraeg eu cyfrwng, yn adlewyrchiad o'r ffaith fod y gyfran honno o'r boblogaeth a aned yng Nghymru ymhlith yr uchaf yng Nghymru. Bu'r cymoedd hyn unwaith yn enwog am eu gallu i ddenu mewnfudwyr, llawer ohonynt o'r tu allan i Gymru, ond llwyddodd y brodorion i gymathu disgynyddion y mewnfudwyr hynny gan greu cymdeithas sy'n Gymreig yn ei hanfod.

Yng nghyfrifiad 1991, yr olaf cyn diddymu dosbarth y Rhondda, roedd yn ymestyn dros 10,784ha a chanddo 78,346 o drigolion.

*Cymunedau'r Rhondda*

CWM CLYDACH (487ha; 3,164 o drigolion)
A hithau'n cwmpasu dalgylch afon Clydach, un o isafonydd Rhondda Fawr, mae'r gymuned yn cynnwys safle glofa'r Cambrian, lle arweiniodd anghydfod diwydiannol at Derfysgoedd Tonypandy. Roedd **Rhys Davies**, y mwyaf toreithiog o awduron Saesneg Cymru, a **Lewis Jones**, y nofelydd o Farcsydd, yn hanu o Gwm Clydach. Felly hefyd y bocsiwr **Tommy Farr**.

CYMER, Y (355ha; 5,109 o drigolion)
Fel Trehafod, roedd y Cymer, sydd i'r de o gymer Rhondda Fawr a Rhondda Fach, yn rhan o ymerodraeth lofaol **W. T. Lewis** (Arglwydd Merthyr). Bellach glofa Lewis Merthyr, lle ceir enghreifftiau prin o'r peiriannau pen pwll a fu unwaith mor gyffredin ym maes glo'r de, yw safle Parc Treftadaeth y Rhondda.

FERNDALE (380ha; 4,419 o drigolion)
Ferndale, neu Lyn Rhedynog, lle dechreuwyd suddo siafftiau i lawr at y glo ager yn 1857, oedd y lle cyntaf yn y Rhondda Fach i gael ei ddiwydiannu'n ddwys. Mae neuadd y gweithwyr (1907), un o'r rhai mwyaf yn y maes glo, bellach mewn cyflwr enbydus. Ferndale oedd man geni'r actor **Stanley Baker**.

LLWYNYPIA (258ha; 2,253 o drigolion)
Yn 1803 disgrifiwyd Llwynypia fel 'ardal o gaeau hardd', ond o 1862 ymlaen bu diwydiannu dwys yno yn dilyn datblygu pyllau glo'r Albanwr **Archibald Hood**. Gan mai yn Llwynypia yr oedd ysbyty mamolaeth y Rhondda, yno y ganed y rhan fwyaf o frodorion y Rhondda dros gyfnod o hanner canrif a mwy.

MAERDY, Y (1,064ha; 3,441 o drigolion)
Y Maerdy yw'r pentref glofaol clasurol. Cynlluniwyd ei strydoedd ar batrwm sgwarog yn ystod y blynyddoedd wedi 1876, y flwyddyn y llwyddwyd i gyrraedd gwythïen lo Abergorci. Yn 1885 lladdwyd 81 o ddynion yn ffrwydrad glofa'r Maerdy. Bu'r lofa hon yn gysylltiedig â rhai o arweinwyr mwyaf radicalaidd y glowyr, A. J. Cook ac **Arthur Horner** yn arbennig. Erbyn y 1930au roedd y gefnogaeth i Gomiwnyddiaeth mor eang yn y Maerdy fel y dechreuwyd galw'r lle yn **Moscow Fach**. Pan gaeodd y pwll yn 1990 daeth cyfnod y Rhondda fel ardal gynhyrchu glo i ben.

PENTRE, Y (581ha; 5,424 o drigolion)
Saif y Pentre o boptu glannau Rhondda Fawr, i'r de o Dreorci, ac mae'n cynnwys safle eglwys blwyf wreiddiol Ystradyfodwg. Eglwys Sant Pedr (1890) yw'r fwyaf o ddigon o eglwysi Anglicanaidd y Rhondda. Yng ngwaith peiriannyddol y Rhondda yn y Pentre y cynhyrchwyd y rhan fwyaf o'r offer a gâi ei ddefnyddio yng nglofeydd y de. Yn y Pentre y ganed **Rhydwen Williams**, y ceir yn ei nofelau bortread o gymdeithas y Rhondda.

PEN-Y-GRAIG (481ha; 5,877 o drigolion)
Saif Pen-y-graig yng nghornel dde-orllewinol y Rhondda, ac yno y sefydlwyd glofa'r Naval gan deulu Rowlands, yr unig rai o frodorion y Rhondda i ddod yn berchnogion pyllau glo o bwys. Yn y gymuned hon y lleolir swyddfeydd bwrdeistref sirol Rhondda Cynon Taf, adeiladau sy'n llai trawiadol o lawer na hen neuadd sir fawreddog Sir Forgannwg ym **Mharc Cathays**, Caerdydd, a fu'n gartref i haen uchaf llywodraeth leol y Rhondda hyd 1996.

PORTH, Y (370ha; 5,944 o drigolion)
Saif y Porth ar lannau cymer afonydd Rhondda Fawr a Rhondda Fach, ac fe'i gwêl ei hun fel prif dref y Rhondda. Dinas oedd safle'r ymelwa masnachol cyntaf ar lo'r Rhondda. Yn y Porth yr oedd pencadlys cwmni Thomas ac Evans, perchnogion cadwyn o siopau groser a chynhyrchwyr diodydd meddal **Corona**. Bellach, Y Ffatri Bop, canolfan ddarlledu a recordio cerddoriaeth bop, sydd yn yr adeilad lle câi'r diodydd eu cynhyrchu.

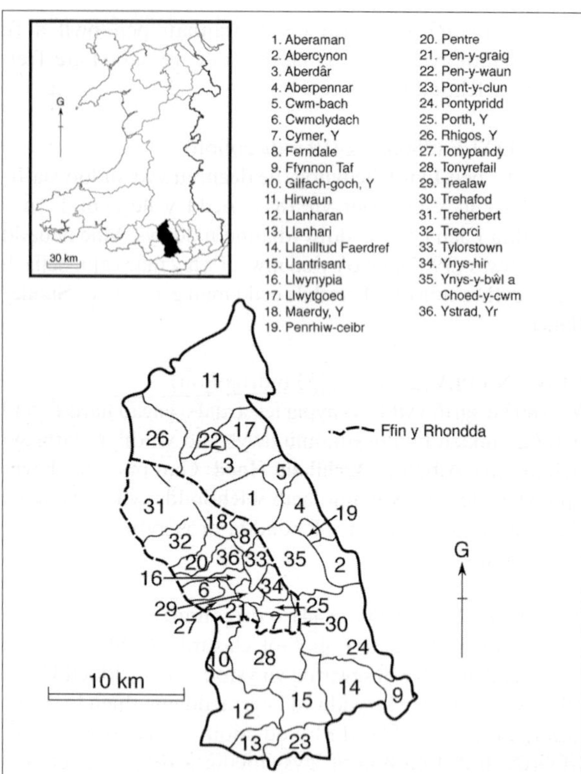


Cymunedau Bwrdeistref Sirol Rhondda Cynon Taf

TONYPANDY (337ha; 3,495 o drigolion)
Dyma brif dref rhan isaf Cwm Rhondda Fawr. Tonypandy, lleoliad terfysgoedd 1911 a man cyhoeddi *The Miners' Next Step*, oedd crud radicaliaeth y Rhondda. Dyma fan geni'r actor **Donald Houston**.

TREALAW (286ha; 3,908 o drigolion)
Trealaw, yr ochr draw i Rhondda Fawr o Donypandy, oedd cartref **J. Kitchener Davies**, yr oedd ei ddrama *Cwm Glo* (1935) yn ymgais i ymdrin â rhai o ganlyniadau cymdeithasol echrydus y Dirwasgiad yn y cymoedd.

TREHAFOD (164ha; 816 o drigolion)
Roedd Trehafod, y fwyaf deheuol o gymunedau'r Rhondda, yn rhan o ymerodraeth lofaol W. T. Lewis (Arglwydd Merthyr).

TREHERBERT (2,156ha; 6,011 o drigolion)
Lleolir y gymuned hon ym mhen uchaf Cwm Rhondda Fawr, lle mae'r heol yn dringo i uchder o 489m i gyfeiriad y **Rhigos**. Mae'n cynnwys Cwm Saerbren, safle'r ymelwa cyntaf ar lo ager y Rhondda. Tynewydd (1652) yw tŷ hynaf y Rhondda.

TREORCI (1,330ha; 8,105 o drigolion)
Saif Treorci yn y fan lle mae Cwm Rhondda Fawr ar ei letaf, ac yma ceir ymdeimlad o ehangder nad yw'n nodweddu trefi eraill y Rhondda. Dechreuodd cloddio dwfn yma yn y 1860au dan nawdd David Davies, Llandinam, y daeth ei Ocean Coal Company, a ffurfiwyd yn 1887, i dra-arglwyddiaethu ar yr ardal. Mae côr meibion Treorci yn un o'r rhai mwyaf adnabyddus yng Nghymru. Ers dymchwel Neuadd y Gweithwyr yn **Abercynon**, Neuadd Gweithwyr y Parc a'r Dâr yw'r fwyaf ym maes glo'r de. Mae bryngaer drawiadol ar Fynydd Maendy.

TYLORSTOWN (Pendyrys) (590ha; 4,715 o drigolion)
Mae cymuned Tylorstown yn rhychwantu rhan ganolog Cwm Rhondda Fach ac yn cynnwys y gyrchfan i bererinion ym Mhen-rhys, lle cwblhawyd stad dai i 1,000 o deuluoedd yn 1969. Achosodd y lleoliad anhygyrch ar uchder o 350m, ynghyd â'r diffyg darpariaethau, broblemau cymdeithasol enfawr. Yn Stanleytown ceir golygfa ryfeddol o dai teras y Rhondda. Mae Clwb Ceidwadol Tylorstown yn adeilad hardd. Yn Tylorstown y magwyd y bocsiwr **Jimmy Wilde**.

YNYS-HIR (441ha; 3,442 o drigolion)
Roedd Ynys-hir, yn rhan isaf Cwm Rhondda Fach, yn rhan o ymerodraeth lofaol W. T. Lewis (Arglwydd Merthyr), fel y Cymer a Threhafod. Agorwyd glofa Lady Lewis yn 1904.

YSTRAD, YR (714ha; 6,320 o drigolion)
Yn yr Ystrad, sy'n rhychwantu rhan ganol Cwm Rhondda Fawr, yr oedd y mwyaf proffidiol o lofeydd y Brodyr **Cory**. Mae Tyntyle yn **dŷ hir** braf o'r 17g.

**RHONDDA CYNON TAF** Bwrdeistref sirol (44,497ha; 231,946 o drigolion)
Wedi diddymu sir **Morgannwg Ganol** yn 1996 cyfunwyd dau o ddosbarthau'r hen sir – **Cwm Cynon** a'r **Rhondda** – ynghyd â'r rhan fwyaf o drydydd dosbarth – **Taf-Elái** – er mwyn creu bwrdeistref sirol Rhondda Cynon Taf. Yn y fwrdeistref hon y mae calon hen faes **glo**'r de, ac ar wahân i **Gaerdydd** hi yw'r fwyaf poblog o **fwrdeistrefi sirol** Cymru. Yn 2001 roedd 21.08% o drigolion y fwrdeistref sirol â rhywfaint o afael ar y **Gymraeg**, gyda'r canrannau'n amrywio o 31.52% yn y **Rhigos** i 15.54% yn y **Gilfach-goch**; roedd 10.26% o'r trigolion yn gwbl rugl yn yr iaith.

**RHONWEN (Rowena neu Alis neu Alice; *fl.* canol y 5g.)** Cymeriad chwedlonol
A hithau'n ferch i'r Sacson Hengist, ac yn wraig i'r Brython **Gwrtheyrn**, crybwyllir Rhonwen, ond heb ei henwi, yn ***Historia Brittonum***, lle mae'n rhan o chwedl **Brad y Cyllyll Hirion**. Daeth ei henw'n adnabyddus trwy waith **Sieffre o Fynwy**. Roedd ymadroddion megis 'cyff Rhonwen' a 'plant Alis (y biswail)', a darddodd yng nghanu beirdd yr Oesoedd Canol diweddar, yn cael eu defnyddio'n gyffredin am y **Saeson** hyd y 19g.

**RHOS** Cantref (Dyfed)
Rhos oedd y mwyaf gorllewinol o'r saith **cantref** yn **Nyfed**, sef yr ardal rhwng afon Cleddau Wen (gw. **Cleddau**) a Bae Sain Ffraid. Yn dilyn goresgyniadau'r **Normaniaid** daeth yn un o arglwyddiaethau'r **Mers** gyda'i chanolfan yn **Hwlffordd**. Yn ystod cyfnod y Mers yr oedd Rhos (neu Haverford) fel arfer, ynghyd ag arglwyddiaeth gysylltiedig **Castell Gwalchmai**, ym meddiant perchnogion arglwyddiaeth **Penfro**. Ond bu cyfnodau pan oedd Rhos a Phenfro yn eiddo i deuluoedd gwahanol. Goroesodd yr enw wedi'r **Deddfau 'Uno'** yn enw ar **hwndrwd**.

**RHOS** Cantref (Gwynedd Is Conwy)
Un o bedwar **cantref** y **Berfeddwlad** oedd Rhos, ynghyd â **Rhufoniog**, **Dyffryn Clwyd** a **Thegeingl**. Roedd yn cynnwys

tri **chwmwd**, sef **Creuddyn**, Uwch Dulas ac Is Dulas. Yn 1284 daeth Uwch Dulas ac Is Dulas yn rhan o **Ddinbych**, un o arglwyddiaethau'r **Mers**, a daeth Creuddyn yn rhan o **Sir Gaernarfon**. Mae dwy **gymuned**, sef **Betws yn Rhos** a **Llandrillo yn Rhos**, wedi diogelu'r enw.

**RHOSCOLYN**, Ynys Môn (925ha; 484 o drigolion)
Mae'r **gymuned** hon yn ymestyn dros ran ddeheuol Ynys Gybi (gw. **Ynysoedd**). Yr unig ran boblog ohoni yw Pont-rhypont a oedd gynt yn safle rhyd a'r brif groesfan i'r ynys cyn cwblhau ffordd **Telford** i **Gaergybi**. Mae'r arfordir, fel mewn sawl rhan arall o'r ynys, yn beryglus i **longau**, a sefydlwyd un o **fadau achub** cyntaf **Môn** yn Rhoscolyn *c*.1830.

**RHOSFARCED (Rosemarket)**, Sir Benfro (672ha; 454 o drigolion)
Mae enw'r **gymuned** hon, sy'n union i'r gogledd-ddwyrain o dref **Aberdaugleddau**, yn cyfeirio at y farchnad a sefydlwyd yn ystod y 12g. gan Farchogion Sant Ioan o **Slebets**. Prif nodwedd yr ardal yw colomendy o'r Oesoedd Canol diweddar, a oedd yn cynnwys dros 200 o flychau nythu (gw. **Colomendai**). Tŷ deniadol o'r 18g. yw Great Westfield. Mae cyn-gapel yr **Annibynwyr** (1883) yn llawer mwy nag Eglwys Sant Ismael (1890 yn bennaf). Yn Rhosfarced y ganed Zachariah Williams (1683–1755), dyfeisiwr aflwyddiannus a edmygid gan Samuel Johnson.

**RHOSILI**, Abertawe (1,020ha; 299 o drigolion)
Hyd yn oed ar benrhyn sy'n enwog am ei harddwch naturiol, mae yn y **gymuned** hon, yng nghornel dde-orllewinol **Gŵyr**, olygfeydd eithriadol, o benmaen bygythiol **Pen Pyrod** i rostiroedd uchel mynydd Rhosili (Rhossili Down), sy'n disgyn yn serth tuag at y traeth hir sy'n arwain at Burry Holms yn y pellter. Yn ymyl y pentref ceir olion clir cyfundrefn faes agored ganoloesol. Yr **Ymddiriedolaeth Genedlaethol** piau rhannau o glogwyni **calchfaen** serth ac ysblennydd yr arfordir. Mae ogof Twll yr Afr ym Mhen-y-fai (Paviland) yn enwog yn sgil darganfod yno, yn 1823, sgerbwd 'Dynes Goch Paviland', gweddillion dyn ifanc a oedd ar dir y byw *c*.24,000 CC; roedd yn aelod o gymuned **hela** wasgaredig ar gyrion y rhan honno o'r byd lle ceid bywyd dynol, yn ystod cyfnod pan giliodd y rhew dros dro (gw. **Oesau Cynhanesyddol**: yr Oes Balaeolithig a'r Oes Fesolithig). Ceir yn Rhosili gyfoeth o olion o'r Oes Neolithig, yr Oes Efydd a'r Oes Haearn (gw. Oesau Cynhanesyddol). Claddwyd yr eglwys a'r pentref gwreiddiol gan dwyni tywod *c*.1300. Codwyd eglwys newydd uwchlaw'r clogwyni ac mae ynddi gofeb i **Edgar Evans**, a aned yn y pentref ac a fu farw yn 1912 wrth deithio gyda Robert Scott yn yr Antarctig.

**RHOSLLANNERCHRUGOG**, Wrecsam (608ha; 9,439 o drigolion)
Hyd at y 19g. roedd yr ardal hon, i'r de-orllewin o **Wrecsam**, yn un o dreflannau plwyf **Rhiwabon**. Ceir y cyfeiriad cyntaf at **lo** yno yn 1563 yn Siarter **Holt**, a bu cloddio cynyddol amdano o'r 1840au ymlaen. Codwyd tai o frics coch lleol yma ac acw ar gomin y Rhos, a hefyd yn Johnstown a Phonciau gerllaw. Erbyn blynyddoedd cynnar yr 20g. roedd trigolion y Rhos yn hoff o ymffrostio (yn anghywir fel mae'n digwydd) eu bod yn byw ym mhentref mwyaf

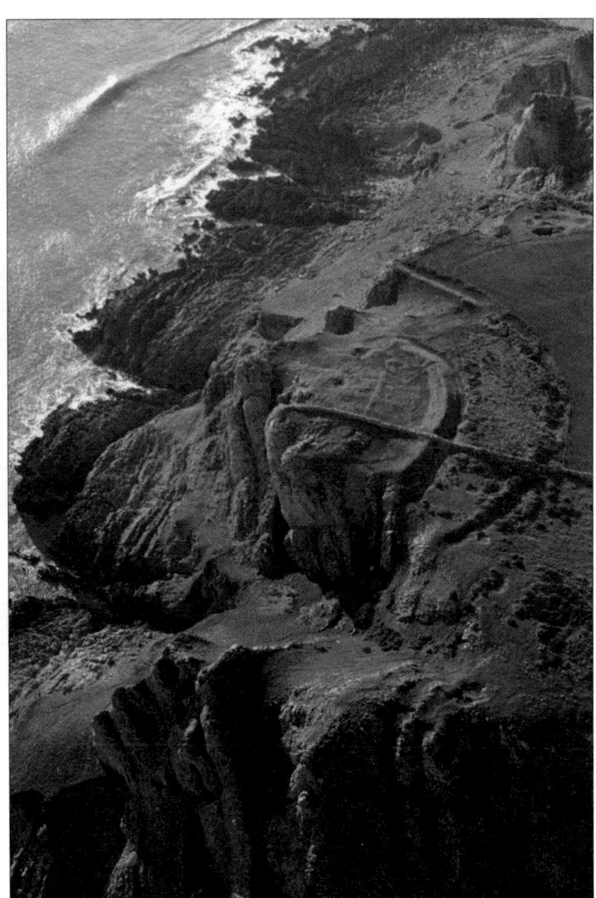
Caer bentir The Knave o'r Oes Haearn yn Rhosili

Cymru. Denodd y lle lawer mwy o ymfudwyr **Cymraeg** eu hiaith nag a wnaeth y cymunedau glofaol eraill yng nghylch Wrecsam; yn wahanol i'r cymunedau hynny, roedd y mwyafrif o'r trigolion yn siarad Cymraeg hyd y 1970au. Gyda'i gorau, ei fandiau a'i ugain a mwy o gapeli, datblygodd y Rhos fywyd cymdeithasol a diwylliannol a oedd yn hynod o debyg i fywyd y cymunedau glofaol yn y de. Roedd y **dirwasgiad** rhwng y rhyfeloedd yn brofiad enbyd, gyda diweithdra ymhlith dynion a oedd wedi'u hyswirio yn y Rhos yn codi i 78.5% ym mis Tachwedd 1932. Erbyn yr 21g., fodd bynnag, roedd y twf mewn diwydiannau gwasanaeth a gweithgynhyrchu cyffredinol wedi sicrhau rhywfaint o lewyrch. Mae Sefydliad y Glowyr (Y Stiwt), a agorodd ym mlwyddyn dyngedfennol 1926, yn symbol o bwysigrwydd y gwaith glo ar un adeg. Yn y 1990au llwyddwyd, trwy frwdfrydedd lleol a gwaith caled, i arbed yr adeilad rhag mynd yn adfail. Er bod cyfartaledd y rhai a oedd yn gwbl rugl yn y Gymraeg wedi gostwng i 23.47% erbyn 2001, mae'r Rhos yn cynnal cwmni theatr ieuenctid sy'n cyflwyno cynyrchiadau o safon trwy gyfrwng y Gymraeg. Mae'r pentref wedi magu nifer o gewri diwylliannol, yn cynnwys y bardd **I. D. Hooson** a'r cerddor **Arwel Hughes**.

**RHOS-Y-BOL**, Ynys Môn (3,018ha; 1,056 o drigolion)
Mae'r **gymuned** hon, yn union i'r de o **Amlwch**, yn cynnwys rhan o Lyn Alaw. Twf pentref Rhos-y-bol ar hyd y ffordd rhwng **Llannerch-y-medd** ac Amlwch (y B511) a arweiniodd at greu plwyf sifil Rhos-y-bol yn 1896. Yn ôl traddodiad,

Castell Rhuddlan

Clorach, ym mhen deheuol yr ardal, oedd man cyfarfod y ddau sant o Fôn, **Seiriol** a **Cybi**. Bu'r ysgolhaig Celtaidd **John Rhŷs** yn ysgolfeistr yn Rhos-y-bol rhwng *c.*1860 ac 1865. O 1972 hyd 1990 roedd Rhos-goch yn safle storfa **olew** fawr a oedd wedi'i chysylltu â'r bibell o Amlwch i Stanlow. Yn ôl **Gerallt Gymro**, lladdwyd **Hugh o Avranches**, iarll Caer, wedi iddo halogi Eglwys Llandyfrydog.

## 'RHOSYMEDRE' Emyn-dôn

Emyn-dôn gan John David Edwards (1805–85) yw hon. Fe'i cyhoeddwyd yn *Y Drysorfa* yn 1838 dan yr enw '*Lovely*', ac wedi hynny ymddangosodd yn y rhan fwyaf o lyfrau emynau Cymraeg. Fe'i defnyddiwyd yn sail i breliwd i'r organ gan Ralph Vaughan Williams. Pentref yng nghymuned **Cefn** yw Rhosymedre.

## *RHOSYN A RHITH* (*Coming Up Roses*; 1986) Ffilm

Comedi Gymraeg hwyliog yw'r ffilm hon, sy'n defnyddio'r frwydr i achub sinema ym maes **glo**'r de fel trosiad am y dad-ddiwydiannu a ddigwyddodd yn ystod cyfnod Margaret Thatcher. Ynddi gwelir Dafydd Hywel fel taflunìwr ofnus sy'n dod allan o'i gragen yng nghwmni tywyswraig sinema ewn a chwaraeir gan Iola Gregory. Cywaith oedd y ffilm rhwng y cyfarwyddwr Stephen Bayly a'r sgriptwraig Ruth Carter y gwelwyd ffrwyth eu cydweithio yn gynharach yng nghyfres **S4C**, *Joni Jones* (1982), ac yn y ddrama *And Pigs Might Fly* (1984).

## RHOSYR, Ynys Môn (4,440ha; 2,169 o drigolion)

Y **gymuned** hon yng nghornel dde-orllewinol Ynys **Môn**, sy'n cynnwys pentrefi Niwbwrch, Dwyran a Llangaffo, yw'r fwyaf o ran arwynebedd yn y sir. Roedd Rhosyr, ynghyd ag **Aberffraw** a **Chemais**, yn un o'r tri **chantref** ym Môn ac roedd yn cynnwys cymydau **Dindaethwy** a **Menai**. Yn 1974 atgyfodwyd yr enw ar gyfer y gymuned. Roedd llys y **cwmwd** ger Niwbwrch, yr unig un o lysoedd tywysogion **Gwynedd** yr archwiliwyd ei olion (cloddiwyd yno yn y 1990au). Daeth Niwbwrch, a gydnabuwyd yn fwrdeistref yn 1303, yn gartref i'r Cymry a yrrwyd allan o Lan-faes (gw. **Biwmares**) gan Edward I. Ar bentir hyfryd Llanddwyn, sy'n ynys ar benllanw, saif adfeilion eglwys o'r 16g. a godwyd, yn ôl traddodiad, ar y safle lle'r oedd cysegrfan **Dwynwen**, nawdd-sant cariadon Cymru. Adeiladwyd goleudy yno yn 1846. Ymffurfiodd twyni Niwbwrch yn rhannol yn ystod storm enbyd yn 1330. Yn 1948 dechreuwyd plannu Fforest Niwbwrch, sy'n ymestyn dros 800ha, gyda'r nod o atal lledaeniad y twyni. Mae Eglwys Sant Pedr, Niwbwrch (14g.), yn cynnwys sawl carreg arysgrifedig o'r Oesoedd Canol. Mae Eglwys Llangaffo yn dirnod amlwg yn yr ardal. Am flynyddoedd maith, roedd yr ardal yn enwog am blethu moresg yn rhaffau ac yn fatiau (gw. **Plethu Gwellt a Moresg**). Goroesodd y gwasanaeth fferi ar draws y **Fenai** o Dal-y-foel i **Gaernarfon** hyd ail hanner yr 20g.

## RHUDDLAN Dosbarth

Ar ôl diddymu **Sir y Fflint** yn 1974 crëwyd Rhuddlan fel un o chwe dosbarth oddi mewn i sir newydd **Clwyd**. Roedd yn cynnwys yr hyn a fu yn ddosbarthau trefol **Prestatyn** a'r **Rhyl** a dosbarth gwledig **Llanelwy**. Yn 1996 daeth y dosbarth yn rhan o'r **Sir Ddinbych** newydd. Roedd yn bras gyfateb i **gwmwd** canoloesol Rhuddlan.

## RHUDDLAN, Sir Ddinbych (1,385ha; 4,296 o drigolion)

Mae'n debyg mai Rhuddlan, sydd yn union i'r de o'r **Rhyl**, oedd prif ganolfan **Gruffudd ap Llywelyn** (m.1063). Yn 1073 adeiladwyd mwnt a beili yno gan Robert o Ruddlan, cefnder **Hugh o Avranches**, iarll Normanaidd Caer, a sefydlodd fwrdeistref ar lannau afon **Clwyd**. Gwelir eu holion o hyd ar fryncyn Twthill. Yn 1277 bu'n rhaid i **Lywelyn ap Gruffudd** ildio i Edward I yn Rhuddlan. Castell Rhuddlan oedd un o'r cestyll cyntaf a adeiladwyd gan Edward yng Nghymru ac roedd camlas lydan yn ei gysylltu â'r môr. Castell consentrig gyda chwech o dyrau crwn ydoedd, a goroesodd rhannau helaeth ohono y difrod a wnaed gan y Seneddwyr ar ôl iddynt ei gipio yn 1646. Yn 1284 cyhoeddodd Edward **Statud Rhuddlan** yn Rhuddlan, ond nid oes unrhyw dystiolaeth i gysylltu'r digwyddiad hwnnw â gweddillion y 'Senedd-dy' (diwedd y 13g.) a welir heddiw yn Rhuddlan. Mae rhai tameidiau o fynachlog y brodyr Dominicaidd (gw. **Brodyr Cardod**), a sefydlwyd *c.*1258, wedi goroesi. Adeiladwyd Eglwys y Santes Fair *c.*1300 a'i hehangu yn eglwys ddeugorff yn y 15g. Mae'n cynnwys beddrod (*c.*1290) esgob alltud o Syria a oedd yn wreiddiol yn y brodordy. Plasty yn y dull Paladaidd a godwyd yn y 1770au yw Pengwern. Mae sawl capel urddasol yn Rhuddlan. (Ar gyfer Morfa Rhuddlan, gw. **Bae Cinmel a Thywyn**.) Roedd **cwmwd** Rhuddlan yn un o dri yng nghantref **Tegeingl**. Rhuddlan oedd enw un o'r pum **hwndrwd** a grëwyd yn **Sir y Fflint** wedi'r **Deddfau 'Uno'**. Roedd hefyd yn enw ar un o ddosbarthau sir **Clwyd** (gw. uchod).

## RHUFEINIAID, Y

Yn OC 43 gorchmynnodd yr Ymerawdwr Claudius y dylid goresgyn **Prydain**. Llwyddodd y Rhufeiniaid i ennill rheolaeth ar dde-ddwyrain yr ynys yn gymharol gyflym, ond sicrhaodd arweinydd y Catuvellauni, **Caradog**, gymorth gan y **Silwriaid** rhyfelgar yn ne-ddwyrain Cymru, ac ar y cyfan parhaodd llwythau'r gorllewin yn ddi-ildio. Trefnwyd y cyrchoedd cyntaf ar Gymru gan Ostorius Scapula yn hwyr yn OC 47 pan ymosododd y Rhufeiniaid ar diriogaeth y **Deceangli** yn y gogledd-ddwyrain, a hynny mewn ymgais mae'n debyg i greu hollt rhwng y Silwriaid a'r **Ordofigiaid** ar y naill law a llwyth y Brigantes ar y llall. Yn fuan iawn canolbwyntiodd y Rhufeiniaid eu hymdrechion milwrol yn erbyn y Silwriaid, a lwyddodd, er i Caradog gael ei ddal, i gynnal rhyfel gerila llwyddiannus am 25 mlynedd, sef Rhyfel y Silwriaid. Cafodd lleng gyfan ei threchu ganddynt, digwyddiad a ddisgrifiwyd gan **Tacitus**, a hawliodd mai Julius Frontinus a orchfygodd y Silwriaid yn y pen draw yn OC 74–5. Ymosododd **Suetonius Paulinus** ar yr Ordofigiaid yn y gogledd, ac yn OC 60 dinistriodd ganolfan y **derwyddon** ar Ynys **Môn**. Ni chafodd y llwyth ei drechu'n llwyr, fodd bynnag, nes i Agricola gynnal ei ymgyrch waedlyd yn OC 79.

Yn dilyn y goncwest roedd yn rhaid wrth bresenoldeb milwrol mawr; amcangyfrifir bod rhyw 30,000 o filwyr Rhufeinig yn meddiannu Cymru yn niwedd y 70au. O'r tair caer a oedd gan y llengoedd ym Mhrydain, roedd un, **Caerllion**, oddi mewn i'r Gymru bresennol, a'r llall, Caer, ar ei gororau. Daeth y lleng-gaerau hyn yn ganolfannau gweinyddol ar gyfer y lluoedd Rhufeinig, a cheid milwyr cynorthwyol hefyd mewn cyfres o gaerau llai a oedd wedi eu cysylltu â'i gilydd gan rwydwaith o **ffyrdd** newydd a ymestynnai i bob rhan o Gymru. Datgelodd ymchwiliadau archaeolegol, yn arbennig ar safleoedd fel Caerllion, gyfoeth o dystiolaeth ynglŷn â'r drefn filwrol hon. Nid darparu llety yn unig ar gyfer yr Ail Leng a wnâi Caerllion (Isca i'r Rhufeiniaid); ceid yno hefyd faddonau mawr ar gyfer y gaer ac amffitheatr drawiadol. Tyfodd tref sifil wasgaredig o amgylch Caerllion, a daeth yn ganolfan fwyaf poblog y Gymru Rufeinig. Yn y pen draw esgorodd sefydlogrwydd milwrol ar gryn gyfathrach rhwng y brodorion a'r goresgynwyr, a chaniataodd hynny i ddiwylliant Brythonig-Rufeinig ddatblygu. Cyflymwyd y broses hon wrth i drefn weinyddol y *civitas* gael ei mabwysiadu – sef datganoli cyfyngedig ar

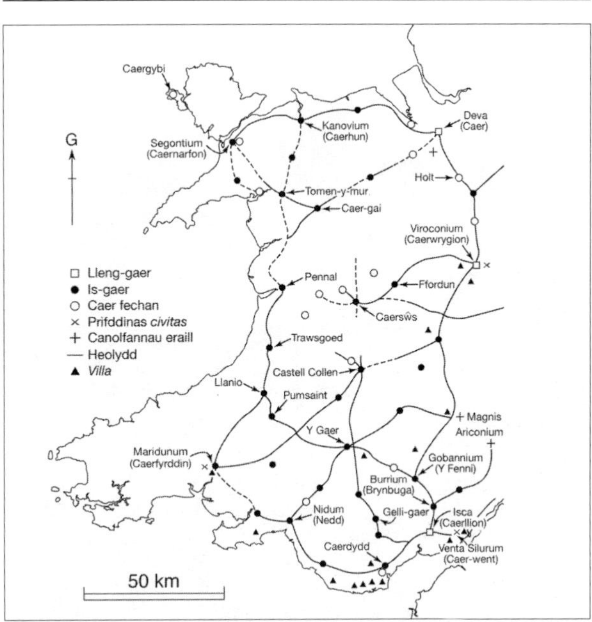


Cymru yng nghyfnod y Rhufeiniaid (yn seiliedig ar fapiau'r AO)

sail yr hen unedau llwythol. Sefydlwyd dwy o'r *civitates* hyn yng Nghymru, un ar diriogaeth y Silwriaid a'r llall ar diriogaeth y **Demetae** yn y de-orllewin. **Caer-went** (Venta Silurum) oedd prif ganolfan y naill a **Chaerfyrddin** (Moridunum Demetarum) oedd prif ganolfan y llall. Mae cloddio wedi cadarnhau bod y *basilica* yng Nghaer-went yn dyddio o amser Hadrian, gan awgrymu bod gweinyddiaeth y *civitas* wedi ei sefydlu yno ym mlynyddoedd OC 120au, pan drosglwyddwyd niferoedd sylweddol o'r lleng i'r gogledd i gynorthwyo gyda'r gwaith o godi Mur Hadrian. Datblygodd trefi eraill hefyd, megis y *vicus* ('treflan') wrth ochr y gaer yn y **Bont-faen** (Bovium), a chodwyd filâu mewn ardaloedd fel **Bro Morgannwg** – ceir olion rhai tra sylweddol yn Nhrelái (**Caerdydd**), **Llanilltud Fawr** a **Llandochau**. Roedd perchnogion y filâu yn amaethwyr cyfalafol, ac arweiniodd hyn at gyflwyno cnydau newydd megis afalau, ceirch, moron a chennin (gw. **Planhigion**). Bu datblygiadau diwydiannol hefyd, gyda'r diwydiannau mwyngloddio yn arbennig o bwysig yn y blynyddoedd cynnar; defnyddiwyd dulliau hydrolig soffistigedig yng nghloddfa **aur** Dolaucothi (gw. **Cynwyl Gaeo**).

Mae tystiolaeth archaeolegol yn cadarnhau bod diwylliant cyfun wedi datblygu wrth i'r **economi** aeddfedu, a bod elfennau brodorol a Rhufeinig yn gymysg â'i gilydd, o leiaf yn yr ardaloedd mwyaf Rhufeinig. Yng Nghaer-went er enghraifft, roedd teml wedi'i chysegru i'r duw cyfun Mars-Oculus. Erbyn y 4g. ceir tystiolaeth o addoli Cristnogol (gw. **Crefydd**); bu farw dau o dri merthyr gwybyddus y Brydain Rufeinig, **Iŵl ac Aaron**, yng Nghaerllion. Ond er bod tystiolaeth fod *romanitas* wedi ei dderbyn yn rhannol, yn arbennig yn y de-ddwyrain, mae tystiolaeth hefyd fod traddodiadau brodorol wedi goroesi, hyd yn oed mewn mannau fel Caer-went. Mae'r creiriau o'r 3g. y cafwyd hyd iddynt ym mhrif ganolfan y *civitas* – yn eu plith ceir delw o famdduwies ar ei heistedd a phen carreg cerfiedig – yn ymddangos yn hollol frodorol eu natur. Yn yr un modd, dangosodd gwaith cloddio diddorol ar Fferm Thornwell ger Caer-went fod pobl yn dal i fyw yno mewn tai crynion mor ddiweddar â'r 4g.

Cornel Stryd Clwyd, Rhuthun, *c*.1875

Siapiwyd hanes y Brydain Rufeinig yn ei chyfnod diweddar gan fygythiadau allanol ac ansefydlogrwydd mewnol. Lleolwyd lluoedd arfog fwyfwy ar yr arfordir, a daeth safleoedd fel Caerdydd a Segontium (**Caernarfon**) yn gynyddol bwysig. Newidiodd trefniadaeth weinyddol y fyddin yn sgil creu teitlau milwrol newydd fel ***Dux Britanniarum***. Câi milwyr hefyd eu dwyn o Brydain i dir mawr Ewrop o ganlyniad i'r ymrafaelio cynyddol oddi mewn i'r ymerodraeth, ac yn hynny o beth roedd gwrthryfel Magnus Maximus (gw. **Macsen Wledig**) yn erbyn Gratian yn OC 383 yn arbennig o arwyddocaol. Yn ôl traddodiad – nad oes unrhyw sicrwydd yn ei gylch – bu i Honorius yn OC 410 annog dinasoedd Prydain i'w diogelu eu hunain; erbyn diwedd ei deyrnasiad (OC 423) mae'n weddol amlwg fod Prydain wedi peidio â bod yn rhan ystyrlon o'r ymerodraeth.

Serch hynny, ni ddiflannodd gwaddol Rhufain. Y diwylliant Brythonig-Rufeinig a roddodd ei ffurf i gymdeithas Gymreig yr Oesoedd Canol cynnar. Arhosodd **Lladin** hefyd yn iaith yr eglwys ac yn iaith dysg yng Nghymru am fil a mwy o flynyddoedd wedi cwymp yr ymerodraeth a gadawodd ei hôl ar eirfa'r **Gymraeg**. Yn ogystal â hynny, yn nyddiau olaf yr ymerodraeth y gosodwyd sylfeini teyrnasoedd yr Oesoedd Canol cynnar yng Nghymru. Llechai'r cof hefyd am gamp y Rhufeiniaid yn dod â'r rhan fwyaf o Brydain o dan un llywodraeth yn y gred angerddol yr adferid undod yr ynys yn y dyfodol gan Fab Darogan o Gymro (gw. **Darogan**, **Prydain** a **Sieffre o Fynwy**).

## RHUFONIOG Cantref

Un o bedwar **cantref** y **Berfeddwlad** oedd Rhufoniog, ynghyd â **Rhos**, **Dyffryn Clwyd** a **Thegeingl**. Uwch Aled, Is Aled a **Cheinmeirch** oedd ei dri **chwmwd**. Yn 1282 daeth yn rhan o arglwyddiaeth **Dinbych**.

## RHUTHUN, Sir Ddinbych (818ha; 5,218 o drigolion)

Prif ganolfan rhan uchaf Dyffryn **Clwyd** yw Rhuthun, ac ymddengys mai **Dafydd ap Gruffudd**, arglwydd **Dyffryn Clwyd** o 1277 hyd 1282, oedd y cyntaf i adeiladu amddiffynfeydd yno. Ar ôl i Ddyffryn Clwyd ddod i feddiant Reginald de Grey (gw. **Grey, Teulu**) yn 1284, gan ddod yn un o arglwyddiaethau'r **Mers** – fe'i gelwid fel rheol yn arglwyddiaeth Rhuthun – adeiladwyd castell a sefydlwyd bwrdeistref yn Rhuthun. Ar 18 Medi 1400 cychwynnodd **Owain Glyndŵr** ei wrthryfel gydag ymosodiad ar y dref a'r castell. Dinistriwyd y castell yn ystod y **Rhyfeloedd Cartref**, ac yn 1826 codwyd plasty ar y safle ar gyfer teulu West, a etifeddodd ran Ruthun o stadau teulu **Myddelton**. Gwerthwyd y castell yn 1920 ac fe'i trowyd yn glinig preifat ac yna'n westy.

Capel yn perthyn i Eglwys Sant Meugan (gw. **Llanbedr Dyffryn Clwyd**) oedd Eglwys Sant Pedr yn wreiddiol, ac fe fu, o bosibl, yn gartref i goleg o **ganoniaid Awgwstinaidd**. Adeiladwyd y rhan fwyaf o'r eglwys yn y 14g., ac mae ganddi brif do hardd ynghyd â chyfoeth o gofebau. Daeth adeiladau coleg y canoniaid i feddiant **Gabriel Goodman** (1528–1601), ac ynddynt y lleolwyd Ysbyty Crist, yr elusendy a waddolwyd ganddo. Ef hefyd yn 1574 a waddolodd yr ysgol ramadeg a leolid yn wreiddiol gerllaw. Mae Sgwâr Sant Pedr, ynghanol y dref, yn llecyn deniadol, gyda'r tair rhes o ffenestri yn nho'r Myddelton Arms ('saith llygad Rhuthun') ac adeilad Banc y NatWest a fu ar un adeg yn llys (1401 yn wreiddiol). Yno, yn 1827, darganfuwyd rholiau llys canoloesol Rhuthun, sy'n golygu bod hanes Rhuthun wedi ei gofnodi'n fwy cyflawn nag odid unrhyw un arall o arglwyddiaethau'r Mers.

Tan y 18g. roedd y rhan fwyaf o drefi Cymru yn frith o dai du a gwyn. 'Bellach,' meddai Peter Smith, 'dim ond Rhuthun sydd ar ôl. Dylid ei gwarchod yn ofalus fel cofeb genedlaethol, fel yr atgof olaf sydd gennym o sirioldeb trefol coll cyn iddo gael ei ddiddymu gan deyrnasiad difflach cerrig a stwco'. Un o adeiladau mwyaf trawiadol y dref yw Tŷ Nantclwyd, man geni Gabriel Goodman o bosibl. Ailadeiladwyd Hen Garchar y Sir yn 1775, a bellach fe'i defnyddir fel archifdy ac amgueddfa; mae'n rhoi cofnod cofiadwy o hanes **carchardai**. Pan gwblhawyd swyddfeydd y cyngor sir yn 1908 daeth Rhuthun yn ganolfan **llywodraeth** sirol yr hen **Sir Ddinbych** ac adferwyd y swyddogaeth hon iddi pan ailffurfiwyd y sir.

Yn rhan ogleddol y **gymuned** mae Ffermdy Cae'r Afallen gyda'i ffrâm bren drawiadol. I'r gorllewin mae pentref Llanfwrog, gyda thŵr anferth Eglwys Sant Mwrog yn teyrnasu drosto.

## RHWS, Y, Bro Morgannwg (1,717ha; 4,875 o drigolion)

Lleolir y **gymuned** hon yn union i'r gorllewin o'r **Barri**, ac mae'n cynnwys y Rhws, Ffontygari, Porthceri, Pen-marc, Ffwl-y-mwn a Dwyrain Aberddawan. Ei nodwedd amlycaf yw Maes Awyr Rhyngwladol **Caerdydd** a ddatblygodd o faes awyr milwrol y Rhws, is-faes awyr i **Sain Tathan** (gw. **Meysydd Awyr**). Gerllaw adeiladau'r derfynfa mae adeiladau enfawr Canolfan Cynnal a Chadw British Airways, sydd i'w gweld o bron pob rhan o **Fro Morgannwg**. Mae gwaith sment a chwareli **calchfaen** enfawr yr ardal, a gwrthgloddiau caer arfordirol y Bwlwarcau, sy'n dyddio o'r Oes Haearn (gw. **Oesau Cynhanesyddol**), bron yr un mor amlwg.

Mae'r Rhws ynghyd â Ffontygari wedi troi'n bentref cymudwyr, ond mae Dwyrain Aberddawan, Pen-marc, Ffwl-y-mwn a Phorthceri yn dal yn bentrefi deniadol lle ceir enghreifftiau da o **bensaernïaeth** frodorol. Mae Eglwys y Santes Fair ym Mhen-marc yn adeilad canoloesol sylweddol sydd â bwa cangell Normanaidd. Aeth Castell Pen-marc, a godwyd o gerrig yn y 13g. i gymryd lle'r amddiffynfa gylch Normanaidd, yn adfail yn y 15g. Mae Eglwys Sant Curig, Porthceri, yn adeilad bach hyfryd. Porthkerry House oedd cartref dirodres teulu Romilly yn y 19g., teulu amlwg yn hanes tref y Barri. Gerllaw mae'r draphont luniaidd a gwblhawyd yn 1897 i gario Rheilffordd Bro Morgannwg.

Adeilad mwyaf diddorol yr ardal yw Castell Ffwl-y-mwn, y tŷ hynaf yng Nghymru y bu pobl yn byw ynddo'n ddi-dor, yn ôl yr honiad. Yn 1664 daeth i feddiant **Philip Jones**, prif gynorthwywr **Cromwell** yng Nghymru, ac yna fe'i hailwampiwyd yn y 1760au ar gyfer Robert Jones, a oedd yn frwd ei gefnogaeth i Fethodistiaeth. Bryd hynny y crëwyd y nenfydau Rococo gwych. Dangosodd Robert Jones diweddarach o Ffwl-y-mwn ei ddirmyg tuag at deitlau trwy 'urddo' pob un o'i **geffylau** a'i **gŵn** yn farchogion.

## RHYDAMAN (Ammanford), Sir Gaerfyrddin (312ha; 5,293 o drigolion)

Yn 1860 enw'r dref a'r **gymuned** hon a leolir ar gymer afonydd **Llwchwr** ac Aman oedd Cross Inn, ac fe'i disgrifiwyd bryd hynny fel 'pentref mewn man dymunol ym mhlwyf Llandybïe'. Arweiniodd ymgyrch 'cross out Cross Inn' yn 1881 at fabwysiadu'r enw Ammanford; ychydig flynyddoedd yn ddiweddarach y dilynodd y ffurf Gymraeg, Rhydaman. Wrth i'r diwydiant **glo** a chynhyrchu **tunplat** ddatblygu a ffynnu, cynyddodd y **boblogaeth** o 3,058 yn 1901 i 6,074 yn 1911; ffurfiwyd dosbarth trefol Rhydaman yn 1903. Perthynai Ysgol y Gwynfryn (1880–1915), lle câi gweinidogion a pherfformwyr eisteddfodol eu hyfforddi, i draddodiad yr athrofeydd ymneilltuol neu Anghydffurfiol Cymreig (gw. **Academïau Anghydffurfiol**); bu gryfaf ei dylanwad dan brifathrawiaeth **John Gwili Jenkins**. Chwaraeodd y Tŷ Gwyn, lle'r oedd ymgyrchwyr Llafur yn cwrdd yn y blynyddoedd yn union cyn y **Rhyfel Byd Cyntaf**, ran bwysig yn lledaeniad syniadau sosialaidd yn yr ardal. Ymhlith ei selogion yr oedd **James Griffiths**, a gladdwyd ym mynwent y Christian Temple, prif gapel Annibynnol Rhydaman. Yn ei hanterth diwydiannol, roedd Rhydaman yn ganolfan bwysig i ddiwylliant Cymraeg y dosbarth gweithiol. O'r 1930au ymlaen dechreuodd y diwydiannau trymion ddirywio'n enbyd. Cafodd ymdrechion i sefydlu diwydiant ysgafn beth llwyddiant.

## RHYDRI, Caerffili (2,344ha; 862 o drigolion)

Mae'r **gymuned** hon, yn union i'r gogledd-ddwyrain o **Gaerdydd**, yn cynnwys pentrefi Rhydri, Draethen, Garth a Waterloo. Roedd Castell Rhiw'rperrai (*c.*1626), bloc hirsgwar a chanddo dyrau ongl silindraidd, yn adeilad hynod o anachronistaidd yn ei oes. Fe'i hadeiladwyd ar gyfer Thomas Morgan, stiward iarll Pembroke; mae'n adfail trist erbyn hyn, ond mae sôn am gynlluniau i sicrhau nad ydyw'n beryglus. Roedd Cefnmabli, cartref teulu Kemeys-Tynte, yn cynnwys nodweddion pensaernïol o bob cyfnod o'r 16g. hyd y 19g. Fe'i defnyddiwyd fel ysbyty o 1923 hyd 1980, ond fe'i difethwyd yn rhannol gan dân yn 1994 cyn ei droi'n fflatiau; mae'n destun soned hiraethus gan **W. J. Gruffydd**. Mewn gwaith **plwm** Rhufeinig ym mhentref Draethen, sy'n ymestyn am 120m o dan ddaear, cafwyd tystiolaeth fod arian ffug wedi ei fathu yno yn ystod y 3g.

## RHYDYCHEN A CHYMRU

Gellir olrhain cysylltiadau Cymreig Rhydychen i ddyddiau cynnar y brifysgol yn y 12g., pan fu **Sieffre o Fynwy** yn darlithio yno. Ceir tystiolaeth wedyn am ysgolheigion Cymreig megis y ddau Thomas Wallensis (*fl.*1230–55 a *fl.*1300–50) a **Gerallt Gymro** yn astudio yno. Er nad yw'r cofnodion yn llawn hyd ddyddiau Harri VIII, tystir i lawer o Gymry fod yn astudio'r celfyddydau a chyfraith eglwysig. Cofnodir i nifer o fyfyrwyr Cymreig ymadael â Rhydychen yn 1400–1 i gefnogi **gwrthryfel Glyndŵr**; graddedigion o Rydychen oedd rhai o'i gynghorwyr agosaf.

Erbyn yr 16g. roedd cysylltiadau agos rhwng rhai colegau a neuaddau â Chymru (neu o leiaf â rhai ardaloedd yno), er enghraifft Coleg Oriel, Coleg y Trwyn Pres, Coleg yr Holl Eneidiau a Neuadd Caerloyw. Roedd meibion **boneddigion** ac iwmyn Cymru yn mynychu'r brifysgol ac amryw eraill yn drefolion yn Rhydychen. Cryfhawyd y cysylltiad yn 1571 pan sefydlwyd Coleg Iesu, y sefydliad colegol cyntaf a ddaeth i fod yn Rhydychen yn y cyfnod wedi'r **Diwygiad Protestannaidd**. Elizabeth I oedd sefydlydd swyddogol y coleg hwn, ond ei brif noddwr, Hugh Price (neu Aprice) (1495?–1574) o **Aberhonddu**, trysorydd esgobaeth **Tyddewi**, a'i creodd mewn gwirionedd. Trwy weithgareddau Price ac eraill, daethpwyd i'w gyfrif fel coleg a oedd yn bennaf (ond nid yn gyfan gwbl) yn gwasanaethu Cymru. Addysgwyd llawer o fonedd ac offeiriaid Cymreig yno, a hyd y 19g. cafwyd olyniaeth bron yn ddi-dor o benaethiaid Cymreig a sicrhaodd diroedd a gwaddol i'r sefydliad; bu **Leoline Jenkins** (1661–73) o

Mrs Mary Jones o Drefynwy yn ffarwelio â'i meibion Harry, Ted a William wrth iddynt ymadael am y ffosydd yn Ffrainc yn ystod y Rhyfel Byd Cyntaf

Lanfleiddian (y **Bont-faen**) i bob pwrpas yn ail sefydlydd iddo. Er i'r cysylltiadau Cymreig barhau hyd heddiw, lleihaodd cyfraniad uniongyrchol Coleg Iesu i **addysg** yng Nghymru oddi ar ddiwedd y 19g. Serch hyn, ceir yng Ngholeg Iesu, er 1877, gadair Gelteg, a lanwyd gan ysgolheigion Cymreig, megis **John Rhŷs**, **Idris Foster** a D. Ellis Evans (g.1930). Bu John Rhŷs hefyd yn bennaeth y Coleg (1895–1915) ac yn llywydd cyntaf Cymdeithas Dafydd ap Gwilym, a sefydlwyd yn 1886 gan fyfyrwyr Cymreig Rhydychen.

Nid Coleg Iesu oedd yr unig goleg i ddenu'r Cymry. Parhaodd y cysylltiad â nifer o'r colegau uchod, a daeth Eglwys Crist, er enghraifft, yn goleg poblogaidd gyda meibion yr uwch-fonedd Cymreig. Yn y 1870au diwygiwyd y brifysgol fel bod y dorau'n agored i Anghydffurfwyr. Aeth **T. E. Ellis** i Goleg Lincoln, er enghraifft, ac **O. M. Edwards** i Balliol. Erbyn diwedd y 19g. dechreuwyd darparu ar gyfer addysg uwch i aelodau'r dosbarth gweithiol (gw. **Dosbarth**) gyda sefydlu Coleg Ruskin yn 1899. Daeth nifer o'r Cymry a fu yn y coleg hwnnw yn arloeswyr **sosialaeth** yng Nghymru, gan gynnwys W. J. Edwards, awdur *From the Valley I Came* (1956), Noah Rees, un o arweinwyr amlycaf glowyr y de, a **Noah Ablett**, prif awdur ***The Miners' Next Step*** ac ysbrydolwr y streic yng Ngholeg Ruskin yn 1909 a arweiniodd at sefydlu'r **Coleg Llafur Canolog** yn **Llundain**. Yn y 1920au a'r 1930au daeth Rhydychen yn un o brif gyrchfannau ymfudwyr diwaith o Gymru; croniclir eu hanes yn nofel **Raymond Williams**, *Second Generation* (1964).

Cedwir nifer o lawysgrifau Cymreig a Chymraeg nodedig yn llyfrgelloedd Rhydychen; y bwysicaf ohonynt yw ***Llyfr Coch Hergest*** a gedwir yn Llyfrgell Bodley.

## RHYDDFRYDWYR CENEDLAETHOL, Y (*The National Liberals*)

Ym Mehefin 1931 ymwrthododd carfan o 28 o aelodau seneddol Rhyddfrydol adain dde â chwip eu plaid. Gwnaethant hynny o dan arweiniad Syr John Simon gan gydweithredu'n rhannol â'r **Blaid Geidwadol**. Yn etholiad cyffredinol Hydref 1931 etholwyd pedwar Rhyddfrydwr Cenedlaethol yng Nghymru: Fred Llewellyn Jones (**Sir y Fflint**), Henry Morris-Jones (**Dinbych**), **Clement Davies** (**Sir Drefaldwyn**) a Lewis Jones (Gorllewin **Abertawe**). Daeth y rhan fwyaf o'r Rhyddfrydwyr Cenedlaethol gydag amser yn aelodau o'r Blaid Geidwadol, ond dychwelyd at brif garfan y Rhyddfrydwyr a wnaeth Clement Davies yn 1941, gan ddod yn arweinydd y Blaid Ryddfrydol (1945–56). Yn 1950 mabwysiadodd E. H. Garner-Evans, olynydd Morris-Jones yn Ninbych, y label Rhyddfrydwr Cenedlaethol a Cheidwadwr, a dilynwyd yr un arfer gan ei olynydd yntau, W. Geraint Morgan, hyd 1964 pan ollyngodd y geiriau Rhyddfrydwr Cenedlaethol a'i alw'i hun yn Geidwadwr.

## RHYFEL BYD CYNTAF, Y

Gwasanaethodd cyfanswm o 272,924 o Gymry yn rhyfel 1914–18, sef 21.5% o holl wrywod y wlad (canran ychydig yn is na'r canrannau ar gyfer **Lloegr** a'r **Alban**); o'r rhain, collwyd tua 35,000. Erbyn Ionawr 1916, pan gyflwynwyd gorfodaeth filwrol, roedd 122,986 o Gymry wedi gwirfoddoli i ymuno â'r lluoedd arfog. Perswadiwyd nifer ohonynt i ymrestru gan rethreg gweinidogion Anghydffurfiol – yn enwedig **John Williams**, Brynsiencyn (1853–1921) – rhethreg a fyddai'n destun cywilydd i gapelwyr maes o law. Daeth gorfodaeth â

149,938 yn rhagor o ddynion i'r rhengoedd, er bod **gwrthwynebiad cydwybodol** rywfaint yn gryfach yng Nghymru nag ydoedd ym **Mhrydain** yn gyffredinol (gw. **Heddychiaeth**).

Bu ehangu enfawr ar bob uned Gymreig yn ystod y rhyfel, ac roedd hunaniaeth leol, o leiaf mewn enw, i lawer o'r bataliynau o droedfilwyr. (Bataliynau'r *Pals*, fel y'u gelwid, oedd y rhain, sef bataliynau yr oedd eu recriwtiaid i gyd yn dod o un dref arbennig.) Roedd Cymry i'w cael mewn aml i gatrawd Seisnig hefyd, ac mewn adrannau gwasanaethu a chynnal, a bu'r gwawd a'r dirmyg a brofodd rhai ohonynt yn fodd i fwydo **cenedlaetholdeb** Cymreig cyfnod diweddarach. (Prin oedd y swyddogion Cymreig, gan i Gymru ar gyfartaledd gyfrannu llai o swyddogion i'r lluoedd Prydeinig na'r un rhan arall o'r deyrnas.) Er hynny, wrth i'r *Taffs* (gw. **Taffy**) gydymladd a chyd-ddioddef â *Brummies*, *Geordies*, *Cockneys*, *Jocks*, *Scousers*, *Micks*, *Kiwis* ac *Aussies*, tyfodd brawdoliaeth ac yn ei sgil ymdeimlad o berthyn i un diwylliant Prydeinig cyffredin. Ymhlith y prif frwydrau y bu **Corfflu'r Fyddin Gymreig** yn ymladd ynddynt yr oedd brwydr Coedwig Mametz ar afon Somme (Gorffennaf 1916) a Thrydedd Frwydr Ypres (Gorffennaf–Awst 1917). Bu ymdrechion i annog recriwtio yng Nghymru trwy hoelio sylw ar draddodiad milwrol honedig y wlad a thrwy lacio'r rheolau ynghylch taldra gofynnol troedfilwyr. Er i'r elyniaeth swyddogol tuag at y **Gymraeg** ddod yn llai amlwg, ac er darparu caplaniaid Anghydffurfiol a phropaganda yn y Gymraeg, yr ardaloedd Cymraeg eu hiaith oedd y rhai prinnaf eu recriwtiaid, ac ynddynt hwy y gwelwyd y gwrthwynebiad cryfaf i'r rhyfel ar sail heddychol. Mewn mannau eraill, bu peth gwrthwynebiad ar dir sosialaidd i'r holl jingoistiaeth a militariaeth, ac wrth i'r rhyfel fynd rhagddo daeth syrffed pobl ar y rhyfel yn fwyfwy amlwg. Yn Rwsia arweiniodd y diflastod hwn at y Chwyldro Bolsieficaidd, y byddai ei ddylanwad yn drwm ar Gymru yn y 1920au a'r 1930au (gw. **Plaid Gomiwnyddol**).

Gwnaeth y rhyfel arwr sicr o **David Lloyd George**. Rhannwyd y **Blaid Ryddfrydol** gan ei ddyrchafiad i'r brifweinidogaeth a chan ei gefnogaeth i orfodaeth filwrol, a chyfrannodd hynny at ddirywiad y blaid wedi'r rhyfel. Cafwyd anghydfod sylweddol yn y diwydiant **glo**; prysurodd streic fawr yng Ngorffennaf 1915 reolaeth lawn y wladwriaeth dros y diwydiant. A chymaint o ddynion yn y lluoedd arfog, cafodd **menywod** eu cyflogi ar raddfa helaeth, ffactor o bwys yn hanes cymdeithasol yr 20g. Rhoddwyd hwb i **undebaeth lafur** gan yr angen i sicrhau cydweithrediad mewn diwydiannau strategol; a'r llynges Brydeinig yn ddibynnol ar lo ager o faes glo'r de, roedd sicrhau cydweithrediad y glowyr Cymreig yn allweddol. Cynyddodd bri'r **Blaid Lafur**; nid oedd modd beio ei haelodau seneddol am y rhyfel, a rhoddodd y defnydd effeithiol o rym y wladwriaeth yn ystod y gwrthdaro hygrededd i bolisïau'r blaid, a oedd am weld defnyddio'r wladwriaeth i gael gwared â thlodi a diweithdra. At ei gilydd, daeth profiad dirdynnol y rhyfel â therfyn ar hyder a ffyniant y cyfnod Edwardaidd yng Nghymru. Cydnabu'r cytundebau heddwch a ddilynodd y rhyfel hawliau gwleidyddol nifer o genhedloedd canolbarth a dwyrain Ewrop, gan ennyn gobaith yng Nghymru y byddai cenedligrwydd y Cymry yn cael cydnabyddiaeth debyg; roedd diffodd y gobaith hwnnw yn ffactor canolog yn sefydlu **Plaid [Genedlaethol] Cymru** yn 1925.

Poster recriwtio o'r Rhyfel Byd Cyntaf yn dangos yr Arglwydd Roberts o Kandahar (1832–1914)

## RHYFEL CAN MLYNEDD, Y (1337–1453)

Rhyfel hirfaith rhwng **Lloegr** a Ffrainc oedd hwn. Roedd Ffrainc yn hawlio sofraniaeth dros diriogaethau Seisnig yn y wlad honno ac yn ofni grym masnachol Lloegr yn Fflandrys, a Lloegr yn hawlio coron Ffrainc trwy Isabella, merch Philip IV a mam Edward III. Gwelwyd buddugoliaethau Lloegr yn Crécy (1346) a Poitiers (1356), a daeth rhan gyntaf y rhyfel i ben gyda Chytundeb Bretigny (1360), pan ildiodd Edward III ei hawl i orsedd Ffrainc ac ennill Calais, Ponthieu a Gwasgwyn. Ailddechreuwyd ar yr ymladd yn 1369, ac yn y 1370au daeth **Owain Lawgoch**, etifedd **Gwynedd**, i'r amlwg fel gwrthwynebydd glew i luoedd Lloegr. Yn 1415 hawliodd Harri V goron Ffrainc i Loegr unwaith eto, gan ymosod ar Normandi ac ennill brwydr Agincourt lle rhagorodd gwŷr **bwa hir** Cymru. Yn 1420 cydnabuwyd Harri yn etifedd teyrnas Ffrainc, ond erbyn 1453 roedd yr ymgyrchoedd a gychwynnwyd gan Jeanne d'Arc wedi arwain at ymlid lluoedd Lloegr o Ffrainc gyfan, ar wahân i Calais.

Cafodd y rhyfeloedd effaith ddofn ar Gymru. Bu iddynt gynnig cyfleoedd i filwyr cyflog y wlad – yn eu plith, y bardd **Guto'r Glyn** – gan greu arwyr fel Syr Hywel y Fwyall (**Hywel ap Gruffudd**) a **Mathau Goch**. Rhoddasant y cyfle i **Owain Glyndŵr** ffurfio cynghrair â brenin Ffrainc, a pheri bod niferoedd mawr o filwyr profiadol i'w cael yng Nghymru ar ddechrau'r gwrthryfel. Buont hefyd yn gyfrifol am ansefydlogi llinach **Lancaster**, ffactor pwysig yn yr hyn a arweiniodd at **Ryfeloedd y Rhos**, y chwaraeodd Cymru ran amlwg ynddynt.

Rhyfel y Crimea: Betsi Cadwaladr

## RHYFEL CARTREF SBAEN

O dan arweiniad **Ffederasiwn Glowyr De Cymru** a'r **Blaid Gomiwnyddol**, enynnwyd cefnogaeth eang yng Nghymru i Lywodraeth Weriniaethol etholedig y Ffrynt Boblogaidd yn Sbaen wedi i luoedd Franco ymosod ar y llywodraeth honno. Chwaraeodd Cymry ran weithredol yn y Rhyfel Cartref (1936–39), yn arbennig trwy gyfrwng y Frigâd Ryngwladol.

Gwirfoddolodd 174 o Gymry i ymladd yn Sbaen; dim ond un Cymro a fu'n ymladd dros luoedd Franco. O ran cefndir gwleidyddol a chymdeithasol roedd y gwirfoddolwyr yn gefnogol i'r Blaid Gomiwnyddol neu'r **Blaid Lafur**. Deuent yn bennaf o gymoedd **Rhondda**, Cynon a **Thaf**, ond ymhlith y gwirfoddolwyr yr oedd hefyd ddynion o faes **glo**'r gogledd ac o gefn gwlad. Gan iddynt brofi chwerwder y degawd a ddilynodd y **Streic Gyffredinol** (1926), roedd ganddynt ymwybod cryf â'r rhyfel **dosbarth**. Lladdwyd 33 o Gymry yn y rhyfel.

Wedi cwymp Gwlad y Basg yn 1938 ymledodd y gefnogaeth yng Nghymru y tu hwnt i'r Pwyllgorau Cymorth i Sbaen, a berthynai gan fwyaf i'r dosbarth gweithiol. O dan arweiniad **David Lloyd George**, ac amryfal academyddion prifysgol ac athrawon, sefydlwyd pwyllgorau ehangach, mwy dyngarol eu hapêl, fel y rhai a gynorthwyai blant ffoaduriaid o Wlad y Basg.

Yn wahanol i **Loegr**, ni nodweddwyd yr ymateb yng Nghymru gan unrhyw ddeffroad gwleidyddol deallusol. Un eithriad, fodd bynnag, oedd **Lewis Jones**, arweinydd Comiwnyddol y di-waith yn y Rhondda, y mae ei nofelau, *Cwmardy* (1937) a *We Live* (1939), yn cloi'n rymus gan ddisgrifio ymateb glowyr Cymru i Sbaen. Lleisiodd awduron Cymraeg eu cefnogaeth i'r Weriniaeth yn y cylchgrawn *Heddiw*, a gychwynnwyd mewn ymateb i gydymdeimlad **Saunders Lewis**, llywydd **Plaid [Genedlaethol] Cymru**, â Franco.

## RHYFEL Y CRIMEA

Cyhoeddodd **Prydain** a Ffrainc ryfel yn erbyn Rwsia ym mis Mawrth 1854, a hynny er mwyn cefnogi Twrci. Ym mis Medi glaniodd byddin ar benrhyn y Crimea a bu brwydrau mawr yn Alma (20 Hydref), Balaclava (25 Hydref) ac Inkerman (5 Tachwedd), brwydrau y bu'r **Ffiwsilwyr Brenhinol Cymreig** a'r **Gatrawd Gymreig** yn eu canol. Parhaodd y gwarchae ar Sebastopol hyd nes yr ymadawodd y Rwsiaid yn 1855. Daeth y rhyfel i ben o ganlyniad i Gytundeb Paris ym Mawrth 1856. Gartref, enynnodd y rhyfel ddiddordeb mawr (a pheri cynnydd nodedig yng nghylchrediad **papurau newydd**), yn ogystal â gwrthwynebiad gan heddychwyr (gw. **Heddychiaeth**) a chydwladolwyr (gw. **Rhyngwladoldeb**) fel **Henry Richard**. Yn y rhyfel hwn hefyd y daeth enwogrwydd i ran Betsi Cadwaladr (**Elizabeth Davi(e)s**). I'r gogledd o Flaenau **Ffestiniog**, mae'r **A470** yn croesi Bwlch y Crimea fel y'i gelwir (Bwlch y Gerddinen), ar hyd ffordd a adeiladwyd yn y 1850au.

## RHYFEL Y FALKLANDS/MALVINAS

Cafodd Ynysoedd Falkland (neu'r Malvinas yn Sbaeneg) yng Nghefnfor De'r Iwerydd, a gipiwyd yn wreiddiol gan **Brydain** yn 1833, eu goresgyn gan yr Ariannin ar 2 Ebrill 1982, a gyrrwyd tasglu o Brydain yno. Yn dilyn ymosodiadau ar fôr ac o'r awyr ar safleoedd a llongau'r Ariannin, glaniodd lluoedd Prydain ar 21 Mai; ar ôl nifer o frwydrau ar y tir, ildiodd yr Archentwyr ar 14 Mehefin. Ymosododd awyrennau'r Ariannin ar y **Gwarchodlu Cymreig**, rhan o 5ed Frigâd y Troedfilwyr, tra oeddynt yn aros yn y llong lanio ddiamddiffyn *Sir Galahad* yn Fitzroy, ar y ffordd i Bluff Cove. Lladdwyd 48 o filwyr, 32 ohonynt yn aelodau o'r Gwarchodlu Cymreig; anafwyd 150 arall o'r Gwarchodlu Cymreig. Achosodd lluniau teledu o'r clwyfedigion bryder mawr a bu galw am ymchwiliad llawn (nas cafwyd). Arweiniodd y rhyfel at adfer poblogrwydd y **Blaid Geidwadol** dan arweiniad Margaret Thatcher (yng Nghymru lawn cymaint ag yng ngweddill Prydain), ac at ledaenu propaganda cenedlaetholgar Prydeinig a oedd yn aml yn ddi-chwaeth. Gwrthwynebwyd y rhyfel gan **Blaid [Genedlaethol] Cymru** a chan fân grwpiau adain chwith, er bod y **Blaid Lafur** yn gefnogol i'r nod o ailgipio'r ynysoedd. Roedd y cysylltiadau hanesyddol rhwng Cymru a **Phatagonia** yn ychwanegu at wrthuni'r rhyfel yng ngolwg llawer. Mae Eluned Phillips (g.1915) yn cyfleu teimladau o'r fath yn 'Clymau', y gerdd a enillodd iddi goron yr **Eisteddfod** Genedlaethol yn 1983, ac mae Tony Conran (g.1931) yntau'n mynegi ei ddicter tawel ynghylch y rhyfel yn 'Elegy for the Welsh Dead, in the Falkland Islands, 1982'.

## RHYFEL Y SAIS BACH

Brithid blynyddoedd cynnar y 19g. gan wrthwynebiad gwerin-bobl i **gau tiroedd**. Digwyddodd un o'r gwrthdrawiadau enwocaf yn 1820–6 pan brynodd Augustus Brackenbury, gŵr bonheddig cyfoethog o Swydd Lincoln, 345ha o dir ar y Mynydd Bach yng nghanolbarth **Sir Aberteifi** (gw. **Llangwyryfon**). Liw nos ymgynullai pobl dlawd a sgwatwyr, llawer ohonynt yn gwisgo dillad menywod ac wedi duo eu hwynebau, mewn ymgais i'w rwystro rhag codi adeiladau ar ei dir. Bob tro y byddai Brackenbury yn codi tŷ, byddai'r protestwyr yn ei ddatgymalu. Daeth yr uchafbwynt ar 24 Mai 1826 pan ddinistriodd oddeutu 600 o derfysgwyr ei drydydd tŷ â bwyellgeibiau. O ganlyniad, gwerthodd Brackenbury ei dir a ffoi.

## 'RHYFELGYRCH GWŶR HARLECH' Cân

Dyma un o'r caneuon Cymreig mwyaf adnabyddus (enwau eraill arni yw 'Ymdaith Gwŷr Harlech' ac 'Ymdeithgan Gwŷr Harlech'). Mae'r alaw yn draddodiadol, ac fe'i cyhoeddwyd gyntaf, o dan y teitl 'Gorhoffedd Gwŷr Harlech' – 'March of the Men of Harlech', yn *Musical and Poetical Relicks of the Welsh Bards* (1784), gwaith **Edward Jones** (Bardd y Brenin; 1752–1824). Dechreuodd ymddangos yn nhrefniannau cyhoeddwyr **Llundain** yn niwedd y 18g. a chafodd gylchrediad eang yn sgil ei chynnwys yng nghyfrol **Brinley Richards**, *Songs of Wales* (1873), gyda geiriau Cymraeg gan Ceiriog (**John Ceiriog Hughes**) a rhai Saesneg gan John Oxenford. Gwnaed trefniant hefyd gan **D. Emlyn Evans** ar eiriau gan Talhaiarn (**John Jones**; 1810–69). Yn y ffilm ***Zulu*** (1964) canwyd y gân gan **Ivor Emmanuel** a chafodd gynulleidfa fyd-eang. Barnai'r Caiser Wilhelm II mai hi oedd yr ymdeithgan filwrol orau yn y byd.

## RHYFELOEDD CARTREF, Y (1642–8)

Cyfuniad cymhleth o achosion cyfansoddiadol, economaidd a chrefyddol a roddodd fod i'r rhyfeloedd rhwng Charles I a'i senedd. Arweiniodd y gwrthdrawiadau rhwng Charles a Thŷ'r Cyffredin, cyn ac ar ôl llywodraeth 'bersonol' y brenin (1629–40), at argyfwng cyfansoddiadol a gafodd ei borthi gan ddadleuon ffyrnig ynglŷn â Hawl Ddwyfol y brenin, ei ragorfreintiau ac awdurdod y **gyfraith** gyffredin. Yng Nghymru, fodd bynnag, ymateb cyntaf y **boneddigion** fu cydsynio â pholisïau Charles. Gan fod arfordir Cymru mor agored i ymosodiadau posibl o **Iwerddon** neu Sbaen, roedd y boneddigion yn dra pharod i dalu'r dreth longau er mwyn cryfhau'r llynges, ac roeddynt hefyd, ar y cyfan, yn gefnogol i ymdrechion yr Archesgob Laud, un o gyn-esgobion **Tyddewi**, i ddyrchafu rhwysg Eglwys Loegr.

Ond erbyn diwedd y 1630au roedd yr hinsawdd yn newid. Yn yr **Alban** bu gwrthwynebiad i bolisïau Charles; roedd sibrydion ar led fod y brenin yn codi byddin Gatholig yn Iwerddon a cheid amheuon hefyd ynghylch bwriadau pendefigion Catholig yng Nghymru megis teulu **Somerset** o dan arweiniad iarll Worcester. Trwy gyfrwng y Senedd Hir a ymgynullodd ym mis Tachwedd 1640, chwalwyd y fiwrocratiaeth frenhinol gan ddiddymu Llys yr Uchel Gomisiwn (arf pennaf Laud) ac ymosod ar yr esgobion a'r ***Llyfr Gweddi Gyffredin***.

Yn ystod misoedd cyntaf y Senedd Hir yr unig aelod o Gymru a roddodd gefnogaeth ddiamod i'r brenin oedd Herbert Price, cynrychiolydd **Aberhonddu**. Trodd agwedd yr aelodau at Charles yn fwy llugoer fyth yn dilyn y gwrthryfel yn Iwerddon yn 1641 ac yn sgil ofn y byddai byddin Wyddelig yn glanio ar arfordir Cymru. Er hynny, pan ddechreuodd y rhyfel ym mis Awst 1642, dim ond pump o aelodau seneddol o Gymru a oedd yn parhau'n driw i blaid y Senedd a dim ond dwy ardal yng Nghymru a oedd yn gefnogol i'w hachos. De **Sir Benfro** oedd un ohonynt a hynny o achos ei chysylltiadau masnachol â Bryste ac yn sgil y ffaith fod iarll Essex (gw. **Devereux, Teulu**), cadlywydd y lluoedd Seneddol, yn dal tir yn y sir. Yr ardal arall oedd **Wrecsam**, lle'r oedd Thomas Myddelton yn arwain y lluoedd Seneddol (gw. **Myddelton, Teulu**). Ar y llaw arall, er bod boneddigion a phendefigion Cymru yn cydymdeimlo â'r brenin, amharod oedd y mwyafrif llethol ohonynt i aberthu'r cyfan a oedd ganddynt er ei fwyn. Un eithriad nodedig oedd iarll Worcester; dywedir iddo wario £750,000 i gefnogi'r brenin, ac i'w gastell ef yn **Rhaglan** yr enciliodd Charles ar ôl trychineb Naseby.

Y llong lanio *Sir Galahad* ar dân adeg Rhyfel y Falklands/Malvinas

Roedd Cymru, fodd bynnag, yn faes pwysig i'r Goron ar gyfer codi byddinoedd. Roedd iddi hefyd bwysigrwydd strategol gan mai drwyddi hi yr âi'r ddwy brif dramwyfa a gysylltai Loegr ag Iwerddon, a dylanwadodd yr ystyriaeth strategol hon ar batrwm y brwydro. O 1642 ymlaen ceisiodd y Seneddwyr ennill rheolaeth ar y llwybr a arweiniai o Iwerddon trwy **Benfro** i bencadlys y brenin yn **Rhydychen**. Ond bu sawl tro ar fyd. Cafodd y Brenhinwr Richard Vaughan (gw. **Vaughan, Teulu (Gelli Aur)**), a fu'n fuddugoliaethus yn 1643, ei lwyr orchfygu yn 1644 gan y Seneddwr **Rowland Laugharne**, ond trechwyd Laugharne yn ei dro gan y Brenhinwr Charles Gerard yn 1645. Fodd bynnag, erbyn 1646, gyda chwymp Castell Rhaglan, llwyddodd lluoedd y Senedd i ennill rheolaeth ar holl **siroedd** deheuol Cymru. Nid annhebyg fu'r patrwm yn y gogledd, gyda Thomas Myddelton, ar ôl colli'r dydd i ddechrau, yn graddol ymestyn dylanwad y Seneddwyr. Ym mis Mawrth 1647 daeth y Rhyfel Cartref Cyntaf i ben pan ildiwyd Castell **Harlech** i luoedd y Senedd.

Digwyddiadau yn Sir Benfro yn 1648 a roddodd gychwyn ar yr Ail Ryfel Cartref. Yn ystod y misoedd blaenorol bu adwaith cryf o blaid y brenin. Achoswyd hyn yn rhannol gan y trethi trymion a orfodwyd ar y wlad gan y Seneddwyr a chan natur amwys eu perthynas â'u byddin. Crëwyd cryn anniddigrwydd hefyd gan yr eithafwyr Seneddol hynny a oedd am lwyr wyrdroi'r drefn sefydledig. Yng Nghymru, bu i farwolaeth iarll Essex wanhau dylanwad y Seneddwyr a datganodd John Poyer, llywiawdwr Castell Penfro, a Rice Powell, llywiawdwr Castell **Dinbych-y-pysgod**, eu cefnogaeth i'r brenin. Gorymdeithiodd y ddau i **Gaerdydd**, lle ymunodd y cyn-Seneddwr Rowland Laugharne â hwy. Yn y gogledd, ymateb yn gyffelyb a wnaeth **John Owen** (1600–66) o Glenennau (**Dolbenmaen**) ac eraill. Cynullodd Laugharne fyddin o 8,000 o wŷr, ond ar 8 Mai 1648 cafodd ei llwyr drechu yn Sain Ffagan (Caerdydd) ym mrwydr bwysicaf y Rhyfel Cartref yng Nghymru. Ysgubodd **Cromwell** trwy'r de a daeth pob gwrthwynebiad i ben ym mis Gorffennaf pan gipiwyd Castell Penfro. Yn y gogledd gwelwyd yr ymladd olaf ym **Môn** ychydig fisoedd yn ddiweddarach.

Ymhlith y rhai a arwyddodd y warant i ddienyddio Charles I yr oedd cynrychiolwyr dwy etholaeth Gymreig: **John Jones** (1597?–1660) o Faesygarnedd (**Llanbedr**), aelod **Sir Feirionnydd**, a Thomas Wogan, aelod Bwrdeistrefi **Sir Aberteifi**.

## RHYFELOEDD DE AFFRICA

Yn ystod Rhyfel 1879 yn erbyn y Zwlŵaid lladdwyd dros 600 o wŷr Bataliwn Cyntaf ac Ail Fataliwn 24ain Gatrawd y Troedfilwyr (y **South Wales Borderers** yn ddiweddarach), y mwyafrif helaeth ohonynt ym mrwydr Isandhlwana (22 Ionawr). Yn ddiweddarach y diwrnod hwnnw a chydol y nos llwyddodd Cwmni B y 24ain i amddiffyn gorsaf genhadol Rorke's Drift rhag ymosodiadau'r Zwlŵaid. (Portreadir yr hanes yn y ffilm ***Zulu***.) Dyfarnwyd 11 o Groesau Victoria am yr ymdrech hon, 7 i aelodau o'r 24ain (y nifer uchaf o ddyfarniadau ar gyfer un frwydr). Cymerodd y tair catrawd Gymreig o droedfilwyr ran yn yr Ail Ryfel yn erbyn y Boeriaid (1899–1902), a greodd ymraniadau ym **Mhrydain**. Roedd cydymdeimlad, yn arbennig ymhlith Rhyddfrydwyr Anghydffurfiol (o dan arweiniad **David Lloyd George**), â'r Boeriaid a oedd yn Brotestaniaid pybyr, ond ni ddylid gorliwio hyn. Roedd brwdfrydedd mawr ymhlith y cyhoedd pan ryddhawyd garsiynau Prydeinig yn Ladysmith (28 Chwefror 1900) a Mafeking (17 Mai 1900) ac, er i'r Rhyddfrydwyr ennill tir yn etholiad cyffredinol Hydref 1900, roedd llawer o'u hymgeiswyr buddugol yn frwd o blaid yr ymerodraeth. Dim ond yng nghyfnod olaf y rhyfel, a drodd yn frwydr gerila, ac yn sgil creu gwersylloedd crynhoi ar gyfer y Boeriaid, y daeth y farn gyhoeddus yng Nghymru yn fwy unedig yn erbyn parhad y rhyfel.

## RHYFELOEDD Y CHWYLDRO FFRENGIG A RHYFELOEDD NAPOLEON

Bu rhyfela rhwng Ffrainc a **Phrydain** (gyda dwy egwyl fer) o 1793 tan 1815. Hyd at fuddugoliaeth Nelson yn Trafalgar ar 21 Hydref 1805, ar y môr y bu'r rhan fwyaf o'r brwydro. Ffurfiwyd milisia lleol, corffluoedd o wirfoddolwyr ac iwmyn, a brawychwyd **Sir Benfro**, yn arbennig, gan '**laniad y Ffrancod**' (1797). Yn ystod Rhyfel Iberia (1808–14) y bu'r rhan fwyaf o'r brwydro milwrol rhwng Prydain a Ffrainc, gyda chatrodau o droedfilwyr Cymreig yn ennill bri mewn brwydrau ym Mhortiwgal a Sbaen. Gorchfygwyd Napoleon yn y diwedd yn Waterloo ar 18 Mehefin 1815, y frwydr lle cafodd y Cadfridog **Thomas Picton** ei ladd a lle collodd Henry Paget, ardalydd Anglesey, ei goes (gw. **Paget**, **Teulu**). Cafodd y brwydro gryn effaith ar **amaethyddiaeth** yng Nghymru, a bu'n hwb sylweddol i'r egin ddiwydiant **haearn** Cymreig. Dadleuir i ymdeimlad o genedlaetholdeb penodol Brydeinig ennill tir yng Nghymru yn ystod y rhyfela hir yn erbyn Ffrainc.

## RHYFELOEDD Y RHOS

Chwaraeodd Cymru ran sylweddol yn y rhyfeloedd cartref rhwng carfanau'r Lancastriaid a'r Iorciaid, a ddechreuodd yn 1455 (gw. **Lancaster, Teulu** a **York, Teulu**). Roedd y **dywysogaeth** yn bennaf o blaid y Lancastriaid a chyn-arglwyddiaethau **Mortimer** o blaid yr Iorciaid; roedd rhai o'r prif arweinwyr yn arglwyddi yn y **Mers**, yn eu plith iarll Warwick (**Morgannwg**) a theulu **Stafford**, dugiaid Buckingham (**Brycheiniog**). Pennid teyrngarwch arweinwyr y cymunedau Cymreig yn aml gan ymrafael lleol am rym neu hyd yn oed gan natur eu teyrngarwch yng **Ngwrthryfel Glyndŵr**. I rai, megis **Gruffudd ap Nicolas** yng **Nghaerfyrddin**, roedd teyrngarwch i Lancaster neu York yn fodd cyfleus i hybu eu huchelgais bersonol.

Cyrhaeddodd y rhyfel ffiniau Cymru yn 1459 gyda buddugoliaeth yr Iorciaid yn Blore Heath a'r Lancastriaid yn Ludforth Bridge. Arweiniodd buddugoliaeth York ym Mortimer's Cross ger Llanllieni (Leominster), brwydr a ymladdwyd ar 3 Chwefror 1461 rhwng dwy fyddin o Gymry'n bennaf, at goroni dug York yn Edward IV. Arhosodd Castell **Harlech** yn nwylo'r Lancastriaid nes iddo gael ei ildio yn 1468.

Arweiniwyd y garfan Iorcaidd yng Nghymru gan William Herbert, iarll Pembroke, un o gynghreiriaid agosaf Edward IV (gw. **Herbert, Teulu**); fe'i gwelid fel arweinydd cenedlaethol posibl gan lawer yng Nghymru. Arweinydd y Lancastriaid oedd Siasbar Tudur (gw. **Tuduriaid**). Rhoddwyd Cymru dan ofal Herbert gan y brenin, ond achosodd hyn beth drwgdeimlad a gyfrannodd at wrthryfel iarll Warwick yn 1469. Gorchfygwyd Herbert gan Warwick yn Banbury a'i ddienyddio; ystyrid ei farwolaeth yn drychineb genedlaethol yng Nghymru. Adferwyd Harri VI ar ôl y gwrthryfel, ond fe'i gorchfygwyd yn derfynol yn 1471 gan Edward IV yn Tewkesbury. Ffodd Siasbar a'i nai ifanc, Harri – yr etifedd Lancastraidd wedi marwolaeth mab Harri VI yn Tewkesbury – i **Lydaw**. Bu farw Edward IV yn 1483; roedd diflaniad Edward V a'i frawd wedi hynny yn achos i bobl fod yn amheus o'u hewythr, Richard III. Yn gynnar yn Awst 1485 glaniodd Harri Tudur yn **Dale** ar ddyfrffordd Aberdaugleddau (gw. **Aberdaugleddau, Dyfrffordd**) a gorymdeithiodd trwy Gymru, gan gasglu cefnogaeth ar y ffordd. Roedd ei fuddugoliaeth yn **Bosworth** yn nodi cam olaf Rhyfeloedd y Rhos. Ymladdwyd y frwydr olaf yn Stoke yn 1487, pan drechwyd yr ymhonnwr Lambert Simnel; yn 1497 cipiwyd ymhonnwr arall, Perkin Warbeck, ac fe'i dienyddiwyd.

## RHYNGWLADOLDEB

Mae'r cysyniad o ryngwladoldeb – y gred y dylai gwladwriaethau a chenhedloedd gydweithredu â'i gilydd ac y dylid hyrwyddo'r fath gydweithrediad – i'w olrhain yn ôl yn y cyd-destun Cymreig i ddiwedd y 18g. ac at weith-garedd y radicaliaid **Richard Price** a **David Williams** (1738–1816). Yn ddiweddarach, roedd rhyngwladoldeb gwŷr fel **Joseph Tregelles Price** a **Henry Richard** yn ymylu ar **heddychiaeth**. Roedd y sosialwyr Cymreig cynnar yn eu hystyried eu hunain yn rhyngwladolwyr (gw. **Sosialaeth**), ond yn achos rhai ohonynt aeth y cysyniad yn gyfystyr â Seisnigo'r byd yn gyflym a throdd yn arf defnyddiol ar gyfer pastynu'r rhai hynny a oedd am hyrwyddo achosion cenedlaethol Cymreig. Rhwng y ddau ryfel byd roedd Undeb Cynghrair y Cenhedloedd yn drwm dan ddylanwad rhyngwladoldeb, a rhoddwyd mynegiant i'r delfryd yn neges ewyllys da flynyddol **Urdd**

Sioe ar draeth y Rhyl, *c.*1920

**Gobaith Cymru**. Sefydlodd David Davies (gw. **Davies, Teulu (Llandinam)**), cefnogwr brwd i Gynghrair y Cenhedloedd, yr adran wleidyddiaeth ryngwladol gyntaf yn y byd yn **Aberystwyth** yn 1919, ac ariannodd adeiladu'r Deml Heddwch ym **Mharc Cathays**. Yr aberth mwyaf yn enw rhyngwladoldeb yn hanes Cymru oedd penderfyniad 174 o Gymry – y rhan fwyaf ohonynt yn Gomiwnyddion – i ymuno â'r Frigâd Ryngwladol a ffurfiwyd i gefnogi'r Gweriniaethwyr yn ystod **Rhyfel Cartref Sbaen**. Parhaodd elfen o ryngwladoldeb oddi mewn i'r **Blaid Lafur** fel y tystia gyrfaoedd **S. O. Davies** ac eraill, ond bu i'r gred weithiau ddirywio yn fath ar genedlaetholdeb Prydeinig. Mae rhyngwladoldeb hefyd wedi bod yn rhan o feddylfryd **Plaid [Genedlaethol] Cymru**, yn arbennig yn achos **Gwynfor Evans**, er nad oedd yn ei olwg ef, fwy nag yng ngolwg eraill, lawer o wahaniaeth rhwng y cysyniad a heddychiaeth. Ar ddechrau'r 21g. ceir y mynegiant mwyaf ymarferol o ryngwladoldeb yng Nghymru yng ngweithgaredd cymdeithasau elusennol, yn arbennig y rhai hynny sy'n ymwneud â dyled a thlodi yn y Trydydd Byd. Fel ffenomen ddiwylliannol, y mynegiant gorau ohono yw **Eisteddfod Ryngwladol Gerddorol Llangollen**.

## RHYL, Y, Sir Ddinbych (734ha; 24,889 o drigolion)

Y dref lan môr hon yw'r dref fwyaf yn **Sir Ddinbych** (er mai yn **Sir y Fflint** yr oedd hyd 1974). Ymddengys mai o hen ffurf ar y gair Saesneg *hill* 'bryn' y daw'r enw, er nad oes unrhyw fryncyn amlwg yn yr ardal. Cyn Deddf Ymddiriedolaeth Gwrthglawdd Morfa Rhuddlan (1794), ychydig o bobl a oedd yn byw yn yr ardal. Dywedir mai Tŷ'n y Rhyl, cartref yr hynafiaethydd **Angharad Llwyd**, yw'r tŷ hynaf. Dechreuodd ymwelwyr gyrraedd yn nechrau'r 19g., gan deithio mewn stemar olwyn o **Lerpwl** a glanio yn y Foryd – aber afon **Clwyd**. Pan agorwyd rheilffordd yr arfordir yn 1848 bu cynnydd sydyn yn nifer yr ymwelwyr, nid yn unig o Lannau Mersi ond hefyd o bob rhan o ogledd Cymru, lle dechreuwyd ystyried y Rhyl yn gyrchfan ddelfrydol ar gyfer tripiau **Ysgol Sul**. Yn 1894, pan sefydlwyd dosbarth trefol y Rhyl, roedd **poblogaeth** sefydlog y dref o gwmpas 6,500; yn ystod yr haf gallai godi i 50,000 neu fwy, ac arweiniodd hynny at dwf mawr mewn adeiladu gwestai mawr a bach. Roedd y Rhyl, gyda'i bromenâd llydan 3km o hyd, yn apelio'n fawr at y werin bobl, yn fwy felly na threfi gwyliau mwy sidêt **Llandudno** a **Bae Colwyn**. O blith yr adeiladau o'r 19g., y rhai mwyaf nodedig yw Eglwys Sant Thomas (1869), eglwys uchelgeisiol a gynlluniwyd gan George Gilbert Scott, a Neuadd y Dref (1876). Ymysg y nifer fawr o entrepreneuriaid a adeiladodd **bierau**, baddonau, theatrau a lleoedd yn darparu adloniant o bob math, mae lle pwysig i **Arthur Cheetham** (1864–1936) fel arloeswr ym myd **ffilm**. Rhoddodd **sinemâu** y Rhyl gyfle i **Colwyn Foulkes** ddangos ei ddawn fel pensaer. Dymchwelwyd pier y Rhyl (1867) yn 1972. Mae'r Heulfan (1976–80) yn ymestyn dros 1.3ha ac yn cynnwys pyllau ymdrochi, trên un gledren wedi'i godi ar uchder a phlanhigion trofannol. Yn sgil y newid mewn arferion gwyliau, nid yw'r Rhyl bellach yn denu'r cwsmeriaid traddodiadol, sef teuluoedd ar wyliau blynyddol. Cafodd ffair enwog y Marine Lake, a sefydlwyd yn 1911, ei chau yn 2007. Trowyd llawer o'r gwestai bach yn fflatiau i bobl sy'n byw ar fudd-daliadau nawdd cymdeithasol, ac felly mae rhannau o'r dref ymysg y lleoedd tlotaf yng Nghymru. Yn 2001 dim ond 22.59% o drigolion y Rhyl a oedd ag unrhyw fath o afael ar y **Gymraeg** – y ganran isaf ymhlith holl gymunedau Sir Ddinbych.

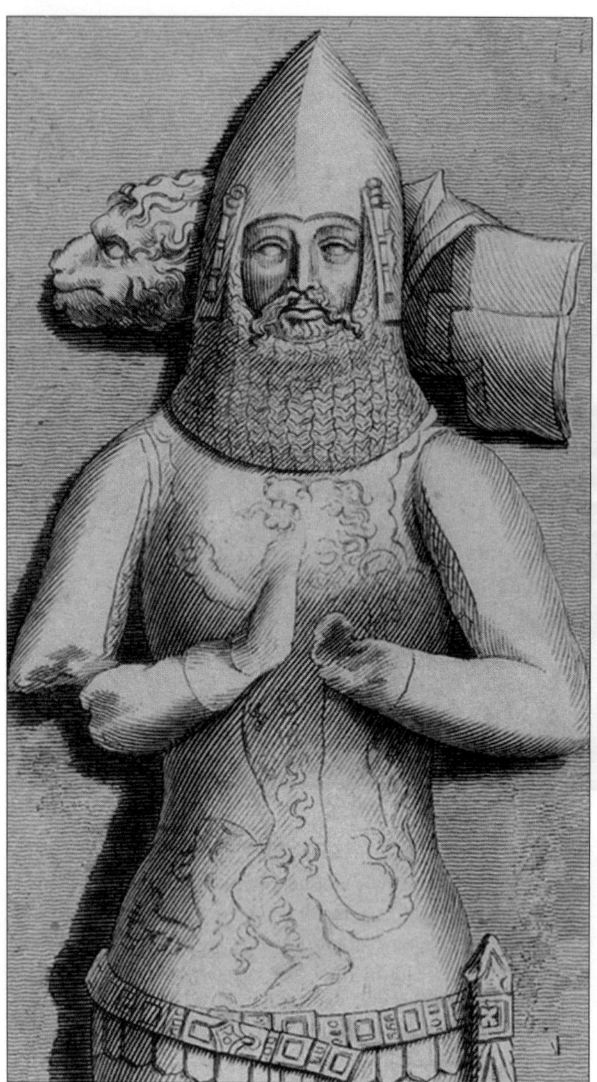

Y cerflun tybiedig o Rhys ap Gruffudd (Yr Arglwydd Rhys) yn eglwys gadeiriol Tyddewi

**RHYMNI, Afon** (58km)
Mae afon Rhymni yn tarddu ar uchder o *c.*570m ar lechweddau gorllewinol Mynydd **Llangynidr** yng nghymuned **Tal-y-bont ar Wysg**. Saif tref **Rhymni**, a fu unwaith yn un o ganolfannau'r diwydiant **haearn**, ar lan yr afon. Tua'r de llifa heibio i hen ganolfannau glofaol **Tredegar Newydd**, **Bargod**, **Pengam** a **Maesycwmer**, ond ger **Caerffili** try tua'r dwyrain a **Chasnewydd** cyn troi drachefn a llifo tua'r de-orllewin, gan gyrraedd y môr ar gyrion dwyreiniol **Caerdydd**. Ei hunig isafon o bwys yw Bargod Rhymni (gw. **Cwm Darran**).

**RHYMNI**, Caerffili (2,172ha; 8,757 o drigolion)
Mae'r **gymuned** hon ym mhen uchaf Cwm **Rhymni** (gw. **Rhymni, Afon**) yn cynnwys tref Rhymni a phentrefi Pontlotyn, Abertyswg, Twyncarno a'r Drenewydd. Dechreuwyd cynhyrchu **haearn** yn Rhymni yn 1800; mae cofgolofn ar y ffordd i mewn i'r dre yn coffáu pwysigrwydd y metel yn hanes y fro. Mae rhannau o waith Ffwrnais Uchaf wedi goroesi. Cynlluniwyd y Drenewydd, y mai ei enw Saesneg, Butetown, yn coffáu ardalydd Bute (gw. **Stuart, Teulu**), y prif dirfeddiannwr lleol, i fod yn bentref diwydiannol delfrydol. Cafodd ei adeiladu *c.*1804 ac mae'n cynnwys tair rhes gyfochrog o dai a nodweddir gan gyffyrddiadau Paladaidd. Nid oes dim byd ar ôl o waith haearn Bute, a adeiladwyd mewn arddull neo-Eifftaidd yn 1828. Parhaodd y gyfundrefn **drwco**'n hirach yn Rhymni nag yn unman arall ym maes **glo**'r de. Roedd y gwas sifil **Thomas Jones** (1870–1955) yn ymfalchïo yn ei wreiddiau yn Rhymni, ac felly hefyd **Idris Davies**, bardd y **Dirwasgiad**. Twyncarno oedd y lle olaf yn yr hen **Sir Fynwy** lle bu i'r **Gymraeg** oroesi fel iaith y gymuned. Am gyfnod hir Eglwys Dewi Sant, Rhymni, oedd yr unig eglwys Anglicanaidd yn esgobaeth Mynwy lle cynhelid gwasanaethau yn Gymraeg.

**RHYS AP GRUFFUDD (Yr Arglwydd Rhys; m.1197)** Tywysog Deheubarth
Mab ieuengaf **Gruffudd ap Rhys ap Tewdwr** (m.1137) o **Ddeheubarth** oedd Rhys, a daeth i rym yn 1155. Arweiniodd ei ymosodiadau ar ei gymdogion Eingl-Normanaidd at bedair ymgyrch frenhinol yn ei erbyn yn y cyfnod 1158–63. Cafodd ei garcharu am gyfnod byr yn 1163, ac yn yr un flwyddyn bu iddo, ynghyd ag **Owain Gwynedd** a Malcolm IV o'r **Alban**, wneud gwrogaeth i'r brenin yn Woodstock. Arweiniodd ei gynghrair ag Owain yn 1164 at ymgyrch aflwyddiannus Harri II flwyddyn yn ddiweddarach (gw. **Brenhinoedd Lloegr a'u perthynas â Chymru**).

O ganlyniad i'w fethiant trychinebus yn 1165, bu'n rhaid i Harri ailystyried ei bolisi yng Nghymru, a dwysawyd yr angen i wneud hynny gan drafferthion eraill, yn eu plith grym cynyddol yr arglwyddi Cambro-Normanaidd yn **Iwerddon** (ymosodwyd ar yr ynys gan Richard de Clare yn 1170 (gw. **Clare, Teulu**)). Am weddill ei deyrnasiad byddai polisi Cymreig Harri yn seiliedig ar ei gyfeillgarwch â Rhys, y rheolwr mwyaf grymus yng Nghymru yn dilyn marw Owain Gwynedd yn 1170. Yn 1172, yn **Nhalacharn**, penodwyd Rhys yn Ustus Deheudir Cymru, a golygai hynny ei fod yn gynrychiolydd y Goron yn ogystal ag yn dywysog Cymreig. Roedd cyfeillgarwch Rhys â'r brenin yn fodd i dawelu unrhyw anghydfod rhwng y Cymry a'r **Saeson**, a phan wrthryfelodd meibion Harri yn 1173 gyrrodd Rhys un o'i feibion, a llu o filwyr, i Ffrainc i gynorthwyo'r brenin. Rhys hefyd oedd uchaf ei awdurdod ymhlith y rheolwyr Cymreig hynny a gyfarfu â'r brenin yng Nghaerloyw yn 1175 ac yn **Rhydychen** yn 1177. Ond ar gyfathrach bersonol y seiliwyd y sefydlogrwydd gwleidyddol hwn, ac ni oroesodd farwolaeth Harri yn 1189. Roedd Richard I yn llai ystyriol wrth ymdrin â Rhys, a oedd hefyd yn gorfod ymdrin â'i feibion anystywallt ei hun. Yn 1195 cafodd ei garcharu gan ddau ohonynt. Ond er iddo gael ei ryddhau ymhen dim o dro, roedd y digwyddiad yn rhagargoel o'r ymrafael chwerw am yr olyniaeth a fyddai'n digwydd wedi ei farwolaeth. Yn dilyn ymgyrch lwyddiannus yn y **Mers** yn 1196, bu farw yn Ebrill 1197 a chafodd ei gladdu yn Eglwys Gadeiriol **Tyddewi**.

Roedd yr Arglwydd Rhys yn un o'r rheolwyr brodorol Cymreig mwyaf nodedig. Ac yntau'n un o arglwyddi mawr yr ymerodraeth Angywaidd, perthynai i fyd ffiwdal cosmopolitaidd, ac efallai mai dylanwad y byd hwnnw a'i cymhellodd i gynnal ei ŵyl enwog yn **Aberteifi** yn 1176 (gw. **Eisteddfod**); ond yr oedd hefyd yn dywysog Cymreig a ddefnyddiodd briodasau ei blant er mwyn cadarnhau ei safle fel prif reolwr brodorol ei oes. Bu hefyd yn hael ei gymwynasau i fyd **crefydd**; ef a waddolodd fynachlogydd

Sistersaidd **Hendy-gwyn** (gw. **Llanboidy** a **Sistersiaid**) ac **Ystrad-fflur**, a bu'n gyfrifol am sefydlu abaty'r **Premonstratensiaid** yn **Nhalyllychau**.

**RHYS AP GRUFFUDD (m.1356)** Milwr a swyddog brenhinol

Am ran helaeth o hanner cyntaf y 14g. Syr Rhys ap Gruffudd oedd llywodraethwr **tywysogaeth** y de i bob pwrpas ymarferol. Roedd yn ddisgynnydd i **Ednyfed Fychan** ac yn perthyn i **Ddafydd ap Gwilym**, ac o dan ei nawdd ef, efallai, y lluniwyd y gramadeg barddol enwog a gysylltir ag Einion Offeiriad (m.1349). Daliodd swyddi niferus o dan Edward II ac Edward III, a bu'n eithriadol o deyrngar i'r ddau ohonynt. Gwasanaethodd fel milwr yn yr **Alban** ac yn Ffrainc, ac roedd yn bresennol ym Mrwydr Crécy (1346). Yn 1327, ar ôl i Edward II gael ei ddiorseddu a'i garcharu yng Nghastell Berkeley, ceisiodd Rhys ei achub. Ond gan ei fod yn ffigwr mor anhepgor yng Nghymru, daeth yn ôl i ffafr yr oruchwyliaeth newydd ymhen dim o dro.

**RHYS AP MAREDUDD (m.1292)** Gwrthryfelwr

Yn ystod rhyfel 1282–3 bu Rhys ap Maredudd yn deyrngar i Edward I, ac nid rhyfedd hynny o gofio i'w dad, Maredudd ap Rhys o Ddryslwyn (gw. **Llangathen**), fod yn wrthwynebus i **Lywelyn ap Gruffudd**. Cafodd ei wobrwyo yn dilyn y **Goresgyniad Edwardaidd** â thiroedd rhai o'i berthnasau a oedd wedi mynd yn fforffed (gw. **Rhys Wyndod**). Yn raddol, fodd bynnag, fe'i dadrithiwyd gan weinyddiaeth y Goron ac yn 1287 gwrthryfelodd. Ni chafodd fawr ddim cefnogaeth; dichon fod llawer yn dal i gofio gyda phwy y safodd yn 1282–3. Trechwyd y gwrthryfel gyda chryn gefnogaeth o blith y Cymry; cafodd Rhys ei ddal yn 1292 a'i **ddienyddio** yng Nghaerefrog.

**RHYS AP TEWDWR (m.1093)** Brenin Deheubarth

Aelod o linach frenhinol **Deheubarth** oedd Rhys a chipiodd reolaeth ar y deyrnas yn 1078. Bu'n rhaid iddo ffoi i **Iwerddon** yn 1081, ond dychwelodd yn ystod yr un flwyddyn gyda **Gruffudd ap Cynan** o **Wynedd** ac adennill ei deyrnas ym Mrwydr **Mynydd Carn**. Efallai mai presenoldeb hurfilwyr Gwyddelig–Sgandinafaidd o Ddulyn yn y frwydr honno a ysbrydolodd daith Gwilym I ar draws y de i **Dyddewi** yn 1081. Mae'n ymddangos iddo ddod i gytundeb â Rhys, gan ei gydnabod yn rheolwr Deheubarth, ac i Rhys gytuno i dalu teyrnged neu dreth flynyddol iddo yntau (gw. **Brenhinoedd Lloegr a'u perthynas â Chymru**). Tra oedd Gwilym yn fyw, roedd safle Rhys yn ddiogel, ond wedi marw'r brenin yn 1087 cynyddodd cyrchoedd y **Normaniaid**. Ymosododd **Bernard de Neufmarché** ar **Frycheiniog** a lladdwyd Rhys mewn brwydr yn y Batel (Battle) yn **Ysgir** ger **Aberhonddu** yn 1093. Adferwyd grym Deheubarth trwy ymdrechion ei fab, **Gruffudd ap Rhys ap Tewdwr** (m.1137), a'i ŵyr, **Rhys ap Gruffudd** (yr Arglwydd Rhys; m.1197).

**RHYS AP THOMAS (1449–1525)** Milwr a swyddog brenhinol

Bu cefnogaeth Rhys ap Thomas i Harri Tudur (gw. **Tuduriaid**) yn 1485 yn dra allweddol o ran denu eraill yng Nghymru i gefnogi ei achos. Roedd Rhys yn ŵyr i **Gruffudd ap Nicolas** a thrwy ei fam yn un o ddisgynyddion **Ednyfed Fychan**. Ymladdodd yn **Bosworth** a chafodd ei urddo'n farchog gan y brenin newydd. Fe'i gwobrwywyd hefyd â nifer o swyddi, gan gynnwys swydd siambrlen de Cymru. Yn 1505 daeth yn aelod o Urdd y Gardas, ac yn 1507 trefnodd dwrnamaint yng **Nghaeriw** fel symbol o'r cymod rhwng **Lloegr** a Chymru yr oedd Harri VII yn ymgorfforiad ohono. Bu i Harri VII a Harri VIII ddibynnu'n drwm arno i reoli a llywodraethu'r de. Mae ei feddrod yn Eglwys Sant Pedr, **Caerfyrddin**. Cafodd ei ŵyr a'i etifedd, Rhys ap Gruffudd, ei **ddienyddio** am deyrnfradwriaeth honedig yn 1531. Yn 1730 rhoddwyd i ddisgynyddion Rhys, teulu Rice, y teitl Barwn Dynevor (gw. **Llandeilo**).

**RHYS FYCHAN AP RHYS AP MAELGWN (m.1302)** Arglwydd Cymreig

Yn ystod rhyfel 1276–7 bu Rhys yn gefnogol i achos **Llywelyn ap Gruffudd,** ac roedd yn un o'r pum barwn Cymreig y caniatawyd i'r tywysog gadw eu gwrogaeth yn dilyn **Cytundeb Aberconwy**. Wedi rhyfel 1282–3 cytunodd ar heddwch gyda'r brenin, a'i wasanaethu hyd ei farw. Roedd yn ddisgynnydd i **Rys ap Gruffudd** (Yr Arglwydd Rhys; m.1197).

**RHYS GOCH ERYRI (*fl.*1386/7–*c.*1440)** Bardd

Hanai Rhys o **Feddgelert**. Yn ôl traddodiad cefnogodd **Owain Glyndŵr**. Wedi **Gwrthryfel Glyndŵr** ei brif noddwr oedd Gwilym ap Gruffudd o'r Penrhyn (gw. **Llandygái**). Dywedir i'w awdl ddychan i lwynog a laddodd ei baun beri i'r anifail farw. Bu'n ymryson â Llywelyn ab y Moel ac wedyn â **Siôn Cent** a feirniadodd awen gelwyddog y beirdd. Amddiffynnodd Rhys y beirdd gan ddadlau fod eu hawen yn tarddu o'r Ysbryd Glân.

**RHYS GRYG (m.1234)** Arglwydd Cymreig

Pedwerydd mab **Rhys ap Gruffudd** (yr Arglwydd Rhys; m.1197) o **Ddeheubarth** ac un o brif arweinwyr gwleidyddol Cymru ar ôl marwolaeth ei dad. Etifeddodd Rhys Gryg y **Cantref Mawr** ac yr oedd, ar y cyfan, yn gefnogol i **Lywelyn ab Iorwerth**. Bu farw o'i glwyfau yn dilyn y gwarchae aflwyddiannus ar **Gaerfyrddin** yn 1234.

**RHYS WYNDOD (m.1302)** Arglwydd Cymreig

Gorwyr i **Rys Gryg** ac arglwydd **Dinefwr** a **Llanymddyfri**. Roedd yn un o'r arglwyddi prin hynny a barhaodd yn ffyddlon i **Ddafydd ap Gruffudd** hyd at ddiwedd rhyfel 1282–3. Cymerwyd ei diroedd oddi arno a'u rhoi i **Rys ap Maredudd** a threuliodd weddill ei oes yng ngharchar.

**RHYS, E[dward] Prosser (1901–45)** Bardd, golygydd a chyhoeddwr

Roedd Prosser Rhys yn frodor o ardal y Mynydd Bach (gw. **Llangwyryfon**), a dilynodd yrfa newyddiadurol, gan olygu *Baner ac Amserau Cymru* o 1923 hyd ei farwolaeth. Creodd gynnwrf gyda'i bryddest 'Atgof' a enillodd goron yr **Eisteddfod** Genedlaethol yn 1924. Cyfres o sonedau am ddeffroad llanc synhwyrus ydyw, a sonia'n gynnil am **gyfunrhywiaeth**. Fel golygydd, a hefyd fel cyhoeddwr gyda Gwasg Aberystwyth a'r Clwb Llyfrau Cymreig, bu Prosser Rhys yn ddylanwadol yn y byd llenyddol. Cyhoeddwyd *Cerddi Prosser Rhys* ar ôl ei farw yn 1950, cyfrol sy'n cynnwys y gerdd wladgarol 'Cymru'.

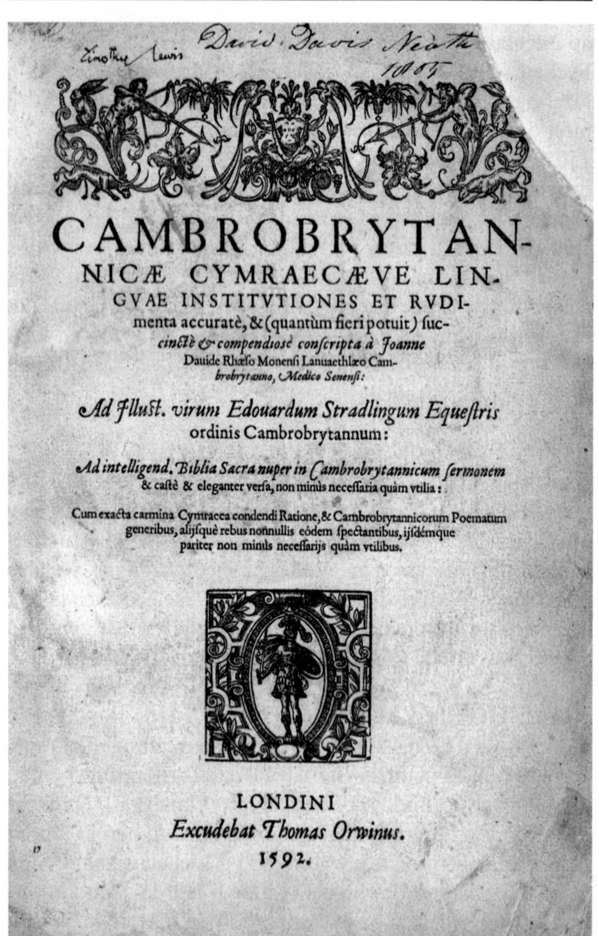

CAMBROBRYTAN-
NICÆ CYMRAECÆVE LIN-
GVAE INSTITVTIONES ET RVDI-
menta accuratè, & (quantùm fieri potuit) suc-
cinctè & compendiosè conscripta à Joanne
Dauide Rhæso Monensi Lanuaethlæo Cam-
brobrytanno, Medico Senensi:

Ad Illust. virum Edouardum Stradlingum Equestris
ordinis Cambrobrytannum:

Ad intelligend. Biblia Sacra nuper in Cambrobrytannicum sermonem
& castè & eleganter versa, non minùs necessaria quàm vtilia:

Cum exacta carmina Cymraeca condendi Ratione, & Cambrobrytannicorum Poematum
generibus, alijsquè rebus nonnullis eòdem spectantibus, ijsdémque
pariter non minùs necessarijs quàm vtilibus.

LONDINI
Excudebat Thomas Orwinus.
1592.

Gramadeg Siôn Dafydd Rhys, 1592

**RHYS, Ernest (1899–1946)** Golygydd ac awdur
Ganed Ernest Rhys yn **Llundain**, yn fab i ŵr o **Gaerfyrddin**, a threuliodd chwe blynedd o'i fagwraeth yn nhref enedigol ei dad. Fe'i cofir yn bennaf fel golygydd *Everyman's Library*, cyfres o lyfrau rhad a gyhoeddwyd gan Dent; ymddangosodd 983 o deitlau cyn ei farwolaeth. Cyhoeddodd, yn ogystal â barddoniaeth a nofelau, ddwy gyfrol o hunangofiant, sef *Everyman Remembers* (1931) a *Wales England Wed* (1940). Roedd yn un o brif ffigyrau mudiad y **Cyfnos Celtaidd**, a chefndir Celtaidd neu Gymreig sydd i lawer o'i waith.

**RHŶS, John (1840–1915)** Ysgolhaig
Ganed John Rhŷs ger Ponterwyd (**Blaenrheidol**). Fe'i penodwyd yn Athro Celteg cyntaf Prifysgol **Rhydychen** yn 1877 ac yn Brifathro Coleg Iesu yn 1895. Ei lyfr cyntaf, a'r un pwysicaf efallai, oedd *Lectures on Welsh Philology* (1877), lle gwnaeth ddefnydd arloesol o ddulliau ieitheg gymharol wrth astudio datblygiad y **Gymraeg**. Ar y cyd â **J. Gwenogfryn Evans**, golygodd nifer o destunau Cymraeg canoloesol, gan gynnwys testun y **Mabinogion** o ***Lyfr Coch Hergest***. Ymhlith ei lyfrau eraill y mae *Celtic Britain* (1882), *Studies in the Arthurian Legend* (1891) a *Celtic Folklore, Welsh and Manx* (2 gyfrol, 1901), sef yr astudiaeth gyntaf i nodi gwahaniaethau arwyddocaol rhwng y traddodiad llên gwerin Cymraeg a'r traddodiad Gaeleg yn **Iwerddon** a'r **Alban**. Fe'i hurddwyd yn farchog yn 1907. Pan oedd yn brifathro Coleg Iesu gwrthwynebodd y syniad y dylai'r coleg ddarparu ystafelloedd ymolchi, gan ddadlau mai dim ond am wyth wythnos y byddai'r llanciau yno.

**RHYS, Keidrych (1915–87)** Golygydd a bardd
Fe'i ganed ym Methlehem (**Llangadog**) a'i fedyddio yn William Ronald Rees Jones, ond newidiodd ei enw pan ddaeth yn newyddiadurwr yn **Llundain**, gan gymryd ei enw newydd o Nant Geidrych sy'n llifo i afon **Tywi** ym Methlehem. Yn 1939 priododd â **Lynette Roberts** ac ymsefydlodd y ddau yn Llan-y-bri (**Llansteffan**), ond bu iddynt wahanu ddeng mlynedd yn ddiweddarach. Ymddangosodd detholiad o'i gerddi o dan y teitl *The Van Pool* yn 1942, ond fe'i cofir yn bennaf fel golygydd y flodeugerdd *Modern Welsh Poetry* (1944) a'r cylchgrawn dylanwadol *Wales* (1937–40; 1943–9; 1958–60). (Gw. hefyd **Cylchgronau**.)

**RHYS, Morgan (1716–79)** Emynydd
Ganed Morgan Rhys yng **Nghil-y-cwm**, ardal lle'r oedd Methodistiaid cynnar yn weithgar. Daeth yn adnabyddus fel athro mewn **ysgolion cylchynol** (1757–75). Treuliodd ei flynyddoedd olaf yng Nghwm Gwaun Hendy, fferm yn **Llanfynydd** (**Sir Gaerfyrddin**). Rhwng 1755 ac 1770 cyhoeddodd gryn ddwsin o gasgliadau o **emynau** a marwnadau. Dengys ei waith ei fod yn meddu ar brofiad ysbrydol dwfn a mynegir y profiad hwnnw'n gadarn mewn modd sydd wedi ei roi yn rheng flaen emynwyr y **Diwygiad Methodistaidd**.

**RHYS, Morgan John** (1760–1804) Radical gwleidyddol
Ganed Morgan John Rhys yn **Llanbradach** ac roedd ymhlith y mwyaf gweithredol o'r radicaliaid Cymreig hynny a ysbrydolwyd gan Ryfel Annibyniaeth America (1776–1783) a'r Chwyldro Ffrengig (1789). Drwy gydol ei oes gymharol fer brwydrodd dros heddwch, gwahardd **caethwasiaeth**, hawliau'r Americaniaid brodorol a rhyddid crefyddol a gwleidyddol, gan ysgrifennu nifer o bamffledi yn cefnogi'r egwyddorion hyn. Ar ôl gwasanaethu fel gweinidog gyda'r **Bedyddwyr** ym **Mhont-y-pŵl**, a byw ym Mharis am gyfnod, lansiodd *Y Cylch-grawn Cynmraeg* yn 1793, y cyfnodolyn gwleidyddol cyntaf yn **Gymraeg** (gw. **Cylchgronau**). Yn 1794 ymfudodd i'r Unol Daleithiau a newid ei gyfenw yn Rhees. Ar ôl teithio llawer ar hyd ac ar led, sefydlodd eglwys ac ysgol i bobl dduon yn Savannah, Georgia, ac yn 1795 prynodd dir yn Swydd Cambria, **Pensylfania**, er mwyn sefydlu gwladfa Gymreig yno. Er mai byrhoedlog fu hanes gwladfa Beulah, daeth Ebensburg gerllaw yn drigfan bwysig i'r Cymry. Roedd yr athronydd **Rush Rhees** yn un o'i ddisgynyddion.

**RHYS, Siôn Dafydd (John Davies o Aberhonddu; 1534–*c.*1619)** Ysgolhaig
Yn **Llanfaethlu** y ganed Siôn Dafydd Rhys. Arddelai gysylltiad teuluol â'r Esgob **Richard Davies** (1501?–81), ac fel hwnnw bu'n fyfyriwr yn **Rhydychen**. Oddi yno aeth i'r Eidal, a graddio mewn meddygaeth yn Siena. Bu'n ysgolfeistr yn Pistoia cyn dychwelyd i Gymru a'i benodi (1574) yn brifathro Ysgol Friars, **Bangor**. Wedyn symudodd i'r de. Bu'n byw yn ardal **Caerdydd** ac yna yng nghyffiniau **Aberhonddu**, lle'r ymroddodd am weddill ei oes i'w ddiddordebau dyneiddiol ac i waith meddyg.

Mae Siôn Dafydd Rhys gyda'r mwyaf amlochrog o ysgolheigion Cymreig cyfnod y **Dadeni Dysg**. Yn yr Eidal cyfansoddodd weithiau ar ramadeg yr ieithoedd Groeg a **Lladin**, ynghyd â llyfryn pwysig ar ynganiad yr Eidaleg (1569). Yn ôl yng Nghymru cyhoeddodd ei waith trymaf – ar ramadeg y **Gymraeg**, *Cambrobrytannicae Cymraecaeve Linguae Institutiones* (1592), wedi'i ysgrifennu yn Lladin er mwyn trosglwyddo gwybodaeth am y Gymraeg a'i llên i ddysgedigion estron. Tybir iddo, am gyfnod, gydweithio â Richard Davies ar gyfieithu'r Hen Destament i'r Gymraeg. Ond Protestant anfoddog ydoedd, ac efallai iddo fod â rhan yn rhai o weithgareddau'r Gwrthddiwygiad yng Nghymru, yn arbennig **argraffu** llyfrau cudd.

# S

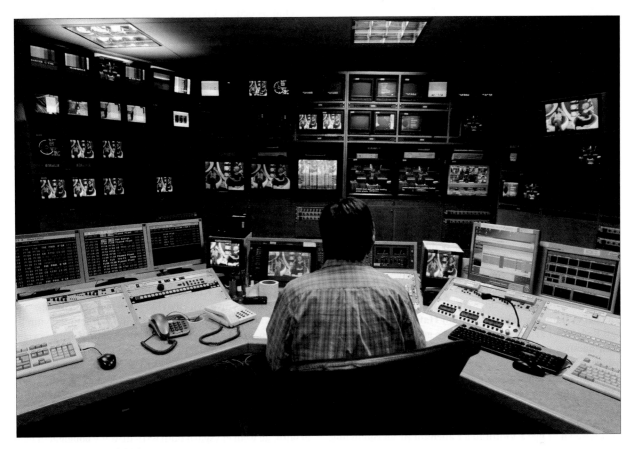

Prif ystafell reoli S4C Digidol

## S4C

Lansiwyd S4C (Sianel Pedwar Cymru: Channel Four Wales) ar 1 Tachwedd 1982 ar ôl brwydr hir a chwerw (gw. **Darlledu**). Drannoeth lansiwyd y gwasanaeth cyfatebol ar gyfer **Lloegr**, yr **Alban** a Gogledd **Iwerddon** – Channel Four, gwasanaeth a oedd hefyd ar gael i'r rhai hynny o drigolion Cymru a allai dderbyn rhaglenni a gâi eu darlledu o drosglwyddyddion yn Lloegr (sef y mwyafrif helaeth o'r trigolion). S4C oedd y sianel gyntaf yng ngorllewin Ewrop yr oedd darlledu mewn iaith 'lai ei defnydd' yn brif ddyletswydd iddi. Dan arweiniad ei phennaeth cyntaf, Owen Edwards, cyn-reolwr y BBC yng Nghymru (1974–81), roedd S4C yn dwyn ynghyd y BBC, HTV a nifer o gynhyrchwyr annibynnol i ddarparu gwasanaeth a gynigiai, i ddechrau, 22 awr o raglenni Cymraeg bob wythnos. Roedd y fenter yn enghraifft arloesol o gydweithio rhwng y sector darlledu cyhoeddus a'r sector masnachol, a bu'n rhaid ymgodymu â materion trefniannol cymhleth, megis i ba raddau y gellid cynnwys hysbysebion yn ystod rhaglenni a gynhyrchid gan y BBC.

Er bod llawer o'r rhaglenni Saesneg a ddarlledir ar Channel Four i'w gweld ar S4C, rhaglenni Cymraeg yn unig a gaiff eu darlledu yn ystod yr oriau brig. Arweiniodd dyfodiad y sianel newydd at fodolaeth un o'r ychydig ddiwydiannau twf yng Nghymru'r 1980au, nid yn lleiaf oherwydd yr hwb a roddwyd i ddatblygiad cwmnïau annibynnol. Roedd llawer o'r cwmnïau hyn wedi'u lleoli o gwmpas **Caernarfon**, gan ddod â chyfleoedd gwaith i ardal ddirwasgedig. Bu sefydlu cwmni adnoddau technegol Barcud (Barcud Derwen yn ddiweddarach) yn yr un dref yn fodd i hwyluso'r gwaith o sefydlu'r fath gwmnïau. Sefydlodd S4C ei hun gwmni mentrau er mwyn hybu rhaglenni'r sianel mewn gwledydd tramor. Daeth cryn lwyddiant i ran y fenter hon; gwerthwyd rhaglenni Cymraeg i ragor na 50 o wledydd, gyda rhaglenni wedi'u hanimeiddio yn profi'n arbennig o boblogaidd. Mae defnydd cynyddol o is-deitlau wedi galluogi llawer o bobl nad ydynt yn deall **Cymraeg** i wylio'r rhaglenni. Yn 1998 lansiwyd S4C Digidol, gwasanaeth digidol sy'n darparu 12 awr y dydd o raglenni Cymraeg. Ers sefydlu **Cynulliad Cenedlaethol Cymru** bu S4C yn gyfrifol am sianel sy'n darlledu trafodaethau'r Cynulliad.

Daeth S4C bellach yn rhan annatod o'r byd darlledu. Er hynny, daeth beirniadaeth i'w rhan o du Cymry di-Gymraeg sy'n gwarafun yr arian cyhoeddus a gaiff ei wario arni a hefyd o du Cymry Cymraeg sy'n credu nad yw llawer o'i rhaglenni yn ddim amgen na dynwarediadau tila o raglenni Saesneg ac Americanaidd. Ei llwyddiant pennaf fu'r ddrama gyfres ddyddiol ***Pobol y Cwm*** a'i rhaglenni chwaraeon. Fel pob gwasanaeth teledu, y sialens fwyaf sy'n ei hwynebu yw denu gwylwyr mewn cyfnod o gystadleuaeth ffyrnig yn sgil y cynnydd enfawr yn nifer y sianeli sydd ar gael.

## SABELIAETH

Y gred anuniongred mai tair agwedd ar unoliaeth yr un Duw yw'r Tad, y Mab a'r Ysbryd Glân yn hytrach na thri pherson oddi mewn i'r duwdod. Enwyd y gred ar ôl Sabellius, diwinydd o'r 3g. Diarddelwyd yr esboniwr beiblaidd **Peter Williams** gan y **Methodistiaid Calfinaidd** yn 1791 am ddehongli adnodau dechreuol Efengyl Ioan mewn modd Sabelaidd yn ei argraffiad o fersiwn Cymraeg **Beibl** John Canne (1790). Cyfeirir at Sabeliaeth yn aml fel Patripasiaeth – y gred i Dduw'r Tad farw ar y groes. Deilliodd y cweryl rhwng **Daniel Rowland** a **Howel Harris** o gred Rowland for Harris wedi cofleidio Patripasiaeth.

## SAESNEG

Roedd Hen Saesneg – a elwir weithiau yn Eingl-Sacsoneg – yn un o'r ieithoedd a darddodd o dafodieithoedd *Platt-Deutsch* a siaredid yn ardaloedd arfordir dwyreiniol Môr y Gogledd. Datblygodd yn iaith i'r gwladychwyr Germanig ym **Mhrydain**. Roedd siaradwyr yr iaith wedi cyrraedd Cymru erbyn *c.*630 pan ddywedir i **Beuno** glywed Saesneg yn cael ei siarad yr ochr arall i afon **Hafren** o **Aberriw**. Yn sgil lledaeniad yr **Eingl-Sacsoniaid** i'r gorllewin, siaradwyd Hen Saesneg mewn ardaloedd a fyddai, yn ddiweddarach, yn cael eu hystyried yn rhan o Gymru. Roedd hyn yn arbennig o wir am y gogledd-ddwyrain; yno roedd **Clawdd Offa** yn nodi **ffin** orllewinol **Mersia**, teyrnas a gynhwysai rannau o **siroedd** diweddarach Fflint a Dinbych (gw. **Sir y Fflint** a **Sir Ddinbych**). O ganlyniad i ymgyrchoedd **Gruffudd ap Llywelyn** ar hyd y Gororau a'r adennill tir yn sgil hynny, datblygodd gwedd Gymraeg ar rai **enwau lleoedd** Seisnig, gyda *Prēosta-tūn* ('fferm yr offeiriaid') er enghraifft yn troi'n **Prestatyn** yn hytrach na datblygu'n *Preston* fel yn **Lloegr**. Oherwydd yr ymwneud rhwng y Cymry a'r **Saeson** benthycwyd geiriau o'r Hen Saesneg i'r **Gymraeg**. Ymhlith y geiriau a fenthycwyd cyn dyfodiad y **Normaniaid** y mae *bwrdd*, *capan* a *llidiart*.

Wedi i'r Normaniaid oresgyn Lloegr sathrwyd y Saesneg dan draed yn ei gwlad ei hun. Yn 1300 roedd croniclydd yn achwyn 'nad oes yr un wlad nad yw'n arddel ei hiaith ei hun ac eithrio Lloegr yn unig'. Ond er mai Ffrangeg Normanaidd oedd iaith y marchogion a fynnodd arglwyddiaethau yng Nghymru, nid dyna iaith yr iwmyn a wladychodd yr arglwyddiaethau hynny. Yn ei gofnod ar gyfer 1105, mae ***Brut y Tywysogyon*** yn cofnodi sefydlu gwladfa o **Ffleminiaid** yn **Nyfed**. Bryd hynny, byddai'r Saesneg a'r Fflemeg yn debyg iawn; pan ymunodd gwladychwyr Saesneg eu hiaith â hwy, mabwysiadodd y Ffleminiaid y Saesneg, a diflannu a wnaeth y Fflemeg yn Nyfed. Ymhlith yr ardaloedd eraill a wladychwyd gan siaradwyr Saesneg yr oedd **Bro Morgannwg**, gorllewin **Gŵyr** a de **Gwent**. At hynny, daeth y **bwrdeistrefi** a sefydlwyd yng Nghymru gan y Normaniaid yn gadarnleoedd Seisnigrwydd. Mae gan y Saesneg, felly, hanes fel iaith lafar yng nghefn gwlad Cymru yn ogystal â'r trefi ers o leiaf 800 mlynedd. Ymsefydlodd rhagor o fewnfudwyr o Loegr yng Nghymru wedi'r **Goresgyniad Edwardaidd**, ond Cymreigiwyd rhai o'r teuluoedd hynny ymhen amser. Bu'r Landsger – y ffin ieithyddol yn Nyfed – yn rhyfeddol o sefydlog, ond mewn mannau eraill – ym Mro Morgannwg, er enghraifft – colli tir a wnaeth y Saesneg wrth i newid demograffig arwain at oruchafiaeth unwaith eto i'r Gymraeg.

Ond os oedd y Gymraeg yn ailgodi'i phen, felly hefyd y Saesneg. Yn Lloegr, roedd **Ffrangeg** a **Lladin** erbyn y 15g. yn colli tir i'r Saesneg mewn gweinyddiaeth a **chyfraith**, ac fel iaith y dosbarthiadau uwch. Yng Nghymru, wrth i gyfraith y Cymry ildio'i lle i gyfraith Lloegr ac wrth i baratoi dogfennau swyddogol ddod yn dasg i ysgrifenyddion proffesiynol, ymdebygodd dogfennau yng Nghymru i rai Lloegr mewn iaith yn ogystal â chynnwys. Felly, ymhell cyn y 'cymal iaith' yn Neddf 'Uno' 1536 (gw. **Deddfau 'Uno'**), roedd Saesneg yn prysur ddod yn iaith swyddogol Cymru. Roedd **boneddigion** Cymru yn gynyddol ymwybodol o ddefnyddioldeb medru'r Saesneg. Nododd John Wynn o Wydir (1553–1627; gw. **Wynn, Teulu (Gwydir)**) i'w hen daid adael **Eifionydd** anghysbell – oddeutu 1470 mae'n debyg – i ddysgu Saesneg yng **Nghaernarfon**.

Deddfodd cymal iaith y Ddeddf 'Uno' y dylai'r ustusiaid i gyd gynnal y llysoedd 'in the Englisshe Tonge and . . . no personne or personnes that use the Welsshe speche . . . shall have . . . any . . . office . . . within the Realme of Englonde Wales or other the Kinges dominions'. Gan i'r Ddeddf roi gweinyddu Cymru yn nwylo'r uchelwyr Cymreig, yn ymhlyg ynddi yr oedd creu **dosbarth** llywodraethol Cymreig a oedd yn rhugl yn y Saesneg. Âi dwy ganrif heibio cyn y byddai'r mwyafrif helaeth o uchelwyr Cymru wedi troi eu cefnau'n llwyr ar y Gymraeg o blaid y Saesneg ac, yn y broses honno, byddai ffactorau ar wahân i'r Ddeddf 'Uno' – priodasau rhwng aeresau o Gymry a Saeson, er enghraifft – o bwysigrwydd canolog. Y canlyniad yn y pen draw oedd dosbarth llywodraethol a oedd bron yn gyfan gwbl Saesneg ei iaith, ac wedi ei ysgaru oddi wrth drwch y **boblogaeth** nad oedd ganddi, y tu allan i'r ardaloedd Saesneg, fawr ddim neu ddim gwybodaeth o'r iaith honno.

Gallai goruchafiaeth y Saesneg fod wedi cael ei chadarnhau gan y **Diwygiad Protestannaidd**, gyda'i bwyslais ar ddefnyddio'r **Beibl** a'r ***Llyfr Gweddi Gyffredin***, nad oeddynt ar gael ond yn Saesneg. Ond gorchmynnodd deddfwriaeth 1563 y dylai fersiynau Cymraeg o'r Beibl a'r *Llyfr Gweddi Gyffredin* fod ar gael ym mhob eglwys blwyf yng Nghymru, ac arweiniodd hynny at gyhoeddi'r *Llyfr Gweddi Gyffredin* yn Gymraeg yn 1567 ac at gyhoeddi'r Beibl yn Gymraeg yn 1588 – datblygiadau a alluogodd y Gymraeg i chwarae rhan bwysig mewn bywyd crefyddol. Cryfhawyd ei sefyllfa ymhellach yn sgil ffurfio enwadau Anghydffurfiol (gw. **Anghydffurfiaeth**) a addolai yn Gymraeg yn bennaf. Serch hynny, mae cofnodion eglwysi yn dangos bod y Saesneg yn cael ei defnyddio fwyfwy mewn eglwysi plwyf o'r 18g. ymlaen, yn arbennig ar y Gororau lle'r oedd yr iaith honno'n ennill tir. Roedd hyn yn arbennig o wir am **Sir Faesyfed**, a droesai bron yn gyfan gwbl Saesneg ei hiaith erbyn 1801.

Yn 1801, o blith poblogaeth o 587,245 yng Nghymru, gallai tua 80% siarad Cymraeg a gallai tua 30% siarad Saesneg. Erbyn 1901, a'r boblogaeth bellach yn 2,012,875, gallai 49.9% siarad Cymraeg a gallai 84.9% siarad Saesneg. Felly, yn ystod y 19g., bu cynnydd pedwarplyg bron ym mhoblogaeth Cymru, dyblodd nifer y siaradwyr Cymraeg a bu cynnydd nawplyg bron yn nifer y siaradwyr Saesneg. Mae'n debyg mai yn y 1870au y daeth y nifer a fedrai'r Saesneg yn fwy na'r nifer a fedrai'r Gymraeg am y tro cyntaf, er ei bod yn debygol mai ychydig o ddefnydd, ar y dechrau o leiaf, y byddai llawer a oedd wedi dysgu peth Saesneg yn ei wneud o'r iaith honno. Ymhlith y ffactorau a oedd yn cynorthwyo twf cynyddol y Saesneg yr oedd mudo o Loegr ac **Iwerddon** i **borthladdoedd** ac ardaloedd diwydiannol, datblygiad trefi gwyliau, sefydlu rhwydwaith o ysgolion elfennol a ddysgai bron yn gyfan gwbl trwy gyfrwng y Saesneg, lledaeniad y Saesneg ar y Gororau a lledaeniad syniadau iwtilitaraidd a Darwiniaeth gymdeithasol a oedd yn milwrio yn erbyn parhad diwylliannau lleiafrifol.

Wrth i'r 20g. fynd rhagddi daeth poblogaeth Cymru bron i gyd i fedru'r Saesneg. Erbyn y 1980au credid bod y broses wedi ei chwblhau, oherwydd cyfrifiad 1981 oedd yr olaf a geisiai ddarganfod faint o siaradwyr Cymraeg na fedrent Saesneg. Erbyn dechrau'r 21g., fodd bynnag, yn sgil cynnydd mewn mudo o'r trydydd byd, roedd gan ddinasoedd Cymru gymunedau sylweddol o bobl nad oeddynt yn rhugl ond mewn ieithoedd fel Bengali a Somali (gw. **Bangladeshiaid** a **Somaliaid**).

### *Ffurfiau Saesneg yng Nghymru*

O'r tu allan i'r wlad, ac yn Lloegr yn benodol, fe dybir yn aml mai Saesneg llafar gweddol unffurf sydd gan y Cymry. Mae hynny ymhell o fod yn wir. Ceir amrywiadau lluosog, ac y mae dosbarthiad daearyddol rhai o'r prif amrywiadau neu dafodieithoedd Saesneg yn adlewyrchu'r modd yr ymdreiddiodd yr iaith i Gymru o'r Oesoedd Canol hyd at y presennol. Un elfen bwysig a fu'n faes astudiaeth i dafodieithegwyr fu mesur dylanwad y Gymraeg ar yr amrywiadau hyn. Ond camarweiniol fyddai ystyried Saesneg Cymru yn y cyd-destun hwnnw'n unig.

Yn ne **Sir Benfro**, ar Benrhyn Gŵyr ac ar y Gororau, ceir ardaloedd gwledig lle mae Saesneg, mewn rhai achosion, wedi ymsefydlu ers canrifoedd lawer. Fe ddisodlwyd y Gymraeg mor llwyr yn yr ardaloedd hyn fel mai prin y goroesodd ei hôl ar Saesneg y brodorion. Ar y Gororau, defnyddir rhai geiriau unigryw a fu ar arfer yng ngorllewin Canolbarth Lloegr – yn eu plith *oont* ('gwadden'), *sally* ('helygen'), *clem* ('llwgu'), *dout* ('diffodd golau neu dân'). Mae'n debyg mai deillio o dafodieithoedd cyfagos yn Lloegr hefyd a wna'r arfer sy'n gyffredin ar y Gororau o rowlio'r 'r' mewn geiriau megis *bird* a *car* fel ei bod yn toddi'n un â'r llafariad o'i blaen. Er nad oes sicrwydd ynghylch tarddiad tafodieithoedd Gŵyr a de Sir Benfro, mae'r modd y mae trigolion Gŵyr yn defnyddio 'z' yn lle 's' mewn geiriau fel *seven* a *silver* yn dilyn patrymau sy'n nodweddiadol o siaradwyr de-orllewin Lloegr, ac mae ffordd pobl de Sir Benfro o ynganu geiriau megis *suck* a *dust* fel 'swc' a 'dwst' yn adleisio nodwedd ar iaith gorllewin Canolbarth Lloegr.

Prin ychwaith y ceir dylanwad o du'r Gymraeg ar nodweddion y Saesneg a gysylltir â dosbarth gweithiol **Caerdydd** (acen yw hon sydd mewn gwirionedd yn ymestyn o'r **Barri** hyd **Gasnewydd**). Mae presenoldeb y Saesneg ar arfordir y de-ddwyrain yn ymestyn yn ôl ganrifoedd (gw. uchod), ond er bod y mwyafrif o drigolion Caerdydd yn Gymraeg o ran iaith yn y 1830au, roedd eu rhif yn rhy fychan i ddylanwadu ar Saesneg y ddinas fyrlymus a ddatblygodd yn ystod ail hanner y 19g. Y mae i Saesneg Caerdydd lawer o'r un nodweddion seinegol ag acenion Gwlad yr Haf ac ardaloedd Bryste a Chaerloyw. Nodweddion hynotaf yr acen yw bod sain yr 'a' hir yn ymdebygu i 'e' – yn wir, dadleua rhai ysgolheigion mai hen ddylanwad y Wenhwyseg (gw. **Cymraeg**) sydd i gyfrif am hyn – a'r tueddiad, fel mewn acenion trefol eraill yn Lloegr, i ollwng 'h' ar ddechrau geiriau. Yng ngeiriau un plentyn ysgol a fu'n rhan o sampl tafodieithegol ar ddechrau'r 1980au, 'If I say *Cêdiff* my Mummy 'its me. She says I've got to say *Câdiff* and talk properly'.

Yn y rhannau helaethaf o Gymru, ar y llaw arall, ni chafodd y Saesneg unrhyw wir droedle hyd at ddegawdau olaf y 19g. ac er iddi ddisodli'r Gymraeg yng nghymoedd diwydiannol y de-ddwyrain bu'r ddwy iaith yn cydfodoli'n ddigon hir i'r Gymraeg adael ei hôl arni. Nodweddion ffosiledig yw'r rhain bellach, ond yn ardaloedd dwyieithog y gorllewin a'r gogledd y mae'r Gymraeg yn parhau i ddylanwadu ar y Saesneg. Mae'r prif amrywiadau yn y gogledd a'r gorllewin yn rhotig; hynny yw, mewn geiriau fel *car* a *cart*, mae'r 'r' ôl-lafarog yn cael ei hynganu fel cytsain grech, fel yn Gymraeg. Mae cadw'r 'h' Saesneg mewn geiriau fel *hat* a *who* (yn hytrach na'i gollwng fel mewn llawer o dafodieithoedd Saesneg) yn adlewyrchu'r ffaith fod 'h' yn digwydd yn y Gymraeg. Un o nodweddion Saesneg y gogledd hefyd yw absenoldeb y sain 'z' gyda'r canlyniad na wahaniaethir yno rhwng ffurfiau megis *seal* / *zeal* a *sink* / *zinc*. Yn y de-orllewin, mae'r enghreifftiau a gofnodwyd o ffurfiau amser presennol arferiadol y ferf, mewn brawddeg fel 'he'*s going* to the pub every night', yn adleisio cystrawen Gymraeg, ac roedd y duedd yn nhafodieithoedd Saesneg **Gwynedd** flynyddoedd maith yn ôl i ollwng y fannod amhenodol mewn brawddegau fel 'There's (a) boat coming in' yn adlewyrchu cystrawen y Gymraeg nad oes ynddi fannod amhenodol.

Er nad yw'n derm a arddelir gan ieithyddion proffesiynol, mae *Wenglish* yn enw poblogaidd ar y Saesneg a siaredir yng nghymoedd diwydiannol y de. Nid yw'n gynhenid unigryw ar unrhyw lefel gystrawennol; yn hytrach, mae'n gymysgedd o ffurfiau a phatrymau ynganu sy'n gysylltiedig â thafodieithoedd rhannau o Loegr a rhannau eraill o Gymru, ac, fel y nodwyd, â ffurfiau sy'n deillio o'r Gymraeg. Yn sicr, y mae wedi mabwysiadu rhai patrymau cystrawennol o'r iaith honno. Mae'r enghreifftiau o hynny'n cynnwys defnyddio 'there', fel yn 'There's tall you are!' (o'r Gymraeg 'Dyna dal wyt ti'), a threfn geiriau cwestiwn anuniongyrchol, fel yn 'I'm not sure *is it true or not*'. Mae'r geiriau Cymraeg mewn Wenglish yn cynnwys *didoreth*, *shiggle* (o 'siglo'), *twp* a *wuss* (cyfarchiad rhwng gwrywod cyfarwydd â'i gilydd, o'r Gymraeg 'gwas'.) Yn Saesneg y cymoedd hefyd y mae dylanwad patrymau goslefu'r Gymraeg yn hynod o amlwg. Mewn geiriau lluosill, un o nodweddion y Gymraeg, yn enwedig yn nhafodieithoedd y de, yw bod traw'r llais yn codi yn y sillaf olaf (er bod yr acen ar y sillaf cyn yr olaf). Wrth sôn am 'Welsh lilt' mae'n debyg mai ymglywed â'r nodwedd hon yn Saesneg y Cymry a wna'r Saeson.

Bydd llawer o frodorion maes **glo**'r de sy'n ganol oed a hŷn bellach yn cofio'n hiraethus eu hieuenctid dwyieithog – *Wenglish* ar gyfer y stryd a Saesneg mwy parchus gyda'u rhieni. (Byddai rhieni uchelgeisiol dros eu plant yn gwgu ar *Wenglish*.) Dengys ymchwil a wnaed ar Saesneg y Rhondda yn y 1990au fod llawer o'r dylanwadau o du'r Gymraeg wedi diflannu bellach yn achos siaradwyr o dan 40 oed. Ond dangosodd yr un ymchwil fod goslef y Gymraeg yn parhau o hyd yn ddylanwad cryf ar Saesneg yr hen a'r ieuanc fel ei gilydd.

## SAESON

Y Saeson yw'r lleiafrif ethnig mwyaf lluosog yng Nghymru ac mae eu presenoldeb yn y wlad – fel goresgynwyr, gwladychwyr ac ymfudwyr – yn deillio'n ôl i gyfnod y Sacsoniaid (o'r ffurf Ladin *Sax* y daw'r gair *Sais*). Yn hanesyddol, bu sawl agwedd wahanol ar natur eu perthynas â'r Cymry (gw. hefyd **Saesneg**).

Mae'r olwg gynharaf a geir ar y Saeson mewn **llenyddiaeth** Gymraeg yn dra anffafriol ac wedi ei hydreiddio â chasineb ethnig. Yng nghanu **darogan** y beirdd o'r 10g. ymlaen hwy yw'r gelynion traddodiadol, y tresmaswyr dichellgar hynny a drawsfeddiannodd Ynys Prydain; ond pan waredir y Cymry eu tynged fydd cael eu hysgubo i'r môr.

Pan oresgynnwyd Cymru gan y **Normaniaid** a **brenhinoedd Lloegr** bu cryn wladychu ar y wlad. Cadarnhawyd rheolaeth Seisnig trwy sefydlu **bwrdeistrefi** caerog lle ymsefydlodd mewnfudwyr o Saeson. O ganlyniad i'r gwladychu hwn, hyrwyddwyd twf **economi** a oedd yn seiliedig ar arian parod a byddai hynny yn y pen draw yn tanseilio adeiledd traddodiadol y gymdeithas Gymreig. Cyn ac ar ôl **Gwrthryfel Glyndŵr** bu'r ansefydlogrwydd a grëwyd o ganlyniad i hyn yn rhannol gyfrifol am ddyfnhau'r rhaniadau ethnig a fodolai rhwng y Cymry a'r Saeson; yng ngwaith y beirdd amddiffynnwyd gwerthoedd traddodiadol y gymdeithas Gymreig, ond roedd bwrdeistrefwyr Seisnig yn daer dros amddiffyn eu statws breintiedig ac yn yr un cyfnod bu i'r Senedd yn **Lloegr** lunio ordeiniadau a oedd yn cyfyngu ar hawliau'r Cymry ar sail hiliol (gw. **Côd Penyd**).

Serch hynny, mae modd gorbwysleisio'r bwlch ethnig rhwng Cymro a Sais yn y cyfnod hwn. Cymreigiwyd llawer o'r Saeson a ddaeth i Gymru yn sgil y **Goresgyniad Edwardaidd**. Rhai felly oedd yr Hanmeriaid yr oedd i **Owain Glyndŵr** gyswllt mor agos â hwy. Cynyddu hefyd a wnaeth presenoldeb y Cymry yn y bwrdeistrefi. Dau o gydnabod **Dafydd ap Gwilym** ym mwrdeistref **Aberystwyth** oedd Robin Nordd (Robert le Northern) a'i wraig Elen, ac mewn llinell o eiddo Dafydd sy'n crybwyll Elen y ceir, efallai, y cyfeiriad cynharaf at Saesnes a'r **Gymraeg** yn ail iaith iddi. Ymhellach, yn ystod Gwrthryfel Glyndŵr, er mai eithriadau oeddynt, gwelwyd rhai o dras Seisnig megis John Sparrowhawk o **Gaerdydd** a David Perrot o **Ddinbych-y-pysgod** yn sefyll yn gadarn gyda'r gwrthryfelwyr.

O ganlyniad i'r **Deddfau 'Uno'** yn 1536 ac 1542 ni fyddai unrhyw fantais ddinesig bellach o fod yn Sais neu'n Saesnes yng Nghymru. Ond dechreuodd y Deddfau ar broses a fyddai, o fewn dwy ganrif, yn arwain i bob pwrpas at droi'r **boneddigion** yng Nghymru yn Saeson. Trwy gyfrwng priodasau yn bennaf, ac wrth i'w aelodau efelychu arferion y Saeson a mabwysiadu eu diwylliant, cafodd y dosbarth uchelwrol brodorol ei amsugno'n rhan o'r dosbarth tiriog Seisnig. Yn yr un modd â'r Tsieciaid, y bobl debycaf iddynt yn Ewrop yn hyn o beth, daeth y Cymry yn genedl o werinwyr, ac nid yw'n syndod o gwbl fod i'r gair **gwerin** yn y Gymraeg y fath apêl emosiynol hyd y dydd heddiw.

Chwaraeodd y Saeson ran allweddol yn y **Chwyldro Diwydiannol** yng Nghymru, ond caniataodd y Chwyldro hefyd i'r Cymry wladychu eu gwlad eu hunain, datblygiad unigryw yn y 19g. yn hanes **poblogaeth** a fu mor wledig ei natur. Pan ddiwydiannwyd Cymru gyntaf oll, o Loegr yn llwyr ymron y daeth y cyfalaf a'r sgiliau angenrheidiol ar gyfer arloesi diwydiannol, er bod y rhan fwyaf o'r meistri **glo** erbyn ail hanner y 19g. yn Gymry. Fodd bynnag, wrth i Gymru ymddiwydiannu, bu mewnlifiad sylweddol yn ystod degawdau olaf y 19g. o **siroedd** cyfagos yn Lloegr i ogledd-ddwyrain y wlad ac i'r de diwydiannol. Yn ôl cyfrifiad 1911, er enghraifft, roedd 17.3% o drigolion **Sir Forgannwg** wedi eu geni yn Lloegr, a'r ganran gyfatebol yn **Sir y Fflint** oedd 21.6%. Bu dwysedd y mewnlifiad hwn mewn llawer i ardal yn gyfrifol am danseilio safle'r Gymraeg, ond, ar y cyfan, yn yr ardaloedd diwydiannol hyn roedd ymwybod â **dosbarth** yn drech nag ymdeimladau o wahaniaethau ethnig. Yn fwy arwyddocaol fyth, ac yng nghymoedd diwydiannol y de yn fwyaf arbennig, amsugnwyd y mewnfudwyr a'u disgynyddion yn rhan o Gymreictod newydd nad oedd bellach yn llwyr seiliedig ar iaith, a daethant yn rhan o ffenomen fodern y Cymry di-Gymraeg.

O'r 1960au hyd at y presennol gwelwyd niferoedd mawr o Saeson yn symud i Gymru. O ganlyniad i harddwch ei **mynyddoedd** a'i harfordir eang y mae'n atynfa fawr i rai sydd am ymddeol. Daeth llawer, yn ogystal, yn ystod yr 1960au a'r 1970au i chwilio am ffordd amgen o fyw. Manteisiodd eraill wedyn ar brisiau cymharol isel **tai**, gan naill ai ymsefydlu'n barhaol yng nghefn gwlad neu droi eiddo yn gartrefi gwyliau a hynny'n aml yn y cadarnleoedd Cymraeg eu hiaith (gw. **Tai Haf ac Ail Gartrefi**). Yn 2001 roedd 41.2% o drigolion Ceredigion wedi eu geni yn Lloegr a'r ffigur ar Ynys **Môn** oedd 32.5%. Yng Nghymru gyfan yn 2001 trigai 598,00 o bobl a aned yn Lloegr – 20.3% o drigolion y wlad. Er bod llawer o'r mewnfudwyr hyn wedi ymgyfaddasu i fod, yng ngeiriau **Gwyn A. Williams**, yn 'Gymry Newydd' – pobl yn cymryd rhan ddeallus a gweithredol ym mywyd y wlad – mae eraill wedi tueddu i beidio ag ymwneud â'r diwylliant cynhenid, ac wedi cyfrannu'n sylweddol tuag at Seisnigo Cymru.

## SAETHYDDIAETH

Ddiwedd y 18g. a dechrau'r 19g. daeth saethyddiaeth yn ffasiynol ymhlith yr uchelwyr a'r **boneddigion**, yn ôl pob tebyg oherwydd hoffter rhamantaidd o bethau Gothig a chanoloesol. At hynny, gallai **menywod** gystadlu yn y gornestau, a dangos siâp eu cyrff wrth wneud hynny. Roedd saethyddiaeth felly yn gyfle am dipyn o fflyrtio a rhamant.

Cymdeithas saethyddiaeth enwocaf Cymru oedd y Royal British Bowmen, a wasanaethai foneddigion **Sir Ddinbych** a **Swydd Amwythig**. Yn ei chyfarfodydd cynnar byddai datgan ar ganeuon a cherddi a fyddai'n frith o gyfeiriadau at **Buddug**, Cymru fu, y **bwa hir** a sifalri, ac yn cysylltu traddodiadau Cymreig â gwladgarwch Prydeinig. Yn ystod y 19g. roedd cymdeithasau saethyddiaeth wedi eu henwi ar ôl **Sir Frycheiniog**, **Sir Gaerfyrddin**, **Cas-gwent**, **Gwent**, **Sir Forgannwg**, Gogledd **Sir Aberteifi**, **Sir Faesyfed** a **Rhaglan**.

Er i saethyddiaeth fynd allan o ffasiwn ddiwedd y 19g., gan golli tir i **dennis** a chroce, enillodd y gamp ei lle eto yn ystod yr 20g. fel difyrrwch i bobl o bob **dosbarth** cymdeithasol. Ar ddechrau'r 21g. roedd gan Gymdeithas Saethyddiaeth Cymru tua 1,000 o aelodau a hynny mewn 45 o glybiau.

Ffotograff gan D. C. Harris, Llandeilo, o foneddigion anhysbys yn Nyffryn Tywi yn ymroi i saethydda, diwedd y 19g.

## SAGE, Lorna (1943–2001) Awdur ac academydd

Ganed Lorna Sage yn **Hanmer**, a dylanwadwyd arni'n drwm yn ei blynyddoedd cynnar gan ei thaid ecsentrig a darllengar, ficer Hanmer (y bu **R. S. Thomas** yn gurad iddo am ddwy flynedd). Yn ystod gwyliau blynyddol gyda pherthnasau yn y **Rhondda**, sylwodd ar y parch a gâi **addysg** yno, ond teimlai mai lle marwaidd a diuchelgais oedd ei hardal ei hun ar y **ffin**. Treuliodd bron y cyfan o'i gyrfa yn dysgu **llenyddiaeth** ym Mhrifysgol East Anglia. Enillodd ei hunangofiant, *Bad Blood*, a gyhoeddwyd ychydig fisoedd cyn ei marwolaeth gynnar, wobr Whitbread yn 2001 a chafodd werthiant uchel. Cyhoeddwyd detholiad o'i gweithiau newyddiadurol, *Good As Her Word*, yn 2003, ar ôl ei marwolaeth.

## SAIN DUNWYD (St Donats), Bro Morgannwg (1,276ha; 686 o drigolion)

Lleolir y **gymuned** hon yn y man lle mae arfordir **Morgannwg** yn troi tua'r gogledd-orllewin ac mae'n cynnwys pentrefi Sain Dunwyd, Marcroes a'r As Fawr (Monknash). Ei nodwedd amlycaf yw Castell Sain Dunwyd, sy'n sefyll mewn man trawiadol uwchlaw'r môr. Fe'i hadeiladwyd yn wreiddiol ddiwedd yr 11g. gan deulu de Hawey, ac yn 1298 aeth i feddiant teulu **Stradling**, gan aros yn eiddo iddynt hyd 1738 pan laddwyd yr aelod olaf o'r teulu mewn gornest ym Montpellier. Cafodd y castell ei ehangu'n sylweddol gan y Stradlingiaid, ond y perchennog papurau newydd Americanaidd William Hearst, a'i prynodd yn 1925, a fu'n bennaf cyfrifol am y tu mewn. Cafodd Hearst afael ar ddarnau o adeiladau o'r Oesoedd Canol a chyfnod y **Dadeni** er mwyn llunio'i greadigaeth ei hun, yn arbennig Neuadd Bradenstoke, gyda'i tho o'r 14g. gynnar, a ddygwyd yn ddirgel o Briordy Bradenstoke yn Swydd Gaerloyw. Yn 1962 daeth y castell yn gartref i Goleg Iwerydd, y cyntaf o Golegau'r Byd Unedig. O ganlyniad i bresenoldeb y coleg, trigolion Sain Dunwyd, o blith holl gymunedau Cymru, yw'r rhai ieuengaf ar gyfartaledd (29.51 oed).

Yn y cwm i'r gorllewin o'r castell saif eglwys y plwyf, sy'n dyddio o'r 12g., ac ynddi ceir cofebau o'r 17g. a'r 18g. i'r Stradlingiaid. Mae croes bregethu gyflawn o'r 15g yn y fynwent.

Saif eglwysi a adeiladwyd yn wreiddiol yn y 12g. ym Marcroes a'r As Fawr lle y ceir, yn ogystal, sawl **maenor** a sefydlwyd gan Abaty Nedd (gw. **Dyffryn Clydach**); mae'r un yn yr As Fawr yn cynnwys colomendy crwn ac ysgubor o'r 13g. Ger y gaer bentir ar Drwyn yr As, sy'n dyddio o'r Oes Haearn (gw. **Oesau Cynhanesyddol**), mae dau oleudy a godwyd yn 1832.

## SAIN FFAGAN: AMGUEDDFA WERIN CYMRU

Agorwyd Amgueddfa Werin Cymru, sy'n rhan o **Amgueddfa [Genedlaethol] Cymru**, yn 1948, yn Sain Ffagan (**Caerdydd**). Roedd yr adeilad, ynghyd â'r **gerddi** a'r tir, yn anrheg gan iarll Plymouth (gw. **Windsor-Clive, Teulu**). Dyma'r amgueddfa awyr agored gyntaf ym **Mhrydain**, wedi'i hysbrydoli gan rai

Melin wlân Esgair Moel yn Amgueddfa Werin Cymru, Sain Ffagan

yn Sgandinafia. Trwy ei sefydlu gwireddwyd breuddwyd Syr **Cyril Fox**, cyfarwyddwr yr Amgueddfa Genedlaethol, o greu arddangosfa a adlewyrchai ddiwylliant gwerin Cymru.

Ar y cychwyn, o dan arweiniad **Iorwerth C. Peate**, roedd prif bwyslais yr amgueddfa ar gynrychioli adeiladau traddodiadol y Gymru wledig mewn casgliad o adeiladau enghreifftiol. Datgymalwyd yr adeiladau hyn yn ofalus a threfnus a'u hailgodi yn yr amgueddfa. Trefnwyd hefyd i gael crefftwyr wrth eu gwaith yn y gweithdai. Datblygwyd yr amgueddfa ymhellach yn 1968 pan godwyd cyfleusterau penodol ar gyfer orielau arddangos, casgliadau cyfeiriadol, llyfrgell, archifdy, labordai a staff cadwraeth; cynlluniwyd yr adeiladau gan Bartneriaeth **Percy Thomas**. Ar ddiwedd y 1980au penderfynwyd cynnwys adeiladau o ardaloedd trefol a diwydiannol yn yr amgueddfa, er enghraifft trwy ailgodi teras o fythynnod gweithwyr **haearn** o **Ferthyr Tudful**. Erbyn dechrau'r 21g. roedd dros 30 o adeiladau wedi'u hailgodi, a gallai ymwelwyr gerdded o'u cwmpas a chael blas ar fywyd yng Nghymru o gyfnod cynhanesyddol y **Celtiaid** hyd heddiw. Mae'r adeiladau'n cynnwys ffermdai ac adeiladau fferm, ysgol, capel, eglwys ganoloesol, esiampl o un o institiwtiau'r gweithwyr, talwrn ceiliogod (gw. **Ymladd Ceiliogod**), tanws (gw. **Lledr**), melin ddŵr (gw. **Melinau Dŵr**), adeiladau masnachol a thŷ'r dyfodol.

Yn ogystal â'r gweithgaredd cyhoeddus, mae gan yr amgueddfa raglen ymchwil sy'n cwmpasu tafodieithoedd Cymreig, **cerddoriaeth** werin, arferion a chrefftau, ac mae wedi arloesi yn y gwaith o gofnodi traddodiadau llafar.

## SAIN FFAGAN, Brwydr

Y frwydr hon, a ymladdwyd ar 8 Mai 1648, oedd yr un fwyaf arwyddocaol yn ystod y **Rhyfeloedd Cartref** yng Nghymru. Trechwyd byddin Frenhinol o 8,000 o dan arweiniad **Rowland Laugharne** gan fyddin lawer llai; yn dilyn y fuddugoliaeth Seneddol, ysgubodd **Cromwell** trwy'r de, gan roi pen ar unrhyw wrthwynebiad.

## SAIN NICOLAS A THRESIMWN, Bro Morgannwg (1,339ha; 793 o drigolion)

Mae dau bentref y **gymuned** hon, Sain Nicolas a Thresimwn, yn bentrefi stribedog ond hynod ddeniadol sy'n ymestyn ar hyd yr A48 (y Bwrtwe gynt). Ymhlith atyniadau Sain Nicolas y mae tŵr yr eglwys (14g.), Blacksmiths' Row (17g.) a Llanewydd House, dehongliad **Percy Thomas** yn 1940 o'r traddodiad *Arts and Crafts*. Y Cotrel, i'r gogledd o'r pentrefi, oedd cartref **Rhys Meurug** (m.1586/7), hanesydd **Sir Forgannwg**. Mae Button Close yn coffáu **Thomas Button**, y mordeithiwr a oedd yn byw yn Doghill. Ar ei ôl ef yr enwyd Ynys Button ym Mae Hudson. Yn ddiweddarach daeth ei eiddo i feddiant ei berthnasau, teulu'r Gwinnettiaid, cysylltiad sy'n egluro enw Button Gwinnett, un o lofnodwyr Datganiad Annibyniaeth America.

Simon de Bonville (*fl.* canol y 13g.) a roddodd ei enw i Dresimwn, ac i enw Saesneg y pentref, Bonvilston. Mae tŵr canoloesol yr eglwys yn codi uwchlaw'r corff a'r gangell o waith **John Prichard** (1864).

Mae'r ardal yn gyforiog o henebion, a'r pennaf yn eu mysg yw cromlech Neolithig Tinkinswood, lle canfuwyd olion o leiaf 50 o bobl yn 1914 (gw. **Oesau Cynhanesyddol**). Mae'r maen capan, sy'n pwyso dros 40 tunnell fetrig, ymhlith y trymaf ym **Mhrydain**. Mae'r henebion eraill yn cynnwys y Gaer, caer o'r Oes Haearn (gw. Oesau Cynhanesyddol), dau gylchfur ac amffosydd Normanaidd, a safle â ffos o'i amgylch ger Doghill. Mae'r olaf mewn cyflwr gwych – y safle gorau o'i fath ym Morgannwg.

## SAIN SIORYS (St Georges-Super-Ely), Bro Morgannwg (772ha; 391 o drigolion)

Mae'r **gymuned** hon sydd yn union i'r gorllewin o **Gaerdydd** yn cynnwys pentrefi Sain Siorys, Llansanffraid-ar-Elái (St Bride's), y Ddrôp (Drope) a Saint-y-nyll. Mae Eglwys Sain Siorys yn adeilad hardd ar ffurf croes gyda thŵr urddasol; mae'r eglwys yn Llansanffraid yn cynnwys bwa Normanaidd a ddaeth o **Fargam**. Yn Saint-y-nyll ceir un o'r ychydig **felinau gwynt** a oroesodd yn **Sir Forgannwg**. Mae Castle Farm yn cynnwys neuadd ddiddorol o'r 15g. ar y llawr cyntaf. Coedriglan (sy'n cael ei adnabod weithiau wrth yr enw anghywir Coedarhydyglyn), fila hyfryd a gwblhawyd yn 1820, oedd cartref y gwladgarwr Syr Cennydd Traherne (1910–95), y Cymro cyntaf er iarll Powis yn 1844 i'w benodi yn un o farchogion y gardas.

## SAIN TATHAN, Bro Morgannwg (1,161ha; 3,836 o drigolion)

Sain Tathan, ar lan orllewinol afon **Ddawan**, yw safle'r maes awyr milwrol mwyaf o ran ei arwynebedd ym **Mhrydain**. Adeiladu'r maes awyr hwn a ysbrydolodd soned enwog **Iorwerth C. Peate** sy'n gwneud defnydd celfydd o enwau Cymraeg **Bro Morgannwg**. Codwyd cwestiynau am ei ddyfodol yn 2005, pan gyhoeddwyd y byddai'r Awyrlu yn tynnu ei wasanaeth cynnal a chadw awyrennau ymladd oddi yno erbyn canol 2007; rhagwelwyd colli 500 o swyddi. Fodd bynnag, gwnaed iawn am hynny gan y cyhoeddiad yn 2006 mai Sain Tathan fyddai pencadlys y Llu Ymateb Cyflym newydd. Ymhellach, yn 2007, cyhoeddwyd mai yn Sain Tathan y byddai academi filwrol newydd yn cael ei sefydlu i ddarparu hyfforddiant ar gyfer y Fyddin, y Llynges a'r Awyrlu; addawyd tua 5,500 o swyddi, yn ychwanegol at 1,000 o swyddi adeiladu. Mae'r **gymuned** yn cynnwys Sain Tathan, Trefflemin (Flemingston), Silstwn (Gileston), Eglwys Brewys a Gorllewin **Aberddawan**.

Mae pentref sylweddol Sain Tathan yn clystyru o amgylch eglwys fawr o'r 14g. sy'n cynnwys beddrodau aelodau o deulu de Berkerolles, perchnogion plasty y saif ei adfeilion rhamantaidd ym mhentref anghyfannedd East Orchard – un o nifer o safleoedd lleol o ddiwedd yr Oesoedd Canol. Trefflemin, pentref hoff gan y mwyaf cefnog o blith trigolion y Fro, oedd cartref Iolo Morganwg (**Edward Williams**). Mae cofeb iddo yn yr eglwys ynghyd â delw hardd o Siwan neu Joan de Fleming y rhoddodd ei theulu ei enw i'r lle. Maenordy o ddechrau'r 16g. yw Flemingston Court. Mae eglwysi deniadol yn Silstwn ac Eglwys Brewys – yr olaf o fewn ffiniau gorsaf yr Awyrlu. Er bod Gileston Court i bob golwg yn adeilad o'r 18g., mae'n cynnwys rhai nodweddion o ddiwedd yr Oesoedd Canol. Y nodwedd amlycaf o ddigon yn yr ardal yw pwerdy Aberddawan; i'w adeiladu bu'n rhaid gosod argae ar draws aber afon **Ddawan**, safle prif borthladd Bro Morgannwg ar un adeg.

## SAINT HARMON, Sir Faesyfed, Powys (7,354ha; 535 o drigolion)

Llain o dir bryniog i'r gogledd o **Raeadr Gwy** yw'r **gymuned** hon. Mae'n cynnwys nifer o henebion nodedig o'r Oes Efydd, yn enwedig crugiau Crugyn a Bangelli (gw. **Oesau Cynhanesyddol**). Eglwys Sant Garmon, a oedd yn **glas** yn wreiddiol, oedd canolfan eglwysig cwmwd **Gwrtheyrnion**. Yn Nyrysgol, ceir olion safleoedd dau dŷ llwyfan o'r Oesoedd Canol cynnar ar uchder o 400m. Câi'r **Gymraeg** ei siarad yn yr ardal yn ystod y rhan fwyaf o'r 19g.; hi oedd iaith eglwys y plwyf hyd 1853, Capel Nant-gwyn hyd 1860 a Chapel Sychnant hyd 1870. **Francis Kilvert** oedd ficer Saint Harmon o 1876 hyd 1877. Saif fferm wynt ar safle trawiadol uwchlaw afon **Gwy**.

## SAINT-Y-BRID (St Brides Major), Bro Morgannwg (2,010ha; 2,009 o drigolion)

Lleolir y **gymuned** hon i'r de-ddwyrain o **Ben-y-bont ar Ogwr** ac mae'n ymestyn hyd at aber afon **Ogwr**. O'i mewn ceir Craig y Sger (craig cilometr o led ger y glannau), pentrefi glan môr Aberogwr (Ogmore-by-Sea) a Southerndown, a'r chwarel a ddihysbyddwyd bellach o gerrig Sutton, hoff ddeunydd adeiladu **Sir Forgannwg** yn yr Oesoedd Canol. Mae'r gaer bentir fawr yn Nwn-rhefn yn un o'r **bryngaerau** mwyaf trawiadol ei lleoliad yng Nghymru. Yn Nhwyni Ogwr cafwyd hyd i fedd rhyfeddol milwr o'r Oes Haearn (gw. **Oesau Cynhanesyddol**). Heneb fwyaf eithriadol yr ardal yw Castell Ogwr, a godwyd gan deulu de Londres yn y 12g.; mae'n cynnwys un o'r mentyll simneiau hynaf i oroesi ym **Mhrydain**. Yn 1296 gwnaed arglwyddiaeth **Ogwr** yn rhan o diroedd teulu **Lancaster**; yn y 1450au codwyd llys ym meili allanol y castell. Mae cerrig sarn dros afon Ewenni yn cysylltu'r castell â phentref tlws **Merthyr Mawr**.

Yn 1851 gwnaed gwaith adfer gwael ar Eglwys Saint-y-brid, a godwyd gyntaf yn y 12g. Mae ynddi gofadeiliau pwysig, yn cynnwys delw maint llawn o John le Botiler (*c.*1335) a beddrod John Butler o Ddwn-rhefn a'i wraig (*c.*1540). Yn y 1950au dymchwelwyd Castell Dwn-rhefn (1806), plasty teulu Wyndham-Quinn, ieirll Dunraven, a oedd, yn 1873, yn berchen ar 9,594ha o dir ym Morgannwg. Mae gardd nodedig gyda mur o'i chwmpas wedi goroesi.

## ST ARVANS, Sir Fynwy (1,281ha; 710 o drigolion)

Yn y **gymuned** hon, sydd i'r gogledd o **Gas-gwent**, ceir golygfeydd trawiadol o Ddyffryn **Gwy**. (Efallai fod Llanarfan yn ffurf Gymraeg ar yr enw ar un adeg.) Ddiwedd y 18g. creodd perchnogion stad Piercefield lwybrau a arweiniai o Alcove i Wyndcliff, heibio i glogwyni Piercefield a'r Apostle Rocks, er mwyn manteisio ar y golygfeydd eang draw i gyfeiriad Lancaut (Llancewydd) – bron yr unig le yn Swydd Gaerloyw ac iddo enw sy'n tarddu o'r **Gymraeg**. Ar ôl sylwi ar y tebygrwydd rhwng tirwedd toreithiog St Arvans a thirwedd Botany Bay, awgrymodd Joseph Banks, y naturiaethwr ar fordeithiau Capten Cook, y dylid galw dwyrain **Awstralia** yn Dde Cymru Newydd. Mae Piercefield House, fila neoglasurol hyfryd (1790au), mewn cyflwr adfydus. Mae Eglwys

Ffynnon Gwenfrewi, un o Saith Rhyfeddod Cymru, ar ddiwedd y 19g.

St Arvan yn cynnwys nodweddion Normanaidd. Mae Wyndcliffe Court (1922) yn enghraifft dda o'r traddodiad *Arts and Crafts*. Gerllaw Piercefield mae cae **rasio ceffylau** Cas-gwent, a grëwyd yn 1923. Yma y cynhelir Grand National Cymru.

## ST FLORENCE, Sir Benfro (1,657ha; 751 o drigolion)

Mae'r **gymuned** hon, yn union i'r gorllewin o **Ddinbych-y-pysgod**, yn cynnwys pentrefi St Florence a Gumfreston. Yn Eglwys y Santes Florence mae rhan helaeth o'r adeiladwaith canoloesol wedi goroesi. Mae gan Eglwys Sant Lawrens, Gumfreston, dŵr tal o'r 14g. ac yn y fynwent mae tair ffynnon feddyginiaethol. Ceir sawl simnai gron 'Ffleminaidd' yn yr ardal.

## SAITH RHYFEDDOD CYMRU

Ysgrifennwyd y rhigwm anhysbys hwn yn niwedd y 18g. neu'n gynnar yn y 19g., ac mae pob un o'r rhyfeddodau a enwir ynddo ond un – yr **Wyddfa** – naill ai yn **Sir Ddinbych** neu yn **Sir y Fflint**, yr ardaloedd cyntaf yng Nghymru i ddod yn gyrchfannau i dwristiaid yn sgil adeiladu ffyrdd tyrpeg:

> Pistyll Rhaeadr and Wrexham steeple,
> Snowdon's mountain without its people,
> Overton yew trees, St Winefride's wells,
> Llangollen's bridge and Gresford bells.

Pistyll Rhaeadr, yn **Llanrhaeadr-ym-Mochnant**, yw'r uchaf o **raeadrau** Cymru, ac mae 'St Winefride's wells' yn gyfeiriad at ffynnon **Gwenfrewi** yn **Nhreffynnon**. Os yw'r pennill yn adlewyrchu poblogrwydd cynyddol teithiau yng ngogledd Cymru, efallai fod yr ail linell yn awgrymu mymryn o ddiffyg amynedd gyda rhai agweddau ar **dwristiaeth**. (Gw. hefyd **Wrecsam**, **Owrtyn**, **Llangollen** a **Gresffordd**.)

## *SALEM*

Y llun hwn o Siân Owen Ty'n y Fawnog a'r gynulleidfa fechan yng Nghapel Salem, Cefncymerau (**Llanbedr**), yw un o'r delweddau mwyaf dylanwadol a grëwyd o Gymru erioed. Fe'i peintiwyd gan Sydney Curnow Vosper (1866–1942) yn 1908, a'i arddangos yn yr Academi Frenhinol yn **Llundain** yn 1909. Mae saith o'r wyth cymeriad a welir yn y llun yn seiliedig ar bobl o gig a gwaed (delw teiliwr yw'r wythfed, sef yr 'hen wraig' sydd yn union i'r dde o Siân Owen ac y rhoddwyd iddi amlinell wyneb Siân). Dim ond un ohonynt, Robert Williams, a welir o dan y cloc, a oedd mewn gwirionedd yn aelod o Gapel Salem. Wedi eu benthyca hefyd ar gyfer yr eisteddiadau yr oedd het a siôl enwog Siân Owen. Yn 1909 prynwyd y llun dyfrlliw gan y diwydiannwr William Hesketh Lever, Arglwydd Leverhulme, am 100 gini (£105). Daeth yn boblogaidd yn sgil ei ddefnyddio gan ei berchennog i hyrwyddo gwerthiant sebon Sunlight y brodyr Lever (gallai cwsmeriaid hawlio print lliw ar ôl casglu nifer benodol o docynnau), a chaiff ei arddangos bellach yn Oriel Gelf y Fonesig Lever ym mhentref Port Sunlight ar benrhyn Cilgwri.

Mae'r llun yn achos cryn chwilfrydedd gan fod wyneb y diafol, meddir, i'w weld ym mhlygion siôl y prif gymeriad. Ond ni fu hynny erioed yn fwriad gan yr artist ei hunan. Bu'r llun yn dra phoblogaidd ymhlith y Cymry eu hunain, a hynny'n ddiau am ei fod, nid yn annhebyg i weithiau **O. M. Edwards**, yn cynnig delwedd gysurlon iddynt a oedd yn

Sydney Curnow Vosper, *Salem*, 1908

llwyr uniaethu Cymreictod ag **Anghydffurfiaeth** a'r bywyd gwledig. Ar ddechrau'r 21g. ffigwr anghofiedig yw Vosper yn hanes celf yn **Lloegr**. Fe'i ganed yn Stonehouse, Dyfnaint, lle'r oedd ei dad yn fragwr. Wedi rhoi'r gorau i'w hyfforddiant fel pensaer, aeth ati i astudio **peintio** ym Mharis. Deuai i Gymru'n rheolaidd, ac yn 1902 priododd â Constance James o **Ferthyr Tudful**. Bu'n hynod lwyddiannus yn ei ddydd fel arlunydd, ac roedd yn gymeriad poblogaidd, llawn egni ac yn nofiwr a beiciwr o fri. Mae Siân Owen (1837–1927) i'w gweld mewn llun arall o'i eiddo, sef *Market Day in Old Wales* (*c.*1910). Yn 1988 cafwyd hyd i fersiwn arall o *Salem* o eiddo Vosper.

**SALESBURY, William (*c.*1520–1599?)** Ysgolhaig a chyfieithydd

Mae William Salesbury, a berthynai i un o ganghennau iau teulu **Salusbury**, yn ffigwr canolog yn hanes **crefydd**, **llenyddiaeth** a diwylliant Cymru, yn enwedig fel prif gyfieithydd y Testament Newydd i'r **Gymraeg**. Fe'i ganed ym mhlwyf **Llansannan** a bu'n cartrefu hefyd yn **Llanrwst**. Fe'i haddysgwyd yn **Rhydychen**, ac efallai yn un o Ysbytai'r Brawdlys. Ym mro ei febyd dysgodd lawer am y traddodiad llenyddol Cymraeg, yn arbennig trwy ei gyfeillgarwch â'r bardd **Gruffudd Hiraethog**. Yn Rhydychen, mae'n debyg, daeth dan ddylanwad deublyg y **Dadeni Dysg** a'r **Diwygiad Protestannaidd**, a'i wefreiddio hefyd gan allu'r argraffwasg i ledaenu'r dylanwad hwnnw (gw. **Argraffu a Chyhoeddi**).

Rhwng 1547 ac 1552 bu'n hynod gynhyrchiol, a'i weithiau'n dangos ehangder ei ddiddordebau dyneiddiol. Yn 1547 cyhoeddodd *A Dictionary in Englyshe and Welshe* i helpu'r Cymry i ddysgu **Saesneg** (gw. **Geiriaduraeth**), ac *Oll Synnwyr pen Kembero ygyd*, casgliad Gruffudd Hiraethog o **ddiarhebion** Cymraeg. Yn 1550 cyhoeddwyd pedwar llyfr ganddo, yn eu plith *A briefe and a playne introduction, teachyng how to pronounce the letters in the British tong.*

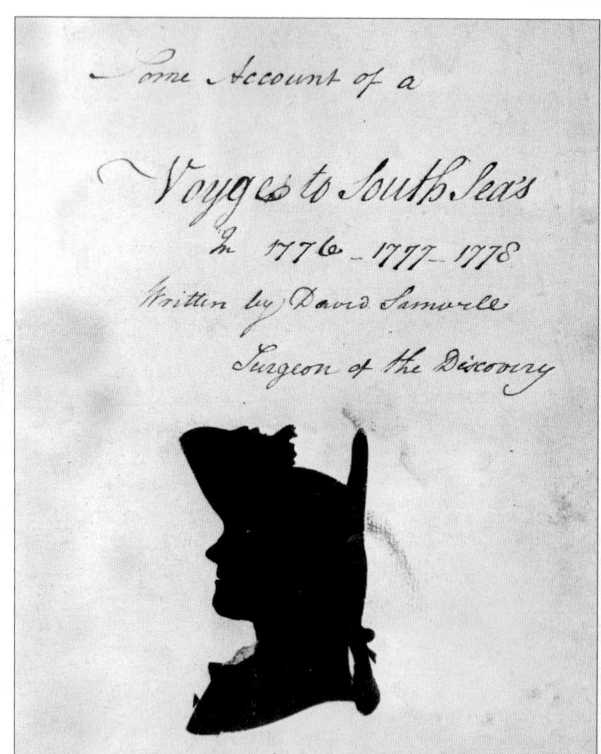


Wyneb-ddalen 'Some Account of a Voyage to South Seas 1776–1777 –1778' gyda chysgodlun David Samwell

Yn 1551 ymddangosodd y pwysicaf o weithiau cynnar Salesbury – *Kynniver llith a ban*, cyfieithiad Cymraeg o Efengylau ac Epistolau ***Llyfr Gweddi Gyffredin*** Saesneg 1549. Dyma flaenffrwyth ymgyrch Salesbury dros i'r Cymry gael 'yr yscrythur lan yn ych iaith'. Yn ystod teyrnasiad Mari I bu'n rhaid iddo ffrwyno'i weithgarwch, ond wedi esgyniad Elizabeth i'r orsedd ailgydiodd – gyda chefnogaeth yr Esgob **Richard Davies** a **Humphrey Lhuyd** – yn ei ymdrechion. Ar ôl pasio'r ddeddf (1563) yn gorchymyn cyfieithu'r **Beibl** a'r *Llyfr Gweddi Gyffredin* i'r Gymraeg, gwahoddwyd Salesbury i gydweithio â Richard Davies ar baratoi'r cyfieithiadau. Salesbury a fu'n bennaf cyfrifol am orchest lenyddol y ddwy gyfrol a ymddangosodd yn 1567 – y Llyfr Gweddi a'r Testament Newydd. Er gwaethaf rhai chwiwiau orgraffyddol, rhoddodd y ddau lyfr statws arbennig i'r Gymraeg fel iaith dysg a chrefydd. Bwriad Salesbury a Richard Davies, ar ôl 1567, oedd paratoi cyfieithiad o'r Hen Destament, ond bu anghydweld a gwahanu rhyngddynt. Rywbryd rhwng 1568 a diwedd ei oes lluniodd Salesbury ei lysieulyfr, ond (fel ei *Llyfr Rhetoreg*, 1552) ni chafodd ei argraffu yn ystod ei oes.

Yn ei ddydd, Salesbury oedd y cliriaf ei weledigaeth ynglŷn â harneisio posibiliadau'r Dadeni a'r Diwygiad ar gyfer anghenion Cymru. Trwy ei ddefnydd arloesol o'r argraffwasg ar gyfer cyhoeddi yn Gymraeg, rhoddodd gychwyn i lenyddiaeth y cyfnod modern yng Nghymru.

## SALMON, [Harry] Morrey (1890–1985) Milwr ac adaregydd

Brodor o **Gaerdydd** oedd Salmon ac ef oedd prif adaregydd Cymru yn ystod yr 20g. a thad **ffotograffiaeth** adar ym **Mhrydain**. Ef a luniodd yr adroddiad diffiniol ond cyfrinachol (1971) ar gadwraeth y barcud coch yng nghanolbarth Cymru, gwaith a oedd yn seiliedig ar 40 mlynedd o lafur. Dyfarnwyd iddo'r Groes Filwrol gyda Bar tra oedd yn aelod o'r **Gatrawd Gymreig** yn ystod y **Rhyfel Byd Cyntaf**, ac yn 1940 fe'i trosglwyddwyd i'r Awyrlu Brenhinol i sefydlu Catrawd yr Awyrlu Brenhinol. Yn 1942, tra gwasanaethai yng ngogledd Affrica, fe'i dyrchafwyd yn brif swyddog ar gyfer ardal Môr y Canoldir.

## SALTNEY, Sir y Fflint (373ha; 4,769 o drigolion)

I bob pwrpas, un o faestrefi Caer yw Saltney, sydd i'r deddwyrain o **Queensferry**. Yn ystod y 19g. roedd ei diwydiannau'n cynnwys gwneud canhwyllau a cheblau, distyllu **olew** ac **adeiladu llongau**. Bellach fe'u disodlwyd gan barciau busnes a diwydiannau ysgafn. Ddiwedd yr 20g. adeiladwyd llawer o stadau tai yn Saltney i ateb y galw gan gymudwyr. Yn 2001 roedd 86.9% o drigolion Saltney heb unrhyw afael ar y **Gymraeg** o gwbl; hon o ganlyniad yw **cymuned** fwyaf Seisnigedig **Sir y Fflint**.

## SALUSBURY, Teulu Tirfeddianwyr

Mae'n debyg mai Syr John (m.1289), sylfaenydd y priordy Carmelaidd yn **Ninbych**, oedd y cyntaf o blith y teulu – ceir yr amrywiadau Salusbury, Salisbury, Salesbury, Salsbri a Salbri ar y cyfenw – i ymsefydlu yng Nghymru. Cymreigiwyd ei ddisgynyddion yn llwyr, a sefydlodd nifer ohonynt deuluoedd uchelwrol yn cynnwys rhai Lleweni (Dinbych) a Rug (**Corwen**). John Salusbury o Leweni (m.1566) oedd gŵr cyntaf **Catrin o Ferain**. Cafodd un o'u meibion, Thomas (1564–86), ei **ddienyddio** am fod â rhan yng nghynllwyn Babington i ddiorseddu Elizabeth I a choroni'r Babyddes Mari, brenhines yr **Alban**. Roedd mab arall, John (1567–1612), aelod o gylch o ddeallusion a oedd yn cynnwys Walter Raleigh, yn fardd Saesneg cynhyrchiol, fel ag yr oedd ei ŵyr Thomas (1612–43). Roedd yr ysgolhaig **William Salesbury** yn aelod o is-gangen o'r teulu, felly hefyd y gramadegydd Henry Salusbury (1561–1637?). Daeth llinach wrywaidd teulu Lleweni i ben yn 1684; ymhlith disgynyddion y teulu yr oedd **Hester Lynch Piozzi**. Cafodd un o Salbriaid y Rug, Owen, ei ladd wrth gymryd rhan yng ngwrthryfel Essex (1601). Bu ei frawd, William (1580–1660), yn gwarchod Dinbych ar ran Charles I ar ei gost ei hun yn 1643. Ei lysenw oedd 'Yr Hen Hosanau Gleision', ac ef a fu'n gyfrifol am godi'r capel preifat yn y Rug. Roedd Thomas Salusbury (1575–1625), sylfaenydd Coleg yr Iesuwyr yn y Cwm yn 1622 (gw. **Catholigion Rhufeinig**), yn aelod o isgangen o Salbriaid y Rug. Daeth llinach wrywaidd cangen y Rug i ben yn 1658 a daeth y stad yn y pen draw yn eiddo i Wynniaid Glynllifon (**Llandwrog**).

## SAMPSON, John (1862–1931) Arbenigwr ar y Sipsiwn

Yng Nghorc y ganed y gŵr hunanaddysgedig hwn a ddaeth yn ysgolhaig ym maes y **Sipsiwn**, ac a benodwyd yn llyfrgellydd Prifysgol **Lerpwl** yn 1892. Cynhyrchodd y gyfrol gynhwysfawr *Dialect of the Welsh Gypsies* (1926) a chyhoeddi nifer o erthyglau, yn bennaf yn y cyfnodolyn *Journal of the Gypsy Lore Society.* Roedd ei waith wedi ei seilio ar ei berthynas â'r teulu o Sipsiwn enwog o Gymru, teulu **Wood**. Ar ôl ei farw y cyhoeddwyd ei gyfrol swmpus *Welsh Gypsy*

*Folktales* (1968), a olygwyd gan Dora Yates. Mae ei syniadau am y modd y gwasgarwyd y Sipsiwn a phurdeb tafodiaith y Romani, sydd wedi eu seilio'n gyfan gwbl bron ar dystiolaeth y Sipsiwn eu hunain, yn rhai dadleuol. Etifeddwyd ei ddiddordeb yn y Sipsiwn gan ei ŵyr, Anthony Sampson, awdur *Who runs this place? The Anatomy of Britain in the 21st Century* (2004).

## SAMSON O DOL (*c*.485–565) Sant

Mae Buchedd Samson o'r 7g. yn ei bortreadu fel brodor o dde Cymru, disgybl i **Illtud** a sylfaenydd mynachlogydd yn **Iwerddon** a **Chernyw**. Bu farw yn **Llydaw**, yn ei fynachlog yn Dol. Bu'r esgob hanesyddol a oedd yn dwyn yr enw yn bresennol mewn Cyngor ym Mharis yng nghanol y 6g. Dydd gŵyl Samson yw 28 Gorffennaf.

## *SAMTAMPA*, *The* a BAD ACHUB Y MWMBWLS

Bu trychineb ddwbl ar 23 Chwefror 1947 pan dorrodd y llong fawr *Samtampa* yn rhydd o'i hangorion mewn storm a'i hyrddiodd yn erbyn arfordir Morgannwg ar Drwyn y Sger (**Corneli**). Ofer fu tanio rocedi o'r lan yn y gwyntoedd nerthol, a chollwyd pob un o'r 39 o griw. Aeth bad achub y Mwmbwls (**Abertawe**) allan i helpu ond ni ddaeth yn ôl, ac fe'i cafwyd ben i waered ymhellach ar hyd y traeth: roedd pob un o'i chriw o wyth wedi boddi. Mae ffenestri **gwydr lliw** o waith Tim Lewis yn eglwys y plwyf, Ystumllwynarth (Abertawe), yn coffáu'r digwyddiad.

## SAMWELL, David (Dafydd Ddu Feddyg) (1751–98) Meddyg ac awdur

Aeth Samwell, a hanai o **Nantglyn**, gyda'r Capten James Cook ar rai o'i deithiau morwrol, a hynny fel llawfeddyg. Bu'n dyst i farwolaeth Cook yn Hawaii yn 1779, a chofnododd ei argraffiadau o'r digwyddiad yn *A Narrative of the Death of Captain James Cook* (1786). Y mae ei ddyddlyfr anghyhoeddedig, 'Some Account of a Voyage to South Seas 1776–1777–1778', yn torri tir newydd ym maes anthropoleg gymdeithasol. Cyfansoddodd farddoniaeth yn **Gymraeg** a **Saesneg**, ac roedd yn aelod amlwg o Gymdeithas y **Gwyneddigion**.

## SANCLÊR (St Clears), Sir Gaerfyrddin (3,075ha; 2,820 o drigolion)

Ym mherfeddion gorllewin **Sir Gaerfyrddin** y mae'r **gymuned** hon, rhwng afonydd **Taf** a Chywyn, ac mae'n cynnwys pentrefi Sanclêr, Bancyfelin a Phwll-trap. Roedd y **Normaniaid** wedi treiddio i'r ardal erbyn *c*.1100, ond aeth yr arglwyddiaeth a sefydlwyd ganddynt i ddwylo'r Cymry ar sawl achlysur. Ym mhentref Sanclêr erys olion Banc y Beili, castell mwnt a beili sylweddol a sefydlwyd yn niwedd yr 11g. Gerllaw, yn bur fuan wedyn, sefydlwyd priordy o eiddo Urdd Cluny a ddaeth o dan awdurdod St Martin-des Champes ym Mharis; peidiodd â bod wedi i Harri V feddiannu priordai estron yn 1414. Mae Eglwys Mair Magdalen, a saif lle bu'r priordy, yn cynnwys bwa Romanésg hardd eglwys y priordy. Ceir ambell ffasâd Sioraidd a Fictoraidd deniadol yn Sanclêr. Yn Sanclêr hefyd y cychwynnodd ail gyfnod Terfysgoedd **Rebeca**, a gwelodd Pwll-trap gryn gythrwfl. Saif cyn-eglwys blwyf Llanfihangel Abercywyn yn adfail uwchlaw cymer afonydd Taf a Chywyn. Mae'n dyddio o'r 13g. a cheir chwe beddfaen canoloesol yn ei mynwent; rhoddwyd y gorau i'w defnyddio yn 1848 pan godwyd eglwys newydd Sant Mihangel ar fin yr A40. Roedd Trefenti gerllaw yn gartref i gangen o deulu'r Perrotiaid (gw. **Perrot, Teulu**). Priododd y gwyddonydd amatur William Lower â Penelope Perrot *c*.1601. Yn 1609 gosododd ef a chymydog, John Prydderch, un o delesgopau cynharaf **Prydain** yn Nhrefenti, lle buont yn astudio crateri'r lleuad a hynt Comed Halley (gw. **Astronomeg**).

## SANKEY, John (1866–1948) Cyfreithiwr

Ganed Sankey yn **Lloegr**, ond roedd ganddo gysylltiadau teuluol â **Chaerdydd**. Er iddo ddechrau ar ei yrfa wleidyddol fel Ceidwadwr, trodd at y **Blaid Lafur** ar ôl iddo fod yn cadeirio'r Comisiwn Glo (1919); roedd y mwyafrif o aelodau'r comisiwn hwnnw – comisiwn Sankey fel y'i gelwir – o blaid gwladoli'r diwydiant **glo**. Fe'i penodwyd yn Arglwydd Ganghellor (1929) gan **Ramsay MacDonald**, a chadwodd y swydd honno yn y Llywodraeth Genedlaethol (1931–5). Sefydlodd Bwyllgor Diwygio'r Gyfraith (1934), a chyda'r Arglwydd **Atkin** a'r Arglwydd Ustus **Bankes**, lluniodd gyfansoddiad yr **Eglwys yng Nghymru** adeg y **datgysylltu**. Fe'i gwnaed yn farwn yn 1929 ac yn is-iarll yn 1932.

Ffenestri lliw Tim Lewis yn coffáu trychineb y *Samtampa* a Bad Achub y Mwmbwls

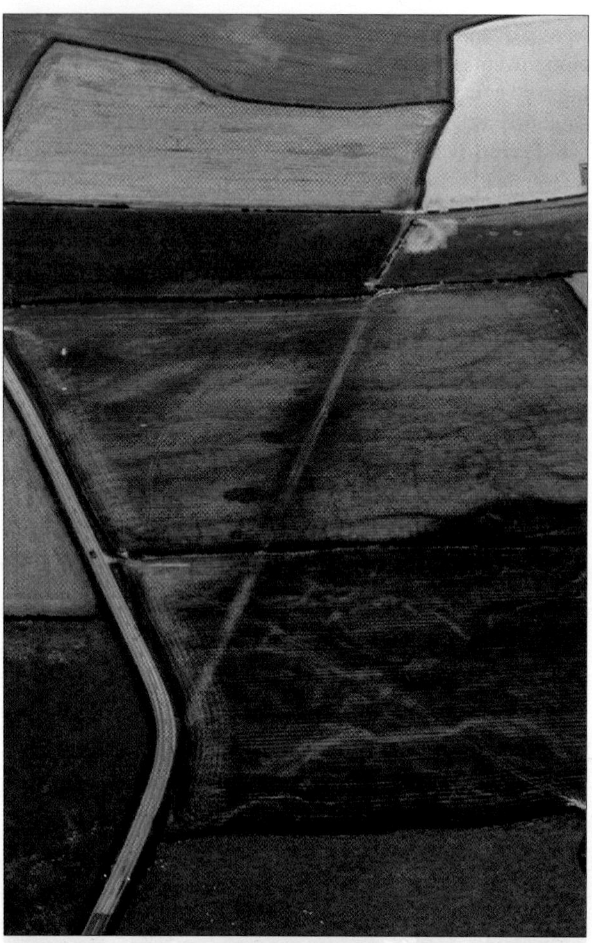

Awyrlun o Sarn Helen ger Trefeglwys

## SARN HELEN

Sarn Helen yw'r enw ar y ffordd Rufeinig a oedd yn rhedeg o **Gaernarfon** tua'r de i **Geredigion** ac yna yn ôl i'r dwyrain i'r Gaer ger **Aberhonddu** (gw. **Ysgyr**); gwelir ôl rhannau ohoni yng **Ngheredigion**, **Gwynedd** a **Phowys**. Mae'n debyg fod y ffordd yn cael ei chynnal er mwyn hwyluso'r diwydiannau mwyngloddio Brythonaidd-Rufeinig. Cysylltir yr enw ag Elen Luyddog, sef gwraig **Macsen Wledig** yn ôl traddodiad, er bod cryn ddryswch rhyngddi hi a'r Santes Helena, mam Cystennin Fawr.

## SASIWN

Cyfarfod a gynhelid gan y **Methodistiaid Calfinaidd** Cymreig cynnar i reoli gweithgareddau eu seiadau (gw. **Seiat**). Mor gynnar â 1740 soniodd **Howel Harris** am 'seiadau' i arweinwyr a chynghorwyr. Cynhaliwyd amrywiol gyfarfodydd yn 1740–1, ond ym mis Ionawr 1742, yn ffermdy Dugoedydd (**Llanfair-ar-y-bryn**), y cyfarfu'r sasiwn lawn gyntaf, oherwydd dyna'r cyfarfod cyntaf yn hanes y mudiad i'w ystyried ei hun yn gorff llywodraethol i Fethodistiaeth Galfinaidd Cymru. Yn ddiweddarach daeth 'sasiwn' i olygu cyfarfod rhanbarthol o gynrychiolwyr henaduriaethau Eglwys Bresbyteraidd Cymru.

## SAUNDERS, Erasmus (1670–1724) Clerigwr ac awdur

Ganed Erasmus Saunders yng **Nghlydau** a'i addysgu yn **Rhydychen**. Daliodd fywoliaethau yn **Lloegr**. Ei waith enwocaf yw *A View of the State of Religion in the Diocese of St Davids* (1721), ac ynddo beirniadodd gyflwr **crefydd** yn yr esgobaeth yn llym.

## SAUNDERSFOOT, Sir Benfro (675ha; 2,784 o drigolion)

Lleolir Saundersfoot ychydig i'r gogledd o **Ddinbych-y-pysgod**. O ystyried bwrlwm y lle fel canolfan gwyliau glan môr, anodd yw credu i'r **gymuned** hon fod gynt yn ganolfan ddiwydiannol o bwys. Yn ystod y 18g. bu cloddio helaeth ar y talcenni glo carreg sy'n ymestyn o dan y traeth. Sefydlwyd Cwmni Haearn a Glo Sir Benfro yn 1846 a gwaith haearn Stepaside yn 1849. Yng nghanol y 19g. byddai **ceffylau**'n tynnu tramiau llawn **glo**, **haearn** a **chalchfaen** i'r harbwr newydd. Rhoddwyd y gorau i gynhyrchu haearn yn 1877, ond parhawyd i gloddio am lo hyd 1939. Ychydig o olion y mentrau hyn sydd wedi goroesi, ac eithrio enghreifftiau o **dai** diwydiannol o'r 19g. Mae tŵr yr eglwys yn Llanusyllt (St Issells) yn dyddio o'r 13g., ond y tu mewn y mae i'r eglwys wedd Fictoraidd. Teulu Vickerman, perchnogion pyllau glo lleol, a gododd Hean Castle (Seisnigiad o Hen Gastell) (1871). Yn 1898 fe'i prynwyd gan **W. T. Lewis**, Barwn Merthyr yn ddiweddarach, ac mae ei ddisgynyddion yn dal i fyw yn y castell. Bellach, mae Saundersfoot yn ganolfan **hwylio** fawr ei bri.

Yn 1896 honnodd **William Frost**, saer coed o Saundersfoot, ei fod wedi **hedfan**. Cofrestrwyd manylion ei 'awyren' yn y **Swyddfa Batentau**, cynlluniau sy'n darparu sylfaen ar gyfer ail-lunio'i greadigaeth. Os profir bod modd ei hedfan, mae'n ddigon posibl felly mai Saundersfoot oedd y lle cyntaf yn y byd i ddyn hedfan dan reolaeth.

## SAVIN, Thomas (1826–89) Contractwr rheilffyrdd

Ganed Savin yng Nghroesoswallt, **Swydd Amwythig**; gweithiodd yn gyntaf mewn partneriaeth â David Davies (gw. **Davies, Teulu (Llandinam)**) ac yna ar ei liwt ei hun. Ef a Davies a gynlluniodd Reilffordd Dyffryn Clwyd (1858), cyn iddynt gwblhau'r lein a gysylltai Groesoswallt ag **Aberystwyth** (gw. **Rheilffyrdd**). Diddymodd Davies y bartneriaeth oherwydd ei fod o'r farn fod cynllun Savin i adeiladu rheilffordd ar hyd arfordir Bae Ceredigion i **Bwllheli** yn orfentrus. Rhagwelodd Savin ddyfodiad gwyliau pecyn wrth godi gwesty ar lan y môr yn Aberystwyth a chynnwys cost y llety ym mhris y tocyn trên. Pan aeth busnes banc clirio yn fethiant yn 1866 fe'i dyfarnwyd yn fethdalwr a daeth y gwesty yn gartref i'r 'Coleg ger y Lli', coleg cyfansoddol cyntaf **Prifysgol Cymru** (1872).

## SAVORY, H[ubert] N[ewman] (1911–2001) Archaeolegydd

Treuliodd Savory, a fagwyd yn **Rhydychen**, bron y cyfan o'i yrfa yn **Amgueddfa [Genedlaethol] Cymru**, fel ceidwad cynorthwyol yr adran **archaeoleg** i ddechrau ac yna, o 1955 hyd 1976, fel ei cheidwad. Roedd yn arbenigwr cydnabyddedig ar gynhanes Cymru, **Prydain** a phenrhyn Iberia. Arweiniodd ei gloddio ar safleoedd fel bryngaer Dinorben (**Abergele**) a chromlech Pen-yr-wrlodd (**Talgarth**) at gyfoethogi casgliadau'r Amgueddfa. Ymhlith ei gyhoeddiadau y mae *A Guide Catalogue of the Early Iron Age Collections* (1976) ac *A Guide Catalogue of the Bronze Age Collections* (1980).

## SBAENWYR

Ymgartrefodd Sbaenwyr yng Nghymru yn sgil yr allforio ar fwyn **haearn** o Bilbao i dde Cymru yn rhan olaf y 19g. Brodorion o Wlad y Basg oedd llawer o'r rhai a ymfudodd. Y rheswm cyntaf dros sefydlu'r cymunedau hyn oedd prinder gweithwyr yn ystod Rhyfel y Boeriaid (1899–1902; gw. **Rhyfeloedd De Affrica**) a'r awydd, o bosibl, am lafur rhad. Roedd mewnfudwyr o weithwyr yn bwnc trafod ymylol yn etholiad 1906 yng **Nghaerdydd** a **Merthyr Tudful**. Yn Nowlais ym Merthyr y tyfodd y gymuned gyntaf. Yn nes ymlaen aeth rhai oddi yno i Aber-craf (**Tawe Uchaf**), ar adeg pan oedd gweithwyr haearn wedi'u cloi allan. Caent hefyd eu denu i lofa'r International yn Aber-craf gan mai Ffrancwyr oedd y perchnogion a chan fod y gweithlu yno yn un arbennig o gosmopolitaidd. Cymunedau bychain o Sbaenwyr a geid fel arfer, gyda dim ond ychydig gannoedd ynddynt, wedi eu cyfyngu i ychydig strydoedd neilltuol. Fe'u hystyrid gan rai yn ychwanegiad at liw cosmopolitaidd y de diwydiannol, a chan eraill yn her i werthoedd **Anghydffurfiaeth**. Bu ambell enghraifft o fân wrthdaro. Yn fwyaf arbennig, cafwyd ymgyrch i symud tramorwyr o byllau yn Aber-craf yn 1913–14. O dipyn i beth, cafodd y newydd-ddyfodiaid well derbyniad, yn enwedig ar ôl i'w lliw gwleidyddol a'u cydymdeimlad â'r undebau llafur (gw. **Undebaeth Lafur**) ddod i'r amlwg. Buont o gymorth i lywio ymateb y glowyr i **Ryfel Cartref Sbaen**. Roedd tri o'r gwirfoddolwyr o Gymru a ymunodd â'r Frigâd Ryngwladol yn hanu o'r cymunedau hyn. Lladdwyd pob un o'r tri.

## SBONCEN

Lleolwyd pencadlys Cymdeithas Sboncen Broffesiynol (PSA) y dynion, sef corff llywodraethol rhyngwladol y gamp, yng **Nghaerdydd** er 1984. Yn 2006 roedd gan y PSA dros 250 o aelodau a chwaraeai, a'r rheini'n cynrychioli tua 30 o wledydd; roedd y gymdeithas yn gyfrifol am fwy na 100 o ddigwyddiadau. Roedd gan y corff llywodraethu cenedlaethol, Squash Wales, dros 100 o glybiau a oedd yn chwarae mewn canolfannau ar draws y wlad.

Penodwyd Alex Gough, a aned yng **Nghasnewydd** ac a gynrychiolodd Gymru yn rhyngwladol gan gyrraedd y pumed safle yn y byd erbyn Gorffennaf 1998, yn aelod o fwrdd y PSA ym mis Rhagfyr 2002. Bryd hynny roedd yn yr 16eg safle, gyda David Evans, o **Bont-y-pŵl**, yn 23ain. Erbyn 2001 roedd David Evans, pencampwr Agored Prydain 2000, yn drydydd yn y byd yn Chwefror 2001, y safle uchaf i Gymro ei gyrraedd hyd yn hyn. Bu pencampwr Ewrop 1989, Adrian Davies o **Lanelli**, ymhlith deg uchaf y byd am lawer o'r cyfnod rhwng 1987 ac 1995, ac enillodd 99 o gapiau dros Gymru, dros 60 ohonynt fel capten. Saith awr o hyfforddiant a gafodd Adrian Davies erioed – a hynny pan oedd yn 12 oed, gan Haydn Davies, un o gricedwyr Morgannwg.

Ymhlith **menywod** mwyaf blaenllaw'r gamp gellir enwi **Audrey Bates** o Gaerdydd, Tegwen Malik o **Abertawe**, pencampwraig cystadleuaeth gyfyngedig Cymru yn 2002 a hynny am y chweched tro, a Siân Johnson o Gaerdydd a chyn hynny o Lanelli, sydd wedi ennill dros 100 o gapiau i Gymru.

## SCHOTT, George Augustus (1868–1937)
Mathemategydd

Camp George Augustus Schott oedd datblygu theori lawn mewn perthynas ag ymbelydredd o electronau yn teithio yn agos at gyflymder golau. Ganed Schott yn Bradford a'i addysgu yng **Nghaergrawnt**. Fe'i penodwyd yn ddarlithydd cynorthwyol yn adran ffiseg **Aberystwyth**, ac yno y treuliodd weddill ei fywyd, gan ddod yn bennaeth yr adran fathemateg gymhwysol ac yn is-brifathro'r coleg. Yn ystod ei flynyddoedd cynnar yn Aberystwyth y cyhoeddodd Schott ei waith clasurol ar ymbelydredd electromagnetig. Flynyddoedd yn ddiweddarach y sylweddolwyd mai'r ymbelydredd a ragwelwyd gan Schott oedd y golau glas a welid yn ymyl cyflymyddion gronynnau syncrotron, ac a elwid yn 'ymbelydredd syncrotron'. Yn ddiweddarach eto cydnabuwyd mai ymbelydredd synchrotron oedd yr ymbelydredd a ddeuai o alaethau radio a chwasarau. Bellach, mae ymbelydredd synchrotron yn arf grymus ar gyfer astudio adeiledd atomig mater.

## SCLEDDAU, Sir Benfro (1,859ha; 586 o drigolion)

Mae'r **gymuned** hon wedi'i lleoli yn union i'r de-orllewin o **Abergwaun** ac yn cynnwys pentrefi Scleddau, Trefwrdan (Jordanston) a Manorowen. Mae Neuadd Trefwrdan (17g.) a Llangwarren (19g.) yn adeiladau diddorol. Yn Eglwys Sant Bwrda, Trefwrdan (1797), ceir **gwydr lliw** gwych a luniwyd gan Celtic Studios. Saif Eglwys y Santes Fair, Manorowen (fe'i hailadeiladwyd yn 1872) mewn llecyn coediog braf.

## SEALAND, Sir y Fflint (2,046ha; 2,746 o drigolion)

Tir wedi'i adennill o aber afon **Dyfrdwy** yw Sealand, fel yr awgryma enw'r **gymuned**. Mae'r pridd ffrwythlon ar lan ogleddol y darn hwnnw o'r afon sydd wedi'i gamlesu yn cynnal gerddi masnach a ffermydd sylweddol. Sefydlwyd Sealand Garden City yn 1910 i gartrefu gweithwyr gwaith dur John Summers (gw. **Summers, Teulu**; **Shotton, Gwaith Dur** a **Cei Connah**). Sefydlwyd Parc Diwydiannol Glannau Dyfrdwy gan y Gorfforaeth Ddur Brydeinig wedi i'r gwaith o gynhyrchu dur ddod i ben yn 1979 (gw. **Haearn a Dur**). Sefydlwyd maes awyr Sealand yn 1917 gan y Corfflu Awyr Brenhinol; fe'i caewyd i awyrennau yn 1957, er bod gleiderau yn dal i'w ddefnyddio. Cynlluniwyd Eglwys Sant Bartholomeus (1867) gan **John Douglas**.

## SECOMBE, Harry [Donald] (1921–2001)
Diddanwr

Yn **Abertawe**, yng nghyffiniau'r dociau yn St Thomas, y magwyd Harry Secombe. Gweithiai fel clerc mewn gwaith dur, a chanai yng nghôr yr eglwys. Yn ystod yr **Ail Ryfel Byd** gwasanaethodd fel is-fagnelwr yng Ngogledd Affrica a'r Eidal. Rhoddodd cyfeillach y fyddin gyfle iddo dorri'i ddannedd fel diddanwr, ac ar ôl 1946 bu'n gweithio fel digrifwr yn y Windmill Theatre, **Llundain**; teithiodd yn eang hefyd, a **darlledu** ar y radio. Cyfres radio *The Goon Show* a ddaeth ag enwogrwydd gwirioneddol iddo. Trwy gyfrwng y gyfres anarchaidd hon, a fu'n rhedeg trwy'r 1950au, daeth i fri rhyngwladol gan ymddangos yn rheolaidd yn y London Palladium ac mewn perfformiadau gerbron y frenhines. Roedd ganddo lais o safon operatig a manteisiodd yn llawn arno wrth ddarlledu, yn y ffilm *Davy* (1957) ac yn *Pickwick*, sioe a fu'n rhedeg o 1963 ymlaen yn y West End, ac yn Broadway. Cân o'r sioe hon oedd *If I Ruled the World*, a ddaeth yn arwydd-dôn iddo. Cyhoeddodd sawl llyfr, gan

Harry Secombe

gynnwys nofel. Daeth ei ffydd Gristnogol yn gynyddol bwysig iddo wrth iddo fynd yn hŷn, ac roedd yn ei elfen yn cyflwyno *Songs of Praise* y BBC (gw. ***Dechrau Canu Dechrau Canmol***). Urddwyd y diddanwr greddfol hwn yn farchog yn 1981.

## SEFYDLIAD MATERION CYMREIG, Y

Corff gwleidyddol ddiduedd a sefydlwyd yn 1987 gyda'i brif ganolfan yng **Nghaerdydd**. Mae ganddo hefyd ganghennau ar hyd a lled Cymru a changen gysylltiedig yn **Llundain**. Nod y corff yw bod yn bair syniadau trwy ledaenu gwybodaeth a hybu trafodaethau mewn perthynas â materion sy'n ymwneud â pholisi cyhoeddus yng Nghymru. Mae cylchgrawn y Sefydliad, *Agenda*, yn ymddangos deirgwaith y flwyddyn.

## SEFYDLIAD Y MERCHED (WI)

Ffurfiwyd y cyntaf o Sefydliadau'r Merched ym **Mhrydain** yn 1915 yn **Llanfair Pwllgwyngyll**, wedi i Madge Watt, sylfaenydd y WI yng Nghanada, annerch cyfarfod o gangen gogledd Cymru o'r Gymdeithas Trefnu Gwledig. Câi'r cyfarfodydd cyntaf eu cynnal yng nghartref aelod; roedd yn rhaid aros tan ar ôl y **Rhyfel Byd Cyntaf** cyn i'r grŵp symud i'r cwt sinc sy'n dal i sefyll yn y pentref. O fewn mis i ffurfio sefydliad Llanfair Pwll, roedd pum cangen arall wedi eu ffurfio: **Cefn**, **Trefnant**, Chwilog, Glasfryn (y ddau dan **Llanystumdwy**) a **Chricieth**; erbyn diwedd 1915 roedd y canghennau cyntaf yn **Lloegr** wedi eu ffurfio.

Y WI yw'r mudiad gwirfoddol mwyaf i **fenywod** yng Nghymru, ac yn wir yn y Deyrnas Unedig, ac mae'n cynnig cyfleoedd iddynt gymryd rhan ym mywyd y gymuned, mewn prosiectau diwylliannol ac mewn ymgyrchoedd cyhoeddus. Yn 1967, fodd bynnag, torrodd aelodau o gangen y Parc (**Llanycil**) yn rhydd o'r WI i ffurfio mudiad cwbl Gymraeg ei iaith, sef **Merched y Wawr**. Yn 2006 roedd gan y WI yng Nghymru 500 o ganghennau ac 16,000 o aelodau.

## SEFYDLIAD YMCHWIL TIR GLAS A'R AMGYLCHEDD (Bridfa Blanhigion Cymru) (IGER)

Sefydlwyd Bridfa Blanhigion Cymru yn 1919 yn sgil rhodd o £10,000 i Goleg y Brifysgol, **Aberystwyth** (gw. **Prifysgol Cymru, Aberystwyth**) gan Lawrence Philipps (Barwn Milford; gw. **Philipps, Teulu** (Castell Pictwn)). Y syniad gwreiddiol oedd creu sefydliad gwyddonol a masnachol i ymroi i feithrin planhigion wedi'u haddasu ar gyfer anghenion Cymru. Dan gyfarwyddyd **George Stapledon**, aeth tîm bychan o wyddonwyr, yn cynnwys **T. J. Jenkin**, William Davies, **E. T. Jones** ac R. D. Williams, ati i ddadansoddi bywydeg atgynhyrchiol y gweiriau a'r meillion, a chynhyrchu a marchnata cyfres o **blanhigion** a drawsffurfiodd borfeydd Cymru a llawer rhan arall o'r byd. Erbyn y 1940au daethai'r fridfa yn enwog yn rhyngwladol a hynny am ei gwaith gwyddonol sylfaenol ynghyd â'i chyfraniad helaeth i wella tir glas a thir mynyddig. Wedi'r rhyfel anogodd cyfarwyddwyr megis J. P. Cooper a P. T. Thomas astudiaeth fwyfwy soffistigedig o adeiledd celloedd, ffisioleg a metaboledd rhywogaethau llysieuol, ac ehangu diddordebau'r fridfa i gynnwys cnydau grawn, corbys a bresych. Yn niwedd y 1980au bu 'rhesymoli' ar orsafoedd ymchwil a noddai'r **llywodraeth** a arweiniodd at uno'r Sefydliad Ymchwil Tir Glas yn Hurley ger Reading â Bridfa Blanhigion Cymru, a chreu, yn 1990, Sefydliad Ymchwil Tir Glas a'r Amgylchedd. Er iddo gadw ei gyfrifoldeb gwreiddiol o fridio mathau o **geirch**, gwair a meillion, mae gweithgareddau'r sefydliad wedi ehangu i gynnwys materion amgylcheddol ac astudio cyfannol ar y berthynas rhwng llystyfiant ac anifeiliaid. Yn hyn o beth ac mewn agweddau eraill ar waith y sefydliad, mae disgyblaeth bywydeg folecylaidd yn chwarae rhan ganolog (gw. hefyd **Gwyddorau Biolegol**). Lleolir y sefydliad yng Ngogerddan (**Trefeurig**), hen gartref teulu **Pryse**. Yn 2007, ar ôl peth ansicrwydd ynghylch ei ddyfodol, cyhoeddwyd y byddai'n dod o dan adain **Prifysgol Cymru, Aberystwyth**.

## SEFYDLIADAU'R GLOWYR

Dechreuodd y glowyr gyfrannu'n ariannol tuag at adeiladu a rhedeg eu sefydliadau lles eu hunain o'r 1890au ymlaen. Erbyn 1910 roedd gan bron bob tref a phentref glofaol o faint ei sefydliad ac ynddo ystafell ddarllen a llyfrgell; rhoddwyd cymorth ariannol i rai o'r sefydliadau hyn gan berchnogion y pyllau **glo** lleol. Tystiodd **Aneurin Bevan** iddo gael hyfforddiant deallusol heb ei ail yn llyfrgell glowyr **Tredegar**. Yn dilyn argymhelliad y Comisiwn Brenhinol ar Lo (1919), sefydlwyd Cronfa Les y Glowyr i ddarparu amwynderau ar eu cyfer – baddonau, neuaddau lles ac ysgoloriaethau. Rhwng y rhyfeloedd gwelwyd codi neuaddau lles yn yr ardaloedd hynny lle nad oedd gan y glowyr sefydliadau yn barod, yn arbennig ym maes y glo carreg. Erbyn dechrau'r **Ail Ryfel Byd** roedd dros gant o sefydliadau glowyr yng Nghymru, ac un o'r rhai mwyaf urddasol oedd yr un yn **Rhosllannerchrugog** (Y Stiwt, 1926). Yr un mwyaf o ran maint oedd hwnnw yn **Abercynon** (1904; fe'i dymchwelwyd yn 1995). Goroesodd llawer o'r sefydliadau a'r neuaddau hyn hyd at y 1970au, a chaent eu rhedeg ar y cyd gan y rheolwyr, y glowyr a chynrychiolwyr o blith y cyhoedd. Mae'r gwychaf o'r adeiladau hyn i gyd, Neuadd y Parc a'r Dâr yn Nhreorci (y **Rhondda**; 1905, 1913), yn dal i sefyll. Diogelwyd cynnwys llawer o'r llyfrgelloedd yn Llyfrgell Glowyr De Cymru, **Abertawe**. Ailgodwyd Sefydliad Oakdale (**Pen-maen**), ynghyd â'r llyfrgell, yn Amgueddfa Werin Cymru (gw. **Sain Ffagan**).

## SEFYDLIADAU'R MECANYDDION

Nod y sefydliadau addysgol hyn, a arloeswyd gan George Birkbeck yn **Llundain** yn 1823, oedd cynnig gwybodaeth wyddonol sylfaenol i weithwyr medrus. Ymledodd y sefydliadau yn gyflym, ac agorwyd y cyntaf o 30 ohonynt yng Nghymru yn **Abertawe** yn 1826. Byrhoedlog oedd llawer ohonynt, ond parhaodd y rhai yn **Aberteifi**, **Caerfyrddin**, **Castell-nedd** a **Llanelli** am o leiaf ddeugain mlynedd. Fe'u hyrwyddwyd gan ddiwydianwyr, gwŷr proffesiynol a

Llyfrgell Sefydliad y Glowyr yn Oakdale, 1945

dyngarwyr, a darparent addysg wyddonol sylfaenol yn ogystal â llyfrgelloedd ac amgueddfeydd. Erbyn diwedd y 19g. roedd awdurdodau lleol yn dechrau cynnig gwasanaethau o'r fath.

## SENGHENNYDD Cantref

Roedd **cantref** Senghennydd (Y Cantref Breiniol) yn cynnwys yr ardal rhwng afonydd **Taf** a **Rhymni**, ac roedd wedi'i rannu yn dri **chwmwd**, sef Uwch Caeach, Is Caeach a **Chibwr**. Wedi i'r **Normaniaid** oresgyn teyrnas **Morgannwg** daeth Cibwr, a oedd yn cynnwys **Caerdydd**, yn ganolbwynt arglwyddiaeth **Morgannwg**. Arhosodd y cymydau gogleddol ym meddiant arglwyddi Cymreig, **Ifor Bach** yn eu plith. Roedd y cysylltiad agos rhwng yr arglwyddi hyn a rheolwyr **Deheubarth** a **Gwynedd** yn destun pryder i arglwyddi'r **Mers**, yn enwedig yng nghanol y 13g., pan oedd grym a dylanwad **Llywelyn ap Gruffudd** ar gynnydd. Y gofid hwn a barodd i Gilbert de Clare godi ei gastell enfawr yng **Nghaerffili** (gw. **Clare, Teulu**). Yn sgil 'ail goncwest Morgannwg' yn gynnar yn y 1270au, collodd y Cymry eu hawdurdod a daeth Senghennydd yn rhan o arglwyddiaeth Clare ym Morgannwg. Yn 1894 rhoddwyd yr enw Senghennydd ar y pentref a wasanaethai lofa'r Great Universal, safle trychineb lofaol waethaf Cymru (gw. **Trychinebau Glofaol** ac isod).

## SENGHENNYDD, Trychineb Glofa

Bu farw cyfanswm o 439 o ddynion a bechgyn, sef y nifer fwyaf erioed mewn damwain pwll **glo** ym **Mhrydain**, yng nglofa'r Great Universal, Senghennydd (**Cwm Aber**) am tua 8.10 fore Mawrth, 14 Hydref 1913. Chwalwyd ochr orllewinol y pwll gan ffrwydrad na lwyddwyd i olrhain ei achos na'i leoliad. Credai rhai arbenigwyr i'r ffrwydrad gael ei achosi gan lamp heb ei chloi, ac eraill gan wreichion yn tasgu o gloch rybudd, gyda llwch glo yn ychwanegu at yr effeithiau.

## SEIAT

Roedd casglu dychweledigion ynghyd mewn seiadau yn un o brif nodweddion y **Diwygiad Methodistaidd**, a'r bwriad oedd hybu ysbrydolrwydd trwy addoliad syml a chyfarwyddyd gan gynghorwr. I ddechrau, y **Sasiwn** a benodai swyddogion y seiadau, ond yn ddiweddarach cafodd y seiadau hawl i ethol eu blaenoriaid eu hunain, cam allweddol yn natblygiad y drefn Bresbyteraidd (gw. **Presbyteriaid**) a fabwysiadwyd gan enwad y **Methodistiaid Calfinaidd**.

## SEICLO

Ffurfiwyd y clybiau seiclo cyntaf i wrywod yn ystod y 1870au, ac wedi i'r beic diogel ddisodli'r beic tair olwyn a'r beic peni-ffardding trwsgl yn 1886, dechreuodd **menywod** hefyd farchogaeth ar ddwy olwyn. Roedd rasys **ffyrdd** yn gyffredin o ddiwedd y 1880au, ac erbyn hynny roedd timau o ddynion o Gymru yn cymryd rhan mewn cystadlaethau rhyngwladol. Roedd clybiau seiclo cymysg i'r ddau ryw yn cael eu ffurfio erbyn dechrau'r 20g., ac ar ôl sefydlu Cymdeithas Seiclo Cymru yn 1934 bu datblygu pellach. Arwydd o'r brwdfrydedd a ddilynodd hynny oedd ffurfio Undeb

Trychineb Glofa Senghennydd, 1913

Beicio Cymru yn 1973, sy'n gweinyddu rasio ar ffyrdd, beicio mynydd a digwyddiadau rasio ar draciau. Mae Cymru wedi cynhyrchu beicwyr o'r radd flaenaf, o **Arthur Linton**, pencampwr seiclo'r byd yn 1895/6, i Nicole Cook, enillydd medal aur yng **Ngemau'r Gymanwlad** yn 2002. Yn 2003 roedd tua 60 o glybiau seiclo ledled y wlad.

Er mai mynd yn fwyfwy peryglus y mae priffyrdd Cymru i seiclwyr, ceir nifer o ffyrdd gwledig sydd bron yn ddidrafnidiaeth, ynghyd â rhwydwaith cynyddol o lwybrau beicio arbennig, yn y trefi ac yng nghefn gwlad. Mae'r prif lwybrau beicio cenedlaethol yn cynnwys y Lôn Geltaidd 334km o **Gas-gwent** i **Abergwaun**, a Lôn Las Cymru, oddeutu 444km o **Gaerdydd** neu Gas-gwent trwy ganol Cymru i **Gaergybi**. Mae'r ail o'r ddwy yn mynd heibio **Llandrindod**, cartref yr Arddangosfa Feiciau Genedlaethol.

## SEIDR

Mae eplesu sudd afal yn grefft hynafol a gysylltid â'r **Celtiaid**. Yn ôl traddodiad, teithiodd **Teilo** o Gymru i **Lydaw** yn y 6g. i blannu perllan seidr yn ardal Dol. Ffermdai'r deddwyrain, ar hyd dyffrynnoedd **Gwy** ac **Wysg**, oedd canolbwynt gwneud seidr yng Nghymru. Erbyn 1896 roedd y perllannoedd yn ymestyn dros bron 2,500ha, dwy ran o dair ohonynt yn **Sir Fynwy**, a daeth **Sir Frycheiniog** yn drwm dan lach un pregethwr fel 'sir sy'n ffoli ar seidr'. Ond nid diod ardaloedd gwledig yn unig oedd seidr; yn aml roedd yn well gan lowyr seidr na **chwrw** yn ystod cyfnodau o galedi, gan ei fod yn rhatach ac yn fwy meddwol. Ehangodd rhai bragdai i gynhyrchu seidr, gan gymryd cwmnïau o **Swydd Henffordd** drosodd; Webbs o Aber-big (**Llanhiledd**) oedd yr enghraifft enwocaf. Er na chynhyrchwyd seidr erioed ar raddfa fawr yng Nghymru, ceir gweisg mewn rhai ffermydd o hyd, ac erbyn 2005 roedd arwyddion bod yfed a chynhyrchu seidr ar gynnydd, gyda chryn ugain o wneuthurwyr seidr proffesiynol wedi'u lleoli yn y wlad.

Seiclo: Nicole Cook

## SEINTIAU

Mae hanes cynnar Cristnogaeth yng Nghymru yn frith o seintiau, er na ellir dangos yn ddi-ddadl i unrhyw un ohonynt gael ei ganoneiddio'n ffurfiol, sef y diffiniad arferol o sant yn ôl traddodiad y **Catholigion Rhufeinig**. Disgrifir y cyfnod *c*.450–700 yng Nghymru fel 'Oes y Saint', ond prin yw'r dystiolaeth ysgrifenedig ac archaeolegol amdanynt. Teflir golau ar feddylfryd y Cristion Brythonig gan Gyffes Padrig (5g.; gw. **Padrig**), ac mae gwaith **Gildas** yn disgrifio cyflwr yr eglwys yng Nghymru yn y 6g. Ond yr unig un o fucheddau'r saint a luniwyd, o bosibl, yn agos at amser bywyd ei gwrthrych yw Buchedd Samson (7g.; gw. **Samson**). Lluniwyd sawl damcaniaeth am yrfaoedd a dylanwad seintiau ar sail yr eglwysi a gysegrwyd iddynt, ond mae'r fath ddamcaniaethau yn llawn anawsterau gan na wyddys, fel arfer, a gysegrwyd yr eglwys i'r sant yn ystod ei oes ef ei hun ynteu ai adlewyrchu cwlt diweddarach y mae.

Credir mai'r cynharaf o'r seintiau oedd **Dyfrig** (*fl*.475) a oedd, mae'n debyg, yn esgob tiriogaethol yn **Erging**. Prif sant y genhedlaeth ddilynol oedd **Illtud** (m.*c*.525), y bu i'w fynachlog yn **Llanilltud Fawr** ran bwysig yn natblygiad Cristnogaeth yn y gwledydd hynny lle siaredid yr ieithoedd Celtaidd (gw. **Celtiaid**). Mae'n ymddangos i seintiau diweddarach yn y 6g. – yn eu plith **Dewi**, **Teilo**, **Padarn** a **Deiniol** – gofleidio ffurf fwy asgetig ar **grefydd** na'r un a gynrychiolai Illtud ddysgedig. Portreadir hwy fel abadau a oedd yn benaethiaid cymunedau mynachaidd neu glasau (gw. **Clas**), a ddatblygodd yn eu tro yn fameglwysi eang eu dylanwad. Roedd gan amryw ohonynt gysylltiadau honedig ag **Iwerddon**, **Cernyw** a **Llydaw**, ac weithiau â'r **Alban** ac **Ynys Manaw**, a dyna a roddodd fod, yn ddiweddarach, i'r gred gyfeiliornus fod y seintiau'n aelodau o **Eglwys Geltaidd** gynhenid ac annibynnol.

Mae rhestr o'r seintiau hynny y cysegrwyd eglwysi plwyf iddynt erbyn yr Oesoedd Canol diweddar yn cynnwys cannoedd o enwau. Anrhydeddwyd rhai unigolion hollol ddinod â'r teitl 'sant', ac mae'n dra phosibl mai'r cwbl a wnaethant oedd rhoi tir ar gyfer codi'r eglwys (gw. **Llan**). Cysegrwyd rhai eglwysi i **fenywod**, megis **Dwynwen** a **Melangell**, a chysegrwyd eraill i fwy nag un sant, fel **Llanddeusant**, **Llantrisant** a **Llanpumsaint**. Pan ddaeth yn adeg pennu ffiniau **esgobaethau** o'r 11g. ymlaen, daeth cysegru eglwysi i seintiau yn fater o bwys tiriogaethol, gan arwain at ysgrifennu nifer o fucheddau a llunio dogfennau amheus (gw. ***Liber Landavensis***). Dan ddylanwad y **Normaniaid**, ailgysegrwyd rhai eglwysi a ddygai enwau seintiau brodorol i seintiau Cristnogol enwog megis Mair, Pedr a Mihangel.

Yn yr 17g. daeth yn gyffredin cyfeirio at **Biwritaniaid** pybyr fel seintiau. Yn 1919 cafodd y teicŵn **olew** William D'arcy statws 'sant', yn ôl y dull 'Celtaidd', pan enwyd Purfa Olew Llandarcy (**Coed-ffranc**) ar ei ôl.

Y Gyfnewidfa Lo yng Nghaerdydd, gwaith y pensaer Edwin Seward

## SEIRI RHYDDION, Y

Mudiad dadleuol, sy'n cael ei ystyried gan ei feirniaid yn fudiad cudd. Mae'r seiri rhyddion yng Nghymru wedi eu trefnu yn bedair talaith: De Cymru Dwyreiniol (sy'n cynnwys **Caerdydd**, **Abertawe** a llawer o faes **glo**'r de), De Cymru Gorllewinol, **Sir Fynwy** a Gogledd Cymru. Y gyfrinfa hynaf sy'n dal mewn bodolaeth yw cyfrinfa Morgannwg yng Nghaerdydd, sy'n dyddio o 1753. Ffynnai'r seiri rhyddion yn ystod y 19g.; sefydlwyd Cyfrinfa Dewi Sant yn **Aberdaugleddau** (1821) ac ym **Mangor** (1826), gyda chyfrinfa'r Loyal Monmouth yn dilyn yn 1838. Er eu bod yn rym chwyldroadol yng ngwleidyddiaeth tir mawr Ewrop, troi i fod yn hynod geidwadol fu hanes y seiri rhyddion ym **Mhrydain**. Serch hynny, roedd y ffaith eu bod yn effro i ddiwygiadau democrataidd yn golygu bod eu haelodaeth yn cynyddu'n gyflym. Roedd gan Dde Cymru Dwyreiniol 3,200 o aelodau ar drothwy'r **Rhyfel Byd Cyntaf**, nifer a gynyddodd i 13,000 erbyn canol y 1950au. Erbyn y 1970au, fodd bynnag, dechreuodd y niferoedd ostwng, o bosibl oherwydd natur fwy agored cymdeithas ar ôl yr **Ail Ryfel Byd**. Bu ymosodiadau hefyd ar natur baganaidd honedig defodau'r seiri a hefyd ar y perygl o lygredd oherwydd natur gyfrin yr aelodaeth. Ni chafodd ymron i ddim ei ysgrifennu am y seiri rhyddion yng Nghymru hyd y 1980au pan ddechreuodd y cylchgrawn radical *Rebecca* gyhoeddi cyfres o erthyglau yn datgelu gweithgareddau'r seiri, ac yn sgil hynny dechreuodd rhai o'r prif **bapurau newydd** gymryd diddordeb. Ymatebodd y seiri rhyddion i raddau trwy fabwysiadu polisi mwy agored. Ni cheir cyfrif swyddogol o'r aelodaeth yng Nghymru ond mae dadansoddiad o flwyddlyfrau yn niwedd y 1990au yn awgrymu bod oddeutu 20,000 o seiri rhyddion yn y pedair talaith.

## SEIRIOL (6g.) Sant

Sefydlodd Seiriol gymuned Gristnogol ym Mhenmon (**Llangoed**) cyn mynd yn feudwy ar Ynys Seiriol (gw. **Ynysoedd**). Roedd meudwyaid yn dal i fyw yno yn amser **Gerallt Gymro**. Cysylltir Seiriol hefyd ag ardal **Penmaen-mawr**. Stori gymharol ddiweddar yw'r un sy'n sôn am ei gyfarfodydd rheolaidd â **Cybi**.

## SEISYLLWG Teyrnas

Tua'r flwyddyn 730 daeth tri chantref **Ystrad Tywi** i feddiant Seisyll ap Clydog, brenin **Ceredigion**, a galwyd ei deyrnas estynedig o hynny ymlaen yn Seisyllwg. Ar farwolaeth ei ddisgynnydd, Gwgon ap Meurig (871), daeth y deyrnas i feddiant **Rhodri Mawr**, a oedd yn briod â chwaer Gwgon, sef Angharad, ac fe'i hunwyd â **Gwynedd** a **Phowys**. Etifeddodd mab Rhodri, Cadell, Seisyllwg. Unodd mab Cadell, **Hywel Dda**, Seisyllwg â **Dyfed** a **Brycheiniog** i ffurfio teyrnas **Deheubarth**.

## SELAND NEWYDD

Mae pobl o Gymru wedi **ymfudo** i Seland Newydd er dechrau'r 19g., naill ai'n uniongyrchol o Gymru neu o **Awstralia**. Ond prin fu eu niferoedd, ac ymhlith yr holl ymfudwyr i'r wlad nid yw'r Cymry ond carfan fechan iawn. Roedd nifer o **genhadon** o Gymru yn weithgar yn Seland Newydd yn ystod y 19g., a chynyddodd presenoldeb y Cymry'n sylweddol yn sgil y rhuthr am aur yn Otago yn ystod y 1860au. Bu cryn fewnfudo yn ystod y blynyddoedd yn union ar ôl y **Rhyfel Byd Cyntaf** hefyd, gan gynnwys teuluoedd o faes **glo**'r de a gafodd eu denu i weithfeydd glo Canterbury. Yn 1921 roedd 2,575 o bobl a aned yng Nghymru yn byw yn Seland Newydd ac roedd 1,760 yn ychwaneg o drigolion y wlad a'u tadau'n enedigol o Gymru. Yng nghyfrifiad 1996 nododd 9,966 o drigolion Seland Newydd eu bod o leiaf yn rhannol o dras Cymreig. O gofio maint y presenoldeb Cymreig, bychan o reidrwydd fu nifer y sefydliadau diwylliannol a chrefyddol Cymreig hynny a sefydlwyd yn Seland Newydd. Y sefydliad hynaf sy'n dal i fodoli yw'r Cambrian Society of Christchurch (1890). Gan fod y wlad wedi ffoli i'r fath raddau ar **rygbi**, Seland Newydd yw un o'r gwledydd prin hynny lle mae pawb yn gwybod am Gymru.

## SELIAU

Mae'r seliau cynharaf o darddiad Cymreig y gwyddys amdanynt yn dyddio o ddiwedd y 12g. ac maent o hynny allan yn adlewyrchu sawl agwedd ar hanes a chymdeithas yng Nghymru. Nid oes unrhyw nodwedd arbennig o Gymreig yn perthyn iddynt sy'n eu gwneud yn wahanol i seliau a ddefnyddid mewn mannau eraill ym **Mhrydain**. Prin iawn y gwelir yr iaith **Gymraeg** arnynt, ac mae'r sêl fawr a ddefnyddiwyd gan **Owain Glyndŵr** (1404) i ardystio **Llythyr Pennal** yn debyg i seliau brenhinol o'r un cyfnod yn **Lloegr** ac ar dir mawr Ewrop – fel yr oedd yn ofynnol, gan fod Owain yn gwneud datganiad am ei statws fel arweinydd Ewropeaidd.

Mae'r seliau canoloesol mwyaf nodedig yn cynnwys y rhai a berthynai i **Lywelyn ap Iorwerth** (1208; ar gefn ei geffyl); Lleision ap Morgan, arglwydd **Afan** (*c.*1220; yn dangos gwisg bonheddwr o Gymro); sêl gorfforaethol anorffenedig bwrdeiswyr **Dinbych** (1285; portread o'r castell fel atgof o'r **Goresgyniad Edwardaidd**); sêl gyffredin gyntaf Eglwys Gadeiriol Llandaf (**Caerdydd**) (*c.*1200; yn dangos yr eglwys fel un a godwyd gan yr Esgob **Urban**); a sêl gyffredin Priordy Llanddewi Nant Hodni (**Crucornau**) (1316; yn dangos Crist yn cael ei fedyddio yn yr Iorddonen).

Mae seliau Cymreig mwy modern yn darlunio byd **addysg** (athro'n dal gwialen fedw: Ysgol Friars, **Bangor**; 1568); diwydiant (gwaith **haearn**: Cwmni Haearn a Dur **Blaenafon**; 1876); a thrafnidiaeth (tryciau cario **glo**: Cwmni Tramffordd Sirhywi; 1802).

## SESSWICK, Wrecsam (1,069ha; 591 o drigolion)

Yn y **gymuned** hon, sy'n ffinio ag afon **Dyfrdwy** gyferbyn â **Bangor Is-Coed**, mae cymer afonydd Dyfrdwy a Chlywedog, ac mae'n cynnwys rhai o'r dolydd mwyaf gwastad yng Nghymru. Mae Bedwell Hall, Gerwyn Hall, Pickhill Hall a Pickhill Old Hall yn dai deniadol o'r 18g.

## SEWARD, Edwin (1853–1924) Pensaer

Daeth Edwin Seward, a hanai o Wlad yr Haf, i **Gaerdydd** yn 1870 a dod yn brif gynorthwy-ydd i G. E. Robinson cyn ymuno â phractis W. P. James yn 1875. Yn 1880 enillodd Seward y gystadleuaeth i gynllunio Llyfrgell Rydd Caerdydd (1882) a daeth nifer o gomisiynau sylweddol yn sgil hynny, gan gynnwys Ysbyty Brenhinol Caerdydd (1883), y Gyfnewidfa Lo (1885), Oriel Turner (1887) ym **Mhenarth** a Swyddfa'r Porthladd (1903; Gwesty Morgan yn ddiweddarach) yn **Abertawe**. Roedd ymhlith y rhai cyntaf i alw am **Amgueddfa Genedlaethol**; magodd ddiddordeb mewn celfyddyd Geltaidd a chynlluniodd rodfa siopa, sef y 'Coridor Celtaidd' (1905) yn Ffordd Casnewydd, Caerdydd.

## SGLEFRIO IÂ

Lloriau sglefrio yn **Queensferry**, er 1973, a **Chaerdydd,** er 1986 (dymchwelwyd y llawr yno yn 2006, ond bwriedir sicrhau llawr newydd), yw dau ganolbwynt sglefrio iâ yng Nghymru, sy'n cynnwys sglefrio cyflym, ffigur-sglefrio a dawnsio ar iâ. Corff llywodraethu'r gamp yw Cymdeithas Sglefrio Iâ Cymru a sefydlwyd yn 1985. Ymhlith sglefrwyr nodedig Cymru – mae pob un ohonynt wedi cystadlu mewn cystadlaethau rhyngwladol neu Ewropeaidd – y mae Karen Wood, a fu ddwywaith yn bencampwraig **menywod** Prydain, Steven Cousin, pencampwr dynion **Prydain** wyth gwaith, Marika Humphreys, pencampwraig dawnsio ar iâ Prydain bum gwaith (gyda thri phartner gwahanol) a Jonathan O'Dougherty, pencampwr dawnsio ar iâ Prydain yn 2002 (gyda Pamela O'Connor).

## SHAKESPEARE A CHYMRU

Gan fod nifer o enwau Cymreig (er enghraifft Hugh ap Shon a Howard ap Howell) yn digwydd yng nghofnodion Stratford ei gyfnod ef, mae'n bosibl fod William Shakespeare (1564–1616) wedi cwrdd â Chymry yn ei ddyddiau cynnar. Yn ôl traddodiad, Cymro oedd un o'i athrawon, ond amheus yw'r honiad. Yn *The Merry Wives of Windsor*, caiff Hugh Evans, yr ysgolfeistr o Gymro, ei ddisgrifio fel 'one that makes fritters of English'; er ei fod yn llwfr, mae'n greadur digon

Sêl Morgan ap Caradog: arglwydd ym Mlaenau Morgannwg

Ymosodiad y Siartwyr ar Westy'r Westgate, Casnewydd, 4 Tachwedd 1839

hawddgar. Mae'r Cymry yng ngwaith Shakespeare – Owen Glendower (**Owain Glyndŵr**), Lady Mortimer, Fluellen (gw. **Roger Williams**) a'r capten o Gymro yn *Richard III* – i wahanol raddau yn destun sbort, ond mae'r 'gwawdio' bob amser yn garedig. Yn *Henry IV, Part I*, mae Glendower a'r ferch, Lady Mortimer, yn sgwrsio yn **Gymraeg**, er na chofnodir eu geiriau. Mae Lady Mortimer hefyd yn canu yn Gymraeg. Yn *Cymbeline* – mewn golygfeydd a osodir ger dyfrffordd Aberdaugleddau (gw. **Aberdaugleddau, Dyfrffordd**) – Cymru yw'r cefndir ar gyfer gweledigaeth o foneddigeiddrwydd 'Prydeinig'. Mae gwreiddiau Lear yn y portread o Llŷr, tad **Manawydan**, **Bendigeidfran** a **Branwen**. Mabwysiadwyd Shakespeare fel patrwm llenyddol gan sawl llenor o Gymro. Yn yr **Eisteddfod** Genedlaethol, cynhyrchodd cystadlaethau a alwai am gyfieithu gwaith Shakespeare un gwaith eithriadol yn 1952 yn *Nos Ystwyll* J. T. Jones (1894–1975), trosiad o *Twelfth Night*. Mae drama fydryddol **Thomas Parry**, *Llywelyn Fawr* (1954), yn efelychiad meistrolgar o ddrama Shakespearaidd.

## SHERWOOD, Alf[red Thomas] (1923–90) Pêl-droediwr

Ganed Alf Sherwood, a chwaraeodd **bêl-droed** a **chriced** rhyngwladol yn fachgen ysgol, yn **Aberaman**, a gadawodd y pyllau **glo** i ymuno â thîm **Caerdydd**, gan ymddangos iddynt 353 o weithiau (1941–56). Roedd yn feistr ar y llithr-dacl ac yn gefnwr uchel ei barch gan Stanley Matthews. Yn 1956, yn ei gêm ryngwladol olaf, chwaraeodd fel gôl-geidwad wrth gefn ac arbed cic gosb. Enillodd 41 o gapiau, a chwarae i dîm **Casnewydd**, hyfforddi yn Efrog Newydd a rheoli tîm y **Barri**.

## SHOTTON, Sir y Fflint (247ha; 6,265 o drigolion)

Roedd Shotton, rhwng **Cei Connah** a **Queensferry**, yn ardal lofaol o'r 17g. hyd y 19g. Tyfodd yn gyflym ar ôl agor gwaith dur John Summers yn 1896 (gw. **Haearn a Dur** a **Summers, Teulu**). Er mai fel Gwaith Dur Shotton (gw. isod) y cyfeirid ato ar lafar yn aml, yng **nghymuned** bresennol Queensferry yr oedd mewn gwirionedd. **William Ewart Gladstone** a dalodd am adeiladu Eglwys Sant Ethelwold a gynlluniwyd gan **John Douglas** ac a gwblhawyd yn 1902.

## SHOTTON, Gwaith Dur

Yn 1896 sefydlodd Henry a James Summers waith **haearn a dur** ar Lannau **Dyfrdwy** a oedd yn gangen o gwmni John Summers a'i Feibion (gw. **Summers, Teulu**), a sefydlwyd gan eu tad yn Stalybridge, **Swydd Gaer**. Er bod y gwaith dur wedi'i leoli yng **nghymuned** bresennol **Queensferry**, roedd y rhan fwyaf o'r gweithwyr yn byw yn **Shotton**, ac â'r fan honno y daethpwyd i gysylltu'r gwaith o ganlyniad. Erbyn 1914 roedd Shotton, a oedd yn cynnwys 30 o felinau rholio a naw **ffwrnais dân agored**, yn cyflogi 3,500 o weithwyr ac yn cynhyrchu tua 4,500 o dunelli metrig o ddur yr wythnos ar gyfartaledd, dalennau rhychog galfanedig yn bennaf. Dyblodd y cynnyrch i 500,000 o dunelli metrig yn ystod y **Rhyfel Byd Cyntaf**, a bu cynnydd cyfatebol yn y gweithlu. Tua diwedd y 1930au dechreuodd Shotton, y prif wneuthurwr dur galfanedig ym **Mhrydain** bryd hynny, fabwysiadu'r dulliau technolegol chwyldroadol a oedd wedi trawsnewid y diwydiant yn America, trwy adeiladu ail felin strip ddi-dor Prydain, a ddechreuodd gynhyrchu yn 1940.

Dechreuwyd ehangu i greu gwaith cwbl integredig yn 1948, ac ychwanegwyd ffwrnais dân agored newydd yn 1953. Erbyn 1960, pan gâi tua 10,000 o weithwyr eu cyflogi yno, roedd Shotton yn flaenllaw ym maes y dechnoleg haenu newydd. Shotton oedd y gwaith cynharaf i ddefnyddio Stelfetit, y cyfrwng organig cyntaf, yn 1957, a chomisiynwyd llinellau torch-i-dorch yn 1972 ar gyfer platio electrosinc a lamineiddio gyda haen blastig. Rhoddwyd y gorau i gynhyrchu dur yn 1980; caewyd rhannau eraill o'r gwaith yn 2001 ac felly erbyn blynyddoedd cynnar yr 21g. dim ond tua 700 a gyflogid, a hynny mewn uned gotio dur fodern.

## SIARTIAETH

Mudiad eang ei sail a oedd am ddiwygio'r drefn wleidyddol; rhoddwyd nod i'w weithgaredd trwy gyfrwng Siarter y Bobl a alwai am bleidlais i bob oedolyn gwrywaidd. Daeth i fod tua diwedd y 1830au dan arweinyddiaeth radicaliaid megis Feargus O'Connor, Henry Hetherington, William Lovett ac Ernest Jones. Yn dilyn methiant deiseb gyntaf y mudiad gerbron y Senedd yn 1839, bu protestiadau yn **Llanidloes** a **Chasnewydd**. Gorymdeithiodd tua 5,000 o ddynion o'r cymoedd diwydiannol at Westy'r Westgate yng Nghasnewydd, ond daeth Gwrthryfel Casnewydd i ben pan drechwyd hwy trwy rym arfau a phan arestiwyd **John Frost** ac eraill (gw. **Casnewydd, Gwrthryfel**). Yn 1840 sefydlwyd dau newyddiadur gan y Siartwyr ym **Merthyr**, *Udgorn Cymru* a *The Advocate*, i gyd-fynd â *Western Vindicator* Henry Vincent (gw. **Morgan Williams**). Roedd gan Hugh Williams, sylfaenydd y gyntaf o gymdeithasau gweithwyr y Siartwyr yng **Nghaerfyrddin**, a chynrychiolydd de Cymru yng nghynhadledd gyntaf y Siartwyr, gysylltiad agos â Therfysgoedd **Rebeca** yn 1842–3. Gwrthodwyd ail ddeiseb genedlaethol i'r senedd ym Mai 1842, ac wedi hynny trefnodd y Siartwyr streic gyffredinol aflwyddiannus. Gwrthodwyd trydedd ddeiseb, a'r olaf un, yn Ebrill 1848. Cynhaliwyd cynhadledd olaf y Siartwyr ym mis Chwefror 1858, ond erbyn hynny bu llawer tro ar fyd yn **economi** a chymdeithas Cymru, a throdd nifer o'r Siartwyr eu sylw at grwpiau pwysedd eraill a phosibiliadau cynyddol Rhyddfrydiaeth (gw. **Plaid Ryddfrydol**).

## SIBLY, T[homas] F[ranklin] (1883–1948)

Daearegydd a gweinyddwr

Wedi graddio mewn ffiseg arbrofol ym Mryste, daeth Sibly yn Athro **daeareg** yng **Nghaerdydd** (1913–18) ac yna yn Newcastle upon Tyne. Er ei fod yn ddaearegydd galluog, cofir amdano yn bennaf fel gweinyddwr a feddai ar ddoniau anghyffredin. Yn 1920 fe'i penodwyd yn brifathro cyntaf Coleg y Brifysgol, **Abertawe** (**Prifysgol Cymru Abertawe**), yn rhannol oherwydd mai ef oedd prif bensaer cynllun ar gyfer cyd-drefnu addysg dechnegol uwch yng Nghymru. Gosododd y coleg ar seiliau cadarn, gan ddatblygu cysylltiadau effeithiol â'r tri choleg hŷn yng Nghymru. Cafodd ei urddo'n farchog yn 1938.

## SIDDONS, Sarah (1755–1851)

Actores

Ganed Sarah Siddons, un o brif actorion trasig llwyfannau **Lloegr**, yn nhafarn y Shoulder of Mutton, **Aberhonddu**, yn ferch i'r actorion teithiol Sarah Ward a Roger Kemble. Bu'n actio llawer fel plentyn, gan deithio'n helaeth. Priododd yr actor William Siddons er gwaethaf gwrthwynebiad ei rhieni;

Sarah Siddons

cafodd Siddons ei droi allan o'r cwmni actio teuluol am ddatgan ei serch tuag ati ar gân gerbron cynulleidfa yn Aberhonddu. Yn 1775 fe'i gwahoddwyd gan David Garrick i berfformio yn **Llundain** ac roedd yn adnabyddus o 1782 ymlaen. Ei rhan enwocaf oedd Lady Macbeth. Roedd y bardd **Ann Julia Hatton** yn chwaer iddi.

## SIDNEY, Henry (1529–86)

Gweinyddwr

Bu Sidney, brodor o Gaint yn wreiddiol, yn llywydd **Cyngor Cymru a'r Gororau** (1559–86) ac yn arglwydd raglaw **Iwerddon** ar ddau achlysur (1566–71, 1575–8). Cyfnod ei lywyddiaeth ef oedd cyfnod mwyaf effeithiol y Cyngor, a mynegodd ei farn am Gymru gyda'r geiriau 'a better country to govern Europe holdeth not'. Hybodd ddiwylliant Cymru a datblygiad mwyngloddio yn **Sir Forgannwg** a **Môn**. Roedd yn dad i'r bardd Philip Sidney (1554–86) ac yn dad-yng-nghyfraith i Henry Herbert (1534–1601; gw. **Herbert, Teulu (ieirll Pembroke)**).

## SIEFFRE O FYNWY (Galfridus Monemutensis, Geoffrey of Monmouth; m.1155) Llenor

O'r holl wŷr llên a arddelai gysylltiad â Chymru yn yr Oesoedd Canol, Sieffre oedd yr ehangaf ei apêl a'i ddylanwad. Bernir ei fod o dras Llydewig, ac i'w deulu fudo i ardal **Trefynwy** yn sgil sefydlu'r castell a'r arglwyddiaeth Normanaidd yno. Yng nghyd-destun y diwylliant Eingl-Normanaidd y blodeuodd talentau Sieffre. Ymsefydlodd yn **Rhydychen**, lle digwydd ei enw, rhwng 1129 ac 1151, mewn dogfennau'n

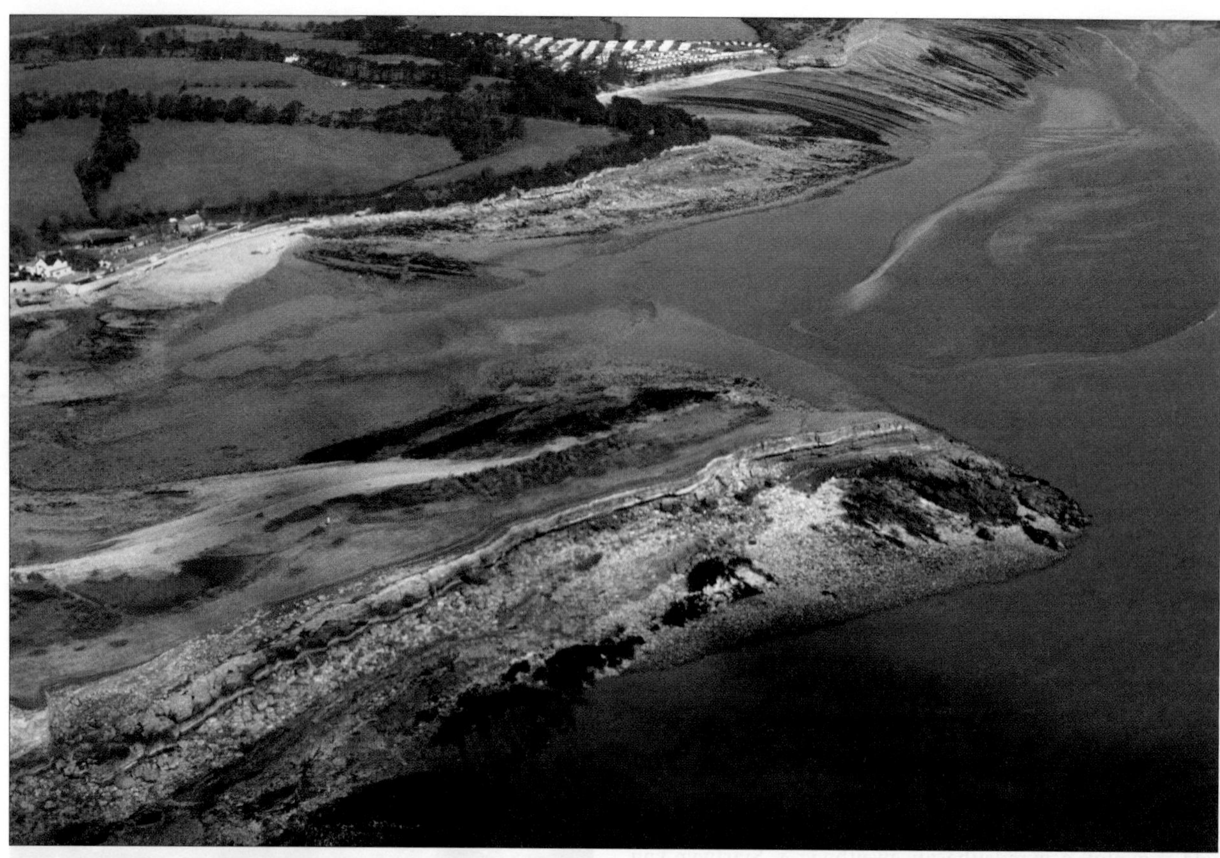

Awyrlun o fryngaer o'r Oes Haearn ar Ynys Sili

ymwneud â thai crefydd lleol, lle bu'n gweithredu fel athro yn ôl pob tebyg. Er iddo gael ei ddewis yn esgob **Llanelwy** yn 1151, ni cheir sôn iddo ymweld â'i esgobaeth.

Am ei waith llenyddol y cofir Sieffre, yn arbennig *Historia Regum Britanniae* ('Hanes Brenhinoedd Prydain'), gwaith a gwblhawyd *c.*1138 ac sy'n honni ei fod yn gofnod o hanes brenhinoedd **Prydain** o adeg **Brutus** hyd at farw **Cadwaladr** Fendigaid. Honna'r awdur mai cyfieithiad yw'r gwaith, wedi'i drosi 'o lyfr hynafol yn yr iaith Frytanaidd'. Mewn gwirionedd, cyfansoddiad gwreiddiol a bwriadus yw'r *Historia*. Tynnir ar lu o ffynonellau amryfath i greu ffug-hanes sy'n cyfuno'r gwir a'r gau gyda deheurwydd anghyffredin. Rhoddir i'r Brytaniaid (trwy Brutus) dras Troeaidd tebyg i eiddo'r **Rhufeiniaid** yn *Aeneid* Fyrsil. **Arthur** a'i deyrnasiad sy'n cael y gofod helaethaf, ond ymadawodd y gogoniant gyda'i golli ef. Tynhaodd gafael yr **Eingl-Sacsoniaid** ar Brydain a rhybuddiwyd Cadwaladr, gan angel, i beidio â cheisio adennill y deyrnas.

Cynhwysir yn yr *Historia* ddaroganau yr honnir i'r gweledydd **Myrddin** eu llefaru gerbron y Brenin **Gwrtheyrn**. Bu'r daroganau hyn, *Prophetiae Merlini*, ar gael yn annibynnol mewn llawysgrifau *c.*1135, cyn eu hailadrodd yn yr *Historia*. Cyfansoddodd Sieffre, *c.*1148, waith arall yn ymwneud â Myrddin, *Vita Merlini* ('Buchedd Myrddin'). Yno gwelir cryn ymwybyddiaeth o rai chwedlau brodorol Cymreig am Fyrddin; fe'u cyfunwyd â dysg eang a dychymyg ffrwythlon i greu cerdd Ladin 1,529 llinell yn y mesur chweban.

Cafodd *Historia* Sieffre ddylanwad mawr. Gwleidyddol, i raddau, oedd bwriad llunio'r gwaith, sef cyflwyno i'r **Normaniaid** ddarlun apelgar o hen orffennol Prydain. Ysbrydolwyd corff helaeth o lên Arthuraidd, ym Mhrydain ac ar dir mawr Ewrop, gan y gwaith. Yng Nghymru cyfieithwyd a chyfaddaswyd yr *Historia*, mewn gwahanol fersiynau, dan y teitl *Brut y Brenhinedd*. (Lluniwyd ***Brut y Tywysogyon*** fel dilyniant iddo.) Cyndyn fu'r Cymry i ymwrthod â dehongliad Sieffre o hanes Prydain, a gwelwyd yn Harri Tudur (gw. **Tuduriaid** a **Brenhinoedd Lloegr**) gyflawni'r broffwydoliaeth, ar ddiwedd yr *Historia*, y dôi dydd pan adferid y frenhiniaeth i'r Brytaniaid.

**SIEMENS, Wilhelm (1823–83)** Dyfeisiwr a diwydiannwr

Roedd Siemens, a ddôi o Lethe, Hanover, yn aelod o deulu a alwyd y mwyaf dyfeisgar mewn hanes ar gyfrif eu camp yn cymhwyso darganfyddiadau gwyddonol at ddiwydiant. Ei brif ddyfais (1856), a wnaed ar y cyd â'i frawd Frederich, oedd y ffwrnais atgynhyrchiol, a gymhwysai egwyddor y cyddwysydd. Roedd cymhwyso'r ffwrnais at gynhyrchu dur (gw. **Haearn a Dur**) yn ddibynnol, i raddau helaeth, ar gyfraniad Pierre Martin o Sireuil yn 1864, ac fe'i hadwaenir yn gyffredinol fel y broses Siemens-Martin neu'r broses tân agored (gw. **Ffwrnais Dân Agored**). Datblygwyd a phrofwyd y broses chwyldroadol hon yng Nglandŵr, **Abertawe**, o 1869 hyd 1888, er nad oedd y gwaith ei hun yn fasnachol lwyddiannus.

**SILI**, Bro Morgannwg (699ha; 4,239 o drigolion)

Mae'r **gymuned** hon rhwng **Penarth** a'r **Barri** yn cynnwys Ynys Sili, y gellir cerdded draw iddi pan fo'r llanw allan. Ansicr yw tarddiad yr enw. Cyfeirir at Eglwys *Silid* ym Muchedd **Cadog** (dechrau'r 12g.), ond mae'n bosibl fod enw

Sinema'r Central yn y Porth, y Rhondda, *c.*1930

teulu de Sully, arglwyddi'r ardal yn y 12g. a'r 13g., wedi dylanwadu ar ei ddatblygiad diweddarach. Mae'r pentref, a fu unwaith yn ddeniadol, wedi'i ddifetha yn ddiweddar gan ormodedd o dai cymudwyr. Trwyn Larnog, lle mae arfordir **Sir Forgannwg** yn troi tua'r gogledd, yw'r man y daeth Marconi iddo yn 1897 i drosglwyddo neges radio gyntaf y byd ar draws dŵr. Cloddiwyd y pentref anghyfannedd yn Cosmeston yn 1981; mae'r adeiladau a ailgrëwyd yno yn ymgais i ddarlunio bywyd pobl gyffredin cyn dyfodiad y **Pla Du**. Mae Ysbyty Sili, a godwyd yn 1932 i rai'n dioddef o **dwbercwlosis**, yn enghraifft nodedig o'r dull Adeiladu Ymarferol (gw. **Pensaernïaeth**). Roedd gan drydydd ardalydd Bute (gw. **Stuart, Teulu**)) winllan yn Swanbridge. Mae Cog Farm yn fferm fodel sy'n dyddio o *c.*1817.

## SILWRIAID

Y Silwriaid, llwyth o'r Oes Haearn yn ne-ddwyrain Cymru (gw. **Oesau Cynhanesyddol**), oedd y rhai mwyaf penderfynol eu gwrthwynebiad i dwf grym y **Rhufeiniaid** o blith holl lwythi **Prydain**. Hyd yn oed ar ôl i **Garadog** gael ei ddal, parhaodd y Silwriaid i gynnal rhyfel gerila llwyddiannus am dros chwarter canrif, gan drechu lleng Rufeinig. Tua OC 75 cawsant eu gorchfygu yn y diwedd, a chodwyd caer ar eu tiriogaeth yn Isca (**Caerllion**). **Caer-went** (Venta Silurum) oedd prif ganolfan eu *civitas* hwy (gw. **Rhufeiniaid**). Yr hyn a ddaeth wedyn yn **Sir Forgannwg**, **Sir Fynwy** a de **Sir Frycheiniog** oedd eu tiriogaeth. Cyfeiriai'r bardd **Henry Vaughan**, brodor o Ddyffryn **Wysg**, ato'i hun fel Silwriad (*Silurist*). Yn ôl **Harri Webb**, roedd Gwrthryfel **Casnewydd** yn 1839 yn ymgais at sefydlu 'gweriniaeth Silwria'.

## SIMON, [William] Glyn [Hughes] (1903–1972)
Archesgob

Yn ei dro bu Glyn Simon, a oedd yn enedigol o **Abertawe**, yn ddeon Llandaf (**Caerdydd**), yn esgob Abertawe ac **Aberhonddu**, yn esgob Llandaf ac yn archesgob Cymru (1968–71). Ef oedd y cyntaf o archesgobion Cymru i gael ei dderbyn fel arweinydd cyffredinol y bywyd Cristnogol yng Nghymru, ac ef, hefyd, oedd esgob cyntaf yr **Eglwys yng Nghymru** i fod yn adnabyddus trwy'r holl Gymundeb Anglicanaidd (gw. **Anglicaniaid**). Safodd yn gadarn dros yr iaith **Gymraeg**, er na fu erioed yn hollol rugl ynddi.

## SINEMÂU

Ar wahân i'r rhai hynny a ddangoswyd ym **Mharc Cathays** gan Birt Acres yn 1896, dangoswyd y ffilmiau cyntaf yng Nghymru mewn neuaddau cerdd, neuaddau cymunedol a ffeiriau. Rhwng 1898 a *c.*1908, er enghraifft, dangosodd yr arloeswr **Arthur Cheetham** ei ffilmiau ei hun mewn neuaddau yn **Aberystwyth**, **Bae Colwyn** a'r **Rhyl**. Mae'n debyg mai'r Electric Cinema, yn Heol y Frenhines, **Caerdydd**, a godwyd yn 1909, oedd y sinema bwrpasol gyntaf i'w hadeiladu yn y ddinas. Agorodd llawer mwy o adeiladau pwrpasol rhwng 1910 ac 1914. Erbyn 1910 roedd 162 o neuaddau yng Nghymru yn dangos ffilmiau, llawer ohonynt wedi eu hadeiladu'n arbennig i'r pwrpas hwnnw, gydag wyth yr un yn **Abertawe** a Chaerdydd yn unig. Erbyn 1920 roedd nifer y sinemâu wedi cynyddu'n gyflym i 252. Roedd prisiau mynediad yn amrywio: yn 1919 dim ond 1½d a godai'r Windsor Kinema ym **Mhenarth**, yr un faint â sinema'r glowyr yn **Llanbradach**, ond roedd Sinema'r Castle yng Nghaerdydd a'r

Sioe Amaethyddol Frenhinol Cymru

Canton Coloseum yn codi 2s 4d. Erbyn y 1920au roedd y **werin** gyffredin yn tyrru i'r sinemâu am adloniant. Yn Sinema Queens yng Nghaerdydd, yn 1928, y dangoswyd y ffilm gyntaf rannol lafar i'w gweld yng Nghymru, sef *The Jazz Singer*, gydag Al Jolson yn chwarae'r brif ran, ond yn ystod dyddiau cynnar sain gorfodwyd llawer o sinemâu i gau oherwydd cyfuniad o gost uchel cyfarpar ac effeithiau'r **Dirwasgiad**. Er hynny, roedd 321 o sinemâu yng Nghymru erbyn 1934, y nifer uchaf erioed ac eithrio yn y cyfnod yn union ar ôl yr **Ail Ryfel Byd**, pan fu twf digymar ym mhoblogrwydd adloniant. Yn ystod y 1950au a'r 1960au caeodd llawer o stiwdios **ffilm** a sinemâu wrth i'r teledu ddod yn fwyfwy poblogaidd. Daeth dirywiad pellach ddiwedd y 1980au a dechrau'r 1990au, oherwydd dyfodiad y recordydd fideo yn bennaf, ond daeth tro ar fyd pan ddechreuwyd adeiladu sinemâu aml-sgrîn mwy moethus a chyfforddus na dim a welwyd er dyddiau'r palasau pictiwrs yn y 1920au a'r 1930au. Erbyn 2003 amcangyfrifwyd bod 173 o sgriniau i'w cael mewn 57 o safleoedd sinema ar hyd a lled Cymru (rhai a oedd yn berchen ar offer 35mm ac a oedd yn dangos ffilmiau o leiaf unwaith yr wythnos; roedd rhai yn dangos ffilmiau sawl gwaith y dydd). Roedd hyn bron dwywaith nifer y sgriniau a geid mor ddiweddar ag 1994.

## SIOE AMAETHYDDOL FRENHINOL CYMRU

Cynhelir Sioe Amaethyddol Frenhinol Cymru, prif ŵyl cefn gwlad Cymru, yn flynyddol gan Gymdeithas Amaethyddol Frenhinol Cymru, a sefydlwyd yn **Aberystwyth** yn 1904 dan yr enw Cymdeithas Amaethyddol Genedlaethol Cymru (yn 1920 y cymerodd ei henw presennol). Er gwaethaf eiddigedd cychwynnol **cymdeithasau amaethyddol** lleol, cynhaliodd ei chwe sioe ddeuddydd gyntaf yn llwyddiannus yn Aberystwyth rhwng 1904 ac 1909. Erbyn y flwyddyn honno, fodd bynnag, roedd teimlad mai dim ond trwy fod yn symudol, fel yr **Eisteddfod** Genedlaethol, y byddai'r sioe'n gallu ennill ei phlwyf yn genedlaethol. Felly, rhwng 1910 ac 1962 fe'i cynhaliwyd mewn canolfannau yn y gogledd a'r de bob yn eilflwydd; daeth yn ddigwyddiad tri diwrnod o 1914 ymlaen. Yn wyneb costau cynyddol creu safle i'r sioe mewn gwahanol fannau y naill flwyddyn ar ôl y llall, penderfynodd y gymdeithas yn 1960 ymgartrefu ar safle parhaol. Y ganolfan a ddewiswyd oedd **Llanelwedd** ger **Llanfair-ym-Muallt**; cynhaliwyd y sioe gyntaf yno yn 1963. Oherwydd pwysau ar gyfleusterau bu'n rhaid ymestyn y sioe yn ddigwyddiad pedwar diwrnod yn 1981.

Er gwaethaf problemau fel nifer bychan yr aelodau yn ystod y 1970au a'r cynnydd di-ildio yng nghostau cynnal y sioe – hyd yn oed ar ôl symud i Lanelwedd – llwyddodd y gymdeithas i ddal ei phen uwch y dŵr a bu ehangu enfawr ar ei sioe. Rhwng 1922 (pan adfywiwyd y sioe wedi'r **Ail Ryfel Byd**) a 1939, rhyw 35,000 a fynychai ar gyfartaledd, ond erbyn y 1990au roedd y nifer wedi cynyddu ar garlam i 219,000. Am ryw ddeng mlynedd, bu'r symud i safle parhaol yn amhoblogaidd, a chadwodd llawer o bobl draw. Dim ond o ganol y 1970au, gyda dyfodiad adeiladau parhaol a thrawiadol, y gwelwyd menter Llanelwedd yn cael ei thraed dani o ddifrif.

Mae'r sioe yn cael sylw helaeth yn y cyfryngau ac yn ffenestr siop i **amaethyddiaeth** Cymru. Sioe dda byw fu hi yn bennaf erioed, gyda lle blaenllaw i fridiau brodorol fel

Gwartheg Duon Cymru, defaid mynydd Cymru, a merlod a chobiau Cymreig (gw. **Gwartheg**, **Defaid** a **Ceffylau**). Bu'r amrywiaeth eang o stondinau masnach, y sioe flodau, y sioe **gŵn**, yr adran **goedwigaeth**, gweithgareddau gwledig a **chrefftau** cefn gwlad, cystadlaethau pedoli, yr adrannau ffwr a phlu, cystadlaethau cneifio defaid a **threialon cŵn defaid** hefyd yn fodd i ddenu niferoedd cynyddol o ymwelwyr o'r tu allan i'r byd amaeth.

Bellach defnyddir maes y sioe ar gyfer llawer gweithgaredd arall, o werthiannau defaid a threialon ceffylau i eisteddfodau a chynadleddau mudiadau crefyddol. Cynhaliwyd ffair aeaf yno er 1990.

## SIÔN CENT (*fl.*1400–30/45) Bardd

Tywyll yw hanes Siôn Cent, bardd crefyddol mwyaf Cymru yn yr Oesoedd Canol diweddar, ond awgryma ei **gywydd** mawl i **Frycheiniog** fod iddo gysylltiad â'r fro honno. Dadleuol yw barn **Saunders Lewis** iddo gael ei addysgu yn **Rhydychen** ac i athroniaeth William Ockham a'i ddilynwyr ddylanwadu arno, ond cyfeiria yn ei ganu at rai awduron a gâi eu hastudio yn y prifysgolion. Ar wahân i'w gerdd i Frycheiniog a chywydd brud (gw. **Darogan**) sydd efallai'n adleisio'r dadrith a'r anobaith a ddilynodd fethiant **Gwrthryfel Glyndŵr**, mae gogwydd pregethwrol a moesol cryf i'w ganu. Ymhlith ei hoff themâu y mae natur ddiflanedig llwyddiant a grym bydol. Cyferbynna ei ddisgrifiadau iasol, llawn coegni o bydredd y corff yn y bedd ('Ac wythgant, meddant i mi, / O bryfed yn ei brofi') yn llachar â'i bortread o lawenydd enaid y cyfiawn yn y nef. Ymrysonodd â **Rhys Goch Eryri** gan feirniadu'n ddeifiol awen gelwyddog beirdd proffesiynol Cymru.

## SIÔN CWILT (*fl.*18g.) Smyglwr

Cysylltir Siôn â'r rhostir rhwng Post Bach a Chapel Cynon yn **Sir Aberteifi** sy'n dwyn yr enw Banc Siôn Cwilt (gw. **Llandysiliogogo**). Yn ôl traddodiadau lleol a gofnodwyd o ddiwedd y 19g. ymlaen, cadwai Siôn ei gontraband mewn ogofâu gan werthu nwyddau i'r **boneddigion** lleol am brisiau chwyddedig. Haerir iddo gael ei enw oherwydd y patsys lliwgar ar ei gôt, ond y tebyg yw mai ei enw gwreiddiol oedd John Gwilt neu Quilt; awgryma'r cyfenw hwn – deillia o'r Gymraeg *gwyllt* – mai brodor o'r Gororau ydoedd.

## SIÔN PHYLIP (*c.*1543–1620) Bardd

Siôn Phylip oedd y pwysicaf a'r mwyaf cynhyrchiol o'r teulu o feirdd a adwaenir fel Phylipiaid Ardudwy. Arferai glera ar hyd a lled y gogledd, ond fe'i hystyrid yn fardd teulu **Vaughan (Corsygedol)** (**Dyffryn Ardudwy**). Ei athrawon barddol oedd **Gruffudd Hiraethog** a **Wiliam Llŷn**, a graddiodd yn ddisgybl pencerddaidd yn ail **Eisteddfod** Caerwys (1567). Copïodd fersiwn o ramadeg y beirdd ac roedd yn ymrysonwr brwd. Bu farw trwy foddi ar daith glera, a chanodd ei fab, Gruffydd (m.1666), **englyn** yn disgrifio'r fordaith i ddwyn y corff o **Bwllheli** i Fochres neu Fochras (**Llanbedr**).

## SIÔN TUDUR (*c.*1522–1602) Bardd

Roedd Siôn Tudur yn un o feirdd mawl prin y 16g. y nodweddid ei waith gan rywfaint o fywiogrwydd. Un o Wigfair (**Cefn Meiriadog**) ydoedd, ac i uchelwyr y gogledd-ddwyrain y lluniodd y rhan fwyaf o'i gerddi. Cyn ac ar ôl esgyniad Edward VI i'r orsedd (1547) bu'n un o Iwmyn y Gard, a thrachefn, yn ystod blynyddoedd cynnar teyrnasiad Elizabeth I, bu'n un o Iwmyn y Goron, gan dreulio llawer o'i amser yn **Llundain**. Mae rhai o'i gerddi dychan i ddrygau'r oes yn adlewyrchu dylanwad bywyd llenyddol y ddinas honno arno.

Sioni Wynwns wrth ei waith ym Mhorthmadog, 1958

## SIÔN Y GOF (m.1719) Llofrudd

Gŵr o **Sir Aberteifi**, fe dybir, a oedd yn gweithio yn y gwaith **plwm** yn Nylife (**Llanbryn-mair**). Credai Siôn fod diwedd y byd ar ddyfod, ac fe'i crogwyd wedi iddo ladd ei wraig a'i ddau blentyn trwy eu hyrddio i lawr un o'r hen byllau mwyn. Gellir gweld ei benglog yn Amgueddfa Werin Cymru (gw. **Sain Ffagan**).

## SIONI WYNWNS neu SIONI NIONOD

Yr enw a roddid ar un o'r fyddin fechan o werthwyr wynwns/nionod a fyddai'n croesi'n flynyddol o **Lydaw** i **Loegr** yn ail hanner y flwyddyn, a theithio oddi yno i bob rhan o'r Deyrnas Unedig. Dechreuodd yr arfer yn 1828 ac roeddynt i'w gweld o hyd, yn achlysurol, ar ddechrau'r 21g., ond eu hoes aur oedd y cyfnod rhwng 1919 ac 1930, pan welid cymaint â 1,200 yn cyrraedd yn flynyddol. Golygfa gyffredin mewn aml i dref a phentref yng Nghymru gynt fyddai Sioni'n gwthio ei feic ar hyd y stryd, a'i farsiandïaeth yn hongian yn rhaffau wrth y cyrn. Llydaweg oedd iaith gyntaf Sioni gan amlaf, a

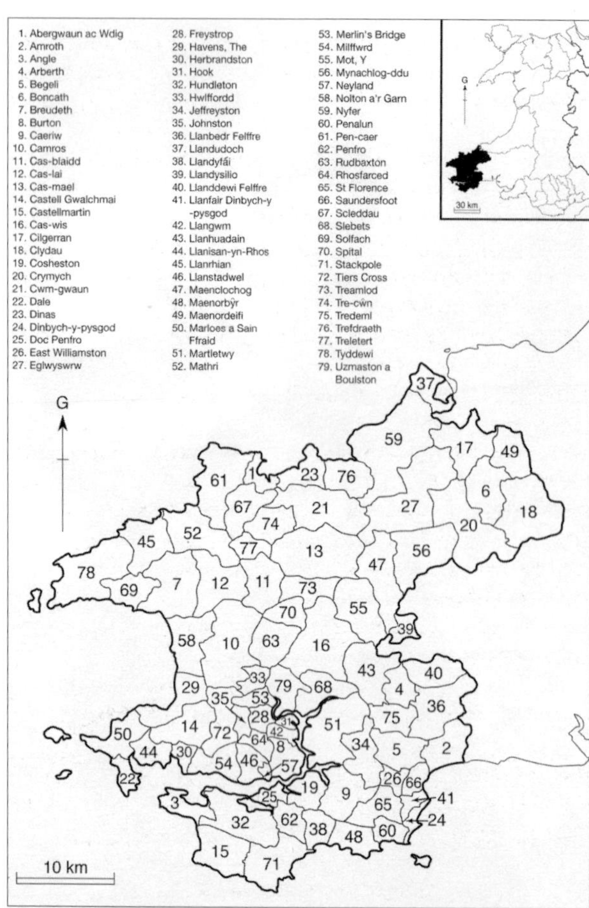


Cymunedau Sir Benfro

dôi dysgu ychydig o **Gymraeg** yn gymharol rwydd iddo, rhywbeth y manteisiai arno yn yr ardaloedd Cymraeg eu hiaith.

## SIPSIWN

Yng ngwaith **George Borrow** ceir darlun rhamantus o fywyd y Sipsiwn yng Nghymru'r 19g. Eu heiddo hwy oedd bywyd crwydrol, cyfoethog ei ddiwylliant, a ffordd o fyw a oedd, yng ngolwg rhamantydd fel Borrow, mewn cytgord llwyr â'r hyn a ystyrid ar y pryd yn wylltineb cyntefig y wlad ei hun. Dros amser, daethpwyd i ddefnyddio'r term Sipsiwn (o'r Saesneg *Gypsies* < *Egyptians*, gan y credid eu bod yn tarddu o'r Aifft) nid yn unig am y Sipsiwn gwreiddiol (y Romani), ond hefyd am fathau eraill o bobl grwydrol, er mai ar y Romani yn unig y canolbwyntir yn y cofnod hwn. Yn llenyddol, ac wedi ei ynganu ag *s*-, y mae i'r gair Sipsiwn o hyd gynodiadau rhamantus yn y **Gymraeg** fel y prawf y 'sipsi tal' yng ngherdd enwog **I. D. Hooson** 'Y Fflam'. Ond, ar lafar, ystyron tra dirmygus sydd i ffurfiau fel 'jipshiwns' a 'jipsan' ac mae hynny'n adlewyrchu'r rhagfarnau a fu tuag at y Sipsiwn yng Nghymru fel mewn mannau eraill. Ceir cipolwg ar y rhagfarnau hynny yn *Y Sipsiwn Cymreig* (1979), gwaith Eldra Jarman – hithau o dras Romani – a'i gŵr, **A. O. H. Jarman**.

Bywyd sefydlog sydd i'r rhan fwyaf o Sipsiwn Cymru erbyn hyn, er eu bod i raddau yn parhau o hyd ar gyrion cymdeithas. Yn draddodiadol, y tylwyth, hynny yw y teulu clòs ond estynedig, oedd canolbwynt eu cymdeithas ac roedd ganddynt eu priod ddefodau a'u hiaith eu hunain (Romani). Ym maes ethnograffeg, canolbwyntiai'r gwaith ymchwil cynharaf ar gyflwyno eu hiaith a'u harferion fel elfennau a oedd yn adlewyrchu eu tarddiad hynafol yn India, a dadleuid bod y Sipsiwn Cymreig yn rhai a ddiogelodd haen burach byth o'r diwylliant hynafol ac estron hwn. Mae gwaith ymchwil cyfredol yn canolbwyntio mwy ar y modd yr ymgyfaddasodd y Sipsiwn i amgylcheddau diwylliannol gwahanol, a cheir llai o bwyslais ar geisio adlunio ffurfiau hynafol neu 'wreiddiol' ar eu diwylliant.

Mae'r cyfeiriadau cynharaf at y Sipsiwn yng Nghymru yn deillio o ddiwedd yr 16g. Awgryma'r cyfeiriadau hyn eu bod yn griwiau o deuluoedd crwydrol, ac mae'r darlun a gyfleir ohonynt, fel crwydriaid a rhai a oedd yn dweud ffortiwn yn bennaf oll, yn un rhagfarnllyd a thra anffafriol. Fodd bynnag, mabwysiadwyd Cymru yn gartref gan un o'r teuluoedd hyn, sef teulu **Wood**, a olrheiniai eu tras yn ôl at Abram Wood (1699?–1799), a daethant yn bwysig ym mywyd diwylliannol y gogledd ar gyfrif eu medrusrwydd fel ffidlwyr, telynorion a storïwyr (gw. **Ffidil** a **Telyn**). Sarah, wyres i Abram Wood, oedd mam **John Roberts** ('Telynor Cymru'; 1816–94), ac, o ganlyniad i hyn, daeth cangen arall o deulu Wood yn ganolbwynt i ddiwylliant y Sipsiwn Cymreig. Mae'r wybodaeth sydd wedi goroesi am fywyd y Sipsiwn yn niwedd y 19g. yn deillio'n bennaf o'r deunyddiau a'r dystiolaeth a ddatgelwyd gan ddisgynyddion Abram Wood i'r ysgolhaig a'r casglwr **John Sampson**, ac o ganfyddiadau ysgolheigion megis Dora Yates a Francis Groome.

Yn achos disgynyddion Abram Wood gwelwyd tueddiad cynyddol i uniaethu â'r diwylliant Cymraeg a Chymreig yn hytrach na diwylliant y Sipsiwn eu hunain. Ond prin fod hynny'n nodwedd ar fywyd Sipsiwn Cymreig yr oes bresennol sy'n dal i brofi'r anawsterau a'r rhagfarnau hynny a ddaw i ran pobl yn byw ar gyrion cymdeithas fwy sefydlog. Ychydig ohonynt sy'n siarad Cymraeg, a derbynnir yn gyffredinol bellach fod Romani wedi peidio â bod fel iaith fyw. Fodd bynnag, yn ei gyfrol *Now Shoon the Romano Gillie* (2001) dadleuodd Tim Coughlan nad diflannu a wnaeth Romani; yn hytrach cafodd yr hen ffurf synthetig a chyflyrol ar yr iaith ei disodli gan ffurf ddiweddarach a ystyrir gan rai arbenigwyr yn un o'i thafodieithoedd, ond gan eraill yn ddim mwy na chywair Saesneg tra arbennig.

## SIR ABERTEIFI Cyn-sir

Daeth y sir i fodolaeth yn y 1240au cynnar, ac yn wreiddiol roedd yn cynnwys bwrdeistref **Aberteifi** a rhan orllewinol cwmwd **Is Coed**. Wedi i Edward I gipio tiroedd aelodau o linach **Deheubarth** yn 1277 ac 1284, ychwanegwyd at y sir newydd weddill hen deyrnas **Ceredigion**. Ynghyd â **Sir Gaerfyrddin**, ffurfiai dywysogaeth De Cymru. Cafodd y sir gydnabyddiaeth lawnach yn sgil y **Deddfau 'Uno'**, a derbyniodd hi a'i **bwrdeistrefi** aelod seneddol bob un. (Unwyd yr etholaeth fwrdeistrefol â'r etholaeth sirol yn 1885.) Etholwyd y cyngor sir cyntaf yn 1889. Gydag eisteddfa ei chynghorwyr yn **Aberaeron**, ei hadran weithredol yn **Aberystwyth** a'i brawdlys yn **Llanbedr Pont Steffan**, roedd Ceredigion yn dangos lawn cyn gliried â **De Affrica** y modd y gellir gwahanu'r pwerau. Yn 1974, pan gollodd statws sir, roedd Ceredigion yn cynnwys bwrdeistrefi Aberystwyth, Aberteifi a Llanbedr Pont Steffan, **dosbarthau trefol** Aberaeron a **Cheinewydd**, a **dosbarthau gwledig** Aberaeron, **Tregaron** a

Glannau Teifi. O 1974 hyd 1996 roedd yr hen sir yn ddosbarth Ceredigion oddi mewn i sir newydd **Dyfed**. (Am y sir newydd a ddaeth i fod yn 1996, gw. **Ceredigion, Sir**.)

## SIR BENFRO (162,063ha; 114,131 o drigolion)

Yn Neddf 'Uno' 1536 (gw. **Deddfau 'Uno'**) ceir y datganiad canlynol: 'the lordship . . . of Haverforde West, Kilgarran, Lansteffan, Laugeharn . . . Walwynscastle, Dewysland, Lannchadeyrn, Lanfey, Nerberth, Slebeyche, Rosemarkett, Castellan and Llandofleure . . . shall be united . . . to the county of Pembroke'. (Trosglwyddwyd **Talacharn**, **Llansteffan** a **Llanddowror** i **Sir Gaerfyrddin** yn 1543.) Y sir a grybwyllwyd yn y Ddeddf oedd iarllaeth balatin Penfro, sef yr ardal a weinyddid yn uniongyrchol o Gastell **Penfro**. Eto, gan fod ieirll Pembroke wedi hen hawlio bod ganddynt awdurdod dros y rhan fwyaf o'r arglwyddiaethau a restrwyd yn Neddf 1536, gellid hawlio mai'r hen iarllaeth balatin ynghyd â rhai ychwanegiadau oedd y sir a grëwyd yn 1536. Yn y bôn, roedd hyn yn ail-greu teyrnas **Dyfed** oherwydd roedd pob un o saith **cantref** Dyfed, ac eithrio dwyrain **Emlyn** a dwyrain **Cantref Gwarthaf**, o fewn ffiniau'r sir newydd.

Prif nodwedd y sir yw ei dau ranbarth ieithyddol – bro'r **Gymraeg** tua'r gogledd a'r **Saesneg** yn y de – a ddatblygodd o ganlyniad i fewnfudiad **Ffleminiaid** a **Saeson** i ardaloedd i'r de o **Fynydd Preseli** o ddechrau'r 11g. ymlaen. Yn draddodiadol, rhedai'r ffin ieithyddol – y Landsger – o **Amroth** yn y dwyrain i Niwgwl (**Breudeth**) yn y gorllewin. Gallai'r newid ieithyddol fod yn drawiadol iawn. Yn 1921 roedd 97% o drigolion plwyf Llan-lwy yn siarad Cymraeg; y ffigur ym mhlwyf **Nolton**, lai na 10km i ffwrdd, oedd 3%. Gyda threiglad y blynyddoedd, aeth y cyferbyniad yn llai amlwg wrth i Seisnigo leihau canran y siaradwyr Cymraeg yn y gogledd, ac wrth i ymfudo a dysgu Cymraeg gynyddu'r ganran yn y de; yn wir, yn ystod y 1980au a'r 1990au, yn ne Sir Benfro y cofnodwyd y cynnydd mwyaf yng nghanran y siaradwyr Cymraeg yng Nghymru, er mai bach oedd y cyfanswm gwreiddiol, mae'n wir. Yn 2001 roedd gan 29.35% o drigolion y sir ryw fesur o afael ar y Gymraeg ac roedd 16.35% yn gwbl rugl. (Gw. hefyd **East Williamston** ac **Eglwyswrw**.)

Yn draddodiadol, **amaethyddiaeth** fu asgwrn cefn **economi**'r sir, ac yn ne Sir Benfro ceir rhai o **briddoedd** ffrwythlonaf Cymru a'r **hinsawdd** fwynaf. Yma, ym mhen gorllewinol maes **glo**'r de, roedd cloddio glo carreg yn bwysig o'r 18g. hyd ail chwarter yr 20g. Bu pysgota (gw. **Pysgod a Physgota**) yn ddiwydiant o bwys yn **Aberdaugleddau**, ond fe'i disodlwyd yn y 1960au yn dilyn agor sawl purfa **olew**. Erbyn dechrau'r 21g. daethai **twristiaeth** yn bwysig, yn enwedig ym Mharc Cenedlaethol Arfordir Penfro, a sefydlwyd yn 1952 (gw. **Parciau Cenedlaethol**).

O holl **siroedd** Cymru, Sir Benfro sydd â'r arfordir hiraf (230km). Mae bron hanner arwynebedd y sir yn gorwedd o fewn dalgylch afon Cleddau Ddu a Chleddau Wen (gw. **Cleddau**), y ddwy afon sy'n gyfrifol am ei nodwedd ddaearyddol amlycaf, sef moryd y Ddaugleddau neu Aberdaugleddau (gw. **Aberdaugleddau, Dyfrffordd**). Tardda'r ddwy afon ar lechweddau Mynydd Preseli, bryniau sy'n nodedig am eu henebion niferus a'u chwedlau.

Ar adeg diddymu'r sir yn 1974 roedd yn cynnwys bwrdeistrefi **Dinbych-y-Pysgod**, **Hwlffordd** a Phenfro, dosbarthau trefol **Aberdaugleddau**, **Abergwaun**, **Arberth** a **Neyland**, ynghyd â **dosbarthau gwledig** Arberth, **Cemais**, Hwlffordd a Phenfro.

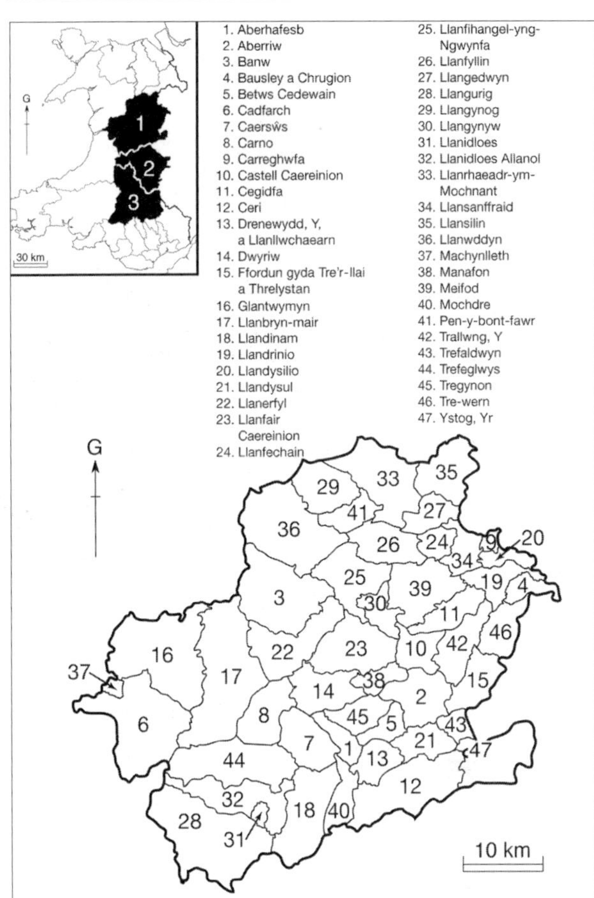


Cymunedau Powys: 1 Sir Drefaldwyn

Wedi diddymu'r sir daeth **De Sir Benfro** a **Phreseli Penfro** i fodolaeth fel dau o ddosbarthau sir Dyfed (gw. **Dyfed (Cynsir)**). Cafodd honno ei dileu yn 1996 ar achlysur pennu Sir Benfro yn awdurdod unedol.

## SIR DREFALDWYN Cyn-sir

Roedd Sir Drefaldwyn yn un o saith o **siroedd** newydd a ffurfiwyd yng Nghymru dan Ddeddf 'Uno' 1536 (gw. **Deddfau 'Uno'**). Roedd y ffiniau'n cyfateb yn weddol agos i rai **Powys Wenwynwyn**, er i **gwmwd** anystywallt **Mawddwy** gael ei glymu wrth **Sir Feirionnydd**, a fodolai eisoes. Ar wahân i drosglwyddo Colunwy i **Swydd Amwythig** yn 1546, ychydig iawn o newid a fu hyd 1974, pan ddaeth Sir Drefaldwyn yn ddosbarth oddi mewn i sir newydd **Powys**. Hyd at 1974 roedd y sir yn cynnwys bwrdeistrefi **Llanfyllin**, **Trefaldwyn** a'r **Trallwng**, dosbarthau trefol **Llanidloes**, **Machynlleth** a'r **Drenewydd** a dosbarthau gwledig **Ffordun**, Llanfyllin, Machynlleth, ynghyd â'r Drenewydd a Llanidloes. Yn dilyn ad-drefnu pellach yn 1996 collodd ei statws fel dosbarth, er i rai sefydliadau sirol – ffederasiwn Maldwyn o Glybiau'r **Ffermwyr Ifanc**, er enghraifft – barhau. Er bod y sir wedi'i henwi ar ôl **Trefaldwyn**, daethpwyd i gynnal y brawdlys yn y **Trallwng** a'r **Drenewydd** bob yn ail. Sefydlwyd prif swyddfeydd y sir yn y Trallwng, er bod eraill – megis llyfrgell y sir – yn y Drenewydd. Gyda sefydlu sir Powys yn 1974, symudwyd canolfan weinyddol Sir Drefaldwyn, ynghyd â **Sir Faesyfed** a **Sir Frycheiniog**, i **Landrindod** (Sir Faesyfed).

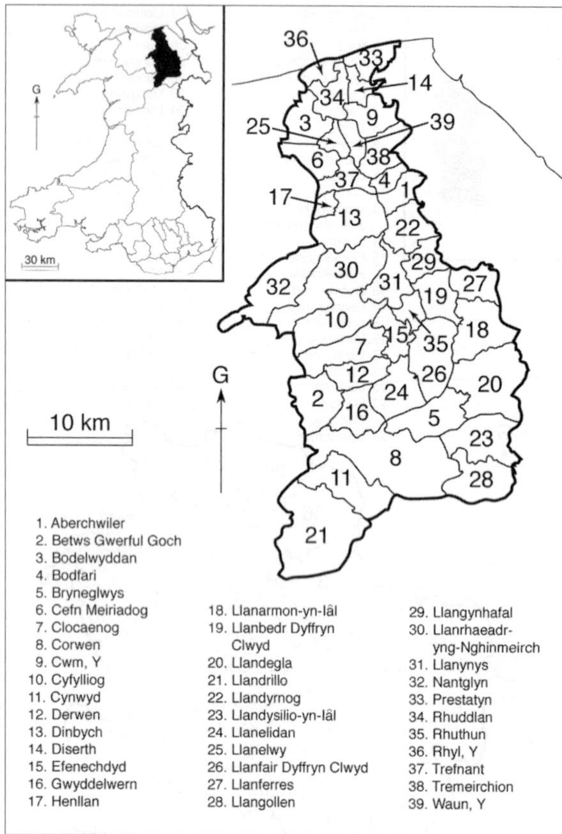


Cymunedau Sir Ddinbych

Yn ddaearyddol, roedd i'r sir bedair rhan: tir bras y gwastadeddau – dyffrynnoedd **Hafren** ynghyd â'i phrif isafonydd, Efyrnwy, Banw a Thanad yn y dwyrain, a **Dyfi** yn y gorllewin – y tir bryniog rhwng Hafren a Thanad, y gweundir dros y cyfan, bron, o'r rhan orllewinol ac, yng ngogledd y sir, llethrau deheuol mynyddoedd y **Berwyn**. Y ddau gopa uchaf oedd Moel Sych a Chadair Berwyn (y ddau yn 827m).

Sir amaethyddol fu Sir Drefaldwyn yn bennaf, er bod gweithfeydd **plwm** yn bwysig ar un adeg. Yn y 18g. a'r 19g. roedd **amaethyddiaeth** a **gwlân** yn ddiwydiannau allweddol. Tua diwedd yr 20g. sicrhaodd datblygiadau yn y Drenewydd **economi** fwy amrywiol. Cafodd y sir aelod seneddol sirol ac un bwrdeistrefol dan y Ddeddf 'Uno', ond unwyd y ddwy sedd yn 1918. O blith holl etholaethau **Prydain**, y sir hon a fu'n fwyaf cyson ei theyrngarwch i'r **Blaid Ryddfrydol**. Dros y ganrif a mwy a aeth heibio etholwyd Rhyddfrydwr ym mhob etholiad ac eithrio un 1979. Dyma'r unig ran o Gymru na chafodd erioed ei chynrychioli gan y **Blaid Lafur**. Cymdeithas hanes y sir, Clwb Powysland, a sefydlwyd yn 1867, yw'r hynaf yng Nghymru (gw. hefyd **Cymdeithasau Hanes**). Daw'r ymadrodd 'Powys paradwys Cymru' o Ganu **Llywarch Hen** (9g. neu 10g.), ac mae cyfeiriadau at 'fwynder Maldwyn' yn ddiarhebol. Efallai'n wir fod rhywbeth yn y tirlun sy'n tawelu. Yn 1974, pan gollodd ei statws sirol, roedd gan Sir Drefaldwyn 43,900 o drigolion ac roedd yn ymestyn dros 206,439ha.

## SIR DDINBYCH (84,628ha; 93,065 o drigolion)

Crëwyd sir wreiddiol Dinbych yn 1536 a chynhwysai'r hyn a fuasai cyn hynny yn bedair o arglwyddiaethau'r **Mers**, sef **Dinbych**, **Dyffryn Clwyd (Rhuthun)**, **Brwmffild ac Iâl**, a'r **Waun**. Ar adeg ei diddymu yn 1974 roedd y sir yn cynnwys bwrdeistrefi **Bae Colwyn**, **Dinbych**, **Rhuthun** a **Wrecsam**, dosbarthau trefol **Abergele**, **Llangollen** a **Llanrwst**, a **dosbarthau gwledig** Aled, Ceiriog, Hiraethog, Rhuthun a Wrecsam.

Wedi i'r sir gael ei diddymu daeth **Colwyn** (heb gynnwys glan ddwyreiniol afon **Conwy**), **Glyndŵr** (yn cynnwys **Edeirnion** a oedd gynt yn **Sir Feirionnydd**) a **Wrecsam Maelor** (yn cynnwys **Maelor Saesneg** a oedd gynt yn **Sir y Fflint**) i fodolaeth fel tri o'r chwe dosbarth yn sir **Clwyd**. Diddymwyd y sir honno yn 1996 ac adferwyd Sir Ddinbych ar y map. Gan fod y sir newydd yn cynnwys Glyndŵr, **Rhuddlan** a rhan o Golwyn, roedd ei siâp yn bur wahanol i'r hen Sir Ddinbych. Yn wir, daeth y cyfan o arfordir yr hen sir yn rhan o **Gonwy**; cyn 1974 rhan o Sir y Fflint oedd arfordir y sir newydd. Basn afon **Clwyd** yw calon y sir newydd, er ei bod hefyd yn cynnwys llawer o rannau uchaf Dyffryn **Dyfrdwy**. Yn 1998 trosglwyddwyd **Llangollen Wledig** i fwrdeistref sirol **Wrecsam**, ond er cryn drafod a dadlau parhaodd Llangollen yn rhan o Sir Ddinbych. Yn 2001 roedd 36.04% o drigolion Sir Ddinbych â rhywfaint o afael ar y **Gymraeg**, gyda 20.73% yn gwbl rugl yn yr iaith (gw. hefyd **Cynwyd**, **Gwyddelwern** a'r **Rhyl**.) Pan ddiddymwyd y sir wreiddiol yn 1974 roedd yn ymestyn dros 173,201ha a chanddi 188,800 o drigolion.

## SIR FAESYFED Cyn-sir

Crëwyd Sir Faesyfed gan Ddeddf 'Uno' 1536 (gw. **Deddfau 'Uno'**) trwy gyfuno **Cwmwd Deuddwr**, **Gwrtheyrnion**, **Maelienydd** ac **Elfael**, arglwyddiaeth **Maesyfed** ac arglwyddiaethau llai ar y ffin ddwyreiniol, o fewn ffiniau un uned weinyddol. Cyhoeddwyd **Maesyfed** yn dref sirol, ac i gychwyn câi'r llys

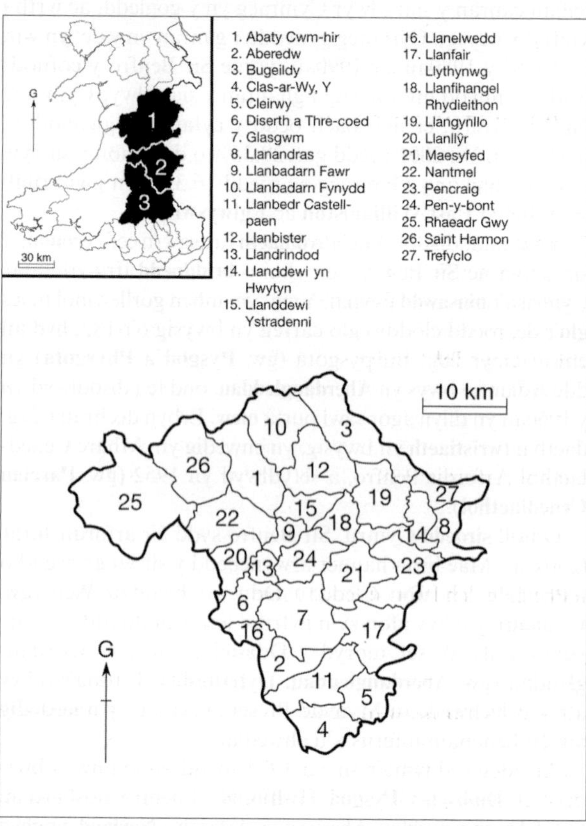


Cymunedau Powys: 2 Sir Faesyfed

sirol ei gynnal yno ac yn **Rhaeadr Gwy** bob yn ail. Disodlwyd Rhaeadr gan **Lanandras** wedi i farnwr gael ei lofruddio yn Rhaeadr. Roedd dau aelod seneddol, un ar gyfer y sir a'r llall ar gyfer **bwrdeistrefi** Maesyfed, Cefn-llys (**Pen-y-bont**), **Trefyclo**, Cnwclas (**Bugeildy**) a Rhaeadr Gwy. Er i Lanandras ddisodli Maesyfed fel y dref sirol yn ystod yr 17g., ni ddaeth yn un o'r bwrdeistrefi etholiadol hyd 1832. Mae Sir Faesyfed yn gorwedd rhwng afonydd **Gwy** a **Hafren**; mae'n fryniog iawn ac mae mwy na hanner y sir dros 300m uwchlaw'r môr. Mae hefyd yn sir dlawd: 'Never a park and never a deer / Never a squire of five hundred a year', meddai'r rhigwm (gan wneud eithriad, ymhlith y sgweieriaid llwm, o deulu cefnog Fowler, **Abaty Cwm-hir**). Yn draddodiadol, magu **defaid** a **gwartheg** fu'r prif gyfrwng cynhaliaeth, er bod **twristiaeth** wedi cynyddu yn ei phwysigrwydd wrth i **amaethyddiaeth** ddirywio. Yn 1885 collodd Sir Faesyfed ei sedd fwrdeistrefol; unwyd yr etholaeth sirol ag etholaeth **Sir Frycheiniog** yn 1918. Yn 1889, yn dilyn yr etholiadau cyngor sir cyntaf, cymerodd **Llandrindod** le Llanandras fel canolfan weinyddol Sir Faesyfed. Yn 1974 trodd y sir yn ddosbarth oddi mewn i sir **Powys**. Ar drothwy ei diddymu ceid yn y sir **ddosbarthau trefol** Llanandras, Llandrindod a Threfyclo, a **dosbarthau gwledig** Colwyn, Trefyclo, **Llanbedr Castell-paen**, Maesyfed a Rhaeadr Gwy. Yn dilyn diddymu dosbarthau 1974 yn 1996 nid oedd gan Sir Faesyfed odid ddim statws fel uned llywodraeth leol, er i sefydliadau fel y gymdeithas hanes sirol barhau i fodoli. Dirywiodd yr iaith **Gymraeg** yn frawychus o gyflym yn y sir yn ystod y 18g.; yng nghyfrifiad 1891 cofnodwyd mai dim ond 6% o'r **boblogaeth** a oedd yn siarad yr iaith. Yn y blynyddoedd diweddar, fodd bynnag, mae dysgu'r Gymraeg fel ail iaith wedi esgor ar gynnydd yn nifer y siaradwyr ymhlith y grwpiau oedran iau. Ar adeg ei diddymu yn 1974 roedd Sir Faesyfed yn ymestyn dros 121,880ha a chanddi 19,000 o drigolion.

## SIR FEIRIONNYDD Cyn-sir

Crëwyd Sir Feirionnydd yn 1284 ac roedd yn cynnwys cantrefi **Meirionnydd** a **Phenllyn** a chymydau **Ardudwy** ac **Edeirnion**. Ynghyd â **Sir Gaernarfon** a **Môn**, roedd yn ffurfio **Tywysogaeth** Gogledd Cymru. Yn dilyn Deddf 'Uno' 1536 (gw. **Deddfau 'Uno'**) ychwanegwyd cwmwd **Mawddwy** ati a rhoddwyd i'r sir gynrychiolaeth yn y Senedd. Er hynny, Meirionnydd oedd yr unig sir yng Nghymru i beidio â chael aelod seneddol bwrdeistrefol. Er bod **Harlech** a'r **Bala** yn fwrdeistrefi canoloesol, ni roddodd Deddf Corfforaethau Trefol 1835 statws bwrdeistref i'r un dref ym Meirionnydd. Ystyrid Harlech fel prif dref y sir, ond, yn dilyn sefydlu cynghorau sir yn 1889, daeth tref fwy canolog **Dolgellau** yn ganolfan y cyngor a gweinyddiaeth y sir. Cynhwysai'r sir **ddosbarthau trefol** y Bala, **Abermaw**, Dolgellau, **Ffestiniog** a **Thywyn**, a **dosbarthau gwledig** Deudraeth, Dolgellau, Edeirnion a Phenllyn. Yn 1974 peidiodd Meirionnydd â bod yn sir. Daeth y rhan fwyaf ohoni yn ddosbarth **Meirionnydd** o fewn sir newydd **Gwynedd**, ond daeth Edeirnion yn rhan o ddosbarth **Glyndŵr** yn sir newydd **Clwyd**. Pan ddiddymwyd y sir yn 1974 roedd ei harwynebedd yn 170,932ha a'i **phoblogaeth** yn 34,400. Parhaodd etholaeth seneddol Meirionnydd hyd 1983, ond y flwyddyn honno daeth Edeirnion yn rhan o etholaeth newydd De Clwyd ac ychwanegwyd **Nant Conwy** at weddill yr hen sir (sef tiriogaeth Cyngor Dosbarth Meirionnydd) i greu etholaeth newydd Meirionnydd Nant Conwy. Yn 2007 daeth Nant Conwy yn rhan o etholaeth newydd **Aberconwy**, ac unwyd Meirionnydd ac ardal **Dwyfor** gynt i greu etholaeth Dwyfor Meirionnydd.

## SIR FORGANNWG Cyn-sir

Sefydlwyd y sir o ganlyniad i Ddeddf 'Uno' 1536 (gw. **Deddfau 'Uno'**), trwy gyfuno arglwyddiaeth **Morgannwg** ag arglwyddiaeth **Gŵyr** a Chilfái. O ganol y 18g. ymlaen bu diwydiannu mawr ym mlaenau'r sir a daeth sawl un o drefi'r arfordir – **Caerdydd** ac **Abertawe** yn enwedig – yn **borthladdoedd** o bwys. O ganlyniad, daeth Morgannwg yn sir fwyaf poblog Cymru o ddigon, ac ynddi y trigai 47% o **boblogaeth** y wlad erbyn 1921. Roedd Cyngor Sir Forgannwg, a sefydlwyd yn 1889, yn gyfrifol am yr holl sir ar wahân i **fwrdeistrefi sirol** Caerdydd ac Abertawe. (Daeth **Merthyr Tudful** yn fwrdeistref sirol yn 1908.) Adeg ei diddymu yn 1974 roedd y sir weinyddol yn cynnwys bwrdeistrefi'r **Barri**, y **Bont-faen**, **Castell-nedd**, **Port Talbot** a'r **Rhondda**, dosbarthau trefol **Aberdâr**, **Pen-y-bont ar Ogwr**, **Caerffili**, **Gelli-gaer**, **Glyncorrwg**, **Llwchwr**, **Maesteg**, **Aberpennar**, Ogwr a Garw, **Penarth**, **Pontypridd** a **Phorth-cawl** ynghyd â **dosbarthau gwledig** Caerdydd, y Bont-faen, **Gŵyr**, **Llantrisant a Llanilltud Faerdref**, Castell-nedd, Pen-y-bont a **Phontardawe**.

Pan ddiddymwyd y sir fe'i rhannwyd yn siroedd **Morgannwg Ganol**, **De Morgannwg** a **Gorllewin Morgannwg**. Er nad oes awdurdod lleol o'r enw Morgannwg yn bodoli bellach, mae sefydliadau sirol megis y Clwb Criced a'r Gymdeithas Hanes yn dal i ffynnu. Roedd gan yr hen Sir Forgannwg arwynebedd o 211,750ha. Cofnododd cyfrifiad 1971 fod 1,264,800 o drigolion yn y sir draddodiadol a 751,390 yn y sir weinyddol – sef y broydd o dan awdurdod Cyngor Sir Forgannwg (hynny yw, yr ardaloedd hynny nad oeddynt o fewn ffiniau'r tair bwrdeistref sirol).

## SIR FRYCHEINIOG Cyn-sir

Yn ôl Deddf 'Uno' 1536 (gw. **Deddfau 'Uno'**), 'Brecknock, Crickhowell, Tretower, Pencelli, English Talgarth, Welsh Talgarth, Dinas, Glynbwch, Cantref Selyf, Llanddew, Blaenllynfi, Ystrad Yw, Builth and Llangorse . . . are all by this law made an integral and *indivisible* part of the county of Brecknock'.

Y **Mynydd Du** (**Sir Fynwy** a **Phowys**) a ffurfiai ffin ddwyreiniol y sir, a chodai amlinell lefngron **Mynydd Epynt** tua'r gogledd. Dyffryn **Wysg** oedd calon y sir ond **Bannau Brycheiniog** oedd nodwedd fwyaf trawiadol ei thirwedd. Ym marn **Theophilus Jones**, 'Imagination can scarcely paint objects more sublime and picturesque than the three lofty peaks of these nearly precipitous elevations'. Ei waith ef, *History of the County of Brecknock* (1805, 1809), yw'r orau o ddigon o'r astudiaethau hanes sirol Cymreig. Yn draddodiadol, magu **defaid** a **gwartheg** fu'r brif alwedigaeth. Ffynnodd y diwydiant **gwlân** mewn rhai ardaloedd yn ystod y 17g. a'r 18g., ac roedd cloddio am **lo** a chynhyrchu **haearn** yn digwydd yn y mannau hynny tua'r de sydd o fewn ffiniau'r maes glo. Wrth i **amaethyddiaeth** edwino daeth **twristiaeth** yn fwyfwy pwysig. Ar ddechrau'r 18g. **Cymraeg** oedd prif iaith y tyddynwyr a'r 'lower rank of people', chwedl Theophilus Jones, ac eithrio yn **hwndrwd** Talgarth lle câi '[a] vile English jargon' ei chlywed. Yn ddiweddarach bu gostyngiad yn y niferoedd a siaradai Gymraeg, yn enwedig yn sgil chwalu, yn 1940, y gymuned Gymraeg, yn bennaf, a geid ar **Fynydd Epynt**.

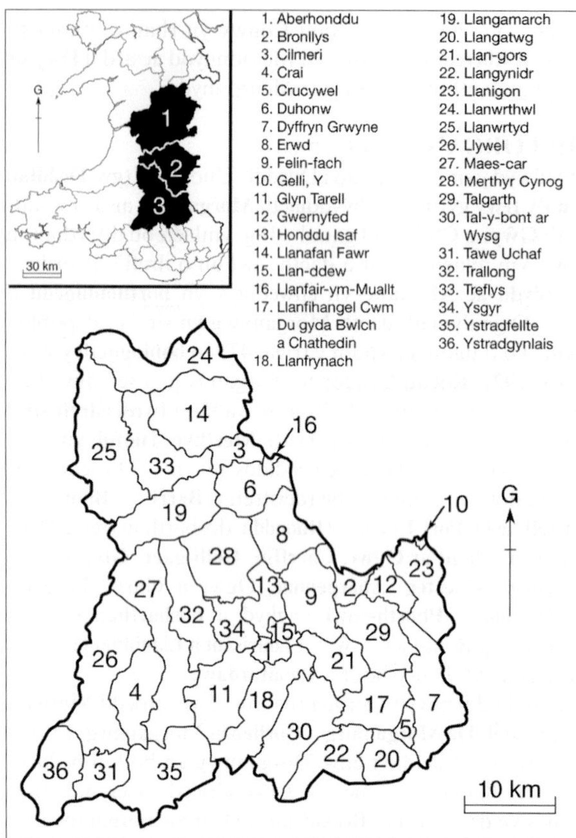

Cymunedau Powys: 3 Sir Frycheiniog

Dan Ddeddf 1536 cafodd Sir Frycheiniog gynrychiolydd seneddol sirol a bwrdeistrefol. Yn 1885 collodd **Aberhonddu** ei sedd fwrdeistrefol, ac yn 1918 unwyd yr etholaeth sirol ag un **Sir Faesyfed**. Roedd y sir yn cynnwys bwrdeistref Aberhonddu, dosbarthau trefol **Bryn-mawr**, **Llanfair-ym-Muallt**, y **Gelli** a **Llanwrtyd** a dosbarthau gwledig Aberhonddu, Llanfair-ym-Muallt, **Crucywel**, y **Gelli**, y Faenor a Phenderyn, ac **Ystradgynlais**. Diddymwyd y sir yn 1974, pan ddaeth yn ddosbarth oddi mewn i sir newydd **Powys**, gan golli Bryn-mawr (i **Flaenau Gwent**) a **Llanelli** (i **Sir Fynwy**) a'r rhan fwyaf o ddosbarth gwledig y Faenor a Phenderyn (i **Forgannwg Ganol**). Pan ad-drefnwyd llywodraeth leol drachefn yn 1996 (gw. **Llywodraeth**), adferwyd hen **siroedd** a oedd â **phoblogaeth** debyg o ran maint i Sir Frycheiniog, ond bu methiant Sir Frycheiniog i ymryddhau o afael Powys yn achos siom. Er hynny, mae'r hen sir wedi dal ei gafael ar sawl sefydliad, yn enwedig Cymdeithas Brycheiniog. Adeg ei diddymu yn 1974 roedd y sir yn ymestyn dros 189,915ha a chanddi 53,000 o drigolion.

## SIR FYNWY (88,562ha; 84,885 o drigolion)

Yn dilyn diddymu'r **Sir Fynwy** wreiddiol (gw. isod) yn 1974 crëwyd dosbarth Mynwy fel un o bum dosbarth oddi mewn i sir newydd **Gwent**. Roedd yn cynnwys yr hyn a fu gynt yn **fwrdeistrefi** y **Fenni** a **Threfynwy**, dosbarthau trefol **Cas-gwent** a **Brynbuga**, a **dosbarthau gwledig** y Fenni, Cas-gwent a Threfynwy, ynghyd â rhannau o ddosbarthau gwledig **Magwyr** a Llaneirwg ac o ddosbarth gwledig **Pont-y-pŵl**. Yn dilyn diddymu Gwent yn 1996 daeth dosbarth Mynwy, ynghyd â chymuned **Llanelli**, yn sir newydd Mynwy. Roedd y sir honno yn ymestyn dros 88,562ha, o gymharu â 140,338ha yr hen sir. Yn 2001 roedd 15.31% o drigolion Sir Fynwy â rhywfaint o afael ar y **Gymraeg**, gyda'r canrannau yn amrywio o 15.48% yn **St Arvans** i 8.99% ym **Magor gyda Gwndy** – y ganran isaf yng Nghymru; 6.82% o drigolion y sir a oedd yn gwbl rugl yn yr iaith (gw. hefyd **Gwehelog Fawr**).

## SIR FYNWY Cyn-sir

Yn 1536, trwy'r gyntaf o'r **Deddfau 'Uno'**, unwyd arglwyddiaethau **Casnewydd**, y **Fenni**, **Trefynwy**, **Teirtref**, **Caerllion**, **Cas-gwent**, **Brynbuga** a rhan o **Ewias** er mwyn ffurfio Sir Fynwy. Yn 1543 gwnaeth yr ail Ddeddf 'Uno' y sir yn ddarostyngedig i gylchdaith farnwrol **Rhydychen** yn hytrach nag i Lysoedd y Sesiwn Fawr yng Nghymru (gw. **Cyfraith**). Ar ben hynny, er mai un aelod seneddol sirol yn unig a ganiatawyd ar gyfer pob un o **siroedd** eraill Cymru, cafodd Sir Fynwy ddau. Yn sgil y gwahaniaethau hyn, datblygodd y syniad fod Sir Fynwy wedi peidio â bod yn rhan o Gymru ac arweiniodd hyn at fabwysiadu'r ymadrodd cyffredin 'Cymru a Sir Fynwy'. Hyd yn oed yn y 1960au roedd **mapiau**'r Arolwg Ordnans yn dal i bortreadu Sir Fynwy fel pe bai'n sir yn **Lloegr**, er bod yr holl ddeddfwriaeth a oedd yn ymwneud yn benodol â Chymru, erbyn hynny, yn uniongyrchol berthnasol i'r sir hon hefyd. Ar adeg ei diddymu yn 1974 roedd y sir weinyddol yn cynnwys **bwrdeistrefi** y Fenni a Threfynwy, dosbarthau trefol **Aber-carn**, **Abertyleri**, Bedwas a Machen (gw. **Bedwas, Tretomas a Machen**), **Bedwellte**, **Blaenafon**, Caerllion, Cas-gwent, **Cwmbrân**, **Glynebwy**,

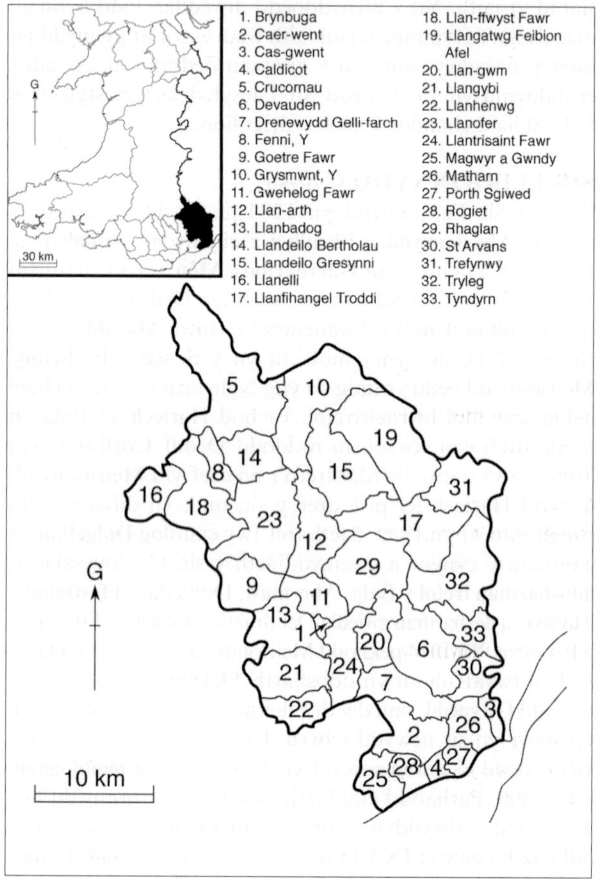

Cymunedau Sir Fynwy

Mynyddislwyn, **Nant-y-glo a Blaenau**, **Pont-y-pŵl**, **Rhisga**, **Rhymni**, **Tredegar** a Brynbuga, a **dosbarthau gwledig** y Fenni, Cas-gwent, **Magwyr** a Llaneirwg, Trefynwy a Phont-y-pŵl. Yn 1974 daeth Sir Fynwy, ynghyd â **Bryn-mawr** a **Llanelli** (ond nid glan ddwyreiniol afon **Rhymni**) yn sir **Gwent**. Ymhlith dosbarthau Gwent yr oedd Mynwy, sef rhannau gwledig yr hen sir yn y bôn (gw. uchod). Yn dilyn ad-drefnu pellach yn 1996 daeth dosbarth Mynwy yn Sir Fynwy (collodd Fryn-mawr i sir **Blaenau Gwent**). Fodd bynnag, dim ond tua dwy ran o dair o'r hen Sir Fynwy a geir o fewn ei ffiniau; dynodwyd y gweddill – ynghyd â rhannau o'r hen **Sir Frycheiniog** a'r hen **Sir Forgannwg** – yn fwrdeistrefi sirol Blaenau Gwent, **Caerffili**, **Casnewydd** a **Thorfaen**. Roedd gan y Sir Fynwy wreiddiol arwynebedd o 140,338ha. Cofnododd cyfrifiad 1971 fod 461,700 o bobl yn byw yn yr hen sir a bod 348,880 o bobl yn byw yn y sir weinyddol – sef yr ardal honno a oedd o dan awdurdod Cyngor Sir Fynwy (hynny yw, y rhannau hynny o'r sir a oedd y tu allan i fwrdeistref sirol Casnewydd).

## SIR GAERFYRDDIN (246,186ha; 172,842 o drigolion)

Yn yr arglwyddiaeth frenhinol a sefydlwyd yng **Nghaerfyrddin** a'r cyffiniau yn 1109 y mae tarddiad Sir Gaerfyrddin. Yn ddiweddarach, bu'r arglwyddiaeth yn fynych dan reolaeth y Cymry ond, erbyn y 1240au, daethai'n ganolbwynt i bŵer brenhinol **Lloegr** ledled y de-orllewin. Erbyn 1290 daethai'r **Cantref Mawr** a rhannau o **Gantref Gwarthaf** yn diriogaeth frenhinol a gâi ei rheoli o Gaerfyrddin, ac roedd yr arglwyddiaethau cyfagos – **Cydweli**, **Llanymddyfri**, **Llansteffan**, **Talacharn** a **Sanclêr** yn eu plith – wedi dod i ddibynnu rhyw gymaint ar y gyfundrefn frenhinol yno. Wedi peth dryswch yn Neddf 'Uno' 1536 (gw. **Deddfau 'Uno'**), sefydlodd deddf 1543 ffiniau Sir Gaerfyrddin fel y maent heddiw. Roedd y sir yn cynnwys y Cantref Mawr, y **Cantref Bychan**, y rhan fwyaf o Gantref Gwarthaf a chymydau **Carnwyllion**, **Cedweli** ac **Emlyn Uwch Cuch**.

O dair sir ar ddeg wreiddiol Cymru, Sir Gaerfyrddin oedd y fwyaf ei harwynebedd. Yn galon iddi yr oedd dalgylchoedd afonydd **Tywi**, Gwendraeth a **Thaf** sy'n llifo i Fae Caerfyrddin. Erbyn diwedd y 19g. roedd dau ranbarth pendant i'r sir: yr ardal amaethyddol a Chaerfyrddin yn ganolbwynt iddi – prif ardal diwydiant llaeth Cymru (gw. **Amaethyddiaeth**) – a'r maes glo carreg a oedd â'i ganolbwynt yng nghanolfan gynhyrchu metel **Llanelli** (gw. **Glo**).

Ar drothwy ei diddymu yn 1974 roedd y sir yn cynnwys **bwrdeistrefi** Caerfyrddin, **Cydweli**, **Llanymddyfri** a Llanelli, **dosbarthau trefol** Porth Tywyn (gw. **Pen-bre a Phorth Tywyn**), **Rhydaman**, **Cwmaman**, **Llandeilo** a **Chastellnewydd Emlyn** a **dosbarthau gwledig** Caerfyrddin, Llandeilo, Llanelli a Chastellnewydd Emlyn. Rhannwyd yr hen sir yn ddosbarthau Caerfyrddin, **Dinefwr** a Llanelli o fewn sir newydd **Dyfed**. Yn 1996 diddymwyd Dyfed ac ail-greu Sir Gaerfyrddin yn awdurdod unedol. Yn 2001 roedd gan 63.59% o'i phoblogaeth ryw fesur o afael ar y **Gymraeg** a hawliai 48.30% eu bod yn gwbl rugl yn yr iaith. Roedd 84,196 o siaradwyr Cymraeg yn Sir Gaerfyrddin, y nifer fwyaf ymhlith holl **siroedd** Cymru. (Gw. hefyd **Pentywyn** a **Cwarter Bach**.)

## SIR GAERNARFON Cyn-sir

Sefydlwyd Sir Gaernarfon yn 1284 yn dilyn y **Goncwest Edwardaidd**. Y bwriad gwreiddiol oedd llunio dwy sir, y naill

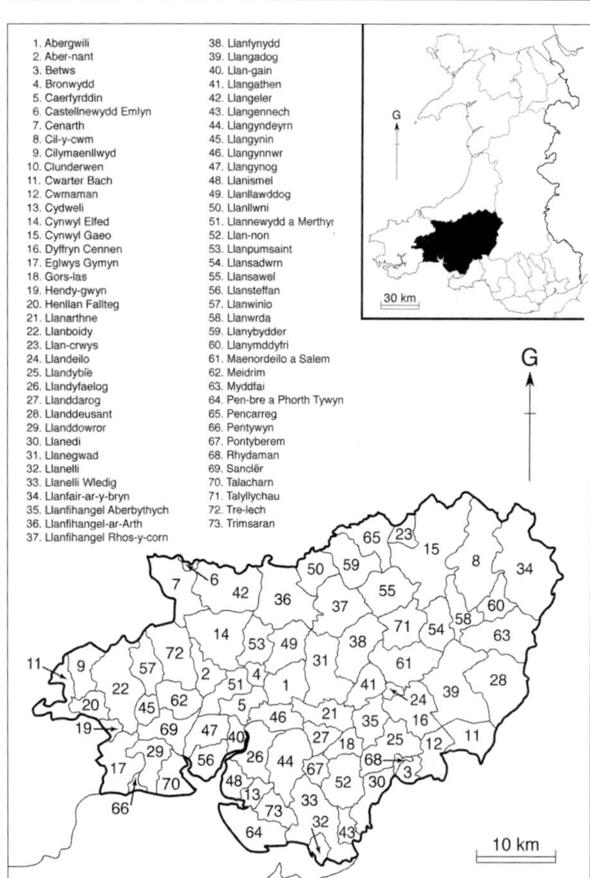


Cymunedau Sir Gaerfyrddin

gyda **Chonwy** yn ganolbwynt iddi a'r llall yn ddibynnol ar **Gricieth**. Er hynny, un sir a grëwyd. Roedd yn cynnwys cantrefi **Llŷn**, **Arfon** ac **Arllechwedd**, cymydau **Eifionydd** a **Chreuddyn**, a'r ardal o gwmpas **Llysfaen** – rhan a berthynai yn wreiddiol i gwmwd **Rhos**.

Yn sgil **Deddfau 'Uno'** 1536 ac 1543 rhoddwyd i Sir Gaernarfon ddau aelod seneddol, un sirol ac un ar ran y **bwrdeistrefi**, sef bwrdeistrefi **Bangor**, **Caernarfon**, Conwy, Cricieth, **Pwllheli** a **Nefyn**. Penodwyd ynadon heddwch ar gyfer y llysoedd chwarter. Cofnodion llysoedd chwarter Sir Gaernarfon, sy'n dyddio o 1541, yw'r rhai cynharaf i oroesi yng Nghymru. Yn 1889 daeth Cyngor Sir Gaernarfon i fodolaeth. O ganlyniad i newidiadau mewn ffiniau ar ddechrau'r 20g. collwyd Llysfaen i **Sir Ddinbych**, ac enillwyd Nanmor (gw. **Beddgelert**) o **Sir Feirionnydd**. Pan ddiddymwyd yr hen sir yn 1974 roedd yn cynnwys bwrdeistrefi Bangor, Caernarfon, Conwy a Phwllheli, dosbarthau trefol **Bethesda**, **Betws-y-coed**, Cricieth, **Llandudno**, **Llanfairfechan**, **Penmaen-mawr** a **Phorthmadog**, a dosbarthau gwledig **Gwyrfai**, Llŷn, **Nant Conwy** ac Ogwen. Oddi mewn i sir newydd **Gwynedd** rhannwyd yr hen Sir Gaernarfon yn ddosbarthau **Aberconwy**, Arfon a **Dwyfor**. Yn 1996 diddymwyd y dosbarthau hyn. Ymunodd Aberconwy â **Cholwyn** i greu sir newydd **Conwy**. Cyfunwyd Arfon a Dwyfor â **Meirionnydd** gan roi bod i fersiwn lai o sir Gwynedd. Pan ddiddymwyd Sir Gaernarfon yn 1974 roedd yn ymestyn dros 147,352ha ac roedd ei **phoblogaeth** yn 123,400. Yn 1950 rhannwyd Sir Gaernarfon, a oedd hyd hynny wedi ei chynrychioli gan aelod seneddol sirol ac un bwrdeistrefol, yn ddwy etholaeth, sef Caernarfon a Chonwy. Erbyn etholiadau'r **Cynulliad Cenedlaethol** yn 2007 roedd etholaeth Caernarfon wedi'i hailenwi yn Arfon, gyda'r newid ffiniau yn golygu ei bod wedi colli Dwyfor ond wedi ennill rhan o hen ddosbarth Arfon.

## SIR Y FFLINT (48,948ha; 148,594 o drigolion)

Pan grëwyd y sir yn 1284 roedd yn cynnwys tair uned ar wahân – **Tegeingl**, yr **Hob** a **Maelor Saesneg** – ac fe'i gosodwyd dan awdurdod prifustus Caer. Ychwanegwyd arglwyddiaethau'r **Wyddgrug** a **Phenarlâg**, ynghyd â Marford a Hoseley (gw. **Gresffordd**), at y sir yn dilyn y **Deddfau 'Uno'**. Adeg ei diddymu yn 1974 roedd y sir yn cynnwys bwrdeistref y **Fflint**, dosbarthau trefol **Bwcle**, **Cei Connah**, **Treffynnon**, yr Wyddgrug, **Prestatyn** a'r **Rhyl** ynghyd â **dosbarthau gwledig** Penarlâg, Treffynnon, **Maelor** a **Llanelwy**.

Pan gafodd y sir ei diddymu rhannwyd y darn mwyaf ohoni'n ddosbarthau **Rhuddlan**, **Delyn**, ac **Alun a Glannau Dyfrdwy**; daeth Maelor ynghyd â Marford a Hoseley yn rhan o ardal **Wrecsam Maelor**. Cyfunwyd y pedwar dosbarth, ynghyd â dosbarthau **Colwyn** a **Glyndŵr**, i ffurfio sir **Clwyd**. Yn 1996 diddymwyd y sir honno ac ailymddangosodd Sir y Fflint ar y map, er ei bod gryn dipyn yn llai na'r sir fel yr oedd cyn 1974 gan mai hen ddosbarthau Delyn, ac Alun a Glannau Dyfrdwy, yn unig a gynhwysai. Yn 2001 roedd gan 21.38% o drigolion Sir y Fflint rywfaint o afael ar y **Gymraeg**, gyda 10.92% yn gwbl rugl yn yr iaith. (Gw. hefyd **Saltney** a **Trelawnyd a Gwaunysgor**.) Roedd yr hen Sir Fflint, adeg ei diddymu yn 1974, yn ymestyn dros 66,391ha ac roedd ganddi 187,000 o drigolion.

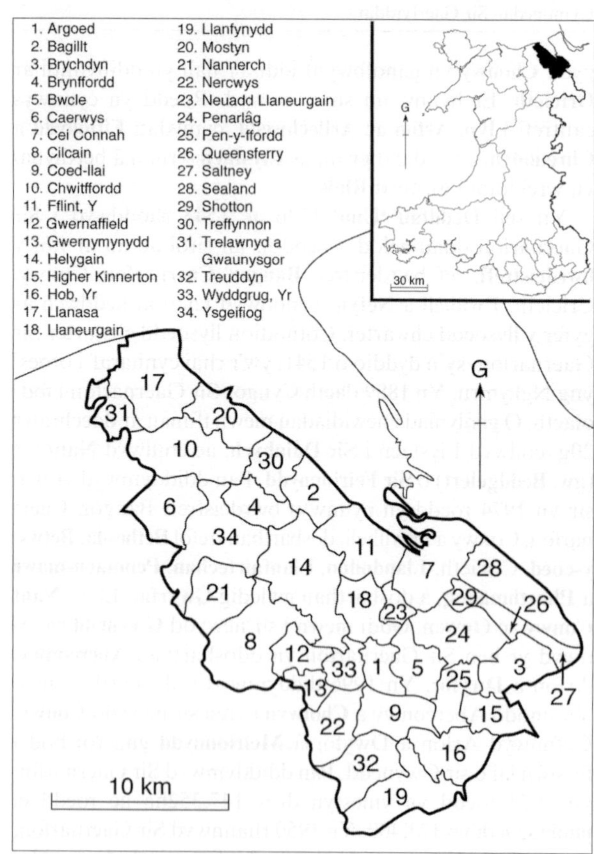


Cymunedau Sir y Fflint

**22 awdurdod unedol Cymru, a grëwyd yn 1996**

Bwrdeistref Sirol Blaenau Gwent
Bro Morgannwg
Bwrdeistref Sirol Caerffili
Bwrdeistref Sirol Castell-nedd Port Talbot
Bwrdeistref Sirol Conwy
Bwrdeistref Sirol Merthyr Tudful
Bwrdeistref Sirol Pen-y-bont ar Ogwr
Bwrdeistref Sirol Rhondda Cynon Taf
Bwrdeistref Sirol Torfaen
Bwrdeistref Sirol Wrecsam
Dinas a Sir Abertawe
Sir Benfro
Dinas a Sir Caerdydd
Dinas a Sir Casnewydd
Sir Caerfyrddin
Sir Ceredigion
Sir Ddinbych
Sir Fynwy
Sir y Fflint
Gwynedd
Sir Powys
Sir Ynys Môn

## SIROEDD

Daeth y sir, a oedd yn wreiddiol yn uned llywodraeth leol dan awdurdod siryf neu *shire-reeve*, i fodolaeth yn Wessex ddiwedd yr 8g. Erbyn 1066 roedd **Lloegr** gyfan wedi ei rhannu'n siroedd, ond nid oedd sir yng Nghymru hyd y 13g. Yn y 1240au sefydlwyd siroedd embryonig **Aberteifi** a **Chaerfyrddin** (gw. **Sir Aberteifi** a **Sir Gaerfyrddin**). Yn 1284 rhannwyd craidd **Gwynedd** yn siroedd **Môn**, Caernarfon (gw. **Sir Gaernarfon**) a Meirionnydd (gw. **Sir Feirionnydd**), a daeth tair ardal yn y gogledd-ddwyrain nad oeddynt yn ffinio â'i gilydd yn **Sir y Fflint**. Ac felly, erbyn diwedd y 13g., roedd bron hanner Cymru yn siroedd a oedd dan reolaeth uniongyrchol coron Lloegr (gw. hefyd **Tywysogaeth**).

Crëwyd siroedd o weddill y wlad – y **Mers** – gan Ddeddf 'Uno' 1536 (gw. **Deddfau 'Uno'**). Dan y ddeddf honno crëwyd **Sir Benfro**, **Sir Drefaldwyn**, **Sir Ddinbych**, **Sir Faesyfed**, **Sir Forgannwg**, **Sir Frycheiniog** a **Sir Fynwy**, ehangwyd siroedd Aberteifi, Caerfyrddin a Meirionnydd, ac ychwanegwyd rhannau o'r Mers at siroedd Henffordd ac Amwythig yn Lloegr (gw. **Swydd Henffordd** a **Swydd Amwythig**). Felly y daeth 13 sir Cymru i fodolaeth, siroedd a amrywiai o ran maint o Sir Gaerfyrddin (246,168ha) i Sir y Fflint (65,975ha). Buan yr enynnodd y siroedd, gyda'u haelodau seneddol a'u gweinyddiaeth ar sail y llysoedd chwarter, deyrngarwch brwd, yn arbennig ymhlith y **boneddigion**. Cawsant eu mapio gan John Speed ac eraill (gw. **Mapiau**), a'u clodfori mewn gweithiau fel cyfrol **George Owen**, *The Description of Penbrokshire* (ysgrifennwyd yn 1603; cyhoeddwyd yn 1902–36). Dan Ddeddf Newydd y Tlodion 1834 (gw. **Deddf y Tlodion**), sefydlwyd **undebau deddf y tlodion**; cawsant eu crynhoi'n siroedd cofrestru, a'r rhain, o 1841 hyd 1901, oedd yr unedau y cyfeiriai'r rhan fwyaf o ystadegau'r cyfrifiad atynt. Roedd ffiniau'r siroedd cofrestru yn aml yn bur wahanol i rai'r siroedd gweinyddol.

Parhaodd rheolaeth y boneddigion ar y siroedd gweinyddol hyd 1889, pan sefydlwyd strwythurau cynrychioliadol trwy greu'r cynghorau sir. Rhoddwyd statws **bwrdeistrefi sirol** i fwrdeistrefi **Caerdydd**, **Abertawe** a **Chasnewydd**, gan eu datgysylltu'n weinyddol oddi wrth y siroedd lle'r oeddynt wedi'u lleoli. (Crëwyd pedwaredd fwrdeistref sirol – **Merthyr Tudful** – yn 1908.) Cydnabu Deddf Llywodraeth Leol 1894 statws **bwrdeistrefi** nad oeddynt yn rhai sirol, a rhannodd yr ardaloedd hynny a oedd y tu allan i ffiniau bwrdeistrefi sirol a bwrdeistrefi yn **ddosbarthau trefol** a **dosbarthau gwledig**.

Bu i ddatblygu economaidd anwastad arwain at gryn wahaniaethau rhwng siroedd Cymru a'i gilydd. Erbyn 1971, pan oedd 27.5% o drigolion Cymru'n byw ym Morgannwg (heb gynnwys ei bwrdeistrefi sirol; 46.08% gyda'r rheini), dim ond 0.6% a oedd yn byw yn Sir Faesyfed. Yn 1974 cafodd 13 sir, 4 bwrdeistref sirol a 164 bwrdeistref a dosbarth trefol a gwledig Cymru eu diddymu. Yn eu lle crëwyd siroedd **Clwyd**, **Dyfed**, **Gwent**, **Gwynedd**, **Powys**, **Morgannwg Ganol**, **De Morgannwg** a **Gorllewin Morgannwg**. Rhannwyd y siroedd newydd yn ddosbarthau – 37 i gyd. Yn 1996 diddymwyd siroedd a dosbarthau 1974 a chreu 22 o siroedd unedol yn eu lle. (Gw. hefyd **Llywodraeth a Gweinyddiaeth**.)

## SISTERSIAID Urdd fynachaidd

Sefydlwyd yr urdd fynachaidd hon yn Cîteaux ym Mwrgwyn, a chwaraeodd yr 13 abaty Sistersaidd yng Nghymru ran flaenllaw ym mywyd y wlad yn yr Oesoedd Canol. Roedd yr abatai hynny a leolid yn ***Pura Wallia*** – ac a sefydlwyd naill ai'n uniongyrchol neu'n anuniongyrchol o abaty **Hendygwyn** (neu'r Tŷ-gwyn; gw. **Llanboidy**) – yn gryf o blaid y tywysogion Cymreig. Claddwyd o fewn eu muriau reolwyr o Gymry, fel **Owain Cyfeiliog** yn Ystrad Marchell (y **Trallwng**), ac roedd beirdd megis **Guto'r Glyn** a **Gutun Owain** yn fawr eu gwerthfawrogiad o groeso'r abadau. Mynachod **Ystradfflur**, mae'n debyg, a luniodd ***Lawysgrif Hendregadredd*** a chyfranasant yn helaeth hefyd at lunio **Brut y Tywysogyon**. Yn ystod **Gwrthryfel Owain Glyndŵr** lladdwyd abad Llantarnam (gw. **Llanfihangel Llantarnam**) wrth iddo annog y lluoedd Cymreig yn ystod Brwydr Pwllmelyn (**Brynbuga**). Roedd abatai Eingl-Normanaidd arfordir y de a'r Gororau, fel Dinas Basing (**Treffynnon**), Nedd (**Dyffryn Clydach**), **Margam** a **Thyndyrn**, bob amser yn nes at goron **Lloegr**.

Roedd dau leiandy Sistersaidd bychan – yn Llanllugan (**Dwyriw**) a Llanllŷr (**Llanfihangel Ystrad**). Adeg **diddymu'r mynachlogydd** yn y 1530au, dim ond 75 o fynachod Sistersaidd a oedd yng Nghymru. Mae'r eglwys fawr yn Nhyndyrn, porth gorllewinol Ystrad-fflur, glwysgorau Margam a Glyn-y-groes (**Llandysilio-yn-Iâl**), a'r crypt bwaog yn Nedd, i gyd yn amlygu cyfoeth pensaernïol y cyn-fynachlogydd.

Roedd ymwneud Tyndyrn â'r fasnach mewn **gwlân** safonol, cei yr abaty hwnnw yn Woolaston (Swydd Gaerloyw), y llociau a godwyd gan **Abaty Cwm-hir** (ym Mynachdy, **Llangynllo**), stordy ŷd enfawr a adeiladwyd gan Abaty Nedd (yn yr As Fawr (Monknash), **Sain Dunwyd**), pyllau **glo** Margam, a physgodfa Cymer (**Llanelltud**) ar aber afon **Mawddach**, i gyd yn amlygu awydd y Sistersiaid i fod yn hunangynhaliol. Yn wir, bu i'w hawch am dir ennyn gwg rhai sylwebyddion, yn arbennig **Gerallt Gymro**.

Dychwelodd y Sistersiaid i Gymru yn 1928 pan brynodd yr urdd Ynys Bŷr (**Dinbych-y-pysgod**), gan ddod yn berchnogion hen fynachlog Fenedictaidd yr ynys (gw. **Ynysoedd** a **Benedictiaid**).

## SIWAN (Joan; m.1237) Tywysoges

Merch anghyfreithlon i'r Brenin John o **Loegr** oedd Joan, neu Siwan fel y'i gelwid gan y Cymry. (Yn 1226 datganodd y Pab ei bod yn ferch gyfreithlon i'w thad.) Tua'r flwyddyn 1205 fe'i priodwyd â **Llywelyn ap Iorwerth**, tywysog **Gwynedd**. Golygai'r briodas wleidyddol hon y byddai unrhyw blant a ddeilliai ohoni yn cael eu hystyried o'r tu allan i Gymru yn rhai o frenhinllin Angyw, a rhoddai hynny statws amgenach i linach Gwynedd o'i chymharu â llinachau'r teyrnasoedd Cymreig eraill. Bu Siwan yn gefn personol a gwleidyddol i'w gŵr, gan eiriol drosto â'i thad ar adegau. Daeth y briodas o dan bwysau garw yn 1230 yn dilyn ei charwriaeth â Gwilym de Breos (Gwilym Brewys; gw. **Breos, Teulu**); daliwyd y ddau ohonynt yng nghwmni'i gilydd a chafodd Gwilym ei grogi gan Lywelyn. Fodd bynnag, llwyddodd Llywelyn a Siwan i gymodi, a phan fu farw Siwan yn 1237 sefydlodd y tywysog briordy Ffransisgaidd yn Llan-faes (**Biwmares**) i'w choffáu, ac fe'i claddwyd yno. Ganed un mab iddynt, sef **Dafydd ap Llywelyn**, olynydd Llywelyn, ac o leiaf dair merch. Mae drama **Saunders Lewis**, *Siwan* (1956), yn ymdrin â hanes y dywysoges.

## SLEBETS, Sir Benfro (1,817ha; 172 o drigolion)

Mae'r **gymuned** hon, a leolir ar lan ogleddol afon Cleddau Ddu (gw. **Cleddau**) i'r dwyrain o **Hwlffordd**, yn cynnwys dau blasty gwledig, Slebech Hall a Chastell Pictwn. Slebets oedd safle'r unig gomawndri o eiddo Marchogion Sant Ioan yng Nghymru. Sefydlwyd y comawndri yng nghanol y 12g. gan arglwyddi **Cas-wis**, a daeth yn enwog am ei letygarwch. Adeg **diddymu'r mynachlogydd** daeth yr eglwys – yr unig ran o'r comawndri sydd wedi goroesi – yn eglwys y plwyf. Ynddi ceir bedd William Hamilton (1730–1803), un o sylfaenwyr tref **Aberdaugleddau** a gŵr Emma, cariad yr Arglwydd Nelson. Yn y 1840au aeth teulu de Rutzen, a drigai yn Slebech Hall, ati'n fwriadol i ddinistrio'r eglwys er sicrhau yr âi'r gynulleidfa i'r eglwys fawr neo-Gothig a godwyd ar fin yr A40; cefnwyd ar yr eglwys honno yn 1990. Mae Slebech Hall (1770au) yn adeilad sylweddol, castellog ei wedd.

Daeth Castell Pictwn i feddiant teulu **Philipps** yn ystod y 15g., yn dilyn priodas Thomas Philipps ag aeres teuluoedd Dwnn a Wogan. Mae ei ddisgynyddion ef yn dal i fyw yn y castell, sy'n dyddio o 1300 ac sy'n un o blastai gwledig mwyaf ysblennydd Cymru. Rhwng 1976 ac 1995 roedd y castell yn cynnwys oriel gelf a neilltuwyd ar gyfer gwaith **Graham Sutherland**. Mae Picton Home Farm (1827) yn enghraifft wych o fferm fodel.

Yn 2006 dechreuwyd adeiladu pentref gwyliau'r Garreg Las (Bluestone), cynllun gwerth £110 miliwn yr oedd llawer o gadwriaethwyr wedi'i wrthwynebu oherwydd ei safle yn rhannol ym Mharc Cenedlaethol Arfordir Penfro (gw. **Parciau Cenedlaethol**). Haera cefnogwyr y cynllun, sy'n cynnwys dros 300 o gabanau pren, parc dŵr a chanolfan eira sych, y bydd yn dod â £32 miliwn i'r **economi** leol gan greu 900 o swyddi mewn ardal o ddiweithdra uchel.

## SMITH, Ray (1936–91) Actor

Roedd Ray Smith, a aned yn Nhrealaw (y **Rhondda**), yn ei elfen yn portreadu cymeriadau dosbarth gweithiol ar deledu,

Solfach

ac fe'i cofir yn arbennig fel yr hynaws George Barraclough yng nghyfres Granada, *Sam* (1973). Chwaraeodd ran yr actor methiannus a chwerw yn nrama Richard Lewis, *Babylon Bypassed* (1998), Dai Bando yn fersiwn y BBC o ***How Green Was My Valley*** (1976) ac un o'r criw meddw yn addasiad y BBC o nofel Kingsley Amis, *The Old Devils* (1992). Am ran dda o'r 1960au roedd yn cael ei gyflogi gan **Blaid [Genedlaethol] Cymru**.

## SMYGLO

Roedd smyglo o amgylch glannau **Prydain** ar ei anterth yn ystod y 18g. a hynny oherwydd y tollau uchel ar nwyddau fel **te**, tybaco, gwirodydd, sebon, canhwyllau a halen a gludid ar y môr (gw. **Tollau Tramor a Chartref**).

Gyda'i harfordir helaeth a'i thraethau anghysbell, digwyddai smyglo ym mhob rhan o'r Gymru arfordirol. Roedd rhai o'r prif smyglwyr, megis John Connor (arweinydd y *Rush gang*), Thomas Field a Stephen a Thomas Richards, yn gweithredu mewn llongau arfog naill ai o **Iwerddon** neu o **Ynys Manaw**, ac ym Môr Hafren roedd yr enwog Thomas Knight yn boen gyson i'r awdurdodau. A'r tollau'n gymaint o fwrn arnynt, yng ngolwg gwerin gwlad roedd smyglo yn weithgaredd cwbl dderbyniol. Mae'n amlwg hefyd fod haenau uchaf cymdeithas yn dra pharod i brynu nwyddau contraband. Yn 1786, yn atig G. Francis Lloyd – gŵr bonheddig a fu ar un cyfnod yn siryf **Môn** – darganfuwyd pedair cist yn cynnwys 399 pwys o de. Ac nid liw nos yn unig y deuid â nwyddau i'r lan. Haerid fod hynny'n digwydd gefn dydd golau yn harbwr **Pwllheli**, a disgrifiwyd **Bangor** yn 1757 fel 'a great thoroughfare for smugglers'. Roedd yr arfer yn dra chyffredin ar arfordir **Sir Aberteifi** a chymhellwyd **Howel Harris**, yr arweinydd Methodistaidd, i geryddu cynulleidfaoedd yr ardal am eu 'drygioni yn dwyn o longau drylliedig ac yn twyllo'r Brenin o bopeth ac arno doll'.

Swyddogion y Doll a oedd â'r cyfrifoldeb o rwystro'r smyglwyr (gw. **Tollau Tramor a Chartref**). Ond prin oedd eu hadnoddau, a'u cymharu â '[ch]ath lwyd yn gwylio cantwll ar unwaith rhag llygod' a wnaeth William Morris (gw. **Morrisiaid**), is-geidwad y Dollfa yng **Nghaergybi**. Pan geisiodd wyth o swyddogion y Doll o **Aberdyfi** atafaelu llwyth o halen yng **Ngheinewydd** yn 1704, ymosododd torf o tua 150 o ddynion arnynt. Er i Ddeddf 1736 bennu y gellid cosbi'r fath ymosodiadau â'r gosb eithaf, ni fu pall arnynt. Wedi i swyddogion fyrddio llong y smyglwr William Owen yn harbwr **Aberteifi** yn 1744, lladdwyd pedwar yn y cythrwfl a ddilynodd. Yn yr un modd, yn 1788, pan ymwelodd swyddogion â ffermdy ym Mhwll-du (**Pennard**), cartref William Arthur, y smyglwr mwyaf nodedig ar benrhyn **Gŵyr**, yno'n eu disgwyl roedd tua 50 o bobl wedi eu harfogi â chyllyll, proceri, bariau haearn ac amryfal arfau eraill.

Erbyn yr 1830au, gyda'r dreth ar de, er enghraifft, wedi ei lleihau'n arw, a chyda gwylwyr y glannau wedi eu trefnu'n effeithiol, daethai oes aur y smyglwyr i ben a throdd eu gweithgareddau'n atgof rhamantus (gw. **Siôn Cwilt**). Yn ystod yr 20g. ceisiodd rhai smyglwyr cyffuriau fanteisio ar draethau anghysbell Cymru; yn 1983, yn dilyn *Operation*

*Seal Bay*, daliwyd giang a oedd wedi buddsoddi'n helaeth er mwyn codi cell danddaearol i storio cyffuriau ar draeth ger **Dinas** yn **Sir Benfro**. Ni phallodd yr awydd ychwaith i fanteisio ar nwyddau rhad a smyglwyd i'r wlad – ar ddechrau'r 21g. honnid fod chwarter y sigarennau a oedd yn cael eu smocio yng Nghymru yn rhai a gafodd eu smyglo.

## SNELL, D[avid] J[ohn] (1880–1957) Cyhoeddwr cerddoriaeth

Ganed D. J. Snell yn **Abertawe**, ac ymsefydlodd yno yn 1900 yn fasnachwr **cerddoriaeth**. Yn 1910 prynodd stoc a hawlfreintiau Benjamin Parry, a dechrau ar yrfa cyhoeddwr. Ychwanegodd at ei gatalog gyhoeddiadau cyhoeddwyr eraill a dod yn brif gyhoeddwr cerddoriaeth Cymru. Yn ogystal ag ailgyhoeddi gweithiau poblogaidd megis *Blodwen* a '**Myfanwy**' gan **Joseph Parry**, cyhoeddodd nifer o weithiau newydd gan **David Vaughan Thomas**, **Meirion Williams**, Idris Lewis ac W. Bradwen Jones. Cynigiai wobrau i'r sawl a ddewisai eitemau o'i gatalog yn ddarnau prawf mewn eisteddfodau.

## SOLFACH, Sir Benfro (1,859ha; 809 o drigolion)

Prif nodwedd ddaearegol y **gymuned** hon, yn union i'r dwyrain o **Dyddewi**, yw ei dyffryn boddedig (ria), sy'n golygu bod Solfach gyda'r hyfrytaf o holl gilfachau arfordir **Sir Benfro**. Yn ystod y 18g. a'r 19g. roedd yr harbwr bach, sydd bellach yn un o hoff gyrchfannau perchnogion cychod pleser, yn ganolfan **adeiladu llongau** ac yn borthladd ar gyfer llongau a hwyliai i **Ogledd America**. Y tu allan i geg yr harbwr ceir tair ynys fach. Ceir cromlech Neolithig yn Llaneilfyw a chaer bentir o'r Oes Haearn (gw. **Oesau Cynhanesyddol**) ar y Gribin. Yn Eglwys Dewi Sant, Tre-groes, mae rhai nodweddion pensaernïol canoloesol wedi goroesi. Mae Eglwys Sant Aeddan (Aidan), Solfach (1877), yn cynnwys bedyddfaen canoloesol o adfeilion Eglwys Llaneilfyw. Mae capel mawr y **Bedyddwyr** (18g.–20g.) yn Felinganol a chapel deniadol yr **Annibynwyr** yn Solfach (1896) yn dangos pa mor gryf fu **Anghydffurfiaeth** yn yr ardal. Brodor o Solfach yw'r canwr Meic Stevens (g.1942). I'r gogledd-orllewin o'r pentref saif hen faes awyr Tyddewi, safle **Eisteddfod** Genedlaethol 2002.

## SOMALIAID

Llongwyr oedd y Somaliaid cyntaf a ddaeth i Gymru. Daethant o ganlyniad i'r masnachu byd-eang mewn **glo** ac am i'r ddau ryfel byd gynyddu'r galw am eu gallu morwrol. Yn ddiweddarach chwyddwyd y **boblogaeth** gan ffoaduriaid a ddihangodd rhag rhyfel cartref y 1980au yn Somalia. Ar ddechrau'r 21g. trigai tua 6,500 o Somaliaid yn Nhre-biwt (Butetown) a Grangetown (Trelluest) yn hen ardal y dociau yng **Nghaerdydd**, ac yn ardal Pillgwenlli yng **Nghasnewydd**. O blith llwythau'r Dir a'r Darod y daeth y mewnfudwyr cynnar. Roedd eu hymlyniad diwyro wrth **Islâm** yn eu gosod ar wahân i lawer o'r **Affricaniaid** eraill, a sefydlasant eu mosg eu hunain yn 1947 ar ôl anghydfod gyda grwpiau Arabaidd. Aelodau o lwyth yr Ishaq yw'r mewnfudwyr mwyaf diweddar a ddaeth o ogledd y wlad (British Somaliland gynt). Bugeiliaid crwydrol a ofalai am eifr a chamelod oeddynt hwy yn wreiddiol, a bu ymgodymu â bywyd mewn dinas yn brofiad dryslyd iddynt. Ni ddaeth Somalieg yn iaith ysgrifenedig tan 1973, ond mae gan y Somaliaid yng Nghymru ddiwylliant llafar cyfoethog, gyda'r *heeloy* (y farddoniaeth) a'r *sheekoxariirooyin* (y straeon gwerin) yn cael eu trosglwyddo ar dafod-leferydd o'r naill genhedlaeth i'r llall. Croniclir hanes Somaliaid Cymru gan Glenn Jordan yn *Somali Elders: Portraits from Wales* (2004).

## SOMERSET, Teulu (dugiaid Beaufort) Tirfeddianwyr

Priododd Charles Somerset (1460–1526), mab anghyfreithlon Henry Beaufort, y trydydd dug Somerset, ag Elizabeth, merch ac aeres William Herbert (m.1491; gw. **Herbert, Teulu (ieirll Pembroke o'r greadigaeth gyntaf)**), a chafodd y teitl Barwn Herbert o Raglan yn 1504. Fel prif stiward arglwyddiaethau'r Goron yn y **Mers** ac uchel siryf **Morgannwg**, roedd ganddo rym sylweddol yng Nghymru. Yn 1513 fe'i gwnaed yn iarll Worcester. Cafodd Henry, y pumed iarll (*c.*1577–1646), ac un o gefnogwyr brwd y Goron yn y **Rhyfeloedd Cartref**, ei ddyrchafu'n ardalydd yn 1642. Ei brif gartref oedd Castell **Rhaglan**, ond fe'i difrodwyd gan fyddinoedd y Senedd, ac ar ôl 1660 roedd y teulu'n byw yn Badminton House, Swydd Gaerloyw. Hyd at ail hanner yr 17g. roedd aelodau'r teulu yn **Gatholigion Rhufeinig**, a dyma'r rheswm pennaf pam y goroesodd Catholigiaeth i well graddau yn **Sir Fynwy** nag yn unrhyw un arall o **siroedd** Cymru.

Dyfeisiodd Edward, yr ail ardalydd (1601–67), declyn a harneisiai bwysedd yr aer fel bod dŵr yn codi; yn hynny o beth rhagflaenodd beiriant ager Newcomen o 50 mlynedd. Daeth Henry, y trydydd ardalydd (1629–1700), yn llywydd **Cyngor Cymru a'r Gororau** yn 1672, ond anaml yr ymwelai â **Llwydlo**; yn 1682 fe'i gwnaed yn ddug cyntaf Beaufort. Gwasanaethodd yr Arglwydd Fitzroy Somerset (1788–1855), mab ieuengaf y pumed dug, dan Ddug Wellington; fe'i gwnaed yn Farwn Raglan, ac roedd yn brif gadlywydd yn **Rhyfel y Crimea** (bu farw ar faes y gad). Yn 1873 roedd y teulu yn berchen ar 11,048ha yn Sir Fynwy, 1,626ha yn **Sir Frycheiniog** a 492ha yn **Sir Forgannwg**. A hwythau'n arglwyddi **Gŵyr**, roedd ganddynt gryn ddylanwad yn **Abertawe**. Adeiladwyd tref Beaufort (gw. **Cendl**) ar dir a roddwyd ar brydles yn 1780 gan Henry, y chweched dug (1766–1835). Roedd dylanwad gwleidyddol y teulu Somerset yn sylweddol. Hwy oedd arglwydd raglawiaid Sir Fynwy, yn ogystal â Sir Frycheiniog ar brydiau, ac am gyfnod di-dor o 69 mlynedd (1805–74) cafodd Sir Fynwy ei chynrychioli yn y Senedd ganddynt. Dechreuodd Henry, y nawfed dug (1874–1924), werthu ei eiddo yng Nghymru, gan gynnwys Abaty **Tyndyrn**; rhoddwyd Castell Rhaglan dan ofal y Weinyddiaeth Waith yn 1938 (gw. **Cadw**).

## 'SOSBAN FACH' Cân

Cân ddwli o fyd **rygbi** yw hon a gysylltir â thref **Llanelli** a'i diwydiant **tunplat**. Mae'n cynnwys pennill a chytgan, ac mae tarddiad y dôn yn ansicr. Ysgrifennwyd y pennill, a genir i guriad angladdol, gan **Richard Davies** (Mynyddog) yn 1873, a phriodolir geiriau'r gytgan lawer mwy bywiog i Talog Williams o Ddowlais (**Merthyr Tudful**), a'i cyfansoddodd ar wyliau yn **Llanwrtyd** a chyhoeddi fersiwn ohoni yn 1896. Gyda'i chyfeiriadau enigmatig at 'fys Meri Ann', 'Dafydd y gwas' nad yw'n iach, y 'baban yn y crud yn crio' a'r 'gath' sydd 'wedi sgrapo Joni bach', mae'r gân yn parhau i fod yn dra phoblogaidd gyda thorfeydd rygbi.

## SOSIALAETH

Roedd y degawdau a ddilynodd y Chwyldro Ffrengig yn gyfnod o hau hadau athrawiaethau gwleidyddol newydd. Yn **Saesneg**, **Robert Owen** oedd y cyntaf i ddefnyddio'r termau *socialist* (1827) a *socialism* (1837), a hynny ar sail termau cyfatebol a ddefnyddid yn Ffrainc tua'r un adeg. Yn **Gymraeg**, ffafriai **R. J. Derfel** y gair *cymdeithasiaeth*, ond *sosialaeth* (1850) oedd y ffurf a orfu yn y pen draw. Ar y cychwyn, bu sosialaeth yn llawer llai dylanwadol na Rhyddfrydiaeth (gw. **Plaid Ryddfrydol**). Ond, ymhen amser, creodd y gymdeithas ddiwydiannol gyfyng-gyngor i'r Rhyddfrydwyr wrth iddynt geisio cysoni effeithiau grym economaidd dilyffethair â'r iawnderau hynny a oedd mor bwysig yn eu golwg. Hanfod sosialaeth, a ysbrydolwyd yn y lle cyntaf gan y Chwyldro Ffrengig a chan syniadau iwtopaidd diweddarach, oedd hyrwyddo trefn gymdeithasol amgen a fyddai'n llwyr ddileu anghyfartaledd a grym didostur y farchnad rydd. Erbyn diwedd y 19g. roedd sosialaeth yn ennill tir. Apeliai nid yn unig at ddeallusion, a gâi eu denu gan reidoliaeth hanesyddol Karl Marx (gw. **Marcsiaeth**), ond hefyd at ddosbarth gweithiol cynyddol effro ei ymwybyddiaeth wleidyddol (gw. **Dosbarth**).

Yng Nghymru, yn nechrau'r 20g., cafwyd enghraifft glasurol o'r modd y gallai tensiynau dosbarth erydu sail wleidyddol Rhyddfrydiaeth. Pan ddaeth **Keir Hardie** a'r **Blaid Lafur Annibynnol** â'u syniadau sosialaidd i Gymru, gwnaethpwyd yn fawr o etifeddiaeth Robert Owen, R. J. Derfel a thraddodiad honedig y **Celtiaid** o gydweithredu, ond y gwrthdaro diwydiannol o 1910 ymlaen a ddangosodd wir wendidau Rhyddfrydiaeth. Galwai'r **Blaid Lafur** ifanc am ddiwygiadau penodol. Er hynny, ffynhonnell llawer o'i gwerthoedd a'i hethos oedd Rhyddfrydiaeth ac **Anghydffurfiaeth**. Rhoddwyd rhywfaint o gefnogaeth i **Syndicaliaeth**, a oedd yn gymaint o her i sosialaeth y Blaid Lafur ag ydoedd i'r Rhyddfrydwyr. Wrth i Syndicaliaeth ildio'i lle i Gomiwnyddiaeth (gw. **Plaid Gomiwnyddol**), daeth dwy haen o sosialaeth i nodweddu bywyd gwleidyddol Cymru. Er bod cefnogwyr y ddwy haen yn gwrthdaro'n aml â'i gilydd ynghylch manylion, roedd llawer yn gyffredin rhyngddynt, a thrwy gydol y 1930au buont yn cyd-fyw oddi mewn i fudiad Llafur a oedd yn gynyddol o dan warchae.

Yn y pen draw, daethpwyd i uniaethu sosialaeth yng Nghymru â llwyddiannau deddfwriaethol **llywodraeth** 1945–51 (yn eironig ddigon, rhaglen a ysbrydolwyd gan weithiau'r Rhyddfrydwyr J. M. Keynes a William Beveridge oedd honno). Ar wahân i gyfrol **Aneurin Bevan**, *In Place of Fear* (1952), prin iawn fu cyfraniad Cymru i syniadaeth sosialaidd, a daethpwyd i gysylltu'r athrawiaeth yn bennaf oll â gwarchod y **wladwriaeth les** a'r **economi** gymysg. Serch hynny, ym mywyd gwleidyddol Cymru mae rhethreg sosialaidd yn parhau'n fodd effeithlon o roi mynegiant i werthoedd democrataidd ac egalitaraidd.

## SOUTH WALES BORDERERS

Yn 1689 ffurfiwyd y 24ain Gatrawd (Ail Gatrawd Swydd Warwick) fel Catrawd Troedfilwyr Syr Edward Dering, ac yn 1702 bu dan arweiniad Dug Marlborough. Ymladdodd yn yr Aifft yn 1801, gan ennill arwyddlun y Sffincs, ac yn Rhyfel Iberia. Neilltuwyd canolfan barhaol i'r 24ain yn **Aberhonddu** yn 1873, ac oddi yno bu'n recriwtio o'r **siroedd** ar ororau de a chanolbarth Cymru. Wedi iddi wasanaethu yn Rhyfel y Zwlŵaid yn 1879 (gan gynnwys brwydrau Isandhlwana a Rorke's Drift; gw. **Rhyfeloedd De Affrica**) ailenwyd y gatrawd yn South Wales Borderers yn 1881. Ehangodd yn 18 bataliwn yn ystod y **Rhyfel Byd Cyntaf**, ac ymladdodd ei milwyr, **Saunders Lewis** yn eu plith, ar feysydd y gad o Ffrainc i China. Yn yr **Ail Ryfel Byd**, yr Ail Fataliwn oedd yr unig fataliwn Cymreig i lanio yn Normandi ar Ddydd D. Yn dilyn Adolygiad Amddiffyn 1967 cyfunwyd y South Wales Borderers â'r **Gatrawd Gymreig** i ffurfio **Catrawd Frenhinol Cymru**. Yn 2004 penderfynwyd uno'r gatrawd honno, yn ei thro, â'r **Ffiwsilwyr Brenhinol Cymreig**.

## SOUTHALL, J[ohn] E[dward] (1855–1928)
Argraffwr ac awdur

Crynwr o Lanllieni, **Swydd Henffordd**, oedd J. E. Southall, ac ymsefydlodd yng **Nghasnewydd** fel argraffydd yn 1879 ac aros yno hyd ei ymddeoliad yn 1924. Cyhoeddodd werslyfrau i ysgolion, llyfrau am **Grynwyr** a hefyd, fel un a ddysgodd **Gymraeg** yn ŵr ifanc, lyfrau pwysig ar yr iaith. Mae'r rhain yn cynnwys *Wales and her language considered from a historical, educational, and social standpoint* (1892), sy'n cynnwys gwybodaeth ddefnyddiol am statws yr iaith ar hyd y Gororau, a *Preserving and Teaching the Welsh Language in English speaking Districts* (1899).

## SPITTAL, Sir Benfro (1,135ha; 501 o drigolion)

Mae'r gymuned hon, i'r gogledd o **Hwlffordd**, wedi'i rhannu'n ddwy gan heol **Aberteifi**–Hwlffordd (y B4329). Fe'i henwyd ar ôl yr *hospitium* a berthynai i Eglwys Gadeiriol **Tyddewi** (digwydd y cyfeiriad cynharaf ato yn 1259). Ceir carreg arysgrifedig o'r 5g./6g. yn Eglwys y Santes Fair, a ailadeiladwyd i raddau helaeth yn ystod y 19g. Ym Mharc Gwledig Scolton, ar dir Scolton Manor (1840–2), agorwyd canolfan ymwelwyr amgylcheddol sensitif yn 1993.

## SPRING, Howard (1889–1965) Nofelydd

Gweithiodd y newyddiadurwr hwn o **Gaerdydd** ei ffordd i Stryd y Fflyd cyn troi'n awdur llawn amser a hynod boblogaidd, gan ymsefydlu maes o law yng **Nghernyw**. Disgrifiodd ei blentyndod yng Nghaerdydd yn *Heaven Lies About Us* (1939), a lleolodd ddrama yn y **Rhondda**, sef *Jinny Morgan* (1952), ond prin fod unrhyw beth Cymreig ynghylch ei lyfrau eraill, sydd wedi'u hysgrifennu mewn arddull draddodiadol a hamddenol. Ymhlith y goreuon y mae *O Absalom!* (1938), *Fame is the Spur* (1940) a *These Lovers Fled Away* (1955).

## SPURRELL, Teulu Argraffwyr

Mudodd y teulu hwn o Gaerfaddon i **Sir Gaerfyrddin** yn chwarter olaf y 18g. Yn 1840 sefydlwyd argraffdy yng **Nghaerfyrddin** gan un o ddisgynyddion ail genhedlaeth y teulu, William Spurrell (1813–89), gramadegydd, hanesydd a pheiriannydd galluog. Cyfrannodd y perchennog tuag at lwyddiant ei fenter trwy baratoi geiriaduron a gweithiau safonol ym maes geiriadura a hanes lleol. Yn dilyn ei farw, fe'i holynwyd gan ei fab, Walter Spurrell (1858–1934), ac adeiladodd yntau ar y ffyniant blaenorol wrth gomisiynu J. Bodvan Anwyl i baratoi argraffiadau diwygiedig o eiriaduron ei dad (gw. **Geiriaduraeth**). Yn ogystal â pharhau â thraddodiad y busnes o gwrdd ag anghenion **argraffu a chyhoeddi** yr Eglwys Anglicanaidd (gw. **Anglicaniaeth**), llwyddodd Walter i dreiddio i farchnadoedd newydd. Paratowyd ganddo, er enghraifft, nifer o argraffiadau ffacsimili o destunau Cymreig cynnar ar gais Gwasg Prifysgol Cymru. Yn dilyn ei farwolaeth, gwerthwyd y busnes gan y teulu a dirywio fu ei hanes yn nwylo cyfres o berchnogion nes iddo ddod i ben yn 1969.

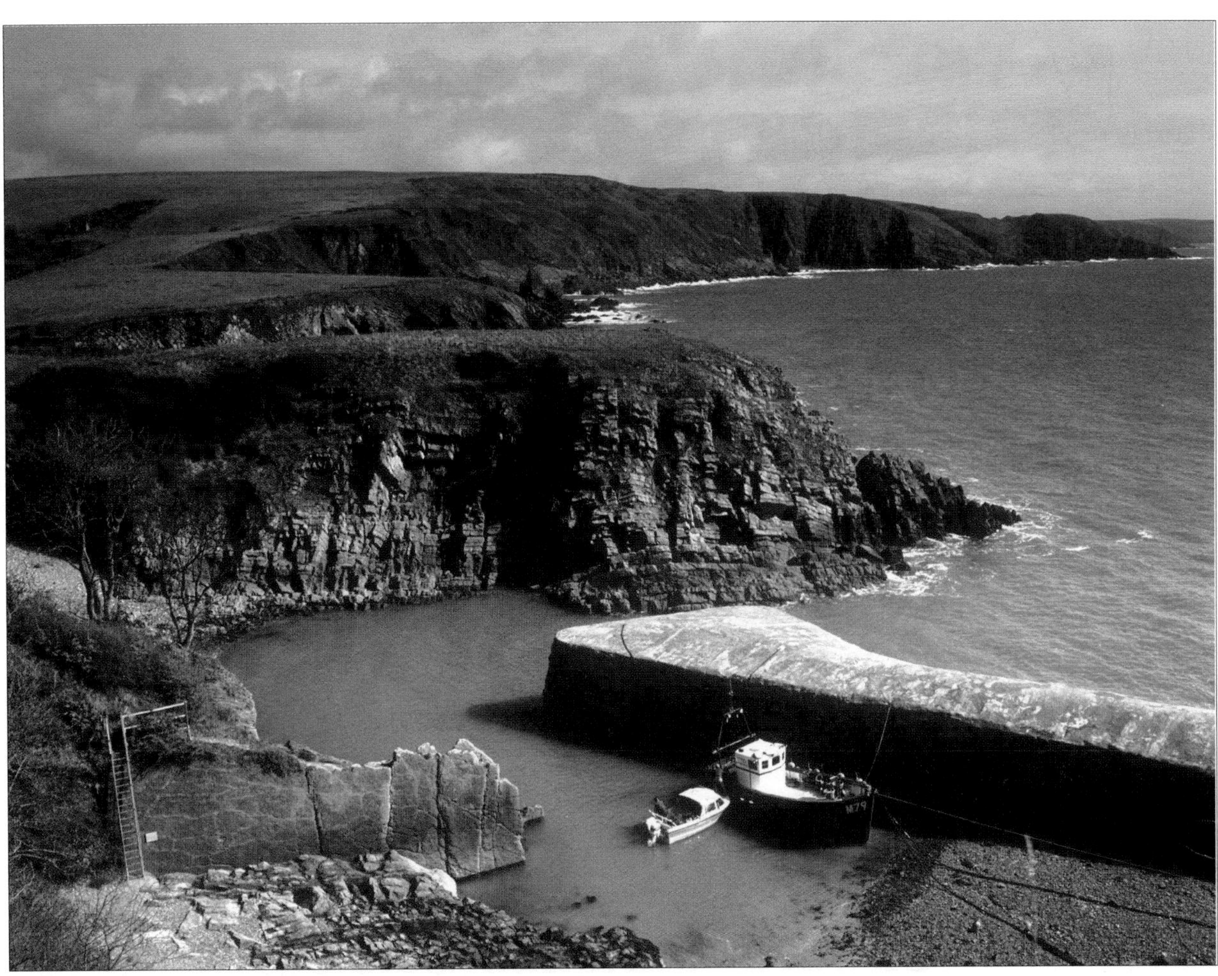

Y cei yn Stackpole

Prynwyd hawlfraint y geiriaduron gan Collins yn 1957, ac mae HarperCollins yn parhau i gyhoeddi argraffiadau diwygiedig. Mae'r *Collins Spurrell Welsh Dictionary* a'r *Collins Gem Welsh Dictionary* ymhlith y teitlau sy'n gwerthu orau yn y farchnad lyfrau Gymreig.

## SQUIRE, William (1917–89) Actor

Brodor o **Gastell-nedd** oedd William Squire. Roedd yn actor Shakespearaidd nodedig ar lwyfan a rhoddodd berfformiadau cofiadwy ar y teledu hefyd, yn enwedig fel yr enwog Dr **William Price** o **Lantrisant** ac fel Hunter, pennaeth yr arwr yn y gyfres deledu *Callan* yn y 1980au. Ef oedd Captain Cat yn y fersiwn teledu (1960) o *Under Milk Wood* **Dylan Thomas**, Mr Gruffydd yn addasiad y BBC o ***How Green Was My Valley*** (1960) ac **Arthur** yn y sioe lwyfan gerddorol Americanaidd *Camelot* (1961).

## SQUIRES, Dorothy (1915–98) Cantores

A hithau wedi'i geni mewn fan ym **Mhontyberem**, aeth Dorothy Squires o dlodi ei magwraeth i gyfoeth mawr cyn syrthio'n ôl i dlodi drachefn. O'r Ritz yn **Llanelli**, aeth i glybiau nos moethus **Llundain** adeg yr **Ail Ryfel Byd**, cyn dod i amlygrwydd ym **Mhrydain** a **Gogledd America** ar sail gyrfa recordio ddisglair. Yn 1953 priododd â'r actor Roger Moore (g.1927), ond roedd eu hysgariad yn 1969 fel petai'n ddechrau'r diwedd iddi. Methdaliad, ymgyfreitha a dibynnu ar gardod parhaus fu ei hanes wedi hynny, gan fagu obsesiwn â'i chynŵr, a bu farw mewn cyni.

## STACKPOLE, Sir Benfro (2,850ha; 443 o drigolion)

Mae'r **gymuned** hon, sy'n cwmpasu ardal fwyaf deheuol **Sir Benfro**, yn cynnwys pentrefi Stackpole, Bosherston, Cheriton, Sain Pedrog a St Twynnells. Nodweddir yr arfordir godidog gan fwâu naturiol, staciau, **ogofâu**, mordyllau a hafn brawychus Huntsman's Leap. Yn y gymuned ceir sawl maen hir o bwys o'r Oes Efydd; nid nepell o Bosherston a Flimston ceir hefyd ddwy gaer bentir o'r Oes Haearn, y naill a'r llall ar safle dramatig (gw. **Oesau Cynhanesyddol**). Mae'n debyg mai'r clwt o dir wrth droed hafn cul yn y clogwyni serth oedd lleoliad cell y meudwy Gwyddelig, Sant Gofan; mae'r capel yno yn dyddio o'r 13g. neu'r 14g. Ceir eglwysi canoloesol yn Bosherston, Cheriton, Sain Pedrog a St Twynnells. Yn Eglwys Sant Elidyr, Cheriton (neu Stackpole Elidor), ceir beddrodau cyfareddol teuluoedd Stackpole, Lort a **Campbell**. Daeth stad Stackpole yn eiddo i deulu Campbell trwy briodas (1689) ag aeres teulu Lort. Erbyn y 19g. roedd teulu Campbell – ieirll Cawdor o 1827 ymlaen – yn berchen ar 21,000ha yn Sir Benfro a **Sir Gaerfyrddin**, ac yn ail i deulu **Williams Wynn** (Wynnstay) ymhlith tirfeddianwyr Cymru. Cafodd Stackpole Court (1735) ei ddymchwel yn 1963. Yn y 1790au, ar lawr y dyffryn islaw'r plasty, dechreuwyd ar y

Cartŵn gan J. M. Staniforth yn condemnio parodrwydd Anghydffurfwyr i gadw eu plant o'r ysgol adeg y brotest yn erbyn Deddf Addysg 1902

gwaith o godi cyfres o argaeau a chreu'r **llynnoedd** dŵr croyw sy'n enwog am eu lilïau dŵr a'u penhwyaid. Yn 1978 trosglwyddwyd y llynnoedd hyn i'r **Ymddiriedolaeth Genedlaethol**.

## STADAU DIWYDIANNOL A MASNACHOL

Ymhlith darpariaethau Deddf Ardaloedd Arbennig (Datblygu a Gwella) 1934, roedd y rheini ar gyfer codi stadau diwydiannol a masnachol ar draul y **llywodraeth**. Roedd hyn yn rhan o bolisi i berswadio mentrau diwydiannol i ymsefydlu yn yr ardaloedd mwyaf dirwasgedig. Meddai'r stadau ar yr holl wasanaethau cyhoeddus angenrheidiol, a chodwyd ffatrïoedd arnynt naill ai ar ffurf unedau safonol o wahanol feintiau neu i gwrdd â gofynion penodol. Darparwyd cymorth ariannol er mwyn denu cwmnïau, ynghyd â rhenti a thelerau gwasanaeth ffafriol.

Sefydlwyd y stad gyntaf o'i bath yng Nghymru yn Nhrefforest (gw. **Ffynnon Taf** a **Llanilltud Faerdref**) ger **Pontypridd** yn 1936, gan Stadau Masnachol De Cymru a Sir Fynwy Cyf. O dipyn i beth, ymsefydlodd amrediad o ddiwydiannau ysgafn a bach ar y stad, ond nodwedd amlycaf y blynyddoedd cynnar oedd dyfodiad diwydianwyr o ffoaduriaid a oedd wedi dianc rhag yr erledigaethau yng nghanolbarth Ewrop. Ymgymerodd cwmni'r stad â datblygu saith safle arall o fewn cyrraedd Trefforest, safleoedd a gafwyd ar brydles gan gomisiynydd yr Ardaloedd Arbennig: **Cwmbrân**, Cyfarthfa a Dowlais (y naill a'r llall ym **Merthyr Tudful**), **Llanfihangel Llantarnam**, y Porth, Treorci ac Ynys-wen (y tri olaf yn y **Rhondda**). Ar y cychwyn, fodd bynnag, nifer fechan o swyddi a grëwyd. Yn ystod yr **Ail Ryfel Byd** gweddnewidiwyd stad Trefforest; hawliwyd llawer o'r adeiladau gan y llywodraeth i gynhyrchu nwyddau rhyfel, a chodwyd estyniadau a ffatrïoedd newydd. Erbyn diwedd y rhyfel roedd maint y stad wedi cynyddu i oddeutu 140,000m$^2$, ac roedd ei hadnoddau ar gael bellach ar gyfer y cwmnïau a ddisodlwyd yn ystod y rhyfel ynghyd â lleng o gwmnïau newydd. Erbyn 1947 gweithiai tua 11,000 o bobl ynddi mewn mentrau amrywiol iawn eu natur, ac ymhen amser cyflogid dros 20,000.

Dan amodau **Deddf Dosrannu Diwydiannau** 1945 parhaodd y Bwrdd Masnach â'i bolisi o ddatblygu stadau, ac ystyrid hyn yn elfen hollbwysig ar gyfer creu sylfaen gweithgynhyrchu mwy amrywiol. Yn sgil trawsnewid **Ffatrïoedd Arfau'r Goron** ym **Mhen-y-bont ar Ogwr**, **Hirwaun** a **Marchwiail**, datblygodd stadau newydd sbon, megis honno yn Fforest-fach, **Abertawe**. Erbyn y 1960au daeth y fath stadau yn batrwm cymharol gyffredin o ddatblygu diwydiannol. Trwy weithgarwch **Bwrdd Datblygu Cymru Wledig** ac **Awdurdod Datblygu Cymru** gwelwyd sefydlu rhagor o stadau a pharciau diwydiannol ledled y wlad.

## STAFFORD, Teulu
Arglwyddi yn y Mers

Dechreuodd cysylltiad y teulu â Chymru pan ddaeth Ralph, iarll cyntaf Stafford (m.1372), yn arglwydd **Gwynllŵg** yn sgil ei briodas â Margaret Audley, gor-nith a chyd-aeres Gilbert de Clare (m.1314) (gw. **Audley, Teulu** a **Clare, Teulu**). Priododd eu hŵyr, Edmund (m.1403), ag Anne, merch Thomas, Dug Buckingham, mab ieuangaf Edward III, ac Eleanor, a etifeddodd **Caldicot** gan ei thad, Humphrey de Bohun (m.1373; gw. **Bohun, Teulu**). Aeth gweddill arglwyddiaethau Cymreig teulu Bohun – **Aberhonddu** a'r **Gelli** – i chwaer Eleanor, Mary, a'i gŵr Harri Bolingbroke (Harri IV), ond yn y pen draw daethant yn eiddo i Humphrey, Dug Buckingham (m.1460), mab Edmund ac Anne. Ym mis Mehefin 1483 bu Henry, ŵyr Humphrey, yn gefnogol i Richard III wrth iddo drawsfeddiannu'r Goron, ac fe'i gwnaed yn rhaglaw Cymru i bob pwrpas. Fodd bynnag, bedwar mis yn ddiweddarach, cododd mewn gwrthryfel ac fe'i dienyddiwyd. Caniataodd Harri VII i Edward, mab Henry, adfeddiannu ei stadau. Fel yr amlycaf o arglwyddi'r **Mers**, a chan ei fod yn ddisgynnydd i Edward III, enynnodd lid Harri VIII, a sicrhawyd ei ddienyddiad yn 1521. Gyda difodiad yr olaf o'r prif deuluoedd, roedd y Mers bron yn gyfan gwbl o dan reolaeth y Goron, ffactor a hwylusodd y **Deddfau 'Uno'** yn ddirfawr. Comisiynodd teulu Stafford adeiladau o bwys yn Aberhonddu, **Casnewydd** a Caldicot.

## STANIFORTH, J[oseph] M[orewood] (1863–1921) Cartwnydd

Cyhoeddwyd darluniau a chartwnau Staniforth yn bennaf yn y *Western Mail*. Roeddynt yn darlunio'r anniddigrwydd gwleidyddol a chymdeithasol yng Nghymru rhwng 1890 a'r **Rhyfel Byd Cyntaf**. Ar y cyfan roedd yr agweddau tuag at y dosbarth gweithiol a adlewyrchid yn ei gartwnau yn dilyn agwedd olygyddol y papur newydd. Ganed Staniforth yng **Nghaerdydd** a chafodd ei hyfforddi fel argraffydd lithograffig gyda'r papur, y bu'n ysgrifennu erthyglau ar gelfyddyd ar ei gyfer yn ddiweddarach. Ei ddelwedd enwocaf oedd honno o 'Dame Wales'.

## STANLEY, Teulu Tirfeddianwyr

Priododd Gwilym ap Gruffudd o'r Penrhyn (gw. **Griffith, Teulu**) â Joan Stanley, merch Syr William Stanley o Hooton. Roedd brawd William Stanley, Syr John Stanley, yn daid i Thomas, yr Arglwydd Stanley (a urddwyd yn iarll cyntaf Derby yn 1485 ac a briododd â Margaret Beaufort, mam Harri Tudur (gw. **Tuduriaid**)) a'i frawd William, a gefnogodd Harri VII gan sicrhau ei fuddugoliaeth yn **Bosworth**. Ymestynnodd teulu Stanley eu stadau i ogledd-ddwyrain Cymru, lle mae nifer o 'eglwysi Stanley' yn tystio i'w brwdfrydedd dros adnewyddu eglwysi (er enghraifft, gw. **Gresffordd**). Daeth disgynnydd iddynt, Edward Stanley, yn gwnstabl Castell **Harlech** yn 1551. Crëwyd cysylltiadau Cymreig pellach yn 1763 pan briododd Syr John Thomas Stanley, o Barc Alderley, **Swydd Gaer**, â Margaret Owen, etifedd Penrhos (**Trearddur** ger **Caergybi**). Ymhlith disgynyddion y briodas hon yr oedd y trydydd Barwn Stanley (m.1903; sefydlwyd y farwniaeth yn 1839), a gafodd dröedigaeth at grefydd **Islâm** ac a aeth ati i adeiladu mosg ym Mhenrhos, Arthur Penrhyn Stanley, deon enwog Westminster (1864–81), a'r athronydd **Bertrand Russell**.

Henry Morton Stanley

## STANLEY, Henry Morton (1841–1904)
Newyddiadurwr a fforiwr

Ei enw gwreiddiol oedd John Rowlands. Fe'i ganed yn **Ninbych** yn blentyn anghyfreithlon, a threuliodd y rhan fwyaf o'i blentyndod yn nhloty **Llanelwy**. Ar ei ffordd i'r Unol Daleithiau daeth yn gyfeillgar â gŵr o'r enw Henry Stanley, a mabwysiadodd ei enw. Sail ei enwogrwydd yw ei gyfarfyddiad â'r cenhadwr David Livingstone yn Ujiji yn 1871 pryd yr honnir iddo lefaru'r geiriau, 'Dr Livingstone, I presume?'. Ac yntau'n asiant ar ran y Brenin Leopold o Wlad Belg, roedd yn un o sylfaenwyr Gwladwriaeth Rydd y Congo, cyfundrefn a ddaeth yn nodedig am ei rhaib a'i gwanc. Enwyd Ysbyty H. M. Stanley yn Llanelwy, yr hen dloty i bob pwrpas, ar ei ôl.

## STANTON, C[harles] B[utt] (1873–1946) Undebwr llafur

Daeth Stanton i amlygrwydd o 1908 ymlaen fel asiant milwriaethus ar ran y glowyr yn **Aberdâr**; ar bwyllgor gwaith **Ffederasiwn Glowyr De Cymru** dadleuai'n ffyrnig o blaid gweithredu uniongyrchol. Roedd yn dra hoff o sylw ac yn Farcsydd o argyhoeddiad, ond gweddnewidiwyd ei safbwynt pan ddaeth y rhyfel yn 1914. Trodd yn genedlaetholwr Prydeinig jingoistaidd gan wrthwynebu'n chwyrn safiad y **Blaid Lafur Annibynnol** yn erbyn rhyfel. Yn 1915 enillodd

Edward Stephen (Tanymarian)

yr isetholiad ym **Merthyr Tudful** a ddilynodd farwolaeth **Keir Hardie**. Bu'n aelod seneddol Merthyr (etholaeth a oedd yn cynnwys Aberdâr) o 1915 hyd 1918. Yn 1918 safodd yn Aberdâr fel ymgeisydd y Blaid Lafur Genedlaethol Ddemocrataidd a threchodd yr ymgeisydd Llafur, **T. E. Nicholas**, o 22,624 o bleidleisiau i 6,229. Yn 1922, pan safodd fel un o'r Rhyddfrydwyr a gefnogai **David Lloyd George**, collodd y sedd i'r **Blaid Lafur**.

## STAPLEDON, [Reginald] George (1882–1960)
Gwyddonydd amaethyddol

Ganed Stapledon, un o sylfaenwyr agronomeg tir glas, yn Nyfnaint a'i addysgu yng **Nghaergrawnt**. Gweithiodd i adran gynhyrchu bwyd y Bwrdd Amaeth a Physgodfeydd yn ystod y **Rhyfel Byd Cyntaf**, cyn dechrau ar ei gysylltiad hir ag **amaethyddiaeth** Cymru yn **Aberystwyth**, lle cafodd ei benodi yn gyfarwyddwr cyntaf Bridfa Blanhigion Cymru (**Sefydliad Ymchwil Tir Glas a'r Amgylchedd** er 1990), pan sefydlwyd honno yn 1919. Ynghyd â chydweithwyr yno, arloesodd gydag astudiaethau o fotaneg ac ecoleg y *Graminae*, datblygodd amrywiaeth eang o weiriau a meillion, a sicrhaodd amlygrwydd rhyngwladol i'r fridfa yng ngwyddor a thechnoleg gwella tir mynydd. Ar yr un pryd anogai gyflogi pobl leol ar bob lefel yng ngwaith y sefydliad.

Cafodd Stapledon ei gydnabod yn arloeswr o ran datblygu glaswelltir **Prydain** yn 1937, pan benodwyd ef gan ymchwilwyr o 38 o wledydd yn llywydd y Bedwaredd Gynhadledd Ryngwladol ar Dir Glas a gynhaliwyd yn Aberystwyth. Roedd yr achlysur yn cynrychioli chwyldro mewn athroniaeth amaethyddol ym Mhrydain, ac fe lwyddodd i hoelio sylw ar y defnydd y gellid ei wneud o dir glas ledled y byd. Bu ymgyrch Stapledon ar ran y llywodraeth, o 1938 ymlaen, i aredig tir yn allweddol bwysig yn ystod yr **Ail Ryfel Byd**, gyda Syr Reginald Dorman Smith, y gweinidog amaeth yn 1937, yn honni'n ddiweddarach y byddai Prydain, heb gyflawniadau Stapledon, wedi llwgu ac na fyddai buddugoliaethau milwrol i sôn amdanynt.

## STATUD RHUDDLAN (1284)

Cafodd y Statud hon, a elwir hefyd yn Statud Cymru, ei gweithredu gan Edward I ar 19 Mawrth 1284, ac roedd yn rhannu **Tywysogaeth** Gogledd Cymru, craidd tiriogaeth **Llywelyn ap Gruffudd**, yn dair sir, sef **Môn**, **Sir Gaernarfon** a **Sir Feirionnydd**. I fod yn gynrychiolydd ar ran y brenin, crëwyd swydd prifustus gogledd Cymru neu **Eryri**, a fyddai'n llywodraethwr ac yn farnwr; roedd y fath swydd eisoes yn bodoli yn Nhywysogaeth De Cymru (**Sir Gaerfyrddin** a **Sir Aberteifi**) er 1280. Daeth pedwaredd sir, **Sir y Fflint**, a grëwyd yn y gogledd-ddwyrain o diroedd a oedd yn weddill ar ôl creu pedair arglwyddiaeth newydd, o dan awdurdod prifustus Caer. Ar batrwm **Lloegr**, darparwyd y byddai siryf ym mhob sir, a sefydlwyd hierarchaeth o lysoedd gyda llys Cymreig y **cwmwd** yn cael ei gadw ar y lefel leol. O dan amodau'r Statud, cyflwynwyd **cyfraith** droseddol Lloegr, ond cadwyd y gyfraith Gymreig ar gyfer achosion sifil; mae llawer o destun y Statud yn ymdrin â manylion y drefn gyfreithiol Seisnig. Cafodd y Statud ei disgrifio fel 'y cyfansoddiad trefedigaethol cyntaf'.

## STEPHEN, Edward (Tanymarian) (1822–85)
Cerddor

Ym **Maentwrog** y ganed 'Y Dyn Mawr o Danymarian', fel y'i hadwaenid. Treuliodd oes ddiwyd yn pregethu, darlithio, canu, arwain cymanfaoedd ac eisteddfodau, a chyfansoddi. Roedd gyda'r cyntaf i boblogeiddio **baledi** parlwr oes Victoria yn **Gymraeg**, ond fe'i cofir yn bennaf am gyfansoddi *Ystorm Tiberias* (1851–2), yr oratorio Gymraeg gyntaf, y bu canu mawr ar ei chorawdau mewn **eisteddfod** a **chymanfa**.

## STEPHENS, Thomas (1821–75) Ysgolhaig

Bu Thomas Stephens, a oedd yn frodor o Bontneddfechan (**Ystradfellte**), yn fferyllydd ym **Merthyr Tudful** trwy gydol ei yrfa, gan ddod yn ffigwr cyhoeddus dylanwadol. Roedd yn ysgolhaig ac yn feirniad llenyddol nodedig, ac enillodd gryn fri, a pheth anfri, fel beirniad llenyddol ac fel ymchwilydd gwrthrychol – peth prin yn ei gyfnod – ar sail llyfrau fel *The Literature of the Kymry* (1849, 1876) a'i draethawd *Madoc* (1893). Cafodd yr olaf ei ganmol fel y cynnig gorau mewn cystadleuaeth yn yr **Eisteddfod** a gynhaliwyd yn **Llangollen** yn 1858, ond atal y wobr a wnaeth y beirniaid am na hoffent y modd yr oedd yr awdur yn dryllio'r syniad fod y Cymry wedi cyrraedd America cyn Columbus (gw. **Madog ab Owain Gwynedd**).

## STEPHENSON, Robert (1803–59) Peiriannydd rheilffyrdd

Roedd Stephenson yn fab i George Stephenson, cynllunydd y locomotif *The Rocket*, a chofir amdano'n bennaf yng Nghymru am ei bontydd tiwb dros afon **Conwy** a'r **Fenai** a oedd yn rhan o'r rheilffordd o Gaer i **Gaergybi**. Ystyrid Pont Britannia, a gwblhawyd yn 1850, yn rhyfeddod peirianyddol (gw. **Peirianneg** a **Pentir**). Etholwyd Stephenson yn aelod senedddol Ceidwadol dros etholaeth Whitby yn 1847. Gwrthododd gael ei urddo'n farchog gan na fyddai'n fraint, yn ei farn ef, cael ei restru ymhlith rhai pobl a oedd â theitlau.

Y pwyllgor amddiffyn adeg Streic Fawr y Penrhyn

## STRADLING, Teulu Tirfeddianwyr

Y cyntaf o Stradlingiaid **Morgannwg** oedd Peter, a briododd ag aeres Castell **Sain Dunwyd** yn 1298. Erbyn diwedd yr Oesoedd Canol roedd y Stradlingiaid yn esiampl amlwg o deulu o fewnfudwyr a Gymreigiwyd wrth iddynt ymbriodi â **boneddigion** brodorol a chynnig nawdd i'r beirdd. Dioddefodd Thomas (m. 1573) oherwydd ei ymlyniad wrth Gatholigiaeth Rufeinig (gw. **Catholigion Rhufeinig**). Ei fab, Edward (1539–1609), a fu'n gyfrifol am y gwelliannau i'r porthladd yn Aberddawan (gw. **Sain Tathan**). Cynullodd lyfrgell werthfawr yn Sain Dunwyd a bu'n noddwr i **Siôn Dafydd Rhys**. Lluniodd draethawd ar hanes y **Normaniaid** yn concro Morgannwg a gafodd ei ddefnyddio gan **David Powel** fel rhan o'i *Historie of Cambria* (1584). Roedd John, ei olynydd (m.1637), yn awdur cynhyrchiol, ac ef a sefydlodd ysgol ramadeg y **Bont-faen**. Ymladdodd olynydd John, sef Edward (1601–44), o blaid Charles I yn Edgehill. Rhoddodd gweddw Edward loches i'r Archesgob Ussher. Daeth y brif linach i ben yn 1738 pan laddwyd Thomas Stradling mewn gornest yn Montpellier. Ymhlith disgynyddion niferus y teulu roedd y ffisegydd a'r gwleidydd **Phil Williams**.

## STREIC FAWR Y PENRHYN

Yr anghydfod diwydiannol hwn, a barhaodd o 1900 hyd 1903 yn Chwarel y Penrhyn, **Bethesda**, oedd un o'r meithaf yn hanes **Prydain**. Parhad ydoedd o anghydfod cynharach yn 1896–7. (Er mai'r arferiad yw sôn am yr helyntion fel streiciau, cael eu cloi allan a wnaeth y gweithwyr.) Rhyngddynt cyfrannodd yr anghydfodau hyn at ddirywiad y diwydiant **llechi** yng **Ngwynedd**; crebachodd gweithlu o 18,801 yn 1898 i 11,658 erbyn 1914. Ymfudodd llawer o'r ardal, yn enwedig i faes **glo**'r de, ac achoswyd ymraniadau dyfnion a hirfaith rhwng y rhai a barhaodd yn driw i'r streic – arddangosai rhai ohonynt blacardiau yn cyhoeddi 'Nid oes bradwr yn y tŷ hwn' – a'r 'bradwrs' a ddychwelodd i'r gwaith. Roedd perchennog y chwarel, Arglwydd Penrhyn (gw. **Pennant, Teulu**), a'r rheolwr, E. A. Young, yn benderfynol o'i rheoli yn ôl eu hegwyddorion haearnaidd hwy eu hunain. Ar y llaw arall, ceid gweithlu a fynnai'r hawl i ymaelodi ag undeb a gweld **Undeb Chwarelwyr Gogledd Cymru** yn trafod a gweithredu ar eu rhan. Adlewyrchai anhyblygrwydd y ddwy ochr yr hollt gymdeithasol a diwylliannol a fodolai rhyngddynt. Siaradwyr **Cymraeg** a berthynai i'r traddodiad Anghydffurfiol-Ryddfrydol oedd y chwarelwyr, ac roedd ganddynt gydymdeimlad cynyddol â'r mudiad Llafur. Ceidwadwr cwbl Seisnig ei fyd-olwg ac Anglican oedd Arglwydd Penrhyn. Cynhaliwyd y streicwyr gan gyfraniadau ariannol a gyrhaeddodd o bob cwr o **Brydain**, yn enwedig oddi wrth undebwyr llafur (gw. **Undebaeth Lafur**); aeth tri chôr ar daith er mwyn codi arian a rhoddwyd llawer iawn o sylw i'r helynt yn y wasg. O fewn Cymru ei hunan, magodd y 'Streic Fawr' arwyddocâd symbolaidd, ac fe'i dyrchafwyd yn enghraifft arwrol o frwydr yn erbyn gormes.

## STREIC GYFFREDINOL, Y

Parhaodd yr anghydfod diwydiannol mwyaf difrifol yn hanes **Prydain** am naw diwrnod ym Mai 1926, ond yng Nghymru, oherwydd pwysigrwydd **glo**, y cloi allan a ddaeth i ran y glowyr oedd y brif elfen yn yr helyntion.

Roedd gwreiddiau'r streic i'w holrhain yn ôl i'r anesmwythyd ymhlith gweithwyr cyn y **Rhyfel Byd Cyntaf** ac

Streiciau'r glowyr: Tonypandy, 12 Tachwedd 1910

i broblemau arbennig y diwydiant glo. Dim ond o drwch blewyn yr osgôdd **David Lloyd George** wrthdrawiad mawr yn 1919, a hynny trwy sefydlu Comisiwn Brenhinol ar Lo (Comisiwn **Sankey**). Gwrthodwyd prif argymhelliad yr adroddiad mwyafrifol, sef gwladoli'r diwydiant glo. Yn 1921 dadreolwyd y pyllau glo, a fu dan reolaeth wladol er cyfnod y rhyfel, ac fe'u dychwelwyd i berchnogaeth breifat. Arweiniodd hyn ar unwaith at gau allan y glowyr. Ni chawsant gefnogaeth y docwyr a gwŷr y **rheilffyrdd**, eu cynghreiriaid yn y Cynghrair Triphlyg, a daethpwyd i sôn am 21 Ebrill 1921 fel y 'Dydd Gwener Du'; arhosodd y glowyr heb ildio hyd Fehefin.

Yn 1925 dechreuodd niferoedd y di-waith gynyddu ac ailddaniwyd y frwydr wrth i'r perchnogion glo fynnu mwy o doriadau cyflog. Y tro hwn ymatebodd y **llywodraeth** ar 'Ddydd Gwener Coch', gan roi cymhorthdal i'r diwydiant ac addo ymchwiliad i'r diwydiant glo o dan gadeiryddiaeth yr Arglwydd Samuel. Ni wnaeth adroddiad y comisiynwyr, a gyhoeddwyd yn Ebrill 1926, ddatrys yr anghydfod; mynnai'r perchnogion gytundebau ardal ac oriau hirach ac anfonasant rybuddion cau allan ar gyfer 31 Ebrill. Penderfynodd cynhadledd arbennig o'r Gyngres Undebau Llafur y dylai streic gyffredinol i amddiffyn y glowyr gychwyn am hanner nos ar 3 Mai. Methodd trafodaethau ac, ar 4 Mai, daeth dwy filiwn o weithwyr yn y diwydiannau trafnidiaeth, **argraffu**, **haearn a dur**, adeiladu, trydan a nwy allan ar streic. Yn dilyn ymdrechion caled i ddod i gytundeb, gyda Jimmy Thomas, arweinydd gwŷr y rheilffyrdd o **Gasnewydd** yn chwarae rhan allweddol, y canlyniad fu ildio llwyr a chwbl ddiamod ar ran y TUC ar 12 Mai. Ond parhaodd y cau allan yn y meysydd glo.

Ar wahân i Jimmy Thomas, bu gan Gymry eraill ran ganolog yn y digwyddiadau hyn. Arweinydd y perchnogion glo oedd **Evan Williams** o **Bontarddulais**, llywydd Cymdeithas Fwyngloddio Prydain Fawr, ac ysgrifennydd cyffredinol **Ffederasiwn Glowyr Prydain Fawr** oedd **A. J. Cook** o'r **Rhondda**, 'y gŵr yr oedd y dosbarth canol Prydeinig yn caru ei gasáu'. Nodweddid yr anghydfod gan gydweithredu cymunedol i leddfu'r dioddefaint; crëwyd ceginau cawl ac âi **corau meibion** ar deithiau i godi arian. Bu hefyd lawer o derfysgoedd difrifol, yn arbennig wrth i ddynion ddychwelyd i'r gwaith. Ond cymaint oedd ymlyniad glowyr y de wrth yr achos fel mai dim ond 14% ohonynt hwy a ddychwelodd i'r gwaith, mewn cyferbyniad â 35% trwy Brydain gyfan.

Yn Rhagfyr 1926 daeth y streic i ben oherwydd fod teuluoedd yn dioddef mor enbyd. Roedd meysydd glo Cymru, y rhai yn y de yn arbennig, mewn cyflwr truenus; collasai'r glowyr ryw £15 miliwn mewn cyflog a phylwyd llawer ar rym a bri **Ffederasiwn Glowyr De Cymru**. O ganlyniad i'r streic bu symudiad tuag at weithredu gwleidyddol yn hytrach

Streiciau'r glowyr: y gweithwyr yn dychwelyd i bwll y Maerdy ar ddiwedd streic fawr 1984–5

na diwydiannol a daeth maes glo'r de yn nodedig am ei **sosialaeth** a'i fwrlwm gwleidyddol, datblygiad a ddigwyddodd hefyd, ond ar raddfa lai, ym maes glo'r gogledd-ddwyrain. Bu fyw'r cof am y Streic Gyffredinol a'i adladd chwerw yng Nghymru am genedlaethau lawer. 'Do you remember 1926?' gofynnodd y bardd **Idris Davies**. 'Yes, I shall remember 1926 until my blood runs dry.'

## STREIC RHEILFFORDD CWM TAF

Yn 1900 aeth gweithwyr Rheilffordd Cwm Taf neu'r Taff Vale Railway (TVR) ar streic answyddogol er mwyn hawlio gwell cyflog. Cawsant rywfaint o gefnogaeth gan eu hundeb, Cymdeithas Unedig y Gweithwyr Rheilffordd (Amalgamated Association of Railway Servants), a oedd wedi ceisio perswadio'r cwmnïau rheilffordd i dderbyn egwyddor cydfargeinio ac i roi hawliau i weithwyr. Cyflogodd y TVR weithwyr blacleg, ond cafodd drafferth i gynnal y gwasanaethau ac aeth â'r undeb i'r llys. Ar ôl nifer o wrandawiadau, dyfarnodd Tŷ'r Arglwyddi o blaid y cwmni a gorfodwyd yr undeb i dalu dirwy o £23,000 (ynghyd â £25,000 o gostau) am iddo lesteirio masnach. Parodd y dyfarniad hwn i'r undebau llafur ruthro i'w cysylltu eu hunain â'r **Blaid Lafur** newydd, ac ym marn yr ysgolhaig G. D. H. Cole, streic Rheilffordd Cwm Taf 'a greodd y Blaid Lafur'. Trwy'r Ddeddf Anghydfodau Undebol (1906) – mesur a gyflwynwyd gan y llywodraeth Ryddfrydol wedi buddugoliaeth y **Blaid Ryddfrydol** yn etholiad cyffredinol 1906 – adferwyd gallu undebau i drefnu streiciau heb orfod ofni'r canlyniadau ariannol.

## STREICIAU'R GLOWYR

Ym mlynyddoedd cynnar yr 20g., nid heb sail y cafodd glowyr Cymry yr enw o fod yn rhai parod i streicio. Bu streiciau a chloi gweithwyr allan (*lockouts*) ar achlysuron dirifedi yng Nghymru er dechrau'r **Chwyldro Diwydiannol**, ac yn hynny o beth roedd y glowyr yn dilyn traddodiad y rhoddwyd bod iddo gan y gweithwyr **haearn**. Bernir i byllau maes **glo**'r de fod yn segur ar wahanol adegau yn 1816, 1822, 1830 ac 1832, ac yna eto yn 1847, 1853, 1857 ac 1867. Cafodd y streiciau mwyaf eu trefnu o dan faner Cymdeithas Unedig y Glowyr (Amalgamated Association of Mineworkers) yn 1871, 1873, ac yna yn 1875, pan arweiniodd gweithred o gloi allan at fuddugoliaeth i'r cyflogwyr. Bu streiciau chwerw hefyd ym maes glo'r gogledd-ddwyrain, a chafwyd helyntion mawr yno yn 1830–1 ac 1869, ac eto yn y 1870au a'r 1880au.

Sefydlwyd **Ffederasiwn Glowyr De Cymru** yn ystod cyfnod o gloi allan a barodd am chwe mis yn 1898; ymunodd â **Ffederasiwn Glowyr Prydain Fawr** yn 1899. Sefydlwyd bwrdd cymodi yn 1902, a'r gwrthwynebiad i benderfyniadau'r bwrdd hwnnw a greodd genhedlaeth newydd o ymgyrchwyr yn y de ac a'u sbardunodd i weithredu'n uniongyrchol. Er bod **Undeb Glowyr Gogledd Cymru** wedi ymuno â'r ffederasiwn Prydeinig yn 1889, roedd ei aelodau'n llai milwriaethus. Gyda'r anghydfod yn y Cambrian Combine yn 1910–11 (gw. **Tonypandy, Terfysgoedd**), dechreuwyd ar gyfnod newydd pan welid arweinwyr glowyr Cymru yn gosod yr agenda ar gyfer glowyr ym mhob rhan o **Brydain**. Dilynwyd hynny gan y streic Isafswm Cyflog yn 1912, y streic yng Ngorffennaf 1915 yng nghyfnod y **Rhyfel Byd Cyntaf**, a streic 1920. Hyd at y flwyddyn honno, roedd yn ymddangos bod y tactegau milwriaethus a gymhellwyd gan lowyr Cymru yn dwyn ffrwyth. Llwyddasai'r glowyr i gynnal eu safon byw, ac ymddangosai y gellid newid holl natur y diwydiant glo trwy sefydlu rhyw fath o gydreolaeth drosto ar sail y gwladoli a fu yn ei hanes yn ystod y rhyfel. Yn ychwanegol at hynny, roedd Cynghrair Triphlyg y glowyr, gwŷr y **rheilffyrdd** a'r docwyr yn parhau'n rym bygythiol. Fodd bynnag, tanseiliwyd y safbwyntiau milwriaethus yn llwyr wrth i ffyniant economaidd y cyfnod ar ôl y Rhyfel Byd Cyntaf ddod i ben. Penderfynodd y **llywodraeth** drosglwyddo'r pyllau yn ôl i ddwylo'r perchnogion a oedd yn benderfynol o leihau cyflogau. Ymbwyllo hefyd fu hanes partneriaid y glowyr yn y Cynghrair Triphlyg, ac fe'u gadawyd ar eu pennau eu hunain. Yn dilyn methiant y cloi allan yn 1921 daeth trychineb y **Streic Gyffredinol** yn 1926; clowyd y glowyr allan am wyth mis y tro hwn a chwalwyd llewyrch a hyder y cymunedau glofaol.

Bu'n rhaid i'r glowyr, yn arbennig yng Nghymru, dreulio cyfnod hirfaith yn ailfeddwl ynglŷn â'u tactegau ar ôl 1926, ac er i fân streiciau lleol a phrotestiadau 'aros-i-lawr' gael eu cynnal yn ystod y degawdau dilynol, nid tan y 1970au y gwelwyd streiciau'r glowyr yn cipio penawdau'r newyddion drachefn. Erbyn hynny nid oedd ond 36,000 o lowyr yn y de, a rhyw 2,000 a geid yn y gogledd. Ond cafwyd cefnogaeth frwd yng Nghymru i streiciau 1972 ac 1974. Arweiniodd y rhain at gyflogau uwch yn ogystal â chwymp y llywodraeth Geidwadol yn 1974, a chredid bod iawn wedi ei wneud o'r diwedd am gamwri 1926. Byrhoedlog, fodd bynnag, fu'r gorfoledd, ac mewn cyd-destun tra gwahanol y cynhaliwyd y streic fawr yn erbyn cau'r pyllau yn 1984–5. Roedd y glowyr bryd hynny yn cael eu harwain o Swydd Efrog ac roedd y penderfyniad i alw streic yn arwydd o ddylanwad Arthur Scargill, llywydd **Undeb Cenedlaethol y Glowyr**. Yn lleol, pleidleisiodd y mwyafrif o lowyr Cymru yn erbyn ei chynnal – ni chafwyd pleidlais ar raddfa Brydeinig – ond streicio a fu, a bu glowyr maes glo'r de yn deyrngar i alwad yr undeb. Arweiniodd blwyddyn drawmatig y streic at ffurfio math newydd o wleidyddiaeth yng Nghymru; daeth grwpiau **menywod** yn drawiadol o amlwg, a gwelwyd undebwyr llafur a mudiadau radical a chenedlaetholgar Cymreig yn dod ynghyd i weithredu. Ar ddiwedd y streic rhoddwyd sylw helaeth i orymdaith urddasol glowyr y Maerdy (y **Rhondda**) yn ôl i'r pwll. Gyda'r band yn chwarae a'r baneri'n chwifio, dynodai'r orymdaith honno ddiwedd cyfnod yng Nghymru. Byddai pwll y Maerdy wedi ei gau ymhen dim o dro, fel yn wir bron pob pwll a oedd ar ôl yng Nghymru (ond gw. **Tŵr, Glofa'r**).

## STRIGOIL

Un o arglwyddiaethau'r **Mers**, gyda'i phrif ganolfan yng **Nghas-gwent**, a oedd yn enw arall ar yr arglwyddiaeth. Mae tarddiad yr enw Strigoil yn gryn ddirgelwch. Fe'i cipiwyd gan **William Fitz Osbern** yn y 1060au, ac yna daeth yn eiddo i deuluoedd **Clare**, **Marshall** a **Bigod**, ac wedyn i ddugiaid Norfolk a oedd yn meddu arni adeg y **Deddfau 'Uno'**.

## STUART, Teulu (ardalyddion Bute) Tirfeddianwyr

Disgynyddion oedd y teulu i John, plentyn anghyfreithlon i Robert II, brenin yr **Alban**. Sail eu cysylltiad â Chymru oedd y briodas yn 1766 rhwng Charlotte, merch Is-iarll Windsor, a John, Barwn Mountstuart (mab trydydd iarll Bute, a fu'n brif weinidog i George III). Roedd teulu Windsor wedi etifeddu stad Castell **Caerdydd** oddi wrth yr Herbertiaid y rhoddwyd tiroedd helaeth iddynt ym **Morgannwg** gan Harri VIII ac Edward VI (gw. **Herbert, Teulu (ieirll Pembroke o'r ail greadigaeth)**).

Ni fu cysylltiad agos rhwng Barwn Mountstuart (1744–1814) – fe'i crëwyd yn ardalydd cyntaf Bute yn 1796 – a'i stadau yng Nghymru. Ond bu i'w ŵyr, John Crichton Stuart, yr ail ardalydd (1793–1848), ran amlwg yn hanes Cymru yn ystod hanner cyntaf y 19g. Trwy gomisiynu doc helaeth – y doc cerrig mwyaf yn y byd ar y pryd – yng Nghaerdydd, gosododd y seiliau ar gyfer datblygiad y dref i fod yn borthladd **glo** mwyaf y byd; a Chwmni Haearn Dowlais wedi'i leoli ar dir o'i eiddo, chwaraeodd ran amlwg hefyd yng ngweithgareddau cwmni **haearn** mwyaf y byd ar y pryd; a thrwy arloesi yn y dasg o ganfod glo ager yn y **Rhondda**, sicrhaodd y byddai'r ardal honno yn datblygu i fod y mwyaf adnabyddus o holl gymoedd glo'r byd. Yn ychwanegol at hynny, ei asiantiaid ef a sicrhaodd fod Caerdydd – Tre-biwt yn arbennig – yn ehangu, a hwy a gadarnhaodd ddylanwad yr ardalydd dros wleidyddiaeth, gweinyddiaeth a gweithgaredd elusennol ym Morgannwg.

Olynwyd yr ail ardalydd gan fab na ddaeth i oed hyd 1868. Bu asiantiaid y trydydd ardalydd (1847–1900) yn gyfrifol am ehangu dociau'r Bute i fod yn un o'r rhwydweithiau dociau helaethaf yn y byd. Hwy hefyd a sefydlodd y *Western Mail* (gw. **Papurau Newydd**) a buont yn hyrwyddo twf Caerdydd gan ddibynnu'n bennaf ar **brydlesoedd trefol** 99-mlynedd. Cymaint oedd eu llwyddiant o ran prydlesu'r mwynau a oedd o dan diroedd y stad fel bod mwy o freindaliadau am fwynau yn dod i ran teulu Bute nag unrhyw dirfeddiannwr arall ym **Mhrydain**. Derbyniwyd y trydydd ardalydd yn aelod o'r Eglwys Gatholig Rufeinig. Ac yntau'n ganoloeswr brwd, comisiynodd y gwaith o ail-lunio Castell Caerdydd ac o ailadeiladu Castell Coch, a hynny yn unol â chynlluniau **William Burges**.

Yn ystod ardalyddiaeth y pedwerydd ardalydd (1900–47) daeth y dociau'n eiddo i gwmni'r Great Western Railway, gwladolwyd y gwythiennau glo (ffynhonnell breindaliadau'r teulu) a gwerthwyd y prydlesoedd trefol i gwmni'r Western Ground Rents. Yn 1947 cyflwynodd y pedwerydd ardalydd y castell a'i barc i ddinas Caerdydd.

## SUETONIUS PAULINUS (*fl.c.*58–61) Llywodraethwr Rhufeinig

Yn OC 60 ymosododd lluoedd Suetonius ar **Fôn**, canolfan o bwys i'r **derwyddon**. Disgrifiwyd gwrthsafiad yr 'ymladdwyr ffyrnig, y merched gwyllt a'r derwyddon mewn gweddi' yn fywiog gan **Tacitus**. Yn OC 61 bu'n rhaid rhoi'r gorau i'r ymgyrch yng Nghymru er mwyn ymateb i wrthryfel **Buddug**, ac yn ddiweddarach y flwyddyn honno galwyd Suetonius yn ôl i Rufain.

## SUL CYMREIG, Y

Twf **Anghydffurfiaeth** a dylanwad cynyddol y **Methodistiaid Calfinaidd** a'r **Anglicaniaid** efengylaidd o ganol y 18g. ymlaen a roddodd statws arbennig i'r Sul yng Nghymru. Erbyn 1815 roedd yr **Ysgol Sul** wedi disodli'r campau traddodiadol a gâi eu mwynhau ar y Sul. Pwysleisiodd Cyffes Ffydd y Methodistiaid Calfinaidd (1823) y dylid cadw'r Saboth ar gyfer addoli cyhoeddus a theuluol, a darllen gweithiau defosiynol. Cyrhaeddodd y traddodiad ei benllanw yn nhrydydd chwarter y 19g., gan wanhau ar ôl hynny yn sgil seciwlareiddio cynyddol, ynghyd â newid cymdeithasol a demograffig. Eto i gyd, araf fu'r newid; nid hyd ganol yr 20g. y pleidleisiodd pobl **Caerdydd** o blaid agor **sinemâu** ar y Sul. Yn y Gymru wledig goroesodd olion y Sul Cymreig hyd y 1960au ac, yn wir, ar ôl hynny; yn **Nwyfor** parhawyd i **gau'r tafarnau ar y Sul** hyd 1996.

## SULIEN A'I DDISGYNYDDION (11g.–12g.) Teulu o eglwyswyr dysgedig

Sulien (*c.*1010–91), yn ôl pob tebyg, a sefydlodd y ganolfan ddysg yn **Llanbadarn Fawr** (**Ceredigion**) a barhawyd gan ei bedwar mab, Rhigyfarch (1056?–99), Daniel, Ieuan (m.1137) ac Arthen, a chan eu meibion hwythau, Sulien, Cydifor a Henry. Ymhlith y llawysgrifau a gysylltir â'r **clas** hwn y mae copi o *De Trinitate* Sant Awstin yn llaw gelfydd Ieuan a llawysgrif Ladin yn cynnwys cyfieithiad Rhigyfarch o'r Sallwyr Hebraeg a phenillion o'i waith ei hun, a gopïwyd gan ysgrifydd o'r enw Ithael gyda'r llythrennau lliw o waith Ieuan. Gadawodd Ieuan ar ei ôl, yn ogystal, gerdd Ladin i'w dad, prif ffynhonnell ein gwybodaeth am Sulien a dreuliodd 13 mlynedd yn astudio yn **Iwerddon** ac a fu'n esgob **Tyddewi** ddwywaith (1073–8, 1080–85). Gan Rhigyfarch cafwyd galarnad sy'n mynegi dioddefaint ac arswyd trigolion Ceredigion dan ymosodiadau'r **Normaniaid**, a Buchedd Ladin **Dewi** a luniwyd *c.*1094 yn rhan o'r ymgyrch i warchod annibyniaeth esgobaeth Tyddewi. Eilradd yw cerdd Ieuan, ond roedd Rhigyfarch yn feistr ar **Ladin** coeth. Nid oes ar glawr unrhyw weithiau yn yr iaith **Gymraeg** y gellir eu cysylltu'n bendant â'r teulu heblaw am **englyn** am fagl Sant **Padarn** ar frig tudalen un o'r llawysgrifau, ond awgrymwyd y gall mai Rhigyfarch neu Sulien a gyfansoddodd stori **Branwen ferch Llŷr** yn y **Mabinogion**.

## SULLIVAN, Clive (1943–85) Chwaraewr rygbi'r Gynghrair

Brodor o **Gaerdydd** oedd Clive Sullivan a daeth yn gapten tîm **rygbi** Prydain – y capten croenddu cyntaf ar dîm cenedlaethol Prydeinig yn un o'r prif gampau i wylwyr. Uchafbwynt ei gapteiniaeth oedd ennill Cwpan y Byd yn 1972 ar ôl sgorio cais 80-llath (73.15m) nodweddiadol yn y gêm derfynol. Sgoriodd Sullivan, asgellwr a gyfunai gyflymder gwibiwr ag amddiffyn diguro, gyfanswm o 406 cais, yn cynnwys 250 dros Hull. Pwysleisiwyd ei statws fel arwr prin a unai ddwy ochr Hull – chwaraeodd i Hull Kingston Rovers hefyd – gan y dyrfa enfawr a ddaeth i'w wasanaeth coffa yn dilyn ei farwolaeth gynamserol o ganser.

## SULLIVAN, Jim (James Sullivan; 1903–77) Chwaraewr a hyfforddwr rygbi'r Gynghrair

Cafodd Jim Sullivan, a hanai o **Gaerdydd**, gemau prawf **rygbi'r Undeb** i'r Barbariaid a Chymru cyn llofnodi cytundeb

Castell Coch a ailadeiladwyd ar gais John Crichton Stuart, trydydd ardalydd Bute

â Wigan yn 17 oed, ac roedd yn un o hoelion wyth **rygbi'r Gynghrair** yn y blynyddoedd rhwng y ddau ryfel. Enillodd 26 cap i Gymru a 25 i **Brydain**, a chwarae mewn pum cyfres yn erbyn **Awstralia** – pob un yn fuddugol. Sullivan oedd y Cymro cyntaf i arwain taith gan dîm o Brydain i'r wlad honno, yn 1932, ar ei drydydd ymweliad. Bu'n hyfforddwr hynod lwyddiannus i Wigan a St Helens.

## SUMMERS, Teulu Diwydianwyr

Sefydlodd John Summers (1822–76) gwmni **haearn a dur** – John Summers a'i Feibion – yn Stalybridge, **Swydd Gaer**, lle bwriodd ei bedwar mab eu prentisiaeth yn y diwydiant. Yn 1896 bu dau ohonynt, Henry a James, yn gyfrifol am sefydlu gwaith dur ar Lannau **Dyfrdwy** (gw. **Shotton, Gwaith Dur** a **Queensferry**). Bu'r cwmni dan reolaeth y teulu am flynyddoedd maith, ac yn ystod y 1940au roedd dan oruchwyliaeth Geoffrey, mab Henry. Gwladolwyd y gwaith yn 1951 ond daeth yn ôl i feddiant John Summers a'i Feibion yn 1954.

## SUTHERLAND, Graham [Vivian] (1903–80) Arlunydd

Dechreuodd Sutherland ei yrfa fel peiriannydd ond ymddiddorai mewn ysgythru ac engrafu, ac adlewyrchir y grefft a feistrolodd yn ei weithiau diweddarach fel arlunydd. Fe'i ganed yn **Lloegr**, a daeth yn arlunydd rhyfel yn 1941 gan

Graham Sutherland, *Solva Hills* a *Valley above Porthclais*, 1935

wneud darluniau o ardaloedd diwydiannol de Cymru. Cafodd ei gomisiynu ar ôl y rhyfel i greu tapestrïau ar gyfer Eglwys Gadeiriol Coventry a delweddau ar gyfer mannau crefyddol eraill.

Bu ei ymweliad â **Sir Benfro** yn 1934 yn brofiad allweddol yn ei yrfa fel artist; taniwyd ei ddychymyg gan olau, llanw, natur a **daeareg** aber **Cleddau** lle dychwelodd am gyfnodau hir, gan fyw yno am yn ail â de Ffrainc. Peintiodd, cynlluniodd lyfrau, gwnaeth brintiadau a chwblhaodd nifer o bortreadau, yn arbennig ei ddarlun o **Churchill** a gafodd ymateb cymysg. Yn 1976 penderfynodd gydnabod ei ddyled greadigol i Gymru trwy gyflwyno peth o'i waith i ffurfio oriel yng Nghastell Pictwn (**Slebets**); caeodd yr oriel yn 1995.

## SUTTON, [Oliver] Graham (1903–77)
Meteorolegydd a mathemategydd

Ganed Syr Graham Sutton yng Nghwm-carn (**Abercarn**) – yn un o deulu o fathemategwyr. Yno yr ysbrydolwyd ei ddiddordeb mewn meteoroleg gan **David Brunt**. Graddiodd yn **Aberystwyth** a dysgai yn yr adran **fathemateg** yno cyn ymuno â'r Swyddfa Dywydd. Yn y fan honno – ar secondiad i'r Orsaf Arbrofi Amddiffyn Cemegol, Porton Down – y gwnaeth ei waith ymchwil gwyddonol pwysig ar ledaeniad nwyon. Yr ysgogiad gwreiddiol oedd yr angen i ddeall natur lledaeniad nwyon gwenwynig, ond arweiniodd at astudiaeth sylfaenol ar ledaeniad nwyon mewn atmosffer dyrfus. Yn ystod yr **Ail Ryfel Byd** ni ellid cyhoeddi'r gwaith hwn, ond pan ymddangosodd wedyn roedd yn gam pwysig yn hanes astudio ffiseg gymhleth tyrfedd. Daeth Sutton yn bennaeth y Swyddfa Dywydd, ac ar ôl ymddeol, fe'i penodwyd yn gadeirydd cyntaf Cyngor Ymchwil yr Amgylchedd Naturiol.

## SWYDD AMWYTHIG A CHYMRU

Yn y cyfnod pan oedd y **Rhufeiniaid** mewn grym, roedd rhan ganol Dyffryn Hafren yn gartref i'r **Cornovii**, llwyth yr oedd ei diriogaeth yn ymestyn i'r ardaloedd mynyddig rhwng rhannau uchaf afonydd **Dyfrdwy** a **Gwy**. Ffurfiai'r diriogaeth ucheldirol honno, ynghyd â rhannau helaeth o swydd bresennol Amwythig, deyrnas gynnar **Powys** (am yr enw, gw. **Cornovii**) ac mae'n debyg fod y deyrnas yn cynrychioli parhad trefn lwythol y Cornovii. Tua 650 darostyngwyd gwastadeddau Powys gan oresgynwyr Sacsonaidd (gw. **Eingl-Sacsoniaid**), digwyddiad a goffeir yn Canu **Heledd**, cerddi sy'n crybwyll dinistrio Pengwern (gw. **Cornovii**).

Ymosodiad y Sacsoniaid a arweiniodd at ddiffinio **ffin** orllewinol Swydd Amwythig, ac fe'i cadarnhawyd *c.*780 pan adeiladwyd **Clawdd Offa**. Er na fu'r ffin honno yn gwbl sefydlog, ni ddaeth Swydd Amwythig yn fan cychwyn ymosodiad o ddifrif ar Gymru hyd y 1070au pan roddodd Roger Montgomery – a dderbyniodd arglwyddiaeth Amwythig yn rhodd gan Gwilym I – gychwyn ar ei ymgyrchoedd (gw. **Montgomery, Teulu**). Canlyniad ymosodiad y **Normaniaid** fu ehangu Cymru ar draul Swydd Amwythig yn hytrach nag ehangu Swydd Amwythig ar draul Cymru. Erbyn y 13g. roedd rhannau helaeth o orllewin Swydd Amwythig wedi cefnu ar drefn sirol **Lloegr** ac wedi dod yn gyfres o arglwyddiaethau lled annibynnol yn y **Mers**. Dyna'r sefyllfa a fodolai hyd at y **Deddfau 'Uno'**, pan ddiffiniwyd yn statudol ffin orllewinol Swydd Amwythig. O ganlyniad i'r diffiniad, cynhwyswyd yn Lloegr froydd cwbl Gymraeg a Chymreig. Yn wir, hyd at ail hanner yr 20g., ceid o gwmpas Croesoswallt deuluoedd Cymraeg eu hiaith heb fod ganddynt unrhyw gysylltiad cyndeidiol â Chymru ei hun.

Mae gwreiddiau dyfnion i'r cysylltiad rhwng Cymru a threfi Swydd Amwythig. Am amser maith, ystyrid bod Croesoswallt yn dref Gymreig. Hi oedd y 'dref orau hyd Rufain' ym marn y bardd **Guto'r Glyn** yn y 15g., a sefydlwyd papur newydd wythnosol *Y Cymro* yno yn 1932. Am ganrifoedd roedd **Llwydlo** yn brifddinas answyddogol Cymru. Amwythig oedd ac ydyw prif ganolfan fasnachol rhan ganol y Gororau a hyd at iddi golli ei monopoli yn 1624, roedd gan Gwmni Dilledyddion y dref afael gadarn ar fasnach **wlân** Cymru. Chwaraeodd Amwythig ran bwysig yn hanes datblygiad y wasg **argraffu** Gymraeg, fel y dengys gyrfa **Thomas Jones** (1648–1713). Ar ôl dyfodiad y **rheilffyrdd**, Amwythig oedd yr unig le a chanddo wasanaeth trên uniongyrchol o ogledd, canolbarth, de-orllewin a de-ddwyrain Cymru, ffactor a barodd i'r dref fod yn fan hwylus ar gyfer cyfarfodydd sefydliadau Cymreig – yn arbennig **Prifysgol Cymru**. Yn wir, gan mor bwysig oedd swyddogaeth Amwythig, dadleuwyd y dylai Cymru feddiannu'r dref a'i dyfarnu'n brifddinas y wlad. Erbyn hyn, fodd bynnag, mae'r sefyllfa wedi'i throi o chwith – côd post y dref, SY, yw'r côd ar gyfer y rhan helaethaf o ganolbarth Cymru, sy'n awgrymu nad yw awdurdodau Swyddfa'r Post yn ystyried yr hyn sy'n graidd tiriogaethol cenedl hynafol yn ddim amgen nag iard gefn un o drefi'r goror. Cyhoedda papur newydd Amwythig, *The Shropshire Star*, argraffiad arfordirol a anelir at drigolion glannau Bae Ceredigion.

## SWYDD GAER A CHYMRU

O dan reolaeth y **Rhufeiniaid**, Caer (Deva), ynghyd â **Chaerllion** a Chaerefrog, oedd safle un o dair lleng-gaer **Prydain**, ac oddi yno yr ymosododd Agricola ar yr **Ordofigiaid**. Yn dilyn Brwydr Caer (*c*.616; gw. **Caer, Brwydr**) gwelwyd y **Saeson** yn gwladychu'r ardal, a daeth Caer, gyda'i phorthladd, ei bathdy a'i habaty, yn ganolbwynt **Swydd Gaer**, sir helaeth a ffyniannus. Tua 1071 rhoddwyd y sir i **Hugh d'Avranches**, rhodd a roddodd gychwyn ar ymrafael hir am reolaeth dros y gogledd. Erbyn blynyddoedd cynnar y 13g. enillwyd mesur o sefydlogrwydd; roedd **Gwynedd** wedi ymestyn ei grym bron hyd at furiau Caer ac roedd rheolwyr **Powys Fadog** wedi meddiannu arglwyddiaeth **Maelor Saesneg**. Yn 1237 bu farw John, iarll Caer a mab yng nghyfraith **Llywelyn ap Iorwerth**, yn ddietifedd, ac o ganlyniad daeth Swydd Gaer dan awdurdod uniongyrchol y brenin, gan gryfhau yn ddirfawr rym y Goron ar hyd ffiniau dwyreiniol Gwynedd. Caer oedd prif ganolfan Edward I ar gyfer gorchfygu tywysogaeth **Llywelyn ap Gruffudd**. Wedi'r Goncwest, gosodwyd sir newydd y Fflint (gw. **Sir y Fflint**) dan awdurdod prifustus Caer, gan sefydlu'r cysylltiad cyfreithiol rhwng Cymru a Swydd Gaer a barhaodd hyd 2007 (gw. **Cyfraith**). Pan arwisgwyd Edward o **Gaernarfon** (Edward II yn ddiweddarach) â **thywysogaeth** Cymru yn 1301, fe'i dyrchafwyd hefyd yn iarll Chester. Yn y canrifoedd dilynol Caer oedd prif ffocws masnach gogledd Cymru, ac ymgartrefodd nifer fawr o Gymry yno. Fodd bynnag, wrth i Lannau Mersi ddatblygu, daeth mannau eraill yn Swydd Gaer – Penbedw a Wallasey yn arbennig – yn fwy o atyniad i ymfudwyr o Gymru.

## SWYDD HENFFORDD A CHYMRU

Bron na ellir dweud mai de-orllewin Swydd Henffordd oedd crud y genedl Gymreig, gan mai yno, yn **Erging**, y ceir y dystiolaeth gynharaf o un o nodweddion diffiniol hanes cynnar y genedl, sef gweithgaredd yr Eglwys Gymreig gynnar (gw. **Eglwys Geltaidd**). Erging oedd canolfan cwlt **Dyfrig**, y cyntaf o arweinwyr 'Oes y Saint' (gw. **Seintiau**). Roedd hefyd yn fro lle perchid **Dewi Sant**, fel y tystia cysegriadau megis hwnnw yn Llanddewi Rhos Ceirion (Much Dewchurch).

Erbyn *c*.800 roedd Erging wedi dod yn rhan o swydd ac esgobaeth Henffordd. Yn sgil dylanwadau a ddeilliai o ddinas Henffordd, Seisnigeiddiwyd ei pharthau gogleddol, ond parhau'n Gymraeg a Chymreig fu hanes ei pharthau deheuol, a hynny am ganrifoedd lawer; yn wir, ceir yno hyd heddiw **enwau lleoedd** megis Llangarron a Bagwy Llidiart. Ar drothwy'r Goresgyniad Normanaidd, anrheithiwyd rhannau helaeth o Swydd Henffordd gan ymgyrchoedd **Gruffudd ap Llywelyn**. Wedi'r goresgyniad, Henffordd oedd pencadlys ymosodiadau'r **Normaniaid** ar dde-ddwyrain Cymru, ymgyrchoedd a achosodd dranc teyrnas **Gwent**, ac a gyflwynodd 'freintiau Henffordd' i'r trefi a grëwyd yng Nghymru gan y goresgynwyr. Mewn canrifoedd diweddarach, daeth Henffordd yn un o brif ganolfannau masnach gororau deheuol Cymru, a chwaraeodd teuluoedd tiriog y sir ran yn hanes Cymru, gyda Llan-gain (Kentchurch) yn darparu mab-yng-nghyfraith i **Owain Glyndŵr** a Hergest yn cynnig nawdd i feirdd Cymraeg (gw. **Vaughan, Teulu (Hergest)**).

Trwy'r **Deddfau 'Uno'** daeth y rhan helaethaf o **Ewias** – yr ardal rhwng afonydd Mynwy a Deur (Dore) – yn rhan o Swydd Henffordd, gan gynyddu ei **phoblogaeth** Gymraeg. Yn 1563 cydnabuwyd Cymreictod y sir gan y Senedd pan siarsiwyd y pedwar esgob o Gymru, ynghyd ag esgob Henffordd, i sicrhau bod y **Beibl** ar gael yn **Gymraeg**. Bu gan ororau Swydd Henffordd ran yn hanes crefyddol Cymru wedi'r **Diwygiad Protestannaidd** yn dilyn sefydlu cartref y cynharaf o'r **Bedyddwyr** Cymraeg yn Olchon a choleg i'r Iesuwyr yng Nghwm, a wasanaethai **Gatholigion Rhufeinig** de-ddwyrain Cymru.

Bu Henffordd yn ganolfan o bwys i'r Cymry hyd y 19g.; er enghraifft, am flynyddoedd lawer bu'r *Hereford Journal*, a sefydlwyd yn 1713, yn un o brif **bapurau newydd** Mynwy a Morgannwg. Fodd bynnag, yn dilyn trefoli de-ddwyrain Cymru, daeth tro ar fyd.

## SWYDDFA BATENTAU, Y

Mae hon yn asiantaeth sy'n gweithredu ar ran yr Adran Diwydiant a Masnach, ac mae ganddi gyfrifoldeb statudol dros gofrestru patentau (o ran dyfeisiadau), masnachnodau a dyluniadau diwydiannol. Fe'i lleolir yn Concept House, Heol Caerdydd, **Casnewydd**, ac mae ganddi staff o 1,000 sy'n prosesu bob blwyddyn tua 20,000 o geisiadau o **Brydain** a 10,000 o geisiadau o dramor gan rai sydd am ymestyn eu hawlfreintiau i Brydain. Mae hi hefyd yn cynghori busnesau, unigolion a'r **llywodraeth** ar faterion yn ymwneud ag eiddo deallusol. Ysgogwyd y penderfyniad i leoli'r swyddfa yng Nghasnewydd yn ystod y 1970au gan ddiddordeb ysbeidiol y degawd hwnnw mewn symud sefydliadau allan o dde-ddwyrain **Lloegr**.

## SWYDDFA GYMREIG, Y

Er bod y Ceidwadwyr wedi sefydlu swyddfa a elwid yn Swyddfa Gymreig yng **Nghaerdydd** yn 1963, ni sefydlwyd y swyddfa fel adran o'r **llywodraeth** tan 1964, pan benodwyd **James Griffiths** yn **ysgrifennydd gwladol** cyntaf Cymru.

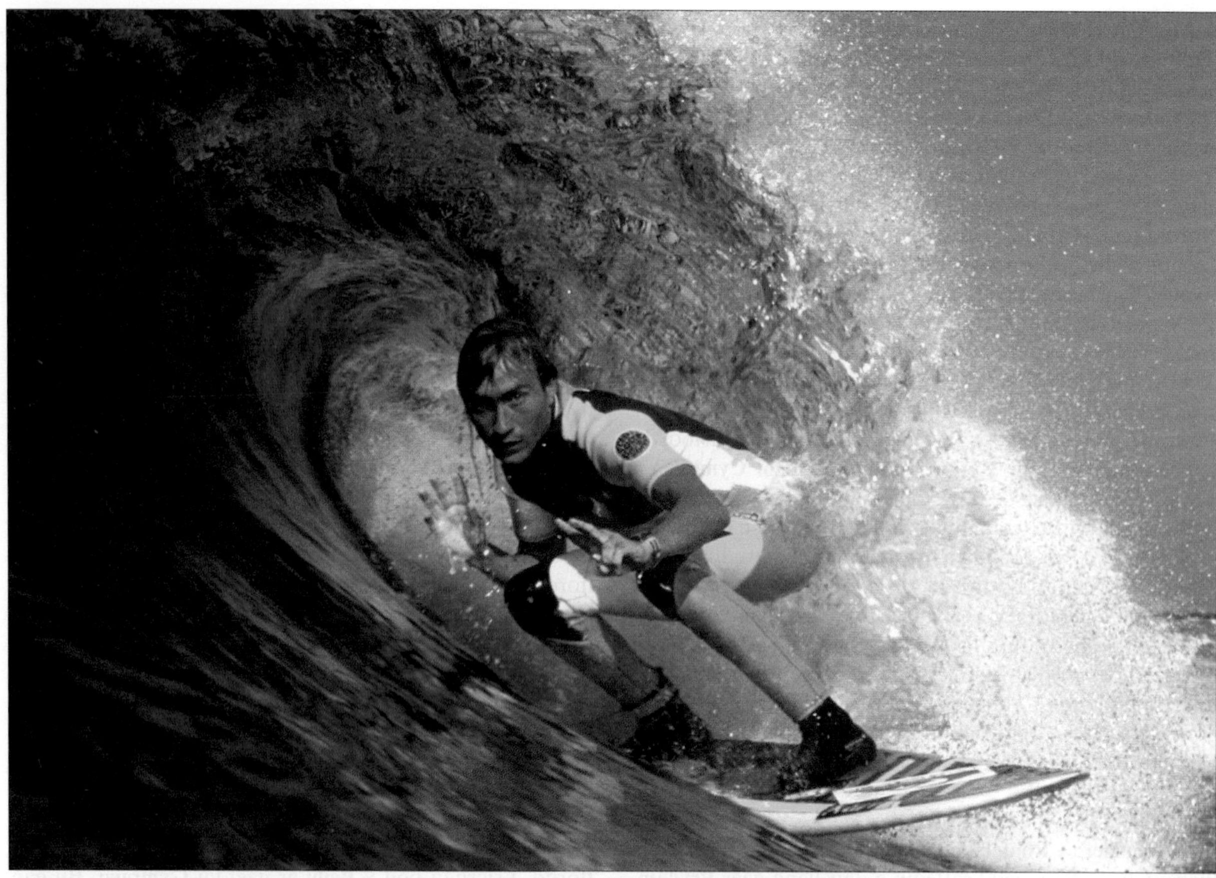

Syrffio: Carwyn Williams o Abertawe

Lleolwyd yr adran mewn adeilad enfawr ym **Mharc Cathays**; fe'i cwblhawyd yn 1979, ac mae'n adeilad sy'n cyfleu'r ymdeimlad o 'fiwrocratiaeth dan warchae'. Yn raddol, trosglwyddwyd i'r adran newydd rymoedd a ddatganolwyd o nifer o adrannau yn Whitehall: **tai**, llywodraeth leol a **ffyrdd** yn 1964, henebion a dŵr yn 1968, **iechyd** yn 1969, **addysg** gynradd, diwydiant a chyflogaeth yn 1970–4, ac **amaethyddiaeth**, pysgodfeydd, cymorth i ardaloedd trefol ac addysg uwchradd (ac eithrio addysg brifysgol) yn 1974–9. Erbyn 1992, pan ddaeth yn gyfrifol am addysg brifysgol, roedd y swyddfa yn cael ei hariannu gyda chymhorthdal bloc blynyddol o £6 biliwn. Roedd yn gyfrifol am weithgaredd holl adrannau'r llywodraeth yng Nghymru ac eithrio'r Swyddfa Gartref, y Swyddfa Dramor, Swyddfa'r Arglwydd Ganghellor, y Weinyddiaeth Amddiffyn, ac, yn allweddol, y Trysorlys. Yn ogystal, roedd yr ysgrifennydd gwladol yn gyfrifol am **Awdurdod Datblygu Cymru**, **Bwrdd Datblygu Cymru Wledig** ac Awdurdod Tir Cymru.

Er y gallai ymddangos bod cryn fwlch rhwng y Swyddfa Gymreig ac anghenion a dyheadau pobl Cymru, rhoddodd y twf sefydliadol a ddaeth yn sgil ei sefydlu ddimensiwn newydd i'r ymwybyddiaeth genedlaethol. Erbyn y refferendwm ar **ddatganoli** yn 1997, nid oedd llawer o sylwedd i ddadl gwrthwynebwyr datganoli y byddai sefydlu **Cynulliad Cenedlaethol** i Gymru yn golygu ychwanegu haen arall o lywodraeth, gan fod yr haen honno eisoes yn bodoli. Yr hyn a oedd yn eisiau oedd rheolaeth ddemocrataidd pobl Cymru dros yr haen honno. Ar ôl Gorffennaf 1999, yn dilyn sefydlu'r Cynulliad Cenedlaethol, cafodd y rhan fwyaf o rymoedd y Swyddfa Gymreig eu trosglwyddo i Lywodraeth Cynulliad Cymru. Trosglwyddwyd yr enw Swyddfa Gymreig i swyddfa'r ysgrifennydd gwladol yn **Llundain**, a leolir yn Nhŷ Gwydyr yn Whitehall.

## SYNDICALIAETH

Athroniaeth wleidyddol y mae ei henw yn tarddu o'r gair *syndicat*, yr enw Ffrangeg ar undeb lafur. Roedd syndicaliaid am weld undebau llafur, a hwythau'n gymdeithasau rhyddion o weithwyr, yn rheoli'r moddau cynhyrchu, a thrwy hynny yn cael gwared â chyflogwyr ac yn anwybyddu'r wladwriaeth. Roedd y gred yn ffasiynol iawn rhwng 1890 ac 1920 yn Ffrainc, lle parhaodd yn draddodiad byw, ac yn America. Yng Nghymru, defnyddiwyd y term gan y wasg gyfoes i ddisgrifio'r rhai hynny a oedd yn gysylltiedig â ***The Miners' Next Step*** ac wedi hynny â'r Pwyllgor Diwygio Answyddogol (Unofficial Reform Committee). Awgrymir weithiau fod y term wedi ei gamddefnyddio mewn cyd-destun Cymreig, a'i gysylltu'n anghywir â rhai na ddangosent ddim byd mwy nag ymlyniad wrth weithredu diwydiannol uniongyrchol. Ond mae'n parhau'n derm hwylus er mwyn cyfleu i ba raddau yr oedd undebwyr llafur, cyn lledaeniad Comiwnyddiaeth, wedi ymrwymo i'r syniad o gynnal streiciau er mwyn sicrhau rheolaeth y gweithwyr.

## SYRFFIO

Yn gymharol ddiweddar (*c.*1963) y daeth syrffio i Gymru, ac mae'n boblogaidd ymhlith brodorion ac ymwelwyr. Bu arloeswyr Cymreig y gamp – John Goss, Viv Ganz, Howard

Davies, Rob Hansen a Pete Jones (yr hynaf) – yn marchogaeth y tonnau ar draethau **Gŵyr** yn Langland, Caswell (y ddau yn y Mwmbwls, **Abertawe**) a **Llangynydd**.

Roedd ymweliad â Langland yn 1967 gan bencampwr **Awstralia** ar y pryd, Keith Paul, yn foment o gryn arwyddocâd i syrffio yng Nghymru. Y diwrnod hwnnw roedd Pete Jones arall ('PJ'), o Langland, yn gwylio, gŵr a fyddai cyn hir yn dra blaenllaw ym myd syrffio yng Nghymru ac yn Ewrop. Daeth PJ i'r brig ym mhencampwriaethau Ewrop yn 1977 yn Freshwater West (**Angle**) yn **Sir Benfro**.

Yn y 1980au daeth un o ddoniau mwyaf Cymru i'r amlwg, sef Carwyn Williams o **Abertawe**. Er i'w yrfa broffesiynol addawol gael ei chwtogi pan anafwyd ef mewn damwain car, mae'n dal yn ffigwr dylanwadol yn y gamp. Un arall a fu'n bencampwr **Prydain** ac Ewrop, yn y 1990au, oedd yr hir-fyrddiwr Chris 'Guts' Griffith, hefyd o Langland.

# T

Afon Taf yn Llandaf

**TACITUS, Cornelius (*c.*56–*c.*120)** Hanesydd Rhufeinig

Roedd Tacitus yn areithiwr ac yn swyddog cyhoeddus a wasanaethodd fel conswl a phroconswl. Mae'n fwyaf enwog am ei weithiau llenyddol gan gynnwys yr *Historiae* a'r *Annales.* Yn y rhain ceir yr adroddiad mwyaf cyflawn sydd ar glawr am weithgarwch milwrol y **Rhufeiniaid** yng Nghymru, gan gynnwys disgrifiadau o'r rhyfel yn erbyn y **Silwriaid**, yr ymosodiad ar y **derwyddon** ym **Môn** a'r ymgyrchoedd yn erbyn yr **Ordofigiaid**.

**TAF, Afon** (Sir Benfro a Sir Gaerfyrddin) (48km)

Mae afon Taf, sy'n tarddu ar uchder o oddeutu 209m ar ochr ddwyreiniol **Mynydd Preseli** yng nghymuned **Crymych**, yn llifo tua'r de yn lled gyfochrog â'r ddwy afon **Cleddau**, gan groesi bandiau cul o greigiau igneaidd mewnwthiol yng nghanol y gwaddodion Ordofigaidd. Ymhen dim o dro, llifa trwy ddyffryn cul a choediog mewn mannau, tua 100m o ddyfnder. Yn **Henllan Fallteg** try'r afon tua'r dwyrain ac oddi yma hyd **Sanclêr** y mae rheilffordd **Abergwaun** yn dilyn rhan o'r dyffryn. Yn Sanclêr ymuna afon Cynin â Thaf ac ym mhen uchaf ei moryd mae'n derbyn dyfroedd afon Cywyn, dwy afon sy'n draenio rhan helaeth o orllewin **Sir Gaerfyrddin**. Mae Taf yn ymarllwys i Fae Caerfyrddin ger **Talacharn**. Ar un adeg roedd yr afon yn enwog am ei chwrwglwyr a bysgotai am eog (gw. **Cwrwgl**).

**TAF, Afon** (Sir Frycheiniog a Sir Forgannwg) (67km)

Mae afonydd Taf Fawr a Thaf Fechan yn tarddu ar lechweddau deheuol **Bannau Brycheiniog** yng nghymuned **Glyn Tarell**. Draenio llethrau deheuol Pen y Fan y mae blaenddyfroedd Taf Fechan, cyn llifo tua'r de trwy **gronfeydd dŵr** Neuadd Uchaf, Pen-twyn a Phontsticill. Mae Taf Fawr yn draenio llethrau gorllewinol Corn Du cyn llifo tua'r de trwy gronfeydd dŵr y Bannau, Cantref a Llwyn-onn. Yng **nghymuned** y Faenor (gw. **Merthyr Tudful**) mae'r ddwy isafon yn ymuno â'i gilydd a llifo tua'r de. Yng nghwm cul a throellog afon Taf mae **tai** a safleoedd diwydiannol, ynghyd â **ffyrdd** a **rheilffyrdd**, wedi'u hadeiladu yn agos at ei gilydd. Llifa'r afon heibio ochr orllewinol tref Merthyr Tudful. Saif tref ddiwydiannol **Aberdâr** ar lan Cynon, afon sy'n ymuno â Thaf yn **Abercynon**. Yn y Porth mae cymer y **Rhondda** Fawr a'r Rhondda Fach, a daw'r cwm byd-enwog yn un â Chwm Taf ym **Mhontypridd**. Cyn cyrraedd **Caerdydd** llifa afon Taf trwy geunant cul **Ffynnon Taf**. Mae **Elái** yn ymarllwys i foryd afon Taf, a drawsffurfiwyd yn dilyn codi'r argae ar draws ceg y foryd a chreu llyn sy'n ganolbwynt i gynllun ailddatblygu Bae Caerdydd. Bellach mae dyfroedd afon Taf yn cyrraedd Môr Hafren trwy lifddorau. Roedd y 3km hwnnw o'r afon a oedd yn fordwyadwy yn hollbwysig yn hanes twf porthladd Caerdydd.

## TAF-ELÁI Cyn-ddosbarth

Yn dilyn diddymu **Sir Forgannwg** yn 1974, crëwyd Taf-Elái yn un o'r chwe dosbarth oddi mewn i sir newydd **Morgannwg Ganol**. Roedd yn cynnwys yr hyn a fu yn ddosbarth trefol **Pontypridd**, dosbarth gwledig **Llantrisant a Llanilltud Faerdref**, a rhan o ddosbarth gwledig **Caerdydd**. Yn 1996 daeth y dosbarth (ac eithrio **cymuned** Pen-tyrch) yn rhan o fwrdeistref sirol **Rhondda Cynon Taf**.

## TAFFIA

Deilliodd yr enw 'Taffia' o'r gair difenwol *Taphydom* o'r 17g., a ddefnyddid wrth gyfeirio'n gyffredinol at Gymru neu'r Cymry. Gyda'i adlais o'r gair Eidaleg *mafia*, defnyddir yr enw mewn cyd-destun difrïol wrth gyfeirio at unrhyw garfan o Gymry sy'n amlwg mewn bywyd cyhoeddus ac y tybir bod eu dylanwad yn fawr ac, efallai, yn llwgr (gw. hefyd **Taffy**).

## TAFFY

Dyma lysenw'r **Saeson** am y Cymro, yn tarddu o'u hynganiad tybiedig hwy o'r enw Dafydd. Fe'i mabwysiadwyd yn enw ar yr afr (gw. **Geifr**) sy'n fasgot i rai o'r catrodau Cymreig, ac efallai mai ymhlith y lluoedd arfog y clywir yr enw amlaf. Yn hwyr yn y 18g. yr ymddangosoddd y rhigwm cyfarwydd sy'n dechrau 'Taffy was a Welshman, Taffy was a thief' mewn print gyntaf, ac nid oes sicrwydd ynglŷn â'i darddiad (gw. hefyd **Taffia**).

## TAI AC ANHEDDAU

Mae'r dystiolaeth a oroesodd yn awgrymu mai **ogofâu** fel yr un yn y Bont Newydd (**Cefn Meiriadog**) oedd anheddau trigolion Palaeolithig Cymru (gw. **Oesau Cynhanesyddol**). Prin yw olion yr anheddau Neolithig; maent yn cynnwys caeadle bychan yng Nghlegyrfwya (**Tyddewi**) ac olion tŷ pren tair ystafell yn **Llandygái**. Pentrefi caerog oedd llawer o'r **bryngaerau** sy'n dyddio'n wreiddiol o ddiwedd yr Oes Efydd; at ei gilydd roeddynt yn cynnwys tai crynion gyda waliau pridd a gellir gweld enghreifftiau a ailgrëwyd ohonynt yn Amgueddfa Werin Cymru (gw. **Sain Ffagan**). Mewn parthau mwy creigiog, cerrig a gâi eu defnyddio – fel yn Nhre'r Ceiri (**Llanaelhaearn**), lle bu pobl yn byw ymhell wedi dyfodiad y **Rhufeiniaid**.

Cododd y Rhufeiniaid dai tref gyda chwrtiau a gwres o dan y lloriau (gw. **Caer-went**) a filâu gwledig cain, ond yn ystod cyfnod y goresgyniad Rhufeinig roedd y mwyafrif o drigolion Cymru'n dal i fyw mewn anheddau tebyg i rai'r Oes Haearn (gw. Oesau Cynhanesyddol). Prin yw'r dystiolaeth o'r cyfnod yn union wedi i'r Rhufeiniaid ymadael, er i waith cloddio yn **Ninas Powys** ddangos tystiolaeth o dai a godwyd o rwbel cerrig sychion. Mae rheoliadau yn y **gyfraith** Gymreig ynghylch rheoli tân yn dangos bod strydoedd cyntefig i'w cael yng Nghymru yn yr Oesoedd Canol cynnar, er i **Gerallt Gymro** ddatgan mai arfer y Cymry oedd byw ar eu pennau eu hunain ar fin y coedydd gan 'blethu bythynnod gwiail'. Cododd y **Normaniaid** gestyll, cartrefi arglwyddi'r **Mers** a'u dilynwyr agosaf, arfer a efelychwyd gan dywysogion brodorol Cymru. Cododd arglwyddi llai dai tŵr fel yr un yn Sgethrog (**Tal-y-bont ar Wysg**) a byddai uchelwyr cyfoethocaf Cymru'n byw mewn tai neuadd – er enghraifft yr un a oedd yn eiddo i **Owain Glyndŵr** yn Sycharth (**Llansilin**). Erbyn y 15g. bodolai nifer fawr o dai ffrâm bren, yn arbennig ar hyd y Gororau a mewn **bwrdeistrefi** fel **Rhuthun**, ond parhaodd gorllewin Cymru yn driw i gerrig.

Erbyn dechrau'r 17g. roedd rhai plastai yng Nghymru – fel Plas Teg (yr **Hob**) – yn cael eu codi yn ôl cynlluniau a oedd yn unol â syniadau'r **Dadeni**, ond parhâi'r rhan fwyaf o breswylfeydd i ddilyn y traddodiad is-ganoloesol. Roedd y **tŷ hir** yn gyffredin yn ucheldir Cymru. Roedd y datblygu a fu ar **bensaernïaeth** frodorol Cymru, a ddadansoddwyd yn rhagorol gan **Iorwerth C. Peate** (1940) a Peter Smith (1975), yn cynnwys rhannu tai neuadd, adeiladu lloriau ychwanegol a gosod ffenestri **gwydr**. Adeiladwyd simneiau, a daeth patrymau rhanbarthol neilltuol i'r amlwg yn y gorllewin, y gogledd-ddwyrain a'r de-ddwyrain. Ac eto, ni ddylid honni gormod; yng nghyfrol ddychanol William Richards, *Wallography* (1682), disgrifiwyd tai tlodion Cymru fel 'dung heaps shaped into cottages'. Ychydig a oedd wedi newid ganrif yn ddiweddarach pan nododd sylwebydd y canlynol: 'the shattered hovels which half the poor . . . are obliged to put up with is truly affecting to a heart fraught with humanity'.

Ffenomen wledig i raddau helaeth oedd yr 'ailadeiladu mawr' rhwng 1560 ac 1640, a oedd gymaint yn fwy amlwg yn nwyrain nag yng ngorllewin Cymru. Erbyn y 18g. roedd codi tai yn beth a berthynai fwyfwy i drefi Cymru, ac mewn trefi fel **Caerfyrddin**, **Aberhonddu**, y **Trallwng** a **Threfaldwyn** codwyd tai dosbarth canol (gw. **Dosbarth**) a amlygai agweddau lled syml ar yr arddull glasurol.

Erbyn diwedd y 18g. roedd mwy nag erioed o dai yn cael eu hadeiladu yng Nghymru. Codwyd y tai hyn ar gyfer gweithwyr yn yr ardaloedd diwydiannol byrlymus, gwaith a gymhlethwyd gan y ffaith mai mewn cymoedd cul y digwyddodd cyfran helaeth o'r diwydiannu. Disylw iawn oedd y tai diwydiannol cynharaf mewn lleoedd fel Dowlais (**Merthyr Tudful**), ond roeddynt yn llawer gwell na'r tai a godwyd yn ardaloedd chwareli **llechi** Sir Gaernarfon ac ardaloedd cloddio **plwm** Sir Aberteifi. Erbyn blynyddoedd olaf y 19g. roedd safonau wedi codi a daeth y strydoedd o dai teras a oedd yn nodweddiadol o leoedd fel y **Rhondda** yn gartrefi i'r mwyafrif o drigolion Cymru. Yn aml roeddynt yn eiddo i'r trigolion, ac at ei gilydd cawsant eu codi dan y drefn brydlesoedd (gw. **Prydlesoedd Trefol**), ffaith a barai bryder mawr pan ddeuai'r prydlesoedd canrif namyn blwyddyn i ben. Datblygodd mathau arbennig o dai yn sgil rhai diwydiannau. Yn nhrefi'r diwydiant **gwlân**, yn arbennig **Llanidloes** a'r **Drenewydd**, byddai gweithdai llofft uwchben y tai, ac mewn ardaloedd diwydiannol lle byddai'r mwyafrif o'r gweithwyr yn ddynion ifanc dibriod, barics yn hytrach na thai a ddarperid.

Erbyn dechrau'r 20g. roedd pryder ynghylch safonau tai'r dosbarth gweithiol – yn y trefi ac yng nghefn gwlad – yn bwnc llosg i ddiwygwyr cymdeithasol. Roeddynt o blaid creu pentrefi model, ac yn sgil hynny y codwyd Oakdale (**Penmaen**) a Rhiwbeina (**Caerdydd**). Yn anad dim, dadleuent y

Tai ac anheddau: Bwthyn Llainfadyn, 1762, Rhostryfan (Llanwnda), a ailgodwyd yn Amgueddfa Werin Cymru yn 1962

dylid defnyddio arian cyhoeddus i ddarparu tai rhatach i'r dosbarth gweithiol, dadl a dderbyniwyd gan lywodraeth 1918–22 **David Lloyd George**. Y canlyniad fu codi stadau mawr o dai cyngor fel yr un yn Nhrelái (Caerdydd), a gynhwysai dai pâr yn bennaf. Yn y blynyddoedd rhwng y ddau ryfel, er gwaethaf y **Dirwasgiad**, aeth rhai cynghorau trefol, **Casnewydd** a **Wrecsam** yn arbennig, ati o ddifrif i godi tai – yn gwbl groes i'r cynghorau dosbarth gwledig, y condemniwyd eu hesgeulustod gwarthus yn hallt gan adroddiad gwrthddiciâu **Clement Davies** yn 1939 (gw. hefyd **Twbercwlosis**).

Arweiniodd y prinder tai ar ôl yr **Ail Ryfel Byd** at godi tai parod, y ceir llawer iawn ohonynt yng Nghasnewydd. Oherwydd pryder fod codi tai pâr yn ddefnydd afradlon o dir, dechreuwyd adeiladu'n fwy dwys, gan godi fflatiau yn arbennig – anheddau prin yng Nghymru cyn canol yr 20g. Bu rhai cynlluniau tai arloesol – yr un ym Mhen-rhys (y Rhondda) yn arbennig – yn aflwyddiant cymdeithasol, a chafodd y blociau o fflatiau a godwyd, yn syfrdanol, ar rostir eang **Hirwaun** eu dymchwel yn 2004. Bu beirniadu hefyd ar nifer o gynlluniau clirio tai, fel yr un a arweiniodd fwy neu lai at chwalu'r gymuned unigryw yn Nhre-biwt (Caerdydd). Bu mwy fyth o feirniadu ar y modd y gwyrdrowyd y farchnad dai yn yr ardaloedd gwledig gan y galw am ail gartrefi (gw. **Tai Haf**).

Erbyn 1976 roedd 29% o'r 1,029,000 o breswylfeydd Cymru yn cael eu rhentu oddi wrth awdurdodau lleol, cyfran a ostyngodd yn dilyn y gwerthu ar dai cyngor a gychwynnwyd gan lywodraeth Margaret Thatcher yn y 1980au. Yn 2005, a Chymru â 1.3 miliwn o breswylfeydd, roedd 74% yn eiddo i'r preswylwyr, 12% yn cael eu rhentu gan awdurdodau lleol, 9% gan landlordiaid preifat a 5% gan landlordiaid cymdeithasol cofrestredig. Gan fod y Cymry'n rhannu'r gred dra Phrydeinig y dylai pawb geisio dod yn berchen ar dŷ, roedd yr ymchwydd rhyfeddol mewn prisiau tai yn gynnar yn yr 21g. yn destun pryder mawr.

## TAI HAF AC AIL GARTREFI

Er bod cyfoethogion wedi bod â thai haf yn rhai o ardaloedd prydferthaf Cymru ers blynyddoedd mawr, bychan oedd eu nifer hyd at ail hanner yr 20g. Ond yn sgil y cynnydd mewn cyfoeth personol o'r 1960au ymlaen galluogwyd llawer o bobl o ardaloedd trefol, y mwyafrif mawr ohonynt o **Loegr**, i brynu tai haf neu ail gartrefi yn y Gymru wledig. Datgelodd ystadegau cyfrifiad 1991 fod cyfartaledd tai gwyliau ar ei uchaf ym mhenrhyn **Llŷn**, ac mai ail gartrefi oedd cymaint â 37% o'r stoc **dai** yn **Llanengan**. Câi'r galw hwn am ail gartrefi ei feio am y cynnydd mewn prisiau tai yn y Gymry wledig, ac mewn ardaloedd lle'r oedd incwm yn aml yn isel trodd prynu tŷ yn rhywbeth y tu hwnt i allu

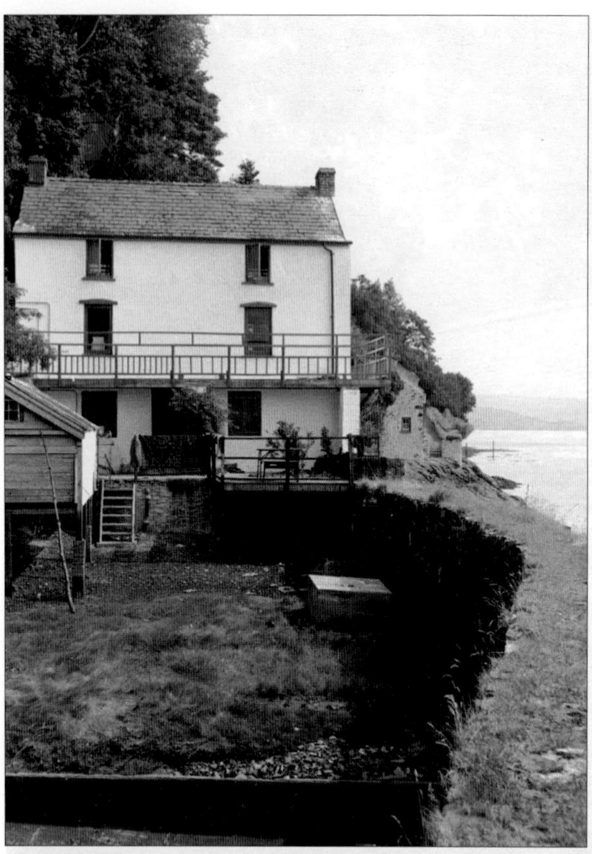

Y Boat House, Talacharn

llawer o drigolion lleol. Roedd pryderon hefyd y byddai cymdogaethau ac ynddynt gyfran uchel o dai heb breswylwyr am fisoedd lawer o'r flwyddyn yn colli gwasanaethau fel ysgolion, **bysiau**, siopau a swyddfeydd post. Yn sgil lledaeniad ail gartrefi daethpwyd i'w huniaethu â dirywiad y Gymry wledig a'r Seisnigo a fu yn ei hanes, er bod ffactorau economaidd, demograffig a chymdeithasol hynod gymhleth yn gyfrifol am y dirywiad hwnnw mewn gwirionedd. O'r 1970au ymlaen daeth y mater yn thema bwysig mewn gwleidyddiaeth Gymreig. Ymgyrchodd **Cymdeithas yr Iaith Gymraeg** dros ddeddfwriaeth a fyddai'n sicrhau tai i bobl leol gan efelychu cynlluniau blaengar a oedd yn bodoli yn rhai o barciau cenedlaethol Lloegr, ymgyrch a gymhlethwyd gan yr ensyniad mai gwrth-Seisnigrwydd – hiliaeth hyd yn oed – a oedd yn sbarduno'r protestwyr. Yn 1979 dechreuodd **Meibion Glyndŵr** losgi tai gwyliau, a pharhaodd y gweithgarwch hwnnw yn ysbeidiol am ddegawd a mwy. Bu llai o brynu ail gartrefi a thai haf yn ystod dirwasgiad tai y 1990au cynnar a gostyngodd eu nifer o tua 20,000 yn 1991 i 15,516 (sef 1.2% o gyfanswm y stoc dai) yn 2001; ond yn sgil llewyrch hynod y farchnad dai ar ddechrau'r 21g. bu cynnydd drachefn a daeth ardaloedd newydd megis **Bro Morgannwg** a dwyrain **Sir Gaerfyrddin** yn atyniadol i berchnogion ail gartrefi.

## TAI UNNOS

Rhwng yr 17g. a'r 19g. ceir tystiolaeth fod y tlodion yng Nghymru, fel yng ngweddill **Prydain**, yn codi eu **tai** yn aml ar **dir comin**, tir a oedd erbyn y 18g. a dechrau'r 19g. yn fynych yn cael ei hawlio gan dirfeddianwyr pwerus ar gyfer pori (gw. **Cau Tiroedd**). Yn ôl y gred draddodiadol, os oedd tŷ yn cael ei godi dros nos, a thân yn llosgi ar yr aelwyd gyda'r wawr, yna gallai'r adeiladwr ei hawlio (o 1818 y deillia'r enghraifft hysbys gynharaf o'r ffurf *tŷ unnos*). Codid y tŷ unnos â thyweirch yn gyntaf oll, a hawliai'r 'perchennog' y tir o'i amgylch drwy daflu bwyell cyn belled ag y medrai i wahanol gyfeiriadau. Byddai codi tai yn y fath fodd, heb ganiatâd, yn aml yn arwain at wrthdaro rhwng y sgwatwyr a'r rhai hynny a oedd â hawliau ar y tir comin, a geisiai eu dymchwel. Ond, o sicrhau y byddai'r adeiladau dros dro hyn yn goroesi, âi'r gwerinwyr ati fel arfer i godi adeiladau mwy parhaol yn eu lle. Mae Pen-rhos (**Maenclochog**) yn enghraifft o dŷ unnos, ac wedi'i gadw fel amgueddfa.

## TAIR PLUEN

Arwyddlun gyda thair pluen estrys oddi mewn i goron fechan ac arno'r arwyddair *Ich Dien*. Ymddangosodd am y tro cyntaf i sicrwydd fel arwyddlun Edward VI (1537–53) pan oedd yn aer. Ni chafodd Edward, a ddaeth yn frenin yn naw oed, ei arwisgo'n dywysog Cymru (gw. **Tywysogion Cymru**), ac efallai mai fel bathodyn etifedd y Goron y dylid ei ystyried. Ond gan fod yr etifedd fel arfer yn cael ei wneud yn dywysog Cymru cyfeirir yn gyffredinol at y plu fel 'plu Tywysog Cymru'. Fe'u defnyddir yn aml i gynrychioli Cymru, er enghraifft gan Undeb Rygbi Cymru (gw. **Rygbi'r Undeb**). Defnyddid pluen sengl gyda'r un arwyddair gan dywysogion cynharach, yn arbennig Edward y Tywysog Du (1312–77). Er i rai honni bod yr arwyddair yn tarddu o'r Gymraeg 'Eich Dyn', o'r Almaeneg y daw mewn gwirionedd, a'i ystyr yw 'yr wyf yn gwasanaethu'.

## TALACHARN Cwmwd

Un o gymydau **Cantref Gwarthaf**, a ddaeth yn ddiweddarach yn arglwyddiaeth **Talacharn**.

## TALACHARN, Treflan (Laugharne Township), Sir Gaerfyrddin (2,608ha; 1,320 o drigolion)

Mae'r **gymuned** hon ar lan orllewinol aber afon **Taf** ym Mae Caerfyrddin yn cynnwys pentref Talacharn a mân bentrefi Llansadyrnin a Llan-dawg. Ogof Coegan (Coygan), a ddinistriwyd erbyn hyn o ganlyniad i gloddio chwarelyddol, yw'r unig safle hysbys yng Nghymru sy'n dyddio i sicrwydd o'r cyfnod Palaeolithig canol (gw. **Oesau Cynhanesyddol**). Mae Eglwys Sant Martin, Talacharn (15g.), yn cynnwys croes gerfluniedig (*c*.900). Cipiwyd cwmwd **Talacharn** gan y **Normaniaid** *c*.1116. Heriwyd eu goruchafiaeth yn fynych gan y Cymry, ond erbyn y 1260au roedd yr ardal ym meddiant cadarn Guy de Brian, a gododd gastell o gerrig ar lan y foryd. Yn 1307 sefydlodd disgynnydd o'r un enw fwrdeistref Talacharn; mae rhai o ddarpariaethau ei siarter yn dal mewn grym. Yn 1575 daeth y castell i feddiant John Perrot a'i trodd yn blasty (gw. **Perrot, Teulu**). Difrodwyd yr adeiladwaith yn dilyn **Rhyfeloedd Cartref** yr 17g., ond goroesodd y rhan ganol. Dyma gartref **Bridget Bevan**, cydweithwraig **Griffith Jones**, ac yma y bu farw ef yn 1761. Yn y 1930au roedd yn gartref i'r nofelydd **Richard Hughes** (1900–76). Yn 1949 ymgartrefodd **Dylan Thomas** yn y Boat House; mae'n bosibl mai trigolion lleol a ysgogodd rai o gymeriadau *Under Milk Wood*. Mae'r bardd wedi ei gladdu ym mynwent Eglwys Sant Martin, a cheir amgueddfa sy'n ei goffáu yn y Boathouse. Ceir yn Nhalacharn nifer o dai deniadol o'r 18g. Yn Eglwys Sant Oudoceus (Euddogwy), Llan-dawg (13g.), ceir carreg ac arni arysgrif **Ladin/Ogam**.

**TALBOT, Teulu** Perchnogion tir
Hanai'r teulu hwn o **foneddigion**, a roddodd ei enw i **Bort Talbot**, o Wiltshire ond sefydlwyd y cysylltiad â **Morgannwg** trwy briodas Mary Mansel â John Talbot, ac o ganlyniad i'r briodas etifeddodd eu mab Thomas, yn 1750, stadau teulu **Mansel**. Bu Christopher Rice Mansel Talbot (1803–90) yn aelod seneddol dros Forgannwg o 1830 hyd 1885 a thros etholaeth Canol Morgannwg o 1885 hyd ei farwolaeth, ac yn 'dad' i Dŷ'r Cyffredin am dros bymtheng mlynedd. Ef, yn ôl y sôn, oedd y gŵr mwyaf cefnog ym **Mhrydain** nad oedd yn aelod o'r bendefigaeth, a'i ffortiwn, mae'n debyg, yn werth £6 miliwn. Sail ei gyfoeth oedd 13,760ha o dir Morgannwg, yn ogystal â mentrau yn ymwneud â'r **rheilffyrdd** a diwydiannau eraill. Roedd yn ŵr diwylliedig a ymddiddorai yn y celfyddydau a'r gwyddorau. Bu farw Theodore Talbot (1839–76), yr unig etifedd, cyn ei dad ac etifeddwyd y stad gan Bertha, merch C. R. M. Talbot, a'i gŵr, John Fletcher. Mae cysylltiad y teulu â William Henry Fox Talbot yn esbonio pam mai daguerroteip o Gastell **Margam** yw'r ffotograff Cymreig cynnar mwyaf arwyddocaol (gw. **Ffotograffiaeth**).

**TALGARTH**, Sir Frycheiniog, Powys (5,528ha; 1,645 o drigolion)
Mae'r **gymuned** hon yn ymestyn o afon Llynfi hyd y Waun Fach (818 m), copa uchaf y **Mynydd Du (Sir Fynwy** a **Phowys**). Ym mhentref Talgarth ceir tŷ tŵr, un o ddau yn **Sir Frycheiniog**. Mae **Howel Harris** wedi'i gladdu yn Eglwys Talgarth, lle profodd ef a **William Williams**, Pantycelyn, dröedigaeth. Yn 1900 penderfynwyd sefydlu Ysbyty Canolbarth Cymru yn Nhalgarth, penderfyniad a ddaeth â pheth llewyrch i'r pentref. I'r de saif Trefeca, lle sefydlodd Howel Harris ei 'Deulu' neu ei gymuned grefyddol yn 1752 ar safle ei hen gartref, a hynny mewn adeilad pwrpasol sy'n gwneud defnydd hynod o gynnar o'r arddull neo-Gothig; mae'n bosibl mai Harris ei hun a'i cynlluniodd. Gerllaw, yn 1765, y sefydlodd Arglwyddes Huntingdon goleg i hyfforddi efengyleiddwyr Methodistaidd (gw. **Methodistiaid Calfinaidd**). Ym Mhorth-aml, cartref cangen o deulu **Vaughan (Tretŵr)**, ceir neuadd hardd yn dyddio o'r 15g. a phorth tŵr Tuduraidd. Castell Dinas yw'r castell uchaf ei safle yng Nghymru (455m); mae'r rhagfuriau, sy'n dyddio o'r Oes Haearn, i'w gweld, ond nid oes fawr ddim ar ôl o'r castell canoloesol a godwyd oddi mewn iddynt. Ceir sgrîn hardd o'r 14g. yn Eglwys Llaneleu. Mae carneddau o'r math Hafren-Cotswold yn Ffostill, Tŷ Isaf, Mynydd Troed a Phen-yr-wrlodd (gw. **Oesau Cynhanesyddol**). Mae'r ddelwedd gyfrifiadurol a grëwyd trwy sganio penglog 5,500 oed a ganfuwyd ym Mhen-yr-wrlodd yn portreadu wyneb rhyfeddol o fodern ei wedd. **Cwmwd** Talgarth oedd cwmwd mwyaf gogleddol cantref **Blaenllynfi**; yn wir, defnyddid Talgarth weithiau fel enw ar y **cantref** hwnnw.

**TALIESIN (*fl.* ail hanner y 6g.)** Bardd
Un o'r **Cynfeirdd** oedd Taliesin, ac fel ei gyfoeswr, **Aneirin**, fe'i gosodir yn yr **Hen Ogledd** gan awdur *Historia Brittonum*. Yn ystod yr Oesoedd Canol cadwyd cof amdano fel un a ganodd i rai o dywysogion yr Hen Ogledd, er i rai ysgolheigion yn yr 20g. ddadlau mai brodor o **Bowys** ydoedd. Y mae ar glawr 12 o gerddi mawl i **Urien Rheged** ac eraill, y credir eu bod yn perthyn i'r 6g. ac yn cynrychioli gwaith dilys y bardd.

O'r 9g. ymlaen fe'i cysylltwyd â chwedl yn ymwneud â tharddiad ysbrydoliaeth farddol. Yng nghronicl **Elis Gruffydd** o'r 16g. yn unig y ceir y chwedl 'Hanes Taliesin' yn ei ffurf gyflawn ond cyfeirir ati hefyd gan feirdd llys y 12g., a dadleuwyd yn yr 20g. i'r stori ddatblygu yng ngogledd Cymru yn y 9g. neu'r 10g. Mae 'Hanes Taliesin' yn adrodd fel y mae'r dduwies Ceridwen yn berwi pair hud gan fwriadu i'w mab, Morfran, yfed ei gynnwys a thrwy hynny ennill y ddawn i farddoni. Ond yn hytrach mae gwas Ceridwen, Gwion Bach, yn llyncu ychydig ddiferion o'r ddiod, ac wrth i Geridwen ei erlid â'r ddau trwy gyfres o drawsnewidiadau hyd nes y llyncir Gwion ar ffurf gronyn o wenith gan Ceridwen sydd erbyn hynny wedi troi'n iâr. Pan gaiff Gwion ei aileni o'i chroth mae Ceridwen yn ei daflu i'r môr. Yna mae Elffin ap Gwyddno Garanhir yn ei ddarganfod, yn ei ailenwi'n Taliesin ac yn ei gyflwyno i lys **Maelgwn Gwynedd**, lle mae'n rhoi taw ar feirdd y llys trwy ei hud a'i ddoniau barddol amgen.

Mae gwaith y Taliesin hanesyddol a cherddi diweddarach a briodolwyd i'r Taliesin chwedlonol (cerddi crefyddol, chwedlonol a phroffwydol) i'w cael yn gymysg â'i gilydd yn ***Llyfr Taliesin***. Ymddengys Taliesin hefyd fel cymeriad mewn hanesion lled chwedlonol cynnar, yn un o ddilynwyr **Bendigeidfran** yn chwedl **Branwen** yn yr ail o Bedair Cainc y Mabinogi (gw. **Mabinogion**) ac yn un o wŷr **Arthur** yn y gerdd 'Preiddiau Annwfn'. Cynyddodd ei fri fel proffwyd rhwng yr 11g. a'r 13g. a chysylltir ei enw â **Myrddin** yn aml er mwyn rhoi awdurdod i ganu **darogan** y cyfnod. Ym meirniadaeth lenyddol **Saunders Lewis** uniaethwyd Taliesin â'r traddodiad mawl Cymraeg (gw. **Llenyddiaeth**) ac ymhelaethwyd ar y cysyniad gan y nofelydd Emyr Humphreys (g.1919) yn ei gyfrol *The Taliesin Tradition* (1983), sy'n ymdrin â thraddodiadau diwylliannol Cymru.

**TALOG, Myfanwy (Myfanwy Talog Williams) (1945–1995)** Actores
Athrawes a drodd at actio oedd Myfanwy Talog. Fe'i cofir fel actores gomedi, yn enwedig ar y teledu, a hynny yn **Gymraeg** a **Saesneg**; gwnaeth argraff arbennig fel yr anystywallt Phyllis Doris yn y gyfres ***Ryan a Ronnie***. Ymddangosodd mewn nifer o raglenni plant, ac mae ei llais melfedaidd fel llefarydd y cartŵn *Wil Cwac Cwac* yn rhan allweddol o lwyddiant y cynhyrchiad hwnnw. Gwelwyd ochr arall i'w dawn yn *Gwenoliaid* (1986), drama deledu gan **Rhydderch Jones**. Am amser maith roedd yn gymar i'r actor David Jason. Ceir cofeb iddi ar y tŷ lle'i ganed yng **Nghaerwys**.

**TALSARNAU**, Gwynedd (4,403ha; 525 o drigolion)
Mae'r **gymuned** hon, sydd yn union i'r gogledd o **Harlech**, yn ymestyn o forfa Traeth Bach ar aber afon Dwyryd hyd at y **mynyddoedd** i'r gorllewin o **Drawsfynydd**. Crug sy'n dyddio o'r Oes Efydd (gw. **Oesau Cynhanesyddol**) yw Bryn Cader Faner. Datblygodd pentref Talsarnau o 1810 ymlaen pan godwyd clawdd o dyweirch er mwyn draenio'r corsydd. Cyn hynny safai Eglwys Llanfihangel y Traethau (12g.; ond fe'i hailgodwyd i raddau helaeth yn 1871) ar ynys i bob pwrpas. Ailadeiladwyd Eglwys Llandecwyn yn 1879. Mae Glyn Cywarch (1616) ym meddiant teulu **Ormsby-Gore**, Barwniaid Harlech. Gwesty erbyn hyn yw Maes-y-neuadd, sy'n dyddio o'r 17g.

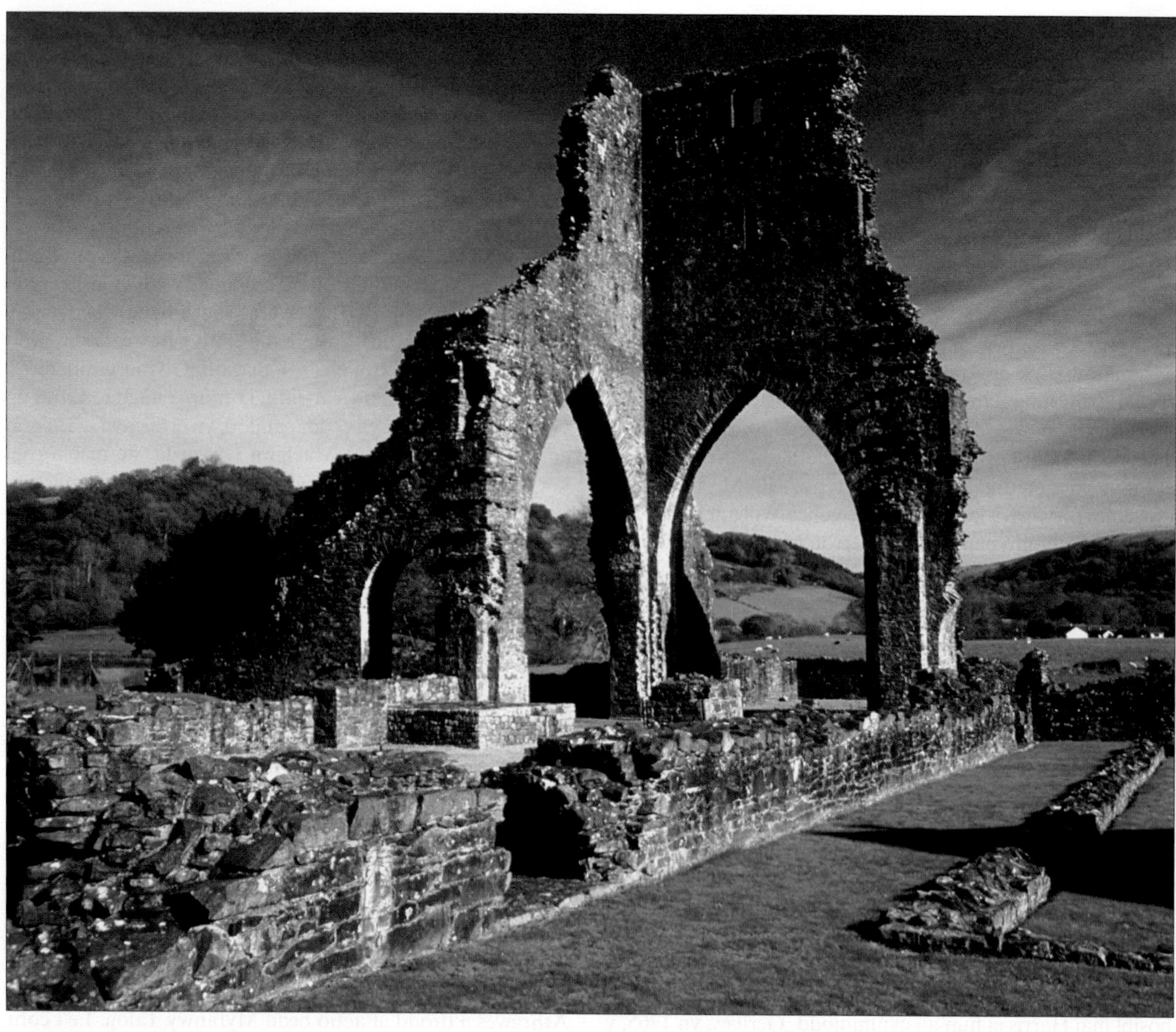

Gweddillion abaty Talyllychau

***TALWRN Y BEIRDD*** Cyfres radio
Datblygodd y rhaglen radio boblogaidd hon o *Ymryson y Beirdd*, cystadleuaeth farddol a ddyfeisiwyd gan **Sam Jones**, yn seiliedig ar y **gynghanedd**. Yn dilyn rhaglen gyntaf, arbrofol yn 1937 ar *Welsh Home Service* y BBC, a rhai rhifynnau yn ystod y blynyddoedd wedyn, darlledwyd yr *Ymryson* yn rheolaidd rhwng 1949 ac 1963, gyda thimau o bob rhan o Gymru yn cystadlu. Pan lansiwyd Radio Cymru yn 1979 dychwelodd y rhaglen dan yr enw *Talwrn y Beirdd*, gyda Gerallt Lloyd Owen (g.1944) fel 'meuryn', fel y gelwir beirniad y gystadleuaeth a hynny ar ôl y beirniad gwreiddiol, sef Meuryn (**Robert John Rowlands**).

**TALYBOLION** Cwmwd
Roedd y **cwmwd** hwn yng ngogledd-orllewin **Môn**, ynghyd â chwmwd **Twrcelyn**, yn rhan o gantref **Cemais**. Yng Nghemais yr oedd llys y cwmwd. Yn ôl yr esboniad yn stori **Branwen ferch Llŷr** yn ail gainc y Mabinogi (gw. **Mabinogion**), ystyr yr enw yw 'tâl [am] ebolion'. Dyma enghraifft o'r straeon onomastig sy'n nodweddiadol o **lenyddiaeth** gynnar Cymru; pen draw (*tal*) tirwedd a nodweddir gan fryniau isel a phantiau (*y bolion*, lluosog *bol*) yw gwir ystyr yr enw. Goroesodd fel enw **hwndrwd** yn y cyfnod wedi'r **Deddfau 'Uno'**.

**TAL-Y-BONT** Cwmwd
Roedd Tal-y-bont, y mwyaf gogleddol o ddau **gwmwd** cantref **Meirionnydd**, yn cynnwys mynachdy Sistersaidd Cymer (**Llanelltud**). Ymddengys mai Tal-y-bont (**Llanegryn**), oedd canolbwynt y cwmwd yn wreiddiol, ond **Dolgellau** yn ddiweddarach.

**TAL-Y-BONT AR WYSG**, Sir Frycheiniog, Powys (7,827ha; 743 o drigolion)
Mae'r **gymuned** yn ymestyn o'i ffin â **Blaenau Gwent** hyd gyffiniau Llyn Syfaddan (**Llan-gors**). Mae'r pentref, a fu gynt yn un o ganolfannau'r diwydiant **gwlân** ond sydd bellach yn gyrchfan twristiaid, yn gorwedd o boptu Camlas Aberhonddu a'r Fenni, sy'n croesi traphont uchel i'r gogledd o Dal-y-bont ac yn mynd trwy Dwnnel Ashford tua'r de. Mae'r ffordd i gronfa ddŵr Tal-y-bont, a adeiladwyd gan Gorfforaeth **Casnewydd**, yn croesi pont godi. I'r de-ddwyrain o'r gronfa ddŵr mae **cronfeydd dŵr** Pentwyn a Phontsticill, a gerllaw iddynt mae'r chwareli **calchfaen** mawr a arferai gyflenwi gweithfeydd haearn **Merthyr Tudful**. Y gyn-orsaf reilffordd ym Mhontsticill oedd yr orsaf uchaf ym **Mhrydain** i'r de o'r **Alban**, ar reilffordd safonol ei lled. Saif tŵr hirsgwar a rhan o fur beili Castell Pencelli hyd heddiw.

Bu'r adeilad ar un adeg yn eiddo i Ralph Mortimer (gw. **Mortimer, Teulu**). Mortimer hefyd a fu'n gyfrifol am godi eglwys Llanfeugan sy'n dyddio o'r 13g. Yn Sgethrog, yr ochr draw i afon **Wysg**, saif un o ddau dŷ tŵr **Sir Frycheiniog**; fe'i hadeiladwyd gan deulu Picard ac ar un adeg bu'n gartref i George Melly (1926–2007), sylfaenydd Gŵyl Jazz **Aberhonddu**. Mae'r bardd **Henry Vaughan** wedi'i gladdu ym mynwent eglwys Llansanffraid, lle bu ei frawd, **Thomas Vaughan** yr alcemydd, yn rheithor hyd nes iddo gael ei ddiswyddo yn ystod y **Werinlywodraeth**. Saif eu cartref, Trenewydd (Newton), gerllaw, ond mae'r tŷ presennol yn fwy diweddar na'r 17g. I'r dde mae pentref bach Llanddeti, cartref Jenkin Jones, Seneddwr pybyr a fynegodd ei ffieidd-dod tuag at yr Adferiad trwy danio llawddryll at ddrws yr eglwys.

**TALYLLYCHAU**, Sir Gaerfyrddin (3,326ha; 534 o drigolion)

Tali (neu Talley) yw'r enw annerbyniol yng ngolwg llawer a roddir yn aml ar y **gymuned** hon i'r gogledd o **Landeilo** sy'n cynnwys pentref Talyllychau a mân bentrefi Halfway a Chwm-du (ond da cofio bod yr enghraifft gynharaf o Talley yn dyddio o 1382). Yn y 1180au sefydlodd **Rhys ap Gruffudd** (yr Arglwydd Rhys; m.1197) unig abaty'r **Premonstratensiaid** yng Nghymru i'r de o ddau lyn bach Talyllychau (ystyr *llychau* yw 'llynnoedd', er bod ffurfiau cynnar ar yr enw Talyllychau hefyd yn awgrymu y gall mai *llechau* 'meini' sydd yn yr enw). Roedd eglwys â chorff wyth cilfach wedi ei chynllunio ar gyfer y safle cyn 1200, ond, yn y degawdau a ddilynodd, dim ond pedair cilfach a adeiladwyd, arwydd fod y canoniaid wedi sicrhau llai o waddol nag y gobeithiwyd amdano, efallai oherwydd gelyniaeth abad **Hendy-gwyn**. Darn 26m o uchder o dŵr yr eglwys yw'r unig ran sylweddol o'r abaty sy'n dal i sefyll. Mae seddau caeedig yn nodwedd o Eglwys Sant Mihangel (1772). Mae Providence, Capel y **Bedyddwyr** (1789, 1839, 1883), Cwm-du, yn adeilad deniadol. Yn y 1950au bu llofruddiaeth erchyll yng Nghwm-du (gw. **Michal Onufrejczyk**). Daeth y lle yn enwog yn ddiweddarach am ei bentref tipis. Daeth stryd Sioraidd Cwm-du, ynghyd â'r dafarn a'r siop, yn eiddo i'r **Ymddiriedolaeth Genedlaethol** yn 1991. Mae Newfoundland yn un o'r enwau ffermydd sy'n dwyn i gof ymgais **William Vaughan** yn gynnar yn yr 17g. i sefydlu gwladfa Gymreig yn Newfoundland.

**TANNER, Phil (1862–1950)** Canwr gwerin

Mab ieuengaf teulu o wehyddion o **Langynydd** oedd Phil Tanner, teulu a oedd yn adnabyddus ym mhenrhyn **Gŵyr** am ganu a **dawnsio**. Fe'i recordiwyd gan y BBC yn 1937 ac yn 1949, a bu'n destun erthygl nodedig yn y *Picture Post* yn 1949. Er mai dim ond cyfran fechan iawn o'i gronfa lafar enfawr o ganeuon a gofnodwyd erioed, mae'n cael ei gydnabod gan ysgolheigion fel un o'r cantorion traddodiadol mwyaf dawnus yn **Saesneg**. Rhyddhawyd casgliad crynoddisg o'i recordiadau, *The Gower Nightingale,* yn 2003.

**TAPLAS**

Cyfarfod a gynhelid fel arfer ar nos Sadwrn rhwng y Pasg a Chalan Gaeaf i ganu, **dawnsio** a chwarae pêl a champau eraill, gyda gwobrwyon i'r goreuon yn aml, a'r rheini wedi'u rhoi gan dafarnwyr lleol. Fe'i cysylltid yn **Sir Forgannwg** â'r **Fedwen Haf** a Gŵyl Ifan, ac o dan yr enw *mabsant* fe'i cymysgid yn aml â **gwylmabsant**. Yn y gogledd defnyddid yr enw *twmpath chwarae* neu *chwareufa gampau* am gyfarfod tebyg a gynhelid trwy gydol misoedd yr haf ar ôl gorffen gwaith am y dydd. Dirywiodd yr arfer o ddechrau'r 19g. ymlaen.

Phil Tanner

**TAWE, Afon** (48km)

Mae Tawe yn tarddu ar ucheldiroedd y **Mynydd Du** (**Sir Gaerfyrddin** a **Phowys**) islaw Llyn y Fan Fawr, ar lechweddau dwyreiniol Fan Brycheiniog yng nghymuned **Llywel**. Mae rhai o'i blaenddyfroedd yn llifo tua'r de i gyfeiriad **ogofâu** Dan yr Ogof – ogofâu sy'n nodweddiadol o frig y **Calchfaen** Carbonifferaidd y gellir ei olrhain o amgylch maes **glo**'r de – a Pharc Gwledig Craig-y-nos (**Tawe Uchaf**). Dilyna Cwm Tawe duedd Ffawt Tawe o'r gogledd-ddwyrain i'r de-orllewin. Rhwng Aber-craf ac **Ystradgynlais** llifa'r **afon** trwy gwm cul lle mae prinder tir gwastad wedi esgor ar aneddiadau stribedog. Ymuna Twrch â Thawe ger **Ystalyfera**. Ger **Pontardawe**, mae culni'r dyffryn yn cyfyngu ar unrhyw ddatblygiadau. Mae'r cwm yn lledu lle ymuna afon Clydach â Thawe ac am flynyddoedd lawer tiroedd gwastad rhannau isaf y dyffryn oedd lleoliad prif ganolfan cynhyrchu **copr** y byd. Roedd y defnydd a wnâi'r diwydiant o ddyfroedd yr afon yn arbennig o ddyfeisgar. Y 5km mordwyadwy o'r afon, a gysylltai'r maes glo â'r môr, oedd yr allwedd i ddatblygiad porthladd **Abertawe**.

**TAWE UCHAF**, Sir Frycheiniog, Powys (2,968ha; 1,516 o drigolion)

Yn y **gymuned** hon mae'r tywodfeini coch sy'n nodweddiadol o **Sir Frycheiniog** yn diflannu dan orchudd o greigiau Carbonifferaidd y mae eu tirwedd yn nodedig am ei **ogofâu**, ei geunentydd a'i nentydd, yn ogystal â Sgwd Henryd. Mae **ogofâu** Dan-yr-Ogof ymhlith y systemau tanddaearol mwyaf

Te a chlebran

yng ngorllewin Ewrop. Darganfuwyd **crochenwaith** a gwrthrychau metel yn Ogof yr Esgyrn, sy'n enghraifft brin o safle y gwyddys i sicrwydd fod yno bobl yn byw yn ystod yr Oes Efydd (gw. **Oesau Cynhanesyddol**). Adeiladwyd plasty Gothig Craig-y-nos yn 1841–3; fe'i helaethwyd yn ddiweddarach, a'i droi'n gastell ffug, wedi i'r gantores opera **Adelina Patti** ei brynu yn 1878. Symudwyd gardd aeaf Adelina Patti (Pafiliwn Patti) i **Abertawe** ond mae ei theatr dra addurnedig – fersiwn bychan o theatr Bayreuth – yn dal yno. Mae'r Cerrig Duon yn un o'r clystyrau gorau yng Nghymru o henebion o'r Oes Efydd. Dechreuwyd cloddio am **lo** yn yr ardal yn 1758, gerllaw Aber-craf, lle bu cymuned bur fawr o **Sbaenwyr** yn byw ar un adeg. Bellach nodweddir y fro gan weithfeydd glo brig mawr. Credir mai'r beudy crwn adfeiliedig yn Waun-lwyd yw'r unig adeilad o'i fath yn y Deyrnas Unedig.

## TAYLOR, A[rnold] J[oseph] (1911–2002)

Archaeolegydd

Pan benodwyd ef yn arolygydd henebion Cymru yn 1946, aeth Taylor, a aned yn **Llundain**, ati i gymhwyso'i ymchwil ddogfennol, ei sgiliau dadansoddi treiddgar ynghyd â'i wybodaeth am gofnodion ariannol yn yr Oesoedd Canol at ei astudiaeth o gestyll Edwardaidd mawr gogledd Cymru (gw. **Pensaernïaeth**). Mewn cyhoeddiadau a darlithoedd a lwyddodd i godi ymwybyddiaeth ryngwladol o bwysigrwydd y cestyll, datgelodd lawer am hanes eu cynllunio a'u codi. Gwnaeth waith ymchwil arbennig o gyffrous ar y pensaer **James o St George**. Ei gampwaith pennaf yw'r adran ar Gymru yn H. M. Colvin (gol.), *The History of the King's Works* (1963), adran a gyhoeddwyd ar wahân fel *The History of the King's Works in Wales, 1277–1330* (1973).

## TE

Dengys **baledi** ac **anterliwtiau** o'r 18g. fod cwrdd i yfed te a chlebran yn arfer poblogaidd ymhlith y **menywod** erbyn y cyfnod hwn, er bod te yn dal yn weddol ddrud. Bu'r elw a wnaeth o werthu te yn fodd i ariannu teithiau pregethu **William Williams**, Pantycelyn (1717–91). Dychanwyd y 'clwb te' clepgar gan faledwyr y 19g. ond byddai'r beirdd hefyd yn llunio cerddi mawl i'r cwpanaid a oedd yn prysur ddod yn ddiod feunyddiol i bawb. Wrth i'r pris ostwng achubodd dirwestwyr (gw. **Dirwest**) y cyfle i hybu yfed te yn hytrach na diodydd meddwol a bu cynnal 'gŵyl de' yn ffordd boblogaidd gan yr enwadau Anghydffurfiol (gw. **Anghydffurfiaeth**) o dalu'r ddyled ar y capel. Gan fod te heb laeth yn edrych mor debyg i whisgi, gallai llawer o'r dirwestwyr honedig fwynhau cwpanaid o'u hoff ddiod ar y slei.

## TECSTILAU

Erbyn yr 16g. roedd cynhyrchu **gwlân**, sef y prif ddiwydiant tecstilau yng Nghymru, yn symud o'r trefi i'r wlad, ac o'r de i'r gogledd a'r canolbarth. Er hynny, roedd y diwydiant brethyn yn parhau i ddiwallu anghenion lleol yn y rhan fwyaf o Gymru, fel y dengys yr enw *pandy* (adeilad ar gyfer pannu brethyn) mewn **enwau lleoedd** trwy'r wlad.

Erbyn y 18g. roedd tair prif ganolfan gwneud brethyn, sef ardaloedd **Dolgellau**, y **Drenewydd** a Glynceiriog (gw. **Llansanffraid Glynceiriog**). O ddiwedd y 18g. ymlaen dechreuodd masnachwyr o **Lerpwl** ddod i brynu nwyddau brethyn. Deuent yn arbennig i'r marchnadoedd brethyn a sefydlwyd yn y **Trallwng** (1782), y Drenewydd (1832) a **Llanidloes** (1836). Ar ddechrau'r 19g. roedd y diwydiant brethyn yn ffynnu yn Nyffryn **Hafren**. Er hynny, erbyn y 1880au bu dirywiad yn yr ardal hon. Datblygodd Dyffryn **Teifi** yn ganolfan bwysig, ond erbyn y 1920au aeth pethau ar i lawr yno hefyd. Mae'r diwydiant gwlân yn parhau mewn nifer o felinau, er mai atyniad i dwristiaid ydyw'n bennaf erbyn hyn.

Tyfwyd llin yng Nghymru hyd ddechrau'r 19g., a gwehyddid lliain ar raddfa ddomestig, ond dinistriwyd y diwydiant pan ddechreuwyd cludo cotwm o Swydd Gaerhirfryn. Roedd gwneud lliain yn hynod bwysig yn Nyffryn Hafren, lle mae Ardd-lin yn enw ar bentref yng nghymuned **Llandrinio**.

Ar ddiwedd y 18g. roedd peth cotwm, a sidan hyd yn oed, yn cael ei gynhyrchu yn **Nhreffynnon**, gorlif o'r diwydiannau yn Swydd Gaerhirfryn a **Swydd Gaer**. Dechreuwyd cynhyrchu reion yn **Sir y Fflint** yn y 1930au (gw. **Courtaulds**), ac agorwyd ffatri fawr British Nylon Spinners yn New Inn (**Pont-y-pŵl**) yn 1948. Dioddefodd y ddwy ffatri yn sgil y dad-ddiwydiannu a ddilynodd. Yn 1973 agorwyd canolfan decstilau sylweddol **Laura Ashley** yng **Ngharno**. Yno cynhyrchid defnydd ar gyfer dillad a wneid gan bobl leol yn eu cartrefi, ond caewyd y gwaith yn 2005.

Câi pob math o nwyddau eu gwneud o wlân – lliain, gwlanen, brethyn cartref, siolau, blancedi a gorchuddion gwelyau. Roedd y mwyafrif o'r patrymau gwlanen yn streipiog, er bod siec wedi'i gyflwyno erbyn 1850. Ceid carthenni, sef

Croglen wedi'i brodio, Bryncunallt, y Waun, *c.*1715

blancedi twil wedi'u gwehyddu, gyda phatrymau o ddotiau neu batrymau llinellog; mae'r rhan fwyaf o'r enghreifftiau'n dyddio o 1850 hyd 1940. Ar y dechrau câi cwrlidau geometrig lliain-dwbl eu gwehyddu ar wŷdd llaw, ond daethant yn llawer mwy cyffredin pan ddaeth gwyddiau mecanyddol i fodolaeth. Er ei bod yn arfer cyfeirio at y patrymau fel 'Tapestri Cymreig', ceir patrymau tebyg yn **Lloegr** a **Gogledd America**.

Brodweithiau oedd rhai o'r tecstilau addurnedig cynharaf sy'n hysbys yng Nghymru. Mae cerddi Cymraeg o'r Oesoedd Canol yn disgrifio dillad ac arnynt frodwaith sidan ac aur, a motiffau o **adar**, anifeiliaid a **phlanhigion**. Mae'r enghreifftiau o frodwaith sydd wedi goroesi yn cynnwys lluniau mewn brodwaith, menig a chroglenni gwely, yn bennaf o'r cyfnod 1650–1800. Yn ddiweddarach daeth sampleri'n boblogaidd yng Nghymru. Parhaodd gwneud cwiltiau a chlytwaith, a wnaed o'r 18g. ymlaen, fel crefft ddomestig hyd y **Rhyfel Byd Cyntaf**; er bod adfywiad yn ystod y 1920au a'r 1930au, ni pharhaodd cwiltio fel diwydiant a hynny oherwydd y dogni adeg yr **Ail Ryfel Byd**. Mae cwiltiau Cymreig yn cynnwys gorchudd uchaf ac isaf, gyda llenwad rhyngddynt sydd wedi'i bwytho i'w le, gan ddefnyddio patrymau a ddatblygodd yn rhai traddodiadol. Yng Nghymru y mae gwreiddiau'r traddodiad o wneud clytwaith, gyda darnau hirsgwar a thriongl o ddefnydd, ond cafodd ei allforio i America erbyn y 19g. gan ymfudwyr.

## TEGEINGL Cantref

Roedd Tegeingl, ynghyd â **Rhos**, **Rhufoniog** a **Dyffryn Clwyd**, yn un o gantrefi'r **Berfeddwlad**. Mae'n debyg fod yr enw yn tarddu o'r gair **Deceangli**, sef enw'r llwyth Brythonaidd a drigai yng ngogledd-ddwyrain Cymru yng nghyfnod y **Rhufeiniaid**. Adwaenai trigolion **Mersia** Degeingl fel Englefield, ardal a ddaeth yn asgwrn cynnen rhwng ieirll Caer a thywysogion **Gwynedd**. Roedd yn cynnwys cymydau **Rhuddlan**, **Prestatyn** a **Chwnsyllt**. Yn 1284 daeth yn gnewyllyn **Sir y Fflint**.

## TEIFI, Afon (117km)

Mae afon Teifi yn tarddu yn Llynnoedd Teifi yn ucheldir yr **Elenydd** yng nghymuned **Ystrad-fflur**. Creigiau llai gwydn y cyfnod Ordofigaidd diweddar a'r cyfnod Silwraidd cynnar sy'n ffurfio seiliau daearegol dalgylch afon Teifi. Dilyna'r afon duedd neu aliniad y creigiau o'r gogledd-ddwyrain i'r de-orllewin. Llifa heibio i safle abaty Sistersaidd Ystrad-fflur a phentref Pontrhydfendigaid a thrwy **Gors Caron** cyn cyrraedd cyrion **Tregaron**. Y tu hwnt i Dregaron mae'r afon yn ymddolennu ar draws gorlifdir ffrwythlon cyn belled â **Llanbedr Pont Steffan**. Rhwng y dref honno ac **Aberteifi**, afon Teifi sy'n dynodi'r ffin rhwng **Ceredigion** a **Sir Gaerfyrddin**. Un o brif nodweddion rhannau isaf y dyffryn yw ceunentydd trawiadol Maesycrugiau, Alltcafan, Henllan a **Chenarth** sydd hefyd yn enwog am ei raeadr fach atyniadol. Un o isafonydd mwyaf atyniadol Teifi yw afon Cuch y mae'r rhan helaethaf o'i chwrs yn dynodi'r ffin rhwng **Sir Benfro** a Sir Gaerfyrddin. Llifa afon Teifi i mewn i Fae Ceredigion rhwng pentiroedd Pen Cemais (**Llandudoch**) a Charreg Lydan (y **Ferwig**). Mae Ynys Aberteifi gyferbyn â Charreg Lydan (gw. **Ynysoedd**).

## TEILO (Eliud; 6g.) Sant

Sylfaenydd eglwys **Llandeilo** Fawr ac un o'r 'Trisant' (gyda **Dewi** a **Padarn**) yr honnir iddynt gael eu cysegru'n esgobion gan batriarch Jerwsalem. Dywed cofnod o'r 8g. ar ymyl dalennau ***Llyfr St Chad*** i'r llawysgrif gael ei rhoi 'i Dduw a Sant Teilo ar ei allor'. Cyfeiria cofnod arall at 'holl deulu Teilo', sef brodyr y fynachlog a sefydlwyd ganddo. Mae'r llyfr yn brawf o bwysigrwydd Llandeilo fel canolfan Gristnogol. Ysgrifennwyd Buchedd Teilo yn y 12g. gan Sieffre, brawd i **Urban**, esgob Llandaf (**Caerdydd**), awdur a oedd am greu cysylltiad rhwng esgobaeth ei frawd a'r sant. Ceir cyfeiriadau yn y Fuchedd at ymweliad Teilo â **Llydaw**. Cysegrwyd sawl eglwys yn Llydaw i'r sant ac fe'i cyfrifir yn nawddsant **ceffylau** ac afallennau yno. Arwydd o fri Teilo oedd yr ymgiprys, yn ôl y chwedl, rhwng eglwysi gwahanol i gael gafael ar ei **greiriau** ac ar ei gorff. Dywedir fel y bu'n rhaid wrth wyrth i ddatrys yr anghydfod; cyfeiria **Trioedd Ynys Prydain** at y tri chorff a wnaethpwyd gan Dduw i Deilo. Roedd un yn Llandaf, yr ail yn Llandeilo Fawr a'r trydydd ym **Mhenalun**, man ei eni yn ôl traddodiad. Dydd gŵyl Teilo yw 9 Chwefror.

## TEIRTREF Arglwyddiaeth

Daeth tiriogaethau tri chastell gogledd **Gwent** – y Castell Gwyn (**Llandeilo Gresynni**), y **Grysmwnt** ac Ynysgynwraidd (**Llangatwg Feibion Afel**) – i fod am wahanol resymau, ond fe'u hunwyd yn un arglwyddiaeth. Ynghyd ag arglwyddiaeth gyfagos Mynwy (gw. **Trefynwy**), daeth Teirtref yn rhan o ddugaeth Lancaster (gw. **Lancaster, Teulu**).

## TEIRW SCOTCH, Y

Carfan o weithwyr a weithredai yn y dirgel yn rhan ddwyreiniol maes **glo**'r de oedd y Teirw Scotch. Yn y 1820au a'r 1830au y buont yn fwyaf gweithredol, er bod enghreifftiau o derfysgoedd yn enw'r Teirw wedi'u gweld hwnt ac yma mor ddiweddar â'r 1850au. Yn wir, cafodd y term ei ddefnyddio yn ystod yr helyntion yn y meysydd glo yn 1926 (gw. **Streic Gyffredinol** a **Streiciau'r Glowyr**). Nid oes unrhyw gysylltiadau amlwg â'r **Alban**; amcan y protestwyr oedd 'sgotsio' neu ddwyn terfyn ar ymagweddu gwasaidd tuag at gyflogwyr. Roedd eu bryd ar greu undod rhwng y gweithwyr trwy fygwth a chreu ofn, a thrwy hynny gryfhau disgyblaeth mewn cymdeithas. Gelynion cymdeithas, yn nhyb y Teirw, oedd y bobl a gâi eu targedu, ac yn eu plith yr oedd ymfudwyr o **Iwerddon** a **Lloegr**, beilïaid a chyflogwyr barus. Wedi'u gwisgo fel na ellid eu hadnabod, byddai aelodau o'r garfan yn ymweld â phobl o'r fath liw nos, gan gynnal achos ffug cyn mynd ati i falu ffenestri a **dodrefn** a cham-drin gwrthrych yr ymosodiad. Byddai llythyrau llawn bygythion arswydus yn rhagflaenu'r ymosodiadau. Yn sgil y gweithgareddau brawychus hyn ac amharodrwydd y gymdeithas leol i ddatgelu unrhyw wybodaeth amdanynt i'r awdurdodau, cafodd rhan ddwyreiniol maes glo'r de ei galw'n 'Deyrnas Ddu' y Teirw.

## TELEFFON, Y

Datblygwyd cyfundrefn ffôn **Prydain** yn y 1880au gan yr United Telephone Company, Swyddfa'r Post ac eraill yn gyfres o rwydweithiau lleol a gysylltwyd â'i gilydd yn ddiweddarach – trefniant pur wahanol i'r gwasanaeth **post** yr oedd **Llundain** yn ganolbwynt iddo. Erbyn 1882 roedd cyfnewidfeydd ffôn yng **Nghaerdydd**, **Casnewydd** ac **Abertawe**, erbyn 1886 yng **Nghaerfyrddin**, **Caergybi**, **Bangor** a **Chaernarfon**, a llawer rhagor erbyn 1887.

Mae cyfeiriadur ffôn 1897 yn rhestru 'Caerdydd' fel ardal yn 'Nhalaith Orllewinol' y National Telephone Company (NTC) – a oedd hefyd yn cynnwys Evesham a **Chernyw**. Roedd nifer y teleffonau mewn trefi yn 'Ardal Caerdydd' yn 1897 yn amrywio o 767 yng Nghaerdydd a 231 yn Abertawe i 6 yn y **Fenni** a 5 yn y Porth (y **Rhondda**). Ymhlith y tanysgrifwyr yr oedd gwestai, yr **heddlu**, llywodraeth leol, cwmnïau **llongau** a chwmnïau diwydiannol mawr.

Wrth i'r gwasanaeth teleffon ddatblygu bu cyfnod byr o gystadlu rhwng cwmnïau. Ffurfiwyd y NTC trwy gyfres o uniadau a thrwy lyncu cwmnïau ffôn megis y Western Counties and South Wales Company. Erbyn 1890 yr NTC a Swyddfa'r Post oedd yr unig ddarparwyr; erbyn 1899 roedd gan Swyddfa'r Post tua 1,000 o danysgrifwyr a chan NTC 100,000.

Ar droad y ganrif y daeth masnachu trefol i'w anterth. Yn unol â Deddf Telegraff 1899, cafodd awdurdodau lleol yr hawl i redeg systemau ffôn. Roedd Abertawe yn un o chwe awdurdod lleol yn y Deyrnas Unedig (allan o 1,334) i gael trwydded (1902), ac agorodd gyfnewidfa yn 1903. Yn 1907, pan oedd ganddi 1,215 o linellau tanysgrifwyr, gwerthwyd system Abertawe i'r NTC – a gymerwyd drosodd yn ei dro gan Swyddfa'r Post yn 1912. Yn 1969 gwahanwyd y system ffôn oddi wrth Swyddfa'r Post a gwladoli'r diwydiant; fe'i preifateiddiwyd dan yr enw British Telecom (BT) yn 1984.

Erbyn dechrau'r 21g. roedd BT yn cystadlu â nifer o ddarparwyr eraill, yn arbennig Virgin Media. Roedd y drafnidiaeth wedi cynyddu'n ddirfawr; roedd gan 89% o gartrefi Cymru linell ffôn sefydlog yn 2006 (roedd y ganran yn 91% ar ei huchaf, yn 2003). Roedd gan tua thri chwarter pobl Cymru ffôn symudol yn 2006, er bod arwyddion bellach y gallai'r farchnad hon fod ar fin cyrraedd ei llawn dwf. Roedd problemau derbyniad yn y gorllewin a'r canolbarth yn un rhwystr i dwf pellach.

## TELEGRAFF, Y

Y telegraff mwyaf adnabyddus yng Nghymru oedd yr un rhwng **Caergybi** a **Lerpwl**, sef y telegraff preifat a masnachol cyntaf ym **Mhrydain**, a gâi ei redeg gan Ymddiriedolwyr Dociau Lerpwl o 1827 hyd 1907. Telegraff semaffor ydoedd, ac roedd ganddo freichiau mecanyddol y gellid eu symud, yn debyg braidd i hen signalau **rheilffyrdd**, i gyfleu un o 10,000 o rifau posibl, pob un yn cyfateb i air neu ymadrodd, yn ôl côd y system.

Yr oedd i'r system 11 o orsafoedd semaffor a châi neges ei throsglwyddo o orsaf i orsaf (fe'i darllenid trwy gyfrwng telesgop) gan deithio ar hyd y telegraff cyfan mewn pum munud. Nid oedd y system yn gweithio mewn niwl, ac felly lleolwyd y gorsafoedd uwchlaw niwl y môr ac yn is na niwl y mynydd. Yn 1860 disodlwyd telegraff Caergybi gan delegraffiaeth drydan, ond mae olion y telegraff semaffor olaf i weithredu ym Mhrydain i'w gweld o hyd.

Datblygodd y telegraff trydan yn gyfochrog â'r rheilffyrdd, ac roedd y datblygiad yn gysylltiedig â chludiant ar **longau**. Gosodwyd ail delegraff trydan Cymru rhwng **Aberdaugleddau** a'r dociau brenhinol yn **Noc Penfro** yn 1861, i roi gwybodaeth am longau a gyrhaeddai. Roedd y telegraff yn bwysig i **oleudai** ac yn bwysig hefyd mewn perthynas ag achub llongau, rhagolygon tywydd ac, yn ddiweddarach, y gwasanaeth **tân** a'r **heddlu**.

Yn groes i'r arfer yn y 19g., roedd a wnelo'r wladwriaeth lawer iawn â'r telegraff, ac fe'i gwladolwyd yn 1870 er mwyn hwyluso masnach ac er mwyn rheoli cyfrwng a oedd yn bwysig o ran diogelu'r wladwriaeth; defnyddiwyd y telegraff gan y **llywodraeth** i danseilio **Siartiaeth**.Ymhlith yr arbrofion a fu â thelegraffeg yng Nghymru yr oedd rhai Charles Wheatstone (1802–75) a ddefnyddiodd Fae Abertawe, yn 1844 ac 1845, i ymchwilio i isgerhyntau. Ond byr fu oes y telegraff, gan iddo gael ei ddisodli gan y **teleffon**.

## TELFORD, Thomas (1757–1834) Peiriannydd sifil

Ganed Telford yn Swydd Dumfries, yn fab i fugail. Ef a gynlluniodd ffordd y **goets fawr** (yr **A5**, yn ddiweddarach), 175km o hyd, o Amwythig i **Gaergybi** a oedd yn rhan o'r lôn bost, 418km o hyd, o **Lundain**. Nodwedd bensaernïol wychaf y ffordd oedd y bont grog dros afon **Menai**, a agorwyd yn 1826 (gw. **Porthaethwy**). Sicrhaodd medrusrwydd peirianyddol Telford mai'r graddiant serthaf trwy **Eryri** oedd 1:22 y ffordd trwy Nant Ffrancon, o'i gymharu ag 1:6 ar hyd rhannau o'r hen lôn. Telford hefyd a gynlluniodd draphontydd dŵr y **Waun** (**Sir Ddinbych**) a Phontcysyllte (**Llangollen Wledig**) ar gyfer cwmni camlas Ellesmere.

## TELYN

Ystyrir mai'r delyn yw offeryn cerdd traddodiadol y Cymry. Fodd bynnag, hawliodd y bardd-offeiriad Venantius Fortunatus, esgob Poitiers yn y 6g., mai'r **crwth** a genid gan Frythoniaid ei gyfnod ef, a hynny gan ddefnyddio'r bysedd a'r ewinedd, ymhell cyn cyflwyno'r bwa o'r gwledydd Arabaidd yn ystod yr 11g.; y 'barbariad' Tiwtonaidd a ganai'r delyn. Ychydig iawn o sôn a geir yn **llenyddiaeth** gynnar Cymru am y delyn a'r crwth, ond dengys y **gyfraith** frodorol Gymreig fod parch mawr tuag at feirdd a cherddorion.

Yn wahanol i'r **Gwyddelod**, hoffai'r Cymry offeryn ysgafn, gyda thannau o rawn ac, yn ddiweddarach, o goludd. Yn wreiddiol, defnyddiai telynorion o Gymru ac **Iwerddon** yr ewinedd yn ogystal â blaenau'r bysedd, gan greu sain glir, bron yn ergydiol. Rhoddent y delyn i orffwys ar yr ysgwydd chwith a chwarae'r trebl â'r llaw chwith – yn wahanol i'r arfer yng ngweddill Ewrop. Cyfeiria **Dafydd ap Gwilym** at ei delyn fach, ac ymddengys ei fod yn canu neu'n datgan ei gywyddau (gw. **Cywydd**) i'w gyfeiliant ei hun.

John Roberts, 'Telynor Cymru', gyda'i delyn deires, *c.*1880

Tybir mai crefft a gâi ei throsglwyddo ar gof oedd **cerddoriaeth** yr Oesoedd Canol, ond honnodd **David Powel** yn 1584 fod llyfrau cerdd yn bodoli; yn wir, mae un llawysgrif o hen gerddoriaeth Gymreig i'r delyn wedi goroesi, sef un **Robert ap Huw** (*c.*1613), ac ymddengys bod honno'n seiliedig ar ddeunydd o gyfnod cynharach. Mewn rhestr o ddarnau cerddoriaeth a chwaraewyd gan delynorion a chrythorion adeg Nadolig 1595 yn Lleweni (**Dinbych**), enwir 82 o geinciau, pob un yn dod o **Loegr**. Nid rhyfedd i feirdd y cyfnod gwyno na werthfawrogid eu canu mwyach; yn ôl Edward ap Raff (*fl.*1578–1606), galwyd arnynt i ganu mân ganeuon ffôl: 'mae'r byd a'r gelfyddyd faith / mewn dameg yn mynd ymaith'.

Cynlluniwyd y delyn deires, gyda'i thair rhes o dannau, yn yr Eidal *c.*1600, a'i chanu gyntaf gan Orazio Michi; fe'i cyflwynwyd i lys Lloegr *c.*1629. Yr arfer oedd tiwnio'r ddwy res allanol yr un fath mewn graddfa ddiatonig, a byddai'r rhes ganol yn rhoi'r nodau cromatig. Mae'n bosibl mai'r telynor llys Charles Evans oedd y Cymro cyntaf, yn 1660, i fabwysiadu'r delyn deires; talodd Charles II £15 am offeryn newydd o'r Eidal iddo. Dywedir mai Elis Siôn Siamas o Lanfachreth (gw. **Brithdir a Llanfachreth**) – telynor i'r Frenhines

Catrin Finch

Anne ac un yr enwyd canolfan gerdd Tŷ Siamas yn **Nolgellau** ar ei ôl – oedd y cyntaf i lunio telyn deires yng Nghymru, rai blynyddoedd yn ddiweddarach.

Er mai'r delyn sengl a genid gan y mwyafrif o delynorion Cymru yn y 18g., aeth rhai mwy mentrus i'r afael â'r delyn deires; y mwyaf dawnus ohonynt oedd **John Parry**, y Telynor Dall (*c.*1710–82), a ganai mewn cyngherddau ledled **Prydain**. Roedd telynorion gwych eraill yn **Llundain** yr adeg hon: chwaraeodd Thomas Jones, telynor dall arall, yn yr opera *Esther* gan Handel yn 1718, a chyfansoddodd Handel gonsierto i'r delyn ar gyfer William Powell (m.1750), a oedd yn delynor i dywysog Cymru.

Daeth **Edward Jones** (1752–1824) o **Landderfel** i Lundain *c.*1775, ac yno y daethpwyd i'w adnabod fel Bardd y Brenin. Ymsefydlodd ail **John Parry** (1776–1851), a adwaenid fel Bardd Alaw, yn Llundain yn 1807; parheir i ddefnyddio rhai o'i alawon megis 'Cadair Idris', 'Llanofer' a 'Cainc y Datgeiniaid' yn *repertoire* y delyn a **chanu penillion**. Roedd ugeiniau o delynorion eraill a gadwai yr hen draddodiadau'n fyw, gan gystadlu mewn eisteddfodau (gw. **Eisteddfod**) a chwarae mewn tafarndai. Byddai eraill yn cyfuno canu'r delyn â gwaith arall: roedd Griffith Owen o Benmorfa (1750–1833), er enghraifft, yn fwtler ac yn delynor yn Ynysmaengwyn (**Bryn-crug**). Yn ogystal â'r telynorion lled broffesiynol, ceid y **Sipsiwn**, a theulu **Wood** yr enwocaf yn eu mysg.

**John Thomas**, Pencerdd Gwalia (1826–1913), oedd telynor amlycaf y 19g., ac yntau'n delynor i'r Frenhines Victoria, yn athro'r delyn ac yn gyfansoddwr. Yn yr 20g. trosglwyddodd y ddihafal **Nansi Richards** (Telynores Maldwyn) ei meistrolaeth dechnegol ar y delyn deires i genhedlaeth iau o gerddorion. Ymhlith telynorion Cymreig mwyaf adnabyddus y cyfnod presennol y mae Osian Ellis (g.1928), Catrin Finch (g.1980), Robin Huw Bowen (g.1958) a Llio Rhydderch (g.1937).

Yn ystod yr 20g., diolch i'r modd yr ymwrthodwyd ag arddull salon y 19g., cafodd y delyn *repertoire* newydd o gerddoriaeth gan gyfansoddwyr Cymreig megis **David Vaughan Thomas** a **David Wynne**. Gwaith o bwys neilltuol oedd consierto telyn Alun Hoddinott (g.1929) a berfformiwyd gyntaf yng Ngŵyl Cheltenham yn 1958, ac yn *Proms* Llundain fis yn ddiweddarach. Ysgrifennodd **William Mathias** gonsierto i'r delyn ar gyfer Gŵyl Llandaf yn 1970, a chyfansoddodd lawer i'r delyn ar ôl hynny.

Er 1996 mae'r cyhoeddwyr cerddoriaeth blaengar, Curiad, o Ben-y-groes (**Llanllyfni**), wedi cyhoeddi darnau i'r delyn gan genhedlaeth newydd o gyfansoddwyr Cymreig. Er mai â cherddoriaeth werin a chelfyddydol y cysylltir y delyn yn bennaf, daeth yn fwyfwy amlwg mewn *ensembles* roc a jazz yn ogystal.

## TENNIS

Mae amryfal honiadau fod tennis lawnt – yn hytrach na thennis cwrt neu dennis rheiol, sef gêm dan-do uchelwyr Ewrop er y 13g. o leiaf – yn hanu o Gymru. Yn 1804 cyfeiriodd **Benjamin Heath Malkin** at 'Young men play[ing] at fives and tennis against the wall of the church' mewn sawl rhan o Gymru, ac yn 1887 cyfeiriwyd at gêm Gymreig o'r enw 'Cerrig y Drudion' fel rhagflaenydd tennis lawnt. Fodd bynnag, mae llyfrau am hanes tennis yn tueddu i roi mwy o goel ar hawliau 'Sphairistiké', gêm a ddyfeisiwyd gan yr Uwchgapten Walter Clopton Wingfield o Blas Rhysnant, **Brymbo**, yn 1873. Ni lwyddodd ei gwrt ar ffurf awrwydr a'i reolau 'anfoddhaol' i ennill eu plwyf, ond ymddengys iddynt fod yn sbardun pendant i'r gêm fodern. Erbyn y 1880au roedd twrnameintiau tennis lawnt yn cael eu cynnal yng Nghymru, a buan y daeth y gêm yn boblogaidd gan **fenywod**.

Rheolir y gêm yng Nghymru gan Tenis Cymru, sydd â 95 o glybiau cyswllt ac sy'n cydlynu tua 200 o dwrnameintiau a chystadlaethau bob blwyddyn; mae gan y corff dros 11,000 o aelodau sy'n chwarae. Ymhlith y chwaraewyr mwyaf blaenllaw bu Elizabeth James o **Benarth**, a oedd ar ei hanterth yn y 1960au; Mike Davies, o **Abertawe**, a Gerald Battrick, o **Ben- y-bont ar Ogwr**, y naill yn bencampwr cyrtiau caled **Prydain** yn 1960 a'r llall yn 1971; John (J. P. R.) Williams, pencampwr iau Prydain yn 1966 (gw. hefyd **Rygbi**); Ellinore Lightbody, o Abertawe, rhif un Cymru yn 1977; a Sarah Loosemore, o **Gaerdydd**, pencampwraig Prydain yn 1988.

## TENNIS BWRDD

Roedd Cymru yn un o aelodau cychwynnol y Ffederasiwn Tennis Bwrdd Rhyngwladol yn 1926 ac yn ddiweddarach daeth Cymro a Chymraes i amlygrwydd byd-eang yn y gamp, sef **Roy a Nancy Evans** o **Gaerdydd**. Erbyn 2004 roedd gan Gymdeithas Tennis Bwrdd Cymru (a sefydlwyd yn 1921) tua 1,500 o aelodau; amcangyfrifwyd bod y gamp yng Nghymru yn denu dros 40,000 o chwaraewyr achlysurol. Ymhlith chwaraewyr disgleiriaf y cyfnod diweddar y mae

Alan Griffiths, hyfforddwr Cymru er 1985, a enillodd bencampwriaeth gyfyngedig Cymru ddeg o weithiau – record hyd yma. Ymhlith y **menywod** a ddaeth i'r brig y mae Betty Gray o **Abertawe** ac **Audrey Bates** o Gaerdydd.

## TENOVUS

Cafodd yr elusen ganser hon, sydd â siopau codi arian ledled Cymru a **Lloegr**, ei sefydlu yn 1943 gan ddeg dyn busnes o **Gaerdydd**. Erbyn 2007 roedd yn codi dros £6 miliwn y flwyddyn ar gyfer ymchwil i ganser ac addysgu'r cyhoedd ynglŷn â'r clefyd, ynghyd â gofal a chwnsela i gleifion. Dechreuodd yr elusen pan fu'n rhaid i un o'r deg, cludwr o'r enw Eddie Price (1910–2001), dreulio cyfnod hir yn yr ysbyty. Pan sylweddolodd Price na allai ddefnyddio ei radio am ei fod yn tarfu ar y cleifion eraill, penderfynodd ei naw cyfaill lansio apêl, o dan yr enw 'Ten-of-us', i drefnu bod ffonau clust radio ar gael ar gyfer pob gwely yn yr ysbyty. Hwn oedd y cyntaf o lawer o brojectau gofal **iechyd**, er bod Tenovus yn canolbwyntio ar ganser oddi ar 1964.

## TERFYSGOEDD BWYD

Yn ystod y 18g. terfysgoedd **bwyd** oedd y mynegiant amlycaf o anghydfod cymdeithasol ym **Mhrydain**. Yng Nghymru, gwelwyd terfysgoedd o'r fath mewn amryfal drefi ar wahanol achlysuron yn ystod 1709, 1713, 1728, 1740, 1752, 1757–8, 1765–6, 1778, 1783, 1789, canol y 1790au ac 1801. Roedd y rhain oll yn flynyddoedd o brinder a phrisiau uchel, a gwelwyd aelodau o'r dosbarthiadau cymdeithasol is yn dwyn ŷd, menyn, **caws** a ffa trwy drais oddi ar y dynion canol megis y gwerthwyr ŷd, y melinwyr a'r ffermwyr mawr. A hwythau'n glynu'n gadarn wrth yr hen gred fod gallu prynu am bris teg yn hawl foesol, credent, nid yn ddi-sail, fod y rhyngfasnachwyr hyn yn ceisio ystumio'r farchnad. Roeddynt hefyd yn ddig fod grawn a bwydydd eraill yn cael eu hallforio ar adeg o brinder, a dangosodd y terfysgoedd pa mor ddibynnol oedd y tlodion ar fara fel eu prif fwyd. Mewn **porthladdoedd** ac mewn trefi marchnad a oedd yn cyflenwi'r canolfannau diwydiannol newydd y digwyddai'r helyntion. Gwelwyd gwrthdaro ym **Merthyr**, **Abertawe**, **Caerfyrddin**, **Hwlffordd**, **Penfro**, **Trefdraeth**, **Aberystwyth**, **Pwllheli**, **Caernarfon**, **Biwmares**, **Conwy**, **Dinbych**, **Rhuddlan** a **Llanelwy**. Yn flaenllaw yn y terfysgoedd yr oedd crefftwyr a gweithwyr diwydiannol, megis glowyr a mwyngloddwyr **plwm**, a oedd yn llawer mwy tebygol na gweithwyr amaethyddol o deimlo effaith newidiadau mewn prisiau ar y marchnadoedd agored.

## TERFYSGOEDD HILIOL

Honnir yn aml fod Cymru'n gymharol rydd o ragfarnau hiliol, ac eto gwelwyd anghydfod hiliol yn y wlad ar sawl achlysur. Bu tua ugain ymosodiad difrifol ar y **Gwyddelod** yn y 19g. Ymosodwyd ar yr **Iddewon** yn 1911, a'r un flwyddyn ymosodwyd ar y **Chineaid** yng **Nghaerdydd**. Y terfysgoedd hiliol gwaethaf yng Nghymru fu'r rhai yng Nghaerdydd, y **Barri** a **Chasnewydd** ym Mehefin 1919. Gwelwyd criwiau mawr o bobl wynion yn ymosod ar gartrefi morwyr duon ac Arabaidd, a hynny ar adeg pan welwyd helyntion tebyg yn y rhan fwyaf o **borthladdoedd** Prydain. Ymhlith achosion y cythrwfl yr oedd y cyflogau cymharol uchel a enillasai'r morwyr duon yn ystod y **Rhyfel Byd Cyntaf** o'u cymharu â chyflogau milwyr; roedd prinder **tai** yn porthi dicter yr ymosodwyr, ynghyd â'u heiddigedd wrth weld dynion duon yn ffurfio carwriaethau â **menywod** gwynion. Yr helynt yng Nghaerdydd oedd y mwyaf difrifol o'r holl derfysgoedd trwy **Brydain**; bu farw dau ddyn gwyn ac un Arab, ynghyd â dyn gwyn arall yn y Barri. Oddi ar hynny, gwrthryfeloedd geto ac ynddynt elfen hiliol fu'r terfysgoedd a gafwyd yng Nghaerdydd – ymosododd llanciau duon ar yr **heddlu** yn Nhre-biwt yn 1982 ac 1986, er enghraifft. Ond casineb hiliol a ysgogodd y terfysgoedd yn Nhreláí yn 1991, a gychwynnodd gydag ymosodiad ar siop a oedd yn eiddo i Asiad.

## THIRLWALL, Connop (1797–1875) Esgob

Dewiswyd Thirlwall yn esgob **Tyddewi** yn 1840, a hynny gan **lywodraeth** Chwigaidd (gw. **Plaid y Chwigiaid**) er mwyn sicrhau llais effeithiol iddynt yn Nhŷ'r Arglwyddi. Bu'n esgob hyd 1874. Roedd yn feddyliwr praff eithriadol, ond prin oedd ei ddealltwriaeth o'i esgobaeth ac ychydig o gydymdeimlad a oedd ganddo â'i offeiriaid. Er iddo ddysgu siarad **Cymraeg**, anodd iawn oedd ei ddeall pan siaradai'r iaith. Roedd ei Gyfarwyddiadau Esgobol i'w glerigwyr yn ymdrin yn eofn â holl faterion cyfoes yr Eglwys ac y mae iddynt werth hanesyddol o ganlyniad.

## THODAY, David (1883–1964) Botanegydd

Un o Ddyfnaint oedd Thoday; graddiodd yng **Nghaergrawnt** a bu'n Athro botaneg ym **Mangor** o 1923 hyd ei ymddeoliad yn 1949. Er ei fod yn arbenigo mewn botaneg ffisiolegol a dehongli adeiledd **planhigion**, ei brif gyfraniad oedd ei ddylanwad enfawr ar draws y byd ar feddwl a dysgu ym myd botaneg. Roedd yn ddyfeisiwr medrus ar gyfarpar gwyddonol, fel y dengys potomedr Thoday (mesurydd amsugniad dŵr) ac anadlfesurydd Thoday. Ar ôl ymddeol bu'n dysgu ym Mhrifysgol Alecsandria, ond daeth yn ôl i Fangor yn 1955. Bu farw yn **Llanfairfechan**. Mab iddo yw'r genetegydd John Thoday (g.1916).

## THOMAS, Alfred (Barwn Pontypridd; 1840–1927) Gwleidydd

Bu Alfred Thomas, a hanai o **Gaerdydd**, yn aelod o Gyngor Bwrdeistref Caerdydd (1875–86) ac yn faer y ddinas (1881–2). Yn 1885 fe'i hetholwyd yn aelod seneddol Rhyddfrydol dros etholaeth newydd Dwyrain Morgannwg, a bu'n dal y sedd am chwarter canrif. Bu'n gadeirydd y **Blaid Ryddfrydol** Seneddol Gymreig (1888) ac yn llywydd Undeb Bedyddwyr Cymru. Roedd yn un o sylfaenwyr Coleg y Brifysgol, Caerdydd (gw. **Prifysgol Caerdydd**), ac ef oedd llywydd cyntaf **Amgueddfa [Genedlaethol] Cymru**. Yn 1892 cyflwynodd Fesur Sefydliadau Cenedlaethol (Cymru), yr ymgais gyntaf i roi rhywfaint o **ymreolaeth** i Gymru. Fe'i dyrchafwyd yn farwn yn 1912.

## THOMAS, Ben Bowen (1899–1977) Addysgwr a ffigwr cyhoeddus

Daeth Ben Bowen Thomas, un o'r **Rhondda** yn wreiddiol, yn warden cyntaf **Coleg Harlech** yn 1927 ac yn gyfarwyddwr efrydiau allanol Coleg Prifysgol Cymru, **Aberystwyth** (gw. **Prifysgol Cymru, Aberystwyth**) yn 1940. Fel ysgrifennydd parhaol Adran Gymreig y Weinyddiaeth Addysg (**Adran Gymreig y Bwrdd Addysg** gynt) rhwng 1945 ac 1963, chwaraeodd ran allweddol yn natblygiad ysgolion Cymraeg, ac fel aelod o **Gomisiwn Kilbrandon** pwysodd am senedd i Gymru. Ef oedd cadeirydd bwrdd gweithredol UNESCO (1958–60).

Ymhlith ei gyhoeddiadau fel hanesydd y mae *Hanes Economaidd Cymru* (1941) a *Drych y Baledwr* (1958).

**THOMAS, Brinley (1906–94)** Economegydd
Bu Brinley Thomas, a aned ym Mhontrhydyfen (**Pelenna**), yn bennaeth yr adran economeg yng **Nghaerdydd** (1946–73) ac yn gadeirydd **Cyngor Cymru** (1968–71). Cyhoeddodd ei lyfr cyntaf yn 1936 a'i lyfr olaf yn 1993, ac yntau'n 87 mlwydd oed. Campwaith ei yrfa oedd *Migration and Economic Growth* (1954). Yn *Wales and the Atlantic Economy* (1959) cyflwynodd y ddamcaniaeth ddadleuol mai bendith i'r iaith **Gymraeg** oedd y **Chwyldro Diwydiannol**. Ac yntau'n awdurdod byd-eang ar symudiadau pobl a chyfalaf, caiff ei gyfrif ymhlith ysgolheigion disgleiriaf Cymru.

**THOMAS, Clem (Richard Clement Charles Thomas; 1929–96)** Chwaraewr rygbi a newyddiadurwr
O Frynaman (**Cwarter Bach**) y deuai Clem Thomas a chwaraeodd **rygbi** dros Brifysgol **Caergrawnt**, **Abertawe**, Cymru a Llewod Prydeinig 1955. Roedd yn flaenasgellwr cadarn, ac ef yn 1953 a giciodd y bêl ar draws y cae i **Ken Jones** a sgoriodd y cais a'i gwnaeth yn bosibl i Gymru drechu **Seland Newydd**. Yn ddiweddarach cyfunai ddiddordebau busnes yng Nghymru a Ffrainc â newyddiaduraeth a'i weithgarwch dros y **Blaid Ryddfrydol**.

**THOMAS, D[avid] A[lfred] (Is-iarll Rhondda; 1856–1918)** Diwydiannwr a gwleidydd
Ganed D. A. Thomas yn Ysgubor-wen, **Aberdâr**, y pymthegfed o 17 o blant Samuel Thomas, siopwr o **Ferthyr Tudful**

Dylan Thomas: paentiad olew Ceri Richards, *Do not go gentle into that good night*, 1956

a drodd ei olygon tuag at y diwydiant **glo**. Fel aelod seneddol Rhyddfrydol dros Ferthyr Tudful (1885–1910), denai D. A. Thomas bleidleisiau'r glowyr yn sgil ei feirniadaeth ar Gymdeithas y Perchnogion Glofeydd (gw. **Cymdeithasau Perchnogion Glofeydd**), yn arbennig yr unben **W. T. Lewis**. Yn ystod y 1890au ef oedd prif wrthwynebydd **David Lloyd George** yn y dadlau ynglŷn â **Chymru Fydd**. Yn 1900 rhoddodd ei gefnogaeth i **Keir Hardie**, a drechodd ei gyd-aelod seneddol Rhyddfrydol, Pritchard Morgan, yn etholaeth ddwy sedd Merthyr. O 1906 hyd 1910 D. A. Thomas oedd yr aelod seneddol dros **Gaerdydd**.

Yn y Senedd, ni chafodd ei ddoniau gwleidyddol eu llawn werthfawrogi, ac ar ôl 1906 canolbwyntiodd ei egnïon ar newid strwythur y diwydiant glo gan gychwyn gyda glofeydd y Cambrian, y busnes teuluol yng Nghwm Clydach (y **Rhondda**). Aeth ymlaen i gronni cyfoeth tra sylweddol a sefydlu'r Cambrian Combine. Y gwaith mawr hwnnw oedd canolbwynt streic 1910–11 (gw. **Streiciau'r Glowyr**), ac yn sgil y streic honno y digwyddodd Terfysgoedd Tonypandy (gw. **Tonypandy, Terfysgoedd**). Bellach roedd y dyn a fu'n synio amdano'i hun fel arwr y glowyr yn cael ei weld fel eu gelyn pennaf.

Newidiodd ei amgylchiadau gwleidyddol yn ystod y **Rhyfel Byd Cyntaf**. Yn 1915 cafodd ei anfon gan Lloyd George ar genhadaeth i'r Unol Daleithiau, ac ar ei ddychweliad fe'i hurddwyd yn Is-iarll Rhondda. Bu'n llywydd y Bwrdd Llywodraeth Leol (1915–17), ac fe'i penodwyd yn rheolwr yr adran fwyd yn 1917. Cafodd lwyddiant arbennig wrth gyflwyno'r arbrawf dogni **bwyd** – ei gyfraniad pwysicaf o bosibl. Cyhoeddodd lawer ar faterion economaidd a diwydiannol, ac roedd yn ymgorfforiad o unigolyddiaeth oes Victoria. Roedd ei wraig, **Sybil Margaret Thomas**, yn ffeminydd amlwg, ac felly hefyd ei ferch, **Margaret Haig Thomas**.

**THOMAS, Daniel Lleufer (1863–1940)** Ynad a diwygiwr cymdeithasol
Ganed Daniel Lleufer Thomas yng Nghwm-du (**Talyllychau**). Yn **Rhydychen**, roedd yn un o sefydlwyr Cymdeithas Dafydd ap Gwilym. Rhwng 1909 ac 1933 bu'n ynad cyflogedig ym **Mhontypridd** a'r **Rhondda**. Daeth hyn ag ef i amlygrwydd, yn enwedig ar ôl Terfysgoedd **Tonypandy** yn 1910. Cynhaliodd ymchwiliad i amodau byw llafurwyr amaethyddol (gw. **Gweision Ffermydd**) (1893), a bu'n ysgrifennydd y Comisiwn Brenhinol ar y Tir yng Nghymru (1893–6) ac yn gadeirydd panel Cymru o'r Comisiwn ar Anniddigrwydd Diwydiannol (1917). Roedd yn aelod o'r pwyllgor adrannol ar y **Gymraeg mewn Addysg a Bywyd** (1923–7), a chwaraeodd ran bwysig yn sicrhau bod hwnnw yn mynd ymhellach na'i gylch gorchwyl caeth ac yn argymell diddymu cymal iaith y **Deddfau 'Uno'** a chryfhau statws y **Gymraeg** yn y llysoedd. Bu'n gysylltiedig hefyd â sawl achos ym maes **addysg** a diwygio cymdeithasol, megis **Cymdeithas Addysg y Gweithwyr**, **Prifysgol Cymru** (ysgogodd agor ysgol y **gyfraith** yn **Aberystwyth** yn 1901), **Amgueddfa [Genedlaethol] Cymru** a'r **Llyfrgell Genedlaethol**. Fe'i hurddwyd yn farchog yn 1931.

**THOMAS, David (1794–1882)** Arloeswr diwydiannol
Chwaraeodd David Thomas, a ddeuai'n wreiddiol o Langatwg (**Blaenhonddan**), ran allweddol yn y gwaith o ddiwydiannu Unol Daleithiau America. Yn y 1830au, yng ngwaith **haearn** Ynysgedwyn, (**Ystradgynlais**), ef oedd y cyntaf yn y byd

i ddefnyddio glo carreg i gastio haearn. Yn 1840 llwyddodd i gynhyrchu haearn yn Catasaqua, **Pensylfania**, gan ennill iddo'i hun y teitl 'tad diwydiant glo carreg Pensylfania'.

**THOMAS, David (1880–1967)** Arloeswr sosialaidd ac addysgwr

Athro mewn ysgolion cynradd a aned yn **Llanfechain**. O 1908 ymlaen bu iddo ran flaenllaw yn trefnu'r **Blaid Lafur Annibynnol** a mudiad yr undebau llafur yn y gogledd; gyda **John Davies** (1882–1937), ceisiodd lansio rhanbarth Cymreig o'r Blaid Lafur Annibynnol yn 1911 (cam a ddehonglwyd ar y pryd fel ymdrech i sefydlu **Plaid Lafur** lwyr annibynnol i Gymru), a bu'n allweddol yn y gwaith o sefydlu Cyngor Llafur Gogledd Cymru yn 1914. Bu'n diwtor gyda **Chymdeithas Addysg y Gweithwyr** am fwy na 30 mlynedd (1928–59) ac yn 1944 fe'i penodwyd yn olygydd cylchgrawn dylanwadol y mudiad, *Lleufer*. Cyhoeddodd lyfrau ar theori gwleidyddiaeth, barddoniaeth a hanes, gan gynnwys *Y Werin a'i Theyrnas* (1909), *Y Ddinasyddiaeth Fawr* (1934), *Llafur a Senedd i Gymru* (1954) a *Silyn* (1956). Wyres iddo yw'r awdures a'r ymgyrchydd iaith Angharad Tomos (g.1958)

**THOMAS, David Vaughan (1873–1934)** Cyfansoddwr

Ganed David Vaughan Thomas yn **Ystalyfera** a'i addysgu yn **Rhydychen**, lle graddiodd mewn **mathemateg** cyn troi at **gerddoriaeth**. Ar ôl gweithio fel ysgolfeistr yn **Lloegr** dychwelodd i Gymru a gweithio fel cerddor ar ei liwt ei hun, gan ddatblygu dull tra gofalus ac ysgolheigaidd o gyfansoddi. Fe'i hysbrydolwyd gan ei astudiaeth o farddoniaeth Gymraeg i gyfansoddi rhai caneuon rhagorol, yn enwedig 'Saith o Ganeuon' a 'Berwyn'. Cyfansoddodd rai darnau corawl mawr hefyd, ac mae 'The Bard' yn waith nodedig o flaengar o'i fath gan gyfansoddwr o Gymro. Ef oedd tad **Wynford Vaughan Thomas**.

**THOMAS, Dewi-Prys (1916–86)** Pensaer

Cymry oedd rhieni Dewi-Prys Thomas ond fe'i ganed yn **Lerpwl**. Astudiodd **bensaernïaeth** a **chynllunio trefol** yn y ddinas honno cyn ymuno â swyddfa **T. Alwyn Lloyd** yng **Nghaerdydd**. Daeth yn ddarlithydd yn Ysgol Bensaernïaeth Lerpwl yn 1947. Yn 1960 fe'i penodwyd yn bennaeth **Ysgol Bensaernïaeth Cymru**, Caerdydd, ac ef oedd yr Athro pensaernïaeth cyntaf ym **Mhrifysgol Cymru**. Ef oedd enillydd Gwobr Tŷ'r Flwyddyn y *Women's Journal* yn 1960, a bu'n gyfrifol (ar y cyd â phenseiri Cyngor Sir Gwynedd) am gynllun Pencadlys Gwynedd (1980–3) yng **Nghaernarfon**. Roedd yn frawd-yng-nghyfraith i **Gwynfor Evans**, a chynlluniodd dŷ iddo yn **Llangadog**.

**THOMAS, Dylan [Marlais] (1914–53)** Bardd a llenor

Dylan Thomas oedd un o feirdd Saesneg mwyaf gwreiddiol yr 20g. Fe'i ganed yn **Abertawe**; roedd gan ei fam wreiddiau yng nghefn gwlad **Sir Gaerfyrddin**, ac ysgolfeistr dadrithiedig oedd ei dad, a hanai o **Sir Aberteifi** ac a ddarllenai **Shakespeare** a'r **Beibl** iddo yn ei grud – yn ôl y mab, dyna a roddodd fod i'w obsesiwn ef â geiriau ac i'w gywair beiblaidd fel bardd. Nid oedd ond 20 oed pan gyhoeddwyd ei gyfrol gyntaf, *18 Poems* (1934). Dilynwyd honno gan *Twenty-five Poems* (1936), a wnaeth enw iddo a rhoi cychwyn i fyth y bardd trystfawr, meddw yr oedd ffawd â'i llach arno,

Dylan Thomas

myth yr oedd ef ei hun yn ymhyfrydu ynddo. Bu'n berfformiwr ar hyd ei oes, boed yn ei fynych ddarlleniadau ym **Mhrydain** ac America neu mewn tafarndai.

Priododd Caitlin Macnamara yn 1937 ac yntau'n 23 oed, ac er iddynt aros gyda'i gilydd hyd ei farwolaeth, roedd eu perthynas yn un stormus, lawn diota a fu'n andwyol i'r naill a'r llall. Buont yn byw o'r llaw i'r genau gyda'u dau blentyn mewn sawl lle, gan ymgartrefu yn y diwedd yn **Nhalacharn** lle ganed eu trydydd plentyn. Y pentref hwnnw yw cefndir llawer o'i gerddi diweddarach fel 'Poem On his Birthday' ac 'Over Sir John's Hill'. Y mae hefyd, o bosibl, yn gefndir i'w waith rhyddiaith enwocaf, sef *Under Milk Wood*, drama i leisiau sy'n darlunio'n ysmala un diwrnod ym mywyd pentref hynod, er bod rhai wedi hawlio mai **Ceinewydd** yw Llaregyb (Llareggub, i'w ddarllen tuag yn ôl, oedd y sillafiad gwreiddiol, ond fe'i parchuswyd wedi marwolaeth yr awdur).

Roedd dylanwad **Gerard Manley Hopkins** a Hardy ar ei gerddi cynnar, ac ymhlith nodweddion y cerddi hyn yr oedd yr hyn a alwai'r cyntaf yn *sprung rhythm*, dwysedd geiriol, odlau mewnol, cytseinedd, safbwyntiau anarferol, obsesiwn â phrosesau geni a marw, ac â'i gorff ei hun fel microcosm; mae llawer yn teimlo eu bod yn gerddi Saesneg sy'n ailgydio yn y traddodiad barddol Cymraeg. Bu cyfrolau eraill fel *The Map of Love* (1939) a *Deaths and Entrances* (1946) yn gyfrwng i ychwanegu at ei fri fel bardd, a dangosodd casgliadau rhyddiaith fel *Portrait of the Artist as a Young Dog* (1940) a *Quite Early One Morning* (1954) y gallai ysgrifennu straeon byrion, fel 'The Peaches', ac ysgrifau, fel 'A Child's Christmas in Wales', a oedd yn gaboledig a theimladwy. Er ei fod, i fardd yn ei gyfnod ef, yn eithriadol boblogaidd, crafu bywoliaeth yr oedd, ac ychydig o gerddi a ysgrifennodd; ymhlith yr enwocaf y mae 'Fern Hill' a 'Do Not Go Gentle Into That Good Night'. Yn y cerddi diweddarach a mwy hygyrch hyn, disodlir y brafado llencynnaidd yn wyneb angau gan naws fwy galarnadol wrth i'r bardd resynu at golli bywyd a diniweidrwydd. Yn ei flynyddoedd olaf canolbwyntiodd ar ddarlleniadau a darllediadau; fe'i hysgogwyd gan broblemau ariannol a bywyd personol anhapus i geisio gwell byd trwy deithio a darllen yn yr Unol Daleithiau. Bu'n llwyddiant enfawr gyda chynulleidfaoedd Americanaidd, ond ymddengys i'w ymddygiad anwadal a'i ddiota waethygu eto ar y pedair taith hyn. Ar 4 Tachwedd 1954 yn Efrog Newydd, ac yntau'n wan o gorff a dryslyd ei feddwl, ceisiodd meddyg ei dawelu trwy gyfrwng morffin. Profodd hynny'n angheuol, a llithrodd Dylan Thomas i goma gan farw bum diwrnod yn ddiweddarach yn Ysbyty St Vincent. Fe'i claddwyd ym mynwent yr eglwys yn Nhalacharn a daw ymwelwyr llenyddol lu i'r pentref i weld ei fedd, ynghyd â'i gartref, y Boat House, a'r cwt lle bu'n ysgrifennu.

**THOMAS, Ebenezer (Eben Fardd; 1802–63)** Bardd
Ganed Eben Fardd yn Llanarmon (**Llanystumdwy**). Ychydig o addysg ffurfiol a gafodd a bu'n byw bywyd anniddig, yng ngafael y ddiod, cyn ymsefydlu yng **Nghlynnog** Fawr fel ysgolfeistr ac yn ddiweddarach fel groser. Dewi Wyn o Eifion oedd ei athro barddol, a daeth i'r amlwg yn gynnar pan enillodd gadair am ei **awdl** 'Dinystr Jerusalem' yn **Eisteddfod** Powys yn y **Trallwng**, 1824, awdl arwrol orau'r 19g. Enillodd ddwy gadair arall (1840, 1858), ond pan gynigiwyd y gadair am **bryddest** yn **Rhuddlan** yn 1850 gwrthodwyd ei arwrgerdd grefyddol 'Yr Atgyfodiad'. Er gwaethaf ei siom chwerw agorodd ei bryddest y drws i lifeiriant o arwrgerddi crefyddol a hanesyddol yn ail hanner y 19g.

**THOMAS, Eddie (1925–97)** Bocsiwr a rheolwr
Roedd y glöwr hwn o **Ferthyr Tudful** yn un o'r cymeriadau mwyaf poblogaidd a llwyddiannus yn hanes **bocsio** yng Nghymru. Enillodd bencampwriaeth pwysau ysgafn y Gymdeithas Bocsio Amatur yn 1946 ac yna, fel bocsiwr proffesiynol, daeth yn bencampwr pwysau welter **Prydain**, Ewrop a'r Ymerodraeth (1949–51). Roedd yn focsiwr clasurol a'i dechneg yn berffaith a phan fu'n rhaid iddo ymddeol yn 1952, oherwydd anawsterau â'i bwysau ac anafiadau i'w ddwylo, datblygodd yrfaoedd newydd fel cornelwr disglair a rheolwr yn ddiweddarach. Daeth dau o'i focswyr, **Howard Winstone** (pwysau plu, 1968) a Ken Buchanan (pwysau ysgafn, 1970–2), yn bencampwyr byd, a bu bron iddo lwyddo â Colin Jones (pwysau welter, 1983). I bobl Merthyr roedd yn arwr; bu'r gŵr hwn, a fyddai wedi gallu bod yn bêl-droediwr, yn ganwr neu'n ddawnsiwr, yn rhedeg pwll glo brig ac yn 1994 daeth yn faer. Yn 2000 codwyd cerflun ohono ym Merthyr.

**THOMAS, Edward (1878–1917)** Bardd ac awdur
Ganed Edward Thomas yn **Llundain**, ond roedd ganddo wreiddiau teuluol yng Nghymru, lle treuliodd gryn dipyn o amser yn ystod ei blentyndod a'i ieuenctid. Adlewyrchir y profiad hwn yn ei lythyrau ac mewn llyfrau megis *Beautiful Wales* (1905) a'r gwaith lled ffuglenol *The Happy-Go-Lucky Morgans* (1913). Fe'i haddysgwyd yn **Rhydychen**, lle daeth o dan ddylanwad **O. M. Edwards**. Yn 1913, yn dilyn trafodaethau hir gyda'r bardd Americanaidd Robert Frost ac ar ôl taith gerdded yng Nghymru, trodd at farddoni a dechrau cyhoeddi cerddi mewn cylchgronau dan yr enw Edward Eastaway. Ymunodd â'r fyddin yn 1915 ac fe'i lladdwyd ger Arras yn Ebrill 1917, ar adeg pan oedd y beirniaid yn dechrau talu sylw i'w gerddi. Y casgliad llawnaf o'i gerddi yw hwnnw a gyhoeddwyd yn 1978.

Roedd Edward Thomas ar sawl gwedd yn fardd hanfodol Seisnig, yn enwedig yn ei gariad at dirlun gwledig ac amaethyddol, ond fe'i perchir bellach ar gyfrif ei sylwgarwch manwl ynghyd â'i onestrwydd llym. Ymhlith y beirdd Cymreig y dylanwadodd arnynt y mae **Alun Lewis**, **R. S. Thomas** a **Leslie Norris**.

**THOMAS, Ernest Lewis (Richard Vaughan; 1904–83)** Nofelydd
Fe'i ganed yn **Llanddeusant** a bu'n gweithio fel clerc mewn banc, newyddiadurwr ac athro yn **Llundain** cyn ymddeol i **Dalyllychau** yn 1961. Fe'i cofir yn bennaf fel awdur y nofelau a adwaenir bellach fel *The Black Mountain Trilogy*, sef *Moulded in Earth* (1951), *Who Rideth So Wild* (1952) a *Son of Justin* (1955). Mae'r tair wedi'u lleoli yn yr ardal sydd ar y ffin rhwng **Sir Gaerfyrddin** a **Sir Frycheiniog**; y fro hon hefyd yw cefndir *All Through the Night* (1957), ei nofel orau efallai.

**THOMAS, [Thomas] George (Is-iarll Tonypandy; 1909–97)** Gwleidydd
Brodor o'r **Rhondda** a fu'n cynrychioli etholaethau yng **Nghaerdydd** o 1945 hyd 1976. Bu'n **ysgrifennydd gwladol** dros Gymru (1968–70) ac yn llefarydd Tŷ'r Cyffredin (1976–83). Yn 1983 fe'i gwnaed yn Is-iarll Tonypandy. Bu'n ymgyrchydd penderfynol dros ddiwygio **prydlesoedd trefol** ac yn elyn ffyrnig i **genedlaetholdeb** ac egwyddor **datganoli**, gan beri i rai o'i gyd-Gymry ei gasáu ac i eraill ei anwylo. Cyhoeddodd hunangofiant a ysgrifennwyd ar ei ran, *George Thomas, Mr Speaker* (1985).

**THOMAS, Gwyn (1913–81)** Llenor
Ganed Gwyn Thomas yn y Porth (y **Rhondda**) a'i addysgu yn **Rhydychen**. Bu'n dysgu **Ffrangeg** yn **Aberteifi** a Sbaeneg yn y **Barri**, a daeth yn awdur llawn-amser yn 1962. Cyhoeddodd bedwar casgliad o straeon, naw nofel, chwe drama lwyfan, dwy gyfrol o ysgrifau a hunangofiant, *A Few Selected Exits* (1968).

Craidd llawer o'i waith yw bywyd y dosbarth gweithiol yng nghymoedd diwydiannol **Sir Forgannwg**, yn enwedig yn ystod y **Dirwasgiad**, ond mae'n ei bortreadu gyda llawer o hiwmor. Mae pob un o'i gymeriadau yn siarad yn yr un dull lliwgar, ffraeth a llawn gormodiaith, a chymharwyd ei arddull ag arddull awduron Americanaidd megis Damon Runyon, yr oedd Gwyn Thomas yn edmygydd mawr ohono. Ar ôl ei farwolaeth golygwyd a chyhoeddwyd pum cyfrol arall o'i waith gan Michael Parnell, ei gofiannydd.

**THOMAS, H[ugh] H[amshaw] (1885–1962)** Palaeobotanegydd
Yn ystod Blwyddyn Canmlwyddiant Darwin-Wallace (1958) cafodd Thomas ei restru ymhlith ugain o fotanegwyr o bedwar ban byd a oedd wedi gwneud cyfraniad neilltuol i'r ddealltwriaeth o esblygiad. Fe'i ganed yn **Wrecsam** a'i addysgu yng **Nghaergrawnt**, lle treuliodd weddill ei oes. Ei waith ar **blanhigion** ffosil y cyfnod Jwrasig yng ngogledd

**Lloegr** a arweiniodd at y clod a dderbyniodd a bu iddo ran bwysig yn sefydlu palaeobotaneg yn bwnc ar wahân i **ddaeareg**.

Gwnaeth waith arloesol mewn maes cwbl wahanol hefyd. Yn ystod y **Rhyfel Byd Cyntaf** gwasanaethodd gyda'r Royal Flying Corps yn yr Aifft gan ddatblygu dulliau newydd o dynnu ffotograffau o'r awyr a fu o fudd enfawr yn ystod ymgyrch Allenby yn 1918. Yn ystod yr **Ail Ryfel Byd** galwyd arno drachefn gan yr awyrlu i gynorthwyo gyda gwaith yn yr un maes.

**THOMAS, Hugh Owen (1834–91)** Llawfeddyg esgyrn
Mab i deulu o feddygon esgyrn o **Fôn** oedd Hugh Owen Thomas. Cafodd ei hyfforddi yn feddyg a bu'n gweithio yn **Lerpwl**, lle daeth ei ysbyty bach, preifat, ar gyfer cleifion tlawd, yn fyd-enwog. Rhoddai bwyslais ar roi gorffwys i esgyrn drylliedig, a dyfeisiodd sblint a elwir wrth ei enw. Ymddangosai ei syniadau yn anuniongred i lawer, ond gydag amser fe'u derbyniwyd. Ni chafodd erioed swydd mewn ysbyty cyffredinol. Bu ei nai, Syr **Robert Jones** (1857–1933), yn gweithio gydag ef ar gychwyn ei yrfa.

**THOMAS, Isaac (1911–2004)** Ysgolhaig
Ganed Isaac Thomas yn y Tymbl (**Llan-non**) a'i addysgu yng **Nghaerdydd** ac **Aberhonddu**. Yn 1935 fe'i hordeiniwyd yn weinidog yr **Annibynwyr** yn Nhreorci (gw. **Rhondda, Y**), a bu'n dysgu yn ei hen goleg, y Coleg Coffa, Aberhonddu, o 1943 hyd 1958. O 1958 hyd 1978 roedd yn ddarlithydd mewn astudiaethau Beiblaidd ym **Mangor**. Isaac Thomas oedd y pennaf awdurdod ar hanes cyfieithu'r **Beibl** i'r **Gymraeg**. Dengys ei gyhoeddiadau feistrolaeth ddigymar ar gynnwys a dulliau cyfieithwyr yr ysgrythurau yng nghyfnod y **Diwygiad Protestannaidd** a'r **Dadeni Dysg**.

**THOMAS, J[ohn] B[rinley] G[eorge] (1917–97)** Ysgrifennwr am rygbi
Roedd J. B. G. Thomas yn awdur toreithiog ar **rygbi**. Fe'i ganed ym **Mhontypridd**, ac ef oedd prif ohebydd rygbi'r *Western Mail* am 36 o flynyddoedd o 1946 ymlaen. Roedd yn un o'r ddau newyddiadurwr o **Brydain** a fu ar daith 1955 y Llewod, y gyntaf o wyth o deithiau olynol y cynhyrchodd lyfr i ddilyn pob un ohonynt. Ysgrifennodd 28 o lyfrau am rygbi rhwng 1954 ac 1980, a daeth rhai ohonynt, fel *Great Rugger Players* (1955) a *Great Rugger Matches* (1959), yn glasuron. Roedd rhai yn credu ei fod yn rhy anfeirniadol, yn rhy agos at Undeb Rygbi Cymru, a bod ganddo ragfarn o blaid **Caerdydd**, ond roedd yn annwyl yng ngolwg cenedlaethau o chwaraewyr.

**THOMAS, John (Ieuan Ddu; 1795–1871)** Cerddor ac awdur
Ganed John Thomas yn ffermdy Pibwr-lwyd (**Llangynnwr**) a bu'n ysgolfeistr yng Nghaerfyrddin, **Merthyr Tudful** a **Phontypridd**. Roedd yn Undodwr a bu'n cydolygu papur newydd *Y Gweithiwr/The Workman* gan gefnogi sosialaeth **Robert Owen**. Roedd hefyd yn arloeswr canu corawl, yn athro a chyfansoddwr **cerddoriaeth**, yn feirniad ac yn awdur traethodau eisteddfodol. Yn 1845 cyhoeddodd *Y Caniedydd Cymreig*, y gyfrol rad gyntaf i'w hysgrifennu i ddiwallu'r angen am ganeuon Cymraeg ar gyfer eisteddfodau a chyngherddau.

Gwyn Thomas, y llenor o'r Rhondda

**THOMAS, John (Pencerdd Gwalia; 1826–1913)** Cerddor
Ganed John Thomas ym **Mhen-y-Bont ar Ogwr**. Enillodd delyn deires (gw. **Telyn**) yn eisteddfod y **Fenni** pan oedd yn 12 oed, gan dynnu sylw Ada, Iarlles Lovelace, merch y bardd Byron, a chyda'i nawdd hi treuliodd chwe blynedd yn yr Academi Gerdd Frenhinol, **Llundain**. Chwaraeodd yn nifer o wledydd Ewrop ac fe'i hurddwyd yn Bencerdd Gwalia yn **Eisteddfod** Genedlaethol **Aberdâr** yn 1861. Yn 1871 fe'i penodwyd yn delynor i'r Frenhines Victoria, a daeth yn Athro ar y delyn yn yr Academi.

**THOMAS, John (1838–1905)** Ffotograffydd
Er iddo gael ei eni yng Nghellan (**Llanfair Clydogau**), yn **Lerpwl** y treuliodd John Thomas y rhan fwyaf o'i oes. O'i stiwdio yno, The Cambrian Gallery, a changen ddiweddarach yn **Llangollen**, teithiodd y Gymru wledig yn tynnu portreadau a golygfeydd, gan ennill enw iddo'i hun am ei ffotograffau o enwogion Cymru (gw. **Ffotograffiaeth**). Byddai'n cyfrannu lluniau ac erthyglau i'r cylchgrawn *Cymru*, a chasgliad **O. M. Edwards** o'i negyddion, a ddaeth i'r **Llyfrgell Genedlaethol** yn y 1920au, yw'r corff pwysicaf o waith ffotograffig Cymreig o'r 19g.

**THOMAS, John Evan (1810–73)** Cerflunydd
Brodor o **Aberhonddu** oedd John Evan Thomas ac fe'i hyfforddwyd gan Francis Chantrey yn **Llundain**. Enillodd gystadleuaeth yn Eisteddfod y **Fenni**, 1848, gyda cherflun efydd yn portreadu marwolaeth Tewdrig, brenin **Gwent**. Lluniodd gofebau i aelodau o deuluoedd **Morgan (Tredegyr)**, **Stuart**

John Evan Thomas, *The Death of Tewdrig*, 1848

a **Vivian** ymhlith eraill. Un o'i weithiau mwyaf nodedig yw'r gofeb i'r Tywysog Albert yn **Ninbych-y-pysgod**. Roedd brawd iddo, William Meredyth Thomas (1819–77), yntau'n gerflunydd llwyddiannus, er bod llawer o'i waith wedi mynd ar goll. Gwyddys bellach mai ei waith ef oedd *The Death of Tewdrig* (er i'r ddau frawd ei arwyddo), a'i benddelw o Garnhuanawc (**Thomas Price**) yw un o'r penddelwau Cymreig mwyaf trawiadol.

**THOMAS, Joshua (1719–97)** Gweinidog a hanesydd

Brodor o Gaeo (**Cynwyl Gaeo**) oedd Joshua Thomas, ac ymaelododd â'r **Bedyddwyr** yn Llanllieni (Leominster) tra oedd yn gweithio fel sidanydd yn **Swydd Henffordd**. Yn 1746 cafodd ei ordeinio, a gwasanaethodd yn **Sir Frycheiniog** hyd 1753, pan ddychwelodd i Lanllieni yn weinidog. Er iddo aros yno am weddill ei oes, cadwodd gysylltiad byw â'r Bedyddwyr yng Nghymru. Ei brif waith oedd *Hanes y Bedyddwyr* (1778), sydd yr un mor nodedig am lendid ei **Gymraeg** ag am ei gynnwys hanesyddol.

**THOMAS, Leyshon (Lleision ap Tomas; *fl.*1513–41)** Abad

Abad amlycaf urdd y **Sistersiaid** yng Nghymru a'r olaf yn Abaty Nedd (**Dyffryn Clydach**). Fe'i haddysgwyd yn **Rhydychen** a graddiodd yn ddoethur mewn cyfraith eglwysig (1510). Fe'i penodwyd i ymweld â thai crefydd yng Nghymru a **Lloegr**. Wedi diddymu'r abaty (1539) daeth yn rheithor Llangatwg ger Castell-nedd (**Blaenhonddan**). Canwyd **awdl** ysblennydd iddo gan Lewys Morgannwg (*fl.*1523–55), yn canu clodydd Abaty Nedd fel cadarnle'r diwylliant Cymreig.

**THOMAS, Lucy (1781–1847)** Perchennog glofeydd

Yn draddodiadol, caiff Lucy Thomas ei hystyried yn 'Fam Masnach Glo Ager Cymru', am mai **glo** o lofa'r Waun Wyllt (Troed-y-rhiw, **Merthyr Tudful**), a agorwyd gan ei gŵr Robert yn 1824, a fu'n rhannol gyfrifol am sefydlu enw da glo Cymru ar y farchnad yn **Llundain** ar ddechrau'r 1830au. Er mai Lucy Thomas, ynghyd â'i mab, a oedd yn rhedeg y busnes yn dilyn marwolaeth ei gŵr yn 1835, cywirach yn ôl pob tebyg yw priodoli'r llwyddiant hwn i George Insole, asiant glo'r Waun Wyllt yng **Nghaerdydd**. Wyres iddi oedd gwraig **W. T. Lewis**.

**THOMAS, Mansel (Treharne; 1909–86)** Cerddor

Ganed Mansel Thomas ym Mhont-y-gwaith (Tylorstown, y **Rhondda**) a'i addysgu yn yr Academi Gerdd Frenhinol, **Llundain**. Bu'n gweithio ar ei liwt ei hun cyn ymuno â staff **cerddoriaeth** Rhanbarth Cymreig y BBC yn 1936. Ar ôl cyflawni gwasanaeth milwrol yn yr **Ail Ryfel Byd** bu'n brif arweinydd Cerddorfa Gymreig y BBC (**Cerddorfa Genedlaethol Gymreig y BBC**) ac yna'n bennaeth cerddoriaeth BBC Cymru (1950–65). Er ei fod yn bianydd ac yn arweinydd medrus, ei brif ddiddordeb oedd cyfansoddi. Mae ei weithiau niferus ac amrywiol, caneuon a darnau corawl yn bennaf, yn swynol a hawdd gwrando arnynt.

**THOMAS, Margaret Haig (Is-iarlles Rhondda; 1883–1958)** Ffeminydd a gwraig fusnes

Roedd Margaret Haig Thomas yn unig ferch i **D. A. Thomas**, Is-iarll Rhondda, a'i wraig, **Sybil Margaret Thomas**, ac etifeddodd deitl ei thad yn dilyn ei farwolaeth yn 1918, yn unol â darpariaeth arbennig a wnaed oherwydd nad oedd ganddo fab. Roedd yn ffeminydd filwriaethus, a sefydlodd gangen **Casnewydd** o Undeb Cymdeithasol a Gwleidyddol y Menywod cyn cael ei charcharu am losgi cynnwys blwch post yn y dref. Ymgyrchodd yn frwd i hawlio lle yn Nhŷ'r Arglwyddi yn dilyn marwolaeth ei thad, ond ni chaniateid i **fenywod** fod yn aelodau o Dŷ'r Arglwyddi (er i arglwyddesau am oes gael mynediad yn 1958, nid tan 1963 y caniatawyd i arglwyddesau â theitlau etifeddol gymryd eu lle yno). Bu'n gweithio fel ysgrifenyddes breifat ei thad gan ei gynorthwyo i redeg ei ymerodraeth fusnes, a ddaeth yn eiddo iddi hi ar ei farwolaeth. Yn 1926 hi oedd y fenyw gyntaf i fod yn llywydd Sefydliad y Cyfarwyddwyr. Yn 1920 sefydlodd y cylchgrawn gwleidyddol a llenyddol wythnosol *Time and Tide*, y bu hefyd yn ei olygu hyd 1926. Ymhlith ei chyhoeddiadau eraill yr oedd cofiant i'w thad (1921) a'r gwaith hunangofiannol *This was my world* (1933).

**THOMAS, [William] Miles [Webster] (1897–1980)** Diwydiannwr

Cafodd Miles Thomas, a aned yng Nghefn-mawr (**Cefn**), ei gydnabod fel y ffigwr mwyaf arloesol ym myd cwmnïau hedfan. Dechreuodd ar ei yrfa yn y diwydiant **ceir** ac wedi sawl dyrchafiad fe'i penodwyd yn rheolwr-gyfarwyddwr Morris Motors (1940–7). Yn 1948 ymunodd â'r British Overseas Airways Corporation, cwmni y bu'n gadeirydd arno rhwng 1949 ac 1956. Yn ystod ei gadeiryddiaeth sefydlwyd rhwydwaith cynhwysfawr o lwybrau hedfan dramor, y pwysicaf o hyd o asedau British Airways, a llwybrau a alluogodd Heathrow i ddatblygu'n faes awyr prysuraf y byd. O 1956 hyd 1963 ef oedd pennaeth Monsanto Chemicals,

Babs, car enwog Parry Thomas

swydd a ganiataodd iddo ailsefydlu ei gysylltiadau â bro ei febyd (roedd y cwmni wedi sefydlu gwaith cemegol yng Nghefn-mawr yn 1867). Rhwng 1958 ac 1967 bu'n gadeirydd Corfforaeth Datblygu Cymru, rhagflaenydd **Awdurdod Datblygu Cymru**. Fe'i hurddwyd yn farchog yn 1943 ac yn arglwydd am oes yn 1971.

**THOMAS, Owen (1812–91)** Gweinidog ac awdur

Ystyrid Owen Thomas yn un o bregethwyr mawr ei oes. Fe'i ganed yng **Nghaergybi** a'i fagu ym **Mangor**. Cafodd ei ordeinio gan y **Methodistiaid Calfinaidd** yn 1844, a gwasanaethodd ym **Mhwllheli**, y **Drenewydd**, **Llundain** a **Lerpwl**. Mae ei gofiannau i'r pregethwyr enwog **John Jones**, Tal-y-sarn (1796–1857) (1874), a **Henry Rees** (1890) yn portreadu'n fyw ddadleuon diwinyddol y cyfnod. Roedd yn daid i **Saunders Lewis**.

**THOMAS, Owen (1858–1923)** Milwr a gwleidydd

Daeth Owen Thomas i amlygrwydd gyntaf fel ffermwr blaengar ym mywyd cyhoeddus **Môn**. Roedd ei hoffter o'r bywyd milwrol yn annodweddiadol o'i gefndir Anghydffurfiol; bu'n gapten y milisia lleol a gwirfoddolodd i ymladd yn y Rhyfel yn erbyn y Boeriaid (gw. **Rhyfeloedd De Affrica**).

Yn 1914 gwelodd **David Lloyd George** y gwnâi'r Cymro Cymraeg hwn recriwtiwr tan gamp i'r 'Fyddin Gymreig' newydd (gw. **Corfflu'r Fyddin Gymreig**). Fe'i dyrchafwyd yn Frigadydd, ond oherwydd ei oedran ni chyrhaeddodd faes y gad, ac yn 1916 fe'i diswyddwyd mewn amgylchiadau amheus. Adferwyd ei enw da pan gafodd ei urddo'n farchog, ond efallai mai er mwyn dial ar y 'sefydliad' y safodd fel ymgeisydd seneddol Llafur Sir Fôn yn 1918, gan ennill y sedd gyda mwyafrif o 140 o bleidleisiau. Er mai gwleidydd di-liw ydoedd, bu ei boblogrwydd personol yn ddigon i'w ddychwelyd i'r senedd fel aelod Llafur Annibynnol yn 1922. Yn yr isetholiad a ddilynodd ei farwolaeth, aeth y sedd yn ôl i'r **Blaid Ryddfrydol**.

**THOMAS, Parry (John Godfrey Parry Thomas; 1885–1927)** Peiriannydd a gyrrwr ceir rasio

Parry Thomas oedd gyrrwr ceir rasio mwyaf blaenllaw ei genhedlaeth, a'r gorau a gynhyrchodd Cymru hyd yma. Fe'i cofir yn fwy am amgylchiadau syfrdanol ei farwolaeth nag am ei ddisgleirdeb fel peiriannydd. Yn **Wrecsam** y'i ganed, a'i fagu yn ficerdy Bwlchycibau (**Meifod**). Cynlluniodd ac adeiladodd drawsyriannau trydanol i fysiau **Llundain**, ac fel prif beiriannydd Leyland yn ystod y **Rhyfel Byd Cyntaf** adeiladodd beiriant awyren datblygedig. Tybid bod ei gar Leyland Eight yn rhagori ar eiddo Rolls-Royce, a choncrwyd Brooklands gan ei geir rasio 1.5- a 7.2-litr Leyland-Thomas.

Ar draeth **Pentywyn** ym mis Ebrill 1926, gyda Babs, enillodd Parry Thomas iddo'i hun yr enw o fod 'y dyn cyflymaf ar wyneb daear', pan yrrodd ar gyfartaledd o 171.624mya (276.194kya) dros y filltir (1.6093km) a neilltuwyd. Cododd Malcolm Campbell y record hon i 174.8mya (281.3kya) ym mis Chwefror 1927. Ar Fawrth 4 derbyniodd Thomas yr her. Am ryw reswm anhysbys, gwyrodd Babs oddi ar y llwybr ar 180mya (290kya) a throi ben uchaf i waered, gan ladd y gyrrwr. Claddwyd y car yn y tywod, ond fe'i tynnwyd oddi yno yn 1969 gan Owen Wyn-Jones a chafodd ei adfer yn raddol. Caiff ei arddangos yn achlysurol yn yr Amgueddfa Gyflymder ym Mhentywyn.

R. S. Thomas: darlun gan Elsie Thomas, 1939

**THOMAS, Percy [Edward] (1883–1969)** Pensaer

Ganed Percy Thomas yn South Shields, Northumberland, yn fab i gapten llong o **Arberth**. Wedi prentisio gydag E. H. Bruton, **Caerdydd**, bu'n gweithio mewn gwahanol swyddfeydd yng Nghaerfaddon a Swydd Gaerhirfryn. Enillodd gystadleuaeth am gynllunio Coleg Technegol Caerdydd (1912) ac ar sail hyn agorodd swyddfa yng Nghaerdydd, ar y cyd ag Ivor Jones. Enillodd lawer o gystadlaethau eraill, gan gynnwys un am gynllunio neuadd y dref, **Abertawe**, a gwblhawyd yn 1936. Yn 1937 daeth y bartneriaeth gydag Ivor Jones i ben, a datblygodd Percy Thomas ei bractis i fod y mwyaf yng Nghymru, gan agor swyddfa yn Abertawe maes o law. Fe'i hurddwyd yn farchog yn 1946, ac ehangodd gwaith y cwmni, Syr Percy Thomas a'i Fab erbyn hynny, i gynnwys cynllunio colegau, ysbytai a ffatrïoedd. Ymhlith yr adeiladau niferus y bu ef a'r cwmni'n gyfrifol amdanynt y mae'r Deml Heddwch yng Nghaerdydd, rhannau helaeth o gampws coleg **Aberystwyth** a champws coleg Abertawe, a gwaith dur yr Abaty (gw. **Port Talbot**). Ef, yn 1935, oedd y Cymro cyntaf i gael ei ethol yn llywydd Sefydliad Brenhinol Penseiri Prydain.

**THOMAS, R[onald] S[tuart] (1913–2000)** Bardd

Ganed R. S. Thomas yng **Nghaerdydd** a'i fagu yng **Nghaergybi**. Roedd flwyddyn yn hŷn na **Dylan Thomas**, ond bu farw 47 o flynyddoedd yn ddiweddarach nag ef, ar ôl cyhoeddi corff o farddoniaeth a'i gosododd gyfysgwydd â'r bardd byd-enwog sy'n rhannu ei gyfenw. Ond roedd y ddau Thomas yn gwbl groes i'w gilydd o ran cymeriad, a dirmygai R.S. – gŵr llym ei wedd a'i bersonoliaeth – gymdeithas gynnes, barablus, Seisnig ardaloedd diwydiannol de Cymru, sef y byd y mowldiwyd Dylan ynddo. Roedd yn genedlaetholwr, yn heddychwr ac yn fawr ei sêl dros warchod yr amgylchedd. Iddo ef, roedd Cymreictod yn gyfystyr â'r gallu i siarad **Cymraeg**, ac edmygai gynildeb y canu caeth (gw. **Cynghanedd**). Eithr dysgu'r iaith fel oedolyn a wnaethai, a dim ond rhyddiaith yr oedd yn fodlon ei hysgrifennu yn yr iaith. Teimlai'n chwerw ei fod wedi ei dynghedu i farddoni yn yr iaith fain, a'i fod o'r herwydd, yn ei farn ef ei hun, yn fardd Saesneg; ac eto gwerthfawrogai gyfoeth y **Saesneg**. Yn yr ystyr hon, ac mewn sawl ystyr arall, holltwyd enaid y bardd yn ddwy; ac o'r clwyf mewnol hwnnw y deilliai holl ddwyster ei farddoniaeth.

Offeiriad yn yr **Eglwys yng Nghymru** oedd R. S. Thomas, a gellir rhannu ei yrfa fel bardd yn ddau gyfnod sy'n cyfateb i'w brofiadau. O'i gyfrol gyntaf, *The Stones of the Field*, hyd at *Not that He brought flowers* (1968), hoeliwyd ei sylw'n ffyrnig o ddwys ar Iago Prytherch, amaethwr dychmygol o'r gweundir llwm a chymeriad enigmatig a grisialai ymateb dryslyd R. S. Thomas i egrwch bywyd gwledig ym **Manafon**, plwyf yn **Sir Drefaldwyn** yn agos at y **ffin** â **Lloegr**. Wrth iddo gynnal sgwrs unochrog, estynedig â'r cymeriad mud hwn, ceir R.S. yn amau gwerth pob esboniad gwaelodol ar fywyd yn ei dro, gan gynnwys ei ffydd Gristnogol ef ei hun fel offeiriad. Parhaodd â'r ymholi eneidiol hwn yn yr ail gyfnod, sy'n ymestyn o *H'm* (1972) hyd at y gyfrol olaf, *No Truce with the Furies* (1995), lle mae'r bardd yn ceisio dal pen rheswm yn ei henaint â'r amheuon sy'n dal i'w boenydio. Y Duwdod annirnad yw'r testun astrus sydd ganddo dan sylw bellach, a hwyrach mai yng ngherddi dirfodol, ymchwilgar, arloesol, lled gyfriniol y cyfnod hwn y ceir ei farddoniaeth fwyaf iasol.

Ym mhen draw eithaf penrhyn **Llŷn** yr oedd yn byw am y rhan fwyaf o'r ail gyfnod. Yno – ym mhentref **Aberdaron** ac yn ddiweddarach yn y Rhiw (Aberdaron) – dylanwadwyd arno ar y naill law gan dirlun trawiadol a'i hatgoffai'n barhaus am hynafrwydd y cread ac ar y llaw arall gan y bygythiad i'r diwylliant brodorol Cymraeg. Ymatebodd i'r bygythiad hwnnw trwy fwrw ati i ymgyrchu'n ddiflino dros yr hyn y credai ynddo. Roedd yn gas ganddo bron pob agwedd o'r bywyd modern a borthai, yn ei farn ef, narsisiaeth fileinig yr ego dynol. Dewisodd gyfeirio ato'i hun yn y trydydd person yn ei hunangofiant *Neb* (1985), er mwyn cyfleu dinodedd pob unigolyn yng nghyd-destun y tragwyddol. Ac eto yr oedd ef, ar hyd ei yrfa, yn bresenoldeb awdurdodol, trydanol o ddadleuol, ym mywyd Cymru, a chydnabuwyd ei statws rhyngwladol pan gafodd ei enwebu (yn aflwyddiannus) ar gyfer Gwobr Nobel. Wedi ei farw cyhoeddwyd *Residues* (2003), cyfrol o gerddi nad oeddynt wedi'u cynnwys yn y casgliadau blaenorol (gol. M. Wynn Thomas).

Ei wraig gyntaf, a briododd yn 1940 (buont gyda'i gilydd hyd ei marwolaeth), oedd yr arlunydd a'r darlunydd Elsie Mildred Eldridge (1909–91), a hanai o **Lundain**.

**THOMAS, Rachel (1905–95)** Actores

Câi Rachel Thomas, a aned yn yr Allt-wen (**Cilybebyll**), ei chastio'n aml fel '**mam Gymreig**', ond bu'n chwarae nifer o gymeriadau grwgnachlyd neu galed hefyd, fel Bella yng nghyfres y BBC, ***Pobol y Cwm*** (o 1974 hyd 1992). Ymddangosodd am y tro cyntaf ar y sgrîn fawr yn ***The Proud Valley*** (1940), a chafodd hwyl nodedig ar actio contralto amatur ddialgar yng nghomedi Gilbert Gunn *Valley of Song* (1953). Er hynny, ei rhan bwysicaf oedd Mrs Morgan yn fersiwn teledu'r BBC o ***How Green Was My Valley*** (1960).

**THOMAS, Robert (1926–99)** Cerflunydd
Ganed Robert Thomas yn y **Rhondda**, ac yn ei waith ceir ymdeimlad cryf o urddas dynol. Dechreuodd weithio fel prentis trydanwr cyn mynychu Ysgol Gelf **Caerdydd** a'r Coleg Brenhinol, **Llundain**. Bu'n athro yn **Lloegr**, gan ddychwelyd i Gymru yn 1972. Ymhlith ei gomisiynau niferus y mae 'Captain Cat' yn ardal forwrol **Abertawe**, 'Aneurin Bevan' yng **Nghaerdydd** a'r 'Rhondda Mining Family' yn Llwynypia (y **Rhondda**).

**THOMAS, Robert David (Iorthryn Gwynedd; 1817–88)** Gweinidog ac awdur
Anghydffurfiwr radicalaidd a ysgrifennodd lawer iawn am **grefydd**, **ymfudo** ac **addysg**. Yn 1855 ymfudodd Thomas, a aned yn **Llanrwst** ac a oedd yn weinidog ar y pryd ym Mhenarth (**Llanfair Caereinion**), i'r Unol Daleithiau, gan ddod yn ffigwr uchel ei barch yno. Gwasanaethodd mewn eglwysi Cymraeg yn Efrog Newydd, Ohio, **Pensylfania** a Tennessee, a chyfrannai ryddiaith a barddoniaeth i wasg Gymreig America yn rheolaidd. Ei gyhoeddiad pwysicaf yw *Hanes Cymry America* (1872), arolwg gwerthfawr o'r mannau yr ymgartrefai'r Cymry ynddynt, wedi'i seilio i raddau helaeth ar wybodaeth a gasglwyd ganddo ar ei deithiau helaeth yn yr Unol Daleithiau.

**THOMAS, Robert Jermain (1840–66)** Cenhadwr
Roedd **cenhadon** y 19g. yn aml yn marw'n ifanc o glefydau trofannol, ond dioddefodd Robert Jermain Thomas dynged lawer gwaeth. Cafodd yr Annibynnwr hwn a aned yn **Rhaeadr Gwy** ei anfon i China yn 1863 gan Gymdeithas Genhadol Llundain, ac yn 1865 aeth ar antur i Gorea er mwyn ymgyfarwyddo â'r iaith. Ef oedd y cenhadwr Protestannaidd cyntaf i ymweld â Chorea a cheisiodd fynd yno eilwaith yn 1866, ond daliwyd pawb a oedd ar fwrdd ei long ac fe'u lladdwyd gan y Coreaid. Yn 1931 codwyd capel coffa iddo gerllaw'r fan lle bu farw yn Pyongyang.

**THOMAS, Sidney Gilchrist (1850–85)** Cemegydd diwydiannol
Dim ond cyfran fechan o'r mwyn **haearn** yng ngorllewin Ewrop a oedd yn addas ar gyfer gwneud dur yn nyddiau cynnar (*c.*1860–80) dyfeisiadau Bessemer a Siemens-Martin (gw. **Ffwrnais Dân Agored**). Roedd Thomas, a oedd yn aelod o deulu a hanai o **Sir Aberteifi**, yn glerc cyfreithiol yn **Llundain** ac yn gemegydd amatur brwd, ac ef a'i gefnder Percy Gilchrist (1851–1935), y cemegydd yng ngwaith **Blaenafon**, a berffeithiodd ym Mlaenafon y 'broses fasig' ddiwedd y 1870au, proses a oedd yn golygu leinio'r ffwrnais â **chalchfaen** dolomitig a chymysgedd tar gwrthdan. Trodd y diwydiant yn llwyr at y broses fasig, a rhoddwyd y gorau i'r dull asid o gynhyrchu dur. Am nad oedd rhaid dibynnu mwyach ar y cronfeydd cynyddol brinnach o fwyn hematit ac ynddo odid ddim ffosfforws, bu'r broses fasig yn gyfrifol am ehangu'r farchnad ar gyfer dur fel prif ddeunydd adeiladu'r byd. Yn benodol, arweiniodd at ddatblygu mawr yn ardal y Ruhr; yn wir, oni bai am Flaenafon, prin y gallasai'r Almaen fod wedi ymladd y **Rhyfel Byd Cyntaf**. Byddai 'basig slag', un o brif sgilgynhyrchion y broses, yn ennill marchnad iddo'i hun fel gwrtaith amaethyddol o bwys. Ym Mlaenafon, ceir plac yn coffáu darganfyddiad y ddau gefnder. Roedd Thomas wedi cynnal ei arbrofion cynnar yn ei ystafell wely, a bu'r nwyon a anadlodd yn gyfrifol am ei farwolaeth yn 35 oed.

**THOMAS, Sybil Margaret (Is-iarlles Rhondda; 1857–1941)** Rhyddfrydwraig a ffeminydd
Ei henw bedydd oedd Sybil Margaret Haig ac fe'i ganed ym Mhen Ithon (**Llanbadarn Fynydd**). Yn 1882 priododd â'r diwydiannwr a'r gwleidydd **D. A. Thomas**. Gwnaeth gyfraniad o bwys i Undeb Cymreig Cymdeithasau Rhyddfrydol y Gwragedd a sefydlwyd yn 1891; tra oedd hi'n llywydd dilynodd yr undeb agenda ffeminyddol frwd. Bu ganddi gysylltiad ag adain gymedrol ac adain fwy milwriaethus y mudiad dros hawliau pleidleisio i **fenywod**. Yn 1914 aeth ati'n fwriadol i gael ei charcharu trwy gynnal cyfarfod cyhoeddus y tu allan i'r Senedd, a chafodd ei dedfrydu i ddiwrnod o garchar. Ei merch oedd y ffeminydd **Margaret Haig Thomas**.

**THOMAS, T[homas] H[enry] (Arlunydd Penygarn; 1839–1915)** Arlunydd
Yn ogystal â **pheintio**, darlithio ac ysgrifennu, roedd T. H. Thomas yn ymgyrchwr brwd dros faterion diwylliannol Cymreig. Fe'i ganed ym **Mhont-y-pŵl**, lle'r oedd ei dad, Thomas Thomas (1805–81), yn brifathro Coleg y Bedyddwyr. Cafodd ei addysg gelfyddydol ym Mryste a **Llundain**, a thrwy deithio i Baris a Rhufain.

Dychwelodd i Lundain yn 1861, ac aeth ati'n bennaf i wneud portreadau ac i ymgymryd â gwaith **dylunio**, ynghyd â darlunio llyfrau. Ond parhaodd ei gysylltiadau â Chymru, a gwelwyd ei waith yn yr Arddangosfa Celfyddyd Gain a Diwydiant yng **Nghaerdydd** yn 1870. Ymgartrefodd yng Nghaerdydd yn y 1880au, a bu'n rhan o'r ymgyrch i sefydlu **Amgueddfa Genedlaethol**. Cynlluniodd fedalau ac arwyddluniau ar gyfer nifer o Eisteddfodau Cenedlaethol (gw. **Eisteddfod**) gan ennyn diddordeb o'r newydd mewn celfyddyd 'Geltaidd', yn arbennig mewn **cofebau Cristnogol cynnar**.

**THOMAS, Thomas (Glandwr; 1817–88)** Pensaer a gweinidog
Ganed Thomas Thomas yn **Llandeilo**, yn fab i flaenor gyda'r **Annibynwyr**. Fe'i hordeiniwyd yn 1846 a daeth yn weinidog Capel Hebron, **Clydach**. Bu hefyd yn gweithio fel arolygydd adeiladau ac ailadeiladodd ei gapel ei hun yn 1848; aeth yn ei flaen i gynllunio capeli eraill (rhai'r Annibynwyr gan mwyaf) yn ardal **Abertawe**. Lledodd ei ddylanwad a daeth yn un o'r penseiri capeli mwyaf cynhyrchiol – cynlluniodd o leiaf 119 o gapeli, gan gynnwys ambell un cyn belled i ffwrdd â **Lerpwl**, **Llundain**, Amwythig a Durham. Poblogeiddiodd y bwa *halo*, fel y'i gelwid, a oedd yn seiliedig ar bediment toredig San Andrea ym Mantua yn yr Eidal.

**THOMAS, [James William] Tudor (1893–1976)** Llawfeddyg llygaid
Brodor o Gwmgïedd (**Ystradgynlais**) a dderbyniodd ei addysg yn Ysgol Feddygol Genedlaethol Cymru, **Caerdydd** (gw. **Coleg Meddygaeth, Bioleg, Gwyddorau Iechyd a Bywyd Cymru**) ac Ysbyty Middlesex, **Llundain**. Trodd at lawfeddygaeth y llygaid yn gynnar yn ei yrfa, gan symud i Gaerdydd i weithio fel ymgynghorydd a darlithydd mewn offthalmoleg yn yr ysgol feddygol. Yno, bu'n arloesi gyda'i waith arbrofol yn impio cornbilen y llygad. Bellach daeth y dechneg hon yn ddull cyffredin o wella'r math o ddallineb a achosir gan heintiau'r gornbilen. Fe'i hurddwyd yn farchog yn 1956.

**THOMAS, Watcyn [Gwyn] (1906–77)** Chwaraewr rygbi

Watcyn Thomas o **Lanelli**, a enillodd 14 cap rhwng 1927 ac 1933, oedd capten Cymru y tro cyntaf erioed i'r tîm ennill yn Twickenham, yn 1933. Roedd yn flaenwr chwim a chadarn, a chwaraeodd y rhan fwyaf o'r gêm yn erbyn yr **Alban** yn 1931 ar ôl torri pont ei ysgwydd – a sgorio cais. Athro ysgol ydoedd, a chwaraeodd i **Abertawe**, Llanelli a Waterloo (Swydd Gaerhirfryn); ysgrifennodd hunangofiant lliwgar, *Rugby-Playing Man* (1977).

**THOMAS, William (Islwyn; 1832–78)** Bardd

Bardd Cymraeg yn bennaf oedd Islwyn er iddo gael ei fagu ar aelwyd **Saesneg** wrth droed Mynydd **Islwyn** yn **Ynys-ddu**. Roedd ei dad am iddo fod yn dirfesurwr ond fe'i hordeiniwyd yn weinidog gyda'r **Methodistiaid Calfinaidd** yn 1859, er na dderbyniodd ofalaeth eglwys. Yn 1853 bu farw ei ddyweddi ifanc, Ann Bowen, ergyd seicolegol enbyd i'r bardd ifanc, ac yn fuan wedyn dechreuodd gyfansoddi ei **bryddest** uchelgeisiol 'Y Storm' (1854–6). Epig hir yr enaid ydyw, cerdd grwydrol, gynhwysfawr sy'n mynnu gweld cysondeb buddugoliaethus rhwng gwrthgyferbyniadau bywyd ac, fel Milton, yn amcanu i gyfiawnhau rhagluniaeth Duw. Wedi gorffen 'Y Storm' trodd yn ôl i fod yn fardd ac yn feirniad eisteddfodol, gan ennill gwobrau (ond nid yn yr **Eisteddfod** Genedlaethol), a bu'n pregethu a golygu colofnau barddoniaeth mewn cyfnodolion. Ond ei bryddest-epig, na fu ei thebyg yn **Gymraeg** cyn hynny, sy'n cadw ei enw yn fyw. Ar ei wely angau honnir iddo ddweud wrth ei wraig, 'Diolch i ti, Martha, am y cyfan a wnest i mi. Buost yn garedig iawn. 'Rwyf yn mynd at Ann nawr'. Ceir amgueddfa goffa iddo yng Nghapel y Babell, Ynys-ddu.

**THOMAS, William (1890–1974)** Cemegydd ac addysgwr

Roedd William Thomas, a aned ym **Maenclochog**, yn ysgolhaig ifanc disglair, fel y tystia hanes ei yrfa academaidd yn **Aberystwyth**, Groningen, **Caergrawnt** ac Aberdeen, ynghyd â'i gyhoeddiadau ymchwil a'i gyfrol *Complex Salts* (1924). Ac yntau'n llwyr argyhoeddedig mai mwy o wyddonwyr oedd yr angen pennaf os oedd bywyd Cymru i ffynnu, trodd ei sylw at **addysg**, yn gyntaf fel pennaeth Coleg Technegol newydd **Wrecsam**. Yna, ymunodd ag arolygiaeth **Adran Gymreig y Bwrdd Addysg**, a bu â rhan arloesol yn y gwaith o sefydlu dau gyngor ymgynghorol ar gyfer addysg bellach – y naill yn y gogledd a'r llall yn y de – a fyddai'n gosod sylfaen ar gyfer cyfundrefn addysg dechnegol gynhwysfawr.

**THOMAS, Wynford Vaughan (1908–87)** Darlledwr ac awdur

Ganed Wynford Vaughan Thomas yn **Abertawe**, yn fab i'r cyfansoddwr **David Vaughan Thomas**. Ymunodd â'r BBC yn 1937, gan wasanaethu yn ddiweddarach fel gohebydd rhyfel; o'r awyr gwelodd fomio dinasoedd yn yr Almaen ac ef oedd un o'r newyddiadurwyr cyntaf i gyrraedd Belsen. Ymhlith ei lyfrau y mae *Anzio* (1962), *Madly in all Directions* (1967), *Portrait of Gower* (1975), *The Countryside Companion* (1979), *Trust to Talk* (1980) a *Wales: a History* (1985). Roedd y gyfres deledu *The Dragon has Two Tongues*, a gyflwynwyd ganddo ef a **Gwyn Alfred Williams**, yn enghraifft nodedig o hanes fel dialecteg. Ceir cofeb iddo ym Mae Ceibwr, **Nyfer**, a gerllaw Dylife (**Llanbryn-mair**) ar y ffordd fynydd rhwng **Machynlleth** a **Llanidloes**.

**THOMPSON, James Pyke (1846–97)** Gwerthwr grawn a chasglwr a noddwr celfyddyd

Roedd Pyke Thompson, a aned yn Bridgewater, Gwlad yr Haf, yn aelod o deulu y dywedir ei fod yn fwy hael o ran nawdd ac elusen nag odid unrhyw deulu arall yn ne Cymru. Ymunodd â'i dad fel cyfarwyddwr cwmni Spillers, **Caerdydd**, un o'r cwmnïau melino mwyaf ym **Mhrydain**, gan ddod yn gadeirydd arno. Ac yntau'n noddwr a oedd yn ymroddedig i fywyd artistig Caerdydd, adeiladodd Thompson oriel Tŷ Turner ger ei gartref ym **Mhenarth** er mwyn sicrhau y byddai ei gasgliad o **beintiadau** ar agor i'r cyhoedd. Ymhlith ei roddion niferus yr oedd £3,000 tuag at Amgueddfa Ddinesig Caerdydd a £6,000 tuag at y gost o godi adeilad yr **Amgueddfa Genedlaethol** ym **Mharc Cathays**. Cyflwynwyd oriel Tŷ Turner i'r Amgueddfa yn 1921. Yn 1924 cyflwynodd aelodau o deulu Thompson dir o amgylch eu cartref, Preswylfa, yn Nhreganna, i ddinas Caerdydd; daeth y tir yn Barc Thompson.

**THOMSON, Archer (James Merriman Archer Thomson; 1863–1912)** Dringwr

Athro yn Ysgol Friars ym **Mangor**, ei ddinas enedigol, oedd Archer Thomson, a dechreuodd ddringo clogwyni Cymru yn 1894 pan oedd y safonau dringo yno yn llawer is na rhai Ardal y Llynnoedd yn **Lloegr**. Mentrai allan ar glogwyni mawr agored **Eryri** a gwnaeth enw iddo'i hun fel y blaenaf o ddringwyr ei ddydd. Er ei ddewrder ar y creigiau, gŵr tawedog ydoedd. Fe'i penodwyd yn brifathro Ysgol Sir **Llandudno** yn 1896. Yn 1912 – blwyddyn pan laddwyd llawer o'i gyfeillion mewn damweiniau ar fynyddoedd – fe'i lladdodd ei hun.

**TIERS CROSS**, Sir Benfro (1,955ha; 471 o drigolion)

Mae'r **gymuned** hon, yn union i'r de-orllewin o **Hwlffordd**, yn cynnwys pentrefi Tiers Cross, Dreenhill a Thornton. Hon yw'r rhan leiaf diddorol o **Sir Benfro**. Pan oedd yn blentyn rhwng 2 fis ac 16 mis oed bu **David Lloyd George** yn byw yn ffermdy Bulford. Aed ag ef i **Lanystumdwy** ar ôl marwolaeth ei dad ym Mehefin 1864. Derbyniodd ei fab, **Gwilym Lloyd George**, y teitl Is-iarll Tenby o Bulford.

***TIGER BAY* (1959)** Ffilm

Mae'r ffilm ddu a gwyn gyffrous hon wedi'i gosod yn rhannol yn ardal y dociau, **Caerdydd**, er ei bod hefyd yn defnyddio amryfal leoliadau eraill yng Nghymru, gan gynnwys **Casnewydd** a **Thal-y-bont ar Wysg**. A hithau'n ymddangos am y tro cyntaf ar y sgrîn fawr, cafodd Hayley Mills wobr am ei rhan yn y ffilm, fel tomboi sy'n llygad-dyst i lofruddiaeth ac yn amddiffyn y llofrudd (morwr Pwylaidd a gâi ei chwarae gan Horst Buchholz) er gwaethaf ymdrechion glew ditectif yr heddlu (John Mills) i'w ddal. Cyfarwyddwyd y ffilm gan J. Lee Thompson ac ef hefyd a luniodd y sgript, ar y cyd â'r cynhyrchydd, John Hawkesworth. Ceir perfformiadau cofiadwy gan y Cymry ymhlith y cast, sef **Meredith Edwards**, **Rachel Thomas** a **Kenneth Griffith** – a chan Megs Jenkins ac Yvonne Mitchell. Mae'r ffilm, gyda gwaith camera gwych Eric Cross, yn gofnod gwerthfawr o fywyd yn Sgwâr Loudoun, Caerdydd, mewn dyddiau pan oedd y lle hwnnw'n ganolbwynt cymuned y dociau.

**TINKER, David (1924–2000)** Arlunydd ac addysgwr

Ganed David Tinker yn **Llundain** a symudodd i **Gaerdydd** yn 1949 i ddysgu yn yr Ysgol Gelf. Er mai peintiwr ydoedd yn bennaf, roedd hefyd yn wneuthurwr printiadau, yn gerflunydd ac yn gynllunydd llwyfan. Roedd yn ddadleuwr brwd, yn drefnydd ac yn gyd-sefydlydd Grŵp 56 (gw. **Fifty-six Group**), ac roedd yn awyddus i gyflwyno syniadau modern i fyd celf ac addysg celf. Roedd o blaid gwneud celfyddyd yn beth mwy cyhoeddus a gwnaeth furluniau ar gyfer Neuadd Fawr **Aberystwyth**, lle darlithiai, ac ar gyfer un o furiau allanol llyfrgell gyhoeddus **Hwlffordd**.

**TIPPING, H. Avray (1855–1933)** Pensaer a thirluniwr

Er mai fel awdur erthyglau pensaernïol yn *Country Life* y cofir y Sais hwn yn bennaf, gwnaeth gyfraniad pwysig i godi **tai** a chreu **gerddi** yng Nghymru, gyda chymorth pensaer ifanc o **Gas-gwent**, Eric Francis (1887–1976). Bu ef ei hunan yn byw yn **Sir Fynwy**, yn gyntaf ym Mhlas **Matharn**, gan ei adnewyddu a'i ehangu o 1894 ymlaen, ac wedi hynny ym Mounton (Matharn; 1912) a High Glannau (**Llanfihangel Troddi**; 1923). Ef a gododd y ddau dŷ olaf, gan eu hamgylchynu â gerddi godidog. Ymgynghorwyd ag ef ynglŷn â thai yn y Bulwark (1919), Cas-gwent, ac ar y cyd â Francis cynlluniodd dai yng Ngardd-bentref Rhiwbeina, **Caerdydd**.

**TIR COMIN**

Tir y mae gan fwy nag un hawliau cyffredin drosto (daw *comin* o'r Saesneg *common*). Hawliau pori yw'r pwysicaf o'r rhain, ond maent hefyd yn cynnwys hawliau casglu cynnud (coed tân), torri **mawn** a physgota. Yng nghanol y 18g. roedd bron chwarter Cymru'n dir comin, ond gostyngodd y gyfran yn gyflym yn sgil y polisi **cau tiroedd**. Er hynny, ceir tir comin ledled Cymru o hyd, a chofrestrir yr holl hawliau gyda'r awdurdod lleol. Gwahaniaethodd Deddf Cofrestru Tiroedd Comin 1965 rhwng lleiniau gwyrdd mewn pentrefi, wedi'u bwriadu'n bennaf ar gyfer mwynhad a hamdden, a thiroedd comin gwledig y mae **economi** fugeiliol llawer o gymunedau'r ucheldir yn dibynnu arnynt. Ar lawer o dir comin mae'r anallu i reoli gorbori yn broblem ddifrifol sy'n peri gwrthdaro rhwng porwyr a chadwriaethwyr.

**TIR IARLL** Arglwyddiaeth

Arglwyddiaeth ddemên o fewn arglwyddiaeth **Morgannwg** oedd Tir Iarll, a orweddai rhwng afonydd Afan a Garw, gyda'i chanolbwynt yn **Llangynwyd**. Yn ôl pob tebyg, meddiannwyd y diriogaeth gan Robert, iarll Gloucester (m.1147).

**TIR RALF neu TIR RAFF** Arglwyddiaeth

Rhan ddwyreiniol **Cantref Mawr**, yn nheyrnas **Brycheiniog**, oedd Tir Ralf, man a enwyd ar ôl ei arglwydd, Ralph Mortimer (gw. **Mortimer, Teulu**). Canolbwynt yr arglwyddiaeth oedd Castell Pencelli (**Tal-y-bont ar Wysg**). Fe'i rhennid yn Bencelli Saesneg, yn Nyffryn **Wysg**, a Phencelli Gymraeg, ardal fynyddig yn ymestyn tua'r de cyn belled â'r ffin rhwng arglwyddiaethau **Brycheiniog** a **Morgannwg**.

*Tiger Bay*, 1959

**TIRFFURFIAU, TIRWEDD A THOPOGRAFFEG**

*Creu tirffurfiau*

Er bod perthynas amlwg rhwng creigiau (gw. **Daeareg**) a thirffurfiau, dylid cofio bod iddynt darddiad gwahanol a'u bod yn destun astudiaethau gwahanol. Creigiau Cymru yw'r deunyddiau y lluniwyd tirffurfiau ohonynt yn ddiweddarach.

Mae dylanwad y creigiau ac adeileddau daearegol yn amlwg iawn yn y modd y mae'r duedd Galedonaidd wedi creu graen y gellir ei olrhain o'r gogledd-ddwyrain i'r de-orllewin ar draws gogledd a chanolbarth Cymru. Dadlennir y duedd Galedonaidd yn y modd y mae dyffryndiroedd, i raddau helaeth, yn cyfateb i linellau o wendidau daearegol y manteisiodd y cyfryngau erydol arnynt; dilyna Dyffryn **Tywi** a Dyffryn **Teifi** anticlinau o boptu i Synclin Canolbarth Cymru, ac erydiad ar hyd Ffawt y Bala a esgorodd ar y dyffryndiroedd y gellir eu holrhain yn un llinell gymharol unionsyth o'r **Bala**, trwy Dal-y-llyn, i **Dywyn**. Mae dylanwad rhai mathau o greigiau yr un mor amlwg gan fod modd priodoli copaon creigiog **Eryri**, y ddwy **Arennig** a'r ddwy **Aran** a **Chadair Idris** i galedwch a gwytnwch y creigiau igneaidd Ordofigaidd sy'n amgylchynu Cromen **Harlech**. Yn y de mae'r llethrau sgarp trawiadol sy'n codi uwchlaw Bae Abertawe, a'r rheini uwchben **Rhigos** a **Hirwaun**, yn dilyn y duedd Farisgaidd o'r dwyrain i'r gorllewin. Tra phwysig hefyd yw dylanwad adeileddau dwfn a hynafol ar duedd ffawtiau cymoedd **Nedd** a **Thawe**, ac ar dopograffeg y naill ddyffryn a'r llall. A hyd yn oed yng **Ngŵyr** a de **Sir Benfro**,

Pen y Fan, Bannau Brycheiniog

lle mae datblygiad y llwyfandiroedd arfordirol, i bob golwg, yn cuddio'r adeiledd daearegol, mae'r berthynas rhwng creigiau a thirwedd yr un mor amlwg. Felly, yr erydu gwahanol a fu ar greigiau caled a meddal, ac erydiad ar hyd adeileddau daearegol, yw un o'r allweddi i esbonio tirffurfiau Cymru.

Er gwaethaf y berthynas amlwg rhwng creigiau a thirwedd Cymru, cyfres o lwyfandiroedd wedi'u rhannu yw tirffurf Cymru yn ei hanfod. Er mai argraff rithiol yw'r nodwedd hon yn ôl rhai, mae'n nodwedd gyffredin a hynod drawiadol yn aml. Mae'r llwyfandiroedd sydd o dan tua 215m – y llwyfandiroedd arfordirol – yn torri ar draws adeileddau daearegol mewn modd trawiadol, yn enwedig ym **Mro Morgannwg**, Gŵyr, de Sir Benfro a **Môn**. Mae'r llwyfandiroedd uwch yn nodweddiadol o ucheldir Cymru. Fe'u rhannwyd fel a ganlyn gan E. H. Brown: y Lledwastadedd Isel (215–335m), y Lledwastadedd Canol (366–488m) a'r Llwyfandir Uchel (520–610m); uwchlaw'r uchaf ohonynt cwyd **mynyddoedd** megis copaon Eryri, Cadair Idris, **Pumlumon**, **Bannau Brycheiniog** a'r **Mynydd Du** (**Sir Fynwy** a **Phowys**).

Yn ôl yr esboniad traddodiadol, llyfndiroedd tonnau a luniwyd gan y môr yw'r llwyfandiroedd. Wrth i'r tir ymgodi neu wrth i lefel y môr ostwng, datblygodd y patrwm draeniad wrth i **afonydd** ymestyn eu sianeli tua'r môr ar draws y llyfndiroedd hyn. Felly, yn ôl y ddamcaniaeth hon, roedd afonydd megis **Ystwyth**, **Rheidol** a rhannau isaf Teifi, y tybiwyd eu bod yn elfennau mwy diweddar o lawer o ran eu hoed, yn rhan o'r patrwm draeniad gwreiddiol a lifai i gyfeiriad basn adeileddol Bae Ceredigion a fu mewn bod ers tro byd.

Yn groes i'r ddamcaniaeth hon (a'i phwyslais ar ddylanwad y môr), ceir y syniad fod y llwyfandiroedd rhanedig wedi'u llunio gan brosesau daearol. Yn ôl Brown, crëwyd y llwyfandiroedd ucheldirol a fapiwyd ganddo wrth i drwch o greigiau hindreuliedig, a oedd wedi datblygu ar wastatir yn dyddio o'r cyfnod Cainosöig cynnar, gael eu hysgubo ymaith, damcaniaeth a gefnogir gan bresenoldeb pocedi o waddodion Oligosen tybiedig ger Flimston (**Castellmartin**), Treffynnon (**Tyddewi**) ac ar Fynydd **Helygain**.

Mae damcaniaeth arall yn hawlio bod y llwyfandiroedd mewn stad o gydbwysedd dynamig – hynny yw, bod y tirffurfiau, bob amser, wedi ymgyfaddasu i'r prosesau hindreulio ac erydol sy'n gweithredu dros amser. Felly, mae'r gwahaniaeth o ran uchder a phryd a gwedd y tirwedd i'w briodoli i wahaniaethau yng ngwytnwch creigiau. Dadleuodd John Challinor fod llwyfandiroedd **Ceredigion** yn elfennau rhithiol, gan hawlio mai canlyniad rhesymegol prosesau hindreulio ac erydu dros amser maith ydynt. Yn yr un modd, tybir y gallai'r erydu ar hen wastatir Oligosen dros gyfnod maith, trwy brosesau yn gweithredu mewn stad o gydbwysedd dynamig, fod wedi bod yn gyfrifol am lunio prif elfennau tirffurf Cymru.

Mae'n debyg fod y patrwm draeniad gwreiddiol wedi'i sefydlu naill ai ar wely môr Sialc cyfodol neu ar wastatir cyfodedig yn dyddio o'r cyfnod Cainosöig cynnar ac yn gogwyddo'n rheiddiol o ganolbwynt yng **Ngwynedd**. Yn ddiweddarach, darniwyd y patrwm gan afonladradau a adawodd fylchau gwynt ledled Cymru, megis bwlch gwynt Derwydd ger **Llandeilo** yr arferai Dulais–**Llwchwr** lifo

Richard Wilson, *Snowdon from Llyn Nantlle*, *c*.1765

trwyddo, neu fwlch gwynt **Cerrigydrudion** y llifai afon Conwy gynnar trwyddo. Mae rhannau o'r patrwm gwreiddiol yn dal mewn bod, afonydd sy'n llifo o'r gogledd-orllewin tua'r de-ddwyrain yn groes i'r graen daearegol y cawsant eu harosod arno. Ymhlith yr afonydd hyn ceir **Gwy**, Efyrnwy, **Wysg**, Cynon a **Thaf** (**Sir Frycheiniog** a **Sir Forgannwg**).

Er bod llawer o dirffurf Cymru i'w briodoli i'r cyfnod 'cynrewlifol', lluniwyd ei fanylion, yn ddi-os, yn ystod y cyfnod Cwaternaidd, ac yn arbennig yn ystod oesoedd iâ'r Pleistosen. Roedd yr oes iâ ddiwethaf yn ei hanterth tua 20,000 o flynyddoedd yn ôl. Er bod ei holion yn gyffredin ledled y wlad, yr hyn a wnaeth ei rhewlifau a'u llenni iâ oedd adfeddiannu tirwedd rhewlifol a ffurfiwyd yn ystod rhewlifiannau cynharach. O'i chanolbwynt i'r dwyrain o Arennig Fawr a Rhobell Fawr ond i'r gorllewin o Aran Fawddwy, llifai Llen Iâ Cymru o'r gogledd i'r de, i gyfeiriad Pumlumon a'r tu hwnt. Gorchuddiai llen iâ lai Fannau Brycheiniog a Bannau Sir Gaer, ac roedd cymoedd maes **glo**'r de yn cynnwys system o rewlifau annibynnol. Gwthiodd Llen Iâ Môr Iwerddon ddau dafod mawr tua'r de, y naill yn dilyn gwastadedd **Swydd Gaer** a **Swydd Amwythig**, a'r llall yn llifo i lawr Sianel San Siôr. Mae'r dyddodion rhewlifol yn ne Sir Benfro, gorllewin **Sir Gaerfyrddin** a de-orllewin Gŵyr yn perthyn i rewlifiannau cynharach.

Dengys tirffurfiau erydol megis peirannau, cafnau a thirwedd lliflinedig a fowldiwyd gan iâ mai Gwynedd a ddioddefodd yr erydiad mwyaf dwys. Mae peirannau Cymru i'w canfod ym mynyddoedd uchaf y wlad ac ucheldir maes glo'r de. Yng Ngwynedd crëwyd bylchau wrth i iâ fylchu gwahanfeydd dŵr, ac ar lawr sawl dyffryn ceir **llynnoedd** creicafn, hirgul. Ceir creicafnau rhewlifol dwfn mewn mannau eraill: tua'r môr o aberoedd dyffrynnoedd **Mawddach**, **Dyfi** a Theifi, ac yn nyffrynnoedd Tawe a Nedd.

Ymhlith y tirffurfiau rhewlifol dyddodol y mae mewnlenwadau ar lawr dyffrynnoedd a marianau megis marianau'r Glais (**Clydach**), **Clynnog** Fawr–Bryncir a Llanfihangel **Crucornau**. Ym Mae Ceredigion ceir nifer o farianau soddedig megis Sarn Badrig a Sarn Gynfelyn. Ceir drymlinau (twmpathau o ddyddodion rhewlifol) ym Môn, ar **Fynydd Hiraethog** ac yng nghyffiniau Hirwaun.

Yn ystod y cyfnod dadrewlifol ffurfiwyd tirffurfiau o dywod a graean a waddodwyd gan afonydd dŵr tawdd. Wrth i'r iâ deneuo, ynyswyd rhannau o'r llen iâ gan ailymddangosiad tir uchel. Yr iâ llonydd hwn a roddodd fod i bantiau iâ llonydd, cnyciau gro, esgeiriau a rhai mathau o sianeli dŵr tawdd. Ceir clystyrau helaeth o'r fath dirffurfiau i'r de o'r **Fenni** ac i'r de o **Wrecsam**. Y tu ôl i argaeau iâ, yn enwedig yn Nyffryn Teifi, cronnwyd llynnoedd cyfrewlifol. Ger **Llanybydder** dynodir glannau Llyn Cyfrewlifol Teifi gan ddeltâu. Deuir ar draws sianeli afreolaidd, a ffurfiwyd gan nentydd dŵr tawdd tanrewlifol, isymylol ac ymylol, ledled Cymru. Yn achos rhai ohonynt, megis y rheini yn Nyffryn Conwy ac yng nghyffiniau **Abergwaun**, er enghraifft, mae modd defnyddio eu patrymau i awgrymu camau yn eu datblygiad.

Roedd y cyfnodau oer, prin eu llystyfiant o gryn bwysigrwydd, cyfnodau pan oedd prosesau ffinrewlifol ar lechweddau a lloriau dyffrynnoedd yn gyfrifol am erydiad a dyddodiad ar raddfa fawr iawn. Er enghraifft, yn ystod isgyfnod rhewlifol y Dryas Ieuaf, rhwng 13,000 ac 11,500 o flynyddoedd yn ôl, ymffurfiodd marianau trawiadol o flaen trwynau rhewlifau bychain a adfeddiannodd beirannau'r ucheldiroedd ac ymgasglodd trwch o bridd a chreigiau rhewfriw, gan gynnwys llethrau sgri, ar hyd a lled y wlad. I raddau helaeth, lluniwyd proffilau presennol llechweddau dan y fath amodau. Ar loriau'r dyffrynnoedd mae creicaen y llechweddau yn ymgyfuno â gro afonol, a ymgasglodd dan amodau ffinrewlifol, gan gyfrannu yn aml at yr hyn a gludir gan nentydd cyfoes.

*Tirwedd*

Canlyniad prosesau naturiol yw tirffurfiau, ond mae pryd a gwedd y tirwedd yn drwm dan ddylanwad gweithgaredd dyn. Yn draddodiadol, ystyrid bod cefn gwlad yn naturiol o'i gyferbynnu ag annaturioldeb y dref. Eto i gyd, nid oes unman yn y Gymru gyfoes sy'n wirioneddol wyllt. Mae hyd yn oed y gweundiroedd ucheldirol yn edrych fel y maent o ganlyniad i ymyrraeth dyn. O'r holl weithgareddau sy'n llunio'r tirwedd, y pwysicaf yw creu caeau. Ys dywedodd Oliver Rackham, awdur *The History of the Countryside* (1986): 'To convert millions of acres of wildwood into farmland is unquestionably the greatest achievement of our ancestors'. Dechreuodd y broses yn ystod y cyfnod Neolithig (gw. **Oesau Cynhanesyddol**) ac mae'n parhau o hyd. Mae caeau bach cefn gwlad Cymru yn nodwedd amlwg o dirwedd y wlad, ac felly hefyd ei **gwrychoedd**, rhai ohonynt o bosibl dros fil o flynyddoedd oed. Arweiniodd y trin a'r clirio a'r pori ar y coetiroedd gwyllt cynhenid (gw. **Coedwigaeth**) at eu diflaniad o'r rhan helaethaf o Gymru, er bod gwaith plannu yn ystod yr 20g., yn enwedig gan y **Comisiwn Coedwigaeth**, wedi arwain at ailsefydlu coedwigoedd, sy'n cynnwys rhywogaethau anfrodorol yn bennaf. Ymhlith newidiadau eraill i'r tirwedd a gysylltir ag **amaethyddiaeth** y mae codi cannoedd o filltiroedd o **waliau sychion**, draenio gwlyptiroedd, creu parcdiroedd ac ailhadu porfeydd garw yr ucheldiroedd. Esgorodd diwydiannu a threfoli ar newidiadau mwy pellgyrhaeddol fyth. (Gw. hefyd **Tirlun Diwydiannol** isod.)

Wrth ysgrifennu am dirwedd **Lloegr** yn 1955 mynnai W. G. Hoskins fod pob newid a ddaeth i'w ran yn y gorffennol agos naill ai wedi'i hagru neu ddifa ei arwyddocâd neu'r ddau. Efallai fod tirwedd Cymru wedi osgoi'r fath dynged oherwydd y mae'n syndod fod gan wlad mor fach y fath amrywiaeth o dirweddau mor nodedig – o amlinell urddasol yr **Wyddfa** i ddyffrynnoedd hyfryd afonydd Tywi, Wysg, **Clwyd** a **Dyfrdwy**, o unigeddau'r **Elenydd** i olygfeydd hudolus Bro Morgannwg, o arfordiroedd gwych Sir Benfro, Gŵyr, **Llŷn** a Môn i dirwedd unigryw maes glo'r de.

*Topograffeg a gwerthfawrogi'r tirwedd*

Ym mlynyddoedd cynnar y 18g. rhywbeth i'w osgoi oedd tirwedd garw. Yn ôl Ned Ward, awdur *A Trip to North-Wales* (1701), Cymru oedd 'the fag-end of Creation, the very rubbish of Noah's flood'. Yn ddiweddarach yn y ganrif daeth tro ar fyd a dechreuodd athronwyr, artistiaid ac awduron foli'r gwyllt, y dyrchafedig a'r **pictiwrésg**. Nid oedd Cymru'n brin o'r fath olygfeydd (gw. **Twristiaeth**). Roedd **William Gilpin**, awdur *Observations on the River Wye* (1770) a sbardunodd heidiau o dwristiaid i ymweld â Dyffryn Gwy, gyda'r cyntaf i awgrymu y dylid barnu'r tirwedd ar sail pa un a ellid peintio llun boddhaol ohono ai peidio. Yn wir, arloeswr ymhlith y rhai a werthfawrogai dirwedd Cymru oedd yr arlunydd **Richard Wilson**, a roddodd fod i draddodiad a gynhaliwyd gan eraill ar ei ôl megis **Thomas Jones** (1775–1851), **J. M. W. Turner** a David Cox (1783–1859) (gw. **Peintio**).

Dilynwyd yr arlunwyr gan awduron topograffig. Rhwng 1770 ac 1815 cyhoeddwyd 80 o ddisgrifiadau o deithiau yng Nghymru, a'r pennaf yn eu plith oedd cyhoeddiadau **Thomas Pennant** (1778, 1781). Gallai'r awduron hyn dynnu ar weithiau cynharach megis *Itinerarium Kambriae* **Gerallt Gymro** (1188), *Britannia* **William Camden** (1586), *The Worthines of Wales* Thomas Churchyard (1587) a *Polyolbion* Michael Drayton (1613). Rhapsodïau rhamantaidd yn null Rousseau a gafwyd gan nifer o'r teithwyr, ond cafwyd gan eraill, yn enwedig **Benjamin Heath Malkin**, gyfrolau o werth arhosol. Ymhlith y twristiaid yr oedd rhai o hoelion wyth **llenyddiaeth** Lloegr, megis Wordsworth, Coleridge, Shelley, Southey, Scott, Peacock, Landor a De Quincey.

Wedi 1815 roedd tir mawr Ewrop o fewn cyrraedd teithwyr unwaith yn rhagor ac o ganlyniad bu gostyngiad yn nifer y teithlyfrau am Gymru. Eto i gyd, yng nghanol y 19g. y cyhoeddwyd clasur y *genre* hwn, sef *Wild Wales* **George Borrow** (1862). Yn yr 20g. mae'r cyfrolau topograffig Saesneg eu hiaith yn cynnwys gweithiau gan Thomas Firbank (1910–2000), **Wynford Vaughan Thomas**, Trevor Fishlock a Jim Perrin. Ymhlith y cyfrolau Cymraeg ceir cyfres *Crwydro* y 1950au a'r 1960au a chyhoeddiadau **Ioan Bowen Rees** ar fynyddoedd. Mae'r cyhoeddiadau mewn ieithoedd eraill yn cynnwys *Wales* gan Peter Sager, a gyhoeddwyd yn wreiddiol yn Almaeneg yn 1985.

## TIRLUN DIWYDIANNOL, Y

Mae gweithgaredd diwydiannol wedi gweddnewid tirwedd Cymru fyth er y cyfnod Neolithig (gw. **Oesau Cynhanesyddol**). Gadawodd gweithgaredd cynhanesyddol olion cloddio creigiau ar y Graig Lwyd (**Penmaen-mawr**), olion mwyngloddio **copr** ar y Gogarth (**Llandudno**) ac yng Nghwm **Ystwyth**, olion mwyngloddio **plwm** yn Llangynog (**Sir Drefaldwyn**) ac olion mwyndoddi **haearn** ar niferoedd o safleoedd. Er mwyn cloddio am **aur** yn Nolaucothi (**Cynwyl Gaeo**), creodd y **Rhufeiniaid** rwydwaith o 11.5km o ddyfrffosydd a thraphontydd dŵr, ac mae olion cloddio **plwm** yn yr Oesoedd Canol yn **Sir y Fflint** yn hollol weladwy. Gweddnewidiwyd y tirwedd yn sgil y cynnydd mewn gweithgarwch diwydiannol o ddiwedd yr 16g. ymlaen ym maes mwyn plwm **Sir Aberteifi** ac yn **Nhyndyrn**, Llangynog, **Castell-nedd**, **Abertawe** a mannau eraill. Er bod torri coed ar raddfa ofalus yn fodd o ddarparu cyflenwad cyson o siarcol ar gyfer mwyndoddi mwynau, gall torri anystyriol arwain at ddatgoedwigo eang, a dyna a boenai awdur y gerdd o'r 16g., 'Coed Glyn Cynon' (gw. **Aberpennar**).

O ganol y 18g. hyd ddechrau'r 20g. rheolid yr **economi** Gymreig gan fwyngloddio a chynhyrchu metel. O ganlyniad, mae'r rhan fwyaf o Gymru wedi'i chreithio gan ddatblygiadau diwydiannol. Y graith fwyaf dramatig yw'r pyllau agored a grëwyd gan fwyngloddwyr copr ar **Fynydd Parys** (**Amlwch**). Ceir tirweddau bron yr un mor ddramatig yn

Awyrlun o chwarel lechi'r Penrhyn, Bethesda (yng nghymuned Llandygái)

ardaloedd y chwareli **llechi** – y twll enfawr yn y Penrhyn (**Llandygái**), y ponciau yn Ninorwig (**Llanddeiniolen**) a'r tomennydd mawr o gerrig wast ym Mlaenau **Ffestiniog**.

Mae'r creithiau a adawyd yn sgil datblygu maes **glo**'r de yn fwy niferus fyth, os yn llai dramatig. Gadawyd olion annileadwy mewn lleoedd megis Pont-y-moel (**Pont-y-pŵl**) wrth gloddio mwyn **haearn** trwy sgwrio'r tir â dŵr. Roedd y slag a gynhyrchid gan y diwydiant yn arwain at greu tomennydd rwbel amlwg dros ben – tirwedd hynod Garnddyrys (**Llan-ffwyst Fawr**), er enghraifft, a Thomen Fawr Dowlais a fu'n sefyll yn hir uwchlaw tref **Merthyr Tudful**. Ceir olion nifer o weithfeydd haearn – er enghraifft y chwe ffwrnais sydd wedi goroesi yng Nghyfarthfa (Merthyr Tudful), olion nodedig gwaith haearn **John Wilkinson** yn y **Bers** (**Coed-poeth**), ac yn anad dim, adfeilion gwaith haearn **Blaenafon**. Mae mwyndoddi copr wedi cael effaith amlycach o lawer ar y tirwedd. Roedd hyn yn arbennig o amlwg yn rhan isaf Cwm **Tawe**, lle gwenwynodd y diwydiant 360ha o dir (gw. **Abertawe**). Yr ardal honno yw testun clasur o lyfr ar dirlun diwydiannol, *Copperopolis* gan Stephen Hughes (2002).

Erbyn canol y 19g. roedd cloddio glo wedi goddiweddyd trin metel fel prif ddiwydiant Cymru. Un agwedd ar ei effaith ar y tirwedd oedd ymsuddiant, fel yn Erddig (**Marchwiail**), lle bu'r gwaith o gryfhau sylfeini'r plasty yn llafurus a chostus. Arweiniodd cloddio glo at greu cannoedd o dipiau – a hynny gyda chanlyniadau trasig yn **Aber-fan** (**Merthyr Tudful**). Yn dilyn y drychineb yn 1966 bu ymgyrch i glirio tomennydd ac, o ganlyniad, mae creithiau'r diwydiant glo yn llawer llai amlwg nag yr oeddynt genhedlaeth yn ôl.

Roedd ymestyn rhwydweithiau cludiant yn mynd law yn llaw â datblygu diwydiannol. Golygai adeiladu **camlesi**, **rheilffyrdd** a **ffyrdd** fod angen creu pontydd dŵr a thraphontydd, codi argloddiau, cloddio trychfeydd ac adeiladu priffyrdd cynyddol gymhleth.

Mae'r modd y cafodd Cymru ei diwydiannu yn golygu bod amrediad eang o dirweddau ac adeiladau diwydiannol wedi dod i fod mewn ardal gymharol fach. Yn wir, mynnodd Elizabeth Beazley yn 1959 y gellid ysgrifennu hanes adeiladau'r **Chwyldro Diwydiannol** gan ddefnyddio enghreifftiau Cymreig yn unig. Roedd effaith diwydiant ar y tirlun yn denu arlunwyr; peintiodd **J. M. W. Turner** y felin yn Aberdulais (**Blaenhonddan**), cofnododd **Penry Williams** drawsffurfiad Merthyr Tudful ac ymhyfrydodd John 'Warwick' Smith yng ngolwg annaearol Mynydd Parys.

Roedd gweithgareddau diwydiannol a'r drafnidiaeth gysylltiedig yn creu cynefinoedd a ddatblygai eu hecoleg eu hunain. Felly, bu i waliau adfeiliedig a oedd yn cynnwys morter calch ddenu **planhigion** nad oeddynt yn tyfu ym **mhriddoedd** asidig Cymru. Cysylltir mathau arbennig o flodau â mwyngloddiau aur Dolaucothi. Daeth chwareli – er enghraifft, y rhai yn yr Eglwys Lwyd (**Llanbedr Felffre**) – yn hafan ar gyfer clystyrau o blanhigion prin. Dros amser, gorchuddir tipiau glo gan glytwaith o rug a glaswelltir asidig, ac mae hyd yn oed gwastraff chwareli llechi yn cael ei feddiannu gan lystyfiant yn y pen draw. Oherwydd eu natur wenwynig, mae priddoedd yr effeithiwyd arnynt gan gloddio plwm neu fwyndoddi copr yn araf yn denu planhigion, ond ceir cennau prin sy'n ffynnu ar fetelau ar rai safleoedd. Mae tir lled ddiffaith ar hyd rheilffyrdd a ffyrdd wedi hyrwyddo lledaeniad rhywogaethau estron, plâu megis creulys Rhydychen a chlymog Japan. O'r holl gynefinoedd a grëwyd gan ddyn, y mwyaf deniadol yw'r camlesi, sydd ar y cyfan yn meddu ar fwy o amrywiaeth o fflora a ffawna nag **afonydd**, sydd wedi'u tlodi'n fawr gan effeithiau gweithgareddau ffermio dwys.

Ni werthfawrogwyd cyfoeth treftadaeth ddiwydiannol Cymru nes i ddisgyblaeth newydd archaeoleg ddiwydiannol ddod i'r amlwg yn y 1950au (gw. **Archaeoleg**). Golygodd yr arafwch hwnnw fod llawer iawn a oedd o gryn ddiddordeb wedi ei golli. Mae hyd yn oed symud tipiau glo a thomennydd gwastraff eraill, er mor ganmoladwy yw hynny, yn gallu dinistrio cynefinoedd prin. Yn 2000 rhoddwyd statws Treftadaeth y Byd i dirwedd diwydiannol Blaenafon; ledled y byd, dim ond pum safle yn ymwneud â diwydiannau metel a sefydlwyd er y 18g. a ddynodwyd â statws o'r fath.

## TIRYMYNACH, Ceredigion (1,452ha; 1,888 o drigolion)

Lleolir **cymuned** Tirymynach yn union i'r gogledd o **Aberystwyth** ac mae'n cynnwys pentrefi Bow Street, Clarach, Dole, Llangorwen a Phen-y-garn. Bu Tirymynach ar un adeg yn raens (*grange*) a oedd yn eiddo i Abaty **Ystrad-fflur**. Enghraifft yw Bow Street o ddefnyddio enwau **Llundain** yng **Ngheredigion** (cymharer Chancery, Constitution Hill, Temple Bar a Llundain Fach). Comisiynwyd Eglwys yr Holl Saint, Llangorwen (1841), yr eglwys gyntaf i gael ei chynllunio gan William Butterfield, gan deulu Williams Cwmcynfelyn, y bu un o'i aelodau, y bardd Isaac Williams (1802–65), yn flaenllaw ym **Mudiad Rhydychen**. Hon oedd yr eglwys gyntaf yng nghefn gwlad Cymru i adlewyrchu credoau'r mudiad. Ni wnaeth adeiladu pentref gwyliau yng Nghlarach (enw sy'n deillio o'r Wyddeleg mae'n debyg) ddim i harddu'r bae hyfryd. Saif Sarn Gynfelyn i'r gogledd, cefnen o waddodion rhewlifol yn ymestyn i'r môr am sawl cilometr o Wallog.

## TOI

Cyn bod **llechi** Cymreig neu deils *terracotta* ar gael yn helaeth yng nghanol y 19g., roedd gwellt gwenith (yn aml gydag eithin, brwyn, neu rug dano) yn ddeunydd toi cyffredin. Roedd yn rhaid gwarchod teisi yn ogystal â thai rhag glaw, ac mewn ardaloedd arfordirol gwyntog câi'r to gwellt gwenith ei ddiogelu â rhwydwaith o raffau gwellt wedi'u hangori. Câi brwyn Norfolk ei dyfu mewn sawl ardal ar gyfer toi ac o'i osod yn ofalus ar do, byddai'n para am ganrif a rhagor. Ar deisi ac adeiladau fel ei gilydd roedd angen i'r to fod â goleddf o 50° o leiaf er mwyn i'r dŵr lifo'n iawn oddi ar y gwellt. Mae nifer o fythynnod to gwellt wedi goroesi, yn arbennig ym **Mro Morgannwg**, a cheir enghreifftiau modern mewn ambell faestref gefnog, fel Llys-faen yng **Nghaerdydd**.

## TOLL McKINLEY (y *McKinley Tariff*)

Roedd cynhyrchwyr **tunplat** de Cymru yn dibynnu'n drwm ar allforion i'r Unol Daleithiau – sef dros 60% o'r holl gynnyrch, ar gyfartaledd, rhwng 1881 ac 1891. Yn wyneb hynny, ofnid y byddai'r doll a gyflwynwyd trwy ymdrechion William McKinley, yr aelod o'r Gyngres a gynrychiolai dalaith Ohio a'i gweithfeydd dur, yn arwain at dranc y diwydiant. Golygai'r dreth fod toll o 2.2 sent y pwys (0.45kg) ar dunplat a gâi ei fewnforio, swm a oedd yn gyfystyr ag ardoll o 70% ar ei werth ariannol. O ganlyniad i'r doll, bu gostyngiad sydyn yng ngwerth allforion tunplat **Prydain** gan achosi tranc rhai cwmnïau ymylol a pheri diweithdra enbyd a arweiniodd at **ymfudo** i **Bensylfania**. Ond erbyn y **Rhyfel Byd Cyntaf** roedd y diwydiant wedi ymgryfhau drachefn trwy sicrhau marchnadoedd newydd ac yn sgil y defnydd cynyddol amrywiol ar dunplat. Etholwyd McKinley yn bumed arlywydd ar hugain yr Unol Daleithiau yn 1897 ac fe'i llofruddiwyd yn 1901, ar ddechrau ei ail dymor yn y swydd.

## TOLLAU TRAMOR A CHARTREF

Yn 1643 gosodwyd treth newydd ar **gwrw**, gwin, tybaco a nwyddau eraill, fel mesur dros dro mewn cyfnod o ryfel. Ond fel llawer o fesurau byrdymor, roedd hwn i barhau byth wedyn, ac mae'r Tollau Tramor a Chartref yn parhau'n rhan hanfodol o gyllid y wladwriaeth.

Yng Nghymru, fel mewn mannau eraill, roedd yr ecséis yn hynod amhoblogaidd, ac felly hefyd y swyddogion a weithredai'r drefn. Yn y de roedd y gwaith yng ngofal tri phorthladd – **Cas-gwent**, **Caerdydd** ac **Aberdaugleddau**; y tollty yng Nghaer a oedd yn gyfrifol am y gogledd. Roedd is-dolltai yng **Nghastell-nedd**, **Abertawe**, **Caerfyrddin**, **Penfro**, **Aberteifi**, **Caernarfon**, **Biwmares** a **Chonwy**. O 1698 ymlaen ceid yn y mannau hyn swyddogion ecséis preswyl, pob un ohonynt yn gyfrifol am arolygu rhan benodol o'r arfordir. Pobl o'r tu allan i'r ardaloedd oedd y swyddogion marchogol hyn yn ddieithriad, a chafodd amryw ohonynt enw drwg. Ceir darlun diddorol o weithgaredd swyddogion tollau'r 18g. yn llythyrau William Morris (gw. **Morrisiaid**), is-geidwad y dollfa yng **Nghaergybi**. (Gw. hefyd **Smyglo**.) Yn 1809 penodwyd gwarchodwyr a oedd yn defnyddio cytars (llongau ysgafn) er mwyn arolygu'r arfordir. Ceid yn ogystal y Capteiniaid Archwilio a oedd yn goruchwylio'r llongau hyn dros ddarn helaeth o arfordir.

Un o brif ddyletswyddau swyddogion Tollau Tramor a Chartref Ei Mawrhydi erbyn hyn yw casglu a gweinyddu tollau a Threth ar Werth; maent hefyd yn gyfrifol am ganfod a rhwystro'r rhai hynny sy'n ceisio osgoi cyfreithiau refeniw. Yn 2003 bu cryn wrthwynebiad i'r penderfyniad i ddwyn terfyn ar bresenoldeb parhaus y corff yn Abertawe, **Doc Penfro** a Chaer a throsglwyddo cyfrifoldebau'r canolfannau hynny i unedau symudol wedi'u lleoli yn **Lloegr**, gan adael swyddfeydd yng Nghaerdydd a Chaergybi yn unig.

## TOMKINS, Thomas (1572–1656)

Cerddor

Ganed Tomkins yn **Nhyddewi** a bu'n dal swyddi yn Eglwys Gadeiriol Caerwrangon a'r Capel Brenhinol, **Llundain**. Cyfansoddodd gerddoriaeth eglwysig, cerddoriaeth ar gyfer consortiau a gweithiau ar gyfer allweddellau, ac ystyrir bod ei gynnyrch gorau o safon Ewropeaidd. Cyhoeddwyd nifer fawr o'i anthemau a'i wasanaethau ar gyfer y litwrgi Anglicanaidd ar ôl ei farw yn *Musica Deo Sacra* (1668). Mae ei unig gasgliad o fadrigalau, *Songs of 3, 4, 5 and 6 parts* (1622), yn cynnwys ei gampwaith, 'When David heard that Absalom was slain'.

Glowyr y tu allan i gyfarfod streicio yn Nhonypandy adeg streic y Cambrian Combine, 1910–11

**TONNA**, Castell-nedd Port Talbot (754ha; 2,465 o drigolion)

Ar ucheldiroedd y **gymuned** hon, yn union i'r gogledd-ddwyrain o **Gastell-nedd**, mae olion gwersyll cyrch Rhufeinig ynghyd â nifer fawr o henebion. Hyd ddiwedd y 19g., pan agorwyd pyllau **glo** a gwaith **tunplat** yn yr ardal, roedd Tonna yn bentref bach tlws tebyg iawn i Aberdulais (**Blaenhonddan**), sydd yr ochr arall i afon **Nedd**. Yn Eglwys y Santes Ann (1893), adeilad neo-Gothig hardd, ceir cofebau i drigolion o'r naill bentref a'r llall. Un o ffoleddau Stad y Gnoll oedd yr Ivy Tower, tŷ haf a adeiladwyd *c*.1780 (gw. **Castell-nedd**).

**TONYPANDY, Terfysgoedd**

Ar brif stryd Tonypandy (y **Rhondda**) ar 8 Tachwedd 1910 difrodwyd dros 60 o siopau a chafodd un gŵr (Samuel Rays) ei ladd yn ystod gwrthdaro â'r **heddlu**. Digwyddodd y terfysgoedd yn sgil streic ynglŷn â thaliadau am weithio'r hyn a ystyrid yn fannau anarferol ym mhyllau **glo**'r Cambrian Combine (gw. **D. A. Thomas**). Roedd cannoedd o blismyn eisoes yn gwarchod y pyllau a'r sawl a dorrai'r streic, a phan anfonwyd cannoedd yn rhagor o heddlu **Llundain** yno i chwyddo eu rhengoedd ffrwydrodd dicter y streicwyr. Ac yntau wedi petruso hyd at hynny, ymatebodd yr ysgrifennydd cartref, **Winston Churchill**, i alwadau gan reolwyr y pyllau ac ynadon lleol trwy yrru milwyr i'r ardal; buont yno am rai misoedd. Er i'r streic ddod i ben ym mis Hydref 1911 heb fuddugoliaeth i'r streicwyr yn eu hamcanion, bu Terfysgoedd Tonypandy yn sbardun i lowyr ym mhob un o feysydd glo **Prydain** ymladd yn gyntaf am isafswm cyflog, a sicrhawyd yn rhannol yn 1912, ac yna am welliannau pellach yn eu hamodau gwaith. Cafodd y digwyddiad sylw eang yn y wasg, ac y mae bellach wedi magu arwyddocâd chwedlonol yng Nghymru fel mynegiant o ymagweddu milwriaethus newydd yn rhengoedd y gweithwyr diwydiannol ac fel mynegiant hefyd o ymwybyddiaeth gymunedol radical y dosbarth gweithiol (gw. **Dosbarth**). Bu'r ddrwgdybiaeth o Winston Churchill yn elfen hirhoedlog yn ardaloedd diwydiannol Cymru.

**TONYREFAIL**, Rhondda Cynon Taf (2,454ha; 11,035 o drigolion)

Mae'r **gymuned** hon wedi'i lleoli ym mhen uchaf dyffryn afon **Elái**, yn union i'r de o'r Cymer (gw. **Rhondda, Y**). Ardal ffermydd llaeth a da byw ydoedd gynt, ac mae llawer o'r hen ffermdai wedi goroesi. Ar ddiwedd y 18g. y dechreuwyd diwydiannu'r ardal, o amgylch melin ŷd a ffatri **wlân**. Yn ddiweddarach aethpwyd ati i gloddio'r gwythiennau **glo** dwfn ar raddfa fawr. Pan oedd glofa Coed-elái yn ei hanterth

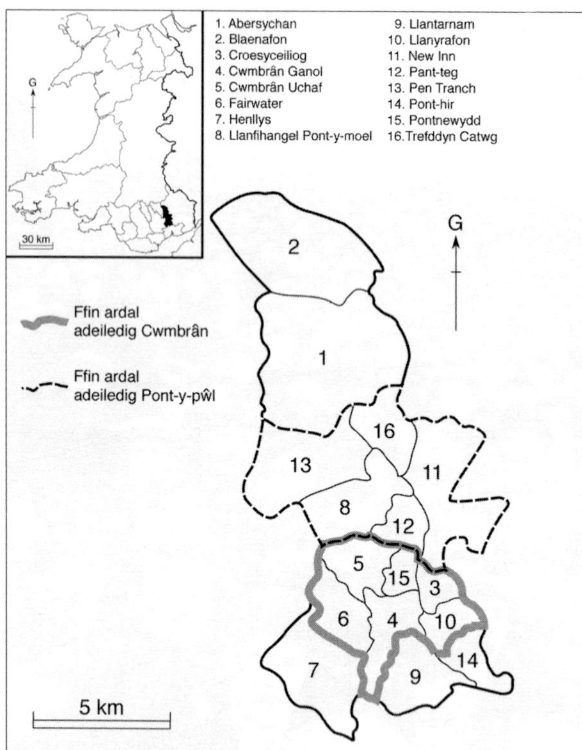


Cymunedau Bwrdeistref Sirol Torfaen

roedd bron 1,800 o ddynion yn gweithio yno, a bodolaeth y pwll hwn a arweiniodd at ehangu pentref Tonyrefail a sefydlu pentrefi glofaol Coed-elái, Thomastown a Bryngolau. Mae'r ysgol uwchradd (1933) a'r Ganolfan Adnoddau Cymunedol (1993) yn adeiladau trawiadol. Felly hefyd Gapel y Ton (1863) cyn ei gau yn 2002. Mae corau dan arweiniad Richard Williams wedi dod ag enwogrwydd i Donyrefail ym myd **cerddoriaeth**.

**TORFAEN** Bwrdeistref sirol, etholaeth a chyn-ddosbarth (12,618ha; 90,949 o drigolion)

Yn 1974 daeth Torfaen – enw arall ar afon Lwyd – yn enw ar un o ddosbarthau sir newydd **Gwent**. Roedd yr uned newydd yn cyfuno tri dosbarth trefol, sef **Pont-y-pŵl** (gan gynnwys **Abersychan**), **Cwmbrân** a **Blaenafon**, a rhannau o **ddosbarthau gwledig** cyfagos, gan ddwyn holl ddyffryn afon Lwyd o dan un awdurdod. Ar ôl diddymu sir Gwent yn 1996 daeth y dosbarth yn fwrdeistref sirol Torfaen. Y mae hefyd yn enw ar etholaeth. Yn 2001 roedd 14.4% o drigolion Torfaen â rhywfaint o afael ar y **Gymraeg**, gyda'r canrannau yn amrywio o 16.93% yn Fairwater (gw. Cwmbrân) i 11.77% ym Mhont-y-moel (gw. Pont-y-pŵl); roedd 6.68% o drigolion y fwrdeistref sirol yn gwbl rugl yn yr iaith.

**TRALLWNG neu TRALLWM, Y (Welshpool)**, Sir Drefaldwyn, Powys (3,901ha; 6,269 o drigolion)

Lleolir y **gymuned** hon ar lan orllewinol afon **Hafren**, ac mae'n ymestyn am 11km o'r gogledd i'r de. Daw'r *pool* yn yr enw Saesneg o'r ffurf Gymraeg *Trallwng* 'lle sy'n llyncu dŵr, pwll budr'; ychwanegwyd y *Welsh* er mwyn gwahaniaethu rhwng y dref a Poole yn Dorset. Pan grëwyd **Sir Drefaldwyn** yn 1536 dynodwyd **Trefaldwyn** yn brif dref, ond y Trallwng oedd gwir ganolbwynt y sir.

Prif gadarnle'r Trallwng oedd Tomen Gastell, castell y gwelir ei fwnt hyd heddiw ac a gaiff ei grybwyll gyntaf yn 1196, ond o dan gysgod y Castell Coch (Castell Powys) y datblygodd y dref. Cafodd y castell hwn, a oedd yn wreiddiol efallai yn un o gadarnleoedd **Cadwgan ap Bleddyn** (m.1111), ei ailadeiladu o gerrig gan ei ddisgynnydd, Owain ap Gruffudd (Owen de la Pole; m.1309), arglwydd **Powys Wenwynwyn**. Adeilad canoloesol yn ei hanfod yw'r un a welir heddiw, er i deulu **Herbert**, a'i prynodd yn 1587, ychwanegu llawer o addurniadau, gan gynnwys oriel hir odidog (1590au) a grisiau mawreddog (*c.*1668). Yn 1801 daeth treftadaeth yr Herbertiaid yn eiddo trwy briodas i Edward, mab Robert Clive, a cheir yn y castell amgueddfa o drysorau o India. Mae'r **gerddi**, gyda'u terasau, a ffurfiwyd yn niwedd yr 17g., yn fyd-enwog, ac maent hwythau, fel y castell, bellach dan ofal yr **Ymddiriedolaeth Genedlaethol**.

Derbyniodd y Trallwng ei siarter *c.*1241 gan **Gruffudd ap Gwenwynwyn**. Saif Eglwys y Santes Fair ar godiad tir yng nghanol y dref. Mae'r tŵr yn dyddio'n rhannol o'r 13g., ond dinistriwyd llawer o'r hen eglwys pan ysbeiliwyd y dref gan **Owain Glyndŵr** yn 1401. Fe'i hailadeiladwyd ar ddiwedd y 15g., ei helaethu yn 1737 a'i hatgyweirio yn 1857 ac 1871.

Ar ddechrau'r 19g. y Trallwng oedd y chweched o ran maint ymhlith trefi Cymru. Deuai cychod i fyny afon Hafren at Pool Quay, sydd 2km i'r gogledd o'r dref. Y cei hwn oedd y man uchaf y gellid ei gyrraedd ar Hafren mewn cwch, ond collodd ei bwysigrwydd yn sgil ymestyn Camlas Sir Drefaldwyn hyd at Garthmyl, i'r de o'r dref, yn 1797 (gw. **Camlesi**). Ffynnai'r Trallwng fel tref farchnad ac fel canolfan ar gyfer bragu, barcio a gwneud brethyn (gw. **Gwlân, Y Diwydiant**). Dirywio a wnaeth y diwydiannau hyn tua diwedd y 19g., ond parhaodd y dref yn ganolfan amaethyddol o bwys; roedd ei marchnad anifeiliaid yn un o'r rhai mwyaf yn Ewrop cyn y clwy traed a'r genau yn 2001. Adferwyd rhan hyfryd o'r gamlas yn 1973. Ar un o'i glanfeydd ceir amgueddfa gynhwysfawr Powysland a Chanolfan y Gamlas.

Mae safle mynachlog Sistersiaidd Ystrad Marchell 4km i'r gogledd o'r Trallwng, er nad oes unrhyw olion i'w gweld uwchlaw'r tir bellach. Fe'i sefydlwyd gan **Owain Cyfeiliog** yn 1170. Cloddiwyd y safle yn 1890 a darganfuwyd olion eglwys 84m o hyd a thŵr sgwâr canolog. Canodd **Tudur Aled** glodydd yr abad croesawgar, Dafydd ab Owain. Diddymwyd y fynachlog yn 1536.

Darganfuwyd casgliad o arfau ac offer efydd yng Nghoedlan Crowther (gw. hefyd **Cegidfa**). Plasty du a gwyn deniadol yw Neuadd Trelydan (*c.*16g. yn wreiddiol). Yn y Cloddiau Cochion y ganed Richard Davies (1635–1708), efengylwr ac awdur o Grynwr. Mae'n bosibl fod Llannerch-hudol, honglaid o dŷ afreolaidd yr olwg a Rhamantaidd ei arddull (1776, 1820), yn sefyll ar safle llys cwmwd **Llannerch Hudol**. Yn rhan ddeheuol yr ardal mae Maes Awyr Canolbarth Cymru.

**TRALLWNG neu TRALLONG, Y**, Sir Frycheiniog, Powys (5,906ha; 364 o drigolion)

Mae'r **gymuned** hon wedi'i lleoli o boptu glannau afon **Wysg**, ac mae'n ymestyn i fyny hyd at feysydd tanio **Mynydd Epynt**. Cyfeirir at 'Trallwng Cynfyn' yng nghanu Gwynfardd Brycheiniog, bardd o'r 12g. O'r Trallwng y deuai Philip Powell, a grogwyd yn Nhybwrn oherwydd ei ymlyniad wrth y ffydd Gatholig. Rhed nant Brân trwy bentref anghysbell Llanfihangel Nant Brân gan ymuno ag afon Wysg gerllaw

Un o dramiau Aberdâr ac arno ddynwaredwr yn hyrwyddo ffilm gan Harold Lloyd, *c*.1930

Aberbrân Fawr, cartref teulu Games cyn iddynt symud i Newton (**Aberhonddu**). Ar lannau afon Wysg, tua chilometr oddi wrth ei gilydd, saif Pen-pont ac Abercamlais, dau blasty trawiadol a adeiladwyd ar gyfer gwahanol ganghennau o deulu Williams. Mae gan Abercamlais ei bont ei hunan dros afon **Wysg** ac yn y plasty ceir lle tân o Fonthill. George Gilbert Scott a gynlluniodd Eglwys Betws Pen-pont. Uwchlaw pen uchaf Cwm Camlais-fawr y mae safle Castell Blaencamlais, y byrraf ei hoedl o holl gestyll Cymru; wedi iddo gael ei adeiladu gan **Lywelyn ap Gruffudd** yn 1262, fe'i dinistriwyd gan y darpar frenin Edward I yn 1265.

## TRAMIAU

Roedd wageni a gariai fwynau ar hyd tramffyrdd i'w canfod ym mhobman yn y Gymru ddiwydiannol cyn dyfodiad y **rheilffyrdd** ond, at ei gilydd, ystyrir tramiau yn gerbydau cludo teithwyr. Erbyn y 1870au roedd tramiau a dynnid gan **geffylau**, ac yn rhedeg ar gledrau yng nghanol strydoedd, yn olygfa gyffredin yng **Nghaerdydd**, **Abertawe**, **Casnewydd** a **Wrecsam**. Yn wreiddiol, roeddynt mewn dwylo preifat ond yn gynnar yn yr 20g. daeth y mwyafrif ohonynt dan reolaeth awdurdodau lleol, ac fe'u trydaneiddiwyd. Un o'r cymeriadau amlycaf yn hanes tramiau Caerdydd oedd **Solomon Andrews**, arloeswr gwasanaethau tramiau yng Nghymru a hefyd mewn dinasoedd yn **Lloegr**, megis Manceinion. Dechreuodd ei gwmni redeg gwasanaeth tramiau yng Nghaerdydd yn 1872 ac, erbyn diwedd y 19g., rhedai dramiau yn **Llanelli**, Casnewydd, **Pontypridd** a **Phwllheli**. O'r 1920au ymlaen dechreuwyd defnyddio trolibysiau – cerbydau nad oeddynt yn rhedeg ar gledrau ac a dderbyniai bŵer o geblau uwchlaw – ym Mhontypridd, Llanelli, **Aberdâr** a Chaerdydd. Roedd Caerdydd, lle dechreuwyd defnyddio trolibysiau yn 1942, gyda'r olaf o'r dinasoedd i ffarwelio â hwy; daeth y gwasanaeth i ben yn 1970.

Yn Abertawe, cafodd yr Oystermouth Tramroad Company ei droi'n gorfforaeth yn 1804. Cledrau ar **ffyrdd** sydd i dramiau, ond gan fod lein Ystumllwynarth yn dilyn trac ar wahân i'r ffordd fawr, gellir ei hystyried yn rheilffordd yn hytrach na thramffordd; yn wir, cyfeirir ati weithiau fel y rheilffordd gynharaf yn y byd i gludo teithwyr. Yn 1877 disodlwyd y cerbydau a dynnid gan geffylau gan gerbydau a dynnid gan ynni stêm. Caeodd y lein yn 1960. Un wedd yn unig ar flaengarwch Abertawe oedd rheilffordd Ystumllwynarth, oherwydd y dref hon oedd y gyntaf yng Nghymru i gael tramffyrdd trydan (1900).

Dechreuodd y Merthyr Electric Traction Company redeg tramiau trydan yn 1901, cerbydau a ddisodlwyd gan fysiau'r cyngor yn 1939. Rhedai tramiau yn y **Rhondda** o 1902 hyd 1933. Roedd Pontypridd yn falch iawn o'i thramiau a'r awdurdod lleol hwn oedd yr olaf yn y de i fabwysiadu **bysiau**. Yn y gogledd, rhedai tramiau trydan yn Wrecsam o 1903 hyd 1927. Yn y 1930au cystadlai tramiau'r Llandudno and Colwyn Bay Electric Railway Company â bysiau Crosville ar hyd yr arfordir. Un o lwyddiannau mawr gwasanaethau tramiau yng Nghymru yw tramffordd y Gogarth yn **Llandudno**; ar ôl cael ei sefydlu gan gwmni preifat yn 1902, bu ym

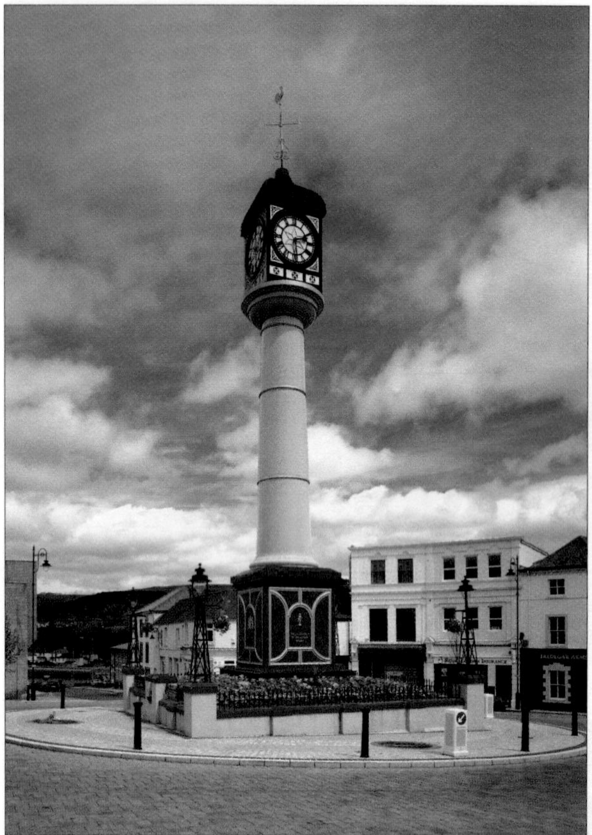

Tŵr y cloc yn Nhredegar

meddiant yr awdurdod lleol er 1949. Yn ystod 30 mlynedd cyntaf ei hanes cludodd y rheilffordd halio, ddau gam hon, sy'n rhannu'r un llwybr â'r ffordd fawr mewn mannau, bedair miliwn o deithwyr. Dyma'r unig dramffordd sydd ar ôl yng Nghymru.

**TRAWSFYNYDD**, Gwynedd (12,380ha; 949 o drigolion)

Yn y **gymuned** hon, sy'n cynnwys rhan eang o ogledd **Sir Feirionnydd**, mae corstiroedd helaeth y Crawcwellt sy'n ymestyn hyd at ucheldiroedd Cromen **Harlech**. Defnyddid yr hen wersylloedd ymarfer ar ffin ogleddol yr ardal gan filwyr Rhufeinig Tomen-y-mur (gw. **Maentwrog**). Roedd Castell Prysor, canolfan weinyddol cwmwd **Ardudwy** Uwch Artro, yn gastell Cymreig a adeiladwyd yn ôl pob tebyg yn gynnar yn y 13g. Mae gan Eglwys Sant Madryn do canoloesol. Crëwyd Llyn Trawsfynydd yn 1930 ar gyfer cynllun trydan dŵr Maentwrog (gw. **Ynni**). Yn ddiweddarach, fe'i helaethwyd pan godwyd Gorsaf Ynni Niwclear Trawsfynydd (gw. isod). Bu gan y fyddin amryfal feysydd tanio yn ardal Trawsfynydd o 1906 ymlaen, ond caewyd eu gwersyll ym Mronaber yn 1957–8 a phentref gwyliau ydyw erbyn hyn. Yn 1951 cynhaliwyd protest yn erbyn ehangu'r gwersyll; bu'r gwrthdystwyr, o dan arweiniad **Gwynfor Evans**, yn atal trafnidiaeth i'r safle. Yng nghanol pentref Trawsfynydd mae cofadail **L. S. Merrifield** i Hedd Wyn (**Ellis Humphrey Evans**) a laddwyd yn y **Rhyfel Byd Cyntaf** ddeufis cyn iddo ennill cadair **Eisteddfod** Genedlaethol Penbedw yn 1917. Mae'r gymuned yn ymestyn hyd at Lyn **Tryweryn**, tarddiad afon Tryweryn.

**TRAWSFYNYDD, Gorsaf Ynni Niwclear**, Gwynedd

Saif gorsaf ynni niwclear **Trawsfynydd** ar lan Llyn Trawsfynydd, cronfa ddŵr a grëwyd yn 1930 i gyflenwi pwerdy trydan dŵr **Maentwrog**. Dechreuodd Trawsfynydd gynhyrchu trydan yn 1965, y pedwerydd o gyfres o bwerdai Magnox a godwyd gan y Bwrdd Cynhyrchu Trydan Canolog i gyflenwi trydan i'r grid cenedlaethol. Roedd gan yr orsaf, a oedd yn dal i weithio hyd nes y dechreuwyd ei datgomisiynu yn 1991, ddau adweithydd a gynhyrchai tua 390MW o drydan. Yn ei anterth, cyflogai'r pwerdy oddeutu 400 o staff parhaol.

**TRAWSGOED**, Ceredigion (4,286ha; 977 o drigolion)

Mae'r **gymuned** hon, sy'n cwmpasu llain eang o dir sy'n ymestyn tua'r gogledd o ganol dyffryn **Ystwyth**, yn cynnwys pentrefi Abermagwr, Cnwch-coch, Llanafan, Llanfihangel-y-Creuddyn a'r Gors (New Cross). O fewn ei ffiniau hefyd y mae Trawsgoed, cartref teulu **Vaughan** o'r 14g. hyd 1947. Erbyn 1873 roedd stad Trawsgoed yn ymestyn dros 17,266ha o **Sir Aberteifi** – y stad fwyaf yn y sir. Mae gerddi braf yn amgylchynu'r plasty, ond llwyr orchuddiwyd y rhannau hynny ohono sy'n dyddio o'r 16g. a'r 17g. gan yr asgell newydd a godwyd yn 1891. Bellach fe'i trowyd yn fflatiau moethus. Gerllaw'r plasty, saif olion caer Rufeinig a ddarganfuwyd yn 1959 ac a ddefnyddid o *c.*OC 80 hyd *c.*120. Daeth Llanafan yn gartref i weithwyr stad Trawsgoed ac i fwynwyr **plwm**. Ailadeiladwyd rhannau helaeth o Eglwys Sant Afan *c.*1860; am ganrifoedd roedd **degwm** y plwyf, fel degwm sawl un arall o **blwyfi**'r sir, yn mynd i goffrau teulu barus Chichester. Pentref cnewyllol yw Llanfihangel-y-Creuddyn ac iddo eglwys drawiadol (14g.) sy'n cynnwys trawstiau nodedig. Claddwyd Caradoc Evans (**David Evans**) yn y Gors.

**TREAMLOD (Ambleston)**, Sir Benfro (1,558ha; 367 o drigolion)

Daw enw'r **gymuned** hon, sy'n gorwedd i'r dwyrain o briffordd **Hwlffordd-Abergwaun** (yr A40), o'r enw priod *Amelot*, sef *Amé* (Hen Ffrangeg) gyda bachigyn dwbl. Cafodd Eglwys y Santes Fair ei hailadeiladu i raddau helaeth yn 1906; mae ei thŵr o'r 12g. wedi goroesi. Y gwasanaeth cymun a gynhaliwyd yng nghapel Wstog (1754, 1808) yn 1755 oedd y cyntaf o'i fath i'w gynnal mewn capel Wesleaidd yng Nghymru. Ar dir fferm Scollock West ceir yr hyn y gellid ei ystyried yn gofeb genedlaethol Cymru i'r cysyniad o berchenfeddiannaeth. Yn ystod y 1920au codwyd y gofadail o farmor gwyn ynghyd â dau gerflun maint llawn o John a Martha Llewellin i goffáu eu cydymdrech a'u darbodusrwydd: 'by the blessing of God on their joint undertaking and thrift they bought this farm and handed it down without encumbrance to their heirs'. Cerfiwyd y ffigyrau yn yr Eidal o fodelau plastr a wnaed ar sail llun priodas.

**TREARDDUR**, Ynys Môn (1,898ha; 1,858 o drigolion)

Pentref mwyaf y **gymuned** hon, sy'n ymestyn dros ganol a gogledd-orllewin Ynys Gybi (gw. **Ynysoedd**), yw Trearddur, canolfan chwaraeon dŵr ac un o faestrefi **Caergybi**. Ym Mhen-rhos (18g.), hen gartref y Barwniaid **Stanley** o Alderley, ceir nodweddion pensaernïol Moslemaidd a ychwanegwyd at y tŷ wedi i'r trydydd barwn (m.1898) droi at **Islâm**. Bellach, mae'r safle yn warchodfa natur. Beddrod siambr gwych o'r Oes Neolithig yw Trefignath (gw. **Oesau Cynhanesyddol**). Ceir meini hirion o'r Oes Efydd ger Penrhosfeilw. Bu pobl yn byw yn y clwstwr cytiau wrth droed Mynydd Twr – a gamenwyd yn Gytiau'r Gwyddelod – o'r Oes Neolithig hyd gyfnod y **Rhufeiniaid**. Mae gan Gaer y Tŵr, bryngaer sy'n dyddio o'r Oes Haearn, ragfuriau cerrig trawiadol, a saif tŵr gwylio Rhufeinig o'i mewn. Cafodd goleudy Ynys Lawd ei godi ar ei safle dramatig yn 1809. Sefydlwyd gwaith Alwminiwm Môn (Rio Tinto gynt) yn 1971.

**TRECELYN (Newbridge)**, Caerffili (1,034ha; 6,000 o drigolion)
Datblygodd Trecelyn ar ddwy lan afon **Ebwy** rhwng y **Coed Duon** a **Chwmbrân** i ddarparu llety ar gyfer gweithwyr glofa Gogledd Celynnen. Sefydliad y Gweithwyr, Celynnen, a agorwyd yn 1924, oedd un o'r rhai olaf o'i fath i gael ei adeiladu ym maes **glo**'r de. O blith yr adeiladau hynny o'r 16g. sydd wedi goroesi yn ucheldir **Gwent**, Cwmdows, ar lan orllewinol afon Ebwy, sydd yn y cyflwr gorau. Mae hanes anrhydeddus i glwb **rygbi** Trecelyn, a sefydlwyd yn 1888.

**TRECŴN**, Sir Benfro (1,660ha; 359 o drigolion)
Mae'r **gymuned** hon, sydd wedi'i lleoli i'r de o **Abergwaun**, yn cwmpasu'r hyn a oedd, cyn 1974, yn **blwyfi** sifil Llanstinan a Llanfair Nant-y-gof. Mae nodweddion pensaernïol canoloesol i'w cael yn Eglwys Sant Stinan; cafodd Eglwys y Santes Fair ei hailgodi yn 1855. Bu John Wesley yn westai achlysurol ym mhlasty Trecŵn (sydd wedi'i ddymchwel). Gwerthwyd y tŷ i'r Llynges yn y 1930au wedi i holl aelodau teulu Barham, y perchnogion, gael eu lladd mewn damwain car. O 1939 hyd 1994 bu'n safle ffatri a storfa arfau, a oedd yn cynnwys rhwydwaith o 58 o dwneli tanddaearol i gadw bomiau. Esgorodd y penderfyniad i gau'r safle yn 1995 ar ddiweithdra sylweddol yn lleol.

**TREDEGAR**, Blaenau Gwent (3,157ha; 15,057 o drigolion)
Lleolir y **gymuned** ym mhen uchaf Cwm Sirhywi (un o isafonydd **Ebwy** yw Sirhywi). Cafodd y dref ei henwi ar ôl Tredegyr neu Dredegar, cartref y Morganiaid (gw. **Morgan, Teulu** a **Coedcernyw** ger **Casnewydd**); codwyd gwaith **haearn** Tredegar ar dir a roddwyd ar les gan y teulu yn 1799. Symbol o bwysigrwydd haearn yn hanes Tredegar yw'r tŵr cloc o haearn bwrw (1858) yn y Cylch, sy'n enghraifft brin o fan agored canolog mewn tref ym maes **glo**'r de. Gellir gweld olion ffwrnais olosg gyntaf yr ardal yng ngwaith haearn Sirhywi. Y dramffordd sy'n cysylltu Tredegar â Chasnewydd, a agorwyd yn 1811, oedd y dramffordd fawr gynharaf yn ne Cymru. Yn 1818 prynwyd gwaith haearn Sirhywi gan deulu Harford, ac yn 1832 adeiladwyd twnnel 2km o hyd i fynd â haearn crai o Sirhywi i felinau rholio'r teulu yng **Nglynebwy**. Erbyn diwedd y 19g. roedd Cwmni Haearn a Glo Tredegar, a olynodd gwmni Harford, yn ymwneud yn bennaf â chloddio glo ager. Erbyn canol yr 20g. y prif gyflogwr oedd y gwaith dur yng Nglynebwy; bu dirywiad y gwaith a'i dranc yn y pen draw yn ergyd enbyd.

Gerddi Bedwellty House, a oedd yn eiddo i'r Morganiaid, oedd Parc Tredegar ar un adeg. Mae'r parc yn cynnwys tŷ iâ, groto, gardd goed a darn o lo sy'n pwyso 15 tunnell fetrig – y darn unigol mwyaf i'w dorri erioed. Ar Fryn Serth saif y clogfeini enfawr sy'n coffáu **Aneurin Bevan**, mab enwocaf y dref. Trefil, pentref gerllaw'r hen chwareli **calchfaen** i'r gogledd o Dredegar, yw'r gymuned fwyaf anghysbell yn y de diwydiannol. Mae parc gwledig braf ym Mryn Bach a thraphont reilffordd drawiadol yn Dukestown. Brodor o Dredegar oedd tad Charles Evans Hughes, a safodd yn etholiad arlywyddol yr Unol Daleithiau yn 1916 a chael ei drechu o 4,000 o bleidleisiau.

**TREDEGAR NEWYDD**, Caerffili (965ha; 4,945 o drigolion)
Mae'r **gymuned** yn ymestyn ar draws Cwm **Rhymni** i'r gogledd o **Fargod**. Cyfeiria'r enw at y pwll **glo** newydd a suddwyd yn 1858 gan Gwmni Haearn a Glo Tredegar ger Troedrhiw-fuwch, lle sydd dan fygythiad tirlithriadau. Wrth edrych tuag at Dredegar Newydd o'r A469 ceir golygfa gofiadwy o'r rhesi o dai teras sy'n nodweddiadol o faes glo'r de (gw. **Tai**).

**TREDEML (Templeton)**, Sir Benfro (1,424ha; 808 o drigolion)
Mae'r **gymuned** hon wedi'i lleoli'n union i'r de o **Arberth**, a'i henw yn dwyn i gof ysbyty a sefydlwyd yn 1282 gan Farchogion y Deml. Roedd Ffair Tredeml, a gâi ei chynnal drannoeth Gŵyl Fihangel, yn enwog am ei phasteiod 'cig cathod' – mewn gwirionedd, cig dafad ydoedd. Saif Eglwys Sant Ioan (19g.) ar safle adeilad a ddefnyddid ar un adeg fel tŷ cwrdd Undodaidd. Eglwys ganoloesol oedd Capel Mounton yn wreiddiol; mae'n adfail bellach. Mae gan y tai ar hyd yr A478 leiniau o dir bwrdais y tu cefn iddynt, atgof o gynllunio llinellol canoloesol.

**TREF ALAW**, Ynys Môn (3,644ha; 606 o drigolion)
Oddi mewn i'r **gymuned** hon, i'r de-orllewin o **Amlwch**, ceir llyn mwyaf **Môn**, sef Llyn Alaw. Cronfa ddŵr ydyw a grëwyd yn 1966 trwy gronni dyfroedd afon Alaw. Melin Llynnon ger Llanddeusant yw'r unig un sy'n parhau i weithio o'r **melinau gwynt** a fu unwaith mor gyffredin ar yr ynys. Melin Hywel yw'r unig un o **felinau dŵr** Môn sy'n gweithio o hyd. Mae'r fferm wynt ar gyrion gogleddol yr ardal yn cynnwys 34 o dyrbinau. Yn Eglwys Llanbabo ceir corffddelw o'r 14g. o nawddsant yr eglwys, Pabo. Crug sy'n dyddio o'r Oes Efydd (*c.*1500 CC) yw Bedd Branwen (gw. **Oesau Cynhanesyddol** a **Branwen ferch Llŷr**).

**TREFALDWYN (Montgomery)**, Sir Drefaldwyn, Powys (1,359ha; 1,256 o drigolion)
Bu safle'r dref uwchben Dyffryn **Hafren**, mewn man sy'n gwarchod y ffordd i ganolbarth Cymru, o bwys strategol ers canrifoedd lawer, fel y tystia bryngaer fawr Ffridd Faldwyn. Yma y cododd Roger de Montgomery (gw. **Montgomery, Teulu**) gastell mwnt a beili (Hen Domen) i warchod Rhydwhiman neu Ryd Chwima ar afon Hafren, gan roi enw cartref ei deulu yn Normandi arno. Oddeutu 1102 daeth y castell hwnnw i feddiant Baldwin de Bollers a daethpwyd i'w adnabod fel Castell Baldwin, enw a roddodd Trefaldwyn yn ddiweddarach.

Gorwedd y dref yng nghysgod castell arall a adeiladwyd ar glogwyn serth gan Harri III yn 1223. Yn ail hanner y 13g. y castell hwn oedd prif gadarnle'r Goron ar ororau canolbarth Cymru a daeth Rhyd Chwima yn brif fan cyfarfod ar gyfer cenhadon rheolwyr Cymreig a Seisnig. Yno, yn 1267, y seliwyd **Cytundeb Trefaldwyn**, y cytundeb a greodd **dywysogaeth** Cymru. Daeth y castell i feddiant teulu **Mortimer**, ac yna teulu **Herbert**, a gododd blasty hardd yn null y **Dadeni** oddi mewn i'w ward ganol. Yn 1649 chwalwyd rhannau helaeth o'r castell ar orchymyn y Senedd. Mae gwaith cloddio yn ystod yr 20g. wedi datgelu olion sy'n tystio i'w ragoriaethau pensaernïol, yn enwedig y porthdy gyda'i ddau dŵr a'r cysylltfuriau uchel blaengar; dylanwadwyd ar ei gynllun, o bosibl, gan Chateau-Gaillard yn nwyrain Normandi.

Gwelir cerfluniau o'r bardd **George Herbert** a'i frawd hynaf, yr athronydd **Edward Herbert** (Barwn Herbert o Cherbury), yn blant ar fedd nodedig Richard Herbert yn Eglwys Sant Nicolas (1600). Codwyd yr eglwys honno yn wreiddiol yn y 13g. ac mae ganddi do godidog gyda thrawstiau gordd (*c*.1500).

Derbyniodd y dref ei siarter yn 1227 ond, gyda thwf y **Trallwng**, pylodd ei phwysigrwydd. Erys felly yn hyfryd hynafol yr olwg gyda neuadd y dref Sioraidd (1748) a nifer o dai du a gwyn. Yn wir, mor gyforiog ydyw o nodweddion pensaernïol trawiadol fel y gellid ei hystyried yn dref fwyaf dymunol Cymru.

## TREFDRAETH (Newport), Sir Benfro (1,768ha; 1,122 o drigolion)

Prif ogoniant y **gymuned** hon, sydd hanner ffordd rhwng **Aberteifi** ac **Abergwaun**, yw copa creigiog Carn Ingli (337m) a'r golygfeydd gwych ar draws traeth y Parrog a Bae Trefdraeth. Mae siambrau claddu Neolithig Carreg Coetan Arthur a Cherrig y Gof yn drawiadol, a cheir **bryngaerau** o'r Oes Haearn ar Garn Ingli a Charn Ffoi (gw. **Oesau Cynhanesyddol**). Yn 1204 sefydlodd teulu Fitz Martin, arglwyddi Normanaidd **Cemais**, brif ganolfan yr arglwyddiaeth yn Nhrefdraeth, gan greu tref gynlluniedig yno. Yn 1859 ymgorfforwyd porthdy'r castell yn rhan o dŷ. Ar ôl cael ei siarter *c*.1215 roedd gan Drefdraeth ei maer ei hun, swydd sy'n dal mewn bodolaeth. Cafodd Eglwys y Santes Fair ei hailgodi i raddau helaeth yn 1879, ond goroesodd ei thŵr canoloesol. Mae Capel yr Eglwys (1799) yn un o gapeli'r **Methodistiaid Calfinaidd** yng ngogledd **Sir Benfro** a arhosodd o fewn yr Eglwys Anglicanaidd (gw. **Anglicaniaid**) ar ôl ymraniad 1811. Mae capeli'r **Bedyddwyr** (1855) a'r **Annibynwyr** (1845) yn adeiladau sylweddol. Yng Nghanolfan Eco Trefdraeth ceir yr orsaf cynhyrchu trydan-haul leiaf ym **Mhrydain**.

## TREFEGLWYS, Sir Drefaldwyn, Powys (8,290ha; 868 o drigolion)

Mae'r **gymuned** hon yn cwmpasu basn afon Trannon, un o isafonydd **Hafren**, i'r gogledd o **Lanidloes**, ac mae'n cynnwys pentrefi Trefeglwys, Llawr-y-glyn a Phenffordd-las (Staylittle yn **Saesneg** a'r Stae ar lafar gwlad), ynghyd â glan ogleddol cronfa ddŵr Clywedog (gw. **Cronfeydd Dŵr**). Mae'r ardal yn frith o hen dai ffrâm bren. Brodor o Drefeglwys oedd **Nicholas Bennett**, casglwr alawon gwerin, a hanai'r llyfryddwr **Charles Ashton** o Lawr-y-glyn. Bu gan y **Crynwyr** dŷ cwrdd a mynwent yn y Stae. Roedd yr ardal yn enwog am gyfarfodydd **pregethu** grymus, yn bennaf gan y **Bedyddwyr**, a bu diwygiad lleol yn y Stae yn 1851.

## TREFESGOB (Bishton), Casnewydd (688ha; 2,161 o drigolion)

Mae'r **gymuned** yn cynnwys rhan ddwyreiniol gwaith dur Llan-wern (gw. **Llan-wern, Gwaith Dur**). Adeiladwyd ei phrif bentref, Underwood, yn y 1960au i gartrefu gweithwyr dur. Adlais yw enw'r gymuned o'r ffaith mai **maenor** esgobol oedd Trefesgob, a roddwyd, yn ôl ***Liber Landavensis***, i esgob Llandaf (**Caerdydd**) yn y 6g. (Llangadwaladr oedd yr hen enw). Cynrychiola'r mwnt i'r gogledd o bentref Trefesgob weddillion plas yr esgob. Cafodd Eglwys Sant Cadwaladr, a godwyd yn gyntaf yn y 13g., ei hail-lunio yn y 15g. a'i hatgyweirio yn 1887. Cafodd Eglwys y Santes Fair, Chwilgrug (Wilcrick), ei hailadeiladu i bob pwrpas yn 1860. Saif ar waelod Allt Chwilgrug, a goronir gan fryngaer drawiadol o'r Oes Haearn (gw. **Oesau Cynhanesyddol**).

## TREFEURIG, Ceredigion (2,615ha; 1,675 o drigolion)

Mae'r **gymuned** hon, sydd i'r gogledd-ddwyrain o **Aberystwyth**, yn cynnwys pentref Penrhyn-coch – un o faestrefi Aberystwyth i bob pwrpas – ac aneddiadau hen fwyngloddiau **plwm** Cwmerfyn, Cwmsymlog a Phen-bont Rhydybeddau. Gogerddan, plasty teulu **Pryse** ar un adeg, yw pencadlys y **Sefydliad Ymchwil Tir Glas a'r Amgylchedd**. Mae cnydau arbrofol y sefydliad i'w gweld dros rannau helaeth o iseldiroedd yr ardal. Yn ôl traddodiad, ceir olion cartref **Dafydd ap Gwilym** ym Mrogynin (er mai o'r 17g. neu'r 18g. y dyddia'r adfeilion) a gellir adnabod rhai o **enwau lleoedd** y fro yn ei gerddi. Bu Alltfadog am amser maith yn gartref i Lewis Morris (1701–65; gw. **Morrisiaid**), a ddisgrifiodd ardal y mwyngloddiau yng nghyffiniau Cwmsymlog fel y wlad gyfoethocaf a welsai erioed.

## TREFGORDD

Y drefgordd, neu'r *dref*, oedd yr uned weinyddol sylfaenol yng Nghymru'r Oesoedd Canol, yn cyfateb i'r *vill* yn Lloegr. Roedd yn amrywio o ran maint, gyda'r rhai lle'r oedd y taeogion yn byw – y taeogdrefi – yn tueddu i fod yn llai na'r trefgorddau rhydd. Roedd rhai trefgorddau yn dyddio'n ôl i gyfnod y **Rhufeiniaid** neu cyn hynny, a datblygodd eraill yn sgil y don o anheddu a fu yn y 12g. a'r 13g. O'r 16g. ymlaen daeth y plwyf i'w disodli (gw. **Plwyfi**). Yn ddamcaniaethol, roedd cant o *drefi* yn ffurfio **cantref**. Ceir rhestrau trwyadl o drefgorddau Cymru yn *Welsh Administrative and Territorial Units* (1969) gan **Melville Richards**.

## TREFLYS, Sir Frycheiniog, Powys (6,162ha; 460 o drigolion)

Mae'r **gymuned** hon, sy'n cynnwys pentrefi Garth a Beulah, yn ymestyn dros ddarn eang o dir bryniog i'r dwyrain o **Lanwrtyd**. Y Garth (neu Garth Hall) oedd cartref teulu Gwynne y gwelir eu cofebau yn Eglwys Llanllywenfel, lle gweinyddodd John Wesley yn 1749 briodas ei frawd Charles Wesley â Sarah Gwynne, merch Marmaduke Gwynne (1694?–1769), un o noddwyr ffyddlon **Howel Harris**. Yng ngolwg **Alun Llywelyn-Williams**, yn ei gyfrol *Crwydro Brycheiniog* (1964), 'lle pitw, bach' oedd Beulah. Comisiynwyd Eglwys Oen Duw, ac iddi gynllun mewnol Fictoraidd ysblennydd, gan deulu Thomas, Llwyn Madog, plasty a adeiladwyd yn 1747 ac a oedd, erbyn 1873, yn ganolbwynt stad a ymestynnai dros 5,192ha. Saif fferm y Caerau ar safle caer Rufeinig.

**TREFNANT**, Sir Ddinbych (1,200ha; 1,409 o drigolion)

Adeilad hynotaf y **gymuned** hon, sydd rhwng **Dinbych** a **Llanelwy**, yw Llannerch, plasty a ailadeiladwyd yn nechrau'r 17g. a'i ail-lunio yn 1772 ac 1864. Nid erys unrhyw olion o'r **gerddi** nodedig (1660au) a grëwyd ar gyfer y milwr a'r anturiaethwr Mutton Davies. Llwyddodd ei fab, yr hynafiaethydd Robert Davies (1658–1710), i gasglu llyfrgell nodedig. Yn yr 16g. roedd y plasty yn gartref i'r bardd a'r uchelwr Gruffudd ap Ieuan (*c.*1485–*c.*1550), un o ddau fardd a gynorthwyodd gomisiynwyr **Eisteddfod** gyntaf **Caerwys** (1523). Ymysg tai hanesyddol eraill yr ardal y mae Perthewig (1594), Tŷ Coch (1683) a Galltfaenan, a ail-luniwyd ar gyfer teulu Tate, perchnogion y cwmni puro siwgr. Cynlluniwyd Eglwys y Drindod Sanctaidd (1855) gan George Gilbert Scott.

**TREFONNEN (Nash)**, Casnewydd (1,034ha; 281 o drigolion)

Mae'r **gymuned** hon, sydd ar lan ddwyreiniol aber afon **Wysg** yn union i'r de o **Gasnewydd**, ar **Wastadeddau Gwent**. Mae'n cynnwys Goleudy Dwyrain Wysg (1893) (gw. **Goleudai**), nifer o ffatrïoedd ar gyrion Casnewydd, gwelyau carthion system garthffosiaeth y ddinas a Phwerdy Aberwysg. Roedd bywoliaeth Trefonnen yn eiddo i Goleg Eton, a'r sefydliad hwnnw a dalodd am adeiladu Eglwys y Santes Fair gyda'i meindwr Perpendicwlar hynod a'i chorff Sioraidd lle mae'r oriel, y pulpud trillawr a'r corau yn dal yn gyfan.

**TREFOR, John (*fl.*1360–1410)** Esgob

Roedd John (neu Siôn) Trefor a hanai, mae'n debyg, o Drefor (**Llangollen Wledig**), yn ddoethur yn y **gyfraith** a dechreuodd ar ei yrfa fel prif gantor Eglwys Gadeiriol Wells. Bu'n byw yn Rhufain yn gynnar yn y 1390au cyn dychwelyd i fod yn esgob **Llanelwy** (1395).

Ceir gwybodaeth am ei yrfa gynnar fel esgob yng ngherddi **Iolo Goch**. Roedd Trefor yn bresennol yn y senedd a ddiorseddodd Richard II ac ef a ddarllenodd y gorchymyn diorseddu yn y cynulliad hwnnw. Fodd bynnag, penderfynodd gefnogi **Owain Glyndŵr**. Aeth i Ffrainc ddwywaith ar genhadaeth ddiplomataidd ar ran Glyndŵr ac mae'n debyg ei fod ymhlith y *prelatos principatus nostri* a gynorthwyodd yn y gwaith o lunio llythyr Glyndŵr at frenin Ffrainc yn 1406 (gw. **Llythyr Pennal**). Bu gŵr arall o'r un enw yn esgob Llanelwy rhwng 1346 ac 1357.

**TREFRIW**, Conwy (3,742ha; 924 o drigolion)

Mae'r **gymuned** hon, sydd ar lan orllewinol afon **Conwy** i'r gogledd o **Fetws-y-coed**, yn cynnwys plwyf hynafol Llanrhychwyn. Roedd gan **Lywelyn ap Iorwerth** lys yn Nhrefriw, ac mae'n bosibl mai ef a gomisiynodd Eglwys Llanrhychwyn (diwedd y 12g.).

Câi cychod eu hadeiladu yn Nhrefriw, a oedd hefyd yn allforio **llechi** a mwynau **plwm** a **chopr** a gloddiwyd o'r bryniau i'r gorllewin. Mae gan Drefriw ddiwydiant **gwlân** llewyrchus a chaiff brethyn ei wehyddu yn y felin sydd yno ers canrif. Er bod yr olwyn ddŵr wedi ei datgymalu erbyn hyn, mae'r tyrbinau trydan dŵr i'w gweld o hyd. Gwyddai'r **Rhufeiniaid** am rinweddau iachaol dyfroedd haearnol ffynhonnau Trefriw. Daeth y lle yn atyniad mawr i ymwelwyr oes Victoria, a allai deithio yno ar stemar o **Gonwy**. Ar lan Llyn Geirionnydd ceir cofgolofn yr honnir ei bod yn nodi bedd **Taliesin**. Ar y safle hwn y cynhaliwyd defodau'r **orsedd** amgen a sefydlwyd gan Gwilym Cowlyd (**William John Roberts**). Ymhlith brodorion amlycaf Trefriw yr oedd y geiriadurwr **Thomas Wiliems** (m.1622), yr argraffwr Dafydd Jones (gw. **David Jones**; *fl.*1750au) a'r bardd Ieuan Glan Geirionydd (**Evan Evans**; 1795–1855). Er hynny, 'brodor' enwocaf Trefriw yw'r Brawd Cadfael, arwr dychmygol 19 o nofelau gan Ellis Peters (gw. **Edith Pargeter**).

Dros bont **Llanrwst**, sy'n dyddio o'r 17g., mae Tu Hwnt i'r Bont (dechrau'r 17g.). Oddi mewn i'r gymuned hefyd saif Castell Gwydir, safle pwysig er y 14g. Mae'r tŷ presennol yn dyddio o *c.*1500, ac roedd yn gartref i deulu **Wynn**. Wedi dau dân trychinebus, mae perchnogion diweddar wedi adfer y tŷ i'w hen ogoniant, gan ailosod y panelau gwreiddiol a oedd wedi'u cludo oddi yno gan Randolph Hearst i Efrog Newydd. Mae tŷ arall o eiddo'r Wynniaid, Gwydir Uchaf (1604), wedi ei newid a'i addasu yn helaeth ac yn cynnwys swyddfeydd y **Comisiwn Coedwigaeth**. Yn ei ymyl mae Capel Gwydir Uchaf, lle gwelir o hyd y nenfwd peintiedig a diwyg sy'n adlewyrchu Ucheleglwysyddiaeth dechrau'r 17g.

**TREFYCLO (Knighton)**, Sir Faesyfed, Powys (2,622ha; 3,043 o drigolion)

Saif Trefyclo, tref farchnad fechan, brysur, ar lannau deheuol afon Tefeidiad gan ymwthio dros y **ffin** i **Loegr**. Mae ei henw Cymraeg, cywasgiad o Tref-y-clawdd (sef ffurf y ceisiwyd ei hadfer yn ddiweddar), yn cyfeirio at ei lleoliad ar **Glawdd Offa**; yn 1971 agorwyd canolfan yno yn dehongli hanes y clawdd. Yn rhan hynaf y dref mae i'r strydoedd batrwm sgwarog sy'n dwyn i gof y bwrdeistrefi Edwardaidd. Ar un adeg roedd Parc Stanage yn eiddo i deulu Johnes, ac mae'n debyg fod **Thomas Johnes**, a adeiladodd yr Hafod yn ddiweddarach (gw. **Pontarfynach**), wedi ystyried ymgartrefu yno. Comisiynwyd y tŷ a'r **gerddi** gan Charles Rogers a chyflawnwyd y gwaith gan Humphrey a John Adey Repton.

**TREFYNWY (Monmouth)**, Sir Fynwy (2,782ha; 8,877 o drigolion)

Lleolir y **gymuned** hon gerllaw cymer afonydd **Gwy** a Mynwy, ac mae'n cynnwys yr unig ran o **Sir Fynwy** sydd i'r dwyrain o afon Gwy. Safai caer Rufeinig yno, ac mae'n bosibl fod y safle yn ganolfan drefol pan oedd yn rhan o deyrnas **Gwent**. Fe'i cipiwyd gan **William Fitz Osbern** yn y 1060au ac ymhen amser daeth yn un o arglwyddiaethau dugiaeth **Lancaster** (gw. hefyd **Teirtref**). Credir i **Sieffre o Fynwy** gael ei eni yma *c.*1090. Yng Nghastell Trefynwy, sy'n dyddio o'r 13g., y ganed Harri V yn 1387. Yn 1673, ar safle'r castell dadfeiliedig, y codwyd plasty hynod y Great Castle House gan ddug Beaufort (gw. **Somerset, Teulu**); dyma bellach bencadlys y Royal Monmouth Royal Engineers, sy'n rhan o'r Fyddin Diriogaethol. Sefydlwyd priordy Benedictaidd Trefynwy *c.*1075 ond fe'i hailadeiladwyd sawl gwaith; eglwys blwyf y Santes Fair yw'r adeilad bellach. Codwyd muriau'r dref ddiwedd y 13g., ond dim ond y porthdwr ar y bont dros afon Mynwy – yr unig un o'i fath ym **Mhrydain** – sydd wedi goroesi.

Yn dilyn y **Deddfau 'Uno'** daeth Trefynwy yn dref sirol Sir Fynwy. Saif Neuadd y Sir (1724), adeilad yn arddull Wren, yn Agincourt Square, lle ceir cerfluniau o Harri V a **Charles Stewart Rolls**. Cynhaliwyd nifer o achosion pwysig

Michael 'Angelo' Rooker, *Monnow Bridge and Gate*, *c*.1790

yn ystafell lys y neuadd, gan gynnwys achos arweinwyr Gwrthryfel **Casnewydd** yn 1839. Oherwydd pwysigrwydd y dref fel canolfan ranbarthol, ceir yn Nhrefynwy amryw o adeiladau hardd, gan gynnwys rhai o'r 18g. yn Monnow Street, a rhai o ddechrau'r 19g. yn Priory Street (gw. **G. V. Maddox**). Mae nifer o gapeli Anghydffurfiol urddasol yn y dref. Yn y 1890au gwaddolodd Cwmni'r Haberdashers ddwy ysgol yn Nhrefynwy; mae ysgol y bechgyn yn amlwg iawn gerllaw'r bont dros afon Gwy ac mae ysgol y merched yn edrych i lawr dros y dref. Yr ochr draw i afon Gwy y mae'r Cymin (Kymin), bryn hyfryd yr adeiladwyd teml ar ei gopa yn 1800 i goffáu llwyddiannau llynges Prydain. Ymwelodd Nelson â'r deml yn 1802, a chaiff yntau ei goffáu yn Amgueddfa Nelson, Priory Street.

## **TREFFYNNON (Holywell)**, Sir y Fflint (956ha; 8,715 o drigolion)

Mae enw'r **gymuned** hon, a leolir ar lannau aber afon **Dyfrdwy**, yn cyfeirio at ffynnon sanctaidd y Santes **Gwenfrewi** a fu'n gyrchfan pererindodau ers dros fil a hanner o flynyddoedd (gw. hefyd **Ffynhonnau'r Saint** a **Pererindota**). Ariannwyd y capel Perpendicwlar hardd sydd yno gan Margaret Beaufort, gwraig Thomas Stanley (gw. **Stanley, Teulu**), a mam Harri VII. Er gwaethaf y **Diwygiad Protestannaidd**, parhâi Treffynnon yn un o gadarnleoedd y **Catholigion Rhufeinig**. Yn 1687 ymwelodd James II â'r ffynnon i weddïo am fab, a gwireddwyd ei ddymuniad. Roedd yn benderfynol o fagu'r mab yn y ffydd Gatholig, a bu hynny'n un o'r prif resymau dros ei ddiorseddu. Saif Eglwys Sant Iago wrth ymyl y ffynnon, adeilad a ailgodwyd i raddau helaeth yn 1770. Sefydlodd y **Sistersiaid** fynachlog yn **Nhegeingl** yn 1131, ac roedd yn sicr wedi'i lleoli yn Ninas Basing erbyn 1157. Mae'r sylfeini a rhannau o'r groesfa ddeheuol wedi goroesi.

Erbyn 1774, pan gyfrifodd Dr Johnson 19 o weithfeydd o fewn dwy filltir i ffynnon Gwenfrewi, roedd Maes-glas (neu Greenfield), y dyffryn rhwng tref Treffynnon a'r foryd, wedi datblygu'n ganolfan ddiwydiannol o bwys. Ymhlith y diwydiannau yr oedd cloddio am **lo**, cynhyrchu **copr** (1743–1894), mwyndoddi **plwm** (1774–1900), nyddu cotwm (1777–1839), gwehyddu rubanau sidan (1795–1850), cynhyrchu fitriol (1790au), gwneud papur (1820–1982) a nyddu a gwehyddu **gwlân** (1840au–1987). Roedd gweithfeydd copr **Thomas Williams** (1780–*c*.1810) yn arbennig o bwysig. Gan mor gyforiog o olion gweithgarwch amrywiol ydyw, gellir ystyried Maes-glas – sydd yn barc treftadaeth – yn amgueddfa **archaeoleg** ddiwydiannol awyr-agored. Sefydlodd cwmni **Courtaulds** waith ffibr artiffisial arloesol ym Maes-glas yn 1936. Bellach mae parc busnes ar y safle.

Ceir ambell dŷ Sioraidd hardd o'r 18g. yn Stryd Fawr Treffynnon. Mae'r tai yn Panton Place, a godwyd yn ystod y 19g. ac a gynhwysai weithdai yn wreiddiol, wedi'u haddasu'n dai lloches. Codwyd capel hardd Rehoboth yn 1827 ac fe'i hailwampiwyd yn 1904, cyn codi capel rhannol newydd (Penbryn) ar y safle yn 2006. Un o nodweddion amlycaf yr ardal yw melin wynt Croesonnen ym Mhen-y-maes, sy'n dyddio o'r 18g. O'r nifer o orsafoedd Eidalaidd eu harddull a gynlluniwyd gan Francis Thompson ar gyfer Rheilffordd Caer–Caergybi (1847), un Maes-glas sydd wedi goroesi orau (gw. hefyd **Fflint, Y**).

**TREGARON**, Ceredigion (8,639ha; 1,217 o drigolion)

Mae'r **gymuned** hon, sy'n ymestyn o afon **Teifi** hyd afon **Tywi**, yn cynnwys rhai o'r mannau mwyaf anghysbell yng Nghymru. Roedd tref Tregaron yn wreiddiol yn rhan o etholaeth Bwrdeistrefi **Aberteifi**, ond collodd y statws hwnnw yn 1730. Mae adeiladau'r dref, ar lan afon Brennig, un o isafonydd Teifi, yn clystyru o amgylch Eglwys Sant Caron, a adnewyddwyd yn helaeth yn 1879 er bod ei thŵr o'r 14g. wedi goroesi. Saif cerflun o **Henry Richard** ar sgwâr y dref, a cheir plac ar Prospect House, y fan lle y ganed ef. Ganed Twm Siôn Cati (**Thomas Jones**; *c*.1560–1609) ym mhlasty Porthyffynnon, sydd bellach wedi diflannu. Ganed **Joseph Jenkins**, y *swagman* Cymreig, yn Nhrecefel. Llwyddodd Ysgol Uwchradd Tregaron, a sefydlwyd yn 1897, i ymgynnal ac ehangu wrth i **boblogaeth** ei dalgylch ostwng yn gyflym; o ganlyniad, erbyn y 1940au roedd dros 50% o ddisgyblion 11 oed y cylch yn derbyn **addysg** ysgol ramadeg – y gyfran uchaf yng Nghymru, ac ym **Mhrydain** yn ôl pob tebyg. Tua diwedd yr 20g. daeth merlota'n elfen bwysig yn **economi**'r ardal. Sefydlwyd Clwb Trotian Tregaron yn 1980 ac ef sy'n gyfrifol am drefnu'r rasys trotian hynod lwyddiannus a gynhelir yn flynyddol yn ystod mis Awst (gw. **Rasio Ceffylau**). Mae Canolfan y Barcud, Tregaron, yn tystio i adfywiad y barcud coch (gw. **Adar**). Mae'r gymuned yn cynnwys rhan ddeheuol **Cors Caron**. Yn 2001 roedd 76.62% o drigolion Tregaron â rhywfaint o afael ar y **Gymraeg**, a hawliai 61.01% eu bod yn gwbl rugl yn yr iaith – y ganran uchaf ymhlith holl gymunedau **Ceredigion**.

**TREGOLWYN (Colwinston)**, Bro Morgannwg (746ha; 406 o drigolion)

**Cymuned** i'r gorllewin o'r **Bont-faen** yw hon, ac un y boddwyd ei phentref dan ddatblygiadau modern. Ceir nodweddion pensaernïol yn dyddio o'r 12g. hyd y 16g. yn yr eglwys ynghyd â murluniau o'r 14g. Mae'r pen croes gwreiddiol yn dal ar y groes yn y fynwent. Mae'r Hen Bersondy yn dŷ braf o ganol yr 16g. Codwyd tŷ gwreiddiol Pwll-y-wrach yn gynnar yn yr 17g., a chafodd ei droi'n blasty naw bae *c*.1770. Dyma gartref Mathew Prichard, ŵyr ac etifedd Agatha Christie.

**TRE-GŴYR (Gowerton)**, Abertawe (756ha; 4,928 o drigolion)

Tua diwedd y 19g. y daeth y lle hwn i fod, yn gartref i weithwyr **glo**, dur (gw. **Haearn a Dur**) a **thunplat**. Ar fap yr Arolwg Ordnans yn 1879 'Gower Road' yn unig oedd yr enw; ychydig yn ddiweddarach y daeth yr enw crandiach Gowerton. Cyn bo hir roedd yno ddwy orsaf reilffordd ar ddwy brif linell, ac yma yr oedd cyffordd y gangen i Ben-clawdd a Llanmorlais (gw. **Llanrhidian Uchaf**). Un llinell sydd wedi goroesi, ond yn sgil adeiladu **ffyrdd** newydd i Lanrhidian mae Tregŵyr yn un o'r mynedfeydd i benrhyn **Gŵyr**. Mae gan Eglwys Sant Ioan (1880–2) du mewn lliwgar a deniadol.

**TREGYNON**, Sir Drefaldwyn, Powys (2,838ha; 616 o drigolion)

Hyd at 1914 roedd y rhan fwyaf o ffermydd y **gymuned** hon, a leolir i'r gogledd o'r **Drenewydd**, yn rhan o stad Gregynog. Cyfeirir at Regynog gyntaf yn un o gerddi

Capel Gwenfrewi, Treffynnon

**Cynddelw Brydydd Mawr** (12g.). O'r 15g. hyd y 18g. perthynai i deulu'r Blaenau (Blayney) y canwyd iddynt gan **Lewys Glyn Cothi** a nifer o feirdd eraill. Trawsnewidiwyd yr adeilad gan deulu Hanbury-Tracy (*c*.1850), a aeth ati i'w amgáu â choncrid a'i beintio'n ddu a gwyn; ceir cerfwaith godidog (1636) yn y parlwr. Prynwyd y stad yn 1920 gan y chwiorydd Davies (gw. **Davies, Teulu (Llandinam)**), gyda'r bwriad o sefydlu canolfan gelfyddydau a chrefftau Gymreig yno. Gadawsant eu casgliad godidog o beintiadau a cherfluniau – gwaith yr Argraffiadwyr Ffrengig yn bennaf – i **Amgueddfa [Genedlaethol] Cymru**. Yn 1960 cyflwynwyd y plas a 300ha o dir o'i gwmpas i **Brifysgol Cymru** yn ganolfan ar gyfer cynadleddau ac astudio. Yn 1974 adferwyd y Gregynog Press, un o brif weisg preifat Ewrop yn y 1920au a'r 1930au, fel Gwasg Gregynog (gw. **Argraffu a Chyhoeddi**). Parheir hefyd gyda thraddodiad y gwyliau cerddorol, a chyda'r gwaith o ofalu am **erddi** Gregynog.

Fel yng Ngregynog, gwnaed defnydd diddorol o goncrid yn hen ysgol Tregynon (1872) ac yn nifer o dai'r pentref. Efallai mai dyma'r enghreifftiau cynharaf yn y byd o gastio'r cyfan, gan gynnwys y to, yn y fan a'r lle. Adnewyddwyd Eglwys Sant Cynon yn 1892 ond mae wedi cadw ei chlochdwr pren gwreiddiol. Brodorion o Dregynon oedd yr achyddwr Lewys Dwnn (*c*.1550–*c*.1616) a'r emynydd Wesleaidd Thomas Olivers (1725–99).

## TREIALON CŴN DEFAID

Cynhaliwyd y treialon cŵn defaid hysbys cyntaf ym **Mhrydain** ar dir Garth Goch (**Llangywer** ger y **Bala)** yn 1873. Fe'u trefnwyd gan y tirfeddiannwr lleol, R. J. Lloyd Price (gw. **Price, Teulu (Rhiwlas)**), a'r buddugwr, gyda chi o'r enw Tweed, oedd James Thomson, ffermwr defaid o'r **Alban** a oedd wedi ymgartrefu yng Nghymru. Cydiodd yr arfer, ac erbyn hyn mae'r treialon yn dra phoblogaidd mewn ardaloedd ffermio **defaid** ledled y byd. Mae'r Gymdeithas Cŵn Defaid Ryngwladol yn trefnu cystadlaethau blynyddol rhwng gwledydd Prydain, ac mae rhwydwaith eang o dreialon lleol yn gysylltiedig â chymdeithasau cŵn defaid Cymru. Yn 2002 cynhaliwyd Treialon Cŵn Defaid y Byd am y tro cyntaf a hynny, unwaith eto, ger y Bala; gŵr lleol, Aled Owen o **Langwm (Conwy)**, a oedd yn fuddugol gyda'i gi Bob.

## TRELALES (Laleston), Pen-y-bont ar Ogwr (1,026ha; 8,475 o drigolion)

Mae enw'r **gymuned** hon, ar gyrion gorllewinol **Pen-y-bont ar Ogwr**, yn dwyn i gof enw teulu Normanaidd y Lagelesiaid. Ceir yn Eglwys Dewi Sant, yn y pentref ei hun, nodweddion pensaernïol sy'n dyddio o'r 13g. a'r 14g. Mae Tŷ Mawr (Great House), tŷ a godwyd ar gyfer teulu Sidney o ddiwedd yr 16g. ymlaen, bellach yn westy. Cae'r Hen Eglwys oedd safle Eglwys Sant Cewydd, y sant o Gymro sy'n cyfateb i Swithin. Roedd Llangewydd Grange yn un o sawl graens (*grange*) a oedd yn eiddo i Abaty **Margam**. Dwyn i gof deulu Eingl-Normanaidd o'r enw Sturmi y mae'r enw Stormy Down yn hytrach na chyfeirio at y gwyntoedd sy'n ysgubo'r llecyn digysgod hwn.

## TRELAWNYD A GWAUNYSGOR, Sir y Fflint (752ha; 886 o drigolion)

Nodwedd amlycaf y **gymuned** hon i'r de-ddwyrain o **Brestatyn** yw'r Gop. Ar gopa'r bryn hwn y mae'r garnedd fwyaf o wneuthuriad dyn yng Nghymru, un o nifer fawr o henebion cynhanesyddol yn y cyffiniau. Mewn ogof ar y bryn, un o blith nifer o **ogofâu** yn y llwyfandir **calchfaen**, darganfuwyd ar ddiwedd y 19g. fedd o'r cyfnod Neolithig diweddar yn cynnwys esgyrn 11 o fodau dynol (gw. **Oesau Cynhanesyddol**). Rhestrir Trelawnyd a Gwaunysgor yn Llyfr Domesday fel *Rivelenoit* ac *Wenescol*. Ailwampiwyd Eglwys Sant Mihangel, Trelawnyd, gan **John Douglas** yn 1897. Mae gan Eglwys y Santes Fair, Gwaunysgor, do pren hyfryd sy'n dyddio o ddiwedd yr Oesoedd Canol. O fan gerllaw'r eglwys ceir golygfa braf o arfordir y gogledd. Yn 1701 sefydlwyd capel yr **Annibynwyr** yn Nhrelawnyd gan John Wynne (1650–1714) o Gopa'rleni, Anghydffurfiwr cyfoethocaf Cymru yn ôl y sôn. Ymelwodd ar wythiennau **plwm** yr ardal a rhoddodd gychwyn ar farchnad wythnosol yn Nhrelawnyd a ailenwyd ganddo yn Newmarket. Adferwyd yr enw gwreiddiol yn ystod yr 20g. Sefydlwyd Côr Meibion Trelawnyd yn 1933. Yn 2001 roedd 38.70% o drigolion y gymuned â rhywfaint o afael ar y **Gymraeg**, gyda 22.60% yn gwbl rugl yn yr iaith – y ganran uchaf o blith holl gymunedau **Sir y Fflint**.

## TRE-LECH, Sir Gaerfyrddin (4,689ha; 744 o drigolion)

Mae'r **gymuned** hon, i'r gogledd-orllewin o **Gaerfyrddin**, yn cynnwys pentref Tre-lech a phentref llai y Betws. Mae capel Annibynnol y Graig (1827) yn adeilad deniadol. Yn ôl traddodiad roedd Mari Fawr Tre-lech yn fenyw chwedlonol o gryf. Un o Dre-lech oedd **David Rees**, golygydd papur newydd radicalaidd *Y Diwygiwr*; felly hefyd Michael Bowen, arweinydd yr ymosodiad ar dloty Caerfyrddin yn 1843 (gw. **Rebeca, Terfysgoedd**).

## TRELETERT (Letterston), Sir Benfro (930ha; 998 o drigolion)

Enwyd y **gymuned** hon, sydd i'r de o **Abergwaun** ac i'r dwyrain o **Dyddewi**, ar ôl Ffleminiad (gw. **Ffleminiaid**) o'r enw Letard (m.1137), 'gelyn i Dduw a Dewi' yn ôl yr *Annales Cambriae* (gw. ***Brut y Tywysogyon***). Adeilad hardd yw Saron, capel y **Bedyddwyr** (1828, 1869). Ailgodwyd Eglwys Sant Silyn yn 1881. Yn 1894 cynhaliwyd sesiwn o'r Comisiwn Brenhinol ar y Tir yng Nghymru yn Nhreletert.

## TREMEIRCHION, Sir Ddinbych (739ha; 636 o drigolion)

Mae'r **gymuned** hon, sydd i'r de-ddwyrain o **Lanelwy**, yn cynnwys **ogofâu** Ffynnon Beuno a Chae Gwyn, lle daethpwyd o hyd i olion dynol o'r cyfnod Palaeolithig (gw. **Oesau Cynhanesyddol**). Yn Eglwys Corpus Christi mae cerflun o farchog o'r 13g. a beddrod trawiadol rhyw DAVID FILIVS HOVEL FILIVS MADOC o'r 14g., ond nid yw'n ymddangos mai bedd y gramadegydd barddol Dafydd Ddu Hiraddug (*fl.* hanner cyntaf y 14g.) ydyw, fel y tybiwyd ar un adeg. Dywedir mai hon oedd yr eglwys gyntaf yng Nghymru i gynnal gwasanaeth diolchgarwch am y cynhaeaf. Adeiladwyd Bachegraig (1569) ar gyfer Richard Clough neu Rhisiart Clwch (m.1570), brodor o **Ddinbych** a ddaeth i amlygrwydd fel asiant ariannol yn Antwerp, ond dymchwelwyd y rhan fwyaf o'r plasty yn 1817. Roedd yn un o'r enghreifftiau cynharaf o dŷ brics yng Nghymru ac wedi'i ysbrydoli gan dai'r Iseldiroedd. Gyda'i do pyramid, a

Replica o locomotif stêm Richard Trevithick

chiwpola ar ei ben, nid oedd adeilad cyffelyb iddo ym **Mhrydain** yn y 16g. Bu cyfeilles Dr Johnson, **Hester Lynch Piozzi** (**Salusbury** gynt), yn byw ym Mryn Bella (1795), a bu **Gerard Manley Hopkins** yn astudio (1874–7) yng Ngholeg Iesuaidd Sant Beuno (1840au). Mae coed bellach yn cuddio Capel Ein Harglwyddes y Gofidiau, a saif ar fryncyn creigiog (1866).

**TRESIGIN, Damwain Awyren**

Digwyddodd damwain awyren waethaf Cymru, a'r waethaf yn y byd ar y pryd, ar 12 Mawrth 1950. Roedd awyren Avro Tudor, gyda 78 o deithwyr a chriw o 5 ar ei bwrdd, yn hedfan o Ddulyn i faes awyr **Llandŵ** i'r gorllewin o'r **Bont-faen** ym **Mro Morgannwg** (gw. **Meysydd Awyr**). Cefnogwyr **rygbi** oedd y teithwyr, yn dychwelyd o gêm ryngwladol yn **Iwerddon**. Pan oedd yr awyren ar fin glanio, pallodd y pedair injan a phlymiodd i'r ddaear ger pentref Tresigin, 750m yn unig o'r llwybr glanio. Lladdwyd pob un ond tri o'r criw a'r teithwyr. Oherwydd newidiadau dros dro yng nghynllun seddau'r awyren roedd ei chanolbwynt disgyrchiant wedi'i symud yn ormodol tua'r gynffon, gan ansefydlogi'r awyren a pheri i'r peilot golli rheolaeth wrth geisio glanio.

**TREUDDYN**, Sir y Fflint (1,465ha; 1,567 o drigolion)

Mae'r **gymuned** hon, sydd i'r de o'r **Wyddgrug**, yn cynnwys pentrefi Treuddyn a Choed-talon. Ar gefnen uwchlaw pentref Treuddyn ceir rhes o grugiau o'r Oes Efydd (gw. **Oesau Cynhanesyddol**). Saif maen hir (Carreg y Llech) ym mynwent Eglwys y Santes Fair. Neuadd oedd Plas-y-Brain gynt, a ffermdai o'r 17g. yw Pen-y-stryt a Phlas-ym-Mhowys. Yn ystod y 19g. cloddiwyd am **lo**, **haearn** a **phlwm** yn Nhreuddyn, ac adeiladwyd distyllfa i gael **olew** o'r glo cannwyll lleol. Roedd ffwrnais chwyth Treuddyn yn gweithio o 1817 hyd 1865.

**TREVITHICK, Richard (1771–1833)** Dyfeisiwr

Yn 1804 adeiladodd Trevithick, a aned yng **Nghernyw**, y locomotif stêm cyntaf yn y byd i dynnu llwyth ar hyd cledrau, a hynny yng ngwaith **haearn** Samuel Homfray ym Mhenydarren, **Merthyr Tudful** (gw. **Homfray, Teulu**). Gan deithio ar gyflymer o 8km yr awr, tynnodd yr injan 10 tunnell fetrig o haearn, ynghyd ag oddeutu 70 o deithwyr, dros bellter o 14km ar hyd y dramffordd o Ferthyr i Navigation ar Gamlas Sir Forgannwg (**Abercynon**). Cymerodd y siwrnai ychydig dros bedair awr gan y bu'n rhaid aros bob hyn a hyn i glirio meini mawr a thorri canghennau. Hon fu unig daith y locomotif ar y dramffordd ac fe'i trawsnewidiwyd yn ddiweddarach i weithio yng ngwaith Penydarren. Mae replica o'r locomotif, wedi'i adeiladu gan rai o weithwyr yr hen Amgueddfa Diwydiant a Môr yng Nghaerdydd, i'w weld yn Amgueddfa Genedlaethol y Glannau, **Abertawe** (gw. **Amgueddfa [Genedlaethol] Cymru**).

**TREVOR, Teulu** Tirfeddianwyr

Roedd y teulu hwn, a oedd erbyn y 15g. wedi ymsefydlu yn ardal y **Waun** (**Sir Ddinbych**), yn hawlio eu bod yn ddisgynyddion i **Hywel Dda**. Aelodau amlwg o'r brif linach, Treforiaid Bryncunallt (y Waun), oedd y Brenhinwr blaenllaw Arthur (m.*c.*1666) a'i nai, John (1637–1717), llefarydd unig senedd James II. Mae disgynyddion y Treforiaid yn dal i fyw ym Mryncunallt.

Ymsefydlodd is-gangen i'r teulu yn Nhrefalun, i'r gogledd o **Wrecsam**. Yn nechrau'r 16g. ailadeiladodd John Trevor (m.1589) Neuadd Trefalun (yr **Orsedd**). Mae ei feddrod ef a beddrod ei fab hynaf, Richard (1558–1638), ymhlith gogoniannau eglwys **Gresffordd**. Ymgyfoethogodd brawd Richard, John Trevor I (m.1630), ar sail ei waith fel syrfëwr i'r llynges, ac ef a adeiladodd Blas Teg (yr **Hôb**), plasty gwychaf Cymru o gyfnod y **Dadeni**. Roedd ei frawd, Sackville (m.*c.*1633), yn gapten ar breifatîr, ac yn 1623 achubodd y Tywysog Charles – Charles I yn ddiweddarach – rhag boddi. Bu mab John, John Trevor II (m.1673), aelod o'r Senedd Hir ac o'r Comisiwn er Taenu'r Efengyl yng Nghymru (1650; gw. **Deddf er Taenu'r Efengyl yng Nghymru**), yn eistedd yn ail senedd **Cromwell**. Yn 1672 trwyddedodd Blas Teg fel confentigl (tŷ cwrdd ar gyfer Anghydffurfwyr; gw. **Anghydffurfiaeth**). Daeth llinach wrywaidd prif gangen Treforiaid Trefalun i ben yn 1743. Roedd aelodau'r is-ganghennau yn cynnwys Richard Trevor, esgob **Tyddewi** (1744–52).

## TREW, Billy (William James Trew; 1878–1926)

Chwaraewr rygbi

Bu cyfraniad Billy Trew i gyfnod euraidd yn hanes **rygbi** yng Nghymru ac **Abertawe**, ei dref enedigol, yn un allweddol. Yn ôl **Rhys Gabe**, ef oedd y chwaraewr mwyaf cyflawn i chwarae i Gymru erioed. Un eiddil ydoedd, ond un chwim a dyfeisgar, a chafodd gapiau fel maswr, canolwr ac asgellwr. Oherwydd ei synnwyr tactegol, ef oedd olynydd naturiol **Gwyn Nicholls** fel capten Cymru (allan o 29 ymddangosiad dros ei wlad, bu'n gapten 14 o weithiau). O'r gemau hynny dim ond pedair a gollwyd ac enillwyd pedair Coron Driphlyg. Arweiniodd Abertawe am chwe thymor rhwng 1906 ac 1913, gan gynnwys buddugoliaeth yn erbyn **De Affrica** ac **Awstralia**.

## TREWALCHMAI, Ynys Môn (675ha; 898 o drigolion)

Daw enw'r **gymuned** hon, i'r gorllewin o **Langefni**, o enw Gwalchmai (gw. **Meilyr Brydydd**), bardd llys o'r 12g. y rhoddwyd iddo diroedd yn yr ardal gan **Owain Gwynedd**. Pentref Gwalchmai, a dyfodd ar hyd ffordd **Telford** i **Gaergybi**, yw'r unig ganolfan boblog. Mae safle parhaol sioe amaethyddol flynyddol **Môn** (Primin Môn) gerllaw'r pentref.

## TRE-WERN, Sir Drefaldwyn, Powys (3,211ha; 1,167 o drigolion)

Lleolir y **gymuned** hon yn union i'r dwyrain o'r **Trallwng**, dan gysgod Cefn Digoll (Long Mountain) a Moel y Golfa. Yngenir yr enw yn lleol fel 'Truhwun', a chofnodwyd hefyd hen ffurfiau Saesneg cyfochrog ar yr enw, er enghraifft Alretone, sydd hefyd yn cyfeirio at goed gwern. Mae Neuadd Trewern yn un o dai ffrâm bren godidocaf **Sir Drefaldwyn**. Mae gan Eglwys yr Holl Saint, Middletown (Treberfedd gynt) (1871), ddrws cerfiedig diddorol a ddaeth o Alberbury, **Swydd Amwythig**. Yn yr eglwys o'r un enw yn Buttington (Tal-y-bont gynt) ceir pen colofn y credir iddo ddod o Abaty Ystrad Marchell (gw. Trallwng, Y). Yn 'Breuddwyd Rhonabwy' (gw. **Mabinogion**) cyfeirir at Ryd-y-groes, safle pont Buttington (1872) erbyn hyn. Yno y trechodd **Gruffudd ap Llywelyn** fyddin **Mersia** yn 1039. Mae brics Buttington yn enwog am eu caledwch a'u cochni.

## TRIATHLON

Camp sy'n cyfuno **nofio**, rhedeg a **seiclo** yw triathlon, ac fe'i sefydlwyd yng Nghymru yn y 1980au. Fe'i gweinyddwyd er 1985 gan Gymdeithas Triathlon Cymru. Cynhelir 30 ras flynyddol yng Nghymru rhwng Mawrth a Hydref, gan gynnwys triathlon adnabyddus Excalibur yng **Ngŵyr** a'r digwyddiad yn **Aberhonddu**. Yn 2001 **Llanberis** oedd y lle cyntaf ym **Mhrydain** i gynnal ras Dyn Haearn swyddogol – ras sydd, yn ei ffurf lawnaf, yn galw am nofio am 3.8km, seiclo am 180km a rhedeg am 42km. Mae Cymru wedi cynhyrchu rhai o'r athletwyr triathlon gorau yn y byd. Pan gipiodd Annaleise Heard bencampwriaeth iau y byd yn 2000 am yr ail flwyddyn yn olynol, hi oedd y gyntaf i wneud hynny yn hanes triathlon. Yn 2002 enillodd Leanda Cave fedal arian yng **Ngemau'r Gymanwlad** ac un arall ym mhencampwriaeth hŷn y byd. Yn 2002 hefyd, enillodd Richard Jones bencampwriaeth Dyn Haearn y byd oddi ar Luc Van Lierde.

## TRIMSARAN, Sir Gaerfyrddin (1,989ha; 2,533 o drigolion)

Lleolir y **gymuned** hon yn union i'r dwyrain o **Gydweli**, a'i nodwedd fwyaf deniadol yw Pont Spwdwr, pont chwe-bwa ganoloesol ar draws afon Gwendraeth Fawr. Denodd gwaith **haearn** Trimsaran, a sefydlwyd yn 1843, nifer o ymfudwyr o Swydd Stafford. O'r gwaith brics lleol, a agorwyd yn 1874, y daeth y brics a ddefnyddiwyd i adeiladu harbwr **Aberdaugleddau**. Mae safle glo brig enfawr Ffos Las wedi dileu olion pyllau **glo** bychain niferus yr ardal. O Drimsaran y mae'r cyn-chwaraewyr **rygbi** Derek Quinnell a Jonathan Davies yn hanu.

## TRIOEDD YNYS PRYDAIN

Roedd dosbarthu pethau yn grwpiau o dri yn ddyfais bwysig yn niwylliant Celtaidd **Prydain** ac **Iwerddon**, diwylliant a ddibynnai ar addysg lafar fel modd o gadw a throsglwyddo dysg frodorol. Trioedd Ynys Prydain yw'r casgliad helaethaf o Drioedd sydd wedi eu cadw o'r Oesoedd Canol. Cofnodir ynddynt enwau arwyr ac arwresau o'r traddodiad brodorol yn bennaf, ynghyd ag amlinelliad byr o ambell stori. Perthyna'r llawysgrifau cynharaf sy'n cynnwys y cyfresi hyn i'r 13g., ond y tebyg yw iddynt gael eu casglu ynghyd yn ystod y ganrif flaenorol. Mae'n bosibl fod ambell i Driawd unigol yn llawer hŷn na hynny: cyfeirir at rai ohonynt yn **'Y Gododdin'** ac yn ***Llyfr Taliesin***. Y mae golygiad Rachel Bromwich (g.1915) o'r trioedd, *Trioedd Ynys Prydein* (tri argraffiad, 1961, 1978 a 2006), yn un o orchestion ysgolheictod Cymraeg y cyfnod modern.

## TRIPP, John (1927–86) Bardd

Ganed John Tripp ym **Margod**, ac yn 1933 symudodd y teulu i'r Eglwys Newydd (**Caerdydd**). Bu'n gweithio fel newyddiadurwr yn **Llundain** gan ddychwelyd yn 1969 i'r Eglwys Newydd, lle bu'n ysgrifennu ar ei liwt ei hun, gan grafu bywoliaeth a gwneud enw iddo'i hun yn darllen ei farddoniaeth yn gyhoeddus. Cyhoeddodd wyth cyfrol o gerddi, ac ymddangosodd detholiad o'i waith yn *Penguin*

Brian Trubshaw, ar y chwith, gyda'i gyd-beilot John Cochrane wrth lyw Concorde

*Modern Poets 27* (1979); ymddangosodd ei *Selected Poems* yn 1989, ar ôl ei farwolaeth.

Disgrifiad y bardd ohono'i hun oedd 'modernydd sy'n drewi o'r amgueddfa', ac mae ei waith yn llawn sylwebaeth ar fywyd cymdeithasol a gwleidyddol Cymru. Er i serch, byrhoedledd a marwolaeth ddod yn themâu canolog yn ei gerddi olaf, ni ddiflannodd y ffraethineb, yr eironi, y dicter na'r cydymdeimlad sy'n rhan mor annatod o'i waith.

## TROED-YR-AUR, Ceredigion (3,259ha; 1,408 o drigolion)

Mae'r **gymuned** hon yn cwmpasu talp helaeth o dde **Ceredigion** ac yn cynnwys pentrefi Brongest, Capel Cynon, Coed-y-bryn, Croes-lan, Ffostrasol, Llangynllo, Penrhiw-pâl a Rhydlewis. Bryngaer o'r Oes Haearn (gw. **Oesau Cynhanesyddol**) yw Dinas Cerdin. Cafodd Bronwydd, canolbwynt stad 3,202ha teulu Lloyd, ei ailadeiladu *c.*1855 ar ffurf plasty mawreddog yn y dull Gothig. Fe'i gadawyd yn wag yn y 1930au ac erbyn hyn mae'n adfail. Magwyd Caradoc Evans (**David Evans**; 1878–1945) yn Rhydlewis ac mae rhai o'i storïau mwyaf milain wedi'u gosod yma. Yr ardal hon hefyd oedd testun y clasur hwnnw ym maes cymdeithaseg cefn gwlad, *The agricultural community in southwest Wales at the turn of the twentieth century* (1971), o waith David Jenkins. Ffostrasol oedd cartref gwreiddiol gŵyl werin y **Cnapan**.

## TROSTRE, Gwaith Tunplat, Llanelli

Sefydlwyd gwaith Trostre ar safle maes glas ger **Llanelli** yn 1953, a hynny gan **Gwmni Dur Cymru** fel rhan o'i strategaeth foderneiddio. Roedd y gwaith yn cynnwys melin leihau oer a dwy linell dunplatio electrolytig a fu'n gyfrifol nid yn unig am gynyddu'r cynhyrchiant ond hefyd am haneru cyfanswm y tun cynyddol ddrud yr oedd ei angen ar gyfer y broses. Roedd gweithwyr profiadol wrth law yn sgil cau'r hen felinau llaw; erbyn 1970 roedd Trostre yn cyflogi 2,700 o weithwyr ac yn cynhyrchu, ar gyfartaledd, tua 550,000 tunnell fetrig o **dunplat** y flwyddyn. Wedi hynny daeth tro ar fyd, wrth i newidiadau ym myd technoleg beri lleihad sylweddol ym maint y gweithlu. Yn 2002, pan gaeodd **Glynebwy**, Trostre oedd yr unig waith tunplat ar ôl ym **Mhrydain**; erbyn hynny, roedd yn cynhyrchu, ar gyfartaledd, tua 700,000 tunnell fetrig o dunplat y flwyddyn.

## TRUBSHAW, Brian (1924–2001) Peilot prawf

Ganed Brian Trubshaw yn **Llanelli**, lle'r oedd ei deulu yn berchen ar gwmni **tunplat**. Yn ddeg oed, bu'n dyst i laniad awyren tywysog Cymru ar draeth **Pen-bre**, ac fe'i hysgogwyd gan y profiad hwnnw i ddilyn gyrfa ym myd awyrenneg (gw. **Hedfan**), fel peilot awyren fomio adeg yr **Ail Ryfel Byd**, fel peilot prawf ac fel ymgynghorydd i'r diwydiant awyrennau. Enillodd fri rhyngwladol fel prif beilot prawf Concorde, yr awyren uwchsonig Ffranco-Brydeinig (gw. hefyd **Morien Morgan**), ac ef a lywiodd yr awyren honno ar ei hediad cyntaf o Filton, Bryste, ar 9 Ebrill 1969 a'i phrofi ar deithiau ledled y byd. Cyhoeddwyd ei ail lyfr, *Concorde: The Inside Story*, ychydig ddiwrnodau cyn damwain Concorde Air France ger Paris ym Mehefin 2000 a'r penderfyniad yn fuan wedi hynny i roi'r gorau i ddefnyddio'r Concorde.

## TRUEMAN, A[rthur] E[lijah] (1894–1956)

Daearegydd a gweinyddwr

Graddiodd Syr Arthur Trueman mewn **daeareg** ym Mhrifysgol Nottingham, a than ddylanwad **T. F. Sibly** ymunodd â'r staff academaidd yng **Nghaerdydd** yn gyntaf ac yna yn **Abertawe**. Roedd yn ddaearegydd o fri a chanddo ddiddordeb mewn nifer o wahanol feysydd, a bu'n ganolog yn y gwaith o sefydlu'r adrannau daeareg a **daearyddiaeth** yn Abertawe. Roedd ei waith daearegol mwyaf nodedig, llawer ohono o fudd economaidd uniongyrchol, yn ymwneud â phalaeontoleg ddamcaniaethol a stratigraffeg y Cystradau Glo (gw. **Glo**) a'r creigiau Liasig. Yn ddiweddarach fe'i penodwyd yn gadeirydd Pwyllgor Grantiau'r Brifysgol ar adeg dyngedfennol yn ei hanes.

## TRWCO

Cyflwynwyd y system drwco mewn ardaloedd diwydiannol gan gyflogwyr fel teulu **Guest**. Telid gweithwyr mewn talebau neu docynnau na ellid mo'u defnyddio ond yn siopau'r cwmni, trefniant y gellid ei ystyried fel gwasanaeth defnyddiol mewn ardaloedd lle na cheid siopau masnachol arferol. Erbyn y 1830au, fodd bynnag, roedd y drefn (a elwid hefyd yn 'siop Tommy') yn cael ei hystyried yn rhan hanfodol o reolaeth haearnaidd y cyflogwyr dros eu gweithwyr. Yn dilyn Gwrthryfel **Merthyr** (1831) gwnaed trwco yn anghyfreithlon, ond roedd protestiadau gwrth-drwco diweddarach, a gâi eu cefnogi'n aml gan siopwyr lleol, yn dangos bod yr arfer wedi goroesi, gyda llawer o weithwyr yn mynd dros eu pennau i ddyled. Ni ddechreuodd y sefyllfa newid hyd 1860, pan agorwyd siop Gydweithredol gyntaf Cymru yng **Nghwm-bach** ger **Aberdâr** (gw. **Mudiad Cydweithredol**).

## TRYCHFILOD

O'r miloedd o drychfilod a gofnodwyd yng Nghymru, mae rhai o ddiddordeb arbennig (gw. hefyd **Gwenyn**).

Ieir bach yr haf: y peunog

CHWILOD – Mae dros 4,000 o rywogaethau o chwilod wedi'u cofnodi ym **Mhrydain**. Mae un ohonynt, sef y chwilen enfys hardd, i'w gweld ym mynyddoedd **Eryri** yn unig, er iddi gael ei chofnodi yng nghanolbarth Ewrop. Mae i'w chael gerllaw ei hoff fwyd, sef teim gwyllt, ac mae'r rhai sydd ar eu llawn dwf i'w gweld o Fehefin hyd Hydref. Chwilen brin arall yw'r chwilen dywod felen a chanddi ddwy linell ddu donnog ar draws ei chloradenydd. Fe'i ceir ar arfordir y de, a threulia'r dydd yn ymochel dan wymon ac ysgyrion cyn dod allan yn y nos i fwydo ar sioncyn y tywod. Yn 2006, wrth ymdrin â llwyth o dderw, daeth adferwyr coed yn **Llanelli** o hyd i ddwy chwilen cornyr-afr fawr a lindysen fyw a berthynai i rywogaeth y tybiwyd ei bod wedi peidio â bod ym Mhrydain er 1700.

GLÖYNNOD BYW neu IEIR BACH YR HAF a GWYFYNOD – Y tri glöyn byw cyffredin ond hardd sydd i'w cael mewn **gerddi** yng Nghymru yw'r iâr fach amryliw, y fantell goch a'r peunog, ill tri – pan fônt yn lindys – yn bwydo ar ddanadl poethion. Glöyn byw arall sy'n bwydo ar ddail danadl poethion, pan fo'n lindysen, yw'r adain garpiog, sydd ag adenydd ac iddynt ymylon bylchog a marc coma gwyn amlwg ar ei bol; ailymddangosodd yng Nghymru yn ystod yr 20g. Un arall eto sy'n bwydo ar ddanadl poethion, a hefyd ar ysgall, yw'r iâr fach dramor hyfryd. Rhywogaethau ymfudol o ardal Môr y Canoldir yw'r fantell goch a'r iâr fach dramor.

Mae iâr fawr America, sy'n dod o **Ogledd America**, yn ymwelydd prin a thrawiadol. Efallai ei bod yn cael ei chario ar **longau** ond mae'n fwy tebygol ei bod yn cael ei chludo gan y gwynt. Daliwyd y gyntaf erioed i gael ei chofnodi yr ochr hon i'r Iwerydd yng **Nghastell-nedd** yn 1876. Mae cofnodion ar ôl hynny yn dangos mai ar arfordir de a gorllewin Cymru y bydd iâr fawr America fel arfer yn glanio yn Ewrop.

**Cors Caron** yng **Ngheredigion** yw'r man mwyaf deheuol ym **Mhrydain** lle mae glöyn-y-waun mawr i'w gael. Fe'i ceir hefyd ar rai corsydd yn y gogledd, gan gynnwys Cors Goch **Trawsfynydd**. Mae'r lindys yn bwydo ar y gorsfrwynen wen, sydd i'w chael yn y corsydd hyn.

Glöyn atyniadol a chanddo batrwm trawiadol ar ei adenydd yw brith y gors. Ei gynefin yw'r porfeydd gwlyb lle tyf tamaid y cythraul, y planhigyn y mae'r lindys yn bwydo arno. Mae ei niferoedd yn gostwng yng ngweddill Ewrop, ac mae Cymru, gyda'i niferoedd lluosog, yn bwysig o safbwynt ei ddyfodol.

Mae gan Gymru ddwy rywogaeth o wyfynod na cheir mohonynt yn unman arall ym Mhrydain. Darganfuwyd un ar weundir ger **Brynbuga** yn 1972 ac fe'i galwyd yn Silwriad ar ôl llwyth y **Silwriaid**. Mae'n parhau'n ddirgelwch pam y mae'r Silwriad yn gyfyngedig i ran fechan o weundir yn **Sir Fynwy**, gan fod y planhigyn y mae'n bwydo arno i'w gael yn gyffredin ar weundiroedd trwy Gymru gyfan. Enw gwyddonol, a difrïol, y gwyfyn hwn yw *Eriopygodes imbecilla*: arferid credu, ar gam, na allai'r fenyw hedfan gan fod ei bol mor dew. Y rhywogaeth arall yw *Xestia Ashworthii* (Ashworth's Rustic), a ddarganfuwyd gan Joseph Ashworth yn **Llangollen** yn 1853. Ei gynefin yw porfeydd mynyddig yn Eryri, bryniau **calchfaen** y gogledd-ddwyrain a llethrau **Cadair Idris** a **Phumlumon**.

Pan ddinistriwyd cynefin gwyfyn-y-gors rhosliw yn 1851 wrth draenio ffeniau Swydd Huntingdon, tybiwyd fod y gwyfyn hwnnw wedi peidio â bod fel rhywogaeth ym

Mhrydain. Ond dros ganrif yn ddiweddarach, yn 1967, fe'i cofnodwyd yng **Nghors Fochno** ger y **Borth**.

Y mwyaf o'r gwalchwyfynod ysblennydd yw gwalchwyfyn y benglog, gwyfyn trawiadol sy'n cyrraedd Cymru'n ysbeidiol o Fai hyd Fedi; cyfeiria ei enw at y nod tebyg i benglog ac esgyrn croes sy'n amlwg ar ei thoracs. Pan afaelir mewn un sydd wedi cyrraedd ei lawn dwf, mae'n gwneud sŵn tebyg i wich. Ymwelydd arall ysbeidiol â Chymru yw gwalchwyfyn y taglys sydd yr un mor drawiadol. Mae'r gwalchwyfyn hofran, sy'n hedfan yn ystod y dydd, yn ymweld â Chymru bron bob blwyddyn. Mae'n ehedwr rhyfeddol, gan hofran ar adenydd anweledig o flaen blodyn a gwthio'i sugnydd plygedig i mewn iddo er mwyn sugno'r neithdar cyn gwibio at y blodyn nesaf. Gwalchwyfyn cyffredin a hyfryd sy'n byw yng Nghymru'n barhaol yw gwalchwyfyn yr helyglys; mae'r lindys yn debyg i drwnc eliffant o ran ffurf a lliw. Perthynas llai, ond yr un mor hardd gyda'i gorff a'i adenydd pinc tywyll, yw gwalchwyfyn bach yr helyglys.

Bydd rhai gwyfynod, er mwyn osgoi cael eu bwyta gan greaduriaid eraill, yn dynwared trychfilod ymosodol. Mae un grŵp o wyfynod, a elwir yn wyfynod cliradain, yn wahanol i wyfynod eraill oherwydd bod eu hadenydd yn dryloyw fel adenydd gwenyn, cacwn a phryfed, a byddant yn hedfan yn ystod y dydd. Enghraifft wych yw'r gliradain Gymreig, a gofnodwyd yn Llangollen tua 1854. Roedd y gwyfyn hwn i'w weld hyd 1881, ond ar ôl hynny ni chofnodwyd mohono am dros ganrif; yna darganfuwyd fod y gliradain Gymreig yn bridio yn Eryri. Llawer mwy cyffredin yw'r gliradain wregysgoch fawr; mae'r lindys, fel eiddo'r gliradain Gymreig, yn bwydo ar risgl coed bedw.

GWEISION Y NEIDR – Ceir rhywogaethau niferus yng Nghymru ac maent ymysg y trychfilod harddaf a mwyaf deheuig. Un o'r rhai cyffredin ar weundiroedd mawnog yw gwas-y-neidr eurdorchog mawr, gyda chylchau euraid trawiadol ar hyd ei gorff. Ar lethrau **Mynydd Preseli** mae'n cydfyw â'r fursen ddeheuol brin; Cors Erddreiniog (**Llanddyfnan**) ym **Môn** yw'r man mwyaf gogleddol ym Mhrydain lle mae honno i'w chael.

Gwas-y-neidr eurdorchog mawr

## TRYCHINEBAU GLOFAOL

Ac eithrio trychineb **Aber-fan** yn 1966, ffrwydradau dan ddaear oedd achos y trychinebau glofaol mawr yng Nghymru, yn enwedig cyn 1914. Byddai ymchwiliadau swyddogol i ffrwydradau mewn glofeydd yn ystod y 19g. yn eu priodoli bron yn ddieithriad i bresenoldeb nwy methan (gall ffrwydrad ddigwydd pan fo'r aer yn cynnwys rhwng tua 5% a 14% o fethan), ond tua diwedd y 19g. daethpwyd i sylweddoli y gallai llwch **glo** danio ar ei ben ei hun; y ffrwydrad cyntaf a briodolwyd i'r achos hwn oedd hwnnw yng nglofa'r **Albion**, Cilfynydd (gw. **Pontypridd**), yn 1894.

Roedd nifer y marwolaethau a achosid gan ffrwydrad yn rhannol ddibynnol ar faint o nwy neu lwch glo (neu gyfuniad o'r ddau) a oedd yn y pwll: po fwyaf o nwy a ollyngid a pho fwyaf oedd cyfanswm y llwch, mwyaf i gyd y marwolaethau. Er nad oedd fawr ddim nwy yn llawer o wythiennau glo'r de, roedd rhai o'r gwythiennau glo ager yn hynod 'danllyd' neu nwyol eu natur – yn enwedig gwythïen Pedair Troedfedd **Aberdâr** a Gwythïen Ddu **Sir Fynwy** – a chan fod y rhan fwyaf ohonynt yn sych a hyfriw, roeddynt yn creu llawer o lwch. Oherwydd y cyfuniad hwn, roedd ffrwydradau yn dra chyffredin ym maes glo'r de. Wrth i gyfran y maes glo hwnnw o gynnyrch glo **Prydain** gynyddu i 20% erbyn 1914, yn bennaf trwy gynhyrchu mwy o lo ager, amlhau hefyd a wnaeth y damweiniau angheuol; yn ne Cymru y bu 2,578 (37.6%) o'r 6,853 o farwolaethau a achoswyd gan ffrwydradau yng nglofeydd Prydain rhwng 1874 ac 1914. Roedd y cyfanswm hwn yn cynnwys y 439 o ddynion a laddwyd yn y drychineb waethaf yn hanes diwydiant glo Prydain, sef honno yng nglofa'r Universal, Senghennydd, yn 1913 (gw. **Senghennydd, Trychineb Glofa**).

Dylid cofio mai cyfran fechan yn unig o'r holl farwolaethau a achoswyd gan y trychinebau mawr; damweiniau unigol oedd achos 80% ohonynt – y 'steady drip-drip of death', chwedl John Benson. Yn y cyfnod cyn y **Rhyfel Byd Cyntaf** bu'r defnydd o lampau diogel yn lle fflamau agored, gwyntyllau mecanyddol i leihau'r gymhareb methan/aer ynghyd â'r arfer o ddyfrhau llwch glo oll yn fodd i leihau perygl ffrwydradau. Ar ôl y rhyfel bu datblygu'r dechneg o daenu llwch carreg (na allai danio) dan ddaear, a'i mabwysiadu'n helaeth yn ne Cymru, yn allweddol wrth atal rhagor o drychinebau mawr yn y maes glo. Er hynny, roedd ffrwydradau'n dal i ddigwydd, megis hwnnw yng nglofa **Gresffordd** ger **Wrecsam** yn 1934, yr unig ffrwydrad yn hanes maes glo'r gogledd i ladd rhagor na chant o ddynion (gw. **Gresffordd, Trychineb Glofa**).

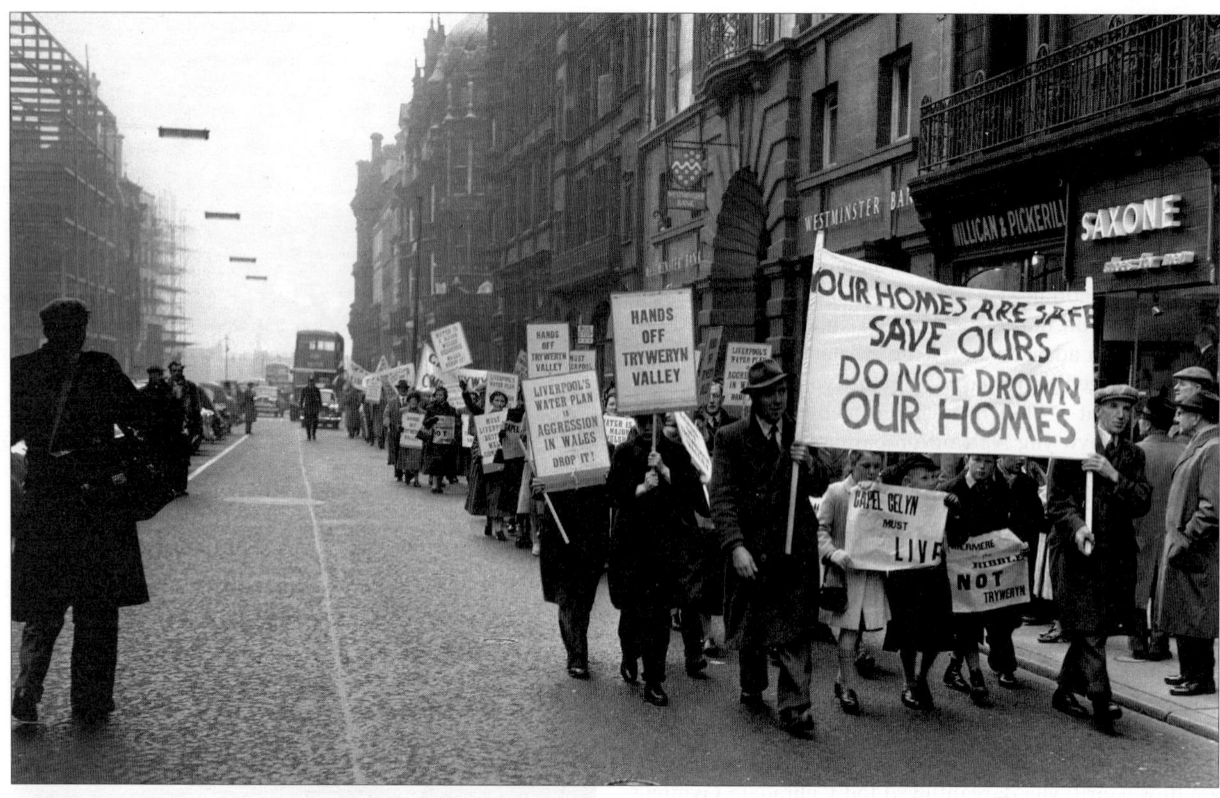


Protest yn Lerpwl yn 1956 yn erbyn bwriad y ddinas i foddi Cwm Tryweryn

**TRYLEG**, Sir Fynwy (4,374ha; 2,428 o drigolion)
Lleolir y **gymuned** hon tua 7km i'r de o **Drefynwy**. Mae'n debyg fod ei henw (*tri + lleg*, ffurf gynnar ar *llech*) yn cyfeirio at y rhes o dri maen hir o'r Oes Efydd (gw. **Oesau Cynhanesyddol**) a adwaenir fel Meini Harold. Pentref bach yw Tryleg erbyn hyn, ond yn ystod y 13g. mae'n bosibl mai dyma'r dref fwyaf poblog yng Nghymru. Awgryma tystiolaeth archaeolegol fod **haearn** yn cael ei gynhyrchu yma ar raddfa fawr ac mai'r ganolfan hon oedd prif ganolfan cynhyrchu arfau teulu **Clare**, y cyrhaeddodd eu gweithgareddau milwrol eu penllanw ddiwedd y 13g. Ymddengys i'r dref ddechrau dirywio yn dilyn marwolaeth Gilbert de Clare ym Mrwydr Bannockburn yn 1314. Yn Nhryleg y ganed **Bertrand Russell** a chaiff ei ddisgrifio fel athronydd o Gymro yn y *Chambers Biographical Dictionary*, er y byddai ef, yn ddi-os, wedi anghytuno â'r fath ddisgrifiad.

Ceir pump o eglwysi canoloesol o fewn ffiniau'r gymuned. Mae Eglwys Sant Nicolas, ac iddi feindwr ysblennydd, gyda'r harddaf yn y sir, a'i maint yn brawf pellach o bwysigrwydd y dref yn ystod y 13g. Yn nyffryn Gwenffrwd (White Brook) ger Llandogo, ceir olion helaeth y gweithfeydd haearn a weiar a sefydlwyd *c*.1606 a'r melinau gwneud papur a fu'n weithredol yn y dyffryn rhwng *c*.1760 ac 1880 (gw. hefyd **Tyndyrn**). Mae'r Llandogo Trow Inn ar y Welsh Back ym Mryste yn dwyn i gof bwysigrwydd cei Llandogo fel canolfan fasnachu ar lan afon **Gwy**. Roedd Argoed, tŷ o'r 17g. sydd i'r de o Benallt, yn gartref i Richard Potter, tad Beatrice Webb.

**TRYWERYN, Boddi Cwm**
Ar 20 Rhagfyr 1955 penderfynodd pwyllgor dŵr Corfforaeth **Lerpwl** mai Cwm Tryweryn (**Llandderfel/Llanycil** yn **Sir Feirionnydd**) oedd y lle delfrydol ar gyfer y gronfa ddŵr newydd a argymhellid ar gyfer y ddinas. Roedd y cynllun yn golygu diwreiddio'r 48 o drigolion a oedd yn byw ym mhentref Capel Celyn a'r ffermydd cyfagos. Wrth fynd ati i wireddu'r cynllun dilynodd Lerpwl yr un dulliau ag a ddefnyddiwyd ganddi yn y 1880au pan greodd gronfa ddŵr yn nyffryn Efyrnwy (**Llanwddyn**) yn **Sir Drefaldwyn** (gw. hefyd **Cronfeydd Dŵr**). Heb drafod gyda'r un awdurdod yng Nghymru, cyflwynodd fesur seneddol, mesur a dderbyniodd gydsyniad brenhinol ar 1 Awst 1957. Yn y bleidlais ar y mesur yn Nhŷ'r Cyffredin, ni phleidleisiodd yr un aelod seneddol Cymreig o'i blaid; fodd bynnag, roedd 12 o 36 aelod seneddol y wlad yn absennol adeg yr ail ddarlleniad ac 16 yn absennol adeg y trydydd.

Gwnaed ymdrechion glew i wrthwynebu'r cynllun, yn arbennig gan **Blaid [Genedlaethol] Cymru**. Craidd gwrthwynebiad llawer o bobl oedd y byddai'r cynllun yn golygu chwalu cymuned gwbl Gymraeg ei hiaith, a hynny ar adeg pan oedd cymunedau o'r fath yn prinhau'n gyflym (gw. **Cymraeg**). Cythruddwyd eraill gan y ffaith fod adnoddau Cymreig yn cael eu meddiannu gan gorff o'r tu allan i'r wlad. A'r cynllun heb dderbyn cefnogaeth yr un o gynrychiolwyr seneddol Cymru, fe'i gwelid yn brawf pellach fod Cymru, fel endid cenedlaethol, yn gwbl ddi-rym. Halen ar y briw oedd yr hyn a ystyrid yn draha dinas Lerpwl yn y modd y gwthiodd y cynllun ar Gapel Celyn. Wedi i'r mesur gael ei awdurdodi gwnaed ymdrechion i'w addasu, ymdrechion a ddaeth i'w penllanw gyda'r gynhadledd a alwyd gan arglwydd faer **Caerdydd** ym mis Hydref 1957. O fewn Plaid Cymru cafwyd galwadau am weithredu uniongyrchol, ond ni fu unrhyw weithredu o'r fath yn enw'r blaid, yn bennaf oherwydd gwrthwynebiad aelodau blaenllaw o'r blaid ym Meirionnydd. Fodd bynnag, yn 1962 ac eto yn 1963 bu rhai o gefnogwyr y blaid yn gyfrifol am gyflawni difrod yn y cwm. O ganlyniad i'r gweithredu yn 1963 carcharwyd Emyr Llywelyn ac Owain Williams.

Cafodd achos Capel Celyn gryn ddylanwad ar wleidyddiaeth Cymru. Hybodd ddelwedd Plaid Cymru fel plaid a oedd yn amddiffyn buddiannau Cymru, er nad arweiniodd hynny ar y pryd at unrhyw gynnydd trawiadol mewn pleidleisiau iddi. Bu cefnogaeth y gweinidog dros faterion Cymreig, Henry Brooke (a oedd hefyd yn weinidog llywodraeth leol), i'r cynllun yn fodd i ddwysáu'r galw am **ysgrifennydd gwladol** i Gymru.

## TUDUR ALED (*c.*1470–1525) Bardd

Cysylltwyd Tudur Aled yn draddodiadol â **Llansannan**, lle'r oedd gwreiddiau ei deulu, ond gall mai brodor o gwmwd **Iâl** ydoedd. Bu'n ddisgybl i **Dafydd ab Edmwnd**, a ddisgrifiodd fel 'F'ewythr o waed'. Fe'i penodwyd i gynghori comisiynwyr **Eisteddfod** gyntaf **Caerwys** yn 1523, ac ef oedd bardd cadeiriog yr eisteddfod. Er iddo grwydro i sawl rhan o Gymru, roedd llawer o'i noddwyr yn byw yn y gogledd-ddwyrain, yn eu plith deulu **Salusbury**, Lleweni (**Dinbych**), ei brif noddwyr. Roedd yn gynganeddwr arbennig o gryf, a brithir ei gerddi gan gwpledi epigramatig cofiadwy. Ystyrir un o'i gywyddau gofyn march yn gampwaith; enwog hefyd yw ei **gywydd** grymus i gymodi Hwmffre ap Hywel o Dywyn â'i berthnasau, lle beirniadodd duedd uchelwyr yr oes i gweryla a mynd i gyfraith. Bu farw yng Nghwrt y Brodyr yng **Nghaerfyrddin** ar ôl cymryd abid brawd o Urdd Sant Ffransis (gw. **Brodyr Cardod**).

## TUDURIAID, Y Swyddogion, tirfeddianwyr a brenhinoedd

Y Tuduriaid, a oedd yn ddisgynyddion i **Ednyfed Fychan**, distain **Llywelyn ap Iorwerth**, oedd yr unig deulu o dras Cymreig i esgyn i orsedd **Lloegr**. Yn dilyn y **Goresgyniad Edwardaidd** (1282) derbyniodd disgynyddion Ednyfed y drefn newydd. Yn y 14g. roedd disgynyddion ei feibion, Goronwy, Tudur a Gruffudd, yn flaenllaw ym materion y **Dywysogaeth**. Disgynyddion Goronwy – y brif linach – a sefydlodd deulu Tuduriaid **Penmynydd** (**Môn**). Yn eu plith yr oedd y brodyr Gwilym a Rhys ap Tudur ap Goronwy, a fu'n gwasanaethu Richard II. Roeddynt yn gefndryd i **Owain Glyndŵr** a buont yn rhan o **Wrthryfel Glyndŵr** gan gipio Castell **Conwy** yn 1401. Cafodd Rhys ei **ddienyddio** yn 1412 ac aeth y rhan fwyaf o diroedd teulu Penmynydd yn fforffed i'r Goron; o ganlyniad, nid oedd y brif linach, a ddaeth i ben yn yr 17g., yn ddim mwy na mân uchelwyr. Daeth isgangen, disgynyddion Tudur ab Ednyfed Fychan, i fwy o amlygrwydd fel teulu **Griffith** y Penrhyn. Roedd Syr **Gruffudd Llwyd** a Syr **Rhys ap Gruffudd** (m.1356) ymhlith aelodau isgangen arall, disgynyddion Gruffudd ab Ednyfed.

Disgynnydd lled anadnabyddus, sef Maredudd, un arall o feibion Tudur ap Goronwy, oedd cyndaid y llinach frenhinol Duduraidd, fodd bynnag. Mabwysiadodd mab Maredudd, Owain ap Maredudd ap Tudur (*c.*1400–61), gyfenw parhaol. Pe bai wedi mabwysiadu enw ei dad, llinach frenhinol o'r enw Maredudd a fyddai wedi llywodraethu Lloegr am ganrif a rhagor, ond enw ei daid, Tudur, a ddewiswyd ganddo. Priododd Owain â Katherine, merch Charles VI o Ffrainc a gweddw Harri V o Loegr, priodas fentrus tu hwnt i un o fân uchelwyr Môn. Ac yntau'n un o gefnogwyr plaid **Lancaster**, cafodd Owain ei ddienyddio yn dilyn buddugoliaeth yr Iorciaid ym Mortimer's Cross (1461) (gw. **Rhyfeloedd y Rhos** a **York, Teulu**).

Cafodd Edmwnd (*c.*1430–56), mab hynaf Owain a hanner brawd Harri'r VI, ei urddo'n iarll Richmond yn 1452/3. Priododd ef ag etifeddes teulu Lancaster, Margaret Beaufort. Yn 1457, ddeufis ar ôl marwolaeth ei gŵr, ganed mab iddi yng Nghastell **Penfro**, sef Harri VII yn ddiweddarach. Rhoddwyd yr Harri ifanc yng ngofal William Herbert, iarll Pembroke (gw. **Herbert, Teulu**), yng Nghastell **Rhaglan**, ac yna yng ngofal ei ewythr, Siasbar Tudur (*c.*1431–95). Daeth Siasbar, a ddyrchafwyd yn iarll Pembroke *c.*1455, yn brif bleidiwr achos ei hanner brawd, Harri VI, yng Nghymru. Wedi i'r Lancastriaid gael eu gorchfygu yn Tewkesbury yn 1471, ac ar ôl marw Harri VI a'i fab, aeth Siasbar a'i nai yn alltudion i **Lydaw**, gan mai Harri Tudur bellach, yng ngeiriau Edward IV, oedd 'yr unig walch ar ôl o hil Harri VI'. Pan gipiodd Richard III y Goron yn 1483 trawsnewidiwyd rhagolygon Harri Tudur. Defnyddiodd Siasbar ei gysylltiadau Cymreig i ennyn cefnogaeth i Harri yng Nghymru; harneisiwyd holl rym traddodiad y canu **darogan** Cymraeg i hybu ei achos. Bu ymgais i lanio yn 1483 yn aflwyddiannus, ond ym mis Awst 1485 glaniodd Harri Tudur yn **Dale** wrth geg Aberdaugleddau (gw. **Aberdaugleddau, Dyfrffordd**). Ymdeithiodd trwy Gymru, gan ennyn cefnogaeth ar hyd y daith. Cafodd Richard ei ladd yn **Bosworth** a daeth Harri Tudur yn frenin Lloegr. Yng ngolwg y Cymry roedd Bosworth yn fuddugoliaeth Gymreig, yn cyflawni hen broffwydoliaeth, ac roedd Harri Tudur yn ymwybodol iawn o'i wreiddiau Cymreig. Cafodd Siasbar ei ddyrchafu'n ddug Bedford a derbyniodd arglwyddiaeth **Morgannwg**, ynghyd â'r prif swyddi yn y Dywysogaeth a'r **Mers**. Canwyd ei glodydd gan **Lewys Glyn Cothi** a **Dafydd Nanmor**. (Am effaith teyrnasiad Harri VII ar Gymru, gw. **Brenhinoedd Lloegr a'u perthynas â Chymru**.)

## TUDWEILIOG, Gwynedd (3,553ha; 810 o drigolion)

Mae'r **gymuned** hon, sydd wedi'i lleoli ar arfordir gogleddol penrhyn **Llŷn** rhwng **Nefyn** ac **Aberdaron**, yn ymestyn hyd at Garn Fadryn (371m), bryn sy'n gyforiog o olion cynhanesyddol. Bu'r ardal, am ganrifoedd, o dan ddylanwad Griffithiaid Cefnamwlch a'u disgynyddion, teulu Wynne-Finch. Yn yr 17g. sgweier Cefnamwlch – William Griffith o Lŷn, fel yr hoffai ei alw'i hun – oedd dyn cyfoethocaf **Sir Gaernarfon**. Roedd Sidney Griffith (Madam Griffith; m.1752), Cefnamwlch, yn fawr ei hymlyniad wrth y Methodist **Howel Harris**, a bu cryn siarad maleisus am eu perthynas. Ceir porthdy (1607) ochr yn ochr â phlasty Cefnamlwch (diwedd yr 17g.). Gerllaw mae Coetan Arthur, cromlech o'r cyfnod Neolithig (gw. **Oesau Cynhanesyddol**). Yn Eglwys Sant Gwynhoedl, Llangwnnadl, a gwblhawyd *c.*1520, ceir tair eil. Yn 1774 bu Samuel Johnson ar ymweliad â phlasty bach Bryn Nodol.

## TUNNICLIFFE, Charles (1901–79) Darlunydd ac adaregwr

Ganed Tunnicliffe yn **Swydd Gaer**, a dechreuodd astudio bywyd gwyllt ac adar **Môn** wedi iddo symud i fyw i Falltraeth

(**Bodorgan**) yn 1947. Cafodd ei hyfforddi yn Ysgol Gelf Macclesfield a'r Coleg Celf Brenhinol yn **Llundain**, a bu'n athro darlunio a dylunio graffig. Ef a ddarluniodd *Tarka the Otter* gan Henry Williamson (1932) ac, yn ddiweddarach, gyfres byd natur Ladybird; roedd hefyd yn un o'r darlunwyr a gyflogwyd yn yr ymgyrch 'Dig for Victory' yn ystod yr **Ail Ryfel Byd**. Roedd ei ddarluniau'n fanwl a chywir, ac roedd ei ymateb i'r tywydd a'r tirlun ac i'r gymdeithas leol yn adlewyrchu sensitifrwydd mawr tuag at gynnwys a defnyddiau ei ddarluniau. Gwelir y casgliad mwyaf o'i waith yn Oriel Ynys Môn (**Llangefni**).

## TUNPLAT

Datblygodd tunplat yn ddiwydiant o bwys mewn rhannau o orllewin maes **glo**'r de yn ystod ail hanner y 19g., er bod ei ddechreuadau'n dyddio'n ôl i flynyddoedd cynnar y 18g. pan roddodd John Hanbury (gw. **Hanbury, Teulu**) batent ar y broses rolio ym **Mhont-y-pŵl**. Ni wireddodd y diwydiant ei botensial hyd nes i ddur (gw. **Haearn a Dur**) ddisodli haearn fel y plât metel sylfaenol a hyd nes y datblygodd marchnadoedd ar gyfer offer i gadw bwydydd, tua diwedd y 19g. Er i weithfeydd megis Upper Forest, Dafen, **Llansawel**, Morfa a Chwmfelin gael eu sefydlu yn yr ardal rhwng **Llanelli** ac **Aberafan**, ni lwyddodd y diwydiant i greu cynnyrch derbyniol hyd nes i **Wilhelm Siemens** gyflwyno ei **ffwrnais dân agored** yng Nglandŵr, **Abertawe**, yn 1868.

Erbyn 1891, pan oedd **Toll McKinley** yn bygwth lladd y diwydiant, roedd 71 o weithfeydd yn y de yn cynhyrchu tunplat, yn bennaf yng nghyffiniau Llanelli ('Tinopolis'), Abertawe, **Castell-nedd** ac Aberafan. Erbyn 1914 roedd y diwydiant wedi hen oroesi effeithiau andwyol y doll. Wrth i rai gweithfeydd gau daeth eraill i feddiannu'r farchnad, yn sgil traflyncu a chyfuno busnesau. Erbyn 1939 roedd naw cwmni yn tra-arglwyddiaethu ar y diwydiant, a chynhyrchai pob un ohonynt ei ddur dalennog ei hun: **Richard Thomas a'i Gwmni**; Baldwins; **Pengelli**; Gilbertsons; **Llansawel**; Llanelli Associated; Partridge, Jones a Paton; Bynea (**Llanelli Wledig**); Upper Forest a Worcester; ac Elba. Yn 1936 ailagorwyd gwaith **Glynebwy**, a oedd yn cynnwys y felin strip ddi-dor gyntaf ym **Mhrydain**, gan Richard Thomas, y mwyaf blaenllaw o ddigon o'r cynhyrchwyr. Yn ogystal â'r rhain, ceid 29 o weithfeydd tunplat annibynnol.

Yn union wedi'r **Ail Ryfel Byd** unodd **Richard Thomas a Baldwins** gyda'r bwriad o agor melin strip ddi-dor a chanddi adnoddau lleihau oer a thunplatio – proses a oedd eisoes wedi chwyldroi'r diwydiant yn yr Unol Daleithiau. Gwireddwyd y cynllun gan **Gwmni Dur Cymru**, a grëwyd yn 1947, trwy sefydlu melinau strip di-dor yn **Nhrostre** (Llanelli; 1953) a **Felindre** (**Llangyfelach**; 1956) – er bod tunplatio electrolytig wedi cychwyn yng Nglynebwy yn 1948.

Bu'r datblygiadau hyn yn fodd i sicrhau cynhyrchiant llawer uwch, ond dyma ddechrau'r diwedd o safbwynt tunplatio trochi poeth a'r hen felinau llaw; erbyn 1961 roedd y rhan fwyaf o'r melinau hynny wedi cau. Gostyngodd y gweithlu o 29,000, ar gyfartaledd, yn y 1930au, i 7,500 erbyn canol y 1960au a 2,200 yn 1998. Ar ôl i waith Felindre gau yn 1989 gallai Trostre a Glynebwy (hyd 2002, pan gaewyd Glynebwy) gyflenwi holl gynnyrch Prydain, sef tua 700,000 tunnell fetrig y flwyddyn, ar gyfartaledd.

## TURNBULL, Maurice [Joseph Lawson] (1906–44)
Cricedwr a chwaraewr rygbi

Roedd Turnbull, a aned yng **Nghaerdydd**, yn athletwr eithriadol ddawnus, a chwaraeodd **hoci**, **sboncen** a **rygbi** dros

Charles Tunnicliffe, *The Rivals*, 1951

J. M. W. Turner, *Flint Castle*, 1835

Gymru, gan ennill un o'i ddau gap yn 1933 fel mewnwr yn y gêm gyntaf erioed i Gymru ei hennill yn Twickenham. Ond fe'i cofir yn bennaf am ei gyfraniad i **griced** Morgannwg, fel unben hawddgar a gydweithiodd â **J. C. Clay** i achub y clwb yn ystod ei gyfnod fel capten (1930–9) ac ysgrifennydd (1932–9). Chwaraeodd dros ei sir (gw. **Sir Forgannwg**) ac yntau'n dal yn ddisgybl yn Ysgol Downside, ac ef oedd y Cymro cyntaf i chwarae dros **Loegr**, gan ennill naw o gapiau rhwng 1929 ac 1936. Sgoriodd gyfanswm o 17,544 o rediadau, gan gynnwys batiad o 205 yn erbyn Swydd Nottingham yn 1932, pan oedd y bowlwyr cyflym Harold Larwood a Bill Voce yn arbrofi trwy fowlio at y corff – y math o ymosod a fyddai'n chwalu **Awstralia** y gaeaf canlynol. Petai wedi goroesi'r rhyfel – bu farw yn Normandi – mae'n bosibl y byddai wedi'i ddewis yn gapten ar Loegr.

## TURNER, J[oseph] M[allord] W[illiam] (1775–1851) Arlunydd

Ymwelodd yr arlunydd o Sais J. M. W. Turner â Chymru nifer o weithiau ym mlynyddoedd cynnar ei yrfa. Mae ei luniau enwog o'r **Wyddfa** ac Abaty **Tyndyrn** ymhlith y lluniau a borthodd ddychymyg y beirdd rhamantaidd, gan gyfrannu'n helaeth at y syniad o dirlun fel ffynhonnell dirgelwch ac ysbrydoliaeth (gw. **Rhamantiaeth** a **Tirffurfiau, Tirlun a Thopograffeg**). Ar wahanol deithiau rhwng 1790 ac 1797 cafodd tirwedd diwydiannol newydd y de gryn ddylanwad arno fel ag y cafodd golygfeydd rhamantus a chestyll y gogledd. Bu'r teithiau hyn yn baratoad at ei anturiaethau ar dir mawr Ewrop, lle bu'n chwilio am olygfeydd i'w darlunio er mwyn cyflawni ei uchelgais fel peintiwr.

## TURNER, Joseph (*c.*1729–1807) Pensaer

Ac yntau'n un o deulu o benseiri o ororau **Sir y Fflint** a **Swydd Amwythig**, bu Joseph Turner yn byw ym **Mhenarlâg** yn y 1760au ac yno hefyd y'i claddwyd. Ymhlith yr adeiladau a gynlluniodd y mae Pengwern (1770; **Rhuddlan**), Carchar **Rhuthun** (1775), Neuadd y Sir, Rhuthun (1785–90), a Charchar y **Fflint** (1785). Bu ei nai, John Turner (m.1827), o'r Eglwys Wen, Swydd Amwythig, yn gyfrifol am gynllunio cangell Eglwys Gadeiriol **Llanelwy** ac am addasu Eglwys **Llandygái**, a daeth yn syrfëwr sirol Sir y Fflint.

## TWBERCWLOSIS neu Y DDARFODEDIGAETH neu Y DICIÁU

Arferid cysylltu'r clefyd hwn, sy'n effeithio'n bennaf ar yr ysgyfaint, ag amodau byw gwael – tai gorlawn, carthffosiaeth annigonol a diffyg glanweithdra – a chafodd yr enw 'y pla gwyn'. Roedd yn glefyd cymharol brin erbyn dechrau'r 21g., ond yn y gorffennol bu ei effeithiau mor enbyd fel yr ystyrid iddo fod yn gyfrifol am fwy o farwolaethau yng Nghymru na'r un clefyd arall.

Bu'r corn meddyg neu'r stethosgop, a ddyfeisiwyd gan feddyg o Lydaw, René Laënnec, o ddefnydd wrth wneud diagnosis cywirach o'r cyflwr pan ddigwyddai yn yr ysgyfaint. Dywedir mai ei gyfaill, Thomas Davies (1792–1839) o **Gaerfyrddin**, a ddaeth â'r offeryn hwn i **Brydain**, ond ni wyddys faint o ddefnydd a wnaed o'r dechneg newydd hon yng Nghymru ar y pryd.

Gan nad oedd unrhyw driniaethau'n bod, nid oedd y gallu i wneud diagnosis cynnar mor bwysig yn y cyfnod hwnnw ag y byddai yn ddiweddarach. Gydag amser, sylweddolwyd y dylid ceisio atal y clefyd rhag lledu hyd yn oed os nad oedd modd ei wella. Llwyddodd Robert Koch, a weithiai yn yr Almaen, i ynysu'r bacteriwm mor gynnar â 1882. Er pwysiced y darganfyddiad hwnnw, nid tan 1910 y gwnaed y cam mawr cyntaf tuag at atal y clefyd yng Nghymru. Galwyd cyfarfod er mwyn trafod sut y dylid coffáu'r Brenin Edward VII. Derbyniwyd yr awgrym a wnaed gan David Davies (gw. **Davies, Teulu (Llandinam)**) y dylid ffurfio mudiad a fyddai'n ceisio cael gwared o'r aflwydd, ac felly y daeth Cymdeithas Goffa'r Brenin Edward VII i fodolaeth. I ddechrau, dibynnai'r corff newydd ar danysgrifiadau gwirfoddol, a'r cyfrannwr mwyaf hael oedd David Davies; yna, yn 1911, daeth y Ddeddf Yswiriant Cenedlaethol i rym, gan ganiatáu i awdurdodau lleol gyfrannu.

Pencadlys y sefydliad oedd y Deml Heddwch ac Iechyd yng **Nghaerdydd**, a gyllidwyd gan David Davies, a chyflogwyd arbenigwyr meddygol a thimau o staff i wasanaethu pob ardal yng Nghymru. Sefydlwyd sanatoria er mwyn cynnig triniaeth i gleifion. Pan ddechreuwyd ar driniaethau llawfeddygol ar yr ysgyfaint, daeth y mwyaf modern o'r sanatoria, Ysbyty **Sili** – ysbyty a agorwyd yn 1936 gyda 300 o welyau – yn uned arbenigol o'r pwys mwyaf. Yn y man, y Gymdeithas oedd y sefydliad pwysicaf o'i fath trwy Brydain, ac o bosibl trwy'r byd. Cafodd y gwaith o hyfforddi meddygon, a'r ymchwil i'r clefyd, hwb pellach yn 1921, pan grëwyd Cadair David Davies yn y maes yng Ngholeg y Brifysgol, Caerdydd (gw. **Prifysgol Caerdydd**). Pan agorwyd Ysgol Feddygol Genedlaethol Cymru (gw. **Coleg Meddygaeth, Bioleg, Gwyddorau Iechyd a Bywyd Cymru**) yn 1931, fe'i trosglwyddwyd yno.

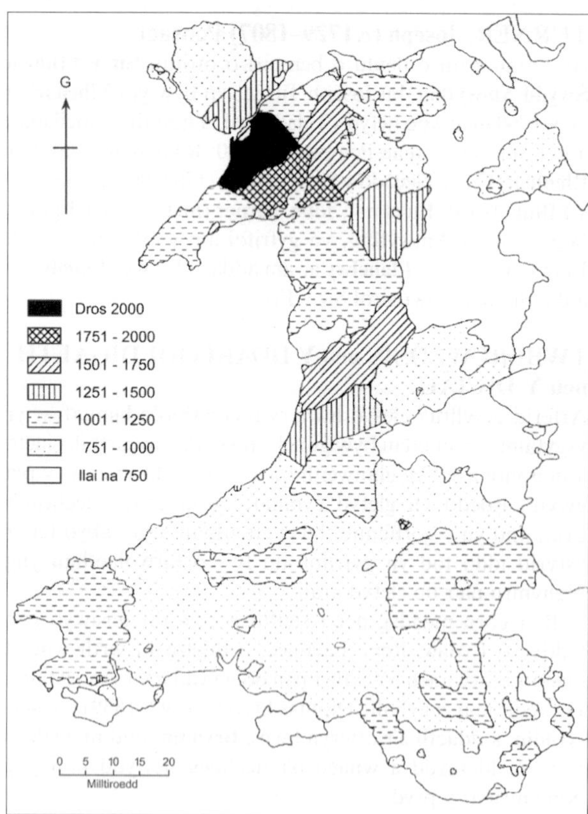


Marwolaethau blynyddol (1930–6) o dwbercwlosis i bob miliwn o'r boblogaeth

Er hyn oll, daliai maint y broblem i achosi pryder. Erbyn 1938 roedd bron 2,000 o welyau ar gael mewn ysbytai yng Nghymru ar gyfer trin pobl a ddioddefai o'r ddarfodedigaeth, ac eto roedd y gyfran o'r **boblogaeth** a oedd yn marw o'r clefyd yn parhau'n uwch na'r hyn ydoedd yn **Lloegr**. Yn 1939 adroddodd ymchwiliad i'r gwasanaeth gwrthdwbercwlosis yng Nghymru, dan gadeiryddiaeth **Clement Davies**, fod awdurdodau lleol esgeulus a'r meddylfryd fod y clefyd yn anochel, yn peri bod y ddarfodedigaeth o hyd yn broblem anodd iawn mynd i'r afael â hi. Roedd ar ei gwaethaf yng nghefn gwlad ac yn ardaloedd y **llechi**.

Yn 1944 sefydlwyd uned belydr X symudol, dorfol yng Nghymru, y gyntaf o'i bath yng ngwledydd Prydain. Gallai archwilio dros 100 o bobl mewn awr. Ddwy flynedd yn ddiweddarach roedd mwy na 100,000 o bobl wedi manteisio ar yr adnoddau hyn. Mae'n bur debyg fod y gostyngiad trawiadol a welwyd yn ystod yr 20g. yn nifer yr achosion o'r clefyd i'w briodoli yn y lle cyntaf i'r gwelliant a fu mewn amodau byw ac yn y **bwyd** a fwyteid. Dechreuwyd ar gyfnod newydd arall yn y 1940au, gyda'r defnydd o gyffuriau gwrthdiwberciwlaidd, a arweiniodd at ostyngiad pellach yn nifer yr achosion.

Ym mlynyddoedd cynnar yr 21g. bu cynnydd bychan yn nifer yr achosion trwy'r Deyrnas Unedig. Mewn dinasoedd mawr y bu'r achosion hyn gan amlaf, a gellir eu priodoli i sawl ffactor; yn y dinasoedd hyn mae mwy o bobl ddigartref yn cysgu yn yr awyr agored, mae mwy o bobl wedi'u heintio â HIV, a bu cynnydd yn nifer y mewnfudwyr o wledydd sydd yng nghanol rhyfel a newyn. Yng Nghymru, fodd bynnag, nid yw'r ddarfodedigaeth hyd yma yn achosi'r un problemau dybryd ag a gafwyd yn y gorffennol.

## TWMPATH DAWNS

**Urdd Gobaith Cymru** a fyddai'n trefnu twmpathau dawns, sef nosweithiau **dawnsio** gwerin, ac roeddynt yn eu hanterth yng Nghymru yn niwedd y 1950au a'r 1960au. Roeddynt yn dra phoblogaidd ymhlith Cymry Cymraeg ifainc, yn enwedig mewn ardaloedd gwledig. Gan mai mwynhad oedd y prif nod, roedd y dawnsfeydd yn rhai lled syml ac nid oedd angen gwisg arbennig. Ffynnodd y twmpathau hyd ddechrau'r 1970au pan gawsant eu disodli gan gyngherddau pop a'r disgo, er y cynhelir rhai'n achlysurol o hyd.

## TWNNEL HAFREN

Mae Twnnel Hafren yn enghraifft nodedig o beirianwaith rheilffordd oes Victoria (gw. hefyd **Hafren, Afon**). Ac yntau'n 7km o hyd ac yn 7.92m o led, am ganrif bron dyma'r twnnel hiraf yn y byd a oedd yn rhedeg o dan y môr. Fe'i hadeiladwyd gan gwmni rheilffordd y Great Western, a lleihaodd gryn dipyn ar hyd y daith o dde Cymru i **Lundain**. Dechreuwyd cloddio yn 1873 ond araf fu'r gwaith hyd nes i Thomas Andrew Walker (1828–89), a oedd wedi adeiladu rheilffyrdd yng Nghanada a Sudan, gael ei gyflogi'n gontractwr yn 1879. Roedd Walker yn feistr caled a ymestynnodd hyd y diwrnod gwaith o wyth awr i ddeg, a chael gwared o weithwyr a oedd, yn ei farn ef, yn creu trafferth. Darparodd **dai** ar gyfer ei weithwyr a'u teuluoedd, a chododd ysbyty a thŷ cwrdd yn Sudbrook (**Porth Sgiwed**), ym mhen Cymru i'r twnnel. Pan oedd y gwaith yn ei anterth cyflogid 3,600 o ddynion, gyda'r rhai ar y cyflog gorau yn derbyn, ar gyfartaledd, £1 18s yr wythnos (£1.90). Yn ôl Walker, bach

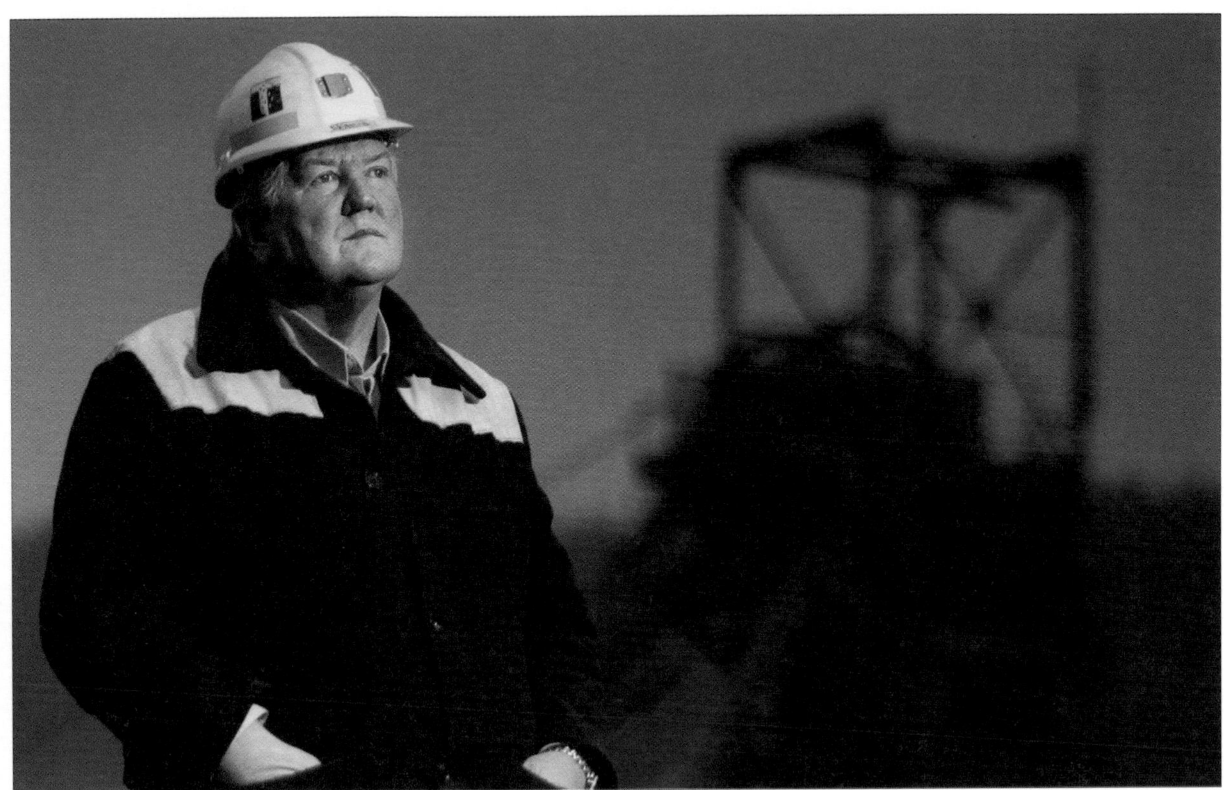

Tyrone O'Sullivan yng Nglofa'r Tŵr

oedd cyfanswm y damweiniau ac ystyried maint y fenter, ond lladdwyd dynion wrth iddynt syrthio i mewn i siafftiau neu oddi ar ysgolion, ac roedd yr amodau poeth a llaith yn arwain at afiechydon marwol fel llid yr ysgyfaint a'r dwymyn wynegon. Defnyddiwyd tua 76,400 miliwn o frics wrth godi'r twnnel. Teithiodd y trên cyntaf trwy'r twnnel ym mis Medi 1885 a dechreuwyd cludo teithwyr yn Rhagfyr 1886.

## TŴR, Glofa'r, Hirwaun, Rhondda Cynon Taf

Yn ôl cofnodion, bu cloddio am **lo** ar y safle hwn mor gynnar â 1759, ond enwyd y pwll ar ôl tŵr a godwyd gan deulu **Crawshay**, yn dilyn Gwrthryfel Merthyr (gw. **Merthyr, Gwrthryfel**), er mwyn amddiffyn y pwll a'r gwaith **haearn** gerllaw. Bu'r lofa yn eiddo i rai o deuluoedd mwyaf blaenllaw'r de yn eu tro – teuluoedd Crawshay a Bute (gw. **Stuart, Teulu**) – ac i gwmni **Powell Duffryn**, ond pan gaewyd hi gan Lo Prydain ym mis Ebrill 1994 fe'i prynwyd gan y gweithlu, dan arweiniad Tyrone O'Sullivan, a'i rhedeg yn llwyddiannus fel cwmni cydweithredol. Y frwydr i achub y pwll oedd testun opera Alun Hoddinott, *Tower*, a aeth ar daith trwy Gymru yn 1999–2000. Yn 2007 cyhoeddwyd ei bod yn debygol y byddai'r lofa, sy'n cyflogi 300, yn cau yn gynnar yn 2008. Er ei bod yn cael ei chysylltu'n gyffredinol â **Hirwaun**, mae'r lofa mewn gwirionedd wedi'i lleoli yng nghymuned y **Rhigos**.

## TWRCELYN Cwmwd

Roedd y **cwmwd** hwn yng ngogledd-ddwyrain **Môn**, ynghyd â chwmwd **Talybolion**, yn rhan o gantref **Cemais**. Roedd llys y cwmwd ym Mhenrhosllugwy (gw. **Moelfre**). Goroesodd yr enw fel enw **hwndrwd** yn y cyfnod wedi'r **Deddfau 'Uno'**, ac o 1894 hyd 1974 roedd Twrcelyn yn ddosbarth gwledig.

## TWRCH TRWYTH

Brenin wedi ei droi'n faedd gwyllt am ei bechodau oedd y Twrch Trwyth (neu'r Twrch Trwyd yn ôl y ffynonellau cynharaf). Cyfeirir at y bwystfil chwedlonol hwn yn **'Y Gododdin'** ac yn ***Historia Brittonum***, ond yn chwedl 'Culhwch ac Olwen' yn y **Mabinogion** y ceir y stori lawnaf amdano. Sonnir fel y bu **Arthur** a'i wŷr yn hela'r Twrch Trwyth er mwyn cipio oddi arno y gwellaif a'r crib sydd rhwng ei ddwy glust ac y mae'n rhaid eu cael i drin gwallt a barf Ysbaddaden Bencawr ar gyfer priodas ei ferch.

## TWRISTIAETH

Yn 2007 honnid bod y diwydiant twristiaeth yn cyfrannu dros £3 biliwn y flwyddyn i **economi** Cymru – 3.7% o Werth Ychwanegol Crynswth y wlad – ac yn cyflogi 76,000 o weithwyr. Y mae lle felly i'w ystyried yn un o brif ddiwydiannau Cymru.

Er mai rhyw fath o dwristiaid oedd pererinion yr Oesoedd Canol (gw. **Pererindota**), yn niwedd y 18g. y dechreuodd twristiaeth fodern ddatblygu yng Nghymru. Bryd hynny, roedd gwrthdaro ar dir mawr Ewrop yn rhwystro boneddigion o **Saeson** rhag mynd ar eu *Grand Tour*, a bu'n rhaid iddynt chwilio am gyrchfannau egsotig yn nes adref. Dan ddylanwad **Rhamantiaeth**, llwyddodd y teithwyr ariannog hyn, gydag artist wrth eu cwt yn aml, i wneud y 'Tour into Wales' yn beth ffasiynol, a gadawsant ar eu hôl swmp o dirluniau ynghyd â chorff o lenyddiaeth dopograffig yn cyflwyno atyniadau gwlad fynyddig, nad oedd fawr neb y tu allan i Gymru yn gwybod amdani cyn hynny, i gynulleidfa ehangach (gw. **Tirffurfiau, Tirwedd a Thopograffeg**). Mae llawer o'r llyfrau taith hyn yn telynegu'n frwd am greigiau a chlogwyni, **afonydd** a **llynnoedd**. Mater arall oedd y brodorion a drigai

Carafanau ym Mae Treco, Porth-cawl

yn y wlad gyfareddol hon. Nid pob un o'r awduron a lwyddai i gelu ei ddirmyg tuag at y Cymry, a cheir rhai ohonynt yn gwawdio ymddygiad honedig anwaraidd, ymddangosiad chwithig ac iaith ddieithr y brodorion. Cyniglodd Joseph Hucks, a deithiai gyda'i gyfaill Samuel Taylor Coleridge yn 1795, y disgrifiad angharedig hwn o'r **Gymraeg**: 'To my ear, I must confess, it is not very harmonious but resembles rather the ravishing sound of a cat-call, or the musical clack of a flock of geese when highly irritated'. Roedd rhai awduron yn dra nawddoglyd eu hagwedd. Ond roedd teithwyr eraill o'r tu hwnt i **Glawdd Offa** a ddangosai werthfawrogiad diffuant o'r bobl yn ogystal â'r wlad, yn arbennig felly **George Borrow**.

Blodeuodd twristiaeth yn sgil y **Chwyldro Diwydiannol** a greodd ddosbarth canol llewyrchus a gwell cysylltiadau trafnidiaeth. Ar ddechrau'r 19g. daeth y dref lan môr i'w bri ar sail yr hyn a ystyrid yn briodweddau hynod iachusol dyfroedd ac awelon arfordir Cymru. Yn 1804 wynebai **Abertawe**'r cyfyng-gyngor o orfod dewis rhwng dyfodol fel porthladd diwydiannol ac enwogrwydd fel 'Brighton Cymru'. (Mae ymdrech y ddinas bresennol i'w hail-greu ei hun fel cyrchfan dwristaidd ôl-ddiwydiannol yn adlewyrchu natur gylchol datblygiad economaidd.) Yn nes ymlaen yn y 19g., wrth i'r **rheilffyrdd** ymledu, dechreuodd trefi glan môr fel **Dinbych-y-pysgod**, **Llandudno** ac **Aberystwyth** ehangu, a gwelodd trefi fel **Llandrindod** a **Llanwrtyd** gyfle i fanteisio ar eu ffynhonnau. Twf maes **glo**'r de a chyflwyno gwyliau blynyddol i'r gweithwyr a roddodd fod i leoedd glan môr fel Ynys y **Barri**, **Porth-cawl**, **Aberafan** a'r Mwmbwls (Abertawe). Roedd 'pythefnos y glowyr' yn wyliau penodol ym mis Awst, pan heidiai miloedd o lowyr a'u teuluoedd i chwilio am awyr iach, tywod a llety rhad. Erbyn canol yr 20g. golygai llety felly garafanau neu gabanau gwyliau mewn cyfadeiladau mawr fel y rhai ym Mae Treco ym Mhorth-cawl.

Bu dyfodiad gwyliau tramor rhad mewn mannau cynnes a sych yn y 1960au yn ergyd galed i dwristiaeth yng Nghymru. Dirywiodd trefi gwyliau a ddarparai ar gyfer y llai cefnog, fel y tystia cyflwr adfeiliedig llawer o bromenâd y **Rhyl**, er enghraifft. Gorfodwyd y diwydiant, felly, i ailgloriannu gwerth y farchnad bwced-a-rhaw draddodiadol. Erbyn dechrau'r 21g. roedd pwyslais cynyddol ar wyliau byrion (llai na phedair noson) yn cynnwys teithiau busnes a chynadleddau, a gwyliau arbennig ar gyfer pobl â diddordeb mewn gweithgareddau diwylliannol ac awyr agored. Mae twristiaeth chwaraeon, gan gynnwys **golff**, **seiclo** a physgota (gw. **Genweirio**), yn ogystal â chwaraeon sy'n cael eu gwylio, yn sicr ar gynnydd. Mae'r ffaith fod Stadiwm y Mileniwm, **Caerdydd**, yn gallu cynnal digwyddiadau ar raddfa fawr wedi rhoi cryn fantais gystadleuol i Gymru. Er bod ymgyrchoedd marchnata i ddenu twristiaid yn dal i ddibynnu'n drwm ar hyrwyddo delwedd o wlad werdd a dymunol, mae twristiaeth benodol ddiwylliannol Gymreig yn ennill tir. Erbyn dechrau'r 21g. roedd Bwrdd Croeso Cymru yn cydnabod potensial hanes a diwylliant Cymru wrth ddenu ymwelwyr, yn arbennig rhai o dramor. Roedd hyn yn ddatblygiad o bwys yn strategaeth y corff, a oedd cyn hynny wedi cael ei feirniadu oherwydd ei amharodrwydd ymddangosiadol i hyrwyddo hunaniaeth hyderus Gymreig.

Yn 2006 roedd Cymru yn gyrchfan dros 10.7 miliwn o dripiau dros-nos gan dwristiaid. Ymwelwyr o dramor a oedd i gyfrif am oddeutu 16% (1.1 miliwn) o'r tripiau, a gwariodd yr ymwelwyr hyn gyfanswm o oddeutu £358 miliwn (17.5% o gyfanswm yr incwm gros o dwristiaeth). Fodd bynnag, Prydeinwyr – gan gynnwys twristiaid o Gymry

Llandudno

o fewn eu gwlad eu hunain – fu'r garfan fwyaf niferus o ddigon ymhlith twristiaid yng Nghymru ar hyd y blynyddoedd. Yn 2006 treuliodd twristiaid o Brydain 36.4 miliwn o nosweithiau yng Nghymru, gan wario tua £1.6 biliwn. Daeth yr incwm sy'n cael ei greu gan dwristiaeth yn gynyddol bwysig i economi nifer fawr o gymunedau Cymreig, yn arbennig yn sgil dirywiad y diwydiannau traddodiadol a'r wasgfa ar **amaethyddiaeth**.

Os gellir rhoi coel ar ffigurau'r diwydiant, ac os yw'n wir fod twristiaeth yn cyfrannu dros £8 miliwn y dydd i economi Cymru, nid yw'n fawr o syndod fod cymaint o bwyslais yn cael ei roi arni fel ateb i lawer o broblemau economaidd y wlad. Fodd bynnag, mae'r swyddi y mae'n eu cynnig yn fynych yn rhai isel eu statws sy'n talu'n wael, a swyddi tymhorol ydynt yn aml. Mewn nifer fawr o achosion, buddsoddiad o du mewnfudwyr sydd y tu ôl i fentrau twristaidd (nodwedd sy'n gyffredin i ddatblygiadau twristaidd mewn llawer gwlad), sefyllfa sy'n ennyn y feirniadaeth fod y diwydiant yn ffurf fodern ar goloneiddio. Yn sicr, mae cyfran uwch na'r cyffredin o fentrau twristaidd preifat yng Nghymru yn eiddo i fewnfudwyr, ac mae'r ffaith mai prin yw'r defnydd a wneir o'r iaith Gymraeg mewn twristiaeth yn porthi'r syniad mai diwydiant estron ydyw.

Sefydlwyd y corff cenedlaethol cyntaf ar gyfer twristiaeth yng Nghymru, Bwrdd Twristiaeth a Gwyliau Cymru, yn 1948. Consortiwm o aelodau awdurdodau lleol a swyddogion y **llywodraeth** oedd hwn, ac fe'i hailenwyd yn 1964 yn Gymdeithas Twristiaeth a Gwestai Cymru. Roedd yn atebol i Fwrdd Teithio a Gwyliau Prydain a newidiwyd yr enw yn 1966 i Fwrdd Croeso Cymru, teitl a lwyddodd i oroesi Deddf Datblygu Twristiaeth 1969, a roddodd gydnabyddiaeth statudol i'r bwrdd. O dan y ddeddf hon, rhoddwyd i'r bwrdd y cyfrifoldeb am annog pobl o rannau eraill o Brydain, yn ogystal â Chymru, i gymryd eu gwyliau yno, ac am sicrhau darpariaeth adnoddau safonol ar gyfer twristiaid. Rhoddodd Deddf Twristiaeth (Hybu Tramor) (Cymru) 1992 elfen o annibyniaeth i'r bwrdd farchnata Cymru dramor, gwaith yr ymgymerid ag ef cyn hynny gan Awdurdod Twristiaeth Prydain yn unig.

Yn 1992 cafodd cynllun graddio'r Bwrdd Croeso ar gyfer llety, a gyflwynwyd yn 1982, ei ymestyn i gynnwys darparwyr gweithgareddau awyr agored yn ogystal ag atyniadau ymwelwyr, meysydd carafanau a lleoedd hunanarlwyo. Yn 1991 sefydlwyd cwmnïau twristiaeth ar gyfer gogledd, canolbarth a de Cymru, patrwm a addaswyd yn 2001 pan grëwyd pedair partneriaeth dwristiaeth newydd – ar gyfer y de-ddwyrain, y de-orllewin, y canolbarth a'r gogledd. Er mwyn sicrhau bod y diwydiant twristiaeth yn cael sylw dyladwy gan y llywodraeth a bod lobïo effeithiol ar ei ran, crëwyd Cynghrair Twristiaeth Cymru yn 2000. Yr un flwyddyn, lansiodd Bwrdd Croeso Cymru strategaeth genedlaethol ddeng mlynedd, gyda phwyslais ar ansawdd, partneriaeth, cynaladwyedd a bod yn gystadleuol. Erbyn 2003 roedd cymorth grant **Cynulliad Cenedlaethol Cymru** i'r Bwrdd Croeso yn fwy na £22 miliwn – cryn dipyn yn fwy na'r incwm o £30,000 a oedd gan y bwrdd yn 1966. Yn 2006 diddymwyd y Bwrdd Croeso fel cwango (gw. **Cwangoau**) a daeth ei swyddogaethau yn rhan o waith y Cynulliad.

Un ffactor allweddol wrth ddatblygu twristiaeth yw mynediad hwylus, yn arbennig o safbwynt **hedfan** rhyngwladol. Bydd ymwelwyr o dramor â Chymru yn defnyddio **meysydd awyr** Heathrow **Llundain**, Manceinion, Birmingham a Maes Awyr Rhyngwladol Caerdydd. Rhwng 1996 a 2004 cynyddodd y nifer o bobl a oedd yn defnyddio maes awyr

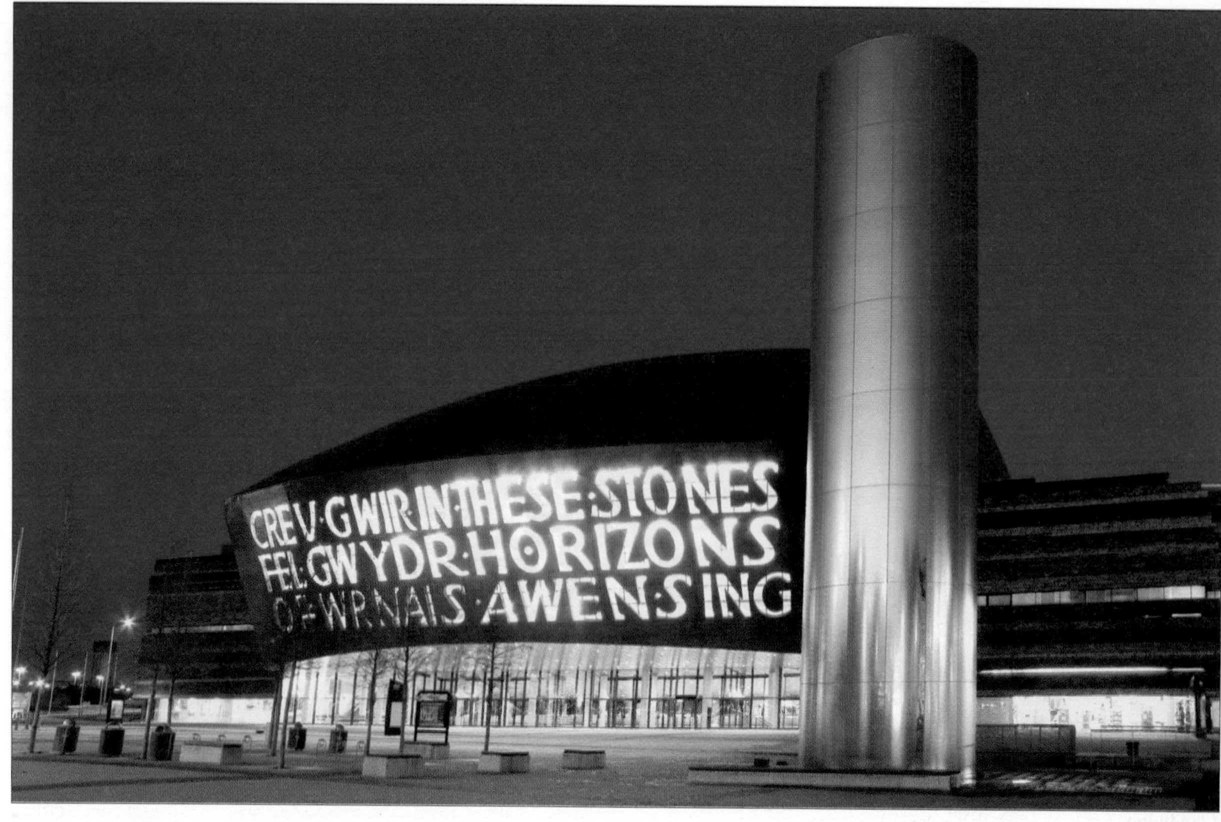


Canolfan y Mileniwm ym Mae Caerdydd

Caerdydd dros 50% i fwy na 1.9 miliwn o deithwyr, ac yn 2007 cyflwynwyd gwasanaeth hedfan rhwng Caerdydd a **Môn** (gw. Meysydd Awyr). Mae'r **ffyrdd** a'r rheilffyrdd sy'n cysylltu Cymru â phrif farchnadoedd cartref Prydain yn ne-ddwyrain, canolbarth a gogledd-orllewin **Lloegr** hefyd yn wythiennau hanfodol sy'n bwydo'r diwydiant.

Yn 2006 roedd yng Nghymru gyfanswm o fwy na 4,800 o leoedd yn cynnig llety gyda gwasanaeth i ymwelwyr, yn westai, tafarnau a lleoedd gwely a brecwast; rhyngddynt roeddynt yn cynnig bron 40,000 o ystafelloedd gwely a thua 83,000 o leoedd cysgu. Sefydliadau ar raddfa fechan oedd y mwyafrif, gyda thros 80% ohonynt heb fod â mwy na 10 ystafell wely. Ond ceid hefyd westai mawr yn perthyn i gadwyni rhyngwladol fel yr Hilton a'r Marriott, ynghyd ag ambell westy pum seren megis y Celtic Manor ger **Casnewydd** (gw. **Caerllion**), gyda'i faes golff a'i sba, a Gwesty a Sba Dewi Sant, rhan o gynllun adfywio Bae Caerdydd. At hynny, bu twf mewn darpariaeth llety rhesymol ei bris ar hyd y priffyrdd, megis Travel Inn a Travelodge.

Ceir sector llety diwasanaeth ffyniannus sy'n cynnwys cabanau gwyliau, meysydd carafanau, meysydd gwersylla a **thai haf**. Yn 2006 roedd dros 6,500 o unedau hunanarlwyol a 1,900 o feysydd carafanau yn cynnwys 90,000 o leiniau; rhyngddynt cynigient gyfanswm o bron 419,000 o leoedd cysgu. Yn ychwanegol at hyn, roedd tua 140 o hostelau wedi'u graddio. Mae'r ffigurau hyn yn dangos bod twristiaeth yng Nghymru wedi'i hanelu i raddau anghymesur at haenau llai cefnog cymdeithas; y mae felly'n cynhyrchu llai o incwm na phe bai'r diwydiant yn darparu i raddau helaethach ar gyfer ymwelwyr cyfoethocach. Gall carafanau a chabanau gwyliau hefyd greu problemau amgylcheddol difrifol. Yn ystod y blynyddoedd ar ôl yr **Ail Ryfel Byd**, gyda gwyliau rhad mor boblogaidd, datblygwyd darnau mawr o dir, yn arbennig ar hyd arfordir y gogledd a Bae Ceredigion, ar gyfer meysydd carafanau statig. Ymhlith y rhain y mae'r 82 o feysydd, yn cynnwys dros 7,000 o leiniau, sy'n meddiannu 6km o'r arfordir rhwng y Rhyl ac **Abergele**. Erbyn diwedd y 1960au roedd y fath ormodedd mor hagr fel bod llawer o awdurdodau lleol yn gwahardd datblygiadau pellach.

Mater dadleuol arall ynglŷn â thwristiaeth yw tai haf a thai gwyliau. Erbyn dechrau'r 21g. roedd dros 15,500 o'r rhain yng Nghymru, ac mewn rhai ardaloedd roedd bron 40% o'r stoc **dai** yn ail gartrefi. Canlyniad anochel y fath sefyllfa yw chwyddo prisiau tai y tu hwnt i gyrraedd pobl leol, a chwtogi ar wasanaethau cymunedol wrth i'r **poblogaeth** leol, sefydlog grebachu. Mae cysylltiad agos rhwng perchnogaeth ail gartrefi oddi mewn i gymuned a **mewnfudo** parhaol i'r gymuned honno, a gwelir hyn fel bygythiad difrifol i'r iaith a'r diwylliant brodorol.

Ymhlith atyniadau ar gyfer twristiaid yng Nghymru y mae henebion, tai hanesyddol, amgueddfeydd ac **orielau**, ffermydd, canolfannau ymwelwyr a threftadaeth, **pierau**, canolfannau crefft, rheilffyrdd stêm hanesyddol ynghyd â sawl sŵ ac acwariwm. Ceir hefyd 25 o barciau gwledig, gan gynnwys un **Margam**. Mae'r parciau hyn fel arfer yn agos at ardaloedd trefol, a'u pwrpas (fel y dynodwyd yn Neddf Cefn Gwlad 1968) yw darparu mannau hamddena penodol er mwyn lleihau'r pwysau o du ymwelwyr ar gyrchfannau megis **Parciau Cenedlaethol**, Ardaloedd o Harddwch Naturiol Eithriadol a gwarchodfeydd natur.

Yn 1950 dim ond 50 o atyniadau i ymwelwyr a geid yng Nghymru; erbyn 2006 roedd dros 500 ohonynt. Mae Cymru'n bur ddibynnol ar atyniadau ar raddfa fechan, gyda thros ddwy ran o dair o'r rhai hynny sy'n cymryd rhan yn arolwg Atyniadau Blynyddol Cymru yn cofnodi llai na 50,000 o ymwelwyr. Roedd llawer o'r atyniadau bach yn denu llai nag 20,000 o ymwelwyr bob blwyddyn, ac mae hyn yn golygu nad yw llawer ohonynt yn fusnesau proffidiol. Fodd bynnag, roedd yr 20 prif atyniad – hynny yw, atyniadau a ystyrir yn rhai o bwys cenedlaethol neu ryngwladol – yn denu, rhyngddynt, tua 4.4 miliwn o ymwelwyr. Yn eu plith yr oedd cestyll **Caernarfon**, **Conwy**, **Harlech** a Chaerdydd, Amgueddfa Werin Cymru (gw. **Sain Ffagan**), **Amgueddfa [Genedlaethol] Cymru** a Pharc Hamdden Oakwood ym **Martletwy** ger **Narberth**.

Oddi ar 1997 mae nawdd o'r Loteri Genedlaethol ar gael, ac mae hynny, ynghyd â chronfeydd datblygu rhanbarthol Ewropeaidd, wedi ysgogi buddsoddi trwm mewn atyniadau sylweddol eu maint – yn enwedig **Gardd Fotaneg Genedlaethol Cymru** (£50 miliwn), Parc Arfordir y Mileniwm sy'n cysylltu **Llanelli** â **Phen-bre** (£20 miliwn), Canolfan y Mileniwm ym Mae Caerdydd (£106 miliwn), y cynllun i adfer Rheilffordd Eryri yng **Ngwynedd** (£25 miliwn) a phentref gwyliau'r Garreg Las (Bluestone) gerllaw parc hamdden Oakwood (£110 miliwn; gw. **Slebets**) a oedd yn gyfuniad o fuddsoddiad preifat a chyhoeddus.

Mae dyfodol twristiaeth yng Nghymru'n debygol o ddibynnu ar ymestyn y tymor ymwelwyr er mwyn sicrhau llif mwy cyson o dwristiaid trwy gydol y flwyddyn a thrwy hynny sicrhau incwm mwy cyson. Allweddol hefyd fydd lledaenu manteision twristiaeth yn ehangach, yn ddaearyddol ac yn gymdeithasol, a lleihau cymaint â phosibl ar effeithiau niweidiol y diwydiant. Ymhlith yr effeithiau hynny y mae difrod i'r amgylchedd, tanseilio'r iaith a'r diwylliant brodorol, a chreu sefyllfa, trwy'r galw am ail gartrefi, lle nad yw'r boblogaeth leol yn gallu fforddio prynu tai yn eu hardaloedd eu hunain.

## TWYMYN FELEN

Yn **Abertawe** yn 1865 y digwyddodd yr unig epidemig o'r clefyd trofannol hynod heintus hwn y gwyddys amdano ym **Mhrydain**. Erbyn i'r llong *Hecla* gyrraedd o Cuba, roedd sawl un o'r rhai a oedd arni wedi marw, ac yn ddiweddarach bu farw 17 o drigolion y dref.

## TŶ HIR, Y

Gellir olrhain hanes y tŷ hir – ffermdy lle byddai pobl a gwartheg yn byw dan yr unto – yn ôl i'r Oesoedd Canol ac yn gynharach na hynny o bosibl. Byddai'r brif fynedfa yn arwain at gyntedd-croes a rannai'r adeilad yn ddwy ran, gan ddarparu rhodfa fwydo i'r beudy yn ogystal ag arwain i'r anhedd-dy. Credai rhai fod gwartheg yn rhoi mwy o laeth os gallent weld y tân ar yr aelwyd. Roedd y rhan fwyaf o dai hirion wedi'u lleoli ar lethr, gyda'r anifeiliaid yn y pen isaf er mwyn hwyluso carthffosiaeth. Ceir y rhan fwyaf o'r enghreifftiau sydd wedi goroesi yn ucheldiroedd y gorllewin a'r de-ddwyrain.

## 'TYDI A RODDAIST' Emyn

Cyfansoddwyd yr emyn hwn yn 1938 i gloi drama radio fydryddol o'r enw *Wales* ar gyfer Gŵyl **Dewi**. **T. Rowland Hughes** piau'r geiriau ac **Arwel Hughes** a gyfansoddodd y dôn; daeth yr alaw iddo mewn ystafell aros yng ngorsaf rheilffordd Amwythig, ac mae ei drefniant i **gorau meibion** yn parhau'n boblogaidd, yn bennaf yn rhinwedd yr 'Amen' pedwar llais buddugoliaethus.

## TŶ-DU (Rogerstone), Casnewydd (864ha; 8,807 o drigolion)

Adeiladau amlycaf y **gymuned** hon, yng nghornel ogleddorllewinol **Sir Casnewydd**, yw'r ffatrïoedd sy'n llenwi llawr dyffryn **Ebwy**. Hyd 1991 roedd Pwerdy Tŷ-du yn un ohonynt, adeilad yr oedd teimladau cymysg ynglŷn â'i ddymchwel. Mae sawl addoldy diddorol yn Nhŷ-du, gan gynnwys capel y **Bedyddwyr**, adeilad amlochrog trawiadol (1996). (Am wybodaeth am y 14 llifddor, gw. **Casnewydd**: Betws.)

## TYDDEWI, Sir Benfro (2,036ha; 1,797 o drigolion)

Tyddewi, **cymuned** sy'n cynnwys pentir mwyaf gorllewinol y wlad, yw'r enwocaf o gysegrfannau Cymru. Bu pobl yn byw ac yn cynnal defodau yn yr ardal ymhell cyn amser **Dewi** Sant. Siambrau claddu Neolithig yw Coetan Arthur a Charn Llidi. Fferm gaerog yw Clegyrfwya a bu pobl yn byw yno o'r oes Neolithig hyd yr Oes Haearn (gw. **Oesau Cynhanesyddol**). O amgylch Tyddewi ceir o leiaf bum caer bentir, gan gynnwys y Caerau, dwy gaer wedi'u cysylltu â'i gilydd ar ben y clogwyni serth i'r gorllewin o Abereiddi.

Yn ystod y 6g. nid oedd y penrhyn a'i faeau hygyrch mor ddiarffordd ag y maent yn ymddangos heddiw. Roedd cysylltiadau agos yr ardal â môr-lwybrau'r gorllewin yn un rheswm dros ei ddewis, *c*.550, yn safle ar gyfer mynachlog dan awdurdod Dewi, a dyma fu'n gyfrifol am fri Dewi yn **Iwerddon**, **Cernyw** a **Llydaw**. Nid oes unrhyw olion o adeiladau cyn-Normanaidd Tyddewi, er bod meini arysgrifedig yn brawf o bwysigrwydd y fan (gw. **Cofebau Cristnogol Cynnar**).

Bendithiwyd Tyddewi gan y Pab Calixtus II (1119–24) fel cyrchfan bwysig i bererinion (gw. **Pererindota**). O dan arweiniad Peter de Leia, a fu'n esgob yn y cyfnod 1176–98, cwblhawyd eglwys newydd yn y dull Romanésg diweddar,

'Tydi a Roddaist' yn llaw Arwel Hughes

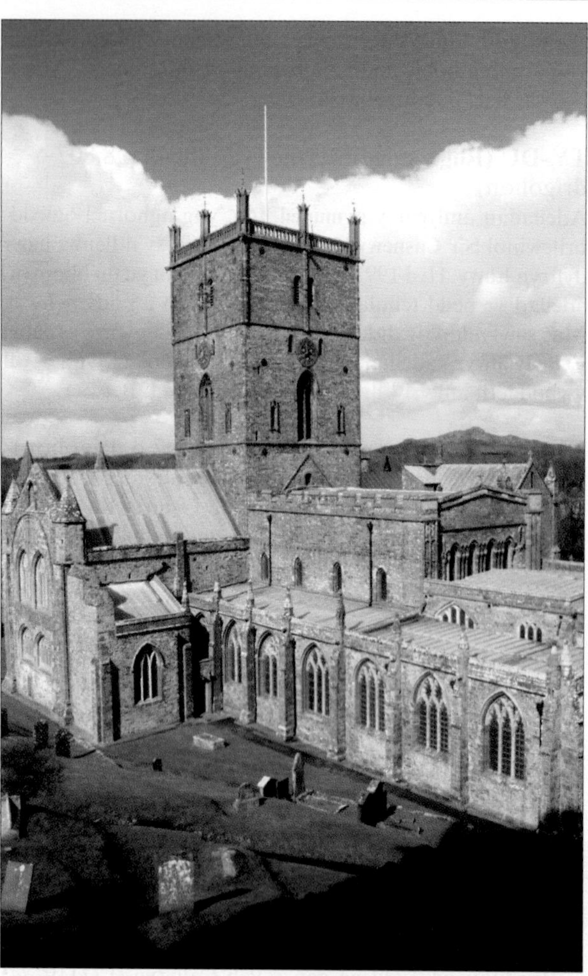

Eglwys Gadeiriol Tyddewi

ond ar ôl i'r tŵr gwympo yn 1220 ailgodwyd y côr a'r croesfâu yn y dull Gothig cynnar. Esgorodd rhagor o waith adeiladu – codi Capel Mair, ychwanegu at uchder y tŵr a chodi sgrîn gerrig – ar eglwys sydd dros 92m o hyd, y fwyaf yng Nghymru o bell ffordd. Nodwedd wychaf yr adeilad yw nenfwd corff yr eglwys sydd wedi'i gerfio'n gywrain o dderw (*c*.1500). Ailgodwyd y mur gorllewinol gan **John Nash** yn 1789 a chan George Gilbert Scott yn 1863, gwaith y bu'n rhaid ei wneud oherwydd y sylfeini llawn dŵr sydd wedi achosi i arcêd corff yr eglwys wyro. Ymhlith beddrodau niferus y gadeirlan ceir beddrod Edmwnd Tudur (m.1456; gw. **Tuduriaid**) ac o bosibl un **Rhys ap Gruffudd** (yr Arglwydd Rhys; m.1197). Wrth droed cerflun o **Gerallt Gymro** gwelir y meitr na chafodd ei gyflwyno iddo. Erbyn y 14g. roedd clos y gadeirlan, a oedd wedi'i amgylchynu gan furiau ac ynddynt bedwar porth, yn cynnwys coleg, preswylfeydd yr archddiaconiaid a phlas yr esgob gyda'i barapet bwaog gwych (cymharer **Llandyfái** ac **Abertawe**) a godwyd gan yr Esgob **Henry de Gower**. Tynnwyd y plwm oddi ar doeau'r plas yn 1536 gan yr Esgob **William Barlow**, a werthodd y metel er mwyn rhoi i bob un o'i bum merch waddol digonol a fyddai'n sicrhau y byddent oll yn priodi esgobion. Profiad rhyfeddol yw dod ar draws eglwys gadeiriol mewn man mor anghysbell – yr *Octopitarum Promontorium* (penrhyn yr wyth perygl) fel y cyfeiriodd Ptolemy ato tua OC 150. Yr un mor rhyfeddol yw lleoliad disylw, cyfrinachol bron yr adeilad, sy'n swatio ar ddolydd Glyn Rhosyn, mewn man lle na all yr ymwelydd ei weld hyd nes y bydd yn sefyll yn union uwch ei ben.

Ar sgwâr Tyddewi saif Croes y Ddinas (14g.) ac mewn baeau cyfagos ceir Capel Non a Chapel Stinan. Yn ôl chwedl 'Culhwch ac Olwen' yn y **Mabinogion**, glaniodd y **Twrch Trwyth** ym Mhorth Clais, ac felly hefyd **Gruffudd ap Cynan** yn 1081 yn ystod ei ymgyrch i adennill gorsedd **Gwynedd**. Mae'r gymuned yn cwmpasu Ynys Dewi (gw. **Ynysoedd**) a'r Cerrig (Bishops and Clerks). Mae Porth Mawr (Traeth Mawr) yn denu syrffwyr. Yn Nhyddewi y dyfeisiwyd camp arfordir-lywio lle dilynir godreon y clogwyni trwy **nofio** a **dringo**. Adeilad ôl-fodernaidd hynod yw'r Ganolfan Groeso (2001). Mae Oriel Albion yn oriel gelf ddeniadol. Er mai Tyddewi yw calon y bywyd esgobyddol Cymreig, ceir yno sawl capel Anghydffurfiol trawiadol. Yn 1994 y cafodd Tyddewi ei dynodi'n ddinas yn ffurfiol, er ei bod yn cael ei hystyried yn un ymhell cyn hynny.

## TYLWYTH TEG, Y

Yn ystod y 19g. cofnodwyd straeon dirifedi am y Tylwyth Teg yng Nghymru gan hynafiaethwyr megis **Isaac Foulkes** ac Elias Owen (1833–99), awdur *Welsh Folk-lore* (1888), ac mewn **cylchgronau** megis *Y Brython* (1858–63) a *Cymru*. Dengys y casgliadau hyn fod y straeon amdanynt yn cylchdroi ymhob rhan o'r wlad, a'u bod, o ran motiffau, themâu a chynnwys, yn cyfateb i raddau helaeth i'r straeon a geid am y Tylwyth Teg mewn gwledydd eraill.

Rhai byr o gorff, meddid, oedd y Tylwyth Teg ac roedd iddynt wedd ddynol. Enwau eraill arnynt mewn gwahanol rannau o Gymru oedd 'Plant Rhys Ddwfn' (Dyffryn **Teifi**), 'Bendith y Mamau' (**Sir Forgannwg**)' a 'Dynon Bach Teg' (**Sir Benfro**). Trigent mewn gwlad o ddigonedd y ceid mynediad iddi, gan amlaf, trwy ogofâu anghysbell, ac yn eu hymwneud â meidrolion gallent arddangos haelioni mawr yn ogystal â dichell. Ceir straeon dirifedi am feidrolion a fu'n gaeth, a hynny'n aml am flwyddyn a diwrnod, ar ôl cael eu denu i'w cylch dawnsio, a thra chyffredin yw hanesion am ymweliadau hirfaith â gwlad y Tylwyth Teg – cofnodwyd traddodiad yn ardal **Llanllawddog** i'r hynafiaethydd Iaco ap Dewi neu James Davies (1648–1722) gael ei gipio ganddynt am saith mlynedd. Thema arall yw honno am y Tylwyth Teg yn cyfnewid eu plant hwy am blant meidrolion, a'r enwocaf o'r straeon am briodas rhwng un o'r Tylwyth Teg â meidrolyn yw chwedl **Llyn y Fan Fach** (mae'r stori hon hefyd yn enghraifft o bwysigrwydd **llynnoedd** yn y traddodiadau amdanynt).

Er mai o'r 15g. y deillia'r enghraifft hysbys gynharaf o'r enw Tylwyth Teg – digwydd mewn **cywydd** i'r niwl yr arferid ei briodoli (ar gam) i **Ddafydd ap Gwilym** – mae'n gwbl amlwg fod y traddodiadau Cymreig amdanynt yn perthyn i gyfnod cynharach. Ddiwedd y 12g. cofnododd **Gerallt Gymro** draddodiad am fodau bychain a oedd yn byw mewn gwlad ddirgel a phrydferth ym Mro **Gŵyr** a cheir chwedl gan Gwallter Map (**Walter Map**) am frenin Brythonig o'r enw Herla yn dilyn creadur 'o faint mwnci' i fyd tanddaearol. Yng nghymeriad Gwyn ap Nudd ceir hefyd gyswllt rhwng y Tylwyth Teg a chwedloniaeth Gymreig. Enwir Gwyn mewn cerdd yn ***Llyfr Du Caerfyrddin*** ac yn y chwedl 'Culhwch ac Olwen' (gw. **Mabinogion**); fe'i hystyrid yn frenin **Annwfn**, a daeth yn ei dro i gael ei ystyried yn frenin y Tylwyth Teg.

J. M. W. Turner, *Tintern Abbey*, *c*.1790

**TYNDYRN**, Sir Fynwy (1,737ha; 732 o drigolion)
Lleolir y **gymuned** hon mewn llecyn hyfryd yn rhan isaf Dyffryn **Gwy**. Abaty Tyndyrn oedd yr abaty Sistersaidd cynharaf i'w sefydlu yng Nghymru (gw. **Sistersiaid**), ond cadwai ei bellter o'i chwaer-sefydliadau yn y tiriogaethau a oedd dan reolaeth y Cymry brodorol. Fe'i sefydlwyd yn 1131 gan Walter de Clare, arglwydd **Strigoil** neu **Gas-gwent** (gw. **Clare, Teulu**), ac ar ddiwedd y 13g. disodlwyd yr eglwys wreiddiol o'r 12g. gan yr adeilad ysblennydd a godwyd dan nawdd Roger Bigod III, un o arglwyddi diweddarach Strigoil (gw. **Bigod, Teulu**). Esgorodd y fynachlog ar chwaer-sefydliadau yn Swydd Gaerloyw a Wexford.

Gydag incwm blynyddol o £192, a gynhaliai 13 o fynachod yn unig yn 1535, Tyndyrn oedd y fynachlog gyfoethocaf yng Nghymru. Yn sgil **diddymu'r mynachlogydd**, aeth yr abaty i feddiant iarll Worcester (gw. **Somerset, Teulu**). Yn y 1540au tynnwyd y **plwm** oddi ar y toeau a'i werthu, a gadawyd yr adeiladau yn adfeilion mawreddog. O ganol y 18g. ymlaen roedd yr abaty'n denu ymwelwyr lu gan gyfrannu at boblogrwydd cynyddol y daith trwy Ddyffryn Gwy. Esgorodd ymweliadau William Wordsworth â'r safle yn 1793 ac 1798 ar un o'r cerddi mwyaf adnabyddus yn yr iaith Saesneg.

Diolch i gyfuniad o rym dŵr, golosg, mwyn **haearn** a chludiant ar afon Gwy, gallodd Tyndyrn ddatblygu'n safle diwydiannol cynnar o bwys. Ni chaeodd Ffowndri Bres Tyndyrn (gw. isod), a sefydlwyd yn 1568, hyd 1900; dyma'r mwyaf hirhoedlog o bell ffordd o holl fentrau diwydiannol Cymru. Ymhlith y mentrau lleol eraill yr oedd ffwrnais chwyth abaty Tyndyrn, dau waith weiar (y Canol a'r Uchaf), a gefail Pont y Saeson. Erbyn hyn mae sawl safle ar agor i ymwelwyr, ac mae Tyndyrn ddiwydiannol lawn mor ddiddorol â'r abaty.

**TYNDYRN, Ffowndri Bres**, Sir Fynwy
Lansiwyd cynllun i gynhyrchu pres yn 1565 gan William Humphrey, meistr nodau prawf y **Bathdy Brenhinol**, ac erbyn 1568 roedd ffowndri – a fyddai'n cynhyrchu pres mewn ffordd newydd – wedi cael ei chodi ar safle annisgwyl gerllaw adfeilion Abaty **Tyndyrn**. Cyflogwyd Christopher Schutz, arbenigwr o Sacsoni, i roi hyfforddiant yn y grefft gymhleth o gynhyrchu pres. Er i gynhyrchu pres ar y safle hwn gael ei raddol ddisodli gan y gwaith rhwyddach o gynhyrchu gwifrau **haearn**, cydnabuwyd arwyddocâd Tyndyrn yn 1957 pan gododd Cymdeithas Genedlaethol y Toddwyr Pres gofeb yn nodi mai yno yn 1568 y cynhyrchwyd pres am y tro cyntaf trwy greu aloi o **gopr** a sinc.

**TŶ'R CWMNÏAU**, Caerdydd
Asiantaeth weithredol ar ran yr Adran Diwydiant a Masnach yw Tŷ'r Cwmnïau, a leolir ar Ffordd y Goron, **Caerdydd**. Cafodd ei symud i Gaerdydd ganol y 1970au yn rhan o bolisi bwriadol – nas gweithredwyd ond yn ysbeidiol – o symud swyddfeydd y **llywodraeth** o **Lundain**. Mae gan yr asiantaeth dair prif swyddogaeth statudol: corffori, cofrestru a diddymu cwmnïau; cofrestru dogfennau y mae'n rhaid eu cyflwyno dan gyfraith cwmnïau; a darparu gwybodaeth am gwmnïau i'r cyhoedd a sicrhau eu bod yn cydymffurfio â gofynion y **gyfraith**. Mae ganddo gofnodion cyhoeddus ar ragor na 1.5 miliwn o gwmnïau cofrestredig.

**TYSILIO (7g.)** Sant
Yn ôl traddodiad, roedd Tysilio'n fab i Frochwel Ysgithrog, brenin **Powys**, ac yn ddisgybl ac olynydd i Gwyddfarch, abad cyntaf **Meifod**. Dan arweiniad Tysilio daeth Meifod yn ganolfan grefyddol Powys. Adlewyrchir bri'r sant a'i gymuned mewn awdl foliant iddo gan **Gynddelw Brydydd Mawr** (12g.). Ei ddydd gŵyl yw 8 Tachwedd.

**TYSTION JEHOFAH**
Cychwynnodd y mudiad yn 1870 yn Unol Daleithiau America a sefydlwyd y gynulleidfa gyntaf yng Nghymru yng **Nghlydach** yn 1911. Erbyn 1914 roedd llawer o lenyddiaeth y Tystion ar gael yn **Gymraeg**. Roedd dros 7,000 o Dystion yn weithredol yng Nghymru erbyn dechrau'r 21g., gyda'r gynulleidfa yng **Nghaernarfon** yn addoli yn Gymraeg. Roedd dros 10,000 yn bresennol yng nghynulliad rhanbarthol Tystion Jehofah yng **Nghaerdydd** yn 2002.

**TYWI, Afon** (120km)
Mae afon Tywi yn tarddu ar uchder o tua 450m ar ucheldir yr **Elenydd** yng nghymuned **Ystrad-fflur**. Yna mae'n llifo 13km tua'r de i'w chymer ag afon Camddwr, sy'n draenio'r ardal deneuaf ei **phoblogaeth** yng Nghymru; saif Soar-y-mynydd (**Llanddewibrefi**), y capel mwyaf anghysbell yng Nghymru, ar lannau Camddwr. Mae'r cymer dan ddyfroedd Llyn Brianne, cronfa ddŵr a grëwyd yn y 1970au i gyflenwi **Abertawe** (gw. **Cronfeydd Dŵr**). I'r de-orllewin o'r argae, ymuna Doethïe â Thywi ac yna llifa'r afon trwy ddyffryn sy'n graddol ledu hyd at **Lanymddyfri**, lle mae'n troi tua'r de-orllewin. Y rhan honno o Ddyffryn Tywi rhwng Llanymddyfri a **Chaerfyrddin** yw canolbwynt y diwydiant llaeth yng Nghymru. Canolfan yr ardal yw **Llandeilo**, lle mae afon Cennen, sy'n llifo heibio godre'r clogwyn y saif Castell Carreg Cennen arno (gw. **Dyffryn Cennen**), yn ymuno â Thywi. Yn **Llanegwad** mae cymer Tywi â Chothi; er mai isafon yw Cothi (54km), mae'n hirach na'r rhan fwyaf o 'brif' **afonydd** Cymru. Tua'r môr o Gaerfyrddin, arferai **llongau** di-rif fordwyo sianel lydan afon Tywi; dyma'r rheswm pennaf pam mai Caerfyrddin, am rai canrifoedd, oedd y dref fwyaf yng Nghymru.

**TYWYN**, Gwynedd (2,788ha; 3,227 o drigolion)
Mae'r **gymuned** hon, sydd yn union i'r gogledd o **Aberdyfi**, yn cynnwys Morfa Gwyllt, y lagŵn eang sy'n agos i geg afon Dysynni. Eglwys Sant Cadfan (12g. ac 1885) oedd mameglwys y rhan fwyaf o gantref **Meirionnydd**. Ynddi y mae'r bwysicaf o gerrig arysgrifedig cynnar Cymru (gw. **Cofebau Cristnogol Cynnar**). Mae'r dyddiadau a gynigiodd ysgolheigion ar gyfer y garreg hon yn ymestyn o'r 7g. hyd at y 9g., ond cytunant mai arni hi y ceir y cofnod ysgrifenedig Cymraeg cynharaf: + *TENGRUI CIMALTE[D] GU / ADGAN / / ANT ERUNC DU BUT MARCIAU // + CUN BEN CELEN / / TRICET NITANAM.* (Ceinrwy gwraig Addian [sy'n gorwedd yma] yn ymyl Bud [a] Meirchiaw, Cun, gwraig Celyn: Erys colled ac anaf). Mae'r eglwys hefyd yn cynnwys dwy fedd-ddelw o ddechrau'r 14g. a beddau aelodau o deulu Corbet o Ynysmaengwyn (gw. **Bryn-crug**). Yn Nhywyn y mae pen draw Rheilffordd Tal-y-llyn (1865). Datblygodd y dref yn ganolfan wyliau ar ddiwedd y 19g., ac fel y tystia'r twristiaid niferus, mae Cwm Maethlon (Happy Valley iddynt hwy) yn llecyn godidog.

## TYWYSOGAETH CYMRU

Y cysyniad o un dywysogaeth Gymreig oedd un o'r prif elfennau ym mholisi tywysogion **Gwynedd** yn y 13g. Y nod oedd perswadio tywysogion eraill Cymru i wneud gwrogaeth i'r tywysog a'i dderbyn fel eu penarglwydd ffiwdal; byddai ef yn gwneud gwrogaeth i frenin **Lloegr** ar eu rhan hwy oll. Er ei bod yn debygol fod arweinwyr Cymreig eraill wedi gwneud gwrogaeth i **Lywelyn ap Iorwerth**, ni lwyddodd i sicrhau cytundeb ffurfiol â choron Lloegr a oedd yn ei gydnabod yn dywysog a phenarglwydd tywysogaeth Gymreig.

Cododd y mater eto wrth i ŵyr Llywelyn, **Llywelyn ap Gruffudd**, ddwyn y rhan fwyaf o'r Gymru frodorol o dan ei reolaeth; defnyddiai Llywelyn y teitl tywysog Cymru yn rheolaidd o 1262 ymlaen a chafodd y cyfan a ddymunai yng Nghytundeb Pipton (gw. **Bronllys**) yn 1265, cytundeb a wnaed gyda Simon de Montfort (gw. **Montfort, Teulu**) yn enw'r brenin. I Lywelyn, nid oedd Pipton yn ddim ond datganiad o'r hyn a hawliai. **Cytundeb Trefaldwyn**, ddwy flynedd yn ddiweddarach, oedd y cytundeb a gydnabu Lywelyn a'i olynwyr yn dywysogion Cymru ac yn benarglwyddi ar yr arweinwyr eraill, a'r cytundeb hwn hefyd a gydnabu dywysogaeth Cymru fel sefydliad.

Ni roddodd y **Goresgyniad Edwardaidd** ddiwedd ar y Dywysogaeth. Goroesodd y sefydliad a gydnabuwyd yn 1267 farwolaeth Llywelyn ap Gruffudd a'i frawd **Dafydd ap Gruffudd**, er ei fod wedi dod i feddiant coron Lloegr. Ni ddaeth tiroedd Llywelyn yn rhan o deyrnas Loegr, a thywysogaeth 1267 yn hytrach na chreadigaeth newydd oedd yr un a roddwyd i fab Edward I, Edward o Gaernarfon, yn 1301. Hyd y **Deddfau 'Uno'** roedd Cymru wedi ei rhannu rhwng y Dywysogaeth a'r **Mers**. Wedi hynny, os bu i'r term 'tywysogaeth' unrhyw ystyr (ar wahân i gael ei fabwysiadu gan gymdeithas adeiladu a chan Gyngor y Dywysogaeth, un o gyrff llywodraeth leol), derbynnir ei fod yn cwmpasu Cymru gyfan.

## TYWYSOGION CYMRU (wedi'r Goncwest)

Daeth **Tywysogaeth** Cymru i fodolaeth yn 1267 pan gydnabuwyd **Llywelyn ap Gruffudd** yn dywysog Cymru. Wedi ei farwolaeth mabwysiadwyd y teitl gan ei frawd, **Dafydd ap Gruffudd**, a ddienyddiwyd yn 1283. Fe'i hadferwyd yn 1301 pan arwisgwyd y Tywysog Edward (Edward II yn ddiweddarach), aer Edward I, yn dywysog Cymru yn Lincoln. Dichon mai cymhelliad yr adferiad oedd y gred fod angen creu ffocws i deyrngarwch yr egin-ddosbarth o **foneddigion** Cymreig. Erbyn hyn, mae'r teitl wedi bod ym meddiant 21 o aerion neu edlingod coron **Lloegr**. Nid eu genedigaeth fraint mohono fodd bynnag; rhodd y Goron yw'r teitl (a gysylltir â theitl iarll Chester), ac ni roddwyd mohono i Edward III nac i Edward VI.

Yn y canrifoedd cynnar, roedd y teitl yn fwy na label. Derbyniai'r tywysog refeniw'r Dywysogaeth, a ystyrid fel maes ei weithgarwch. Tra oedd y teitl ym meddiant y Tywysog Du (1343–76) gweinyddid y Dywysogaeth gan ei gyngor, corff a geisiodd ymestyn ei awdurdod i'r **Mers**. Yng nghyfnod y Tywysog Du pluen sengl oedd arwyddlun y tywysog; perthyn y **tair pluen** i gyfnod diweddarach. Treuliodd Harri V ran helaeth o'i gyfnod ef fel tywysog yn trechu uchelgais **Owain Glyndŵr**, ei gystadleuydd fel tywysog Cymru. Datblygodd cyngor Edward (Edward V yn ddiweddarach) yn **Gyngor Cymru a'r Gororau**.

Gan i'r **Deddfau 'Uno'** gydio'r Mers wrth y Dywysogaeth, daethpwyd i ystyried bod Cymru yn ei chrynswth yn diriogaeth y tywysog. Serch hynny, yn sgil y lleihad mewn refeniw a'r ffaith na fu'r teitl ym meddiant neb rhwng 1509 ac 1608, daeth y cysylltiad rhwng y tywysog a Chymru i ben i bob pwrpas. Yn ystod ei gyfnod ef yn dywysog (1762–1820) ni fu George IV yng Nghymru ond am un prynhawn, a thri ymweliad gwibiog a gafwyd gan Edward VII yn ystod ei gyfnod yntau'n dywysog (1841–1901). Mae tywysogion diweddarach, Charles (g.1948) yn arbennig, wedi bod yn fwy ymroddgar. Yn Lloegr yr arwisgwyd y 19 tywysog cyntaf. Yn 1911 arwisgwyd Edward VIII yng **Nghaernarfon**, ac arwisgwyd Charles yno yn 1969.

# U ~ U

Undeb Cenedlaethol y Glowyr: baner cyfrinfa Werntarw, *c.*1958

## UNDEB CENEDLAETHOL ATHRAWON CYMRU (UCAC)

Hwn yw'r unig undeb llafur sy'n gweithredu yn llwyr trwy gyfrwng y **Gymraeg**. Fe'i sefydlwyd yng **Nghaerdydd** yn 1940 a symudodd ei brif swyddfa i **Aberystwyth** yn 1983. Bu UCAC yn nodedig o weithgar o ran hyrwyddo twf **addysg** trwy gyfrwng y Gymraeg, ac ar ddechrau 2006 roedd ganddo 4,065 o aelodau. Yn sgil **datganoli** cyfrifoldebau am addysg i'r **Swyddfa Gymreig** a dyfodiad diweddarach **Cynulliad Cenedlaethol Cymru**, gwelwyd undebau eraill ym maes addysg – megis Undeb Cenedlaethol yr Athrawon (NUT), Cymdeithas yr Athrawon/Undeb yr Athrawesau (NASUWT) a Chymdeithas Genedlaethol y Prifathrawon (NAHT) – yn cryfhau eu trefniadaeth a'u presenoldeb gweinyddol yng Nghymru.

## UNDEB CENEDLAETHOL Y GLOWYR (NUM)

Yn 1944 pleidleisiodd aelodau **Ffederasiwn Glowyr Prydain Fawr** o fwyafrif llethol dros greu undeb a fyddai'n rhoi llais mwy unol iddynt, ac ar 1 Ionawr 1945 daeth Undeb Cenedlaethol y Glowyr, neu'r NUM, i fodolaeth. Oddi mewn i'r NUM roedd llais cryf o hyd gan y meysydd **glo** unigol, ynghyd ag elfen o annibyniaeth ariannol, a daeth **Ffederasiwn Glowyr De Cymru** (neu'r *Fed*) yn Ardal De Cymru yr undeb newydd. (Roedd yr Ardal hefyd yn cynnwys Fforest y Ddena, a byddai Gwlad yr Haf yn ymuno yn 1960.) Dod yn rhan o Ardal y Gogledd-Orllewin fu hanes maes glo gogledd-ddwyrain Cymru. O dan lywyddion fel **Will Paynter** ac **Emlyn Williams** ac ysgrifenyddion cyffredinol fel Dai Dan Evans (1898–1974) a **Dai Francis**, chwaraeodd Ardal De Cymru ran o bwys yn hanes yr NUM o 1945 hyd at y streic dyngedfennol yn 1984–5 (gw. **Streiciau'r Glowyr**). Bu hefyd yn un o gonglfeini'r mudiad llafur yng Nghymru dros yr un cyfnod; yn arbennig, bu'n ganolog i'r ymgyrch i sefydlu **Cyngres Undebau Llafur Cymru**.

O'r cychwyn cyntaf ceisiodd yr NUM a'i lywydd Prydeinig, **Arthur Horner**, gydweithio gyda'r **llywodraeth** Lafur newydd er mwyn sicrhau y byddai'r pyllau glo yn cael eu gwladoli. Daeth y diwydiant yn eiddo i'r bobl, neu o leiaf y wladwriaeth, ar 1 Ionawr 1947, a bu codi baneri a dathliadau ledled y meysydd glo. Yn 1946 cafodd *Siarter y Glowyr* o eiddo Horner, a hawliai wythnos waith bum diwrnod a chynnydd mewn cyflogau, ei derbyn i bob pwrpas gan y **Bwrdd Glo Cenedlaethol**. Gyda chyflogau da a chynlluniau hyfforddi blaengar, bu'r 1950au yn oes aur i'r glowyr a'u hundeb. Rhoddwyd mynegiant diwylliannol i'r hyder newydd hwn hefyd. Aeth **Eisteddfod** y Glowyr, y dechreuwyd ei chynnal o dan nawdd yr NUM ym **Mhorth-cawl** yn 1948, o nerth i nerth, ac yn 1953 dechreuwyd cynnal Gala'r Glowyr yng **Nghaerdydd**, achlysur lliwgar a ddaeth yn ddigwyddiad o bwys yng nghalendr y mudiad llafur yng Nghymru.

Ond buan y daeth dadrith i ganlyn y gwladoli. Yn ardal y glo carreg yn fwyaf arbennig, cafwyd llawer o fân anghydfodau wrth i swyddogion y Bwrdd Glo Cenedlaethol – a hynny gyda chryn drahauster yn aml – ddileu hen weithdrefnau lleol, a chafwyd un o'r gwrthdrawiadau mwyaf yn 1956 yn ardal **Gwauncaegurwen**. Fodd bynnag, parodrwydd y Bwrdd Glo Cenedlaethol i gau pyllau glo oedd prif asgwrn y gynnen, ac roedd awydd cyfrinfeydd i weithredu'n lleol – ac yn answyddogol – yn aml yn arwain at densiwn oddi mewn i'r undeb. Yn ystod y 1960au bu cynnydd pellach yn y nifer o byllau a gafodd eu cau a gwelwyd gostyngiad cymharol mewn cyflogau. Yn 1972 trefnodd yr NUM y streic gyntaf ar lefel Brydeinig yn hanes y glowyr er 1926; o ganlyniad cafwyd codiadau cyflog sylweddol, llwyddiant y gellir ei briodoli i dactegau picedu hynod effeithiol yr undeb. Wrth i'r enillion hynny eto gael eu herydu, cafwyd streic arall ym mis Chwefror 1974 a arweiniodd at gwymp y llywodraeth Geidwadol (gw. Streiciau'r Glowyr).

Er hynny, parhau i grebachu a wnaeth y diwydiant glo; rhwng 1947 ac 1974 gostyngodd y nifer o lowyr ym maes glo'r de o 115,000 i 31,000 ac ym maes glo'r gogledd o 9,000 i lai na 2,000. Yn 1984, o dan arweiniad Arthur Scargill, aeth yr NUM ar streic i wrthwynebu rhaglen o gau pyllau (gw. **Streiciau'r Glowyr**). Yn wreiddiol, roedd 18 o'r 28 cyfrinfa ym maes glo'r de yn wrthwynebus i streic, ond wrth i'r streic ddechrau bu'r aelodau bron i gyd yn gwbl deyrngar i alwad yr undeb, a blwyddyn yn ddiweddarach parhâi 94% o aelodau'r NUM yn Ardal De Cymru i fod ar streic. Y teyrngarwch disyfl hwn a roddodd awdurdod moesol i alwad glowyr maes glo'r de a'u llywydd, Emlyn Williams, ar i'r undeb yn ganolog ddwyn y streic i ben. Yn dilyn methiant y streic roedd tranc y maes glo yn anochel. Pan gafodd y diwydiant glo ei breifateiddio yn 1994, yr unig bwll dwfn a oedd ar ôl yng Nghymru oedd y Parlwr Du (**Llanasa**). Caeodd hwnnw yn 1996 ac erbyn hynny yr unig bwll dwfn yn y wlad oedd glofa'r **Tŵr** (y **Rhigos**) a ailagorwyd fel menter gydweithredol yn 1995. Ar ddechrau 2006 nid oedd gan yr NUM ond 1,813 o aelodau trwy **Brydain** oll. Roedd Ardal De Cymru yn dal i fodoli o ran enw, ond prif weithgarwch ei swyddogion bellach oedd gwarchod buddiannau glowyr a oedd wedi ymddeol.

## UNDEB CYMRU A'R BYD

Mudiad sy'n ddolen gyswllt rhwng Cymru a phobl o dras Cymreig ym mhedwar ban y byd. Daeth i fodolaeth o ganlyniad i brofiadau criw bychan o filwyr Cymreig a wasanaethai yn nwyrain Môr y Canoldir yn ystod yr **Ail Ryfel Byd**, ac a drafododd y posibilrwydd o sefydlu mudiad o'r fath yn *Seren y Dwyrain*, cylchgrawn a gyhoeddwyd gan y Cymry yng Nghairo ar gyfer eu cymrodyr yn y lluoedd arfog ledled dwyrain Môr y Canoldir a gogledd Affrica.

Arweiniodd cyfarfodydd yn **Aberystwyth** ar ôl y rhyfel at sefydlu Undeb y Cymry ar Wasgar yn 1948; fe'i hailenwyd yn Undeb Cymru a'r Byd yn ddiweddarach. Ymhlith y sylfaenwyr yr oedd **Ifan ab Owen Edwards** a T. Elwyn Griffiths, a fu'n ysgrifennydd y mudiad ac yn olygydd ei gylchgrawn, *Yr Enfys*, am gyfnod hir. Undeb Cymru a'r Byd a oedd yn gyfrifol am gynnal y seremoni flynyddol yn yr **Eisteddfod** Genedlaethol i groesawu'r Cymry alltud, a bu penderfyniad yr Eisteddfod i ddileu'r seremoni honno yn 2006 yn gryn siom i'w aelodau. Adferwyd ffurf ar y seremoni yn Eisteddfod 2007.

## UNDEB CYMRU FYDD

Daeth Undeb Cymru Fydd i fod yn 1941 pan unwyd Undeb Cenedlaethol y Cymdeithasau Cymreig a Phwyllgor Amddiffyn Diwylliant Cymru, gan greu fforwm ar gyfer caredigion yr iaith **Gymraeg** a'i diwylliant. Gweithredai fel grŵp pwyso, gan ymgyrchu dros fwy o ddarpariaeth yn Gymraeg ym myd **darlledu** ac **addysg** ac yn erbyn defnyddio tir Cymru ar gyfer amcanion milwrol (gw. **Canolfannau Milwrol**). Chwaraeodd ran ganolog yn y gwaith o lansio'r Ymgyrch dros Senedd i Gymru (1950). Disodlwyd yr undeb i raddau helaeth gan **Gymdeithas yr Iaith Gymraeg** yn y 1960au cynnar, a daeth yn elusen addysgol yn 1966, gan ddod i ben yn gyfan gwbl erbyn 1969.

## UNDEB CHWARELWYR GOGLEDD CYMRU

Bu ymdrech aflwyddiannus i sefydlu undeb ar gyfer chwarelwyr y gogledd-orllewin yn 1865, ond yn 1874 cafwyd mwy o lwyddiant a bu Undeb Chwarelwyr Gogledd Cymru yn weithredol hyd nes iddo uno ag Undeb y Gweithwyr Cludiant a Chyffredinol (TGWU) yn 1923. Roedd y rhan fwyaf o berchnogion y chwareli yn wrthwynebus i'r undeb, ac o fewn ychydig wythnosau ar ôl iddo gael ei sefydlu ceisiodd George William Duff (gw. **Assheton-Smith, Teulu**) orfodi chwarelwyr Dinorwig (**Llanddeiniolen**) i ddewis rhwng y chwarel a'r undeb. Trechwyd Duff, ac aeth yr undeb newydd ati rhag blaen i sicrhau gwell amodau gwaith i chwarelwyr y Penrhyn (**Llandygái**). Serch hynny, amrywio o ardal i ardal a wnâi cefnogaeth y chwarelwyr eu hunain i'r undeb. Yn ystod degawdau cyntaf ei fodolaeth – ar wahân i gyfnod byr yn 1878 pan ddenwyd tua 8,000, sef ychydig dros hanner y llafurlu, i'w rengoedd – lleiafrif yn unig o chwarelwyr y gogledd-orllewin a'i cefnogai.

Roedd yr undeb yn nodedig gan mai Rhyddfrydwyr dosbarth canol megis **W. J. Parry** a oedd wrth y llyw am 25 mlynedd cyntaf ei fodolaeth – dynion heb unrhyw brofiad personol o'r diwydiant (mae lle i gredu bod y chwarelwyr eu hunain yn amharod i ymgymryd â'r swyddi hyn gan eu bod yn ofni erledigaeth). Bu'r undeb ynghanol anghydfodau chwerw yn Ninorwig yn 1885–6, yn Llechwedd (**Ffestiniog**) yn 1893, yn ogystal â mân anghydfodau eraill. Wynebodd ei sialens fwyaf o ganlyniad i **Streic Fawr y Penrhyn** (1896–7 a 1900–3), a daeth hynny â sylw i'r undeb trwy **Brydain** oll. Wedi tro'r ganrif, o dan arweiniad R. T. Jones (1874–1940), y chwarelwr cyntaf i ymgymryd â'r arweinyddiaeth ac aelod seneddol Llafur dros **Sir Gaernarfon** am gyfnod byr (1922–3), gosodwyd effeithiolach trefn ar yr undeb ac erbyn dechrau'r 1920au cynrychiolai bron holl lafurlu'r chwareli. Hyd yn oed ar ôl yr uniad â'r TGWU, cadwodd yr undeb gryn dipyn o'i annibyniaeth, gan gynnwys yr arfer o gadw ei holl gofnodion yn **Gymraeg**. Erbyn diwedd yr 20g., wedi i'r diwydiant **llechi** Cymreig grebachu'n sylweddol, roedd undebaeth y chwarelwyr yng Nghymru fwy neu lai wedi peidio â bod, er i anghydfod chwerw godi'i ben yn 1985–6 yn chwareli Blaenau Ffestiniog.

## UNDEBAETH CWMNÏAU

Un o'r bygythiadau mwyaf i **Ffederasiwn Glowyr De Cymru** (neu'r *Fed*) oedd Undeb Diwydiannol Glowyr De Cymru a ddatblygodd ymhlith y glowyr dadrithiedig hynny a ddychwelodd i'r gwaith cyn diwedd streic y glowyr yn 1926 (gw. **Streiciau'r Glowyr**). Gelwid yr undeb yn aml yn Undeb Spencer gan i George Spencer sefydlu undeb hollt cyffelyb yn Swydd Nottingham. Hawliai'r Undeb Diwydiannol fod ganddo gynifer â 6,000 o aelodau, a chan ei fod yn herio hegemoni'r *Fed* ym maes **glo**'r de, roedd ei fygythiad i'r *Fed* yn un tra gwleidyddol hefyd. O 1934 ymlaen defnyddiodd y *Fed* amrywiol dactegau, gan gynnwys streiciau 'aros i lawr', er mwyn trechu gelyn y credid yn gyffredinol ei fod yn cael ei gefnogi gan gyflogwyr a gwleidyddion Ceidwadol. Bu'r ymdrechion hynny'n llwyddiannus, ac yn 1938 ymgyfunodd yr Undeb Diwydiannol â'r *Fed*.

## UNDEBAETH LAFUR

Oherwydd amlygrwydd y mudiad Llafur yng Nghymru'r 20g., mae tueddiad i golli golwg ar ddechreuadau ansicr undebaeth lafur yng Nghymru'r 19g. a'r trafferthion a gafwyd wrth geisio sefydlu mudiadau parhaol a chanddynt aelodau teyrngar. Yn 1830 sefydlwyd cangen o'r Friendly Associated Coal Miners' Union ym **Magillt** yn **Sir y Fflint**, a chymerir fel arfer mai dyma'r dystiolaeth gynharaf o fodolaeth undebaeth lafur yng Nghymru. Yn dilyn Gwrthryfel **Merthyr** (1831), gwelwyd undebaeth lafur yn ymledu i'r trefi **haearn** ar ymyl ogleddol maes **glo**'r de, ond o fewn ychydig fisoedd daeth terfyn ar y gweithgaredd hwn. Am bron hanner canrif ar ôl hynny, mudiadau byrhoedlog ac *ad hoc* oedd hynny o undebau a ffurfiwyd, a phrin y byddent yn goroesi i weld diwedd yr anghydfodau diwydiannol a fyddai wedi rhoi bod iddynt yn y lle cyntaf. Yn 1875, yn sgil cwymp yr Amalgamated Association of Mineworkers, amlygwyd mewn modd dramatig yr anawsterau a wynebai'r undebau yn ail hanner y 19g.

Daeth tro ar fyd yng nghanol y 1890au. Erbyn hynny roedd yr undebau wedi'u diogelu'n well o safbwynt ariannol a chyfreithiol, ac roedd gweithwyr diwydiannol hefyd wedi derbyn gwell **addysg** ac yn meddu ar fwy o fodd. Wedi'u hysbrydoli gan streic y docwyr yn **Llundain** (1889), dechreuodd yr 'undebau newydd' ac undebau'r **rheilffyrdd** recriwtio ym **mhorthladdoedd** Cymru. O blith yr holl weithwyr a berthynai i undebau llafur yng Nghymru, y rhai mwyaf arwrol oedd aelodau **Undeb Chwarelwyr Gogledd Cymru** a lwyddodd, yn ystod **Streic Fawr y Penrhyn**, i gynnal safiad gyda'r hiraf yn hanes diwydiannol **Prydain**. O ran niferoedd gweithwyr

W. J. Parry, llywydd cyntaf Undeb Chwarelwyr Gogledd Cymru

fodd bynnag, roedd y datblygiadau ymhlith glowyr maes glo'r de yn llawer mwy arwyddocaol. Bu rhengoedd y glowyr yn rhanedig ac yn amddifad o drefn hyd nes y ffurfiwyd **Ffederasiwn Glowyr De Cymru** yn 1898. O'r flwyddyn honno ymlaen daeth hanesion cyson am **streiciau'r glowyr** i gipio penawdau'r **papurau newydd** a daeth Cymru i gael ei chysylltu ag undebaeth filwriaethus. Cynghrair Triphlyg 1913 oedd uchafbwynt grym y glowyr; roedd dylanwad arweinwyr milwriaethus o Gymru a changhennau Cymreig yn drwm iawn hefyd ar wŷr y rheilffyrdd a'r gweithwyr cludiant. Er hynny, bu denu aelodau yn broblem gyson i'r undebau yng Nghymru a châi hyd yn oed glowyr y de drafferth i gynnal aelodaeth. Roedd hyn yn arbennig o wir ar ôl **Streic Gyffredinol** 1926 pan deimlai'r glowyr fod yr undebau eraill wedi cefnu arnynt; bu'n rhaid iddynt ymgodymu'n ogystal â diweithdra ac **undebaeth cwmnïau**. Byrhoedlog hefyd fu llwyddiant yr undebau hynny a gynrychiolai **weision ffermydd a llafurwyr amaethyddol**, er iddynt lwyddo i ddenu tua thraean y llafurlu Cymreig yn y sector hwn i'w rhengoedd ar awr eu hanterth yn 1920.

Yn sgil dyfodiad y **wladwriaeth les** yn 1945, a'r cyfnod o gyflogaeth lawn a ddilynodd hynny, cafwyd degawdau o gonsensws gydag undebau fel y TGWU, y GMWU a'r ISTC yn amlwg ym mywyd Cymru. Bu ehangu hefyd yn hanes undebau'r gweithwyr coler wen ym meysydd gweinyddiaeth, addysg a'r gwasanaeth **iechyd** newydd. Ond arweiniodd dad-ddiwydiannu y cyfnod ar ôl 1979 at streiciau chwerw ymhlith y glowyr a'r gweithwyr dur ac at leihad mawr yn nylanwad yr undebau eu hunain yn y pen draw. Serch hynny, bu gan TUC Cymru (gw. **Cynghrair Undebau Llafur Cymru**) ran bwysig yn y gwaith o gefnogi'r egwyddor o **ddatganoli**,

CAU PWLL
LLADD
CYMUNED
STOPIWCH NHW!
CEFNOGWCH Y GLOWYR
NUM DE CYMRU

Poster o gyfnod streic fawr y glowyr, 1984–5

a thrwy dderbyn realiti diwydiannol newydd yr oes bu hyblygrwydd yr undebau yn fanteisiol wrth ddenu cwmnïau o dramor i Gymru (gw. **Mewnfuddsoddi**). Erbyn blynyddoedd cynnar yr 21g. roedd arwyddion fod rhai ymhlith yr undebwyr llafur yn barod i fod yn fwy milwriaethus unwaith yn rhagor.

## UNDEBAU CREDYD

Trwy Gymru gyfan mae 46 o undebau credyd yn darparu gwasanaeth benthyca sylfaenol i bobl nad ydynt yn defnyddio banciau (gw. **Bancio**), neu i rai sydd o blaid trefn amgen i'r drefn honno. Gyda'u gwreiddiau yn y 19g., mae'r undebau yn gymdeithasau cydfuddiannol, wedi'u cofrestru o dan Ddeddf Undebau Credyd 1979 ac yn cael eu rheoli gan yr Awdurdod Gwasanaethau Ariannol. Bydd aelodau unigol yn cyfrannu i gronfa ganolog ac yn eu tro yn gallu benthyca ganddi gan dalu llog isel.

## UNDEBAU DEDDF Y TLODION

Yn unol â Deddf Newydd y Tlodion (1834), clystyrwyd **plwyfi** Cymru a'i gororau yn 48 o undebau (50 yn ddiweddarach) a weinyddid gan fyrddau o warchodwyr a oedd yn atebol i Gomisiynwyr y Ddeddf yn Somerset House yn **Llundain**; dyletswydd pob undeb oedd codi tloty (gw. **Deddf y Tlodion**). Roedd y drefn hon yn gam allweddol yn natblygiad biwrocratiaeth ganoledig ym **Mhrydain**, ac yn 1837 daeth yr undebau yn sail ar gyfer y dosbarthau a oedd yn gyfrifol am gofrestru genedigaethau, priodasau a marwolaethau. Cafodd y dosbarthau cofrestru eu clystyru'n siroedd cofrestru, ond roedd ffiniau'r rhain yn wahanol iawn i ffiniau'r hen **siroedd**. Rhwng 1841 ac 1901, ar sail yr endidau rhyfedd hyn y casglwyd y rhan fwyaf o ystadegau'r cyfrifiad, gan beri dryswch mawr i ymchwilwyr diweddarach.

## UNDEBAU'R AMAETHWYR

O ddiwedd y 19g. ymlaen daeth ffyniant byd amaeth (gw. **Amaethyddiaeth**) i ddibynnu fwyfwy ar benderfyniadau gwleidyddol a oedd y tu hwnt i reolaeth amaethwyr unigol. Bu hynny, ynghyd â'u hofn yn wyneb **radicaliaeth** gynyddol **gweision ffermydd a gweithwyr amaethyddol**, yn gymhelliad iddynt ffurfio cymdeithasau i warchod eu buddiannau. Ym mlynyddoedd cynnar yr 20g. daeth cymdeithasau lleol o'r fath i fod yn **Sir Aberteifi**, **Sir Gaernarfon** a **Sir y Fflint**, ac yn 1908 sefydlwyd Undeb Cenedlaethol Amaethwyr Cymru a Lloegr, yr NFU, er nad etholodd lywydd o Gymru hyd 1932. Bu ymdrech i greu undeb amaethyddol annibynnol ar gyfer Cymru gyfan yn 1917 pan lansiwyd Undeb Cenedlaethol Amaethwyr Cymru yn **Llanrwst**. Unwyd hwnnw â'r cymdeithasau lleol yn 1919, ond aflwyddiannus fu hyn oll a bu'n rhaid i'r undeb Cymreig uno â'r NFU yn 1921 (un o amodau'r uno oedd y byddai'r NFU yn creu Pwyllgor Cymreig).

Daeth yr NFU yn dra dylanwadol oherwydd y prinder **bwyd** yn ystod yr **Ail Ryfel Byd** a'r cyfnod a'i dilynodd (llwyddodd i ddenu dros 200,000 o aelodau yn 1949). Ond roedd tuedd i bolisïau'r undeb ffafrio cynhyrchwyr tiroedd âr eang **Lloegr** a cheid ymdeimlad ymhlith llawer o amaethwyr Cymru mai prin oedd cydymdeimlad yr arweinwyr yn **Llundain** â'r fferm deuluol fechan. Yn 1955 cyrhaeddodd y ddadl hon ei phenllanw pan ffurfiodd carfan o amaethwyr – o **Sir Gaerfyrddin** yn bennaf – gorff annibynnol ar gyfer Cymru, sef Undeb Amaethwyr Cymru, neu'r FUW.

Oddi mewn i'r gymuned amaethyddol, parodd dyfodiad yr FUW raniadau a dadlau a oedd yn deilwng o gecru enwadol y 19g. ar ei fwyaf ffyrnig. Am weddill y ganrif bu'r FUW a'r NFU yn cydfodoli, a methiant fu pob ymgais i'w dwyn ynghyd yn un corff. Erbyn dechrau'r 21g., yn sgil mynediad **Prydain** i'r Gymuned Ewropeaidd yn 1972 a **datganoli**, lleihaodd y dimensiwn Prydeinig yn ddirfawr o ran polisi amaeth yng Nghymru a daeth NFU Cymru i weithredu'n llwyr annibynnol ar Lundain yn ei ymwneud â **Chynulliad Cenedlaethol Cymru**. Ar wahân i'r prif undebau, bu Cymdeithas y Tirfeddianwyr (Country Landowners Association) hefyd yn weithredol yng Nghymru oddi ar ei sefydlu yn 1907; ddechrau'r 21g. ailenwyd y corff hwnnw yn Gymdeithas Tir a Busnesau Cefn Gwlad (Country Land & Business Association). Enillodd y Gynghrair Cefn Gwlad, a sefydlwyd yn 1997, gryn gefnogaeth ymhlith ffermwyr Cymru.

## UNDEBAU'R GLOWYR

Yn 1830 sefydlwyd cangen o'r Friendly Associated Coal Miners' Union ym **Magillt** yn **Sir y Fflint**, yr enghraifft gynharaf, fe ymddengys, o undeb llafur ymhlith y glowyr yng Nghymru (gw. **Glo** ac **Undebaeth Lafur**). Sefydlwyd canghennau eraill yn ardal **Merthyr Tudful** yn 1831, ond o fewn ychydig fisoedd roedd undebaeth wedi'i threchu o ganlyniad i elyniaeth y cyflogwyr; yr un hefyd fu tynged yr undebau hynny a sefydlwyd yng nghanol y 1830au trwy ysbrydoliaeth **Robert Owen** (1771–1858). Llwyddodd yr Amalgamated Association of Mineworkers, a sefydlwyd yn

Swydd Gaerhirfryn yn 1869, i ddenu 45,000 o aelodau yng Nghymru erbyn 1873, ond chwalwyd y gymdeithas pan gafodd ei haelodau eu cloi allan gan y cyflogwyr yn 1875. Daeth undebau rhanbarthol i'w holynu; y pwysicaf o'r rhain oedd Undeb Glowyr Dyffryn Rhondda, a benododd **William Abraham** (Mabon) yn drefnydd llawn amser yn 1877. Yn 1875 mabwysiadwyd trefn a olygai fod cyflogau ym maes glo'r de yn codi a gostwng yn unol â phris glo. Dyma drefn y raddfa lithrig, a chan nad oedd angen cyd-fargeinio ynglŷn â chyflogau ar ôl ei mabwysiadu, prin oedd y cymhelliad dros weithgarwch undebol. Nid oedd **Ffederasiwn Glowyr Prydain Fawr**, a sefydlwyd yn 1889, yn ffafrio'r raddfa lithrig, ac am y rheswm hwnnw y cadwodd undebau'r de eu pellter oddi wrtho, yn wahanol i **Gymdeithas Glowyr Gogledd Cymru** a sefydlwyd yn 1886.

Yn 1898 daeth saith o'r undebau rhanbarthol ynghyd i ffurfio **Ffederasiwn Glowyr De Cymru** (y *Fed*). Gan fod diddymu'r raddfa lithrig ymhlith amcanion y *Fed* – amcan a wireddwyd yn 1903 – ymgysylltodd â'r ffederasiwn Prydeinig yn 1899. Bu'r *Fed* yn tra-arglwyddiaethu ar undebaeth lafur yng Nghymru hyd nes y crëwyd **Undeb Cenedlaethol y Glowyr**, yr NUM, yn 1945. Yn ychwanegol at y *Fed*, ceid **undebaeth cwmnïau** ynghyd ag undebau llai, gyda'r rhan fwyaf ohonynt yn adlewyrchu'r ystod eang o grefftau a swyddi goruchwylio a fodolai o fewn y diwydiant glo. Unodd y Monmouthshire and South Wales Colliery Enginemen, Stokers' and Craftsmen's Association, a sefydlwyd yn 1889, â'r *Fed* yn 1921. Yn 1895 ffurfiwyd y South Wales and Monmouthshire Colliery Enginemen's Association, ond nid tan 1948 yr ymunodd ag Ardal De Cymru yr NUM. Ar ryw gyfnod neu'i gilydd bu'r undebau a'r cyrff a ganlyn hefyd yn weithredol ym maes glo'r de: y Colliery Examiners' Association, y Master Hauliers' Association, y National Association of Colliery Managers, y National Union of Clerks, y South Wales Colliery Officials Union ac, fel y nodwyd eisoes, y South Wales and Monmouthshire Colliery Enginemen, Boilermen and Craftsmen's Association. Ym maes glo'r gogledd-ddwyrain roedd amrediad cyffelyb o fân undebau, llawer ohonynt wedi eu sefydlu'n wreiddiol ym maes glo Swydd Gaerhirfryn.

Roedd gwahaniaethau o ran crefft a graddfa o fewn y diwydiant yn ffynhonnell tensiwn yn fynych, ac amlygwyd hynny gan ymateb Undeb y Goruchwylwyr – y National Association of Colliery Overseers, Deputies and Shotfirers (NACODS) – yn ystod Streic y Glowyr yn 1984–5 (gw. **Streiciau'r Glowyr**). Cafodd yr elyniaeth draddodiadol rhwng yr NUM ac undeb y 'gaffers' ei dwysáu pan wrthododd NACODS ymuno â'r streic, er na fu i'r mwyafrif o'r aelodau, a oedd â'u cwynion eu hunain, groesi'r llinellau piced. Erbyn dechrau'r 21g., wedi i'r diwydiant glo ddiflannu'n llwyr i bob pwrpas, nid oedd i undebau'r glowyr, a fu unwaith â rhan mor allweddol ym mywyd Cymru, unrhyw wir arwyddocâd.

## UNDODWYR

Cred yr Undodwyr fod iachawdwriaeth yn dod, nid trwy ffydd yn nuwioldeb Crist, ond trwy ddilyn ei ddysgeidiaeth a'i esiampl; maent yn gwrthod y syniad o bechod gwreiddiol ac yn dal mai'r rheswm dynol yw'r allwedd i ddealltwriaeth o'r **Beibl**. Er bod elfennau Undodol i'w cael yn hanes cynnar yr Eglwys Gristnogol, yn syniadau'r diwygiwr Eidalaidd

Undebau'r glowyr: William Abraham (Mabon)

Socinus (1539–1604) ac yng ngweithiau'r Deist, yr Arglwydd Herbert o Cherbury (**Edward Herbert**), yr hyn a roddodd fod i Undodiaeth yng Nghymru oedd adwaith yn erbyn yr Uchel **Galfiniaeth** a oedd yn gyffredin ymysg Anghydffurfwyr y 18g. (gw. **Anghydffurfiaeth**). Roedd yn ddyledus iawn i awyrgylch ryddfrydig yr academi Anghydffurfiol yng **Nghaerfyrddin** (gw. **Academïau Anghydffurfiol**). Datblygodd y gredo o fod yn **Arminiaeth** (y gred fod Duw yn gweu ymateb dyn i mewn i weithgaredd iachawdwriaeth) i fod yn **Ariaeth** (y gred nad yw'r Mab o'r un sylwedd â'r Tad) cyn tyfu'n Undodiaeth gyflawn.

Y gynulleidfa Undodaidd gyntaf yng Nghymru oedd yr un a sefydlwyd yn Llwynrhydowen (**Llandysul**) yn 1733 gan gyn-fyfyriwr o Gaerfyrddin, sef John Jenkins. Erbyn 1851 roedd 27 o gapeli Undodaidd yng Nghymru, 17 ohonynt yn ne **Sir Aberteifi** a gogledd **Sir Gaerfyrddin**, gan beri mai'r ardal honno oedd unig gadarnle gwledig yr Undodwyr ym **Mhrydain**. Roedd gwadu'r Drindod yn parhau'n drosedd gyfreithiol hyd 1813, a chan mor ffiaidd yr ystyrid y fath wadiad, daethpwyd i alw'r ardal o gwmpas Llandysul yn 'Smotyn Du'. Daeth cynulleidfaoedd eraill i fod o gwmpas **Merthyr Tydful**, **Aberdâr**, **Abertawe** a **Wrecsam**, cynulleidfaoedd y byddai gan **radicaliaeth** ddiwydiannol gynnar lawer o ddyled iddynt. Undodwr oedd aelod seneddol Anghydffurfiol cyntaf Cymru, sef **Walter Coffin**, a gynrychiolai **Gaerdydd** o 1852 hyd 1857.

Ymysg yr Undodwyr Cymreig enwocaf y mae Iolo Morganwg (**Edward Williams**), Gwilym Marles (William Thomas; 1834–79), gweinidog a yrrwyd o Lwynrhydowen gan dirfeddiannwr dialgar, **David Ivon Jones**, un o sefydlwyr

Mabolgampau'r Urdd ym Mharc yr Arfau, Caerdydd, 1938

Plaid Gomiwnyddol De Affrica, a'r gweinidog a'r darlledwr **D. Jacob Davies**.

## URBAN (m.1134) Esgob

Urban, offeiriad o Gaerwrangon, a olynodd Herewald yn 1107, oedd esgob Normanaidd cyntaf **Morgannwg**. Ef hefyd oedd yr esgob cyntaf y cofnodir iddo ddatgan ufudd-dod i Gaergaint, a'i gamp fwyaf oedd trawsffurfio esgobaeth anelwig ei gwreiddiau â'i ffiniau yn esgobaeth Llandaf (gw. **Caerdydd**). O dan ei gyfarwyddyd ef yr adeiladwyd eglwys gadeiriol yn Llandaf yn y dull Romanésg; ef hefyd, efallai, a gomisiynodd ***Liber Landavensis***, y mae ei siarteri amheus a'i destunau eraill yn cofnodi hanes honedig rhagflaenwyr Urban ar draws saith canrif, o gyfnod **Dyfrig**, sylfaenydd tybiedig Llandaf, hyd at oes Urban ei hun. Bu anghydfod hir rhyngddo ef ac esgobion cyfagos, sef **Bernard** o **Dyddewi** a Robert de Bethune o Henffordd, ynghylch ffiniau a stadau esgobaethol – anghydfod a arweiniodd at gyfres arloesol o achosion cyfreithiol yn llysoedd y Pab am fwy na 15 mlynedd. Bu farw Urban yn Pisa yn Hydref 1134, wrth ddadlau ei achos gerbron y Pab Inosent II.

## URDD GOBAITH CYMRU

Bu'r mudiad ieuenctid hwn yn allweddol bwysig ers dros dri chwarter canrif yn hanes yr iaith **Gymraeg** a'i diwylliant. Fe'i sefydlwyd yn 1922 gan **Ifan ab Owen Edwards** dan yr enw Urdd Gobaith Cymru Fach i wasanaethu ieuenctid Cymru a hynny fel adwaith yn erbyn militariaeth ymddangosiadol mudiadau ieuenctid Seisnig megis y Sgowtiaid a'r Geidiaid. Yn wreiddiol, roedd yn rhaid i aelodau dyngu llw i siarad Cymraeg, prynu a darllen llyfrau Cymraeg, canu caneuon Cymraeg a chwarae trwy gyfrwng y Gymraeg, peidio byth â gwadu eu Cymreictod, trin pob Cymro a Chymraes fel ffrind, a gwisgo bathodyn yr Urdd. Daeth cylchgrawn *Cymru'r Plant*, dan olygyddiaeth y sylfaenydd, yn llais i'r mudiad, a sefydlodd ei bencadlys yn **Aberystwyth**. Yn 1932 mabwysiadodd y mudiad ei arwyddair, sy'n datgan ffyddlondeb 'i Gymru, i Gyddyn ac i Grist'. Yr un flwyddyn crëwyd gradd 'Dysgwr' er mwyn croesawu plant nad oedd y Gymraeg yn famiaith iddynt. Chwaraeodd y mudiad ran allweddol yn yr ymgyrch i sefydlu'r ysgol gynradd Gymraeg gyntaf, a agorwyd fel ysgol breifat yn Aberystwyth yn 1939.

Roedd pwyslais o'r dechrau ar estyn tiriogaeth y Gymraeg y tu hwnt i fyd y capel a'r aelwyd. Dechreuodd yr Urdd gynnal gwersylloedd blynyddol yn 1928, a datblygodd y rhain yn wersylloedd parhaol yn **Llangrannog** a Glan-llyn (**Llanuwchllyn**); mae'r ddau yn cynnig llety a chyrsiau iaith trwy'r flwyddyn, yn ogystal â gweithgareddau awyr agored. Mor gynnar â'r 1930au eglurwyd rheolau **pêl-droed**, **rygbi** a **thennis** ar dudalennau *Cymru'r Plant*, newyddbeth yn y Gymraeg. Cynhaliwyd mabolgampau blynyddol a chystadleuaeth bêl-droed genedlaethol yn ystod y cyfnod rhwng y ddau ryfel, a bu hefyd sawl mordaith ar gyfer yr aelodau.

Tyfodd yr aelodaeth yn gyflym o 24,454 yn 1930 i'w hanterth yn 1940, sef 57,548 o aelodau (yn ystod yr **Ail Ryfel Byd** roedd rheidrwydd ar bob plentyn i fod yn aelod o'r Cadetiaid neu o fudiad ieuenctid). Ar ôl 1945, wrth i

Y sioe blant, *O Bren Braf*, yn Eisteddfod Genedlaethol yr Urdd, Caerfyrddin, 2007

fudiadau ieuenctid edwino ledled **Prydain**, daliodd yr Urdd ei thir yn weddol dda. Erbyn dechrau'r 21g. roedd ganddi dros 50,000 o aelodau mewn 900 o ganghennau, nifer ohonynt mewn ysgolion. Mae'r mudiad yn cyhoeddi sawl cylchgrawn. Pan agorwyd Canolfan y Mileniwm ym Mae **Caerdydd** yn 2005, cafodd yr Urdd feddiant ar hostel yn y brifddinas a gynigiai lety i bobl ifainc o bob rhan o Gymru.

Byth ers iddi gael ei sefydlu, mae'r Urdd wedi canolbwyntio ar gynnal diwylliant Cymraeg traddodiadol ymhlith y to iau (mae'n agored i rai o 8 i 25 oed) gan ddatblygu defnydd o'r iaith mewn cyd-destunau mwy cyfoes yr un pryd. Yn 1929 cynhaliwyd **Eisteddfod** Genedlaethol gyntaf yr Urdd, a hynny yng **Nghorwen**. A hithau bellach wedi blodeuo'n wythnos o gystadlu a chymdeithasu i bobl ifainc, ac yn cael ei chynnal am yn ail yn y de a'r gogledd, ystyrir Eisteddfod yr Urdd fel yr ŵyl ieuenctid flynyddol fwyaf yn Ewrop. Bydd rhagor na 40,000 o aelodau'n cystadlu, gyda thros 100,000 o bobl yn mynychu bob blwyddyn. Roedd penderfyniad yr Urdd i roi llwyfan cyhoeddus i'r Tywysog Charles (gw. **Tywysogion Cymru**), yn Eisteddfod **Aberystwyth**, 1969, yn gam a enynnodd ddicter llawer o'i haelodau ac a ysgogodd brotest gofiadwy yn yr Eisteddfod ei hun.

## URDD Y DEYRNAS

Sefydlwyd y mudiad hwn ar ddiwedd y **Rhyfel Byd Cyntaf** gyda'r nod o feithrin **heddychiaeth** ac egwyddorion Cristnogol, gan apelio at Gymry ifainc i greu Cymru newydd o fewn byd newydd. Ymddangosodd ei gylchgrawn, *Yr Efrydydd*, a gyhoeddwyd ar y cyd rhwng Mudiad Cristnogol y Myfyrwyr ac Urdd y Deyrnas, mewn pedair cyfres rhwng 1920 ac 1955. Anelai at wella'r berthynas rhwng yr **Eglwys yng Nghymru** a'r enwadau Anghydffurfiol (gw. **Anghydffurfiaeth**), a bu'n gyfrifol am noddi ymchwil i achosion ac effeithiau cymdeithasol y **Dirwasgiad**.

## URIEN RHEGED (6g.) Brenin Rheged

Ac yntau'n rheolwr un o deyrnasoedd yr **Hen Ogledd**, enwir Urien yn ***Historia Brittonum*** yn un o bedwar brenin brodorol a fu'n gwrthwynebu ymlediad yr Eingl (gw. **Eingl-Sacsoniaid**) ac adroddir am ei ladd gan un o'i gyd-Frythoniaid ar Ynys Meddgawd (Lindisfarne ar arfordir Northumberland). Y farn gyffredinol yw bod y naw **awdl** fawl iddo a briodolir i **Taliesin** yn ddilys. Ynddynt fe'i darlunnir fel patrwm o ryfelwr, arglwydd a noddwr. Cadwyd traddodiadau diweddarach am ei farw a chanlyniadau hynny yn 'Canu Urien', cylch o englynion o'r 9g. neu'r 10g.

## UWCH-BWYLLGOR CYMREIG, Yr

Yn y ddogfen *Polisi i Gymru* (1954) o eiddo'r **Blaid Lafur** y gwyntyllwyd gyntaf y syniad o greu Uwch-bwyllgor Cymreig. Fe'i sefydlwyd ym Mawrth 1960 gan Henry Brooke, y gweinidog Ceidwadol dros faterion Cymreig, a hynny yn sgil pwysau o du'r aelodau seneddol Llafur **Ness Edwards** a **Goronwy Roberts** a deimlai fod dadl flynyddol y **Diwrnod Cymreig** yn annigonol. Mae'n bwyllgor sy'n cynnwys yr holl aelodau seneddol a chanddynt etholaethau Cymreig, yn ogystal â phum aelod arall sy'n adlewyrchu cynrychiolaeth y pleidiau yn Nhŷ'r Cyffredin. Ei swyddogaeth yw ystyried pob mesur a phob mater sy'n ymwneud â Chymru'n unig. Ni roddwyd unrhyw wir bŵer i'r Pwyllgor, ac mae ei arwyddocâd hyd yn oed yn llai yn y cyfnod ar ôl **datganoli**; nid yw'n cyfarfod ond ar bedwar diwrnod ar gyfartaledd ym mhob sesiwn seneddol.

**UZMASTON A BOULSTON**, Sir Benfro (1,466ha; 571 o drigolion)
Mae'r **gymuned** hon, yn union i'r dwyrain o **Hwlffordd**, yn cyffwrdd â glannau dwyreiniol afon Cleddau Wen (gw. **Cleddau**). Bu Boulston Manor (1798) yn gartref i gangen o deulu Wogan; ceir cofebau iddynt yn eglwys adfeiliedig Boulston (cysegriad anhysbys). Cafodd Eglwys Sant Ismael ei hailadeiladu i raddau helaeth yn 1871–3, ond mae rhan o'i thŵr to trumiog canoloesol wedi goroesi. Mae Ffynnon Higgon (14g.) mewn cyflwr rhyfeddol o dda.

Lewis Valentine, gyda Saunders Lewis (chwith) a D. J. Williams (de), yn 1968

**VALENCE, Teulu** Arglwyddi yn y Mers

Dechreuodd cysylltiad y teulu â Chymru pan ddaeth arglwyddiaeth **Penfro** i feddiant William de Valence (m.1296) yn sgil ei briodas â Joan, merch Warin de Munchensey (m.1247). Yn rhyfel 1282–3 llwyddodd William, ewythr i Edward I, i danseilio grym rheolwyr brodorol **Deheubarth**, a'i weithred ef yn cipio Castell y Bere (**Llanfihangel-y-Pennant**), ar 25 Ebrill 1283, a ddaeth â'r rhyfel i ben. Ceisiodd ehangu dylanwad arglwyddiaeth Penfro, gan fygwth bwrdeistrefwyr **Hwlffordd** a mynnu penarglwyddiaeth dros **Arberth** ac **Ystlwyf**. Fel rhan o'i bolisi o gyfyngu ar rym arglwyddi'r **Mers**, mynnodd Edward I fod Ystlwyf yn ddarostyngedig i swyddogion y Goron yng **Nghaerfyrddin**. Olynwyd William gan ei fab, Aymer, a fu farw'n ddi-blant yn 1324. Aeth Penfro yn eiddo i John Hastings, arglwydd y **Fenni** a **Chilgerran** (gw. **Hastings, Teulu**), trwy ei briodas â chwaer Aymer, Isabella.

**VALENTINE, Lewis (1893–1986)** Gwladgarwr ac awdur

Hanai Valentine o **Landdulas**. Roedd yn weinidog gyda'r **Bedyddwyr** ac ef oedd llywydd cyntaf **Plaid [Genedlaethol] Cymru**. Safodd yn **Sir Gaernarfon** yn 1929 fel ymgeisydd cyntaf y blaid mewn etholiad seneddol, gan ennill 609 o'r pleidleisiau. Yn 1936, gyda **Saunders Lewis** a **D. J. Williams**, llosgodd adeiladau ar safle'r ysgol fomio ym **Mhenyberth** ac fe'i carcharwyd am naw mis. Adroddodd hanes ei brofiadau yn Wormwood Scrubs yn 'Beddau'r Byw', cyfres o ysgrifau sy'n gyfraniad pwysig at **lenyddiaeth** carchar ac a gyhoeddwyd gyntaf yn *Y Ddraig Goch* (1937–9). Roedd yn hyddysg mewn Hebraeg, a dangosodd ddiddordeb byw yn y syniadau newydd ynglŷn â **diwinyddiaeth**. Bu'n olygydd chwarterolyn y Bedyddwyr, *Seren Gomer* (1951–75), a chyfansoddodd nifer o **emynau**. Mae'r enwocaf ohonynt, 'Gweddi dros Gymru', a genir fel arfer i gyfeiliant 'Finlandia', y dôn wladgarol gan

Awyrlun o blasty Fychaniaid Corsygedol yn 1993

Sibelius, wedi ennill statws ail anthem genedlaethol. Ei waith rhyddiaith gorau yw *Dyddiadur Milwr* (1988), a gyhoeddwyd am y tro cyntaf yn *Seren Gomer* (1969–72), cronicl o'i brofiadau yn ystod y **Rhyfel Byd Cyntaf**, pan wasanaethodd gyda'r Corfflu Meddygol. Cyhoeddwyd cofiant tra theilwng iddo yn 2006 gan Arwel Vittle.

**VAUGHAN, Teulu (Corsygedol)** Tirfeddianwyr
Am genedlaethau, Fychaniaid Corsygedol oedd teulu mwyaf blaenllaw **Sir Feirionnydd**. Yn ystod **Rhyfeloedd y Rhos** roeddynt yn deyrngar i achos **Lancaster** ac yn gefnogwyr selog i Harri Tudur (gw. **Tuduriaid**). Bu nifer o aelodau'r teulu yn uchel siryfion ac aelodau seneddol eu sir, ac roeddynt yn noddwyr hael i'r beirdd. Adeiladwyd y rhan hynaf sydd wedi goroesi o Gorsygedol (**Dyffryn Ardudwy**) yn 1592 gan Griffith Vaughan, felly hefyd y capel teuluol yn eglwys Llanddwywe. Roedd William Vaughan (m.1630) yn gyfaill i'r dramodydd Ben Jonson. William Vaughan (1707–75) oedd llywydd cymdeithas gyntaf y **Cymmrodorion**; gohebai'n gyson gyda Lewis Morris (gw. **Morrisiaid**) ac roedd yn un o noddwyr nodedig **llenyddiaeth** y **Gymraeg** a'i diwylliant. Wedi marwolaeth Evan Lloyd Vaughan yn 1791, aeth y stad yn eiddo i deulu **Mostyn**.

**VAUGHAN, Teulu (Gelli Aur)** Tirfeddianwyr
Ddechrau'r 16g. aeth Hugh Vaughan ati i greu stad iddo'i hunan yn **Sir Gaerfyrddin**, gan elwa'n arbennig ar gwymp ei berthynas, Syr Rhys ap Gruffudd (m.1531) o **Ddinefwr** (gw. **Rhys ap Thomas**). Rhoddodd ei fab, John (m.1575), a ymsefydlodd yn y Gelli Aur (**Llanfihangel Aberbythych**), gychwyn ar oruchafiaeth y Fychaniaid dros wleidyddiaeth Sir Gaerfyrddin, goruchafiaeth a barodd am 200 mlynedd. Cafodd mab John, Walter (m.1598), 15 o blant, a chawsant gymaint o lwyddiant wrth sefydlu teuluoedd tiriog fel bod hanner Sir Gaerfyrddin erbyn yr 17g. yn eiddo i'r Fychaniaid. Dyrchafwyd mab hynaf Walter, John (1575–1634), yn Farwn Vaughan ac yn iarll Carbery ym mhendefigaeth **Iwerddon**. Roedd mab John, Richard (m.1683), noddwr Jeremy Taylor, yn arweinydd y lluoedd brenhinol yng ngorllewin Cymru yn ystod y **Rhyfeloedd Cartref**. Pan oedd yn arglwydd lywydd **Cyngor Cymru a'r Gororau** (1661–72), ei ysgrifennydd yn **Llwydlo** oedd Samuel Butler. Roedd mab Richard, John (1640–1713), 'the lewdest man of his age' yn ôl un disgrifiad, yn llywydd y Gymdeithas Frenhinol ac yn gyfaill i Pope, Aubrey ac Evelyn. Ar farwolaeth John, aeth ei stadau i'w chwaer, Anne (m.1751), ac yna i'w chefnder pell, John (m.1765). Gadawodd ei ŵyr, John arall, a fu farw'n ddi-blant yn 1804, ei stadau i John Campbell (gw. **Campbell, Teulu**) o **Stackpole**.

**VAUGHAN, Teulu (Hergest)** Tirfeddianwyr a noddwyr llenyddiaeth
Y cyntaf o Fychaniaid Hergest (**Swydd Henffordd**) oedd Thomas ap Rhosier Fychan, mab Gwladys, merch **Dafydd Gam**, a'i gŵr cyntaf, Rhosier Fychan, Brodorddyn (Swydd Henffordd). Roedd Roger Vaughan (gw. **Vaughan, Teulu (Tretŵr)**) yn frawd i Thomas, a hanner brawd iddynt oedd William Herbert (m.1469) (gw. **Herbert, Teulu (ieirll Pembroke o'r greadigaeth gyntaf)**). Yn wreiddiol, bu Thomas yn gwasanaethu'r goron Lancastraidd; erbyn y 1460au cefnogai'r Iorciaid ac yn 1469 fe'i lladdwyd wrth ymladd o'u plaid (gw. **Rhyfeloedd y Rhos**). Bu Thomas a'i ddisgynyddion, am o leiaf

ddwy genhedlaeth, yn hael eu nawdd i'r beirdd, yn enwedig **Lewys Glyn Cothi** a **Guto'r Glyn**. Credir mai'r teulu a gomisiynodd lunio *Llyfr Gwyn Hergest* (a gollwyd mewn tân yn 1810), a daeth un o lawysgrifau enwocaf yr Oesoedd Canol, sef ***Llyfr Coch Hergest***, i'w meddiant hefyd.

**VAUGHAN, Teulu (Llwydiarth)** Tirfeddianwyr
Honnir mai sylfaenydd y teulu oedd Celynin, llofrudd a ffodd o **Gaerfyrddin** ar ddechrau'r 14g. Priododd â Gwladus, disgynnydd i deulu brenhinol **Powys**. Yn yr 16g. cafodd eu disgynyddion, a oedd wedi ymgartrefu erbyn hynny yn Llwydiarth (**Llanfihangel**, **Sir Drefaldwyn**), feddiant ar stadau **Llangedwyn** a Glan-llyn (**Llanuwchllyn**) trwy briodas. Bu Edward, yr olaf o'r Fychaniaid, yn aelod seneddol Sir Drefaldwyn (1679–1718); felly hefyd ei dad, yr Edward Vaughan cyntaf, a fu'n cynrychioli'r sir yn 1647–8, 1659–60 ac yn 1661. Trwy briodas Anne (merch yr ail Edward Vaughan), aeth yr holl stad yn eiddo i Syr Watkin **Williams Wynn** (y trydydd barwnig) o Wynnstay, **Rhiwabon**.

**VAUGHAN, Teulu (Trawsgoed)** Tirfeddianwyr
Ymsefydlodd y teulu yn **Nhrawsgoed** yn ystod y 14g., a daethant i sylw'r byd trwy yrfa'r barnwr Syr **John Vaughan** (1603–74). Prynodd ef wyth graens (*grange*) a fu gynt yn eiddo i abaty **Ystrad-fflur**, gan wneud Trawsgoed yn stad fwyaf **Sir Aberteifi**; yn 1873 roedd y teulu'n berchen ar 17,267ha yn y sir. Yn 1695 dyrchafwyd ŵyr John Vaughan, John (m.1721), yn is-iarll Lisburne ym mhendefigaeth **Iwerddon**. Bu ei ŵyr yntau, Wilmot (m.1800), yn gwasanaethu yng ngweinyddiaethau'r wladwriaeth ac fe'i gwnaed yn iarll Lisburne, eto ym mhendefigaeth Iwerddon, yn 1776. Er i'r teulu elwa ar eu pyllau **plwm**, erbyn diwedd y 19g. roeddynt mewn dyled fawr. Roedd y rhan fwyaf o'r stad wedi'i gwerthu erbyn 1947, pan ddaeth y plasty yn ganolfan Gymreig y Gwasanaeth Cynghori Amaethyddol. Yn niwedd y 1990au fe'i prynwyd gan gonsortiwm a arweinid gan un o feibion wythfed iarll Lisburne ac fe'i trowyd yn fflatiau moethus.

**VAUGHAN, Teulu (Tretŵr)** Tirfeddianwyr
Mab i Gwladys, merch **Dafydd Gam**, a'i gŵr cyntaf, Rhosier Fychan o Frodorddyn (**Swydd Henffordd**), oedd Roger Vaughan (Rhosier Fychan; m.1471). Roedd yn frawd i Thomas Vaughan (gw. **Vaughan, Teulu (Hergest)**), ac yn hanner brawd i William Herbert (m.1469) (gw. **Herbert, Teulu (ieirll Pembroke o'r greadigaeth gyntaf)**). Herbert, mae'n debyg, a roddodd Dretŵr iddo. Adeiladwyd Cwrt Tretŵr (**Llanfihanghel Cwm-du**), tŷ gwychaf Cymru'r 15g., gan Roger a'i fab Thomas. Datblygodd traddodiad o noddi beirdd yn Nhretŵr, a bu **Lewys Glyn Cothi** yn canu yno. Ymladdodd Roger ar ochr yr Iorciaid ym Mrwydr Mortimer's Cross; wedi'r frwydr ef a arweiniodd Owain Tudur i'w **ddienyddio** (gw. **Rhyfeloedd y Rhos** a **Tuduriaid**). Dienyddiwyd yntau yn ei dro gan Siasbar Tudur, mab Owain. Ei fab gordderch, Thomas arall (m.1483), oedd y Vaughan y dywed **Shakespeare** i'w ysbryd aflonyddu ar Richard III noswyl Brwydr **Bosworth**. Ymhlith y Fychaniaid niferus yr oedd Roger yn gyndad iddynt yr oedd Fychaniaid y Drenewydd (**Tal-y-bont ar Wysg**), y teulu yr oedd y bardd **Henry Vaughan** yn aelod ohono.

Awyrlun o Gwrt Tretŵr

**VAUGHAN, E[dwin] M[ontgomery] Bruce (1856–1919)** Pensaer

Daeth Vaughan yn rhan o bartneriaeth bensaernïol gyda W. D. Blessley yng **Nghaerdydd** yn 1881. Roedd y practis yn canolbwyntio'n bennaf ar adeiladau cyhoeddus ledled Cymru a gwnaeth gynlluniau, er enghraifft, ar gyfer 25 o eglwysi, ysbytai yn **Aberystwyth** a **Llanelli**, ac amryw ysgolion. Gwaith mwyaf trawiadol Vaughan yw'r fynedfa ar ffurf tŵr (1915) i Goleg y Brifysgol, Caerdydd (gw. **Prifysgol Caerdydd**), ar Ffordd Casnewydd, yr enghraifft olaf o'r arddull neo-Gothig yng Nghymru.

**VAUGHAN, Henry (1621–95)** Bardd

Ganed Henry Vaughan yn y Drenewydd (**Tal-y-bont ar Wysg**), yn ddisgynnydd i deulu **Vaughan (Tretŵr)**. Fe'i cofrestrwyd yng Ngholeg Iesu, **Rhydychen**, ond gadawodd heb raddio. Ymladdodd yn y **Rhyfeloedd Cartref**, a hynny ar ochr y Brenhinwyr.

Caneuon serch oedd ei gerddi cynharaf, ynghyd â chyfieithiad meistrolgar o gerdd gan Juvenal, a gwelodd y rhain olau dydd yn y gyfrol *Poems* yn 1646; mae rhai o'r cerddi yn cyfarch Catherine Wise y bu iddo ddyweddïo â hi yng Nghoed y Priordy yn **Aberhonddu**. Ei weithiau pwysicaf yw *Silex Scintillans* (1650; 1655) ac *Olor Iscanus* (1651), lle mae'n ei alw'i hun yn 'Silurist', er nad yw'n eglur beth a olyga wrth hynny (er ei fod yn Gymro Cymraeg, fel bardd o Sais yr oedd Henry Vaughan yn ei ystyried ei hun). Mae cerddi'r ddwy gyfrol hyn yn adlewyrchu ymlyniad wrth **grefydd** a gafodd ei ddyfnhau yn sgil colli ei frawd William yn y Rhyfel Cartref yn 1648 ac, o bosibl, o ganlyniad i ddarllen *The Temple* gan **George Herbert**. Er bod rhai o'r cerddi hyn yn mynegi chwerwder gwleidyddol ac anobaith y bardd yn wyneb y ffaith i'r Brenhinwyr gael eu gorchfygu, mae'r sylwebydd diweddaraf ar ei waith yn disgrifio agwedd Henry Vaughan at y gwrthdaro fel un a nodweddir gan 'ddifrawder Epicuraidd'. Cynhwysir yn yr ail argraffiad o *Silex Scintillans* nifer o'i gerddi mwyaf adnabyddus megis 'They are all gone into the world of light!'; mae cerdd arall, 'Peace', yn cynnwys y llinellau enwog sy'n agor gyda'r geiriau 'My soul, there is a countrie . . . '. O 1655 ymlaen bu'n gweithio fel meddyg ac mae'n ymddangos nad ysgrifennodd ragor o gerddi wedi hynny. Mae'r bardd wedi'i gladdu y tu allan i wal ddwyreiniol eglwys Llansanffraid (ar Wysg) yn ei blwyf genedigol. Ar ei garreg fedd ceir y geiriau *Henricus Vaughan Silures servus inutilis peccator maximus gloria miserere* (Henry Vaughan, Silwriad, gwas di-fudd, y mwyaf o'r pechaduriaid, Gogoniant, Trugaredd).

Roedd yr alcemydd Thomas Vaughan (1621–66) yn efaill i Henry Vaughan. Fe'i penodwyd yn rheithor Llansanffraid (ar Wysg) tua 1645, ond fe'i diswyddwyd dan y **Ddeddf er Taenu'r Efengyl yng Nghymru**. Ysgrifennodd draethodau o dan yr enw Eugenius Philalethes a chynhwysywd 24 o'i gerddi yn llyfr Henry Vaughan, *Thalia Rediviva* (1678). Yn ôl traddodiad, bu farw pan dasgodd arian byw i fyny ei drwyn yn ystod un o'i arbrofion alcemegol.

**VAUGHAN, Hilda (1892–1985)** Nofelydd

Er i Hilda Vaughan gael ei geni yn **Llanfair-ym-Muallt**, **Sir Frycheiniog**, cysylltir ei henw fel arfer â **Sir Faesyfed**, lle lleolir y rhan fwyaf o'i llyfrau. Yn 1923 priododd Charles Morgan, a ddaeth yn ddiweddarach yn nofelydd adnabyddus. Ymhlith nofelau Hilda Vaughan y mae *The Battle to the Weak* (1925), *The Invader* (1928), *Her Father's House* (1930), *The Soldier and the Gentlewoman* (1932) a *The Candle and the Light* (1954). Ei gwaith gorau, o bosibl, yw'r nofelig *A Thing of Nought* (1934), stori garu drasig wedi'i lleoli ym mryniau **Elfael**. Priododd ei merch, Shirley, ag ardalydd Anglesey (gw. **Paget, Teulu**) a bu'n gadeirydd Cyngor y Celfyddydau yng Nghymru (**Cyngor Celfyddydau Cymru**).

**VAUGHAN, John (1603–74)** Barnwr

Aelod o deulu **Vaughan (Trawsgoed)**. Ef, yn anad neb, a sicrhaodd fod stad Trawsgoed yn ehangu. Fel barnwr, mae'n enwog am iddo, yn achos *Bushell* (1670), sefydlu'r egwyddor fod rheithwyr yn rhydd o gosb am anufuddhau i gyfarwyddyd y barnwr. Ar achlysur arall, barnodd nad oedd gan lysoedd Westminster, er gwaethaf y **Deddfau 'Uno'**, awdurdod terfynol dros weithrediad y **gyfraith** yng Nghymru, a sicrhaodd hynny barhad Llys y Sesiwn Fawr. Ac yntau'n Frenhinwr, ymddeolodd o fyd y gyfraith yn ystod cyfnod y **Werinlywodraeth**. Wedi'r Adferiad, bu â rhan yn yr achos yn erbyn iarll Clarendon (1667).

**VAUGHAN, Robert (*c*.1592–1667)** Hynafiaethydd a chasglwr llawysgrifau

Robert Vaughan o'r Hengwrt, **Llanelltud**, yn anad neb, a ddiogelodd oroesiad **llenyddiaeth** ganoloesol Gymraeg. Casglodd ynghyd dros hanner y llawysgrifau canoloesol sydd ar glawr, gan gynnwys y rhan fwyaf o'r rhai pwysicaf, a chopïodd eraill, gan greu casgliad gwirioneddol genedlaethol. Er hynny, hanesydd ydoedd wrth reddf, nid gŵr llên, ac un a oedd â thueddiadau Piwritanaidd. Lluniodd nifer o astudiaethau hanesyddol dysgedig, ond ni chyhoeddwyd ond un. Wedi cyfnod o esgeulustra yn y 18g., daeth ei gasgliad llawysgrifau yn 1859 i feddiant W. W. E. Wynne, Peniarth (**Llanegryn**) (gw. **Wynne, Teulu**) ac yna, yn 1909, i'r **Llyfrgell Genedlaethol**.

**VAUGHAN, Rowland (*c*.1590–1667)** Bardd a chyfieithydd

Mab i sgweier Caer-gai, **Llanuwchllyn**, oedd Rowland Vaughan. Roedd yn Eglwyswr selog ac yn Frenhinwr pybyr, ac yn ystod y **Rhyfeloedd Cartref** mae'n debyg iddo wasanaethu yn llu'r brenin. Llosgwyd Caer-gai gan y Seneddwyr, ond ar ôl y rhyfeloedd aeth Rowland Vaughan i gyfraith a llwyddo i adfeddiannu'r lle gan adeiladu tŷ newydd yno. Roedd yn fardd-uchelwr a chyfansoddodd gerddi caeth a rhydd, eithr fel cyfieithydd gweithiau crefyddol y mae'n fwyaf enwog. Ei gyfieithiad mwyaf adnabyddus yw *Yr Ymarfer o Dduwioldeb* (1630), trosiad meistraidd o *The Practice of Piety* **Lewis Bayly**.

**VAUGHAN, William (1575–1641)** Awdur a sylfaenydd trefedigaeth Gymreig

Aelod o deulu **Vaughan (Gelli Aur)** oedd William Vaughan. Fe'i penodwyd yn siryf **Sir Gaerfyrddin** yn 1616 a chafodd ei urddo'n farchog yn 1628. Cyhoeddodd farddoniaeth ac amryfal weithiau ar faterion economaidd, gwleidyddol a chrefyddol ynghyd â materion yn ymwneud ag **iechyd**. Fe'i cofir yn bennaf fel sylfaenydd y drefedigaeth Gymreig fyrhoedlog yn **Cambriol**, Newfoundland. Er gwaethaf methiant

Ystafell fwyta Abaty Singleton, *c.*1894, cartref teulu Vivian

y drefedigaeth honno, parhaodd yn bleidiol iawn i'r syniad y gallai trefedigaethu fod yn ateb i broblemau economaidd.

**VIVIAN, Teulu** Diwydianwyr

Dan ddylanwad teulu Vivian, daeth **Abertawe** yn brif ganolfan diwydiant metelegol y byd. Hyfforddwyd John Henry Vivian (1779–1855) yn ysgolion mwyngloddio'r Almaen, wedi iddo gael ei yrru yno gan ei dad, John. Daethai John i Abertawe o **Gernyw** *c.*1800 i ymchwilio i'r posibilrwydd o ddefnyddio **glo** Cymru ar gyfer mwyndoddi **copr**. Prynodd y tad waith bach ym Mhen-clawdd (**Llanrhidian Uchaf**), ond codwyd gwaith mwy uchelgeisiol yr Hafod (gw. **Abertawe**, Glandŵr) gan y mab *c.*1810. Ar gyfrif ei dechnegau datblygedig, daeth gwaith yr Hafod yn batrwm i'w efelychu a denodd ymwelwyr o sawl gwlad. Ond er i Vivian gynnig gwobr o £1,000, ni lwyddodd i ddatrys problem ddifrifol y llygredd a achosid gan fwg gwenwynig copr. Am flynyddoedd lawer, bu'n flaenllaw yn y gwaith o sicrhau gwell dociau a **rheilffyrdd** ar gyfer Abertawe, a bu'n aelod seneddol dros Abertawe o 1832 hyd 1855.

Cafodd ei fab, Henry Hussey Vivian (1821–94), addysg a oedd yn eithriadol ymhlith diwydianwyr Cymru'r 19g. – bu yn Eton a **Chaergrawnt**, ac astudiodd feteleg yn yr Almaen a Ffrainc. O *c.*1850 ymlaen, defnyddiodd ei wybodaeth dechnegol yng ngwaith yr Hafod i gynhyrchu metelau eraill ar wahân i gopr (sinc, nicel, cobalt, **plwm ac arian**), gan sicrhau safle tra-arglwyddiaethol Abertawe ym maes cynhyrchu metalau. Bu iddo ran allweddol hefyd – fel aelod seneddol (dros Forgannwg, 1857–85, ac Ardal Abertawe, 1885–93) – yn yr ymgyrch lwyddiannus a sicrhaodd fod y Morlys yn defnyddio glo o Gymru. Fe'i gwnaed yn Farwn Swansea yn 1893, a bu farw ym man ei eni, sef Abaty Singleton, a ddaeth yn ddiweddarach yn gnewyllyn Coleg Prifysgol, Abertawe (**Prifysgol Cymru Abertawe**). Yn ddiweddarach, ymgartrefodd Barwniaid Swansea yng Nghaer Beris, **Cilmeri**.

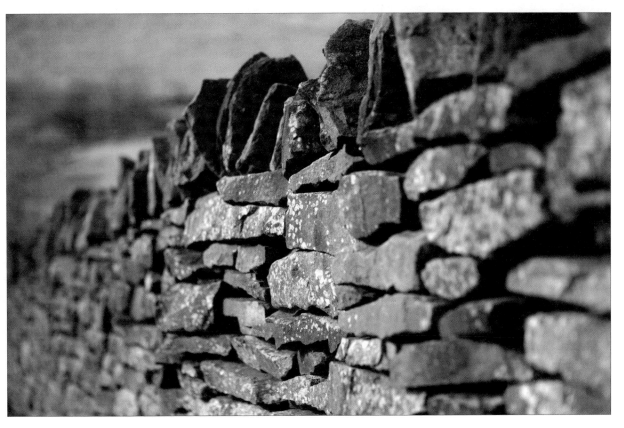

Waliau sychion, Merthyr Tudful

**WADE-EVANS, A[rthur] W[ade] (1875–1964)** Hanesydd
Treuliodd Wade-Evans, a oedd yn frodor o **Abergwaun**, y rhan fwyaf o'i oes yn glerigwr yn **Lloegr**. Fe'i cofir ar gyfrif ei lyfrau am Gymru yn yr Oesoedd Canol cynnar, llyfrau megis *The Life of St David* (1923), *Welsh Christian Origins* (1934), *Coll Prydain* (1950) a *The Emergence of England and Wales* (1956, 1959). Ni chredai mai'r prif ffactorau a roddodd fod i Gymru a Lloegr oedd concwest yr **Eingl-Sacsoniaid** a'r orfodaeth dybiedig ar i'r Brythoniaid ffoi i diroedd y gorllewin. Yn hytrach, wrth i afael Rhufain ar **Brydain** lacio, dadleuai Wade-Evans fod a wnelo dechreuadau'r ddwy wlad fwy â'r ffaith fod y diwylliant Rhufeinig, neu *Romanitas*, wedi'i gynnal ym mywyd y gorllewin (Cymru yn y man), ond fod *Barbaritas* wedi'i gofleidio yn yr hyn a ddaeth yn Lloegr.

## WALES (yr enw)

*Wales* yw enw'r **Saeson** am wlad y Cymry. Mae'n tarddu o'r gair Eingl-Sacsonaidd *wealas* neu *walas*, a dyma'r enw a roddodd yr **Eingl-Sacsoniaid** ar y brodorion y deuent ar eu traws wrth orchfygu rhannau o **Brydain**. Gan amlaf, honnir mai ystyr y gair yw estroniaid, a defnyddid gair tebyg gan yr holl siaradwyr Germaneg ar dir mawr Ewrop i ddisgrifio **Celtiaid**, neu unrhyw bobloedd a oedd wedi dod dan ddylanwad Rhufain, er enghraifft *Walloon* a *Vlach*. Mae'n debyg fod y gair yn tarddu o enw llwyth Celtaidd y Volcae, y gwyddai'r siaradwyr hyn amdanynt mewn cyfnod cynnar iawn.

## WALIAU SYCHION

Mae amgáu caeau â waliau yn fodd i gorlannu da byw, gwarchod **cnydau** a chael gwared ar ormodedd o gerrig o gaeau. Mae'n hen arfer a ddaeth yn fwyfwy cyffredin gyda newidiadau amaethyddol diwedd y 18g. Codwyd milltiroedd o waliau sychion mewn ucheldiroedd creigiog fel **Eryri**, rhai ohonynt yn waith carcharorion rhyfel o Ffrainc yn ystod **Rhyfeloedd y Chwyldro Ffrengig a Rhyfeloedd Napoleon**. Bu adfywiad yn y grefft tua diwedd yr 20g., wrth i gymdeithas ymgyfoethogi a gwerthfawrogi mwy ar dirwedd traddodiadol ac wrth i gystadlaethau codi cloddiau, neu walio, gael eu trefnu. Ffurfiwyd cymdeithas, gyda chydweithrediad Cyngor Cefn Gwlad Cymru a'r **Parciau Cenedlaethol**, i osod safonau a darparu hyfforddiant. O ganlyniad i hyn a'r cynlluniau amaeth-amgylcheddol, Tir Cymen a Thir Gofal, mae waliau cymen i'w gweld heddiw ar hyd ochrau **ffyrdd** a chylchfannau.

Lucy Walter

**WALLACE, Alfred Russel (1823–1913)**
Naturiaethwr ac awdur

Ganed Wallace, a luniodd ddamcaniaeth dethol naturiol yn annibynnol ar Charles Darwin, ym **Mrynbuga**. Wedi cyfnod o addysg sylfaenol yn **Lloegr**, dychwelodd i Gymru yn 1839 i weithio fel tirfesurydd, yn **Sir Faesyfed** yn gyntaf ac yna yng **Nghastell-nedd**. Bu'r cyfnod yng Nghastell-nedd yn ffurfiannol bwysig yn ei ddatblygiad fel naturiaethwr. Bu mewn cysylltiad ag **L. W. Dillwyn** a naturiaethwyr lleol eraill; dechreuodd ddarlithio ar bynciau gwyddonol yn Sefydliad y Mecanyddion (gw. **Sefydliadau'r Mecanyddion**), ac yn 1847 cyhoeddodd ei bapur gwyddonol cyntaf (yn *The Zoologist*). Aeth ati i ddysgu'r **Gymraeg** ac roedd o blaid dysgu pynciau gwyddonol trwy gyfrwng yr iaith honno.

Yn 1848 aeth ar daith hel sbesimenau i'r Amason, gan dybio y gallai'r fath fenter ddarparu tystiolaeth ynghylch tarddiad organeddau byw. Yna, bu ar daith gasglu arall (1854–62) i Malaya. O'r fan honno yr anfonodd ei syniadau ynglŷn ag esblygiad trwy ddethol naturiol at Darwin, gŵr a oedd, yn ddiarwybod i Wallace, eisoes wedi llunio damcaniaeth debyg iawn ond heb ei chyhoeddi. Yn ei siomiant o glywed y newyddion, cysylltodd Darwin â chyfeillion dylanwadol a weithredodd yn ddi-oed er mwyn sicrhau na fyddai Wallace yn derbyn yr holl glod am ei syniad yntau. Mewn cyfarfod o'r Gymdeithas Linneaidd a gynhaliwyd ar 1 Gorffennaf 1858, darllenwyd llythyr Wallace (yn dwyn y teitl 'On the Tendency of Varieties to Depart indefinitely from the Original Type') ynghyd â chrynodeb o syniadau Darwin, ac felly arbedwyd enw da Darwin. Cyhoeddodd Wallace ei syniadau yn ei lyfr *Contributions to the Theory of Natural Selection* (1870). Yn ddiweddarach, daeth Wallace yn fwy adnabyddus am ei astudiaethau bioddaearyddol ac am sylweddoli arwyddocâd y ffin rhwng y rhywogaethau Asiaidd a'r rhai Awstralaidd, sef y ffin a elwir heddiw yn 'Llinell Wallace'.

Yn ddiweddarach yn ei fywyd, cofleidiodd Wallace nifer o gredoau anuniongred, gan ysgrifennu'n helaeth ar bynciau dadleuol o bob math. Ni lwyddodd erioed i gael swydd barhaol, ac ar adegau câi anhawster i'w gynnal ei hun. Bu i Darwin, T. H. Huxley ac eraill ddeisyf ar **Gladstone** i ddyfarnu i Wallace bensiwn y **llywodraeth**, ac yn 1881 cytunwyd ar bensiwn blynyddol o £200. Er gwaethaf problemau ariannol a chyfreithiol, ac ymosodiadau personol, bu Wallace yn ddeallusol weithgar hyd y diwedd, gan gyhoeddi dros 800 o lyfrau, pamffledi a phapurau, yn cynnwys ei hunangofiant, *My Life* (1905). Derbyniodd Fedal Darwin y Gymdeithas Frenhinol (1890) – y gyntaf i'w dyfarnu – a daeth yn aelod o'r Urdd Teilyngdod (1910).

**WALTER, Lucy (1630–58)** Cariad Charles II

A hithau'n ddim ond 18 oed, ymunodd Lucy Walter, a hanai o **Sir Benfro**, â llys Charles Stuart (Charles II yn ddiweddarach) pan oedd yn alltud yn yr Hâg. Yn 1649 esgorodd ar fab iddo, sef James (dug Monmouth yn ddiweddarach). Yn 1651 ganed merch iddynt, sef Mary. Lucy Walter yw gwrthrych y nofel *Liwsi Regina* (1988) gan **Rhydwen Williams**. Yn dilyn gwrthryfel dug Monmouth yn 1685, dywedir i 320 o'i gefnogwyr gael eu condemnio i farwolaeth gan **George Jeffreys**.

**WALTERS, Cyril [Frederick] (1905–92)** Cricedwr

Ganed Walters ym Medlinog (gw. **Merthyr Tudful**), a chwaraeodd i **Forgannwg** ac yntau'n dal yn ddisgybl yn Ysgol Ramadeg **Castell-nedd**. Ef oedd y Cymro cyntaf i fod yn gapten ar dîm **criced** Lloegr. Datblygodd ei yrfa ar ôl iddo symud yn 1928 i Swydd Gaerwrangon yn ysgrifennydd clwb y sir honno, y bu'n gapten arno o 1931 hyd 1935. Cadarnhawyd ei safon fel batiwr agoriadol celfydd gan gyfartaledd batio o dros 50 rhediad yn ei 11 gêm brawf, gan gynnwys un fel capten yn erbyn **Awstralia** yn 1934. Chwaraeodd **rygbi** hefyd i **Abertawe**.

**WALTERS, D[avid] Gwynne (1928–88)** Dyfarnwr rygbi

Roedd Walters, a aned yn **Nhre-gŵyr**, yn gapten ar y tîm **criced** lleol yn y blynyddoedd pan ddaeth yn ddyfarnwr **rygbi** uchaf ei barch y byd. Rhwng 1959 ac 1966 dyfarnodd mewn 23 o gemau rhyngwladol gan ddod yn ffigwr cyfarwydd gyda'i gorff bychan, ei siwmper neu ei siaced streipiog a'i lais main, ynghyd â'i hoffter o rygbi agored a llyfn.

**WALTERS, Evan (1893–1951)** Arlunydd

Ganed Evan Walters i deulu o grefftwyr yn **Llangyfelach**, a bu'n brentis peintiwr a phapurwr cyn mynd i astudio **peintio** yn Ysgol Gelf **Abertawe**. Rhwng 1916 ac 1919 bu'n byw yn Efrog Newydd, yna yn **Llundain**, lle'r arhosodd am yr 20 mlynedd dilynol.

Ac yntau'n benderfynol o wneud bywoliaeth fel arlunydd, aeth ati gyda'i holl egni a'i holl dalent i beintio. Peintiai luniau o bobl gan mwyaf, er enghraifft glowyr Cymreig, gan ddatblygu maes o law ei dechneg 'golwg sbienddrych' a nodweddid gan liw llachar, toredig a strôc brwsh mecanyddol. Ni lawn wireddodd yr addewid cynnar a ddangosodd, a chollodd ei waith diweddarach lawer o'i nwyfusrwydd. Ei lun olaf oedd y portread a wnaeth o'i noddwraig, **Winifred Coombe Tennant**.

**WARENNE, Teulu** Arglwyddi yn y Mers

Roedd John de Warenne, iarll Surrey (m.1304), gyda'r agosaf o gymdeithion Edward I, ac yn un o arweinwyr y lluoedd brenhinol a oresgynnodd Gymru yn 1282. Fe'i gwobrwywyd gyda darn helaeth o diriogaeth tywysogion **Powys Fadog**, a adwaenid fel **Brwmffild ac Iâl**. Comisiynodd Warenne Gastell **Holt** i fod yn bencadlys ei arglwyddiaeth. Pan fu farw, daeth yr arglwyddiaeth yn eiddo i'w ŵyr, John. Bu farw John yn ddi-blant yn 1347, a daeth Brwmffild ac Iâl yn eiddo i fab ei chwaer, Richard Fitz Alan, arglwydd y **Waun** (gw. **Fitz Alan, Teulu**).

**WATERS, [William] Alex[ander] (1903–85)** Cemegydd

Ganed Alex Waters yng **Nghaerdydd**. Treuliodd ei oes yn ceisio deall – yn hytrach na disgrifio – adweithiau organig. Ar ôl iddo astudio yng **Nghaergrawnt** fe'i penodwyd i swydd yn adran gemeg fechan Prifysgol Durham. Roedd mewn cysylltiad â **Donald Hey**, a thrwy gyfrwng y post dechreuodd ar gyfnod o gydweithio hanesyddol â'r gŵr hwnnw, a hynny ar gemeg radicalau rhydd. Symudodd i **Rydychen** yn 1944 ar adeg pan oedd cemegwyr yn gyffredinol yn dechrau amgyffred fod gwaith Hey ac yntau o'r pwys mwyaf sylfaenol mewn sawl maes, gan gynnwys prosesau diwydiannol a rhai biolegol.

**WATKINS, [Charles] Horace (1884–1976)** Arloeswr ym myd hedfan

Cynlluniodd Watkins fonoplan bychan, coch yn dwyn yr enw Robin Goch ac yna'i adeiladu ym Maendy, **Caerdydd**, rhwng 1907 ac 1909. Hawliodd iddo hedfan yr awyren ar deithiau byr yn 1910 ac yna ar deithiau hwy, ond nid oes tystiolaeth i gadarnhau ei honiadau. Os gwir haeriadau Watkins, ef oedd y cyntaf i hedfan awyren yng Nghymru – a derbyn nad oes sail i'r honiad fod **William Frost** wedi hedfan yn **Saundersfoot** yn 1896. Mae'r Robin Goch i'w gweld o hyd yn Amgueddfa Genedlaethol y Glannau, **Abertawe** (gw. **Amgueddfa [Genedlaethol] Cymru**).

**WATKINS, Vernon (1906–67)** Bardd

Ganed Vernon Watkins ym **Maesteg** a chafodd ei fagu yn **Abertawe** a **Gŵyr**. Treuliodd flwyddyn yng Ngholeg Magdalen, **Caergrawnt**, ond nid oedd y cwrs wrth ei fodd ac, yn unol â dymuniad ei dad, ymunodd â staff Banc Lloyds yng **Nghaerdydd**. Nid oedd wedi bod yno ond dwy flynedd cyn iddo ddioddef afiechyd meddyliol dybryd. Fe'i symudwyd wedyn i gangen y banc yn Sain Helen yn Abertawe, ac ar wahân i gyfnod o wasanaeth milwrol yn ystod yr **Ail Ryfel Byd**, yno y bu'n gweithio fel clerc hyd nes iddo ymddeol. Bu farw ar ôl gêm o dennis yn Seattle yn ystod ymweliad â Phrifysgol Washington, lle'r oedd yn Athro barddoniaeth.

Cristnogol o ran themâu yw ei gerddi, er ei fod weithiau'n mynegi safbwynt anuniongred. Hanfod barddoniaeth iddo ef oedd 'gorchfygu amser', ac mae'n debyg mai ei ymboeni am y fath bethau a oedd wrth wraidd ei afiechyd nerfol yn

Horace Watkins a'r Robin Goch, *c.*1914–18

ŵr ifanc. Daw llawer o'i ddelweddau o fyd natur ac o dirlun godidog Gŵyr, ac yn ei gerddi diweddarach mae'n rhoi sylw canolog i swyddogaeth y bardd fel lladmerydd ar ran byd natur. Ei gyfrolau pwysicaf yw *Ballad of the Mari Lwyd* (1941), *The Lamp and the Veil* (1945), *The Lady with the Unicorn* (1948) a *The Death Bell* (1954); cyhoeddwyd ei *Collected Poems* yn 1986. Disgrifir ei berthynas agos â **Dylan Thomas** gan ei weddw, Gwen Watkins, yn ei llyfr *Portrait of a Friend* (1983) ac yn *Dylan Thomas: The Collected Letters* (1986).

**WAUN, Y (Chirk)**, Wrecsam (1,907ha; 4,375 o drigolion)

Saif y Waun gerllaw'r **ffin** ac ychydig i'r de o afon **Dyfrdwy**. Dyma'r man lle'r ymosododd y **Rhufeiniaid** gyntaf ar Gymru a hynny yn oc 48. (Mae maint y gwersyll enfawr ym Mharc Rhyn, ychydig y tu draw i'r ffin, yn awgrymu eu bod yn disgwyl gwrthwynebiad sylweddol.) Yn ystod y 13g. roedd yr ardal yn rhan o gwmwd **Nanheudwy**, calon tiroedd arglwyddi **Powys Fadog**. Yn dilyn y **Goresgyniad** rhoddodd Edward I diroedd y Waun i Roger Mortimer (m.1326; gw. **Mortimer, Teulu** a'r **Waun** (Un o arglwyddiaethau'r Mers)), a gomisiynodd **James o St George** o bosibl i adeiladu Castell y Waun. Er bod cragen y castell canoloesol wedi goroesi, newidiwyd yr adeilad yn raddol gan deulu **Myddelton** a ddaeth yn berchen ar y castell yn 1595. A. W. N. Pugin, a addurnodd y Senedd yn San Steffan ac a fu'n gweithio yn y Waun o 1845 hyd 1848, a fu'n gyfrifol am beth o'r gwaith gorau. Rhwng 1911 ac 1948 tenant y castell oedd yr Arglwydd Howard de Walden (Thomas Evelyn Scott-Ellis; 1880–1946), noddwr i'r celfyddydau a phleidiwr mawr i'r **ddrama** yng Nghymru. Daeth y castell i feddiant yr **Ymddiriedolaeth Genedlaethol** yn 1981, ond bu aelodau o deulu Myddelton yn byw mewn rhannau ohono tan yn ddiweddar iawn. Y brodyr Davies o **Esclusham** a oedd yn gyfrifol am gatiau'r parc (1712–20) ac maent ymhlith eu gwaith gwychaf (gw. **Davies (Teulu), Gofaint Haearn** a **Haearn, Gwaith**). Treuliodd William Eames 24 blynedd yn tirlunio'r parc gan osod ffos gudd orau Cymru yno.

Sefydlodd Mortimer fwrdeistref yn y Waun; ni fu'n llewyrchus, a nododd **Leland** (*c.*1537) mai ychydig o dai a oedd yn y Waun. Mae rhannau o Eglwys y Santes Fair yn

Harri Webb

dyddio'n ôl i'r 13g., ond fe'i newidiwyd yn sylweddol; mae'n cynnwys sawl cofeb i deulu Myddelton. Comisiynwyd Eric Gill gan yr Arglwydd Howard de Walden i gynllunio cofeb ryfel nodedig y pentref. Mae Halton High Barracks, teras o fythynnod gefn-wrth-gefn, yn atgof o'r cyfnod pan oedd y Waun yn bentref glofaol. Yn ddiweddar yn yr 20g. daeth dwy ffatri fawr i'r Waun, Cadbury a Kronospan; roedd cryn wrthwynebiad lleol i'r ail oherwydd rhesymau amgylcheddol.

Nodwedd amlwg yn rhan ddwyreiniol y **gymuned** yw Bryncunallt a'i barc. Y tŷ hwn, a godwyd yn 1612, oedd cartref John Trevor, llefarydd unig senedd James II (gw. **Trevor (Teulu)**). Yr olygfa fwyaf trawiadol yn y Waun yw'r ddwy bont sy'n croesi afon Ceiriog. Mae pont ddŵr **Telford** (1801) yn cludo Camlas Ellesmere ac mae traphont Henry Robertson (1848) yn cludo'r rheilffordd o Amwythig i Gaer. O'r **A5**, maent yn cynnig yr hyn a alwyd gan Edward Hubbard yn 'olygfa o ysblander Rhufeinig'.

**WAUN, Y (Chirk and Chirkland)** Un o arglwyddiaethau'r Mers

Daeth y rhan hon o **Bowys Fadog**, a oedd yn cynnwys cwmwd **Cynllaith** a rhannau o **Nanheudwy** a **Mochnant**, yn un o arglwyddiaethau'r **Mers** yn 1284. Fe'i rhoddwyd i Roger Mortimer (m.1326; gw. **Mortimer, Teulu**), ond bu'n rhaid i'w ŵyr, John, ei throsglwyddo i deulu **Fitz Alan**, ieirll Arundel, yn 1359. Ei chanolfan oedd Castell y Waun (gw. **Waun, Y** (Wrecsam)). Yn 1536 daeth yn rhan o'r **Sir Ddinbych** newydd. Mewn ffynonellau Cymraeg cyfeirir ati'n fynych fel Swydd y Waun.

**WAUN, Y**, Sir Ddinbych (739ha; 245 o drigolion)

Nodwedd fwyaf diddorol y **gymuned** hon, sydd yn union i'r gorllewin o **Lanelwy**, yw Bodeugan, tŷ o'r 17g. gyda cholomendy brics talcennog wrth ei ochr. Bu Abbie Williams, llywydd **Plaid [Genedlaethol] Cymru**, 1943–5, yn byw yn y Waun.

**WAUNFAWR**, Gwynedd (1,422ha; 1,366 o drigolion)

Yn y **gymuned** hon, sydd wedi'i lleoli'n union i'r dwyrain o **Gaernarfon**, bu unwaith nifer o chwareli **llechi**. Mae pentref Waunfawr erbyn hyn yn rhan o ardal gymudo Caernarfon. O drosglwyddydd Marconi uwchlaw'r pentref yr anfonwyd y neges radio gyntaf o **Brydain** i **Awstralia** ar 22 Medi 1918 (bu'r orsaf radio yn weithredol rhwng 1914 ac 1938). Ganed David Thomas (Dafydd Ddu Eryri; 1759–1822), yr athro barddol, yn Waunfawr, a hefyd **John Evans** (1770–99), a aeth i flaenau Missouri i chwilio am lwyth y Mandaniaid, disgynyddion honedig **Madog ab Owain Gwynedd**. Mae cofeb iddo gan y cerflunydd Meic Watts y tu allan i amgueddfa fechan Antur Waunfawr, sy'n adrodd yr hanes. Sefydlwyd Antur Waunfawr yn 1983 i gynnig cyflogaeth a chynhaliaeth i rai ag anabledd meddyliol, ac mae'n cyflogi dros 40 o bobl.

**WAWR (Workers' Army of the Welsh Republic)**

Carfan weriniaethol danddaearol a ffurfiwyd ym Mawrth 1980, a hynny yn sgil gwrthod **datganoli** yn refferendwm 1979 a'r dad-ddiwydiannu a ddilynodd fuddugoliaeth y Ceidwadwyr yn ystod yr un flwyddyn. Yn 1980–1 bu'n gyfrifol am ymgyrch fomio yn erbyn amryfal dargedau yng Nghymru a **Lloegr**. Bu achos yn erbyn aelodau honedig o WAWR yn Llys y Goron, **Caerdydd**, yn 1983. Cafodd tri eu carcharu, ond rhyddhawyd pedwar o'r diffynyddion a mynegwyd amheuon mawr ynghylch dilysrwydd tystiolaeth yr **heddlu**.

**WAYNE, Naunton (Henry Wayne Davies; 1901–70)** Actor

Roedd Naunton Wayne, a aned yn Llanwynno (**Ynys-y-bŵl a Choed-y-cwm**), yn un o hoelion wyth comedïau ysgafn Prydeinig. Roedd yn ei elfen yn actio cymeriadau amhosibl o ddigynnwrf neu bigog. Gyda Basil Radford, ef oedd un hanner y pâr adweithiol Chartres a Caldicott, rhai eithafol eu sêl dros griced a welwyd gyntaf yn ffilm Hitchcock *The Lady Vanishes* (1939); ailgydiodd yn y rôl yn ddiweddarach yn *Night Train to Munich* (1940), *Crooks Tour* (1941), *Next of Kin* (1942), *Millions Like Us* (1944), *Dead of Night* (1944) ac *It's Not Cricket* (1948). Rhwng 1942 ac 1946 roedd i'w weld yn y ddrama lwyfan *Arsenic and Old Lace* yn **Llundain**.

**'WE'LL KEEP A WELCOME'** Cân

Cân i groesawu milwyr Cymru adref yn ystod yr **Ail Ryfel Byd** oedd y gân boblogaidd ond sentimental hon yn wreiddiol. Fe'i canwyd gyntaf gan y Lyrian Singers ar raglen radio'r BBC, ***Welsh Rarebit***, ar 29 Chwefror 1940, gyda'r geiriau wedi'u cyfansoddi gan Lyn Joshua a James Harper, a'r alaw gan **Mai Jones**. Fe'i cyhoeddwyd yn 1949 a'i recordio'n ddiweddarach gan **Harry Secombe**.

**WEBB, Harri (1920–94)** Bardd

Un o **Abertawe** oedd Harri Webb, ac fe'i haddysgwyd yn **Rhydychen**. Ar ôl cyfnod fel cyfieithydd yn y Llynges yn ystod yr **Ail Ryfel Byd**, bu'n gweithio gyda **Keidrych Rhys** yn y Druid Press yng **Nghaerfyrddin**. Treuliodd 20 mlynedd fel llyfrgellydd, yn gyntaf yn Nowlais (**Merthyr Tudful**) (1954–64) ac yna yn **Aberpennar** (1964–74). Bu'n aelod o Fudiad Gweriniaethwyr Cymru (gw. **Gweriniaetholdeb**), ond ymunodd â **Phlaid [Genedlaethol] Cymru** yn 1960. Rhwng 1969 ac 1983 cyhoeddodd bedair cyfrol o gerddi sydd wedi'u dwyn ynghyd yn *Collected Poems* (1995; gol. Meic Stephens).

Y terfysg ymhlith y dorf yng Nghaerdydd ar ddiwedd gornest Freddie Welsh yn erbyn Jim Driscoll, 1910

Cyfrannodd hefyd doreth o erthyglau i'r wasg, ar wleidyddiaeth a **llenyddiaeth** yn bennaf, ac wedi ei farw cyhoeddwyd dau ddetholiad o'r rhain, sef *No Half-Way House* (1998) ac *A Militant Muse* (1998).

Disgrifiodd Harri Webb ei farddoniaeth fel gwaith diedifar o genedlaetholgar, gan ddweud mai un thema a oedd ganddo fel bardd. Er mai cerddi dychan yw llawer o'i ganeuon, er enghraifft 'Ode to the Severn Bridge', gallai ar brydiau ganu'n fwy telynegol, ac roedd yn hoff o godi themâu o hanes Cymru, fel y gwna yn 'A Crown for Branwen' a 'Dyffryn Woods'. Ymhlith ei benillion enwocaf y mae'r rheini a geir yn 'Colli Iaith', un o'i ychydig gerddi Cymraeg ac un sydd wedi ennill ei phlwyf fel cân werin.

## WEBBER, Y Brodyr Rheolwyr papurau newydd

Dau frawd o'r **Barri** a ddaeth i swyddi allweddol gyda'r *Western Mail* oedd Robert John Webber (1884–1962) a Frank Edward Webber (1893–1963). Bu Robert am gyfnod yn ysgrifennydd i George Riddell, cadeirydd sawl grŵp o **bapurau newydd**. Yn 1916 fe'i penodwyd yn rheolwr y *Western Mail* a'i fusnes argraffu llewyrchus. Yn 1923 daeth yn gyfarwyddwr dros oes ar y papur ac yn gydreolwr-gyfarwyddwr gyda William Davies (golygydd, 1901–31). Llywiodd y papur trwy'r cyfnod anodd yn union wedi'r **Rhyfel Byd Cyntaf** a llwyddo i ddal ati i'w gyhoeddi trwy gydol y **Streic Gyffredinol**, yn ogystal â goruchwylio'r uniad rhwng y cwmni a phapurau teulu Duncan, y *South Wales Echo* a'r *South Wales Daily News*, yn 1928. Ymhlith ei ddyheadau yr oedd adeiladu priffordd i gysylltu'r de a'r gogledd (gw. **Ffyrdd** ac **A470**). Daeth ei frawd, Frank Webber, yn rheolwr cyffredinol y *Western Mail and Echo* yn 1940 ac yn gyfarwyddwr yn 1946.

## WELCH, Edward (1806–1868) a John (1810–cyn 1857) Penseiri

Ganed y brodyr hyn yn **Owrtyn**. Sefydlodd Edward bartneriaeth (1828) gyda Joseph Hansom, yn Efrog yn gyntaf ac yna yn **Lerpwl**. Ar ôl ennill cystadleuaeth i gynllunio Neuadd y Dref yn Birmingham, aethant yn fethdalwyr a gwahanodd y ddau. Bu'r ddau yn gyfrifol am ail-lunio Castell Bodelwyddan (*c.*1830) a Victoria Terrace, **Biwmares** (1830–5). Enghreifftiau diweddarach o waith Edward Welch yw Ysbyty **Wrecsam** (1838) ac eglwys Rhosymedre (**Cefn**). Ar ôl gweithio ar **Ynys Manaw** sefydlodd John Welch swyddfa yn **Llanelwy** (1839). Cynlluniodd nifer o eglwysi yng ngogledd Cymru, yn ogystal â Neuadd y Dref yn y **Fflint** (1840) a thloty Llanelwy (1838), Ysbyty H. M. Stanley yn ddiweddarach.

## WELSH, Freddie (Frederick Hall Thomas; 1886–1927) Bocsiwr

Gadawodd Freddie Welsh, pencampwr pwysau ysgafn y byd rhwng 1914 ac 1917, gartref cysurus ym **Mhontypridd** yn 1902 i geisio bywyd newydd yng **Ngogledd America**. Caledodd ar ôl ychydig flynyddoedd o fywyd garw cyn ymgartrefu yn Philadelphia a dechrau **bocsio**; er cof am ei henwlad cymerodd yr enw newydd Freddie Welsh, ac ymladd ei ornest gyntaf ym mis Rhagfyr 1905.

Roedd Welsh, a oedd yn 1.7m o daldra ac yn pwyso 60.32kg, yn meddu ar hunanhyder a dyrnod chwith beryglus, ac ni

Friday 14th I feel at a loss to know the best method, to adopt in order to prevent the children generally, from speaking Welsh. Today, I have introduced a "Welsh Stick" into each of the Classes, and the child who has it last is to be kept in half an hour after School hours.

Cofnodi cyflwyno'r 'Welsh stick', neu'r Welsh Not, yn Ysgol Brydeinig Tywyn, 1863

phoenai ddim am gyrcydu, ymaflyd, dyrnu'r arennau a defnyddio ei ben a'i benelinoedd. Â'r tactegau dadleuol hyn yr amddiffynnodd bencampwriaeth pwysau ysgafn **Prydain**, teitl a enillodd yn 1909, yn erbyn **Jim Driscoll** yng **Nghaerdydd** yn 1910. Yn 1914 trechodd Willie Ritchie o'r Unol Daleithiau i ennill pencampwriaeth y byd ac amddiffynnodd y teitl hwnnw'n ddygn nes i Benny Leonard ei lorio yn Efrog Newydd ym mis Mai 1917. Roedd Welsh yn ymfalchïo yn ei ddiddordebau llenyddol, ac yn ddiweddarach sefydlodd fferm iechyd yn New Jersey lle byddai'n ymarfer bocsio gydag F. Scott Fitzgerald.

## WELSH NOT(E)

Darn o bren neu lechen ac arno'r llythrennau 'W.N.' neu'r geiriau 'Welsh Not(e)'. Fe'i crogid o gwmpas gwddf plentyn a glywid yn siarad **Cymraeg** yn yr ysgol. Gallai plentyn ei drosglwyddo i unrhyw blentyn arall a glywid yn siarad yr iaith, ac ar ddiwedd y dydd byddai'r un olaf i'w wisgo yn cael ei guro. Roedd eisoes ar waith pan ddaeth awduron adroddiad **addysg** enwog 1847 i Gymru (gw. **Brad y Llyfrau Gleision**). Enwau eraill arno oedd y 'cwstom', y '*Welsh stick*' a'r '*Welsh lump*', sef darn o **blwm**, yn ôl Richard Warner, y teithiwr o Sais ar ddiwedd y 18g. Ceir tystiolaeth fod rhai athrawon yn curo pawb a gafodd y 'Not' yn ystod y dydd.

Ystyrir y Welsh Not(e) gan Gymry gwlatgar yn arf a geisiodd hyrwyddo hil-laddiad diwylliannol, ond fe'i croesawyd gan rai rhieni gan ei fod yn sicrhau bod eu plant yn defnyddio **Saesneg** yn feunyddiol. Bu arfer tebyg ar waith mewn nifer o wledydd eraill, yn eu plith **Iwerddon**, **Llydaw** a Kenya. Nod y gyfundrefn addysg a'i defnyddiai, meddai **Michael D. Jones**, oedd difodi'r Gymraeg a gwaseiddio'r Cymry gan wneud y genedl 'yn fwy pwrpasol i amcanion Seisnig'. Y dylanwad cyntaf ar y plant, yn ôl **T. Gwynn Jones,** oedd eu dysgu i fod yn 'llechgwn ac yn gelwyddgwn'. Sonnir am ddioddef y 'Welsh Not' yn atgofion amryw o ysgrifenwyr y 19g a'r 20g. Yr enwocaf o'r rhain oedd **O. M. Edwards** yn *Clych Atgof* (1906), a dystiodd fod y 'tocyn hwnnw am fy ngwddf gannoedd o weithiau' ac a'i galwodd yn '[d]dull melltigedig . . . o ddinistrio sylfeini cymeriad plentyn'. Fodd bynnag, yn ôl **Saunders Lewis**, roedd cryn dipyn o fytholeg yn perthyn i atgofion O. M., a dichon nad oedd y defnydd o'r Welsh Not mor eang ag yr awgryma chwedloniaeth ddiweddarach.

## *WELSH RAREBIT* Cyfres radio

Y rhaglen radio hon oedd prif raglen adloniant Saesneg y BBC yng Nghymru yng nghyfnod yr **Ail Ryfel Byd** a'r blynyddoedd wedi hynny. Cafodd ei **darlledu** gyntaf ar Wasanaeth Cartref Cymru yng Ngorffennaf 1938. Yn ystod y rhyfel fe'i darlledid ar y Gwasanaeth Cartref Unedig Prydeinig ac am gyfnodau yn ystod 1948–9 roedd i'w chlywed ar *Light Programme* y rhwydwaith Prydeinig. Bu'n rhedeg hyd Orffennaf 1951. Yn ystod y rhyfel bu'r rhaglen, a gâi ei chynhyrchu gan **Mai Jones**, yn diddanu Cymry yn y lluoedd arfog yn Ffrainc a lleoedd eraill; eitem nodedig oedd 'Dai's letter to the forces' a gâi ei ddarllen gan Lyn Joshua. Ymhlith y cyfranwyr eraill yr oedd Maudie Edwards, Albert a Les Ward, Stan Stennett, Ossie Morris, Gladys Morgan a **Harry Secombe**. Cyfeiria enw'r rhaglen at un o hoff seigiau'r Cymry yn ôl traddodiad (gw. **Caws ar Dost neu Caws Pobi**).

## WESLEAID

Aelodau o'r Eglwys a darddodd o athrawiaeth a threfniadaeth John Wesley (1703–1791). Roedd eu pwyslais o'r dechrau ar gyfiawnhad trwy ffydd yn unig, ac ar ymdrech gydwybodol i fyw bywyd sanctaidd. O'i chymharu â'r adain honno o'r **Diwygiad Methodistaidd** a gofleidiodd **Galfiniaeth**, ychydig o lwyddiant a welodd Wesleaeth yng Nghymru yn ystod y 18g. Er nad oedd yn ddilornus o'r **Gymraeg**, gwelai John Wesley yr iaith fel rhwystr i'w waith efengylu, ac oherwydd hynny cyfyngwyd cylch ei ddylanwad i ardaloedd Saesneg de **Sir Benfro**, dwyrain **Sir Frycheiniog** a chyffiniau **Caerdydd**. Roedd ymdeimlad cryf ymhlith y Wesleaid y dylent fod yn gwneud mwy o ymdrech yng Nghymru, ac o ganlyniad, a than berswâd Thomas Coke (1747–1814) o **Aberhonddu**, penderfynodd eu cynhadledd yn **Llundain**, ar 6 Awst 1800, sefydlu cenhadaeth arbennig ymhlith y Cymry. Ystyrir y dyddiad gan lawer fel dydd genedigaeth Wesleaeth Gymraeg, er bod Edward Jones (1778–1837) o Fathafarn (**Llanbedr Dyffryn Clwyd**) eisoes wedi sefydlu **seiat** Wesleaidd yn **Rhuthun**, cam allweddol yn natblygiad y gogledd-ddwyrain fel cadarnle Wesleaeth Gymraeg.

Roedd yn rhaid i'r Wesleaid gystadlu â'r **Methodistiaid Calfinaidd**, y **Bedyddwyr** a'r **Annibynwyr** – Calfiniaid a oedd yn ddrwgdybus iawn o'r **Arminiaeth** a goleddent. Er mai hwy oedd y lleiaf o'r prif enwadau Ymneilltuol Cymreig (gw. **Anghydffurfiaeth**), bu eu cynnydd yn rhyfeddol, gyda chant o achosion wedi ymffurfio erbyn 1810. Erbyn 1858 roedd ganddynt 11,839 o aelodau a 293 o gapeli. Erbyn 1905 roedd nifer yr aelodau wedi cynyddu i 20,684, a chyrhaeddodd y twf hwn ei uchafbwynt yn 1925 gyda chyfanswm aelodaeth o 24,784. Wedi hynny, gwelodd yr enwad yr un dirywiad â'r enwadau eraill. Erbyn 1976 roedd yr aelodaeth wedi gostwng islaw 10,000, ac ar ddechrau'r 21g. roedd yn parhau i ostwng. Cyhoeddwyd cylchgrawn yr enwad, *Yr Eurgrawn*, o 1809 hyd 1983.

**WHAITE, [Henry] Clarence (1828–1912)**
Arlunydd

Yn ystod ei daith gyntaf yno yn y 1840au, cafodd y Sais Clarence Whaite ei swyno gan dirwedd a phobl gogledd Cymru. Daeth yn ymwelydd rheolaidd â **Betws-y-coed**, a bu â rhan amlwg yn y diwylliant artistig a oedd yn prysur ffynnu yno. Yn 1870 priododd â merch leol ac ymgartrefodd ger **Conwy**. Mae lluniau dyfrlliw hyfryd o befriol Whaite yn llwyddo i ddal y tywydd cyfnewidiol yn ogystal â golygfeydd o fywyd y **werin**. Ac yntau'n meddu ar ffydd grefyddol, ystyriai fod arwyddocâd moesol i dirwedd, ac yn rhai o'i beintiadau gellir ymdeimlo â'i ryfeddu pryderus at yr hyn a welai. Mae ei ddull o **beintio** ag olew, a'i ddefnydd cynnil o liwiau gwreiddiol – sy'n deillio o'i ddiddordeb mewn theori lliw – o bosibl yn rhagflaenu'r Argraffiadaeth bwyntilaidd a ddatblygodd mewn mannau eraill yn Ewrop.

Roedd merch Whaite, Lily Florence Whaite (1876–1959), yn arlunydd na chafodd ei llwyr werthfawrogi. Arddangosodd ei gwaith gyda'r Gwynedd Ladies' Art Society ac yn **Lloegr**.

**WHEELER, Mortimer [Robert Eric] (1890–1976)**
Archaeolegydd

Roedd Wheeler, a fagwyd yn yr **Alban** a **Lloegr**, yn un o archaeolegwyr mwyaf dylanwadol yr 20g., a chyfrannodd yn helaeth at sefydlu **archaeoleg** fel disgyblaeth academaidd yng Nghymru. Fel ceidwad archaeoleg yr **Amgueddfa Genedlaethol**, 1920–4, a chyfarwyddwr yr amgueddfa, 1924–6, ymroddodd i ehangu, dehongli ac arddangos ei chasgliadau. Archwiliodd yn Segontium (**Caernarfon**) a **Chaerllion** gan ddefnyddio technegau cloddio arloesol. O 1921 hyd 1924 roedd hefyd yn ddarlithydd mewn archaeoleg yng **Nghaerdydd** – y swydd gyntaf o'i bath ym **Mhrifysgol Cymru**. Ei gyfrol *Prehistoric and Roman Wales* (1925) yw'r ymdriniaeth gynhwysfawr gyntaf â'r pwnc. Ceir hanes ei gysylltiad â Chymru yn ei hunangofiant, *Still Digging* (1955).

**WHEELER, Olive [Annie] (1886–1963)** Seicolegydd ac academydd

Ganed Olive Wheeler yn **Aberhonddu** a'i haddysgu yn **Aberystwyth**, **Llundain** a Pharis. Bu'n Athro addysg **menywod** yng **Nghaerdydd** (1925–32) ac yna'n Athro yr adran addysg yn ei chyfanrwydd (1932–51); hi oedd y fenyw gyntaf ym **Mhrifysgol Cymru** i fod yn bennaeth adran. Fe'i hetholwyd yn gymrawd o'r Gymdeithas Seicolegol Brydeinig, a'i dyrchafu'n DBE yn 1950 am waith addysgol a chymdeithasol gyda sefydliadau fel Prifysgol Cymru, **Cymdeithas Addysg y Gweithwyr** a **Chyd-bwyllgor Addysg Cymru**. Ymhlith ei chyhoeddiadau niferus y mae *Youth: the Psychology of Adolescence* (1929), sy'n cysylltu seicoleg â pholisi cyhoeddus. Yn 1923 bu'n ymgeisydd ar ran y **Blaid Lafur** yn etholaeth Prifysgol Cymru, un o'r menywod cyntaf i sefyll mewn etholiad seneddol yng Nghymru. (Y gyntaf i wneud hynny oedd Mrs H. M. Mackenzie, ymgeisydd Llafur am yr un sedd yn 1918.)

Huw Wheldon

**WHELDON, Huw [Pyrs] (1916–86)**
Darlledwr

Roedd Huw Wheldon, a fagwyd ym **Mangor**, yn ŵyr i Thomas Jones Wheldon (1814–1916), gweinidog gyda'r **Methodistiaid Calfinaidd** a oedd yn fawr ei sêl dros **addysg**, ac yn fab i Syr Wynn Powell Wheldon (1879–1961), a fu'n ysgrifennydd parhaol **Adran Gymreig y Bwrdd Addysg** (1923–45). Wedi cyfnod fel trefnydd cyntaf Cyngor y Celfyddydau yng Nghymru (1946–52; gw. **Cyngor Celfyddydau Cymru**), ymunodd Huw Wheldon â'r BBC yn 1952. Rhwng 1958 ac 1964 cynlluniodd a chyflwynodd *Monitor*, y gyfres gelfyddydol gyntaf ar y teledu. Ef oedd rheolwr-gyfarwyddwr y gorfforaeth o 1969 hyd 1976, oes aur a welodd gynhyrchu rhaglenni megis *Civilisation* Kenneth Clark ac *America* Alistair Cooke. Yn 1976 cafodd y gŵr tal, trawiadol hwn ei urddo'n farchog – 'Sir Huge', chwedl ei gofiannydd Paul Ferris.

**WHITE, Eirene (1909–99)** Gwleidydd

Eirene White, aelod seneddol Llafur Dwyrain Sir y Fflint (1950–70), oedd y fenyw gyntaf i fod yn weinidog yn y Swyddfa Dramor (1964–70). Etifeddodd gan ei thad, Dr **Thomas Jones** (1870–1955), gynneddf fandarinaidd a diddordeb mewn materion Cymreig, yn arbennig **Coleg Harlech**. Fe'i dyrchafwyd yn Farwnes White yn 1970, a gwasanaethodd fel dirprwy lefarydd Tŷ'r Arglwyddi. Enw ei gwrthwynebwyr gwleidyddol arni oedd 'Ladi Wen'.

**WHITE, Lynette (1968–88)** Merch a lofruddiwyd

Llofruddiwyd Lynette White, putain o Dre-biwt, ar Ddydd Ffolant 1988. Cyhuddwyd pum dyn o **Gaerdydd** ar gam o'i lladd a chafwyd tri ohonynt yn euog ar ôl achos 117 diwrnod, yr hwyaf yn hanes **Prydain** ar y pryd. Treuliodd 'Tri Caerdydd' – Tony Parris, Yusef Abdullahi a Stephen Miller – bedair blynedd yn y carchar cyn i'r dyfarniad yn eu herbyn gael ei ddiddymu ar apêl yn 1992. Yn 2002, trwy gyfrwng technoleg fforensig DNA, cafodd yr **heddlu** eu harwain at y gwir lofrudd, Jeffrey Gafoor (g.1966), a gafodd ei garcharu am oes yn 2003. Hwn oedd y tro cyntaf yn hanes troseddol Prydain i gollfarn mewn achos o lofruddiaeth gael ei gwyrdroi ac i'r llysoedd gael rhywun arall yn euog am y drosedd yn ddiweddarach.

**WHITFORD, Arthur (1908–96)** Gymnastwr

Enillodd Arthur Whitford, o glwb gymnasteg YMCA **Abertawe**, 17 o brif deitlau rhwng diwedd y 1920au a dechrau'r 1950au, ac ef oedd prif gymnastwr **Prydain** yn y cyfnod hwnnw. Roedd ei yrfa ddisglair yn cynnwys medalau aur y Gemau Olympaidd a'r Byd, a chyfnod yn hyfforddi tîm cenedlaethol Cymru a thîm Olympaidd Prydain.

**WIG, Y (Wick)**, Bro Morgannwg (683ha; 694 o drigolion)

Lleolir y **gymuned** hon mewn man agored a gwyntog yn rhan orllewinol **Bro Morgannwg**. Ailgodwyd yr eglwys Romanésg wreiddiol ym mhentref y Wig yn 1871. Mae gan ffermdy Monkton-isaf, sy'n dyddio o'r 16g., ysgubor fawr a godwyd *c.*1800. Yn wreiddiol, odyn i droi barlys yn frag oedd Broughton Maltings, sydd bellach yn fflatiau.

**WILDE, Jimmy (1892–1969)** Bocsiwr

Er mai ym Mynwent y Crynwyr (Treharris, **Merthyr Tudful**) y'i ganed, magwyd Jimmy Wilde, pencampwr pwysau pryf y byd o 1916 hyd 1923, yn Tylorstown (y **Rhondda**). Erbyn iddo droi'n focsiwr proffesiynol yn 1911, roedd eisoes wedi ymladd cannoedd o ornestau digofnod yn erbyn gwrthwynebwyr mwy a thrymach ym mythau ffeiriau maes **glo**'r de. Roedd y gwahanol lasenwau arno – 'the Tylorstown Terror', 'the Mighty Atom' a 'the Ghost with a Hammer in his Hands' – yn arwydd fod nerth aruthrol y tu ôl i gorffolaeth fechan y bocsiwr hwn nad oedd ond 1.57m o daldra ac a bwysai lai na 112kg. Oherwydd natur ei gorffolaeth yr oedd, o anghenraid, yn focsiwr anghonfensiynol, a byddai'n dawnsio yma ac acw nes gweld cyfle i ryddhau cawod o ddyrnodau deifiol a pherffaith eu hamseriad. Lloriodd ei wrthwynebwyr 75 o weithiau, a 4 gwaith yn unig y'i gorchfygwyd yn ei 145 o ornestau proffesiynol cofnodedig.

Roedd eisoes yn bencampwr pwysau pryf **Prydain** ac Ewrop pan enillodd bencampwriaeth y byd trwy lorio Young Zulu Kid yn yr 11eg rownd yn Rhagfyr 1916. Amddiffynnodd y teitl am y pedwerydd tro a'r tro olaf yn Efrog Newydd ym Mehefin 1923 yn erbyn Pancho Villa a oedd lawer yn iau. Am golli, derbyniodd £13,000, celc fwyaf ei yrfa, arian yr aeth ati i'w wastraffu ar gynlluniau annoeth ar gyfer sioeau cerdd yn **Llundain** a **sinemâu** yng Nghymru, a bu farw'n dlawd.

**WILIAM CYNWAL (*fl.*1561–87)** Bardd

Brodor o **Ysbyty Ifan** oedd Wiliam Cynwal a bu'n ddisgybl barddol i **Gruffudd Hiraethog**. Graddiodd yn ddisgybl pencerddaidd yn yr ail **eisteddfod** yng **Nghaerwys** (1567), gan ennill gradd **pencerdd** yn ddiweddarach. Cadwyd dros 230 o'i gywyddau a'i awdlau, cerddi mawl i uchelwyr gogledd Cymru yn bennaf. Mae'n enwog am ei ymryson hir ag **Edmwnd Prys** (1581–7). Roedd ei safbwynt yn geidwadol: edliwiodd i Prys ei ddiffyg cymwysterau barddol a'i feirniadu am ganu dychan.

**WILIAM LLŶN (1534/5–80)** Bardd

Brodor o **Lŷn** ydoedd, a brawd i'r bardd Huw Llŷn, ond treuliodd 16 mlynedd olaf ei oes yng Nghroesoswallt, **Swydd Amwythig**. Graddiodd yn **bencerdd** yn yr ail **eisteddfod** yng **Nghaerwys** (1567) a chanodd yn helaeth i noddwyr ledled Cymru. Roedd yn fardd medrus; nodwedd drawiadol ar ei waith yw'r cwpledi epigramataidd cofiadwy sy'n britho ei gerddi. Rhagorai yn ei farwnadau lle mynegir yn aml ymwybyddiaeth ddwys o freuder bywyd. Ymhlith ei gerddi gorau y mae ei farwnadau i'w hen athro barddol **Gruffudd Hiraethog** ac i'r bardd-offeiriad Syr Owain ap Gwilym lle defnyddiodd gonfensiynau'r gerdd serenâd.

**WILIEMS, Thomas (1545/6–1622)** Geiriadurwr a hynafiaethydd

 **Threfriw** y cyplysir enw Thomas Wiliems. Fe'i haddysgwyd yn **Rhydychen**, a bu'n ymarfer fel meddyg. Bernir iddo gymryd urddau eglwysig, ond Protestant anfoddog ydoedd, a dychwelodd at Gatholigiaeth. Y **Gymraeg** a'i **llenyddiaeth**, ynghyd â hynafiaethau Cymru, oedd ei brif ddiddordeb, a bu'n hynod ddiwyd yn chwilio am lawysgrifau a'u copïo. Ffrwyth pennaf ei ysgolheictod oedd geiriadur Lladin–Cymraeg, *Thesaurus Linguae Latinae et Cambrobritannicae*, gorchestwaith a orffennwyd yn 1608 (gw. **Geiriaduraeth**). Erys y gwaith mewn llawysgrif, ond ceir talfyriad ohono yn *Dictionarium Duplex* (1632) **John Davies** o Fallwyd (*c.*1567–1644).

**WILKINS, Charles (1813–1913)** Hanesydd

Brodor o Swydd Gaerloyw oedd Charles Wilkins ac ymsefydlodd ym **Merthyr Tudful** lle bu'n llyfrgellydd ac yn bostfeistr. Dechreuodd ymddiddori mewn hanes a diwylliant lleol a buan y trodd hynny'n ddiddordeb yn y diwylliant Cymreig ehangach. Ysgrifennodd yn helaeth yn y wasg leol a chyhoeddodd lyfrau arloesol yn ymwneud â'r fasnach **lo** (1888) a'r diwydiant **haearn** yng Nghymru (1903). Saif ei lyfr ar hanes Merthyr (1867) fel yr unig gais i gyflwyno hanes cyflawn y dref. Bu'n golygu *The Red Dragon* (1882–5), cylchgrawn Saesneg arloesol a amcanai at hybu diddordeb y di-Gymraeg mewn hanes a diwylliant Cymreig.

**WILKINSON, John (1728–1808)** Un o'r meistri haearn

Hanai Wilkinson o deulu o weithwyr **haearn** yn Cumbria a chafodd waith yng nghanolbarth **Lloegr**, lle defnyddiai olosg i danio'r ffwrneisi a ddaeth i'w feddiant. Prynwyd prydles ar waith haearn y **Bers** (**Coed-poeth** ger **Wrecsam**) gan ei dad, Isaac, yn 1753, a John a reolai'r fenter, gan arbenigo mewn cynhyrchu canonau a silindrau ar gyfer peiriannau ager, a throi gwaith haearn a fu'n ddi-nod yn llwyddiant. Fe'i cyhuddwyd o werthu canonau i'r Ffrancwyr yn ystod **Rhyfeloedd y Chwyldro Ffrengig a Rhyfeloedd Napoleon** (er na phrofwyd hynny), ac fe'i collfarnwyd gan y Toriaid lleol ar gyfrif ei syniadau gwleidyddol radicalaidd. Bu'n frwd o blaid defnyddio haearn at bob pwrpas dan haul, a threfnodd fod hyd yn oed arch haearn yn cael ei llunio ar ei gyfer – er i'w fol mawr rwystro defnydd ohoni wedi iddo farw. Cafodd ei ffortiwn ei gwastraffu ar achosion cyfreithiol rhwng ei feistres, ei phlant a'i nai.

**WILLIAM AP THOMAS (m.1445)** Patriarch

Un o fân uchelwyr **Gwent** oedd William ap Thomas (Wiliam ap Tomas) yn wreiddiol, ond bu ymddyrchafu rhyfeddol yn ei hanes ac ymhlith ei ddisgynyddion yr oedd yr Herbertiaid, ieirll Pembroke (o'r ddwy greadigaeth; gw. o dan **Herbert**), Herbertiaid, ieirll Powis (gw. o dan **Herbert**), Herbertiaid, ieirll Caernarvon, dugiaid Beaufort (gw. **Somerset, Teulu**) ac ardalyddion Bute (gw. **Stuart, Teulu**). Bu'n ymladd ym mrwydr Agincourt (1415; gw. **Rhyfel Can Mlynedd**), ac ar ôl i Henry VI ei urddo yn 1426 daethpwyd i'w adnabod fel 'Y Marchog Glas o Went'. Ei wraig gyntaf oedd Elizabeth Bloet (m.1420), etifeddes maenor **Rhaglan**. Yn dilyn ei marwolaeth, llwyddodd William i brynu'r faenor gan roi cychwyn ar y gwaith o godi'r castell godidog yno (gw. Rhaglan). Ei ail wraig oedd Gwladys (m.1454), merch **Dafydd Gam** a gweddw Rhosier Fychan (gw. **Vaughan, Teulu (Tretŵr)**). Cyfeiriwyd ati mewn marwnad gan **Lewys Glyn Cothi** fel 'Y Seren o Efenni'. Eu mab hynaf oedd William, y cyntaf o ieirll Pembroke i ddwyn yr enw Herbert. Mae beddrod William a Gwladys yn Eglwys y Santes Fair, y **Fenni**, ymhlith y gorau o'r cofebau yn y necropolis godidog hwnnw. Mae ei leoliad yng nghanol yr hyn a oedd gynt yn gapel claddu teulu **Hastings** yn arwydd o'r modd y disodlwyd arglwyddi'r **Mers** gan **foneddigion** Cymreig.

**WILLIAM, Thomas (Thomas William, Bethesda'r Fro; 1761–1844)** Emynydd

Thomas William, a aned ym **Mhendeulwyn**, yw awdur rhai o'r **emynau** mwyaf adnabyddus yn y **Gymraeg**, yn eu plith 'O'th flaen, O Dduw, 'rwy'n dyfod' ac 'Adenydd fel c'lomen pe cawn'. Gadawodd y **Methodistiaid Calfinaidd** wedi diarddeliad **Peter Williams** yn 1791 a daeth yn weinidog capel yr **Annibynwyr**, Bethesda'r Fro (**Llanilltud Fawr**), yn 1814. Bu fyw i brofi oeri o wres y **Diwygiad** ac mae hynny'n rhoi nodyn unigryw o dristwch a hiraeth i'w ganu.

**WILLIAMS, Alice (Alis Meirion; 1863–1957)** Awdur a gwraig gyhoeddus

Roedd Alice Williams yn ferch i David (1799–1869), Castell Deudraeth (**Penrhyndeudraeth**), aelod seneddol Rhyddfrydol **Sir Feirionnydd** (1868–9). Bu'n rhaid iddi aros gartref i ofalu am ei mam cyn cael dianc yn 40 oed i astudio celfyddyd ym Mharis. Fe'i hurddwyd yn aelod o'r **Orsedd** ar sail ei drama *Britannia* yn 1917. Bu'n allweddol yn natblygiad **Sefydliad y Merched**, a hi a gychwynnodd eu cylchgrawn *Home and Country*, gan ei olygu o 1919 ymlaen. Roedd hefyd yn un o sefydlwyr y *Forum*, clwb i **fenywod** yn **Llundain**, lle rhedai adran Gymreig fywiog.

**WILLIAMS, Alice Matilda Langland (Alis Mallt Williams; Y Dau [*sic*] Wynne; 1867–1950)** Nofelydd

Ganed Alis Mallt Williams yn Ystumllwynarth (**Abertawe**), yn ferch i deulu Williams o Aberclydach, **Tal-y-bont ar Wysg**. Wedi dod dan ddylanwad Arglwyddes Llanover (**Augusta Hall**), cyhoeddodd hi a'i chwaer Gwenffreda (*c*.1860/5–1914)

John Wilkinson: portread yn seiliedig ar waith Lemuel Francis Abbott, *c*.1795

ddwy nofel wladgarol, *One of the Royal Celts* (1889) a *A Maid of Cymru* (1901), o dan y ffugenw Y Dau Wynne. Roedd Alis Mallt yn frwd o blaid hyrwyddo buddiannau **menywod**, a bu hefyd yn hael ei chefnogaeth i fudiadau cenedlaetholgar fel **Cymru Fydd**, **Plaid [Genedlaethol] Cymru** ac **Urdd Gobaith Cymru**. Defnyddiodd y geiriau 'ysgol bomio' i ddisgrifio gorsaf yr Awyrlu ym **Mhenyberth**, term a enillodd ei blwyf yn ei ffurf dreigledig. Ei brawd, William Retlaw Williams (1863–1944), a ysgrifennodd *The Parliamentary History of the Principality of Wales 1541–1895* (1895), sy'n parhau'n gyfrol anhepgor.

**WILLIAMS, Beryl (1937–2004)** Actores

Cofir Beryl Williams, gyda'i gwallt fflamgoch a'i phersonoliaeth enigmatig, fel un o actoresau gorau Cymru yn ystod ail hanner yr 20g. Hanai o **Ddolgellau** a mynychodd Goleg Rose Bruford yn **Llundain**. Roedd yn un o'r tri actor cyntaf i ymuno â Chwmni Theatr Cymru pan gafodd y cwmni hwnnw ei ffurfio yn 1968 (gw. **Drama**), a rhoddodd nifer o berfformiadau cofiadwy gyda'r cwmni dros y blynyddoedd. Disgleiriodd hefyd mewn rhannau teledu, yn enwedig ar **S4C** fel Gwen Elis, gwraig tŷ yn y gyfres *Minafon*, y fam ddioddefus yn nrama Meic Povey, *Sul y Blodau* (1995), a'r prif gymeriad yn *Nel* (1991), gan yr un awdur.

**WILLIAMS, Charles (1915–90)** Actor a diddanwr

Monwysyn ffraeth ei dafod o **Fodffordd** oedd Charles Williams. Wedi blynyddoedd o weini ar ffermydd, daeth ei ddawn fel actor amatur i sylw **Sam Jones** o'r BBC ym **Mangor**, ac ef a'i denodd i fyd y cyfryngau trwy roi rhan iddo fel arweinydd

Christopher Williams, *The Charge of the Welsh Division at Mametz Wood 11 July 1916*, 1916

y ***Noson Lawen*** ar y radio yn y 1940au. Yn ddiweddarach, Charles Williams oedd Harri Parri yng nghyfres deledu **Pobol y Cwm** a Haydn Evans yng nghyfres radio *The Archers*. Rhoddodd berfformiad cofiadwy hefyd yn y ddrama deledu *Mr Lollipop MA* (1970 yn **Gymraeg**; 1978 yn **Saesneg**) o waith **Rhydderch Jones**.

## WILLIAMS, Christopher [David] (1873–1934) Arlunydd

Credai Christopher Williams mai'r ffurf aruchaf ar gelfyddyd yw honno sy'n portreadu problemau dyfnion dynoliaeth a'i dyheadau. Ceisiai gadw at yr egwyddor honno yn ei beintiadau, ond roedd ei ymdrechion wedi'u dal rhwng gordeimladrwydd Fictoraidd a **rhamantiaeth** ddarluniadol, ac fe'i goddiweddwyd gan newidiadau cynyddol mewn chwaeth artistig. Cwblhaodd nifer o gomisiynau, yn fwyaf arbennig y llun yn dangos *The Charge of the Welsh Division at Mametz Wood* a ddeilliai o'r **Rhyfel Byd Cyntaf**.

Ganed Christopher Williams ym **Maesteg**. Er mai yn **Llundain** y gwnaeth ei fywoliaeth, roedd yn ffyddlon iawn i achosion Cymreig a throdd at **lenyddiaeth** Gymraeg i chwilio am destunau i'w waith. Portreadydd ydoedd yn bennaf, a chredai fod synwyrusrwydd gweledol arbennig yn perthyn i'r arlunydd Cymreig. Mae ei lun *Deffroad Cymru* i'w weld ym mhencadlys Cyngor Sir Gwynedd yng **Nghaernarfon**.

## WILLIAMS, D[avid] J[ohn] (1885–1970) Llenor a chenedlaetholwr

Milltir sgwâr D. J. Williams oedd **Llansawel** a Rhydcymerau (**Llanybydder**), ac ysgrifennodd hanes chwarter canrif cyntaf ei fywyd yn y ddwy gyfrol *Hen Dŷ Ffarm* (1953) ac *Yn Chwech ar Hugain Oed* (1959). Bu'n gweithio ar y tir cyn mynd yn löwr i faes **glo**'r de. Wedi hynny enillodd raddau ym **Mhrifysgol Cymru** a **Rhydychen**, a threuliodd y rhan fwyaf o'i oes yn athro Saesneg yn **Abergwaun**. Roedd yn un o aelodau cynharaf **Plaid [Genedlaethol] Cymru**, ac yn dilyn ei ran yn llosgi ysgol fomio **Penyberth** yn 1936 treuliodd naw mis yn Wormwood Scrubs. Un o'i weithiau mwyaf hoffus yw *Hen Wynebau* (1934), sy'n darlunio rhai o gymeriadau ac anifeiliaid bro ei febyd. Ymhlith ei weithiau eraill y mae'r gyfres *Storïau'r Tir* (1936, 1941, 1949). Ar ôl ymddeol treuliodd lawer o'i amser yn dilyn achosion llys aelodau o **Gymdeithas yr Iaith Gymraeg**.

## WILLIAMS, David (Shôn Gwialan; 1738–1816) Athronydd

Deuai David Williams o'r Waunwaelod (**Caerffili**), ac fe'i haddysgwyd yn academi Anghydffurfiol **Caerfyrddin** (gw. **Academïau Anghydffurfiol**). Ar ôl gadael yr academi yn 1757 cafodd yrfa helbulus yn y weinidogaeth Anghydffurfiol, gyrfa a barhaodd hyd 1773. Erbyn hynny roedd yn coleddu **crefydd** a oedd yn seiliedig ar natur a rheswm yn hytrach na datguddiad, a denwyd nifer o wŷr dylanwadol i'w gapel Deistaidd yn Margaret Street, **Llundain** (1776–80), yn eu plith Thomas Bentley, Josiah Wedgwood, James 'Athenian' Stuart a Benjamin Franklin. Daeth Williams i amlygrwydd rhyngwladol fel un o ladmeryddion yr **Oleuedigaeth**, yn enwog am ei ddadleuon diflewyn-ar-dafod dros grefydd sifil foesegol, goddefgarwch llwyr a rhyddid deallusol. Gan ennill ei damaid trwy ddysgu a newyddiadura, datblygodd syniadau gwreiddiol am ryddid gwleidyddol a dinesig (*Letters on Political Liberty*, 1782) ac am **addysg** sifil (*Lectures on*

*Education*, 1789). Yn 1792 derbyniodd ddinasyddiaeth Ffrengig er anrhydedd, ond anwybyddwyd ei gyngor ar gyfansoddiad newydd. Roedd yn feddyliwr unigolyddol na fu erioed, serch hynny, yn ynysig. Ysgrifennodd *The History of Monmouthshire* (1796), a chael cymorth yn y gwaith gan hynafiaethwyr Cymreig, yn arbennig gan ei gyfaill Iolo Morganwg (**Edward Williams**). Efallai mai ei gyfraniad mwyaf parhaol oedd sefydlu'r Gronfa Lenyddol yn 1790 (y Gronfa Lenyddol Frenhinol bellach) i helpu awduron anghenus ac i hyrwyddo rhyddid deallusol.

## WILLIAMS, David (1900–78) Hanesydd

Cafodd David Williams, a hanai o Lan-y-cefn (**Maenclochog**), ei benodi'n ddarlithydd hanes yng **Nghaerdydd** yn 1930; o 1945 hyd 1967 ef oedd Athro Hanes Cymru yn **Aberystwyth**. Ei ddiddordeb cynnar yn hanes y chwyldroadau yn America a Ffrainc a'i harweiniodd i arloesi ym maes hanes cymdeithasol a hanes dosbarth gweithiol Cymru (gw. **Dosbarth**) yn *John Frost* (1939) a *The Rebecca Riots* (1955). Mae'r ddau lyfr pwysig hyn yn tystio i'w ysgolheictod manwl, cytbwys; felly hefyd *A History of Modern Wales* (1950). Ar yr un pryd, adlewyrcha ei waith gryn dipyn o'i bersonoliaeth ef ei hun – ei ddyngarwch, ei ffraethineb, ei ddirmyg at bob hunan-dyb a rhagrith, ynghyd â'i deyrngarwch i'w **Sir Benfro** enedigol.

## WILLIAMS, Edward (Iolo Morganwg; 1747–1826) Hynafiaethydd, bardd a ffugiwr

Yn ôl Ceri W. Lewis, roedd Iolo Morganwg yn 'un o'r dynion galluocaf a mwyaf amryddawn a aned erioed yng Nghymru'. Brodor o **Lancarfan** ydoedd a threuliodd y rhan fwyaf o'i oes yn **Sir Forgannwg** – yn Nhrefflemin (**Sain Tathan**) yn bennaf – ar wahân i gyfnodau yn **Lloegr** yn ystod y 1770au a'r 1790au. Saer maen ydoedd wrth ei grefft a'i alwedigaeth, ond treuliodd flwyddyn o'i oes yng Ngharchar **Caerdydd** fel dyledwr (1786–7).

Ymgyfeillachodd yn gynnar â beirdd a geiriadurwyr Morgannwg ei gyfnod, a dechreuodd gasglu a chopïo llawysgrifau, gan ymserchu yn eu cynnwys, a'u dynwared. O dan ddylanwad deffroad llenyddol a hynafiaethol y 18g. dechreuodd farddoni yn **Gymraeg** a **Saesneg**, gan ymhyfrydu yng ngogoniant llenyddol a hanesyddol Cymru, ac yn arbennig Morgannwg. Mynnai ychwanegu at y gogoniant hwnnw, ac yn absenoldeb ffynonellau hanesyddol i dystio i'w honiadau, galwai ar ei ddoniau llenyddol cyfoethog a'i ddychymyg nerthol i greu rhai ei hun. Trwy ei ffugiadau llwyddodd i gamarwain nid yn unig ysgolheigion cyfoes, nad oeddynt yn yr un cae ag ef o ran gwybodaeth a dysg, ond hefyd eu holynwyr am flynyddoedd lawer. Ymddiddorodd mewn derwyddiaeth (gw. **Derwyddon**), a'i greadigaeth ef yw **Gorsedd Beirdd Ynys Prydain**. Cynhaliodd ei Orsedd gyntaf ar Fryn y Briallu, **Llundain**, yn 1792, ac yn 1819, yn ystod **Eisteddfod** Daleithiol Dyfed yng **Nghaerfyrddin**, llwyddodd i impio'r Orsedd wrth y mudiad eisteddfodol. Ar sail y gweithgarwch hwn, dadleuodd **G. J. Williams** mai Iolo oedd 'un o dadau ysbrydol y mudiad cenedlaethol'.

O oedran cynnar bu Iolo'n gaeth i'r cyffur lodnwm (cymysgedd opiwm), efallai er mwyn lleddfu poen – roedd ei boen cefn yn ei gwneud yn amhosibl iddo gysgu mewn gwely. Mae'n bosibl iawn i'r cyffur ddylanwadu'n drwm ar gyflwr ei feddwl. Er hynny ni ddylid anghofio ei fod yn athrylith o ysgolhaig a gymerai ddiddordeb mewn amrediad eang o bynciau, gan gynnwys **amaethyddiaeth**, garddwriaeth, **pensaernïaeth**, **daeareg**, llysieueg, gwleidyddiaeth, **diwinyddiaeth** a **cherddoriaeth** werin, ac iddo gyfrannu at ein gwybodaeth am lawer ohonynt. Yn wleidyddol, radical ydoedd, ac yn ystod ei amser yn Llundain dechreuodd gyfeirio ato'i hun fel 'The Bard of Liberty'.

Roedd yn fardd rhamantaidd rhagorol, er na chyhoeddwyd fawr o'i farddoniaeth Gymraeg yn ystod ei oes; cyhoeddwyd ei ganu Saesneg mewn dwy gyfrol dan y teitl *Poems Lyrical and Pastoral* (1794). Lluniodd a chyhoeddodd lawer o **emynau** ar gyfer yr **Undodwyr**. Gwelir rhai o'i ffugiadau disglair yn *Barddoniaeth Dafydd ab Gwilym* (1789) ac yn y ***Myvyrian Archaiology*** (1801–7). Ar ôl ei farw cyhoeddwyd *Cyfrinach Beirdd Ynys Prydain* (1829), sy'n cynnwys Dosbarth Morgannwg ar Gerdd Dafod, ffugiad arall o'i eiddo. Ei fab, Taliesin ab Iolo (1787–1847), a fu'n gyfrifol am lywio'r gwaith hwnnw drwy'r wasg. Bu Taliesin yn athro dylanwadol ym **Merthyr Tudful** ac roedd yn ffigwr amlwg ym mywyd diwylliannol Morgannwg. Bu'n rhannol gyfrifol am baratoi'r *Iolo Manuscripts* (1848), ac yn dilyn Gwrthryfel Merthyr (1831; gw. **Merthyr, Gwrthryfel**) roedd yn un o'r rhai a gododd betisiwn i achub cam Dic Penderyn (**Richard Lewis**) a Lewsyn yr Heliwr (**Lewis Lewis**).

## WILLIAMS, Eliseus (Eifion Wyn; 1867–1926) Bardd

Bu Eifion Wyn yn athro ysgol cyn dod yn glerc i gwmni **llechi** yn ei dref enedigol, **Porthmadog**. Roedd yn Rhyddfrydwr pybyr a ymhyfrydai mewn **pysgota** a chwarae **biliards**. Cofir amdano'n bennaf am ei delynegion, yn enwedig y rhai yn ymwneud â byd natur, fel y rhai a ganodd i fisoedd

Iolo Morganwg: engrafiad gan Robert Cruikshank

Emlyn Williams (1905–87)

y flwyddyn. Lluniodd **emynau** poblogaidd hefyd. Dadorchuddiwyd cofeb uwchben ei fedd yn Chwilog (**Llanystumdwy**) gan **David Lloyd George** yn 1934.

**WILLIAMS, Emlyn (George Emlyn Williams; 1905–87)** Dramodydd ac actor

'Hogyn bach o Sir y Fflint' oedd Emlyn Williams, fel yr atgoffodd ei gynulleidfa yn **Eisteddfod** Genedlaethol y **Rhyl**, 1953, wrth agor yr enwocaf erioed o areithiau Llywyddion y Dydd. Fe'i ganed ym Mhen-y-ffordd, **Llanasa**, ac astudiodd yn **Rhydychen**. Yno, wrth wella ar ôl salwch nerfol yn 1926, y dechreuodd ysgrifennu dramâu. Ysgrifennodd gryn 30 ohonynt, a dod yn enw cyfarwydd ar sail *Night Must Fall* (1935), *The Corn is Green* (1938), *The Druid's Rest* (1944) a *The Wind of Heaven* (1945). Ef oedd y cyntaf i gyflwyno ar lwyfannau **Lloegr** bortread o'r bywyd pentrefol Cymreig, a hynny mewn dramâu naturiolaidd a amcanai uwchlaw dim at ddifyrru cynulleidfa. Addaswyd dwy o'i ddramâu ar gyfer y sgrîn, sef *The Corn is Green* (1945 ac 1979) a *Night Must Fall* (1964), ac ef a ysgrifennnodd ac a gyfarwyddodd ***The Last Days of Dolwyn*** (1949), gan actio'r brif ran yn y ffilm honno hefyd. O'r 1950au ymlaen cafodd lwyddiant mawr ar ei deithiau ledled y byd yn cyflwyno gweithiau Dickens a **Dylan Thomas**. Cyhoeddodd hunangofiant hynod ddiddorol mewn dwy ran, *George* (1961) ac *Emlyn* (1973). Yn yr olaf ceir portread credadwy o grwydriadau gŵr hoyw.

**WILLIAMS, Emlyn (1921–95)** Undebwr llafur

Bu Emlyn Williams yn llywydd **Undeb Cenedlaethol y Glowyr** (NUM) yn Ardal De Cymru rhwng 1973 a 1985, ac ef oedd arweinydd glowyr y de yn ystod streic fawr 1984–5 (gw. **Streiciau'r Glowyr**). Er ei fod yn sylfaenol ddrwgdybus o Arthur Scargill, llywydd Prydeinig yr NUM, ei orchestion mawr yn ystod y streic fethiannus fu sicrhau teyrngarwch diildio glowyr y de i'r NUM, ac yna, ar derfyn yr anghydfod, eu harwain yn ôl i'r gwaith gydag anrhydedd ac urddas. Ganed Emlyn Williams yn **Aberdâr**, a dechreuodd weithio yng nglofa Nantmelyn pan nad oedd ond 14 oed. Yn ystod yr **Ail Ryfel Byd** bu'n ymladd yng ngogledd Affrica yn erbyn lluoedd Rommel – ei lysenw yn ddiweddarach ymhlith rhai o'i gyd-lowyr. Gan mai chwerw fu ei brofiad o'r diwydiant **glo** pan oedd mewn dwylo preifat, bu'n well ganddo aros yn y fyddin hyd 1947. Ond y flwyddyn honno dychwelodd i ddiwydiant glo a oedd bellach wedi ei wladoli.

**WILLIAMS, Evan (1871–1959)** Perchennog glofeydd

Yn y blynyddoedd rhwng y ddau ryfel byd, y diwydiant **glo** oedd asgwrn cynnen cyfran helaeth o'r ymrafaelion gwleidyddol ym **Mhrydain**, a chwaraeodd Evan Williams, a aned ym **Mhontarddulais**, ran ganolog ynddynt. Bu'n gadeirydd Cymdeithas Perchnogion Glofeydd Sir Fynwy a De Cymru (1913) ac yn llywydd ei bwrdd cyflafareddu o 1918 ymlaen.

Ef, fel llywydd Cymdeithas Fwyngloddio Prydain Fawr (CFPF) o 1919 hyd 1944, oedd arweinydd perchnogion y glofeydd (gw. **Cymdeithasau Perchnogion Glofeydd**) ac yn ystod ei lywyddiaeth trawsnewidiodd natur y swydd a newid CFPF o fod yn sefydliad goddefol i fod yn un trefnus a gweithredol. Buddugoliaeth ar ei ran fu llwyddo, erbyn 1920, i dynnu'r gwynt o hwyliau'r ymdrechion i wladoli'r diwydiant; taflodd ddŵr oer hefyd – mewn gwrthdaro ffyrnig rhyngddo a **Churchill** yn fwyaf arbennig – ar ymgais dila'r **llywodraeth** i liniaru'r cytundeb ar ddiwedd **Streic Gyffredinol** 1926. Gwrthwynebodd yn gyson a di-ildio gytundebau cyflog a weithredid ar draws Prydain, gan fynnu bod gan reolwyr hawl ddilyffethair i reoli. Er mai ef a roddodd fynegiant i ddyheadau perchnogion pyllau glo, yr unig gysylltiad uniongyrchol a oedd gan Evan Williams â'r diwydiant oedd hwnnw trwy berchnogaeth cwmni bach y teulu ar lofa'r Morlais, **Llangennech**. Fe'i gwnaed yn farwnig yn 1935. Ym marn **Thomas Jones** (1870–1955), nid oedd ond 'dyn bach di-nod'.

**WILLIAMS, Evan [James] (1903–45)** Ffisegydd

Brodor o Gwmsychbant (**Llanwenog**) oedd Evan Williams, ac fe'i hystyrir yn un o'r ffisegwyr disgleiriaf a ddaeth o Gymru erioed – gosodwyd cofeb gan y Sefydliad Ffiseg ar y tŷ lle'i ganed. Roedd yn un o raddedigion **gwyddoniaeth** cyntaf **Abertawe** (gw. **Prifysgol Cymru Abertawe**) a gwnaeth ei ddoethuriaeth o dan gyfarwyddyd Lawrence Bragg ym Manceinion gan astudio'r modd y gwasgerir pelydrau X. Yna aeth i Labordy Cavendish, **Caergrawnt**, lle bu'n gweithio gydag Ernest Rutherford. Aeth wedyn i Copenhagen i weithio o dan gyfarwyddyd Niels Bohr, ac roedd yn un o'r rhai cyntaf i gynnig tystiolaeth arbrofol fanwl o ragdybiaethau'r ddamcaniaeth cwantwm. Fe'i penodwyd yn y man i swydd ym Mhrifysgol **Lerpwl**, ac yn 1938 daeth yn Athro ffiseg yn **Aberystwyth** (gw. **Prifysgol Cymru, Aberystwyth**).

O ganol y 1930au ymlaen gwelwyd datblygiadau carlamus ym maes ffiseg gronynnau a phorthwyd y gweithgaredd hwn gan ddamcaniaeth Hideki Yukawa ynghylch bodolaeth gronyn a chanddo fàs hanner y ffordd rhwng yr electron a'r proton – y meson-pi neu'r pion fel y'i gelwir bellach. Fel llawer o ffisegwyr eraill y cyfnod, ceisiodd Evan Williams sicrhau prawf o fodolaeth gronyn damcaniaethol Yukawa. Yn 1940 bu'n gyfrifol am yr arsylwad cyntaf o ddadfeiliad y gronyn sy'n cael ei adnabod bellach fel y mwon (sicrhaodd brawf gan hynny fod modd i ronynnau sylfaenol gael eu trawsnewid yn ronynnau eraill). Mewn 'siambr gwmwl' a adeiladwyd yn seler yr Hen Goleg yn Aberystwyth y cynhaliwyd yr arbrofion hyn. Yn wir, ar ôl marwolaeth Evan Williams, dangosodd archwiliad o'r platiau ffotograffig nad yw'n amhosibl ei fod wedi sicrhau prawf yn 1940 o fodolaeth gronyn Yukawa. Ond amharwyd ar y gwaith gan yr **Ail Ryfel Byd**, a thîm o Fryste a wnaeth yr arsylwad cydnabyddedig cyntaf o'r meson-pi yn 1947.

Yn ystod y rhyfel bu Evan Williams ar secondiad gyda Goruchwyliaeth Amddiffyn y Glannau. Ei syniad ef oedd dadfagneteiddio neu niwtraleiddio **llongau** er mwyn eu gwarchod rhag ffrwydron magnetig. Ef hefyd a bennodd y dyfnder gorau posibl ar gyfer ffrwydro bomiau tanddwr. Llwyddodd, yn ogystal, i roi cyngor tyngedfennol i warchod llongau'r Cynghreiriaid rhag llongau tanfor yr Almaen. Bu farw Evan Williams o ganser yn 42 ac yntau yn anterth ei alluoedd deallusol. Roedd ei frawd, Dafydd neu David Williams (1894–1970), yn beiriannydd medrus a daeth yn gryn awdurdod ar adeiledd awyrennau.

**WILLIAMS, G[riffith] J[ohn] (1892–1963)** Ysgolhaig
G. J. Williams oedd yr arbenigwr pennaf ar Iolo Morganwg (**Edward Williams**). Daeth i amlygrwydd gyda'i gyfrol *Iolo Morganwg a Chywyddau'r Ychwanegiad* (1926), a ddatgelai fel y tadogodd Iolo rai o'i gywyddau ei hun ar **Ddafydd ap Gwilym**, a'i waith mawr olaf oedd cyfrol gyntaf ei gofiant anorffenedig iddo, *Iolo Morganwg* (1956). Cyhoeddodd gyfrol hefyd ar draddodiad llenyddol **Morgannwg**, ynghyd ag erthyglau niferus yn olrhain hanes ysgolheictod Cymraeg ac astudiaethau creiddiol o weithiau dyneiddwyr yr 16g. Brodor o Gellan (**Llanfair Clydogau**) ydoedd, ac fe'i haddysgwyd yn **Aberystwyth**. Daeth yn ddarlithydd yn adran y **Gymraeg** yng **Nghaerdydd** yn 1921, ac yn Athro'r adran yn 1946. Ffurfiwyd Y Mudiad Cymreig, un o'r cymdeithasau a ddaeth ynghyd i ffurfio **Plaid [Genedlaethol] Cymru** yn 1925, yn ei gartref ym **Mhenarth**.

**WILLIAMS, G[wilym] O[wen] (1913–91)** Archesgob
Ganed G. O. Williams yn **Llundain** i deulu o Anghydffurfwyr, ond fe'i maged gerllaw Penisa'r-waun (**Llanddeiniolen**). Ymunodd 'G.O.', fel y daethpwyd i'w adnabod, â'r **Anglicaniaid** ar ôl gyrfa academaidd ddisglair yn **Rhydychen**. Bu'n esgob **Bangor** (1957–82) ac yn archesgob Cymru (1971–82). Enynnodd barch eang am ei gyfraniad i fywyd cyhoeddus Cymru, ac yn ystod ei gyfnod fel archesgob roedd fel petai'r **Eglwys yng Nghymru**, dros 60 mlynedd ar ôl y **datgysylltu**, yn cael ei hystyried fel eglwys led swyddogol y wlad. Er enghraifft, yn anterth y protestio dros sianel deledu Gymraeg, aelodau'r ddirprwyaeth o Gymru a gyfarfu â'r ysgrifennydd cartref, William Whitelaw, yn 1980, oedd yr archesgob, **Cledwyn Hughes** (cyn-**ysgrifennydd gwladol Cymru**) a **Goronwy Daniel** (cyn is-ganghellor **Prifysgol Cymru**). Y cyfarfod hwnnw a arweiniodd at benderfyniad y **llywodraeth** i sefydlu **S4C**, gan rwyddhau'r ffordd i **Gwynfor Evans** roi'r gorau i'w ympryd arfaethedig.

Glanmor Williams

**WILLIAMS, Glanmor (1920–2005)** Hanesydd
Glanmor Williams oedd prif hanesydd Cymru yn ystod ail hanner yr 20g. (gw. **Hanesyddiaeth Cymru**). Roedd yn frodor o Ddowlais (**Merthyr Tudful**) a graddiodd yn **Aberystwyth**. Treuliodd ei yrfa yn adran hanes Coleg y Brifysgol, **Abertawe** (gw. **Prifysgol Cymru Abertawe**), lle bu'n Athro o 1957 hyd 1982. Ymhlith ei gyhoeddiadau niferus y mae ei gampwaith, *The Welsh Church from Conquest to Reformation* (1962), *Welsh Reformation Essays* (1967), *Recovery, Reorientation and Reformation* (1987), *Grym Tafodau Tân* (1984), *Wales and the Reformation* (1997) a *Glanmor Williams: a Life* (2002). Blodeuodd astudiaethau hanesyddol Cymreig o ganol yr 20g. a hynny o dan arweiniad Glanmor Williams; ef a fu'n bennaf cyfrifol am sefydlu *Welsh History Review / Cylchgrawn Hanes Cymru* (1960–), ac ef hefyd, yn anad neb, a oedd y tu ôl i dri phroject aml-gyfrol, sef yr *Oxford History of Wales*, hanes **Sir Forgannwg** a'r gyfres o fonograffau, *Studies in Welsh History*. Gwnaeth gyfraniad enfawr fel athro, a bu'n hynod gefnogol i haneswyr amatur a lleol. Roedd yn aelod o'r pwyllgor a ymchwiliodd i statws cyfreithiol yr iaith **Gymraeg** ac yn gyd-awdur ei adroddiad (1965). Ef oedd llywodraethwr Cymreig y BBC o 1965 hyd 1971, cyfnod dadleuol yn hanes **darlledu** yng Nghymru. Fe'i hurddwyd yn farchog yn 1995.

**WILLIAMS, Grace [Mary] (1906–77)** Cyfansoddwraig
Ganed Grace Williams yn y **Barri**. Graddiodd yng **Nghaerdydd** cyn astudio cyfansoddi gyda Vaughan Williams a Gordon Jacob yn y Coleg Cerdd Brenhinol, **Llundain**, ac yna yn Fienna, gydag Egon Wellensz. Treuliodd flynyddoedd lawer yn athrawes mewn ysgolion ac mewn coleg hyfforddi

Gwyn Alfred Williams

athrawon yn Llundain, cyn dychwelyd yn 1947 i Gymru i ganolbwyntio ar gyfansoddi. Cyfansoddodd y rhan fwyaf o'i phrif weithiau mawr mewn ymateb i gomisiynau gan sefydliadau fel BBC Cymru a **Cherddorfa Genedlaethol Ieuenctid Cymru**. Byddai'n aml yn defnyddio themâu Cymreig, fel yn *Fantasia on Welsh Nursery Tunes* (1941) a *Penillion for Orchestra* (1955). Cyfansoddodd un opera, *The Parlour* (1966), ond ei cherddoriaeth gerddorfaol a lleisiol yw ei gwaith mwyaf parhaol, ac ynddi clywir llais unigolyn a thechneg gyfansoddi argyhoeddiadol. Bu farw yn ei thref enedigol.

**WILLIAMS, Gwyn (1904–90)** Cyfieithydd a llenor
Brodor o **Bort Talbot** oedd Gwyn Williams, ac o 1935 ymlaen bu'n dysgu **Saesneg** mewn prifysgolion yng ngogledd Affrica a Thwrci, gan ddychwelyd i Gymru yn 1969. Ei gyfieithiadau ef o farddoniaeth Gymraeg, a gyhoeddwyd yn y 1950au, oedd y rhai gorau a oedd ar gael yn eu dydd, a chasglwyd y cyfan ynghyd mewn un gyfrol, *To Look for a Word*, yn 1976. Roedd hefyd yn awdur llu o lyfrau eraill yn Saesneg ac yn **Gymraeg**. Yn eu plith y mae tair nofel, hunangofiant, pedwar llyfr taith am Cyrenaica a Thwrci, llyfrau am hanes Cymru a phum cyfrol o'i gerddi ei hun; ymddangosodd ei *Collected Poems* yn 1987. Cyhoeddwyd ei atgofion am ei gyfnod yn ffermio yn Nhrefenter (**Llangwyryfon**) yn 2004.

**WILLIAMS, Gwyn Alfred (1925–95)** Hanesydd
Brodor o Ddowlais (**Merthyr Tudful**) oedd Gwyn A. Williams. Bu'n ddarlithydd hanes yn **Aberystwyth** (1954–65) ac yn Athro hanes yng Nghaerefrog (1965–74) ac yng **Nghaerdydd** (1974–85). O 1985 ymlaen bu'n gweithio ym myd teledu fel awdur a chyflwynydd. Ymhlith ei lyfrau ar bynciau Cymreig ceir *The Merthyr Rising* (1978), *Madoc: the Making of a Myth* (1979), *The Search for Beulah Land* (1980), *The Welsh in their History* (1982) a *When Was Wales?* (1985). Roedd yn Farcsydd er iddo ddod, yn ddiweddarach, yn aelod o **Blaid [Genedlaethol] Cymru**, a gwelai ei hun fel cofiadur y bobl; mae ei lyfrau, fel ei ddarllediadau, yn adlewyrchu ei ddysg eang, ei angerdd a'i allu i ddramateiddio ei bwnc. (Gw. hefyd **Wynford Vaughan Thomas**.)

**WILLIAMS, Ifor (1881–1965)** Ysgolhaig
Fel y prif awdurdod ar y **Cynfeirdd** y gwnaeth Ifor Williams, a oedd yn frodor o Dre-garth (**Llandygái**), ei gyfraniad pennaf. Treuliodd oes yn astudio'r canu a'i gefndir, gan gyhoeddi ffrwyth ei ymchwil mewn cyfres o olygiadau llachar: *Canu Llywarch Hen* (1935), *Canu Aneirin* (1938) a *Canu Taliesin* (1960). Ef hefyd a ddarparodd y golygiadau dibynadwy cyntaf o rai o chwedlau'r **Mabinogion**, yn ogystal â gweithiau rhai o **Feirdd yr Uchelwyr**. Yn adran y **Gymraeg** ym **Mangor** y bu gydol ei yrfa (fe'i dyrchafwyd yn Athro yn 1920). Roedd yn un o sylfaenwyr cylchgrawn radical *Y Tyddynnwr*, yn bregethwr lleyg ac yn ddarlledwr ac ysgrifwr medrus. Ei bryder dros ddyfodol y Gymraeg a'i harweiniodd i ymdrechu i sefydlu ffurf safonol ar Gymraeg llafar, a alwodd yn Gymraeg Byw. Fe'i hurddwyd yn farchog yn 1947.

**WILLIAMS, J[ohn] E[llis] Caerwyn (1912–99)** Ysgolhaig
Roedd J. E. Caerwyn Williams yn un o brif feistri'r 20g. ar yr ieithoedd Brythonig a Goedelig (gw. **Cymraeg**). Fe'i ganed yng **Ngwauncaegurwen** ac astudiodd ym **Mangor**, Dulyn, **Aberystwyth** a'r **Bala**. Fe'i penodwyd yn ddarlithydd yn y Gymraeg ym Mangor yn 1945 a'i ddyrchafu'n Athro yn 1953. Yn 1965 daeth yn Athro'r Wyddeleg yn Aberystwyth, ac ef oedd cyfarwyddwr cyntaf y **Ganolfan Uwchefrydiau Cymreig a Cheltaidd**. Mae amrediad ei gyfraniad ysgolheigaidd yn drawiadol – o draddodiad llenyddol **Iwerddon** i farddoniaeth y **Gogynfeirdd**, o lenyddiaeth grefyddol yr Oesoedd Canol i feirniadaeth lenyddol.

**WILLIAMS, J[ohn] G[riffith] (1915–87)** Llenor
Bu J. G. Williams, a aned yn Llangwnnadl (**Tudweiliog**), yn saer coed ac yna'n athro gwaith coed. Mae camp arbennig ar ei ddwy gyfrol o hunangofiant, *Pigau'r Sêr* (1969) a *Maes Mihangel* (1974); mae'r olaf yn gorffen gyda chyfnod yr **Ail Ryfel Byd**, pan gafodd yr awdur ei garcharu fel gwrthwynebydd cydwybodol (am resymau cenedlaetholgar). Ysgrifennodd hefyd nofel hanesyddol am gyfnod **Owain Glyndŵr**, sef *Betws Hirfaen* (1978). Roedd ei frawd, Robin Williams (1923–2003), gweinidog gydag Eglwys Bresbyteraidd Cymru (**Methodistiaid Calfinaidd**), yn ysgrifwr medrus a gyhoeddodd sawl cyfrol, yn ogystal â bod yn ddarlledwr poblogaidd. Yn ystod ei ieuenctid roedd yn aelod o Driawd y Coleg.

**WILLIAMS, J[ohn] Lloyd (1854–1945)** Botanegydd a cherddor
Ganed J. Lloyd Williams yn **Llanrwst** a bu'n brifathro ysgol elfennol Garndolbenmaen (**Dolbenmaen**) am 18 mlynedd. Gadawodd y swydd honno i wneud gwaith ymchwil ar wymon yn y Royal College of Science, **Llundain**. Bu'n ddarlithydd botaneg ym **Mangor** ac yn Athro botaneg yn **Aberystwyth**; roedd yn awdurdod cydnabyddedig ar wymon ac

ar **blanhigion** arctig-alpaidd **Eryri**. Bu'n flaenllaw yng **Nghymdeithas Alawon Gwerin Cymru** o'r adeg y'i sefydlwyd, gan olygu ei chylchgrawn o 1909 hyd ei farw a hyfforddi ei fyfyrwyr ym Mangor i gofnodi caneuon. Golygodd gylchgrawn *Y Cerddor* o 1930 hyd 1939 a chyhoeddodd gyfrolau o drefniannau o alawon gwerin a phedair cyfrol o hunangofiant.

**WILLIAMS, J[ohn] O[wen] (1942–2000)** Cemegydd
Bu J. O. Williams yn astudio **cemeg** ym **Mangor**, lle daeth o dan ddylanwad John Meurig Thomas, a fu'n arweinydd a mentor ysbrydoledig iddo. Brodor o **Borthmadog** ydoedd, ac ar ôl cwblhau ei ddoethuriaeth ar nodweddion cyflwr solidaidd anthrasin a chyfansoddion cyffelyb, a threulio blwyddyn yn adran bioffiseg Prifysgol Talaith Michigan, dilynodd John Meurig Thomas i **Aberystwyth** fel uwchgymrawd ymchwil (a darllenydd yn y man). Yn Aberystwyth, ac yna fel Athro yn Sefydliad Gwyddoniaeth a Thechnoleg Prifysgol Manceinion, daeth yn arweinydd rhyngwladol ym maes adeiledd lled-ddargludyddion. Dychwelodd i Gymru yn 1991 i fod yn brifathro **Athrofa Addysg Uwch Gogledd-ddwyrain Cymru**. Roedd yn bêl-droediwr amatur rhyngwladol, yn golffiwr, yn hwyliwr ac yn ganwr medrus.

**WILLIAMS, Jac L[ewis] (1918–77)** Addysgwr ac awdur
Brodor o Aber-arth (**Dyffryn Arth**) oedd Jac L. Williams, a daeth yn awdurdod ar **addysg** ddwyieithog. Wedi'i addysgu yn **Aberystwyth** a **Llundain**, bu'n ddarlithydd yng **Ngholeg y Drindod, Caerfyrddin**, ac ef oedd Athro addysg Coleg Prifysgol Cymru, Aberystwyth (**Prifysgol Cymru, Aberystwyth**) o 1960 hyd ei farw. Roedd yn ŵr hynod annibynnol ei farn fel y dengys y llu o erthyglau ganddo mewn cyfnodolion megis *Barn*, yn bennaf ar faterion yn ymwneud ag addysg a'r **Gymraeg**. Gwrthwynebodd yn chwyrn sefydlu sianel deledu yn benodol ar gyfer rhaglenni Cymraeg (gw. **S4C**), gan ddadlau y byddai hynny'n dieithrio Cymry di-Gymraeg oddi wrth y diwylliant Cymraeg. Cyhoeddwyd cyfrolau o'i straeon a'i ysgrifau.

**WILLIAMS, Jane (Ysgafell; 1806–85)** Awdures
Yn **Llundain** y ganed Jane Williams ond treuliodd hanner cyntaf ei hoes yn **Nhalgarth**, gan fagu diddordeb mewn **llenyddiaeth** Gymraeg a dysgu'r iaith. Amlygwyd ei dawn fel bardd Saesneg yn gynnar, ond mae ei gwaith cyhoeddedig hefyd yn cwmpasu traethodau defosiynol, ymateb deifiol i adroddiad **addysg** 1847 (gw. **Brad y Llyfrau Gleision**) a chyfrol ar hanes Cymru (1869). Rhagorai ym maes y bywgraffiad, fel y dengys ei chyfrolau ar Carnhuanawc (**Thomas Price**) (1854–5) a Betsi Cadwaladr (**Elizabeth Davi(e)s**) (1857) ynghyd â'r casgliad *The Literary Women of England* (1861).

**WILLIAMS, John (1582–1650)** Archesgob
Cysegrwyd John Williams yn archesgob Caerefrog yn 1641, er ei fod yn gwrthwynebu polisïau eglwysig Charles I ac yn elyn i'r Archesgob Laud (ffaith a arweiniodd at ei garcharu). Cefnogodd y brenin ar ddechrau'r **Rhyfeloedd Cartref**, gan adnewyddu ac amddiffyn Castell **Conwy** (Conwy oedd ei dref enedigol); ond erbyn 1646 roedd yn cynorthwyo lluoedd y Senedd wrth iddynt geisio cipio'r castell. Cafodd ei gladdu yn **Llandygái**. Cred rhai na fyddai'r Rhyfeloedd Cartref wedi digwydd petai Charles wedi gwrando ar John Williams yn hytrach nag ar Laud.

**WILLIAMS, John (1732–95)** Arolygwr mwyngloddio
Mab fferm o **Geri**, **Sir Drefaldwyn**, oedd John Williams a dechreuodd ar ei yrfa fel mwynwr yn **Sir Aberteifi** ac **Eryri**. Wedi iddo symud i'r **Alban** daethpwyd i'w gydnabod ymhen dim o dro yn arolygwr mwyngloddio o'r radd flaenaf. Mae ei arweinlyfr, *The Natural History of the Mineral Kingdom* (2 gyfrol, 1790; ynghyd â chyfieithiad o rannau ohono i'r Almaeneg, 1798), yn ymdrin â chwilio a chloddio am **lo**; llanwodd fwlch ym maes llenyddiaeth dechnegol Ewrop a dyfarnwyd medal aur i'r awdur gan Catrin Fawr o Rwsia. Bu farw John Williams yn Verona o'r teiffoid, ar ôl cael ei ddenu yno gan y Dug Alvise Zenobio (1757–1817) i gynnal arolwg mwynol o'i ddugiaeth.

**WILLIAMS, John (1801–59)** Naturiaethwr
Hanai John Williams o **Lanrwst**, a bu'n arddwr proffesiynol yn Kew a Chelsea cyn troi at feddygaeth. Ef oedd awdur y cyfeiriadur tairieithog *Faunula Grustensis* (1830), sy'n dwyn yr is-deitl 'An Outline of the Natural Contents of the Parish of Llanrwst'. Dan yr enw 'Corvinius', bu'n ysgrifennu'n helaeth ar bynciau gwyddonol – gan gynnwys erthygl arloesol ar **blanhigion** prin yr **Wyddfa** – yng nghyfnodolion Cymraeg ei oes.

**WILLIAMS, John (Ab Ithel; 1811–62)** Hynafiaethydd a golygydd
Brodor o **Langynhafal** a gŵr amrywiol ei weithgarwch oedd Ab Ithel. Golygodd amryw o **gylchgronau** a thestunau barddoniaeth a rhyddiaith, ond diddymwyd gwerth y gwaith hwn gan ddylanwad Iolo Morganwg (**Edward Williams**) arno. Bu'n rheithor Llanymawddwy (**Mawddwy**) o 1849 hyd ei farw, yn arweinydd ym **Mudiad Rhydychen**, yn un o'r **Hen Bersoniaid Llengar** ac yn gyd-sylfaenydd y cylchgrawn *Archaeologica Cambrensis* (1846–) gyda **Harry Longueville Jones**. Ef a drefnodd yr **eisteddfod** a gynhaliwyd yn **Llangollen** yn 1858. Yr eisteddfod ryfeddol hon a wrthododd wobrwyo **Thomas Stephens** am ei draethawd ar **Madog ab Owain Gwynedd**, ond yr oedd hefyd yn rhagflaenydd i'r Eisteddfod Genedlaethol.

**WILLIAMS, John (1840–1926)** Meddyg a chasglwr llawysgrifau
Ganed John Williams yng Ngwynfe (**Llangadog**). Ar ôl astudio ym Mhrifysgol Glasgow, bu'n gweithio yn **Abertawe** fel prentis meddygol cyn mynd yn fyfyriwr i Ysbyty Coleg y Brifysgol, **Llundain**. Bu'n feddyg yn Abertawe cyn dychwelyd i'r ysbyty yn Llundain. Yno, torrodd dir newydd ym maes gynaecoleg gyda'i waith llawfeddygol. Yn ddiweddarach fe'i gwnaed yn Athro ym Mhrifysgol Llundain ac yn 1886 fe'i penodwyd yn feddyg i'r Frenhines Victoria, a'i gwnaeth yn farwnig yn 1894. Chwaraeodd ran allweddol yn y gwaith o sefydlu **Llyfrgell Genedlaethol Cymru**, ac ef oedd ei llywydd cyntaf. Bu hefyd yn llywydd Coleg Prifysgol Cymru, **Aberystwyth** (**Prifysgol Cymru, Aberystwyth**). Trosglwyddodd ei gasgliad gwerthfawr o lawysgrifau a llyfrau i'r Llyfrgell Genedlaethol ar yr amod y byddai'r sefydliad yn cael ei leoli yn Aberystwyth. Yn 2005 honnodd Tony Williams, perthynas pell iddo, mai John Williams oedd Jack the Ripper, y llofrudd a laddodd bum putain yn Llundain yn 1888; arweiniodd yr honiad hwn, a wnaed mewn llyfr o'r enw

*Uncle Jack*, at fflyd o ymholiadau i'r Llyfrgell gan grancod o bedwar ban byd.

**WILLIAMS, John (Brynsiencyn; 1853–1921)** Gweinidog
John Williams, Brynsiencyn, oedd pregethwr grymusaf y **Methodistiaid Calfinaidd** yn ei ddydd, ond fe'i cofir yn bennaf am ei weithgarwch yn annog cannoedd o Gymry ifainc i ymuno â byddin **Prydain** yn ystod y **Rhyfel Byd Cyntaf**. Fe'i ganed yn Llandyfrydog (**Rhos-y-bol**) a'i fagu ym **Miwmares**. Dechreuodd **bregethu** yn 1873; fe'i hordeiniwyd yn 1878 a bu'n gweinidogaethu ym Mrynsiencyn (**Llanidan**) a **Lerpwl**, cyn ymddeol i Frynsiencyn yn 1906.

Rhyddfrydwr ydoedd o ran ei wleidyddiaeth, ond ceidwadol oedd ei **ddiwinyddiaeth**. Bu'n daer dros greu **Corfflu'r Fyddin Gymreig** ac roedd yn gaplan anrhydeddus iddo. Aeth mor bell ag arwain gwasanaethau mewn gwisg filwrol, ac fe'i hystyrid yn swyddog recriwtio pwysicaf **David Lloyd George** yng Nghymru. Ond wrth i'r colledion ar faes y gad gynyddu, collodd yntau ei enw da. Fe'i claddwyd yn Llanfaes (Biwmares) yn ymyl ei arwr, **John Elias**.

**WILLIAMS, [Laurence] John (1929–2004)**
Economegydd a hanesydd
Brodor o **Gaerdydd** oedd John Williams, ac yno y'i haddysgwyd. Yn 1962 daeth yn ddarlithydd yn adran economeg Coleg Prifysgol Cymru, **Aberystwyth** (gw. **Prifysgol Cymru, Aberystwyth**), lle arhosodd hyd ei ymddeoliad yn 1994; cafodd gadair bersonol yn 1989. Roedd ei gyhoeddiadau'n eang eu hamrediad ac yn cynnwys astudiaethau o ddirywiad y diwydiant gweithgynhyrchu ym **Mhrydain**, dyfodol yr Undeb Ewropeaidd a damcaniaethau Keynes a Beveridge. Ymhlith ei weithiau'n ymdrin â Chymru yr oedd *The South Wales Coal Industry, 1841–1875* (gyda J. H. Morris, 1958), casgliad nodedig o ysgrifau (*Was Wales Industrialized?* 1995) a *Digest of Welsh Historical Statistics* (1985 ac argraffiadau diweddarach). Gan mai anaml y bydd y cyfrifiad a chyrff casglu ystadegau eraill yn trin Cymru fel uned, buan yr enillodd y *Digest* ei le fel cyfrol gwbl anhepgor yn llyfrgelloedd haneswyr Cymru fodern. John Williams yn anad neb a sefydlodd ac a hybodd dwf Cymdeithas Hanes Llafur yng Nghymru a'i chyfnodolyn, *Llafur*.

**WILLIAMS, John Ellis (1901–75)** Awdur
Fel dramodydd, storïwr, ysgrifwr, dychanwr, newyddiadurwr, cyfieithydd a beirniad, rhaid bod John Ellis Williams yn un o'r ddau neu dri awdur Cymraeg mwyaf cynhyrchiol erioed; cyhoeddodd dros 70 o lyfrau. Fe'i magwyd ym Mhenmachno (**Bro Machno**) a bu'n ysgolfeistr ym Mlaenau **Ffestiniog**. Bu mynd mawr ar ei ddramâu – *Ceidwad y Porth* (1927), *Pen y Daith* (1932), *Chwalu'r Nyth* (1939) ac eraill. Ysgrifennodd ddwy gyfres o straeon ditectif, Cyfres Hopcyn a Chyfres Parri, a 12 o lyfrau i blant. Mewn cyfrolau fel *Sglodion* (1932) a *Whilmentan* (1961) gwelir ei dynfa at ddychan a thynnu coes. Ceir hanes ei yrfa lenyddol yn *Inc yn fy Ngwaed* (1963), cyfrol sy'n werthfawr am ei darlun o fyd y **ddrama** Gymraeg ym mlynyddoedd canol yr 20g.

**WILLIAMS, John Roberts (1914–2004)**
Newyddiadurwr a darlledwr
Daeth John Roberts Williams, a aned yn Llangybi (**Llanystumdwy**) ac a addysgwyd ym **Mangor**, i amlygrwydd fel golygydd *Y Cymro*, papur y llwyddodd i gynyddu ei gylchrediad yn sylweddol rhwng 1945 ac 1962. Ar y cyd â ffotograffydd *Y Cymro*, **Geoff Charles**, cynhyrchodd y ffilm arloesol ***Yr Etifeddiaeth*** (1949). Yn 1963 fe'i penodwyd yn olygydd rhaglen newyddion BBC Cymru, *Heddiw*, swydd y bu ynddi hyd 1970, pan ddaeth yn bennaeth y BBC yn y gogledd. Hyd at ychydig wythnosau cyn ei farwolaeth, câi ei olwg graff ar faterion byd-eang a Chymreig fynegiant yn ei sgwrs radio wythnosol *Dros fy Sbectol*.

**WILLIAMS, [John] Kyffin (1918–2006)** Arlunydd ac awdur
Efallai mai Kyffin Williams oedd arlunydd enwocaf Cymru'r 20g.; yn sicr, ymserchodd nifer fawr o Gymry ynddo ef fel dyn yn ogystal ag yn ei waith, ac fe'i hadwaenid yn gyffredin wrth ei enw cyntaf yn unig. O **Langefni** yr hanai, ac afiechyd a barodd iddo ddod yn arlunydd. Dechreuodd ar yrfa yn y fyddin yn 1937 ond bu'n rhaid iddo adael y **Ffiwsilwyr Brenhinol Cymreig** yn 1941 oherwydd ei fod yn dioddef o epilepsi; fe'i cynghorwyd gan feddyg i ddechrau **peintio** er lles ei iechyd.

Ar ôl astudio yn Ysgol Gelf Slade, a symudwyd i **Rydychen** yn ystod yr **Ail Ryfel Byd**, bu'n uwch-athro celf yn Ysgol Highgate, **Llundain**, o 1944 hyd 1973. Yn ystod y cyfnod hwn dychwelai i Gymru yn aml i beintio, ac yn 1968 aeth i **Batagonia** gan gofnodi ei argraffiadau o'r gymuned Gymreig yn y Wladfa. Ynghanol ei bumdegau ymgartrefodd yn derfynol ym **Môn**, ac am flynyddoedd maith bu'n byw ar lan y **Fenai** yn **Llanfair Pwllgwyngyll**, mewn bwthyn lle ceid golygfeydd gwych o fynyddoedd **Eryri**. Daeth y tirlun hwn, yn enwedig pan fyddai cymylau trwm yn crynhoi, yn ganolog i'r rhan fwyaf o'i waith, er bod ganddo fwy o feddwl o'i bortreadau.

Mae lluniau olew Kyffin yn hawdd eu hadnabod, gyda'u cramennau trwchus o baent, eu hamlinellau pendant, eu hegni aflonydd a'u hawyrgylch ddramatig; bu mynegiadaeth a gwaith van Gogh yn ddylanwadau pwysig arno. Cynhyrchodd waith meistraidd mewn lliwiau pastel a dyfrlliw hefyd.

Etholwyd Kyffin yn aelod o'r Academi Frenhinol yn 1974 a chafodd ei urddo'n farchog yn 1999. Defnyddiodd ei statws i ymgyrchu dros oriel gelf genedlaethol Gymreig, er ei fod yn drwm ei lach ar rai o ffasiynau ymhonnus y byd celf. Ac yntau wedi'i orseddu mor ymddangosiadol gadarn yn brif artist y genedl, fe'i disgrifiwyd gan arlunydd Cymreig o genedlaeth iau fel 'mam frenhines y byd celf Cymreig'. Ymhlith ei gyhoeddiadau y mae dwy gyfrol hunangofiannol, *Across the Straits* (1973) ac *A Wider Sky* (1991).

**WILLIAMS, Margaret Lindsay (1888–1960)** Arlunydd
Roedd Margaret Lindsay Williams yn ferch i berchennog **llongau** cyfoethog yn y **Barri**, ac astudiodd yng **Nghaerdydd** ac yn yr Academi Gelf Frenhinol yn **Llundain**. Roedd ei phortreadau rhamantaidd academaidd yn boblogaidd yn eu dydd, ac felly hefyd ei lluniau yn seiliedig ar straeon gwerin Cymru. Defnyddiodd ei doniau fel artist i greu golygfeydd alegorïaidd hynod o felodramatig.

**WILLIAMS, Maria Jane (Llinos; 1795–1873)**
Cantores a chasglydd caneuon gwerin
Roedd Maria Jane Williams, a aned ym mhlasty Aberpergwm (**Glyn-nedd**), yn delynores ac yn gitarydd ond yn

Kyffin Williams, *Farmers on Glyder Fach*, 1981

arbennig o adnabyddus fel cantores, ac am hynny yr enillodd yr enw Llinos. Roedd yn gyfeilles i Arglwyddes Llanover (**Augusta Hall**) ac yn gysylltiedig â'r gymdeithas ddiwylliannol Gymreig, Cymreigyddion y Fenni (gw. **Cymreigyddion**). Daeth ei chartref yn gyrchfan i selogion y 'Dadeni Celtaidd'. Bu'n astudio ac yn casglu caneuon gwerin a chyhoeddodd *Ancient National Airs of Gwent and Morganwg* (1844) sydd, er gwaethaf beirniadaeth ddiweddarach, yn parhau'n gyfraniad pwysig i ysgolheictod **cerddoriaeth** Gymreig draddodiadol.

## **WILLIAMS, Meirion (1901–76)** Cyfansoddwr

Ganed Meirion Williams yn **Nyffryn Ardudwy** ac astudiodd yn **Aberystwyth**, o dan **Walford Davies**, ac yn yr Academi Gerdd Frenhinol yn **Llundain**. Ymsefydlodd yn Llundain fel pianydd a chyfeilydd, a bu'n organydd ac yn gôr-feistr i dair eglwys Gymraeg. Cyfeiliodd i nifer o unawdwyr enwog, a daeth i amlygrwydd fel beirniad mewn eisteddfodau, gan gynnwys yr **Eisteddfod** Genedlaethol. Cyfansoddodd nifer fawr o ganeuon adnabyddus, megis 'Aros mae'r mynyddau mawr' a 'Gwynfyd'. Nodweddir ei ganeuon gan arddull delynegol a sensitifrwydd i farddoniaeth y geiriau.

## **WILLIAMS, Morgan (1808–83)** Siartydd a newyddiadurwr

Bu'r gwehydd a'r Undodwr hwn o **Ferthyr Tudful** yn flaenllaw gyda mudiadau'r gweithwyr a bu'n cydolygu *Y Gweithiwr/The Worker* gyda John Thomas yn 1834 (gw. **Cylchgronau**). Ym Mawrth 1840 ymunodd gyda David John i gyhoeddi *Udgorn Cymru* er hyrwyddo amcanion y Siartwyr (gw. **Siartiaeth**), a hwy hefyd a sefydlodd *The Advocate and Merthyr Free Press* ym mis Gorffennaf yr un flwyddyn. Achosodd y ddau bapur gryn gynnwrf ymhlith yr ynadon lleol, a anogodd y Swyddfa Gartref i ddwyn achos yn erbyn eu cyhoeddwyr. Daeth oes yr *Advocate* i ben yn Ebrill 1841, ond parhaodd yr *Udgorn* i ymddangos tan 1842. Morgan Williams oedd un o'r ychydig rai a ohebai â **John Frost** pan oedd hwnnw ar ei fordaith i alltudiaeth. Yn 1842 fe'i penodwyd yn un o bum cyfarwyddwr Cymdeithas Genedlaethol y Siarter. Bu'n gofrestrydd priodasau ym Merthyr o 1853 hyd ei farw a chyhoeddodd ddeunydd ynglŷn â'i gyd-Undodwr, Iolo Morganwg (**Edward Williams**).

## **WILLIAMS, Morris (Nicander; 1809–74)** Bardd

Brodor o Langybi (**Llanystumdwy**) oedd Nicander. Cafodd ei addysgu yn **Rhydychen** a bu'n fawr ei sêl dros **Fudiad Rhydychen**. Enillodd wobrau eisteddfodol, ond nid bri parhaol, am bryddestau arwrol hirfaith. Fodd bynnag, ceir mwy o'i **emynau** ef yn llyfr emynau Cymraeg yr **Eglwys yng Nghymru** nag unrhyw emynydd arall ar wahân i **William Williams**, Pantycelyn (1717–91).

## **WILLIAMS, Penry (1800–85)** Arlunydd

Ganed Penry Williams, a dreuliodd bron i 60 mlynedd yn Rhufain, ym **Merthyr Tudful**, yn fab i saer maen. Tra oedd yn gweithio yn swyddfa gynllunio Gwaith Haearn Cyfarthfa,

Penry Williams, *The Procession to the Christening in L'Ariccia*, 1831

daeth i sylw ei noddwr cyntaf, William Crawshay II (gw. **Crawshay, Teulu**). Ef a fu'n gyfrifol am anfon Penry Williams i Ysgolion yr Academi Frenhinol yn **Llundain**. Roedd ei waith cynnar yn cynnwys astudiaethau o weithwyr ac ardal Merthyr; mae ei beintiad o derfysgoedd 1816 yn dangos talent a theimlad, er nad yw'n gwbl gaboledig. Daeth yn llwyddiannus iawn yn Rhufain, gan beintio golygfeydd o'r Campagna a phortreadau o'r bonedd.

**WILLIAMS, Peter (1723–96)** Awdur Methodistaidd

Ganed Peter Williams, un o arweinwyr amlycaf y Methodistiaid yn y 18g., yn Llansadyrnin (**Llanddowror**). Fe'i hordeiniwyd yn ddiacon yn 1745 ond gwrthodwyd urddau llawn iddo oherwydd ei dueddiadau Methodistaidd; ymunodd â'r Methodistiaid yn 1747, a daeth yn bregethwr teithiol gan ymgartrefu yn y pen draw yn **Llandyfaelog**. Gallai Methodistiaid cynnar ddioddef erledigaeth enbyd, ac ar un achlysur carcharwyd Peter Williams yng nghytiau cŵn Syr Watkin Williams Wynn (gw. **Williams Wynn, Teulu**).

Roedd yn awdur toreithiog a gyfansoddodd **emynau**, cerddi, llyfrau plant a gweithiau crefyddol, ond fe'i cofir yn bennaf am ei **Feibl** esboniadol (1770), y Beibl Cymraeg cyntaf i gael ei **argraffu** yng Nghymru, un a gafodd le mewn miloedd o gartrefi Cymraeg yn ystod y 19g. ac a adwaenid fel 'Beibl Peter Williams'. Fe'i cyhuddwyd o **Sabeliaeth** ar sail rhai o'i esboniadau beiblaidd ac fe'i diarddelwyd o rengoedd y **Methodistiaid Calfinaidd** yn 1791.

**WILLIAMS, Phil[ip James Stradling] (1939–2003)** Ffisegydd a gwleidydd

Ganed Phil, fel y câi ei alw bob amser, yn **Nhredegar**, a chafodd ei fagu ym **Margod** a'i addysgu yn Ysgol Lewis Pengam (gw. **Pengam**) ac yng **Nghaergrawnt**. Fe'i penodwyd yn gymrawd yng Ngholeg Clare yn 1964, ac yn 1967 daeth yn ddarlithydd yn yr adran ffiseg yn **Aberystwyth**; dyfarnwyd iddo gadair bersonol yn 1991. Dechreuodd fel radioseryddwr, a chyhoeddodd gatalog arloesol o ffynonellau radio a chyfrannu at ddarganfod cwasarau (gw. **Astronomeg**). Yna trodd at ffiseg atmosfferig a dod yn awdurdod rhyngwladol ar radar gwasgariad digyswllt yr atmosffer uchaf. Chwaraeodd ran allweddol yn EISCAT (y Cyfleuster Gwasgariad Digyswllt Ewropeaidd), y system radar a sefydlwyd yng ngogledd Sweden i astudio effaith gwynt yr haul, a chydnabyddid mai ef oedd yr arbenigwr blaenaf ar yr aurora borealis.

Ymunodd â **Phlaid [Genedlaethol] Cymru** yn 1960 a dod yn brif feddyliwr deallusol y blaid, gan sefydlu ei grŵp ymchwil a throi'r hyn a fu i bob pwrpas yn fudiad diwylliannol yn blaid wleidyddol gwbl weithredol a chanddi bolisi economaidd clir. Yn isetholiad **Caerffili** yn 1968, llwyddodd i ostwng mwyafrif y **Blaid Lafur** o 21,148 i 1,874. Fe'i hetholwyd i **Gynulliad Cenedlaethol Cymru** yn 1999 yn un o aelodau rhestr y de-ddwyrain, a daeth yn ddadansoddwr miniog ar ffynonellau gwariant y **llywodraeth** yng Nghymru. Roedd ei farwolaeth ddisymwth yn 64 oed yn cael ei hystyried gan lawer yn drychineb genedlaethol. Roedd yn chwaraewr sacsoffon medrus, yn hyddysg yn llenyddiaeth Rwsia ac yn ymchwilydd diflino i gyfraniad Cymry i **wyddoniaeth**, gwaith y mae'r Gwyddoniadur hwn wedi elwa'n fawr arno. Yn ddiamau, Phil Williams oedd Cymro mwyaf deallus ei genhedlaeth.

**WILLIAMS, Prysor (Robert John Williams; 1892–1967)** Actor

Bu Prysor Williams, a hanai o **Drawsfynydd**, yn aelod o gwmni radio sefydlog y BBC o 1946 hyd 1960, a gwnaeth argraff fel y glöwr claf yn ffilm sinema Jill Craigie, ***Blue Scar*** (1949). Cafodd hwyl arbennig ar ei bortread cameo poblogaidd o eisteddfodwr selog o'r gogledd yn y ffilm Gymreig ysblennydd ***David*** (1951).

**WILLIAMS, R[hys] H[aydn] (1930–93)** Chwaraewr rygbi a gweinyddwr

Roedd 'R.H.', a hanai o **Gwmllynfell**, yn un o flaenwyr ailreng disgleiriaf y cyfnod wedi'r rhyfel. Ac yntau'n enfawr o gorff, tra-arglwyddiaethai ar y llinell, roedd yn ffyrnig yn y sgarmes ac yn arbenigwr ar y sgarmes symudol. Fe'i dewiswyd yn ddigwestiwn ar gyfer y Llewod Prydeinig yn 1955 ac 1959, ac yn **Seland Newydd** fe'i clodforwyd fel y gorau yn y byd yn ei safle. Amharwyd ar ei yrfa ddiweddarach fel gweinyddwr i Undeb Rygbi Cymru (gw. **Rygbi'r Undeb**) gan anghydfod ynghylch cysylltiadau ag apartheid **De Affrica**, a arweiniodd at ei ymddiswyddiad.

**WILLIAMS, Raymond [Henry] (1921–88)** Hanesydd cymdeithasol, beirniad a nofelydd

Yn y Pandy (**Crucornau**), yn agos at y **ffin** â **Lloegr**, y ganed Raymond Williams, yn fab i weithiwr ar y rheilffordd yno. Fe'i haddysgwyd yng **Nghaergrawnt**; cymerodd ran yn y glanio yn Normandi, ac ar ôl y rhyfel daeth yn diwtor addysg oedolion yn **Rhydychen**. O 1974 hyd 1983 ef oedd Athro drama Caergrawnt. Gyda chyhoeddi ei lyfrau cynnar, *Culture and Society* (1958) a *The Long Revolution* (1966), daeth i'r amlwg fel hanesydd diwylliannol o bwys. Bu'n greadur gwleidyddol ar hyd ei oes, ond ymddiswyddodd o'r **Blaid Lafur** yn 1966 a bu'n gysylltiedig wedi hynny â'r Chwith Newydd; dylanwadodd ei lyfrau ar **Blaid [Genedlaethol] Cymru**.

Prif ddiddordeb Raymond Williams fel awdur oedd archwilio'r syniad modern o ddiwylliant fel mynegiant o ffordd o fyw ym **Mhrydain** gyfoes, boed hwnnw'n ddiwylliant aruchel neu boblogaidd; wrth drafod y dosbarth gweithiol (gw. **Dosbarth**), gallodd dynnu ar ei fachgendod yn y Pandy, fel y gwna hefyd yn ei nofel *Border Country* (1960). Ysgrifennodd dros 20 o lyfrau, yn eu plith *May Day Manifesto* (1968), *The Country and the City* (1973), *Keywords* (1976), *Marxism and Literature* (1977) a *Writing in Society* (1983). Cyhoeddwyd casgliad o'i gyfweliadau gyda staff y cylchgrawn *New Left Review*, yr oedd yn gyfrannwr cyson iddo, o dan y teitl *Politics and Letters* (1979); ar ôl ei farwolaeth ymddangosodd *The Politics of Modernism* (1989) a dau gasgliad o ddarnau byrrach, *Resources of Hope* (1989) a *What I Came to Say* (1989). Mae ei nofelau *Second Generation* (1964), *The Volunteers* (1978), *The Fight for Manod* (1979) a *Loyalties* (1985) i gyd wedi'u lleoli'n rhannol neu'n gyfan gwbl yng Nghymru. O'r nofel estynedig yr oedd yn gweithio arni pan fu farw, *The People of the Black Mountains*, dwy ran yn unig a gyhoeddwyd: *The Beginning* (1989) a *The Eggs of the Eagle* (1990). Casglwyd ei erthyglau ar Gymru gan Daniel Williams yn *Who Speaks for Wales?* (2003).

**WILLIAMS, Richard Hughes (Dic Tryfan; 1878?–1919)** Awdur straeon byrion

Richard Hughes Williams oedd arloeswr y stori fer Gymraeg, a rhagflaenydd **Kate Roberts** yn y maes. Fel hithau, hanai o Rosgadfan (**Llanwnda**), a bu'n chwarelwr cyn troi at yrfa fel newyddiadurwr. Cyhoeddodd yn helaeth mewn **Cymraeg** a **Saesneg** yn y **cylchgronau**, a cheir detholiad o'i straeon Cymraeg yn *Storïau Richard Hughes Williams* (1932; argraffiad newydd 1994). Roedd yn hyddysg yng nghrefft y stori fer, ac wedi dysgu gwerth cynildeb wrth ddarllen Tshechof a Maupassant ymhlith eraill. Ei brif ddeunydd oedd bywyd y chwarel, ac fe'i portreadai heb ymgais i osgoi'r caledi a'r trueni.

**WILLIAMS, Richard Tecwyn (1909–79)** Ffarmacolegydd

Ganed Williams yn **Abertyleri**, i deulu Cymraeg o'r gogledd. Ni allai fforddio hyfforddiant meddygol ond ymunodd â'r proffesiwn yn sgil ennill gradd mewn **cemeg**, ac ymchwil mewn ffisioleg yng **Nghaerdydd**, Birmingham a **Lerpwl**. Trwy gyhoeddi *Detoxication Mechanisms* (1949 ac 1956) daeth yn awdurdod ar allu'r corff i ymdrin â chyffuriau a gwenwynau. Bu'n Athro biocemeg yn Ysgol Feddygol Ysbyty'r Santes Fair, **Llundain**, o 1949 hyd 1976.

Raymond Williams

**WILLIAMS, Robert (Robert ap Gwilym Ddu; 1766–1850)** Bardd ac emynydd
Amaethwr cefnog ym mhlwyf **Llanystumdwy** oedd Robert ap Gwilym Ddu a chanddo'r amser a'r modd i ymddiwyllio a barddoni. Dysgodd grefft y **gynghanedd** gan feirdd **Eifionydd** a thyfodd i fod y gorau o feirdd y **cwmwd** ar y mesurau caeth. Adwaenai feirdd **Arfon** hefyd ond cadwodd y tu allan i'r **eisteddfod** a'i thestunau ffasiynol. Fel **Goronwy Owen** o'i flaen, dewisodd ganu **awdl** farwnad i'w ferch – Jane, ei unig blentyn – awdl sy'n cyfuno disgyblaeth draddodiadol loyw a theimlad dwys. Erys nifer o'i **emynau** crefftus yn adnabyddus, yn enwedig 'Mae'r gwaed a redodd ar y Groes'.

**WILLIAMS, Roger (1540?–95)** Milwr ac awdur
Bu Roger Williams, a oedd yn aelod o deulu Penrhos (**Llandeilo Gresynni**, **Sir Fynwy**), yn ymladd dros luoedd yr Iseldiroedd yn erbyn Sbaen ac aeth i Flushing gyda'r Capten Thomas Morgan (*c.*1542–95) o **Sir Forgannwg** (1572). Arbenigai yng ngwyddor rhyfela ac fe'i hurddwyd yn farchog yn 1586. Ymhlith y tri llyfr a gyhoeddodd y mae *A Brief Discourse of War* (1590). Mae'n bosibl fod Shakespeare wedi seilio cymeriad Fluellen yn *Henry V* arno.

**WILLIAMS, Rhydwen (1916–97)** Bardd a nofelydd
Wedi magwraeth yn y **Rhondda** cafodd Rhydwen Williams yrfa fel gweinidog gyda'r **Bedyddwyr**. Bu'n gweithio hefyd ym myd teledu ac yn actio a chynhyrchu ar ei liwt ei hun. Enillodd goron yr **Eisteddfod** Genedlaethol gyda'i bryddestau 'Yr Arloeswr' (1946) ac 'Y Ffynhonnau' (1964). Ef yw llais Cymraeg y Rhondda, ac mae ei gerddi, fel yr oedd ei gymeriad, yn ddramatig a lliwgar. Cyhoeddwyd casgliad cyflawn ohonynt yn 1991. Y bwysicaf o'i amryw nofelau yw'r drioleg hunangofiannol *Cwm Hiraeth* (1969–73), sy'n fath o arwrgerdd ryddiaith i'r Rhondda. Gyda'i lais cyfoethog, denodd ei ddarlleniadau cyhoeddus – yn arbennig o waith **Daniel Owen** – gynulleidfaoedd brwdfrydig.

**WILLIAMS, Samuel (*c.*1660–*c.*1722) a Moses (1685–1742)** Clerigwyr ac ysgolheigion
Roedd y tad a'r mab hyn ymhlith cnwd o glerigwyr, ysgolheigion a chyfieithwyr galluog a aned yn Nyffryn **Teifi** yn ail hanner yr 17g. Offeiriad yn **Llandyfrïog** a **Llangynllo** oedd Samuel Williams. Erys llawer o'i gyfieithiadau Cymraeg ef heb eu cyhoeddi, ond gadawodd ei gasgliad rhagorol o lyfrau a llawysgrifau i'w fab, a aned ym mhlwyf Cellan (**Llanfair Clydogau**). Yn **Rhydychen** ceisiodd Moses ddilyn yn ôl traed **Edward Lhuyd** trwy gyhoeddi cyfres o weithiau ysgolheigaidd a hefyd y llyfryddiaeth gyntaf o lyfrau Cymraeg. Ef hefyd, yn ystod ei deithiau trwy Gymru, a achubodd lawer o'r llawysgrifau sy'n harddu silffoedd **Llyfrgell Genedlaethol Cymru**. Nid y lleiaf o'i gymwynasau oedd paratoi golygiad newydd o'r **Beibl** Cymraeg ar ran y **Gymdeithas er Taenu Gwybodaeth Gristnogol** (SPCK) (1717; ail argraffiad 1727). Byddai wedi bod yn esgob penigamp, ond nid oedd ei wladgarwch tanbaid a'i dafod miniog yn gymeradwy gan ei benaethiaid, a bu farw o dorcalon yn Bridgwater.

**WILLIAMS, Stephen J[oseph] (1896–1992)** Ysgolhaig
Ganed Stephen J. Williams yn **Ystradgynlais** a bu'n athro ysgol am rai blynyddoedd cyn ei benodi'n ddarlithydd yn adran y **Gymraeg** yn **Abertawe**, lle olynodd **Henry Lewis** fel Athro yn 1954. Ef oedd y prif awdurdod ar y cyfieithiadau Cymraeg o rai o'r cerddi Hen Ffrangeg am Siarlymaen (*Ystorya de Carolo Magno*, 1930) a daeth yn un o arloeswyr astudiaethau'r cyfnod diweddar o gyfraith **Hywel Dda** gyda *Llyfr Blegywryd* (gyda J. Enoch Powell, 1942). Fel gramadegydd y gwnaeth ei gyfraniad mawr arall. Bu'n flaenllaw ym myd y **ddrama** yn Abertawe ac roedd yn eisteddfodwr pybyr. Etifeddwyd ei ddiddordebau llenyddol gan ei feibion, yr awdur Urien Wiliam (1929–2006) a'r ysgolhaig a'r bardd Aled Rhys Wiliam (g.1926).

**WILLIAMS, Stephen [William] (1837–89)** Pensaer
Hanai Stephen Williams o'r **Ystog**. Derbyniodd brentisiaeth fel peiriannydd a bu'n gweithio ar Reilffordd y Cambrian. Yn 1862 sefydlodd bractis fel pensaer yn **Rhaeadr**, gan arbenigo mewn adnewyddu hen dai ac eglwysi, a daeth yn syrfëwr sirol Maesyfed. Daeth hefyd yn awdurdod ar fynachlogydd Cymru, gan gyhoeddi *The Cistercian Abbey of Strata Florida* (1889).

**WILLIAMS, Thomas (1737–1802)** Diwydiannwr
Ganed Thomas Williams, un o entrepreneuriaid blaenllaw'r **Chwyldro Diwydiannol**, yng Nghefn Coch, Llansadwrn (**Cwm Cadnant**, **Môn**) i deulu o ffermwyr cysurus eu byd. Ar ôl bwrw'i brentisiaeth fel cyfreithiwr yng **Nghaerwys**, daeth yn brif reolwr mwynglawdd copr **Mynydd Parys** yn y 1770au. Trowyd hwnnw ganddo yn ganolbwynt ymerodraeth fasnachol a oedd yn ymestyn cyn belled â **Llundain**. Nid cloddio am y **copr** yn unig a wnâi, ond ei fwyndoddi hefyd – yn **Abertawe**, **Treffynnon** a Swydd Gaerhirfryn – gan greu cynhyrchion ohono a'u marchnata. Dechreuodd ymddiddori ym myd bancio (gw. hefyd **Ceiniogau Môn**), a chynhyrchodd folltau copr arloesol a ganiatâi ddull mwy effeithiol o osod gorchuddion copr ar waelodion llongau pren y llynges.

Costau isel cynhyrchu copr ar Fynydd Parys a sicrhaodd i Thomas Williams ei safle blaenllaw yn y diwydiant copr. Achubodd y blaen ar gynhyrchwyr **Cernyw**, a chymaint oedd ei afael ar y diwydiant fel yr ymchwiliwyd i'w fonopoli honedig gan Bwyllgor Dethol seneddol yn 1799. Roedd enw da iddo ymhlith ei weithwyr, a chyfeirient ato fel 'Twm Chwarae Teg'. Bu'n aelod seneddol dros Great Marlow o 1790 hyd ei farwolaeth. Dywedir iddo adael swm o hanner miliwn o bunnoedd, arian a ddefnyddiwyd gan ei ddisgynyddion i sefydlu **Banc Gogledd a De Cymru**, a draflyncwyd ymhen amser gan Fanc y Midland (HSBC bellach) Daeth Plas **Llanidan** i'w feddiant a chyfeirir ato'n aml fel Thomas Williams Llanidan.

**WILLIAMS, Thomas (Tom Nefyn; 1895–1958)** Gweinidog
Ganed Tom Nefyn ym Moduan (**Buan** ger **Nefyn**) a bu'n filwr yn ystod y **Rhyfel Byd Cyntaf** cyn hyfforddi ar gyfer y weinidogaeth yng ngholegau'r **Methodistiaid Calfinaidd** yn y **Bala** ac **Aberystwyth**. Fe'i hordeiniwyd yn 1925 a daeth yn weinidog ar Eglwys Ebenezer, y Tymbl (**Llan-non**). Yno cyflawnodd arolwg o gyflwr **tai**'r gweithwyr, arbrofodd gyda gwahanol ffurfiau ar wasanaeth a phlediodd **heddychiaeth**. Barnodd awdurdodau ei enwad iddo gefnu ar y ffydd hanesyddol, ac fe'i hataliwyd rhag gweinidogaethu gan **Sasiwn** Nantgaredig (**Llanegwad**) ym mis Awst 1928. Yn hytrach

na gweinidogaethu ymhlith ei ddilynwyr, a ffurfiodd eglwys newydd yn y Tymbl (Llain-y-Delyn), enciliodd am gyfnod at y **Crynwyr**. Cafodd ei ailsefydlu'n weinidog Methodistaidd yn 1932 a bu'n gweinidogaethu yn **Sir y Fflint** a **Sir Gaernarfon**. Cafodd yr helynt a achoswyd gan ei her i arferion crefyddol traddodiadol sylw mawr yn y wasg, a pharodd i nifer o Fethodistiaid Calfinaidd resynu at **Galfiniaeth** lem Cyffes Ffydd yr enwad.

**WILLIAMS, Thomas (1923–2001)** Peiriannydd trafnidiaeth

Magwyd Tom Williams yng Ngwm-twrch (**Ystradgynlais**), a graddiodd mewn peirianneg sifil yn **Abertawe**. Daeth yn awdurdod rhyngwladol ar **beirianneg** a pholisi traffig, a bu'n ymgynghorydd i nifer o asiantaethau'r **llywodraeth** Brydeinig. Cafodd ei erthyglau cynnar ar gynllunio ac adeiladu traffyrdd (gw. **Ffyrdd**) effaith bellgyrhaeddol ar ddatblygiad egin system draffyrdd **Prydain**. O 1963 hyd 1983 bu'n bennaeth yr adran beirianneg sifil ym Mhrifysgol Southampton. Roedd yn eisteddfodwr brwd, ac yn ŵr a roddai gefnogaeth ymarferol i iaith a diwylliant Cymru.

**WILLIAMS, W[illiam] E[llis] (1881–1962)** Arloeswr ym maes aerodynameg

Pan oedd W. E. Williams, a oedd yn fab i chwarelwr o **Fethesda**, yn fyfyriwr yng Ngholeg y Brifysgol, **Bangor** (**Prifysgol Cymru, Bangor**), ar ddechrau'r 20g. ysgrifennodd, ar y cyd â'r Athro George H. Bryan, bapurau gwreiddiol a phwysig yn trafod egwyddorion aerodynameg. Ar ôl bod yn astudio ymhellach yn Glasgow a Munich, fe'i penodwyd yn ddarlithydd ffiseg ym Mangor. Yn 1910 adeiladodd ei awyren arbrofol ei hun, ac er na fu'n llwyddiant mawr, hon oedd yr awyren ymchwil gyntaf o lawn maint a grëwyd ym **Mhrydain**. Yn ystod y **Rhyfel Byd Cyntaf** gwnaeth waith ymchwil ar ran y Weinyddiaeth Awyr, ond bu farw Williams heb dderbyn cydnabyddiaeth lawn am ei orchestion ym maes aerodynameg.

**WILLIAMS, W[illiam] Llewelyn (1867–1922)** Newyddiadurwr, gwleidydd a hanesydd

Ganed W. Llewelyn Williams i deulu cysurus ei fyd o **Annibynwyr** yn Brownhill, **Llansadwrn**, **Sir Gaerfyrddin**, ac astudiodd hanes yn **Rhydychen**. Ar ôl gyrfa ym maes newyddiaduraeth, a'i gwelodd yn golygu papur newydd radicalaidd *The South Wales Post* yn **Abertawe**, trodd at fyd y **gyfraith** a gwleidyddiaeth. Bu'n aelod seneddol dros Fwrdeistrefi **Caerfyrddin** o 1906 hyd nes y diddymwyd yr etholaeth yn 1918, ac ymgyrchodd dros **ddatgysylltu'r Eglwys** ac **ymreolaeth**. Roedd yn Rhyddfrydwr i'r carn, ac oherwydd ei wrthwynebiad tanbaid i orfodaeth filwrol, daeth i gasáu **David Lloyd George**. Yn isetholiad enwog **Sir Aberteifi** yn 1921, enillodd 42.7% o'r bleidlais yn erbyn y Rhyddfrydwr llwyddiannus a gefnogai Lloyd George. Ymhlith ei gyhoeddiadau yr oedd y stori i blant, *Gwilym a Benni Bach* (1897), a'i astudiaeth hanesyddol, *The Making of Modern Wales* (1919).

**WILLIAMS, W[illiam] S[idney] Gwynn (1896–1978)** Cerddor

Ganed W. S. Gwynn Williams yn **Llangollen** a'i hyfforddi'n gyfreithiwr. Bu'n olygydd **cerddoriaeth** i Hughes a'i Fab cyn sefydlu ei gwmni ei hun, Cwmni Cyhoeddi Gwynn.

Waldo Williams

Cyfansoddodd a threfnodd ganeuon ac alawon gwerin, ac roedd yn ysgrifennydd a golygydd i **Gymdeithas Alawon Gwerin Cymru**. Bu ganddo ran amlwg yn sefydlu **Eisteddfod Gerddorol Ryngwladol Llangollen** (1947) a **Chymdeithas Ddawns Werin Cymru** (1949).

**WILLIAMS, Waldo (1904–1971)** Bardd

Treuliodd Waldo ei flynyddoedd cynnar yn ardal **Hwlffordd**, ond yn 1911 symudodd y teulu i'r gogledd o'r ffin ieithyddol yn **Sir Benfro**, i **Fynachlog-ddu**, a dyna pryd y daeth yn rhugl yn y **Gymraeg**. Graddiodd mewn **Saesneg** yn **Aberystwyth**, a bu'n dysgu mewn ysgolion, yn bennaf yn Sir Benfro. Bu hefyd yn ddarlithydd efrydiau allanol. Roedd yn heddychwr digymrodedd, a dioddefodd dros ei argyhoeddiadau, gan gynnwys cael ei garcharu am wrthod talu'r dreth incwm. Dwy brofedigaeth bersonol a gafodd effaith fawr arno oedd marwolaeth ei chwaer hynaf, Morfydd, a hithau'n eneth ifanc, a marwolaeth Linda, ei wraig, ar ôl dim ond blwyddyn o fywyd priodasol. Cafodd brofiadau cyfriniol yn ystod ei ieuenctid, ac mae ei fynegiant aeddfed ohonynt mewn barddoniaeth yn eu trawsnewid yn weledigaethau o frawdgarwch dyn. Fel un a ymunodd â'r **Crynwyr**, roedd ganddo gydwybod gymdeithasol gref. Ei eiriau mawr oedd 'brawdoliaeth', 'cyfeillach' ac 'adnabod'.

Ac eithrio *Cerddi'r Plant* (gyda Llwyd Williams, 1970), un gyfrol o gerddi a gyhoeddodd, sef *Dail Pren* (1956). Daw'r teitl o'i gerdd 'Mewn Dau Gae', ac mae'n adleisio adnod o Lyfr y Datguddiad sy'n sôn am ddail y pren 'yn iacháu'r cenhedloedd'; yr awgrym yw mai creu heddwch rhwng dynion a'i gilydd a wnânt. Ceir amrywiaeth rhyfeddol o fewn cwmpas cymharol fyr ei gerddi: canu caeth, rhydd a phenrhydd; cerddi telynegol Sioraidd fel 'Cofio' a cherddi modern astrus fel 'Cwmwl Haf'; cerddi heriol fel 'Preseli' a cherddi llawn hiwmor a dychan. Un weledigaeth gyfannol sy'n clymu'r cyfan. O'i fro wrth odre **Mynydd Preseli** gwelodd 'drefn', ac adlewyrchwyd honno yn undod Cymru, ac yn y pen draw yn undod y byd dan lywodraeth Duw cariad. Bardd Cristnogaeth ddyneiddiol a **chenedlaetholdeb** gwâr ydyw, a **heddychiaeth** yw'r llinyn arian sy'n rhedeg trwy ei gerddi. Safodd fel ymgeisydd **Plaid [Genedlaethol] Cymru** dros Sir Benfro yn etholiad cyffredinol 1959.

**WILLIAMS, Watkin Hezekiah (Watcyn Wyn; 1844–1905)** Bardd ac athro

Dechreuodd Watcyn Wyn, a hanai o Frynaman (**Cwarter Bach**), weithio dan ddaear yn wyth oed. Yn ddiweddarach ymbaratôdd ar gyfer y weinidogaeth Annibynnol a sefydlodd Ysgol y Gwynfryn yn **Rhydaman** lle derbyniodd nifer o feirdd a gweinidogion y cyfnod eu **haddysg** ragbaratoawl. Enillodd goron yr **Eisteddfod** Genedlaethol (1881) a'i chadair (1885), a daeth yn ffefryn cenedl oherwydd ei ffraethineb hynaws. Ef yw awdur yr emyn enwog 'Rwy'n gweld o bell y dydd yn dod'.

**WILLIAMS, William (1634–1700)** Cyfreithiwr a thirfeddiannwr

Mab i glerigwr o **Fôn** oedd William Williams, ac ef oedd sylfaenydd teulu **Williams Wynn**. Fe'i hetholwyd yn aelod seneddol dros Gaer yn 1675 ac yn llefarydd yn 1680. Yn 1687 cefnodd ar 'Blaid y Wlad' gan ddod yn Gyfreithiwr Cyffredinol, a bu'n ffigwr allweddol yn ystod misoedd olaf teyrnasiad James II. Er gwaethaf ei gysylltiad â James II, enillodd ffafr deiliaid newydd y Goron, William III a Mary II (gw. **Brenhinoedd Lloegr**). Prynodd stad Llanforda (**Swydd Amwythig**) a phriododd aeres stad Glascoed (**Sir Ddinbych**), gan roi bod i draddodiad teuluol o gronni stadau trwy briodas. Erbyn hyn, delir ei farwnigiaeth, sy'n dyddio o 1688, gan yr unfed barwnig ar ddeg.

**WILLIAMS, William (Williams Pantycelyn neu Pantycelyn; 1717–91)** Emynydd, bardd a llenor

Williams Pantycelyn oedd prif lenor Cymraeg y 18g. Fel emynydd saif gydag Isaac Watts (1674–1748) a Charles Wesley (1707–88) ond, oherwydd i'r Anghydffurfwyr ymhlith y Cymry fabwysiadu'r emyn fel eu litwrgi, bu ei ddylanwad yng Nghymru yn llawer mwy nag eiddo Watts a Wesley yn **Lloegr**. Roedd hefyd yn un o dri arweinydd y **Diwygiad Methodistaidd**, gyda **Howel Harris** a **Daniel Rowland**.

Fe'i magwyd ar fferm fechan yn **Llanfair-ar-y-bryn** ger **Llanymddyfri** ond ymgartrefodd ym Mhantycelyn, fferm fwy yn yr un plwyf, sef hen gartref ei fam, ac wrth enw'r fan honno yr adwaenir ef fynychaf. Y bwriad oedd gwneud meddyg ohono, ac fe'i hanfonwyd i athrofa Llwyn-llwyd (**Llanigon**) (gw. hefyd **Academïau Anghydffurfiol**). Ym mynwent **Talgarth** y cafodd dröedigaeth yn 1737 neu 1738 wrth wrando ar Howel Harris yn **pregethu**. Fe'i hordeiniwyd yn ddiacon yn 1740, ond ymgollodd cymaint yn y dasg o drefnu'r Seiadau Methodistaidd newydd (gw. **Methodistiaid Calfinaidd** a **Seiat**) nes i'r esgob wrthod ei urddo'n offeiriad. Tuag 1748 priododd â Mary Francis, a 'Mali' a fu'n gofalu am y fferm a'r wyth plentyn dros y blynyddoedd, tra oedd ei gŵr yn marchogaeth ledled Cymru gan bregethu, arolygu seiadau a gwerthu **te**.

Yn un o sasiynau'r Methodistiaid dywedir i Harris ddeddfu mai 'Williams piau y canu', ac yn 1744 cyhoeddodd ei gasgliad cyntaf o **emynau**, *Aleluia I*, gyda phum rhan arall yn dilyn yn y tair blynedd ddilynol. Defnyddiodd dros 25 o fesurau am y tro cyntaf yn **Gymraeg**, a gwelir ei feistrolaeth arnynt yn tyfu yn y casgliadau diweddarach, megis *Caniadau y rhai sydd ar y Môr o Wydr* (1762–73), *Ffarwel Weledig* (1763–6) a *Gloria in Excelsis* (1771–2). Cyhoeddodd ddau gasgliad Saesneg hefyd. Cyfansoddodd dros 800 o emynau i gyd, a chynhwysir 88 ohonynt yn y llyfr emynau cydenwadol, *Caneuon Ffydd* (2001). Nodweddir ei emynau gan deimladau dwys mewn iaith ysgrythurol sydd, ar brydiau, wedi'i britho ag iaith y farchnad. Gan fod ei fywyd fel prif arolygydd y seiadau Methodistaidd yn cael ei fyw mewn cyswllt Beiblaidd, naturiol oedd i'w ddelweddau (pererindod, anialwch, y bryniau pell, Canaan, Eden) godi o'r un ffynhonnell. Yn nhraddodiad teipolegol y **Piwritaniaid** mae'n canfod hanesion yr Hen Destament yn llifo trwy'r Newydd i'w amgylchiadau ef a'i braidd bychan: 'Arglwydd arwain trwy'r anialwch / Fi bererin gwael ei wedd'.

O'i gerddi arwrol, mae *Golwg ar Deyrnas Crist* (1756) yn ymgais uchelgeisiol i osod hanes ysgrythurol yng nghyswllt darganfyddiadau gwyddonol newydd; a datblygir thema pererindod ysbrydol yn *Theomemphus* (1764). Er mor feichus yw'r patrwm mydryddol unffurf, mae rhannau hynod bwerus yn y naill epig a'r llall.

Ac yntau'n awdur bron 90 o gyhoeddiadau, roedd Williams hefyd yn awdur rhyddiaith campus, fel y dengys y gyfrol *Pantheologia neu Hanes Holl Grefyddau'r Byd* (1762–79) a'i draethodau, er enghraifft *Llythyr Martha Philopur* (1762), *Ductor Nuptiarum: neu Gyfarwyddwr Priodas* (1777) gyda'i agwedd eangfrydig tuag at safle **menywod**, a *Drws i Society Profiad* (1777), crynhoad o'i brofiad bugeiliol. Er mai addysgu oedd bwriad Williams, ac nid llenydda, fe'i disgrifiwyd gan **Saunders Lewis**, yn ei astudiaeth bwysig *Williams Pantycelyn* (1927), fel y Rhamantydd cyntaf yn llenyddiaeth Ewrop (gw. **Rhamantiaeth**). Ond fel y dangosodd Gomer M. Roberts (1904–93), a Derec Llwyd Morgan (g.1943) mewn astudiaethau nodedig, yng nghyd-destun y diwylliant Methodistaidd y mae gwir fesur ei fawredd.

**WILLIAMS, William (Llandygái; 1738–1817)** Llenor ac arloeswr diwydiant

Daeth William Williams, llanc o Drefdraeth (**Bodorgan**), yn stiward ar stad y Penrhyn, **Llandygái**, gan chwarae rhan allweddol yn y datblygiadau o 1782 ymlaen pan agorwyd chwarel Cae Braich y Cafn (Chwarel y Penrhyn yn ddiweddarach: gw. **Llechi**). Gadawodd doreth o waith llenyddol, yn cynnwys tua chant o gerddi. Ei *Observations on the Snowdon Mountains* (1802) yw'r gwaith safonol cyntaf ar **Eryri**, a'i *Prydnawngwaith y Cymry* (1822) yw'r llyfr Cymraeg printiedig cyntaf ar oes y Tywysogion.

**WILLIAMS, William (Williams o'r Wern; 1781–1840)** Gweinidog

Fe ystyrir William Williams – ynghyd â **John Elias** a **Christmas Evans** – yn un o dri phregethwr teithiol mwyaf ei oes. Fe'i ganed ger Llanfachreth (**Brithdir a Llanfachreth**). Yn 1808 cafodd ei ordeinio'n weinidog yr **Annibynwyr** yn y Wern

Plas Wynnstay: engrafiad gan Henry G. Gastineau a gyhoeddwyd yn 1829/31

(**Mwynglawdd**). Sefydlodd gapeli newydd yn **Rhosllannerchrugog**, **Rhiwabon** a **Llangollen**; gweinidogaethodd yn **Lerpwl** (1836–9), a threuliodd ddyddiau olaf ei fywyd yn y Wern. (Gw. hefyd **Pregethu a Phregethwyr**.)

## WILLIAMS, William (Crwys; 1875–1968) Bardd

Enillodd Crwys y goron genedlaethol deirgwaith (1910, 1911, 1919), ond fe'i cofir yn bennaf fel awdur telynegion. Mae rhai o'r rheini ymhlith y cerddi mwyaf adnabyddus yn y **Gymraeg**, megis 'Melin Trefin', 'Siôn a Siân', 'Y Border Bach' a 'Y Sipsi'. Ganed y bardd yng Nghraig-cefn-parc (**Mawr**), ger **Abertawe**. Bu'n weinidog yr **Annibynwyr** (1898–1914) ac yn ddiweddarach darlithiodd lawer yn rhinwedd ei swydd fel cynrychiolydd y Feibl Gymdeithas (gw. **Cymdeithas y Beibl**) yn y de (1915–40). Bu'r gŵr llawn arabedd hwn yn **archdderwydd** o 1938 hyd 1947.

## WILLIAMS, William Nantlais (Nantlais; 1874–1959) Bardd ac emynydd

Gweinidog efengylaidd a ddaeth o dan ddylanwad diwygiad 1904–5 (gw. **Diwygiadau**) oedd Nantlais. Fe'i ganed yng Ngwyddgrug (**Llanfihangel-ar-arth**) a threuliodd ei holl weinidogaeth gyda'r **Methodistiaid Calfinaidd** yn **Rhydaman**. Fe'i cofir yn bennaf fel awdur **emynau**, yn enwedig rhai ar gyfer plant, er enghraifft 'Plant bach Iesu Grist ydym ni bob un' a 'Draw, draw yn China'.

## WILLIAMS PARRY, R[obert] (1884–1956) Bardd

Brodor o Dal-y-sarn (**Llanllyfni**) oedd R. Williams Parry, a bu'n fyfyriwr yn **Aberystwyth** a **Bangor**, yn athro ysgol, ac yna'n ddarlithydd yn y **Gymraeg** ac yn yr adran allanol ym Mangor. Enillodd y gadair yn **Eisteddfod** Genedlaethol 1910 am ei awdl 'Yr Haf' – cerdd sy'n ymgais i gyfiawnhau pleser er ei fwyn ei hun, a gellir ei dehongli hefyd fel dadl dros gelfyddyd er mwyn celfyddyd. Ymwadodd y bardd, fodd bynnag, ag esthetiaeth yr awdl hon, a'i pharodïo yn 'Yr Hwyaden'. Daeth y **Rhyfel Byd Cyntaf**, pan dreuliodd ddwy flynedd anhapus mewn gwersylloedd milwrol yn **Lloegr**, â thinc mwy modern i'w ganu. Un o'i gerddi mwyaf sobreiddiol yw ei gyfres o englynion coffa i Hedd Wyn (**Ellis Humphrey Evans**). Gyda chyhoeddi ei gyfrol gyntaf, *Yr Haf a Cherddi Eraill* (1924), sefydlwyd ei enw fel bardd o bwys, ond yna, yn 1929, aeth ar 'streic farddoni' oherwydd ei anniddigrwydd gydag amodau ei swydd ym Mangor. Y gerdd a dorrodd y streic oedd ei farwnad i A. E. Housman yn 1936, sy'n llawn cymaint o gerdd am R. Williams Parry ag ydyw am y bardd Saesneg. Ond yr hyn a ailsbardunodd ei awen o ddifrif oedd llosgi Ysgol Fomio **Penyberth** yr un flwyddyn, a diswyddiad **Saunders Lewis** yn sgil hynny. Dechreuodd ysgrifennu cerddi ymrwymedig megis 'J.S.L.' a 'Cymru 1937'. Defnyddiodd ffurf y soned laes i fynegi'i gynddaredd at lugoerni'r Cymry. Eto i gyd ni lyncodd y syniad mai propagandydd oedd y llenor. Cafwyd ganddo nifer o gerddi ysgytiol sy'n mynegi ei arswyd rhag **marwolaeth** a'i syndod a'i resyndod wyneb yn wyneb ag aruthredd bywyd: 'Marwolaeth nid yw'n marw: *hyn* sydd wae.' Cyhoeddwyd cyfrol ei aeddfedrwydd yn 1952, sef *Cerddi'r Gaeaf*.

## WILLIAMS WYNN, Teulu (Wynnstay) Tirfeddianwyr

Perchnogion y stad helaethaf yng Nghymru'r 19g. Sail ffyniant a chyfoeth y teulu oedd **William Williams** (1634–1700), y barwnig cyntaf. Priododd ei fab, William (1684–1740), ag aeres Plas-y-Ward (**Llanynys**, **Sir Ddinbych**), disgynnydd i

Clough Williams-Ellis ym Mhortmeirion

deulu **Wynn (Gwydir)**, a thrwyddi hi hefyd cafodd y teulu feddiant ar stad Watstay (**Rhiwabon**, Sir Ddinbych). Priododd eu mab, Watkin Williams Wynn (m.1749), y trydydd barwnig, ag aeres teulu **Vaughan (Llwydiarth)**; ef a ychwanegodd y cyfenw Wynn at enw'r teulu ac ailenwodd Watstay – sef prif ganolfan y teulu o hynny allan – yn Wynnstay (am y plas, gw. Rhiwabon).

Roedd gan Syr Watkin gydymdeimlad â **Jacobitiaeth**, ac fe'i cofir hefyd fel un a fu'n erlid y Methodistiaid (gw. **Peter Williams**). Ar ôl ei ddyddiau ef byddai pob un barwnig hyd at y chweched (m.1885) yn dwyn yr enw Watkin Williams Wynn. Caent eu hadnabod fel 'brenhinoedd digoron gogledd Cymru' (eu harwyddair oedd 'Eryr Eryrod Eryri') a chronasant stad a oedd, erbyn y 1880au, yn ymestyn dros 57,000ha, yr helaethaf yng Nghymru. Roedd y pedwerydd barwnig (1749–89) yn hael ei nawdd i'r celfyddydau ac yn gyfaill i Handel a Reynolds; bu'n llywydd y **Cymmrodorion**, fel y bu ei fab, y pumed barwnig (1772–1840), ffigwr amlwg yng nghylchoedd bonheddig **Llundain**. O 1716 hyd 1885 cynrychiolid Sir Ddinbych yn y Senedd bron yn ddi-fwlch gan benteulu Wynnstay, a mawr oedd ei ddylanwad yn **Sir Drefaldwyn** a **Sir Feirionnydd** hefyd. Roedd gan y pumed barwnig, aelod seneddol Sir Ddinbych (1796–1839), lais bloesg a wrthgyferbynnai â llais main ei frawd, Charles (1775–1850), aelod seneddol Sir Drefaldwyn (1799–1850); o ganlyniad fe'u bedyddiwyd yn 'Bubble and Squeak, a Duet' gan y gwawdluniwr James Gillray. Roedd Charles hefyd yn un o'r tri aelod seneddol Cymreig o'r 19g. a ddaeth yn aelod o'r cabinet Prydeinig (James Graham a **George Osborne Morgan** oedd y ddau arall.)

Bu farw'r chweched barwnig yn ddi-fab yn 1885, ond priodasai ei ferch, Louisa Alexandra, â'i chefnder, Herbert Lloyd Watkin Williams-Wynn (1860–1944), a daeth ef yn seithfed barwnig. Roedd buddugoliaeth **George Osborne Morgan** drosto yn etholiad cyffredinol 1885 yn ddigwyddiad nodedig, ac aeth dylanwad gwleidyddol y teulu ar i waered ar ôl hynny. Yn ystod yr 20g. bu'n rhaid iddynt ymgodymu â threthi marwolaeth sylweddol. Yn dilyn marwolaeth y seithfed barwnig yn 1944, bu'n rhaid gwerthu Wynnstay (fe'i trowyd yn ysgol breswyl ac, yn ddiweddarach, yn fflatiau moethus), a daeth Glan-llyn (**Llanuwchllyn**), plasty'r teulu yn Sir Feirionnydd, yn un o ganolfannau **Urdd Gobaith Cymru**. Ond deil Plas-yn-Cefn (**Cefn Meiriadog**) i fod ym meddiant yr unfed barwnig ar ddeg, David Watkin Williams-Wynn (g.1940).

## WILLIAMS-ELLIS, [Bertram] Clough (1883–1978)
Pensaer ac awdur

Ganed Clough Williams-Ellis yn Gayton, Swydd Northampton, yn fab i reithor o Gymro. Heb dderbyn ond ychydig iawn o hyfforddiant pensaernïol ffurfiol, agorodd ei swyddfa ei hun yn **Llundain**. Yn ddiweddarach etifeddodd Blas Brondanw, **Llanfrothen**, ac aeth yno i fyw. Ei waith pennaf oedd cynllunio **tai**, a'r rheini'n lled seiliedig ar yr arddull *Arts and Crafts*, ond bu'n gyfrifol hefyd am ambell adeilad cyhoeddus mwy clasurol ei arddull a pheth **cynllunio trefol**. Fe'i cofir yn bennaf fel pensaer Portmeirion (gw. **Penrhyndeudraeth**), a gafodd ei ddatblygu ganddo yn bentref gwyliau Eidalaidd ei olwg (1925–76). Ysgrifennodd nifer o lyfrau, gan gynnwys hunangofiant, *Architect Errant* (1971). Cafodd ei urddo'n farchog yn 1972. Ei wraig oedd yr awdures Amabel Williams-Ellis (1894–1984), chwaer i Lytton Strachey. Mae'r nofelydd Cymraeg Robin Llywelyn (g.1958) yn ŵyr iddo.

## WILLOWS, Ernest [Thompson] (1886–1926)
Arloeswr awyrlongau

Daeth Willows, a aned yng **Nghaerdydd**, yn adnabyddus fel 'tad awyrlongau' ym **Mhrydain**. Er na dderbyniodd unrhyw hyfforddiant technegol, o 1905 ymlaen adeiladodd chwech o awyrlongau, gan ddatblygu gêr llywio newydd ar eu cyfer. Ei hediad hiraf oedd hwnnw yn 1910 ar fwrdd y Willows III, *The City of Cardiff*, o **Lundain** i Baris. Er na fu'r gwaith arloesol hwn yn ariannol lwyddiannus, roedd Willows yn ŵr penderfynol a medrus, ac mae iddo le sicr yn hanes **hedfan**. Fe'i lladdwyd – ynghyd â phedwar teithiwr – mewn damwain balŵn awyr yn Bedford. Enwyd Ysgol Willows, ar rostir Pengam, er cof amdano; saif honno ar safle hen faes awyr Caerdydd (1930–1954).

## WILSON, Richard (1712/13–82)
Arlunydd

Richard Wilson yw'r arlunydd enwocaf a ddaeth o Gymru erioed a'r cyntaf hefyd i lawn fanteisio ar bosibiliadau esthetaidd tirlun ei wlad enedigol. Fe'i hystyrir yn dad y gelfyddyd o **beintio** tirluniau ym **Mhrydain**, ac yn symbylydd i Constable a **Turner**.

Ym Mhenegoes (**Cadfarch**) y ganed Wilson. Clerigwr oedd ei dad (m.1728), ac ymddengys iddo roi addysg glasurol o'r radd flaenaf i'w fab. Un o **Goed-llai** oedd mam Wilson a pherthynai hi o bell i rai o deuluoedd bonheddig amlycaf y gogledd megis y Mostyniaid (gw. **Mostyn, Teulu**). Trwy nawdd perthynas iddo, Syr George Wynne, aeth Wilson i **Lundain** yn 1729 yn brentis i arlunydd di-nod o'r enw Thomas

Wright. Daeth yn bortreadwr medrus, ond cam tyngedfennol yn ei hanes fu troi tua'r Eidal yn 1750. Yn Rhufain trodd yn llwyr at dirluniau gan sicrhau comisiynau gan aristocratiaid y *Grand Tour*. Bu tirluniau'r Ffrancwr Claude Lorraine (1660–92) yn ysbrydoliaeth iddo; llwyr feistrolodd y dull aruchel o beintio a llwyddodd i gyfuno cariad at natur â pharch at hynafiaeth glasurol yr Eidal.

Erbyn 1757 dychwelasai Wilson i Lundain a bu'r 1760au yn gyfnod hynod lewyrchus yn ei hanes. Parhâi i lunio golygfeydd o'r Eidal ynghyd â thirluniau a oedd yn seiliedig ar lenyddiaeth glasurol. Daeth ei ddarlun *The Destruction of the Children of Niobe* (c.1759–60) â chryn sylw iddo a derbyniodd gomisiynau gan gyfoethogion a fynnai dirluniau clasurol eu naws o'u stadau. Yn 1768 roedd Wilson yn un o'r 34 artist a sylfaenodd yr Academi Frenhinol ac un o'i brentisiaid yn y cyfnod hwn oedd **Thomas Jones** (1742–1803). I'r blynyddoedd hyn hefyd y perthyn rhai o'i dirluniau Cymreig enwocaf megis *Snowdon from Llyn Nantlle* (dau fersiwn, c.1765–6 a c.1765–7) a *Cader Idris, Llyn y Cau* (c.1765–7). Adlewyrcha'r lluniau hyn ddiddordeb cynyddol yr oes ym Mhrydain fore a dichon fod Wilson yn coleddu'r un math o wladgarwch Prydeinig-Gymreig ag a roddodd fod yn 1751 i'r **Cymmrodorion**. Yn wir, roedd dau o lywyddion y gymdeithas honno, William Vaughan o Gorsygedol (gw. **Vaughan, Teulu (Corsygedol)**) a Syr Watkin Williams Wynn (gw. **Williams Wynn, Teulu**), ymhlith noddwyr ei dirluniau Cymreig.

Bu tro ar fyd yn hanes Wilson yn ystod y 1770au. Daeth tlodi a gwaeledd i'w ran ac aeth yn gaeth i'r ddiod. Pallodd ei boblogrwydd fel artist, ac ym marn ddadleuol yr arbenigwr pennaf ar ei waith, David H. Solkin, ei anallu i gynhyrchu gwaith a fodlonai chwaeth y dosbarth canol newydd a oedd i gyfrif am hyn. Yn 1776 rhoddwyd swydd llyfrgellydd yr Academi Frenhinol iddo. Ond a'i iechyd wedi torri, dychwelodd at ei deulu yn ardal yr **Wyddgrug** yn 1781. Bu farw'n fuan wedyn yn y Colomendy ger **Llanferres** ac mae ei garreg fedd i'w gweld o hyd ym mynwent Eglwys y Santes Fair yn yr Wyddgrug (yn 1851 y torrwyd y ddau **englyn** alaethus o wael sydd arni, a hynny o ganlyniad i gystadleuaeth a drefnwyd gan Gymdeithas **Cymreigyddion** yr Wyddgrug). Yn lled fuan ar ôl ei farw, adferwyd bri Wilson a daethpwyd i'w ystyried – yn gam neu'n gymwys – yn un o arloeswyr **Rhamantiaeth** ac yn rhagredegydd i'r artistiaid hynny a fyddai'n tyrru i fynyddoedd Cymru o'r 1790au ymlaen.

## WINDSOR-CLIVE, Teulu (ieirll Plymouth) Tirfeddianwyr

Dechreuodd cysylltiad y teulu â Chymru pan briododd Other Windsor, trydydd iarll Plymouth, ag Elizabeth, aeres teulu Lewis, y Fan, **Caerffili**. Daeth yr iarllaeth i ben yn 1843 gyda marwolaeth yr wythfed iarll, ond fe'i hadferwyd yn 1905 ar gyfer Robert Windsor-Clive, ŵyr Harriet Windsor a'i gŵr Robert Clive, mab iarll Powis. Erbyn degawdau olaf y 19g. roedd y teulu'n berchen ar tua 16,000ha o dir, ei hanner yng Nghymru a'r hanner arall yn **Lloegr**. Roedd y stadau Cymreig yn cynnwys eiddo helaeth yn Llanwynno (**Ynys-y-bŵl a Choed-y-cwm**) ac Eglwysilan (**Caerffili**), a thiroedd gwerthfawr yn Grangetown (**Caerdydd**) a **Phenarth**, lle mae dylanwad y teulu ar ddatblygiad trefol yn gwbl amlwg. Gwariwyd cyfran sylweddol o incwm y stad yn Sain Ffagan (Caerdydd), lle'r oedd gan y teulu reolaeth gyflawn.

Richard Wilson: portread gan Anton Raphael Mengs, 1752–6

Yno, am dair cenhedlaeth o 1850 ymlaen, y cynhaliwyd stad a phreswylfa bendefigaidd o'r safon uchaf. Yn 1947 rhoddodd y trydydd iarll (o'r ail greadigaeth) Gastell Sain Ffagan a'i barc yn rhodd i **Amgueddfa [Genedlaethol] Cymru**, fel cartref ar gyfer Amgueddfa Werin Cymru (gw. **Sain Ffagan**).

## WINSTONE, Howard (1939–2000) Bocsiwr

Ganed Winstone, un o focswyr mwyaf gosgeiddig, diwylliedig a phenderfynol **Prydain** yn y cyfnod wedi'r rhyfel, ym **Merthyr Tudful**, i deulu o dras Cymreig, Iddewig a Gwyddelig. Gan iddo golli tri o flaenau bysedd ei law dde mewn damwain ffatri ni fu erioed yn ddyrnwr nerthol, ond dan hyfforddiant ei gymydog, **Eddie Thomas**, enillodd fedal aur yng **Ngemau'r Gymanwlad** yn 1957 ac yna bencampwriaeth y Gymdeithas Bocsio Amatur. Trodd yn broffesiynol ar ôl cwblhau ei wasanaeth milwrol yn 1959 ac ef oedd pencampwr anorchfygol pwysau plu Prydain ac Ewrop rhwng 1961 ac 1968. Yn ystod y blynyddoedd hyn daeth i'r amlwg fel y bocsiwr pwysau plu gorau ond un yn y byd: collodd dair gwaith i'r bocsiwr llawchwith, Vincente Saldivar o Fecsico, er bod y rhan fwyaf o sylwebyddion yn credu y dylai'r dyfarniad fod wedi mynd o blaid y Cymro yng **Nghaerdydd** yn 1967. Pan ymddeolodd Saldivar, enillodd Winstone bencampwriaeth y byd yn 1968 trwy orchfygu Mitsunori Seki o Japan; ond, a'i rym bellach yn dechrau edwino ac yntau'n cael anawsterau â'i bwysau, collodd y teitl i Jose Legra yn ddiweddarach y flwyddyn honno. Roedd y pencampwr diymhongar hwn yn batrwm o focsiwr proffesiynol, a chynrychiolai'r gamp ar ei gorau.

## WISGI

Yn wahanol i **Iwerddon** a'r **Alban**, nid oes gan Gymru draddodiad hir o ddistyllu. Cyfyngwyd ar ddatblygu masnachol gan atgasedd y mudiad **dirwest** tuag at y ddiod gadarn.

Teulu Wood: John Roberts a'i feibion yn diddanu'r Frenhines Victoria yn y Palé, Llandderfel, 1889

Er hynny gwelwyd ambell i fenter. Yn 1887 sefydlodd R. J. Lloyd Price (gw. **Price, Teulu (Rhiwlas)**) ddistyllfa yn Frongoch (**Llandderfel**), a gostiodd £100,000. Ni fu ei 'Royal Welsh Whisky' yn llwyddiant, fodd bynnag, ac aeth y Welsh Whisky Distillery Company i'r wal yn 1910. (Yn 1916 sefydlwyd Gwersyll Carcharorion Fron-goch ar y safle (gw. **Frongoch, Gwersyll Carcharorion**)). Yn y 1970au dechreuodd cwmni yn **Aberhonddu** gynhyrchu wisgi 'Cymreig', ond gan gymysgu gwirod o'r Alban gyda pherlysiau lleol. Yn 2000 adeiladwyd distyllfa ym Mhenderyn (**Hirwaun**) gan y Welsh Whisky Company newydd; ar 1 Mawrth 2004 cafodd wisgi unfrag 'Penderyn' ei lansio, a chafodd groeso eithriadol o ffafriol gan wybodusion yn y maes.

## WOOD, Teulu Sipsiwn

Yng nghofrestr plwyf **Llangelynnin** ar gyfer y flwyddyn 1799 cofnodir marwolaeth Abram Wood, 'a travelling Egyptian'. Prin yw'r wybodaeth am Abram ei hunan, ond lluosogodd ei ddisgynyddion i'r fath raddau yn y gogledd a'r canolbarth fel y daeth yr ymadrodd 'teulu Abram Wood' yn gyfystyr yno â'r **Sipsiwn**. Yn ystod y 19g. daeth bri i ran y tylwyth fel telynorion a ffidlwyr ac ar sail eu meistrolaeth ar **gerddoriaeth** eu gwlad fabwysiedig. Un o wyrion Abram oedd Jeremiah Wood (*c.*1779–1867) – Jerry Bach Gogerddan – telynor Gogerddan (**Trefeurig**), ac roedd John Wood Jones (1800–44), telynor Arglwyddes Llanover (**Augusta Hall**), yn orwyr iddo. Ei ddisgynnydd enwocaf, yn ddiau, oedd **John Roberts** (1816–94), Telynor Cymru, a gofnododd lawer o wybodaeth am hanes y teulu. Ymhlith tylwyth Abram Wood y casglodd yr ysgolhaig **John Sampson** y rhan fwyaf o'i ddeunyddiau ar gyfer ei astudiaethau o fywyd y Sipsiwn a'u hiaith (Romani). Prif ffynhonnell gwybodaeth Sampson am chwedlau'r Sipsiwn oedd Mathew Wood (1845–1929) a ddiweddodd ei oes yn y **Bala**. Ei fab, Howel (1882–1967), oedd un o'r rhai olaf o'r tylwyth i siarad Romani; sicrhaodd ei allu i **ddawnsio** step y glocsen ran fechan iddo ef yn y ffilm ***The Last Days of Dolwyn*** (1949).

## WOOD, Alan (1910–92) Daearegydd

Roedd Wood, a raddiodd yn **Lerpwl**, yn ŵr eang ei ddiddordebau a bu'n Athro **daeareg** yn **Aberystwyth** rhwng 1947 a 1977. Sefydlodd yr ysgol micropalaeontoleg gyntaf ym **Mhrifysgol Cymru**, ac arweiniodd ei wybodaeth am faterion geomorffolegol at roi cychwyn ar astudiaethau môr, a hefyd, mewn cydweithrediad ag **A. W. Woodland**, at leoli twll turio dwfn ym Mochras (**Llanbedr**) yn 1967. Datgelodd y creiddiau craig a godwyd o'r twll ddilyniant o strata cwbl annisgwyl, darganfyddiad a lwyr newidiodd ddealltwriaeth daearegwyr o ddatblygiad daearegol Cymru (gw. Daeareg).

## WOODLAND, A[ustin] W[illiam] (1914–90) Daearegydd

Ganed A. W. Woodland yn **Aberpennar**, ac ar ôl mynychu Coleg Prifysgol Cymru, **Aberystwyth** (**Prifysgol Cymru Aberystwyth**), treuliodd bron y cyfan o'i yrfa yn aelod o Arolwg Daearegol Prydain Fawr (Arolwg Daearegol Prydain bellach), gan raddio o fod yn ddaearegydd maes i fod yn gyfarwyddwr (gw. **Daeareg**). Daethpwyd i'w ystyried fel y blaenaf o ddaearegwyr maes **glo**'r de ar sail yr arolwg a gynhaliwyd ganddo yn ystod y 1950au, ar y cyd ag W. B. Evans, o ardal **Pontypridd** a **Maesteg** – gwaith a oedd yn cynnwys ailasesiad o'r rhagolygon cloddio yn rhan ddeheuol y maes glo. Cadarnhawyd ei statws ymhellach yn sgil ei wasanaeth fel aseswr daearegol yn nhribiwnlys trychineb **Aber-fan**, a gynhaliwyd yn 1966–7.

**WOODS, Stephen [Esslemont] (1912–94)**
Metelegydd

Mae gwyddonwyr sy'n datblygu prosesau diwydiannol pwysig yn aml yn bobl anenwog. Chwaraeodd Stephen Woods ran allweddol yn y gwaith o ddatblygu modd effeithiol o gynhyrchu sinc a **phlwm** gyda ffwrnais chwyth yn hytrach na thrwy broses electrolysis. Brodor o **Gaerdydd** ydoedd, ac enillodd ddoethuriaeth yn **Rhydychen** cyn ymuno â thim ymchwil yr Imperial Smelting Corporation yn Avonmouth. Bu'n gyfrifol am welliannau arloesol i'r broses fwyndoddi a ychwanegodd yn ddirfawr at y defnydd effeithiol o **ynni** yn y ffwrneisiau ac at eu heffeithlonrwydd economaidd.

**WOOLLER, Wilfred (1912–97)** Chwaraewr rygbi, cricedwr a gweinyddwr criced

Ganed Wooller, cymeriad dylanwadol yn chwaraeon Cymru am dros hanner canrif, yn **Llandrillo-yn-Rhos**, a daeth yn enwog i ddechrau fel bachgen ysgol a ddewiswyd i chwarae **rygbi** yn erbyn **Lloegr** yn 1933. Daeth ei yrfa fel canolwr grymus gyda Phrifysgol **Caergrawnt**, Sale, **Caerdydd** a Chymru â deunaw o gapiau i'w ran a chwe chais rhyngwladol. Ond fe'i cofir yn bennaf am ddau gais nas sgoriodd – peli'n bownsio'n lletchwith fel mai'r asgellwr Geoffrey Rees-Jones a sgoriodd, yn hytrach na Wooller ei hun, ar ôl torri'n rhydd ddwywaith a chicio ymlaen ym muddugoliaeth Cymru dros **Seland Newydd** yn 1935.

Ar ôl yr **Ail Ryfel Byd**, pan fu'n garcharor am gyfnod o dair blynedd yn nwylo'r Japaneaid, daeth yn gapten ac ysgrifennydd Clwb Criced Morgannwg yn 1947, gan arwain y tîm i'w bencampwriaeth gyntaf yn 1948. Bu'n gapten hyd 1960, gan sgorio 13,593 o rediadau a chipio 958 wiced, a pharhaodd yn unben eofn a brathog fel ysgrifennydd hyd 1978.

**WRDDYMBRE (Willington Worthenbury)**, Wrecsam (2,146ha; 730 o drigolion)

Mae tir ffrwythlon y **gymuned** hon, sef rhan ogledd-orllewinol **Maelor Saesneg**, yn cynnal dau bentref bychan – Wrddymbre a Tallarn Green. Eglwys Sant Deiniol, Wrddymbre (1739), yw'r eglwys fwyaf cyflawn yng Nghymru o'r 18g. Yn Tallarn Green mae eglwys, ficerdy, elusendy a phlasty a godwyd gan deulu Kenyon (gw. **Hanmer**). Yn y 1280au ymsefydlodd marchog o **Swydd Amwythig**, Roger de Puleston, yn Emral ger Wrddymbre. Priododd ei ddisgynnydd, Robert, â Lowri, chwaer **Owain Glyndŵr**, ac ymunodd â'i **wrthryfel**. Adeiladodd John Puleston (m.1659) ficerdy Wrddymbre ar gyfer Philip Henry (gw. **Bronington**); mae gwinllan addawol ar ei dir. Ymhlith aelodau eraill y teulu yr oedd John Henry Puleston, trysorydd Cymdeithas yr **Eisteddfod** Genedlaethol (1880–1907) a gwrthwynebydd Ceidwadol **David Lloyd George** yn 1892, a'r pregethwr dall poblogaidd, **John Puleston Jones**. Dymchwelwyd cartref teulu Puleston, Emral (1727), yn 1936. Roedd yn cynnwys nenfwd hynod gyda fowtiau baril yn darlunio gorchwylion Ercwlff – nenfwd a brynwyd gan **Clough Williams-Ellis** am £13 a'i ailosod ym Mhortmeirion (**Penrhyndeudraeth**). Yn 2001 nid oedd gan 88.81% o drigolion y gymuned unrhyw wybodaeth o'r **Gymraeg**; yn ieithyddol, hi felly yw'r fwyaf Seisnigedig o gymunedau bwrdeistref sirol **Wrecsam**.

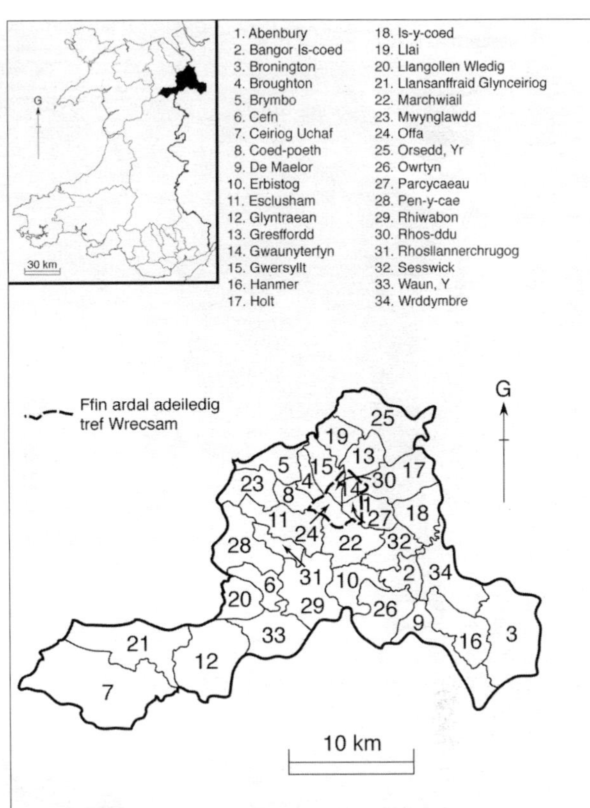

Cymunedau Bwrdeistref Sirol Wrecsam

**WRECSAM, Bwrdeistref sirol** (50,379ha; 128,476 o drigolion)

Yn 1974 cafodd rhannau diwydiannol **Sir Ddinbych** eu cyfuno â'r ddwy ran ar wahân o **Sir y Fflint** i ffurfio dosbarth **Wrecsam Maelor**, un o'r chwe dosbarth yn sir newydd **Clwyd**. Yn 1996 daeth y dosbarth, ynghyd â phedair **cymuned** yn hen ddosbarth **Glyndŵr**, yn fwrdeistref sirol Wrecsam. Ychwanegwyd cymuned **Llangollen Wledig** yn 1998. Yn 2001 roedd gan 22.90% o drigolion y fwrdeistref sirol ryw fesur o afael ar y **Gymraeg**, gyda 10.9% yn gwbl rugl yn yr iaith. (Gw. hefyd **Ceiriog Uchaf** ac **Wrddymbre**.)

**WRECSAM, Tref**, Wrecsam (1,332ha; 41,276 o drigolion)

Mae tref Wrecsam o fewn cymunedau Gwaunyterfyn, Parc Caia, Offa a Rhos-ddu (gw. **Cymuned** ac isod).

Caiff Wrecsam (neu yn hytrach Wristlesham) ei chrybwyll am y tro cyntaf yn 1161 yn Rhôl y Siecr (gw. **Marchwiail**). Ar ôl 1282 daeth yn rhan o un o arglwyddiaethau'r **Mers**, sef **Brwmffild ac Iâl**, a oedd â'i phrif ganolfan yn **Holt**, a datblygodd Wrecsam fel canolfan fasnach heb unrhyw swyddogaeth filwrol. Mae ei heglwys fawr, Eglwys Sant Silin, a godwyd yn wreiddiol yn gynnar yn y 14g. a'i hail-lunio rhwng tua 1480 ac 1520, yn dyst i lewyrch cynyddol Wrecsam. Mae'r defnydd o fotîff Coesau Manaw yn yr eglwys yn awgrymu mai teulu **Stanley** a fu'n gyfrifol am yr ail-lunio (gw. **Ynys Manaw**). Gogoniant yr eglwys yw ei thŵr – un o **Saith Rhyfeddod Cymru** – a ysbrydolwyd gan dŵr Eglwys Gadeiriol Caerloyw. Mae tŵr Prifysgol Yale yn gopi manwl ohono, ac mae Elihu Yale, a waddolodd y brifysgol honno, wedi'i gladdu ym mynwent Eglwys Sant Silin (gw. **Yale, Teulu**).

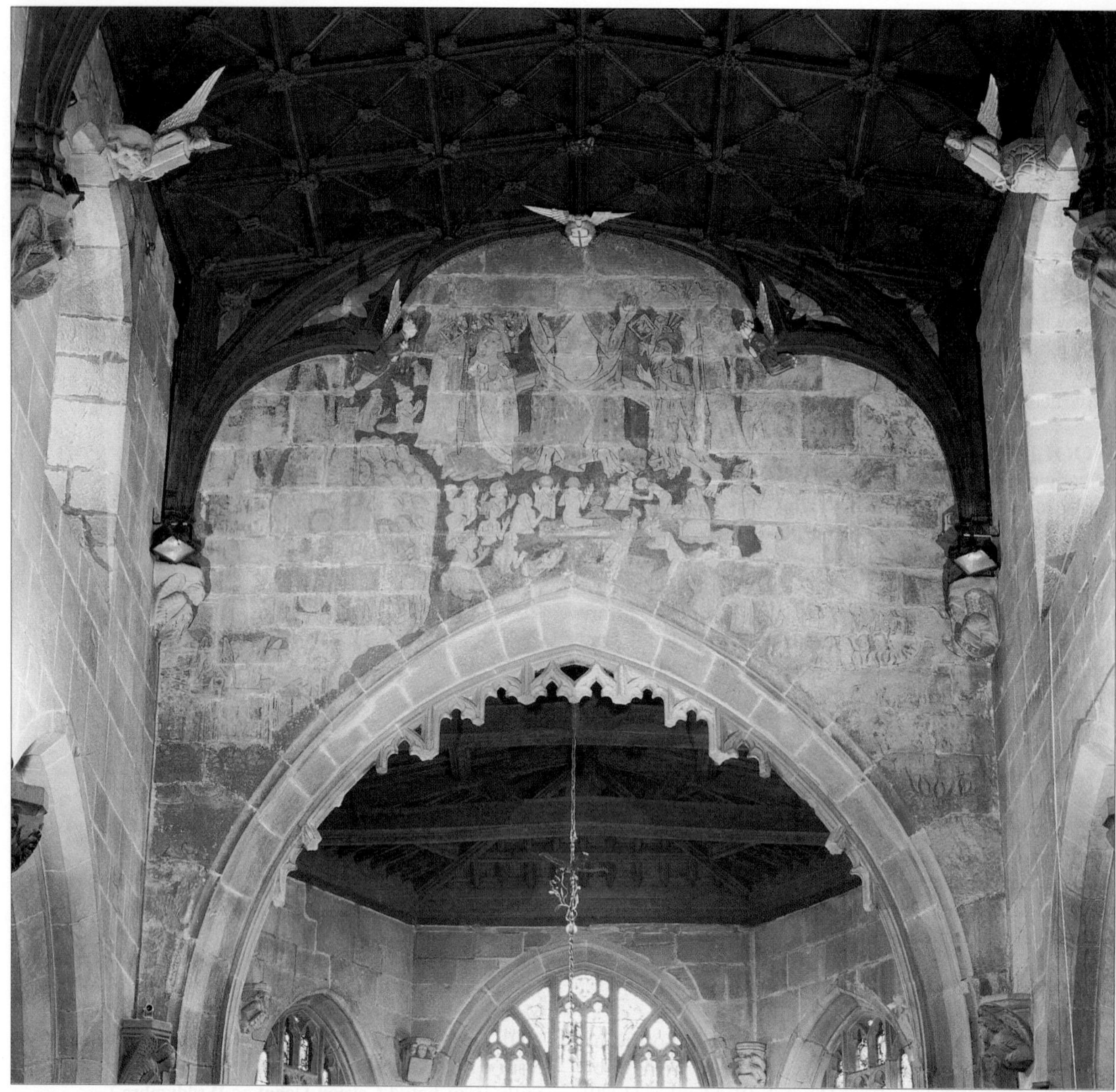

Eglwys Sant Silin, Wrecsam

Datblygodd Wrecsam yn gyrchfan ar gyfer radicaliaid crefyddol, yn eu plith **Morgan Llwyd**, ac yn ystod y **Rhyfeloedd Cartref** roedd y dref yn un o'r lleoedd prin hynny yng Nghymru a oedd yn gefnogol i'r Senedd. Erbyn diwedd yr 17g. mae'n debyg mai Wrecsam oedd y ganolfan drefol fwyaf yng Nghymru – er nad oedd ganddi, a hithau wedi'i rhannu'n 12 **trefgordd**, lywodraeth drefol hyd 1857 pan dderbyniodd statws bwrdeistref (gw. **Bwrdeistrefi**). O ganol y 18g. ymlaen datblygodd Wrecsam, a oedd eisoes yn dref farchnad ar gyfer ardal amaethyddol gyfoethog, yn brif ganolfan diwydiannau **glo** a metel **Sir Ddinbych**. Cafodd hefyd enw fel canolfan **fragu**. Erbyn diwedd y 19g. roedd yno 19 o fragdai, yn cynnwys un Cwmni Wrexham Lager Beer, a fu'n weithredol o 1883 hyd 2000 (gw. **Cwrw, Bragu a Bragdai**) – cyn tranc y diwydiant byddai arogl y bragu yn rhoi naws gynhesol i'r dref ar foreau o aeaf oer. Bu i'r dref hefyd ran yn hanes **argraffu a chyhoeddi** yng Nghymru; sefydlwyd gwasg yno yn 1820 gan Richard Hughes (1794–1871), a phan fu farw ef trosglwyddwyd y busnes i'w fab, Charles Hughes (1823–86) o dan yr enw Hughes a'i Fab. Roedd cylchgrawn *Y Llenor* a nofelau **Daniel Owen** ymhlith cyhoeddiadau'r cwmni, sydd bellach yn eiddo i **S4C**.

Erbyn diwedd y 19g. roedd poblogaeth Wrecsam bron â chyrraedd 40,000, er mai dim ond 15,000 a drigai o fewn ffiniau hynod gyfyng y fwrdeistref. Ynddi ceid Gwersyll Milwrol Hightown (1877; cartref y **Ffiwsilwyr Brenhinol Cymreig**), neuaddau marchnad, banciau mawr ac addoldai niferus – gan gynnwys Ein Harglwyddes y Gofidiau, a gydnabuwyd yn 1898 fel eglwys gadeiriol esgobaeth Gatholig Mynyw (Menevia). Eto, er mai Wrecsam oedd canolfan drefol fwyaf gogledd Cymru o bell ffordd (ffaith sy'n wir o hyd), ni leolwyd unrhyw un o brif sefydliadau'r gogledd yno – Coleg y Brifysgol, er enghraifft, neu bencadlys gogleddol y BBC yng Nghymru. Efallai fod hyn oherwydd y modd y'i hystyrid yn dref Seisnigedig ar y Gororau; yn wir, mae ffin orllewinol Wrecsam 2km i'r dwyrain o **Glawdd Offa**. (Yn

2002 bu Wrecsam unwaith eto'n aflwyddiannus yn ei chais am statws dinas, statws a roddwyd erbyn hynny i bob un o dair prif ganolfan drefol y de.)

Yn yr 20g. bu'r dirywiad yn niwydiannau trymion Sir Ddinbych yn ergyd lem i Wrecsam, er na phrofodd y dref ei hunan y lefelau enbyd o ddiweithdra a welwyd yn ardaloedd mwy ymylol maes glo'r gogledd. Roedd Wrecsam yn ffodus o gael cyngor goleuedig a fu'r mwyaf blaengar yng Nghymru ar faterion fel cael gwared â slymiau ac adeiladu tai cyngor. Yn niwedd yr 20g. daeth y twf mewn cyflogaeth yn y diwydiannau gwasanaeth a gweithgynhyrchu cyffredinol â chryn lewyrch i'r dref, diolch i'w lleoliad hwylus. Bu Wrecsam yn arbennig o ffodus yn ei haneswyr, yn eu plith **A. N. Palmer**, **A. H. Dodd**, Stanley Williamson ac W. Alister Williams; yn sgil gwaith yr olaf a enwyd, Wrecsam yw'r unig le yng Nghymru â'i gwyddoniadur ei hun (2001).

*Cymunedau Wrecsam*

GWAUNYTERFYN (Acton) (344ha; 12,960 o drigolion)
Mae enw Saesneg y gymuned hon, sef rhan ogledd-ddwyreiniol Wrecsam, yn atgof o Barc Acton, y man lle ganed yr hynod Farnwr **Jeffreys** yn 1645. Cafodd y tŷ, a ailgodwyd i raddau helaeth yn 1787, ei ddymchwel yn 1956. Mae tri o'i borthordai wedi goroesi, ynghyd â llyn a grëwyd yn y 19g. Roedd Ysgol Sir Grove Park (1895–1983), ar hen Ffordd Gaer, ysgol a ddatblygodd o Academi'r Grove (1823), yn fawr ei pharch.

OFFA (486ha; 9,852 o drigolion)
Mae'r gymuned hon, sef gorllewin Wrecsam, hefyd yn cynnwys canol y dref. Nid cyfeirio at y Clawdd y mae'r enw ond at blasty Bryn Offa o'r 19g. Mae rhannau o Bers Isaf yn dyddio'n ôl i'r 14g. ac mae Croesnewydd yn dŷ hardd a godwyd yn 1696.

PARC CAIA (Caia Park) (282ha; 11,882 o drigolion)
Mae'r ardal hon, sef de-ddwyrain Wrecsam, yn cynnwys Stad Dai Parc y Frenhines (1950 ymlaen), yr enghraifft gynharaf ym **Mhrydain** o ddull cynllunio Radburn – trefn a ddyfeisiwyd yn Radburn, New Jersey, er mwyn cadw cerbydau a cherddwyr ar wahân (gw. hefyd **Cwmbrân**). Ffordd Cefn oedd safle gwreiddiol Coleg Hyfforddi Cartrefle, a sefydlwyd yn 1946. Yn 2000 daeth y safle yn gartref i Ysgol Morgan Llwyd, ysgol uwchradd Gymraeg Wrecsam, a sefydlwyd yn 1963. Mae'r tir yn rhan ddeheuol y gymuned, ar lan afon Clywedog, yn eiddo i'r **Ymddiriedolaeth Genedlaethol**. Ym Melinau'r Brenin – melinau a godwyd yn y 14g. i wasanaethu trefgordd Wrecsam Regis – mae canolfan ymwelwyr a therfyn Llwybr Clywedog (gw. **Mwynglawdd**).

RHOS-DDU (220ha; 6,582 o drigolion)
Mae'r gymuned hon, sef gogledd-orllewin Wrecsam, yn cynnwys Gardd-bentref Wrecsam. Sefydlwyd y pentref yn 1901, ac mae yno gyfoeth o dai wedi'u codi mewn dull brodorol, anffurfiol. Cae Ras Wrecsam, a sefydlwyd gan deulu **Williams Wynn** yn 1807, oedd lleoliad y gêm gyntaf a chwaraewyd gan Glwb Pêl-droed Wrecsam yn 1872. Bu'n gartref i'r clwb er 1887. Plas Coch yw prif safle **Athrofa Gogledd-Ddwyrain Cymru (NEWI)**, ffederasiwn o golegau a sefydlwyd yn 1975.

**WRECSAM MAELOR** Cyn-ddosbarth
Ar ôl diddymu **Sir Ddinbych** a **Sir y Fflint** yn 1974, crëwyd Wrecsam Maelor yn un o chwe dosbarth oddi mewn i sir newydd **Clwyd**. Roedd yn cynnwys yr hyn a fu gynt yn fwrdeistref **Wrecsam** a'r rhan fwyaf o ddosbarth gwledig Wrecsam, yn Sir Ddinbych, a dosbarth gwledig **Maelor** a phlwyf Marford a Hoseley yn Sir y Fflint (gw. **Gresffordd**). Yn 1996 daeth y dosbarth, ynghyd â phedair **cymuned** (pump yn ddiweddarach) a oedd gynt yn nosbarth **Glyndŵr**, yn fwrdeistref sirol Wrecsam.

**WYATT (Teulu)** Penseiri
Roedd gwreiddiau'r teulu mawr hwn o benseiri yn Swydd Stafford. Daeth Benjamin Wyatt (1745–1818) yn asiant stad y Penrhyn (**Llandygái**) ac roedd ganddo bractis ym **Mangor**. Yn ogystal â nifer o adeiladau ar gyfer Arglwydd Penrhyn, cynlluniodd Westy'r Penrhyn Arms, Bangor, a ddaeth yn ddiweddarach yn gartref cyntaf Coleg y Brifysgol (gw. **Prifysgol Cymru, Bangor**). Sefydlodd ei frawd hynaf, Samuel (1737–1807), a'i frawd ieuengaf, James (1746–1813), bractis bob un yn **Llundain** a chynlluniodd y ddau nifer o adeiladau yng ngogledd Cymru. Ganed mab Benjamin, Lewis William Wyatt (1777–1853), ym Mangor ac ar ôl astudio yn yr Academi Frenhinol a threulio cyfnod yn gweithio i'w ewythrod, sefydlodd ei bractis ei hun yn Llundain, gan ganolbwyntio'n bennaf ar gynllunio plastai gwledig.

**WYDDFA, Yr** Mynydd
Yr Wyddfa (1,085m; **Betws Garmon**) yw copa uchaf Cymru a'r uchaf ym **Mhrydain** i'r de o Ben More (a saif i'r gogledd-ddwyrain o Loch Lomond). *Massif* yn hytrach na mynydd yw'r Wyddfa mewn gwirionedd, a'r copaon eraill sy'n rhan ohono yw Crib y Ddysgl (1,065m), Crib Goch (921m) a'r Lliwedd (898m; oll yng nghymuned **Beddgelert**). Ystyrir gan lawer mai'r Wyddfa yw'r mynydd mwyaf gosgeiddig ym Mhrydain. Dichon mai o ochr Cwm Dyli y'i gwelir ar ei orau; oddi yma, yng ngeiriau **Alun Llywelyn-Williams**, 'y gwelir y mynydd ar ei fwyaf gosgeiddig a'i fwyaf aruthr hefyd, a phrin y gellid gwell cyflwyniad i'w fawredd ac i'w swyn na'r olwg agos arno o'r fan hon'. Cymaint yw enwogrwydd y mynydd fel y teimlai Jawaharlal Nehru, yr hanai ei gyndeidiau o fynyddoedd mawreddog Kashmir, dan orfod yn 1911 i anfon cerdyn post at ei fam yn Allahabad er mwyn mynegi ei foddhad o weld yr Wyddfa.

O ran **daeareg**, mae'r mynydd yn ei hanfod yn gynnyrch gwres tanbaid yn ogystal ag oerfel eithafol, gan fod y lafâu a'r tyffau folcanig sy'n sail iddo hefyd yn arddangos effeithiau grym erydol a dyddodol iâ. Nodwedd fwyaf trawiadol y mynydd yw amlinell gribog y peiran mawr sy'n cynnal dyfroedd **llynnoedd** creicafn Glaslyn a Llydaw; mae Llwybr Crib Goch a'r Lliwedd yn dilyn crib bigfain Crib Goch a Chrib y Ddysgl ynghyd â'r grib greigiog ond gweddol lydan ar erchwyn clogwyn serth y Lliwedd. Mae creigiau a lyfnhawyd gan lif yr iâ yn amlwg iawn ar Glogwyn Du'r Arddu, paradwys dringwyr a naturiaethwyr.

Cyn dod yn enw ar y mynydd i gyd, cyfeirio'n wreiddiol at y garnedd o gerrig ar y copa a wnâi'r enw Yr Wyddfa (cofnodwyd yr enghraifft gynharaf *c.*1284); gall *gwyddfa* hefyd olygu 'uchelfa' neu 'claddfa', a thyfodd traddodiad mai yma y claddwyd Rhita Gawr a laddwyd yn ôl **Sieffre o Fynwy** gan y Brenin **Arthur**. Digwydd enghraifft o'r ffurf

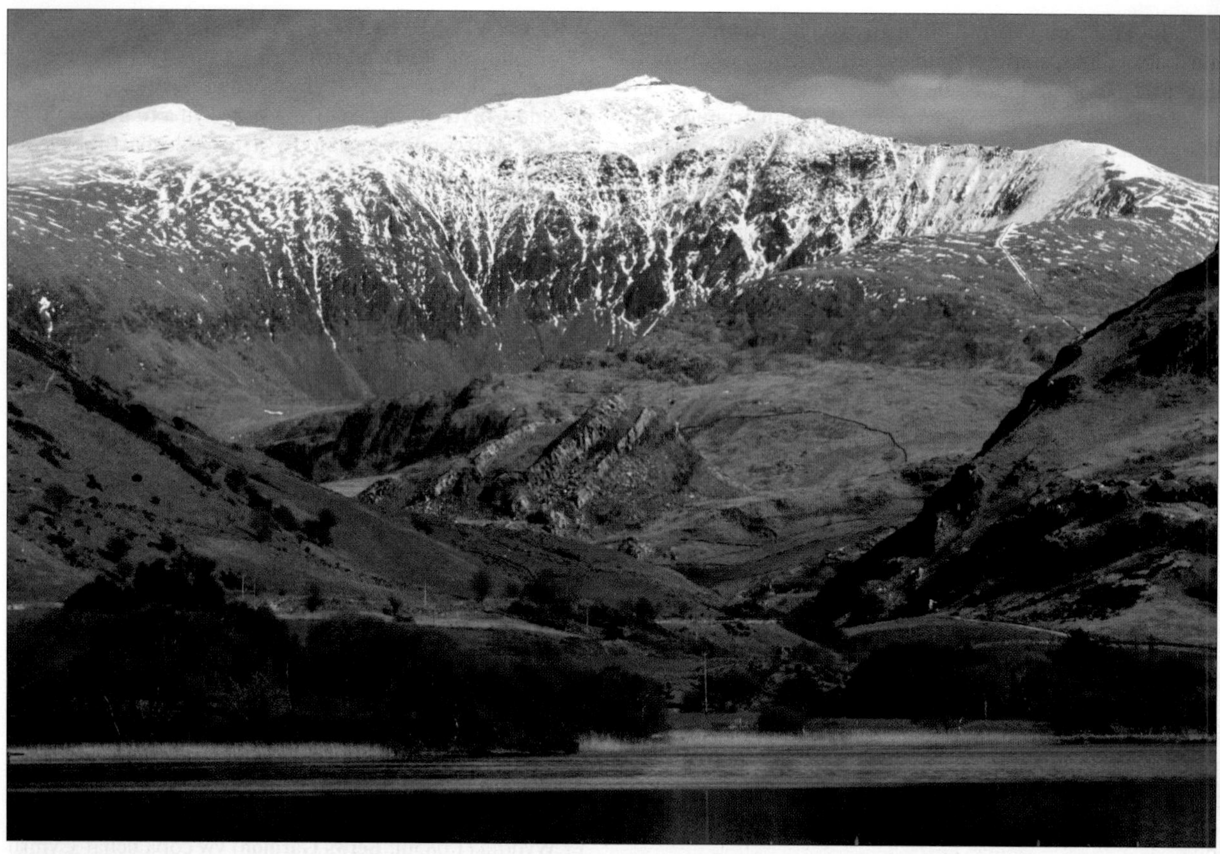

Yr Wyddfa

*Snawdune* (Hen Saesneg *snāw* 'eira' a *dūn* 'bryn') mor gynnar ag 1095, ond cyfeirio at **Eryri** a wna'r holl enghreifftiau cynnar. O'r 16g. ymlaen ceir enghreifftiau o ddefnyddio *Snowdon Hill* am yr Wyddfa, ac yng ngwaith y botanegydd Thomas Johnson yn 1639 y digwydd yr enghraifft hysbys gynharaf o ddefnyddio *Snowdon* (ar ei ben ei hun) yn gyfystyr â'r Wyddfa (parhaodd y ffurf Ladineiddiedig *Snowdonia* yn gyfystyr ag Eryri).

Er mai'r daith gyntaf i gopa'r Wyddfa i'w chofnodi mewn print oedd honno gan Thomas Johnson yn 1639, byddai trigolion y fro, yn ddiau, wedi meddu ar adnabyddiaeth fanwl o'r mynydd dros ganrifoedd lawer. Mae'n briodol mai taith gan fotanegydd yw'r un gyntaf a gafodd ei chofnodi, gan mai **planhigion** y mynydd oedd y prif atyniad i'r ymwelwyr cynharaf. Yr ymwelydd pwysicaf ymhlith y botanegwyr hyn oedd **Edward Lhuyd**, ac enwyd un o'i ddarganfyddiadau – lili'r Wyddfa – yn *Lloydia serotina* er cof amdano. Yn sgil y Mudiad Rhamantaidd (gw. **Rhamantiaeth**), chwiliai'r twristiaid a gyrchai'r ardal am y dyrchafedig, ymweliadau a dderbyniodd hwb gan waith yr arlunwyr; roedd un peintiad, *Snowdon from Llyn Nantlle* (dau fersiwn, *c.*1765–6 a *c.*1765–7) gan **Richard Wilson**, yn ymgorfforiad gwych o apêl y mynydd (gw. **Peintio**). Yn 1831 hawliwyd nad oedd unman mwy cyhoeddus nag uchelfannau'r Wyddfa ganol haf, ond dyfodiad y rheilffordd a sicrhaodd fod y mynydd o fewn cyrraedd y tyrfaoedd o ymwelwyr a heidiai i'r ardal. Yn 1896 agorwyd y rheilffordd rac a phiniwn sy'n arwain i gopa'r Wyddfa. Mae'r siwrnai 7km o hyd, sy'n dilyn graddfa o 1:7.8, ar gyfartaledd, yn cymryd awr; mewn cyferbyniad, mae rhai o gystadleuwyr Ras yr Wyddfa yn rhedeg i'r copa ac yn ôl o fewn ychydig dros awr o amser (1:2:29 yw'r record a osodwyd gan Kenny Stuart yn 1985). Am flynyddoedd lawer, pen draw'r daith ar y trên oedd y caffi di-raen gerllaw'r copa, 'the highest slum in Europe', yn ôl y Tywysog Charles; ond yn 2008 agorir adeilad newydd yno yn dwyn yr enw Hafod Eryri. Mae'r Wyddfa yn rhan o Ras y Tri Chopa, sydd yn golygu dringo'r Wyddfa, ynghyd â mynydd uchaf yr **Alban** (Ben Nevis; 1,344m) a mynydd uchaf **Lloegr** (Scafell Pike; 978m).

## WYDDGRUG, Yr (Mold), Sir y Fflint (642ha; 9,568 o drigolion)

Cydnabuwyd yr **Wyddgrug** yn dref sirol **Sir y Fflint** yn 1833, y flwyddyn y cafwyd hyd i fantell aur – y gwaith **aur** mwyaf rhyfeddol a ddarganfuwyd ym **Mhrydain** erioed – y tu mewn i garnedd o'r Oes Efydd ger afon Alun (gw. **Oesau Cynhanesyddol**). (Mae'r fantell ym meddiant yr Amgueddfa Brydeinig a gallai ymgyrch i'w dychwelyd i Gymru fod yn destun gwleidyddol llosg.) Saif y dref o fewn cwmwd **Ystrad Alun**, rhan o diriogaethau tywysogion **Powys**. Cipiwyd yr Wyddgrug *c.*1090 gan y **Normaniaid**, ac ymddengys mai eu hymdrech hwy i gyfieithu Gwyddgrug (*gŵydd* 'carnedd' a *crug* 'bryncyn') a roddodd fod yn y pen draw i'r ffurf Mold (o'r Ffrangeg *mont-hault* 'bryn uchel'), er ei bod yn ddichonadwy mai enw a drosglwyddwyd o Normandi ydyw. Cipiwyd castell mwnt a beili Robert de Montalt sawl gwaith gan dywysogion **Gwynedd**. Mae'r mwnt wedi goroesi. Erbyn diwedd y 15g. roedd yr Wyddgrug wedi dod i feddiant Thomas Stanley (gw. **Stanley, Teulu**); ei wraig, Margaret Beaufort, a ariannodd y gwaith o ailadeiladu Eglwys y Santes Fair. Megis 'eglwysi Stanley' eraill, mae'n cynnwys arfbais **Ynys Manaw**. Mae un o ffenestri **gwydr lliw** yr eglwys yn coffáu'r arlunydd **Richard Wilson**, a gladdwyd ym mynwent yr eglwys.

O ddiwedd yr 17g. ymlaen daeth yr Wyddgrug yn fwyfwy llewyrchus wrth i wythiennau **glo** a **phlwm** yr ardal gael eu datblygu. Yn 1869 carcharwyd dau o weithwyr glofa Leeswood Green wedi iddynt ymosod ar y rheolwr, Sais a oedd wedi gostwng cyflogau'r gweithlu a'u rhwystro hefyd rhag siarad **Cymraeg** dan ddaear. Arweiniodd y ddedfryd at Derfysgoedd yr Wyddgrug, 1869, pan saethwyd pedwar protestiwr yn farw gan filwyr.

Yn Stryd Fawr y dref, a adeiladwyd yn ddigon llydan i gynnal marchnad awyr agored, ceir rhai adeiladau diddorol, gan gynnwys tŷ Sioraidd hardd, Neuadd Farchnad Eidalaidd ei harddull (1850) a Neuadd y Dref (1912). Capel Bethesda (1863) yw'r harddaf efallai o'r holl gapeli a godwyd gan y **Methodistiaid Calfinaidd** yng Nghymru. Yn 1968 disodlwyd y Neuadd Sir neo-Elisabethaidd (1834) gan y neuadd sirol bresennol a ddaeth, yn 1974, yn bencadlys sir **Clwyd**. Yn dilyn adfer Sir y Fflint yn 1996 daeth yn bencadlys y sir honno. Mae'r neuadd yn rhan o ganolfan ddinesig yr Wyddgrug, sydd ar dir Llwynegryn (1830), a fu unwaith yn dŷ agweddi a oedd yn eiddo i deulu Davies-Cooke (gw. **Helygain**). O'r ganolfan ddinesig, sy'n cynnwys y llysoedd barn, llyfrgell y sir a Theatr Clwyd (gw. **Drama**), ceir golygfa wych o **Fryniau Clwyd**. Yn yr Wyddgrug y ganed y beirdd Jane Brereton (1685–1740) ac Alun (**John Blackwell**; 1797–1840), a'r cerddor **John Ambrose Lloyd** (1815–74). Brodor enwocaf y dref oedd y nofelydd **Daniel Owen** (1836–95), awdur nofelau Cymraeg mwyaf llwyddiannus y 19g. Yn yr Wyddgrug y lleolodd y rhan fwyaf o'i nofelau; terfysgoedd 1869 yw cefndir *Rhys Lewis* (1885). Saif cerflun ohono yn y dref ac enwyd y ganolfan ddiwylliannol a'r ganolfan siopa ar ei ôl.

## WYLFA, Gorsaf Ynni Niwclear Yr, Ynys Môn

Dechreuodd gorsaf ynni niwclear yr Wylfa ger Cemais (**Llanbadrig**) gynhyrchu trydan yn 1971. Hon oedd yr orsaf Magnox olaf i gael ei hadeiladu gan y Bwrdd Canolog Cynhyrchu Trydan, a'r ail atomfa i'w chodi ar ddaear Cymru (gw. **Trawsfynydd, Gorsaf Ynni Niwclear**). Ceir ynddi ddau adweithydd sy'n cynhyrchu tua 950MW o drydan, digon i gyflenwi oddeutu miliwn o bobl. Yn ei hanterth, roedd yr atomfa yn cyflogi tua 600. Daw ei thrwydded i gynhyrchu trydan i ben yn 2010. Defnyddir cyfran helaeth o drydan yr Wylfa gan waith Alwminiwm Môn (gw. **Trearddur** ac **Ynni**); gan hynny, dyfodol ansicr a fydd i'r gwaith hwnnw pan ddaw oes yr atomfa i ben.

## WYN, Eirug (1950–2004) Llenor, ymgyrchydd iaith a dyn busnes

Ganed Eirug Wyn yn Llan (**Llanbryn-mair**), a chafodd ei fagu yno ac yn Neiniolen (**Llanddeiniolen**). Yn 17 oed, cafodd ddirwy am roi 'D' yn lle 'L' ar ei gar wrth ddysgu gyrru – hawl a enillwyd yn y man – a bu'n ymgyrchu'n ddiflino dros y **Gymraeg** o hynny ymlaen. Agorodd sawl siop lyfrau Cymraeg, gan weithio ym myd teledu yn ddiweddarach. Deuai ei agwedd wrthsefydliadol a'i ddireidi dihafal i'r amlwg yn gyson, er enghraifft fel awdur y cerddi dychanol a pharodïol a gyhoeddodd dan y ffugenw Derec Tomos ac fel golygydd y cylchgrawn *Lol!*. Cyhoeddodd dros 15 o lyfrau, nofelau

Eirug Wyn

gan mwyaf, ac enillodd ddwy o brif wobrau yr **Eisteddfod** Genedlaethol ddwywaith yr un, sef y fedal ryddiaith a gwobr goffa Daniel Owen.

## WYNN, Teulu (Gwydir) Tirfeddianwyr

Hanai'r teulu o **Eifionydd**, a hawlient eu bod yn ddisgynyddion i **Gruffudd ap Cynan**. Oddeutu 1500 prynodd un ohonynt, Maredudd ap Ieuan, stad Gwydir (neu Gwedir) yn Nyffryn **Conwy** (gw. **Trefriw**). Atgyfnerthodd ei etifedd, Siôn Wyn ap Maredudd (m.1559), y stad gan ailadeiladu'r tŷ a bu'n allweddol, yn ôl traddodiad, yn y gwaith o roi terfyn ar **Wylliaid Cochion Mawddwy**. Mabwysiadodd ei fab ef, Morys (m.1580), y cyfenw Wynn. Bu mab Morys, yr enwog Syr John Wynn (1553–1627), gŵr cyfreithgar a barus, yn traarglwyddiaethu ar wleidyddiaeth **Sir Gaernarfon** am hanner canrif. Roedd yn ysgolhaig ac yn noddi'r beirdd, a chafodd ei ddyrchafu'n farwnig yn 1611. Ysgrifennodd *History of the Gwydir Family* (nas cyhoeddwyd tan 1770) i ddathlu ei linach uchelwrol, a helaethodd a chryfhaodd stad Gwydir. Daeth dau o'i ddeng mab i'w olynu fel barwnig, Rhisiart (1588–1649), trysorydd y Frenhines Henrietta Maria, ac Owen (1592–1660). Ar farwolaeth y pedwerydd barwnig – mab Owen, sef Rhisiart (*c.*1625–74) – aeth y stad i feddiant Syr John Wynn, mab Harri, degfed mab y barwnig cyntaf, a daeth y llinach i ben ar ei farwolaeth ef yn 1719. Etifeddwyd y stad, a oedd yn werth oddeutu £3,000, gan Mari, merch Rhisiart, a briododd y Barwn Willoughby de Eresby yn 1678. Yn y 1890au dechreuodd eu disgynnydd hwy, iarll Ancaster, werthu'r stad 12,140ha.

Edith Wynne (Eos Cymru), *c.*1885

**WYNN-WILLIAMS, [Charles] Eryl (1903–79)** Ffisegydd
Yn **Abertawe** y ganed Eryl Wynn-Williams, ond fe'i maged yn **Wrecsam** a graddiodd ym **Mangor**. Yn y 1920au roedd meysydd newydd ffiseg gronynnau a ffiseg niwclear yn galw am ddatblygu llawer o offer gwreiddiol ac arloesol. Y galw hwn a arweiniodd Eryl Wynn-Williams i ddyfeisio'r cysyniad o 'raddfa dau' ar gyfer y rhifyddion electronig a ddefnyddir mewn ymchwil ym maes ffiseg gronynnau. Yr egwyddor hon sydd wrth wraidd electroneg ddigidol a hi yw sylfaen y rhan fwyaf o gyfrifiaduron modern; fe'i disgrifiwyd fel y cyfraniad mwyaf at gyfrifo oddi ar i ddyn ddysgu cyfrif gyda'i fysedd a bodiau ei draed. Treuliodd Eryl Wynn-Williams y rhan helaethaf o'i yrfa academaidd yng Ngholeg Imperial yn **Llundain**; yn ystod yr **Ail Ryfel Byd** gwnaeth gyfraniad allweddol i'r gwaith o ddatgodio peiriant Enigma yr Almaenwyr yn Bletchley Park.

**WYNNE, Teulu (Peniarth)** Tirfeddianwyr
Y cyntaf o'r teulu i ddod i amlygrwydd oedd Maurice ap Robert Wynne o'r Glyn (m.1610) (**Talsarnau**). Roedd y teulu **Ormsby-Gore**, a ddeuai yn ddiweddarach yn Farwniaid **Harlech**, yn ddisgynyddion i'w fab hynaf. Priododd ei bedwerydd mab, William Wynne I (m.1700), ag Elizabeth, etifedd teulu'r Jonesiaid o'r Wern (**Dolbenmaen**). Daeth Peniarth (**Llanegryn**) i feddiant y teulu trwy briodas disgynnydd William, William Wynn IV (1745–96). Cafodd Hengwrt (**Llanelltud**), a'r llyfrgell enwog a gasglwyd gan **Robert Vaughan**, eu gadael i ŵyr William Wynn IV, sef William Watkin Edward Wynne (1801–80), gan Syr Robert Vaughan (m.1859). Roedd W. W. E. Wynne yn achyddwr ac yn hynafiaethydd nodedig, yn weinyddwr lleol amlwg ac yn un o gefnogwyr **Mudiad Rhydychen**. Bu'n llywydd **Cymdeithas Hynafiaethau Cymru** (1850) a chyfrannodd erthyglau ar hanes a hynafiaethau Cymru i *Archaeologia Cambrensis*. Yn 1852 fe'i hetholwyd yn aelod seneddol **Sir Feirionnydd**. Safodd y Rhyddfrydwr David Williams yn ei erbyn yn 1859; cadwodd Wynne ei sedd gyda mwyafrif o 40 pleidlais, ond cafodd nifer o gefnogwyr y Rhyddfrydwyr eu troi o'u cartrefi gan dirfeddianwyr Ceidwadol. Etholwyd ei fab, William Wynne VII (1840–1909), yn aelod seneddol Sir Feirionnydd yn 1865, ond tynnodd ei enw yn ôl yn 1868 a chafodd David Williams ei ethol yn ddiwrthwynebiad, gan roi cychwyn ar gyfnod hir o reolaeth Ryddfrydol ar y sir. Yn 1898 trefnodd Syr **John Williams** (1840–1926) ei fod yn cael meddiant o lyfrgell Hengwrt-Peniarth ar farwolaeth yr olaf o feibion W. W. E. Wynne i oroesi. Digwyddodd hynny yn 1909, pan roddodd Syr John y llyfrgell yn rhodd i **Lyfrgell Genedlaethol Cymru** fel ei chasgliad sylfaenol.

**WYNNE, [Thomas] David (1900–83)** Cyfansoddwr
Ganed David Wynne ym Mhenderyn (**Hirwaun**) a bu'n löwr cyn mynd i **Gaerdydd** i astudio **cerddoriaeth**. Bu'n athro ysgol ac yna'n ddarlithydd yng Nghaerdydd, gan wneud enw iddo'i hun fel cyfansoddwr yr un pryd. Ymhlith ei gynnyrch toreithiog y mae pedair symffoni, sawl gwaith corawl mawr, cylchoedd o ganeuon a cherddoriaeth siambr.

**WYNNE, Edith (Eos Cymru) (1842–97)** Cantores
Edith Wynne, soprano loyw a aned yn **Nhreffynnon**, oedd eicon cyntaf '**Gwlad y Gân**'. Aeth i'r Academi Gerdd Frenhinol, **Llundain**, yn y 1860au, enillodd y prif wobrau yno, a chafodd yr enw 'Eos Cymru' gan genedl a'i haddolai. Bu'n seren yr **Eisteddfod** Genedlaethol, canai ym mhrif wyliau cerdd **Lloegr** a chanodd o leiaf deirgwaith gerbron Victoria. Yn 1874 aeth i America lle'r enillodd glod dibrin yng Ngŵyl Gerdd Boston.

**WYNNE, Ellis (1671–1734)** Llenor
Mae Ellis Wynne yn enwog fel un o brif ysgrifenwyr rhyddiaith Cymru. Fe'i ganed yn y Lasynys, **Harlech**, yn ddisgynnydd i Maurice ap Robert Wynne (gw. **Ormsby-Gore, Teulu** a **Wynne, Teulu (Peniarth)**). Wedi mynychu Coleg Iesu, **Rhydychen**, fe'i hordeiniwyd yn offeiriad yn 1704; o 1705 hyd 1711 bu'n rheithor Llandanwg (**Llanfair**) a **Llanbedr**, ac o 1711 hyd ei farw bu'n rheithor Llanfair. Ei brif waith yw'r clasur, *Gweledigaetheu y Bardd Cwsc* (1703), addasiad creadigol o fersiynau Saesneg o waith y Sbaenwr Quevedo. Yn 1701 cyhoeddodd *Rheol Buchedd Sanctaidd,* cyfieithiad o waith defosiynol gan Jeremy Taylor, ac yn 1710 ei olygiad o'r *Llyfr Gweddi Gyffredin*. Ar ôl ei farw cyhoeddodd ei fab, Edward, rai pytiau crefyddol ganddo yn *Prif Addysc y Cristion* (1755).

**WYSG, Afon** (137km)
Mae blaenddyfroedd afon Wysg – yr afon hiraf sydd â'i chwrs yn gyfan gwbl yng Nghymru – yn tarddu ar lechweddau gogleddol Fan Brycheiniog (**Mynydd Du (Sir Gaerfyrddin** a **Phowys)**). Llifa trwy gronfa ddŵr Wysg, a adeiladwyd yn 1955 i gyflenwi **Abertawe**. Rhwng Trecastell a Phontsenni (**Maes-car**) ymuna afonydd Crai a Senni ag afon Wysg, dwy afon sy'n draenio llethrau gogleddol Fforest Fawr. Saif **Aberhonddu** ar ddwylan Wysg a Honddu, afon sydd, ynghyd ag Ysgir, Nant Brân ac afon Cilieni, yn draenio'r rhan fwyaf o **Fynydd Epynt**. Ymuna afonydd Tarell, Cynrig, Menasgin a Chaerfanell, sy'n draenio llethrau gogleddol **Bannau Brycheiniog**, ag afon Wysg rhwng Aberhonddu a **Thal-y-bont ar Wysg**. Mae Rhiangoll a Grwyne, sy'n draenio'r rhan helaethaf o'r **Mynydd Du (Sir Fynwy** a **Phowys)**, yn ymuno ag afon Wysg rhwng **Llangynidr** a'r **Fenni**. Llifa Clydach trwy ei cheunant trawiadol cyn ymuno ag Wysg ger Gilwern (**Llanelli (Sir Fynwy)**). O'r Fenni, llifa'r afon tua'r de i gyfeiriad **Brynbuga** a **Chaerllion**. Ychydig i'r gogledd o Gaerllion, derbynia Wysg ddyfroedd Afon Lwyd neu **Dorfaen**, sy'n tarddu ym **Mlaenafon** ac sy'n llifo trwy **Abersychan**, **Pont-y-pŵl** a **Chwmbrân**. Saif **Casnewydd**, yr enghraifft orau yng Nghymru o ganolfan ddinesig ar lan afon, ar ddwylan dyfroedd isaf Wysg, lle mae pont gludo hynod yn ei chroesi. Fe'i hagorwyd yn 1906 er mwyn sicrhau na fyddai dim yn rhwystro **llongau** rhag cyrraedd canol y dref, ffactor a fu'n allweddol yn natblygiad porthladd Casnewydd. I'r de o Gasnewydd, ymuna **Ebwy** ag afon Wysg, sy'n llifo i Fôr **Hafren** gerllaw pwerdy Aber-wysg.

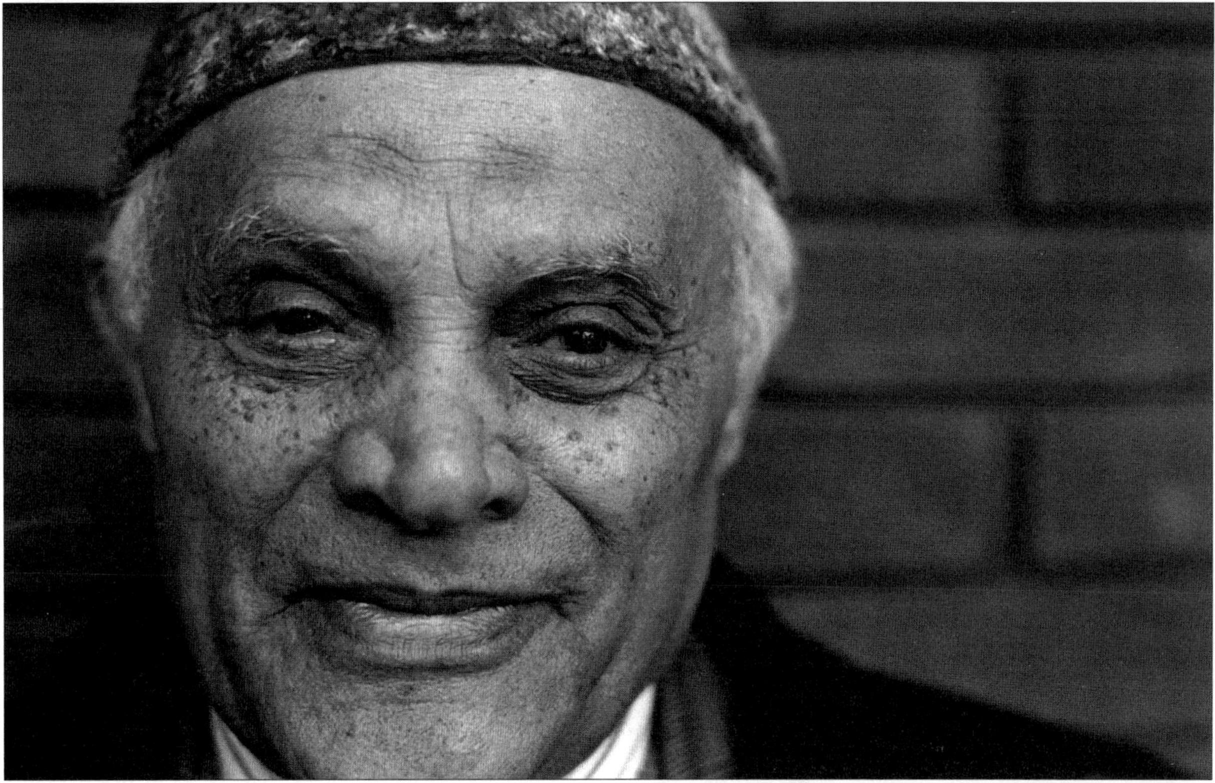

Un o Yemeniaid Caerdydd

## YALE, Thomas (*c.*1526–77) Cyfreithiwr eglwysig

Aelod o hen deulu Plas-yn-Iâl yn ardal **Bryneglwys** oedd Thomas Yale. Bu yng ngwasanaeth olyniaeth o archesgobion Caergaint, gan eu cynorthwyo i weithredu setliad y **Diwygiad Protestannaidd**. Fe'i dyrchafwyd yn Ddeon y Bwâu (prif farnwr llysoedd eglwysig talaith Caergaint) a daeth sawl aelod o'i deulu yn gyfreithwyr nodedig. Nai iddo oedd y cyfreithiwr David Yale (m.1626), a gorwyr i hwnnw oedd y masnachwr a'r cymwynaswr Elihu Yale (1649–1721), yr enwyd Prifysgol Yale yn yr Unol Daleithiau ar ei ôl.

## YEMENIAID

Yn oes y llongau ager daeth Aden, a gipiwyd gan **Brydain** yn 1839, yn un o'r prif storfeydd **glo** ar gyfer llynges Prydain a'i llongau masnach. Cludid glo yno o **borthladdoedd** de Cymru a byddai'r **llongau** yn aml yn dychwelyd ag Yemeniaid ar eu byrddau; felly y rhoddwyd bod i'r cymunedau cyntaf o Arabiaid ym Mhrydain. Gan eu bod mor gynefin â gwres tanbaid yr haul, câi'r Yemeniaid eu cyflogi fynychaf fel tanwyr ar longau, a chollwyd llawer ohonynt yng nghonfois y **Rhyfel Byd Cyntaf** a'r **Ail Ryfel Byd**. Ym mhorthladdoedd y de datblygodd cymunedau'r Yemeniaid yn gyflym ac, o ganlyniad, yng **Nghaerdydd** y cofrestrwyd y mosg cyntaf ym Mhrydain yn 1860; yno hefyd y sefydlwyd yr ysgol Arabaidd gyntaf ym Mhrydain, y fynwent Foslemaidd gyntaf a'r papur newydd Arabaidd cyntaf (*Al-Salam*, 1948–52). Byddai llawer o'r Yemeniaid yn aros mewn tai lojin, a'r enwocaf o'r rhain oedd y Cairo Café a gedwid gan Ali Salaman a'i wraig Olive, a oedd yn Gymraes Gymraeg (byddai'r Yemeniaid yn aml yn priodi â **menywod** o Gymru). Ar ddechrau'r 21g. ceir rhai miloedd o Yemeniaid yng Nghymru, yng **Nghasnewydd** ac **Abertawe** yn ogystal â Chaerdydd. Trafodir y cysylltiadau rhwng Caerdydd ac Yemen yng nghyfrol Patricia Aithie, *The Burning Ashes of Time* (2005).

## YMDDIRIEDOLAETH GENEDLAETHOL, Yr

Cafodd yr Ymddiriedolaeth Genedlaethol ei sefydlu yn 1895 i warchod adeiladau a thiroedd ac iddynt harddwch nodedig neu ddiddordeb hanesyddol. Daeth yr Ymddiriedolaeth i fod fel cwmni nad oedd yn gwneud elw, a chafodd ei hymgorffori gan ddeddf seneddol yn 1907. Roedd ei sylfaenwyr yn gymysgedd od o radicaliaid a fynnai weld helaethu hawliau tramwy a phobl geidwadol eu bryd a garai hen adeiladau Gothig. Yr eiddo cyntaf i ddod i'w meddiant oedd Dinas Oleu, uwchlaw **Abermaw**, lle ceir golygfeydd godidog dros Fae Ceredigion. Daethpwyd i ystyried yr Ymddiriedolaeth

Un o ddau dŵr crwn Castell Cilgerran: Thomas Girtin, *c.*1719. Mae'r castell, sy'n eiddo i'r Ymddiriedolaeth Genedlaethol, dan ofal Cadw

yn fudiad a alluogai deuluoedd bonedd i aros yn eu cartrefi teuluol er gwaethaf tollau marwolaeth. Yng Nghymru, fodd bynnag, dim ond dau eiddo o'r fath sydd gan yr Ymddiriedolaeth – Plas Newydd (**Llanddaniel-fab**) a'r Castell Coch (neu Gastell Powys; y **Trallwng**). Ymhlith yr adeiladau hanesyddol eraill sydd yn ei meddiant y mae Erddig (**Marchwiail**) a Chastell Penrhyn (**Llandygái**). Yn y Castell Coch ac Erddig ceir **gerddi** gwych, ond o blith holl erddi'r Ymddiriedolaeth, yr orau yw Bodnant (**Eglwys-bach**). Mae safleoedd hanesyddol fel Caer Segontium (**Caernarfon**) a chestyll Ynysgynwraidd (**Llangatwg Feibion Afel**) a **Chilgerran** hefyd wedi dod i'w meddiant. Ymhlith eiddo'r Ymddiriedolaeth ar yr arfordir y mae Penmaendewi (**Tyddewi**) a mynydd **Rhosili** (Rhossili Down). Mae hefyd yn berchen ar Ysgyryd Fawr (**Llandeilo Bertholau**) a chopaon yr **Wyddfa** a'r **Carneddau**. A hithau'n ail yn unig i'r **Comisiwn Coedwigaeth** o blith tirfeddianwyr Cymru, mae'n berchen ar 44,575ha o dir yn y wlad; ei heiddo mwyaf yw stad **Ysbyty Ifan** sy'n ymestyn dros 10,500ha. Mae'r Ymddiriedolaeth yn gweithredu yng Nghymru, **Lloegr** a Gogledd **Iwerddon**. Yng Nghymru mae'r Ymddiriedolaeth wedi'i **datganoli** ryw gymaint, ond fe'i cyhuddwyd gan rai o ddangos llai o ddiddordeb mewn adeiladau o ddiddordeb Cymreig penodol nag y mae Ymddiriedolaeth Genedlaethol yr **Alban** wedi'i ddangos mewn adeiladau o ddiddordeb Albanaidd penodol (mudiad gwahanol a sefydlwyd yn 1931 yw'r ymddiriedolaeth yn yr Alban). Er hynny, yr Ymddiriedolaeth Genedlaethol a fu'n gyfrifol am adfer y Tŷ-Mawr (**Bro Machno**), cartref **William Morgan**, cyfieithydd y **Beibl**, a hynny'n wych iawn.

## YMDDIRIEDOLAETH GYMREIG, Yr (The Welsh Trust)

Menter addysgol o dueddfryd piwritanaidd (gw. **Piwritaniaid**) a sefydlwyd yn 1674 i efengylu ymysg y Cymry. Ei sylfaenydd oedd Thomas Gouge, clerigwr o **Lundain** a amddifadwyd o'i ofalaeth oherwydd ei dueddiadau piwritanaidd. Ar y cyd â'i noddwyr Llundeinig, dadleuodd y dylai plant Cymru ddysgu **Saesneg** fel y gallent ddarllen llenyddiaeth ddefosiynol. Rhwng 1674 ac 1681, y flwyddyn y bu farw Gouge, mynychodd tua 3,000 o blant ysgolion yr Ymddiriedolaeth. Ni hoffai **Stephen Hughes** y syniad na allai'r Cymry gael iachawdwriaeth oni bai eu bod yn dysgu Saesneg, a pherswadiodd yr Ymddiriedolaeth i wario arian ar gyhoeddi testunau crefyddol yn y **Gymraeg**; rhoddodd hyn hwb mawr i **argraffu a chyhoeddi** yng Nghymru.

## YMFUDO

Yn sgil ymfudo y mae'r Cymry wedi bod â rhan yn hanes nifer o wledydd y byd a gwelwyd cymunedau Cymreig yn datblygu mewn aml i wlad. Er mai cymunedau bychain oedd y rhain, llwyddodd nifer ohonynt i gynnal bywyd diwylliannol a chrefyddol Cymraeg ei gyfrwng hyd at ddechrau'r 20g. O'u cymharu â phobloedd eraill yn Ewrop, cymharol fychan fu niferoedd y Cymry a aeth dramor, ac ni fu'r tueddiad erioed mor amlwg â'r ymfudo i **Loegr**, yn arbennig i **Lundain** a **Lerpwl**. (Diffinnir ymfudo'n swyddogol fel ymgartrefu mewn gwladwriaeth sofran arall, ac felly, yn dechnegol, ni ellir galw'r Cymry hynny a aeth i Loegr yn ymfudwyr.) Serch hynny, ni fu'r presenoldeb Cymreig mewn gwledydd tramor yn un diarwyddocâd. Hyd yma, ni chafwyd astudiaethau hanesyddol lluosog yn y maes hwn a chyfyngwyd y gwaith ymchwil yn bennaf i hanes y Cymry yng **Ngogledd America**, yr Ariannin ac, i raddau llai, **Awstralia**. Ond, wrth i nifer cynyddol o ysgolheigion ymddiddori yn y maes, dechreuwyd codi cwr y llen ar ffenomen hynod gymhleth ac amrywiol ei natur. (Am y mwyaf cyfareddol o anturiaethau tramor y Cymry, gw. **Patagonia**.)

Bu pobl yn ymfudo o Gymru am ganrifoedd lawer. Dechreuwyd ymfudo i Ogledd America ddechrau'r 17g. – neu yn llawer cynharach os gellir rhoi coel ar stori **Madog ab Owain Gwynedd**. Am gyfnod byr ar ddechrau'r 17g. bu trefedigaeth Gymreig yn **Cambriol**, Newfoundland, ond y cymunedau Cymreig tramor cyntaf i oroesi oedd y rhai hynny a sefydlwyd rhwng *c.*1660 a *c.*1720 gan Anghydffurfwyr crefyddol o Gymru yn nhrefedigaethau **Prydain** yng Ngogledd America. Ar ôl hynny pallodd yr ymfudo, ond bu cynnydd drachefn yn y 1790au a gwelwyd y Cymry yn parhau i ymfudo trwy gydol y 19g. a dechrau'r 20g. hyd nes y rhoddwyd terfyn ar hynny wrth i'r **Dirwasgiad** beri i'r

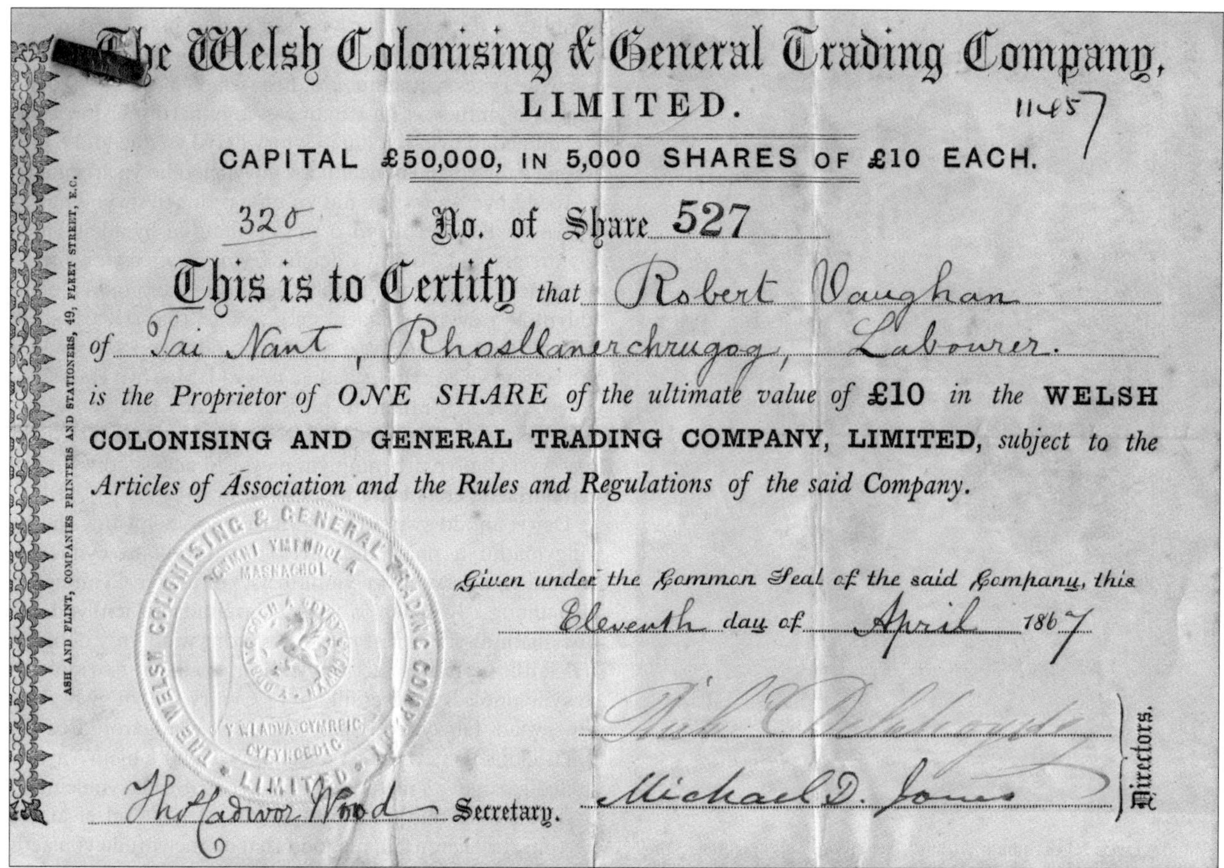

The Welsh Colonising & General Trading Company,
LIMITED. 11457

CAPITAL £50,000, IN 5,000 SHARES OF £10 EACH.

320 No. of Share 527

This is to Certify that Robert Vaughan
of Tai Nant, Rhosllanerchrugog, Labourer.
is the Proprietor of *ONE SHARE* of the ultimate value of **£10** in the **WELSH COLONISING AND GENERAL TRADING COMPANY, LIMITED,** *subject to the Articles of Association and the Rules and Regulations of the said Company.*

*Given under the Common Seal of the said Company, this* Eleventh *day of* April 1867

Michael D. Jones } Directors.

Secretary.

ASH AND FLINT, COMPANIES PRINTERS AND STATIONERS, 49, FLEET STREET, E.C.

Ymfudo: Tystysgrif y cwmni a fu'n codi arian i hybu menter Patagonia

Unol Daleithiau wrthod derbyn ymfudwyr. Bu ymfudo o'r newydd ar ôl yr **Ail Ryfel Byd**, ond ar raddfa lawer llai.

O *c.*1800 ymlaen ehangodd presenoldeb y Cymry yng Ngogledd America, ac ymfudasant i gyfandiroedd eraill hefyd yn unol â'r twf a welwyd yn ystod y 19g. ym mhresenoldeb pobl o Ewrop y tu allan i Ewrop. Aeth y prif finteioedd i Awstralia, Unol Daleithiau America, Canada, **Seland Newydd**, Patagonia a **De Affrica**. Aeth minteioedd llai i rannau o Affrica, i Asia, i dir mawr Ewrop (roedd gweithwyr **haearn** o Gymru yn y Massif Central yn Ffrainc ddechrau'r 19g.) ac i rannau o Dde America heblaw Patagonia (dathlwyd Dydd Gŵyl **Dewi** gan fwynwyr **copr** o Gymru yn Coquimbo yn Chile ganol y 1820au). Yn ychwanegol at y rhai a fyddai'n ymfudo'n barhaol, byddai ymfudwyr dros dro hefyd yn mentro o Gymru gan fyw dramor am gyfnod cyn dychwelyd i'w mamwlad. Ymhlith y rhain yr oedd yr arloeswyr diwydiannol a'r arolygwyr mwyngloddio a ddatblygodd feysydd **glo** China a Japan ac a roddodd gychwyn i ddatblygiad diwydiannol basn afon Don yn yr Wcráin (gw. **John Hughes**; 1814–99). Nid amhriodol yw nodi mai perchennog yr ail gerbyd modur yn India, a'r cyntaf yn Calcutta, oedd David Edward Evans (1859–1951), peiriannydd a diwydiannwr a aned yn **Aberystwyth**. Mae cryn bwysigrwydd hefyd i weithgareddau **cenhadon** o Gymru a aeth i **Lydaw**, China, India (gw. **Bryniau Casia**), **Madagasgar** a Tahiti (gw. **John Davies**; 1772–1855), yn ogystal â'r milwyr a'r gweinyddwyr o Gymru a fu yng ngwasanaeth yr Ymerodraeth Brydeinig. Yn ystod dau ddegawd cyntaf yr 20g. Cymry oedd prif ustusiaid Bengal a Hong Kong, ac mewn mannau fel Ceylon a Shanghai sefydlwyd cymdeithasau Cymreig gan griwiau bychain o swyddogion milwrol, gweinyddwyr, gwŷr busnes, clerigwyr ac addysgwyr. O ganlyniad i'r ddau ryfel byd, daethpwyd i gynnal digwyddiadau Cymreig mewn nifer cynyddol o fannau; er enghraifft gwelwyd dathlu Dydd Gŵyl Dewi yn Bombay yn 1918 ac yn Alecsandria yn yr Aifft yn 1919. Rhwng 1943 ac 1945, cyhoeddwyd cylchgrawn *Seren y Dwyrain* gan Gymdeithas Gymraeg Cairo ar gyfer milwyr o Gymru a oedd wedi eu lleoli yn y Dwyrain Canol (gw. **Undeb Cymru a'r Byd**).

Er mai bychan oedd niferoedd absoliwt y Cymry hynny a ymfudodd, mae'n anodd barnu a oedd eu niferoedd yn ganrannol fychan ai peidio yng nghyd-destun **poblogaeth** Cymru. Yn aml iawn nid yw'r cofnodion yn gwahaniaethu rhwng ymfudwyr o Gymru a rhai o Loegr, ac o ganlyniad mae'n anodd amcangyfrif union faint ac union gyfeiriad yr allfudiad. Mae'n eithaf sicr fod niferoedd yr ymfudwyr o Gymru yn uwch na'r ffigurau a gofnodwyd gan awdurdodau'r gwledydd a'u derbyniodd, ond gyda golwg ar y prif gyrchfannau, mae'n bosibl cynnig darlun cyffredinol. Aeth llawer mwy o Gymry i Unol Daleithiau America nag i unrhyw wlad arall, er bod rhai o drefedigaethau Prydain yn fwy poblogaidd erbyn diwedd y 19g. Er enghraifft, er bod Cymry wedi bod yn mynd i Dde Affrica er y 1820au, ni fu ymfudo ar raddfa fawr yno hyd nes y datblygwyd cloddfeydd diemwntau Kimberley yn y 1860au a diwydiant aur Witwatersrand (Johannesburg) yn yr 1880au. Cynhaliodd y Witwatersrand Cambrian Society ei **heisteddfod** gyntaf yn 1898, ac yn 1926 nododd 4,328 o drigolion De Affrica eu bod

Ymfudo: Lewis Jones ymhlith y Tehuelches, brodorion Patagonia, *c.*1867

wedi'u geni yng Nghymru. Oddi mewn i'r Ymerodraeth, Canada oedd cyrchfan fwyaf poblogaidd ymfudwyr o Gymru, ac yna Awstralia. Enw Cymraeg, sef Gorffwysfa, sydd ar gartref prif weinidog Canada yn Ottawa.

Hyd at ganol y 19g. y rhai a oedd yn gysylltiedig â'r tir a welid yn ymfudo fynychaf, ond yn ystod ail hanner y ganrif gwelwyd gweithwyr diwydiannol allweddol megis glowyr, gweithwyr haearn, dur a **thunplat**, a chwarelwyr yn ymfudo, a hynny'n aml gyda'u teuluoedd. A'r Cymry yn meddu ar brofiad o ddiwydiant, anaml y byddai'n rhaid iddynt dderbyn swyddi israddol, yn wahanol i'r **Gwyddelod**. Ni welwyd cymaint o **fenywod** o Gymru yn ymfudo ag o ddynion, ond yn ystod y 19g. roedd morynion a gwniadwragedd, ynghyd â menywod a oedd yn gweithio ar y tir, yn rhan allweddol o'r gweithlu. Roedd y cymhellion dros ymfudo yn dra amrywiol. Bu i rai ymadael â'u mamwlad am resymau crefyddol neu wleidyddol. Ond yn y 19g. amgylchiadau economaidd – y caledi gartref a'r addewid o dir neu gyflog uwch dramor – oedd y prif gymhelliad. Bu i rai groesi'r don am resymau y gellid eu galw yn rhai cenedlaetholgar, ac amlygiad o hynny oedd yr ymdrechion i sefydlu 'Cymru newydd' yn nhrefedigaethau gogledd America a Brasil, a hanes sefydlu'r Wladfa ym Mhatagonia.

Roedd profiadau ac amgylchiadau'r Cymry yn y gwledydd yr aent iddynt yn dra amrywiol. Weithiau byddai'r Cymry'n crynhoi mewn ardaloedd penodol, ond byddai unigolion a theuluoedd hefyd yn ymsefydlu ymhell o gyrraedd y fath ganolfannau, a symud o le i le oedd hanes ymfudwyr eraill. Lle bynnag y byddai niferoedd sylweddol yn bwrw gwreiddiau, byddai modd i'r Cymry ddatblygu'n gymunedau gweladwy a byddai ffactorau penodol yn cynnal eu harwahanrwydd. Ymhlith y ffactorau hyn yr oedd y rhwymau a grëid gan y **Gymraeg** a'i diwylliant a chan grefydda Anghydffurfiol, ynghyd â'r cysylltiadau â'r 'hen wlad' a fyddai'n denu rhagor o ymfudwyr yn y man gan atgyfnerthu Cymreictod y cymunedau hyn. Byddai'r Cymry hefyd yn dueddol o ymwneud â diwydiannau neilltuol – mwyngloddio yn arbennig – ac roedd hyn yn bwysig nid yn unig o ran eu dwyn ynghyd mewn un lle, ond hefyd o ran cryfhau eu hymdeimlad o Gymreigrwydd. Anaml y deuai'r Cymry wyneb yn wyneb â gelyniaeth tuag atynt fel pobl; delwedd gadarnhaol a oedd iddynt ar y cyfan, a chaent eu gweld fel rhai a lwyddai, er nad oeddynt yn lluosog o ran nifer, i ddringo i safleoedd o ddylanwad yn eu cymdogaethau newydd. Mae hyn i raddau'n adlewyrchu'r cyfraniadau pwysig a wnaed gan ymfudwyr o Gymry a'u disgynyddion i ddatblygiad eu gwledydd mabwysiedig, yn arbennig ym meysydd **addysg**, diwydiant, **cerddoriaeth**, **crefydd** a'r mudiad llafur.

Dewis anodd sy'n wynebu ymfudwyr yw hwnnw rhwng ymgymathu a pharhau'n driw i'w diwylliant cynhenid. Byddai rhai arweinwyr ymhlith yr ymfudwyr Cymreig yn eu hannog i lynu'n glòs wrth eu treftadaeth ieithyddol a diwylliannol, a lleisient ofid o weld dirywiad yn y defnydd o'r iaith Gymraeg ac arwyddion eraill o newidiadau diwylliannol. Byddai eraill am i'r Cymry fod yn gwbl driw i'w gwlad fabwysiedig gan fagu sêl wladgarol dros eu dinasyddiaeth newydd. Yn achos y Cymry hynny a âi i drefedigaethau'r Ymerodraeth Brydeinig, byddai ymdeimlad o Brydeindod naill ai'n cael ei greu neu'n cael ei atgyfnerthu. Ar y llaw arall, magodd rhai o'r mewnfudwyr a aeth o Gymru i'r Unol Daleithiau agwedd dra gelyniaethus tuag at yr Ymerodraeth Brydeinig, un a ddaeth yn arbennig o amlwg ar dudalennau papur newydd *Y Drych*. Yn wir, o gofio cysylltiadau **Michael D. Jones** â'r wlad, chwaraeodd yr Unol Daleithiau ran nid bychan yn nechreuadau **cenedlaetholdeb** Cymreig modern.

Un agwedd ogleisiol a thra phwysig ar hanes y Cymry dramor yw'r modd y bu iddynt, ar un olwg, ymgymathu'n drwyadl, ond gan ddiogelu hefyd lawer o nodweddion eu treftadaeth Gymreig. Yn wir, ar ddechrau'r 21g. gwelir diddordeb cynyddol o du Americaniaid, Awstraliaid a Chanadiaid nid yn unig yn eu treftadaeth Gymreig ond mewn datblygiadau cyfoes yng Nghymru. O'u cymharu ag ymfudwyr cynharach neu rai sy'n ddisgynyddion iddynt, mae'r gwerthoedd cymdeithasol, diwylliannol a gwleidyddol a goleddir gan ymfudwyr mwy diweddar yn dra gwahanol, a gwahanol hefyd yw eu syniad o Gymreictod. Gall hyn arwain at densiynau oddi mewn i'r cymdeithasau Cymreig a geir dramor, ac ni ddylid tybio, o ganlyniad, mai endidau cwbl unffurf eu hagweddau a'u meddylfryd yw'r cyfryw gymdeithasau.

Ar ddechrau'r 21g. mae mwy o lewyrch ar weithgareddau cymdeithasau'r 'Cymry alltud' nag a welwyd ers degawdau lawer. Hwyluswyd hyn yn rhannol gan y cysylltiadau chwim â Chymru sy'n bosibl trwy ohebu electronig. Bydd nifer o Gymry alltud yn mynychu'r Eisteddfod Genedlaethol a bu cryn wrthwynebiad i'r penderfyniad yn 2006 i ddileu seremoni Cymru a'r Byd (gw. Undeb Cymru a'r Byd). Ymhlith y cyhoedd yn gyffredinol, ac yn arbennig ymhlith y rhai sy'n olrhain eu hachau, ceir diddordeb cynyddol yng Nghymru ei hunan yn hanes yr ymfudwyr a fentrodd o Gymru ac yn hynt a helynt eu disgynyddion. Mae arwyddion clir hefyd fod y byd academaidd Cymreig o'r diwedd yn dechrau rhoi sylw dyladwy i bwnc ymfudo ac i faterion cysylltiedig, er enghraifft hanes y Gymraeg a'i **llenyddiaeth** ymhlith ymfudwyr a'u disgynyddion, a natur y presenoldeb Cymreig mewn gwahanol wledydd yn yr oes sydd ohoni. Ymddengys y bydd y wedd fyd-eang hon ar y profiad Cymreig yn parhau yn y dyfodol yn elfen bwysig yng nghanfyddiad y Cymry ohonynt eu hunain ac yng nghanfyddiad eraill ohonynt.

## YMLADD CEILIOGOD

Ers cyn cof, a hyd nes i'r arfer gael ei wahardd yng Nghymru a **Lloegr** yn 1849 (ond nid yn yr **Alban** hyd 1893), bu ymladd ceiliogod a betio ar y canlyniad yn hynod gyffredin ymysg gwrêng a bonedd. Yn y trefi adeiladwyd talyrnau ymladd crwn, pwrpasol, fel y talwrn o **Ddinbych** sydd wedi'i ailgodi yn Amgueddfa Werin Cymru (gw. **Sain Ffagan**), a byddai ynddynt lwyfan canolog wedi'i amgylchynu â rhenciau cylchog ar gyfer y gwylwyr. Yn yr ardaloedd gwledig câi ceiliogod fferm yn aml eu rhoi i ymladd ar lain o dir neu garreg fedd wastad ym mynwent yr eglwys. Arferai rhai tirfeddianwyr fagu ceiliogod ymladd a chyflogi trinwyr ar gyfer eu hyfforddi. Torrid ymaith sbardunau naturiol, crib a thagell y ceiliog a gosod sbardunau metel ar y coesau. Byddai gornestau megis yr enwog Welsh Main yn gosod 32 o geiliogod yn erbyn ei gilydd yn eu tro hyd nes bod un ceiliog buddugol ar y diwedd.

## YMREOLAETH

Cafodd *Home Rule all round*, neu Ymreolaeth i bawb (hynny yw, i holl genhedloedd y Deyrnas Unedig), ei argymell yn 1886 gan **Joseph Chamberlain**. Yng Nghymru rhagwelid Ymreolaeth gymedrol ar ffurf corff etholedig o dan sofraniaeth y Senedd yn San Steffan. Sefydlwyd **Cymru Fydd** yn rhannol i hyrwyddo'r ymgyrch a ffurfiwyd canghennau ym mhob rhan o Gymru, ond methodd y mudiad yn ei brif nod o uno trefniadaeth y **Blaid Ryddfrydol** yng Nghymru a daeth i ben cyn diwedd y ganrif. Rhoddwyd hwb arall i achos Ymreolaeth gan **E. T. John**, a gyflwynodd Fesur Ymreolaeth i Gymru yn Nhŷ'r Cyffredin ym mis Mawrth 1914. Ychydig iawn o sylw a gafodd y mesur, a diflannodd ymdrechion John yn nhanchwa'r **Rhyfel Byd Cyntaf**.

Yn 1918–19, pan oedd hunanlywodraeth i genhedloedd bychain yn un o brif bynciau'r trafodaethau heddwch, roedd disgwyl y byddai'r egwyddor yn cael ei chydnabod gan y Deyrnas Unedig. Ym Mai 1918, mewn cynhadledd a gynhaliwyd yn **Llandrindod**, galwodd cynrychiolwyr ar ran 11 o 17 awdurdod sirol Cymreig am 'senedd Gymreig a fyddai'n gyfrifol am holl swyddogaethau llywodraeth ar wahân i faterion Ymerodrol'. Ym mis Gorffennaf, pasiwyd cynnig yng nghynhadledd y **Blaid Lafur** o blaid **Prydain** ffederal, polisi a gefnogwyd hefyd gan nifer o Geidwadwyr, yn rhannol yn y gobaith o lastwreiddio'r hyn a gynigid i **Iwerddon**. Gyda **David Lloyd George**, un o gyn-hoelion wyth Cymru Fydd, yn brif weinidog, roedd Ymreolaeth Gymreig yn ymddangos fel petai ar y gorwel, ond ychydig iawn o sylw a gafodd adroddiad (1920) a ddeilliodd o gynhadledd a gynhaliwyd i ystyried y mater ac a gadeiriwyd gan lefarydd Tŷ'r Cyffredin. Collodd y Rhyddfrydwyr a Llafur ddiddordeb yn yr achos a methodd Lloyd George â chyflawni ei genadwri fel y Meseia Cymreig a oedd i fod i arwain ei bobl i wlad yr addewid lle ceid Ymreolaeth. Gwrthododd **Plaid [Genedlaethol] Cymru**, a sefydlwyd yn 1925, ddefnyddio'r term, gan alw yn hytrach am statws dominiwn i Gymru (gw. **Datganoli**).

Engrafiad gan C. R. Stock o geiliogod yn ymladd, a gyhoeddwyd gan W. C. Lee yn ystod y 19g.

Siambr danddaearol gorsaf bŵer Dinorwig

## YNNI

Gellir olrhain yr ymchwil am ffynonellau ynni ac ymgais dyn i'w datblygu yn ôl i oesoedd cynharaf y ddynolryw. Yn y Gymru gyn-ddiwydiannol, gwnaed defnydd o amrediad eang o ffynonellau ynni a amrywiai o nerth syml bôn braich i nerth anifeiliaid, ac o losgi coed a **mawn** (er mwyn cynhyrchu gwres) i'r harneisio cynnar ar ynni gwynt a dŵr gyda chymorth olwynion a hwyliau (gw. **Melinau Gwynt** a **Melinau Dŵr**). Fel y tystia'r ffowndri o'r 18g. a adferwyd yn Ffwrnais (**Ysgubor-y-coed**), bu olwynion dŵr yn ffynhonnell ynni hynod o bwysig yn natblygiad diwydiant yng Nghymru; ar safle'r Gilfach Ddu yn Amgueddfa Lechi Cymru (gw. **Amgueddfa [Genedlaethol] Cymru**) ceir yr olwyn ddŵr fwyaf ar dir mawr **Prydain** – mae Olwyn Fawr Laxey ar **Ynys Manaw** yn fwy na hi – ynghyd ag amrywiaeth rhyfeddol o beiriannau ac offer a yrrid ganddi.

Yng Nghymru, o ddechrau'r cyfnod diwydiannol hyd yn bur ddiweddar, **glo**, heb unrhyw amheuaeth, oedd y brif ffynhonnell ynni. Yn wir, bu gan Gymru ran allweddol yn hanes datblygu moddion cynhyrchu ynni trwy beiriannau ager a losgai lo (gw. **Richard Trevithick** a **Rheilffyrdd**). O'r prif fathau eraill o danwydd ffosil, ni ddarganfuwyd cyflenwadau o **olew** y gellid manteisio arnynt yn fasnachol, er gwaethaf yr ymchwiliadau ym Môr Iwerddon yn y 1990au; ond daeth mewnforio a phuro olew yn weithgareddau o bwys yn ystod ail hanner yr 20g. Cyfyngedig hefyd, o ran maint a lleoliad, yw'r adnoddau nwy naturiol – maes bychan yw hwnnw a ddarganfuwyd yn y môr ger arfordir y Parlwr Du (**Llanasa**). Ond wrth i'r cyflenwadau nwy o Fôr y Gogledd ddod i ben, daeth **Aberdaugleddau** yn ganolfan o bwys ar gyfer mewnforio nwy hylifol, a dechreuwyd ar y gwaith o osod pibell danddaearol ar draws y de yn 2005 er mwyn ei gludo i **Loegr**.

Yn unol â'r hyn a ddigwyddodd yng ngweddill Prydain yn y 19g., aethpwyd ati i gynhyrchu nwy allan o lo yng Nghymru, ei storio a'i ddosbarthu'n lleol trwy bibellau. Yr Albanwr William Murdock (1754–1839) oedd arloeswr goleuni nwy, a manteisiwyd ar ei ddyfeisgarwch gan felin gotwm ym Manceinion yn 1806. Yn 1812 dechreuwyd defnyddio nwy ar gyfer goleuo melin gotwm yn yr **Wyddgrug** ac o tua 1818 ymlaen defnyddid nwy i oleuo strydoedd y **Drenewydd**; byddai trefi eraill megis **Caerdydd** (1821), **Treffynnon** (1824) a **Wrecsam** (1827) yn dilyn yn fuan. Yn sgil lledaeniad mesuryddion nwy yn y 1840au a dyfodiad y mesurydd blaendal ar ôl 1870 daethpwyd i ddarparu nwy yn gynyddol ar gyfer y cartref hefyd. Codwyd tanciau nwy yn y rhan fwyaf o drefi Cymru yn ystod ail hanner y 19g. Mae hwnnw yn Grangetown (1881) (gw. **Caerdydd**) yn strwythur hynod urddasol. Bu gan awdurdodau bwrdeistrefol a threfol ran amlwg yn y gwaith o sicrhau'r cyflenwad nwy. Pan wladolwyd y diwydiant nwy yn 1948 – gan greu Bwrdd Nwy Cymru – yr oedd yng Nghymru 104 o weithfeydd nwy. Yn ystod y 1950au a'r 1960au diflannu fu hanes y gweithfeydd hyn, a daethpwyd yn gynyddol i ddefnyddio olew yn hytrach na glo i gynhyrchu nwy. O 1971 ymlaen byddai nwy naturiol o Fôr y Gogledd yn cyflenwi anghenion Cymru, ac yn 1986 preifateiddiwyd y diwydiant nwy. Yn 2006 roedd 37% o **dai** yng Nghymru heb fod yn gysylltiedig â'r rhwydwaith nwy, ac roedd teuluoedd yn y rhannau mwyaf anghysbell o Gymru yn fawr eu dibyniaeth ar y silindrau nwy a ddosberthid gan Calor a chwmnïau eraill.

Fel yn achos nwy, ar raddfa leol y dechreuwyd cynhyrchu a chyflenwi trydan. Yn 1881 y cafwyd yr enghraifft gyntaf yn y byd o ddarparu cyflenwad trydan ar gyfer y cyhoedd, a hynny yn Godalming yn Surrey. Codwyd rhai lampau trydan ar strydoedd **Llanelli** yn 1882 a goleuwyd yr Ais yng Nghaerdydd gyda goleuadau trydan yn 1885. Agorwyd gorsafoedd cynhyrchu – **Cwm Ogwr** (1892), **Pont-y-pŵl** (1893), Caerdydd (1894), **Llandudno** (1895), **Bangor** (1897) a **Bae Colwyn** (1898). Yn 1902 cafodd tref Blaenau **Ffestiniog** gyflenwad trydan o orsaf Dolwen, y tro cyntaf yn y Deyrnas Unedig i gyflenwad trydan ar gyfer y cyhoedd gael ei gynhyrchu'n llwyr gan ddŵr. Fel yn achos nwy, daeth y ddarpariaeth drydan mewn llawer o drefi i feddiant yr awdurdodau bwrdeistrefol a threfol. Buddsoddodd Wrecsam y swm sylweddol o £36,686 yn 1899 er mwyn darparu trydan ar gyfer y fwrdeistref. Ond nid yn y trefi'n unig y bu datblygiadau o'r fath. Daeth trydan i oleuo **Llanuwchllyn** yn 1910 a hynny yn sgil blaengaredd peirianyddol Richard Edwards (1861–1941), brodor o'r pentref a fu'n gyfrifol am osod 221 o dyrbinau dŵr bychain ar hyd a lled y gogledd rhwng 1907 ac 1917. (Ceir disgrifiad o dyrbin o'r fath yng nghyfrol Thomas Firbank, *I Bought a Mountain* (1940).)

Sefydlwyd y Bwrdd Trydan Canolog yn 1925 ac roedd tua hanner cartrefi Cymru yn derbyn trydan erbyn 1933 pan gwblhawyd y Grid Cenedlaethol. Pan wladolwyd y diwydiant trydan yn 1947 roedd y penderfyniad i beidio â chreu un bwrdd trydan ar gyfer Cymru yn siom i aelodau **Plaid [Genedlaethol] Cymru** ac i ddatganolwyr brwd megis **James Griffiths**. Daeth y gogledd yn rhan o ardal y Merseyside and North Wales Electricity Board (MANWEB) a chrëwyd, yn ogystal, y South Wales Electricity Board (SWEB, ond yn ddiweddarach SWALEC). Yn sgil y gwladoli estynnwyd y rhwydwaith trydan erbyn y 1960au i rannau mwyaf diarffordd y wlad (cynyddodd y defnydd o drydan ar ffermydd Cymru o 17 miliwn khw yn 1949 i 278 miliwn khw yn 1969). Cafodd y diwydiant trydan ei breifateiddio yn 1990; prynwyd MANWEB gan Scottish Power yn 1995, ac ar ôl bod ym meddiant **Hyder** am gyfnod daeth SWALEC yn eiddo i gwmni Scottish & Southern Energy yn 2000. Yn 2003 prynwyd 65.7% o'r trydan a ddefnyddiwyd yng Nghymru gan y sector masnachol a diwydiannol (canran uwch nag yn yr **Alban** a Lloegr). Yn wir, ar ddechrau'r 21g. roedd un cwsmer diwydiannol yn gyfrifol am ddefnyddio tuag 11% o'r holl drydan a ddefnyddid yng Nghymru, sef gwaith Alwminiwm Môn (**Trearddur**), a dderbyniai ei gyflenwad yn uniongyrchol o atomfa'r **Wylfa**.

Codwyd gorsafoedd pŵer o amryfal fathau yng Nghymru, gan gynnwys rhai glo, nwy, olew a niwclear (gw. **Trawsfynydd** a'r Wylfa). Yn 2006 nid oedd ond dwy orsaf bŵer yng Nghymru a losgai lo, sef Aber-wysg (**Trefonnen**) ac Aberddawan (**Sain Tathan**), ond roedd dibyniaeth pwerdai Cymru ar amryfal fathau o nwy yn helaeth iawn (y mae cynlluniau ar droed i godi gorsaf nwy 800MW wrth ochr yr orsaf bŵer sydd eisoes yn Aber-wysg). Serch hynny, yn sgil datblygu dulliau 'glân' o'i losgi, gallai glo yn y dyfodol fod yn danwydd eithriadol o bwysig drachefn ar gyfer cynhyrchu trydan yng Nghymru. Yn ystod ail hanner yr 20g. diau mai'r datblygiad ym maes trydan dŵr a fu fwyaf nodedig. Gorsaf bŵer Ffestiniog (a gomisiynwyd yn 1963) oedd y pwerdy storfa bwmp mawr cyntaf ym Mhrydain, a gorsaf bŵer Dinorwig (a agorwyd yn 1984), sydd wedi'i lleoli mewn twneli a

**Pwerdai yng Nghymru (2006) â gallu cynhyrchu mwy na 100MW**

| Pwerdy | Tanwydd | Gallu cynhyrchu (MW) |
|---|---|---|
| Bae Baglan | Nwy | 575 |
| Y Barri | Nwy | 250 |
| Cei Connah | Nwy | 1,380 |
| Shotton | Nwy | 180 |
| Glannau Dyfrdwy | Nwy | 500 |
| Yr Wylfa | Niwclear | 980 |
| Dinorwig | Storfa Bwmp | 1,728 |
| Ffestiniog | Storfa Bwmp | 360 |
| Aberddawan B | Glo | 1,455 |
| Aber-wysg | Glo | 393 |

cheudyllau a gloddiwyd ym mherfeddion y ddwy Elidir (**Llanddeiniolen**), yw'r pwerdy trydan dŵr storfa bwmp mwyaf yn Ewrop (gw. **Peirianneg**). (Y mae gorsaf Dinorwig, mewn gwirionedd, yn defnyddio mwy o drydan nag y mae yn ei gynhyrchu; ond fe'i defnyddia ar adegau o alw isel a'i gynhyrchu ar adegau o alw mawr.) Ceir pwerdai trydan sy'n ddibynnol ar gwymp dŵr yn **Nolgarrog**, **Maentwrog**, Cwm Dyli (yn **Eryri**) ac ar afon **Rheidol** (gw. **Blaenrheidol**). Ers i Ddeddf Trydan 1989 ddeddfu yn erbyn tanwydd ffosil, gwelwyd datblygu gorsafoedd trydan dŵr bychain gerllaw sawl cronfa ddŵr, gan gynnwys **cronfeydd dŵr** Elan, Clywedog a Llyn Brianne, ac mae'r rhain yn cyflenwi trydan i'r Grid Cenedlaethol ar y gyfradd uchaf.

Yn ystod ail hanner yr 20g. daeth Cymru i gynhyrchu mwy o drydan na'r hyn yr oedd hi yn ei ddefnyddio. Ar ddechrau'r 1980au roedd yn gyfrifol am ddefnyddio 6% o'r trydan a ddefnyddid ym Mhrydain, ond yn cyflenwi tua 10% ohono (y canrannau cyfatebol yn 2005 oedd 6.7% ac 8.7%).

Ar ddechrau'r 21g. mae ynni, yr ymchwil amdano, y dulliau o'i gynhyrchu a'i gyflenwi, a'r defnydd ohono, yn destun pryder mewn perthynas â llygredd atmosfferig a difetha cynefinoedd a thirwedd. Mae natur daearyddiaeth a **daeareg** Cymru yn golygu bod ganddi ffynonellau ynni amgen neu adnewyddadwy, nifer ohonynt heb eu datblygu'n llawn hyd yma. Yn 2005 sefydlwyd Canolfan Ymchwil Ynni Cymru, menter gydweithredol rhwng rhai o sefydliadau addysg uwch y wlad sydd â'r nod o chwarae rhan allweddol yn y gwaith o ddatblygu dulliau cynhyrchu ynni adnewyddadwy.

Gan fod y glawiad yn uchel a'r wlad yn agored i wyntoedd cryfion o'r gorllewin a stormydd seiclonig cyson, ceir yng Nghymru y moddau i gynhyrchu ynni gwynt a dŵr (ar ddŵr, gw. uchod). Yn 2006 yr oedd yng Nghymru 24 o ffermydd gwynt a'r gallu cynhyrchu rhyngddynt yn 300.60MW (gw. hefyd Melinau Gwynt). Y fferm wynt fwyaf ar dir Cymru yn 2006 oedd Cefn Croes (**Pontarfynach**), lle codwyd yn 2005 29 tyrbein gyda'r gallu i gynhyrchu 58.5MW o drydan. Agorwyd fferm wynt North Hoyle, a leolir 7.5km oddi ar arfordir y **Rhyl**, yn 2003, fferm a chanddi'r gallu i gynhyrchu 60MW o drydan. A llywodraethau Prydain a'r **Cynulliad Cenedlaethol** am weld canran yr ynni adnewyddadwy yn cyrraedd 10% erbyn 2010, mae'n debygol y bydd niferoedd y ffermydd gwynt, ynghyd â'u gallu cynhyrchu, yn cynyddu'n sylweddol erbyn y flwyddyn honno. Fodd bynnag, mae lledaeniad ffermydd gwynt yn bwnc llosg iawn, a cheir gwahaniaeth barn amlwg ymhlith amgylcheddwyr ynglŷn â'u presenoldeb ar ucheldiroedd Cymru.

¶ Kymro yn danvon Annerch at y
darlheawdyr.

Y Rawr nad oes dim hoffach gan ras
yn brenhin urddasol ni. No gwelet
bot geirieu duw ae evengil yn ker=
ẟet yn gyffredinol ymysk y bobyl ef,
y peth y ẟengys y vot ef yn dywys=
soc mor dwywawl ac y mae kadarn.
A phan roes eiswys gymmaint o ẟonieu pres=
sennol y genedyl kymry, Ny byẟ lhesgach y genna
dhau yẟyn ẟonyeu yspyrydawl.
Am hynny gweẟys yw rhoi yngymraec beth or
yscrythur lan, o herwyẟ bod lhawer o gymry a
vedair darlhein kymraeg, heb vedru darlhein
vn gair saesnec na lhadin, ag yn enwedic y pync=
keu y sy anghenrheydiol y bob rhyw gristion y
gwybot dan berigyl y enaid, sef yw hynny: pync=
keu yr ffydd gatholic, ar weddi a ẟysgoeẟ duw y=
ni, a elwir y pader, ar deng air deẟyf, ar gwydyeu
gochladwy ar kampeu ar veradwy.
Ac er bod y rhain gyda lhawer o betheu da e=
raill yn yskrivennedic mewn bagad o hen lyfreu
kymraeg, etto nyd ydy yr lhyyfreu hynny yn gyffre
dinol ymysk y bobyl. Ac yr awr y Rhoes duw y
prynt yn mysk ni er amylhau gwybodaeth y eireu
bendigedic ef, iawn yni, val y gwnaeth holh gristi
onogaeth heb law, gymryt rhann or daeoni hwn=
nw gyda yn hwy, val na bai ẟiffrwyth rhoẟ kyst=
al a hon yni mwy noc y eraill, ac er ym ẟymyno
gwybod o bob vn om kiwdawdwyr i yr kymry sa
esneg ney ladin, lhe traethir or petheu hyn yn ber=
ffeithach, etto am na elhir hynny hyd pan welo
duw yn ẟa a wahanoeẟ ieythoẟ y byd er yn kospe
A.i. digaeth ni

Rhagymadrodd John Price i *Yny lhyvyr hwnn*

Gallai Cymru harneisio grym tonnau'r môr hefyd. Mae tonnau cefnfor Iwerydd yn ysgubo o bellter maith trwy Sianel San Siôr, ac mae cwmpas cymharol gyfyng Môr Iwerddon a Môr Hafren yn golygu bod llanw'r môr yn ffynhonnell ynni ddichonadwy. Gwyntyllwyd y syniad o godi argae llanw ar draws Môr Hafren, ac amcangyfrifwyd yn 2006 y byddai pris cynllun o'r fath yn fwy na £10 biliwn, ac y byddai ei gyfraniad hirdymor o ran cynhyrchu trydan yn gyfwerth â chodi dwy orsaf ynni niwclear. Hyd yma, gwrthodwyd y cynllun, yn bennaf oherwydd y gost a'r bygythiad i'r amgylchedd. Llai uchelgeisiol, ond un sy'n fwy ystyriol o'r amgylchedd, yw'r syniad o greu lagwnau i gynhyrchu trydan, gan fanteisio ar y ffaith fod glannau Cymru a'u dyfroedd yn meddu ar y potensial i fod y man mwyaf cynhyrchiol yn y byd ar gyfer cynlluniau o'r fath. Gwnaed gwaith ymchwil pwysig hefyd ym **Mhrifysgol Cymru Abertawe** i ddatblygu technolegau a allai greu trydan o lanw'r môr a grym y tonnau.

Ffynhonnell 'amgen' arall yw ynni solar. Drwy arddangos potensial rheiddiaduron pen-to a phaneli ynni solar, gwnaed cyfraniad clodwiw yn y maes gan **Ganolfan y Dechnoleg Amgen**, ac mae Cymru mewn sefyllfa fanteisiol i fedru elwa ymhellach ar dechnoleg ffotofoltäig (troi golau'r haul yn drydan). Yn Wrecsam, yn 2004, y lleolwyd prif ganolfan cwmni Sharp yn Ewrop ar gyfer cynhyrchu unedau ynni solar, ac o dan arweiniad Stuart Irvine gwnaed ymchwil arloesol yn y maes yn Ysgol Gemeg **Prifysgol Cymru, Bangor**. Ysbyty **Bronllys** oedd y cyntaf o ysbytai'r Gwasanaeth Iechyd ym Mhrydain i ddibynnu ar ynni solar am ei drydan, gan ddilyn esiampl Cyngor Sir **Powys** a osododd system gyffelyb yn ei bencadlys yn **Llandrindod**.

Arafach, ar y cyfan, fu'r datblygiadau ym maes ynni biomas (cynhyrchu ynni trwy gyfrwng defnyddiau biolegol), ond mae gan **Sefydliad Ymchwil Tir Glas a'r Amgylchedd** (IGER) yr arbenigedd i ddatblygu cnydau a allai fod yn danwydd addas ar gyfer cynhyrchu trydan. Yn 2006 cyhoeddwyd cynlluniau i adeiladu pwerdy biomas cyntaf Cymru ym **Margam**, pwerdy 14MW gwerth £33 miliwn a fyddai'n llosgi naddion coed ac â'r gallu i gyflenwi anghenion trydan 31,000 o gartrefi. Mae system wresogi'r Senedd, cartref y Cynulliad Cenedlaethol, hefyd yn un hynod o arloesol gan mai naddion coed a phelenni coed a losgir yn y boeleri a chan fod modd i'r adeilad hefyd, trwy gyfrwng tyllau dyfnion, fanteisio ar wres y creigiau ymhell oddi tano. Wrth i'r pwysau gynyddu hefyd dros leihau'r arfer o gladdu gwastraff yn y ddaear, diau y gwelir cynnydd yn y trydan a gaiff ei gynhyrchu drwy brosesu gwastraff domestig a diwydiannol.

## *YNY LHYVYR HWNN*

Y llyfr hwn, a gyhoeddwyd yn 1546 ac a adwaenir wrth ei eiriau agoriadol, yw'r llyfr printiedig cyntaf yn y **Gymraeg**, mae'n ymddangos. Fe'i hargraffwyd yn **Llundain** gan Edward Whitchurch ar ran ei awdur a'i gyhoeddwr, **John Price**, er na roddodd ef ei enw na theitl arno. Prif amcan y gyfrol oedd cyflwyno'r testunau crefyddol pwysicaf megis y Credo, Gweddi'r Arglwydd a'r Deg Gorchymyn i'r Cymry a oedd wedi dysgu darllen Cymraeg ond na fedrent ddarllen **Saesneg** na **Lladin**. Cynhwysa hefyd galendr sy'n nodi gwyliau llawer o **seintiau** Cymru, yn ogystal â rhoi cyfarwyddiadau amaethyddol ar gyfer pob mis. Dengys y drafodaeth agoriadol ar orgraff y Gymraeg ddiddordebau dyneiddiol yr awdur. Cyhoeddwyd teip-adlun deniadol o'r gyfrol yn 1902.

## YNYS AFALLON

Afallon oedd ynys yr arallfyd lle cludwyd **Arthur** i wella o'i glwyfau wedi brwydr Camlan. Yr enw cysefin arni yn **Gymraeg** yw ynys Afallach, sef naill ai ynys y brenin Afallach neu ynys yr afallennau. Yr ail ddehongliad sydd yn y testunau Lladin am ddiwedd Arthur, sef *insula Avalloniae/Avallonis* ('ynys afalau'). Yn ôl mytholeg y **Celtiaid**, byd dibryder, di-haint o wleddoedd diddiwedd ac **adar** hud yn canu oedd y byd arall, ac ynys o ddedwyddwch diamser oedd ynys Afallach fel y'i disgrifir (ond heb ei henwi) mewn cerdd yn ***Llyfr Taliesin***. Y disgrifiad hwn a ddefnyddiodd **T. Gwynn Jones** i ddarlunio ynys Afallon yn ei awdl 'Ymadawiad Arthur', a dichon mai ef a luniodd y ffurf Gymraeg hon ar *insula Avalloniae/Avallonis.*

## YNYS MANAW A CHYMRU

Yr ynys hon, sy'n weladwy o Gymru, yr **Alban**, **Iwerddon** a Cumbria, yw'r perl yng nghanol Môr Iwerddon. Wrth i'r oes Gristnogol wawrio, mae'n ddichonadwy mai'r Frythoneg oedd iaith y rhan fwyaf o'r trigolion (er bod diffyg olion y Frythoneg mewn **enwau lleoedd** ar yr ynys yn codi amheuon ynghylch damcaniaeth o'r fath). O'r 5g. ymlaen, o ganlyniad i ymfudo o Iwerddon, daeth Hen Wyddeleg yn gynyddol yn brif iaith yr ynys; erbyn y 13g. datblygasai iaith yr ynys (ynghyd â Gaeleg yr Alban) i fod yn gangen ar wahân i'r Wyddeleg, ac erbyn y 15g. roedd Manaweg a Gaeleg yr Alban wedi ymwahanu fel ieithoedd yn ogystal. Roedd y trigolion yn arddel Cristnogaeth 'Geltaidd' Oes y Saint. Yn wir, ceir ar yr ynys olion tua 180 o dai gweddi bychain a godwyd o gerrig sychion; *keeill* yw'r enw Manaweg ar yr adeiladau hyn sy'n gasgliad unigryw o gofadeiliau Cristnogol cynnar.

Mae lle i hawlio bod prif linach frenhinol Cymru'r Oesoedd Canol yn hanu o Ynys Manaw. Yn 1896 darganfuwyd croes o'r 9g. ar yr ynys ac arni'r geiriau CRUX GURIAT ('Croes Gwriad'), ac mae lle cryf i gredu mai'r un yw'r gŵr a goffeir ar y groes hon â'r Gwriad a briododd ag Esyllt, merch Cynan ap Rhodri o linach frenhinol **Gwynedd**, yn niwedd yr 8g. Yn 825, wedi marw'r etifedd gwryw olaf o'r llinach honno, cipiodd eu mab, **Merfyn Frych**, goron Gwynedd. Yn y gerdd 'Cyfoesi Myrddin a Gwenddydd' (12g./13g.) disgrifir Merfyn Frych fel un 'o dir Manaw' (ond gallai Manaw yma fod yn gyfeiriad at **Fanaw Gododdin** yn yr **Hen Ogledd**). Priododd Merfyn yn ei dro â Nest, merch Cadell ap Brochwel, brenin **Powys**, a daeth eu mab, **Rhodri ap Merfyn** (Rhodri Mawr), yn frenin ar y rhan helaethaf o Gymru.

O *c.*800 ymlaen cafodd Ynys Manaw ei gwladychu'n helaeth gan y **Llychlynwyr** a daeth yn fan cychwyn eu hymosodiadau ar Gymru. Crëwyd teyrnas Sodor (yr ynysoedd deheuol) ganddynt, a chymerodd ei brenin, Reginald, ran yng ngwleidyddiaeth Gwynedd yn 1193. Yn 1263 cipiodd Alexander III o'r Alban yr ynys, ac yn y 14g. daeth i feddiant coron **Lloegr**. Yn 1406 cyflwynodd Harri IV yr ynys yn rhodd i John Stanley, a bu ym meddiant ei ddisgynyddion ef hyd 1765. Roedd teulu **Stanley**, a oedd yn berchen llawer o diroedd yng ngogledd-ddwyrain Cymru, yn enwog am godi eglwysi; mae eu harwyddlun – Coesau Manaw – i'w weld yn nifer o eglwysi'r rhanbarth (gw. **Gresffordd** a **Wrecsam**).

O ganlyniad i'r cysylltiad agos rhwng yr ynys a'r Alban, daeth y Fanaweg yn nes at Aeleg yr Alban na'r Wyddeleg. Daeth yn iaith ysgrifenedig *c.*1610, pan gyfieithodd John Phillips, Cymro ac esgob Sodor a Manaw, y **Llyfr Gweddi Gyffredin** i'r Fanaweg. Ni lwyddodd Phillips i ganfod cyhoeddwr i'w gyfieithiad, a hynny, mae'n debyg, oherwydd fod John Ireland, llywodraethwr Ynys Manaw, yn credu na ddeuai daioni o waith unrhyw Gymro (nid tan 1894 y cyhoeddwyd y gwaith). Sylfaenodd Phillips ei orgraff yn rhannol ar gonfensiynau cyfredol y **Gymraeg**, ond pan ddechreuwyd argraffu gweithiau Manaweg o'r 18g. ymlaen sylfaenwyd yr orgraff ar gonfensiynau Saesneg Modern Cynnar gan greu bwlch pellach rhwng Manaweg a Gaeleg yr Alban.

Yn 1900 ymunodd Ynys Manaw, lle'r oedd 4,657 yn siarad y Fanaweg ar y pryd, â Chymru, yr Alban, Iwerddon a **Llydaw** i greu'r Gyngres Geltaidd (gw. **Cymdeithasau Celtaidd**). (Ni ddaeth **Cernyw**, lle nad oedd unrhyw siaradwyr Cernyweg brodorol, yn aelod hyd 1904.) Ar 27 Medi 1974 bu farw Ned Maddrell, y siaradwr Manaweg brodorol olaf, gan beri mai'r iaith Fanaweg oedd yr unig iaith Ewropeaidd a fu farw yn ystod yr 20g. Bu ymdrechion i adfer yr iaith yn y cyfnod diweddar, ac yn 1974 gwelwyd ymdrechion i

'Croes Gwriad' Ynys Manaw

gyflwyno'r iaith yn yr ysgolion yn dilyn penodi Alun Davies, a oedd yn Gymro Cymraeg, yn gyfarwyddwr addysg yr ynys. Yn 2006 daeth y trigolion hynny ar Ynys Manaw a fedrai'r Gymraeg at ei gilydd i sefydlu Cymdeithas Gwriad.

## YNYSAWDRE, Pen-y-bont ar Ogwr (192ha; 3,003 o drigolion)

Yn y **gymuned** hon, i'r gogledd o **Ben-y-bont ar Ogwr**, y mae safle gwaith **haearn** Ton-du a agorwyd yn y 1820au. Mae ei chyfres o tua chant o odynau golosg, sy'n debyg o ran siâp i gychod gwenyn, ymhlith y cyfresi helaethaf sydd ar ôl o'r fath odynau ym **Mhrydain**. Bellach, mae hen siop y cwmni haearn yn gartref henoed. Dwy bont yw'r unig atgof o dramffyrdd ceffylau y 1820au. Mae Betharran, Brynmenyn, yn gapel hardd.

## YNYS-DDU, Caerffili (1,420ha; 3,698 o drigolion.

Mae'r **gymuned** hon yn ymestyn o boptu'r tro yng nghwm Sirhywi, un o isafonydd **Ebwy**. Mae'n cynnwys Cwmfelinfach, safle cyn-lofa Nine Mile Point lle cynhaliwyd streic 'aros-i-lawr' yn 1935 a fu'n ergyd farwol i **undebaeth cwmnïau** ym maes **glo**'r de. Ganed Islwyn (**William Thomas**; 1832–78) yn Ynys-ddu; bellach, mae Capel y Babell yn amgueddfa sy'n ei goffáu. Cafodd Eglwys Mynyddislwyn, a saif ar gyrion gogleddol y gymuned, ei hatgyweirio'n sylweddol yn 1819. Gerllaw mae mwnt Twyn Tudur sy'n dyddio o'r 12g.

## YNYS-Y-BŴL A CHOED-Y-CWM, Rhondda Cynon Taf (1,956ha; 4,787 o drigolion)

Mae'r **gymuned** hon, yn union i'r gogledd o **Bontypridd**, yn cwmpasu dalgylch afon Clydach, un o nifer o **afonydd** yng Nghymru sy'n dwyn yr enw hwnnw. O fewn ei ffiniau ceir pentrefi Ynys-y-bŵl a Choed-y-cwm, a phentref bach anghysbell Llanwynno, a fu unwaith yn ganolbwynt plwyf eang. Er i Eglwys Sant Gwynno gael ei hatgyweirio'n helaeth yn 1893, goroesodd ei muriau canoloesol. At hynny, mae'r cerrig arysgrifedig hynafol yn awgrymu bod y fangre'n ganolfan eglwysig mor gynnar â'r 6g (gw. **Cofebau Cristnogol Cynnar**). Yn y fynwent ceir bedd y rhedwr enwog Guto Nyth Brân (**Griffith Morgan**; 1700–37). Trefolwyd pen isaf Cwm Clydach yn sgil agor glofa Lady Windsor yn 1885. Yn ei anterth cyflogai'r pwll dros fil o weithwyr; fe'i caewyd yn 1988. Yn ei gyfrol *Plwyf Llanwynno* (1888) llwyddodd William Thomas (Glanffrwd; 1843–90) i roi disgrifiad byw o gymdeithas ucheldir **Sir Forgannwg** cyn y cyfnod diwydiannol, a bu John E. Morgan, awdur *A Village Workers' Council* (1950?), yr un mor llwyddiannus wrth ddisgrifio'r modd y creodd glowyr Ynys-y-bŵl wead eu cymdeithas lofaol hwythau.

## YNYSOEDD

Mae cryn wirionedd yn y dywediad fod cynifer o ynysoedd o amgylch arfordir yr **Alban** ag o ddiwrnodau yn y flwyddyn, fod cynifer ohonynt ag o wythnosau yn y flwyddyn o amgylch **Lloegr**, a chynifer o amgylch Cymru ag o fisoedd yn y flwyddyn. Er gwaethaf y prinder cymharol yng Nghymru, **Môn** (71,480ha) yw'r drydedd o ran maint ymhlith ynysoedd **Prydain** (yn y testun canoloesol 'Enwau Ynys Prydain', fe'i hystyrir – ochr yn ochr ag **Ynys Manaw** ac Ynys Weir (Ynys Wyth) – yn un o 'Dair Prif Ragynys' Ynys Prydain). Eto i gyd, gan ei bod yn sir a chan fod ffordd fawr a rheilffordd yn ei chysylltu â'r tir mawr, nid yw Ynys Môn yn cydymffurfio â'r cysyniad traddodiadol o ynys. Mae Ynys Gybi (3,489ha) (gw. **Caergybi**, **Rhoscolyn** a **Threarddur**), yr ail fwyaf o ynysoedd Cymru, hefyd wedi'i chysylltu – trwy Ynys Môn – â thir mawr Prydain. Cysylltir ynysoedd eraill â'r tir mawr, nid gan **ffyrdd** na **rheilffyrdd**, ond gan dafodau o dir y gellir eu tramwyo ar ddistyll y don. Yn eu plith y mae Ynys Llanddwyn (**Rhosyr**), Gateholm (**Marloes a Sain Ffraid**) ac Ynys **Sili**; dim ond ar y distyll y gellid cyrraedd Ynys y Barri hyd y 1880au, pan gafodd ei chysylltu â'r tir mawr adeg adeiladu dociau'r Barri a'r rheilffordd. Ar y llaw arall, y mae o amgylch Cymru greigleoedd sy'n ynysoedd ar y distyll ond sydd dan ddŵr ar benllanw. Mae Craig y Sger (**Sant-y-brid**) a Chreigiau'r Odyn (**Llanfaelog**) gyda'r mwyaf ohonynt.

Mae ynysoedd ar eu mwyaf niferus o amgylch arfordir de **Ceredigion** a **Sir Benfro**. Ac eithrio Ynys **Aberteifi** (y **Ferwig**), Gwales (**Marloes a Sain Ffraid**) ac, i raddau llai, Ynys Dewi (**Tyddewi**), arwynebau lled wastad rhwng tua 50m a 70m uwchlaw'r môr sy'n nodweddu ynysoedd y de-orllewin. Mae'r rheini yn cynnwys Sgomer (Marloes a Sain Ffraid), Sgogwm (**Dale**) ac Ynys Bŷr (**Dinbych-y-pysgod**), a chynrychiolant weddillion llwyfandir arfordirol a grëwyd gan erydiad morol.

Ynys Enlli

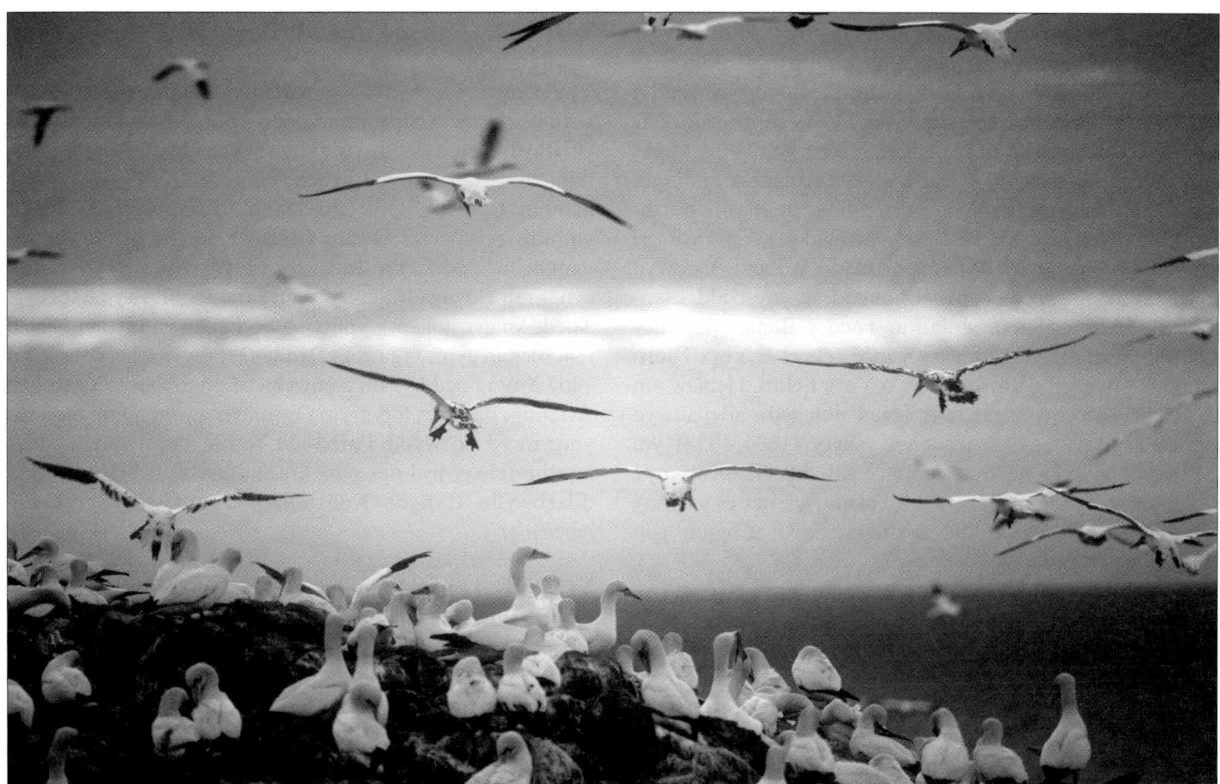

Huganod ar Ynys Gwales

At ei gilydd, mae **daeareg** pob ynys yn adlewyrchu natur ddaearegol y tir mawr cyfagos – creigiau gwaddod Ordofigaidd plyg yn achos Ynys Aberteifi; creigiau gwaddod a chreigiau igneaidd allwthiol a mewnwthiol Ordofigaidd, yn bennaf, yn achos Ynys Dewi; creigiau folcanig Silwraidd cynnar yn achos Sgomer a Gwales; creigiau Hen Dywodfaen Coch plyg yn achos Sgogwm; a Hen Dywodfaen Coch a **Chalchfaen** Carbonifferaidd yn achos Ynys Bŷr. Calchfaen Carbonifferaidd, a ddyddodwyd ar wely môr trofannol bas, yw sylfaen ddaearegol Ynys Echni (**Caerdydd**). Ar Ynys Sili gwelir creigiau gwaddod Triasig yn gorwedd yn anghydffurfiadwy ar Galchfaen Carbonifferaidd. Ymhlith creigiau Cyn-Gambriaidd Ynys Llanddwyn ceir lafâu clustog folcanig. Ymestyniad o frig y Calchfaen Carbonifferaidd yn ne-ddwyrain Môn yw Ynys Seiriol (**Llangoed**).

Mae fflora ynysoedd Cymru yn amrywio o'r hyn sy'n llystyfiant isdrofannol ymron ar Ynys Bŷr i'r tyfiant prin ar ynysoedd digysgod y Moelrhoniaid (**Cylch y Garn**). Ymhlith y **planhigion** prin iawn sy'n tyfu ar ynysoedd Cymru y mae'r cen eurwallt ar Ynys Llanddwyn a'r cor-rosyn rhuddfannog a chweinllys ar Ynys Gybi. Ymhlith y **mamaliaid** sy'n gysylltiedig â'r ynysoedd y mae'r dolffin trwyn potel a welir yn aml o draethau Enlli a'r morloi llwyd sy'n bridio ar ynysoedd Sir Benfro (gw. **Morfilod, Dolffiniaid a Llamhidyddion** a **Morloi**). Gall y cyflwr o fod ar wahân arwain at esblygiad isrywogaethau, megis llygoden bengron Sgomer a esblygodd o'r llygoden bengron goch. Mae Ynys Aberteifi yn gartref i ddiadell o ddefaid Soay a ddaeth o barc Abaty Woburn, Swydd Bedford.

Fodd bynnag, **adar** yw gogoniant ynysoedd Cymru. Mae hanner poblogaeth y byd o adar drycin Manaw yn bridio ar Sgomer, Sgogwm, Ynys Dewi ac Ynys Enlli. A hithau'n fagwrfa i dros 32,000 o barau o huganod, Gwales yw'r nythle ail fwyaf yn y byd ar gyfer yr adar hyn. Yn 1933 dynodwyd Sgogwm, lle ceir mulfrain, mulfrain gwyrdd, pïod y môr, gwylanod coesddu, adar drycin y graig, brain coesgoch, palod, gwylogod a llursod, yn arsyllfa adar, y gyntaf ym Mhrydain. Ar Ynys Gybi ceir ambell bâr o fôr-wenoliaid gwridog, un o adar môr prinnaf Ewrop. Mae nythfa fawr o balod ar Ynys Gwylan-fawr (**Aberdaron**), ond cafodd y palod a arferai nythu ar Ynys Seiriol eu difa gan lygod Ffrengig, a'r un fu tynged y nythfa ar Ynysoedd Tudwal (**Llanengan**).

Mewn **ogofâu** ar Ynys Bŷr cafwyd hyd i esgyrn sy'n dyddio o *c*.16,000 CC. Ar Ynys Gybi mae siambr gladdu Neolithig, meini hirion o'r Oes Efydd, bryngaer o'r Oes Haearn, clystyrau o gytiau cynhanesyddol (gw. **Bryngaerau** ac **Oesau Cynhanesyddol**) a chaer Rufeinig yn cynnig tystiolaeth drawiadol o bresenoldeb parhaus dyn. Ar Sgomer y ceir yr enghreifftiau gorau yng Nghymru o gynllun caeau'r Oes Haearn. Roedd ynysoedd yn fannau deniadol iawn i arweinwyr cynnar y ffydd Gristnogol. Mae enw **Seiriol** yn gysylltiedig ag Ynys Seiriol, **Cybi** ag Ynys Gybi, **Dwynwen** ag Ynys Llanddwyn, **Dewi** ag Ynys Dewi, **Samson** ag Ynys Bŷr, Barruc (neu Barwg) ag Ynys y Barri a **Chadog** ag Ynys Echni. Yn ôl traddodiad, mae 20,000 o **seintiau** wedi'u claddu ar Ynys Enlli (**Aberdaron**), un o'r cyrchfannau mwyaf poblogaidd i bererinion yng Nghymru'r Oesoedd Canol (gw. **Pererindota**). Cofnoda *Annales Cambriae* fod **Cadwallon**, tywysog **Gwynedd**, wedi bod o dan warchae ar Ynys Lannog (Ynys Seiriol) yn 629, a sonnir am Gwales yn ail gainc y Mabinogi (gw. **Mabinogion**). I'r **Llychlynwyr**, roedd ynysoedd yn lanfeydd cyfleus; yn wir, enwau Llychlynnaidd eu tarddiad yw llawer o'r enwau Saesneg ar ynysoedd Cymru.

Yn sgil y **Diwygiad Protestannaidd**, pan ddiddymwyd abaty'r **Canoniaid Awgwstinaidd** ar Enlli a phriordy urdd Tiron ar Ynys Bŷr (gw. **Llandudoch**), peidiodd ynysoedd â bod yn ganolfannau sancteiddrwydd. Dros y canrifoedd, cyflawnwyd dibenion eraill ganddynt. Buont yn ddefnyddiol i smyglwyr (gw. **Smyglo**) a **môr-ladron**. Lleoliad Ynys Gybi mewn perthynas ag **Iwerddon** a arweiniodd at sefydlu porthladd Caergybi, ac roedd y cysgod a gynigid gan Ynys y Barri yn ffactor pwysig wrth greu porthladd y Barri. Codwyd **goleudai** ar Ynysoedd y Moelrhoniaid ac ynysoedd Llanddwyn, Enlli ac Echni, golau ar Faen y Bugail (Cylch y Garn), gorsaf **delegraff** ar Ynys Seiriol a chaer ar Ynys Thorn (**Angle**). Gwnaed defnydd mawr o Ynys Echni. Heblaw am ei goleudy a'i chwningar fawr (gw. **Cwningod**), adeiladwyd barics arni yn ogystal â'r unig ysbyty (1884–1937) ym Mhrydain ar gyfer neilltuo cleifion a gafodd ei lleoli ar ynys. Oddi yno hefyd yn 1897, am y tro cyntaf yn hanes y byd, y trosglwyddwyd neges radio ar draws y dŵr, a hynny gan Guglielmo Marconi.

Roedd y defnydd diweddar a wnaed o Ynys Bŷr yn fwy cydnaws â'i thraddodiad. Yn 1906 fe'i prynwyd gan fynachod Anglicanaidd a adeiladodd fynachlog gerllaw safle'r priordy canoloesol; ymunodd y mynachod â'r Eglwys Gatholig yn 1913 ac yn 1928 daeth y fynachlog i feddiant y **Sistersiaid**. Erbyn y 1920au dim ond ar Ynys Bŷr, Ynys Enlli ac Ynys Echni, o blith yr ynysoedd hynny y mae'n rhaid hwylio iddynt, y trigai pobl gydol y flwyddyn. Yn achos Enlli, a oedd yn gartref i 58 o drigolion mor ddiweddar â 1921, daeth ei chyfnod fel cartref i gymuned o ffermwyr a physgotwyr i ben yn 1977. Fe'i prynwyd gan Ymddiriedolaeth Ynys Enlli, sy'n gosod yr hen ffermdai ar rent i ymwelwyr ac yn ymwneud â gwarchodaeth natur. Mae gwarchodaeth natur wedi datblygu i fod yn elfen ganolog yn hanes y rhan fwyaf o ynysoedd bach eraill Cymru hefyd. Yr eithriadau yw Ynys Bŷr, sy'n dal i fod yn gartref i gymuned o fynachod Sistersaidd, ac Ynys Thorn, lle disgwylir i'r gwesty a sefydlwyd yn yr hen gaer ailagor ymhen rhai blynyddoedd; prin y bydd unrhyw le mwy ynysig yng Nghymru i aros.

**YORK, Teulu** Arglwyddi yn y Mers

Sylfaenydd y teulu oedd Edmund, dug York (m.1402), y pedwerydd o feibion Edward III i gyrraedd oedran gŵr. Priododd ei fab, Richard (m.1415), ag Anne, chwaer ac aeres Edmund Mortimer, pumed iarll March (m.1425). Roedd Anne yn orwyres i Lionel, dug Clarence, yr ail o feibion Edward III i gyrraedd oedran gŵr. Etifeddodd ei mab, Richard, dug York (m.1460), gan ei fam diriogaethau teulu **Mortimer** ynghyd â hawliau dynastig yr hynaf i oroesi o'r llinachau a darddai o Edward III, ac etifeddodd gan ei dad hawliau'r trydydd o'r llinachau hynny. A Richard – trwy deulu Mortimer – yn ddisgynnydd i Gwladus Ddu, merch **Llywelyn ap Iorwerth**, gellid ystyried ei fod hefyd yn aer i hawliau tywysogion **Gwynedd**. Bu adnoddau'r tiroedd a etifeddasai gan deulu Mortimer – cadwyn o arglwyddiaethau yn ymestyn o **Ddinbych** i **Gaerllion** – yn ganolog i ymgais Richard i gipio coron **Lloegr** (gw. **Rhyfeloedd y Rhos**). Yn 1461 coronwyd ei fab yn Edward IV, a daeth arglwyddiaethau York yn eiddo i goron Lloegr. Oherwydd fod y Goron yn meddu ar gymaint o diriogaeth y **Mers**, hwyluswyd polisïau Cymreig teyrnas Lloegr yn ddirfawr.

**YOUNG, Gruffydd (*fl.c.*1391–*c.*1432)** Cyfreithiwr a changhellor

Ymddengys mai plentyn anghyfreithlon i aelod o deulu uchelwrol blaenllaw o **Sir y Fflint** oedd Young. Fe'i haddysgwyd yn **Rhydychen** a daeth yn gyfreithiwr eglwysig ac yn archddiacon Meirionnydd; roedd ymysg clerigwyr mwyaf galluog Cymru'r Oesoedd Canol. Erbyn *c.*1403 roedd ymhlith cefnogwyr **Owain Glyndŵr** ac fe'i penodwyd yn ganghellor iddo. Yn 1404 roedd ym Mharis yn trefnu cynghrair rhwng Owain a brenin Ffrainc. Ef, fwy na thebyg, a oedd yn gyfrifol am y polisi a osodir allan yn **Llythyr Pennal** (1406), gan gynnwys rhoi i **Dyddewi** statws archesgobol. Yn 1407 Young oedd yr un a enwebwyd yn archesgob gan bab Avignon, ond gan fod grym Owain yn gwanhau, ni fedrodd ymgymryd â'r swydd. Parhaodd Young mewn cysylltiad â'r gwrthryfelwyr hyd nes y bu Owain farw. Yn 1418 ceisiodd ddarbwyllo Cyngor Konstanz fod y Cymry yn *natio particularis*.

**YOUNG, [James] Jubilee (1887–1962)** Gweinidog

Ganed Jubilee Young ym **Maenclochog** ym mlwyddyn jiwbilî'r Frenhines Victoria, ond yn **Aberafan** y'i maged. Bu'n gweithio mewn siop ddillad yn Nhonypandy (y **Rhondda**) cyn ymrestru yng ngholeg Presbyteraidd **Caerfyrddin**. Fe'i hordeiniwyd yn weinidog y **Bedyddwyr** yng Nghapel Rhondda, **Pontypridd**, yn 1910, cyn iddo symud i'r Felinganol (**Solfach**) yn 1914 ac yna i Seion, **Llanelli**, yn 1931, lle bu am weddill ei yrfa. Erbyn hynny roedd yn un o bregethwyr mwyaf adnabyddus ei gyfnod. Er gwaethaf ei ddoniau llachar a'i boblogrwydd diamheuol, oherwydd ei barodrwydd i ddynwared pregethwyr yr oesau o'r blaen fe'i cyhuddid gan rai o fodloni ar ddiddanu cynulleidfaoedd yn hytrach na cheisio'u hargyhoeddi.

**YSBYTY IFAN**, Conwy (6,798ha; 221 o drigolion)

Mae'r **gymuned** hon yn cwmpasu rhan uchaf Dyffryn **Conwy** ac mae'r rhan fwyaf ohoni yn eiddo i'r **Ymddiriedolaeth Genedlaethol**, a dderbyniodd y tir gan deulu Douglas-Pennant (gw. **Pennant, Teulu**). Hyd 1974 roedd yr ardal wedi'i rhannu rhwng **plwyfi** sifil Tir Ifan yn **Sir Ddinbych** ac Eidda yn **Sir Gaernarfon**. Mae'r enw Ysbyty Ifan yn deillio o'r eglwys a'r llety (*ysbyty*) a sefydlwyd *c.*1190 gan Farchogion Sant Ioan i gynnig ymgeledd i deithwyr. Cofnododd John Wynn o Wydir (gw. **Wynn, Teulu**) fod y llety erbyn y 15g. wedi troi'n 'receptacle of thieves and murderers'. Diddymwyd y llety yn 1537 ond goroesodd rhannau o'r adeilad hyd 1858. Roedd Gwernhywel Ganol yn gartref i Sarah Jones (m.1864) a redodd i ffwrdd i briodi'r efengyleiddiwr Methodistaidd William Roberts (1784–1864). Y stori hon yw thema'r nofel *Merch Gwern Hywel* (1964), gwaith ei gorwyr **Saunders Lewis**. Roedd y saer a'r bardd gwlad medrus Huw Selwyn Owen (1921–98) yn frodor o Ysbyty Ifan; yno hefyd y ganed Orig Williams (g.1932) – 'El Bandito' – un o reslwyr enwocaf Cymru. Yn 2001 roedd 86.11% o drigolion y gymuned â rhywfaint o afael ar y **Gymraeg**, gyda 79.11% yn gwbl rugl yn yr iaith – y canrannau uchaf ym mwrdeistref sirol **Conwy**.

**YSBYTY MENYWOD CYMRU YN SERBIA**

Ym mis Mawrth 1915 ymwelodd y Dr Elsie Inglis â chylchoedd yng **Nghaerdydd** a **Chasnewydd** a oedd yn ymgyrchu dros ennill y bleidlais i **fenywod**, a hynny i siarad am

Ysbyty Ifan

ei gwaith arloesol yn sefydlu Ysbyty Menywod yr Alban yn Serbia. Yn sgil yr ymweliad, aeth y cymdeithasau yng Nghymru a oedd o blaid pleidlais i fenywod ati i godi £4,000 i ariannu Ysbyty Menywod Cymru. Gyda thua 100 o welyau a staff o ryw 40 o fenywod o Gymru, yn feddygon a nyrsys, sefydlwyd Ysbyty Menywod Cymru (a ailenwyd wedyn yn Uned Ysbyty Cymru-Llundain) yn Valjevo, a bu'n weithredol hyd ddiwedd y **Rhyfel Byd Cyntaf**.

## YSBYTY YSTWYTH, Ceredigion (5,613ha; 454 o drigolion)

Mae'r **gymuned** hon, ar lan ddeheuol rhannau uchaf afon **Ystwyth**, yn ymestyn hyd rannau uchaf Cwm Elan ac mae'n cynnwys pentrefi Ysbyty Ystwyth a Phont-rhyd-y-groes, y cysylltir eu hanes a'u holion â'r hen ddiwydiant **plwm**. Mae gan Eglwys Sant Ioan (1876) dŵr amlwg. Bu diwygiad crefyddol 1859 (gw. **Diwygiadau**) yn ddyledus iawn i arweiniad David Morgan (1814–83), a ddaeth yn weinidog gyda'r **Methodistiaid Calfinaidd** yn Ysbyty Ystwyth. Yn niwedd y 18g. a dechrau'r 19g. daeth y lle'n boblogaidd ymhlith sgwatwyr; mae olion eu **tai unnos** yn amlwg yn yr ardal o hyd. Yn ystod ei ymweliad ag Ysbyty Ystwyth, dywedwyd wrth **George Borrow** am fynd yn ôl i warchod ei **eifr** ym **Môn**.

## YSGEIFIOG, Sir y Fflint (2,336ha; 1,181 o drigolion)

Mae'r **gymuned** hon i'r de-orllewin o **Dreffynnon** yn cynnwys pentrefi Ysgeifiog, y Babell a Licswm. Mae llwyfandir **calchfaen** y gymuned yn frith o grugiau'r Oes Efydd (gw. **Oesau Cynhanesyddol**). Bryngaer Penycloddiau, sy'n ymestyn dros 26ha, yw un o'r rhai mwyaf yng Nghymru (gw. **Bryngaerau**). Er mai ardal amaethyddol yn bennaf fu hon erioed, roedd yma nifer o weithfeydd **plwm** yn ystod y 19g. Ymhlith **tai** hanesyddol yr ardal y mae Gellilyfdy gyda'i ysgubor ysblennydd (1586). Yng Ngellilyfdy y ganed **John Jones** (*c.*1580–1658/9), y copïydd diflino a achubodd lawer o **lenyddiaeth** ganoloesol Cymru.

## YSGOL BENSAERNÏAETH CYMRU

Mae Ysgol Bensaernïaeth Cymru, a sefydlwyd yn 1920, yn rhan o **Brifysgol Caerdydd**, ac fe'i lleolir yn Adeilad Bute, **Parc Cathays**. Mae'n un o'r ysgolion pensaernïaeth mwyaf ac uchaf ei pharch ym **Mhrydain**, gyda phwyslais ar waith ymarferol ac ar ymchwil. Yn 2006 roedd ganddi 470 o fyfyrwyr (350 o israddedigion a 120 o ôl-raddedigion). Yn rhannu'r un safle y mae'r Uned Ymchwil Dylunio a'r Swyddfa Prosiectau Byw (sefydlwyd hon yn 1970 er mwyn ymgymryd â gwaith cynllunio ar sail fasnachol), swyddfeydd **Cymdeithas Frenhinol y Penseiri yng Nghymru**, Canolfan Addysg yn yr Amgylchedd Adeiledig a llyfrgell arbenigol sy'n agored i'r cyhoedd. Cafodd yr ysgol ddylanwad pwysig ar **bensaernïaeth** yng Nghymru er yr **Ail Ryfel Byd**. Ei phennaeth cyntaf oedd **Dewi-Prys Thomas**.

## YSGOL SUL

Dosbarthiadau a gynhelir gan eglwysi ar ddydd Sul i ddysgu hanfodion y ffydd Gristnogol i oedolion a phlant yw ysgolion Sul. Er i'r ysgol Sul ddod i fri mawr yng Nghymru yn y 19g., nid sefydliad cynhenid Gymreig mohono. Roedd cyfundrefn o ysgolion wedi'i sefydlu yn yr Eidal yn yr 16g., a

Ysgol Sul Capel Beulah, Caernarfon, *c.*1900

chafodd **Lloegr** y blaen ar Gymru yn y dasg o boblogeiddio'r syniad trwy waith Robert Raikes (1736–1811) o Gaerloyw. Gosodwyd sylfaen i'r gweithgarwch Cymreig gan **Griffith Jones** (1683–1761) gyda'i **ysgolion cylchynol**, ond gyda diwedd y cynllun hwnnw yn y 1780au, a sefydlu Cymdeithas yr Ysgol Sul yn **Llundain** yn 1785, gwelwyd diddordeb newydd ar ddiwedd y 18g. mewn darparu **addysg** Gristnogol. Dan arweiniad medrus y Methodist Calfinaidd **Thomas Charles** (1755–1814) o'r **Bala**, cydiodd y syniad o wneud y ddarpariaeth ar y Sul yn nychymyg llawer, er bod rhai yn gwrthwynebu. Datblygodd y gweithgarwch yn gyflym, ac mewn byr amser roedd yr enwadau Anghydffurfiol wedi ymuno yn yr ymdrech a'r ysgolion wedi lledaenu i bob rhan o'r wlad.

Cryfder yr ysgolion Sul oedd eu bod yn darparu ar gyfer pob oed, ac yn hyblyg o ran eu gweithgarwch. Defnyddid y **Beibl** ganddynt i gyfrannu gwybodaeth, i ddysgu darllen ac i gyfoethogi dealltwriaeth, ac yn sgil hynny gwelwyd datblygu sgiliau ymresymu, trafod a dadlau, a siarad cyhoeddus. Daeth yr ysgolion, felly, yn rym dylanwadol ym mywyd cyhoeddus Cymru; yn eu dosbarthiadau y magwyd doniau llawer iawn o arweinwyr y genedl yn y 19g. ac yn gynnar yn yr 20g.

Rhwng 1870 ac 1920 y cafwyd oes aur yr ysgol Sul yng Nghymru. Wedi hynny, arweiniodd dirywiad cyson at sefydlu'r Cyngor Ysgolion Sul yn 1966, yn bennaf er mwyn hybu'r gwaith trwy gyfrwng y **Gymraeg**. Erbyn 2006 roedd y corff hwnnw mewn trafferthion ac roedd galw am gorff newydd, un a fyddai'n gyfrifol am bob math o weithgarwch Cristnogol ymhlith plant a phobl ifainc gan gynnwys yr ysgol Sul.

## YSGOLION CYLCHYNOL

Cynllun a gynhaliwyd dan oruchwyliaeth **Griffith Jones, Llanddowror**, o ddechrau'r 1730au hyd ei farwolaeth yn 1761, i ddysgu pobl Cymru i ddarllen. Tyfodd y cynllun o ddiddordeb Griffith Jones mewn **addysg**, o'i ymdrechion i gefnogi gweithgarwch y **Gymdeithas er Taenu Gwybodaeth Gristnogol** (SPCK) ac o'i argyhoeddiad, erbyn 1731, mai'r ffordd orau i sicrhau achubiaeth i'r Cymry oedd trwy eu galluogi i ddarllen y **Beibl** yn eu mamiaith, sef y **Gymraeg** yn achos y mwyafrif llethol ohonynt.

Roedd dwy brif egwyddor y tu ôl i'r cynllun, sef bod modd meistroli hanfodion llythrennedd yn gyflym, ac mai haws oedd i athro fynd at ei ddisgyblion na disgwyl i'r disgyblion ddod at yr athro. Hyfforddai Griffith Jones ei ddarpar athrawon yn **Llanddowror** cyn eu hanfon allan i gynnal dosbarthiadau, i oedolion a phlant, mewn amrywiol **blwyfi**. Byddai ysgol yn aros mewn plwyf am dri mis cyn symud ymlaen i leoliad arall, ac er cyfleustra i'r disgyblion byddai'n cael ei chynnal yn yr hydref a'r gaeaf pan nad oedd cymaint i'w wneud ar y ffermydd.

Bu'r cynllun yn llwyddiant ysgubol. Erbyn 1761, blwyddyn marwolaeth Griffith Jones, roedd 3,325 o ysgolion wedi eu cynnal mewn 1,600 o fannau, a'r rheini wedi'u lleoli ym mhob sir yng Nghymru ac eithrio **Sir y Fflint**, a thua 250,000 – dros hanner trigolion y wlad – wedi dysgu darllen ynddynt.

Y prif noddwyr, o blith llawer, oedd Syr John Philipps (1666?–1737) (gw. **Philipps, Teulu**) a **Bridget Bevan**. Wedi marwolaeth Griffith Jones, parhaodd Bridget Bevan â'r gwaith gyda chryn lwyddiant, a phan fu hithau farw, gadawodd £10,000 at y gwaith. Heriwyd yr ewyllys gan ei theulu, a daeth cynllun yr ysgolion i ben hyd 1809. Fodd bynnag, roedd gwaith enfawr wedi'i gyflawni, ac ni ellir gorbwysleisio pwysigrwydd cyfraniad yr ysgolion i fywyd y Gymru fodern. Yn ogystal â bod yn fodd i adfywio **crefydd**, yn arbennig yng nghyd-destun twf Methodistiaeth (gw. **Methodistiaid Calfinaidd**), bu'r ysgolion yn fodd i addysgu a diwyllio **gwerin** gyfan, ac yn hwb anferth i **lenyddiaeth** Gymraeg, i ddatblygiad y wasg Gymraeg (gw. **Papurau Newydd** ac **Argraffu a Chyhoeddi**) ac i dwf **radicaliaeth** wleidyddol. Comisiynodd Catrin Fawr o Rwsia adroddiad ar yr ysgolion yn 1764, a chawsant eu hargymell fel patrwm gan UNESCO yn 1955.

## YSGOLION GWEITHFEYDD

Wrth i ddiwydiannau trymion ennill eu plwyf yng Nghymru, gwnaeth rhai cyflogwyr yn y 19g. gyfraniad sylweddol at ddarparu **addysg** elfennol. Arweiniodd yr awydd i greu gweithlu mwy addysgedig, gyda gwell medrau llythrennedd a rhifedd, at sefydlu ysgolion cysylltiedig â gweithfeydd **haearn**, **copr**, **tunplat** a **glo** ac â chwareli **llechi**. Er i'r ysgol elusennol gyntaf a oedd yn gysylltiedig â gwaith gael ei sefydlu mor gynnar â 1700, ni ddaethant yn gyffredin tan ddechrau'r 19g.; yn y pen draw, roedd gan Gymru tua 130 o ysgolion gweithfeydd, y rhan fwyaf ohonynt yn **Sir Forgannwg** a **Sir Fynwy**. Y drefn oedd y byddai'r cyflogwr yn darparu'r adeilad ac y byddai lefi o ryw geiniog yr wythnos yn cael ei godi ar gyflogau'r gweithwyr; pan fyddai lle, câi plant nad oeddynt yn blant i'r gweithwyr eu derbyn am ddwy geiniog. Ysgolion y gweithfeydd oedd bron yr unig agwedd ar y ddarpariaeth addysg ddyddiol yng Nghymru a enillodd glod awduron adroddiad addysg 1847 (gw. **Brad y Llyfrau Gleision**). Y fwyaf nodedig o'r ysgolion hyn oedd yr un a sefydlwyd gan Syr John Guest a'i wraig, y Fonesig Charlotte Guest (gw. **Guest, Teulu**), yn Nowlais (gw. **Merthyr Tudful**). Cychwynnodd yn 1828, ac erbyn y diwedd roedd yn derbyn dros 2,000 o ddisgyblion o bob oed, yn amrywio o blant bach i oedolion. Ar ôl Deddf Addysg 1870 cymerwyd ysgolion y gweithfeydd drosodd yn raddol gan y byrddau ysgolion.

## YSGOLION GWIRFODDOL, Y Mudiad

Yn Ebrill 1845 daeth carfanau amrywiol o Anghydffurfwyr Cymreig a wrthwynebai bolisi **addysg** y **llywodraeth** – yr **Annibynwyr** a'r **Bedyddwyr** oedd yr amlycaf yn eu plith – ynghyd yn **Llanymddyfri**. Gofidient fod addysg wladwriaethol o anghenraid yn golygu addysg y byddai'r **Anglicaniaid** yn tra-arglwyddiaethu drosti, a chychwynnwyd ar ymgais i weithredu'r egwyddor wirfoddol trwy agor ysgolion yng nghadarnleoedd **Anghydffurfiaeth** a sefydlu'r Coleg Normal yn **Aberhonddu** (1846), a symudodd wedyn i **Abertawe** (1849). Ni fu'r mudiad erioed yn un trefnedig nac unfarn. Estynnwyd ei fywyd gan y dicter a enynnwyd gan adroddiad addysg 1847 (gw. **Brad y Llyfrau Gleision**), ond chwalodd erbyn y 1860au cynnar wrth i'r mwyafrif o gefnogwyr y mudiad sylweddoli na fyddai derbyn grantiau addysg y llywodraeth yn peryglu eu breiniau crefyddol.

## YSGRIFENNYDD GWLADOL CYMRU

Roedd creu swydd ysgrifennydd gwladol ar gyfer Cymru yn un o fwriadau Mesur Sefydliadau Cenedlaethol (Cymru) a gyflwynwyd gan **Alfred Thomas** yn 1892. Cafwyd cefnogaeth o'r newydd yn y blynyddoedd 1918–22 mewn cyfnod a welodd fiwrocratiaeth Gymreig yn ymddangos; yn 1946 arweiniodd **D. R. Grenfell** ddirprwyaeth at y **llywodraeth** i annog creu'r fath swydd. Fodd bynnag, rhaid oedd aros hyd 1959 cyn i'r **Blaid Lafur** roi'r gorau i'w gwrthwynebiad – roedd **Aneurin Bevan** yn un o'r gwrthwynebwyr mwyaf llafar – a chynnwys addewid i greu swydd ysgrifennydd gwladol yn ei maniffesto etholiadol. Digwyddodd hynny wedi i'r blaid gael ei hanesmwytho gan barodrwydd y llywodraeth Geidwadol i greu swydd gweinidog dros faterion Cymreig yn 1951, ac o ganlyniad i anogaeth **Huw T. Edwards** a **James Griffiths**. Gwireddwyd yr addewid ar 17 Hydref 1964 gyda phenodiad James Griffiths yn ysgrifennydd gwladol cyntaf Cymru (gw. hefyd **Swyddfa Gymreig**).

**Ysgrifenyddion gwladol Cymru:**

| | |
|---|---|
| James Griffiths | 1964–6 |
| Cledwyn Hughes | 1966–8 |
| George Thomas | 1968–70 |
| Peter Thomas | 1970–4 |
| John Morris | 1974–9 |
| Nicholas Edwards | 1979–87 |
| Peter Walker | 1987–90 |
| David Hunt | 1990–3 |
| John Redwood | 1993–5 |
| William Hague | 1995–7 |
| Ron Davies | 1997–8 |
| Alun Michael | 1998–9 |
| Paul Murphy | 1999–2002 |
| Peter Hain | 2002– |

Roedd sefydlu **Cynulliad Cenedlaethol Cymru** yn 1999 yn golygu bod llawer o gyfrifoldebau'r ysgrifennydd gwladol yn cael eu trosglwyddo i'r Cynulliad. Wrth benodi Peter Hain yn arweinydd Tŷ'r Cyffredin yn 2003, cydnabuwyd nad oedd ar Gymru bellach angen ysgrifennydd gwladol llawn amser. Cwtogwyd ar swyddogaeth yr ysgrifennydd ymhellach pan sefydlwyd Adran Materion Cyfansoddiadol yn 2003.

## YSGUBOR-Y-COED, Ceredigion (4,241ha; 293 o drigolion)

Cwmpasa'r **gymuned** hon eithafion gogleddol **Ceredigion** ac mae'n cynnwys pentrefi Eglwys-fach, Ffwrnais a Glandyfi. Ar lan afon **Dyfi** saif y Domen Las, mwnt a godwyd gan **Rhys ap Gruffudd** (yr Arglwydd Rhys; m.1197) yn y 12g. i amddiffyn ffin ogleddol ei diriogaeth. Bu plasty Ynys-hir, sy'n westy bellach, yn gartref i deulu Lloyd, a gododd eglwys Llanfihangel-ynys-Edwin yn Eglwys-fach yn 1629. Ailadeiladwyd yr eglwys i raddau helaeth yn 1833, a'i ficer rhwng 1954 ac 1967 oedd **R. S. Thomas**. Nid nepell oddi yno ceir gwarchodfa **adar** Ynys-hir. Gerllaw'r rhaeadr ar afon Einon saif ffowndri o'r 18g. yr enwyd pentref Ffwrnais ar ei hôl. Codwyd y ffowndri, sydd bellach yng ngofal **Cadw**, i fwyndoddi **haearn** gan ddefnyddio siarcol o'r coedwigoedd helaeth yn y cylch. Mae Castell Glandyfi (18g.), a godwyd ar safle mwnt yn dyddio o'r 12g., yn meddu ar **erddi** braf. Ymhlith golygfeydd a llecynnau godidog yr ardal y mae Cwm Einon, Cwm Llyfnant a'r **llynnoedd** wrth ymyl Anglers' Retreat.

## YSGYFARNOGOD

Mae'r ysgyfarnogod a geir yng Nghymru yn perthyn i ddwy rywogaeth. Y **Rhufeiniaid**, yn ôl pob tebyg, a gyflwynodd i **Brydain** y rhywogaeth fwyaf cyffredin, sef yr ysgyfarnog sydd

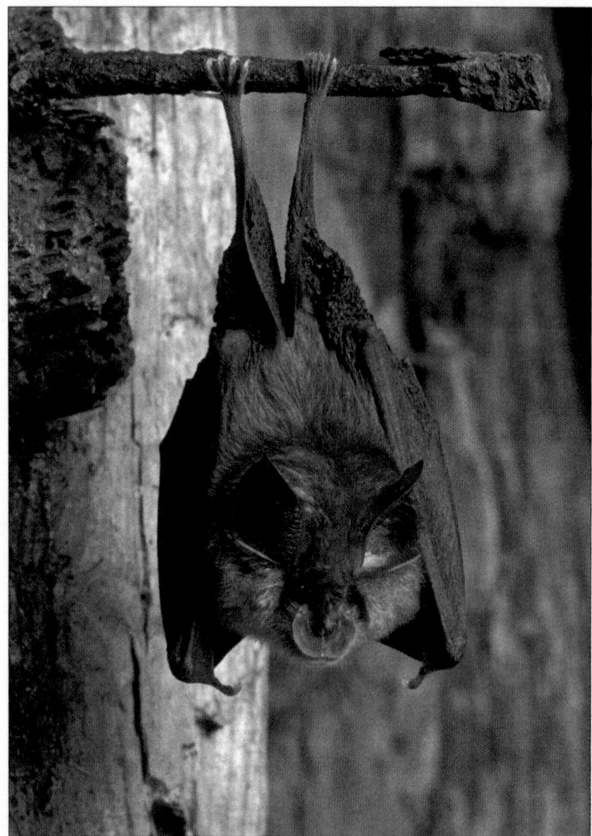

Ystlum trwyn pedol lleiaf (*Rhinolophus hipposideros*)

â chlustiau hirion ac iddynt flaenau duon. Ar gynefinoedd agored ac ar dir âr y ceir yr ysgyfarnogod hyn yn bennaf. Dros y canrifoedd cawsant eu **hela** o ran difyrrwch a chan helwyr a chwenychai ymborth, a gallant gyrraedd cyflymder o 70kya wrth gael eu herlid. Yn ystod yr 20g. gostyngodd eu niferoedd yn sylweddol yn sgil dulliau amaethu dwys, yn arbennig yr arfer o wneud silwair a'r cynnydd mewn **llwynogod**. Prinnach fyth yw'r rhywogaeth arall, yr ysgyfarnog fynydd, un lai o ran maint a'i blew yn troi'n wyn yn y gaeaf; fe'i cyflwynwyd o'r **Alban** i rai ardaloedd mynyddig yn **Eryri** a chanolbarth Cymru yn y 19g.

Ceir nifer o gyfeiriadau at yr ysgyfarnog mewn chwedloniaeth, **llenyddiaeth** a llên gwerin. Yn ôl traddodiad, daeth **Melangell**, y dywysoges o'r 6g., yn nawddsant ysgyfarnogod ar ôl i ysgyfarnog gael noddfa dan ei mantell (gw. **Llangynog**). Yn niwedd y 12g. nododd **Gerallt Gymro** y gred y gallai **gwrachod** eu trawsnewid eu hunain yn ysgyfarnogod er mwyn sugno llaeth **gwartheg**. Credid y gellid rhagweld lwc neu anlwc yn ôl y ffordd y rhedai ysgyfarnog, a phe bai gwraig feichiog yn gweld ysgyfarnog gallai ei phlentyn gael ei eni â gwefus fylchog.

## **YSGYR**, Sir Frycheiniog, Powys (2,241ha; 483 o drigolion)

Mae'r **gymuned** hon, yn union i'r gorllewin o **Aberhonddu**, yn cynnwys y Gaer. Fe'i hadeiladwyd gan y **Rhufeiniaid** i letya garsiwn o 500; cafodd ei chloddio gan **Mortimer Wheeler** yn 1925–6. Ganed yr hanesydd **William Rees** (1887–1978) yn Aberysgir, man a gysylltir â Hywel Swrdwal, un o feirdd y 15g. (gw. **Ieuan ap Hywel Swrdwal**). Saif y Batel (Battle) ar dir sy'n eiddo i Briordy Aberhonddu, a fu ar un adeg yn un o gelloedd Abaty Battle yn Sussex; ond ceir traddodiad hefyd fod yr enw yn coffáu'r frwydr yn 1093 pan laddwyd **Rhys ap Tewdwr** gan y **Normaniaid**. Cwblhawyd y gwaith o adeiladu Penoyre (Penoer), honglaid o blasty, yn 1848 am y crocbris o £30,000. Mae bryngaer amlglawdd ar gopa Pen-y-crug.

## **YSTALYFERA**, Castell-nedd Port Talbot (988ha; 4,499 o drigolion)

Roedd y **gymuned** hon, ar lan orllewinol afon **Tawe** ac i'r gogledd o **Bontardawe**, gynt yn rhan o blwyf mawr Llangiwg. Dechreuwyd cloddio'r **glo** a'r mwyn **haearn** lleol ar ôl i Gamlas Abertawe gael ei chwblhau yn 1798; mae traphont ddŵr drawiadol a oedd yn rhan o'r gamlas wedi goroesi (gw. **Camlesi**). Roedd y rhes o 11 ffwrnais chwyth yng ngwaith haearn Ystalyfera, a agorwyd yn 1838, yn ail yn unig i'r 14 ffwrnais yn Nowlais (**Merthyr Tudful**). Agorwyd ysgol sirol Ystalyfera yn 1895, ac yn 1969 daeth yn ail ysgol uwchradd Gymraeg **Sir Forgannwg**. Mae Pantyffynnon ger Godre'r-graig yn nodedig am y tirlithriadau dinistriol sy'n nodweddu'r llethrau serth, ansefydlog uwchlaw'r pentref.

## **YSTLUMOD**

Ceir 16 rhywogaeth o ystlumod brodorol ym **Mhrydain**, a chofnodwyd 15 ohonynt yng Nghymru. Ystyrir bod yr ystlumod trwyn pedol mwyaf a'r ystlumod trwyn pedol lleiaf, sydd i'w cael yng Nghymru, o bwysigrwydd Ewropeaidd gan eu bod yn brin iawn ac mewn perygl o ddiflannu. Mae **Slebets** yn **Sir Benfro** yn arbennig o bwysig mewn perthynas ag ystlumod trwyn pedol; yn 2004, wrth adnewyddu canolfan gynadledda Parc Slebets, aed ati i adeiladu gaeafle tanddaearol ar gyfer y gwahanol rywogaethau sy'n bridio yn y parc. Ystlumod mwyaf cyffredin Cymru yw'r ystlum lleiaf a'r ystlum clustiog, sy'n cysgu'n bennaf mewn adeiladau; ystlumod cyffredin eraill yw ystlum y dŵr, yr ystlum mawr, ystlum Brandt ac ystlum Natterer. Maent i'w cael mewn adeiladau, **ogofâu** a choed cau; weithiau bydd ganddynt glwydi gwahanol ar gyfer yr haf a'r gaeaf, ac ar gyfer geni a magu. Arweiniodd y gostyngiad syfrdanol yn niferoedd ystlumod yn ystod yr 20g. at warchod ystlumod dan Ddeddf Bywyd Gwyllt a Chefn Gwlad 1981; o ganlyniad blagurodd diddordeb newydd ynddynt a gwnaed darganfyddiadau newydd. Er enghraifft, sylweddolwyd bod ystlum lleiaf Nathusius, y tybid gynt ei fod yn grwydryn o dir mawr Ewrop, yn rhywogaeth sy'n trigo'n barhaol yng Nghymru.

## **YSTLWYF** Cwmwd

Un o gymydau **Cantref Gwarthaf**, ym mhen uchaf moryd afon **Taf**. Yn ddiweddarach yn yr Oesoedd Canol bu'n destun cynnen rhwng ieirll Pembroke a'r **llywodraeth** frenhinol yng **Nghaerfyrddin**. Roedd canolfan y **cwmwd** ym **Meidrim**.

## **YSTOG, Yr (Churchstoke)**, Sir Drefaldwyn, Powys (5,430ha; 1,571 o drigolion)

Mae i'r **gymuned** hon ddwy ran, y rhan leiaf yn union i'r de o **Drefaldwyn** a'r rhan helaethaf yn cwmpasu'r rhan honno o **Sir Drefaldwyn** sy'n ymwthio fel petai i mewn i **Loegr**. Ceir yno nifer o dai ffrâm bren ond yr adeilad amlycaf, a'r prif atyniad, yw archfarchnad Harry Tuffin. Ceir eglwysi

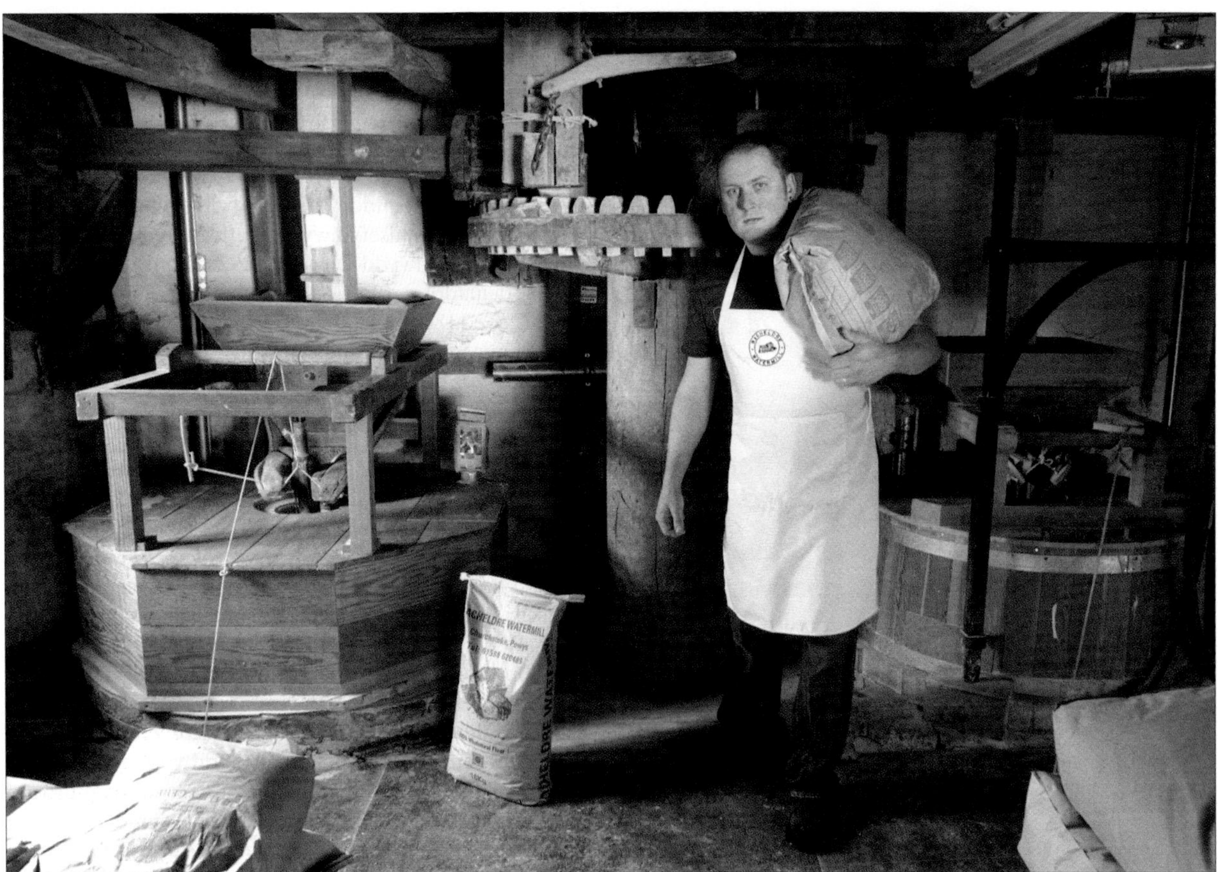

Yr Ystog: melin flawd Bacheldre

yn yr Ystog (1815, ond gyda thŵr enfawr o'r 13g.), Snead (1870) a Hyssington (1875). Mae melin flawd Bacheldre o'r 18g. yn dal i weithio. Dwy amddiffynfa ar ffiniau arglwyddiaeth Trefaldwyn oedd Castell Simon (12g.) a Chastell Hyssington (13g.). Saif bryngaer o'r Oes Haearn (gw. **Bryngaerau** ac **Oesau Cynhanesyddol**) ar gopa mynydd Roundton, sydd yn warchodfa natur. Yn y rhan leiaf o gymuned yr Ystog mae **Clawdd Offa** yn dilyn y **ffin** bresennol rhwng Cymru a Lloegr – enghraifft brin o'r ddau yn cydredeg. Tŷ neo-ganoloesol hynod o hyll yw Mellington Hall (1876).

## YSTRAD ALUN Cwmwd

**Cwmwd** ym **Mhowys Fadog** oedd Ystrad Alun cyn iddo gael ei droi'n arglwyddiaeth Montalt neu Moldesdale; cysylltwyd honno ag arglwyddiaeth **Penarlâg**. Yn 1536 daeth yr arglwyddiaethau'n rhan o **Sir Ddinbych**, ond fe'u trosglwyddwyd i **Sir y Fflint** yn 1541.

## YSTRAD CLUD (Strathclyde) Teyrnas

Teyrnas Frythonaidd yn dyddio o'r 10g. a rhan gyntaf yr 11g. Ei phrif ganolfan oedd Govan (sydd bellach yn rhan o Glasgow) ond ymestynnai tua'r de mor bell â Cumberland. Ei rhagflaenydd oedd teyrnas Dumbarton (Al Clud), teyrnas Frythonaidd ôl-Rufeinig wedi'i lleoli o boptu afon Clud. Cefnwyd ar Dumbarton wedi i'r deyrnas gael ei dinistrio gan y **Llychlynwyr** *c.*870, ac ymsefydlwyd yn Govan. Mae'n debyg mai o Ystrad Clud y trosglwyddwyd cofnodion a **llenyddiaeth** yr **Hen Ogledd** i Gymru.

## YSTRAD MARCHELL Cwmwd

Un o gymydau **Powys Wenwynwyn** oedd y **cwmwd** hwn, wedi'i leoli i'r gorllewin o afon **Hafren** ac i'r gogledd o'r **Trallwng (Sir Drefaldwyn)**. Ynghyd â **Deuddwr** a **Llannerch Hudol**, roedd yn rhan o'r ardal a adwaenid fel y Teirswydd. Roedd yr **hwndrwd** o'r un enw a grëwyd yn sgil y **Deddfau 'Uno'** yn cynnwys cymydau Llannerch Hudol a **Gorddwr** hefyd. (Am fynachlog Sistersaidd Strata Marcella (Ystrad Marchell), gw. **Trallwng, Y.**)

## YSTRAD TYWI Teyrnas

Un o deyrnasoedd y Gymru gynnar, yn cyfateb i'r hyn a fyddai yn ddiweddarach yn rhannau canol a dwyreiniol **Sir Gaerfyrddin** a'r rhan fwyaf orllewinol o **Sir Forgannwg**. Ei thri **chantref** oedd y **Cantref Bychan**, y **Cantref Mawr** ac **Eginog**. Ni wyddys ddim oll am ei brenhinoedd cynnar, ond *c.*730 cyfunodd Seisyll, brenin **Ceredigion**, Ystrad Tywi â Cheredigion, a dacthpwyd i adnabod y deyrnas newydd wrth yr enw **Seisyllwg**. O dan reolaeth **Hywel Dda** daeth Seisyllwg, ynghyd â **Dyfed** a **Brycheiniog**, yn deyrnas **Deheubarth**. Erbyn dechrau'r 12g. trechwyd Eginog gan y **Normaniaid**, ond daliodd y Cymry eu gafael ar y Cantref Mawr a'r Cantref Bychan, ac roedd y tiroedd hyn yn ganolog i adferiad Deheubarth o dan arweiniad **Rhys ap Gruffudd** (yr Arglwydd Rhys; m.1197).

## YSTRAD YW Cwmwd

**Cwmwd** yng nghantref **Blaenllynfi** neu **Dalgarth** a gwmpasai dde-ddwyrain **Brycheiniog**. Yn sgil dyfodiad y **Normaniaid**

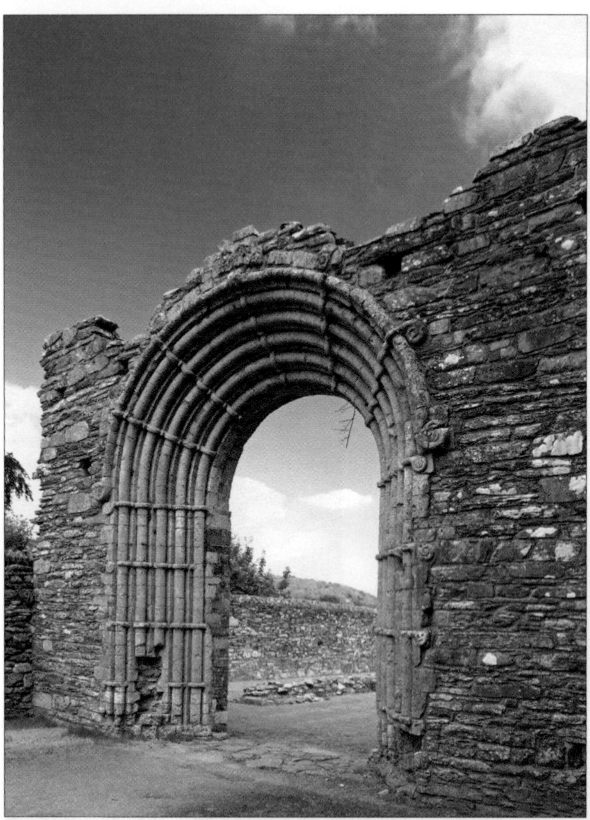

Porth gorllewinol Abaty Ystrad-fflur

daeth i feddiant teulu Picard, a oedd yn byw yn Nhretŵr (**Llanfihangel Cwm-du**). Yn y 15g. daeth yn eiddo i'r Fychaniaid (gw. **Vaughan, Teulu (Tretŵr)**). Yn wreiddiol, roedd uwcharglwyddiaeth arglwydd Brycheiniog yn cwmpasu Ystrad Yw, ond ar ôl 1211 daeth arglwyddiaethau Ystrad Yw (neu Dretŵr) a **Chrucywel** yn atebol i deulu Fitz Herbert, arglwyddi Blaenllynfi.

## YSTRADFELLTE, Sir Frycheiniog, Powys (8,279ha; 549 o drigolion)

Calon y Fforest Fawr, sef yr ucheldiroedd rhwng y **Mynydd Du** (**Sir Gaerfyrddin** a **Phowys**) a **Bannau Brycheiniog**, yw'r **gymuned** hon. Tua'r de, ar afonydd Hepste, Mellte, **Nedd** a Phyrddin, ceir y gyfres fwyaf o sgydau neu **raeadrau** yng Nghymru. Yn yr ardal hefyd mae nifer o nodweddion amlwg o waith llaw dyn. Credir bod Maen Madog, colofnfaen arysgrifedig yn dyddio o *c.*500, yn dynodi safle claddu Cristnogol. Gerllaw iddo ceir darn trawiadol o'r ffordd Rufeinig, **Sarn Helen** – y darn sy'n cysylltu'r Gaer (**Ysgyr**) â chaer y Coelbren (**Onllwyn**). Saif Castell Coch (13g.) uwchlaw cymer afonydd Llia a Dringarth. **Tŷ hir** yw Hepste Fawr, un o'r rhai olaf yng Nghymru i fod yn gartref i ffermwyr a **gwartheg** fel ei gilydd, gyda mynediad i'r tŷ a'r beudy trwy'r un drws; bu teulu yn byw yno hyd o leiaf y 1970au.

## YSTRAD-FFLUR, Ceredigion (9,255ha; 687 o drigolion)

Mae'r **gymuned** hon, sy'n cwmpasu darn eang o dir yn nwyrain canolbarth **Ceredigion**, yn ymestyn cyn belled â rhan uchaf cronfa ddŵr Claerwen ac yn cynnwys y **llynnoedd** sy'n darddle i afon **Teifi**. Er mai Pontrhydfendigaid, cartref yr **eisteddfod** a noddwyd gan **David James**, un o Gymry **Llundain**, yw ei phrif anheddiad, ei nodwedd fwyaf trawiadol yw Abaty Ystrad-fflur, sy'n safle canoloesol tra phwysig. Fe'i sefydlwyd yn wreiddiol dan nawdd y **Normaniaid** yn 1164, a hynny gan fynachod mynachlog Sistersaidd **Hendy-gwyn** (gw. **Llanboidy** a **Sistersiaid**). Fe'i hailsefydlwyd ar safle newydd gan **Rhys ap Gruffudd** (yr Arglwydd Rhys; m.1197). Un o'r nodweddion mwyaf deniadol o blith adeiladau'r abaty, sy'n dyddio'n bennaf o *c.*1184–*c.*1220, yw porth gorllewinol yr eglwys sy'n cynnwys motiffau nid annhebyg i gelfyddyd Geltaidd gynhanesyddol. Ystrad-fflur oedd calon ysbrydol **Deheubarth**. Yma y claddwyd o leiaf naw o ddisgynyddion yr Arglwydd Rhys, a hefyd **Dafydd ap Gwilym** y ceir cofeb ddwyieithog (**Cymraeg** a **Lladin**) iddo (mae **Talyllychau** yn hawlio bedd y bardd hefyd). Mae bron yn sicr mai yn Ystrad-fflur, a fu'n gartref i gronicl ***Brut y Tywysogyon***, y copïwyd ***Llawysgrif Hendregadredd*** a ***Llyfr Gwyn Rhydderch***. Yn 2005 cyhoeddodd archaeolegwyr o **Brifysgol Cymru, Llanbedr Pont Steffan**, ganlyniadau archwiliad sy'n awgrymu bod safle'r fynachlog pan oedd yn ei hanterth yn y 13g. gryn dipyn yn fwy na'r hyn a awgrymir gan yr adfeilion presennol.

Yn sgil **diddymu**'r fynachlog yn 1538, daeth y tir demên yn eiddo i deulu Stedman, a adeiladodd y tŷ, a adnewyddwyd yn helaeth, ar gyrion adfeilion yr abaty. Roedd tiroedd helaeth yr abaty'n ffactor yn natblygiad ffermio **defaid** yng Ngheredigion, a chredir bod o leiaf un o'r amryfal ffeiriau a gynhelid yn yr ardal yn gysylltiedig yn wreiddiol â'r gweithgaredd hwn; ar ôl un o'r ffeiriau hyn y cafodd Ffair-rhos ei enw. Mae'r pentref bychan hwn yn adnabyddus am ei nythaid o feirdd. Claddwyd coes gŵr o'r enw Henry Hughes ym mynwent eglwys Ystrad-fflur yn 1776, ond aeth ei pherchennog rhagddo i wynebu anturiaethau newydd. Mae'n bosibl mai cartref i weision y fynachlog oedd Pontrhydfendigaid yn wreiddiol, ond tyfodd wedyn yn sgil datblygiad diwydiant **plwm** yr ardal.

## YSTRADGYNLAIS, Sir Frycheiniog, Powys (5,496ha; 8,023 o drigolion)

Ddiwedd y 18g. pentref bach iawn oedd Ystradgynlais, sydd ar gyrion deheuol **Sir Frycheiniog** ac ar ffin ogleddol maes **glo**'r de. Fodd bynnag, yn sgil agor Camlas Abertawe yn 1798 gwelwyd datblygiad diwydiant trwm tua phen uchaf Cwm **Tawe** (gw. **Camlesi**). Yn ystod cyfnod cynnar y **Chwyldro Diwydiannol** nid oedd y glo carreg lleol, a losgai'n araf, o fawr o ddefnydd ond daeth tro ar fyd yn dilyn arbrofion yng ngwaith **haearn** Ynysgedwyn, a oedd wedi'i sefydlu yn 1628. **David Thomas** (1794–1882), a ddechreuodd weithio yno yn 1817, a fu'n gyfrifol am arloesi dull o ddefnyddio glo carreg i doddi mwyn haearn. Rhoddwyd y gorau i gynhyrchu haearn yn Ynysgedwyn yn 1861, ac addaswyd y gwaith ar gyfer cynhyrchu **tunplat**. Caeodd y gwaith yn derfynol yn 1903 ond mae rhai o'r adeiladau wedi goroesi. Bu'r **dirwasgiad** rhwng y ddau ryfel byd yn ergyd fawr i weithfeydd glo'r ardal. Er yr **Ail Ryfel Byd** y prif gyflogwyr fu'r gweithfeydd glo brig a'r ffatrïoedd gweithgynhyrchu cyffredinol, yn enwedig ffatri gwneud **clociau**. Portreadir Ystradgynlais a'i thrigolion yn lluniau **Josef Herman**. Cynhaliwyd yr **Eisteddfod** Genedlaethol yn

Ystradgynlais yn 1954, yr ail dro yn unig i'r brifwyl gael ei chynnal yn Sir Frycheiniog (fe'i cynhaliwyd yno am y tro cyntaf yn **Aberhonddu** yn 1889). Yng Nghwmgïedd y lleolwyd *Silent Village* (1943), ffilm ddogfen sy'n portreadu dinistr pentref Lidice yn Tsiecoslofacia yn ystod yr Ail Ryfel Byd. Yn 2001 roedd 68.1% o drigolion **cymuned** Ystradgynlais â rhyw fesur o afael ar y **Gymraeg**, gyda 34.46% yn gwbl rugl yn yr iaith – y ganran uchaf o blith holl gymunedau'r hen Sir Frycheiniog.

## YSTRADMEURIG, Ceredigion (3,703ha; 372 o drigolion)

Mae'r **gymuned** hon, yn union i'r gogledd-orllewin o **Dregaron**, yn ymestyn o afon **Ystwyth** hyd afon **Teifi**. Mae'n cynnwys pentrefi Ystradmeurig, Swyddffynnon a Thyn-y-graig. Castell Ystrad Meurig – un o'r tri chastell cerrig yng **Ngheredigion** – oedd un o'r amddiffynfeydd a godwyd *c.*1110 yn sgil goresgyniad Gilbert de Clare (gw. **Clare, Teulu**). Saif Eglwys Sant Gwnnws (1874) ar ei phen ei hun; ceir ynddi garreg arysgrifedig o'r 7g. Ailgodwyd Eglwys Sant Ioan, a fu unwaith yn eiddo i Farchogion Sant Ioan, yn 1899. Hyd 1974 roedd yr adeiladau (1812) a saif ym mynwent yr eglwys yn ysgol; roedd yr ysgol honno wedi'i sefydlu'n wreiddiol *c.*1736 gan **Edward Richard**. Un o'r rhai a addysgwyd yno oedd Ieuan Fardd (**Evan Evans**; 1731–88), a aned yn Gwenhafdre, Swyddffynnon. Mae'r gymuned yn cynnwys darn helaeth o **Gors Caron**.

## YSTUMANNER Cwmwd

Y cwmwd hwn oedd y mwyaf deheuol o ddau **gwmwd** cantref **Meirionnydd**. Mae'n debyg fod a wnelo elfen gyntaf yr enw â'r tro yn afon Dysynni, er bod arwyddocâd yr *anner* yn aneglur. Ei ganolbwynt oedd y graig y codwyd Castell y Bere (**Llanfihangel-y-Pennant**) ar ei phen yn y 1220au.

## YSTWYTH, Afon (70km)

Mae Ystwyth yn tarddu yng nghanol ucheldir yr **Elenydd**, gan lifo tua'r gorllewin trwy gwm cul a heibio i bentref Cwmystwyth (gw. **Pontarfynach**), ardal a fu unwaith yn bwysig am ei mwyngloddiau **plwm** a **chopr**. Yna mae'n llifo trwy gwm coediog rhwng Pont-rhyd-y-groes a **Thrawsgoed**, lle mae llawr y dyffryn yn lledu gan roi bod i ardal amaethyddol fwy cynhyrchiol. I'r gorllewin o Drawsgoed mae llawr y dyffryn yn gymharol lydan ac unionwyd cwrs yr afon cyn belled â **Llanilar**. Mae ystumiau yn nodweddu'r rhan honno o'r afon sy'n arwain trwy **Lanfarian**, cyn iddi ymuno â **Rheidol** yn harbwr **Aberystwyth** a llifo i mewn i Fae Ceredigion. Nid oes gan yr afon unrhyw isafonydd o bwys.

## YSWIRIANT

Gellir olrhain dechreuadau'r diwydiant yswiriant ym **Mhrydain** i ail hanner yr 16g. pan ddechreuodd masnachwyr yn **Llundain** gynnig yswiriant i **longau**. Yn Llundain hefyd, yn niwedd yr 17g., y dechreuwyd cynnig yswiriant rhag tân. Cafodd sylfeini'r diwydiant yswiriant bywyd yn y byd modern eu gosod gan dri Chymro tra nodedig. Y cyntaf oedd **Richard Price** (1723–91) o Langeinwyr (**Cwm Garw**). Bu'r ystadegau a baratowyd ganddo mewn perthynas â disgwyliad einioes yn sylfaen i'r tablau actiwari y daethpwyd i'w defnyddio i bennu yswiriant bywyd ar sail ystadegol gywir. Fe'i dilynwyd gan ei nai, William Morgan (1750–1833) o **Ben-y-bont ar Ogwr**, radical brwd, fel ei ewythr, a ddaeth yn brif actiwari y Society for Equitable Assurances on Lives and Survivorships (Equitable Life yn ddiweddarach), cymdeithas y bu gan deulu Gould (gw. **Morgan, Teulu**) ran gwbl allweddol ynddi. Cyhoeddodd William Morgan sawl papur pwysig ar egwyddorion yswiriant. Dilynwyd yntau yn ei dro gan Griffith Davies (1788–1855) o **Landwrog**, a aeth ati i ddatblygu gwaith mathemategol Morgan er mwyn gosod sylfaen wyddonol gadarn i'r diwydiant yswiriant (arferai hefyd ddarlithio yn y **Gymraeg** ar bynciau gwyddonol).

Yn ystod y 19g. gwelwyd twf y **cymdeithasau cyfeillgar** yng Nghymru, ond bu cyflwyno pensiwn gwladol (1909) ac yswiriant gwladol (1911) gan **David Lloyd George** yn ergyd drom iddynt. O tua 1850 ymlaen bu'n rhaid iddynt hefyd wynebu lledaeniad y cwmnïau yswiriant masnachol. Erbyn hynny roedd trefi a phentrefi Cymru yn frith o swyddfeydd broceriaid a chynrychiolwyr cwmnïau yswiriant o Lundain, **Lerpwl** a'r **Alban** yn bennaf. Yn 1868 nodwyd fod 22 o froceriaid a chynrychiolwyr ym **Mangor** yn unig a chynifer â 38 yn **Abertawe**. Daeth rhai cwmnïau yswiriant bychain brodorol i fod, megis y Welsh Insurance Corporation a sefydlwyd yng Nghaerdydd yn 1909. Enghreifftiau diddorol eraill o fentergarwch y cyfnod oedd Ymddiriedolaeth Yswiriant y **Methodistiaid Calfinaidd** (1886–2006) a Chwmni Yswiriant **Bedyddwyr** Cymru (1888–2001) a sefydlwyd yn unswydd ar gyfer darparu yswiriant i gapeli'r ddau enwad. Ond prin oedd y cwmnïau yswiriant brodorol o faintioli a ddaeth i fod. Un o'r ychydig eithriadau oedd y Provincial Welsh Insurance Company a sefydlwyd yn **Wrecsam** yn 1852, ac a arbenigai'n bennaf mewn yswiriant ar gyfer amaethwyr. Agorodd ganghennau yn Llundain a Glasgow, ac mae'r adeilad urddasol (1860–1) a godwyd yn bencadlys iddo yn Wrecsam – cynllun R. K. Penson (gw. **Penson, Teulu**) – yn dal i sefyll yn y Stryd Fawr. Erbyn diwedd y 19g. daethai'r Provincial Welsh i feddiant cwmni'r Alliance a hynny er cryn foddhad i Robert Lewis (1835–1919), brodor o **Goedpoeth** a ddiswyddwyd gan y Provincial Welsh yn ei ieuenctid, ond a ddaethai, erbyn degawdau olaf y 19g., yn un o brif ffigyrau'r diwydiant yswiriant ym Mhrydain ar sail ei gamp yn troi cwmni dinod yr Alliance (rhan o Royal & SunAlliance erbyn dechrau'r 21g.) yn gwmni rhyngwladol ei faintioli.

A'r traddodiad morwrol mor gryf yng Nghymru, gwelwyd ymdrechion dygn ar ran perchnogion llongau yn ystod ail hanner y 19g. i greu cymdeithasau yswiriant cydfuddiannol. Roedd datblygiadau o'r fath yn arwydd fod yn rhai o **borthladdoedd** y gogledd a'r gorllewin ddosbarth canol cynyddol soffistigedig na chwenychai bellach fod yn ddibynnol ar yswirwyr morwrol Lerpwl a Llundain. Yn ei dydd bu'r Portmadoc Mutual Ship Insurance Society (1841–1917) yn neilltuol o lwyddiannus (gw. hefyd **Porthmadog**), ac ymhlith lliaws o fentrau eraill cafwyd datblygiadau cyffelyb yn **Aberystwyth** (1852), Bangor (1853), **Pwllheli / Nefyn** (1843 ac 1858) ac **Aberaeron** (1880). Wrth i **Gaerdydd** ddatblygu i fod yn un o borthladdoedd pwysicaf y byd, daeth swyddfeydd y cwmnïau yswiriant morwrol yn rhan annatod o'i ddatblygiad. Fodd bynnag, yn ystod degawd cyntaf yr 20g. cafodd porthladd Caerdydd enw drwg ymhlith prif yswirwyr Prydain. Mewn cyfnod pan oedd gwerth llawer o longau llai eu maint yn is na'u gwerth yswiriedig, bu colledion amheus o fynych yn hanes llongau a gofrestrwyd yno. Er enghraifft, ar ôl dadlwytho llwyth o fwyn haearn yn Seriphos yn 1907 suddodd y *Powis* mewn môr crisialog o lyfn. Cynyddodd yr amheuon ymhellach yn sgil parodrwydd rhai unigolion i godi yswiriant ar longau nad oeddynt yn berchnogion arnynt – polisïau gamblo – a hynny yn y gobaith mai suddo fyddai eu hanes. Yr arferion amheus hyn yng Nghaerdydd a barodd i lywydd y Bwrdd Masnach, **Winston Churchill**, gyflwyno Deddf (Polisïau Gamblo) Yswiriant Morwrol yn 1909.

Yn ystod yr 20g., wrth i gwmnïau gael eu huno a'u traflyncu, daeth y fasnach yswiriant i gael ei monopoleiddio gan nifer bychan o gwmnïau cynyddol rymus. Gwelwyd rhai cwmnïau bychain yn cael eu sefydlu yng Nghymru, megis y Cambrian Insurance Company (1934) a chwmni ffyniannus Undeb (1952), menter a fu'n ffynhonnell nawdd sylweddol ar ran ei sylfaenydd, Trefor Morgan (1914–70), i'r mudiad iaith. Ar ddechrau'r 21g. cyflogid tua 28,000 o weithwyr gan y sector gwasanaethau ariannol yng Nghymru, ac o'r rhai hynny roedd 21% yn gweithio i gwmnïau yswiriant a phensiwn. Gwelwyd cwmnïau megis Zurich a Legal & General yn agor swyddfeydd sylweddol yng Nghaerdydd, ac un o'r llwyddiannau mawr oedd cwmni yswiriant ceir Admiral a ddechreuodd fasnachu yng Nghaerdydd yn 1993 gyda 57 o weithwyr, ond a oedd erbyn 2007 yn cyflogi 1,700 o weithwyr yng Nghaerdydd ac Abertawe.

# Z

## ZIMMERN, Alfred [Eckhart] (1879–1957)

Ysgolhaig ac awdur

Mab i alltud gwleidyddol Iddewig o'r Almaen oedd Zimmern, a chafodd yrfa nodedig yn **Rhydychen** gan gyhoeddi ei brif waith ysgolheigaidd, *The Greek Commonwealth*, yn 1911. Yn ystod y **Rhyfel Byd Cyntaf** daeth i ymddiddori fwyfwy mewn materion yn ymwneud â'r byd cyfoes. Yn 1919 daeth yn ddeiliad cyntaf cadair Wilson mewn Materion Rhyngwladol yn **Aberystwyth** (y gadair gyntaf o'i bath yn y byd), lle bu ei ddyfodiad yn chwa o awyr iach; yn 1921, fodd bynnag,

Stanley Baker yn *Zulu*, 1964

gofynnwyd iddo adael oherwydd ei garwriaeth gyda gwraig Athro arall. Safodd yn erbyn **David Lloyd George** fel ymgeisydd Llafur yn etholiad 1924. Yn 1921 cyhoeddodd ei ysgrif dreiddgar *My Impressions of Wales*, lle cyflwynodd y cysyniad dylanwadol o'r maes **glo** fel y 'Gymru Americanaidd'.

## ZOBOLE, Ernest (1927–99) Arlunydd

Un o deulu o **Eidalwyr** a oedd yn byw yn y Porth (y **Rhondda**) oedd Zobole. Astudiodd yng **Nghaerdydd** a bu'n dysgu yn Ysgol Gelf **Casnewydd**. Roedd yn aelod o Grŵp Arlunwyr y Rhondda, a dylanwadwyd arno gan fynegiadaeth Heinz Koppel ac eraill o blith yr **artistiaid ar ffo**. Mae maes **glo**'r de, ei orwelion a'i ffurfiau, yn bresenoldeb cyson ym mheintiadau cyfareddol Zobole, sydd yn aml yn cynnwys yr arlunydd ei hun yn syllu i fyd o freuddwydion cyfrinachol.

## *ZULU* (1964) Ffilm

Mae'r ffilm rymus hon gan Paramount yn talu teyrnged i ddewrder carfan o'r **South Wales Borderers** ym mrwydr Rorke's Drift yn 1879 (gw. **Rhyfeloedd De Affrica**). Fe'i cyfarwyddwyd, ei chydgynhyrchu a'i chydysgrifennu (gyda John Prebble) gan yr Americanwr Cy Endfield, a fu'n grefftus wrth drin golygfeydd brwydr a thyrfa, ac a ymgadwodd rhag creu ffilm rhy jingoistaidd. Cyd-gynhyrchydd Endfield oedd **Stanley Baker**, ac ef hefyd oedd un o'r prif actorion, yn portreadu swyddog llym o gydwybodol sy'n wrthgyferbyniad effeithiol i'r swyddog ymddangosiadol ddi-hid a bortreadir gan Michael Caine. John Barry a gyfansoddodd y gerddoriaeth hynod effeithiol ac roedd y cast yn cynnwys Jack Hawkins, Ulla Jacobsson, Nigel Green, James Booth a'r canwr **Ivor Emmanuel**.

# CYDNABYDDIAETHAU LLUNIAU

Diolch i Alun Ceri Jones am wneud y gwaith terfynol ar y mapiau, ac i Sue Charles (Picture Research Wales), Kay Kays (Amgueddfa Cymru) a Camwy MacDonald (Llyfrgell Genedlaethol Cymru). Gwnaethpwyd pob ymgais i sicrhau caniatâd deiliaid hawlfraint i atgynhyrchu delweddau. Atgynhyrchir y delweddau trwy gymwynas a charedigrwydd yr unigolion, y sefydliadau a'r deiliaid hawlfraint canlynol.

Agenda/Figment/Polygram/Casgliad Kobal 357
Airbus UK 917
Charles a Patricia Aithie, Ffotograff 18, 114, 123, 125, 126, 166, 186, 191, 192, 200, 229, 354, 388, 520, 537, 545, 661, 636, 668, 700, 709, 711, 900, 966, 976, 983
Alamy 1 (Jeff Morgan), 206 (Daniel Dempster Photography), 591 (Mary Evans Picture Library), 615, 657, 684 (Graham Bell), 689 (Paul Harvard Evans), 699, 725, 732 (hawlfraint FloralImages), 821 (Amoret Tanner), 865, 874 (Phil Holden), 891, 919 (David Chapman), 927 (Christopher McGowan), 991 (Joe Fox)
Algieri Images 797
Amgueddfa Abertawe 291
Amgueddfa a Chanolfan Hanes Lleol Nelson, Trefynwy 912
Amgueddfa ac Oriel Gelf Brycheiniog 894, 945
Amgueddfa ac Oriel Gelf Casnewydd 140, 351, 377, 557, 846, 922
Amgueddfa ac Oriel Gelf Castell Cyfarthfa 64, 472, 597, 623, 966
Amgueddfa ac Oriel Gelf Birmingham 605
Yr Amgueddfa Brydeinig, Llundain 663, 931
Amgueddfa Cas-gwent 694
Amgueddfa Ceredigion, Aberystwyth 653
Amgueddfa Cwm Cynon 485
Amgueddfa Cymru 21, 35, 40, 41, 53, 61, 63, 85, 137, 146, 151, 169, 189, 198, 212, 256, 295, 325, 332, 337, 372, 425, 480, 493, 514, 517, 603, 619, 649, 664, 692 (trwyddedwyd gan DACS), 698, 707, 721, 763, 792, 824, 841, 879, 883, 895, 915, 923, 940, 951, 958, 973, 984
Amgueddfa Essex Peabody 659
Amgueddfa Gatrodol Mynwy 816
Amgueddfa Hanes y Wladfa yn y Gaiman/Glaniad 386
Amgueddfa Lerpwl 901
Amgueddfa Pontypridd 737
Amgueddfa Pont-y-pŵl 473
Amgueddfa Powysland a Chanolfan Camlas Trefaldwyn 987
Amgueddfa Sir Faesyfed 887
Amgueddfa Sir Gaerfyrddin 209
Amgueddfa Werin Cymru, Sain Ffagan 106, 175
Yr Amgueddfa Wyddoniaeth 542, 782, 788
Amgueddfa'r Fenni 346
Amgueddfeydd ac Orielau Cenedlaethol, Glannau Mersi 835
Archif Criced Morgannwg 196, 781
Archif Sgrin a Sain Cymru, Llyfrgell Genedlaethol Cymru 247
Archif Wittgenstein, Caergrawnt 778
Archifau a Chasgliadau Arbennig, Prifysgol Bangor 221, 985, 986
Archifdy Caernarfon, Cyngor Gwynedd 564, 688
Archifdy Meirionnydd, Gwasanaeth Archifau Gwynedd 954
Archifdy Morgannwg 68, 183, 365, 398, 849
Archifdy Sir Ddinbych 971
Archifdy Sir Powys 561
Archifdy Sir y Fflint 834
Aureus Publishing 2007 (trwy ganiatâd teulu Arwel Hughes) 929
BBC (gyda diolch i Edith Hughes) 266, 267, 491, 686, 695, 713, 893
Andrea Bonazzi 479
Cadw 432, 535, 539, 604, 662, 705, 908, 913
Canal+ Image UK 320, 478, 758
Canolfan Astudiaethau Lleol ac Archifau A. N. Palmer; Casgliad Llyfrgell Wrecsam 613
Canolfan Materion Rhyngwladol Cymru 436
Canolfan Ogofâu Arddangos Cenedlaethol Cymru 667
Casgliad Celf y Llywodraeth 890 (trwyddedwyd gan DACS)
Casgliad Francis Frith 65
Casgliad Kobal/Miramax 358
Casgliad Maes Glo'r De, Prifysgol Abertawe 302, 353
Casgliad Silver Screen/Getty Images 840
Catrawd Frenhinol Cymru 359
Celtic Manor Resort 389
Coleg Iâl, Wrecsam 719
Coleg y Drindod, Caergrawnt 576
Ystad Bob Collins 955
Comisiwn Brenhinol Henebion Cymru (hawlfraint y Goron) 45, 99, 111, 445, 465, 521, 544, 550, 672, 710, 811, 838, 848, 903, 926, 944
Bill Cooper 670
Corus 427

Martin Crampin 94
Croeso Cymru 289 (hawlfraint y Goron 2007)
Cyfeillion Cadw Tremadog 592
Cyfeillion Fenn 376
Cyfeillion Llyfrgell Llangefni 303
Cyngor Bwrdeistref Sirol Pen-y-bont ar Ogwr 443
Cyngor Cefn Gwlad Cymru/Llŷr D. Gruffydd 731
Cyngor Dinas Caerdydd 288, 313
Cyngor Dinas Casnewydd 708
Cyngor Gwynedd 937, 939
Cyngor Sir Ceredigion 512
Cyngor Sir Gaerfyrddin 121
Cyngor Sir Penfro 36
Cymdeithas Eryri 134
Cymdeithas Celfyddyd Gyfoes Cymru 472
Cymdeithas Gwenynen Gwent 429
Cynyrchiadau Coronado/Casgliad Kobal 626
Ray Daniel 277, 457, 728, 791
Robert S. Davey 637
D. Gareth Davies 472
Ivor Davies 693
Janet Davies 715
John Morgan Davies 403
Roger Davies, Uned Ffotograffiaeth y Gyfadran Gelf, Prifysgol Abertawe 961
Sarah Louisa Davies 884
Teulu Kitchener Davies 276
Ken Day 401
Diamond Films/Casgliad Kobal 1002
Dinas a Sir Abertawe: Casgliad Oriel Gelf Glynn Vivian (gyda diolch i Ellie Dawkins ac Evelyn Smith) 11
Diversions 281
Eisteddfod Genedlaethol Cymru 979
Mrs M. Evans 341
First Hydro Company 525
Michael a Doreen Forman, Archif Forman 469
FotoLibra 79 (David Poole), 81 (Ray Jones), 843 (Gareth Price)
Leigh Franks 757
Helen Fryer 446
George Eastman House 347
Teulu William George 592
Getty Images 83, 102, 262 (Time & Life Pictures), 264, 265, 423 (AFP), 435, 482, 772, 840
Teleri Gray 974
Gren Group Holdings Ltd 484
David Griffiths 154, 271
Nicky Griffiths 654
Gwasanaeth Archifau Gwynedd 23, 350, 506, 954, 996
Gwasanaeth Archifau Sir Gaerfyrddin 466, 471
Gwasanaeth Llyfrgell a Gwybodaeth Prifysgol Abertawe 947
Gwasanaethau Amgueddfeydd Sir y Fflint 675
Gwasanaethau Llyfrgell Prifysgol Cymru, Llanbedr Pont Steffan 750
HTV Cymru Wales 62
John Hainsworth 548
Henry Sotheran Cyf 764
Nini Herman 441
Dr Andrew Hignell 781
Hill & Adamson 374
Nigel Hughes, Porthmadog 558
ITVplc/Granada International/LFI 505, 899
David James 358
Ystad Alfred Janes 472
John MacLeod Photography 918
Ystad Augustus John 476
Alun Ceri Jones 884
Cliff Jones 279
Ystad David Jones 480, 509
Teulu Mrs Elen Roger Jones 303
Hywel Jones, Bwrdd yr Iaith Gymraeg 232 (hawlfraint y Goron)
A. F. Kersting 650
Derek King, Uned Adnoddau Lluniau, RNLI 59
B. J. Lee 313
Glenda Lee 303
Alan W. Leigh 950
Leonora Gwalia Historical Museum Ltd 57
London Features International 784
Jeremy Lowe 241
Don Llewelyn 454
Dr Peter Llewellyn 730
Lluniau Llwyfan 941
Y Llyfrgell Brydeinig, Llundain 836
Llyfrgell Ganolog Caerdydd 349, 379, 393, 530, 844
Llyfrgell Ganolog, Cyngor Bwrdeistref Sirol Merthyr Tudful 620, 621
Llyfrgell Gelf Bridgeman 476
Llyfrgell Gelf Bridgeman ac Amgueddfa ac Oriel Gelf Casnewydd 846, 922
Llyfrgell Genedlaethol Cymru 31, 37, 48, 50, 72, 89, 109, 145, 160, 201, 213, 225, 247, 248, 251, 270, 356, 360, 361, 362, 367, 370, 380, 385, 406, 447, 450, 455, 460, 463, 477, 498, 502, 507, 509, 510, 515, 527, 532, 534, 541, 555, 572, 589, 600, 611, 624, 627, 631, 639, 677, 679, 687, 703, 722, 745, 746, 750, 769, 770, 773, 776, 777, 786, 789, 790, 800, 814, 817, 818, 822, 831, 842, 845, 847, 851, 864, 866, 867, 880, 905, 920, 938, 953, 959, 965 (trwyddedwyd gan DACS 2007), 967, 969, 974, 980, 990
Llyfrgell Glowyr De Cymru 602, 935
Llyfrgell Gyhoeddus Emporia 387
Llyfrgell Merthyr Tudful 6, 24
Llyfrgell Prifysgol Caerdydd 774
Llyfrgell Wrecsam 613
Llyfrgell Ysgol Economeg a Gwyddorau Gwleidyddol Llundain 431
Llyfrgelloedd Rhondda Cynon Taf 131, 188, 208, 294, 787, 907
Ystad Angus McBean 590
Magnum Agency 363
Gari Melville 438
Melvin Grey Photography 998
Bethan Miles 392
Rex Moreton 377
Jeff Morgan 1/Alamy, 268
John Morgan 438
*New Welsh Review* 783, 943
NPL (hawlfraint y Goron, 1978) 272
The Old Stile Press 468
Patrick Olner 925
Opera Cenedlaethol Cymru 670
Yr Oriel Bortreadau Genedlaethol, Llundain 274, 434, 590, 630, 955, 957
Oriel England, Llundain 348

Yr Oriel Genedlaethol, Llundain 553
Oriel Glynn Vivian, Abertawe 11, 341, 441, 637
Oriel Martin Tinney, Caerdydd 467, 747, 780 (trwyddedwyd gan DACS)
Oriel y Foneddiges Lever, Port Sunlight 835
PA Photos 54a (Gareth Copley), 819
PA Photos/DPA 54b
Rod Pace, Rheolwr Gweithredu Bad Achub Moelfre 59
Mick Pearson 589
Mike Pearson 589
Ystad John Petts/Brenda Chamberlain 717
Photolibrary Wales 2, 9, 38, 107, 118, 143, 155, 162, 173, 199, 205, 210, 244, 301, 305, 309, 322, 327, 329, 335, 368, 371, 382, 399, 404, 413, 417, 422, 518, 525, 562, 571, 574, 579, 580, 581, 598, 599, 607, 614, 628, 643, 644, 652, 681, 739, 742, 793, 794, 803, 805, 807, 808, 812, 832, 850, 860, 863, 872, 877, 882, 888, 928, 930, 949, 978, 988, 992, 993, 995, 999, 1000
Pictorial Press Ltd/Alamy 657, 865
Popperfoto/Alamy 615, 699, 725, 891
Portmeirion Cyf 972
Prifysgol Abertawe 947
Prifysgol Bangor 755, 785
Prifysgol Caerdydd 418, 529
Prifysgol Cymru 754
Prifysgol Cymru, Llanbedr Pont Steffan 750
Prifysgol Morgannwg 757
RNLI 59, 340
Ystad Ceri Richards 780, 890
Dr Alun Roberts 459
Arwyn Roberts 328
Casgliad Huw Roberts, Llangefni 408
Dylan Rowlands 304
Royal Geographic Society 342, 343
S4C (gyda diolch i Vici Jones) 827
Sefydliad Courtauld, Llundain 67
Y Sefydliad Rhyngwladol dros Ddatblygu Cynaliadwy 419
Seren 499
Sheffield Photo Company 428
Meic Stephens 339
Ystad Graham Sutherland 872
Sutton Motorsport Images 759, 771
Tate, Llundain 476, 646, 872
Chris Thomas 516
E. G. Thomas 179
Topfoto 78 (hawlfraint 2004 PA), 164 (Arena PAL), 287 (Fortean), 345 (Topham Picturepoint), 868, 869 (PA), 931 (hawlfraint yr Amgueddfa Brydeinig, Llundain/HIP), 960 (Mander & Mitchenson/Arena PAL)
Trans Wales Trails 150
Ystad C. F. Tunnicliffe 922
Paul Turner 150
Twentieth Century Fox/Casgliad Kobal 449
Theatr Fach Llangefni (gyda diolch i Lyfrgell Llangefni) 303
Undeb Lacrosse y Weriniaeth Tsiec 497
United Artists/Casgliad Kobal 674
Philip Vile, Land Design Studio 14
Roger Vlitos 414, 837
Noel Walley 519
*Western Mail* 76, 696, 744, 962
David Williams 979
Ystad Kyffin Williams 965 (trwyddedwyd gan DACS 2007)
Nia Wyn Williams 974
Siân Williams 602, 935
*www.aberdareonline.co.uk* 4
*www.johnnyowen.com* 66
*www.sporting-heroes.net* 738

# MYNEGAI

## A

# B

# C

# Ch



# D

# Dd



# E

# G

# I



# J

# Ll

# M

# N

# O

# P

# Q



# R

## Rh

## S

# T

## Th



## U

# V



# W

# Y